DIZIONARIO MAXI

SPAGNOLO

SPAGNOLO-ITALIANO • ITALIANO-SPAGNOLO

A.VALLARDI

Antonio Vallardi Editore s.u.r.l.
Gruppo editoriale Mauri Spagnol
www.vallardi.it

Per essere informato sulle novità del Gruppo editoriale Mauri Spagnol visita:
www.illibraio.it
www.infinitestorie.it

L'appendice *Alfabeto, pronuncia e ortografia* è riprodotta da: E. Santos Unamuno, *Spagnolo facile*. *Grammatica*, A. Vallardi; le appendici *Grammatica* e *Conversazione* sono riprodotte da: E. Santos Unamuno, *Spagnolo facile*, A. Vallardi

INDICE

PREMESSA

Questo **Dizionario** di **Spagnolo** è stato realizzato per gli studenti delle scuole secondarie di primo e secondo grado, ma, per la sua completezza e praticità, è anche un riferimento indispensabile per chi lavora e uno strumento di consultazione utile per ogni famiglia.
Contiene oltre 250.000 entrate e accezioni. Le voci comprendono tutti i termini della lingua fondamentale, anche quelli colloquiali e gergali, oltre a una ricca selezione di termini scientifici, tecnici (di informatica, medicina, chimica, economia e finanza, arte, musica, sport...) e letterari.

La preoccupazione è stata quella di creare un volume che si qualificasse per completezza, accuratezza, aggiornamento, ma anche per la facilità di consultazione. Infatti la **chiarezza dell'impostazione grafica** e l'**abbondanza degli indicatori d'uso** (settore di appartenenza, registro espressivo, usi figurati, estensivi ecc.) consentono di trovare immediatamente il significato che interessa e il traducente più adatto.
Una particolare attenzione è data alla lingua parlata nell'America latina, che sempre più influenza e modifica le forme dello Spagnolo tradizionale: ovunque possibile si è cercato di fornire, accanto ai traducenti castigliani, anche le **varianti centramericane**, **andine** e **argentine-uruguayane**.
Per le parole spagnole si forniscono inoltre: un **corredo di informazioni grammaticali** (forme irregolari dei verbi, particolarità dei plurali e dei femminili ecc.); la presenza dei più comuni e prolifici prefissi; una selezione delle sigle e abbreviazioni più usate e i principali nomi geografici.
Il volume è arricchito da una straordinaria serie di apparati che svolgono un ruolo didattico:

- un'appendice su **alfabeto**, **pronuncia** e **ortografia**;
- un'utile e chiara **Grammatica della lingua spagnola** che riassume le regole fondamentali e le coniugazioni dei verbi regolari e irregolari;

o che completano l'informazione lessicografica:

- una sezione di **conversazione** con le più importanti espressioni di base.

GUIDA ALLA CONSULTAZIONE

Lemmi • Tutte le voci sono ordinate alfabeticamente.

Omografi • Le entrate con uguale grafia, ma differente origine, sono segnalate con numeri ad apice.

Irregolarità o particolarità • Nelle sezione Spagnolo-Italiano vengono inserite le eventuali informazioni morfologiche relative all'entrata, messe tra parentesi tonde (coniugazioni, plurali e femminili irregolari o particolari).

Categoria grammaticale • Di tutte le voci si dà la categoria grammaticale, in corsivo chiaro.

Articolazione delle voci • All'interno della voce gli eventuali differenti significati sono separati da numeri in neretto. L'ordine in cui vengono registrate le accezioni segue generalmente il criterio della frequenza.

Traduzioni • All'interno della stessa accezione, se i traducenti sono più di uno, vengono separati da una virgola o da una barretta inclinata quando sono fra loro sinonimi o equivalenti, oppure da un punto e virgola quando le sfumature di significato sono più ampie.

Indicatori • In corsivo tra parentesi tonde sono stati inseriti abbreviazioni, microdefinizioni, sinonimi ecc. che guidano il lettore nella scelta del traducente più opportuno e corretto; questi indicatori segnalano il settore di appartenenza (ossia l'ambito, il contesto che interessa), gli usi figurati o particolari, il registro linguistico (linguaggio formale, colloquiale, letterario...) ecc.

Esempi • Dopo i traducenti possono seguire gli esempi, introdotti da due punti. Sono in corsivo e la loro traduzione è in tondo; fra loro sono separati da punto e virgola. Una lineetta sostituisce la parola d'entrata quando questa è ripresa nell'esempio in forma invariata.

Fraseologia • Esempi specialistici, locuzioni, modi di dire, proverbi ecc. sono raggruppati dopo una barretta verticale.

Repertorio fraseologico • Nelle voci particolarmente articolate o ricche di locuzioni, la fraseologia idiomatica, in neretto corsivo, è raccolta dopo un quadratino grigio, alla fine della voce.

SEGNI SPECIALI

- ♦ segnala il cambio di categoria grammaticale e la forma pronominale del verbo
- | introduce la fraseologia
- ■ introduce il repertorio fraseologico
- → rimando

Nella sezione Italiano-Spagnolo un asterisco * messo dopo il traducente spagnolo indica che quella parola presenta particolarità o irregolarità nella formazione del femminile, del plurale o nella coniugazione verbale.

ABBREVIAZIONI

abbigl.	abbigliamento
aer.	aeronautica
agg.	aggettivo, aggettivale
agr.	agricoltura
Amer.	ispano-americano
amm.	amministrazione, amministrativo
anat.	anatomia
arch.	architettura
archeol.	archeologia
art.	articolo, articolato
assol.	assoluto
astr.	astronomia
aus.	ausiliare
aut.	automobile, automobilismo
avv.	avverbio, avverbiale
banc.	banca, bancario
biol.	biologia
bot.	botanica
bur.	burocrazia
CA	America centrale
card.	cardinale
chim.	chimica
cinem.	cinematografia
comm.	commercio, commerciale
comp.	comparativo
compl.	complemento
con.	coniugato, coniugazione
condiz.	condizionale
cong.	congiuntivo, congiunzione
cuc.	cucina
det.	determinativo
dif.	difettivo
dimostr.	dimostrativo
dir.	diritto
ecc.	eccetera
econ.	economia, economico
edil.	edilizia
elettr.	elettrologia, elettrotecnica
escl.	esclamativo, esclamazione
estens.	per estensione
f.	femminile
fam.	familiare
farm.	farmacia, farmacologia
ferr.	ferrovia
fig.	figurato, figuratamente
filos.	filosofia
fin.	finanza
fis.	fisica
foto.	fotografia
fut.	futuro
geogr.	geografia
geol.	geologia
geom.	geometria
ger.	gerundio
gerg.	gergale, gergalmente
giorn.	giornalismo
gramm.	grammatica, grammaticale
imp.	imperativo
imperf.	imperfetto
impers.	impersonale, impersonalmente
ind.	industria, industriale
indef.	indefinito
indet.	indeterminativo
indic.	indicativo
inf.	infinito
inform.	informatica
inter.	interiezione, interiettivo
interr.	interrogativo
intr.	intransitivo
iron.	ironico, ironicamente
irr.	irregolare
lett.	letterario, letteratura
ling.	linguistica
loc.	locuzione
m.	maschile
mar.	marina, marinaresco

mat.	matematica
mecc.	mecanica
med.	medicina
metall.	metallurgia
meteor.	meteorologia
mil.	militare
min.	mineralogia
mit.	mitologia
mus.	musica
no.pr.	nome proprio
num.	numerale
ogg.	oggetto
ord.	ordinale
part.	participio
pass.	passato
pers.	persona, personale
pitt.	pittura
pl.	plurale
pol.	politica
pop.	popolare
poss.	possessivo
pref.	prefisso
prep.	preposizione, prepositivo
pres.	presente
pron.	pronome, pronominale
psic.	psicologia, psicoanalisi
qlco.	qualcosa
qlcu.	qualcuno
rec.	reciproco
rel.	relativo
relig.	religione
rem.	remoto
ret.	retorica
Riopl.	paesi del Río de la Plata (Argentina, Uruguay)
s.	sostantivo
scherz.	scherzoso, scherzosamente
scol.	scolastico
sing.	singolare
sogg.	soggetto
spec.	specialmente
sost.	sostantivale
spreg.	spregiativo
st.	storia, storico
stat.	statistica
superl.	superlativo
teatr.	teatro
tecn.	tecnica, tecnologia
tel.	telecomunicazioni
tess.	tessile
tip.	tipografia
tr.	transitivo
tv	televisione
v.	verbo
vet.	veterinaria
volg.	volgare, volgarmente
zool.	zoologia

SPAGNOLO - ITALIANO

Aa

a[1] *s.f.* a | (*tel.*) — *como Antonio*, a come Ancona.
a[2] (a + el → al) *prep.* **1** (*tempo*) a: — *las tres*, alle tre; *al día siguiente*, il giorno dopo; *estamos — veinte de agosto*, siamo al venti di agosto | — *punto de*, sul punto di **2** (*comp. diretto di persona, non si traduce*): *llamo — mi madre*, chiamo mia madre **3** (*moto a luogo*) a, da, in: *ir — casa*, andare a casa; *seguir — la derecha*, proseguire a/sulla destra; *voy al médico*, vado dal medico; *vuelvo — España*, ritorno in Spagna | (*preceduto da v. di movimento*) — *por* (+ *s.*), a prendere, cercare: *voy — por las peras*, vado a prendere le pere **4** (*stato in luogo*) a, su: *te esperaré — la puerta*; ti aspetterò alla/sulla porta **5** (*distanza*) a: — *veinte quilómetros*, a venti chilometri **6** (*termine*) a: *regaló un libro — su hermano*, regalò un libro a suo fratello **7** (*fine*) a: *su madre vino — buscarle*, sua madre venne a cercarlo **8** (*mezzo*) a: — *caballo*, a cavallo; — *pie*, a piedi **9** (*modo*) a: *al contado*, in contanti; — *mano*, a mano **10** (*prezzo*) a: — *diez euros el quilo*, a dieci euro il chilo; *¿— cuánto están las manzanas?*, quanto vengono le mele? **11** (*preceduto da s. o v. indicanti percezione, sensazione*) di: *sabor — almendra*, sapore di mandorla; *huele — quemado*, puzza di bruciato **12** (*per indicare simultaneità*) nel, quando: *al verlo, se sonrojó*, quando lo vide, arrossì | — *medida que*, a mano a mano che **13** (+ *inf.*: *esprime un comando*) *¡— callar!*, silenzio! **14** (+ *inf.*: *condizionale*) se: — *no ser por mí*, se non fosse per me.
ábaco *s.m.* abaco.
abad (*f.* -esa) *s.m.* abate.
abadejo *s.m.* merluzzo.
abadía *s.f.* abbazia.
abajo *avv.* **1** giù, sotto: *escaleras —*, giù per le scale; *el piso de —*, il piano di sotto | *de arriba —*, dall'alto in basso | *boca —*, a pancia in giù, bocconi **2** (*in un testo scritto*) più avanti, di seguito: *seguir las instrucciones que están más —*, seguire le istruzioni riportate più avanti | *el — firmante*, il sottoscritto ♦ *inter.* abbasso
■ ***echar abajo***, demolire, buttare giù | ***aguas abajo***, a valle | ***cuesta abajo***, in discesa | ***los de abajo***, i più umili.
abalanzarse (*con. come* cazar) *v.pron.* avventarsi, scagliarsi.
aballar *v.tr.* (*pitt.*) attenuare, sfumare.
abalorio *s.m.* **1** perlina (*f.*) di vetro **2** (*fig.*) cianfrusaglia (*f.*).
abanderado *s.m.* **1** portabandiera (*m./f.*) **2** (*di causa, organizzazione*) rappresentante (*m./f.*), portavoce (*m./f.*).
abandonar *v.tr.* abbandonare, lasciare ♦ **-se** *v.pron.* **1** abbandonarsi, cedere **2** (*fig.*) trascurarsi.
abandono *s.m.* **1** abbandono, rinuncia (*f.*) **2** (*fig.*) negligenza (*f.*), trascuratezza (*f.*): *el — de los jardines públicos*, la trascuratezza dei giardini pubblici.
abanicar (*con. come* pescar) *v.tr.* **1** sventagliare **2** (*tauromachia*) incitare il toro sventolando la cappa da una parte all'altra ♦ **-se** *v.pron.* **1** sventagliarsi **2** (*fig.*) mostrarsi indifferente.
abanico *s.m.* **1** ventaglio | *en —*, a ventaglio **2** (*fig.*) possibilità (*f.*).
abaratar *v.tr.* ridurre, abbassare (prezzi).
abarcar (*con. come* pescar) *v.tr.* **1** abbracciare, circondare | *quien mucho abarca poco aprieta*, chi troppo vuole nulla stringe **2** (*fig.*) comprendere, includere: *la finca abarca desde el río hasta la carretera*, la fattoria va dal fiume fino alla strada **3** (*foto.*) inquadrare: *la toma puede — parte de la escena*, la ripresa può inquadrare parte della scena **4** (*fig.*) farsi carico di, gestire | *tener que abarcarlo todo*, doversi fare carico di tutto.
abarrancar (*con. come* pescar) *v.tr.* erodere ♦ **-se** *v.pron.* (*mar.*) arenarsi, incagliarsi.
abarrotar *v.tr.* stipare, gremire ♦ **-se** *v.pron.* riempirsi.
abastecedor *s.m.* fornitore.
abastecer (*con. come* agradecer) *v.tr.* fornire, approvvigionare ♦ **-se** *v.pron.* rifornirsi, approvvigionarsi.
abastecimiento *s.m.* rifornimento.
abasto *s.m.* **1** provvista (*f.*), rifornimento | *plaza de abastos*, mercato generale **2** abbondanza (*f.*)
■ ***no dar abasto***, non farcela: *no doy — con*

tanto trabajo, non ce la faccio con tanto lavoro.

abatible *agg.* reclinabile, ribaltabile | *asientos abatibles*, sedili ribaltabili.

abatir *v.tr.* **1** (*case*) demolire **2** (*alberi*) abbattere **3** (*vele, bandiere*) abbassare, ammainare **4** (*fig.*) umiliare, abbattere ♦ **-se** *v.pron.* abbattersi.

abdicar (*con. come* pescar) *v.tr.* (*pol.*) abdicare ♦ *v.intr* rinunciare: *abdicó de sus principios*, abdicò ai suoi principi.

abdomen *s.m.* addome.

abedul *s.m.* betulla (*f.*).

abeja *s.f.* **1** ape | — *reina*, ape regina **2** (*fig.*) sgobbone (*m.*).

abejero *s.m.* apicoltore.

abejorreo *s.m.* **1** ronzio **2** (*fig.*) mormorio.

abejorro *s.m.* calabrone.

aberración *s.f.* aberrazione.

abertal *agg.* aperto, non recintato.

abertura *s.f.* **1** apertura **2** fenditura, buco (*m.*) **3** (*mar.*) insenatura.

abertzale *agg.*, *s.m./f.* (*pol.*) nazionalista radicale basco.

abeto *s.m.* abete.

abicharse *v.pron.* (*Amer.*) bacarsi, putrefarsi.

abiertamente *avv.* **1** apertamente, senza riserve: *declarar* —, dichiarare apertamente **2** chiaramente, manifestamente: *un poema — autobiográfico*, una poesia chiaramente autobiografica.

abierto *agg.* **1** aperto | — *de par en par*, spalancato | (*tv*) *en* —, in chiaro **2** (*fig.*) franco, sincero, schietto.

abigarrado *agg.* **1** multicolore, variopinto **2** (*fig.*) intricato.

abisal *agg.* (*geol.*) abissale.

abismado *agg.* **1** inabissato **2** (*fig.*) assorto.

abismal *agg.* **1** (*geol.*) abissale **2** (*fig.*) abissale, profondo, insondabile.

abismar *v.tr.* **1** affondare, inabissare **2** (*fig.*) confondere, abbattere ♦ **-se** *v.pron.* **1** (*fig.*) sprofondare, immergersi: *se abismó en su dolor*, sprofondò nel suo dolore **2** (*Amer.*) stupirsi.

abismo *s.m.* abisso | (*fig.*) *entre ellos media un* —, tra loro c'è un abisso.

ablandar *v.tr.* **1** ammorbidire **2** (*fig.*) addolcire, intenerire ♦ **-se** *v.pron.* **1** rammollirsi **2** (*fig.*) ammorbidirsi, intenerirsi: *se ablanda con el llanto de los niños*, si intenerisce davanti al pianto dei bambini.

ablativo *s.m.* (*gramm.*) ablativo.

abnegación *s.f.* abnegazione.

abnegar (*con. come* negar) *v.tr.* rinunciare: — *a sus principios*, rinunciare ai propri principi.

abobado *agg.* istupidito, tonto: *quedar* —, rimanere sbalordito.

abocar (*con. come* pescar) *v.tr.* **1** travasare **2** (*mil.*) accostare, avvicinare (armi, truppe ecc.) **3** (*fig.*) condurre, portare: *la enfermedad lo abocó a la depresión*, la malattia lo condusse alla depressione ♦ *v.intr.* **1** (*mar.*) entrare in un canale o stretto, imboccare: *el barco abocó en el estrecho*, la barca entrò nello stretto **2** (*anche fig.*) sfociare: *la crisis abocó en la guerra civil*, la crisi sfociò nella guerra civile ♦ **-se** *v.pron.* **1** abboccarsi, incontrarsi **2** (*Amer.*) dedicarsi, impegnarsi: — *a ayudar a los demás*, impegnarsi ad aiutare gli altri.

abochornar *v.tr.* **1** soffocare (dal caldo) **2** (*fig.*) far vergognare ♦ **-se** *v.pron.* **1** vergognarsi, arrossire **2** (*di piante*) seccarsi.

abofetear *v.tr.* **1** schiaffeggiare **2** (*fig.*) deridere.

abogacía *s.f.* avvocatura.

abogadil *agg.* (*spreg.*) avvocatesco.

abogado (*f.* -a) *s.m./f.* avvocato (*m.*), avvocatessa (*f.*).

abolengo *s.m.* lignaggio: *rancio* —, antico lignaggio.

abolición *s.f.* abolizione.

abolir (*v.dif.*: *con. solo nei tempi e nelle pers. la cui desinenza inizia per* i) *v.tr.* abolire.

abolladura *s.f.* ammaccatura.

abollar *v.tr.* ammaccare.

abominable *agg.* abominevole, odioso.

abonado *agg.* **1** abbonato **2** (*agr.*) concimato ♦ *s.m.* abbonato, iscritto.

abonador *s.m.* garante.

abonanzar (*con. come* cazar) *v.impers.* (*meteor.*) schiarirsi, rasserenarsi.

abonar *v.tr.* **1** (*banc.*) accreditare | — *en cuenta*, accreditare sul conto **2** pagare: — *con tarjeta de crédito*, pagare con carta di credito **3** (*comm.*) scontare **4** (*agr.*) concimare ♦ **-se** *v.pron.* abbonarsi.

abono *s.m.* **1** abbonamento **2** (*banc.*) accredito, abbuono **3** (*agr.*) concime.

abordable *agg.* **1** abbordabile **2** (*fig.*) avvicinabile, accessibile.

abordaje *s.m.* (*mar.*) abbordaggio.

abordar *v.tr.* abbordare, affrontare (*anche fig.*): *hay que — el asunto*, bisogna far fronte alla questione ♦ *v.intr.* (*mar.*) approdare.

aborrascarse (*con. come* pescar) *v.pron.* (*meteor.*) oscurarsi, rannuvolarsi.

aborrecer (*con. come* agradecer) *v.tr.* **1** aborrire, detestare **2** (*zool.*) rifiutare, abbandonare (i cuccioli, il nido).

aborrecimiento *s.m.* **1** rifiuto, avversione (*f.*) **2** noia (*f.*), fastidio.

abortar *v.intr.* **1** abortire **2** (*fig.*) fallire ♦ *v.tr.* **1** far cessare, debellare: — *la enfermedad*, debellare la malattia **2** (*fig.*) far fallire: *la policía abortó el plan de los ladrones*, la polizia fece fallire il piano dei rapinatori.

aborto *s.m.* **1** aborto **2** (*spreg.*) aborto,

mostro | — *de la naturaleza*, mostruosità **3** (*fig.*) fallimento.
abotagarse (*con. come* llegar) *v.pron.* **1** appesantirsi, gonfiarsi **2** (*della mente*) intorpidirsi.
abotonar *v.tr.* abbottonare ♦ **-se** *v.pron.* abbottonarsi.
abovedado *agg.* curvo, a volta: *techo* —, soffitto a volta.
abovedar *v.tr.* (*arch.*) **1** coprire con una volta **2** dare forma di volta.
abrasador *agg.* bruciante, ardente.
abrasar *v.tr.* bruciare (*anche fig.*); incenerire ♦ *v.intr.* scottare: *la sopa abrasa*: la minestra scotta ♦ **-se** *v.pron.* **1** bruciarsi, scottarsi **2** (*fig.*) ardere, consumarsi: — *de amor*, consumarsi d'amore.
abrasión *s.f.* (*med.*, *geol.*) abrasione.
abrazadera *s.f.* **1** (*tecn.*) ghiera, cerchietto (*m.*), cavallotto (*m.*) **2** (*tip.*) graffa, parentesi quadra.
abrazar (*con. come* cazar) *v.tr.* **1** abbracciare (*anche fig.*): — *a un niño*, abbracciare un bambino; — *una idea*, abbracciare un'idea **2** comprendere: *abraza un largo período*, comprende un lungo periodo ♦ **-se** *v.pron.* abbracciarsi, avvinghiarsi.
abrazo *s.m.* abbraccio.
abreboca *s.m.* aperitivo.
abrebotellas *s.m.* apribottiglie.
abrecartas *s.m.* tagliacarte.
abrelatas *s.m.* apriscatole.
abreviar *v.tr.* **1** abbreviare, accorciare **2** accelerare: — *el tiempo*, accelerare i tempi ♦ *v.intr.* spicciarsi: *¡abrevia!*, spicciati!
abreviatura *s.f.* abbreviazione.
abridor *s.m.* cavatappi, apribottiglie.
abrigar (*con. come* llegar) *v.tr.* **1** coprire, riparare, tenere caldo **2** (*fig.*) proteggere: — *al niño del viento*, proteggere il bambino dal vento; — *a los más débiles*, dare protezione/aiuto ai più deboli **3** (*fig.*) covare, nutrire: — *malas intenciones*, covare cattive intenzioni; — *sospechas*, nutrire sospetti ♦ **-se** *v.pron.* ripararsi; coprirsi: — *del frío*, ripararsi dal freddo; — *de la lluvia*, ripararsi dalla pioggia.
abrigo *s.m.* **1** cappotto | *ropa de* —, indumento caldo/pesante, che ripara dal freddo **2** luogo riparato, rifugio | *al — de*, al riparo di; sotto la protezione di | *ser de* —, (*di persona/cosa*) essere pericoloso.
abril *s.m.* aprile | *tiene 20 abriles*, ha 20 primavere/anni.
abrir (*part.pass.irr.* abierto) *v.tr.* **1** aprire (*anche fig.*): — *un armario*, aprire un armadio | — *camino*, fare strada | — *paso*, far largo | *a medio* —, socchiuso **2** (*fig.*) inaugurare, dare inizio; (*un concorso*) bandire: — *una tienda*, aprire un negozio; — *una cuenta corriente*, aprire un conto corrente ♦ *v.intr.* aprire, iniziare l'attività: *la tiendas abren a las diez*, i negozi aprono alle dieci ♦ **-se** *v.pron.* **1** aprirsi **2** (*di finestra, balcone*) affacciarsi su, dare a: *las ventanas se abren a un jardín*, le finestre si affacciano su un giardino **3** (*fig.*) confidarsi: *se abrió conmigo*, si confidò con me **4** (*di muscolo, legamento*) stirarsi **5** (*di fiore*) aprirsi, sbocciare **6** (*meteor.*) rasserenarsi, schiarirsi **7** (*pop.*) andarsene, squagliarsela: *a la hora de trabajar, muchos se abrieron*, arrivato il momento di lavorare, molti se ne andarono.
abrochar *v.tr.* abbottonare, allacciare.
abrogación *s.f.* (*dir.*) abrogazione.
abrogar (*con. come* llegar) *v.tr.* (*dir.*) abrogare, abolire.
abrogatorio *agg.* (*dir.*) abrogativo, abrogatorio.
abroncar (*con. come* pescar) *v.tr.* (*fam.*) **1** rimproverare: — *a los niños*, rimproverare i bambini **2** far vergognare **3** (*di pubblico, uditorio*) fischiare, contestare (clamorosamente): *el público abroncó al artista*, il pubblico fischiò l'artista ♦ **-se** *v. pron.* **1** arrabbiarsi **2** vergognarsi.
abrumado *agg.* (*fig.*) oppresso, schiacciato.
abrumar *v.tr.* **1** opprimere, pesare: *las obligaciones me abruman*, le responsabilità mi pesano **2** (*fig.*) mettere in difficoltà, in imbarazzo: *está abrumado con los aplausos*, è imbarazzato dagli applausi **3** (*fig.*) tediare, infastidire ♦ **-se** *v.pron.impers.* (*meteor.*) riempirsi di nebbia.
abrupto *agg.* **1** ripido, scosceso **2** (*fig.*) duro, sgradevole: *carácter* —, carattere brusco.
absceso *s.m.* ascesso.
abscisa *s.f.* (*geom.*) ascissa.
abscisión *s.f.* **1** (*med.*) incisione **2** (*bot.*) abscissione.
absentismo *s.m.* assenteismo.
absentista *agg.*, *s.m./f.* assenteista.
absolución *s.f.* assoluzione.
absolutamente *avv.* **1** assolutamente, affatto **2** (*Amer.*) in nessun modo, assolutamente no.
absolutismo *s.m.* assolutismo.
absoluto *agg.* assoluto | *en* —, in nessun modo, in modo assoluto | *nada en* —, proprio per niente ♦ *s.m.* (*filos.*)Assoluto.
absolver (*con. come* mover; *part.pass.irr.* absuelto) *v.tr.* assolvere.
absorbencia *s.f.* assorbimento (*m.*).
absorbente *agg.* **1** assorbente **2** (*fig.*) dominante, impegnativo ♦ *s.m.* (*sostanza*) assorbente.
absorber *v.tr.* **1** assorbire (*anche fig.*) **2** (*fig.*) consumare, esaurire: — *el capital*, esaurire il capitale **3** (*fig.*) attrarre, attirare: — *la atención*, attirare l'attenzione.

absorto *agg.* assorto.
abstemio *agg.*, *s.m.* astemio.
abstención *s.f.* astensione.
abstenerse (*con. come* tener) *v.pron.* astenersi.
abstinencia *s.f.* astinenza.
abstracción *s.f.* astrazione.
abstracto *agg.* astratto | *en —* astrattamente.
abstraer (*con. come* traer) *v.tr.* astrarre ♦ **-se** *v. pron.* astrarsi: *— del entorno*, astrarsi dall'ambiente.
abstraído *agg.* assorto, distratto.
absurdo *agg.* assurdo ♦ *s.m.* assurdità (*f.*), assurdo | *reducir al —*, dimostrare per assurdo.
abuchear *v.tr.* (*di pubblico, uditorio*) fischiare, contestare (clamorosamente).
abuelo *s.m.* **1** nonno | *tío —*, prozio **2** (*fig.*) uomo anziano.
abulense *agg.* della città di Ávila ♦ *s.m./f.* abitante di Ávila.
abultar *v.tr.* **1** gonfiare, aumentare il volume **2** (*fig.*) esagerare, gonfiare: *— la noticia*, gonfiare la notizia ♦ *v.intr.* ingombrare, far volume: *el ordenador abulta poco*, il computer è poco ingombrante.
abundancia *s.f.* abbondanza | *en la —*, nell'opulenza.
abundante *agg.* abbondante.
abundar *v.intr.* **1** abbondare **2** insistere: *el ministro abunda en sus consideraciones sobre la inmigración*, il ministro insiste nelle sue considerazioni sull'immigrazione.
aburguesarse *v.pron.* imborghesirsi.
aburrido *agg.* **1** noioso, fastidioso: *es un libro —*, è un libro noioso **2** annoiato, stanco: *estar —*, essere annoiato ♦ *s.m.* noioso, persona (*f.*) noiosa.
aburrimiento *s.m.* noia (*f.*).
aburrir *v.tr.* annoiare: *nos aburres con tus quejas*, ci annoi con le tue lamentele ♦ **-se** *v.pron.* annoiarsi: *— de tanto ver la tele*, annoiarsi a furia di vedere la TV.
abusar *v.intr.* abusare.
abuso *s.m.* abuso, sopruso | *¡qué —!*, che sfacciataggine!
abyección *s.f.* abiezione.
abyecto *agg.* abbietto, vile.
acá *avv.* qua, qui: *ven hacia —*, vieni qua/verso di me; *— nadie sabe nada*, qui nessuno sa niente | *de — para allá*, avanti e indietro | *de/desde ese día — no hemos sabido nada más*, da quel giorno a oggi non abbiamo saputo più niente.
acabadamente *avv.* compiutamente, perfettamente.
acabado *agg.* **1** perfetto, compiuto: *estilo —*, stile perfetto **2** malconcio, malridotto: *Luis está —*, Luis è ridotto male ♦ *s.m.* rifinitura (*f.*).
acabar *v.tr.* **1** finire, terminare: *— un trabajo*, finire un lavoro **2** finire, esaurire: *— el agua*, esaurire l'acqua | *— con algo*, far fuori qlco.: *has acabado con mi paciencia*, hai esaurito la mia pazienza; *los cazadores acabaron con los animales del bosque*, i cacciatori annientarono/sterminarono gli animali del bosco **3** rifinire, dare l'ultimo ritocco ♦ *v.intr.* finire: *el bastón acaba en una punta metálica*, il bastone finisce con una punta metallica | *el cuento de nunca —*, la storia infinita | *¡acaba ya!*, smettila! ♦ **-se** *v.pron.* **1** esaurirsi: *se (me) ha acabado la sal*, (mi) è finito il sale **2** concludersi | *¡se acabó!*, (*per mettere fine a un discorso*) è finita!
■ ***acabar por***, finire per: *acabó por convencerme*, finì per convincermi | ***acabar de*** (+ *inf.*), essere/avere appena (+ *part.pass.*): *acaba de llegar*, è appena arrivato; *acabo de recibir una carta suya*, ho appena ricevuto una sua lettera | ***no acabar de***, non riuscire a: *no acabo de entender este poema*, non riesco a capire questo poema; *no acaba de convencerme*, non riesce a convincermi del tutto, non mi convince fino in fondo | ***acabar*** (+ *ger.*), finire col (+ *inf.*): *siempre acaba llorando*, finisce sempre col piangere | ***¡acabáramos!***, finalmente!
academia *s.f.* **1** accademia, società scientifica **2** scuola privata.
académico *agg.*, *s.m.* accademico.
acaecer (*con. come* agradecer) *v.intr.impers.* accadere, succedere.
acaecimiento *s.m.* avvenimento, evento.
acallar *v.tr.* **1** zittire, far tacere (*anche fig.*), far cessare un rumore: *su mirada hizo — a todos*, il suo sguardo fece tacere tutti | *— la conciencia*, far tacere la coscienza **2** (*fig.*) placare, mitigare: *— la sed*, placare/calmare la sete.
acaloramiento *s.m.* **1** accaloramento **2** (*fig.*) infervoramento, ardore.
acalorar *v.tr.* **1** riscaldare **2** (*fig.*) incitare, promuovere ♦ **-se** *v.pron.* accalorarsi, infervorarsi.
acampamento *s.m.* accampamento, campeggio.
acampar *v.intr.* accampare, campeggiare ♦ **-se** *v.pron.* accamparsi.
acanalado *agg.* **1** incanalato **2** scanalato; striato.
acanaladura *s.f.* (*arch.*) scanalatura, incavo (*m.*).
acanillado *agg.* (*tess.*) te[illegible]ato a strisce.
acantilado *agg.* dirupato, scosceso ♦ [illegible] **1** scarpata (*f.*), dirupo **2** scogliera (*f.*).
acantonar *v.tr* (*mil.*) alloggiare, acquartierare ♦ **-se** *v.pron.* acquartierarsi.
acaparamiento *s.m.* accaparramento, accumulo.

acaparar *v.tr.* **1** accaparrare, fare incetta **2** (*fig.*) assorbire, monopolizzare.
acaracolado *agg.* avvolto a spirale, acchiocciolato.
acaramelado *agg.* **1** caramellato **2** (*fig.*) sdolcinato | (*fam.*) *estar acaramelados*, tubare.
acariciar *v.tr.* accarezzare (*anche fig.*).
acarrear *v.tr.* **1** trasportare, spostare: *he acarreado muebles todo el día*, ho spostato mobili tutto il giorno **2** (*fig.*) arrecare, causare, provocare: *su carácter le acarreaba muchos disgustos*, il suo carattere le/gli causava molti dispiaceri.
acarreo *s.m.* trasporto.
acartonado *agg.* **1** irrigidito, incartapecorito **2** (*fig.*, *spreg.*) rigido, innaturale.
acaso *s.m.* casualità (*f.*), evento fortuito ♦ *avv.* forse: *— llegue tarde*, forse arriverà tardi | *¿— nos avisaste?*, (*per rimproverare*) ci hai forse avvertiti?
■ ***si acaso*** **1** (*ipotetico*) qualora, se per caso: *si — viene antes que yo, dile que me espere*, se per caso viene prima che io arrivi, digli di aspettarmi **2** (*concessivo*) caso mai, al massimo; mal che vada: *no creo que sepa hablar inglés: si — algo entiende*, non credo che sappia parlare l'inglese: al massimo capisce qlco.; *si —, lo hago yo*, mal che vada, lo farò io | ***por si acaso***, caso mai, nel caso in cui: *lleva dinero por si —*, porta i soldi, caso mai/non si sa mai | (*iron.*) ***por si acaso no lo sabes***, caso mai non lo sapessi.
acatamiento *s.m.* **1** rispetto, osservanza (*f.*) **2** sottomissione (*f.*).
acatar *v.tr.* **1** rispettare, osservare **2** sottomettersi, ubbidire.
acatarrarse *v.pron.* raffreddarsi.
acaudalado *agg.* ricco, benestante.
acaudillar *v.tr.* **1** (*mil.*) comandare **2** (*fig.*) condurre, guidare.
acceder *v.intr.* **1** accedere **2** (*fig.*) conseguire, ottenere: *— a un puesto de trabajo*, ottenere un posto di lavoro **3** acconsentire, accondiscendere : *— a liberar a los rehenes*, acconsentire a liberare gli ostaggi.
accesible *agg.* **1** accessibile **2** (*fig.*) chiaro, comprensibile **3** (*fig.*) alla mano, cortese.
acceso *s.m.* **1** arrivo, avvicinamento: *el — al poder*, l'arrivo al potere **2** entrata (*f.*), passaggio | *— prohibido*, divieto di accesso **3** (*med.*) attacco, accesso | *— de locura*, accesso di follia.
accesorio *agg.*, *s.m.* accessorio, secondario | *puerta accesoria*, porta di servizio ♦ *s.m.* **1** accessorio, optional **2** ricambio.
accidentado *agg.* **1** (*di terreno*) accidentato, irregolare, impervio **2** (*fig.*) movimentato, arduo.
accidental *agg.* **1** accidentale **2** temporaneo, provvisorio: *secretario —*, segretario provvisorio.
accidentarse *v.pron.* avere un incidente, infortunarsi.
accidente *s.m.* **1** incidente; (*sul lavoro*) infortunio: *— de tráfico*, incidente stradale | *por —*, per caso **2** (*geogr.*) irregolarità (*f.*) del terreno **3** (*ling.*, *filos.*) accidente.
acción *s.f.* **1** azione, atto (*m.*) | *— de gracias*, ringraziamento | (*cinem.*) *¡cámara, —!*, ciak, si gira!/azione! **2** (*fin.*) azione, partecipazione, titolo (*m.*).
accionar *v.tr.* (*tecn.*) azionare, mettere in funzione ♦ *v.intr.* fare gesti, gesticolare.
accionario *agg.* (*econ.*) azionario.
accionista *s.m./f.* (*econ.*) azionista.
acechar *v.tr.* **1** appostarsi, tendere un agguato **2** (*fig.*) insidiare, incombere: *la pobreza nos acecha*, la povertà incombe su di noi.
acecho *s.m.* appostamento, agguato: *al —*, in agguato.
aceitar *v.tr.* oliare, ungere d'olio.
aceite *s.m.* olio: *en —*, sott'olio | *— esencial, lubricante, mineral*, olio essenziale, lubrificante, minerale | *— virgen extra de oliva*, olio extra vergine d'oliva.
aceitera *s.f.* **1** oliera **2** (*mecc.*) oliatore (*m.*).
aceitería *s.f.* vendita d'olio.
aceitero *agg.* oleario ♦ *s.m.* venditore d'olio.
aceitoso *agg.* oleoso, unto, grasso.
aceituna *s.f.* oliva.
aceitunado *agg.* olivastro, verdastro: *piel aceitunada,* pelle olivastra.
acelerador *s.m.* acceleratore.
acelerar *v.tr./intr.* accelerare: *— el paso*, affrettare, allungare il passo.
acelerón *s.m.* accelerata (*f.*).
acelga *s.f.* bietola.
acensuar *v.tr.* fare il censimento di, censire.
acento *s.m.* **1** (*pronuncia*) accento, cadenza (*f.*), inflessione (*f.*) **2** (*gramm.*) accento: *— agudo*, accento acuto; *— circunflejo*, accento circonflesso; *— tónico/prosódico*, accento tonico **3** (*fig.*) accento, enfasi (*f.*).
acentuado *agg.* **1** accentato **2** (*fig.*) marcato, spiccato, accentuato.
acentuar (*con. come* continuar) *v.tr.* **1** accentare **2** enfatizzare, mettere in evidenza ♦ **-se** *v.pron.* accentuarsi, aggravarsi.
aceña *s.f.* mulino (*m.*) ad acqua.
acepción *s.f.* **1** accezione, senso (*m.*), significato (*m.*) **2** (*dir.*) favoritismo (*m.*), preferenza.
aceptable *agg.* ammissibile, accettabile (*anche fig.*).
aceptación *s.f.* **1** accettazione; approvazione **2** buona accoglienza; consenso (*m.*), successo (*m.*): *la nueva colección de verano ha tenido mucha —*, la nuova collezione estiva

ha avuto molto successo | *índice de* —, indice di gradimento.

aceptar *v.tr.* **1** accettare **2** approvare | (*comm.*) — *una letra*, accettare una cambiale.

acequia *s.f.* **1** canale (*m.*) di irrigazione **2** (*Amer.*) ruscello (*m.*).

acera *s.f.* marciapiede (*m.*) | *de la otra* —, *de la* — *de enfrente*, di ideologia politica opposta; (*iron.*) omosessuale, dell'altra sponda.

acerado *agg.* **1** di acciaio **2** cromato **3** (*fig.*) caustico, mordace: *expresión acerada*, espressione mordace **4** (*fig.*) forte, aggressivo.

acerbo *agg.* **1** acerbo, aspro **2** (*fig.*) aspro, crudele.

acerca *prep.* (+ de) riguardo a, circa: *habló* — *de nuestra relación*, parlò riguardo al nostro rapporto.

acercamiento *s.m.* avvicinamento.

acercar (*con. come* pescar) *v.tr.* **1** avvicinare, accostare **2** (*fam.*) dare un passaggio a, accompagnare ♦ **-se** *v.pron.* avvicinarsi, accostarsi.

acero *s.m.* **1** acciaio | — *fundido*, acciaio fuso | *de* —, d'acciaio **2** spada (*f.*), arma (*f.*) bianca.

acertado *agg.* **1** azzeccato, indovinato **2** adatto, conveniente, opportuno.

acertar (*indic.pres.* acierto, aciertas, acierta, acertamos, acertáis, aciertan; *cong.pres.* acierte, aciertes, acierte, acertemos, acertéis, acierten; *imp.* acierta, acierte, acertemos, acertad, acierten) *v.tr.* **1** indovinare, azzeccare | — *la quiniela*, vincere al totocalcio **2** trovare: — *el camino*, imbroccare la strada giusta ♦ *v.intr.* **1** centrare, fare centro | — *en el blanco*, colpire il bersaglio **2** trovare, imbattersi: — *con algo/alguien*, imbattersi in qlco. o qlcu. **3** riuscire a: *no acertó a responder* **4** avere buon fiuto: *acertaste al elegir la casa*, hai avuto buon fiuto nello scegliere la casa

acertijo *s.m.* indovinello, enigma.

acético *agg.* (*chim.*) acetico.

acetificación *s.f.* (*chim.*) acetificazione.

acetona *s.f.* (*chim.*, *fam.*) acetone (*m.*).

acezar (*con. come* cazar) *v.intr* **1** ansimare, ansare **2** (*fig.*) desiderare.

achacar (*con. come* pescar) *v.tr.* attribuire, imputare.

achantar *v.tr.* (*gerg.*) intimorire, spaventare ♦ **-se** *v.pron.* intimidirsi, subire.

achaque *s.m.* **1** acciacco, indisposizione (*f.*) **2** (*fig.*) vizio, difetto **3** (*fig.*) scusa (*f.*), pretesto.

achares *s.m.pl.* (*gerg.*) gelosia (*f.sing.*).

acharolado *agg.* verniciato; lucido, lustro.

achatar *v.tr.* appiattire, schiacciare.

achicado *agg.* **1** rimpicciolito, ridotto **2** (*fig.*) spaventato, intimorito.

achicar (*con. come* pescar) *v.tr.* **1** rimpicciolire **2** (*mar.*) prosciugare ♦ **-se** *v.pron.* (*fig.*) intimorirsi; perdersi d'animo.

achicharrar *v.tr.* **1** (*un alimento*) bruciacchiare; tostare **2** scottare: *el sol de agosto achicharra*, il sole d'agosto scotta ♦ **-se** *v.pron.* scottarsi.

achicoria *s.f.* **1** (*bot.*) cicoria **2** bevanda a base di cicoria.

achís *inter.* ecciù!, eccì!

achispado *agg.* **1** brillo **2** allegro.

achispar *v.tr.* fare ubriacare ♦ **-se** *v.pron.* ubriacarsi.

achuchado *agg.* (*fam.*) **1** ripulito, a secco, al verde: *mi primo está* —, mio cugino è a secco. **2** misero, gramo: *un mes muy* —, un mese molto difficile.

achuchar *v.tr.* **1** schiacciare, premere **2** spingere, spintonare **3** (*fam.*) abbracciare, stringere **4** (*fam.*) punzecchiare, aizzare.

achulado *agg.* (*spreg.*) bullo, cafone, spavaldo.

aciago *agg.* infausto, infelice: *día* —, giorno funesto.

acíbar *s.m.* **1** (*bot.*) aloe **2** succo d'aloe.

acicalado *agg.* acconciato, agghindato.

acicalar *v.tr.* **1** brunire, lucidare, lisciare **2** abbellire, acconciare **3** intonacare.

acicate *s.m.* **1** sperone a punta **2** (*fig.*) sprone, stimolo.

acidez (*pl.* -ces) *s.f.* acidità | — *de estómago*, bruciore (*m.*) di stomaco.

ácido *agg.* **1** acido, acre, aspro **2** sgradevole, acido: *un carácter* —, un carattere acido ♦ *s.m.* acido.

acierto *s.m.* **1** riuscita (*f.*), successo: *ha sido un grande* —, è stato un grande successo **2** (*fig.*) abilità (*f.*), capacità (*f.*), destrezza (*f.*): *discurría con* — *y gusto*, discorreva con abilità e gusto **3** (*in test, esami ecc.*) risultato corretto.

ácimo *agg.* azzimo.

acimut *s.m.* (*astr.*) azimut.

acimutal *agg.* azimutale.

aclamación *s.f.* acclamazione | *por* —, per acclamazione.

aclamar *v.tr.* **1** acclamare, applaudire **2** proclamare: *la población lo aclámo rey*, la popolazione lo proclamò re.

aclaración *s.f.* chiarimento (*m.*), delucidazione (*f.*).

aclarado *s.m.* risciacquo.

aclarar *v.tr.* **1** schiarire: — *el pelo*, schiarire i capelli | — *la voz*, schiarire la voce **2** chiarire, spiegare **3** sciacquare, risciacquare **4** diluire, allungare: *hay que* — *el chocolate con la leche*, bisogna diluire la cioccolata con il latte ♦ *v.intr.impers.* (*meteor.*) **1** rasserenarsi: *el cielo ha aclarado*, il cielo si è rasserenato **2** schiarirsi, farsi giorno ♦ **-se** *v.pron.*

chiarirsi (*anche fig.*): *tengo que aclararme las ideas antes de decidir algo*, devo chiarirmi le idee prima di decidere qualcosa.

aclimatar *v.tr.* adattare, acclimatare ♦ **-se** *v.pron.* acclimatarsi, ambientarsi.

acmé *s.m.* (*anche med.*) acme (*f.*), apice.

acobardar *v.tr.* intimidire, impaurire ♦ **-se** *v.pron.* avvilirsi, intimorirsi.

acocear *v.tr.* **1** prendere a calci, scalciare **2** (*fig.*) maltrattare, offendere.

acodar *v.tr.* **1** incurvare, piegare a gomito **2** (*bot.*) propagginare ♦ **-se** *v.pron.* appoggiarsi sui gomiti.

acogedor *agg.* accogliente, piacevole.

acoger (*con. come* coger) *v.tr.* **1** accogliere, ricevere; dare rifugio a **2** accettare, approvare, ammettere ♦ **-se** *v.pron.* **1** rifugiarsi **2** (*fig.*) avvalersi (di): — *a una ayuda*, avvalersi di un aiuto; — *a un derecho*, far valere un diritto; — *a una escusa*, appigliarsi a una scusa.

acogida *s.f.* **1** accoglienza, ospitalità; asilo (*m.*): *las organizaciones humanitarias preparan la — de los prófugos*, le organizzazioni umanitarie si stanno preparando ad accogliere i profughi **2** (*fig.*) approvazione, accettazione.

acogimiento *s.m.* accoglienza (*f.*), accettazione (*f.*) (*anche fig.*): *hallar buen —*, trovare buona accoglienza.

acojonado *agg.* **1** (*volg.*) che se la fa sotto, impaurito | *estar —*, farsela sotto **2** (*fam.*) stupito, sorpreso | *quedar —*, restare di stucco, (*volg.*) restare di merda.

acojonar *v.tr.* (*volg.*) **1** spaventare **2** sorprendere, lasciare di stucco ♦ **-se** *v.pron.* (*volg.*) **1** spaventarsi **2** restare di stucco.

acolchado *agg.* imbottito; trapuntato ♦ *s.m.* imbottitura (*f.*); trapunta (*f.*).

acólito *s.m.* **1** (*anche relig.*) accolito **2** (*Amer. spreg.*) scagnozzo.

acollarar *v.tr.* mettere il collare (a un animale).

acometedor *agg.* **1** assalitore **2** audace, intraprendente: *un combatiente — e intrepido*, un combattente audace e intrepido ♦ *s.m.* assalitore.

acometer *v.tr.* **1** assalire, scagliarsi su/contro (*anche fig.*) **2** intraprendere.

acometida *s.f.* **1** aggressione, attacco (*m.*) **2** (*tecn.*) allacciamento (*m.*), derivazione **3** (*fognatura*) punto (*m.*) di sbocco: — *en Y*, collettore a Y.

acomodadizo *agg.* accomodante, adattabile, conciliante.

acomodado *agg.* **1** ricco, agiato **2** sistemato, aggiustato: *el equipaje ya está —*, il bagaglio è già a posto **3** appropriato, adatto: *el sitio más —*, il luogo più adatto.

acomodador *s.m.* (*di cinema, teatro*) maschera (*f.*).

acomodamiento *s.m.* **1** (*comm.*) compromesso, accomodamento **2** comodità (*f.*).

acomodar *v.tr.* **1** accomodare, aggiustare; sistemare: *hemos acomodado los libros en la librería*, abbiamo sistemato i libri nella libreria **2** adattare: *le acomodaron un teclado de otro ordenador*, (gli) hanno adattato la tastiera di un altro computer **3** conciliare **4** (*fig.*) offrire un impiego, collocare ♦ *v.intr.* andare bene: *si te acomoda puedes venir ahora*, se ti va puoi venire adesso ♦ **-se** *v.pron.* adattarsi.

acompañante *s.m./f.* accompagnatore (*m.*), accompagnatrice (*f.*).

acompañar *v.tr.* **1** (*anche mus.*) accompagnare: *te ruego que me acompañes*, ti prego di farmi compagnia, di venire con me | *¿nos acompañas?*, (*a tavola*) gradisci?; (*per uscire*) vieni con noi? **2** unire, accludere

▪ ***le acompaño en el sentimiento***, le faccio le mie condoglianze.

acompasado *agg.* moderato, compassato.

acomplejado *agg.* complessato.

acondicionador *s.m.* condizionatore | — *de aire*, condizionatore d'aria ♦ *agg.* che condiziona.

acondicionamiento *s.m.* condizionamento; climatizzazione (*f.*).

acondicionar *v.tr.* **1** sistemare, adattare, approntare: *han acondicionado la casa de campo para pasar vacaciones*, hanno sistemato la casa di campagna per passarci le vacanze **2** climatizzare.

acongojador *agg.* angosciante, penoso.

acongojar *v.tr.* angosciare, affliggere.

aconsejar *v.tr.* consigliare ♦ **-se** *v.pron.* consultare, chiedere consiglio.

acontecer (*con. come* agradecer) *v.intr.impers.* accadere, succedere.

acontecimiento *s.m.* avvenimento, evento, fatto | *adelantar acontecimientos*, anticipare gli eventi.

acopiar *v.tr.* far provvista di; accaparrare.

acoplado *s.m.* (*Amer.*) rimorchio.

acoplamiento *s.m.* **1** (*anche zool.*) accoppiamento **2** (*tecn., inform.*) montaggio, connessione (*f.*).

acoplar *v.tr.* **1** accoppiare, far combaciare, adattare **2** (*inform.*) connettere, collegare ♦ **-se** *v.pron.* **1** accoppiarsi, andare d'accordo: *esa pareja se acopla bien*, quella coppia è ben affiatata **2** combaciare.

acorazado *s.m.* (*mar.*) corazzata (*f.*).

acorazar (*con. come* cazar) *v.tr.* corazzare, blindare ♦ **-se** *v.pron.* corazzarsi; difendersi.

acorchado *agg.* **1** ricoperto di sughero **2** molle, cedevole, elastico **3** (*fig.*) insen-

sibile: *tener el corazón —*, avere il cuore di pietra.
acordar (*con. come* contar) *v.tr.* **1** concordare, convenire, stabilire **2** (*mus.*) accordare ♦ **-se** *v.pron.* ricordare, ricordarsi di: *me acuerdo de todo*, ricordo tutto, mi ricordo di tutto.
acorde *agg.* concorde, conforme: *la copia es — al original*, la copia è conforme all'originale | *nuestras ideas son acordes*, le nostre idee concordano ♦ *s.m.* (*mus.*) accordo.
acordeón *s.m.* (*mus.*) fisarmonica (*f.*).
acordonamiento *s.m.* (*di una zona*) cordone, sbarramento, isolamento: *— de la calle*, sbarramento della strada.
acordonar *v.tr.* **1** legare, cingere con un cordone **2** (*una zona*) circondare, sbarrare (con un cordone di vigilanza) **3** (*moneta*) zigrinare il bordo.
acorralar *v.tr.* **1** accerchiare; rinchiudere **2** (*fig.*) mettere alle strette.
acorrer *v.tr.* venire in aiuto di, soccorrere: *— a alguien*, soccorrere qlcu.
acortamiento *s.m.* (*anche ling.*) abbreviazione (*f.*).
acortar *v.tr.* accorciare, ridurre, restringere ♦ **-se** *v.pron.* restringersi, accorciarsi.
acosar *v.tr.* **1** inseguire **2** molestare sessualmente **3** perseguitare, tartassare, importunare, assillare.
acoso *s.m.* **1** inseguimento, persecuzione (*f.*) **2** molestia (*f.*) | *— sexual*, molestia sessuale.
acostar¹ (*con. come* contar) *v.tr.* coricare, distendere ♦ **-se** *v.pron.* **1** coricarsi, mettersi a letto **2** (*fam.*) andare a letto con qlcu., fare l'amore.
acostar² (*con. come* contar) *v.intr.* (*mar.*) raggiungere la costa, approdare.
acostado *agg.* disteso, sdraiato.
acostumbrado *agg.* **1** abituato, avvezzo **2** abituale, solito | *lo —*, il solito.
acostumbrar *v.tr.* abituare: *— a los niños a los horarios*, abituare i bambini agli orari ♦ *v.intr.* essere solito: *acostumbra a levantarse temprano*, è abituato ad alzarsi presto ♦ **-se** *v.pron.* abituarsi, adattarsi: *— al país*, adattarsi al paese.
acotación *s.f.* **1** delimitazione, circoscrizione: *— del terreno*, delimitazione del terreno **2** (*geogr.*) quota **3** postilla **4** (*teatr.*) didascalia.
acotamiento *s.m.* (*di terreno*) delimitazione (*f.*), circoscrizione (*f.*).
acotar *v.tr.* **1** fissare i confini, delimitare **2** annotare, postillare.
ácrata *agg.*, *s.m./f.* (*pol.*) anarchico (*m.*).
acrecentamiento *s.m.* incremento, aumento.
acrecentar *v.tr.* accrescere, aumentare.
acreditar *v.tr.* **1** autenticare, garantire: *la marca acredita el producto*, il marchio garantisce il prodotto **2** accreditare, avvalorare: *el mismo pintor acreditó la autenticidad de su obra*, il pittore stesso accreditò/attestò l'autenticità della sua opera **3** autorizzare: *el certificado acredita al técnico*, il certificato autorizza il tecnico **4** (*banc.*) accreditare, registrare/segnare a credito ♦ **-se** *v.pron.* farsi un nome, acquistare fama.
acreedor *agg.* **1** creditore **2** (*fig.*) degno, meritevole ♦ *s.m.* creditore.
acrianzar (*con. come* cazar) *v.tr.* crescere, allevare.
acribillar *v.tr.* **1** crivellare: *— a balazos*, crivellare di colpi **2** (*fig.*) assillare.
acristalado *agg.* a vetro, vetrato: *puerta acristalada*, porta a vetri.
acta *s.f.* **1** verbale (*m.*): *hacer constar en —*, mettere a verbale; *levantar —*, stendere un verbale **2** documento (*m.*), atto (*m.*): *— de defunción, nacimiento*, certificato di morte, nascita.
actitud *s.f.* **1** disposizione d'animo, atteggiamento (*m.*): *cambiar de —*, cambiare atteggiamento **2** assetto (*m.*), disposizione.
activar *v.tr.* **1** attivare **2** sollecitare ♦ **-se** *v.pron.* attivarsi.
actividad *s.f.* **1** attività | *actividades domésticas*, lavori domestici **2** funzionalità **3** operosità.
activo *agg.* **1** attivo, vitale **2** (*econ.*) positivo, attivo: *balance en —*, bilancio attivo **3** (*gramm.*) attivo: *conjugación activa*, coniugazione attiva ♦ *s.m.* (*econ.*) attivo.
acto *s.m.* **1** atto, azione (*f.*) | *— seguido*, subito dopo, immediatamente | *en el —*, subito **2** celebrazione (*f.*), cerimonia (*f.*) **3** assemblea (*f.*), seduta (*f.*) **4** (*teatr.*) atto **5** (*dir.*) atto, contratto.
actor (*f.* actriz) *s.m.* **1** attore **2** (*dir.*) querelante.
actora *agg.* (*dir.*) querelante: *parte actora*, querelante.
actriz *s.f.* (*cinem., teatr.*) attrice.
actuación *s.f.* **1** condotta, modo (*m.*) di agire **2** (*dir.*) procedura, pratica **3** (*teatr.*) recita, rappresentazione, interpretazione.
actual *agg.* attuale: *un diseño —*, un design alla moda.
actualización *s.f.* attualizzazione, aggiornamento (*m.*): *— del sistema operativo*, aggiornamento del sistema operativo.
actualizar (*con. come* cazar) *v.tr.* aggiornare, rendere attuale.
actuar (*con. come* continuar) *v.intr.* **1** agire **2** esercitare: *— como jefe*, svolgere la funzione di capo **3** (*teatr.*) recitare, esibirsi.
actuario *s.m.* (*dir.*) cancelliere.
acuarela *s.f.* acquerello (*m.*).
acuario *s.m.* (*anche astr.*) acquario.

acuartelar *v.tr.* (*mil.*) acquartierare, radunare, concentrare (soldati).
acuático *agg.* acquatico.
acuatizaje *s.m.* (*aer.*) ammaraggio.
acuchillar *v.tr.* **1** accoltellare **2** (*il parquet*) lamare.
acuciar *v.tr.* incitare, sollecitare, incalzare.
acuclillarse *v.pron.* accoccolarsi.
acudir *v.intr.* **1** recarsi, presentarsi: — *ante el juez*, presentarsi davanti al giudice **2** accorrere: — *en ayuda de alguien*, accorrere in soccorso di qlcu. **3** frequentare (un luogo): *acudía siempre a la misma discoteca*, frequentavo sempre la stessa discoteca **4** adempiere, dedicarsi a: — *a su trabajo*, dedicarsi al proprio lavoro **5** ricorrere a, rivolgersi a: *acudiré a medidas drásticas*, farò ricorso a misure drastiche.
acueducto *s.m.* acquedotto.
ácueo *agg.* acqueo.
acuerdo *s.m.* **1** accordo, intesa (*f.*): *ponerse de* —, mettersi d'accordo | — *marco*, accordo quadro **2** (*anche dir.*) decisione (*f.*), risoluzione (*f.*).
acúleo *s.m.* (*zool.*) aculeo.
acuminado *agg.* acuminato, appuntito.
acumulador *s.m.* (*elettr.*) accumulatore.
acumular *v.tr.* accumulare, ammucchiare ♦ **-se** *v.pron.* accumularsi.
acumulativo *agg.* cumulativo.
acunar *v.tr.* cullare.
acuñar *v.tr.* **1** coniare (*anche fig.*) **2** incuneare.
acuoso *agg.* acquoso.
acupuntor *s.m.* (*med.*) agopuntore.
acupuntura *s.f.* (*med.*) agopuntura.
acurrucarse (*con. come* pescar) *v.pron.* accoccolarsi, raggomitolarsi, rannicchiarsi.
acusación *s.f.* (*anche dir.*) accusa, imputazione | (*dir.*) — *particular*, parte civile.
acusado *agg.* **1** accusato, imputato **2** chiaro, evidente: *un — acento*, uno spiccato accento ♦ *s.m.* accusato, imputato.
acusador *s.m.* accusatore.
acusar *v.tr.* **1** accusare; imputare **2** denunciare **3** mostrare, manifestare **4** notificare | — *recibo*, accusare ricevuta.
acusativo *s.m.* (*gramm.*) accusativo.
acusón *agg.*, *s.m.* (*spreg.*) spione.
acústico *agg.* acustico.
adagio *s.m.* **1** (*proverbio*) adagio, massima (*f.*) **2** (*mus.*) adagio.
adamascado *agg.* (*tess.*) damascato.
adán[1] *s.m.* (*fam.*) uomo sciatto, sciattone.
Adán[2] *s.m.* Adamo.
adánico *agg.* adamitico.
adanismo *s.m.* nudismo.
adaptación *s.f.* adattamento (*m.*).
adaptar *v.tr.* adattare, aggiustare ♦ **-se** *v.pron.* **1** adattarsi, adeguarsi **2** essere appropriato, conveniente: *se adapta bien a mi estilo*, si confà al mio stile.
adecentar *v.tr.* riordinare, sistemare ♦ **-se** *v.pron.* mettersi in ordine, rassettarsi.
adecuado *agg.* adeguato, appropriato, conveniente.
adecuar *v.tr.* adeguare ♦ **-se** *v.pron.* adeguarsi, adattarsi.
adefesio *s.m.* (*fam.*) **1** (*di cosa*) ridicolaggine (*f.*), orrore, stravaganza (*f.*) **2** (*di persona*) spauracchio, mostro.
adelantado *agg.* **1** avanzato, precoce: *está muy — para su edad*, è molto precoce per la sua età **2** (*di lavoro*) a buon punto, avanti: *estar — en matemáticas*, essere avanti in matematica **3** (*di pagamento*) anticipato | *por* —, anticipatamente: *pago por* —, pagamento anticipato **4** eccellente **5** (*fig.*) audace, imprudente ♦ *s.m.* (*st.*) governatore.
adelantamiento *s.m.* **1** anticipazione (*f.*), avanzamento, progresso **2** (*aut.*) sorpasso.
adelantar *v.tr.* **1** spostare/portare in avanti **2** (*anche aut.*) sorpassare, superare **3** anticipare ♦ *v.intr.* **1** avanzare, andare avanti **2** migliorare, progredire **3** (*di orologio*) andare avanti ♦ **-se** *v.pron.* **1** anticipare, giungere prima **2** proporsi, farsi avanti.
adelante *avv.* avanti, innanzi ♦ *inter.* **1** coraggio!, forza! **2** (*per far entrare*) avanti!
■ ***de ahora en adelante***, d'ora in avanti/poi | ***más adelante***, più avanti | ***seguir camino/carretera adelante***, continuare avanti per la strada.
adelanto *s.m.* **1** avanzamento, progresso, miglioramento **2** (*comm.*) anticipo, caparra (*f.*) **3** anticipazione (*f*).
adelfa *s.f.* (*bot.*) oleandro (*m.*).
adelgazante *agg.* dimagrante.
adelgazar (*con. come* cazar) *v.tr.* assottigliare ♦ *v.intr.* dimagrire.
ademán *s.m.* **1** gesto, atteggiamento **2** (*pl.*) modi (*pl.*), maniere (*f.pl.*).
además *avv.* inoltre, oltre a ciò, per di più: *nos ha dejado su casa y, —, nos ha dado dinero*, ci ha lasciato la sua casa e, per di più, ci ha dato dei soldi
■ ***además de***, oltre a: — *de malo, es tonto*, oltre a essere cattivo è scemo.
adenoides *s.f.pl.* (*med.*) adenoidi.
adentrar *v.intr.* penetrare ♦ **-se** *v.pron.* **1** addentrarsi: — *en un bosque*, addentrarsi in un bosco **2** approfondire: — *en los detalles*, approfondire i dettagli.
adentro *avv.* dentro, addentro | *hacia/para* —, in dentro | *mar* —, in alto mare | *tierra* —, entroterra | (*inter.*) *¡ —!*, avanti!
adentros *s.m.pl.* coscienza (*f. sing.*), intimo (*sing.*): *en sus* —, in cuor suo; *para sus* —, tra di sé.
adepto *agg.*, *s.m.* adepto, iniziato, affiliato.

aderezar (*con. come* cazar) *v.tr.* **1** (*alimenti*) condire: *hay que — la ensalada*, bisogna condire l'insalata **2** acconciare, adornare (*anche fig.*): *— con historias*, condire/abbellire con storie.
aderezo *s.m.* **1** condimento **2** ornamento.
adeudar *v.tr.* **1** (*banc.*) addebitare **2** dovere, essere in debito: *adeuda mil euros*, deve mille euro; *adeuda todavía los alquileres de tres meses*, deve ancora (pagare) tre mesi d'affitto ♦ **-se** *v.pron.* indebitarsi.
adeudo *s.m.* **1** addebito **2** diritto di dogana.
adherencia *s.f.* (*fis., med.*) aderenza.
adherir (*con. come* sentir) *v.intr.* (*anche fig.*) aderire, unirsi ♦ *v.tr.* attaccare, incollare ♦ **-se** *v.pron.* aderire, associarsi.
adhesión *s.f.* adesione.
adhesivo *agg., s.m.* adesivo.
adicción *s.m.* (*da una droga ecc.*) dipendenza (*f.*).
adición *s.f.* **1** (*mat.*) addizione, somma **2** aggiunta.
adicional *agg.* addizionale, aggiuntivo.
adicionar *v.tr.* addizionare.
adicto *agg.* **1** seguace, partigiano **2** dedito, incline ♦ *s.m.* tossicodipendente (*m./f.*), drogato.
adiestramiento *s.m.* addestramento.
adiestrar *v.tr.* addestrare, allenare, istruire ♦ **-se** *v.pron.* allenarsi.
adinerado *agg.* danaroso, facoltoso.
adiós *inter.* (*congedo*) addio; ciao ♦ *s.m.* addio.
aditivo *agg.* aggiuntivo, additivo ♦ *s.m.* additivo.
adivinación *s.f.* divinazione, presagio (*m.*).
adivinanza *s.f.* indovinello (*m.*).
adivinar *v.tr.* **1** indovinare **2** predire **3** intravedere: *desde la ventana se adivina el mar*, dalla finestra si intravede il mare.
adivino *s.m.* indovino.
adjetivo *s.m.* (*gramm.*) aggettivo.
adjudicar (*con. come* pescar) *v.tr.* aggiudicare, assegnare ♦ **-se** *v.pron.* appropriarsi, impossessarsi.
adjuntar *v.tr.* allegare.
adjunto *agg.* **1** (*anche inform.*) allegato **2** annesso ♦ *agg., s.m.* (*università*) associato | *profesor —*, professore associato | *secretario —*, sottosegretario.
administración *s.f.* amministrazione.
administrador *s.m.* amministratore.
administrar *v.tr.* **1** amministrare, dirigere **2** (*anche relig.*) dare, somministrare: *— los sacramentos*, somministrare i sacramenti.
administrativo *agg.* amministrativo ♦ *s.m.* impiegato, amministrativo | *gestor —*, amministratore.
admirable *agg.* ammirevole.
admiración *s.f.* ammirazione, sorpresa | *signo de —*, punto esclamativo.
admirado *agg.* stupito, meravigliato.
admirador *agg., s.m.* ammiratore, corteggiatore.
admirar *v.tr.* ammirare ♦ **-se** *v.pron.* meravigliarsi di, stupirsi di.
admisible *agg.* ammissibile.
admisión *s.f.* ammissione.
admitir *v.tr.* **1** accogliere, lasciar entrare: *en ese hotel no admiten animales*, in quell'hotel gli animali non possono entrare/non sono ammessi **2** ammettere, accettare: *no se admiten propinas*, non si accettano mance **3** ammettere, riconoscere: *admito que me he equivocado*, riconosco di essermi sbagliato **4** accettare, permettere, tollerare (*anche fig.*): *no admito réplicas*, non ammetto repliche **5** supporre: *admitamos que tengas razón*, ammettiamo che tu abbia ragione.
admonición *s.f.* ammonizione, rimprovero (*m.*).
adobar *v.tr.* **1** addobbare, decorare **2** (*cuc.*) marinare **3** (*pelli, pellame*) conciare.
adobo *s.m.* **1** addobbo **2** (*cuc.*) marinatura (*f.*), condimento **3** (*della pelle*) concia (*f.*).
adocenado *agg.* dozzinale, mediocre, scadente.
adocenar *v.tr.* **1** dividere in dozzine **2** rendere dozzinale ♦ **-se** *v.pron.* rendersi volgare/dozzinale.
adoctrinar *v.tr.* indottrinare.
adolecer (*con. come* agradecer) *v.intr.* **1** (*med.*) soffrire di: *adolece de insomnio*, soffre di insonnia **2** (*fig.*) peccare, presentare dei difetti: *adolece de falta de lógica*, pecca di mancanza di logica.
adolescencia *s.f.* adolescenza.
adolescente *agg., s.m./f.* adolescente.
adonde, a donde *avv.* (*con v. di movimento*) dove: *el pueblo — voy*, il paese dove/in cui vado; *iré a — tú vayas*, andrò dove/ovunque andrai tu ♦ *prep.* a casa di, da, presso: *estoy — la abuela*, sono dalla nonna, a casa della nonna.
adónde *avv.interr.* (*con v. di movimento*) dove, in quale luogo: *¿— vas?*, dove vai?
adondequiera *avv.* dovunque, dappertutto.
adonis *s.m.* (*iron.*) adone.
adopción *s.f.* adozione | *de —*, d'adozione.
adoptar *v.tr.* **1** adottare **2** adottare, prendere: *— precauciones*, prendere delle precauzioni; *— la costumbre*, prendere l'abitudine; *— una actitud*, assumere un atteggiamento.
adoquín *s.m.* **1** selce (*f.*), sampietrino **2** (*fig.*) testa (*f.*) di rapa.
adoquinado *agg., s.m.* selciato.
adoración *s.f.* adorazione.
adorar *v.tr.* adorare; amare intensamente.
adormecedor *agg.* soporifero.

adormecer (*con. come* agradecer) *v.tr.* **1** addormentare **2** (*fig.*) sopire, calmare ♦ **-se** *v.pron.* **1** addormentarsi, appisolarsi **2** (*fig.*) intorpidirsi.
adormecimiento *s.m.* assopimento.
adormidera *s.f.* (*bot., pianta*) papavero (*m.*) da oppio.
adormilarse *v.pron.* sonnecchiare, appisolarsi.
adornar *v.tr.* adornare, abbellire, ornare.
adornista *s.m./f.* decoratore (*m.*), decoratrice (*f.*).
adorno *s.m.* ornamento | *objetos de* —, soprammobili.
adosado *agg.* addossato, poggiato | *chalet* —, villetta a schiera.
adquirente *s.m./f.* (*comm.*) acquirente.
adquirir (*indic.pres.* adquiero, adquieres, adquiere, adquirimos, adquirís, adquieren; *cong.pres.* adquiera, adquieras, adquiera, adquiramos, adquiráis, adquieran; *imp.* adquiere, adquiera, adquiramos, adquirid, adquieran) *v.tr.* **1** acquisire, ottenere: *adquirió mucha fama*, acquistò una grande fama; *ya ha adquirido la experiencia necesaria*, ormai ha acquisito l'esperienza necessaria **2** prendere, contrarre: *adquirió la costumbre de pasar la mañana en la cama*, prese l'abitudine di passare la mattina a letto | — *una enfermedad*, contrarre una malattia **3** acquistare, comprare.
adquisición *s.f.* acquisizione, acquisto (*m.*).
adquisitivo *agg.* acquisitivo | *poder* —, potere d'acquisto.
adrede *avv.* apposta, deliberatamente: *lo ha hecho* —, l'ha fatto apposta.
adscribir (*part.pass.* adscrito) *v.tr.* attribuire, assegnare, ascrivere ♦ **-se** *v.pron.* iscriversi, associarsi: — *a un bando*, affiliarsi a una banda.
aduana *s.f.* dogana | *derechos de* —, dazio, diritti doganali.
aduanal *s.m.* (*Amer.*) doganiere.
aduanero *agg* doganale ♦ *s.m.* doganiere.
aducir (*con. come* conducir) *v.tr.* addurre, portare a giustificazione: — *pruebas*, addurre delle prove.
adueñarse *v.pron.* impadronirsi, appropriarsi: — *del botín*, impadronirsi del bottino.
adulación *s.f.* adulazione.
adulador *agg., s.m.* adulatore; (*spreg.*) lecchino.
adular *v.tr.* adulare, lusingare; (*iron.*) sviolinare.
adulón *agg.* (*spreg.*) adulatore, leccapiedi.
adulterar *v.tr.* **1** adulterare, alterare, sofisticare: — *los alimentos*, alterare gli alimenti **2** falsificare: — *la verdad*, falsificare la verità.
adulterio *s.m.* adulterio.
adultez *s.f.* età adulta, maturità.
adulto *agg., s.m.* adulto.
advenedizo *agg., s.m.* **1** forestiero, intruso **2** (*spreg.*) nuovo ricco, parvenu.
advenimiento *s.m.* arrivo, avvento.
adventicio *agg.* avventizio, occasionale.
adverbio *s.m.* (*gramm.*) avverbio.
adversario *s.m.* avversario.
adversidad *s.f.* avversità.
adverso *agg.* avverso, sfavorevole.
advertencia *s.f.* avvertenza, avvertimento (*m.*).
advertido *agg.* avvertito, accorto.
advertir (*con. come* sentir) *v.tr.* **1** percepire, sentire, notare: — *la presencia de alguien*, percepire la presenza di qlcu. **2** avvisare, avvertire; ammonire: — *a la policía*, avvisare la polizia.
Adviento *s.m.* (*relig.*) Avvento.
adyacente *agg.* contiguo, adiacente.
aeración *s.f.* aerazione.
aéreo *agg.* **1** aereo **2** leggero, lieve.
aeroespacial *agg.* aerospaziale: *ingeniero* —, ingegnere aerospaziale.
aeromoza *s.f.* (*Amer.*) hostess (*f.*).
aeronáutica *s.f.* aeronautica.
aeropuerto *s.m.* aeroporto.
aerostación *s.f.* aerostazione.
afable *agg.* affabile.
afamado *agg.* famoso, rinomato.
afamar *v.tr.* dar fama a, rendere famoso.
afán *s.m.* **1** desiderio, brama (*f.*): — *de protagonismo*, desiderio di protagonismo **2** impegno, zelo: *trabaja con* —, lavora con impegno **3** fatica (*f.*).
afanar *v.tr.* (*fam.*) rubare ♦ **-se** *v.pron.* **1** affannarsi, darsi da fare: — *para tener éxito*, darsi da fare per avere successo **2** affaticarsi, sforzarsi.
afanoso *agg.* **1** faticoso, affannoso **2** stanco, affannato.
afeamiento *s.m.* **1** deturpamento **2** (*fig.*) biasimo, critica (*f.*), rimprovero.
afear *v.tr.* **1** imbruttire **2** (*fig.*) biasimare, rimproverare: *le afeó su conducta*, gli rimproverò la sua condotta ♦ **-se** *v.pron.* imbruttirsi.
afección *s.f.* **1** affezione, malattia **2** simpatia, affetto (*m.*).
afectable *agg.* vulnerabile; impressionabile.
afectado *agg.* **1** affettato, finto **2** (*anche med.*) colpito, danneggiato **3** (*fig.*) addolorato, colpito.
afectar *v.tr.* **1** affettare, ostentare **2** simulare, fingere: — *ignorancia*, fingere ignoranza **3** impressionare, addolorare **4** concernere, riguardare: *este ejemplo no afecta a todos*, questo esempio non riguarda tutti | — *de lleno*, riguardare completamente **5** pregiudicare, influire sfavorevolmente **6** colpire

(*anche med.*): *esta enfermedad afecta a los ancianos*, questa malattia colpisce gli anziani **7** (*dir.*) assoggettare, gravare; ipotecare ♦ **-se** *v.pron.* impressionarsi, provare qualche sensazione.
afecto *agg.* **1** affezionato **2** (*dir.*) assoggettato ♦ *s.m.* affetto.
afectuoso *agg.* affettuoso.
afeitada *s.f.* rasatura.
afeitado *agg.* rasato, sbarbato ♦ *s.m.* rasatura (*f.*).
afeitadora *s.f.* rasoio (*m.*) elettrico.
afeitar *v.tr.* **1** radere, sbarbare | *máquina de —*, rasoio elettrico **2** abbellire, abbigliare | *— un toro*, limare le corna a un toro ♦ **-se** *v.pron.* radersi; farsi la barba.
afeite *s.m.* **1** abbellimento **2** cosmetico.
afelpado *agg.* felpato.
afeminado *agg.* effeminato, lezioso.
aferrado *agg.* tenace, caparbio, ostinato.
aferrar *v.tr.* **1** afferrare, acciuffare **2** (*mar.*) ancorare, ormeggiare ♦ **-se** *v.pron.* **1** afferrarsi, aggrapparsi **2** (*fig.*) ostinarsi.
afianzar (*con. come* cazar) *v.tr.* **1** consolidare, rafforzare, puntellare (*anche fig.*) **2** (*comm.*) garantire, avallare.
afiche *s.m.* manifesto, poster.
afición *s.f.* **1** inclinazione, predisposizione: *— a la música*, inclinazione per la musica **2** (*sport*) tifo (*m.*); tifoseria: *la — gritaba contra el equipo extranjero*, i tifosi gridavano contro la squadra straniera **3** affezione, affetto (*m.*), simpatia | *tener — por*, affezionarsi a; essere appassionati di **4** hobby (*m.*), interesse (*m.*): *es importante que cultives tus aficiones*, è importante che tu coltivi i tuoi hobby.
aficionado *agg.* **1** affezionato, simpatizzante **2** (*sport*) tifoso ♦ *s.m.* **1** dilettante, amatore **2** (*sport*) tifoso.
aficionar *v.tr.* appassionare ♦ **-se** *v.pron.* affezionarsi, appassionarsi.
afijo *s.m.* (*gramm.*) affisso.
afilador *s.m.* **1** affilacoltelli; affilarasoio **2** arrotino.
afilar *v.tr.* **1** (*un coltello*) affilare, arrotare **2** (*una matita*) temperare, fare la punta a **3** (*fig.*) aguzzare: *— la vista*, aguzzare la vista ♦ **-se** *v.pron.* assottigliarsi, affilarsi.
afiliación *s.f.* affiliazione.
afiliado *agg.* affiliato, iscritto.
afiliar *v.tr.* affiliare, iscrivere.
afín *agg.* **1** affine, simile **2** prossimo, vicino ♦ *s.m.* affine (*m./f.*), parente (*m./f.*) per affinità.
afinado *agg.* (*mus.*) accordato; (*di persona*) intonato ♦ *s.m.* accordatura (*f.*).
afinar *v.tr.* **1** affinare, perfezionare, rifinire **2** (*mus.*) accordare, intonare **3** correggere, perfezionare ♦ **-se** *v.pron.* raffinarsi.
afincar (*con. come* pescar) *v.tr.* stabilire, fissare ♦ **-se** *v.pron.* (*fig.*) insediarsi, stabilirsi: *me afinqué en Caracas*, mi stabilii a Caracas.
afinidad *s.f.* **1** affinità, analogia **2** parentela.
afirmar *v.tr.* **1** affermare, asserire, sostenere **2** consolidare, rafforzare ♦ **-se** *v.pron.* **1** confermare; ratificare: *— en sus ideas*, confermare le proprie idee **2** appoggiarsi, fissarsi.
afirmativo *agg.* affermativo.
aflicción *s.f.* afflizione, pena.
afligir (*indic.pres.* aflijo, afliges...; *cong.pres.* aflija, aflijas...; *imp.* aflige, aflija, aflijamos, afligid, aflijan) *v.tr.* **1** affliggere, causare sofferenza **2** tormentare, preoccupare ♦ **-se** *v.pron.* affliggersi.
aflojar *v.tr.* **1** allentare; (*un nodo*) sciogliere **2** (*gerg.*) sganciare/sborsare denaro ♦ *v.intr.* **1** cedere, mollare **2** diminuire; attenuarsi: *el viento ha aflojado un poco*, il vento è diminuito/calato un po' ♦ **-se** *v.pron.* allentarsi, sciogliersi, svitarsi.
afluencia *s.f.* affluenza, afflusso (*m.*).
afluente *agg.*, *s.m.* affluente.
afluir (*con. come* huir) *v.intr.* **1** (*anche di gente*) affluire, confluire: *los jóvenes afluían a la plaza para el concierto*, i giovani confluivano in piazza per il concerto **2** (*di fiume*) sfociare.
aflujo *s.m.* afflusso, affluenza (*f.*): *— de votantes*, affluenza di votanti.
aforar *v.tr.* **1** (*di un locale, una piazza*) calcolare la capienza **2** (*di un fiume, una vasca*) misurare, stimare la portata **3** (*comm.*) stimare, periziare **4** (*dir.*) concedere privilegi, diritti.
aforismo *s.m.* aforisma.
afortunado *agg.* **1** fortunato **2** felice **3** appropriato, azzeccato: *un comentario —*, un commento azzeccato.
afrancesado *agg.* francesizzato.
afrenta *s.f.* **1** affronto (*m.*), insulto (*m.*), offesa **2** infamia, vergogna.
afrentar *v.tr.* disonorare, oltraggiare, offendere.
afrentoso *agg.* offensivo, disonorevole.
afrontar *v.tr.* affrontare, fronteggiare.
afrutado *agg.* fruttato.
afuera *avv.* fuori | (*inter.*) *¡—!*, fuori!
afueras *s.f.pl.* **1** dintorni (*m.*) **2** periferia (*sing.*), hinterland (*m.sing.*): *las — de Milán*, l'hinterland milanese.
afuereño *agg.* (*Amer.*) straniero, forestiero.
agachar *v.tr.* abbassare, chinare ♦ **-se** *v.pron.* **1** chinarsi, piegarsi **2** (*fig.*) lasciar correre.
agalla *s.f.* **1** (*spec. pl., di pesce*) branchia **2** (*pl., med.*) angina (*sing.*) **3** (*pl.*) coraggio (*m.*), determinazione | *tener agallas*, aver fegato.

agarrada *s.f.* discussione, lite.
agarradera *s.f.* **1** manico (*m.*), appiglio (*m.*) **2** (*Amer.*) presina (per le pentole) **3** (*pl., fam.*) agganci (*m.pl.*), appoggi (*m.pl.*) | *tener —*, avere raccomandazioni, essere raccomandato.
agarradero *s.m.* **1** manico **2** (*fig.*) appoggio, raccomandazione (*f.*) **3** (*fig.*) pretesto, scusa (*f.*).
agarrado *agg.*, *s.m.* spilorcio, taccagno ♦ *s.m.* (*ballo*) lento; ballo a coppie, ballo liscio.
agarrar *v.tr.* afferrare, prendere; acciuffare: *logré — al niño del brazo antes de que se cayera*, riuscii ad afferrare il bambino per un braccio prima che cadesse; *el policía agarró al ladrón*, il poliziotto acciuffò il ladro | *— una borrachera*, prendere una sbornia ♦ *v.intr.* **1** (*bot.*) attecchire **2** (*tecn.*) fare presa, aderire: *este tipo de cola agarra muy bien*, questo tipo di colla fa presa molto bene ♦ **-se** *v.pron.* **1** azzuffarsi, litigare **2** (*fig.*) attaccarsi, prendere come pretesto: *se agarró a que estaba ausente y no hizo los ejercicios*, ha preso come scusa il fatto che era assente e non ha fatto gli esercizi.
agarrotamiento *s.m.* **1** (*mecc.*) grippaggio, inceppamento **2** rigidità (*f.*); irrigidimento.
agarrotar *v.tr.* strozzare, soffocare ♦ **-se** *v.pron.* **1** (*di motore*) grippare **2** (*di arto*) irrigidirsi, avere i crampi.
agasajar *v.tr.* festeggiare, trattare con affetto; fare buona accoglienza.
agasajo *s.m.* festa (*f.*), accoglienza (*f.*), sollecitudine (*f.*).
agazaparse *v.pron.* **1** nascondersi; acquattarsi **2** rannicchiarsi, accovacciarsi.
agencia *s.f.* **1** agenzia: *— de viajes*, agenzia di viaggi **2** filiale, succursale.
agenciar *v.tr.* procurare ♦ **-se** *v.pron.* procurarsi | *agenciárselas*, arrangiarsi, cavarsela.
agenda *s.f.* agenda.
agente *s.m.* agente | *— de bolsa*, agente di cambio | *— de negocios*, mediatore | *— de policía*, poliziotto | *— doble*, spia | *— patógeno*, agente patogeno.
agigantar *v.tr.* ingigantire (*anche fig.*).
ágil *agg.* agile, scattante.
agilización *s.f.* alleggerimento (*m.*), snellimento (*m.*): *— del servicio público*, snellimento del servizio pubblico.
agitación *s.f.* agitazione.
agitador *agg.*, *s.m.* **1** (*anche tecn.*) agitatore **2** provocatore.
agitar *v.tr.* agitare, scuotere; inquietare, turbare ♦ **-se** *v.pron.* agitarsi.
aglomeración *s.f.* agglomerato (*m.*), agglomerazione.
aglomerado *agg.* agglomerato, conglomerato ♦ *s.m.* truciolato.
aglomerar *v.tr.* ammucchiare, agglomerare ♦ **-se** *v.pron.* raccogliersi, ammassarsi.
aglutinante *agg.* (*biol., ling.*) agglutinante.
agnóstico *agg.*, *s.m.* agnostico.
agobiado *agg.* **1** (*di persona*) piegato, curvo **2** (*fig.*) oppresso.
agobiador *agg.* opprimente, stancante | *calor —*, caldo soffocante.
agobiar *v.tr.* **1** (*la schiena*) piegare, curvare **2** (*fig.*) stressare; opprimere, angosciare: *la agobiaba con excesivas atenciones*, la soffocava di troppe attenzioni ♦ **-se** *v.pron.* piegarsi, curvarsi (sotto un peso).
agobio *s.m.* angoscia (*f.*), oppressione (*f.*): *en el autobús lleno siento —*, nell'autobus affollato mi sento soffocare.
agolpamiento *s.m.* assembramento, affollamento, ressa (*f.*).
agolpar *v.tr.* ammassare, accalcare ♦ **-se** *v.pron.* accalcarsi, affollarsi, assembrarsi.
agonizar (*con. come* cazar) *v.intr.* **1** agonizzare **2** (*fig.*) estinguersi.
agorar (*con. come* contar) *v.tr.* profetizzare, predire.
agorero *agg.* profetico | *ave agorera*, uccello del malaugurio ♦ *s.m.* indovino.
agosto *s.m.* agosto | *hacer su —*, fare un buon affare.
agotable *agg.* esauribile.
agotado *agg.* esausto, esaurito (*anche fig.*): *estoy — de andar*, non ce la faccio più a camminare; *las entradas están agotadas*, i biglietti sono esauriti.
agotador *agg.* faticoso, spossante.
agotamiento *s.m.* esaurimento, spossatezza (*f.*).
agotar *v.tr.* **1** prosciugare, estrarre, svuotare: *— el agua de un pozo*, togliere tutta l'acqua da un pozzo **2** (*fig.*) esaurire, finire, consumare: *— los recursos*, prosciugare le risorse ♦ **-se** *v.pron.* estenuarsi, debilitarsi.
agraciado *agg.* **1** grazioso, aggraziato **2** baciato dalla sorte, fortunato.
agradable *agg.* gradevole, affabile, piacevole.
agradar *v.intr.* piacere, far piacere, garbare ♦ **-se** *v.pron.* sentire piacere.
agradecer (*indic.pres.* agradezco, agradeces...; *cong.pres.* agradezca, agradezcas...; *imp.* agradezca, agradezcamos, agradezcan) *v.tr.* ringraziare; essere grati a: *le agradezco su amabilidad*, la ringrazio della sua gentilezza; *te lo agradezco*, ti ringrazio.
agradecido *agg.* grato, riconoscente.
agradecimiento *s.m.* ringraziamento, gratitudine (*f.*).
agrado *s.m.* **1** piacere, gusto: *esta tela no es de mi —*, questa stoffa non è di mio gusto | *tengo el — de*, sono lieto di, ho il piacere di **2** affabilità (*f.*), gentilezza (*f.*), simpatia (*f.*).

agramatical *agg.* (*ling.*) agrammaticale, sgrammaticato, scorretto.
agrandamiento *s.m.* ingrandimento.
agrandar *v.tr.* ingrandire, ampliare.
agravamiento *s.m.* peggioramento, aggravamento.
agravar *v.tr.* **1** aggravare, peggiorare **2** (*fig.*) appesantire, inasprire.
agraviar *v.tr.* insultare, offendere ♦ **-se** *v.pron.* offendersi, prendersela: *no te agravies*, non te la prendere.
agravio *s.m.* **1** offesa (*f.*), oltraggio **2** (*dir.*) danno.
agredir (*con. come* abolir) *v.tr.* aggredire, assalire.
agregado *agg.*, *s.m.* aggregato, aggiunto: (*profesor*) —, professore associato ♦ *s.m.* **1** (*edil.*, *geogr.*) agglomerato, insieme **2** addetto | — *cultural*, addetto culturale **3** (*amm.*) supplente.
agregar (*con. come* llegar) *v.tr.* **1** aggiungere; incorporare **2** (*amm.*) destinare provvisoriamente a un lavoro; affiancare a qlcu.: *le agregaron una secretaria por un mes*, gli hanno affiancato una segretaria per un mese ♦ **-se** *v.pron.* aggregarsi, unirsi.
agresión *s.f.* aggressione.
agresivo *agg.* aggressivo.
agriar (*con. come* confiar) *v.tr.* **1** acidificare, inacidire **2** (*fig.*) esasperare, inasprire, irritare: *este periódico me agría*, questo giornale mi irrita ♦ **-se** *v.pron.* **1** inacidirsi **2** esasperarsi, irritarsi.
agrícola *agg.* agricolo.
agricultor *s.m.* agricoltore.
agricultura *s.f.* agricoltura.
agridulce *agg.* agrodolce.
agrietamiento *s.m.* screpolatura (*f.*); fessura (*f.*).
agrietar *v.tr.* screpolare: *el viento agrieta la piel*, il vento screpola la pelle ♦ **-se** *v.pron.* screpolarsi, fendersi: *la pared se agrieta*, il muro si crepa.
agrio *agg.* acre, acido, aspro (*anche fig.*).
agrios *s.m.pl.* agrumi.
agrisar *v.tr.* ingrigire ♦ **-se** *v.pron.* ingrigire, ingrigirsi.
agrónomo *s.m.* agronomo.
agrupación *s.f.* raggruppamento (*m.*); associazione.
agrupar *v.tr.* raggruppare, radunare ♦ **-se** *v.pron.* radunarsi.
agua *s.f.* **1** acqua: — *con*, *sin gas*, acqua frizzante/gassata, naturale; — *oxigenada*, acqua ossigenata | — *manantial*, acqua sorgiva | — *fuerte*, acquaforte | *aguas negras/residuales*, acque nere/di scarico **2** pioggia | — *nieve*, nevischio **3** (*arch.*) falda, spiovente (*m.*): *tejado de dos aguas*, tetto a due spioventi **4** infuso (*m.*), tisana: — *de manzanilla*, tisana di camomilla **5** (*pl.*, *su marmo, stoffe, metalli*) marezzatura (*sing.*) **6** (*pl.*, *mar.*) scia (*sing.*) **7** (*pl.*) terme; sorgente (*sing.*) **8** (*pl.*) venature: *las aguas de la madera*, le venature del legno
■ ***agua(s) abajo***, seguendo la corrente; a valle | ***agua(s) arriba***, controcorrente; a monte | ***hacérsele la boca agua***, avere l'acquolina in bocca | (*di alimento*) ***hacerse un agua en la boca***, sciogliersi in bocca | ***no digas de este agua no beberé***, mai dire mai | ***estar/nadar entre dos aguas*** **1** essere indeciso **2** comportarsi in modo ambiguo, non prendere posizione.
aguacate *s.m.* (*bot.*) avocado.
aguacero *s.m.* acquazzone.
aguachento *agg.* (*Amer.*) acquoso, annacquato.
aguadero *s.m.* abbeveratoio.
aguado *agg.* annacquato, acquoso.
aguafiestas *s.m./f.* guastafeste.
aguafuerte *s.f.* acquaforte.
aguaje *s.m.* **1** mare grosso, mareggiata (*f.*) **2** (*mar.*) scia (*f.*) **3** abbeveratoio **4** sorgente (*f.*), fonte (*f.*).
aguamiel *s.f.* idromele (*m.*).
aguanieve *s.f.* (*meteor.*) nevischio (*m.*).
aguantar *v.tr.* **1** sostenere; trattenere, afferrare: *aguanta la bicicleta para que no se caiga*, sostieni la bicicletta per non farla cadere **2** reprimere, trattenere: — *el aliento*, trattenere il respiro **3** sopportare, tollerare (*anche fig.*): *no aguanto este calor*, non sopporto questo caldo; *la viga no aguanta tanto peso*, la trave non sopporta così tanto peso; *¡no la aguanto más!*, non la sopporto più! ♦ *v.intr.* resistere, reggere | *¡aguanta!*, resisti! ♦ **-se** *v.pron.* **1** controllarsi **2** accontentarsi | *¡aguántate!*, arrangiati!; peggio per te!; tieni duro!/coraggio!
aguante *s.m.* **1** resistenza (*f.*) (a un peso) **2** (*fig.*) pazienza (*f.*), sopportazione (*f.*).
aguar *v.tr.* **1** annacquare **2** (*fig.*) guastare, interrompere: — *la fiesta*, rovinare la festa ♦ **-se** *v.pron.* **1** allagarsi **2** (*fig., di momento piacevole*) rovinarsi, interrompersi.
aguardar *v.tr.* (*anche assol., fig.*) aspettare, attendere: *el tren no aguarda*, il treno non aspetta; *me aguarda una mala noche*, mi aspetta una brutta notte; *¡aguarda!*, aspetta!, fermati!
aguardiente *s.m.* acquavite (*f.*), grappa (*f.*).
aguarrás *s.m.* acquaragia (*f.*).
aguazal *s.m.* pozzanghera (*f.*).
agudeza *s.f.* **1** acutezza, affilatura **2** (*fig.*) perspicacia, acume (*m.*) **3** facezia, arguzia.
agudizar (*con. come* cazar) *v.tr.* rendere acuto, acutizzare (*anche fig.*) ♦ **-se** *v.pron.* **1** aggravarsi, peggiorare **2** divenire affilato, acuirsi.

agudo *agg.* **1** aguzzo, affilato **2** (*fig.*) arguto, sagace **3** (*med.*) acuto, intenso: *un dolor* —, un dolore acuto **4** (*di angolo*) acuto | (*gramm.*) *acento* —, accento acuto | (*gramm.*) *palabra aguda*, parola tronca ♦ *s.m.* (*mus.*) acuto.
agüero *s.m.* presagio, augurio.
aguerrido *agg.* agguerrito.
aguijar *v.tr.* **1** spronare, incitare **2** (*fig.*) animare, stimolare ♦ *v.intr.* affrettarsi.
aguijón *s.m.* **1** pungolo, sperone **2** pungiglione, aculeo.
aguijonazo *s.m.* **1** puntura (*f.*) **2** (*fig.*) stimolo; frecciata (*f.*).
aguijonear *v.tr.* **1** pungolare, stimolare **2** (*fig.*) assillare, punzecchiare, tormentare.
águila *s.f.* aquila | (*fig.*) *ser un* —, essere una cima.
aguileño *agg.* aquilino: *nariz aguileña*, naso aquilino.
aguinaldo *s.m.* **1** dono natalizio, strenna (*f.*) **2** (*Amer.*) tredicesima (*f.*).
aguja *s.f.* **1** ago (*m.*): *hilo y* —, ago e filo **2** ferro (*m.*) da calza | — *de ganchillo*, uncinetto **3** (*arch.*) guglia, pinnacolo (*m.*) **4** (*ferr.*) scambio (*m.*) **5** (*di orologio*) lancetta **6** (*bot.*) ago (*m.*) di pino
■ ***vino de aguja***, vino frizzante.
agujerear *v.tr.* forare; bucare.
agujero *s.m.* **1** buco; foro | — *de ozono*, buco dell'ozono **2** portaspilli **3** venditore o fabbricante di aghi.
agujetas *s.f.pl.* fitte, dolori (*m.*) muscolari.
agujón *s.m.* spillone per capelli.
agusanarse *v.pron.* bacarsi, fare i vermi.
aguzado *agg.* **1** appuntito, aguzzo **2** (*fig.*) sveglio, acuto.
aguzar (*con. come* cazar) *v.tr.* aguzzare (*anche fig.*); affilare | — *la vista*, aguzzare la vista.
iah! *inter.* ah!
aherrojar *v.tr.* **1** incatenare, mettere ai ferri **2** (*fig.*) sottomettere, soggiogare: — *las conciencias*, sottomettere le coscienze.
aherrumbrarse *v.pron.* arrugginirsi.
ahí *avv.* lì | — *está*, eccolo lì | *desde* —, da lì | *hasta* —, fino lì | *por* —, lì da qualche parte: *me voy a dar una vuelta por* —, vado da qualche parte a fare un giro; *dicen por* — *que te casas*, ho sentito dire in giro che ti sposi | — *mismo*, molto vicino | *de* — *a poco*, da lì a poco | *de* —, da ciò: *de* — *se deduce que*, da ciò si deduce che | *de* — *que*, ecco perché | *o por* —, più o meno, circa | ¡— *va!*, accidenti!
ahijado *s.m.* figlioccio.
ahijar *v.tr.* **1** adottare **2** far da padrino, da madrina **3** affibbiare, attribuire: *le ahijaron el delito*, gli affibbiarono il delitto.
ahilarse *v.pron.* snellirsi, affilarsi.
ahincar (*con. come* pescar) *v.tr.* stimolare, sollecitare.
ahínco *s.m.* impegno, sollecitudine (*f.*).
ahogado *agg.* **1** soffocato, asfissiato **2** soffocante, stretto: *una posición muy ahogada*, una posizione molto angusta **3** (*fig.*) oppresso, schiacciato | *estar* —, essere nei guai ♦ *s.m.* annegato.
ahogamiento *s.m.* **1** soffocamento **2** annegamento.
ahogar (*con. come* llegar) *v.tr.* **1** soffocare, asfissiare **2** annegare, affogare **3** (*fig.*) reprimere, soffocare, spegnere **4** (*aut.*) ingolfare **5** opprimere, affaticare ♦ **-se** *v.pron.* **1** annegare | — *en un vaso de agua*, affogare in un bicchier d'acqua **2** soffocarsi, asfissiarsi.
ahogo *s.m.* **1** soffocamento, affanno **2** (*fig.*) afflizione (*f.*), pena (*f.*), angoscia (*f.*) **3** ristrettezza (*f.*), penuria (*f.*) **4** pressione (*f.*), fretta (*f.*): *trabaja sin* —, lavora senza fretta.
ahondar *v.tr.* **1** affondare: — *la espada*, affondare la spada **2** scavare ♦ *v.intr.* **1** penetrare, sprofondare: *la raíz ahonda en la tierra*, la radice penetra nella terra **2** (*fig.*) approfondire, studiare: — *en un análisis*, andare a fondo in un'analisi.
ahora *avv.* adesso, ora; subito | — *mismo*, subito, proprio adesso | *desde* — *en adelante*, da ora/adesso in poi | *hasta* —, finora; (*saluto*) a presto! | ¡— *caigo!*, ora capisco! | *por* —, per il momento ♦ *cong.* ma, però: —, *si no lo sabes, cállate*, ma, se non lo sai, stai zitto | — *bien*, ebbene.
ahorcado *agg.*, *s.m.* impiccato.
ahorcamiento *s.m.* impiccagione (*f.*).
ahorcar (*con. come* pescar) *v.tr.* **1** impiccare **2** (*gli studi, la fede*) abbandonare, rinunciare: — *los libros*, abbandonare gli studi ♦ **-se** *v.pron.* impiccarsi.
ahorita *avv.* (*Amer.*) **1** poco fa **2** adesso; or ora **3** tra un attimo: — *vuelve*, ritorna tra un attimo.
ahormar *v.tr.* **1** dare forma, modellare **2** (*fig.*) plasmare, convincere, persuadere.
ahorrador *agg.*, *s.m.* risparmiatore.
ahorrar *v.tr.* risparmiare: — *tiempo*, risparmiare tempo ♦ **-se** *v.pron.* risparmiarsi, evitarsi: — *trabajo*, risparmiarsi lavoro.
ahorrativo *agg.* parsimonioso, risparmiatore.
ahorro *s.m.* risparmio | *caja de ahorros*, cassa di risparmio.
ahuecamiento *s.m.* **1** scavo, affossamento, incavo (*anche fig.*) **2** profondità (*f.*).
ahuecar (*con. come* pescar) *v.tr.* **1** incavare, svuotare **2** smuovere, sprimacciare; dissodare | (*fig.*) — *el ala*, andarsene ♦ *v.intr.* (*fam.*) andarsene | ¡*ahueca!*, vattene! fila via!
ahumada *s.f.* fumata | *hacer ahumadas*, mandare segnali di fumo.

ahumado *agg.* **1** affumicato **2** (*fam.*) sbronzo ♦ *s.m.* affumicamento.
ahumar *v.tr.* affumicare ♦ **-se** *v.pron.* **1** affumicarsi, annerirsi **2** (*fam.*) ubriacarsi.
ahusado *agg.* affusolato, rastremato.
ahuyentar *v.tr.* mettere in fuga, disperdere, scacciare (*anche fig.*): — *toda sospecha*, allontanare ogni sospetto.
aindiado *agg.* con l'aspetto da indiano o indio.
airado *agg.* incollerito, arrabbiato, adirato; furioso | *vida airada*, malavita.
airar (*con. come* aislar) *v.tr.* irritare, far arrabbiare ♦ **-se** *v.pron.* irritarsi, adirarsi.
aire *s.m.* **1** aria (*f.*): *me falta el* —, mi manca l'aria | *al — libre*, all'aria aperta | — *acondicionado*, aria condizionata | *¡ —!*, aria!, via! **2** vento **3** (*fig.*) aria (*f.*), aspetto, espressione (*f.*) | *tener un — a alguien*, somigliare a qlcu. | *darse aires*, darsi delle arie | *a mi* —, a modo mio | *de mal* —, di malavoglia **4** (*mus.*) melodia, aria.
aireación *s.f.* ventilazione.
airear *v.tr.* **1** ventilare, aerare **2** rivelare, spifferare: — *todo*, raccontare tutto ♦ **-se** *v.pron.* **1** prendere una boccata d'aria **2** raffreddarsi, prendere un colpo d'aria.
airoso *agg.* **1** gentile, garbato **2** leggiadro.
aislacionismo *s.m.* (*pol.*) isolazionismo.
aislador *agg.* isolante.
aislamiento *s.m.* (*tecn., anche fig.*) isolamento.
aislar (*indic.pres.* aíslo, aíslas, aísla, aislamos, aisláis, aíslan; *cong.pres.* aísle, aísles ; *imp.* aísla, aísle, aislemos, aislad, aíslen) *v.tr.* isolare, appartare, separare ♦ **-se** *v.pron.* isolarsi, appartarsi.
¡ajá! (*inter.*) bene!, sì!
ajado *agg.* rugoso, raggrinzito; sgualcito, sciupato.
ajar *v.tr.* rovinare, sciupare, consumare ♦ **-se** *v.pron.* sciuparsi, avvizzire.
ajedrecista *s.m./f.* giocatore (*m.*) di scacchi, scacchista.
ajedrez *s.m.* scacchi (*pl.*).
ajenjo *s.m.* assenzio.
ajeno *agg.* **1** altrui | *lo* —, le cose altrui **2** estraneo, alieno: *ese problema nos resulta totalmente* —, quel problema non ci riguarda affatto | *estar — a algo*, essere estraneo a qlco., ignorare qlco. | — *de*, libero da.
ajetreado *agg.* **1** trafficato, movimentato **2** indaffarato.
ajetreo *s.m.* **1** trambusto, viavai **2** (*fig.*) traffico.
ají *s.m.* (*pl.* -íes) (*Amer.*) **1** (*bot.*) peperoncino **2** (*bot.*) peperone **3** (*cuc.*) salsa (*f.*) piccante.
ajiaceite *s.m.* (*cuc.*) salsa (*f.*) a base di aglio pestato e olio.
ajillo *s.m.* salsa (*f.*) d'aglio.
ajimez (*pl.* -ces) *s.m.* (*arch.*) finestra (*f.*) bifora.
ajo *s.m.* aglio | *diente de* —, spicchio d'aglio | *cabeza de* —, testa d'aglio. | (*fam.*) *estar en el* —, essere al corrente, sapere.
ajonjolí *s.m.* (*bot.*) sesamo.
ajornalado *agg.* pagato a giornata.
ajuar *s.m.* **1** dote (*f.*), corredo **2** mobilio.
ajuntar *v.tr.* (*fam.*) **1** unire, mettere insieme **2** (*linguaggio infantile*) essere amico: *ya no te ajunto*, non sono più tuo amico ♦ **-se** *v.pron.* (*fam.*) stare insieme, mettersi insieme.
ajustado *agg.* **1** giusto, corretto, proporzionato: *gasto — a los ingresos*, spesa adeguata alle entrate **2** (*di vestito*) stretto, attillato.
ajustar *v.tr.* **1** adattare (*anche fig.*), sistemare, regolare | — *a cero*, azzerare | — *cuentas*, regolare/sistemare i conti | — *los precios*, rivedere i prezzi **2** contrattare; concordare, pattuire: — *la fecha*, concordare la data **3** stringere: — *el tornillo*, stringere la vite **4** (*tip.*) impaginare ♦ *v.intr.* adattarsi, combaciare: *el tornillo — bien*, la vite si adatta biene ♦ **-se** *v.pron.* **1** mettersi d'accordo **2** adattarsi, essere adatto; coincidere; corrispondere: *la casa se ajusta a mis necesidades*, la casa corrisponde/è adatta alle mie necessità.
ajuste *s.m.* **1** accomodamento, adattamento, regolamento | — *de cuentas*, regolamento dei conti **2** contratto, accordo, patto | — *de precios*, accordo sui prezzi **3** (*mecc., tecn.*) regolazione (*f.*), sintonizzazione (*f.*).
ajusticiar *v.tr.* giustiziare.
ala *s.f.* **1** ala | — *delta*, deltaplano | *cortar las alas*, tarpare le ali | *ahuecar el* —, andarsene | *dar alas*, incoraggiare | *tener alas*, essere audaci | *faltarle alas*, non essere in grado **2** (*di cappello*) tesa, ala **3** (*di edificio*) ala, lato (*m.*) | *en el — derecha*, nell'ala destra **4** (*di tetto*) gronda **5** (*pol.*) ala, corrente **6** (*sport*) ala, attaccante (*m.*) laterale.
alabanza *s.f.* lode, elogio (*m.*).
alabar *v.tr.* lodare, elogiare ♦ **-se** *v.pron.* vantarsi.
alacena *s.f.* armadio (*m.*) a muro, dispensa.
alacrán *s.m.* (*zool.*) scorpione.
aladelta *s.m.* deltaplano | — *motorizado*, deltaplano a motore.
alamar *s.m.* alamaro.
alambicado *agg.* complicato, lambiccato, contorto.
alambrada *s.f.* **1** reticolato (*m.*) metallico **2** rete metallica.
alambrado *s.m.* **1** reticolato **2** rete (*f.*) metallica **3** (*elettr.*) cablaggio.
alambre *s.m.* fil di ferro | — *de espino*, filo spinato.
alambrera *s.f.* retina, zanzariera.

alameda *s.f.* pioppeto (*m.*); (*estens.*) viale (*m.*) alberato.

álamo *s.m.* (*bot.*) pioppo.

alarde *s.m.* **1** ostentazione (*f.*) | *hacer* —, vantarsi **2** (*mil.*) ispezione (*f.*), rassegna (*f.*).

alargador *s.m.* (*tecn.*) prolunga (*f.*).

alargamiento *s.m.* allungamento, prolungamento.

alargar (*con. come* llegar) *v.tr.* **1** allungare **2** (*fig.*) prolungare, protrarre: — *la estancia en Barcelona*, prolungare il soggiorno a Barcellona **3** (*porgere*) allungare, passare: *alárgame la sal*, passami il sale **4** distendere, stirare, allungare: — *el brazo*, stendere il braccio ♦ **-se** *v.pron.* allungarsi (*anche fig.*): *el niño se ha alargado mucho*, il bambino è cresciuto/si è allungato molto.

alarido *s.m.* grido, urlo | *dar alaridos*, lanciare urla.

alarma *s.f.* **1** allarme (*m.*): *todavía no ha pasado la* —, non è ancora cessato l'allarme **2** (*fig.*) spavento (*m.*), soprassalto (*m.*).

alarmar *v.tr.* **1** dare l'allarme **2** allarmare, spaventare **3** chiamare alle armi.

alavés *agg.* di Álava ♦ *s.m.* nativo di Álava.

alba *s.f.* alba: *al rayar el* —, allo spuntare del giorno.

albaceteño *agg.* di Albacete ♦ *s.m.* nativo di Albacete.

albahaca *s.f.* (*bot.*) basilico (*m.*).

albañal *s.m.* **1** fognatura (*f.*) **2** (*fig.*) immondezzaio, porcile.

albanés *agg.*, *s.m.* albanese (*m./f.*).

albañil *s.m.* muratore.

albañilería *s.f.* muratura: *trabajos de* —, lavori di muratura.

albarán *s.m.* **1** cartello, affisso **2** (*comm.*) bolla (*f.*) di consegna, quietanza (*f.*), ricevuta (*f.*).

albaricoque *s.m.* (*bot.*) albicocca (*f.*).

albaricoquero *s.m.* (*bot.*) albicocco.

albedrío *s.m.* arbitrio, volontà (*f.*): *libre* ,
libero arbitrio.

alberca *s.f.* **1** serbatoio (*m.*) d'acqua, cisterna **2** vasca; maceratoio (*m.*) **3** (*Amer.*) piscina.

albergar (*con. come* llegar) *v.tr.* **1** albergare, alloggiare, ospitare **2** (*fig.*) nutrire, covare: — *alguna esperanza*, nutrire qualche speranza.

albergue *s.m.* **1** albergo, ricovero | — *de la juventud*, ostello della gioventù **2** protezione (*f.*), aiuto.

albín *s.m.* **1** (*colore*) cremisi **2** (*min.*) ematite (*f.*).

albóndiga *s.f.* (*cuc.*) polpetta.

albor *s.m.* albore (*anche fig.*), luce (*f.*) dell'alba | *albores de la vida*, gioventù.

alborada *s.f.* **1** alba **2** (*mus.*) mattinata **3** (*mil.*) sveglia, diana.

alborear *v.intr.impers.* albeggiare.

albornoz (*pl.* -ces) *s.m.* accappatoio.

alborotado *agg.* **1** scompigliato, arruffato **2** scomposto, agitato, affrettato.

alborotar *v.tr.* agitare, scompigliare, mettere in subbuglio ♦ *v.intr.* schiamazzare, fare baccano ♦ **-se** *v.pron.* agitarsi; fare baccano.

alboroto *s.m.* **1** baccano, strepito **2** agitazione (*f.*), inquietudine (*f.*) **3** disordine, tumulto.

álbum *s.m.* album.

albumen *s.m.* albume.

albúmina *s.f.* albumina.

alcachofa *s.f.* (*bot.*) carciofo (*m.*).

alcahueta *s.f.* mammana, mezzana.

alcahuete *s.m.* **1** ruffiano, mezzano **2** pettegolo, spia (*f.*).

alcalaíno *agg.* di Alcalá ♦ *s.m.* nativo di Alcalá.

alcalde (*f.* -esa) *s.m.* sindaco | *teniente de* —, vicesindaco.

alcaldía *s.f.* **1** ufficio (*m.*) del sindaco **2** carica di sindaco.

alcance *s.m.* **1** conseguimento, raggiungimento | *ir al — de alguien*, inseguire qlcu. | *dar — a alguien*, raggiungere qlcu. **2** portata (*f.*); capacità (*f.*); (*di arma*) gittata (*f.*) | *al — de la mano*, a portata di mano | *al — de todo el mundo*, alla portata di tutti | *noticias de* —, notizie dell'ultima ora **3** (*fig.*) importanza (*f.*), portata (*f.*), valore | *de gran* —, di grande rilevanza/portata **4** (*econ.*) deficit, disavanzo, ammanco; saldo debitore **5** (*pl., solo in frasi negative*) intelligenza (*f.*), capacità (*f.*), talento: *persona de pocos alcances*, persona di scarse capacità.

alcancía *s.f.* salvadanaio (*m.*), cassetta per elemosine.

alcanfor *s.m.* cantora (*f.*).

alcantarillado *s.m.* fognatura (*f.*), rete (*f.*) fognaria.

alcanzar (*con. come* cazar) *v.tr.* **1** raggiungere (*anche fig.*): *vete adelante que yo te alcanzo*, vai avanti che io ti raggiungo; *alcancé la otra orilla nadando*, raggiunsi l'altra sponda a nuoto **2** (*fam.*) porgere, passare: *alcánzame tu plato*, passami il tuo piatto **3** conseguire, ottenere: — *un objetivo*, raggiungere un obiettivo | *no — a*, non riuscire a **4** capire, comprendere: *no alcanzo tu discurso*, non capisco il tuo discorso ♦ *v.intr.* **1** bastare, essere sufficiente: *la comida alcanza para todos*, il cibo basta per tutti **2** arrivare, giungere: *los responsables no alcanzaron a solucionar la crisis*, i responsabili non riuscirono a risolvere la crisi.

alcaparra *s.f.* (*bot.*) cappero (*m.*).

alcazaba *s.f.* cittadella, fortezza.

alcázar *s.m.* **1** fortezza (*f.*) **2** palazzo, casa (*f.*) reale.

alción *s.m.* (*zool.*) martin pescatore.
alcoba *s.f.* stanza da letto; alcova.
alcohol *s.m.* **1** alcol | — *metílico*, alcol metilico **2** (*fam.*) bevanda (*f.*) alcolica.
alcohólico *agg.* alcolico ♦ *s.m.* alcolizzato, alcolista.
Alcorán *s.m.* Corano.
alcornoque *agg.* zotico, zuccone, ignorante ♦ *s.m.* **1** (*bot.*) quercia (*f.*) da sughero **2** (*estens.*) sughero **3** (*fig.*) zotico, zuccone, ignorante | *pedazo de* —, testa di rapa.
alcorza *s.f.* (*cuc.*) glassa.
alcurnia *s.f.* stirpe, lignaggio (*m.*) | *de* —, aristocratico, nobile.
alcuzcuz *s.m.* (*cuc.*) cuscus.
aldaba *s.f.* **1** battente (*m.*), batacchio (*m.*) **2** chiavistello (*m.*).
aldea *s.f.* villaggio (*m.*), borgo (*m.*).
aldeanismo *s.m.* **1** paesanismo, campanilismo **2** (*ling.*) localismo, termine dialettale.
aldeano *agg.*, *s.m.* **1** paesano, campagnolo **2** (*fig.*) rozzo, villano.
aleación *s.f.* (*di metalli*) lega | — *ligera*, lega leggera | *ingrediente de* —, costituente di lega | *ley de una* —, tenore di una lega.
aleccionar *v.tr.* addestrare, istruire.
aledaño *agg.* confinante, limitrofo.
aledaños *s.m.pl.* dintorni, pressi.
alegar (*con. come* llegar) *v.tr.* **1** allegare (*anche dir.*), addurre **2** accludere ♦ *v.intr.* (*Amer.*) discutere, protestare.
alegato *s.m.* (*dir.*) allegato.
alegoría *s.f.* allegoria.
alegrar *v.tr.* **1** rallegrare **2** (*fig.*) animare, ravvivare ♦ **-se** *v.pron.* rallegrarsi.
alegre *agg.* **1** allegro, vivace, lieto **2** (*fam.*) brillo.
alegría *s.f.* **1** allegria, letizia, gioia **2** superficialità, leggerezza: *lo hizo con mucha* —, lo fece con molta leggerezza.
alejamiento *s.m.* allontanamento.
alejar *v.tr.* allontanare, scacciare ♦ **-se** *v.pron.* allontanarsi da; rifuggire da | — *de los negocios*, ritirarsi dagli affari.
alelado *agg.* inebetito, istupidito.
alemán *agg.*, *s.m.* tedesco.
alentador *agg.* incoraggiante.
alentar (*con. come* acertar) *v.intr.* alitare, respirare ♦ *v.tr.* **1** animare, incoraggiare **2** (*un sentimento*) tener vivo: *siempre alentó la esperanza de volver*, mantenne sempre viva la speranza di tornare **3** (*Amer.*) guarire.
alerce *s.m.* (*bot.*) larice.
alergia *s.f.* allergia.
alergista *s.m./f.* allergologo (*m.*), allergologa (*f.*).
alero *s.m.* **1** gronda (*f.*) **2** (*aut.*) parafango **3** (*basket*) ala (*f.*).
alerón *s.f.* (*aer.*, *aut.*) alettone.
alerta *agg.* attento, vigile: *oídos alertas*, orecchie attente ♦ *avv.* allerta: *estar* —, stare in guardia/allerta; *poner* —, mettere in stato di allerta | *¡—!*, allerta! ♦ *s.f.* allerta, allarme (*m.*).
aleta *s.f.* **1** (*di pesci*) pinna **2** (*aut.*) parafango (*m.*) **3** (*spec. pl.*, *per nuotare*) pinne (*pl.*).
aletear *v.intr.* **1** scuotere le ali **2** battere le pinne **3** (*fig.*) rimettersi, riprendersi.
aleteo *s.m.* **1** battito di ali **2** (*fig.*) palpito, batticuore, fremito.
alevosía *s.f.* **1** perfidia, tradimento (*m.*), slealtà **2** (*dir.*) premeditazione.
alfabeto *s.m.* alfabeto.
alfalfa *s.f.* (*bot.*) erba medica.
alfarería *s.f.* fabbrica, bottega di ceramiche | *producto de* —, terracotta.
alfarero *s.m.* vasaio.
alfarje *s.m.* frantoio.
alferecía *s.f.* (*med.*) epilessia.
alfil *s.m.* (*scacchi*) alfiere.
alfiler *s.m.* spillo, spilla (*f.*) | *estar prendido con alfileres*, stare su per miracolo | *no caber un* —, essere pieno zeppo.
alfilerazo *s.m.* **1** puntura (*f.*) di spillo **2** (*fig.*) frecciata (*f.*), stoccata (*f.*).
alfombra *s.f.* **1** tappeto (*m.*) **2** (*fig.*) manto (*m.*): — *de nieve*, manto di neve.
alfombrar *v.tr.* **1** ricoprire di tappeti **2** (*fig.*) ammantare, rivestire.
alfombrista *s.m./f.* venditore (*m.*)/venditrice (*f.*) di tappeti.
alforja *s.f.* bisaccia.
algarabía *s.f.* **1** chiasso (*m.*), confusione **2** (*spreg.*) lingua araba.
algarroba *s.f.* (*bot.*) carruba.
algazara *s.f.* confusione, gazzarra, bisboccia.
algo *pron.indef.* **1** qualcosa: *hay — raro*, c'è qualcosa di strano; *¿hay — de comer?*, c'è qualcosa da mangiare? | — *más*, qualcos'altro: *¿quieres — más?*, vuoi qualcosa d'altro? | *darle — a alguien*, venirgli un accidente: *me va a dar — si sigues así*, mi viene un colpo se non la smetti | *¡— es —!*, è già qualcosa!, meglio di niente! | *por — será*, ci sarà un motivo | — *así como*, qualcosa come | — *bueno*, *malo*, qualcosa di buono, cattivo | — *así*, qualcosa del genere, più o meno **2** (*quantità indeterminata*) — *de* (+ *s.*), un po' di qlco.: *compro — de pan*, compro un po' di pane | *y* —, e rotti: *vale 50 y* —, costa 50 e rotti ♦ *avv.* un po', alquanto: *está — mejor*, sta un po' meglio; *estoy — enfadado*, sono un po' arrabbiato.
algodón *s.m.* cotone | *criado entre algodones*, cresciuto nella bambagia.
algodonal *s.m.* piantagione (*f.*) di cotone.
alguacil *s.m.* **1** ufficiale giudiziario **2** guardia (*f.*).
alguien *pron.indef.* qualcuno: *¿ha venido*

—?, è venuto qualcuno? ♦ *s.m.* qualcuno, persona (*f.*) importante: *es — en política*, è una persona importante in politica.
alguno (*davanti a s.m.sing.* algún) *agg.indef.* **1** alcuno, qualche: *¿ha venido algún cliente, o ninguno?*, è venuto qualche cliente, o nessuno?; *algunos estudiantes han olvidado los libros*, alcuni studenti hanno dimenticato i libri **2** (*posposto a un s. in frasi negative*) nessuno: *salió sin decir palabra —*, uscì senza dire neanche una parola | *de/en modo —*, in nessun/alcun modo ♦ *pron.indef.* qualcuno: *hay — que no está de acuerdo*, c'è qualcuno che non è d'accordo | *— que otro*, qualche, alcuni: *todavía me escribe — que otro amigo*, mi scrive ancora qualche amico, mi scrivono ancora alcuni amici | *hacer, preparar alguna*, combinarne delle belle.
alhaja *s.f.* gioia, gioiello (*m.*) | (*iron.*) *¡menuda —!*, bel soggetto!, che tipo!
alharaca *s.f.* piazzata, scenata, sceneggiata.
aliado *agg., s.m.* alleato.
alianza *s.f.* **1** alleanza, lega, unione **2** (*anello*) fede.
aliar (*con. come* confiar) *v.tr.* alleare ♦ **-se** *v.pron.* allearsi.
alicaído *agg.* **1** fiacco, debole **2** avvilito, triste **3** decaduto.
alicantino *agg.* di Alicante ♦ *s.m.* nativo di Alicante.
alicatar *v.tr.* piastrellare.
alicates *s.m.pl.* (*attrezzo*) pinze (*f.*).
aliciente *s.m.* incentivo, attrattiva (*f.*), stimolo.
alienación *s.f.* alienazione.
alienar *v.tr.* **1** (*dir.*) alienare, espropriare **2** (*fig.*) estraniare ♦ **-se** *v.pron.* estraniarsi.
alienígena *agg., s.m./f.* extraterrestre, alieno (*m.*).
aliento *s.m.* **1** respiro, alito, fiato | *cobrar —*, prendere fiato **2** (*fig.*) animo, coraggio | *dar —*, incoraggiare.
aligerar *v.tr.* **1** alleggerire **2** (*fig.*) alleviare **3** affrettare; sbrigarsi: *— el paso*, affrettare il passo.
alimentación *s.f.* alimentazione.
alimentador *s.m.* (*tecn., elettr.*) alimentatore.
alimentar *v.tr.* **1** alimentare (*anche fig.*), nutrire, mantenere **2** (*una macchina*) rifornire di energia, di materia prima.
alimentario *agg.* alimentare.
alimenticio *agg.* alimentare.
alimento *s.m.* **1** alimento, cibo **2** (*pl., fig., dir.*) alimenti.
alimón, al *loc. avv.* (*nella tauromachia, anche fig.*) in coppia, insieme.
alineación *s.f.* **1** allineamento (*m.*) **2** (*sport*) formazione.
alineado *agg.* schierato.
aliñar *v.tr.* condire, ornare.
aliño *s.m.* **1** condimento **2** abbellimento, ornamento.
alioli *s.m.* salsa (*f.*) a base di aglio e olio.
alistamiento *s.m.* (*anche mil.*) arruolamento.
alistar *v.tr.* (*anche mil.*) reclutare, arruolare; mettere in lista, iscrivere ♦ **-se** *v.pron.* arruolarsi.
aliviar *v.tr.* alleggerire, alleviare, mitigare.
alivio *s.m.* sollievo, conforto, alleggerimento.
aljaba *s.f.* faretra.
aljama *s.f.* **1** riunione di arabi o ebrei **2** moschea **3** sinagoga **4** ghetto (*m.*).
aljibe *s.m.* **1** cisterna (*f.*) **2** nave (*f.*) cisterna **3** (*Amer.*) pozzo.
aljofaina *s.f.* catinella, bacinella.
allá *avv.* **1** (*di luogo*) là | *— abajo, arriba*, laggiù, lassù | *hacerse —*, allontanarsi | *más —*, più in là | *más — de*, oltre | *por —*, di là, da quelle parti | *— por el norte*, nel lontano nord; da qualche parte al nord | *el más —*, l'aldilà **2** (*di tempo*) una volta: *—, en el siglo pasado esto era una fábrica*, una volta, nel secolo scorso questo era una fabbrica | *— por* (*+ espressione di tempo*), verso, intorno a (*+ espressione di tempo*): *— por Navidad*, verso Natale | *— por 1920*, (*all'incirca, approssimativamente*) nel lontano 1920 o giù di lì **3** (*rafforzativo, davanti a pron.pers. o v.pron.*): *— él*, cavoli suoi; *— te las apañes*, arrangiati.
allanamiento *s.m.* **1** livellamento, spianamento **2** (*dir.*) appianamento | (*dir.*) *— de morada*, violazione di domicilio **3** (*fig.*) appianamento, ricomposizione (*f.*).
allanar *v.tr.* **1** (*tecn., dir., fig.*) appianare: *— una controversia*, risolvere una controversia **2** (*dir.*) violare (il domicilio).
allegado *agg.* vicino, prossimo ♦ *s.m.* parente (*m./f.*), congiunto.
allegar (*con. come* llegar) *v.tr.* riunire, accostare, accumulare: *— dinero*, accumulare denaro ♦ *v.intr.* sopraggiungere, arrivare ♦ **-se** *v.pron.* **1** avvicinarsi, accostarsi: *allégate más a mí*, avvicinati più a me **2** aderire, partecipare.
allende *avv.* al di là, oltre.
allí *avv.* **1** (*di luogo*) lì, là, in quel luogo: *desde —*, da quel luogo | *— está*, eccolo lì | *— mismo*, proprio lì | *por —*, lì, da quelle parti **2** (*di tempo*) allora, in quell'occasione: *empezó a llover y — terminó la fiesta*, cominciò a piovere e allora terminò la festa.
alma *s.f.* **1** anima | *— mía*, tesoro mio | *agradecer con el —*, ringraziare di cuore | *amigos del —*, amici per la pelle | *caérsele a alguien el — a los pies*, cascare le braccia a qlcu. | *no poder con su —*, non farcela più | *partirse el —*, causare dolore: *se me parte el — al verte tan solo*, mi dispiace vederti così solo **2** es-

sere (*m.*) umano: *por la noche en mi calle no se ve un alma*, di notte nella mia via non si vede un'anima viva.
almacén *s.m.* magazzino | *grandes almacenes*, grandi magazzini.
almacenaje *s.m.* immagazzinamento, stoccaggio.
almacenar *v.tr.* **1** immagazzinare, stoccare **2** (*fig.*) accumulare.
almacenero *s.m.* **1** magazziniere, venditore all'ingrosso **2** (*Amer.*) droghiere.
almadraba *s.f.* **1** tonnara **2** pesca del tonno.
almadreña *s.f.* (*calzatura*) zoccolo (*m.*) di legno.
almazara *s.f.* frantoio (*m.*).
almeja *s.f.* vongola | — *fina*, vongola verace.
almendra *s.f.* (*bot.*) mandorla.
almendrada *s.f.* latte (*m.*) di mandorle.
almendro *s.m.* (*bot.*) mandorlo.
almeriense *agg.* di Almería ♦ *s.m./f.* nativo (*m.*) di Almería.
almíbar *s.m.* sciroppo | *fruta en* —, frutta sciroppata.
almibarado *agg.* (*anche fig.*) sciroppato.
almidón *s.m.* amido.
almidonado *agg.* (*anche fig.*) inamidato ♦ *s.m.* inamidatura (*f.*).
alminar *s.m.* minareto.
almirante *s.m.* (*mil.*) ammiraglio.
almizcle *s.m.* (*profumo*) muschio.
almohada *s.f.* (*da letto*) guanciale (*m.*); (*da divano*) cuscino (*m.*) | *consultar una cosa con la* —, rimandare una decisione all'indomani, dormirci su.
almorranas *s.f.pl.* (*fam.*) emorroidi.
almorzar (*indic.pres.* almuerzo, almuerzas, almuerza, almorzamos, almorzáis, almuerzan; *pass.rem.* almorcé, almorzaste ; *cong. pres.* almuerce, almuerces, almorcemos, almorcéis, almuercen; *imp.* almuerza, almuerce, almorcemos, almorzad, almuercen) *v.intr.* pranzare.
almuecín *s.m.* (*relig.*) muezzin.
almuerzo *s.m.* pranzo | — *de trabajo*, colazione di lavoro.
áloe *s.f.* (*bot.*) aloe.
alófono *s.m.* (*ling.*) allofono.
alojamiento *s.m.* alloggio.
alojar *v.tr.* **1** alloggiare, ospitare **2** introdurre, inserire: — *el tornillo en su lugar*, inserire la vite al suo posto ♦ **-se** *v.pron.* alloggiare: *se aloja en un hotel*, alloggia in un albergo.
alondra *s.m.* (*zool.*) allodola.
alpargata *s.f.* espadrilla (*spec.pl.*), ciabatta (di stoffa).
alquería *s.f.* cascina, fattoria, casa colonica.
alquilar *v.tr.* **1** affittare **2** noleggiare.
alquiler *s.m.* **1** pigione (*f.*) **2** affitto, noleggio | *coche de* —, vettura a nolo.
alquitrán *s.m.* catrame.
alrededor *avv.*(*di luogo*) attorno, intorno | *mirar* —, guardarsi attorno
■ ***alrededor de***, all'incirca, circa, intorno a: *tiene — de treinta años*, ha circa trent'anni; *llegará — del día 10 de abril*, arriverà verso il 10 di aprile.
alrededores *s.m.pl.* dintorni, vicinanze (*f.*).
alta *s.f.* **1** dichiarazione di inizio attività; entrata in servizio, assunzione | *ser* —, entrare in servizio **2** (*med.*) certificato (*m.*) di dimissione | *dar de* —, dimettere dall'ospedale **3** (*a un'associazione, all'albo*) iscrizione; (*pol.*) tesseramento (*m.*); tessera | *darse de* —, iscriversi.
altanería *s.f.* altezzosità, boria.
altanero *agg.* altezzoso, arrogante; borioso.
altar *s.m.* altare.
altavoz (*pl.* -ces) *s.m.* altoparlante.
alteración *s.f.* **1** alterazione, irregolarità **2** nervosismo (*m.*), turbamento (*m.*) **3** (*di alimenti*) adulterazione, sofisticazione.
alterado *agg.* **1** alterato, turbato **2** rovinato **3** deperito; avariato.
alterar *v.tr.* **1** alterare, adulterare **2** sconvolgere, turbare ♦ **-se** *v.pron.* **1** irritarsi, alterarsi **2** rovinarsi.
altercado *s.m.* alterco, litigio.
alternación *s.f.* alternanza.
alternador *s.m.* (*elettr.*) alternatore.
alternar *v.tr.* alternare ♦ *v.intr.*, uscire, vedersi: *alterna con sus amigos*, esce con gli amici ♦ **-se** *v.pron.* alternarsi, avvicendarsi.
alternativa *s.f.* **1** alternativa **2** alternanza.
alteza *s.f.* **1** altezza | — *real*, altezza reale **2** (*fig.*) eccellenza, elevazione.
altibajos *s.m.pl.* **1** (*del terreno*) irregolarità (*f.*), gobbe (*f.*) **2** (*fig.*) alti e bassi, vicissitudini (*f.*).
altillo *s.m.* **1** soppalco **2** (*di un armadio*) parte (*f.*) superiore **3** (*Amer.*) soffitta (*f.*).
altilocuente *agg.* magniloquente.
altiplanicie *s.f.* altopiano (*m.*).
altitud *s.f.* altezza, altitudine.
altivez *s.f.* alterigia, superbia.
altivo *agg.* altero, superbo.
alto[1] *agg.* **1** alto; elevato: *vive en un edificio* —, abita in un palazzo alto; *nos gusta escalar las altas cumbres*, ci piace scalare le alte vette **2** (*di statura*) alto: *una mujer alta*, una donna alta **3** (*fig.*) alto, eccellente; eminente: *es un curso de — nivel*, è un corso di livello avanzato | *alta costura*, alta moda **4** (*avanzato nel tempo*) alto, inoltrato: *a altas horas de la noche*, a notte fonda; *bien alta la noche*, a notte alta ♦ *avv.* **1** (*di luogo*) alto | *en lo — de*, in cima a | *pasar por* —, chiudere un occhio; passare sopra a, ignorare | *por todo lo* —, alla grande, con sfarzo **2** (*di modo*) forte, ad alta voce; ad alto volume ♦ *s.m.* **1** altezza (*f.*): *tiene 20 metros de* —, è alto 20 metri/mi-

sura 20 metri di altezza **2** (*pl., Amer.*) piano superiore, parte alta dell'edificio.
alto² *s.m.* **1** alt, stop | *dar el* —, intimare l'altolà | *¡— el fuego!*, cessate il fuoco! | *¡— ahí!*, fermi tutti! **2** sosta (*f.*); pausa (*f.*): *hicieron un* —, fecero una sosta.
altoparlante *s.m.* (*Amer.*) altoparlante.
altura *s.f.* **1** (*anche geom., fis.*) altezza **2** altitudine, quota | *perder* —, perdere quota | *tomar* —, elevarsi, prendere quota **3** statura **4** cima, altura **5** (*mar.*) altura | *pesca de* —, pesca d'altura **6** (*pl., relig.*) cielo: *Dios de las alturas*, Dio dei cieli
■ (*fig.*) ***estar a la altura de***, essere all'altezza di | ***a estas alturas***, a questo punto | ***las alturas***, le alte sfere.
alubia *s.f.* (*bot.*) fagiolo (*m.*).
alucinación *s.f.* allucinazione, abbaglio (*m.*).
alucinar *v.intr.* avere allucinazioni ♦ *v.tr.* **1** stupire, sorprendere **2** (*fam.*) piacere da impazzire: *esta película me alucina*, questo film mi fa impazzire.
alucine *s.m.* (*fam.*) meraviglia (*f.*) | *de* —, da sballo.
alud *s.m.* **1** frana (*f.*) **2** (*di neve*) valanga (*f.*).
aludido *agg., s.m.* suddetto | *no darse por* —, far finta di non capire; fare il finto tonto.
aludir *v.tr.* alludere, fare allusione.
alumbrado *agg.* **1** illuminato **2** (*fig.*) alticcio, brillo ♦ *s.m.* illuminazione (*f.*).
alumbramiento *s.m.* **1** illuminazione (*f.*) **2** (*med.*) parto.
alumbrar *v.tr.* **1** illuminare **2** (*med.*) partorire, dare alla luce **3** (*fig.*) portare alla luce, rivelare: — *una fuente subterránea*, scoprire una sorgente sotterranea ♦ **-se** *v.pron.* ubriacarsi.
alumnado *s.m.* scolaresca (*f.*): *el* —, gli allievi.
alumno *s.m.* alunno, allievo; (*di liceo, Università*) studente.
alunarse *v.pron.* (*Amer.*) farsi venire la luna storta, adombrarsi.
alunizaje *s.m.* allunaggio.
alusión *s.f.* allusione.
aluvión *s.m.* alluvione (*f.*), inondazione (*f.*) | *de* —, alluvionale.
alza *s.f.* **1** (*di scarpe*) rialzo (*m.*) **2** (*comm.*) rialzo (*m.*), aumento (*m.*): *en* —, in rialzo.
alzamiento *s.m.* **1** innalzamento, sollevamento **2** sommossa (*f.*), sollevazione (*f.*).
alzapié *s.m.* poggiapiedi.
alzar (*con. come* cazar) *v.tr.* **1** alzare, sollevare: — *las manos*, alzare le mani **2** raccogliere: — *algo del suelo*, raccogliere da terra ♦ **-se** *v.pron.* alzarsi | — *en armas*, ribellarsi.
ama *s.f.* **1** padrona, proprietaria **2** padrona di casa, massaia | — *de casa*, casalinga | — *de llaves*, governante **3** balia | — *de cría/de leche*, balia | — *seca*, balia asciutta **4** perpetua.
amable *agg.* gentile, cortese.
amado *agg., s.m.* amato.
amadrinar *v.tr.* fare da madrina a qlcu.
amaestrar *v.tr.* ammaestrare.
amagar (*con. come* llegar) *v.tr./intr.* **1** accennare, abbozzare: — *una sonrisa*, accennare un sorriso **2** (*di malattia*) preannunciare, mostrare i primi sintomi: *esa tos amaga otra bronquitis*, quella tosse preannuncia un'altra bronchite **3** fingere **4** minacciare: *lo amagó con despedirle*, lo minacciò di licenziarlo ♦ *v.intr.* minacciare, preannunciarsi: *esta tarde amaga lluvia*, questo pomeriggio minaccia pioggia ♦ **-se** *v.pron.* nascondersi, occultarsi.
amago *s.m.* **1** minaccia (*f.*) **2** (*di malattia*) sintomo **3** finta (*f.*).
amalgamar *v.tr.* amalgamare.
amamantar *v.tr.* allattare.
amanecer¹ (*con. come* agradecer) *v.impers.* albeggiare; (*del giorno*) spuntare ♦ *v.intr.* essere in un certo modo all'alba; ritrovarsi in un determinato luogo all'alba, svegliarsi: *amanecimos en Cádiz*, allo spuntar del giorno arrivammo/eravamo a Cadice; *amanecí con dolor de cabeza*, mi svegliai con il mal di testa.
amanecer² *s.m.* alba (*f.*) | *al* —, sul far del giorno, allo spuntar del giorno.
amanerado *agg.* manierato, artificioso; effeminato.
amansar *v.tr.* ammansire, rabbonire ♦ **-se** *v.pron.* rabbonirsi.
amante *agg., s.m./f.* amante.
amañar *v.tr.* imbrogliare, preparare con astuzia, truccare ♦ **-se** *v. pron.* **1** adattarsi, cavarsela: *se amaña bien en el nuevo trabajo*, se la cava bene nel nuovo lavoro **2** avere abilità per qlco: *se amaña bien con los niños*, è bravo con i bambini | — *bien con alguien*, andare d'accordo con qlcu.
amaño *s.m.* astuzia (*f.*), abilità (*f.*).
amapola *s.f.* (*bot.*) papavero (*m.*).
amar *v.tr.* amare ♦ **-se** *v.pron.* amarsi.
amargado *agg.* **1** amareggiato, deluso **2** (*fig.*) inacidito, astioso.
amargar (*con. come* llegar) *v.tr.* amareggiare; disgustare ♦ **-se** *v.pron.* amareggiarsi, affliggersi.
amargo *agg.* **1** amaro **2** (*fig.*) triste, doloroso.
amargor *s.m.* **1** sapore amaro **2** (*fig.*) amarezza (*f.*), dispiacere.
amargura *s.f.* amarezza, tristezza, disgusto (*m.*).
amariconado *agg.* (*spreg., volg.*) effeminato, frocio.
amariconarse *v.pron.* effeminarsi.
amarillear *v.intr.* ingiallire.

amarillento *agg.* giallastro, giallognolo.
amarillo *agg.* **1** giallo **2** (*di persona*) pallido, terreo **3** (*giorn.*) scandalistico, sensazionalistico.
amariposado *agg.* a forma di farfalla.
amarra *s.f.* (*mar.*) ormeggio (*m.*), gomena | *tener buenas amarras*, avere forti appoggi, essere raccomandato.
amarrado *agg.* **1** legato **2** (*mar.*) ormeggiato **3** (*fig.*) tirchio.
amarrar *v.tr.* **1** (*anche mar.*) assicurare, ormeggiare **2** (*fig.*) sorvegliare eccessivamente, tenere al guinzaglio.
amarrete *agg.* avaro, spilorcio.
amartelarse *v.pron.* **1** prendersi una sbandata, essere cotto **2** stare appiccicati.
amasadora *s.f.* **1** impastatrice **2** (*edil.*) betoniera.
amasar *v.tr.* **1** impastare **2** (*fig.*) ammassare: — *dinero*, accumulare soldi **3** (*fig.*) tramare, ordire.
amasijo *s.m.* **1** impasto **2** (*edil.*) malta (*f.*) **3** (*fig.*) guazzabuglio, pasticcio.
amazacotado *agg.* **1** fitto, denso **2** (*fig.*) contorto, difficile, intricato: *un libro abstruso y* —, un libro astruso e contorto.
ámbar *s.m.* ambra (*f.*).
ambarino *agg.* ambrato.
amberino *agg.* di Anversa ♦ *s.m.* nativo di Anversa.
ambición *s.f.* ambizione.
ambicionar *v.tr.* ambire.
ambientar *v.tr.* **1** adattare, acclimatare **2** (*cinem.*, *teatr.*) ambientare, situare ♦ **-se** *v.pron.* ambientarsi, adattarsi.
ambiente *s.m.* **1** aria (*f.*), atmosfera (*f.*): *el — estaba cargado de humo*, l'aria era densa di fumo **2** (*fig.*) ambiente, ambito: — *universitario*, ambiente universitario; *el niño crece en un — sereno*, il bambino cresce in un ambiente sereno | *el medio* —, (*ecologico*) l'ecosistema; (*sociale*) ambiente **3** (*fam.*) animazione (*f.*), vita (*f.*): *hay mucho* —, c'è molta animazione | (*pop.*) *bar de* —, locale gay.
ambigüedad *s.f.* ambiguità.
ámbito *s.m.* ambito.
ambo *s.m.* **1** ambo **2** (*Amer.*, *abbigl.*) completo di giacca e pantaloni
ambos (*f.* -as) *agg.*, *pron.indef.pl.* l'uno e l'altro, entrambi, ambedue.
ambulancia *s.f.* ambulanza.
ambulante *agg.*, *s.m./f.* ambulante.
ameba *s.f.* (*zool.*) ameba.
amedrentado *agg.* impaurito, intimorito.
amenaza *s.m.* minaccia (*f.*).
amenazador *agg.* minaccioso.
amenazar (*con. come* cazar) *v.tr.* minacciare (*anche fig.*) ♦ *v.intr.* incombere: *amenaza con llover*, minaccia di piovere.
amenidad *s.f.* amenità.
ameno *agg.* ameno, gradevole.
amerengado *agg.* **1** (*cuc.*) preparato, guarnito con meringhe **2** (*fig.*) stucchevole, lezioso.
americana *s.f.* giacca da uomo.
americanada *s.f.* (*spreg.*) americanata.
americanismo *s.m.* (*ling.*) americanismo.
americano *agg.*, *s.m.* americano.
amerindio *agg.* amerindio, degli indiani d'America.
amerizaje *s.m.* (*aer.*) ammaraggio.
ametralladora *s.f.* mitragliatrice.
amianto *s.m.* amianto.
amigable *agg.* amichevole.
amigar (*con. come* llegar) *v.tr.* **1** far fare amicizia **2** riconciliare ♦ **-se** *v.pron.* (*fam.*) convivere.
amígdala *s.f.* (*anat.*) tonsilla.
amigdalectomía *s.f.* (*med.*) tonsillectomia.
amigdalitis *s.f.* (*med.*) tonsillite.
amigo *s.m.* **1** amico: — *del alma*, amico del cuore | *de* —, da amico | *tan amigos* (*como antes/siempre*), amici come prima **2** partner (*m./f.*), compagno ♦ *agg.* amico: *una palabra amiga*, una parola amica.
amigote *s.m.* amicone, compare.
amiguismo *s.m.* clientelismo, nepotismo.
aminoácido *s.m.* (*chim.*) amminoacido.
aminorar *v.tr./intr.* diminuire: — *el riesgo*, diminuire il rischio; *el dolor ha aminorado*, il dolore è diminuito ♦ **-se** *v.pron.* ridursi: *la deuda no se ha aminorado*, il debito non si è ridotto.
amistad *s.f.* amicizia: *trabar* —, fare amicizia.
amistoso *agg.* amichevole.
amnesia *s.f.* (*med.*) amnesia.
amnistía *s.f.* (*pol.*) amnistia.
amnistiar (*con. come* confiar) *v.tr.* amnistiare.
amo *s.m.* padrone, signore: *el — del perro*, il proprietario del cane | *hacerse el* —, farla da padrone.
amodorrarse *v.pron.* assopirsi, appisolarsi.
amohinar *v.tr.* infastidire, tediare ♦ **-se** *v.pron.* irritarsi, arrabbiarsi.
amoladera *s.f.* mola.
amolar (*con. come* contar) *v.tr.* **1** affilare, arrotare **2** (*fig.*) affilare, far dimagrire **3** (*fam.*) infastidire, molestare.
amoldar *v.tr.* accordare, adattare a uno scopo ♦ **-se** *v.pron.* **1** modellarsi, prendere la forma di qlco. **2** adattarsi, conformarsi.
amonarse *v.pron.* (*fam.*) ubriacarsi, prendersi una sbronza.
amonestación *s.f.* **1** ammonizione, avvertimento (*m.*) **2** (*pl.*) pubblicazioni di matrimonio: *leer las amonestaciones*, fare le pubblicazioni.
amoniaco *s.m.* ammoniaca (*f.*).
amontonar *v.tr.* ammucchiare, accumulare.

amor *s.m.* **1** amore | *con mil amores*, con piacere, di tutto cuore | *al — de la lumbre*, accanto al fuoco | *en — y compañía*, d'amore e d'accordo | *por — al arte*, gratis, per la gloria **2** (*pl.*) relazione (*f. sing.*): *tener amores con alguien*, avere una relazione con qlcu.
amoratado *agg.* livido, paonazzo.
amordazar (*con. come* cazar) *v.tr.* **1** imbavagliare (*anche fig.*) **2** censurare.
amoroso *agg.* amoroso; amorevole, affettuoso.
amortajar *v.tr.* avvolgere nel sudario.
amortiguado *agg.* attenuato, attutito, tenue.
amortiguador *s.m.* (*mecc.*) ammortizzatore.
amortiguar (*con. come* averiguar) *v.tr.* **1** ammortizzare, attenuare, smorzare **2** (*pitt.*) sfumare.
amortización *s.f.* (*econ., banc.*) ammortamento (*m.*).
amortizar (*con. come* cazar) *v.tr.* **1** (*econ., banc.*) ammortizzare, liquidare (ratealmente) un debito **2** (*posti di lavoro*) sopprimere, tagliare.
amostachado *agg.* baffuto.
amotinado *agg., s.m.* ammutinato.
amover (*con. come* mover) *v.tr.* rimuovere, sollevare da un incarico.
amparar *v.tr.* difendere, proteggere, tutelare ♦ **-se** *v.pron.* **1** proteggersi, ripararsi **2** (*dir.*) avvalersi.
amparo *s.m.* **1** difesa (*f.*), protezione (*f.*), rifugio: *pedir —*, chiedere protezione | *al — de*, al riparo da **2** (*dir.*) tutela (*f.*).
amperaje *s.m.* (*elettr.*) amperaggio.
amperímetro *s.m.* (*elettr.*) amperometro.
amperio *s.m.* (*elettr.*) ampere.
ampliación *s.f.* **1** ampliamento (*m.*); aumento (*m.*) **2** (*foto.*) ingrandimento (*m.*) **3** (*arch.*) ampliamento (*m.*).
ampliar (*con. come* confiar) *v.tr.* **1** ampliare **2** (*foto.*) ingrandire.
amplificación *s.f.* **1** ingrandimento (*m.*) **2** amplificazione.
amplificar (*con. come* pescar) *v.tr.* amplificare.
amplio *agg.* ampio, largo, vasto.
amplitud *s.f.* (*anche fig.*) larghezza, ampiezza, estensione | *— de miras*, larghezza di vedute | (*inform.*) *— de banda*, larghezza della banda.
ampolla *s.f.* **1** (*della pelle*) vescica, bolla **2** (*contenitore*) ampolla, fiala.
ampollarse *v.pron.* (*med.*) coprirsi di vesciche, di bolle.
ampulosidad *s.f.* ampollosità.
amputar *v.tr.* (*med., fig.*) amputare, tagliare.
amueblar *v.tr.* ammobiliare, arredare.
amujerado *agg.* (*spreg.*) effeminato.
amuleto *s.m.* amuleto.
amurallado *agg.* fortificato, murato.
anabolizante *s.m.* anabolizzante.
anacardo *s.m.* (*bot.*) anacardio.
anacoluto *s.m.* (*ling.*) anacoluto.
anacrónico *agg.* anacronistico.
anafiláctico *agg.* anafilattico.
anagrama *s.m.* anagramma.
anales *s.m.pl.* (*st.*) annali.
analgésico *agg., s.m.* analgesico.
analfabeto *agg, s.m.* analfabeta (*m./f.*).
análisis *s.m.* analisi (*f.*): *— sintáctico*, analisi logica; *— clínico*, esame clinico.
analista *s.m./f.* **1** (*inform., chim, med., mat.*) analista **2** (*psic.*) psicoanalista **3** (*pol.*) osservatore (*m.*), analista.
analítico *agg.* analitico.
analizar (*con. come* cazar) *v.tr.* analizzare.
analogía *s.f.* analogia.
analógico *agg.* analogico | *señal analógica*, segnale analogico.
análogo *agg.* analogo.
anamnesis *s.f.* (*med.*) anamnesi.
anaquel *s.m.* ripiano, mensola (*f.*).
anaranjado *agg.* (*colore*) arancione.
anarco *s.m.* (*fam., pol.*) anarchico.
anarquía *s.f.* **1** anarchia **2** (*fig.*) caos (*m.*).
anárquico *agg.* (*pol.*) anarchico.
anarquismo *s.m.* (*pol.*) anarchia (*f.*).
anarquista *agg., s.m./f.* (*pol., fig.*) anarchico (*m.*).
anatema *s.m./f.* (*relig., fig.*) anatema (*m.*).
anatomía *s.f.* anatomia.
anca *s.f.* **1** (*zool.*) anca | *ancas de rana*, cosce di rana **2** (*zool.*) groppa **3** (*anat.*) anca, fianco (*m.*) **4** (*fam.*) chiappa.
ancho *agg.* **1** largo, ampio: *el vestido es — de hombros*, il vestito è largo di spalle **2** (*fig.*) sollevato, tranquillo: *se quedó — depués de acabar el trabajo*, dopo aver terminato il lavoro, si sentì sollevato/più leggero **3** (*fig.*) soddisfatto, orgoglioso | *a (mis/tus/sus) anchas*, a mio/tuo agio, comodamente ♦ *s.m.* **1** larghezza (*f.*) | *a lo —*, in larghezza **2** (*di stoffa*) altezza (*f.*).
anchoa *s.f.* (*cuc.*) acciuga.
anchura *s.f.* larghezza.
ancianidad *s.f.* anzianità.
anciano *agg., s.m.* anziano, vecchio.
ancla *s.f.* (*mar.*) ancora: *echar el —*, gettare l'ancora.
anclaje *s.m.* **1** ancoraggio (*anche tecn.*) **2** (*mar.*) ormeggio.
anclar *v.intr.* (*mar.*) ormeggiare ♦ *v.tr.* (*anche tecn.*) fissare, agganciare: *— la pieza al motor*, fissare il pezzo nel motore ♦ **-se** *v.pron.* (*fig.*) restare attaccato, ancorarsi, radicarsi | *— a una idea*, restare attaccato a un'idea.
andadero *agg.* praticabile, percorribile.
andador *agg.* camminatore; girovago ♦ *s.m.* girello (per bambini).

andaluz (*pl.* -ces) *agg.*, *s.m.* andaluso.
andamio *s.m.* (*edil.*) impalcatura (*f.*), ponteggio.
andar[1] (*indic.pass.rem.* anduve, anduviste...; *cong.imperf.* anduviera, anduvieras...) *v.intr.* **1** camminare: — *por el parque*, camminare nel parco | *¡anda!*, dai! | *¡anda ya!*, piantala! | — *por ahí*, andare in giro (da qualche parte) | *dime con quién andas y te diré quién eres*, dimmi con chi vai e ti dirò chi sei **2** muoversi, spostarsi: *el tren anda despacio*, il treno si muove lentamente **3** (*di tempo*) scorrere, passare **4** (*anche fig.*) funzionare: *el reloj* (*no*) *anda*, l'orologio (non) funziona; *las cosas andan mal en este país*, le cose vanno male/non funzionano in questo paese **5** essere, stare, sentirsi, trovarsi (in una situazione): *anda en busca de trabajo*, sta cercando lavoro; — *en problemas*, essere nei guai; — *preocupado*, essere/sentirsi preoccupato; — *mal de salud*, stare male; — *tras algo, alguien*, cercare, essere in cerca di qlco. o qlcu. **6** — (+ *ger.*) per indicare che l'azione del v. al ger. è ripetuta e frequente: *anda criticando a todo el mundo*, critica sempre tutti; *anda buscando marido*, è alla ricerca di un marito **7** — *por* (+ *quantità*), essere arrivati circa a (+ quantità): *él anda por los 50*, lui va per i 50 (anni) **8** agire (in un certo modo), procedere: *¡anda con cuidado!*, stai attento! | — *con ojo*, fare attenzione | — *a los gritos*, urlare in continuazione | *andarse con remilgos*, fare lo smorfioso | *andarse por las ramas*, menare il can per l'aia **9** frugare, rovistare: *andaba en tu armario*, frugava nel tuo armadio ♦ *v.tr.* percorrere a piedi una distanza/uno spazio: *anduvo 10 km*, percorse a piedi 10 km.
andar[2] *s.m.* (*anche mar.*) andatura (*f.*), andare.
andariego *agg.* vagabondo.
andas *s.f.pl.* portantina (*sing.*) | (*fig.*) *llevar en* —, portare in palmo di mano.
andén *s.m.* **1** (*in una stazione*) banchina (*f.*), marciapiede **2** (*Amer.*, *di strada*) marciapiede.
andino *agg.*, *s.m.* andino.
andorrano *agg.* di Andorra ♦ *s.m.* nativo di Andorra.
andrajo *s.m.* straccio, cencio: *vestir con andrajos*, vestire di stracci.
andrajoso *agg.* (*di vestito*) stracciato, vecchio ♦ *s.m.* pezzente, straccione.
andrólogo *s.m.* (*med.*) andrologo.
anécdota *s.f.* aneddoto (*m.*).
anecdotario *s.m.* raccolta (*f.*) di aneddoti; aneddotica (*f.*).
anecdótico *agg.* aneddotico.
anegar (*con. come* llegar) *v.tr.* inondare, allagare ♦ *v. intr.* **1** (*mar.*) affondare **2** annegare ♦ **-se** *v.pron.* (*fig.*) piangere molto.
anejo *agg.* **1** annesso **2** allegato ♦ *s.m.* **1** (*dir.*, *inform.*) allegato **2** (*geogr.*, *di comune*) frazione (*f.*) **3** (*di rivista*) supplemento.
anémico *agg.* (*med.*) anemico.
anemómetro *s.m.* anemometro.
anémona *s.f.* (*bot.*, *mar.*) anemone (*m.*).
anestesia *s.f.* (*med.*) anestesia.
anestesiar *v.tr.* (*med.*) anestetizzare.
anestesista *s.m./f.* (*med.*) anestesista.
aneurisma *s.m.* (*med.*) aneurisma.
anexión *s.f.* annessione.
anexionar *v.tr.* annettere.
anexo *agg.* annesso ♦ *s.m.* allegato.
anfetamina *s.f.* (*chim.*) amfetamina.
anfibio *agg.*, *s.m.* (*zool.*, *biol.*) anfibio.
anfiteatro *s.m.* anfiteatro.
anfitrión *s.m.* anfitrione, ospite (*m./f.*), padrone di casa.
angarilla *s.f.* barella, lettiga.
ángel *s.m.* **1** angelo: — *de la guarda*, angelo custode | *ha pasado un* —, si dice quando una conversazione è interrotta da un silenzio improvviso **2** grazia (*f.*), simpatia (*f.*), fascino | *tener mucho* —, avere un bel garbo, essere simpatico.
angélico *agg.* angelico.
angina *s.f.* angina: — *de pecho*, angina pectoris | *tener anginas*, avere la tonsillite.
angiografía *s.f.* (*med.*) angiografia.
anglicanismo *s.m.* (*relig.*) anglicanesimo.
anglicano *agg.*, *s.m.* (*relig.*) anglicano.
anglicismo *s.m.* (*ling.*) anglicismo.
anglófono *agg.*, *s.m.* anglofono.
anglohablante *agg.*, *s.m./f.* anglofono (*m.*).
anglosajón *agg.*, *s.m.* anglosassone (*m./f.*).
angostar *v.tr.* stringere ♦ **-se** *v.pron.* restringersi.
angosto *agg.* angusto, stretto.
anguila *s.f.* (*zool.*) anguilla.
angular *agg.*, *sm./f.* angolare | *gran* —, grandangolo.
ángulo *s.m.* **1** angolo, spigolo | — *de refracción*, angolo di rifrazione **2** (*fig.*) aspetto, punto di vista.
anguloso *agg.* angoloso, irregolare, spigoloso.
angustia *s.f.* angoscia, inquietudine.
angustiar *v.tr.* angosciare ♦ **-se** *v.pron.* angustiarsi.
angustioso *agg.* angosciante.
anhelar *v.tr.* **1** ansimare **2** anelare, desiderare.
anhelo *s.m.* anelito, desiderio, bramosia (*f.*).
anheloso *agg.* desideroso, anelante.
anidar *v.intr.* annidare (*anche fig.*), nidificare ♦ **-se** *v.pron.* annidarsi.
anillar *v.tr.* inanellare.
anillo *s.m.* anello | — *de boda*, fede | *venir/*

caer como — al dedo, essere conveniente, adeguato | *no caersele los anillos a alguien*, non perdere la faccia.
animación *s.f.* **1** emozione, vivacità, animatezza **2** movimento (*m.*), animazione **3** (*cinem.*) animazione.
animado *agg.* **1** animato (*anche fig.*) | *dibujos animados*, cartoni animati **2** allegro.
animadversión *s.f.* avversione, inimicizia.
animal *agg.* animale: *comportamento —*, comportamento animale ♦ *s.m.* **1** animale: *en mi casa no quiero vivir con animales*, non voglio animali in casa mia **2** (*fig., spreg.*) bestione, stupido, animale.
animalada *s.f.* bestialità.
animalejo *s.m.* animaletto, bestiola (*f.*).
animar *v.tr.* **1** animare; dare vigore a qlcu. **2** incoraggiare, motivare, spingere ♦ **-se** *v.pron.* **1** animarsi, rallegrarsi **2** azzardarsi, osare.
anímico *agg.* dell'anima.
animista *agg.*, *s.m./f.* animista.
ánimo *s.m.* **1** animo, spirito | *hacerse el —*, abituarsi all'idea **2** audacia (*f.*), coraggio | *¡—!*, coraggio!
animoso *agg.* coraggioso, valoroso.
aniquilar *v.tr.* annichilire, annullare (*anche fig.*).
anís *s.m.* anice.
anisado *agg.* all'anice ♦ *s.m.* (*liquore*) anice.
anisete *s.m.* anisetta (*f.*).
aniversario *s.m.* anniversario.
anoche *avv.* ieri sera, ieri notte.
anochecer (*con. come* agradecer) *v.intr.* **1** farsi notte, imbrunire: *anocheció temprano*, si fece buio presto **2** giungere, trovarsi in un luogo all'imbrunire: *después de mucho caminar, anochecimos en un bosque*, dopo aver camminato molto, siamo arrivati in un bosco all'imbrunire ♦ *s.m.* crepuscolo, imbrunire.
anomalía *s.f.* anomalia.
anonadamiento *s.m.* annichilimento, sbigottimento, sconcerto.
anonadar *v.tr.* **1** annichilire, sorprendere **2** (*fig.*) umiliare.
anónimo *agg.* anonimo ♦ *s.m.* **1** (*lettera, scritto*) anonimo **2** anonimato.
anorak *s.m.* giacca (*f.*) a vento.
anorexia *s.f.* (*med.*) anoressia.
anormal *agg.* anormale, irregolare ♦ *s.m.* anormale, deficiente.
anotación *s.f.* **1** annotazione **2** (*amm.*) registrazione.
anotar *v.tr.* **1** annotare **2** (*amm.*) registrare **3** (*sport*) segnare (un punto).
anovelado *agg.* (*lett.*) romanzato: *una historia anovelada*, una storia romanzata.
anquilosado *agg.* **1** anchilosato **2** (*fig.*) vecchio, obsoleto.
ansia *s.f.* ansia, agitazione; bramosia.
ansiar *v.tr.* bramare, agognare.
ansiedad *s.f.* ansia, preoccupazione.
ansioso *agg.* **1** ansioso, impaziente **2** desideroso.
antagónico *agg.* antagonista.
antagonista *agg.*, *s.m./f.* antagonista.
antagonismo *s.m.* antagonismo, competizione (*f.*).
antaño *avv.* anticamente | *cosas de —*, cose di una volta.
antártico *agg.* antartico.
ante[1] *s.m.* (*zool.*) alce | *piel de —*, camoscio, pelle scamosciata.
ante[2] *prep.* **1** davanti a, di fronte (*anche fig.*): *compareció — las autoridades*, si presentò dinanzi alle autorità; *rendirse — la evidencia*, arrendersi all'evidenza | *— todo*, innanzi tutto | *tener — sí*, avere davanti a sé **2** in confronto; riguardo a: *— su mal carácter, los demás parecen amables*, in confronto al suo caratteraccio, gli altri sembrano gentili.
anteanoche *avv.* l'altra sera, due sere fa.
anteayer *avv.* l'altroieri.
antebrazo *s.m.* avambraccio.
antecámara *s.m.* anticamera | *hacer —*, fare anticamera, attendere di essere ricevuti.
antecedente *agg.* antecedente ♦ *s.m.* **1** (*spec.pl.*) antecedente, antefatto; precedenti (*pl.*) | *antecedentes penales*, precedenti penali | *estar, poner en antecedentes*, essere, mettere al corrente **2** (*mat.*) antecedente.
antedicho *agg.* anzidetto, suddetto, menzionato.
anteguerra *s.f.* anteguerra (*m.*).
anteiglesia *s.f.* sagrato (*m.*).
antelación *s.f.* anticipo (*m.*), anticipazione.
antemano, de *loc.avv.* anticipatamente, in anticipo.
antena *s.f.* **1** (*anche zool.*) antenna **2** (*mar.*) albero (*m.*), antenna: *— de velero*, albero di veliero.
antenista *s.m./f.* (*tecn.*) antennista.
anteojo *s.m.* **1** cannocchiale **2** (*pl.*) binocolo (*sing.*) **3** (*pl.*) occhiali | *serpiente de anteojos*, serpente con gli occhiali, cobra.
antepasado *s.m.* antenato, avo ♦ *agg.* passato, antecedente.
antepecho *s.m.* **1** parapetto **2** davanzale.
antepenúltimo *agg.* terzultimo.
anteponer (*con. come* poner) *v.tr.* **1** anteporre **2** (*fig.*) preferire.
anteproyecto *s.m.* **1** (*tecn.*) progetto di massima **2** (*di legge*) disegno.
anterior *agg.* anteriore.
anterioridad *s.f.* anteriorità, precedenza.
antes *avv.* **1** (*tempo*) prima: *llegaron — que yo*, arrivarono prima di me | *cuanto —*, quanto prima | *— de Cristo*, avanti Cristo | *— (de) que*, prima che: *— (de) que lleguen los*

demás, prima que arrivino gli altri | — *que nada*, prima di tutto | — *de ayer*, l'altro ieri **2** un tempo, una volta, anticamente: — *vivía en Murcia*, una volta abitava a Murcia | *de* —, di una volta **3** (*luogo*) davanti, prima: *está — que yo*, è davanti a me **4** (*modo*) piuttosto, pur di non: *todo — que tener que marcharme de mi ciudad*, tutto piuttosto che dover andarmene dalla mia città ♦ *cong.* anzi | — *bien*, anzi, al contrario ♦ *agg.* anteriore, precedente: *la noche* —, la notte precedente.
antevíspera *s.f.* antivigilia.
antiabortista *agg., s.m./f.* antiabortista.
antiácido *s.m.* (*chim., farm.*) antiacido.
antialérgico *agg.* antiallergico.
antiarrugas *agg.* antirughe.
antiatómico *agg.* antiatomico.
antibacteriano *agg., s.m.* antibatterico.
antibalas *agg.* antiproiettile.
antibiótico *agg., s.m.* (*med.*) antibiotico.
anticientífico *agg.* antiscientifico.
anticipación *s.f.* anticipazione, anticipo (*m.*).
anticipado *agg.* anticipato | *por* —, in anticipo.
anticipar *v.tr.* **1** anticipare **2** (*soldi*) dare un anticipo **3** prevenire ♦ **-se** *v.pron.* essere in anticipo; precedere, anticipare.
anticoncepcional *agg., s.m.* (*med.*) anticoncezionale.
anticonceptivo *agg., s.m.* (*med.*) contraccettivo, anticoncezionale.
anticonstitucional *agg.* (*dir., pol.*) anticostituzionale.
anticuado *agg.* antiquato.
anticuario *s.m.* antiquario.
anticuarse *v.pron.* diventare obsoleto, farsi vecchio.
anticuerpo *s.m.* (*biol., med.*) anticorpo.
antideslizante *agg.* **1** antisdrucciolevole, antiscivolo **2** (*aut.*) antiderapante.
antidisturbios *agg.* antisommossa ♦ *s.m.* poliziotto antisommossa.
antidopaje *agg.* antidoping.
antidoping *agg., s.m.* antidoping.
antídoto *s.m.* antidoto.
antidroga *agg.* antidroga.
antieconómico *agg.* antieconomico.
antielectrón *s.m.* antielettrone.
antiemético *agg., s.m.* (*farm.*) antiemetico.
antienvejecimiento *agg.* antinvecchiamento.
antiepiléctico *agg., s.m.* (*farm.*) antiepilettico.
antiespasmódico *agg.* antispasmodico.
antiestático *agg., s.m.* antistatico.
antiestético *agg.* antiestetico.
antiestrés *agg., s.m.* antistress.
antieuropeísta *agg.* (*pol.*) antieuropeista.
antieuropeo *agg.* antieuropeo.
antifascismo *s.m.* (*pol.*) antifascismo.
antifascista *agg., s.m./f.* (*pol.*) antifascista.
antifaz *s.m.* (*pl.* -ces) **1** maschera (*f.*): *tener el rostro cubierto con un* —, avere il volto coperto con una maschera **2** mascherina (*f.*): *un — negro sobre los ojos* una mascherina nera sugli occhi.
antifebril *agg., s.m.* (*farm.*) antifebbrile.
antifeminismo *s.m.* antifemminismo.
antifeminista *agg., s.m.* antifemminista.
antiflogístico *agg., s.m.* (*farm.*) antiflogistico.
antífona *s.f.* (*relig.*) antifona.
antifonal *agg., s.m.* (*relig.*) antifonale.
antifonario *s.m.* (*relig.*) antifonario.
antifrástico *agg.* (*ret.*) antifrastico.
antigás *agg.* antigas | *máscara* —, maschera antigas.
antigénico *agg.* (*biol.*) antigenico.
antígeno *s.m.* (*biol.*) antigene.
antigripal *agg.* (*farm.*) antinfluenzale.
antigualla *s.f.* (*spreg.*) anticaglia: *un almacén de antiguallas*, un magazzino di anticaglie.
antigubernamental *agg.* (*pol.*) antigovernativo: *coalición* —, coalizione antigovernativa.
antigüedad *s.f.* antichità | — *de servicio*, anzianità di servizio | *tienda de antigüedades*, negozio di antiquariato.
antiguerrilla *agg., s.f.* antiguerriglia.
antiguo *agg.* **1** antico, anziano **2** antiquato | *a la antigua*, all'antica ♦ *s.m.* **1** anziano, veterano **2** (*pl.*) gli antichi.
antihemorrágico *agg., s.m.* (*farm.*) antiemorragico.
antihéroe *s.m.* antieroe.
antihigiénico *agg.* antigienico.
antihistamínico *agg., s.m.* (*farm.*) antistaminico.
antihistérico *agg., s.m.* (*farm.*) antisterico.
antihistórico *agg.* antistorico.
antihombre *agg.* (*mil.*) antiuomo | *mina* —, mina antiuomo.
antiimperialismo *s.m.* (*pol.*) antimperialismo.
antiimperialista *agg., s.m.* (*pol.*) antimperialista.
antiincendio(s) *agg.* antincendio | *equipo antiincendios*, squadra antincendio.
antiinflación *agg.* antinflazione.
antiinflamatorio *agg., s.m.* (*farm.*) antinfiammatorio.
antiliberal *agg.* (*pol.*) antiliberale, illiberale.
antillano *agg.* delle Antille ♦ *s.m.* nativo delle Antille.
antilogía *s.f.* (*filos.*) antilogia.
antílope *s.m.* (*zool.*) antilope (*f.*).
antiloquesea *agg., s.m.* (*fam.*) antitutto, bastian contrario.
antimafia *agg.* antimafia.
antimalárico *agg., s.m.* (*farm., med.*) antimalarico.

antimateria *s.f.* (*fís.*) antimateria.
antimeridiano *agg.*, *s.m.* (*anche geogr.*) antimeridiano.
antimilitarismo *s.m.* antimilitarismo.
antimilitarista *agg.*, *s.m./f.* antimilitarista.
antimonárquico *agg.*, *s.m.* (*pol.*) antimonarchico.
antimonio *s.m.* (*chim.*) antimonio.
antimonopolio *agg.* (*econ.*) antimonopolio.
antimonopolista *agg.* (*econ.*) antimonopolista.
antinacionalista *agg.* (*econ.*) contrario al nazionalismo.
antineurálgico *agg.*, *s.m.* (*farm.*) antinevralgico.
antiniebla *agg.*, *s.m.* **1** antinebbia **2** (*aut.*) fendinebbia.
antinomia *s.f.* (*filos.*) antinomia.
antinuclear *agg.* antinucleare.
antioqueno, antioqueño *agg.*, *s.m.* antiocheno.
antipánico *agg.* antipanico | *puerta* —, porta antipanico.
antipapa *s.m.* (*relig.*) antipapa.
antiparasitario *agg.*, *s.m.* antiparassitario.
antipartícula *s.f.* (*fís.*) antiparticella.
antipatía *s.f.* antipatia.
antipático *agg.* antipatico | *me cae* —, mi è antipatico.
antiperistáltico *agg.* (*fisiol.*) antiperistaltico.
antipersonal *agg.* antiuomo | *mina* —, mina antiuomo.
antipirético *agg.*, *s.m.* (*farm.*) antipiretico.
antípoda *s.m.* *spec.pl.* antipode (*spec. pl.*) | (*fig.*) *estar en los antípodas*, essere agli antipodi.
antipsiquiatría *s.f.* (*psic.*) antipsichiatria.
antirrábico *agg.*, *s.m.* (*farm.*) antirabbico.
antirracismo *s.m.* antirazzismo.
antirreflector *agg.* antiriflesso.
antirreligioso *agg.* antireligioso.
antirresbaladizo *agg.* antiscivolo: *material* —, materiale antiscivolo.
antirreumático *agg.*, *s.m.* (*farm.*) antireumatico.
antirrevolucionario *agg.* (*pol.*) antirivoluzionario.
antirrobo *agg.*, *s.m.* antifurto.
antisemita *agg.*, *s.m./f.* antisemita.
antisemitismo *s.m.* antisemitismo.
antiséptico *agg.*, *s.m.* (*farm.*) antisettico.
antisida *agg.* (*farm.*) antiaids.
antisimétrico *agg.* antisimmetrico.
antisindical *agg.* (*pol.*) antisindacale: *comportamiento* —, comportamento antisindacale.
antisísmico *agg.* antisismico: *edificio* —, edificio antisismico.
antisocial *agg.* antisociale.
antisubversivo *agg.* antisommossa.
antitanque *agg.* (*mil.*) anticarro | *mina* —, mina anticarro.
antiterrorismo *agg.* antiterrorismo.
antiterrorista *agg.* antiterrorista | *ley* —, legge antiterrorismo.
antítesis *s.f.* (*ret., anche fig.*) antitesi.
antitetánico *agg.* (*farm.*) antitetanico.
antitético *agg.* antitetico: *tomar posiciones antitéticas*, prendere posizioni antitetiche.
antitífico *agg.* (*farm.*) antitifico.
antitrombina *s.f.* (*biol.*) antitrombina.
antitrust *agg.* (*econ.*) antitrust.
antituberculoso *agg.* (*med.*) antitubercolare.
antitumoral *agg.* (*farm.*) antitumorale.
antivaho *agg.*, *s.m.* (*aut.*) antiappannante.
antiviral *agg.* (*farm.*) antivirale.
antivirus *agg.*, *s.m.* (*inform.*) antivirus.
antojadizo *agg.*, *s.m.* capriccioso.
antojarse *v.pron.* **1** aver voglia, incapricciarsi: *hace siempre lo que se le antoja*, fa sempre quello che vuole **2** supporre, immaginare: *se me antoja que no vendrá*, suppongo/mi sa che non verrà.
antojo *s.m.* **1** voglia (*f.*), capriccio, ghiribizzo | *a su* —, come gli pare e piace **2** (*sulla pelle*) voglia (*f.*).
antología *s.f.* antologia | *de* —, straordinario, degno di rilievo.
antológico *agg.* **1** (*lett.*, *mus.*) antologico: *pieza antológica*, brano antologico **2** (*fig.*) epico, memorabile: *el recital fue* —, il recital fu memorabile.
antónimo *agg.*, *s.m.* (*ling.*) antonimo.
antonomasia *s.f.* antonomasia | *por* —, per antonomasia.
antorcha *s.f.* **1** torcia, fiaccola **2** (*fig.*) guida, faro (*m.*).
antracita *s.f.* (*min.*) antracite.
ántrax *s.m.* (*med.*) antrace.
antro *s.m.* **1** antro, spelonca (*f.*) **2** (*fig.*) antro, tugurio, stamberga (*f.*).
antropocéntrico *agg.* antropocentrico.
antropocentrismo *s.m.* antropocentrismo.
antropófago *s.m.* antropofago.
antropoide *s.m.* antropoide.
antropología *s.f.* antropologia | — *cultural*, antropologia culturale.
antropológico *agg.* antropologico.
antropólogo *s.m.* antropologo.
antropomórfico *agg.* antropomorfico.
antropomorfo *agg.*, *s.m.* (*zool.*) antropomorfo: *mono* —, scimmia antropomorfa.
antropónimo *s.m.* antroponimo.
antruejo *s.m.* i tre giorni di carnevale.
anual *agg.* annuale.
anualidad *s.f.* (*comm.*, *econ.*) annualità.
anuario *s.m.* annuario.
anublar *v.tr.* **1** (*fig.*) oscurare **2** (*piante*) far seccare, fare appassire: *el calor anubló la planta*, il caldo ha fatto appassire la pianta.

anudado *agg.* annodato.
anudar *v.tr.* **1** annodare **2** (*scarpe*) allacciare.
anuencia *s.f.* accondiscendenza, assenso (*m.*).
anuente *agg.* consenziente, accondiscendente.
anulable *agg.* annullabile.
anulación *s.f.* annullamento (*m.*), cancellazione, revoca | — *matrimonial*, annullamento del matrimonio.
anular[1] *v.tr.* **1** annullare, cancellare; revocare **2** annullare, neutralizzare: *la defensa anuló al delantero*, la difesa neutralizzò la punta **3** screditare.
anular[2] *agg.*, *s.m.* anulare.
anunciación *s.f.* annunciazione, annuncio (*m.*).
anunciador *agg.* annunciatore ♦ *s.m.* annunciatore, speaker.
anunciar *v.tr.* **1** annunciare, avvertire; preavvisare **2** pubblicizzare ♦ **-se** *v.pron.* pubblicizzarsi.
anuncio *s.m.* **1** annuncio, avviso **2** pubblicità (*f.*), annuncio pubblicitario | — *luminoso*, insegna luminosa | (*giorn.*) — *por palabras*, piccola pubblicità.
anuo *agg.* annuo.
anzuelo *s.m.* **1** amo **2** (*fig.*) esca (*f.*) | *caer en el* —, abboccare all'amo.
añada *s.f.* annata: *vino de la* —, vino d'annata.
añadido *agg.* aggiunto, posticcio | *valor* —, valore aggiunto ♦ *s.m.* aggiunta (*f.*).
añadidura *s.f.* aggiunta | *por* —, inoltre, per giunta.
añadir *v.tr.* aggiungere, aggregare, incorporare.
añejo *agg.* **1** invecchiato, stagionato: *vino* —, vino vecchio; *queso* —, formaggio stagionato **2** (*fig.*) annoso, di vecchia data.
añicos *s.m.pl.* frantumi, pezzi | *hecho* —, in frantumi; (*fig.*) stanco morto, a pezzi | *hacer* —, rompere in mille pezzi, mandare in frantumi.
año *s.m.* anno, annata (*f.*): — *bisiesto*, anno bisestile; — *escolar*, anno scolastico | *¡feliz* —*!* buon anno! | *hace años*, anni fa | *años mozos*, giovinezza | *perder* —, (*a scuola*) essere bocciato, perdere un anno | *entrado en años*, di età avanzata | *echársele a alguien los años encima*, invecchiare di colpo.
añorar *v.tr.* avere nostalgia di, sentire la mancanza di.
añublo *s.m.* fuliggine (*f.*), carbone.
aojar *v.tr.* iettare, lanciare il malocchio su qlcu.
aorta *s.f.* (*anat.*) aorta.
aovillarse *v.pron.* raggomitolarsi.
apabullante *agg.* sconvolgente, sconcertante, strabiliante.
apabullar *v.tr.* avvilire, umiliare, intimidire, schiacciare.
apabullo *s.m.* mortificazione (*f.*), umiliazione (*f.*).
apacible *agg.* **1** tranquillo, pacifico, mansueto **2** (*di mare*) calmo **3** (*di clima, tempo*) temperato, sereno.
apaciguar (*con. come* averiguar) *v.tr.* **1** riconciliare, riappacificare **2** calmare, sedare, tranquillizzare ♦ **-se** *v.pron.* attenuarsi, attutirsi.
apaciguamiento *s.m.* **1** (*di persona*) pacificazione, rasserenamento **2** (*di dolore*) lenimento, alleviamento.
apadrinar *v.tr.* **1** far da padrino **2** (*fig.*) proteggere **3** (*fig.*) patrocinare: — *una investigación*, patrocinare una ricerca.
apagado *agg.* **1** (*tecn.*) spento; disinserito **2** (*di persona*) apatico, scialbo, spento **3** (*di colore*) scialbo, spento, smorto, tenue: *rojo* —, rosso spento.
apagamiento *s.m.* spegnimento.
apagar (*con. come* llegar) *v.tr.* **1** spegnere: *¡apaga la tele!*, spegni la tele! **2** (*pitt.*) attenuare, smorzare.
apagón *s.m.* black out (*m.*).
apaisado *agg.* oblungo, più largo che alto.
apalabrar *v.tr.* impegnarsi sulla parola, pattuire, contrattare verbalmente: *apalabraron el reparto de los gastos*, pattuirono la suddivisione delle spese.
apalear *v.tr.* **1** bastonare **2** (*tappeti*) battere **3** (*frutta*) bacchiare **4** (*grano*) trebbiare.
apañado *agg.* **1** adatto, appropriato: *un coche* —, una macchina adatta **2** abile, ingegnoso: *un fontanero* —, un idraulico in gamba | *estar/ir* —, essere nei pasticci.
apañar *v.tr.* **1** sistemare, ripulire: — *la casa*, mettere a posto la casa **2** aggiustare, riparare, ricomporre; rimediare **3** rubare: *han apañado (con) todo*, hanno portato via tutto ♦ **-se** *v.pron.* cavarsela: *se apaña en su nuevo trabajo*, se la cava nel suo nuovo lavoro | *apañárselas bien*, arrangiarsi bene.
apaño *s.m.* **1** rammendo, riparazione (*f.*) provvisoria **2** (*fig.*) sveltezza (*f.*) **3** (*fig.*) relazione (*f.*): *tener un* —, avere una relazione.
aparador *s.m.* credenza (*f.*).
aparar *v.tr.* **1** cogliere, afferrare **2** (*frutta*) sbucciare, pelare.
aparato *s.m.* **1** apparecchio, apparecchiatura (*f.*), attrezzo | *gimnasia con aparatos*, ginnastica con attrezzi **2** (*fig.*) apparato, allestimento | — *del partito*, apparato del partito | (*med.*) — *digestivo*, apparato digerente | — *crítico*, apparato critico **3** (*oggetto indeterminato*) affare, aggeggio **4** (*meteor.*) accompagnamento: *un temporal con* — *de rayos y truenos*, un temporale con accompa-

gnamento di tuoni e fulmini **5** (*fam.*) telefono | *estar al —*, essere al telefono.

aparatosidad *s.f.* sfarzo (*m.*), ostentazione.

aparatoso *agg.* vistoso, pomposo, spettacolare; esagerato.

aparcamiento *s.m.* parcheggio.

aparcar (*con. come* pescar) *v.tr.* **1** parcheggiare **2** (*fig.*) rimandare, mettere da parte.

aparcería *s.f.* mezzadria.

aparcero *s.m.* mezzadro.

apareamiento *s.m.* appaiamento.

aparear *v.tr.* (*anche zool.*) accoppiare, appaiare.

aparecer (*con. come* agradecer) *v.intr.* **1** apparire, comparire: *la luna apareció detrás las nubes*, la luna apparve da dietro le nuvole **2** capitare, saltar fuori; farsi vivo: *¡mira quien aparece!*, guarda chi si vede! **3** (*di pubblicazioni*) uscire: *ha aparecido una revista nueva*, è uscita una nuova rivista ♦ **-se** *v.pron.* apparire, comparire, presentarsi.

aparecido *s.m.* fantasma, spettro.

aparejado *agg.* **1** adeguato, idoneo **2** (*di cavallo*) bardato **3** (*mar.*) armato.

aparejador *s.m.* geometra.

aparejar *v.tr.* **1** preparare, allestire **2** bardare i cavalli **3** (*mar.*) attrezzare, armare una nave.

aparejo *s.m.* **1** preparazione (*f.*) **2** (*di cavallo*) bardatura (*f.*), finimenti (*pl.*) **3** (*pl.*) attrezzatura (*f.sing.*), attrezzi, arnesi.

aparentar *v.tr.* **1** fingere, simulare **2** dimostrare: *aparenta unos 40 años*, dimostra circa 40 anni.

aparente *agg.* **1** apparente, illusorio **2** (*fam.*) appariscente: *un traje muy —*, una mise molto appariscente **3** apparente, evidente.

aparición *s.f.* **1** apparizione, comparsa **2** visione, fantasma (*m.*).

apariencia *s.f.* **1** aspetto (*m.*) esteriore **2** apparenza.

apartadero *s.m.* **1** (*aut.*) corsia (*f.*) d'emergenza **2** (*ferr.*) binario morto.

apartadizo *agg.* scontroso.

apartado *agg.* appartato, remoto, ritirato | *vivir —*, vivere in solitudine ♦ *s.m.* (*dir.*) comma, parte (*f.*)

■ ***apartado de correos***, casella postale.

apartamento *s.m.* **1** appartamento **2** bilocale.

apartamiento *s.m.* **1** allontanamento **2** isolamento, solitudine (*f.*).

apartar *v.tr.* **1** appartare, dividere, separare **2** allontanare, scostare, togliere | *— la vista*, distogliere lo sguardo **3** mettere da parte; tenere di riserva/scorta | *— para después*, tenere per dopo.

aparte *avv.* **1** a parte, da parte; a sé; separatamente: *dejar —*, lasciare da parte | *ser cosa —*, essere una cosa a sé **2** da un'altra parte, a distanza ♦ *agg.* **1** separato, staccato: *trabaja en una oficina —*, lavora in un ufficio separato **2** a parte, insolito: *es un caso —*, è un caso a parte ♦ *s.m.* **1** (*teatr.*) fra sé, a parte: *me lo dijo en un —*, me lo disse in disparte/separata sede **2** paragrafo | *punto y —*, punto e a capo

■ ***aparte de***, oltre a; eccetto; senza contare.

apartheid *s.m.* (*pol.*) apartheid (*f.*).

apasionado *agg.* intenso, appassionato; entusiasta: *está — por la música clásica*, è appassionato di musica classica ♦ *s.m.* appassionato: *es un — del teatro*, è un appassionato di teatro.

apasionante *agg.* appassionante, coinvolgente, entusiasmante.

apasionar *v.tr.* appassionare, infervorare ♦ **-se** *v.pron.* appassionarsi, entusiasmarsi.

apatía *s.f.* apatia.

apático *agg.* apatico.

apátrida *agg.*, *s.m./f.* apolide.

apeadero *s.m.* (*ferr.*) piccola stazione (*f.*).

apear *v.tr.* **1** (*da cavallo, da un veicolo*) far scendere **2** (*arch.*) puntellare **3** (*fig.*) escludere, eliminare: *nos han apeado del mundial*, ci hanno eliminato dai mondiali ♦ **-se** *v.pron.* **1** (*da cavallo, da un veicolo*) scendere **2** (*fig.*) cambiare opinione | *— del burro*, ricredersi, cedere.

apechugar (*con. come* llegar) *v.intr.* (*fam.*) affrontare, sorbirsi, incassare: *— con la situación,* affrontare la situazione.

apedazar (*con. come* cazar) *v.tr.* **1** spezzettare, fare a pezzi **2** rappezzare, rammendare.

apedreamiento *s.m.* lapidazione (*f.*).

apedrear *v.tr.* prendere a sassate, lapidare.

apedreo *s.m.* → **apedreamiento**.

apegarse (*con. come* llegar) *v.pron.* attaccarsi, legarsi, affezionarsi: *se apegó a su profesora*, si è affezionato alla sua professoressa.

apego *s.m.* affetto, attaccamento.

apelable *agg.* (*dir.*) appellabile.

apelación *s.f.* appello (*m.*) | (*Amer., dir.*) *cámara de apelaciones*, corte d'appello.

apelado *s.m.* (*dir.*) appellato.

apelante *agg.*, *s.m./f.* (*dir.*) appellante.

apelar *v.intr.* **1** (*dir.*) appellarsi, ricorrere in appello **2** far appello, rivolgersi.

apelativo *s.m.* **1** appellativo, nomignolo **2** cognome.

apellidar *v.tr.* dare come cognome: *lo han apellidado García,* il suo cognome è García ♦ **-se** *v.pron.* fare di cognome: *se apellida López*, di cognome fa López.

apellido *s.m.* cognome.

apelmazado *agg.* fastidioso, noioso, pesante.

apelotonar *v.tr.* agglomerare, ammontonare, ammucchiare ♦ **-se** *v.pron.* **1** raggrumarsi, ispessirsi, addensarsi **2** ammucchiarsi.

apenar *v.tr.* **1** causare pena, tristezza **2** (*Amer.*) far vergognare: *no apenes a tu madre*, non far vergognare tua madre ♦ **-se** *v.pron.* **1** intristirsi **2** (*Amer.*) vergognarsi: *no te apenes por lo que sucedió el otro día*, non ti vergognare di quello che è successo l'altro giorno.

apenado *agg.* rattristato, addolorato.

apenas *avv.* **1** a stento, con difficoltà; quasi: *no le he hablado* —, non gli ho quasi parlato; *al hablar — mueve los labios*, quando parla muove le labbra appena appena | — *si*, quasi non | *sin* —, praticamente senza **2** appena, solo: *hace — dos meses que se ha marchado*, sono solo due mesi che se n'è andato; *tiene — un año*, ha appena/soltanto un anno ♦ *cong.* non appena: — *entró, se desmayó*, non appena entrò, svenne.

apéndice *s.m.* (*anche anat.*) appendice (*f.*).

apendicitis *s.f.* (*med.*) appendicite.

apendicular *agg.* (*anat., bot.*) appendicolare.

apeo *s.m.* **1** (*di albero*) abbattimento **2** (*di proprietà*) delimitazione (*f.*) **3** (*arch.*) puntellamento, sostegno.

apercibimiento *s.m.* **1** percezione (*f.*) **2** (*dir.*) ammonizione (*f.*).

apercibir *v.tr.* **1** avvertire, avvisare, prevenire **2** (*dir.*) comunicare **3** ammonire; minacciare ♦ **-se** *v.pron.* rendersi conto: — *del peligro*, accorgersi del pericolo.

apergaminado *agg.* incartapecorito | *papel* —, carta pergamena.

apergaminarse *v.pron.* incartapecorirsi, incartapecorire.

aperitivo *s.m.* aperitivo.

aperreado *agg.* (*fam.*) da cani, bestiale, nero: *¡que vida aperreada!*, che vita da cani!

apersonarse *v.intr.* (*dir.*) comparire: — *al/ante el juez*, comparire davanti al giudice.

apertura *s.f.* **1** (*varco*) apertura **2** (*fig.*) apertura, ampiezza di vedute **3** inaugurazione, apertura **4** (*gioco*) inizio (*m.*), apertura.

apesadumbrar *v.tr.* affliggere, opprimere, vessare.

apestado *agg.* **1** appestato **2** (*fam.*) gremito, pieno zeppo: *un estadio — de gente*, uno stadio pieno zeppo di gente.

apestar *v.tr.* **1** appestare; contagiare **2** (*fig.*) infastidire, seccare | *estar apestado de*, essere pieno zeppo di ♦ *v.intr.* puzzare: *apesta de humo*, puzza di fumo.

apestoso *agg.* **1** puzzolente **2** (*fam.*) fastidioso, molesto: *una persona apestosa*, una persona fastidiosa.

apetecer (*con. come* agradecer) *v.tr.* desiderare, aver voglia: *no apetece el poder*, non desidera il potere ♦ *v.intr.* desiderare, gradire: *¿te apetece algo?*, gradisci/vuoi qlco.?; *me apetece un té caliente*, ho voglia di un tè caldo.

apetecible *agg.* appetibile.

apetito *s.m.* **1** appetito **2** (*fig.*) desiderio.

apetitoso *agg.* **1** appetitoso, invitante, stuzzicante **2** (*fig.*) appetibile, attraente.

apiadar *v.tr.* impietosire ♦ **-se** *v.pron.* impietosirsi.

apical *agg.* (*anche ling.*) apicale.

apicultor *s.m.* apicoltore.

apicultura *s.f.* apicoltura.

ápice *s.m.* **1** apice, sommità (*f.*); culmine **2** (*segno grafico*) apice | *ni un* —, neanche una virgola.

apilamiento *s.m.* **1** impilaggio **2** (*di oggetti*) pila (*f.*).

apilar *v.tr.* impilare, ammucchiare.

apiñamiento *s.m.* accatastamento, mucchio.

apiñar *v.tr.* ammassare, stipare ♦ **-se** *v.pron.* accalcarsi.

apio *s.m.* (*bot.*) sedano.

apisonar *v.tr.* (*edil.*) spianare.

aplacar (*con. come* pescar) *v.tr.* mitigare, sedare, calmare, placare: — *los ánimos de todos*, calmare gli animi di tutti.

aplanamiento *s.m.* **1** appianamento **2** (*fig.*) abbattimento.

aplastamiento *s.m.* schiacciamento.

aplastante *agg.* schiacciante: *una mayoría* —, una maggioranza schiacciante.

aplastar *v.tr.* **1** schiacciare, pestare **2** (*fig.*) frastornare, sbigottire, confondere.

aplaudir *v.tr.* **1** applaudire **2** (*fig.*) lodare, applaudire: *siempre aplaudimos sus decisiones*, lodiamo sempre le sue decisioni.

aplauso *s.m.* **1** applauso **2** (*fig.*) plauso, consenso.

aplazamiento *s.m.* rinvio, posticipazione (*f.*).

aplazar (*con. come* cazar) *v.tr.* **1** rinviare, posticipare **2** (*Amer., a scuola*) bocciare.

aplebeyarse *v.pron.* involgarirsi.

aplicación *s.f.* **1** applicazione, impegno: *estudiar con* —, studiare con impegno **2** (*anche inform.*) applicazione: — *grafica*, applicazione grafica **3** decorazione.

aplicado *agg.* **1** applicato | *lingüística aplicada*, linguistica applicata **2** (*fig.*) diligente, scrupoloso: *un estudiante* —, uno studente diligente.

aplicar (*con. come* pescar) *v.tr.* **1** applicare: — *un sello*, applicare un francobollo **2** destinare, assegnare ♦ **-se** *v.pron.* applicarsi, dedicarsi.

aplicativo *agg.* (*anche inform.*) applicativo.

aplomado *agg.* **1** sereno, sicuro di sé **2** plumbeo.

aplomo *s.m.* **1** padronanza (*f.*) di sé, aplomb (*f.*) **2** verticalità (*f.*); appiombo.

apnea *s.f.* apnea.

apnoico *agg.* (*med.*) apnoico.

apocado *agg.* timido, pusillanime.
apocalipsis *s.m.* (*relig.*) apocalisse (*f.*).
apocalíptico *agg.* **1** (*relig.*) apocalittico **2** (*fig.*) terribile, apocalittico.
apocamiento *s.m.* scoraggiamento, prostrazione (*f.*).
apocar (*con. come* pescar) *v.tr.* ridurre, diminuire ♦ **-se** *v.pron.* sminuirsi, svalutarsi.
apocopado *agg.* (*ling.*) apocopato, tronco.
apocopar *v.tr.* (*ling.*) apocopare.
apócope *s.f.* (*ling.*) apocope.
apócrifo *agg.* apocrifo.
apodado *agg.* soprannominato.
apodar *v.tr.* dare un nomignolo, soprannominare.
apoderado *s.m.* (*dir.*) procuratore, mandatario.
apoderamiento *s.m.* **1** (*dir.*) procura (*f.*) **2** impossessamento.
apoderar *v.tr.* (*dir.*) dare procura ♦ **-se** *v.pron.* impadronirsi, appropriarsi (*anche fig.*).
apodíctico *agg.* (*filos.*, *fig.*) apodittico.
apódosis *s.f.* (*ling.*) apodosi.
apofonía *s.f.* (*ling.*) apofonia.
apogeo *s.m.* (*astr.*) apogeo (*anche fig.*).
apolillado *agg.* **1** (*di legno*) tarlato **2** (*di tessuto*) tarmato.
apolilladura *s.f.* **1** (*di vestiti*) tarmatura **2** (*di legno*) tarlatura.
apolillarse *v.pron.* **1** (*di tessuti*) tarlarsi **2** (*fig.*) rimanere vecchio/antiquato, non cambiare.
apolítico *agg.* (*pol.*) apolitico.
apologética *s.f.* (*relig.*) apologetica.
apologético *agg.* apologetico.
apología *s.f.* apologia.
apologista *s.m./f.* (*lett.*) apologista.
apólogo *s.m.* **1** (*lett.*) apologo **2** (*relig.*) allegoria (*f.*).
apoplejía *s.f.* (*med.*) apoplessia | — *cerebral*, colpo apoplettico.
apopléjico *agg.*, *s.m.* (*med.*) apoplettico.
apoplético *agg.* → **apopléjico.**
aporía *s.f.* (*filos.*) aporia.
aporrear *v.tr.* **1** manganellare, picchiare **2** (*fig.*) molestare, importunare **3** (*il piano*) strimpellare ♦ **-se** *v.pron.* **1** picchiarsi **2** (*fig.*) affannarsi; strapazzarsi.
aporreo *s.m.* randellata (*f.*), manganellata (*f.*).
aportación *s.f.* apporto (*m.*), contributo (*m.*).
aportar *v.tr.* **1** apportare **2** (*dir.*) addurre, produrre.
aporte *s.m.* **1** apporto, deposito, contributo **2** (*geol.*) deposito, sedimento.
aposentamiento *s.m.* alloggio.
aposentar *v.tr.* alloggiare, ospitare ♦ **-se** *v.pron.* stabilirsi, alloggiare.
aposento *s.m.* **1** stanza (*f.*), camera (*f.*) **2** alloggio.
aposición *s.f.* (*gramm.*) apposizione.
apositivo *agg.* (*gramm.*) appositivo.
aposta *avv.* apposta, intenzionalmente.
apostador *s.m.* scommettitore.
apostar[1] (*con. come* contar) *v.tr.* **1** scommettere: *apostamos hasta la camisa*, abbiamo scommesso la camicia; *apuesto a que no viene*, scommetto che non arriverà | *¿qué te apuestas a que...?*, scommetti che...? **2** puntare: *apuesta siempre al mismo número*, punta sempre sullo stesso numero.
apostar[2] (*con. come* contar) *v.tr* appostare: — *a las tropas*, appostare le truppe ♦ **-se** *v.pron.* appostarsi.
apostasía *s.f.* (*relig.*) apostasia.
apóstata *s.m./f.* (*relig.*) apostata.
apostatar *v.intr.* (*relig.*) apostatare, fare atto di apostasia.
a posteriori *loc.* a posteriori.
apostilla *s.f.* (*lett.*) postilla.
apostillar *v.tr.* (*lett.*) postillare.
apóstol *s.m.* (*anche relig.*) apostolo.
apostolado *s.m.* (*relig.*) apostolato.
apostólico *agg.* (*relig.*) apostolico | *sede apostólica*, sede apostolica.
apostrofar *v.tr.* apostrofare.
apóstrofe *s.m.* **1** apostrofe (*f.*) **2** (*fig.*) rimprovero.
apóstrofo *s.m.* (*gramm.*) apostrofo.
apostura *s.f.* grazia, cortesia, gentilezza.
apotema *s.f.* (*geom.*) apotema (*m.*).
apoteosis *s.f.* (*anche fig.*) apoteosi.
apotropaico *agg.* apotropaico.
apoyabrazos *s.m.* bracciolo.
apoyacabezas *s.m.* poggiatesta.
apoyar *v.tr.* **1** appoggiare, poggiare: *apoyó la cabeza en la almohada*, appoggiò la testa sul cuscino **2** (*fig.*) sostenere, appoggiare, favorire: — *a un amigo*, sostenere un amico **3** fondare, supportare: — *una tesis en una base sólida*, fondare una tesi su una solida base.
apoyo *s.m.* **1** appoggio, sostegno **2** (*fig.*) prova (*f.*), conferma (*f.*) **3** (*fig.*) aiuto, protezione (*f.*).
apraxia *s.f.* (*med.*) aprassia.
apreciable *agg.* apprezzabile.
apreciación *s.f.* apprezzamento, stima (*f.*).
apreciado *agg.* apprezzato, stimato.
apreciar *v.tr.* stimare, apprezzare | — *una diferencia*, apprezzare/cogliere una differenza.
aprecio *s.m.* apprezzamento, stima (*f.*).
aprehender *v.tr.* **1** (*dir.*) catturare **2** (*dir.*) sequestrare **3** (*idee*) assimilare, comprendere.
aprehensión *s.f.* **1** (*dir., di cosa*) sequestro (*m.*) **2** (*dir., di persona*) cattura, arresto (*m.*).

aprehensivo *agg.* ricettivo, con capacità di apprendimento.
apremiante *agg.* urgente, incalzante, pressante.
apremiar *v.tr.* **1** assillare, incalzare, sollecitare **2** costringere, obbligare.
apremio *s.m.* **1** fretta (*f.*) **2** (*dir.*) ingiunzione (*f.*) **3** (*amm.*) multa (*f.*) per ritardato pagamento, mora.
aprender *v.tr.* apprendere, imparare | — *de memoria*, imparare a memoria.
aprendiz (*pl.* -ces) *s.m.* apprendista (*m./f.*) | — *de brujo*, apprendista stregone.
aprendizaje *s.m.* apprendistato, tirocinio.
aprensión *s.f.* **1** apprensione **2** impressione, repulsione, ribrezzo (*m.*) | *tengo — a algo*, mi fa impressione qlco. **3** (*pl.*) fisime (*pl.*), manie (*pl.*), fissazioni (*pl.*).
aprensivo *agg.* apprensivo.
apresar *v.tr.* prendere, afferrare; catturare.
aprestar *v.tr.* **1** approntare, apprestare **2** (*tess.*) apprettare ♦ **-se** *v.pron.* apprestarsi: *se aprestaba a escribir pero cambió de idea*, si apprestava a scrivere ma cambiò idea.
apresuración *s.f.* → **apresuramiento.**
apresuramiento *s.m.* fretta (*f.*).
apresurar *v.tr.* affrettare, accelerare ♦ **-se** *v.pron.* affrettarsi.
apretado *agg.* **1** (*anche fig.*) stretto: *un traje muy —*, un abito molto stretto; *el autobús iba lleno de gente y estábamos muy apretados*, l'autobus era strapieno ed eravamo molto pigiati; *un resumen muy —*, un riassunto molto sintetico **2** pieno, fitto: *horas apretadas*, ore febbrili, piene (di attività) **3** (*fig.*) difficile, arduo, rischioso: *una situación apretada*, una situazione difficile **4** meschino, miserabile | *estar — de dinero*, essere in ristrettezze economiche/a corto di soldi.
apretadura *s.f.* stringimento (*m.*).
apretar (*con. come* acertar) *v.tr.* **1** stringere: *— la mano*, stringere la mano; *— una tuerca*, stringere un bullone | (*fig.*) *— el cinturón*, tirare la cinghia **2** premere, schiacciare (*anche fig.*): *— el botón de encendido*, premere il bottone d'accensione **3** fare pressione su qlcu.: *— a los hijos para que estudien*, fare pressione sui figli affinché studino.
apretón *s.m.* **1** stretta (*f.*): *— de manos*, stretta di mano **2** (*fam.*) bisogno repentino e violento di andare di corpo **3** (*spec. pl.*) calca (*f.*), ressa (*f.*): *subimos al tren entre apretones*, siamo saliti sul treno fra la calca **4** (*fig.*) difficoltà (*f.*), ristrettezza (*f.*).
apretujado *agg.* stipato, assiepato.
apretujón *s.m.* stretta (*f.*).
apretura *s.f.* **1** strettezza, affollamento (*m.*) **2** (*fig.*) ristrettezza, scarsità **3** difficoltà.
aprieto *s.m.* **1** oppressione (*f.*) **2** (*fig.*) difficoltà (*f.*): *estar en un —*, essere nei guai.
a priori *loc.* a priori.
apriorismo *s.m.* (*filos.*) apriorismo.
apriorístico *agg.* (*filos.*) aprioristico.
aprisa *avv.* presto, alla svelta, in fretta.
aprisco *s.m.* ovile.
aprisionar *v.tr.* **1** imprigionare **2** ammanettare **3** (*fig.*) soggiogare.
aprobación *s.f.* approvazione.
aprobado *agg.* promosso ♦ *s.m.* voto sufficiente.
aprobar (*con. come* contar) *v.tr.* **1** approvare, promuovere **2** superare un esame, essere promosso: *por fin aprobó*, finalmente è stato promosso.
aprobativo *agg.* → **aprobatorio.**
aprobatorio *agg.* approvativo.
aprontamiento *s.m.* approntamento.
aprontar *v.tr.* **1** approntare, allestire, preparare **2** consegnare (denaro).
apropiación *s.f.* appropriazione | *— indebida*, appropriazione indebita.
apropiado *agg.* appropriato, conveniente, adatto.
apropiar *v.tr.* adattare, accomodare ♦ **-se** *v.pron.* appropriarsi: *se ha apropiado de mi libro*, si è appropriato del mio libro.
apropincuarse *v.pron.* appropinquarsi.
aprovechable *agg.* fruibile, servibile, utilizzabile.
aprovechado *agg.* **1** profittatore, opportunista **2** diligente, solerte ♦ *s.m.* profittatore, scroccone.
aprovechador *s.m.* (*fam.*) approfittatore, scroccone.
aprovechamiento *s.m.* **1** utilizzo, sfruttamento | *sistema de — forestal*, sistema di sfruttamento forestale **2** (*fig.*) vantaggio, profitto: *ha obtenido gran — de esta situación*, ha ottenuto un grande profitto da questa situazione.
aprovechar *v.intr.* **1** servire: *de poco le aprovecha ser inteligente*, a poco gli/le serve essere intelligente **2** progredire, fare progressi: *— en latín*, fare progressi in latino ♦ *v.tr.* utilizzare, sfruttare | *— la ocasión*, approfittare dell'occasione | *¡que aproveche!*, buon appetito! ♦ **-se** *v.pron.* approfittarsi, avvalersi; abusare: *se aprovechan de su ingenuidad*, approfittano della sua ingenuità.
aprovisionamiento *s.m.* approvvigionamento.
aprovisionar *v.tr.* rifornire, approvvigionare (*de*) ♦ **-se** *v. pron.* approvvigionarsi: *— de comida*, approvvigionarsi di cibo.
aproximación *s.f.* **1** avvicinamento (*m.*) **2** (*mat.*) approssimazione: *el resultado se obtiene por —*, il risultato è ottenuto per approssimazione.
aproximado *agg.* (*anche mat.*) approssimato, approssimativo.

aproximar *v.tr.* approssimare, avvicinare ♦ **-se** *v.pron.* **1** avvicinarsi: *se aproxima la Pascua*, si avvicina la Pasqua **2** assomigliare.
aproximativo *agg.* approssimativo.
aptitud *s.f.* attitudine, disposizione | *prueba de —*, test attitudinale.
apto *agg.* adatto, capace, idoneo.
apuesta *s.f.* **1** scommessa **2** posta.
apuesto *agg.* **1** (*di persona*) bello **2** (*ling.*) apposto.
apuntación *s.f.* (*mus.*) notazione.
apuntado *agg.* **1** puntato **2** appuntito, acuminato.
apuntador *agg.* che mira, che punta ♦ *s.m.* (*teatr.*) suggeritore.
apuntalamiento *s.m.* **1** (*edil.*) puntellamento **2** (*fig.*) sostegno, appoggio.
apuntalar *v.tr.* **1** puntellare **2** (*fig.*) sostenere, reggere, appoggiare.
apuntar *v.tr.* **1** puntare, mirare (*anche fig.*): *apuntó el fusil hacia la puerta*, puntò il fucile verso la porta; *ya sé a quién apuntan sus quejas*, so già a chi sono rivolte le sue lamentele **2** annotare, prendere nota: *apunta el número de teléfono*, prendi nota del numero di telefono **3** indicare, segnalare: *me apuntaron un buen restaurante,* mi hanno segnalato un buon ristorante **4** (*teatr.*, *scuola*) suggerire **5** appuntare; (*un vestito*) imbastire: *— con alfileres*, fissare con gli spilli ♦ *v.intr.* **1** spuntare; cominciare a manifestarsi: *apuntan las estrellas*, spuntano le stelle **2** puntare, essere rivolto: *— hacia el norte*, puntare verso nord ♦ **-se** *v.pron.* iscriversi; partecipare, prendere parte | *me apunto*, ci sto.
apunte *s.m.* appunto, annotazione (*f.*): *tomar apuntes*, prendere appunti.
apuñalamiento *s.m.* accoltellamento.
apuñalar *v.tr.* pugnalare, accoltellare.
apurado *agg.* **1** in difficoltà **2** di fretta: *esa mañana voy muy —* , esta mañana vado di fretta **3** senza soldi, al verde: *este mes estoy —*, questo mese sono al verde.
apurar *v.tr.* **1** esaurire, terminare: *— la copa*, vuotare il bicchiere **2** assillare; mettere fretta **3** appurare, verificare: *— el asunto*, andare a fondo della questione **4** angosciare, mettere in imbarazzo ♦ **-se** *v.pron.* **1** affliggersi, preoccuparsi: *no te apures*, non ti preoccupare **2** vergognarsi **3** affrettarsi | *¡apúrate!*, sbrigati!
apuro *s.m.* **1** difficoltà (*f.*), problema | *estar en un —*, trovarsi in un guaio | *salir de un —*, togliersi dai guai **2** necessità (*f.*), bisogno | *apuros económicos*, difficoltà economiche **3** imbarazzo **4** (*Amer.*) fretta (*f.*).
apurón *s.m.* (*Amer.*) grande fretta.
aquejar *v.tr.* tormentare, opprimere, affliggere.
aquel (*pl.* aquellos; *f.* aquella, *pl.* aquellas) *agg.dimostr.* quello, quel: *— lugar era tétrico*, quel luogo era tetro; *aquella chica es la hermana de Juan*, quella ragazza è la sorella di Juan ♦ *s.m.* attrattiva (*f.*), fascino: *tiene un cierto —*, ha un certo fascino | *tiene su —*, ha un non so che.
aquél (*pl.* aquéllos; *f.* aquélla, *pl.* aquéllas) *pron.dimostr.* quello, colui: *éste y —*, questo e quello; *— de allí es el tuyo*, quello lì è il tuo.
aquelarre *s.m.* **1** sabba, riunione (*f.*) di streghe **2** (*fig.*) pandemonio, parapiglia.
aquello *pron.dimostr.* *neutro* quello, ciò: *de — no hay que hablar*, di quello/quella cosa non bisogna parlare.
aquerenciarse *v.pron.* (*animali*) affezionarsi, addomesticarsi.
aquí *avv.* **1** (*luogo*) qui, qua: *vivo — con mi hermano*, vivo qui con mio fratello | *— y allá*, qui e là | *de — para allá*, da un posto all'altro | *— estoy*, eccomi | *— yace,* qui giace **2** (*tempo*) adesso, in questo momento: *de — en adelante quiero estudiar contigo*, da adesso in poi voglio studiare con te | *— y ahora*, proprio adesso, hic et nunc | *hasta —*, finora | *de — a*, di qua a.
aquiescencia *s.f.* acquiescenza.
aquiescente *agg.* acquiescente.
aquietamiento *s.m.* distensione (*f.*) acquietamento.
aquietar *v.tr.* calmare, tranquillizzare ♦ **-se** *v.pron.* calmarsi, tranquillizzarsi.
aquilatamiento *s.m.* (*fig.*) saggio, ponderazione (*f.*), esame.
aquilatar *v.tr.* **1** misurare i carati **2** ponderare, soppesare, esaminare **3** (*comm.*) ridurre i prezzi al minimo.
aquilífero *s.m.* aquilífero.
aquilino *agg.* → **aguileño.**
aquillado *agg.* (*mar.*) carenato.
aquilón *s.m.* **1** (*geogr.*) aquilone, nord, settentrione **2** (*metor.*) vento di aquilone, aquilone.
ara *s.f.* ara, altare (*m.*).
árabe *agg.*, *s.m./f.* arabo (*m.*).
arabesco *s.m.*, *agg.* arabesco.
arábigo *agg.* arabico | *góma arábiga*, gomma arabica ♦ *s.m.* (*ling.*) arabo.
arabismo *s.m.* (*ling.*) arabismo.
arabista *agg.*, *s.m./f.* (*ling.*) arabista.
arabizar (*con. come* cazar) *v.intr.* arabizzare, arabizzarsi.
arable *agg.* arabile.
arada *s.f.* **1** aratura **2** (*agr.*) terreno (*m.*) arato.
arado *s.m.* (*agr.*) aratro.
arador *s.m.*, *agg.* (*agr.*) aratore.
aradura *s.f.* (*agr.*) aratura.
aragonés *agg.*, *s.m.* aragonese (*m./f.*).
arameo *agg.*, *s.m.* **1** arameo, aramaico **2** (*ling.*) aramaico.

arancel *s.m.* (*econ.*) dazio, imposta (*f.*) | — *aduanero*, diritto doganale.
arancelario *agg.* doganale.
arándano *s.m.* (*bot.*) mirtillo.
arandela *s.f.* (*tecn.*) guarnizione, rondella.
araña *s.f.* **1** (*zool.*) ragno (*m.*) | *hombre* —, uomo ragno | *tela de* —, ragnatela **2** lampadario (*m.*) a bracci.
arañamiento *s.m.* abrasione (*f.*), graffio.
arañar *v.tr.* **1** graffiare **2** (*fig.*) racimolare: — *dinero para algo*, racimolare soldi per qualcosa.
arañazo *s.m.* graffio: — *de gato*, graffio di gatto.
arar *v.tr.* arare.
arbitraje *s.m.* **1** (*anche sport*) arbitraggio **2** (*dir.*) arbitrato.
arbitral *agg.* arbitrale.
arbitrar *v.tr.* **1** (*sport, dir.*) arbitrare **2** (*pol., econ.*) stabilire, disporre: — *los recursos necesarios*, disporre i mezzi necessari ♦ *v.intr.* (*dir.*) arbitrare.
arbitrariedad *s.f.* arbitrarietà, arbitrio (*m.*), abuso (*m.*).
arbitrario *agg.* **1** relativo all'arbitrio **2** arbitrario: *un trato* —, un trattamento arbitrario; *un signo* —, un segno convenzionale.
arbitrio *s.m.* **1** arbitrio **2** (*dir.*) sentenza (*f.*) arbitrale; arbitrato.
árbitro *s.m.* arbitro.
árbol *s.m.* albero | — *frutal*, albero da frutto | (*tecn.*) — *de transmisión*, albero di trasmissione.
arbolado *agg.* alberato ♦ *s.m.* albereto, albereta (*f.*).
arboladura *s.f.* (*mar.*) alberatura.
arboleda *s.f.* albereto (*m.*), zona piantumata.
arbolista *s.m./f.* venditore (*m.*) di alberi.
arbóreo *agg.* arboreo.
arborescencia *s.f.* (*bot.*) arborescenza.
arborescente *agg.* arborescente.
arborícola *agg.* (*zool.*) arboricolo.
arbusto *s.m.* (*bot.*) arbusto.
arca *s.f.* **1** cassapanca **2** arca: *el* — *de Noé*, l'arca di Noè
■ ***arca de agua***, serbatoio d'acqua.
arcabuz (*pl.* -ces) *s.m.* (*mil.*) archibugio.
arcada[1] *s.f.* (*arch.*) **1** arcata **2** (*di ponte*) campata.
arcada[2] *s.f.* (*anche pl.*) conato (*m.*) di vomito | *dar* — , avere la nausea, avere un conato di vomito.
árcade *agg.* dell'Arcadia, arcade ♦ *s.m.* (*lett.*) arcade.
arcádico *agg.* dell'Arcadia, arcadico, arcade ♦ *s.m.* (*lett.*) arcade.
arcaico *agg.* arcaico.
arcaísmo *s.m.* (*anche ling.*) arcaismo.
arcaizante *agg.* arcaizzante, arcaicizzante.
arcaizar (*con. come* cazar) *v.tr./intr.* arcaicizzare.
arcángel *s.m.* (*relig.*) arcangelo.
arcano *agg.*, *s.m.* arcano.
arce *s.m.* (*bot.*) acero.
arcedianato *s.m.* (*relig.*) arcidiaconato.
arcediano *s.m.* (*relig.*) arcidiacono.
arcén *s.m.* **1** (*strada*) banchina (*f.*), bordo **2** (*di fiume*) riva (*f.*), argine.
archicofrade *s.m.* membro di arciconfraternita.
archicofradía *s.f.* arciconfraternita.
archidiácono *s.m.* (*relig.*) arcidiacono.
archidiócesis *s.f.* (*relig.*) arcidiocesi.
archiduque *s.m.* arciduca.
archiduquesa *s.f.* arciduchessa.
archimandrita *s.m.* (*relig.*) archimandrita.
archipiélago *s.m.* arcipelago.
archisabido *agg.* notorio, risaputo, arcinoto.
archivador *agg.* che archivia ♦ *s.m.* **1** raccoglitore **2** (*mobile*) archivio.
archivar *v.tr.* archiviare.
archivero *s.m.* archivista.
archivista *s.m./f.* → **archivero.**
archivístico *agg.* archivistico.
archivo *s.m.* **1** (*luogo*) archivio: — *nacional*, archivio di Stato **2** archivio, schedario **3** archiviazione (*f.*): *solicitud de* —, richiesta di archiviazione **4** (*inform.*) file; archivio.
archivología *s.f.* archivistica.
archivológico *agg.* archivistico.
archivólogo *s.m.* archivista.
archivolta *s.f.* (*arch.*) archivolto (*m.*).
arcilla *s.f.* (*min.*) argilla, creta.
arcilloso *agg.* argilloso: *terreno* —, terreno argilloso.
arcipreste *s.m.* arciprete.
arco *s.m.* **1** (*anche arch., geom.*) arco | — *de medio punto*, arco a tutto sesto | — *de herradura*, arco moresco | — *iris*, arcobaleno **2** (*di botte*) cerchio.
arcón *s.m.* arca (*f.*), cassa (*f.*), cassapanca (*f.*).
arconte *s.m.* arconte.
arder *v.intr.* ardere, bruciare (*anche fig.*): *me arde el ojo*, mi brucia l'occhio | *estar que arde*, essere furibondo | — *de pasión*, ardere di passione ♦ **-se** *v.pron.* bruciarsi.
ardid *s.m.* stratagemma, astuzia (*f.*), inganno.
ardido *agg.* **1** ardito, audace **2** (*Amer.*) furibondo, arrabbiato.
ardidoso *agg.* furbo, scaltro.
ardiente *agg.* **1** ardente **2** fervido, focoso.
ardilla *s.f.* (*zool.*) scoiattolo (*m.*).
ardor *s.m.* **1** calore, bruciore: — *de estómago*, bruciore di stomaco **2** (*fig.*) ardore, passione (*f.*), fervore.
ardorosamente *avv.* (*lett.*) ardentemente.
ardoroso *agg.* **1** ardente **2** (*fig.*) appassionato, ardente.

arduo *agg.* arduo, difficile: *una tarea ardua*, un compito arduo.
área *s.f.* **1** area **2** (*agr.*) aia **3** (*fig.*) area, settore (*m.*).
arena *s.f.* **1** sabbia | *arenas movedizas*, sabbie mobili | *reloj de —*, clessidra | *banco de —*, banco di sabbia **2** arena; anfiteatro (*m.*).
arenáceo *agg.* arenaceo.
arenación *s.f.* (*med.*) sabbiatura.
arenal *s.m.* **1** arenile **2** sabbie (*f.pl.*) mobili.
arenar *v.tr.* **1** insabbiare, seppellire nella sabbia **2** sabbiare.
arenga *s.f.* **1** arringa, discorso (*m.*) **2** (*iron.*) predica, tiritera.
arengador *s.m.* arringatore.
arengar (*con. come* llegar) *v.tr.* arringare ♦ *v.intr.* pronunciare un discorso, fare l'arringa.
arenisca *s.f.* (*min.*) arenaria.
arenisco *agg.* sabbioso.
arenoso *agg.* sabbioso.
arenque *s.m.* (*zool.*) aringa (*f.*).
areometría *s.f.* (*fis.*) areometria.
areómetro *s.m.* (*fis.*) areometro.
arepa *s.f.* (*Amer., cuc.*) piadina di mais.
arfar *v.intr.* (*mar.*) beccheggiare.
argamasa (*edil.*) *s.f.* malta, calcina.
argamasar *v.tr.* (*edil.*) **1** impastare la malta **2** cementare, fissare con la malta.
árgana *s.f.* (*tecn.*) argano (*m.*).
argelino *agg., s.m.* algerino.
argentado *agg.* argentato.
argentador *s.m.* argentatore.
argentar *v.tr.* (*anche fig.*) argentare, coprire d'argento.
argénteo *agg.* **1** (*anche fig.*) argenteo **2** argentato.
argentería *s.f.* **1** (*cucito*) ricamo (*m.*) d'argento **2** pompa, sfarzo (*m.*).
argentero *s.m.* argentiere.
argentinismo *s.m.* (*ling.*) locuzione di origine argentina.
argentino *agg., s.m.* argentino.
argolla *s.f.* **1** cerchio (*m.*), anello (*m.*) | (*mar.*) *— de amarre*, anello di ormeggio **2** (*anche fig.*) catena, gogna.
argón *s.m.* (*chim.*) argo.
argonauta *s.m.* (*mit.*) argonauta.
argot *s.m.* gergo.
argucia *s.f.* **1** arguzia, sofisma (*m.*) **2** astuzia.
argüir (*con. come* huir) *v.tr.* **1** arguire, dedurre **2** provare, dimostrare: *de su argumentación se puede — la falsedad de su tesis*, dalla sua argomentazione si può provare la falsità della sua tesi ♦ *v.intr.* discutere, argomentare: *— en contra de una ley*, argomentare contro una legge.
argumentación *s.f.* argomentazione.
argumental *agg.* argomentativo.
argumentante *agg.* deduttivo.
argumentar *v.tr.* argomentare.
argumentativo *agg.* argomentativo.
argumento *s.m.* **1** argomento, prova (*f.*) **2** (*di romanzo, film*) trama (*f.*) **3** argomento, tema **4** (*mat.*) argomento.
aridecer (*con. come* agradecer) *v.tr.* inaridire, essiccare ♦ *v.intr.* inaridirsi, seccare.
aridez (*pl.* -ces) *s.f.* aridità, secchezza (*anche fig.*).
árido *agg.* **1** arido, secco **2** (*fig.*) arido; povero.
aries *s.m.* (*astr.*) Ariete.
ariete *s.m.* (*mil.*) ariete.
arimaspo *s.m.* (*mit.*) ciclope.
ariscarse *v.pron.* contrariarsi; diventare intrattabile, scontroso.
arisco *agg.* **1** (*animale*) selvatico, ombroso **2** (*persona*) intrattabile, scontroso.
arista *s.f.* (*anche geom.*) angolo (*m.*), spigolo (*m.*).
aristocracia *s.f.* aristocrazia.
aristócrata *agg., s.m./f.* aristocratico (*m.*), nobile.
aristocrático *agg.* (*anche fig.*) aristocratico.
aristocratizar (*con. come* cazar) *v.tr.* rendere aristocratico ♦ **-se** *v.pron.* diventare aristocratico.
aristoso *agg.* angoloso.
aristotélico *agg.* (*filos.*) aristotelico.
aristotelismo *s.m.* (*filos.*) aristotelismo.
aritmética *s.f.* aritmetica.
aritmético *agg., s.m.* aritmetico | *media aritmética*, media aritmetica.
arlequín *s.m.* **1** (*anche teatr.*) arlecchino **2** (*fig.*) burlone, pagliaccio.
arlequinada *s.f.* arlecchinata.
arma *s.f.* **1** arma: *un — antigua*, un'arma antica **2** (*pl.*) professione (*sing.*) militare: *ha dejado las armas*, ha abbandonato l'esercito **3** (*pl.*) truppe, esercito (*m.sing.*) | *alzarse en armas*, sollevarsi, levarsi in armi | *pasar por las armas*, fucilare **4** (*pl., araldica*) arme, stemma (*m. sing.*).
armada *s.f.* (*mil.*) armata; flotta da guerra | *la — invencible*, l'invincibile armata.
armadillo *s.m.* (*zool.*) armadillo.
armado *agg.* **1** (*anche edil.*) armato | *hormigón —*, cemento armato **2** munito, dotato, provvisto: *— de bolígrafo*, munito di penna.
armador *s.m.* **1** (*mar.*) armatore **2** (*tecn.*) montatore.
armadura *s.f.* **1** armatura **2** (*fig.*) scheletro (*m.*), telaio (*m.*) **3** (*occhiali*) montatura.
armamento *s.m.* **1** (*mil.*) armamento | *carrera de armamentos*, corsa agli armamenti **2** (*mar.*) allestimento, armo.
armar *v.tr.* **1** armare, munire di armi **2** (*un oggetto*) montare **3** (*fig.*) ordire, organizzare, scatenare | *— una trampa*, tendere una trappola | *— un escándalo*, montare uno

scandalo ♦ **-se** *v.pron.* **1** (*anche fig.*) armarsi, munirsi **2** prepararsi, essere imminente: *se arma una tempestad*, sta per arrivare una tempesta **3** (*fig.*) montare, scoppiare: *se arma un lío*, viene fuori un pasticcio.
armario *s.m.* armadio: — *empotrado*, armadio a muro.
armatoste *s.m.* **1** (*cosa ingombrante*) catafalco **2** (*fig.*) persona (*f.*) robusta/corpulenta, armadio; bestione.
armazón *s.m.* intelaiatura (*f.*), armatura (*f.*).
armenio *agg.*, *s.m.* armeno.
armería *s.f.* **1** (*anche mil.*) armeria **2** negozio (*m.*) d'armi.
armero *s.m.* armaiolo.
armígero *agg.* (*fig.*) bellicoso ♦ *s.m.* armigero, scudiero.
armiño *s.m.* (*zool.*) ermellino.
armisticio *s.m.* (*pol.*) armistizio.
armonía *s.f.* **1** (*anche mus.*) armonia **2** (*fig.*) equilibrio (*m.*), concordia.
armónica *s.f.* (*mus.*) armonica.
armónico *agg.*, *s.m.* armonico.
armonio *s.m.* (*mus.*) armonium.
armonioso *agg.* **1** armonioso **2** (*fig.*) proporzionato, armonioso, aggraziato.
armónium *s.m.* → **armonio.**
armonización *s.f.* armonizzazione.
armonizar (*con. come* cazar) *v.tr.* **1** armonizzare **2** (*fig.*) equilibrare, conciliare ♦ *v.intr.* andare d'accordo, essere in armonia.
ARN *s.m.* (*biol.*) RNA.
arna *s.f.* arnia.
arnés *s.m.* **1** arnese, attrezzo **2** (*pl.*) finimenti (del cavallo).
aro *s.m.* cerchio, anello | *pasar por el* —, piegarsi, cedere.
aroma *s.m.* aroma, profumo.
aromar *v.tr.* aromatizzare.
aromaterapia *s.f.* aromaterapia.
aromático *agg.* aromatico | *hierbas aromáticas*, erbe aromatiche | *tabaco* —, tabacco aromatico.
aromatizante *agg.* aromatizzante.
aromatizar (*con. come* cazar) *v.tr.* aromatizzare.
aromoso *agg.* aromatico.
arpa *s.f.* (*mus.*) arpa.
arpegiar *v.intr.* (*mus.*) arpeggiare.
arpegio *s.m.* (*mus.*) arpeggio.
arpía *s.f.* (*fam.*) arpia, megera.
arpista *s.m./f.* (*mus.*) arpista.
arpón *s.m.* (*mar.*) arpione.
arponar *v.tr.* → **arponear.**
arponear *v.tr.* arpionare.
arqueador *s.m.* (*mar.*) stazzatore.
arqueamiento *s.m.* → **arqueo.**
arquear[1] *v.tr.* inarcare, curvare ♦ **-se** *v.pron.* inarcarsi, incurvarsi.
arquear[2] *v.tr.* (*mar.*) stazzare.
arqueo *s.m.* **1** curvatura (*f.*) **2** (*mar.*) tonnellaggio, stazza (*f.*) **3** (*comm.*) riscontro (di cassa).
arqueología *s.f.* archeologia.
arqueológico *agg.* archeologico.
arqueólogo *s.m.* archeologo.
arqueozoico *agg.*, *s.m.* (*geol.*) archeozoico.
arquería *s.f.* (*arch.*) arcata, galleria di archi.
arquero *s.m.* **1** arciere **2** (*Amer.*, *sport*) portiere.
arqueta *s.f.* urna.
arquetípico *agg.* archetipico.
arquetipo *s.m.* archetipo.
arquibanco *s.m.* cassapanca (*f.*).
arquiepiscopal *agg.* (*relig.*) arcivescovile.
arquitecto *s.m.* architetto.
arquitectónico *agg.* architettonico.
arquitectura *s.f.* architettura.
arquitectural *agg.* architettonico.
arquitrabe *s.m.* (*arch.*) architrave.
arquivolta *s.f.* (*arch.*) archivolto (*m.*).
arrabal *s.m.* **1** sobborgo **2** (*pl.*) periferia (*f. sing.*).
arrabio *s.m.* (*metall.*) ghisa (*f.*).
arraigadamente *avv.* profondamente, radicalmente.
arraigado *agg.*(*dir.*) che possiede beni immobili.
arraigar (*con. come* llegar) *v.intr.* **1** mettere le radici, attecchire **2** (*fig.*) stabilirsi **3** (*di sentimento*, *idea*) consolidarsi, radicarsi, prendere piede ♦ **-se** *v.pron.* mettere le radici, stabilirsi.
arraigo *s.m.* **1** (*agr.*) attecchimento, radicamento **2** (*dir.*) beni (*pl.*) immobili.
arramblar *v.tr.* **1** interrare, insabbiare **2** svellere, spazzare via ♦ *v.intr.* arraffare, fare razzia: *arrambló con todo el dinero*, arraffò tutti i soldi.
arrancada *s.f.* **1** avviamento (*m.*), messa in moto **2** (*di persona*, *di animale*) sprint (*m.*), scatto (*m.*) improvviso.
arrancadero *s.m.* (*sport*) linea (*f.*) di partenza.
arrancado *agg.* **1** (*anche fig.*) sradicato **2** (*fig.*) rovinato, impoverito.
arrancadura *s.f.* (*agr.*) sradicamento (*m.*).
arrancar (*con. come* pescar) *v.tr.* **1** sradicare (*anche fig.*) **2** strappare (*anche fig.*): *le arrancó el permiso de dormir fuera de casa*, gli strappò il permesso di dormire fuori di casa ♦ *v.intr.* **1** (*di auto*, *treno ecc.*) avviarsi, mettersi in moto: *el motor no arranca*, il motore non parte **2** (*fam.*) scappare, andarsene in fretta, tagliare la corda **3** iniziare, avere origine.
arranciarse *v.pron.* irrancidire.
arranque *s.m.* **1** strappo, sradicamento | *estar al* —, essere rovinato **2** avvio, messa (*f.*) in moto **3** slancio, impeto; attacco: —

de violencia, un attacco di violenza **4** inizio, origine (*f.*).

arrapiezo *s.m.* **1** straccio, pezza (*f.*) **2** (*fam.*) monello, birichino.

arrapo *s.m.* straccio, cencio, pezza (*f.*).

arrasamiento *s.m.* **1** spianamento **2** abbattimento.

arrasar *v.tr.* spianare; radere al suolo, abbattere ♦ *v.intr.* stravincere: *nuestro equipo arrasó*, la nostra squadra ha stravinto ♦ **-se** *v.pron.* riempirsi | — *a alguien los ojos de lágrimas*, riempirsi gli occhi di lacrime.

arrastradamente *avv.* **1** appena, a stento **2** approssimativamente, alla bell'e meglio.

arrastradero *s.m.* (*tauromachia*) corridoio attraverso cui si allontanano, trascinandoli, i tori morti dall'arena.

arrastrado *agg.* straccione, miserabile.

arrastramiento *s.m.* trascinamento.

arrastrar *v.tr.* **1** trascinare (*anche fig.*); strascicare **2** travolgere **3** (*fig.*) condurre, spingere, portare: *el hombre se deja — por la avaricia*, l'uomo si fa condurre dall'avarizia ♦ **-se** *v.pron.* **1** trascinarsi, strisciare: — *por debajo*, strisciare verso il basso **2** (*fig.*) strisciare, abbassarsi.

arrastre *s.m.* **1** trascinamento; trasporto **2** (*min.*) pendenza (*f.*) delle pareti di un pozzo **3** (*tauromachia*) trasporto del toro fuori dell'arena.

arrayán *s.m.* (*bot.*) mirto.

arrayanal *s.m.* (*bot.*) mirteto.

arre *s.m.* **1** ronzino **2** cavallo a dondolo ♦ *inter.* (*per animali*) arri.

arreador *s.m.* **1** (*agr.*) bacchiatore di olive **2** mandriano.

arrear[1] *v.tr.* **1** (*animali*) incitare, spronare **2** colpire ripetutamente **3** mollare, allungare: — *una bofetada*, mollare uno schiaffo ♦ *v.intr.* accelerare, sbrigarsi | *¡arrea!*, spicciati!

arrear[2] *v.tr.* (*equitazione*) bardare.

arrebatadamente *avv.* avventatamente, precipitosamente; con irruenza.

arrebatadizo *agg.* suscettibile, irritabile.

arrebatado *agg.* **1** avventato, impetuoso **2** (*fig.*) travolgente, vivace **3** vivido, rosso acceso.

arrebatador *agg.* travolgente, affascinante.

arrebatamiento *s.m.* **1** lacerazione (*f.*), strappo **2** (*fig.*) slancio, impulso, scatto **3** (*fig.*) estasi (*f.*): — *de espíritu*, rapimento dello spirito.

arrebatar *v.tr.* **1** strappare, portare via (*anche fig.*): *me arrebata el corazón*, mi strappa il cuore **2** incantare, affascinare, conquistare: *tu hija me arrebató*, tua figlia mi ha conquistato ♦ **-se** *v.pron.* **1** infuriarsi **2** bruciacchiarsi.

arrebato *s.m.* **1** furore, impeto, slancio **2** (*fig.*) rapimento, estasi (*f.*).

arrebol *s.m.* **1** (*di cielo, nuvole*) rosso **2** (*di viso*) rossore **3** (*cosmesi*) fard.

arrebolada *s.f.* nuvole (*pl.*) rosseggianti.

arrebolar *v.tr* tingere di rosso ♦ *v.intr.* tingersi di rosso, arrossarsi, rosseggiare: *el cielo arrebola*, il cielo si tinge di rosso.

arrebozar (*con. come* cazar) *v.tr.* coprire, velare ♦ **-se** *v.pron.* **1** coprirsi, celarsi **2** (*di insetti*) sciamare; brulicare.

arreciar *v.intr.* **1** aumentare: *la ira arrecia*, il furore cresce **2** (*fig.*) infuriare, imperversare: *arrecia la tormenta*, infuria la bufera; *arrecia la batalla*, infuria la battaglia.

arrecife *s.m.* scoglio; scogliera (*f.*) | — *coralino*, barriera corallina.

arredramiento *s.m.* arretramento.

arredrar *v.intr.* arretrare, tirarsi indietro ♦ *v.tr.* (*fig.*) far arretrare, spaventare.

arregazar (*con. come* cazar) *v.tr.* raccogliere in alto/grembo, tirare su (la gonna).

arregladamente *avv.* **1** ordinatamente, con precisione **2** (*fig.*) con misura | — *a*, secondo, in ragione di.

arreglado *agg.* **1** ordinato, sistemato; aggiustato: *un reloj bien* —, un orologio ben regolato **2** adeguato: — *al código*, conforme al codice **3** (*fig.*) regolato, ponderato, ragionevole | (*iron.*) *estar* —, essere a posto, stare fresco.

arreglador *s.m.* (*mus.*) arrangiatore.

arreglar *v.tr.* **1** mettere in ordine, sistemare (*anche fig.*): — *la habitación*, mettere in ordine la stanza **2** accomodare, aggiustare: — *el motor*, aggiustare il motore **3** convenire, concordare: *hemos arreglado una entrevista con él*, abbiamo concordato un'intervista con lui **4** preparare, vestire: *arregla a los niños*, vesti i bambini ♦ **-se** *v.pron.* **1** sistemarsi, prepararsi (per uscire, per ricevere qlcu. ecc.); truccarsi **2** arrangiarsi, cavarsela: *arréglatelas tú solo*, cavatela da solo.

arreglista *s.m./f.* (*mus.*) arrangiatore.

arreglo *s.m.* **1** assetto, ordine **2** norma (*f.*), regolamento | — *de cuentas*, regolamento di conti | *con — a*, in base a, conforme a **3** accordo, compromesso | *llegar a un* —, giungere a un compromesso **4** (*mus.*) arrangiamento.

arregosto *s.m.* (*fam.*) gusto | *tomar — a algo*, prendere gusto a qlco.

arrejuntarse *v.pron.* (*reciproco*) mettersi insieme.

arrellanar *v.tr.* spianare ♦ **-se** *v.pron.* distendersi, sdraiarsi; accomodarsi (*anche fig.*).

arremangarse (*con. come* llegar) *v.pron.* tirarsi su, rimboccarsi | — *las mangas*, rimboccarsi le maniche.

arrematar *v.tr.* finire, portare in fondo, terminare.

arremetedor *s.m.* assalitore.

arremeter *v.intr.* avventarsi, scagliarsi: — *contra la oposición*, attaccare l'opposizione.
arremetida *s.f.* assalto (*m.*), attacco (*m.*).
arremolinarse *v.pron.* **1** mulinare, vorticare **2** (*fig.*) ammucchiarsi, assieparsi.
arrendable *agg.* affittabile.
arrendamiento *s.m.* **1** affitto, locazione (*f.*) **2** pigione (*f.*), canone | — *financiero*, leasing.
arrendar (*con. come* acertar) *v.tr.* **1** noleggiare; affittare **2** imbrigliare, mettere le briglie.
arrendatario *s.m.* locatario, affittuario.
arreos *s.m.pl.* bardatura (*f. sing.*), finimenti.
arrepentido *agg.*, *s.m.* (*anche dir.*) pentito.
arrepentimiento *s.m.* **1** pentimento **2** ripensamento.
arrepentirse (*con. come* sentir) *v.pron.* **1** pentirsi **2** rammaricarsi.
arrequesonarse *v.pron.* (*di latte, formaggio*) cagliarsi.
arrestado *agg.* coraggioso, ardito.
arrestar *v.tr.* (*anche mil.*) arrestare.
arresto *s.m.* (*dir.*) arresto
arrestos *s.m.pl.* coraggio (*sing.*), fegato (*sing.*) | *tener* —, essere coraggioso.
arrevesado *agg.* ingarbugliato, complicato, contorto.
arriada *s.f.* alluvione, piena.
arriamento *s.m.* (*mar.*) ammainamento.
arrianismo *s.m.* (*relig.*) arianesimo.
arriano *agg.*, *s.m.* (*relig.*) ariano.
arriar *v.tr.* **1** ammainare **2** inondare ♦ **-se** *v.pron.* allagarsi, inondarsi.
arriate *s.m.* **1** aiuola (*f.*) **2** passaggio; carreggiata (*f.*).
arriba *avv.*, sopra, su; in alto: *mis padres viven* —, i miei genitori abitano di sopra; *el piso de* —, l'appartamento, il piano di sopra | *de — abajo*, dall'alto in basso; (*fig.*) dal principio alla fine | *por* —, verso l'alto | *lo dicho* —, quanto detto precedentemente | *de 18 para* —, da 18 anni in su | *ir calle* —, salire, andare su per la strada | *aguas* —, controcorrente ♦ *inter.* su!, forza!
arribada *s.f.* (*mar.*) approdo (*m.*) attracco (*m.*).
arribaje *s.m.* (*mar.*) approdo.
arribar *v.intr.* (*mar.*) approdare.
arribismo *s.m.* arrivismo.
arribista *agg.* arrivista.
arribo *s.m.* (*mar.*) arrivo, approdo.
arriendo *s.m.* affitto.
arriesgado *agg.* **1** (*di situazione*) rischioso, pericoloso **2** (*di persona*) temerario, imprudente.
arriesgar (*con. come* llegar) *v.tr.* rischiare, mettere a repentaglio ♦ **-se** *v.pron.* rischiare, correre il rischio: *se arriesga a perderlo todo*, rischia di perdere tutto.
arrimar *v.tr.* **1** accostare, avvicinare **2** (*fig.*) mettere da parte; abbandonare: *ha arrimado la guitarra*, ha abbandonato la chitarra ♦ **-se** *v.pron.* **1** accostarsi, aderire | *arrimarse al sol que más calienta*, essere opportunista, essere una banderuola; voltarsi a tutti i venti **2** appoggiarsi, reggersi: — *a la silla*, appoggiarsi sulla sedia **3** avvalersi di un aiuto, cercare appoggio o protezione: — *al director*, cercare la protezione del direttore.
arrimo *s.m.* **1** avvicinamento **2** (*fig.*) aiuto, protezione (*f.*): *buscar* —, cercare protezione **3** tendenza (*f.*), inclinazione (*f.*), interesse: *tener — por la cocina*, avere disposizione per la cucina.
arrimón *s.m. solo nella loc.*: *estar de* —, fare il palo.
arrinconado *agg.* **1** accatastato **2** (*fig.*) accantonato, messo da parte, isolato **3** (*fig.*) messo all'angolo/alle strette, sopraffatto.
arrinconar *v.tr.* **1** mettere in un angolo, accantonare (*anche fig.*) **2** abbandonare, lasciare da parte **3** sopraffare; mettere alle strette.
arritmia *s.f.* (*med.*) aritmia.
arrítmico *agg.* (*med.*) aritmico.
arroba *s.f.* **1** unità di misura (pari a circa 12 kg) | *por arrobas*, in abbondanza **2** (*internet*) chiocciola, at (*m.*).
arrobado *agg.* rapito, affascinato, estasiato.
arrobador *agg.* affascinante.
arrobamiento *s.m.* estasi (*f.*).
arrobar *v.tr.* estasiare, affascinare.
arrocero *s.m.* coltivatore di riso ♦ *agg.* risiero.
arrodilladura *s.f.* → **arrodillamiento.**
arrodillamiento *s.m.* atto di inginocchiarsi, genuflessione (*f.*).
arrodillarse *v.pron.* inginocchiarsi.
arrogancia *s.f.* arroganza.
arrogante *agg.* **1** arrogante **2** coraggioso, brioso.
arrogar (*con. come* llegar) *v.tr.* attribuire, aggiudicare ♦ **-se** *v.pron.* (*dir.*, *fig.*) arrogarsi.
arrojado *agg.* intraprendente, coraggioso.
arrojar *v.tr.* **1** lanciare, scagliare **2** buttar via, gettare **3** mandar via, scacciare, espellere **4** vomitare **5** (*comm.*) dare come risultato: *la cuenta arroja un saldo negativo*, il conto dà un saldo negativo ♦ **-se** *v.pron.* gettarsi, lanciarsi.
arrojo *s.m.* audacia (*f.*), valore.
arrollable *agg.* avvolgibile.
arrollado *agg.* **1** arrotolato **2** (*anche fig.*) travolto; sconvolto: — *por los acontecimientos*, travolto dagli eventi.
arrollador *agg.* travolgente.
arrollamiento *s.m.* avvolgimento.
arrollar[1] *v.tr.* **1** (*anche tecn.*) arrotolare, avvolgere **2** travolgere, urtare **3** (*fig.*) sopraffare, dominare, vincere.

arrollar[2] *v.tr.* cullare, dondolare.
arropar[1] *v.tr.* aggiungere mosto al vino.
arropar[2] *v.tr.* **1** coprire, imbacuccare **2** proteggere, aiutare, confortare: *— a su hijo*, proteggere il proprio figlio ♦ **-se** *v.pron.* coprirsi, imbacuccarsi.
arrope *s.m.* mosto cotto.
arrostrar *v.tr.* affrontare, far fronte a, sopportare ♦ **-se** *v.pron.* (*reciproco*) affrontarsi.
arroyada *s.f.* **1** (*geogr.*) valle attraversata da un torrente **2** erosione **3** (*di ruscello*) piena.
arroyamiento *s.m.* dilavamento.
arroyar *v.tr.* **1** erodere, dilavare **2** formare rivoli, torrenti ♦ **-se** *v.pron.* (*di pianta*) essere attaccato dalla ruggine.
arroyo *s.m.* **1** ruscello **2** (*fig.*) miseria (*f.*), situazione (*f.*) di povertà: *salir del —*, uscire dalla miseria.
arroz (*pl.* -ces) *s.m.* riso | *— con leche*, riso al latte | *— vaporizado*, riso parboiled | *ensalada de —*, insalata di riso.
arrozal *s.m.* risaia (*f.*).
arrufar *v.tr.* (*naso, bocca*) arricciare, storcere ♦ **-se** *v.pron.* (*gatto*) arruffarsi, fare la gobba.
arrufianado *agg.* ruffianesco.
arruga *s.f.* **1** ruga **2** piega, grinza.
arrugado *agg.* rugoso, raggrinzito, grinzoso.
arrugamiento *s.m.* raggrinzimento.
arrugar (*con. come* llegar) *v.tr.* **1** spiegazzare, stropicciare **2** corrugare ♦ **-se** *v.pron.* (*fig.*) mancare di coraggio.
arruinado *agg.* **1** rovinato **2** (*Amer.*) sciupato.
arruinamiento *s.m.* rovina (*f.*).
arruinar *v.tr.* **1** rovinare, mandare in rovina **2** distruggere: *el terremoto arruinó el pueblo*, il terremoto distrusse il paese **3** guastare ♦ **-se** *v.pron.* **1** andare in rovina **2** guastarsi.
arrullador *agg.* (*di suono*) carezzevole, melodioso.
arrullar *v.intr.* **1** ninnare, cullare: *— al niño con una canción de cuna*, cullare il bimbo con una ninna nanna **2** (*fig.*) assopire ♦ **-se** *v.pron.* **1** tubare: *las palomas se arrullan*, i colombi tubano **2** (*fig., di innamorati*) tubare, scambiarsi tenerezze.
arrumaco *s.m.* **1** (*spec. pl.*) moina (*f.*) **2** fronzolo.
arrumar *v.tr.* **1** (*mar.*) stivare **2** (*Amer.*) ammassare, ammucchiare ♦ **-se** *v.pron.* (*meteor.*) rannuvolarsi.
arrumbación *s.f.* (*mar.*) stivaggio (*m.*).
arrumbador *s.m.* **1** scaricatore di porto **2** operaio che travasa il vino.
arrumbar[1] *v.tr.* **1** (*anche fig.*) mettere da parte, scartare, accantonare: *— las baratijas*, accantonare le cianfrusaglie **2** (*fig.*) isolare, mettere da parte: *— a la mujer en el hogar*, relegare la donna a casa **3** far tacere **4** evitare, rifuggire.
arrumbar[2] *v.intr.* (*mar.*) fare il punto, dare la rotta.
arsenal *s.m.* arsenale.
arseniato *s.m.* (*chim.*) arseniato.
arsénico *s.m.* (*chim.*) arsenico.
arsenioso *agg.* (*chim.*) arsenioso.
arsenito *s.m.* (*chim.*) arseniato.
arte *s.m./f.* (*pl.f.* artes) **1** arte (*f.*): *el — griego*, l'arte greca | *— noble/las bellas artes*, le belle arti | *no tener ni — ni parte en algo*, non aver niente a che fare con qlco. | *— tormentaria*, arti militari | *mujer del —*, donna di strada | *por — de magia*, come per magia **2** abilità (*f.*), attitudine (*f.*), dono, virtù (*f.*): *el — de convencer*, l'abilità di convincere; *tiene — para escribir*, ha il dono della scrittura; *posee el — de agradar*, ha il dono di piacere | *artes de encantamiento*, arti magiche **3** (*pl.*) astuzie; insidie | *malas artes*, astuzie, stratagemmi.
artefacto *s.m.* dispositivo, congegno, artefatto.
artejo *s.m.* (*anat.*) nocca (*f.*).
arteria *s.f.* **1** (*med.*) arteria | *— coronaria*, arteria coronaria | *— iliaca*, arteria iliaca **2** via di comunicazione, arteria.
arterial *agg.* (*med.*) arteriale, arterioso.
arteriografía *s.f.* (*med.*) arteriografia.
arteriosclerosis *s.f.* (*med.*) arteriosclerosi.
arteriosclerótico *agg.*, *s.m.* (*med.*) arteriosclerotico.
arterioso *agg.* (*med.*) arterioso.
artesa *s.f.* madia.
artesanado *s.m.* artigianato.
artesanal *agg.* artigianale: *pan —*, pane artigianale.
artesanía *s.f.* artigianato (*m.*) | *trabajo de —*, lavoro artigianale.
artesano *agg.*, *s.m.* artigiano.
artesiano *agg.* artesiano | *pozo —*, pozzo artesiano.
artesonado *s.m.* (*edil.*) soffitto a cassettoni.
artesonar *v.tr.* (*edil.*) decorare con cassettoni.
artético *agg.* (*med.*) artritico.
ártico *agg.* artico.
articulable *agg.* snodabile.
articulación *s.f.* **1** articolazione **2** (*anat.*) articolazione; giuntura **3** (*bot.*) nodo (*m.*).
articuladamente *avv.* distintamente, con chiarezza.
articulado *agg.* **1** articolato **2** (*fig.*) strutturato, articolato, sviluppato: *un pensamiento —*, un pensiero articolato.
articular[1] *agg.* articolare.
articular[2] *v.tr.* **1** articolare **2** (*ling.*) articolare, pronunciare **3** (*anche dir.*) strutturare, organizzare.

articulatorio *agg.* (*ling.*) articolatorio: *fonética articulatoria*, fonetica articolatoria.
articulista *s.m./f.* (*giorn.*) articolista.
artículo *s.m.* **1** articolo **2** (*dir.*) articolo, punto.
artífice *s.m./f.* (*anche fig.*) artefice, autore.
artificial *agg.* **1** artificiale | *leche* —, latte artificiale | *espino* —, filo spinato | *inteligencia* —, intelligenza articifiale | *fuegos artificiales*, fuochi d'artificio **2** finto, innaturale.
artificialidad *s.f.* artificialità.
artificiero *s.m.* **1** (*mil.*) artificiere **2** pirotecnico.
artificio *s.m.* **1** artificio; meccanismo | *fuegos de* —, fuochi d'artificio **2** (*fig.*) stratagemma.
artillería *s.f.* (*mil.*) artiglieria, armamento (*m.*).
artillero *s.m.* (*mil.*) artigliere.
artilugio *s.m.* **1** marchingegno, arnese, diavoleria (*f.*) **2** artificio, trucco, scappatoia.
artimaña *s.f.* trappola, insidia, astuzia.
artista *s.m./f.* (*anche fig.*) artista.
artístico *agg.* artistico.
artrítico *agg.*, *s.m.* (*med.*) artritico.
artritis *s.f.* (*med.*) artrite.
artrografía *s.f.* (*med.*) artrografia.
artrópodos *s.m.pl.* (*zool.*) artropodi.
artrosis *s.f.* (*med.*) artrosi.
arveja *s.f.* (*bot.*) veccia.
arzobispado *s.m.* (*relig.*) arcivescovado.
arzobispal *agg.* (*relig.*) arcivescovile.
arzobispo *s.m.* (*relig.*) arcivescovo.
arzón *s.m.* arcione.
as *s.m.* (*anche fig.*) asso | *tener un — en la manga*, avere un asso nella manica | *un — del fútbol*, un asso del pallone.
asa *s.f.* manico (*m.*), maniglia; (*di vaso*) ansa.
asado *agg.* arrostito ♦ *s.m.* arrosto.
asador *s.m.* **1** spiedo; graticola (*f.*) **2** rosticceria (*f.*).
asaetear *v.tr.* **1** saettare **2** tormentare, infastidire, assillare.
asalariado *agg.*, *s.m.* salariato.
asalariar *v.tr.* stipendiare.
asaltante *agg.* assalitore (*m.*) ♦ *s.m./f.* rapinatore (*m.*).
asaltar *v.tr.* **1** assaltare, assalire **2** rapinare: — *un banco*, rapinare una banca **3** (*fig.*) cogliere, sorprendere **4** (*fig.*) assediare, assillare: *lo asaltan los periodistas*, lo assediano i giornalisti.
asalto *s.m.* **1** assalto, aggressione (*f.*), attacco **2** rapina (*f.*).
asamblea *s.f.* assemblea, riunione.
asambleario *agg.* assembleare.
asar *v.tr.* arrostire ♦ **-se** *v.pron.* morire dal caldo, andare arrosto.
áscari *s.m.* (*mil.*) ascaro.
ascendencia *s.f.* ascendenza, origine.
ascendente *agg.* ascendente ♦ *s.m.* (*astr.*) ascendente.
ascender (*con. come* entender) *v.intr.* **1** ascendere, salire **2** ammontare: *la cuenta asciende a mil euros*: il conto ammonta a mille euro ♦ *v.tr.* promuovere.
ascendiente *s.m.* influenza (*f.*), ascendente: *ejercer — sobre alguien*, avere un ascendente su qlcu.
ascensión *s.f.* (*anche relig.*) ascensione, salita.
ascensional *agg.* ascensionale: *corriente* —, corrente ascensionale.
ascenso *s.m.* **1** salita (*f.*) **2** (*fig.*) promozione (*f.*), avanzamento di carriera.
ascensor *s.m.* ascensore.
ascensorista *s.m./f.* ascensorista.
ascesis *s.f.* (*relig.*) ascesi.
asceta *s.m./f.* (*relig.*, *fig.*) asceta.
ascética *s.f.* (*relig.*) ascetica.
ascético *agg.* (*relig.*, *fig.*) ascetico.
ascetismo *s.m.* (*relig.*, *fig.*) ascetismo.
asco *s.m.* schifo, *ripugnanza* (*f.*) | *dar* —, fare schifo | *hacer ascos a algo*, disprezzare, rifiutare qlco. | *estar hecho un* —, essere uno schifo, in cattive condizioni.
ascua *s.f.* brace | *estar en ascuas*, stare sulle spine.
aseado *agg.* pulito, lindo, ordinato.
asear *v.tr.* pulire, rassettare.
asechador *agg.*, *s.m.* insidiatore.
asechanza *s.f.* tranello (*m.*), insidia, agguato (*m.*).
asechar *v.tr.* tendere insidie, tendere un agguato.
asecho *s.m.* tranello, agguato.
asediador *agg.* assediante.
asediar *v.tr.* **1** assediare **2** (*fig.*) molestare, assillare, importunare.
asedio *s.m.* assedio.
aseguración *s.f.* assicurazione.
asegurado *agg.*, *s.m.* assicurato.
asegurador *s.m.* assicuratore.
aseguradora *s.f.* compagnia assicuratrice.
asegurar *v.tr.* **1** assicurare; garantire: — *su soporte a alguien*, assicurare il proprio sostegno a qlcu. **2** rendere solido, saldo; legare: — *con una cuerda*, assicurare con una corda **3** assicurare, stipulare un'assicurazione ♦ **-se** *v.pron.* **1** accertarsi **2** assicurarsi, stipulare una polizza di assicurazione.
asemejar *v.tr.* confrontare, paragonare ♦ *v.intr.* essere somigliante, somigliare ♦ **-se** *v.pron.* assomigliarsi.
asendereado *agg.* **1** (*di cammino*) battuto, percorso **2** (*fig.*) sofferto, vessato, travagliato **3** (*fig.*) vissuto, navigato.
asenderear *v.tr.* **1** aprire sentieri **2** (*fig.*) vessare, travagliare, incalzare.

asenso *s.m.* assenso, approvazione (*f.*).
asentado *agg.* **1** posto, sito **2** (*fig.*) saggio, assennato: *un chico —*, un ragazzo giudizioso **3** stabile, permanente.
asentamiento *s.m.* **1** (*anche geol.*) assestamento **2** sistemazione (*f.*), insediamento.
asentar (*con. come* acertar) *v.tr.* **1** collocare, sistemare **2** assestare, mollare: *— un golpe*, assestare un colpo **3** (*amm.*) registrare, annotare **4** stabilire, fissare; (*comm.*) concordare, fissare (un prezzo, un affare) ♦ **-se** *v.pron.* **1** insediarsi, stabilirsi **2** (*di uccelli*) posarsi **3** (*di polvere*) depositarsi **4** (*di liquidi*) sedimentare.
asentimiento *s.m.* assenso.
asentir (*con. come* sentir) *v.intr.* assentire; acconsentire.
aseo *s.m.* pulizia (*f.*), accuratezza (*f.*) | *cuarto de —*, bagno di servizio.
asequible *agg.* accessibile; raggiungibile.
aserción *s.f.* asserzione, affermazione.
asermonado *agg.* predicatorio.
aserradero *s.m.* segheria (*f.*).
asertivo *agg.* assertivo.
asertor *s.m.* assertore.
asertorio *agg.* assertorio, assertivo: *tono —*, tono assertorio.
asesinar *v.tr.* assassinare, uccidere.
asesinato *s.m.* assassinio, omicidio.
asesino *s.m.* assassino | *— a sueldo*, killer/sicario.
asesor *s.m.* consulente (*m./f.*), consigliere.
asesoramiento *s.m.* consulenza (*f.*).
asesorar *v.tr.* consigliare, informare ♦ **-se** *v.pron.* consultarsi | *— con*, farsi consigliare da.
asesoría *s.f.* **1** ufficio (*m.*) del consulente **2** consulenza.
asestar *v.tr.* **1** (*arma*) puntare, rivolgere **2** (*binocolo*) regolare, mirare **3** assestare, mollare: *le asestó un puntapié*, gli mollò un calcio.
aseveración *s.f.* asseverazione, affermazione.
aseverar *v.tr.* asseverare, asserire.
aseverativo *agg.* asseverativo.
asexuado *agg.* asessuato.
asfaltado *agg.* asfaltato ♦ *s.m.* asfalto, asfaltatura (*f.*).
asfaltar *v.tr.* asfaltare.
asfalto *s.m.* asfalto; bitume.
asfixia *s.f.* (*med., fig.*) asfissia.
asfixiante *agg.* (*anche fig.*) asfissiante: *gas —*, gas asfissiante.
asfixiar *v.tr.* asfissiare, soffocare ♦ **-se** *v.pron.* sentire asfissia.
así *avv.* così, in questo/quel modo | *— —*, così, così | *— o asá*, così o cosà, in un modo o nell'altro ♦ *cong.* **1** (*in correlazione con* que, como) così, talmente, tanto **2** (*comparativo*) altrettanto; tanto **3** perciò, pertanto: *el teléfono no estaba estropeado y — no he podido llamarte*, il telefono era rotto e così/perciò non ho potuto chiamarti
■ ***así como así***, senza riflettere, facilmente | ***así de*** (+ *agg.*), tanto: *no seas — de desconfiado*, non essere tanto/così diffidente | ***así mismo***, anche, inoltre | ***así y todo***, nonostante tutto | ***así que*** (+ *cong.*), di modo che, per cui; non appena: *tengo prisa, — que no me hagas esperar*, ho fretta, perciò non farmi aspettare; *— que te enteres llámame*, non appena sai qualcosa chiamami.
asiático *agg.*, *s.m.* asiatico.
asidero *s.m.* **1** manico **2** (*fig.*) appiglio, pretesto.
asiduidad *s.f.* assiduità, frequenza.
asiduo *agg.* assiduo, costante.
asiento *s.m.* **1** sedile **2** scanno, seggio **3** sede (*f.*), collocazione (*f.*), posto: *tener —*, aver sede | *tomar —*, prendere posto, sedersi; stabilirsi **4** assestamento, stabilità (*f.*) | *de —*, stabile/permanente **5** (*amm.*) annotazione (*f.*), appunto.
asignable *agg.* assegnabile.
asignación *s.f.* **1** assegnazione **2** stipendio (*m.*), retribuzione **3** (*di fondi*) stanziamento (*m.*).
asignar *v.tr.* assegnare, attribuire.
asignatura *s.f.* materia (d'insegnamento).
asilado *s.m.* **1** (*pol.*) rifugiato **2** (*in un ospizio*) ospite, ricoverato.
asilar *v.tr.* **1** (*pol.*) dare asilo **2** ospitare, ricoverare ♦ **-se** *v.pron.* rifugiarsi.
asilo *s.m.* **1** ospizio, ricovero; orfanotrofio **2** (*fig.*) asilo, protezione (*f.*), rifugio | *— político*, asilo politico.
asilvestrado *agg.* inselvatichito.
asimetría *s.f.* asimmetria.
asimétrico *agg.* asimmetrico.
asimilable *agg.* assimilabile.
asimilación *s.f.* (*anche ling., biol.*) assimilazione.
asimilador *s.m.* assimilatore.
asimilar *v.tr.* **1** equiparare, paragonare **2** (*cibo*) assimilare **3** (*nozioni*) assimilare, comprendere ♦ **-se** *v.pron.* essere simile.
asimilismo *s.m.* (*pol.*) integrazionismo.
asimilista *agg.*, *s.m./f.* (*pol.*) integrazionista.
asimismo *avv.* anche, pure, inoltre.
asimplado *agg.* semplice, sempliciotto, ingenuo.
asíndeton *s.m.* (*ret.*) asindeto.
asíntota *s.f.* (*geom.*) asintoto (*m.*).
asir (*indic.pres.* asgo, ases…; *cong.pres.* asga, asgas…; *imp.* asga, asgamos, asgan) *v.tr.* afferrare, prendere ♦ **-se** *v.pron.* afferrarsi, aggrapparsi.
asirio *agg.*, *s.m.* assiro.
asiriología *s.f.* assiriologia.
asistencia *s.f.* **1** assistenza; aiuto (*m.*), soccorso (*m.*) **2** frequenza, partecipazione: *la*

— *es obligatoria*, la frequenza è obbligatoria | *certificado de* —, attestato di frequenza **3** pubblico (*m.*), uditorio (*m.*).
asistencial *agg.* assistenziale.
asistenta *s.f.* donna di servizio, domestica.
asistente *agg.* presente ♦ *s.m.* **1** (*mil.*) attendente **2** (*persona*) presente.
asistido *agg.* assistito | *fecundación asistida*, fecondazione assistita.
asistir *v.tr.* **1** assistere, soccorrere **2** servire, accudire **3** (*fig.*) essere dalla parte di qlcu: *le asiste la razón*, la ragione è dalla sua parte ♦ *v.intr.* frequentare, partecipare, assistere.
askenazí *agg.*, *s.m./f.* askenazita.
asma *s.f.* (*med.*) asma.
asmático *agg.*, *s.m.* (*med.*) asmatico.
asnal *agg.* **1** asinino **2** (*fig.*) bestiale.
asnería *s.f.* **1** branco (*m.*) di asini **2** sciocchezza, bestialità, scempiaggine.
asno *s.m.* asino | *apearse del* —, scendere dal pero.
asociable *agg.* associabile.
asociación *s.f.* **1** associazione, collegamento (*m.*): — *de ideas*, associazione di idee **2** associazione, società | — *de consumidores*, associazione dei consumatori.
asociacionismo *s.m.* associazionismo.
asociado *agg.* associato ♦ *s.m.* **1** socio **2** (*profesor*) —, professore a contratto.
asocial *agg.* asociale.
asociamiento *s.m.* associazione (*f.*).
asociar *v.tr.* **1** associare **2** collegare, associare, mettere in relazione ♦ **-se** *v.pron.* **1** associarsi, farsi socio **2** mettersi in società, consorziarsi.
asociativo *agg.* associativo.
asolado *agg.* raso al suolo, distrutto.
asolador *agg.* devastatore.
asolamiento *s.m.* devastazione (*f.*).
asolar *v.tr.* distruggere, devastare.
asoldar *v.tr.* (*mil.*) assoldare.
asoleado *agg.* soleggiato, assolato.
asomada *s.f.* **1** comparsa, apparizione **2** (*di luogo*) vista.
asomar *v.tr.* sporgere; lasciar intravedere: *iba todo tapado sin — más que los ojos*, era tutto imbacuccato e non lasciava vedere nient'altro che gli occhi | — *las narices*, mettere il naso fuori di casa ♦ *v.intr.* spuntare, sporgere: *los pies asoman por debajo de la cortina*, i piedi sporgono da sotto la tenda ♦ **-se** *v.pron.* affacciarsi: — *a la ventana*, affacciarsi alla finestra.
asombrado *agg.* sorpreso, meravigliato, stupefatto.
asombrador *agg.* sorprendente.
asombrar *v.tr.* **1** meravigliare, stupire **2** fare ombra, oscurare ♦ **-se** *v.pron.* meravigliarsi, stupirsi.
asombro *s.m.* stupore, meraviglia (*f.*).
asombroso *agg.* meraviglioso, stupendo.
asomo *s.m.* indizio, accenno | *ni por* —, neanche per sogno.
asonancia *s.f.* assonanza, armonia.
asordar *v.tr.* assordare.
aspa *s.f.* **1** aspo (*m.*) **2** (*di mulino a vento*) pala | *aspas de San Andrés*, croce di Sant'Andrea.
aspadera *s.f.* (*tess.*) arcolaio (*m.*).
aspar *v.tr.* **1** (*tess.*) avvolgere il filo sull'aspo **2** (*fig.*) torturare, mortificare ♦ *v.intr.* annaspare, contorcersi | *que me aspen si es verdad*, maledetto sia se è vero.
aspartame *s.m.* (*chim.*) aspartame.
aspaventar *v.tr.* spaventare, impaurire.
aspavientos *s.m.pl.* smorfie (*f.*), moine (*f.*): *hacer* —, fare smorfie.
aspecto *s.m.* aspetto, apparenza (*f.*): — *descuidado*, aria trasandata | *buen* —, bell'aspetto.
aspereza *s.f.* asperità, ruvidità | (*fig.*) *limar asperezas*, smussare le asprezze; conciliare le opinioni contrapposte.
asperjar *v.tr.* aspergere.
áspero *agg.* **1** ruvido, scabro: *tejido* —, tessuto ruvido **2** (*di terreno, strada*) aspro, impervio: *sendero* —, sentiero impervio **3** (*di sapore, odore*) aspro; acre, sgradevole **4** (*di suono*) stridulo, stridente **5** (*di persona*) ruvido, brusco, rude **6** (*di tempo*) rigido, aspro, duro: *clima* —, clima rigido.
asperón *s.m.* (*geol.*) arenaria (*f.*).
aspersión *s.f.* aspersione.
aspersor *s.m.* irrigatore.
aspersorio *s.m.* (*relig.*) aspersorio.
aspillera *s.f.* feritoia.
aspiración *s.f.* **1** aspirazione, inspirazione **2** (*ling.*) aspirazione **3** desiderio (*m.*), sogno (*m.*), aspirazione: *tener grandes aspiraciones*, avere grandi aspirazioni.
aspirado *agg.* (*ling.*) aspirato.
aspirador *s.m.* aspiratore.
aspiradora *s.f.* aspirapolvere (*m.*).
aspirante *agg.* aspirante ♦ *s.m.* (*fig.*) aspirante.
aspirar *v.tr.* **1** aspirare, inspirare **2** (*fig.*) aspirare, desiderare **3** (*ling.*) aspirare.
aspirina® *s.f.* (*farm.*) aspirina.
asqueado *agg.* disgustato, nauseato.
asquear *v.tr.* nauseare, disgustare ♦ **-se** *v.pron.* nausearsi, schifarsi.
asquenazí *agg.*, *s.m./f.* askenazita.
asquerosidad *s.f.* schifezza, cosa disgustosa.
asqueroso *agg.* schifoso, ripugnante ♦ *s.m.* (*fam.*) tipo schifoso.
asta *s.f.* **1** asta **2** (*di arma*) lancia, picca **3** (*di pennello*) manico (*m.*) **4** (*di toro*) corno **5** (*di cervo*) palco (*m.*).
astático *agg.* (*elettr.*) astatico.
astenia *s.f.* (*med.*) astenia.

asténico *agg.* (*med.*) astenico.
asterisco *s.m.* asterisco.
asteroide *s.m.* (*astr.*) asteroide.
astigmático *agg.*, *s.m.* (*med.*) astigmatico.
astigmatismo *s.m.* (*med.*) astigmatismo.
astilla *s.f.* scheggia | *de tal palo, tal —*, tale padre, tale figlio.
astillero *s.m.* **1** (*mar.*) cantiere navale **2** rastrelliera (*f.*).
astracán *s.m.* astracan.
astral *agg.* astrale.
astricción *s.f.* costrizione, forzatura.
astringente *agg.* astringente.
astringir *v.tr.* (*med.*) astringere.
astro *s.m.* (*anche fig.*) astro, stella (*f.*).
astrofísica *s.f.* astrofisica.
astrofísico *agg.*, *s.m.* astrofisico.
astrolabio *s.m.* astrolabio.
astrología *s.f.* astrologia.
astrológico *agg.* astrologico.
astrólogo *s.m.* astrologo.
astronauta *s.m./f.* astronauta.
astronáutica *s.f.* astronautica.
astronáutico *agg.* astronautico.
astronave *s.f.* astronave.
astronomía *s.f.* astronomia.
astronómico *agg.* **1** astronomico **2** (*fig.*) esagerato, astronomico: *gastar cifras astronómicas*, spendere cifre astronomiche.
astrónomo *s.m.* astronomo.
astucia *s.f.* astuzia, scaltrezza.
astur *agg.*, *s.m.* asturiano.
asturiano *agg.*, *s.m.* asturiano.
asueto *s.m.* breve vacanza (*f.*): *tener una mañana de —*, avere una mattina di vacanza.
asumir *v.tr.* **1** assumere, farsi carico | *— el mando*, prendere il comando **2** accettare, prendere coscienza: *— mis defectos me ayuda a superarlos*, riconoscere i miei difetti mi aiuta a superarli.
asunceno *agg.* di Asunción ♦ *s.m.* nativo di Asunción.
asunción *s.f.* **1** assunzione **2** (*relig.*) Assunzione.
asunto *s.m.* **1** materia (*f.*), tema **2** questione (*f.*) (*anche fig.*), argomento: *no tengo interés en el —*, l'argomento non mi interessa | *¡— despachado!*, ecco fatto! **3** affare, occupazione (*f.*) | *ministerio de asuntos exteriores*, ministero degli affari esteri | *un — peliagudo*, una brutta storia.
asurarse *v.pron.* **1** (*di cibo*) bruciarsi **2** (*di campi*) seccarsi, inaridirsi.
asustadizo *agg.* pauroso.
asustado *agg.* spaventato.
asustar *v.tr.* spaventare ♦ **-se** *v.pron.* spaventarsi.
atacable *agg.* attaccabile.
atacado *agg.* timido, pauroso, incerto.
atacador *agg.*, *s.m.* assalitore.
atacante *agg.*, *s.m./f.* (*anche sport*) attaccante.
atacar (*con. come* pescar) *v.tr.* **1** attaccare, aggredire (*anche fig.*) **2** (*chim.*) intaccare **3** (*di malattia*) colpire: *el sida ataca el sistema inmunitario*, l'aids colpisce il sistema immunitario **4** (*mus.*) attaccare, iniziare a suonare.
atadero *s.m.* **1** laccio, legame **2** anello per legare animali.
atado *agg.* **1** legato **2** (*fig.*) impacciato ♦ *s.m.* fagotto.
atadura *s.f.* **1** legaccio (*m.*) **2** legame (*m.*), vincolo (*m.*).
atafagar (*con. come* llegar) *v.tr.* **1** (*anche fig.*) stordire, confondere: *el perfume me atafagó*, il profumo mi stordì **2** (*fig.*) caricare, oberare.
atafago *s.m.* stordimento.
atajar *v.intr.* prendere una scorciatoia, tagliare, accorciare ♦ *v.tr.* **1** bloccare, intercettare **2** interrompere, fermare.
atajo *s.m.* (*anche fig.*) scorciatoia (*f.*), scappatoia (*f.*): *echar por el —*, prendere la scorciatoia.
atalaya *s.f.* **1** torre di osservazione **2** belvedere (*m.*).
atalayar *v.tr.* fare la sentinella, osservare dalla vedetta.
atamiento *s.m.* (*fam.*) viltà (*f.*), vigliaccheria (*f.*), codardia (*f.*).
atanor *s.m.* conduttura (*f.*).
atañer (*con. come* tañer) *v.intr.* concernere, riguardare.
ataque *s.m.* **1** attacco, aggressione (*f.*) | *¡al —!*, all'attacco! **2** (*med.*) accesso: *— de tos*, attacco di tosse.
atar *v.tr.* **1** legare, annodare; allacciare | *— cabos*, tirare le somme, trarre le conclusioni | *— corto (a alguien)* reprimere, tenere sottomesso qlcu. **2** (*idee*) associare, collegare, mettere in relazione **3** (*fig.*) legare, impacciare (nei movimenti): *la chaqueta me ata*, non posso muovermi con questa giacca **4** (*fig.*) vincolare, impegnare: *su trabajo lo ata mucho*, il suo lavoro lo impegna molto ♦ **-se** *v.pron.* **1** legarsi (a qlcu., qlco.) **2** lasciarsi condizionare: *no te ates a esos prejuicios*, non farti condizionare da quei pregiudizi.
atarantado *agg.* **1** (*anche fig.*) tarantolato, agitato, vivace **2** frastornato, stordito.
atarantamiento *s.m.* stordimento.
atarantar *v.tr.* intontire, frastornare.
ataraxia *s.f.* (*filos.*) atarassia.
atarazana *s.f.* (*mar.*) arsenale (*m.*).
atardecer[1] (*con. come* agradecer) *v.intr.* imbrunire, tramontare.
atardecer[2] *s.m.* crepuscolo, tramonto.
atareado *agg.* affannato, indaffarato, occupato.

atarear *v.tr.* dare lavoro, occupare ♦ **-se** *v.pron.* impegnarsi, darsi da fare, affannarsi.
atascadero *s.m.* **1** pantano **2** (*fig.*) impedimento, imbroglio.
atascamiento *s.m.* **1** (*di tubature, condotti*) ostruzione (*f.*), intasamento **2** (*di traffico*) ingorgo.
atascar (*con. come* pescar) *v.tr.* **1** ostruire, ingorgare, intasare **2** (*fig.*) boicottare, ostacolare ♦ **-se** *v.pron.* **1** ostruirsi, ingorgarsi **2** (*tecn.*) incepparsi, bloccarsi **3** (*fig.*) impappinarsi **4** (*fig.*) impantanarsi, impegolarsi.
atasco *s.m.* **1** (*di tubature, condotti*) ostruzione (*f.*), intasamento **2** (*di traffico*) ingorgo.
ataúd *s.m.* bara (*f.*), feretro.
ataujía *s.f.* **1** (*metall.*) damaschinatura **2** filigrana.
ataviado *agg.* adornato, agghindato.
ataviar (*con. come* confiar) *v.tr.* abbigliare, ornare.
atávico *agg.* atavico.
atavío *s.m.* **1** abbigliamento, acconciatura (*f.*) **2** (*pl.*) accessori (*pl.*).
atediar *v.tr.* tediare.
ateísmo *s.m.* (*relig.*) ateismo.
ateísta *agg.* (*relig.*) ateo.
atemorizar (*con. come* cazar) *v.tr.* intimorire, impaurire.
atemperación *s.f.* temperanza, moderazione.
atemperar *v.tr.* **1** moderare, temperare **2** adattare.
atemporal *agg.* atemporale.
atenacear *v.tr.* **1** torturare con tenaglie **2** (*fig.*) attanagliare, tormentare.
atenazado *agg.* (*anche fig.*) attanagliato.
atenazar (*con. come* cazar) *v.tr.* (*anche fig.*) attanagliare.
atención *s.f.* **1** attenzione | *¡—!*, attenzione! | *llamar la —*, attirare l'attenzione; rimproverare **2** attenzione, premura; riguardo (*m.*): *tiene muchas atenciones con ella*, è molto premuroso verso di lei; *le tratan con mucha —*, lo trattano con molto riguardo
■ ***en atención a***, tenendo conto di | ***atención médica***, assistenza medica | ***atención al cliente***, servizio clienti.
atender (*con. come* entender) *v.tr.* **1** prendersi cura, accudire; assistere: *atendemos a nuestros huéspedes*, ci prendiamo cura dei nostri ospiti **2** (*in un negozio*) servire: *¿le atienden ya?*, la stanno già servendo? ♦ *v.intr.* **1** prestare attenzione, ascoltare; fare caso a, dar retta: *— en clase*, prestare attenzione in classe; *atiendo a sus consejos*, seguo i suoi consigli; *no — a razones*, non sentire ragioni | (*di animale*) *— por*, rispondere al nome di: *su perro atiende por Zeus*, il suo cane risponde al nome di Zeus **2** occuparsi: *él atiende sólo a sus negocios*, si occupa solo dei suoi affari | *— a todo*, occuparsi di tutto.
atendible *agg.* attendibile.
ateneo *s.m.* associazione (*f.*), circolo culturale.
atenerse (*con. come* tener) *v.pron.* attenersi; regolarsi: *saber a qué —*, sapersi regolare.
ateniense *agg.*, *s.m./f.* ateniese.
atentación *s.f.* abuso (*m.*).
atentado *s.m.* attentato, oltraggio.
atentar *v.intr.* **1** attentare, commettere un attentato **2** (*fig.*) mettere in pericolo, nuocere.
atentatorio *agg.* lesivo, dannoso.
atento *agg.* **1** attento **2** gentile, cortese, premuroso.
atenuación *s.f.* attenuazione, diminuzione.
atenuante *agg.*, *s.f.* (*dir.*) attenuante.
atenuar (*con. come* continuar) *v.tr.* attenuare, diminuire, lenire ♦ **-se** *v.pron.* attenuarsi.
ateo *agg.*, *s.m.* (*relig.*) ateo.
aterciopelado *agg.* vellutato.
aterido *agg.* intirizzito.
aterimiento *s.m.* assideramento, intirizzimento.
aterirse *v.pron.* intirizzirsi, assiderarsi.
atérmano, atérmico *agg.* (*fis.*) atermico.
aterrado *agg.* atterrito.
aterrador *agg.* terrorizzante, terrificante.
aterraje *s.m.* **1** (*aer.*) atterraggio **2** (*mar.*) approdo.
aterramiento *s.m.* terrore, spavento.
aterrar (*con. come* acertar) *v.tr.* **1** gettare a terra; abbattere **2** atterrire, terrorizzare.
aterrizaje *s.m.* (*aer.*) atterraggio.
aterrizar (*con. come* cazar) *v.intr.* (*aer.*) atterrare.
aterrorizado *agg.* terrorizzato, atterrito.
aterrorizar (*con. come* cazar) *v.tr.* atterrire, terrorizzare.
atesoramiento *s.m.* (*econ.*) tesaurizzazione (*f.*).
atesorar *v.tr.* **1** tesaurizzare **2** custodire, conservare, possedere.
atestación *s.f.* **1** attestazione **2** (*dir.*) testimonianza, deposizione.
atestado *agg.* pieno, gremito, affollato ♦ *s.m.* attestato, verbale.
atestar[1] (*con. come* acertar) *v.tr.* **1** colmare, riempire **2** (*fig.*) gremire, affollare.
atestar[2] *v.tr.* attestare, testimoniare.
atestiguación *s.f.* testimonianza.
atestiguamiento *s.m.* → **atestiguación.**
atestiguar (*con. come* averiguar) *v.tr.* **1** testimoniare, attestare **2** (*fig.*) dimostrare.
atiborrado *agg.* gremito, pieno, stipato.
atiborrar *v.tr.* **1** stipare, riempire **2** rimpinzare di cibo ♦ **-se** *v.pron.* rimpinzarsi (*di cibo*).
aticista *agg.* (*lett.*, *ret.*) atticista.

ático *agg.*, *s.m.* attico.
atierre *s.m.* frana (*f.*).
atigrado *agg.* tigrato.
atildado *agg.* agghindato, adornato.
atildar *v.tr.* **1** agghindare **2** (*fig.*) biasimare, criticare, riprendere: — *las palabras de alguien*, criticare le parole di qlcu. **3** (*ling.*) accentare, munire di accento ♦ **-se** *v.pron.* agghindarsi.
atinado *agg.* azzeccato, riuscito, appropriato.
atinar *v.intr.* **1** cogliere nel segno **2** scovare, trovare: *atiné con la llave en la oscuridad*, trovai al buio la chiave.
atinencia *s.f.* → **atingencia.**
atinente *agg.* attinente.
atingencia *s.f.* attinenza.
atingir (*con. come* afligir) *v.intr.* (*Amer.*) concernere, riguardare ♦ *v.intr.* essere pertinente.
atipicidad *s.f.* atipicità.
atípico *agg.* atipico.
atiplado *agg.* (*mus.*) acuto.
atirantar *v.tr.* tendere, mettere in tensione (una corda).
atisbar *v.tr.* **1** spiare **2** (*anche fig.*) intravedere, scorgere.
atisbo *s.m.* **1** osservazione (*f.*) **2** indizio, congettura (*f.*).
atizadero *s.m.* attizzatoio.
atizador *agg.* attizzatore ♦ *s.m.* attizzatoio.
atizar (*con. come* cazar) *v.tr.* **1** (*anche fig.*) attizzare, fomentare **2** affibbiare, tirare: — *un puñetazo*, tirare un pugno ♦ **-se** *v.pron.* (*cibo*) far fuori, finire; (*bevande*) scolarsi, tracannare: — *una botella de coñac*, scolarsi una bottiglia di cognac.
atlántico *agg.* atlantico.
atlas *s.m.* (*geogr.*) atlante.
atlético *agg.* atletico.
atletismo *s.m.* (*sport*) atletica (*f.*).
atmósfera *s.f.* atmosfera (*anche fig.*).
atmosférico *agg.* atmosferico.
atolladero *s.m.* **1** pantano **2** (*fig.*) ginepraio, pasticcio | *salir del* —, uscire dai pasticci.
atollarse *v.pron.* (*anche fig.*) impantanarsi.
atolón *s.m.* (*geogr.*) atollo.
atolondrado *agg.* **1** (*fig.*) sbadato **2** intontito, frastornato.
atolondramiento *s.m.* **1** stordimento **2** disattenzione (*f.*), sbadataggine (*f.*).
atolondrar *v.tr.* intontire, stordire.
atómico *agg.* atomico.
atomismo *s.m.* (*filos.*) atomismo.
atomista *agg.* (*filos.*) atomista.
atomístico *agg.* (*filos.*) atomistico.
atomizador *agg.* atomizzatore, polverizzatore, spruzzatore.
atomizar (*con. come* cazar) *v.tr.* atomizzare, nebulizzare.
átomo *s.m.* atomo.
atonía *s.f.* **1** (*med.*) atonia **2** apatia.
atónico *agg.* (*med.*) atonico.
atónito *agg.* attonito, stupefatto.
átono *agg.* (*ling.*) atono: *vocal átona*, vocale atona.
atontado *agg.* intontito, stordito.
atontamiento *s.m.* intontimento, stordimento.
atontar *v.tr.* **1** intontire, stordire **2** meravigliare, sorprendere, frastornare.
atorar *v.tr.* otturare, intasare ♦ **-se** *v.pron.* (*fam.*) impappinarsi, ingarbugliarsi.
atormentado *agg.* travagliato, tormentato, combattuto.
atormentador *agg.* tormentoso, torturante ♦ *s.m.* aguzzino.
atormentar *v.tr.* tormentare, torturare.
atornillado *s.m.* avvitatura (*f.*).
atornillar *v.tr.* **1** avvitare **2** (*fig.*) torchiare, fare pressione: *la policía atornilla al detenido*, la polizia torchia il detenuto ♦ **-se** *v.pron.* (*fig.*) aggrapparsi, abbarbicarsi.
atortolarse *v.pron.* **1** (*fig.*, *pop.*) tubare **2** turbarsi, confondersi.
atortujar *v.tr.* schiacciare.
atosigador *agg.* avvelenatore.
atosigamiento *s.m.* **1** intossicazione (*f.*), avvelenamento **2** (*fig.*) pressione (*f.*), soffocamento, molestia (*f.*).
atosigar[1] (*con. come* llegar) *v.tr.* avvelenare.
atosigar[2] (*con. come* llegar) *v.tr.* incalzare, non dare tregua.
atóxico *agg.* atossico.
atracada *s.f.* (*mar.*) attracco (*m.*).
atracadero *s.m.* (*mar.*) approdo, ormeggio.
atracador *s.m.* rapinatore.
atracar (*con. come* pescar) *v.tr.* **1** (*mar.*) attraccare, ormeggiare **2** rapinare, assalire, assaltare **3** rimpinzare di cibo ♦ **-se** *v.pron.* (*fam.*) rimpinzarsi.
atracción *s.f.* **1** attrazione **2** divertimento (*m.*), spettacolo (*m.*) | *parque de atracciones*, luna park.
atraco *s.m.* **1** (*mar.*) attracco, ormeggio **2** rapina (*f.*), assalto, aggressione (*f.*).
atracón *s.m.* **1** eccesso, abuso **2** (*fig.*, *fam.*) scorpacciata (*f.*) | *darse un* —, farsi una scorpacciata.
atractivo *agg.* attraente ♦ *s.m.* fascino, seduzione (*f.*).
atraer (*con. come* traer) *v.tr.* **1** attrarre, attirare **2** (*fig.*) allettare ♦ **-se** *v.pron.* **1** attirarsi, procurarsi **2** (*reciproco*) attrarsi.
atrafagar (*con. come* llegar) *v.intr.* affannarsi, trafficare, darsi da fare.
atragantarse *v.pron.* **1** andare di traverso: *se me ha atragantado una espina*, mi è andata di traverso una spina **2** stare sullo stomaco: *se le ha atragantado desde el primer día*,

non l'ha potuto soffrire fin dal primo giorno **3** (*fig.*) impappinarsi.

atraimiento *s.m.* attrazione (*f.*).

atrampar *v.tr.* intrappolare ♦ **-se** *v.pron.* **1** cadere in trappola, intrappolarsi **2** otturarsi, intasarsi.

atrancar (*con. come* pescar) *v.tr.* **1** sprangare, sbarrare **2** ostruire, intasare ♦ **-se** *v.pron.* **1** ostruirsi, otturarsi, ingorgarsi **2** (*fam.*) impappinarsi, interrompersi, bloccarsi.

atranco *s.m.* (*fig.*) guaio.

atrapar *v.tr.* **1** acchiappare (*anche fig.*) | — *un empleo*, prendere al volo un lavoro **2** prendere, afferrare: — *la gripe,* prendere l'influenza **3** ingannare, attirare con l'astuzia, trarre in inganno.

atraque *s.m.* (*mar.*) **1** approdo, molo, attracco **2** (*manovra*) attracco.

atrás *avv.* **1** dietro, indietro, alle spalle: *echar marcha* —, fare marcia indietro | *cuenta* —, conto alla rovescia | *volver la vista* —, voltarsi indietro **2** (*in una successione*) dietro, dopo; in fondo, agli ultimi posti **3** (*di tempo*) addietro, fa; prima: *cinco años* —, cinque anni fa/addietro | *la enemistad viene de* —, l'inimicizia è di vecchia data ♦ *inter.* indietro!

atrasado *agg.* **1** in ritardo, indietro | (*fig.*) *estoy — en física*, sono indietro in fisica | *el reloj va* —, l'orologio è indietro **2** vecchio, arretrato: *método* —, metodo arretrato; *número* —, numero arretrato.

atrasar *v.intr.* ritardare, essere in ritardo: *este reloj atrasa*, questo orologio rimane indietro ♦ *v.tr.* **1** arretrare | — *el reloj*, mettere indietro l'orologio **2** rimandare, differire ♦ **-se** *v.pron.* **1** ritardare **2** (*fig.*) rimanere indietro, attardarsi.

atraso *s.m.* **1** ritardo **2** arretratezza (*f.*), sottosviluppo **3** (*pl.*, *denaro*) arretrati (*pl.*).

atravesado *agg.* **1** attraversato, trafitto **2** messo di traverso **3** (*di animale*) incrociato, ibrido **4** (*di persona*, *atto*) cattivo, maligno | *tener — a alguien*, avere in antipatia qlcu.

atravesar (*con. come* acertar) *v.tr.* **1** (*anche fig.*) attraversare, passare attraverso: — *un mal momento*, passare un brutto periodo **2** valicare, oltrepassare: — *la frontera*, attraversare la frontiera **3** mettere di traverso **4** trafiggere, trapassare ♦ **-se** *v.pron.* **1** mettersi di traverso, sbarrare il passo **2** (*fig.*) intralciare, ostacolare **3** (*di cibo*, *bevanda*) andare di traverso **4** (*una persona*) non poter soffrire, non reggere, detestare.

atrayente *agg.* attraente.

atreverse *v.pron.* **1** azzardarsi, osare: *no se atreve con el problema*, non affronta il problema **2** (*fig.*) osare, essere sfrontato, permettersi.

atrevido *agg.* **1** coraggioso, audace **2** (*fig.*) insolente, sfacciato **3** (*di film*) osé.

atrevimiento *s.m.* **1** audacia (*f.*), coraggio **2** (*fig.*) insolenza (*f.*), sfacciataggine (*f.*).

atribución *s.f.* **1** attribuzione **2** competenza, compito (*m.*).

atribuible *agg.* attribuibile.

atribuir (*con. come* huir) *v.tr.* attribuire ♦ **-se** *v.pron.* attribuirsi, assumersi.

atribular *v.tr.* affliggere, tormentare ♦ **-se** *v.pron.* tribolare, soffrire.

atributivo *agg.* (*anche ling.*) attributivo.

atributo *s.m.* **1** attributo, caratteristica (*f.*), qualità (*f.*) **2** simbolo, emblema **3** (*ling.*) attributo.

atril *s.m.* leggio.

atrincheramiento *s.m.* (*mil.*) trinceramento.

atrincherar *v.tr.* (*mil.*) trincerare ♦ **-se** *v.pron.* trincerarsi (*anche fig.*).

atrio *s.m.* **1** atrio, ingresso; chiostro **2** (*anat.*) atrio, vestibolo.

atrocidad *s.m.* **1** atrocità (*f.*), efferatezza (*f.*) **2** bestialità (*f.*), orrore.

atrofia *s.f.* (*med.*) atrofia.

atrofiar *v.tr.* (*med.*, *fig.*) atrofizzare ♦ **-se** *v.pron.* atrofizzarsi.

atrófico *agg.* atrofico.

atronado *agg.* sbadato, impulsivo, avventato.

atronador *agg.* assordante: *ruido* —, rumore assordante.

atronamiento *s.m.* **1** rimbombo **2** stordimento, rintronamento.

atronar (*con. come* contar) *v.tr.* rintronare, assordare.

atropado *agg.* denso, fitto, folto.

atropellado *agg.* precipitoso, di fretta: *decisión atropellada*, decisione avventata.

atropellador *agg.* (*con l'automobile*) investitore.

atropellamiento *s.m.* (*con l'automobile*) investimento.

atropellar *v.tr.* **1** (*con l'automobile*) investire, travolgere **2** aggredire **3** sopraffare: *el equipo rival nos atropelló*, siamo stati sopraffatti dalla squadra rivale **4** calpestare, infrangere: — *la ley*, calpestare la legge ♦ **-se** *v.pron.* precipitarsi.

atropello *s.m.* **1** (*con l'automobile*) investimento, urto **2** prepotenza (*f.*), sopruso **3** (*della legge*) violazione (*f.*), infrazione (*f.*).

atropina *s.f.* (*chim.*) atropina.

atroz (*pl.* -ces) *agg.* **1** atroce, disumano **2** enorme, smisurato.

atuendo *s.m.* **1** abbigliamento, tenuta (*f.*): *viste un bonito* —, indossa un bell'abito **2** ostentazione (*f.*), pompa (*f.*).

atufado *agg.* arrabbiato, infuriato.

atufamiento *s.m.* (*fig.*) arrabbiatura (*f.*).

atufar *v.tr.* **1** asfissiare, soffocare **2** (*fig.*) infastidire, assillare, scocciare ♦ *v.intr.* puzzare.

atún *s.m.* (*zool.*) tonno.
atunara *s.f.* → **almadraba.**
aturdido *agg.* **1** stordito **2** meravigliato, sconcertato.
aturdimiento *s.m.* **1** stordimento **2** sconcerto, meraviglia (*f.*) **3** impulsività (*f.*).
aturdir *v.tr.* **1** stordire, frastornare **2** confondere, sconcertare.
aturquesado *agg.* (*colore*) turchese.
atusar *v.tr.* **1** (*con la mano*) lisciare, aggiustare **2** (*con la forbice*) spuntare, tagliare; potare ♦ **-se** *v.pron.* ravviarsi: — *el pelo*, lisciarsi i capelli.
audacia *s.f.* audacia.
audaz (*pl.* -ces) *agg.* **1** audace, coraggioso **2** insolente **3** innovativo, all'avanguardia.
audible *agg.* udibile.
audición *s.f.* **1** ascolto (*m.*) **2** (*mus.*) audizione, concerto (*m.*).
audiencia *s.f.* **1** (*radio*, *tv*) audience, pubblico (*m.*) | *índice de* —, indice di ascolto **2** (*anche dir.*) udienza | *dar* —, dare udienza **3** corte; tribunale (*m.*).
audífono *s.m.* **1** (*med.*) apparecchio acustico, audioprotesi (*f.*) **2** (*Amer.*) cuffia (*f.*).
audímetro *s.m.* (*med.*) audiometro.
audio *s.m.* audio.
audiocasete *s.f.* audiocassetta.
audiofrecuencia *s.f.* audiofrequenza.
audiólogo *s.m.* (*med.*) audiologo.
audiometría *s.f.* audiometria.
audioprótesis *s.f.* (*med.*) audioprotesi.
audiovisual *agg.* audiovisivo: *soporte* —, supporto audiovisivo.
auditar *v.tr.* (*econ.*) fare la revisione contabile/l'auditing.
auditor *s.m.* **1** (*dir.*) uditore; magistrato **2** (*econ.*) revisore dei conti, auditor.
auditoría *s.f.* (*econ.*) auditing (*m.*), revisione dei conti.
auditorio *agg.* uditivo ♦ *s.m.* **1** uditorio **2** auditorium.
auge *s.m.* **1** auge (*f.*), acme: *en* —, in auge **2** (*astr.*) auge.
augurar *v.tr.* predire, pronosticare.
augurio *s.m.* augurio, predizione (*f.*).
augusto *agg.* augusto, nobile, maestoso.
aula *s.f.* aula, classe.
áulico *agg.* aulico.
aullador *agg.* ululante, che ulula.
aullar (*con. come* aunar) *v.intr.* **1** ululare **2** mugolare.
aullido *s.m.* **1** ululato **2** mugolio.
aúllo *s.m.* → **aullido.**
aumentable *agg.* aumentabile.
aumentar *v.tr.* **1** aumentare, incrementare **2** ampliare, ingrandire ♦ *v.intr.* aumentare, crescere, salire: *los precios aumentan*, i prezzi salgono.
aumento *s.m.* **1** aumento, accrescimento | *lente de* —, lente d'ingrandimento **2** rincaro.
aun *avv.* **1** perfino, persino, pure: *te daré 20 euros y — 50 si me haces este recado*, ti darò 20 euro e persino 50 se mi fai questa commissione **2** (*concessivo*) anche: *va sin abrigo — si hace frío*, va in giro senza cappotto anche se fa freddo; — *teniendo gripe, va a trabajar*, anche se ha l'influenza, va al lavoro, ■ ***aun cuando***, anche se | ***aun así***, nonostante ciò | ***ni aun***, neppure, nemmeno.
aún *avv.* ancora: — *no ha llegado*, non è ancora arrivato.
aunable *agg.* accomunabile, assimilabile.
aunar (*indic.pres.* aúno, aúnas, aúna, aunamos, aunáis, aúnan; *cong.pres.* aúne, aúnes, aúne, aunemos, aunéis, aúnen; *imp.* aúna, aúne, aunemos, aunad, aúnen) *v.tr.* **1** unire; unificare **2** riunire | — *fondos*, raccogliere fondi.
aunque *cong.* **1** (*concessiva*) anche se, sebbene, benché, quantunque: — *viene siempre, nunca la veo*, anche se viene sempre/sebbene venga sempre, non la vedo mai; — *haga frío, no enciende la calefacción,* anche se fa freddo, non accende il riscaldamento **2** (*avversativa, con indic.*) ma, però, tuttavia: *no he traído el postre,* — *traigo vino*, non ho portato il dolce, ma porto il vino.
aúpa *inter.* oplà | *de* —, impressionante, tremendo.
aupar *v.tr.* (*anche fig.*) sollevare, innalzare.
aura *s.f.* **1** (*lett.*) aura, aria, soffio (*m.*) **2** (*fig.*) aura, plauso (*m.*), favore (*m.*).
áureo *agg.* aureo.
aureola, auréola *s.f.* **1** (*relig.*, *anat.*) aureola **2** (*astr.*, *fig.*) alone, aura.
áurico *agg.* (*chim.*) aurico.
auricular *agg.* auricolare ♦ *s.m.* ricevitore telefonico, cornetta (*f.*), auricolare.
aurífero *agg.* aurifero.
auriga *s.m.* (*st.*) auriga.
aurora *s.f.* **1** (*anche fig.*) aurora, alba: — *boreal*, aurora boreale **2** (*relig.*) servizio (*m.*) mattutino.
auroral *agg.* aurorale.
auscultación *s.f.* (*med.*) auscultazione.
auscultar *v.tr.* **1** (*med.*) auscultare **2** (*fig.*) sondare.
ausencia *s.f.* assenza, mancanza.
ausentado *agg.* assente.
ausentar *v.tr.* allontanare, far sparire ♦ **-se** *v.pron.* assentarsi, separarsi.
ausente *agg.* **1** assente **2** (*fig.*) distratto, assorto, assente.
auspiciar *v.tr.* **1** patrocinare **2** prevedere, pronosticare.
auspicio *s.m.* auspicio.
austeridad *s.f.* **1** austerità **2** moderazione, morigeratezza **3** (*econ.*) austerity.

austero *agg.* austero, severo, sobrio: *contestó con tono —*, rispose con tono austero.
austral *agg.* australe.
australiano *agg.*, *s.m.* australiano.
australopiteco *s.m.* australopiteco.
austriaco, austríaco *agg.*, *s.m.* austriaco.
austro *s.m.* **1** (*vento*) austro **2** (*geogr.*) sud.
austrohúngaro *agg.* austroungarico.
autarquía *s.f.* (*pol.*, *econ.*) autarchia, autosufficienza.
autárquico *agg.* (*pol.*, *econ.*) autarchico.
autenticación *s.f.* autenticazione.
autenticar (*con. come* pescar) *v.tr.* **1** autenticare, legalizzare **2** autorizzare.
autenticidad *s.f.* autenticità.
auténtico *agg.* autentico, vero, originale ♦ *s.f.* **1** autentica **2** copia autenticata.
autentificar *v.tr.* → **autenticar.**
autismo *s.m.* (*psic.*) autismo.
autístico *agg.* (*psic.*) autistico.
auto[1] *s.m.* **1** (*dir.*) decreto, sentenza (*f.*) | (*st.*) *— de fe*, autodafé, rogo **2** (*pl.*, *dir.*) atti (*pl.*) | *constar de/en autos*, risultare dagli atti | *estar/constar en autos*, essere informato | *poner en autos*, informare **3** (*teatr.*) rappresentazione (*f.*) sacra.
auto[2] *s.f.* auto, automobile.
autoabastecerse (*con. come* agradecer) *v.pron.* bastare a se stesso, essere autosufficiente.
autoadhesivo *agg.* autoadesivo.
autoagresión *s.f.* autolesionismo (*m.*).
autoanálisis *s.m.* (*psic.*) autoanalisi (*f.*).
autobiografía *s.f.* autobiografia.
autobiográfico *agg.* autobiografico.
autobloqueante *agg.* autobloccante.
autobombo *s.m.* autopropaganda (*f.*), autocompiacimento.
autobronceador *s.m.* autoabbronzante.
autobús *s.m.* autobus.
autocar *s.m.* corriera (*f.*).
autocensura *s.f.* autocensura.
autocensurarse *v.pron.* autocensurarsi.
autoclave *s.f.* (*tecn.*) autoclave.
autocombustión *s.f.* autocombustione.
autocompasión *s.f.* autocommiserazione.
autocontrol *s.m.* autocontrollo.
autocracia *s.f.* (*pol.*) autocrazia.
autócrata *s.m./f.* (*pol.*) autocrate.
autocrático *agg.* (*pol.*) autocratico.
autocrítica *s.f.* autocritica.
autoctonía *s.f.* autoctonia.
autóctono *agg.* autoctono.
autodefensa *s.f.* autodifesa.
autodestrucción *s.f.* autodistruzione.
autodestruirse (*con. come* huir) *v.pron.* autodistruggersi.
autodeterminación *s.f.* autodeterminazione: *— de los pueblos*, autodeterminazione dei popoli.
autodiagnóstico *s.m.* autodiagnosi (*f.*).
autodidacto *agg.*, *s.m.* autodidatta (*s.m./f.*).
autodirigido *agg.* autodiretto.
autodisciplina *s.f.* autodisciplina.
autodominio *s.m.* autocontrollo: *capacidad de —*, capacità di autocontrollo.
autódromo *s.m.* autodromo.
autoeroticismo, autoerotismo *s.m.* autoerotismo.
autoescuela *s.f.* autoscuola, scuola guida.
autoestima *s.f.* (*psic.*) autostima.
autoestop *s.m.* autostop.
autofecundación *s.f.* (*biol.*) autofecondazione.
autofinanciación *s.f.* autofinanziamento (*m.*).
autofinanciarse *v.pron.* autofinanziarsi.
autofoco, autofocus *s.m.* (*foto.*) autofocus.
autógeno *agg.* (*tecn.*) autogeno.
autogestión *s.f.* autogestione.
autogestionar *v.tr.* autogestire.
autogobernarse (*con. come* acertar) *v.pron.* autogovernarsi.
autogobierno *s.m.* autogoverno.
autogol *s.m.* autogol.
autografía *s.f.* autografia.
autográfico *agg.* autografico.
autógrafo *s.m.*, *agg.* autografo.
autoinculpación *s.f.* autoaccusa.
autoinjerto *s.m.* (*chir.*) autotrapianto.
autoinmunidad *s.f.* autoimmunità.
autoinmunización *s.f.* (*med.*) autoimmunizzazione.
autoironía *s.f.* autoironia.
autolavado *s.m.* autolavaggio.
autolesión *s.f.* autolesione.
autólisis *s.f.* (*med.*) autolisi.
autómata *s.m.* (*anche fig.*) automa.
automaticidad *s.f.* automaticità.
automático *agg.* (*anche fig.*) automatico ♦ *s.m.* **1** (*bottone*) automatico **2** interruttore automatico.
automatismo *s.m.* automatismo.
automatización *s.f.* automazione.
automatizar (*con. come* cazar) *v.tr.* **1** automatizzare: *— un proceso*, automatizzare un processo **2** (*fig.*) rendere come un automa.
automodelismo *s.m.* automodellismo.
automotriz (*pl.* -ces) *s.f.* automotrice.
automóvil *s.m.* automobile (*f.*).
automovilismo *s.m.* automobilismo.
automovilista *s.m.*, *f.* automobilista.
automovilístico *agg.* automobilistico.
autonomía *s.f.* **1** (*anche pol.*) autonomia, indipendenza, autosufficienza: *— territorial*, autonomia territoriale | *en —*, in autonomia **2** (*mecc.*) autonomia: *— de carburante*, autonomia di carburante.
autonomista *agg.*, *s.m.* (*pol.*) autonomista.
autonomizar (*con. come* cazar) *v.tr.* rendere autonomo ♦ **-se** *v.pron.* rendersi autonomo.

autónomo *agg.* autonomo, libero, indipendente.
autopiloto *s.m.* pilota automatico.
autopista *s.f.* autostrada.
autopreservación *s.f.* autoconservazione.
autopropulsión *s.f.* autopropulsione.
autopsia *s.f.* autopsia.
autor *s.m.* autore, artefice, creatore | *derechos de —*, diritti d'autore.
autoría *s.f.* attribuzione, paternità: *— de la iniciativa*, paternità dell'iniziativa.
autoridad *s.f.* **1** (*anche dir.*) autorità **2** (*fig.*) autorevolezza, influenza, prestigio (*m.*) **3** (*persona*) autorità, personaggio (*m.*) di spicco: *es una — en su campo*, è un'autorità nel suo campo.
autoritario *agg.* autoritario.
autoritarismo *s.m.* autoritarismo.
autorizable *agg.* autorizzabile.
autorización *s.f.* (*anche dir.*) autorizzazione.
autorizadamente *avv.* **1** autorevolmente **2** con il permesso, in maniera autorizzata.
autorizado *agg.* **1** autorevole **2** auto rizzato.
autorizamiento *s.m.* → **autorización.**
autorizar (*con. come* cazar) *v.tr.* **1** autorizzare, permettere, consentire: *— un comportamiento*, consentire un comportamento **2** (*dir.*) convalidare **3** avvalorare, dare autorità.
autorregulable *agg.* autoregolabile.
autorregulación *s.f.* autoregolazione.
autorretrato *s.m.* autoritratto.
autoservicio *s.m.* self-service.
autostop *s.m.* autostop.
autostopista *s.m./f.* autostoppista.
autosuficiencia *s.f.* **1** autosufficienza **2** (*fig., spreg.*) sufficienza, presunzione, superiorità: *tono de —*, tono di sufficienza.
autosuficiente *agg.* **1** autosufficiente **2** (*fig.*) presuntuoso.
autosugestión *s.f.* (*psic.*) autosuggestione.
autosugestionarse *v.pron.* autosuggestionarsi.
autotransfusión *s.f.* (*med.*) autotrasfusione.
autotrasplante *s.m.* (*chir.*) autotrapianto.
autovía *s.f.* **1** superstrada **2** (*ferr.*) automotrice.
autumnal *agg.* autunnale.
auxiliar[1] *agg.* ausiliare, ausiliario, complementare | *médico —*, tirocinante | (*mecc.*) *pieza —*, accessorio ♦ *s.m.* **1** ausiliare | *— de vuelo*, assistente di volo | *— técnico sanitario*, infermiere **2** assistente (*m./f.*) universitario/a **3** impiegato di concetto.
auxiliar[2] *v.tr.* aiutare, prestare soccorso a.
auxilio *s.m.* ausilio, aiuto: *¡—, socorro!*, aiuto!, aiuto! | (*dir.*) *denegación de —*, omissione di soccorso.
avahar *v.intr.* fumare, alitare ♦ *v.tr.* riscaldare con il vapore, emettere vapore verso qlco.
aval *s.m.* (*comm.*) avallo.
avalado *agg.* (*comm.*) garantito.
avalador *s.m.* (*comm.*) avallante.
avalancha *s.f.* valanga (*anche fig.*).
avalar *v.tr.* **1** (*amm.*) avallare, garantire **2** (*fig.*) avallare, confermare.
avalorar *v.tr.* **1** valorizzare, stimare **2** valutare, quotare **3** (*fig.*) incoraggiare, rafforzare.
avaluar *v.tr.* → **valuar.**
avalúo *s.m.* valutazione (*f.*).
avance *s.m.* **1** avanzamento, progresso **2** avanzata (*f.*) **3** (*nella moda*) anticipazione (*f.*), anteprima (*f.*) **4** (*econ.*) avanzo, eccedenza (*f.*); anticipo **5** (*cinem., tv*) trailer (*m.*), promo (*m.*) **6** (*radio, tv*) edizione (*f.*) straordinaria.
avantrén *s.m.* (*aut., mil.*) avantreno.
avanzada *s.f.* (*mil.*) avamposto (*m.*).
avanzado *agg.* **1** avanzato **2** (*fig.*) innovatore **3** (*di tempo*) avanzato, inoltrato.
avanzar (*con. come* cazar) *v.intr.* avanzare, procedere, andare avanti (*anche fig.*).
avanzo *s.m.* **1** (*comm.*) preventivo, budget **2** (*econ.*) bilancio.
avaricia *s.f.* avarizia, cupidigia.
avariento *agg., s.m.* avaro, taccagno.
avaro *agg.* (*anche fig.*) avaro.
avasallador *agg.* impetuoso, tumultuoso, travolgente.
avasallar *v.tr.* **1** soggiogare, sottomettere: *— un reino*, sottomettere un regno **2** (*fig.*) schiacciare, calpestare: *—la voluntad*, reprimere la volontà **3** (*fig.*) travolgere ♦ **-se** *v.pron.* sottomettersi.
avatar *s.m.* **1** reincarnazione (*f.*) **2** metamorfosi (*f.*) **3** (*pl.*) vicende (*f.*).
ave *s.f.* (*art.m. al sing.*) uccello (*m.*) | *— del paraíso*, uccello del paradiso | *el — fénix*, l'araba fenice.
avecilla *s.f.* uccellino (*m.*).
avecinarse *v.pron.* avvicinarsi.
avecindamiento *s.m.* domicilio, residenza (*f.*).
avecindar *v.tr.* domiciliare ♦ **-se** *v.pron.* domiciliarsi, stabilirsi.
avejentar *v.tr.* invecchiare, fare apparire vecchio ♦ **-se** *v.pron.* invecchiare, invecchiarsi
avellana *s.f.* (*bot.*) nocciola.
avellanate *s.m.* pasta (*f.*) di nocciole.
avellano *s.m.* (*bot.*) nocciolo.
avena *s.f.* (*bot.*) avena.
avenencia *s.f.* accordo (*m.*), intesa, transazione | *en buena —*, in armonia.
avenida *s.f.* **1** (*di corso d'acqua*) fiumana, piena **2** viale (*m.*), corso (*m.*).

avenido *agg.* armonioso, abbinato | *bien —* d'accordo, in armonia | *mal —* in disaccordo.
avenidor *agg., s.m.* mediatore.
avenimiento *s.m.* accordo.
avenir (*con. come* venir) *v.tr.* **1** accordare **2** conciliare ♦ **-se** *v.pron.* **1** riconciliarsi con **2** andare d'accordo con **3** mettersi d'accordo con **4** adattarsi a **5** accordarsi con, armonizzarsi.
aventado *agg.* avventato.
aventajado *agg.* **1** avvantaggiato **2** eccellente, straordinario: *un alumno —*, un eccellente allievo.
aventajar *v.intr.* avvantaggiarsi | *— a los demás*, emergere tra tutti ♦ *v.tr.* superare, sorpassare.
aventar *v.tr.* **1** ventilare **2** (*cereali*) vagliare **3** (*fig.*) scacciare, espellere, gettare al vento **4** dissipare, disperdere: *— las dudas*, dissipare i dubbi ♦ **-se** *v.pron.* **1** gonfiarsi **2** battersela, darsela a gambe.
aventura *s.f.* **1** avventura, impresa **2** casualità | *por —*, per caso.
aventurar *v.tr.* arrischiare, osare, azzardare ♦ **-se** *v.pron.* arrischiarsi, azzardarsi.
aventurero *s.m.* **1** avventuriero **2** soldato di ventura, mercenario.
avergonzar (*con. come* almorzar) *v.tr.* far vergognare, svergognare ♦ **-se** *v.pron.* vergognarsi.
avería *s.f.* avaria, guasto (*m.*).
averiado *agg.* avariato, guasto.
averiguable *agg.* verificabile.
averiguación *s.f.* verifica, indagine.
averiguar (*indic.pass.rem.* averigüé, averiguaste; *cong.pres.* averigüe, averigües; *imp.* averigüe, averigüemos, averigüen) *v.tr.* **1** accertare, verificare; chiarire **2** ricercare, indagare.
aversión *s.f.* **1** avversione, ripugnanza **2** ostilità, avversione, antipatia.
avestruz (*pl.* -ces) *s.f.* **1** struzzo (*m.*) **2** (*fig.*) zotico.
avezado *agg.* avvezzo, aduso.
avezar (*con. come* cazar) *v.tr.* smaliziare, scaltrire, svezzare.
aviación *s.f.* aviazione.
aviado *agg.* allestito, preparato | (*fig., iron.*) *estar —*, essere nei guai, star fresco.
aviador *agg.* aviatore ♦ *s.m.* (*mil.*) aviere, aviatore.
aviamiento *s.m.* → **avío.**
aviar (*con. come* confiar) *v.tr.* **1** avviare **2** apprestare, preparare **3** rassettare, mettere in ordine **4** (*fam.*) prestare, fornire, provvedere ♦ *v.intr.* sbrigarsi: *avía que es tarde*, sbrigati che è tardi ♦ **-se** *v.pron.* **1** abbigliarsi **2** prepararsi.
aviario *agg.* aviario ♦ *s.m.* uccelliera (*f.*).
avícola *agg., s.m.* avicolo.
avicultor *s.m.* avicoltore.
avicultura *s.f.* avicoltura.
avidez (*pl.* -ces) *s.f.* avidità.
ávido *agg.* avido.
avieso *agg.* (*fig.*) maligno, obliquo, sinistro.
avilantarse *v.pron.* svillaneggiarsi, insolentirsi.
avilantez (*pl.* -ces) *s.f.* villania, insolenza.
avillanado *agg.* plebeo, popolare, rozzo.
avinagrado *agg.* inacidito (*anche fig.*).
avinagrar *v.tr.* inacidire (*anche fig.*) ♦ **-se** *v.pron.* **1** andare in aceto, inacetire **2** (*anche fig.*) inacidirsi.
avío *s.m.* **1** preparativo **2** provvista (*f.*) **3** (*pl.*) strumenti (*pl.*), arnesi (*pl.*).
avión *s.m.* aereo.
avioneta *s.f.* aereo (*m.*) da diporto.
avisado *agg.* astuto, accorto.
avisador *s.m.* **1** segnale, segnalatore **2** (*persona*) fattorino.
avisar *v.tr.* **1** avvisare, informare **2** minacciare, avvertire **3** consigliare.
aviso *s.m.* **1** avviso, avvertimento | *hasta nuevo —*, fino a nuovo ordine | *poner sobre —*, mettere in guardia | *andar/estar sobre —*, stare sull'avviso, stare in guardia **2** cartello, annuncio, avviso: *exponer un —*, esporre un avviso **3** consiglio, raccomandazione (*f.*) **4** prudenza (*f.*): *proceder con —*, procedere con cautela.
avispa *s.f.* (*zool.*) vespa.
avispado *agg.* disinvolto, sveglio, vivace.
avispero *s.m.* **1** vespaio **2** sciame di vespe **3** (*fig.*) impiccio, ginepraio.
avispón *s.m.* (*fig.*) calabrone.
avistar *v.tr.* avvistare, scorgere.
avitaminosis *s.f.* (*med.*) avitaminosi.
avituallamiento *s.m.* vettovagliamento.
avituallar *v.tr.* approvvigionare, rifornire.
avivamiento *s.m.* animazione (*f.*).
avivar *v.tr.* **1** animare, ravvivare | *— el paso*, accelerare il passo **2** acuire: *— el ingenio*, aguzzare l'ingegno **3** (*fuoco*) attizzare ♦ **-se** *v.pron.* ravvivarsi.
avizor *agg.* guardingo | *estar ojo —*, stare all'erta, stare con gli occhi bene aperti.
avizorar *v.tr.* scrutare.
avocación *s.f.* (*dir.*) avocazione.
avocar (*con. come* pescar) *v.tr.* (*dir.*) avocare.
avolcanado *agg.* (*geol.*) vulcanico.
axila *s.f.* ascella.
axilar *agg.* (*anat.*) ascellare.
axioma *s.m.* (*filos., mat.*) assioma.
axiomático *agg.* (*filos., mat.*) assiomatico.
axiomatizar (*con. come* cazar) (*filos., mat.*) *v.tr.* assiomatizzare.
axonometría *s.f.* (*geom.*) assonometria.
ay *inter.* ah!, ahi! | *¡— de mí!*, povero me!
ayer *s.m., avv.* ieri | *antes de —*, l'altro ieri | *— (por la) tarde*, ieri pomeriggio | *— por la mañana*, ieri mattina.

ayuda *s.f.* **1** aiuto (*m.*), soccorso (*m.*) | *servir/ser de* —, essere d'aiuto **2** (*in denaro*) gratifica **3** (*mar.*) cavo (*m.*) di rinforzo **4** (*med.*) clistere (*m.*).
ayudante *agg.*, *s.m.* (*anche mil.*) aiutante | — *de campo*, aiutante di campo | — *de dirección*, aiutoregista.
ayudar *v.tr.* aiutare, soccorrere ♦ **-se** *v.pron.* **1** aiutarsi **2** servirsi di; ricorrere a: — *con las pinzas para abrir algo*, servirsi delle pinze per aprire qlco.
ayunar *v.intr.* digiunare.
ayunas *s.f.pl.* digiuno (*m.sing.*)
■ ***estar en ayunas***, essere a digiuno; (*fig.*) ignorare una cosa.
ayuno *agg.*, *s.m.* digiuno.
ayuntamiento *s.m.* **1** municipio, comune **2** giunta (*f.*) comunale.
azacán *s.m.* uomo di fatica.
azacaneo *s.m.* (*pop.*) faticata (*f.*).
azada *s.f.*, **azadón** *s.m.* zappa (*f.*).
azafata *s.f.* **1** (*aer.*) hostess, assistente di volo **2** (*di congresso, fiera*) hostess **3** (*tv*) valletta.
azafate *s.m.* vassoio.
azafrán *s.m.* zafferano.
azahar *s.m.* (*bot.*) zagara (*f.*), fiore d'arancio.
azar *s.m.* **1** caso | *al* —, a caso | *por* —, per combinazione/caso **2** azzardo: *juego de* —, gioco d'azzardo.
azarearse *v.pron.* **1** (*Amer.*) confondersi, imbarazzarsi **2** (*Amer.*) arrabbiarsi.
azaroso *agg.* **1** azzardato, rischioso **2** casuale, aleatorio, incerto.
ázimo *agg.* azzimo.
azimut *s.m.* → **acimut**.
azimutal *agg.* → **acimutal**.
azoado *agg.* (*chim.*) azotato.
azoar *v.tr.* (*chim.*) azotare, impregnare di azoto.
azoato *s.m.* (*chim.*) azoto.
ázoe *s.m.* azoto.
azoemia *s.f.* (*med.*) azotemia.
azogamiento *s.m.* argentatura (*f.*).
azogue[1] *s.m.* (*chim.*) mercurio.
azogue[2] *s.m.* piazza (*f.*) del mercato.
azor *s.m.* (*zool.*) astore.
azoramiento *s.m.* imbarazzo, turbamento, inquietudine (*f.*).
azorar *v.tr.* (*fig.*) agitare, allarmare, spaventare ♦ **-se** *v.pron.* spaventarsi.
azorramiento *s.m.* sonnolenza (*f.*).
azorrarse *v.pron.* appisolarsi, assopirsi.
azotaina *s.f.* sculacciata.
azotar *v.tr.* **1** frustare, sferzare; colpire **2** (*di onde*) frangersi su: *el mar azotaba los acantilados*, il mare si infrangeva sulla scogliera **3** (*di vento*) sferzare.
azote *s.m.* **1** frusta (*f.*) **2** (*fam.*) sculaccione **3** (*fig.*) calamità (*f.*), flagello: *Attila el — de Dios*, Attila il flagello di Dio **4** colpo; (*di mare*) ondata; (*di vento*) ventata (*f.*).
azotea *s.f.* **1** tetto (*m.*) a terrazza **2** (*fig.*) capoccia, zucca | *estar mal de la* —, essere fuori di testa.
azteca *agg.*, *s.m./f.* azteco (*m.*).
azúcar *s.m.* zucchero: — *de caña*, *de remolacha*, zucchero di canna, di barbabietola; *terrón de* —, zolletta di zucchero | — *glas/glasé*, zucchero a velo | — *moreno*, zucchero grezzo | *ingenio de* —, zuccherificio.
azucarado *agg.* **1** zuccherato **2** (*fig.*) affabile, mellifluo.
azucarar *v.tr.* zuccherare, addolcire.
azucarera *s.f.* zuccheriera.
azucarillo *s.m.* **1** sciroppo **2** zuccherino, zolletta (*f.*) di zucchero.
azucena *s.f.* (*bot.*) giglio (*m.*).
azuela *s.f.* accetta.
azufre *s.m.* zolfo.
azufrera *s.f.* solfara, solfatara.
azul *agg.*, *s.m.* blu, azzurro | — *ultramarino*, blu oltremare.
azulejar *v.tr.* piastrellare.
azulejería *s.f.* **1** arte ceramica **2** piastrellatura.
azulejo *s.m.* piastrella (*f.*).
azulenco *agg.* azzurrognolo.
azulino *agg.* azzurrino.
azurita *s.f.* (*min.*) azzurrite.
azuzar (*con. come cazar*) *v.tr.* **1** (*un animale*) aizzare, incitare **2** (*fig.*) irritare.

Bb

b *s.f.* b | (*tel.*) — *como Barcelona*, b come Bologna.
baba *s.f.* bava, saliva | *caérsele a uno la — por alguien*, sentire grande ammirazione per qlcu. | *tener mala* —, avere un brutto carattere.
babear *v.intr.* **1** sbavare **2** (*fam.*) essere troppo accondiscendente.
babélico *agg.* **1** babilonico **2** (*fig.*) confuso.
babero *s.m.* bavaglino.
babilónico *agg.* **1** babilonese **2** (*fig.*) fastoso.
babosa *s.f.* (*zool.*) lumaca.
babosear *v.intr.* **1** sbavare **2** (*fig.*) fare lo sdolcinato ♦ *v.tr.* sbavare.
baboso *agg.* **1** bavoso **2** (*fig.*) stucchevole | *viejo* —, vecchio sporcaccione **3** (*Amer.*) sciocco.
babucha *s.f.* babbuccia.
babuino *s.m.* (*zool.*) babbuino.
baca *s.f.* (*aut.*) portabagagli (*m.*), portapacchi (*m.*).
bacalao *s.m.* baccalà | (*fam.*) *te conozco*, —, ti conosco, mascherina | *cortar el* —, comandare.
bacallar *s.m.* villano.
bacán *agg.* (*Amer.*) ricco, agiato ♦ *s.m.* (*Amer.*) bullo.
bacanal *s.f.* baccanale (*m.*), orgia.
bacante *s.f.* baccante.
bache *s.m.* **1** buca (*f.*): *carretera llena de baches*, strada piena di buche **2** (*aer.*) vuoto d'aria **3** (*fig.*) difficoltà (*f.*), intoppo, momento difficile: *no te preocupes, es sólo un* —, non ti preoccupare, è soltanto un intoppo.
bachear *v.tr.* riparare le buche sulle strade.
bachiller *s.m./f.* (*scuola*) diplomato (*m.*).
bachillerato *s.m.* **1** (scuole) superiori (*f.pl.*): *estudia* —, frequenta le superiori **2** diploma di liceo.
bacilo *s.m.* (*biol.*) bacillo.
bacín *s.m.* **1** bacile **2** (*fig.*) vigliacco.
bacinete *s.m.* **1** (*mil.*) bacinetto **2** (*anat.*) bacino.
bacteria *s.f.* (*biol.*) batterio (*m*).
bactericida *agg.* (*biol.*) battericida.
bacteriología *s.f.* (*biol.*) batteriologia.
bacteriólogo *s.m.* (*biol.*) batteriologo.
báculo *s.m.* **1** bastone **2** (*fig.*) sostegno, appoggio: *el — de la vejez*, il bastone della vecchiaia.
badajear *v.intr.* (*fig.*) parlare a vanvera.
bafle *s.m.* cassa (*f.*) acustica.
bagaje *s.m.* (*fig., di conoscenze, nozioni*) bagaglio.
baharí (*pl.* -íes) *s.m.* (*zool.*) falco pellegrino.
bahía *s.f.* baia.
bailador *agg., s.m.* ballerino.
bailar *v.tr./intr.* ballare (*anche fig.*): *el sombrero me baila*, il cappello mi sta largo | — *al son que toquen*, adattarsi alle circostanze, essere una banderuola | — *la vista*, brillare gli occhi | *¡que me quiten lo bailado!*, chi ha avuto ha avuto, chi ha dato ha dato.
bailarín *s.m.* ballerino.
baile *s.m.* **1** ballo, danza (*f.*) **2** festa (*f.*) danzante **3** (*fig.*) balletto: — *de cifras*, balletto di cifre.
bailotear *v.intr.* ballare male.
baja *s.f.* **1** (*econ.*) ribasso (*m.*): *las cotizaciones están en* —, le quotazioni sono al ribasso **2** diminuzione, caduta, calo (*m.*) **3** ritiro (*m.*), cessazione; congedo (*m.*), esonero (*m.*) | — *médica*, certificato di malattia | *dar de* —, (*sport*) esonerare; (*per malattia*) mettere in congedo/malattia | *darse de* —, dimettersi, ritirarsi **4** (*mil.*) caduto (*m.*), disperso (*m.*): *hubo muchas bajas*, ci sono state molte perdite.
bajá *s.m.* (*st.*) pascià.
bajada *s.f.* **1** discesa; pendio (*m.*) **2** calo (*m.*), abbassamento (*m.*): — *de temperatura*, abbassamento della temperatura | (*taxi*) — *de bandera*, inizio conteggio del tassametro **3** (*arch.*) canale (*m.*) di gronda.
bajamar *s.f.* bassa marea.
bajante *s.f.* (*arch.*) tubatura di scarico | — *de aguas blancas*, scarico pluviale | — *de aguas negras*, scarico fognario.
bajar *v.intr.* **1** scendere: — *a la calle*, scendere in strada **2** scendere, calare, diminuire ♦ *v.tr.* **1** abbassare, diminuire: — *el volumen*, abbassare il volume **2** tirare giù, abbassare: *bájame la ropa del armario*, tirami giù la biancheria dall'armadio; *bajó el brazo*, abbassò il braccio; *hay que — un poco la repisa*, bisogna abbassare un po' la mensola | (*fig.*) *bajársele los humos a alguien*, abbassare la

cresta **3** portare giù: *voy a — el perro al parque*, porto il cane giù al parco.
bajel *s.m.* vascello.
bajeza *s.f.* bassezza, viltà: *— de ánimo*, bassezza d'animo.
bajío *s.m.* **1** banco di sabbia, secca (*f.*) **2** (*Amer.*) bassopiano.
bajista *s.m./f.* **1** (*econ.*) ribassista **2** (*mus.*) bassista.
bajo *agg.* **1** basso | *piso —*, pianterreno | *temporada baja*, bassa stagione **2** (*fig.*) basso, umile | *baja ralea*, bassa lega **3** volgare; spregevole ♦ *avv.* basso | *volar —*, volare basso | *hablar —*, parlare sottovoce | *por lo —*, di nascosto ♦ *prep.* sotto | *— techo*, al coperto | *— la dominación romana*, sotto la dominazione romana ♦ *s.m.* **1** pianterreno | *los bajos de la ciudad*, i bassifondi **2** (*mar.*) secca (*f.*) **3** (*mus.*) basso **4** (*abbigl.*) orlo: *el — de una falda*, l'orlo di una gonna.
bajón[1] *s.m.* (*mus.*) **1** (*strumento*) fagotto **2** (*persona*) fagottista.
bajón[2] *s.m.* abbassamento brusco, caduta (*f.*), crollo: *los precios han sufrido un —*, i prezzi sono crollati; *sufrió un — después de la muerte del marido*, ebbe un crollo dopo la morte del marito.
bajonazo *s.m.* (*fig.*, *fam*) crollo.
bajorrelieve *s.m.* bassorilievo.
bajotuba *s.m.* (*mus.*, *strumento*) bassotuba.
bajura *s.f.* bassezza.
bala *s.f.* **1** pallottola, proiettile (*m.*) | *— de fogueo*, cartuccia a salve | *— perdida*, pallottola vagante; (*fig.*) svitato | *como una —*, come un razzo **2** (*comm.*) balla, collo (*m.*), pacco (*m.*): *— de algodón, de heno*, balla di cotone, di fieno.
balaca *s.f.* (*Amer.*) spacconata.
balada *s.f.* (*mus.*) ballata.
baladí (*pl.* -íes) *agg.* inutile; futile.
baladronada *s.f.* bravata, fanfaronata.
balalaica *s.f.* (*mus.*) balalaica.
balance *s.m.* **1** dondolio; (*mar.*) rollio **2** (*comm.*) bilancio: *cuadrar un —*, chiudere un bilancio.
balancear *v.tr.* **1** dondolare **2** bilanciare, equilibrare ♦ *v.intr.* vacillare, dubitare: *— entre las dos alternativas*, altalenare tra le due alternative ♦ **-se** *v.pron.* dondolarsi, tenersi in equilibrio.
balanceo *s.m.* dondolio, oscillazione (*f.*).
balancín *s.m.* **1** bilancino, bilanciere **2** sedia (*f.*) a dondolo.
balandra *s.f.* (*mar.*) cutter (*m.*).
balanza *s.f.* bilancia | (*anche fig.*) *poner en la —*, mettere sulla bilancia, soppesare.
balar *v.intr.* **1** (*zool.*) belare **2** (*fig.*, *fam*) desiderare, agognare.
balasto *s.m.* ghiaia (*f.*).
balaustrada *s.f.* balaustra.
balazo *s.m.* (*arma da fuoco*) sparo, colpo.
balbucear *v.intr.* balbettare.
balbuceo *s.m.* **1** balbettio **2** (*fig.*) avvisaglia (*f.*): *los balbuceos del cambio político*, le avvisaglie del cambiamento politico.
balbuciente *agg.* balbuziente.
balcón *s.m.* balcone, terrazzino | *— corrido*, ballatoio.
baldado *agg.* stanco, affaticato.
baldazo *s.m.* secchiata (*f.*).
balde *s.m.* secchio | *de —*, gratis | *en —*, invano, inutilmente | *estar de —*, essere inutile.
baldío *agg.* **1** vano, inutile **2** incolto: *terreno —*, terreno incolto, abbandonato.
baldón *s.m.* offesa (*f.*), ingiuria (*f.*).
baldonar *v.tr.* insultare.
baldosa *s.f.* mattonella, piastrella.
baleo *s.m.* zerbino.
balido *s.m.* belato.
baliza *s.f.* **1** (*ferr.*, *aer.*) segnale (*m.*) di pericolo **2** (*mar.*) boa, gavitello (*m.*).
ballena *s.f.* (*zool.*) balena.
ballenato *s.m.* (*zool.*) balenotto.
ballesta *s.f.* balestra.
ballet *s.m.* balletto, danza (*f.*).
balneario *agg.* balneare ♦ *s.m.* stabilimento balneare; terme (*f.pl.*).
balón *s.m.* **1** pallone **2** (*med.*) bombola (*f.*) | (*anche fig.*) *— de oxígeno*, bombola di ossigeno.
baloncesto *s.m.* pallacanestro (*f.*).
balonmano *s.m.* pallamano (*f.*).
balonvolea *s.m.* pallavolo (*f.*).
balotaje *s.m.* ballottaggio, scrutinio.
balsa[1] *s.f.* **1** stagno (*m.*) **2** deposito (*m.*) d'acqua.
balsa[2] *s.f.* zattera.
balsámico *agg.* balsamico.
bálsamo *s.m.* balsamo.
balsear *v.tr.* attraversare un fiume con la zattera.
baluarte *s.m.* baluardo.
bambolear *v.intr.* dondolare, barcollare.
bamboleo *s.m.* dondolio.
bambú *s.m.* (*pl.* -úes) bambù.
banal *agg.* banale, insignificante.
banalidad *s.f.* banalità.
banano *s.m.* banano.
banca *s.f.* **1** panca **2** (*comm.*) banca; attività bancaria: *la — española ofrece nuevos créditos*, le banche spagnole offrono nuovi crediti **3** (*al gioco*) banco (*m.*) | *tener —*, avere influenza.
bancal *s.m.* **1** (*agr.*) spianata (*f.*), terrazza (*f.*) **2** aiuola (*f.*).
bancar (*con. come* pescar) *v.tr.* (*Amer.*) sopportare.
bancario *agg.*, *s.m.* bancario.
bancarrota *s.f.* bancarotta, crac (*m.*), fallimento (*m.*).

banco *s.m.* **1** (*comm.*) banca (*f.*), istituto di credito **2** panca (*f.*) **3** bancone del falegname **4** (*di pesci, di sabbia, di nubi*) banco | — *de datos*, banca dati | — *de órganos*, banca degli organi | — *de hielo*, iceberg | *estar en el — de la paciencia*, sopportare | *herrar/quitar el —*, decidersi a fare qlco.

banda¹ *s.f.* **1** fascia a tracolla (di ordini cavallereschi) **2** nastro (*m.*): — *magnética*, nastro magnetico **3** (*fis.*) banda | — *de frecuencia*, banda di frequenza | — *sonora/de sonido*, colonna sonora **4** (*sport*) linea laterale | *saque de —*, rimessa laterale.

banda² *s.f.* **1** (*mus.*) banda: *concierto de la — militar*, concerto della banda militare | *cerrarse en —*, restare fermi sulle proprie posizioni, senza cedere **2** banda; banda armata **3** (*di giovani*) combriccola, compagnia | — *salarial*, fascia salariale | *de — a —*, da parte a parte.

bandada *s.f.* (*di uccelli*) stormo (*m.*); (*di pesci*) banco (*m.*).

bandazo *s.m.* cambiamento brusco, virata (*f.*), sbandata (*f.*) svolta (*f.*) (*anche fig.*): *el conductor dio un — al ver el niño en la carretera*, l'autista fece una sbandata quando vide il bambino sulla strada; *la política ambiental ha dado un — desde el último desastre ecológico*, la politica ambientale ha dato una svolta a partire dall'ultima catastrofe ecologica.

bandearse *v.pron.* **1** dondolarsi **2** (*fig.*) destreggiarsi, barcamenarsi **3** (*fig.*) indugiare, temporeggiare, non prendere posizione: *sigue bandeándose y no se decide por ninguno de los dos*, continua a indugiare e non si decide per nessuno dei due.

bandeja *s.f.* vassoio (*m.*) | (*fig.*) *pasar la —*, chiedere un favore, un aiuto | *servir en — de plata*, servire su un piatto d'argento.

bandera *s.f.* bandiera, stendardo (*m.*), insegna | *de —*, eccellente | *llevarse la —*, prendersi gli onori | *rendir la —*, abbassare la bandiera in segno di rispetto.

banderilla *s.f.* **1** (*nelle corride*) banderilla | *ponerle banderillas a alguien*, punzecchiare qlcu. **2** (*cuc.*) stuzzichino (*m.*).

banderillear *v.tr.* (*nelle corride*) conficcare banderillas nel collo dei tori.

banderillero *s.m.* (*nelle corride*) torero che indebolisce il toro con le banderillas.

banderín *s.m.* stendardo | — *de enganche*, ufficio di reclutamento militare.

bandido *s.m.* **1** bandito, malvivente **2** (*iron.*) birbone.

bando¹ *s.m.* bando; editto | *echar —*, bandire un'ordinanza.

bando² *s.m.* **1** fazione (*f.*) | (*iron.*) *ser del otro —*, essere dell'altra sponda (omosessuale) | *estar de bandos opuestos*, essere di tutt'altra idea **2** stormo: *en el cielo pasó un — de aves*, nel cielo è passato uno stormo di uccelli.

bandolera *s.f.* tracolla | *en —*, a tracolla.

bandolerismo *s.m.* brigantaggio.

bandolero *s.m.* brigante, bandito.

bandoneón *s.m.* (*mus.*) bandonion.

bandujo *s.m.* (*cuc.*) interiora (*f.pl.*) di maiale ripiene di carne trita.

bandurria *s.f.* (*mus.*) mandola.

banjo *s.m.* (*mus.*) banjo.

banqueo *s.m.* terrazzamento.

banquero *s.m.* **1** banchiere **2** (*gioco*) chi tiene il banco.

banqueta *s.f.* **1** panca; sgabello (*m.*) **2** (*CA*) marciapiede (*m.*).

banquete *s.m.* banchetto, ricevimento.

banquetear *v.intr.* banchettare.

banquillo *s.m.* **1** (*dir.*) banco (degli imputati) **2** (*sport*) panchina (*f.*) | *chupar —*, stare in panchina.

banquisa *s.f.* (*geogr.*) banchisa.

bañadera *s.f.* **1** (*Amer.*) vasca da bagno **2** (*fig.*) bagnarola, catorcio (*m.*).

bañado *agg.* **1** bagnato | — *en sudor*, sudato fradicio **2** (*cuc.*) glassato **3** (*oreficeria*) placcato.

bañador *s.m.* costume da bagno.

bañar *v.tr.* **1** bagnare **2** immergere; inzuppare: — *las galletas en licor*, inzuppare i biscotti nel liquore **3** ricoprire: — *con azúcar*, ricoprire di glassa | — *en oro*, ricoprire d'oro **4** lavare, fare il bagno (a qlcu.) **5** (*di fiume, mare*) bagnare, lambire ♦ **-se** *v.pron.* fare il bagno | — *en sudor*, coprirsi di sudore.

bañera *s.f.* vasca da bagno.

bañero *s.m.* proprietario di uno stabilimento balneare.

bañista *s.m./f.* bagnante.

baño *s.m.* bagno: *cuarto de —*, stanza da bagno | — *María*, bagnomaria | — *ruso*, sauna | — *de multitudes*, bagno di folla | (*fig.*) *dar un —*, stravincere.

baobab *s.m.* (*bot.*) baobab.

baptisterio *s.m.* (*arch.*) battistero.

baquelita *s.f.* (*min.*) bachelite.

baqueta *s.f.pl.* (*mus.*) bacchette.

baquetazo *s.m.* **1** bacchettata (*f.*) **2** (*fam.*) colpo violento | *darse un —*, farsi male | *tratar a baquetazos*, trattare come un cane.

baquetear *v.tr.* **1** castigare **2** (*fig.*) addestrare.

baquiano *agg.* pratico, esperto.

bar *s.m.* bar.

barahúnda *s.f.* confusione, pandemonio (*m.*).

baraja *s.f.* mazzo (*m.*) di carte | (*fig.*) *jugar con dos —*, fare il doppio gioco.

barajar *v.tr.* **1** rimescolare le carte **2** (*fig.*) scompigliare, ingarbugliare ♦ *v.intr.* litigare | *barajárselas*, sapersi destreggiare.

baranda *s.f.* ringhiera | *echar de* —, raccontarla grossa.
barandilla *s.f.* balaustra, ringhiera, parapetto (*m.*).
baratear *v.tr.* **1** vendere a buon mercato **2** tirare sul prezzo.
baratillo *s.m.* mercatino, bazar.
barato *avv.* a buon mercato ♦ *agg.* **1** poco caro, economico: *en la nueva tienda tienen vestidos baratos*, nella nuova boutique hanno vestiti a poco prezzo | *lo — sale caro*, chi più spende, meno spende **2** dozzinale, scadente: *usa un perfume — que tiene un aroma desagradable*, usa un profumo dozzinale che ha un cattivo aroma.
báratro *s.m.* baratro.
baratura *s.f.* svendita.
barba *s.f.* **1** barba: — *cerrada*, *rala*, barba folta, rada **2** mento (*m.*) | *en las barbas*, in barba a qlcu. | *por* —, a testa | *subirse a las barbas de*, non avere rispetto | *temblar la* —, avere paura | *tener pocas barbas*, essere di primo pelo, avere poca esperienza.
barbacoa *s.f.* **1** barbecue (*m.*), griglia **2** (*cuc.*) grigliata, barbecue (*m.*).
barbado *agg.* **1** barbuto **2** (*bot.*) barbato.
barbárico *agg.* barbarico.
barbaridad *s.f.* **1** barbarie; atrocità **2** (*fig.*) assurdità; enormità: *ese restaurante cuesta una* —, quel ristorante ha dei prezzi assurdi | *trabaja una* —, lavora come un matto | *¡qué —!*, roba da matti!; che orrore! | *comer una* —, mangiare a crepapelle.
barbarie *s.f.* **1** barbarie; atrocità **2** (*fig.*) crudeltà.
bárbaro *agg.* **1** barbaro; fiero; crudele; rozzo | *¡qué —!*, che bestia! **2** (*fig.*) sensazionale; stupendo | (*Amer.*) *pasarlo* —, divertirsi un mondo.
barbero *s.m.* barbiere; parrucchiere da uomo.
barbián *agg.*, *s.m.* spavaldo.
barbihecho *agg.* appena sbarbato.
barbilla *s.f.* mento (*m.*).
barbitúrico *agg.*, *s.m.* (*farm.*) barbiturico.
barbón *s.m.* uomo barbuto.
barbotear *v.tr.* borbottare; brontolare.
barbudo *agg.* barbuto.
barbullar *v.intr.* barbugliare.
barca *s.f.* barca.
barco *s.m.* nave (*f.*) | — *de vela*, barca a vela | — *mercante*, mercantile.
bardo *s.m.* bardo.
baremo *s.m.* **1** parametro; graduatoria (*f.*) **2** (*comm.*) tariffario.
baricentro *s.m.* baricentro.
barítono *s.m.* (*mus.*) baritono.
barniz (*pl.* -ces) *s.m.* vernice (*f.*); smalto.
barnizadura *s.f.* verniciatura.
barnizar (*con. come* cazar) *v.tr.* verniciare.
barómetro *s.m.* barometro.
barón (*f.* -esa) *s.m.* barone.
barquear *v.tr./intr.* traghettare.
barquero *s.m.* barcaiolo.
barquillo *s.m.* cialda (*f.*).
barra *s.f.* **1** barra; stanga | — *de labios*, rossetto | — *de pan*, filone di pane **2** bancone (*m.*) del bar | *comer a la* —, mangiare al banco **3** (*tip.*) sbarra, slash (*m.*).
barrabás *s.m.* barabba, furfante.
barraca *s.f.* baracca, capanno (*m.*).
barrado *agg.* **1** sbarrato **2** (*tessuto*) fallato.
barragana *s.f.* concubina.
barranco *s.m.* burrone; dirupo.
barrena *s.f.* (*tecn.*) **1** trapano (*m.*) **2** trivella.
barrenar *v.tr.* **1** trapanare **2** trivellare.
barrer *v.tr.* **1** scopare, spazzare (*anche fig.*): *el viento barre las nubes*, il vento spazza via le nubi **2** (*sport*) stravincere, stracciare.
barrera *s.f.* **1** barriera, steccato (*m.*) | — *de la autopista*, casello autostradale, barriera **2** (*fig.*) ostacolo (*m.*): *sin barreras*, senza ostacoli.
barrero *s.m.* vasaio.
barriada *s.f.* **1** sobborgo (*m.*) **2** (*Amer.*) baraccopoli.
barricada *s.f.* barricata.
barriga *s.f.* pancia, ventre (*m.*) | *echar* —, mettere su pancia.
barrigón *agg.* panciuto, panzone.
barril *s.m.* botte (*f.*).
barrillo *s.m.* foruncolo.
barrio *s.m.* quartiere, rione | — *de chabolas*, baraccopoli | — *chino*, bassifondi | (*fig.*) *el otro* —, l'aldilà.
barritar *v.intr.* barrire.
barrizal *s.m.* fangaia (*f.*).
barro[1] *s.m.* **1** fango; melma (*f.*) **2** argilla (*f.*), creta (*f.*); terracotta (*f.*): *vajilla de* —, vasellame di terracotta.
barro[2] *s.m.* foruncolo.
barroco *s.m.* barocco.
barrote *s.m.* sbarra (*f.*), spranga (*f.*) | *detrás de los barrotes*, dietro alle sbarre.
barruntar *v.intr.* presentire, intuire.
barrunte *s.m.* indizio; segno.
bártulos *s.m.pl.* arnesi, utensili | *liar los* —, fare fagotto.
barullero *agg.*, *s.m.* chiassoso; casinista.
barullo *s.m.* confusione (*f.*), disordine | *a* —, a iosa.
basalto *s.m.* (*min.*) basalto.
basar *v.tr.* **1** appoggiare (su qlco.) **2** (*fig.*) basare, fondare: *basó su investigación en un experimento alquímico*, fondò la sua ricerca su un esperimento alchemico ♦ **-se** *v. pron.* fondarsi, basarsi su: *sus ideas se basan en teorías equivocadas*, le sue idee si fondano su teorie sbagliate; *me baso en mi experien-*

cia, faccio assegnamento/mi baso sulla mia esperienza.
basca *s.f.* **1** nausea **2** (*fig.*) rabbia **3** (*fam.*) banda (di giovani).
bascosidad *s.f.* sporcizia, immondizia.
báscula *s.f.* bilancia.
basculante *agg.* basculante, oscillante.
bascular *v.intr.* basculare, oscillare.
base *s.f.* **1** base, fondamento (*m.*) (*anche fig.*) | *a — de bien*, in abbondanza | *carecer de bases*, mancare di basi | *partir de la —*, iniziare dal presupposto **2** (*mil.*) base.
básico *agg.* **1** basilare, essenziale, fondamentale **2** (*chim.*) basico | *educàción general básica (EGB)*, scuola dell'obbligo.
basquear *v.intr.* **1** avere la nausea **2** far venire la nausea.
basta *s.f.* imbastitura.
bastante *agg.* sufficiente ♦ *avv.* abbastanza: *estoy — satisfecho*, sono abbastanza soddisfatto.
bastar *v.intr.* bastare: *basta con preguntar*, basta chiedere | *basta y sobra*, basta e avanza.
bastardía *s.f.* bastardaggine.
bastardilla *s.f.* (*tip.*) corsivo (*m.*).
bastardo *agg.*, *s.m.* **1** bastardo, illegittimo **2** (*fig.*) miserabile (*m./f.*).
bastear *v.tr.* imbastire.
basteza *s.f.* rozzezza.
bastidor *s.m.* **1** telaio; intelaiatura (*f.*) **2** (*teatr.*) quinta (*f.*).
bastión *s.m.* baluardo; bastione.
basto *agg.* ordinario, rozzo, grossolano ♦ *s.m.* (*spec. pl.*, *a carte*) bastoni (*pl.*).
bastón *s.m.* bastone; (*da sci*) bastoncino, racchetta (*f.*) | *meter el —*, mettere pace.
bastonazo *s.m.* bastonata (*f.*).
bastonear *v.tr.* bastonare.
bastonera *s.f.* portaombrelli (*m.*); portabastoni (*m.*).
basura *s.f.* **1** immondizia, spazzatura **2** pattumiera **3** (*fig.*, *di pubblicazione*, *programma*) spazzatura, schifezza: *la revista esa es —*, quella rivista è spazzatura.
basural *s.m.* discarica (*f.*).
basurero *s.m.* **1** spazzino, netturbino **2** discarica (*f.*), immondezzaio.
bata *s.f.* **1** vestaglia **2** (*del medico*) camice (*m.*) **3** (*dello scolaro*) grembiule (*m.*).
batacazo *s.m.* **1** colpo, botta (*f.*): *al caer se dió un —*, cadendo prese una botta **2** (*fig.*, *fam.*) batosta (*f.*): *por ser tan imprudente vas a recibir un buen —*, a causa del tuo essere così imprudente prenderai una bella batosta/lezione; *la empresa sufrió un inesperado —*, la società ebbe un tracollo inaspettato.
batahola *s.f.* (*fam.*) confusione, rumore (*m.*).
batalla *s.f.* battaglia, combattimento (*m.*) | *dar la —*, affrontare le difficoltà | (*mil*, *fig.*) *presentar —*, dare battaglia.
batallador *agg.* battagliero.
batallar *v.intr.* lottare | *— por*, lottare per.
bate *s.m.* mazza (*f.*) da baseball.
batea *s.f.* vassoio (*m.*).
bateador *s.m.* (*baseball*) battitore.
batear *v.tr.* (*baseball*) battere.
batería *s.f.* **1** (*mil.*, *elettr.*, *mus.*) batteria | *— solar*, batteria solare **2** (*mus.*) batterista **3** (*teatr.*) luci (*pl.*) di proscenio | *aparcar en —*, parcheggiare a pettine | *— de cocina*, batteria da cucina.
batiburrillo *s.m.* guazzabuglio.
batida *s.f.* **1** battuta di caccia **2** retata.
batido *agg.* sbattuto ♦ *s.m.* frullato, frappé.
batidor *s.m.* **1** esploratore **2** (*caccia*) battitore.
batidora *s.f.* frullatore (*m.*).
batiente *agg.* battente | *reírse a mandíbula —*, ridere a crepapelle.
batín *s.m.* giacca (*f.*) da camera.
batir *v.tr.* **1** battere: *las olas baten contra los escollos*, le onde battono sugli scogli | *— el cobre*, darsi da fare | *— moneda*, coniare/battere moneta **2** sbattere: *— los huevos*, sbattere le uova; *— las alas*, sbattere le ali | *— la nata*, montare la panna **3** (*fig.*) perlustrare: *el ejército batía la zona en busca del fugitivo*, l'esercito perlustrava/batteva la zona in cerca del fuggiasco **4** sconfiggere, battere | *— una marca*, battere un record ♦ **-se** *v.pron.* battersi, combattere.
batiscafo *s.m.* batiscafo.
batuta *s.f.* (*mus.*) bacchetta del direttore d'orchestra | *llevar la —*, comandare a bacchetta.
baúl *s.m.* baule | (*fig.*) *llenar el —*, riempirsi la pancia.
baulería *s.f.* valigeria.
bautismal *agg.* (*relig.*) battesimale | *pila —*, fonte battesimale.
bautismo *s.m.* (*relig.*, *fig.*) battesimo.
bautista *s.m.* **1** (*relig.*) battista **2** (*fam.*) maggiordomo.
bautizar (*con. come* cazar) *v.tr.* **1** battezzare **2** (*fig.*) soprannominare.
baya *s.f.* (*bot.*) bacca.
bayeta *s.f.* **1** flanella **2** straccio (*m.*) per la polvere.
bayo *s.m.* (cavallo) baio.
bayoneta *s.f.* baionetta.
bazar *s.m.* bazar.
bazo *agg.* giallastro, olivastro ♦ *s.m.* (*anat.*) milza (*f.*).
bazofia *s.f.* **1** spazzatura, immondizia **2** (*fig.*, *cibo*) schifezza.
bazuca *s.f.* (*mil.*) bazooka (*m.*).
beata *s.f.* beghina, bigotta.
beatería *s.f.* bigotteria.
beatificación *s.f.* (*relig.*) beatificazione.
beatificar (*con. come* pescar) *v.tr.* beatificare.

beatitud *s.f.* beatitudine | *con —*, beatamente.
beato *agg.*, *s.m.* **1** beato, devoto; **2** (*fam.*, *spreg.*) bigotto, bacchettone.
bebé *s.m.* neonato, bebè.
bebedero *s.m.* **1** abbeveratoio **2** beccuccio.
bebedizo *agg.* potabile ♦ *s.m.* **1** beveraggio **2** filtro, pozione (*f.*).
bebedor *s.m.* bevitore.
beber *v.tr.* **1** bere **2** (*fig.*) apprendere, acquisire informazioni/nozioni: *la niña bebe con avidez lo que le dice la maestra*, la bambina apprende con avidità quanto le dice la maestra; *él ha bebido su cultura de las fuentes medievales*, ha attinto la sua cultura da fonti medievali ♦ *v.intr.* **1** brindare: *bebo a tu salud*, bevo/brindo alla tua salute **2** bere alcolici: *su problema es que le gusta beber*, il suo problema è che gli piace l'alcol.
bebible *agg.* bevibile.
bebida *s.f.* bevanda | *darse a la —*, darsi all'alcol |*— larga*, long drink (*m.*).
bebido *agg.* ubriaco | *un poco —*, brillo.
beca *s.f.* (*scuola*) borsa di studio.
becar (*con. come* pescar) *v.intr.* conferire una borsa di studio.
becario *s.m.* **1** (*scuola*) borsista (*m./f.*) **2** tirocinante (*m./f.*), stagista (*m./f.*).
becerrada *s.f.* corrida con torelli.
becerro *s.m.* vitello.
bechamel *s.f.* (*cuc.*) besciamella.
bedel *s.m.* bidello.
beduino *s.m.* beduino.
befa *s.f.* beffa.
beige *agg.*, *s.m.* beige.
béisbol *s.m.* baseball.
beldad *s.f.* (*lett.*) bellezza.
belén *s.m.* **1** presepio **2** (*fig.*) confusione (*f.*), caos: *han organizado un —*, hanno combinato un casino **3** (*fig.*) guaio | *meterse en belenes*, mettersi nei guai.
belicismo *s.m.* bellicismo.
bélico *agg.* bellico.
belicosidad *s.f.* bellicosità.
belicoso *agg.* **1** bellicoso **2** (*fig.*) aggressivo, litigioso.
beligerancia *s.f.* belligeranza.
bellacada *s.f.* vigliaccata, canagliata.
bellaco *agg.* vigliacco ♦ *s.m.* vigliacco, mascalzone.
belleza *s.f.* bellezza.
bello *agg.* bello, avvenente | *— sexo*, gentil sesso.
bellota *s.f.* ghianda.
bendecir (*con. come* predecir, *part.pass.* bendecido, bendito) *v.tr.* benedire; lodare.
bendición *s.f.* benedizione.
bendito *agg.* **1** benedetto, santo, beato **2** ingenuo, sciocco: *Pedro es un —*, Pietro è uno sciocco.
benefactor *s.m.* benefattore.
beneficiar *v.tr.* **1** beneficiare, favorire: *la lluvia beneficia el campo*, la pioggia giova alla campagna **2** (*econ.*) svendere **3** (*min.*) sfruttare **4** (*Amer.*) macellare ♦ **-se** *v.pron.* **1** beneficiare; sfruttare: *se han beneficiado de las condiciones económicas*, hanno tratto profitto delle condizioni economiche **2** approfittare | (*fam.*) *— de alguien*, approfittare di qlcu | (*pop.*) *— a alguien*, farsi qlcu.
beneficiario *s.m.* beneficiario.
beneficiencia *s.f.* beneficenza.
beneficio *s.m.* **1** beneficio, profitto, vantaggio | *en — de*, a vantaggio di **2** guadagno, utile | *— bruto*, *neto*, utile/guadagno lordo, netto | *beneficios fiscales*, agevolazioni fiscali.
benéfico *agg.* benefico.
benemerencia *s.f.* (*lett.*) benemerenza.
benemérito *agg.* benemerito, meritevole | *la benemérita*, la Guardia civile.
benevolencia *s.f.* benevolenza.
benévolo *agg.* benevolo.
bengala *s.f.* bengala (*m.*), fuoco (*m.*) d'artificio.
benignidad *s.f.* benignità.
benigno *agg.* **1** benigno **2** mite.
beodo *s.m.* ubriaco, beone.
berenjena *s.f.* (*bot.*) melanzana.
berenjenal *s.m.* **1** coltivazione (*f.*) di melanzane **2** (*fig.*) ginepraio | *meterse en un —*, mettersi nei guai.
bergamota *s.f.* (*bot.*) bergamotto (*m.*).
bergantín *s.m.* (*mar.*) brigantino.
bermejo *agg.* vermiglio.
berrear *v.intr.* **1** muggire; barrire **2** (*fig.*) gridare, strillare: *ese niño berrea todo el día*, quel bambino piange/urla tutto il giorno **3** cantare in modo stonato.
berrido *s.m.* **1** muggito; barrito **2** (*fig.*) grido, strillo: *pegó un — ensordecedor*, strillò in maniera assordante **3** (*fam.*) canto stonato.
berrinche *s.m.* stizza (*f.*), irritazione (*f.*).
berro *s.m.* (*bot.*) crescione | (*fig.*) *enviar a buscar berros*, mandare al diavolo.
berrocal *s.m.* terreno roccioso.
berza *s.f.* **1** cavolo (*m.*), verza | (*di seminato*) *estar en —*, essere tenero, in erba **2** (*fam.*) sbronza.
besar *v.tr.* baciare.
beso *s.m.* bacio.
bestia *s.f.* **1** bestia | *— de carga*, bestia da soma | (*fig.*) *a lo —*, con violenza **2** (*fig.*) rozzo (*m.*), ignorante (*m./f.*).
bestial *agg.* **1** bestiale, (*fam.*) tremendo **2** fenomenale: *tengo un sueño —*, ho un sonno tremendo; *has tenido una suerte —*, hai avuto una fortuna sfacciata.
bestialidad *s.f.* bestialità.

bestiario *s.m.* bestiario.
besugo *s.m.* **1** (*zool.*) pagello **2** (*fam.*) scemo, tonto.
besuqueo *s.m.* sbaciucchiamento.
betarraga *s.f.* (*bot.*) barbabietola.
betún *s.m.* **1** bitume, asfalto | *quedar a la altura del* —, fare una figuraccia **2** lucido da scarpe.
betunero *s.m.* **1** venditore di bitume **2** lustrascarpe.
bianual *agg.* semestrale.
biblia *s.f.* bibbia | (*fig.*) *saber la — en verso*, essere un pozzo di scienza.
bíblico *agg.* biblico.
bibliófilo *s.m.* bibliofilo.
bibliografía *s.f.* bibliografia.
bibliógrafo *s.m.* bibliografo.
biblioteca *s.f.* biblioteca.
bibliotecario *s.m.* bibliotecario.
bicarbonato *s.m.* bicarbonato.
bicentenario *s.m.* bicentenario.
bíceps *s.m.* (*anat.*) bicipite.
bicho *s.m.* **1** animaletto; insetto **2** (*spreg.*) tipo, individuo | — *raro*, tipo strano, mosca bianca | *mal* —, brutto individuo | *todo — viviente*, il mondo intero.
bicicleta *s.f.* bicicletta | — *de montaña*, mountain bike.
bicolor *agg.* bicolore.
bicromato *s.m.* bicromato.
bicromía *s.f.* (*pitt.*) bicromia.
bidón *s.m.* bidone.
biela *s.f.* (*mecc.*) biella.
bien[1] *avv.* **1** bene | *ahora* —, orbene | *está* —, va bene | *más* —, anzi, piuttosto | *si* —, sebbene | — *que mal*, bene o male | *has obrado* —, hai agito correttamente | *ser — hablado*, parlare educatamente/come si deve | *ser — visto*, essere bene accetto | *que esté usted* —, stia bene, Le auguro di stare bene | *pasarlo* —, stare piacevolmente/bene (*in un luogo*), divertirsi | *andar — económicamente*, stare bene economicamente | *estar — de salud*, essere in buona salute, stare bene | *no estar — de la cabeza*, essere matto, fuori di testa **2** (*prima di agg. o avv.*) molto: — *pronto*, molto presto; — *malo*, molto cattivo **3** volentieri, con piacere: *yo — te permitiría salir, pero no puedo*, io ti permetterei volentieri di uscire, ma non posso ♦ *agg.* perbene, ricco | *niños* —, figli di papà | *hombre de* —, uomo perbene ♦ *cong.* sia... sia: — *por carta*, — *por teléfono*, sia per lettera, sia per telefono ♦ *inter.* bene!, bello! | *¡qué —!*, che bello!
bien[2] *s.m.* **1** bene: *distinguir el — del mal*, dintinguere tra il bene e il male, il bene dal male; *lo hice por tu* —, l'ho fatto per il tuo bene; *por el — común*, per il bene comune, a beneficio di tutti **2** (*spec. pl.*) bene; proprietà (*f.*) | *bienes gananciales*, comunione dei beni | *bienes muebles*, beni mobili | *bienes raíces/inmuebles*, beni immobili.
bienal *agg.* biennale.
bienaventurado *agg.* felice, beato.
bienestar *s.m.* benessere.
bienhechor *s.m.* benefattore.
bienio *s.m.* biennio.
bienvenida *s.f.* benvenuto (*m.*): *dar la* —, dare il benvenuto.
bienvenido *agg.* benvenuto.
bies *s.m.* sbieco | *al* —, di sbieco.
bifocal *agg.* bifocale.
bifurcación *s.f.* **1** biforcazione **2** bivio (*m.*).
bigamia *s.f.* bigamia.
bígamo *agg.* bigamo.
bigote *s.m.* baffo, baffi (*pl.*) | (*estar*) *de* —, (essere) formidabile, stupendo | *no tener malos bigotes*, avere un bell'aspetto | *ser un hombre de bigotes*, essere un vero uomo | *tener bigotes*, essere risoluto.
bigotudo *agg.* baffuto.
bigudí (*pl.* -íes) *s.m.* bigodino.
bikini *s.m.* **1** bikini **2** (*fam.*) toast (*m.*).
bilabial *agg.* (*ling.*) bilabiale.
bilateral *agg.* bilaterale.
biliar *agg.* biliare.
bilingüe *agg.* bilingue.
bilingüismo *s.m.* bilinguismo.
bilis *s.f.* **1** bile, fiele (*m.*) **2** (*fig.*) collera | *tragar* —, ingoiare veleno.
billar *s.m.* **1** (*tavolo e gioco*) biliardo **2** sala (*f.*) da biliardo.
billete *s.m.* **1** biglietto: — *colectivo*, biglietto cumulativo; — *de ida y vuelta*, biglietto di andata e ritorno **2** (*scritto*) bigliettino, messaggio **3** banconota (*f.*).
billetera *s.f.* portafoglio (*m.*): *le robaron la* —, le/gli hanno rubato il portafoglio.
billetero *s.m.* → **billetera.**
billón *s.m.* bilione.
bimensual *agg.* quindicinale, bimensile.
bimestral *agg.* bimestrale.
bimestre *s.m.* bimestre.
binóculo *s.m.* binocolo.
binomio *s.m.* binomio.
biocompatible *agg.* (*biol.*) biocompatibile.
biodegradable *agg.* (*chim.*) biodegradabile.
biodiversidad *s.f.* (*biol.*) biodiversità.
biografía *s.f.* biografia.
biógrafo *s.m.* biografo.
biología *s.f.* biologia.
biólogo *s.m.* biologo.
biombo *s.m.* paravento.
biomecánica *s.f.* (*biol.*) biomeccanica.
biomecánico *agg.* (*biol.*) biomeccanico.
bipolar *agg.* bipolare.
bipolaridad *s.f.* bipolarità.
birlocha *s.f.* aquilone (*m.*).
birria *s.f.* **1** catorcio (*m.*): *esa moto es una*

—, quella moto è un catorcio **2** (*persona*) sgorbio (*m.*), racchio (*m.*).
bisabuelo *s.m.* bisnonno.
bisagra *s.f.* (*di porta*) cerniera.
bisbisar *v.tr.* (*fam.*) bisbigliare.
bisexual *agg.* bisessuale.
bisexualidad *s.f.* bisessualità.
bisiesto *agg.* bisestile.
bisnieto *s.m.* pronipote (*m./f.*), bisnipote (*m./f.*).
bisojo *agg.* strabico.
bisonte *s.m.* (*zool.*) bisonte.
bisoño *s.m.* **1** recluta (*f.*) **2** (*fam.*) novellino, inesperto.
bistec *s.m.* bistecca (*f.*).
bisturí (*pl.* -íes) *s.m.* bisturi.
bisutería *s.f.* bigiotteria.
bitácora *s.f.* (*mar.*) mobile della bussola | *cuaderno de —*, giornale di bordo.
bivalente *agg.* bivalente.
bizantino *agg.*, *s.m.* bizantino.
bizarría *s.f.* **1** coraggio (*m.*) **2** generosità.
bizco *agg.* strabico | (*fig.*) *dejar —*, stupire, lasciare di stucco | *quedarse —*, restare a bocca aperta.
bizcocho *s.m.* **1** (*cuc.*) pandispagna | *— borracho*, babà **2** ceramica (*f.*) grezza, terracotta (*f.*).
blanca *s.f.* **1** (*st.*) antica moneta spagnola di rame e argento **2** (*fam.*) denaro (*m.*), quattrini (*m.pl.*) | *estar sin —*, essere al verde/ senza il becco di un quattrino **3** (*droga*) cocaina, neve **4** (*mil.*) congedo (*m.*) **5** (*mus.*) minima.
blanco *agg.* bianco ♦ *s.m.* **1** (*colore*) bianco | *no distinguir lo — de lo negro*, non distinguere il bianco dal nero | *en —*, in bianco | *pasar la noche en —*, passare la notte in bianco **2** bersaglio: *dar en el —*, colpire il bersaglio; (*fig.*) colpire nel segno, fare centro | *ser el — de alguien*, essere nel mirino di qlcu. **3** (*fig.*) scopo, obiettivo **4** (*testo*) spazio vuoto: *rellenar los blancos con la palabra adecuada*, riempire gli spazi con la parola appropriata.
blancura *s.f.* candore (*m.*).
blandear *v.intr.* cedere, mollare ♦ *v.tr.* persuadere, convincere.
blandengue *agg.* **1** molle, tremolante **2** (*fig.*) debole, rammollito: *es un — y se deja dominar por su jefe*, è un pusillanime e si lascia sopraffare dal suo capo.
blandicia *s.f.* lusinga.
blandir *v.tr.* brandire; agitare con violenza.
blando *agg.* **1** morbido, soffice **2** mite, lieve | *un viento —*, un vento lieve **3** (*fig.*) debole, indulgente: *es — con sus hijos*, è indulgente con i suoi figli.
blandura *s.f.* **1** morbidezza **2** (*di carattere*) dolcezza, mitezza; indulgenza: *para ese cargo se necesita alguien con menos —*, per quell'incarico c'è bisogno di qualcuno meno mite/indulgente **3** (*fig.*) indolenza, pigrizia.
blanqueador *agg.*, *s.m.* sbiancante.
blanquear *v.tr.* **1** imbiancare, rinfrescare **2** (*econ.*) riciclare | *— el dinero negro*, riciclare il denaro sporco ♦ *v.intr.* **1** biancheggiare **2** (*capelli, barba*) diventare brizzolato.
blanquete *s.m.* (*cosmetico*) bianchetto.
blasfemador *agg.*, *s.m.* bestemmiatore, blasfemo.
blasfemar *v.intr.* bestemmiare.
blasfemia *s.f.* bestemmia.
blasón *s.m.* blasone.
blasonar *v.tr.* blasonare ♦ *v.intr.* vantarsi, fare sfoggio.
bledo *s.m.* bietola (*f.*) | (*fig.*) *no me importa un —*, non me ne frega niente.
blindado *agg.* blindato.
blindaje *s.m.* blindaggio.
blindar *v.tr.* blindare, corazzare.
bloc *s.m.* bloc-notes.
bloque *s.m.* **1** blocco (*anche fig.*): *— de cemento/roca*, blocco di cemento/roccia | *— de viviendas*, caseggiato | *en —*, in blocco **2** gruppo, coalizione (*f.*) **3** bloc-notes, blocco per gli appunti **4** (*di case*) isolato.
bloquear *v.tr.* **1** bloccare; immobilizzare **2** (*dir.*) mettere sotto sequestro ♦ **-se** *v.pron.* bloccarsi.
bloqueo *s.m.* **1** blocco (*anche fig.*) | *— mental*, blocco di memoria **2** (*econ.*, *pol.*) isolamento | *— económico*, embargo.
blue-jean *s.m.* (*Amer.*) pantalone di jeans.
blusa *s.f.* blusa, camicetta.
boa *s.f.* (*zool.*) boa (*m.*).
boato *s.m.* fasto, pompa (*f.*).
bobada *s.f.* sciocchezza, stupidaggine.
bobalicón *agg.*, *s.m.* babbeo, grullo.
bobear *v.intr.* dire stupidate.
bobina *s.f.* **1** bobina, rocchetto (*m.*) **2** (*tip.*) bobina, rullo (*m.*) di carta per rotative.
bobo *agg.* sciocco, stupido; sempliciotto | *hacerse el —*, fare il finto tonto/lo gnorri.
boca *s.f.* **1** bocca | *— abajo*, bocconi, prono | *— arriba*, supino | *quedarse con la — abierta*, rimanere a bocca aperta | *callar la —*, tacere | (*decir*, *prometer*) *con la — chica*, promettere malvolentieri, fare promesse da marinaio | *hablar por — de otro*, parlare per bocca d'altri | *hacérsele a alguien la — agua*, venire l'acquolina in bocca | *a pedir de —*, a puntino | *alimentar muchas bocas*, avere molte bocche da sfamare | *a — de jarro*, a bruciapelo **2** apertura, entrata | *— del metro*, *de la cueva*, entrata del metrò, della grotta **3** (*pl.*) foce: *las bocas del Ebro*, la foce dell'Ebro.
bocacalle *s.f.* **1** entrata, imbocco (*m.*) di una via **2** (*di strada*) traversa, incrocio (*m.*).
bocadillo *s.m.* **1** panino (imbottito) **2** (*fumetti*) nuvoletta (*f.*).

bocado *s.m.* **1** boccone **2** morso | *no probar* —, non toccare cibo | *comer en un* —, mangiare in fretta e furia | (*anat.*) — *de Adán*, pomo di Adamo **3** (*parte delle briglie del cavallo*) morso.
bocal *s.m.* boccale.
bocanada *s.f.* **1** (*d'aria, di fumo*) boccata, sbuffo (*m.*): *salió una — de vapor*, uscì un soffio di vapore **2** (*di sangue*) fiotto (*m.*): *de la herida salían bocanadas de sangre*, dalla ferita sgorgavano fiotti di sangue | *a bocanadas*, a fiotti **3** (*di vento*) folata, colpo (*m.*): *una — de viento cerró la puerta*, una folata di vento fece chiudere la porta.
bocata *s.m.* (*pop.*) panino (imbottito).
bocaza *s.f.* boccaccia.
bocera *s.f.* **1** baffo (*m.*) (di cibo, bevanda) **2** (*fam.*) herpes (*m.*), febbre.
boceto *s.m.* **1** (*arte*) bozzetto, schizzo **2** bozza (*f.*), abbozzo.
bocha *s.f.* (*palla*) boccia.
boche *s.m.* buca (*f.*) per bilie.
bochinche *s.m.* baccano, chiasso.
bochorno *s.m.* **1** afa (*f.*) **2** canicola (*f.*) **3** (*fig.*) umiliazione (*f.*): *sufrir un* —, subire un'umiliazione.
bocina *s.f.* **1** clacson (*m.*) **2** megafono (*m.*).
bocinazo *s.m.* strombazzata (*f.*), colpo di clacson.
boda *s.f.* sposalizio (*m.*), nozze (*pl.*): *bodas de plata, de oro, de diamante*, nozze d'argento, d'oro, di diamante.
bodega *s.f.* **1** (*enologia*) cantina **2** enoteca, mescita **3** (*di nave*) stiva **4** (*Amer.*) magazzino (*m.*), deposito (*m.*) **5** (*Amer.*) negozio (*m.*) di alimentari.
bodegón *s.m.* **1** osteria (*f.*) **2** (*arte*) natura (*f.*) morta | *echar el — por la ventana*, spendere e spandere.
bodrio *s.m.* **1** sbobba (*f.*) **2** (*fig.*) orrore: *la película fue un* —, il film è stato un orrore.
bofetada *s.f.* **1** schiaffo (*m.*) **2** (*fig.*) affronto (*m.*).
bofetón *s.m.* ceffone.
boga *s.f.* **1** (*mar.*) voga **2** (*fig.*) popolarità, moda: *estar en* —, essere di moda.
bogador *s.m.* vogatore.
bogar (*con. come* llegar) *v.intr.* vogare, remare.
bogavante *s.m.* (*zool.*) astice.
bohemio *agg.*, *s.m.* **1** zingaro, gitano **2** bohémien **3** (*della Boemia*) boemo.
boicot, boicoteo *s.m.* boicottaggio.
boicotear *v.tr.* boicottare.
boina *s.f.* berretto (*m.*), basco (*m.*).
bola *s.f.* **1** sfera, palla: — *de nieve*, palla di neve; — *de cristal*, sfera di cristallo | *no dar pie con* —, non azzeccarne una | (*tecn.*) *cojinete de bolas*, cuscinetto a sfere **2** (*fig.*) balla, palla, frottola | *corre la — de que*, dicono che, si dice che, corre voce che | *pasar la* —, passare la patata bollente **3** (*pl., volg.*) coglioni (*m.*), palle (*f.*), balle (*f.*) | *en bolas*, nudo come un verme; (*davanti a una situazione*) impreparato; (*senza risorse*) al verde.
bolchevique *agg.*, *s.m./f.* (*st.*) bolscevico (*m.*).
bolchevismo *s.m.* (*st.*) bolscevismo.
bolera *s.f.* (*locale*) bowling (*m.*).
bolero *s.m.* (*mus.*) bolero.
boleta *s.f.* **1** ricevuta, scontrino (*m.*) | (*fig.*) *dar la* —, dare il benservito **2** (*Amer.*) biglietto (*m.*) **3** (*Amer.*) cedolino (*m.*), scheda elettorale.
boletería *s.f.* (*Amer.*) biglietteria.
boletero *s.m.* **1** esattore **2** (*Amer.*) bigliettaio.
boletín *s.m.* **1** bollettino | *Boletín Oficial del Estado*, Gazzetta Ufficiale | — *informativo*, notiziario radiofonico **2** scheda (*f.*), modulo.
boleto *s.m.* **1** (*Amer.*) biglietto (di treno, teatro) **2** biglietto della lotteria.
boliche *s.m.* **1** (*bocce*) boccino, pallino **2** gioco dei birilli, bowling **3** (*locale*) bowling **4** (*Amer.*) bottega (*f.*); bar; locale.
bólido *s.m.* bolide.
bolígrafo *s.m.* biro (*f.*), penna (*f.*) a sfera.
bolillo *s.m.* fuso, tombolo | *encaje de bolillos*, pizzo al tombolo.
bolín *s.m.* (*bocce*) boccino.
bollera *s.f.* (*fam.*) lesbica.
bollería *s.f.* panetteria, pasticceria.
bollo *s.m.* **1** (*cuc.*) brioche (*f.*), panino al latte | (*fig.*) *ese — no se ha cocido en su horno*, questa non è farina del suo sacco | *no estar el horno para bollos*, non essere il momento adatto **2** bernoccolo **3** (*fig.*) confusione (*f.*) | *armar un* —, fare confusione.
bolo *s.m.* **1** bolo | — *alimenticio*, bolo alimentare **2** (*pl.*) gioco dei birilli.
bolsa[1] *s.f.* **1** borsa, borsone (*m.*); sacchetto (*m.*): — *de papel*, sacchetto di carta | (*fig.*) *aflojar la* —, sganciare/scucire i soldi | — *de pobreza*, sacca di povertà | — *de trabajo*, offerta e domanda di lavoro **2** (*anat.*) borsa, sacca.
bolsa[2] *s.f.* (*fin.*) borsa valori | *jugar a la* —, giocare in borsa | *bajar, subir la* —, provocare un ribasso, un rialzo in borsa.
bolsería *s.f.* borsetteria.
bolsillo *s.m.* tasca (*f.*), taschino | *libro de* —, libro tascabile | (*fig.*) *tener un agujero en el* —, avere le mani bucate | *tener a alguien en el* —, avere qlcu. in pugno.
bolsista *s.m.* (*fin.*) borsista.
bolso *s.m.* borsa (*f.*), borsetta (*f.*).
bolsón *s.m.* borsone.
bomba *s.f.* **1** (*tecn.*) pompa | — *neumática*, pompa pneumatica **2** (*mil.*) bomba | — *de mano*, bomba a mano | — *fétida*, fialetta puzzolente | *carta* —, bomba carta | *coche* —,

autobomba | *caer como una* —, essere una doccia fredda | *estar* —, essere uno schianto | *pasarlo* —, spassarsela, divertirsi molto **3** (*fig.*) notizia bomba, scoop.
bombardear *v.tr.* bombardare.
bombardeo *s.m.* bombardamento.
bombazo *s.m.* scoppio di bomba.
bombero *s.m.* pompiere.
bombilla *s.f.* **1** lampadina **2** (*Amer.*) cannuccia per il mate.
bombín *s.m.* (*cappello*) bombetta.
bombo *s.m.* **1** tamburo, grancassa (*f.*) **2** (*fig.*) propaganda (*f.*) | *a — y platillo*, con grande clamore | *darse* —, darsi arie | *tener la cabeza como un* —, avere la testa che scoppia, come un pallone **3** (*della lavatrice*) tamburo.
bombón *s.m.* **1** cioccolatino **2** (*fig.*) bijou; (*di persona*) delizia (*f.*): *la niña es un* —, la bimba è deliziosa/una delizia.
bombona *s.f.* **1** (*del gas*) bombola **2** damigiana.
bombonera *s.f.* **1** scatola di cioccolatini **2** (*fig. spazio*) bomboniera: *el teatro es una* —, il teatro è una bomboniera.
bombonería *s.f.* pasticceria.
bonachón *s.m.* bonaccione.
bonanza *s.f.* **1** bonaccia | (*fig.*) *ir en* —, navigare a gonfie vele **2** (*fig.*) benessere (*m.*), prosperità.
bondad *s.f.* bontà | *tener la* —, avere la cortesia.
bondadoso *agg.* buono, mite; generoso.
bonete *s.m.* berretta (*f.*) | *a tente* —, in modo esagerato | *tirarse los bonetes*, litigare.
bongó *s.m.* (*mus.*) bonghi (*pl.*).
bonificación *s.f.* **1** (*comm.*) bonifico (*m.*), abbuono (*m.*) **2** (*fin.*) sgravio (*m.*), detrazione **3** (*sport*) abbuono (*m.*).
bonificar (*con. come* pescar) *v.tr.* **1** (*comm.*) bonificare, scontare, abbuonare **2** (*sport*) abbuonare.
bonito *agg.* bello, grazioso ♦ *s.m.* (*zool.*) palamita (*f.*), tonno.
bono *s.m.* **1** (*comm.*) buono **2** (*econ.*) titolo di Stato, buono del tesoro.
bonobús *s.m.* abbonamento per autobus.
boqueada *s.f.* boccheggiamento (*m.*).
boquear *v.intr.* boccheggiare, agonizzare.
boquerón *s.m.* (*zool.*) alice (*f.*), acciuga (*f.*).
boquiabierto *agg.* a bocca aperta.
boquilla *s.f.* **1** (*di pipa, sigaretta*) bocchino (*m.*): *fumar con* —, fumare con il bocchino **2** (*tecn.*) bocchetta: — *del grifo*, bocchetta del rubinetto **3** (*mus.*) ancia, bocchino (*m.*).
borbolla *s.f.* bolla d'aria.
borbollar *v.intr.* gorgogliare.
borbotar *v.intr.* gorgogliare.
borbotón *s.m.* **1** gorgoglio **2** (*sangue*) fiotto | *hablar a borbotones*, parlare a scatti.
borda *s.f.* (*mar.*) bordo (*m.*), parapetto (*m.*) | *echar/tirar por la* —, (*anche fig.*) buttare a mare; sprecare | *fuera* —, fuoribordo.
bordado *agg.* **1** ricamato **2** perfetto ♦ *s.m.* ricamo.
bordador *s.m.* ricamatore.
bordar *v.tr.* **1** ricamare **2** (*fig.*) fare qlco. alla perfezione, rifinire.
borde *s.m.* **1** bordo, orlo, margine | *al — de*, sull'orlo di, sul punto di **2** riva (*f.*), sponda (*f.*): *al — del río*, in riva al fiume ♦ *agg.* (*fam.*) antipatico, indisponente, impertinente.
bordear *v.tr.* **1** costeggiare, fiancheggiare: *los árboles bordean la carretera*, gli alberi fiancheggiano la strada **2** (*fig.*) rasentare, sfiorare: *bordea la genialidad*, rasenta la genialità.
bordillo *s.m.* (*di marciapiede, strada*) cordolo.
bordo *s.m.* (*mar.*) bordo: *subir a* —, salire a bordo.
boreal *agg.* boreale, settentrionale: *aurora* —, aurora boreale.
borla *s.f.* **1** nappa: *el birrete estudiantil lleva una* —, il berretto goliardico ha una nappa | *tomar la* —, laurearsi **2** piumino (*m.*) per cipria.
borona *s.f.* pane (*m.*) di mais.
borrachera *s.f.* sbornia, sbronza, ubriacatura (*anche fig.*): *agarrar/coger una* —, prendere una sbornia/ciucca.
borracho *agg.* **1** ubriaco, sbronzo | — *como una cuba*, ubriaco fradicio **2** (*fig.*) pazzo, ubriaco | — *de alegría*, pazzo di gioia | *ni* —, neanche per sogno.
borrador *s.m.* **1** minuta (*f.*), brutta copia (*f.*) **2** (*di lavagna*) cancellino **3** (*Amer.*) gomma (*f.*) per cancellare.
borradura *s.f.* cancellatura.
borraja *s.f.* (*bot.*) borragine | (*fig.*) *agua de borrajas*, cosa senza importanza.
borrar *v.tr.* cancellare ♦ **-se** *v.pron.* cancellarsi, togliersi da qlco.: *se ha borrado de la lista*, si è tolto (dall'elenco); *ese episodio se me ha borrado de la memoria*, ho dimenticato completamente quell'episodio.
borrasca *s.f.* **1** burrasca; tempesta; temporale (*m.*) **2** (*fam.*) scompiglio (*m.*), agitazione: *hay — en la familia*, c'è agitazione in famiglia.
borrascoso *agg.* **1** burrascoso **2** (*fig.*) burrascoso, turbolento: *su vida fue borrascosa*, la sua vita è stata turbolenta.
borrego *s.m.* **1** agnello **2** (*fig.*) imbecille, pecorone.
borrico *s.m.* **1** asinello **2** (*fig.*) ignorante, scemo.
borrón *s.m.* macchia (*f.*), sgorbio | (*fig.*) *hacer — y cuenta nueva*, ricominciare da capo; girare pagina.
borronear *v.tr.* fare sgorbi.

borroso *agg.* sfumato, indistinto, sbiadito.
boscaje *s.m.* boschetto.
boscoso *agg.* boscoso.
bosque *s.m.* bosco.
bosquejar *v.tr.* abbozzare; schizzare.
bosquejo *s.m.* schizzo; abbozzo.
bosta *s.f.* sterco (*m.*).
bostezar (*con. come* cazar) *v.intr.* sbadigliare.
bostezo *s.m.* sbadiglio.
bota[1] *s.f.* stivale (*m.*); scarpone (*m.*) | *— de montar*, stivale da equitazione | (*fig.*) *ponerse las botas*, mangiare molto.
bota[2] *s.f.* otre (*m.*).
botánica *s.f.* botanica.
botánico *agg.*, *s.m.* botanico.
botar *v.tr.* **1** (*Amer.*) buttare, tirare: *¡bótame el balón!*, tira la palla! **2** (*Amer.*) scacciare, licenziare: *lo botaron del club*, l'hanno allontanato/cacciato dal circolo **3** (*mar.*) varare: *acaban de — el barco nuevo*, hanno appena varato la nuova nave ♦ *v.intr.* **1** rimbalzare: **2** (*di persona*) saltare: *el niño bota*, il bambino salta | *Juan está que bota*, Juan è furioso.
bote[1] *s.m.* balzo, salto | *de — en —*, affollato, pieno zeppo di gente | *darse el —*, svignarsela.
bote[2] *s.m.* barattolo, vasetto.
bote[3] *s.m.* canotto; scialuppa (*f.*), battello | *— salvavidas*, scialuppa di salvataggio.
botella *s.f.* bottiglia.
botellón *s.m.* **1** bottiglione **2** (*gerg.*) riunione (*f.*) in strada per bere alcolici.
botería *s.f.* stivaleria.
botero *s.m.* fabbricante (*m./f.*) di borracce.
botica *s.f.* farmacia.
boticario *s.m.* farmacista (*m./f.*).
botija *s.f.* **1** brocca, caraffa | (*fig.*) *ser una —*, essere un piagnucolone; essere cicciottello **2** (*Amer.*) tesoro occulto.
botijo *s.m.* giara (*f.*) | (*fig.*) *estar como un —*, essere sul punto di piangere | *estar hecho un —*, diventare un barile.
botín *s.m.* **1** stivaletto **2** bottino.
botinero *s.m.* stivalaio.
botiquín *s.m.* armadietto dei medicinali; cassetta (*f.*) del pronto soccorso.
botón *s.m.* **1** bottone **2** pulsante, bottone **3** (*bot.*) gemma (*f.*), bocciolo | *— de oro*, ranuncolo.
botones *s.m.* fattorino.
bóveda *s.f.* **1** volta | (*astr.*) *— celeste*, firmamento | (*anat.*) *— craneal*, volta cranica; *— palatina*, palato **2** cripta.
bovino *agg.*, *s.m.* bovino.
boxeador *s.m.* (*sport*) pugile.
boxear *v.intr.* (*sport*) fare del pugilato, boxare.
boxeo *s.m.* (*sport*) pugilato, boxe (*f.*).
boya *s.f.* **1** (*mar.*) boa **2** (*nella pesca*) galleggiante (*m.*).
boyera *s.f.* recinto (*m.*) per buoi.
bozal *s.m.* museruola (*f.*).
bracete *s.m.* braccetto | *de —*, a braccetto.
bragas *s.f.pl.* **1** mutandine **2** calzoni (*m.*).
bragueta *s.f.* (*dei pantaloni*) patta.
bramar *v.intr.* **1** bramire **2** (*fig.*) urlare, ululare.
bramido *s.m.* bramito.
branquia *s.f.* branchia.
brasa *s.f.* brace | *a la —*, alla brace.
brasero *s.m.* braciere.
brasileño *agg.*, *s.m.* brasiliano.
bravata *s.f.* bravata, spacconata.
bravío *agg.* feroce; indomito; selvaggio.
bravo *agg.* **1** (*di persona*) coraggioso, valoroso, intrepido **2** (*di animali*) selvatico, feroce; indomito, fiero: *toro —*, toro indomito | *mar —*, mare agitato/grosso | *a/por las bravas*, con le cattive ♦ *inter.* bravo (*m.*), brava (*f.*): *¡— María, qué bien cantas!*, brava Maria, come canti bene!
bravosidad *s.f.* spavalderia.
bravura *s.f.* **1** coraggio (*m.*) **2** bravata.
brazada *s.f.* bracciata.
brazalete *s.m.* braccialetto, bracciale.
brazo *s.m.* **1** (*anat.*, *arch.*) braccio | *con los — abiertos*, a braccia aperte | *cruzarse de brazos*, incrociare le braccia | *ir del —*, andare a braccetto | *a — partido*, duramente | *no dar su — a torcer*, non cedere | *ser el — derecho de alguien*, essere il braccio destro di qlcu. | *faltan brazos*, manca manodopera **2** (*nei quadrupedi*) zampa (*f.*) anteriore **3** (*di poltrona*) bracciolo **4** (*diramazione*) ramo.
brear *v.tr* (*fam.*) maltrattare.
brecha *s.f.* **1** breccia, fenditura | *— inflacionaria*, disavanzo inflazionistico **2** (*fig.*) breccia, apertura: *hacer — en*, fare colpo su.
brécol *s.m.* (*bot.*) broccolo.
brega *s.f.* fatica, sforzo (*m.*).
bregar (*con. come* llegar) *v.intr.* **1** lottare, darsi da fare (per qlco.); faticare: *he bregado toda la vida para mejorar*, ho lottato tutta la vita per migliorare **2** litigare, scontrarsi, fare fatica: *bregué mucho con mi hijo*, ho fatto molta fatica con mio figlio.
breña *s.f.* sterpaglia.
brete *s.m.* **1** ceppo **2** (*fig.*) brutto momento | *estar en un —*, essere alle strette.
breva *s.f.* **1** (*bot.*) fico (*m.*) fiorone | *de higos a brevas*, ogni morte di papa **2** (*fig.*) occasione, fortuna.
breve *agg.* breve, conciso; corto | *en —*, tra poco.
brevedad *s.f.* brevità.
breviario *s.m.* breviario.
brezo *s.m.* (*bot.*) erica (*f.*).
brial *s.m.* tunica (*f.*).
briba *s.f.* pigrizia | *andar a la —*, vivere spensieratamente.

bribón *agg.* briccone, furfante.
bricolaje *s.m.* bricolage, fai da te.
brida *s.f.* briglia.
brigada *s.f.* **1** brigata **2** squadra (di lavoratori, operai) | *brigadas internacionales*, brigate internazionali.
brigadier *s.m.* (*mil.*) brigadiere.
brillante *agg.* brillante, splendente, fulgido ♦ *s.m.* diamante.
brillantez (*pl.* -ces) *s.f.* brillantezza, lucentezza.
brillantina *s.f.* brillantina.
brillar *v.intr.* **1** risplendere, brillare **2** (*fig.*) spiccare, distinguersi | — *con luz propia*, brillare di luce propria.
brillo *s.m.* splendore, fulgore.
brincar (*con. come* pescar) *v.intr.* saltare; balzare | (*fig.*) *estar que brinca*, essere furibondo.
brinco *s.m.* salto; balzo | *pegar brincos de alegría*, fare salti di gioia | *pegar un* —, avere un sussulto.
brindar *v.intr.* brindare ♦ *v.tr.* offrire | — *la oportunidad*, offrire l'opportunità ♦ **-se** *v.pron.* offrirsi spontaneamente | — *a pagar*, offrirsi di pagare.
brío *s.m.* brio; impeto; coraggio.
brioso *agg.* brioso.
brisa *s.f.* brezza.
brisca *s.f.* (*carte*) briscola.
brisera *s.f.* (*Amer.*) parabrezza (*m.*).
brizar (*con. come* cazar) *v.tr.* cullare.
brizna *s.f.* **1** filamento (*m.*): — *de hierba*, filo d'erba **2** (*fig.*) briciolo (*m.*).
broca *s.f.* **1** punteruolo (*m.*) **2** spoletta.
brocha *s.f.* **1** pennellessa | *pintor de — gorda*, imbianchino **2** pennello (*m.*) da barba | *dar* —, adulare.
brochada *s.f.* pennellata.
broche *s.m.* **1** bottone automatico **2** fibbia (*f.*) **3** spilla (*f.*) | (*fig.*) — *de oro*, fiore all'occhiello.
broma *s.f.* scherzo (*m.*): *en/de* —, per scherzo; *gastar una* —, fare uno scherzo | *dejarse de bromas*, smettere di scherzare | *estar de* —, essere in vena di scherzi | — *pesada*, scherzo da prete.
bromear *v.intr.* scherzare, divertirsi.
bromista *agg.* spiritoso, scherzoso.
bronca *s.f.* **1** alterco (*m.*), rissa: *se armó una* —, scoppiò una rissa | *buscar* —, cercare rogne **2** reprimenda, rimprovero (*m.*): *echar una* —, dare una lavata di capo **3** (*Amer.*) arrabbiatura | *tenerle — a alguien*, avercela con qlcu.
bronce *s.m.* bronzo | (*fig.*) *ligar* —, abbronzarsi | *ser de* —, essere inflessibile.
bronceado *agg.* bronzeo ♦ *s.m.* abbronzatura (*f.*).
bronceador *s.m.* abbronzante.
broncear *v.tr.* brunire ♦ **-se** *v.pron.* abbronzarsi.
bronco *agg.* **1** (*di voce*) rauco, aspro **2** (*di persona*) duro, aspro.
bronquedad *s.f.* (*med.*) raucedine.
bronquio *s.m.* (*anat.*) bronco.
bronquitis *s.f.* (*med.*) bronchite.
broquel *s.m.* (*mil.*) scudo.
broqueta *s.f.* spiedo (*m.*).
brotar *v.intr.* **1** (*bot.*) germogliare, spuntare **2** (*fig.*) apparire; scaturire, zampillare.
brote *s.m.* **1** (*bot.*) germoglio **2** (*fig.*) cenno, segnale: *se han registrado los primeros brotes de la epidemia*, sono stati riscontrati i primi segni dell'epidemia; — *de racismo*, scoppio di razzismo.
broza *s.f.* **1** sterpaglia **2** (*fig.*) ciarpame (*m.*) | *gente de toda* —, fannulloni | *servir de toda* —, venir bene per tutto.
bruces, de *loc.avv.* bocconi: *caer* —, cadere bocconi.
brugo *s.m.* (*zool.*) bruco.
bruja *s.f.* strega, maga | *creer en brujas*, essere un credulone.
brujería *s.f.* stregoneria, magia.
brujo *s.m.* mago, stregone.
brújula *s.f.* bussola | (*a carte*) *mirar por la* —, indovinare.
bruma *s.f.* foschia; bruma.
brumoso *agg.* nebbioso, brumoso.
bruno *agg.* bruno.
bruñido *agg.* brunito.
bruñir (*con. come* gruñir) *v.tr.* brunire; lucidare.
brusco[1] *agg.* **1** brusco, repentino: *aumento — de las temperaturas*, inalzamento brusco delle temperature **2** (*di persona*) aspro, brusco.
brusco[2] *s.m.* (*bot.*) pungitopo.
brusquedad *s.f.* asprezza: *frenar con* —, frenare improvvisamente.
brutal *agg.* brutale.
brutalidad *s.f.* brutalità.
bruto *agg.* **1** ignorante, scemo; zuccone: *no entiende nada, es un poco* —, non capisce niente, è un po' scemo **2** grezzo, rozzo **3** (*di materiale*) grezzo, greggio | *en* —, non elaborato | *petróleo* —, greggio **4** (*econ.*) lordo | *peso* —, peso lordo | *producto interior* —, prodotto interno lordo ♦ *s.m.* bruto.
bucal *agg.* orale, boccale.
bucanero *s.m.* bucaniere, pirata.
buceador *s.m.* sommozzatore, subacqueo.
bucear *v.intr.* **1** nuotare sott'acqua, immergersi **2** (*fig.*) esplorare: — *en algo*, investigare su qlco.
buceo *s.m.* immersione (*f.*).
buche *s.m.* **1** (*di uccelli*) gozzo **2** (*fam.*) pancia (*f.*), stomaco | *llenar el* —, mettere qlco. in pancia | *guardar algo en el* —, custo-

dire un segreto **3** sorsata (*f.*) | *hacer buches*, sciacquarsi la bocca, fare i gargarismi.
bucle *s.m.* boccolo, ricciolo.
bucólico *agg.* bucolico.
buda *s.m.* budda, buddha.
búdico *agg.* buddistico, buddhistico.
budín *s.m.* (*cuc.*) **1** dolce fatto con pan di Spagna, latte, zucchero e frutta secca **2** sformato.
budismo *s.m.* buddismo, buddhismo.
buenaventura *s.f.* **1** buona fortuna **2** sorte | *echar la* —, predire la sorte.
bueno (*davanti a s.m.* buen) *agg.* **1** buono, mite: *es un hombre* —, è un buon uomo **2** (*con riferimento alla qualità*) buono, bello, valido: *producto* —, prodotto buono/valido | *un buen libro*, un bel libro | *buenos días*, buon giorno | *buenas noches*, buonanotte **3** (*abile*) buono, bravo, competente: *un buen profesor*, un bravo professore **4** (*grande, abbondante*) grosso; bello: *cuenta con un buen patrimonio*, dispone di un bel patrimonio; *un buen trozo de pastel*, un bel pezzo di torta | *¡buena ayuda la tuya!*, bell'aiuto il tuo! | *la buena sociedad*, il bel mondo, la buona società, la società bene **5** (*di clima*) bello, sereno: *hoy hace* —, oggi fa bello **6** (*con il v.* estar) bene, in buona salute; in buono stato: *él ya está* —, lui ormai è guarito, sta bene; *mi vestido todavía está* —, il mio vestito è ancora in buono stato | (*pop.*) *estar* —, essere figo | *de buenas a primeras*, all'improvviso | *por las buenas*, di buon grado | *¡—, —, vamos!*, dai, forza, andiamo! | *¡estaría —!*, sarebbe proprio bella! | *lo — es*, il bello è ♦ *inter.* **1** bravo, bene **2** basta: *¡—!, no me des más limonada*, basta! non voglio più limonata.
buey *s.m.* (*zool.*) bue.
bufa *s.f.* scherzo (*m.*).
búfalo *s.m.* (*zool.*) bufalo.
bufanda *s.f.* sciarpa.
bufar *v.intr.* **1** sbuffare, buffare **2** (*fig.*) essere adirato | — *de rabia*, sbuffare dalla rabbia.
bufete *s.m.* **1** scrivania (*f.*) con cassetti **2** studio di avvocato.
bufo *agg.* buffo.
bufón *agg.* grottesco ♦ *s.m.* buffone, pagliaccio.
bufonada *s.f.* buffonata, pagliacciata.
buhardilla *s.f.* soffitta, abbaino (*m.*), mansarda.
búho *s.m.* (*zool.*) gufo.
buhonería *s.f.* chincaglieria.
buido *agg.* affilato, aguzzo.
buitre *s.m.* (*zool.*) avvoltoio.
bujía *s.f.* (*anche mecc.*) candela.
bula *s.f.* (*relig.*) bolla.
bulbo *s.m.* (*bot., anat.*) bulbo.
búlgaro *agg.*, *s.m.* bulgaro.
bulla *s.f.* confusione, chiasso (*m*) | *armar* —, creare confusione.
bullanga *s.f.* baccano (*m.*), fracasso (*m.*).
bullanguero *agg.* chiassoso; (*pop.*) casinista.
bullicio *s.m.* chiasso, frastuono.
bullir (*indic.pass.rem.* bulló, bulleron; *cong. imperf.* bullera, bulleras...) *v.intr.* **1** bollire **2** (*fig.*) brulicare, formicolare **3** (*fig.*) agitarsi | *bullirle a alguien la sangre*, accalorarsi, appassionarsi ♦ **-se** *v.pron.* agitarsi.
bulo *s.m.* frottola (*f.*), notizia (*f.*) allarmistica.
bulto *s.m.* **1** pacco, fagotto: *hay un — de ropa en tu armario*, c'è un fagotto di vestiti nel tuo armadio | *a* —, complessivamente, in blocco | *calcular a* —, calcolare a occhio | *hacer* —, (*di una cosa*) fare volume; (*di una persona*) fare numero **2** (*comm.*) collo, balla (*f.*), pacchi (*pl.*); bagagli (*pl.*): *viaja con mucho* —, viaggia con molti bagagli **3** gonfiore, protuberanza (*f.*): *tiene un — en el brazo*, ha un gonfiore su un braccio **4** ombra (*f.*), sagoma (*f.*): *en la oscuridad sólo se veían bultos*, al buio si distinguevano solo delle ombre informi | (*fig.*) *escurrir el* —, schivare qlco., svignarsela.
bumerán *s.m.* boomerang.
buñolería *s.f.* locale in cui si vendono fritelle.
buñuelo *s.m.* **1** frittella (*f.*) | — *de viento*, frittella dolce ripiena | (*fig.*) *andar a freír buñuelos*, andare a farsi friggere **2** (*fig.*) pasticcio, pastrocchio.
buque *s.m.* nave (*f.*), bastimento.
burbuja *s.f.* bolla, bollicina | *papel* —, plastica a bolle (per imballaggi).
burbujear *v.intr.* fare bolle, gorgogliare.
burdel *s.m.* postribolo, bordello.
burdo *agg.* **1** (*di persona*) rozzo, grossolano **2** (*di cosa*) greggio.
bureo *s.m.* divertimento.
burgués *agg.* borghese.
burguesía *s.f.* borghesia.
buriel *agg.* scarlatto.
burla *s.f.* burla, scherzo (*m.*), beffa | — *burlando*, ridendo e scherzando, senza accorgersi.
burlador *agg.* burlone ♦ *s.m.* dongiovanni, seduttore.
burlar *v.tr.* **1** ingannare, prendere in giro **2** eludere, schivare ♦ **-se** *v.pron.* burlarsi | — *de alguien*, prendere in giro qlcu.
burlesco *agg.* burlesco.
burlón *agg.* burlone, mattacchione.
buró *s.m.* **1** (*mobile*) bureau, scrivania (*f.*) **2** (*comm.*) ufficio.
burocracia *s.f.* burocrazia.
burócrata *s.m./f.* burocrate.
burocrático *agg.* burocratico.
burra *s.f.* (*zool.*) asina.
burrada *s.f.* **1** bestialità, sciocchezza: *dice muchas burradas*, dice molte sciocchezze

2 (*fig.*) gran quantità: *has comprado una — de ropa*, hai comperato una montagna di vestiti.

burro *agg.* ignorante, grossolano ♦ *s.m.* asino, somaro | *trabajar como un —*, lavorare come una bestia/un mulo.

bursátil *agg.* (*econ.*) borsistico, di borsa: *cotizaciones bursátiles*, quotazioni di borsa; *mercado —*, mercato borsistico.

burujo *s.m.* grumo.

busca *s.f.* **1** ricerca **2** (*caccia*) battuta **3** (*tel.*) cercapersone (*m.*).

buscapersonas *s.m.* cercapersone.

buscar (*con. come* pescar) *v.tr.* cercare: *— trabajo*, cercare lavoro | *— tres pies al gato*, cercare il pelo nell'uovo | *él que busca, encuentra*, chi cerca, trova | *buscarse la vida*, arrangiarsi per sopravvivere.

buscavidas *s.m.* **1** ficcanaso **2** chi si sa arrangiare.

buscón *agg.*, *s.m.* **1** borsaiolo **2** imbroglione.

búsqueda *s.f.* ricerca, indagine.

busto *s.m.* **1** (*anat.*, *arte*) busto **2** (*di donna*) seni (*pl.*), petto.

butaca *s.f.* poltrona.

butano *s.m.* (*chim.*) butano.

butifarra *s.f.* **1** salsiccia catalana **2** (*Perú*) panino (*m.*).

buz (*pl.* -ces) *s.m.* labbro.

buzo *s.m.* **1** palombaro, sommozzatore | *campana de —*, campana da palombaro **2** (*abbigl.*) tuta (*f.*) da lavoro; tutina (*f.*) (da bambino).

buzón *s.m.* buca (*f.*) delle lettere | *echar al —*, imbucare | *— del lector*, la posta dei lettori.

buzonear *v.intr.* distribuire pubblicità.

Cc

c *s.f.* c | (*tel.*) — *como Carmen*, c come Como.
cabal *agg.* **1** giudizioso, assennato | *no estar en sus cabales*, essere fuori di senno **2** giusto, esatto **3** (*fig.*) eccellente.
cábala *s.f.* **1** cabala **2** (*fig., spec. pl.*) congettura | *hacer cábalas*, fare congetture **3** (*fam.*) macchinazione, intrigo (*m.*).
cabalgadura *s.f.* cavalcatura
cabalgar (*con. come* llegar) *v.intr.* cavalcare ♦ *v.tr.* **1** cavalcare **2** (*zool.*) montare, coprire.
cabalgata *s.f.* cavalcata | — *de Reyes*, sfilata a cavallo che si tiene tradizionalmente il giorno dell'Epifania.
caballa *s.f.* (*zool.*) sgombro (*m.*).
caballada *s.f.* branco *(m.)* di cavalli.
caballaje *s.m.* **1** (*zool.*) monta (*f.*) **2** (*comm.*) prezzo della monta.
caballeresco *agg.* cavalleresco.
caballerete *s.m.* (*spreg.*) bellimbusto.
caballería *s.f.* **1** bestia da soma | — *mayor*, mulo o cavallo; — *menor*, asino **2** (*mil., pol.*) cavalleria, ordine equestre | *novela de* —, romanzo cavalleresco.
caballeriza *s.f.* scuderia.
caballero *s.m.* **1** signore, gentiluomo **2** uomo adulto **3** cavaliere (*anche fig.*) | — *de industria*, imbroglione **4** (*mil.*) soldato a cavallo, cavalleggero | — *andante*, cavaliere errante.
caballerosidad *s.f.* signorilità, nobiltà.
caballeroso *s.m.* signorile.
caballete *s.m.* **1** cavalletto **2** (*arch.*) trave (*f.*) di colmo.
caballito *s.m.* **1** cavallino | — *de mar*, ippocampo, cavalluccio marino **2** (*pl.*) giostra (*f.*)
caballo *s.m.* **1** cavallo | *a mata* —, a spron battuto | — *de mar*, ippocampo | — *de vapor*, cavallo vapore **2** (*gerg.*) droga (*f.*), eroina (*f.*): *atado al* —, tossicodipendente **3** (*nel gioco degli scacchi, delle carte*) cavallo **4** (*ginnastica*) cavallo.
cabaña *s.f.* **1** capanna (*f.*): — *alpina*, baita **2** allevamento (*m.*), gregge (*m.*); mandria: *la* — *caballar*, l'allevamento di cavalli.
cabaré *s.m.* cabaret.
cabaretero *s.m.* cabarettista (*m./f.*).
cabecear *v.intr.* **1** scrollare/scuotere la testa **2** crollare la testa, assopirsi **3** (*mar., aer.*) beccheggiare ♦ *v.tr.* (*calcio*) colpire di testa.
cabeceo *s.m.* **1** oscillazione (*f.*) **2** (*mar.*) beccheggio.
cabecera *s.f.* **1** testata del letto; capezzale (*m.*) | *médico de* —, medico di famiglia | *libro de* —, libro preferito **2** principio (*m.*), origine (*m.*) | — *de un río*, sorgente | *la* — *de la mesa*, il capotavola **3** (*amm.*) capoluogo (*m.*) **4** (*di giornale*) testata; intestazione **5** (*tv*) sigla di trasmissione.
cabecilla *s.m./f.* capobanda, capoccia (*m.*).
cabellera *s.f.* **1** capigliatura, chioma **2** (*astr., di cometa*) coda, chioma.
cabello *s.m.* capello, capelli (*pl.*), capigliatura (*f.*): *arreglarse el* —, sistemarsi i capelli | *en cabellos*, a capo scoperto | (*fig.*) *asirse de un* —, valersi di qualsiasi pretesto | *estar pendiente de un* —, essere appeso a un filo.
caber (*indic.pres.* quepo, cabes…; *pass.rem.* cupe, cupiste, cupo, cupimos, cupisteis, cupieron; *fut.* cabré…; *cong.pres.* quepa…; *imperf.* cupiera…; *imp.* quepa, quepamos, quepan) *v.intr.* **1** starci, essere contenuto; entrarci: *en el estante caben todos los libros*, nello scaffale ci stanno tutti i libri; *no cabe nadie más*, non ci sta più nessuno | *no le cabe en la cabeza*, non riesce a capire/a concepire, non gli entra in testa | *no cabe más*, il non plus ultra | *no* — *en sí de gozo*, non stare più nella pelle dalla gioia **2** entrare, passare; andare bene: *el armario no cabe por la puerta*, l'armadio non passa dalla porta; *ya no me cabe el vestido*, il vestito non mi sta più/non mi va più bene **3** (*fig.*) spettare, toccare, avere: *me cabe el honor de*, ho l'onore di **4** (*fig.*) essere possibile: *cabe que gane*, può darsi che vinca | *no cabe duda*, non c'è dubbio.
cabestro *s.m.* **1** (*zool.*) bue **2** capestro, cavezza (*f.*) **3** (*fam.*) scemo, idiota **4** (*fam.*) cornuto.
cabeza *s.f.* **1** testa, capo (*m.*): *dolor de* —, mal di testa | — *de turco*, capro espiatorio | *alzar/levantar* —, rimettersi (in salute); (*econ.*) rifarsi | *bajar la* —, ubbidire; umiliarsi | *sin pies ni* —, senza capo ne coda | — *abajo, arriba*, a testa in giù, in su | *por* —, a testa, a persona | — *de ajo*, testa d'aglio **2** capo

(*m.*) di bestiame **3** giudizio (*m.*), intelletto (*m.*) | *sentar la —*, mettere la testa a posto | *andar de —*, avere tante preoccupazioni | *meter en la —*, far capire | *metérsele en la — algo*, mettersi in testa qlco. **4** (*principio, parte estrema*) capocchia; testa: *— de clavo, de alfiler*, capocchia di chiodo, di spillo; *la — de la manifestación*, la testa del corteo | *a la — de*, in testa a **5** (*tecn.*) testata; estremità; (*di registratore*) testina **6** (*amm.*) capitale, capoluogo (*m.*) ♦ *s.m./f.* (*fig.*, *persona*) capo (*m.*) | *— de familia*, capofamiglia | (*pol.*) *— de lista*, capolista.

cabezada *s.f.* **1** testata, colpo (*m.*) di testa: *darle una — a alguien*, dare una testata a qlcu. **2** movimento (*m.*) della testa, cenno (*m.*) di saluto | *dar cabezadas, echar una —*, appisolarsi, sonnecchiare.

cabezal *s.m.* **1** guanciale, cuscino **2** (*tecn.*) testa (*f.*), testina (*f.*).

cabezazo *s.m.* testata (*f.*); (*sport*) colpo di testa | *metió gol con un —*, ha segnato con un colpo di testa.

cabezón *agg., s.m.* testone; testardo.

cabezonada *s.f.* (*fam.*) cocciutaggine, colpo (*m.*) di testa, sventatezza.

cabezota *agg., s.m./f.* testardo (*m.*), caparbio (*m.*).

cabezudo *agg.* **1** che ha la testa grande **2** (*fig.*) testardo ♦ *s.m.* (*nelle feste*) fantoccio dalla grossa testa.

cabida *s.f.* **1** capienza, capacità; spazio (*m.*), posto (*m.*): *hay — para 50 personas*, c'è posto per 50 persone | *dar —*, accogliere **2** (*di un terreno*) superficie.

cabildo *s.m.* **1** comune, municipio **2** (*pol.*) consiglio comunale, giunta (*f.*) **3** (*relig.*) capitolo (di cattedrale).

cabina *s.f.* (*di telefono, aereo, camion*) cabina | *— electoral*, cabina elettorale.

cabizbajo *agg.* a capo chino.

cable *s.m.* **1** cavo: *— eléctrico*, cavo/filo elettrico | (*tv*) *por —*, via cavo | *echarle un — a alguien*, dare una mano a qlcu. | *cruzársele los cables a alguien*, (*di persona*) andare in tilt **2** (*mar.*) gomena (*f.*) **3** (*tel.*) cablogramma.

cableado *s.m.* (*elettr.*) cablaggio.

cablear *v.tr.* (*elettr.*) cablare.

cabo *s.m.* **1** capo, estremità (*f.*) | *de — a rabo*, da cima a fondo | *al — de*, dopo | *al fin y al —*, in fin dei conti | *atar cabos*, tirare le fila | *llevar a —*, portare a termine | *estar al — de la calle*, essere completamente informato | *— suelto*, problema irrisolto, cosa lasciata in sospeso **2** (*geogr.*) capo, punta (*f.*) **3** (*mil.*) caporale **4** (*geogr.*) capo, promontorio, punta (*f.*): *el — de Buena Esperanza*, il capo di Buona Speranza.

cabotaje *s.m.* cabotaggio.

cabra *s.f.* capra: *— montés*, capra selvatica | *queso de —*, formaggio caprino | (*fig.*) *estar como una —*, essere matto da legare | *pie de —*, piede di porco | *la — siempre tira al monte*, il lupo perde il pelo ma non il vizio.

cabrada *s.f.* (*zool.*) gregge (*m.*) di capre.

cabrales *s.m.* (*cuc.*) formaggio tipico della regione delle Asturie.

cabrear *v.tr.* (*fam.*) irritare: *estar cabreado*, essere incavolato ♦ **-se** *v.pron.* (*fam.*) irritarsi, arrabbiarsi; (*volg.*) incazzarsi.

cabreo *s.m.* (*fam.*) arrabbiatura (*f.*); (*volg.*) incazzatura.

cabrerizo *agg.* caprino ♦ *s.m.* capraio.

cabrero *s.m.* capraio.

cabrestante *s.m.* argano.

cabrilla *s.f.* **1** cavalletto (*m.*), trespolo (*m.*) **2** gioco che consiste nel lanciare dei sassi piatti sulla superficie dell'acqua per farli rimbalzare **3** (*mar.*) piccola onda increspata.

cabrío *agg.* caprino | *macho —*, capro, caprone.

cabriola *s.f.* capriola.

cabriolé *s.m.* **1** calesse **2** (*aut.*) cabriolet.

cabritilla *s.f.* pelle di capretto.

cabrito *s.m.* capretto.

cabro *s.m.* (*zool.*) caprone.

cabrón *s.m.* **1** caprone **2** (*fig.*) cornuto; (*volg.*) stronzo.

cabronada *s.f.* (*volg.*) puttanata, stronzata.

caca *s.f.* **1** (*fam.*) cacca **2** sporcizia, schifezza (*anche fig.*): *ese artículo es una —*, quell'articolo è una porcheria **3** (*fig.*) difetto (*m.*), vizio (*m.*): *tapar la —*, nascondere il difetto/la magagna.

cacahuete *s.m.* arachide (*f.*), nocciolina (*f.*) americana.

cacao *s.m.* **1** (*bot.*) cacao **2** (*fam.*) caos, confusione (*f.*), pasticcio | *tener un — mental*, avere una gran confusione in testa.

cacarear *v.intr.* **1** chiocciare **2** (*fig.*) strombazzare, menar vanto.

cacareo *s.m.* coccodè: *el — de las gallinas*, il coccodè delle galline.

cacatúa *s.m.* **1** (*zool.*) cacatua **2** (*fig.*) befana (*f.*).

cacereño *agg.* di Cáceres ♦ *s.m.* nativo di Cáceres.

cacería *s.f.* **1** partita di caccia **2** cacciagione.

cacerola *s.f.* casseruola, tegame (*m.*).

cacha *s.f.* **1** (*di coltello*) manico (*m.*) **2** (*mil.*) culatta **3** (*fam.*) chiappa.

cachalote *s.m.* (*zool.*) capodoglio.

cachar *v.tr.* **1** rompere, fare a pezzi **2** (*Amer.*) prendere in giro **3** (*Amer.*) prendere al volo **4** (*Amer.*) incornare.

cacharrería *s.f.* negozio (*m.*) di stoviglie.

cacharrero *s.m.* venditore di stoviglie.

cacharro *s.m.* **1** recipiente (di terracotta): *lavar los cacharros*, lavare le pentole **2** (*fig.*) aggeggio, cianfrusaglia (*f.*): *esa habitación*

está llena de cacharros, quella stanza è piena di cianfrusaglie **3** (*fig.*) catorcio, rottame: *estoy hecha un —*, sono un rottame.
cachaza *s.f.* **1** flemma, indolenza **2** (*Amer.*) grappa di melassa di canna da zucchero.
cachazudo *agg.* flemmatico.
caché *s.m.* **1** eleganza (*f.*), raffinatezza (*f.*) **2** cachet, quotazione (*f.*), compenso: *es un artista con mucho —*, è un artista molto quotato.
cachear *v.tr.* perquisire: *lo cachearon al salir del supermercado*, lo hanno perquisito quando è uscito dal supermercato.
cachemir *s.m.* cachemire.
cacheo *s.m.* perquisizione (*f.*), controllo.
cachetada *s.f.* schiaffo (*m.*).
cachete *s.m.* **1** ceffone, cazzotto **2** guancia (*f.*).
cachetero *s.m.* pugnale.
cachicán *s.m.* **1** (*agr.*) fattore **2** (*fam.*) furbo.
cachimba *s.f.* pipa.
cachiporra *s.f.* manganello (*m.*).
cachiporrazo *s.m.* manganellata (*f.*).
cachivache *s.m.* robaccia (*f.*), cianfrusaglia (*f.*) | *eres un —*, sei un buono a nulla.
cacho *s.m.* **1** pezzo | (*fam.*) *ser un — de pan*, essere un pezzo di pane | (*fam. rafforzativo*) *— (de)*, pezzo di: *— animal*, bestia **2** fetta (*f.*), spicchio **3** (*Amer.*) corno **4** (*Amer.*) casco di banane.
cachondearse *v.pron.* (*fam.*) burlarsi: *se está cachondeando de mí todo el día*, non fa altro che burlarsi di me tutto il giorno.
cachondeo *s.m.* **1** (*fam.*) presa (*f.*) in giro, beffa (*f.*) **2** (*fam.*) divertimento; chiasso.
cachondo *agg.* **1** (*volg.*) in calore, in fregola: *estar/ponerse —*, essere/diventare eccitato **2** (*fam.*) divertente: *ser —*, essere divertente/scherzoso.
cachorro *s.m.* cucciolo.
cachupín *s.m.* (*Amer.*) spagnolo che si è stabilito in America.
cacique *s.m.* **1** cacicco, capo indigeno **2** (*fig.*) capoccia, persona (*f.*) influente/autoritaria.
caciquismo *s.m.* (*pol.*) autoritarismo, abuso di potere.
caco *s.m.* (*fam.*) ladrone.
cacodilo *s.m.* (*chim.*) cacodile.
cacofonía *s.f.* cacofonia.
cacofónico *agg.* cacofonico.
cactácea *s.f.* (*bot.*) cactacea.
cacto, cactus *s.m.* cactus.
cacumen *s.m.* (*fam.*) perspicacia (*f.*), acume.
cada *agg.indef.* ogni, ciascuno | *— dos por tres*, in continuazione, ogni due per tre | *— uno, — cual*, ognuno | *— tres meses*, ogni tre mesi | *— oveja con su pareja*, chi si assomiglia si piglia | *— vez*, sempre: *mi padre está — vez mejor*, mio padre sta sempre meglio.
cadalso *s.m.* patibolo.
cadáver *s.m.* cadavere; salma (*f.*) | *depósito de cadáveres*, obitorio | *parece un —*, ha una brutta cera.
cadavérico *agg.* cadaverico.
cadena *s.f.* **1** (*anche fig.*) catena; (*del cane*) guinzaglio (*m.*); (*dell'orologio*) catena, cinturino (*m.*): *— humana por la paz*, girotondo/catena umana per la pace | *en —*, a catena | *— de montaje*, catena di montaggio | *— de montañas*, catena montuosa | *— de tiendas*, catena di negozi | *— de música/sonido*, impianto stereo | *— alimentaria*, catena alimentare | *— de frío*, catena del freddo | *tirar de la —*, tirare lo sciacquone **2** (*fig.*) vincolo (*m.*), schiavitù | *— perpetua*, ergastolo **3** (*tv*) canale (*m.*), rete, network (*m.*): *la película es en la segunda —*, il film è sul secondo canale.
cadencia *s.f.* cadenza, ritmo (*m.*).
cadencioso *agg.* (*di voce, movimento*) cadenzato, armonioso.
cadenilla *s.f.* catenina, catenella.
cadera *s.f.* (*anat.*) anca, fianco (*m.*).
caderamen *s.m.* (*fam.*) fianchi (*pl.*) abbondanti.
cadete *s.m.* **1** cadetto **2** allievo di accademia militare **3** (*Amer.*) garzone.
cadillo *s.m.* (*med.*) verruca (*f.*).
cadmio *s.m.* (*chim.*) cadmio.
caducar (*con. come* pescar) *v.intr.* **1** scadere **2** (*dir.*) decadere **3** (*fig.*) deperire, decadere.
caducidad *s.f.* **1** scadenza, caducità | *fecha de —*, data di scadenza **2** (*dir.*) prescrizione, estinzione, decadimento (*m.*).
caducifolio *agg.* (*bot.*) caducifoglio.
caduco *agg.* **1** caduco, effimero | *mal —*, epilessia **2** vecchio, decrepito: *vestuario —*, abbigliamento antiquato.
caer (*indic.pres.* caigo, caes...; *pass.rem.* caí, caíste, cayó, caímos, caísteis, cayeron; *cong. pres.* caiga...; *imperf.* cayera...; *ger.* cayendo; *imp.* caiga, caigamos, caigan) *v.intr.* **1** cadere, cascare, precipitare (*anche fig.*): *— en el vacío*, cadere nel vuoto | (*fig.*) *— muy bajo*, cadere in basso, abbrutirsi | (*fig.*) *— de pie*, cadere in piedi | (*di data*) *cae en domingo*, cade di domenica | *— enfermo*, ammalarsi | *— redondo*, stramazzare | *— bien, mal*, (*un alimento*) far bene, male; (*una persona*) essere simpatico, antipatico; (*un vestito*) star bene **2** calare, diminuire: *al — el sol*, al calar del sole **3** (*fig.*) cascarci: *caí en la trampa*, ci son cascato (nell'inganno) **4** (*piombare*) arrivare all'improvviso, comparire: *cayó en mi casa a las dos de la madrugada*, piombò in casa mia alle due di mattina **5** scomparire; morire: *cayó la monarquía*, cadde la monarchia; *cayó como un héroe*, morì come un eroe **6** trovarsi, essere situato; affacciarsi, dare su: *la escuela cae cerca de la plaza*

Mayor, la scuola si trova vicino alla piazza Maggiore **7** arrivare a capire o a ricordare: *no cae en lo que le están diciendo*, non riesce a capire quello che gli stanno dicendo | — *en (la) cuenta*, rendersi conto **8** capitare, toccare: *ese dinero le cayó en la lotería*, ha vinto quei soldi alla lotteria | *estar al* —, essere sul punto di arrivare o succedere ♦ **-se** *v.pron.* **1** cadere: *el niño se ha caído*, il bambino è caduto; *se me cayó el plato*, mi è caduto il piatto; — *al suelo*, cadere per terra | — *del susto*, morire dallo spavento **2** staccarsi, cadere: *se le cayó un botón*, gli si staccò un bottone; *se le han caído las hojas al libro*, al libro si sono staccate le pagine.

café *s.m.* **1** caffè: — *cargado*, caffè ristretto; — *con leche*, caffelatte; — *cortado*, caffè macchiato; — *descafeinado*, caffè decaffeinato; — *largo*, caffè lungo; — *molido*, caffè macinato; — *negro/solo*, espresso | (*fig.*) *buen, mal* —, buono, cattivo umore **2** caffè, bar: — *cantante*, caffè concerto.

cafeína *s.f.* caffeina.

cafetal *s.m.* piantagione (*f.*) di caffé.

cafetera *s.f.* caffettiera.

cafetería *s.f.* torrefazione; bar (*m.*), caffetteria, tavola calda.

cafetero *agg.* **1** caffeario **2** (*fam.*) amante (*m./f.*) del caffé ♦ *s.m.* proprietario di una caffetteria.

cafetín *s.m.* caffé, bar.

caficultor *s.m.* (*agr.*) chi coltiva il caffé.

cáfila *s.f.* (*fam.*) grande folla.

caftán *s.m.* caftano.

cagada *s.f.*(*volg.*) **1** (*escremento*) stronzo (*m.*), cacata **2** (*fig.*) sbaglio (*m.*) **3** (*fig.*) cazzata.

cagadero *s.m.* (*volg.*) cacatoio.

cagado *agg.* (*fam.*) codardo, cacasotto | *estar — de miedo*, farsela sotto dalla paura.

cagajón *s.m.* escremento di cavallo.

cagar (*con. come* llegar) *v.tr.* (*volg.*) **1** cacare, defecare **2** (*fig.*) fare una stronzata: *con tu actitud la cagaste*, col tuo atteggiamento hai fatto una stronzata ♦ **-se** *v.pron.* (*volg., anche fig.*) farsela addosso | — *de miedo*, farsela sotto dalla paura | *¡me cago en la leche/mar!*, maledizione!, vaffanculo!

cagarruta *s.f.* (*di coniglio, di capra*) sterco (*m.*) a palline.

cagatinta(s) *s.m.* (*fam. spreg.*) impiegatuccio.

cagón *s.m.* (*fam.*) fifone, cagasotto: *no tiene el valor para hacerlo, es un* —, non ha il coraggio di farlo, è un cagasotto.

caída *s.f.* **1** caduta (*anche fig.*) | *la — del régimen*, la caduta del regime | *la — de la noche*, l'imbrunire | *hacer una — de ojos*, fare gli occhi dolci **2** (*di prezzi, temperatura, pressione*) calo (*m.*), diminuzione: (*tecn.*) — *de potencial/tensión*, caduta di potenza/tensione **3** pendio (*m.*), discesa **4** cascata: *se ven caídas muy pintorescas*, si vedono cascate molto pittoresche.

caído *agg.* **1** caduto, cascato | *ser — de hombros*, avere le spalle cadenti **2** (*fig.*) abbattuto, avvilito | *estar de capa caída*, essere avvilito ♦ *s.m.* (*mil.*) caduto.

caimán *s.m.* (*zool.*) caimano, alligatore.

caique *s.m.* (*mar.*) caicco.

cairel *s.m.* **1** frangia (*f.*) (di capelli, di vestiti) **2** goccia (*f.*) di cristallo, nei lampadari.

cairota *agg., s.m./f.* cairota, (nativo) del Cairo.

caja *s.f.* **1** scatola; cassa, cassetta: — *de chocolatinas*, scatola di cioccolatini; — *de madera*, cassa di legno; — *de herramientas*, cassetta degli attrezzi | (*aut.*) — *de cambios/de velocidades*, scatola del cambio | — *de seguridad*, cassetta di sicurezza | — *del reloj*, cassa dell'orologio | (*fam.*) — *tonta/boba*, televisore | (*di veicolo*) — *negra*, scatola nera | — *alta, baja*, lettera maiuscola, minuscola | (*anat.*) — *torácica*, cassa toracica | — *de muerto*, bara | — *de resonancia*, cassa di risonanza **2** (*comm.*) cassa | — *fuerte/de caudales*, cassaforte | — *de ahorros*, cassa di risparmio | — *registradora*, registratore di cassa **3** (*mus.*) tamburo (*m.*) **4** (*tip.*) gabbia, cassa tipografica.

cajero *s.m.* cassiere | — *automático*, bancomat.

cajetilla *s.f.* **1** scatoletta; (*di sigarette*) pacchetto (*m.*) **2** (*Amer.*) fighetto (*m.*), vanitoso (*m.*).

cajetín *s.m.* **1** timbro **2** (*elettr.*) cassetta (*f.*) di distribuzione **3** gettoniera (*f.*) **4** (*tip.*) scomparto della gabbia.

cajón *s.m.* **1** cassone **2** cassetto | — *de sastre*, guazzabuglio, disordine **3** (*arch.*) cassonetto | *ser de* —, essere evidente, risultare fuori di dubbio.

cajonera *s.f.* cassettiera.

cal *s.f.* calce: — *apagada/muerta*, calce spenta; — *viva*, calce viva | *cerrar a — y canto*, chiudere in modo sicuro, sbarrare | *muro de — y canto*, muro massiccio | *dar una de — y otra de arena*, dare un colpo al cerchio e uno alla botte.

cala[1] *s.f.* **1** (*di frutta, formaggio*) assaggio (*m.*), pezzetto (*m.*) **2** (*farm.*) supposta lassativa.

cala[2] *s.f.* (*geogr.*) cala, rada.

cala[3] *s.f.* (*bot.*) calla.

calabacear *v.tr.* **1** respingere: *la invitó a la fiesta pero ella lo calabaceó*, l'ha invitata alla festa però lei gli ha detto di no **2** (*scuola*) bocciare.

calabacera *s.f.* (*bot., pianta*) zucca.

calabacín *s.m.* zucchina (*f.*).

calabaza *s.f.* **1** (*frutto*) zucca **2** (*fig.*) tonto (*m.*) | *dar calabazas*, respingere un pretendente; (*scuola*) bocciare agli esami.
calabazada *s.f.* zuccata | *darse de calabazadas*, lottare per ottenere qlco.
calabazar *s.m.* (*agr.*) piantagione (*f.*) di zucche.
calabozo *s.m.* segreta (*f.*), cella (*f.*) di sicurezza.
calabrés *agg.*, *s.m./f.* calabrese.
calada *s.f.* (*fam.*) boccata, tiro (*m.*) di sigaretta.
caladero *s.m.* luogo di pesca.
calado *agg.* **1** inzuppato, fradicio | *estar — hasta los huesos*, essere bagnato fradicio **2** (*tecn.*) traforato ♦ *s.m.* **1** (*mar.*) pescaggio **2** (*mar.*) profondità (*f.*) **3** (*ricamo*) punto traforato, punto a giorno **4** (*su legno, metallo*) traforo **5** (*aut.*) blocco improvviso del motore.
calador *s.m.* traforatore.
caladura *s.f.* assaggio (*m.*) di frutta.
calaíta *s.f.* (*min.*) turchese (*m.*).
calamar *s.m.* (*zool.*) calamaro, totano.
calambrazo *s.m.* (*elettr.*) scossa (*f.*).
calambre *s.m.* crampo: — *de estómago*, crampo allo stomaco.
calambur *s.m.* (*ret.*) calembour.
calamidad *s.f.* calamità (*anche fig.*), disgrazia: *Pepa es una —*, Pepa è un disastro.
calamita *s.f.* **1** calamita **2** ago (*m.*) della bussola.
calamitoso *agg.* calamitoso, sfortunato.
cálamo *s.m.* calamo.
calaña *s.f.* indole, risma: *de mala —*, malavitoso | *somos de la misma —*, siamo fatti della stessa pasta.
calar[1] *s.m.* (*min.*) terreno calcareo ♦ *agg.* (*min.*) calcareo (*m.*).
calar[2] *v.tr.* **1** (*di liquido*) penetrare, intridere **2** (*mar.*) calare, immergere: — *las redes*, calare le reti **3** (*fam.*) inquadrare; sgamare: *lo tengo calado*, l'ho già sgamato **4** tagliare per assaggiare (melone, anguria) **5** traforare ♦ **-se** *v.pron.* **1** inzupparsi **2** calcarsi addosso: — *el sombrero*, calcarsi il cappello in testa.
calato *agg.* (*Amer.*) nudo.
calavera *s.f.* **1** teschio (*m.*) **2** (*fig.*) scapestrato (*m.*), scavezzacollo (*m.*).
calaverada *s.f.* (*fam.*) comportamento (*m.*) scapestrato.
calcado *agg.* **1** identico: *es — a su hermano*, è identico a suo fratello **2** calcato.
calcáneo *s.m.* (*anat.*) (osso del) calcagno.
calcañar *s.m.* (*anat.*) calcagno, tallone.
calcar (*con. come* pescar) *v.tr.* **1** ricalcare **2** (*fig.*) imitare, copiare, riprodurre.
calcáreo *agg.* calcareo.
calcetín *s.m.* calzino, calza (*f.*) da uomo.
calcificación *s.f.* calcificazione.
calcificar (*con. come* pescar) *v.tr.* calcificare.
calcinación *s.f.* (*chim.*) calcinazione, calcinatura.
calcinar *v.tr.* **1** (*chim.*) calcinare **2** bruciare.
calcio *s.m.* (*chim.*) calcio.
calco *s.m.* **1** calco | *papel de —*, carta carbone **2** copia (*f.*), imitazione (*f.*), riproduzione (*f.*).
calcografía *s.f.* calcografia.
calcomanía *s.f.* decalcomania.
calculable *agg.* calcolabile.
calculador *agg.*, *s.m.* calcolatore (*anche fig.*).
calculadora *s.f.* calcolatrice.
calcular *v.tr.* **1** calcolare, stimare **2** riflettere, considerare.
cálculo *s.m.* calcolo (*anche fig. e med.*).
calculosis *s.f.* (*med.*) calcolosi.
calda *s.f.* **1** arroventatura **2** (*pl.*) bagni (*m.*) termali.
caldear *v.tr.* **1** riscaldare: — *la casa con la chimenea*, riscaldare la casa con il camino **2** (*fig.*) animare, eccitare.
caldera *s.f.* **1** caldaia **2** pentolone (*m.*) | *las calderas de Pedro Botero*, l'inferno.
calderero *s.m.* calderaio.
caldereta *s.f.* (*cuc.*) stufato (*m.*) di agnello o capretto.
calderilla *s.f.*, spiccioli (*m.pl.*), monete (*pl.*) di poco valore.
calderón *s.m.* calderone.
caldo *s.m.* **1** brodo **2** sugo, condimento | (*biol.*) — *de cultivo*, brodo di coltura | *poner a — (a alguien)*, sgridare con insulti.
calé *s.m.* gitano, zingaro.
calefacción *s.f.* riscaldamento (*m.*).
calefactor *agg.* che riscalda ♦ *s.m.* **1** calorifero elettrico **2** addetto agli impianti di riscaldamento.
calefón *s.m.* (*Amer.*) scaldabagno.
caleidoscopio *s.m.* caleidoscopio.
calendario *s.m.* calendario.
calentador *agg.* che riscalda ♦ *s.m.* **1** scaldabagno **2** scaldino **3** scaldamuscoli.
calentamiento *s.m.* riscaldamento (*anche sport*).
calentar (*con. come* acertar) *v.tr.* scaldare, riscaldare ♦ **-se** *v.pron.* **1** riscaldarsi **2** (*fig.*) animarsi, eccitarsi **3** (*fig.*) arrabbiarsi.
calentón *agg.* (*volg.*) lascivo, arrapato ♦ *s.m.* **1** scaldata (*f.*): *darle un — al pan*, dare una scaldata al pane **2** (*mecc.*) surriscaldamento **3** (*volg.*) fregola (*f.*).
calentura *s.f.* **1** febbre **2** (*med.*) herpes (*m.*) **3** (*volg.*) fregola, eccitazione sessuale.
calera *s.f.* **1** cava di pietra calcare **2** fornace da calce.
calesa *s.f.* calesse (*m.*).
caletre *s.m.* discernimento, giudizio.
calibración *s.f.* calibrazione.

calibrar *v.tr.* **1** calibrare **2** (*fig.*) valutare.
calibre *s.m.* **1** calibro **2** (*fig.*) categoria (*f.*), importanza (*f.*): *un científico de gran —*, uno scienziato di grande levatura.
caliche *s.m.* calcinaccio.
calidad *s.f.* **1** qualità, tipo (*m.*): *café de — arábica*, caffè arabico | *en — de*, in veste di **2** eccellenza, qualità: *de —*, di qualità | *de primera —*, di prima scelta **3** importanza: *la — del asunto exige cautela*, la gravità del problema richiede cautela.
cálido *agg.* **1** caldo: *clima —*, clima caldo; *color —*, colore caldo **2** (*fig.*) caloroso, affettuoso.
calientapiés *s.m.* scaldapiedi.
calientaplatos *s.m.* scaldavivande.
caliente *agg.* **1** caldo: *agua —*, acqua calda | *en —*, a caldo, a tamburo battente; immediatamente **2** (*fig.*) arrabbiato: *dijo eso porque estaba —*, ha detto ciò perché era arrabbiato **3** (*volg.*) arrapato, in calore **4** (*fig.*) focoso, acceso.
califa *s.m.* califfo.
califato *s.m.* califfato.
calificable *agg.* qualificabile.
calificación *s.f.* **1** qualificazione, qualifica **2** voto (*m.*), valutazione scolastica.
calificado *agg.* **1** autorevole, degno di rispetto: *es un político —*, è un politico degno di rispetto **2** qualificato; con tutti i requisiti.
calificar (*con. come* pescar) *v.tr.* **1** qualificare **2** dare il voto, la valutazione scolastica.
calificativo *agg.* (*anche ling.*) qualificativo.
calígine *s.f.* caligine.
caliginoso *agg.* caliginoso.
caligrafía *s.f.* calligrafia.
calígrafo *s.m.* calligrafo.
caligrama *s.m.* calligramma.
calimocho *s.m.* (*gerg.*) bevanda a base di vino rosso e coca-cola.
calina *s.f.* nebbiolina, foschia.
calinoso *agg.* nebbioso.
cáliz (*pl.* -ces) *s.m.* **1** (*relig.*) calice **2** (*bot.*) calice.
caliza *s.f.* (*min.*) calcare (*m.*).
calizo *agg.* (*min.*) calcareo.
callado *agg.* **1** silenzioso, taciturno | *de callada*, in sordina **2** (*fig.*) riservato.
callar *v.intr.* tacere; stare zitto | *quien calla otorga*, chi tace acconsente | *¡a —!*, silenzio! ♦ *v.tr.* non dire, tenere segreto, tacere: *calló el nombre del culpable*, non disse il nome del colpevole | *— un secreto*, mantenere un segreto ♦ **-se** *v.pron.* stare zitto, tacere: *¡cállate!*, stai zitto! | *— la boca*, tenere la bocca chiusa.
calle *s.f.* **1** via, strada (urbana) | *echar a la — a alguien*, buttare in strada, cacciar via | *echarse a la —*, manifestare, protestare, scendere in piazza | *dejar en la —*, lasciare in mezzo alla strada | *— arriba/abajo*, in cima/in fondo alla strada **2** (*sport*) corsia
■ ***echar por la calle de en medio***, prendere il toro per le corna | ***hacer la calle***, (*di prostituta*) battere | ***quedarse en la calle***, ridursi sul lastrico.
calleja *s.f.* viuzza, stradina.
callejear *v.intr.* bighellonare, gironzolare, andare a zonzo.
callejero *agg.* **1** di strada **2** (*fig.*) bighellone, gironzolone ♦ *s.m.* stradario.
callejón *s.m.* vicolo, viottolo | *— sin salida*, vicolo cieco (*anche fig.*).
callejuela *s.f.* stradina, viuzza.
callicida *agg.*, *s.m.* callifugo.
callista *s.m.* (*med.*) callista.
callo *s.m.* **1** callo, callosità (*f.*) | *dar el —*, lavorare sodo **2** (*pl.*, *cuc.*) trippa (*f.sing.*): *no me gustan los callos*, non mi piace la trippa.
callosidad *s.f.* callosità.
calloso *agg.* calloso.
calma *s.f.* calma, tranquillità | *— chica*, bonaccia.
calmante *agg.*, *s.m.* (*med.*) sedativo, calmante.
calmar *v.tr.* calmare, tranquillizzare | (*fig.*) *— las aguas*, calmare le acque ♦ **-se** *v.pron.* calmarsi, placarsi.
calmo *agg.* **1** calmo, tranquillo **2** terreno incolto.
caló *s.m.* lingua (*f.*) dei gitani spagnoli.
calor *s.m.* **1** caldo, calore: *ahogarse de —*, soffocare dal caldo; *hace —*, fa caldo **2** (*fig.*) fervore, zelo **3** affetto, simpatia (*f.*).
caloría *s.f.* caloria.
calorina *s.f.* (*fam.*) afa.
calostro *s.m.* colostro.
calumnia *s.f.* calunnia, maldicenza.
calumniador *s.m.* calunniatore, diffamatore.
calumniar *v.tr.* calunniare, diffamare.
caluroso *agg.* caloroso, caldo (*anche fig.*).
calva *s.f.* pelata, calvizie | *la ocasión la pintan —*, cogliere la palla al balzo.
calvario *s.m.* calvario; via (*f.*) crucis (*anche fig.*).
calvero *s.m.* radura (*f.*) in un bosco.
calvo *agg.* **1** calvo **2** (*fig.*) brullo, pelato.
calzada *s.f.* carreggiata.
calzado *s.m.* scarpa (*f.*), calzatura (*f.*) | *fábrica de —*, calzaturificio.
calzador *s.m.* calzascarpe.
calzar (*con. come* cazar) *v.tr.* **1** calzare, indossare **2** puntellare; mettere un cuneo sotto qlco. ♦ **-se** *v.pron.* ubriacarsi.
calzón *s.m.* **1** calzone (*spec. pl.*), pantaloni (*pl.*) corti | *a — quitado*, senza riguardi, sfacciatamente **2** (*pl.*, *sport*) calzoncini: *calzones de boxeo*, calzoncini da box **3** (*pl.*, *Amer.*) mutandine (*f.*) da donna.
calzonazos *s.m.* (*fam.*) pusillanime, calabrache.

calzoncillos *s.m.pl.* mutande (*f.*) da uomo.
cama *s.f.* letto (*m.*): — *individual*, letto singolo; — *camera*, letto a una piazza e mezzo; — *de matrimonio*, letto matrimoniale; *sofá* —, divano letto; *hacer la* —, rifare il letto | (*fig.*) *caer en* —, ammalarsi | *guardar* —, essere a letto ammalato
■ ***cama elástica***, tappeto elastico | ***hacerle la cama a alguien***, tendere un tranello, fare le scarpe.
camada *s.f.* (*zool.*) covata, nidiata; cucciolata; figliata | (*fig.*) *lobos de la misma* —, gente della stessa risma.
camafeo *s.m.* cammeo.
camaleón *s.m.* camaleonte (*anche fig.*).
cámara *s.f.* **1** camera, stanza: — *nupcial*, stanza nuziale | — *mortuoria*, camera mortuaria | — *de gas*, camera a gas | — *frigorífica*, cella frigorifera | *música de* —, musica da camera **2** giunta, consiglio (*m.*): — *de comercio*, camera di commercio; — *de diputados*, camera dei deputati **3** macchina fotografica | — *fotográfica*, macchina fotografica **4** telecamera ♦ *s.m.* (*tv*, *cinem.*) cameraman.
camarada *s.m./f.* **1** camerata **2** (*pol.*) compagno (*m.*).
camaradería *s.f.* cameratismo.
camarero *s.m.* cameriere.
camarilla *s.f.* **1** (*spreg.*) cricca, combriccola **2** (*pol.*) lobby.
camarín *s.m.* camerino.
camarógrafo *s.m.* (*Amer.*, *cinem.*) cameraman, videoperatore.
camarón *s.m.* (*zool.*) gamberetto.
camarote *s.m.* (*di nave*) cabina (*f.*).
camastro *s.m.* (*spreg.*) branda (*f.*).
cambalache *s.m.* (*fam.*, *spreg.*) baratto.
cámbaro *s.m.* (*zool.*) granchio.
cambiar *v.tr./intr.* **1** cambiare: — *de casa*, cambiare casa; *no has cambiado nada*, non sei cambiato per niente **2** scambiare; sostituire (*anche fig.*) | — *de aires*, cambiare aria | (*fig.*) — *de chaqueta*, cambiare casacca, fare il voltagabbana ♦ **-se** *v.pron.* cambiarsi: — *de ropa*, cambiare vestiti.
cambiazo *s.m.* scambio fraudolento | *dar el* —, dare una fregatura.
cambio *s.m.* **1** cambiamento, mutamento | — *de nombre*, voltura **2** scambio, sostituzione (*f.*) | *a* — *de*, in cambio di | *en* —, invece | *a las primeras de* —, senza preavviso **3** (*aut.*) cambio **4** (*econ.*, *fin.*) cambio, quotazione (*f.*) della valuta | *letra de* —, cambiale | *libre* —, libero scambio **5** spiccioli (*pl.*); (*di un pagamento*) resto | *tener* —, avere spiccioli **6** (*tecn.*) scambio (*ferroviario*).
camboyano *agg.*, *s.m.* cambogiano.
cámbrico *agg.*, *s.m.* (*geogr.*) cambrico.
cambrón *s.m.* (*bot.*) rovo.
camelar *v.tr.* **1** accattivarsi, lusingare **2** fare la corte, corteggiare: *la cameló con la mirada*, l'ha corteggiata con lo sguardo.
camelia *s.f.* (*bot.*) camelia.
camellero *s.m.* cammelliere.
camello *s.m.* **1** cammello **2** (*gerg.*) spacciatore.
camelo *s.m.* **1** corteggiamento **2** inganno **2** notizia (*f.*) falsa, balla (*f.*).
camilla *s.f.* barella, lettiga.
camillero *s.m.* barelliere.
caminante *s.m./f.* viandante.
caminar *v.intr.* **1** camminare, andare **2** (*di astri, nuvole*) andare, seguire un corso ♦ *v.tr.* (*una distanza*) percorrere.
caminata *s.f.* passeggiata, camminata.
camino *s.m.* **1** cammino, sentiero; strada (*f.*) (*anche fig.*) | — *de herradura*, mulattiera | — *de Santiago*, pellegrinaggio verso Santiago di Compostela | — *trillado*, strada battuta | *abrirse* —, farsi strada | *de* — *a*, verso | *ir fuera de* —, essere fuori strada | — *de cabras*, mulattiera | *ir cada cual por su* —, andare ognuno per la propria strada **2** viaggio, tragitto; percorso: *dos horas de* —, due ore di viaggio | *estar de* —, essere di passaggio | *por el* —, strada facendo | — *de*, in direzione di | *coger de* —, essere (qlco.) sulla stessa strada/sullo stesso tragitto di qlcu.
camión *s.m.* camion: — *autoarticulado*, autoarticolato; — *con remolque*, autotreno; — *de bomberos*, autopompa | (*fam.*) *estar como un* —, essere uno schianto.
camionero *s.m.* camionista.
camioneta *s.f.* camioncino (*m.*), camionetta.
camisa *s.f.* **1** camicia | (*fig.*) *dejar a alguien sin* —, ridurre qlcu. in miseria | — *de fuerza*, camicia di forza | *meterse en* — *de once varas*, intromettersi negli affari altrui; fare il passo più lungo della gamba | (*fig.*, *pol.*) *cambiar de* —, voltare gabbana **2** involucro (*m.*); (*tecn.*) camicia, guaina **3** (*di serpente*) muta.
camisería *s.f.* camiceria.
camisero *agg.* della camicia ♦ *s.m.* camiciaio.
camiseta *s.f.* maglietta, canottiera; (*calcio*) maglia | (*fig.*) *sudar la* —, sudare sette camicie.
camisola *s.f.* maglia di una squadra sportiva.
camisón *s.m.* camicia (*f.*) da notte.
camorra *s.f.* **1** rissa, lite: *buscar* —, attaccar briga **2** camorra.
camorrista *s.* violento, attaccabrighe: *ese chico es un* —, quel ragazzo è un teppista.
campamento *s.m.* **1** accampamento; campeggio | — *de base*, campo base | *levantar el* —, levare le tende **2** gruppo di campeggiatori.
campana *s.f.* **1** campana | *doblar las campanas*, suonare a morto | *echar las campanas al*

vuelo, suonare a distesa **2** cappa del camino | — *extractora*, cappa della cucina.
campanada *s.f.* **1** rintocco (*m.*) di campana **2** (*fig.*) scandalo (*m.*), novità sorprendente.
campanario *s.m.* campanile.
campanear *v.intr.* scampanare.
campaneo *s.m.* scampanio.
campanero *s.m.* campanaro.
campanilla *s.f.* **1** campanella | (*iron.*) *de campanillas*, (*di persona*) molto importante **2** (*bot.*) campanula, vilucchio (*m.*).
campante *agg.* **1** tranquillo, imperturbabile: *con semejante problema, y él (está) tan* —, davanti a un problema simile, lui è bello tranquillo **2** baldanzoso, soddisfatto.
campaña *s.f.* **1** campagna, terreno (*m.*), pianura **2** (*mil.*) campagna (*anche fig.*) | — *electoral*, campagna elettorale.
campanudo *agg.* scampanato: *una falda campanuda*, una gonna scampanata.
campar *v.intr.* (*fig.*) spiccare, risaltare.
campear *v.intr.* pascolare.
campechano *agg.* **1** allegro, gioviale **2** (*fig.*, *di persona*) alla buona, alla mano.
campeón *s.m.* campione.
campeonato *s.m.* campionato | *de* —, fuoriclasse.
campero *agg.* campestre.
campesinado *s.m.* classe (*f.*) contadina.
campesino *agg.*, *s.m.* contadino.
campestre *agg.* campestre.
camping *s.m.* campeggio: *ir de* —, andare in campeggio.
campiña *s.f.* campagna coltivata.
campista *s.m./f.* campeggiatore (*m.*).
campo *s.m.* **1** campo, campagna (*f.*): *mis abuelos viven en el* —, i miei nonni vivono in campagna | *a — traviesa*, attraverso i campi | *a — raso*, all'aperto | *dejar el* —, ritirarsi da un impegno | — *de fútbol*, campo da calcio | — *santo*, cimitero **2** (*fig.*) campo, settore **3** (*mil.*) campo; accampamento: — *de batalla*, campo di battaglia; *levantar el* —, levare il campo.
campus *s.m.* città (*f.*) universitaria, campus.
camuflaje *s.m.* camuffamento, travestimento.
camuflar *v.tr.* camuffare, dissimulare.
can *s.m.* (*lett.*) cane.
cana *s.f.* capello (*m.*) bianco | *echar una — al aire*, fare una scappatella, svagarsi | *peinar canas*, essere vecchio.
canadiense *agg.*, *s.m./f.* canadese.
canal *s.m.* **1** canale; condotto | — *digestivo*, canale digerente **2** (*geogr.*) passo, stretto **3** (*arch.*) grondaia (*f.*); (*di colonna*) scanalatura (*f.*) **4** (*di radio*, *tv*) canale.
canaladura *s.f.* scanalatura.
canalización *s.f.* canalizzazione.
canalizar (*con. come* cazar) *v.tr.* **1** costruire canali, canalizzare **2** (*fiumi, torrenti*) incanalare **3** (*fig.*) canalizzare, orientare, dirigere verso un fine.
canalla *s.m./f.* canaglia (*f.*) ♦ *s.f.* marmaglia.
canallada *s.f.* canagliata.
canalón *s.m.* grondaia (*f.*).
canana *s.f.* cartucciera.
canapé *s.m.* **1** (*cuc.*) tartina (*f.*) **2** (*divano*) canapè.
canario *agg.* delle Canarie ♦ *s.m.* **1** (*zool.*) canarino **2** nativo delle Canarie.
canasta *s.f.* **1** cesta, canestro (*m.*) **2** (*gioco*) canasta.
canastilla *s.f.* **1** cestino (*m.*) da cucito **2** corredo (*m.*) da neonato.
canasto *s.m.* cesto.
cancela *s.f.* **1** cancellata **2** cancello (*m.*).
cancelación *s.f.* **1** cancellazione **2** estinzione di un debito.
cancelar *v.tr.* **1** radiare; annullare | — *una deuda*, saldare un debito **2** (*fig.*) dimenticare, cancellare (dalla memoria).
cáncer *s.m.* **1** cancro (*anche fig.*), tumore **2** (*astr.*) Cancro.
cancerbero *s.m.* **1** (*mit.*) cerbero **2** (*sport*) portiere **3** (*in discoteca*) buttafuori.
cancerígeno *agg.* (*med.*) cancerogeno.
cancha *s.f.* **1** campo (*m.*) sportivo; sferisterio (*m.*) | *abrir* —, far largo | *dar* —, concedere vantaggio | *tener* —, saperla lunga **2** (*Amer.*) recinto (*m.*), arena.
canciller *s.m.* **1** cancelliere; capo del governo **2** (*Amer.*) ministro degli esteri **3** funzionario, dirigente.
cancillería *s.f.* **1** (*ufficio e incarico*) cancelleria **2** ufficio (*m.*) diplomatico.
canción *s.f.* canzone | — *de cuna*, ninna nanna | *la misma* —, la solita solfa.
cancionero *s.m.* canzoniere.
candado *s.m.* lucchetto, chiavistello.
candela *s.f.* (*fam.*) fuoco (*m.*): *¿tienes —?*, hai da accendere? | *dar/atizar* —, picchiare qlcu.
candelabro *s.m.* candelabro.
candelero *s.m.* candeliere | (*fig.*) *estar en el* —, essere sulla cresta dell'onda.
candente *agg.* incandescente, arroventato | (*fig.*) *un tema* —, un argomento scottante.
candidato *s.m.* candidato.
candidatura *s.f.* **1** candidatura **2** rosa dei candidati.
candidez (*pl.* -ces) *s.f.* candore (*m.*), ingenuità.
cándido *agg.* (*anche fig.*) candido.
candil *s.m.* lucerna (*f.*).
candor *s.m.* candore.
candoroso *agg.* candido.
canela *s.f.* cannella: — *en rama*, cannella in stecche | *ser — fina*, essere un bijou/una prelibatezza.

canelo *agg.* di color cannella ♦ *s.m.* (*bot.*) albero della cannella.
canelón *s.m.* **1** grondaia (*f.*) **2** (*cuc.*) cannellone.
canesú *s.m.* bustino, corpetto senza maniche.
cangilón *s.m.* (*min.*) cucchiaia.
cangrejo *s.m.* (*zool.*) granchio | — *de río*, *de mar*, gambero di fiume, di mare.
canguelo *s.m.* (*fam.*) fifa (*f.*), timore: *cuando lo vio le entró el* —, quando lo ha visto ha avuto paura.
canguro *s.m.* **1** (*zool.*) canguro **2** (*abbigl.*) k-way, giacca (*f.*) a vento ♦ *s.m./f.* (*fam.*) bambinaia (*f.*), baby-sitter.
caníbal *agg.*, *s.m./f.* (*anche fig.*) cannibale.
canibalismo *s.m.* cannibalismo.
canica *s.f.* biglia.
caniche *s.m.* (*zool.*) barboncino.
canijo *agg.*, *s.m.* **1** (*spreg.*) nano **2** debole, malaticcio.
canilla *s.f.* **1** (*anat.*) tibia; osso (*m.*) lungo (*di gamba, braccio*); stinco (*m.*) **2** (*tess.*) spoletta **3** (*tecn.*) bobina.
canino *agg.*, *s.m.* canino.
canje *s.m.* (*mil.*) scambio (di prigionieri).
canjear *v.tr.* (*mil.*) scambiare.
cano *agg.* bianco, canuto.
canoa *s.f.* canoa.
canódromo *s.m.* cinodromo.
canon *s.m.* **1** (*anche dir.*, *mus.*) canone, regola (*f.*) **2** canone, imposta (*f.*).
canónico *agg.* (*anche relig.*) canonico.
canónigo *s.m.* (*relig.*) canonico.
canonización *s.f.* (*relig.*) canonizzazione.
canonizar (*con. come* cazar) *v.tr.* (*relig.*) canonizzare.
canoro *agg.* canoro.
canoso *agg.* canuto, brizzolato
cansado *agg.* **1** stanco, affaticato: *está* —, è stanco **2** stancante, pesante: *el viaje es* —, il viaggio è stancante **3** (*fig.*) noioso, fastidioso: *él es muy* —, *es insoportable*, lui è noioso, è insopportabile.
cansador *agg.* (*Amer.*) stancante; noioso.
cansancio *s.m.* **1** stanchezza (*f.*); fatica (*f.*) **2** noia (*f.*), fastidio: *esta situación me provoca un gran* —, questa situazione mi dà un grande fastidio.
cansar *v.tr.* **1** stancare, affaticare **2** (*fig.*) infastidire, annoiare: *no me canses*, non mi annoiare.
cansino *agg.* **1** stanco, affaticato **2** lento.
cantable *agg.* cantabile.
cantamañanas *s.m./f.* (*fam.*) irresponsabile, dissennato
cantante *s.m./f.* cantante.
cantar[1] *v.tr./intr.* **1** cantare | — *las cuarenta*, fare una ramanzina | *en menos que canta un gallo*, in un batter d'occhio **2** (*fig.*) confessare **3** (*di cosa*) cigolare **4** (*pop.*) puzzare: *le cantan los pies*, gli puzzano i piedi.
cantar[2] *s.m.* **1** canto | *es otro* —, è un altro paio di maniche **2** poema; cantico.
cantarín *agg.* canterino.
cántaro *s.m.* anfora (*f.*), brocca (*f.*) | *llover a cántaros*, piovere a catinelle.
cantautor *s.m.* cantautore.
cante *s.m.* (*mus.*) canzone (*f.*) popolare | — *hondo/jondo*, flamenco.
cantera *s.f.* **1** cava di pietra **2** talento (*m.*), ingegno (*m.*).
cántico *s.m.* cantico.
cantidad *s.f.* quantità; somma.
cantiga *s.f.* (*lett.*) canzone.
cantilena *s.f.* cantilena.
cantimplora *s.f.* borraccia.
cantina *s.f.* **1** osteria, taverna **2** mensa: — *universitaria*, mensa universitaria.
canto[1] *s.m.* **1** (*mus.*) canto, canzone (*f.*) **2** (*lett.*) poema, canto.
canto[2] *s.m.* **1** angolo, spigolo, bordo: — *de la mesa*, spigolo del tavolo | *de* —, di lato, di taglio | *al* —, inevitabilmente **2** ciottolo.
cantón *s.m.* cantone.
cantor *s.m.* cantore.
canturrear *v.intr.* (*fam.*) canticchiare.
cánula *s.f.* cannula.
canuto *s.m.* **1** tubicino **2** (*cuc.*) cannoncino **3** (*fam.*) canna (*f.*), spinello.
caña *s.f.* **1** canna: — *de azúcar*, canna da zucchero | — *de pescar*, canna da pesca | (*fam.*) *meter* —, picchiare, bastonare qlcu. | *dar — al motor*, dar gas al motore **2** birra piccola alla spina **3** osso (*m.*) lungo del braccio o della gamba: *tienes unas cañas muy flacas*, hai della gambe molto magre **4** (*di stivale*) gambale (*m.*): *bota de media* —, stivale a metà gamba.
cañada *s.f.* (*geogr.*) gola.
cañamazo *s.m.* **1** stoppa (*f.*) di canapa **2** canovaccio.
cáñamo *s.m.* canapa (*f.*) | — *índico*, marihjuana.
cañaveral *s.m.* **1** canneto **2** piantagione (*f.*) di canna da zucchero.
cañería *s.f.* condotto (*m.*), tubatura.
cañí *agg.*, *s.m.* gitano.
cañizar *s.m.* canneto.
cañizo *s.m.* canniccio; graticcio.
caño *s.m.* **1** condotto, tubo **2** canale.
cañón *s.m.* **1** cannone | *carne de* —, carne da macello **2** canna (*f.*): — *de fusil*, canna di fucile; — *de órgano*, canna di organo **3** (*geogr.*) gola (*f.*), canyon.
cañonazo *s.m.* cannonata (*f.*).
cañonero *s.m.* cannoniere.
caoba *s.f.* mogano (*m.*).
caolín *s.m.* (*geol.*) caolino.
caos *s.m.* caos.

caótico *agg.* caotico.
capa *s.f.* **1** mantello (*m.*) | *defender a — y espada*, difendere a spada tratta | *estar de — caída*, essere giù di corda **2** strato (*m.*): — *de barniz*, mano di vernice; — *de tierra*, strato di terra **3** ceto (*m.*): — *social*, ceto sociale.
capacho *s.m.* cesta (*f.*) di vimini.
capacidad *s.f.* **1** capienza: *sala de mucha —*, sala molto capiente **2** capacità, abilità.
capacitación *s.f.* abilitazione, qualifica.
capacitar *v.tr.* abilitare, rendere idoneo.
capar *v.tr.* (*zool.*) castrare.
caparazón *s.m.* **1** copertura (*f.*), protezione (*f.*) **2** carcassa (*f.*) degli uccelli **3** guscio, carapace (di crostacei e tartarughe).
capataz (*pl.* -ces) *s.m.* caposquadra (*m./f.*), principale (*m./f.*).
capaz (*pl.* -ces) *agg.* **1** capace, abile, esperto **2** capiente; ampio.
capcioso *agg.* capzioso, cavilloso.
capea *s.f.* (*tauromachia*) corrida di torelli con partecipazione del pubblico.
capear *v.tr.* (*tauromachia*) aizzare il toro con la cappa.
capellán *s.m.* (*relig.*) cappellano.
caperuza *s.f.* cappuccio (*m.*) | *Caperucita Roja*, Cappuccetto Rosso.
capicúa *agg.*, *s.m.* (*numero*) palindromo.
capilar *agg.* capillare.
capilla *s.f.* cappella | *estar en —*, stare in ansia in attesa di qlco.
capital *agg.* capitale; grave, madornale | *letra —*, lettera maiuscola | *pena —*, pena capitale ♦ *s.m.* capitale, patrimonio | — *social*, capitale sociale ♦ *s.f.* capitale (di Stato); capoluogo (di regione, provincia).
capitalismo *s.m.* capitalismo.
capitalista *agg.*, *s.m./f.* capitalista.
capitalización *s.f.* capitalizzazione.
capitalizar (*con. come* cazar) *v.tr.* **1** capitalizzare **2** trarre vantaggio.
capitán *s.m.* capitano.
capitanear *v.tr.* capitanare.
capitanía *s.f.* (*mar.*) capitaneria.
capitel *s.m.* (*arch.*) capitello.
capitolio *s.m.* **1** Campidoglio **2** (*stor.*) acropoli.
capitón *s.m.*(*zool.*) muggine, cefalo.
capitoste *s.m.* pezzo grosso, persona (*f.*) importante.
capitulación *s.f.* **1** (*resa*) capitolazione **2** trattato (*m.*), patto (*m.*) | *capitulaciones matrimoniales*, contratto matrimoniale.
capitular *v.intr.* **1** patteggiare, scendere a patti **2** capitolare, arrendersi.
capítulo *s.m.* **1** capitolo | *ser — aparte*, essere un'altra questione **2** (*mil.*) giunta (*f.*), consiglio **3** (*relig.*) capitolo **4** disposizione (*f.*), risoluzione (*f.*)
■ ***capítulo de cargo***, capo d'accusa | ***llamar a capítulo***, chiedere conto di qlco., fare la predica.
capo *s.m.* capo, boss.
capó *s.m.* (*aut.*) cofano.
capón *agg.* (*zool.*) castrato ♦ *s.m.* (*zool.*) **1** cappone **2** castrato.
caporal *s.m.* caposquadra.
capota *s.f.* (*aut.*) capote.
capotar *v.intr.* cappottare.
capote *s.m.* **1** (*abbigl.*) poncho; cappotto, mantellina (*f.*) militare | *quitarse el — por alguien*, essere molto fiero di qlcu. **2** (*corrida*) cappa (*f.*): — *de brega*, cappa rossa usata nella prima parte della corrida | *echar un —*, dare una mano.
capricho *s.m.* capriccio; bizza (*f.*).
caprichoso *agg.* capriccioso.
capricornio *s.m.* (*astr.*) Capricorno.
caprino *agg.* (*zool.*) caprino.
cápsula *s.f.* capsula.
captación *s.f.* captazione.
captar *v.tr.* captare; attrarre | — *la confianza de alguien*, conquistare la fiducia di qlcu.
captura *s.f.* cattura; arresto (*m.*).
capturar *v.tr.* catturare; arrestare.
capucha *s.f.* cappuccio (*m.*).
capuchino *s.m.* **1** (*relig.*) frate cappuccino **2** (*cuc.*) cappuccino.
capullo *s.m.* **1** bozzolo **2** bocciolo (*spec. di rosa*) **3** (*volg.*) prepuzio, glande, cappella (*f.*) **4** (*fig.*, *volg.*) imbecille, testa (*f.*) di cazzo, stronzo.
caqui *agg.* di color cachi ♦ *s.m.* (*bot.*) caco.
cara *s.f.* **1** faccia, viso (*m.*); muso (*m.*) | *andar a — descubierta*, agire senza nascondersi | *partirle la — a alguien*, spaccare la faccia a qlcu. | *echar en —*, rinfacciare **2** (*fig.*) aspetto (*m.*), espressione: *buena, mala —*, buon, cattivo aspetto | — *de pocos amigos*, faccia torva | *a mal tiempo, buena —*, fare buon viso a cattivo gioco **3** lato (*m.*), facciata; (*geom.*) faccia, piano (*m.*): *el cubo tiene seis caras*, il cubo ha sei facce
■ ***echar a cara o cruz***, fare a testa o croce | ***tener mucha cara***, avere la faccia di bronzo | ***cara dura***, faccia tosta | ***hacer a dos caras***, fare il doppio gioco | ***dar la cara***, assumersi le proprie responsabilità; affrontare il pericolo.
caraba *s.f. nella loc.: ser la —*, essere un fuoriclasse.
carabela *s.f.* (*mar.*) caravella.
carabina *s.f.* carabina.
carabinazo *s.m.* colpo di carabina.
carabinero *s.m.* **1** (*zool.*) gambero rosso **2** guardia (*f.*) di finanza **3** (*Cile*) poliziotto.
caracol *s.m.* **1** (*zool.*) lumaca (*f.*), chiocciola (*f.*) | *escalera de —*, scala a chiocciola **2** ricciolo, tirabaci.
caracola *s.f.* conchiglia.
caracolear *v.intr.* caracollare.

carácter *s.m.* **1** (*tip.*) carattere **2** indole (*f.*), carattere | *tener buen, mal —*, avere un buon, cattivo carattere **3** caratteristica (*f.*), qualità (*f.*).
caracterial *agg.* caratteriale.
característica *s.f.* **1** caratteristica, particolarità, qualità **2** attrice caratterista **3** (*Amer.*) prefisso (*m.*) telefonico.
característico *agg.* caratteristico ♦ *s.m.* (*cinem.*, *teatr.*) caratterista (*m./f.*).
caracterización *s.f.* caratterizzazione.
caracterizado *agg.* distinto; autorevole: *un hombre muy —*, un uomo molto distinto.
caracterizar (*con. come* cazar) *v.tr.* **1** caratterizzare **2** impersonare, immedesimarsi ♦ **-se** *v.pron.* truccarsi, travestirsi.
caracú *s.m.* (*Amer.*) midollo.
caradura *agg.*, *s.m./f.* sfacciato (*m.*); faccia tosta.
carajillo *s.m.* caffè corretto.
carajo *s.m.* (*volg.*) cazzo | *irse al —*, andare in merda | *mandar al —*, mandare a cagare | *¡—!*, cazzo! | *no me importa un —*, non me ne frega un cazzo.
caramanchel *s.m.* **1** (*mar.*) portello **2** sgabuzzino, soffitta (*f.*), ripostiglio **3** bar.
caramba *inter.* caspita!
carámbano *s.m.* ghiacciolo | *estar hecho un —*, essere gelato.
carambola *s.f.* **1** carambola **2** fortuna, coincidenza favorevole **3** (*bot.*) carambola.
carambolista *s.m.* grande giocatore di biliardo.
carambolo *s.m.* (*bot.*) carambola.
caramelizar (*con. come* cazar) *v.tr.* caramellare.
caramelo *s.m.* **1** caramella (*f.*) **2** (*cuc.*) caramello.
caramillo *s.m.* **1** (*mus.*) zufolo **2** diceria (*f.*), pettegolezzo.
carantoña *s.f.* (*fam.*) moina, adulazione.
carantoñero *s.m.* (*fam.*) smorfioso.
carapacho *s.m.* (*zool.*) carapace.
caraqueño *agg.* di Caracas ♦ *s.m.* nativo di Caracas.
carátula *s.f.* **1** maschera **2** (*di libro*) frontespizio (*m.*).
caratulado *agg.* mascherato.
caratular *v.tr.* **1** mettere la copertina a un libro **2** mascherare.
caravana *s.f.* **1** carovana **2** roulotte, camper (*m.*) **3** (*di auto*) incolonnamento (*m.*), coda.
caravanero *s.m.* carovaniere.
¡caray! *inter.* caspita!
carbohidrato *s.m.* (*chim.*) carboidrato.
carbón *s.m.* **1** carbone: *— de piedra*, carbon fossile | *— menudo*, carbonella **2** carboncino: *dibujo al —*, disegno a carboncino.
carbonario *s.m.* (*st.*) carbonaro.
carbonarismo *s.m.* (*st.*) carboneria (*f.*).
carbonato *s.m.* (*chim.*) carbonato.
carboncillo *s.m.* carboncino.
carbonear *v.tr.* produrre carbone di legno.
carbonera *s.f.* carbonaia.
carbonero *agg.* carboniero ♦ *s.m.* carbonaio.
carbónico *agg.* (*chim.*) carbonico.
carbonífero *agg.* (*geol.*) carbonifero.
carbonilla *s.f.* carbonella.
carbonizar (*con. come* cazar) *v.tr.* carbonizzare.
carbono *s.m.* (*chim.*) carbonio.
carbunco *s.m.* (*med.*) carbonchio, antrace.
carburación *s.f.* carburazione.
carburador *s.m.* carburatore.
carburante *s.m.* carburante.
carburar *v.intr.* **1** carburare **2** (*fam.*) funzionare.
carburo *s.m.* (*chim.*) carburo.
carcaj *s.m.* faretra (*f.*).
carcajada *s.f.* risata; sghignazzata: *reír a carcajadas*, ridere a crepapelle; *soltar la —*, sghignazzare.
carcamal *s.m.* (*fam.*) vecchio bacucco.
carcasa *s.f.* carcassa.
cárcava *s.f.* fossa.
cárcel *s.f.* carcere (*m.*), prigione.
carcelario *agg.* carcerario.
carcelería *s.f.* prigionia, reclusione.
carcelero *agg.* carcerario ♦ *s.m.* carceriere.
carcinógeno *agg.* (*med.*) cancerogeno.
carcoma *s.f.* (*anche fig.*) tarlo (*m.*).
carcomer *v.tr.* **1** tarlare, rodere **2** (*fig.*) consumare; corrompere: *las dudas me carcomen el cerebro*, i dubbi mi consumano il cervello ♦ **-se** *v.pron.* rodersi, tormentarsi.
carcunda *agg.* (*spreg.*) retrogrado, reazionario.
carda *s.f.* (*tess.*) **1** cardatura **2** cardatrice.
cardado *s.m.* cardatura (*f.*).
cardador *s.m.* cardatore.
cardar *v.tr.* **1** cardare **2** (*capelli*) cotonare.
cardenal *s.m.* **1** (*relig.*) cardinale **2** (*med.*) livido, ecchimosi (*f.*).
cardenalicio *agg.* cardinalizio.
cárdeno *agg.* violaceo.
cardíaco *agg.* (*anat.*) cardiaco.
cardillo *s.m.* (*bot.*) cardo.
cardinal *agg.* principale, cardinale | *puntos cardinales*, punti cardinali.
cardiocirculatorio *agg.* (*med.*) cardiocircolatorio.
cardiocirujano *s.m.* (*med.*) cardiochirurgo.
cardiología *s.f.* (*med.*) cardiologia.
cardiólogo *s.m.* (*med.*) cardiologo.
cardiopatía *s.f.* (*med.*) cardiopatia.
cardizal *s.m.* terreno in cui abbondano i cardi.
cardo *s.m.* (*bot.*) **1** cardo **2** (*Amer.*) agave (*f.*).
cardumen *s.m.* banco di pesci.

carear *v.tr.* avere un confronto faccia a faccia.
carecer (*con. come* agradecer) *v.intr.* mancare; essere privo: *la habitación carece de ventanas*, la stanza non ha finestre.
carena *s.f.* **1** (*mar.*) carena; carenaggio (*m.*) **2** (*fig.*) beffa, burla.
carenar *v.tr.* (*mar.*) carenare.
carencia *s.f.* carenza, mancanza, penuria.
carencial *agg.* (*med.*) carenziale.
carente *agg.* carente.
careo *s.m.* (*dir.*) confronto, faccia a faccia.
carestía *s.f.* **1** carestia **2** rincaro (*m.*), carovita (*m.*).
careta *s.f.* maschera.
carey *s.m.* **1** (*zool.*) tartaruga (*f.*) marina **2** (*materiale*) tartaruga.
carga *s.f.* **1** caricamento (*m.*) **2** soma, carico (*m.*) | *tren de* —, treno merci **3** peso (*m.*) **4** (*fig.*) responsabilità **5** (*econ.*) tassa, tributo (*m.*) **6** (*mil.*) carica | *volver a la* —, tornare alla carica, insistere.
cargado *agg.* **1** carico **2** saturo, forte | *café* —, caffè forte **3** (*meteor.*) pesante; afoso.
cargador *s.m.* **1** scaricatore **2** (*di arma*) caricatore.
cargante *agg.* (*fam.*) noioso, pesante: *es una persona realmente* —, è una persona veramente pesante.
cargar (*con. come* llegar) *v.tr.* **1** caricare (*qlco.*, *qlcu.*): — *en hombros*, caricare sulle spalle **2** gravare, pesare: *me carga tener que hacer ese trabajo*, mi scoccia dover fare quel lavoro **3** (*comm.*) addebitare: *el banco me ha cargado una factura ajena*, la banca mi ha addebitato una fattura non mia **4** (*dir.*) imputare, accusare: *le cargaron toda la culpa a él*, hanno dato tutta la colpa a lui **5** caricare, riempire; saturare: *el humo ha cargado el ambiente*, l'ambiente è pieno di fumo ♦ *v.intr.* **1** caricare, prendersi, accollarsi: *ella carga con todas las maletas*, lei si porta tutte le valigie **2** poggiare, gravare: *el arco carga sobre las columnas*, l'arco poggia sulle colonne **3** (*mil.*) attaccare, assalire, caricare: *la policía cargó contra los manifestantes*, la polizia caricò i manifestanti ♦ **-se** *v.pron.* **1** assumersi, addossarsi, caricarsi di: — *con la responsabilidad*, assumersi la responsabilità **2** (*fam.*) rubare, portare via: *los ladrones se cargaron las joyas*, i ladri portarono via i gioielli **3** (*fam.*) uccidere, far fuori: *los militares se cargaron a miles de opositores*, i militari fecero fuori migliaia di oppositori **4** (*fam.*) bocciare: *no es justo que el profe se cargue siempre a mitad de la clase*, non è giusto che il prof bocci sempre metà classe.
cargazón *s.m.* pesantezza (*f.*).
cargo *s.m.* **1** carico, peso | *hacerse* — *de algo*, farsi carico di qlco. | *estar a* — *de*, essere a carico di | — *de conciencia*, carico di coscienza, colpa **2** impiego, carica (*f.*) | *alto* —, alta carica **3** obbligo, incombenza (*f.*) **4** capo d'accusa, imputazione (*f.*) | *testigo de* —, testimone d'accusa **5** (*comm.*) addebito.
cargoso *agg.* faticoso, gravoso.
carguero *s.m.* treno, nave (*f.*) da carico.
cariacontecido *agg.* preoccupato, scuro in volto.
cariado *agg.* (*med.*) cariato.
cariadura *s.f.* (*med.*) carie.
cariar *v.tr.* (*med.*) cariare.
cariátide *s.f.* cariatide.
caribe *agg.* caribo, caribico ♦ *s.m./f.* (*geogr.*) caribo (*m.*).
caribeño *agg.* caraibico.
caricato *s.m.* imitatore.
caricatura *s.f.* caricatura.
caricia *s.f.* carezza, moina.
caridad *s.f.* **1** carità; elemosina **2** favore (*m.*).
caries *s.f.* (*med.*) carie.
carilla *s.f.* pagina; facciata: *escribió una hoja en las dos carillas*, scrisse un foglio su entrambe le facciate.
carillón *s.m.* carillon.
cariño *s.m.* **1** affetto, amore | *cogerle/tenerle* — *a alguien*, affezionarsi a qlcu. **2** (*espressione affettuosa*) amore, tesoro, caro **3** (*pl.*) carezze (*f.*), coccole (*f.*).
cariñoso *agg.* affettuoso, tenero.
carisma *s.m.* carisma, fascino.
carismático *agg.* carismatico.
caritativo *agg.* caritatevole.
cariz *s.m.* aspetto; andamento | *tomar mal* —, prendere una brutta piega.
carlanca *s.f.* **1** collare (*m.*) con le borchie **2** (*Amer.*) ceppo (*m.*).
carmelita *agg.*, *s.m./f.* carmelitano (*m.*).
carmen *s.m.* (*lett.*) carme.
carmesí *s.m.* cremisi.
carmín *s.m.* **1** rosso carminio **2** rossetto.
carnada *s.f.* esca.
carnal *agg.* **1** carnale, sensuale **2** (*di parentela*) di primo grado, dello stesso sangue | *tío* —, zio di primo grado.
carnalidad *s.f.* carnalità, lussuria.
carnaval *s.m.* carnevale.
carnavalesco *agg.* carnevalesco.
carnaza *s.f.* esca.
carne *s.f.* **1** carne: — *jugosa/poco hecha*, carne al sangue; — *en su punto*, carne cotta a puntino; — *muy hecha*, carne ben cotta; — *picada*, carne trita | *echar carnes*, ingrassare | — *de gallina*, pelle d'oca | — *de cañon*, carne da macello **2** (*di frutta*) polpa.
carné, carnet *s.m.* tessera (*f.*), documento: — *de identidad*, carta d'identità | — *de conducir*, patente.
carnero *s.m.* **1** montone, ariete **2** (*Amer.*) crumiro.

carnicería *s.f.* **1** macelleria **2** (*fig.*) carneficina.
carnicero *agg.* **1** carnivoro **2** (*fig.*) crudele, disumano ♦ *s.m.* macellaio.
carnívoro *agg.* carnivoro.
carnoso *agg.* carnoso.
caro *agg.* **1** caro, costoso **2** (*lett.*) caro ♦ *avv.* caro.
carota *s.m./f.* (*fam.*) faccia (*f.*) tosta.
carótida *s.f.* (*anat.*) carotide.
carpa *s.f.* **1** (*zool.*) carpa **2** tendone (*m.*) da circo **3** (*Amer.*) tenda (da campeggio).
carpeta *s.f.* **1** cartelletta, raccoglitore (*m.*), fascicolo (*m.*) **2** (*Amer.*) centrotavola (*m.*).
carpintería *s.f.* **1** falegnameria **2** serramenti (*m.pl.*).
carpintero *s.m.* falegname | (*zool.*) *pájaro —*, picchio.
carraca *s.f.* **1** (*mecc.*) pignone (*m.*) **2** (*fig.*) carcassa, rudere (*m.*): *mi automóvil es una —*, la mia auto è un catorcio | *estar como una —*, essere fuori di testa.
carraspear *v.tr.* raschiarsi la gola.
carraspeo *s.m.* raschiamento di gola, colpo di tosse: *durante el concierto se oían carraspeos*, durante il concerto si sentivano colpi di tosse.
carraspera *s.f.* (*med.*) raucedine.
carrera *s.f.* **1** corsa: *— de caballos*, corsa di cavalli | *— de obstáculos*, corsa a ostacoli | *— de relevos*, staffetta | *a la —*, di corsa, in fretta | *tomar —*, prendere la rincorsa **2** (*taxi*) corsa, tragitto (*m.*); (*degli astri*) corso (*m.*) **3** (*Amer.*) via cittadina **4** carriera, attività: *— diplómatica*, carriera diplomatica **5** corso (*m.*) di studi, laurea: *está estudiando una —*, sta seguendo un corso di laurea **6** (*di calze*) smagliatura.
carrerilla *s.f.* **1** corsa: *coger —*, prendere la rincorsa **2** (*mus.*) nella danza, fare velocemente due passi avanti.
carrete *s.m.* **1** rocchetto, spola (*f.*) **2** (*foto.*) rullino.
carretera *s.f.* strada.
carretero *s.m.* carrettiere.
carretilla *s.f.* carriola | *repetir de —*, ripetere a memoria.
carril *s.m.* **1** (*ferr.*) rotaia (*f.*) **2** (*di strada*) carreggiata (*f.*), corsia (*f.*).
carrillo *s.m.* guancia (*f.*), ganascia (*f.*) | *comer a dos carrillos*, mangiare a quattro palmenti.
carro *s.m.* **1** carro; vettura (*f.*), vagone | (*fig.*) *untar el —*, ungere le ruote a qlcu., corrompere | *parar el —*, smettere di parlare; contenersi | *¡para el —!*, calmati! **2** carrello: *carrito de la compra*, carrello della spesa **3** (*Amer.*) automobile (*f.*).
carrocería *s.f.* carrozzeria.
carrocero *s.m.* carrozziere.
carroña *s.f.* carogna (*anche fig.*).
carroza *agg.* (*fam.*) antiquato, vecchio: *tiene unas ideas muy carrozas*, ha delle idee superate ♦ *s.f.* **1** carrozza **2** (*fam.*) matusa (*m.*); veterano (*m.*) **3** carro (*m.*) allegorico: *en la fiesta del pueblo desfilaron carrozas*, nella festa del paese ci fu una sfilata di carri allegorici **4** (*Amer.*) carro (*m.*) funebre.
carruaje *s.m.* carrozza (*f.*), vettura (*f.*).
carrusel *s.m.* carosello, giostra (*f.*).
carta *s.f.* **1** lettera: *— certificada, con valor declarado*, lettera raccomandata, assicurata | *— de hidalguía*, attestato di nobiltà | *— canta*, è scritto nero su bianco **2** carta (da gioco) | *echar las cartas*, fare le carte, predire il futuro | *poner las cartas boca arriba/sobre la mesa*, mettere le carte in tavola | *tomar cartas en algo*, intervenire in qlco. | *a — cabal*, a tutta prova, completamente **3** (*al ristorante*) menù (*m.*) **4** documento (*m.*) | *— magna*, Magna Carta.
cartabón *s.m.* squadra (*f.*) da disegno.
cartearse *v.intr. pron.* scriversi, tenere una corrispondenza.
cartel *s.m.* cartello, manifesto, cartellone | (*di film*) *en —*, in cartellone | *tener buen, mal —*, avere buona, cattiva reputazione.
cártel *s.m.* (*comm.*, *pol.*) cartello.
cartelera *s.f.* **1** bacheca **2** quadro (*m.*) per gli annunci pubblicitari **3** (*dei giornali*) locandina, pagina riservata agli spettacoli **4** (*cinem.*, *teatr.*) cartellone (*m.*).
carteo *s.m.* corrispondenza (*f.*), carteggio.
cartera *s.f.* **1** portafoglio (*m.*) | *ministro sin —*, ministro senza portafoglio **2** cartella, borsa; cartelletta **3** (*Amer.*) borsetta da donna.
carterista *s.m./f.* borsaiolo (*m.*).
cartero *s.m.* postino.
cartesiano *agg.* (*filos.*) cartesiano.
cartilaginoso *agg.* cartilaginoso.
cartílago *s.m.* cartilagine.
cartilla *s.f.* **1** sillabario (*m.*) **2** libretto (*m.*): *— escolar*, libretto dell'alunno; *— de la Seguridad Social*, libretto della mutua **3** tessera **4** manuale (*m.*) per principianti, abc (*m.*): *— del buen campista*, abc del buon campeggiatore.
cartografía *s.f.* cartografia.
catográfico *agg.* (*geogr.*) cartografico.
cartógrafo *s.m.* cartografo.
cartomancia, **cartomancía** *s.f.* cartomanzia.
cartón *s.m.* **1** cartone: *necesito una caja de —*, mi serve una scatola di cartone; *compra un — de leche*, compra un cartone di latte | *— piedra*, cartapesta **2** stecca (*f.*) di sigarette.
cartuchera *s.f.* **1** cartuccera **2** (*fam.*, *iron.*) cuscinetto (*m.*) di grasso (sulle cosce).
cartucho *s.m.* **1** cartuccia (*f.*): (*di stilogra-*

fica) — *de repuesto*, cartuccia di ricambio | — *de fogueo*, cartuccia a salve | — *de dinamita*, candelotto di dinamite **2** cartoccio, pacchetto.
cartuja *s.f.* (*relig.*) certosa, monastero (*m.*) certosino.
cartulina *s.f.* cartoncino (*m.*).
casa *s.f.* **1** casa, abitazione; edificio (*m.*): — *de vecindad/vecinos*, casa popolare, caseggiato | *ama de* —, casalinga | — *consistorial*, municipio | *poner* —, metter su casa | — *de huéspedes*, pensione | — *de moneda*, zecca | — *de campo*, casa di campagna **2** ditta; succursale **3** casato (*m.*), famiglia.
casaca *s.f.* casacca, giubba.
casación *s.f.* (*dir.*) cassazione | *recurso de* —, ricorso in cassazione.
casadero *agg.* maritabile: *tiene una hija casadera*, ha una figlia in età da marito.
casado *agg.* sposato | *los recién casados*, gli sposini.
casamata *s.f.* (*mil.*) casamatta.
casamiento *s.m.* matrimonio, nozze (*f.pl.*), sposalizio.
casar[1] *v.tr.* **1** sposare, unire in matrimonio; accasare **2** (*fig.*) unire, combinare ♦ **-se** *v.pron.* sposarsi: — *por la iglesia*, sposarsi in chiesa; — *por lo civil*, sposarsi in municipio; — *por poderes*, sposarsi per procura.
casar[2] *v.tr.* (*dir.*) cassare, annullare, abrogare.
casar[3] *s.m.* casale.
cascabel *s.m.* sonaglio | *serpiente de* —, serpente a sonagli, crotalo | *poner el — al gato*, rischiare in prima persona | *ser un* —, essere allegro.
cascada *s.f.* cascata | *en* —, in successione.
cascado *agg.* **1** (*di voce, suono*) roco, sciupato **2** stanco, sfinito.
cascajo *s.m.* **1** coccio **2** frutta (*f.*) secca **3** (*fig.*) rottame.
cascanueces *s.m.* schiaccianoci.
cascar (*con. come* pescar) *v.tr.* **1** frantumare, spaccare **2** (*fam.*) picchiare ♦ *v.intr.* (*fam.*) chiacchierare.
cáscara *s.f.* **1** (*di uovo, noce ecc.*) guscio (*m.*); (*di frutta*) buccia, scorza: — *de plátano*, buccia di banana **2** corteccia **3** (*di formaggio*) crosta.
cascarilla *s.f.* (*dei cereali*) pula.
cascarón *s.m.* guscio d'uovo | (*fig.*) *estar recién salido del* —, puzzare ancora di latte.
cascarrabias *s.m./f.* persona (*f.*) collerica, brontolone (*m.*), scorbutico (*m.*): *tu abuelo es un* —, tuo nonno è un brontolone.
casco *s.m.* **1** casco; elmo **2** (*di oggetto rotto*) coccio **3** (*di bottiglia*) vuoto **4** nucleo urbano | — *antiguo*, centro storico **5** (*di radio*) cuffia (*f.*), auricolare **6** (*mar.*) scafo **7** (*pl., fam.*) meningi (*f.*), cervello (*sing.*) | *calentarse los cascos*, studiare molto, spremersi le meningi.
cascote *s.m.* **1** calcinaccio, rottame **2** pietra (*f.*).
caserío *s.m.* casale; gruppo di case.
casero *agg.* casalingo; fatto in casa ♦ *s.m.* **1** padrone di casa **2** (*agr.*) fittavolo.
caserón *s.m.* casermone.
caseta *s.f.* **1** casetta **2** (*sulla spiaggia*) cabina **3** (*di fiera*) stand (*m.*).
casete *s.m.* **1** cassetta (*f.*) audio **2** registratore.
casi *avv.* quasi; circa | *¡— nada!*, come fosse niente! | — — *me caigo*, per poco non cado.
casilla *s.f.* **1** casella | *salirse de sus casillas*, uscire dai gangheri | *sacar de sus casillas*, far perdere la pazienza **2** casa cantoniera.
casillero *s.m.* casellario, tabellone.
casino *s.m.* **1** casinò **2** circolo, club **3** villino, casino di campagna.
caso *s.m.* **1** caso, avvenimento **2** occasione (*f.*), congiuntura (*f.*) | *en — de que*, nel caso in cui | *en todo* —, in ogni caso | *hacer* —, dare ascolto, dar retta | *hacer — omiso*, non considerare | *ser un* —, essere un caso, distinguersi | *ser un — perdido*, essere un caso senza speranza **3** (*gramm.*) caso.
casorio *s.m.* matrimonio avventato.
caspa *s.f.* forfora.
casquete *s.m.* **1** cuffia (*f.*) **2** parrucchino **3** (*mil.*) elmo | (*geogr.*) — *polar*, calotta polare.
casta *s.f.* **1** casta, stirpe; (*di animali*) razza **2** (*fig.*) specie, qualità.
castaña *s.f.* **1** castagna **2** crocchia, chignon (*m.*) **3** (*fam.*) bussa, botta.
castañero *s.m.* venditore di castagne.
castañetear *v.intr.* **1** suonare le nacchere **2** (*fig.*) battere i denti.
castaño *agg.* castano ♦ *s.m.* (*bot.*) castagno.
castañuela *s.f.* (*mus.*) nacchera, castagnetta | *estar como unas castañuelas*, essere molto allegro.
castellano *agg.* castigliano ♦ *s.m.* **1** (*lingua*) castigliano, spagnolo **2** (*persona*) castigliano.
casticismo *s.m.* **1** osservanza (*f.*), amore della tradizione **2** (*ling.*) purismo.
castidad *s.f.* castità.
castigar (*con. come* llegar) *v.tr.* castigare, punire.
castigo *s.m.* castigo, punizione (*f.*).
castillo *s.m.* castello | *hacer castillos en el aire*, fare castelli in aria | — *de naipes*, castello di carte; (*fig.*) progetto strampalato.
castizo *agg.* **1** autentico, genuino **2** (*di linguaggio*) puro: *el escritor utilizza un lenguaje* —, lo scrittore utilizza un linguaggio puro **3** (*di animale*) prolifico.
casto *agg.* illibato, casto; pudico, puro.

castor *s.m.* (*zool.*) castoro.
castración *s.f.* castrazione.
castrar *v.tr.* castrare, evirare.
casual *agg.* casuale.
casualidad *s.f.* caso (*m.*), casualità: *de* –, per caso.
casuística *s.f.* casistica.
cata *s.f.* **1** degustazione, assaggio (*m.*) **2** (*porzione*) assaggio (*m.*).
cataclismo *s.m.* cataclisma.
catacumbas *s.f.pl.* catacombe.
catador *s.m.* assaggiatore; (*di vini*) sommelier.
catadura[1] *s.f.* assaggio (*m.*).
catadura[2] *s.f.* aspetto (*m.*), sembiante (*m.*).
catalán *agg.*, *s.m.* catalano.
catalejo *s.m.* cannocchiale.
catalepsia *s.f.* (*med.*) catalessi.
catalizador *s.m.* catalizzatore.
catalizar (*con. come* cazar) *v.tr.* catalizzare.
catalogación *s.f.* catalogazione.
catalogar (*con. come* llegar) *v.tr.* catalogare.
catálogo *s.m.* catalogo.
catamarán *s.m.* catamarano.
catapulta *s.f.* **1** (*mil.*) catapulta **2** (*sport*) trampolino (*m.*).
catapultar *v.tr.* catapultare.
catar *v.tr.* **1** (*cibi, bevande*) assaggiare, provare **2** sperimentare per la prima volta **3** giudicare, esaminare.
catarata *s.f.* **1** cateratta, cascata **2** (*med.*) cataratta.
catarro *s.m.* **1** catarro, raffreddore **2** (*Amer.*) tosse (*f.*).
catarsis *s.f.* catarsi.
catártico *agg.* catartico.
catastral *agg.* catastale.
catastro *s.m.* catasto.
catástrofe *s.f.* catastrofe.
catavinos *s.m./f.* sommelier, assaggiatore (*m.*).
cate *s.m.* **1** (*fam. scuola*) bocciatura (*f.*) **2** schiaffo.
catear *v.tr.* **1** (*fam. scuola*) bocciare **2** (*Amer.*) esplorare, sondare il terreno.
catecismo *s.m.* catechismo.
cátedra *s.f.* **1** cattedra | *sentar* –, essere autorevole; montare in cattedra **2** aula **3** materia d'insegnamento (*di un cattedratico*).
catedral *s.f.* cattedrale, duomo (*m.*) | *como una* –, madornale.
catedralicio *agg.* cattedrale.
catedrático *s.m.* cattedratico, professore ordinario.
categoría *s.f.* categoria, classe, condizione | *de* –, di classe, pregiato.
catequesis *s.f.* (*relig.*) catechesi.
catequista *s.m./f.* (*relig.*) catechista.
catequizar (*con. come* cazar) *v.tr.* **1** (*relig.*) catechizzare **2** (*fig.*) persuadere.
cateto *s.m.* **1** (*geom.*) cateto **2** (*fam. spreg.*) zotico.
catolicismo *s.m.* cattolicesimo.
católico *agg.*, *s.m.* cattolico | *estar* –, essere in forma.
catorce *agg.num.*, *s.m.* **1** (*card.*) quattordici **2** (*ord.*) quattordicesimo.
catre *s.m.* branda (*f.*) | – *de tijera*, branda pieghevole.
cauce *s.m.* **1** letto di fiume, alveo **2** canale d'irrigazione.
caucho *s.m.* caucciù.
caución *s.f.* **1** cautela, precauzione **2** (*dir.*) cauzione, garanzia | *de* –, cauzionale.
caudal[1] *agg.* abbondante ♦ *s.m.* **1** (*di fiume*) portata (*f.*) **2** patrimonio, ricchezza (*f.*), beni (*pl.*) **3** (*fig.*) abbondanza (*f.*).
caudal[2] *agg.* (*zool.*) caudale: *aleta* –, pinna caudale.
caudaloso *agg.* **1** facoltoso **2** copioso, abbondante (*d'acqua*): *es un río* –, è un fiume grosso.
caudillaje *s.m.* **1** (*pol.*) comando, guida (*f.*) (di un capo) **2** (*Amer.*, *pol.*) tirannia (*f.*), assolutismo.
caudillo *s.m.* capo, condottiero, duce.
causa *s.f.* causa, motivo (*m.*) | – *civil*, causa civile | *con conocimiento de* –, con cognizione di causa.
causal *agg.* causale.
causar *v.tr.* causare, suscitare; originare.
cáustico *agg.* **1** caustico, corrosivo **2** (*fig.*) mordace.
cautela *s.f.* cautela, precauzione.
cautelar *agg.* cautelare.
cauteloso *agg.* cauto, prudente.
cauterio *s.m.* **1** cauterio **2** cauterizzazione (*f.*).
cauterizar (*con. come* cazar) *v.tr.* cauterizzare.
cautivador *agg.* avvincente; accattivante.
cautivar *v.tr.* **1** far prigioniero **2** (*fig.*) avvincere, affascinare.
cautiverio *s.m.* prigionia (*f.*), cattività (*f.*).
cautivo *agg.*, *s.m.* prigioniero; schiavo.
cava[1] *s.m.* spumante, vino champenois.
cava[2] *s.f.* **1** scavo (*m.*), buca, cavità **2** cantina **3** (*med.*) vena cava.
cavar *v.tr.* scavare; zappare.
caverna *s.f.* caverna.
cavernícola *agg.*, *s.m./f.* **1** troglodita **2** (*fig.*) retrogrado (*m.*).
caviar *s.m.* caviale.
cavidad *s.f.* cavità.
cavilación *s.f.* elucubrazione.
cavilar *v.intr.* cavillare.
caza *s.f.* **1** caccia: *dar* –, dare la caccia; – *mayor*, *menor*, caccia grossa, minuta | – *de brujas*, caccia alle streghe | (*fig.*) *levantar la*

—, scoprire gli altarini | *espantar la* —, rompere i piani **2** cacciagione, selvaggina.
cazador *s.m.* cacciatore | — *furtivo*, bracconiere.
cazadora *s.f.* giacca, giubbotto (*m.*).
cazar (*pass.rem.* cacé, cazaste, cazó...; *cong. pres.* cace, caces...; *imp.* caza, cace, cacemos, cazad, cacen) *v.tr.* **1** cacciare **2** (*fig.*) cogliere in fallo **3** (*fig.*) procacciare: — *marido*, procacciare un marito **4** intendere, cogliere il significato | — *al vuelo*, capire subito.
cazo *s.m.* **1** mestolo **2** pentolino; bricco **3** (*fam.*) mostro, cesso.
cazuela *s.f.* **1** tegame (*m.*) di terracotta, casseruola **2** (*cuc.*) stufato (*m.*): — *de mariscos*, stufato di frutti di mare.
ceba *s.f.* foraggio (*m.*), mangime (*m.*).
cebada *s.f.* orzo (*m.*): — *perlada*, orzo perlato.
cebadal *s.m.* campo di orzo.
cebar *v.tr.* **1** mettere all'ingrasso, ingrassare **2** (*fig.*) alimentare, fomentare; (*con proiettili, combustibile*) caricare; (*macchine, apparecchi*) avviare ♦ **-se** *v.pron.* **1** infervorarsi **2** accanirsi: *ese profesor se ceba con los alumnos,* quel professore si accanisce contro gli studenti.
cebellina *s.f.* (*zool.*) zibellino (*m.*).
cebo *s.m.* **1** mangime, cibo da ingrasso **2** (*caccia, pesca*) esca (*f.*) **3** (*armi da fuoco*) carica (*f.*) **4** (*fig.*) incentivo.
cebolla *s.f.* (*bot.*) **1** cipolla | — *albarrana*, lampascione (*m.*) | (*fig.*) *contigo, pan y* —, due cuori e una capanna **2** bulbo (*m.*).
cebolleta *s.f.* (*bot.*) cipollotto (*m.*).
cebra *s.f.* (*zool.*) zebra | *paso de* —, strisce pedonali.
cebrado *agg.* zebrato, striato.
cebú *s.m.* (*zool.*) zebù.
ceca *s.f.* zecca | *ir de la — a la Meca*, andare su è giù.
cecear *v.tr.* pronunciare la *s* come la *c*.
ceceo *s.m.* pronuncia della *s* come la *c*.
cecina *s.f.* (*cuc.*) carne secca, bresaola.
cedazo *s.m.* **1** setaccio **2** rete (*f.*) da pesca.
ceder *v.tr.* cedere, dare: — *el asiento*, cedere il posto | — *de*, rinunciare a ♦ *v.intr.* **1** arrendersi **2** piegarsi, rompersi: *las vigas han cedido*, le travi hanno ceduto **3** diminuire, cessare: *está cediendo la tormenta*, la tormenta sta cessando.
cedilla *s.f.* cediglia.
cedro *s.m.* (*bot.*) cedro.
cédula *s.f.* cedola, scheda | (*dir.*) — *de citación*, citazione in giudizio.
cefalgia *s.f.* (*med.*) cefalgia.
céfiro *s.m.* zefiro, zeffiro.
cegador *agg.* accecante.
cegajoso *agg.* con gli occhi lacrimosi.
cegar (*con. come* negar) *v.intr.* **1** diventare cieco **2** restare abbagliato (*anche fig.*) ♦ *v.tr.* **1** accecare (*anche fig.*): *la ira lo cegaba*, l'ira lo accecava **2** abbagliare **3** chiudere, otturare; murare: *han cegado la antigua puerta*, hanno murato l'antica porta ♦ **-se** *v.pron.* **1** accecarsi **2** ostruirsi: *se ha cegado el lavabo*, si è ostruito il lavabo.
cegato, cegatón *agg.* (*spreg.*) miope, orbo.
ceguera *s.f.* cecità (*anche fig.*).
ceja *s.f.* **1** sopracciglio (*m.*) | *arquear las cejas*, inarcare le sopracciglia | *estar hasta las cejas*, averne fin sopra ai capelli | *quemarse las cejas*, studiare moltissimo **2** ciglio (*m.*), orlo (*m.*).
cejar *v.intr.* **1** retrocedere, indietreggiare **2** (*fig.*) cedere, desistere; ritirarsi: *cejó de llover*, smise di piovere.
cejilla *s.f.* (*mus.*) capotasto (*m.*).
cejo *s.m.* (*meteor.*) nebbiolina (*f.*), bruma (*f.*).
celada *s.f.* (*mil.*) celata.
celador *s.m.* **1** guardiano, sorvegliante (*m./f.*), custode (*m./f.*) **2** (*di scuola*) bidello.
celar[1] *v.tr.* celare, occultare.
celar[2] *v.tr.* vigilare, sorvegliare.
celda *s.f.* cella.
celdilla *s.f.* nicchia.
celebración *s.f.* celebrazione.
celebrante *s.m.* celebrante.
celebrar *v.tr.* **1** celebrare; festeggiare; commemorare: *mañana celebraremos el aniversario*, domani festeggeremo l'anniversario **2** tenere: — *una reunión*, tenere una riunione **3** congratularsi, rallegrarsi; lodare, plaudire: *lo celebro mucho*, me ne rallegro; *no le celebres todas las picardías al niño*, non elogiare il bimbo per ogni birichinata **4** (*relig.*) celebrare, officiare ♦ **-se** *v.pron.* (*di riunione, spettacolo*) svolgersi, avere luogo.
célebre *agg.* celebre, famoso.
celebridad *s.f.* celebrità, fama.
célere *agg.* celere.
celeridad *s.f.* celerità, rapidità.
celeste *agg.* **1** celeste, del cielo **2** divino **3** (*colore*) azzurro.
celestial *agg.* **1** celestiale **2** (*fig.*) delizioso, perfetto **3** (*iron.*) tonto, ingenuo.
celestina *s.f.* mezzana.
celibato *s.m.* celibato.
célibe *s.m.* celibe.
cellisca *s.f.* nevischio (*m.*).
cellisquear *v.intr.imper.* nevischiare.
celo *s.m.* **1** zelo, fervore; premura (*f.*), cura (*f.*) **2** invidia (*f.*) **3** (*pl.*) gelosia (*f.*) | *dar celos* destare gelosia; *tener celos* essere gelosi **4** (*di animali*) calore, fregola (*f.*): *la gata está en* —, la gatta è in calore **5** nastro adesivo, scotch.
celofán *s.m.* cellofan.
celosía *s.f.* persiana, gelosia; grata di legno o ferro.

celoso *agg.* **1** zelante **2** geloso.
céltico *agg.*, *s.m.* celtico.
célula *s.f.* cellula | — *fotoeléctrica*, fotocellula.
celulitis *s.f.* (*med.*) cellulite.
celuloide *s.f.* celluloide.
celulosa *s.f.* cellulosa.
cementación *s.f.* cementazione.
cementar *v.tr.* cementare.
cementera *s.f.* cementificio (*m.*).
cementerio *s.m.* cimitero.
cementero *agg.* cementizio.
cemento *s.m.* cemento | — *armado*, cemento armato.
cenáculo *s.m.* cenacolo.
cena *s.f.* cena.
cenador *s.m.* pergolato, bersò.
cenagal *s.m.* **1** fangaia (*f.*), pantano **2** (*fig.*) ginepraio.
cenagoso *agg.* fangoso.
cenar *v.intr.* cenare.
cenceño *agg.* **1** magro, sottile **2** semplice, puro.
cencerrear *v.tr.* **1** suonare campanacci **2** (*fam.*) strimpellare con la chitarra **3** (*di porta, finestra*) sbattere.
cencerro *s.m.* campanaccio | *está como un* —, è pazzo da legare.
cenefa *s.f.* (*decorazione*) fascia, fregio (*m.*).
cenicero *s.m.* portacenere.
cenicienta *s.f.* cenerentola | *ser la* —, essere l'ultima ruota del carro.
ceniciento *agg.* color cenere, cenerognolo.
cenit *s.m.* zenit.
ceniza *s.f.* cenere | *miércoles de Ceniza*, mercoledì delle Ceneri.
cenizo *agg.* **1** cenerino **2** (*fig.*) iettatore.
cenotafio *s.m.* cenotafio.
censar *v.tr.* censire.
censo *s.m.* censimento.
censor *s.m.* **1** censore, revisore **2** (*econ.*) sindaco di società.
censura *s.f.* censura.
centavo *agg.*, *s.m.* centesimo | *no tener ni un* —, non avere neanche un centesimo.
centella *s.f.* **1** fulmine (*m*), saetta | *echar rayos y centellas*, fare fuoco e fiamme **2** scintilla.
centellear *v.intr.* scintillare.
centelleo *s.m.* scintillio.
centenar *s.m.* centinaio: *a centenares*, a centinaia.
centenario *s.m.* centenario.
centeno *s.m.* (*bot.*) segale (*f.*).
centesimal *agg.* centesimale.
centésimo *agg.num.ord.*, *s.m.* centesimo.
centígrado *agg.* centigrado.
centímetro *s.m.* centimetro.
céntimo *s.m.* (*moneta*) centesimo.
centinela *s.m./f.* sentinella (*f.*).
centollo *s.m.* (*zool.*) grancevola (*f.*), granseola (*f.*).
central *agg.*, *s.f.* centrale | *calefacción* —, riscaldamento centralizzato | — *de correos*, posta centrale.
centralización *s.f.* centralizzazione.
centralizar (*con. come* cazar) *v.tr.* centralizzare, accentrare.
centrar *v.tr.* **1** centrare **2** concentrare, adunare **3** accentrare, attirare: — *la atención*, attirare l'attenzione.
céntrico *agg.* centrale, del centro: *un restaurante* —, un ristorante del centro.
centrifugación *s.f.* centrifugazione.
centrifugado *agg.* centrifugato.
centrifugadora *s.f.* centrifuga.
centrifugar (*con. come* llegar) *v.tr.* centrifugare.
centrífugo *agg.* centrifugo.
centrípeto *agg.* centripeto.
centro *s.m.* **1** centro | — *de gravedad*, centro di gravità **2** circolo, ritrovo: — *de recreo*, circolo ricreativo.
centuria *s.f.* secolo (*m.*).
cenutrio *s.m.* (*fam.*) stupido.
ceñido *agg.* **1** stretto, attillato, aderente: *un vestido* —, un vestito attillato **2** (*fig.*) moderato, parsimonioso.
ceñir (*con. come* teñir) *v.tr.* **1** circondare; cingere: *las murallas ciñen la ciudad*, le mura cingono la città **2** stringere; abbreviare ♦ **-se** *v.pron.* limitarsi, moderarsi: *cíñase a contestar a la pregunta*, si limiti a rispondere alla domanda.
ceño *s.m.* cipiglio, broncio | *fruncir el* —, aggrottare la fronte.
ceñudo *agg.* accigliato, imbronciato.
cepa *s.f.* **1** (*bot.*) vite **2** (*di albero*) ceppo (*m.*) **3** (*fig.*) ceppo (*m.*), origine | *de pura* —, di pura razza, autentico.
cepillar *v.tr.* **1** spazzolare **2** piallare **3** (*fam.*, *al gioco*) spennare; derubare ♦ **-se** *v.pron.* **1** (*fam.*) bocciare: *se han cepillado a casi toda la clase*, hanno bocciato quasi tutta la classe **2** (*fam.*) far fuori; divorare: *se cepilló todo el postre*, ha fatto fuori tutto il dessert **3** (*volg.*) farsi, scopare.
cepillo *s.m.* **1** spazzola (*f.*) | — *de dientes*, spazzolino da denti | *corte a* —, taglio a spazzola **2** scopa (*f.*) **3** (*tecn.*) pialla (*f.*) **4** cassetta (*f.*) per le elemosine | *pasar el* —, chiedere l'elemosina.
cepo *s.m.* **1** tagliola (*f.*), trappola (*f.*): *caer en* —, cadere in trappola **2** (*aut.*) ceppi (*pl.*): *en Montecarlo nos han puesto el — por aparcar mal*, a Montecarlo ci hanno messo i ceppi perché abbiamo parcheggiato male.
ceporro *s.m.* **1** ceppo da ardere **2** (*fig.*) scemo, testa di legno.
cera *s.f.* cera | *dar* —, picchiare, bastonare |

no hay más — que la que arde, le cose stanno come stanno.
cerámica *s.f.* ceramica.
ceramista *s.m.* ceramista.
cerbatana *s.f.* cerbottana.
cerca¹ *avv.* **1** (*spazio*) vicino: *¿hay un cajero automático por aquí —?*, c'è un bancomat qui vicino? | *de —*, da vicino; **2** (*tempo*) imminente, vicino: *el verano está —*, l'estate è vicina
■ ***cerca de*** **1** (*spazio*) vicino a, accanto a, nei pressi di: *— de aquí*, qui vicino; *siéntate — de mí*, siediti vicino a me **2** (*tempo*) circa, quasi; sul punto di: *había — de treinta personas*, c'erano circa trenta persone; *— de las cinco*, quasi alle cinque; *estuve — de casarme con él*, sono stata sul punto di sposarlo **3** (*diplomazia*) presso: *embajador — de la Santa Sede*, ambasciatore presso la Santa Sede.
cerca² *s.f.* cinta, steccato (*m.*).
cercado *agg.* **1** recintato **2** assediato, circondato ♦ *s.m.* recinto.
cercanía *s.f.* **1** vicinanza, prossimità **2** (*pl.*) dintorni (*m.*) | *tren de cercanías*, treno locale.
cercano *agg.* **1** vicino: *una ciudad cercana*, una città vicina **2** prossimo, stretto: *pariente —*, parente prossimo; *un colaborador —*, uno stretto collaboratore.
cercar (*con. come* pescar) *v.tr.* **1** recintare **2** circondare; assediare.
cercenar *v.tr.* **1** amputare **2** (*fig.*) diminuire, ridurre.
cerciorar *v.tr.* accertare, verificare ♦ **-se** *v.pron.* accertarsi.
cerco *s.m.* **1** recinto **2** cerchio, alone **3** assedio | *poner —*, assediare.
cerda *s.f.* **1** setola, crine (*m.*): *cepillo de — brusca*, spazzola di setole dure **2** scrofa.
cerdada *s.f.* (*fam.*) maialata, carognata.
cerdo *s.m.* maiale, porco (*anche fig.*) | *como un —*, grasso, robusto.
cereal *s.m.* cereale.
cerebelo *s.m.* (*med.*) cervelletto.
cerebral *agg.* cerebrale.
cerebro *s.m.* **1** cervello **2** (*fig.*) intelligenza (*f.*); intelletto.
ceremonia *s.f.* **1** cerimonia **2** (*pl.*) convenevoli (*m.*): *sin cerimonias*, senza complimenti.
ceremonial *agg.*, *s.m.* cerimoniale.
ceremonioso *agg.* cerimonioso.
céreo *agg.* di cera; cereo.
cereza *agg.* (*colore*) rosso ciliegia ♦ *s.f.* (*bot.*) ciliegia.
cerezo *s.m.* (*bot.*) ciliegio.
cerilla *s.f.* cerino (*m.*), fiammifero (*m.*).
cerillero *s.m.* fiammiferaio.
cerner (*con. come* entender) *v.tr.* **1** setacciare **2** (*fig.*) scrutare, esaminare, discernere ♦ **-se** *v.pron.* **1** (*di uccelli*) planare, dondolarsi, librarsi **2** (*fig.*) sovrastare, incombere: *se cernía sobre la población la amenaza de la guerra*, incombeva sulla popolazione la minaccia della guerra.
cero *s.m.* **1** zero **2** (*fig.*) nullità (*f.*) | *ser un — a la izquierda*, non contare nulla.
cerrado *agg.* **1** chiuso; stretto | *cielo —*, cielo coperto | *vestido —*, vestito accollato **2** folto: *barba cerrada*, barba folta **3** (*fig.*) introverso, taciturno **4** (*fig.*) impenetrabile, oscuro | *noche cerrada*, notte buia.
cerradura *s.f.* serratura; chiusura: *— de golpe*, serratura a scatto, automatica.
cerrajería *s.f.* ferramenta.
cerrajero *s.m.* fabbro.
cerramiento *s.m.* chiusura (*f.*).
cerrar (*con. come* acertar) *v.tr.* **1** chiudere, serrare; tappare: *— con llave*, chiudere a chiave; *— un agujero*, tappare un buco | *— las filas*, serrare le file **2** (*fig.*) concludere, porre fine: *— un debate*, concludere un dibattito; *— el trato*, trovare un accordo ♦ *v.intr.* chiudere: *la puerta no cierra*, la porta non chiude ♦ **-se** *v.pron.* **1** chiudersi; stringersi, unirsi **2** cicatrizzarsi, rimarginarsi **3** (*del cielo*) rannuvolarsi.
cerrazón *s.f.* **1** chiusura mentale, ostinazione; ottusità **2** (*del cielo*) cupezza, oscurità.
cerril *agg.* **1** aspro; rustico, rozzo, villano **2** (*di animale*) brado, selvatico.
cerro *s.m.* **1** collina (*f.*) | *irse por los cerros de Úbeda*, divagare, perdere il filo **2** (*di animale*) dorso | *en —*, a pelo, senza sella.
cerrojazo *s.m.* brusca chiusura (*f.*) | (*fig.*) *dar el — a algo*, mettere bruscamente fine a qlco.
cerrojo *s.m.* catenaccio, chiavistello.
certamen *s.m.* concorso, gara (*f.*).
certero *agg.* **1** giusto, sicuro, certo **2** abile, destro **3** azzeccato, indovinato.
certeza *s.f.* certezza, sicurezza.
certidumbre *s.f.* certezza, consapevolezza.
certificación *s.f.* certificazione, certificato (*m.*).
certificado *agg.* certificato; raccomandato: *carta certificada*, lettera raccomandata ♦ *s.m.* certificato, attestato.
certificar (*con. come* pescar) *v.tr.* **1** certificare, dichiarare, autenticare **2** inoltrare una raccomandata: *he certificado cuatro cartas*, abbiamo inviato quattro raccomandate.
cerumen *s.m.* cerume.
cerval *agg.* cervino | *miedo —*, paura terribile.
cervato *s.m.* cerbiatto.
cervecería *s.f.* **1** birreria **2** fabbrica di birra.
cervecero *s.m.* **1** birraio **2** bevitore di birra.
cerveza *s.f.* birra: *— de barril*, birra alla spina; *— negra, rubia*, birra scura, chiara.
cervical *agg.* cervicale.

cerviz (*pl.* -ces) *s.f.* cervice; nuca | *doblar la —*, rassegnarsi.
cesante *agg.*, *s.m.* (*bur.*) **1** uscente, dimissionario **2** (*Amer.*) disoccupato.
cesantía *s.f.* **1** disoccupazione **2** liquidazione **3** (*Amer.*) licenziamento (*m.*).
cesar *v.intr.* **1** cessare, terminare | *sin —*, continuamente **2** cessare, smettere di fare qlco.; lasciare (*una carica, un ufficio*): *— como/de director*, lasciò l'incarico di direttore.
cesáreo *agg.* (*med.*) cesareo.
cese *s.m.* cessazione (*f.*), sospensione (*f.*) | *dar el —*, licenziare.
cesión *s.f.* cessione: *— de la herencia*, rinuncia all'eredità.
cesionario *s.m.* (*dir.*) cessionario.
cesionista *s.m.* (*dir.*) cedente.
césped *s.m.* **1** prato all'inglese, tappeto erboso **2** (*sport*) campo.
cesta *s.f.* **1** cesta; cestello (*m.*) | (*econ.*) *— de la compra*, paniere (*m.*) **2** (*sport*) canestro (*m.*).
cesto *s.m.* cesto | *— de los papeles*, cestino della carta straccia.
cetrería *s.f.* falconeria.
cetrino *agg.* **1** citrino: *color —*, colore citrino | *jarabe —*, sciroppo di cedro **2** malinconico.
cetro *s.m.* **1** scettro **2** (*fig.*) regno, governo, comando.
chabacanería *s.f.* volgarità, grossolanità.
chabacano *agg.* grossolano, volgare.
chabola *s.f.* baracca, tugurio (*m.*) | *barrio de chabolas*, bidonville.
chabolismo *s.m.* habitat di una baraccopoli/bidonville.
chacal *s.m.* (*zool, fig.*) sciacallo.
chacha *s.f.* (*fam.*) tata, bambinaia; domestica.
cháchara *s.f.* chiacchiera | *estar de —*, fare una chiacchierata.
chachi *agg.* (*fam.*) bello, buono: *un vestido —*, un vestito carino | *pasarlo —*, divertirsi.
chacho *s.m.* (*fam.*) ragazzo.
chacina *s.f.* **1** carne per insaccati **2** insaccati (*m.pl.*) **3** carne secca.
chacinería *s.f.* salumeria.
chacota *s.f.* **1** chiasso (*m.*), baldoria **2** scherzo (*m.*), beffa.
chacra *s.f.* (*Amer.*) fattoria, masseria, podere (*m.*).
chafar *v.tr.* **1** schiacciare **2** sgualcire, stropicciare **3** (*fig.*) mortificare.
chaflán *s.m.*. **1** angolo smussato **2** (*mecc.*) smusso.
chal *s.m.* scialle.
chalado *agg.* **1** matto; stravagante **2** (*fam.*) innamorato cotto.
chaladura *s.f.* **1** stravaganza **2** innamoramento (*m.*).
chalana *s.f.* (*mar.*) chiatta.
chalanear *v.tr.* trafficare.
chalar *v.tr.* far impazzire ♦ **-se** *v.pron.* **1** impazzire **2** prendersi una cotta.
chaleco *s.m.* gilè, panciotto | *— salvavidas*, giubbotto di salvataggio | *— antibalas*, giubbotto antiproiettile.
chalet, chalé *s.m.* chalet, baita (*f.*), villino | *— adosado*, villetta a schiera.
chalina *s.f.* **1** cravatta a fiocco **2** (*Amer.*) scialle (*m.*).
chalote *s.m.* (*bot.*) scalogno.
chalupa *s.f.* **1** scialuppa | *estar —*, essere matto **2** (*Amer.*) torta di mais.
chamaco *s.m.* (*Amer., fam.*) ragazzo.
chamán *s.m.* sciamano.
chamarilear *v.tr.* barattare.
chamarilero *s.m.* rigattiere.
chamba *s.f.* **1** fortuna **2** (*Amer.*) lavoro (*m.*) occasionale.
chambergo *s.m.* cappello floscio | *a la chamberga*, secondo la moda dei gentiluomini del XVII secolo.
chambón *agg.* imbranato, maldestro.
chamizo *s.m.* **1** albero secco **2** capanna (*f.*) di paglia; tugurio.
champán *s.m.* **1** champagne **2** imbarcazione (*f.*) da fiume; chiatta (*f.*).
champiñon *s.m.* (*fungo*) champignon.
champú *s.m.* shampoo.
chamuscar (*con. come* pescar) *v.tr.* bruciacchiare ♦ **-se** *v.pron.* bruciacchiarsi.
chamusquina *s.f.* bruciacchiatura | (*fig.*) *oler* (*un asunto*) *a —*, puzzare di bruciato.
chancear *v.intr.* scherzare ♦ *v.tr.* canzonare, burlarsi.
chancho *s.m.* (*Amer.*) maiale (*anche fig.*).
chanchullero *s.m.* imbroglione.
chanchullo *s.m.* raggiro, imbroglio; intrallazzo | *estar metido en chanchullos*, avere loschi affari.
chancla *s.f.* pianella, ciabatta.
chanclo *s.m.* caloscia (*f.*).
chándal *s.m.* tuta (*f.*) sportiva.
changa *s.f.* **1** baratto (*m.*) **2** (*Amer.*) lavoro (*m.*) occasionale **3** (*Amer.*) scherzo (*m.*), beffa.
chanquete *s.m.* (*zool.*) bianchetto.
chantaje *s.m.* ricatto.
chantajista *s.m.* ricattatore.
chantillí *s.f.* (*crema*) chantilly.
chanza *s.f.* scherzo (*m.*), burla.
chapa *s.f.* **1** lastra, lamina **2** (*di bottiglia*) tappo (*m.*) a corona **3** distintivo (*m.*), piastrina | *estar sin —*, essere al verde | *no tener ni —*, non sapere niente | *no pegar ni —*, non lavorare, oziare | *dar la —*, essere pesante **4** (*Amer.*) serratura **5** (*Amer.*) targa (*anche aut.*).
chapado *agg.* **1** placcato **2** impiallacciato; rivestito | *— a la antigua*, all'antica ♦ *s.m.*

1 placcatura (*f.*), laminatura (*f.*) **2** impiallacciatura (*f.*); rivestimento.
chapar *v.tr.* **1** placcare **2** impiallacciare; rivestire **3** (*fam.*) chiudere ♦ *v.intr.* (*fam.*) studiare molto, fare il secchione.
chaparro *agg.* di bassa statura, tarchiato ♦ *s.m.* (*bot.*) leccio.
chaparrón *s.m.* **1** acquazzone **2** (*fig.*) sfilza (*f.*), miriade (*f.*), gran quantità (*f.*) **3** (*fig.*) sfuriata (*f.*) | *aguantar el* —, sopportare la sgridata.
chapela *s.f.* (*cappello*) basco (*m.*).
chapista *s.m.* **1** lamierista **2** carrozziere.
chapitel *s.m.* (*arch.*) **1** capitello **2** guglia (*f.*).
chapotear *v.intr.* sguazzare ♦ *v.tr.* inumidire.
chapurrear *v.tr.* balbettare, storpiare una lingua.
chapuza *s.f.* **1** lavoretto (*m.*) **2** raffazzonatura, pastrocchio (*m.*).
chapuzón *s.m.* tuffo | *darse un* —, farsi un tuffo.
chaqueta *s.f.* giacca | *traje de* —, tailleur.
chaquetero *agg.*, *s.m.* opportunista (*m./f.*), voltagabbana (*m./f.*).
chaquetón *s.m.* giaccone.
charanga *s.f.* banda musicale, fanfara.
charco *s.m.* pozzanghera (*f.*).
charcutería *s.f.* salumeria.
charcutero *s.m.* salumiere.
charla *s.f.* **1** chiacchierata **2** conferenza.
charlar *v.intr.* chiacchierare, conversare.
charlatán *agg.* chiacchierone ♦ *s.m.* ciarlatano.
charlatanería *s.f.* **1** loquacità **2** ciarlataneria.
charol *s.m.* vernice (*f.*); cuoio verniciato: *zapatos de* —, scarpe di vernice.
charro *agg.* **1** pacchiano; ridicolo: *su habitación tiene una decoración muy charra*, la sua stanza ha un arredamento sovraccarico | *no seas* —, non essere ridicolo **2** di Salamanca ♦ *s.m.* **1** nativo di Salamanca **2** cavallerizzo messicano | *sombrero de* —, sombrero.
chascar (*con. come* pescar) *v.intr.* (*di legna*) scricchiolare ♦ *v.tr.* schioccare (la lingua, la frusta).
chascarillo *s.m.* battuta (*f.*), doppio senso.
chasco *s.m.* **1** delusione (*f.*), fiasco | *llevarse un* —, subire una delusione **2** burla (*f.*), beffa (*f.*).
chasis *s.m.* (*aut.*, *mecc.*) telaio | *quedarse en el* —, ridursi pelle e ossa.
chasquear *v.intr.* scricchiolare ♦ *v.tr.* **1** schioccare (le dita, la lingua) **2** fare un bidone, beffare qlcu.
chasquido *s.m.* crepitio, schiocco.
chata *s.f.* **1** (*mar.*) chiatta **2** (*med.*) padella.
chatarra *s.f.* **1** (*anche fig.*) rottame (*m.*) (di ferro); ferri (*m.pl.*) vecchi **2** (*iron.*) chincaglieria, gioielli (*m.pl.*) di poco valore **3** (*monete*) spiccioli (*m.pl.*).
chatarrero *s.m.* ferravecchio, rottamaio.
chatear[1] *v.intr.* farsi un bicchierino.
chatear[2] *v.intr.* (*inform.*) chattare.
chato *agg.* schiacciato, piatto: *punta chata*, punta smussata | *nariz chata*, naso camuso ♦ *s.m.* **1** bicchiere basso **2** (*fam.*) caro, tesoro: *¡hola, —!*, ciao vecchio mio!
chaucha *s.f.* (*Amer.*) **1** moneta di scarso valore **2** (*bot.*) fagiolino (*m.*) **3** (*bot.*) patata novella.
chauvinismo *s.m.* → **chovinismo**.
chaval *s.m.* (*fam.*) bambino; ragazzo | *estar hecho un* —, sentirsi o sembrare giovane | *ser un* —, essere molto giovane.
chaveta *s.f.* **1** (*mecc.*) perno (*m.*), bullone (*m.*) **2** (*edil.*) bietta, caviglia **3** (*fam.*) testa | (*iron.*) *estar (mal de la)* —, essere fuori di testa | *perder la* —, impazzire; perdere la testa.
che *s.f.* nome della lettera ch ♦ *inter.* (*Ríopl.*) ehi!: *¡—!, ¡ven acá!*, ehi!, vieni qua!
checo *agg.*, *s.m.* ceco.
chepa *s.m./f.* (*fam.*) gobbo (*m.*) ♦ *s.f.* gobba | *subírsele a la* —, mancare di rispetto.
cheque *s.m.* assegno: — *cruzado*, assegno sbarrato; — *de viajero*, travellers' cheque; — *en blanco*, assegno in bianco; — *intransferible*, *sin fondos*, assegno non trasferibile, a vuoto | *libreta/talonario de cheques*, *chequera*, libretto degli assegni | (*fig.*) *dar un — en blanco*, dare carta bianca.
chequear *v.tr.* controllare, esaminare.
chequeo *s.m.* **1** (*med.*) check-up, visita (*f.*) di controllo **2** controllo, verifica (*f.*).
chequera *s.f.* libretto (*m.*) degli assegni.
chévere *agg.* (*Amer.*) stupendo.
chic *agg.* chic.
chica *s.f.* **1** ragazza **2** domestica: *la — me limpia la casa*, la domestica mi pulisce la casa.
chicano *agg.*, *s.m.* messicano residente negli Stati Uniti | *restaurante* —, ristorante messicano.
chicha *s.f.* **1** (*fam.*) ciccia, carne | (*fig.*) *ni — ni limonada*, né carne né pesce **2** (*Amer.*) bevanda alcolica.
chicharra *s.f.* **1** (*zool.*) cicala **2** campanello (*m.*), cicalino (*m.*) **3** (*fam.*) chiacchierone (*m.*).
chicharrón *s.m.* **1** (*cuc.*) cicciolo **2** alimento bruciacchiato.
chicho *s.m.* ricciolo, boccolo.
chichón *s.m.* bernoccolo.
chicle *s.m.* chewing-gum, cicca (*f.*)
chico *agg.* piccolo ♦ *s.m.* **1** ragazzo **2** fattorino, garzone.
chicoria *s.f.* (*bot.*) cicoria.
chicotazo *s.m.* (*Amer.*) frustata (*f.*), sferzata (*f.*).

chicote *s.m.* **1** ragazzone **2** (*Amer.*) frusta (*f.*) **3** sigaro; mozzicone.
chifla *s.f.* fischiata.
chiflado *agg., s.m.* pazzo, matto | *estar —*, essere fuori di testa | *estar — con algo*, andare matto per qlco. | *estar — por alguien*, essere innamorato cotto di qlcu.
chifladura *s.f.* mania, fissazione, pallino (*m.*).
chiflar *v.intr./tr.* fischiare: *— para llamar al perro*, fischiare per richiamare il cane; *el público furioso chifló al cantante*, il pubblico infuriato fischiò il cantante ♦ **-se** *v.pron.* diventar matto, perdere la testa: *— por el fútbol*, perdere la testa per il calcio.
chiflón *s.m.* corrente (*f.*) d'aria.
chihuahua *s.m.* (*zool.*) chihuahua.
chile *s.m.* (*cuc.*) peperoncino piccante.
chilena *s.f.* (*sport*) rovesciata.
chileno *agg., s.m.* cileno.
chilindrina *s.f.* (*fam.*) **1** bazzecola, inezia **2** arguzia, scherzo (*m.*).
chilindrón *s.m.* sugo con peperone e pomodoro: *pollo al —*, pollo stufato.
chillar *v.intr.* (*di persona*) urlare, strillare; (*di animali*) ululare.
chillería *s.f.* grida (*pl.*), baccano (*m.*); cinguettio (*m.*).
chillido *s.m.* strillo.
chillón *agg.* **1** stridulo, stonato; stridente **2** (*di colori*) sgargiante, pacchiano **3** strillone.
chimenea *s.f.* **1** camino (*m.*), caminetto (*m.*) **2** ciminiera, fumaiolo (*m.*).
chimpancé *s.m.* (*zool.*) scimpanzé.
china *s.f.* **1** sassolino (*m.*) **2** (*fam.*) difficoltà; sorte | *tocar a alguien la —*, toccare a qlcu. la cattiva sorte **3** (*gerg.*) canna, spinello (*m.*) **4** (*Amer.*) india, domestica.
chinchar *v.tr.* (*fam.*) disturbare, infastidire.
chinche *s.f.* **1** (*zool.*) cimice **2** puntina da disegno ♦ *s.m./f.* (*fam.*) pignolo (*m.*), piattola (*f.*).
chincheta *s.f.* puntina da disegno.
chinchilla *s.f.* (*zool.*) cincillà (*m.*).
chinela *s.f.* pantofola.
chinga *s.f.* (*Amer.*) **1** mozzicone (*m.*) **2** sbornia **3** manica di botte.
chingar (*con. come* llegar) *v.tr.* **1** trincare **2** (*volg.*) scopare **3** (*Amer.*) fregare qlcu.; rompere le scatole **4** (*Amer.*) uccidere ♦ **-se** *v.pron.* **1** ubriacarsi **2** (*Cile*) far fiasco, fallire qlco.
chino *agg., s.m.* **1** cinese (*m./f.*) | *no venir con cuentos chinos*, non raccontare storie, panzane | (*fig.*) *hablar en —*, parlare arabo **2** (*Amer.*) meticcio **3** domestico.
chipén *agg.* stupendo, eccellente ♦ *s.f.* vita, vivacità | *de —*, stupendamente.
chipirón *s.m.* (*zool.*) calamaretto.
chiquero *s.m.* porcile; stalla (*f.*).
chiquillada *s.f.* bambinata, ragazzata.
chiquillo *s.m.* bambino.
chiquito *agg., s.m.* piccoletto, piccino | *no andarse con chiquitas*, andare per le spicce.
chiribita *s.f.* scintilla, favilla | *echar chiribitas*, fare faville.
chirigota *s.f.* scherzo (*m.*).
chirimía *s.f.* **1** (*mus.*) flauto (*m.*), zufolo (*m.*) **2** (*Amer.*) voce stridula.
chirimoya *s.f.* (*bot., frutto*) anona.
chiringuito *s.m.* **1** chiosco, baracchino **2** negozietto.
chiripa *s.f.* (*fam.*) caso (*m.*), colpo (*m.*) di fortuna | *de —*, per puro caso.
chirla *s.f.* (*zool.*) tellina, vongola.
chirle *agg.* insipido; insulso; blando: *espectáculo —*, spettacolo insulso | *una sopa —*, una minestra allungata ♦ *s.m.* escremento di capra/pecora.
chirlero *s.m.* (*gerg.*) delinquente (*m./f.*).
chirona *s.f.* (*pop.*) carcere (*m.*), galera.
chirriar (*con. come* confiar) *v.intr.* **1** stridere; cigolare **2** (*di cicale*) frinire.
chirrido *s.m.* stridio.
chisme *s.m.* **1** pettegolezzo **2** (*fam.*) aggeggio, coso: *¿para qué sirve ese —?*, a cosa serve quel coso?
chismear, chismorrear *v.intr.* spettegolare, mormorare.
chismoso *agg., s.m.* pettegolo.
chispa *s.f.* **1** scintilla, favilla | (*fig.*) *echar chispas*, fare scintille, andare su tutte le furie **2** (*fig.*) ingegno (*m.*); grazia: *tener —*, essere affascinante, grazioso **3** briciolo (*m.*), presa | *ni —*, neanche l'ombra **4** (*fam.*) sbornia | *está algo —*, è un po' brillo.
chispazo *s.m.* **1** scintilla (*f.*) forte **2** (*fig.*) segno, avvisaglia (*f.*): *los primeros chispazos de la guerra*, le prime avvisaglie della guerra.
chispeante *agg.* brillante, vivace.
chispear *v.intr.* **1** mandare scintille **2** piovigginare.
chisporrotear *v.intr.* crepitare, scoppiettare.
chistar *v.intr.* aprire bocca, fiatare: *no chistó cuando lo capturaron*, non fiatò quando lo catturarono | *sin —*, senza fiatare, senza aprire bocca.
chiste *s.m.* **1** barzelletta (*f.*); aneddoto, storiella (*f.*) **2** scherzo.
chistera *s.f.* **1** cappello (*m.*) a cilindro **2** paniere (*m.*) da pesca.
chistoso *agg.* buffo, spiritoso.
¡chito!, ¡chitón! *inter.* zitto!, mosca!
chivarse *v.prn.* fare la spia.
chivato *s.m.* **1** spione, delatore **2** (*tecn.*) spia (*f.*); allarme **3** (*zool.*) capretto.
chivera *s.f.* (*Amer.*) pizzo (*m.*), barbetta.
chivo *s.m.* (*zool.*) capretto | *— expiatorio*, capro espiatorio | *estar como una chiva*, essere matto come un cavallo.

chocante *agg.* **1** sorprendente, scioccante **2** urtante, sgradevole.
chocar (*con. come* pescar) *v.intr.* scontrarsi, andare a sbattere: *han chocado dos camiones*, si sono scontrati due camion ♦ *v.tr.* **1** urtare | *choquemos los vasos*, brindiamo, facciamo cin, cin | *¡chócala, hombre!*, qua la mano! **2** (*fig.*) stupire; irritare, urtare: *me choca que no haya dicho nada*, mi stupisce che non abbia detto niente.
chocarrería *s.f.* battuta volgare.
chocarrero *agg.* buffone; villano.
chochear *v.intr.* (*fam.*) **1** rimbambire **2** adorare, stravedere: *chochea por su nieta*, adora sua nipote.
chocho *agg.* rimbambito | *estar — con algo, alguien*, andare in brodo di giuggiole per qlco., qlcu. ♦ *s.m.* **1** (*bot.*) lupino **2** (*volg.*) vagina (*f.*), fica (*f.*) **3** caramella (*f.*).
choclo *s.m.* (*Amer.*, *bot.*) pannocchia (*f.*) (di granoturco).
chocolate *s.m.* **1** cioccolato, cioccolata (*f.*) **2** (*gerg.*) hascisc, fumo.
chocolatero *s.m.* cioccolataio.
chocolatina *s.f.* cioccolatino (*m.*).
chófer, (*Amer.*) **chofer** *s.m.* autista (*m./f.*), conducente (*m./f.*).
chola *s.f.* giudizio (*m.*), testa | *estar mal de la chola*, essere fuori di testa.
cholo *agg.* (*Amer.*) meticcio ♦ *s.m.* **1** meticcio **2** (*fam.*) caro, tesoro: *cholita mía*, mia cara.
chompa *s.f.* (*Amer.*) **1** (*abbigl.*) pullover (*m.*); giacca; maglietta polo **2** (*Perù*) recipiente (*m.*) di terracotta.
chopera *s.f.* pioppeto (*m.*).
chopo *s.m.* **1** pioppo **2** (*fam.*) schioppo, fucile.
choque *s.m.* **1** scontro, urto: *— múltiple*, tamponamento a catena **2** (*med.*) shock: *— anafiláctico*, shock anafilattico.
choquezuela *s.f.* (*anat.*) rotula.
chorar *v.tr.* (*pop.*) rubare, borseggiare.
choricear *v.tr.* (*pop.*) rubare.
choriceo *s.m.* (*pop.*) borseggio.
chorizo *s.m.* **1** salame **2** (*fam.*) borsaiolo, ladruncolo **3** (*fam.*, *di professionista, funzionario*) corrotto, ladro: *ser un —*, essere un corrotto.
chorlito *s.m.* (*zool.*) piviere | *cabeza de —*, testa di rapa.
chorra *agg.*, *s.m./f.* (*volg.*) pirla ♦ *s.f.* **1** (*volg.*) cazzo (*m.*) **2** (*fig.*) fortuna, culo (*m.*) **3** (*Amer.*) ladra.
chorrada *s.f.* (*fam.*) cretinata, castroneria.
chorrear *v.tr./intr.* sgocciolare, colare; grondare: *la herida chorrea sangre*, la ferita perde sangue; *llegó a casa chorreando*, tornò a casa gocciolante ♦ **-se** *v.pron.* (*Amer.*) macchiarsi, sbrodolarsi.
chorrera *s.f.* **1** sgocciolatura **2** rapida; ruscello (*m.*) **3** (*abbigl.*) jabot (*m.*).
chorro *s.m.* **1** getto, fiotto, zampillo | *a —*, a garganella | *a chorros*, abbondantemente | *llover a chorros*, piovere a catinelle **2** (*di luce*) fascio **3** (*arch.*) gettata (*f.*) **4** (*Amer.*) ladro.
chotearse *v.pron.* burlarsi, prendere in giro: *— de alguien*, prendere in giro qlcu.
choteo *s.m.* presa (*f.*) in giro, burla (*f.*).
chovinismo *s.m.* sciovinismo.
choza *s.f.* capanna.
chubasco *s.m.* acquazzone.
chubasquero *s.m.* **1** (*abbigl.*) impermeabile; k-way **2** (*volg.*) preservativo.
chuchería *s.f.* **1** bigiotteria di poco valore **2** dolciume (*m.*).
chucho *s.m.* **1** (*fam.*) cane bastardo **2** (*Amer.*) brivido **3** (*Amer.*) febbre (*f.*) malarica.
chufa *s.f.* (*bot.*) cipero (*m.*) dolce, zizzola di terra.
chufla *s.f.* scherzo (*m.*).
chulada *s.f.* **1** presunzione, spacconata **2** cosa bella e vistosa.
chulapo *s.m.* **1** popolano madrileno **2** guappo, bullo.
chulear *v.tr.* **1** prendere in giro **2** sfruttare, abusare ♦ **-se** *v.pron.* prendere in giro.
chuleta *s.f.* **1** costoletta, braciola | *andar de —*, fare lo spaccone **2** (*fam.*) bigino (*m.*), foglietto (*m.*) (per copiare agli esami): *utilizó una — en el examen*, ha copiato all'esame **3** (*fam.*) sberla.
chulo *agg.* **1** bullo; insolente | *ponerse —*, diventare insolente **2** bello, carino: *tienes unos zapatos muy chulos*, hai delle scarpe molto carine ♦ *s.m.* **1** madrileno **2** magnaccia, pappone, protettore.
chumbera *s.f.* (*bot.*, *pianta*) fico (*m.*) d'India.
chuminada *s.f.* stupidata, cretinata.
chungo *agg.* (*gerg.*) brutto, triste, spiacevole.
chunguearse *v.pron.* (*fam.*) burlarsi.
chupar *v.tr.* **1** succhiare, sorbire | *chuparse los dedos*, leccarsi i baffi **2** (*fig.*) spillare ♦ **-se** *v.pron.* **1** consumarsi, dimagrire **2** sopportare, sorbire: *— un concierto horroroso*, sorbirsi un concerto orrendo.
chupatintas *s.m.* scribacchino.
chupete *s.m.* succhiotto, ciuccio.
chupito *s.m.* sorso, bicchierino.
chupón *s.m.* scroccone.
churrasco *s.m.* carne (*f.*) alla brace.
churrería *s.f.* negozio (*m.*) che vende frittelle.
churro *s.m.* **1** frittella (*f.*) **2** (*fig.*) pasticcio, lavoro mal fatto **3** caso, fortuna (*f.*) | *de —*, per caso.
churruscar (*con. come* pescar) *v.tr.* bruciacchiare.
churumbel *s.m.* bambino.

chusma *s.f.* ciurma; gentaglia, marmaglia.
chutar *v.intr.* calciare il pallone ♦ **-se** *v.pron.* (*droga*) bucarsi.
chute *s.m.* **1** (*Amer.*) pungiglione, spina (*f.*) **2** (*fig., droga*) buco, pera (*f.*).
chuzo *s.m.* (*mil.*) picca (*f.*) | *estar* —, essere ubriaco.
ciática *s.f.* (*med.*) sciatica.
ciático *agg.* (*anat.*) sciatico | *nervo* —, nervo sciatico.
cibernética *s.f.* (*fis.*) cibernetica.
cibernético *agg.* (*fis.*) cibernetico.
cicatero *s.m.* meschino, taccagno.
cicatriz (*pl.* -ces) *s.f.* cicatrice.
cicatrización *s.f.* (*med.*) cicatrizzazione.
cicatrizar (*con. come* cazar) *v.tr.* cicatrizzare.
ciclismo *s.m.* ciclismo.
ciclista *s.m./f.* ciclista.
ciclo *s.m.* ciclo.
ciclón *s.m.* ciclone.
ciclónico *agg.* ciclonico.
cidra *s.f.* (*frutto*) cedro.
cidro *s.m.* (*albero*) cedro.
ciego *agg., s.m.* cieco (*anche fig.*) | (*fam.*) *estar* —, essere fatto (per il vino o uno spinello) | *a ciegas*, alla cieca | *gallina ciega*, mosca cieca.
cielo *s.m.* **1** cielo | *mover — y tierra*, fare il diavolo a quattro | *estar en el séptimo* —, essere al settimo cielo, toccare il cielo con un dito **2** (*fig.*) paradiso **3** copertura (*f.*), parte (*f.*) superiore | — *raso*, soffitto | — *de la boca*, palato.
ciempiés *s.m.* (*zool.*) millepiedi.
cien (*apocope di* ciento, *si usa davanti a s. e agg.num. che lo moltiplicano*) *agg.num.card.* cento: — *años*, cento anni; — *mil*, centomila.
ciénaga *s.f.* (*anche fig.*) palude, fangaia.
ciencia *s.f.* **1** scienza | *ciencias económicas y empresariales*, economia e commercio | — *ficción*, fantascienza **2** abilità, maestria | *a — cierta*, con certezza.
cieno *s.m.* fango, melma (*f.*).
científico *agg.* scientifico ♦ *s.m.* scienziato.
ciento *agg.num.card., s.m.* cento: — *por* —, cento per cento.
ciernes, en *loc.avv.* in erba: *un poeta* —, un poeta in erba.
cierre *s.m.* **1** chiusura (*f.*): *el — es a las tres*, la chiusura è alle tre | (*cinem.*) — *en fundido*, dissolvenza | — *metálico*, saracinesca **2** serratura (*f.*) **3** (*Amer.*) cerniera (*f.*).
cierto *agg.* certo, sicuro, vero: *eso no es* —, ciò non è vero | *dar por* —, dare per sicuro | *por* —, certamente | *de* —, con certezza.
ciervo *s.m.* (*zool.*) cervo.
cierzo *s.m.* tramontana (*f.*).
cifra *s.f.* **1** cifra, numero (*m.*) **2** monogramma (*m.*), sigla, abbreviazione.
cifrar *v.tr.* **1** cifrare, codificare **2** calcolare: *cifran la deforestación en miles de hectáreas*, calcolano il deforestamento in migliaia di ettari **3** basare, puntare: *Rafael cifra todo en el éxito*, Rafael punta tutto sul successo **4** riassumere, condensare: *el director cifra el proyecto en dos puntos*, il direttore condensa il progetto in due punti.
cigala *s.f.* (*zool.*) scampo (*m.*).
cigarra *s.f.* (*zool.*) cicala | *vivir como la* —, vivere alla giornata.
cigarrera *s.f.* portasigari (*m.*), portasigarette (*m.*).
cigarrillo *s.m.* sigaretta (*f.*).
cigarro *s.m.* sigaro | — *de papel*, sigaretta (*f.*).
cigüeña *s.f.* (*zool.*) cicogna | (*fam.*) *venir la* —, nascere un bimbo.
cigüeñal *s.m.* (*mecc.*) albero a gomito.
cilantro *s.m.* (*bot.*) coriandolo.
cilindrada *s.f.* (*mecc.*) cilindrata.
cilíndrico *agg.* cilindrico.
cilindro *s.m.* **1** (*geom., aut.*) cilindro **2** rullo **3** bombola (*f.*) (di gas).
cima *s.f.* **1** cima, vetta **2** (*fig.*) compimento (*m.*), culmine (*m.*) | *dar* —, portare a termine.
cimarrón *agg.* (*Amer.*) **1** (*di animale*) selvatico **2** fuggiasco (*di schiavo*) **3** amaro (*di bibita*).
címbalo *s.m.* (*mus.*) cembalo.
cimbrar, cimbrear *v.tr.* **1** curvare, piegare **2** (*arch.*) centinare, flettere ♦ **-se** *v.pron.* muoversi ondeggiando, ancheggiare: — *al andar*, camminare con grazia.
cimentación *s.f.* posa delle fondamenta.
cimentar (*con. come* acertar) *v.tr.* gettare le fondamenta; (*anche fig.*) fondare.
cimero *agg.* che si trova in cima.
cimiento *s.m.* **1** (*spec. pl.*) fondamento, fondazione (*f.*): *echar los* —, gettare le fondamenta **2** (*fig.*) base (*f.*), fondamento.
cimitarra *s.f.* scimitarra.
cinc *s.m.* (*chim.*) zinco.
cincel *s.m.* scalpello; cesello.
cincelado *s.m.* scalpellatura (*f.*).
cincelar *v.tr.* scalpellare; cesellare.
cinco *agg.num.card., s.m.* cinque | *estar sin* —, essere al verde | *chocar los* —, dare il cinque.
cincuenta *agg.num., s.m.* **1** (*card.*) cinquanta | *los años* —, gli anni Cinquanta **2** (*ord.*) cinquantesimo: *el — aniversario*, il cinquantesimo anniversario.
cincuentenario *s.m.* cinquantenario.
cincuentón *agg., s.m.* (*spreg.*) cinquantenne.
cine *s.m.* cinema | — *de arte y ensayo*, cinema d'essai | — *de estreno*, cinema di prima visione | — *negro*, cinema poliziesco | *de* —, impressionante/incredibile.
cineasta *s.m./f.* cineasta.
cinéfilo *agg., s.m.* cinefilo.
cinematografía *s.f.* cinematografia.

cinematógrafo *s.m.* cinema, sala (*f.*) cinematografica.
cinético *agg.* cinetico.
cingalés *agg., s.m./f.* cingalese.
cíngaro *agg., s.m.* zingaro, gitano.
cínico *agg.* cinico.
cinismo *s.m.* cinismo.
cinta *s.f.* nastro (*m.*); fettuccia; striscia | (*Amer.*) — *adhesiva/pegante*, nastro adesivo, scotch | — *aislante*, nastro isolante | — *cinematográfica*, pellicola cinematografica | — *de algodón*, fettuccia.
cintura *s.f.* cintola, girovita (*m.*) | — *de avispa*, vitino da vespa | *meter en* —, mettere in riga, tenere a freno.
cinturón *s.m.* **1** cintura (*f.*) | — *de seguridad*, cintura di sicurezza | *apretarse el* —, tirare la cinghia **2** (*fig.*) zona (*f.*), area (*f.*) | — *de circunvalación*, circonvallazione tangenziale, raccordo anulare | — *industrial*, zona industriale | (*astr.*) — *de Orión*, cintura di Orione.
ciprés *s.m.* (*bot.*) cipresso.
circense *agg.* circense.
circo *s.m.* circo.
circón *s.m.* (*min.*) zircone.
circuito *s.m.* circuito; giro: *hacer un — por Grecia*, fare il giro della Grecia | — *cerrado*, circuito chiuso.
circulación *s.f.* **1** circolazione, traffico (*m.*): *código de la* —, codice della strada **2** circolazione, flusso (*m.*) | (*med.*) — *de la sangre*, circolazione del sangue | (*econ.*) — *de divisas*, circolazione di valuta | — *de aire*, flusso d'aria.
circular[1] *agg.* circolare ♦ *s.f.* lettera circolare.
circular[2] *v.intr.* circolare, girare, muoversi.
círculo *s.m.* **1** circolo, cerchio | *en* —, in cerchio | — *vicioso*, circolo vizioso **2** cerchia (*f.*): *círculos políticos*, settori/ambienti politici **3** (*sede*) circolo, club, associazione (*f.*).
circuncisión *s.f.* circoncisione.
circundar *v.tr.* circondare.
circunferencia *s.f.* circonferenza, cerchio (*m.*).
circunscribir *v.tr.* circoscrivere.
circunlocución *s.f.* circonlocuzione, perifrasi.
circunloquio *s.m.* giro di parole: *no te andes con circunloquios*, non fare tanti giri di parole.
circunscribir *v.tr.* circoscrivere.
circunscripción *s.f.* **1** (*bur.*) circoscrizione, distretto (*m.*), collegio (*m.*): *es candidato en esta* —, è candidato presso questo collegio **2** circoscrizione, delimitazione.
circunspección *s.f.* circospezione, prudenza.
circunspecto *agg.* circospetto.
circunstancia *s.f.* circostanza, condizione, situazione | (*dir.*) — *agravante, atenuante, eximente*, circostanza aggravante, attenuante, esimente | *de circunstancias*, occasionale | *poner cara de circunstancias*, fare la faccia di circostanza.
circunstancial *agg.* circostanziale.
circunstante *agg.* circostante.
circunvalación *s.f.* circonvallazione.
circunvalar *v.tr.* circondare, racchiudere, girare attorno.
cirílico *agg., s.m.* (*ling.*) cirillico.
cirio *s.m.* cero.
cirrosis *s.f.* (*med.*) cirrosi.
ciruela *s.f.* (*bot.*) prugna, susina: — *pasa*, prugna secca.
cirugía *s.f.* (*med.*) chirurgia: — *estética/plástica*, chirurgia plastica.
cirujano *s.m.* (*med.*) chirurgo.
cisco *s.m.* **1** carbonella (*f.*) **2** baccano, chiasso.
cisne *s.m.* (*zool.*) cigno.
cisterna *s.f.* cisterna.
cistitis *s.f.* (*med.*) cistite.
cita *s.f.* **1** appuntamento (*m.*): *dar una* —, fissare un appuntamento: *tener* —, avere apputamento | — *a ciegas*, appuntamento al buio | *casa de citas*, bordello **2** citazione: — *literaria*, citazione letteraria.
citación *s.f.* (*dir.*) citazione; notifica, mandato (*m.*) di comparizione.
citar *v.tr.* **1** dare un appuntamento **2** citare, menzionare **3** (*dir.*) citare in giudizio, notificare.
cítara *s.f.* (*mus.*) cetra.
citoplasma *s.m.* (*biol.*) citoplasma.
cítrico *agg.* citrico.
cítricos *s.m.pl.* agrumi.
ciudad *s.f.* città | — *fantasma*, città fantasma.
ciudadanía *s.f.* cittadinanza, nazionalità.
ciudadano *agg., s.m.* cittadino: *tráfico* —, traffico cittadino | — *de a pie*, cittadino qualsiasi.
ciudadela *s.f.* (*mil.*) cittadella.
cívico *agg.* civico.
civil *agg.* **1** civile, civico, urbano | *casarse por lo* —, sposarsi civilmente | *registro* —, anagrafe **2** borghese, non militare: *vestido de* —, in abiti borghesi.
civilización *s.f.* civiltà, cultura.
civilizador *agg., s.m.* civilizzatore.
civilizar (*con. come* cazar) *v.tr.* civilizzare.
cizalla *s.f.* (*tecn.*) cesoia, trancia.
cizaña *s.f.* (*bot.*) zizzania | *sembrar* —, seminare zizzania.
clamar *v.tr./intr.* invocare; reclamare; chiedere: — *venganza*, invocare vendetta; — *por justicia*, richiedere giustizia | — *al cielo*, pregare.
clamor *s.m.* clamore.
clamoroso *agg.* clamoroso.
clandestinidad *s.f.* clandestinità.
clandestino *agg., s.m.* clandestino: *matrimo-*

nio —, matrimonio segreto; *tráfico* —, traffico illegale.
claqué *s.m.* (*ballo*) tip tap.
clara *s.f.* **1** chiara d'uovo, albume (*m.*) **2** birra con gazzosa.
claraboya *s.f.* lucernario (*m.*), abbaino (*m.*).
clarear *v.intr. impers.* **1** albeggiare **2** (*meteor.*) schiarire, rischiarare ♦ *v.tr.* (*una stoffa, i capelli*) schiarire.
claridad *s.f.* **1** chiarezza **2** chiarore (*m.*): *la — del día*, il chiarore del giorno.
clarificar (*con. come* pescar) *v.tr.* chiarificare.
clarinete *s.m.* (*mus.*) clarinetto.
clarividencia *s.f.* chiaroveggenza.
clarividente *agg.*, *s.m./f.* chiaroveggente.
claro *agg.* **1** chiaro; luminoso; limpido: *una habitación clara*, una stanza luminosa; *un día* —, una giornata limpida | *pasar la noche en* —, passare la notte in bianco **2** (*fig.*) evidente **3** illustre, famoso ♦ *avv.* chiaramente: *hablar* —, parlare chiaro | *¡—!*, certo!, naturalmente! | *a las claras*, apertamente ♦ *s.m.* **1** spazio; radura (*f.*): *un — en el bosque*, una radura nel bosco **2** schiarita (*f.*).
claroscuro *s.m.* chiaroscuro.
clase *s.f.* **1** classe, ceto (*m.*), categoria **2** specie, tipo (*m.*): *clases de plantas*, tipi di piante **3** classe; lezione | *dar* —, far lezione.
clasicismo *s.m.* (*lett.*) classicismo.
clásico *agg.*, *s.m.* classico.
clasificación *s.f.* **1** classificazione **2** classifica, graduatoria.
clasificar (*con. come* pescar) *v.tr.* classificare.
clasismo *s.m.* classismo.
claudicar (*con. come* pescar) *v.intr.* cedere, arrendersi.
claustro *s.m.* **1** chiostro **2** consiglio, giunta (*f.*): — *de profesores*, consiglio accademico/universitario.
claustrofobia *s.f.* claustrofobia.
cláusula *s.f.* clausola, termine (*m.*), condizione.
clausura *s.f.* (*anche relig.*) clausura.
clausurar *v.tr.* chiudere (un'assemblea; un negozio).
clavado *agg.* **1** inchiodato, conficcato | *dejar* —, lasciare di stucco **2** (*fig.*) identico, spiccicato: *es — a su padre*, è identico a suo padre.
clavar *v.tr.* **1** inchiodare; piantare, conficcare **2** (*fig.*) fissare | — *los ojos en una persona*, puntare gli occhi su qlcu.
clave *agg.* fondamentale, strategico: *una posición* —, una posizione strategica ♦ *s.f.* **1** chiave (*anche mus.*, *arch.*); codice (*m.*) | *palabra* —, parola chiave **2** spiegazione, soluzione: *la — de los ejercicios*, la soluzione degli esercizi.
clavel *s.m.* (*bot.*) garofano.
clavija *s.f.* **1** cavicchio (*m.*), perno (*m.*) **2** chiave di strumento a corda, pirone (*m.*) di pianoforte | (*fig.*) *apretar las clavijas*, mettere alle strette.
clavo *s.m.* **1** chiodo | (*fig.*) *dar en el* —, indovinare, scoprire qlco. | *ser como un* —, essere puntualissimo; (*Amer.*) essere pesante/insopportabile | *no pegar ni* —, fare il fannullone | *sacar un — con otro* —, chiodo scaccia chiodo **2** idea (*f.*) fissa, ossessione (*f.*) **3** (*bot.*, *cuc.*) chiodo di garofano.
clemencia *s.f.* clemenza.
clemente *agg.* clemente.
clepsidra *s.f.* clessidra.
cleptomanía *s.f.* cleptomania.
cleptómano *s.m.* cleptomane.
clerical *agg.* clericale.
clero *s.m.* clero.
cliché *s.m.* **1** (*foto.*) negativo **2** cliché, stereotipo.
cliente *s.m./f.* cliente.
clientela *s.f.* clientela.
clima *s.m.* **1** clima: — *templado*, *cálido*, clima temperato, caldo **2** (*fig.*) ambiente, atmosfera (*f.*).
climático *agg.* climatico: *cambio* —, cambiamento climatico.
climatizado *agg.* climatizzato.
climatizar (*con. come* cazar) *v.tr.* climatizzare.
clínica *s.f.* clinica.
clínico *agg.* clinico.
clítoris *s.m.* (*anat.*) clitoride (*m./f.*).
cloaca *s.f.* cloaca, fogna.
clon *s.m.* **1** clown, pagliaccio **2** clone.
cloro *s.m.* (*chim.*) cloro.
clorofila *s.f.* (*bot.*) clorofilla.
cloroformo *s.m.* (*chim.*) cloroformio.
cloruro *s.m.* (*chim.*) cloruro.
club *s.m.* club.
coacción *s.f.* coazione.
coaccionar *v.tr.* esercitare coazione, costringere con la forza.
coadyuvar *v.tr.* coadiuvare.
coagulación *s.f.* coagulazione.
coagular *v.tr.* **1** coagulare **2** cagliare.
coágulo *s.m.* coagulo.
coalición *s.f.* coalizione.
coartada *s.f.* (*dir.*) alibi (*m.*).
coartar *v.tr.* coartare, forzare; limitare, restringere.
coba *s.f.* lusinga, piaggeria: *dar* —, adulare, sviolinare.
cobalto *s.m.* (*chim.*) cobalto.
cobarde *agg.*, *s.m.* codardo, vigliacco; pusillanime.
cobardía *s.f.* codardia, vigliaccheria.
cobertizo *s.m.* **1** tettoia (*f.*) **2** gronda (*f.*) **3** rimessa (*f.*).
cobertura *s.f.* **1** copertura, rivestimento (*m.*) **2** (*econ.*) copertura, garanzia | — *áurea*, riserva aurea **3** (*fig.*) copertura, falsa

apparenza: *actividad de* —, attività di copertura **4** (*mil.*) difesa **5** (*bur.*) copertura.
cobijar *v.tr.* coprire, riparare; dar rifugio ♦ **-se** *v.pron.* rifugiarsi, ripararsi.
cobijo *s.m.* **1** riparo, rifugio | *dar* —, offrire rifugio **2** (*fig.*) protezione (*f.*).
cobra *s.m.* (*zool.*) cobra.
cobrador *s.m.* **1** esattore **2** bigliettaio.
cobranza *s.f.* riscossione, esazione.
cobrar *v.tr.* **1** (*ricevere*) riscuotere, incassare, guadagnare **2** (*fig.*) acquistare: — *fama*, acquistare fama | — *valor*, farsi animo | *cobrarle cariño a alguien*, affezionarsi a qlcu. **3** chiedere, addebitare: *te han cobrado mucho dinero*, ti hanno chiesto molti soldi | *¿me cobra?*, quanto è? ♦ *v.intr.* (*fam.*) buscarle, prenderle: *estate quieto o cobras*, se non stai fermo le prendi ♦ **-se** *v.pron.* farsi pagare, prendersi: *cóbrate lo que te debo*, prenditi quello che ti devo | — *víctimas*, fare delle vittime.
cobre *s.m.* (*chim.*) rame | (*fig.*) *batir el* —, darsi da fare.
cobrizo *agg.* color rame, rossastro.
cobro *s.m.* riscossione (*f.*), incasso | — *revertido*, pagamento a carico del destinatario.
coca[1] *s.f.* **1** (*bot.*) coca **2** (*droga*) cocaina.
coca[2] *s.f.* **1** (*fam.*) capo (*m.*), zucca **2** crocchia, chignon (*m.*) **3** (*cuc.*) focaccia dolce o salata tipica della Catalogna.
cocaína *s.f.* cocaina; (*fam.*) coca.
cocainómano *s.m.* cocainomane (*m./f.*).
cocción *s.f.* cottura.
cóccix *s.m.* (*anat.*) coccige.
cocear *v.intr.* (*di cavallo*) scalciare, tirare calci.
cocer (*indic.pres.* cuezo, cueces, cuece, cocemos, cocéis, cuecen; *cong.pres.* cueza, cuezas, cueza, cozamos, cozáis, cuezan; *imp.* cuece, cueza, cozamos, coced, cuezan) *v.tr.* cuocere ♦ *v.intr.* bollire: *no dejes que el café cueza*, non lasciare bollire il caffè ♦ **-se** *v.pron.* **1** cuocersi, rodersi **2** (*fig.*) tramare, tessere: *algo se está cociendo*, qualcosa bolle in pentola.
cochambre *s.f.* (*fam.*) luridume (*m.*).
cochambroso *agg.* sporco, lurido.
coche *s.m.* **1** automobile (*f.*), macchina (*f.*) **2** carrozza (*f.*), vettura (*f.*) | — *cama*, vagone letto | — *restaurante*, vagone ristorante.
cochera *s.f.* garage (*m.*), box (*m.*), rimessa.
cochero *s.m.* cocchiere.
cochinada *s.f.* **1** porcheria, sozzura **2** (*fig.*) tiro (*m.*) mancino.
cochinillo *s.m.* maialino, porcellino da latte; porchetta (*f.*).
cochino[1] *agg.* (*spreg.*) sporco, sozzo.
cochino[2] *s.m.* **1** maiale, porco, suino **2** (*fig.*) maiale, porco.
cochiquera *s.f.* porcile (*m.*): *esta casa es una* —, questa casa è un porcile.
cocido *s.m.* (*cuc.*) bollito di ceci, carne, verza e altre verdure.
cociente *s.m.* quoziente.
cocina *s.f.* **1** cucina: *hoy comemos en la* —, oggi mangiamo in cucina **2** cucina, fornello (*m.*): — *de butano*, cucina, fornello a gas | — *empotrable*, cucina da incasso, a muro **3** (*fig.*) cucina, gastronomia: — *peruana*, cucina peruviana.
cocinar *v.tr.* cucinare.
cocinero *s.m.* cuoco.
cocinilla *s.f.* (*da campeggio*) fornelletto (*m.*) ♦ *s.m.* cuoco dilettante: *mi marido es un* —, mio marito ama molto i fornelli.
coco *s.m.* **1** (*bot.*) noce (*f.*) di cocco **2** (*fam.*) testa (*f.*), zucca (*f.*) | *comer el* — *a alguien*, plagiare, fare il lavaggio del cervello a qlcu. | *comerse el* —, rimuginare, rodersi il fegato **3** (*fam.*) babau, uomo nero; spauracchio.
cocodrilo *s.m.* (*zool.*) coccodrillo.
cocoliche *s.m.* (*Amer.*) linguaggio maccheronico degli immigrati italiani in Argentina.
cocotero *s.m.* (*bot., pianta*) cocco.
cóctel, coctel *s.m.* **1** cocktail, bibita (*f.*) alcolica **2** piccolo ricevimento: *vamos al* — *de inauguración de la galería*, andiamo al ricevimento di inaugurazione della galleria **3** insalata (*f.*): — *de mariscos*, insalata di frutti di mare.
coctelera *s.f.* shaker (*m.*).
coda *s.f.* **1** (*tecn.*) zeppa (*f.*) a gomito **2** (*mus.*) coda, aggiunta al finale.
codazo *s.m.* gomitata (*f.*).
codear *v.intr.* sgomitare, dare gomitate; fare a gomitate ♦ **-se** *v.pron.* frequentare, trattare alla pari: *se codea con la alta sociedad*, frequenta l'alta società.
codera *s.f.* (*abbigl.*) toppa.
codicia *s.f.* avidità, cupidigia.
codiciar *v.tr.* ambire, desiderare.
codificación *s.f.* codificazione
codificar (*con. come* pescar) *v.tr.* codificare.
código *s.m.* codice.
codillo *s.m.* **1** (*di animale*) stinco (*f.*) **2** (*tecn.*) gomito.
codo *s.m.* gomito | *empinar el* —, alzare il gomito | *hablar por los codos*, essere un chiacchierone | *estar metido hasta los codos*, esserci dentro fino al collo.
codorniz (*pl.* -ces) *s.f.* (*zool.*) quaglia.
cofia *s.f.* cuffia.
cofrade *s.m.* confratello.
cofradía *s.f.* confraternita.
cofre *s.m.* **1** cofano, scrigno **2** cassapanca (*f.*).
coger (*indic.pres.* cojo, coges, coge...; *cong. pres.* coja, cojas...; *imp.* coge, coja, cojamos, coged, cojan) *v.tr.* **1** (*anche fig.*) prendere,

pigliare; afferrare; catturare: — *el tren*, prendere il treno; — *de la mano*, prendere per mano | *¡a que no me coges!*, scommettiamo che non mi prendi! | — *frío*, prendere freddo **2** raccogliere: *coge la ropa*, raccogli i vestiti **3** sorprendere, acchiappare, beccare: *le cogieron robando*, lo sorpresero mentre rubava | — *con las manos en la masa*, prendere con le mani nel sacco | — *desprevenido*, cogliere alla sprovvista | — *en la mentira*, scoprire la menzogna (di qlcu.) **4** (*fam.*) ingombrare, occupare, prendere: *la mesa coge toda la pared*, il tavolo occupa tutta la parete **5** (*radio, tv*) captare, ricevere: *esa emisora no se coge aquí*, quell'emittente non si prende qui **6** investire: *¡cuidado!, no sea que te coja un coche*, attento!, che non ti investa una macchina **7** (*Amer., volg.*) fottere, scopare ♦ **-se** *v.pron.* **1** prendersi (per mano, per la vita) **2** prendersi, impigliarsi, rimanere agganciati: *se cogió el dedo con la puerta*, si schiacciò/prese il dito nella porta.

cogida *s.f.* **1** raccolta **2** cornata al torero: *el torero sufrió una* —, il torero ha ricevuto una cornata.

cogollo *s.m.* **1** cuore (di insalata) **2** germoglio **3** (*fig.*) fior fiore, crema (*f.*).

cogote *s.m.* collottola (*f.*), collo (*m.*), nuca (*f.*) | *estar hasta el* —, averne fin sopra i capelli.

cohabitar *v.intr.* convivere.

cohecho *s.m.* (*dir.*) corruzione (*f.*).

coherencia *s.f.* coerenza (*anche fig.*); compattezza, coesione.

coherente *agg.* coerente.

cohesión *s.f.* coesione.

cohete *s.m.* razzo: — *teledirigido*, missile teleguidato.

cohibir *v.tr.* reprimere, frenare, contenere.

cohombro *s.m.* cetriolo.

coima *s.f.* **1** concubina **2** (*Amer.*) bustarella.

coincidencia *s.f.* coincidenza.

coincidir *v.intr.* coincidere.

coito *s.m.* coito.

cojear *v.intr.* zoppicare (*anche fig.*); traballare.

cojera *s.f.* zoppia, lo zoppicare.

cojín *s.m.* cuscino, guanciale.

cojinete *s.m.* (*mecc.*) cuscinetto, bronzina (*f.*): — *de bolas*, cuscinetto a sfere.

cojo *agg., s.m.* zoppo (*anche fig.*) | *saltar a la pata coja*, saltare su una gamba sola.

cojón *s.m.* (*volg., spec. pl.*) testicolo | *tener cojones*, avere coglioni, avere fegato | *estar hasta los cojones*, averne piene le palle.

cojonudo *agg.* (*volg.*) forte, con le palle, fico.

col *s.f.* cavolo (*m.*); verza | — *lombarda*, cavolo cappuccio rosso | *coles de Bruselas*, cavolini di Bruxelles.

cola[1] *s.f.* **1** coda; codino (*m.*) | — *de caballo*, coda di cavallo **2** strascico (*m.*): *la — del vestido de novia*, lo strascico dell'abito da sposa | *traer* —, avere un seguito, non finire lì **3** fila | *hacer* —, fare la fila **4** (*fam.*) pene (*m.*) **5** (*Amer., fam.*) didietro (*m.*).

cola[2] *s.f.* colla, adesivo (*m.*).

colaboración *s.f.* collaborazione.

colaborador *s.m.* collaboratore.

colaborar *v.intr* **1** collaborare **2** contribuire economicamente.

colación *s.f.* **1** (*dir., tip., relig.*) collazione | *traer a* —, tirare in ballo **2** merenda, spuntino (*m.*).

colada *s.f.* **1** bucato (*m.*); candeggio (*m.*) del bucato | *hacer la* —, fare il bucato **2** (*metall.*) colata, gettata | — *de lava*, colata di lava **3** sentiero (*m.*); gola; passo (*m.*).

colador *s.m.* colino, colabrodo; colapasta.

colapsar *v.tr.* collassare.

colapso *s.m.* **1** (*med.*) collasso **2** (*fig.*) tilt, crollo.

colar (*con. come* contar) *v.tr.* **1** colare, filtrare **2** fare il bucato; candeggiare **3** rifilare: *me colaron un billete falso*, mi hanno rifilato una banconota falsa ♦ **-se** *v.pron.* **1** intrufolarsi: — *por la puerta de servicio*, entrare di soppiatto dalla porta di servizio; *no se cuele, haga fila*, non passi avanti, faccia la fila **2** (*di vento, luce*) filtrare, passare.

colateral *agg.* collaterale.

colcha *s.f.* copriletto (*m.*), trapunta.

colchón *s.m.* materasso | — *de muelles*, materasso a molle.

colchoneta *s.f.* materassino (*m.*): — *neumática*, materassino gonfiabile.

colear *v.intr.* scodinzolare.

colección *s.f.* **1** collezione, raccolta **2** (*editoriale*) collana.

coleccionar *v.tr.* collezionare.

coleccionismo *s.m.* collezionismo.

coleccionista *s.m./f.* collezionista.

colecta *s.f.* colletta.

colectividad *s.f.* collettività, comunità.

colectivismo *s.m.* collettivismo.

colectivo *agg.* collettivo, comune ♦ *s.m.* **1** collettivo, gruppo, associazione (*f.*) **2** (*Amer.*) autobus.

colega *s.m./f.* **1** collega **2** (*fam.*) amico.

colegiado *agg.* iscritto a un albo professionale ♦ *s.m.* (*sport*) arbitro.

colegial *agg.* collegiale ♦ *s.m.* scolaro, studente.

colegiarse *v.pron.* iscriversi a un albo professionale.

colegio *s.m.* **1** scuola (*f.*), collegio **2** (*corporazione*) albo, ordine.

colegir (*con. come* corregir) *v.tr.* dedurre.

cólera *s.f.* collera ♦ *s.m.* (*med.*) colera.

cólerico *agg.* collerico.

colesterol *s.m.* (*biol.*) colesterolo.
coleta *s.f.* coda di cavallo, codino (*m.*).
coletazo *s.m.* colpo di coda (*anche fig.*).
coletilla *s.f.* (*fam.*) **1** postilla **2** (*ling.*) intercalare (*m.*) **3** codino (*m.*), treccia (dei toreri).
colgado *agg.* **1** appeso; impiccato **2** (*fig.*) pendente, incerto: *estar* —, essere in sospeso | *dejar* —, piantare in asso, bidonare | *quedar* —, restare con un palmo di naso, deluso **3** (*fam.*) perso, abbandonato **4** (*fam.*) dipendente, succube: *está — con el alcohol*, è dipendente dall'alcol **5** (*droga*) fatto, drogato.
colgador *s.m.* attaccapanni.
colgajo *s.m.* straccio, cencio.
colgante *s.m.* ciondolo.
colgar (*indic.pres.* cuelgo, cuelgas, cuelga, colgamos, colgáis, cuelgan; *pass.rem.* colgué, colgaste; *cong.pres.* cuelgue, cuelgues, cuelgue, colguemos, colguéis, cuelguen; *imp.* cuelga, cuelgue, colguemos, colgad, cuelguen) *v.tr.* **1** appendere; impiccare **2** (*fam.*) bocciare **3** accollare, addossare, attribuire | *colgarle el muerto a alguien*, addossare la colpa a qlcu. **4** (*telefono*) riattaccare, riappendere ♦ *v.intr.* essere appeso, pendere ♦ **-se** *v.pron.* **1** impiccarsi **2** (*inform.*) bloccarsi **3** (*fam., da persone, droghe ecc.*) essere dipendente, succube.
colibrí *s.m.* (*zool.*) colibrì.
coliflor *s.f.* (*bot.*) cavolfiore (*m.*).
colilla *s.f.* mozzicone (*m.*) di sigaretta, cicca.
colín *s.m.* (*cuc.*) grissino.
colina *s.f.* collina.
colindante *agg.* limitrofo, confinante.
colindar *v.tr.* confinare.
colirio *s.m.* (*farm.*) collirio.
colisión *s.f.* collisione.
colisionar *v.intr.* collidere, scontrarsi.
colitis *s.f.* (*med.*) colite.
collado *s.m.* **1** colle, collina (*f.*) **2** passo di montagna, valico.
collar *s.m.* **1** collana (*f.*), collier **2** (*mecc.*) collare, manicotto **3** (*del cane*) collare.
collarín *s.m.* **1** (*med.*) collare ortopedico **2** (*del sacerdote*) collarina (*f.*).
colmado *agg.* colmo ♦ *s.m.* negozio di alimentari.
colmar *v.tr* colmare, riempire | *la gota que colma el vaso*, la goccia che fa traboccare il vaso.
colmena *s.f.* **1** alveare (*m.*), arnia **2** (*fig.*) alveare, grande caseggiato.
colmillo *s.m.* **1** dente canino **2** zanna (*f.*) | *enseñar los colmillos*, mostrare i denti.
colmo *agg.* pieno, zeppo ♦ *s.m.* colmo, culmine, eccesso | *para* —, per giunta, per di più.
colocación *s.f.* **1** collocazione, situazione **2** collocamento (*m.*), impiego (*m.*), sistemazione **3** (*edil.*) posa, posizionamento (*m.*) **4** (*econ.*) investimento (*m.*), collocazione, piazzamento (*m.*).
colocar (*con. come* pescar) *v.tr.* **1** collocare, mettere, sistemare; posizionare | *estar colocado*, essere fatto (di droga, alcol) **2** impiegare **3** (*comm.*) piazzare ♦ **-se** *v.pron.* **1** impiegarsi, sistemarsi: *se colocó de técnico de laboratorio*, ha trovato lavoro come tecnico di laboratorio **2** (*gerg.*) drogarsi, farsi.
colocón *s.m.* **1** sbronza (*f.*) **2** (*droga*) sballo.
colofón *s.m.* **1** (*tip.*) colophon **2** coronamento.
colombiano *agg.*, *s.m.* colombiano.
colon *s.m.* (*anat.*) colon.
colonia *s.f.* **1** colonia | *agua de* —, acqua di colonia **2** (*pol.*) colonia, regime (*m.*) coloniale.
colonial *agg.* coloniale.
colonización *s.f.* colonizzazione.
colonizar (*con. come* cazar) *v.tr.* colonizzare.
colono *s.m.* colono.
coloquial *agg.* colloquiale.
coloquio *s.m.* conversazione (*f.*), colloquio, dialogo.
color *s.m.* **1** colore, tinta (*f.*) | *de colores*, a colori | *película en* —, film a colori | *ver todo — de rosa*, vedere tutto rosa, roseo | (*di espressione, barzelletta*) *subido de* —, piccante, spinto **2** colorito, carnagione (*f.*) **3** (*fig.*) animazione (*f.*), colore.
coloración *s.f.* colorazione.
colorado *agg.* **1** colorato **2** rosso | *ponerse* —, arrossire.
colorante *s.m.* colorante.
colorear *v.tr.* colorare, colorire, tinteggiare ♦ *v.intr.* **1** prendere colore **2** (*di frutto*) maturare.
colorete *s.m.* belletto, fard.
colorido *agg.* colorito.
colorín *s.m.* **1** (*zool.*) cardellino **2** (*fam., med.*) morbillo **3** (*pl.*) colori sgargianti, vivaci: *se viste de colorines*, si veste con colori sgargianti.
colosal *agg.* colossale, gigantesco.
coloso *s.m.* colosso.
columna *s.f.* (*anche fig.*) colonna, pilastro (*m.*).
columnata *s.f.* colonnato (*m.*).
columnista *s.m./f.* (*giornalista*) columnist.
columpiar *v.tr.* **1** spingere l'altalena **2** dondolare ♦ **-se** *v.pron.* **1** andare in altalena **2** dondolarsi.
columpio *s.m.* altalena (*f.*).
coma *s.f.* virgola ♦ *s.m.* (*med.*) coma.
comadre *s.f.* **1** comare **2** madrina di battesimo.
comadreja *s.f.* (*zool.*) donnola.
comadrona *s.f.* levatrice, ostetrica.
comandancia *s.f.* **1** (*ufficio, carica*) coman-

do (*m.*) | — *de marina*, capitaneria di porto **2** (*amm.*) giurisdizione, distretto (*m.*) militare.
comandante *s.m.* comandante.
comandar *v.intr.* (*mil.*) comandare.
comandita *s.f.* **1** (*comm.*) accomandita **2** (*fam.*) combriccola.
comanditario *s.m.* (*comm.*) accomandatario.
comando *s.m.* (*mil.*) **1** comando **2** commando, reparto.
comarca *s.f.* regione, territorio (*m.*).
comarcal *agg.* regionale: *carretera* —, strada regionale.
comatoso *agg.* comatoso.
comba *s.f.* **1** curvatura (del legno) **2** corda per saltare | *no perder* —, non perdere occasione.
combadura *s.f.* curvatura.
combar *v.tr* incurvare (legno, ferro).
combate *s.m.* **1** combattimento, lotta (*f.*), scontro; (*mil.*) battaglia (*f.*): *fuera de* —, fuori combattimento **2** (*sport*) competizione (*f.*), gara (*f.*), incontro: *un — de yudo*, un incontro di judo.
combatiente *s.m./f.* combattente.
combatir *v.intr./tr.* combattere, lottare; opporsi, guerreggiare.
combatividad *s.f.* combattività.
combativo *agg.* combattivo.
combinación *s.f.* **1** combinazione **2** (*abbigl.*) sottoveste.
combinado *s.m.* cocktail.
combinar *v.tr.* combinare; (*colori*) armonizzare: *esos colores combinan*, quei due colori si accostano.
combustible *agg.*, *s.m.* combustibile.
combustión *s.f.* combustione.
comecocos *s.m.* (*fam.*) mania (*f.*), oggetto (*m.*) di ossessione.
comedero *agg.* commestibile ♦ *s.m.* mangiatoia (*f.*).
comedia *s.f.* commedia | *hacer la* —, far finta, simulare.
comediante *s.m./f.* **1** attore (*m.*), attrice (*f.*), commediante **2** (*fig.*) commediante, ipocrita.
comedido *agg.* **1** cortese, gentile **2** moderato.
comedimiento *s.m.* moderazione (*f.*).
comediógrafo *s.m.* commediografo.
comedor *agg.* mangione ♦ *s.m.* **1** sala (*f.*) da pranzo **2** mensa (*f.*).
comendador *s.m.* commendatore.
comensal *s.m./f.* commensale.
comentar *v.tr.* commentare.
comentario *s.m.* commento.
comentarista *s.m./f.* commentatore (*m.*), commentatrice (*f.*), cronista.
comenzar (*con. come* tropezar) *v.tr./intr.* cominciare, iniziare.
comer *v.tr./intr.* **1** mangiare (*anche fig.*) | — *a dos carrillos*, mangiare a quattro palmenti | — *como un sabañón*, abbuffarsi | — *de gorra*, mangiare a scrocco | *ser de buen* —, essere una buona forchetta | *sin comerlo ni beberlo*, senza aver parte in causa **2** pranzare | *después de* —, dopo mangiato, dopo pranzo **3** (*Amer.*) cenare **4** consumare, corrodere: *el río ha comido el puente*, il fiume ha corroso il ponte ♦ **-se** *v.pron.* **1** mangiarsi | — *los codos*, mangiarsi le mani **2** dilapidare, sperperare: *se han comido una fortuna*, hanno sperperato una fortuna **3** (*fam.*) rodersi: — *el coco*, arrovellarsi il cervello **4** (*fig.*) omettere, tralasciare: — *las palabras*, mangiarsi le parole.
comercial *agg.* commerciale.
comercialización *s.f.* commercializzazione.
comercializar (*con. come* cazar) *v.tr.* commercializzare.
comerciante *s.m./f.* commerciante, negoziante.
comerciar *v.intr.* commerciare
comercio *s.m.* **1** commercio | — *al por mayor, al por menor*, commercio all'ingrosso, al dettaglio **2** insieme dei negozi: *cerró el — en señal de protesta*, i negozi fecero una serrata di protesta **3** punto vendita, negozio: *tiene un pequeño — en el mercado*, ha un piccolo banco al mercato **4** (*tra persone*) comunicazione (*f.*), relazione (*f.*) | — *carnal*, rapporti sessuali.
comestible *agg.* commestibile ♦ *s.m.* genere alimentare.
cometa *s.m.* (*astr.*) cometa (*f.*) ♦ *s.f.* aquilone (*m.*).
cometer *v.tr.* **1** commettere **2** (*comm.*) commissionare.
cometido *s.m.* **1** commissione (*f.*), incarico **2** impegno, obbligo, missione (*f.*): *cumplir con su* —, adempiere al/il proprio dovere.
comezón *s.f.* **1** prurito (*m.*) **2** ansia, inquietudine.
comible *agg.* (*fam.*) commestibile, mangiabile.
cómic (*pl.* cómics) *s.m.* fumetto.
comicidad *s.f.* comicità.
cómico *agg.*, *s.m.* comico.
comida *s.f.* **1** cibo (*m.*), mangiare (*m.*) | *casa de comidas*, trattoria **2** pasto (*m.*): *tres comidas al día*, tre pasti al giorno **3** pranzo (*m.*), colazione **4** (*Amer.*) cena.
comidilla *s.f.* pettegolezzo (*m.*) | *ser la — del barrio*, essere la favola del quartiere.
comienzo *s.m.* inizio, principio | *a comienzos del verano*, all'inizio dell'estate.
comillas *s.f.pl.* virgolette.
comilón *agg.* vorace ♦ *s.m.* mangione.

comilona *s.f.* (*fam.*) abbuffata, scorpacciata: *la — de fin de año*, la scorpacciata dell'ultimo dell'anno.
comino *s.m.* (*bot.*) cumino | *no vale un —*, non vale niente | *no me importa un —*, non me ne importa un fico secco.
comisaría *s.f.* commissariato (*m.*).
comisario *s.m.* commissario.
comisión *s.f.* **1** commissione, incarico (*m.*) **2** comitato (*m.*), delegazione **3** (*comm.*) provvigione.
comisionar *v.tr.* incaricare, commissionare.
comité *s.m.* comitato.
comitiva *s.f.* comitiva.
como *avv.* **1** come; in qualità di: *asistió a la boda — testigo*, partecipò al matrimonio come testimone **2** (*comparativo*) come, tale quale: *es tan rápido — tú*, è rapido come te ♦ *cong.* **1** non appena: *— llegue se lo diré*, non appena arriverà glielo dirò **2** poiché, siccome: *— he acabado el trabajo, me voy*, siccome ho finito il lavoro, me ne vado **3** se: *— no lo hagas me enfado*, se non lo farai mi arrabbierò.
cómo *avv.interr./escl.* come, come mai: *¿— estás?*, come stai?; *¡— llueve!*, come piove! | *¿a — están las fresas?*, quanto costano le fragole?
cómoda *s.f.* cassettone (*m.*), comò (*m.*).
comodidad *s.f.* comodità.
comodín *s.m.* **1** (*carta*) jolly, matta (*f.*) | *guardar un —*, avere un asso nella manica **2** (*fig.*) pretesto, scusa (*f.*) **3** (*fam.*, *di persona*) tappabuchi: *me toca siempre de —*, mi tocca sempre fare il tappabuchi.
cómodo *agg.* comodo.
comoquiera *avv.* comunque, in ogni modo.
compacto *agg.* compatto.
compadecer (*con. come* agradecer) *v.tr.* compatire, commiserare.
compadre *s.m.* **1** compare; amicone **2** padrino di battesimo.
compadrear *v.intr.* tramare qualcosa.
compaginar *v.tr.* **1** impaginare **2** compaginare, unire ♦ **-se** *v.pron.* confarsi, andare d'accordo.
compañerismo *s.m.* solidarietà (*f.*) tra pari, cameratismo.
compañero *s.m.* compagno, collega (*m./f.*).
compañía *s.f.* **1** compagnia **2** società, ditta | *— de seguros*, assicurazione.
comparación *s.f.* comparazione, confronto (*m.*), paragone (*m.*) | *en —*, in confronto | *sin —*, senza paragone.
comparar *v.tr.* confrontare, comparare.
comparativo *agg.*, *s.m.* comparativo.
comparecencia *s.f.* (*dir.*) comparizione, comparsa.
comparecer (*con. come* agradecer) *v.intr.* comparire, apparire.
compareciente *s.m.* (*dir.*) comparente.
comparsa *s.f.* **1** (*teatr.*) comparsa **2** (*carnevale*) mascherata.
compartimentación *s.f.* suddivisione.
compartimiento *s.m.* divisione (*f.*), compartimento | *— estanco*, compartimento stagno.
compartir *v.tr.* **1** spartire, dividere **2** condividere.
compás *s.m.* **1** compasso **2** (*nelle miniere*) bussola (*f.*) **3** regola (*f.*), misura (*f.*): *es el — de todas las cosas*, è la misura di tutte le cose **4** (*mus.*) ritmo, tempo, battuta (*f.*) | *marcar el —*, battere il tempo | *— de espera*, battuta d'arresto.
compasión *s.f.* compassione.
compasivo *agg.* compassionevole.
compatibilidad *s.f.* compatibilità.
compatible *agg.* compatibile.
compatriota *s.m.* connazionale, compatriota.
compeler *v.tr.* costringere.
compendiar *v.tr.* compendiare, riassumere.
compendio *s.m.* compendio.
compenetración *s.f.* compenetrazione.
compenetrarse *v.pron.* compenetrarsi.
compensación *s.f.* **1** compensazione **2** compenso (*m.*).
compensar *v.tr.* (*comm.*, *anche fig.*) compensare, bilanciare; risarcire: *le compensaron con doscientos euros por los cristales rotos*, lo risarcirono con duecento euro per i vetri rotti | *no compensa el esfuerzo*, il gioco non vale la candela.
competencia *s.f.* **1** rivalità, concorrenza: *hacer la —*, fare concorrenza **2** competenza, incombenza, pertinenza: *es — suya*, è di sua pertinenza **3** perizia, cognizione, (*anche ling.*) competenza.
competente *agg.* competente, atto, esperto.
competer *v.intr.* competere, spettare.
competición *s.f.* **1** competizione, rivalità **2** competizione, gara.
competidor *s.m.* **1** (*comm.*) concorrente (*m./f.*) **2** (*sport*) avversario, rivale (*m./f.*).
competir (*con. come* servir) *v.intr.* (*anche sport*) competere, concorrere, gareggiare.
competitividad *s.f.* competitività.
complacencia *s.f.* compiacenza.
complacer (*con. come* agradecer) *v.tr.* compiacere, rallegrare, soddisfare ♦ **-se** *v.pron.* compiacersi, rallegrarsi; (*formale*) pregiarsi: *me complazco en organizar la fiesta en casa*, mi fa piacere organizzare la festa a casa mia; *nos complace otorgarle el premio*, ci pregiamo di conferirle il premio.
complaciente *agg.* accomodante, compiacente.
complejidad *s.f.* complessità.
complejo *agg.* complesso, complicato, difficile ♦ *s.m.* **1** insieme; complesso: *— indus-*

trial, area/complesso industriale **2** (*psic.*) complesso: — *de inferioridad*, complesso di inferiorità.
complementar *v.tr.* completare.
complementario *agg.* complementare: *pinta usando solamente colores complementarios*, dipinge usando soltanto dei colori complementari | *material* —, materiale addizionale.
complemento *s.m.* **1** complemento **2** (*pl.*) accessori: *en casa faltan algunos complementos*, in casa mancano alcuni accessori d'arredo.
completar *v.tr.* completare, integrare.
completo *agg.* **1** completo, esauriente **2** pieno, compiuto, totale | *es un — idiota*, è un perfetto idiota.
complexión *s.f.* costituzione, corporatura.
complicación *s.f.* complicazione, difficoltà, contrattempo (*m.*): *ha habido algunas complicaciones*, ci sono stati dei contrattempi.
complicado *agg.* complicato.
complicar (*con. come* pescar) *v.tr.* complicare.
cómplice *agg.*, *s.m./f.* complice.
complicidad *s.f.* complicità.
complot *s.m.* complotto, cospirazione (*f.*).
componenda *s.f.* (*spreg.*) compromesso (*m.*).
componente *s.m.* componente.
componer (*con. come* poner) *v.tr.* **1** comporre; formare; creare: — *música*, comporre musica **2** comporre, mettere insieme; ordinare **3** ricomporre, aggiustare, accomodare; mettere a posto, sistemare: *se componen paraguas*, si aggiustano ombrelli ♦ **-se** *v.pron.* **1** costituirsi, essere composto **2** ornarsi, sistemarsi **3** aggiustarsi, accordarsi | *componérselas*, arrangiarsi, cavarsela.
comportamiento *s.m.* comportamento.
comportar *v.tr.* comportare ♦ **-se** *v.pron.* comportarsi: — *como es debido*, comportarsi come si deve.
composición *s.f.* **1** composizione, struttura **2** (*lett.*, *mus.*) composizione, opera **3** (*a scuola*) componimento (*m.*), tema (*m.*).
compositor *s.m.* compositore.
compostaje *s.m.* (*agr.*) compostaggio.
compostelano *agg.* di Santiago de Compostela ♦ *s.m.* nativo di Santiago de Compostela.
compostura *s.f.* **1** composizione, costruzione **2** rammendo (*m.*), riparazione **3** eleganza, portamento (*m.*): *ella cuida su* —, lei cura il proprio aspetto **4** ritegno (*m.*), compostezza: *guardar la* —, avere contegno.
compota *s.f.* composta, marmellata.
compra *s.f.* spesa, compera, acquisto (*m.*) | *hacer la* —, fare la spesa | *ir de compras*, andare a far spese.
comprador *s.m.* compratore, acquirente | — *compulsivo*, compratore compulsivo.
comprar *v.tr.* **1** comprare, acquistare | — *por litros*, *por metros*, comprare a litri, a metri | — *a plazos*, comprare a rate | — *al contado*, in contanti **2** (*fig.*) corrompere.
compraventa *s.f.* compravendita.
comprender *v.tr.* **1** (*anche fig.*) capire, comprendere: *comprendo sus razones*, capisco le sue ragioni **2** racchiudere, comprendere: *el libro comprende dos historias*, il libro racchiude due storie ♦ **-se** *v.pron.* capirsi, intendersi; andare d'accordo.
comprensible *agg.* comprensibile.
comprensión *s.f.* comprensione: — *auditiva*, comprensione orale; — *de lectura*, comprensione scritta.
comprensivo *agg.* comprensivo.
compresa *s.f.* **1** assorbente (*m.*) igienico **2** (*med.*) garza, compressa.
compresión *s.f.* compressione.
compresor *s.m.* (*tecn.*) compressore.
comprimido *agg.* compresso: *aire* —, aria compressa ♦ *s.m.* (*farm.*) compressa (*f.*), pillola (*f.*).
comprimir *v.tr.* **1** comprimere **2** trattenere, reprimere.
comprobación *s.f.* comprovazione, verifica.
comprobante *agg.* comprovante, giustificativo ♦ *s.m.* prova (*f.*); ricevuta (*f.*).
comprobar (*con. come* contar) *v.tr.* comprovare, accertare, verificare.
comprobatorio *agg.* probatorio.
comprometedor *agg.* compromettente: *una situación comprometedora*, una situazione compromettente.
comprometer *v.tr.* **1** compromettere, impegnare **2** mettere in pericolo, mettere a repentaglio ♦ **-se** *v.pron.* **1** impegnarsi **2** compromettersi, coinvolgersi **3** fidanzarsi.
comprometido *agg.* **1** compromesso **2** impegnato.
compromiso *s.m.* **1** compromesso **2** impegno: *tengo un — esta tarde*, ho un impegno questo pomeriggio **3** situazione (*f.*) imbarazzante, guaio | *verse en un* —, trovarsi nei guai.
compuerta *s.f.* paratia, chiusa.
compuesto *agg.* **1** composto, misurato **2** composto, formato | *compuesta y sin novio*, sedotta e abbandonata **3** (*arch.*, *bot.*) composito ♦ *s.m.* (*chim.*) composto.
compulsa *s.f.* (*dir.*) autenticazione, copia conforme.
compulsar *v.tr.* (*dir.*) confrontare; autenticare.
compulsión *s.f.* **1** (*psic.*) compulsione, coazione **2** (*dir.*) ingiunzione.
compulsivo *agg.* compulsivo.
computación *s.f.* **1** computazione, computo (*m.*) **2** (*Amer.*) informatica.
computadora *s.f.* (*Amer.*) computer (*m.*).

computar *v.tr.* computare.
cómputo *s.m.* computo.
comulgar (*con. come* llegar) *v.intr.* **1** fare la comunione **2** condividere le stesse idee | — *con ruedas de molino*, cascarci.
común *agg.* **1** comune, condiviso | *en* —, in comune **2** corrente, normale | *por lo* —, comunemente, in generale | *sentido* —, buonsenso **3** comune, ordinario, grossolano, dozzinale ♦ *s.m.* maggioranza (*f.*): *el — de la gente*, la maggioranza della gente.
comunal *agg.* comune.
comunicación *s.f.* **1** comunicazione **2** relazione, contatto (*m.*): *ponerse en* —, mettersi in comunicazione **3** relazione, resoconto (*m.*): *presenta una — en el congreso*, presenta una relazione al convegno.
comunicado *agg.* collegato, servito da mezzi di trasporto ♦ *s.m.* comunicato, notizia (*f.*) | — *de prensa*, comunicato stampa.
comunicador *s.m.* comunicatore.
comunicar (*con. come* pescar) *v.tr.* **1** comunicare, trasmettere **2** corrispondere, conversare.
comunicativo *agg.* comunicativo.
comunidad *s.f.* comunità.
comunión *s.f.* **1** comunione, comunanza: — *de bienes*, comunione dei beni; — *de ideales*, comunanza di ideali **2** affinità, partecipazione; contatto (*m.*): — *con la naturaleza*, contatto con la natura **3** (*relig.*) comunione, eucaristia: *recibir la* —, fare la comunione.
comunismo *s.m.* (*pol.*) comunismo.
comunista *agg.*, *s.m./f.* (*pol.*) comunista.
comunitario *agg.* comunitario.
con *prep.* **1** con: *voy — Ana en coche*, vado con Anna in macchina; *me escribo — ella*, sono in corrispondenza con lei; *lo ataron — una cuerda*, lo legarono con una corda; *no es justo para — ella*, non è giusto nei suoi confronti | *contar — alguien*, contare su qlcu. | *tener cuidado* —, stare attento a **2** — (+ *inf.*) si traduce con un gerundio: — *salir a las seis llegaremos a tiempo*, uscendo alle sei arriveremo in tempo **3** sebbene, anche se: — *ser tan amigos, se pelean siempre*, sebbene siano tanto amici, litigano sempre | — *sólo venir me haces felíz*, anche solo venendo mi fai felice | — (*tal*) *que me llame, haría de todo*, purché mi chiami farei di tutto | *está muy cansado y triste, — todo y eso continua a trabajar*, è molto stanco e triste, malgrado tutto continua a lavorare.
conato *s.m.* conato, impulso, tentativo | — *de revolución*, tentativo di rivoluzione.
concatenación *s.f.* concatenazione.
concavidad *s.f.* concavità.
cóncavo *agg.* concavo.
concebir (*con. come* servir) *v.tr.* **1** concepire, procreare: — *un hijo*, concepire un figlio **2** (*fig.*) immaginare, concepire, capire: — *un plan*, ideare un piano **3** (*un sentimento*) nutrire: — *esperanzas*, nutrire speranze ♦ *v.intr.* concepire, restare incinta.
conceder *v.tr.* **1** concedere, conferire, dare, prestare: — *atención*, prestar attenzione **2** (*fig.*) concedere, ammettere, convenire.
concejal *s.m.* assessore comunale: — *de urbanismo*, assessore all'urbanistica.
concejalía *s.f.* (*pol., di comune*) assessorato (*m.*).
concejo *s.m.* (*pol.*) **1** municipio, sede (*f.*) del consiglio **2** consiglio, giunta (*f.*) comunale.
concentración *s.f.* concentrazione, concentramento (*m.*) | *campo de* —, campo di concentramento.
concentrado *agg.*, *s.m.* concentrato.
concentrar *v.tr.* concentrare (*anche fig.*) ♦ **-se** *v.pron.* **1** concentrarsi, riunirsi **2** (*chim.*) concentrarsi, addensarsi **3** (*fig.*) concentrarsi, impegnarsi: *se concentra en sus estudios*, si concentra sui suoi studi.
concéntrico *agg.* concentrico.
concepción *s.f.* concezione.
concepto *s.m.* **1** concetto, idea (*f.*), nozione (*f.*): — *abstracto*, concetto astratto **2** opinione (*f.*), concetto: *tiene un — erróneo*, ha un'idea sbagliata | *tener un buen — de*, avere una buona opinione di | *en mi* —, a mio avviso, secondo me | (*fig.*) *en — de*, a titolo, in veste di, in quanto: *participo en — de coordinadora*, partecipo in quanto coordinatrice | *bajo ningún* —, per nessun motivo, a nessun titolo.
conceptual *agg.* concettuale.
concerniente *agg.* concernente.
concernir (*con. come* discernir) *v.intr.* concernere, riguardare.
concertación *s.f.* concertazione.
concertar (*con. come* acertar) *v.tr.* concertare, convenire, accordarsi: — *una cita*, fissare un appuntamento ♦ *v.intr.* (*anche gramm.*) concordare.
concertista *s.m./f.* concertista.
concesión *s.f.* **1** concessione **2** appalto (*m.*), concessione.
concesionario *s.m.* concessionario.
concha *s.f.* **1** conchiglia **2** (*fig.*) guscio (*m.*) | *meterse en su* —, chiudersi nel proprio guscio **3** (*teatr.*) buca del suggeritore **4** (*Amer., volg.*) figa.
conchabarse *v.pron.* associarsi, allearsi.
conciencia *s.f.* **1** coscienza: | *a* —, coscienziosamente, con scrupolo | *cargo de* —, peso sulla coscienza | *descargar la* —, liberare la coscienza | *tener la — limpia*, avere la coscienza a posto **2** consapevolezza | *a — de*, essendo consapevole di | *cobrar/tomar* —, prendere coscienza.
concienciar *v.tr.* sensibilizzare.

concienzudo *agg.* coscienzioso, scrupoloso.
concierto *s.m.* **1** accordo: *de —*, di comune accordo **2** (*mus.*) concerto **3** ordine: *poner —*, fare ordine.
conciliábulo *s.m.* conciliabolo.
conciliación *s.f.* **1** conciliazione **2** (*dir.*) arbitrato (*m.*); conciliazione.
conciliar *v.tr.* accordare, armonizzare, contemperare: *— el trabajo con la vida cultural*, contemperare il lavoro con la vita sociale; *— el sueño*, conciliare il sonno ♦ **-se** *v.pron.* guadagnarsi, accattivarsi: *— la simpatía de todos*, guadagnarsi la simpatia di tutti.
concilio *s.m.* (*relig.*) concilio.
concisión *s.f.* concisione.
conciso *agg.* conciso.
cónclave *s.m.* (*relig.*) conclave.
concluir (*con. come* huir) *v.tr.* **1** concludere, terminare | *por —*, da finire, incompiuto **2** dedurre, trarre una conclusione: *de aquí se concluye la verdad*, da questo si deduce la verità.
conclusión *s.f.* conclusione.
concluyente *agg.* concludente, definitivo.
concomitancia *s.f.* concomitanza.
concomitante *agg.* concomitante.
concordancia *s.f.* concordanza.
concordar (*con. come* contar) *v.tr.* accordare ♦ *v.intr.* concordare, corrispondere: *la copia concuerda con el original*, la copia corrisponde all'originale.
concordato *s.m.* (*pol.*) concordato.
concorde *agg.* concorde.
concordia *s.f.* concordia.
concreción *s.f.* concretizzazione.
concretar *v.tr.* **1** realizzare, concretizzare: *a pesar de todo concretizó su sueño*, nonostante tutto realizzò il suo sogno **2** definire, precisare: *hemos concretado la hora de la reunión*, abbiamo definito l'ora della riunione; *hay que — bien la propuesta*, bisogna precisare bene la proposta **3** limitare, ridurre: *logró — a lo esencial el tema*, riuscì a ridurre all'essenziale il tema ♦ **-se** *v.pron.* limitarsi, attenersi: *debes concretarte al tiempo asignado*, devi limitarti al tempo assegnato.
concreto *agg.* **1** concreto, esatto: *hay noticias concretas*, ci sono notizie esatte/affidabili; *tengo una idea concreta*, ho un'idea precisa | *no haber nada —*, non esserci niente di concreto **2** concreto, tangibile ♦ *s.m.* (*Amer.*) calcestruzzo.
concubina *s.f.* concubina.
concurrencia *s.f.* **1** folla, affluenza, pubblico (*m.*): *la — aplaudió al orador*, il pubblico applaudì l'oratore **2** coincidenza, concorso (*m.*): *— de circunstancias favorables*, concorso di circostanze favorevoli.
concurrente *agg.*, *s.m./f.* astante, concorrente.
concurrido *agg.* frequentato, affollato: *lugar —*, luogo affollato.
concurrir *v.intr.* **1** intervenire, assistere: *los que concurrieron a la fiesta recibieron un regalo*, coloro che parteciparono alla festa ricevettero un regalo **2** confluire, convergere, coincidere **3** contribuire, concorrere: *concurrió con mil pesetas*, contribuì con mille pesetas.
concursante *agg.*, *s.m./f.* concorrente.
concursar *v.intr.* concorrere, partecipare a un concorso: *— en un programa de televisión*, partecipare a un programma televisivo.
concurso *s.m.* **1** concorso, gara (*f.*) **2** affluenza (*f.*): *— de gente*, affluenza di gente | (*dir.*) *— de acreedores*, concorso di creditori **3** insieme di fatti.
condado *s.m.* contea (*f.*).
conde (*f. -esa*) *s.m.* conte.
condecoración *s.f.* onorificenza, decorazione.
condecorar *v.tr.* (*mil.*) decorare.
condena *s.f.* condanna; sentenza: *ha cumplido su —*, ha scontato la sua condanna.
condenado *agg.*, *s.m.* **1** (*dir.*) condannato **2** (*relig.*) dannato **3** (*fam.*) disgraziato, maledetto: *está harto de ese — trabajo*, è stufo di quel maledetto lavoro.
condenar *v.tr.* **1** (*dir.*) condannare **2** (*fig.*) condannare, costringere **3** biasimare, condannare, disapprovare **4** (*finestre*, *porte*) murare, chiudere ♦ **-se** *v.pron.* (*relig.*) dannarsi.
condensación *s.f.* **1** condensazione, riduzione **2** (*di vapore*) condensa.
condensador *s.m.* (*tecn.*) condensatore.
condensar *v.tr.* **1** condensare, concentrare **2** (*fig.*) ridurre, riassumere.
condesa *s.f.* contessa.
condescendencia *s.f.* condiscendenza.
condescender (*con. come* entender) *v.intr.* accondiscendere.
condescendiente *agg.* condiscendente.
condición *s.f.* **1** condizione, natura: *la — humana*, la condizione umana; *de — perversa*, di natura perversa **2** classe, categoria | *hombre de —*, uomo di classe elevata **3** clausola: *las condiciones de un contrato*, le clausole di un contratto | *a — de que*, purché, a patto che | *estar en condiciones de*, essere in grado di | *pliego de condiciones*, capitolato d'appalto.
condicionado *agg.* condizionato.
condicional *agg.* condizionale ♦ *s.m.* (*gramm.*) condizionale.
condicionamiento *s.m.* condizionamento, influenza (*f.*).
condicionar *v.tr.* condizionare.
condimentar *v.tr.* condire: *— la ensalada*, condire l'insalata.
condimento *s.m.* condimento.
condiscípulo *s.m.* condiscepolo.

condolencia *s.f.* condoglianza.
condominio *s.m.* comproprietà (*f.*).
condón *s.m.* condom, profilattico, preservativo.
condonación *s.f.* (*dir.*) condono (*m.*).
condonar *v.tr.* (*dir.*) condonare.
cóndor *s.m.* (*zool.*) condor.
condotiero *s.m.* **1** condottiero **2** soldato mercenario.
conducción *s.f.* **1** conduzione, trasporto (*m.*) **2** conduttura: *la — de agua*, la conduttura dell'acqua **3** (*aut.*) guida.
conducente *s.m.* conducente.
conducir (*indic.pres.* conduzco, conduces...; *pass.rem.* conduje, condujiste, condujo, condujimos, condujisteis, condujeron; *cong.pres.* conduzca, conduzcas...; *imperf.* condujera, condujeras, condujera...; *imp.* conduce, conduzca, conduzcamos, conducid, conduzcan) *v.tr.* **1** condurre, dirigere | *no — a nada*, non portare a nulla **2** (*aut.*) guidare: *— un coche*, guidare una macchina | *carné de —*, patente di guida ♦ **-se** *v.pron.* comportarsi.
conducta *s.f.* condotta, comportamento (*m.*).
conductancia *s.f.* (*elettr.*) conduttanza.
conductividad *s.f.* conduttività.
conductivo *agg.* conduttivo.
conducto *s.m.* **1** condotto, canale, tubo **2** mezzo, via (*f.*) | *por — de*, attraverso, per mezzo di.
conductor *agg.* conduttore ♦ *s.m.* **1** conduttore **2** conducente (*m./f.*), guidatore.
condueño *s.m.* comproprietario.
conectar *v.tr.* **1** collegare, mettere in contatto: *me han conectado el gas*, mi hanno allacciato il gas **2** (*mecc.*) accoppiare, collegare, raccordare.
conectivo *agg.* (*tessuto*) connettivo.
conector *s.m.* **1** connettore **2** (*ling.*) connettivo.
conejar *s.m.* allevamento di conigli.
conejera *s.f.* conigliera.
conejo *s.m.* coniglio | *conejillo de Indias*, porcellino d'India, cavia.
conexión *s.f.* **1** (*tecn.*) connessione, collegamento (*m.*), allacciamento (*m.*) **2** (*fig.*) connessione, nesso (*m.*); legame (*m.*), vincolo (*m.*): *ésa es la — entre los dos hechos*, quello è il nesso tra i due fatti **3** (*nei trasporti*) coincidenza.
conexionarse *v.pron.* connettere, collegare.
conexo *agg.* connesso.
confabulación *s.m.* confabulazione.
confabulador *s.m.* confabulatore.
confección *s.f.* **1** confezione; fattura; preparazione **2** abbigliamento (*m.*); fattura di abiti | *ramo de la —*, settore dell'abbigliamento | (*vestito*) *de —*, confezionato | *taller de corte y —*, laboratorio di taglio e cucito.
confeccionar *v.tr.* (*abiti*) confezionare; (*alimenti*) fare, preparare.
confeccionista *s.m./f.* confezionista.
confederación *s.f.* (*pol.*) confederazione.
confederado *s.m.* (*pol.*) confederato.
conferencia *s.f.* **1** (*culturale, scientifica, pol.*) conferenza; (*pol.*) vertice (*m.*): *— de jefes de gobierno*, vertice/summit dei capi di Stato | *— de prensa*, conferenza stampa **2** telefonata interurbana.
conferenciante, conferencista *s.m./f.* conferenziere, oratore.
conferenciar *v.intr.* discutere, dibattere.
conferir (*con. come* sentir) *v.tr.* (*concedere*) conferire; (*onorificenze*) insignire; attribuire: *la experiencia le confiere el derecho de decidir primero*, l'esperienza gli/le dà il diritto di decidere per primo.
confesable *agg.* confessabile.
confesar (*con. come* acertar) *v.tr.* confessare, rivelare ♦ **-se** *v.pron.* (*relig.*) confessarsi.
confesión *s.f.* **1** confessione **2** (*relig.*) confessione; fede, credenza.
confesional *agg.* confessionale.
confesionario, confesonario *s.m.* (*relig.*) confessionale.
confesor *s.m.* confessore.
confeti *s.m.pl.* coriandoli.
confiabilidad *s.f.* affidabilità.
confiable *agg.* affidabile, fidato.
confiado *agg.* fiducioso; sicuro di sé: *ser —*, essere fiducioso; *actitud confiada*, atteggiamento fiducioso | *estar — en algo*, confidare in qlco. | *ser muy —*, essere credulone.
confianza *s.f.* **1** fiducia, sicurezza: *actuar con —*, agire con sicurezza; *abuso de —*, abuso di fiducia | *de —*, di fiducia | *tener — en alguien*, avere fiducia in qlcu. | (*pol.*) *voto de —*, voto di fiducia | *cuestión de —*, questione di fiducia **2** confidenza; (*spec. pl.*) familiarità, libertà: *no dejes que se tomen demasiadas confianzas*, non permettere che si prendano troppe libertà | *en —*, in confidenza.
confianzudo *agg.* (*fam.*) **1** informale, alla buona **2** sfacciato, invadente.
confiar (*indic.pres.* confío, confías...; *cong. pres.* confíe, confíes...; *imp.* confía, confíe, confiemos, confiad, confíen) *v.intr.* avere fiducia, fidarsi: *— en alguien*, fidarsi di qlcu. | *— en que*, sperare ♦ *v.tr.* **1** affidare: *le confiaron la dirección del negocio*, gli affidarono la conduzione dell'affare **2** confidare, rivelare: *no le confíes tus temores*, non rivelargli/le i tuoi timori ♦ **-se** *v.pron.* essere (troppo) fiducioso.
confidencia *s.f.* confidenza, comunicazione riservata.
confidencial *agg.* confidenziale.
confidente *s.m./f.* confidente.
configuración *s.f.* configurazione.

configurar *v.tr.* (*anche inform.*) configurare.
confín *s.m.* (*anche fig.*) confine, limite, frontiera (*f.*) | *vive en el — del mundo*, abita lontanissimo.
confinado *agg.* confinato.
confinamiento *s.m.* **1** (*dir.*) confino, relegazione (*f.*), obbligo di soggiorno **2** delimitazione (*f.*).
confinar *v.intr.* confinare, essere confinante ♦ *v.tr.* **1** mandare al confino **2** relegare.
confirmación *s.f.* **1** conferma, ratifica **2** (*relig.*) cresima.
confirmar *v.tr.* **1** confermare, ratificare **2** cresimare ♦ **-se** *v.pron.* **1** affermarsi, rafforzarsi (nelle proprie idee) **2** (*relig.*) fare la cresima.
confiscable *agg.* (*dir.*) confiscabile.
confiscación *s.f.* (*dir.*) confisca.
confiscar (*con. come* pescar) *v.tr.* (*dir.*) confiscare, sequestrare.
confitar *v.tr.* (*cuc.*) candire, sciroppare.
confite *s.m.* confetto.
confitera *s.f.* bomboniera.
confitería *s.f.* pasticceria.
confitero *s.m.* pasticciere.
confitura *s.f.* confettura, marmellata.
conflagración *s.f.* conflagrazione, guerra, conflitto (*m.*).
conflagrar *v.tr.* incendiare, infiammare.
conflictividad *s.f.* conflittualità.
conflictivo *agg.* conflittuale.
conflicto *s.m.* **1** (*anche fig.*) conflitto; scontro **2** (*fig., psic.*) conflitto, dilemma, difficoltà (*f.*).
confluencia *s.f.* confluenza (*anche geogr.*), convergenza.
confluente *agg.* **1** confluente **2** affluente ♦ *s.m.* (*geogr.*) affluente.
confluir (*con. come* huir) *v.intr.* **1** confluire. affluire **2** (*di strada*) congiungersi.
conformación *s.f.* conformazione.
conformar *v.tr.* **1** formare, far parte di: *las personas que conforman el equipo*, le persone che fanno parte dell'équipe **2** adattare, aggiustare, bilanciare: *conformo los ingresos con los gastos*, bilancio gli introiti con le spese ♦ **-se** *v.pron.* **1** adattarsi, conformarsi; attenersi **2** accontentarsi, rassegnarsi: *me conformo con la mitad*, mi accontento della metà.
conforme *agg.* **1** conforme, corrispondente: *— a lo establecido*, secondo quanto stabilito | *— a derecho*, a norma di legge | (*di documento*) *estar —*, essere in regola **2** concorde: *estoy — con*, sono d'accordo con ♦ *avv.* a seconda che, mano a mano che, come: *se presentaban — iban llegando*, si presentavano man mano che arrivavano.
conformidad *s.f.* conformità.
conformismo *s.m.* conformismo.
conformista *agg.* conformista.
confort *s.m.* comfort.
confortable *agg.* confortevole.
confortante *agg.* confortante.
confortar *v.tr.* confortare.
confraternidad *s.f.* fratellanza.
confraternizar (*con. come* cazar) *v.intr.* fraternizzare.
confrontación *s.f.* **1** paragone (*m.*), confronto (*m.*): *la — entre los testigos*, il confronto tra i testimoni **2** scontro (*m.*) **3** (*sport*) incontro (*m.*).
confrontar *v.tr.* **1** confrontare, paragonare **2** affrontare.
confucianismo *s.m.* (*relig.*) confucianesimo.
confundir *v.tr.* **1** confondere, scombinare; scambiare **2** confondere, turbare ♦ **-se** *v.pron.* **1** confondersi **2** sbagliarsi.
confusión *s.f.* **1** confusione **2** turbamento (*m.*), vergogna.
confuso *agg.* **1** confuso, caotico **2** turbato.
confutación *s.f.* confutazione.
confutar *v.tr.* confutare.
congelación *s.f.* congelamento (*m.*) | *— de los sueldos*, congelamento degli stipendi.
congelar *v.tr.* **1** congelare **2** (*fig.*) bloccare ♦ **-se** *v.pron.* assiderarsi.
congénere *agg.* congenere.
congenial *agg.* congeniale.
congeniar *v.intr.* simpatizzare, andare a genio.
congénito *agg.* congenito.
congestión *s.f.* congestione (*anche med.*), blocco (*m.*): *— de tráfico*, ingorgo (*m.*).
congestionar *v.tr.* **1** (*med.*) congestionare **2** (*fig.*) congestionare, bloccare.
conglobación *s.f.* conglobazione.
conglomeración *s.f.* conglomerazione.
conglomerado *s.m.* **1** conglomerato, insieme; miscuglio **2** (*di legno*) compensato.
conglomerante *s.m.* agglomerante.
congoja *s.f.* **1** affanno (*m.*) **2** angoscia, pena.
congojoso *agg.* angosciante.
congoleño *agg.*, *s.m.* congolese (*m./f.*).
congosto *s.m.* (*geogr.*) passo, gola (*f.*).
congraciarse *v.pron.* accattivarsi, conquistare.
congratulación *s.f.* congratulazione.
congratularse *v.pron.* congratularsi.
congregación *s.f.* congregazione.
congregar (*con. come* llegar) *v.tr.* congregare, riunire.
congresista *s.m./f.* congressista.
congreso *s.m.* congresso.
congresual *agg.* congressuale.
congruencia *s.f.* congruenza.
congruente *agg.* congruente.
congruo *agg.* congruo.
cónico *agg.* conico.

conífera *s.f.* (*bot.*) conifera.
conífero *agg.* (*bot.*) conifero.
conjetura *s.f.* congettura, supposizione.
conjetural *agg.* congetturale.
conjeturar *v.tr.* congetturare.
conjugable *agg.* coniugabile.
conjugación *s.f.* coniugazione.
conjugar (*con. come* llegar) *v.tr.* **1** (*verbi*) coniugare **2** (*fig.*) unire, armonizzare.
conjunción *s.f.* (*anche astr., gramm.*) congiunzione.
conjuntar *v.tr.* riunire.
conjuntiva *s.f.* (*anat.*) congiuntiva.
conjuntival *agg.* (*anat.*) congiuntivale.
conjuntivitis *s.f.* (*med.*) congiuntivite.
conjuntivo *agg.* **1** (*tessuto*) connettivo **2** (*gramm.*) congiuntivo.
conjunto *agg.* congiunto, unito ♦ *s.m.* **1** (*anche mat.*) insieme | *en —*, nell'insieme, complessivamente **2** (*mus.*) complesso, band (*f.*) **3** (*abbigl.*) completo.
conjura *s.f.* congiura, cospirazione.
conjurar *v.intr.* congiurare, cospirare, complottare ♦ *v.tr.* **1** scongiurare, allontanare, sventare: *— un peligro*, scongiurare un pericolo **2** (*relig.*) esorcizzare.
conjuro *s.m.* **1** scongiuro **2** (*relig.*) esorcismo.
conllevar *v.tr.* **1** comportare, implicare: *esa actitud conlleva graves consecuencias*, quell'atteggiamento comporta delle gravi conseguenze **2** sopportare: *conlleva/sobrelleva su minusvalía con admirable serenidad*, sopporta il suo handicap con ammirevole serenità.
conmemorable *agg.* commemorabile.
conmemoración *s.f.* commemorazione.
conmemorar *v.tr.* commemorare.
conmemorativo *agg.* commemorativo.
conmensurabilidad *s.f.* commensurabilità.
conmensurable *agg.* commensurabile.
conmensurar *v.tr.* commensurare.
conmigo *pron.pers.* con me; (*lett.*) meco.
conmilitón *s.f.* (*mil.*) commilitone.
conminación *s.f.* intimazione; (*dir.*) ingiunzione.
conminar *v.tr.* **1** ingiungere, intimare, comminare **2** minacciare.
conmiseración *s.f.* commiserazione.
conmoción *s.f.* **1** commozione, agitazione, turbamento (*m.*) **2** (*med.*) commozione.
conmovedor *agg.* commovente, toccante.
conmover (*con. come* mover) *v.tr.* **1** commuovere, intenerire **2** scuotere (*anche fig.*).
conmutabilidad *s.f.* commutabilità.
conmutable *agg.* commutabile.
conmutación *s.f.* commutazione.
conmutador *s.m.* commutatore.
conmutar *v.tr.* (*anche elettr.*) commutare.
conmutativo *agg.* (*anche mat.*) commutativo.
connivencia *s.f.* connivenza.
connivente *agg.* connivente.
connotación *s.f.* connotazione.
connotar *v.tr.* connotare.
connotativo *agg.* connotativo.
cono *s.m.* (*geom.*) cono: *— de luz*, cono di luce | *países del — sur*, Cile, Argentina e Uruguay.
conocedor *agg.*, *s.m.* conoscitore, intenditore, esperto.
conocer (*con. come* agradecer) *v.tr.* **1** conoscere, sapere, comprendere: *— la gravedad de algo*, capire la gravità di qlco. | *dar a —*, rendere noto | *— de oídas*, conoscere per sentito dire | *— de vista*, conoscere di vista | *— como la palma de la mano*, conoscere qlco. come le proprie tasche **2** conoscere, fare conoscenza **3** riconoscere: *¿has conocido a Juan?*, hai riconosciuto Juan? ♦ *v.intr.* (*dir.*) conoscere ♦ **-se** *v.pron.* conoscersi, fare conoscenza.
conocible *agg.* conoscibile.
conocido *agg.* **1** (*di persona*) noto, famoso **2** (*di cosa*) noto, risaputo ♦ *s.m.* conoscente (*m./f.*), conoscenza (*f.*).
conocimiento *s.m.* **1** conoscenza (*f.*) **2** coscienza (*f.*), intelligenza (*f.*): *perder el —*, perdere conoscenza, svenire; *recobrar el —*, riprendere coscienza.
conoidal *agg.* (*geom.*) conoidale.
conque *cong.* perciò, quindi: *estoy cansado, — me acuesto*, sono stanco, quindi vado a letto.
conquista *s.f.* **1** (*mil.*) conquista, dominazione **2** (*fig.*) conquista amorosa; riuscita.
conquistable *agg.* conquistabile.
conquistador *agg.*, *s.m.* **1** conquistatore **2** seduttore, dongiovanni.
conquistar *v.tr.* conquistare (*anche fig.*).
consabido *agg.* risaputo, noto.
consagración *s.f.* consacrazione.
consagrar *v.tr.* consacrare; dedicare.
consanguíneo *agg.*, *s.m.* consanguineo.
consciente *agg.* **1** cosciente: *el paciente está —*, l'ammalato è cosciente **2** consapevole, conscio: *soy — de mi situación*, mi rendo conto della mia situazione **3** coscienzioso, responsabile: *la niña es muy —*, la bimba è molto coscienziosa.
conscripción *s.f.* (*mil., Amer.*) servizio (*m.*) militare.
conscripto *s.m.* (*mil., Amer.*) recluta (*f.*), coscritto.
consecución *s.f.* conseguimento (*m.*), ottenimento (*m.*).
consecuencia *s.f.* **1** conseguenza, risultato (*m.*) | *en —*, di conseguenza, pertanto **2** conseguenza, deduzione: *— lógica*, deduzione logica **3** coerenza, corrispondenza: *hay —*

entre sus principios y sus actos, c'è coerenza tra i suoi principi e i suoi atti.
conseguir (*con. come* seguir) *v.tr.* conseguire, ottenere, raggiungere (uno scopo): *he conseguido alcanzarle*, sono riuscito a raggiungerlo.
conseja *s.f.* favola, leggenda.
consejería *s.f.* **1** sala consiliare **2** (*pol., di regione*) assessorato (*m.*).
consejero *s.m.* **1** consigliere **2** (*pol., di regione*) assessore.
consejo *s.m.* **1** consiglio, parere **2** consiglio, giunta (*f.*): — *de administración*, consiglio di amministrazione | — *de guerra*, corte (*f.*) marziale.
consenso *s.m.* consenso.
consensual *agg.* consensuale.
consentido *agg.* viziato: *es un niño* —, è un bambino viziato.
consentimiento *s.m.* permesso, consenso: *actuar sin el* —, agire senza il permesso.
consentir (*con. come* sentir) *v.tr.* **1** consentire, permettere **2** (*i bambini*) viziare: *consiente demasiado a esos niños*, vizia troppo quei bambini.
conserje *s.m.* custode, portiere.
conserjería *s.f.* portineria.
conserva *s.f.* conserva, alimento (*m.*) conservato.
conservación *s.f.* conservazione.
conservador *agg.* (*pol.*) conservatore, moderato ♦ *s.m.* (*pol.*) conservatore.
conservante *s.m.* conservante.
conservar *v.tr.* conservare, mantenere; serbare: — *un secreto*, serbare un segreto.
conservatorio *s.m.* (*mus.*) conservatorio.
conservero *agg.* conserviero.
considerable *agg.* considerevole, notevole, rispettabile.
consideración *s.f.* **1** considerazione: *tomar en* —, prendere in considerazione **2** stima, rispetto (*m.*) | *de* —, importante, di tutto rispetto.
considerado *agg.* **1** considerato, rispettato **2** attento, prudente, cauto.
considerar *v.tr.* **1** considerare, esaminare *el inspector está considerando las pruebas*, l'ispettore sta esaminando le prove **2** considerare, ritenere giudicare: *consideraron oportuno aplazar el viaje*, ritennero opportuno rimandare il viaggio **3** trattare con rispetto, tenere in considerazione.
consigna *s.f.* **1** (*mil.*) consegna **2** parola d'ordine **3** deposito (*m.*) bagagli.
consignación *s.f.* **1** consegna; deposito (*m.*), accantonamento (*m.*): *mercancía en* —, merce in conto deposito **2** (*econ.*) stanziamento (*m.*).
consignar *v.tr.* **1** depositare **2** accantonare.
consignatario *s.m.* depositario.
consigo *pron.pers.* con sé, con loro; (*lett.*) seco: *hablar* — *mismo*, parlare tra sé e sé, parlare da solo.
consiguiente *agg.* conseguente | *por* —, pertanto.
consistencia *s.f.* consistenza, solidità.
consistente *agg.* consistente, solido.
consistir *v.intr.* consistere.
consistorio *s.m.* concistoro.
consola *s.f.* (*mobile, elettr., inform.*) consolle.
consolador *agg.* consolatore ♦ *s.m.* vibratore.
consolar (*con. come* contar) *v.tr.* consolare, confortare.
consolidación *s.f.* rafforzamento (*m.*).
consolidado *agg.* consolidato, rafforzato.
consolidar *v.tr.* consolidare, rafforzare.
consomé *s.m.* (*cuc.*) consommé.
consonancia *s.f.* consonanza.
consonante *agg., s.f.* consonante.
consonántico *agg.* consonantico.
cónsono *agg.* consono.
consorcio *s.m.* consorzio.
consorte *s.m./f.* (*anche dir.*) consorte.
conspicuo *agg.* cospicuo.
conspiración *s.f.* cospirazione, complotto (*m.*).
conspirador *s.m.* cospiratore.
conspirar *v.intr.* **1** cospirare, complottare **2** concorrere, contribuire: *el alcoholismo y la vida sedentaria conspiran a un envejecimiento precoz*, l'alcolismo e la vita sedentaria contribuiscono a un invecchiamento precoce.
constancia *s.f.* **1** certezza, prova: *no hay — de que recibió el dinero*, non ci sono prove che abbia ricevuto il denaro; *tienen — de los hechos*, hanno accertato i fatti **2** costanza, perseveranza, tenacia **3** (*amm.*) attestazione: *quiero que quede — de mi protesta*, voglio che rimanga agli atti la mia protesta.
constante *agg.* **1** costante, tenace **2** costante, continuo; stabile ♦ *s.f.* costante (*anche mat.*).
constar *v.intr.* **1** constare, risultare: *que conste que yo no estaba*, che si tenga presente che io non c'ero | *hacer* —, fare presente **2** consistere, essere costituito.
constatación *s.f.* constatazione.
constatar *v.tr.* constatare.
constelación *s.f.* (*astr.*) costellazione.
constelar *v.tr.* costellare, ricoprire.
consternación *s.f.* costernazione.
consternar *v.tr.* costernare, avvilire.
constipado *agg.* raffreddato ♦ *s.m.* raffreddore.
constiparse *v.pron.* raffreddarsi.
constitución *s.f.* **1** costituzione, statuto (*m.*); fondazione **2** conformazione, struttura; (*pol.*) formazione **3** (*anat.*) complessione: — *fuerte*, complessione robusta.
constitucional *agg.* (*pol., dir.*) costituzionale.

constitucionalidad *s.f.* (*pol., dir.*) costituzionalità.
constituidor *s.m.* costitutore.
constituir (*con. come* huir) *v.tr.* **1** costituire, formare; fondare **2** costituire, rappresentare: *la simpatía constituye su mayor atributo*, la simpatia è il suo maggior pregio ♦ **-se** *v.pron.* **1** diventare: *se constituyó en el líder*, divenne il leader **2** (*dir.*) nominarsi, costituirsi: *se constituyó en su defensor*, si è costituito suo difensore.
constitutivo *agg.* costitutivo.
constituyente *agg.* (*pol.*) costituente | *asamblea* —, assemblea costituente.
constreñimiento *s.m.* costrizione (*f.*).
constreñir *v.tr.* **1** costringere, forzare **2** costringere, limitare, ridurre.
constricción *s.f.* costrizione.
constrictivo *agg.* costrittivo.
constrictor *agg.* costrittore.
construcción *s.f.* costruzione; edificio (*m.*).
constructivismo *s.m.* (*arte*) costruttivismo.
constructivo *agg.* (*anche fig.*) costruttivo.
constructor *s.m.* costruttore.
construir (*con. come* huir) *v.tr.* costruire, fabbricare.
consubstanciación *s.f.* consustanziazione.
consuegro *s.m.* consuocero.
consuelo *s.m.* consolazione (*f.*), conforto: *no tiene — por lo sucedido*, non trova conforto per quello che è successo.
consuetudinario *agg.* consuetudinario.
cónsul *s.m.* console.
consulado *s.m.* consolato.
consular *agg.* consolare.
consulta *s.f.* **1** consulto (*m.*), consultazione **2** studio (*m.*) medico, ambulatorio (*m.*): *el médico me atendió en su —*, il medico mi ha visitato nel suo ambulatorio.
consultar *v.tr.* **1** consultare **2** discutere; sviscerare: *consultaré el asunto con mi abogado*, discuterò del problema con il mio avvocato.
consultivo *agg.* consultivo.
consultor *s.m.* consulente.
consultorio *s.m.* consultorio, ambulatorio.
consumación *s.f.* **1** consumazione **2** estinzione.
consumado *agg.* consumato, esperto, provetto.
consumar *v.tr.* **1** compiere: — *un crimen*, compiere un delitto **2** (*dir.*) eseguire: — *la sentencia*, eseguire la sentenza.
consumible *agg.* consumabile.
consumición *s.f.* **1** consumo (*m.*), logoramento (*m.*) **2** (*nei bar, locali pubblici*) consumazione.
consumido *agg.* consumato, magro, esausto.
consumidor *s.m.* consumatore.
consumir *v.tr.* consumare; logorare ♦ **-se** *v.pron.* consumarsi; struggersi.
consumismo *s.m.* consumismo.
consumista *agg.* consumistico.
consumo *s.m.* consumo.
consunción *s.f.* consunzione.
consustancial *agg.* consustanziale.
consustancialidad *s.f.* consustanzialità.
contabilidad *s.f.* (*comm.*) contabilità.
contabilizar (*con. come* cazar) *v.tr.* (*comm.*) contabilizzare.
contable *s.m.* ragioniere, contabile (*m./f.*).
contactar *v.tr.* contattare.
contacto *s.m.* contatto; collegamento, relazione (*f.*) | *ponerse en* —, mettersi in contatto, contattare.
contado *agg.* raro, scarso: *contadas veces*, rare volte | *al* —, in contanti.
contador *s.m.* **1** contabile (*m./f.*), ragioniere; commercialista (*m./f.*) | — *partidor*, perito liquidatore **2** (*apparecchio*) contatore; contagiri: — *de impulsos*, contascatti.
contaduría *s.f.* **1** contabilità, ragioneria **2** ufficio (*m.*) contabilità, amministrazione.
contagiar *v.tr.* (*anche fig.*) contagiare; infettare.
contagio *s.m.* (*anche fig.*) contagio; infezione (*f.*).
contagiosidad *s.f.* (*anche fig.*) contagiosità.
contagioso *agg.* (*anche fig.*) contagioso; infettivo.
contaminación *s.f.* **1** inquinamento (*m.*) **2** contaminazione.
contaminado *agg.* **1** inquinato, contaminato **2** infetto.
contante *agg.* contante | — *y sonante*, moneta sonante.
contar (*indic.pres.* cuento, cuentas, cuenta, contamos, contáis, cuentan; *cong.pres.* cuente, cuentes, cuente, contemos, contéis, cuenten; *imp.* cuenta, cuente, contemos, contad, cuenten) *v.tr.* **1** contare, calcolare: *contaron más de 100 participantes*, contarono più di 100 partecipanti **2** raccontare: *te voy a — un cuento*, ti racconterò una storia | *¿qué me cuentas?*, come va?, cosa mi racconti? **3** contare, considerare (*qlcu.*): *siempre te hemos contado como uno más de la familia*, ti abbiamo sempre considerato come uno di famiglia ♦ *v.intr.* **1** fare di conto, contare: *el niño ya sabe —*, il bimbo sa già contare; *a — desde ayer*, (a partire) da ieri **2** contare, far conto: — *con su apoyo*, contare sul suo appoggio, avere l'appoggio di; — *con alguien*, fare affidamento su qlcu. **3** equivalere: — *por tres*, valere per tre, equivalere a tre **4** avere presente, considerare, pensare: *contemos con que todo salga bien*, facciamo conto che tutto vada per il verso giusto; *contad que en ese período estaremos de vacaciones*, tenete conto che in quel periodo saremo in ferie.

contemplación *s.f.* **1** contemplazione | *andarse con contemplaciones*, avere troppi riguardi **2** (*relig.*) meditazione.
contemplar *v.tr.* **1** contemplare, osservare **2** considerare: — *la posibilidad de cambio*, prendere in considerazione la possibilità di un cambiamento **3** coccolare, viziare: *le contemplas demasiado*, sei troppo accondiscendente, lo vizi troppo.
contemplativo *agg.* **1** contemplativo **2** speculativo, teorico.
contemporaneidad *s.f.* contemporaneità.
contemporáneo *agg.* contemporaneo, coetaneo.
contemporizar (*con. come* cazar) *v.intr.* **1** essere accomodante **2** temporeggiare.
contención *s.f.* **1** contenimento (*m.*); moderazione: *barrera de* —, barriera di contenimento **2** (*dir.*) lite, contesa.
contencioso *agg.* **1** litigioso **2** contenzioso ♦ *s.m.* (*dir.*) contenzioso.
contender (*con. come* entender) *v.intr.* **1** lottare, combattere **2** discutere **3** competere, rivaleggiare, gareggiare: *contendían en elegancia*, rivaleggiavano in eleganza.
contendiente *agg.*, *s.m./f.* contendente.
contenedor *s.m.* contenitore.
contener (*con. come* tener) *v.tr.* **1** contenere, racchiudere **2** contenere, trattenere; arginare ♦ **-se** *v.pron.* contenersi, trattenersi, frenarsi.
contenido *agg.* controllato, moderato ♦ *s.m.* contenuto.
contentar *v.tr.* accontentare ♦ **-se** *v.pron.* accontentarsi.
contento *agg.* contento | *darse por* —, ritenersi soddisfatto ♦ *s.m.* contentezza (*f.*), allegria (*f.*), gioia (*f.*): *lleno de* —, pieno di gioia.
contera *s.f.* puntale (*m.*).
contertulio *s.m.* **1** frequentatore abituale (di un circolo) **2** (*tv*) opinionista (*m./f.*).
contestable *agg.* contestabile.
contestación *s.f.* **1** risposta, replica: *en espera de su* —, in attesa della sua risposta **2** (*dir.*, *pol.*) contestazione, opposizione: *la — estudiantil*, la protesta studentesca.
contestador *s.m.* segreteria (*f.*) telefonica.
contestar *v.tr.* rispondere ♦ *v.intr.* (*fam.*) contestare, rispondere male.
contestatario *agg.*, *s.m.* contestatore, polemico.
contestón *s.m.* (*fam.*) che risponde male, arrogante: *estudiante* —, studente arrogante.
contexto *s.m.* contesto.
contextual *agg.* contestuale.
contienda *s.f.* **1** (*mil.*) guerra, battaglia **2** contesa, polemica, lite.
contignación *s.f.* (*arch.*) travatura.
contigo *pron.pers.* con te; (*lett.*) teco: *voy* —, vengo con te.
contigüidad *s.f.* contiguità.
contiguo *agg.* contiguo, prossimo.
continencia *s.f.* continenza, moderazione.
continental *agg.* (*geogr.*) continentale.
continente *agg.* **1** contenente **2** (*di persona*) continente, moderato ♦ *s.m.* **1** contenitore **2** (*geogr.*) continente **3** (*di persona*) aspetto, aria (*f.*), sembiante.
contingencia *s.f.* **1** contingenza, possibilità **2** frangente (*m.*).
contingentar *v.tr.* contingentare.
contingente *agg.* contingente, eventuale ♦ *s.m.* **1** contingenza (*f.*) **2** quota (*f.*), parte (*f.*) **3** (*mil.*) contingente.
continuación *s.f.* continuazione; seguito (*m.*) | *a* —, di seguito.
continuado *agg.* continuo, ininterrotto.
continuar (*indic.pres.* continúo, continúas, continúa, continuamos, continuáis, continúan; *cong.pres.* continúe, continúes, continúe, continuemos, continuéis, continúen; *imp.* continúa, continúe, continuemos, continuad, continúen) *v.tr.* continuare, proseguire: *continúa ayudándonos*, continua ad aiutarci ♦ *v.intr.* **1** continuare, persistere, seguitare: *Ana continúa en su puesto*, Anna permane al suo posto; *continúa lloviendo*, continua a piovere **2** continuare, prolungarsi, estendersi: *el territorio continúa hasta el río*, il territorio si estende fino al fiume.
continuativo *agg.* continuativo.
continuidad *s.f.* continuità.
continuo *agg.* continuo, incessante | *de* —, senza interruzione, di continuo | *papel* —, carta in rotolo.
contonearse *v.pron.* dimenarsi, ancheggiare.
contornear *v.tr.* sagomare, contornare.
contorno *s.m.* **1** contorno, perimetro, sagoma (*f.*) **2** (*pl.*) dintorni.
contorsión *s.f.* contorsione.
contorsionarse *v.pron.* contorcersi.
contorsionista *s.m./f.* contorsionista.
contra *prep.* **1** contro: *juego — él*, gioco contro di lui | *votar en* —, votare contro **2** (*comm.*) contro, a fronte di | *entrega — recibo*, consegna contro ricevuta **3** su, contro, addosso: *puso la escalera — el muro*, mise la scala contro il muro ♦ *s.m.* contro: *los pros y los contras*, i pro e i contro ♦ *s.f.* **1** difficoltà, inconveniente (*m.*): *es un buen plan pero no deja de tener sus contras*, è un bel piano ma ha i suoi inconvenienti | *hacer la* —, ostacolare **2** (*pol.*) controrivoluzione.
contraatacar (*con. come* pescar) *v.intr* (*mil.*) contrattaccare.
contraataque *s.m.* (*mil.*) contrattacco, controffensiva (*f.*).
contrabajo *s.m.* (*mus.*) contrabbasso.
contrabajón *s.m.* (*mus.*) controfagotto.
contrabalancear *v.tr.* controbilanciare.

contrabalanza *s.f.* contrappeso (*m.*).
contrabandear *v.intr.* contrabbandare.
contrabandista *s.m./f.* contrabbandiere.
contrabando *s.m.* contrabbando: — *de armas*, contrabbando di armi.
contracambio *s.m.* (*comm.*) contropartita (*f.*).
contracampo *s.m.* (*cinem.*, *tv*) controcampo.
contracción *s.f.* (*anche gramm.*) contrazione.
contrachapado *s.m.* **1** (*legno*) compensato **2** impiallacciatura (*f.*).
contrachapar *v.tr.* impiallacciare.
contráctil *agg.* contrattile.
contractilidad *s.f.* contrattilità.
contracto *agg.* contratto.
contractual *agg.* contrattuale.
contractura *s.f.* (*med.*) contrattura.
contracultura *s.f.* controcultura.
contradecir (*con. come* predecir) *v.tr.* contraddire.
contradicción *s.f.* contraddizione.
contradictorio *agg.* contraddittorio: *comportamiento* —, atteggiamento contraddittorio.
contraer (*con. come* traer) *v.tr.* **1** contrarre, diminuire; riassumere: *contraje el informe a media página*, ridussi la relazione a mezza pagina **2** (*debiti, impegni, malattie, vizi*) contrarre, acquisire | — *matrimonio*, contrarre matrimonio ♦ **-se** *v.pron.* contrarsi, ridursi.
contraespionaje *s.m.* (*mil.*) controspionaggio.
contrafigura *s.f.* (*cinem.*) controfigura.
contrafuego *s.m.* controfuoco.
contrafuerte *s.m.* (*arch.*) contrafforte.
contragolpe *s.m.* **1** contraccolpo **2** (*nel calcio*) contropiede.
contrahacedor *s.m.* contraffattore.
contrahacer (*con. come* hacer) *v.tr.* **1** contraffare, falsificare **2** imitare ♦ **-se** *v.pron.* spacciarsi per, travestirsi.
contrahecho *agg.* **1** contraffatto, falsificato **2** storpio.
contrahechura *s.f.* contraffazione.
contraindicación *s.f.* controindicazione.
contraindicado *agg.* controindicato.
contraindicar (*con. come* pescar) *v.tr.* controindicare.
contralto *s.m./f.* (*mus.*) contralto.
contraluz *s.f.* controluce | *a* —, in controluce.
contramano, a *loc.avv.* contromano.
contramarca *s.f.* contromarca.
contramarcha *s.f.* **1** contromarcia **2** (*mil.*) dietrofront (*m.*).
contramarchar *v.intr.* (*mil.*) fare dietrofront.
contramedida *s.f.* contromisura.
contraofensiva *s.f.* controffensiva.
contraoferta *s.f.* controfferta.
contraorden *s.f.* contrordine (*m.*).
contrapartida *s.f.* contropartita.
contrapaso *s.m.* **1** (*mus.*) controcanto **2** (*danza*) contrappasso.
contrapelo, a *loc.avv.* contropelo.
contrapesar *v.tr.* contrappesare, controbilanciare.
contrapeso *s.m.* contrappeso.
contrapilastra *s.f.* (*arch.*) contropilastro (*m.*).
contrapoder *s.m.* contropotere.
contraponer (*con. come* poner) *v.tr.* **1** comparare, paragonare **2** contrapporre.
contraposición *s.f.* contrapposizione | *en* —, per contro | *la* — *de opiniones*, il confronto di opinioni.
contraproducente *agg.* controproducente: *una decisión* —, una decisione controproducente.
contrapropuesta *s.f.* controproposta.
contrapuesto *agg.* contrapposto.
contrapuntear *v.tr.* **1** (*mus.*) contrappuntare **2** (*fig.*) stuzzicare, punzecchiare.
contrapunto *s.m.* (*mus.*) contrappunto.
contrariar *v.tr.* **1** contrariare, opporsi, contrastare **2** irritare, infastidire: *me contrariaba su actitud*, mi irritava il suo atteggiamento.
contrariedad *s.f.* **1** contrarietà, contrattempo (*m.*), intoppo (*m.*) **2** dispiacere (*m.*), malumore (*m.*).
contrario *agg.* contrario, opposto; sfavorevole | *llevar la contraria*, fare il bastian contrario | *de lo* —, in caso contrario | *por el* —, invece ♦ *s.m.* nemico, avversario.
contrarreforma *s.f.* (*relig.*) controriforma.
contrarréplica *s.f.* controreplica.
contrarrestar *v.tr.* **1** (*mil.*) resistere, opporsi **2** neutralizzare, inibire: — *la enfermedad*, neutralizzare la malattia **3** (*palla*) rinviare.
contrarresto *s.m.* **1** (*mil.*) resistenza (*f.*) **2** rinvio.
contrarrevolución *s.f.* controrivoluzione.
contrasentido *s.m.* controsenso.
contraseña *s.f.* **1** contrassegno (*m.*) **2** parola d'ordine; (*inform.*) password **3** contromarca.
contrastar *v.tr.* **1** contrastare, opporsi **2** (*metalli*) saggiare; (*termometri, bilance*) tarare; verificare ♦ *v.intr.* contrastare, discordare.
contraste *s.m.* **1** contrasto, discordanza (*f.*) **2** taratura (*f.*) **3** saggiatore, verificatore **4** (*med.*) liquido di contrasto **5** (*foto.*) contrasto **6** litigio, contrasto.
contrata *s.f.* **1** contratto (*m.*) **2** appalto (*m.*) **3** (*attori, cantanti*) scrittura.
contratación *s.f.* contrattazione.
contratante *s.m.* appaltante.
contratar *v.tr.* **1** contrattare, pattuire **2** assumere; scritturare: *lo han contratado fijo*, lo hanno assunto a tempo indeterminato.
contratiempo *s.m.* contrattempo.

contratista *s.m./f.* appaltatore (*m.*).
contrato *s.m.* contratto, accordo.
contravalor *s.m.* controvalore.
contravención *s.f.* contravvenzione.
contraveneno *s.m.* antidoto.
contravenir (*con. come* venir) *v.intr.* contravvenire, trasgredire.
contraventor *s.m.* contravventore.
contrayente *agg., s.m./f.* contraente.
contribución *s.f.* **1** contributo (*m.*), offerta (in denaro) **2** (*econ.*) imposta, tassa | — *directa, indirecta*, imposta diretta, indiretta | — *urbana*, tassa sui beni immobiliari **3** cooperazione, aiuto (*m.*).
contribuir (*con. come* huir) *v.intr.* **1** contribuire, concorrere **2** cooperare, aiutare **3** pagare le tasse.
contribuyente *agg., s.m./f.* contribuente.
contrición *s.f.* (*anche relig.*) contrizione.
contrincante *s.m./f.* contendente, rivale.
contrito *agg.* contrito, pentito.
control *s.m.* **1** controllo, ispezione (*f.*), vigilanza (*f.*) | — *de calidad*, controllo di qualità **2** (*tecn.*) comando, regolazione (*f.*) | — *remoto*, telecomando | *panel/tablero de* —, pannello di controllo.
controlable *agg.* controllabile.
controlador *s.m.* controllore | — *aéreo*, controllore di volo.
controlar *v.tr.* controllare.
controversia *s.f.* controversia.
controvertir (*con. come* sentir) *v.intr.* discutere, controbattere.
contubernio *s.m.* **1** coabitazione (*f.*) **2** associazione (*f.*) sovversiva, combriccola (*f.*).
contumacia *s.f.* **1** perseveranza (nell'errore), ostinazione **2** (*dir.*) contumacia.
contumaz (*pl.* -ces) *agg.* **1** ostinato **2** (*dir.*) contumace.
contundente *agg.* **1** contundente **2** (*fig.*) convincente, decisivo, schiacciante: *prueba* —, prova schiacciante.
contundir *v.tr.* contundere.
conturbador *agg.* conturbante.
conturbar *v.tr.* alterare, turbare, inquietare.
contusión *s.f.* (*med.*) contusione.
contuso *agg.* (*med.*) contuso.
conurbación *s.f.* conurbazione.
convalecencia *s.f.* (*med.*) convalescenza.
convalecer (*con. come* agradecer) *v.intr.* (*med.*) riprendersi, rimettersi.
convaleciente *agg.* (*med.*) convalescente.
convalidación *s.f.* convalida.
convalidar *v.tr.* convalidare.
convencedor *agg.* convincente.
convencer (*con. come* vencer) *v.tr.* convincere (*anche fig.*).
convencimiento *s.m.* convinzione (*f.*).
convención *s.f.* convenzione, norma.
convencional *agg.* convenzionale.
conveniencia *s.f.* convenienza.
conveniente *agg.* **1** conveniente, vantaggioso **2** adatto, appropriato.
convenio *s.m.* patto, accordo | — *colectivo*, contratto collettivo di lavoro.
convenir (*con. come* venir) *v.intr.* **1** convenire, essere d'accordo: *su padre no conviene con esa idea*, suo padre non è d'accordo con quell'idea **2** essere conveniente **3** riunirsi, convenire ♦ **-se** *v.pron.* concordare, mettersi d'accordo: — *en algo*, mettersi d'accordo su qlco.
conventillero *s.m.* (*Amer.*) pettegolo.
convento *s.m.* convento.
conventual *agg.* conventuale ♦ *s.m.* monaco, conventuale.
convergencia *s.f.* convergenza.
convergir, converger (*con. come* afligir) *v.intr.* convergere.
conversación *s.f.* conversazione | *trabar* —, attaccare discorso | *sacar la* —, tirare fuori l'argomento | *terciar en la* —, intervenire nel discorso.
conversacional *agg.* colloquiale.
conversador *agg., s.m,* **1** conversatore **2** chiacchierone.
conversar *v.intr.* conversare, chiacchierare.
conversión *s.f.* conversione.
converso *agg.* (*relig.*) convertito: *es un judío* —, è un ebreo convertito.
convertibilidad *s.f.* convertibilità.
convertible *agg.* convertibile ♦ *s.f.* (*Amer.*) auto decapottabile, spider.
convertidor *agg.* convertitore | — *catalítico*, marmitta catalitica.
convertir (*con. come* sentir) *v.tr.* convertire, far diventare ♦ **-se** *v.pron.* convertirsi, diventare, arrivare a essere.
convexidad *s.f.* convessità.
convexo *agg.* convesso.
convicción *s.f.* convinzione, convincimento (*m.*).
convicto *agg.* colpevole.
convidado *s.m.* invitato; commensale (*m./f.*).
convidar *v.tr.* invitare, offrire ♦ **-se** *v.pron.* **1** autoinvitarsi **2** offrirsi volontario.
convite *s.m.* invito; banchetto.
convival *agg.* conviviale.
convivencia *s.f.* convivenza.
convivir *v.intr.* convivere.
convocación *s.f.* convocazione.
convocar (*con. come* pescar) *v.tr.* convocare | — *una asamblea*, indire un'assemblea.
convocatoria *s.f.* **1** convocazione, citazione, bando (*m.*) **2** (*all'università*) appello (*m.*) d'esame: *aprobé en la primera* —, sono stato promosso al primo appello.
convólvulo *s.m.* (*bot.*) convolvolo.
convoy *s.m.* (*mil., di navi o macchine*) convoglio, scorta (*f.*).

convoyar *v.tr.* scortare, accompagnare.
convulsión *s.f.* **1** convulsione **2** sommossa.
convulsionar *v.tr.* **1** (*med.*) produrre convulsioni **2** (*fig.*) sconvolgere, smuovere: *el escándalo ha convulsionado a la opinión pública*, lo scandalo ha sconvolto l'opinione pubblica.
convulsionario *agg.* convulsionario.
convulsivo *agg.* convulsivo.
convulso *agg.* **1** convulso **2** scosso, agitato.
conyugal *agg.* coniugale.
cónyuge *s.m./f.* coniuge, consorte.
coña *s.f.* **1** (*volg.*) scherzo (*m.*) | *estar de —*, essere in vena di scherzi | *de —*, per scherzo | *ni de —*, neanche per sogno, col cavolo! **2** (*volg.*) rottura di palle, barba, noia | *dar la —*, rompere le scatole.
coñac *s.m.* brandy; cognac.
coñazo *s.m.* (*volg.*) **1** (*di cosa, situazione*) rottura (*f.*) di palle **2** (*di persona*) rompipalle (*m./f.*)
coño *s.m.* (*volg.*) fica (*f.*), vulva (*f.*) ♦ *inter.* (*volg.*) cazzo!: *¡que — dices!*, che cazzo dici!
cooperación *s.f.* cooperazione.
cooperador *s.m.* cooperatore, collaboratore.
cooperar *v.intr.* cooperare.
cooperativa *s.f.* cooperativa.
cooperativismo *s.m.* cooperativismo.
cooperativo *agg.* cooperativo.
cooptación *s.f.* cooptazione.
cooptar *v.intr.* cooptare.
coordenada *s.f.* coordinata.
coordinación *s.f.* coordinazione, coordinamento (*m.*).
coordinado *agg.* **1** coordinato **2** (*ling.*) coordinato, paratattico.
coordinador *s.m.* coordinatore.
coordinar *v.tr.* coordinare.
copa *s.f.* **1** calice (*m.*); coppa: *ganar la* , vincere la coppa; *tomar una —*, bere un drink **2** (*di alberi*) fronde (*pl.*), chioma **3** (*pl., seme di carte*) coppe, cuori (*m.*) **4** (*di reggiseno*) coppa.
copar *v.tr.* **1** (*nei giochi d'azzardo*) coprire il banco **2** (*sport*) far piazza pulita, stravincere **3** accaparrarsi l'attenzione: *la diva copó la atención*, la star catturò/focalizzò l'attenzione.
coparticipación *s.f.* compartecipazione.
copartícipe *s.m./f.* compartecipe.
copear *v.intr.* **1** sbevazzare: *salir a —*, uscire a bere qlco. **2** (*Amer.*) ubriacarsi.
cópec *s.m.* (*moneta*) copeco.
copela *s.f.* (*metall.*) coppella.
copernicano *agg.* (*astr., fig.*) copernicano.
copero *agg.* vincente: *un equipo —*, una squadra vincente ♦ *s.m.* **1** mobile bar **2** (*raro*) coppiere.
copete *s.m.* **1** (*di capelli*) ciuffo **2** (*di gelato, panna*) ricciolo **3** (*zool.*) cresta (*f.*), ciuffo | (*fig.*) *bajársele el — a alguien*, abbassare la cresta a qlcu. **4** (*fig.*) superiorità (*f.*), alterigia (*f.*).
copetín *s.m.* aperitivo, cicchetto.
copetudo *agg.* **1** dotato di ciuffo **2** altero, presuntuoso.
copia *s.f.* **1** copia, duplicato (*m.*) **2** (*in arte*) copia, riproduzione; imitazione **3** (*lett.*) abbondanza.
copiador *s.m.* **1** copiatore **2** fotocopiatrice (*f.*).
copiar *v.tr.* **1** copiare, ricopiare **2** imitare.
copiloto *s.m.* copilota.
copión *agg., s.m.* (*spreg.*) copione ♦ *s.m.* imitazione (*f.*) scadente, brutta copia (*f.*).
copiosidad *s.f.* copiosità.
copioso *agg.* copioso.
copista *s.m.* copista.
copistería *s.f.* copisteria.
copla *s.f.* **1** (*poesia*) cobbola **2** (*fig.*) solfa, lagna | *echar coplas a alguien*, parlare male di qlcu. | *andar en coplas*, essere molto famoso.
coplero *s.m.* **1** poeta **2** (*spreg.*) poetastro, poetuncolo.
copo *s.m.* fiocco: *— de lana*, fiocco di lana; *— de nieve*, fiocco di neve; *copos de avena*, fiocchi d'avena.
copón *s.m.* (*relig.*) pisside (*f.*), ciborio.
coposesión *s.f.* comproprietà.
copresidente *s.m.* copresidente.
coproducción *s.f.* coproduzione.
coproductor *s.m.* coproduttore.
coprofagia *s.f.* coprofagia.
coprófago *s.m.* coprofago.
coprolalia *s.f.* coprolalia.
copropriedad *s.f.* comproprietà.
copropietario *s.m.* comproprietario.
copto *agg., s.m.* (*relig.*) copto.
cópula *s.f.* **1** copula, accoppiamento (*m.*) **2** (*gramm.*) copula.
copular *v.intr.* copulare, accoppiarsi.
copulativo *agg.* (*gramm.*) copulativo.
coque *s.m.* (*min.*) carbon coke.
coquear *v.intr.* (*Amer.*) masticare foglie di coca.
coquería *s.f.* (*min.*) cokeria.
coqueta *agg., s.f.* (*fig.*) civetta.
coquetear *v.intr.* civettare.
coquetería *s.f.* civetteria.
coqueto *agg.* **1** galante **2** carino, grazioso.
coquetón *agg.* carino, grazioso, piacevole.
coquina *s.f.* (*zool.*) tellina.
coracero *s.m.* **1** (*mil.*) corazziere **2** sigaro di bassa qualità.
coraje *s.m.* **1** coraggio **2** collera (*f.*), irritazione (*f.*) | *dar —*, far rabbia.
corajina *s.f.* ira improvvisa, arrabbiatura.
corajudo *agg.* **1** collerico **2** coraggioso.

coral *agg.* corale ♦ *s.m.* **1** (*zool.*) corallo **2** colore rosso corallo ♦ *s.f.* coro.
coralero *s.m.* corallaio.
coralífero *agg.* corallifero.
coralino *agg.* corallino.
corambre *s.m.* pellame, corame.
coránico *agg.* (*relig.*) coranico.
coraza *s.f.* **1** (*mil.*, *anche fig.*) corazza **2** (*zool.*) guscio (*m.*) **3** (*fig.*) guscio.
corazón *s.m.* **1** cuore (*anche fig.*): *latir el —*, battere il cuore | *encogérsele a uno el —*, stringersi il cuore | *partir el —*, spezzare il cuore | *blando de —*, tenero di cuore | *a — abierto*, a cuore aperto | *hablar con el — en la mano*, parlare con il cuore in mano | *no tener —*, non avere cuore | *ojos que no ven, — que no siente,* occhio non vede, cuore non duole | *revista del —*, stampa rosa **2** (*fig.*) centro, mezzo: *en el — de la ciudad*, nel cuore della città.
corazonada *s.f.* **1** presentimento (*m.*) **2** colpo (*m.*) di testa, avventatezza.
corbata *s.f.* cravatta.
corbatería *s.f.* negozio (*m.*) di cravatte.
corbatín *s.m.* cravattino.
corbeta *s.f.* (*mar.*) corvetta.
corcel *s.m.* destriero.
corchero *agg.* di sughero.
corcheta *s.f.* femmina del bottone automatico.
corchete *s.m.* **1** (*di vestiti*) gancetto; automatico **2** parentesi (*f.*) quadra.
corcho *s.m.* **1** sughero **2** (*di bottiglia*) tappo di sughero.
corcova *s.f.* gobba.
corcovado *agg.*, *s.m.* gobbo.
cordada *s.f.* cordata.
cordaje *s.m.* **1** (*di racchetta o strumento musicale*) raccordatura **2** (*mar.*) cordame.
cordel *s.m.* filo, spago.
cordelero *agg.* relativo alla corda ♦ *s.m.* **1** cordaio **2** (*relig.*) francescano.
cordería *s.f.* cordame (*m.*).
cordero *s.m.* **1** agnello: *piel de —*, pelle d'agnello **2** (*fig.*) agnellino, persona (*f.*) mansueta.
cordial *agg.* cordiale, affabile: *un — saludo*, distinti saluti | *dedo —*, dito medio ♦ *s.m.* (*liquorino*) cordiale.
cordialidad *s.f.* cordialità.
cordillera *s.f.* (*geogr.*) cordigliera, catena montuosa.
cordobés *agg.*, *s.m.* (*geogr.*) cordovano.
cordón *s.m.* **1** cordone (*anche fig.*) | *— umbilical*, cordone ombelicale | *— eléctrico*, filo, cavo elettrico | *— sanitario*, cordone sanitario **2** (*di scarpe*) stringa (*f.*).
cordoncillo *s.m.* **1** (*tessuto*) costa (*f.*) **2** (*di moneta*) zigrinatura (*f.*).
cordonería *s.f.* passamaneria.
cordura *s.f.* saggezza.
corea *s.f.* (*med.*) corea.
coreano *agg.*, *s.m.* coreano.
corear *v.tr.* **1** comporre musica corale **2** fare coro **3** acclamare, applaudire.
coreografía *s.f.* coreografia.
coreográfico *agg.* coreografico.
coreógrafo *s.m.* coreografo.
coriáceo *agg.* coriaceo.
corintio *agg.* (*arch.*) corinzio.
corista *s.m./f.* corista, ballerina (*f.*) di fila.
cormorán *s.m.* (*zool.*) cormorano.
cornada *s.f.* cornata.
cornamusa *s.f.* (*mus.*) cornamusa.
córnea *s.f.* (*anat.*) cornea.
corneja *s.f.* cornacchia.
córneo *agg.* corneo.
corneta *s.f.* cornetta | *— acústica*, cornetto acustico.
cornial *agg.* a forma di corno, corneo.
cornificación *s.f.* (*fam.*) cornificazione.
cornisa *s.f.* (*arch.*) cornicione (*m.*), cornice.
cornisamento *s.m.* (*arch.*) trabeazione (*f.*).
corno *s.m.* (*mus.*) corno.
cornucopia *s.f.* cornucopia.
cornudo *agg.* (*anche volg.*) cornuto ♦ *s.m.* (*volg.*) cornuto.
cornúpeta *s.m.* animale dotato di corna.
coro *s.m.* coro.
corografía *s.f.* (*geogr.*) corografia.
corográfico *agg.* (*geogr.*) corografico.
corógrafo *s.m.* (*geogr.*) corografo.
corola *s.f.* (*bot.*) corolla.
corolario *s.m.* corollario.
corona *s.f.* **1** corona, diadema (*m.*) | *— fúnebre*, corona funebre **2** aureola **3** monarchia **4** chierica, tonsura **5** (*moneta*) corona.
coronación *s.f.* **1** incoronazione **2** coronamento (*m.*).
coronamiento *s.m.* coronamento.
coronar *v.tr.* coronare.
coronario *agg.* coronario.
corondel *s.m.* righello.
coronel *s.m.* (*mil.*) colonnello.
coronilla *s.f.* **1** (*della testa*) cocuzzolo (*m.*) | *estar hasta la —*, averne fin sopra i capelli **2** chierica, tonsura.
coroto *s.m.* (*Amer.*) cianfrusaglia (*f.*).
corpiño *s.m.* **1** corpetto **2** (*Amer.*) reggiseno.
corporación *s.f.* corporazione.
corporal *agg.* corporale, corporeo.
corporativismo *s.m.* corporativismo.
corporativo *agg.* corporativo.
corporeidad *s.f.* corporeità.
corporeizar (*con. come* cazar) *v.tr.* dare corpo, materializzare.
corpóreo *agg.* corporeo, materiale.
corpulencia *s.f.* corpulenza.
corpulento *agg.* corpulento.

corpuscular *agg.* corpuscolare.
corpúscolo *s.m.* corpuscolo.
corral *s.m.* **1** cortile di fattoria, corte (*f.*); recinto per il bestiame: *aves de* —, animali da cortile **2** (*ant., Spagna*) teatro all'aperto.
corraliza *s.f.* recinto (*m.*).
correa *s.f.* cinghia, cintura | — *de transmisión*, cinghia di trasmissione | *tener* —, essere resistenti alla fatica; accettare gli scherzi.
correazo *s.m.* cinghiata (*f.*).
corrección *s.f.* **1** correzione **2** correttezza, irreprensibilità.
correccional *agg.* correzionale ♦ *s.m.* casa (*f.*) di correzione | — *de menores*, riformatorio.
correctivo *agg., s.m.* correttivo.
correcto *agg.* **1** corretto, giusto, esatto **2** cortese, educato.
corrector *s.m.* correttore: — *de pruebas*, correttore di bozze.
corredera *s.f.* **1** (*di porte, finestre*) guida | *puerta* —, porta scorrevole **2** maneggio (*m.*) **3** (*zool.*) scarafaggio (*m.*) **4** (*di rapporti*) mezzana.
corredizo *agg.* scorrevole | *nudo* —, nodo scorsoio.
corredor *s.m.* **1** corridore **2** mediatore, piazzista (*m./f.*): — *de comercio*, commesso viaggiatore **3** corridoio.
correduría *s.f.* intermediazione | — *de seguros*, agenzia di assicurazioni.
corregible *agg.* correggibile.
corregidor *s.m.* **1** correttore **2** governatore.
corregir (*indic.pres.* corrijo, corriges, corrige, corregimos, corregís, corrigen; *pass. rem.* corrigió, corrigieron; *cong. pres.* corrija, corrijas...; *imperf.* corrigiera, corrigieras...; *ger.* corrigiendo; *imp.* corrige, corrija, cor rijamos, corregid, corrijan) *v.tr.* correggere, emendare.
correlación *s.f.* correlazione.
correlativo *agg.* correlativo.
correntoso *agg.* (*Amer.*) torrentizio.
correo *s.m.* **1** (*corrispondenza, servizio, ufficio*) posta (*f.*): — *aéreo, ordinario*, posta aerea, ordinaria | *echar al* —, imbucare | — *de malas nuevas*, uccello del malaugurio | — *electrónico*, posta elettronica **2** (*pl., servizio e ufficio*) poste (*f.*): *central de correos* posta centrale **3** corriere.
correoso *agg.* flessibile, pieghevole.
correr *v. tr.* **1** correre (*anche fig.*): *echarse a* —, mettersi a correre | *corriendo*, di corsa **2** (*anche fig.*) scorrere, trascorrere: *el agua corre*, l'acqua scorre **3** essere in corso; decorrere **4** (*montagna*) estendersi, snodarsi **5** affrettarsi: *corro a casa*, scappo a casa ♦ *v.tr.* **1** percorrere, girare: *un hombre que ha corrido medio mundo*, un uomo che ha girato mezzo mondo **2** spostare di lato, tirare, far scorrere: — *las cortinas*, tirare, far scorrere le tende ♦ **-se** *v.pron.* **1** spostarsi, far posto **2** (*volg.*) godere, avere l'orgasmo.
correría *s.f.* (*mil.*) scorreria.
correspondencia *s.f.* **1** corrispondenza, concordanza **2** posta; carteggio (*m.*) **3** (*nei trasporti*) coincidenza.
corresponder *v.intr.* **1** corrispondere, equivalere **2** spettare, toccare: *esta tarea no me corresponde*, questo lavoro non spetta a me ♦ **-se** *v.pron.* **1** corrispondere, accordarsi **2** scriversi **3** amarsi.
correspondiente *agg.* corrispondente, adeguato ♦ *s.m.* corrispondente.
corresponsal *s.m./f.* (*di giornale*) corrispondente, inviato (*m.*), inviata (*f.*).
corretaje *s.m.* **1** mediazione (*f.*) **2** provvigione (*f.*).
corretear *v.intr.* scorrazzare, gironzolare.
correveidile *s.m.* pettegolo: *no le cuentes nada, es un* —, non gli raccontare nulla, è un pettegolo.
corrida *s.f.* corrida.
corrido *agg.* **1** abbondante , eccedente in peso o misura: *un quilo* —, un chilo abbondante **2** confuso, vergognoso: *se quedó — al oír la noticia*, quando sentì la notizia rimase confuso **3** (*fig.*) vissuto, navigato: *es una mujer corrida*, è una donna vissuta **4** continuo, senza interruzione | *balcón* —, ballatoio.
corriente *agg.* **1** corrente: *agua* —, acqua corrente **2** in corso: *mes* —, mese corrente **3** fluido, scorrevole: *estilo* —, stile fluido **4** ordinario, comune | *fuera de lo* —, fuori del comune ♦ *s.f.* corrente: — *del río*, corrente del fiume; — *de aire*, corrente d'aria; — *eléctrica*, corrente elettrica | *llevarle la — a alguien*, dar corda.
corrillo *s.m.* capannello, crocchio.
corrimiento *s.m.* **1** corsa (*f.*) **2** vergogna (*f.*), imbarazzo.
corro *s.m.* gruppo, capannello, crocchio | *hacer* —, mettersi in cerchio; far largo.
corroboración *s.f.* corroborazione.
corroborar *v.tr.* corroborare.
corroer (*con. come* roer) *v.tr.* corrodere.
corromper *v.tr.* **1** alterare, guastare **2** corrompere.
corrosión *s.f.* corrosione.
corrosivo *agg.* (*anche fig.*) corrosivo.
corrugación *s.f.* corrugamento (*m.*).
corrugar (*con. come* llegar) *v.tr.* corrugare.
corrupción *s.f.* corruzione.
corruptivo *agg.* corruttivo.
corrupto *agg.* corrotto.
corruptor *s.m.* corruttore.
corsario *s.m.* corsaro.
corsé *s.m.* busto, corpetto | — *ortopédico* busto ortopedico.

corsetería *s.f.* corsetteria.
corso *agg.*, *s.m.* (*geogr.*) corso.
corta *s.f.* potatura; disboscamento (*m.*).
cortacircuitos *s.m.* (*elettr.*) salvavita.
cortado *agg.* **1** tagliato, interrotto; spezzettato **2** cagliato: *la leche se ha* —, il latte è cagliato **3** (*fam.*) timido, impacciato: *mi hijo es muy* —, mio figlio è molto timido ♦ *s.m.* caffè macchiato.
cortador *agg.* tagliatore ♦ *s.m.* **1** macellaio **2** dente incisivo.
cortadura *s.f.* **1** taglio (*m.*) **2** (*di montagna*) passo (*m.*).
cortalápices *s.m.* temperamatite.
cortante *agg.* (*anche fig.*) tagliente.
cortapapeles *s.m.* tagliacarte.
cortapisa *s.f.* **1** condizione, restrizione **2** ostacolo (*m.*), difficoltà.
cortapuros *s.m.* tagliasigari.
cortar *v.tr.* **1** tagliare, troncare, abbreviare | (*fig.*) — *el bacalao*, comandare **2** (*nel gioco*) alzare le carte **3** interrompere | — *por lo sano*, troncare il male alla radice, tagliare corto **4** separare, dividere: *una grieta corta la pared por la mitad*, una crepa divide la parete in due **5** (*strada*) tagliare, prendere una scorciatoia: — *por el atajo*, abbreviare prendendo la scorciatoia **6** (*liquidi*) correggere ♦ **-se** *v.pron.* **1** (*di latte*) cagliarsi **2** (*fig.*) turbarsi, confondersi: *quedar cortado*, trovarsi in imbarazzo.
cortaúñas *s.m.* tagliaunghie.
cortaviento *s.m.* parabrezza.
corte[1] *s.m.* taglio.
corte[2] *s.f.* **1** corte **2** seguito (*m.*) del re, corte | *hacer la* —, fare la corte **3** (*pl., pol.*) camera dei deputati e senato, camere (legislative).
cortedad *s.f.* **1** brevità **2** (*d'ingegno, di coraggio*) pochezza.
cortejador *s.m.* corteggiatore.
cortejar *v.tr.* corteggiare.
cortejo *s.m.* **1** corteggiamento **2** corteo.
cortés *agg.* cortese, gentile.
cortesano *s.m.* cortigiano.
cortesía *s.f.* cortesia: *una visita de* —, una visita di cortesia.
corteza *s.f.* **1** corteccia **2** scorza, buccia **3** crosta: — *de pan*, crosta di pane | — *terrestre*, crosta terrestre.
cortezudo *agg.* **1** dalla corteccia spessa **2** (*persona*) rustico, alla buona.
cortijero *s.m.* fattore, agricoltore.
cortijo *s.m.* (*in Andalusia*) fattoria (*f.*), podere.
cortina *s.f.* **1** tenda **2** (*fig.*) cortina: — *de humo*, cortina di fumo.
cortinaje *s.m.* tendaggi (*pl.*).
cortinilla *s.f.* tendina.
cortisona *s.f.* (*farm.*) cortisone (*m.*).
corto *agg.* **1** corto, breve | *a la corta o a la larga*, prima o poi **2** scarso | *ni* — *ni perezoso*, deciso, senza esitazione | *ser* —, essere ottuso, tardo.
cortocircuito *s.m.* (*elettr.*) cortocircuito.
cortometraje *s.m.* (*cinem.*) cortometraggio.
coruñés *agg.* di A Coruña ♦ *s.m.* nativo di A Coruña.
coruscar (*con. come* pescar) *v.intr.* brillare.
corvejón *s.m.* (*zool.*) garretto.
corvino *agg.* corvino.
corvo *agg.* curvo ♦ *s.m.* uncino.
corzo *s.m.* capriolo.
cosa *s.f.* cosa | *como quien no quiere la* —, facendo finta di niente | *como si tal* —, come se niente fosse | — *del otro jueves*, cosa straordinaria/dell'altro mondo | — *perdida*, caso disperato/irrecuperabile.
cosaco *s.m.* cosacco.
coscorrón *s.m.* scappellotto.
coscurro *s.m.* tozzo di pane raffermo.
cosecha *s.f.* **1** (*agr., fig*) raccolto (*m.*) raccolta **2** (*fig.*) frutto: *es de mi* —, è farina del mio sacco.
cosechador *s.m.* raccoglitore.
cosechadora *s.f.* (*agr.*) trebbiatrice, mietitrebbia.
cosechar *v.tr.* (*agr., fig.*) raccogliere, mietere.
cosechero *agg.* (*agr.*) relativo al raccolto.
cosedura *s.f.* cucitura.
coseno *s.m.* (*mat.*) coseno.
coser *v.tr.* cucire.
cosido *agg.*, *s.m.* cucito.
cosijo *s.m.* (*Amer.*) figlio putativo.
cosmética *s.f.* cosmetica, cosmesi.
cosmético *agg.* cosmetico.
cosmetólogo *s.m.* cosmetologo.
cósmico *agg.* cosmico.
cosmogonía *s.f.* cosmogonia.
cosmogónico *agg.* cosmogonico.
cosmografía *s.f.* cosmografia.
cosmográfico *agg.* cosmografico.
cosmógrafo *s.m.* cosmografo.
cosmología *s.f.* cosmologia.
cosmonauta *s.m./f.* cosmonauta.
cosmonáutica *s.f.* cosmonautica.
cosmonáutico *agg.* cosmonautico.
cosmopolita *agg.*, *s.m./f.* cosmopolita.
cosmopolitismo *s.m.* cosmopolitismo.
cosmos *s.m.* cosmo, universo.
cosmovisión *s.f.* (*filos.*) visione del mondo.
coso *s.m.* **1** (*tauromachia*) arena (*f.*) **2** corso.
cospe *s.m.* tacca (*f.*).
cospel *s.m.* gettone.
cosquillas *s.f.pl.* solletico (*m.sing.*) | *hacer* —, fare il solletico.
cosquillear *v.tr.* solleticare, fare il solletico.
cosquilleo *s.m.* formicolio.
cosquilloso *agg.* **1** chi soffre il solletico **2** permaloso.

costa *s.f.* **1** costa **2** costo (*m.*), spesa | *a — de*, a costo di | *a toda —*, a ogni costo | (*dir.*) *condenar en costas*, condannare alle spese.
costado *s.m.* **1** (*anat.*) fianco **2** fianco, lato, fiancata (*f.*) | *de —*, di fianco.
costal *agg.* (*anat.*) costale ♦ *s.m.* sacco | *el — de los pecados*, il corpo umano | *estar hecho un — de huesos*, essere pelle e ossa | *vaciar el —*, vuotare il sacco | *ser harina de otro —*, essere tutta un'altra cosa.
costalada *s.f.* colpo (*m.*) sul fianco.
costana *s.f.* strada costiera.
costar (*con. come* contar) *v.intr./tr.* costare (*anche fig.*).
coste *s.m.* costo, prezzo.
costear *v.tr.* **1** costeggiare **2** spesare, coprire le spese.
costeño *agg.* costiero.
costero *agg.* costiero.
costilla *s.f.* **1** costola | *mi —*, mia moglie | *reír a costillas de uno*, ridere di qlcu. **2** (*cuc.*) costina, costoletta.
costo *s.m.* (*gerg.*) hashish.
costoso *agg.* costoso.
costra *s.f.* crosta.
costroso *agg.* crostoso.
costumbre *s.f.* **1** abitudine | *coger la —*, prendere l'abitudine | *perder la —*, perdere l'abitudine **2** uso (*m.*), costume (*m.*) | *como de —*, come al solito.
costura *s.f.* **1** cucito (*m.*) **2** cucitura.
costurera *s.f.* sarta.
costurero *s.m.* cestino del cucito.
costurón *s.m.* **1** cucitura (*f.*) grossolana **2** (*fam.*) cicatrice (*f.*).
cota *s.f.* **1** (*mil.*) cotta di maglia **2** quota: *nieve a baja —*, neve a bassa quota.
cotejar *v.tr.* confrontare, comparare.
cotejo *s.m.* confronto, comparazione (*f.*).
cotidianidad *s.f.* quotidianità.
cotidiano *agg.* quotidiano.
cotilla *s.m./f.* pettegolo (*m.*): *mis vecinas son unas cotillas*, le mie vicine sono delle pettegole.
cotilleo *s.m.* pettegolezzo | *noticias del —*, gossip.
cotillero *s.m.* pettegolo.
cotillón *s.m.* cotillon.
cotitular *s.m./f.* contitolare.
cotizable *agg.* (*fin.*) quotabile.
cotización *s.f.* **1** contributo (*m.*), versamento (*m.*): *— a la Seguridad Social*, contributo alla previdenza sociale **2** (*fin., fig.*) quotazione.
cotizar (*con. come* cazar) *v.tr.* **1** contribuire, pagare, versare: *— a la Seguridad Social*, versare i contributi alla previdenza sociale **2** (*fin., fig.*) quotare.
coto *s.m.* **1** terreno delimitato, riserva (*f.*) **2** freno, limite (*di prezzo*) | *poner —*, mettere un freno.
cotorra *s.f.* **1** (*zool.*) pappagallino (*m.*) **2** (*fig.*) persona ciarliera.
cotorrear *v.intr.* chiacchierare: *deja de —*, smettila di chiacchiarare.
cotudo *agg.* peloso.
coturnicoltura *s.f.* allevamento (*m.*) di pernici.
coturno *s.m.* coturno.
covacha *s.f.* **1** piccola grotta **2** (*fig.*) baracca, tugurio (*m.*) **3** cuccia del cane.
covalencia *s.f.* (*chim.*) covalenza.
covalente *agg.* (*chim.*) covalente.
coy *s.m.* (*mar.*) amaca (*f.*).
coyote *s.m.* (*zool.*) coyote.
coyunda *s.f.* **1** correggia, cinghia **2** matrimonio (*m.*), unione **3** sottomissione.
coyuntura *s.f.* **1** giuntura, articolazione **2** congiuntura, occasione.
coyuntural *agg.* congiunturale.
coz (*pl.* -ces) *s.f.* **1** calcio (*m.*) (*di animale*) **2** rinculo (*m.*).
crac *s.m.* crac, crollo.
crampón *s.m.* (*sport*) rampone.
craneal *agg.* (*anat.*) craniale.
craneano *agg.* (*anat.*) cranico.
cráneo *s.m.* (*anat.*) cranio.
craneotomía *s.f.* (*med.*) craniotomia.
crápula *s.f.* **1** sbornia, ubriachezza **2** dissolutezza, libertinaggio (*m.*), crapula ♦ *s.m.* libertino, persona (*f.*) dissoluta.
crasitud *s.f.* grassezza.
craso *agg.* grossolano, madornale, crasso.
cráter *s.m.* cratere.
cratícula *s.f.* grata.
creación *s.f.* creazione.
creacionismo *s.m.* creazionismo.
creador *s.m.* creatore.
crear *v.tr.* **1** creare **2** fondare, istituire.
creatina *s.f.* (*chim.*) creatina.
creatividad *s.f.* creatività.
creativo *agg.* creativo.
crecedero *agg.* in crescita.
crecer (*con. come* agradecer) *v.intr.* **1** crescere; svilupparsi **2** (*a maglia*) aumentare ♦ **-se** *v.pron.* prendere coraggio.
creces *s.f.pl.* aumento (*m.sing.*) | *con —*, abbondantemente.
crecida *s.f.* (*di fiume*) piena.
crecido *agg.* **1** cresciuto, aumentato **2** grande, importante.
creciente *agg.* crescente | *— de la luna*, luna in fase crescente | *— del mar*, alta marea.
crecimiento *s.m.* **1** crescita (*f.*), sviluppo **2** aumento.
credencial *s.f.* credenziale.
credibilidad *s.f.* credibilità.
crediticio *agg.* (*banc.*) creditizio.

crédito *s.m.* **1** credito, fiducia (*f.*) **2** reputazione (*f.*), fama (*f.*) **3** (*comm.*) credito.
credo *s.m.* (*relig., fig.*) credo | *cada —*, in continuazione | *en un —*, in un attimo.
credulidad *s.f.* credulità.
crédulo *agg.* credulone, ingenuo.
creencia *s.f.* credenza, fede.
creer (*con. come* leer) *v.tr.* **1** credere **2** ritenere, supporre: *creo que llegarán temprano*, suppongo che arriveranno presto ♦ *v.intr.* **1** credere, avere fede: *— en Dios*, credere in Dio **2** credere, considerare positivamente, fidarsi ♦ **-se** *v.pron.* considerarsi; darsi delle arie: *se cree linda*, si considera bella.
creíble *agg.* credibile.
creído *agg.* superbo, presuntuoso.
crema *s.f.* **1** crema | *— de afeitar*, crema da barba **2** (*cuc.*) panna, crema | *— batida*, panna montata | *— pastelera*, crema pasticciera **3** (*ling.*) dieresi.
cremación *s.f.* cremazione.
cremallera *s.f.* **1** cerniera **2** (*mecc.*) cremagliera.
cremar *v.tr.* cremare.
crematístico *agg.* economico, finanziario.
crematorio *agg.* crematorio.
crémor *s.m.* (*chim.*) cremore | *— tártaro*, cremor tartaro.
cremoso *agg.* cremoso.
crencha *s.f.* riga, scriminatura.
crepé *s.m.* (*tessuti*) crêpe, crespo.
crepería *s.f.* creperia.
crepitación *s.f.* crepitio (*m.*)
crepitante *agg.* crepitante, scoppiettante.
crepitar *v.intr.* crepitare, scoppiettare.
crepuscular *agg.* crepuscolare.
crepúsculo *s.m.* (*anche fig.*) crepuscolo.
crescendo *s.m.* (*mus.*) crescendo | *in —*, in crescendo.
crespina *s.f.* cuffia.
crespo *agg.* **1** crespo **2** attorcigliato, arricciato **3** (*stile*) artificioso, contorto **4** irritato, alterato.
cresta *s.f.* cresta.
crestería *s.f.* (*arch.*) merlatura.
crestón *s.m.* pennacchio, cresta (*f.*).
creta *s.f.* creta.
cretáceo *agg.* (*geol.*) cretaceo.
cretácico *s.m.* (*geol.*) cretaceo.
cretinismo *s.m.* **1** (*med.*) cretinismo, ritardo mentale **2** stupidità (*f.*).
cretino *agg.* **1** ritardato **2** (*fam., spreg.*) cretino, imbecille.
creyente *agg., s.m./f.* credente.
cría *s.f.* **1** allevamento (*m.*) **2** cucciolo (*m.*) **3** cucciolata.
criadero *s.m.* **1** (*di animali*) allevamento **2** (*di piante*) vivaio.
criadilla *s.f.* testicolo (*m.*) (di bestia da macello).
criado *agg.* educato, allevato | *mal —*, maleducato ♦ *s.m.* domestico, cameriere.
criador *s.m.* **1** allevatore **2** produttore.
criandera *s.f.* (*Amer.*) balia, nutrice.
crianza *s.f.* **1** allevamento (*m.*); allattamento (*m.*) **2** invecchiamento (*m.*) di un vino **3** educazione, creanza.
criar (*con. come* confiar) *v.tr.* **1** allevare, nutrire, far crescere: *lo criaron a base de leche de cabra*, l'allevarono con latte di capra **2** allevare, educare | *ser mal criado*, essere maleducato **3** (*di vini*) invecchiare **4** fare, generare, produrre: *la humedad ha criado moho*, l'umidità ha prodotto muffa ♦ **-se** *v.pron.* svilupparsi, crescere: *la niña se cría bien*, la bambina cresce bene.
criatura *s.f.* creatura, bimbo (*m.*).
criba *s.f.* vaglio (*m.*) | *pasar una —*, superare una selezione.
cribar *v.tr.* vagliare.
crimen *s.m.* crimine, delitto.
criminación *s.f.* incriminazione.
criminal *agg., s.m.* criminale.
criminalidad *s.f.* criminalità.
criminalista *s.m./f.* criminalista.
criminalizar (*con. come* cazar) *v.tr.* criminalizzare.
criminología *s.f.* criminologia.
criminólogo *s.m.* criminologo.
criminoso *agg.* criminoso.
crin *s.f.* crine (*m.*).
crinar *v.tr.* pettinare la criniera.
crinera *s.f.* criniera.
crinolina *s.f.* crinolina.
crío *s.m.* bambino piccolo: *todavía es un —, nunca madurará*, è ancora un bambino, non maturerà mai.
criogenía *s.f.* (*fis.*) criogenia.
criógeno *agg.* (*fis.*) criogeno.
criollo *agg., s.m.* **1** creolo **2** nativo, nostrano.
cripta *s.f.* cripta.
críptico *agg.* criptico, oscuro.
criptografía *s.f.* crittografia.
criptograma *s.m.* crittogramma.
críquet *s.m.* (*sport*) cricket.
crisálida *s.f.* (*bot.*) crisalide.
crisantemo *s.m.* (*bot.*) crisantemo.
crisis *s.f.* crisi | *expediente de —*, richiesta di cassa integrazione.
crisma *s.m./f.* (*relig.*) crisma (*m.*) ♦ *s.f.* (*fam.*) testa.
crisol *s.m.* **1** crogiolo **2** (*fig.*) prova (*f.*): *el — de la experiencia*, la prova dell'esperienza.
crispación *s.f.* **1** (*di muscoli*) contrazione **2** (*fig.*) irritazione, esasperazione.
crispar *v.tr.* **1** contrarre; raggrinzire **2** (*fig., fam.*) irritare, innervosire | *— los nervios*, dare sui nervi ♦ **-se** *v.pron.* irritarsi, esasperarsi.

cristal *s.m.* **1** cristallo; vetro: *— esmerilado*, vetro smerigliato **2** specchio.
cristalera *s.f.* cristalliera.
cristalería *s.f.* **1** cristalleria **2** servizio (*m.*) di cristalleria.
cristalero *s.m.* vetraio, cristalliere.
cristalino *agg.* cristallino ♦ *s.m.* (*anat.*) cristallino.
cristalizable *agg.* cristallizzabile.
cristalización *s.f.* cristallizzazione.
cristalizar (*con. come* cazar) *v.intr.* **1** cristallizzare **2** (*fig.*) realizzare, concretizzare.
cristianar *v.tr.* (*fam.*) battezzare.
cristiandad *s.f.* cristianità.
cristianismo *s.m.* (*relig.*) cristianesimo.
cristianizar (*con. come* cazar) *v.tr.* (*relig.*) cristianizzare.
cristiano *agg.* (*relig.*) cristiano ♦ *s.m.* **1** (*relig.*) cristiano **2** (*fig.*) cristiano, individuo.
cristología *s.f.* cristologia.
cristus *s.m.* abbecedario, sussidiario | *no saber el —*, essere un ignorante.
criterio *s.m.* criterio.
crítica *s.f.* critica, biasimo (*m.*); giudizio (*m.*).
criticable *agg.* criticabile, biasimevole.
criticar (*con. come* pescar) *v.tr.* criticare.
crítico *agg.*, *s.m.* critico: *es una situación crítica*, è una situazione critica/difficile; *trabaja como — de cine*, lavora come critico di cinema.
criticón *s.m.* (*spreg.*) criticone.
critiqueo *s.m.* maldicenza (*f.*), pettegolezzo.
croar *v.intr.* gracidare.
croata *agg.*, *s.m./f.* croato (*m.*).
crocante *agg.*, *s.m.* croccante.
croché *s.m.* uncinetto.
croco *s.m.* (*bot.*) zafferano.
cromado *agg.* cromato.
cromar *v.tr.* cromare.
cromático *agg.* cromatico.
cromo *s.m.* **1** (*chim.*) cromo **2** figurina (*f.*).
cromosoma *s.m.* (*biol.*) cromosoma.
cromosómico *agg.* (*biol.*) cromosomico.
cromoterapia *s.f.* (*med.*) cromoterapia.
cromotipia *s.f.* (*tip.*) cromotipia.
crónica *s.f.* cronaca.
crónico *agg.* cronico.
cronificar (*con. come* pescar) *v.intr.* (*med.*) cronicizzare.
cronista *s.m./f.* cronista.
cronografía *s.f.* cronografia, cronologia.
cronógrafo *s.m.* cronografo.
cronología *s.f.* cronologia.
cronológico *agg.* cronologico.
cronólogo *s.m.* cronologo.
cronometrador *s.m.* cronometrista.
cronometraje *s.m.* cronometraggio.
cronometrar *v.tr.* cronometrare.
cronométrico *agg.* cronometrico.
cronómetro *s.m.* cronometro.
croqueta *s.f.* crocchetta, polpetta.
croquis *s.m.* **1** schizzo, bozzetto **2** mappa (*f.*).
cruce *s.m.* **1** incrocio **2** attraversamento.
crucería *s.f.* (*arch.*) crociera.
crucero *s.m.* **1** crociera (*f.*) **2** (*mar.*) incrociatore **3** (*arch.*) transetto **4** incrocio.
cruceta *s.f.* (*cucito*) punto (*m.*) croce.
crucial *agg.* cruciale.
crucificado *agg.* crocifisso.
crucificar (*con. come* pescar) *v.tr.* **1** crocifiggere **2** (*fig.*) tormentare.
crucifijo *s.m.* crocifisso.
crucifixión *s.f.* crocifissione.
crucifixor *s.m.* crocifissore.
crucigrama *s.m.* cruciverba.
crudeza *s.f.* crudezza.
crudo *agg.* **1** crudo; grezzo | *seda cruda*, seta grezza **2** (*di clima*) freddo, rigido **3** (*fig.*) duro, violento ♦ *s.m.* greggio, petrolio.
cruel *agg.* crudele.
crueldad *s.f.* crudeltà.
cruento *agg.* cruento.
crujía *s.f.* **1** corridoio (*m.*), galleria **2** corsia (d'ospedale).
crujido *s.m.* scricchiolio, fruscio.
crujiente *agg.* **1** scricchiolante **2** frusciante.
crujir *v.intr.* **1** scricchiolare: *— los dientes*, digrignare i denti **2** (*di seta*) frusciare.
crustáceo *s.m.* (*zool.*) crostaceo.
cruz (*pl.* -ces) *s.f.* **1** croce: *la señal de la —*, il segno della croce | *hacer — y raya*, farci una croce sopra **2** (*di moneta*) rovescio (*m.*) | *cara o —*, testa o croce **3** (*fig.*) tormento (*m.*).
cruzada *s.f.* (*st.*) crociata.
cruzado *agg.* incrociato ♦ *s.m.* (*st.*) crociato.
cruzamiento *s.m.* **1** attraversamento **2** incrocio.
cruzar (*con. come* cazar) *v.tr.* **1** incrociare | *— las piernas*, accavallare le gambe **2** attraversare: *— la calle*, attraversare la strada **3** (*saluti, sguardi*) scambiare **4** (*biol.*) incrociare ♦ **-se** *v.pron.* incrociarsi, incontrarsi.
cuaderno *s.m.* quaderno: *— cuadriculado, rayado*, quaderno a quadretti, a righe.
cuadra *s.f.* **1** stalla, scuderia **2** (*Amer.*) isolato (*m.*) di case.
cuadradillo *s.m.* **1** quadretto **2** zolletta (*f.*) di zucchero.
cuadrado *agg.* **1** quadrato **2** (*di persona*) massiccio, tarchiato ♦ *s.m.* (*geom.*, *mat.*) quadrato.
cuadrangular *agg.* quadrangolare.
cuadrángulo *s.m.* quadrangolo.
cuadrante *s.m.* (*geom.*, *astr.*) quadrante.
cuadrar *v.tr.* **1** squadrare **2** (*mat.*) elevare al quadrato **3** (*econ.*) quadrare ♦ *v.intr.* **1** corrispondere, coincidere **2** (*mil.*) mettersi sull'attenti.
cuadratura *s.f.* quadratura.

cuádriceps *s.m.* (*anat.*) quadricipite.
cuadrícula *s.f.* cuadrettatura.
cuadriculado *agg.* **1** a quadretti, quadrettato **2** (*fig.*) cocciuto, ostinato.
cuadrifolio *s.m.* (*bot.*) quadrifoglio.
cuadriga *s.f.* quadriga.
cuadrilátero *s.m.* **1** (*geom.*) quadrilatero **2** (*sport*) ring.
cuadrilla *s.f.* **1** squadra **2** banda, cricca.
cuadrilongo *agg.* rettangolare ♦ *s.m.* rettangolo.
cuadrivio *s.m.* quadrivio.
cuadro *agg.* quadrato, quadro ♦ *s.m.* **1** quadro | *a cuadros*, a quadretti | — *de mando*, quadro di comando **2** (*pitt.*) quadro, pittura (*f.*) **3** telaio di bicicletta **4** quadro, schema (*f.*), tabella (*f.*): — *sinóptico*, specchietto **5** (*fig.*) quadro, scena (*f.*).
cuadrumano, cuadrúmano *agg.*, *s.m.* (*zool.*) quadrumane.
cuadrúpedo *agg.*, *s.m.* (*zool.*) quadrupede.
cuádruple *agg.* quadruplo.
cuadruplicar (*con. come* pescar) *v.tr.* quadruplicare.
cuajada *s.f.* cagliata; ricotta.
cuajado *agg.* **1** cagliato **2** (*fig.*) sorpreso, sbalordito **3** (*fig.*) addormentato **4** (*fig.*) quagliato, ben riuscito **5** (*fig.*) pieno, infarcito.
cuajar *v.tr.* **1** cagliare, coagulare **2** rapprendere **3** (*fig.*) coprire, riempire ♦ *v.intr.* riuscire, avere effetto.
cuajo *s.m.* **1** caglio **2** calma (*f.*), flemma (*f.*).
cual (*pl.* cuales) *pron.rel.* (*preceduto da* el, la, lo, los, las) che, il/la quale, i/le quali | *por lo* —, pertanto | *cada* —, ciascuno ♦ *avv.* qual, quale, come: *la situación, — se presenta, será difícil*, la situazione, per come si presenta, sarà difficile.
cuál (*pl.* cuáles) *pron.interr.* quale: *¿— de los dos te gusta más?*, quale dei due ti piace di più?; *ignoro — de ellos será elegido*, ignoro chi di loro sarà eletto.
cualidad *s.f.* qualità, carattere (*m.*), proprietà.
cualificado *agg.* **1** qualificato, valido **2** specializzato.
cualificar (*con. come* pescar) *v.tr.* qualificare.
cualitativo *agg.* qualitativo.
cualquiera (*davanti a s.m.* cualquier; *pl.* cualesquiera) *agg.indef.* qualsiasi, qualunque: *un día* —, un giorno qualunque; *a cualquier hora*, a qualsiasi ora ♦ *pron.indef.* chiunque.
cuando *avv.* quando; qualora | — *más*, tutt'al più ♦ *cong.* **1** quando **2** allorché, se: — *lo dice tu padre, tendrá sus razones*, se lo dice tuo padre, avrà le sue ragioni ♦ *prep.* al tempo di, durante: — *la guerra pasábamos hambre*, durante la guerra pativamo la fame.
cuándo *avv.interr.* quando: *¿— llega el tren?*, quando arriva il treno?
cuantía *s.f.* quantità.
cuantiar *v.tr.* quantificare.
cuántico *agg.* (*fis.*) quantico.
cuantificación *s.f.* quantificazione.
cuantificador *s.m.* quantificatore.
cuantificar (*con. come* pescar) *v.tr.* quantificare, determinare.
cuantioso *agg.* abbondante.
cuanto[1] *s.m.* (*fis.*) quanto, quantum: *la teoría de los cuantos*, la teoria dei quanti.
cuanto[2] *agg.rel.* (*spec. pl., anche in correlazione con* tanto, tantos) quanto, tutto: *tendrás cuantos regalos desees*, avrai tutti i regali che desideri; *emplearemos tantas sillas cuantas hagan falta*, useremo tutte le sedie di cui avremo bisogno ♦ *pron.rel.* **1** (*anche in correlazione con* todo) tutto quello che, quanto: *consigue (todo) — desea*, ottiene tutto ciò che desidera **2** (*pl., anche in correlazione con* todos) quanti, tutti coloro che: *cuantos le conocen le quieren*, tutti quelli che lo conoscono lo amano | *unos cuantos*, alcuni ♦ *avv.* quanto
■ ***cuanto antes***, quanto prima, il prima possibile: *iré — antes*, andrò appena possibile | ***en cuanto***, non appena: *en — llegue a casa, te escribiré*, appena arrivo a casa, ti scriverò.
cuánto *avv.interr.*, *agg.interr./escl.* quanto: *¿— cuesta el kilo de peras?*, quanto costa un chilo di pere?; *¡cuánta gente hay en las calles!*, quanta gente c'è per la strada!
cuarenta *agg.num.*, *s.m.* **1** (*card.*) quaranta | *cantar las* —, dirne quattro **2** (*ord.*) quarantesimo.
cuarentena *s.f.* quarantena.
cuarentenal *agg.* quarantennale.
cuarentón *agg.*, *s.m.* (*spreg.*) quarantenne.
cuaresma *s.f.* quaresima.
cuaresmal *agg.* quaresimale.
cuartana *s.f.* (*med.*) quartana.
cuartazos *s.m.* (*fam.*) ciccione.
cuartear *v.tr.* squartare, macellare.
cuartel *s.m.* (*mil.*) caserma (*f.*) | — *general*, quartier generale | *sin* —, senza tregua.
cuartelazo *s.m.* (*pol.*, *mil.*) colpo militare, colpo di Stato.
cuartelero *agg.* (*spreg.*) da caserma, cameratesco.
cuarteta *s.f.* (*metrica*) quartina.
cuarteto *s.m.* **1** (*mus.*) quartetto **2** (*metrica*) quartina (*f.*).
cuartilla *s.f.* cartella, foglio (*m.*).
cuarto *agg.* quarto: *el — lugar*, il quarto posto; *la cuarta parte*, la quarta parte ♦ *s.m.* stanza (*f.*), camera (*f.*): — *de baño*, stanza da bagno | — *oscuro*, camera oscura.
cuartucho *s.m.* topaia (*f.*), buco.
cuarzo *s.m.* (*min.*) quarzo.
cuasidelito *s.m.* reato preterintenzionale.
cuate *s.m.* (*Amer.*) compare, amico.

cuaterna *s.f.* quaterna.
cuaternario *agg.*, *s.m.* (*geol.*) quaternario.
cuatrerismo *s.m.* (*Amer.*) furto di bestiame.
cuatrero *s.m.* (*Amer.*) ladro di bestiame.
cuatricromía *s.f.* quadricromia.
cuatrienal *agg.* quadriennale.
cuatrienio *s.m.* quadriennio.
cuatrimestral *agg.* quadrimestrale.
cuatrimestre *s.m.* quadrimestre.
cuatrín *s.m.* quattrino.
cuatrisílabo *agg.* quadrisillabo.
cuatro *agg.num.*, *s.m.* **1** (*card.*) quattro | *caminar a/en — patas*, camminare a quattro zampe **2** (*ord.*) quarto.
cuatrocientos *agg.num.card.*, *s.m.* quattrocento.
cuatrotanto *s.m.* quadruplo.
cuba *s.f.* botte; barile (*m.*) | *estar como una —*, essere ubriaco.
cubano *agg.*, *s.m.* cubano.
cubería *s.f.* fabbrica di botti.
cubero *s.m.* bottaio | *a ojo de buen —*, a occhio e croce.
cubertería *s.f.* posateria.
cubeta *s.f.* bacinella, vaschetta.
cubicaje *s.m.* cilindrata (*f.*).
cubicar (*con. come* pescar) *v.tr.* elevare al cubo.
cúbico *agg.* cubico.
cubículo *s.m.* cubicolo.
cubierta *s.f.* **1** copertina di libro **2** (*mar.*) coperta **3** (*aut.*) copertone (*m.*).
cubierto *agg.* coperto, nuvoloso ♦ *s.m.* **1** posata (*f.*) **2** coperto **3** copertura (*f.*), riparo | *a —*, al riparo.
cubil *s.m.* tana (*f.*).
cubilete *s.m.* teglia (*f.*).
cubismo *s.m.* (*pitt.*) cubismo.
cubista *s.m./f.* cubista.
cubital *agg.* cubitale.
cubitera *s.f.* vaschetta per il ghiaccio.
cubito *s.m.* cubetto di ghiaccio.
cubo *s.m.* **1** (*geom.*) cubo **2** secchio.
cubrecabeza *s.m.* copricapo.
cubrecama *s.m.* copriletto.
cubrición *s.f.* (*zool.*) monta.
cubrir (*part.pass.irr.* cubierto) *v.tr.* **1** coprire (*anche fig.*); ricoprire **2** occupare: *— una plaza de profesor*, occupare un posto vacante di professore **3** bastare, essere sufficiente **4** (*zool.*) montare ♦ **-se** *v.pron.* coprirsi.
cucamonas *s.f.pl.* moine, salamelecchi (*m.*).
cucaña *s.f.* cuccagna.
cucar (*con. come* pescar) *v.tr.* strizzare l'occhio.
cucaracha *s.f.* (*zool.*) scarafaggio (*m.*), blatta.
cucarda *s.f.* coccarda.
cucha *s.f.* cuccia.
cuchara *s.f.* cucchiaio (*m.*): *— de palo*, cucchiaio di legno; *— sopera*, cucchiaio da minestra.
cucharada *s.f.* cucchiaiata.
cucharilla *s.f.* cucchiaino (*m.*).
cucharita *s.f.* cucchiaino (*m.*).
cucharón *s.m.* mestolo.
cuchichear *v.intr.* bisbigliare, sussurrare.
cuchicheo *s.m.* bisbiglio.
cuchilla *s.f.* **1** lama **2** mannaia, scure **3** (*da barba*) lametta.
cuchillada *s.f.* coltellata.
cuchillería *s.f.* coltelleria.
cuchillo *s.m.* coltello.
cuchipanda *s.f.* festicciola.
cuchitril *s.m.* appartamento angusto, tugurio.
cuchufleta *s.f.* scherzo (*m.*), battuta.
cuclillas, en *loc.avv.* coccoloni.
cuclillo *s.m.* **1** (*zool.*) cuculo **2** (*pop.*) cornuto.
cuco *s.m.* **1** (*zool.*) cuculo **2** (*mostro*) babau ♦ *agg.* **1** (*fam.*) carino **2** (*fam.*) astuto, furbo.
cucurbitácea *s.f.* (*bot.*) cucurbitacea.
cucurucho *s.m.* **1** cartoccio **2** cialda (*f.*), cono gelato.
cuello *s.m.* **1** (*anat.*) collo **2** (*abbigl.*) colletto | *— de pico*, scollo a v, a punta | *— alto/cisne*, collo alto.
cuenca *s.f.* **1** ciotola, scodella **2** conca, bacino (*m.*) fluviale **3** (*anat.*) orbita.
cuenco *s.m.* ciotola (*f.*), scodella (*f.*).
cuenta *s.f.* conto (*m.*) | *— atrás*, conto alla rovescia | *— corriente*, conto corrente | *llevar la —*, tenere il conto | *tener cuentas pendientes*, avere dei conti in sospeso | *más de la —*, più del dovuto | *tomar en —*, prendere in considerazione | *darse —*, rendersi conto | *en resumidas cuentas*, in fin dei conti.
cuentagotas *s.m.* contagocce.
cuentakilómetros *s.m.* contachilometri.
cuentapasos *s.m.* contapassi.
cuentarrevoluciones *s.m.* contagiri.
cuentista *agg.* **1** pettegolo **2** narratore.
cuentística *s.f.* novellistica.
cuentístico *agg.* relativo al racconto.
cuento *s.m.* **1** racconto, favola (*f.*) | *dejarse de cuentos*, venire al dunque | *venir a —*, venire al caso | *el — de nunca acabar*, la storia infinita **2** (*fig.*) frottola (*f.*) | *— de horno*, pettegolezzo da comari **3** conto (*anche fig.*), computo.
cuerazo *s.m.* (*Amer.*) frustata (*f.*).
cuerda *s.f.* corda | *dar — al reloj*, caricare l'orologio | *instrumientos de —*, strumenti a corda | (*anat.*) *— vocal*, corda vocale.
cuerdo *agg.* assennato, ragionevole, sensato.
cuerno *s.m.* **1** corno, antenna (*f.*) | (*volg.*) *poner los cuernos*, mettere le corna | *sabe a*

— *quemado*, mi puzza, non convince **2** (*materiale*) corno **3** (*mus.*) corno.
cuero *s.m.* cuoio | *en cueros*, nudo.
cuerpo *s.m.* **1** (*anche fig.*) corpo | *en — y alma*, anima e corpo | *de medio —*, a mezzo busto | *— diplomático*, corpo diplomatico | *— del delito*, corpo del reato **2** corpetto **3** cadavere, salma (*f.*).
cuervo *s.m.* (*zool.*) corvo.
cuesco *s.m.* **1** nocciolo **2** (*fam.*) peto, scoreggia (*f.*).
cuesta *s.f.* pendio (*m.*) | *a cuestas*, in spalla, sulle spalle: *ha hecho todo el camino llevando el niño a cuestas*, ha fatto tutto il cammino portando il bambino sulle spalle | *— abajo*, in discesa | *— arriba*, in salita.
cuestación *s.f.* questua.
cuestión *s.f.* questione | *— candente*, problema scottante.
cuestionable *agg.* discutibile, controverso: *asunto no —*, questione non discutibile.
cuestionar *v.tr.* questionare, mettere in discussione.
cuestionario *s.m.* questionario.
cuestor *s.m.* (*st.*) questore.
cuestura *s.f.* (*st.*) questura.
cueva *s.f.* grotta | *— de ladrones*, covo di ladri.
cuévano *s.m.* gerla (*f.*).
cuidado *s.m.* **1** attenzione (*f.*), cura (*f.*): *tener —*, fare attenzione | *¡—!*, attenzione! | *¡— con lo que dices!*, attento a quello che dici! **2** preoccupazione (*f.*): *está con — porque hace mucho que no recibe noticias de su marido*, è preoccupata perché è molto che non riceve notizie di suo marito.
cuidadoso *agg.* accurato, attento, scrupoloso.
cuidar *v.tr.* **1** curare, assistere **2** occuparsi, badare: *la mujer que cuida de los niños*, la donna che bada ai bambini **3** fare attenzione, preoccuparsi ♦ **-se** *v.pron.* curarsi | *adiós, ¡cuidate!*, arrivederci, stammi bene!
cuita *s.f.* afflizione, pena.
cuitado *agg.* afflitto, sfortunato.
culata *s.f.* calcio (*m.*) di fucile.
culatazo *s.m.* **1** colpo sferrato con il calcio di una pistola o un fucile **2** rinculo.
culebra *s.f.* **1** (*zool.*) biscia, serpe | *— de cascabel*, serpente a sonagli | *saber más que las culebras*, saperne una più del diavolo **2** serpentina.
culebrear *v.intr.* serpeggiare.
culebrón *s.m.* serie (*f.*) televisiva, telenovela (*f.*).
culinario *agg.* culinario.
culminación *s.f.* culmine (*m.*).
culminante *agg.* culminante.
culminar *v.intr.* culminare.
culo *s.m.* **1** deretano, culo; ano | *caerse de —*, restare di stucco | *a — pajarero*, con il culo all'aria | (*volg.*) *a tomar por —*, a fare in culo | (*volg.*) *lamer el —*, leccare il culo **2** (*fig.*) fondo, parte (*f.*) posteriore | *— de vaso*, fondo di bicchiere.
culpa *s.f.* colpa | *echar la —*, dare la colpa.
culpabilidad *s.f.* colpevolezza.
culpabilización *s.f.* colpevolizzazione.
culpabilizar (*con. come* cazar) *v.tr.* colpevolizzare.
culpable *agg.*, *s.m./f.* colpevole.
culpar *v.tr.* accusare.
culposo *agg.* (*dir.*) colposo.
cultismo *s.m.* (*ling.*) cultismo.
cultivable *agg.* coltivabile.
cultivador *agg.*, *s.m.* coltivatore.
cultivar *v.tr.* coltivare.
cultivo *s.m.* coltivazione (*f.*), coltura (*f.*).
culto *agg.* colto, istruito ♦ *s.m.* (*relig.*, *fig.*) culto.
cultor *s.m.* cultore, appassionato.
cultura *s.f.* **1** coltivazione **2** cultura.
cultural *agg.* culturale.
culturismo *s.m.* (*sport*) culturismo.
culturista *s.m./f.* culturista.
culturizar (*con. come* cazar) *v.tr.* acculturare.
cumbre *s.f.* **1** cima, vetta **2** (*fig.*) culmine (*m.*), apice (*m.*).
cumbrera *s.f.* (*arch.*) colmo (*m.*).
cumpleaños *s.m.* compleanno: *celebrar el —*, festeggiare il compleanno.
cumplido *agg.* **1** compiuto, completo **2** compito, cortese ♦ *s.m.* complimento: *decir un —*, fare un complimento | *de —*, per pura cortesia.
cumplimentar *v.tr.* **1** fare i complimenti **2** compiere, portare a termine.
cumplimentero *agg.* complimentoso.
cumplimiento *s.m.* compimento.
cumplir *v.tr.* **1** compiere: *— los años*, compiere gli anni **2** eseguire **3** rispettare, mantenere: *ha cumplido su promesa*, ha mantenuto la sua promessa ♦ *v.intr.* **1** scadere, maturare: *mañana cumple el plazo*, domani scade il termine **2** fare il proprio dovere: *— con todos*, comportarsi bene con tutti, fare il proprio dovere verso tutti.
cúmulo *s.m.* cumulo.
cuna *s.f.* culla (*anche fig.*) | *canción de —*, ninna nanna.
cundir *v.intr.* **1** spargersi, diffondersi **2** rendere molto, aumentare di volume.
cuneiforme *agg.* cuneiforme.
cúneo *s.m.* cuneo.
cuneta *s.f.* cunetta.
cunicultor *s.m.* cunicoltore.
cunicultura *s.f.* cunicoltura.
cuña *s.f.* **1** cuneo (*m.*), zeppa **2** inserto (*m.*) pubblicitario.
cuñado *s.m.* cognato.
cuño *s.m.* conio | *de nuevo —*, nuovo di zecca.

cuota *s.f.* quota.
cupo *s.m.* (*mil.*) contingente.
cupón *s.m.* **1** buono, tagliando **2** (*lotteria*) biglietto.
cúpula *s.f.* cupola.
cuquería *s.f.* astuzia, furbizia.
cura *s.m.* sacerdote, prete | — *de misa y olla*, prete da poco ♦ *s.f.* cura.
curable *agg.* curabile, trattabile.
curación *s.f.* cura, guarigione.
curado *agg.* **1** essiccato, conservato, stagionato **2** (*med.*) curato ♦ *s.m.* (*cuc.*) stagionatura (*f.*).
curador *s.m.* **1** curatore **2** stagionatore.
curalotodo *s.m.* (*fam.*) **1** panacea (*f.*) **2** guaritore.
curandero *s.m.* guaritore.
curar *v.intr.* guarire ♦ *v.tr.* **1** curare **2** (*carne, pesce*) preparare le carni per la stagionatura; affumicare **3** (*pelli*) conciare ♦ **-se** *v.pron.* guarire.
curare *s.m.* curaro.
curativo *agg.* curativo, terapeutico.
curato *s.m.* parrocchia (*f.*).
curda *s.f.* (*fam.*) sbronza.
curdo *agg.*, *s.m.* curdo.
curia *s.f.* curia.
curial *agg.* curiale.
curiosear *v.intr.* curiosare.
curiosidad *s.f.* curiosità.
curioso *agg.* **1** curioso, indiscreto **2** strano, particolare.
currante *s.m./f.* (*fam.*) lavoratore.
currar *v.intr.* (*fam.*) lavorare.
curricán *s.m.* lenza (*f.*), esca (*f.*).
curricular *agg.* curricolare.
currículo, currículum *s.m.* curriculum vitae.
curro *agg.* presuntuoso ♦ *s.m.* (*fam.*) lavoro.
curruscante *agg.* croccante.
cursado *agg.* esperto, specializzato.
cursar *v.tr.* frequentare, seguire dei corsi.
cursi *agg.* pacchiano, kitsch.
cursilería *s.f.* **1** pacchianeria, cattivo gusto (*m.*) **2** snobismo (*m.*).
cursillista *s.m.* corsista.
cursillo *s.m.* corso, seminario.
cursivo *agg.* (*tip.*) corsivo.
curso *s.m.* **1** (*scuola*) corso **2** direzione (*f.*), corso: *el — del río*, il corso del fiume **3** evoluzione (*f.*), decorso: *el — de la enfermedad*, il decorso della malattia **4** (*tempo*) arco, giro: *en el — de un año*, nel giro di un anno.
cursor *s.m.* cursore.
curtido *agg.* **1** (*di pelle*) conciato **2** abbronzato: *rostro — por el sol*, viso segnato dalle intemperie **3** (*fig.*) incallito, navigato ♦ *s.m.* concia (*f.*), conciatura (*f.*).
curtidor *s.m.* conciatore.
curtiente *s.m.* conciante.
curtiduría *s.f.* conceria.
curtir *v.tr.* **1** (*pelli*) conciare **2** (*fig.*) abituare alle fatiche.
curva *s.f.* curva.
curvado *agg.* curvato, piegato.
curvar *v.tr.* curvare, piegare.
curvatura *s.f.* curvatura.
curvilíneo *agg.* curvilineo.
curvo *agg.* curvo, incurvato.
cuscús *s.m.* cuscus.
cúspide *s.f.* cuspide.
custodia *s.f.* **1** custodia **2** (*relig.*) ostensorio (*m.*); tabernacolo (*m.*) **3** scorta, sorveglianza: *la — abría el paso al auto presidencial*, la guardia faceva strada alla macchina del presidente.
custodiar *v.tr.* custodire.
custodio *agg.*, *s.m.* custode.
cutáneo *agg.* (*anat.*) cutaneo.
cutícula *s.f.* (*anat.*) cuticola.
cuticular *agg.* (*anat.*) cuticolare.
cutis *s.m.* cute (*f.*), pelle (*f.*).
cutre *agg.*(*fam.*) **1** (*di persona*) meschino, tirchio, avaro: *nunca paga, es un —*, non paga mai, è un tirchio **2** (*di luogo*) squallido, sporco, decadente.
cuyo *pron.rel.* il cui, di cui, del quale: *esta es la mujer — marido hemos visto*, questa è la donna il cui marito abbiamo visto.

Dd

d *s.f.* d | (*tel.*) — *como Dinamarca*, d come Domodossola.
dable *agg.* possibile, fattibile: *no es — que lo termine todo*, non è possibile che lo finisca tutto.
daca *inter.* dammi qua, dammi | — *y toma*, una mano lava l'altra.
dacha *s.f.* dacia.
dacio *agg.*, *s.m.* (*st.*) daco.
dación *s.f.* (*dir.*) dazione.
dactilar *agg.* digitale: *huellas dactilares/digitales*, impronte digitali.
dactilografía *s.f.* dattilografia.
dactilográfico *agg.* dattilografico.
dactilógrafo *s.m.* dattilografo.
dactilograma *s.m.* (*dir.*) dattilogramma.
dactiloscopia *s.f.* dattiloscopia.
dadá *agg.* (*lett.*, *pitt.*) dada.
dadaísmo *s.m.* (*lett.*, *pitt.*) dadaismo.
dadaísta *agg.* (*lett.*, *pitt.*) dadaista.
dádiva *s.f.* regalo (*m.*), dono (*m.*); omaggio (*m.*).
dadivosidad *s.f.* generosità; disponibilità.
dadivoso *agg.* generoso, munifico.
dado¹ *agg.* **1** dato, visto: *dada la situación no tengo esperanza*, vista la situazione non ho speranza **2** (*fig.*) abile, portato, incline: *es muy — al español*, è molto portato per lo spagnolo | — *que*, dato che, poiché, siccome | — *y no concedido*, ammesso e non concesso.
dado² *s.m.* **1** (*gioco*) dado | *dar/echar — falso*, imbrogliare | *estar como un —*, calzare a pennello | *correr el —*, avere fortuna **2** (*mecc.*) dado **3** (*arch.*) piedistallo.
dador *s.m.* **1** datore **2** portatore, latore: — *de una carta*, latore di una lettera **3** (*di cambiale*) traente.
daga *s.f.* daga | *llegar a las dagas*, arrivare al punto cruciale.
daguerrotipo *s.m.* dagherrotipo.
daiquiri *s.m.* (*cocktail*) daiquiri.
dalia *s.f.* (*bot.*) dalia.
daliniano *agg.* (*pitt.*) di Salvador Dalí.
dálmata *agg.*, *s.m./f.* dalmata.
dalmático *s.m.* (*lingua*) dalmatico, dalmata ♦ *agg.* dalmatico.
daltoniano, daltónico *agg.*, *s.m.* (*med.*) daltonico.
daltonismo *s.m.* (*med.*) daltonismo.
dama *s.f.* **1** dama, signora: *primera —*, first lady, moglie del presidente | — *de honor*, damigella d'onore | — *de noche*, gelsomino notturno | *ser muy —*, essere una gran signora **2** (*lett.*) donna amata **3** (*pl.*, *gioco*) dama (*sing.*).
damajuana *s.f.* damigiana.
damasana *s.f.* (*Amer.*) damigiana.
damascado *agg.* (*tess.*) damascato.
damasceno *agg.* damasceno.
damasco *s.m.* **1** (*tess.*) damasco **2** (*bot.*, *frutto*) albicocca (*f.*) **3** (*albero*) albicocco.
damasquillo *s.m.* (*tess.*) damaschino.
damero *s.m.* **1** scacchiera (*f.*) **2** cruciverba.
damisela *s.f.* damigella; (*lett.*) fanciulla.
damnación *s.f.* dannazione.
damnificado *agg.*, *s.m.* danneggiato, sinistrato, disastrato: *los damnificados por el terremoto*, i terremotati.
damnificador *agg.*, *s.m.* danneggiatore.
damnificar (*con. come* pescar) *v.tr.* danneggiare, rovinare, nuocere.
dancing *s.m.* dancing, sala da ballo.
dandi *s.m.* dandy.
dandismo *s.m.* dandismo.
danés (*f.* -a) *agg.*, *s.m.* danese (*m./f.*) | *gran —*, cane alano.
dantesco *agg.* **1** (*lett.*) dantesco **2** (*fig.*) terribile, spaventoso.
dantismo *s.m.* (*lett.*) **1** dantismo **2** influenza (*f.*) dantesca.
dantista *agg.*, *s.m./f.* (*lett.*) dantista.
danubiano *agg.* danubiano.
danza *s.f.* **1** danza, ballo (*m.*) | (*fam.*, *fig.*) *en —*, in ballo: *lo tienen en — desde hace una semana*, lo tengono in ballo da una settimana | (*arch.*) — *de arcos*, insieme di archi **2** (*fig. fam.*) guaio (*m.*), pasticcio (*m.*): *meterse en una —*, mettersi in un guaio **3** (*fig. fam.*) andirivieni (*m.*).
danzado *s.m.* **1** danza (*f.*) ballo **2** gruppo di ballerini.
danzante *s.m./f.* **1** ballerino (*m.*) **2** (*fig.*) intrigante, impiccione (*m.*).
danzar (*con. come* cazar) *v.tr.* danzare, ballare ♦ *v.intr.* **1** danzare, ballare **2** (*fig.*) agitarsi, muoversi.
danzarín (*f.* -ina) *s.m.* ballerino.

dañado *agg.* **1** danneggiato **2** (*di frutta, cibi*) andato a male, guasto.
dañar *v.tr.* (*anche fig.*) danneggiare, nuocere, rovinare: *este asunto dañó mi imagen*, questa faccenda ha danneggiato la mia immagine; *el accidente dañó el coche*, l'incidente ha danneggiato la macchina ♦ **-se** *v.pron.* **1** farsi male: *me dañé un pie*, mi sono fatto male a un piede **2** (*di frutta, cibi*) andare a male.
dañino *agg.* dannoso, nocivo: *animal* —, animale nocivo; *gas* —, gas nocivo.
daño *s.m.* **1** danno | *pago de daños y perjuicios*, risarcimento danni **2** dolore; male (*anche fig.*): *me hizo* —, mi ha fatto male.
dañoso *agg.* dannoso, nocivo.
dar (*indic.pres.* doy, das...; *imperf.* daba, dabas...; *pass.rem.* dí, diste...; *fut.* daré, darás ; *condiz.* daría, darías; *cong.pres.* dé, des ; *imperf.* diera, dieras...; *imp.* da, dé, demos, dad, den) *v.tr.* **1** dare, regalare: — *un regalo*, dare un regalo **2** concedere, conferire; consegnare | — *alcance*, raggiungere | — *un premio*, conferire un premio **3** colpire | *no — ni golpe*, non combinare niente | — *en el blanco*, azzeccare qlco., centrare un obiettivo | *no — ni una*, non azzeccarne una | *¡dale que dale!*, dai e dai! | *no — ni la hora*, essere tirchio **4** suonare l'ora, battere: *han dado las diez*, hanno suonato le dieci | — *largas*, tirare in lungo **5** produrre, rendere: *este árbol da muchos frutos*, questo albero produce molti frutti **6** dare, offrire, procurare: — *consuelo*, consolare; — *gusto*, far piacere; *me da sueño*, mi fa venire sonno | *dárle a alguien por*, venire a qlcu. la mania di, venire il pallino di **7** fare, realizzare: — *clase*, far lezione; — *una fiesta*, dare/fare una festa | — *un paseo*, fare una passeggiata | — *saltos*, saltare **8** considerare: — *por terminada la reunión*, dichiarare/considerare finita la riunione; — *por inocente*, ritenere innocente **9** proporre, offrire: — *una idea*, dare un'idea **10** provvedere, fornire: — *electricidad*, erogare elettricità | *no doy más*, non ce la faccio più **11** augurare: — *las buenas noches*, dare la buona notte **12** riferire, riportare, pubblicare: *el periódico da el texto de la ley*, il giornale riporta il testo della legge ♦ *v.intr.* **1** imbattersi, incontrare casualmente: — *con alguien*, imbattersi in qlcu.; — *en error*, incorrere in errore | — *en ello*, comprendere **2** picchiare, urtare: — *contra un árbol*, finire contro un albero | — *en el suelo*, cadere per terra | *dio en manías*, gli venne la mania **3** affacciarsi, dare, guardare, essere rivolto: *la ventana da a un patio interior*, la finestra dà su un cortile interno | *da igual/lo mismo*, è lo stesso | *darle a una máquina*, mettere in moto una macchina ♦ **-se** *v.pron.* **1** darsi (*anche fig.*): — *de bofetadas*, prendersi a schiaffi; *se ha dado al voluntariado*, si è dato/dedicato al volontariato | — *la paliza*, sgobbare, sforzarsi | — *por aludido*, darsene per inteso | — *cuenta*, rendersi conto **2** consegnarsi, cedere, arrendersi: *se dieron al enemigo*, si consegnarono al nemico | — *por vencido*, dichiararsi vinto **3** succedere, accadere: *se dieron muchos casos de gripe*, ci sono stati molti casi di influenza **4** considerarsi: — *por satisfecho*, considerarsi soddisfatto | *dárselas de*, vantarsi di, darsi arie da.
dardo *s.m.* freccetta (*f.*).
dares y tomares *loc. sost.m.pl.* **1** dare e avere **2** alterco (*sing.*), discussione (*f.sing.*): *tener unos* —, avere una discussione.
dársena *s.f.* darsena.
darwiniano *agg.* (*biol.*) darwiniano, darviniano.
darwinismo *s.m.* (*biol.*) darwinismo, darvinismo.
darwinista *s.m./f.* (*biol.*) darwinista, darvinista.
data *s.f.* (*in una lettera*) data | *es un problema de larga* —, è un problema di lunga data.
datación *s.f.* datazione.
datar *v.tr.* datare, mettere la data ♦ *v.intr.* datare, risalire: *los dibujos datan del siglo XVIII*, i disegni risalgono al secolo XVIII.
datario *s.m.* (*relig.*) datario.
dátil *s.m.* (*bot.*) dattero.
datilera *s.f.* (*bot.*) palma da datteri.
datilero *agg.* (*bot.*) dattilifero.
dativo *s.m.* (*gramm.*) dativo.
dato *s.m.* dato, elemento: *necesito de más datos para hacerme una opinión*, ho bisogno di più elementi per farmi un'opinione.
dazibao *s.m.* dazebao.
de (de + el → del) *prep.* **1** (*possesso*) di: *ese libro es — mi hermano*, quel libro è di mio fratello **2** (*materia, argomento*) di: — *plata*, d'argento; *hablar — política*, parlare di politica **3** (*specificazione*) di: *un vaso — agua*, un bicchiere d'acqua **4** (*partitivo*) di: *dos — vosotros*, due di voi **5** (*moto da luogo, origine*) di, da: *llega — España*, arriva dalla Spagna; *ese chico es — Roma*, quel ragazzo è di Roma **6** (*distanza*) da: *el hotel dista — Roma alrededor de cinco quilómetros,* l'hotel dista da Roma circa cinque chilometri **7** (*fine, scopo*) da: *gafas — sol*, occhiali da sole **8** (*modo, maniera*) di, a, in: — *memoria*, a memoria; — *pie*, in piedi; — *mala gana*, di malavoglia | — *dos en dos*, a due a due | — *un trago,* in un sorso **9** (*tempo*) di, da: — *día*, di giorno; — *niño*, da bambino **10** (*causa*) di, per: *gritar — dolor*, urlare di dolore; per: — *necesidad*, per necessità **11** (*stato*) in: *estan — vacaciones*, sono in vacanza | *es — esperar que*, c'è da aspettarsi che | *¡pobre — mi!*, povero me! **12** (*nei comp.*) di: *es mejor*

— *lo que pensaba*, è meglio di quanto pensavo **13** (*seguito da inf., condizionale, concessivo*) se: — *haberlo sabido, hubiera venido antes*, se lo avessi saputo, sarei venuto prima.
deambular *v.intr.* deambulare.
deanato *s.m.* (*relig.*) decanato.
debacle *s.f.* débâcle, sconfitta.
debajo *avv.* sotto, dabbasso, di sotto | — *de*, sotto: — *de la silla*, sotto la sedia | *por* — *de*, al di sotto di.
debate *s.m.* dibattito, discussione (*f.*): — *parlamentario*, dibattito parlamentare.
debatir *v.tr.* dibattere, discutere, contendere: — *una moción*, discutere una mozione ♦ **-se** *v.pron.* dibattersi (*anche fig.*), agitarsi: *se debate entre ir y no ir*, non sa se andare o non andare.
debe *s.m.* (*comm.*) dare | *el* — *y el haber*, il dare e l'avere.
debelar *v.tr.* debellare: — *el virus*, debellare il virus.
deber[1] *s.m.* **1** dovere, compito, obbligo: *es tu* —, è il tuo dovere **2** (*pl., a scuola*) compiti: *después de clase, el estudiante hace los deberes*, dopo la lezione, lo studente fa i compiti.
deber[2] *v.tr.* **1** dovere: *debe estudiar*, deve studiare | (*probabilità*) — *de*, dover essere: *deben de ser las diez*, saranno le dieci **2** dovere, essere in debito: *le debo mil euros*, gli devo mille euro ♦ **-se** *v.pron.* **1** dedicarsi: *se debe a su trabajo*, si dedica al suo lavoro **2** essere dovuto/causato: *el accidente se debió a un error humano*, l'incidente fu causato da un errore umano.
debidamente *avv.* dovutamente, debitamente.
débil *agg.* **1** debole (*anche fig.*) **2** fiacco, fioco ♦ *s.m./f.* debole.
debilidad *s.f.* debolezza (*anche fig.*); stanchezza.
debilitación *s.f.* indebolimento (*m.*), debilitazione.
debilitado *agg.* debilitato, indebolito.
debilitamiento *s.m.* indebolimento.
debilitante *agg.* debilitante.
debilitar *v.tr.* indebolire, debilitare.
debilucho *agg.* (*fam.*) deboluccio.
debitar *v.tr.* (*Amer.*) addebitare.
débito *s.m.* debito.
debut *s.m.* debutto, esordio.
debutante *agg.*, *s.m./f.* debuttante | *baile de las debutantes*, ballo delle debuttanti.
debutar *v.intr.* debuttare, esordire.
década *s.f.* **1** decade **2** decennio (*m.*).
decadencia *s.f.* decadenza, declino (*m.*).
decadente *agg.*, *s.m./f.* decadente.
decadentismo *s.m.* (*arte, lett.*) decadentismo.
decadentista *agg.* (*arte, lett.*) decadentista.
decaedro *s.m.* (*geom.*) decaedro.
decaer (*con. come* caer) *v.intr.* decadere, declinare; peggiorare, deperire: *su estado físico está decayendo*, il suo stato fisico sta peggiorando.
decágono *s.m.*, *agg.* (*geom.*) decagono.
decaído *agg.* **1** decaduto: *un noble* —, un nobile decaduto **2** indebolito; depresso: *le veo algo* —, lo vedo un po' indebolito.
decaimiento *s.m.* **1** decadimento, decadenza (*f.*) **2** deperimento, indebolimento **3** (*fig.*) scoraggiamento, sconforto.
decalcificación *s.f.* (*med.*) decalcificazione.
decalcificar (*con. come* pescar) *v.tr.* (*med.*) decalcificare.
decálogo *s.m.* (*relig.*) decalogo, i dieci comandamenti.
decanato *s.m.* **1** decanato **2** (*Università*) presidenza (*f.*).
decano *s.m.* decano | — *de facultad*, preside di facoltà.
decantación *s.f.* (*chim.*) decantazione.
decantador *s.m.* (*chim.*) decantatore.
decantar[1] *v.tr.* decantare, lodare.
decantar[2] *v.tr.* (*chim.*) decantare.
decapitación *s.f.* decapitazione.
decapitar *v.tr.* decapitare.
decasílabo *agg.*, *s.m.* decasillabo.
decatlón *s.m.* (*sport*) decathlon.
deceleración *s.f.* (*fis.*) decelerazione.
decelerar *v.intr.* (*fis.*) decelerare.
decena *s.f.* decina.
decenal *agg.* decennale.
decenario *s.m.* decennio.
decencia *s.f.* **1** decenza **2** decoro, dignità (*f.*); educazione (*f.*).
decenio *s.m.* decennio.
decentar *v.tr.* **1** iniziare a tagliare o consumare qlco., intaccare: — *un pastel*, intaccare una torta **2** (*fig.*) minare, compromettere, danneggiare: — *la salud*, danneggiare la salute ♦ **-se** *v.pron.* ulcerarsi.
decente *agg.* **1** decente **2** decoroso, dignitoso; onesto: *intenta hacer un trabajo* —, cerca di fare un lavoro dignitoso.
decentemente *avv.* **1** decentemente **2** (*fam., iron.*) smodatamente, eccessivamente: *Ana come* —, Ana mangia smodatamente.
decenviral *agg.* (*st.*) decemvirale.
decenvirato *s.m.* (*st.*) decemvirato.
decenviro *s.m.* (*st.*) decemviro.
decepción *s.f.* delusione: *llevarse una* —, avere una delusione.
decepcionado *agg.* deluso.
decepcionante *agg.* deludente.
decepcionar *v.tr.* deludere; disincantare.
deceso *s.m.* (*med.*) decesso, morte (*f.*).
decibel, decibelio *s.m.* (*fis.*) decibel.
decibelímetro *s.m.* (*fis.*) decibelmetro.

decible *agg.* dicibile.
decidero *agg.* dicibile, che si può dire senza inconvenienti.
decididamente *avv.* **1** risolutamente, decisamente **2** definitivamente.
decidido *agg.* deciso, energico, risoluto, determinato: *es un chico muy —*, è un ragazzo molto determinato.
decidir *v.tr.* decidere, determinare; scegliere: *me he decidido por éste*, ho scelto questo.
decidor *s.m.*, *agg.* parlatore, conversatore.
decigramo *s.m.* (*unità di peso*) decigrammo.
decilitro *s.m.* (*misura di capacità*) decilitro.
décima *s.f.* **1** decima parte, decimo (*m.*) **2** (*tributo*) decima **3** (*med.*, *di febbre*) decimo (*m.*), linea: *tener algunas décimas de fiebre*, avere qualche linea di febbre **4** (*mus.*) decima.
decimal *s.m.*, *agg.* (*mat.*) decimale.
decímetro *s.m.* (*misura di lunghezza*) decimetro.
décimo *agg.num.ord.* decimo.
decir (*indic.pres.* digo, dices, dice, decimos, decís, dicen; *imperf.* decía, decías ; *pass. rem.* dije, dijiste...; *fut.* diré, dirás ; *-condiz.* diría, dirías ; *cong.pres.* diga, digas...; *imperf.* dijera, dijeras...; *ger.* diciendo; *part. pass.* dicho; *imp.* di, diga, digamos, decid, digan) *v.tr.* **1** dire; affermare: *lo dijo para sí/ para sus adentros*, lo disse fra sé e sé; *— de memoria*, dire a memoria; *— en serio*, dire sul serio; *— que sí, que no*, dire di sì, di no | (*tel.*) *¡diga!/¡dígame!*, pronto! | *a — verdad*, a dire il vero | *— por —*, parlare a vanvera | *es —*, cioè | *cualquiera lo diría*, chi l'avrebbe detto! | *decirle a alguien cuántas son cinco*, dirne quattro a qlcu. **2** chiamare, soprannominare: *le decían Pacho*, lo chiamavano Pacho ♦ *s.m.* detto, proverbio, motto: *es un —*, è un modo di dire | *vamos al —*, veniamo al dunque.
decisión *s.f.* **1** decisione, risoluzione: *se tomó una — importante*, fu presa una decisione importante **2** determinazione, fermezza: *actuar con —*, agire con determinazione.
decisivo *agg.* decisivo, risolutivo; determinante: *su intervención ha sido decisiva*, il suo intervento è stato determinante.
decisorio *agg.* decisivo, decisorio.
declamación *s.f.* declamazione, recitazione.
declamador *agg.*, *s.m.* declamatore.
declamar *v.tr.* declamare, recitare: *— versos*, declamare versi ♦ *v.intr.* **1** declamare, parlare enfaticamente **2** inveire, protestare.
declamatorio *agg.* declamatorio.
declaración *s.f.* **1** dichiarazione: *— de impuestos*, dichiarazione dei redditi; *— de amor*, dichiarazione d'amore **2** (*dir.*) deposizione: *hacer/prestar una —*, fare una deposizione | *— amistosa*, constatazione amichevole.
declaradamente *avv.* dichiaratamente; apertamente: *se mostró — contrario a tu propuesta*, si mostrò apertamente contrario alla tua proposta.
declarado *agg.* dichiarato, aperto: *un enemigo —*, un nemico dichiarato.
declarante *s.m./f.* (*dir.*) dichiarante.
declarar *v.intr.* deporre: *llamo al testigo a —*, chiamo il testimone a deporre ♦ *v.tr.* dichiarare, esporre, spiegare: *los manifestantes están declarando sus razones*, i manifestanti espongono adesso le loro ragioni ♦ **-se** *v.pron.* dichiararsi (*anche fig.*); riconoscersi, confessarsi: *— culpable*, confessarsi colpevole.
declarativo *agg.* **1** (*gramm.*) dichiarativo **2** (*dir.*) declaratorio | *resolución declaratoria*, declaratoria.
declinable *agg.* (*gramm.*) declinabile.
declinación *s.f.* **1** (*anche astro.*, *gramm.*) declinazione: *— magnética*, declinazione magnetica **2** (*fig.*) declino (*m.*).
declinante *agg.* inclinato.
declinar *v.intr.* **1** declinare **2** calare; diminuire **3** volgere al termine, declinare: *el — del siglo*, il declinare del secolo ♦ *v.tr.* **1** (*gramm.*) declinare **2** declinare, ricusare, rifiutare: *— una invitación*, declinare un invito.
declive *s.m.* declivio, pendio | *en —*, in declivio.
decodificación *s.f.* decodifica, decodificazione.
decodificador *s.m.* → **descodificador.**
decodificar (*con. come* pescar) *v.tr.* → **descodificar.**
decoloración *s.f.* decolorazione.
decolorante *agg.*, *s.m.* decolorante.
decolorar *v.tr.* decolorare: *— el cabello*, decolorare i capelli.
decomisar *v.tr.* (*dir.*) confiscare, sequestrare, requisire.
decomiso *s.m.* (*dir.*) **1** sequestro **2** bene sequestrato.
decoración *s.f.* **1** decorazione; abbellimento (*m.*) **2** arredamento (*m.*): *objetos de —*, oggetti d'arredamento.
decorado *agg.* **1** decorato, ornato **2** decorato, fregiato, insignito ♦ *s.m.* **1** decorazione (*f.*), ornamento **2** (*teatr.*) scenografia (*f.*), scenario, scena (*f.*).
decorador *s.m.* **1** decoratore **2** arredatore.
decorar *v.tr.* **1** decorare; adornare, abbellire: *intenta — un poco tu habitación*, prova ad abbellire un po' la tua stanza **2** arredare.
decorativo *agg.* decorativo: *artes decorativas*, arti decorative.

decoro *s.m.* **1** decoro, dignità (*f.*) **2** stima (*f.*), rispetto, onore.
decoroso *agg.* decoroso, decente: *comportamiento —*, comportamento decoroso.
decrecer (*con. come* agradecer) *v.intr.* decrescere, diminuire; scemare: *la tensión entre los dos bandos está decreciendo*, la tensione tra i due gruppi sta scemando.
decreciente *agg.* (*mat.*) decrescente.
decrecimiento *s.m.* calo, diminuzione (*f.*).
decremento *s.m.* (*econ.*) decremento, riduzione (*f.*), diminuzione (*f.*).
decrepitar *v.intr.* crepitare.
decrépito *agg.* decrepito, cadente.
decrepitud *s.f.* **1** decrepitezza, vecchiaia **2** (*fig.*) decadenza.
decrescendo *s.m.* (*mus.*) decrescendo.
decretal *agg.*, *s.f.* (*relig.*) decretale.
decretar *v.tr.* **1** decidere, decretare: *— una sanción*, decretare una sanzione **2** ordinare.
decreto *s.m.* (*anche relig.*) decreto, provvedimento, ordinanza (*f.*) | *— de urgencia*, decreto d'urgenza | *— ley*, decreto legge | *real —*, decreto regio | (*fig.*) *por real —*, per forza.
decúbito *s.m.* (*anche med.*) decubito; piaga (*f.*) da decubito | *— supino*, decubito supino.
decuplar, decuplicar (*con. come* pescar) *v.tr.* (*mat.*, *fig.*) moltiplicare per dieci, decuplicare.
décuplo *agg.*, *s.m.* decuplo.
decuria *s.f.* (*st.*) decuria.
decurión *s.m.* (*st.*) decurione.
decurso *s.m.* decorso: *el — del tiempo*, il decorso del tempo; *el — de una enfermedad*, il decorso di una malattia.
dedada *s.f.* ditata.
dedal *s.m.* ditale.
dédalo *s.m.* dedalo, labirinto.
dedeo *s.m.* (*mus.*) diteggiatura.
dedicación *s.f.* **1** dedica; consacrazione: *la — de un templo*, la consacrazione di un tempio **2** dedizione, impegno (*m.*), abnegazione: *— al trabajo*, dedizione al lavoro.
dedicar (*con. come* pescar) *v.tr.* **1** consacrare, dedicare: *— la iglesia a san Pedro*, consacrare la chiesa a san Pietro **2** destinare, dedicare: *— tiempo al estudio*, dedicare tempo allo studio; *— un poema a alguien*, dedicare una poesia a qlcu. ♦ **-se** *v.pron.* dedicarsi, darsi, consacrarsi (*anche fig.*): *— al deporte*, darsi allo sport; *quiere — totalmente a los hijos*, vuole dedicarsi totalmente ai figli.
dedicatoria *s.f.* dedica: *firmar una —*, firmare una dedica.
dedicatorio *agg.* dedicatorio.
dedición *s.f.* (*st.*) resa incondizionata.
dedillo *s.m.* ditino | *al —*, a menadito.
dedo *s.m.* (*anat.*, *misura di lunghezza*) dito | *de chuparse los dedos*, da leccarsi le dita | *chuparse el —*, essere ingenuo/sprovveduto | *dar un — de la mano por*, fare di tutto per | *ser el — malo*, essere la pecora nera | *— pulgar*, dito pollice | *— gordo*, pollice; alluce | *— índice/saludador*, dito indice | *estar a dos dedos de*, essere a un soffio da | *hacer —*, fare l'autostop | *alzar/levantar el —*, chiedere la parola | *poner el — en la llaga*, mettere il dito nella piaga.
deducción *s.f.* **1** deduzione, inferenza **2** (*econ.*) detrazione, sgravio (*m.*): *— del* IVA, detrazione dell'IVA.
deducibilidad *s.f.* (*econ.*) deducibilità.
deducible *agg.* deducibile.
deducir (*con. come* conducir) *v.tr.* **1** dedurre, desumere: *lo dedujo de lo ocurrido*, lo dedusse da quanto successo | *— por razonamientos*, dedurre per ragionamento **2** (*econ.*) detrarre, scontare, sottrarre: *te lo deduzco de lo que me debes*, te lo sconto da quello che mi devi.
deductivo *agg.* deduttivo.
de facto *loc.* de facto.
defatigante *agg.* defaticante.
defecación *s.f.* defecazione.
defecar (*con. come* pescar) *v.intr.* defecare.
defección *s.f.* (*anche mil.*) defezione, abbandono (*m.*).
defeccionar *v.intr.* (*Amer.*) defezionare.
defectivo *agg.* **1** (*gramm.*) difettivo **2** difettoso.
defecto *s.m.* **1** difetto, imperfezione (*f.*) **2** mancanza (*f.*): *en — de ayuda*, in mancanza di aiuto.
defectuoso *agg.* difettoso.
defender (*con. come* entender) *v.tr.* **1** difendere, salvaguardare: *le defendió de las acusaciones*, lo difese dalle accuse **2** proteggere, riparare (*anche fig.*): *— del viento*, riparare dal vento ♦ **-se** *v.pron.* **1** difendersi, proteggersi **2** cavarsela: *se defiende en inglés*, se la cava con l'inglese.
defendible *agg.* difendibile.
defendido *agg.*, *s.m.* (*dir.*) cliente, assistito.
defenestración *s.f.* (*anche fig.*) defenestrazione: *— del ministro*, defenestrazione del ministro.
defenestrar *v.tr.* **1** defenestrare **2** (*fig.*) espellere, estromettere: *— al oponente político*, estromettere l'oppositore politico.
defensa *s.f.* **1** difesa (*anche fig.*), protezione: *legítima —*, legittima difesa; *en — de los derechos humanos*, in difesa dei diritti umani | *— de oficio*, difesa d'ufficio | *— inmunitaria*, difesa immunitaria | *— personal*, difesa personale **2** (*dir.*) avvocato (*m.*) difensore: *vamos a escuchar a la —*, ascolteremo l'avvocato difensore ♦ *s.m.* (*sport*) difensore.
defensiva *s.f.* difensiva: *está siempre a la —*, sta sempre sulla difensiva.
defensivo *agg.* difensivo.

defensor *s.m.* difensore.
defensoría *s.f.* (*Amer., dir.*) difesa.
deferencia *s.f.* deferenza, rispetto (*m.*), ossequio (*m.*): *tratar con* —, trattare con deferenza.
deferente *agg.* deferente, ossequioso, rispettoso.
deferir (*con. come* servir) *v.tr.* deferire; trasmettere: — *la documentación*, deferire la documentazione.
deficiencia *s.f.* **1** deficienza, scarsezza, scarsità **2** (*med.*) deficienza **3** difetto (*m.*), imperfezione.
deficiente *agg.* deficiente, mancante, scarso, imperfetto: *su preparación es* —, la sua preparazione è scarsa ♦ *s.m./f.* (*spreg.*) deficiente.
déficit *s.m.* (*econ.*) deficit, ammanco, disavanzo.
deficitario *agg.* (*econ.*) **1** deficitario: *economía deficitaria*, economia deficitaria **2** (*fig.*) insufficiente, deficitario, carente.
definible *agg.* definibile.
definición *s.f.* **1** definizione: *aparato de alta* —, apparecchio ad alta definizione **2** decisione, deliberazione.
definido *agg.* definito | (*gramm.*) *artículo* —, articolo determinativo.
definir *v.tr.* **1** definire; determinare: — *una teoría*, definire una teoria; — *los temas de la discusión*, determinare i temi della discussione **2** precisare, chiarire: *definió su propia conducta*, chiarì il proprio comportamento ♦ **-se** *v.pron.* definirsi: *Ud. se define como un pragmático*, Lei si definisce un pragmatico.
definitivo *agg.* definitivo, conclusivo.
deflagración *s.f.* deflagrazione, esplosione, scoppio (*m.*).
deflagrador *s.m.* detonatore.
deflagrar *v.intr.* deflagrare.
deflector *s.m.* (*aut., fis.*) deflettore.
deflujo *s.m.* deflusso, scorrimento.
defoliante *s.m./f., agg.* (*agr.*) defogliante.
defoliar *v.tr.* (*agr.*) defogliare.
deforestación *s.f.* deforestazione, disboscamento (*m.*).
deforestar *v.tr.* disboscare.
deformable *agg.* deformabile.
deformación *s.f.* deformazione (*anche fig.*).
deformante *agg.* deformante | *artritis* —, artrite deformante.
deformar *v.tr.* deformare, alterare ♦ **-se** *v.pron.* deformarsi, sformarsi.
deforme *agg.* deforme.
deformidad *s.f.* deformità.
defraudación *s.f.* defraudazione, frode.
defraudador *agg., s.m.* defraudatore.
defraudar *v.tr.* **1** defraudare, frodare: — *a Hacienda*, frodare il fisco **2** (*fig.*) ingannare.
defunción *s.f.* decesso (*m.*), morte | *partida de* —, atto di morte.
degeneración *s.f.* **1** degenerazione **2** (*fig.*) peggioramento (*m.*), degrado (*m.*): *la — moral*, il degrado morale.
degenerado *agg.* degenerato, degenere ♦ *s.m.* degenerato, pervertito: *ese hombre es un* —, quell'uomo è un pervertito.
degenerante *agg.* degenerante, che degenera.
degenerar *v.intr.* (*anche med.*) degenerare: *la aversión degeneró en odio*, l'avversione degenerò in odio.
degenerativo *agg.* (*anche med.*) degenerativo.
deglución *s.f.* deglutizione.
deglutir *v.intr./tr.* deglutire, inghiottire.
deglutorio *agg.* della deglutizione.
degollación *s.f.* decapitazione.
degolladero *s.m.* **1** macello, scannatoio **2** (*fig.*) patibolo.
degollador *s.m., agg.* boia.
degolladura *s.f.* decapitazione, sgozzamento (*m.*).
degollamiento *s.m.* → **degollación.**
degollar (*con. come* contar) *v.tr.* sgozzare, decapitare, scannare.
degollina *s.f.* **1** carneficina, strage **2** (*scuola, in un esame*) strage.
degradable *agg.* (*chim.*) degradabile.
degradación *s.f.* degradazione.
degradante *agg.* degradante, squalificante, umiliante: *un espectáculo* —, uno spettacolo degradante.
degradar *v.tr.* **1** (*anche chim.*) degradare **2** (*pitt.*) degradare, sfumare **3** (*fig.*) umiliare, avvilire ♦ **-se** *v.pron.* umiliarsi, avvilirsi, degradarsi.
degüello *s.m.* sgozzamento | *pasar a* —, passare a fil di spada.
degustación *s.f.* degustazione, assaggio (*m.*): — *de quesos*, degustazione di formaggi.
degustador *s.m.* degustatore, assaggiatore.
degustar *v.tr.* degustare, assaggiare, provare.
dehesa *s.f.* prateria, pascolo (*m.*).
dehesar *v.tr.* coltivare a pascolo.
dehesero *s.m.* guardiano di pascoli.
deicida *agg., s.m./f.* deicida.
deicidio *s.m.* deicidio.
deíctico *agg.* (*gramm.*) deittico.
deidad *s.f.* deità, divinità.
deificación *s.f.* divinizzazione, deificazione, santificazione.
deificar (*con. come* pescar) *v.tr.* **1** deificare; divinizzare (*anche fig.*), glorificare **2** (*fig.*) mitizzare: *está deificando a su novia*, sta mitizzando la sua fidanzata.
deiforme *agg.* deiforme.
deípara *agg.* (*relig.*) deípara.
deísmo *s.m.* (*relig.*) deismo.

deísta *agg., s.m./f.* (*relig.*) deista.
deixis *s.f.* (*ling., gramm.*) deissi.
dejación *s.f.* **1** abbandono (*m.*), cessazione, rinuncia **2** (*Amer.*) indolenza, apatia.
dejadez (*pl.* -ces) *s.f.* **1** trascuratezza, negligenza: *la — de su aspecto me entristece*, la trascuratezza del suo aspetto mi intristisce **2** pigrizia.
dejado *agg.* **1** lasciato, abbandonato, dimenticato **2** trascurato, trasandato.
dejar *v.tr.* **1** lasciare, abbandonare: *quiere — al marido*, vuole lasciare il marito | *— a alguien plantado*, piantare in asso | *— que desear*, lasciare a desiderare | *¡déja!*, lascia stare | *¡deja eso!*, lascia perdere | *— a alguien a seco*, lasciare qlcu. morto stecchito | *— caer algo*, accennare a qlco. | *— aparte*, lasciare da parte, tralasciare **2** permettere, consentire: *le dejó salir*, gli permise di uscire | *— correr*, lasciar correre/perdere **3** appoggiare: *déjalo en la mesa*, appoggialo sul tavolo **4** prestare: *¿me dejas el ordenador?*, mi presti il computer? **5** affidare: *le dejó el cuidado de su casa*, gli affidò la cura della sua casa ♦ *v.intr.* smettere: *— de fumar*, smettere di fumare | *no — de* (+ inf.), per affermare quanto viene epresso dall'infinito: *no deja de ser aburrido*, è comunque noioso ♦ **-se** *v.pron.* **1** lasciarsi andare, trascurarsi | (*fig.*) *— llevar por la corriente*, lasciarsi trascinare dalla corrente **2** dimenticare: *me dejé el bolso en la tienda*, ho dimenticato la borsa nel negozio **3** smetterla | *¡déjate de bromas, que estoy enfadado!*, smettila di scherzare, che sono arrabbiato! | *— caer*, presentarsi, farsi vivo.
deje, dejo *s.m.* **1** inflessione (*f.*), accento: *se le nota un — gallego*, gli si nota un accento galiziano **2** gusto, sapore: *la torta tiene un — de almendras*, la torta sa di mandorle.
del *prep.art.m.sing.* → **de.**
delación *s.f.* (*dir.*) delazione.
delantal *s.m.* grembiule.
delante *avv.* davanti: *está —*, è davanti | *quitarse de —*, andare via, togliersi dai piedi | *de —*, anteriore | *poner por —*, avvertire
■ ***delante de***, davanti a: *— de la casa*, davanti alla casa; *pasó por — de él*, passò davanti a lui.
delantera *s.f.* **1** davanti (*m.*), parte anteriore: *la — del edificio*, la parte anteriore dell'edificio **2** (*fig.*) sopravvento (*m.*), vantaggio (*m.*) | *tomar la —*, sorpassare, prendere il sopravvento **3** (*sport*) attacco (*m.*).
delantero *agg.* anteriore: *el asiento —*, il sedile anteriore; *puerta delantera*, porta anteriore ♦ *s.m.* **1** (*sport*) attaccante | *— centro*, centravanti **2** (*zool.*) quarto anteriore **3** (*abbigl.*) parte (*f.*) anteriore (di un indumento).
delatable *agg.* denunciabile.
delatador *agg.* delatore, che denuncia.
delatar *v.tr.* **1** denunziare **2** rivelare, tradire (*anche fig.*): *su actitud lo delató*, il suo atteggiamento lo tradì ♦ **-se** *v.pron.* tradirsi.
delator *s.m.* delatore, spia (*f.*): *es un —, nos ha traicionado*, è una spia, ci ha tradito.
deleble *agg.* (*lett.*) delebile.
delectación *s.f.* diletto (*m.*).
delegación *s.f.* **1** delegazione, rappresentanza: *una — de gobierno*, una rappresentanza del governo **2** delega.
delegado *agg., s.m.* delegato, rappresentante: *un — del presidente*, un delegato del presidente.
delegar (*con. come* llegar) *v.tr.* delegare; incaricare; autorizzare: *he delegado a mi madre para que retire la carta*, ho autorizzato mia madre a ritirare la lettera.
delegatario *s.m.* (*dir.*) delegatario.
delegatorio *agg.* (*dir.*) delegatorio.
deleitable *agg.* dilettevole.
deleitación *s.f.* diletto (*m.*).
deleitar *v.tr.* dilettare, deliziare; rallegrare, divertire ♦ **-se** *v.pron.* dilettarsi, provare gioia.
deleite *s.m.* piacere, diletto, gioia (*f.*).
deleitoso *agg.* → **deleitable.**
deletéreo *agg.* deleterio, letale.
deletrear *v.tr.* sillabare, compitare.
deletreo *s.m.* sillabazione (*f.*), compitazione (*f.*).
deleznable *agg.* **1** friabile, sgretolabile **2** scivoloso, sdrucciolevole **3** (*fig.*) futile, inutile.
delfín[1] *s.m.* (*zool.*) delfino.
delfín[2] *s.m.* (*anche fig.*) delfino: *el — del emperador*, il delfino dell'imperatore.
delfínidos *s.m.pl.* (*zool.*) delfinidi.
delgadez (*pl.* -ces) *s.f.* magrezza, snellezza.
delgado *agg.* **1** magro, snello; esile, sottile: *estás algo —*, sei un po' magro **2** (*fig.*) esile, sottile | *intestino —*, intestino tenue **3** (*fig.*) acuto, sottile.
deliberación *s.f.* delibera, decisione, risoluzione.
deliberado *agg.* voluto, volontario, deliberato.
deliberante *agg.* deliberante.
deliberar *v.tr./intr.* deliberare, decidere, risolvere, disporre: *el gobierno ha deliberado lo siguiente*, il governo ha disposto quanto segue.
deliberativo *agg.* deliberativo.
delicadez (*pl.* -ces) *s.f.* **1** debolezza, cagionevolezza **2** (*fig.*) suscettibilità, permalosità.
delicadeza *s.f.* **1** morbidezza, soavità; tenerezza **2** delicatezza, finezza, gentilezza: *la — de sus modales me ha seducido*, la gentilezza dei suoi modi mi ha sedotta.

delicado *agg.* **1** delicato, gentile **2** (*fig.*) malaticcio, fragile **3** (*fig.*) delicato, difficile, problematico | *asunto* —, tema problematico **4** (*fig.*) permaloso, suscettibile.
delicia *s.f.* delizia, diletto (*m.*).
delicioso *agg.* delizioso, dilettevole, piacevole; squisito: *fruto* —, frutto squisito.
delictivo *agg.* delittuoso, delinquenziale, criminale.
delicuescente *agg.* **1** (*chim.*) deliquescente **2** (*fig.*, *lett.*) decadente.
delimitación *s.f.* delimitazione.
delimitar *v.tr.* **1** delimitare, tracciare i contorni, circoscrivere **2** (*fig.*) definire: — *las competencias*, definire le competenze.
delincuencia *s.f.* delinquenza, criminalità | — *callejera*, microcriminalità.
delincuente *agg.*, *s.m./f.* delinquente, criminale.
delineante *s.m./f.* geometra.
delinear *v.tr.* delineare, disegnare; tracciare piani/progetti ♦ **-se** *v.pron.* delinearsi, profilarsi.
delinquir (*indic.pres.* delinco, delinques...; *cong.pres.* delinca, delincas...; *imp.* delinque, delinca, delincamos, delinquid, delincan) *v.intr.* delinquere.
deliquio *s.m.* (*lett.*) **1** deliquio, svenimento **2** rapimento, estasi (*f.*).
delirante *agg.* delirante, pazzesco: *su respuesta es* —, la sua risposta è pazzesca.
delirar *v.intr.* **1** delirare, farneticare **2** (*fig.*) dire assurdità.
delirio *s.m.* **1** delirio, turba (*f.*) **2** (*fig.*) esaltazione (*f.*), frenesia (*f.*): *siente — por el fútbol*, impazzisce per il calcio.
delito *s.m.* **1** delitto, misfatto **2**(*dir.*) crimine, reato | *cuerpo del* —, corpo del reato | — *de sangre*, delitto di sangue | *flagrante* —, flagranza di reato | — *común*, reato comune.
delta *s.m.* (*anche geogr.*) delta.
deltoides *s.m.* (*anat.*) deltoide.
deludir *v.tr.* (*lett.*) ingannare, deludere.
demacrado *agg.* dimagrito, smunto.
demagogia *s.f.* demagogia.
demagógico *agg.* demagogico: *actitud demagógica*, atteggiamento demagogico.
demagogo *s.m.* demagogo.
demanda *s.f.* **1** domanda, richiesta: — *de matriculación*, domanda di iscrizione; — *de ayuda*, richiesta di aiuto | *ir en — de*, andare in cerca di **2** (*comm.*) domanda: *en el mercado hay poca* —, sul mercato c'è poca domanda **3** (*dir.*) querela; causa: *presentar una — contra alguien*, presentare querela contro qlcu.; *contestar una* —, impugnare una causa **4** (*dir.*) petizione, istanza: — *del juez*, istanza del giudice.
demandadero *s.m.* fattorino.
demandado *s.m.* (*dir.*) querelato.
demandante *s.m./f.* (*dir.*) querelante.
demandar *v.tr.* **1** richiedere, chiedere **2** (*dir.*) citare, querelare, far causa: — *ante el juez*, citare davanti al giudice.
demarcación *s.f.* **1** demarcazione | *línea de* —, linea di demarcazione **2** confine (*m.*).
demarcar (*con. come* pescar) *v.tr.* **1** demarcare, delimitare: — *el área*, delimitare l'area **2** (*mar.*) marcare, fare il punto.
demás *agg.indef.* altro: *España y los — países*, la Spagna e gli altri paesi; *el alquiler, los impuestos y — gastos*, l'affitto, le tasse e le altre spese | *y* —, eccetera ♦ *pron.indef.* **1** altro: *los, las* —, gli altri, le altre; *algunos se marcharon, los — se quedaron*, alcuni se ne andarono, gli altri restarono **2** (*neutro*) resto: *lo* —, il resto: *quédate con todo lo* —, tieniti tutto il resto | *por lo* —, per il resto: *por lo —, hay que reconocer su sentido del deber*, inoltre, bisogna riconoscere il suo senso del dovere; *la máquina es lenta, pero, por lo —, es buena*, la macchina è lenta, ma, per il resto, è buona | *por* —, inutile: *está por — decir que el negocio nos interesa*, è inutile/troppo dire che l'affare ci interessa; *habla por* —, parla eccessivamente; parla a vanvera | *estar de* —, essere di troppo.
demasía *s.f.* **1** eccesso (*m.*), sovrabbondanza | *en* —, troppo: *habla en* —, parla troppo **2** (*fig.*) insolenza, sfacciataggine.
demasiado *agg.* troppo: *hay demasiada gente*, c'è troppa gente ♦ *avv.* troppo, eccessivamente: *comes* —, mangi troppo.
demediar *v.tr./intr.* dimezzare.
demencia *s.f.* **1** demenza, pazzia **2** (*fig.*) stupidità, stoltezza.
demencial *agg.* demenziale, pazzesco.
dementarse *v.pron.* impazzire.
demente *agg.*, *s.m./f.* demente, stupido (*m.*).
demérito *s.m.* demerito.
demeritorio *agg.* demeritevole.
demiurgo *s.m.* (*filos.*) demiurgo.
democracia *s.f.* democrazia.
demócrata *agg.*, *s.m./f.* democratico (*m.*).
democrático *agg.* democratico.
democratización *s.f.* democratizzazione.
democratizar (*con. come* cazar) *v.tr.* democratizzare.
democristiano *agg.*, *s.m.* (*pol.*) democristiano.
demodé *agg.* demodé.
demografía *s.f.* demografia.
demográfico *agg.* demografico.
demógrafo *s.m.* demografo.
demoledor *agg.*, *s.m.* demolitore.
demoler (*con. come* mover) *v.tr.* demolire (*anche fig.*), abbattere, smantellare: *quieren — el viejo edificio*, vogliono abbattere il vecchio edificio.

demolición *s.f.* demolizione, abbattimento (*m.*).
demoníaco *agg.* demoniaco, satanico.
demonio *s.m.* demonio, demone, diavolo | *¡qué demonios!*, che diavolo! | *ese — de hombre*, quel diavolo di un uomo | *oler, saber a demonios*, avere un odore, un sapore sgradevole: *el café sabe a demonios*, il caffè fa schifo.
demora *s.f.* ritardo (*m.*), dilazione | *sin —*, senza indugio, subito.
demorar *v.tr.* tardare, ritardare; rimandare, differire: *— el pago*, ritardare il pagamento ♦ **-se** *v.pron.* trattenersi, indugiare: *se demoró mucho en tomar la decisión*, impiegò molto tempo per prendere la decisione.
demorón *agg.* (*Amer.*) lento.
demoscopia *s.f.* demoscopia.
demoscópico *agg.* demoscopico.
demostrable *agg.* dimostrabile; dimostrato: *hecho —*, fatto dimostrabile/dimostrato.
demostración *s.f.* **1** dimostrazione, prova **2** manifestazione, ostentazione.
demostrar (*con. come* contar) *v.tr.* (*anche filos., mat.*) dimostrare, manifestare; mostrare, provare: *los hechos demostraron que tenías razón*, i fatti provarono che avevi ragione.
demostrativo *agg.* (*anche gramm.*) dimostrativo: *procedimiento —*, procedimento dimostrativo.
demudación *s.f.* mutamento (*m.*), alterazione, mutazione.
demudamiento *s.m.* → **demudación.**
demudar *v.tr.* **1** (*atteggiamento, espressione*) mutare **2** alterare, sconvolgere: *la terrible escena nos demudó*, la terribile scena ci sconvolse ♦ **-se** *v.pron.* cambiare colore: *su rostro se le demuda ante el peligro*, davanti al pericolo il suo viso cambia colore.
demulcente *agg., s.m./f.* (*med.*) emolliente.
denantes *avv.* (*pop.*) poco fa, dianzi.
denegación *s.f.* **1** diniego (*m.*), rifiuto (*m.*), negazione **2** (*dir.*) omissione | (*dir.*) *— de auxilio*, omissione di soccorso.
denegar (*con. come* negar) *v.tr.* denegare, rifiutare, ricusare, respingere: *denegó las acusaciones*, respinse le accuse.
dengoso *agg.* lezioso, smorfioso.
dengue *s.m.* smanceria (*f.*), leziosità (*f.*).
denguero *agg.* → **dengoso.**
denigración *s.f.* denigrazione, diffamazione.
denigrante *s.m./f.* denigratore.
denigrar *v.tr.* **1** denigrare, diffamare, screditare: *— las instituciones*, denigrare le istituzioni **2** criticare, insultare.
denigratorio *agg.* denigratorio.
denodado *agg.* audace, coraggioso, valoroso.
denominación *s.f.* denominazione | *— de origen*, denominazione di origine controllata.
denominado *agg.* denominato, cosiddetto.
denominador *s.m.* (*anche mat.*) denominatore: *máximo común —*, massimo comun denominatore.
denominar *v.tr.* denominare, chiamare.
denominativo *agg.* (*anche gramm.*) denominativo.
denostador *agg.* oltraggioso, insultante.
denostar *v.tr.* oltraggiare, ingiuriare, insultare.
denotación *s.f.* (*filos., ling.*) denotazione.
denotar *v.tr.* denotare, significare: *ello denota su estupidez*, ciò denota la sua stupidità.
denotativo *agg.* denotativo.
densidad *s.f.* densità.
densificación *s.f.* addensamento (*m.*).
densificar (*con. come* pescar) *v.tr.* addensare, condensare, ispessire ♦ **-se** *v.pron.* addensarsi.
denso *agg.* **1** denso, spesso, fitto: *niebla densa*, nebbia fitta **2** (*fig.*) oscuro, cupo, complesso: *es una novela algo densa*, è un romanzo piuttosto oscuro.
dentado *agg.* dentato, dentellato.
dentar *v.tr.* dentellare ♦ *v.intr.* (*di bambini*) mettere i denti.
dentario *agg.* dentario, dentale.
dentadura *s.f.* dentatura: *— postiza/artificial*, dentiera.
dental *agg.* (*anche ling.*) dentale: *clinica —*, laboratorio dentistico.
dentellada *s.f.* morso (*m.*), dentata.
dentellado *agg.* dentato, dentellato: *rueda dentellada*, ruota dentata.
dentellar *v.intr.* battere i denti.
dentera *s.f.* **1** l'allappare, l'allegare dei denti **2** (*fig.*) gelosia, invidia.
dentición *s.f.* dentizione.
denticulación *s.f.* (*zool.*) dentatura.
denticular *agg.* dentato, dentellato.
dentífrico *s.m.* dentifricio.
dentina *s.f.* (*anat.*) dentina.
dentista *s.m./f.* dentista.
dentro *avv.* (*luogo*) dentro: *el perro está —*, il cane è dentro | *de/desde —*, da dentro | *hacia/para —*, verso l'interno | *por —*, dal di dentro | *— de sí*, tra sé e sé | *— de lo posible*, per quanto possibile
■ ***dentro de*** **1** (*tempo*) entro, fra, tra: *— de un mes*, fra un mese; *— del año*, entro l'anno **2** (*luogo*) dentro: *— de las cajas*, dentro le scatole, nelle scatole.
dentudo *agg.* dentone.
denuedo *s.m.* valore, coraggio, ardimento.
denuesto *s.m.* offesa (*f.*), insulto.
denuncia *s.f.* denunzia; dichiarazione; esposto (*m.*).
denunciable *agg.* denunciabile.

denunciador *agg., s.m.* denunziatore.
denunciante *agg., s.m./f.* denunciante.
denunciar *v.tr.* denunciare (*anche fig.*).
deontología *s.f.* deontologia: *— profesional*, deontologia professionale.
deontológico *agg.* deontologico: *código —*, codice deontologico.
deparador *agg., s.m.* dispensatore, che offre.
deparar *v.tr.* **1** offrire, concedere, dare **2** (*fig.*) riservare, preparare: *¿qué nos depara el destino?*, cosa ci riserva il destino?
departamental *agg.* dipartimentale.
departamento *s.m.* **1** (*di edificio*) dipartimento, sezione (*f.*) **2** (*di negozio*) reparto: *he comprado estos accesorios en el — de electrodomésticos*, ho comprato questi accessori nel reparto casalinghi **3** scompartimento **4** (*di Università*) dipartimento, istituto: *— de hispanística*, dipartimento di ispanistica **5** (*Amer.*) appartamento.
departidor *agg., s.m.* interlocutore.
departir *v.intr.* interloquire, discorrere, conversare.
depauperación *s.f.* **1** depauperamento (*m.*) **2** (*med.*) deperimento (*m.*).
depauperar *v.tr.* **1** depauperare (*anche fig.*) **2** (*med.*) debilitare.
dependencia *s.f.* **1** dipendenza, subordinazione: *— de los padres*, dipendenza dai genitori | (*raro*) *toda la —*, tutti i dipendenti **2** (*da droga, alcool*) dipendenza **3** relazione, collegamento (*m.*): *hay una clara — entre los dos fenómenos*, vi è una chiara relazione tra i due fenomeni **4** succursale, filiale: *esta empresa tiene una — en Roma*, questa azienda ha una filiale a Roma **5** (*di ufficio*) dipartimento (*m.*), sezione; (*di palazzo*) stanze (*pl.*); dépendance.
depender *v.intr.* dipendere; essere soggetto/subordinato.
dependiente (*f.* -a) *agg.* dipendente ♦ *s.m.* commesso: *es — en un supermercado*, fa il commesso in un supermercato.
depilación *s.f.* depilazione.
depilar *v.tr.* depilare ♦ **-se** *v.pron.* depilarsi.
depilatorio *agg.* depilatorio.
deplorable *agg.* riprovevole, deplorevole, increscioso.
deplorar *v.tr.* deplorare, censurare.
deponente *agg., s.m./f.* deponente: *verbo —*, verbo deponente.
deponer (*con. come* poner) *v.tr.* **1** (*dir.*) deporre: *— ante el juez*, deporre davanti al giudice **2** destituire, dimettere: *— a un rey*, deporre un re **3** (*anche fig.*) appoggiare, posare; deporre: *— las armas*, deporre le armi; *— el odio*, abbandonare l'odio ♦ *v.intr.* defecare.
depopulador *agg.* devastatore ♦ *s.m.* flagello.
deportación *s.f.* deportazione.
deportado *agg., s.m.* deportato.
deportar *v.tr.* deportare.
deporte *s.m.* sport | *por —*, per sport | *deportes de equipo*, sport di squadra | *deportes de invierno*, sport invernali.
deportismo *s.m.* sportività (*f.*).
deportista *s.m./f.* sportivo (*m.*).
deportividad *s.f.* sportività.
deportivo *agg.* sportivo: *zapatos deportivos*, scarpe sportive ♦ *s.m.* (*aut.*) macchina (*f.*) sportiva.
deposición *s.f.* **1** dichiarazione; deposizione, testimonianza **2** (*pol.*) destituzione, rimozione: *la — del tirano*, la destituzione del tiranno **3** (*med.*) defecazione.
depositador, depositante *agg., s.m.* (*econ.*) depositante.
depositar *v.tr.* **1** (*denaro*) depositare, versare **2** consegnare, lasciare **3** (*fig.*) affidare, riporre: *deposito en ti todas mis esperanzas*, ripongo in te tutte le mie speranze ♦ **-se** *v.pron.* depositarsi, sedimentare.
depositaría *s.f.* tesoreria.
depositario *s.m.* **1** (*anche fig.*) depositario **2** (*econ.*) tesoriere.
depósito *s.m.* **1** deposito **2** (*banc.*) versamento **3** (*aut.*) serbatoio.
depravación *s.f.* depravazione.
depravado *agg., s.m.* depravato, pervertito.
depravar *v.tr.* depravare, corrompere, pervertire ♦ **-se** *v.pron.* pervertirsi.
depre *agg.* (*fam.*) depresso, triste: *hoy estoy —*, oggi sono triste; *ella es una —*, lei è una depressa ♦ *s.f.* depressione; fiacca: *le ha entrado la —*, gli/le è venuta la depressione.
deprecación *s.f.* **1** (*ret.*) deprecazione **2** supplica, preghiera: *os hago una —*, vi faccio una supplica.
deprecar (*con. come* pescar) *v.tr.* pregare, supplicare.
deprecativo, deprecatorio *agg.* deprecativo.
depreciación *s.f.* (*fin.*) deprezzamento (*m.*), svalutazione.
depreciar *v.tr.* deprezzare, svalutare: *— la moneda*, svalutare la moneta ♦ **-se** *v.pron.* svalutarsi.
depredación *s.f.* depredazione, rovina, devastazione.
depredador *agg., s.m.* predatore; saccheggiatore.
depredar *v.tr.* depredare, saccheggiare; derubare.
depresión *s.f.* (*anche med.*) depressione: *— nerviosa*, depressione nervosa; *padecer de —*, soffrire di depressione; *— atmosférica*, depressione atmosferica; *— económica*, depressione economica.

depresivo *agg.* **1** depressivo, deprimente **2** umiliante, vessatorio.
depresor *agg.* (*fig.*) deprimente.
deprimente *agg.* → **depresivo.**
deprimido *agg.* **1** depresso: *estar* —, essere depresso **2** (*fig.*) depresso, arretrato: *zonas deprimidas*, zone depresse.
deprimir *v.tr.* deprimere, avvilire: *las críticas le deprimieron mucho*, le critiche lo avvilirono molto ♦ **-se** *v.pron.* deprimersi, avvilirsi.
deprisa, de prisa *avv.* rapidamente, in fretta: *andar* —, camminare in fretta | — *y corriendo*, in fretta e furia.
depuración *s.f.* **1** depurazione, purificazione **2** (*pol.*) epurazione.
depurado *agg.* **1** depurato **2** (*fig.*) raffinato, forbito: *lenguaje* —, linguaggio forbito.
depurador *agg.*, *s.m.* **1** depuratore **2** (*pol.*) epuratore.
depuradora *s.f.* impianto (*m.*) di depurazione, depuratore (*m.*).
depurar *v.tr.* **1** depurare, purificare: — *una zona*, purificare una zona **2** (*fig.*) raffinare, perfezionare: — *el lenguaje*, raffinare il linguaggio **3** (*pol.*) epurare, estromettere, inquisire: — *a los catedráticos contrarios al régimen*, epurare i docenti contrari al regime.
depurativo *agg.* (*med.*) depurativo.
depuratorio *agg.* depuratorio.
derby *s.m.* (*sport*) derby.
derecha *s.f.* destra (*anche pol.*): *escribe con la* —, scrive con la destra; *gire Ud. a la* —, giri a destra | *es un líder de la* —, è un leader della destra | *a derechas*, in senso orario.
derechamente *avv.* **1** direttamente **2** (*fig.*) rettamente, chiaramente, apertamente: *lo digo* —, lo dico chiaramente **3** (*fig.*) prudentemente, con discrezione.
derechazo *s.m.* **1** (*boxe*) destro, diretto **2** (*tauromachia*) movimento di muleta eseguito con la destra.
derechismo *s.m.* (*pol.*) destrismo.
derechista *agg.*, *s.m./f.* (*pol.*) (persona) di destra, conservatore (*m.*).
derecho *agg.* **1** diritto: *una linea derecha*, una linea diritta | — *como una vela*, dritto come un fuso **2** destro: *aparca al lado* —, parcheggia sul lato destro; *la pierna derecha*, la gamba destra | (*pol.*) *de derecha*(*s*), di destra | *ser el ojo — de alguien*, essere il preferito di qlcu. **3** (*fig.*, *di persona*) retto: *es un hombre* —, è un uomo retto | *es un hombre hecho y* —, è un uomo fatto; è un uomo serio/tutto d'un pezzo ♦ *avv.* diritto, diretto: *me miró — en los ojos*, mi guardò diritto negli occhi | *ir — al grano*, andare diritto al sodo ♦ *s.m.* **1** diritto, legge (*f.*), giurisprudenza (*f.*); giustizia (*f.*): *estudiar* —, studiare legge; *licenciado/doctor en* —, laureato in legge; — *civil*, *mercantil*, *penal*, diritto civile, commerciale, penale | *¡no hay —!*, non è giusto! **2** diritto: *derechos humanos*, diritti umani | *con arreglo al* —, secondo il diritto **3** (*pl.*) tasse (*f.*): *derechos de matrícula*, tasse scolastiche | *derechos de autor*, diritti d'autore | *derechos de aduana*, dazio | *derechos pasivos*, pensione statale **4** (*di tela*, *carta*) diritto: *poner el mantel por el* —, mettere la tovaglia dalla parte diritta | *saberse algo al — y al revés*, sapere qlco. a menadito **5** parcella (*f.*) (di notaio, architetto).
derechohabiente *agg.*, *s.m./f.* (*dir.*) avente diritto.
derechura *s.f.* rettitudine, onestà.
deriva *s.f.* deriva | *ir a la* —, andare alla deriva.
derivación *s.f.* **1** derivazione; provenienza, origine: *se desconoce la — del material*, si ignora la provenienza del materiale **2** (*gramm.*, *elettr.*) derivazione.
derivada *s.f.* (*mat.*) derivata.
derivado *agg.*, *s.m.* (*anche ling.*) derivato.
derivar *v.tr.* **1** deviare, sviare: *derivó la charla hacia otro tema*, deviò la conversazione verso un altro argomento **2** (*ling.*) derivare ♦ *v.intr.* derivare, discendere, avere origine: *el hombre deriva del mono*, l'uomo discende dalla scimmia; *mi mal humor deriva de su actitud*, il mio malumore deriva dal suo atteggiamento ♦ **-se** *v.pron.* **1** derivare, originarsi **2** diramarsi; deviare: *el canal se deriva en dos*, il canale si dirama in due.
derivativo *agg.*, *s.m.* (*ling.*) derivativo: *morfema* —, morfema derivativo.
dermatitis *s.f.* (*med.*) dermatite.
dermatología *s.f.* (*med.*) dermatologia.
dermatólogo *s.m.* (*med.*) dermatologo.
dérmico *agg.* (*anat.*) dermico.
dermis *s.f.* (*anat.*) derma (*m.*).
dermofarmacia *s.f.* cosmetologia.
derogación *s.f.* deroga, derogazione.
derogar (*con. come* llegar) *v.tr.* abrogare: — *una ley*, abrogare una legge.
derramamiento *s.m.* spargimento: — *de sangre*, spargimento di sangue.
derramar *v.tr.* **1** spargere; versare, rovesciare: *derramó toda la leche por el suelo*, versò tutto il latte per terra **2** (*fig.*) divulgare, spargere ♦ **-se** *v.pron.* **1** spargersi (*anche fig.*), sparpagliarsi: *la noticia se derramó*, la notizia si sparse **2** (*di liquidi*) versarsi.
derrame *s.m.* **1** spargimento **2** perdita (*f.*), fuoriuscita (*f.*): — *de un líquido*, fuoriuscita di un liquido **3** (*pitt.*) sgocciolatura (*f.*) **4** (*med.*) emorragia | — *cerebral*, emorragia cerebrale.
derrapar *v.intr.* (*aut.*) derapare, slittare, scivolare, pattinare.
derredor *s.m.* contorno, perimetro, bordo.
derrelicto *s.m.* (*mar.*) relitto.

derrenegar (*con. come* negar) *v.intr.* (*fam.*) detestare, odiare, aborrire: — *de las personas hipócritas*, detestare le persone ipocrite.
derrengar (*con. come* llegar) *v.tr.* sfiancare; stancare ♦ **-se** *v.pron.* faticare, rompersi la schiena.
derretido *agg.* **1** sciolto, liquefatto **2** (*fig.*, *fam.*) innamorato perso, cotto: *estoy — por tí*, sono cotto di te.
derretimiento *s.m.* **1** scioglimento, liquefazione (*f.*), fusione (*f.*) **2** (*fig.*, *fam.*) cotta (*f.*), sbandata (*f.*).
derretir (*con. come* servir) *v.tr.* **1** fondere, liquefare, sciogliere **2** (*fig.*) dilapidare : *derritió sus ahorros*, ha dilapidato i propri risparmi ♦ **-se** *v.pron.* **1** sciogliersi; disfarsi **2** (*fig.*) consumarsi, struggersi: *se derrite de amor por él*, si consuma d'amore per lui.
derribado *agg.* **1** (*di muro, edificio*) abbattuto, smantellato, demolito **2** (*di albero*) abbattuto: *árbol — por el viento*, albero abbattuto dal vento.
derribar *v.tr.* **1** abbattere, demolire: — *un muro*, abbattere un muro **2** abbattere, far cadere: — *un avión*, abbattere un aeroplano **3** (*anche fig.*, *pol.*) abbattere, rovesciare: *el régimen fue derribado*, il regime fu rovesciato **4** (*fig.*) abbattere, indebolire, prostrare ♦ **-se** *v.pron.* prostrarsi, gettarsi a terra.
derribo *s.m.* **1** demolizione (*f.*), abbattimento: *el — de la muralla*, l'abbattimento della muraglia **2** (*spec. pl.*) resti (*pl.*), macerie (*f.pl.*): *derribos de edificios medievales*, resti di edifici medievali.
derrocamiento *s.m.* rovesciamento, sovvertimento: — *del gobierno*, rovesciamento del governo.
derrocar (*con. come* pescar) *v.tr.* **1** demolire, abbattere **2** (*fig.*, *pol.*) rovesciare, abbattere.
derrochador *agg.*, *s.m.* sprecone, scialacquatore.
derrochar *v.tr.* dissipare, scialacquare: — *una fortuna*, sperperare una fortuna.
derroche *s.m.* sperpero, spreco.
derrota[1] *s.f.* **1** sentiero (*m.*), cammino (*m.*) **2** (*mar.*) rotta.
derrota[2] *s.f.* sconfitta, disfatta; fallimento (*m.*): — *de los intentos diplomáticos*, fallimento dei tentativi diplomatici.
derrotado *agg.* **1** (*fig.*) sconfitto, abbattuto **2** (*di persona*) cencioso, vestito di stracci.
derrotar *v.tr.* sconfiggere, distruggere, rovinare.
derrote *s.m.* (*tauromachia*) cornata (*f.*) che dà il toro alzando la testa con un movimento veloce.
derrotero *s.m.* (*mar.*) **1** rotta (*f.*) **2** portolano.
derrotismo *s.m.* disfattismo.
derrotista *agg.*, *s.m./f.* disfattista.
derrubio *s.m.* dilavamento, frana (*f.*).
derruido *agg.* distrutto, cadente, diroccato.
derruir (*con. come* huir) *v.tr.* distruggere, demolire, abbattere.
derrumbadero *s.m.* **1** dirupo, burrone **2** (*fig.*) pericolo.
derrumbamiento *s.m.* frana (*f.*), crollo; valanga (*f.*).
derrumbar *v.tr.* **1** far cadere, buttare giù **2** (*anche fig.*) abbattere, demolire: — *los muros*, abbattere i muri; *derrumbó sus sueños*, distrusse i suoi sogni ♦ **-se** *v.pron.* franare, precipitare, crollare.
derrumbe *s.m.* crollo, caduta (*f.*); frana (*f.*): *el — del edificio causó muchos heridos*, il crollo dell'edificio causò molti feriti.
derviche *s.m.* (*relig.*) derviscio.
desabastecimiento *s.m.* mancanza (*f.*), carenza (*f.*).
desabonarse *v.pron.* annullare, disdire un abbonamento.
desabono *s.m.* annullamento, disdetta (*f.*) di un abbonamento.
desabor *s.m.* insipidezza (*f.*), mancanza (*f.*) di sapore.
desaborido *agg.* insipido: *una comida desaborida*, un pasto insipido.
desabotonar *v.tr.* sbottonare ♦ *v.intr.* (*fig.*) sbocciare: *en marzo desabotonan las rosas*, a marzo sbocciano le rose ♦ **-se** *v.pron.* sbottonarsi.
desabrido *agg.* **1** insipido; sgradevole: *estas fresas están desabridas*, queste fragole non sanno di niente **2** (*fig.*, *di persona*) brusco, scostante **3** (*di tempo*) uggioso.
desabrigado *agg.* (*fig.*) abbandonato, trascurato: *la casta de los desabrigados*, la casta dei derelitti.
desabrigar (*con. come* llegar) *v.tr.* scoprire, spogliare ♦ **-se** *v.pron.* (*abbigl.*) scoprirsi: *si sales por la noche, no te desabrigues*, se esci la sera, non ti scoprire.
desabrigo *s.m.* **1** scoprimento **2** (*fig.*) abbandono, trascuratezza (*f.*).
desabrimiento *s.m.* **1** insipidezza (*f.*), mancanza (*f.*) di sapore **2** (*fig.*) asprezza (*f.*), durezza (*f.*): *tratar con —*, trattare con asprezza **3** (*fig.*) amarezza (*f.*), rammarico, dispiacere: — *de corazón*, amarezza del cuore.
desabrochar *v.tr.* sbottonare, slacciare ♦ **-se** *v.pron.* **1** slacciarsi **2** (*fig.*) aprirsi, confidarsi.
desacalorarse *v.pron.* refrigerarsi, rinfrescarsi.
desacatar *v.tr.* **1** offendere, mancare di rispetto **2** disubbidire, disattendere; (*una legge*) contravvenire.
desacato *s.m.* **1** offesa (*f.*), oltraggio **2** disubbidienza (*f.*), insubordinazione (*f.*).

desaceitar *v.tr.* sgrassare.
desaceleración *s.f.* decelerazione.
desacelerar *v.intr.* rallentare, decelerare.
desacerbar *v.tr.* addolcire.
desacertado *agg.* **1** sbagliato, inadeguato: *consejo* —, consiglio inadeguato. **2** (*fig.*) sconsiderato, inopportuno.
desacertar (*con. come* acertar) *v.tr.* sbagliare, errare.
desacierto *s.m.* errore, sbaglio; balordaggine (*f.*), sproposito; equivoco.
desacobardar *v.tr.* incoraggiare, rinfrancare.
desacomedido *agg.* (*Amer.*, *di persona*) poco servizievole.
desacomodado *agg.* **1** indigente, disagiato **2** disoccupato: *obrero* —, operaio disoccupato **3** (*fig.*) scomodo: *ambiente* —, ambiente scomodo/inadatto.
desacomodamiento *s.m.* scomodità (*f.*).
desacomodar *v.tr.* **1** scomodare **2** togliere l'impiego, rendere disoccupato.
desacomodo *s.m.* disagio, incomodità (*f.*), disturbo.
desaconsejable *agg.* sconsigliabile.
desaconsejado *agg.* sconsigliato.
desaconsejar *v.tr.* sconsigliare.
desacoplamiento *s.m.* separazione (*f.*).
desacoplar *v.tr.* **1** separare, dividere, spaiare, disaccoppiare **2** (*elettr.*) scollegare.
desacordado *agg.* (*pitt.*) discordante, stridente.
desacordar (*con. come* contar) *v.tr.* (*mus.*) **1** scordare (uno strumento) **2** stonare ♦ **-se** *v.pron.* scordarsi, dimenticarsi.
desacorde *agg.* **1** (*fig.*) discordante, discorde: *actitud* —, atteggiamento discordante **2** (*mus.*, *di strumento*) scordato.
desacorralar *v.tr.* liberare, fare uscire dal recinto (il bestiame).
desacostumbrado *agg.* disabituato, disusato; insolito.
desacostumbrar *v.tr.* disabituare ♦ **-se** *v.pron.* disabituarsi.
desacotar *v.tr.* **1** ritirarsi, abbandonare le trattative **2** rifiutare, respingere.
desacralización *s.f.* desacralizzazione.
desacralizador *agg.* dissacrante.
desacralizar (*con. come* cazar) *v.tr.* desacralizzare, dissacrare.
desacreditado *agg.* screditato.
desacreditador *agg.*, *s.m.* screditante, denigratorio.
desacreditar *v.tr.* screditare, rovinare la reputazione ♦ **-se** *v.pron.* screditarsi.
desactivación *s.f.* (*bomba*) disinnesco (*m.*).
desactivar *v.tr.* **1** disattivare, disinnescare: — *una bomba*, disinnescare una bomba **2** (*fig.*) disinnescare, sventare **3** (*chim.*) neutralizzare: — *una reacción*, neutralizzare una reazione.
desacuerdo *s.m.* disaccordo, dissenso; dissonanza (*f.*), discrepanza (*f.*).
desadaptación *s.f.* disadattamento (*m.*).
desaderezar (*con. come* cazar) *v.tr.* rovinare, sciupare.
desadeudar *v.tr.* liberare dal debito ♦ **-se** *v.pron.* sdebitarsi, sciogliersi da un debito.
desadormecer (*con. come* agradecer) *v.tr.* (*anche fig.*) svegliare ♦ **-se** *v.pron.* **1** sgranchirsi **2** svegliarsi.
desadornar *v.tr.* sguarnire, disadornare.
desadorno *s.m.* nudità (*f.*), assenza (*f.*) di ornamenti.
desafección *s.f.* **1** disaffezione: — *política*, disaffezione politica **2** ostilità, avversione: — *al régimen*, ostilità al regime.
desafecto *agg.* **1** disaffezionato **2** (*pol.*) ostile, avverso.
desafiador *agg.*, *s.m.* sfidante.
desafiante *agg.* di sfida: *mirada* —, sguardo di sfida.
desafiar (*con. come* confiar) *v.tr.* **1** sfidare: — *a un duelo*, sfidare a duello **2** (*fig.*) sfidare affrontare: — *el peligro*, sfidare il pericolo.
desafinación *s.f.* (*mus.*, *di strumento*) scordatura; (*di voce*) stonatura.
desafinar *v.intr.* **1** stonare **2** (*fig.*, *fam.*) dire svarioni, parlare a sproposito.
desafío *s.m.* sfida (*f.*), competizione (*f.*).
desaforadamente *avv.* **1** senza misura, sfrenatamente **2** violentemente, furiosamente.
desaforado *agg.* smisurato, smodato, eccessivo.
desaforar *v.tr.* (*dir.*) **1** violare, trasgredire (una legge) **2** privare dei diritti, dei privilegi ♦ **-se** *v.pron.* (*fig.*) travalicare, infuriarsi.
desaforrar *v.tr.* sfoderare, sguainare.
desafortunadamente *avv.* sfortunatamente.
desafortunado *agg.* sfortunato, disgraziato.
desafuero *s.m.* **1** (*dir.*) violazione (*f.*) **2** (*dir.*) privazione (*f.*) dei diritti **3** prevaricazione (*f.*), prepotenza (*f.*).
desagraciar *v.tr.* deturpare, rovinare.
desagradable *agg.* sgradevole, spiacevole, disgustoso.
desagradar *v.intr.* **1** dar fastidio, molestare **2** disgustare; causare dispiacere: *sus palabras me desagradaron mucho*, le sue parole mi causarono molto dispiacere.
desagradecer (*con. come* agradecer) *v.tr.* essere irriconoscente, essere ingrato.
desagradecido *agg.*, *s.m.* ingrato, irriconoscente.
desagrado *s.m.* disgusto; riluttanza (*f.*); contrarietà (*f.*), disappunto, dispiacere.
desagraviar *v.tr.* risarcire, riparare.
desagravio *s.m.* risarcimento, riparazione (*f.*).

desagregación *s.f.* (*chim.*) disaggregazione.
desagregar (*con. come* llegar) *v.tr.* disgregare, disaggregare.
desaguadero *s.m.* **1** scarico, canale: — *de las aguas*, canale di scolo delle acque **2** (*fig.*) salasso, dissanguamento.
desaguar (*con. come* averiguar) *v.tr.* **1** prosciugare, drenare **2** (*fig.*) sperperare, sprecare ♦ *v.intr.* sfociare.
desaguazar (*con. come* cazar) *v.tr.* prosciugare, asciugare.
desagüe *s.m.* **1** prosciugamento, drenaggio **2** scolo, scarico: *el — de la lavadora*, lo scarico della lavatrice | *aguas de —*, acque di scolo.
desahogadamente *avv.* **1** agiatamente, disinvoltamente **2** ampiamente **3** sfrontatamente.
desahogado *agg.* **1** (*di luogo*) ampio, spazioso; (*di vestito*) comodo, largo **2** (*di persona*) agiato, benestante: *llevar una vida desahogada*, avere una vita agiata.
desahogar (*con. come* llegar) *v.tr.* **1** alleviare, alleggerire **2** sfogare: — *la tristeza*, sfogare la tristezza ♦ **-se** *v.pron.* **1** sfogarsi: *me he desahogado diciendo lo que pienso*, mi sono sfogato dicendo quello che penso **2** (*econ.*) rimettersi in sesto, alleviare le ristrettezze: *con este dinero nos desahogamos*, con questi soldi ci rimettiamo in sesto.
desahogo *s.m.* **1** sfogo: *escribir es un — para mí*, per me scrivere è uno sfogo **2** sollievo: *un — para los nervios*, un sollievo per i nervi **3** agiatezza (*f.*), comodità (*f.*): *vivir con cierto —*, vivere con una certa agiatezza **4** disinvoltura: *obrar con —*, operare con disinvoltura (*f.*) **5** sfacciataggine (*f.*).
desahuciar *v.tr.* **1** disilludere **2** sfrattare **3** (*med.*) dichiarare incurabile, (*fam.*) dare per spacciato.
desahucio *s.m.* sfratto.
desahumado *agg.* evaporato, sfumato.
desairado *agg.* **1** sgraziato, sgarbato **2** deluso, disincantato **3** disprezzato, umiliato: *sentirse — por alguien*, sentirsi disprezzato da qlcu.
desairar *v.tr.* disdegnare, snobbare, disprezzare.
desaire *s.m.* **1** scortesia (*f.*), sgarbo: *le ha abandonado con —*, lo ha abbandonato con sgarbo **2** goffaggine (*f.*), rozzezza (*f.*).
desajustar *v.tr.* scomporre, disarticolare ♦ **-se** *v.pron.* disarticolarsi, disgiungersi.
desajuste *s.m.* **1** (*tecn.*) scollamento, scompenso, irregolarità (*f.*): *hay que apretar los tornillos para evitar desajustes*, bisogna serrare le viti per evitare scompensi **2** (*fig.*) disaccordo: *hay un — de opiniones entre ellos*, tra loro c'è una divergenza di opinioni.
desalarse *v.pron.* **1** correre, affannarsi **2** agitarsi, smaniare, bramare: — *por conseguir algo*, smaniare per ottenere qlco.
desalentador *agg.* scoraggiante, avvilente, deprimente: *il panorama es —*, il panorama è scoraggiante.
desalentar (*con. come* acertar) *v.tr.* scoraggiare, abbattere: — *al enemigo*, scoraggiare il nemico; — *un comportamiento*, scoraggiare un comportamento.
desalfombrar *v.tr.* togliere i tappeti.
desaliento *s.m.* scoraggiamento, avvilimento, abbattimento: *el — nos rodea*, lo scoraggiamento ci circonda.
desalinear *v.tr.* disallineare.
desalinización *s.f.* (*tecn.*) desalinizzazione.
desalinizador *s.m.* (*tecn.*) dissalatore.
desalinizar (*con. come* cazar) *v.tr.* (*tecn.*) desalinizzare.
desaliñado *agg.* trascurato, trasandato.
desaliñar *v.tr.* disordinare, sciupare, trascurare.
desaliño *s.m.* (*anche fig.*) trascuratezza (*f.*), negligenza (*f.*): — *en el estilo*, trascuratezza nello stile.
desalmado *agg.* **1** spietato, crudele **2** inumano, degenere, snaturato.
desalmar *v.tr.* (*fig.*) indebolire, minare ♦ **-se** *v.pron.* dare l'anima per qlco.
desalojamiento *s.m.* **1** sfratto, sgombero: — *de ocupantes*, sgombero di occupanti **2** evacuazione (*f.*): — *del edificio*, evacuazione dell'edificio.
desalojar *v.tr.* sfrattare; scacciare, sloggiare: *ayer lo desalojaron del piso*, ieri è stato sfrattato dall'appartamento ♦ **-se** *v.pron.* sloggiare, andare via.
desalojo *s.m.* sgombero: *se ordenó el — del inmueble ocupado*, fu ordinato lo sgombero dello stabile occupato.
desalquilar *v.tr.* sfrattare, sloggiare ♦ **-se** *v.pron.* rimanere sfitto: *el piso se ha desalquilado*, l'appartamento è rimasto sfitto.
desalumbrado *agg.* **1** abbagliato **2** (*fig.*) sventato, dissennato.
desambiguación *s.f.* (*ling.*) disambiguazione.
desambiguar (*con. come* averiguar) *v.tr.* (*ling.*) disambiguare.
desamistarse *v.pron.* inimicarsi, rendersi ostile.
desamor *s.m.* **1** disamore **2** avversione (*f.*), ostilità (*f.*): *tratar con —*, trattare con ostilità.
desamorado *agg.* disamorato.
desamorar *v.tr.* disamorare ♦ **-se** *v.pron.* disamorarsi: — *del trabajo*, disamorarsi del lavoro.
desamparado *agg.* abbandonato, indifeso, derelitto ♦ *s.m.* indigente: *los desamparados no tienen medios de subsistencia*, gli indigenti non hanno mezzi di sostentamento.

desamparar *v.tr.* **1** abbandonare, lasciare indifeso **2** abbandonare, lasciare (un luogo).
desamparo *s.m.* abbandono | — *de menores*, abbandono di minori.
desamueblado *agg.* (*di appartamento*) non ammobiliato.
desanclar, desancorar *v.tr.* (*mar.*) levare/salpare l'ancora, disancorare.
desandar (*con. come* andar) *v.intr.* tornare indietro, retrocedere ♦ *v.tr.* percorrere a ritroso: — *el camino*, percorrere la strada a ritroso.
desangelado *agg.* sgraziato.
desangramiento *s.m.* dissanguamento.
desangrar *v.tr.* dissanguare (*anche fig.*): *los usureros lo han desangrado*, gli usurai lo hanno dissanguato ♦ **-se** *v.pron.* **1** dissanguarsi **2** (*fig.*) rovinarsi.
desanidar *v.tr.* snidare, stanare, scovare.
desanimación *s.f.* **1** scoramento (*m.*) **2** (*di pubblico, partecipanti ecc.*) scarsa affluenza.
desanimado *agg.* scoraggiato, disanimato.
desanimar *v.tr.* scoraggiare, disanimare; demoralizzare, deprimere ♦ **-se** *v.pron.* scoraggiarsi, deprimersi.
desanudar *v.tr.* snodare, sciogliere, slacciare.
desaojar *v.tr.* levare il malocchio.
desapacibilidad *s.f.* spiacevolezza, sgradevolezza.
desapacible *agg.* spiacevole, sgradevole: *carácter* —, carattere sgradevole; *sonido* —, suono disarmonico, spiacevole; *tiempo* —, brutto tempo.
desaparcar (*con. come* pescar) *v.tr.* (*aut.*) rimuovere (dal parcheggio).
desaparear *v.tr.* spaiare.
desaparecer (*con. come* agradecer) *v.intr.* sparire, scomparire, dileguarsi: *desapareció de la ciudad*, scomparve dalla città.
desaparecido *agg.*, *s.m.* scomparso; (*pol.*) desaparecido: *durante la dictadura hubo miles de desaparecidos*, durante la dittatura vi furono migliaia di desaparecidos.
desaparición *s.f.* **1** scomparsa, sparizione **2** (*fig.*) morte, dipartita.
desapasionado *agg.* spassionato, imparziale: *consejo* —, consiglio spassionato.
desapasionar *v.tr.* far perdere la passione, disappassionare, disamorare ♦ **-se** *v.pron.* disappassionarsi, perdere la passione.
desapegar (*con. come* llegar) *v.tr.* (*fam.*) scollare, staccare ♦ **-se** *v.pron.* (*fig.*) **1** distaccarsi, disaffezionarsi **2** disinteressarsi.
desapego *s.m.* distacco, disaffezione (*f.*), indifferenza (*f.*), disinteresse, freddezza (*f.*).
desapercibido *agg.* inavvertito, inosservato | *pasar* —, passare inosservato.
desapercibimiento *s.m.* sprovvedutezza (*f.*).
desaplicación *s.f.* negligenza, trascuratezza.
desaplicado *agg.* negligente, svogliato.
desapoderado *agg.* (*fig.*) sfrenato, impulsivo, impetuoso: *un ataque* —, un attacco impetuoso.
desapoderamiento *s.m.* impetuosità (*f.*), sfrenatezza (*f.*).
desapoderar *v.tr.* **1** espropriare **2** spodestare, privare: — *de la herencia*, privare dell'eredità.
desaposentar *v.tr.* **1** cacciare, sloggiare: *fue desaposentado de su refugio*, fu cacciato dal suo rifugio **2** eliminare, togliere.
desapoyar *v.tr.* togliere l'appoggio (a).
desapreciar *v.tr.* disprezzare.
desaprender *v.tr.* disimparare.
desaprensión *s.f.* noncuranza, indifferenza; mancanza di scrupoli.
desaprensivo *agg.* **1** noncurante, sprezzante: — *del peligro*, sprezzante del pericolo **2** spregiudicato, senza scrupoli: *el* — *novelista*, lo spregiudicato romanziere.
desapretar (*con. come* apretar) *v.tr.* allentare ♦ **-se** *v.pron.* allentarsi.
desaprisionar *v.tr.* liberare, scarcerare.
desaprobación *s.f.* disapprovazione.
desaprobar (*con. come* contar) *v.tr.* disapprovare, riprovare; criticare.
desapropiamiento *s.m.* trasferimento, cessione (*f.*).
desapropiar *v.tr.* espropriare ♦ **-se** *v.pron.* cedere.
desaprovechado *agg.* **1** negligente, svogliato **2** (*di terreno*) arido, improduttivo.
desaprovechamiento *s.m.* spreco, sperpero.
desaprovechar *v.tr.* sprecare, non approfittare, usare male: *has desaprovechado una ocasión única*, hai sprecato un'occasione unica | — *el tiempo*, perdere tempo.
desarmable *agg.* scomponibile, smontabile: *embarcaciones desarmables*, imbarcazioni smontabili.
desarmado *agg.* disarmato, indifeso.
desarmar *v.tr.* **1** disarmare **2** smontare, scomporre **3** (*fig.*) smontare, lasciare senza parole: *ha desarmado su argumentación*, ha smontato la sua argomentazione.
desarme *s.m.* **1** disarmo | — *nuclear*, disarmo nucleare **2** smontaggio, scomposizione (*f.*).
desarraigado *agg.* (*fig.*) sradicato, esiliato.
desarraigar (*con. come* llegar) **1** sradicare, estirpare **2** bandire, esiliare.
desarraigo *s.m.* sradicamento (*anche fig.*) | — *social*, sradicamento sociale.
desarrebujar *v.tr.* **1** sciogliere, districare: — *una maraña*, districare un groviglio **2** (*fig.*) sbrogliare, chiarire, risolvere: — *un asunto*, risolvere una questione ♦ **-se** *v.pron.* scoprirsi.

desarreglado *agg.* disordinato, sregolato; trascurato.
desarreglar *v.tr.* scompigliare, disordinare.
desarreglo *s.m.* **1** disordine, scompiglio **2** (*fig.*) sregolatezza (*f.*).
desarrendado *agg.* sfitto.
desarrendar[1] *v.tr.* rendere sfitto.
desarrendar[2] *v.tr.* (*equitazione*) togliere le redini, sbrigliare.
desarrimar *v.tr.* **1** allontanare, scostare **2** (*fig.*) distogliere, dissuadere.
desarrollable *agg.* (*anche geom.*) sviluppabile: *una idea* —, un'idea sviluppabile.
desarrollado *agg.* sviluppato, evoluto: *España es un país* —, la Spagna è un paese sviluppato.
desarrollar *v.tr.* **1** stendere, srotolare: — *un mapa*, srotolare una cartina **2** (*fig.*) svolgere, trattare **3** (*fig.*) sviluppare: — *una idea*, sviluppare un'idea **4** (*fig.*) incrementare, fomentare: — *los recursos*, incrementare le risorse ♦ **-se** *v.pron.* **1** svilupparsi, crescere: *los niños se desarrollan sanos*, i bambini crescono sani **2** incrementarsi, svilupparsi, migliorare: *la situación económica se está desarrollando*, la situazione economica sta migliorando **3** prodursi: *se han desarrollado anticuerpos*, si sono prodotti anticorpi **4** svolgersi: *el festival se desarrolló sin contratiempos*, il festival si è svolto senza contrattempi.
desarrollismo *s.m.* (*econ.*) liberismo.
desarrollo *s.m.* **1** sviluppo; crescita (*f.*) | *edad del* —, età dello sviluppo | *polo de* —, centro di sviluppo | — *de una superficie*, sviluppo di una superficie **2** (*di un tema, di una funzione*) svolgimento, sviluppo **3** (*econ.*) sviluppo, crescita (*f.*): — *económico*, crescita economica; *el* — *industrial*, lo sviluppo industriale; *países en vías de* —, paesi in via di sviluppo.
desarropar *v.tr.* scoprire: *desarropa al niño, tiene calor*, scopri il bambino, ha caldo ♦ **-se** *v.pron.* svestirsi, scoprirsi.
desarrugar (*con. come* llegar) *v.tr.* distendere, togliere le grinze: *no es necesario planchar la sábana, basta desarrugarla alisándola con las manos*, non occorre stirare il lenzuolo, basta togliere le grinze lisciandolo con le mani.
desarticulación *s.f.* (*anche med.*) disarticolazione.
desarticulado *agg.* (*anche fig.*) disarticolato: *un pensamiento* —, un pensiero disarticolato.
desarticular *v.tr.* **1** disarticolare, smontare **2** (*fig.*) sgominare, sbaragliare ♦ **-se** *v.pron.* (*med.*) slogarsi.
desarzonar *v.tr.* disarcionare.
desaseado *agg.* sudicio, trascurato, sporco.
desasear *v.tr.* trascurare, sporcare.
desasegurar *v.tr.* **1** sganciare, sciogliere, liberare **2** (*assicurazione*) estinguere, disdire una polizza.
desaseo *s.m.* sudiciume.
desasimiento *s.m.* **1** distacco **2** (*fig.*) distacco, distanza (*f.*), disinteresse: — *de los bienes terrenos*, distacco dai beni terreni.
desasir (*con. come* asir) *v.tr.* sciogliere, staccare, mollare ♦ **-se** *v.pron.* disfarsi, staccarsi, separarsi (*anche fig.*): *la prisionera pudo* — *de la ligaduras*, la prigioniera poté liberarsi dalle corde; *se desasió de la familia*, si staccò dalla famiglia.
desasistir *v.tr.* trascurare, non assistere.
desasosegado *agg.* inquieto, agitato.
desasosegador *agg.* inquietante: *un cuento* —, un racconto inquietante.
desasosegar (*con. come* negar) *v.tr.* agitare, inquietare; spazientire: *la noticia nos desasosegó*, la notizia ci agitò.
desasosiego *s.m.* agitazione (*f.*), ansia, (*f.*), inquietudine (*f.*).
desastrado *agg.* **1** disastrato, disgraziato, infausto **2** (*di persona*) sciatto, trasandato.
desastre *s.m.* **1** disastro; sciagura (*f.*) **2** (*fam.*, *fig.*) fiasco, fallimento **3** (*fig.*, *di persona*) disastro, imbranato, incapace.
desastroso *agg.* **1** disastroso, dannoso; sfortunato **2** (*fig.*) deludente, disastroso: *partido* —, partita deludente.
desatado *agg.* **1** slegato: *collar* —, collare slacciato **2** (*fig.*) sfrenato, disordinato: *un carácter* —, un carattere sfrenato.
desatadura *s.f.* slegamento (*m.*).
desatar *v.tr.* **1** slegare, scogliere i lacci **2** scatenare: — *la pasión*, scatenare la passione ♦ **-se** *v.pron.* **1** sciogliersi, slegarsi **2** scatenarsi: *se desató una tormenta*, si scatenò una tormenta.
desatascador *s.m.* sturatore, stasatore.
desatascamiento *s.m.* stasamento.
desatascar (*con. come* pescar) *v.tr.* **1** sturare, liberare, disintasare: — *el lavabo*, sturare il lavandino **2** (*fig.*) sbloccare: — *una situazione*, sbloccare una situazione.
desataviar *v.tr.* togliere gli accessori, sguarnire.
desatención *s.f.* **1** disattenzione, sbadataggine, distrazione **2** scortesia: *tratar con* —, trattare con scortesia.
desatender (*con. come* entender) *v.tr.* **1** trascurare, non occuparsi: *desatiende a sus clientes*, non segue i suoi clienti **2** non prestare attenzione; non ascoltare: *si desatiendes a las explicaciones no aprendes*, se non presti attenzione alle spiegazioni non impari.
desatendible *agg.* inaffidabile, inattendibile.

desatento *agg.* **1** distratto, disattento, sbadato **2** scortese.
desatiento *s.m.* (*lett.*) ansia (*f.*), turbamento, inquietudine (*f.*).
desatinado *agg.* insensato, scriteriato, folle: *un amor —*, un amore folle.
desatinar *v.tr.* innervosire, disorientare, turbare ♦ *v.intr.* **1** dire spropositi **2** fare pazzie, commettere spropositi.
desatino *s.m.* **1** sbaglio, errore, sproposito **2** (*fig.*) balordaggine (*f.*), follia (*f.*): *actuar con —*, agire follemente.
desatollar *v.tr.* togliere dal pantano, dal fango: *— el tractor*, togliere il trattore dal fango.
desatolondrar *v.tr.* far rinsavire ♦ **-se** *v.pron.* tornare in sé, rinsavire.
desatornillador *s.m.* (*Amer.*) cacciavite.
desatornillar *v.tr.* svitare.
desatracar (*con. come* pescar) *v.tr.* (*mar.*) salpare ♦ *v.intr.* levare gli ormeggi.
desatraillar *v.tr.* liberare dal guinzaglio, sguinzagliare.
desatufarse *v.pron.* **1** (*di ambiente*) prendere aria **2** (*fig.*) fare pace, riconciliarsi.
desaturdirse *v.pron.* riprendersi, riscuotersi.
desautorización *s.f.* esautorazione.
desautorizado *agg.* esautorato.
desautorizar (*con. come* cazar) *v.tr.* **1** togliere l'autorizzazione; esautorare **2** smentire: *desautorizó la declaración*, smentì la dichiarazione.
desavenencia *s.f.* dissenso (*m.*), disaccordo (*m.*), dissapore (*m.*).
desavenido *agg.* discorde, contrario.
desavenir (*con. come* venir) *v.tr.* inimicare ♦ **-se** *v.pron.* inimicarsi.
desaventajado *agg.* svantaggiato: *un grupo social —*, un gruppo sociale svantaggiato.
desaviar *v.tr.* **1** sviare, deviare **2** lasciare sguarnito, privo.
desavío *s.m.* **1** incomodo, disturbo: *hacer un — a alguien*, recare disturbo a qlcu. **2** sviamento: *el — de una embarcación*, lo sviamento di un'imbarcazione.
desavisado *agg.* ignaro, all'oscuro.
desavisar *v.tr.* ritrattare.
desayunar *v.intr./tr.* fare colazione ♦ **-se** *v.pron.* **1** fare la prima colazione **2** apprendere, venire a conoscenza di qlco.: *¿justo ahora te desayunas? eso sucedió hace tiempo*, solo ora l'hai saputo? quella cosa è successa tempo fa.
desayuno *s.m.* prima colazione (*f.*).
desazón *s.f.* **1** malessere (*m.*): *una — general*, un malessere generale **2** (*fig.*) dispiacere (*m.*), inquietudine: *causar desazones*, dare dei dispiaceri **3** prurito (*m.*) **4** (*cuc.*) insipidezza, insipidità.
desazonado *agg.* **1** infastidito, disturbato, ansioso: *estar — por un problema*, essere in ansia per un problema **2** malato **3** (*di terreno*) sterile, magro.
desazonar *v.tr.* **1** rendere insipido **2** (*fig.*) molestare, infastidire ♦ **-se** *v.pron.* essere malato, indisposto.
desbancar (*con. come* pescar) *v.tr.* **1** (*gioco*) sbancare, far saltare il banco **2** (*fig.*) soppiantare, sostituire: *un nuevo paradigma desbanca el anterior*, un nuovo paradigma sostituisce il precedente.
desbandada *s.f.* **1** (*fig.*) sbando | *a la —*, allo sbando (*m.*) **2** fuggifuggi (*m.*): *una — general*, un fuggifuggi generale.
desbandarse *v.pron.* **1** andare allo sbando, sbandarsi: *la multitud se desbandó*, la moltitudine si disperse **2** (*mil.*) disertare: *los soldados empezaron a —*, i soldati cominciarono a disertare.
desbarajustar *v.tr.* scombussolare, disordinare.
desbarajuste *s.m.* confusione (*f.*), pasticcio.
desbaratado *agg.* scapestrato, scavezzacollo.
desbaratamiento *s.m.* stravolgimento, sconvolgimento.
desbaratar *v.tr.* **1** scompigliare, scombussolare **2** sgominare, sbaragliare **3** rompere, disfare, rovinare **4** dissipare, sperperare.
desbarate *s.m.* disordine, scompiglio.
desbarbado *agg.* sbarbato (*anche fig.*) ♦ *s.m.* sbarbatura (*f.*).
desbarbar *v.tr.* sbarbare.
desbarrar *v.intr.* **1** scivolare **2** (*fig.*) farneticare **3** (*fig.*) sbagliare.
desbarro *s.m.* sproposito, sbaglio.
desbastar *v.tr.* **1** sgrossare, limare **2** (*fig.*) dirozzare, incivilire, educare.
desbaste *s.m.* (*tecn.*) sbozzatura (*f.*).
desbastecido *agg.* carente di provviste; sprovvisto di rifornimenti.
desbloquear *v.tr.* sbloccare (*anche fig.*): *es necesario — la situación*, bisogna sbloccare la situazione.
desbloqueo *s.m.* sblocco.
desbocado *agg.* **1** (*di cannone*) allargato, svasato **2** (*di vaso*) sbeccato, scheggiato **3** (*fig.*) sboccato, scurrile **4** (*di cavallo*) imbizzarrito.
desbocar (*con. come* pescar) *v.tr.* sbeccare (un recipiente) ♦ *v.intr.* (*di fiume, strada*) sfociare, sboccare ♦ **-se** *v.pron.* **1** (*di cavallo*) impazzire, disubbidire al comando: *con ese ruido, el caballo se desbocó y galopó alocadamente*, con quel rumore, il cavallo impazzì e partì a galoppo incontenibile **2** (*di indumento*) allargarsi **3** (*fig.*) parlare in modo sboccato, parlare a vanvera **4** (*fig.*) perdere le staffe.

desbordamiento *s.m.* straripamento, debordamento, tracimazione (*f.*).
desbordante *agg.* **1** traboccante, straripante **2** (*fig.*) strapieno, colmo.
desbordar *v.intr.* traboccare, straripare: *el lago desborda*, il lago straripa ♦ *v.tr.* superare, oltrepassare: *esto desborda mi capacidad imaginativa*, questo supera la mia immaginazione ♦ **-se** *v.pron.* **1** esplodere, sfogarsi **2** esagerare: *¡te estás desbordando!*, stai esagerando!
desbragado *agg.* **1** (*fam.*) sbracato **2** disgraziato.
desbrazarse (*con. come* cazar) *v.pron.* sbracciarsi.
desbrozadora *s.f.* (*agr.*) decespugliatore (*m.*).
desbrozar (*con. come* cazar) *v.tr.* **1** pulire dagli sterpi **2** (*fig.*) sgrossare, sgrezzare.
desbuchar *v.tr.* **1** (*uccelli*) vuotare il gozzo **2** (*fig.*) vuotare il sacco, confessare: *¡desbucha!*, vuota il sacco!
desbullar *v.tr.* **1** sgusciare **2** aprire le ostriche.
descabal *agg.* imperfetto, incompleto.
descabalar *v.tr.* scompagnare, scompletare.
descabalgar (*con. come* llegar) *v.intr.* smontare da cavallo.
descabellado *agg.* (*fig.*) sventato; strambo, insensato.
descabellamiento *s.m.* sproposito.
descabellar *v.tr.* **1** arruffare **2** (*tauromachia*) uccidere il toro con una stoccata.
descabello *s.m.* **1** (*corrida*) stoccata (*f.*) mortale **2** spada (*f.*).
descabezado *agg.* **1** matto, pazzo **2** smemorato.
descabezamiento *s.m.* **1** decapitazione (*f.*) **2** follia (*f.*), dissennatezza (*f.*)
descabezar (*con. come* cazar) *v.tr.* decapitare (*anche fig.*) ♦ **-se** *v.pron.* scervellarsi.
descacharrante *agg.* (*fam.*) divertente.
descacharrar *v.tr.* **1** rompere, sciupare **2** (*fig.*) mandare in fumo **3** (*fam.*) far divertire, far ridere.
descafeinado *agg.*, *s.m.* decaffeinato.
descalabazarse (*con. come* cazar) *v.pron.* (*fam.*) rompersi la testa, scervellarsi.
descalabrado *agg.*, *s.m.* **1** ferito alla testa **2** (*fig.*) sconfitto, perdente.
descalabradura *s.f.* **1** ferita alla testa **2** cicatrice: *tiene una pequeña — en la frente*, ha una piccola cicatrice sulla fronte.
descalabrar *v.tr.* **1** spaccare la testa; malmenare, maltrattare **2** (*fig.*) danneggiare, rovinare.
descalabro *s.m.* **1** contrattempo, disgrazia (*f.*) **2** infortunio, perdita (*f.*); rovescio.
descalcificación *s.f.* (*med.*) decalcificazione.
descalcificar (*con. come* pescar) *v.tr.* (*med.*) decalcificare ♦ **-se** *v.pron.* decalcificarsi.
descalificación *s.f.* (*anche sport*) squalifica, squalificazione.
descalificado *agg.* (*anche sport*) squalificato.
descalificar (*con. come* pescar) *v.tr.* **1** (*anche sport*) squalificare **2** screditare, mettere in cattiva luce ♦ **-se** *v.pron.* squalificarsi.
descalzar (*con. come* cazar) *v.tr.* togliere le scarpe ♦ **-se** *v.pron.* togliersi le scarpe.
descalzo *agg.* **1** scalzo **2** (*fig.*, *fam.*) indigente, povero.
descaminado *agg.* sviato, deviato, fuorviato (*anche fig.*): *ir —*, essere fuori strada.
descaminar *v.tr.* **1** deviare **2** (*fig.*) traviare.
descamisado *agg.* **1** scamiciato **2** povero, indigente ♦ *s.m.* (*Argentina, pol.*) peronista.
descampado *agg.* libero, aperto ♦ *s.m.* terreno ampio, spianata (*f.*) | *en —*, in aperta campagna.
descansadero *s.m.* posto di riposo, sosta (*f.*).
descansado *agg.* **1** riposato **2** semplice, facile, leggero: *un oficio muy —*, un compito molto facile.
descansapiés *s.m.* poggiapiedi.
descansar *v.intr.* **1** riposare; dormire | (*mil.*) *¡descansen!*, riposo! | *que en paz descanse*, riposi in pace **2** posare, appoggiare: *el balcón descansa sobre dos vigas*, il balcone poggia su due travi **3** (*fig.*) gravare, poggiare: *la responsabilidad suele — sobre ella*, la responsabilità di solito grava su di lei **4** (*fig.*) basarsi: *su razonamiento descansa sobre dos hipótesis*, il suo ragionamento si fonda su due ipotesi | *— en alguien*, confidare in qlcu. ♦ *v.tr.* **1** posare: *descansó los pies sobre la mesita*, pose i piedi sul tavolino **2** riposare, dare sollievo: *el trabajo manual descansa la mente*, il lavoro manuale riposa la mente.
descansillo *s.m.* pianerottolo.
descanso *s.m.* **1** riposo, quiete (*f.*) | *— semanal*, riposo settimanale **2** sollievo: *es un — para mi corazón*, è un sollievo per il mio cuore **3** pianerottolo **4** (*spettacolo*) intervallo.
descantillar *v.tr.* **1** scheggiare, rompere i bordi di qlco; smussare **2** (*fig.*) arrotondare, diminuire; (*denaro*) defalcare.
descañonar *v.tr.* **1** (*uccelli*) spennare **2** (*barba*) radere contro pelo **3** (*fig.*, *fam.*) spennare, spellare: *— en el juego*: spennare al gioco.
descapitalización *s.f.* **1** (*fin.*) sottocapitalizzazione **2** (*fig.*) decadenza, impoverimento (*f.*) culturale.
descapitalizado *agg.* (*fin.*) sottocapitalizzato.
descapitalizar (*con. come* cazar) *v.tr.*

1 (*fin.*) perdere capitali **2** perdere beni culturali ♦ **-se** *v.pron.* (*fig., di paese*) impoverirsi culturalmente.
descapotable *agg., s.m.* (*aut.*) decappottabile (*f.*), cabriolet (*f.*).
descapotar *v.tr.* (*aut.*) decappottare.
descarado *agg., s.m.* spudorato, sfacciato, sfrontato.
descaramiento *s.m.* sfrontatezza (*f.*).
descararse *v.intr.* essere sfacciato, avere la faccia tosta: *se descaró a negar*, ebbe la sfacciataggine di negare.
descarburar *v.tr.* (*chim.*) decarburare.
descarga *s.f.* **1** scarico (*m.*): *zona de carga y —*, area di carico e scarico **2** scarica (*anche fig.*): *— de ametralladora*, scarica di mitragliatrice, mitragliata; *— eléctrica*, scarica elettrica; *— emocional*, scarica emotiva.
descargadero *s.m.* scalo, scaricatoio.
descargador *s.m.* **1** scaricatore **2** (*di arma*) cavastracci.
descargamiento *s.m.* scaricamento, scarico.
descargar (*con. come* llegar) *v.tr.* **1** scaricare: *— el coche*, scaricare la macchina **2** sparare; scaricare (un'arma) **3** (*fig.*) sfogare, riversare ♦ **-se** *v.pron.* **1** (*fig.*) esimersi, scaricarsi **2** sfogarsi: *se descargó contra su amigo*, si sfogò sul suo amico.
descargo *s.m.* **1** (*amm.*) scarico, avere **2** (*dir.*) discolpa (*f.*), discarico: *pliego de descargos*, memoria difensiva.
descargue *s.m.* scarico.
descariño *s.m.* disaffezione (*f.*).
descarnado *agg.* **1** scarno, magro **2** (*fig.*) schietto, crudo: *un — realismo*, un crudo realismo **3** (*fig.*) sobrio, spoglio, asciutto: *un análisis —*, un'analisi asciutta.
descarnadura *s.f.* scarnificazione.
descarnar *v.tr.* **1** scarnificare, spolpare **2** (*fig.*) disincarnare, spiritualizzare.
descaro *s.m.* insolenza (*f.*), impudenza (*f.*), sfacciataggine (*f.*).
descarriado *agg.* **1** smarrito | *oveja descarriada*, pecorella smarrita **2** (*fig.*) traviato.
descarriar (*con. come* confiar) *v.tr.* **1** deviare; sviare, fuorviare **2** allontanare dal gregge ♦ **-se** *v.pron.* **1** (*di pecora*) allontanarsi dal gregge **2** (*di persona*) sviarsi; separarsi dal gruppo **3** (*fig.*) traviarsi.
descarrilamiento *s.m.* **1** deragliamento **2** (*fig.*) traviamento.
descarrilar *v.intr.* deragliare, uscire dai binari.
descartar *v.tr.* scartare, eliminare; rifiutare: *tienes que — las ofertas peores*, devi rifiutare le offerte peggiori.
descarte *s.m.* (*anche gioco*) scarto.
descasamiento *s.m.* (*relig.*) annullamento del matrimonio.
descasar *v.tr.* **1** dividere, spaiare **2** scompagnare **3** (*stampa*) rifare l'impaginazione ♦ **-se** *v.pron.* separarsi.
descascar (*con. come* pescar) *v.tr.* sgusciare ♦ **-se** *v.pron.* **1** rompersi **2** (*fig.*) fare il fanfarone, lo spaccone.
descascarar *v.tr.* sbucciare, pelare, sgusciare.
descastado *agg.* ingrato, snaturato: *un hijo —*, un figlio snaturato.
descastar *v.tr.* (*animali*) sterminare, decimare.
descatalogado *agg.* fuori catalogo.
descatalogar (*con. come* llegar) *v.tr.* mettere fuori catalogo.
descaudalado *agg.* impoverito, spiantato, rovinato.
descendencia *s.f.* discendenza, prole, stirpe.
descendente *agg.* discendente, in discesa: *en orden —*, in ordine discendente.
descender (*con. come* entender) *v.intr.* **1** scendere, scemare, diminuire: *el nivel del río ha descendido*, il livello del fiume è diminuito **2** derivare, provenire, discendere: *— de buena familia*, provenire da una buona famiglia **3** abbassarsi, calare, scendere ♦ *v.tr.* scendere: *— los escalones*, scendere gli scalini.
descendiente *s.m./f.* discendente; erede.
descendimiento *s.m.* **1** discesa (*f.*): *el — a los infernos*, la discesa agli inferi **2** (*pitt., relig.*) deposizione (*f.*) | *— de la cruz*, deposizione dalla croce.
descendista *s.m., f.* (*sport*) discesista.
descenso *s.m.* **1** discesa (*f.*) **2** (*fig.*) discesa (*f.*) libera **3** calo, abbassamento: *— en las temperaturas*, abbassamento delle temperature.
descentrado *agg.* **1** decentrato, scentrato **2** (*fig.*) spaesato.
descentralización *s.f.* decentralizzazione, decentramento (*m.*).
descentralizar (*con. come* cazar) *v.tr.* decentralizzare, decentrare: *hay que — la política*, bisogna decentralizzare la politica.
descentrar *v.tr.* **1** disorientare, sbalestrare **2** (*fig.*) deconcentrare **3** (*foto., tecn.*) scentrare.
desceñidura *s.f.* scioglimento (*m.*).
desceñir *v.tr.* sciogliere, slacciare.
descercado *agg.* (*di terreno*) non recintato, aperto.
descercar (*con. come* pescar) *v.tr.* **1** abbattere una recinzione **2** (*mil.*) togliere l'assedio.
descerebrado *agg.* decerebrato.
descerebrar *v.tr.* asportare il cervello.
descerrajado *agg.* **1** scassinato **2** (*fig., fam.*) degenerato, depravato.
descerrajadura *s.f.* scassinamento (*m.*).
descerrajar *v.tr.* scassinare, forzare.
deschavetado *agg.* (*Amer., fam.*) svitato.

descifrable *agg.* decifrabile.
descifrador *agg.*, *s.m.* decifratore.
desciframiento *s.m.* deciframento, decriptazione (*f.*).
descifrar *v.tr.* decifrare, interpretare (*anche fig.*): *no logro — tu letra*, non riesco a comprendere la tua calligrafia.
descifre *s.m.* deciframento, decriptazione (*f.*).
desclasado *agg.* disadattato.
desclasamiento *s.m.* declassamento.
desclasar *v.tr.* declassare.
desclavador *s.m.* levachiodi.
desclavar *v.tr.* schiodare.
descoagular *v.tr.* sciogliere, liquefare.
descobajar *v.tr.* (*uva*) diraspare.
descobijar *v.tr.* scoprirsi.
descocado *agg.* impudente, spregiudicato.
descocarse (*con. come* pescar) *v.pron.* (*fam.*) essere sfacciato, impudente.
descoco *s.m.* (*fam.*) impudenza (*f.*), sfrontatezza (*f.*).
descodificación *s.f.* (*anche inform.*) decodifica.
descodificador *s.m.* (*anche inform.*) decoder, decodificatore ♦ *agg.* decodificatore.
descodificar (*con. come* pescar) *v.tr.* (*anche inform.*) decodificare.
descojonante *agg.* **1** (*volg.*) spassoso, da scompisciarsi dalle risate: *una entrevista —* una intervista spassosissima **2** (*volg.*) strafico, fantastico, da sballo.
descojonarse *v.pron.* (*volg.*) scompisciarsi dalle risate, sbellicarsi.
descolgar (*con. come* colgar) *v.tr.* **1** (*qlco. di appeso*) staccare, sganciare: *— el abrigo del perchero*, togliere il cappotto dall'attaccapanni **2** far scendere: *descuélgame del árbol*, fammi scendere dall'albero **3** (*telefono*) staccare, sganciare *cuando no quiere que le molesten descuelga el teléfono*, quando non vuole che lo disturbino stacca il telefono **4** (*telefono*) alzare il ricevitore: *— el telefono para llamar*, alzare il ricevitore per telefonare ♦ **-se** *v.pron.* **1** (*anche fig.*, *sport*) staccarsi **2** calarsi, lasciarsi cadere: *el evaso se descolgó por la ventana*, l'evaso si calò dalla finestra **3** (*fig.*) dire qualcosa di inaspettato, uscirsene: *nos sorprendió descolgándose con una extraña frase*, ci ha stupito dicendo una frase strana **4** (*fig.*, *fam.*) arrivare all'improvviso **5** (*fam.*) disintossicarsi dalla droga.
descoligado *agg.* uscito da una lega.
descollado *agg.* **1** elevato **2** (*fig.*) importante, eminente, di spicco.
descollar (*con. come* contar) *v.intr.* **1** innalzarsi, dominare **2** (*fig.*) emergere, primeggiare, eccellere, distinguersi.
descolmar *v.tr.* (*anche fig.*) scolmare, diminuire, ridurre.
descolocado *agg.* **1** disoccupato **2** (*fam.*) confuso, sconcertato.
descolocar (*con. come* pescar) *v.tr.* **1** spostare, cambiare di posto **2** (*fam.*) confondere, sconcertare ♦ **-se** *v.pron.* spostarsi.
descolonización *s.f.* decolonizzazione.
descolonizar (*con. come* cazar) *v.tr.* decolonizzare.
descoloramiento *s.m.* decolorazione (*f.*).
descolorante *agg.* decolorante.
descolorar *v.tr.* scolorare, decolorare.
descolorido *agg.* scolorito, sbiadito, stinto.
descolorir *v.tr.* scolorire.
descombrar *v.tr.* sgomberare; sbarazzare, liberare (*anche fig.*).
descombro *s.m.* sgombero.
descomedido *agg.* smodato, esagerato, tremendo.
descomedirse *v.pron.* mancare di rispetto.
descompaginación *s.f.* (*stampa*) spaginatura.
descompaginar *v.tr.* (*anche fig.*) scompaginare, scombussolare, sconvolgere.
descompasado *agg.* sproporzionato, fuor di misura.
descompasarse *v.pron.* **1** comportarsi in modo irrispettoso, essere insolente **2** perdere il ritmo.
descompensación *s.f.* (*med.*) scompenso (*m.*) | *— cardiaca*, scompenso cardiaco.
descompensar *v.tr.* scompensare ♦ **-se** *v.pron.* (*med.*) subire uno scompenso.
descomponer (*con. come* poner) *v.tr.* **1** (*anche mat.*) scomporre; smontare: *— un puzzle*, smontare un puzzle **2** scompigliare, mettere in disordine **3** (*fig.*) indisporre, turbare; irritare: *el encuentro la descompuso*, l'incontro la turbò **4** rompere, rovinare ♦ **-se** *v.pron.* **1** scomporsi **2** corrompersi, deteriorarsi **3** (*fig.*) irritarsi, indisporsi: *se descompuso al oír la noticia*, si irritò nel sentire la notizia.
descomponible *agg.* scomponibile.
descomposición *s.f.* **1** decomposizione, scomposizione **2** (*di materiali organici*) decomposizione, putrefazione, alterazione.
descompostura *s.f.* scompostezza; sciatteria.
descompresión *s.f.* (*fis.*) decompressione | *cámara de —*, camera di decompressione.
descompresor *s.m.* (*fis.*) decompressore.
descomprimir *v.tr.* decomprimere.
descompuesto *agg.* **1** andato a male, guasto **2** rotto: *automóvil —*, automobile guasta **3** (*Amer.*, *fig.*) sguaiato, scomposto: *actitud descompuesta*, comportamento sguaiato **4** (*Amer.*) indisposto; ubriaco.
descomulgado *agg.*, *s.m.* (*fig.*) cattivo, degenerato.

descomulgar (*con. come* llegar) *v.tr.* (*relig.*) scomunicare.
descomunal *agg.* straordinario, inaudito, fuori del comune.
descomunión *s.f.* (*relig.*) scomunica.
desconcentración *s.f.* deconcentrazione.
desconcentrar *v.tr.* deconcentrare ♦ **-se** *v.pron.* deconcentrarsi.
desconceptuar (*con. come* continuar) *v.tr.* screditare.
desconcertado *agg.* **1** sconcertato, stupito, attonito **2** (*fig.*) sregolato.
desconcertador *agg.* sconcertante.
desconcertadura *s.f.* sconcerto (*m.*), inquietudine.
desconcertante *agg.* sconcertante.
desconcertar (*con. come* acertar) *v.tr.* **1** sconcertare, confondere, turbare, sconvolgere: *su mirada me desconcertó*, il suo sguardo mi turbò **2** (*med.*) slogare, lussare ♦ **-se** *v.pron.* turbarsi, rimanere sconcertato.
desconchado *agg.* **1** scrostato: *un muro —*, un muro scrostato **2** sbreccato, scheggiato: *una copa desconchada*, una coppa scheggiata ♦ *s.m.* **1** scrostatura (*f.*) **2** (*di porcellana*) opacità (*f.*).
desconchadura *s.f.* **1** scrostatura **2** (*di porcellana*) opacità.
desconchar *v.tr.* togliere l'intonaco, scrostare ♦ **-se** *v.pron.* scrostarsi.
desconchón *s.m.* scalcinatura (*f.*), scrostamento.
desconcierto *s.m.* sconcerto, disordine, scompiglio.
desconectado *agg.* **1** (*elettr.*) staccato, disconnesso **2** (*fig.*) sganciato, isolato.
desconectar *v.tr.* sconnettere, scollegare, disinnestare; staccare (*anche fig.*): *se ha ido para — un poco*, se ne è andato per staccare un po'.
desconexión *s.f.* sconnessione, scollegamento (*m.*); spegnimento (*m.*).
desconfiado *agg.* sfiduciato, diffidente, sospettoso; scettico.
desconfianza *s.f.* sfiducia, diffidenza, sospetto (*m.*).
desconfiar (*con. come* confiar) *v.intr.* diffidare, non avere fiducia; sospettare: *— de los que hablan mucho*, diffidare di quelli che parlano molto.
desconformar *v.intr.* dissentire ♦ **-se** *v.pron.* (*reciproco*) discordare, essere in contrasto: *sus opiniones se desconforman*, le loro opinioni sono in contrasto.
desconformidad *s.f.* disaccordo (*m.*), dissenso (*m.*).
descongelación *s.f.* scongelazione, scongelamento (*m.*) | (*econ.*) *la — de los fondos*, lo scongelamento dei fondi.
descongelador *s.m.* sbrinatore.
descongelar *v.tr.* **1** scongelare, sgelare **2** (*fig., econ.*) sbloccare, scongelare.
descongestión *s.f.* (*med., anche fig.*) decongestione, decongestionamento (*m.*).
descongestionante *agg.* decongestionante.
descongestionar *v.tr.* (*med., anche fig.*) decongestionare.
descongojar *v.tr.* consolare, confortare.
desconocedor *agg.* ignaro.
desconocer (*con. come* agradecer) *v.tr.* **1** disconoscere, ripudiare, rinnegare: *desconoce la existencia de Dios*, rinnega l'esistenza di Dio **2** ignorare, non essere a conoscenza di: *— los hechos*, ignorare i fatti.
desconocido *agg., s.m.* **1** sconosciuto, ignoto **2** ingrato, irriconoscente.
desconocimiento *s.m.* ignoranza (*f.*); disinfomazione (*f.*).
desconsagrado *agg.* (*relig.*) sconsacrato.
desconsentir (*con. come* sentir) *v.tr.* rifiutare, rigettare, non consentire.
desconsideración *s.f.* sconsiderazione, sconsideratezza.
desconsiderado *agg., s.m.* sconsiderato.
desconsolado *agg.* inconsolabile; sconsolato, afflitto, triste.
desconsolador *agg.* sconfortante, sconsolante.
desconsolante *agg.* sconsolante.
desconsolar (*con. come* contar) *v.tr.* sconfortare.
desconsuelo *s.m.* sconforto, afflizione (*f.*), tristezza (*f.*), desolazione (*f.*).
descontado *agg.* scontato; ovvio, certo: *lo daba por —*, lo consideravo ovvio | *por —*, senza dubbio, per certo.
descontaminación *s.f.* decontaminazione, disinquinamento (*m.*).
descontaminar *v.tr.* decontaminare.
descontar (*con. come* contar) *v.tr.* **1** ribassare, fare lo sconto; (*comm.*) scontare: *— una letra*, scontare una cambiale **2** (*fig.*) sminuire meriti/pregi di qlcu., di qlco.
descontentadizo *agg.* incontentabile; esigente.
descontentar *v.tr.* scontentare; far arrabbiare, contrariare.
descontento *agg.* scontento, insoddisfatto ♦ *s.m.* dispiacere, disappunto; scontentezza (*f.*), insoddisfazione (*f.*).
descontextualización *s.f.* (*ling.*) decontestualizzazione.
descontextualizar (*con come* cazar) *v.tr.* (*ling.*) decontestualizzare.
descontinuo *agg.* discontinuo.
descontrol *s.m.* perdita (*f.*) di controllo, mancanza (*f.*) di controllo.
descontrolado *agg.* **1** fuori controllo **2** (*fig.*) incontrollato, smodato.
descontrolarse *v.pron.* perdere il controllo.

desconveniencia *s.f.* sconvenienza.
desconveniente *agg.* **1** sconveniente, non vantaggioso **2** sconveniente, inopportuno.
desconvenir (*con. come* venir) *v.tr.* discordare, dissentire.
desconvocar (*con. come* pescar) *v.tr.* revocare, disdire: — *la huelga*, revocare lo sciopero.
descoordinación *s.f.* scoordinamento (*m.*).
descorazonamiento *s.m.* scoraggiamento, scoramento, depressione (*f.*).
descorazonar *v.tr.* scoraggiare, avvilire, demoralizzare.
descorchado *s.m.* stappatura (*f.*) ♦ *agg.* stappato.
descorchador *s.m.* **1** cavatappi **2** (*agr.*, *operaio*) scortecciatore.
descorchar *v.tr.* **1** (*una bottiglia*) stappare, aprire **2** (*sugheri*) scortecciare.
descorche *s.m.* **1** scortecciatura (*f.*) **2** stappatura (*f.*).
descornar (*con. come* contar) *v.tr.* (*animale*) togliere le corna, decornare ♦ **-se** *v.pron.* **1** (*animale*) scornarsi **2** (*fig.*, *fam.*) scervellarsi, spremersi le meningi **3** (*fig.*, *fam.*) faticare, darsi da fare, sgobbare.
descorrer *v.tr.* **1** far scorrere, tirare: — *un velo*, tirare/scostare un velo; — *el cerrojo*, aprire il chiavistello **2** ripercorrere, fare a ritroso ♦ *v.intr.* scorrere ♦ **-se** *v.pron.* (*liquido*) scorrere.
descortés *agg.* scortese, sgarbato; maleducato.
descortesía *s.f.* scortesia, maleducazione.
descortezador *s.m.*, *agg.* scortecciatore.
descortezadura *s.f.* scortecciatura.
descortezamiento *s.m.* scortecciamento, scortecciatura (*f.*).
descortezar (*con. come* cazar) *v.tr.* scortecciare.
descortezo *s.m.* scortecciamento.
descoser *v.tr.* scucire ♦ **-se** *v.pron.* (*di abito*) scucirsi.
descosido *agg.* **1** scucito **2** (*fig.*) indiscreto, chiacchierone ♦ *s.m.* scucitura (*f.*).
descoyuntado *agg.* (*med.*) **1** slogato **2** (*fig.*) spossato, prostrato: *quedé* —, rimasi sfinito.
descoyuntamiento *s.m.* **1** (*med.*) slogatura (*f.*) **2** indolenzimento.
descoyuntarse *v.pron.* slogarsi, lussarsi.
descrédito *s.m.* discredito: *todo ello irá en tu* —, tutto ciò andrà a tuo discredito.
descreer (*con. come* leer) *v.tr.* discredere, diffidare.
descreído *agg.* **1** incredulo **2** (*relig.*) miscredente.
descreimiento *s.m.* (*relig.*) miscredenza (*f.*).
descremado *agg.* scremato: *leche descremada*, latte scremato ♦ *s.m.* scrematura (*f.*).
descremar *v.tr.* scremare.
describir (*part.pass.irr.* descrito) *v.tr.* descrivere; tracciare, delineare.
descripción *s.f.* descrizione.
descriptivo *agg.* descrittivo.
descriptor *agg.* (*inform.*) descrittore.
descrismar *v.tr.* (*relig.*) sconsacrare ♦ **-se** *v.pron.* (*fig.*, *fam.*) scervellarsi.
descuadernar *v.tr.* **1** (*libro*) sfasciare, squinternare **2** (*fig.*) squinternare, scombussolare.
descuajar *v.tr.* sciogliere, squagliare ♦ **-se** *v.pron.* squagliarsi, liquefarsi, sciogliersi.
descuajaringar (*con. come* llegar) *v.tr.* **1** rompere **2** (*fam.*) stancare, sfinire ♦ **-se** *v.pron.* rompersi, scassarsi | — *de risa*, ridere a crepapelle.
descuartizador *s.m.* squartatore.
descuartizamiento *s.m.* squartamento.
descuartizar (*con. come* cazar) *v.tr.* squartare, fare a brandelli, smembrare.
descubierto *agg.* scoperto (*anche fig.*): *cheque* —, assegno scoperto ♦ *s.m.* scoperto: *quedar al* —, restare allo scoperto; *salir al* —, uscire allo scoperto | (*di conto bancario*) *en/al* —, in rosso, scoperto | *poner al* —, mettere in luce.
descubridor *s.m.* scopritore; inventore.
descubrimiento *s.m.* scoperta (*f.*), ritrovamento, rinvenimento: *el — de America*, la scoperta dell'America.
descubrir (*part.pass.irr.* descubierto) *v.tr.* **1** scoprire, scoperchiare: *descubre la olla*, scoperchia la pentola **2** scoprire, trovare: *los arqueólogos han descubierto una ciudad*, gli archeologi hanno scoperto una città | (*fig.*) — *el Mediterráneo*, scoprire l'acqua calda **3** (*anche fig.*) rivelare, mostrare: *Juan ha descubierto su carácter*, Juan ha rivelato il suo carattere ♦ **-se** *v.pron.* **1** scoprirsi, togliersi il cappello, gli abiti **2** (*fig.*) essere ammirato, meravigliato | *¿has ganado?, ¡me descubro!*, hai vinto, tanto di cappello!
descuello *s.m.* **1** altezza (*f.*) **2** (*fig.*) elevatezza (*f.*), superiorità (*f.*) **3** (*fig.*) arroganza (*f.*): *tratar con* —, trattare con arroganza.
descuento *s.m.* sconto, ribasso: *hacer un* —, fare uno sconto | — *bancario*, sconto bancario | *tasa de* —, tasso di sconto.
descuerar *v.tr.* **1** scuoiare **2** (*fig.*) parlare male di qlcu., screditare.
descuerno *s.m.* (*fam.*) scorno, offesa (*f.*).
descuidado *agg.* **1** negligente; disattento, distratto | *coger* —, cogliere alla sprovvista **2** (*di aspetto fisico*) trasandato, sciatto, trascurato.
descuidar *v.tr.* **1** tralasciare, dimenticare: *descuidé de enviar la carta*, ho dimenticato di spedire la lettera **2** trascurare: *descuidé mis deberes*, ho trascurato i miei obblighi ♦

v.intr. non preoccuparsi: *descuide Ud.*, non si preoccupi ♦ **-se** *v.pron.* trascurarsi, lasciarsi andare | *no —*, non allentare l'attenzione.
descuidero *s.m.*, *agg.* borseggiatore.
descuido *s.m.* **1** distrazione (*f.*), disattenzione (*f.*), dimenticanza (*f.*) | *en un —*, in un attimo di distrazione **2** negligenza (*f.*), trascuratezza (*f.*): *ha sido un — muy grave*, è stata una negligenza molto grave **3** (*fig.*) sbaglio, errore, leggerezza (*f.*).
descuitado *agg.* sereno, tranquillo.
desde *prep.* da: *— los orígenes*, dalle origini; *— Milán a Barcelona*, da Milano a Barcellona; *— hace dos horas*, da due ore | *— luego*, certo, certamente | *— ya*, da subito.
desdecir (*con. come* predecir) *v.intr.* **1** disdire **2** stonare, non concordare: *ese sombrero desdice con el traje*, quel cappello stona con il vestito **3** smentire: *tu cara desdice de lo que piensas*, il tuo viso smentisce quello che pensi ♦ **-se** *v.pron.* ritrattare, negare il già detto: *se ha desdicho de sus palabras*, ha negato le sue parole.
desdén *s.m.* disdegno, disprezzo; sdegno: *— del peligro*, sprezzo del pericolo | *al —*, con noncuranza.
desdentado *agg.* sdentato.
desdeñable *agg.* spregevole, riprovevole, disprezzabile.
desdeñar *v.tr.* disdegnare; disprezzare, spregiare ♦ **-se** *v.pron.* non degnarsi.
desdeñoso *agg.* sdegnoso, altero.
desdibujado *agg.* sbiadito; indistinto, confuso (*anche fig.*).
desdibujarse *v.pron.* (*anche fig.*) svanire, sparire, sbiadirsi.
desdicha *s.f.* **1** infelicità, tristezza **2** sfortuna, disgrazia, cattiva sorte | *por —*, per disgrazia, sfortunatamente.
desdichado *agg.* **1** infelice, sfortunato, disgraziato **2** (*fam.*) sprovveduto, semplicione.
desdoblamiento *s.m.* **1** (*anche chim.*) sdoppiamento **2** (*fig.*) versione (*f.*), interpretazione (*f.*).
desdoblar *v.tr.* **1** distendere, spiegare, svolgere: *desdobla la servilleta*, spiega il tovagliolo **2** sdoppiare, scempiare **3** (*chim.*) scindere.
desdorar *v.tr.* (*fig.*) diffamare, denigrare ♦ **-se** *v.pron.* perdere la doratura.
desdoro *s.m.* disonore, vergogna (*f.*).
desdoroso *agg.* vergognoso.
desdramatización *s.f.* sdrammatizzazione.
desdramatizar (*con. come* cazar) *v.tr.* sdrammatizzare.
deseable *agg.* desiderabile, auspicabile; appetibile.
desear *v.tr.* **1** desiderare, ambire: *— lo que no se tiene*, desiderare ciò che non si ha; *su trabajo deja mucho que —*, il suo lavoro lascia molto a desiderare **2** augurare; auspicare: *le deseo mucha suerte*, le auguro molta fortuna.
desecador *agg.*, *s.m.* essiccatore.
desecar (*con. come* pescar) *v.tr.* asciugare, essiccare.
desechable *agg.* a perdere, usa e getta: *cámara de fotos —*, macchina fotografica usa e getta.
desechadamente *avv.* sprezzantemente.
desechar *v.tr.* **1** scartare, buttare, eliminare **2** (*fig.*) sdegnare, rifiutare, respingere, allontanare: *su madre le desechó*, sua madre lo rifiutò.
desecho *s.m.* **1** scarto, rifiuto (*anche fig.*) **2** (*fig.*) disprezzo.
deseducador *agg.* diseducativo.
deseducar (*con. come* pescar) *v.tr.* diseducare.
desellar *v.tr.* togliere i sigilli, dissigillare.
desembalaje *s.m.* disimballaggio.
desembalar *v.tr.* disimballare.
desembarazado *agg.* **1** sgombro, libero **2** disinvolto.
desembarazar (*con. come* cazar) *v.tr.* sgombrare, ripulire, liberare: *— las calles*, liberare le strade ♦ **-se** *v.pron.* **1** (*fig.*) liberarsi, sbarazzarsi: *quiso — de esa carga*, volle liberarsi da quel carico **2** (*Amer.*) partorire.
desembarazo *s.m.* **1** disinvoltura (*f.*), spigliatezza (*f.*) **2** (*Amer.*) parto.
desembarcadero *s.m.* (*mar.*) pontile, banchina (*f.*), approdo, imbarcadero.
desembarcar (*con. come* pescar) *v.tr.* sbarcare, scaricare: *— la mercancía*, sbarcare la merce ♦ *v.intr.* **1** (*mar.*) sbarcare, scendere a terra: *desembarcó en Valencia*, sbarcò a Valencia **2** (*fig.*) fare il proprio ingresso, presentarsi: *la compañia desembarcó en el mercado*, la compagnia ha fatto il suo ingresso sul mercato.
desembarco *s.m.* (*mar.*) sbarco.
desembargar (*con. come* llegar) *v.tr.* **1** sbarazzare, liberare **2** (*econ.*) togliere l'embargo **3** (*dir.*) dissequestrare.
desembargo *s.m.* **1** (*dir.*) dissequestro **2** (*econ.*) sblocco.
desembarque *s.m.* (*mar.*) sbarco.
desembarrancar (*con. come* pescar) *v.tr.* (*mar.*) disincagliare.
desembaular *v.tr.* **1** svuotare un baule **2** tirare fuori **3** (*fig.*) sfogarsi, liberarsi, vuotare il sacco.
desembocadero *s.m.* **1** (*di fiume, canale*) foce (*f.*) **2** (*di via, strada*) uscita (*f.*), sbocco.
desembocadura *s.f.* foce, sbocco (*m.*).
desembocar (*con. come* pescar) *v.intr.* **1** sfociare, sboccare **2** (*fig.*) andare a finire, concludersi: *la reunión desembocó en una pelea*, la riunione finì in una litigata.

desembolsar *v.tr.* **1** sborsare, pagare **2** tirare fuori da una busta.
desembolso *s.m.* esborso, spesa (*f.*), pagamento, versamento.
desemboque *s.m.* sbocco.
desembotar *v.tr.* risvegliare, riscuotere ♦ **-se** *v.pron.* svegliarsi.
desembragar (*con. come* llegar) *v.tr.* (*mecc.*, *aut.*) disinnestare, togliere il contatto; azionare la frizione.
desembrague *s.m.* (*mecc.*) disinnesto.
desembridar *v.tr.* (*equitazione*) sbrigliare.
desembrollar *v.tr.* sbrogliare, districare, dipanare; sciogliere (*anche fig.*).
desembrujar *v.tr.* disincantare, sciogliere da un incantesimo.
desembuchar *v.tr.* **1** (*degli uccelli*) svuotare il gozzo **2** (*fig.*) vuotare il sacco, rivelare un segreto, confessare.
desemejante *agg.* dissimile.
desemejanza *s.f.* dissomiglianza, differenza.
desemejar *v.intr.* essere dissimile, diverso.
desempacar (*con. come* pescar) *v.tr.* **1** disimballare, spacchettare **2** (*Amer.*) disfare i bagagli.
desempacharse *v.pron.* disinibirsi, sciogliersi.
desempacho *s.m.* disinvoltura (*f.*).
desempañador *s.m.* (*aut.*) sbrinatore.
desempañamiento *s.m.* (*aut.*) sbrinamento.
desempañar *v.tr.* **1** disappannare **2** (*bambino*) sfasciare, togliere dalle fasce.
desempaque *s.m.* disimballaggio.
desempaquetar *v.tr.* spacchettare, disfare pacchetti.
desemparejado *agg.* spaiato: *calcetines desemparejados*, calzini spaiati.
desemparejar *v.tr.* scompagnare, spaiare.
desempatar *v.tr./intr.* (*anche sport, pol.*) fare lo spareggio/il ballottaggio.
desempate *s.m.* **1** spareggio **2** (*pol.*) ballottaggio.
desempeñar *v.tr.* **1** disimpegnare, riscattare: — *las joyas*, riscattare i gioielli **2** svolgere, compiere, esercitare: *desempeña bien su papel*, svolge bene il suo ruolo ♦ **-se** *v.pron.* **1** sdebitarsi **2** cavarsela, disimpegnarsi.
desempeño *s.m.* **1** disimpegno **2** esecuzione (*f.*), esercizio, adempimento: *el — de sus funciones*, l'adempimento delle proprie funzioni **3** riscatto (di cosa impegnata).
desemperezarse (*con. come* cazar) *v.pron.* spigrirsi.
desempleado *agg.*, *s.m* disoccupato.
desempleo *s.m.* disoccupazione (*f.*).
desempolvadura *s.f.* spolverata.
desempolvar *v.tr.* **1** spolverare: — *una superficie*, spolverare una superficie **2** (*fig.*) rispolverare, ricordare, rinfrescare: — *viejas nociones*, rispolverare vecchie nozioni.
desempolvorar *v.tr.* → **desempolvar.**
desencadenamiento *s.m.* scatenamento.
desencadenante *s.m.* elemento scatenante.
desencadenar *v.tr.* **1** liberare/slegare dalla catena **2** (*fig.*) scatenare, provocare ♦ **-se** *v.pron.* liberarsi, scatenarsi (*anche fig.*): *se desencadenará una tormenta*, si scatenerà una tormenta.
desencajamiento *s.m.* **1** sganciamento, distacco: *el — de una* roca, il distacco di una roccia **2** (*fig.*) sconvolgimento: *un — del sistema*, uno sconvolgimento del sistema.
desencajar *v.tr.* **1** sconnettere, scardinare; rompere **2** disincastrare ♦ **-se** *v.pron.* alterarsi, stravolgersi.
desencaje *s.m.*→ **desencajamiento.**
desencallar *v.tr.* (*mar.*) disincagliare.
desencaminar *v.tr.* **1** sviare, fuorviare **2** (*fig.*) portare sulla cattiva strada.
desencantado *agg.* disincantato.
desencantar *v.tr.* **1** liberare da un incantesimo **2** (*fig.*) disincantare, disilludere, deludere.
desencanto *s.m.* disincanto, disillusione (*f.*), disinganno.
desencapotar *v.tr.* togliere il mantello ♦ **-se** *v.pron.* (*meteor.*, *di cielo*) rischiararsi, rasserenarsi.
desencarcelar *v.tr.* scarcerare.
desencerrar (*con. come* acertar) *v.tr.* **1** liberare **2** aprire, schiudere **3** (*fig.*) dischiudere, rivelare.
desenchufar *v.tr.* (*elettr.*) staccare, disinnestare.
desencoger (*con. come* coger) *v.tr.* dispiegare, distendere, aprire ♦ **-se** *v.pron.* (*fig.*) svegliarsi, farsi furbo.
desencoladura *s.f.* scollamento (*m.*).
desencolar (*con. come* contar) *v.tr.* scollare.
desencolerizar (*con. come* cazar) *v.tr.* placare, tranquillizzare.
desenconar *v.tr.* **1** sfiammare, disinfiammare **2** (*fig.*) sfogare **3** (*fig.*) placare, sedare: — *los ánimos*, placare gli animi ♦ **-se** *v.pron.* calmarsi, ammorbidirsi, placarsi: *la ira se desencona*, l'ira si placa.
desencono *s.m.* **1** calma (*f.*) **2** alleviamento, attenuazione (*f.*), sollievo.
desencorvar *v.tr.* raddrizzare.
desencovar *v.tr.* scovare.
desencrespar *v.tr.* lisciare, stirare.
desencuentro *s.m.* **1** incontro fallito, non andato a buon fine **2** dissapore, disaccordo.
desendemoniar *v.tr.* (*relig.*) esorcizzare.
desenfadado *agg.* **1** disinvolto, spigliato **2** spensierato, leggero.
desenfadar *v.tr.* rabbonire, sedare, placare.
desenfado *s.m.* spensieratezza (*f.*), disinvoltura (*f.*).
desenfocado *agg.* sfuocato.

desenfocar (*con. come* pescar) *v.tr.* (*foto.*) sfocare.
desenfoque *s.m.* (*foto.*) sfocatura (*f.*).
desenfrenado *agg.* sfrenato.
desenfrenarse *v.pron.* **1** (*di persona*) scatenarsi, abbandonarsi, sfrenarsi **2** scatenarsi, esplodere: *el odio se desenfrenó*, l'odio si scatenò.
desenfreno *s.m.* sfrenatezza (*f.*), sregolatezza (*f.*).
desenfundable *agg.* sfoderabile: *sofá* —, divano sfoderabile.
desenfundar *v.tr.* sfoderare: — *el arma*, sfoderare l'arma.
desenganchar *v.tr.* sganciare, staccare, separare ♦ **-se** *v.pron.* **1** sganciarsi (*anche fig.*), liberarsi **2** disintossicarsi, allontanarsi da qlco. di nocivo: *se desenganchó de la bebida*, si disintossicò dall'alcol.
desenganche *s.m.* sganciamento.
desengañado *agg.* disilluso, disingannato, deluso.
desengañar *v.tr.* disingannare, disilludere; deludere.
desengaño *s.m.* disinganno, disillusione (*f.*); delusione (*f.*).
desengranar *v.tr.* (*mecc.*) disingranare.
desengrasar *v.tr.* sgrassare ♦ *v.intr.* (*fam.*) dimagrire.
desengrase *s.m.* sgrassatura (*f.*).
desenguantarse *v.pron.* togliersi i guanti.
desenhornar *v.tr.* sfornare: — *una tarta*, sfornare una torta.
desenlace *s.m.* **1** conclusione (*f.*), epilogo, soluzione (*f.*): *el — de la historia fue triste*, l'epilogo della storia è stato triste; *un feliz* —, un lieto fine **2** sviluppo, svolgimento, trama (*f.*).
desenlazar (*con. come* cazar) *v.tr.* **1** slacciare, sciogliere **2** (*fig.*) sciogliere, risolvere: — *cierto asunto*, risolvere una questione, **3** (*teatr.*, *cinem.*) concludere, sciogliere: — *la trama*, sciogliere la trama.
desenlutar *v.tr.* far uscire dal lutto ♦ **-se** *v.pron.* smettere il lutto.
desenmarañar *v.tr.* sbrogliare (*anche fig.*), sgrovigliare: — *la red*, sbrogliare la rete; — *el problema*, risolvere il problema.
desenmascaramiento *s.m.* (*anche fig.*) smascheramento.
desenmascarar *v.tr.* smascherare.
desenojar *v.tr.* placare.
desenredar *v.tr.* **1** dipanare, sciogliere, districare (*anche fig.*) **2** (*fig.*) ordinare, mettere in ordine ♦ **-se** *v.pron.* sbrogliarsela, districarsi.
desenredo *s.m.* **1** scioglimento **2** (*fig.*) soluzione (*f.*), epilogo.
desenrollar *v.tr.* **1** srotolare, stendere **2** (*fig.*) sviluppare, svolgere.
desenroscar (*con. come* pescar) *v.tr.* **1** svitare **2** srotolare.
desenrudecer (*con. come* agradecer) *v.tr.* dirozzare, raffinare.
desensamblaje *s.m.* smontaggio, scomposizione (*f.*).
desensamblar *v.tr.* smontare.
desensibilización *s.f.* desensibilizzazione.
desensibilizar (*con. come* cazar) *v.tr.* desensibilizzare.
desentablar *v.tr.* **1** smontare/togliere le assi: — *el techo*, togliere le assi del tetto **2** (*fig.*) mandare a monte, far fallire: — *un trato*, far fallire un trattato.
desentenderse (*con. come* entender) *v.tr.* **1** disinteressarsi **2** (*fam.*) fare lo gnorri, far finta di non capire.
desenterramiento *s.m.* disseppellimento.
desenterrar (*con. come* acertar) *v.tr.* dissotterrare, disseppellire, esumare, riesumare (*anche fig.*): — *antiguos rencores*, riesumare vecchi rancori.
desentoldar *v.tr.* **1** levare le tende **2** (*fig.*) smantellare, sguarnire.
desentonar *v.intr.* stonare, discordare ♦ *v.tr.* umiliare, mortificare.
desentono *s.m.* (*anche mus.*) stonatura (*f.*).
desentorpecer (*con. come* agradecer) *v.tr.* **1** sgranchire **2** (*fig.*) dirozzare, raffinare.
desentrañamiento *s.m.* (*anche fig.*) svisceramento.
desentrañar *v.tr.* **1** sventrare, sviscerare **2** (*fig.*) sviscerare, decifrare ♦ **-se** *v.pron.* privarsi, levarsi il pane di bocca.
desentrenamiento *s.m.* mancanza di allenamento.
desentrenar *v.tr.* fare perdere l'allenamento ♦ **-se** *v.pron.* essere fuori allenamento, perdere l'allenamento.
desentubar *v.tr.* (*med.*) stubare, disintubare
desentumecer (*con. come* agradecer) *v.tr.* sgranchire ♦ **-se** *v.pron.* sgranchirsi.
desentumecimiento *s.m.* sgranchimento.
desenvainar *v.tr.* sguainare, sfoderare.
desenvoltura *s.f.* **1** disinvoltura, brillantezza, spigliatezza **2** (*fig.*) leggerezza: *tratar con* —, trattare con leggerezza.
desenvolvedor *agg.*, *s.m.* indagatore.
desenvolver (*con. come* mover, *part.pass. irr.* desenvuelto) *v.tr.* **1** svolgere, distendere **2** (*fig.*) sviluppare, svolgere; ampliare: — *una idea*, sviluppare un'idea, **3** scartare: — *un paquete*, scartare un pacco **4** chiarire: — *un asunto*, risolvere una questione ♦ **-se** *v.pron.* **1** svilupparsi **2** (*fig.*) cavarsela, sbrogliarsela: *se desenvuelve muy bien con las chicas*, se la cava molto bene con le ragazze.
desenvolvimiento *s.m.* **1** svolgimento, sviluppo **2** srotolamento.

desenvuelto *agg.* disinvolto, spigliato, brillante.

desenzarzar (*con. come* cazar) *v.tr.* **1** sbrogliare, districare **2** (*fig., fam.*) separare (due contendenti).

deseo *s.m.* **1** desiderio, voglia (*f.*); aspirazione (*f.*) | *arder en deseos*, ardere/morire di desiderio; morire dalla voglia **2** augurio, speranza (*f.*).

deseoso *agg.* **1** desideroso, ansioso **2** impaziente.

desequilibrado *agg.* squilibrato.

desequilibrar *v.tr.* squilibrare; destabilizzare: *esta inflación desequilibra los mercados*, questa inflazione destabilizza i mercati.

desequilibrio *s.m.* **1** squilibrio **2** (*econ.*) disequilibrio.

deserción *s.f.* diserzione; abbandono (*m.*).

desertar *v.intr.* (*mil., anche fig.*) disertare.

desértico *agg.* **1** desertico **2** deserto.

desertícola *agg.* deserticolo.

desertificación *s.f.* desertificazione.

desertizar (*con. come* cazar) *v.tr.* desertificare.

desertor *agg., s.m.* (*mil., anche fig.*) disertore.

deservicio *s.m.* disservizio.

desescamar *v.tr.* squamare (il pesce).

desescombrar *v.tr.* sgombrare (dalle macerie).

desescombro *s.m.* sgombero dalle macerie.

desesperación *s.f.* **1** disperazione: *¡qué —! ¡no sé qué hacer!*, che disperazione! non so che fare! **2** esasperazione; collera | *con —*, disperatamente.

desesperado *agg.* disperato | *a la desesperada*, alla disperata.

desesperante *agg.* **1** disperante, deprimente, scoraggiante **2** esasperante, snervante.

desesperanza *s.f.* disperazione, sconforto (*m.*), scoramento (*m.*); demoralizzazione.

desesperanzador *agg.* sconfortante, scoraggiante.

desesperanzar (*con. come* cazar) *v.tr.* togliere la speranza, scoraggiare.

desesperar *v.intr.* disperare, perdere la speranza: *desespera por obtener justicia*, dispera di ottenere giustizia ♦ *v.tr.* esasperare; far disperare ♦ **-se** *v.pron.* disperarsi, deprimersi.

desespero *s.m.* disperazione (*f.*).

desestabilización *s.f.* destabilizzazione.

desestabilizador *agg.* destabilizzante, destabilizzatore.

desestabilizar (*con. come* cazar) *v.tr.* destabilizzare.

desestanco *s.m.* (*econ.*) abolizione (*f.*) di un monopolio, liberalizzazione (*f.*).

desestibar *v.tr.* (*mar.*) vuotare la stiva della nave, scaricare la merce.

desestima *s.f.* → **desestimación.**

desestimación *s.f.* disprezzo (*m.*), disistima.

desestimar *v.tr.* **1** disistimare, disprezzare **2** (*dir., amm.*) respingere.

desestructuración *s.f.* destrutturazione.

desestructurado *agg.* destrutturato.

desfachatado *agg.* (*fam.*) sfrontato, sfacciato.

desfachatez (*pl.* -ces) *s.f.* sfacciataggine, sfrontatezza.

desfajar *v.tr.* sfasciare, togliere dalle fasce.

desfalcar (*con. come* pescar) *v.tr.* **1** defalcare, detrarre: *— una suma*, detrarre una somma **2** rubare: *— el patrimonio de alguien*, sottrarre il patrimonio di qlcu.

desfalco *s.m.* **1** defalco, detrazione (*f.*) **2** (*dir.*) appropriazione (*f.*) indebita.

desfallecer (*con. come* agradecer) *v.intr.* **1** svenire, venir meno, sentirsi mancare **2** (*fig.*) abbattersi, scoraggiarsi.

desfallecido *agg.* **1** spossato, indebolito, sfinito: *sentirse — de hambre*, sentirsi sfinito per la fame **2** svenuto: *cayó —*, cadde svenuto.

desfallecimiento *s.m.* **1** svenimento **2** indebolimento.

desfamar *v.tr.* diffamare, calunniare.

desfasado *agg.* **1** sfasato **2** inadatto, fuori moda: *su pintura es desfasada*, la sua pittura è fuori moda.

desfasar *v.tr.* (*elettr.*) sfasare ♦ **-se** *v.pron.* (*fam.*) essere fuori moda.

desfase *s.m.* (*elettr., fig.*) sfasamento.

desfavor *s.m.* svantaggio, sfavore.

desfavorable *agg.* sfavorevole, contrario, avverso.

desfavorecer (*con. come* agradecer) *v.tr.* **1** sfavorire, danneggiare **2** (*fig.*) non addirsi, contrastare.

desfavorecido *agg.* indigente, meno abbiente.

desfibrilación *s.f.* (*med.*) defibrillazione.

desfibrilador *s.m.* (*med.*) defibrillatore.

desfiguración *s.f.* deformazione; deturpazione.

desfigurado *agg.* sfigurato, deturpato: *— de una herida*, sfigurato da una ferita.

desfiguramiento *s.m.* → **desfiguración.**

desfigurar *v.tr.* **1** sfigurare, deturpare, deformare **2** (*fig.*) falsare, stravolgere, travisare: *— una historia*, falsare una storia **3** mascherare, nascondere: *— la aparencia*, nascondere l'apparenza ♦ **-se** *v.pron.* sfigurarsi, deformarsi.

desfilachar *v.tr.* sfilacciare.

desfiladero *s.m.* (*geogr.*) gola (*f.*), passo di montagna.

desfilado *agg.* (*di taglio di capelli*) scalato.

desfilar *v.intr.* **1** (*anche mil.*) sfilare **2** (*fam.*) andarsene alla spicciolata.

desfile *s.m.* **1** (*mil.*) parata (*f.*) **2** (*di moda*) sfilata (*f.*).
desfloración *s.f.* deflorazione.
desflorar *v.tr.* deflorare.
desflorecer (*con. come* agradecer) *v.intr.* sfiorire.
desflorecimiento *s.m.* sfioritura (*f.*).
desfogarse (*con. come* llegar) *v.pron.* sfogarsi.
desfogue *s.m.* sfogo.
desfondamiento *s.m.* sfondamento.
desfondar *v.tr.* **1** sfondare: — *una embarcación*, sfondare un'imbarcazione **2** (*sport*) stancare, fiaccare.
desfonde *s.m.* sfondamento.
desgaire *s.m.* **1** trascuratezza (*f.*), trasandatezza (*f.*): *es un esnob, se viste con un estudiado* —, è uno snob, si veste con una studiata trascuratezza | *al* —, con noncuranza **2** smorfia (*f.*), sgarbo.
desgajadura *s.f.* stroncatura.
desgajamiento *s.m.* strappo, schianto, crepatura (*f.*).
desgajar *v.tr.* **1** strappare, spezzare; stracciare, fare a pezzi: *desgajaron el viejo diccionario*, stracciarono il vecchio dizionario **2** (*fig.*) strappare, allontanare: *miles de prófugos son desgajados de sus tierras*, migliaia di profughi sono strappati dalle loro terre ♦ **-se** *v.pron.* **1** rompersi **2** (*fig.*) staccarsi: *se ha desgajado una rama del sauce*, si è spezzato un ramo del salice.
desgana *s.f.* **1** inappetenza **2** (*fig.*) noia, malavoglia, svogliatezza, fiacca.
desganado *agg.* svogliato.
desganar *v.tr.* far passare la voglia ♦ **-se** *v.pron.* stufarsi, stancarsi, annoiarsi.
desgañitarse *v.pron.* sgolarsi, sfiatarsi.
desgarbado *agg.* **1** sgarbato **2** sgraziato, goffo.
desgargantarse *v.pron.* (*fam.*) sgolarsi.
desgaritar *v.intr.* perdere la strada ♦ **-se** *v.pron.* (*di bestiame*) smarrirsi, perdersi.
desgarrado *agg.* **1** lacerato, stracciato **2** (*fig.*) sfacciato.
desgarrador *agg.* straziante, lacerante.
desgarramiento *s.m.* lacerazione (*f.*), strappo.
desgarrar *v.tr.* **1** lacerare, stracciare; sbranare **2** (*fig.*) straziare, spezzare **3** (*Amer.*) espettorare, scatarrare.
desgarro *s.m.* **1** squarcio, strappo **2** (*Amer.*) catarro; espettorazione (*f.*) **3** (*fig.*) sguaiataggine (*f.*), sfacciataggine (*f.*).
desgarrón *s.m.* **1** lacerazione (*f.*), strappo **2** lembo, brandello.
desgastado *agg.* consunto, logoro: *material* —, materiale logoro.
desgastar *v.tr.* consumare, logorare, sciupare ♦ **-se** *v.pron.* **1** esaurirsi, logorarsi **2** (*fig.*) indebolirsi: *su entusiasmo se ha desgastado con la edad*, il suo entusiasmo è venuto meno con l'età.
desgaste *s.m.* logorio, consumo, deterioramento, usura (*f.*) (*anche fig.*): *el — de la voz*, il deterioramento della voce.
desgobernado *agg.* sconsiderato, sregolato, indisciplinato.
desgobernar (*con. come* acertar) *v.tr.* **1** governare male **2** (*med.*) slogare ♦ **-se** *v.pron.* agitarsi, contorcersi.
desgobierno *s.m.* **1** malgoverno **2** disordine, confusione (*f.*) **3** malfunzionamento, disorganizzazione (*f.*), disfunzione (*f.*).
desgoznar *v.tr.* scardinare ♦ **-se** *v.pron.* contorcersi, dibattersi.
desgracia *s.f.* **1** disgrazia, sfortuna; sventura | *caer en* —, cadere in disgrazia | *por* —, per sfortuna **2** sciagura, disastro (*m.*), disgrazia.
desgraciadamente *avv.* sfortunatamente, disgraziatamente.
desgraciado *agg.*, *s.m.* **1** disgraziato, sfortunato **2** (*spreg.*) sciagurato.
desgraciar *v.tr.* **1** (*anche fig.*) rovinare, deturpare: *le desgraciaron la moto*, gli hanno rovinato la moto **2** danneggiare **3** (*fam.*) eliminare, far fuori **4** (*fam.*) fare violenza ♦ **-se** *v.pron.* rovinarsi: — *con el juego de azar*, rovinarsi col gioco d'azzardo.
desgranado *agg.* (*anche mecc.*) sgranato, sdentato.
desgranar *v.tr.* **1** sgranare **2** (*fig.*) elencare, snocciolare **3** (*fig.*) sgranare, recitare: — *el rosario*, sgranare il rosario.
desgrane *s.m.* (*agr.*) sgranatura (*f.*).
desgrasar *v.tr.* sgrassare.
desgrase *s.m.* (*lana*) sgrassatura (*f.*).
desgravación *s.f.* (*econ.*) sgravio (*m.*), riduzione | — *fiscal*, sgravio fiscale.
desgravar *v.tr.* alleggerire, (*econ.*) sgravare.
desgreñado *agg.* spettinato, scarmigliato, arruffato.
desgreñar *v.tr.* arruffare, spettinare, scompigliare: — *el pelo a alguien*, scompigliare i capelli a qlcu. ♦ **-se** *v.pron.* **1** arruffarsi, scarmigliarsi **2** (*fig.*) azzuffarsi, accapigliarsi, prendersi per i capelli: — *en la calle*, azzuffarsi per strada.
desguace *s.m.* **1** distruzione (*f.*), smantellamento, rottamazione (*f.*): — *de un ordenador*, smantellamento di un computer | — *de vehículos*, rottamazione di veicoli **2** macerie (*f.pl.*), rottami (*pl.*) **3** (*aut.*) sfasciacarrozze.
desguarnecer (*con. come* agradecer) *v.tr.* **1** (*anche mil.*) sguarnire, disadornare: — *el frente*, sguarnire il fronte **2** levare, togliere, sfilare, sguainare: — *la espada*, sguainare la spada **3** (*mar.*) disarmare **4** (*equitazione*) togliere i finimenti.
desguazador *s.m.* demolitore.
desguazar (*con. come* cazar) *v.tr.* **1** demo-

lire, sfasciare, rottamare **2** (*falegname*) digrossare.
déshabillé *s.m.* vestaglia (*f.*).
deshabitado *agg.* disabitato, deserto, abbandonato: *una casa deshabitada*, una casa disabitata.
deshabitar *v.tr.* lasciare deserto, abbandonare, spopolare.
deshabituación *s.f.* **1** disassuefazione **2** (*droga*) disintossicazione.
deshabituar *v.tr.* disabituare ♦ **-se** *v.pron.* disabituarsi.
deshacer (*con. come* hacer) *v.tr.* **1** disfare; scomporre: *debes — la cama, para luego hacerla bien*, devi disfare il letto per poi farlo bene; — *un mueble*, scomporre un mobile **2** (*una zolletta, un nodo*) sciogliere, disfare **3** consumare, distruggere ♦ **-se** *v.pron.* **1** disfarsi (*anche fig.*) **2** (*fig.*) struggersi, consumarsi **3** profondersi, prodigarsi: — *en elogios*, profondersi in elogi.
desharrapado *agg.* cencioso ♦ *s.m.* straccione, poveraccio.
desharrapamiento *s.m.* indigenza (*f.*), miseria (*f.*).
deshebillar *v.tr.* slacciare la fibbia.
deshechizar (*con. come* cazar) *v.tr.* liberare da un incantesimo, disincantare.
deshecho *agg.* disfatto, rotto, distrutto (*anche fig.*): *su actitud me dejó* —, il suo comportamento mi lasciò distrutto.
deshelar (*con. come* acertar) *v.tr.* disgelare, sbrinare: — *la nevera*, sbrinare il frigo.
desherbar (*con. come* acertar) *v.tr.* (*agr.*) diserbare.
desheredado *agg.* (*anche fig.*) diseredato.
desheredar *v.tr.* (*dir.*) diseredare ♦ **-se** *v.pron.* (*fig.*) trascendere, degenerare.
deshermanar *v.tr.* scompagnare, spaiare: — *los guantes*, spaiare i guanti ♦ **-se** *v.pron.* (*di fratelli*) rompere i rapporti.
deshidratación *s.f.* (*anche med.*) disidratazione.
deshidratado *agg.* (*anche med.*) disidratato.
deshidratador *s.m.* (*anche med.*) disidratatore.
deshidratante *agg.* (*anche med.*) disidratante.
deshidratar *v.tr.* (*anche med.*) disidratare.
deshielo *s.m.* **1** disgelo **2** (*fig.*) distensione (*f.*), disgelo.
deshilar *v.tr.* sfilare.
deshinchado *agg.* sgonfio.
deshinchar *v.tr.* sgonfiare ♦ **-se** *v.pron.* **1** sgonfiarsi **2** (*fig.*) sgonfiarsi, ridimensionarsi.
deshipotecar (*con. come* pescar) *v.tr.* (*banc.*) togliere un'ipoteca, disipotecare.
deshojadura *s.f.* sfogliatura.
deshojar *v.tr.* **1** (*foglie, petali*) sfogliare: — *una planta*, sfogliare una pianta **2** (*libro, quaderno*) staccare i fogli ♦ **-se** *v.pron.* perdere le foglie.
deshoje *s.m.* sfogliatura (*f.*).
deshollinador *s.m.* **1** spazzacamino **2** spazzola (*f.*) per pulire il camino **3** (*fig.*) ficcanaso.
deshollinar *v.tr.* spazzare il camino.
deshonestidad *s.f.* disonestà.
deshonesto *agg.* disonesto ♦ *s.m.* imbroglione.
deshonor *s.m.* disonore; vergogna (*f.*): *eres el — de la familia*, sei la vergogna della famiglia.
deshonorar *v.tr.* → **deshonrar**.
deshonra *s.f.* disonore (*m.*).
deshonrar *v.tr.* **1** disonorare, infamare: — *la memoria de alguien*, disonorare la memoria di qlcu. **2** offendere: — *su dignidad*, offendere la propria dignità **3** violentare, disonorare ♦ **-se** *v.pron.* disonorarsi.
deshonroso *agg.* disonorevole.
deshora *s.f.* momento (*m.*) inopportuno, ora indebita: *a* —, fuori orario; *llegas siempre a* —, arrivi sempre fuori orario, nel momento meno opportuno.
deshuesado *agg.* (*cuc.*) **1** (*carne*) disossato **2** (*frutta*) snocciolato.
deshuesadora *s.f.* levanoccioli (*m.*).
deshuesar *v.tr.* **1** disossare **2** snocciolare.
deshumanización *s.f.* disumanizzazione.
deshumanizado *agg.* disumano, inumano, crudele.
deshumanizar (*con. come* cazar) *v.tr.* disumanizzare.
deshumano *agg.* disumano.
deshumidificador *s.m.* deumidificatore.
deshumidificar (*con. come* pescar) *v.tr.* deumidificare.
desiderata *s.f.pl.* desiderata (*m.*).
desiderativo *agg.* (*gramm.*) desiderativo.
desierto *agg.* deserto, disabitato, squallido, spoglio ♦ *s.m.* deserto (*anche fig.*) | *predicar en el* —, predicare nel deserto.
designación *s.f.* designazione.
designar *v.tr.* **1** designare, scegliere, nominare: *fue designado alcalde*, fu nominato sindaco **2** denotare, indicare: *cada letra designa un sonido*, ogni lettera indica un suono **3** denominare, chiamare: *designamos por 'x' la incógnita*, chiamiamo 'x' l'incognita.
designio *s.m.* (*fig.*) disegno, progetto, piano.
desigual *agg.* **1** disuguale, diverso **2** (*di terreno*) aspro, irregolare **3** (*fig., di persona*) incostante, volubile **4** (*meteor.*) variabile: *tiempo* —, tempo variabile **5** (*fig.*) impari, difficile: *una lucha* —, una lotta impari | *salir* —, andare a vuoto/andare buca.
desigualar *v.tr.* differenziare, disuguagliare ♦ **-se** *v.pron.* distinguersi, differenziarsi.

desigualdad *s.f.* **1** disuguaglianza, differenza, disparità **2** (*di terreno*) irregolarità.
desilusión *s.f.* delusione; disillusione: *al conocerle sufrió una gran* —, nel conoscerlo provò una gran delusione.
desilusionar *v.tr.* deludere; disilludere ♦ **-se** *v.pron.* **1** disilludersi **2** rimanere deluso.
desimanación, desimantación *s.f.* (*fis.*) smagnetizzazione.
desimantador *s.m.* (*fis.*) smagnetizzatore.
desimantar *v.tr.* (*fis.*) smagnetizzare ♦ **-se** *v.pron.* smagnetizzarsi.
desincentivación *s.f.* **1** (*econ.*) disincentivo (*m.*) **2** disincentivazione.
desincentivador *agg.* disincentivante.
desincentivar *v.tr.* disincentivare, scoraggiare.
desincorporar *v.tr.* scorporare.
desincrustante *agg.*, *s.m.* disincrostante: *solución* —, soluzione disincrostante.
desincrustar *v.tr.* disincrostare: — *las canalizaciones*, disincrostare le canalizzazioni.
desindustrialización *s.f.* deindustrializzazione.
desinencia *s.f.* (*gramm.*) desinenza.
desinencial *agg.* (*gramm.*) desinenziale.
desinfartar *v.tr.* (*med.*) risolvere un infarto.
desinfección *s.f.* (*anche med.*) disinfezione.
desinfectante *agg.*, *s.m.* (*anche med.*) disinfettante.
desinfectar *v.tr.* (*anche med.*) disinfettare.
desinflado *agg.* sgonfio.
desinflamación *s.f.* (*anche med.*) disinfiammazione, sgonfiamento (*m.*).
desinflamado *agg.* (*anche med.*) disinfiammato.
desinflamar *v.tr.* (*anche med.*) disinfiammare.
desinflamiento *s.m.* (*fig.*) sgonfiamento.
desinflar *v.tr.* **1** sgonfiare **2** (*fig.*) smontare, demoralizzare | — *los ánimos*, placare gli animi.
desinformación *s.f.* disinformazione, cattiva informazione.
desinformado *agg.* disinformato.
desinformar *v.tr.* disinformare, manipolare l'informazione.
desinhibición *s.f.* disinibizione.
desinhibido *agg.* disinibito.
desinhibir *v.tr.* disinibire ♦ **-se** *v.pron.* disinibirsi.
desinsacular *v.tr.* tirare a sorte, sorteggiare.
desinsectación *s.f.* disinfestazione.
desinsectador *s.m.* disinfestante.
desinsectar *v.tr.* disinfestare.
desintegración *s.f.* disintegrazione (*anche fig.*), frantumazione.
desintegrador *s.m.* (*tecn.*) disintegratore.
desintegrar *v.tr.* disintegrare, frantumare.
desinterés *s.m.* **1** disinteresse, indifferenza (*f.*), distacco **2** generosità (*f.*).
desinteresado *agg.* disinteressato; generoso; spassionato: *consejo* —, consiglio spassionato/disinteressato.
desinteresarse *v.pron.* disinteressarsi di.
desintoxicación *s.f.* disintossicazione.
desintoxicante *agg.* disintossicante.
desintoxicar (*con. come* pescar) *v.tr.* disintossicare ♦ **-se** *v.pron.* disintossicarsi.
desinvertir (*con. come* sentir) *v.tr.* (*econ.*) disinvestire.
desistimiento *s.m.* resa (*f.*), rinuncia (*f.*) ritiro.
desistir *v.intr.* desistere, abbandonare, ritirarsi; smettere: *ha desistido del proyecto*, si è ritirato dal progetto.
desjuiciado *agg.* insensato, dissennato.
desjuntar *v.tr.* dividere, separare, disgiungere.
deslavado *agg.* **1** (*Amer, fam.*) slavato, sbiadito, tenue: *un recuerdo* —, un ricordo sbiadito **2** (*fig.*, *fam.*) sfacciato, sfrontato.
deslavar *v.tr.* **1** dare una lavata **2** scolorire, sbiadire **3** (*fig.*) attenuare, smorzare.
deslave *s.m.* (*Amer.*) dilavamento, frana (*f.*).
deslazamiento *s.m.* scioglimento, slacciamento.
desleal *agg.*, *s.m.* sleale, subdolo.
deslealtad *s.f.* slealtà; tradimento (*m.*).
deslegitimación *s.f.* delegittimazione.
deslegitimar *v.tr.* delegittimare.
desleído *agg.* sciolto, diluito.
desleimiento *s.m.* diluizione (*f.*).
desleír (*con. come* reír) *v.tr.* sciogliere, diluire, stemperare; dissolvere: *el viento ha desleído la niebla*, il vento ha dissolto la nebbia.
deslenguado *agg.* sboccato, volgare.
deslenguamiento *s.m.* volgarità (*f.*), scurrilità (*f.*).
desliar (*con. come* confiar) *v.tr.* slegare, sciogliere, slacciare.
desligadura *s.f.* slegatura.
desligar (*con. come* llegar) *v.tr.* **1** slegare, sciogliere **2** (*fig.*) scindere, separare, **3** (*fig.*) risolvere, chiarire: — *un asunto*, risolvere una questione **4** (*anche fig.*) liberare, sciogliere: — *de todo vínculo*, liberare da ogni vincolo ♦ **-se** *v.pron.* **1** slegarsi; svincolarsi: *te tienes que — de esta gente*, ti devi svincolare da questa gente **2** liberarsi.
deslindar *v.tr.* delimitare, circoscrivere; marcare/tracciare i confini (*anche fig.*): *conviene — con claridad los deberes de cada uno*, conviene delimitare chiaramente i doveri di ciascuno.
deslinde *s.m.* delimitazione (*f.*).
desliz (*pl.* -ces) *s.m.* **1** scivolone, scivolata (*f.*) **2** (*fig.*) errore; gaffe (*f.*): *sin querer cometí un — al hablar con ella*, involonta-

riamente ho fatto una gaffe parlando con lei | — *de juventud*, peccato/errore di gioventù.
deslizable *agg.* scivoloso.
deslizadero *s.m.* terreno sdrucciolevole ♦ *agg.* scivoloso.
deslizamiento *s.m.* **1** scivolamento **2** (*fig.*) accenno, allusione (*f.*) **3** (*geol.*) smottamento.
deslizar (*con. come* cazar) *v.tr.* far scivolare; lasciar cadere ♦ *v.intr.* scivolare, slittare ♦ **-se** *v.pron.* **1** scivolare: *los patinadores se deslizan sobre el hielo*, i pattinatori scivolano sul ghiaccio **2** svignarsela, scappare via, dileguarsi **3** calarsi, scendere in: *se deslizó en el pozo*, si calò nel pozzo.
deslomarse *v.pron.* sfiancarsi, stancarsi molto; (*fam.*) spaccarsi la schiena: *se desloma para mantener a sus hijos*, si spacca la schiena per mantenere i suoi figli.
deslucido *agg.* **1** sbiadito, scialbo, opaco **2** (*fig.*) squallido.
deslucimiento *s.m.* squallore.
deslucir (*con. come* lucir) *v.tr.* **1** rovinare, sciupare **2** denigrare, screditare.
deslumbramiento *s.m.* abbaglio (*anche fig.*).
deslumbrante *agg.* **1** abbagliante, accecante **2** (*fig.*) incredibile, strabiliante: *la película obtuvo un — éxito*, il film ottenne un incredibile successo.
deslumbrar *v.tr.* **1** abbagliare, accecare **2** (*fig.*) impressionare, affascinare; ingannare: *no te dejes — con sus promesas*, non farti abbagliare dalle sue promesse.
desmadejado *agg.* (*fig.*) abbattuto, spossato, fiaccato: *— a causa del calor*, spossato a causa del caldo.
desmadejamiento *s.m.* abbattimento, spossatezza (*f.*).
desmadejar *v.tr.* fiaccare, spossare, sfibrare.
desmadrado *agg.* (*fam.*) **1** (*di cucciolo*) abbandonato dalla madre **2** (*di fiume*) straripato, uscito dal letto **3** (*fig.*) incontrollato, scatenato.
desmadrar *v.tr.* svezzare ♦ **-se** *v.pron.* **1** (*di fiume*) straripare **2** (*fam.*) scatenarsi, perdere il controllo, perdere la testa.
desmadre *s.m.* (*fam.*) confusione (*f.*), caos, disordine.
desmagnetización *s.f.* (*tecn.*) smagnetizzazione.
desmagnetizador *s.m.* (*tecn.*) smagnetizzatore.
desmagnetizar (*con. come* cazar) *v.tr.* (*tecn.*) smagnetizzare.
desmallar *v.tr.* **1** smagliare **2** (*pesca*) togliere il pesce dalle maglie della rete.
desmán *s.m.* **1** vandalismo; abuso (d'autorità): *han denunciado los desmanes del ejército*, hanno denunciato gli abusi dell'esercito **2** eccesso, sproposito: *cometer un —*, commettere uno sproposito **3** sventura (*f.*), disgrazia (*f.*).
desmandado *agg.* indisciplinato, ribelle.
desmandarse *v.pron.* **1** eccedere, esagerare **2** mancare di rispetto; ribellarsi.
desmangar (*con. come* llegar) *v.tr.* togliere/rompere il manico di qlco.: *— el cuchillo*, rompere il manico del coltello.
desmano, a *loc. avv.* fuori mano: *quedar —*, trovarsi fuori mano.
desmantelado *agg.* **1** smantellato **2** vuoto, non ammobiliato: *piso —*, appartamento vuoto.
desmantelamiento *s.m.* **1** smantellamento **2** demolizione (*f.*), distruzione (*f.*).
desmantelar *v.tr.* **1** smantellare, smontare: *desmantelaron los edificios del antiguo régimen*, smantellarono i palazzi dell'antico regime **2** abbattere, demolire; distruggere: *— los edificios viejos*, abbattere i vecchi palazzi; *el ciclón desmanteló la aldea*, il ciclone distrusse il villaggio.
desmaña *s.f.* inabilità, goffaggine.
desmaño *s.m.* negligenza (*f.*), trascuratezza (*f.*).
desmaquillador *agg.*, *s.m.* struccante.
desmaquillaje *s.m.* struccatura (*f.*).
desmaquillarse *v.pron.* struccarsi.
desmarcar (*con. come* pescar) *v.tr.* (*sport*) smarcare ♦ **-se** *v.pron.* **1** (*sport*) smarcarsi **2** (*fig.*) allontanarsi, prendere le distanze: *se ha desmarcado de la postura del presidente*, ha preso le distanze dalla posizione del presidente.
desmarque *s.m.* (*sport*) smarcamento.
desmaterialización *s.f.* (*fis.*) smaterializzazione.
desmaterializar (*con. come* cazar) *v.tr.* smaterializzare.
desmayado *agg.* **1** svenuto **2** debole, smorto; scialbo.
desmayar *v.intr.* scoraggiarsi, perdersi d'animo ♦ *v.tr.* provocare lo svenimento ♦ **-se** *v.pron.* svenire, perdere i sensi.
desmayo *s.m.* **1** svenimento **2** (*fig.*) scoraggiamento.
desmedido *agg.* smisurato, esagerato, eccessivo.
desmedirse (*con. come* servir) *v.pron.* **1** eccedere, esagerare: *no debes desmedirte en tus acciones*, non devi eccedere nei tuoi atti **2** prendersi delle libertà.
desmedrado *agg.* deperito, macilento, stentato.
desmedrar *v.tr.* deteriorare ♦ *v.intr.* decadere, deperire.
desmedro *s.m.* deperimento, deterioramento.

desmejora *s.f.* deterioramento (*m.*), peggioramento (*m.*).
desmejoramiento *s.m.* peggioramento.
desmejorarse *v.pron.* peggiorare, deperire.
desmelenado *agg.* **1** scapigliato, arruffato, spettinato **2** scatenato, sfrenato.
desmelenamiento *s.m.* **1** arruffamento, scapigliatura (*f.*) **2** sbracamento, scompostezza (*f.*).
desmelenarse *v.pron.* **1** spettinarsi, arruffarsi **2** (*fig.*) essere scomposto, sbracarsi.
desmembración *s.f.* smembramento (*m.*) (*anche fig.*), squartamento (*m.*).
desmembrado *agg.* smembrato.
desmembrador *s.m.*, *agg.* squartatore.
desmembrar (*con. come* acertar) *v.tr.* **1** smembrare, squartare **2** (*fig.*) dividere, frazionare, smembrare.
desmemoria *s.f.* smemoratezza.
desmemoriado *agg.* smemorato, svanito.
desmemoriarse *v.pron.* **1** scordarsi: *se desmemoria de todo lo pasado*, si dimentica di tutto quello che è successo **2** perdere la memoria: — *después de un trauma*, perdere la memoria dopo un trauma.
desmentida *s.f.* (*Amer.*) smentita.
desmentido *s.m.* smentita (*f.*).
desmentir (*con. come* sentir) *v.tr.* **1** smentire, negare **2** sbugiardare; contraddire.
desmenuzable *agg.* sminuzzabile.
desmenuzador *agg.* sminuzzatore.
desmenuzamiento *s.m.* sminuzzamento.
desmenuzar (*con. come* cazar) *v.tr.* **1** spezzettare, sbriciolare, sminuzzare **2** (*fig.*) analizzare dettagliatamente.
desmerecedor *agg.* immeritevole.
desmerecer (*con. come* agradecer) *v.tr.* demeritare ♦ *v.intr.* **1** sciuparsi, rovinarsi, perdere pregio: *el producto desmerece*, il prodotto ha perso di valore **2** non essere all'altezza: *cree — de su hermano*, crede di non essere all'altezza di suo fratello.
desmerecimiento *s.m.* demerito.
desmesura *s.f.* dismisura | *con* —, a dismisura.
desmesurado *agg.* smisurato, eccessivo, esagerato.
desmesurar *v.tr.* scomporre, disordinare ♦ **-se** *v.pron.* trascendere, eccedere.
desmigajar *v.tr.* sminuzzare, sbriciolare.
desmigar (*con. come* llegar) *v.tr.* sbriciolare.
desmilitarización *s.f.* (*mil.*) smilitarizzazione.
desmilitarizado *agg.* (*mil.*) smilitarizzato.
desmilitarizar (*con. come* cazar) *v.tr.* (*mil.*) smilitarizzare.
desminar *v.tr.* (*mil.*) sminare, bonificare.
desmineralización *s.f.* (*med.*) demineralizzazione.
desmineralizar (*con. come* cazar) *v.tr.* demineralizzare ♦ **-se** *v.pron.* (*med.*) demineralizzarsi.
desmitificación *s.f.* demitizzazione, smitizzazione.
desmitificar (*con. come* pescar) *v.tr.* smitizzare, demitizzare.
desmochar *v.tr.* (*anche fig.*) mutilare, mozzare.
desmoche *s.m.* **1** mozzatura (*f.*) **2** (*fig.*, *fam.*) carneficina (*f.*), strage (*f.*), tragedia (*f.*).
desmonetizar (*con. come* cazar) *v.tr.* (*fin.*) demonetizzare.
desmontable *agg.* smontabile, scomponibile.
desmontaje *s.m.* **1** smontaggio **2** (*arma*) disarmo.
desmontar *v.tr.* **1** (*agr.*) disboscare; dissodare **2** smontare, scomporre ♦ *v.intr.* (*da cavallo*) scendere/smontare.
desmonte *s.m.* (*agr.*) **1** disboscamento **2** sterro.
desmoralización *s.f.* demoralizzazione, avvilimento (*m.*), scoraggiamento (*m.*).
desmoralizado *agg.* demoralizzato, avvilito.
desmoralizador *agg.* demoralizzante, scoraggiante, avvilente.
desmoralizar (*con. come* cazar) *v.tr.* **1** demoralizzare, scoraggiare, avvilire **2** corrompere ♦ **-se** *v.pron.* perdersi d'animo, scoraggiarsi.
desmoronadizo *agg.* franoso, franabile.
desmoronamiento *s.m.* sgretolamento, franamento, crollo, caduta (*f.*).
desmoronar *v.tr.* far franare ♦ **-se** *v.pron.* **1** crollare, sfasciarsi: *el antiguo palacio se ha desmoronado*, l'antico palazzo è crollato **2** (*fig.*) dissolversi, sgretolarsi: *con esta noticia se desmoronan mis ilusiones*, con questa notizia crollano le mie illusioni.
desmotivación *s.f.* demotivazione.
desmotivado *agg.* demotivato.
desmotivar *v.tr.* demotivare; demoralizzare.
desmovilización *s.f.* (*anche mil.*) smobilitazione.
desmovilizar (*con. come* cazar) *v.tr.* (*anche mil.*) smobilitare: — *a los soldados*, smobilitare i soldati.
desmullir *v.tr.* infeltrire.
desnacionalización *s.f.* denazionalizzazione.
desnacionalizar (*con. come* cazar) *v.tr.* denazionalizzare.
desnatado *agg.* scremato: *leche desnatada*, latte scremato.
desnatadora *s.f.* (*tecn.*) (macchina) scrematrice.
desnatar *v.tr.* scremare.
desnate *s.m.* scrematura (*f.*), spannatura (*f.*).
desnaturalización *s.f.* **1** snazionalizzazione **2** (*chim.*) denaturazione.

desnaturalizado *agg.*, *s.m.* snaturato, degenere; sciagurato.
desnaturalizante *agg.*, *s.m./f.* (*chim.*) denaturante.
desnaturalizar (*con. come* cazar) *v.tr.* **1** (*chim.*) denaturare **2** (*fig.*) snaturare, travisare, alterare.
desnivel *s.m.* **1** dislivello: *el — del río*, il dislivello del fiume **2** (*fig.*) disparità (*f.*): *desniveles sociales*, disparità sociali.
desnivelación *s.f.* dislivello (*m.*).
desnivelar *v.tr.* **1** creare un dislivello **2** sbilanciare, squilibrare.
desnortarse *v.pron.* **1** disorientarsi **2** (*fig.*) perdere la bussola, disorientarsi.
desnuclearización *s.f.* denuclearizzazione.
desnuclearizado *agg.* denuclearizzato.
desnuclearizar (*con. come* cazar) *v.tr.* denuclearizzare.
desnudamiento *s.m.* denudazione (*f.*).
desnudar *v.tr.* denudare, spogliare, svestire ♦ **-se** *v.pron.* denudarsi, spogliarsi.
desnudez (*pl.* -ces) *s.f.* **1** nudità **2** (*fig.*) essenzialità: *la — de sus palabras me asombra*, l'essenzialità delle sue parole mi stupisce.
desnudismo *s.m.* nudismo.
desnudista *agg.*, *s.m./f.* nudista.
desnudo *agg.* **1** nudo **2** (*fig.*) disadorno, misero, spoglio **3** (*fig.*) chiaro, schietto, evidente.
desnutrición *s.f.* denutrizione.
desnutrido *agg.* denutrito, malnutrito.
desnutrirse *v.pron.* malnutrirsi.
desobedecer (*con. come* agradecer) *v.tr.* disubbidire.
desobediencia *s.f.* disubbidienza.
desobediente *agg.* disubbidiente.
desobligar (*con. come* llegar) *v.tr.* disimpegnare, liberare da un obbligo ♦ **-se** *v.pron.* disobbligarsi, disimpegnarsi.
desobstrucción *s.f.* stasamento (*m.*), sturamento (*m.*).
desobstruir (*con. come* huir) *v.tr.* **1** disintasare, disostruire: *— un canal*, disostruire un canale **2** liberare, sgomberare: *— la calle*, liberare la strada.
desocupación *s.f.* disoccupazione.
desocupado *agg.*, *s.m.* disoccupato.
desocupar *v.tr.* **1** liberare: *— una vivienda*, liberare un alloggio **2** vuotare: *— el cofre*, vuotare il cofano ♦ **-se** *v.pron.* restare disoccupato.
desodorante, desodorizante *agg.*, *s.m.* deodorante.
desoír (*con. come* oír) *v.tr.* ignorare, disattendere, non ascoltare.
desojarse *v.pron.* (*anche fig.*) perdere la vista, cavarsi gli occhi.
desolación *s.f.* desolazione, squallore (*m.*); afflizione.
desolado *agg.* **1** (*persona*) desolato **2** (*luogo*) abbandonato, desolato.
desolador *agg.* desolante, squallido; devastatore: *después del terremoto el paisaje era —*, dopo il terremoto il paesaggio era desolante.
desoldar *v.tr.* dissaldare.
desolladero *s.m.* scorticatoio.
desollador *agg.*, *s.m.* **1** scorticatore **2** (*fig.*) usuraio.
desolladura *s.f.* scorticatura.
desollar (*con. come* contar) *v.tr.* **1** scorticare, scuoiare **2** (*fig.*) sparlare | *— vivo*, tagliare i panni addosso.
desoprimir *v.tr.* sollevare, liberare, alleggerire.
desorbitado *agg.* **1** fuori dall'orbita **2** (*fig.*) esorbitante, esagerato, smisurato, eccessivo.
desorbitar *v.tr.* (*fig.*) esagerare, amplificare, gonfiare: *— la importancia de un asunto*, esagerare l'importanza di una faccenda.
desorden *s.m.* **1** disordine, confusione (*f.*), scompiglio **2** (*fig.*) sregolatezza (*f.*) **3** (*pl.*) disordini.
desordenado *agg.* **1** disordinato **2** (*fig.*) sregolato.
desordenar *v.tr.* disordinare, scompigliare, creare confusione.
desorganización *s.f.* disorganizzazione.
desorganizar (*con. come* cazar) *v.tr.* disorganizzare.
desorientación *s.f.* disorientamento (*m.*); confusione: *hay — sobre qué es lo que se debe hacer*, c'è confusione su che cosa bisogna fare.
desorientar *v.tr.* disorientare (*anche fig.*): *la pregunta lo desorientó mucho*, la domanda lo disorientò/sconcertò molto ♦ **-se** *v.pron.* disorientarsi (*anche fig.*).
desorillar *v.tr.* **1** togliere il margine **2** (*carta*) smarginare.
desosar (*con. come* contar, *aggiunge* -h- *nelle forme che dittongano*) *v.tr.* (*cuc.*) disossare.
desovar *v.intr.* (*zool.*) deporre le uova.
desovillar *v.tr.* **1** sgomitolare, disfare un gomitolo **2** (*fig.*) sbrogliare, sgrovigliare: *— una cuestión oscura*, chiarire una questione oscura.
desoxidación *s.f.* (*chim.*) disossidazione.
desoxidante *agg.*, *s.m.* (*chim.*) disossidante.
desoxidar *v.tr.* (*chim.*) disossidare.
desoxirribonucleico *agg.* (*biol.*) deossiribonucleico.
despabiladeras *s.f.pl.* smoccolatoio (*m.sing.*).
despabilado *agg.* sveglio, furbo, vispo, vivace.
despabilar *v.tr.* **1** smoccolare **2** (*fig.*) ravvivare, svegliare ♦ **-se** *v.pron.* svegliarsi (*anche fig.*): *¡despabílate si no quieres perder la*

ocasión!, svegliati se non vuoi perdere l'opportunità!
despachaderas *s.f.pl.* **1** (*Amer.*) aggressività (*sing.*) (nel rispondere) **2** sbrigatività (*sing.*), prontezza (*sing.*).
despachado *agg.* **1** sfacciato, sfrontato **2** rapido, sbrigativo.
despachar *v.tr.* **1** risolvere, sbrigare: *hoy tengo que — un asunto importante*, oggi devo sbrigare una faccenda importante; *— la correspondencia*, sbrigare la corrispondenza **2** spedire, inviare: *— un paquete*, inviare un pacco **3** servire (un cliente): *ayúdame a — a los clientes*, aiutami a servire i clienti **4** (*fam.*) licenziare: *despachó a la cocinera*, licenziò la cuoca **5** (*fam.*) ammazzare, far fuori **6** vendere ♦ *v.intr.* sbrigarsi, affrettarsi: *despacha que es tarde*, sbrigati che è tardi ♦ **-se** *v.pron.* **1** (*fam.*) sfogarsi: *se despachó con todos sin contemplaciones*, si sfogò con tutti senza riguardi **2** liberarsi (da qlco.): *me he despachado del compromiso*, mi sono liberato dall'impegno.
despacho *s.m.* **1** disbrigo, smercio; spedizione (*f.*) **2** ufficio, studio: *el — del director*, l'ufficio del direttore **3** dispaccio, comunicazione (*f.*): *envió un — urgente*, inviò un dispaccio urgente.
despachurramiento *s.m.* spappolamento, schiacciamento.
despachurrar *v.tr.* spappolare, schiacciare.
despacio *avv.* **1** lentamente, adagio, piano: *hable — por favor*, parli lentamente per favore **2** (*Amer.*) a bassa voce, piano.
despacioso *agg.* lento.
despacito *avv.* pian pianino, lentamente: *ir —*, andare pian pianino.
despampanante *agg.* **1** stupefacente, sensazionale **2** appariscente, vistoso.
despanzurrar *v.tr.* **1** (*fam.*) sventrare: *— un animal*, sventrare un animale **2** spappolare, spiaccicare.
desparasitar *v.tr.* disinfestare, togliere i parassiti.
desparecer *v.intr.* → **desaparecer.**
desparedar *v.tr.* buttare giù/demolire un muro.
desparejado *agg.* spaiato, scompagnato.
desparejar *v.tr.* spaiare.
desparejo *agg.* scompagnato, spaiato.
desparpajado *agg.* spigliato, sciolto, disinvolto: *un temperamento —*, un temperamento disinvolto.
desparpajar *v.intr.* ciarlare, parlare a vanvera.
desparpajo *s.m.* spigliatezza (*f.*), disinvoltura (*f.*).
desparramado *agg.* sparso, sparpagliato.
desparramar *v.tr.* **1** spargere, sparpagliare, disseminare **2** (*fig.*) sprecare, dissipare.
desparramo *s.m.* (*Amer.*) spargimento.
despatarrado *agg.* stravaccato.
despavorido *agg.* spaurito, intimorito.
despavorir *v.tr.* impaurire ♦ **-se** *v.pron.* impaurirsi.
despechado *agg.* indispettito, risentito: *se fue —*, se ne andò indispettito.
despecho *s.m.* **1** dispetto | *a — de*, a dispetto di | *por —*, per dispetto **2** indignazione (*f.*), risentimento **3** (*fam.*) svezzamento.
despechugar *v.tr.* (*cuc.*) togliere il petto: *— el pollo*, togliere il petto al pollo ♦ **-se** *v.pron.* (*fig.*, *fam.*) scollarsi.
despectivo *agg.* (*anche gramm.*) dispregiativo, sprezzante.
despedazamiento *s.m.* spezzettamento.
despedazar (*con. come* cazar) *v.tr.* **1** fare a pezzi (*anche fig.*): *— un armario viejo*, fare a pezzi un vecchio armadio; *la crítica despedazó al pobre cantante*, la critica fece a pezzi il povero cantante **2** (*fig.*) lacerare, straziare: *— el corazón*, straziare il cuore.
despedida *s.f.* congedo (*m.*), commiato (*m.*), addio (*m.*), saluto (*m.*): *dar la —*, salutare | *cena/fiesta de —*, cena/festa di addio | *— de soltera/soltero*, addio al nubilato/celibato.
despedir (*con. come* servir) *v.tr.* **1** congedare, salutare: *le despidió en la estación*, lo salutò alla stazione **2** licenziare: *al mes le despidieron*, lo licenziarono dopo un mese **3** lanciare, scagliare: *— una piedra*, lanciare una pietra **4** diffondere, emanare: *esta comida despide un aroma placentero*, questo cibo diffonde un profumo piacevole **5** (*fig.*) scacciare, rimuovere: *— el miedo*, scacciare la paura ♦ **-se** *v.pron.* **1** (*anche fig.*) congedarsi, salutare: *estoy partiendo para Inglaterra, me despido*, sto partendo per l'Inghilterra, vi saluto **2** licenziarsi.
despegable *agg.* staccabile.
despegado *agg.* **1** staccato **2** (*fig.*) distaccato: *una actitud despegada*, un atteggiamento distaccato.
despegadura *s.f.* scollamento (*m.*), scollatura.
despegar (*con. come* llegar) *v.tr.* separare, staccare; scollare ♦ *v.intr.* (*aer.*) decollare ♦ **-se** *v.pron.* staccarsi.
despego *s.m.* disinteresse, indifferenza (*f.*).
despegue *s.m.* (*aer.*, *fig.*) decollo.
despeinar *v.tr.* spettinare.
despejado *agg.* **1** sgombro, libero, sereno | *cielo —*, cielo sereno **2** ampio, spazioso **3** sveglio: *acabo de levantarme y todavía no estoy —*, mi sono appena alzato e non sono ancora del tutto sveglio **4** (*fig.*) spigliato, disinvolto, sveglio, pronto: *tiene la mente despejada*, è sveglio.
despejar *v.tr.* **1** sgombrare, sfollare: *despejaron la plaza*, sfollarono la piazza **2** (*fig.*)

chiarire, eliminare: — *las sospechas*, eliminare i sospetti **3** (*mat.*) risolvere, trovare la soluzione ♦ **-se** *v.pron.* **1** (*meteor.*) rasserenarsi, schiarirsi: *el cielo se despejó*, il cielo si rasserenò **2** (*med.*) sfebbrarsi **3** (*fig.*) svegliarsi, scuotersi: *voy a tomar un café a ver si me despejo*, vado a prendere un caffè per vedere se mi sveglio **4** (*fig.*) divertirsi, distrarsi: *me despejo y a la vez aprendo*, mi diverto e allo stesso tempo imparo.

despejo *s.m.* **1** sgombero, evacuazione (*f.*) **2** (*tauromachia*) sgombero dell'arena prima della corrida.

despellejadura *s.f.* spellatura.

despellejar *v.tr.* **1** spellare, scuoiare: — *una gallina,* spellare una gallina **2** (*fig.*) tagliare i panni addosso, criticare, sparlare: *sigue despellejando a su hermano*, continua a sparlare di suo fratello ♦ **-se** *v.pron.* spellarsi.

despelotarse *v.pron.* **1** (*fam.*) spogliarsi **2** (*volg.*) farsela addosso dalle risate, scompisciarsi.

despeluzar (*con. come* cazar) *v.tr.*spettinare, arruffare ♦ **-se** *v.pron.* rizzarsi i capelli.

despeluznar *v.tr.* → **despeluzar.**

despeluznante *agg.* terrificante, orripilante, raccapricciante.

despenalización *s.f.* (*dir.*) depenalizzazione.

despenalizar (*con. come* cazar) *v.tr.* depenalizzare.

despensa *s.f.* **1** dispensa **2** scorta, provvista.

despensería *s.f.* ufficio (*m.*) di dispensiere.

despensero *s.m.* dispensiere.

despeñadero *s.m.* **1** burrone, dirupo, precipizio **2** (*fig.*) pericolo, minaccia (*f.*).

despeñadizo *agg.* ripido, erto, scosceso.

despeñar *v.tr.* gettare in un burrone.

despeño *s.m.* **1** (*anche fig.*) caduta (*f.*): — *vertical*, caduta verticale **2** rovina (*f.*) **3** (*fam.*) diarrea (*f.*).

despepitar *v.tr.* togliere i semi dalla frutta ♦ **-se** *v.pron.* parlare a voce alta, sgolarsi | *por*, smaniare per.

desperdiciar *v.tr.* sprecare, sciupare, (*fam.*) buttar via: *desperdicié los mejores años de mi vida*, ho sprecato gli anni migliori della mia vita.

desperdicio *s.m.* **1** sciupio, spreco, sperpero **2** scarto, avanzo, residuo: *los desperdicios del almuerzo*, i resti del pranzo.

desperdigamiento *s.m.* spargimento.

desperdigar (*con. come* llegar) *v.tr.* spargere, disperdere (*anche fig.*); disseminare ♦ **-se** *v.pron.* (*anche fig.*) disperdersi: *los prófugos se han desperdigado por el continente*, i profughi si sono dispersi per il continente; *estudiamos sin desperdigarnos*, studiamo senza disperderci.

desperezarse (*con. come* cazar) *v.pron.* sgranchirsi, stirarsi, stiracchiarsi.

desperezo *s.m.* stiracchiamento.

desperfecto *s.m.* **1** imperfezione (*f.*), fallo, difetto: *un — del* estilo, un'imperfezione dello stile **2** guasto: — *mecánico*, un guasto meccanico.

despernada *s.f.* (*ballo*) spaccata.

despersonalización *s.f.* spersonalizzazione.

despersonalizar (*con. come* cazar) *v.tr.* spersonalizzare.

despertador *s.m.* (*orologio*) sveglia (*f.*): *poner el — a las siete*, puntare la sveglia alle sette.

despertar (*con. come* acertar) *v.tr.* **1** svegliare, destare **2** (*fig.*) risvegliare, suscitare, eccitare, stimolare: — *el hambre*, risvegliare l'appetito; — *el interés*, suscitare l'interesse ♦ *v.intr.* **1** svegliarsi **2** (*fig.*) scaltrirsi, farsi furbo: *como no despiertes, pierdes la ocasión*, se non ti svegli, perdi l'occasione ♦ **-se** *v.pron.* svegliarsi (*anche fig.*).

despiadado *agg.* spietato, inumano, perfido, crudele.

despichar *v.intr.* (*fam.*) morire.

despido *s.m.* **1** congedo, commiato **2** licenziamento.

despierto *agg.* **1** sveglio, desto **2** vivace, spigliato.

despilfarrador *agg.*, *s.m.* sprecone, sciupone, scialacquatore.

despilfarrar *v.tr.* sprecare, scialacquare, sperperare, dilapidare.

despilfarro *s.m.* spreco, sperpero.

despintar *v.tr.* **1** cancellare, eliminare **2** (*fig.*) alterare, travisare, falsare: — *la historia*, travisare la storia ♦ *v.intr.* (*fig.*) degenerare ♦ **-se** *v.pron.* **1** stingersi, sbiadirsi: *nunca se despinta su color*, il suo colore non si sbiadisce mai **2** (*fig.*) svanire, cancellarsi.

despiojar *v.tr* spidocchiare.

despiporren *s.m.* (*fam.*) il colmo: *esto es el* , questo è il colmo.

despique *s.m.* rivincita (*f.*), vendetta (*f.*), ripicca (*f.*): *tomar —*, prendersi la rivincita.

despistado *agg.* **1** distratto, sbadato **2** disorientato.

despistar *v.tr.* distrarre; sviare, depistare ♦ **-se** *v.pron.* distrarsi, confondersi; smarrirsi (*anche fig.*).

despiste *s.m.* distrazione (*f.*); errore.

desplanchar *v.tr.* stropicciare, sgualcire: — *un vestido*, stropicciare un vestito.

desplantador *s.m.* (*agr.*, *attrezzo*) spiantatore.

desplantar *v.tr.* spiantare, sradicare.

desplante *s.m.* arroganza (*f.*), sfacciataggine (*f.*).

desplazado *agg.* sperduto, spaesato.

desplazamiento *s.m.* spostamento, dislocazione (*f.*).
desplazar (*con. come* cazar) *v.tr.* **1** spostare, dislocare, rimuovere **2** sostituire, rimpiazzare **3** spostare, trasferire: *le desplazaron a otro despacho*, lo hanno trasferito in un altro ufficio ♦ **-se** *v.pron.* muoversi, spostarsi: *para ir al trabajo me tengo que — casi 50 kilómetros*, per andare al lavoro mi devo spostare di quasi 50 chilometri.
desplegable *agg.* pieghevole.
desplegar (*con. come* negar) *v.tr.* **1** spiegare, distendere **2** (*fig.*) sfoggiare, mostrare.
despliegue *s.m.* **1** spiegamento, schieramento **2** (*fig.*) ostentazione (*f.*): *ha hecho — de todas sus riquezas*, ha fatto ostentazione di tutte le sue ricchezze.
desplomar *v.tr.* far crollare, far stramazzare ♦ **-se** *v.pron.* cadere, crollare, piombare.
desplome *s.m.* **1** crollo, caduta (*f.*) **2** strapiombo: *un — de hasta mil metros*, uno strapiombo di quasi mille metri.
desplomo *s.m.* strapiombo.
desplumadura *s.f.* spennatura.
desplumar *v.tr.* spiumare, spennare (*anche fig.*): *— a alguien jugando al poker*, spennare qlcu. giocando a poker.
despoblación *s.f.* spopolamento (*m.*).
despoblado *agg.* spopolato, disabitato.
despoblar (*con. come* contar) *v.tr.* **1** spopolare **2** (*un terreno*) spogliare.
despoetizar (*con. come* cazar) *v.tr.* spoetizzare.
despojar *v.tr.* **1** spogliare (*anche fig.*), privare di: *— al proprietario de una posesión*, privare il proprietario di un bene **2** depredare, derubare **3** (*dir.*) espropriare: *— a los habitantes de sus tierras*, espropriare gli abitanti delle loro terre ♦ **-se** *v.pron.* **1** svestirsi, spogliarsi **2** (*fig.*) spogliarsi, privarsi di: *se despojó de todo*, si spogliò di tutto.
despojo *s.m.* **1** spoliazione (*f.*), bottino, preda (*f.*) **2** privazione (*f.*), perdita (*f.*).
despojos *s.m.pl.* **1** residui, avanzi **2** frattaglie (*f.*), interiora (*f.*) **3** macerie (*f.*) **4** spoglie (*f.*), resti mortali.
despolimerización *s.f.* (*chim.*) depolimerizzazione.
despolimerizar (*con. come* cazar) *v.tr.* (*chim.*) depolimerizzare.
despolitización *s.f.* spoliticizzazione, depoliticizzazione.
despolitizar (*con. come* cazar) *v.tr.* spoliticizzare, depoliticizzare.
despolvorear *v.tr.* spolverare.
despopularizar (*con. come* cazar) *v.tr.* privare qualcuno della popolarità ♦ **-se** *v.pron.* perdere la popolarità: *el partido se ha despopularizado*, il partito ha perso popolarità.
desportillado *agg.* scheggiato.
desportilladura *s.f.* **1** scheggia **2** scheggiatura, crepa, tacca: *una — en un muro*, una crepa in un muro.
desportillar *v.tr.* scheggiare, sbreccare.
desposar *v.tr.* sposare.
desposeer *v.tr.* spossessare: *— a alguien de todo lo que tiene*, spossessare qlcu. di tutto quello che ha ♦ **-se** *v.pron.* privarsi, rinunciare (a).
desposeído *agg.*, *s.m.* diseredato, spossessato.
déspota *s.m./f.* despota, tiranno (*m.*).
despótico *agg.* dispotico, tirannico.
despotismo *s.m.* **1** dispotismo, autoritarismo; tirannia (*f.*) | *— ilustrado*, dispotismo illuminato **2** prepotenza (*f.*).
despotricar (*con. come* pescar) *v.intr.* imprecare, inveire, strillare.
despreciable *agg.* spregevole, disprezzabile.
despreciar *v.tr.* disprezzare, disdegnare: *no desprecies este regalo*, non disdegnare questo regalo.
despreciativo *agg.* dispregiativo.
desprecio *s.m.* **1** disprezzo, disdegno **2** sgarbo, scortesia (*f.*): *hacer un —*, fare uno sgarbo.
desprender *v.tr.* **1** staccare, separare, slacciare **2** emanare, effondere ♦ **-se** *v.pron.* **1** separarsi, staccarsi; privarsi di: *se desprendió de todo*, si privò di tutto **2** (*di odore, umidità*) sprigionarsi, emanare **3** desumere, dedurre.
desprendible *agg.* separabile, staccabile: *hoja —*, foglio staccabile.
desprendido *agg.* (*fig.*) disinteressato, generoso.
desprendimiento *s.m.* **1** distacco, frana (*f.*) **2** (*fig.*) disinteresse, generosità (*f.*) **3** (*med.*) distacco: *— de retina*, distacco della retina.
despreocupación *s.f.* **1** spensieratezza, serenità **2** disinteresse (*m.*), noncuranza **3** spregiudicatezza; incoscienza; negligenza: *considera los problemas serios con demasiada —*, considera i problemi seri con troppa leggerezza.
despreocupado *agg.* **1** spensierato, sereno: *una persona despreocupada y risueña*, una persona spensierata e allegra **2** indifferente, incosciente, incurante: *— del vulgo*, incurante della gente **3** anticonformista.
despreocuparse *v.pron.* non curarsi di, non preoccuparsi per; disinteressarsi di/a.
desprestigiado *agg.* screditato.
desprestigiar *v.tr.* screditare, togliere prestigio a, denigrare.
desprestigio *s.m.* discredito.
despresurización *s.f.* (*aer.*) depressurizzazione.
despresurizar (*con. come* cazar) *v.tr.* (*aer.*) depressurizzare.

desprevención *s.f.* imprevidenza, sprovvedutezza.
desprevenido *agg.* **1** sprovvisto, carente **2** sprovveduto, impreparato | *coger/pillar —*, cogliere impreparato.
desprivatización *s.f.* (*econ.*) nazionalizzazione.
desprivatizar (*con. come* cazar) *v.tr.* (*econ.*) nazionalizzare.
desprogramar *v.tr.* **1** (*tecn.*) annullare le impostazioni, sprogrammare, riprogrammare: *— el cerebro*, riprogrammare il cervello **2** (*psic.*) disabituare, disintossicare.
desproporción *s.f.* sproporzione, squilibrio (*m.*).
desproporcionado *agg.* sproporzionato.
desproporcionar *v.tr.* sproporzionare.
despropositado *agg.* spropositato.
despropósito *s.m.* sproposito, sciocchezza (*f.*).
desprotección *s.f.* (*anche inform.*) mancanza di protezione.
desprotegido *agg.* (*anche inform.*) indifeso, esposto, non protetto.
desproveer (*con. come* leer; *part.pass.* desprovisto/desproveído) *v.intr.* privare.
desprovisto *agg.* sprovvisto, privo, mancante.
despueble *s.m.* spopolamento.
después *avv.* **1** (*nel tempo*) dopo, poi, più tardi; in seguito: *lo veré —*, lo vedrò dopo | *hasta —*, a dopo, a più tardi **2** (*nello spazio*) oltre, dopo: *párate — de la plaza*, fermati oltre la piazza ♦ *agg.* seguente, successivo: *el día —*, il giorno dopo ♦ *cong.* nonostante: *— de lo que hizo, quiere que le perdone*, nonostante quello che ha fatto, vuole che lo perdoni
■ ***después de***, dopo: *habló — de su hermano*, parlò dopo il fratello; *— de comer*, dopo mangiato | ***después de lo cual***, dopodiché | ***después de los despueses***, in fin dei conti | ***después de todo***, dopotutto.
despulpar *v.tr.* (*tecn.*) togliere la polpa, spolpare.
despulsamiento *s.m.* tramortimento.
despulsar *v.tr.* tramortire ♦ **-se** *v.pron.* (*fig.*) fare di tutto per, farsi in quattro per qlco.
despuntadura *s.f.* spuntatura.
despuntar *v.tr.* spuntare: *— un lápiz*, spuntare una matita ♦ *v.intr.* **1** germogliare, nascere: *salímos al despuntar la aurora*, uscimmo allo spuntare dell'alba **2** (*fig.*) emergere, distinguersi, eccellere.
despunte *s.m.* spuntatura (*f.*).
desquiciado *agg.* turbato, scosso, sconvolto.
desquiciador *agg.*, *s.m.* stravolgente, sconquassatore.
desquiciamiento *s.m.* **1** (*fig.*) sconvolgimento, stravolgimento, scardinamento: *— de las clases sociales*, scardinamento delle classi sociali **2** (*tecn.*) scardinamento.
desquiciar *v.tr.* **1** scardinare, sgangherare: *— una ventana*, scardinare una finestra **2** (*fig.*) sconquassare; sconvolgere, stravolgere: *— una teoría*, stravolgere una teoria ♦ **-se** *v.pron.* **1** scardinarsi, sgangherarsi **2** (*fig.*) stravolgersi, impazzire **3** (*fig.*) infuriarsi.
desquitarse *v.pron.* rifarsi, vendicarsi, prendersi la rivincita.
desquite *s.m.* vendetta (*f.*), rivincita (*f.*) | *tomarse el —*, prendersi la rivincita.
desratización *s.f.* derattizzazione.
desratizador *agg.* derattizzante.
desratizar (*con. come* cazar) *v.tr.* derattizzare.
desregulación *s.f.* deregulation, degenerazione.
desriñonar *v.tr.* spossare, affaticare, stremare.
destacado *agg.* importante, rilevante, famoso.
destacamento *s.m.* (*mil.*) distaccamento.
destacar (*con. come* pescar) *v.tr.* **1** (*fig.*) sottolineare, evidenziare **2** (*mil.*) distaccare ♦ *v.intr.* risaltare, emergere ♦ **-se** *v.pron.* staccarsi, distinguersi, risaltare: *se destaca entre sus amigos por su generosidad*, si distingue fra i suoi amici per la sua generosità.
destaconar *v.tr.* consumare i tacchi.
destajar *v.tr.* **1** negoziare, stipulare **2** (*carte*) tagliare il mazzo.
destajista *s.m./f.* cottimista.
destajo *s.m.* cottimo: *trabajar a —*, lavorare a cottimo.
destalonar *v.tr.* **1** (*scarpe*) scalcagnare, rovinare il tallone **2** staccare un assegno.
destapador *s.m.* apribottiglie.
destapar *v.tr.* **1** stappare, sturare: *— la olla*, scoperchiare la pentola **2** scoperchiare, scoprire **3** (*fig.*) svelare, rivelare: *— un secreto*, rivelare un segreto ♦ **-se** *v.pron.* **1** (*fig.*) aprirsi, parlare, farsi conoscere: *se ha destapado contándonos sus secretos*, si è aperto raccontandoci i suoi segreti **2** sorprendere, stupire.
destape *s.m.* **1** scoperchiamento, apertura (*f.*) **2** (*spettacolo*) spogliarello, (*cinem.*) nudo.
destaponar *v.tr.* sturare, stappare.
destartalado *agg.* **1** sgangherato, disordinato, trasandato **2** sconquassato, rotto.
destazar (*con. come* cazar) *v.tr.* squartare, fare a pezzi: *— el ganado*, fare a pezzi il bestiame.
destechar *v.tr.* sollevare/scoperchiare il tetto.
desteinado *agg.* (*tè*) deteinato.
destejar *v.tr.* (*tetto*) togliere le tegole.
destejer *v.tr.* **1** sciogliere la trama, stessere **2** (*fig.*) scomporre, disfare.
destellar *v.intr.* brillare, rifulgere, sfavillare, luccicare.

destello *s.m.* **1** sfavillio, scintillio, bagliore **2** (*fig.*) barlume, sprazzo.
destemplado *agg.* **1** (*mus.*) scordato, stonato **2** stridulo, acuto **3** (*meteor.*, *di tempo*) fastidioso, uggioso **4** (*di persona*) infreddolito.
destemplanza *s.f.* **1** (*meteor.*) instabilità, intemperie (*pl.*) **2** intemperanza, squilibrio (*m.*), eccesso (*m.*): — *del alma*, intemperanza dell'anima **3** (*med.*) alterazione, indisposizione: — *y enfermedad*, alterazione e malattia **4** rudezza.
destemplar *v.tr.* **1** modificare, alterare: — *el gusto*, alterare il gusto **2** (*mus.*) scordare, stonare: — *el violín*, scordare il violino **3** (*metall.*) stemperare ♦ **-se** *v.pron.* **1** (*mus.*) scordarsi, stonare **2** sentirsi indisposto **3** (*fig.*) perdere il controllo, sbottare: *se vuelve brusco y se destempla*, si fa brusco e sbotta.
destemple *s.m.* **1** scordatura (*f.*) **2** (*med.*) malessere, indisposizione (*f.*) **3** (*metall.*) stemperamento.
destensar *v.tr.* distendere, allentare.
desteñir (*con. come* teñir) *v.tr./intr.* **1** stingere, sbiadire, scolorire **2** stingere, macchiare ♦ **-se** *v.pron.* stingersi.
desternillarse *v.pron.* sganasciarsi, smascellarsi | — *de la risa*, sganasciarsi dalle risate.
desterrado *agg.*, *s.m.* esiliato, esule, confinato.
desterrar (*con. come* acertar) *v.tr.* **1** esiliare, bandire, allontanare: — *a alguien del país*, esiliare qlcu. dal paese **2** (*dir.*) confinare **3** (*fig.*) allontanare, bandire, scacciare: — *los males de la ciudad*, allontanare i mali dalla città; — *los prejuicios*, bandire i pregiudizi.
destetar *v.tr.* **1** svezzare **2** (*fig.*) emancipare i figli ♦ **-se** *v.pron.* (*fig.*) emanciparsi.
destete *s.m.* svezzamento.
destiempo, a *loc.avv.* al momento sbagliato, fuori luogo: *contar la verdad* —, dire la verità al momento sbagliato.
destierro *s.m.* **1** esilio **2** (*dir.*) confino **3** (*fig.*) luogo desolato.
destilable *agg.* distillabile.
destilación *s.f.* distillazione.
destiladera *s.f.* alambicco (*m.*), distillatoio (*m.*).
destilado *s.m.* distillato.
destilador *agg.* che distilla ♦ *s.m.* **1** alambicco, distillatore **2** filtro.
destilar *v.tr.* **1** distillare, filtrare: — *el vino*, distillare il vino **2** (*fig.*) trasudare, lasciar trapelare: *toda su obra destila tristeza*, tutta la sua opera trasuda tristezza ♦ *v.intr.* stillare, gocciolare ♦ **-se** *v.pron.* (*anche fig.*) filtrare.
destilatorio *agg.* che distilla ♦ *s.m.* distilleria (*f.*).
destilería *s.f.* distilleria.
destinable *agg.* (*econ.*) destinabile, stanziabile.
destinación *s.f.* destinazione, meta.
destinado *agg.* **1** destinato, predestinato: — *al éxito*, destinato al successo **2** assegnato, attribuito, destinato: — *a la oficina de compras*, destinato all'ufficio aquisti **3** rivolto, destinato, inteso: *el lugar está — al público*, lo spazio è destinato al pubblico.
destinar *v.tr.* **1** destinare, predestinare **2** adibire a, destinare, assegnare: *destina parte de su sueldo a su hermano*, destina una parte del suo stipendio a suo fratello.
destinatario *s.m.* destinatario.
destino *s.m.* **1** destinazione (*f.*): *salieron con — a París*, partirono diretti a Parigi; *llegar a* —, arrivare a destinazione; *un — turístico*, una destinazione turistica **2** destino, fato, sorte (*f.*): *tuvo un — feliz*, ebbe un felice destino **3** fine, destinazione (*f.*): *dar un — a los fondos recibidos*, dare una destinazione ai fondi ricevuti **4** collocazione (*f.*), incarico, posto di lavoro: *obtener un* —, ottenere posto di lavoro.
destiranizado *agg.* liberato dalla tirannia.
destitución *s.f.* destituzione, rimozione.
destituible *agg.* destituibile.
destituir (*con. come* huir) *v.tr.* destituire, deporre, rimuovere.
destocar (*con. come* pescar) *v.tr.* **1** arruffare, spettinare **2** scoprire il capo: *se destocó para saludar*, si scoprì il capo per salutare.
destorcer (*con. come* cocer) *v.tr.* svolgere, dispiegare, srotolare ♦ **-se** *v.pron.* **1** srotolarsi **2** (*mar.*) deviare dalla rotta.
destornillado *agg.* svitato (*anche fig.*).
destornillador *s.m.* cacciavite.
destornillamiento *s.m.* svitamento.
destornillar *v.tr.* svitare ♦ **-se** *v.pron.* parlare/agire sconsideratamente | (*fam.*) — *de la risa*, scompisciarsi dal ridere, sbellicarsi dalle risate.
destoserse *v.pron.* tossire, tossicchiare.
destrabar *v.tr.* **1** (*anche fig.*) liberare, sgombrare: — *la mesa*, sgombrare il tavolo **2** distaccare ♦ **-se** *v.pron.* (*anche fig.*) liberarsi: — *de un enredo*, liberarsi da un guaio.
destrabazón *s.f.* scioglimento (*m.*), liberazione.
destreza *s.f.* destrezza, abilità, bravura.
destripacuentos *s.m./f.* (*fam.*) mettibocca.
destripador *agg.*, *s.m.* squartatore | *Jack el* —, Jack lo squartatore.
destripamiento *s.m.* squartamento, sbudellamento.
destripar *v.tr.* **1** squartare, sbudellare: — *un animal*, sbudellare un animale **2** sbranare, lacerare, squarciare **3** schiacciare, spiaccicare: — *una cucaracha*, schiacciare uno

scarafaggio **4** (*fig.*, *fam.*) interrompere un racconto rivelandone la fine.
destrizar (*con. come* cazar) *v.tr.* rompere, frantumare, spezzettare ♦ **-se** *v.pron.* (*fig.*) consumarsi.
destronamiento *s.m.* detronizzazione (*f.*), deposizione (*f.*).
destronar *v.tr.* detronizzare; destituire, deporre; spodestare.
destroncar (*con. come* pescar) *v.tr.* **1** tagliare, abbattere, staccare: *destroncó el árbol más alto*, tagliò l'albero più alto **2** (*corpo*) fare a pezzi, squartare **3** (*fig.*) affaticare, sfiancare, stroncare: *la carrera destroncó al campeón olímpico*, la corsa ha sfiancato il campione olimpico **4** (*fig.*) interrompere, troncare.
destronque *s.m.* taglio.
destrozado *agg.* distrutto, a pezzi, sfasciato.
destrozar (*con. come* cazar) *v.tr.* **1** spezzare (*anche fig.*), fare a pezzi, infrangere, distruggere, rovinare: *ha destrozado el coche en el accidente*, ha distrutto la macchina nell'incidente; — *la ropa*, rovinare i vestiti **2** (*mil.*) sbaragliare: *destrozaron al enemigo*, sbaragliarono il nemico **3** (*fig.*) abbattere, mortificare, distruggere: *la noticia lo destrozó*, la notizia lo distrusse.
destrozo *s.m.* rottura (*f.*), guasto, danno, distruzione (*f.*): *los destrozos de la guerra*: i danni della guerra.
destrucción *s.f.* distruzione, rovina.
destructible *agg.* distruttibile.
destructividad *s.f.* distruttività.
destructivo *agg.* distruttivo: *un comportamiento* —, un comportamento distruttivo.
destructor *agg.* distruttore ♦ *s.m.* (*mar.*, *mil.*) cacciatorpediniere.
destruible *agg.* distruttibile.
destruir (*con. come* huir) *v.tr.* **1** distruggere, dissipare, rovinare, demolire: — *un edificio*, demolire un edificio **2** (*fig.*) neutralizzare, annientare: — *el futuro*, distruggere il futuro; — *el ejercito enemigo*, annientare l'esercito nemico ♦ **-se** *v.pron.* **1** (*anche fig.*) distruggersi **2** (*mat.*) annullarsi.
desudarse *v.pron.* detergersi il sudore.
desuello *s.m.* **1** scorticamento, scuoiamento **2** (*fig.*) sfacciataggine (*f.*).
desulfuración *s.f.* (*chim.*) desolforazione.
desulfurar *v.tr.* (*chim.*) desolforare.
desunido *agg.* disunito, diviso, separato.
desunión *s.f.* **1** disunione, separazione **2** (*fig.*) discordia, contrasto (*m.*).
desunir *v.tr.* disunire, disgiungere, separare (*anche fig.*).
desurdir *v.tr.* **1** stessere, disfare l'ordito **2** (*fig.*) disfare, sventare, dipanare.
desuñar *v.tr.* strappare via le unghie.
desusado *agg.* disusato, inusuale, insolito; antiquato: *es un término* —, è un termine antiquato.
desusar *v.tr.* **1** far cadere in disuso **2** smettere di usare.
desuso *s.m.* disuso: *caer en* —, cadere in disuso.
desustanciar *v.tr.* privare della sostanza.
desvaído *agg.* **1** scialbo, scolorito, sbiadito **2** confuso, indefinito **3** (*fig.*) insignificante, scialbo, indefinito: *mujer desvaída*, donna insignificante.
desvaírse (*usato solo nelle forme la cui desinenza inizia per* -i) *v.pron.* scolorirsi, sbiadirsi.
desvalido *agg.* **1** misero, derelitto, abbandonato; indifeso **2** disabile, portatore di handicap.
desvalijador *s.m.* svaligiatore.
desvalijamiento *s.m.* svaligiamento.
desvalijar *v.tr.* svaligiare, derubare.
desvalimiento *s.m.* mancanza (*f.*) di protezione, abbandono.
desvalorar *v.tr.* (*Amer.*) screditare.
desvalorización *s.f.* (*anche econ.*) svalutazione, svilimento (*m.*).
desvalorizar (*con. come* cazar) *v.tr.* **1** (*anche econ.*) svalutare, deprezzare **2** (*fig.*) sminuire, svalutare, sottovalutare: — *una ocasión*, sottovalutare un'occasione ♦ **-se** *v.pron.* svalutarsi: *la moneda se ha desvalorizado*, la moneta si è svalutata.
desván *s.m.* soffitta (*f.*), solaio, abbaino.
desvanecer (*con. come* agradecer) *v.tr.* **1** far svanire, cancellare: *el sol desvanece las nubes*, il sole dissipa le nubi **2** dissipare, disperdere (*anche fig.*) **3** (*colore*) sfumare **4** (*fig.*) cancellare, far svanire: *trató de* — *una mala impresión*, cercò di cancellare una cattiva impressione ♦ **-se** *v.pron.* **1** sfumare, dileguarsi, svanire: *mis dudas se desvanecieron al instante*, i miei dubbi svanirono immediatamente **2** svenire, perdere i sensi **3** sfumare, evaporare: *se desvaneció todo aroma*, evaporò ogni aroma.
desvanecimiento *s.m.* **1** scomparsa (*f.*), dileguamento **2** (*med.*) svenimento.
desvaporizadero *s.m.* condotto di aerazione.
desvarar *v.tr.* (*mar.*) disincagliare.
desvariado *agg.* **1** farneticante, delirante **2** folle, insensato, sconclusionato.
desvariar (*con. come* confiar) *v.intr.* delirare, farneticare.
desvarío *s.m.* **1** (*anche psic.*) delirio: *un grave* —, un grave delirio **2** (*fig.*) follia (*f.*), sproposito, assurdità (*f.*): *cometer un* —, commettere uno sproposito.
desvedar *v.tr.* revocare un divieto.
desvelado *agg.* sveglio, desto, insonne.
desvelar *v.tr.* **1** togliere il sonno, tenere sveglio: *el miedo me desveló*, la paura mi tolse

il sonno **2** rivelare, svelare, scoprire: — *un secreto*, rivelare un segreto ♦ **-se** *v.pron.* **1** restare svegli; vegliare, avere l'insonnia **2** struggersi, affannarsi | — *por el bien de alguien*, struggersi per il bene di qlcu.
desvelo *s.m.* **1** insonnia (*f.*) **2** sollecitudine (*f.*), premura (*f.*).
desvencijado *agg.* rotto, sconquassato, sfasciato, sgangherato.
desvencijar *v.tr.* sfasciare, rompere, sconquassare, sgangherare.
desvendar *v.tr.* sbendare, sfasciare.
desventaja *s.f.* svantaggio (*m.*); danno (*m.*).
desventajoso *agg.* svantaggioso, sconveniente; dannoso.
desventura *s.f.* sventura, sfortuna, disgrazia, avversità: *le contó su triste* —, gli raccontò la sua triste sventura.
desventurado *agg.* sventurato, sfortunato, disgraziato; infelice.
desvergonzado *agg.*, *s.m.* svergognato, sfacciato, insolente, spudorato.
desvergonzarse (*con. come* contar) *v.pron.* divenire insolente, comportarsi sfacciatamente.
desvergüenza *s.f.* **1** sfacciataggine, impudenza, insolenza **2** volgarità.
desvestir (*con. come* servir) *v.tr.* svestire, spogliare, denudare.
desviación *s.f.* **1** (*anche med.*) deviazione: — *de la calle hacia el norte*, deviazione della strada verso nord; — *del tabique nasal*, deviazione del setto nasale **2** (*fig.*) aberrazione, anomalia **3** bivio (*m.*).
desviacionismo *s.m.* (*pol.*) deviazionismo.
desviacionista *agg.*, *s.m./f.* (*pol.*) deviazionista.
desviador *s.m.* (*elettr.*) deviatore.
desviar (*con. come* confiar) *v.tr.* **1** deviare, sviare **2** separare, allontanare **3** (*fig.*) portare sulla cattiva strada, traviare: *las malas amistades le desviaron*, le cattive amicizie lo traviarono ♦ **-se** *v.pron.* **1** divagare **2** allontanarsi da: *se desvió de la religión*, si allontanò dalla religione.
desvinculación *s.f.* svincolamento (*m.*).
desvincular *v.tr.* svincolare, liberare.
desvío *s.m.* **1** deviazione (*f.*); bivio **2** (*fig.*) freddezza (*f.*), distacco: *me trató con* —, mi ha trattato con freddezza.
desvirgar (*con. come* llegar) *v.tr.* sverginare.
desvirtuación *s.f.* alterazione, snaturamento (*m.*).
desvirtuar (*con. come* continuar) *v.tr.* alterare, privare della sostanza, snaturare: — *la naturaleza de algo*, alterare la natura di qlco.
desvitalizar (*con. come* cazar) *v.tr.* (*med.*) devitalizzare.
desvivirse *v.pron.* farsi in quattro, prodigarsi: *se desvive para dar de todo a sus hijos*, si fa in quattro per dare di tutto ai suoi figli.
desvolvedor *s.m.* (*tecn.*) chiave (*f.*) a tubo.
desyerba *s.f.* (*agr.*) diserbamento (*m.*).
desyerbador *s.m.*, *agg.* (*agr.*) diserbante.
desyerbar *v.tr.* (*agr.*) diserbare.
deszumar *v.tr.* estrarre il succo, spremere.
detalladamente *avv.* dettagliatamente, minuziosamente.
detallar *v.tr.* **1** dettagliare, descrivere con precisione, precisare, specificare **2** vendere al minuto/dettaglio.
detalle *s.m.* **1** dettaglio, particolare | *dar detalles*, fornire dettagli | *en/con todo* —, dettagliatamente | *vender al* —, vendere al minuto/dettaglio **2** pensierino, regalino: *¡es sólo un pequeño —!*, è solo un pensierino! | *tener un* —, avere un pensiero gentile.
detallista *agg.* **1** minuzioso, meticoloso **2** attento, premuroso: *mi novio no es muy* —, il mio ragazzo non è molto premuroso ♦ *s.m./f.* venditore (*m.*) al dettaglio.
detección *s.f.* individuazione, rilevamento (*m.*).
detectable *s.m.*, *agg.* rilevabile.
detectar *v.tr.* (*tecn.*) scoprire, trovare, individuare.
detective *s.m./f.* detective (*m.*), investigatore (*m.*).
detectivesco *agg.* poliziesco.
detector *s.m.* rivelatore, detector | — *de metales*, metal detector.
detención *s.f.* **1** sosta, arresto (*m.*) **2** (*dir.*) detenzione, arresto (*m.*) **3** cura, diligenza: *leer con — las instrucciones*, leggere attentamente le istruzioni.
detener (*con. come* tener) *v.tr.* **1** detenere, trattenere, fermare: *detén al perro para que no huya*, trattieni il cane perché non scappi **2** trattenere; arrestare: *la policía detuvo al ladrón*, la polizia arrestò il ladro ♦ **-se** *v.pron.* **1** fermarsi: *no se detenga, siga corriendo*, non si fermi, continui a correre **2** soffermarsi, indugiare: *se ha detenido a estudiar el caso*, si è soffermato a studiare il caso.
detenidamente *avv.* attentamente, accuratamente.
detenido *agg.* **1** bloccato, fermo (*anche fig.*): *ha quedado — por el tráfico*, è rimasto bloccato dal traffico **2** accurato, minuzioso: *un examen* —, un esame accurato **3** (*dir.*) arrestato, detenuto ♦ *s.m.* arrestato, detenuto.
detenimiento *s.m.* accuratezza (*f.*), attenzione (*f.*).
detentación *s.f.* (*dir.*) usurpazione, appropriazione indebita, detenzione illegale.
detentador *s.m.* (*dir.*) detentore illegale.
detentar *v.tr.* (*dir.*) detenere illegalmente.
detergente *agg.*, *s.m.* detergente, detersivo.

deterger (*con. come* coger) *v.tr.* detergere.
deteriorado *agg.* **1** deteriorato, sciupato **2** (*di cibo*) deperito, andato a male.
deteriorar *v.tr.* deteriorare, rovinare, danneggiare; logorare; guastare ♦ **-se** *v.pron.* **1** peggiorare, degenerare **2** rovinarsi, guastarsi; (*di cibo*) andare a male, deteriorarsi.
deterioro *s.m.* **1** deterioramento, degrado **2** danno: — *provocado por el paso del tiempo*, danno provocato dal passare del tempo.
determinable *agg.* determinabile.
determinación *s.f.* determinazione, fermezza: *actuar con gran* —, agire con gran fermezza.
determinado *agg.* **1** determinato, preciso, definito **2** (*di persona*) convinto, sicuro, risoluto.
determinante *agg.* determinante.
determinar *v.tr.* **1** determinare, fissare: — *el valor de la incógnita*, determinare il valore dell'incognita **2** causare, produrre: *la huelga ha determinado un retraso general*, lo sciopero ha determinato un ritardo generale **3** decidere, stabilire: — *la edad de un árbol*, stabilire l'età di un albero **4** (*dir.*) sentenziare, decretare ♦ **-se** *v.pron.* determinarsi, decidersi: *se determinó a hablarle*, si decise a parlargli.
determinativo *agg.* (*anche gramm.*) determinativo | *artículo* —, articolo determinativo.
determinismo *s.m.* (*filos.*) determinismo | — *geográfico*, determinismo geografico.
determinista *s.m./f., agg.* (*filos.*) determinista.
detersión *s.f.* detersione.
detersorio *agg., s.m.* detergente.
detestable *agg.* detestabile; abominevole.
detestar *v.tr.* detestare, aborrire, odiare.
detonación *s.f.* detonazione, esplosione, scoppio (*m.*).
detonador *s.m.* detonatore.
detonante *agg.* detonante ♦ *s.m.* **1** detonante, esplosivo **2** (*fig.*) elemento scatenante, causa (*f.*): *el* — *de la crisis*, l'elemento scatenante della crisi.
detonar *v.intr.* detonare, esplodere.
detorsión *s.f.* (*med.*) distorsione.
detracción *s.f.* detrazione.
detractar *v.tr.* screditare, criticare, denigrare.
detractor *s.m., agg.* detrattore.
detraer (*con. come* traer) *v.tr.* **1** detrarre, sottrarre, togliere **2** (*fig.*) diffamare, denigrare.
detrás *avv.* **1** dietro: *nos sentamos* —, ci sediamo dietro | *por* —, da dietro, alle spalle: *se entra por* —, si entra da dietro; *hablan de él por* —, parlano alle sue spalle **2** dopo: *leer las palabras una* — *de la otra*, leggere le parole una dopo l'altra
■ ***detrás de***, dietro: — *del hospital*, dietro l'ospedale.
detrimento *s.m.* **1** detrimento, danno; distruzione (*f.*) **2** (*fig.*) scapito, pregiudizio | *en* — *de*, a danno di, a scapito di.
detrito *s.m.* detrito.
deturpar *v.tr.* deturpare.
deuda *s.f.* debito (*m.*) (*anche fig.*).
deudo *s.m.* **1** parente **2** parentela (*f.*), consanguineità (*f.*).
deudor *agg., s.m.* debitore | *cuenta deudora*, conto debitore.
deuterio *s.m.* (*chim.*) deuterio.
devaluación *s.f.* svalutazione, deprezzamento (*m.*).
devaluar (*con. come* continuar) *v.tr.* svalutare, deprezzare.
devanadera *s.f.* (*tess.*) dipanatoio (*m.*).
devanado *s.m.* (*tess.*) dipanatura (*f.*).
devanagari *s.m.* (*ling.*) devanagari (*f.*).
devanar *v.tr.* dipanare | *devanarse los sesos*, scervellarsi.
devaneador *agg.* farneticante.
devanear *v.intr.* vaneggiare, delirare, farneticare.
devaneo *s.m.* **1** vaneggiamento, delirio **2** futilità (*f.*).
devastación *s.f.* devastazione, distruzione, rovina.
devastado *agg.* devastato, distrutto.
devastador *agg.* devastatore, distruttore.
devastar *v.tr.* devastare, distruggere, rovinare; saccheggiare.
develar *v.tr.* **1** togliere il velo, svelare, scoprire: — *una escultura*, scoprire una scultura **2** (*fig.*) rivelare, svelare: — *la verdad*, rivelare la verità.
devengado *agg.* (*econ.*) maturato: *intereses devengados*, interessi maturati.
devengar (*con. come* llegar) *v.tr.* **1** guadagnare, percepire, riscuotere **2** (*econ.*) produrre, fruttare, maturare: — *intereses*, maturare interessi.
devengo *s.m.* **1** riscossione (*f.*) **2** (*econ.*) ricavato, somma (*f.*) maturata.
devenir (*con. come* venir) *v.intr.* divenire, diventare.
deverbal *agg.* (*ling.*) deverbale.
deverbativo *agg.* (*ling.*) deverbativo.
devoción *s.f.* **1** devozione, fervore (*m.*) **2** (*fig.*) venerazione | *este autor no es santo de mi* —, questo autore non è tra i miei preferiti.
devocionario *s.m.* lezionario, breviario, libro di preghiere.
devolución *s.f.* restituzione, resa; reintegrazione.
devolver (*con. come* mover; *part.pass.irr.* devuelto) *v.tr.* **1** restituire, rendere, riportare: — *la libertad a un pueblo*, restituire la li-

bertà a un popolo | (*fig.*) — *la pelota*, rispondere per le rime **2** contraccambiare: — *el saludo*, rendere il saluto; — *un favor*, contraccambiare un favore **3** (*fam.*) vomitare **4** (*comm.*) dare il resto **5** rinviare, restituire, respingere: — *al remitente*, rinviare al mittente ♦ **-se** *v.pron.* (*Amer.*) tornare indietro.
devorador *agg.*, *s.m.* divoratore.
devorar *v.tr.* **1** divorare **2** (*anche fig.*) consumare, dissipare; distruggere: *las llamas han devorado el edificio*, le fiamme hanno distrutto l'edificio; *devoró toda su herencia*, dissipò tutta la sua eredità.
devotería *s.f.* bigottismo (*m.*).
devoto *agg.*, *s.m.* devoto, fedele.
dextrorso *agg.* (*fis.*, *zool.*) destrorso.
deyección *s.f.* **1** (*geol.*) deiezione **2** (*pl.*) escrementi (*m.*).
día *s.m.* giorno, giornata (*f.*): *el — tiene 24 horas*, il giorno ha 24 ore | — *laborable*, giorno lavorativo | (*dir.*) — *hábil*, giorno utile | — *lectivo*, giorno di scuola | *el — de hoy*, oggi | *hoy en —*, oggigiorno, al giorno d'oggi | — *negro*, giornataccia, giornata nera | *dar los buenos días*, dare il buongiorno | *vivir al —*, vivere giorno per giorno, alla giornata | *poner al —*, aggiornare, tenere aggiornato | *cualquier —*, un giorno o l'altro, uno di questi giorni | *a días*, qualche volta | *al otro —*, il giorno dopo | *cada —*, ogni giorno | *dar el —*, rovinare la giornata | *de un — a otro*, da un giorno all'altro | *el — menos pensado*, quando meno te lo aspetti | — *de descanso*, giorno di riposo | — *de pescado*, giorno di magro | — *por —*, giorno per giorno.
diabetes *s.f.* (*med.*) diabete (*m.*).
diabético *agg.*, *s.m.* (*med.*) diabetico.
diabetógeno *agg.* (*med.*) diabetogeno.
diablear *v.intr.* (*fam.*) fare marachelle.
diablesco *agg.* diabolico.
diablillo *s.m.* diavoletto, birichino.
diablismo *s.m.* (*relig.*) demonismo.
diablo *s.m.* **1** diavolo **2** (*fig.*) diavolo, demonio: *este niño es un —*, questo bambino è una peste/un diavolo | *¡al — con el estudio!*, al diavolo lo studio! | *¡diablos!*, diavolo! | *un pobre —*, un povero diavolo | *abogado del —*, avvocato del diavolo | *ahí será el —*, il diavolo ci ha messo la coda | (*zool.*) — *de Tasmania*, diavolo della Tasmania | *darse a todos los diablos*, avere un diavolo per capello | *andar el — suelto*, fare il diavolo a quattro.
diablura *s.f.* diavoleria; birichinata.
diabólico *agg.* diabolico (*anche fig.*).
diábolo *s.m.* (*gioco*) diablo.
diacitrón *s.m.* (*cuc.*) cedro candito.
diaconado *s.m.* (*relig.*) diaconato.
diaconal *agg.* (*relig.*) diaconale.
diaconar *v.intr.* (*relig.*) compiere gli uffici del diacono.
diaconato *s.m.* (*relig.*) diaconato.
diaconía *s.f.* (*relig.*) diaconia.
diaconisa *s.f.* (*relig.*) diaconessa.
diácono *s.m.* (*relig.*) diacono.
diacrítico *agg.* **1** (*gramm.*) diacritico: *signos diacríticos*, segni diacritici **2** (*med.*) diagnostico.
diacronía *s.f.* (*ling.*) diacronia.
diacrónico *agg.* (*ling.*) diacronico: *método —*, metodo diacronico.
díada *s.f.* diade.
diadema *s.f.* **1** diadema (*m.*), corona **2** (*capelli*) cerchietto (*m.*).
diádico *agg.* diadico.
diafanidad *s.f.* trasparenza, limpidezza.
diafanizar (*con. come* cazar) *v.tr.* rendere diafano.
diáfano *agg.* diafano, trasparente; limpido.
diafragma *s.m.* diaframma.
diagnosis *s.f.* (*med.*) diagnosi.
diagnosticable *agg.* (*med.*) diagnosticabile.
diagnosticar (*con. come* pescar) *v.tr.* diagnosticare.
diagnóstico *agg.* diagnostico ♦ *s.m.* (*anche med.*) diagnosi (*f.*) | — *prenatal*, diagnosi prenatale.
diagonal *agg.*, *s.f.* (*geom.*) diagonale.
diagrama *s.m.* diagramma | — *de flujo*, diagramma di flusso | — *de árbol*, diagramma ad albero.
dial *s.m.* **1** (*telefono*) disco combinatore **2** scala (*f.*) graduata.
dialectal *agg.* (*ling.*) dialettale, gergale.
dialectalismo *s.m.* (*ling.*) dialettalismo.
dialéctica *s.f.* dialettica; logica.
dialéctico *agg.* dialettico.
dialecto *s.m.* dialetto.
dialectología *s.f.* (*ling.*) dialettologia.
dialectólogo *s.m.* (*ling.*) dialettologo.
diálisis *s.f.* (*med.*) dialisi.
dialítico *agg.* (*med.*) dialitico.
dializador *s.m.* (*med.*) dializzatore.
dializar (*con. come* cazar) *v.tr.* (*chim.*, *med.*) dializzare.
dialogador *agg.*, *s.m.* **1** partecipante in un dialogo **2** aperto al dialogo.
dialogal *agg.* dialogico.
dialogar (*con. come* llegar) *v.intr.* dialogare; parlare (di qlco.).
diálogo *s.m.* **1** dialogo, colloquio, conversazione (*f.*) **2** (*lett.*) dialogo: — *platónico*, dialogo platonico.
dialoguista *s.m./f.* dialoghista.
diamagnético *agg.* (*fis.*) diamagnetico.
diamantado *agg.* diamantato.
diamantar *v.tr.* diamantare.
diamante *s.m.* diamante, brillante | *punta de —*, punta di diamante.

diamantífero *agg.* diamantifero.
diamantino *agg.* (*anche lett.*) diamantino, adamantino.
diamantista *s.m.* venditore di diamanti; tagliatore di diamanti.
diametral *agg.* (*geom.*) diametrale.
diámetro *s.m.* (*geom.*) diametro.
diapasón (*mus.*) diapason.
diapente (*mus.*) diapente.
diapositiva *s.f.* diapositiva.
diariamente *avv.* quotidianamente.
diario *agg.* quotidiano, giornaliero | *a —*, quotidianamente | *de —*, di uso quotidiano ♦ *s.m.* **1** diario | *— de a bordo*, diario di bordo **2** giornale, quotidiano, gazzetta (*f.*) **3** agenda (*f.*).
diarrea *s.f.* diarrea.
diarreico *agg.* (*med.*) diarroico.
diartrosis *s.f.* (*med.*) diartrosi.
diáspora *s.f.* diaspora.
diaspro *s.m.* (*min.*) diaspro.
diástole *s.f.* (*biol.*) diastole.
diastólico *agg.* (*biol.*) diastolico.
diatermia *s.f.* (*med.*) diatermia.
diatérmico *agg.* (*med.*) diatermico.
diátesis *s.f.* (*gramm., med.*) diatesi.
diatónico *agg.* (*mus.*) diatonico.
diatriba *s.f.* diatriba.
dibujante *s.m./f.* disegnatore (*m.*).
dibujar *v.tr.* **1** disegnare, tracciare **2** (*fig.*) abbozzare, tratteggiare ♦ **-se** *v.pron.* delinearsi, evidenziarsi.
dibujo *s.m.* disegno: *— de lápiz*, disegno a matita; *— a/de línea*, disegno al tratto; *— a mano alzada*, disegno a mano libera; *— lineal*, disegno geometrico | *— del natural*, copia dal vero | *dibujos animados*, cartoni animati.
dicasterio *s.m.* (*relig.*) dicastero.
dicción *s.f.* dizione, pronuncia.
diccionario *s.m.* dizionario, vocabolario.
diccionarista *s.m./f.* dizionarista.
dicha *s.f.* felicità, fortuna: *tuve la — de encontrarte*, ho avuto la fortuna di incontrarti.
dicharachero *s.m.* **1** ciarliero, chiacchierone **2** arguto, spiritoso.
dicho *agg.* detto, tale | *del — al hecho hay gran trecho*, tra il dire e il fare c'è di mezzo il mare | *— y hecho*, detto e fatto | *lo —, —*, quel che è detto è detto | *mejor —*, cioè, vale a dire ♦ *s.m.* detto, motto; sentenza (*f.*).
dichoso *agg.* **1** felice, fortunato | *¡dichosos los ojos!*, beato chi ti vede! **2** (*fam.*) noioso; (*iron.*) maledetto: *ya no aguanto este — trabajo*, non ce la faccio più con questo maledetto lavoro.
diciembre *s.m.* dicembre.
dicotomía *s.f.* (*anche filos.*) dicotomia.
dicotómico *agg.* (*anche filos.*) dicotomico.
dicromático *agg.* dicromatico.
dictado *s.m.* **1** dettato; dettatura (*f.*): *escribir al —*, scrivere sotto dettatura **2** appellativo, soprannome **3** precetto, norma (*f.*).
dictador *s.m.* dittatore.
dictadura *s.f.* dittatura, tirannia.
dictamen *s.m.* **1** verdetto **2** opinione (*f.*), parere.
díctamo *s.m.* (*bot.*) dittamo.
dictar *v.tr.* **1** dettare **2** emettere, pronunciare | *— un veredicto*, emettere un verdetto **3** (*fig.*) suggerire, consigliare.
dictatorial *agg.* dittatoriale; autoritario.
dictatorio *agg.* dittatoriale.
dicterio *s.m.* insulto, offesa (*f.*).
díctico *agg.* (*ling.*) deittico.
didáctica *s.f.* didattica, insegnamento (*m.*).
didacticismo *s.m.* didattismo.
didáctico *agg.* didattico.
didascálico *agg.* (*lett.*) didascalico, didattico.
diecinueve *agg.num.* **1** (*card.*) diciannove **2** (*ord.*) diciannovesimo.
dieciocho *agg.num.* **1** (*card.*) diciotto **2** (*ord.*) diciottesimo.
dieciséis *agg.num.* **1** (*card.*) sedici **2** (*ord.*) sedicesimo.
diecisiete *agg.num.* **1** (*card.*) diciassette **2** (*ord.*) diciassettesimo.
diente *s.m.* dente: *— incisivo, molar*, dente incisivo, molare; *— de leche*, dente da latte | *crujir los dientes*, digrignare i denti | *dar — con —*, battere i denti | *hablar entre dientes*, parlare tra i denti | *— de la sierra*, dente della sega | *— de ajo*, spicchio d'aglio.
diéresis *s.f.* (*ling., med.*) dieresi.
diesel *s.m., agg.* diesel.
diesis *s.f.* (*mus.*) diesis (*m.*).
diestra *s.f.* mano destra, destra.
diestro *agg.* **1** destro (*anche fig.*) | *a — y siniestro*, a casaccio; a destra e a sinistra **2** abile, esperto ♦ *s.m.* **1** (*corrida*) torero **2** destrimano.
dieta[1] *s.f.* dieta: *ponerse a —*, mettersi a dieta.
dieta[2] *s.f.* **1** (*st., pol.*) dieta **2** (*spec.pl., amm.*) diaria: *le pagan buenas dietas*, gli riconoscono una buona diaria/trasferta.
dietética *s.f.* (*med.*) dietetica.
dietético *agg.* (*med.*) dietetico.
dietista *s.m./f.* (*med.*) dietista, dietologo (*m.*).
diez *agg.num.* **1** (*card.*) dieci **2** (*ord.*) decimo.
diezmal *agg.* (*st.*) della decima.
diezmar *v.tr.* decimare (*anche fig.*).
diezmo *s.m.* (*st.*) decima (*f.*).
difamación *s.f.* diffamazione, denigrazione, discredito (*m.*).
difamador *agg., s.m.* diffamatore, denigratore.
difamante *agg.* diffamatorio.
difamar *v.tr.* diffamare, screditare, denigrare; criticare.

difamatorio *agg.* diffamatorio, screditante.
diferencia *s.f.* **1** differenza, disparità, diversità | *a — de*, diversamente da **2** (*fig.*) divergenza: *hemos tenido algunas diferencias*, abbiamo avuto alcune divergenze | *partir las diferencias*, venire a patti.
diferenciación *s.f.* differenziazione.
diferencial *s.m.* (*mat.*) differenziale ♦ *agg.* (*anche mat.*) differenziale | *cálculo —*, calcolo differenziale.
diferenciar *v.tr.* differenziare, distinguere; diversificare: *— la oferta*, differenziare l'offerta ♦ *v.intr.* dissentire, discordare, essere discrepante ♦ **-se** *v.pron.* differenziarsi.
diferente *agg.* diverso, differente.
diferido *agg. nella loc.: en —*, in differita.
diferir (*con. come* sentir) *v.tr.* rimandare, differire: *— los cargos*, differire le imposte ♦ *v.intr.* essere diverso, differire: *el macho del ciervo difiere de la hembra*, il maschio del cervo è diverso dalla femmina.
difícil *agg.* **1** difficile, complicato: *es un trabajo —*, è un lavoro difficile | *es — de decir*, è difficile a dirsi **2** (*fig.*) difficile, esigente: *es una persona —*, è una persona esigente.
dificultad *s.f.* **1** difficoltà, problema (*m.*), complicazione: *estoy dispuesto a allanar las dificultades*, sono disposto ad appianare le difficoltà **2** difficoltà, complessità: *la — de la fórmula es patente*, la complessità della formula è evidente.
dificultador *s.m.* osteggiatore.
dificultar *v.tr.* **1** ostacolare, rendere difficile: *las palabras extranjeras me han dificultado la comprensión del texto*, le parole straniere mi hanno reso difficile la comprensione del testo **2** diffidare, dubitare: *dificulto creérlo*, ho difficolà a crederlo.
dificultoso *agg.* **1** difficoltoso, difficile, complesso, complicato **2** (*fig.*) brutto, sgraziato.
difidencia *s.f.* diffidenza, sfiducia.
difluencia *s.f.* deflusso (*m.*).
difluente *agg.* diffluente.
difracción *s.f.* (*ottica*) diffrazione.
difractar *v.tr.* (*ottica*) causare diffrazione ♦ **-se** *v.pron.* subire diffrazione.
difrangente *agg.* che causa diffrazione.
difteria *s.f.* (*med.*) difterite.
diftérico *agg.* (*med.*) difterico.
difuminado *s.m.* sfumatura (*f.*).
difuminar *v.tr.* sfumare ♦ **-se** *v.pron.* sfumarsi.
difundir *v.tr.* **1** diffondere, spargere, emanare **2** (*fig.*) divulgare, propagare, diffondere: *han difundido una noticia falsa*, hanno divulgato una notizia falsa.
difunto *agg.*, *s.m.* **1** defunto, morto | *día de los difuntos*, commemorazione dei defunti **2** cadavere | (*fig.*) *— de taberna*, ubriaco marcio.
difusión *s.f.* **1** diffusione, propagazione **2** (*fig.*) diffusione, prolissità.
difusivo *agg.* diffusivo.
difuso *agg.* **1** sparso, propagato **2** diffuso, vago: *una sensación difusa*, una sensazione diffusa/vaga **3** verboso, prolisso.
difusor *s.m.*, *agg.* diffusore.
digerible *agg.* digeribile.
digerir (*con. come* sentir) *v.tr.* digerire (*anche fig.*): *no logro — esta noticia*, non riesco a digerire questa notizia.
digestibilidad *s.f.* digeribilità.
digestible *agg.* digeribile.
digestión *s.f.* digestione: *mi — funciona bien*, la mia digestione è buona.
digestivo *agg.* digestivo; digerente: *tubo —*, tubo digerente ♦ *s.m.* digestivo.
digesto *s.m.* (*st.*) digesto.
digitación *s.f.* digitazione.
digital *agg.* digitale | *impresión —*, impronta digitale | *reloj —*, orologio digitale.
digitalización *s.f.* digitalizzazione.
digitalizar (*con. come* cazar) *v.tr.* digitalizzare.
diglosia *s.f.* **1** (*ling.*) diglossia **2** (*anat.*) lingua bifida.
dignarse *v.pron.* degnarsi, accettare.
dignatario *s.m.* dignitario.
dignidad *s.f.* **1** dignità, decoro (*m.*) **2** carica onorifica, autorità.
dignificación *s.f.* nobilitazione.
dignificar (*con. come* pescar) *v.tr.* nobilitare, rendere degno.
digno *agg.* **1** meritevole, degno: *es — de un castigo*, merita un castigo **2** decente, decoroso: *trata de hacer un trabajo —*, cerca di fare un lavoro decente.
dígrafo *s.m.* (*ling.*) digramma.
digrama *s.m.* → **dígrafo.**
digresión *s.f.* digressione; divagazione.
dije *s.m.* ciondolo.
dilaceración *s.f.* dilacerazione.
dilacerar *v.tr.* dilacerare, smembrare, sbranare ♦ **-se** *v.pron.* sbranarsi.
dilación *s.f.* dilazione, indugio (*m.*), ritardo (*m.*): *sin —*, senza indugio.
dilapidación *s.f.* dilapidazione, sperpero (*m.*).
dilapidador *s.m.*, *agg.* scialacquatore, dilapidatore.
dilapidar *v.tr.* dilapidare, sperperare, dissipare.
dilatable *agg.* dilatabile.
dilatación *s.f.* dilatazione.
dilatado *agg.* **1** (*fis.*, *med.*) dilatato: *pupilas dilatadas*, pupille dilatate **2** ampio, esteso.
dilatador *s.m.*, *agg.* dilatatore, divaricatore.
dilatar *v.tr.* **1** dilatare **2** (*fig.*) prolungare, allungare: *— los tiempos*, prolungare i tempi **3** differire: *— un pago*, differire un paga-

mento ♦ **-se** *v.pron.* **1** dilatarsi: *los metales se dilatan bajo los efectos del calor*, i metalli si dilatano per effetto del calore **2** (*fig.*) allungarsi.
dilatativo *agg.* dilatante.
dilatoria *s.f.* dilazione.
dilatorio *agg.* (*dir.*) dilatorio.
dilección *s.f.* affetto (*m.*), amore (*m.*).
dilecto *agg.* diletto, favorito, prediletto.
dilema *s.m.* dilemma, dubbio.
diletante *agg.*, *s.m./f.* dilettante.
diletantismo *s.m.* dilettantismo.
diligencia *s.f.* **1** diligenza, cura, premura, accuratezza, attenzione: *actuar con —*, comportarsi con diligenza **2** (*carrozza*) diligenza **3** (*fam.*) commissione, incombenza: *tengo que hacer unas diligencias*, devo fare delle commissioni | (*fig.*) *hacer una —*, andare al bagno **4** (*fam.*) premura, fretta, velocità: *salimos con — y presteza*, uscimmo con rapidità e prontezza ♦ (*pl.*, *bur.*, *dir.*) provvedimenti (*m.*), pratiche, indagini | (*fig.*) *hacer sus diligencias*, fare il possibile.
diligenciamiento *s.m.* (*bur.*, *dir.*) inoltro di una pratica.
diligenciar *v.tr.* **1** (*bur.*) sbrigare una pratica **2** (*dir.*) inoltrare una pratica.
diligente *agg.* diligente, solerte, zelante: *un empleado —*, un impiegato diligente.
dilucidación *s.f.* delucidazione, spiegazione, chiarimento (*m.*).
dilucidador *agg.* delucidatore, chiarificatore.
dilucidar *v.tr.* delucidare, spiegare, chiarire.
dilucidario *s.m.* testo di chiarimento, di delucidazione.
dilución *s.f.* diluizione.
diluir (*con. come* huir) *v.tr.* diluire, sciogliere; stemperare: *— un color*, stemperare un colore; *— un barniz*, diluire una vernice ♦ **-se** *v.pron.* sciogliersi, diluirsi.
diluvial *agg.* (*geol.*) diluviale.
diluviar *v.intr.* diluviare, piovere a catinelle/dirotto.
diluvio *s.m.* diluvio (*anche fig.*): *el — universal*, il diluvio universale.
diluyente *agg.*, *s.m.* diluente.
dimanación *s.f.* fonte, sorgente.
dimanar *v.intr.* **1** (*di acqua*) sgorgare, scaturire **2** (*fig.*) provenire, derivare: *una obligación que dimana del contrato*, un obbligo che deriva dal contratto.
dimensión *s.f.* dimensione (*anche fig.*): *una figura de tres dimensiones*, una figura in tre dimensioni; *— social*, dimensione sociale.
dimensional *agg.* dimensionale.
dimensionar *v.tr.* dimensionare.
diminuendo *s.m.* (*mus.*) diminuendo.
diminutivo *agg.*, *s.m.* (*gramm.*) diminutivo.
diminuto *agg.* minuto, piccolo; esiguo: *un — camarote*, una piccola cabina.
dimisión *s.f.* dimissioni (*pl.*), rinuncia: *presentar la —*, presentare le dimissioni.
dimisionario *agg.*, *s.m.* dimissionario.
dimitente *agg.*, *s.m.* dimissionario.
dimitir *v.intr.* dimettersi da, rinunciare a: *dimitió del cargo*, si dimise dall'incarico.
dimorfismo *s.m.* (*biol.*, *geol.*) dimorfismo.
dimorfo *agg.* (*biol.*, *geol.*) dimorfo.
dinamarqués *agg.*, *s.m.* danese (*m./f.*).
dinámica *s.f.* dinamica (*anche fig.*).
dinámico *agg.* dinamico (*anche fig.*).
dinamismo *s.m.* dinamismo, attività (*f.*).
dinamista *agg.* (*filos.*) dinamista.
dinamita *s.f.* dinamite (*anche fig.*).
dinamitar *v.tr.* far esplodere.
dinamitazo *s.m.* esplosione (*f.*) di dinamite.
dinamitero *agg.*, *s.m.* dinamitardo.
dinamizar (*con. come* cazar) *v.tr.* dinamizzare.
dinamo, dínamo *s.f.* (*fis.*) dinamo.
dinamómetro *s.m.* (*fis.*) dinamometro.
dinar *s.m.* (*moneta*) dinaro.
dinasta *s.m.* dinasta.
dinastía *s.f.* dinastia; casata, famiglia.
dinástico *agg.* dinastico: *pacto —*, patto dinastico.
dinastismo *s.m.* fedeltà (*f.*) a una dinastia.
dinerada *s.f.* grande quantità di soldi, grossa somma.
dineral *s.m.* grossa somma (*f.*) di denaro, patrimonio, fortuna (*f.*), capitale: *este chalet vale un —*, questa villetta vale un capitale/un sacco di soldi.
dinerario *agg.* relativo al denaro, monetario.
dinerillo *s.m.* pochi soldi (*pl.*), soldini (*pl.*).
dinero *s.m.* **1** denaro, soldi (*pl.*) | *— efectivo*, *— contante y sonante*, denaro contante | *— suelto*, spiccioli, monete | *ir mal de —*, avere pochi soldi | *— a la vista*, denaro alla giornata | *— de plástico*, carta di credito | *— en circulación*, denaro circolante | *— limpio*, soldi puliti | *— negro*, fondi neri **2** (*fig.*) ricchezza (*f.*): *es hombre de mucho —*, è un uomo molto ricco.
dinosaurio *s.m.* (*zool.*) dinosauro.
dintel *s.m.* (*arch.*) architrave.
dintelar *v.tr.*(*falegname*) montare il coprifilo, mettere un architrave.
dintorno *s.m.* (*disegno*) contorno, perimetro, bordo.
diocesano *agg.* (*relig.*) diocesano.
diócesis *s.f.* (*relig.*) diocesi.
diodo *s.m.* (*elettr.*) diodo.
dionisíaco *agg.* dionisiaco.
dioptría *s.f.* (*ottica*) diottria.
dióptrico *agg.* (*ottica*) diottrico.
diorama *s.m.* diorama.
diorita *s.f.* (*min.*) diorite.
dios *s.m.* **1** dio, divinità (*f.*) **2** (*relig.*) Dio | *a la buena de Dios*, alla buona | *¡alabado*

sea Dios!, sia lodato Gesù Cristo | *Dios dirá*, come Dio vorrà | *Dios los cría y ellos se juntan*, Dio li fa e poi li accoppia | *Dios mediante*, se Dio vuole | *como Dios manda*, bene, come Dio comanda | *¡vaya por Dios!*, meno male!; santo cielo! | *a Dios gracias*, grazie a Dio | *amanecer Dios*, albeggiare | *vaya con Dios*, Dio sia con te | *bien lo sabe Dios*, Dio mi è testimone | *de Dios*, in abbondanza | *ni Dios*, nessuno | *¡vive Dios!*, vivaddio!
diosa *s.f.* dea (*anche fig.*): *creía ser una —*, si credeva una dea.
dióxido *s.m.* (*chim.*) diossido.
dioxina *s.f.* (*chim.*) diossina.
diplococo *s.m.* (*biol.*) diplococco.
diplodoco *s.m.* (*dinosauro*) diplodoco.
diploide *agg.* (*biol.*) diploide.
diploma *s.m.* (*documento*) diploma; titolo.
diplomacia *s.f.* diplomazia.
diplomado *s.m.* diplomato.
diplomar *v.tr.* diplomare ♦ **-se** *v.pron.* diplomarsi: *— en el Conservatorio*, diplomarsi al Conservatorio.
diplomática *s.f.* **1** diplomazia **2** (*disciplina*) diplomatica.
diplomático *agg.*, *s.m.* diplomatico | *rayas diplomáticas*, (abito) gessato | *enviado —*, agente diplomatico.
dipolo *s.m.* (*fis.*) dipolo.
díptica *s.f.* (*pitt.*) dittico (*m.*).
díptico *s.m.* (*pitt.*) dittico.
diptongación *s.f.* (*gramm.*) dittongamento (*m.*).
diptongar (*con. come* llegar) *v.tr.* (*gramm.*) dittongare.
diptongo *s.m.* (*gramm.*) dittongo.
diputación *s.f.* deputazione; delegazione; giunta | *— provincial*, giunta provinciale.
diputado *s.m.* deputato.
diputar *v.tr.* **1** deputare, assegnare **2** incaricare, delegare: *— unos jueces*, incaricare alcuni giudici **3** (*fig.*) ritenere, stimare, reputare: *le diputan hombre respetable*, lo reputano un uomo rispettabile.
dique *s.m.* **1** diga (*f.*), argine, chiusa (*f.*), bacino | *— seco*, bacino di carenaggio | *— de contención*, sbarramento **2** (*fig.*) ostacolo; barriera (*f.*), riparo.
dirección *s.f.* **1** direzione (*anche fig.*): *salió en — del colegio*, si è diretto a scuola **2** indirizzo (*m.*): *te doy mi —*, ti do il mio indirizzo **3** direzione, ufficio (*m.*) direttivo: *la — ha ordenado el cierre*, la direzione ha ordinato la chiusura **4** (*cinem.*) regia **5** (*aut.*) sterzo (*m.*) | *— asistida*, servosterzo.
direccional *agg.* (*elettr.*) direzionale.
directa *s.f.* (*mecc.*) presa diretta.
directiva *s.f.* **1** direttiva, ordine (*m.*), norma **2** consiglio (*m.*) direttivo; giunta **3** (*dir. Unione Europea*) direttiva.
directivo *agg.*, *s.m.* **1** direttivo **2** dirigente (*m./f.*).
directo *agg.* **1** diretto: *un tren —*, un treno diretto | *contribución directa*, imposta diretta | *en —*, in diretta, dal vivo **2** (*ling.*, *oggetto*) diretto, retto ♦ *s.m.* (*sport*, *boxe*) diretto.
director *s.m.* **1** direttore | *— cinematográfico/de cine*, regista | *— de orquestra*, direttore d'orchestra | *— general*, direttore generale; (*pol.*) sottosegretario **2** (*di scuola*) preside.
directorio *agg.* direttorio ♦ *s.m.* **1** (*bur.*) direttiva (*f.*) **2** direttivo **3** (*inform.*) directory.
directriz *s.f.* **1** (*geom.*) direttrice **2** (*bur.*) direttiva: *— ministerial*, direttiva ministeriale.
dirigente *agg.*, *s.m./f.* dirigente.
dirigible *agg.* dirigibile ♦ *s.m.* dirigibile, aerostato.
dirigir (*con. come* afligir) *v.tr.* **1** dirigere, indirizzare (*anche fig.*): *le dirigió una mirada sarcástica*, gli rivolse uno sguardo sarcastico | *no — palabra*, non rivolgere la parola | *— la atención*, rivolgere l'attenzione **2** dirigere, governare: *— una escuela*, dirigere una scuola; *— una película*, dirigere un film **3** indirizzare, inviare: *— una carta a alguien*, indirizzare una lettera a qlcu. ♦ **-se** *v.pron.* **1** dirigersi, avviarsi **2** rivolgersi a: *diríjase al jefe*, si rivolga al capo.
dirigismo *s.m.* (*pol.*) dirigismo.
dirimente *agg.* (*dir.*) dirimente.
dirimible *agg.* (*dir.*) dirimibile.
dirimir *v.tr.* **1** dirimere; risolvere **2** sciogliere, porre fine.
discal *agg.* (*med.*) del disco | *hernia —*, ernia del disco.
discapacidad *s.f.* disabilità, handicap (*m.*).
discapacitado *agg.*, *s.m.* disabile (*m./f.*), handicappato.
discente *agg.*, *s.m./f.* discente.
discernible *agg.* discernibile.
discernimiento *s.m.* discernimento; giudizio, buon senso.
discernir (*con. come* acertar) *v.tr.* discernere, distinguere, differenziare; separare: *no saber — un color de otro*, non saper distinguere un colore da un altro.
disciplina *s.f.* **1** disciplina, ordine (*m.*): *mantener la —*, mantenere la disciplina; *las disciplinas olímpicas*, le discipline olimpiche **2** (*relig.*) flagello, disciplina.
disciplinable *agg.* disciplinabile.
disciplinado *agg.* disciplinato, obbediente.
disciplinar[1] *agg.* disciplinare.
disciplinar[2] *v.tr.* **1** disciplinare, educare **2** controllare, disciplinare **3** (*relig.*) flagellare ♦ **-se** *v.pron.* (*relig.*) flagellarsi.
disciplinario *agg.* disciplinare.
disciplinazo *s.m.* (*relig.*) flagellazione (*f.*).

discipulado *s.m.* **1** discepolato, apprendistato **2** insieme dei discepoli.

discipular *agg.* del discepolo.

discípulo *s.m.* discepolo, seguace; allievo.

disc-jockey *s.m.* disc-jockey.

disco[1] *s.f.* (*fam.*) discoteca.

disco[2] *s.m.* **1** disco: *es el — más vendido*, è il disco più venduto | (*sport*) *lanzamiento del —*, lancio del disco | (*inform.*) *— duro*, disco fisso, hard disk | *— compacto*, compact disc | (*anat.*) *— intervertebral*, disco intervertebrale | *hernia de —*, ernia del disco | *parecer un — rayado*, sembrare un disco rotto **2** (*aut.*) segnale stradale **3** (*aut.*) semaforo: *— verde*, semaforo verde.

discóbolo *s.m.* discobolo.

discografía *s.f.* discografia.

discográfica *s.f.* (*mus.*) casa discografica.

discográfico *agg.* discografico.

discoidal *agg.* discoidale.

díscolo *agg.*, *s.m.* discolo, birichino.

disconforme *agg.* **1** infelice, scontento **2** discorde, opposto.

disconformidad *s.f.* **1** discrepanza, discordanza, differenza **2** disaccordo (*m.*), opposizione.

discontinuación *s.f.* discontinuità.

discontinuar (*con. come* continuar) *v.tr.* interrompere.

discontinuidad *s.f.* discontinuità; interruzione.

discontinuo *agg.* discontinuo, interrotto; intermittente.

discopatía *s.f.* (*med.*) discopatia.

discordancia *s.f.* discordanza, dissonanza; disaccordo (*m.*), divergenza.

discordante *agg.* discordante, discorde.

discordar (*con. come* contar) *v.intr.* **1** (*anche mus.*) stonare **2** dissentire, discordare.

discorde *agg.* **1** discorde **2** (*mus.*) dissonante.

discordia *s.f.* discordia, dissenso (*m.*), disaccordo (*m.*) | *manzana de la —*, pomo della discordia.

discoteca *s.f.* discoteca.

discotequero *agg.* da discoteca ♦ *s.m.* (*fam.*) discotecaro.

discrasia *s.f.* (*med.*) discrasia.

discreción *s.f.* **1** discrezione; tatto (*m.*); riserbo (*m.*): *pide informaciones con —*, chiedi informazioni con discrezione **2** giudizio (*m.*), discrezione | *a tu —*, a tua discrezione | (*mil.*) *darse/entregarse/rendirse a —*, arrendersi.

discrecional *agg.* discrezionale | (*trasporto*) *servicio —*, servizio non di linea.

discrecionalidad *s.f.* discrezionalità.

discrepancia *s.f.* **1** discrepanza, differenza **2** dissenso (*m.*); divergenza.

discrepante *agg.* discrepante.

discrepar *v.intr.* **1** discrepare, discordare **2** divergere, dissentire.

discreto *agg.* **1** discreto, riservato: *puedes confiar en él, es un hombre —*, puoi fidarti di lui, è un uomo discreto **2** discreto, sufficiente: *has hecho un trabajo —*, hai fatto un discreto lavoro.

discriminación *s.f.* discriminazione: *— racial*, discriminazione razziale.

discriminador *agg.* discriminatore.

discriminante *agg.* discriminante.

discriminar *v.tr.* discriminare, distinguere; emarginare.

discriminatorio *agg.* discriminatorio: *actitudes discriminatorias*, atteggiamenti discriminatori.

disculpa *s.f.* **1** scusa, discolpa: *pedir disculpas*, chiedere scusa | *¿qué puedes decir en tu —?*, cosa puoi dire a tua discolpa? **2** pretesto (*m.*), scusa.

disculpable *agg.* scusabile, perdonabile.

disculpar *v.tr.* **1** scusare, perdonare; giustificare: *te disculpo por no haber venido*, ti perdono per non essere venuto **2** scagionare, discolpare: *las nuevas pruebas le disculparon*, le nuove prove lo scagionarono ♦ **-se** *v.pron.* discolparsi, scusarsi; giustificarsi.

discurrir *v.intr.* **1** riflettere, pensare, ragionare **2** discorrere, dialogare **3** (*del tempo*) trascorrere, passare **4** (*di fiume*) scorrere, fluire ♦ *v.tr.* immaginare, inventare; ideare.

discursear *v.intr.* (*fam.*) ciarlare, chiacchierare.

discursivo *agg.* discorsivo.

discurso *s.m.* **1** discorso; ragionamento: *tu — no me convence*, il tuo ragionamento non mi convince **2** discorso, dissertazione (*f.*): *leyó su — ante el pleno del congreso*, lesse il suo discorso davanti alle camere riunite.

discusión *s.f.* discussione, disputa; dibattito (*m.*) | *sin —*, fuori discussione.

discutible *agg.* discutibile: *un comportamiento —*, un comportamento discutibile.

discutir *v.tr.* **1** discutere, esaminare, analizzare, vagliare: *discutieron todas las posibilidades*, esaminarono tutte le possibilità **2** contestare; contrastare: *ha discutido todas mis propuestas*, ha contestato tutte le mie proposte ♦ *v.intr.* **1** discutere, dibattere: *discutían de política*, discutevano di politica **2** obiettare, opporsi.

disección *s.f.* **1** (*med.*) dissezione **2** (*fig.*) analisi, scomposizione, esame (*m.*).

diseccionar *v.tr.* (*med.*, *fig.*) dissezionare.

diseminación *s.f.* (*anche fig.*) disseminazione: *— de ideas nuevas*, disseminazione di idee nuove.

diseminador *agg.* disseminatore.

diseminar *v.tr.* disseminare.

disensión *s.f.* **1** dissenso (*m.*), opposizione **2** disaccordo (*m.*), contesa.
disenso *s.m.* dissenso.
disentería *s.f.* (*med.*) dissenteria.
disentérico *agg.* (*med.*) dissenterico.
disentimiento *s.m.* dissenso, opposizione (*f.*), disaccordo.
disentir (*con. come* sentir) *v.intr.* dissentire, opporsi, discordare.
diseñador *s.m.* designer (*m./f.*); (*di moda*) stilista (*m./f.*).
diseñar *v.tr.* progettare, disegnare.
diseño *s.m.* **1** design: — *industrial*, design industriale **2** schizzo, progetto.
disertación *s.f.* dissertazione; argomentazione; discorso (*m.*).
disertador *agg.*, *s.m.* dissertatore.
disertar *v.intr.* dissertare.
diserto *agg.* eloquente.
disfasia *s.f.* (*med.*) disfasia.
disfavor *s.m.* **1** sfavore, disapprovazione: *ganarse el — del príncipe*, conquistarsi la disapprovazione del principe (*f.*) **2** scortesia (*f.*).
disforme *agg.* deforme.
disfraz (*pl.* -ces) *s.m.* travestimento, maschera (*f.*) (*anche fig.*): *llevaba un — de princesa*, indossava un costume da principessa, era mascherata da principessa; *su alegria es sólo un —*, la sua allegria è solo apparenza/una maschera.
disfrazar (*con. come* cazar) *v.tr.* travestire; mascherare (*anche fig.*): *disfrazó sus sentimientos*, dissimulò/mascherò i suoi sentimenti ♦ **-se** *v.pron.* mascherarsi da, travestirsi da, camuffarsi da.
disfrutar *v.tr.* godere, assaporare, gustare: *disfrutó los mejores platos*, si è gustato i migliori piatti ♦ *v.intr.* **1** approfittare, sfruttare: *disfrutan de sus amistades influyentes*, approfittano delle loro amicizie altolocate **2** godere, fruire: *gozan de buena fama*, godono di buona fama | *¡que disfrutes!*, divertiti!, goditela!
disfrute *s.m.* **1** fruizione (*f.*) **2** godimento, gioia (*f.*).
disfunción *s.f.* disfunzione, alterazione.
disgregación *s.f.* disgregazione, disgregamento (*m.*), sgretolamento (*m.*), frantumazione.
disgregador *agg.* disgregatore, disgregante.
disgregar (*con. come* llegar) *v.tr.* disgregare, disfare, separare: — *los terrenos*, disgregare i terreni; — *las instituciones*, disgregare le istituzioni ♦ **-se** *v.pron.* disgregarsi, disfarsi.
disgregativo *agg.* disgregativo.
disgustado *agg.* **1** stomacato, disgustato **2** (*fig.*) dispiaciuto, afflitto, triste **3** (*fig.*) irritato, infastidito, arrabbiato.
disgustar *v.tr.* **1** disgustare, stomacare **2** (*fig.*) dispiacere, addolorare **3** (*fig.*) infastidire, irritare ♦ **-se** *v.pron.* **1** infastidirsi, irritarsi **2** dispiacersi, addolorarsi.
disgusto *s.m.* **1** disgusto, ripugnanza (*f.*) **2** (*fig.*) dispiacere, dolore | *dar un —*, provocare un dispiacere | *llevarse —*, avere un dispiacere **3** fastidio | *a —*, a disagio; controvoglia.
disgustoso *agg.* disgustoso.
disidencia *s.f.* dissidio (*m.*), disaccordo (*m.*), divergenza.
disidente *agg.*, *s.m./f.* dissidente.
disidir *v.intr.* **1** prendere le distanze, dissociarsi **2** discordare: — *de la común doctrina*, discordare dalla dottrina comune.
disílabo *agg.*, *s.m.* (*gramm.*) disillabo.
disimetría *s.f.* dissimmetria.
disimétrico *agg.* dissimmetrico.
disímil *agg.* dissimile.
disimilación *s.f.* (*ling.*) dissimilazione.
disimilar *v.tr.* (*ling.*) dissimilare.
disimilitud *s.f.* differenza, dissomiglianza.
disimulable *agg.* che può essere dissimulato.
disimulación *s.f.* dissimulazione, mascheramento (*m.*).
disimulado *agg.* dissimulato, nascosto | *hacerse el —*, fare il finto tonto.
disimulador *s.m.*, *agg.* dissimulatore.
disimular *v.tr.* **1** simulare, fingere, dissimulare; far finta (di niente): *tienes que — para que no se den cuenta de que estás llorando*, devi far finta di niente perché non si accorgano che stai piangendo **2** mascherare, nascondere: — *las arrugas con maquillaje*, nascondere le rughe con il trucco.
disimulo *s.m.* dissimulazione (*f.*).
disipable *agg.* dissipabile.
disipación *s.f.* dissipazione (*anche fig.*).
disipado *agg.* (*fig.*) dissoluto: *llevar una vida disipada*, condurre una vita dissoluta.
disipador *agg.*, *s.m.* (*anche fis.*) dissipatore.
disipar *v.tr.* **1** disperdere, dissipare, dissolvere (*anche fig.*): *disiparon todas mis dudas*, dissiparono tutti i miei dubbi **2** disperdere, dilapidare: — *un patrimonio*, dissipare un patrimonio ♦ **-se** *v.pron.* **1** (*anche fig.*) dissiparsi, disperdersi: *las nubes se disiparon*, le nuvole si dispersero **2** sfumare, svanire.
dislexia *s.f.* (*med.*) dislessia.
disléxico *agg.* (*med.*) dislessico.
dislocación, dislocadura *s.f.* **1** dislocazione **2** (*med.*) slogatura, lussazione.
dislocar (*con. come* pescar) *v.tr.* **1** (*med.*) slogare, lussare **2** (*fig.*) travisare, alterare.
disloque *s.m.* (*fam.*) colmo: *es el —*, è il colmo.
disminución *s.f.* diminuzione, calo (*m.*), abbassamento (*m.*), riduzione.
disminuido *s.m.* disabile.

disminuir (*con. come* huir) *v.tr.* diminuire, ridurre; calare: — *la velocidad*, rallentare ♦ *v.intr.* ridursi, scemare.
disnea *s.f.* (*med.*) dispnea.
disneico *agg.*, *s.m.* (*med.*) dispnoico.
disociable *agg.* dissociabile.
disociación *s.f.* **1** dissociazione (*anche fig.*) **2** (*chim.*) separazione.
disociar *v.tr.* dissociare; separare ♦ **-se** *v.pron.* dissociarsi, staccarsi, dividersi (*anche fig.*).
disódico *agg.* (*chim.*) disodico.
disolubilidad *s.f.* dissolubilità.
disoluble *agg.* dissolubile.
disolución *s.f.* **1** dissoluzione, scioglimento (*m.*) (*anche fig.*) **2** (*chim.*) soluzione **3** dissolutezza, corruzione.
disoluto *agg.* dissoluto, sregolato: *vida disoluta*, vita sregolata.
disolvente *agg.*, *s.m.* solvente.
disolver (*con. come* mover *part. pass.irr* disuelto) *v.tr.* dissolvere, sciogliere (*anche fig.*): *tienes que disolverlo en agua*, lo devi sciogliere in acqua | (*pol.*) — *las cámaras*, sciogliere le camere ♦ **-se** *v.pron.* **1** dissolversi **2** (*fig.*) sciogliersi, chiarirsi: *el misterio se disolvió*, il mistero si chiarì.
disón *s.m.* (*mus.*) dissonanza (*f.*).
disonancia *s.f.* (*mus.*, *fig.*) dissonanza.
disonante *agg.* (*mus.*, *fig.*) dissonante.
disonar (*con. come* contar) *v.intr.* (*mus.*, *fig.*) dissonare, stonare.
dispar *agg.* differente, diseguale.
disparado *agg.* **1** sparato **2** (*fig.*, *fam.*) di corsa, sparato: *me fui — a mi cuarto*, andai sparato nella mia stanza.
disparador *s.m.* grilletto.
disparar *v.tr.* sparare, tirare: — *al aire*, sparare in aria | — *una flecha*, scagliare una freccia ♦ **-se** *v.pron.* **1** spararsi, uccidersi **2** correre via, fuggire: *se disparó hacia la casa*, corse via verso casa **3** aumentare vistosamente: *los precios se dispararon*, i prezzi aumentarono vistosamente.
disparatado *agg.* assurdo, insensato; spropositato.
disparatar *v.intr.* dire/fare spropositi.
disparate *s.m.* assurdità (*f.*), esagerazione (*f.*), sproposito | *decir un* —, dire uno sproposito.
disparatorio *s.m.* scemenzaio.
disparidad *s.f.* disparità, disuguaglianza; differenza.
disparo *s.m.* **1** sparo **2** (*mecc.*) scatto **3** (*a calcio*) cannonata (*f.*).
dispendio *s.m.* consumo eccessivo, spesa eccessiva (*f.*), dispendio (*anche fig.*).
dispendioso *agg.* **1** dispendioso, costoso **2** (*di persona*) spendaccione: *un gobierno* —, un governo che fa sprechi.
dispensa *s.f.* dispensa, esenzione.
dispensación *s.f.* (*anche dir.*) dispensa, esenzione.
dispensador *agg.*, *s.m.* dispensatore.
dispensar *v.tr.* **1** dispensare, esonerare, esimere: *le han dispensado de los impuestos*: lo hanno esentato dalle tasse **2** scusare, perdonare: *te dispenso tus palabras*, scuso le tue parole **3** concedere, dare, elargire.
dispensario *s.m.* ambulatorio, dispensario.
dispepsia *s.f.* (*med.*) dispepsia.
dispéptico *agg.*, *s.m.* (*med.*) dispeptico.
dispersar *v.tr.* **1** disperdere **2** (*fig.*) dissipare, disperdere: — *la herencia*, disperdere l'eredità **3** (*mil.*) mettere in fuga, disperdere: — *las tropas enemigas*, disperdere le truppe nemiche ♦ **-se** *v.pron.* disperdersi, dividersi (*anche fig.*).
dispersión *s.f.* dispersione (*anche fig.*).
dispersivo *agg.* dispersivo.
disperso *agg.*, *s.m.* (*anche mil.*) disperso.
displasia *s.f.* (*med.*) displasia.
display *s.m.* display.
displicencia *s.f.* distacco (*m.*), freddezza.
displicente *agg.* **1** spiacevole, molesto **2** freddo, scostante: *un gesto* —, un gesto scostante **3** burbero, ombroso.
disponer (*con. come* poner) *v.tr.* **1** disporre, collocare, sistemare; preparare **2** ordinare, comandare ♦ *v.intr.* **1** disporre di, avvalersi di; fare affidamento su: *dispone de toda mi ayuda*, dispone di tutto il mio aiuto **2** (*dir.*) dare disposizioni testamentarie ♦ **-se** *v.pron.* disporsi a, accingersi a: *nos disponíamos a comer cuando llegó mi hermano*, ci accingevamo a mangiare quando arrivò mio fratello.
disponibilidad *s.f.* **1** disponibilità **2** (*spec. pl.*) disponibilità, mezzi (*m.*) economici.
disponible *agg.* disponibile; libero: *no hay asientos disponibles*, non ci sono posti liberi.
disposición *s.f.* **1** disposizione; ordine (*m.*); collocazione: *cambiar la — de los muebles*, cambiare la disposizione dei mobili **2** (*dir.*) disposizione: *una nueva — de la ley*, una nuova disposizione di legge | *última* —, testamento | *tomar sus disposiciones*, prendere provvedimenti **3** (*fig.*) attitudine, inclinazione: *tiene — para el dibujo*, ha attitudine per il disegno **4** stato (*m.*), condizione: *ya está en — de viajar*, ormai è in condizione di viaggiare | — *de ánimo*, disposizione d'animo | *estar a* —, essere a disposizione.
dispositivo *s.m.* (*mecc.*) dispositivo.
dispuesto *agg.* **1** pronto, preparato: *está todo — para el convenio*, è tutto pronto per il convegno **2** predisposto, atto a | *bien*, *mal* —, ben, mal disposto.
disputa *s.f.* **1** disputa, discussione, dibattito (*m.*) | *sin* —, fuori discussione **2** diverbio (*m.*), lite.

disputable *agg.* discutibile.
disputar *v.tr.* **1** disputare, dibattere, discutere **2** contendere, disputare: *mañana disputan la final*, domani disputano la finale ♦ *v.intr.* litigare, contendere ♦ **-se** *v.pron.* disputarsi, contendersi.
disquete *s.m.* (*inform.*) dischetto, floppy disk.
disquetera *s.f.* (*inform.*) drive (*m.*).
disquisición *s.f.* disquisizione.
distal *agg.* (*anat.*) distale.
distancia *s.f.* distanza (*anche fig.*) | *a* —, da lontano | *mando a* —, comando a distanza, telecomando | *mantener/guardar las distancias*, mantenere le distanze | *acortar las distancias*, accorciare le distanze.
distanciamiento *s.m.* **1** distanziamento, allontanamento **2** (*fig.*) raffreddamento.
distanciar *v.tr.* (*anche fig.*) distanziare, allontanare, separare, dividere ♦ **-se** *v.pron.* (*anche fig.*) distanziarsi, allontanarsi.
distante *agg.* **1** distante (*anche fig.*), lontano **2** (*fig.*) distaccato.
distar *v.intr* distare, essere lontano (*anche fig.*): *¿cuánto dista?*, quanto dista/è lontano?
distender (*con. come* entender) *v.tr.* (*anche fig.*) tendere, allungare, distendere, rilassare.
distensión *s.f.* **1** (*anche pol.*) distensione: — *de los nervios*, distensione dei nervi; *clima de* —, clima di distensione **2** (*med.*) stiramento (*m.*).
dístico *s.m.* (*lett.*) distico.
distinción *s.f.* **1** distinzione, differenza: *a — de*, a differenza di | *sin* —, senza distinzione **2** (*fig.*) distinzione, classe, signorilità: *hombre de gran* —, uomo di gran classe/molto distinto **3** onorificenza: *se ha merecido una* —, ha meritato un'onorificenza **4** cortesia, gentilezza: *tratar con* —, trattare con cortesia.
distingo *s.m.* **1** distinguo, distinzione (*f.*) **2** differenza (*f.*), eccezione (*f.*) | *no haré distingos*, non farò eccezioni.
distinguible *agg.* distinguibile.
distinguido *agg.* **1** distinto, fine, educato: *un estilo* —, uno stile distinto **2** egregio, insigne: *un cirujano* —, un insigne chirurgo.
distinguir (*indic.pres.* distingo, distingues...; *cong.pres.* distinga, distingas...; *imp.* distingue, distinga, distingamos, distinguid, distingan) *v.tr.* **1** distinguere; differenziare, caratterizzare, contrassegnare: *el cabello rubio lo distinguía de sus hermanos*, i capelli biondi lo distinguevano dai fratelli **2** scorgere, intravedere: *lo distinguí desde lejos*, lo scorsi da lontano **3** prediligere, preferire: — *a alguien*, preferire qlcu. **4** insignire, concedere un'onorificenza: — *a alguien con una medalla al valor*, insignire qlcu. di una medaglia al valore ♦ *v.intr.* dare prestigio: *ese coche distingue*, quell'auto dà prestigio ♦ **-se** *v.pron.* **1** distinguersi, segnalarsi: *se distingue por su voluntad*, si distingue per la volontà **2** scorgersi, intravedersi.
distintamente *avv.* distintamente; chiaramente: *se ve* —, si vede chiaramente.
distintivo *agg.* caratteristico, distintivo, peculiare ♦ *s.m.* **1** distintivo **2** (*fig.*) caratteristica (*f.*), tratto distintivo: *el — de una comunidad*, il tratto distintivo di una comunità.
distinto *agg.* **1** diverso, differente: *son dos palabras con — significado*, sono due parole di diverso significato **2** chiaramente percepibile/intellegibile.
distonía *s.f.* (*med.*) distonia.
distorsión *s.f.* (*med.*, *fig.*) distorsione.
distorsionar *v.tr.* **1** torcere, distorcere, slogare **2** (*fig.*) travisare, falsare.
distracción *s.f.* **1** distrazione, sbadataggine **2** svago (*m.*), divertimento (*m.*).
distraer (*con. come* traer) *v.tr.* **1** distrarre, distogliere l'attenzione; sviare **2** divertire, svagare ♦ **-se** *v.pron.* **1** distrarsi, perdere l'attenzione **2** svagarsi, distrarsi, divertirsi.
distraído *agg.* distratto, svagato, disattento.
distribución *s.f.* distribuzione, ripartizione.
distribuidor *s.m.* distributore, rivenditore.
distribuidora *s.f.* (*comm.*) società di distribuzione.
distribuir (*con. come* huir) *v.tr.* distribuire, ripartire, spartire | — *agua*, erogare acqua.
distributivo *agg.* distributivo | *justicia distributiva*, giustizia distributiva.
distrito *s.m.* distretto, circoscrizione (*f.*).
distrofia *s.f.* (*med.*) distrofia | — *muscular*, distrofia muscolare.
distrófico *agg.* (*med.*) distrofico.
disturbar *v.tr.* turbare, alterare.
disturbio *s.m.* **1** disturbo, alterazione (*f.*), turbamento **2** tumulto, sommossa (*f.*), disordine: *en la manifestación ha habido algún* —, alla manifestazione c'è stato qualche disordine.
disuadir *v.tr.* dissuadere, distogliere.
disuasión *s.f.* dissuasione.
disuasivo *agg.* dissuasivo: *estrategia disuasiva*, strategia dissuasiva.
disyunción *s.f.* disunione.
disyuntiva *s.f.* alternativa fra due cose: *estoy en la — entre ir y no ir a la fiesta*, devo decidere se andare o meno alla festa.
disyuntivo *agg.* (*anche gramm.*) disgiuntivo | *proposición disyuntiva*, proposizione disgiuntiva.
diuresis *s.f.* (*biol.*) diuresi.
diurético *agg.* (*med.*) diuretico.
diurno *agg.* diurno.
divagación *s.f.* divagazione, digressione.
divagar (*con. come* llegar) *v.intr.* divagare.
diván *s.m.* divano, sofà | — *cama*, divano letto.

divergencia *s.f.* divergenza (*anche mat.*): *hay divergencias de fondo*, esistono divergenze di fondo.
divergente *agg.* divergente (*anche mat.*).
divergir (*con. come* afligir) *v.intr.* divergere (*anche mat.*).
diversidad *s.f.* diversità, differenza: *respeta la — del otro*, rispetta la diversità dell'altro.
diversificación *s.f.* diversificazione.
diversificar (*con. come* pescar) *v.tr.* diversificare: *— las inversiones*, diversificare gli investimenti.
diversión *s.f.* **1** diversione (*anche mil.*) **2** divertimento (*m.*), svago (*m.*), passatempo (*m.*).
diversivo *s.m.*, *agg.* diversivo.
diverso *agg.* diverso, differente; vario, svariato.
divertículo *s.m.* (*anat.*) diverticolo.
divertido *agg.* divertente, allegro; buffo.
divertir (*con. come* sentir) *v.tr.* divertire, intrattenere, ricreare ♦ **-se** *v.pron.* divertirsi.
dividendo *s.m.* dividendo.
dividido *agg.* **1** diviso, separato **2** (*mat.*) diviso.
dividir *v.tr.* **1** (*anche mat.*) dividere: *tuvieron que — a los dos peleantes*, dovettero separare/dividere i due litiganti; *— por tres*, dividere per tre **2** distribuire, dividere: *— el trabajo entre los empleados*, dividere il lavoro fra gli impiegati ♦ **-se** *v.pron.* dividersi: *se dividieron en dos grupos*, si divisero in due gruppi.
divieso *s.m.* foruncolo.
divinal *agg.* divino.
divinidad *s.f.* divinità, essenza divina; dio (*m.*).
divinización *s.f.* divinizzazione, deificazione.
divinizar (*con. come* cazar) *v.tr.* **1** divinizzare, deificare **2** (*fig.*) mitizzare, esaltare.
divino *agg.* **1** divino | *Divino Cordero*, agnello di Dio | *Letras Divinas*, Sacre Scritture | *derecho —*, diritto divino **2** (*fig.*) eccelso, splendido, straordinario: *una mujer divina*, una donna splendida.
divisa *s.f.* **1** divisa, uniforme **2** (*econ.*, *spec. pl.*) valuta: *las divisas extranjeras*, le valute straniere.
divisar *v.tr.* scorgere, intravedere: *se divisa de lejos el mar*, da lontano si scorge il mare.
divisibilidad *s.f.* (*anche mat.*) divisibilità.
divisible *agg.* (*anche mat.*) divisibile.
división *s.f.* (*anche mat.*, *mil.*) divisione.
divisionario *agg.* divisionario.
divisionismo *s.m.* (*pitt.*) divisionismo.
divismo *s.m.* divismo.
divisor *s.m.* (*mat.*) divisore | *máximo común —*, massimo comune divisore ♦ *agg.* (*mat.*) sottomultiplo.
divisoria *s.f.* spartiacque (*m.*).
divisorio *agg.*, *s.m.* divisorio.
divo *agg.* (*poetico*) divino ♦ *s.m.* **1** divo **2** (*lett.*, *poetico*) dio, nume.
divorciado *agg.*, *s.m.* divorziato.
divorciar *v.tr.* (*dir.*) concedere il divorzio ♦ **-se** *v.pron.* divorziare: *se divorciaron*, hanno divorziato.
divorcio *s.m.* divorzio: *pedir, obtener el —*, chiedere, ottenere il divorzio.
divulgable *agg.* divulgabile.
divulgación *s.f.* divulgazione, diffusione.
divulgador *agg.*, *s.m.* divulgatore.
divulgar (*con. come* llegar) *v.tr.* divulgare, diffondere; rendere pubblico: *— informaciones confidenciales*, divulgare informazioni confidenziali.
divulgativo *agg.* divulgativo.
do *s.m.* (*mus.*) do.
dobladillar *v.tr.* munire di orlo, orlare.
dobladillo *s.m.* orlo, orlatura (*f.*).
doblado *agg.* **1** piegato, curvato **2** (*fam.*) piegato, stanco **3** (*cinem.*) doppiato: *película doblada*, film doppiato.
doblador *s.m.* (*cinem.*) doppiatore.
dobladura *s.f.* piega, piegatura.
doblaje *s.m.* (*cinem.*) doppiaggio.
doblamiento *s.m.* **1** piegatura (*f.*) **2** raddoppio.
doblar *v.tr.* **1** raddoppiare, duplicare: *— las utilidades*, raddoppiare i profitti **2** piegare, ripiegare: *— una hoja*, piegare un foglio **3** (*cinem.*) doppiare **4** (*sport, mar.*) doppiare, superare: *el navío dobló capo de Hornos*, la nave doppiò Capo Horn **5** girare, voltare: *— la página*, voltare la pagina **6** (*fig.*) piegare, sottomettere ♦ *v.intr.* **1** girare, svoltare: *dobla a la izquierda*, svolta a sinistra **2** (*di campane*) suonare a morto: *¿por quién doblan las campanas?*, per chi suonano le campane? ♦ **-se** *v.pron.* piegarsi; adattarsi a; sottomettersi: *se dobló a la situación*, si adattò alla situazione.
doble *agg.* **1** doppio, duplice | *frenos de — circuito*, doppio circuito frenante **2** (*fig.*) falso: *persona —*, persona falsa | *espía —*, doppiogiochista ♦ *s.m.* **1** doppio: *tengo el — de tiempo*, ho il doppio del tempo **2** controfigura (*f.*); sosia **3** piega (*f.*), piegatura (*f.*) **4** (*pl.*, *tennis*) doppio: *jugar dobles*, giocare un doppio.
doblegable *agg.* **1** pieghevole **2** (*fig.*) arrendevole, malleabile: *carácter —*, carattere arrendevole.
doblegadizo *agg.* pieghevole.
doblegar (*con. come* llegar) *v.tr.* piegare, curvare, abbassare ♦ **-se** *v.pron.* cedere; sottomettersi: *se doblegó a sus deseos*, cedette ai suoi desideri.
doblemente *avv.* **1** doppiamente **2** in maniera doppia, falsamente, subdolamente.

doblez (*pl.* -ces) *s.m.* piega (*f.*) ♦ *s.m./f.* doppiezza, ipocrisia.
doblón *s.m.* doblone.
doce *agg.num.*, *s.m.* **1** (*card.*) dodici **2** (*ord.*) dodicesimo: *Carlos* –, Carlo XII.
doceañero *agg.*, *s.m.* dodicenne.
doceavo *agg.num.ord.*, *s.m.* dodicesimo.
docena *s.f.* dozzina.
docenal *agg.* da vendersi a dozzine.
docencia *s.f.* docenza; insegnamento (*m.*).
doceno *agg.num.ord.* dodicesimo.
docente *agg.* docente ♦ *s.m./f.* docente, insegnante.
dócil *agg.* docile, ubbidiente.
docilidad *s.f.* docilità, obbedienza, mansuetudine.
docto *agg.* dotto, erudito; colto.
doctor *s.m.* **1** dottore; medico **2** (*anche relig.*) dottore | – *de la ley*, dottore della legge.
doctorado *s.m.* dottorato.
doctoral *agg.* dottorale.
doctorando *s.m.* dottorando.
doctorar *v.tr.* addottorare, conferire il dottorato ♦ **-se** *v.pron.* addottorarsi, diventare dottore.
doctrina *s.f.* **1** dottrina **2** (*relig.*) catechismo (*m.*).
doctrinal *agg.* dottrinale.
doctrinar *v.tr.* indottrinare.
doctrinario *agg.* (*anche pol.*) dottrinario.
doctrinarismo *s.m.* (*filos.*) dottrinarismo.
doctrinero *s.m.* (*relig.*) catechista.
documentable *agg.* documentabile.
documentación *s.f.* **1** documentazione; documenti (*m.pl.*) **2** (*bur.*) credenziali (*pl.*).
documentado *agg.* documentato: *un estudio* –, uno studio documentato.
documental *agg.* documentale ♦ *s.m.* documentario.
documentalista *s.m./f.* documentarista.
documentar *v.tr.* **1** documentare; informare: *se ha documentado antes de escribir el artículo*, si è documentato prima di scrivere l'articolo **2** provare: *ello documenta su culpabilidad*, ciò prova la sua colpevolezza.
documentario *agg.* documentale, documentario.
documento *s.m.* **1** documento | – *nacional de identidad*, carta d'identità | – *privado*, scrittura privata **2** (*fig.*) prova (*f.*); testimonianza (*f.*).
dodecafonía *s.f.* (*mus.*) dodecafonia.
dodecafónico *agg.* (*mus.*) dodecafonico.
dodo *s.m.* (*zool.*) dodo.
dogal *s.m.* cappio, capestro | *estar con el* – *al cuello*, avere l'acqua alla gola.
dogma *s.m.* dogma.
dogmática *s.f.* (*anche relig.*) dogmatica.
dogmático *agg.* **1** dogmatico **2** (*fig.*) intransigente, categorico: *una persona dogmática*, una persona intransigente.
dogmatismo *s.m.* dogmatismo.
dogmatista *s.m./f.* (*filos.*) dogmatista.
dogmatizar (*con. come* cazar) *v.tr./intr.* dogmatizzare.
dólar *s.m.* dollaro.
dolencia *s.f.* **1** indisposizione, malattia; sofferenza **2** acciacco (*m.*), dolore (*m.*).
doler (*con. come* mover) *v.intr.* **1** dolere, fare male: *me duele la pierna derecha*, mi fa male la gamba destra **2** (*fig.*) dispiacere, rincrescere, causare sofferenza: *sus palabras le dolieron*, le sue parole gli fecero dispiacere/causarono sofferenza | *ahí duele*, il punto dolente ♦ **-se** *v.pron.* **1** dolersi, dispiacersi: *me duelo por tu ausencia*, mi dispiaccio per la tua assenza **2** lamentarsi, lagnarsi.
dolido *agg.* dispiaciuto, rammaricato, dolente.
doliente *agg.* **1** dolente, ammalato **2** (*fig.*) afflitto, addolorato.
dolo *s.m.* **1** inganno **2** (*dir.*) dolo.
dolor *s.m.* **1** dolore, male: – *de cabeza*, mal di testa | *dolores de parto*, doglie **2** (*fig.*) pena (*f.*), angoscia (*f.*), sofferenza (*f.*) | – *de corazón*, pentimento: *más vale vergüenza en cara que* – *de corazón*, meglio vergognarsi oggi che pentirsi domani.
dolorido *agg.* **1** dolorante, dolente, sofferente **2** (*fig.*) dolente, addolorato, afflitto, triste; dispiaciuto: *estoy* – *por tu actitud*, sono dispiaciuto per il tuo atteggiamento.
dolorosa[1] *s.f.* (*relig.*) l'Addolorata.
dolorosa[2] *s.f.* (*fam.*) conto (*m.*) (da pagare).
doloroso *agg.* **1** doloroso **2** triste, penoso.
doloso *agg.* (*dir.*) doloso.
doma *s.f.* domatura.
domable *agg.* domabile.
domador *agg.*, *s.m.* domatore.
domadura *s.f.* **1** (*cavallo*) domatura **2** (*animali*) addomesticamento (*m.*).
domar *v.tr.* **1** (*animali*) domare, addomesticare **2** (*fig.*, *cose*) addolcire, ammorbidire, rendere flessibile: – *los zapatos nuevos*, ammorbidire le scarpe nuove **3** (*fig.*) tenere a freno; sottomettere: *doma tus pasiones*, tieni a freno le tue passioni.
domeñable *agg.* dominabile.
domeñar *v.tr.* dominare.
domesticable *agg.* addomesticabile.
domesticación *s.f.* addomesticamento (*m.*).
domesticado *agg.* addomesticato.
domesticar (*con. come* pescar) *v.tr.* addomesticare; ammaestrare.
doméstico *agg.*, *s.m.* domestico.
domiciliación *s.f.* domiciliazione: – *de las facturas*, domiciliazione delle bollette.
domiciliar *v.tr.* **1** fornire di domicilio **2** (*banc.*) domiciliare.

domiciliario *agg.* domiciliare, a domicilio: *visita domiciliaria*, visita a domicilio.
domicilio *s.m.* domicilio, residenza (*f.*); indirizzo; casa (*f.*).
dominación *s.f.* dominazione, dominio (*m.*).
dominador *agg.*, *s.m.* dominatore.
dominante *agg.* dominante | *posición —*, posizione dominante | *nota —*, nota dominante.
dominar *v.tr.* **1** dominare, sottomettere **2** (*fig.*) conoscere bene, padroneggiare: *— el español*, conoscere bene lo spagnolo **3** tenere a freno, contenere: *— los propios instintos*, dominare i propri istinti **4** sedare, reprimere: *— una revuelta*, reprimere una rivolta **5** ergersi, elevarsi in posizione dominante: *la montaña domina el paisaje*, la montagna si erge nel paesaggio ♦ *v.intr.* (*fig.*) predominare, spiccare: *dominan los tonos azules*, i toni azzurri sono predominanti ♦ **-se** *v.pron.* dominarsi, controllarsi: *intenta dominarte*, cerca di controllarti.
domingada *s.f.* (*fam.*) festa della domenica.
domingo *s.m.* domenica (*f.*) | *— de Ramos*, domenica delle Palme | *hacer —*, fare festa.
dominguero *agg.* (*fam.*) domenicale, della domenica ♦ *s.m.* turista (*m./f.*) della domenica.
dominical *agg.* domenicale ♦ *s.m.* giornale della domenica.
dominicano *agg.*, *s.m.* (*anche relig.*) domenicano.
dominico *agg.*, *s.m.* (*relig.*) domenicano.
dominio *s.m.* **1** dominio, potere, autorità (*f.*) **2** (*fig.*) padronanza (*f.*), conoscenza (*f.*) **3** possedimento, territorio **4** (*fig.*) ambito, campo.
don[1] *s.m.* **1** dono, regalo **2** (*fig.*) dote (*f.*), capacità (*f.*), abilità (*f.*): *tiene el — del canto*, ha la dote del canto | *— de gentes*, savoir faire, garbo.
don[2] *s.m.* (*davanti a no.pr.*) signor: *— Pedro*, signor Pietro | *ser un — nadie*, essere una nullità, un signor nessuno | *ser un — Juan*, essere un dongiovanni.
donación *s.f.* donazione (*anche dir.*), offerta.
donador *s.m.* donatore.
donaire *s.m.* **1** grazia (*f.*), gentilezza (*f.*), garbo **2** arguzia (*f.*), battuta (*f.*) arguta.
donante *agg.*, *s.m./f.* donatore (*m.*) | *— de sangre*, donatore di sangue.
donar *v.tr.* donare, regalare; fare una donazione.
doncella *s.f.* donzella, giovinetta; damigella.
donde *avv.* dove, in cui, nel/nella quale: *ve — te lleve el corazón*, va' dove ti porta il cuore; *el camino por — vamos es más breve*, la strada che stiamo percorrendo è più breve; *la ciudad — vivo*, la città dove/in cui vivo ♦ *prep.* da, a casa di; dove: *estuve — Antonio*, sono stato da Antonio; *nos vemos — la parada de taxi*, ci vediamo alla fermata dei taxi.
dónde *avv.interr./escl.* dove: *¿de — eres?*, di dove sei? | *¿— vas?*, dove vai? | *¡— se ha visto!*, ma quando mai! | *¡de —!*, figurati!
dondequiera *avv.* dovunque, ovunque, dappertutto.
donjuán *s.m.* dongiovanni; rubacuori.
doña *s.f.* (*anteposto al no.pr.*) donna, signora: *— Juana*, signora/donna Giovanna.
doñear *v.tr.* corteggiare una signora.
doquiera, doquier *avv.* → **dondequiera.**
dorada *s.f.* (*zool.*) orata.
dorar *v.tr.* **1** dorare **2** (*fig.*) indorare, addolcire: *intenta — la mala noticia*, cerca di addolcire la cattiva notizia | *— la píldora*, indorare la pillola **3** (*cuc.*) rosolare, saltare.
dormidero *s.m.* **1** sonnifero **2** ovile, stalla (*f.*).
dormilón *agg.*, *s.m.* dormiglione.
dormir (*indic.pres.* duermo, duermes, duerme, dormimos, dormís, duermen; *pass.rem.* durmió, durmieron; *cong.pres.* duerma, duermas, duerma, durmamos, durmáis, duerman; *imperf.* durmiera, durmieras...; *ger.* durmiendo; *imp.* duerme, duerma, durmamos, dormid, duerman) *v.intr.* dormire (*anche fig.*) | *— a pierna suelta*, dormire della grossa ♦ *v.tr.* **1** addormentare: *— a los niños*, addormentare i bambini **2** dormire | *— la mona*, smaltire la sbronza | *— la siesta*, fare il pisolino/la siesta ♦ **-se** *v.pron.* **1** addormentarsi | *— en los laureles*, dormire sugli allori **2** (*anche fig.*) addormentarsi, intorpidirsi: *se me durmió el brazo*, mi si è addormentato/intorpidito il braccio.
dormitar *v.intr.* sonnecchiare, dormicchiare, appisolarsi.
dormitorio *s.m.* stanza (*f.*) da letto; dormitorio.
dorso *s.m.* rovescio, parte (*f.*) posteriore: *el — de una medalla*, il rovescio di una medaglia.
dos *agg.num.card.*, *s.m.* due | *cada — por tres*, spesso, ogni due per tre | *de — en —*, a due a due | *en un — por tres*, in un batter d'occhio.
doscientos *agg.num.*, *s.m.* **1** (*card.*) duecento: *— libros*, duecento libri; *— páginas*, duecento pagine **2** (*ord.*) duecentesimo.
dosel *s.m.* baldacchino.
dosificación *s.f.* dosaggio (*m.*).
dosificar (*con. come* pescar) *v.tr.* **1** dosare **2** (*fig.*) soppesare, misurare.
dosis *s.f.* **1** dose **2** (*fig.*) razione, quantità.
dotación *s.f.* dotazione, equipaggiamento (*m.*): *está en —*, è in dotazione.
dote *s.f.* **1** dote **2** (*fig.*) capacità, attitudine: *tiene dotes para el canto*, è dotato per il canto.

draga *s.f.* (*tecn., mar.*) draga.
dragar (*con. come* llegar) *v.tr.* dragare.
dragón *s.m.* drago, dragone.
drama *s.m.* dramma (*anche fig.*) | *hacer un — de*, fare un dramma di qlco.
dramático *agg.* drammatico.
dramatismo *s.m.* drammaticità (*f.*).
dramatizar (*con. come* cazar) *v.tr.* drammatizzare (*anche fig.*), mettere in scena.
dramaturgo *s.m.* drammaturgo, commediografo.
drapear *v.tr.* drappeggiare.
drástico *agg.* drastico, estremo; energico.
drenaje *s.m.* drenaggio, spurgo.
drenar *v.tr.* (*anche med.*) drenare.
droga *s.f.* droga (*anche fig.*), stupefacente (*m.*); medicina | *— blanda*, droga leggera | *— dura*, droga pesante.
drogadicción *s.f.* tossicodipendenza.
drogadicto *s.m.* drogato, tossicodipendente.
drogado *agg.* drogato.
drogar (*con. come* llegar) *v.tr.* drogare ♦ **-se** *v.pron.* drogarsi.
drogata *s.m.* (*gerg.*) drogato, tossicodipendente.
droguería *s.f.* **1** negozio (*m.*) di prodotti per la pulizia della casa **2** (*Amer.*) farmacia.
droguero *s.m.* rivenditore di prodotti per la pulizia della casa.
droguista *s.m.* rivenditore di prodotti per la pulizia della casa.
dromedario *s.m.* (*zool.*) dromedario.
dualidad *s.f.* dualità.
dualismo *s.m.* dualismo.
dualista *agg., s.m./f.* dualista.
dualístico *agg.* dualistico.
dubitación *s.f.* dubbio (*m.*).
dubitativo *agg.* dubitativo.
dublinés *agg., s.m.* dublinese (*m./f.*).
ducado *s.m.* ducato.
ducal *agg.* ducale.
ducha *s.f.* doccia | *darse una —*, farsi una doccia | *— de agua fría*, (*anche fig.*) doccia fredda.
ducharse *v.pron.* fare la doccia.
ducho *agg.* abile, esperto, destro.
dúctil *agg.* **1** duttile, malleabile **2** (*fig.*) arrendevole; accomodante: *es una persona muy —*, è una persona molto accomodante.
ductilidad *s.f.* duttilità.
duda *s.f.* dubbio (*m.*), perplessità, incertezza | *no cabe —*, non c'è dubbio | *sin — alguna*, senza alcun dubbio.
dudable *agg.* dubitabile.
dudar *v.intr.* dubitare: *lo dudo*, ne dubito.
dudoso *agg.* **1** dubbioso; improbabile; in dubbio: *su llegada es dudosa*, la sua venuta è improbabile **2** (*di persona*) esitante, dubbioso.
duelista *s.m./f.* duellante.
duelo[1] *s.m.* **1** duello **2** (*fig.*) confronto, scontro.
duelo[2] *s.m.* **1** dolore, afflizione (*f.*), pena (*f.*) **2** cordoglio, lutto | *estar de —*, essere in lutto **3** funerale, corteo funebre: *el — se despidió*, il corteo funebre si sciolse.
duende *s.m.* **1** folletto, gnomo, diavoletto **2** (*fig., fam.*) fascino | *tener —*, avere fascino.
dueño *s.m.* padrone, proprietario | *ser — de sí mismo*, essere padrone di sé.
dueto *s.m.* (*anche mus.*) duetto.
dulce *agg.* dolce (*anche fig.*) | *caña —*, canna da zucchero | *flauta —*, flauto dolce | *palo —*, radice di liquirizia ♦ *s.m.* dolce, dessert; confettura (*f.*) | *— de almíbar*, frutta sciroppata | *— seco*, frutta candita.
dulcería *s.f.* pasticceria.
dulcero *agg.* goloso ♦ *s.m.* pasticciere.
dulcificación *s.f.* dolcificazione.
dulcificar (*con. come* pescar) *v.tr.* dolcificare, zuccherare, addolcire (*anche fig.*).
dulzaina *s.f.* dolciumi (*m.pl.*).
dulzarrón, dulzón *agg.* dolciastro.
dulzura *s.f.* **1** dolcezza, soavità **2** (*fig.*) tenerezza, mitezza.
dulzurar *v.tr.* (*chim.*) dolcificare.
duna *s.f.* duna.
dúo *s.m.* duetto, duo.
duodenal *agg.* (*anat.*) duodenale.
duodeno *s.m.* (*anat.*) duodeno.
duopolio *s.m.* (*econ.*) duopolio.
dúplex *agg.* duplice ♦ *s.m.* appartamento su due piani.
duplicación *s.f.* duplicazione; copia.
duplicado *s.m.* copia (*f.*), duplicato; riproduzione (*f.*) | *por —*, in copia.
duplicador *agg., s.m.* duplicatore.
duplicar (*con. come* pescar) *v.tr.* duplicare, raddoppiare.
dúplice *agg.* duplice.
duplicidad *s.f.* duplicità.
duque (*f.* -esa) *s.m.* duca.
duquesa *s.f.* duchessa.
durabilidad *s.f.* durabilità.
durable *agg.* durevole.
duración *s.f.* durata.
duradero *agg.* durevole, duraturo.
durante *prep.* durante, nel corso di.
durar *v.intr.* **1** durare, continuare, protrarsi **2** durare, mantenersi: *este tejido dura mucho*, questo tessuto dura molto.
durativo *agg.* (*gramm.*) durativo.
durazno *s.m.* (*Amer., bot.*) pesca.
dureza *s.f.* **1** durezza, resistenza **2** (*fig.*) intransigenza, severità, insensibilità.
duro *agg.* **1** duro (*anche fig.*): *una madera dura*, un legno duro; *tenía unas facciones duras*, aveva dei lineamenti duri; *fue una dura reprimenda*, è stata una sgridata severa | *una dura prueba*, una prova dura | *una marcha*

dura, una marcia pesante | (*inform.*) *disco* —, disco rigido | *un clima* —, un clima rigido | — *de corazón*, duro di cuore | *droga dura*, droga pesante | *a duras penas*, a malapena | *estar a las duras y a las maduras*, adattarsi alle circostanze | *ser un cara dura*, essere uno sfacciato/una faccia tosta | — *de entendimiento/mollera*, duro di comprendonio | — *y parejo*, senza compassione **2** duraturo, durevole: *un electrodoméstico* —, un elettrodomestico duraturo **3** (*di uovo*) sodo ♦ *avv.* fortemente, duramente | *trabajar* —, lavorare sodo/duramente ♦ *s.m.* moneta (*f.*) da cinque pesetas.

Ee

e[1] *s.f.* e | (*tel.*) — *como Enrique*, e come Empoli.
e[2] (*al posto di* y *davanti a* i, hi, *ma non davanti a* y, hie *o all'inizio di una domanda*) *cong.* e: *España — Italia*, Spagna e Italia; *padre — hijo*, padre e figlio.
ebanista *s.m./f.* ebanista.
ébano *s.m.* (*bot.*) ebano: *una estatua de —*, una statua di ebano.
ébola *s.m.* (*med.*) ebola.
ebonita *s.f.* ebanite.
eborario *agg.* eburneo.
ebriedad *s.f.* **1** ebbrezza, ubriachezza **2** (*fig.*) emozione, brivido (*m.*), ebbrezza.
ebrio *agg.* ebbro, ubriaco (*anche fig.*) | *— de entusiasmo*, pazzo d'entusiasmo.
ebullición *s.f.* **1** ebollizione, bollore (*m.*) **2** (*fig.*) agitazione, fermento (*m.*).
eburnación *s.f.* (*med.*) eburneazione.
ebúrneo *agg.* eburneo.
eccehomo *s.m.* (*anche fig.*) ecce homo.
eccema *s.m.* (*med.*) eczema.
eccematoso *agg.* (*med.*) eczematoso.
ecdótica *s.f.* (*ling.*) ecdotica.
ecdótico *agg.* (*ling.*) ecdotico.
echacuervos *s.m.* **1** mezzano, ruffiano **2** truffatore, ciarlatano, imbroglione.
echada *s.f.* **1** lancio (*m.*) **2** (*vantaggio nelle corse*) corpo (*m.*).
echadero *s.m.* **1** (*persone*) giaciglio **2** (*animali*) cuccia (*f.*).
echadizo *agg.* eliminabile, scartabile ♦ *s.m.* spia (*f.*), informatore.
echadura *s.f.* cova, covata.
echar *v.tr.* **1** tirare, lanciare: *— la pelota*, lanciare la palla | *— a suertes*, tirare a sorte **2** gettare, buttare: *— a la basura*, gettare nella spazzatura | *— a lavar*, mettere a lavare | *— por el suelo*, scoraggiare: *le echaron la moral por el suelo con esas palabras*, con quelle parole gli fecero crollare il morale a terra | *— abajo*, demolire, distruggere **3** (*una lettera*) imbucare: *— una carta al buzón*, imbucare una lettera **4** versare; mettere, aggiungere: *échame un poco de vino*, versami un po' di vino; *échale un poco de sal, que está soso*, aggiungici un po' di sale, che è insipido **5** cacciare; licenziare: *— de casa*, cacciare di casa **6** (*di denti, capelli, germogli*) mettere: *— las hojas*, mettere le foglie | (*anche fig.*) *— raíces*, mettere radici | *— barriga*, mettere su pancia **7** (*odore, liquido, fumo*) emanare, perdere, lasciar fuoriuscire: *esa planta echa mal olor*, quella pianta manda un cattivo odore | *— sangre*, perdere sangue | *— humo por las narices*, infuriarsi **8** dare, distribuire: *— de comer al gato*, dar da mangiare al gatto | (*nel gioco*) *— cartas*, distribuire le carte **9** attribuire: *¿qué edad le echas?*, che età gli dai? | *— el muerto/la culpa*, incolpare **10** giocare: *— un partido de fútbol*, fare una partita a pallone **11** fare: *— un sermón*, fare una ramanzina | *— una siesta*, schiacciare un pisolino ♦ *v.intr.* percorrere, incamminarsi, avviarsi lungo: *— calle arriba*, risalire la strada; *— calle abajo*, discendere la strada | *— por*, incamminarsi per: *— por el atajo*, prendere la scorciatoia | (*fig.*) *echó por notaría*, intraprese la carriera di notaio ♦ **-se** *v.pron.* **1** buttarsi, gettarsi | *—atrás*, tirarsi indietro | *—encima de alguien*, scagliarsi contro qlcu., dare addosso a qlcu.: *los vecinos se me echaron encima cuando les propuse que repartiéramos los gastos*, i vicini si sono scagliati contro di me quando ho proposto loro di condividere le spese **2** inclinarsi: *—atrás, hacia delante*, inclinarsi indietro, avanti **3** coricarsi, distendersi: *—un rato*, sdraiarsi un po'
■ ***echar a*** (+ *inf.*), cominciare a, mettersi a (+ *inf.*): *— a correr*, mettersi a correre; *— a reír*, scoppiare a ridere | ***echar a perder***, rovinare | ***echar de largo,*** sprecare | ***echar de menos***, avere nostalgia, sentire la mancanza | ***echar de ver***, notare, avvertire | ***echar en cara***, rinfacciare | ***echar las entrañas***, vomitare l'anima | ***echar una mano***, dare una mano, aiutare | ***echar una mirada***, dare un'occhiata | ***echarlo todo a rodar***, mandare tutto a rotoli | ***echarse atrás***, tirarsi indietro | ***echárselas de***, darsi arie da.
echarpe *s.m.* scialle.
eclecticismo *s.m.* (*anche fig.*) eclettismo.
ecléctico *agg., s.m.* (*anche fig.*) eclettico.
eclesial *agg.* (*relig.*) ecclesiale.
Eclesiastés *s.m.* (*relig.*) Ecclesiaste.
eclesiástico *agg., s.m.* ecclesiastico.
eclesiología *s.f.* (*relig.*) ecclesiologia.

eclesiológico *agg.* (*relig.*) ecclesiologico.
eclesiólogo *s.m.* (*relig.*) ecclesiologo.
eclipsar *v.tr.* **1** (*astr.*) eclissare **2** (*fig.*) coprire, oscurare, eclissare, fare ombra: *tiene la capacidad de — a su hermano*, ha la capacità di mettere in ombra suo fratello ♦ **-se** *v.pron.* **1** eclissarsi **2** (*fig.*) scomparire, eclissarsi, sparire.
eclipse *s.m.* **1** eclissi (*f.*): *— de sol, de luna*, eclissi solare, lunare **2** (*fig.*) scomparsa (*f.*), assenza (*f.*) transitoria.
eclíptica *s.f.* (*astr.*) eclittica.
eclíptico *agg.* (*astr.*) eclittico.
eclosión *s.f.* **1** (*zool.*, *bot.*) schiusa, sboccio (*m.*) **2** emissione, secrezione **3** (*fig.*) esplosione.
eclosionar *v.intr.* **1** (*zool.*, *bot.*) dischiudersi, schiudersi **2** (*fig.*) esplodere, diffondersi.
eco *s.m.* **1** eco (*f./m.*) **2** (*fig.*) risonanza (*f.*), eco (*f./m.*), diffusione (*f.*): *tener digno —*, avere vasta risonanza | *hacerse — de algo*, farsi eco di qlco. | *los ecos de la sociedad*, cronaca mondana.
ecocardiografía *s.f.* (*med.*) ecocardiografia.
ecocardiograma *s.m.* (*med.*) ecocardiogramma.
ecografía *s.f.* (*med.*) ecografia.
ecográfico *agg.* (*med.*) ecografico.
ecografista *s.m./f.* (*med.*) ecografista.
ecógrafo *agg.* (*med.*) ecografo.
ecología *s.f.* ecologia.
ecológico *agg.* ecologico.
ecologismo *s.m.* ecologismo.
ecologista *agg.*, *s.m./f.* ecologista.
economato *s.m.* economato.
econometría *s.f.* (*econ.*) econometria.
econométrico *agg.* (*econ.*) econometrico.
economía *s.f.* **1** economia | *— sumergida*, economia sommersa | *— cerrada, del bienestar*, economia chiusa, del benessere **2** (*pl.*) risparmi (*m.*): *derrochar sus economías*, bruciare i propri risparmi.
economicismo *s.m.* (*econ.*) economicismo.
economicista *agg.* (*econ.*) economicistico.
económico *agg.* **1** economico: *medios económicos*, mezzi economici **2** economico, a buon mercato.
economista *s.m./f.* economista.
economizador *s.m.* economizzatore ♦ *agg.* risparmiatore, economizzatore.
economizar (*con. come* cazar) *v.tr./intr.* economizzare, risparmiare: *— esfuerzos*, risparmiare gli sforzi.
ecónomo *s.m.* **1** economo **2** (*relig.*) sacerdote vicario.
ecosfera *s.f.* ecosfera.
ecosistema *s.m.* (*biol.*) ecosistema.
ecotomografía *s.f.* (*med.*) ecotomografia.
ecoturismo *s.m.* turismo ecologico.
ectoplasma *s.m.* (*biol.*) ectoplasma.
ectoplasmático *agg.* (*biol.*) ectoplasmatico.
ecuación *s.f.* (*mat.*, *chim*, *astr.*) equazione: *— lineal, determinada, de tercer grado*, equazione di primo grado, determinata, di terzo grado | *— algebraica*, equazione algebrica | *— diferencial*, equazione differenziale.
ecuador *s.m.* equatore | *— celeste*, equatore celeste | *paso del —*, linea dell'equatore; (*scuola, fam.*) viaggio studentesco a metà del corso di studi universitari.
ecualización *s.f.* (*tecn.*) equalizzazione.
ecualizador *s.m.* (*tecn.*) equalizzatore.
ecualizar (*con. come* cazar) *v.tr.* (*tecn.*) equalizzare.
ecuánime *agg.* equanime: *es siempre — con todos*, è sempre equanime con tutti.
ecuanimidad *s.f.* equanimità.
ecuatorial *agg.* equatoriale ♦ *s.m.* (*astr.*, *telescopio*) equatoriale.
ecuatoriano *agg.*, *s.m.* ecuadoriano, equadoregno.
ecuestre *agg.* equestre: *monumento —*, monumento equestre.
ecúmene *s.f.* ecumene.
ecuménico *agg.* (*relig.*) ecumenico.
ecumenismo *s.m.* (*relig.*) ecumenismo.
eczema *s.m.* → **eccema.**
edad *s.f.* **1** età | *mayor de —*, maggiorenne | *menor de —*, minorenne | *— del pavo*, adolescenza | *hombre de —*, anziano | *— adulta*, età adulta | *— avanzada*, età avanzata | *en tierna —*, in tenera età | *en la flor de la —*, nel fiore degli anni | *la — de la discreción*, l'età della ragione **2** epoca, età | *— media*, medioevo | *— contemporánea*, età contemporanea | *— de la piedra*, età della pietra | *— del hierro*, età del ferro.
edema *s.m.* (*med.*) edema.
edematoso *agg.* (*med.*) edematoso.
edén *s.m.* (*anche fig.*) eden.
edénico *agg.* (*lett.*) edenico.
edición *s.f.* **1** edizione: *— agotada* edizione esaurita | *— crítica*, edizione critica | *— de bolsillo*, edizione tascabile | *— diplomática*, edizione diplomatica | (*fig.*) *segunda — de alguien o algo*, copia precisa di qlcu. o qlco. **2** (*mus.*) registrazione.
edicto *s.m.* **1** editto **2** (*dir.*) bando.
edículo *s.m.* (*arch.*) edicola (*f.*).
edificabilidad *s.f.* edificabilità.
edificable *agg.* edificabile.
edificación *s.f.* **1** edificazione **2** (*fig.*) area edificata, quartiere (*m.*).
edificador *agg.* **1** edificatorio: *empresa edificadora*, impresa costruttrice **2** (*fig.*) edificante.
edificante *agg.* edificante: *un cuento —*, un racconto edificante.
edificar (*con. come* pescar) *v.tr.* **1** edificare, costruire **2** (*fig.*) istituire, fondare: *Ignacio*

de Loyola edificó la orden de los Jesuitas, Ignazio di Loyola fondò l'ordine dei Gesuiti **3** (*fig.*) essere d'esempio: *edificó a muchos con sus hazañas*, fu d'esempio a molti con le sue imprese.
edificativo *agg.* esemplare.
edificio *s.m.* **1** edificio, fabbricato, stabile **2** (*fig.*) costruzione (*f.*), struttura (*f.*), edificio: *el — de la cultura*, l'edificio della cultura.
edil *s.m.* consigliere comunale.
edilicio *agg.* edilizio: *cooperativa edilicia*, cooperativa edilizia.
editar *v.tr.* **1** pubblicare, stampare **2** (*mus.*) registrare **3** (*tecn.*) montare.
editor *s.m.* **1** editore **2** curatore, editore.
editorial *agg.* editoriale ♦ *s.f.* casa editrice ♦ *s.m.* (*giorn.*) editoriale, articolo di fondo.
editorialista *s.m./f.* (*giorn.*) editorialista.
editorializar (*con. come* cazar) *v.tr.* (*giorn.*) scrivere editoriali.
edredón *s.m.* **1** (*zool.*) edredone **2** piumone, trapunta (*f.*).
educable *agg.* educabile.
educación *s.f.* **1** educazione; creanza, garbo (*m.*) | *falta de —*, mancanza di educazione **2** formazione: *encargarse de la — de alguien*, incaricarsi della formazione di qlcu. | *ministerio de — y ciencia*, ministero della pubblica istruzione | *— general básica*, scuola dell'obbligo | *— física*, educazione fisica | *— cívica*, educazione civica.
educacional *agg.* educativo.
educacionista *s.m./f.* educatore.
educado *agg.* educato.
educador (*f. -a*) *agg.*, *s.m.* educatore.
educando *s.m.* educando.
educar (*con. come* pescar) *v.tr.* educare.
edulcoración *s.f.* edulcorazione.
edulcorante *agg.*, *s.m.* edulcorante, dolcificante.
edulcorar *v.tr.* edulcorare.
efe *s.f.* (*lettera dell'alfabeto*) effe.
efébico *agg.* efebico.
efebo *s.m.* efebo.
efectismo *s.m.* sensazionalismo.
efectista *agg.* sensazionalistico, spettacolare, effettistico: *la tendencia — de la prosa*, la tendenza effettistica della prosa.
efectividad *s.f.* effettività, validità.
efectivo *agg.* **1** effettivo, autentico, vero **2** (*di provvedimento*) efficace; (*di legge*) operativo **3** (*di impiego*) di ruolo ♦ *s.m.* **1** denaro contante | *en —*, in contanti **2** (*di un'azienda*) organico **3** (*pl.*, *mil.*) effettivo (*sing.*).
efecto *s.m.* **1** effetto | *— bumerán*, effetto boomerang | *en —*, infatti; in effetti | *al —*, a tal fine | *llevar a —*, portare a compimento | *— invernadero*, effetto serra **2** (*fig.*) impressione (*f.*), effetto | *golpe de —*, colpo di scena **3** (*spec. pl.*, *comm.*) effetto, bene, valore | *efectos personales*, effetti personali | *efectos timbrados*, valori bollati.
efectuación *s.f.* effettuazione, attuazione.
efectual *agg.* effettivo.
efectuar (*con. come* continuar) *v.tr.* effettuare, fare ♦ **-se** *v.pron.* avere luogo, tenersi, svolgersi: *la reunión se efectuará cuanto antes*, la riunione avrà luogo quanto prima.
efélide *s.f.* (*med.*) efelide.
efeméride *s.f.* **1** effemeride **2** (*pl.*) ricorrenza (*sing.*), anniversario (*m.sing.*).
efémero *s.m.* (*bot.*) efemero.
efervescencia *s.f.* (*anche fig.*) effervescenza.
efervescente *agg.* **1** effervescente: *aspirina —*, aspirina effervescente **2** (*fig.*) effervescente, vivace: *un chico — y lleno de vida*, un ragazzo effervescente e pieno di vita.
efesio *agg.* (*geogr.*) efesio, efesino.
eficacia *s.f.* efficacia.
eficaz (*pl.* -ces) *agg.* efficace, valido.
eficiencia *s.f.* efficienza.
eficiente *agg.* efficiente.
efigiar *v.tr.* effigiare.
efigie *s.f.* (*anche fig.*) effigie, immagine.
efímero *agg.* effimero: *una relación fugaz y efímera*, una relazione fugace ed effimera | *éxito —*, successo effimero | *flor efímera*, fiore effimero.
eflorescencia *s.f.* (*chim.*, *med.*) efflorescenza.
eflorescente *agg.* (*chim.*) efflorescente.
efluvio *s.m.* **1** effluvio **2** (*fig.*) effluvio, emanazione (*f.*), espressione (*f.*): *un — de la gracia divina*, un'emanazione della grazia divina.
efracción *s.f.* **1** effrazione **2** danneggiamento (*m.*), rottura.
efugio *s.m.* espediente, scappatoia (*f.*).
efundir *v.tr.* effondere.
efusión *s.f.* **1** spargimento (*m.*); effusione (*anche fis.*, *geol.*) **2** (*fig.*) effusione, espansività.
efusividad *s.f.* effusione, espansività.
efusivo *agg.* **1** (*geol.*) effusivo **2** (*fig.*) espansivo, caloroso, affettuoso.
égida *s.f.* **1** (*lett.*) egida, scudo (*m.*) **2** (*fig.*) egida, protezione | *bajo la — de*, sotto l'egida di.
egipcíaco *agg.*, *s.m.* egiziano.
egipcio *agg.*, *s.m.* egiziano; (*st.*) egizio.
egiptología *s.f.* egittologia.
egiptológico *agg.* egittologico.
egiptólogo *s.m.* egittologo.
égloga *s.f.* (*lett.*) egloga.
ego *s.m.* (*psic.*) ego.
egocéntrico *s.m.*, *agg.* egocentrico.
egocentrismo *s.m.* egocentrismo.
egoísmo *s.m.* egoismo.
egoísta *agg.*, *s.m.* egoista (*m./f.*).
egotismo *s.m.* egotismo.

egotista *s.m./f.*, *agg.* egotista.
egregio *agg.* egregio, insigne, illustre.
egresado *s.m.* (*Amer.*) **1** diplomato **2** laureato.
egreso *s.m.* **1** (*comm.*) uscita (*f.*), passivo: *ingresos y egresos*, entrate e uscite **2** (*Amer.*) laurea (*f.*).
eje *s.m.* **1** (*anche mat.*, *fis.*) asse | (*st.*) *Eje Roma-Berlín*, Asse Roma-Berlino | — *de coordenadas*, asse cartesiano | — *de las abscisas*, asse delle ascisse | — *de la calle*, asse stradale | — *de rotación*, asse di rotazione | — *de simetría*, asse di simmetria | (*fam.*) *partir a alguien por el* —, fare a pezzi, smontare qlcu. **2** (*mecc.*) albero di trasmissione **3** (*fig.*) perno, fulcro: *la guerra civil es el — central de la novela*, la guerra civile è il fulcro del romanzo.
ejecución *s.f.* **1** esecuzione, attuazione | *poner en* —, dare corso, avviare **2** (*dir.*) confisca, sequestro (*m.*) di beni.
ejecutabilidad *s.f.* esecutorietà.
ejecutable *agg.* **1** (*anche inform.*) eseguibile **2** (*dir.*) perseguibile.
ejecutante *s.m./f.* **1** (*anche dir.*) esecutore **2** (*mus.*) esecutore, interprete.
ejecutar *v.tr.* **1** eseguire, realizzare **2** (*dir.*) giustiziare **3** (*mus.*) eseguire, interpretare **4** (*inform.*) scaricare, effettuare il download.
ejecutivo *agg.* esecutivo: *poder* —, potere esecutivo ♦ *s.m.* **1** dirigente, manager (*m./f.*) **2** (*pol.*) esecutivo, governo.
ejecutor (*f.* -*a*) *s.m.* esecutore.
ejecutoriedad *s.f.* (*dir.*) esecutorietà.
ejecutorio *agg.* (*anche dir.*) esecutivo, esecutorio.
ejem *inter.* ehm!
ejemplar *agg.* esemplare: *vida* —, vita esemplare; *castigo* —, castigo esemplare | *sin* —, senza pari ♦ *s.m.* **1** (*di libro, dipinto*) copia (*f.*) **2** (*di animale, di minerale*) esemplare: *un — de caimán*, un esemplare di caimano.
ejemplaridad *s.f.* esemplarità.
ejemplarizador *agg.* esemplificativo: *un caso* —, un caso esemplificativo.
ejemplarizar (*con. come* cazar) *v.tr.* fare da modello, edificare.
ejemplificación *s.f.* esemplificazione.
ejemplificar (*con. come* pescar) *v.tr.* esemplificare.
ejemplo *s.m.* esempio, modello: *por* —, per esempio; *poner de* —, portare ad esempio.
ejercer (*con. come* vencer) *v.tr.* **1** (*una professione*) praticare, esercitare: *es abogado pero no ejerce*, è avvocato ma non esercita; *ejerce de doctor*, lavora come dottore **2** (*un diritto, l'autorità*) esercitare; far valere (*anche fig.*): *ejercía su autoridad sobre el pueblo*, esercitava la sua autorità sul popolo.
ejercicio *s.m.* **1** esercizio, allenamento: — *gramatical*, esercizio grammaticale **2** (*movimento fisico*) esercizio, moto **3** (*comm.*) esercizio, gestione (*f.*): *el nuevo* —, la nuova gestione | — *contable*, esercizio contabile **4** (*di professione, attività*) esercizio, pratica (*f.*): — *del voluntariado*, pratica del volontariato.
ejercitación *s.f.* esercitazione, allenamento (*m.*).
ejercitar *v.tr.* **1** (*anche fig.*) esercitare: — *la musculatura*, esercitare i muscoli; — *un derecho*, esercitare un diritto **2** praticare, dedicarsi a ♦ **-se** *v.pron.* esercitarsi, allenarsi: — *regularmente con un compañero*, esercitarsi regolarmente con un compagno.
ejército *s.m.* (*anche fig.*) esercito.
ejido *s.m.* terreno demaniale da pascolo.
el (*pl.* los; *f.* la, *pl.* las; *sostituisce* la *davanti a s.f. che inizia per* a, ha *con accento tonico o grafico*) *art.det.m.* il, lo: — *gato*, il gatto; — *amigo*, l'amico; — *agua*, l'acqua; — *águila*, l'aquila; — *hada*, la fata
■ ***el que***, colui che, chi | ***el de***, quello: *me gusta — de la izquierda*, mi piace quello a sinistra.
él (*pl.* ellos) *pron.pers.* *3ª pers.sing.m.* **1** (*sogg.*) egli, lui: — *dice que sí*, lui dice di sì **2** (*compl. preceduto da prep.*) lui: *voy con* —, vado con lui; *a — no le digas nada*, a lui non dire niente.
elaborable *agg.* elaborabile.
elaboración *s.f.* elaborazione.
elaborado *agg.* **1** elaborato **2** industriale: *producto* —, prodotto industriale.
elaborador *s.m.* elaboratore.
elaborar *v.tr.* **1** elaborare; produrre: *la glándula elabora hormonas*, la ghiandola produce ormoni **2** trattare, elaborare: *la esmeralda se elabora a partir del mineral en bruto*, lo smeraldo si ricava a partire dal minerale grezzo **3** creare, progettare, elaborare: — *una estrategia de marketing*, elaborare una strategia di marketing.
elación *s.f.* **1** (*di spirito*) elevazione, grandezza **2** alterigia, magniloquenza.
elamita *agg.*, *s.m./f.* (*geogr.*) elamita.
elasticidad *s.f.* (*anche fig.*) elasticità.
elástico *agg.* elastico, duttile (*anche fig.*): *horario* —, orario flessibile | (*sport*) *cama elástica*, tappeto elastico | *goma elástica*, caucciù ♦ *s.m.* nastro, tessuto elastico.
elativo *agg.*, *s.m.* (*gramm.*) elativo.
ele *s.f.* (*lettera dell'alfabeto*) elle.
eleático *agg.*, *s.m.* (*geogr.*) eleatico.
eleatismo *s.m.* (*filos.*) eleatismo.
eléboro *s.m.* (*bot.*) elleboro.
elección *s.f.* **1** (*spec. pol.*) elezione | *elecciones autonómicas*, elezioni amministrative | *elecciones generales*, elezioni politiche

2 scelta, alternativa: *no hay* —, non c'è alternativa.
electivo *agg.* elettivo.
electo *agg., s.m.* eletto.
elector (*f. -a*) *s.m., agg.* elettore.
electorado *s.m.* elettorato.
electoral *agg.* elettorale | *distrito* —, circoscrizione.
electoralismo *s.m.* (*pol.*) elettoralismo.
electoralista *agg.* (*pol.*) elettoralista.
electricidad *s.f.* elettricità, corrente.
electricista *s.m./f.* elettricista.
eléctrico *agg.* elettrico: *cable* —, cavo elettrico | *silla eléctrica*, sedia elettrica | *central eléctrica*, centrale elettrica | *corriente eléctrica*, corrente elettrica | *arco* —, arco voltaico.
electrificación *s.f.* elettrificazione: *la — de un campo*, l'elettrificazione di un campo.
electrificar (*con. come* pescar) *v.tr.* elettrificare.
electrizable *agg.* elettrizzabile.
electrización *s.f.* elettrizzazione.
electrizador *agg.* elettrizzatore.
electrizante *agg.* (*anche fig.*) elettrizzante: *un encuentro* —, un incontro elettrizzante.
electrizar (*con. come* cazar) *v.tr.* elettrizzare.
electro *s.m.* (*lega*) elettro.
electroacústica *s.f.* (*fis.*) elettroacustica.
electroacústico *agg.* (*fis.*) elettroacustico.
electrocardiografía *s.f.* (*med.*) elettrocardiografia.
electrocardiográfico *agg.* (*med.*) elettrocardiografico.
electrocardiógrafo *s.m.* (*med.*) elettrocardiografo.
electrocardiograma *s.m.* (*med.*) elettrocardiogramma.
electrochoque *s.m.* (*med.*) elettroshock.
electrocinética *s.f.* (*fis.*) elettrocinetica.
electrocirugía *s.f.* (*chir.*) elettrochirurgia.
electrocutar *v.tr.* fulminare, uccidere con una scossa elettrica ♦ **-se** *v.pron.* fulminarsi, rimanere fulminato: *se electrocutó accidentalmente*, rimase fulminato accidentalmente.
electrodinámica *s.f.* (*fis.*) elettrodinamica.
electrodinámico *agg.* (*fis.*) elettrodinamico.
electrodo *s.m.* (*fis.*) elettrodo.
electrodoméstico *agg., s.m.* elettrodomestico.
electroencefalografía *s.f.* (*med.*) elettroencefalografia.
electroencefalográfico *agg.* (*med.*) elettroencefalografico.
electroencefalógrafo *s.m.* (*med.*) elettroencefalografo.
electroencefalograma *s.m.* (*med.*) elettroencefalogramma | — *plano*, elettroencefalogramma piatto.
electroforesis *s.f.* (*chim., fis.*) elettroforesi.
electroimán *s.m.* (*fis.*) elettrocalamita (*f.*).
electrólisis *s.f.* (*chim.*) elettrolisi.
electrolítico *agg.* (*chim.*) elettrolitico.
electrólito *s.m.* (*chim.*) elettrolito.
electroluminiscencia *s.f.* (*fis.*) elettroluminescenza.
electromagnético *agg.* (*fis.*) elettromagnetico.
electromagnetismo *s.m.* (*fis.*) elettromagnetismo.
electromecánica *s.f.* elettromeccanica.
electromédico *agg.* (*med.*) elettromedicale.
electrometalurgia *s.f.* (*metall.*) elettrometallurgia.
electrometalúrgico *agg.* (*metall.*) elettrometallurgico.
electromiografía *s.f.* (*med.*) elettromiografia.
electromotriz (*pl.* -ces) *s.f.* (*ferr.*) elettromotrice.
electrón *s.m.* (*fis.*) elettrone.
electronegativo *agg.* (*chim.*) elettronegativo.
electrónica *s.f.* elettronica.
electrónico *agg.* elettronico | *correo* —, posta elettronica | *música electrónica*, musica elettronica.
electronvoltio *s.m.* (*fis.*) elettronvolt.
electropositivo *agg.* (*chim.*) elettropositivo.
electroquímica *s.f.* elettrochimica.
electroquímico *agg.* elettrochimico.
electroscopio *s.m.* (*fis.*) elettroscopio.
electrostática *s.f.* (*fis.*) elettrostatica.
electrostático *agg.* (*fis.*) elettrostatico.
electrotecnia, electrotécnica *s.f.* (*fis.*) elettrotecnica.
electrotécnico *agg.* (*fis.*) elettrotecnico.
electrotermia *s.f.* (*fis.*) elettrotermia.
electrotérmico *agg.* (*fis.*) elettrotermico.
elefancíaco *agg., s.m.* (*med.*) elefantisiaco.
elefanta *s.f.* (*zool.*) elefantessa.
elefante *s.m.* (*zool.*) elefante | — *marino*, elefante marino | (*fig.*) *ser un — blanco*, essere costoso da mantenere e inutile.
elefantiásico *agg., s.m.* (*med.*) elefantisiaco.
elefantiasis *s.f.* (*med.*) elefantiasi.
elefantino *agg.* elefantesco.
elegancia *s.f.* eleganza, leggiadria.
elegante *agg.* elegante, signorile: *modales elegantes*, modi raffinati.
elegía *s.f.* (*lett.*) elegia.
elegíaco *agg.* (*lett., fig.*) elegiaco.
elegibilidad *s.f.* eleggibilità.
elegible *agg.* eleggibile.
elegido *s.m.* (*relig.*) eletto.
elegir (*con. come* corregir) *v.tr.* **1** scegliere **2** (*spec. pol.*) eleggere, nominare: *lo eligieron por mayoría*, lo elessero a maggioranza.
elemental *agg.* **1** fondamentale, basilare | *color* —, colore primario | *física* —, fisica elementare **2** elementare, semplice, ovvio.
elementalidad *s.f.* elementarità.
elemento *s.m.* **1** elemento | *estar en su*

—, trovarsi nel proprio elemento/a proprio agio **2** (*edil.*) componente (di una struttura) **3** (*pl.*) principi, fondamenti: *los elementos de la química*, i principi della chimica **4** (*pl.*) mezzi, risorse (*f.*): *una vida de muy pocos elementos*, una vita di scarso tenore/di pochi mezzi.
elenco *s.m.* **1** catalogo, lista (*f.*), elenco: — *de abreviaturas*, lista delle abbreviazioni **2** gruppo, organico **3** (*teatr.*) compagnia (*f.*), cast: — *universitario*, compagnia teatrale universitaria.
elepé *s.m.* (*mus.*) ellepì.
eleusino *agg.*, *s.m.* eleusino.
elevación *s.f.* **1** elevazione (*anche fig.*, *mat.*) | (*mat.*) — *de un número a potencia*, elevazione di un numero alla potenza | — *de sentimientos*, nobiltà di sentimenti **2** aumento (*m.*), rialzo (*m.*) | — *de las aguas*, innalzamento delle acque **3** (*geogr.*) altura, rilievo (*m.*) **4** promozione a un'alta carica: — *de un cardenal al solio pontificio*, elevazione di un cardinale al soglio pontificio **5** (*relig.*) elevazione (dell'ostia).
elevado *agg.* **1** elevato, alto, sollevato **2** (*fig.*) nobile, alto, elevato: *estilo* —, stile elevato.
elevador *agg.* elevatore | *músculo* —, muscolo elevatore ♦ *s.m.* (*Amer.*) ascensore, montacarichi | — *eléctrico*, elevatore elettrico.
elevalunas *s.m.* (*aut.*) alzacristalli.
elevar *v.tr.* **1** elevare (*anche mat.*), alzare; innalzare **2** promuovere: *lo elevaron a gerente de la empresa*, lo promossero dirigente dell'azienda.
elfo *s.m.* elfo.
elidir *v.tr.* (*gramm.*) elidere.
eliminable *agg.* eliminabile.
eliminación *s.f.* eliminazione.
eliminar *v.tr.* **1** eliminare **2** (*med.*) espellere: — *toxinas*, eliminare tossine **3** (*fig.*) uccidere, far fuori.
eliminatoria *s.f.* (*sport*) eliminatoria.
eliminatorio *agg.* eliminatorio.
elipse *s.f.* (*geom.*) ellisse.
elipsis *s.f.* (*gramm.*) ellissi.
elipsógrafo *s.m.* ellissografo.
elipsoidal *agg.* (*geom.*) ellissoidale.
elipsoide *s.m.* (*geom.*) ellissoide.
elíptico *agg.* ellittico.
elíseo *agg.*, *s.m.* elisio, eliso | *Campos Elíseos*, Campi Elisi.
elisión *s.f.* (*gramm.*) elisione.
elite, élite *s.f.* élite.
elitismo *s.m.* elitarismo.
elitista *agg.*, *s.m./f.* elitario (*m.*).
elixir *s.m.* (*anche fig.*) elisir.
ella *pron.pers. di 3ª pers.sing.f.* **1** (*sogg.*) ella, lei **2** (*compl. preceduto da prep.*) lei | *¡allá —!*, sono fatti suoi (di lei), che si arrangi (lei)!
elle *s.f.* (*lettera dell'alfabeto*) doppia elle.
ello *pron.pers.neutro* ciò, questa cosa: *no se hable más de* —, non se ne parli più | *por* —, perciò | — *es que*, fatto sta che | *¡a —!*, diamoci da fare!
elocución *s.f.* elocuzione.
elocuencia *s.f.* **1** eloquenza **2** (*fig.*) chiarezza, espressività.
elocuente *agg.* **1** eloquente **2** (*fig.*) significativo, eloquente, chiaro.
elogiable *agg.* lodevole: *lo que haces es* —, quello che fai è lodevole.
elogiador *agg.* elogiativo.
elogiar *v.tr.* elogiare, lodare.
elogio *s.m.* elogio.
elogioso *agg.* elogiativo, lodativo.
elongación *s.f.* (*med.*) stiramento (*m.*).
elucidación *s.f.* delucidazione.
elucidar *v.tr.* delucidare.
elucubración *s.f.* elucubrazione.
elucubrar *v.intr.* elucubrare.
eludible *agg.* eludibile.
eludir *v.tr.* **1** eludere, sfuggire a, sottrarsi a **2** declinare, rifiutare: *eludió la invitación*, declinò l'invito.
elusión *s.f.* elusione.
elusivo *agg.* elusivo.
elzeviriano *agg.* (*editoria*) elzeviriano.
elzevirio *s.m.* (*editoria*) elzeviro.
emaciación *s.f.* (*med.*) emaciazione.
emanación *s.f.* emanazione.
emanantismo *s.m.* (*relig.*) emanantismo.
emanantista *agg.* (*relig.*) emanantista.
emanar *v.intr.* derivare, provenire: *todos los problemas emanan de aquel error*, tutti i problemi derivano da quell'errore ♦ *v.tr.* emanare, emettere, liberare.
emancipación *s.f.* emancipazione.
emancipador *agg.* emancipatore.
emancipar *v.tr.* emancipare, liberare.
emascular *v.tr.* evirare.
embabiamiento *s.m.* (*fam.*) stordimento, rimbambimento.
embadurnar *v.tr.* **1** ungere; macchiare **2** (*spreg.*) imbrattare.
embajada *s.f.* **1** (*pol.*) ambasciata **2** messaggio (*m.*) **3** (*fam.*) pretesa: *me vino con una — de las suyas*, arrivò con una delle sue pretese.
embajador (*f.* -a) *s.m.* **1** ambasciatore **2** (*usato estensivamente*) messaggero.
embalador *s.m.* imballatore.
embalaje *s.m.* imballaggio | *gastos de* — costi d'imballaggio.
embalar *v.tr.* imballare ♦ **-se** *v.pron.* schizzare, filare via, partire in quarta (*anche fig.*): *el coche se embalò*, la macchina schizzò via.

embaldosado *s.m.* **1** pavimento piastrellato **2** (*edil.*) piastrellamento.
embaldosar *v.tr.* (*edil.*) piastrellare.
embalsamador *s.m.* imbalsamatore.
embalsamamiento *s.m.* imbalsamazione.
embalsamar *v.tr.* **1** imbalsamare **2** (*fig.*) aromatizzare, profumare.
embalsar *v.intr.* **1** stagnare, ristagnare **2** raccogliere in un bacino.
embalse *s.m.* **1** ristagno d'acqua **2** (*tecn.*, *geogr.*) bacino, lago artificiale.
embalumar *v.tr.* oberare, caricare ♦ **-se** *v.pron.* (*fig.*) caricarsi di problemi.
embarazada *agg.* incinta, gravida ♦ *s.f.* gestante.
embarazar (*con. come* cazar) *v.tr.* **1** disturbare, intralciare, essere d'impiccio **2** (*fig.*) mettere in imbarazzo, imbarazzare **3** mettere incinta.
embarazo *s.m.* **1** impiccio, impedimento, intralcio | — *gástrico*, indigestione **2** gravidanza (*f.*) **3** (*fig.*) imbarazzo.
embarazoso *agg.* imbarazzante, scomodo.
embarcación *s.f.* **1** imbarcazione, barca **2** imbarco (*m.*).
embarcadero *s.m.* imbarcadero.
embarcar (*con. come* pescar) *v.tr.* imbarcare ♦ **-se** *v.pron.* imbarcarsi (*anche fig.*): *siempre se embarca en empresas fuera de su alcance*, si imbarca sempre in imprese fuori dalla sua portata.
embarco *s.m.* **1** (*mar.*) imbarco **2** (*fig.*) impegno, partecipazione (*f.*).
embargable *agg.* (*dir.*) pignorabile: *bienes embargables*, beni pignorabili.
embargador *s.m.* (*dir.*) pignorante.
embargar (*con. come* llegar) *v.tr.* **1** (*dir.*) pignorare, sequestrare: — *unos bienes*, sequestrare dei beni **2** (*fig.*) riempire, invadere **3** occupare, intralciare, impedire: — *negociaciones*, impedire delle trattative ♦ **-se** *v.pron.* astrarsi, essere assente, assorto.
embargo *s.m.* **1** (*mar.*, *pol.*) embargo **2** (*dir.*) sequestro **3** (*fig.*) impaccio | — *de estómago*, indigestione
■ ***sin embargo***, nonostante, tuttavia.
embarnizadura *s.f.* verniciatura.
embarque *s.m.* imbarco | (*aer.*) *tarjeta de* —, carta d'imbarco.
embarrado *s.m.* intonaco di fango.
embarrancar (*con. come* pescar) *v.intr.* (*mar.*) incagliare ♦ **-se** *v.pron.* (*mar.*, *fig.*) incagliarsi, bloccarsi, arenarsi: *se embarrancó en un detalle*, si arenò su un dettaglio.
embarrilar *v.tr.* imbarilare.
embarullador (*f.* *-a*) *agg.*, *s.m.* pasticcione, confusionario.
embarullar *v.tr.* confondere, mettere in disordine, ingarbugliare: — *colores*, mischiare colori; — *una disputa*, ingarbugliare una disputa ♦ **-se** *v.pron.* imbrogliarsi, confondersi.
embastar *v.tr.* imbastire.
embaste *s.m.* imbastitura (*f.*).
embate *s.m.* **1** urto, ondata (*f.*) (*anche fig.*): *los embates del océano contra los arrecifes*, le ondate dell'oceano contro la scogliera; *el gobierno resiste a los embates de la crisis económica*, il governo resiste ai colpi della crisi economica | — *de rabia*, ondata di rabbia **2** assalto, scontro: *el boxeador noqueó a su adversario al segundo* —, il pugile mandò K.O. il suo avversario al secondo attacco.
embaucador (*f.* *-a*) *agg.*, *s.m.* imbroglione, raggiratore | *vendedor* —, venditore imbroglione.
embaucamiento *s.m.* imbroglio, truffa (*f.*).
embaucar (*con. come* pescar) *v.tr.* ingannare, imbrogliare, gabbare.
embaulado *agg.* stipato, pigiato, pressato.
embaular *v.tr.* **1** mettere in un baule **2** (*fig.*) stipare **3** (*cibo*) ingerire, ingurgitare: *comenzó a — en el estómago*, cominciò a ingurgitare.
embazar (*con. come* cazar) *v.tr.* **1** sorprendere, meravigliare **2** paralizzare, bloccare, impedire: — *la comprensión del asunto*, impedire la comprensione della questione ♦ **-se** *v.pron.* bloccarsi.
embeber *v.tr.* inzuppare, impregnare; imbeversi di, assorbire: *esta esponja embebe mucha agua*, questa spugna assorbe molta acqua ♦ *v.intr.* restringere, diminuire: *este tejido embebe*, questo tessuto si restringe ♦ **-se** *v.pron.* **1** (*fig.*) sprofondare, immergersi: *—en la lectura*, sprofondare nella lettura **2** (*fig.*) imbeversi, impregnarsi: *—de la filosofía de Platón*, impregnarsi della filosofia di Platone.
embelecar (*con. come* pescar) *v.tr.* ingannare, truffare.
embeleco *s.m.* truffa (*f.*), raggiro.
embelesamiento *s.m.* incanto, rapimento.
embelesar *v.tr.* affascinare, incantare, estasiare ♦ **-se** *v.pron.* restare incantato, estasiato.
embeleso *s.m.* incanto, estasi (*f.*).
embellecedor *agg.* che abbellisce ♦ *s.m.* (*aut.*) cerchio, cerchione.
embellecer (*con. come* agradecer) *v.tr.* abbellire.
embellecimiento *s.m.* abbellimento.
embermejecer (*con. come* agradecer) *v.tr.* **1** rendere vermiglio **2** (*fig.*) fare arrossire: *su ineptitud le embermejeció*, la sua inettitudine lo fece arrossire ♦ *v.intr.* diventare rosso; arrossare ♦ **-se** *v.pron.* arrossire: *se embermejeció por la vergüenza*, arrossì per la vergogna.
embestida *s.f.* **1** urto (*m.*), carica, assalto (*m.*) **2** (*del toro*) attacco (*m.*), cornata.

embestir (*con. come* servir) *v.tr.* **1** (*di toro, anche mil.*) caricare: *el toro embistió al torero*, il toro caricò il torero; *con su caballería embistió la del enemigo*, con la sua cavalleria caricò quella del nemico **2** colpire, urtare, investire: *el viento nos embestía por la proa*, il vento ci investiva da prua ♦ *v.intr.* **1** (*di toro*) caricare **2** (*anche fig.*) sbattere: *el coche embistió contra la pared*, l'auto sbatté contro il muro.
embetunar *v.tr.* **1** incatramare **2** (*scarpe*) lucidare.
emblandecer (*con. come* agradecer) *v.tr.* ammorbidire, blandire ♦ **-se** *v.pron.* commuoversi, ammorbidirsi, intenerirsi.
emblanquecer (*con. come* agradecer) *v.tr.* imbiancare.
emblanquecimiento *s.m.* imbiancamento.
emblema *s.m.* emblema.
emblemático *agg.* emblematico.
embobado *agg.* stordito, intontito.
embobamiento *s.m.* stordimento, meraviglia (*f.*), imbambolamento.
embobar *v.tr.* sbalordire, stupire, incantare; rimbecillire: *la tele te emboba*, la televisione ti rimbecillisce.
embobecer (*con. come* agradecer) *v.tr.* rimbecillire, istupidire.
embocadura *s.f.* **1** imboccatura, imbocco (*m.*) **2** (*di vino*) aroma (*m.*), bouquet (*m.*) **3** (*di strumento musicale*) bocchino (*m.*) **4** (*teatr.*) boccascena (*m.*) **5** (*di cavallo*) morso (*m.*) del freno.
embocar (*con. come* pescar) *v.tr.* **1** imboccare **2** (*strada*) prendere, imboccare: — *la tercera calle*, imboccare la terza strada **3** (*sport*) infilare: — *el golpe*, centrare il colpo **4** (*fam.*) spacciare, rifilare ♦ **-se** *v.pron.* infilarsi.
embolar *v.tr.* **1** (*tauromachia*) infilare palle di legno alle corna del toro **2** (*scarpe*) passare il lucido da scarpe.
embolia *s.f.* (*med.*) embolia.
émbolo *s.m.* (*tecn., med.*) embolo.
embolsar *v.tr.* **1** mettere in borsa **2** (*denaro*) riscuotere, intascare.
embolso *s.m.* incasso.
embonar *v.tr.* migliorare.
emboque *s.m.* **1** imbocco **2** (*fam.*) storia (*f.*), fola (*f.*), frottola (*f.*).
emboquillar *v.tr.* (*sigaretta*) mettere il filtro.
emborrachamiento *s.m.* sbronza (*f.*), ubriacatura (*f.*).
emborrachar *v.tr.* **1** ubriacare **2** (*fig.*) stordire ♦ **-se** *v.pron.* **1** ubriacarsi **2** (*dei colori di un tessuto*) mescolarsi.
emborrascar (*con. come* pescar) *v.tr.* innervosire, irritare, provocare: — *a las muchedumbres*, provocare le moltitudini ♦ **-se** *v.pron.* **1** (*meteor.*) farsi burrascoso **2** (*fig.*) andare in fumo, fallire **3** (*Amer., miniere*) esaurirsi: *oímos decir que las minas se emborrascan*, sentiamo dire che le miniere si esauriscono.
emborricarse (*con. come* pescar) *v.pron.* **1** restare basito **2** (*fig., fam.*) innamorarsi, prendersi una cotta.
emborronar *v.tr.* scarabocchiare.
emboscada *s.f.* imboscata, agguato (*m.*), trappola (*anche fig.*) | *tender una* —, fare un'imboscata.
emboscado *s.m.* (*mil.*) imboscato.
emboscadura *s.f.* imboscamento (*m.*).
emboscar (*con. come* pescar) *v.tr.* nascondere, occultare, imboscare ♦ **-se** *v.pron.* **1** (*anche fig.*) imboscarsi **2** stare in agguato.
embosquecer (*con. come* agradecer) *v.intr.* imboschire.
embotamiento *s.m.* oscuramento, obnubilamento, intorpidimento.
embotar *v.tr.* **1** arrotondare, smussare **2** (*fig.*) ottundere, obnubilare, confondere: *hacer que la mente se embote*, far sì che la mente si confonda ♦ **-se** *v.pron.* confondersi.
embotellado *s.m.* imbottigliamento.
embotellador *s.m.* imbottigliatore.
embotelladora *s.f.* (*macchina*) imbottigliatrice.
embotellamiento *s.m.* **1** imbottigliamento **2** (*fig.*) imbottigliamento, ingorgo.
embotellar *v.tr.* **1** imbottigliare **2** (*fig.*) ostruire; immobilizzare **3** (*il traffico*) ingorgare **4** accerchiare ♦ **-se** *v.pron.* ostruirsi, ingorgarsi.
embozar (*con. come* cazar) *v.tr.* **1** (*anche fig.*) coprire, celare: *embozó sus orejas con una almohada*, si coprì le orecchie con un cuscino **2** rimboccare.
embozo *s.m.* **1** velo | *quitarse el* —, calare la maschera **2** (*di lenzuolo*) rimboccatura (*f.*) **3** (*fig.*) riserbo, reticenza (*f.*).
embragar (*con. come* llegar) *v.tr.* **1** (*con cinghie o cavi*) imbracare **2** (*aut.*) innestare la frizione.
embrague *s.m.* **1** imbracatura (*f.*) **2** (*aut.*) frizione (*f.*) **3** (*mecc.*) innesto.
embravecerse (*con. come* agradecer) *v.pron.* **1** irritarsi, inferocirsi (*anche fig.*): *se embraveciò con su hermano*, si irritò con suo fratello **2** (*del mare, della tempesta*) agitarsi, infuriarsi: *el mar se embravece*, il mare si agita **3** (*bot.*) irrobustirsi, rafforzarsi: *las ramas se embravecieron*, i rami si sono irrobustiti.
embravecimiento *s.m.* furore, impeto.
embrazadura *s.f.* imbracciatura.
embrazar (*con. come* cazar) *v.tr.* imbracciare: — *la lanza*, imbracciare la lancia.
embregarse (*con. come* llegar) *v.pron.* fare rissa, attaccare briga.

embriagador *agg.* (*anche fig.*) che ubriaca, inebriante.
embriagar (*con. come* llegar) *v.tr.* **1** ubriacare **2** (*fig.*) inebriare: *el perfume de las rosas embriagaba*, il profumo delle rose inebriava ♦ **-se** *v.pron.* ubriacarsi.
embriaguez *s.f.* **1** ubriachezza **2** stordimento (*m.*), ebbrezza, inebriamento (*m.*).
embridar *v.tr.* (*anche fig.*) imbrigliare, trattenere, frenare.
embriogenia *s.f.* (*biol.*) embriogenesi.
embriogénico *agg.* (*biol.*) embriogenico.
embriología *s.f.* (*biol.*) embriologia.
embriológico *agg.* (*biol.*) embriologico.
embrión *s.m.* embrione | *en —*, allo stato embrionale.
embrionario *agg.* embrionale | *estado —*, stato embrionale.
embrocar (*con. come* pescar) *v.tr.* travasare.
embrollado *agg.* imbrogliato.
embrollar *v.tr.* **1** ingarbugliare **2** (*fig.*) confondere: *— las ideas*, confondere le idee | *— una situación*, ingarbugliare una situazione **3** imbrogliare, raggirare.
embrollo *s.m.* **1** garbuglio, intrico **2** (*fig.*) pasticcio, confusione (*f.*) **3** imbroglio, raggiro.
embromado *agg.* (*Amer.*) **1** fastidioso, noioso: *un dolor —*, un dolore fastidioso **2** arduo, difficile.
embromador *agg.*, *s.m.* dileggiante, canzonatorio.
embromar *v.tr.* **1** confondere **2** schernire, prendere in giro, beffare: *no se atreve a embromarte*, non osa prenderti in giro **3** (*Amer.*) infastidire **4** (*Amer.*) trattenere.
embrujamiento *s.m.* **1** incantamento, incanto **2** fascino.
embrujar *v.tr.* stregare, ammaliare.
embrujo *s.m.* **1** magia (*f.*), incantamento **2** fascino.
embrutecedor *agg.* abbrutente.
embrutecer (*con. come* agradecer) *v.tr.* abbrutire ♦ **-se** *v.pron.* abbrutirsi.
embrutecimiento *s.m.* abbrutimento.
embuchado *s.m.* **1** (*cuc.*) insaccato **2** imbroglio, affare sospetto **3** (*fig.*) dissimulazione (*f.*) **4** (*teatr.*) battuta (*f.*) a soggetto.
embuchar *v.tr.* **1** insaccare (carne) **2** imbeccare (uccelli) ♦ **-se** *v.pron.* rimpinzarsi.
embudo *s.m.* **1** imbuto **2** cratere (prodotto da un'esplosione) **3** (*fig.*) imbroglio.
emburujar *v.tr.* raggomitolare, aggrovigliare.
embuste *s.m.* **1** fandonia (*f.*), frottola (*f.*) **2** (*pl.*) patacche (*f.*).
embustero *agg.*, *s.m.* bugiardo, falso.
embutido *agg.* insaccato ♦ *s.m.* **1** intarsio **2** (*Amer.*) tramezzo (di merletto o stoffa) **3** (*spec. pl.*, *cuc.*) insaccati (*pl.*), salumi (*pl.*).
embutir *v.tr.* **1** (*anche fig.*) imbottire, riempire: *— la cabeza y los ojos con imágenes*, riempire la testa e gli occhi di immagini **2** (*tecn.*) intarsiare **3** (*cuc.*) insaccare: *— carnes de cerdo*, insaccare carni di maiale ♦ **-se** *v.pron.* rimpinzarsi, ingozzarsi.
eme *s.f.* (*lettera dell'alfabeto*) emme.
emergencia *s.f.* **1** emergenza | *salida de —*, uscita di sicurezza **2** imprevisto (*m.*): *no ha podido venir por una —*, non è potuto venire a causa di un imprevisto.
emergente *agg.* emergente.
emerger (*con. come* coger) *v.intr.* (*anche fig.*) emergere: *la isla emergió del océano*, l'isola emerse dall'oceano; *en su cuento el autor deja — su visión de la vida*, nel suo racconto l'autore lascia trasparire la sua visione della vita.
emérito *agg.* emerito.
emersión *s.f.* emersione.
emético *agg.*, *s.m.* (*farm.*) emetico.
emetina *s.f.* (*farm.*) emetina.
emigración *s.f.* emigrazione.
emigrado *s.m.*, *agg.* emigrato.
emigrante *agg.*, *s.m./f.* emigrante.
emigrar *v.intr.* **1** emigrare **2** (*zool.*) migrare.
emigratorio *agg.* migratorio: *flujo —*, flusso migratorio.
eminencia *s.f.* **1** (*anche relig.*) eminenza | *— gris*, eminenza grigia **2** (*anat.*) prominenza, protuberanza **3** (*fig.*) portento (*m.*), genio (*m.*) | *con —*, potenzialmente.
eminente *agg.* **1** prominente, alto **2** (*fig.*) eminente.
eminentísimo *agg.* (*anche relig.*) eminentissimo.
emir *s.m.* emiro.
emirato *s.m.* emirato.
emisario *s.m.* messaggero, mandatario, inviato ♦ *agg.* emissario: *río —*, fiume emissario.
emisión *s.f.* **1** (*anche econ.*) emissione: *— de gas*, emissione di gas; *— de obligaciones*, emissione di obbligazioni | *espectro de —*, spettro di emissione **2** (*radio*, *tv*) trasmissione: *la — de la tarde*, la trasmissione del pomeriggio.
emisor *agg.*, *s.m.* (*anche elettr.*) emittente.
emisora *s.f.* (*radio*, *tv*) emittente.
emitir *v.tr.* **1** emettere (*anche fig.*) | *— billetes*, emettere banconote | *— un juicio*, esprimere un giudizio **2** (*radio*, *tv*) trasmettere: *— un partido por televisión*, trasmettere una partita alla televisione **3** (*dir.*) emanare **4** (*moneta*) coniare.
emmental *s.m.* (*formaggio*) emmental.
emoción *s.f.* emozione, commozione.
emocionable *agg.* emozionabile.
emocional *agg.* emozionale.
emocionante *agg.* emozionante.

emocionar *v.tr.* emozionare, commuovere ♦ **-se** *v.pron.* emozionarsi, commuoversi.
emoliente *agg.*, *s.m.* (*farm.*) emolliente.
emolumento *s.m.* (*econ.*) emolumento.
emotividad *s.f.* emotività.
emotivo *agg.* emotivo, sensibile.
empacador *s.m.*, *agg.* impacchettatore.
empacadora *s.f.* (*tecn.*, *agr.*) imballatrice, impacchettatrice.
empacar (*con. come* pescar) *v.tr.* **1** (*tecn.*, *agr.*) imballare, impacchettare **2** (*Amer.*) fare le valigie.
empacarse (*con. come* pescar) *v.pron.* **1** avvilirsi, demoralizzarsi **2** intestardirsi, fissarsi; (*di animale*) impuntarsi: *un burro puede —*, un asino può impuntarsi.
empachado *agg.* impacciato.
empachar *v.tr.* **1** molestare, infastidire: *me empacha tanta televisión*, tanta televisione mi dà fastidio **2** (*di cibo*) appesantire **3** nascondere, celare, coprire ♦ **-se** *v.pron.* **1** fare indigestione **2** imbarazzarsi, impacciarsi.
empacho *s.m.* **1** imbarazzo, turbamento, impaccio; vergogna (*f.*) **2** indigestione (*f.*).
empachoso *agg.* **1** imbarazzante: *un asunto —*, una faccenda imbarazzante **2** (*di cibo*) indigesto **3** timido, vergognoso.
empadrarse *v.pron.* (*bambino*) attaccarsi eccessivamente ai propri genitori.
empadronamiento *s.m.* (*bur.*) iscrizione (*f.*) all'anagrafe.
empadronar *v.tr.* (*bur.*) iscrivere all'anagrafe ♦ **-se** *v.pron.* iscriversi all'anagrafe: *— en el Ayuntamiento*, iscriversi all'anagrafe del Comune.
empajar *v.tr.* impagliare.
empalagar (*con. come* llegar) *v.tr.* **1** stuccare, nauseare **2** (*fig.*) irritare, infastidire: *me empalaga su manera de hablar*, mi infastidisce la sua maniera di parlare.
empalago *s.m.* **1** stucchevolezza (*f.*) **2** (*fig.*) smanceria (*f.*), affettazione (*f.*)
empalagoso *agg.* **1** nauseante, stucchevole **2** (*fig.*) noioso, fastidioso.
empalamiento *s.m.* impalamento.
empalar *v.tr.* impalare.
empalidecer (*con. come* agradecer) *v.intr.* impallidire.
empalizada *s.f.* palizzata, staccionata.
empalizar (*con. come* cazar) *v.tr.* recintare con una palizzata.
empalmar *v.tr.* unire, collegare, congiungere: *— dos líneas*, collegare due linee ♦ *v.intr.* **1** (*ferr.*) essere in coincidenza con: *el autocar empalma con el tren*, la corriera fa coincidenza con il treno **2** succedere, seguire: *una opinión empalmaba con otra*, un'opinione seguiva l'altra ♦ **-se** *v.pron.* (*volg.*) arraparsi, infoiarsi.
empalme *s.m.* **1** incastro, giuntura (*f.*); (*mecc.*) innesto **2** (*ferr.*) coincidenza (*f.*) | *estación de —*, stazione di raccordo.
empanada *s.f.* **1** (*cuc.*) torta o focaccia salata ripiena di carne o pesce **2** (*fig.*) inganno (*m.*): *se han dado cuenta de sus empanadas*, si sono accorti dei suoi inganni | *— mental*, confusione mentale.
empanadilla *s.f.* (*cuc.*) panzerotto (*m.*).
empanar *v.tr.* impanare.
empañado *agg.* **1** (*di vetro*) appannato **2** (*di vista*, *voce*) offuscato, velato.
empañadura *s.f.* (*bambino*) fasce (*pl.*), fasciatura.
empañamiento *s.m.* **1** appannamento: *el — del espejo*, l'appannamento dello specchio **2** (*fig.*) offuscamento, oscuramento.
empandar *v.tr.* incurvare, inarcare ♦ **-se** *v.pron.* incurvarsi, inarcarsi.
empantanar *v.tr.* (*anche fig.*) impantanare, arenare ♦ **-se** *v.pron.* (*anche fig.*) impantanarsi.
empanzarse (*con. come* cazar) *v.pron.* ingozzarsi, rimpinzarsi.
empañar *v.tr.* **1** appannare **2** (*bambini*) fasciare, mettere i pannolini **3** macchiare, insudiciare (*anche fig.*): *— el honor de la familia*, macchiare l'onore della famiglia.
empapado *agg.* **1** impregnato, inzuppato **2** (*fig.*) imbevuto, intriso.
empapamiento *s.m.* imbibizione (*f.*).
empapar *v.tr.* inzuppare, impregnare; assorbire: *empapó el bizcocho de ron*, inzuppò il pandispagna nel rum ♦ **-se** *v.pron.* **1** imbeversi, impregnarsi **2** (*fig. idee*) assimilare: *— en la doctrina nacionalista*, assimilare la dottrina nazionalista **3** rendersi bene conto di qlco.: *para que te empapes*, tanto perché tu sappia.
empapelado *s.m.* (*parati*) tappezzeria (*f.*).
empapelador *s.m.* (*parati*) tappezziere.
empapelar *v.tr.* **1** incartare **2** (*parati*) tappezzare **3** (*fam.*) citare in giudizio.
empapuzar (*con. come* cazar) *v.tr.* (*fam.*) **1** ingozzare, riempire **2** (*uccelli*) mettere all'ingrasso ♦ **-se** *v.pron.* ingozzarsi, riempirsi.
empaque[1] *s.m.* impacco, incarto, imballaggio.
empaque[2] *s.m.* distinzione (*f.*); aspetto, presenza (*f.*): *la dueña de la casa tenía un — modesto y señoril*, la padrona di casa aveva un aspetto modesto e signorile.
empaquetado *s.m.* impacchettatura (*f.*), imballaggio.
empaquetador *s.m.* imballatore, impacchettatore.
empaquetadura *s.f.* (*mecc.*) guarnizione: *cambiar la —*, cambiare la guarnizione.
empaquetamiento *s.m.* impacchettamento.
empaquetar *v.tr.* **1** impacchettare, imbal-

lare **2** (*fig.*) ammucchiare, stipare **3** (*fam.*) punire, castigare ♦ **-se** *v.pron.* agghindarsi, farsi bello.
emparchar *v.tr.* rattoppare.
emparedado *agg.* recluso ♦ *s.m.* **1** tramezzino, panino imbottito **2** recluso.
emparedar *v.tr.* **1** murare **2** (*fig.*) imprigionare, incarcerare.
emparejamiento *s.m.* accoppiamento.
emparejar *v.tr.* **1** appaiare, accoppiare: — *las palabras de dos columnas*, accoppiare le parole di due colonne **2** livellare, pareggiare: *le echaron asfalto al bache para emparejarlo con la carretera*, hanno coperto il buco con l'asfalto per livellare la strada **3** (*porte, finestre*) socchiudere **4** (*zool.*) fare accoppiare: — *el ganado*, fare accoppiare il bestiame ♦ *v.intr.* (*anche fig.*) raggiungere: *se dirigió hacia el camino y emparejó con los campos*, si diresse lungo il sentiero e arrivò all'altezza dei campi ♦ **-se** *v.pron.* fare coppia: — *con un individuo cualquiera*, far coppia con un individuo qualunque.
emparrado *s.m.* **1** pergolato **2** (*pettinatura*) riporto.
emparrar *v.tr.* formare un pergolato.
emparentar (*con. come* acertar, *ma anche regolare*) *v.intr.* imparentarsi: — *con buena gente*, imparentarsi con brava gente.
empastador *s.m.* **1** (*Amer.*) rilegatore **2** (*pitt.*) pennello per impastare.
empastar *v.tr.* **1** coprire (di gesso, di intonaco ecc.): *empastó la pared con yeso*, rivestì la parete con il gesso **2** (*libri*) rilegare **3** (*denti*) otturare **4** (*pitt.*) impastare, stendere colore spesso su una tela.
empaste *s.m.* **1** impasto **2** (*med.*) otturazione (*f.*), amalgama.
empatar *v.intr.* **1** (*sport, gioco*) pareggiare **2** (*Amer.*) infilare, assicurare, collegare (*anche fig.*): — *dos cables*, collegare due cavi | — *embustes*, snocciolare bugie.
empate *s.m.* pareggio, patta (*f.*) | — *a cero*, pareggio zero a zero.
empatía *s.f.* empatia.
empático *agg.* empatico.
empavesado *s.m.* (*mar.*) pavese.
empavesar *v.tr.* (*anche mar.*) pavesare.
empavonar *v.tr.* dare l'antiruggine.
empecinado *agg.* intestardito, impuntato.
empecinamiento *s.m.* ostinazione (*f.*), testardaggine (*f.*).
empecinarse *v.pron.* intestardirsi, impuntarsi, ostinarsi.
empedernido *agg.* **1** incorreggibile, incallito, accanito: *un fumador* —, un fumatore incallito **2** (*fig.*) insensibile, duro.
empedrado *agg.* **1** (*di cavallo*) pomellato **2** (*di cielo*) nuvoloso, a pecorelle | *cielo —, suelo mojado*, cielo a pecorelle, acqua a catinelle ♦ *s.m.* lastricato, selciato.
empedrador *s.m.* selciatore.
empedramiento *s.m.* selciatura (*f.*).
empedrar *v.tr.* **1** lastricare **2** (*fig.*) riempire, ricoprire, infarcire: — *un texto de citas*, farcire un testo di citazioni.
empega *s.f.* **1** colla **2** (*bestiame*) marchiatura.
empegadura *s.f.* impeciatura.
empegar (*con. come* llegar) *v.tr.* **1** (*mar.*) impeciare **2** (*bestiame*) marchiare con la pece.
empeine[1] *s.m.* (*anat.*) collo del piede.
empeine[2] *s.m.* (*med.*) impetigine (*f.*).
empelechado *agg.* impiallacciato.
empelechador *s.m.* impiallacciatore.
empelechar *v.tr.* impiallacciare.
empellón *s.m.* spintone, urto.
empelotarse *v.pron.* (*volg.*) fare confusione, fare casino.
empenta *s.f.* sostegno (*m.*).
empeñado *agg.* **1** accanito, tenace **2** indebitato **3** (*fig.*) preso, impegnato, infervorato: — *en alcanzar la paz*, impegnato a raggiungere la pace.
empeñar *v.tr.* **1** impegnare, dare in pegno **2** (*mil.*) ingaggiare (battaglia) ♦ **-se** *v.pron.* **1** impegnarsi, dare la propria parola | — *con/de*, ostinarsi, incaponirsi affinché: *se empeña con que lo hagas tú*, si ostina perché lo faccia tu **2** indebitarsi: *se empeñó en mil euros*, si è indebitato per mille euro **3** garantire: *va a empeñarse por Juan*, garantirà per Juan.
empeño *s.m.* **1** pegno: *en* —, in pegno | *casa de empeños*, banco di pegni **2** (*fig.*) impegno, costanza (*f.*); volontà (*f.*): *trabaja con mucho* —, lavora con molto impegno **3** (*fam.*) aggancio, raccomandazione (*f.*).
empeoramiento *s.m.* peggioramento.
empeorar *v.tr./intr.* peggiorare.
empequeñecer (*con. come* agradecer) *v.tr.* **1** rimpicciolire; diminuire: — *los objetos*, rimpicciolire gli oggetti **2** (*fig.*) sminuire, screditare: *quieren — nuestra victoria*, vogliono sminuire la nostra vittoria ♦ **-se** *v.pron.* sminuirsi; sentirsi piccolo: *no te empequeñezcas*, non sminuirti.
empequeñecimiento *s.m.* rimpiccolimento, riduzione (*f.*).
emperador *s.m.* imperatore.
emperatriz (*pl.* -ces) *s.f.* imperatrice.
emperchado *s.m.* graticcio.
emperchar *v.tr.* appendere, agganciare.
emperejilar *v.tr.* acconciare, agghindare.
emperezar (*con. come* cazar) *v.intr.* divenire pigro, impigrirsi ♦ *v.tr.* posticipare, rinviare.
empergaminar *v.tr.* rivestire di pergamena.
emperifollado *agg.* ornato, agghindato.
emperifollar *v.tr.* agghindare.

empernar *v.tr.* imperniare.
empero *cong.* (*lett.*) eppure, tuttavia.
emperramiento *s.m.* accanimento, ostinazione (*f.*).
emperrarse *v.intr.* accanirsi, intestardirsi.
empezar (*con. come* tropezar) *v.tr.* cominciare, iniziare: — *un trabajo*, iniziare un lavoro ♦ *v.intr.* incominciare, cominciare: *la clase empezó a las 9*, la lezione incominciò alle 9; — *a llover*, incominciare a piovere | *para* —, tanto per cominciare | *por algo se empieza*, bisogna pur cominciare da qualche parte | *¡ya empezamos!*, rieccoci!, ci risiamo!
empicarse (*con. come* pescar) *v.pron.* (*fam.*) attaccarsi.
empiece *s.m.* (*fam.*) inizio.
empiezo *s.m.* (*Amer.*) principio, inizio: *al* —, da principio.
empiltrarse *v.pron.* (*volg.*) andare a letto.
empinada *s.f.* (*equitazione*) impennata.
empinado *agg.* ripido; erto, scosceso: *subir por una cuesta empinada*, salire per un pendio scosceso.
empinar *v.tr.* **1** alzare, sollevare | (*fam.*) — *el codo*, alzare il gomito **2** drizzare, raddrizzare ♦ **-se** *v.pron.* **1** sollevarsi sulla punta dei piedi **2** (*di cavallo*) impennarsi **3** (*di monti, paesi, alberi*) ergersi, svettare.
empíreo *s.m.*, *agg.* empireo.
empírico *agg.* (*filos.*) empirico.
empirismo *s.m.* (*filos.*) empirismo.
empirista *s.m./f.* (*filos.*) empirista.
empizarrar *v.tr.* (*edil.*) ricoprire con ardesia.
emplastar *v.tr.* **1** impiastrare, impiastricciare: — *las paredes de casa*, impiastrare le pareti di casa **2** (*fig.*) intralciare, impacciare ♦ **-se** *v.pron.* impiastricciarsi: — *la cara*, impiastricciarsi la faccia.
emplasto *s.m.* (*med.*) impiastro (*anche fig.*) | (*di persona*) *estar hecho un* —, essere debole e delicato.
emplazamiento *s.m.* **1** collocazione (*f.*), ubicazione (*f.*) **2** (*dir.*) comparizione (*f.*), citazione (*f.*).
emplazar (*con. come* cazar) *v.tr.* **1** collocare, situare **2** (*dir.*) citare in giudizio; fissare la data e il luogo di comparizione.
empleabilidad *s.f.* impiegabilità.
empleado *agg.*, *s.m.* impiegato | *empleada de hogar*, collaboratrice domestica.
emplear *v.tr.* **1** impiegare, dare lavoro **2** utilizzare, impiegare: — *un metodo nuevo*, impiegare un nuovo metodo **3** (*tempo*) passare: *emplea el día escribiendo*, passa la giornata scrivendo ♦ **-se** *v.pron.* impiegarsi: *se empleó de cocinero*, fu assunto come cuoco.
empleo *s.m.* **1** impiego, uso **2** lavoro **3** (*mil.*) grado.
emplomado *s.m.* impiombatura (*f.*).
emplomadura *s.f.* **1** piombatura **2** (*Amer.*, *denti*) otturazione.
emplomar *v.tr.* **1** impiombare **2** piombare, chiudere, sigillare **3** (*Amer.*, *denti*) otturare.
emplumar *v.tr.* **1** impiumare **2** (*fig.*) punire, castigare.
empobrecer (*con. come* agradecer) *v.tr.* impoverire, mandare in rovina: *la sequía empobrece a la población*, la siccità impoverisce la popolazione ♦ **-se** *v.pron.* impoverirsi, rovinarsi, decadere (*anche fig.*).
empobrecimiento *s.m.* impoverimento.
empolladura *s.f.* covata, incubazione.
empollar *v.tr.* **1** (*zool.*) covare **2** (*fam.*) studiare molto, sgobbare in vista degli esami.
empollón *s.m.* (*fam.*) secchione.
empolvar *v.tr.* impolverare ♦ **-se** *v.pron.* **1** impolverarsi **2** incipriarsi.
emponzoñamiento *s.m.* avvelenamento.
emponzoñar *v.tr.* **1** avvelenare **2** (*fig.*) sciupare, avvelenare, rovinare: *no quiero* — *mi vida con este asunto*, non voglio avvelenarmi la vita con questa faccenda.
emporcar (*con. come* trocar) *v.tr.* sporcare.
emporio *s.m.* **1** (*centro di commercio*) emporio **2** (*fig.*) centro, capitale (*f.*): — *de las artes*, capitale dell'arte.
emporrado *agg.* (*pop.*) fatto, fumato, drogato.
emporrarse *v.pron.* (*pop.*) farsi una canna.
empotrable *agg.* da incasso: *forno* —, forno da incasso.
empotrado *agg.* incassato: *armario* —, armadio a muro.
empotramiento *s.m.* (*falegnameria*) incasso.
empotrar *v.tr.* incassare nel muro o nel pavimento; incastrare: — *una lavadora*, incassare una lavatrice.
empozar (*con. come* cazar) *v.tr.* **1** mettere nel pozzo **2** (*tess.*) mettere a macerare: — *el lino*, macerare il lino ♦ *v.intr.* (*Amer.*) ristagnare ♦ **-se** *v.pron.* (*fig.*) impantanarsi, bloccarsi, arenarsi: — *en cuestiones metafísicas*, arenarsi in questioni metafisiche.
emprendedor *agg.* coraggioso, intraprendente ♦ *s.m.* imprenditore.
emprender *v.tr.* intraprendere, iniziare: *voy a* — *mi nueva actividad la semana que viene*, inizierò la mia nuova attività la settimana prossima | *emprenderla para el río*, avviarsi verso il fiume | *emprenderla a golpes*, prendere a botte | *emprenderla con alguien*, prendersela con qlcu.
empreñación *s.f.* (*biol.*) fecondazione.
empreñar *v.tr.* **1** mettere incinta **2** (*fam.*) molestare, disturbare ♦ **-se** *v.pron.* rimanere incinta.
empresa *s.f.* **1** impresa, opera **2** impresa,

ditta | — *de transportes*, azienda di trasporti | — *familiar*, azienda familiare.
empresariado *s.m.* imprenditoria (*f.*), classe (*f.*) imprenditoriale.
empresarial *agg.* imprenditoriale.
empresario *s.m.* **1** (*econ.*) imprenditore; titolare **2** (*mus.*, *teatr.*) impresario **3** (*edil.*) capomastro.
empréstito *s.m.* prestito pubblico.
empujar *v.tr.* **1** spingere **2** (*fig.*) incitare ♦ *v.intr.* darsi da fare, fare pressione, insistere, brigare: *ha tenido que — mucho para conseguir ese trabajo*, ha dovuto insistere molto per ottenere quel lavoro.
empuje *s.m.* **1** spinta (*f.*), slancio **2** (*fig.*) grinta (*f.*), vigore: *persona de —*, persona grintosa **3** (*arch.*) spinta (*f.*), pressione (*f.*) di una costruzione sui sostegni, carico.
empujón *s.m.* **1** spintone | *a empujones*, a spintoni; (*fig.*) a sbalzi **2** (*fig.*) sforzo.
empuñadura *s.f.* **1** impugnatura **2** (*fig.*) frase iniziale, apertura.
empuñar *v.tr.* impugnare, brandire; afferrare | — *el bastón*, impugnare il bastone del comando.
emputecimiento *s.m.* prostituzione (*f.*).
emú *s.m.* (*zool.*) emù.
emulación *s.f.* emulazione.
emulador *agg.* emulatore.
emular *v.tr.* emulare | — *una acción*, emulare un'azione.
émulo *s.m.*, *agg.* emulo.
emulsión *s.f.* emulsione.
emulsionante *s.m.* emulsionante.
emulsionar *v.tr.* emulsionare.
emulsivo *agg.* emulsionante.
emulsor *s.m.* (*chim.*) emulsionatore.
en *prep.* **1** (*compl. di stato in luogo*) in, a, su, sopra: *estar — casa*, stare in casa; *vivo — Milán*, abito a Milano; *está — la cama*, è a letto; *— la mesa*, sul tavolo **2** (*compl. di tempo*) a, in; entro, tra: *sucedió — Navidad*, successe a Natale; — *1980*, nel 1980; *termino — un minuto*, finisco tra un minuto **3** (*compl. di mezzo*) in, con: *voy — tren*, vado in treno; *he venido — automóvil*, sono venuto con la macchina **4** (*compl. di modo*) a, in: — *voz baja*, a bassa voce | *lo dijo — broma*, lo ha detto per scherzo | — *serio*, sul serio **5** (+ *s.*) in base a, da, per; (+ *inf.*) dal modo di: *le reconoció — la mirada*, lo riconobbe dallo sguardo; *la reconoció desde lejos — el caminar*, la riconobbe da lontano dal modo di camminare/dall'andatura | *haría mejor — callar*, farebbe meglio a stare zitto **6** (+ *ger.*) dopo che, quando, non appena: — *saliendo, vio a su padre*, quando uscì vide suo padre.
enaceitar *v.tr.* oliare ♦ **-se** *v.pron.* irrancidire.
enacerar *v.tr.* (*metall.*, *fig.*) temprare.
enagua *s.f.* (*spec. pl.*) sottoveste; sottogonna, sottana.
enajenable *agg.* (*dir.*) alienabile.
enajenación *s.f.* (*dir.*, *psic.*) alienazione | — *mental*, alienazione mentale.
enajenador *agg.* alienante ♦ *s.m.* (*dir.*) alienatore.
enajenamiento *s.m.* (*dir.*, *psic.*) alienazione (*f.*).
enajenar *v.tr.* **1** vendere, alienare **2** turbare; far impazzire **3** (*fig.*) alienare, allontanare, rendere ostile: *su egoísmo le enajena muchas simpatías*, il suo egoismo gli aliena molte simpatie ♦ **-se** *v.pron.* **1** impazzire, turbarsi **2** privarsi: *se enajenó de sus libros*, si privò dei propri libri **3** (*fig.*) allontanarsi, rendersi ostile.
enálage *s.f.* (*lett.*) enallage.
enalbardar *v.tr.* **1** bardare **2** (*cuc.*) impanare.
enalmagrado *agg.* ignobile, vile, spregevole.
enaltecedor *agg.* elogiativo, encomiastico.
enaltecer (*con. come* agradecer) *v.tr.* esaltare, lodare, encomiare.
enaltecimiento *s.m.* elogio.
enamoradizo *agg.* che si innamora facilmente ♦ *s.m.* persona (*f.*) che si innamora facilmente.
enamorado *agg.*, *s.m.* innamorato.
enamoramiento *s.m.* innamoramento.
enamorar *v.tr.* **1** affascinare, conquistare **2** fare apprezzamenti ♦ **-se** *v.pron.* innamorarsi.
enanismo *s.m.* (*med.*) nanismo.
enano *agg.*, *s.m.* nano | *divertirse como un —*, spassarsela alla grande | *trabajar como un —*, lavorare come uno schiavo.
enantes *avv.* (*pop.*) prima.
enarbolado *agg.* inalberato.
enarbolar *v.tr.* **1** inalberare, levare **2** (*fig.*) basarsi (su), servirsi (di) ♦ **-se** *v.pron.* **1** impennarsi **2** (*fig.*) inalberarsi, infuriarsi.
enarcar (*con. come* pescar) *v.tr.* **1** inarcare, curvare **2** (*le botti*) cerchiare.
enardecedor *agg.* inebriante, esaltante.
enardecer (*con. come* agradecer) *v.tr.* infiammare (*anche fig.*); eccitare: *su manera de hablar enardecía a la gente*, il suo modo di parlare infiammava la gente | — *el corazón*, infiammare il cuore ♦ **-se** *v.pron.* esaltarsi, infiammarsi; eccitarsi.
enardecimiento *s.m.* **1** fervore, esaltazione (*f.*) **2** infiammazione (*f.*).
enarenación *s.f.* (*edil.*) intonaco (*m.*).
enarenamiento *s.m.* insabbiamento.
enarenar *v.tr.* **1** insabbiare **2** (*metall.*) sabbiare ♦ **-se** *v.pron.* (*mar.*) arenarsi.
enarmonía *s.f.* (*mus.*) enarmonia.
enarmónico *agg.* (*mus.*) enarmonico.
enartrosis *s.f.* (*med.*) enartrosi.

encabalgamiento *s.m.* **1** cavalletto **2** (*metrica*) enjambement.
encabalgar (*con. come* llegar) *v.tr.* dotare di cavalli ♦ **-se** *v.pron.* accavallarsi, incrociarsi.
encaballar *v.tr.* accavallare.
encabestrar *v.tr.* **1** mettere la cavezza, incapestrare **2** (*fig.*) irretire, sedurre.
encabezamiento *s.m.* **1** (*in una lettera*) intestazione (*f.*) **2** (*amm.*) registro dei contribuenti **3** (*giorn.*) introduzione (*f.*), cappello.
encabezar (*con. come* cazar) *v.tr.* **1** intestare, fare l'intestazione **2** (*amm.*) registrare, immatricolare | — *una lista*, aprire una lista **3** (*fig.*) capeggiare: — *la protesta*, capeggiare/dirigere la protesta **4** (*vino*) tagliare **5** (*in falegnameria*) intestare.
encabritada *s.f.* (*aer.*) cabrata.
encabritarse *v.pron.* **1** (*di animale, aer.*) impennarsi **2** (*fig.*) arrabbiarsi, infuriarsi.
encabronarse *v.pron.* (*volg.*) arrabbiarsi, incazzarsi.
encachar *v.tr.* **1** (*edil.*) selciare **2** (*arma*) mettere la sicura.
encadenado *agg.* (*anche lett.*) incatenato | *tercetos encadenados*, terzine incatenate ♦ *s.m.* (*cinem.*) dissolvenza (*f.*) incrociata.
encadenamiento *s.m.* **1** incatenamento **2** (*fig.*) concatenamento: *un — de infortunios*, un concatenamento di disgrazie.
encadenar *v.tr.* **1** incatenare, immobilizzare, imbrigliare (*anche fig.*): *las convenciones sociales muchas veces nos encadenan*, le convenzioni sociali ci incatenano spesso **2** concatenare, collegare.
encajado *agg.* (*med.*) composto: *fractura encajada*, frattura composta.
encajador *s.m.* incassatore.
encajar *v.tr.* **1** incastrare, incassare (*anche fig.*): *parece que ha encajado bien el desengaño*, sembra che abbia incassato bene la delusione **2** (*un colpo*) sferrare, assestare: *le encajó una patada*, gli sferrò un calcio **3** affibbiare, rifilare: *me encajó un billete falso*, mi rifilò una banconota falsa **4** coincidere; venire a proposito: *esto encaja perfectamente con lo que dije*, questo coincide perfettamente con ciò che ho detto **5** far combaciare ♦ *v.intr.* combaciare ♦ **-se** *v.pron.* (*fig.*) infilarsi; incastrarsi.
encaje *s.m.* **1** incastro **2** (*tela*) merletto, pizzo **3** (*legno*) intarsio **4** (*cavità*) incassatura (*f.*) **5** (*pezzi*) combaciamento **6** commessura (*f.*); connessione (*f.*) **7** (*banc.*) giacenza (*f.*) di cassa.
encajetillar *v.tr.* (*sigarette*) impacchettare.
encajonado *agg.* (*edil.*) incassato.
encajonadura *s.f.* incassatura, incasso (*m.*).
encajonamiento *s.m.* **1** incasso **2** (*fig.*) impaccio, strettoia (*f.*).
encajonar *v.tr.* **1** mettere in cassa **2** (*edil.*) incassare; (*muro*) incamiciare ♦ **-se** *v.pron.* (*fiume*) incassarsi.
encalabrinar *v.tr.* **1** inebriare: *ese olor me encalabrina*, questo odore mi inebria **2** abbagliare, illudere **3** innervosire, irritare, esasperare: *me encalabrina y desespera*, mi irrita e mi esaspera ♦ **-se** *v.pron.* **1** (*persona*) innamorarsi **2** (*cosa*) fissarsi, desiderare ardentemente.
encalado *s.m.* imbiancatura (*f.*) a calce.
encalador *s.m.* imbianchino.
encaladura *s.f.* imbiancatura a calce.
encalar *v.tr.* imbiancare, dare la calce.
encalladero *s.m.* (*mar.*) incaglio.
encalladura *s.f.* (*mar.*) incagliamento (*m.*), arenamento (*m.*).
encallar *v.intr.* (*mar., anche fig.*) incagliarsi, arenarsi.
encallarse *v.pron.* (*di alimento*) indurirsi.
encallecer (*con. come* agradecer) *v.intr.* incallirsi: *la mano empieza a —*, la mano comincia a incallirsi ♦ *v.tr.* **1** indurire, incallire **2** (*fig.*) indurire, rendere insensibile: *la vida no ha logrado — mi alma*, la vita non è riuscita a indurirmi l'anima ♦ **-se** *v.pron.* **1** (*di cibo*) indurirsi **2** (*fig.*) incallirsi.
encallecimiento *s.m.* (*fig.*) incallimento.
encallejonar *v.tr.* incanalare.
encalmarse *v.pron.* **1** (*anche meteor.*) placarsi, sedarsi, pacificarsi **2** (*fig.*) rasserenarsi.
encalvecer (*con. come* agradecer) *v.intr.* diventare calvo.
encamar *v.tr.* mettere/stendere in posizione orizzontale: *encamamos al muerto en la caja*, adagiammo il morto nella bara | *las lluvias van a — las mieses*, le piogge abbatteranno al suolo le messi ♦ *v.intr.* (*di animali*) rintanarsi ♦ **-se** *v.pron.* **1** mettersi a letto (per malattia) **2** (*volg.*) andare a letto con qlcu. **3** (*di animale*) acquattarsi: *nos encamamos como unos perros detrás del pozo*, ci acquattammo come dei cani dietro il pozzo.
encaminar *v.tr.* (*anche fig.*) avviare, guidare: — *a los hijos*, guidare i figli ♦ **-se** *v.pron.* incamminarsi.
encamisar *v.tr.* **1** incamiciare **2** (*fig.*) celare, nascondere.
encampanado *agg.* scampanato.
encampanar *v.tr.* scampanare ♦ **-se** *v.pron.* darsi arie, compiacersi.
encanalar *v.tr.* incanalare.
encanarse *v.pron.* irrigidirsi, paralizzarsi.
encanastar *v.tr.* mettere in ceste.
encandecer (*con. come* agradecer) *v.tr.* rendere incandescente ♦ **-se** *v.pron.* diventare incandescente.
encandilado *agg.* **1** (*fam.*) dritto, impettito **2** (*fig.*) ammaliato, abbagliato.
encandilamiento *s.m.* abbagliamento.
encandilar *v.tr.* **1** abbagliare, abbacinare

2 ammaliare **3** (*il fuoco*) ravvivare ♦ **-se** *v.pron.* (*per la passione, per il vino*) incantarsi, imbambolarsi: *el niño se encandila con la televisión*, il bambino si incanta davanti alla televisione.
encanecer (*con. come* agradecer) *v.intr.* **1** incanutire **2** (*fig.*) invecchiare.
encanecimiento *s.m.* incanutimento.
encanijarse *v.pron.* ammalarsi.
encantado *agg.* **1** felice, entusiasta | — *de conocerle*, piacere di conoscerla **2** (*fig.*) incantato, imbambolato **3** (*fig.*) incantato, ammaliato, stregato | *príncipe* —, principe azzurro.
encantador *agg.* incantevole, affascinante, cordiale, affabile.
encantamiento *s.m.* incantesimo, magia (*f.*) | *por arte de* —, per magia.
encantar *v.tr.* **1** stregare, incantare **2** (*fig.*) piacere, affascinare: *me encanta tu falda*, mi piace la tua gonna.
encante *s.m.* (*comm.*) asta (*f.*); vendita (*f.*) all'incanto.
encanto *s.m.* fascino, attrattiva (*f.*).
encañada *s.f.* canyon (*m.*), gola.
encañado¹ *s.m.* dotto, tubatura (*f.*).
encañado² *s.m.* canniccio.
encañar¹ *v.tr.* incanalare
encañar² *v.tr.* incannucciare.
encañizada *s.f.* incannicciata.
encañonado *s.m.* (*editoria*) imbrachettatura (*f.*).
encañonar *v.tr.* **1** (*arma*) puntare **2** (*acqua*) incanalare **3** (*editoria*) imbrachettare.
encaperuzar (*con. come* cazar) *v.tr.* incappucciare.
encapotamiento *s.m.* (*meteor.*) oscuramento, rannuvolamento.
encapotar *v.tr.* coprire, imbacuccare ♦ **-se** *v.pron.* **1** oscurarsi, rannuvolarsi **2** (*fig.*) imbronciarsi.
encapricharse *v.pron.* **1** incapricciarsi di: *se ha encaprichado con una joven*, si è incapricciato di una giovane **2** ostinarsi a/in, fissarsi.
encapsulación *s.f.* incapsulamento (*m.*).
encapsuladora *s.f.* incapsulatrice.
encapsular *v.tr.* incapsulare.
encapuchado *agg.* incappucciato.
encapuchar *v.tr.* incappucciare.
encarado *agg. solo nella loc.*: *bien/mal* —, bello/brutto.
encaramado *agg.* inerpicato, appollaiato.
encaramar *v.tr.* **1** alzare, sollevare **2** (*fig.*) adulare ♦ **-se** *v.pron.* arrampicarsi, salire: — *a un árbol, al techo*, arrampicarsi su un albero, sul tetto.
encaramiento *s.m.* scontro, confronto.
encarar *v.tr.* **1** mettere di fronte: *encaró la mesa a la librería*, mise il tavolo di fronte alla libreria; *cuando lo encontró, lo encaró y le dijo lo que pensaba*, quando lo trovò, gli si parò di fronte e gli disse ciò che pensava **2** affrontare: — *una cuestión*, affrontare una questione **3** (*un'arma*) puntare: *el hombre le encaró la escopeta*, l'uomo gli puntò contro il fucile ♦ **-se** *v.pron.* confrontarsi, scontrarsi: — *con la realidad*, affrontare la realtà.
encarcelación *s.f.* (*dir.*) carcerazione.
encarcelamiento *s.m.* (*dir.*) incarceramento.
encarcelar *v.tr.* **1** (*dir.*) incarcerare **2** (*edil.*) incamiciare.
encarecer (*con. come* agradecer) *v.tr.* **1** (*comm.*) rincarare: — *los productos de consumo*, rincarare i prodotti di consumo **2** lodare **3** raccomandare: *encareció a su sobrino que se portara bien*, raccomandò a suo nipote di comportarsi bene.
encarecidamente *avv.* sentitamente, caldamente, calorosamente.
encarecimiento *s.m.* **1** (*comm.*) rincaro **2** (*fig.*) insistenza (*f.*), ostinazione (*f.*), accanimento.
encargado *agg.*, *s.m.* incaricato.
encargar (*con. come* llegar) *v.tr.* **1** incaricare di, affidare a: *le encargué el mando de la casa*, gli affidai la direzione della casa **2** (*comm.*) ordinare, richiedere: *le encargamos las baldosas a la empresa*, ordinammo le piastrelle alla ditta.
encargo *s.m.* **1** incarico **2** incombenza (*f.*), commissione (*f.*) **3** (*comm.*) ordine | *hecho de* —, fatto su ordinazione | *por* — su richiesta **4** (*lavoro*) carica (*f.*), mansione (*f.*): *desempeña el — de director*, svolge il lavoro di direttore.
encariñado *agg.* affezionato.
encariñarse *v.pron.* affezionarsi: *se encariñó mucho con el perro*, si affezionò molto al cane.
encarnación *s.f.* **1** (*relig.*) incarnazione **2** (*fig.*) immagine, quintessenza, incarnazione **3** (*pitt.*) incarnato | — *de mate*, incarnato opaco | — *de pulimento*, incarnato vivo.
encarnado *agg.*, *s.m.* color rosa carne.
encarnadura *s.f.* (*med.*) cicatrizzazione.
encarnar *v.tr.* **1** incarnare, personificare: — *una idea política*, incarnare un'idea politica **2** (*teatr.*) interpretare, rappresentare ♦ *v.intr.* **1** incarnarsi: *volver a* —, tornare a incarnarsi **2** (*med.*) cicatrizzare **3** (*fig.*) impressionare ♦ **-se** *v.pron.* (*di unghia*) incarnirsi.
encarnativo *agg.* (*med.*) cicatrizzante.
encarnecer (*con. come* agradecer) *v.intr.* ingrassare, impinguarsi.
encarnizado *agg.* **1** sanguigno, iniettato di sangue **2** crudele, feroce | *asesino* —, assassino spietato.
encarnizamiento *s.m.* accanimento (*m.*), crudeltà.

encarnizar (*con. come* cazar) *v.tr.* incrudelire: *la miseria encarnizó los ánimos*, la miseria incrudelì gli animi ♦ **-se** *v.pron.* accanirsi, incrudelirsi: — *contra los débiles*, accanirsi sui deboli.
encaro *s.m.* **1** attenzione (*f.*), riguardo **2** (*arma*) mira (*f.*).
encarpetar *v.tr.* raccogliere in cartelle, archiviare.
encarrilar *v.tr.* **1** (*ferr.*) rimettere sui binari **2** (*fig.*) dirigere, guidare, indirizzare ♦ **-se** *v.pron.* avviarsi.
encarroñarse *v.pron.* imputridirsi.
encartado *s.m.*, *agg.* (*dir.*) imputato.
encartar *v.tr.* **1** (*dir.*) imputare **2** (*gioco*) aprire.
encarte *s.m.* **1** (*gioco*) giocata (*f.*) **2** dépliant, allegato, inserto.
encascotar *v.tr.* (*edil.*) riempire di calcinacci.
encasillado *s.m.* casellario.
encasillamiento *s.m.* incasellamento.
encasillar *v.tr.* **1** incasellare **2** (*fig.*) marchiare, classificare, bollare: *no quiero que me encasillen en un role*, non voglio essere incasellato in un ruolo.
encasquetar *v.tr.* (*fig.*) mettere in testa, inculcare ♦ **-se** *v.pron.* mettersi in testa, ostinarsi, fissarsi.
encasquillarse *v.pron.* **1** incepparsi **2** (*fig.*, *fam.*) tartagliare, balbettare.
encastillamiento *s.m.* incastellamento.
encastillar *v.tr.* incastellare ♦ **-se** *v.pron.* **1** chiudersi in una fortezza **2** (*fig.*) ostinarsi.
encauchado *s.m.* (*Amer.*, *abbigliamento*) impermeabile.
encáustico *agg.* encaustico.
encausto *s.m.* (*pitt.*) encausto | *al* —, a encausto.
encauzamiento *s.m.* **1** incanalamento **2** (*fig.*) direzione (*f.*), incanalamento, instradamento: *el — de la agresividad*, incanalamento dell'aggressività.
encauzar (*con. come* cazar) *v.tr.* **1** incanalare **2** (*fig.*) dirigere, guidare, orientare: — *la emigración*, dirigere l'emigrazione ♦ **-se** *v.pron.* (*fig.*) orientarsi, indirizzarsi: — *para el comercio*, indirizzarsi verso il commercio.
encefálico *agg.* (*anat.*) encefalico.
encefalina *s.f.* (*biol.*, *chim.*) encefalina.
encefalítico *agg.* (*anat.*) encefalitico.
encefalitis *s.f.* (*med.*) encefalite.
encéfalo *s.m.* (*anat.*) encefalo.
encefalografía *s.f.* (*med.*) encefalografia.
encefalograma *s.m.* (*med.*) encefalogramma.
encefaloide *agg.* (*med.*) encefaloide.
encefalopatía *s.f.* (*med.*) encefalopatia | — *espongiforme*, encefalopatia spongiforme.
enceguecer (*con. come* agradecer) *v.intr.* diventare cieco ♦ *v.tr.* accecare.
encelamiento *s.m.* (*animali*) calore.
encelar *v.tr.* fare ingelosire ♦ **-se** *v.pron.* **1** ingelosirsi **2** (*zool.*) andare in calore.
enceldar *v.tr.* chiudere in cella.
encenagamiento *s.m.* impantanamento.
encenagarse (*con. come* llegar) *v.pron.* **1** impantanarsi **2** (*fig.*) infangarsi, sprofondare: *se encenagó en negocios bastante turbios*, rimase coinvolto in loschi affari.
encendedor *s.m.* accendino.
encender (*con. come* entender) *v.tr.* **1** accendere **2** (*fig.*) incitare; suscitare **3** infiammare, causare bruciore: *el ron le encendió el estómago*, il rum gli bruciò lo stomaco ♦ **-se** *v.pron.* arrossire | — *de ira*, ardere d'ira.
encendido *agg.* acceso, vivo ♦ *s.m.* accensione (*f.*) | — *automático*, accensione automatica.
encendimiento *s.m.* ardore, fervore.
encenizar (*con. come* cazar) *v.tr.* ricoprire di cenere.
encentar (*con. come* acertar) *v.tr.* (*cibi*, *bevande*) aprire, iniziare.
encerado *agg.* **1** cerato **2** cereo ♦ *s.m.* **1** (*abbigl.*) incerata (*f.*) **2** lavagna (*f.*).
enceradora *s.f.* lucidatrice.
encerar *v.tr.* incerare.
encerradero *s.m.* recinto.
encerrar (*con. come* acertar) *v.tr.* **1** (*anche fig.*) chiudere, mettere | — *entre paréntesis*, mettere fra parentesi | — *bajo llave*, mettere sotto chiave **2** (*fig.*) racchiudere, contenere: *la frase encierra un profundo significado*, la frase racchiude un profondo significato; *un macrocosmos que encierra un microcosmos*, un macrocosmo che contiene un microcosmo **3** (*fam.*) incarcerare, mettere dentro ♦ **-se** *v.pron.* rinchiudersi, isolarsi: — *en sí mismo*, rinchiudersi in se stesso.
encerrona *s.f.* imboscata: *le tendieron una* —, gli hanno teso un'imboscata.
encestador *s.m.* (*sport*, *pallacanestro*) cestista.
encestar *v.tr.* **1** mettere in ceste **2** (*sport*, *pallacanestro*) fare canestro.
enceste *s.m.* (*sport*, *pallacanestro*) canestro.
enchapado *s.m.* (*falegnameria*) impiallacciatura (*f.*).
enchapar *v.tr.* placcare.
encharcada *s.f.* pozzanghera.
encharcar *v.tr.* (*con. come* pescar) **1** allagare **2** (*stomaco*) riempire, gonfiare.
enchastrar *v.tr.* (*Amer.*) sporcare, macchiare.
enchastre *s.m.* (*Amer.*) **1** impiastro, macchia **2** (*fig.*) impiastro, disastro.
enchiloso *agg.* (*Amer.*) piccante.
enchufado *agg.*, *s.m.* (*fam.*) agganciato, raccomandato.
enchufar *v.tr.* **1** collegare, allacciare; innestare; inserire la spina **2** (*fig.*) raccoman-

dare ♦ **-se** *v.pron.* (*fam.*) ammanicarsi, farsi raccomandare.
enchufe *s.m.* **1** presa (*f.*) di corrente **2** spina (*f.*) elettrica **3** (*tecn.*) collegamento, allacciamento **4** (*fig.*) raccomandazione (*f.*): *encontrar trabajo por —*, trovare lavoro grazie a una raccomandazione | *tener —*, avere agganci/aderenze.
enchufismo *s.m.* (*fam.*) nepotismo, corruzione (*f.*).
enchufista *s.m./f.* (*fam., spreg.*) raccomandato.
encía *s.f.* (*anat.*) gengiva.
encíclica *s.f.* (*relig.*) enciclica.
enciclopedia *s.f.* enciclopedia.
enciclopédico *agg.* enciclopedico.
enciclopedismo *s.m.* enciclopedismo.
enciclopedista *agg., s.m./f.* enciclopedista.
encierro *s.m.* **1** reclusione (*f.*), clausura (*f.*) (*anche fig.*) **2** cella (*f.*), prigione (*f.*) **3** (*corrida*) recinto dei tori.
encima *avv.* **1** sopra: *la mesa era redonda y — tenía un florero*, il tavolo era rotondo e sopra c'era un portafiori | *por —*, superficialmente | (*fig.*) *pasar por —*, calpestare, mettere sotto i piedi **2** addosso: *lleva — dos jerseys*, ha addosso due maglioni | *echarse — una culpa*, addossarsi una colpa | *echarse algo —*, mettersi qualcosa addosso, coprirsi; *la policía le está —*, la polizia gli sta addosso | *quitarse/sacarse de —*, togliersi di dosso | *venirse —*, cadere addosso **3** per di più, per giunta: *le robaron todo lo que tenía y — le pegaron*, gli rubarono tutto quello che aveva e per di più lo picchiarono | *echarse —*, sopraggiungere
■ ***encima de***, su, sopra; addosso: *— de la mesa*, sul tavolo; *echarse/tirarse — de alguien*, saltare addosso a qlcu. | (*fig.*) ***estar encima de alguien***, stare addosso a qlcu. | ***por encima de***, al di sopra di | ***por encima de todo***, costi quel che costi; soprattutto.
encimera *s.f.* (*cuc.*) piano (*m.*) di lavoro.
encimero *agg.* sovrastante ♦ *s.m.* (*cuc.*) piano di lavoro.
encina *s.f.* (*bot.*) quercia.
encinar *s.m.* (*bot.*) querceto.
encinta *agg.* incinta.
encintar *v.tr.* **1** (*edil.*) mettere il cordolo **2** decorare con nastri.
encizañar *v.tr.* seminare zizzania.
enclaustrar *v.tr.* chiudere in convento ♦ **-se** *v.pron.* (*fig.*) rinchiudersi.
enclavado *agg.* (*anche fig.*) fissato, incastrato, inserito.
enclavadura *s.f.* inchiodatura.
enclavamiento *s.m.* inchiodamento.
enclavar *v.tr.* **1** inchiodare **2** (*fig.*) ingannare **3** situare, stabilire: *la ciudad estaba enclavada junto al río*, la città era situata vicino al fiume.
enclave *s.m.* enclave (*f.*).
enclavijar *v.tr.* (*mus.*) accordare (con chiave).
enclenque *agg.* debole, malaticcio: *debes comer más, eres un —*, devi mangiare di più, sei debole.
enclisis *s.f.* (*gramm.*) enclisi.
enclítico *agg.* (*ling.*) enclitico.
encobar *v.intr.* covare.
encobrado *agg.* ramato.
encoger (*con. come* coger) *v.tr.* **1** contrarre: *el caracol encoge las antenas*, la lumaca contrae/ritrae le antenne **2** (*fig.*) inibire, intimidire: *la situación le encoge*, la situazione lo inibisce ♦ *v.intr.* restringersi: *esta tela no encoge*, questo tessuto non si restringe ♦ **-se** *v.pron.* **1** stringersi | *— de hombros*, fare spallucce | *— el corazón*, stringersi il cuore **2** inibirsi, intimidirsi, intimorirsi: *se encoge fácilmente cuando le preguntan algo personal*, si intimorisce facilmente quando gli domandano qualcosa di personale.
encogido *agg.* **1** (*di tessuto*) ristretto **2** (*fig.*) timido, impaurito.
encogimiento *s.m.* **1** (*tessuto*) restringimento **2** (*fig.*) introversione (*f.*), chiusura (*f.*).
encojar *v.tr.* azzoppare ♦ **-se** *v.pron.* **1** rimanere zoppo **2** (*fig.*) fingersi malato.
encolado *agg.* incollato ♦ *s.m.* incollatura (*f.*), incollaggio.
encoladora *s.f.* (*tecn.*) incollatrice.
encoladura *s.f.*, **encolamiento** *s.m.* incollatura (*f.*).
encolar *v.tr.* **1** incollare **2** (*pitt.*) preparare la tela.
encolerizado *agg.* incollerito.
encolerizar (*con. come* cazar) *v.tr.* fare incollerire, irritare.
encomendable *agg.* raccomandabile.
encomendar (*con. come* acertar) *v.tr.* **1** raccomandare, affidare: *encomendó la niña a la azafata*, affidò la bambina alla hostess **2** (*st., dir.*) concedere una encomienda ♦ **-se** *v.pron.* raccomandarsi, affidarsi: *— a Dios*, raccomandarsi a Dio.
encomiable *agg.* encomiabile.
encomiar *v.tr.* encomiare, lodare.
encomiástico *agg.* encomiastico.
encomienda *s.f.* **1** incarico (*m.*): *le dieron la — de guardar los documentos*, gli diedero il compito di custodire i documenti **2** (*st.*) encomienda **3** patrocinio (*m.*), custodia, protezione **4** (*mil.*) rendita **5** (*Amer.*) pacco (*m.*) postale.
encomio *s.m.* encomio.
enconado *agg.* acceso, violento, accanito.
enconamiento *s.m.* **1** (*fig.*) odio, rancore, risentimento **2** (*med.*) infiammazione (*f.*).

enconar *v.tr.* **1** (*med.*) infiammare; infettare **2** (*fig.*) irritare, esasperare ♦ **-se** *v.pron.* accanirsi: *—con alguien*, accanirsi contro qlcu.
encono *s.m.* rancore, odio, avversione (*f.*).
encontradamente *avv.* al contrario, all'opposto.
encontradizo *agg.* incontrato per caso: *hacerse el —*, fingere di incontrare qlcu. per caso.
encontrado *agg.* opposto, contrario.
encontrar (*con. come* contar) *v.tr.* **1** trovare (*anche fig.*): *no encuentro las gafas*, non trovo gli occhiali; *lo encuentro aburrido*, lo trovo noioso **2** incontrare: *la encontré a la salida del cine*, l'ho incontrata all'uscita del cinema ♦ **-se** *v.pron.* **1** incontrarsi, trovarsi, ritrovarsi: *se encontraron en el bar*, si incontrarono al bar | *encontrárselo todo hecho*, trovare la strada spianata **2** trovare, imbattersi: *me lo encontré por la calle*, l'ho incontrato per strada; *le preguntó a la primera persona que se encontró*, domandò alla prima persona che le capitò **3** (*fig.*) coincidere: *no hubo que discutir antes de ir al cine: sus gustos se encontraban*, non ci fu da discutere prima di andare al cinema: i loro gusti coincidevano | *las miradas se encontraron*, gli sguardi si incrociarono **4** figurare, esserci: *mi nombre no se encuentra entre los premiados*, il mio nome non figura tra quelli premiati **5** trovarsi, essere situato: *la granja se encuentra a dos kilómetros del pueblo*, la fattoria si trova a due chilometri dal paese **6** scontrarsi: *las tropas se encontraron*, le truppe si scontrarono; *la teoría de Darwin se encontró violentamente con las antecedentes*, la teoria di Darwin si scontrò violentemente con le precedenti **7** sentirsi, stare: *bien, mal*, stare bene, male | *— a gusto/a sus anchas*, trovarsi a proprio agio.
encontrón *s.m.* (*fam.*) **1** scontro, collisione (*f.*) **2** incontro casuale.
encontronazo *s.m.* (*fam.*) **1** urto, scontro **2** incontro casuale: *ayer tuve un — con Luis*, ieri ho incontrato per caso Luis **3** disputa (*f.*).
encopetado *agg.* (*spreg.*) presuntuoso; (*iron.*) di classe.
encopetar *v.tr.* sollevare, elevare ♦ **-se** *v.pron.* **1** sollevarsi **2** (*fig.*) darsi delle arie.
encorajar *v.tr.* incoraggiare ♦ **-se** *v.pron.* **1** prendere coraggio **2** infuriarsi, incollerirsi.
encorajinarse *v.pron.* adirarsi, infuriarsi.
encorar *v.tr.* ricoprire di cuoio.
encorazado *agg.* **1** corazzato **2** rivestito di cuoio.
encorbatarse *v.pron.* incravattarsi, indossare la cravatta.
encorchar *v.tr.* **1** turare, tappare con tappo di sughero **2** (*apicoltura*) fare entrare le api nell'alveare **3** (*pesca*) mettere i galleggianti di sughero alle reti.
encordadura *s.f.* (*mus.*) incordatura.
encordar (*con. come* contar) *v.tr.* (*anche mus.*) incordare.
encordonar *v.tr.* mettere cordoni.
encornudar *v.tr.* (*fam.*, *fig.*) mettere le corna, tradire ♦ *v.intr.* (*zool.*) mettere le corna.
encorralar *v.tr.* (*bestiame*) chiudere nel recinto.
encorrear *v.tr.* fissare con cinghie.
encorsetar *v.tr.* **1** mettere il busto **2** (*fig.*) inibire, contenere, reprimere, limitare: *quieren — sus espacios*, vogliono limitare i suoi spazi.
encorvado *agg.* incurvato, curvo.
encorvadura *s.f.* curvatura.
encorvar *v.tr.* incurvare, curvare ♦ **-se** *v.pron.* piegarsi, inclinarsi.
encostrar *v.tr.* incrostare ♦ **-se** *v.pron.* **1** incrostarsi **2** ricoprirsi.
encrespado *agg.* increspato, arricciato.
encrespamiento *s.m.* **1** increspatura (*f.*) **2** (*fig.*) complicazione (*f.*), difficoltà (*f.*): *el — de su estilo*, la complicazione del suo stile **3** (*mar.*) increspamento | *el — de las olas*, l'increspamento delle onde.
encrespar *v.tr.* **1** increspare, arricciare **2** (*fig.*) irritare, far infuriare.
encrestado *agg.* altezzoso, orgoglioso, superbo.
encriptado *agg.* (*inform.*) criptato.
encriptar *v.tr.* (*inform.*) criptare.
encrucijada *s.f.* **1** crocevia (*m.*), bivio (*m.*) **2** (*fig.*) bivio (*m.*), dilemma (*m.*).
encrudecer (*con. come* agradecer) *v.tr.* **1** rincrudire **2** (*fig.*) inasprire, esasperare, irritare: *— las relaciones*, inasprire i rapporti ♦ **-se** *v.pron.* incrudelirsi, inasprirsi.
encruelecer (*con. come* agradecer) *v.tr.* incrudelire ♦ **-se** *v.pron.* imperversare, infierire.
encuadernación *s.f.* **1** legatura **2** copertina **3** (*laboratorio*) legatoria.
encuadernador *s.m.* **1** (*persona*) legatore **2** (*tecn.*) spirale (*f.*) da legatura.
encuadernar *v.tr.* rilegare.
encuadramiento *s.m.* (*fig.*) inquadramento.
encuadrar *v.tr.* **1** incorniciare **2** inquadrare, distribuire: *— a los jóvenes en el ejército*, inquadrare i giovani nell'esercito **3** (*foto.*, *cinem.*) inquadrare **4** classificare, inserire, inquadrare: *— los hechos*, inquadrare i fatti.
encuadre *s.m.* (*foto.*, *cinem.*) inquadratura (*f.*).
encubiertamente *avv.* nascostamente, copertamente, in segreto.
encubierto *agg.* celato, nascosto.

encubridor *s.m.* favoreggiatore.
encubrimiento *s.m.* **1** (*dir.*) favoreggiamento **2** occultamento, copertura (*f.*).
encubrir *v.tr.* (*part.pass.irr.* encubierto) **1** occultare, nascondere, coprire **2** (*dir.*) favoreggiare, proteggere: *había encubierto, por dinero, al verdadero criminal*, aveva protetto, per denaro, il vero criminale.
encuentro *s.m.* **1** incontro (*anche sport*) | *ir al — de alguien*, andare incontro a qlcu. | *salir al —*, venire incontro; anticipare; andare a ricevere qlcu. **2** riunione (*f.*), colloquio **3** competizione (*f.*).
encuesta *s.f.* **1** inchiesta, indagine **2** sondaggio (*m.*).
encuestado *s.m.* intervistato.
encuestador *s.m.* **1** intervistatore, sondaggista (*m./f.*) **2** investigatore.
encuestar *v.tr.* **1** inquisire, investigare **2** intervistare ♦ *v.intr.* fare sondaggi, interviste.
enculturación *s.f.* acculturazione.
encumbrado *agg.* **1** sopraelevato **2** (*fig.*) notevole, insigne, eminente.
encumbramiento *s.m.* **1** sollevamento, innalzamento **2** rilievo **3** (*fig.*) elevazione (*f.*), esaltazione (*f.*).
encumbrar *v.tr.* (*anche fig.*) innalzare, sollevare, elevare.
encurtido *s.m.*, *agg.* (*cuc.*) sottaceto.
encurtir *v.tr.* (*cuc.*) mettere sottaceto.
ende, por *loc.avv.* (*lett.*) pertanto, quindi, perciò.
endeble *agg.* debole, fiacco (*anche fig.*): *argumento —*, argomento debole.
endeblez *s.f.* debolezza.
endecasílabo *s.m.*, *agg.* (*poesia*) endecasillabo.
endecha *s.f.* **1** (*poesia*) quartina **2** (*lett.*) lamento (*m.*).
endemás *avv.* (*lett.*) particolarmente, specialmente.
endemia *s.f.* (*med.*) endemia.
endémico *agg.* (*med.*, *fig.*) endemico.
endemismo *s.m.* (*biol.*) endemismo.
endemoniadamente *avv.* (*fam.*) incredibilmente, maledettamente.
endemoniado *agg.* **1** indemoniato **2** (*fig.*) indiavolato **3** (*fig.*) terribile, disgustoso, pessimo.
endemoniar *v.tr.* **1** indemoniare **2** irritare, far arrabbiare ♦ **-se** *v.pron.* (*fig.*) adirarsi, infuriarsi.
endentecer (*con. come* agradecer) *v.intr.* mettere i denti.
enderezamiento *s.m.* raddrizzamento.
enderezar (*con. come* cazar) *v.tr.* **1** raddrizzare: *— un árbol*, raddrizzare un albero **2** dirigere, orientare: *endereza el chorro de agua hacia el suelo*, dirigi il getto d'acqua verso terra **3** (*fig.*) rimettere in sesto qlco.: *— tuertos*, raddrizzare torti **4** (*fig.*) correggere, raddrizzare (qlcu.) ♦ *v.intr.* avviarsi, dirigersi: (*se*) *enderezó hacia donde disparaban*, si diresse verso dove sparavano ♦ **-se** *v.pron.* **1** raddrizzarsi **2** incamminarsi, avviarsi, dirigersi: *— hacia la luz*, dirigersi verso la luce.
endeudamiento *s.m.* (*econ.*) indebitamento.
endeudar *v.tr.* gravare/coprire di debiti ♦ **-se** *v.pron.* indebitarsi.
endiabladamente *avv.* terribilmente, maledettamente: *es un problema — difícil*, è un problema maledettamente difficile.
endiablado *agg.* **1** indemoniato **2** (*fig.*) indiavolato, infuriato **3** (*fig.*) pessimo, schifoso: *entró en su despacho con un humor —*, entrò in ufficio di pessimo umore.
endíadis *s.f.* (*lett.*) endiadi.
endibia *s.f.* (*bot.*) indivia, insalata belga.
endilgar (*con. come* llegar) *v.tr.* (*spreg.*) **1** affibbiare, appioppare; mollare: *— un apodo*, appioppare un nomignolo; *me han endilgado este paquete*, mi hanno mollato questo pacchetto **2** (*fig.*) propinare: *me endilgó un sermón de los suyos*, mi propinò una predica delle sue.
endiñar *v.tr.* rifilare, mollare, appioppare.
endiosamiento *s.m.* superbia (*f.*), boria (*f.*).
endiosar *v.tr.* divinizzare ♦ **-se** *v.pron.* inorgoglirsi, insuperbire.
endoarterioso *agg.* (*anat.*) endoarterioso.
endoarteritis *s.f.* (*med.*) endoarterite.
endoblasto *s.m.* (*biol.*) endoblasto.
endocárdico *agg.* (*anat.*) endocardico.
endocardio *s.m.* (*anat.*) endocardio.
endocarditis *s.f.* (*med.*) endocardite.
endocarpio, endocarpo *s.m.* (*bot.*) endocarpo.
endocelular *agg.* (*biol.*) endocellulare.
endocrino *agg.* (*biol.*) endocrino.
endocrinología *s.f.* (*med.*) endocrinologia.
endocrinólogo *s.m.* (*med.*) endocrinologo.
endocrinopatía *s.f.* (*med.*) endocrinopatia.
endoesqueleto *s.m.* (*anat.*) endoscheletro.
endogamia *s.f.* (*anche biol.*) endogamia.
endogámico *agg.* (*anche biol.*) endogamico.
endogastritis *s.f.* (*med.*) endogastrite.
endogénesis *s.f.* (*biol.*) endogenesi.
endógeno *agg.* endogeno.
endometrio *s.m.* (*anat.*) endometrio.
endometriosis *s.f.* (*med.*) endometriosi.
endometritis *s.f.* (*med.*) endometrite.
endomingado *agg.* vestito a festa: *salió todo —*, è uscito tutto vestito a festa.
endomingarse (*con. come* llegar) pararsi a festa, adornarsi, agghindarsi.
endomorfismo *s.m.* (*geol.*) endomorfismo.
endomorfo *agg.* (*geol.*) endomorfo.
endorfina *s.f.* (*chim.*) endorfina.

endosable *agg.* (*comm.*) trasferibile | *cheque* —, assegno trasferibile.
endosante *s.m./f.* (*comm.*) girante.
endosar *v.tr.* **1** (*un assegno, una cambiale*) girare, trasferire **2** (*un compito, un incarico*) affibbiare, accollare, scaricare.
endosatario *s.m.* (*comm.*) giratario.
endoscopia *s.f.* (*med.*) endoscopia.
endoscópico *agg.* (*med.*) endoscopico.
endoscopio *s.m.* (*med.*) endoscopio.
endoso *s.m.* (*comm.*) girata (*f.*), trasferimento.
endoesqueleto *s.m.* (*anat.*) endoscheletro.
endotelial *agg.* (*anat.*) endoteliale.
endotelio *s.m.* (*anat.*) endotelio.
endotermia *s.f.* (*biol.*) endotermia.
endotérmico *agg.* (*biol.*) endotermico.
endotoxina *s.f.* (*chim.*) endotossina.
endotraqueal *agg.* (*med.*) endotracheale.
endovenoso *agg.* (*med.*) endovenoso.
endulzamiento *s.m.* addolcimento.
endulzar (*con. come* cazar) *v.tr.* **1** addolcire, zuccherare **2** (*fig.*) raddolcire, mitigare **3** (*pitt.*) sfumare, attenuare, velare.
endurecer (*con. come* agradecer) *v.tr.* **1** indurire, temprare (*anche fig.*): — *una pasta*, indurire una pasta **2** (*fig.*) incrudelire, indurire: — *los corazones*, indurire i cuori ♦ **-se** *v.pron.* inasprirsi.
endurecimiento *s.m.* **1** indurimento **2** (*fig.*) durezza (*f.*), insensibilità (*f.*).
ene *s.f.* (*lettera dell'alfabeto*) enne.
enebral *s.m.* (*bot.*) ginepraio.
enebrina *s.f.* (*bot.*) bacca di ginepro.
enebro *s.m.* (*bot.*) ginepro | — *marino*, ginepro coccolone.
enema *s.m.* (*med.*) clistere.
enemiga *s.f.* inimicizia, rancore (*m.*).
enemigo *agg.* avverso, contrario: *es — de la violencia*, è contro la violenza ♦ *s.m.* nemico, avversario | *pasarse al* —, passare al nemico.
enemistad *s.f.* inimicizia.
enemistar *v.tr.* inimicare ♦ **-se** *v.pron.* inimicarsi: *está enemistándose con todo el mundo*, si sta inimicando tutti quanti.
eneolítico *s.m.* (*st.*) eneolitico.
energética *s.f.* (*fis.*) energetica.
energético *agg.* energetico.
energía *s.f.* energia, vigore (*m.*), forza | — *alternativa*, energia alternativa | — *nuclear*, energia nucleare | — *eólica*, energia eolica | — *solar*, energia solare.
enérgico *agg.* energico, vigoroso.
energizar (*con. come* cazar) energizzare.
energúmeno *s.m.* **1** invasato, indemoniato **2** (*fig.*) energumeno.
enero *s.m.* gennaio.
enervación *s.f.* **1** snervamento (*m.*) **2** (*med.*) esaurimento (*m.*) **3** (*fig.*) nervosismo (*m.*).
enervador *agg.* snervante.
enervamiento *s.m.* snervamento.
enervante *agg.* snervante, esasperante.
enervar *v.tr.* **1** snervare, esasperare **2** (*fam.*) innervosire, irritare: *su pasividad me enerva*, la sua passività mi innervosisce.
enésimo *agg.* (*mat., fig.*) ennesimo.
enfadadizo *agg.* irritabile, suscettibile.
enfadado *agg.* arrabbiato.
enfadar *v.tr.* stizzire, fare arrabbiare: *las bromas acabarán por enfadarlo*, gli scherzi finiranno per farlo arrabbiare ♦ **-se** *v.pron.* arrabbiarsi: *se enfadaba con la gente por poco*, si arrabbiava con la gente per cose da nulla.
enfado *s.m.* stizza (*f.*), rabbia (*f.*), sdegno.
enfadoso *agg.* fastidioso, noioso.
enfaldado *agg.* (*bambino*) mammone.
enfangar (*con. come* llegar) *v.tr.* (*anche fig.*) infangare, macchiare: *ha enfangado su imagen*, ha infangato la sua immagine.
enfardar *v.tr.* impacchettare, imballare.
énfasis *s.m.* **1** enfasi (*f.*) **2** (*spreg.*) affettazione (*f.*), ampollosità (*f.*).
enfático *agg.* enfatico.
enfatizar (*con. come* cazar) *v.tr.* enfatizzare.
enfebrecido *agg.* infiammato, esaltato.
enfermar *v.tr.* **1** ledere, far male a, fare ammalare, danneggiare: *el alcohol puede — el hígado*, l'alcol può causare danni al fegato **2** (*fig.*) infastidire: *las peleas me enferman*, i litigi mi snervano ♦ *v.intr.* ammalarsi: *hay que evitar que el niño enferme*, bisogna evitare che il bambino si ammali ♦ **-se** *v.pron.* (*Amer.*) ammalarsi.
enfermedad *s.f.* **1** malattia, piaga, morbo | *padecer una* —, soffrire di una malattia | (*med.*) — *azul*, cianosi | — *sagrada*, epilessia | — *infecciosa*, malattia infettiva | — *venérea*, malattia venerea | — *del sueño*, malattia del sonno | — *de las vacas locas*, morbo della mucca pazza | — *de Parkinson, de Alzheimer*, morbo di Parkinson, di Alzheimer | — *ocupacional/profesional*, malattia professionale/del lavoro **2** (*fig.*) ossessione.
enfermería *s.f.* **1** (*med.*) infermeria **2** studi (*m.pl.*) di infermieristica; lavoro (*m.*) infermieristico.
enfermero *s.m.* (*med.*) infermiere.
enfermizo *agg.* **1** malaticcio, debole; (*di luogo*) malsano, insalubre **2** (*fig.*) morboso.
enfermo *agg., s.m.* malato, infermo | *caer* —, ammalarsi | — *de muerte, de peligro*, malato grave | *poner* —, snervare, fare alterare.
enfermucho *agg.* delicato, malaticcio, cagionevole.
enfervorizar (*con. come* cazar) *v.tr.* infervorare, infiammare: — *el alma de los jovenes*, infiammare l'animo dei giovani.
enfeudación *s.f.* (*st.*) infeudamento.

enfeudar *v.tr.* (*st.*) infeudare.
enfiestarse *v.pron.* (*Amer.*) divertirsi.
enfilar *v.tr.* **1** mettere in fila, allineare: — *las piezas*, mettere in fila i pezzi **2** infilare: — *objetos en hilos*, infilare oggetti in fili **3** rivolgere lo sguardo, puntare: — *el horizonte*, dirigere lo sguardo verso l'orizzonte **4** (*fig.*) infilare, imboccare: — *un estrecho*, imboccare uno stretto ♦ *v.intr.* dirigersi: — *hacia un lugar*, dirigersi verso un luogo.
enfisema *s.m.* (*med.*) enfisema | — *pulmonar*, enfisema polmonare.
enfisematoso *agg.* (*med.*) enfisematoso.
enflaquecer (*con. come* agradecer) *v.tr.* **1** far dimagrire **2** debilitare, fiaccare ♦ *v.intr.* **1** dimagrire **2** (*fig.*) indebolirsi, venir meno **3** scoraggiarsi, perdersi d'animo.
enflaquecimiento *s.m.* dimagrimento.
enflautar *v.tr.* **1** soffiare **2** (*fig., fam.*) imbrogliare, fregare, gabbare.
enflorar *v.tr.* infiorare.
enfocar (*con. come* pescar) *v.tr.* **1** illuminare **2** (*cinem., foto.*) mettere a fuoco (*anche fig.*) **3** (*fig.*) analizzare, esaminare, impostare: — *la cuestión desde otro punto de vista*, esaminare la questione da un altro punto di vista.
enfoque *s.m.* **1** messa (*f.*) a fuoco **2** (*fig.*) approccio, impostazione (*f.*).
enfrascar (*con. come* pescar) *v.tr.* imbottigliare, infiascare, mettere in flaconi ♦ **-se** *v.pron.* concentrarsi, immergersi.
enfrenar *v.tr.* **1** frenare, trattenere **2** (*cavallo*) mettere il morso.
enfrentamiento *s.m.* scontro, lite (*f.*): — *social*, scontro sociale.
enfrentar *v.tr.* affrontare (*anche fig.*), mettere di fronte a, opporre: *tienes que — tu miedo a los exámenes*, devi affrontare la tua paura degli esami ♦ **-se** *v.pron.* opporsi, fronteggiare, scontrarsi: *me enfrenté con su padre y desde entonces no le hablo*, mi scontrai con suo padre e da allora non gli parlo.
enfrente *avv.* **1** di fronte, dirimpetto: *estaba sentada — de mí*, era seduta di fronte a me | *la acera de —*, il partito opposto, la banda opposta | *ser de la acera de —*, essere dell'altra sponda, essere omosessuale **2** contro: *está — de todo*, è contro tutto.
enfriador *agg., s.m.* raffreddatore.
enfriamiento *s.m.* **1** (*anche fig.*) raffreddamento: *medio de —*, mezzo di raffreddamento; — *de las pasiones*, raffreddamento delle passioni **2** (*med.*) raffreddore.
enfriar (*con. come* confiar) *v.tr.* raffreddare (*anche fig.*) ♦ **-se** *v.pron.* attenuarsi, scemare: *el partido se enfrió desde el comienzo*, la partita cominciò a infiacchirsi fin dal principio.
enfundar *v.tr.* infoderare ♦ **-se** *v.pron.* indossare, infilarsi: — *los guantes*, infilarsi i guanti.
enfurecer (*con. come* agradecer) *v.tr.* infuriare, rendere furioso ♦ **-se** *v.pron.* infuriarsi, arrabbiarsi: *se enfureció de ver tantas fechorías*, si arrabbiò vedendo tante malefatte.
enfurecido *agg.* infuriato, furioso.
enfurecimiento *s.m.* furore.
enfurruñamiento *s.m.* (*fam.*) broncio.
enfurruñarse *v.pron.* (*fam.*) imbronciarsi.
engaitar *v.tr.* ingannare, imbrogliare.
engalanado *agg.* **1** (*di persona*) agghindato **2** (*di cosa*) adornato, decorato.
engalanar *v.tr.* agghindare, addobbare ♦ **-se** *v.pron.* agghindarsi.
engallado *agg.* **1** diritto, eretto **2** (*fig.*) superbo, altero, altezzoso.
engallarse *v.pron.* ringalluzzirsi.
enganchamiento *s.m.* aggancio.
enganchar *v.tr.* **1** agganciare **2** (*mil.*) reclutare, arruolare **3** (*fig.*) allettare, adescare **4** (*fam.*) dare dipendenza: *el juego engancha*, il gioco crea dipendenza ♦ **-se** *v.pron.* **1** agganciarsi **2** (*fam.*) diventare tossicomane; diventare dipendente da qlco.: *hay personas que están enganchadas al juego*, ci sono persone che hanno il vizio del gioco.
enganche *s.m.* **1** aggancio: *el — de la cremallera está roto*, l'attacco/l'incastro della cerniera non funziona **2** (*mil.*) arruolamento **3** (*fam.*) dipendenza (*f.*), assuefazione (*f.*).
enganchón *s.m.* strappo, lacerazione (*f.*).
engañador *s.m.* seduttore, ammaliatore ♦ *agg.* **1** ingannevole **2** affascinante, seducente.
engañar *v.tr.* **1** ingannare, truffare | — *como a un chino*, ingannare qlcu. come un bambino **2** sedurre: *la engañó para después dejarla abandonada*, la sedusse per poi abbandonarla **3** (*fam.*) essere infedele a, tradire **4** (*cuc.*) condire, insaporire: *mi mamá de costumbre engañaba la carne con el tomate*, mia madre era solita insaporire la carne con il pomodoro ♦ **-se** *v.pron.* ingannarsi, sbagliarsi.
engañifa *s.f.* (*fam.*) **1** apparenza: *todo lo demás es pura —*, tutto il resto è pura apparenza **2** imbroglio (*m.*), inganno (*m.*): *víctima de una vil —*, vittima di un vile imbroglio.
engaño *s.m.* inganno | *deshacer un —*, svelare un inganno | *llamarse a —*, venire meno a un accordo con la motivazione di essere stati ingannati/raggirati | *caer en el —*, abboccare all'amo.
engañoso *agg.* ingannevole.
engarabitar *v.intr.* inerpicarsi, arrampicarsi ♦ **-se** *v.pron.* contrarsi, rattrappirsi.
engarbullar *v.tr.* ingarbugliare.

engarce *s.m.* **1** concatenamento **2** (*oreficeria*) castone; incastonatura (*f.*).
engargantar *v.tr.* ingozzare.
engarro *s.m.* presa (*f.*).
engarzar (*con. come* cazar) *v.tr.* **1** concatenare, infilare: — *años y siglos*, concatenare anni e secoli **2** (*oreficeria*) incastonare: — *una piedra preciosa*, incastonare una pietra preziosa.
engastador *s.m.* incastonatore.
engastar *v.tr.* (*oreficeria*) incastonare.
engaste *s.m.* **1** incastonatura (*f.*) **2** (*incavo*) castone.
engatusamiento *s.m.* truffa (*f.*), raggiro.
engatusar *v.tr.* **1** abbindolare, raggirare **2** (*fam.*) sedurre.
engendramiento *s.m.* (*biol.*) concepimento.
engendrar *v.tr.* **1** generare, procreare **2** (*fig.*) causare, originare ♦ **-se** *v.pron.* avere origine: *los sitios donde se engendra la turba se llaman turberas*, i luoghi dove ha origine la torba si chiamano torbiere.
engendro *s.m.* **1** (*biol.*) embrione **2** (*fig.*) aborto, mostruosità (*f.*).
engibarse *v.pron.* ingobbirsi.
englobar *v.tr.* inglobare, includere, comprendere.
engolado *agg.* **1** (*voce*) grave, gutturale **2** (*fig.*) enfatico, grave.
engolfarse *v.pron.* (*fig.*) sprofondare, immergersi: — *en discusiones bizantinas*, impantanarsi in discussioni bizantine.
engolosinar *v.tr.* attrarre, allettare ♦ **-se** *v.pron.* (*con*) prendere gusto.
engominarse *v.pron.* (*capelli*) darsi il gel.
engordar *v.tr.* far ingrassare, ingrassare: — *a los animales*, ingrassare gli animali ♦ *v.intr.* **1** ingrassare, diventare grasso **2** (*fig.*) arricchirsi, prosperare: *está engordando con sus negocios*, si sta arricchendo con i suoi affari.
engorde *s.m.* (*allevamento*) ingrasso.
engorrarse *v.pron.* conficcarsi, aggrapparsi, agganciarsi.
engorro *s.m.* fastidio, seccatura (*f.*).
engorroso *agg.* fastidioso, molesto.
engranaje *s.m.* ingranaggio (*anche fig.*) | *estar preso en el* —, essere una ruota dell'ingranaggio | (*tecn.*) — *de bolas*, cuscinetto a sfere.
engranar *v.tr.* **1** (*mecc., fig.*) ingranare **2** (*fig.*) concatenare, collegare: — *una pieza con otra*, collegare un pezzo all'altro.
engrandecer (*con. come* agradecer) *v.tr.* **1** ingrandire **2** (*fig.*) accrescere, nobilitare, elevare.
engrandecimiento *s.m.* **1** accrescimento **2** (*fig.*) esaltazione (*f.*) **3** (*fig.*) ascesa (*f.*).
engrapadora *s.f.* cucitrice.
engrapar *v.tr.* (*carta*) cucire, pinzare.
engrasado *s.m.* (*allevamento*) ingrasso.
engrasar *v.tr.* **1** ingrassare, lubrificare **2** macchiare di grasso, ungere **3** (*fam.*) allungare denaro, corrompere, ungere: *engrasó al secretario para obtener la información*, corruppe il segretario per ottenere l'informazione ♦ **-se** *v.pron.* ungersi.
engrase *s.m.* **1** lubrificante **2** (*azione*) lubrificazione (*f.*).
engravecer (*con. come* agradecer) *v.tr.* aggravare.
engreído *agg.* arrogante, superbo.
engreimiento *s.m.* boria (*f.*), superbia (*f.*).
engreír (*con. come* reír) *v.tr.* **1** inorgoglire **2** (*Amer.*) viziare, accontentare ♦ **-se** *v.pron.* insuperbirsi, inorgoglirsi.
engrescar (*con. come* pescar) *v.tr.* attaccare briga.
engrifar *v.tr.* arricciare ♦ **-se** *v.pron.* (*cavalli*) imbizzarrirsi.
engrosamiento *s.m.* **1** ingrossamento **2** (*fig.*) crescita (*f.*), aumento.
engrosar (*con. come* contar) *v.tr.* (*anche fig.*) ingrossare ♦ *v.intr.* ingrassare.
engrumecerse (*con. come* agradecer) *v.pron.* raggrumarsi.
enguantar *v.tr.* inguantare.
enguatar *v.tr.* ovattare.
enguijarrado *s.m.* acciottolato.
enguijarrar *v.tr.* acciottolare.
enguirnaldar *v.tr.* inghirlandare.
engullir (*con. come* bullir) *v.tr.* inghiottire; divorare, trangugiare.
engurrio *s.m.* tristezza (*f.*), malinconia (*f.*).
enharinado *s.m.* (*cuc.*) infarinatura (*f.*).
enharinar *v.tr.* (*cuc.*) infarinare.
enhebillar *v.tr.* infilare nella fibbia.
enhebrar *v.tr.* **1** (*un ago, perle*) infilare **2** (*fig.*) snocciolare, sciorinare: *enhebró un cuento tras otro*, snocciolò una storia dopo l'altra.
enhestadura *s.f.* raddrizzamento (*m.*).
enhestar (*con. come* acertar) *v.tr.* ergere, drizzare.
enhiesto *agg.* dritto, eretto.
enhilar *v.tr.* **1** (*un ago, perle*) infilare **2** (*fig.*) mettere in fila, ordinare **3** (*fig.*) dirigere, indirizzare ♦ *v.intr.* (*fig.*) mettersi in moto, avviarsi.
enhorabuena *s.f.* congratulazioni (*pl.*), felicitazioni (*pl.*) | *dar la* —, congratularsi | *llegar* —, arrivare felicemente | *¡—!*, auguri! ♦ *avv.* felicemente.
enhoramala *avv.* sfortunatemente.
enhornar *v.tr.* infornare.
enigma *s.m.* enigma.
enigmático *agg.* enigmatico.
enigmística *s.f.* enigmistica.
enjabelgado *s.m.* imbiancatura (*f.*).
enjabelgar (*con. come* llegar) *v.tr.* imbiancare.

enjabonada *s.f.* insaponata.
enjabonado *s.m.* insaponatura (*f.*), insaponata (*f.*).
enjabonadura *s.f.* insaponatura.
enjabonar *v.tr.* **1** insaponare **2** (*fig.*) adulare: — *al jefe*, adulare il capo **3** (*fam.*) sgridare, dare una lavata di capo.
enjalbegar (*con. come* llegar) *v.tr.* imbiancare.
enjambrar *v.tr.* (*apicoltura*) **1** raccogliere sciami dispersi **2** separare uno sciame da un altro ♦ *v.intr.* (*api*) sciamare.
enjambre *s.m.* sciame (*anche fig.*): — *de curiosos*, nugolo di curiosi.
enjaretar *v.tr.* **1** inguainare **2** (*fig., fam.*) buttare lì, lasciar sfuggire **3** (*fig., fam.*) ammollare, affibbiare: *me han enjaretado un trabajo horroroso*, mi hanno affibbiato un lavoro orrendo.
enjaular *v.tr.* ingabbiare, incarcerare.
enjerto *s.m.* **1** (*bot.*) innesto **2** (*fig.*) miscuglio.
enjoyar *v.tr.* **1** (*anche fig.*) ingioiellare, adornare **2** (*oreficeria*) incastonare ♦ **-se** *v.pron.* ingioiellarsi.
enjuagadientes *s.m.* (*farm.*) colluttorio.
enjuagar (*con. come* llegar) *v.tr.* sciacquare, risciacquare ♦ **-se** *v.pron.* fare gli sciacqui, sciacquarsi la bocca.
enjuague *s.m.* **1** sciacquo **2** (*farm.*) colluttorio **3** (*fig.*) maneggio, affare, intrallazzo.
enjugar (*con. come* llegar) *v.tr.* **1** asciugare: — *el sudor*, asciugare il sudore **2** (*un debito*) estinguere ♦ **-se** *v.pron.* dimagrire, sciuparsi.
enjuiciamiento *s.m.* (*dir.*) procedimento giudiziario.
enjuiciar *v.tr.* **1** giudicare **2** (*dir.*) processare, giudicare **3** (*dir.*) istruire una causa.
enjuncar (*con. come* pescar) *v.tr.* coprire di giunchi.
enjundia *s.f.* **1** grasso (*m.*) di animale; sugna **2** (*fig.*) cuore (*m.*), nocciolo (*m.*) **3** (*fig.*) valore: *la cuestión de mayor* —, la questione di maggior valore.
enjundioso *agg.* (*fig.*) sostanzioso.
enjunque *s.m.* (*mar.*) zavorra (*f.*).
enjutez *s.f.* **1** siccità **2** (*persona*) secchezza, magrezza.
enjuto *agg.* **1** asciutto **2** (*di persona*) magro, secco **3** (*fig.*) scarso, limitato.
enlace *s.m.* **1** unione (*f.*), connessione (*f.*), collegamento: — *telefónico*, allacciamento telefonico | — *matrimonial*, vincolo matrimoniale, nozze **2** (*aer., ferr.*) coincidenza (*f.*) **3** (*aut.*) raccordo **4** (*comm., dir.*) intermediario, mediatore | — *sindical*, delegato sindacale **5** (*chim.*) legame | — *iónico*, legame ionico.
enladrillado *agg., s.m.* (*edil.*) ammattonato | *el cielo está* —, il cielo è grigio.
enladrillador *s.m.* (*edil.*) ammattonatore.
enladrillar *v.tr.* (*edil.*) ammattonare.
enlatar *v.tr.* **1** inscatolare **2** conservare.
enlazar (*con. come* cazar) *v.tr.* **1** allacciare, unire, collegare **2** cingere, circondare con un braccio ♦ *v.intr.* **1** (*ferr.*) fare coincidenza **2** collegarsi: *el salón enlaza con el pasillo*, il salone si collega al corridoio ♦ **-se** *v.pron.* sposarsi, unirsi in matrimonio.
enlerdar *v.tr.* intralciare, ritardare.
enligar (*con. come* llegar) *v.tr.* invischiare ♦ **-se** *v.pron.* (*di uccelli*) impaniarsi.
enllentecer (*con. come* agradecer) *v.tr.* rendere tenero, ammorbidire.
enlodar *v.tr.* (*anche fig.*) infangare.
enloquecedor *agg.* pazzesco, snervante, esasperante.
enloquecer (*con. come* agradecer) *v.tr.* far impazzire (*anche fig.*) ♦ *v.intr.* impazzire (*anche fig.*): *mi marido enloquece con los dulces*, mio marito impazzisce per i dolci ♦ **-se** *v.pron.* impazzire.
enloquecimiento *s.m.* pazzia (*f.*), follia (*f.*).
enlosado *s.m.* (*edil.*) pavimentazione (*f.*).
enlosar *v.tr.* (*edil.*) pavimentare.
enlucido *agg.* intonacato ♦ *s.m.* intonaco.
enlucidor *s.m.* (*edil.*) intonacatore.
enlucir *v.tr.* (*edil.*) intonacare.
enlustrecer (*con. come* agradecer) *v.tr.* lucidare.
enlutar *v.tr.* **1** vestire a lutto **2** (*fig.*) oscurare **3** (*fig.*) affliggere, rattristare, intristire.
enmangar (*con. come* llegar) *v.tr.* dotare di manico.
enmarañado *agg.* (*anche fig.*) aggrovigliato.
enmarañamiento *s.m.* (*anche fig.*) aggrovigliamento, ingarbugliamento: *el — del conflícto*, l'ingarbugliamento del conflitto.
enmarañar *v.tr.* **1** aggrovigliare; arruffare **2** (*fig.*) ingarbugliare, complicare ♦ **-se** *v.pron.* ingarbugliarsi, complicarsi.
enmarcar (*con. come* pescar) *v.tr.* **1** incorniciare **2** inquadrare, collocare, inserire ♦ **-se** *v.pron.* inquadrarsi: *la reunión se enmarca en una ronda de negociaciones*, la riunione si inquadra in un giro di trattative.
enmarillecerse (*con. come* agradecer) *v.pron.* ingiallire.
enmascarado *s.m.* persona (*f.*) mascherata.
enmascaramiento *s.m.* mascheramento.
enmascarar *v.tr.* **1** mascherare **2** (*fig.*) nascondere, dissimulare ♦ **-se** *v.pron.* mascherarsi.
enmelar (*con. come* acertar) *v.tr.* **1** coprire di miele **2** (*fig.*) addolcire ♦ *v.intr.* (*di ape*) mellificare.
enmendable *agg.* emendabile.
enmendamiento *s.m.* emendamento.
enmendar (*con. come* acertar) *v.tr.* **1** emen-

dare, correggere **2** risarcire **3** (*dir.*) riformare (una sentenza) ♦ **-se** *v.pron.* correggersi.
enmienda *s.f.* **1** emendamento (*m.*) **2** correzione, rettifica; postilla | *sin —*, senza emendamenti, copia conforme | (*fig.*) *no tener —*, essere incorreggibile.
enmohecer (*con. come* agradecer) *v.intr.* **1** ammuffire **2** arrugginire ♦ **-se** *v.pron.* **1** ammuffire **2** (*fig.*) arrugginire, atrofizzarsi: *sin ejercicio la memoria enmohece*, senza esercizio la memoria si arrugginisce.
enmohecido *agg.* **1** (*anche fig.*) arrugginito **2** ammuffito.
enmohecimiento *s.m.* **1** (*anche fig.*) arrugginimento: *— del hierro*, l'arrugginimento del ferro **2** ammuffimento: *— de los alimentos*, ammuffimento degli alimenti.
enmontarse *v.pron.* andare sui monti, darsi alla macchia, imboscarsi.
enmoquetar *v.tr.* coprire di moquette, mettere la moquette.
enmordazar (*con. come* cazar) *v.tr.* imbavagliare.
enmudecer (*con. come* agradecer) *v.tr.* zittire, far tacere ♦ *v.intr.* ammutolire, tacere: *los disparos enmudecieron con el alto el fuego*, gli spari tacquero al cessate il fuoco.
enmudecimiento *s.m.* mutismo.
enmugrecer (*con. come* agradecer) *v.tr.* sporcare.
enmustiar *v.tr.* intristire ♦ **-se** *v.pron.* (*di pianta*) appassire, avvizzire.
ennegrecer (*con. come* agradecer) *v.tr.* annerire ♦ **-se** *v.pron.* oscurarsi.
ennegrecimiento *s.m.* (*anche fig.*) annerimento, oscuramento.
ennoblecer (*con. come* agradecer) *v.tr.* (*anche fig.*) nobilitare, dare decoro, rendere signorile: *lo que no ennoblece degrada*, quello che non nobilita degrada.
ennoblecimiento *s.m.* nobilitazione (*f.*).
enojadizo *agg.* permaloso; irascibile.
enojar *v.tr.* indispettire ♦ **-se** *v.pron.* **1** arrabbiarsi, stizzirsi **2** (*di mare, vento*) infuriarsi.
enojo *s.m.* **1** rabbia (*f.*), collera (*f.*) | *crecido de —*, invasato dall'ira **2** (*spec. pl.*) fastidi (*pl.*), dispiaceri (*pl.*): *mi hijo me procura enojos de todo tipo*, mio figlio mi dà dispiaceri d'ogni tipo.
enojoso *agg.* noioso, fastidioso.
enol *s.m.* (*chim.*) enolo.
enología *s.f.* enologia.
enológico *agg.* enologico.
enólogo *s.m.* enologo.
enómetro *s.m.* enometro.
enorgullecer (*con. come* agradecer) *v.tr.* inorgoglire ♦ **-se** *v.pron.* inorgoglirsi.
enorgullecimiento *s.m.* inorgoglimento.
enorme *agg.* enorme.
enormidad *s.f.* (*anche fig.*) enormità.
enoteca *s.f.* enoteca.
enotecnia *s.f.* enotecnia.
enotécnico *agg.* enotecnico.
enquiciar *v.tr.* **1** incardinare: *— una puerta*, incardinare una porta **2** (*fig.*) ordinare, mettere in sesto: *— los destinos del país*, rimettere in sesto le sorti del Paese.
enquistamiento *s.m.* (*med.*) incistamento.
enquistar *v.tr.* imbottire ♦ **-se** *v.pron.* **1** (*med.*) incistarsi **2** (*fig.*) paralizzarsi.
enrabiar *v.tr.* fare arrabbiare ♦ **-se** *v.pron.* arrabbiarsi.
enraizar (*con. come* cazar) *v.intr.* mettere radici, radicare ♦ **-se** *v.pron.* (*bot.*, *fig.*) radicare, radicarsi, mettere radici.
enralecer (*con. come* agradecer) *v.intr.* diradarsi, rarefarsi: *el aire enralece*, l'aria si rarefa.
enramada *s.f.* **1** pergolato (*m.*): *en el jardín había una —*, nel giardino c'era un pergolato **2** (*bot.*) fronde (*pl.*).
enramar *v.tr.* infrascare ♦ *v.intr.* (*bot.*) ramificare ♦ **-se** *v.pron.* infrascarsi.
enranciar *v.tr.* rendere rancido ♦ **-se** *v.pron.* irrancidirsi.
enrarecer (*con. come* agradecer) *v.tr.* rarefare ♦ **-se** *v.pron.* rarefarsi, essere scarso.
enrarecimiento *s.m.* rarefazione (*f.*).
enrasar *v.tr.* **1** (*anche fig.*) appianare, livellare: *— el terreno*, livellare il terreno **2** (*edil.*) rasare.
enrase *s.m.* livellamento.
enrayar *v.tr.* munire di raggi.
enredadera *s.f.* (*bot.*) rampicante (*m.*).
enredado *agg.* (*anche fig.*) intricato, aggrovigliato: *un largo camino —*, un lungo sentiero intricato.
enredador *agg.*, *s.m.* **1** pasticcione, maldestro, arruffone **2** intrigante: *es un miserable —*, è un miserabile intrigante.
enredar *v.tr.* **1** aggrovigliare, ingarbugliare (*anche fig.*): *la explicación terminó enredándome las ideas*, la spiegazione finì col confondermi le idee **2** coinvolgere, tirar dentro: *le enredó en un negocio sucio*, lo coinvolse in un affare sporco **3** (*fig.*) infastidire: *deja de — a todo el mundo con tus rabietas*, smettila di infastidire tutti con le tue bizze **4** trattenere, non lasciar andare (qlcu.): *venía para casa pero los amigos me enredaron*, tornavo a casa ma gli amici mi trattennero ♦ *v.intr.* **1** (*fam.*) fare confusione, disturbare: *los chicos empiezan a —*, i ragazzi cominciano a far confusione **2** giocherellare, trastullarsi **3** seminare zizzania, mettere discordia ♦ **-se** *v.pron.* **1** ingarbugliarsi, imbrogliarsi (*anche fig.*) **2** impigliarsi; invischiarsi (*anche fig.*) **3** (*fam.*) avere una tresca/una relazione amorosa con qlcu.: *al poco tiempo*

de conocerla se enredó con otra mujer, poco dopo averla conosciuta ebbe una tresca con un'altra donna.
enredo *s.m.* **1** garbuglio **2** (*fig.*) complicazione (*f.*), pasticcio; intrigo, imbroglio, raggiro **3** (*lett.*) intreccio | *comedia de* —, commedia d'intreccio **4** (*fam.*) diavoleria (*f.*), monelleria (*f.*) **5** (*adulterio*) tresca (*f.*), relazione (*f.*), storia (*f.*).
enredoso *agg.* ingarbugliato, intricato.
enrejado *s.m.* **1** rete (*f.*), graticcio **2** inferriata (*f.*), cancello **3** (*cucito*) lavoro a intreccio.
enrejar *v.tr.* recintare.
enrevesado *agg.* intricato, ingarbugliato, complicato, difficile.
enriquecer (*con. come* agradecer) *v.tr./intr.* arricchire: *esta leche está enriquecida con vitaminas*, questo latte è arricchito con vitamine; *no llores, las experiencias enriquecen*, non piangere, le esperienze arricchiscono ♦ **-se** *v.pron.* arricchirsi.
enriquecimiento *s.m.* (*anche fig.*) arricchimento: *el — del uranio*, l'arricchimento dell'uranio.
enriscado *agg.* scosceso, roccioso, erto.
enristrar *v.tr.* **1** (*mil.*, *lancia*) porre in resta **2** (*fig.*) risolvere.
enrizamiento *s.m.* arricciamento.
enrocar (*con. come* pescar) *v.tr.* (*scacchi*) arroccare.
enrojecer (*con. come* agradecer) *v.tr.* **1** arrossare, tingere di rosso **2** arroventare ♦ *v.intr.* arrossarsi; arrossire ♦ **-se** *v.pron.* diventare rosso; arrossire: *el rostro se le enrojeció de verguenza*, il viso gli si fece rosso per la vergogna.
enrojecimiento *s.m.* rossore; arrossamento: — *cutáneo*, arrossamento cutaneo.
enrolamiento *s.m.* **1** (*mar.*, *mil.*) arruolamento **2** affiliazione (*f.*).
enrolar *v.tr.* (*mar.*, *mil.*) arruolare.
enrollable *agg.* arrotolabile, avvolgibile | *persiana* —, persiana avvolgibile.
enrollado *agg.* **1** arrotolato: *una hoja enrollada*, una foglia arrotolata **2** (*fig.*, *fam.*) coinvolto, preso, impegnato: *está — con el trabajo*, è molto preso dal lavoro **3** (*fam.*) estroverso, chiacchierone; simpatico.
enrollamiento *s.m.* arrotolamento, avvolgimento.
enrollar *v.tr.* **1** arrotolare, avvolgere: — *una cuerda*, arrotolare una corda **2** (*fam.*) affascinare, incantare: *no me enrolla nada su nueva película*, il suo nuovo film non mi affascina per nulla **3** (*fig.*) incastrare, imbrogliare: *enrolla a todo el mundo*: riesce a imbrogliare tutti ♦ **-se** *v.pron.* (*fam.*) **1** appassionarsi a, essere coinvolto/preso da: — *con el cine*, appassionarsi al cinema **2** far gruppo, aggregarsi: *se ha enrollado con un grupo de actores*, si è messo con un gruppo di attori | (*fig.*) — *como una persiana con alguien*, attaccare un bottone a qlcu. **3** (*fam.*, *saperci fare*) destreggiarsi, cavarsela; avere tatto: *sabe — muy bien con sus compañeros*, sa destreggiarsi molto bene con i suoi compagni **4** avere una storia, uscire: *se ha enrollado con mi hermano*, esce con mio fratello.
enrolle *s.m.* **1** interesse, passione (*f.*): *su — fueron las aventuras de Tin Tin*, la sua passione furono le avventure di Tin Tin (*f.*) **2** loquacità (*f.*) **3** legame, storia (*f.*), flirt: *buscaba un* —, cercavo un legame.
enronquecer (*con. come* agradecer) *v.tr.* far diventare rauco ♦ *v.intr.* diventare rauco.
enronquecimiento *s.m.* raucedine (*f.*).
enroque *s.m.* (*scacchi*) arroccamento.
enroscamiento *s.m.* avvitamento.
enroscar (*con. come* pescar) *v.tr.* **1** attorcigliare **2** avvitare ♦ **-se** *v.pron.* torcersi: *el hombre se enroscaba de dolor en medio de la calle*, l'uomo si torceva dal dolore in mezzo alla strada.
enrubiar *v.tr.* imbiondire.
enrudecer (*con. come* agradecer) *v.tr.* **1** imbarbarire **2** (*fig.*) ottundere, intorpidire, infiacchire.
ensaimada *s.f.* (*cuc.*) dolce formato da un rotolo di pasta avvolto a spirale.
ensalada *s.f.* **1** insalata | — *de frutas*, macedonia | — *de tiros/balas*, sparatoria **2** (*fig.*) mescolanza, guazzabuglio (*m.*) **3** (*lett.*) centone (*m.*) poetico.
ensaladera *s.f.* insalatiera.
ensaladilla *s.f.* insalata russa.
ensalmo *s.m.* filastrocca (*f.*), cantilena (*f.*) | *por* —, per incanto.
ensalzamiento *s.m.* elogio.
ensalzar (*con. come* cazar) *v.tr.* magnificare, lodare, elogiare ♦ **-se** *v.pron.* esaltarsi.
ensamblado *s.m.* assemblaggio.
ensamblador *s.m.* assemblatore.
ensamblaje *s.m.* assemblaggio.
ensamblar *v.tr.* **1** assemblare **2** (*inform.*) codificare.
ensanchamiento *s.m.* ampliamento, allargamento: — *de la calle*, allargamento della strada.
ensanchar *v.tr.* allargare ♦ **-se** *v.pron.* **1** allargarsi, estendersi **2** (*fig.*) darsi arie, gasarsi: *se ensancha cuando lo felicitan por sus poemas*, si pavoneggia quando gli fanno i complimenti per le sue poesie.
ensanche *s.m.* **1** allargamento, estensione (*f.*) **2** (*urbanistica*) ampliamento urbanistico.
ensangrentamiento *s.m.* insanguinamento.
ensangrentar (*con. come* acertar) *v.tr.* insanguinare ♦ **-se** *v.pron.* **1** insanguinarsi,

macchiarsi di sangue (*anche fig.*) **2** (*fig.*) accendersi, infuriarsi.
ensañamiento *s.m.* (*anche dir.*) accanimento.
ensañarse *v.pron.* inferocirsi, accanirsi: *el hombre se ensañó con el pobre perro*, l'uomo si accanì contro il povero cane.
ensartar *v.tr.* **1** infilare: — *macarrones para formar un collar*, infilare maccheroni per fare una collana **2** infilzare, attraversare **3** (*fig.*) infilare, snocciolare: — *cuentos*, snocciolare racconti.
ensayador *s.m.* (*metall.*) saggiatore.
ensayar *v.tr.* **1** provare, saggiare; collaudare **2** (*teatr.*) provare, fare le prove.
ensaye *s.m.* (*metall.*) saggiatura (*f.*).
ensayismo *s.m.* (*lett.*) saggistica (*f.*).
ensayista *s.m./f.* saggista.
ensayo *s.m.* **1** prova (*f.*), tentativo | (*teatr.*) — *general*, prova generale **2** (*tecn.*) esame, esperimento, collaudo **3** (*lett.*) saggio, trattato; (*genere*) saggistica (*f.*).
enseguida *avv.* subito, immediatamente: *vuelvo* —, torno subito.
enselvar *v.tr.* (*mil.*) mimetizzare ♦ **-se** *v.pron.* mimetizzarsi: *los soldados se enselvaron antes de la batalla*, i soldati si mimetizzarono prima della battaglia.
ensenada *s.f.* (*geogr.*) insenatura.
enseña *s.f.* insegna, stendardo (*m.*).
enseñado *agg.* educato, istruito.
enseñante *s.m./f.* insegnante.
enseñanza *s.f.* **1** insegnamento (*m.*); istruzione | — *primaria, secundaria, superior*, istruzione elementare e media, superiore, universitaria | *oposiciones para la* —, concorso per l'insegnamento | — *a distancia*, insegnamento a distanza **2** (*fig.*) lezione, monito (*m.*), esempio (*m.*): *te servirá de* —, ti servirà da lezione.
enseñar *v.tr.* **1** insegnare, istruire **2** (*esibire*) mostrare | (*fig.*) — *las cartas*, scoprire le proprie carte | (*fig.*) — *los colmillos*, mostrare i denti | — *el látigo*, mostrare il bastone.
enseñorearse *v.pron.* impossessarsi, impadronirsi: — *del poder*, impadronirsi del potere.
enseres *s.m.pl.* **1** attrezzi, utensili; ferri del mestiere **2** (*mobili*) masserizie (*f.*).
ensillada *s.f.* (*geogr.*) sella.
ensilladura *s.f.* (*equitazione*) sellatura.
ensillar *v.tr.* (*equitazione*) sellare.
ensimismado *agg.* **1** astratto, concentrato, assorto **2** (*Amer.*) presuntuoso, pieno di sé.
ensimismamiento *s.m.* astrazione (*f.*), il rimanere assorto.
ensimismarse *v.pron.* concentrarsi, immergersi nei propri pensieri, essere assorto.
ensoberbecerse (*con. come* agradecer) *v.pron.* **1** insuperbirsi **2** (*mare*) agitarsi.
ensoberbecimiento *s.m.* superbia (*f.*), boria (*f.*).
ensobrar *v.tr.* imbustare.
ensogar (*con. come* llegar) *v.tr.* legare (con la corda).
ensombrecer (*con. come* agradecer) *v.tr.* **1** oscurare, ombreggiare **2** (*fig.*) immalinconire, rattristare: *la enfermedad lo ensombrece*, la malattia lo rattrista ♦ **-se** *v.pron.* **1** oscurarsi **2** (*fig.*) rattristarsi: *se ensombrece cuando le hablan del pasado*, si rattrista quando gli parlano del passato.
ensoñación *s.f.* sogno (*m.*), fantasticheria, fantasia.
ensoñar *v.intr.* fantasticare, essere trasognato.
ensopar *v.tr.* inzuppare ♦ **-se** *v.pron.* inzupparsi.
ensordecedor *agg.* assordante | *sonido* —, suono assordante.
ensordecer (*con. come* agradecer) *v.tr.* (*anche fig.*) assordare ♦ *v.intr.* diventare sordo.
ensordecimiento *s.m.* assordamento.
ensortijado *agg.* **1** crespo, arricciato: *pelo — y negro*, capelli crespi e neri **2** inanellato.
ensortijar *v.tr.* **1** inanellare, arricciare **2** (*animali*) mettere l'anello al naso ♦ **-se** *v.pron.* **1** arricciolarsi **2** ingioiellarsi.
ensuciamiento *s.m.* imbrattamento.
ensuciar *v.tr.* sporcare, lordare, imbrattare (*anche fig.*) | (*fam.*) *ensuciarla*, mandare in vacca ♦ **-se** *v.pron.* **1** sporcarsi, macchiarsi (*anche fig.*) **2** (*fam.*) farsela addosso.
ensueño *s.m.* **1** sogno: *la actividad oniríca se compone de ensueños*, l'attività onirica è composta dai sogni **2** illusione (*f.*), fantasticheria (*f.*): *vivía en un mundo de ensueños*, viveva in un mondo di sogni | *de* —, meraviglioso/fantastico, da sogno.
entablado *s.m.* (*edil.*) tavolato, assito.
entablamento *s.m.* (*arch.*) trabeazione (*f.*).
entablar *v.tr.* **1** (*un'azione*) avviare | — *conversación*, intavolare un discorso | — *un pleito*, fare causa **2** (*un pavimento*) ricoprire con tavole **3** (*med., un arto*) steccare.
entable *s.m.* **1** (*gioco, pedine*) disposizione (*f.*) **2** (*Amer.*) impresa (*f.*).
entablillar *v.tr.* (*med.*) steccare.
entalla *s.f.* intaglio (*m.*).
entalladura *s.f.* **1** intaglio (*m.*) **2** incisione.
entallar *v.tr.* **1** (*legno*) intagliare; (*marmo*) scolpire, incidere **2** (*sartoria*) modellare su misura ♦ **-se** *v.pron.* stare/calzare a pennello.
entarimado *s.m.* assito, impiantito; parquet.
entarimador *s.m.* parchettista (*m./f.*).
entarimar *v.tr.* posare il parquet.
entarquinamiento *s.m.* bonifica (*f.*).
entarquinar *v.tr.* bonificare.
éntasis *s.f.* (*arch.*) entasi.
ente *s.m.* **1** (*bur.*) ente: — *público*, ente

pubblico **2** (*fam.*) personaggio, tipo **3** (*filos.*) essenza (*f.*), ente.
enteco *agg.* cagionevole, debole, malaticcio.
entejar *v.tr.* coprire di tegole.
entelar *v.tr.* (*muro*) tappezzare.
entelequia *s.f.* **1** (*filos.*) entelechia **2** (*fig.*, *fam.*) utopia: *lo que dices es una —*, quello che dici è un'utopia.
entelerido *agg.* paralizzato, atterrito.
entendederas *s.f.pl.* comprendonio (*m.sing.*).
entendedor *agg.*, *s.m.* intenditore, esperto | *a buen — pocas palabras*, a buon intenditore poche parole.
entender[1] (*indic.pres.* entiendo, entiendes, entiende, entendemos, entendéis, entienden; *cong.pres.* entienda, entiendas...; *imp.* entiende, entienda, entiendan) *v.tr.* **1** capire, comprendere: *no entiendo lo que dice*, non capisco quello che dice | *¿entiendes?*, capito? **2** ritenere, pensare: *entiendo que es mejor irnos*, penso sia meglio andarcene **3** intendere, avere intenzione di: *entiendo marcharme lo antes posible*, intendo andarmene il prima possibile ♦ *v.intr.* **1** essere esperti di, intendersi di: *tú no entiendes de vinos*, non ti intendi di vini **2** occuparsi di, sovrintendere a: *este es el magistrado que entiende en los casos de adopción*, questo è il magistrato che si occupa dei casi di adozione **3** (*gerg.*) essere gay ♦ **-se** *v.pron.* intendersi, andare d'accordo; mettersi d'accordo: *no se entiende con su hermano*, non va d'accordo con suo fratello | *entendérselas con alguien*, vedersela con qlcu.
entender[2] *s.m.* opinione (*f.*): *a mi —*, a mio avviso/parere.
entendido *agg.* conoscitore, intenditore: *es un abogado muy — en cuestiones fiscales*, è un avvocato esperto di questioni fiscali | *no darse por —*, fare orecchie da mercante ♦ *s.m.* intenditore.
entendimiento *s.m.* **1** comprensione (*f.*), intendimento: *ese libro es demasiado complejo así que su — será poco*, quel libro è troppo complesso, cosicché la sua comprensione sarà scarsa **2** (*fam.*) giudizio, buon senso **3** accordo, intesa (*f.*): *se rompió el — entre los dos*, si è rotto l'accordo tra i due.
entenebrecer (con. come *agradecer*) *v.tr.* (*anche fig.*) oscurare, ottundere, ottenebrare: *no quiero — su alegría*, non voglio oscurare la sua allegria.
entente *s.f.* (*spec. pol.*) accordo (*m.*), intesa, patto (*m.*).
enterado *agg.* informato | *darse por —*, mostrare di aver capito | *quedar —*, venire a sapere ♦ *s.m.* **1** conoscitore, esperto **2** (*fam.*) saputello: *era un —/un enteradillo*, era un saputello.
enterar *v.tr.* informare, mettere al corrente: *nos enteraron de lo que había pasado*, ci misero al corrente di ciò che era accaduto | *esto, para que te enteres*, giusto perché tu lo sappia, questo perché ti sia chiaro | *te vas a —*, vedrai ♦ **-se** *v.pron.* **1** venire a sapere, venire a conoscenza: *se ha enterado de todo*, è venuto a sapere tutto **2** (*fam.*) accorgersi di, rendersi conto di.
entereza *s.f.* **1** interezza; integrità: *hombre de mucha — y dignidad*, uomo di grande integrità e dignità **2** (*fig.*) fermezza, rettitudine, costanza **3** (*fig.*) fermezza, presenza di spirito: *el estoicismo y la entereza del pueblo*, lo stoicismo e la fermezza del popolo.
entérico *agg.* (*anat.*) enterico.
enteritis *s.f.* (*med.*) enterite.
enterizo *agg.* tutto d'un pezzo, intero.
enternecedor (*f.* -a) *agg.* commovente; che fa tenerezza | *ser —*, fare tenerezza.
enternecer (*con. come* agradecer) *v.tr.* (*anche fig.*) intenerire.
enternecimiento *s.m.* (*anche fig.*) intenerimento.
entero *agg.* **1** intero, completo, intatto | *por —*, completamente | *retrato de cuerpo —*, ritratto a figura intera **2** (*fig.*) integro, retto; fermo, deciso | *ser muy —*, essere tutto d'un pezzo **3** (*cuc.*) duro; al dente: *las fresas están todavía un poco enteras*, le fragole sono ancora un po' dure **4** prestante, in buone condizioni: *después de mucha carrera el atleta estaba —*, dopo aver corso tanto l'atleta era ancora fresco | *estar —*, essere in forma **5** (*Amer.*) uguale, simile ♦ *s.m.* **1** numero intero **2** (*econ.*, *di quotazione*) punto: *las eléctricas han bajado tres enteros*, i titoli delle società elettriche hanno perso tre punti.
enterología *s.f.* (*med.*) enterologia.
enterólogo *s.m.* (*med.*) enterologo.
enteropatía *s.f.* (*med.*) enteropatia.
enterotoxina *s.f.* (*med.*) enterotossina.
enterrador *s.m.* becchino, necroforo.
enterramiento *s.m.* seppellimento, sepoltura (*f.*).
enterrar (*con. come* acertar) *v.tr.* seppellire, sotterrare ♦ **-se** *v.pron.* appartarsi, ritirarsi.
entesar (*con. come* acertar) *v.tr.* tendere, mettere in tensione.
entibiar *v.tr.* intiepidire.
entibo *s.m.* **1** (*arch.*) contrafforte **2** (*fig.*) sostegno, appoggio.
entidad *s.f.* **1** (*filos.*) ente (*m.*), essere (*m.*) **2** (*fig.*) valore (*m.*), entità | *gente de mucha —*, gente di grande importanza **3** (*dir.*) ente (*m.*), società, istituzione: *— bancaria*, istituto bancario.
entierro *s.m.* **1** sepoltura (*f.*), tomba (*f.*) **2** (*cerimonia*) funerale; corteo funebre.

entoldado *s.m.* **1** padiglione **2** (*insieme*) tendaggio.
entoldar *v.tr.* mettere le tende ♦ **-se** *v.pron.* (*meteor.*) rannuvolarsi.
entomología *s.f.* (*biol.*) entomologia.
entomológico *agg.* (*biol.*) entomologico.
entomólogo *s.m.* (*biol.*) entomologo.
entonación *s.f.* intonazione; inflessione.
entonador *s.m.* (*mus.*) intonatore.
entonar *v.tr.* **1** (*mus.*, *fig.*) intonare, cantare: — *canciones de gesta*, intonare canzoni di gesta **2** (*mus.*, *uno strumento, la voce*) intonare **3** (*mus.*) dare l'intonazione **4** (*fig.*) rimettere a posto, ristorare, tirare su ♦ *v.intr.* intonarsi, accordarsi, armonizzare: *el color de la pared no entona con los muebles*, il colore del muro non si intona con i mobili ♦ **-se** *v.pron.* **1** montarsi la testa, insuperbire **2** (*fam.*) diventare brillo.
entonces *avv* allora, in quel momento | *desde* —, da allora | *en/por aquel* —, in quel tempo ♦ *cong.* allora, quindi, in tal caso: —, *¿nos vamos?*, allora, ce ne andiamo?
entono *s.m.* **1** intonazione (*f.*) **2** (*fig.*) superbia (*f.*), altezzosità (*f.*), boria (*f.*).
entontecer (*con. come* agradecer) *v.tr.* intontire ♦ **-se** *v.pron.* intontirsi, rimambirsi.
entontecimiento *s.m.* stordimento, intontimento.
entornado *agg.* socchiuso: *tenía la boca entornada*, aveva la bocca socchiusa; *puerta entornada*, porta socchiusa.
entornar *v.tr.* socchiudere ♦ **-se** *v.pron.* piegarsi, inclinarsi.
entorno *s.m.* contesto.
entorpecedor *agg.* di ostacolo, d'intralcio.
entorpecer (*con. come* agradecer) *v.tr.* **1** intorpidire **2** (*fig.*) ostacolare, ritardare; rallentare ♦ **-se** *v.pron.* intorpidirsi.
entorpecimiento *s.m.* **1** intorpidimento **2** (*fig.*) ostacolo, inciampo; rallentamento.
entrada *s.f.* **1** entrata, ingresso (*m.*); accesso (*m.*) | *de* —, per cominciare **2** (*arch.*) ingresso (*m.*), atrio (*m.*) **3** (*biglietto*) ingresso (*m.*), biglietto (*m.*) **4** afflusso (*m.*) di persone, affluenza **5** (*econ.*) introito (*m.*), guadagno (*m.*) | *entradas y salidas*, entrate e uscite **6** anticipo (*m.*): *doy 100 euros de* —, do 100 euro di caparra **7** (*cuc.*) antipasto (*m.*) **8** (*ling.*) lemma (*m.*), voce: *un diccionario de 80.000 entradas*, un vocabolario di 80.000 voci **9** (*sport*) entrata, contrasto (*m.*) | — *en falta*, entrata fallosa.
entradilla *s.f.* (*giorn.*) sottotitolo (*m.*).
entrado *agg.* avanti, avanzato, in là: *no regresó hasta muy entrada la noche*, rientrò solo a notte inoltrata | — *en años*, avanti con gli anni.
entrador *agg.* **1** intraprendente **2** entrante, invadente.
entrambos *agg.pl.* (*lett.*) entrambi.
entrampar *v.tr.* **1** intrappolare: — *un ratón*, intrappolare un topo **2** tendere un agguato **3** (*fig.*) complicare, imbrogliare, confondere: — *la negociación*, complicare i negoziati ♦ **-se** *v.pron.* **1** cadere in trappola: — *en mecanismos especulativos*, intrappolarsi in meccanismi speculativi **2** mettersi nei pasticci **3** indebitarsi: — *con grandes banqueros*, indebitarsi con grandi banchieri.
entraña *s.f.* **1** (*anat.*) viscere (*m.*) **2** (*pl.*) visceri (*m.pl.*), viscere (*pl.*), interiora (*pl.*) | *echar las entrañas*, vomitare l'anima | *sacar las entrañas*, succhiare il sangue **3** (*pl.*, *fig.*) viscere (*pl.*) | *las entrañas de la tierra*, le viscere della terra **4** (*fig.*) centro (*m.*), fulcro (*m.*), nocciolo (*m.*): *la — de la cuestión*, il cuore del problema.
entrañable *agg.* intimo, profondo, viscerale.
entrañar *v.tr.* comportare: *este programa entraña unos riesgos*, questo programma comporta alcuni rischi ♦ **-se** *v.pron.* **1** legarsi profondamente, intimamente **2** (*anche fig.*) entrare, addentrarsi.
entrante *agg.* venturo, prossimo, entrante: *la semana* —, la settimana prossima/ventura ♦ *s.m.* **1** rientranza (*f.*), incavo **2** (*cuc.*) antipasto: *comimos embutidos de* —, abbiamo mangiato degli insaccati come antipasto.
entrar *v.intr.* **1** entrare, accedere **2** introdursi, penetrare: — *por la ventana*, entrare dalla finestra **3** rientrare, essere compreso: *no entra en mis planes*, non rientra nei miei piani; *el servicio no entra en el precio*, il servizio non è incluso nel prezzo | *me ha entrado frío*, mi è venuto freddo | *no — ni salir con algo*, non aver nulla a che vedere con qlco. **4** iniziare, cominciare: *aquí entrarán las trompetas*, a questo punto attaccheranno le trombe; *el invierno entra el 21 de diciembre*, l'inverno inizia il 21 dicembre **5** (*di sentimenti, sensazioni, malattie*) venire, iniziare a farsi sentire: *me ha entrado sueño, frío*, mi è venuto sonno, freddo | — *la tentación*, venire la tentazione | — *la cólera*, montare in collera **6** (*fig.*) essere ammessi a, frequentare: *mi hermano entra en palacio*, mio fratello frequenta il palazzo **7** (*nel gioco*) fare una puntata: *el desconocido entró con 3000 euros*, lo sconosciuto fece una puntata di 3000 euro **8** abituarsi a; conformarsi a: *mi padre no entra por estas novedades*, mio padre non si adegua a queste novità **9** trattare, affrontare: *no consigo entrarle a las matemáticas*, non riesco ad affrontare la matematica; *no sabía cómo entrarle al nuevo profesor*, non sapeva come trattare il nuovo professore | *no entrarle a alguien*, non andare a genio a qlcu. ♦ *v.tr.* **1** portare dentro: *entró los muebles en el piso*, portò i mobili nell'apparta-

mento **2** (*sport*) contrastare, intercettare, entrare in tackle su: *el defensa entró duramente al delantero*, il difensore entrò duramente sull'attaccante.
entre *prep.* **1** (*posizione intermedia*) tra, fra: — *tú y yo*, fra te e me; — *verde y azul*, tra il verde e l'azzurro | *eso quede — nosotros*, questo rimanga tra noi | — *tanto*, frattanto **2** (*per indicare l'insieme, l'azione comune degli elementi designati*) tra, in: *lo traían — cinco*, lo portavano in cinque; *jugamos el partido — cuatro*, abbiamo giocato la partita in quattro; — *la lluvia y la niebla no conseguía conducir bien*, tra la pioggia e la nebbia non riuscivo a guidare bene; *hablaron — ellos*, parlarono tra di loro.
entreabierto *agg.* socchiuso.
entreabrir (*part.pass.* entreabierto) *v.tr.* socchiudere ♦ **-se** *v.pron.* aprirsi (*anche fig.*).
entreacto *s.m.* (*teatr.*) intermezzo.
entrecano *agg.* brizzolato.
entrecejo *s.m.* **1** spazio tra le sopracciglia **2** (*fig.*) cipiglio: *fruncir el —*, corrugare la fronte.
entrecerrar (*con. come* acertar) *v.tr.* (*Amer.*) socchiudere.
entrechocar (*con. come* pescar) *v.tr.* battere, sbattere.
entreclaro *agg.* semibuio.
entrecoger (*con. come* coger) *v.tr.* **1** (*anche fig.*) afferrare, prendere **2** (*fig.*) mettere alle strette.
entrecomillado *s.m.* virgolettato.
entrecomillar *v.tr.* virgolettare.
entrecortado *agg.* (*di voce, suono*) rotto, spezzato, intermittente: *hablar con palabras entrecortadas*, parlare con la voce rotta.
entrecortarse *v.pron.* avere la voce rotta.
entrecot *s.f.* (*cuc.*) entrecôte.
entrecruzar (*con. come* cazar) *v.tr.* intrecciare.
entredicho *s.m.* **1** proibizione (*f.*) **2** (*fig.*) dubbio: *poner en —*, mettere in dubbio **3** (*relig.*) interdetto.
entrega *s.f.* **1** consegna | — *de dinero*, versamento di denaro | — *de premios*, premiazione **2** (*giorn.*, *editoria*) fascicolo (*m.*), dispensa, puntata: *publicar por entregas*, pubblicare a fascicoli **3** (*fig.*) slancio (*m.*), dedizione: *trabaja con —*, lavora con dedizione.
entregado *agg.* (*fig.*) dedicato, dedito: *un hombre — a la justicia*, un uomo dedito alla giustizia.
entregar (*con. come* llegar) *v.tr.* **1** consegnare **2** (*fig.*) lasciare, abbandonare | *entregarla*, tirare le cuoia | — *el alma a Dios*, rendere l'anima ♦ **-se** *v.pron.* **1** arrendersi: — *a la policía*, consegnarsi alla polizia **2** (*fig.*) dedicarsi: — *al estudio*, dedicarsi allo studio **3** (*fig.*) cedere, abbandonarsi: — *al dolor*, abbandonarsi al dolore.
entreguerras, de *loc.agg.* tra le due guerre mondiali: *periodo —*, periodo fra la prima e la seconda guerra mondiale.
entreguismo *s.m.* (*fig.*) arrendevolezza (*f.*), pusillanimità (*f.*).
entrelazado *s.m.* intreccio, intrecciatura (*f.*).
entrelazamiento *s.m.* **1** intreccio **2** (*tecn.*) interallacciamento.
entrelazar (*con. come* cazar) *v.tr.* intrecciare, intessere.
entrelínea *s.f.* (*tip.*) interlinea.
entrelinear *agg.* (*tip.*) interlineare.
entremediar *v.tr.* inframezzare.
entremedias *avv.* **1** (*spazio*) in mezzo: *había dos columnas y una estátua —*, c'erano due colonne e una statua nel mezzo **2** (*tempo*) intanto, nel frattempo: *escribía un romance y, —, publicó otro*, scriveva un romanzo e, nel frattempo, ne pubblicò un altro.
entremés *s.m.* **1** antipasto **2** (*teatr.*) farsa (*f.*), intermezzo.
entremeter *v.tr.* **1** inframezzare **2** rimettere dentro, rinfilare ♦ **-se** *v.pron.* **1** frapporsi **2** (*fig.*) intromettersi, immischiarsi.
entremetido *agg.* indiscreto, invadente ♦ *s.m.* invadente, ficcanaso.
entremetimiento *s.m.* intromissione (*f.*).
entremezclar *v.tr.* mescolare.
entrenador (*f.* -a) *s.m.* allenatore.
entrenamiento *s.m.* allenamento, preparazione (*f.*).
entrenar *v.tr.* allenare, addestrare, esercitare ♦ **-se** *v.pron.* allenarsi.
entreoír (*con. come* oír) *v.tr.* udire indistintamente.
entrepaño *s.m.* **1** pannello: *un sistema de entrepaños*, un sistema di pannelli **2** scaffale, ripiano **3** (*di porte, finestre*) specchiatura (*f.*).
entrepiso *s.m.* ammezzato, piano rialzato.
entreplanta *s.f.* ammezzato (*m.*), piano (*m.*) rialzato.
entrepuente *s.m.* (*mar.*) interponte.
entresaca *s.f.* sfoltitura.
entresacar (*con. come* pescar) *v.tr.* **1** selezionare, estrapolare **2** (*vegetazione, peluria*) sfoltire, diradare.
entresijo *s.m.* **1** (*anat.*) mesentere | *entresijos*, interiora **2** (*fig.*) nascondiglio **3** (*fig.*) segreto.
entresuelo *s.m.* **1** ammezzato, mezzanino **2** (*teatr.*) loggione.
entresueño *s.m.* dormiveglia.
entretalla *s.f.* bassorilievo (*m.*).
entretallar *v.tr.* **1** (*scultura, cucito*) intagliare: *herramientas de —*, attrezzi per intagliare **2** (*fig.*) bloccare, ostruire ♦ **-se** *v.pron.* bloccarsi, rimanere incastrato.

entretanto *avv.* frattanto, nel frattempo.
entretecho *s.m.* (*Amer.*) sottotetto, soffitta (*f.*).
entretejedura *s.f.* intreccio (*m.*).
entretejer *v.tr.* **1** (*tess.*) intessere: — *tejidos diferentes*, intessere tessuti differenti **2** (*anche fig.*) intrecciare: — *juncos para hacer canastos*, intreggiare giunchi per fare cesti; — *los saberes del pasado con el presente*, intrecciare le conoscenze del passato con il presente **3** (*fig.*) riempire, infarcire ♦ **-se** *v.pron.* intrecciarsi: *las ramas se entretejen*, i rami si intrecciano.
entretenedor *agg.* divertente.
entretener (*con. come* tener) *v.tr.* **1** trattenere, bloccare **2** intrattenere, divertire: *entretenía a sus hijos jugando al escondite*, intratteneva i figli giocando a nascondino **3** ritardare, tirare per le lunghe: *entretuvieron el proceso por mucho tiempo*, ritardarono il processo per molto tempo | — *el tiempo*, ingannare il tempo **4** mantenere, conservare: *pese a los años ha entretenido un aspecto lozano y juvenil*, nonostante gli anni ha conservato un aspetto florido e giovanile; *entretuvo alumbrado el cuarto de cama con una lamparilla*, tenne illuminata la stanza da letto con un lumino ♦ **-se** *v.pron.* **1** divertirsi, ricrearsi, svagarsi **2** attardarsi, fermarsi: *me entretuve y llegué tarde*, mi attardai e arrivai in ritardo.
entretenida *s.f.* amante, mantenuta.
entretenido *agg.* **1** divertente: *un viaje muy* —, un viaggio molto divertente | *dar a alguien (con) la entretenida*, tirarla in lungo per evitare di fare qlco. **2** dettagliato, minuzioso.
entretenimiento *s.m.* **1** intrattenimento, divertimento, distrazione (*f.*) **2** passatempo **3** (*tecn.*) manutenzione (*f.*), conservazione (*f.*).
entretiempo *s.m.* mezza stagione (*f.*) | *ropa de* —, vestiti di mezza stagione.
entreventana *s.f.* spazio (*m.*) fra due finestre.
entrever (*con. come* ver) *v.tr.* **1** intravedere, scorgere **2** (*fig.*) congetturare; intuire | *dejar* —, insinuare.
entreverado *agg.* mischiato, frammisto.
entreverar *v.tr.* frapporre ♦ **-se** *v.pron.* (*Amer.*) mescolarsi.
entrevista *s.f.* **1** intervista **2** colloquio (*m.*): — *de trabajo*, colloquio di lavoro.
entrevistador *s.m.* (*giorn.*) intervistatore.
entrevistar *v.tr.* **1** intervistare **2** fare un colloquio (di lavoro) ♦ **-se** *v.pron.* riunirsi.
entristecedor *agg.* rattristante.
entristecer (*con. come* agradecer) *v.tr.* intristire, rattristare ♦ **-se** *v.pron.* rattristarsi.
entristecimiento *s.m.* tristezza (*f.*), amarezza (*f.*).
entrometerse *v.pron.* intromettersi, immischiarsi.
entrometido *agg.* invadente, curioso ♦ *s.m.* intruso, ficcanaso.
entrometimiento *s.m.* intromissione (*f.*).
entroncar (*con. come* pescar) *v.tr.* dimostrare una parentela: *la historia entronca las dinastías*, la storia stabilisce i rapporti dinastici ♦ *v.intr.* **1** imparentarsi: *los romanos quisieron — con la cultura griega*, i romani vollero imparentarsi con la cultura greca **2** connettersi, collegarsi: *la calle entronca con una grande avenida*, la strada si collega a un grande viale.
entronerar *v.tr.* (*biliardo*) imbucare.
entronización *s.f.* intronizzazione.
entronizar (*con. come* cazar) *v.tr.* **1** intronizzare **2** (*fig.*) innalzare, elevare: *entronizaba el sentimiento por encima de la inteligencia*, innalzava il sentimento al di sopra dell'intelligenza ♦ **-se** *v.pron.* insuperbire.
entronque *s.m.* parentela (*f.*), legame.
entropía *s.f.* **1** (*fis.*) entropia **2** (*fig.*) disordine (*m.*), confusione.
entrópico *agg.* (*fis.*) entropico.
entubación *s.f.* intubazione.
entubado *s.m.* **1** (*med.*) intubazione (*f.*) **2** (*min.*) tubaggio.
entubar *v.tr.* (*med.*) intubare.
entuerto *s.m.* torto | *deshacer un* —, riparare un torto.
entumecer (*con. come* agradecer) *v.tr.* intorpidire: *el frío me entumeció las manos*, il freddo mi ha intorpidito le mani ♦ **-se** *v.pron.* **1** intorpidirsi **2** tumefarsi, gonfiarsi: *se le ha entumecido la rodilla*, gli si è gonfiato il ginocchio.
entumecido *agg.* intirizzito.
entumecimiento *s.m.* intorpidimento.
entumirse *v.pron.* intorpidirsi.
enturbiamiento *s.m.* **1** intorbidamento **2** (*fig.*) alterazione (*f.*), offuscamento: *el — de le inteligencia*, l'offuscamento dell'intelligenza.
enturbiar *v.tr.* **1** intorbidire **2** (*fig.*) offuscare: *el ron le enturbió la vista*, il rum gli offuscò la vista ♦ **-se** *v.pron.* oscurarsi.
entusiasmar *v.tr.* entusiasmare ♦ **-se** *v.pron.* entusiasmarsi, rallegrarsi: *los niños se entusiasmaron con la sorpresa*, i bambini si rallegrarono per la sorpresa.
entusiasmo *s.m.* entusiasmo.
entusiasta *agg.*, *s.m./f.* entusiasta.
entusiástico *agg.* entusiastico: *recibió un aplauso* —, ricevette un applauso entusiastico.
enucleación *s.f.* (*biol., med.*) enucleazione.

enumeración *s.f.* **1** enumerazione **2** (*comm.*) inventario.
enumerar *v.tr.* enumerare, contare.
enunciación *s.f.* enunciazione.
enunciado *s.m.* **1** (*ling.*, *gramm.*) enunciato **2** affermazione (*f.*), dichiarazione (*f.*).
enunciar *v.tr.* (*anche mat.*) enunciare.
enunciativo *agg.* (*anche ling.*) enunciativo.
envainar *v.tr.* **1** (*arma*) inguainare **2** avvolgere.
envalentonar *v.tr.* incoraggiare, imbaldanzire ♦ **-se** *v.pron.* imbaldanzirsi.
envalijar *v.tr.* mettere in valigia.
envanecerse (*con. come* agradecer) *v.pron.* **1** inorgoglirsi, essere fiero: *el general se envanece de haber vencido*, il generale è fiero di avere vinto **2** montarsi, imbaldanzirsi.
envanecimiento *s.m.* boria (*f.*), superbia (*f.*).
envarado *agg.* altero.
envaramiento *s.m.* **1** presunzione (*f.*), alterigia (*f.*): *tienes que mantenerte libre de —*, devi mantenerti libero da presunzione **2** (*di membra*) intorpidimento.
envarar *v.tr.* intorpidire ♦ **-se** *v.pron.* **1** irrigidirsi **2** (*fig.*) insuperbire.
envasar *v.tr.* **1** imbottigliare **2** (*botte*) imbottare **3** (*scatola*, *latta*) inscatolare **4** bere, tracannare **5** (*fig.*, *arma*) infilzare.
envase *s.m.* contenitore, recipiente | *— retornable*, vuoto a rendere | *— desechable*, vuoto a perdere.
envejecer (*con. come* agradecer) *v.tr.* invecchiare, rendere vecchio ♦ *v.intr.* invecchiare ♦ **-se** *v.pron.* diventare vecchio, invecchiare: *se ha envejecido mucho con la desgracia*, è invecchiato molto a causa della disgrazia.
envejecimiento *s.m.* invecchiamento.
envenenamiento *s.m.* avvelenamento.
envenenar *v.tr.* **1** avvelenare **2** (*fig.*) avvelenare, rovinare ♦ **-se** *v.pron.* avvelenarsi.
enverdecer (*con. come* agradecer) *v.intr.* inverdire, rinverdire.
envergadura *s.f.* **1** apertura alare **2** (*fig.*) importanza, portata | *un acto de gran —*, un evento di grande importanza **3** (*mar.*) larghezza (delle vele).
enverjado *s.m.* cancellata (*f.*).
envés *s.m.* **1** verso, rovescio, retro: *el — del espejo*, il rovescio dello specchio **2** (*fam.*) schiena (*f.*).
enviado *s.m.* inviato | *— diplomático*, agente diplomatico | *— especial*, inviato speciale.
enviar (*con. come* confiar) *v.tr.* mandare, inviare, spedire | *— a la mierda, a paseo, a la porra*, mandare al diavolo/all'inferno.
enviciar *v.tr.* **1** traviare, viziare: *— las voluntades ajenas*, traviare le volontà altrui **2** indurre, spingere ♦ **-se** *v.pron.* **1** rovinarsi, traviarsi, prendere il vizio: *tengo miedo que se envicie con las drogas*, ho paura che prenda il vizio delle droghe **2** (*fig.*) fissarsi, prendere una mania **3** deformarsi: *la vela se ha enviciado por el calor*, la candela si è defomata a causa del caldo.
envidia *s.f.* invidia, gelosia | *comerse/reconcomerse de —*, crepare/rodersi di invidia | *dar —*, fare invidia: *veo que te ha dado — de mi bolso y te has comprado uno igual*, vedo che ti è piaciuta la mia borsa e te ne sei comprata una identica | *¡si la — fuera tiña qué de tiñosos habría!*, se l'invidia fosse rogna quanti si gratterebbero!
envidiable *agg.* invidiabile.
envidiar *v.tr.* invidiare.
envidioso *agg.* invidioso.
envilecedor *agg.* avvilente.
envilecer (*con. come* agradecer) *v.tr.* **1** rovinare, avvilire **2** (*econ.*) svalutare ♦ **-se** *v.pron.* avvilirsi, umiliarsi.
envilecimiento *s.m.* avvilimento, svilimento, degrado.
envinagrar *v.tr.* mettere sottaceto.
envío *s.m.* invio, rimessa (*f.*), spedizione (*f.*) | *— contra reembolso*, spedizione in contrassegno.
envión *s.m.* spintone.
envite *s.m.* **1** scommessa (*f.*) **2** spinta (*f.*) **3** invito | *al primer —*, all'improvviso.
enviudar *v.intr.* restare vedovo: *hace más de un año que enviudó*, è da più di un anno che è rimasto vedovo.
envoltorio *s.m.* pacchetto, pacco, confezione (*f.*); fagotto | *— para regalo*, confezione regalo.
envoltura *s.f.* **1** copertura **2** involucro (*m.*), confezione: *— para guardar naranjas*, involucro per conservare arance | *— nuclear*, involucro nucleare **3** (*fig.*) apparenza.
envolvedor *s.m.* fasciatoio.
envolvente *agg.* avvolgente.
envolver (*con. come* mover; *part.pass.irr.* envuelto) *v.tr.* **1** avvolgere, ricoprire (*anche fig.*): *lo envolvió una honda amargura*, fu pervaso da una profonda tristezza **2** (*mil.*) aggirare, circondare: *las tropas envolvieron la ciudad*, le truppe circondarono la città **3** incartare **4** coinvolgere, implicare: *lo envolvieron en un caso de malversación de fondos*, lo hanno coinvolto in un caso di peculato **5** (*fig.*) confondere: *me envuelve con sus palabras*, mi confonde con le sue parole.
envolvimiento *s.m.* **1** avvolgimento **2** (*fig.*) coinvolgimento.
envuelto *agg.* avvolto, incartato, fasciato.
enyugar (*con. come* llegar) *v.tr.* aggiogare.
enzima *s.f.* (*biol.*) enzima (*m.*).
enzimático *agg.* (*biol.*) enzimatico.
enzimología *s.f.* (*biol.*) enzimologia.
eñe *s.f.* (*lettera dell'alfabeto*) ñ.

eólico *agg.* eolico | *energía eólica*, energia eolica.
eolio *agg.* eolio, eolico.
eón *s.m.* (*filos.*) eone.
epa *inter.* (*Amer.*) **1** salve! **2** attenzione!
epatante *agg.* eclatante.
epéntesis *s.f.* (*gramm.*, *ling.*) epentesi.
epentético *agg.* (*gramm.*, *ling.*) epentetico.
épica *s.f.* epica.
epicardio *s.m.* (*med.*) epicardio.
epicedio *s.m.* (*lett.*) epicedio.
epicentro *s.m.* (*geol.*) epicentro.
epiciclo *s.m.* (*astr.*) epiciclo.
épico *agg.* epico.
epicureísmo *s.m.* (*filos.*) epicureismo.
epicúreo *agg.*, *s.m.* (*filos.*, *anche fig.*) epicureo.
epidemia *s.f.* (*med.*) epidemia.
epidemicidad *s.f.* (*med.*) epidemicità.
epidémico *agg.* (*med.*) epidemico.
epidemiología *s.f.* (*med.*) epidemiologia.
epidemiólogo *s.m.* (*med.*) epidemiologo.
epidérmico *agg.* **1** (*anat.*) epidermico **2** (*fig.*) superficiale, epidermico: *tiene solo un interés — por el asunto*, nutre solo un interesse superficiale per la questione.
epidermis *s.f.* (*anat.*) epidermide, cute | (*fig.*) *tener la — fina*, essere suscettibile.
epidídimo *s.m.* (*anat.*) epididimo.
epidural *agg.* (*anat.*, *med.*) epidurale.
epifanía *s.f.* **1** (*relig.*) Epifania **2** (*fig.*) epifania, manifestazione.
epifenómeno *s.m.* (*filos.*) epifenomeno.
epífisis *s.f.* (*anat.*) epifisi.
epifonema *s.m.* (*ling.*) epifonema.
epigástrico *agg.* (*anat.*) epigastrico.
epigastrio *s.m.* (*anat.*) epigastrio.
epiglótico *agg.* (*anat.*) epiglottico.
epiglotis *s.f.* (*anat.*) epiglottide.
epígono *s.m.* epigono.
epígrafe *s.m.* **1** epigrafe (*f.*) **2** intestazione (*f.*): *el — del capítulo*, l'intestazione del capitolo.
epigrafía *s.f.* epigrafia.
epigráfico *agg.* epigrafico.
epigrafista *s.m./f.* epigrafista.
epigrama *s.m.* (*lett.*) epigramma.
epigramático *agg.* (*lett.*) epigrammatico.
epigramatista, epigramista *s.m./f.* (*lett.*) epigrammista.
epilepsia *s.f.* (*med.*) epilessia.
epiléptico *agg.* (*med.*) epilettico.
epilogar (*con. come* llegar) *v.tr.* riepilogare.
epílogo *s.m.* (*lett.*, *anche fig.*) epilogo.
epinefrina *s.f.* (*biol.*) epinefrina.
epinicio *s.m.* (*lett.*) epinicio.
epirota *agg.*, *s.m./f.* (*st.*) epirota.
epirótico *agg.* (*st.*) epirotico.
episcopado *s.m.* (*relig.*) episcopato.
episcopal *s.m.* (*relig.*) libro degli uffici episcopali ♦ *agg.* (*relig.*) episcopale.
episódico *agg.* episodico.
episodio *s.m.* **1** episodio **2** (*fam.*) storia (*f.*): *menudo — tuve que montar para salir de la casa*, che razza di storia ho dovuto inventarmi per uscire di casa.
epistemático *agg.* (*filos.*) epistematico.
episteme *s.f.* (*filos.*) episteme.
epistémico *agg.* (*filos.*) epistemico.
epistemología *s.f.* (*filos.*) epistemologia.
epistemológico *agg.* (*filos.*) epistemologico.
epistemólogo *s.m.* epistemologo.
epístola *s.f.* (*anche relig.*) epistola, lettera.
epistolar *agg.* epistolare.
epistolario *s.m.* (*anche relig.*) epistolario.
epistolografía *s.f.* epistolografia.
epistolográfico *agg.* epistolografico.
epistológrafo *s.m.* (*lett.*) epistolografo.
epistrófeo *s.m.* (*anat.*) epistrofeo.
epitafio *s.m.* epitaffio.
epitalamio *s.m.* (*lett.*) epitalamio.
epitálamo *s.m.* (*anat.*) epitalamo.
epitelial *agg.* (*anat.*) epiteliale.
epitelio *s.m.* (*anat.*) epitelio.
epitelioma *s.m.* (*med.*) epitelioma.
epíteto *s.m.* epiteto.
epitomar *v.tr.* epitomare.
epítome *s.m.* epitome (*f.*).
epizoótico *agg.* (*zool.*) epizootico.
época *s.f.* epoca, periodo (*m.*), era, età | *hacer —*, fare epoca | *de —*, d'epoca.
epodo *s.m.* (*lett.*) epodo.
epónimo *agg.* eponimo.
epopeya *s.f.* **1** (*lett.*) epopea **2** (*fig.*) avventura, odissea, epopea: *la — de las cruzadas*, l'epopea delle crociate.
épsilon *s.f.* (*lettera dell'alfabeto greco*) epsilon.
epulón *s.m.* epulone.
equidad *s.f.* equità, giustizia.
equidistancia *s.f.* equidistanza.
equidistante *agg.* equidistante.
equidistar *v.intr.* essere equidistante.
equidna *s.f.* (*zool.*) echidna.
équidos *s.m.pl.* (*zool.*) equidi.
equilátero *agg.* (*geom.*) equilatero.
equilibrado *agg.* **1** equilibrato **2** (*fig.*) ragionevole, equilibrato, ponderato: *un crecimiento —*, una crescita equilibrata.
equilibrador *agg.*, *s.m.* equilibratore.
equilibrar *v.tr.* equilibrare, proporzionare.
equilibrio *s.m.* **1** equilibrio **2** (*pl.*, *fig.*) acrobazie (*f.*), equilibrismi | *hacer equilibrios*, fare i salti mortali.
equilibrismo *s.m.* equilibrismo.
equilibrista *agg.*, *s.m./f.* equilibrista.
equimosis *s.f.* (*med.*) ecchimosi.
equinismo *s.m.* (*med.*) equinismo.

equino¹ *s.m.* **1** (*zool.*) riccio di mare **2** (*arch.*) echino.
equino² *s.m.*, *agg.* equino.
equinoccial *agg.* (*astr.*) equinoziale.
equinoccio *s.m.* (*astr.*) equinozio.
equipado *agg.* equipaggiato, attrezzato | — *de serie*, con dotazione di serie.
equipaje *s.m.* bagaglio | *consigna de* —, deposito bagagli | *facturar el* —, fare il check-in.
equipamiento *s.m.* **1** attrezzatura (*f.*) **2** dotazione (*f.*).
equipar *v.tr.* **1** attrezzare, fornire, armare: — *su taller*, attrezzare la propria bottega; *la reina decidió — la expedición de Colón*, la regina decise di armare la spedizione di Colombo **2** (*aut.*) accessoriare: — *un vehículo*, accessoriare un veicolo **3** (*mil.*) equipaggiare **4** (*mar.*) armare ♦ **-se** *v.pron.* equipaggiarsi.
equiparable *agg.* equiparabile.
equiparación *s.f.* equiparazione.
equiparar *v.tr.* **1** equiparare: — *los gravámenes*, equiparare le imposte **2** paragonare: — *dos personajes históricos*, paragonare due personaggi storici.
equipo *s.m.* **1** equipaggiamento, attrezzatura (*f.*): — *de esquí*, attrezzatura da sci | — *de sonido*, impianto stereo | — *de novia*, corredo da sposa | (*econ.*) *bienes de* —, beni strumentali | *caerse con todo el* —, fallire completamente **2** (*anche sport*) squadra (*f.*): *trabajar en* —, lavorare in gruppo.
equipolencia *s.f.* (*filos.*) equipollenza, equivalenza.
equipolente *agg.* (*filos.*) equipollente, equivalente.
equiponderar *v.tr./intr.* pesare ugualmente.
equipotencial *agg.* (*fis.*) equipotenziale.
equipotente *agg.* (*fis.*, *mat.*) equipotente.
equis *s.f.* (*lettera dell'alfabeto, anche mat.*) ics, x.
equitación *s.f.* equitazione.
equitativo *agg.* equitativo.
equivalencia *s.f.* (*anche geom.*) equivalenza; uguaglianza.
equivalente *agg.* equivalente ♦ *s.m.* (*chim.*, *geom.*) equivalente.
equivaler (*con. come* valer) *v.intr.* equivalere, corrispondere.
equivocación *s.f.* sbaglio (*m.*), errore (*m.*).
equivocado *agg.* **1** sbagliato: *estás en el sitio* —, sei nel posto sbagliato **2** (*fig.*) fuori posto, incauto, maldestro.
equivocar (*con. come* pescar) *v.tr.* **1** sbagliare: *equivoqué el camino*, ho sbagliato strada **2** confondere, scambiare: *equivoqué los sobres de las cartas*, ho scambiato le buste delle lettere ♦ **-se** *v.pron.* sbagliarsi.
equivocidad *s.f.* equivocità.
equívoco *agg.* equivoco, dubbio, ambiguo ♦ *s.m.* equivoco | *por* —, per sbaglio.
era¹ *s.f.* era, tempo | — *arcaica*, era arcaica | — *vulgar*, era volgare.
era² *s.f.* aia; aiuola | (*fig.*) *levantar de eras*, levare le tende.
eral *s.m.* (*zool.*) vitellino.
erario *s.m.* (*bur.*) erario.
ere *s.f.* (*lettera dell'alfabeto*) erre.
erebo *s.m.* (*mit.*) erebo.
erección *s.f.* **1** (*edil.*) erezione, costruzione, edificazione **2** (*fisiol.*) erezione **3** (*fig.*) fondazione, istituzione.
eréctil *agg.* erettile.
erecto *agg.* eretto, dritto.
erector *agg.* (*anat.*) erettore.
eremita *s.m.* eremita.
eremítico *agg.* eremitico.
eremitorio *s.m.* romitorio, eremo.
ergástulo *s.m.* (*st.*) ergastolo.
ergio *s.m.* (*fis.*) erg.
ergo *cong.* ergo, quindi.
ergonomía *s.f.* ergonomia.
ergonómico *agg.* ergonomico.
ergonomista, ergónomo *s.m.* ergonomo.
ergotina *s.f.* (*chim.*) ergotina.
erguimiento *s.m.* raddrizzamento, sollevamento, innalzamento.
erguir (*indic.pres.* irgo/yergo, irges/yergues, irge/yergue, erguimos, erguís, irguen/yerguen; *pass. rem.* irguió, irguieron; *cong.pres.* irga/yerga, irgas/yergas...; *imperf.* irguiera, irguieras...; *imp.* irge/yergue, irga/yerga, irgamos, irgan/yergan; *ger.* irguiendo) *v.tr.* drizzare, alzare ♦ **-se** *v.pron.* **1** alzarsi, ergersi, innalzarsi: *el castillo se yergue sobre la sierra*, il castello si innalza sopra la montagna **2** (*fig.*) insuperbirsi.
erial *s.m.* terreno incolto ♦ *agg.* incolto.
erigir (*con. come* fingir) *v.tr.* **1** erigere, costruire **2** (*fig.*) fondare, istituire **3** nominare; elevare (di rango): *Bolívar fue erigido padre de la patria*, Bolivar fu nominato padre della patria; *su viaje a la luna lo erigió en el astronauta más famoso de la historia*, il viaggio sulla luna fece di lui l'astronauta più famoso della storia ♦ **-se** *v.pron.* ergersi, erigersi, proporsi, presentarsi: *se erigió en defensor de las políticas sociales*, si eresse a difensore delle politiche sociali | — *en juez*, ergersi a giudice.
erinias *s.f.pl.* (*mit.*) erinni.
erística *s.f.* (*filos.*) eristica.
erístico *agg.* (*filos.*) eristico.
eritema *s.m.* (*med.*) eritema.
eritreo *agg.*, *s.m.* eritreo.
eritroblasto *s.m.* (*biol.*) eritroblasto.
eritrocito *s.m.* (*biol.*) eritrocita.
eritropoyesis *s.f.* (*biol.*) eritropoiesi.
eritrosina *s.f.* (*chim.*) eritrosina.

erizado *agg.* irto, spinoso: *un camino — de dificultades*, un cammino irto di difficoltà.
erizamiento *s.m.* arruffamento, arricciamento.
erizar (*con. come* cazar) *v.tr.* **1** rizzare: *me hace — el pelo*, mi fa rizzare i capelli **2** (*animali*) arruffare ♦ **-se** *v.pron.* **1** rizzarsi: *se me eriza el pelo*, mi si rizzano i capelli **2** (*fig.*) agitarsi, inquietarsi: *se erizó ante esa frase*, si agitò di fronte a quella frase.
erizo *s.m.* **1** (*zool.*) riccio, porcospino | *— de mar*, riccio di mare | *al —, feo y todo, Dios lo hizo*, ognuno è come Dio lo ha fatto **2** (*bot.*) riccio **3** (*di persona*) orso, burbero.
ermita *s.f.* eremo (*m.*), santuario (*m.*), cappella.
ermitaño *s.m.* eremita (*m./f.*), anacoreta (*m./f.*) | (*zool.*) *cangrejo —*, paguro.
erogación *s.f.* **1** erogazione **2** (*Amer.*) elemosina.
erogar (*con. come* llegar) *v.tr.* erogare.
erógeno *agg.* erogeno.
eros *s.m.* eros.
erosión *s.f.* **1** erosione; lesione, deterioramento (*m.*) **2** (*fig.*) degrado (*m.*), discredito (*m.*): *la — de las instituciones*, il degrado delle istituzioni.
erosionable *agg.* erodibile.
erosionar *v.tr.* **1** (*anche fig.*) erodere: *— una dura roca*, erodere una roccia dura; *— los derechos sociales*, erodere i diritti sociali **2** (*fig.*) intaccare, incrinare ♦ **-se** *v.pron.* **1** erodersi **2** (*fig.*) screditarsi.
erosivo *agg.* erosivo.
erótica *s.f.* **1** (*lett.*) genere (*m.*) erotico **2** erotismo (*m.*).
erótico *agg.* erotico.
erotismo *s.m.* erotismo.
erotización *s.f.* erotizzazione.
erotizar *v.tr.* erotizzare ♦ **-se** *v.pron.* eccitarsi.
erotógeno *agg.* erogeno.
erotomanía *s.f.* erotomania.
erotómano *s.m.*, *agg.* erotomane.
errabundo *agg.* errabondo.
erradicación *s.f.* sradicamento (*m.*).
erradicar (*con. come* pescar) *v.tr.* (*anche fig.*) sradicare, estirpare.
errado *agg.* sbagliato, errato.
errante *agg.* errante.
errar (*indic.pres.* yerro, yerras, yerra, erramos, erráis, yerran; *cong.pres.* yerre, yerres, yerre, erremos, erréis, yerren; *imp.* yerra, yerre, erremos, errad, yerren) *v.intr.* **1** errare, vagare **2** (*fig.*) divagare ♦ *v.tr.* sbagliare, fallire: *— el blanco*, fallire/mancare il bersaglio.
errata *s.f.* (*stampa*) refuso | *fe de —*, errata corrige.
errático *agg.* erratico.
errátil *agg.* **1** errante **2** incerto, ondivago.
erradicar (*con. come* pescar) *v.tr.* sradicare, estirpare.
erre *s.f.* (*lettera dell'alfabeto*) erre.
erróneo *agg.* erroneo.
error *s.m.* errore | *estar en un —*, essere in errore | *— de bulto*, strafalcione | *por —*, per sbaglio.
eructar *v.intr.* ruttare.
eructo *s.m.* rutto | *echar/lanzar un —*, fare un rutto.
erudición *s.f.* erudizione.
erudito *agg.*, *s.m.* erudito | *— a la violeta*, intellettuale da strapazzo.
erupción *s.f.* (*med., geol., anche fig.*) eruzione | *— cutánea*, eruzione cutanea.
eruptivo *agg.* eruttivo | *rocas eruptivas*, rocce eruttive.
esbeltez *s.f.* snellezza, leggiadria.
esbelto *agg.* snello, slanciato.
esbirro *s.m.* **1** sbirro, poliziotto **2** (*spreg.*) scagnozzo, scherano.
esbozar (*con. come* cazar) *v.tr.* abbozzare.
esbozo *s.m.* **1** bozzetto, schizzo, disegno **2** (*fig.*) abbozzo, accenno.
escabechado *agg.* **1** (*cuc.*) marinato **2** (*fig., di capelli*) tinto.
escabechar *v.tr.* **1** marinare, cucinare in carpione **2** (*fam.*) bocciare **3** (*fam.*) ammazzare, trucidare.
escabeche *s.m.* (*cuc.*) marinata (*f.*).
escabechina *s.f.* (*anche fig.*) strage, ecatombe: *el profesor hizo una —*, il professore ha bocciato un sacco di gente.
escabel *s.m.* sgabello.
escabiosis *s.f.* (*med.*) scabbia.
escabioso *agg.* (*med.*) scabbioso.
escabrosidad *s.f.* (*anche fig.*) scabrosità, ruvidezza: *la — de la sierra*, la scabrosità della montagna.
escabroso *agg.* **1** aspro, duro, accidentato **2** (*fig.*) arduo, difficile; scabroso.
escabullirse *v.pron.* **1** divincolarsi **2** svignarsela, squagliarsela: *logró — a tiempo*, riuscì a svignarsela in tempo | *— de entre las manos*, sfuggire di mano.
escachar *v.tr.* **1** schiacciare **2** fare a pezzi, spaccare.
escacharrarse *v.pron.* **1** spaccarsi, rompersi **2** (*fig.*) andare in malora.
escafandra *s.f.* scafandro (*m.*).
escafoides *agg.*, *s.m.* (*anat.*) scafoide.
escagarruzarse (*con. come* cazar) *v.pron.* (*volg.*) farsela sotto, cagarsi addosso.
escala *s.f.* **1** scala | *— musical*, scala musicale | (*geogr.*) *— de 1:25.000*, scala di 1 a 25.000 | (*mar.*) *— de viento*, scala di corda | *en gran —*, su larga/vasta scala **2** (*aer., mar.*) scalo (*m.*): *hacer —*, fare scalo; *durante los primeros viajes a América se utilizaron las Canarias como —*, durante i primi viaggi

in America si utilizzarono le Canarie come scalo marittimo.
escalable *agg.* scalabile.
escalada *s.f.* **1** scalata **2** (*fig.*) aumento (*m.*), rialzo (*m.*): *la — de los precios*, il rialzo dei prezzi.
escalador *s.m.* **1** (*fig., econ.*) scalatore **2** (*ciclismo*) scalatore.
escalafón *s.m.* **1** (*in una gerarchia*) livello, graduatoria (*f.*): *ocupar la cabecera del —*, occupare la testa della classifica **2** (*di azienda*) organico.
escalamiento *s.m.* **1** scalata (*f.*) **2** (*furto*) scasso.
escálamo *s.m.* (*mar.*) scalmo.
escalar[1] *agg.* (*anche mat., fis.*) scalare: *producto —*, prodotto scalare.
escalar[2] *v.tr.* **1** scalare, arrampicarsi **2** (*furto*) scassinare.
escaldadura *s.f.* **1** scottatura: *— solar*, scottatura solare **2** (*fig.*) bruciatura, scottatura, delusione.
escaldar *v.tr.* **1** scottare; (*cuc.*) sbollentare **2** (*fig.*) bruciare, scottare, umiliare **3** (*meteor.*) arroventare ♦ **-se** *v.pron.* **1** scottarsi **2** infiammarsi.
escaleno *agg.* (*geom.*) scaleno.
escalera *s.f.* scala: *— de mano*, scala a pioli; *— de caracol*, scala a chiocciola; *— mecánica/eléctrica*, scala mobile; *— de incendios*, scala antincendio; *— de tijera*, scala a libro/libretto | *descanso de la —*, pianerottolo | *ojo de la —*, tromba delle scale | *tramo de la —*, rampa della scala | *subir, bajar las escaleras*, salire, scendere le scale | (*a carte*) *— de color*, scala di colore.
escalerilla *s.f.* scaletta.
escalfar *v.tr.* **1** (*uovo*) affogare **2** (*pane*) abbrustolire.
escalfeta *s.f.* braciere (*m.*) piccolo.
escalinata *s.f.* scalinata.
escalmo *s.m.* (*mar.*) scalmo.
escalo *s.m.* scalata (*f.*).
escalofriante *agg.* da brivido, pauroso.
escalofriar (*con. come* confiar) *v.tr./intr.* (*anche fig.*) rabbrividire, raggelare.
escalofrío *s.m.* (*fig.*) brivido.
escalón *s.m.* **1** scalino, gradino (*anche fig.*) **2** (*agr.*) terrazza (*f.*).
escalonado *agg.* **1** scaglionato: *crecimiento — de gastos*, aumento scaglionato di spese **2** (*terreno*) terrazzato **3** (*capelli*) scalato.
escalonamiento *s.m.* scaglionamento.
escalonar *v.tr.* **1** scaglionare: *— los pagos*, scaglionare i pagamenti **2** (*capelli*) scalare ♦ **-se** *v.pron.* scaglionarsi, suddividersi.
escalope *s.m.* (*cuc.*) scaloppina (*f.*).
escalpelo *s.m.* (*med.*) scalpello.
escama *s.f.* **1** squama **2** scaglia, scheggia.
escamado *agg.* **1** squamato **2** (*fig.*) diffidente.
escamadura *s.f.* (*cuc.*) squamatura.
escamar *v.tr.* **1** squamare **2** (*fig.*) insospettire ♦ **-se** *v.pron.* insospettirsi.
escamochar *v.tr.* **1** sfogliare **2** (*fig.*) sprecare, buttare via.
escamocho *s.m.* (*pasto*) avanzo: *escamochos de la comida*, avanzi del pranzo.
escamón *agg.* sospettoso, diffidente.
escamoso *agg.* **1** squamoso **2** sospettoso.
escamotear *v.tr.* **1** far sparire, trafugare; togliere di mezzo: *ya empezaba a — objetos y cartas*, già cominciava a far sparire oggetti e lettere **2** scansare, schivare, sfuggire **3** (*fig.*) nascondere.
escamoteo *s.m.* sparizione (*f.*).
escampada *s.f.* (*meteor.*) schiarita.
escampar *v.tr.* sgomberare, sgombrare ♦ *v.intr.impers.* spiovere, schiarire, rasserenarsi.
escancia *s.f.* mescita.
escanciador *s.m.* mescitore.
escanciar *v.tr.* (*vino*) mescere ♦ *v.intr.* bere vino.
escandalera *s.f.* scandalo, disastro, putiferio.
escandalizar (*con. come* cazar) *v.tr.* scandalizzare ♦ **-se** *v.pron.* scandalizzarsi, indignarsi.
escandallo *s.m.* **1** (*mar.*) scandaglio **2** (*econ.*) campionatura (*f.*); prezzatura (*f.*).
escándalo *s.m.* **1** chiasso; rissa (*f.*): *armar un —*, fare chiasso **2** scandalo: *dar —*, dare scandalo | *de —*, straordinario.
escandaloso *agg.* **1** scandaloso **2** clamoroso, rumoroso.
escandinavo *agg., s.m.* scandinavo.
escandir *v.tr.* scandire.
escaneado *s.m.* (*tecn.*) scansione (*f.*).
escanear *v.tr.* scannerizzare.
escáner *s.m.* (*tecn., med.*) scanner.
escanógrafo *s.m.* (*med.*) scanner.
escansión *s.f.* scansione.
escaña *s.f.* (*bot.*) farro (*m.*).
escaño *s.m.* **1** panchina (*f.*) **2** scanno **3** (*pol.*) seggio, incarico parlamentare.
escañuelo *s.m.* poggiapiedi.
escapada *s.f.* (*anche fig.*) fuga, scappata: *hacer una —*, fare una scappata.
escapar *v.intr.* **1** scappare, fuggire **2** scampare, sfuggire: *escapó del incendio*, scampò all'incendio | *— a la justicia*, sfuggire alla giustizia ♦ **-se** *v.pron.* **1** sfuggire, evadere **2** lasciarsi scappare, perder(si): *se me escapó la oportunidad de verle*, persi l'opportunità di vederlo; *se me escapó el autobús*, ho perso l'autobus | *escapársele la mano a alguien*, perdere il senso della misura, esagerare **3** (*di gas, fluidi*) uscire, fuoriuscire: *el agua se escapa por la grieta*, l'acqua esce dalla fessura.

escaparate *s.m.* **1** vetrina (*f.*) **2** (*Amer.*) armadio.
escaparatista *s.m./f.* vetrinista.
escapatoria *s.f.* **1** scappatoia, fuga, via d'uscita | *no tener* —, non avere via d'uscita **2** (*fig.*) pretesto (*m.*), scusa, sotterfugio (*m.*).
escape *s.m.* **1** (*di gas o fluidi*) fuga (*f.*), perdita (*f.*) | (*aut.*) *tubo de* —, tubo di scappamento | *a* —, a tutto gas **2** scampo: *no tener* —, non avere scampo **3** (*di orologio o di fucile*) scatto.
escápula *s.f.* (*anat.*) scapola.
escapular *agg.* (*anat.*) scapolare.
escapulario *s.m.* (*relig.*) scapolare.
escaque *s.m.* (*dama*) scacco, casella (*f.*).
escaqueado *agg.* a scacchi.
escarabajear *v.tr.* **1** brulicare, formicolare **2** scarabocchiare **3** (*fig.*) tormentare, assillare.
escarabajo *s.m.* **1** (*zool.*) scarabeo | — *pelotero*, scarabeo stercorario **2** (*fig.*) sgorbio, mostro.
escaramuza *s.f.* scaramuccia.
escarbadientes *s.m.* stuzzicadenti.
escarbar *v.tr.* **1** razzolare, raspare **2** (*fig.*) frugare **3** (*il fuoco*) attizzare.
escarcha *s.f.* brina.
escarlata *agg.* (*colore*) scarlatto.
escarlatina *s.f.* **1** (*med.*) scarlattina **2** (*tessuto*) panno scarlatto (*m.*) o con fiorami.
escarmentar (*con. come* acertar) *v.tr.* castigare severamente, dare una lezione ♦ *v.intr.* (*fig.*) imparare la lezione.
escarmiento *s.m.* **1** castigo, punizione (*f.*) **2** lezione (*f.*), esperienza (*f.*), rinsavimento: *espero que lo que ha pasado te sirva de* —, spero che quanto è successo ti serva di lezione.
escarpado *agg.* erto, ripido, scosceso.
escasear *v.tr.* lesinare, centellinare ♦ *v.intr.* scarseggiare.
escatimar *v.tr.* lesinare, risparmiare.
escayola *s.f.* **1** (*med.*) ingessatura, gesso (*m.*) **2** (*edil.*) stucco (*m.*).
escayolar *v.tr.* **1** (*med.*) ingessare **2** (*edil.*) stuccare.
escena *s.f.* **1** (*anche fig.*) scena, scenario (*m.*): *puesta en* —, messinscena/messa in scena; *en la* — *política fue hombre de gran admiración*, nella scena politica fu uomo degno d'ammirazione **2** (*lett.*) teatro: *la* — *española del Siglo de Oro fue de gran calidad*, il teatro spagnolo/la scena teatrale del Secolo d'Oro fu di gran qualità **3** (*fig.*) scenata: *hacer una* — *de celos*, fare una scenata di gelosia.
escenario *s.m.* scenario (*anche fig.*); palcoscenico.
escenografía *s.f.* scenografia.
escéptico *agg.*, *s.m.* scettico.
escisión *s.f.* **1** scissione, separazione; discordia, rottura | (*fis.*) — *nucleare*, scissione nucleare **2** (*med.*) escissione.
esclarecer (*con. come* agradecer) *v.tr.* **1** illuminare, schiarire **2** (*fig.*) chiarire, mettere in chiaro **3** dar lustro a, nobilitare: *esas bodas le esclarecieron el apellido*, quelle nozze diedero lustro al suo nome ♦ *v.intr.* albeggiare: *ya esclarecía cuando íbamos regresando*, quando tornammo albeggiava già.
esclavo *agg.* schiavo, sottomesso, soggiogato ♦ *s.m.* schiavo.
escoba *s.f.* **1** scopa **2** (*bot.*) ginestra.
escobilla *s.f.* **1** spazzola; scovolino (*m.*) | — *limpiaparabrisas*, spazzola tergicristallo | — *de baño*, scopino da bagno **2** (*elettr.*) spazzola **3** (*pl.*, *batteria*) spazzole (*pl.*) **4** (*bot.*) ginestra.
escocer (*con. come* cocer) *v.intr.* causare bruciore ♦ **-se** *v.pron.* **1** irritarsi, arrossarsi **2** (*fig.*) risentirsi, dolersi.
escoger (*con. come* coger) *v.tr.* scegliere.
escollo *s.m.* **1** scoglio **2** (*fig.*) difficoltà (*f.*), ostacolo: *camino lleno de escollos*, cammino pieno di ostacoli.
escolta *s.f.* **1** guardaspalle (*m./f.*), gorilla (*m.*), scorta **2** (*sport*) guardia.
escombro *s.m.* **1** (*spec.pl.*) detrito, macerie (*f.pl.*), calcinacci (*pl.*) **2** (*zool.*) sgombro.
esconder *v.tr.* nascondere, occultare, celare ♦ **-se** *v.pron.* nascondersi.
escondidas, a *loc.avv.* di nascosto.
escondite *s.m.* **1** nascondiglio **2** (*gioco*) nascondino.
escopeta *s.f.* schioppo (*m.*), fucile (*m.*): — *de aire comprimido, de viento*, fucile ad aria compressa; — *recortada*, fucile a canne mozze | *con la* — *cargada*, con il fucile carico | *aquí te quiero* —, qui casca l'asino.
escoriación, excoriación *s.f.* escoriazione.
escorpio *s.m.* (*astr.*) scorpione.
escorpión *s.m.* **1** (*zool.*) scorpione **2** (*zool.*) scorfano **3** (*fig.*) flagello.
escotado *agg.* (*di vestito*) scollato.
escote[1] *s.m.* scollatura (*f.*), scollo.
escote[2] *s.m.* quota (*f.*) | *pagar a* —, pagare alla romana.
escozor *s.m.* **1** bruciore **2** (*fig.*) risentimento.
escribano *s.m.* **1** scrivano **2** notaio, ufficiale giudiziario.
escribir (*part.pass. irr.* escrito) *v.tr.* scrivere; compilare, redigere: — *con lápiz*, scrivere a matita; — *a máquina*, battere a macchina | (*fig.*) *estaba escrito*, era destino, era scritto.
escrutar *v.tr.* **1** scrutare, esaminare, squadrare **2** scrutinare.
escucha *s.f.* **1** ascolto (*m.*) | *a la* —, in ascolto | — *teléfonica*, intercettazione telefonica **2** (*radio*, *tv*) ascoltatore (*m.*) **3** (*mil.*) sentinella in avanscoperta.

escuchar *v.tr.* ascoltare, prestare ascolto ♦ **-se** *v.pron.* parlarsi addosso: *le encantaba — y conversaba muy despacio*, gli piaceva parlarsi addosso e conversava lentamente.

escudriñar *v.tr.* **1** scrutare, osservare con attenzione: *— el cielo*, scrutare il cielo **2** investigare, indagare: *como estudioso escudriñó muchos asuntos*, da studioso investigò molti temi.

escuela *s.f.* **1** scuola (*anche fig.*) | *granjas escuelas*, scuole rurali | *— de párvulos*, asilo | *— normal*, istituto magistrale | *— hogar*, convitto | *buque —*, nave scuola | *la — de la vida*, la scuola della vita **2** (*fig.*) dottrina, corrente di pensiero | *hacer/crear —*, fare tendenza/scuola **3** destrezza, padronanza tecnica, mestiere (*m.*): *tener —*, saperci fare.

escueto *agg.* **1** spoglio, disadorno **2** (*fig.*) schietto, stringato.

esculpir *v.tr.* scolpire, incidere.

escultor (*f. -a*) *s.m.* scultore.

escupir *v.intr.* sputare | *— a/en la cara*, svillaneggiare, sputare addosso ♦ *v.tr.* sputare, rigurgitare: *— sangre*, sputare sangue | *el volcán escupe lava*, il vulcano sputa lava.

escupitajo *s.m.* sputo.

escurreplatos *s.m.* scolapiatti.

escurridizo *agg.* scivoloso, sdrucciolevole.

escurrir *v.intr.* **1** sgocciolare **2** scivolare: *tuve que conducir despacio porque el coche escurría sobre el hielo*, ho dovuto guidare piano perché la macchina scivolava sul ghiaccio ♦ *v.tr.* far sgocciolare; (*verdura ecc.*) scolare; (*i panni ecc.*) strizzare | *— el bulto*, schivare un ostacolo, scansare una fatica ♦ **-se** *v.pron.* **1** scivolare (*anche fig.*): *— de entre las manos*, sfuggire/scivolare tra le mani; *el tiempo se le escurría entre las manos*, il tempo gli scivolava tra le mani **2** (*fig.*) sgattaiolare, svignarsela **3** (*fam.*) esagerare: *a veces con tus caprichos te escurres mucho*, a volte esageri con i tuoi capricci.

escusado *s.m.* latrina (*f.*), gabinetto: *ir al —*, andare in bagno.

ese[1] *s.f.* (*lettera dell'alfabeto*) esse.

ese[2] (*f.* esa, *m.pl.* esos, *f.pl.* esas) *agg.dimostr.* (*per indicare qlco. lontano da chi parla e vicino a chi ascolta*) codesto, quello: *— lápiz que tienes en la mano*, quella matita che hai in mano.

ése (*f.* ésa, *m.pl.* ésos, *f.pl.* ésas) *pron.dimostr.* (*per indicare qlco. lontano da chi parla e vicino a chi ascolta*) codesto, quello: *— es el problema*, è proprio quello il problema | *ni por ésas*, in nessun modo.

esencia *s.f.* essenza (*anche fig.*): *la — poética*, l'essenza poetica; *— de azahar*, essenza di zagara | *quinta —*, quintessenza | *en —*, essenzialmente.

esencial *agg.* essenziale, necessario, fondamentale | *lo —*, l'importante.

esfera *s.f.* **1** sfera: *— terrestre*, sfera terrestre **2** (*dell'orologio*) quadrante (*m.*) **3** (*fig.*) ambito (*m.*), ambiente (*m.*).

esfinge *s.f.* sfinge.

esforzar (*con. come* almorzar) *v.tr.* **1** sforzare **2** animare, incoraggiare ♦ **-se** *v.pron.* sforzarsi.

esfuerzo *s.m.* **1** sforzo: *tienes que hacer un — por tu parte*, devi fare uno sforzo anche tu **2** (*mecc.*) forza (*f.*), spinta (*f.*).

esgrima *s.f.* (*sport*) scherma.

esgrimir *v.tr.* **1** (*sport*) tirare di scherma **2** brandire | (*fig.*) *esgrimió sus razones diciendo que no era su culpa*, sostenne le sue ragioni dicendo che non era colpa sua.

esguince *s.m.* **1** scarto, guizzo **2** (*fam.*) distorsione (*f.*), slogatura (*f.*).

eslabón *s.m.* **1** (*di catena*) anello (*anche fig.*) | (*fig.*) *el — perdido*, l'anello mancante **2** acciarino.

eslavo *agg.*, *s.m.* slavo.

esmalte *s.m.* smalto | *— de uñas*, smalto per le unghie.

esmeralda *s.f.* **1** smeraldo (*m.*) **2** (*colore*) verde (*m.*) smeraldo.

esmero *s.m.* cura (*f.*), accuratezza (*f.*), attenzione (*f.*), diligenza (*f.*).

eso *pron.dimostr.neutro* codesto; ciò | *aun con —*, nonostante ciò | *en —*, allora, in quel momento | *por — mismo*, proprio per questo | *— es/mismo*, proprio così | *a — de las cinco*, verso le cinque | *¿cómo es —?*, come mai?

espabilar *v.tr.* **1** smoccolare **2** ravvivare: *— el fuego*, ravvivare il fuoco **3** svegliare (*anche fig.*): *la luz del día le espabiló*, la luce del giorno lo svegliò; *las travesuras de su hermana lo espabilaron*, le monellerie di sua sorella lo svegliarono **4** facilitare; sbrigare: *necesitas a alguien que te eche una mano y espabile tu asunto*, hai bisogno di qualcuno che ti dia una mano e si occupi del tuo problema **5** (*fam.*) rubare: *— una cartera*, rubare un portafoglio ♦ **-se** *v.pron.* **1** svegliarsi (*anche fig.*): *con los años uno se espabila*, con gli anni si diventa più svegli **2** (*fig.*) sbrigarsi, darsi una mossa: *¡espabila!*, sbrigati!

espacio *s.m.* **1** spazio | *— verde*, area verde **2** (*di tempo*) spazio, arco: *en el — de un siglo*, nell'arco di un secolo **3** (*radio*, *tv*) programma.

espada[1] *s.f.* **1** spada: *desnudar la —*, sguainare la spada; *pasar a —*, passare a fil di spada | *— negra*, fioretto | *colgar la —*, ritirarsi da un incarico | *media —*, mezza tacca | *pez —*, pesce spada | *— de dos filos*, arma a doppio taglio | *entre la — y la pared*, tra l'incudine e il martello; con le spalle al muro | *echar su cuarto a espadas*, intromettersi in cose

che non riguardano | *estar con las espadas en alto*, continuare le ostilità **2** grimaldello (*m.*) **3** (*pl., carte*) spade | *la —*, asso di spade.
espada² *s.m.* (*corrida*) torero: *primer —*, primo torero (quello che uccide il toro).
espalda *s.f.* **1** (*anche pl.*) schiena, spalle (*pl.*): *tenderse de espaldas*, sdraiarsi supino/sulla schiena; | *dar de —*, cadere di schiena | *dar la —*, dare/girare le spalle | *por la —*, a tradimento | *cargado de espaldas*, ingobbito, curvo | *caerse de espaldas*, restare sorpresi | *dejarse/echarse a (las) espaldas*, buttarsi/lasciarsi alle spalle qlco. | *echarse sobre las espaldas*, caricarsi il peso | *hablar por las espaldas*, parlare alle spalle | *a espaldas de alguien*, di nascosto, senza tenere in conto | *sobre las espaldas*, sul gobbo, sul groppone | *medir las espaldas*, dare una bastonata | *tener buenas espaldas*, avere le spalle larghe | (*spreg.*) *— mojada*, clandestino messicano negli Stati Uniti **2** retro (*m.*), parte posteriore: *el jardín está a espaldas de la casa*, il giardino è alle spalle della/dietro la casa **3** (*nuoto*) dorso (*m.*).
espaldar *s.m.* schienale.
espaldarazo *s.m.* **1** pacca (*f.*), manata (*f.*) sulla schiena **2** (*fig.*) spintarella (*f.*), appoggio: *sus padres le han dado un — decisivo*, i suoi genitori gli/le hanno dato un aiuto tangibile.
espantapájaros *s.m.* **1** spaventapasseri **2** (*fig.*) pagliaccio.
espantar *v.tr.* **1** spaventare **2** far scappare, scacciare ♦ **-se** *v.pron.* impaurirsi.
espanto *s.m.* **1** paura (*f.*), costernazione (*f.*) **2** sorpresa (*f.*), meraviglia (*f.*) | (*fig.*) *de —*, straordinario, grandissimo **3** (*spec. pl.*) fantasmi, spettri | *curado de espantos*, immune da paure, vaccinato.
espantoso *agg.* **1** spaventoso **2** (*fam.*) sorprendente, sbalorditivo.
español *agg., s.m.* spagnolo.
esparadrapo *s.m.* cerotto.
esparcimiento *s.m.* **1** spargimento: *hubo un choque entre dos autobuses con gran — de gasolina*, ci fu un incidente tra due autobus con gran spargimento di benzina **2** (*fig.*) svago, divertimento.
esparcir (*con. come* zurcir) *v.tr.* **1** spargere, sparpagliare, disseminare: *esparció el azúcar por toda la cocina*, ha sparso lo zucchero per tutta la cucina **2** (*fig.*) diffondere, divulgare: *— un rumor*, mettere in giro una voce **3** allietare, divertire, distrarre: *la llegada de los payasos esparció su humor*, l'arrivo dei pagliacci rallegrò il suo umore ♦ **-se** *v.pron.* divertirsi, distrarsi.
espárrago *s.m.* (*bot.*) asparago | *— amarguero*, luppolo | *— triguero*, asparago selvatico | *¡vete a freír espárragos!*, vai a farti friggere!
espasmo *s.m.* (*med.*) spasmo.
especia *s.f.* spezia, sapore (*m.*), condimento (*m.*).
especial *agg.* speciale, singolare, particolare | *en —*, specialmente | *educación —*, scuola di sostegno.
especialista *agg., s.m./f.* **1** specialista **2** (*cinem.*) controfigura (*f.*).
especializar (*con. come* cazar) *v.tr.* specializzare, qualificare ♦ **-se** *v.pron.* specializzarsi.
especie *s.f.* **1** (*bot., zool.*) specie | *en —*, in natura **2** categoria, classe, sorta: *es de esa — de personas que nunca están tristes*, è di quel tipo di persone che non sono mai tristi **3** (*scherma*) stoccata.
especificar (*con. come* pescar) *v.tr.* specificare, precisare, spiegare.
espécimen *s.m.* saggio, campione.
espectáculo *s.m.* spettacolo.
espectador (*f.* -a) *agg., s.m.* spettatore.
espectro *s.m.* **1** fantasma, ombra (*f.*) **2** (*fig.*) minaccia (*f.*) **3** (*fis., med.*) spettro | *— invertido*, spettro di assorbimento.
espejismo *s.m.* **1** miraggio, allucinazione (*f.*) **2** (*fig.*) illusione (*f.*).
espejo *s.m.* **1** specchio: *mirarse en el —*, guardarsi allo specchio | *— de los Incas*, ossidiana | *— de mano*, specchio da borsetta | *— de popa*, quadro di poppa | *— de vestir/de cuerpo entero*, specchio a muro **2** (*fig.*) specchio, modello: *era el — de todas las virtudes*, era lo specchio di tutte le virtù | *mírate en ese —*, ti serva di lezione; prendi insegnamento.
espejuelo *s.m.* **1** (*a caccia*) specchietto **2** (*arch.*) abbaino, lucernario **3** (*min.*) gesso cristallizzato **4** (*pl., Amer.*) occhiali.
espeluznante *agg.* orripilante, raccapricciante.
espera *s.f.* **1** attesa: *sala de —*, sala d'attesa; *lista de —*, lista d'attesa | *estar a la/en — de*, essere in attesa di | *sin —*, senza indugio **2** (*dir.*) dilazione **3** postazione di caccia | *cazar a la —*, cacciare appostato.
esperanza *s.f.* speranza | *— matemática*, probabilità matematica | *llenar la —*, corrispondere alle aspettative | *vivir de esperanzas*, pascersi di illusioni.
esperar *v.tr.* **1** aspettare, attendere: *— a alguien*, aspettare qlcu.; *esperaré a que vengas para comer*, aspetterò il tuo arrivo per mangiare **2** sperare | (*fig.*) *espera sentado*, aspetta e spera | *era de —*, c'era da aspettarselo ♦ *v.intr.* sperare, augurarsi | *quien espera desespera*, chi di speranza campa, disperato muore | *— en alguien*, sperare/confidare in qlcu. | *— a que*, aspettare fino a quando.

esperma *s.m.* **1** sperma **2** (*grasso di cetaceo*) spermaceti.
espesar[1] *v.tr.* **1** ispessire, rapprendere, addensare **2** infoltire, infittire ♦ **-se** *v.pron.* ispessirsi, addensarsi.
espesar[2] *s.m.* boscaglia (*f.*).
espeso *agg.* **1** spesso, denso **2** folto, fitto: *un bosque —*, un bosco fitto **3** (*fam.*) grosso, massiccio, corpulento.
espesor *s.m.* **1** spessore, grossezza (*f.*) **2** densità (*f.*).
espía *s.m.* **1** spia (*f.*), delatore **2** (*mar.*) tonneggio.
espiar (*con. come* confiar) *v.tr.* **1** spiare **2** esplorare **3** (*mar.*) tonneggiare.
espiga *s.f.* **1** (*bot.*) spiga **2** (*di lama*) codolo (*m.*) **3** (*di campana*) batacchio (*m.*) **4** (*di bomba*) spoletta **5** (*mar.*) maschio (*m.*) degli alberi **6** (*agr.*) cavicchio (*m.*), piolo (*m.*).
espina *s.f.* **1** spina, aculeo (*m.*) | (*anat.*) *— dorsal*, spina dorsale | *cada rosa tiene su —*, non c'è rosa senza spine | *quedarse en la —*, ridursi pelle e ossa | *sacarse la —*, prendersi la rivincita | *dar mala —*, mettere sul chi va là, insospettire **2** (*zool.*) lisca **3** (*di legno*) scheggia **4** (*fig.*) cruccio (*m.*), preoccupazione.
espinaca *s.f.* (*bot.*) spinacio (*m.*).
espinazo *s.m.* **1** colonna (*f.*) vertebrale | *doblar el —*, piegare la testa per mettersi al servizio di qlcu. **2** (*arch.*) chiave (*f.*) di volta.
espinilla *s.f.* **1** (*anat.*) stinco (*m.*) **2** brufolo (*m.*).
espino *s.m.* (*bot.*) biancospino.
espionaje *s.m.* spionaggio.
espiral *agg.*, *s.f.* spirale (*anche med.*) | *escalera —*, scala a chiocciola.
espíritu *s.m.* **1** spirito (*anche chim.*) | *levantar el —*, sollevare il morale | *exhalar el —*, rendere l'ultimo respiro | *— de la golosina*, smunto, patito | *— de sal*, acido cloridrico **2** (*fig.*) energia (*f.*), vigore **3** (*fig.*) tempra (*f.*), carattere.
esplendor *s.m.* splendore, fasto, ricchezza (*f.*).
espolear *v.tr.* spronare, stimolare.
esponja *s.f.* spugna | (*fig.*) *pasar la —*, dare un colpo di spugna | *ser una —*, bere come una spugna | *arrojar/tirar la —*, gettare la spugna.
espontaneidad *s.f.* spontaneità.
espontáneo *agg.* spontaneo: *vegetación espontánea*, vegetazione spontanea.
esposa *s.f.* **1** sposa, moglie **2** (*pl.*) manette.
esposar *v.tr.* ammanettare.
esposo *s.m.* sposo, marito: *mi — y yo llevamos 5 años casados*, mio marito e io siamo sposati da 5 anni.
espuela *s.f.* **1** sperone (*m.*) | *dar de —*, *picar de espuelas*, spronare il cavallo | *calzar —*, essere un gentiluomo | *estar con las espuelas calzadas*, trovarsi con un piede sulla soglia **2** (*fig.*) sprone (*m.*), stimolo (*m.*) | *poner espuelas a alguien*, stimolare, spronare qlcu. **3** bicchiere (*m.*) della staffa.
espuma *s.f.* **1** schiuma, spuma | *la — de la sociedad*, il fior fiore/la crema della società | *— de mar*, sepiolite | *crecer como —*, crescere come funghi | *— moldeadora/de afeitar*, schiuma da barba **2** (*chim.*, *tecn.*) gommapiuma **3** (*tessuto*) spugna.
espumadera *s.f.* (*cuc.*) schiumarola.
esquela *s.f.* **1** partecipazione, annuncio (*m.*): *— mortuoria*, necrologio **2** biglietto (*m.*).
esqueleto *s.m.* **1** scheletro | *mover/pasear el —*, muoversi | *menear el —*, ballare | *quedarse en el —*, ridursi pelle e ossa **2** (*tecn.*) struttura (*f.*), intelaiatura (*f.*) **3** (*fig.*) schema, abbozzo **4** (*di animale*) carcassa (*f.*).
esquema *s.m.* **1** schema | *romper los esquemas*, mettere a soqquadro **2** grafico, progetto, abbozzo.
esquí *s.m.* **1** (*sport*) sci | *— de fondo*, sci di fondo | *— alpino/de travesía*, sci alpino | *— acuático*, sci d'acqua **2** (*pl.*, *attrezzi*) sci.
esquiador (*f.* -a) *s.m.* sciatore.
esquiar (*con. come* confiar) *v.intr.* sciare.
esquimal *agg.*, *s.m.* eschimese.
esquina *s.f.* **1** angolo (*m.*) esterno; cantonata: *doblar la —*, girare l'angolo | *mi casa hace — con la calle Toledo*, la mia casa fa angolo con via Toledo | *saque/tiro de —*, calcio d'angolo | *jugar a las cuatro esquinas*, giocare ai quattro cantoni | *en cada —/cualquier —*, dappertutto **2** spigolo (*m.*).
esquirol *s.m.* (*spreg.*) crumiro.
esquivar *v.tr.* schivare, evitare, scansare: *— un compromiso*, sottrarsi a un impegno.
estabilidad *s.f.* **1** stabilità, fermezza **2** (*aut.*) tenuta di strada.
estable *agg.* stabile, fisso, fermo, duraturo.
establecer (*con. come* agradecer) *v.tr.* **1** stabilire, istituire, fondare: *— una empresa*, fondare una ditta **2** decretare, sancire: *— nuevas reglas*, stabilire nuove regole ♦ **-se** *v.pron.* **1** stabilirsi, domiciliarsi, insediarsi **2** (*di attività, impresa*) essere avviato; essere istituito/fondato: *el foro de cooperación se estableció en 1989*, il forum di cooperazione fu istituito nel 1989.
establecimiento *s.m.* **1** insediamento; permanenza (*f.*): *durante su — en París conoció a muchos artistas*, durante il suo soggiorno a Parigi conobbe molti artisti; *el — de las nuevas leyes conllevó unas protestas sociales*, la promulgazione delle nuove leggi generò delle proteste sociali **2** fabbrica (*f.*), impresa (*f.*) | *— penitenciario*, istituto carcerario | *— público*, pubblico esercizio

3 istituzione (*f.*), ente: — *benéfico*, istituto di beneficenza.

establo *s.m.* stalla (*f.*).

estaca *s.f.* **1** paletto (*m.*), piolo (*m.*) **2** bastone (*m.*), randello (*m.*) **3** (*agr.*) talea; magliolo (*m.*) **4** chiodo (*m.*) da trave.

estacada *s.f.* steccato (*m.*), staccionata | *dejar en la* —, piantare in asso, abbandonare | *quedarse en la* —, morire sul campo di battaglia.

estación *s.f.* **1** stazione (*anche ferr.*) | — *de radio*, stazione radio | — *emisora*, emittente | — *de invierno/esquí*, impianto sciistico **2** (*spec. meteor.*) stagione; periodo (*m.*), fase: *las cuatro estaciones*, le quattro stagioni; *la — de las lluvias*, la stagione delle piogge **3** sosta, tappa: *las estaciones del viacrucis*, le stazioni della via crucis.

estacionar *v.tr.* stazionare; parcheggiare (*spec. aut.*) ♦ **-se** *v.pron.* fermarsi, arrestarsi.

estadio *s.m.* **1** (*sport*) stadio **2** fase (*f.*), periodo.

estadista *s.m./f.* statista.

estado *s.m.* **1** stato, situazione (*f.*): — *de ánimo*, stato d'animo | *en buen* —, in buone condizioni | — *de alarma*, stato d'emergenza | — *de la cuestión*, stato delle cose | — *de sitio*, stato d'assedio | — *llano*, plebe, quarto stato | *estar en* —, essere in stato interessante | *en — de merecer*, in età da marito | *caer de* —, decadere | *causar* —, dettare una sentenza definitiva | *tomar* —, sposarsi o prendere i voti **2** (*pol.*) Stato, nazione (*f.*): *golpe de* —, colpo di Stato | *papel del* —, carta bollata **3** (*econ.*) prospetto, rendiconto | — *de situación*, estratto conto | — *de cuentas*, stato patrimoniale.

estafa *s.f.* truffa, frode.

estafar *v.tr.* **1** truffare, ingannare, imbrogliare **2** (*dir.*) frodare: — *a Hacienda*, frodare il Fisco.

estafeta *s.f.* **1** ufficio (*m.*) postale **2** corriere (*m.*) diplomatico.

estallar *v.intr.* **1** scoppiare, esplodere (*anche fig.*): *estalló una bomba*, scoppiò una bomba; *en 1936 estalló la guerra civil española*, nel 1936 scoppiò la guerra civile spagnola **2** (*fig.*) scoppiare, prorompere: *estalló en una carcajada*, scoppiò a ridere; — *en lágrimas*, scoppiare in lacrime **3** schioccare: — *el látigo*, schioccare la frusta.

estallido *s.m.* scoppio, esplosione (*f.*), detonazione (*f.*): *tu corazón va a dar el — si sigues bebiendo y fumando de esta forma*, il tuo cuore scoppierà se continui a bere e a fumare in questo modo | *dar un* —, scoppiare fragorosamente.

estampar *v.tr.* **1** stampare, imprimere: — *tejidos*, stampare tessuti **2** lasciare l'impronta; lasciare scritto | — *la firma*, apporre la firma **3** (*fam., un bacio*) schioccare; (*una sberla*) mollare ♦ **-se** *v.pron.* spiaccicarsi: *se estampó en la pared*, si spiaccicò contro il muro.

estampilla *s.f.* **1** stampiglia, timbro (*m.*) **2** (*Amer.*) francobollo (*m.*), marca da bollo.

estancar (*con. come* pescar) *v.intr.* **1** ristagnare: *la niebla estanca sin viento*, in assenza di vento la nebbia ristagna **2** (*econ.*) monopolizzare: *mercancías estancadas*, merci soggette a monopolio **3** (*fig.*) bloccare, sospendere: — *un expediente*, fermare una pratica ♦ **-se** *v.pron.* (*di trattativa*) ristagnare, arenarsi.

estancia *s.f.* **1** soggiorno (*m.*), permanenza **2** dimora **3** (*in ospedale*) degenza **4** (*Amer.*) tenuta agricola.

estanco *agg.* stagno, ermetico: *compartimiento* —, compartimento stagno ♦ *s.m.* **1** monopolio **2** tabaccheria (*f.*).

estanque *s.m.* **1** stagno; laghetto **2** serbatoio, cisterna (*f.*).

estante *agg.* stabile, fisso, sedentario: *rebaño* —, gregge stanziale ♦ *s.m.* ripiano, scaffale.

estantería *s.f.* scaffalatura, scaffale (*m.*).

estaño *s.m.* (*min.*) stagno | *papel de* —, carta stagnola.

estar (*indic.pres.* estoy, estás ; *pass.rem.* estuve, estuviste...; *cong.imperf.* estuviera, estuvieras...) *v.intr.* **1** (*stato in luogo, anche fig.*) stare, essere, trovarsi: *mi hermano está en Madrid*, mio fratello è a Madrid; *el libro está encima de la mesa*, il libro è sul tavolo; *aquí no están*, qui non ci sono | — *a oscuras*, trovarsi al buio; (*fig.*) essere all'oscuro (di qlco.) **2** (*data*) essere: *estamos en otoño*, siamo in autunno; *¿a cuántos estamos?*, quanti ne abbiamo?, che giorno (del mese) è?; *estamos a 15 de abril*, siamo al 15 aprile **3** (*in uno stato, una condizione particolare*) essere, stare: — *cansado, enamorado, enfermo, vivo*, essere stanco, innamorato, ammalato, vivo; *¿cómo estás?*, come stai?; *la ventana está abierta*, la finestra è aperta; *Esther está casada con Juan*, Esther è sposata con Juan; *se puso a régimen y ahora está delgada*, si è messa a dieta e ora è (diventata) magra | — *bien, mal*, stare bene, male | — *más muerto que vivo*, essere più morto che vivo | — *en antecedentes*, essere al corrente dell'antefatto | — *en lo cierto*, avere ragione | — *de más*, essere superfluo, avanzare | — *en ascuas*, stare sulle spine **4** (*di indumento*) stare, andare: *ese abrigo te está demasiado ancho*, quel cappotto ti sta/va troppo largo **5** vivere; (*essere fidanzato*) stare con, stare insieme a: *estoy con mi madre*, vivo con mia madre; *estoy con Ana*, sto insieme ad Anna **6** (*seguito da ger. esprime la durata di un'azione*) essere (+ *ger.*), stare (+ *ger.*): *está escribiendo una carta*, sta scrivendo una lettera; *ayer estuve leyendo*, ieri ho letto **7** — *de*: (*lavo-*

ro) lavorare come, fare: *está de cajera en un supermercado*, lavora come cassiera in un supermercato; (*per indicare un processo, un'azione in corso*) essere, stare (+ ger.): — *de mudanza*, stare traslocando; — *de viaje*, essere in viaggio | — *de broma*, essere in vena di scherzi, stare scherzando **8** — *para* (+ *inf.*), stare per (+ *inf.*); *está para llegar*, sta per arrivare | *no — para bromas*, non avere voglia di scherzare **9** — *por* (+ *inf.*), essere (ancora) da (+ *inf.*): *la carta está por escribir*, la lettera è (ancora) da scrivere **10** — *a* (+ *prezzo*), costare, venire: *el pescado está a 20 euros*, il pesce costa 20 euro **11** — *que* (+ *verbo*), stare: *está que bota*, è lì che freme/scalpita ♦ **-se** *v.pron.* starsene
■ ***¿estás?***, hai capito quello che ho detto? | ***¿estamos?***, ci siamo capiti? | ***está bien***, va bene.
estárter *s.m.* (*aut.*) starter.
estatua *s.f.* statua | *hacer la —*, fare la bella statuina | *quedarse hecho una —*, restare di sasso.
estatura *s.f.* statura, altezza, taglia.
este[1] *s.m.* est, oriente, levante: *al —*, a est.
este[2] (*f.* esta, *m.pl.* estos, *f.pl.* estas) *agg. dimostr.* questo: — *hombre es culpable*, quest'uomo è colpevole.
éste (*f.* ésta, *m.pl.* éstos, *f.pl.* éstas) *pron.dimostr.* questo: *ésta es Luisa*, questa è Luisa | *a todas éstas*, dopo tutto; nel frattempo: *tú protestas, pataleas y nunca estás conforme: a todas éstas lo mejor es que te vayas*, tu protesti, batti i piedi, non sei mai d'accordo: dopotutto è meglio se te ne vai; *a todas éstas se iba vistiendo y poniendo la corbata*, nel frattempo si stava vestendo e mettendo la cravatta | *en éstas*, tra una storia e l'altra.
estela *s.f.* scia: *el cometa deja una — de luz*, la cometa lascia una scia di luce.
estera *s.f.* stuoia | *dar, recibir más palos que una —*, darle, prenderle di santa ragione.
estéril *agg.* **1** sterile, infecondo **2** sterilizzato **3** (*fig.*) vano ♦ *s.m.* roccia (*f.*) sterile.
esterilizar (*con. come* cazar) *v.tr.* sterilizzare.
esternón *s.m.* (*anat.*) sterno.
estertor *s.m.* rantolo.
esteticista *s.m./f.* estetista.
estiércol *s.m.* sterco, letame.
estilista *s.m./f.* stilista.
estilo *s.m.* **1** stile; modo | *muebles de —*, mobili d'epoca | *a(l) estilo de*, secondo lo stile di | *algo por el —*, qlco. del genere | *por el — de*, simile a | *por ese —*, più o meno così **2** stilo (*anche bot.*) **3** stiletto **4** (*di meridiana*) gnomone **5** (*di bussola*) perno.
estima *s.f.* **1** stima: *tener en mucha — a alguien*, avere grande stima di qlcu. **2** (*mar., comm.*) valutazione, calcolo (*m.*).
estimar *v.tr.* **1** stimare, apprezzare; credere; reputare: *estimaba en poco su vida*, apprezzava ben poco la sua vita **2** (*comm.*) stimare **3** (*dir.*) accettare un'istanza ♦ **-se** *v.pron.* ritenersi, stimarsi.
estímulo *s.m.* stimolo, incitamento, sprone.
estipular *v.tr.* stipulare, concordare, obbligarsi a.
estirar *v.tr.* **1** tirare; allungare, stendere: — *una masa con el rodillo*, stendere un impasto con il mattarello | — *la pata*, tirare le cuoia | (*fam.*) *estira y afloja*, tira e molla **2** lisciare, stirare: *estiraba la falda con un gesto nervioso*, si lisciava la gonna con un gesto nervoso **3** stiracchiare, sgranchire: — las piernas, sgranchire le gambe ♦ **-se** *v.pron.* stiracchiarsi, sgranghirsi: *estirarse los músculos*, sgranchirsi i muscoli.
estirón *s.m.* strattone, strappo | *dar/pegar un —*, crescere di colpo.
estirpe *s.f.* **1** stirpe, schiatta, razza **2** (*dir.*) stirpe, discendenza.
estival *agg.* estivo | *solsticio —*, solstizio d'estate ♦ *s.m.* (*st.*) stivaletto.
estofado *agg.* agghindato, bardato ♦ *s.m.* (*cuc.*) stufato.
estómago *s.m.* (*anat.*) stomaco | *tener —*, avere il pelo sullo stomaco | *echar al —*, mangiare | *revolver el —*, rivoltare lo stomaco | *tener el — en los talones*, morire di fame | *tener sentado en el —*, *en la boca del —*, avere qlco. sullo stomaco.
estonio *agg.*, *s.m.* estone (*m./f.*).
estorbar *v.tr.* disturbare, infastidire, impedire, ostacolare: *no me estorbes*, non mi disturbare ♦ **-se** *v.pron.* disturbarsi, ostacolarsi.
estorbo *s.m.* disturbo, impedimento, impiccio.
estornudar *v.intr.* starnutire.
estrábico *s.m.* (*med.*) strabico.
estrabismo *s.m.* (*med.*) strabismo.
estrafalario *agg.* stravagante, strambo.
estrago *s.m.* (*spec. pl.*) strage (*f.*); distruzione (*f.*): *hacer estragos*, fare una strage.
estrangular *v.tr.* **1** strangolare, strozzare **2** (*med.*) bloccare la circolazione ♦ **-se** *v.pron.* restringersi, comprimersi.
estraperlo *s.m.* borsa (*f.*) nera, contrabbando | *de —*, sottobanco, di contrabbando.
estrategia *s.f.* strategia.
estrechar *v.tr.* **1** stringere, restringere, ridurre | — *la mano*, stringere la mano | — *con alguien*, stringere amicizia con qlcu. **2** (*fig.*) incalzare, costringere, obbligare: *lo estrecharon a preguntas para que confesara*, lo incalzarono con una serie di domande perché confessasse **3** (*fig., relazioni*) consolidare, rafforzare: — *la amistad*, rafforzare la amicizia ♦ **-se** *v.pron.* **1** restringersi **2** (*farsi vicino*) stringersi: *si os estrecháis un poco, puedo sentarme yo también*, se vi stringete un po',

mi posso sedere anch'io; *lloraba, estrechándose en la pared*, piangeva stringendosi alla parete **3** (*fig.*) tirare la cinghia.
estrechez (*pl.* -ces) *s.f.* **1** strettezza **2** (*fig.*) scarsità, miseria | *vivir en la —*, vivere in ristrettezze **3** (*med.*) restringimento (*m.*).
estrecho *agg.* **1** stretto, angusto | *pasarlas estrechas*, fare la fame **2** (*di abito*) attillato **3** (*di amicizia*) intimo; (*di gruppo*) ristretto **4** (*spreg.*) rigido, gretto | *— de miras*, corto di mente, ottuso **5** (*fam., in relazione al sesso*) bigotto, prude | *hacerse la estrecha*, fare la ritrosa ♦ *s.m.* (*geogr.*) stretto.
estrella *s.f.* **1** stella | *— fugaz*, stella cadente | *— de mar*, stella marina | *hotel de cuatro estrellas*, hotel a quattro stelle | *levantarse con las estrellas*, alzarsi di buon mattino | *poner sobre/por las estrellas*, portare alle stelle | *querer contar las estrellas*, volere l'impossibile **2** (*fig.*) destino (*m.*), sorte | *unos nacen con — y otros nacen estrellados*, a chi troppo e a chi niente **3** (*mil.*) stelletta **4** (*dello spettacolo*) star (*f.*), stella (*f.*) **5** pezzo (*m.*) forte | *el tema —*, l'argomento principe.
estrellar *v.tr.* sbattere, scaraventare ♦ **-se** *v.pron.* schiantarsi, fracassarsi, scontrarsi (*anche fig.*): *se estrelló con la realidad en su intento de renovación*, si scontrò con la realtà nel suo tentativo di rinnovamento.
estremecer (*con. come* agradecer) *v.tr.* **1** far tremare, scuotere: *la explosión estremeció las casas*, l'esplosione fece tremare le case **2** (*fig.*) scuotere, turbare ♦ **-se** *v.pron.* tremare, commuoversi, fremere: *me estremecí cuando supe la noticia*, mi sono messo a tremare quando ho ricevuto la notizia.
estremecimiento *s.m.* fremito, brivido, sussulto.
estrenar *v.tr.* **1** inaugurare, usare per la prima volta: *está estrenando su nuevo collar*, sta inaugurando la sua nuova collana **2** (*cinem., tv*) proiettare in prima visione; (*teatr.*) rappresentare per la prima volta ♦ *v.intr.* debuttare: *estrenó en el teatro de la capital*, debuttò nel teatro della capitale ♦ **-se** *v.pron.* esordire: *acaba de — en un nuevo* CD, ha appena esordito con un nuovo CD.
estreno *s.m.* **1** inaugurazione (*f.*); debutto, inizio, esordio **2** (*spettacolo*) prima rappresentazione (*f.*): *cine de —*, cinema di prima visione | (*teatr.*) *riguroso —*, la prima | *ir de —*, indossare un abito nuovo.
estreñido *agg.* **1** stitico, costipato **2** (*fig., fam.*) tirchio **3** (*fig., fam.*) serioso, antipatico.
estreñimiento *s.m.* stitichezza (*f.*).
estrépito *s.m.* **1** strepito, fracasso **2** (*fig.*) ostentazione (*f.*), mostra (*f.*).
estría *s.f.* **1** stria, solco (*m.*): *el agua había formado estrías en la pared*, l'acqua aveva scavato dei solchi nella parete **2** (*sulla pelle*) smagliatura **3** (*arch.*) scanalatura.
estribillo *s.m.* **1** ritornello: *— de la canción*, ritornello della canzone **2** intercalare.
estribo *s.m.* **1** staffa (*f.*) | *andar/estar sobre los estribos*, stare all'erta, andare con i piedi di piombo | *perder los estribos*, perdere le staffe **2** (*di vettura*) predellino **3** (*arch.*) contrafforte, spalla (*f.*) **4** (*geogr.*) contrafforti (*pl.*) **5** (*anat.*) staffa (*f.*).
estricto *agg.* **1** rigoroso, severo, esatto: *aplicación estricta de la ley*, rigorosa applicazione della legge **2** (*di persona*) rigido, inflessibile.
estropajo *s.m.* strofinaccio, cencio (*anche fig.*) | *tener la boca como un —*, avere la bocca secca | *tratar como un —*, trattare come uno straccio | *servir de —*, essere il figlio della serva.
estropear *v.tr.* rovinare, guastare, rompere ♦ **-se** *v.pron.* rovinarsi, guastarsi.
estructura *s.f.* **1** struttura (*anche fig.*) **2** compagine, organizzazione.
estruendo *s.m.* **1** frastuono, fragore: *el accidente causó un gran —*, l'incidente causò un gran fragore **2** baccano, baraonda (*f.*) **3** (*fig.*) pompa (*f.*), sfarzo.
estrujar *v.tr.* **1** strizzare; torcere, stropicciare: *— la ropa*, strizzare la biancheria **2** stringere; schiacciare: *lo estrujaba contra su pecho*, lo stringeva al petto **3** spremere (*anche fig.*): *ha despojado y estrujado a muchos*, ha derubato e sfruttato molti.
estucar (*con. come* pescar) *v.tr.* stuccare.
estuco *s.m.* stucco.
estuche *s.m.* astuccio, custodia (*f.*), guaina (*f.*) | *ser un —*, avere mani di fata.
estudiante *s.m./f.* studente (*m.*), studentessa (*f.*).
estudiar *v.tr.* **1** studiare: *— para médico*, studiare per diventare medico **2** osservare, analizzare **3** (*pitt.*) studiare dal vero.
estudio *s.m.* **1** studio | *dar estudios a alguien*, mantenere qlcu. agli studi | *tener estudios*, avere un titolo | *— de mercado*, ricerca di mercato **2** progetto, disegno **3** ufficio; studio **4** monolocale **5** (*cinem., tv*) studio di registrazione; sala (*f.*) di proiezione.
estufa *s.f.* **1** stufa **2** serra | *— de cultivo*, coltura in vitro | (*fig.*) *criar en —*, allevare qlcu. nella bambagia, tenere qlcu. sotto una campana di vetro **3** (*terme*) sauna **4** scaldino (*m.*), scaldapiedi (*m.*).
estupendo *agg.* stupendo, meraviglioso ♦ *avv.* bene, stupendamente.
estupidez (*pl.* -ces) *s.f.* **1** stupidità **2** stupidaggine.
estupor *s.m.* **1** stupore, sorpresa (*f.*), sbalordimento **2** (*med.*) stupore.
estupro *s.m.* (*dir.*) stupro.

etapa *s.f.* **1** tappa, fase (*anche fig.*) | *por etapas*, a tappe **2** (*mil.*) rancio (*m.*) **3** (*elettr.*) modulo (*m.*).
eternidad *s.f.* eternità.
etiqueta *s.f.* **1** etichetta, cartellino (*m.*) **2** galateo (*m.*), cerimoniale (*m.*) | *traje de —*, vestito da sera, da cerimonia | *ir de —*, vestire in modo formale **3** (*fig.*) etichetta, nomea: *le pusieron la — de vago*, gli hanno affibbiato l'etichetta del pigro.
eucalipto *s.m.* (*bot.*) eucalipto.
eufemismo *s.m.* eufemismo.
euforia *s.f.* euforia.
eusquera *s.m.* (*lingua*) basco.
evacuar *v.tr.* **1** evacuare, sgomberare **2** (*med.*) andare di corpo, defecare **3** (*dir.*) sbrigare, evadere: *— consultas*, realizzare un giro di colloqui.
evadir *v.tr.* evitare, eludere: *lo acusaron por — impuestos*, lo accusarono di evasione fiscale ♦ **-se** *v.pron.* evadere, fuggire.
evaluación *s.f.* **1** valutazione, verifica | *— impositiva*, accertamento fiscale **2** (*scuola*) scrutinio (*m.*).
evaluar (*con. come* continuar) *v.tr.* valutare, soppesare, verificare.
evangelio *s.m.* (*relig., anche fig.*) vangelo.
evaporar *v.tr.* far evaporare ♦ *v.intr.* evaporare, svanire, volatizzarsi ♦ **-se** *v.pron.* squagliarsela, sparire.
evasión *s.f.* evasione, fuga | *literatura de —*, letteratura d'evasione | *— impositiva*, evasione fiscale | *— de capitales*, fuga di capitali.
evidencia *s.f.* **1** evidenza | *rendirse ante la —*, arrendersi di fronte all'evidenza | *poner en —*, mettere in evidenza; mettere in ridicolo **2** prova.
evitar *v.tr.* evitare, scansare, schivare.
evocar (*con. come* pescar) *v.tr.* evocare.
evolución *s.f.* **1** evoluzione, sviluppo (*m.*) **2** cambio (*m.*) di condotta **3** (*pl., mil.*) evoluzioni (*pl.*), manovre (*pl.*).
evolucionar *v.intr.* **1** evolvere, progredire, trasformarsi **2** (*mil.*) fare evoluzioni.
exactitud *s.f.* esattezza, precisione.
exacto *agg.* **1** esatto, preciso, puntuale **2** uguale.
exagerar *v.tr.* esagerare, eccedere.
exaltar *v.tr.* **1** esaltare, glorificare **2** elevare, innalzare ♦ **-se** *v.pron.* accalorarsi, esacerbarsi, accendersi.
examen *s.m.* **1** analisi (*f.*), esame **2** (*test, anche scol.*) esame | *carta de —*, attestato | *— de selectividad*, esame di maturità | *pasar/aprobar el —*, essere promosso | *suspender el —*, essere bocciato.
examinar *v.tr.* **1** esaminare **2** (*scol.*) interrogare ♦ **-se** *v.pron.* dare un esame.
exangüe *agg.* esangue, debole, sfinito.
exasperar *v.tr.* esasperare, inasprire ♦ **-se** *v.pron.* irritarsi, adirarsi.
excavación *s.f.* (*anche archeol., geol.*) scavo (*m.*).
excavadora *s.f.* scavatrice.
excedente *agg.* **1** eccedente, eccessivo **2** (*del personale*) in aspettativa ♦ *s.m.* eccedenza (*f.*), surplus | *— laboral*, personale in esubero | *— de caja*, eccedenza di cassa | *— del productor*, rendita del produttore | (*mil.*) *— de cupo*, militesente per esubero ♦ *s.m./f.* chi è in aspettativa.
exceder *v.tr./intr.* **1** eccedere, superare: *el genio excede a nuestro poder de comprensión*, il genio supera la nostra capacità di comprensione **2** avanzare, rimanere: *las mercancías excedieron*, le merci sono avanzate ♦ **-se** *v.pron.* esagerare, oltrepassare i limiti.
excelente *agg.* eccellente.
excepción *s.f.* eccezione: *con — de*, a eccezione di | *de —*, eccezionale, di prima classe | *estado de —*, stato d'emergenza.
exceptuar (*con. come* continuar) *v.tr.* eccettuare, tralasciare, escludere.
exceso *s.m.* eccesso, esagerazione (*f.*) | *en/con —*, in eccesso | *— de equipaje*, eccesso di bagaglio.
excitación *s.f.* eccitazione.
excitar *v.tr.* eccitare, stimolare (*anche fig.*): *— a la violencia*, incitare alla violenza ♦ **-se** *v.pron.* esaltarsi, accalorarsi.
exclamación *s.f.* esclamazione, interiezione.
excluir (*con. come* huir) *v.tr.* escludere, scartare ♦ **-se** *v.pron.* escludersi, elidersi.
exclusión *s.f.* esclusione.
exclusividad *s.f.* **1** esclusività | *en —*, esclusivamente **2** (*comm.*) esclusiva.
excomulgar (*con. come* llegar) *v.tr.* **1** (*relig.*) scomunicare **2** (*fig., iron.*) espellere.
excursión *s.f.* gita, escursione: *los niños están de —*, i bambini sono in gita.
excusa *s.f.* **1** scusa | *dar excusas*, presentare/fare le proprie scuse | *pedir excusas*, chiedere scusa **2** pretesto (*m.*), giustificazione **3** (*dir.*) discarico (*m.*); eccezione.
excusado *agg.* **1** scusato **2** esonerato, dispensato **3** (*fig.*) inutile, superfluo.
excusar *v.tr.* **1** scusare, discolpare **2** evitare, esentare, esonerare.
exención *s.f.* esenzione, dispensa | *— de impuestos*, esenzione fiscale.
exento *agg.* **1** esente, libero | *territorio —*, territorio fuori giurisdizione | *— del servicio militar*, militesente **2** (*arch.*) isolato, separato | *columna exenta*, colonna isolata.
exequias *s.f.pl.* esequie.
exhalación *s.f.* **1** esalazione **2** (*fig.*) fulmine (*m.*), lampo (*m.*), baleno (*m.*): *pasar como una —*, accadere in un lampo.

exhibición *s.f.* esibizione, esposizione, mostra: — *de películas*, rassegna cinematografica.
exhibir *v.tr.* **1** esibire, mostrare **2** (*dir.*) presentare documenti.
exhortación *s.f.* esortazione; monito (*m.*), avvertenza.
exigir (*con. come* afligir) *v.tr.* **1** esigere, richiedere, pretendere **2** necessitare, avere bisogno di: *los niños exigen cuidado*, i bambini hanno bisogno di cure/attenzione.
exiliado *agg.* esiliato, esule ♦ *s.m.* esiliato, esule (*m./f.*).
exilio *s.m.* esilio.
existencia *s.f.* **1** esistenza, vita **2** (*pl.*, *comm.*) giacenze, invenduto (*m.sing.*), scorte.
existir *v.intr.* esistere.
éxito *s.m.* **1** esito, risultato **2** successo, riuscita (*f.*).
exonerar *v.tr.* **1** esonerare, esentare, dispensare: *nos exoneraron del impuesto*, ci hanno esonerati dall'imposta **2** licenziare | — *de un cargo*, destituire da un incarico **3** (*da un peso*) liberare, alleggerire | — *el vientre*, liberare lo stomaco.
exótico *agg.* esotico, straniero (*anche spreg.*).
expatriar *v.tr.* espatriare ♦ **-se** *v.pron.* emigrare: *desde hace siglos este pueblo se expatria*, questo popolo sta emigrando da secoli.
expectación *s.f.* **1** attesa **2** (*fig.*) aspettativa | *hombre de* —, una degna persona | *joven de* —, giovane di belle speranze **3** (*med.*) osservazione.
expedición *s.f.* **1** rimessa, invio (*m.*) **2** spedizione: — *científica*, spedizione scientifica **3** (*gita*) escursione.
expediente *s.m.* **1** espediente, trovata (*f.*), pretesto **2** (*bur.*) pratica (*f.*): *tramitar un* —, inoltrare una pratica; *dar* —, evadere una pratica **3** (*dir.*) processo verbale, inchiesta (*f.*) | *formar* —, istruire un processo | *formar/instruir* — *a alguien*, mettere sotto inchiesta qlcu. | — *de crisis*, richiesta di riduzione del personale **4** dossier (*m.*), fascicolo, incartamento, rapporto | *cubrir el* —, fare il minimo indispensabile | — *profesional*, curriculum professionale | — *académico*, carriera, curriculum universitario.
expedir (*con. come* servir) *v.tr.* **1** inviare, spedire **2** (*amm.*) dare corso a, sbrigare, evadere: — *un pasaporte*, rilasciare un passaporto; — *un pedido*, evadere un'ordinazione **3** (*dir.*) emettere (una sentenza, un decreto).
expensas *s.f.pl.* (*dir.*) spese legali | *a mis* —, a mie spese.
experiencia *s.f.* **1** esperienza, pratica **2** esperimento (*m.*).
experimentar *v.tr.* **1** sperimentare, testare: *van a* — *el producto con una cobaya humana*, sperimenteranno il prodotto su una cavia umana **2** (*fig.*) provare, sentire: *experimentaba una agradable sensación de mejoría*, provava una piacevole sensazione di miglioramento **3** (*fig.*) soffrire, subire: *el pueblo experimentó toda clase de abusos*, il popolo subì ogni sorta d'abuso.
explanada *s.f.* **1** piazzale (*m.*), spiazzo (*m.*) **2** (*mil.*) piattaforma.
explicación *s.f.* spiegazione, soluzione.
explicar (*con. come* pescar) *v.tr.* **1** spiegare, giustificare **2** insegnare: *explica historia en la universidad*, insegna storia all'università ♦ **-se** *v.pron.* spiegarsi, esprimersi, chiarirsi: *voy a explicarme con él*, mi chiarirò con lui.
exploración *s.f.* esplorazione, ricognizione.
explosión *s.f.* esplosione, scoppio (*m.*) | *hacer* —, esplodere.
explotación *s.f.* **1** sfruttamento (*m.*) **2** (*tecn.*) impianto (*m.*) industriale, agricolo.
explotar *v.tr.* sfruttare, trarre profitto ♦ *v.intr.* esplodere.
exponer (*con. come* poner) *v.tr.* **1** esporre, mostrare: — *un cuadro*, esporre un quadro **2** (*fig.*) spiegare, enunciare: *trataré de exponerte mi punto de vista*, cercherò di spiegarti il mio punto di vista ♦ **-se** *v.pron.* esporsi, correre un pericolo.
exportación *s.f.* esportazione.
exportar *v.tr.* esportare.
exprés *agg.* espresso: *café* —, caffè espresso | *olla* —, pentola a pressione | *servicio* —, (*di poste, trasporti*) servizio rapido/espresso | *líneas* —, trasporti espresso.
expresar *v.tr.* esprimere, manifestare: — *acuerdo*, manifestare accordo ♦ **-se** *v.pron.* esprimersi.
expresión *s.f.* espressione, manifestazione | *reducir a la mínima* —, ridurre ai minimi termini | *valga la* —, passi l'espressione.
expreso *agg.* espresso, esplicito, chiaro ♦ *s.m.* **1** messo, corriere speciale **2** treno espresso **3** (*Amer.*) corriera (*f.*).
exprimir *v.tr.* spremere; strizzare.
expulsar *v.tr.* espellere, cacciare, allontanare.
exquisitez (*pl.* -ces) *s.f.* squisitezza.
exquisito *agg.* squisito.
éxtasis *s.m.* **1** estasi (*f.*), rapimento **2** (*droga*) ecstasy (*f.*).
extender (*con. come* entender) *v.tr.* **1** stendere, estendere: — *una manta sobre la hierba*, stendere una coperta sull'erba **2** aprire, ampliare, allargare: *la empresa tiene que* — *su radio de acción*, l'impresa deve ampliare il suo raggio d'azione **3** rilasciare: — *un documento*, rilasciare un documento **4** scrivere, stilare, redigere: *las letras hay que extenderlas en papel timbrado*, le cambiali devono essere redatte in carta bollata ♦ **-se** *v.pron.*

1 propagarsi, diffondersi: *esta clase de vegetales se está extendiendo en toda Europa*, questo tipo di vegetali si sta diffondendo in tutta Europa **2** dilungarsi: *voy a extenderme más en la próxima carta*, ti scriverò più a lungo nella prossima lettera **3** applicarsi: *la obligación se extiende a todos los propietarios*, l'obbligo si applica a tutti i proprietari **4** (*di tempo*) perdurare, durare; estendersi: *la dictadura se extendió a lo largo de tres décadas*, la dittatura durò tre decenni.

extensión *s.f.* **1** estensione, superficie, ampiezza **2** (*di tempo*) durata, estensione: *la — de la vida*, la durata della vita **3** (*tel.*) interno (*m.*).

exterior *agg.* **1** esterno; esteriore **2** (*anche pol.*) estero: *asuntos exteriores*, affari esteri ♦ *s.m.* **1** esterno; estero | *salir para el —*, partire per l'estero **2** (*fig.*) aspetto **3** stanza (*f.*) con vista sulla strada **4** (*pl., cinem.*) esterni.

exterioridad *s.f.* **1** esteriorità **2** (*pl.*) pompa, ostentazione.

exteriorizar (*con. come* cazar) *v.tr.* esteriorizzare ♦ **-se** *v.pron.* (*spec. di malattie, sintomi e simili*) manifestarsi.

exterminar *v.tr.* sterminare, distruggere, annientare.

exterminio *s.m.* **1** sterminio **2** devastazione (*f.*).

extinguir (*con. come* distinguir) *v.tr.* estinguere, spegnere (*anche fig.*): *— una condena*, scontare una condanna | *a —*, a esaurimento; (*fam.*) prossimo alla fine, alla scomparsa: *se trata de un modelo de coche a —*, si tratta di un modello di automobile destinato a scomparire ♦ **-se** *v.pron.* estinguersi, cessare di esistere.

extirpar *v.tr.* **1** estirpare, sradicare **2** (*med.*) asportare.

extracción *s.f.* estrazione.

extracomunitario *agg.*, *s.m.* extracomunitario.

extraer (*con. come* traer) *v.tr.* estrarre, cavar fuori, strappare | *— una muela*, estrarre un molare.

extranjero *agg.* straniero ♦ *s.m.* **1** (*persona*) straniero **2** estero | *ir al —*, andare all'estero.

extrañar *v.tr.* **1** bandire, esiliare, allontanare: *extrañaron a los culpables*, esiliarono i colpevoli **2** avere nostalgia di, sentire la mancanza di: *te extraño un montón*, mi manchi da morire; *no dormí porque extrañaba la cama*, non ho dormito perché mi mancava il mio letto ♦ **-se** *v.pron.* sorprendersi per/di, stupirsi di: *no me extraña*, non mi sorprende.

extrañeza *s.f.* **1** sorpresa, stupore (*m.*) **2** singolarità; stranezza.

extraño *agg.* **1** estraneo **2** strano, stravagante ♦ *s.m.* **1** estraneo; forestiero **2** scatto, sussulto.

extraordinario *agg.* straordinario: *enviado —*, inviato speciale ♦ *s.m.* **1** (*lettera*) espresso **2** piatto extra: *el domingo prepara algún —*, la domenica prepara un piatto extra **3** (*di giornale*) numero speciale, edizione (*f.*) straordinaria.

extraordinaria *s.f.* (*paga*) tredicesima, quattordicesima (*m.pl.*): *salario medio sin extraordinarias*, stipendio medio senza la tredicesima.

extravagancia *s.f.* stravaganza.

extraviar (*con. come* confiar) *v.tr.* **1** disorientare, fuorviare: *la diferencia de hora extravía*, la differenza di fuso orario disorienta **2** perdere, smarrire: *mi abuelo extravió su cartera*, mio nonno ha smarrito il portafoglio **3** (*lo sguardo*) distogliere ♦ **-se** *v.pron.* **1** disorientarsi, smarrirsi: *nos extraviamos andando*, ci siamo persi lungo il cammino **2** (*fig.*) traviarsi, rovinarsi, corrompersi: *se extravió con esa pandilla de locos*, ha perso la retta via con quella banda di pazzi.

extravío *s.m.* **1** disorientamento, smarrimento **2** (*fig.*) traviamento, fallo, errore **3** (*fam.*) disguido, seccatura (*f.*).

extremado *agg.* **1** estremo, grandissimo **2** esagerato, eccessivo.

extremar *v.tr.* spingere agli estremi, estremizzare | *— las precauciones*, prendere tutte le dovute precauzioni ♦ **-se** *v.pron.* mettercela tutta, sforzarsi.

extremidad *s.f.* **1** estremità **2** (*fig.*) culmine (*m.*), apice (*m.*) **3** (*pl.*) estremità (*pl.*), arti (*pl.*).

extremo *agg.* **1** estremo, ultimo | *— Oriente*, Estremo Oriente **2** estremo, grande, forte: *frío —*, freddo intenso | (*pol.*) *extrema derecha, izquierda*, destra, sinistra estrema ♦ *s.m.* **1** estremità (*f.*): *el — de los dedos*, l'estremità delle dita **2** estremo (*anche fig.*) | *los extremos se tocan*, gli estremi si toccano | *pasar de un — a otro*, passare da un estremo all'altro | *en último —*, in caso estremo | *con/en/por —*, moltissimo, eccessivamente: *amarse con —*, amarsi oltre misura; *obrar con —*, agire con somma cura **3** (*sport*) ala (*f.*): *— derecha, izquierda*, ala destra, sinistra **4** soggetto, tema.

exuberancia *s.f.* esuberanza, abbondanza, ricchezza.

exultar *v.intr.* esultare, giubilare.

Ff

f *s.f.* f | (*tel.*) — *como Francisco*, f come Firenze.
fa *s.m.* (*mus.*) fa.
fábrica *s.f.* **1** fabbrica, stabilimento (*m.*) | — *de aceite*, oleificio | (*fig.*) — *de embustes*, mucchio di frottole | *marca de* —, marchio di fabbrica **2** fabbricazione **3** (*arch.*) edificio (*m.*), costruzione **4** (*edil.*) muratura: *pared de* —, parete in muratura.
fabricación *s.f.* fabbricazione.
fabricador *s.m.*, *agg.* fabbricatore.
fabricante *s.m./f.*, *agg.* fabbricante.
fabricar (*con. come* pescar) *v.tr.* **1** fabbricare: — *lámparas*, fabbricare lampade **2** (*fig.*) inventare, fabbricare, costruire: — *cuentos*, fabbricare storie.
fabril *agg.* industriale.
fábula *s.f.* **1** favola: *las fábulas de Esopo*, le favole di Esopo | *la* — *de Orfeo*, il mito di Orfeo | — *milesia*, racconto ameno | *de* —, da favola **2** mito (*m.*) **3** mitologia **4** (*fam.*) diceria, chiacchiera.
fabulación *s.f.* affabulazione.
fabulador *s.m.* **1** favolista **2** affabulatore.
fabular *v.tr.* **1** inventare delle favole **2** affabulare.
fabulario *s.m.* collezione (*f.*) di favole.
fabulística *s.f.* (*lett.*) favolistica.
fabulosamente *avv.* **1** fantasiosamente **2** straordinariamente bene, favolosamente: *una isla* — *hermosa*, un'isola straordinariamente bella.
fabuloso *agg.* **1** favoloso, fantastico, leggendario: *un reino* —, un regno fantastico **2** meraviglioso, straordinario: *vivió fabulosas peripecias*, visse peripezie straordinarie.
facción *s.f.* **1** fazione | (*mil.*) *guardias de* —, guardie di pattuglia **2** (*pl.*) fattezze, tratti (*m.*), lineamenti (*m.*): *facciones suaves*, fattezze delicate.
faccioso *agg.* **1** fazioso: *un artículo* —, un articolo fazioso **2** rivoluzionario, sovversivo ♦ *s.m.* rivoluzionario, sovversivo, rivoltoso: *encerrar a los facciosos*, imprigionare i rivoltosi.
faceta *s.f.* **1** sfaccettatura: *las facetas de una esmeralda*, le sfaccettature di uno smeraldo **2** (*fig.*) aspetto (*m.*).
facha[1] *s.f.* **1** aspetto (*m.*), apparenza **2** (*fam.*) fantoccio (*m.*), spauracchio (*m.*).
facha[2] *agg.*, *s.m./f.* (*fam.*) fascista; reazionario.
fachada *s.f.* **1** facciata | — *marítima*, regione costiera **2** (*di libro*) frontespizio (*m.*) **3** (*fig.*) apparenza, aspetto (*m.*).
fachenda *s.f.* (*fam.*) superbia, spocchia.
fachendear *v.intr.* (*fam.*) darsi delle arie.
facial *agg.* facciale | (*dei francobolli*) *valor* —, valore d'affrancatura.
fácil *agg.* **1** facile | *es* — *de decir*, facile a dirsi **2** probabile: *es* — *que llame*, è probabile/facile che telefoni **3** docile; maneggevole ♦ *avv.* facilmente: *el equipo de música que compré es sencillo y se maneja* —, lo stereo che ho comprato è semplice e facile da usare.
facilidad *s.f.* **1** facilità **2** (*spec. pl.*) agevolazione (*sing.*), facilitazione (*sing.*): *dar facilidades*, offrire facilitazioni | *facilidades de pago*, facilitazioni di pagamento **3** attitudine, predisposizione: *tiene* — *para los idiomas*, ha predisposizione per le lingue.
facilitación *s.f.* facilitazione.
facilitar *v.tr.* **1** facilitare, favorire: *se han adoptado medidas para* — *el empleo*, sono state adottate misure per favorire l'impiego **2** procurare, fornire: *te facilitaré todos los datos*, ti fornirò tutti i dati.
facilitón *agg.*, *s.m.* facilone.
facilón *agg.* molto facile, facilissimo.
facineroso *s.m.* facinoroso.
facsímil, facsímile *s.m.* facsimile.
factibilidad *s.f.* fattibilità.
factible *agg.* fattibile.
facticio *agg.* fattizio, falso, artificiale: *aspecto* —, aspetto fattizio.
fáctico *agg.* fattuale | *poder* —, potere di fatto.
factitivo *agg.*, *s.m.* (*gramm.*) fattitivo.
factor *s.m.* **1** fattore: — *económico*, fattore economico **2** (*comm.*) agente, rappresentante **3** (*ferr.*) responsabile del traffico della stazione **4** (*mat.*) sottomultiplo **5** (*mat.*) fattore.
factoría *s.f.* fabbrica: — *de tabacos*, fabbrica di tabacchi.
factorial *agg.* (*mat.*) fattoriale.
factual *agg.* (*filos.*) fattuale.

factura *s.f.* **1** esecuzione, fattura: *un tapiz de buena —*, un arazzo di buona fattura **2** (*comm.*) fattura | (*anche fig.*) *pasar —*, presentare il conto.
facturación *s.f.* **1** (*comm.*) fatturazione **2** (*aer.*) check-in (*m.*).
facturar *v.tr.* **1** fatturare **2** (*bagaglio*) fare il check-in: *— las maletas*, portare le valige al check-in.
facultad *s.f.* **1** facoltà, capacità | (*dir.*) *en plenitud de facultades*, nel pieno possesso delle proprie facoltà | *facultades mentales*, facoltà mentali **2** facoltà, autorizzazione, permesso (*m.*); autorità, potere (*m.*): *tengo la — de hacerlo*, ho facoltà di farlo | *dar —*, autorizzare **3** (*università*) facoltà: *— de letras*, facoltà di lettere.
facultar *v.tr.* autorizzare, dare autorità.
facultativo *agg.* facoltativo | *prescripción facultativa*, prescrizione medica ♦ *s.m.* medico.
facundia *s.f.* facondia.
facundo *agg.* facondo.
fado *s.m.* (*mus.*) fado.
faena *s.f.* **1** lavoro (*m.*), faccenda: *no puedo salir porque tengo mucha —*, non posso uscire perché ho molto (lavoro) da fare | *faenas domésticas*, lavori di casa/faccende domestiche | *mujer de hacer faenas*, domestica | *meterse en —*, mettersi a lavorare **2** (*fig.*) tiro (*m.*) mancino, brutto scherzo (*m.*): *otra — fue que no lo invitaron a la fiesta*, un altro brutto scherzo fu che non lo invitarono alla festa **3** (*corrida*) gioco (*m.*) di muleta.
fagocitar *v.tr.* fagocitare.
fagocito *s.m.* (*biol.*) fagocita.
fagot *s.m.* (*mus.*) **1** (*strumento*) fagotto **2** (*suonatore*) fagottista.
fagotista *s.m.* (*mus.*) fagottista.
faisán *s.m.* (*zool.*) fagiano.
faisanero *s.m.* allevatore di fagiani.
faja *s.f.* **1** fascia, fusciacca **2** (*abbigl.*) guaina, busto (*m.*) **3** (*a tracolla*) banda, fascia **4** (*di territorio*) fascia, striscia, zona **5** (*di libro*) fascetta **6** (*arch.*) listello (*m.*).
fajadura *s.f.* fasciatura.
fajar *v.tr.* **1** fasciare, mettere in fasce, avvolgere **2** (*Amer.*, *fig.*) colpire, picchiare ♦ **-se** *v.pron.* (*sport*, *boxe*) incassare.
fajo *s.m.* fascio, fascina (*f.*), mazzetta (*f.*).
falacia *s.f.* **1** fallacia **2** inganno (*m.*).
falange *s.f.* (*anat.*, *mil.*, *pol.*) falange.
falangeta *s.f.* (*anat.*) falangetta.
falangina *s.f.* (*anat.*) falangina.
falangismo *s.m.* (*pol.*) falangismo.
falangista *s.m.*, *agg.* (*pol.*) falangista.
falaz (*pl.* -ces) *agg.* falso, fallace: *una impresión —*, un'impressione fallace.
falbalá *s.f.* (*ornamento*) falpalà.
falcidia *s.f.* (*dir.*) falcidia.
falciforme *agg.* falciforme.
falda *s.f.* **1** gonna | *— pantalón*, gonna pantalone | (*fig.*) *pegado a las faldas de alguien*, attaccato alle sottane di qlcu. **2** grembo (*m.*) **3** (*di cappello*, *di armatura*) tesa, falda **4** (*geogr.*) falda, pendice **5** (*pl.*, *fam.*) donne | *asunto de faldas*, roba da donne.
faldellín *s.m.* gonnellina (*f.*).
faldón *s.m.* **1** falda (*f.*): *un — de tela*, una falda di tela **2** (*arch.*) spiovente.
falena *s.f.* (*zool.*) falena.
falibilidad *s.f.* fallibilità.
falible *agg.* fallibile.
fálico *agg.* fallico.
falla[1] *s.f.* difetto (*m.*), errore (*m.*), mancanza.
falla[2] *s.f.* monumento (*m.*) di legno e cartapesta (che si brucia, a Valencia, la notte di San Giuseppe) | *las Fallas*, feste di Valencia.
falla[3] *s.f.* (*geogr.*) faglia.
fallar *v.tr.* **1** sbagliare, fallire: *falló la prueba*, fallì la prova **2** (*dir.*) emettere una sentenza: *el juez falló la absolución*, il giudice emise una sentenza di assoluzione **3** (*a carte*) scartare ♦ *v.intr.* **1** (*fig.*) deludere: *mi hermano nunca me falló*, mio fratello non mi ha mai deluso **2** mancare, venire meno; smettere di funzionare: *me falló el instinto*, mi venne meno l'istinto **3** sbagliare: *me falló*.
fallecer (*con. come* agradecer) *v.intr.* morire.
fallecimiento *s.m.* morte (*f.*), decesso.
fallero *agg.* assenteista ♦ *s.m.* persona che partecipa alle Fallas (feste di Valencia).
fallido *agg.* fallito, mancato: *un proyecto —*, un progetto fallito.
fallo[1] *s.m.* (*dir.*) sentenza (*f.*), verdetto; decisione (*f.*).
fallo[2] *s.m.* **1** errore **2** mancanza (*f.*), difetto.
falsar *v.tr.* → **falsear.**
falsario *s.m.*, *agg.* falsario.
falseado *agg.* alterato, manipolato, falsato: *una representación falseada*, una rappresentazione falsata.
falseador *agg.* falsificatore.
falseamiento *s.m.* falsificazione (*f.*).
falsear *v.tr.* falsificare, falsare: *— la memoria de un pueblo*, falsare la memoria di un popolo; *— una firma*, falsificare una firma ♦ *v.intr.* **1** (*mus.*) stonare **2** (*fig.*) vacillare, cedere: *la pared falsea*, il muro vacilla.
falsedad *s.f.* **1** falsità, ipocrisia **2** (*dir.*) falsificazione.
falsete *s.m.* **1** (*mus.*) falsetto | *de —*, con seconda intenzione **2** (*di bottiglia*) turacciolo **3** (*arch.*) porta (*f.*) interna.
falsía *s.f.* falsità, ipocrisia: *desenmascarar una —*, smascherare un'ipocrisia.
falsificación *s.f.* **1** falsificazione **2** (*dir.*) falso (*m.*).
falsificador *s.m.*, *agg.* falsario, falsificatore.
falsificar (*con. come* pescar) *v.tr.* falsifica-

re, contraffare: *falsificó la firma*, falsificò la firma.
falsilla *s.f.* falsariga.
falso *agg.* **1** falso, finto, fasullo; (*di moneta*) contraffatto: *diamante* —, diamante falso; *amigo* —, falso amico **2** errato, falso: *falsa maniobra*, manovra sbagliata | *caballo* —, cavallo che scalcia **3** (*spec. tecn.*) di rinforzo, di sostegno, d'appoggio: — *pilote*, palo di rinforzo | — *techo*, controsoffitto ♦ *s.m.* (*abbigl.*) rinforzo, orlo finto
■ ***en falso*** **1** falsamente: *jurar en* —, spergiurare, giurare il falso **2** a vuoto; senza appoggio/sostegno: *pisó en — y se cayó por las escaleras*, fece un passo falso e cadde dalle scale; *un golpe en* —, un colpo a vuoto.
falta *s.f.* **1** mancanza, carenza: — *de medios*, mancanza di mezzi | *a — de*, in mancanza di | *sin* —, immancabilmente, senz'altro | *hacer* —, essere necessario | *hacerle a una persona — alguien* o *algo*, avere bisogno di qlcu., qlco.: *les hace — todo tipo de ayuda*, hanno bisogno di ogni tipo di aiuto **2** errore (*m.*); (*sport*) fallo (*m.*) | (*sport*) *tirar una* —, battere una punizione **3** (*fig.*) difetto (*m.*) **4** assenza | *echar en* —, sentire la mancanza di **5** (*dir.*) infrazione.
faltar *v.intr.* **1** mancare: *me falta un libro*, mi manca un libro; *faltaba mucho para llegar*, mancava molto per arrivare | *falta por ver*, è tutto da vedere | *¡faltaría más!*, ci mancherebbe altro! | — *a la palabra*, venir meno alla parola | *¡lo que faltaba!*, ci mancava solo questo! **2** morire, mancare **3** essere assente, mancare: *faltó a clase*, è stato assente dalla lezione **4** (*fig.*, *fam.*) mancare di rispetto, offendere: *me faltó a mí*, mi ha mancato di rispetto.
falto *agg.* **1** mancante: — *de fuerzas*, mancante di forze **2** bisognoso: — *de amor*, bisognoso di amore.
faltón *agg.*, *s.m.* **1** (*fam.*) maleducato **2** (*lavoro*) assenteista (*m./f.*).
faltriquera *s.f.* **1** tasca, taschino (*m.*): *lleva un pañuelo en la* —, porta un fazzoletto nel taschino **2** borsello (*m.*) | (*fig.*) *rascarse la* —, sciogliere i cordoni della borsa.
fama *s.f.* fama, celebrità; reputazione: *tiene buena* —, ha una buona fama | (*anche iron.*) *crea — y échate a dormir*, fatti un buon nome e dormi tranquillo | *es* —, si dice.
familia *s.f.* **1** famiglia | *cabeza de* —, capofamiglia **2** prole, figli (*m.pl.*) **3** parentela, parenti (*m.pl.*): *¡recuerdos a la —!*, mi saluti i suoi! **4** (*fig.*) gruppo (*m.*): *la — de los aficionados a la música*, il gruppo/la cerchia degli appassionati di musica.
familiar *agg.* **1** familiare, amichevole **2** corrente, abituale ♦ *s.m./f.* familiare, parente.
familiaridad *s.f.* **1** familiarità, confidenza **2** consuetudine.
familiarizar (*con. come* cazar) *v.tr.* familiarizzare, far prendere confidenza: — *un niño con los libros*, familiarizzare un bambino con i libri ♦ **-se** *v.pron.* familiarizzarsi, abituarsi.
famoso *agg.* famoso, celebre.
fan *s.m./f.* fan.
fanal *s.m.* **1** (*mar.*) lanterna (*f.*), fanale: *el — del puerto*, la lanterna del porto **2** campana (*f.*) di vetro: — *de cristal*, campana di cristallo.
fanático *agg.*, *s.m.* fanatico; patito, entusiasta.
fanatismo *s.m.* fanatismo.
fanatizar (*con. come* cazar) *v.tr.* fanatizzare.
fandango *s.m.* **1** (*mus.*) fandango **2** (*fig.*, *fam.*) baraonda (*f.*), confusione (*f.*).
fanfarria *s.f.* **1** vanteria, fanfaronata **2** (*mus.*) fanfara.
fanfarrón *s.m.*, *agg.* fanfarone.
fanfarronada *s.f.* fanfaronata, millanteria.
fanfarronear *v.intr.* (*fam.*) fare lo spaccone, vantarsi.
fango *s.m.* fango.
fangoso *agg.* fangoso.
fantaseador *agg.* fantasioso.
fantasear *v.tr.* (*fig.*) sognare ♦ *v.intr.* **1** fantasticare **2** (*fig.*) atteggiarsi, darsi delle arie.
fantasía *s.f.* **1** fantasia, immaginazione | (*abbigl.*) *de* —, a fantasia **2** finzione, invenzione, fantasticheria: *son sólo fantasías*, sono tutte invenzioni.
fantasioso *agg.* **1** fantasioso **2** (*fam.*) superbo, presuntuoso.
fantasma *s.m.* **1** fantasma **2** (*fig.*) fanfarone ♦ *s.m./f.* spauracchio (*m.*).
fantasmada *s.f.* (*fam.*) fanfaronata.
fantasmagoría *s.f.* fantasmagoria.
fantasmagórico *agg.* fantasmagorico.
fantasmón *agg.*, *s.m.* vanitoso, fanfarone, presuntuoso.
fantástico *agg.* **1** fantastico **2** (*fig.*) fantastico, eccezionale, favoloso: *lo vendían a precios fantásticos*, lo vendevano a prezzi ottimi.
fantoche *s.m.* **1** burattino, marionetta (*f.*) **2** (*fig.*) pagliaccio, pallone gonfiato.
faquín *s.m.* facchino.
faquir *s.m.* fachiro.
faralá *s.m.* **1** (*moda*) falpalà **2** (*fam.*) orpello, fronzolo.
faraón *s.m.* faraone.
faraónico *agg.* (*anche fig.*) faraonico.
fardar *v.intr.* (*fam.*) pavoneggiarsi, vantarsi: *no es por* —, non è per vantarsi.
fardel *s.m.* **1** fardello **2** borsa (*f.*), bisaccia (*f.*) **3** (*fig.*, *fam.*) cencioso, straccione.
fardo *s.m.* balla (*f.*), collo; fagotto.

fardón *agg.* (*fam.*) **1** appariscente, vistoso **2** elegante.
farero *s.m.* guardiano del faro.
farfullador *agg.* balbuziente.
farfullar *v.tr.* **1** farfugliare **2** (*fig.*, *fam.*) tirare via, fare in fretta.
farináceo *agg.* farinaceo.
faringe *s.f.* (*anat.*) faringe.
faríngeo *agg.* (*anat.*) faringeo.
faringitis *s.f.* (*med.*). faringite.
fariseo *s.m.* **1** fariseo **2** (*fig.*) ipocrita, fariseo.
farmacéutico *agg.* farmaceutico ♦ *s.m.* farmacista (*m./f.*).
farmacia *s.f.* farmacia.
fármaco *s.m.* farmaco, medicina (*f.*).
farmacología *s.f.* farmacologia.
farmacológico *agg.* farmacologico.
farmacólogo *s.m.* farmacologo.
farmacopea *s.f.* farmacopea.
faro *s.m.* **1** faro, lanterna (*f.*) **2** (*aut.*) faro, fanale | — *antiniebla,* faro antinebbia **3** (*fig.*) luminare.
farol *s.m.* **1** lampione, fanale **2** (*fig.*) balla (*f.*), bugia (*f.*); inganno **3** (*nel gioco*) bluff (*m.*) | (*anche fig.*) *marcarse/tirarse un* —, bluffare **4** (*corrida*) gioco di cappa **5** (*fam.*) spacconata (*f.*) | *marcarse/tirarse faroles*, fare lo spaccone.
farola *s.f.* lanterna, lampione (*m.*), fanale (*m.*).
farolería *s.f.* **1** fabbrica di lampioni **2** (*fig.*, *fam.*) fanfaronata, spacconata.
farolero *agg.*, *s.m.* **1** lampionaio **2** (*fig.*) fanfarone, presuntuoso.
farolillo *s.m.* **1** lampioncino **2** (*aut.*) fanalino | *ser el — rojo*, essere il fanalino di coda.
farra *s.f.* (*fam.*) festa, baldoria, festeggiamento (*m.*).
fárrago *s.m.* ammasso, farragine (*f.*), cumulo: *un — de hojas de pergamino*, un cumulo di fogli di pergamena.
farragoso *agg.* farraginoso.
farraguista *s.m./f.* pasticcione (*m.*), confusionario (*m.*).
farrear *v.intr.* bisbocciare, fare bagordi.
farro *s.m.* (*bot.*) farro.
farruco *agg.* (*fam.*) insolente, sfrontato.
farsa *s.f.* **1** (*teatr.*) farsa: *representan una* —, rappresentano una farsa **2** (*fig.*) imbroglio (*m.*), simulazione.
farsante *agg.*, *s.m./f.* commediante, simulatore (*anche fig.*).
farseto *s.m.* (*abbigl.*) farsetto.
farsista *s.m.* commediografo, autore di farse.
fas *s.m. solo nella loc.*: *por — y por nefas*, volente o nolente.
fascículo *s.m.* **1** fascicolo **2** (*anat.*) fascio: — *de músculos*, fascio di muscoli.
fascinación *s.f.* **1** fascino (*m.*), attrazione **2** malia, sortilegio (*m.*) **3** (*fig.*) inganno (*m.*).
fascinador *agg.* affascinante.
fascinante *agg.* affascinante.
fascinar *v.tr.* affascinare, ammaliare, sedurre: *su belleza fascinó a los fotógrafos*, la sua bellezza affascinò i fotografi.
fascismo *s.m.* fascismo.
fascista *s.m.*, *agg.* fascista.
fascistoide *agg.*, *s.m./f.* fascistoide.
fase *s.f.* **1** fase: *las fases de la luna*, le fasi della luna **2** fase, stadio (*m.*): *la primera — de la transición*, la prima fase della transizione.
fastidiado *agg.* malato, malandato.
fastidiar *v.tr.* **1** infastidire, seccare, molestare: *me fastidia el ruido*, il rumore mi dà fastidio **2** (*fam.*) danneggiare, rovinare: *vas a — el coche si no lo conduces bien*, rovinerai la macchina se non la guidi bene ♦ **-se** *v.pron.* **1** infastidirsi **2** sciuparsi.
fastidio *s.m.* fastidio, noia (*f.*), grana (*f.*), seccatura (*f.*).
fastidioso *agg.* fastidioso, molesto.
fasto *agg.* felice, fausto ♦ *s.m.* **1** fasto, pompa (*f.*) **2** (*pl.*) annali; effemeridi (*f.*).
fastuosidad *s.f.* fastosità, sfarzo (*m.*).
fastuoso *agg.* fastoso, pomposo.
fatal *agg.* **1** fatale, inevitabile, funesto: *un encuentro* —, un incontro fatale **2** (*fam.*) brutto, di cattivo gusto; insopportabile: *la comida fue* —, il pranzo è stato orribile | *pasarlo* —, annoiarsi; stare malissimo **3** (*di scadenza, dir.*) improrogabile **4** mortale, micidiale: *la operación le fue* —, l'operazione gli fu fatale.
fatalidad *s.f.* **1** fatalità **2** sfortuna: *fue una — que perdiera su trabajo*, fu una sfortuna che perdesse il lavoro.
fatalismo *s.m.* fatalismo.
fatalista *agg.*, *s.m./f.* **1** fatalista **2** (*fam.*) pessimista.
fatídico *agg.* fatidico.
fatiga *s.f.* **1** stanchezza, fatica **2** (*tecn.*) logoramento (*m.*), fatica **3** (*med.*) affanno (*m.*), asma: *el enfermo tiene mucha* —, il malato ha molto affanno **4** (*fig.*, *spec. pl.*) pena (*sing.*), sofferenza (*sing.*) | *dar* —, far venire degli scrupoli.
fatigador *agg.* stancante.
fatigar (*con. come* llegar) *v.tr.* affaticare, stancare ♦ **-se** *v.pron.* affaticarsi.
fatigoso *agg.* faticoso.
fatuidad *s.f.* fatuità.
fatuo *agg.* **1** fatuo, vuoto, vano **2** sciocco, vanesio | *fuego* —, fuoco fatuo.
fauces *s.m.pl.* fauci (*f.*).
fauna *s.f.* fauna.
fáunico *agg.* faunistico: *complejo* —, complesso faunistico.
fáustico *agg.* (*lett.*) faustiano.

fausto[1] *s.m.* fasto.
fausto[2] *agg.* fausto, lieto.
fautor *s.m.* fautor.
favela *s.f.* (*Amer.*) favela.
favismo *s.m.* (*med.*) favismo.
favo *s.m.* (*anche med.*) favo.
favor *s.m.* **1** favore, piacere: *le hizo muchos favores*, gli ha fatto molti favori | *por* —, per favore | *en — de*, a favore di **2** protezione (*f.*), favore | *tener a alguien en su* —, avere qlcu. dalla propria parte, godere del favore di qlcu. **3** privilegio | *de* —, in omaggio | *pase de* —, biglietto omaggio.
favorable *agg.* **1** favorevole, propizio **2** positivo, buono, ottimista: *una perspectiva* —, una prospettiva favorevole **3** propenso, incline, favorevole: *actitud* —, atteggiamento favorevole.
favorecedor *agg.* che sta bene, che dona.
favorecer (*con. come* agradecer) *v.tr.* **1** favorire, proteggere, aiutare **2** (*fig.*) giovare a, donare a: *este color te favorece*, questo colore ti dona.
favoritismo *s.m.* favoritismo.
favorito *agg.*, *s.m.* preferito, favorito, prediletto.
fax *s.m.* fax.
faxear *v.tr.* inviare via fax, faxare.
faz (*pl.* -ces) *s.f.* **1** viso (*m.*), faccia **2** (*parte davanti*) diritto (*m.*): *la — de la moneda, de la hoja*, il diritto della moneta, della foglia | *tejidos de doble* —, tessuti double-face.
fe *s.f.* **1** fede, fiducia: *tengo — en tus palabras*, ho fiducia nelle tue parole | *prestar* —, prestare fede **2** certificazione: — *de bautismo*, certificato di battesimo | *dar/hacer* —, attestare, far fede | — *de erratas*, errata corrige | *de buena* —, con buona intenzione | *a — mía*, in fede | — *de vida*, certificato di esistenza in vita **3** (*relig.*) credenza, fede, credo (*m.*) | *a buena* —, certamente | *a — mía*, a mio parere.
fealdad *s.f.* **1** bruttezza **2** (*fig.*) indegnità: *se portó con* —, si comportò in modo indegno.
feble *agg.* debole, fragile; magro.
febrero *s.m.* febbraio.
febricitante *agg.* (*med.*) febbricitante.
febrícula *s.f.* (*med.*) febbricola.
febril *agg.* (*med.*, *fig.*) febbrile | *estar* —, essere febbricitante | *actividad* —, attività febbrile.
fecal *agg.* fecale.
fecha *s.f.* **1** data: *la carta lleva la — de ayer*, la lettera ha la data di ieri; *en esa — yo no estaba aquí*, in quella data/quel giorno io non ero qui | *por estas fechas*, adesso, in questo momento, in questi giorni: *a/por estas fechas ya habrá llegado*, in questo momento sarà già arrivato | *hasta la* —, fino a oggi | *a un mes* —, alla fine del mese | — *tope*, data limite **2** giorno (*m.*): *hace fechas que no te veo*, è da giorni che non ti vedo.
fechador *s.m.* (*timbro*) datario.
fechar *v.tr.* mettere la data; datare.
fechoría *s.f.* malefatta, atto (*m.*) criminale.
fécula *s.f.* fecola.
fecundable *agg.* (*biol.*) fecondabile.
fecundación *s.f.* (*biol.*) fecondazione | — *artificial*, fecondazione artificiale.
fecundador *agg.* (*biol.*) fecondatore.
fecundar *v.tr.* (*biol.*, *fig.*) fecondare.
fecundidad *s.f.* (*biol.*, *fig.*) fecondità.
fecundizador *agg.* fecondatore.
fecundizar (*con. come* cazar) *v.tr.* (*biol.*, *fig.*) fertilizzare (terra), fecondare.
fecundo *agg.* (*biol.*, *fig.*) fecondo, florido, produttivo, fertile: *tierra fecunda*, terra fertile.
fedatario *s.m.* (*dir.*) notaio.
fedayín *s.m.* (*pol.*) fedain, fedayn.
federación *s.f.* federazione, associazione: *la — de los periodistas*, l'associazione giornalisti.
federal *agg.* federale.
federalismo *s.m.* federalismo.
federalista *agg.* federalista.
federar *v.tr.* federare.
federativo *agg.* federativo.
feed-back *s.m.* feed-back.
fehaciente *agg.* (*dir.*) probatorio.
felicidad *s.f.* **1** felicità **2** allegria | *¡felicidades!*, auguri!
felicitación *s.f.* **1** augurio (*m.*) **2** (*spec. pl.*) rallegramenti (*m.*), congratulazioni.
felicitar *v.tr.* **1** fare gli auguri a; augurare: *no me acordé de felicitarle el día de su cumpleaños*, non mi sono ricordato di fargli/farle gli auguri il giorno del suo compleanno; *te felicito por tu cumpleaños*, ti auguro buon compleanno | — *las Pascuas*, augurare buona Pasqua **2** congratularsi, rallegrarsi: *te felicito por tu éxito*, mi congratulo per il tuo successo ♦ **-se** *v.pron.* rallegrarsi, congratularsi.
félido *s.m.*, *agg.* (*zool.*) felino.
feligrés *s.m.* parrocchiano, fedele.
feligresía *s.f.* **1** (*persone*) comunità, fedeli (*m.pl.*) **2** (*luogo*) parrocchia.
felino *agg.*, *s.m.* felino.
feliz (*pl.* -ces) *agg.* **1** felice, contento: *con sus amigos se siente* —, con i suoi amici si sente felice; *un día* —, una giornata felice/serena; *no me hace muy — esta solución*, non è che mi entusiasmi questa soluzione **2** (*con buon esito*) felice; fortunato: *idea* —, una buona idea, un'idea felice | *empresa* —, impresa fortunata.
felizmente *avv.* **1** felicemente **2** fortunatamente.

felpa *s.f.* **1** (*tessuto*) felpa **2** (*fam.*, *anche fig.*) bastonata; strigliata.
felpar *v.tr.* felpare.
felpear *v.tr.* (*Amer.*, *fam.*) rimproverare, dare una ripassata.
felpilla *s.f.* ciniglia.
felposo *agg.* felpato.
felpudo *agg.* felpato ♦ *s.m.* stuoino, zerbino.
femenino *agg.*, *s.m.* (*anche gramm.*) femminile.
fementido *agg.* **1** traditore, mentitore **2** falso, ingannevole.
fémina *s.f.* femmina.
femineidad *s.f.* femminilità.
femíneo *agg.* femmineo.
feminismo *s.m.* femminismo.
feminista *agg.*, *sm./f.* femminista.
feminoide *agg.* effeminato.
femoral *agg.* (*anat.*) femorale.
fémur *s.m.* (*anat.*) femore.
fenicado *agg.* (*chim.*) fenicato.
fenicio *agg.*, *s.m.* fenicio.
fénico *agg.* (*chim.*) fenico.
fénix *s.m./f.* fenice (*f.*).
fenomenal *agg.* **1** fenomenico: *el mundo —*, il mondo fenomenico **2** fenomenale, eccezionale: *una mujer —*, una donna eccezionale **3** tremendo ♦ *avv.* benissimo, stupendamente: *la falda te queda —*, la gonna ti sta benissimo.
fenoménico *agg.* fenomenico.
fenómeno *agg.* (*fam.*) meraviglioso: *pasamos una tarde fenómena*, abbiamo trascorso un pomeriggio magnifico ♦ *s.m.* **1** fenomeno (*anche fig.*): *— atmosférico*, fenomeno atmosferico **2** (*spreg.*) mostro, mostruosità (*f.*) ♦ *avv.* in modo perfetto: *todo salió —*, è riuscito tutto alla perfezione.
fenomenología *s.f.* (*filos.*) fenomenologia.
fenotípico *agg.* (*biol.*) fenotipico.
fenotipo *s.m.* (*biol.*) fenotipo.
feo *agg.* brutto (*anche fig.*) ♦ *s.m.* sgarbo; mortificazione (*f.*): *no invitándole le hicieron un —*, non invitandolo gli hanno fatto uno sgarbo.
féretro *s.m.* feretro.
feria *s.f.* **1** fiera: *— de muestras*, fiera campionaria **2** sagra, festa popolare.
feriado *agg.* festivo.
ferial *agg.* lavorativo, feriale: *día —*, giorno feriale ♦ *s.m.* fiera.
feriante *agg.*, *s.m./f.* mercante.
feriar *v.tr.* barattare, scambiare ♦ *v.intr.* (*esercizi pubblici*) rimanere chiuso, effettuare il riposo settimanale.
ferino *agg.* (*di fiera*) ferino.
fermentación *s.f.* fermentazione.
fermentador *s.m.* fermentatore.
fermentar *v.tr.* fermentare, far fermentare ♦ *v.intr.* **1** fermentare **2** (*fig.*) essere in fermento, agitarsi: *el pueblo fermenta*, il popolo si agita.
fermentativo *agg.* fermentativo.
fermento *s.m.* (*anche fig.*) fermento.
ferocidad *s.f.* ferocia.
feroz (*pl.* -ces) *agg.* **1** feroce (*anche fig.*) **2** (*fam.*) straordinario, eccezionale: *una borrachera —*, una grande sbornia.
férreo *agg.* (*anche fig.*) ferreo: *exercer un control —*, esercitare un controllo ferreo | *vía férrea*, ferrovia.
ferretería *s.f.* (*negozio*) ferramenta.
ferretero *s.m.* (*negoziante*) ferramenta.
ferro *s.m.* (*mar.*) ancora (*f.*).
ferrocarril *s.m.* **1** ferrovia (*f.*), strada (*f.*) ferrata | *— de via estrecha*, ferrovia a scartamento ridotto **2** (*servizio di trasporto*) treno: *prefiero el — al avión*, preferisco il treno all'aereo | *— funicular*, funicolare.
ferroviario *agg.* ferroviario: *red ferroviaria*, rete ferroviaria ♦ *s.m.* ferroviere.
ferry-boat *s.m.* traghetto.
fértil *agg.* fertile, fecondo.
fertilidad *s.f.* fertilità.
fertilización *s.f.* (*agr.*) fertilizzazione.
fertilizador *agg.* (*agr.*) fertilizzante.
fertilizante *agg.*, *s.m.* (*agr.*) fertilizzante.
fertilizar (*con. come* cazar) *v.tr.* (*agr.*) fertilizzare.
férvido *agg.* fervido, appassionato, caloroso.
ferviente *agg.* fervente.
fervor *s.m.* fervore, ardore, zelo: *trabaja con mucho —*, lavora con molto zelo.
fervoroso *agg.* fervoroso.
festejar *v.tr.* **1** festeggiare, celebrare: *le festejó con motivo de su éxito*, lo festeggiò per il suo successo **2** (*fig.*) corteggiare: *festejan ambos una misma mujer*, corteggiano entrambi la stessa donna.
festejo *s.m.* **1** festeggiamento **2** (*fig.*) corteggiamento.
festín *s.m.* festino, banchetto.
festival *s.m.* festival.
festividad *s.f.* **1** festività **2** festa, celebrazione.
festivo *agg.* **1** festivo: *calendario —*, calendario delle feste **2** (*fig.*) festoso, allegro: *ánimo —*, animo allegro **3** (*fig.*) arguto, spiritoso: *una salida festiva*, una battuta spiritosa.
festón *s.m.* festone.
fetal *agg.* fetale | *posición —*, posizione fetale.
fetén *agg.* **1** reale, vero: *un amigo —*, un vero amico **2** meraviglioso, splendido, stupendo ♦ *s.f.* (*fam.*) la verità ♦ *avv.* (*fam.*) molto bene.
fetiche *s.m.* feticcio.
fetichismo *s.m.* (*psic.*, *fig.*) feticismo.
fetichista *agg.*, *s.m./f.* feticista.
fetidez *s.f.* fetore (*m.*).

fétido *agg.* fetido, maleodorante.
feto *s.m.* feto.
feúcho *agg.* bruttino.
feudal *agg.* feudale.
feudalidad *s.f.* feudalità.
feudalismo *s.m.* feudalesimo.
feudo *s.m.* **1** feudo **2** (*fig.*) proprietà (*f.*), dominio esclusivo.
fiabilidad *s.f.* affidabilità.
fiable *agg.* **1** affidabile, degno di fiducia **2** (*econ.*) solvibile.
fiado *agg.* *nella loc.*: *al* —, a credito.
fiador (*f.* -a) *s.m.* **1** garante; mallevadore | *salir* —, farsi garante **2** (*di spilla*) fermaglio **3** (*di porta*) chiavistello **4** (*di arma da fuoco*) sicura (*f.*).
fiambre *agg.* (*fam.*) obsoleto, vecchio, superato: *opinión* —, idea obsoleta/antiquata ♦ *s.m.* **1** cibo/piatto freddo **2** (*fam.*) cadavere **3** (*pl.*) salumi.
fiambrera *s.f.* portavivande (*m.*).
fianza *s.f.* **1** malleveria **2** (*econ.*) garanzia, caparra **3** (*dir.*) cauzione | *bajo* —, su cauzione.
fiar (*con. come* confiar) *v.tr.* **1** garantire per: *fío a mi primo*, garantisco io per mio cugino | *ser de* —, essere degno di fiducia **2** fare credito a; vendere a credito: *me fían y pago a fin de mes*, mi fanno credito e pago a fine mese **3** affidare; confidare: *le he fiado mis bienes*, gli ho affidato i miei beni; *le fió un secreto*, gli confidò un segreto ♦ **-se** *v.pron.* fidarsi, avere fiducia: *no me fío de él*, non mi fido di lui.
fibra *s.f.* **1** fibra | *tejido de* —, tessuto sintetico **2** (*fig.*) vena caratteriale, tempra: — *sensible*, sensibilità | *tener* —, avere tempra.
fibrilación *s.f.* (*med.*) fibrillazione.
fibrilar *v.intr.* (*med.*) fibrillare.
fibrina *s.f.* (*biol.*) fibrina.
fibrinógeno *s.m.* (*biol.*) fibrinogeno.
fibroma *s.m.* (*med.*) fibroma.
fibroscopio *s.m.* (*med.*) fibroscopio.
fibrosis *s.f.* (*med.*) fibrosi.
fibroso *agg.* (*anche anat.*) fibroso.
ficción *s.f.* finzione, immaginazione: *pasar de la — a la realidad*, passare dalla finzione alla realtà | *ciencia* —, fantascienza | *política* —, fantapolitica | *libros de* —, opere di narrativa | (*dir.*) — *de derecho*, finzione legale.
ficcional *agg.* della finzione.
ficha *s.f.* **1** scheda, tessera | (*cinem.*) — *técnica*, titoli di coda **2** gettone (*m.*): *la — del teléfono*, il gettone telefonico **3** (*gioco*) fiche; (*del domino*) tessera; (*a dama*) pedina **4** (*sport*) ingaggio **5** (*fam.*) furfante, dritto: *ese hombre es una — de cuidado*, quell'uomo è un brutto soggetto.
fichaje *s.m.* **1** tesseramento **2** (*sport*) ingaggio, acquisto **3** schedatura (*f.*).
fichar *v.tr.* **1** schedare: *lo tienen fichado*, lo hanno schedato; — *un libro*, schedare un libro **2** (*sport*) acquistare **3** (*nel lavoro*) timbrare (il cartellino) **4** (*fig.*) inquadrare: *el profesor ha fichado a los alumnos*, il professore ha inquadrato gli studenti ♦ *v.intr.* essere ingaggiato: *ha fichado por el Real Madrid*, è stato ingaggiato dal Real Madrid.
fichero *s.m.* **1** schedario **2** archivio: — *fotográfico*, archivio fotografico **3** (*inform.*) file.
ficticio *agg.* fittizio.
fidedigno *agg.* fededegno.
fideicomiso *s.m.* (*dir.*) fedecommesso.
fideísmo *s.m.* (*relig.*) fideismo.
fidelidad *s.f.* **1** fedeltà, lealtà **2** (*audio, video*) precisione | *equipo de alta* —, apparecchio hi-fi.
fidelísimo *agg.* **1** fedelissimo **2** (*titolo portoghese*) maestà.
fideo *s.m.* **1** (*spec. pl., cuc.*) capelli d'angelo (*pl.*), fedelini (*pl.*) **2** (*fig.*) chiodo, stecco: *estar hecho un* —, essere/ridursi come uno stecco.
fiduciario *agg., s.m.* (*dir.*) fiduciario.
fiebre *s.f.* **1** febbre | — *térmica*, insolazione | — *palustre*, febbre malarica | *limpiarse de* —, sfebbrare **2** (*fig.*) agitazione, fervore (*m.*).
fiel *agg.* fedele ♦ *s.m.* **1** (*di bilancia*) ago | *inclinar el — de la balanza*, far pendere l'ago della bilancia | *en* —, equamente | — *de lides*, giudice di gara **2** (*relig.*) credente.
fieltro *s.m.* (*tess.*) feltro.
fiera *s.f.* **1** (*animale feroce*) fiera, belva **2** (*fig.*) belva, mostro (*m.*): *se ha vuelto una* —, è diventato intrattabile | *estar hecho una* —, essere furioso | *ser una — para algo*, essere un asso in qlco.
fiereza *s.f.* furia, crudeltà, violenza.
fiero *agg.* **1** feroce; selvaggio; crudele | *no es el león tan — como lo pintan*, il diavolo non è così brutto come lo si dipinge **2** (*fig.*) duro, aspro, intenso: *un — golpe*, un duro colpo **3** (*fig.*) violento, tremendo.
fiesta *s.f.* **1** festa (*anche fig.*); ricevimento (*m.*): *para su cumpleaños hizo una gran* —, per il suo compleanno ha fatto una grande festa | *hacer fiestas a alguien*, far festa a qlcu. | *no estoy para fiestas*, non sono di buon umore | *tener cara de* —, essere allegro | (*fig.*) *se acabó la* —, e qui finisce la cosa | *aguar la* —, rovinare la festa | *tengamos la — en paz*, stiamo calmi **2** festività; solennità | *fiestas navideñas*, feste natalizie | — *de guardar/de precepto*, festa di precetto | *guardar las fiestas*, santificare le feste.
fiestero *agg.* festaiolo.
figón *s.m.* bettola (*f.*), osteria (*f.*).
figonero *s.m.* trattore, oste.
figura *s.f.* **1** figura: *has dibujado una — proporcionada*, hai disegnato una figura pro-

porzionata **2** forma, aspetto (*m.*); personale (*m.*): *va todos los días al gimnasio para mejorar su —*, va tutti i giorni in palestra per migliorare la sua linea **3** immagine, illustrazione: *en la pagina hay dos figuras*, nella pagina ci sono due illustrazioni **4** personaggio (*m.*), personalità: *una — política*, una figura politica | *— del donaire*, figura comica **5** simbolo (*m.*); allegoria | *— moral*, figura allegorica | *hacer figuras*, fare gesti scomposti.

figuración *s.f.* **1** figurazione **2** (*cinem.*) insieme (*m.*) delle comparse.

figurado *agg.* figurato: *sentido —*, senso figurato.

figurante *s.m./f.* comparsa (*f.*), figurante.

figurar *v.tr.* **1** fingere, simulare: *figuró que no le había visto*, finse di non averlo visto **2** raffigurare: *la pintura figura un árbol*, il dipinto raffigura un albero ♦ *v.intr.* figurare, apparire, far parte di: *no figura entre los invitados*, non fa parte degli invitati ♦ **-se** *v.pron.* supporre, figurarsi, immaginarsi: *me figuro que no está*, suppongo che non ci sia.

figurativo *agg.* figurativo.

figurilla *s.f.* immaginetta, statuina.

figurín *s.m.* (*fam.*) figurino, damerino.

figurón *s.m.* (*fam.*) pallone gonfiato, sbruffone.

fijación *s.f.* **1** aggancio (*m.*), attacco (*m.*) | *— del esquí*, attacco dello sci **2** fissa, fissazione, ossessione **3** (*chim.*) fissaggio (*m.*).

fijado *s.m.* (*foto.*, *tess.*) fissaggio.

fijador *s.m.*, *agg.* fissatore, fissante.

fijapelo *s.m.* (*capelli*) gel fissante.

fijar *v.tr.* **1** (*anche fig.*) fissare, attaccare; appiccicare: *lo fijó con chinchetas*, lo fissò con puntine da disegno | *— la mirada*, fissare lo sguardo | *prohibido — carteles*, divieto di affissione **2** fissare, determinare, precisare, stabilire: *fijamos las condiciones del acuerdo*, stabilimmo le condizioni dell'accordo ♦ **-se** *v.pron.* **1** fissarsi **2** badare, prestare attenzione: *fíjate en lo que haces*, bada/stai attento a quello che fai **3** accorgersi di, rendersi conto di: *no se ha fijado en que me he cortado el pelo*, non si è accorto che mi sono tagliata i capelli.

fijativo *s.m.* (*foto.*) fissativo.

fijeza *s.f.* **1** fissità **2** (*fig.*) stabilità, fermezza.

fijo *agg.* fisso, fermo, stabile | *de —*, con sicurezza | *¡eso es —!*, è sicuro!

fila *s.f.* linea, fila: *en — india*, in fila indiana; *formar filas*, allinearsi | (*mil.*) *llamar a filas*, chiamare alle armi | *entrar en filas*, arruolarsi | *¡rompan filas!* rompete le righe! | *cerrar filas*, serrare le file.

filamento *s.m.* filamento.

filamentoso *agg.* filamentoso.

filantropía *s.f.* filantropia.

filantrópico *agg.* filantropico.

filantropismo *s.m.* filantropismo.

filántropo *s.m.*, *agg.* filantropo.

filarmónica *s.f.* (*mus.*) filarmonica.

filatelia *s.f.* filatelia.

filatélico *agg.*, *s.m.* filatelico.

filatelista *s.m./f.* filatelico.

filete *s.m.* **1** (*cuc.*) fettina (*f.*); bistecca (*f.*): *un — de pescado*, una fetta di pesce **2** (*mecc.*) filetto, pane.

fileteado *agg.* (*tecn.*) filettato.

fileteador *s.m.* (*tecn.*) filettatore.

filetear *v.tr.* (*tecn.*) filettare.

filfa *s.f.* (*fam.*) bugia, frottola, storia: *es pura —*, è una frottola bell'e buona.

filiación *s.f.* **1** (*anche dir.*) filiazione **2** generalità (*pl.*) **3** (*pol.*) affiliazione: *— política*, affiliazione politica.

filial *agg.*, *s.f.* (*comm.*) filiale.

filiar *v.tr.* registrare le generalità ♦ **-se** *v.pron.* **1** affiliarsi **2** (*mil.*) arruolarsi: *— en el ejército de salud*, arruolarsi nell'esercito della salvezza.

filibustero *s.m.* filibustiere.

filiforme *agg.* filiforme.

filigrana *s.f.* filigrana (*anche fig.*) | *no me vengas con filigranas*, non venirmi con le tue sparate.

filigranista *s.m./f.* creatore di filigrane.

filípica *s.f.* filippica.

filipino *agg.*, *s.m.* filippino.

filisteo *agg.*, *s.m.* **1** filisteo **2** (*fig.*) selvaggio, barbaro.

filmación *s.f.* (*cinem.*) ripresa.

filmadora *s.f.* (*cinem.*) cinepresa.

filmar *v.tr.* filmare.

filme *s.m.* (*cinem.*) film.

fílmico *agg.* (*cinem.*) filmico.

filmografía *s.f.* (*cinem.*) filmografía.

filmoteca *s.f.* (*cinem.*) cineteca.

filo *s.m.* filo, lama (*f.*) | *sacar —*, affilare | *como el — de una navaja*, affilato come un rasoio | *arma de dos filos*, arma a doppio taglio (*anche fig.*) | *darse un — a la lengua*, mormorare, tagliare i panni addosso | *— del viento*, direzione del vento | *al — de 1980*, a pochi giorni dal 1980.

filoamericano *agg.*, *s.m.* filoamericano.

filogénesis *s.f.* (*biol.*) filogenesi.

filogenético *agg.* (*biol.*) filogenetico.

filología *s.f.* filologia | *— clásica*, filologia classica.

filológico *agg.* filologico.

filólogo *s.m.* filologo.

filón *s.m.* **1** (*min.*, *fig.*) filone: *un — de cuarzo*, un filone di quarzo; *un — metafísico*, un filone metafisico **2** (*fig.*) miniera (*f.*): *mi abuelo es un — inacabable de cuentos*, mio nonno è una miniera inesauribile di racconti.

filosofal *agg.* filosofale.

filosofar *v.intr.* filosofare.

filosofía *s.f.* **1** filosofia **2** (*fig.*) stoicismo (*m.*), rassegnazione.

filosófico *agg.* filosofico.

filosofismo *s.m.* filosofismo.

filósofo *s.m.* filosofo.

filosoviético *agg.*, *s.m.* filosovietico.

filtrable *agg.* filtrabile.

filtración *s.f.* **1** filtrazione **2** indiscrezione, fuga di notizie.

filtrado *s.m.* filtrato.

filtrador *agg.* filtrante ♦ *s.m.* filtro.

filtrar *v.tr.* **1** filtrare **2** (*fig.*) scegliere, selezionare ♦ *v.intr.* **1** filtrare: *el agua filtraba por la pared*, l'acqua filtrava dalla parete **2** (*fig.*) trapelare ♦ **-se** *v.pron.* sparire, sfumare.

filtro[1] *s.m.* filtro | — *del cigarrillo*, filtro della sigaretta | — *del agua*, filtro dell'acqua.

filtro[2] *s.m.* pozione (*f.*) magica, filtro, distillato: — *de amor*, filtro d'amore.

fin *s.m.* **1** fine (*f.*), conclusione (*f.*): *el — de semana*, il fine settimana; *el — del mundo*, la fine del mondo | *sin —*, innumerevole; infinito, senza fine: *un sin — de problemas*, un'infinità di problemi | *al — y al cabo*, alla fin fine | *por —*, finalmente | *en —*, infine; insomma | *a — de cuentas*, in fin dei conti | *dar —*, mettere fine | *a fines de*, alla fine: *a fines de noviembre*, alla fine di novembre **2** (*scopo*) fine, obiettivo: *estudia con el — de aprobar*, studia allo scopo/al fine di essere promosso | *a — de*, al fine di.

finado *s.m.* defunto, trapassato.

final *agg.* finale: *la solución —*, la soluzione finale | *punto —*, punto fermo ♦ *s.m.* fine (*f.*): *marcaron el gol al — del partido*, segnarono il gol alla fine della partita ♦ *s.f.* (*sport*) finale: *la — se jugó en Madrid*, la finale fu disputata a Madrid | *cuartos de —*, quarti di finale.

finalidad *s.f.* finalità.

finalista *agg.*, *s.m./f.* (*sport*, *filos.*) finalista.

finalización *s.f.* termine (*m.*), conclusione.

finalizar (*con. come* cazar) *v.tr.* finire, terminare, portare a termine.

financiación *s.f.* (*fin.*) finanziamento (*m.*).

financiamiento *s.m.* (*fin.*) finanziamento.

financiar *v.tr.* (*anche fin.*) finanziare, sovvenzionare.

financiera *s.f.* (*fin.*) società finanziaria.

financiero *agg.* (*fin.*) finanziario ♦ *s.m.* finanziere.

finanzas *s.f.pl.* (*fin.*) finanze.

finar *v.intr.* morire.

finca *s.f.* proprietà, fondo (*m.*).

finés *agg.*, *s.m.* finnico, finlandese (*m./f.*).

fineza *s.f.* **1** finezza **2** raffinatezza, garbo (*m.*): — *cortesana*, raffinatezza cortigiana.

fingido *agg.* finto, falso.

fingimiento *s.m.* finzione (*f.*), inganno.

fingir (*con. come* afligir) *v.tr.* fingere, simulare: — *alegría*, simulare allegria ♦ *v.intr.* fingere, far finta: *fingió por muchos años*, finse per molti anni ♦ **-se** *v.pron.* fingersi.

finiquitar *v.tr.* (*econ.*, *comm.*) liquidare, saldare.

finiquito *s.m.* liquidazione (*f.*).

finisecular *agg.* di fine secolo.

finítimo *agg.* (*di territorio*) contiguo, confinante.

finitud *s.f.* finitezza.

finlandés *agg.*, *s.m.* finlandese (*m./f.*).

fino[1] *agg.* **1** (*di spessore*) sottile, fine (*anche fig.*): *el tabaco se enrolla en hojas finas*, il tabacco si arrotola in foglie sottili **2** raffinato, di eccellente fattura | *piedras finas*, pietre preziose **3** (*fig.*) educato, distinto, fine: *es un hombre amable y —*, è un uomo amabile e distinto **4** (*fig.*) acuto, astuto, sottile: *ingenio —*, ingegno acuto **5** (*di senso*) acuto, fine: *tenía un oído muy —*, aveva un udito molto fine.

fino[2] *agg.* (*di sherry*) secco ♦ *s.m.* (*vino*) sherry molto secco.

finquero *s.m.* (*agr.*) fattore.

finta *s.f.* (*sport*) finta: *hacer una —*, fare una finta.

fintar *v.intr.* (*sport*) dribblare.

finura *s.f.* finezza, squisitezza, cortesia.

fiordo *s.m.* (*geogr.*) fiordo.

firma *s.f.* **1** firma: — *por poder*, firma per delega **2** (*comm.*) ditta, azienda: *es una — conocida*, è una ditta conosciuta **3** documenti (*m.pl.*) da firmare.

firmal *s.m.* fermaglio.

firmamento *s.m.* firmamento.

firmán *s.m.* (*dir.*) firmano.

firmante *s.m./f.* firmatario | *el abajo —*, il sottoscritto.

firmar *v.tr.* firmare | — *en blanco*, firmare in bianco ♦ **-se** *v.pron.* firmare: *se firma con un seudónimo*, firma con uno pseudonimo.

firme *agg.* forte, sicuro, costante: *es de ideas firmes*, ha le idee chiare | *en posición de —*, sull'attenti | *de —*, fermamente | *en —*, inderogabilmente; (*dir.*) definitivo, passato in giudicato | *estar en lo —*, avere ragione | *tierra —*, terraferma ♦ *s.m.* (*di strada*) massicciata (*f.*).

firmemente *avv.* fermamente, saldamente.

firmeza *s.f.* **1** solidità, stabilità: *dar — a los brazos*, dare solidità alle braccia **2** (*fig.*) fermezza.

fiscal *agg.* fiscale ♦ *s.m.* (*dir.*) procuratore della repubblica, pubblico ministero | — *sustituto*, sostituto procuratore.

fiscalía *s.f.* **1** procura **2** incarico (*m.*) di pubblico ministero.

fiscalidad *s.f.* (*econ.*) fiscalità.

fiscalización *s.f.* (*econ.*) fiscalizzazione.

fiscalizar (*con. come* cazar) *v.tr.* esercitare

un controllo ♦ *v.intr.* (*dir.*) svolgere l'incarico di pubblico ministero.
fisco *s.m.* (*econ.*) fisco.
fisga *s.f.* **1** (*pesca*) fiocina **2** scherzo (*m.*), beffa.
fisgar (*con. come* llegar) *v.tr.* **1** (*fig., fam.*) impicciarsi, curiosare, sbirciare: — *detrás de las cortinas*, sbirciare dietro le tende **2** annusare **3** (*pesca*) pescare con la fiocina ♦ **-se** *v.pron.* burlarsi (di qlcu.).
fisgón *agg., s.m.* **1** ficcanaso **2** scherzoso, burlone.
fisgonear *v.tr./intr.* impicciarsi, ficcare il naso: — *el interior de las casas de los vecinos*, ficcare il naso nelle case dei vicini; *no fisgonees en mis asuntos*, non ficcare il naso nei miei affari.
fisgoneo *s.m.* (*fam.*) curiosità (*f.*).
fisiatra *s.m./f.* (*med.*) fisiatra.
fisiatría *s.f.* (*med.*) fisiatria.
fisiátrico *agg.* (*med.*) fisiatrico.
física *s.f.* fisica.
físico *agg.* fisico ♦ *s.m.* **1** fisico **2** corpo, fisico; aspetto, costituzione (*f.*): *tiene un buen* —, ha un buon fisico.
fisicoquímica *s.f.* fisicochimica.
fisicoquímico *agg., s.m.* fisicochimico.
fisiocracia *s.f.* (*econ.*) fisiocrazia.
fisiócrata *s.m./f.* (*econ.*) fisiocrate.
fisiognómico *agg.* fisiognomico.
fisiología *s.f.* fisiologia.
fisiológico *agg.* fisiologico.
fisiólogo *agg., s.m.* fisiologo (*s.*).
fisión *s.f.* fissione nucleare.
fisionomía *s.f.* fisionomia.
fisiopatología *s.f.* (*med.*) fisiopatologia.
fisioterapeuta *s.m./f.* (*med.*) fisioterapista.
fisioterapia *s.f.* (*med.*) fisioterapia.
fisioterápico *agg.* (*med.*) fisioterapico.
fisioterapista *s.m./f.* → **fisioterapeuta.**
fisonomía *s.f.* **1** fisionomia **2** (*anche fig.*) fisionomia, forma, aspetto (*m.*), profilo (*m.*): — *histórica del país*, profilo storico del Paese.
fisonómico *agg.* fisionomico.
fisonomista *agg., s.m./f.* fisionomista.
fístula *s.f.* **1** (*med.*) fistola **2** (*strumento musicale*) siringa, fistola.
fistuloso *agg.* (*med.*) fistoloso.
fisura *s.f.* **1** (*anche med.*) fessura **2** (*min.*) fenditura **3** (*fig., pol.*) scissione, frattura: *hay unas fisuras en el partido conservador*, ci sono scissioni nel partito conservatore.
fitoplancton *s.m.* (*biol.*) fitoplancton.
fitoterapeuta *s.m./f.* (*med.*) fitoterapista.
fitoterapia *s.f.* (*med.*) fitoterapia.
flabelífero *agg.* che agita il flabello.
flabelo *s.m.* flabello.
flacidez *s.f.* flaccidezza.
flácido *agg.* flaccido.
flaco *agg.* **1** magro **2** debole, fiacco: — *de memoria*, debole di memoria | *punto* —, punto debole | *a perro — todos son pulgas*, le disgrazie non vengono mai da sole ♦ *s.m.* punto debole: *la novela tiene muchos flacos*, il romanzo ha molti punti deboli.
flacucho *agg.* magrolino, smunto.
flacura *s.f.* magrezza.
flagelación *s.f.* flagellazione.
flagelado *s.m., agg.* (*zool.*) flagellato.
flagelante *s.m./f.* (*relig.*) flagellante.
flagelar *v.tr.* **1** flagellare **2** (*fig.*) criticare, stigmatizzare.
flagelo *s.m.* flagello.
flagrancia *s.f.* (*dir.*) flagranza.
flagrante *agg.* (*dir.*) flagrante | *en* —, in flagrante.
flama *s.f.* (*anche fig.*) fiamma.
flamante *agg.* **1** (*fig.*) nuovissimo, fiammante: *tengo un ordenador* —, ho un computer nuovissimo **2** (*fig.*) stupendo, meraviglioso, splendido: *Granada, ciudad* —, Granada, città meravigliosa.
flamear *v.intr.* (*di bandiere, vele*) sventolare, ondeggiare ♦ *v.tr.* (*cuc.*) fiammeggiare.
flamenco *agg.* **1** fiammingo **2** (*fam.*) presuntuoso, arrogante: *no te pongas* —, non fare l'arrogante **3** coraggioso: *mi padre era hombre firme y* —, mio padre era un uomo deciso e coraggioso **4** (*Amer.*) magro ♦ *s.m.* **1** fiammingo **2** (*mus., danza*) flamenco **3** (*zool.*) fenicottero.
flamencología *s.f.* cultura del flamenco.
flamenquería *s.f.* **1** superbia, arroganza: *pagaste por tu* —, hai pagato per la tua arroganza **2** grazia.
flamero *s.m.* candelabro.
flamígero *agg.* (*anche fig.*) fiammeggiante.
flan *s.m.* flan, budino.
flanco *s.m.* fianco.
flanqueado *agg.* fiancheggiato, affiancato.
flanqueador *s.m.* fiancheggiatore.
flanquear *v.tr.* fiancheggiare, affiancare.
flaquear *v.intr.* (*anche fig.*) **1** indebolirsi, infiacchirsi: *el partido flaqueaba*, il partito si indeboliva **2** venire meno, cedere: *flaquearon las ayudas*, gli aiuti vennero meno.
flaqueza *s.f.* **1** magrezza **2** (*fig.*) debolezza, cedimento (*m.*): *un momento de* —, un momento di debolezza.
flash *s.m.* (*foto., cinem., fig.*) flash, lampo.
flauta *s.f.* flauto (*m.*) | — *travesera*, flauto traverso | (*fig.*) *sonar la* —, avere fortuna; avere un colpo di genio ♦ *s.m./f.* flautista.
flautado, flauteado *agg.* flautato.
flautín *s.m.* (*mus.*) **1** (*strumento*) ottavino **2** (*suonatore*) suonatore di ottavino.
flautista *s.m./f.* (*mus.*) flautista.
flébil *agg.* flebile.
flebitis *s.f.* (*med.*) flebite.

fleboclisis *s.f.* (*med.*) fleboclisi.
flecha *s.f.* **1** freccia, dardo (*m.*), saetta | *como una* —, come un razzo **2** (*aut.*) freccia, indicatore (*m.*) di direzione.
flechado *agg.* velocissimo | *ir* —, sfrecciare.
flechar *v.tr.* **1** scagliare frecce **2** colpire con le frecce **3** (*fig.*, *fam.*) colpire, fare innamorare ♦ *v.intr.* tendere l'arco.
flechazo *s.m.* **1** frecciata (*f.*), colpo di freccia **2** (*fig.*) colpo di fulmine, innamoramento.
flechero *s.m.* **1** arciere **2** costruttore di frecce.
fleco *s.m.* **1** frangia (*f.*), orlo sfrangiato **2** (*di capelli*) frangetta (*f.*), frangia (*f.*) **3** (*pl.*) bordo (*sing.*) sfilacciato, sfilacciatura (*f. sing.*).
flema *s.f.* (*med.*, *chim.*, *fig.*) flemma: — *británica*, flemma britannica.
flemático *agg.* (*med.*, *fig.*) flemmatico; imperturbabile: *un carácter* —, un carattere imperturbabile.
flequillo *s.m.* frangetta (*f.*).
fletar *v.tr.* **1** noleggiare, prendere a nolo **2** noleggiare, dare a nolo **3** (*mar.*) imbarcare.
flete *s.m.* **1** nolo, noleggio **2** (*mar.*, *di nave*) carico **3** (*Amer.*) nolo, prezzo del trasporto.
flexible *agg.* flessibile (*anche fig.*).
flexión *s.f.* **1** (*sport*) flessione, piegamento (*m.*) **2** (*gramm.*) flessione.
flexuoso *agg.* flessuoso.
flipado *agg.* (*gerg.*, *drogato*) sballato, sbandato.
flipar *v.tr.* (*pop.*) **1** piacere, andare a genio: *me flipa*, mi piace **2** funzionare, andare bene ♦ *v.intr.* (*fam.*) esaltarsi, sballare: — *con un concierto de rock*, sballare con un concerto rock | *de* —, da sballo.
flipe *s.m.* (*pop.*) sballo.
flirtear *v.intr.* flirtare.
flirteo *s.m.* flirt.
flogístico *agg.* (*chim.*) flogistico.
flogisto *s.m.* (*chim.*) flogisto.
flogosis *s.f.* (*med.*) flogosi.
flojear *v.intr.* **1** essere debole, agire con pigrizia **2** indebolirsi.
flojedad *s.f.* **1** debolezza **2** (*fig.*) pigrizia, fiacca.
flojera *s.f.* **1** fiacchezza, debolezza **2** svogliatezza, pigrizia **3** (*tecn.*) allentamento (*m.*).
flojo *agg.* **1** molle, debole, fiacco **2** (*fig.*) svogliato, pigro: *es un alumno algo* —, è un alunno un po' svogliato **3** lento, floscio, allentato: *una cuerda floja*, una corda floscia; *esos pantalones te quedan flojos*, quei pantaloni ti stanno larghi **4** (*comm.*) scarso: *las ventas están flojas*, le vendite sono scarse.
flor *s.f.* **1** fiore (*m.*) | — *de lis*, fiordaliso | *flores de mano*, fiori artificiali | *flores de cantueso*, bazzecola | — *de la sal*, salnitro dei muri | *a — de tierra*, rasoterra | *a — de agua*, a fior d'acqua | *a — de piel*, a fior di pelle | *andarse en flores*, divagare | *entenderle la* —, scoprire le intenzioni | — *de maíz*, pop corn | *ni flores*, nemmeno per sogno | *ser la — de la canela*, essere una delizia **2** (*fig.*) complimento (*m.*), galanteria | *echar flores*, fare complimenti **3** parte migliore, crema | *la — y nata de la familia*, il fior fiore della famiglia | *está en la — de la vida*, è nel fiore degli anni **4** (*fig.*) verginità.
flora *s.f.* flora.
floración *s.f.* (*bot.*) fioritura.
floral *agg.* floreale: *arreglo* —, composizione floreale.
florar *v.intr.* (*bot.*) fiorire.
florecer (*con. come* agradecer) *v.intr.* **1** fiorire, germogliare: *ahora florece la higuera*, adesso fiorisce il fico **2** (*fig.*) prosperare: *en aquel siglo florecieron las artes*, in quel secolo fiorirono le arti.
floreciente *agg.* fiorente.
florecimiento *s.m.* **1** (*bot.*) fioritura (*f.*) **2** (*fig.*) sviluppo, crescita (*f.*), fioritura (*f.*).
florentino *agg.*, *s.m.* fiorentino.
floreo *s.m.* **1** ciancia, chiacchiera **2** (*mus.*) pizzicato **3** (*fig.*) infiorettatura (*f.*), virtuosismo letterario.
florería *s.f.* (*negozio*) fioraio.
florero *s.m.* **1** vaso da fiori | (*fig.*) *estar de* —, fare da tappezzeria **2** (*persona*) fioraio.
florescencia *s.f.* **1** (*chim.*) efflorescenza **2** (*bot.*) fioritura.
floresta *s.f.* (*bot.*) bosco (*m.*).
florestero *s.m.* guardaboschi.
florete *s.m.* (*sport*, *scherma*) fioretto.
floretista *s.m./f.* (*sport*, *scherma*) fiorettista.
floricultor *s.m.* (*agr.*) floricoltore.
floricultura *s.f.* (*agr.*) floricoltura.
floridez *s.f.* (*bot.*) **1** rigogliosità **2** (*anche fig.*) fioritura.
florido *agg.* **1** fiorito, in fiore **2** (*fig.*) adorno, ornato: *lenguaje*, *estilo* —, linguaggio, stile fiorito **3** (*fig.*) scelto, eccellente | *lo más* —, il fior fiore | *Pascua florida*, Pasqua di Resurrezione.
florífero *agg.* (*bot.*) fiorifero.
florilegio *s.m.* (*lett.*) florilegio.
florín *s.m.* (*moneta*) fiorino.
florista *s.m./f.* fiorista.
floristería *s.f.* negozio (*m.*) di fiori; fiorista (*m./f.*).
florón *s.m.* **1** (*fig.*) fiore all'occhiello, vanto **2** (*arch.*) rosone.
flota *s.f.* flotta.
flotabilidad *s.f.* capacità di galleggiamento.
flotable *agg.* **1** galleggiante **2** (*fiume*) galleggiabile.

flotación *s.f.* **1** (*mar.*) galleggiamento (*m.*) | *línea de* —, linea di galleggiamento **2** (*chim.*) flottazione.
flotador *agg.* galleggiante ♦ *s.m.* **1** (*pesca*) galleggiante **2** salvagente.
flotante *agg.* **1** galleggiante **2** fluttuante, ondivago.
flotar *v.intr.* **1** galleggiare **2** sventolare, ondeggiare **3** (*fig.*) aleggiare, serpeggiare.
flote *s.m.* galleggiamento: *la línea de* —, la linea di galleggiamento | *estar a* —, stare a galla | *salir a* —, risalire a galla.
flotilla *s.f.* (*mar.*) flottiglia.
fluctuación *s.f.* **1** fluttuazione **2** (*comm.*) oscillazione.
fluctuante *agg.* (*anche fig.*) fluttuante, variabile, ondeggiante: *desarrollo económico* —, sviluppo economico fluttuante; *tasa de calor* —, tasso di calore variabile.
fluctuar (*con. come* continuar) *v.intr.* **1** fluttuare: — *entre las olas*, fluttuare tra le onde **2** (*fig.*) ondeggiare, essere incerto, vacillare: *la mente fluctúa*, la mente vacilla **3** fluttuare, variare: *el tipo de cambio fluctúa*, il tasso di cambio varia.
fluencia *s.f.* sgorgo (*m.*).
fluidez (*pl.* -ces) *s.f.* **1** fluidità **2** (*fig.*) fluidità, scorrevolezza.
fluidificación *s.f.* fluidificazione.
fluidificante *s.m.* (*farm.*) fluidificante.
fluidificar (*con. come* pescar) *v.tr.* fluidificare.
fluido *agg.* fluido, scorrevole: *su estilo es* —, il suo stile è fluido ♦ *s.m.* **1** fluido **2** (*fam.*) elettricità, corrente.
fluir (*con. come* huir) *v.intr.* fluire, scorrere (*anche fig.*): *el agua fluía de la fuente*, l'acqua fluiva dalla fontana; *la existencia fluye*, l'esistenza scorre.
flujo *s.m.* **1** flusso | — *de vientre*, diarrea **2** (*fig.*) abbondanza (*f.*), flusso | *un — de palabras*, un fiume di parole | *un — de risa*, uno scoppio di risa.
flúor *s.m.* (*chim.*) fluoro.
fluorescencia *s.f.* (*fis.*) fluorescenza.
fluorescente *agg.* fluorescente ♦ *s.m.* (*elettr.*) tubo al neon.
fluorhídrico *agg.* (*chim.*) fluoridrico.
fluoruro *s.m.* (*chim.*) fluoruro.
fluvial *agg.* fluviale: *parque* —, parco fluviale.
fluxión *s.f.* (*med.*) flussione.
fluyente *agg.* fluente.
fobia *s.f.* (*psic.*) fobia.
fóbico *agg.*, *s.m.* (*chim.*) fobico.
foca *s.f.* **1** (*zool.*) foca **2** (*fam.*) donna grassa, balena.
focal *agg.* focale | *eje* —, asse focale | *punto* —, punto focale.
focalización *s.f.* focalizzazione.
focalizar (*con. come* cazar) *v.tr.* focalizzare ♦ **-se** *v.pron.* (*fig.*) focalizzarsi, centrarsi: *la empresa se focaliza en la producción*, l'impresa si focalizza sulla produzione.
foco *s.m.* **1** (*fis.*, *mat.*) fuoco | — *óptico*, fuoco ottico **2** (*elettr.*) riflettore **3** (*med.*) focolaio **4** (*Amer.*) lampadina (*f.*) **5** centro, fulcro: *vamos a abordar ahora el — de nuestra charla*, affrontiamo adesso il punto centrale della nostra conferenza; *cerraron el local por ser el — de actividad de muchos delincuentes*, chiusero il locale perché era la base dell'attività di molti delinquenti.
fofo *agg.* floscio, molle.
fogarada *s.f.* fiammata.
fogata *s.f.* falò (*m.*).
fogón *s.m.* **1** focolare **2** fornello.
fogonero *s.m.* fochista.
fogosidad *s.f.* focosità.
fogoso *agg.* focoso, ardente.
foguear *v.tr.* **1** (*mil.*) addestrare i soldati al fuoco: — *la tropa con el nuevo armamento*, addestrare la truppa al nuovo armamento **2** (*fig.*) temprare, forgiare.
foie-gras *s.m.* (*cuc.*) foie gras.
folclor *s.m.* folclore.
folclórico *agg.* folcloristico.
folclorista *s.m./f.* folclorista.
foliación *s.f.* **1** (*bot.*) fogliazione **2** (*di manoscritti, stampa*) foliazione.
foliar *v.tr.* (*stampa*) numerare le pagine.
folicular *agg.* (*anat.*, *bot.*) follicolare.
foliculitis *s.f.* (*med.*) follicolite.
folículo *s.m.* (*anat.*, *bot.*) follicolo.
folk *s.m.* (*mus.*) folk.
folklore *s.m.* folclore.
folklórico *agg.* folcloristico.
follador *s.m.* soffiatore di mantice.
follaje *s.m.* (*bot.*) fogliame.
follar *v.tr./intr.* (*volg.*) scopare.
folletín *s.m.* **1** appendice (*f.*), inserto **2** (*lett.*) romanzo a puntate.
folletinesco *agg.* (*anche fig.*) da romanzo d'appendice, romanzesco.
folletinista *s.m.* autore di romanzi d'appendice.
folletista *s.m./f.* opuscolista.
folleto *s.m.* opuscolo, dépliant, volantino.
follón *agg.* pigro ♦ *s.m.* **1** razzo luminoso **2** chiasso, disordine, putiferio: *cuando llegaron se armó un gran* —, quando arrivarono scoppiò un gran putiferio.
follonero *agg.*, *s.m.* confusionario, casinista.
fomentación *s.f.* (*med.*) fomentazione.
fomentador *s.m.* fomentatore.
fomentar *v.tr.* **1** fomentare; stimolare, sviluppare, favorire: *fomentó su participación*, favorì la loro partecipazione **2** (*med.*) applicare un fomento.
fomento *s.m.* **1** fomento, stimolo | *ministe-*

rio de —, ministero dell'economia **2** (*med.*) fomento, impacco.
fonación *s.f.* (*ling.*) fonazione.
fonador *agg.* (*ling.*) fonatorio.
fonda *s.f.* locanda, pensione; osteria.
fondac *s.m.* fondaco.
fondeadero *s.m.* (*mar.*) fonda (*f.*) | *al* —, alla fonda.
fondear *v.tr.* **1** (*mar.*) scandagliare **2** (*anche fig.*) analizzare a fondo, perquisire, esaminare ♦ *v.intr.* (*mar.*) stare alla fonda; dare fondo: — *con dos anclas*, dare fondo con due ancore.
fondista *s.m./f.* **1** oste, locandiere **2** (*sport*) sciatore di fondo.
fondo *s.m.* **1** fondo: *el — de la taza*, il fondo della tazza | *doble* —, doppio fondo | *echar a* —, mandare a picco/a fondo | *la película tiene un — muy amargo*, il film ha un fondo molto amaro | *dar* —, (*di nave*) ancorarsi; (*fig.*) dar fondo a, esaurire | *artículo de* —, articolo di fondo | *tocar* —, toccare il fondo **2** profondità (*f.*) | *en el* —, in realtà | *a* —, a fondo **3** (*pitt.*) sfondo: *pintar el* —, dipingere lo sfondo **4** (*spec. pl.*) denaro (*sing.*), fondi (*pl.*): *se quedó sin fondos*, rimase senza denaro | — *muerto/perdido*, fondo perduto | — *de reptiles*, fondo nero | — *de pensiones*, fondo pensioni **5** (*spec. pl.*, *di nave*) carena (*f.sing.*).
fondón *agg.* (*fam.*, *di persona*) deformato, sfatto, grasso ♦ *s.m.* (*vino*) deposito.
fonema *s.m.* (*ling.*) fonema.
fonemática *s.f.* (*ling.*) fonematica.
fonemático *agg.* (*ling.*) fonematico.
fonendo, fonendoscopio *s.m.* (*med.*) fonendoscopio.
fonética *s.f.* fonetica.
fonético *agg.* (*ling.*) fonetico: *mutación fonética*, mutamento fonetico.
fonetista *s.m./f.* (*ling.*) fonetista.
fónico *agg.* fonico.
fonografía *s.f.* fonografia.
fonográfico *agg.* fonografico.
fonógrafo *s.m.* fonografo.
fonograma *s.f.* (*ling.*) fonogramma (*m.*).
fonología *s.f.* (*ling.*) fonologia.
fonológico *agg.* (*ling.*) fonologico.
fonólogo *s.m.* (*ling.*) fonologo.
fonotecnia *s.f.* tecnica del suono.
fonotécnico *s.m.* tecnico del suono.
fontana *s.f.* (*lett.*) fontana.
fontanela *s.f.* (*anat.*) fontanella.
fontanería *s.f.* **1** idraulica: *instalaciones de* —, installazioni idrauliche **2** impianto idraulico: *estado general de la* —, condizioni generali dell'impianto idraulico **3** negozio di idraulica.
fontanero *s.m.* idraulico.
footing *s.m.* (*sport*) footing.
forajido *agg.*, *s.m.* bandito, fuoriuscito, fuorilegge.
foralismo *s.m.* (*pol.*) autonomismo.
foralista *agg.* (*pol.*) autonomista.
foráneo *agg.* estero, forestiero.
forastero *agg.*, *s.m.* forestiero, estraneo: *hospitalidad hacia el* —, ospitalità verso il forestiero.
forcejear *v.intr.* **1** divincolarsi, agitarsi: *el prisionero forcejea con los policías*, il prigioniero si agita fra i poliziotti **2** (*fig.*) opporre resistenza, recalcitrare: *forcejeó durante un mes contra nuestras pretensiones*, oppose resistenza per un mese alle nostre pretese.
forcejeo *s.m.* il divincolarsi, il dibattersi.
fórceps *s.m.* (*med.*) **1** forcipe **2** (*dentista*) pinze (*f.pl.*), tenaglie (*f.pl.*).
forense *agg.* (*dir.*) forense | *medicina* —, medicina legale ♦ *s.m.* (*dir.*, *med.*) medico legale.
forestal *agg.* forestale.
forestar *v.tr.* piantare bosco, forestare.
forfait *s.m.* forfait.
forja *s.f.* **1** fucina **2** ferriera **3** forgiatura.
forjado *agg.* forgiato | *hierro* —, ferro battuto ♦ *s.m.* (*metall.*) forgiatura (*f.*).
forjador *s.m.* (*metall.*) forgiatore.
forjadura *s.f.* (*metall.*) forgiatura.
forjar *v.tr.* **1** forgiare, modellare **2** (*fig.*) inventare: *forja muchos cuentos*, inventa molte frottole.
forma *s.f.* **1** forma, figura, aspetto (*m.*): *tiene una — muy bonita*, ha un aspetto molto grazioso | *en* —, in forma **2** (*fig.*) modo (*m.*), maniera; stile (*m.*): *su — de actuar no me gusta*, il suo modo di agire non mi piace; *no hay — de convencerlo*, non c'è verso di convincerlo | *de — que*, di/in modo che | *de esta* —, in questo modo | *de cualquier* —, *de todas formas*, comunque, in qualunque modo; *escribir en — brillante*, scrivere in uno stile brillante **3** (*tecn.*) stampo (*m.*) **4** (*di libro*) formato (*m.*): *ni la portada ni la — de la revista llamaron mi atención*, né la copertina né il formato della rivista attirarono la mia attenzione **5** (*pl.*) formalità (*pl.*), apparenze (*pl.*) | *cubrir las formas*, salvare le apparenze.
formación *s.f.* **1** formazione: *la — profesional de los jóvenes*, la formazione professionale dei giovani; *la — y el desarrollo de una institución*, la formazione e lo sviluppo di una istituzione **2** struttura, conformazione.
formador *agg.* formatore.
formal *agg.* **1** formale: *esta expresión no se utiliza en un lenguaje* —, questa espressione non si utilizza in un linguaggio formale **2** serio, onesto: *nunca llegamos a hablarnos de manera* —, non siamo mai riusciti a parlarci in modo serio **3** educato: *es una persona muy* —, è una persona molto educata.

formaldehído *s.m.* (*chim.*) formaldeide (*f.*).
formalidad *s.f.* **1** formalità: *es una pura —*, è una pura formalità | *formalidades*, pratiche burocratiche; convenevoli **2** serietà, coscienziosità, correttezza.
formalina *s.f.* (*chim.*) formalina.
formalismo *s.m.* formalismo.
formalista *s.m./f.*, *agg.* formalista.
formalización *s.f.* formalizzazione.
formalizar (*con. come* cazar) *v.tr.* **1** formalizzare: *— un nuevo matrimonio*, formalizzare un nuovo matrimonio **2** concretizzare, concludere: *— un contrato*, formalizzare un contratto ♦ **-se** *v.pron.* **1** formalizzarsi: *no te formalices por el desorden*, non ti formalizzare per il disordine **2** divenire coscienzioso, responsabilizzarsi.
formar *v.tr.* **1** formare (*anche fig.*): *las desgracias formaron su carácter*, le disgrazie hanno formato il suo carattere; *España forma parte de Europa*, la Spagna fa parte dell'Europa | *formarla*, fare un casino **2** (*mil.*) allineare ♦ *v.intr.* figurare, trovarsi: *Juan forma en el equipo*, Juan figura nella squadra ♦ **-se** *v.pron.* svilupparsi, formarsi: *se formaron gigantescos lagos*, si formarono giganteschi laghi.
formatear *v.tr.* (*inform.*) formattare.
formateo *s.m.* (*inform.*) formattazione (*f.*).
formativo *agg.* formativo.
formato *s.m.* formato.
formidable *agg.* **1** spaventoso **2** enorme, straordinario **3** (*fam.*) formidabile, magnifico: *es un coche —*, è un'automobile formidabile.
formón *s.m.* (*falegnameria*) scalpello.
fórmula *s.f.* **1** (*anche mat., med., chim.*) formula **2** formula, modello (*m.*) | *— uno*, formula uno | *por pura —*, per pura formalità.
formulación *s.f.* formulazione: *la — de una política innovadora*, la formulazione di una politica innovatrice.
formular *v.tr.* **1** formulare, esprimere: *— propuestas*, formulare proposte **2** (*med.*) prescrivere.
formulario *agg.* relativo alle formule ♦ *s.m.* **1** formulario **2** modello, modulo, formulario.
formulismo *s.m.* formalismo.
formulista *s.m./f.* formalista.
fornido *agg.* forte, piazzato, robusto.
fornitura *s.f.* **1** (*abbigl.*) articoli (*m.pl.*) di merceria **2** (*orologio*) ricambi (*m.pl.*).
foro *s.m.* **1** (*st., dir.*) foro: *el — de Madrid*, il foro di Madrid **2** (*teatr.*) fondale | *hacer mutis por el —*, andarsene alla chetichella **3** (*amm.*) canone.
forofo *agg.*, *s.m.* tifoso.
forrado *agg.* (*fam.*) pieno di soldi.
forraje *s.m.* **1** foraggio **2** (*fig.*) farragine (*f.*), guazzabuglio; mucchio.
forrajear *v.tr.* tagliare e raccogliere il foraggio.
forrar *v.tr.* foderare, ricoprire | *estar forrado*, essere ricco sfondato ♦ **-se** *v.pron.* **1** (*fam.*) arricchirsi **2** rimpinzarsi di.
forro *s.m.* **1** fodera (*f.*), copertura (*f.*) | (*fam.*) *ni por el —*, neanche per idea | (*volg.*) *me paso el asunto por el —*, me ne frego **2** (*di libro*) copertina (*f.*) **3** (*mar.*) fasciame **4** (*Amer.*) preservativo, (*fam.*) guanto.
fortalecedor *agg.* rinforzante, fortificante.
fortalecer (*con. come* agradecer) *v.tr.* **1** (*anche fig.*) rafforzare: *— la sociedad*, rafforzare la società; *— la voluntad*, rafforzare la volontà **2** (*mil.*) fortificare: *— un castillo*, fortificare un castello.
fortalecimiento *s.m.* rafforzamento.
fortaleza *s.f.* **1** vigore (*m.*), forza **2** (*mil.*) fortezza.
fortificación *s.f.* fortificazione.
fortificar (*con. come* pescar) *v.tr.* (*mil.*) fortificare.
fortín *s.m.* (*mil.*) fortino.
fortitud *s.f.* fermezza, fortezza, fortitudine.
fortuito *agg.* fortuito, gratuito, casuale | *acontecimiento —*, evento fortuito.
fortuna *s.f.* **1** destino (*m.*), sorte | *soldado de —*, mercenario | (*di imbarcazione*) *correr —*, trovarsi in mezzo a una tempesta **2** fortuna: *no tuvo — en la vida*, non ebbe fortuna nella vita | *probar —*, tentare la sorte | *por —*, fortunatamente | *golpe de —*, colpo di fortuna **3** (*ricchezza*) fortuna, averi (*m.pl.*), patrimonio (*m.*) | *hacer —*, fare fortuna, arricchirsi.
forzado *agg.* forzato, obbligato | (*mil., fig.*) *a marchas forzadas*, a marcia forzata ♦ *s.m.* forzato, galeotto.
forzador *s.m.* stupratore.
forzar (*con. come* almorzar) *v.tr.* **1** forzare, sforzare: *tuvieron que — la puerta*, dovettero forzare la porta | *— la voz*, sforzare la voce **2** (*fig.*) costringere, obbligare **3** violentare.
forzosamente *avv.* forzatamente.
forzoso *agg.* forzoso, inevitabile, imprescindibile | (*econ.*) *curso —*, corso forzoso | *aterrizaje —*, atterraggio d'emergenza/di fortuna.
forzudo *agg.*, *s.m.* forzuto.
fosa *s.f.* **1** fossa; fossato (*m.*): *le enterraron en la — común*, lo seppellirono nella fossa comune **2** (*anat.*) cavità | *fosas nasales*, cavità nasali.
fosal *s.m.* cimitero.
fosco *agg.* oscuro, fosco.
fosfato *s.m.* (*chim.*) fosfato.
fosforero *s.m.* **1** fiammiferaio **2** contenitore per fiammiferi.

fosforescencia *s.f.* fosforescenza.
fosforescente *agg.* fosforescente: *rotulador —*, evidenziatore.
fosfórico *agg.* (*chim.*) fosforico.
fósforo *s.m.* **1** fosforo **2** fiammifero **3** (*fig.*) intelligenza (*f.*), acume.
fosforoso *agg.* (*chim.*) fosforoso.
fósil *agg.* (*fam.*) antiquato, obsoleto ♦ *agg.*, *s.m.* fossile.
fosilífero *agg.* fossilifero.
fosilización *s.f.* fossilizzazione.
fosilizarse (*con. come* cazar) *v.intr.* fossilizzarsi ♦ **-se** *v.pron.* (*anche fig.*) fossilizzarsi: *su moral se ha fosilizado*, la sua morale si è fossilizzata.
foso *s.m.* **1** fosso, fossato **2** (*teatr.*) sottopalco **3** (*mecc.*) buca (*f.*).
foto *s.f.* fotografia, foto: *sacar/tomar/hacer una —*, fare una foto.
fotoalergia *s.f.* (*med.*) fotoallergia.
fotoalérgico *agg.*, *s.m.* (*med.*) fotoallergico.
fotocélula *s.f.* (*fis.*) fotocellula.
fotocomposición *s.f.* (*stampa*) fotocomposizione.
fotocopia *s.f.* fotocopia.
fotocopiadora *s.f.* fotocopiatrice.
fotocopiar *v.tr.* fotocopiare.
fotoeléctrico *agg.* fotoelettrico: *célula fotoeléctrica*, cellula fotoelettrica.
fotofobia *s.f.* (*med.*) fotofobia.
fotófobo *s.m.*, *agg.* (*med.*) fotofobo.
fotogénico *agg.* fotogenico.
fotograbado *s.m.* (*stampa*) fotoincisione (*f.*).
fotograbador *s.m.* (*stampa*) fotoincisore.
fotografía *s.f.* fotografia.
fotografiar *v.tr.* (*anche fig.*) fotografare.
fotográfico *agg.* fotografico.
fotógrafo *s.m.* fotografo.
fotograma *s.m.* fotogramma.
fotogrametría *s.f.* fotogrammetria.
fotoluminiscencia *s.f.* (*fis.*) fotoluminescenza.
fotomodelo *s.m./f.* fotomodello.
fotomontaje *s.m.* fotomontaggio.
fotón *s.m.* (*fis.*) fotone.
fotonovela *s.f.* fotoromanzo (*m.*).
fotoperiodista *s.m./f.* fotoreporter.
fotorreportaje *s.m.* fotoreportage.
fotosensibilidad *s.f.* fotosensibilità.
fotosensible *agg.* fotosensibile.
fotosíntesis *s.f.* (*bot.*) fotosintesi | *— clorofílica*, fotosintesi clorofilliana.
fototeca *s.f.* fototeca.
fototécnico *s.m.* fototecnico.
fototerapia *s.f.* (*med.*) fototerapia.
fototoxicidad *s.f.* (*med.*) fotosensibilità.
fotovoltaico *agg.* (*fis.*) fotovoltaico: *generador —*, generatore fotovoltaico.
fovismo *s.m.* (*pitt.*) fauvismo.
foxtrot *s.m.* (*ballo*) fox-trot.
frac *s.m.* frac.
fracasado *agg.*, *s.m.* fallito.
fracasar *v.intr.* fallire, fare fiasco.
fracaso *s.m.* insuccesso, fallimento, fiasco | *ser un —*, essere un disastro | *— escolar*, abbandono della scuola | *— del corazón*, attacco cardiaco.
fracción *s.f.* frazione.
fraccionable *agg.* frazionabile.
fraccionamiento *s.m.* frazionamento.
fraccionar *v.tr.* frazionare.
fraccionario *agg.* (*anche mat.*) frazionario.
fractal *s.m.*, *agg.* (*geom.*) frattale.
fractura *s.f.* (*anche med.*) frattura, rottura.
fracturar *v.tr.* **1** (*anche med.*) fratturare: *— un hueso*, fratturare un osso **2** forzare, scassinare.
fragancia *s.f.* fragranza, profumo (*m.*).
fragante *agg.* fragrante.
fragata *s.f.* (*mar.*) fregata.
frágil *agg.* fragile, debole.
fragilidad *s.f.* fragilità.
fragmentación *s.f.* frammentazione.
fragmentar *v.tr.* frammentare ♦ **-se** *v.pron.* frammentarsi, andare in pezzi.
fragmentario *agg.* frammentario.
fragmento *s.m.* **1** frammento **2** (*lett.*) brano.
fragor *s.m.* fragore.
fragoroso *agg.* fragoroso.
fragoso *agg.* **1** (*terreno*) aspro, tormentato **2** (*rumore*) fragoroso, rumoroso.
fragua *s.f.* fucina, forgia.
fraguado *s.m.* (*metall.*) fucinatura (*f.*).
fraguar *v.tr.* **1** forgiare **2** (*fig.*) tramare, macchinare ♦ **-se** *v.pron.* (*di gesso, cemento e simili*) fare presa.
fraile *s.m.* frate, monaco | *— recoleto*, frate questuante.
frambuesa *s.f.* (*bot.*, *frutto*) lampone (*m.*).
frambueso *s.m.* (*bot.*, *pianta*) lampone.
francés *agg.*, *s.m.* francese (*m./f.*) | *irse/despedirse/marcharse a la francesa*, andarsene bruscamente, senza salutare.
francesada *s.f.* **1** franceseria **2** invasione napoleonica.
francesismo *s.m.* (*ling.*) francesismo.
francesista *s.m./f.* francesista.
franciscano *agg.*, *s.m.* (*relig.*) francescano.
francmasón *s.m.* frammassone.
francmasonería *s.f.* frammassoneria.
franco *agg.* **1** franco, leale, sincero **2** (*comm.*, *dir.*) franco | *— fábrica*, franco di dazio | *puerto —*, porto franco | *zona franca*, zona franca ♦ *s.m.* (*moneta*) franco.
francófilo *s.m.*, *agg.* francofilo.
francófono *s.m.*, *agg.* francofono.
francotirador *s.m.* (*anche fig.*) franco tiratore.
franela *s.f.* (*tess.*) flanella.
frangente *agg.*, *s.m.* frangente.

frangible *agg.* frangibile.
frangir (*con. come* afligir) *v.tr.* rompere.
franja *s.f.* **1** (*abbigl.*) striscia, lista, fascia, gallone (*m.*): *el alcalde tenía una — roja atravesada*, il sindaco portava una fascia rossa a tracolla **2** (*fig.*) parte, fascia: *se produjo la pérdida de una — del electorado*, si verificò la perdita di una parte dell'elettorato.
franqueable *agg.* accessibile.
franquear *v.tr.* **1** liberare, sgomberare, sbarazzare: *franquearon la salida*, liberarono l'uscita **2** (*fam.*) attraversare, passare: *franquearon la zona costera sin que los detectaran*, attraversarono la zona costiera senza che li scoprissero **3** (*posta*) affrancare: *franqueó la carta*, affrancò la lettera ♦ **-se** *v.pron.* confidarsi.
franqueo *s.m.* affrancatura (*f.*).
franqueza *s.f.* **1** franchezza, sincerità **2** liberalità, generosità **3** confidenza, familiarità.
franquicia *s.f.* franchigia.
franquismo *s.m.* (*pol.*) franchismo.
franquista *agg.*, *s.m./f.* (*pol.*) franchista.
fraque *s.m.* frac.
frasca *s.f.* **1** (*ramoscello*) frasca **2** bottiglia.
frasco *s.m.* boccetta (*f.*), flacone, bottiglia (*f.*).
frase *s.f.* frase: *le dirigió frases muy antipáticas*, gli rivolse delle frasi antipatiche | — *hecha*, frase fatta.
frasear *v.intr.* (*anche mus.*) fraseggiare.
fraseo *s.m.* (*mus.*) fraseggio.
fraseología *s.f.* (*ling.*) fraseologia.
fraseológico *agg.* (*ling.*) fraseologico.
frasqueta *s.f.* (*stampa*) telaio (*m.*).
fraternal *agg.* fraterno: *amor* —, amore fraterno.
fraternidad *s.f.* fraternità.
fraternizar (*con. come* cazar) *v.tr.* fraternizzare.
fraterno *agg.* fraterno.
fratricida *agg.*, *s.m./f.* (*dir.*) fratricida.
fratricidio *s.m.* (*dir.*) fratricidio.
fraude *s.m.* frode (*f.*), inganno, truffa (*f.*).
fraudulencia *s.f.* fraudolenza.
fraudulento *agg.* fraudolento.
fray *s.m.* (*davanti a n.pr.*) fra': — *Bartolomé de las Casas*, fra' Bartolomeo de las Casas.
frazada *s.f.* coperta.
freático *agg.* (*geol.*) freatico: *capa freática*, falda freatica.
frecuencia *s.f.* frequenza (*anche fis.*): *viene con mucha — a Italia*, viene frequentemente in Italia | — *modulada*, modulazione di frequenza.
frecuentación *s.f.* frequentazione.
frecuentador *s.m.*, *agg.* frequentatore.
frecuentar *v.tr.* frequentare.
frecuentativo *agg.* (*gramm.*) frequentativo.
frecuente *agg.* frequente.
free-lance *agg.* free-lance.
fregadero *s.m.* lavandino da cucina, acquaio.
fregado *s.m.* **1** pulita (*f.*), lavata (*f.*), lavaggio: —*mecánico*, lavaggio meccanico **2** rissa (*f.*), scontro **3** (*fam.*) scocciatura (*f.*), guaio.
fregador *agg.* che lava ♦ *s.m.* **1** lavandino, acquaio **2** straccio.
fregar (*con. come* negar) *v.tr.* **1** strofinare, fregare, lavare: — *los platos*, lavare i piatti **2** (*Amer.*) seccare, molestare.
fregasuelos *s.m.* **1** spazzolone per pavimenti **2** (*persona*) addetto alle pulizie.
fregona *s.f.* **1** sguattera **2** spazzolone (*m.*), mocio (*m.*).
fregotear *v.tr.* (*fam.*) pulire.
fregoteo *s.m.* pulita (*f.*), lavata (*f.*).
freidora *s.f.* (*macchina*) friggitrice.
freidura *s.f.* friggitura.
freiduría *s.f.* friggitoria.
freír (*con. come* reír) *v.tr.* **1** friggere | *al — será el reír*, vedremo come va a finire | *mandar a — espárragos/monos/chongos/tusas*, mandare a farsi friggere/benedire **2** (*fam.*) esasperare, massacrare: *me fríe a preguntas*, mi esaspera con le sue domande **3** (*fig.*) crivellare (di colpi): *lo frieron a balazos*, l'hanno crivellato di colpi ♦ **-se** *v.pron.* friggere: *la cebolla se fríe muy deprisa*, la cipolla frigge rapidamente.
frémito *s.m.* fremito.
frenado *s.m.* frenata (*f.*).
frenante *agg.* frenante.
frenar *v.tr.* **1** frenare | — *en seco*, frenare di botto **2** (*fig.*) moderare: *frena tus ímpetus*, modera i tuoi impulsi ♦ **-se** *v.pron.* (*fig.*) moderarsi.
frenazo *s.m.* frenata (*f.*).
frenero *s.m.* (*ferr.*) frenatore.
frenesí *s.m.* frenesia (*f.*), esaltazione (*f.*), follia (*f.*).
frenético *agg.* **1** frenetico **2** furioso, isterico: *me pone — ir a la ciudad*, mi rende isterico andare in città.
frénico *agg.* (*anat.*) frenico.
freno *s.m.* **1** freno: *frenos de disco*, freni a disco **2** (*cavallo*) morso **3** (*fig.*) controllo, freno, inibizione (*f.*), moderazione (*f.*).
frenología *s.f.* (*med.*) frenologia.
frenólogo *s.m.* (*med.*) frenologo.
frente *s.f.* **1** fronte: *su — es muy ancha*, la sua fronte è molto ampia **2** (*fig.*) faccia, viso (*m.*), sembiante (*m.*) | — *a* —, faccia a faccia | — *por* —, uno in faccia all'altro ♦ *s.m.* **1** facciata (*f.*): *el — de un edificio*, la facciata di un edificio **2** (*mil.*, *pol.*, *meteor.*) fronte (*m.*): *se fueron al* —, andarono al fronte | — *de batalla*, fronte di battaglia | — *único*, fronte comune | *hacer* —, fare fronte ♦ *avv.* di fronte, davanti | *a* —, direttamente | *de* —, di fronte; con decisione: *llevar de — un*

asunto, affrontare di petto/con decisione una faccenda
■ ***frente a***, di fronte a; contro: *tu casa está — a la mía*, la tua casa si trova di fronte alla mia; *la pobreza nos pone uno — a otro*, la povertà ci mette uno contro l'altro | ***al frente de***, a capo di, al comando di.
fresa *s.f.* **1** fragola **2** (*med.*, *tecn.*) fresa, fresatrice.
fresal *s.m.* terreno coltivato a fragole.
fresco *agg.* **1** fresco: *agua fresca*, acqua fresca **2** (*fig.*) sfacciato, sfrontato: *el — me debe mucho dinero*, quello sfrontato mi deve molto denaro | *quedarse tan —*, mostrare una faccia di bronzo | (*fam.*) *estar —*, stare fresco, illudersi inutilmente: *está — si cree que se lo digo*, sta fresco se crede che glielo dica ♦ *s.m.* **1** fresco, frescura (*f.*): *tomar el —*, prendere il fresco **2** (*pitt.*) affresco.
frescor *s.m.* frescura (*f.*), fresco.
frescura *s.f.* **1** frescura **2** freschezza **3** (*fig.*) sfacciataggine; disinvoltura **4** impertinenza, battuta, frizzo (*m.*) | *responder con —*, rispondere con un'impertinenza **5** negligenza, trascuratezza: *tomar las cosas con —*, prendere le cose alla leggera.
fresneda *s.f.* (*bot.*) frassineto.
fresno *s.m.* (*bot.*) frassino.
fresquista *s.m./f.* (*pitt.*) affreschista.
freudiano *agg.* (*psic.*) freudiano.
friabilidad *s.f.* friabilità.
friable *agg.* friabile.
frialdad *s.f.* freddezza, indifferenza.
fricasé *s.f.* (*cuc.*) fricassea.
fricativo *agg.* (*ling.*) fricativo.
fricción *s.f.* **1** frizione, sfregamento (*m.*), massaggio (*m.*) **2** (*fig.*) attrito (*m.*), dissapore (*m.*): *hay fricciones entre los hermanos*, ci sono attriti tra i fratelli.
friccionar *v.tr.* frizionare.
friera *s.f.* gelone (*m.*).
frígido *agg.*, *s.m.* frigido.
frigio *agg.*, *s.m.* frigio.
frigorífico *agg.* frigorifero ♦ *s.m.* frigorifero; cella (*f.*) frigorifera.
frío *agg.* **1** freddo **2** (*fig.*) indifferente, apatico | *dejar —*, lasciare indifferente | *quedarse —*, restare in uno stato di shock ♦ *s.m.* freddo: *hace mucho —*, fa molto freddo | *coger —*, prendere un colpo di freddo | *en —*, a freddo | *no dar ni — ni calor*, non fare né caldo né freddo, lasciare indifferente.
frisar *v.intr.* avvicinarsi a: *frisa en los cincuenta*, ha quasi cinquant'anni, è sulla cinquantina; *frisa a los mejores pintores*, si avvicina ai migliori pittori.
frisón *agg.*, *s.m.* frisone.
frito *agg.* **1** fritto **2** (*fig.*) stufo, stanco: *ya me tiene —*, mi ha già esasperato | *quedarse —*, addormentarsi ♦ *s.m.* fritto, frittura (*f.*).
fritura *s.f.* (*cuc.*) frittura.
frivolidad *s.f.* frivolezza.
frívolo *agg.* frivolo, superficiale: *no me gustan los ambientes frívolos*, non mi piacciono gli ambienti frivoli.
fronda *s.f.* (*bot.*) fronda.
frontal *agg.* frontale ♦ *s.m.* (*relig.*) paliotto dell'altare.
frontera *s.f.* **1** frontiera **2** (*arch.*) facciata.
fronterizo *agg.* **1** di frontiera **2** confinante, limitrofo: *Francia e Italia son países fronterizos*, la Francia e l'Italia sono paesi confinanti **3** antistante: *la casa fronteriza de la iglesia*, la casa antistante la chiesa.
frontispicio *s.m.* **1** frontespizio **2** (*arch.*) facciata (*f.*), frontone.
frotar *v.tr.* sfregare, strofinare; frizionare.
fructífero *agg.* fruttifero, proficuo | (*econ.*) *bono —*, buono fruttifero.
fruncir (*con. come* lucir) *v.tr.* **1** aggrottare, corrugare | *— el ceño*, corrugare la fronte, accigliarsi **2** (*un tessuto*) pieghettare, arricciare ♦ **-se** *v.pron.* aggrottarsi, corrugarsi.
frustración *s.f.* frustrazione.
frustrar *v.tr.* frustrare; rendere vano: *su llegada frustró nuestros planes*, il suo arrivo rese vani i nostri piani.
fruta *s.f.* frutta: *— en almíbar*, frutta sciroppata; *— confitada/escarchada*, frutta candita; *— del tiempo*, frutta di stagione | *ensalada de —*, macedonia | *mercado de frutas y verduras*, mercato di frutta e verdura | *— prohibida*, frutto proibito.
frutería *s.f.* negozio (*m.*) di frutta.
frutero *agg.* da frutta: *árboles fruteros*, alberi da frutta ♦ *s.m.* **1** fruttivendolo **2** (*recipiente*) fruttiera (*f.*).
fruto *s.m.* **1** frutto: *la aceituna es el — del olivo*, l'oliva è il frutto dell'olivo | *frutos secos*, frutta secca **2** (*fig.*) frutto, utile: *no tuvo — de sus esfuerzos*, non ebbe frutti dai suoi sforzi.
fuego *s.m.* **1** fuoco: *encendió el —*, accese il fuoco | *pegar/prender — a la casa*, incendiare/dar fuoco alla casa | *jugar con —*, scherzare col fuoco | (*mil.*) *romper el —*, aprire il fuoco | *¡alto el — !*, cessate il fuoco | *— graneado*, fuoco incrociato **2** focolare, camino **3** (*di cucina a gas*) fuoco: *la cocina tiene tres fuegos*, la cucina ha tre fuochi **4** (*fig.*) ardore, zelo, passione (*f.*): *lo defendió con mucho —*, lo difese con molto ardore.
fuelle *s.m.* **1** mantice, soffietto **2** (*fig.*) fiato | *falto de —*, privo di energia **3** (*abbigl.*) grinza (*f.*).
fuente *s.f.* **1** fonte, sorgente (*anche fig.*) | *lo supe de buena —*, lo seppi da una fonte attendibile **2** fontana | *— de bautismo*, fonte battesimale **3** piatto (*m.*) da portata, vassoio (*m.*): *una — de pasteles*, un piatto di dolci.

fuera *avv.* fuori: *se ha ido —*, è uscito | *por —*, dal di fuori, esternamente; apparentemente ♦ *inter.* | *¡—!*, fuori!
■ ***fuera de*** **1** fuori di: *vive — de casa*, vive fuori di casa **2** eccetto, tranne: *— de eso nada me preocupa*, eccetto questo non mi preoccupa niente | *estar — de sí*, essere fuori di sé | *— de sospecha*, fuori luogo | (*sport*) *— de banda*, fuori campo, fallo laterale | *— de uso*, fuori uso | *— de propósito*, a sproposito, fuori luogo.
fuero *s.m.* **1** giurisdizione (*f.*): *bajo el — eclesiástico*, sotto la giurisdizione ecclesiastica | *el — interior/interno*, la coscienza **2** statuto: *el — de los diputados*, lo statuto dei deputati **3** (*spec. pl., dir.*) privilegi, prerogative (*f.*), immunità (*f.*) **4** (*spec. pl., fig., fam.*) arroganza (*f.sing.*): *tiene muchos fueros*, è molto arrogante.
fuerte *agg.* **1** forte, resistente, robusto: *es un hombre —*, è un uomo robusto **2** forte, intenso (*anche fig.*): *busca emociones fuertes*, cerca emozioni forti **3** potente, forte: *golpeó la pelota con un tiro —*, colpì la palla con un tiro potente **4** (*fig.*) duro, tosto: *tengo que estudiar, este semestre va a ser bastante —*, devo studiare, questo semestre sarà duro/tosto ♦ *s.m.* (*mil.*) forte, fortezza (*f.*) ♦ *avv.* **1** molto, assai: *comer, beber —*, mangiare, bere molto **2** forte, fortemente: *su corazón empezó a latir —*, il suo cuore cominciò a battere forte **3** intensamente, duramente; *la crisis nos afectó bastante —*, la crisi ci colpì abbastanza duramente.
fuerza *s.f.* **1** forza; potenza | *— de choque*, forza d'urto | *a — de*, a furia di | *por —, a la —*, per forza | *ser —*, essere giocoforza **2** (*fig.*) forza, vigore (*m.*), potenza: *la — del viento*, la forza del vento | *cobrar fuerzas*, riprendere le forze | *sacar fuerzas de flaqueza*, fare di necessità virtù **3** autorità, potere (*m.*): *la — de la ley*, la forza della legge **4** (*fig.*) violenza: *le obligaron por la —*, lo obbligarono con la forza.
fuga *s.f.* fuga (*anche mus.*).
fugacidad *s.f.* fugacità.
fugarse (*con. come* llegar) *v.pron.* scappare, fuggire; evadere.
fugaz (*pl.* -ces) *agg.* fugace, effimero | *estrella —*, stella cadente.
fulana *s.f.* (*fam.*) prostituta.
fulano *s.m.* (*fam.*) tizio, tale | (*Amer.*) *fulano de tal*, tal dei tali | *—, mengano y perengano/zutano*, Tizio, Caio e Sempronio.
fulgor *s.m.* fulgore, splendore.
fulminante *agg.* fulminante: *se murió por un infarto —*, morì a causa di un infarto fulminante ♦ *s.m.* esplosivo.
fumador (*f. -a*) *agg.*, *s.m.* fumatore.
fumar *v.tr/intr.* fumare | *— en pipa* fumare la pipa ♦ **-se** *v.pron.* **1** dissipare, sperperare, mandare in fumo: *se fumó toda la herencia*, si è mangiato tutta l'eredità **2** (*fam.*) mancare a, saltare (un obbligo, un impegno); (*a scuola*) marinare, bigiare: *decidió — la oficina*, decise di non farsi vedere in ufficio.
función *s.f.* **1** funzione, attività: *ejerce las funciones de presidente*, esercita le funzioni di presidente | (*bur.*) *en funciones*, facente funzioni **2** (*relig.*) cerimonia, funzione **3** spettacolo (*m.*), rappresentazione: *la — matinal la van a pasar a las 11*, lo spettacolo del mattino sarà alle 11.
funcional *agg.* funzionale.
funcionamiento *s.m.* funzionamento.
funcionar *v.tr.* funzionare.
funda *s.f.* **1** custodia, contenitore (*m.*): *la — de las gafas*, l'astuccio degli occhiali **2** fodera; fodero (*m.*): *la — del sillón*, la fodera della poltrona; *la — del paraguas*, la fodera/il fodero dell'ombrello **3** (*di cuscino*) federa **4** (*di pistola*) fondina **5** (*di dente*) capsula **6** (*fam.*) preservativo (*m.*), guanto (*m.*).
fundación *s.f.* fondazione.
fundador (*f. -a*) *agg.*, *s.m.* fondatore.
fundamentar *v.tr.* fondare, gettare le basi ♦ **-se** *v.pron.* (*fig.*) basarsi, fondarsi: *la teoría se fundamenta en una paradoja*, la teoria si fonda su un paradosso.
fundamento *s.m.* **1** fondamento, base (*f.*) (*anche fig.*): *el — de la ciencia es la observación de los hechos*, il fondamento della scienza è l'osservazione dei fatti | *comer de —*, mangiare cibi nutrienti **2** ragione (*f.*), motivo: *su rabia no tenía —*, la sua rabbia non aveva motivo **3** (*spec. pl.*) fondamenta (*f.*) **4** (*pl.*) rudimenti, basi (*f.*): *aprendí los fundamentos del latín*, ho appreso i fondamenti del latino.
fundar *v.tr.* **1** fondare, erigere **2** (*fig.*) istituire; basare ♦ **-se** *v.pron.* basarsi, fondarsi: *su teoría se funda en datos reales*, la sua teoria si basa su dati reali.
fundir *v. tr.* **1** fondere (*anche fig.*) **2** (*fam.*) dilapidare: *fundió la herencia de su papá*, dilapidò l'eredità di suo padre **3** (*cinem.*) sfumare ♦ **-se** *v.pron.* **1** (*elettr.*) fondersi, fulminarsi: *se fundieron los plomos*, sono saltati i fusibili; *se fundió la bombilla*, si è fulminata la lampadina **2** (*fig.*) fondersi, unirsi: *los dos grupos se fundieron en uno*, i due gruppi si fusero in uno.
funeral *agg.* funerario, funebre ♦ *s.m.* funerale: *fui al — del poeta*, sono andato ai funerali/al funerale del poeta.
funeraria *s.f.* impresa di pompe funebri.
furgón *s.m.* **1** furgone, camioncino **2** (*ferr.*) vagone merci | *ser el — de cola*, essere l'ultima ruota del carro.
furgoneta *s.f.* furgone (*m.*), furgoncino (*m.*).

furia *s.f.* **1** furia, ira, furore (*m.*), collera | *estaba hecho una* —, era diventato una furia **2** (*fig.*) fretta, premura | *a toda* —, in gran fretta.
furioso *agg.* furioso, violento | *loco* —, pazzo scatenato/furioso.
furor *s.m.* **1** furore | *causar* —, fare furore | — *uterino*, ninfomania **2** estro: — *poético*, estro poetico.
fusil *s.m.* fucile: — *automático*, fucile automatico; — *de repetición*, fucile a ripetizione | — *de aire comprimido*, fucile ad aria compressa | — *submarino*, fucile subacqueo.
fusilamiento *s.m.* fucilazione (*f.*).
fusión *s.f.* fusione.
fútbol *s.m.* calcio | — *sala*, calcetto.
futbolista *s.m.* calciatore.
futbolístico *agg.* calcistico.
futurible *agg.* futuribile.
futuro *agg.* futuro, venturo, prossimo ♦ *s.m.* **1** futuro **2** (*fig.*, *fam.*) fidanzato, promesso sposo.

Gg

g *s.f.* g | (*tel.*) — *como Gerona*, g come Genova.
gabacho *agg.*, *s.m.* **1** pirenaico; abitante dei Pirenei **2** (*spreg.*) francese.
gabán *s.m.* cappotto, pastrano.
gabardina *s.f.* **1** impermeabile (*m.*) **2** (*tessuto*) gabardine (*m.*).
gábata *s.f.* (*mil.*) gavetta.
gabela *s.f.* **1** gabella, dazio (*m.*), imposta **2** (*fig.*) gravame (*m.*) **3** (*dir.*) servitù.
gabinete *s.m.* **1** saletta (*f.*), gabinetto **2** ufficio, studio: — *de física*, laboratorio di fisica: — *dental*, studio dentistico | *trabajo de* —, lavoro d'ufficio | *de* —, in teoria **3** (*pol.*) gabinetto; ministero: *crisis/cuestión de* —, crisi di gabinetto.
gabrieles *s.m.pl.* (*cuc.*) ceci lessati.
gacela *s.f.* (*zool.*) gazzella.
gaceta *s.f.* **1** gazzetta, giornale (*m.*) **2** (*fig.*) chiacchierone (*m.*), pettegolo (*m.*) **3** (*tecn.*) stampo (*m.*) per ceramica.
gacetilla *s.f.* **1** (*fam.*) gazzettino (*m.*), pettegolo (*m.*) **2** (*giorn.*) cronaca.
gacetillero *s.m.* giornalista di basso rango.
gacha *s.f.* **1** pasta, pappa **2** (*fam.*) melma, fango (*m.*).
gaché *s.m.* (*gerg. degli zingari*) andaluso, nativo dell'Andalusia
gacheta[1] *s.f.* colla.
gacheta[2] *s.f.* leva del chiavistello.
gacho *agg.* piegato, incurvato | *a gachas*, gattoni.
gaditano *agg.* di Cadice ♦ *s.m.* gaditano, nativo di Cadice.
gaélico *agg.*, *s.m.* gaelico.
gafa *s.f.* **1** uncino (*m.*), gancio (*m.*) **2** (*pl.*) occhiali (*m.*) | *gafas de cerca,* occhiali da presbite | *gafas de ver*, occhiali da vista.
gafar[1] *v.tr.* **1** arraffare, portare via **2** graffare.
gafar[2] *v.tr.* (*fam.*) portare sfortuna, gufare.
gafe *s.m.* **1** iettatore, menagramo **2** sfortunato, disgraziato.
gafete *s.m.* (*abbigl.*) bottone automatico.
gafotas, gafudo *agg.* (*fam.*) occhialuto, quattrocchi.
gag *s.f.* gag.
gagá *agg.*, *s.m.* (*fam.*) rimbambito: *un viejo* —, un vecchio rimbambito.
gago *agg.* balbuziente.
gaita *s.f.* **1** (*mus.*) zampogna | — *gallega*, cornamusa | — *zamorana*, ghironda **2** (*fig.*, *fam.*) collo (*m.*): *estirar la* —, allungare il collo **3** (*fam.*) scocciatura, fastidio (*m.*) | *¡qué gaitas!*, che barba! | *templar gaitas*, rabbonire.
gaitero *agg.* **1** sgargiante, vistoso **2** scherzoso ♦ *s.m.* zampognaro.
gaje *s.m.* **1** (*spec. pl.*) salario, stipendio **2** (*st.*) gratifica (*f.*) | *gajes del oficio*, rischi del mestiere.
gajo *s.m.* **1** spicchio: *comía una mandarina — tras* —, mangiava un mandarino spicchio a spicchio **2** (*uva*) grappolo, racimolo **3** (*albero*) rametto.
gala *s.f.* **1** sfarzo (*m.*), lusso (*m.*); gala: *banquete de* —, banchetto di gala | *uniforme de* —, alta uniforme | *ropa de* —, vestiti di gala/ da cerimonia | *hacer — de algo*, vantarsi di qlco. | *tener a — algo*, essere orgoglioso/soddisfatto di qlco. | *noche de* —, serata di gala **2** grazia; generosità **3** (*fam.*) vanto (*m.*), fiore (*m.*) all'occhiello: *era la — de su padre*, era il vanto di suo padre.
galáctico *agg.* (*astr.*) galattico.
galafate *s.m.* furfante, ladro scaltro.
galaico *agg.* galiziano: *los soldados galaicos*, i soldati galiziani.
galán *s.m.* **1** uomo affascinante, bell'uomo **2** (*teatr.*) amoroso; (*cinem.*) bello **3** (*fam.*) spasimante, corteggiatore | (*bot.*) — *de noche*, gelsomino notturno.
galano *agg.* elegante | (*fig.*) *estilo* —, stile elegante.
galante *agg.* **1** galante **2** cortese, garbato.
galanteador *s.m.*, *agg.* corteggiatore.
galantear *v.tr.* **1** corteggiare **2** (*fig.*) adulare.
galanteo *s.m.* corteggiamento.
galantería *s.f.* **1** galanteria **2** grazia, eleganza.
galantina *s.f.* (*cuc.*) galantina.
galanura *s.f.* **1** garbo (*m.*), distinzione, raffinatezza **2** (*fig.*) raffinatezza d'espressione.
galápago *s.m.* **1** (*zool.*) testuggine (*f.*), tartaruga (*f.*) marina **2** (*tecn.*) puleggia (*f.*); morsa (*f.*) **3** (*fig.*) volpone | *tener más conchas que un* —, saperne una più del diavolo.
galardón *s.m.* premio, ricompensa (*f.*).

galardonar *v.tr.* **1** premiare; ricompensare: *la película fue galardonada con el Óscar*, il film fu premiato con l'Oscar **2** insignire: *— con una medalla de honor*, insignire di una medaglia d'onore.
galaxia *s.f.* **1** (*astr.*) galassia **2** (*min.*) galattite.
galbana *s.f.* (*fam.*) pigrizia.
gálea *s.f.* (*mar.*) galea.
galeno *s.m.* (*fam.*) medico.
galeón *s.m.* (*mar.*) galeone.
galeote *s.m.* (*mar.*) galeotto.
galeoto *s.m.* mezzano, ruffiano.
galera *s.f.* **1** (*mar.*) galea **2** (*tip.*) vantaggio (*m.*) **3** carrozza a quattro ruote **4** (*pl.*) galera (*sing.*), lavori (*m.pl.*) forzati.
galería *s.f.* **1** (*sotterranea*) galleria, tunnel (*m.*) **2** (*per esposizioni*) galleria | *— de arte*, galleria d'arte **3** (*arch.*) loggia, balconata, ballatoio (*m.*) **4** (*teatr.*) loggione (*m.*) **5** (*mar.*) balcone (*m.*) di poppa **6** (*pl.*) grandi magazzini (*m.pl.*).
galerista *s.m./f.* gallerista.
galerna *s.f.* vento freddo da nord-ovest.
galés *agg.*, *s.m.* gallese (*m./f.*).
galgo *s.m.* levriero | *¡échale un —!*, piglialo se puoi!
galicanismo *s.m.* (*relig.*) gallicanismo.
galicano *agg.* **1** gallo **2** (*relig.*) gallicano: *iglesia gallicana*, chiesa gallicana.
galiciano *agg.* galiziano.
galicismo *s.m.* (*ling.*) gallicismo.
gálico *s.m.* (*med.*) sifilide (*f.*) ♦ *agg.* gallico | *mal —*, mal francese.
galicoso *agg.* (*med.*) affetto da sifilide, sifilitico.
galileo *agg.*, *s.m.* galileo.
galillo *s.m.* (*anat.*) ugola (*f.*).
galimatías *s.m.* **1** (*fam.*) linguaggio oscuro, confuso **2** (*fig.*) pasticcio, confusione (*f.*), imbroglio: *resolver un —*, risolvere un pasticcio.
gallardete *s.m.* gagliardetto.
gallardía *s.f.* **1** gagliardia, vigore (*m.*) **2** coraggio (*m.*), valore (*m.*).
gallardo *agg.* **1** (*anche fig.*) gagliardo, vigoroso **2** prode, valoroso.
gallear *v.intr.* **1** fare il galletto, vantarsi **2** fare lo spaccone.
gallego *agg.* galiziano, gallego.
galleo *s.m.* **1** (*tauromachia*) schivata (*f.*) **2** (*metall.*) bolla (*f.*).
gallera *s.f.* **1** allevamento (*m.*) di galli **2** arena per il combattimento dei galli **3** gabbia per galli da combattimento.
galleta *s.f.* **1** biscotto (*m.*), galletta **2** schiaffo (*m.*) **3** (*min.*) carbonella | *a toda —*, a tutta birra.
gallete *s.m.* gola (*f.*) | *a —*, a garganella.
galletería *s.f.* **1** biscottificio **2** (*negozio*) biscotteria.
galletero *s.m.* **1** contenitore per biscotti, biscottiera (*f.*) **2** lavoratore di un biscottificio.
gallina *s.f.* **1** gallina | *carne de —*, pelle d'oca | *acostarse con las gallinas*, andare a letto con le galline | (*gioco*) *— ciega*, mosca cieca | *estar como — en corral ajeno*, sentirsi come un pesce fuor d'acqua | *cuando meen las gallinas*, quando gli asini avranno le ali, alle calende greche | (*zool.*) *— de agua*, folaga | (*zool.*) *— de Guinea*, faraona **2** (*fig.*) codardo (*m.*), fifone (*m.*); pusillanime (*m.*): *ser un —*, essere un coniglio.
gallinazo *s.m.* (*zool.*) falcone.
gallinería *s.f.* **1** polleria **2** (*fig.*) vigliaccheria.
gallinero *s.m.* **1** pollaio (*anche fig.*) | *alborotar el —*, suscitare un vespaio **2** (*gabbia*) stia (*f.*) **3** (*teatr.*) loggione, piccionaia (*f.*).
gallineta *s.f.* (*zool.*) **1** (*pesce*) gallinella d'acqua **2** (*Amer.*) gallina faraona.
gallipava *s.f.* (*zool.*) gallina padovana.
gallipavo *s.m.* **1** (*zool.*) tacchino **2** (*fam.*, *mus.*) stonatura (*f.*), stecca (*f.*).
gallito *s.m.* galletto (*anche fig.*).
gallo *s.m.* **1** (*zool.*) gallo | *— silvestre*, gallo cedrone | *pelea de gallos*, combattimento di galli | *en menos que canta un —*, in men che non si dica | *otro — cantaría*, sarebbe tutta un'altra musica | *misa del —*, messa della notte di Natale **2** (*fig.*) dritto, arrogante: *se puso muy —*, è diventato arrogante | *alzar el —*, alzare la voce/cresta | *bajar el —*, abbassare la cresta **3** (*fig.*, *fam.*) uomo maturo **4** (*Amer.*) uomo forte e coraggioso **5** (*mus.*) stecca (*f.*): *soltó un — al final del aria*, ha fatto una stecca nel finale dell'aria.
gallofa *s.f.* **1** minestra, brodo (*m.*) **2** (*fig.*) ciancia, chiacchiera **3** (*relig.*) calendario (*m.*) ecclesiastico.
gallofero *agg.*, *s.m.* mendicante.
galocha *s.f.* caloscia, zoccolo (*m.*).
galocho *agg.* **1** malvivente, delinquente **2** (*fam.*) trasandato, sciatto.
galón *s.m.* **1** (*anche mil.*) gallone **2** (*unità di misura*) gallone.
galonear *v.tr.* gallonare.
galonista *s.m.* (*fam.*, *mil.*) cadetto gallonato.
galopada *s.f.* galoppata.
galopante *agg.* (*anche fig.*) galoppante, grave: *una fiebre —*, una febbre galoppante; *inflación —*, inflazione galoppante.
galopar *v.intr.* galoppare.
galope *s.m.* galoppo | *ir a/al —*, andare molto di fretta.
galopeado *agg.* (*fam.*) affrettato, alla svelta.
galopillo *s.m.* galoppino, sguattero.
galopín *s.m.* ragazzo di strada; monello.
galucha *s.f.* (*Amer.*, *equitazione*) galoppo (*m.*).

galuchar *v.intr.* (*Amer.*, *equitazione*) galoppare.
galvánico *agg.* (*fis.*) galvanico.
galvanismo *s.m.* (*fis.*) galvanismo.
galvanización *s.f.* galvanizzazione.
galvanizar (*con. come* cazar) *v.tr.* (*med.*, *metall.*) galvanizzare.
galvanómetro *s.m.* (*fis.*) galvanometro.
galvanoplastia *s.f.* (*tecn.*) galvanoplastica.
galvanoplástico *agg.* (*tecn.*) galvanoplastico.
gama *s.f.* (*anche mus.*) gamma: *amplia — de servicios*, ampia gamma di servizi.
gamba *s.f.* **1** (*zool.*) gambero (*m.*) **2** (*pop.*) gamba | *meter la —*, fare una figuraccia, fare una gaffe.
gamberrada *s.f.* vandalismo, atto (*m.*) vandalico.
gamberrear *v.intr.* compiere atti vandalici.
gamberrismo *s.m.* **1** vandalismo **2** libertinaggio.
gamberro *agg.* dissoluto, libertino ♦ *s.m.* teppista, vandalo.
gambuza *s.f.* (*mar.*) cambusa.
gameto *s.m.* (*biol.*) gamete.
gametofito *s.m.* (*biol.*) gametofito.
gametogénesis *s.f.* (*biol.*) gametogenesi.
gamezno *s.m.* (*zool.*) cucciolo di daino.
gamitar *v.intr.* (*zool.*, *daino*) bramire.
gamma *s.f.* (*lettera greca*) gamma.
gammaglobulina *s.f.* (*biol.*) gammaglobulina.
gamo *s.m.* (*zool.*) daino.
gamuza *s.f.* **1** (*zool.*) camoscio (*m.*) **2** pelle scamosciata **3** pelle di daino.
gamuzado *agg.* di color giallo pallido.
gamuzar (*con. come* cazar) *v.tr.* scamosciare.
gana *s.f.* (*fam.*, *spec. pl.*) voglia, interesse (*m.*), desiderio (*m.*): *hace lo que le da la —*, fa quello che vuole, che gli/le pare; *me entraron ganas de comer mango*, mi è venuta voglia di mangiare un mango | *de buena —*, volentieri, con gusto | *de mala —*, malvolentieri, svogliatamente, di malavoglia | *llover con —*, piovere a dirotto | *tener ganas*, avere voglia | *tenerle ganas a uno*, provare antipatia per qlcu.
ganable *agg.* ottenibile, raggiungibile, guadagnabile.
ganadería *s.f.* **1** bestiame (*m.*) **2** allevamento (*m.*) **3** (*comm.*) commercio (*m.*) di bestiame.
ganadero *agg.* del bestiame ♦ *s.m.* allevatore.
ganado *s.m.* **1** bestiame: *— vacuno*, bestiame bovino, bovini; *— caballar*, bestiame equino, equini; *— lanar/ovino*, bestiame ovino, ovini; *— de cerda*, bestiame suino, suini | *— mayor*, bestiame grosso (buoi, cavalli ecc.) | *— menor*, bestiame minuto (pecore, capre ecc.) **2** (*fam.*, *spreg.*) combriccola (*f.*), gruppo.
ganador (*f.* -a) *agg.*, *s.m.* vincitore.
ganancia *s.f.* **1** guadagno (*m.*), profitto (*m.*), utile (*m.*) | *no le arriendo la —*, non ci scommetterei una lira | (*econ.*) *ganancias de capital*, plusvalenza **2** (*Amer.*) mancia.
ganancial *agg.* redditizio, lucrativo.
ganancioso *agg.* vincente.
ganar *v.tr.* **1** guadagnare **2** vincere: *ganó mucho dinero con una quiniela*, vinse molto denaro al totocalcio **3** (*fig.*) conquistare, ottenere, raggiungere: *ganó, nadando, la orilla opuesta*, conquistò/raggiunse, nuotando, l'altra riva ♦ **-se** *v.pron.* guadagnarsi, conquistarsi: *se gana la vida con el teatro*, si guadagna da vivere con il teatro.
ganchillo *s.m.* uncinetto | *hacer —*, lavorare all'uncinetto.
gancho *s.m.* **1** gancio, uncino | *de —*, a braccetto **2** (*fig.*) esca (*f.*) | *echar el — a alguien*, acchiappare qlcu. **3** (*fam.*) fascino, charme | *tener —*, essere attraente **4** (*fam.*) complice (*m./f.*), compare (*m./f.*) **5** (*sport*) gancio **6** (*Amer.*, *per i capelli*) forcina (*f.*); (*per i panni*) molletta (*f.*).
ganchoso, ganchudo *agg.* uncinato.
gándara *s.f.* (*terra*) terreno (*m.*) incolto.
gandul (*f.* -a) *agg.* (*fam.*) vagabondo, fannullone, scansafatiche.
gandulear *v.intr.* (*fam.*) bighellonare.
gandulería *s.f.* (*fam.*) pigrizia, oziosità.
ganforro *agg.*, *s.m.* (*fam.*) gaglioffo.
gang *s.m.* gang.
ganga *s.f.* **1** buon affare (*m.*), occasione **2** (*min.*) ganga.
ganglio *s.m.* (*anat.*) ganglio.
ganglioma *s.m.* (*med.*) ganglioma.
gangosidad *s.f.* voce nasale, nasalità.
gangoso *agg.* nasale ♦ *s.m.* chi ha la voce nasale.
gangrena *s.f.* (*med.*) cancrena.
gangrenarse *v.pron.* (*med.*) andare in cancrena, incancrenirsi.
gangrenoso *agg.* (*med.*) cancrenoso.
gángster *s.m.* gangster.
gangsterismo *s.m.* gangsterismo.
ganguero *agg.*, *s.m.* speculatore, affarista.
gañido *s.m.* (*cane*) guaito.
gañil *s.m.* (*zool.*) branchia (*f.*).
gañir (*con. come* bullir) *v.intr.* **1** (*cane*) guaire **2** (*fam.*, *persona*) sbuffare.
ganoso *agg.* desideroso, ansioso: *— de hacer algo*, desideroso di fare qlco.
gansada *s.f.* **1** sciocchezza, stupidaggine: *han escrito unas gansadas sobre mí*, hanno scritto delle sciocchezze su di me **2** stupidità.
gansear *v.intr.* **1** dire stupidaggini **2** scherzare.
ganso *agg.* **1** sciocco, stupido **2** pigro, svogliato ♦ *s.m.* (*zool.*) oca (*f.*).

gap *s.m.* gap.
garabato *s.m.* **1** scarabocchio **2** (*attrezzo*) rampino, gancio, uncino.
garabatoso *agg.* scarabocchiato.
garabito *s.m.* **1** gancio **2** (*mercato*) banchetto, bancarella (*f.*).
garaje *s.m.* garage.
garante *agg.*, *s.m./f.* garante.
garantía *s.f.* garanzia: *este electrodoméstico no tiene garantía,* questo elettrodomestico non ha la garanzia | *garantías constitucionales*, diritti costituzionali.
garantir *v.tr.* → **garantizar.**
garantizador *agg.* garante.
garantizar (*con. come* cazar) *v.tr.* garantire: *— los resultados de la reforma*, garantire i risultati della riforma; *— la satisfacción para todos*, garantire la soddisfazione per tutti.
garapacho *s.m.* (*zool.*) carapace.
garapiña *s.f.* **1** granita **2** (*tess.*) gallone (*m.*).
garapiñar *v.tr.* **1** gelare, ghiacciare **2** caramellare.
garatusa *s.f.* **1** moina, smanceria: *hacen continuamente garatusas a sus perros*, fanno continuamente moine ai loro cani **2** (*sport*) finta.
garbancero *s.m.* venditore di ceci.
garbanzo *s.m.* cece | *tropezar en un —*, perdersi in un bicchier d'acqua | *en toda tierra de garbanzos*, dappertutto.
garbear *v.intr.* **1** darsi arie **2** fare una passeggiata.
garbeo *s.m.* passeggiata (*f.*).
garbillo *s.m.* (*agr.*, *min.*) setaccio, crivello.
garbo *s.m.* garbo, grazia (*f.*), leggiadria (*f.*).
garboso *agg.* **1** aggraziato, garbato **2** (*fig.*) largo, liberale.
garbullo *s.m.* garbuglio.
gardenia *s.f.* (*bot.*) gardenia.
garduña *s.f.* (*zool.*) faina.
garduño *s.m.* **1** (*fam.*) ladro **2** (*zool.*) faina.
garfear *v.intr.* arpionare, uncinare.
garfio *s.m.* gancio, uncino, raffio.
garganta *s.f.* **1** (*anat.*, *fig.*) gola; collo (*m.*) | *dolor de —*, mal di gola | *tener a alguien atravesado en la —*, non poter digerire qlcu., avere qlcu. sullo stomaco | *tener un nudo en la —*, avere un nodo alla gola | *— de la botella*, collo della bottiglia **2** (*anat.*) collo (*m.*) del piede **3** (*fig.*) voce | *buena —*, ugola d'oro **4** (*geogr.*) gola.
gargantear *v.intr.* (*mus.*) gorgheggiare.
garganteo *s.m.* (*mus.*) gorgheggio.
gargantilla *s.f.* collana.
gárgara *s.f.* gargarismo (*m.*): *hacer gárgaras*, fare i gargarismi | *mandar a hacer gárgaras*, mandare a farsi benedire.
gargarismo *s.m.* gargarismo.
gargarizar (*con. come* cazar) *v.intr.* fare i gargarismi.
garita *s.f.* garitta, guardiola.
garitero *s.m.* biscazziere.
garito *s.m.* **1** bisca (*f.*) **2** (*al gioco*) guadagno.
garla *s.f.* ciarla, chiacchiera.
garlador *agg.*, *s.m.* ciarliero, chiacchierone.
garlar *v.intr.* ciarlare, chiacchierare.
garnacha *s.f.* toga.
garra *s.f.* **1** artiglio (*m.*); zampa **2** (*fig.*) grinfia | *cayó en las garras de un delincuente*, finì fra le grinfie di un delinquente **3** (*fam.*) grinta, energia, entusiasmo (*m.*): *ese chaval tiene mucha —*, quel ragazzo ha molta grinta.
garrafa *s.f.* **1** caraffa | *vino de —*, vino sfuso **2** damigiana **3** (*tecn.*) tanica.
garrafal *agg.* (*fig.*) madornale, macroscopico: *mentira —*, bugia madornale.
garrafiñar *v.tr.* sgraffignare, portare via.
garrafón *s.m.* **1** damigiana (*f.*) **2** caraffa (*f.*) grande | *alcohol de —*, alcol di cattiva qualità.
garrapata *s.f.* (*zool.*) zecca.
garrapatear *v.intr./tr.* disegnare schizzi, scarabocchiare.
garrapato *s.m.* schizzo, scarabocchio.
garrapatoso *agg.* scarabocchiato.
garrido *agg.* galante, elegante.
garrón *s.m.* **1** sperone **2** zampa (*f.*) **3** (*anat.*) tallone, calcagno.
garrotazo *s.m.* bastonata (*f.*), randellata (*f.*).
garrote *s.m.* **1** randello **2** (*tortura*) garrotta (*f.*) **3** (*mar.*) leva (*f.*) del verricello.
garrotillo *s.m.* (*med.*) difterite.
garrucha *s.f.* carrucola.
garrulidad *s.f.* (*lett.*) loquacità, garrulità.
gárrulo *agg.* garrulo.
garúa *s.f.* (*Amer.*) pioggerellina.
garuar (*con. come* continuar) *v.intr.impers.* (*Amer.*) piovigginare.
garulla *s.f.* **1** uva sgranata **2** seme (*m.*) d'uva.
garza *s.f.* (*zool.*) airone (*m.*), garza.
garzo *agg.* (*colore*) azzurro.
garzón *s.m.* **1** ragazzo **2** (*Amer.*) cameriere.
gas *s.m.* gas | *— de alumbrado*, gas illuminante | *— de los pantanos*, metano | *— enervante*, gas nervino | *gases lacrimógenos*, gas lagrimogeni | *— mostaza*, gas asfissiante | *agua con —*, acqua minerale gassata.
gasa *s.f.* garza.
gascón *agg.*, *s.m.* guascone.
gasear *v.tr.* **1** (*liquido*) gassare, aggiungere gas **2** (*uccidere con gas tossici*) gasare, gassare.
gaseiforme *agg.* gassoso.
gaseosa *s.f.* (*bibita*) gazzosa.
gaseoso *agg.* gassoso.
gasificación *s.f.* (*chim.*) gassificazione.
gasificar (*con. come* pescar) *v.tr.* gassificare.

gasoducto *s.m.* gasdotto.
gasoil *s.m.* gasolio, nafta (*f.*).
gasóleo *s.m.* gasolio.
gasolina *s.f.* benzina | *echar* —, fare benzina.
gasolinera *s.f.* **1** distributore (*m.*) di benzina **2** (*mar.*) lancia a motore.
gasolinero *s.m.* (*persona*) benzinaio.
gasometría *s.f.* (*chim.*) gasometria.
gasómetro *s.m.* gasometro.
gastable *agg.* spendibile.
gastado *agg.* **1** rovinato, consunto, logoro: *ropa gastada*, vestiti sciupati **2** (*di persona*) invecchiato, sciupato: *un hombre* —, un uomo sciupato **3** (*fig.*) obsoleto, consunto, risaputo.
gastador (*f.* -a) *agg.* spendaccione ♦ *s.m.* (*mil.*) guastatore.
gastar *v.tr.* **1** logorare, sciupare **2** spendere: *se gasta sus ahorros en viajes*, spende i suoi risparmi nei viaggi **3** consumare: *hemos gastado mucha gasolina*, abbiamo consumato molta benzina | — *bromas*, fare scherzi | — *saliva*, sprecare il fiato.
gasterópodos *s.m.pl.* (*zool.*) gasteropodi.
gasto *s.m.* **1** spesa (*f.*), costo: *este mes tenemos muchos gastos*, questo mese abbiamo molte spese | *cubrir los gastos*, pagare le spese | *gastos deducibiles*, spese deducibili | — *bruto*, spesa lorda **2** (*di un contatore*) consumo | *hacer el* —, mantenere viva la conversazione.
gastralgia *s.f.* (*med.*) gastralgia.
gastrálgico *agg.* (*med.*) gastralgico.
gastrectomía *s.f.* (*chir.*) gastrectomia.
gástrico *agg.* (*anat.*) gastrico.
gastritis *s.f.* (*med.*) gastrite.
gastroentérico *agg.* (*med.*) gastroenterico.
gastroenteritis *s.f.* (*med.*) gastroenterite.
gastroenterología *s.f.* (*med.*) gastroenterologia.
gastroenterólogo *s.m.* (*med.*) gastroenterologo.
gastrointestinal *agg.* (*anat., med.*) gastrointestinale.
gastrología *s.f.* (*med.*) gastrologia.
gastronomía *s.f.* gastronomia.
gastronómico *agg.* gastronomico: *viaje* —, viaggio gastronomico.
gastrónomo *s.m.* gastronomo.
gastropatía *s.f.* (*med.*) gastropatia.
gastroscopia *s.f.* (*med.*) gastroscopia.
gastroscopio *s.m.* (*med.*). gastroscopio.
gatallón *s.m., agg.* (*fam.*) furbo, astuto.
gatas, a *loc.avv.* carponi, (a) gattoni | *va a* —, va a quattro zampe/a gattoni.
gatazo *s.m.* (*fam.*) imbroglio, truffa (*f.*).
gateado *agg.* **1** da gatto **2** a strisce.
gatear *v.intr.* **1** gattonare, andare a gattoni **2** salire, arrampicarsi ♦ *v.tr.* **1** (*di gatto*) graffiare **2** arraffare.
gatera *s.f.* gattaiola.
gatero *agg.* gattesco ♦ *s.m.* venditore di gatti.
gatillo *s.m.* **1** (*arma*) grilletto **2** (*med.*) tenaglia (*f.*).
gato *s.m.* **1** gatto | — *montés*, gatto tigrato | — *persa*, gatto persiano | — *de algalia*, zibetto | (*fig.*) *ser cuatro gatos*, essere quattro gatti | *lavarse a lo* —, lavarsi come i gatti, darsi una lavata sommaria | *buscarle tres pies al* —, cercare il pelo nell'uovo | *dar* — *por liebre*, spacciare lucciole per lanterne | *aquí hay* — *encerrado*, qui gatta ci cova | *tener gatos en la barriga*, avere un secondo fine | *de noche todos los gatos son pardos*, la notte tutti i gatti sono bigi | (*cuc.*) *lengua de* —, lingua di gatto | *tener siete vidas como los gatos*, avere sette vite come i gatti **2** (*mecc.*) martinetto; (*aut.*) cric **3** (*carpenteria*) morsa (*f.*) **4** (*fam.*) madrileno **5** ladruncolo.
gatuno *agg.* gattesco.
gatuperio *s.m.* **1** mescolanza (*f.*), miscuglio **2** confusione (*f.*), imbroglio.
gauchesco *agg.* (*Amer., lett.*) gauchesco.
gauchismo *s.m.* (*Amer., lett.*) gauchismo.
gaucho *agg.* (*Amer.*) **1** da gaucho **2** scaltro, astuto ♦ *s.m.* (*Amer.*) gaucho.
gauss *s.m.* (*fis.*) gauss.
gavanzo *s.m.* (*bot.*) rosa (*f.*) canina.
gaveta *s.f.* **1** cassetto (*m.*): *la llave de la* —, la chiave del cassetto (*m.*) **2** (*mobile*) scrittoio (*m.*) **3** (*mar.*) gavetta.
gavilán *s.m.* (*zool.*) sparviero.
gavilla *s.f.* **1** covone (*m.*); fascina **2** (*fig.*) banda, gruppo (*m.*): *un miembro de la* —, un membro della banda.
gavillar *v.tr.* (*agr.*) formare covoni, accovonare.
gavina *s.f.* (*zool.*) gabbiano (*m.*).
gaviota *s.f.* (*zool.*) gabbiano (*m.*).
gavota *s.f.* (*mus.*) gavotta.
gay *s.m./f.* gay.
gaza *s.f.* (*mar.*) gassa.
gazapa *s.f.* fandonia, balla.
gazapatón *s.m.* errore, strafalcione.
gazapo[1] *s.m.* **1** coniglietto **2** (*fig.*) astuto, volpone.
gazapo[2] *s.m.* (*fam.*) errore, strafalcione.
gazapón *s.m.* bisca (*f.*).
gazmoñería *s.f.* bigotteria.
gazmoño *s.m., agg.* bigotto, bacchettone.
gaznate *s.m.* gola (*f.*): *calentar el* —, riscaldare la gola, bere vino.
gazpacho *s.m.* (*cuc.*) gazpacho.
ge *s.f.* (*lettera dell'alfabeto*) gi.
géiser *s.m.* (*geol.*) geyser.
geisha *s.f.* geisha.
gel *s.m.* gel: *tiene la consistencia de un* —, ha la consistenza di un gel | — *de ducha*, bagnoschiuma.
gelatina *s.f.* gelatina.

gelatinizante *agg.*, *s.m.* gelatinizzante.
gelatinizar (*con. come* cazar) *v.tr.* gelatinizzare.
gelatinoso *agg.* gelatinoso.
gélido *agg.* (*anche fig.*) gelido: *un — amanecer*, una mattina gelida.
gelificar (*con. come* pescar) *v.tr.* (*chim.*) gelificare.
gema *s.f.* (*min.*, *bot.*) gemma: *una collección de gemas*, una collezione di gemme | *sal —*, salgemma.
gemación *s.f.* (*biol.*) gemmazione.
gemebundo *agg.* gemebondo.
gemelar *agg.* gemellare.
gemelo *agg.* gemello | *almas gemelas*, anime gemelle ♦ *s.m.* **1** (*fratello*) gemello **2** (*abbigl.*) gemello: *una camisa con gemelos*, una camicia con i gemelli.
gemelos *s.m.pl.* **1** (*astr.*) Gemelli **2** binocolo (*sing.*).
gemido *s.m.* gemito.
geminación *s.f.* (*anche ling.*) geminazione.
geminado *agg.* (*anche ling.*) geminato.
geminar *v.tr.* geminare.
Géminis *s.m.* (*astr.*) Gemelli (*pl.*).
gemir (*con. come* servir) *v.intr.* **1** gemere **2** (*di animali*) guaire; mugolare, ululare **3** (*di cose*) cigolare; (*di vento*) ululare.
gemología *s.f.* (*min.*) gemmologia.
gemológico *agg.* (*min.*) gemmologico.
gemólogo *s.m.* gemmologo, esperto di gemmologia.
gemoso *agg.* (*trave, legno*) che ha corteccia.
gen *s.m.* (*biol.*) gene.
genciana *s.f.* (*bot.*) genziana.
gendarme *s.m.* gendarme.
gendarmería *s.f.* gendarmeria.
genealogía *s.f.* genealogia.
genealógico *agg.* genealogico | *árbol* —, albero genealogico.
genealogista *s.m./f.* genealogista.
geneático *s.m.*, *agg.* genetliaco.
generabilidad *s.f.* generabilità.
generable *agg.* generabile.
generación *s.f.* generazione: *la legendaria — beat*, la leggendaria beat generation.
generacional *agg.* generazionale: *la confrontación —*, il confronto generazionale.
generador (*f.* -a) *agg.*, *s.m.* generatore: *— de sonidos* generatore di suoni.
general *agg.* generale, universale; generico: *información —* informazione generale | *anestesia —*, anestesia totale | *por lo —*, *en —*, in genere | *cuartel —*, quartier generale | *huelga —*, sciopero generale | *índice —*, indice generale | *lingüística —*, linguistica generale ♦ *s.m.* (*mil.*) generale | *— de brigada*, generale di brigata | *— en jefe*, comandante in capo.
generalidad *s.f.* **1** genericità; imprecisione **2** governo (*m.*) regionale autonomo di Catalogna o di Valencia **3** (*pl.*) nozioni (*pl.*), elementi (*m.pl.*), rudimenti (*m.pl.*): *generalidades de física*, nozioni di fisica.
generalísimo *s.m.* (*mil.*) generalissimo: *el — Francisco Franco*, il generalissimo Francisco Franco.
generalización *s.f.* generalizzazione.
generalizador *agg.* che generalizza.
generalizar (*con. come* cazar) *v.tr.* generalizzare.
generar *v.tr.* **1** generare, produrre: *— empleos*, produrre posti di lavoro **2** causare, provocare: *— una discusión*, provocare una discussione.
generativo *agg.* generativo | *gramática —*, grammatica generativa.
genérico *agg.* generico ♦ *s.m.* (*farm.*) farmaco generico.
género *s.m.* **1** genere, specie (*f.*), classe (*f.*): *distintos géneros de tejidos*, vari generi/tipi di tessuti; *el pino pertenece al — de las coníferas*, il pino appartiene alla classe delle conifere | (*teatr.*) *— chico*, commedie in un atto, operetta | *en su —*, nel suo genere | *— literario*, genere letterario **2** (*comm.*) articolo, merce (*f.*) | *almacén de géneros de punto*, negozio di tessuti | *géneros alimenticios*, generi alimentari.
generosidad *s.f.* generosità; liberalità.
generoso *agg.* (*anche fig.*) generoso: *un acto —*, un gesto generoso | *vino —*, vino generoso.
genesíaco, genésico *agg.* genetico.
génesis *s.f.* genesi ♦ *s.m.* (*relig.*) Genesi (*f./m.*).
genética *s.f.* (*biol.*) genetica.
genético *agg.* (*biol.*) genetico.
genetista *s.m./f.* (*biol.*) genetista.
genetlíaco *s.m.*, *agg.* (*lett.*) genetliaco.
genial *agg.* **1** geniale, ingegnoso: *una inteligencia —*, un'intelligenza geniale **2** stupendo, fantastico: *una escritora —*, una scrittrice fantastica.
genialidad *s.f.* genialità, ingegnosità.
geniazo *s.m.* brutto carattere, caratteraccio: *tener un —*, avere un caratteraccio.
génico *agg.* (*biol.*) genico.
geniecillo *s.m.* folletto, spiritello, gnomo.
genio *s.m.* **1** genio; talento: *— artístico*, talento artistico | *ser corto de —*, essere duro di comprendonio | *un — incomprendido*, un genio incompreso **2** carattere, indole (*f.*), temperamento: *tiene mucho —*, ha un brutto carattere | *estar de mal —*, *de buen —*, essere di cattivo umore, di buon umore | *— pronto/vivo*, temperamento irascibile | *tener el — atravesado*, avere la luna storta **3** (*mit.*) genio, spirito: *el — de la lámpara*, il genio della lampada.

genital *agg.* genitale ♦ *s.m.pl.* (*anat.*) genitali.
genitivo *agg.* generativo ♦ *s.m.* (*ling.*) genitivo.
genitor *s.m.* genitore.
genocidio *s.m.* genocidio.
genoma *s.m.* (*biol.*) genoma.
genómico *agg.* (*biol.*) genomico.
genotípico *agg.* (*biol.*) genotipico.
genotipo *s.m.* (*biol.*) genotipo.
genovés *agg.*, *s.m.* genovese (*m./f.*).
gentamicina *s.f.* (*farm.*) gentamicina.
gente *s.f.* **1** gente: *era — muy renombrada*, era gente molto famosa | — *bien/guapa*, vip | — *de bien/de pro*, gente perbene | — *gorda*, gente importante | — *de cuidado*, gente pericolosa | — *de escaleras abajo*, gente di bassa condizione | — *de medio pelo*, gente dappoco | — *menuda*, bambini; popolino | — *de iglesia*, clero; fedeli | *ser buena* —, essere una brava persona, essere brava gente | *ser* —, essere importante | *y ríase la* —, io bado ai fatti miei **2** (*fam.*) famiglia, parenti.
gentecilla *s.f.* (*spreg.*) gentucola, gentaglia.
gentil *agg.* **1** gentile, garbato **2** (*relig.*) gentile, pagano ♦ *s.m.* (*relig.*) gentile, pagano.
gentileza *s.f.* gentilezza, garbo (*m.*), grazia | *por* —, per gentile concessione.
gentilhombre *s.m.* **1** gentiluomo **2** cortigiano.
gentilicio *agg.*, *s.m.* (*anche ling.*) gentilizio.
gentío *s.m.* folla (*f.*), moltitudine (*f.*), ressa (*f.*).
gentleman *s.m.* gentiluomo.
gentuza *s.f.* (*spreg.*) gentaglia, gentucola.
genuflexión *s.f.* genuflessione.
genuflexo *agg.* genuflesso.
genuino *agg.* genuino, puro, autentico.
geocéntrico *agg.* geocentrico: *el modelo — del universo*, il modello geocentrico dell'universo.
geocentrismo *s.m.* geocentrismo.
geodesia *s.f.* (*geol.*) geodesia.
geodésica *s.f.* (*geol.*) geodetica.
geodésico *agg.* (*geol.*) geodetico.
geodesta *s.m./f.* (*geol.*) geodeta.
geodinámica *s.f.* (*geol.*) geodinamica.
geofísica *s.f.* geofisica.
geofísico *s.m.*, *agg.* geofisico.
geografía *s.f.* geografia | — *astronómica*, geografia astronomica | — *política*, geografia politica | — *económica*, geografia economica.
geográfico *agg.* geografico.
geógrafo *s.m.* geografo.
geoide *s.m.* (*geom.*) geoide.
geología *s.f.* geologia.
geológico *agg.* geologico.
geólogo *s.m.* geologo.
geómetra *s.m.* geometra.
geometría *s.f.* geometria | — *algebraica*, geometria algebrica | — *analítica*, geometria analitica | — (*no*) *euclídea*, geometria (non) euclidea.
geométrico *agg.* geometrico.
geopolítica *s.f.* geopolitica.
georgiano *agg.*, *s.m.* georgiano.
geórgico *agg.* (*lett.*) georgico: *poema* —, poema georgico.
geotermia *s.f.* (*geol.*) geotermia.
geotérmico *agg.* (*geol.*) geotermico: *central geotérmica*, centrale geotermica.
geraniácea *agg.*, *s.f.* (*bot.*) geraniacea.
geranio *s.m.* geranio | *estar como un* —, essere in salute.
gerbera *s.f.* (*bot.*) gerbera.
gerencia *s.f.* **1** direzione, amministrazione **2** ufficio (*m.*) del direttore.
gerente *s.m.* gerente (*m./f.*), amministratore, direttore.
geriatra *s.m./f.* (*med.*) geriatra.
geriatría *s.f.* (*med.*) geriatria.
geriátrico *agg.* (*med.*) geriatrico.
gerifalte *s.m.* (*zool.*) girifalco.
germánico *agg.* germanico.
germanismo *s.m.* (*ling.*) germanismo.
germanista *s.m./f.* germanista.
germanística *s.f.* (*lett.*) germanistica: *profesor de* —, professore di germanistica.
germanización *s.f.* germanizzazione.
germanizar (*con. come* cazar) *v.tr.* germanizzare.
germano *agg.* germanico ♦ *s.m.* **1** tedesco **2** (*lett.*) germano.
germen *s.m.* (*anche fig.*) germe | — *patógeno*, germe patogeno.
germicida *agg.* germicida.
germinación *s.f.* germinazione.
germinar *v.intr.* **1** (*bot.*) germinare, germogliare **2** svilupparsi | *la libertad germinó a partir de los cambios políticos* , la libertà si è sviluppata come conseguenza dei cambiamenti politici.
gerontocracia *s.f.* (*pol.*) gerontocrazia.
gerontología *s.f.* gerontologia.
gerontológico *agg.* (*med.*) gerontologico.
gerontólogo *s.m.* (*med.*) gerontologo.
gerundense *agg.* di Gerona ♦ *s.m./f.* nativo di Gerona.
gerundio *s.m.* (*gramm.*) gerundio.
gerundivo *s.m.* (*gramm.*) gerundivo.
gesta *s.f.* gesta (*pl.*) | *cantar de* —, canzone di gesta.
gestación *s.f.* (*biol.*) gestazione (*anche fig.*).
gestante *s.f.* gestante.
gestar *v.tr.* essere in gravidanza ♦ **-se** *v.pron.* essere in gestazione, prepararsi, svilupparsi: *comienza a — el partido militarista*, comincia a svilupparsi il partito militarista.
gestatorio *agg.* gestatorio: *silla* —, sedia gestatoria.
gestear *v.intr.* gesticolare.

gesticulación *s.f.* gesticolazione.
gesticulador *agg.* gesticolatore.
gesticular *v.intr.* gesticolare.
gestión *s.f.* **1** gestione, amministrazione: *lleva la — de la empresa*, è incaricato della gestione dell'azienda **2** (*pl.*) pratiche (*pl.*): *hizo las gestiones necesarias*, fece le pratiche necessarie.
gestionar *v.tr.* espletare le pratiche: *gestioné mi pasaporte*, ho fatto le pratiche per il passaporto.
gesto *s.m.* **1** gesto **2** smorfia (*f.*) | *torcer el —*, fare una smorfia.
gestor (*f.* -a) *agg.* gestore ♦ *s.m.* gestore, gerente | *— administrativo*, amministratore.
gestoría *s.f.* agenzia amministrativa.
gestual *agg.* gestuale.
gestualidad *s.f.* gestualità.
giba *s.f.* **1** gobba **2** (*fam.*) fastidio (*m.*).
gibado *agg.* gobbo.
gibar *v.tr.* **1** ingobbire **2** (*fam.*) disturbare, infastidire ♦ **-se** *v.pron.* ingobbirsi.
gibón *s.m.* (*zool.*) gibbone.
gibosidad *s.f.* gibbosità.
giboso *agg.*, *s.m.* gobbo.
gibraltareño *agg.* di Gibilterra ♦ *s.m.* nativo di Gibilterra.
gigante *agg.* gigantesco ♦ *s.m.* gigante.
gigantea *s.f.* (*bot.*) girasole (*m.*).
giganteo *agg.* gigantesco.
gigantesco *agg.* gigantesco, colossale.
gigantez *s.f.* dimensione enorme, gigantesca.
gigantismo *s.m.* (*med.*) gigantismo.
gigoló *s.m.* gigolo.
gilipollada *s.f.* (*volg.*) cazzata.
gilipollas *agg.*, *s.m./f.* (*volg.*) **1** coglione (*m.*), imbecille **2** stronzo (*m.*), mascalzone (*m.*).
gilipollez (*pl.* -ces) *s.f.* (*volg.*) cazzata.
gilvo *agg.* fulvo.
gimnasia *s.f.* ginnastica: *hacía — todas las mañanas*, faceva ginnastica tutte le mattine | *— artística, rítmica*, ginnastica artistica, ritmica | *confundir la — con la magnesia*, prendere lucciole per lanterne.
gimnasio *s.m.* **1** palestra (*f.*) **2** ginnasio.
gimnasta *s.m./f.* ginnasta.
gimnástico, gímnico *agg.* ginnico.
gimnosofista *s.m./f.* (*st.*) gimnosofista.
gimoteador *s.m.* piagnone, piagnucolone.
gimotear *v.intr.* piagnucolare.
gin *s.m.* gin.
gincana *s.f.* (*sport*) gincana.
ginebra *s.f.* gin (*m.*): *copa de —*, bicchiere di gin.
ginebrino *agg.*, *s.m.* ginevrino.
gineceo *s.m.* (*med.*) gineceo.
ginecología *s.f.* (*med.*) ginecologia.
ginecológico *agg.* (*med.*) ginecologico.
ginecólogo *s.m.* (*med.*) ginecologo.
ginesta *s.f.* (*bot.*) ginestra.
gingival *agg.* (*anat.*) gengivale.
gingivitis *s.f.* (*anat.*) gengivite.
ginseng *s.m.* (*bot.*) ginseng.
gira *s.f.* **1** gita, escursione, giro (*m.*) | *— de negocios*, viaggio d'affari **2** (*spettacolo*) tournée (*f.*): *mi hijo está de — con un grupo rock*, mio figlio è in tournée con un gruppo rock.
giradiscos *s.m.* (*mus.*) giradischi.
girándula *s.f.* girandola.
girar *v.intr.* **1** girare, ruotare: *el mundo sigue girando*, il mondo continua a girare; *— a la izquierda*, girare a sinistra **2** trattare, incentrarsi: *la conferencia giró en torno al teatro*, la conferenza trattò di teatro ♦ *v.tr.* **1** (*comm.*) emettere, spiccare: *giró una letra a 20 días*, spiccò una tratta a 20 giorni **2** (*posta*) spedire un vaglia.
girasol *s.m.* **1** (*bot.*) girasole **2** (*fig.*) adulatore, cortigiano.
girino *s.m.* (*zool.*) girino.
giro *s.m.* **1** giro **2** direzione (*f.*), aspetto; svolta (*f.*): *la nueva reforma representa un — hacia la flexibilidad*, la nuova riforma rappresenta una svolta verso la flessibilità **3** (*comm.*, *banc.*) effetto; cambiale (*f.*), tratta (*f.*): *— bancario*, effetto/bonifico bancario | *— a la vista*, tratta a vista | *— negociable*, effetto negoziabile **4** vaglia: *— postal*, vaglia postale | *— telegráfico*, vaglia telegrafico **5** (*comm.*) fatturato, giro d'affari **6** (*ling.*) espressione (*f.*): *en su poema se encuentran giros de la poesía popular*, nel suo poema si trovano espressioni della poesia popolare **7** (*fig.*) andamento, direzione (*f.*), piega (*f.*): *el asunto ha tomado un — inesperado*, la questione ha preso una piega inaspettata.
girómetro *s.m.* (*mecc.*, *aut.*) contagiri.
giroscópico *agg.* (*fis.*) giroscopico.
giroscopio *s.m.* (*fis.*) giroscopio.
giróvago *agg.*, *s.m.* girovago.
giste *s.m.* (*birra*) schiuma (*f.*).
gitanada *s.f.* **1** (*spreg.*) zingarata **2** (*fig.*) lusinga, adulazione.
gitanear *v.intr.* (*spreg.*) **1** lusingare **2** imbrogliare.
gitanesco *agg.* zingaresco.
gitano *agg.*, *s.m.* **1** gitano, zingaro **2** (*spreg.*) adulatore **3** (*spreg.*) imbroglione, truffatore.
glabro *agg.* glabro.
glaciación *s.f.* glaciazione.
glacial *agg.* glaciale; gelido (*anche fig.*): *región —*, regione glaciale; *mirada —*, sguardo gelido | *período —*, glaciazione | *zona —*, regione polare.
glaciar *agg.* del ghiacciaio | *lengua —*, lingua glaciale, del ghiacciaio ♦ *s.m.* ghiacciaio.
glacis *s.m.* (*mil.*) spalto.

gladiador *s.m.* gladiatore.
gladiatorio *agg.* gladiatorio.
gladíolo, **gladiolo** *s.m.* (*bot.*) gladiolo.
glamour *s.m.* glamour.
glande *s.m.* (*anat.*) glande.
glándula *s.f.* (*anat., bot.*) ghiandola | — *endocrina*, ghiandola endocrina | — *sudorípara*, ghiandola sudoripara | — *suprarrenal*, ghiandola surrenale.
glandular *agg.* (*anat.*) ghiandolare.
glaseado *agg.* **1** (*cuc.*) glassato **2** satinato ♦ *s.m.* (*cuc.*) glassa (*f.*).
glasear *v.tr.* **1** (*cuc.*) glassare **2** satinare.
glauco *agg.* glauco.
glaucoma *s.m.* (*med.*) glaucoma.
gleba *s.f.* gleba | *siervos de la* —, servi della gleba.
glicemia *s.f.* (*med.*) glicemia.
glicerina *s.f.* (*chim.*) glicerina.
glicerol *s.m.* (*chim.*) glicerolo.
glicina *s.f.* (*bot.*) glicine (*m.*).
glicinia *s.f.* (*bot.*) glicine (*m.*).
glíptica *s.f.* glittica.
global *agg.* globale: *hay que considerar las ventajas globales*, bisogna considerare i vantaggi globali.
globalidad *s.f.* globalità.
globalización *s.f.* globalizzazione.
globalizar (*con. come* cazar) *v.tr.* raccogliere, accentrare, conglobare ♦ **-se** *v.pron.* espandersi, globalizzarsi.
globo *s.m.* **1** globo, sfera (*f.*) | — *celeste*, sfera celeste | (*anat.*) — *ocular*, bulbo oculare | *en* —, in toto, in blocco, globalmente **2** (*geogr.*) terra (*f.*), globo | — *terráqueo/terrestre*, globo terrestre **3** pallone; palloncino | — *sonda*, pallone sonda **4** (*aer.*) mongolfiera (*f.*) | — *aerostático*, pallone aerostatico **5** (*nei fumetti*) nuvoletta (*f.*), fumetto **6** (*lampada*) globo.
globoso *agg.* globoso.
globular *agg.* globulare.
globulina *s.f.* (*biol.*) globulina.
glóbulo *s.m.* globulo | — *blanco*, globulo bianco | — *rojo*, globulo rosso.
gloria *s.f.* **1** gloria, onore (*m.*), fama: *se cubrió de — con sus hazañas*, si coprì di gloria con le sue imprese | *pasar a mejor* —, passare a miglior vita | *sin pena ni* —, senza infamia e senza lode | *timbre de* —, azione nobile | *pasar a la* —, passare alla storia **2** (*relig., pitt.*) gloria | *estar en la* —, essere al settimo cielo | *aquí paz y después* —, punto e basta | *que en — esté*, pace all'anima sua **3** piacere (*m.*), delizia | *saber a* —, essere squisito | (*di cosa*) *dar* —, dare piacere o soddisfazione **4** (*fam.*) persona squisita ♦ *s.m.* (*relig., inno*) gloria.
gloriar (*con. come* confiar) *v.tr.* glorificare ♦ **-se** *v.pron.* gloriarsi, vantarsi, compiacersi.
glorieta *s.f.* **1** piazzetta, largo (*m.*) **2** gazebo (*m.*).
glorificable *agg.* degno di gloria.
glorificación *s.f.* glorificazione.
glorificador *s.m.* glorificatore.
glorificar (*con. come* pescar) *v.tr.* glorificare, esaltare, lodare ♦ **-se** *v.pron.* gloriarsi.
glorioso *agg.* **1** glorioso: *fue un día* —, fu un giorno glorioso **2** superbo, vanitoso.
glosa *s.f.* glossa; annotazione.
glosador *s.m.* glossatore.
glosar *v.tr.* **1** chiosare, glossare **2** (*fig.*) spiegare, commentare: *el ministro trata de — las frases pronunciadas por el presidente*, il ministro cerca di spiegare le frasi pronunciate dal presidente **3** mal interpretare, travisare.
glosario *s.m.* glossario.
glose *s.m.* annotazione (*f.*).
glosolalia *s.f.* (*med.*) glossolalia.
glótico *agg.* (*ling.*) glottidale.
glotis *s.f.* (*anat.*) glottide.
glotología *s.f.* (*ling.*) glottologia.
glotón (*f.* -a) *s.m.* ghiottone.
glotonear *v.intr.* ingozzarsi, rimpinzarsi.
glotonería *s.f.* ghiottoneria.
glucemia *s.f.* (*med.*) glicemia.
glucémico *agg.* (*med.*) glicemico.
glucólisis *s.f.* (*biol.*) glicolisi.
glucómetro *s.m.* glucometro.
glucosa *s.f.* (*chim.*) glucosio (*m.*).
glutamato *s.m.* (*chim.*) glutammato.
glutámico *agg.* (*chim.*) glutammico.
gluten *s.m.* glutine.
glúteo *agg., s.m.* (*anat.*) gluteo.
gnómico *agg., s.m.* (*lett.*) gnomico: *un texto* —, un testo gnomico.
gnomo *s.m.* gnomo.
gnomon *s.m.* (*meridiana*) gnomone.
gnomónico *agg.* gnomonico.
gnoseología *s.f.* (*filos.*) gnoseologia.
gnoseológico *agg.* (*filos.*) gnoseologico.
gnosis *s.f.* (*filos.*) gnosi.
gnosticismo *s.m.* (*filos.*) gnosticismo.
gnóstico *agg., s.m.* (*filos.*) gnostico.
gobernabilidad *s.f.* governabilità.
gobernable *agg.* governabile.
gobernación *s.f.* **1** governo (*m.*) **2** governatorato (*m.*) **3** (*st.*) ministero (*m.*) degli interni.
gobernador (*f.* -a) governatore | — *civil*, prefetto | — *del Banco de España*, governatore della Banca di Spagna.
gobernalle *s.m.* (*mar.*) timone.
gobernanta *s.f.* **1** governante **2** (*albergo*) cameriera.
gobernante *agg., s.m./f.* (*pol.*) governante.
gobernar (*con. come* acertar) *v.tr.* governare, dirigere.
gobierno *s.m.* **1** (*pol.*) governo; amministrazione (*f.*) | — *autonómico*, governo re-

gionale autonomo | — *democrático*, governo democratico | — *militar*, comando militare | — *civil*, prefettura | — *fantoche*, governo fantoccio | — *provisional*, governo ponte | *Presidente del* —, Primo Ministro | (*fig.*) *mirar contra el* —, essere guercio | *para — de alguien*, per (mia, tua, sua ecc.) norma | *servir de* —, servire di norma **2** (*pol.*) governatorato **3** (*mar.*) timone.

goce *s.m.* **1** piacere, gusto, godimento **2** (*dir.*) usufrutto: *el — de un inmueble corresponde enteramente a sus propietarios*, l'usufrutto di un immobile spetta interamente ai suoi proprietari.

gofo *agg.* goffo.

gogó *solo nella loc.*: *a* —, a gogó.

gol *s.m.* gol, goal | *meter un* —, segnare un gol.

gola *s.f.* **1** (*anat.*) gola **2** (*st.*) gorgiera **3** (*geogr.*, *mar.*) imboccatura: *el puerto tenía unas golas que facilitaban la entrada de los barcos*, il porto aveva alcune imboccature che facilitavano l'entrata delle imbarcazioni **4** (*arch.*) modanatura a S.

goldre *s.m.* faretra (*f.*).

goleada *s.f.* (*sport*, *calcio*) goleada.

goleador *s.m.* (*sport*) cannoniere.

golear *v.tr.* (*calcio*) **1** fare gol **2** vincere segnando molti gol, stravincere.

goleta *s.f.* (*mar.*) goletta.

golf *s.m.* (*sport*) golf.

golfa *s.f.* (*fam.*) baldracca, prostituta.

golfante *s.m./f.* mascalzone.

golfería *s.f.* mascalzonata.

golfín *s.m.* (*zool.*) delfino.

golfista *s.m./f.* (*sport*) golfista.

golfo[1] *agg.* indecente; vagabondo.

golfo[2] *s.m.* (*geogr.*) golfo: *el — de Cádiz*, il golfo di Cadice.

goliardesco *agg.* goliardico.

goliardo *s.m.* goliardo.

gollería *s.f.* prelibatezza, manicaretto (*m.*).

gollete *s.m.* **1** (*di bottiglia*) collo **2** (*fam.*) gola (*f.*).

gollizo *s.m.* strettoia (*f.*), gola (*f.*), passo.

golondrina *s.f.* **1** (*zool.*) rondine | — *de mar*, rondine di mare, sterna **2** (*mar.*) motoscafo (*m.*).

golondro *s.m.* capriccio.

golosina *s.f.* ghiottoneria, golosità, manicaretto (*m.*).

golosinear *v.intr.* mangiare leccornie in quantità.

goloso *s.m.*, *agg.* **1** goloso **2** (*fig.*) ghiotto, desiderabile: *una ocasión golosa*, un'occasione ghiotta **3** (*fig.*) sporco.

golpazo *s.m.* colpaccio.

golpe *s.m.* **1** colpo, botta (*f.*), percossa (*f.*): *me di un — en la cabeza*, ho sbattuto la testa | *dar el* —, causare sorpresa, far prendere un colpo | *dar* —, lavorare | *no dar* (*ni*) —, battere la fiacca | *parar el* —, evitare il danno, parare il colpo | — *de pecho*, mea culpa | *fallar el* —, mancare il colpo | — *bajo*, colpo basso | *sin dar* —, senza colpo ferire **2** (*movimento brusco*) colpo | *de* —, tutto d'un tratto | *caer de* —, arrivare all'improvviso | *a golpes*, a tratti | — *de vista*, colpo d'occhio | — *de estado*, colpo di Stato | *cerradura de* —, serratura a scatto | — *de tos*, colpo di tosse **3** (*fig.*) colpo, dispiacere, disgrazia (*f.*): *la muerte del hijo fue un — tremendo*, la morte del figlio fu un colpo tremendo **4** (*agr.*) buca (*f.*) **5** (*piccola quantità*) sorso; pizzico: *un — de ginebra*, un sorso di gin **6** colpo, rapina (*f.*).

golpear *v.tr.* battere, picchiare; colpire.

golpetear *v.intr./tr.* picchiettare.

golpeteo *s.m.* ticchettio, martellio.

golpismo *s.m.* (*pol.*) golpismo.

golpista *s.m./f.* (*pol.*) golpista.

goma *s.f.* **1** gomma | — *de mascar*, gomma americana | — *de borrar*, gomma da cancellare | — *arábiga*, gomma arabica | — *laca*, gommalacca | *mandar a la* —, mandare a quel paese **2** elastico (*m.*) | *de* —, molto elastico **3** (*pop.*) preservativo (*m.*) **4** (*med.*) sifiloma (*m.*) **5** hashish (*m.*).

gomaespuma *s.f.* gommapiuma.

gomia *s.f.* orco (*m.*), mostro (*m.*).

gomina *s.f.* gommina.

gomista *s.m.* venditore di articoli in gomma.

gomosidad *s.f.* gommosità.

gomoso *agg.* gommoso.

gónada *s.f.* (*biol.*) gonade.

gonce *s.m.* (*anat.*) articolazione (*f.*).

goncear *v.tr.* (*anat.*) articolare.

góndola *s.f.* (*mar.*) gondola.

gondolero *s.m.* (*mar.*) gondoliere.

gonfalón *s.m.* gonfalone.

gong *s.m.* gong.

gongorismo *s.m.* (*lett.*, *stile*) gongorismo.

goniómetro *s.m.* goniometro.

gorda *s.f.* putiferio (*m.*): *se armó la* —, scoppiò un putiferio.

gordal *agg.* grasso, grosso.

gordiano *agg.* gordiano | *nudo* —, nodo gordiano.

gordo *agg.* **1** grasso, corpulento: *es un hombre* —, è un uomo grasso **2** (*anche fig.*) grosso: *es un libro* —, è un libro grosso | *sal gorda*, sale grosso | *dedo* —, pollice; alluce | *ha pasado algo* —, è successo qlco. di grosso | *armarse la gorda*, succedere un putiferio | *me cae gorda*, non la sopporto | *esta sì que es gorda*, questa sì che è bella | *hacer la vista gorda*, chiudere un occhio | *palabra gorda*, parolaccia | *vino* —, vino corposo | *no tener ni gorda*, non avere un soldo | *no ver ni gorda*, non vedere nulla ♦ *s.m.* primo premio

della lotteria di Natale: *ganó, le tocó el —*, ha vinto il primo premio.
gordura *s.f.* grassezza, adiposità, corpulenza.
gorgorita *s.f.* bollicina.
gorgoritear *v.intr.* gorgheggiare.
gorgorito *s.m.* gorgheggio.
gorgorotada *s.f.* sorsata.
gorgotear *v.intr.* gorgogliare.
gorgoteo *s.m.* gorgoglio.
gorguera *s.f.* **1** gorgiera **2** involucro (*m.*).
gorila *s.m.* **1** (*zool.*) gorilla **2** (*fig.*) gorilla, guardia (*f.*) del corpo.
gorja *s.f.* (*ling.*) gorgia.
gorjal *s.m.* **1** (*relig.*) collarino **2** gorgiera (*f.*).
gorjear *v.intr.* **1** gorgheggiare **2** (*di bambino*) balbettare.
gorjeo *s.m.* **1** gorgheggio **2** (*fig.*) balbettio.
gorra *s.f.* **1** berretto (*m.*) | *— de plato*, berretto con visiera **2** (*fam.*) scroccone (*m.*) | *con la —*, facilmente | *de —*, a scrocco | *pegar la —*, scroccare.
gorrería *s.f.* cappellificio (*m.*).
gorrero *s.m.* cappellaio.
gorrinada *s.f.* (*anche fig.*) porcheria.
gorrinera *s.f.* porcile (*m.*).
gorrino *s.m.* **1** maialino **2** (*fig.*) maiale, sporcaccione.
gorrión *s.m.* (*zool.*) passero.
gorro *s.m.* berretto, cuffia (*f.*): *— de baño*, cuffia da bagno | *— de noche*, berretto da notte | *me tienes hasta el —*, mi hai stufato | *estar hasta el —*, non poterne più | *poner el — a alguien*, mettere in ridicolo qlcu. | (*Amer.*) *apretarse el —*, svignarsela.
gorrón *s.m.* **1** sasso, ciottolo **2** (*mecc.*) mozzo ♦ *agg.* approfittatore, scroccone.
gorrona *s.f.* prostituta.
gorullo *s.m.* grumo.
gota *s.f.* **1** goccia | (*meteor.*) *— fría*, perturbazione di alta quota | *— a —*, poco a poco; (*med.*) fleboclisi | *parecerse como dos gotas de agua*, assomigliarsi come due gocce d'acqua | *la — de agua que colma el vaso*, la goccia che fa traboccare il vaso | *sudar la — gorda*, sudare sette camicie **2** (*med.*) gotta **3** (*piccola quantità*) goccio (*m.*); briciolo (*m.*): *una — de ron*, un goccio di rum; *no queda ni — de azúcar*, non è rimasto neanche un po' di zucchero | *no ver ni —*, non vedere un cavolo.
gotear *v.intr.* **1** gocciolare: *el grifo gotea*, il rubinetto gocciola **2** (*meteor.*) piovigginare **3** (*fig.*) avvicendarsi, arrivare col contagocce.
goteo *s.m.* **1** gocciolio **2** (*fig.*) stillicidio.
gotera *s.f.* **1** perdita d'acqua, infiltrazione, gocciolamento (*m.*) **2** fenditura del tetto **3** gocciolatoio (*m.*) **4** (*pl.*) acciacchi (*m.*).
gotero *s.m.* **1** (*med.*) flebo (*f.*) **2** (*Amer.*) contagocce.
gótico *agg.*, *s.m.* gotico | *— flamígero*, gotico fiammeggiante | *letras goticas*, caratteri gotici.
gotoso *agg.* (*med.*) gottoso.
gourmet *s.m.* gourmet.
goyesco *agg.* (*pitt.*) relativo a Goya, nello stile di Goya.
gozada *s.f.* delizia, piacere (*m.*), goduria: *¡que —¡*, che goduria!
gozar (*con. come* cazar) *v.intr.* **1** godere (di), provare piacere | *¡goza de la vida!*, goditi la vita! **2** godere (di), fruire (di), beneficiare (di), possedere: *goza de buena posición*, ha una buona posizione | *— de una buena salud*, godere di buona salute | *— de derechos*, godere di diritti ♦ **-se** *v.pron.* compiacersi: *se goza en su infelicidad*, si compiace della sua infelicità.
gozne *s.m.* cardine, cerniera (*f.*).
gozo *s.m.* **1** gioia (*f.*), contentezza (*f.*), piacere | *dar —*, dare piacere | *no caber en sí de —*, non stare più nella pelle dalla gioia **2** (*pl.*) laudi (*f.*) (alla Vergine).
gozoso *agg.* gioioso, allegro, contento | *estar —*, essere felice.
grabación *s.f.* (*mus.*) registrazione, incisione.
grabado *agg.* inciso ♦ *s.m.* incisione (*f.*), registrazione (*f.*) | *— al agua fuerte*, acquaforte | *— en cobre*, incisione su rame | *— en madera*, intaglio su legno.
grabador (*f.* -a) *agg.* registratore ♦ *s.m.* incisore, intagliatore.
grabadora *s.f.* registratore (*m.*).
grabadura *s.f.* intaglio (*m.*).
grabar *v.tr.* **1** incidere **2** (*mus.*) registrare **3** (*fig.*) imprimere, stampare: *sus palabras se grabaron en la mente del muchacho*, le sue parole si impressero nella mente del ragazzo.
gracejar *v.intr.* **1** raccontare in tono umoristico, con arguzia **2** raccontare barzellette.
gracejo *s.f.* facezia (*f.*), arguzia (*f.*).
gracia *s.f.* **1** grazia, aiuto (*m.*) soprannaturale | *año de —*, anno di grazia | *estado de —*, stato di grazia | *golpe de —*, colpo di grazia **2** perdono (*m.*), indulto (*m.*) | *pedir la —*, chiedere la grazia | *ministerio de — y justicia*, ministero di grazia e giustizia **3** benevolenza, amicizia | *caer en —*, essere nelle grazie **4** armonia; garbo (*m.*), gentilezza: *camina con —*, cammina con eleganza **5** motto (*m.*), facezia | *hacer —*, divertire; essere divertente/simpatico, far ridere: *no me hace ninguna —*, non mi diverte affatto | *reírle a alguien las gracias*, applaudire qlcu. per le sue sciocchezze | *tener — algo*, essere spiritoso | *¡vaya —!*, bella roba! **6** (*pl.*) grazie: *¡muchas gracias!*, grazie tante! | *dar las gracias*, ringraziare | *y —*, e basta.
grácil *agg.* gracile, delicato.
gracilidad *s.f.* gracilità.
graciosidad *s.f.* graziosità.

gracioso *agg.* **1** grazioso, carino **2** arguto, spiritoso ♦ *s.m.* (*teatr.*) attore comico.
grada[1] *s.f.* **1** gradino (*m.*): *grada de mármol*, gradino di marmo **2** (*in uno stadio*) gradinata | — *norte/sur*, curva nord/sud **3** (*mar.*) invasatura **4** (*pl.*) gradinata (*sing.*), scalinata (*sing.*) (esterna).
grada[2] *s.f.* **1** (*di convento*) grata **2** (*agr.*) erpice (*m.*).
gradación *s.f.* gradazione: — *de colores*, gradazione di colori; — *armónica*, gradazione armonica.
graderío *s.m.* **1** gradinata (*f.*) **2** (*fig.*) spalti (*pl.*), pubblico.
gradiente *s.m.* **1** (*meteor.*) gradiente **2** (*Amer.*) pendio.
grado *s.m.* **1** grado | *en — sumo*, al massimo grado | *de buen —*, volentieri, di buon grado | *de — a —*, a poco a poco | — *alcohólico*, grado alcolico | *someter al tercer —*, fare il terzo grado **2** (*fig.*) titolo: — *de doctor*, titolo di dottore **3** (*fig.*) grado, gerarchia (*f.*): — *de general*, grado di generale **4** (*università*) laurea (*f.*): *ha acabado sus estudios de —*, si è laureato.
graduable *agg.* graduabile.
graduación *s.f.* **1** gradazione: *vino de alta —*, vino ad alta gradazione **2** (*titolo di studio*) laurea **3** (*mil.*) grado (*m.*).
graduado *agg.* graduato: *lentes graduadas*, lenti graduate ♦ *s.m.* **1** (*mil.*) graduato **2** laureato, diplomato universitario.
graduador *s.m.* calibro.
gradual *agg.* graduale ♦ *s.m.* (*relig.*) graduale.
graduando *s.m.* laureando.
graduar (*con. come* continuar) *v.tr.* **1** graduare, misurare: *le han graduado la vista*, gli hanno misurato la vista | — *el vino*, misurare il tasso alcolico del vino **2** promuovere, conferire un grado (*anche mil.*); attribuire/conferire una laurea **3** graduare, calibrare ♦ **-se** *v.pron.* **1** laurearsi: *se ha graduado en Letras*, si è laureato in Lettere **2** (*mil.*) essere promosso di grado.
grafema *s.m.* (*ling.*) grafema.
graffiti *s.m.* graffito, graffiti (*pl.*).
grafía *s.f.* grafia.
gráfica *s.f.* grafica.
gráfico *agg.*, *s.m.* grafico: *el — de la producción industrial*, il grafico della produzione industriale | — *de sectores*, grafico a torta | — *de barras*, grafico a barre.
grafista *s.m./f.* grafico.
grafito *s.m.* **1** (*min.*) grafite (*f.*) **2** (*anche arte*) graffito.
grafología *s.f.* grafologia.
grafológico *agg.* grafologico.
grafólogo *s.m.* grafologo.
grafomanía *s.f.* grafomania.
grafómano *s.m.* grafomane.
gragea *s.f.* **1** confetto (*m.*) **2** (*med.*) pillola.
grajear *v.intr.* **1** gracchiare **2** (*bambino*) balbettare.
grajilla *s.f.* (*zool.*) taccola.
grajo *s.m.* (*zool.*) corvo.
gramática *s.f.* grammatica | — *parda*, arte di destreggiarsi | — *histórica*, grammatica storica | — *normativa*, grammatica normativa | — *comparada*, grammatica comparata.
gramatical *agg.* grammaticale.
gramaticalidad *s.f.* (*ling.*) grammaticalità.
gramaticalización *s.f.* (*ling.*) grammaticalizzazione.
gramático *agg.*, *s.m.* (*ling.*) grammatico.
gramilla *s.f.* (*bot.*) gramigna.
gramináceas *s.f.pl.* (*bot.*) graminacee.
gramíneo *agg.* (*bot.*) graminaceo.
gramo *s.m.* grammo.
gramófono *s.m.* grammofono.
gramola *s.f.* **1** mangiadischi (*m.*) **2** jukebox (*m.*).
gran *agg.* gran, grande: *no ha hecho — cosa*, non ha fatto un gran che; *es un — hombre*, è un grand'uomo | — *angular*, grandangolo | — *visir*, gran visir | — *maestre*, gran maestro.
granada *s.f.* **1** (*bot.*) melagrana **2** (*mil.*) granata | — *de mano*, bomba a mano.
granadero *s.m.* **1** (*mil.*) granatiere **2** (*fig.*, *fam.*) spilungone.
granadina *s.f.* **1** granatina **2** (*mus.*) canzone popolare andalusa.
granadino *agg.* di Granada ♦ *s.m.* nativo di Granada.
granado[1] *s.m.* (*bot.*) melograno.
granado[2] *agg.* **1** illustre **2** consumato, esperto.
granate *s.m.* **1** (*min.*) granato **2** (*colore*) granata.
grande (*davanti a s.m./f. sing.*: gran) *agg.* grande (*anche fig.*): *es una gran obra*, è una grande opera | *venir — (una cosa a alguien)*, essere troppo (per qlcu.): *le viene — el cargo*, quell'incarico è troppo (importante, impegnativo) per lui ♦ *s.m.* nobile, Pari | *es un Grande de España*, è un Grande di Spagna ■ ***vivir a lo grande***, vivere alla grande | ***en grande***, magnificamente, alla grande.
grandeza *s.f.* **1** (*anche fig.*) grandezza: — *y miserias de la España del siglo* XVII, grandezza e miseria della Spagna del XVII secolo **2** grandi (*m.pl.*) di Spagna; nobiltà.
grandilocuencia *s.f.* magniloquenza.
grandilocuente *agg.* magniloquente.
grandiosidad *s.f.* grandiosità.
grandioso *agg.* grandioso, magnifico.
grandísono *agg.* **1** altisonante **2** (*lett.*) grandisonante.
grandor *s.m.* grandezza (*f.*).
grandullón *s.m.* (*fam.*) ragazzone, grandiglione.

granero *s.m.* granaio.
granillo *s.m.* (*anche fig.*) granello.
granítico *agg.* granitico.
granito *s.m.* **1** granello | *poner su — de arena*, dare il proprio contributo | (*in un discorso*) *echar un — de sal*, dare un tocco di brio **2** (*min.*) granito.
granizada *s.f.* **1** (*meteor.*) grandinata **2** (*Amer., cuc.*) granita.
granizado *s.m.* granita (*f.*): *un — de limón*, una granita al limone.
granizar (*con. come* cazar) *v.intr.impers.* (*meteor.*) grandinare ♦ *v.intr./tr.* (*fig.*) venire giù come grandine, piovere: *granizan desgracias*, piovono le disgrazie.
granizo *s.m.* grandine (*f.*).
granja *s.f.* **1** fattoria, podere (*m.*) **2** allevamento (*m.*) di animali da cortile | *— marina*, piscicoltura.
granjear *v.tr.* **1** guadagnare trafficando, accumulare **2** procurare, ottenere: *— algo con su talento*, ottenere qlco. con il proprio talento ♦ **-se** *v.pron.* conquistarsi, accattivarsi: *— la estima de alguien*, conquistarsi la stima di qlcu.
granjería *s.f.* rendita, guadagno (*m.*).
granjero *s.m.* (*agr.*) fattore.
grano *s.m.* **1** grano, frumento **2** (*di cereali*) chicco; seme; (*d'uva*) acino | *no ser — de anís*, non essere cosa da poco **3** granello: *— de arena*, granello di sabbia; (*anche fig.*) piccolo contributo dato da qlcu. | *ir al —*, andare al sodo | *con un — de sal*, con saggezza, con un briciolo di saggezza **4** brufolo, foruncolo: *le salió un —*, gli è venuto un foruncolo **5** (*foto.*) grana (*f.*).
granoso *agg.* granuloso.
granuja *s.f.* **1** uva sgranata **2** vinacciolo (*m.*) ♦ *s.m.* birbante, mascalzone.
granujo *s.m.* brufolo.
granujoso *agg.* **1** granuloso **2** brufoloso.
granulado *agg.* granulato.
granular[1] *agg.* granulare.
granular[2] *v.tr.* **1** ridurre in grani **2** (*chim.*) granulare.
gránulo *s.m.* granello, granulo.
granuloma *s.m.* (*med.*) granuloma.
granulosidad *s.f.* granulosità.
granuloso *agg.* granuloso.
grapa *s.f.* **1** punto (*m.*) per cucitrice, graffa **2** (*Amer.*) grappa, acquavite.
grapadora *s.f.* cucitrice, graffatrice.
grapar *v.tr.* graffare.
grasa *s.f.* **1** grasso (*m.*), unto (*m.*) **2** lubrificante (*m.*) **3** (*pl., tecn.*) scorie (*pl.*) metalliche.
grasería *s.f.* fabbrica di candele.
grasiento, grasoso *agg.* unto, untuoso; sudicio.
graso *agg.* grasso | *cocina grasa*, cucina grassa.
gratén *s.m.* (*cuc.*) gratin.
gratificación *s.f.* **1** gratificazione **2** (*comm.*) gratifica.
gratificador *agg.* gratificante.
gratificar (*con. come* pescar) *v.tr.* **1** gratificare, far piacere a **2** (*comm.*) remunerare, gratificare.
gratinar *v.tr.* (*cuc.*) gratinare.
gratis *agg.* gratis, gratuito ♦ *avv.* gratis, gratuitamente: *hizo — un curso de inglés*, ha frequentato gratuitamente un corso di inglese.
gratitud *s.f.* gratitudine, riconoscenza.
grato *agg.* gradito, gradevole, piacevole.
gratuidad *s.f.* gratuità.
gratuitamente *avv.* gratuitamente.
gratuito *agg.* (*anche fig.*) gratuito: *la primera consulta será gratuita*, la prima visita sarà gratuita.
gratulatorio *agg.* (*lett.*) gratulatorio.
grava *s.f.* ghiaia.
gravamen *s.m.* **1** gravame, onere **2** (*econ.*) imposta (*f.*), tassa (*f.*).
gravar *v.tr.* **1** gravare, caricare, pesare: *el gobierno gravó con otras impuestas la clase media*, il governo gravò di altre imposte la classe media **2** (*econ.*) tassare.
grave *agg.* **1** grave: *el enfermo se puso —*, l'ammalato si aggravò **2** (*fig.*) grave, serio: *el desempleo es el problema más —*, la disoccupazione è il problema più grave/serio **3** (*di suono*) profondo, basso, grave: *sonido —*, suono basso **4** (*ret.*) solenne, grave: *estilo —*, stile solenne **5** (*di accento*) grave **6** (*di parola*) piana.
gravedad *s.f.* **1** (*fis.*) gravità | *fuerza de —*, forza di gravità **2** (*fig.*) gravità, importanza: *la — de la situación*, l'importanza della situazione.
gravidez *s.f.* gravidanza.
grávido *agg.* gravido.
gravitación *s.f.* (*fis.*) gravitazione.
gravitacional *agg.* (*fis.*) gravitazionale.
gravitar *v.intr.* **1** gravitare: *la Tierra gravita alrededor del Sol*, la Terra gravita intorno al Sole **2** pesare, poggiare (*anche fig.*): *las responsabilidades gravitan sólo sobre él*, le responsabilità gravano solo su di lui.
gravitatorio *agg.* (*fis.*) gravitazionale.
gravoso *agg.* gravoso, pesante, oneroso.
graznar *v.intr.* **1** gracchiare **2** stridere: *los goznes de la puerta graznaron*, i cardini della porta stridettero/cigolarono.
graznido *s.m.* **1** (*di uccello*) gracchio **2** (*di rana*) gracidio.
grecismo *s.m.* (*ling.*) grecismo.
grecizar (*con. come* cazar) *v.tr.* (*ling.*) grecizzare.
greda *s.f.* creta, argilla.
gredoso *agg.* argilloso, cretoso.

gregal *s.m.* (*meteor.*, *vento*) grecale.
gregario *agg.* gregario.
gregarismo *s.m.* gregarismo.
gremial *agg.* **1** corporativo **2** (*Amer.*) sindacale ♦ *s.m.* membro di una corporazione.
gremio *s.m.* **1** corporazione (*f.*), associazione (*f.*) **2** (*Amer.*) sindacato.
greña *s.f.* chioma scarmigliata, criniera | *andar a las greñas*, accapigliarsi.
greñudo *agg.* scompigliato, scarmigliato.
gres *s.m.* gres.
gresca *s.f.* **1** alterco (*m.*), rissa **2** (*fig.*) cagnara.
grey *s.f.* **1** (*anche relig.*) gregge (*m.*): *la — de los fieles*, il gruppo dei fedeli **2** (*fig.*) congregazione, gruppo (*m.*).
griego *agg.*, *s.m.* greco | *hablar en —*, parlare arabo/turco.
grieta *s.f.* **1** fenditura, fessura, crepa **2** (*med.*) ragade **3** screpolatura.
grifo *s.m.* **1** rubinetto **2** (*mit.*) grifone.
grillo *s.m.* grillo | *— cebollero/real*, grillo talpa | *olla de grillos*, gabbia di matti | *Pepito —*, Grillo Parlante
grillos *s.m.pl.* (*di prigioniero*) ceppi.
gripe *s.f.* (*med.*) influenza.
gris *agg.* **1** grigio | *— marengo*, grigio scuro | *— perla*, grigio perla | *materia —*, cervello **2** (*fig.*) mediocre, spento **3** (*di cielo*) cupo ♦ *s.m.* (*fam.*) vento gelido.
grisáceo *agg.* grigiastro.
gritar *v.intr.* gridare, urlare; schiamazzare, sbraitare ♦ *v.tr.* **1** gridare | *— a los cuatro vientos*, gridare ai quattro venti **2** sgridare **3** (*per disapprovazione*) fischiare: *— a un actor*, fischiare un attore.
griterío *s.m.* vocio, chiasso, cagnara (*f.*).
grito *s.m.* grido; strillo: *no se oyeron sus gritos*, non si sentirono le sue grida | *el último —*, l'ultimo grido (della moda) | *a — pelado*, a squarciagola | *pedir algo a gritos*, chiedere qlco. a gran voce | *poner el — en el cielo*, fare uno scandalo; indignarsi.
grosella *s.f.* (*bot.*) ribes (*m.*).
grosería *s.f.* rozzezza, villania, scortesia.
grosero *agg.* grossolano, rozzo, villano, maleducato.
grosor *s.m.* spessore.
grotesco *agg.* grottesco, ridicolo.
grúa *s.f.* (*mecc.*) **1** gru **2** carro (*m.*) attrezzi | *¡ni con —!*, nemmeno morto!
grueso *agg.* **1** grosso, grande, voluminoso **2** corpulento, grasso **3** (*fig.*) ottuso ♦ *s.m.* grossezza (*f.*), spessore.
grulla *s.f.* (*zool.*) gru.
grumo *s.m.* **1** grumo, coagulo: *un — de harina*, un grumo di farina **2** pila (*f.*), mucchio.
gruñido *s.m.* **1** (*di maiale*) grugnito **2** (*di cane, lupo ecc.*) ringhio **3** (*fig.*) brontolio.
gruñir (*con. come* bruñir) *v.intr.* **1** grugnire **2** ringhiare **3** (*fig.*) brontolare.
grupa *s.f.* groppa | *volver grupas*, tornare indietro.
grupo *s.m.* gruppo.
gruta *s.f.* grotta.
guadaña *s.f.* falce (da fieno).
guante *s.m.* guanto: *guantes de goma*, guanti di gomma | (*fig.*) *con — blanco, con guantes de seda*, coi guanti di velluto | *colgar los guantes*, gettare la spugna | *como un —*, perfettamente, a pennello, come un guanto | *echarle el — a alguien*, acchiappare qlcu. | *poner más suave que un —*, domare, calmare.
guapo *agg.* **1** bello **2** coraggioso ♦ *s.m.* spaccone, bravaccio.
guarda *s.m.* guardia (*f.*), custode, guardiano | *— jurado*, guardia giurata ♦ *s.f.* vigilanza (*f.*), custodia (*f.*), tutela (*f.*) | *angel de la —*, angelo custode.
guardabarros *s.m.* (*aut.*) parafango.
guardabosque(s) *s.m.* guardaboschi.
guardacostas *s.m.* guardacoste.
guardar *v.tr.* **1** custodire, conservare: *guarda el dinero en el bolsillo*, conserva/tiene i suoi soldi in tasca | *guardársela*, covare vendetta **2** vigilare, sorvegliare; difendere: *— el rebaño*, sorvegliare il gregge **3** osservare, rispettare: *— la tradición*, rispettare la tradizione; *— la palabra*, mantenere la parola; *— el secreto*, mantenere il segreto **4** osservare, stare: *— silencio*, tacere; *— las distancias*, mantenere le distanze | *— cama*, stare a letto: *tiene que — cama porque está enfermo*, deve stare a letto perché è ammalato ♦ **-se** *v.pron.* **1** preservarsi, proteggersi, ripararsi: *hay que — del frío*, bisogna stare attenti al freddo **2** evitare: *guárdate de las malas compañías*, evita le cattive compagnie.
guardarropa *s.f.* **1** guardaroba (*m.*) **2** (*teatr.*) guardarobiere (*m.*).
guardería *s.f.* **1** asilo (*m.*) nido **2** lavoro (*m.*) di vigilanza.
guardia *s.f.* guardia, custodia, vigilanza | *estar de —*, essere di guardia | *montar la —*, montare la guardia | *bajar la* , abbassare la guardia | *relevo de la —*, cambio della guardia | *la Guardia Civil*, il corpo dei carabinieri ♦ *s.m.* **1** (*persona*) guardia (*f.*) | *— civil*, carabiniere | *— de tráfico*, vigile urbano | *— marina*, guardiamarina **2** (*mil.*) picchetto di guardia.
guardián *s.m.* guardiano, custode.
guarecer (*con. come* agradecer) *v.tr.* ricoverare, accogliere, proteggere ♦ **-se** *v.pron.* ripararsi, mettersi al riparo: *se guareció de la lluvia*, si riparò dalla pioggia.
guarnecer (*con. come* agradecer) *v.tr.* **1** adornare, guarnire **2** (*mil.*) dotare di guarnigioni **3** (*edil.*) intonacare.
guarnición *s.f.* **1** guarnizione, ornamento (*m.*) **2** (*gioielleria*) castone (*m.*) **3** (*cuc.*)

contorno (*m.*) **4** (*mil.*) guarnigione **5** elsa (della spada) **6** (*pl.*, *cavallo*) finimenti (*m.*).
guasa *s.f.* **1** rozzezza, insulsaggine **2** canzonatura, burla | *por —*, per burla.
guasón *s.m.* **1** rozzo **2** burlone.
gubernamental *agg.* governativo: *la política —*, la politica del governo.
gubernativo *agg.* governativo: *una orden gubernativa*, un ordine governativo.
güelfo *agg.*, *s.m.* (*st.*) guelfo.
guerra *s.f.* guerra: *en 1914 estalló la primera — mundial*, nel 1914 scoppiò la prima guerra mondiale | *— civil*, guerra civile | *— fría*, guerra fredda | *dar —*, causare problemi | *ganar la —*, vincere la guerra | *nombre de —*, nome di battaglia.
guerrero *agg.*, *s.m.* **1** guerresco, guerriero **2** guerrafondaio **3** (*fig.*) agitato, turbolento.
guerrilla *s.f.* guerriglia | *en —*, in formazione sparsa.
guerrillero *s.m.* guerrigliero.
guía *s.f.* **1** guida, direzione; norma **2** (*libro*) guida, manuale (*m.*); elenco (*m.*) | *— de teléfonos*, elenco telefonico | *— de ferrocarril*, orario ferroviario **3** (*comm.*) bolla d'accompagnamento **4** lasciapassare (*m.*) doganale, lettera di vettura **5** (*pl.*) redini (*pl.*), briglie (*pl.*) ♦ *s.m./f.* guida (*f.*), cicerone (*m.*) ♦ *s.m.* manubrio.
guiar (*con. come* confiar) *v.tr.* guidare, condurre, accompagnare ♦ **-se** *v.pron.* orientarsi; regolarsi.
guija *s.f.* **1** ghiaia **2** (*bot.*) cicerchia.
guijarro *s.m.* sasso, ciottolo.
guijarroso *agg.* sassoso.
guillotina *s.f.* **1** ghigliottina | *ventana de —*, finestra a ghigliottina/saliscendi **2** (*tecn.*) rifilatrice, taglierina.
guinda *s.f.* **1** (*bot.*) amarena **2** (*fig.*) ciliegina sulla torta, chicca **3** (*mar.*) altezza massima dell'alberatura.
guindilla *s.f.* **1** (*bot.*) peperoncino (*m.*) **2** (*fam.*) sbirro (*m.*), vigile (*m.*).
guiñar *v.tr.* **1** ammiccare a, strizzare l'occhio | (*di animali*) *— las orejas*, tirare indietro le orecchie **2** (*mar.*) straorzare.
guiño *s.m.* ammicco, occhiolino.
guión *s.m.* **1** copione, sceneggiatura (*f.*) **2** (*tip.*, *gramm.*) trattino **3** stendardo **4** (*mar.*) collo del remo.
guirnalda *s.f.* ghirlanda.
guisado *s.m.* carne (*f.*) in umido, stufato.
guisante *s.m.* (*bot.*) pisello.
guisar *v. tr.* **1** cucinare; condire **2** (*fig.*) tramare.
guiso *s.m.* intingolo, pietanza (*f.*) di carne con salsa.
güisqui *s.m.* whisky.
guitarra *s.f.* chitarra: *tocaba estupendamente la —*, suonava stupendamente la chitarra.
guitarrista *s.m./f.* chitarrista.
gula *s.f.* gola, golosità; ingordigia.
gusano *s.m.* **1** verme; bruco, lombrico | *— de seda*, baco da seta | *— de luz*, lucciola | *el gusanillo de la conciencia*, il tarlo della coscienza | *matar el gusanillo*, ammazzare la fame **2** (*fig.*) verme, meschino, vile.
gustar *v.tr.* gustare, assaporare ♦ *v.intr.* piacere: *me gusta leer*, mi piace leggere.
gusto *s.m.* **1** gusto; sapore: *esta fruta tiene buen —*, questa frutta ha un buon sapore **2** (*fig.*) piacere, soddisfazione (*f.*); gusto: *le tomó — al vino*, prese gusto al vino | *¡con mucho —!*, con piacere! | *dar —*, far piacere | *dar — a alguien*, compiacere qlcu. | *darse el —*, togliersi lo sfizio/il gusto | *a —*, a proprio agio | *al —*, a piacere | *sobre gustos no hay nada escrito*, sui gusti non si discute **3** (*fig.*) stile, eleganza (*f.*), gusto: *es persona de buen —*, è una persona di buon gusto.
gustoso *agg.* **1** gustoso, saporito **2** (*fig.*) piacevole, gradevole **3** (*fig.*) che prova piacere, che fa qlco. con piacere: *me siento muy — en tu compañía*, sto molto bene in tua compagnia | *lo haré —*, lo farò volentieri.
gutural *agg.* gutturale.

Hh

h *s.f.* h | (*tel.*) — *como historia*, h come hotel.
ha *inter.* ah!
haba *s.f.* **1** (*bot.*) fava | *eso son habas contadas*, è chiaro come la luce del sole | *en todas partes cuecen habas*, tutto il mondo è paese **2** (*fam.*) gonfiore (*m.*) **3** seme (*m.*).
habanera *s.f.* (*mus.*) avanera, habanera.
habanero *agg.* dell'Avana ♦ *s.m.* nativo dell'Avana.
habano *agg.* (*colore*) paglierino ♦ *s.m.* (*sigaro*) avana.
haber[1] (*indic.pres.* he, has, ha, hemos, habéis, han; *imperf.* había...; *pass.rem.* hube, hubiste, hubo, hubimos, hubisteis, hubieron; *fut.* habré...; *cond.* habría...; *cong.pres.* haya...; *imperf.* hubiera...; *part.* habido; *imp.* he, haya, hayamos, habed, hayan) *v.aus.* **1** (*ausiliare*) avere; (*con v.intr.*) essere: *ya he comido*, ho già mangiato; *hemos sido amigas*, siamo state amiche; *todavía no he ido a visitarla*, non sono ancora andato a trovarla; *me he levantado a la siete*, mi sono alzato alle sette; *esta noche ha nevado mucho*, questa notte ha/è nevicato molto **2** (*per esprimere obbligo*) — *de* (+ *inf.*), dovere (+ *inf.*): *he de hacerlo*, devo farlo ♦ *v.impers.* (*solo 3ª pers.sing.*; *indic. pres.* hay) **1** esserci: *no hay dinero en la cartera*, non ci sono soldi nel portafoglio; *había mucha gente en la fiesta*, alla festa c'era molta gente; *hubo muchos heridos*, ci furono molti feriti; *habrá sorpresas*, ci saranno delle sorprese | *algo habrá*, un motivo ci sarà | *no hay de qué*, prego, di niente/non c'è di che | (*spreg.*) *de lo que no hay*, che peggio non si può | *como hay pocos*, come pochi | *el trabajo que has hecho no hay por dónde cogerlo*, il lavoro che hai fatto fa schifo **2** accadere, succedere: *ha habido un accidente*, c'è stato/è successo un incidente | *¿qué hay?*, cosa c'è, cosa succede?; come va? | *todo lo habido y por* —, tutto il possibile e immaginabile **3** avere luogo, esserci, tenersi: *ayer hubo reunión de socios*, ieri si è tenuta/svolta la riunione dei soci **4** — *que* (+ *inf.*), essere necessario, bisognare, occorrere (+ *inf.*): *habrá que tener paciencia*, bisognerà avere pazienza.
haber[2] *s.m.* **1** avere, capitale **2** (*pl.*) averi, beni, patrimonio (*sing.*).
habichuela *s.f.* (*bot.*) fagiolo (*m.*).
habiente *agg.*, *s.m./f.* (*dir.*) avente | — *causa*, avente causa | *derecho* —, avente diritto.
hábil *agg.* **1** abile, capace: *es muy — para conducir*, è molto abile nel guidare **2** idoneo, adatto, adeguato | *un local — para trabajar*, un locale idoneo al lavoro | *día* —, giorno lavorativo | *hora* —, orario d'ufficio | *tiempo* —, tempo utile.
habilidad *s.f.* abilità, capacità | *tener habilidades*, avere delle attitudini.
habilidoso *agg.* ingegnoso.
habilitación *s.f.* **1** adeguamento (*m.*), sistemazione: *la — del local fue sencilla*, la sistemazione del locale fu semplice **2** abilitazione, autorizzazione, permesso (*m.*), licenza (*anche dir.*) **3** (*econ.*) finanziamento (*m.*), erogazione.
habilitado *s.m.* **1** (*mil.*) cassiere **2** ufficiale pagatore.
habilitar *v.tr.* **1** abilitare, rendere idoneo a **2** (*dir.*) abilitare; autorizzare, dare facoltà a; conferire una procura a **3** (*econ.*) finanziare.
habitabilidad *s.f.* (*edil.*) abitabilità.
habitable *agg.* abitabile (*anche fig.*): *es una ciudad* —, è una città vivibile.
habitación *s.f.* stanza, camera | — *individual, doble*, camera singola, doppia.
habitáculo *s.m.* abitacolo.
habitante *s.m./f.* abitante.
habitar *v.tr.* abitare ♦ *v.intr.* vivere: *habitan en los cerros*, vivono in collina.
hábitat *s.m.* (*ecol.*) habitat.
hábito *s.m.* **1** abitudine (*f.*), consuetudine (*f.*) **2** (*spec. pl.*, *relig.*) veste (*f.*), abito | *ahorcar/colgar los hábitos*, spretarsi | *tomar el* —, farsi prete | *el — no hace al monje*, l'abito non fa il monaco.
habituación *s.f.* assuefazione: *proceso de* —, processo di assuefazione.
habitual *agg.* abituale: *residencia* —, residenza abituale.
habitualidad *s.f.* abitualità.
habituar (*con.* *come* continuar) *v.tr.* abituare; assuefare ♦ **-se** *v.pron.* abituarsi.
habla *s.f.* **1** parola | *perder el* —, rimanere senza parole | *quitar el* —, togliere la parola | *estar en* —, essere in parola/in trattative | *estar al* —, essere all'apparecchio, in comu-

nicazione/ascolto | *ponerse al* —, mettersi in contatto **2** lingua; linguaggio (*m.*), gergo (*m.*): *países de — española*, paesi di lingua spagnola | *el — de los políticos*, il linguaggio dei politici, (*fam.*) il politichese.

hablado *agg.* **1** orale **2** parlato | *bien* —, corretto ♦ *s.m.* (*Amer.*) pettegolezzo.

hablador *agg.* **1** chiacchierone **2** (*spreg.*) pettegolo.

habladuría *s.f.* pettegolezzo (*m.*), chiacchiera.

hablante *s.m./f. agg.* (*anche ling.*) parlante.

hablar *v.intr.* **1** parlare; conversare, chiacchierare; comunicare, esprimersi: — *alto*, parlare ad alta voce; — *en voz baja*, parlare a bassa voce | — *por señas*, parlare a gesti | *¡ni —!*, neanche a parlarne! | — *por los codos*, parlare troppo | — *a tontas y a locas*, parlare a vanvera **2** (*a qlcu.*) rivolgersi: *el director habló a todos los empleados*, il direttore si rivolse a tutti gli impiegati | — *de tú, de usted*, dare del tu, del lei **3** (*di testo scritto*) parlare di, trattare di: *este libro habla de gramática*, questo libro parla di grammatica ♦ *v.tr.* **1** parlare, conoscere (una lingua): *habla alemán*, parla tedesco; *habla bien el español*, parla bene lo spagnolo **2** dire | — *pestes*, dirne di ogni ♦ **-se** *v.pron.* **1** parlarsi, rivolgersi la parola: *no se hablan desde hace mucho tiempo*, non si parlano da molto tempo **2** (*fam.*) frequentarsi, stare con: *mi hermano ya no se habla con ella*, mio fratello non la frequenta più.

hablilla *s.f.* pettegolezzo (*m.*), voce.

hablista *s.m./f.* (*ling.*) purista.

hacedero *agg.* fattibile.

hacedor *s.m.* creatore, artefice.

hacendado *s.m.* **1** possidente (*m./f.*), proprietario terriero **2** (*Amer.*) latifondista (*m./f.*).

hacendar (*con. come* acertar) *v.tr.* assegnare un latifondo ♦ **-se** *v.pron.* stabilirsi, collocarsi.

hacendista *s.m./f.* (*econ.*) chi si occupa di finanza pubblica, finanziere.

hacendoso *agg.* attivo, operoso, diligente, laborioso.

hacer (*indic.pres.* hago, haces...; *pass.rem.* hice, hiciste, hizo, hicimos, hicisteis, hicieron; *fut.* haré ; *cond.* haría ; *cong.pres.* haga...; *imperf.* hiciera...; *part.* hecho; *imp.* haz, haga, hagamos, haced, hagan) *v.tr.* **1** (*generico, compiere un'azione, agire*) fare: *¿qué haces?*, che cosa fai?; *no sé qué* —, non so che cosa fare; *lo haré sin falta*, lo farò senz'altro | — *bien en* (+ *inf.*), far bene a (+ *inf.*) | — *que* (+ *v.*), far finta di: *hace que estudia*, fa finta di studiare | — *que hacemos*, far finta di stare facendo qlco. | — *por*, fare di tutto per, cercare di | — *una de las suyas*, combinarla grossa, combinarne una delle sue | *no le hace*, non importa | *no — más que*, non fare nient'altro che | *¿qué le vamos a —?*, che ci vuoi fare? | — *pedazos*, fare a pezzi | — *de vientre*, andare di corpo | *a medio* —, fatto a metà, incompleto **2** (*fabbricare*) costruire; preparare; produrre: — *la comida*, fare/preparare da mangiare **3** (*assuefare*) abituare: — *el cuerpo a la fatiga*, abituare il corpo alla fatica **4** (*età*) compiere: *el 10 de marzo mi hija hace diez años*, il 10 marzo mia figlia compie dieci anni **5** supporre, credere: *te hacía en Madrid*, ti credevo a Madrid **6** contenere: *esta jarra hace un litro*, questa caraffa contiene un litro **7** (*dare come risultato*) fare: *3 y 5 hacen 8*, 3 più 5 fa 8 **8** (*obbligare*) fare in modo, far sì: *le hizo volver*, lo fece tornare; *hizo que nos fuéramos*, fece sì che ce ne andassimo ♦ *v.intr.* **1** fare, agire, operare | — *bien, mal*, fare bene, male | — *como que*, far finta di: *hice como que dormía*, feci finta di dormire **2** riguardare, concernere: *por lo que hace al tema...*, per quanto riguarda l'argomento... **3** — *de* (+ *s.*), fare da, fungere | — *de Arlequín*, fa l'Arlecchino ♦ *v.intr.impers.* **1** (*meteor., di clima*) fare, esserci: *hace calor*, fa caldo; *hace sol*, c'è il sole; *hace un viento muy fuerte*, soffia/c'è un vento molto forte **2** (*per esprimere un tempo passato*) fare; essere: *hace dos años*, due anni fa; *hace poco*, poco tempo fa; *hace un año que no nos vemos*, è da un anno che non ci vediamo ♦ **-se** *v.pron.* **1** farsi, rendersi; prepararsi; formarsi: *se hizo gracias a sus experiencias*, si formò grazie alle sue esperienze | — *ridículo*, rendersi ridicolo | — *el gracioso*, fare lo spiritoso **2** diventare, farsi; trasformarsi: *el vino se hizo vinagre*, il vino è diventato aceto | — *mayor*, diventare adulto **3** (*professione*) diventare: *se hizo un actor famoso*, diventò un attore famoso **4** fingere: *se hizo el sordo*, finse d'essere sordo **5** spostarsi, farsi: *hazte allá, atrás*, fatti in là, tirati indietro **6** (*di tempo, ora*) farsi: — *de día*, farsi giorno; *se ha hecho tarde*, si è fatto tardi; *se hizo la hora de comer*, arrivò l'ora di pranzo **7** riuscire: *se me hace difícil entenderlo*, mi riesce difficile capirlo

■ ***hacerse a algo***, abituarsi a qlco. | ***hacerse con alguien***, conquistare qlcu. | ***hacerse con algo***, riuscire a trovare, a ottenere qlco. | (*fam.*) ***hacerse encima***, farsela addosso | ***hacerse a la mar***, prendere il mare.

hacha *s.f.* **1** ascia; scure | *ser un* —, essere un asso **2** torcia, fiaccola | — *de viento*, torcia a vento.

hachazo *s.m.* **1** colpo d'ascia **2** (*econ.*) stangata (*f.*), colpo.

hache *s.f.* (*lettera dell'alfabeto*) acca.

hachear *v.tr./.intr.* tagliare con l'accetta.

hachero[1] *s.m.* torciera (*f.*).

hachero[2] *s.m.* taglialegna.
hachís *s.m.* hashish.
hacho[1] *s.m.* torcia (*f.*).
hacho[2] *s.m.* accetta (*f.*).
hacia *prep.* **1** (*di luogo*) verso, in direzione di: *mira — nosotros*, guarda verso di noi **2** nei pressi di, nelle vicinanze di: *ese pueblo está — Alicante*, quel paese si trova nei pressi di Alicante **3** (*di tempo, circa*) intorno a, verso: *— las dos*, verso le due.
hacienda *s.f.* **1** podere (*m.*), tenuta, proprietà **2** (*econ.*) finanza, patrimonio (*m.*), beni (*m.pl.*) | *ministerio de —*, ministero delle finanze | *delegación de —*, agenzia tributaria | *— pública*, finanze statali, erario **3** (*Amer.*) bestiame (*m.*).
hacina *s.f.* **1** fascina **2** (*fig.*) catasta.
hacinamiento *s.m.* **1** affastellamento, accatastamento **2** folla (*f.*), calca (*f.*), affollamento: *— urbano*, affollamento urbano.
hacinar *v.tr.* accatastare, ammucchiare ♦ **-se** *v.pron.* ammucchiarsi, ammassarsi.
hacker *s.m.* (*inform.*) hacker.
hada *s.f.* fata | *el — madrina*, la fata turchina.
hadado *agg.* fatato.
hado *s.m.* fato, destino.
hagiografía *s.f.* (*lett.*) agiografia.
hagiográfico *agg.* (*lett.*) agiografico.
hagiógrafo *s.m.* (*lett.*) agiografo.
haitiano *agg., s.m.* haitiano.
hala *inter.* forza! su!
halagador, halagüeño *agg.* **1** lusinghevole, lusinghiero, carezzevole: *sus palabras son halagadoras*, le sue parole sono lusinghevoli **2** adulatore **3** attraente, seducente.
halagar (*con. come* llegar) *v.tr.* **1** lusingare **2** dar mostra di affetto **3** adulare.
halago *s.m.* lusinga (*f.*), allettamento, complimento.
halcón *s.m.* (*zool.*) falco (*anche in senso fig.*) | (*pol.*) *halcones y palomas*, falchi e colombe.
halconería *s.f.* falconeria.
halconero *s.m.* falconiere.
hálito *s.m.* **1** respiro, alito, fiato **2** (*fig.*) soffio: *el tren arrancando echó un — de vapor*, mentre s'avviava, il treno gettò uno sbuffo di vapore.
hall *s.m.* hall (*f.*).
hallar *v.tr.* **1** incontrare (per caso), imbattersi in **2** trovare (ciò che si cerca): *— en el diccionario*, trovare sul dizionario; *— una solución*, trovare una soluzione **3** scoprire; inventare: *halló la fórmula*, ha scoperto la formula **4** vedere, notare, osservare: *hallo que lo que dices es cierto*, trovo che quello che dici è vero ♦ **-se** *v.pron.* **1** trovarsi (*anche fig.*): *me hallo en Roma*, mi trovo a Roma | *no me hallo con la familia de mi novio*, mi sento a disagio/non mi trovo bene con la famiglia del mio fidanzato **2** essere: *— enfermo*, essere ammalato.
hallazgo *s.m.* **1** ritrovamento **2** scoperta (*f.*); invenzione (*f.*).
halo *s.m.* **1** alone: *un — de vapor en los vidrios*, un alone di vapore sui vetri **2** (*fig.*) aura (*f.*), alone (*f.*): *un — de misterio*, un alone di mistero.
halógeno *agg.* (*chim.*) alogeno ♦ *s.m.* (*elettr.*) lampada (*f.*) alogena.
haloza *s.f.* (*calzatura*) zoccolo (*m.*).
halterofilia *s.f.* (*sport*) sollevamento (*m.*) pesi.
halterofilista *s.m./f.* (*sport*) sollevatore (*m.*) di pesi.
hamaca *s.f.* **1** amaca **2** sedia a sdraio.
hamacar (*con. come* pescar) *v.tr.* (*nell'amaca*) dondolare ♦ **-se** *v.pron.* dondolarsi nell'amaca.
hambre *s.f.* fame: *tener —*, avere fame | *— canina*, fame da lupi | *a buena — no hay pan duro*, per chi ha fame anche l'amaro è dolce | *pasar —*, fare la fame | *más listo que el —*, furbo come una volpe | *juntarse el — con las ganas de comer*, combaciare alla perfezione, incontrarsi a meraviglia | *matar el —*, ingannare la fame | *muerto de —*, morto di fame.
hambriento *agg.* **1** affamato **2** (*fig.*) bramoso.
hambrón *agg., s.m.* mangione.
hambruna *s.f.* fame nera.
hamburgués *agg., s.m.* amburghese (*m./f.*).
hamburguesa *s.f.* (*cuc.*) hamburger (*m.*), svizzera.
hamburguesería *s.f.* fast food (*m.*), paninoteca.
hampa *s.f.* malavita.
hampesco *agg.* malavitoso.
hampón *s.m.* malvivente.
hámster *s.m.* (*zool.*) criceto.
handicap *s.m.* (*sport*) handicap, svantaggio.
hangar *s.m.* hangar, aviorimessa (*f.*).
hanseático *agg.* anseatico.
hápax *s.m.* (*ling.*) hapax.
haploide *agg.* (*biol.*) aploide.
haplología *s.f.* (*gramm.*) aplologia.
haragán *agg., s.m.* fannullone.
haraganear *v.intr.* bighellonare, poltrire.
harapiento *agg.* cencioso, miserabile.
harapo *s.m.* straccio, cencio, brandello.
haraposo *agg.* cencioso.
haraquiri *s.m.* harakiri.
harem, harén *s.m.* harem, serraglio.
harina *s.f.* farina | *— lacteada*, farina lattea | *— en flor*, fior di farina | (*fig.*) *ser — de otro costal*, essere un altro paio di maniche | *estar metido en —*, dedicarsi anima e corpo a qlco.
harinoso *agg.* farinoso.
harnero *s.m.* setaccio, crivello.
harón *agg.* pigro.

haronear *v.intr.* poltrire.
harre *inter.* (*con gli animali*) vai! forza!
hartar *v.tr.* **1** saziare, rimpinzare **2** (*fig.*) infastidire, stufare, seccare **3** (*fig.*) riempire, investire, coprire: — *de insultos*, coprire di insulti ♦ **-se** *v.pron.* **1** saziarsi, rimpinzarsi **2** (*fig.*) stufarsi.
hartazgo *s.m.* mangiata (*f.*), scorpacciata (*f.*).
harto *agg.* **1** sazio, pieno **2** (*fig.*) stufo, annoiato, stanco: *estoy — de hacer lo mismo todos los días*, sono stufo di fare le stesse cose tutti i giorni ♦ *avv.* anche troppo, fin troppo: — *bien le tratan*, lo trattano fin troppo bene.
hartura *s.f.* **1** mangiata, scorpacciata **2** appagamento (*m.*), soddisfazione.
hasta *prep.* fino a: *llegó — la frontera*, arrivò fino alla frontiera; *con el agua — la cintura*, con l'acqua alla vita; — *las tres*, fino alle tre | — *luego*, arrivederci; a dopo | — *ahora*, a tra poco | — *mañana*, a domani | — *que*, finché, fino a quando: *me quedaré — que lleguen ellos*, rimarrò fino a quando arriveranno loro ♦ *avv.* persino, addirittura: — *los niños lo comprenden*, lo capiscono persino i bambini ♦ *cong.* **1** (*seguito da ger.*) perfino quando: *estudia — comiendo*, studia perfino quando mangia **2** (*seguito da* que) fintantoché, finché: *no callaré hasta que no me contestes*, non starò zitta fintantoché non mi risponderai.
hastiar (*con. come* confiar) *v.tr.* disgustare ♦ **-se** *v.pron.* scocciarsi, seccarsi, infastidirsi.
hastío *s.m.* **1** fastidio, ripugnanza (*f.*) **2** tedio, noia (*f.*).
hatajo *s.m.* **1** branco (*anche spreg.*) **2** (*fig.*) mucchio, accozzaglia (*f.*).
hato *s.m.* **1** fagotto, fardello | *liar el —*, far fagotto **2** corredo; provvista (*f.*) | *llevar el — a cuestas*, portarsi dietro la casa come le chiocciole | *menear el — a alguien*, bastonare qlcu. **3** (*zool.*) gregge, mandria (*f.*) **4** (*spreg.*) mucchio, branco.
haya *s.f.* (*bot.*) faggio (*m.*).
hayal *s.m.* (*bot.*) faggeto.
hayo *s.m.* (*Amer.*) **1** (*bot.*) coca **2** mistura (*f.*) di foglie di coca e cenere.
haz[1] (*pl.* -ces) *s.m.* **1** (*anche geom.*) fascio: *un — de leña*, un fascio di legna; *un — de luz*, un fascio di luce; *un — de rectas*, un fascio di rette parallele **2** (*mil.*) truppa (*f.*), drappello **3** (*pl.*; *st.*, *insegna romana*) fascio (*sing.*).
haz[2] (*pl.* -ces) *s.f.* **1** (*di carta, tela*) dritto (*m.*) **2** (*bot.*) faccia (di una foglia) | — *de la Tierra*, superficie terrestre.
hazaña *s.f.* prodezza, impresa.
hazmerreír *s.m.* zimbello, buffone.
he *avv.* ecco: — *aquí*, ecco qui | *heme aquí*, eccomi qui.
hebdómada *s.f.* periodo (*m.*) di sette anni, settennato (*m.*).
hebdomadario *agg.* settimanale, ebdomadario ♦ *s.m./f.* (*relig.*) ebdomadario (*m.*).
hebilla *s.f.* fibbia.
hebra *s.f.* **1** gugliata | *pegar la —*, attaccare bottone | *perder la —*, perdere il filo del discorso **2** (*di carne, legno*) fibra **3** (*di tessuto*) filamento (*m.*) **4** (*bot.*) pistillo (*m.*) di zafferano **5** (*min.*) vena, filone (*m.*).
hebraísmo *s.m.* (*ling.*, *relig.*) ebraismo.
hebraísta *s.m./f.* (*ling.*) ebraista.
hebreo *agg.*, *s.m.* ebraico, ebreo.
hecatombe *s.f.* (*anche fig.*) ecatombe.
heces *s.f.pl.* feci.
hechicería *s.f.* stregoneria, incantesimo (*m.*); fattura.
hechicero *agg.* ammaliante, seducente ♦ *s.m.* stregone, mago.
hechizar (*con. come* cazar) *v.tr.* incantare, stregare, ammaliare.
hechizo *agg.* posticcio, finto ♦ *s.m.* **1** incantesimo, sortilegio, fattura (*f.*) **2** filtro magico, pozione (*f.*) **3** (*fig.*) fascino.
hecho *agg.* **1** fatto; maturo; invecchiato: *un hombre —*, un uomo fatto; *vino —*, vino invecchiato | — *y derecho*, maturo, adulto; fatto e finito **2** simile: *está — una fiera*, è diventato una belva | — *polvo*, a pezzi **3** finito, compiuto; pronto: *la cena ya está hecha*, la cena è già pronta | *ropa hecha*, vestiti confezionati | *a lo —, pecho*, quel che è fatto è fatto! | *¡—!*, d'accordo! | *¡trato —!*, affare fatto! | *ya está —*, ormai è fatta | *nada de —*, nulla di fatto **4** avvezzo, abituato: — *a la vida del campo*, abituato alla vita di campagna ♦ *s.m.* fatto, azione (*f.*): *juzga los hechos*, giudica i fatti | *de —*, in realtà, di fatto | (*relig.*) *Hechos de los Apóstoles*, Atti degli Apostoli | *de — y de derecho*, di fatto e di diritto | — *consumado*, fatto compiuto.
hechura *s.f.* **1** (*anche di abiti*) fattura, lavorazione: *la — de una espada*, la fattura di una spada; *la — de los vestidos*, la fattura dei vestiti | *no tener —*, non essere fattibile **2** (*di animale, di persona*) forma, figura, corporatura **3** (*fig.*) creazione, opera.
hectárea *s.f.* ettaro (*m.*).
hectógrafo *s.m.* copiatrice (*f.*).
hectogramo *s.m.* ettogrammo.
hectolitro *s.m.* ettolitro.
hectómetro *s.m.* ettometro.
hedentina *s.f.* **1** fetore (*m.*) **2** luogo (*m.*) maleodorante.
heder (*con. come* entender) *v.intr.* **1** puzzare **2** infastidire, annoiare.
hediondez (*pl.* -ces) *s.f.* puzza.
hediondo *agg.* **1** fetido, puzzolente **2** (*fig.*) noioso, seccante.
hedonismo *s.m.* edonismo.

hedonista *agg., s.m./f.* edonista.
hedonístico *agg.* (*filos.*) edonistico.
hedor *s.m.* fetore, puzza (*f.*).
hegelianismo *s.m.* (*filos.*) hegelismo.
hegeliano *agg.* (*filos.*) hegeliano.
hegemonía *s.f.* egemonia.
hegemónico *agg.* egemonico.
hégira *s.f.* (*st.*) egira.
helada *s.f.* gelata | — *blanca*, brina.
heladera *s.f.* (*Amer.*) frigorifero (*m.*); ghiacciaia.
heladería *s.f.* gelateria.
heladero *s.m.* gelataio.
helado *agg.* **1** freddo, gelato, gelido | *tarta helada*, torta gelato | *quedarse* —, rimanere di stucco | *dejar* —, lasciare di stucco/senza parole **2** (*fig.*) freddo, indifferente ♦ *s.m.* gelato: — *de chocolate*, gelato al cioccolato.
heladora *s.f.* (*macchina*) gelatiera.
helar (*con. come* acertar) *v.tr.* gelare; congelare, ghiacciare (*anche fig.*): *el frío heló las plantas*, il freddo ha gelato le piante ♦ *v.intr. impers.* gelare: *dicen que esta noche va a* —, dicono che questa notte gelerà ♦ **-se** *v.pron.* gelare, congelarsi: — *de frío*, gelare dal freddo.
helecho *s.m.* (*bot.*) felce (*f.*).
helénico *agg.* ellenico.
helenismo *s.m.* ellenismo.
helenista *s.m./f.* ellenista.
helenístico *agg.* ellenistico.
helenización *s.f.* ellenizzazione.
helenizante *agg.* ellenizzante.
helenizar (*con. come* cazar) *v.tr.* ellenizzare.
heleno *agg.* ellenico.
helero *s.m.* (*geol.*) ghiacciaio.
hélice *s.m.* **1** elica (*f.*) **2** (*anat.*,) elice (*f.*).
helicoidal *agg.* elicoidale.
helicóptero *s.m.* elicottero.
heliocéntrico *agg.* (*astr.*) eliocentrico.
heliocentrismo *s.m.* (*astr.*) eliocentrismo.
heliomotor *s.m.* motore solare.
helión *s.m.* (*fis.*) elione, particella (*f.*) alfa.
helioscopio *s.m.* (*astr.*) elioscopio.
helioterapia *s.f.* (*med.*) elioterapia.
heliotrópico *agg.* (*bot.*) eliotropico.
heliotropo *s.m.* (*bot.*) eliotropio.
helipuerto *s.m.* (*aer.*) elioporto.
helor *s.m.* gelo, grande freddo.
helvecio *agg., s.m.* elvetico.
helvético *agg., s.m.* elvetico, svizzero.
hemático *agg.* (*med.*) ematico.
hematites *s.f.* (*min.*) ematite.
hematología *s.f.* (*med.*) ematologia.
hematológico *agg.* (*med.*) ematologico.
hematólogo *s.m.* (*med.*) ematologo.
hematoma *s.m.* (*med.*) ematoma.
hematopatía *s.f.* (*med.*) ematopatia.
hematopoyesis *s.f.* (*biol.*) ematopoiesi.
hematosis *s.f.* (*med.*) ematosi.
hembra *s.f.* **1** (*spec. zool.*) femmina | (*elettr.*) *enchufe* —, spina femmina | (*fam.*) *real* —, pezzo di donna **2** (*metall.*) stampo (*m.*).
hembruno *agg.* femmineo.
hemeroteca *s.f.* emeroteca.
hemiciclo *s.m.* emiciclo.
hemicigoto *agg.* (*biol.*) emizigote.
hemicránea *s.f.* (*med.*) emicrania.
hemiparesia *s.f.* (*med.*) emiparesi.
hemiplejia *s.f.* (*med.*) emiplegia.
hemipléjico *agg.* (*med.*) emiplegico.
hemisférico *agg.* emisferico.
hemisferio *s.m.* emisfero | — *austral*, emisfero australe | — *cerebral*, emisfero cerebrale.
hemistiquio *s.m.* emistichio.
hemoderivado *agg., s.m.* (*med.*) emoderivato.
hemodiálisis *s.f.* (*med.*) emodialisi.
hemofilia *s.f.* (*med.*) emofilia.
hemofílico *agg., s.m.* (*med.*) emofiliaco.
hemoglobina *s.f.* (*biol.*) emoglobina.
hemólisis *s.f.* (*biol.*) emolisi.
hemolítico *agg.* (*biol.*) emolitico.
hemopatía *s.f.* (*med.*) emopatia.
hemopatología *s.f.* (*med.*) emopatologia.
hemorragia *s.f.* (*med.*) emorragia.
hemorrágico *agg.* (*med.*) emorragico.
hemorroidal *agg.* (*med.*) emorroidale.
hemorroide *s.f.* (*med.*) emorroide.
hemostasia *s.f.* (*med.*) emostasi.
hemostático *agg., s.m.* (*med.*) emostatico.
hemoterapia *s.f.* (*med.*) emoterapia.
henal *s.m.* fienile.
henchidura *s.f.* riempimento (*m.*).
henchimiento *s.m.* riempimento.
henchir (*con. come* servir) *v.tr.* riempire: — *de aire los pulmones*, riempire d'aria i polmoni ♦ **-se** *v.pron.* riempirsi, rimpinzarsi, gonfiarsi.
hender (*con. come* entender) *v.tr.* **1** fendere, tagliare **2** (*fig.*) attraversare: *de repente, un grito hendió el silencio de la casa*, d'improvviso un grido ruppe il silenzio della casa **3** solcare, fendere: *el barco hiende las aguas*, la barca fende l'acqua.
hendido *agg.* rotto, spaccato.
hendidura *s.f.* **1** fenditura, spaccatura **2** fessura.
hendiente *s.m.* colpo, fendente.
hendimiento *s.m.* rottura, fessura (*f.*).
henequén *s.m.* (*Amer., bot.*) agave (*f.*).
henil *s.m.* fienile.
heno *s.m.* fieno.
henoteísmo *s.m.* (*relig.*) enoteismo.
heparina *s.f.* (*chim., farm.*) eparina.
hepático *agg.* (*med., anat.*) epatico.
hepatitis *s.f.* (*med.*) epatite.
hepatobiliar *agg.* (*anat.*) epatobiliare.
hepatología *s.f.* (*med.*) epatologia.
hepatólogo *s.m.* (*med.*) epatologo.

hepatopatía *s.f.* (*med.*) epatopatia.
heptacordo *s.m.* (*mus.*) eptacordo.
heptaedro *s.m.* (*geom.*) eptaedro.
heptagonal *agg.* (*geom.*) ettagonale.
heptágono *agg.*, *s.m.* (*geom.*) ettagono.
heráldica *s.f.* araldica.
heráldico *agg.* araldico.
heraldista *s.m./f.* araldista.
heraldo *s.m.* araldo.
herbáceo *agg.* erbaceo.
herbaje *s.m.* erba (*f.*).
herbario *agg.* erboso ♦ *s.m.* **1** erbario **2** (*anat.*, *zool.*) rumine.
herbazal *s.m.* prato.
herbicida *agg.*, *s.m.* erbicida.
herbívoro *agg.*, *s.m.* erbivoro.
herbolario *s.m.* **1** erborista (*m./f.*) **2** erboristeria (*f.*).
herborista *s.m./f.* erborista.
herboristería *s.f.* erboristeria.
herboso *agg.* erboso.
herciano *agg.* (*fis.*) hertziano.
hercio *s.m.* (*fis.*) hertz.
hercúleo *agg.* erculeo.
hércules *s.m.* (*fig.*) ercole.
heredad *s.f.* **1** azienda agricola, podere (*m.*) **2** patrimonio (*m.*) immobiliare **3** eredità.
heredar *v.tr.* **1** ereditare **2** nominare erede.
heredero *agg.*, *s.m.* erede.
hereditario *agg.* ereditario: *carácter* —, carattere ereditario.
hereje *s.m.* **1** eretico **2** (*fig.*) svergognato.
herejía *s.f.* **1** eresia **2** (*fig.*) sproposito (*m.*).
herencia *s.f.* eredità; diritto (*m.*) di ereditare | *dejar en* —, lasciare in eredità | *adir a la* —, adire l'eredità.
heresiarca *s.m.* (*relig.*) eresiarca.
heretical *agg.* (*relig.*) eretico.
herético *agg.* (*relig.*) eretico.
herida *s.f.* **1** ferita | *respirar por la* —, parlare dando a vedere i propri sentimenti **2** (*fig.*) pena; offesa | *tocar en la* —, mettere il dito nella piaga.
herido *agg.*, *s.m.* ferito.
herir (*con. come* sentir) *v.tr.* **1** ferire (*anche fig.*): — *de muerte*, ferire a morte | — *en lo más profundo*, ferire nel profondo, nell'anima **2** (*mus.*) pizzicare le corde di uno strumento **3** (*ling.*) cadere, battere: *el acento hiere la penúltima sílaba*, l'accento cade sulla penultima sillaba **4** (*di malattia*) colpire: *lo hirió el cáncer*, lo colpì il cancro ♦ **-se** *v.pron.* ferirsi.
heritabilidad *s.f.* (*biol.*) ereditabilità.
herma *s.f.* (*scultura*) erma.
hermafrodismo *s.m.* ermafrodismo.
hermafrodita *agg.*, *s.m./f.* ermafrodito (*m.*).
hermafroditismo *s.m.* ermafroditismo.
hermana *s.f.* sorella (*anche relig.*) | — *política*, cognata.
hermanado *agg.* **1** fraterno **2** (*fig.*) gemellato.
hermanamiento *s.m.* gemellaggio.
hermanar *v.tr.* **1** unire, uniformare, accordare **2** gemellare: *van a — el pueblo con una ciudad alemana*, il paese sarà gemellato con una città tedesca ♦ **-se** *v.pron.* affratellarsi, fraternizzare: *jugando en el mismo equipo los dos chicos se hermanaron*, giocando nella stessa squadra i due ragazzi fraternizzarono.
hermanastro *s.m.* fratellastro.
hermandad *s.f.* **1** fratellanza, fraternità **2** confraternita, congregazione.
hermano *s.m.* **1** fratello (*anche relig.*); confratello | *medio* —, fratellastro | — *político*, cognato | — *mayor*, presidente di confraternita | — *mellizo*, fratello gemello | — *pobre*, parente povero | *primo* —, cugino primo **2** (*relig.*) frate.
hermeneuta *s.m./f.* ermeneuta.
hermenéutica *s.f.* ermeneutica.
hermenéutico *agg.* ermeneutico.
herméticamente *avv.* ermeticamente.
hermeticidad *s.f.* ermeticità.
hermético *agg.* **1** ermetico: *cerradura hermética*, chiusura ermetica **2** (*fig.*) segreto, impenetrabile **3** (*lett.*) oscuro, chiuso | *poesía hermética*, poesia ermetica.
hermetismo *s.m.* (*lett.*, *filos.*) ermetismo.
hermosear *v.tr.* rendere bello, abbellire.
hermoso *agg.* **1** bello, splendido: *una mujer hermosa*, una bella donna **2** sano, robusto: *ese niño está* —, quel bambino è robusto **3** (*fig.*) nobile, generoso: *un gesto* —, un bel gesto **4** (*meteor., di tempo*) sereno.
hermosura *s.f.* bellezza: *es una* —, è una meraviglia.
hernia *s.f.* (*med.*) ernia.
herniado *agg.*, *s.m.* (*med.*) erniato.
herniario *agg.* (*med.*) erniario.
herniarse *v.pron.* (*med.*) **1** procurarsi un'ernia **2** (*fig., fam.*) sfiancarsi, ammazzarsi: *no trabajes tanto, que te vas a herniar*, non lavorare tanto, che ti fai venire un'ernia.
herniotomía *s.f.* (*chir.*) erniotomia.
hernista *s.m./f.* (*med.*) ernista.
héroe *s.m.* **1** eroe **2** (*lett.*) protagonista.
heroicidad *s.f.* eroicità.
heróico *agg.* eroico.
heroína *s.f.* **1** eroina **2** (*lett.*) protagonista **3** (*droga*) eroina.
heroinómano *agg.*, *s.m.* eroinomane.
heroísmo *s.m.* eroismo, valore.
herpes, herpe *s.m.* (*med.*) herpes.
herrado *s.m.* ferratura (*f.*).
herrador *s.m.* maniscalco.
herradura *s.f.* ferro (*m.*) di cavallo | *camino de* —, mulattiera | (*arch.*) *arco de* —, arco moresco | *mostrar las herraduras*, tirare calci.
herramental *agg.* della ferramenta.

herramienta *s.f.* **1** attrezzo (*m.*), arnese (*m.*) **2** ferri (*m.pl.*) del mestiere, utensili (*m.pl.*) **3** (*pop.*) coltello.
herrar (*con. come* acertar) *v.tr.* **1** ferrare **2** marchiare a fuoco.
herrén *s.m.* (*agr.*) foraggio.
herrería *s.f.* **1** fucina **2** (*mestiere*) fabbro (*m.*).
herrero *s.m.* fabbro ferraio, maniscalco.
herrín *s.m.* ruggine (*f.*).
herrón *s.m.* (*mecc.*) rondella (*f.*).
herrumbrar *v.tr.* arrugginire.
herrumbre *s.f.* ruggine; sapore (*m.*) ferruginoso.
herrumbroso *agg.* arrugginito.
herventar (*con. come* acertar) *v.tr.* (*cuc.*) far bollire.
hervidero *s.m.* **1** ribollio, gorgoglio **2** fonte di acqua gorgogliante **3** (*fig.*) fermento, brulichio.
hervido *s.m.* (*cuc.*) bollito.
hervidor *s.m.* bollitore.
hervir (*con. come* sentir) *v.intr.* **1** bollire: *romper a —*, cominciare a bollire **2** (*fig.*) brulicare: *la calle hervía de gente*, la strada brulicava di gente **3** (*fig.*) ribollire, fremere: *hervía de ira*, ribolliva di rabbia ♦ *v.tr.* far bollire: *hierve el agua*, metti a bollire l'acqua.
hervor *s.m.* **1** bollore: *con el — el café sube*, con il bollore il caffé sale **2** (*fig.*) focosità (*f.*), ardore.
hervoroso *agg.* **1** bollente, in fermento: *un vulcano —*, un vulcano in fermento **2** (*fig.*) fervido, ardente: *un estilo —*, uno stile ardente.
hesitación *s.f.* esitazione: *sin —*, senza esitazione.
heterocigoto *agg.*, *s.m.* (*biol.*) eterozigote.
heteróclito *agg.*, *s.m.* (*ling.*) eteroclito.
heterodoxia *s.f.* eterodossia.
heterodoxo *agg.* eterodosso.
heterogeneidad *s.f.* eterogeneità.
heterogéneo *agg.* eterogeneo.
heterogénesis *s.f.* (*biol.*) eterogenesi.
heteronimia *s.f.* (*ling.*) eteronimia.
heterónimo *s.m.* (*ling.*) eteronimo.
heterónomo *agg.* (*filos.*) eteronomo.
heterosexual *agg.*, *s.m./f.* eterosessuale.
heterosexualidad *s.f.* eterosessualità.
heterótrofo *agg.* (*bot.*) eterotrofo.
hético *agg.*, *s.m.* (*med.*) tisico.
hetiquez *s.f.* (*med.*) etisia.
heurística *s.f.* (*filos.*) euristica.
heurístico *agg.* euristico: *método —*, metodo euristico.
hexacordo *s.m.* (*mus.*) esacordo.
hexaedro *s.m.* (*geom.*) esaedro.
hexagonal *agg.* (*geom.*) esagonale.
hexágono *s.m.* (*geom.*) esagono.
hexámetro *s.m.* (*lett.*, *metro*) esametro.
hez (*pl.* -ces) *s.f.* **1** sedimento (*m.*), fondo (*m.*) **2** (*fig.*) feccia: *la — de la sociedad*, la feccia della società **3** (*pl.*) feci (*pl.*), escrementi (*m.pl.*) | *heces fecales*, feci.
hi *s.m.* (*apocope di* hijo) figlio.
hiato *s.m.* (*gramm.*, *fig.*, *anat.*) iato.
hibernación *s.f.* ibernazione.
hibernal *agg.* invernale | *solsticio —*, solstizio d'inverno.
hibernar *v.intr.* **1** svernare, passare l'inverno: *— en la propria casa*, passare l'inverno in casa propria **2** andare in letargo: *unos mamíferos suelen —*, alcuni mammiferi vanno in letargo **3** (*med.*, *inform.*) ibernare.
hibisco *s.m.* (*bot.*) ibisco.
hibridación *s.f.* (*anche biol.*) ibridazione.
hibridar *v.tr.* (*anche biol.*) ibridare.
hibridismo *s.m.* ibridismo: *— cultural*, ibridismo culturale.
híbrido *agg.* ibrido (*anche fig.*).
hidalgo *agg.* cavalleresco ♦ *s.m.* gentiluomo, nobile (della bassa nobiltà).
hidalguía *s.f.* nobiltà d'animo, magnanimità, generosità.
hidra *s.f.* (*zool.*) idra.
hidrácido *s.m.* (*chim.*) idracido.
hidrargirismo *s.m.* (*med.*) idrargirismo.
hidrargiro *s.m.* (*chim.*) mercurio, idrargiro.
hidratable *agg.* idratabile.
hidratación *s.f.* idratazione.
hidratante *agg.*, *s.m.* idratante.
hidratar *v.tr.* idratare.
hidráulica *s.f.* idraulica.
hidraulicidad *s.f.* idraulicità.
hidráulico *agg.*, *s.m.* idraulico | *prensa hidráulica*, torchio idraulico.
hidria *s.f.* (*archeol.*) idria.
hídrico *agg.* idrico.
hidroalcohólico *agg.* (*chim.*) idroalcolico.
hidroavión *s.m.* (*aer.*) idrovolante.
hidrocarburo *s.m.* idrocarburo: *la industria de los hidrocarburos*, l'industria degli idrocarburi.
hidrocefalia *s.f.* (*med.*) idrocefalia.
hidrocefálico *agg.* (*med.*) idrocefalico.
hidrocéfalo *agg.* (*med.*) idrocefalo.
hidrodinámica *s.f.* (*fis.*) idrodinamica.
hidrodinámico *agg.* (*fis.*) idrodinamico.
hidroeléctrico *agg.* idroelettrico: *energía hidroeléctrica*, energia idroelettrica.
hidrófilo *agg.* idrofilo: *algodón —*, cotone idrofilo.
hidrofobia *s.f.* (*med.*) idrofobia, rabbia.
hidrofóbico *agg.* (*med.*) idrofobico.
hidrófobo *agg.*, *s.m.* (*med.*) idrofobo.
hidrófugo *agg.*, *s.m.* idrofugo.
hidrogenar *v.tr.* (*chim.*) idrogenare.
hidrógeno *s.m.* (*chim.*) idrogeno.
hidrogeología *s.f.* (*geol.*) idrogeologia.
hidrogeológico *agg.* (*geol.*) idrogeologico:

las características hidrogeológicas, le caratteristiche idrogeologiche.
hidrografía *s.f.* idrografia.
hidrográfico *agg.* idrografico.
hidrógrafo *s.m.* idrografo.
hidrólisis *s.f.* (*chim.*) idrolisi.
hidrología *s.f.* idrologia.
hidrológico *agg.* idrologico.
hidromancia *s.f.* idromanzia.
hidromántico *s.m.*, *agg.* idromante.
hidromasaje *s.m.* idromassaggio.
hidromecánica *s.f.* (*fis.*) idromeccanica.
hidromel *s.m.* idromele.
hidrometría *s.f.* idrometria.
hidrométrico *agg.* idrometrico.
hidrómetro *s.m.* idrometro.
hidrónimo *s.m.* (*ling.*) idronimo.
hidropesía *s.f.* (*med.*) idropisia.
hidrópico *agg.*, *s.m.* (*med.*) idropico.
hidroplano *s.m.* **1** (*mar.*) idroplano **2** (*aer.*) idrovolante.
hidrosfera *s.f.* (*geogr.*) idrosfera.
hidrosoluble *agg.* idrosolubile.
hidrostática *s.f.* (*fis.*) idrostatica.
hidrostático *agg.* idrostatico.
hidroterapia *s.f.* (*med.*) idroterapia.
hidroterápico *agg.* (*med.*) idroterapico.
hidróxido *s.m.* (*chim.*) idrossido.
hiedra *s.f.* edera.
hiel *s.f.* **1** fiele (*m.*), bile | (*bot.*) — *de la tierra*, centaurea minore | *echar la* —, sudare sette camicie **2** (*fig.*) astio (*m.*), rancore (*m.*): *hay — entre ellos*, c'è hastio fra di loro **3** (*pl.*, *fig.*) dispiacere (*m.sing.*), amarezza (*sing.*): *las hieles de la derrota*, l'amarezza della sconfitta.
hielo *s.m.* **1** ghiaccio: *cubito de* —, cubetto di ghiaccio | — *seco*, ghiaccio secco **2** gelo (*anche fig.*) | *romper el* —, rompere il ghiaccio | *quedarse de* —, restare di ghiaccio.
hiena *s.f.* (*zool.*, *fig.*) iena.
hierático *agg.* **1** ieratico **2** distaccato, impassibile.
hieratismo *s.m.* ieraticità (*f.*).
hierba *s.f.* **1** erba | (*Amer.*) — *mate*, (*pianta e infuso*) mate | *mala* —, erbaccia; (*fig.*) cattivo soggetto | *...y otras hierbas*, e così via | *ver/sentir crecer la* —, essere perspicace | (*bot.*) — *doncella*, pervinca; — *gigante*, acanto; — *sagrada*, verbena; — *buena*, menta; — *gatera*, erba gatta **2** (*riferito all'età del bestiame*) anno (*m.*): *una vaca de tres hierbas*, una mucca di tre anni **3** (*pl.*) pastura (*sing.*), pascolo (*m.sing.*) **4** (*fam.*) marijuana, erba: *fumar* —: fumare erba.
hierbabuena *s.f.* (*bot.*) menta, yerba buena.
hierbajo *s.m.* (*spreg.*) erbaccia (*f.*).
hierbas *s.f.pl.* **1** erbe **2** pascolo (*m.sing.*).
hierosolimitano *agg.*, *s.m.* gerosolimitano.
hierra *s.f.* marchiatura del bestiame.
hierro *s.m.* **1** (*anche chim.*) ferro: *falta de* —, mancanza di ferro | — *forjado/batido*, ferro battuto | — *colado/fundido*, ghisa | (*fig.*) *de* —, forte, di ferro | *machacar en — frío*, pestare l'acqua nel mortaio, fare sforzi inutili | *quitar — a algo*, minimizzare qlco. **2** (*del bestiame*) marchio a fuoco **3** (*arma*) spada (*f.*) | *quien de — mata, a — muere*, chi di spada ferisce, di spada perisce **4** (*mar.*) ancora (*f.*) **5** (*pl.*) ceppi (*pl.*), manette (*f.pl.*) **6** marchio, marca (*f.*) **7** ringhiera (f.).
hi-fi *s.m.* hi-fi.
higadillo *s.m.* fegatello, fegatino.
hígado *s.m.* **1** (*anat.*) fegato **2** (*spec.pl.*) coraggio (*sing.*): *hacen falta hígados para hacer eso*, ci vuole del fegato per fare ciò | *echar los hígados*, sudare sangue | *malos hígados*, cattive intenzioni.
higadoso *agg.* (*Amer.*) fastidioso, noiso, molesto.
higiene *s.f.* igiene.
higiénico *agg.* igienico.
higienista *s.m./f.*, *agg.* igienista.
higo *s.m.* (*il frutto*) fico | — *chumbo*, *de pala*, *de tuna*, fico d'India | *estar hecho un* —, essere molto stropicciato | (*fig.*) *un* —, nulla, un bel niente, un fico secco | *de higos a brevas*, ogni tanto.
higrometría *s.f.* (*fis.*) igrometria.
higrométrico *agg.* (*fis.*) igrometrico.
higrómetro *s.m.* (*meteor.*) igrometro.
higroscopia *s.f.* (*fis.*) igroscopia.
higroscópico *agg.* igroscopico.
higuera *s.f.* (*pianta*) fico (*m.*) | — *loca/silvestre*, sicomoro | *estar en la* —, essere tra le nuvole | *caerse de la* —, cadere dal pero, rendersi conto.
higueral *s.m.* ficheto.
hijastro *s.m.* figliastro.
hijo *s.m.* **1** figlio: — *natural*, figlio naturale; — *único*, figlio unico | — *de su padre*, tale e quale suo padre | *todo — de vecino*, chiunque, tutti: *a veces se enfada, como todo — de vecino*, a volte si arrabbia, come tutti | — *político*, genero | *hija política*, nuora | (*volg.*) — *de perra*, figlio di un cane | (*volg.*) — *de puta*, figlio di puttana | *el — pródigo*, il figliol prodigo | — *de papá*, figlio di papà | — *de su madre*, figlio di buona donna **2** (*pl.*) discendenti (*pl.*), discendenza (*f.*).
hijuelo *s.m.* germoglio.
hila *s.f.* (*tess.*) filatura.
hilacha *s.f.* **1** sfilacciatura, filaccia **2** (*fig.*) resto (*m.*), avanzo (*m.*).
hilachoso *agg.* sfilacciato.
hilada *s.f.* fila.
hilado *agg.* filato ♦ *s.m.* **1** filato: — *de seda*, filato di seta **2** filatura (*f.*).
hiladora *s.f.* (*tess.*) filatrice.
hilandería *s.f.* (*tess.*) filanda.

hilandero *s.m.* (*tess.*) **1** (*macchinario*) filatoio **2** (*persona*) filatore.
hilar *v.tr.* **1** filare | — *delgado/fino*, essere meticoloso **2** (*fig.*) ragionare, discorrere: *el libro nos entusiasma por su manera amena de — y de reflexionar sobre los hechos*, il libro ci entusiasma per il suo modo ameno di discorrere e riflettere sui fatti.
hilarante *agg.* esilarante.
hilaridad *s.f.* ilarità.
hilatura *s.f.* filatura.
hilera *s.f.* **1** filare (*m.*), fila, linea **2** (*tecn.*) filiera.
hilio *s.m.* (*anat.*) ilio.
hilo *s.m.* **1** filo (*anche fig.*): *un carrete de —*, un rocchetto di filo | — *bramante, de empalomar*, spago | — *musical*, filodiffusione | — *de perlas*, filo di perle | — *conductor*, filo conduttore | *pender/colgar de un —*, essere appesi a un filo | *cortar el — del discurso*, interrompere, divagare | *el — de la vida*, il trascorrere della vita | *el — de la muerte*, il termine della vita | *no tocar un — de la ropa*, non torcere un capello | *mover los hilos*, muovere i fili | *perder el —*, perdere il filo | *de un —*, tutto d'un fiato **2** (*tessuto*) lino **3** filato, filamento | — *de cáñamo*, filato di canapa ■ ***al hilo de la medianoche***, verso mezzanotte | ***al hilo de***, in relazione con: *el informe va analizado al — de unos datos*, il rapporto va analizzato in relazione con alcuni dati.
hilván *s.m.* **1** imbastitura (*f.*) **2** filo da imbastire.
hilvanado *s.m.* imbastitura (*f.*).
hilvanar *v.tr.* **1** imbastire: *empieza a — esta falda*, comincia a imbastire questa gonna **2** (*fig.*) abbozzare; imbastire: *la obra la vino hilvanando en poco tiempo*, abbozzò l'opera in poco tempo | — *las ideas*, imbastire delle idee.
himen *s.m.* (*anat.*) imene.
himeneo *s.m.* imeneo.
himno *s.m.* inno.
himpar *v.intr.* singhiozzare.
hincapié *s.m.* appoggio sul piede (per fare uno sforzo) | (*fig.*) *hacer — en*, insistere/impuntarsi su, mettere in risalto.
hincar (*con. come* pescar) *v.tr.* conficcare, piantare | — *el diente*, addentare | (*iron.*) — *el pico*, morire ♦ **-se** *v.pron.* conficcarsi | — *de rodillas*, inginocchiarsi.
hincha *s.f.* odio (*m.*), antipatia, inimicizia | *tenerle — a alguien*, provare antipatia per qlcu. ♦ *s.m./f.* **1** (*sport*) tifoso (*m.*) **2** (*fig.*) fan, appassionato (*m.*)
hinchable *agg.* gonfiabile: *colchoneta —*, materassino gonfiabile.
hinchada *s.f.* (*sport*) tifoseria.
hinchado *agg.* **1** gonfio **2** (*fig.*) presuntuoso.
hinchamiento *s.m.* rigonfiamento.
hinchapelotas *s.m./f.* (*volg.*) rompiscatole, rompipalle.
hinchar *v.tr.* **1** gonfiare: — *un bote*, gonfiare un canotto **2** (*fig.*) esagerare, gonfiare: — *los resultados*, gonfiare i risultati ♦ **-se** *v.pron.* **1** gonfiarsi **2** (*di cibo*) rimpinzarsi **3** (*fig.*) insuperbirsi: — *de soberbia*, gonfiarsi di superbia **4** (*fig.*) scocciarsi, stufarsi.
hinchazón *s.f.* **1** gonfiore (*m.*) **2** (*fig.*) vanità.
hindi *s.m.* (*lingua*) hindi.
hindú *agg.*, *s.m./f.* indù.
hinduismo *s.m.* (*relig.*) induismo.
hinduista *agg.* (*relig.*) induista.
hiniesta *s.f.* (*bot.*) ginestra.
hinojo[1] *s.m.* (*bot.*) finocchio
hinojo[2] *s.m. spec. pl.* (*lett.*) ginocchio | *de hinojos*, in ginocchio.
hipálage *s.f.* (*ret.*) ipallage.
hipar *v.intr.* **1** avere il singhiozzo **2** ansimare **3** (*fig.*) desiderare ardentemente, bramare.
hiperactividad *s.f.* iperattività.
hiperactivo *agg.* iperattivo.
hiperalimentación *s.f.* (*med.*) iperalimentazione.
hiperbárico *agg.* iperbarico: *cámara hiperbárica*, camera iperbarica.
hipérbato(n) *s.m.* (*gramm.*) iperbato.
hipérbola *s.f.* (*geom.*) iperbole.
hipérbole *s.f.* (*ret.*) iperbole.
hiperbólico *agg.* (*ret.*) iperbolico.
hiperboloide *s.m.* (*geom.*) iperboloide.
hiperbóreo *agg.* (*geogr.*) iperboreo.
hipercalórico *agg.* ipercalorico.
hipercrítico *agg.* ipercritico.
hiperemotividad *s.f.* (*psic.*) iperemotività.
hiperespacio *s.m.* (*astr.*) iperspazio.
hiperextensión *s.f.* (*med.*) iperestensione.
hiperglucemia *s.f.* (*med.*) iperglicemia.
hiperinflación *s.f.* (*econ.*) iperinflazione.
hipermercado *s.m.* ipermercato.
hipermetría *s.f.* (*ottica*) ipermetria.
hipermétrope *s.m./f.*, *agg.* (*ottica*) ipermetrope.
hipermetropía *s.f.* (*ottica*) ipermetropia.
hipernutrición *s.f.* (*med.*) ipernutrizione.
hiperprotectivo *agg.* iperprotettivo.
hiperproteico, hiperproteínico *agg.* iperproteico.
hiperrealismo *s.m.* (*pitt.*) iperrealismo.
hiperrealista *s.m./f.* (*pitt.*) iperrealista.
hipersensibilidad *s.f.* ipersensibilità.
hipersensible *agg.* ipersensibile.
hipertensión *s.f.* (*med.*) ipertensione.
hipertensivo *agg.* (*farm.*) ipertensivo.
hipertenso *agg.*, *s.m.* (*med.*) iperteso.
hipertermia *s.f.* (*med.*) ipertermia.
hipertexto *s.m.* (*inform.*) ipertesto.
hipertiroideo *agg.* (*med.*) ipertiroideo.

hipertiroidismo *s.m.* (*med.*) ipertiroidismo.
hipertrofia *s.f.* (*biol, med.*) ipertrofia.
hipertrofiarse *v.pron.* (*biol, med.*) ipertrofizzarsi.
hipertrófico *agg.* (*biol, med.*) ipertrofico.
hiperventilación *s.f.* (*med.*) iperventilazione.
hipervitaminosis *s.f.* (*med.*) ipervitaminosi.
hípica *s.f.* (*sport*) ippica.
hípico *agg.* ippico.
hipido *s.m.* singhiozzo.
hipnosis *s.f.* ipnosi.
hipnótico *agg.*, *s.m.* ipnotico.
hipnotismo *s.m.* ipnotismo.
hipnotización *s.f.* ipnotizzazione.
hipnotizador *s.m.* ipnotizzatore.
hipnotizar (*con. come* cazar) *v.tr.* (*anche fig.*) ipnotizzare.
hipo *s.m.* singhiozzo | *quitar el —*, mozzare il fiato | *tener — con alguien*, sentire antipatia per qlcu.
hipoalergénico *agg.* (*farm.*) ipoallergenico.
hipoalimentación *s.f.* (*med.*) ipoalimentazione.
hipocalórico *agg.* ipocalorico.
hipocampo *s.m.* (*anat., zool.*) ippocampo.
hipocondría *s.f.* ipocondria.
hipocondríaco *s.m.*, *agg.* ipocondriaco.
hipocorístico *agg.*, *s.m.* (*ling.*) ipocoristico.
hipocrático *agg.* (*med.*) ippocratico.
hipocresía *s.f.* ipocrisia.
hipócrita *agg.*, *s.m./f.* ipocrita.
hipódromo *s.m.* ippodromo.
hipófisis *s.f.* (*anat.*) ipofisi.
hipoftalmia *s.f.* (*med.*) ipoftalmia.
hipogástrico *agg.* (*anat.*) ipogastrico.
hipogastrio *s.m.* (*anat.*) ipogastrio.
hipogeo *s.m.*, *agg.* (*arch.*) ipogeo.
hipoglucemia *s.f.* (*med.*) ipoglicemia.
hipogrifo *s.m.* (*mit.*) ippogrifo.
hipónimo *s.m.*, *agg.* (*ling.*) iponimo.
hiponutrición *s.f.* (*med.*) iponutrizione.
hipopótamo *s.m.* (*zool.*) ippopotamo.
hipóstasis *s.f.* (*anche relig.*) ipostasi.
hipostático *agg.* (*relig.*) ipostatico.
hipotálamo *s.m.* (*anat.*) ipotalamo.
hipotaxis *s.f.* (*ling.*) ipotassi.
hipoteca *s.f.* (*banc.*) **1** ipoteca **2** mutuo (*m.*).
hipotecable *agg.* (*banc.*) ipotecabile.
hipotecar (*con. come* pescar) *v.tr.* **1** (*banc.*) ipotecare **2** (*fig.*) mettere a rischio.
hipotecario *agg.* (*banc.*) ipotecario.
hipotensión *s.f.* (*med.*) ipotensione.
hipotenso *agg.*, *s.m.* (*med.*) ipoteso.
hipotenusa *s.f.* (*geom.*) ipotenusa.
hipotermia *s.f.* (*med.*) ipotermia.
hipótesis *s.f.* ipotesi, supposizione.
hipotético *agg.* ipotetico.
hipotiroideo *agg.* (*med.*) ipotiroideo.
hipotiroidismo *s.m.* (*med.*) ipotiroidismo.
hipoxia *s.f.* (*med.*) ipossia.
hippie, hippy *s.m.* hippy.
hipsometría *s.f.* (*geogr.*) ipsometria.
hipsométrico *agg.* (*geogr.*) ipsometrico.
hircano *agg.* (*lett.*) ircano.
hiriente *agg.* offensivo, pungente.
hirsuto *agg.* **1** irsuto **2** (*fig.*) rude, rozzo.
hisopar *v.tr.* (*relig.*) aspergere.
hisopo *s.m.* (*relig.*) aspersorio.
hispánico *agg.* ispanico.
hispanidad *s.f.* ispanità.
hispanismo *s.m.* ispanismo.
hispanista *agg.*, *s.m./f.* ispanista.
hispanización *s.f.* ispanizzazione.
hispanizar (*con. come* cazar) *v.tr.* ispanizzare ♦ **-se** *v.pron.* ispanizzarsi.
hispano *agg.* ispano, spagnolo.
hispanoamericano *agg.*, *s.m.* ispano-americano, latino-americano.
hispanoárabe *agg.*, *s.m./f.* ispano-arabo (*m.*).
hispanófilo *agg.*, *s.m.* ispanofilo.
hispanohablante *agg.*, *s.m./f.* ispanofono (*m.*), parlante spagnolo.
híspido *agg.* ispido: *pelo —*, pelo ispido.
histamina *s.f.* (*biol.*) istamina.
histamínico *agg.* (*farm.*) istaminico.
histerectomía *s.f.* (*chir.*) isterectomia.
histeria *s.f.* (*med.*) isteria.
histérico *agg.* (*med.*) isterico.
histerismo *s.m.* (*med.*, *fig.*) isterismo.
histocompatibilidad *s.f.* (*med.*, *biol.*) istocompatibilità.
histogénesis *s.f.* (*biol.*) istogenesi.
histograma *s.m.* istogramma.
histología *s.f.* (*med.*) istologia.
histológico *agg.* (*med.*) istologico.
histólogo *s.m.* (*med.*) istologo.
historia *s.f.* **1** storia | (*med.*) *— clínica*, anamnesi | *— natural*, storia naturale | *— sagrada*, storia sacra | *pasar a la —*, passare alla storia | *haber pasado algo a la —*, essere roba già morta e sepolta **2** narrazione, racconto (*m.*) | *déjate de historias*, smettila con queste storie e vieni al punto **3** (*spreg.*) frottola, balla **4** (*fig.*) faccenda, storia: *esta — me preocupa*, questa storia mi preoccupa.
historiado *agg.* **1** istoriato **2** (*fig.*) troppo vistoso, pacchiano, scombinato.
historiador *s.m.* storiografo.
historial *s.m.* storia (*f.*), percorso, carriera (*f.*): *un brillante —*, una brillante carriera | *— clínico*, cartella clinica | *— personal/profesional*, curriculum vitae, curriculum professionale.
historiar *v.tr.* **1** scrivere la storia **2** fare il resoconto **3** (*pitt.*) istoriare.
historicidad *s.f.* storicità.
historicismo *s.m.* storicismo.
historicista *s.m./f.* storicista.
histórico *agg.* storico.

historieta *s.f.* **1** aneddoto (*m.*), racconto (*m.*), storiella **2** fumetto (*m.*).
historietista *s.m./f.* fumettista.
historiografía *s.f.* storiografia.
historiográfico *agg.* storiografico.
historiógrafo *s.m.* storiografo.
histrión *s.m.* **1** (*anche fig.*) istrione **2** attore.
histriónico *agg.* istrionico.
histrionismo *s.m.* istrionismo.
hitita *agg., s.m./f.* ittita.
hito *s.m.* **1** pietra (*f.*) miliare, cippo **2** (*fig.*) pietra (*f.*) miliare, pilastro | *marcar un —*, segnare una svolta **3** bersaglio | *dar en el —*, cogliere nel segno | *mirar de — en —*, guardare fisso **4** paracarro.
hobby *s.m.* hobby.
hocicada *s.f.* musata.
hocicar (*con. come* pescar) *v.intr.* **1** (*zool.*) grufolare **2** cadere sbattendo la faccia **3** (*fig., fam.*) inciampare.
hocico *s.m.* muso, grugno | *poner —*, fare il broncio | *dar de hocicos*, sbattere il muso | *meter el —*, ficcare il naso.
hociquear *v.intr.* grufolare.
hockey *s.m.* (*sport*) hockey.
hodierno *agg.* odierno.
hogaño *avv.* al giorno d'oggi, oggigiorno: *de antaño y —*, di ieri e di oggi.
hogar *s.m.* **1** focolare, camino **2** (*fig.*) casa (*f.*), famiglia (*f.*) | *artículos de —*, casalinghi | *empleada de —*, colf, donna di servizio.
hogareño *agg.* familiare, domestico, casalingo: *el ámbito —*, l'ambito familiare.
hogaza *s.f.* forma di pane, pagnotta.
hoguera *s.f.* falò (*m.*), rogo (*m.*) | *morir en la —*, morire sul rogo.
hoja *s.f.* **1** (*bot.*) foglia | *poner a alguien como — de perejil*, insultare qlcu. | (*fig.*) *— de parra*, (*sulle statue*) foglia di fico **2** (*di fiore*) petalo (*m.*) **3** foglio (*m.*), pagina: *una — de papel*, un foglio di carta | *pasar las hojas*, sfogliare | *no hay vuelta de —*, non c'è via d'uscita | *volver la —*, cambiare opinione | (*amm.*) *— de ruta*, bolla d'accompagnamento **4** (*di metallo*) lamina **5** (*di coltello*) lama | *— de afeitar*, lametta da barba **6** (*di porta, finestra*) battente (*m.*): *puerta de dos hojas*, porta a due battenti **7** (*cuc.*) sfoglia.
hojalata *s.f.* latta.
hojalatero *s.m.* stagnino.
hojaldre *s.m.* (*cuc.*) pasta (*f.*) sfoglia, sfogliata (*f.*).
hojear *v.tr.* sfogliare (le pagine).
hojoso *agg.* frondoso.
hojuela *s.f.* **1** (*olive*) sansa **2** (*cuc.*) frittella.
¡hola! *inter.* (*quando ci si incontra*) ciao!, salve!
holandés *agg., s.m.* olandese (*m./f.*).
holding *s.m.* (*econ.*) holding (*f.*).
holgado *agg.* **1** largo, disteso, ampio: *llevaba suéter negro y —*, portava una maglia nera e ampia **2** ozioso **3** (*fig.*) agiato.
holganza *s.f.* **1** quiete; riposo (*m.*): *día de —*, giorno di riposo **2** inattività **3** distrazione, svago (*m.*): *derecho a la —*, diritto allo svago.
holgar (*con. come* colgar) *v.intr.* **1** riposare **2** (*spreg.*) oziare **3** (*fig.*) essere superfluo: *huelgan los comentarios*, ogni commento è superfluo.
holgazán *agg., s.m.* fannullone, poltrone.
holgazanear *v.intr.* poltrire.
holgazanería *s.f.* ozio (*m.*).
holgura *s.f.* **1** larghezza, agio (*m.*) **2** benessere: *tiempos de —*, tempi di benessere.
holismo *s.m.* (*filos.*) olismo.
holístico *agg.* (*anche filos.*) olistico.
holladero *agg.* pedonale.
holladura *s.f.* impronta.
hollar (*con. come* contar) *v.tr.* **1** calpestare (*anche fig.*) **2** (*fig.*) umiliare, calpestare: *— la dignidad de alguien*, calpestare la dignità di qlcu.
hollywoodiano *agg.* hollywoodiano.
holocausto *s.m.* olocausto.
holoceno *s.m.* (*geol.*) olocene.
holocracia *s.f.* (*pol.*) olocrazia.
holografía *s.f.* olografia.
holográfico *agg.* olografico.
holograma *s.m.* ologramma.
hombracho *s.m.* omone, omaccione.
hombrada *s.f.* gesto (*m.*) valoroso, prodezza.
hombre *s.m.* **1** uomo | *— de bien*, uomo perbene | *— de pro*, uomo di rispetto | *— de la calle*, uomo della strada, comune cittadino | *— de días*, uomo vissuto | *— de iglesia*, uomo di chiesa | *— de negocios*, uomo d'affari | *pobre —*, poveraccio | *ser — para algo*, essere l'uomo adatto per qlco. | *ser — al agua*, essere spaesato | *— prevenido vale por dos*, uomo avvisato mezzo salvato | *ser mucho —*, essere una perla d'uomo | *ser todo un —*, essere un vero uomo | *el — del saco*, l'uomo nero | *gran —*, grand'uomo | *hacerse —*, farsi uomo | *¡ — al agua!*, uomo in mare! | *ser otro —*, non essere più lo stesso **2** (*fam.*) marito, compagno ♦ *inter.* ma va!, oh!, insomma!: *¿—, qué dices?*, diamine, che dici?; *¡pero, —!*, ma insomma!
hombrear[1] *v.intr.* fare lo spaccone, darsi arie ♦ **-se** *v.pron.* mettersi in competizione, paragonarsi ad altri.
hombrear[2] *v.tr.* portare a spalla, sostenere.
hombrera *s.f.* spallina.
hombría *s.f.* valore (*m.*), coraggio (*m.*).
hombro *s.m.* spalla (*f.*) | *al —*, in spalla, a tracolla | *arrimar/meter/poner el —*, lavorare sodo | *a/en hombros*, sulle spalle: *lle-*

var a hombros, portare sulle spalle | *sacar a hombros*, portare in trionfo | *cargado de hombros*, con le spalle curve, ingobbito | *encogerse de hombros*, fare spallucce | *escurrir el* —, lavarsene le mani | *mirar por encima del* —, guardare dall'alto in basso | — *a* —, spalla a spalla, insieme.
hombruno *agg.* virile, mascolino.
homenaje *s.m.* **1** (*st.*) vassallaggio **2** omaggio, onore: *le rindieron — con un ramo de flores*, le resero omaggio con un mazzo di fiori.
homenajear *v.tr.* omaggiare, rendere omaggio.
homeópata *s.m./f.* (*med.*) omeopata.
homeopatía *s.f.* (*med.*) omeopatia.
homeopático *agg.* (*med.*) omeopatico.
homeostasis *s.f.* (*biol.*) omeostasi.
homeostático *agg.* (*biol.*) omeostatico.
homérico *agg.* omerico.
homicida *agg.*, *s.m./f.* omicida.
homicidio *s.m.* omicidio.
homilía *s.f.* (*relig.*) omelia, predica.
homínido *agg.*, *s.m.* ominide.
homocigótico *agg.* (*biol.*) omozigotico.
homocigoto *s.m.* (*biol.*) omozigote.
homofobia *s.f.* omofobia.
homofonía *s.f.* (*ling.*, *mus.*) omofonia.
homófono *agg.* (*ling.*, *mus.*) omofono.
homogeneidad *s.f.* omogeneità.
homogeneización *s.f.* omogeneizzazione.
homogeneizar (*con. come* cazar) *v.tr.* omogeneizzare.
homogéneo *agg.* omogeneo.
homografía *s.f.* (*ling.*) omografia.
homógrafo *agg.* (*ling.*) omografo.
homologable *agg.* omologabile.
homologación *s.f.* omologazione.
homologar (*con. come* llegar) *v.tr.* **1** (*anche sport, dir.*) omologare: — *criterios de evaluación*, omologare criteri di valutazione **2** approvare, convalidare **3** equiparare, parificare.
homología *s.f.* (*biol.*, *geom.*) omologia.
homólogo *s.m.*, *agg.* (*biol.*, *geom.*) omologo.
homomorfismo *s.m.* (*mat.*) omeomorfismo.
homonimia *s.f.* omonimia.
homónimo *agg.*, *s.m.* omonimo.
homosexual *agg.*, *s.m./f.* omosessuale.
homosexualidad *s.f.* omosessualità.
homúnculo *s.m.* (*spreg.*) omuncolo.
honda *s.f.* fionda.
hondear[1] *v.intr.* usare la fionda.
hondear[2] *v.tr.* (*mar.*) scandagliare, perlustrare il fondo.
hondo *agg.* **1** fondo; profondo: *una herida honda*, una ferita profonda | *plato* —, piatto fondo, fondina **2** (*fig.*) profondo, intenso; intimo: *sus más hondos sentimientos se expresaban en el canto*, i suoi sentimenti più intensi/profondi si esprimevano nel canto; *una honda amistad los unía*, un'intima amicizia li univa ♦ *s.m.* fondo, parte (*f.*) inferiore.
hondura *s.f.* profondità | *meterse en honduras*, approfondire in modo eccessivo.
hondureño *agg.*, *s.m.* honduregno (*m.*).
honestidad *s.f.* **1** onestà **2** (*decoro*) pudore (*m.*), verecondia.
honesto *agg.* **1** onesto **2** decoroso, conveniente.
hongo *s.m.* **1** (*bot.*) fungo | — *marino*, anemone di mare | *aburrirse como un* —, annoiarsi da morire | *estar solo como un* —, essere solo come un cane | — *atómico*, fungo atomico **2** (*cappello*) bombetta (*f.*).
honor *s.m.* **1** onore: *hombre de* —, uomo d'onore | *en — a la verdad*, a dire il vero | (*di voto*) (*con*) *matrícula de* —, (con) lode | *hacer* —, fare onore **2** reputazione (*f.*), buon nome **3** (*di donna*) virtù (*f.*) **4** venerazione (*f.*), stima (*f.*): *lo tenían en mucho* —, avevano una grande stima di lui **5** (*spec. pl.*) carica (*f.*), dignità: *aspira a los honores de cardenal*, aspira alla dignità cardenalizia **6** (*pl.*, *tributo di omaggio*) onore | *hacer los honores*, fare gli onori di casa | *recibir a alguien o algo con honores*, accogliere qlcu. o qlco. con tutti gli onori.
honorabilidad *s.f.* onorabilità.
honorable *agg.*, *s.m./f.* onorevole.
honorario *agg.* onorario.
honorarios *s.m.pl.* retribuzione (*f.sing.*), onorario (*sing.*).
honorificencia *s.f.* onorificenza.
honorífico *agg.* onorifico: *título* —, titolo onorifico.
honra *s.f.* **1** onore (*m.*), dignità | *punto de* —, questione d'onore | *tener* (*algo*) *a mucha* —, inorgoglirsi per qlco. **2** stima, reputazione, fama | *honras fúnebres*, onoranze funebri, esequie; cerimonia di suffragio **3** (*di donna*) virtù; verginità.
honradamente *avv.* onestamente.
honradez *s.f.* onestà, rettitudine.
honrado *agg.* **1** onesto, retto **2** onorato: *se sintió — por la presencia de su jefe*, si sentì onorato dalla presenza del suo capo.
honrar *v.tr.* **1** onorare **2** rispettare ♦ **-se** *v.pron.* essere onorato di: *me honro en hablaros de este joven pintor*, è un onore per me parlarvi di questo giovane pittore.
honrilla *s.f.* puntiglio (*m.*).
honroso *agg.* dignitoso.
hooligan *s.m.* (*tifoso*) hooligan.
hora *s.f.* **1** (*unità di tempo, indicazione di tempo*) ora: *100 km por* —, 100 km all'ora; *dentro de una* —, fra un'ora; | — *oficial*, ora legale | — *local*, ora locale | — *solar*, ora solare | — *feliz*, happy hour | — *hache*, ora x | — *punta*, (*Amer.*) — *pico*, orario di punta | —

tonta, momento di debolezza | — *valle*, ora di minor densità di traffico | *la — cero*, l'ora zero | *horas muertas*, ore buche | *¿qué — es?*, che ora è?, che ore sono? | *a altas horas de la noche*, a notte avanzata | *a buenas horas*, alla buon'ora | *a la — (en punto)*, puntualmente | *a primera —*, di buonora | *a todas horas*, continuamente | *dar las horas*, battere le ore | *media — larga*, mezz'ora buona | *poner el reloj en —*, regolare l'orario dell'orologio | *por horas*, a ore | *a buena —*, alla buon'ora | *hacer horas*, fare gli straordinari **2** (*momento*) tempo (*m.*), momento (*m.*): *a estas horas ya se habrá ido*, a quest'ora se ne sarà già andato | *a última —*, all'ultimo momento, alla fine | *llegar la —*, essere giunta l'ora | *entre horas*, fuori pasto, tra un pasto e l'altro **3** appuntamento: *pedir —*, chiedere appuntamento | *dar —*, fissare un appuntamento.

horadar *v.tr.* forare, perforare.

horario *agg.*, *s.m.* orario | *huso —*, fuso orario | *— de visita*, orario di ricevimento | *— de verano*, orario estivo.

horca *s.f.* **1** forca, patibolo (*m.*) | (*fig.*) *pasar por las horcas caudinas*, passare sotto le forche caudine | *— de ajos*, resta d'aglio **2** (*agr.*) forcone (*m.*).

horcajadas, a *loc.avv.* a cavalcioni.

horcajo *s.m.* **1** giogo **2** (di due fiumi) confluenza (*f.*) **3** giogo, passo, valico.

horchata *s.f.* orzata.

horchatería *s.f.* bar dove si vendono orzate e altre bibite.

horcón *s.m.* (*agr.*) forcone.

horda *s.f.* orda, banda.

horizontal *agg.* orizzontale.

horizontalidad *s.f.* orizzontalità.

horizonte *s.m.* (*anche fig.*) orizzonte: *la línea del —*, la linea dell'orizzonte; *— histórico*, orizzonte storico.

horma *s.f.* forma, stampo (*m.*) | *— para sombrero*, forma per cappelli | *— para zapatos*, forma per scarpe.

hormiga *s.f.* (*zool.*) formica | *— blanca*, termite | *— obrera*, formica operaia | (*fig.*) *ser una —*, fare la formichina.

hormigón *s.m.* calcestruzzo, cemento | *— armado*, cemento armato | *— idráulico*, cemento idraulico.

hormigonera *s.f.* betoniera.

hormiguear *v.intr.* **1** formicolare **2** brulicare.

hormigueo *s.m.* formicolio.

hormiguero *agg.* delle formiche | *oso —*, formichiere ♦ *s.m.* (*anche fig.*) formicaio.

hormiguillo *s.m.* **1** fila (*f.*), catena (*f.*) (di persone) **2** formicolio: *tener un — en el brazo*, avere un formicolio nel braccio.

hormona *s.f.* (*biol.*) ormone (*m.*) | *— tiroidal*, ormone tiroideo.

hormonal *agg.* (*biol.*) ormonale.

hormonoterapia *s.f.* (*med.*) ormonoterapia.

hornachuela *s.f.* capanna.

hornada *s.f.*(*anche fig.*) infornata.

hornaguera *s.f.* (*min.*) carbon (*m.*) fossile.

hornazo *s.m.* (*cuc.*) dolce pasquale con uova sode.

hornear *v.tr.* infornare: *— las galletas*, infornare i biscotti ♦ *v.intr.* fare il fornaio.

hornero *s.m.* fornaio.

hornillo *s.m.* fornello.

horno *s.m.* forno | *alto —*, altoforno | *no estar el — para bollos*, non essere il momento opportuno, non essere giornata.

horóscopo *s.m.* oroscopo.

horqueta *s.f.* (*agr.*) forcella.

horquilla *s.f.* **1** forcina **2** (*di bicicletta*) forcella **3** (*agr.*) forchino (*m.*) **4** (*econ.*, *fig.*) forchetta, fascia: *— de precios*, fascia di prezzo **5** (*di capelli*) doppia punta.

horrendo *agg.* orrendo.

hórreo *s.m.* granaio costruito su quattro pilastri.

horrible *agg.* orribile.

hórrido *agg.* orrido.

horripilación *s.f.* **1** brivido (*m.*) **2** orripilazione.

horripilante *agg.* orripilante.

horripilar *v.tr.* **1** fare rabbrividire **2** spaventare, terrificare, orripilare.

horror *s.m.* orrore; repulsione (*f.*) | *dar —*, fare orrore | *¡qué —!*, che spavento/orrore!

horrorizar (*con. come* cazar) *v.tr.* terrorizzare; far inorridire ♦ **-se** *v.pron.* inorridire.

horroroso *agg.* orrendo, orribile.

hortaliza *s.f.* ortaggio (*m.*), verdura.

hortelano *s.m.* ortolano.

hortense *agg.* dell'orto.

hortensia *s.f.* (*bot.*) ortensia.

hortera *agg.* volgare, di cattivo gusto, kitsch ♦ *s.f.* ciotola di legno ♦ *s.m./f.* (*fam.*) cafone (*m.*), burino (*m.*), buzzurro (*m.*).

horterada *s.f.* volgarità, cafonata.

hortícola *agg.* orticolo.

horticultor *s.m.* orticoltore.

horticultura *s.f.* orticoltura.

hortofrutícola *agg.* ortofrutticolo.

hosanna *s.m.* (*relig.*) osanna.

hosco *agg.* **1** cupo, fosco **2** (*fig.*) accigliato; cupo: *me miró con expresión hosca*, mi guardò con una espressione accigliata/cupa **3** (*fig.*) sgradevole: *tenía un trato —* , aveva un modo di fare sgradevole.

hospedaje *s.m.* **1** alloggio **2** prezzo (dell'alloggio).

hospedante *agg.* ospite.

hospedar *v.tr.* ospitare, alloggiare ♦ **-se** *v.pron.* alloggiare, essere ospite.

hospedería *s.f.* **1** foresteria **2** locanda, pensione.

hospedero *s.m.* ospite (*m./f.*), ospitante (*m./f.*).
hospiciano *s.m., agg.* orfano, trovatello.
hospicio *s.m.* **1** ospizio, foresteria (*f.*): *en Roma había muchos hospicios para los peregrinos*, a Roma c'erano molti ospizi per i pellegrini **2** orfanotrofio; collegio: *pasé mi enfancia en un —*, ho trascorso la mia infanzia in un orfanotrofio.
hospital *s.m.* ospedale | *— del día*, day hospital | (*mil.*) *— de sangre*, ospedale da campo | *— de perros*, clinica per cani | *estar hecho un —*, essere un ospedale ambulante | *— robado*, casa vuota, senza mobili.
hospitalario *agg.* **1** ospitale, accogliente **2** (*med., relig.*) ospedaliero: *tratamiento —*, trattamento ospedaliero.
hospitalidad *s.f.* **1** ospitalità **2** (*med.*) degenza.
hospitalización *s.f.* ospedalizzazione, ricovero (*m.*).
hospitalizar (*con. come* cazar) *v.tr.* ricoverare in ospedale.
hosquedad *s.f.* ombrosità, scontrosità.
hostal *s.m.* pensioncina (*f.*), locanda (*f.*).
hostelería *s.f.* industria alberghiera.
hostelero *s.m.* oste.
hostería *s.f.* locanda.
hostia *s.f.* **1** (*relig.*) ostia **2** (*cuc.*) cialda **3** (*volg.*) colpo (*m.*), urto (*m.*): *se dio la — contra la pared*, andò a sbattere contro il muro **4** (*volg.*) cazzotto (*m.*), schiaffo (*m.*) ■ ***a toda hostia***, a tutta velocità | ***estar de mala hostia***, essere di cattivo umore | ***tener mala hostia***, essere uno stronzo | ***ser la hostia***, essere il colmo | ***¡hostia(s)!***, cazzo!
hostiario *s.m.* (*relig.*) contenitore per ostie.
hostigador *agg., s.m.* fustigatore.
hostigamiento *s.m.* sopruso, vessazione (*f.*).
hostigar (*con. come* llegar) *v.tr.* **1** fustigare **2** (*fig.*) provocare, stuzzicare **3** (*fig.*) incitare, incalzare.
hostigo *s.m.* frustata (*f.*).
hostigoso *agg.* fastidioso.
hostil *agg.* ostile.
hostilidad *s.f.* ostilità.
hostilizar (*con. come* cazar) *v.tr.* **1** (*mil.*) osteggiare, aggredire, attaccare: *— los intereses contrapuestos*, osteggiare gli interessi opposti **2** molestare, perseguitare.
hotel *s.m.* **1** hotel, albergo | *— de perros*, pensione per cani **2** (*iron.*) carcere.
hotelero *agg.* alberghiero | *instalaciones hoteleras*, complessi alberghieri ♦ *s.m.* albergatore.
hoy *avv., s.m.* oggi | *hasta —*, fino a oggi | *— (en) día*, oggigiorno, al giorno d'oggi | *por —*, per oggi | *— por —*, oggi come oggi | *de — a mañana*, da un momento all'altro, dall'oggi al domani | (*iron.*) *¡que es para —!*, prima di domani, per favore!
hoya *s.f.* **1** fossa **2** (*geogr.*) vallata **3** tomba, sepoltura.
hoyo *s.m.* **1** buca (*f.*) **2** (*sepoltura*) tomba (*f.*), fossa (*f.*) | (*fig.*) *el muerto al — y el vivo al bollo*, il morto giace e il vivo si dà pace.
hoyuelo *s.m.* fossetta (*f.*).
hoz (*pl.* -ces.) *s.f.* **1** falce | (*pol.*) *el — y el martillo*, la falce e il martello **2** (*geogr.*) gola.
hozada *s.f.* falciata.
hucha *s.f.* **1** salvadanaio (*m.*) **2** risparmi (*m.pl.*).
hueco *agg.* **1** cavo, vuoto (*anche fig.*): *ladrillo —*, mattone vuoto **2** soffice: *lana hueca*, lana soffice **3** (*di suono*) cavernoso: *voz hueca*, voce cavernosa **4** (*fig.*) presuntuoso, fatuo **5** (*di stile, linguaggio*) ampolloso, affettato: *estilo —*, stile ampolloso ♦ *s.m.* **1** cavità (*f.*), apertura (*f.*), buco | *— grabado*, stampa a calco | *grabado en —*, litografia, xilografia | *hacer —*, fare posto **2** (*arch.*) vano | *— de la escalera*, tromba delle scale | *— del ascensor*, vano dell'ascensore **3** (*fam., lavoro*) posto vacante | *llenar un —*, coprire un posto vacante.
huecograbado *s.m.* incisione (*f.*).
huelga *s.f.* sciopero (*m.*): *cerrado por — general*, chiuso per sciopero generale; *día de —*, giorno di sciopero | *— de brazos caídos*, sciopero a braccia incrociate | *— de celo*, sciopero bianco | *— a la japonesa*, fare gli straordinari | *— de categoría*, sciopero di categoria | *— de hambre*, sciopero della fame | *— intermitente*, sciopero a singhiozzo | *— salvaje*, sciopero selvaggio.
huelguista *s.m./f.* scioperante.
huella *s.f.* **1** impronta: *— dactilar/digital*, impronta digitale **2** (*fig.*) traccia, orma, indizio (*m.*) | *borrar una —*, cancellare una traccia | *perder las huellas de alguien/algo*, perdere le tracce di qlcu./qlco. **3** (*di gradino*) pedata.
huérfano *agg., s.m.* orfano.
huero *agg.* vuoto.
huerta *s.f.* zona ortofrutticola, terreno (*m.*) coltivato, ortaglia (*f.*); orto (*m.*).
huerto *s.m.* orto | *llevarse a alguien al —*, sedurre.
huesa *s.f.* fossa.
hueso *s.m.* **1** osso | *— sacro*, osso sacro | *a —*, a secco | *dar (alguien) con sus huesos en un lugar*, andare a parare da qualche parte | *dar/pinchar en —*, imbattersi in un ostacolo | *morirse por los huesos de una persona*, essere innamorato pazzo di qlcu. | *moler/romper a alguien los huesos*, rompere le ossa a qlcu. | *calado hasta los huesos*, bagnato fradicio | *estar en los huesos*, essere pelle e ossa | *quedarse en los puros huesos*, ridursi uno sche-

letro | (*fam.*) *la sin* —, la lingua | *tener los huesos molidos*, avere le ossa rotte; essere a pezzi | *desenterrar los huesos*, scoprire gli altarini **2** (*di frutto*) nocciolo **3** (*fig.*) osso duro **4** (*iron.*) professore severo **5** (*pl.*) ossa (*f.pl.*), resti (*pl.*) mortali | (*dolce*) *huesos de santo*, ossa dei morti.

huesoso *agg.* ossuto.

huésped *s.m./f.* ospite, invitato (*m.*): *el anfitrión atiende a sus huéspedes*, il padrone di casa bada agli ospiti | *casa de huéspedes*, pensione.

hueste *s.f.* (*fig.*) seguace (*m.*), partigiano (*m.*).

huesudo *agg.* ossuto.

huevar *v.intr.* (*zool.*) deporre le uova.

huevera *s.f.* portauova (*m.*).

huevero *s.m.* (*comm., persona*) venditore di uova.

huevo *s.m.* **1** uovo: — *batido*, uovo sbattuto; — *duro*, uovo sodo; — *frito*, uovo fritto; — *pasado por agua/encerado*, uovo alla coque; — *escalfado*, uovo in camicia; *huevos revueltos*, uova strapazzate; *huevos al plato*, uova al tegamino | *a puro* —, con gran fatica | *parecerse como un* — *a otro* —, essere come due gocce d'acqua | *pisando huevos*, camminando sulle uova | — *de zurcir*, uovo da rammendo **2** (*volg., spec.pl.*) testicolo, coglione | (*fam.*) *me importa un* —, non me ne frega niente | *estar hasta los huevos*, averne fin sopra i capelli | *valer un* —, costare un occhio della testa.

hugonote *agg., s.m.* ugonotto.

huida *s.f.* fuga.

huidizo *agg.* fuggevole; fugace, breve.

huido *agg.* fuggiasco.

huir (*indic.pres.* huyo, huyes, huye, huimos, huís, huyen; *pass.rem.* huyó, huyeron; *cong.pres.* huya, huyas...; *imperf.* huyera, huyeras...; *ger.* huyendo; *imp.* huye, huya, huyamos, huid, huyan) *v.intr.* **1** fuggire, scappare; evadere: *muchos perseguidos consiguieron* — *al extranjero*, molti perseguitati riuscirono a scappare all'estero **2** sfuggire, evitare, schivare: *consiguieron huir de la tormenta*, sono riusciti a evitare la tempesta ♦ *v.tr.* sfuggire, evitare, schivare: *me huye en cuanto me ve*, mi evita non appena mi vede.

hula-hop *s.m.* hula-hop.

hule *s.m.* **1** caucciù **2** tela (*f.*) cerata | *haber* —, esserci un parapiglia/tafferuglio.

hulla *s.f.* carbon (*m.*) fossile | — *blanca*, carbone bianco.

hullero *agg.* (*min.*) carbonifero, di carbone.

humada *s.f.* fumata.

humanal *agg.* umano.

humanarse *v.pron.* (*relig.*) farsi uomo, incarnarsi.

humanidad *s.f.* **1** genere umano, umanità | *oler a* —, esserci odore di umanità **2** (*fig.*) umanità, bontà **3** (*pl.*) scienze (*pl.*) umanistiche **4** (*fam.*) mole; obesità: *se le vino encima con toda su* —, gli venne addosso con tutta la sua mole **5** folla, gente.

humanismo *s.m.* umanesimo.

humanista *agg., s.m./f.* umanista.

humanística *s.f.* umanistica.

humanístico *agg.* umanistico.

humanitario *agg.* umanitario: *ayuda humanitaria*, aiuti umanitari.

humanización *s.f.* umanizzazione.

humanizar (*con. come* cazar) *v.tr.* umanizzare ♦ **-se** *v.pron.* umanizzarsi.

humano *agg.* **1** umano **2** mite; generoso ♦ *s.m.* essere umano, persona (*f.*).

humanoide *agg., s.m./f.* umanoide.

humareda *s.f.* fumata: *el incendio produjo una espesa* — *sobre la ciudad*, l'incendio produsse un'intensa cappa di fumo sopra la città.

humeante *agg.* fumante.

humear *v.intr.* **1** (*casa, stanza*) riempirsi di fumo **2** insuperbire, inorgoglirsi.

humectar *v.tr.* umettare, inumidire.

humectativo *agg.* umettante.

humedad *s.f.* umidità.

humedecer (*con. come* agradecer) *v.tr.* inumidire, umettare.

húmedo *agg.* umido.

humera *s.f.* (*fam.*) sbronza.

humeral *agg.* (*anat.*) omerale.

humero *s.m.* canna (*f.*) fumaria.

húmero *s.m.* (*anat.*) omero.

humidificación *s.f.* umidificazione.

humidificador *s.m.* umidificatore.

humidificar (*con. come* pescar) *v.tr.* umidificare.

humildad *s.f.* umiltà.

humilde *agg.* umile, modesto.

humillación *s.f.* umiliazione.

humillante *agg.* umiliante.

humillar *v.tr.* **1** umiliare **2** chinare, abbassare (in segno di sottomissione): — *la cabeza*, chinare la testa ♦ **-se** *v.pron.* umiliarsi.

humo *s.m.* **1** fumo; vapore | (*fig.*) *está que echa* —, è furioso | *a* — *de pajas*, senza fondamento | *hacerse* —, sparire, sfumare **2** (*pl.*) arie (*f.pl.*), superbia (*f.sing.*), presunzione (*f.sing.*): *se te subieron los humos*, sei diventato un presuntuoso | *darse humos*, darsi delle arie | *bajar los humos a alguien*, umiliare, far abbassare la cresta a qlcu. **3** (*colore*) grigio fumo.

humor *s.m.* **1** umore, liquido: — *ácueo*, umore acqueo **2** (*fig.*) umore, stato d'animo: *estar de buen* —, essere di buon umore | — *de perros*, pessimo umore.

humorada *s.f.* spiritosaggine, battuta.

humoral *agg.* umorale.

humorismo *s.m.* umorismo.
humorista *s.m./f.* umorista.
humorístico *agg.* umoristico.
humoso *agg.* fumoso.
humus *s.m.* (*geol.*) humus.
hundimiento *s.m.* **1** crollo, sprofondamento **2** (*mar.*) affondamento **3** (*fig.*) distruzione (*f.*), rovina (*f.*).
hundir *v.tr.* **1** affondare, mandare a fondo: — *un barco*, affondare una nave **2** (*fig.*) sprofondare; immergere: — *el pie en el agua*, immergere il piede nell'acqua **3** distruggere, abbattere | (*fig.*) *estar hundido*, essere abbattuto **4** (*fig.*) rovinare, far fallire: — *la empresa*, rovinare l'azienda ♦ **-se** *v.pron.* **1** andare a fondo, colare a picco **2** crollare, sprofondare **3** (*fig.*) cadere in depressione, perdersi d'animo.
húngaro *agg.*, *s.m.* ungherese (*m./f.*).
huno *agg.*, *s.m.* unno.
huracán *s.m.* uragano, ciclone.
huraño *agg.* scontroso, schivo.
hurgar (*con. come* llegar) *v.tr.* **1** frugare **2** (*fig.*) curiosare **3** tormentare, stuzzicare.
hurón *s.m.* **1** (*zool.*) furetto **2** curiosone, impiccione **3** scontroso, scorbutico.
hurtadillas, a *loc.avv.* alla chetichella, furtivamente.
hurtar *v.tr.* **1** rubare **2** (*mare, fiume*) erodere **3** (*fig.*) rubare, copiare, plagiare **4** sottrarre, nascondere ♦ **-se** *v.pron.* nascondersi.
hurto *s.m.* **1** furto, ladrocinio **2** refurtiva (*f.*).
husma *s.f.* fiuto (*m.*) | *acudir a la* —, correre a curiosare.
husmear *v.tr.* **1** fiutare, annusare **2** (*fig.*) curiosare **3** (*fig.*) sospettare.
huso *s.m.* **1** fuso | — *horario*, fuso orario **2** (*tess.*) incannatoio **3** (*mecc.*) tamburo del tornio.
huta *s.f.* capanno (*m.*).

Ii

i *s.f.* i | (*tel.*) — *como Italia*, i come Imola.
ibérico *agg., s.m.* iberico | *jamón —*, prosciutto crudo della provincia di Salamanca.
iberismo *s.m.* iberismo.
iberista *s.m./f.* (*ling.*) iberista.
ibero, íbero *agg.* iberico ♦ *s.m.* **1** ispano **2** lingua (*f.*) iberica.
iberoamericano *agg., s.m.* ibero-americano, latino-americano: *en los países iberoamericanos se habla español y portugués*, nei paesi ibero-americani si parla spagnolo e portoghese.
ibicenco *agg.* di Ibiza ♦ *s.m.* nativo di Ibiza.
ibídem *avv.* ibidem.
ibis *s.m.* (*zool.*) ibis.
icástico *agg.* icastico.
iceberg *s.m.* (*anche fig.*) iceberg.
icónico *agg.* iconico.
icono *s.m.* icona (*f.*).
iconoclasta *agg., s.m./f.* (*relig.*) iconoclasta.
iconografía *s.f.* iconografia.
iconográfico *agg.* iconografico.
iconología *s.f.* iconologia.
iconológico *agg.* iconologico.
iconostasio *s.m.* (*arch.*) iconostasi (*f.*).
icosaedro *s.m.* (*geom.*) icosaedro.
ictericia *s.f.* (*med.*) itterizia.
ictérico *agg., s.m.* (*med.*) itterico.
ictiología *s.f.* (*zool.*) ittiologia.
ictiológico *agg.* (*zool.*) ittiologico.
ictiólogo *s.m.* (*zool.*) ittiologo.
ictiosauro *s.m.* (*geol.*) ittiosauro.
ictus *s.m.* (*med., ling.*) ictus.
ida *s.f.* **1** andata: *billete de — y vuelta*, biglietto di andata e ritorno **2** (*sport*) girone (*m.*) di andata **3** (*scherma*) attacco (*m.*) **4** (*fig.*) scatto (*m.*), impulso (*m.*), impeto (*m.*): *tiene unas idas horribles*, ha degli scatti terribili.
idea *s.f.* **1** idea; opinione | *formarse una —*, farsi un'idea | *hacerse a la — de*, abituarsi all'idea di | *no tener ni* (*la más remota*) *—*, non avere (la più pallida) idea | *asociación de ideas*, associazione di idee | *dar una — de algo,* suggerire qlco. | *— de bombero*, idea bislacca | *— preconcebida*, preconcetto | *una ligera —*, una vaga idea **2** proposito (*m.*) | *estar en la — de*, avere il proposito di, avere in mente di | *con — de*, con l'intenzione di.
ideación *s.f.* ideazione.
ideal *agg.* ideale ♦ *s.m.* **1** ideale: *cree en el — de una sociedad democrática*, crede nell'ideale di una società democratica **2** aspirazione (*f.*), sogno, ideale: *un — colectivo*, un'aspirazione collettiva.
idealidad *s.f.* idealità.
idealismo *s.m.* **1** (*filos., anche fig.*) idealismo: *el — alemán*, l'idealismo tedesco **2** (*fig.*) ingenuità (*f.*).
idealista *agg., s.m./f.* idealista.
idealización *s.f.* idealizzazione.
idealizar (*con. come* cazar) *v.tr.* idealizzare; sublimare.
idear *v.tr.* **1** ideare, concepire **2** immaginare, inventare.
ideario *s.m.* ideologia (*f.*), apparato ideologico, dottrina (*f.*).
ídem *avv.* idem.
idéntico *agg.* identico, uguale.
identidad *s.f.* identità: *carné/tarjeta de —*, carta d'identità; *documento nacional de —* (*DNI*), carta d'identità.
identificable *agg.* identificabile.
identificación *s.f.* identificazione | *número de — fiscal* (*NIF*), codice fiscale.
identificador *s.m.* (*inform.*) identificatore.
identificar (*con. come* pescar) *v.tr.* **1** associare, identificare, considerare identico **2** riconoscere: *— al asesino*, riconoscere l'assassino ♦ **-se** *v.pron.* **1** identificarsi con qlcu., essere d'accordo: *se identifica con mis ideas*, è d'accordo con le mie idee **2** farsi riconoscere: *para poder entrar en aquel colegio hay que —*, per poter entrare in quel collegio è necessario dichiarare le proprie generalità.
ideograma *s.m.* ideogramma.
ideología *s.f.* ideologia.
ideológico *agg.* ideologico.
ideologización *s.f.* ideologizzazione.
ideologizar (*con. come* cazar) *v.tr.* ideologizzare ♦ **-se** *v.pron.* ricondursi a un'ideologia.
ideólogo *s.m.* ideologo.
ideoso *agg.* (*Amer.*) **1** lunatico, volubile **2** (*di animale*) bizzarro.
idílico *agg.* idillico, idilliaco.
idilio *s.m.* (*anche fig.*) idillio.
idiocia *s.f.* (*med.*) idiozia.

idiolecto *s.m.* (*ling.*) idioletto.
idioma *s.m.* lingua (*f.*), idioma.
idiomático *agg.* idiomatico.
idiomatismo *s.m.* (*ling.*) idiomatismo.
idiosincrasia *s.f.* idiosincrasia.
idiosincrásico *agg.* idiosincratico.
idiota *agg.*, *s.m./f.* (*anche med.*) idiota.
idiotez (*pl.* -ces) *s.f.* sciocchezza, idiozia.
idiotismo *s.m.* **1** (*ling.*) idiotismo: — *fonético*, idiotismo fonetico **2** (*fig.*) ignoranza (*f.*).
idiotizar (*con. come* cazar) *v.tr.* rintronare, rimbecillire ♦ **-se** *v.pron.* rintronarsi, rimbecillirsi.
ido *agg.* (*fam.*) **1** fuori di testa **2** sbronzo.
idólatra *agg.*, *s.m./f.* idolatra.
idolatrar *v.tr.* (*anche fig.*) idolatrare, venerare.
idolatría *s.f.* (*anche fig.*) idolatria.
idolátrico *agg.* idolatrico.
ídolo *s.m.* (*anche fig.*) idolo.
idoneidad *s.f.* idoneità: *pruebas de* —, esami d'idoneità.
idóneo *agg.* idoneo, adatto: *es el lugar — para descansar*, è il luogo adatto per riposare.
idus *s.m.pl.* (*st.*) idi (*f.*).
iglesia *s.f.* chiesa | — *parroquial*, parrocchia | — *primada*, primaziale | *casarse por detrás de la* —, convivere (senza matrimonio) | *casarse por la* —, sposarsi in chiesa | *doctores de la* —, dottori della chiesa | *entrar en la* —, essere ordinato sacerdote | *llevar alguien a la* —, condurre qlcu. all'altare | *ser arco de* —, essere un gioco da ragazzi.
iglú *s.m.* **1** igloo **2** campana (*f.*) per la raccolta del vetro.
ignaro *agg.* ignaro.
ignavia *s.f.* ignavia.
ignavo *agg.* ignavo.
ígneo *agg.* igneo.
ignición *s.f.* ignizione, combustione.
ignífero *agg.* ignifero.
ignífugo *agg.* (*chim.*) ignifugo: *ropa ignífuga*, vestiti ignifughi.
ignominia *s.f.* ignominia, infamia.
ignominioso *agg.* ignominioso.
ignorancia *s.f.* ignoranza; incompetenza.
ignorante *agg.*, *s.m.* **1** ignorante, ignaro, inconsapevole **2** ignorante, incompetente **3** ignorante, villano, maleducato.
ignorar *v.tr.* ignorare.
ignoto *agg.* ignoto.
igual *agg.* **1** uguale, simile: *no he visto nunca cosa* —, non ho mai visto una cosa simile | *de — manera*, allo stesso modo **2** liscio, piano: *la carretera es muy* —, la strada è molto piana ♦ *avv.* **1** lo stesso, ugualmente, in ogni caso: *que se lo digas o no, — se va a enterar*, che tu glielo dica o no, lo verrà a sapere lo stesso; — *podrías venir*, potresti venire lo stesso | *me da* —, per me è lo stesso/è indifferente | *por* —, in modo uguale, uniformemente | *siempre* —, sempre lo stesso **2** forse, magari: *trata de volver a leer el problema, — lo entiendes*, prova a leggere il problema un'altra volta, magari lo capisci **3** allo stesso modo, altrettanto | (*al*) — *que*, come: *me fui a Madrid hace dos años al — que tu hermano*, sono stato a Madrid due anni fa come tuo fratello ♦ *s.m.* **1** pari, uguale | *de — a* —, fra pari | *sin* —, senza pari **2** (*mat.*) uguale **3** (*pl.*) tagliando della lotteria ONCE.
iguala *s.f.* **1** rata, pagamento (*m.*) **2** accordo (*m.*) tra medico e paziente per il pagamento annuale dei servizi.
igualación *s.f.* **1** pareggio (*m.*): *nuestra empresa este año ha logrado la — de los gastos y de las entradas*, la nostra impresa quest'anno ha raggiunto il pareggio tra i costi e le entrate **2** (*comm.*) accomodamento (*m.*), patto (*m.*): *los hermanos firmaron la — delante del notario*, i fratelli firmarono l'accordo davanti al notaio.
igualada *s.f.* (*sport*) pareggio (*m.*).
igualador *agg.* uguagliatore.
igualar *v.tr.* **1** eguagliare, pareggiare, rendere uguale (*anche fig.*) **2** (*edil.*) spianare, pareggiare: — *el terreno*, pareggiare il terreno.
igualdad *s.f.* uguaglianza, parità: *el estado asegura — ante la ley*, lo Stato assicura l'uguaglianza davanti alla legge | — *de oportunidades*, pari opportunità.
igualitario *agg.* egualitario.
igualitarismo *s.m.* egualitarismo.
igualmente *avv.* ugualmente | *gracias*, —, grazie, altrettanto.
iguana *s.f.* (*zool.*) iguana.
iguánidos *s.m.pl.* (*zool.*) iguanidi.
iguanodonte *s.m.* (*zool.*) iguanodonte.
ilación *s.f.* **1** illazione **2** nesso (*m.*): *no hay — entre los dos párrafos*, non c'è nesso tra i due paragrafi.
ilegal *agg.*, *s.m.* che/chi è illegale, clandestino: *emigrante* —, migrante clandestino.
ilegalidad *s.f.* illegalità.
ilegalizar (*con. come* cazar) *v.tr.* dichiarare illegale.
ilegible *agg.* illeggibile.
ilegitimidad *s.f.* illegittimità.
ilegítimo *agg.* illegittimo; falsificato: *hijo* —, figlio illegittimo; *firma ilegítima*, firma falsificata.
íleon *s.m.* (*anat.*) ileo.
ilerdense *agg.* di Lérida ♦ *s.m./f.* nativo (*m.*) di Lérida.
ileso *agg.* illeso, indenne: *salir — de un accidente*, uscire illeso da un incidente.
iletrado *agg.* illetterato, analfabeta.
ilíaco *agg.* (*anat.*) iliaco.
iliberal *agg.* illiberale.
ilícito *agg.* illecito: *tenencia ilícita de armas*,

possesso illecito di armi ♦ *s.m.* (*Amer.*) delitto.
ilimitación *s.f.* illimitatezza.
ilimitado *agg.* illimitato.
ilirio *agg.*, *s.m.* illirico.
ilocalizable *agg.* irreperibile.
ilógico *agg.* illogico.
iluminación *s.f.* illuminazione.
iluminado *agg.*, *s.m.* (*anche relig.*) illuminato.
iluminador *agg.* illuminatore ♦ *s.m.* miniatore.
iluminar *v.tr.* **1** illuminare, rischiarare **2** (*fig.*) chiarire, spiegare: *iluminó su reflexión con unos ejemplos*, chiarì il suo pensiero con alcuni esempi.
iluminativo *agg.* illuminante.
ilusión *s.f.* **1** illusione | — *óptica*, illusione ottica | *hacerse ilusiones*, farsi delle illusioni **2** (*fam.*) speranza, desiderio (*m.*): *tengo la — de ir a Chile*, ho la speranza di andare in Cile **3** (*fig.*) gioia, felicità | *hacer —*, fare piacere.
ilusionar *v.tr.* **1** illudere; creare aspettative in qlcu.: *¿por qué tienes que — al chico con que lo vas a llevar a ver el partido?*, perché devi illudere il ragazzo con l'idea di portarlo a vedere la partita? **2** entusiasmare: *está ilusionado con la casa nueva*, è entusiasta della nuova casa; *lo ilusionó la idea de trabajar allí*, lo entusiasmò l'idea di lavorare lì ♦ **-se** *v.pron.* **1** illudersi **2** entusiasmarsi: *se ilusionó tanto como un niño*, si sentì contento come un bambino.
ilusionismo *s.m.* illusionismo.
ilusionista *s.m./f.* illusionista.
iluso *agg.*, *s.m.* illuso.
ilusorio *agg.* illusorio, d'illusione: *la evasión a un mundo —*, l'evasione verso un mondo d'illusione.
ilustración *s.f.* **1** illustrazione, disegno (*m.*), figura **2** cultura, istruzione **3** (*st.*) illuminismo (*m.*).
ilustrado *agg.* **1** istruito, colto **2** (*cultura*) illuministico | *despotismo —*, monarchia illuminata **3** illustrato, disegnato: *un libro —*, un libro con illustrazioni.
ilustrador *agg.*, *s.m.* illustratore.
ilustrar *v.tr.* **1** (*anche fig.*) illustrare **2** istruire, illuminare.
ilustrativo *agg.* illustrativo.
ilustre *agg.* illustre.
ilustrísimo *agg.* illustrissimo | *Su Ilustrísima*, sua signoria illustrissima, Sua Eminenza.
imagen *s.f.* **1** immagine | — *borrosa*, *doble*, immagine sfocata, sdoppiata | *congelado de —*, fermo immagine **2** figura, riproduzione, effigie (*anche relig.*) | *quedar para vestir imágenes*, restare zitella **3** figura; metafora; simbolo (*m.*).
imaginable *agg.* immaginabile.
imaginación *s.f.* **1** immaginazione | *pasar por la —*, passare per la testa **2** (*fig.*) fantasia, invenzione: *tus miedos son pura —*, i tuoi timori sono solo frutto della fantasia.
imaginar *v.tr.* **1** immaginare, concepire **2** (*fig.*) presumere, supporre ♦ **-se** *v.pron.* figurarsi, immaginarsi: *imagínate si se lo voy a contar*, figurati se glielo vado a raccontare; *me imagino su rabieta cuando se enteró*, mi immagino la sua stizza quando lo venne a sapere.
imaginario *agg.* immaginario | *número —*, numero immaginario ♦ *s.m.* immaginario | — *colectivo*, immaginario collettivo.
imaginativa *s.f.* immaginativa, immaginazione.
imaginativo *agg.* immaginativo: *lenguaje —*, linguaggio immaginativo.
imaginero *s.m.* pittore o scultore di immagini sacre.
imago *s.m.* (*zool.*) immagine (*f.*).
imán[1] *s.m.* **1** calamita (*f.*), magnete **2** (*fig.*) attrattiva (*f.*).
imán[2] *s.m.* (*relig.*) imam.
imanador *agg.*, *s.m.* magnetizzatore.
imantación *s.f.* magnetizzazione.
imantar *v.tr.* calamitare, magnetizzare ♦ **-se** *v.pron.* magnetizzarsi.
imbatibilidad *s.f.* imbattibilità.
imbatible *agg.* imbattibile: *un adversario —*, un avversario imbattibile.
imbatido *agg.* imbattuto.
imbécil *agg.*, *s.m.* imbecille (*m./f.*), sciocco, stupido.
imbecilidad *s.f.* imbecillità.
imbele *agg.* imbelle.
imberbe *agg.* imberbe.
imbibición *s.f.* imbibizione.
imborrable *agg.* incancellabile: *un recuerdo —*, un ricordo incancellabile.
imbricado *agg.* (*biol.*) embricato.
imbricar *v.tr.* embricare.
imbuir (*con. come* huir) *v.tr.* infondere, inculcare: *— a los jóvenes de malas ideas*, inculcare nei giovani cattive idee ♦ **-se** *v.pron.* persuadersi: *— de algo*, persuadersi di qlco.
imitable *agg.* imitabile.
imitación *s.f.* **1** imitazione **2** copia: *se trata sólo de una — del cuadro de Goya*, si tratta solo di una copia del quadro di Goya **3** plagio (*m.*).
imitador *s.m.*, *agg.* imitatore.
imitar *v.tr.* **1** imitare **2** copiare: *imita en todo a su padre*, emula in tutto suo padre **3** plagiare.
imitativo *agg.* imitativo.
impaciencia *s.f.* impazienza.
impacientar *v.tr.* spazientire, esasperare ♦ **-se** *v.pron.* spazientirsi.
impaciente *agg.* impaziente.
impactar *v.tr.* **1** urtare, colpire **2** (*fig.*) col-

pire, impressionare: *la noticia impactó*, la notizia fece scalpore.
impacto *s.m.* **1** impatto, urto, colpo **2** segno lasciato dall'impatto, botta (*f.*) **3** (*fig.*) colpo, shock.
impagable *agg.* impagabile.
impagado *agg.* insoluto: *tuvo problemas con unas letras impagadas*, ebbe dei problemi con delle cambiali insolute.
impalpable *agg.* **1** impalpabile, leggero | *azúcar —*, zucchero a velo **2** impercettibile, impalpabile: *una presencia —*, una presenza impalpabile.
impar *agg.* **1** dispari: *número —*, numero dispari **2** (*fig.*) impari, senza uguale.
imparable *agg.* inarrestabile.
imparcial *agg.* imparziale, equanime, neutrale.
imparcialidad *s.f.* imparzialità, equanimità.
imparisílabo *agg.* (*lett.*, *gramm.*) imparisillabo.
impartir *v.tr.* impartire, dare; concedere: *impartió clases en la universidad*, tenne lezioni all'università; *el obispo empezó a — su bendición a los feligreses*, il vescovo cominciò a impartire la benedizione ai fedeli.
impasibilidad *s.f.* impassibilità.
impasible *agg.* impassibile, insensibile.
impasse *s.m.* impasse (*f.*).
impavidez *s.f.* impassibilità, imperturbabilità.
impávido *agg.* impavido.
impecabilidad *s.f.* impeccabilità.
impecable *agg.* **1** impeccabile **2** irreprensibile.
impedido *agg.*, *s.m.* paralitico; invalido, inabile (*m./f.*).
impedimento *s.m.* impedimento.
impedir (*con. come* servir) *v.tr.* impedire; ostacolare.
impeditivo *agg.* impeditivo.
impelente *agg.* impellente.
impeler *v.tr.* **1** spingere **2** (*fig.*) incitare.
impenetrabilidad *s.f.* impenetrabilità.
impenetrable *agg.* **1** impenetrabile **2** (*fig.*) oscuro, incomprensibile.
impenitencia *s.f.* impenitenza.
impenitente *agg.* **1** impenitente **2** (*fig.*) incorreggibile, incallito: *un — solterón*, uno scapolone incallito.
impensable *agg.* impensabile.
impensado *agg.* **1** impensato **2** inatteso, inaspettato: *la impensada presencia de su hermano le asustó*, l'inattesa presenza di suo fratello lo spaventò.
imperante *agg.* imperante, dominante: *el partido —*, il partito dominante.
imperar *v.intr.* (*anche fig.*) imperare, regnare.
imperativo *agg.*, *s.m.* (*anche gramm.*) imperativo.
imperceptible *agg.* impercettibile.
imperdible *agg.* imperdibile ♦ *s.m.* spilla (*f.*) da balia.
imperdonable *agg.* imperdonabile.
imperecedero *agg.* eterno, imperituro.
imperfección *s.f.* imperfezione.
imperfectivo *agg.* (*gramm.*) imperfettivo.
imperfecto *agg.* **1** imperfetto , difettoso, incompiuto **2** (*gramm.*) imperfetto | *futuro —*, futuro semplice.
imperialismo *s.m.* (*pol.*) imperialismo.
imperialista *agg.*, *s.m./f.* (*pol.*) imperialista.
impericia *s.f.* imperizia.
imperio *s.m.* impero, dominio (*anche fig.*): *— romano*, impero romano | *— de la información*, predominio/potere dei media | *valer un —*, valere una cifra.
imperioso *agg.* **1** imperioso **2** urgente: *el problema se presentó inmediato e —*, il problema si presentò immediato e urgente.
impermeabilidad *s.f.* impermeabilità.
impermeabilización *s.f.* impermeabilizzazione.
impermeabilizante *agg.* impermeabilizzante.
impermeabilizar (*con. come* cazar) *v.tr.* impermeabilizzare.
impermeable *agg.*, *s.m.* impermeabile.
impersonal *agg.* (*anche gramm.*) impersonale | *verbo —*, verbo impersonale.
impersonalidad *s.f.* impersonalità.
impersuasible *agg.* impersuadibile.
impertérrito *agg.* imperterrito.
impertinencia *s.f.* impertinenza, insolenza, sfacciataggine.
impertinente *agg.* impertinente.
imperturbabilidad *s.f.* imperturbabilità.
imperturbable *agg.* imperturbabile, impassibile.
impetrar *v.tr.* (*lett.*) impetrare.
ímpetu *s.m.* impeto; energia (*f.*), forza (*f.*), violenza (*f.*).
impetuosidad *s.f.* impetuosità.
impetuoso *agg.* **1** impetuoso: *un viento —*, un vento impetuoso **2** impulsivo, irruente: *un hombre —*, un uomo impulsivo.
impiedad *s.f.* (*relig.*) empietà.
impío *agg.* empio.
implacabilidad *s.f.* implacabilità.
implacable *agg.* implacabile, inesorabile.
implantación *s.f.* **1** (*fig.*) instaurazione, stabilimento (*m.*): *la — de nuevas reglas*, l'instaurazione di nuove regole **2** (*med.*) impianto (*m.*): *el éxito de la —*, l'esito dell'impianto **3** (*fis.*) impiantazione.
implantar *v.tr.* **1** instaurare, introdurre, stabilire: *los colonos implantaron nuevos métodos de cultivo*, i coloni introdussero nuovi metodi di coltivazione **2** (*med.*) impiantare.
implar *v.tr.* gonfiare.

implementación *s.f.* (*anche mat., inform.*) implementazione.
implementar *v.tr.* (*anche inform.*) implementare.
implicación *s.f.* **1** (*anche mat., filos.*) implicazione **2** coinvolgimento (*m.*): *es necesaria la — de las instituciones*, è necessario il coinvolgimento delle istituzioni.
implicancia *s.f.* (*Amer.*) **1** (*fig.*) conseguenza, risultato (*m.*) **2** implicazione.
implicar (*con. come* pescar) *v.tr.* **1** implicare, coinvolgere **2** (*fig.*) comportare, (pre) supporre, significare: *la convivencia implica tolerancia*, la convivenza presuppone tolleranza ♦ **-se** *v.pron.* impegnarsi, compromettersi.
implícito *agg.* implicito.
imploración *s.f.* implorazione.
implorar *v.tr.* implorare, supplicare.
implosión *s.f.* (*fis.*) implosione.
implosivo *agg.* (*ling.*) implosivo.
implume *agg.* (*lett.*) implume.
impluvio *s.m.* (*arch.*) impluvio.
impolítico *agg.* impolitico, sconveniente.
imponderabilidad *s.f.* imponderabilità.
imponderable *agg.* imponderabile.
imponencia *s.f.* imponenza.
imponente *agg.* imponente ♦ *s.m./f.* (*comm.*) correntista.
imponer (*con. come* poner) *v.tr.* **1** imporre: *proyectan — nuevos impuestos*, hanno in programma di imporre nuove tasse **2** (*fig., rispetto, paura*) incutere **3** (*comm.*) depositare, versare | *— un giro*, mandare un vaglia postale **4** informare, mettere al corrente: *— de las novedades*, mettere al corrente delle novità ♦ *v.intr.* (*fig.*) incutere rispetto; incutere paura: *imponía verlo en medio de otra gente*, incuteva rispetto vederlo in mezzo ad altre persone ♦ **-se** *v.pron.* **1** imporsi: *se ha impuesto sobre el adversario*, ha superato l'avversario **2** trionfare, farsi valere, farsi rispettare.
imponible *agg.* imponibile.
impopular *agg.* impopolare.
impopularidad *s.f.* impopolarità.
importable *agg.* importabile.
importación *s.f.* importazione.
importador *agg., s.m.* importatore.
importancia *s.f.* importanza | *de —*, importante.
importar *v.tr.* **1** (*comm.*) importare **2** ammontare a, costare: *la cuenta importa 150 euros*, il conto ammonta a 150 euro ♦ *v.intr.* **1** importare, interessare, riguardare | *me importa un bledo*, non m'importa un cavolo **2** (*nella formula di cortesia*) dispiacere: *¿te importaría darme una taza de café?*, ti spiacerebbe darmi una tazza di caffè?
importe *s.m.* importo, ammontare, somma (*f.*).
importunamente *avv.* inopportunamente.
importunar *v.tr.* importunare, molestare.
importuno *agg.* **1** importuno: *un huésped —*, un ospite importuno **2** inopportuno: *un amor —*, un amore inopportuno.
imposibilidad *s.f.* impossibilità.
imposibilitado *agg.* **1** impossibilitato **2** invalido, inabile.
imposibilitar *v.tr.* impossibilitare.
imposible *agg.* **1** impossibile **2** (*fig.*) insopportabile: *lo dejé por —*, lo lasciai perché non riuscivo a sopportarlo | *estar, ponerse —*, essere, divenire insopportabile.
imposición *s.f.* **1** imposizione | (*relig.*) *— de manos*, imposizione delle mani **2** (*econ.*) imposta, tassa **3** (*comm.*) versamento (*m.*).
impositivo *agg.* (*anche fin.*) impositivo.
impositor *s.m.* tipografo.
impostación *s.f.* (*mus., voce*) impostazione.
impostar *v.tr.* (*mus., voce*) impostare.
impostergable *agg.* improrogabile, improcrastinabile.
impostor *agg., s.m.* **1** impostore, imbroglione **2** detrattore, calunniatore.
impostura *s.f.* **1** impostura: *hay que distinguir entre la autenticidad y la —*, bisogna distinguere fra l'autenticità e l'impostura **2** diceria, maldicenza.
impotencia *s.f.* impotenza.
impotente *agg., s.m.* impotente.
impracticabilidad *s.f.* impraticabilità.
impracticable *agg.* impraticabile.
imprecación *s.f.* imprecazione.
imprecar (*con. come* pescar) *v.tr.* imprecare.
imprecatorio *agg.* imprecatorio.
imprecisión *s.f.* imprecisione.
impreciso *agg.* impreciso.
impredecible *agg.* imprevedibile.
impregnable *agg.* impregnabile.
impregnación *s.f.* impregnazione.
impregnar *v.tr.* impregnare, inzuppare ♦ **-se** *v.pron.* impregnarsi, inzupparsi.
impremeditación *s.f.* irriflessione, impulsività.
impremeditado *agg.* improvviso.
imprenta *s.f.* **1** stampa: *libertad de —*, libertà di stampa | *prueba de —*, bozza | *letra de —*, (carattere) stampatello | *pie de —*, colophon | *yerro de —*, errore di stampa **2** stamperia, tipografia.
imprescindible *agg.* imprescindibile | *lo —*, il necessario.
imprescriptibilidad *s.f.* imprescrittibilità.
imprescriptible *agg.* imprescrittibile.
impresentable *agg.* (*spreg.*) impresentabile.
impresión *s.f.* **1** (*tip.*) stampa: *en curso de —*, in corso di stampa **2** impronta: *— digital/dactilar*, impronta digitale **3** (*fig.*) impressione, effetto (*m.*): *la noticia me causó mucha —*, la notizia mi fece molta impressione |

cambiar impresiones, scambiare impressioni | *de* —, impressionante.
impresionabilidad *s.f.* impressionabilità.
impresionable *agg.* impressionabile.
impresionante *agg.* impressionante.
impresionar *v.tr.* **1** impressionare, commuovere: *una obra que impresiona por su simplicidad*, un'opera che impressiona per la sua semplicità **2** (*foto.*) impressionare: — *una película*, impressionare una pellicola ♦ **-se** *v.pron.* impressionarsi.
impresionismo *s.m.* (*pitt.*) impressionismo.
impresionista *agg.*, *s.m./f.* (*pitt.*) impressionista.
impreso *agg.* stampato ♦ *s.m.* modulo, stampato, formulario | *rellenar un* —, compilare un modulo.
impresor *s.m.* stampatore, tipografo.
impresora *s.f.* (*inform.*) stampante | — *de inyección de tinta*, stampante a getto d'inchiostro | — *láser*, stampante laser.
imprevisible *agg.* imprevedibile.
imprevisión *s.f.* imprevidenza, inavvedutezza.
imprevisor *agg.* sprovveduto.
imprevisto *agg.* inaspettato, imprevisto: *un hecho* —, un fatto imprevisto ♦ *s.m.* imprevisto: *no vine porque me surgió un* —, non sono venuto perché ho avuto un imprevisto.
imprimátur *s.m.* (*chiesa*) imprimatur.
imprimir (*part. pass.* imprimido, impreso) *v.tr.* **1** (*tip.*) stampare: *se terminó de — esa obra el día 29 de septiembre*, questa opera fu finita di stampare il 29 settembre **2** (*impronta*) imprimere (*anche fig.*).
improbabilidad *s.f.* improbabilità.
improbable *agg.* improbabile.
ímprobo *agg.* improbo, eccessivo.
improcedencia *s.f.* **1** (*dir.*) illegalità, illegittimità **2** inopportunità, intempestività.
improcedente *agg.* **1** (*dir.*) illegale, illegittimo **2** inopportuno, sconveniente.
improductividad *s.f.* (*econ.*) improduttività.
improductivo *agg.* improduttivo.
improlongable *agg.* improrogabile | *contrato* —, contratto improrogabile.
impromptu *s.m.* (*mus.*) impromptu.
impronta *s.f.* **1** (*anche fig.*) impronta, traccia: *la cultura francesa dio a su obra una — reconocible*, la cultura francese diede alla sua opera un'impronta evidente **2** (*zool.*) imprinting (*m.*).
impronunciable *agg.* impronunciabile.
improperio *s.m.* improperio.
impropiedad *s.f.* improprietà.
impropio *agg.* **1** anomalo, improprio **2** sconveniente, improprio, inopportuno.
improrrogable *agg.* improrogabile.
impróvido *agg.* improvvido, incauto.
improvisación *s.f.* improvvisazione.
improvisador *agg.* (*anche mus.*) improvvisatore.
improvisar *v.tr.* improvvisare.
improviso *agg.* improvviso | *de/al* —, all'improvviso.
imprudencia *s.f.* imprudenza.
imprudente *agg.* imprudente.
impúber *agg.*, *s.m./f.* impubere.
impudencia *s.f.* impudenza, sfrontatezza.
impudente *agg.* impudente.
impudicia *s.f.* impudicizia.
impúdico *agg.*, *s.m.* impudico.
impudor *s.m.* spudoratezza (*f.*), sfrontatezza (*f.*).
impuesto *s.m.* tassa (*f.*), imposta (*f.*) | — *a pagar*, debito d'imposta | — *de circulación*, bollo auto | — *de fabricación*, imposta di fabbricazione | — *directo*, imposta diretta | — *plurifásico*, imposta a cascata | — *de reparto*, ripartizione delle imposte | — *sobre la renta de las personas físicas*, imposta sul reddito delle presone fisiche | — *sobre el valor añadido*, imposta sul valore aggiunto | — *sobre los beneficios de las sociedades*, imposta sugli utili sociali | — *sobre el patrimonio*, tassa patrimoniale | — *sobre el rendimiento de capital*, imposta sul reddito del capitale | — *sobre bienes inmuebles*, imposta sui beni immobili | *recaudador de impuestos*, esattore erariale.
impugnable *agg.* impugnabile.
impugnador *agg.*, *s.m.* impugnatore.
impugnar *v.tr.* **1** (*dir.*) impugnare **2** contestare.
impugnativo *agg.* impugnativo.
impulsar *v.tr.* **1** spingere **2** (*fig.*) intensificare, dare impulso a, stimolare: *la nueva ley impulsará las relaciones comerciales*, la nuova legge darà impulso ai rapporti commerciali.
impulsión *s.f.* spinta.
impulsividad *s.f.* impulsività.
impulsivo *agg.* impulsivo; focoso.
impulso *s.m.* **1** spinta (*f.*) **2** (*fig.*) stimolo **3** (*fig.*) slancio, impulso: — *de generosidad*, slancio di generosità
■ ***tomar impulso***, prendere la rincorsa | ***a impulsos de***, spinto da.
impune *agg.* impune.
impunidad *s.f.* **1** impunità **2** impunibilità.
impuntual *agg.* non puntuale: *siempre llega tarde, es un* —, arriva sempre in ritardo, è una persona poco puntuale.
impuntualidad *s.f.* mancanza di puntualità.
impureza *s.f.* impurezza, impurità.
impurificar (*con. come* pescar) *v.tr.* rendere impuro.
impuro *agg.* (*anche relig.*) impuro | *actos impuros*, atti impuri.
imputabilidad *s.f.* (*anche dir.*) imputabilità.
imputable *agg.* (*anche dir.*) imputabile.

imputación *s.f.* (*anche dir.*) imputazione, accusa.
imputado *agg., s.m.* (*dir.*) imputato.
imputar *v.tr.* **1** (*anche dir.*) imputare, attribuire, ascrivere **2** (*comm.*) addebitare.
imputrescible *agg.* immarcescibile.
inabarcable *agg.* infinito: *el temario del examen es* —, il programma dell'esame è interminabile.
inabordable *agg.* inabbordabile.
inacabable *agg.* interminabile.
inacabado *agg.* incompiuto: *esta nueva creación está inacabada*, questa nuova creazione è incompiuta.
inaccesibilidad *s.f.* inaccessibilità.
inaccesible *agg.* inaccessibile.
inacción *s.f.* inazione.
inacentuado *agg.* (*ling.*) non accentato, atono.
inaceptable *agg.* inaccettabile.
inactividad *s.f.* inattività.
inactivo *agg.* inattivo, inerte.
inactual *agg.* inattuale.
inadaptabilidad *s.f.* inadattabilità.
inadaptable *agg.* inadattabile.
inadaptación *s.f.* disadattamento (*m.*), alienazione | —*juvenil*, disagio giovanile.
inadaptado *agg., s.m.* disadattato, alienato.
inadecuación *s.f.* inadeguatezza.
inadecuado *agg.* inadeguato.
inadmisible *agg.* inammissibile, intollerabile.
inadvertencia *s.f.* inavvertenza, distrazione, svista, disattenzione.
inadvertido *agg.* **1** inavvertito **2** distratto | *pillar* —, cogliere di sorpresa.
inagotable *agg.* inesauribile | *bien* —, bene inesauribile.
inaguantable *agg.* insopportabile.
inajenable *agg.* ▸ **inalienable.**
inalámbrico *agg.* senza filo: *teléfono* —, (*teléfono*) cordless.
inalcanzable *agg.* irraggiungibile.
inalienabilidad *s.f.* (*dir.*) inalienabilità.
inalienable *agg.* (*anche dir.*) inalienabile.
inalterabilidad *s.f.* inalterabilità.
inalterable *agg.* inalterabile.
inalterado *agg.* inalterato.
inamovibilidad *s.f.* inamovibilità.
inamovible *agg.* inamovibile, fisso.
inamovilidad *s.f.* inamovibilità.
inane *agg.* (*lett.*) inane, vano.
inanidad *s.f.* (*lett.*) inanità.
inanimado *agg.* **1** inanimato **2** esanime, privo di sensi.
inánime *agg.* inanime.
inapagable *agg.* **1** (*fig.*) insaziabile, inestinguibile **2** che non può essere spento.
inapeable *agg.* (*lett.*) **1** non transitabile **2** (*fig.*) inspiegabile, insondabile: *un arcano* —, un arcano insondabile **3** (*fig.*) risoluto, tenace: *su amor — hacia la patria*, il suo amore tenace per la patria.
inapelable *agg.* (*anche dir.*) inappellabile: *el verdicto — del pueblo*, il verdetto inappellabile del popolo.
inapetencia *s.f.* inappetenza.
inapetente *agg.* inappetente.
inaplazable *agg.* improrogabile: *el plazo de entrega es* —, la data di consegna è improrogabile.
inaplicable *agg.* inapplicabile.
inapreciable *agg.* **1** inapprezzabile: *un porcentaje* —, una percentuale non apprezzabile **2** (*fig.*) inestimabile: *es una ventaja — para nosotros*, è un vantaggio inestimabile per noi.
inaprensible *agg.* (*anche fig.*) inafferrabile, impenetrabile: *la naturaleza — de lenguaje*, la natura inafferrabile del linguaggio.
inaprensivo *agg.* noncurante, indifferente.
inapropiado *agg.* inappropriato.
inarmónico *agg.* disarmonico.
inarticulado *agg.* inarticolato.
inasequible *agg.* inaccessibile, irraggiungibile.
inasible *agg.* **1** inafferrabile **2** incomprensibile.
inastillable *agg.* (*di vetro*) infrangibile.
inatacable *agg.* inattaccabile.
inatención *s.f.* disattenzione, sgarbo (*m.*), scortesia.
inatento *agg.* inattento.
inaudible *agg.* inaudibile.
inaudito *agg.* inaudito.
inauguración *s.f.* inaugurazione.
inaugurador *agg., s.m.* inauguratore.
inaugural *agg.* inaugurale.
inaugurar *v.tr.* inaugurare, aprire, dare il via a | *— las clases*, iniziare le lezioni.
inaveriguable *agg.* non verificabile, inappurabile.
inca *agg., s.m./f.* inca.
incaico *agg.* incaico.
incalculable *agg.* incalcolabile.
incalificable *agg.* inqualificabile.
incalmable *agg.* implacabile, immitigabile: *un odio* —, un odio implacabile.
incandescencia *s.f.* incandescenza.
incandescente *agg.* incandescente.
incansable *agg.* instancabile.
incapacidad *s.f.* incapacità, inabilità | *— laboral*, inidoneità al lavoro.
incapacitado *agg.* **1** incapace **2** (*dir.*) interdetto.
incapacitar *v.tr.* **1** inabilitare, rendere incapace **2** (*dir.*) interdire.
incapaz (*pl.* -ces) *agg.* **1** incapace **2** (*dir.*) interdetto **3** negato: *soy — para las matemáticas*, sono negato per la matematica.
incasable *agg.* **1** non sposabile; che non

può sposarsi **2** (*fig.*) non combinabile, non incastrabile.
incautación *s.f.* confisca, sequestro (*m.*).
incautarse *v.pron.* **1** (*fam.*) impossessarsi: *se incautó de sus bienes*, si impossessò dei suoi beni **2** (*dir.*) pignorare, confiscare.
incauto *agg.* incauto.
incendiar *v.tr.* incendiare, bruciare.
incendiario *agg.* **1** incendiario **2** (*fig.*) ribelle, sovversivo ♦ *s.m.* incendiario, piromane (*m./f.*).
incendio *s.m.* **1** incendio **2** (*fig.*) passione (*f.*) ardente.
incensación *s.f.* incensazione.
incensada *s.f.* (*relig.*) incensata.
incensar *v.tr.* (*relig.*, *fig.*) incensare.
incensario *s.m.* (*relig.*) incensiere.
incensurable *agg.* incensurabile.
incentivar *v.tr.* incentivare.
incentivo *s.m.* incentivo, stimolo.
incertidumbre *s.f.* incertezza, dubbio (*m.*).
incesable *agg.* interminabile, incessabile.
incesante *agg.* incessante.
incesto *s.m.* incesto.
incestuoso *agg.* incestuoso.
incidencia *s.f.* **1** incidenza, influenza: *su obra no tuvo mucha — en la literatura de aquella época*, la sua opera non ebbe molta influenza sulla letteratura di quel tempo **2** contrattempo (*m.*), incidente (*m.*).
incidental *agg.* incidentale.
incidente *agg.* incidente ♦ *s.m.* **1** imprevisto, disguido, incidente **2** contesa (*f.*), disputa (*f.*).
incidir[1] *v.intr.* **1** incorrere, cadere: *— en error*, incorrere in un errore **2** (*fis.*) incidere **3** influire, causare effetti, incidere | *la escasez de lluvia incidió en la cosecha*, la scarsità di pioggia incise sul raccolto.
incidir[2] *v.tr.* (*med.*) incidere, tagliare.
incienso *s.m.* **1** incenso **2** (*fig.*) adulazione (*f.*), lusinga (*f.*) | *dar — a alguien*, adulare qlcu.
incierto *agg.* **1** incerto, insicuro: *un futuro —*, un futuro incerto **2** impreciso, falso **3** ignoto, sconosciuto **4** incostante: *un comportamiento —*, un comportamento incostante.
incineración *s.f.* incinerazione, cremazione.
incinerador *s.m.* inceneritore.
incinerar *v.tr.* incenerire, cremare.
incipiente *agg.* incipiente.
íncipit *s.m.* incipit.
incircunciso *agg.* incirconciso.
incisión *s.f.* **1** incisione, taglio (*m.*) **2** (*lett.*) cesura.
incisivo *agg.*, *s.m.* incisivo.
inciso *agg.* inciso ♦ *s.m.* **1** (*gramm.*) inciso **2** inciso, digressione (*f.*).
incitación *s.f.* incitamento (*m.*).
incitador *agg.*, *s.m.* incitatore.
incitante *agg.* provocante, stimolante.
incitar *v.tr.* incitare, stimolare, spronare; istigare.
incivil *agg.* **1** incivile **2** (*fig.*) screanzato, maleducato.
incivilidad *s.f.* inciviltà.
incivilizado *agg.* incivile, selvaggio.
incivismo *s.m.* inciviltà (*f.*).
inclasificable *agg.* inclassificabile.
inclemencia *s.f.* **1** inclemenza: *las inclemencias del tiempo*, l'inclemenza del tempo **2** (*fig.*) rigore (*m.*), severità: *la — del juez*, la severità del giudice.
inclemente *agg.* inclemente: *un juicio —*, un giudizio inclemente.
inclinación *s.f.* **1** inclinazione: *las dos torres no tenían la misma inclinación*, le due torri non avevano la stessa inclinazione **2** (*fig.*) propensione; tendenza **3** inchino (*m.*), riverenza.
inclinado *agg.* **1** chino **2** (*fig.*) tendente, portato **3** inclinato.
inclinar *v.tr.* **1** inclinare, piegare; chinare **2** (*fig.*) persuadere, spingere ♦ **-se** *v.pron.* **1** inclinarsi; chinarsi **2** (*fig.*) propendere: *me inclino a creerlo*, sono propenso a crederlo.
inclinómetro *s.m.* (*aer.*) inclinometro.
ínclito *agg.* (*lett.*) inclito.
incluir (*con. come* huir) *v.tr.* **1** includere, accludere, inserire **2** comprendere.
inclusión *s.f.* inclusione.
inclusive *avv.* compreso, incluso: *hasta el número veinte —*, fino al numero venti compreso.
incluso *agg.* incluso ♦ *avv.* anche; persino: *— el hecho de cantar le molestaba*, anche il fatto di cantare lo infastidiva; *— cuando llueve salen de excursión*, vanno in gita persino quando piove.
incluyente *agg.* comprensivo.
incoativo *agg.*, *s.m.* (*gramm.*) incoativo.
incobrable *agg.* (*comm.*) inesigibile.
incógnita *s.f.* (*anche mat.*) incognita | *despejar la —*, chiarire il mistero; (*mat.*) trovare il valore di un'incognita.
incógnito *agg.* incognito, ignoto | *de —*, in incognito, in borghese.
incognoscible *agg.* inconoscibile.
incoherencia *s.f.* incoerenza, mancanza di senso.
incoloro *agg.* incolore.
incólume *agg.* incolume, indenne.
incolumidad *s.f.* incolumità.
incombustibilidad *s.f.* incombustibilità.
incombustible *agg.* incombustibile.
incombusto *agg.* incombusto.
incomible *agg.* immangiabile.
incomodar *v.tr.* **1** disturbare, importuna-

re, dare fastidio a **2** mettere in imbarazzo: *sus palabras incomodan al presidente*, le sue parole mettono in imbarazzo il presidente ♦ **-se** *v.pron.* **1** inquietarsi, sentirsi a disagio **2** arrabbiarsi: *me incomodé con mi socio*, mi arrabbiai col mio socio.
incomodidad *s.f.* **1** scomodità **2** fastidio (*m.*), disturbo (*m.*), disagio (*m.*): *sensación de —*, sensazione di fastidio; *sentir — en hacer algo*, provare disagio a fare qlco.
incómodo *agg.* **1** scomodo **2** (*fig.*) a disagio, imbarazzato: *sentirse —*, sentirsi a disagio.
incomparable *agg.* incomparabile.
incompartible *agg.* indivisibile, che non si può spartire.
incompatibilidad *s.f.* incompatibilità.
incompatible *agg.* incompatibile.
incompensable *agg.* incompensabile.
incompetencia *s.f.* incompetenza.
incompetente *agg.* incompetente.
incompleto *agg.* incompleto.
incomponible *agg.* incompatibile: *deseos incomponibles*, desideri incompatibili.
incomprensibilidad *s.f.* incomprensibilità.
incomprensible *agg.* incomprensibile.
incomprensión *s.f.* incomprensione.
incomunicabilidad *s.f.* incomunicabilità.
incomunicable *agg.* incomunicabile.
incomunicación *s.f.* **1** isolamento (*m.*), alienazione, incomunicabilità **2** (*dir.*) isolamento (*m.*).
incomunicado *agg.* **1** isolato **2** (*dir.*) segregato.
incomunicar (*con. come* pescar) *v.tr.* **1** isolare, lasciare senza comunicazione: *la tormenta incomunicó la ciudad por dos horas*, la tormenta isolò la città per due ore; *tuvieron que — telefónicamente al pueblo*, dovettero lasciare senza collegamento telefonico il paese **2** (*dir.*) segregare.
inconcebible *agg.* inconcepibile, assurdo.
inconciliable *agg.* inconciliabile.
inconcluso *agg.* incompiuto.
incondicionado, incondicional *agg.* incondizionato.
inconexión *s.f.* sconnessione.
inconexo *agg.* (*anche fig.*) sconnesso, incoerente: *hablaba a gritos, de manera inconexa*, parlava urlando in modo sconnesso; *lo que dice me parece bastante —*, ciò che dice mi pare abbastanza incoerente; *un relato —*, un racconto sconnesso.
inconfesable *agg.* inconfessabile, vergognoso.
inconforme *agg.* eterodosso, trasgressivo, non conforme.
inconformismo *s.m.* anticonformismo.
inconformista *agg.*, *s.m./f.* anticonformista.
inconfundible *agg.* inconfondibile.
incongruencia *s.f.* incongruenza, incoerenza.
incongruente *agg.* incongruente.
incongruo *agg.* incongruo, incongruente: *esto es un final —*, questo è un finale incongruo.
inconmensurabilidad *s.f.* incommensurabilità.
inconmensurable *agg.* incommensurabile.
inconquistable *agg.* **1** inconquistabile **2** (*fig.*) integro, inflessibile.
inconsciencia *s.f.* incoscienza.
inconsciente *agg.* **1** non cosciente, privo di conoscenza | *en estado —*, in stato d'incoscienza **2** (*fig.*) irresponsabile, incosciente **3** inconscio, inconsapevole, automatico (*anche psic.*) ♦ *s.m.* (*psic.*) inconscio, subconscio.
inconsecuencia *s.f.* inconseguenza.
inconsecuente *agg.* inconseguente.
inconsideración *s.f.* sconsideratezza.
inconsiderado *agg.*, *s.m.* sconsiderato.
inconsistencia *s.f.* inconsistenza.
inconsistente *agg.* inconsistente.
inconsolable *agg.* inconsolabile.
inconstancia *s.f.* incostanza.
inconstante *agg.* incostante.
inconstitucional *agg.* incostituzionale.
inconstitucionalidad *s.f.* incostituzionalità.
incontable *agg.* **1** innumerevole **2** (*fig.*) infinito.
incontaminado *agg.* incontaminato.
incontenible *agg.* incontenibile.
incontestabilidad *s.f.* incontestabilità.
incontestable *agg.* incontestabile, inoppugnabile.
incontestado *agg.* incontestato, indiscusso: *un predominio —*, un predominio incontestato.
incontinencia *s.f.* incontinenza.
incontinente *agg.* incontinente, incontrollato.
incontrastable *agg.* **1** incontrastabile: *el predominio — de las grandes potencias*, il predominio incontrastabile delle grandi potenze **2** indiscutibile **3** (*fig.*) inflessibile, irremovibile: *mantuvo una firmeza —*, mantenne una fermezza inflessibile.
incontrolable *agg.* incontrollabile.
incontrolado *agg.* incontrollato.
incontrovertible *agg.* incontrovertibile.
inconvencible *agg.* inconvincibile.
inconvenencia, inconveniencia *s.f.* sconvenienza, inopportunità.
inconveniente *agg.* sconveniente, inopportuno ♦ *s.m.* inconveniente, difficoltà (*f.*), problema.
inconvertible *agg.* inconvertibile.
incordiar *v.tr.* disturbare, molestare, dare fastidio a: *deja de —*, smettila di dare fastidio.
incordio *s.m.* **1** disturbo, fastidio: *no quiero*

hacerlo, es un —, non voglio farlo, è un fastidio **2** (*med.*) bubbone.
incorporación *s.f.* incorporazione.
incorporar *v.tr.* **1** incorporare, aggiungere, aggregare: *incorporó los demás ingredientes a la masa*, aggiunse/amalgamò gli altri ingredienti all'impasto **2** (*busto*) sollevare ♦ **-se** *v.pron.* **1** aggregarsi, associarsi: *para conseguir trabajo tuvo que — a un grupo político*, per trovare lavoro dovette associarsi a un gruppo politico **2** sollevarsi, alzarsi **3** riprendere servizio: *se incorporó a su cargo*, ha ripreso il suo incarico.
incorporeidad *s.f.* incorporeità.
incorpóreo *agg.* incorporeo.
incorrección *s.f.* scorrettezza, inesattezza, errore (*m.*).
incorrecto *agg.* **1** scorretto, sbagliato **2** scortese.
incorregibilidad *s.f.* incorreggibilità.
incorregible *agg.* **1** incorreggibile **2** incallito, inguaribile, incorreggibile.
incorrupción *s.f.* **1** incontaminatezza **2** (*fig.*) purezza, onestà.
incorruptibilidad *s.f.* incorruttibilità.
incorruptible *agg.* (*anche fig.*) incorruttibile: *un alma* —, un'anima incorruttibile.
incorrupto *agg.* incorrotto.
increado *agg.* increato.
incredibilidad *s.f.* incredibilità.
incredulidad *s.f.* **1** incredulità **2** (*relig.*) miscredenza.
incrédulo *agg.*, *s.m.* **1** incredulo **2** (*relig.*) miscredente (*m./f.*).
increíble *agg.* incredibile; inconcepibile.
incrementar *v.tr.* incrementare, aumentare: *— el gasto en favor de los pobres*, incrementare la spesa in favore dei poveri.
incremento *s.m.* incremento.
increpar *v.tr.* **1** rimproverare **2** offendere, insultare.
incriminación *s.f.* (*dir.*) incriminazione.
incriminar *v.tr.* (*dir.*) incriminare.
incruento *agg.* incruento.
incrustación *s.f.* incrostazione: *incrustaciones de cerámica*, incrostazioni di ceramica.
incrustar *v.tr.* **1** incrostare **2** conficcare ♦ **-se** *v.pron.* **1** incrostarsi **2** conficcarsi.
incubación *s.f.* incubazione.
incubadora *s.f.* (*anche med.*) incubatrice.
incubar *v.tr.* covare ♦ **-se** *v.pron.* **1** (*med., malattia*) incubare **2** (*fig.*) covare, prepararsi, tramare.
incuestionable *agg.* indiscutibile.
inculcar (*con. come* pescar) *v.tr.* inculcare, infondere.
inculpabilidad *s.f.* (*dir.*) non colpevolezza.
inculpación *s.f.* imputazione | *aviso de* —, avviso di garanzia.
inculpado *agg.*, *s.m.*(*dir.*) imputato.
inculpar *v.tr.* **1** incolpare **2** (*dir.*) imputare.
incultivable *agg.* incoltivabile.
inculto *agg.* **1** incolto, non coltivato **2** (*fig.*) rozzo, ignorante | *estilo* —, stile sciatto.
incultura *s.f.* incultura.
incumbencia *s.f.* incombenza.
incumbir *v.intr.* spettare, competere: *eso no te incumbe*, ciò non spetta a te.
incumplido *agg.* **1** incompiuto **2** inadempiente.
incumplimiento *s.m.* inadempimento.
incumplir *v.tr.* disobbedire a, infrangere; non rispettare: — *una ley*, infrangere una legge; — *un contrato*, non rispettare un contratto.
incunable *agg.*, *s.m.*incunabolo.
incurabilidad *s.f.* incurabilità.
incurable *agg.* incurabile, inguaribile.
incuria *s.f.* incuria.
incurrir *v.intr.* incorrere: *no quería — otra vez en el error de creerle*, non voleva incorrere un'altra volta nell'errore di credergli.
incursión *s.f.* incursione, scorreria.
indagación *s.f.* indagine, investigazione.
indagador *agg.*, *s.m.*indagatore.
indagar (*con. come* llegar) *v.tr.* indagare, investigare.
indagatoria *s.f.* interrogatorio (*m.*).
indebido *agg.* **1** indebito **2** (*fig.*) ingiusto; illecito, illegale.
indecencia *s.f.* indecenza.
indecente *agg.* indecente.
indecible *agg.* indicibile, inesprimibile.
indecisión *s.f.* indecisione, esitazione.
indeciso *agg.* **1** indeciso **2** incerto, dubbio.
indeclinable *agg.* **1** indeclinabile, irrinunciabile, inderogabile: *decisión* —, decisione inderogabile **2** (*gramm.*) indeclinabile.
indecoroso *agg.* indecoroso.
indefectible *agg.* **1** indefettibile: *una amistad* —, un'amicizia indefettibile **2** immancabile, inevitabile.
indefendible *agg.* indifendibile.
indefensión *s.f.* (*dir.*) mancanza di tutela.
indefenso *agg.* indifeso.
indefinible *agg.* indefinibile.
indefinido *agg.* **1** indefinito, indeterminato **2** illimitato **3** (*gramm., di articolo*) indeterminativo; (*di agg., pron.*) indefinito | *pretérito* —, passato remoto.
indeformable *agg.* indeformabile.
indeleble *agg.* indelebile, incancellabile.
indelegable *agg.* non delegabile.
indelicadeza *s.f.* indelicatezza.
indelicado *agg.* indelicato.
indemne *agg.* indenne, illeso, incolume.
indemnidad *s.f.* l'essere, il rimanere indenne.
indemnización *s.f.* indennità, indennizzo (*m.*), risarcimento (*m.*).

indemnizar (*con. come* cazar) *v.tr.* indennizzare, risarcire.
indemostrable *agg.* indimostrabile.
independencia *s.f.* indipendenza.
independentismo *s.m.* (*pol.*) indipendentismo.
independentista *agg.*, *s.m./f.* (*pol.*) indipendentista.
independiente *agg.* (*anche pol.*) indipendente, autonomo.
independizar (*con. come* cazar) *v.tr.* rendere indipendente, emancipare: — *una provincia*, rendere indipendente una provincia ♦ **-se** *v.pron.* emanciparsi.
inderogabilidad *s.f.* inderogabilità.
inderogable *agg.* inderogabile.
indescifrable *agg.* indecifrabile.
indescriptible *agg.* indescrivibile.
indeseable *agg.* indesiderabile.
indestructibilidad *s.f.* indistruttibilità.
indestructible *agg.* indistruttibile.
indeterminable *agg.* indeterminabile.
indeterminación *s.f.* indeterminatezza.
indeterminado *agg.* **1** indeterminato, indefinito, impreciso **2** (*gramm., di articolo*) indeterminativo.
indexación *s.f.* (*econ.*) indicizzazione.
indianista *s.m./f.* (*lett.*) indianista.
indiano *agg.*, *s.m.* **1** indiano **2** (*fam.*) emigrato che si è arricchito in America.
indicación *s.f.* indicazione, segnale (*m.*): *por — de*, su indicazione di.
indicado *agg.* indicato, adatto.
indicador *agg.*, *s.m.* indicatore.
indicar (*con. come* pescar) *v.tr.* **1** indicare, segnalare **2** significare, denotare **3** consigliare, suggerire: *le indiqué que llevara un impermeable*, le consigliai di portare un impermeabile **4** (*med.*) prescrivere.
indicativo *s.m.* (*anche gramm.*) indicativo.
indicción *s.f.* indizione.
índice *s.m.* **1** indice | *dedo* —, dito indice **2** indicatore: *un — de la economía es la renta per cápita*, un indicatore dell'economia è il reddito pro capite **3** (*biblioteca*) indice; catalogo: — *del libro*, indice del libro.
indiciado *agg.*, *s.m.* (*dir.*) indiziato.
indiciario *agg.* (*dir.*) indiziario.
indicio *s.m.* indizio, traccia (*f.*) | *sin* —, senza traccia | *indicios de gripe*, sintomi dell'influenza.
índico *agg.* (*dell'India*) indiano | *océano Índico*, oceano Indiano.
indiferencia *s.f.* indifferenza.
indiferenciado *agg.* indifferenziato.
indiferente *agg.* **1** indifferente, insensibile **2** indifferente, uguale.
indiferentismo *s.m.* indifferentismo.
indígena *agg.*, *s.m./f.* indigeno (*m.*).
indigencia *s.f.* indigenza.
indigente *agg.* indigente.
indigerible *agg.* indigeribile.
indigestarse *v.pron.* **1** (*med.*) fare indigestione **2** (*fig.*, *fam.*) non digerire, non tollerare.
indigestión *s.f.* indigestione.
indigesto *agg.* **1** indigesto: *el pescado crudo es muy* —, il pesce crudo è molto indigesto **2** (*fig.*) sgradevole, indigesto: *un estilo* —, uno stile indigesto.
indignación *s.f.* indignazione.
indignar *v.tr.* indignare, far arrabbiare ♦ **-se** *v.pron.* indignarsi.
indignidad *s.f.* (*anche dir.*) indegnità.
indigno *agg.* **1** indegno **2** (*fig.*) degradante, umiliante.
índigo *s.m.* indaco.
indio *agg.*, *s.m.* **1** indio **2** (*dell'India e dell'America del Nord*) indiano | *hacer el* —, fare il buffone.
indirecta *s.f.* allusione, insinuazione: *soltar una* —, fare un'allusione | *coger la* —, capire l'antifona.
indirecto *agg.* indiretto | (*sport*) *tiro* —, punizione di seconda | *impuesto* —, imposta indiretta | (*gramm.*) *complemento* —, complemento di termine.
indisciplina *s.f.* indisciplina.
indisciplinable *agg.* indisciplinabile.
indisciplinado *agg.* indisciplinato.
indiscreción *s.f.* **1** indiscrezione, mancanza di tatto, indelicatezza **2** indiscrezione, detto (*m.*) o fatto (*m.*) indiscreto.
indiscreto *agg.* indiscreto.
indiscriminado *agg.* indiscriminato.
indisculpable *agg.* imperdonabile.
indiscutible *agg.* indiscutibile.
indisimulado *agg.* non dissimulato, palese.
indisociable *agg.* indissociabile.
indisolubilidad *s.f.* indissolubilità.
indisoluble *agg.* indissolubile.
indispensable *agg.* indispensabile, necessario.
indisponer (*con. come* poner) *v.tr.* **1** indisporre, indispettire **2** causare un'indisposizione a ♦ **-se** *v.pron.* **1** indisporsi, irritarsi **2** avere un'indisposizione.
indisponibilidad *s.f.* indisponibilità.
indisponible *agg.* indisponibile.
indisposición *s.f.* indisposizione.
indispuesto *agg.* indisposto, malato | *se había sentido — y se había retirado en su habitación*, si era sentito indisposto e si era ritirato nella sua stanza.
indistinguible *agg.* **1** indistinguibile **2** impercettibile.
indistinto *agg.* **1** indistinto **2** uguale, indifferente: *respondió que le era* —, rispose che gli era indifferente

■ (*banc.*) ***deposito indistinto***, conto corrente cointestato.
individual *agg.* individuale, singolo, singolare: *habitación —*, stanza singola.
individualidad *s.f.* individualità.
individualismo *s.m.* individualismo.
individualista *agg.*, *s.m./f.* individualista.
individualizar (*con. come* cazar) *v.tr.* **1** individualizzare **2** distinguere, differenziare: *— metodologías didácticas*, differenziare metodologie didattiche.
individuo *s.m.* **1** individuo **2** membro **3** (*fam.*) tipo, individuo | *el — ese*, quel tipo lì.
indivisibilidad *s.f.* indivisibilità.
indivisible *agg.* indivisibile.
indiviso *agg.* indiviso.
indizar (*con. come* cazar) *v.tr.* indicizzare.
indoblegable *agg.* indomabile: *un — espiritu de combate*, un indomabile spirito di lotta; *un adversario —*, un avversario imbattibile.
indochino *agg.*, *s.m.* indocinese (*m./f.*).
indócil *agg.* indocile.
indocilidad *s.f.* indocilità.
indocto *agg.* ignorante, incolto.
indoeuropeo *agg.*, *s.m.* indoeuropeo.
índole *s.f.* indole.
indolencia *s.f.* indolenza.
indolente *agg.* **1** indolente, pigro **2** insensibile.
indoloro *agg.* indolore.
indomable *agg.* **1** indomabile, indomito **2** (*fig.*) indomabile, ribelle.
indomado *agg.* indomito, non domato.
indomesticable *agg.* indomabile.
indómito *agg.* indomito.
indonesio *agg.*, *s.m.* indonesiano.
indubitable *agg.* indubitabile.
inducción *s.f.* **1** (*elettr.*) induzione | *— electromagnética*, induzione elettromagnetica **2** stimolazione: *— del parto*, induzione del parto **3** (*dir.*) istigazione.
inducido *s.m.* (*fis.*) indotto.
inducir (*con. come* conducir) *v.tr.* indurre, persuadere, spingere; istigare: *— a error*, indurre in errore.
indudable *agg.* indubbio, chiaro: *es un — error del gobierno*, è un chiaro errore del governo.
indulgencia *s.f.* indulgenza, clemenza | *— plenaria*, indulgenza plenaria.
indulgente *agg.* indulgente.
indultar *v.tr.* **1** perdonare, condonare **2** (*dir.*) concedere l'indulto a.
indulto *s.m.* **1** (*dir.*) indulto **2** (*bur.*, *econ.*) condono.
indumentaria *s.f.* **1** abbigliamento (*m.*), vestiario (*m.*) **2** (*disciplina*) storia dell'abbigliamento.
indumentario *agg.* dell'abbigliamento.
indumento *s.m.* indumento.
industria *s.f.* **1** industria | *— siderúrgica*, industria siderurgica **2** (*fig.*) abilità, destrezza
■ ***de industria***, di proposito.
industrial *agg.*, *s.m./f.* industriale | *complejo —*, polo industriale | *revolución —*, rivoluzione industriale | *en cantidades industriales*, in quantità industriale.
industrialismo *s.m.* industrialismo.
industrialización *s.f.* industrializzazione.
industrializar (*con. come* cazar) *v.tr.* industrializzare.
industriarse *v.pron.* industriarsi, darsi da fare.
industrioso *agg.* industrioso: *un hombre —*, un uomo industrioso.
inebriar *v.tr.* inebriare.
inedia *s.f.* inedia.
inédito *agg.* inedito.
ineducación *s.f.* maleducazione.
ineducado *agg.* ineducato, maleducato.
inefabilidad *s.f.* ineffabilità.
inefable *agg.* ineffabile.
inefectivo *agg.* inefficace.
ineficacia *s.f.* inefficacia.
ineficaz (*pl.* -ces) *agg.* inefficace.
ineficiencia *s.f.* inefficienza.
ineficiente *agg.* inefficiente.
inelegancia *s.f.* ineleganza.
inelegante *agg.* inelegante.
inelegible *agg.* ineleggibile.
ineluctable *agg.* ineluttabile.
ineludible *agg.* ineludibile.
inenarrable *agg.* inenarrabile, indescrivibile.
inepcia *s.f.* **1** inezia, sciocchezza **2** inettitudine.
ineptitud *s.f.* inettitudine.
inepto *agg.*, *s.m.* inetto, incapace (*m./f.*).
inequívoco *agg.* inequivocabile, evidente.
inercia *s.f.* (*anche fis.*) inerzia | *fuerza de —*, forza di inerzia.
inercial *agg.* (*fis.*) inerziale.
inerme *agg.* inerme.
inerte *agg.* inerte: *gas —*, gas inerte.
inervación *s.f.* (*anat.*) innervazione.
inescrupuloso *agg.* senza scrupoli.
inescrutable *agg.* imperscrutabile.
inesperable *agg.* insperabile.
inesperado *agg.* insperato, inatteso, imprevisto: *un encuentro —*, un incontro inatteso.
inestabilidad *s.f.* instabilità.
inestable *agg.* instabile.
inestimable *agg.* inestimabile: *un beneficio —*, un beneficio inestimabile.
inestimado *agg.* **1** sottostimato, sottovalutato: *una dote inestimada*, una dote sottovalutata **2** non stimato.
inestimar *v.tr.* sottovalutare, sottostimare.
inevitabilidad *s.f.* inevitabilità.
inevitable *agg.* inevitabile.
inexactitud *s.f.* inesattezza.

inexacto *agg.* inesatto.
inexcusable *agg.* imperdonabile.
inexhausto *agg.* inesauribile: *un deseo —*, un desiderio inesauribile.
inexistencia *s.f.* inesistenza.
inexistente *agg.* inesistente.
inexorabilidad *s.f.* inesorabilità.
inexorable *agg.* inesorabile, spietato.
inexperiencia *s.f.* inesperienza.
inexperto *agg.* inesperto.
inexplicable *agg.* inspiegabile, inesplicabile.
inexplicado *agg.* inspiegato.
inexplorable *agg.* inesplorabile.
inexplorado *agg.* inesplorato.
inexpresable *agg.* inesprimibile.
inexpresivo *agg.* inespressivo.
inexpugnable *agg.* inespugnabile.
inextensible *agg.* inestensibile.
inextinguible *agg.* inestinguibile.
in extremis *loc. avv.* in extremis.
inextricable *agg.* inestricabile.
infalibilidad *s.f.* infallibilità.
infalible *agg.* infallibile: *un médico —*, un medico infallibile.
infamante *agg.* infamante.
infamar *v.tr.* diffamare, offendere, screditare.
infame *agg.*, *s.m./f.* infame.
infamia *s.f.* infamia.
infancia *s.f.* infanzia | *jardín de—*, asilo nido.
infanta *s.f.* figlia non primogenita del re, principessa.
infantado *s.m.* principato.
infante *s.m.* **1** bambino, infante (*m./f.*) **2** (*mil.*) fante **3** infante, figlio del re (che non è erede al trono).
infantería *s.f.* (*mil.*) fanteria | *— ligera*, fanteria leggera | *quedar de —*, rimanere a piedi.
infanticida *agg.*, *s.m./f.* (*dir.*) infanticida.
infanticidio *s.m.* (*dir.*) infanticidio.
infantil *agg.* infantile, puerile: *comportamiento —*, atteggiamento infantile | *guardería —*, asilo nido.
infantilismo *s.m.* infantilismo.
infantilización *s.f.* infantilismo (*m.*).
infartado *agg.*, *s.m.* (*med.*) infartuato.
infartarse *v.pron.* (*med.*) avere un infarto.
infarto *s.m.* (*med.*) infarto.
infatigable *agg.* instancabile, infaticabile.
infausto *agg.* infausto.
infección *s.f.* infezione.
infeccioso *agg.* infettivo | *enfermedad infecciosa*, malattia infettiva.
infectar *v.tr.* infettare, contagiare: *un virus infectó el ordenador*, il computer è stato infettato da un virus ♦ **-se** *v.pron.* infettarsi, contagiarsi.
infecto *agg.* **1** infetto **2** (*fig.*) contaminato, corrotto **3** (*fig.*) brutto, sporco.
infecundidad *s.f.* infecondità.
infecundo *agg.* infecondo.
infelicidad *s.f.* infelicità.
infeliz (*pl.* -ces) *agg.* **1** infelice, triste **2** disgraziato, sfortunato **3** candido, ingenuo.
inferencia *s.f.* inferenza.
inferior *agg.* inferiore ♦ *s.m.* inferiore, subalterno, subordinato.
inferioridad *s.f.* inferiorità.
inferir (*con. come* acertar) *v.tr.* **1** inferire, dedurre: *— unas implicaciones lógicas*, dedurre alcune implicazioni logiche **2** infliggere.
infernal *agg.* **1** infernale **2** (*fig.*) terribile, atroce, infernale.
infértil *agg.* sterile, infecondo.
infertilidad *s.f.* sterilità, infertilità.
infestar *v.tr.* (*anche fig.*) infestare.
infibulación *s.f.* infibulazione.
infibular *v.tr.* infibulare.
inficionar *v.tr.* **1** infettare **2** (*fig.*) contaminare, corrompere **3** (*anche fig.*) avvelenare.
infidelidad *s.f.* infedeltà.
infiel *agg.* **1** infedele, sleale **2** falso, inesatto.
infiernillo *s.m.* fornellino elettrico.
infierno *s.m.* inferno; (*pl.*) inferi (*pl.*) | (*fam.*) *en el quinto —*, a casa di Dio | *¡anda/vete al —!*, vai all'inferno! | *mandar al —*, mandare all'inferno.
infijo *s.m.* (*ling.*) infisso.
infiltración *s.f.* (*anche med.*) infiltrazione.
infiltrado *s.m.* (*pol.*) infiltrato.
infiltrar *v.tr.* **1** infiltrare: *— unidades entre las tropas enemigas*, infiltrare unità fra le truppe nemiche **2** (*fig.*) inculcare ♦ **-se** *v.pron.* **1** infiltrarsi **2** bagnare, impregnare, infiltrarsi.
ínfimo *agg.* infimo.
infinidad *s.f.* **1** infinità **2** (*fig.*) moltitudine, infinità, grande quantità.
infinitesimal *agg.* (*mat.*) infinitesimale.
infinitésimo *s.m.* (*mat.*) infinitesimo.
infinitivo *s.m.* (*gramm.*) infinito: *modo —*, modo infinito.
infinito *agg.*, *s.m.* (*anche mat.*) infinito.
infinitud *s.f.* infinitezza.
inflable *agg.* gonfiabile.
inflación *s.f.* **1** rigonfiamento (*m.*) **2** (*econ.*) inflazione **3** (*fig.*) esagerazione.
inflacionar *v.tr.* (*econ.*) inflazionare.
inflacionario *agg.* (*econ.*) inflazionistico.
inflacionismo *s.m.* (*econ.*) inflazionismo.
inflador *s.m.* pompa (*f.*).
inflamabilidad *s.f.* infiammabilità.
inflamable *agg.* infiammabile.
inflamación *s.f.* infiammazione.
inflamado *agg.* **1** (*anche med.*) infiammato: *el tejido —*, il tessuto infiammato **2** (*fig.*) ardente, infiammato, infervorato: *el alma inflamada por la mirada de una mujer*, l'anima infiammata per lo sguardo di una donna.
inflamar *v.tr.* **1** (*anche fig.*) infiammare,

accendere **2** (*med.*) infiammare, irritare ♦ **-se** *v.pron.* **1** accendersi, entusiasmarsi **2** (*med.*) infiammarsi, irritarsi.
inflamatorio *agg.* (*med.*) infiammatorio.
inflamiento *s.m.* gonfiamento.
inflar *v.tr.* (*anche fig.*) gonfiare: *inflaron las cuentas para ocultar la malversación de los fondos*, gonfiarono i conti per nascondere la malversazione dei fondi ♦ **-se** *v.pron.* **1** gonfiarsi **2** (*fig.*) insuperbirsi.
inflexibilidad *s.f.* inflessibilità.
inflexible *agg.* **1** rigido **2** (*fig.*) inflessibile, rigido, severo.
inflexión *s.f.* **1** inflessione **2** (*gramm.*) flessione.
infligir (*con. come* afligir) *v.tr.* infliggere.
inflorescencia *s.f.* (*bot.*) infiorescenza.
influencia *s.f.* **1** influenza, influsso (*m.*) **2** ascendente (*m.*), autorità: *tiene mucha — con sus discípulos*, ha molta influenza sui suoi discepoli | *hombre de —*, uomo influente **3** (*anche pl.*) conoscenza, aggancio (*m.*).
influenciable *agg.* influenzabile.
influenciar *v.tr.* influenzare.
influir (*con. come* huir) *v.intr.* influire, esercitare influenza | *— en una decisión*, influire su una decisione.
influjo *s.m.* influsso, influenza (*f.*)
influyente *agg.* influente, autorevole.
infolio *s.m.* (*tip.*) in folio.
información *s.f.* **1** (*anche biol., inform.*) informazione, notizia, ragguaglio (*m.*) | *— meteorológica*, previsioni del tempo | *fuentes de —*, fonti di informazione **2** ufficio (*m.*) informazioni **3** (*dir.*) indagine.
informador *agg.* informatore ♦ *s.m.* **1** informatore **2** giornalista (*m./f.*).
informal *agg.* **1** informale, non ufficiale **2** (*di persona*) inaffidabile, che manca di parola: *de ser otra persona, menos —, la gente confiaría en él*, se fosse un'altra persona, più di parola, la gente avrebbe fiducia in lui.
informalidad *s.f.* informalità.
informar *v.tr.* informare, ragguagliare ♦ *v.intr.* (*dir.*) pronunciare un'arringa ♦ **-se** *v.pron.* informarsi.
informática *s.f.* informatica.
informático *agg., s.m.* informatico.
informativo *agg.* informativo | *boletín —*, notiziario ♦ *s.m.* telegiornale, giornale radio.
informatización *s.f.* informatizzazione.
informatizar (*con. come* cazar) *v.tr.* informatizzare.
informe[1] *s.m.* **1** informazione (*f.*) **2** (*amm., pol.*) relazione (*f.*), rapporto **3** (*med.*) referto **4** (*dir.*) arringa (*f.*) **5** (*pl.*) referenze (*f.pl.*): *pedir informes*, chiedere referenze.
informe[2] *agg.* informe.
infortunado *agg.* sfortunato.
infortunio *s.m.* sciagura (*f.*), sventura (*f.*), disgrazia (*f.*): *aprovechar del — ajeno*, approfittare della sventura altrui.
infracción *s.f.* infrazione, trasgressione.
infractor *s.m.* trasgressore.
infraestructura *s.f.* **1** infrastruttura **2** (*fig.*) base, fondamento (*m.*).
infraestructural *agg.* infrastrutturale.
in fraganti *loc. avv.* (*dir.*) in flagrante.
infrahumano *agg.* inumano, disumano: *condiciones de vida infrahumanas*, condizioni di vita inumane.
infrangible *agg.* infrangibile.
infranqueable *agg.* insormontabile.
infrarrojo *agg.* (*fis.*) infrarosso | *rayos infrarrojos*, raggi infrarossi.
infrascrito *agg., s.m.* sottoscritto.
infrasonido *s.m.* (*fis.*) infrasuono.
infrasonoro *agg.* (*fis.*) infrasonoro.
infravaloración *s.f.* sottovalutazione.
infravalorar *v.tr.* sottovalutare: *esa persona me infravalora*, quella persona mi sottovaluta.
infrecuencia *s.f.* infrequenza.
infrecuente *agg.* infrequente.
infringir *v.tr.* (*anche fig.*) infrangere: *le acusan de — las leyes penales*, lo accusano di infrangere le leggi penali.
infructuosidad *s.f.* infruttuosità.
infructuoso *agg.* infruttuoso.
ínfula *s.f.* **1** infula **2** (*pl., fam.*) pretese (*pl.*) | *darse —*, darsi delle arie, presumere.
infundado *agg.* infondato.
infundio *s.m.* diceria (*f.*).
infundir *v.tr.* infondere, comunicare.
infusión *s.f.* infusione, infuso (*m.*).
ingeniar *v.tr.* inventare, immaginare ♦ **-se** *v.pron.* ingegnarsi | *ingeniárselas*, cavarsela.
ingeniería *s.f.* ingegneria | *— financiera*, ingegneria gestionale | *— genética*, ingegneria genetica.
ingeniero *s.m.* ingegnere | *— agrónomo*, dottore in agraria, ingegnere agrario | *— de caminos, canales y puertos*, ingegnere civile | *— de montes*, ingegnere forestale | *— de sonido*, tecnico del suono.
ingenio *s.m.* **1** ingegno, inventiva (*f.*) | *afilar el —*, aguzzare l'ingegno **2** (*mil.*) ordigno, congegno bellico **3** (*mecc.*) macchina (*f.*) | *— de azúcar*, zuccherificio.
ingeniosidad *s.f.* ingegnosità.
ingenioso *agg.* **1** ingegnoso **2** spiritoso, brillante, arguto.
ingénito *agg.* congenito.
ingente *agg.* ingente.
ingenuidad *s.f.* ingenuità, candore (*m.*).
ingenuo *agg., s.m.* ingenuo.
ingerencia *s.f.* ingerenza.
ingerir (*con. come* sentir) *v.tr.* ingerire, inghiottire.
ingesta, ingestión *s.f.* ingestione.

ingle *s.f.* (*anat.*) inguine (*m.*).
inglés *agg.*, *s.m.* inglese (*m./f.*) | *llave* —, chiave inglese.
ingobernabilidad *s.f.* ingovernabilità.
ingobernable *agg.* ingovernabile.
ingratitud *s.f.* ingratitudine.
ingrato *agg.* **1** ingrato **2** sgradito, sgradevole, ingrato.
ingravidez *s.f.* **1** leggerezza **2** (*fis.*) imponderabilità.
ingrávido *agg.* **1** lieve **2** imponderabile.
ingrediente *s.m.* ingrediente.
ingresar *v.tr.* **1** (*banc.*) depositare, versare: *ingresó 10.000 euros en su cuenta corriente*, depositò 10.000 euro sul suo conto corrente **2** (*comm.*) guadagnare, incassare **3** (*med.*) ricoverare ♦ *v.intr.* **1** entrare, accedere **2** essere ricoverato: *mi papá se rompió una pierna y tuvo que ingresar rápido en el hospital*, mio padre si è rotto una gamba e ha dovuto essere ricoverato subito in ospedale **3** aderire: *ingresó en el partido a los 23 años*, aderì al partito all'età di 23 anni.
ingresivo *agg.* (*gramm.*, *ling.*) ingressivo.
ingreso *s.m.* **1** (*anche fig.*) ingresso, entrata (*f.*): *su fenomenal interpretación en la obra representó el — en el mundo del espectáculo*, la sua meravigliosa interpretazione nell'opera rappresentò l'esordio nel mondo dello spettacolo | *examen de* —, esame d'ammissione **2** (*banc.*) deposito, versamento **3** (*pl.*) entrate (*f.pl.*), rendite (*f.pl.*): *los accionistas recibirán todos los años el 10% de los ingresos*, gli azionisti riceveranno tutti gli anni il 10% delle entrate.
inguinal *agg.* (*anat.*) inguinale.
ingurgitar *v.tr.* ingurgitare.
inhábil *agg.* **1** inabile **2** goffo, imbranato.
inhabilidad *s.f.* inabilità, incapacità.
inhabilitabilidad *s.f.* inabilitabilità.
inhabilitar *v.tr.* **1** (*dir.*) inabilitare **2** bloccare, ostacolare.
inhabitable *agg.* inabitabile.
inhabitado *agg.* disabitato, spopolato.
inhalación *s.f.* (*med.*) inalazione.
inhalador *s.m.* (*med.*) inalatore.
inhalar *v.tr.* inalare, aspirare.
inhallable *agg.* introvabile.
inherencia *s.f.* inerenza.
inherente *agg.* inerente.
inhibición *s.f.* **1** inibizione **2** proibizione, divieto (*m.*).
inhibidor *agg.* inibitorio ♦ *s.m.* (*chim.*) inibitore.
inhibir *v.tr.* inibire, proibire ♦ **-se** *v.pron.* astenersi: — *de tomar una decisión*, astenersi dal prendere una decisione.
inhospitalario *agg.* inospitale.
inhospitalidad *s.f.* inospitalità.
inhóspito *agg.* inospitale.
inhumación *s.f.* inumazione.
inhumanidad *s.f.* inumanità.
inhumano *agg.* inumano.
inhumar *v.tr.* inumare.
iniciación *s.f.* **1** inizio (*m.*) **2** (*relig.*) iniziazione.
iniciado *agg.* (*anche relig.*) iniziato.
iniciador *agg.*, *s.m.* iniziatore.
inicial *agg.*, *s.f.* iniziale.
inicialización *s.f.* (*inform.*) inizializzazione.
inicializar (*con. come* cazar) *v.tr.* (*inform.*) inizializzare.
iniciar *v.tr.* (*anche fig.*) iniziare, cominciare | — *en las matemáticas*, iniziare alla matematica ♦ **-se** *v.pron.* (*relig.*) iniziarsi.
iniciático *agg.* iniziatico.
iniciativa *s.f.* iniziativa: — *por la paz*, iniziativa per la pace | *tomar la* —, prendere l'iniziativa.
inicio *s.m.* inizio.
inicuo *agg.* iniquo.
inigualable *agg.* ineguagliabile.
inigualdad *s.f.* ineguaglianza.
inimaginable *agg.* inimmaginabile.
inimitable *agg.* inimitabile.
ininteligibilidad *s.f.* inintelligibilità.
ininteligible *agg.* inintelligibile.
ininterrumpido *agg.* ininterrotto, continuo.
iniquidad *s.f.* iniquità.
injerencia *s.f.* ingerenza.
injerta *s.f.* (*agr.*) innestatura.
injertable *agg.* (*agr.*) innestabile.
injertar *v.tr.* **1** (*agr.*) innestare **2** (*med.*) trapiantare.
injerto *s.m.* **1** (*agr.*) innesto | — *inglés*, innesto a spacco | — *por escudete*, innesto a occhio **2** (*med.*) trapianto.
injuria *s.f.* ingiuria, insulto (*m.*), oltraggio (*m.*).
injuriar *v.tr.* ingiuriare, insultare, offendere.
injurioso *agg.* ingiurioso.
injusticia *s.f.* ingiustizia.
injustificable *agg.* ingiustificabile.
injustificado *agg.* ingiustificato: *un retraso* —, un ritardo ingiustificato.
injusto *agg.* ingiusto.
inllevable *agg.* insopportabile: *una persona* —, una persona insopportabile.
Inmaculada *s.f.* (*relig.*) Immacolata.
inmaculado *agg.* **1** immacolato **2** (*fig.*) pulito, immacolato, puro.
inmadurez *s.f.* immaturità.
inmaduro *agg.* immaturo.
inmanejable *agg.* incontrollabile.
inmanencia *s.f.* (*filos.*) immanenza.
inmanente *agg.* (*filos.*) immanente.
inmanentismo *s.m.* (*filos.*) immanentismo.
inmarcesible, inmarchitable *agg.* immarcescibile.
inmaterial *agg.* immateriale.
inmaterialidad *s.f.* immaterialità.

inmaterialismo *s.m.* (*filos.*) immaterialismo.
inmediación *s.f.* **1** immediatezza **2** (*pl.*) vicinanze (*pl.*), pressi (*m.pl.*).
inmediatamente *avv.* immediatamente.
inmediatez *s.f.* immediatezza.
inmediato *agg.* **1** immediato | *de —*, immediatamente **2** adiacente, contiguo.
inmejorable *agg.* insuperabile, eccellente, ottimo.
inmensidad *s.f.* **1** immensità **2** (*fig.*) folla, moltitudine.
inmenso *agg.* immenso, illimitato, enorme.
inmerecido *agg.* immeritato.
inmersión *s.f.* immersione.
inmerso *agg.* **1** immerso **2** (*fig.*) sprofondato, immerso, assorto.
inmigración *s.f.* immigrazione.
inmigrante *agg.*, *s.m./f.* immigrante.
inmigrar *v.intr.* **1** immigrare **2** (*di uccelli*) migrare.
inmigratorio *agg.* immigratorio.
inminencia *s.f.* imminenza, prossimità.
inminente *agg.* imminente.
inmiscuir *v.tr.* mischiare, mescolare ♦ **-se** *v.pron.* immischiarsi.
inmisericorde *agg.* immisericordioso.
inmisión *s.f.* immissione.
inmobiliaria *s.f.* società immobiliare.
inmobiliario *agg.* immobiliare.
inmoderación *s.f.* sregolatezza, immoderatezza.
inmoderado *agg.* smodato.
inmodestia *s.f.* immodestia.
inmodesto *agg.* immodesto.
inmodificable *agg.* immodificabile.
inmolar *v.tr.* (*anche fig.*) immolare, sacrificare.
inmoral *agg.* immorale.
inmoralidad *s.f.* immoralità.
inmortal *agg.* immortale.
inmortalidad *s.f.* immortalità.
inmortalizar (*con. come* cazar) *v.tr.* immortalare: *— un momento*, immortalare un momento.
inmotivado *agg.* immotivato.
inmoto *agg.* immoto.
inmovible *agg.* inamovibile.
inmóvil *agg.* immobile.
inmovilidad *s.f.* immobilità.
inmovilismo *s.m.* immobilismo.
inmovilista *agg.*, *s.m./f.* immobilista.
inmovilización *s.f.* immobilizzazione.
inmovilizar (*con. come* cazar) *v.tr.* immobilizzare.
inmueble *agg.* immobile: *bienes inmuebles*, beni immobili ♦ *s.m.* immobile, edificio.
inmundicia *s.f.* **1** immondizia **2** degrado (*m.*), corruzione.
inmundo *agg.* immondo | *aguas inmundas*, acque nere.
inmune *agg.* (*anche med.*) immune.
inmunidad *s.f.* immunità: *— parlamentaria*, immunità parlamentare.
inmunitario *agg.* (*med.*) immunitario.
inmunización *s.f.* (*anche med.*) immunizzazione.
inmunizante *agg.* (*anche med.*) immunizzante.
inmunizar (*con. come* cazar) *v.tr.* immunizzare.
inmunodeficiencia *s.f.* (*med.*) immunodeficienza | *síndrome de — adquirida*, sindrome da immunodeficienza acquisita.
inmunodepresor *agg.*, *s.m.*(*farm.*) immunodepressore.
inmunodeprimido *agg.* (*med.*) immunodepresso.
inmunoglobulina *s.f.* (*biol.*) immunoglobulina.
inmunología *s.f.* (*med.*) immunologia.
inmunológico *agg.* (*med.*) immunologico.
inmunólogo *s.m.* (*med.*) immunologo.
inmunopatología *s.f.* (*med.*) immunopatologia.
inmunosupresor *agg.*, *s.m.* (*farm.*) immunosoppressore.
inmunoterapia *s.f.* (*med.*) immunoterapia.
inmutabilidad *s.f.* immutabilità.
inmutable *agg.* immutabile.
innatismo *s.m.* (*filos.*) innatismo.
innato *agg.* innato.
innecesario *agg.* superfluo.
innovación *s.f.* innovazione, novità.
innumerable *agg.* innumerevole.
inocencia *s.f.* **1** innocenza: *la — del acusado*, l'innocenza dell'accusato **2** innocenza, candore (*m.*) **3** semplicità, dabbenaggine.
inolvidable *agg.* indimenticabile.
inopinado *agg.* imprevisto, insperato.
inoxidable *agg.* inossidabile.
inquebrantable *agg.* **1** infrangibile **2** (*fig.*) incrollabile, indistruttibile: *tiene una voluntad —*, ha una volontà incrollabile.
inquietar *v.tr.* inquietare, preoccupare, turbare ♦ **-se** *v.pron.* inquietarsi, preoccuparsi.
inquietud *s.f.* **1** inquietudine, ansia, agitazione **2** (*spec.pl., culturale, sociale ecc.*) interesse (*m.*): *un joven con muchas inquietudes*, un giovane con molti interessi.
inquilino *s.m.* inquilino.
inquirir (*con. come* adquirir) *v.tr.* indagare, inquisire, investigare.
inquisición *s.f.* **1** indagine, ricerca **2** (*st.*) Inquisizione.
insalubre *agg.* insano, malsano.
insatisfecho *agg.* insoddisfatto.
inscribir (*part.pass.irr.* inscrito) *v.tr.* **1** iscrivere, inserire; far aderire a, associare: *inscribió a su hijo en el club de tenis*, iscrisse suo figlio al club del tennis **2** (*su pietra o me-*

tallo) incidere, iscrivere **3** (*dir.*) registrare **4** (*mat.*) inscrivere ♦ **-se** *v.pron.* iscriversi: *su política autoritaria se inscribe dentro del marco político de aquella época*, il suo autoritarismo si iscrive nel quadro politico di quell'epoca.

inscripción *s.f.* iscrizione: — *en el registro civil*, iscrizione all'anagrafe.

insecto *s.m.* insetto.

inseguridad *s.f.* insicurezza.

inseguro *agg.* insicuro.

insensible *agg.* insensibile, impercettibile.

inseparable *agg.* inseparabile, indivisibile.

inserción *s.f.* **1** inserzione, inserimento (*m.*) **2** (*su un giornale*) annuncio (*m.*), inserzione.

insertar *v.tr.* inserire.

insignia *s.f.* **1** insegna, distintivo (*m.*) **2** bandiera, stendardo (*m.*), stemma (*m.*) | *buque* —, nave ammiraglia.

insinuación *s.f.* insinuazione.

insinuar (*con. come* continuar) *v.tr.* insinuare, suggerire ♦ **-se** *v.pron.* (*fig.*) insinuarsi, infiltrarsi.

insistencia *s.f.* insistenza, persistenza.

insistir *v.intr.* insistere, persistere, ostinarsi.

insociable *agg.* asociale, introverso.

insolación *s.f.* insolazione.

insolencia *s.f.* insolenza, arroganza, sfacciataggine.

insomnio *s.m.* insonnia (*f.*).

insoportable *agg.* insopportabile, intollerabile.

insoslayable *agg.* inevitabile.

insospechado *agg.* insospettato.

inspección *s.f.* **1** ispezione | — *ocular*, sopralluogo **2** (*amm.*) ispettorato (*m.*).

inspeccionar *v.tr.* ispezionare.

inspector *agg.* che ispeziona ♦ *s.m.* ispettore | — *de aduanas*, doganiere.

inspiración *s.f.* **1** inspirazione **2** (*fig.*) ispirazione, estro (*m.*).

inspirar *v.tr.* **1** inspirare **2** (*fig.*) ispirare, suscitare, suggerire ♦ **-se** *v.pron.* ispirarsi: *se inspiró en la obra de Cervantes*, si ispirò all'opera di Cervantes.

instalación *s.f.* **1** installazione **2** impianto (*m.*): — *eléctrica*, impianto elettrico | *instalaciones deportivas*, impianti sportivi.

instalar *v.tr.* installare, insediare ♦ **-se** *v.pron.* stabilirsi, insediarsi: *se instaló en la ciudad*, si è stabilito in città.

instancia *s.f.* **1** (*spec. bur.*) istanza, domanda | *a — de*, su richiesta di | *en última* —, in ultima istanza **2** (*dir.*) istanza, ricorso (*m.*) | *juez de primera* —, giudice istruttore.

instante *s.m.* istante, attimo | *a cada* —, (in) ogni momento | *al* —, subito | *por instantes*, da un momento all'altro.

instaurar *v.tr.* instaurare, stabilire.

instigación *s.f.* istigazione, incitamento (*m.*).

instilar *v.tr.* istillare (*anche fig.*); infondere, stimolare: *hay que — con cuidado las gotas del colirio en el ojo*, bisogna istillare con attenzione le gocce di collirio nell'occhio; *instiló en el joven su amor por la patria*, istillò nel giovane il suo amore per la patria.

instinto *s.m.* istinto, impulso: — *de conservación*, istinto di conservazione; *sentir un — irrefrenable*, sentire un impulso irrefrenabile.

institución *s.f.* **1** istituzione, fondazione, ente (*m.*) **2** (*pl., di scienza, arte ecc.*) principi (*m.pl.*), fondamenti (*m.pl.*).

instituir (*con. come* huir) *v.tr.* istituire, costituire, stabilire, fondare.

instituto *s.m.* **1** istituto; corporazione (*f.*) | — *armado*, corpo armato **2** (*scuola*) scuola (*f.*) media superiore; liceo.

institutriz (*pl.* -ces) *s.f.* istitutrice.

instrucción *s.f.* **1** istruzione | — *primaria*, istruzione primaria o elementare **2** cultura **3** (*spec. mil.*) addestramento (*m.*) **4** (*dir.*) istruttoria | *juez de* —, giudice istruttore.

instructor *s.m.* istruttore.

instruir (*con. come* huir) *v.tr.* **1** istruire, insegnare, addestrare **2** (*dir.*) istruire: — *un proceso*, istruire una causa.

instrumental *agg.* strumentale ♦ *s.m.* (*med., mus.*) strumentario, strumenti (*pl.*).

instrumento *s.m.* **1** utensile, attrezzo, arnese **2** (*fig.*) strumento, mezzo: *el dinero fue sólo un — para conquistarla*, il denaro fu solo un mezzo per conquistarla **3** (*mus.*) strumento: *toca varios instrumentos*, suona vari strumenti | — *de cuerda, de viento*, strumento a corda, a fiato **4** (*dir.*) strumento, atto notarile.

insuficiencia *s.f.* insufficienza, scarsità, difetto (*m.*).

insultar *v.tr.* insultare, oltraggiare.

intachable *agg.* impeccabile, ineccepibile: *tiene un comportamiento* —, ha un comportamento impeccabile.

intacto *agg.* intatto, integro; intonso.

integral *agg.* integrale.

integrar *v.tr.* **1** integrare, reintegrare **2** costituire.

intelectual *agg.*, *s.m./f.* intellettuale.

inteligencia *s.f.* **1** intelligenza | *servicio de* —, servizi segreti **2** intendimento (*m.*), comprensione **3** (*fig.*) accordo (*m.*), intesa.

intención *s.f.* intenzione, proposito (*m.*); idea | *segunda* —, secondo fine | *de primera* —, di primo acchito | *curar/asistir/atender de primera* —, prestare le prime cure | (*relig.*) *misa de* —, messa di suffragio.

intensidad *s.f.* **1** intensità, forza **2** (*fig.*) veemenza, ardore (*m.*).

intensificar (*con. come* pescar) *v.tr.* intensificare, aumentare, accrescere.

intentar *v.tr.* tentare, provare, cercare (di): *intentó subir al tejado*, cercò di salire sul tetto | *— por todos los medios*, cercare con tutti i mezzi.
intento *s.m.* **1** tentativo: *— de robo*, tentativo di rapina **2** intento, proposito: *su — era cruzar la frontera*, il suo proposito era di attraversare la frontiera | *de —*, di proposito.
intercambio *s.m.* scambio, interscambio: *— de noticias*, scambio di notizie.
interceptar *v.tr.* **1** intercettare: *la policía interceptó la llamada*, la polizia intercettò la chiamata **2** ostruire, interrompere.
interés *s.m.* **1** interesse | *tener — por/ en/ hacia*, essere interessato a: *tengo — por saber dónde han ido*, mi interessa sapere dove sono andati; *tengo — en que sea puntual*, mi interessa che sia puntuale | *ser de mucho —*, essere di grande interesse **2** (*econ.*) interesse, guadagno, profitto | *intereses devengados*, interessi maturati | *tipo de —*, tasso d'interesse | *intereses creados*, interessi privati **3** (*pl.*) interessi, beni, patrimonio (*sing.*).
interesado *agg.*, *s.m.* interessato | *estar — en*, essere interessato a.
interesar *v.tr./intr.* **1** interessare, destare interesse **2** riguardare, concernere: *la nueva ley interesa a todos los extracomunitarios residentes en el país*, la nuova legge riguarda tutti gli extracomunitari residenti nel paese ♦ **-se** *v.pron.* interessarsi | *— por*, interessarsi a.
interferencia *s.f.* interferenza.
interfono *s.m.* citofono.
ínterin *s.m.* **1** intervallo | *en el —*, nel frattempo **2** (*dir.*) interinato.
interino *agg.* interino, interinale | *profesor —*, professore incaricato ♦ *s.m.* (*lavoratore*) precario, interinale (*m./f.*).
interior *agg.* **1** interno: *comercio —*, commercio interno | *ropa —*, biancheria intima **2** (*fig.*) interiore ♦ *s.m.* **1** interno | *decoración de interiores*, arredamento d'interni | *ministro del —*, ministro degli interni **2** (*geogr.*) entroterra **3** (*calcio*) mezz'ala (*f.*) **4** (*pl.*, *cinem.*) interni (*pl.*) **5** (*pl.*, *anat.*) interiora (*f.pl.*), visceri (*pl.*).
interjección *s.f.* interiezione, esclamazione.
interlocutor *s.m.* interlocutore.
intermedio *agg.* intermedio ♦ *s.m.* intermezzo; intervallo.
intermitencia *s.f.* intermittenza.
intermitente *agg.* intermittente ♦ *s.m.* **1** (*aut.*) freccia (*f.*), indicatore di direzione **2** luce (*f.*) intermittente.
internacional *agg.* internazionale.
internar *v.tr.* internare, ricoverare, rinchiudere ♦ **-se** *v.pron.* addentrarsi, penetrare.
interno *agg.*, *s.m.* interno | *alumno —*, convittore.
interpelación *s.f.* interpellanza.
interpolar *v.tr.* interpolare, inserire, intercalare.
interponer (*con. come* poner) *v.tr.* **1** interporre, frapporre **2** (*dir.*) avviare, presentare: *van a — otro recurso ante el tribunal*, presenteranno un altro ricorso in tribunale ♦ **-se** *v.pron.* interporsi, mediare.
interpretación *s.f.* interpretazione.
interpretar *v.tr.* interpretare.
intérprete *s.m./f.* interprete.
interrogación *s.f.* interrogazione, domanda | *signo de —*, punto interrogativo.
interrogar (*con. come* llegar) *v.tr.* interrogare ♦ **-se** *v.pron.* chiedersi, interrogarsi.
interrogatorio *s.m.* interrogatorio.
interrumpir *v.tr.* interrompere, sospendere.
interrupción *s.f.* interruzione.
interruptor *s.m.* interruttore.
intervalo *s.m.* intervallo.
intervención *s.f.* **1** (*anche med.*) intervento (*m.*) **2** ufficio (*m.*) del controllore, ispettorato (*m.*).
intervenir (*con. come* venir) *v.intr.* **1** intervenire, partecipare **2** interporsi, intromettersi **3** intercedere; mediare **4** succedere, capitare: *cuando intervino la crisis petrolera los precios aumentaron*, quando subentrò la crisi petrolifera i prezzi aumentarono ♦ *v.tr.* **1** (*dir.*) mettere sotto sequestro: *le intervinieron el coche por exceso de velocidad*, gli sequestrarono la macchina per eccesso di velocità **2** (*dir.*) controllare: *la venta de estos productos está intervenida por el Estado*, la vendita di questi prodotti è controllata dallo Stato **3** (*med.*) operare.
interventor *s.m.* controllore, ispettore.
intestino *agg.* interno, intestino: *luchas intestinas*, lotte interne/intestine ♦ *s.m.* (*anat.*) intestino | *— delgado*, intestino tenue; *— grueso*, intestino crasso.
intimidad *s.f.* intimità, confidenza.
intimidar *v.tr.* intimidire, intimorire.
intolerable *agg.* intollerabile.
intolerancia *s.f.* intolleranza.
intoxicar (*con. come* pescar) *v.tr.* (*anche fig.*) intossicare, avvelenare: *intoxicaron las noticias para engañar a la opinión pública*, manipolarono le notizie per ingannare l'opinione pubblica.
intranquilo *agg.* inquieto, preoccupato, turbato.
intransferible *agg.* non trasferibile.
intravenoso *agg.* endovenoso: *inyección intravenosa*, iniezione endovenosa.
intriga *s.f.* **1** intrigo (*m.*), macchinazione **2** (*cinem.*, *lett.*) trama, intreccio (*m.*).
intrigar (*con. come* llegar) *v.intr.* intrigare, brigare, macchinare: *algunos sectores intrigaban para que el intento de reforma fraca-*

sara, alcuni settori tramavano perché fallisse il tentativo di riforma ♦ *v.tr.* intrigare, incuriosire.
introducción *s.f.* **1** introduzione: *la — de la moneda única ha sido motivo de confusión*, l'introduzione della moneta unica è stata causa di confusione **2** (*lett.*) introduzione, prefazione, esordio (*m.*) **3** (*mus.*) preludio (*m.*).
introducir (*con. come* conducir) *v.tr.* **1** introdurre; far entrare | (*med.*) *le introdujeron un marcapasos*, gli misero un by-pass **2** introdurre, diffondere: *algunos años después del boom económico se introduciría en el país la nueva tecnología*, alcuni anni dopo il boom economico si sarebbe diffusa nel paese la nuova tecnologia **3** (*fig.*) provocare, causare: *— el desorden*, causare disordine ♦ **-se** *v.pron.* **1** introdursi, penetrare, insinuarsi **2** intromettersi.
introvertido *agg.*, *s.m.* introverso.
intuir (*con. come* huir) *v.tr.* intuire, capire.
inundación *s.f.* inondazione, alluvione, allagamento (*m.*).
inundar *v.tr.* **1** inondare, allagare **2** (*fig.*) riempire, invadere.
inútil *agg.*, *s.m.* **1** inutile | *ser un —*, essere un buono a nulla **2** inabile | (*mil.*) *le han declarado —*, lo hanno riformato **3** invalido.
invadir *v.tr.* invadere, occupare.
invalidez *s.f.* invalidità.
invariable *agg.* invariabile.
invasión *s.f.* invasione, occupazione.
invencible *agg.* invincibile, insuperabile.
invención *s.f.* **1** invenzione | *patente de —*, brevetto **2** (*fig.*) frottola, fandonia.
invento *s.m.* invenzione (*f.*), trovata (*f.*).
invernadero *s.m.* **1** serra (*f.*) | *efecto —*, effetto serra **2** (*allevamento*) pascolo invernale.
inversión *s.f.* **1** inversione: *hubo una — de tendencia en la venta del producto*, c'è stata un'inversione di tendenza nella vendita del prodotto **2** (*econ.*) investimento (*m.*) | *— en Bolsa*, investimento in Borsa.
invertido *agg.* invertito, rovesciato, capovolto ♦ *s.m.* (*spreg.*) omosessuale.
invertir (*con. come* sentir) *v.tr.* **1** invertire; capovolgere, rovesciare: *invirtió el recipiente para que saliera el líquido*, capovolse il recipiente perché uscisse il liquido **2** (*econ.*) investire: *invirtió todo su capital en inmuebles*, investì tutto il suo capitale in immobili **3** impiegare, occupare: *invierte sus horas libres en hacer deporte*, occupa le sue ore libere facendo dello sport.
investigación *s.f.* investigazione, indagine, ricerca.
investigador *s.m.* **1** investigatore **2** (*scienza*) ricercatore.
investigar (*con. come* llegar) *v.intr./tr.* investigare, indagare, ricercare.
invierno *s.m.* inverno.
inviolabilidad *s.f.* inviolabilità | *— parlamentaria*, immunità parlamentare.
invisible *agg.* invisibile, impercettibile.
invitación *s.f.* **1** invito (*m.*) **2** biglietto (*m.*) d'invito.
invitado *s.m.* invitato.
invitar *v.tr.* **1** invitare **2** (*fig.*) indurre, invitare | *— al descanso*, predisporre al riposo **3** offrire: *vamos a tomar un café, te invito yo*, prendiamo un caffè, offro io.
inyección *s.f.* iniezione: *— intramuscolar*, iniezione intramuscolare | *poner una —*, fare un'iniezione.
inyectar *v.tr.* **1** iniettare, immettere **2** (*fig.*) infondere.
ir (*indic.pres.* voy, vas, va, vamos, vais, van; *imperf.* iba, ibas, iba, íbamos, ibais, iban; *pass. rem.* fui, fuiste, fue, fuimos, fuisteis, fueron; *cong.pres.* vaya, vayas…; *imperf.* fuera, fueras…; *ger.* yendo; *imp.* ve, vaya, vayamos, id, vayan) *v.intr.* **1** andare; dirigersi (altrove); spostarsi, muoversi: *— a la escuela*, andare a scuola; *— a España*, andare in Spagna | *— andando/a pie*, andare a piedi | *— en coche, en tren*, andare in macchina, in treno | *«¿cómo va la cosa?» «ahí vamos»*, «come va?» «non c'è male» | *— tirando*, tirare avanti | *— con cuidado*, agire con cautela | *— de compras*, andare a fare spese | *— de excursión*, andare in gita | *— de viaje*, fare un viaggio **2** (*verso qlcu.*) venire: *voy a tu casa*, vengo da te | *¡(ya) voy!*, arrivo!, un momento! **3** (*per esprimere accordo, adeguatezza*) andare, stare: *me va bien su decisión*, mi sta bene la sua decisione **4** (*abbigl.*) calzare, vestire: *te va bien ese vestido*, quel vestito ti dona, ti va/sta bene **5** scommettere: *van diez euros a que gana Pedro*, scommetto dieci euro che vince Pedro **6** essere: *«¿cuántas galletas te comiste?» «ya van dos»*, «quanti biscotti ti sei mangiato?» «sono già due» | *— rendido*, essere stanco **7** essere vestito, indossare | *— de etiqueta*, vestire elegante **8** *— a* (*+ inf.*), stare per, essere sul punto di (+ inf.): *íbamos a salir ahora*, stavamo per uscire proprio adesso | *te voy a echar de menos*, mi mancherai **9** *—* (*+ ger.*), stare (+ ger.); cominciare a (+ inf.): *iba caminando por el parque*, stava camminando nel parco; *voy entendiendo*, comincio a capire; *ve calentando el motor*, comincia a scaldare il motore | *— corriendo*, andare di corsa/volata **10** *— por* (*+ s.*), andare a cercare, a prendere: *voy por el pan*, vado a comperare il pane ♦ **-se** *v.pron.* **1** andare, andarsene; partire: *se han ido*, se ne sono andati **2** (*di liquido*) fuoriuscire **3** sfuggire (di mente)

■ ***a eso voy***, qui ti voglio | ***ni me va ni me viene***, non mi fa né caldo né freddo | ***¡qué va!***, macché! | ***¡vaya!***, (*per dispiacere, sorpresa*) accidenti!/caspita! | ***¡vaya pregunta!***, che razza di domanda! | ***¡vaya que sí!***, naturalmente/certo! | ***¿qué le vamos a hacer?***, che cosa ci possiamo fare? | (*volg.*) ***ir de culo***, trovarsi nei pasticci | ***ir en menoscabo***, andare a discapito | ***ir para largo***, andare per le lunghe | ***no vaya a ser que...***, poi non succeda che... | ***irse abajo***, crollare; fallire | ***írsele el santo al cielo***, perdere il filo del discorso | ***irse por las ramas***, menare il can per l'aia | ***vete a saber***, chi lo sa.

ira *s.f.* ira, collera: *arrebato de —*, impeto d'ira | *descargar su — contra alguien*, sfogare la propria ira su qlcu.

iraní (*pl.* -es) *agg.*, *s.m./f.* iraniano (*m.*).

iraquí (*pl.* -es) *agg.*, *s.m./f.* iracheno (*m.*).

irascible *agg.* irascibile, collerico.

iris *s.m.* (*anat.*) iride (*f.*) | *arco —*, arcobaleno, iride.

irlandés *agg.*, *s.m.* irlandese (*m./f.*).

ironía *s.f.* ironia.

irracional *agg.* irrazionale, illogico.

irradiar *v.tr.* (*anche fig.*) irradiare: *— felicidad*, irradiare felicità ♦ **-se** *v.pron.* irradiarsi, propagarsi, estendersi: *el calambre se me irradia por toda la pierna*, il crampo si estende a tutta la gamba.

irrazonable *agg.* irragionevole.

irrealizable *agg.* irrealizzabile.

irreductible *agg.* irriducibile.

irregular *agg.* **1** irregolare **2** irregolare, illegale, illegittimo: *logró su posición de manera —*, conquistò il proprio posto in modo illegale.

irregularidad *s.f.* irregolarità.

irreparable *agg.* irreparabile, irrimediabile.

irreprochable *agg.* irreprensibile; impeccabile.

irresistible *agg.* irresistibile, insopportabile.

irresponsable *agg.* irresponsabile.

irrigación *s.f.* (*agr.*, *med.*) irrigazione.

irritar[1] *v.tr.* **1** irritare **2** (*sentimento*) stuzzicare, suscitare ♦ **-se** *v.pron.* irritarsi.

irritar[2] *v.tr.* (*dir.*) invalidare.

irrumpir *v.intr.* irrompere.

irrupción *s.f.* irruzione, invasione.

isla *s.f.* **1** isola **2** (*urbanistica*) isolato (*m.*) | *— peatonal*, isola pedonale.

isleño *agg.*, *s.m.* isolano.

islote *s.m.* isolotto.

israelí (*pl.* -es) *agg.*, *s.m./f.* israeliano (*m.*).

israelita *agg.* israelitico ♦ *s.m./f.* israelita, ebreo (*m.*).

italiano *agg.*, *s.m.* italiano.

izar (*con. come* cazar) *v.tr.* issare, alzare | *— la bandera*, alzare la bandiera.

izquierda *s.f.* (*anche pol.*) sinistra: *a la —*, a sinistra | *ser un cero a la —*, essere uno zero totale.

izquierdista *agg.* (*pol.*) di sinistra ♦ *s.m./f.* (*pol.*) persona (*f.*) di sinistra.

izquierdo *agg.*sinistro; mancino: *el brazo —*, il braccio sinistro; *la mano izquierda*, la mano sinistra | *levantarse con el pie —*, alzarsi con la luna storta.

Jj

j *s.f.* j | (*tel.*) — *como José*, j come Jolly.
ja *inter.* (*riso*) ah!
jabalcón *s.m.* trave (*f.*).
jabalconar *v.tr.* costruire/riparare (la travatura del tetto).
jabalí (*pl.* -íes) *s.m.* (*zool.*) cinghiale.
jabalina[1] *s.f.* giavellotto (*m.*): *lanzamiento de la* —, lancio del giavellotto.
jabalina[2] *s.f.* (*zool.*) cinghiale (*m.*) femmina.
jabardillo *s.m.* (*anche fig.*) sciame.
jabardo *s.m.* **1** (*di api*) sciame **2** (*fig.*) brulichio, moltitudine (*f.*).
jabato *agg.* audace, coraggioso ♦ *s.m.* (*zool.*) cucciolo di cinghiale.
jabón *s.m.* sapone: *pompa de* —, bolla di sapone | — *de tocador*, saponetta | — *en escamas*, sapone a scaglie | — *líquido*, sapone liquido | — *de sastre*, pietra da sarto, steatite | *dar* — *a*, adulare, lusingare | *dar un* —, dare una lavata di capo.
jabonada *s.f.* insaponatura.
jabonado *s.m.* insaponatura (*f.*).
jabonadura *s.f.* **1** insaponatura | *dar una* —, dare una lavata di testa **2** (*pl.*) saponata (*sing.*).
jabonar *v.tr.* **1** insaponare **2** (*fig.*) adulare, lisciare ♦ **-se** *v.pron.* insaponarsi.
jaboncillo *s.m.* **1** pietra (*f.*) da sarto, steatite (*f.*) **2** saponetta (*f.*).
jabonera *s.f.* **1** portasapone (*m.*) **2** (*bot.*) saponaria.
jabonería *s.f.* saponificio (*m.*).
jabonero *agg.* saponiero ♦ *s.m.* saponiere.
jabonoso *agg.* saponoso.
jaca *s.f.* cavallino (*m.*), pony (*m.*).
jácara *s.f.* **1** romanza, danza popolare **2** (*fig.*) seccatura, fastidio (*m.*) **3** (*fig.*) frottola, bugia.
jacarandá *s.f.* (*bot.*) jacaranda.
jacarandoso *agg.* (*fam.*) brillante, brioso.
jacarear *v.intr.* fare bisboccia, fare baldoria ♦ *v.tr.* (*fig.*) infastidire, molestare.
jácaro *s.m.* spaccone.
jacinto *s.m.* **1** (*bot.*) giacinto **2** (*min.*) zircone | — *occidental*, topazio | — *oriental*, rubino.
jaco *s.m.* ronzino.
jacobinismo *s.m.* giacobinismo.
jacobino *agg.*, *s.m.* (*anche fig., pol.*) giacobino.
jacobita *agg.*, *s.m./f.* **1** (*relig.*) giacobita **2** seguace del partito degli Stuart.
jactancia *s.f.* vanteria, millanteria: *es un prepotente, no soporto su* — *continua*, è un prepotente, non sopporto la sua continua millanteria.
jactancioso *agg.* presuntuoso, vanaglorioso.
jactarse *v.pron.* vantarsi, gloriarsi: *se jacta de sus éxitos*, si vanta dei suoi successi.
jaculatoria *s.f.* giaculatoria.
jaculatorio *agg.* giaculatorio, infervorato, fervente.
jacuzzi® *s.m.* jacuzzi® (*f.*).
jade *s.m.* (*min.*) giada (*f.*).
jadeante *agg.* ansante, ansimante, affannato: *estaba* — *y pálido*, era ansimante e pallido.
jadear *v.intr.* ansimare: *jadeaba espantado*, ansimava spaventato.
jadeo *s.m.* affanno, ansimo; fiatone: *llegó a la casa corriendo y por el* — *no conseguía hablar*, arrivò a casa correndo e per il fiatone non riusciva a parlare.
jaenés *agg.* di Jaén ♦ *s.m.* nativo di Jaén.
jaez (*pl.* -ces) *s.m.* **1** (*spec. pl.*, *per cavalli*) finimenti (*pl.*), bardatura (*f.*) **2** (*spreg.*) risma (*f.*), genere, specie (*f.*): *no te mezcles con gente de ese* —, non mescolarti con gente di quella specie/sorta.
jafético *agg.* iafetico.
jaguar *s.m.* (*zool.*) giaguaro.
jalar *v.tr.* (*fam.*) **1** tirare (verso di sé) **2** pappare, trangugiare ♦ *v.intr.* (*Amer.*) battersela, filarsela ♦ **-se** *v.pron.* (*Amer.*) **1** battersela, filarsela **2** ubriacarsi.
jalbegar (*con. come* llegar) *v.tr.* imbiancare.
jalbegue *s.m.* imbiancatura (*f.*).
jalde *agg.* (*colore*) giallo intenso.
jalea *s.f.* gelatina di frutta | — *real*, pappa reale | *hacerse una* —, diventare uno zuccherino.
jaleo *s.m.* **1** chiasso, confusione (*f.*) | *armar un* —, fare chiasso | *estar de* —, fare baldoria **2** discussione (*f.*), litigio **3** imbroglio, pasticcio | *meterse en jaleos*, cacciarsi nei pasticci.
jalón[1] *s.m.* **1** (*topografia*) biffa (*f.*) **2** (*fig.*) pietra (*f.*) miliare, momento fondamentale.

jalón² *s.m.* (*Amer.*) **1** strappo | *dar —*, dare uno strappo, dare un passaggio **2** fidanzato.
jalonar *v.tr.* **1** (*topografia*) biffare **2** (*fig.*) contrassegnare, contraddistinguere | *estos son los acontecimientos más importantes que jalonan este periodo*, questi sono gli avvenimenti più importanti che contraddistinguono questo periodo.
jaloque *s.m.* (*vento*) scirocco.
jamaicano, jamaiquino *agg., s.m.* giamaicano.
jamar *v.tr.* (*fam.*) mangiare.
jamás *avv.* mai: *no le he visto —*, non l'ho mai visto | *nunca —*, mai più | *en — de los jamases*, mai e poi mai | *por siempre —*, per sempre.
jamba *s.f.* (*arch.*) stipite (*m.*).
jambaje *s.m.* (*di porte, finestre*) telaio.
jamelgo *s.m.* (*fam.*) ronzino.
jamete *s.m.* (*tess.*) seta (*f.*) damascata con fili d'oro.
jamón *s.m.* prosciutto | *— de York, dulce*, prosciutto cotto | *— serrano*, prosciutto crudo | *— de pata negra*, prosciutto "pata negra".
jamona *agg., s.f.* (*spreg., di donna*) trippona, donna formosa.
jamonería *s.f.* salumeria.
jam-session *s.f.* (*mus.*) jam-session.
jamurar *v.tr.* disseccare, prosciugare.
jangada *s.f.* **1** zattera **2** (*fig.*) sconvenienza, sproposito (*m.*) **3** (*fig.*) cattiva azione.
jansenismo *s.m.* (*relig.*) giansenismo.
jansenista *agg., s.m./f.* (*relig.*) giansenista.
japonés *agg., s.m.* giapponese (*m./f.*).
jaque *s.m.* **1** scacco: *— mate*, scacco matto | *tener en — a alguien*, tenere in scacco qlcu. **2** gradasso, smargiasso, spaccone.
jaquear *v.tr.* **1** (*scacchi, anche fig.*) dare scacco a: *— al gobierno*, tenere in scacco il governo **2** (*fig., nemico*) premere su, incalzare.
jaqueca *s.f.* (*med.*) emicrania | *dar —*, annoiare, infastidire.
jaquecoso *agg.* molesto, fastidioso.
jaquimazo *s.m.* (*fig.*) brutto scherzo, tiro mancino.
jarabe *s.m.* sciroppo | *— de palo*, bastonatura; ripassata | *— de pico*, promessa da marinaio.
jaracalla *s.f.* (*zool.*) allodola.
jaraíz *s.m.* (*di olive*) frantoio; (*di uva*) torchio.
jarana *s.f.* **1** festa, baldoria: *¡un rato de —!*, un po' di festa! | *ir de —*, andare a far baldoria **2** (*fam.*) litigio (*m.*).
jaranear *v.intr.* fare baldoria.
jaranero *agg.* (*fam.*) fragoroso, chiassoso; festaiolo, casinista: *está siempre de fiesta, es muy —*, passa il tempo a fare baldoria, è un festaiolo.
jarcia *s.f.* (*mar.*) **1** sartia **2** (*pl.*) sartiame (*m.sing.*) **3** attrezzatura da pesca.
jardín *s.m.* **1** giardino: *— colgante*, giardino pensile | *— botánico*, orto botanico | *— de infancia*, asilo nido | (*fig.*) *meterse en un —*, cacciarsi in un ginepraio **2** (*mar.*) latrina (*f.*).
jardinera *s.f.* fioriera.
jardinería *s.f.* giardinaggio (*m.*).
jardinero *s.m.* giardiniere.
jarifo *agg.* vistoso, appariscente.
jarocho *agg.* brusco, grossolano.
jaropar *v.tr.* (*fam.*) riempire di medicine.
jarope *s.m.* **1** (*farm.*) sciroppo **2** (*fig.*) bevanda (*f.*) amara.
jarra *s.f.* brocca, caraffa | *de/en jarras*, con le mani sui fianchi.
jarrear *v.intr.* **1** attingere continuamente da un pozzo **2** (*fam.*) prendere continuamente acqua o vino ♦ *v.intr.impers.* piovere a catinelle.
jarrero *s.m.* **1** vasaio **2** addetto a riempire le brocche.
jarrete *s.m.* garretto.
jarretera *s.f.* giarrettiera.
jarro *s.m.* caraffa (*f.*) | (*fig.*) *— de agua fría*, doccia fredda | *llover a jarros*, piovere a catinelle/a dirotto.
jarrón *s.m.* vaso da fiori.
jaspe *s.m.* (*min.*) diaspro; marmo venato.
jaspeado *agg.* venato, screziato.
jaspear *v.tr.* screziare.
jaspón *s.m.* (*min.*) broccatello.
jato *s.m.* (*zool.*) vitello.
jauja *s.f.* cuccagna, pacchia.
jaula *s.f.* gabbia.
jauría *s.f.* **1** (*di cani*) muta **2** (*fig., di persone*) branco (*m.*).
javanés *agg., s.m.* giavanese (*m./f.*).
jayán *s.m.* gigante, colosso, omaccione.
jazmín *s.m.* (*bot.*) gelsomino.
jefa *s.f.* direttrice.
jefatura *s.f.* comando (*m.*), direzione | *— de policía*, questura | *— del Estado*, presidenza dello Stato.
jefe *s.m.* capo | *— de familia*, capofamiglia | *— de estación*, capostazione | *— de sección*, caporeparto | *— de negociado*, capoufficio | *— de ventas*, capoufficio vendite | *— de gobierno*, presidente del consiglio | *— de Estado*, capo di Stato.
jeme *s.m.* **1** distanza (*f.*) tra pollice e indice **2** (*fig., donna*) viso.
jemer *agg., s.m./f.* Khmer, cambogiano (*m.*).
jenabe *s.m.* (*bot.*) senape (*f.*).
jengibre *s.m.* (*bot.*) zenzero.
jeniquén *s.m.* (*bot.*) agave (*f.*).

jenízaro *s.m.* giannizzero.
jeque *s.m.* sceicco.
jera *s.f.* **1** comodità **2** boccone (*m.*) prelibato.
jerapellina *s.f.* straccio (*m.*), abito (*m.*) logoro.
jerarca *s.m./f.* gerarca.
jerarquía *s.f.* gerarchia.
jerárquico *agg.* gerarchico.
jerarquizar (*con. come* cazar) *v.tr.* gerarchizzare: — *sus objectivos*, gerarchizzare i propri obiettivi.
jeremiada *s.f.* geremiade.
jeremiquear *v.intr.* (*Amer.*) piagnucolare, lamentarsi.
jerez *s.m.* sherry.
jerga[1] *s.f.* gergo (*m.*): *la — estudiantil*, il gergo studentesco
jerga[2] *s.f.* (*tessuto*) tela da sacco, iuta.
jergal *agg.* (*ling.*) gergale.
jergón[1] *s.m.* **1** pagliericcio, saccone **2** (*fig.*, *abbigl.*) vestito tagliato goffamente **3** (*fig.*, *fam.*) persona (*f.*) grassa, pachiderma.
jergón[2] *s.m.* (*min.*) zircone.
jeribeque *s.m.* sberleffo, smorfia (*f.*).
jerife *s.m.* **1** (*relig.*, *pol.*)sceriffo **2** (*st.*) califfo.
jerigonza *s.f.* **1** gergo (*m.*) **2** lingua incomprensibile.
jeringa *s.f.* **1** (*med.*, *cuc.*) siringa **2** (*med.*) catetere (*m.*).
jeringar (*con. come* llegar) *v.tr.* **1** (*med.*) siringare **2** (*fig.*, *fam.*) scocciare, infastidire.
jeringuilla *s.f.* (*med.*) siringa: — *desechable*, siringa monouso.
jeroglífico *s.m.* **1** geroglifico **2** (*fig.*) rebus; enigma.
jeronimiano, jerónimo *agg.*, *s.m.* (*relig.*) gerolamino.
jerosolimitano *agg.*, *s.m.* (*relig.*) gerosolimitano.
jervilla *s.f.* calzatura leggera.
jersey (*pl.* jerséis, jerseys) *s.m.* maglione | — *de cuello alto*, *de cisne*, dolcevita, maglione a collo alto | — *de cuello redondo*, golf girocollo.
jeruga *s.f.* buccia.
jesuita *agg.*, *s.m./f.* (*relig.*) gesuita.
jesuítico *agg.* **1** (*relig.*) gesuitico **2** (*fig.*) sottile, astuto.
jesuitismo *s.m.* (*relig.*, *anche spreg.*) gesuitismo.
Jesús *no.pr.m.* Gesù | *niño* —, Gesù Bambino ♦ *inter.* (*dopo uno starnuto*) salute! | *en un decir* —, in men che non si dica | *¡—, María y José !*, Gesummaria!
jesusear *v.intr.* invocare ripetutamente Gesù.
jet *s.m.* (*aer.*) jet.
jeta *s.f.* **1** (*fam.*) muso (*m.*), grugno (*m.*) | *poner* —, mettere il broncio **2** (*fig.*, *fam.*) faccia tosta: *¡vaya — qué tienes!*, hai una bella faccia tosta!
jet lag *s.m.* jet lag.
jetset *s.f.* jet-set (*m.*).
jetudo *agg.* scontroso, musone.
ji *s.f.* (*lettera dell'alfabeto greco*) chi.
jíbaro *agg.*, *s.m.* (*Amer.*) **1** contadino **2** selvatico **3** indio della regione a est dell'Ecuador.
jibia *s.f.* (*zool.*) seppia.
jibión *s.m.* **1** (*zool.*) calamaro **2** osso di seppia.
jícara *s.f.* tazzina.
jifa *s.f.* scarto (*m.*) della macellazione.
jifero *agg.* (*anche fig.*) da macello ♦ *s.m.* **1** coltello per la macellazione **2** macellaio.
jilguero *s.m.* (*zool.*) cardellino.
jimio *s.m.* (*zool.*) scimmia (*f.*).
jinestada *s.f.* (*cuc.*) salsa a base di riso, latte, spezie e datteri.
jineta[1] *s.f.* (*zool.*) genetta.
jineta[2] *s.f.* (*equit.*) maniera di cavalcare con staffe corte.
jinete *s.m.* **1** cavaliere, cavallerizzo **2** fantino **3** cavallo purosangue.
jinetear *v.intr./tr.* cavalcare dandosi delle arie.
jinglar *v.intr.* **1** farsi beffe, burlarsi **2** oscillare, penzolare.
jingoísmo *s.m.* sciovinismo.
jingoísta *agg.*, *s.m./f.* sciovinista.
jipi *agg.*, *s.m./f.* (*persona*) hippy.
jipiar *v.intr.* singhiozzare.
jipido *s.m.* singhiozzo, gemito.
jipijapa *s.f.* (*cappello*) panama (*m.*).
jira[1] *s.f.* striscia di stoffa.
jira[2] *s.f.* **1** picnic (*m.*) **2** scampagnata, gita.
jirafa *s.f.* (*zool.*) giraffa.
jirón *s.m.* **1** brandello di stoffa | *hecho jirones*, (ridotto) a brandelli **2** vessillo **3** piccola parte (*f.*), pezzetto.
jironado *agg.* lacerato, a brandelli.
jiu-jitsu *s.m.* (*sport*) jujitsu.
jo *inter.* caspita!
Job *s.m.* giobbe, uomo paziente.
jocó *s.m.* (*zool.*) scimpanzé.
jocosidad *s.f.* giocosità.
jocoso *agg.* giocoso, divertente, allegro: *comentario* —, commento divertente.
jocundidad *s.f.* giocondità.
jocundo *agg.* giocondo, felice.
joda *s.f.* (*Amer.*, *volg.*) noia, guaio (*m.*), rogna.
joder *v.intr./*tr. (*volg.*) **1** scopare, fottere | *¡—!*, cazzo! **2** (*fig.*) sfottere, deridere; molestare, rompere le palle | *¡no jodas!*, non rompere le palle! ♦ **-se** *v.pron.* (*volg.*) **1** fot-

tersi: *tuve un accidente y el coche se jodió*, ho avuto un incidente e la macchina si è fottuta | *¡que se joda!*, che s'impicchi, che si fotta! | *¡jódete!*, arrangiati, cazzi tuoi! **2** rompersi le palle.

jodido *agg.* (*volg.*) **1** fottuto, maledetto **2** stronzo, bastardo: *nunca he conocido un tío tan —, hace la vida imposible a todos*, non ho mai conosciuto un tipo così stronzo, che rende la vita impossibile a tutti **3** rovinato, fregato, fottuto: *los bancos le quitaron todo, ahora sí que está —*, le banche gli hanno tolto tutto, adesso sì che è fregato/fottuto.

jodienda *s.f.* (*volg.*) fastidio (*m.*), rottura di palle.

jofaina *s.f.* bacinella, catino (*m.*).

jogging *s.m.* (*sport*) jogging.

jojoba *s.f.* (*bot.*) jojoba.

jolgorio *s.m.* gozzoviglia (*f.*), baldoria (*f.*)

jolín *inter.* capperi!, caspita!

jolito *s.m.* calma (*f.*), quiete (*f.*).

jollín *s.m.* (*fam.*) confusione (*f.*), baldoria (*f.*).

jomeinismo *s.m.* (*pol.*) khomeinismo.

jomeinista *agg., s.m./f.* (*pol.*) khomeinista.

jondo *agg. nella loc.*: *cante —*, canto gitano/flamenco.

jónico *agg., s.m.* ionico: *capitel —*, capitello ionico.

jonio *agg., s.m.* ionio.

joparse *v.pron.* andarsene, scappare.

jopear *v.intr.* **1** (*di animali*) scodinzolare **2** andare in qua e in là.

jopo *s.m.* (*zool.*) coda (*f.*) molto pelosa.

jordano *agg., s.m.* giordano.

jorge *s.m.* (*zool.*) maggiolino.

jornada *s.f.* **1** giornata, giorno (*m.*): *— internacional de la memoria*, giornata internazionale della memoria | *— de reflexión*, silenzio elettorale **2** giornata, orario: *— de trabajo*, giorno di lavoro | *— intensiva*, orario continuato | *— laboral*, giornata di lavoro | *— de lunes a viernes*, settimana corta | *— flexible*, orario flessibile **3** (*teatr.*) atto (*m.*): *comedia en tres jornadas*, commedia in tre atti **4** (*mil.*) spedizione **5** stagione, periodo (*m.*), tempo (*m.*).

jornal *s.m.* paga (*f.*) giornaliera; salario.

jornalear *v.intr.* lavorare a giornata.

jornalero *s.m.* bracciante, lavoratore a giornata.

joroba *s.f.* **1** gobba **2** (*fam.*) seccatura, fastidio (*m.*) ♦ *inter.* caspita!

jorobado *agg.* gibbuto, gobbo.

jorobar *v.tr.* infastidire, molestare ♦ **-se** *v.pron.* scocciarsi.

jorobeta *s.m.* gobbo.

jota[1] *s.f.* **1** (*nell'alfabeto*) i lunga **2** (*fig.*) niente (*m.*) | *no entender una —*, non capire un'acca.

jota[2] *s.f.* danza popolare | *estar de —*, avere voglia di far baldoria.

jotero *s.m.* (*mus.*) cantante (*m./f.*) di jota.

joven *agg., s.m./f.* giovane.

jovenzuelo *agg.* giovincello.

jovial *agg.* gioviale, piacevole, lieto.

jovialidad *s.f.* giovialità.

joya *s.f.* **1** gioiello (*m.*), gioia **2** (*fig.*) cosa preziosa, perla **3** (*pl.*) dote (*sing.*).

joyante *agg.* lucente, lucido, splendente: *seda —*, seta lucida.

joyel *s.m.* gioiello.

joyería *s.f.* gioielleria.

joyero *s.m.* **1** gioielliere, orefice (*m./f.*) **2** portagioie.

Juan *no.pr.m.* Giovanni | *— lanas*, babbeo, sempliciotto | *— Palomo*, buono a nulla | *ser — y Manuela*, (*riferito a una cosa*) non servire a nulla.

juarda *s.f.* (*tess.*) grasso (*m.*), unto (*m.*), sporcizia.

juba *s.f.* (*abbigl.*) giubba.

jubilación *s.f.* **1** pensione: *recibió la —*, ha ricevuto la pensione **2** pensionamento (*m.*), messa a riposo.

jubilado *agg., s.m.* pensionato: *está — desde tres años*, è in pensione da tre anni.

jubilar *v.intr.* giubilare, esultare ♦ *v.tr.* mandare in pensione ♦ **-se** *v.pron.* andare in pensione: *es posible — dos o tres años antes*, è possibile andare in pensione due o tre anni prima.

jubileo *s.m.* **1** giubileo | *por —*, ogni morte di papa **2** (*di persone*) viavai: *en mi casa la gente entraba a toda hora: un —, vaya*, in casa la gente entrava a tutte le ore, un viavai continuo/un andirivieni | *esto parece un —*, sembra un porto di mare.

júbilo *s.m.* giubilo, grande gioia (*f.*), allegrezza (*f.*).

jubiloso *agg.* giubilante.

jubón *s.m.* corpetto, farsetto | *— de nudillos*, cotta di maglia.

judaico *agg.* giudaico.

judaísmo *s.m.* giudaismo.

judaizante *agg.* che giudaizza.

judaizar (*con. come* cazar) *v.intr.* giudaizzare.

judas *s.m.* giuda, traditore | *beso de Judas*, bacio di Giuda.

judeoespañol *agg., s.m.* sefardita (*m./f.*).

judería *s.f.* ghetto (*m.*) ebraico.

judía *s.f.* fagiolo (*m.*) | *— verde*, fagiolino.

judiada *s.f.* **1** brutto tiro (*m.*), carognata **2** (*cuc.*) fagiolata.

judicatura *s.f.* magistratura.

judicial *agg.* giudiziario, giudiziale | *poder*

—, potere giudiziario | *policía* —, polizia giudiziaria.
judiciario *agg.* giudiziario.
judío *agg., s.m.* **1** ebreo, giudeo **2** (*spreg.*) taccagno, spilorcio.
judión *s.m.* (*bot.*) fagiolone.
judo *s.m.* (*sport*) judo.
juego *s.m.* **1** gioco: — *de azar*, gioco d'azzardo; — *de baraja/naipes*, gioco di carte | *juegos de manos*, giochi di prestigio | *juegos malabares*, giochi di equilibrio | *juegos de aguas*, giochi d'acqua | *juegos floreales*, certame poetico | — *de envite*, gioco a soldi | — *de equipo*, gioco di squadra | — *de palabras*, gioco di parole | — *de rol*, gioco di ruolo | *fuera de* —, fuori gioco (*anche fig.*) | *hacerle el — a alguien*, fare il gioco di qlcu. | *poner en* —, mettere in gioco | *mostrar el* —, scoprire il gioco | *un — de niños*, un gioco da ragazzi **2** servizio; completo; set: — *de café*, servizio da caffè; — *de maquillaje*, trousse per il trucco; — *de cama*, set/completo di lenzuola | *hacer — con*, intonarsi con, stare bene con, fare pendant con **3** (*gioielleria*) parure (*f.*); guarnizione (*f.*): *un — de perlas*, una parure di perle **4** (*anat.*) articolazione (*f.*): *el — del codo*, la giuntura del gomito.
juerga *s.f.* baldoria, divertimento (*m.*) | *ir de —, armar una* —, fare baldoria | *correrse una* —, darsi ai bagordi.
juerguista *s.m./f.* buontempone (*m.*), festaiolo (*m.*).
jueves *s.m.* giovedì | — *gordo/lardero*, giovedì grasso | — *santo*, giovedì santo | *no ser cosa del otro* —, non essere niente di speciale | *parecer el* —, stare sempre tra i piedi.
juez (*pl.* -ces) *s.m.* giudice | — *arbitrador*, giudice conciliatore | — *de instrucción*, giudice istruttore | — *de primera instancia*, pretore | (*sport*) — *de línea*, guardalinee | (*tennis, pallavolo*) — *de silla*, giudice di gara | *tener cara de* —, avere la faccia scura; avere una brutta cera.
jugada *s.f.* **1** giocata, mossa **2** (*fig.*) tiro (*m.*), scherzo (*m.*): *hacer una mala* —, fare un brutto tiro.
jugadera *s.f.* (*tess.*) spola.
jugador *s.m.* giocatore | — *de manos*, prestigiatore | — *de ventaja*, baro.
jugar (*indic.pres.* juego, juegas, juega, jugamos, jugáis, juegan; *cong.pres.* juegue, juegues...; *imp.* juega, juegue, jueguen) *v.intr.* **1** giocare: — *a la pelota*, giocare a palla | — *sucio*, barare; giocare sporco | — *con las cartas boca arriba*, giocare a carte scoperte **2** partecipare, intervenire: *en este asunto juegan muchos factores*, nella questione entrano in gioco/giocano molti fattori **3** funzionare | *la llave no juega*, la chiave non gira **4** abbinarsi | *el mueble no juega con el color de la pared*, il mobile non si intona con il/non si adatta al colore della parete ♦ *v.tr.* **1** giocare: — *una partida de ajedrez*, giocare una partita a scacchi | — *un papel*, disimpegnare un ruolo **2** (*armi bianche*) maneggiare: — *la espada*, maneggiare la spada ♦ **-se** *v.pron.* **1** giocarsi, scommettere | *¿qué te juegas a que...?*, scommettiamo che...? **2** giocarsi, mettere a repentaglio: *con esa maniobra política el gobierno se está jugando toda su credibilidad*, con questa manovra politica il governo sta mettendo a repentaglio la sua credibilità.
jugarreta *s.f.* tiro (*m.*) mancino, carognata: *menuda — me han hecho*, che carognata mi hanno fatto.
juglar *agg.* giullaresco, burlesco ♦ *s.m.* **1** giullare **2** poeta, trovatore.
juglaresco *agg.* giullaresco.
jugo *s.m.* **1** succo: — *de frutas*, succo di frutta | — *gástrico*, succo gastrico **2** (*cuc.*) salsa (*f.*), sugo: *el — del asado*, il sugo dell'arrosto ■ ***sacar jugo***, trarre profitto | ***sacarle el jugo a alguien***, succhiare il sangue a qlcu.
jugosidad *s.f.* succosità.
jugoso *agg.* **1** sugoso, succoso: *un asado* —, un arrosto sugoso **2** (*fig.*) consistente, corposo, sostanzioso: *un negocio* —, un commercio sostanzioso.
juguete *s.m.* **1** giocattolo | *coche de* —, automobilina, macchinina **2** (*fig.*) preda (*f.*), servo, schiavo, vittima (*f.*): *ser — de las olas*, essere in balia delle onde; *ser — de las pasiones*, essere in preda alle passioni **3** (*mus., teatr.*) composizione (*f.*) breve.
juguetear *v.intr.* giocherellare: *es peligroso con un mechero*, è pericoloso giocherellare con un accendino.
juguetería *s.f.* negozio (*m.*) di giocattoli.
juguetero *s.m.* giocattolaio.
juguetón *agg.* giocherellone: *un perro* —, un cane giocherellone.
juicio *s.m.* **1** giudizio; opinione (*f.*); valutazione (*f.*): *a mi* —, a mio parere | *poner en tela de* —, mettere in dubbio **2** senno, assennatezza (*f.*) | *perder el* —, perdere il senno | *estar en su entero* —, essere nel pieno possesso delle proprie facoltà | *sacar de* —, fare perdere la ragione **3** (*dir.*) processo, causa (*f.*): — *civil*, processo civile | *llevar a* —, portare in tribunale.
juicioso *agg.* giudizioso, assennato.
juliana *s.f.* (*cuc.*) julienne | *a la* —, alla julienne.
juliano *agg.* giuliano.
julio[1] *s.m.* luglio
julio[2] *s.m.* (*fis.*) joule.

juma *s.f.* (*fam.*) sbronza.
jumarse *v.pron.* (*fam.*) sbronzarsi.
jumento *s.m.* asino.
jumera *s.f.* (*fam.*) sbornia.
juncada *s.f.* (*bot.*) giuncaia.
juncal *agg.* filiforme, sottile ♦ *s.m.* (*bot.*) giuncaia (*f.*).
juncar *s.f.* (*bot.*) giuncaia.
junco[1] *s.m.* **1** (*bot.*) giunco **2** (*bot.*) giunchiglia (*f.*) | — *de Indias*, canna d'India **3** (*artigianato*) vimini (*pl.*)
junco[2] *s.m.* (*mar.*) giunca (*f.*).
jungla *s.f.* giungla.
junglada *s.f.* (*cuc.*) stufato (*m.*) di lepre.
junio *s.m.* giugno.
junior *agg.* junior.
junípero *s.m.* (*bot.*) ginepro.
junquera *s.f.* (*bot.*) giunco (*m.*).
junquillo *s.m.* (*bot.*) giunchiglia (*f.*).
junta *s.f.* **1** (*tecn.*) giunto (*m.*), giuntura; guarnizione | *retundir juntas*, riempire le giunte con stucco **2** (*amm.*) giunta, assemblea, commissione | — *de facultad*, consiglio di facoltà | — *de administración*, consiglio di amministrazione | — *directiva*, comitato direttivo | — *general*, assemblea generale | *Junta Autonómica de Galicia*, governo regionale autonomo della Galizia | — *administrativa*, giunta comunale.
juntamente *avv.* insieme, contemporaneamente.
juntar *v.tr.* **1** unire, congiungere: — *las puntas de los dedos*, unire la punta delle dita **2** riunire, raccogliere: — *leña*, raccogliere legna **3** (*porte*, *finestre*) socchiudere ♦ **-se** *v.pron.* **1** unirsi, riunirsi: *estaba prohibido — en las universidades*, era vietato riunirsi nelle università **2** mettersi insieme **3** avere rapporti sessuali.
juntera *s.f.* (*falegnameria*) pialla.
juntero *agg.*, *s.m.* membro di una giunta.
junto *agg.* **1** (*al sing.*, *solo riferito a un nome collettivo*) riunito, tutto insieme, tutto in una volta: *nunca había visto tanto dinero* —, non avevo mai visto tanto denaro in una volta; *nunca había visto tanta gente junta*, non avevo mai visto tanta gente riunita insieme **2** (*spec. pl.*) vicini, attaccati; insieme: *los gatos estaban durmiendo todos juntos*, i gatti stavano dormendo vicini | *viven juntos*, vivono insieme
■ ***junto a***, vicino, accanto: *la cama está — a la ventana*, il letto è accanto alla finestra | ***junto con***, insieme: *este trabajo hay que hacerlo — con el otro equipo*, questo lavoro bisogna farlo insieme con l'altro gruppo.
juntura *s.f.* giuntura, commessura.
júpiter *s.m.* **1** (*astr.*) giove **2** (*min.*) stagno.
jupiterino *agg.* **1** (*mit.*) di Giove **2** (*fig.*) imponente, enorme, grandioso.
jura *s.f.* giuramento (*m.*) solenne | — *de la bandera*, giuramento alla bandiera.
jurado *agg.* giurato: *guarda jurada*, guardia giurata ♦ *s.m.* **1** (*anche dir.*) giuria (*f.*): *el — le adjudicó el premio*, la giuria gli aggiudicò il premio **2** (*persona*) giurato.
jurador *s.m.* bestemmiatore.
juramentar *v.tr.* far giurare ♦ **-se** *v.pron.* (*reciproco*) legarsi con un giuramento.
juramento *s.m.* **1** giuramento **2** bestemmia (*f.*).
jurar *v.tr.* giurare | — *por*, giurare su | — *en falso*, giurare il falso | *jurárselas a alguien*, giurare vendetta a qlcu. ♦ *v.intr.* bestemmiare.
jurásico *agg.*, *s.m.* giurassico.
juridicidad *s.f.* giuridicità.
jurídico *agg.* giuridico.
jurisconsulto *s.m.* giureconsulto, giurista (*m./f.*).
jurisdicción *s.f.* (*anche dir.*) giurisdizione.
jurisdiccional *agg.* (*anche dir.*) giurisdizionale | *aguas jurisdiccionales*, acque territoriali.
jurispericia *s.f.* giurisprudenza.
jurisperito *s.m.* (*dir.*) giurisperito.
jurisprudencia *s.f.* (*dir.*) giurisprudenza.
jurisprudencial *agg.* (*dir.*) giurisprudenziale.
jurista *s.m./f.* giurista.
juro *s.m.* **1** diritto perpetuo di proprietà | *de/por — de heredad*, in eredità perpetua **2** rendita (*f.*) vitalizia
■ ***de juro***, certamente, per forza.
justa *s.f.* **1** giostra, gara **2** (*fig.*) gara, certame (*m.*) letterario.
justador *s.m.* giostratore.
justamente *avv.* **1** precisamente, esattamente, proprio: *es — lo contrario de lo que piensas*, è proprio il contrario di quello che pensi **2** giustamente: *el justo actúa —*, il giusto agisce giustamente **3** appena, a mala pena: *llegó — a tiempo*, arrivò appena in tempo.
justar *v.intr.* giostrare.
justedad *s.f.* uguaglianza.
justicia *s.f.* giustizia | *administrar —*, amministrare la giustizia | *hacer —*, fare giustizia.
justiciable *agg.* giudicabile.
justicialismo *s.m.* (*Amer.*, *pol.*) giustizialismo.
justicialista *agg.* (*Amer.*, *pol.*) giustizialista.
justiciar *v.tr.* **1** condannare **2** giustiziare.
justiciero *agg.* equo, giusto ♦ *s.m.* giustiziere.
justificable *agg.* giustificabile: *su fin último no es —*, il suo fine ultimo non è giustificabile.
justificación *s.f.* **1** giustificazione **2** (*tip.*) giustezza.

justificado *agg.* giustificato.
justificador *s.m.* santificatore.
justificante *s.m.* (*comm.*) giustificativo.
justificar (*con. come* pescar) *v.tr.* (*anche tip.*) giustificare: *debes — tus acciones*, devi giustificare le tue azioni; *— el texto en relación al borde superior*, giustificare il testo rispetto al margine superiore ♦ **-se** *v.pron.* **1** giustificarsi, scusarsi **2** spiegarsi.
justificativo *agg.* giustificativo.
justillo *s.m.* (*abbigl.*) busto, corsetto.
justinianeo *agg.* (*st.*) giustinianeo.
justipreciar *v.tr.* (*econ.*) stimare, prezzare, valutare.
justiprecio *s.m.* (*econ.*) stima (*f.*).
justo *agg.* **1** giusto; legittimo **2** equo **3** esatto, preciso | *tu falda me está justa*, la tua gonna mi sta giusta ♦ *avv.* proprio, esattamente: *llegó — cuando empezó la reunión*, arrivò proprio quando stava cominciando la riunione.
juvenil *agg.* giovanile.
juventud *s.f.* gioventù.
juzgado *s.m.* **1** tribunale **2** (*dir.*, *circoscrizione*) pretura (*f.*) | *— de paz*, ufficio del giudice di pace.
juzgamundos *s.m./f.* pettegolo (*m.*).
juzgar (*con. come* llegar) *v.tr.* (*anche dir.*) giudicare | *a — por*, a giudicare da | *— por las apariencias*, giudicare dalle apparenze.

Kk

k *s.f.* k | (*tel.*) — *como kilo*, k come Kursaal.
ka *s.f.* (*lettera dell'alfabeto*) cappa.
kafkiano *agg.* (*lett.*, *anche fig.*) kafkiano.
káiser *s.m.* kaiser.
kamikaze *s.m.* kamikaze.
kan *s.m.* khan.
kantiano *agg.*, *s.m.* (*filos.*) kantiano.
kantismo *s.m.* (*filos.*) kantismo.
kappa *s.f.* (*lettera dell'alfabeto greco*) cappa.
karaoke *s.m.* karaoke.
karate *s.m.* (*sport*) karatè.
karateca *s.m./f.* (*sport*) karateka.
karma *s.m.* (*relig.*) karma.
karst *s.m.* (*geol.*) carsismo.
kart *s.m.* (*aut.*) kart.
katiuska *s.f.* stivale (*m.*) di gomma.
kayak *s.m.* (*sport*) kayak.
kazako *agg.*, *s.m.* kazako.
kebab *s.m.* kebab.
kelvin *s.m.* (*fis.*) kelvin.
keniano *agg.*, *s.m.* keniano.
keniata *agg.*, *s.m./f.* keniota.
kermés *s.f.* kermesse.
keroseno, kerosén *s.m.* cherosene.
ketchup *s.m.* ketchup.
kibutz *s.m.* kibbutz.
kilo *s.m.* **1** chilo, chilogrammo **2** mucchio: *un — de cosas que hacer*, un mucchio di cose da fare | *de a —*, di grande importanza.
kilocaloría *s.f.* (*fis.*) chilocaloria, kilocaloria.
kilogramo *s.m.* chilogrammo.
kilohercio *s.m.* (*fis.*) kilohertz.
kilometraje *s.m.* chilometraggio.
kilométrico *agg.* chilometrico.
kilómetro *s.m.* chilometro.
kilovatio *s.m.* (*elettr.*) chilowatt | *— hora*, chilowattora.
kimono *s.m.* chimono.
kiosco *s.m.* → **quiosco.**
kiwi *s.m.* (*bot.*) kiwi.
koala *s.m.* (*zool.*) coala.

Ll

l *s.f.* (*lettera dell'alfabeto*) l | (*tel.*) — *como Lorenzo*, l come Livorno.
la[1] (*pl.* las) *art.det.f.sing.* la: — *carta*, la lettera; — *abeja*, l'ape.
la[2] (*pl.* las) *pron.pers.f. di 3ª pers.sing.ogg.* la: — *veo*, la vedo.
la[3] *s.m.* (*mus.*) la.
laberíntico *agg.* (*anche fig.*) labirintico.
laberintitis *s.f.* (*med.*) labirintite.
laberinto *s.m.* **1** labirinto, dedalo **2** (*fig.*) groviglio: — *de opiniones*, groviglio di opinioni **3** (*anat.*) labirinto.
labia *s.f.* loquela, parlantina; loquacità | *tener* —, essere loquace.
labial *agg.*, *s.f.* (*anche ling.*) labiale.
labialización *s.f.* (*ling.*) labializzazione.
labializar (*con. come* cazar) *v.intr.* (*ling.*) labializzare.
lábil *agg.* **1** (*anche fig.*) labile **2** debole, fragile, caduco: *es un razonamiento* —, è un ragionamento inconsistente.
labilidad *s.f.* labilità.
labio *s.m.* **1** (*anat.*) labbro: *pintar los labios*, dipingere le labbra, mettere il rossetto | — *leporino*, labbro leporino | *barra de labios*, rossetto | *rellenar los labios*, rifarsi le labbra **2** (*pl.*) bocca (*f.*) | *no despegó los labios*, non aprì bocca | *cerrar los labios de alguien*, chiudere la bocca a qlcu., impedire a qlcu. di parlare | *estar pendiente/colgado de los labios de alguien*, pendere dalle labbra di qlcu. **3** (*di ferita*) labbro, margine.
labiodental *agg.*, *s.f.* (*ling.*) labiodentale.
labionasal *agg.*, *s.f.* (*ling.*) labionasale.
labiovelar *agg.*, *s.f.* (*ling.*) labiovelare.
labor *s.f.* **1** lavoro (*m.*): *la — realizada por la asociación es enorme*, il lavoro compiuto dall'associazione è enorme; — *de aguja, de ganchillo*, lavoro a maglia, all'uncinetto | *labores agrícolas*, lavori agricoli | *animal de* —, bestia da soma/lavoro | *no estar por la* —, non essere disponibile | (*amm.*) *profesión: sus labores*, professione: casalinga **2** compito (*m.*), mansione **3** (*lett.*) opera (*f.*).
laborable *agg.* **1** lavorabile: *la tierra* —, la terra lavorabile **2** lavorativo, feriale: *día* —, giorno feriale.
laboral *agg.* lavorativo | *contrato* —, contratto di lavoro | *accidente* —, infortunio sul lavoro | *jornada* —, giornata lavorativa.
laboralista *s.m./f.* avvocato (*m.*) del lavoro.
laborar *v.tr.* (*agr.*) lavorare (la terra) ♦ *v.intr.* darsi da fare.
laboratorio *s.m.* (*di ricerche, studio*) laboratorio | — *de idiomas*, laboratorio linguistico.
laboriosidad *s.f.* laboriosità, operosità.
laborioso *agg.* **1** (*persona*) laborioso, industrioso **2** laborioso, difficile.
laborismo *s.m.* (*pol.*) laburismo.
laborista *agg.*, *s.m./f.* (*pol.*) laburista.
labrado *agg.* lavorato: *piel labrada*, pelle lavorata; *tela labrada*, tessuto operato ♦ *s.m.* **1** lavorazione (*f.*): *el — de estas botas es precioso*, la lavorazione di questi stivali è bellissima **2** (*agr.*) terreno coltivato; aratura (*f.*).
labrador *s.m.* contadino, agricoltore.
labradorita *s.f.* (*min.*) labradorite.
labrantío *agg.* coltivabile ♦ *s.m.* terreno coltivabile.
labranza *s.f.* agricoltura, coltivazione dei campi | *casa de* —, cascina.
labrar *v.tr.* **1** lavorare: — *la piedra*, lavorare la pietra **2** (*agr.*) coltivare; lavorare (la terra) **3** (*fig.*) costruire, preparare, modellare: *se ha labrado su porvenir*, si è costruito il suo avvenire **4** (*cucito*) cucire, ricamare.
labriego *s.m.* (*agr.*) contadino, agricoltore.
laca *s.f.* lacca, fissatore (*m.*) | — *de uñas*, smalto per unghie.
lacado *agg.* laccato: *un mueble de madera — en blanco*, un mobile di legno laccato bianco ♦ *s.m.* laccatura (*f.*): *técnica de* —, tecnica di laccatura.
lacar (*con. come* pescar) *v.tr.* laccare: *necesito un artesano capaz de — muebles*, ho bisogno di un artigiano capace di laccare mobili.
lacayo *s.m.* lacchè.
lacayuno *agg.* servile.
lacear *v.tr.* **1** adornare con fiocchi **2** (*caccia, bestiame*) prendere al laccio.
lacedemonio *agg.* lacedemone.
laceración *s.f.* lacerazione: — *cutánea*, lacerazione cutanea.
lacerante *agg.* (*anche fig.*) lacerante.
lacerar *v.tr.* **1** lacerare **2** (*fig.*) rovinare, distruggere ♦ *v.intr.* soffrire, tribolare.

lacería *s.f.* **1** fiocchi (*m.pl.*) decorativi **2** decorazione a fiocchi.
lacero *s.m.* **1** mandriano che prende gli animali al laccio **2** bracconiere **3** accalappiacani.
lacha[1] *s.f.* onore (*m.*), rispetto (*m.*): *hombre de —*, uomo di rispetto.
lacha[2] (*zool.*) acciuga.
lacio *agg.* **1** fiacco, molle **2** liscio: *tiene el pelo —*, ha i capelli lisci.
lacónico *agg.* laconico, conciso, breve | *lenguaje —*, linguaggio conciso.
laconio *agg.* della Laconia, laconico ♦ *s.m.* nativo della Laconia.
laconismo *s.m.* laconicità (*f.*), laconismo.
lacra *s.f.* **1** cicatrice, segno (*m.*); piaga **2** (*fig.*) vizio (*m.*), difetto (*m.*), piaga: *la droga es la — de la sociedad*, la droga è la piaga della società.
lacrar *v.tr.* sigillare con la ceralacca.
lacre *agg.* (*Amer.*) rosso ♦ *s.m.* ceralacca (*f.*).
lacrimal *agg.* lacrimale ♦ *s.m.* condotto lacrimale.
lacrimatorio *s.m.* lacrimatoio.
lacrimógeno *agg.* lacrimogeno: *gases lacrimógenos*, gas lacrimogeni.
lacrimoso *agg.* **1** lacrimoso **2** lacrimevole **3** (*fig.*) piagnucoloso, piagnone: *un carácter — y sentimental*, un carattere piagnucoloso e sentimentale.
lactación *s.f.* allattamento (*m.*) | *periodo de —*, periodo di allattamento.
lactancia *s.f.* allattamento (*m.*) | *— artificial*, allattamento artificiale.
lactante *s.m./f., agg.* lattante.
lactar *v.tr.* allattare ♦ *v.intr.* succhiare il latte.
lactato *s.m.* (*chim.*) lattato.
lacteado *agg.* latteo.
lácteo *agg.* latteo | *productos lácteos*, latticini | *Vía Láctea*, Via Lattea.
lacticinoso *agg.* lattiginoso.
láctico *agg.* (*chim.*) lattico | *ácido —*, acido lattico.
lactífero *agg.* (*anat.*) lattifero.
lactina *s.f.* (*chim.*) lattosio (*m.*).
lactosa *s.f.* (*chim.*) lattosio (*m.*).
lacustre *agg.* lacustre.
ládano *s.m.* (*bot.*) ladano.
ladeado *agg.* pendente, storto, inclinato: *este cuadro está un poco —*, questo quadro è un po' storto.
ladear *v.tr.* inclinare, piegare da un lato ♦ *v.intr.* deviare ♦ **-se** *v.pron.* propendere, inclinarsi.
ladera *s.f.* pendio (*m.*), declivio (*m.*), versante (*m.*).
ladero *agg.* laterale.
ladilla *s.f.* (*zool.*) piattola.
ladino *agg.* **1** (*ling.*) romanzo **2** (*fig.*) furbo, scaltro **3** (*Amer.*) meticcio ♦ *s.m.* **1** (*ling.*) ladino, retico **2** (*ling.*) dialetto giudeo-spagnolo **3** (*Amer.*) meticcio ispanofono.
lado *s.m.* **1** lato (*anche fig.*); parte (*f.*): *el — de la mesa*, il lato del tavolo; *un — de la ciudad había quedado sin luz*, una parte della città era rimasta senza luce | *al otro — de*, dall'altra parte di | *por otro —*, d'altra parte | *por todos lados*, dappertutto | *cada uno por su —*, ognuno per conto suo | *dejar a un —*, accantonare, mettere da parte: *dejó a un — todas sus preocupaciones*, lasciò da parte tutte le sue preoccupazioni | *echarse a un —*, farsi da parte | *ponerse del — de alguien*, mettersi dalla parte di qlcu. | *mirar de (medio) —*, guardare con disprezzo; guardare storto **2** (*anat.*) fianco: *le duele el — derecho*, gli fa male il fianco destro | *de —*, di fianco **3** luogo, posto, parte (*f.*): *irse a otro —*, andarsene da un'altra parte **4** (*geom.*) lato
■ ***al lado***, accanto: *vive aquí al —*, vive qui accanto | ***al lado de***, accanto a.
ladra *s.f.* latrato (*m.*).
ladrador *agg.* che abbaia | *perro —, poco mordedor*, can che abbaia non morde.
ladrar *v.intr.* **1** abbaiare, latrare **2** (*fig.*) gridare.
ladrido *s.m.* latrato.
ladrillado *s.m.* (*edil.*) mattonato.
ladrillador *s.m.* (*edil.*) muratore che fa il mattonato.
ladrillazo *s.m.* mattonata (*f.*).
ladrillero *s.m.* **1** stampo per mattoni **2** mattonaio.
ladrillo *s.m.* mattone, mattonella (*f.*) | *— hueco*, mattone forato | (*fig.*) *esta novela es un —*, questo romanzo è un mattone.
ladrocinio *s.m.* ladrocinio.
ladrón *s.m.* **1** ladro | *la ocasión hace al —*, l'occasione fa l'uomo ladro | *piensa el — que todos son de su condición*, il ladro pensa che tutti siano come lui | *¡al —!*, al ladro! | *— de corazones*, rubacuori **2** (*elettr.*) spina (*f.*) multipla.
ladronera *s.f.* **1** covo (*m.*) di banditi **2** ruberia, ladrocinio (*m.*) **3** salvadanaio (*m.*).
ladronería *s.f.* ladroneria.
ladronesco *agg.* ladronesco.
ladronzuelo *s.m.* ladruncolo.
lady *s.f.* lady.
lagañoso *agg.* cisposo.
lagar *s.m.* (*di uva*) tino, torchio; (*di oliva*) frantoio.
lagartija *s.f.* (*zool.*) lucertola.
lagarto *s.m.* **1** (*zool.*) ramarro | *— de Indias*, caimano **2** (*fig.*) furbone **3** (*anat.*) lacerto.
lago *s.m.* lago | *— de leones*, fossa dei leoni.
lágrima *s.f.* lacrima | *deshacerse en lágrimas*, sciogliersi in lacrime | *llorar a — viva*, piangere a calde lacrime | *llorar lágrimas de sangre*, piangere lacrime amare | *saltarse las*

lágrimas, avere le lacrime agli occhi | *valle de lágrimas*, valle di lacrime.
lagrimal *agg.* (*anat.*) lacrimale ♦ *s.m.* (*anat.*) ghiandola (*f.*) lacrimale.
lagrimear *v.intr.* **1** lacrimare **2** piangere, piagnucolare.
lagrimeo *s.m.* **1** lacrimazione (*f.*) **2** (*fig.*) piagnucolio, pianisteo.
lagrimón *s.m.* (*fam.*) lacrimone.
lagrimoso *agg.* **1** lacrimoso **2** lacrimevole.
laguna *s.f.* **1** laguna **2** (*fig.*) lacuna: *tiene muchas lagunas en matemáticas*, ha molte lacune in matematica.
lagunero *agg.* lagunare.
laicado *s.m.* laicato.
laical *agg.* laicale, laico.
laicismo *s.m.* laicismo.
laicista *agg.* laicista.
laicización *s.f.* laicizzazione.
laicizar (*con. come* cazar) *v.tr.* laicizzare: *el gobierno quiere — la enseñanza*, il governo vuole laicizzare l'insegnamento.
laico *agg.*, *s.m.* laico: *el pensamiento —*, il pensiero laico.
laja *s.f.* **1** lastra di pietra **2** (*mar.*) bassofondo (*m.*) pietroso.
lalación *s.f.* (*med.*) lallazione.
lama[1] *s.f.* fango (*m.*).
lama[2] *s.f.* (*metall.*) lamina.
lama[3] *s.m.* (*relig.*) lama.
lamaísmo *s.m.* (*relig.*) lamaismo.
lamaísta *agg.*, *s.m.* (*relig.*) lamaista.
lambada *s.f.* (*ballo*) lambada.
lambda *s.f.* (*lettera dell'alfabeto greco*) lambda.
lambrija *s.f.* **1** (*zool.*) lombrico (*m.*) **2** (*fig.*) persona magra, stecchino (*m.*).
lambrucio *agg.* (*fam.*) golosone, ghiottone.
lambucear *v.intr.* (*fam.*) spizzicare, piluccare continuamente.
lamé *s.m.* (*tess.*) lamé.
lameculos *s.m./f.* (*volg.*) leccaculo.
lamedura *s.f.* leccatura.
lamentable *agg.* **1** deplorevole **2** (*condizione*) penoso, pietoso.
lamentación *s.f.* lamentazione, lamento (*m.*).
lamentador *agg.* lamentoso.
lamentar *v.tr.* **1** deplorare, lamentare **2** dispiacersi: *lamento que no haya venido*, mi dispiace che non sia venuto ♦ **-se** *v.pron.* lamentarsi, lagnarsi.
lamento *s.m.* lamento, gemito.
lamentoso *agg.* **1** lamentoso **2** triste, lamentevole.
lamer *v.tr.* **1** leccare | *llevar/tener qué —*, avere di che lamentarsi | *mejor lamiendo que mordiendo*, meglio con le buone che con le cattive **2** (*fig.*) lambire: *las aguas del lago lamían la orilla*, le acque del lago lambivano la riva.
lametear *v.tr.* leccare.
lametón *s.m.* leccata (*f.*).
lamia *s.f.* (*mit.*) lamia.
lamido *agg.* **1** leccato, rileccato, lezioso **2** (*di persona*) magro **3** consumato, liso, logoro **4** (*capelli*) liscio.
lámina *s.f.* **1** lamina: *— de acero*, lamina d'acciaio **2** incisione **3** stampa; vignetta.
laminado *s.m.* **1** laminato **2** laminatura (*f.*).
laminador *s.m.* (*tecn.*) **1** laminatoio **2** laminatore.
laminar *v.tr.* (*tecn.*) laminare.
laminoso *agg.* (*tecn.*) laminare.
lampadario *s.m.* candelabro.
lampante *agg.* lampante.
lampar *v.tr.* allegare, allappare.
lámpara *s.f.* **1** lampada, lume (*m.*) | *— de pie*, lampada a stelo | *— de mesa*, lampada da tavolo | *— de gas*, lampada a gas | *— de alcohol*, fornello a spirito | *— de esmaltador*, fiamma ossidrica | *— de mineros*, lampada di Davy/di sicurezza | *— de aceite*, lume a olio | *— de suspensión*, lampadario | *— halógena*, lampada alogena **2** (*fam.*, *sui vestiti*) macchia d'unto, patacca, padella.
lamparería *s.f.* **1** fabbrica di lampade **2** negozio (*m.*) di lampade.
lamparero *s.m.* **1** fabbricante di lampade **2** venditore di lampade.
lamparilla *s.f.* **1** lucina, lumino (*m.*) **2** stoppino (*m.*) **3** fornello (*m.*) ad alcol.
lamprea *s.f.* (*zool.*) lampreda.
lamprear *v.tr.* (*cuc.*) cucinare in agrodolce.
lampiño *agg.* imberbe, glabro.
lana *s.f.* **1** lana: *tejido de —*, tessuto di lana | *— burda*, lana grezza | *— fría*, fresco di lana | *ir por — y salir trasquilado*, fare come i pifferi di montagna (che andarono per suonare e furono suonati) | *cardarle la — a alguien*, dare una ripassata a qlcu. | *perro de lanas*, barboncino **2** (*Amer.*) zoticone (*m.*) **3** (*pop.*) quattrini (*m.pl.*), grana.
lance *s.m.* **1** lancio **2** episodio, situazione (*f.*) | *— de fortuna*, colpo di fortuna **3** difficoltà (*f.*), momento difficile **4** (*carte*) giocata (*f.*), mano (*f.*) **5** combattimento | *— de honor*, sfida, duello
■ ***de lance***, d'occasione | ***tener pocos lances***, essere noioso.
lancear *v.tr.* ferire con la lancia.
lancero *s.m.* **1** (*mil.*) lanciere **2** fabbricante di lance.
lanceta *s.f.* (*med.*) lancetta chirurgica.
lancetero *s.m.* (*med.*) contenitore per lancette chirurgiche.
lancha[1] *s.f.* lastra (di pietra).
lancha[2] *s.f.* (*mar.*) lancia, scialuppa, barca | *— motora*, fuoribordo.
lancinante *agg.* lancinante, acuto.
lancinar *v.tr.* lacerare.

landa *s.f.* (*geogr.*) landa.
landó *s.m.* (*carrozza*) landò.
lanería *s.f.* negozio (*m.*) di lanerie.
lanero *agg.* della lana, laniero ♦ *s.m.* lanaiolo.
langosta *s.f.* **1** (*zool.*) cavalletta **2** (*zool.*) aragosta **3** (*fig.*) rovina.
langostino *s.m.* (*zool.*) gamberone.
languidecer (*con. come* agradecer) *v.intr.* **1** languire, indebolirsi, perdere intensità **2** (*fig.*) debilitarsi, illanguidire.
languidez *s.f.* languore (*m.*), debolezza.
lánguido *agg.* languido.
languor *s.m.* languore (*m.*), debolezza.
lanífero *agg.* (*lett.*) lanigero.
lanificio *s.m.* lanificio.
lanolina *s.f.* lanolina.
lanosidad *s.f.* **1** lanosità **2** (*bot.*) lanugine.
lanoso *agg.* lanoso.
lansquenete *s.m.* (*st.*) lanzichenecco.
lantano *s.m.* (*chim.*) lantano.
lanudo *agg.* lanuto.
lanuginoso *agg.* lanuginoso.
lanza *s.f.* **1** lancia | (*fig.*) *romper una — por alguien, algo*, spezzare una lancia a favore di qlcu., qlco. | *correr lanzas*, giostrare | *con la — en ristre*, lancia in resta **2** (*di carro*) timone (*m.*).
lanzabombas *s.m.* (*mil.*) lanciabombe.
lanzacohetes *s.m.* (*mil.*) lanciarazzi.
lanzada *s.f.* colpo (*m.*). di lancia.
lanzadera *s.f.* **1** spola, spoletta **2** (*fam.*) persona agitata, anima in pena **3** (*veicolo spaziale*) navetta.
lanzado *agg.* **1** lanciato, deciso **2** coraggioso, audace.
lanzador *agg.* lanciatore.
lanzagranadas *s.m.* (*mil.*) lanciagranate.
lanzallamas *s.m.* (*mil.*) lanciafiamme.
lanzamiento *s.m.* **1** lancio (*anche fig.*): *dirección de —*, direzione di lancio; *— al mercado de una nueva línea*, lancio sul mercato di una nuova linea | (*sport*) *— del disco*, lancio del disco | (*sport*) *— del martillo*, lancio del martello | *— espacial*, lancio spaziale **2** (*dir.*) sfratto esecutivo.
lanzamisiles *s.m.* (*mil.*) lanciamissili.
lanzar (*con. come* cazar) *v.tr.* **1** lanciare, gettare, scagliare **2** (*fig.*) far conoscere, far propaganda: *— un nuevo perfume*, lanciare un nuovo profumo **3** (*dir.*) sfrattare ♦ **-se** *v.pron.* (*anche fig.*) lanciarsi, scagliarsi, buttarsi: *se lanzó a un nuevo reto*, si lanciò in una nuova sfida.
laña *s.f.* graffa.
lañar *v.tr.* graffare.
laosiano *agg.*, *s.m.* laotiano.
lapa *s.f.* **1** (*zool.*) patella **2** (*fig.*) persona seccante/insistente: *pegarse como una —*, attaccarsi come una cozza.
laparoscopia *s.f.* (*med.*) laparoscopia.
laparoscópico *agg.* (*med.*) laparoscopico.
laparoscopio *s.m.* (*med.*) laparoscopio.
laparotomía *s.f.* (*med.*) laparotomia.
laparotómico *agg.* (*med.*) laparotomico.
lapicera *s.f.* (*Amer.*) **1** portapenne (*m.*) **2** penna stilografica.
lapicero *s.m.* → **lápiz**.
lápida *s.f.* lapide.
lapidación *s.f.* lapidazione.
lapidar *v.tr.* lapidare.
lapidario *agg.* **1** relativo alle pietre preziose **2** (*anche fig.*) lapidario: *estilo de escritura —*, stile di scrittura lapidario ♦ *s.m.* **1** lapidario **2** letterista, lapidario.
lapídeo *agg.* lapideo.
lapilli *s.m.pl.* (*geol.*) lapilli.
lapislázuli *s.m.* (*min.*) lapislazzuli.
lápiz (*pl.* -ces) *s.m.* matita (*f.*), lapis | *— de color*, matita colorata | *— de labios*, rossetto | *— de ojos*, matita per gli occhi.
lapo *s.m.* **1** sputo **2** (*fam.*) schiaffo, ceffone: *el futbolista acabó soltando un —*, il calciatore finí col mollare uno schiaffo.
lapón *agg.*, *s.m.* lappone (*m./f.*).
lapso *s.m.* **1** lasso | *— de tiempo*, lasso di tempo **2** lapsus.
lapsus *s.m.* lapsus | *— freudiano*, lapsus freudiano | *— linguae*, lapsus linguae.
laqueado *agg.* laccato: *un vaso de madera — negro*, un vaso di legno laccato nero ♦ *s.m.* laccatura (*f.*): *técnica de —*, tecnica di laccatura.
laquear *v.tr.* laccare.
laquista *s.m./f.* laccatore (*m.*).
lar *s.m.* **1** (*lett.*) lare | *sus lares*, i propri lari **2** (*anche fig.*) focolare.
lardear *v.tr.* (*cuc.*) lardellare.
lardo *s.m.* lardo.
lardoso *agg.* lardoso.
largar (*con. come* llegar) *v.tr.* **1** liberare, sciogliere, spiegare: *— las banderas*, spiegare le bandiere **2** (*fig.*) appioppare, mollare, allungare, dare: *le largó una bofetada*, gli appioppò una sberla **3** (*fam.*) licenziare, buttare fuori: *el año pasado estuvieron a punto de largarlo*, l'anno scorso giunsero quasi a licenziarlo **4** (*fam.*) mandare, inviare: *lo largaron para la cárcel*, lo spedirono in prigione **5** (*fig.*) spifferare, spiattellare: *le largó todo lo nuestro*, gli spifferò tutte le nostre faccende **6** (*mar.*) mollare (gli ormeggi) ♦ *v.intr.* (*fam.*) parlare molto ♦ **-se** *v.pron.* **1** andarsene, squagliarsela: *me largué rápido*, me ne andai rapidamente | *¡lárgate!*, vattene! **2** (*mar.*) prendere il largo.
largavista *s.m.* (*Amer.*) binocolo.
largo *agg.* **1** lungo: *una calle larga y estrecha*, una strada lunga e stretta; *durante largos años no lo vi*, non lo vidi per lunghi anni | *vestir de —*, vestire in lungo **2** (*fam.*) alto, lungo:

era un chico — ya a los quince años, era un ragazzo alto già a quindici anni **3** abbondante: *la comida fue larga y le quitó el hambre*, il pranzo fu abbondante e gli tolse la fame **4** (*fig.*) sveglio, furbo **5** (*fig.*) generoso ♦ *s.m.* **1** lunghezza (*f.*): *abrigos deportivos de todos los largos*, cappotti sportivi di tutte le lunghezze | *a lo —*, per il lungo **2** (*piscina*) vasca (*f.*): *nadar dos largos*, fare due vasche **3** (*mus.*) largo
■ ***a lo largo de***, lungo; durante: *a lo — de toda la carretera*, lungo tutta la strada; *a lo — de esos años emprendió la carrera diplomática*, durante quegli anni intraprese la carriera diplomatica | ***a la larga***, alla lunga | ***dar largas***, tergiversare | ***pasar de largo***, passare alla larga | *¡—!*, largo!, via!, sciò! | ***de largo***, da tempo: *la gente se creía de — que era un hombre rico*, la gente credeva ormai da tempo che fosse un uomo ricco | ***para largo***, per molto tempo: *ir para —*, andare per le lunghe | ***hablar largo y tendido***, parlare profusamente
largometraje *s.m.* (*cinem.*) lungometraggio.
largomira *s.m.* cannocchiale.
largor *s.m.* lunghezza (*f.*).
larguero *s.m.* **1** (*anche sport*) traversa (*f.*): *la pelota terminó en el —*, la palla finì sulla traversa **2** (*cuscino*) capezzale.
largueza *s.f.* **1** lunghezza **2** (*fig.*) larghezza, generosità.
largura *s.f.* larghezza.
laringe *s.f.* (*anat.*) laringe.
laríngeo *agg.* (*anat.*) laringeo.
laringismo *s.m.* (*med.*) laringismo.
laringitis *s.f.* (*med.*) laringite.
laringoespasmo *s.m.* (*med.*) laringospasmo.
laringología *s.f.* (*med.*) laringologia.
laringólogo *s.m.* (*med.*) laringologo.
laringopatía *s.f.* (*med.*) laringopatia.
laringoscopia *s.f.* (*med.*) laringoscopia.
laringoscopio *s.m.* (*med.*) laringoscopio.
laringotomía *s.f.* (*med.*) laringotomia.
laringótomo *s.m.* (*med.*) laringotomo.
laringotraqueítis *s.f.* (*med.*) laringotracheite.
larva *s.f.* (*zool.*) larva.
larvado *agg.* (*med., anche fig.*) larvato: *el asunto acabará en un conflicto — o declarado*, la questione finirà in un conflitto larvato o dichiarato.
larval *agg.* (*zool.*) larvale.
larvario *agg.* (*zool.*) larvale.
las[1] *art.det.f.pl.* le.
las[2] *pron.pers.f. di 3ª pers.pl.ogg.* le.
lasaña *s.f.* (*cuc.*) lasagna.
lasca *s.f.* scheggia (di pietra).
lascar (*con. come* pescar) *v.tr.* (*mar.*) lascare.
lascivia *s.f.* lascivia.
lascivo *agg.* lascivo.
láser *s.m.* laser | *rayo —*, raggio laser | *impresora —*, stampante laser.
lasitud *s.f.* stanchezza, spossatezza.
laso *agg.* stanco, fiacco.
lástima *s.f.* **1** compassione, pena | *dar —*, fare pena | *de —*, da far pena | *hecho una —*, ridotto da far pena | *tener —*, avere compassione **2** (*fig.*) peccato (*m.*), dispiacere (*m.*): *es una — que no haya venido*, è un peccato che non sia venuto | *¡qué —!*, che peccato!
lastimadura *s.f.* ferita.
lastimar *v.tr.* ferire, far male: *este zapato me lastima*, questa scarpa mi fa male ♦ **-se** *v.pron.* farsi male: *me lastimé un pie*, mi sono fatto male a un piede.
lastimero *agg.* **1** commovente, toccante **2** doloroso.
lastimosamente *avv.* tristemente, pietosamente.
lastimoso *agg.* penoso, doloroso, pietoso.
lastra *s.f.* lastra (di pietra).
lastrar *v.tr.* (*anche fig.*) appesantire, zavorrare.
lastre *s.m.* **1** zavorra (*f.*): *navegar en —*, navigare senza carico **2** (*fig.*) impedimento, ostacolo **3** (*fig.*) giudizio, serietà (*f.*).
lastrón *s.m.* lastrone.
lata *s.f.* **1** latta | *no tener ni una —*, non avere un soldo bucato **2** (*contenitore*) lattina, scatola: *una — de tomates* una lattina di pomodori **3** (*fig.*) noia, fastidio (*m.*): *¡qué —!*, che noia! | *dar la —*, infastidire, rompere, scocciare: *los niños están dando la —*, i bambini stanno disturbando.
latamente *avv.* **1** (*fig.*) in senso lato **2** diffusamente, estesamente.
latebra *s.f.* (*lett.*) latebra.
latebroso *agg.* (*lett.*) latebroso.
latencia *s.f.* latenza.
latente *agg.* latente, nascosto.
lateral *agg.* laterale ♦ *s.m.* (*calcio*) ala (*f.*) ♦ *s.f.* (*ling.*) laterale.
lateralidad *s.f.* lateralità.
lateranense *agg.* lateranense.
latería *s.f.* **1** negozio (*m.*) del lattoniere **2** barattoli (*m.pl.*) di latta per conserve.
látex *s.m.* lattice.
latido *s.m.* pulsazione (*f.*), battito: *— cardíaco*, battito cardiaco.
latifolio *agg.* (*bot.*) latifoglio.
latifundio *s.m.* latifondo.
latifundismo *s.m.* latifondismo.
latifundista *s.m./f.* latifondista.
latigazo *s.m.* **1** (*anche fig.*) frustata (*f.*) **2** (*med.*) colpo di frusta **3** fitta (*f.*): *se dolía de un — en la espalda*, si lamentava per una fitta alla schiena **4** (*fig., fam.*) goccetto, bevuta (*f.*).
látigo *s.m.* frusta (*f.*), sferza (*f.*), staffile.
latiguear *v.intr.* fare schioccare la frusta.
latiguero *s.m.* frustaio.
latiguillo *s.m.* intercalare.

latín *s.m.* (*lingua*) latino.
latinajo *s.m.* latinorum.
latinear *v.intr.* latineggiare.
latinidad *s.f.* latinità.
latiniparla *s.f.* latinorum (*m.*).
latinismo *s.m.* (*ling.*) latinismo.
latinista *s.m./f.* latinista.
latinización *s.f.* latinizzazione.
latinizante *agg.* (*ling.*) latineggiante.
latinizar (*con. come* cazar) *v.tr.* latinizzare.
latino *s.m.*, *agg.* latino.
latinoamericano *agg.*, *s.m.* latinoamericano.
latir *v.intr.* **1** pulsare, battere, palpitare: *el corazón ha dejado de* —, il cuore ha cessato di battere; *todavía late la esperanza*, ancora palpita la speranza **2** (*di ferita*) pulsare **3** (*fig.*) essere latente **4** (*cane*) abbaiare.
latitante *agg.* latitante.
latitar *v.intr.* latitare.
latitud *s.f.* latitudine.
latitudinal *agg.* latitudinale.
latitudinario *agg.* (*relig.*) latitudinario.
latitudinarismo *s.m.* (*relig.*) latitudinarismo.
lato *agg.* lato | *en sentido* —, in senso lato.
latón *s.m.* ottone.
latonería *s.f.* **1** officina dell'ottonaio **2** negozio (*m.*) di ottoname.
latonero *s.m.* ottonaio.
latoso *agg.* (*fam.*) noioso, pesante, fastidioso: *un niño muy* —, un bambino molto noioso.
latrocinio *s.m.* ladrocinio.
latvio *agg.*, *s.m.* lettone (*m./f.*).
laúd *s.m.* (*mus.*) liuto.
laudable *agg.* lodevole.
láudano *s.m.* (*farm.*) laudano.
laudatoria *s.f.* encomio (*m.*), elogio (*m.*).
laudatorio *agg.* elogiativo, laudatorio.
laude *s.f.* **1** (*ant.*) lode, elogio (*m.*) **2** (*pl.*, *relig.*) laudi.
laudo *s.m.* (*dir.*) lodo.
lauráceas *s.f.pl.* (*bot.*) lauracee.
laureado *agg.* premiato, onorato: *el poeta* —, il poeta premiato.
laureando *s.m.* laureando.
laurear *v.tr.* **1** premiare, onorare: — *a un artista*, premiare un artista **2** (*lett.*) laureare, onorare con la corona d'alloro.
lauredal *s.m.* (*bot.*) laureto.
laurel *s.m.* **1** (*bot.*) lauro, alloro **2** (*fig.*) gloria (*f.*), trionfo | *dormirse en los laureles*, dormire sugli allori.
laurencio *s.m.* (*chim.*) laurenzio.
láureo *agg.* laureo.
laureola *s.f.* **1** (*bot.*) laureola **2** corona d'alloro **3** (*relig.*) aureola.
lauretano *agg.* lauretano.
lauro *s.m.* → **laurel**.
lauroceraso *s.m.* (*bot.*) lauroceraso.
lava *s.f.* (*geol.*) lava.
lavable *agg.* lavabile: — *en agua fría*, lavabile in acqua fredda.
lavabo *s.m.* lavandino, lavabo.
lavacoches *s.m./f.* lavamacchine.
lavacro *s.m.* lavacro.
lavada *s.f.* lavata.
lavadero *s.m.* **1** lavatoio **2** (*stanza*) lavanderia (*f.*).
lavadientes *s.m.* collutorio.
lavado *agg.* slavato ♦ *s.m.* **1** lavaggio (*anche fig.*) | — *de cerebro*, lavaggio del cervello | — *de dinero*, riciclaggio di denaro sporco | — *fotográfico*, bagno fotografico **2** bucato **3** (*med.*) lavanda | — *de estómago*, lavanda gastrica.
lavador *agg.* lavatore ♦ *s.m.* (*foto.*) bacinella (*f.*) per lo sviluppo.
lavadora *s.f.* lavatrice.
lavadura *s.f.* **1** lavaggio (*m.*) **2** rigovernatura.
lavamanos *s.m.* lavabo, lavamano.
lavamiento *s.m.* (*med.*) clistere.
lavamoqueta(s) *s.m.* lavamoquette (*f.*).
lavanda *s.f.* (*bot.*) lavanda.
lavandería *s.f.* lavanderia.
lavandero *s.m.* lavandaio.
lavándula *s.f.* (*bot.*) lavanda.
lavaplatos *s.m./f.* (*persona*) lavapiatti ♦ *s.m.* (*elettrodomestico*) lavapiatti (*f.*), lavastoviglie (*f.*).
lavar *v.tr.* **1** lavare | — *en seco*, lavare a secco | *echar a* —, mettere a lavare | — *dinero*, riciclare denaro **2** (*pitt.*) dipingere a guazzo ♦ **-se** *v.pron.* lavarsi | (*fig.*) — *las manos*, lavarsene le mani.
lavarropa(s) *s.f.* (*Amer.*) lavatrice.
lavativa *s.f.* (*med.*, *farm.*) clistere (*m.*).
lavatorio *s.m.* (*relig.*) lavanda (*f.*) dei piedi.
lavavajilla(s) *s.m.* lavastoviglie (*f.*), lavapiatti (*f.*).
lavazas *s.f.pl.* rigovernatura (*sing.*), sciacquatura (*sing.*).
lavotear *v.tr.* lavare rapidamente, dare una lavata a.
laxamiento *s.m.* rilassamento.
laxante *agg.* rilassante ♦ *s.m.* (*farm.*) lassativo.
laxar *v.tr.* **1** purgare, somministrare lassativi **2** allentare.
laxismo *s.m.* lassismo.
laxista *s.m./f.* lassista.
laxitud *s.f.* rilassamento (*m.*).
laxo *agg.* **1** allentato **2** (*fig.*) permissivo, lassista, indulgente.
laya[1] *s.f.* qualità, specie | (*spreg.*) *ser de la misma* —, essere della stessa razza.
laya[2] *s.f.* vanga, badile (*m.*), pala.
layador *s.m.* vangatore.
layar *v.tr.* vangare.
lazada *s.f.* **1** cappio (*m.*) **2** nastro (*m.*), fiocco (*m.*).

lazar (*con. come* cazar) *v.tr.* mettere in un laccio, incappiare.
lazareto *s.m.* lazzaretto.
lazarillo *s.m.* guida (*f.*) di un cieco | *perro —*, cane guida.
lazarino *s.m.*, *agg.* lebbroso.
lazo *s.m.* **1** fiocco, nastro **2** cappio, nodo scorsoio **3** (*per cacciare conigli e uccelli*) laccio, lacciolo **4** (*per legare tori e cavalli*) cavezza (*f.*) **5** (*fig.*) vincolo, legame: *lazos de la sangre*, vincoli di sangue **6** (*fig.*) trappola (*f.*), inganno | *caer en el —*, cadere in trappola.
lazulita *s.f.* (*min.*) lazulite.
le (*pl.* les) *pron.pers.m./f. di 3ª pers.sing.* **1** (*compl. di termine, anche enclitico*) gli, le: *— dije a él*, gli dissi; *— dije a ella*, le dissi; *dile que vuelva más tarde*, digli di tornare più tardi **2** (*compl. oggetto, anche enclitico*) lo: *a tu hermano — vi ayer*, tuo fratello l'ho visto ieri; *síguele*, seguilo.
leal *agg.* leale, franco, sincero.
lealtad *s.f.* lealtà, franchezza.
leasing *s.m.* (*comm.*) leasing.
lebeche *s.m.* (*meteor.*) libeccio.
lebrastón, lebrato *s.m.* (*zool.*) leprotto.
lebrel *s.m.* (*zool.*) levriero.
lebrillo *s.m.* catino.
lección *s.f.* **1** lezione, | *— inaugural*, lezione inaugurale | *tomar la —*, interrogare | *dar —*, fare lezione **2** (*fig.*) esempio (*m.*): *su vida es una — para todos*, la sua vita è una lezione per tutti **3** punizione, castigo (*m.*): *le daré una buena —*, gli darò una bella lezione **4** (*nella Sacra Scrittura*) capitolo (*m.*): *notas a la — 3*, note al capitolo 3.
leccionario *s.m.* (*relig.*) lezionario.
leccionista *s.m./f.* insegnante a domicilio.
lechada *s.f.* **1** calcina **2** (*edil.*) malta.
leche *s.f.* **1** latte (*m.*) | *— condensada*, latte condensato | *— de almendras*, latte di mandorle | *— entera*, latte intero | *— en polvo*, latte in polvere | *— pasteurizada*, latte pastorizzato | *— desnatada*, latte scremato | *— uperizada*, latte a lunga conservazione | *— limpiadora*, latte detergente | *tener la — en los labios*, avere ancora il latte alla bocca | *mar en —*, mare piatto **2** (*volg.*) sperma (*m.*) **3** (*fam.*) colpo (*m.*), pugno (*m.*) **4** (*volg.*) rottura, palla
■ (*fam.*) ***estoy de mala leche***, sono di cattivo umore | (*fam.*) ***a toda leche***, a tutta birra | (*fam.*) ***ser la leche***, essere il colmo | (*fam.*) ***ser una mala leche***, essere una carogna | (*fam.*) ***tener mala leche***, avere un caratteraccio.
lechecillas *s.f.pl.* interiora.
lechera *s.f.* lattiera.
lechería *s.f.* latteria.
lechero *agg.* lattiero; da latte: *industria lechera*, industria lattiera; *vaca lechera*, mucca da latte ♦ *s.m.* lattaio.
lechigada *s.f.* cucciolata.
lecho *s.m.* **1** letto **2** (*di fiume*) letto, alveo; (*di mare*) fondo, fondale **3** (*geol.*) strato.
lechón *s.m.* **1** porcellino da latte **2** (*fig.*) maiale.
lechona *s.f.* (*anche fig.*) scrofa.
lechoso *agg.* latteo.
lechuga *s.f.* (*bot.*) lattuga | *más fresco que una —*, fresco come una rosa.
lechuguina *s.f.* (*fam.*) ragazza alla moda.
lechuza *s.f.* (*zool.*) civetta.
lechuzo *agg.*, *s.m.* scemo, tonto.
lecitina *s.f.* (*chim.*) lecitina: *— de soya*, lecitina di soia.
lectivo *agg.* di lezione: *día —*, giorno di lezione.
lector *s.m.* **1** lettore: *es la revista con el mayor número de lectores*, è la rivista con il maggior numero di lettori **2** (*università*) lettore, collaboratore linguistico: *fue — en París*, è stato lettore a Parigi.
lectorado *s.m.* lettorato.
lectoría *s.f.* (*relig.*) lettorato (*m.*).
lectura *s.f.* lettura.
led *s.m.* (*elettr.*) led.
leer (*pass.rem.* leí, leíste, leyó, leímos, leísteis, leyeron; *cong.imperf.* leyera, leyeras...; *ger.* leyendo) *v.tr.* (*anche fig.*) leggere | *— entre líneas*, leggere tra le righe | *— el pensamiento*, leggere nel pensiero | *— la tesis*, discutere la tesi.
lega *s.f.* (*relig.*) conversa.
legación *s.f.* **1** (*pol.*) legazione **2** compito (*m.*), incarico (*m.*), missione.
legado *s.m.* **1** legato | *— pontificio*, nunzio apostolico **2** lascito, eredità (*f.*): *el — de mi familia*, l'eredità della mia famiglia.
legajo *s.m.* incartamento, fascicolo.
legal *agg.* **1** legale **2** (*fig.*) leale, affidabile.
legalidad *s.f.* legalità.
legalismo *s.m.* legalismo.
legalista *s.m./f.* legalista.
legalización *s.f.* **1** legalizzazione **2** (*amm.*) vidimazione, autenticazione.
legalizar (*con. come* cazar) *v.tr.* **1** legalizzare, regolarizzare: *— los juegos de azar*, legalizzare i giochi d'azzardo **2** (*amm.*) vidimare, autenticare: *— documentos públicos*, autenticare documenti pubblici.
légamo *s.m.* fango.
legaña *s.f.* cispa.
legañoso *agg.* cisposo.
legar (*con. come* llegar) *v.tr.* **1** inviare in qualità di legato, delegare **2** (*dir.*) legare, lasciare in eredità **3** (*fig.*) lasciare, trasmettere: *los padres nos legan su experiencia*, i genitori ci trasmettono la loro esperienza.
legatario *s.m.* (*dir.*) legatario.

legenda *s.f.* (*relig.*) agiografia, vita di un santo.
legendario *agg.* leggendario ♦ *s.m.* leggendario, libro di racconti agiografici.
legibilidad *s.f.* leggibilità.
legible *agg.* leggibile.
legión *s.f.* **1** legione **2** (*fig.*) massa, legione, folla.
legionario *agg., s.m.* legionario.
legionela *s.f.* (*med., biol.*) legionella.
legionelosis *s.f.* (*med.*) legionellosi.
legislación *s.f.* legislazione: *la — vigente*, la legislazione vigente.
legislador *agg., s.m.* legislatore.
legislar *v.intr.* legiferare.
legislativo *agg.* legislativo: *poder —*, potere legislativo.
legislatura *s.f.* (*pol.*) legislatura.
legítima *s.f.* (*dir.*) legittima.
legitimación *s.f.* legittimazione.
legitimar *v.tr.* (*anche dir.*) legittimare.
legitimidad *s.f.* (*anche dir.*) legittimità.
legitimismo *s.m.* legittimismo.
legitimista *agg., s.m./f.* legittimista.
legítimo *agg.* legittimo, autentico, genuino: *poder —*, potere legittimo | *en legítima defensa*, per legittima difesa.
lego *agg.* **1** laico, secolare **2** (*fig.*) inesperto; ignorante: *soy — en latín*, sono ignorante in latino ♦ *s.m.* **1** laico **2** (*relig.*) frate laico.
legón *s.m.* zappa (*f.*).
legrado *s.m.* (*med.*) raschiamento.
legua *s.f.* (*unità di misura*) lega | *ver(se) a la —*, vedersi lontano un miglio: *se ve a la — que no le gusta trabajar*, si vede lontano un miglio che non gli piace lavorare | *a cien leguas*, lontano mille miglia.
leguis *s.m.pl.* ghette (*f.*).
leguleyo *s.m.* leguleio.
legumbre *s.f.* legume (*m.*); ortaggio (*m.*).
legúmina *s.f.* (*biol.*) legumina.
lehendakari *s.m.* (*pol.*) presidente dell'esecutivo basco.
leíble *agg.* leggibile.
leída *s.f.* lettura.
leído *agg.* dotto, istruito, erudito: *un escritor culto y muy —*, uno scrittore colto e molto erudito | *ser muy —*, avere molti lettori.
leishmaniosis *s.f.* (*med.*) leishmaniosi.
leitmotiv *s.m.* leitmotiv.
lejanía *s.f.* lontananza: *un juego de proximidad y —*, un gioco di vicinanza e lontananza.
lejano *agg.* lontano, distante, remoto.
lejía *s.f.* candeggina, varechina.
lejos *avv.* lontano | *desde/de —*, da lontano | *a lo —*, in lontananza | *— de*, lungi da | *ni de —*, neanche lontanamente | (*fig.*) *sin ir más —*, senza andare troppo lontano | (*fig.*) *llegar —*, arrivare lontano | *paso a paso se va —, chi va piano va sano e va lontano* ♦ *s.m.* (*pitt.*) sfondo.
lelo *agg.* scemo, sciocco.
lema *s.f.* **1** (*anche ling., mat.*) lemma **2** motto (*m.*), massima **3** argomento (*m.*), tema (*m.*).
lemario *s.m.* (*ling.*) lemmario.
lemnisco *s.m.* (*anat.*) lemnisco.
lémur *s.m.* (*zool.*) lemure.
lencera *s.f.* biancherista (*m./f.*), lingerista (*m./f.*).
lencería *s.f.* **1** biancheria intima femminile **2** (*comm.*) merceria.
lengua *s.f.* **1** (*anat.*) lingua | (*fig.*) *— viperina/de víbora*, lingua velenosa | *— larga*, chiacchierone | *— de trapo/estropajosa*, lingua blesa | *media —*, balbuziente | *ligero/suelto de —*, linguacciuto, pettegolo | *andar en lenguas*, passare di bocca in bocca | *darle a la —*, sciogliere la lingua, parlare troppo | *atar la —*, chiudere la bocca (a qlcu.), far tacere | *hacerse lenguas de alguien*, adulare qlcu. | *írsele la —, irse de la —*, scappare di bocca | *lo tengo en la punta de la —*, ce l'ho sulla punta della lingua | *morderse la —*, tenere a freno la lingua | *mover la —*, parlare | *no tener pelos en la —*, non avere peli sulla lingua | *tirarle de la — a alguien*, strappare un segreto di bocca a qlcu., provocare | *trabársele la —*, balbettare **2** lingua, idioma (*m.*) | *— materna/madre*, lingua materna/madre, madrelingua.
lenguado *s.m.* (*zool.*) sogliola (*f.*).
lenguaje *s.m.* linguaggio, stile: *la moda se expresa con un — nuevo*, la moda si esprime con un linguaggio nuovo.
lenguarada *s.f.* leccata.
lenguaraz (*pl.* -ces) *agg.* linguacciuto, sfrontato, impertinente.
lengüeta *s.f.* **1** linguetta **2** (*anat.*) epiglottide **3** (*mus.*) ancia, linguetta.
lengüetada *s.f.* leccata.
lengüetear *v.intr./tr.* leccare: *la niña lengüetea un helado*, la bambina lecca un gelato.
lengüilargo *agg.* (*fam.*) linguacciuto.
lenidad *s.f.* lenità, mitezza.
lenificación *s.f.* lenimento (*m.*).
lenificar (*con. come* pescar) *v.tr.* (*anche fig.*) lenire, alleviare, addolcire: *— la piel*, ammorbidire la pelle.
leninismo *s.m.* (*pol.*) leninismo.
leninista *agg., s.m./f.* (*pol.*) leninista.
lenitivo *agg.* lenitivo ♦ *s.m.* (*farm., fig.*) lenitivo.
lenocinio *s.m.* lenocinio.
lenón *s.m.* (*st., lett.*) lenone.
lente *s.f.* **1** lente | *— de contacto*, lente a contatto | *— de aproximación*, lente d'ingrandimento **2** (*pl.*) occhiali (*m.pl.*).

lenteja *s.f.* (*bot.*) lenticchia | — *de agua*, lenticchia di palude.
lentejuela *s.f.* lustrino (*m.*), paillette.
lenticular *agg.* lenticolare.
lentigo *s.m.* lentiggine (*f.*).
lentilla *s.f.* lente a contatto.
lentitud *s.f.* lentezza.
lento *agg.* **1** lento **2** (*fig.*) tardo ♦ *s.m.* (*mus.*) lento.
leña *s.f.* **1** legna: *esta — arde muy bien*, questa legna arde molto bene | (*fig.*) *añadir/echar — al fuego*, aggiungere/mettere legna al fuoco | *hacer — del árbol caído*, accanirsi (contro qlcu.) **2** (*fig.*) castigo (*m.*), bastonatura: *dale —*, picchialo.
leñador *s.m.* boscaiolo, taglialegna.
leñatero *s.m.* boscaiolo.
leñazo *s.m.* legnata (*f.*), colpo | *pegarse un —*, prendersi un colpo.
leño *s.m.* legno, tronco | *dormir como un —*, dormire come un sasso.
leñoso *agg.* legnoso.
leo *s.m.* (*astr.*) leone.
león *s.m.* leone (*anche fig.*) | — *americano*, puma | — *marino*, leone marino | *como un —*, *como leones*, con coraggio.
leona *s.f.* (*zool.*) leonessa.
leonado *agg.* fulvo.
leonera *s.f.* **1** gabbia di leoni **2** (*fig.*) confusione, caos (*m.*): *su cuarto es una —*, la sua stanza è un caos **3** (*Amer.*) cella.
leonés *agg.* di León ♦ *s.m.* nativo di León.
leonino *agg.* leonino: *cabellera leonina*, chioma leonina.
leopardo *s.m.* (*zool.*) leopardo | — *negro*, pantera nera.
leotardo(s) *s.m. spec. pl.* (*abbigl.*) calzamaglia (*f.*).
lepidóptero *agg.*, *s.m.* (*zool.*) lepidottero.
leporino *agg.* leporino.
lepra *s.f.* (*med.*) lebbra.
leprología *s.m.* (*med.*) leprologia.
leprosería *s.f.* lebbrosario (*m.*).
leproso *s.m.* lebbroso.
leptospirosis *s.f.* (*med.*) leptospirosi.
lerdear *v.intr.* (*Amer.*) tardare, fare tardi.
lerdo *agg.* (*fam.*) lento, fiacco, tardo.
leridano *agg.* di Lérida ♦ *s.m.* nativo di Lérida.
les *pron.pers.m./f. di 3ª pers.pl.* (*compl. di termine, anche enclitico*) loro, gli: — *hablo*, parlo loro; *diles que vuelvan más tarde*, dì loro di tornare più tardi.
lesbiana *agg.*, *s.f.* lesbica.
lesbianismo *s.m.* lesbismo.
lesbiano *agg.* lesbico.
lésbica *s.f.* lesbica.
lésbico *agg.* lesbico.
lesión *s.f.* **1** (*med.*) lesione **2** (*dir.*) danno (*m.*); pregiudizio (*m.*) | (*dir.*) *delito de lesiones (personales)*, reato di lesioni (personali).
lesionar *v.tr.* lesionare, causare danno a, pregiudicare.
lesivo *agg.* lesivo.
lesna *s.f.* lesina.
leso *agg.* leso.
letal *agg.* letale.
letanía *s.f.* **1** litania **2** (*fig.*) sequela, filastrocca.
letárgico *agg.* letargico.
letargo *s.m.* letargo.
letificar (*con. come* pescar) *v.tr.* allietare.
letón *agg.*, *s.m.* lettone (*m./f.*).
letra *s.f.* **1** (*ling.*) lettera: *la j es una — del alfabeto español*, la j è una lettera dell'alfabeto spagnolo | *con todas las letras*, chiaramente, a caratteri cubitali | *la — con sangre entra*, senza fatica non si impara nulla | — *por —*, parola per parola | *a la —* alla lettera | *dar —*, suggerire | — *muerta*, lettera morta **2** calligrafia, scrittura: *buena —*, bella scrittura; *mala —*, brutta calligrafia **3** (*tip.*) carattere: — *cursiva*, corsivo; — *negrita*, neretto | *en letras de molde*, in stampatello | — *de caja baja*, lettera minuscola | — *versalita*, maiuscoletto | (*nelle clausole dei contratti*) — *pequeña/menuda*, in piccolo **4** (*mus.*) testo (*m.*): *la — de una canción*, il testo di una canzone **5** (*comm.*) cambiale | *girar una —*, emettere una cambiale | — *endosable*, effetto girabile | — *de resaca*, tratta di rivalsa | *desatender una —*, non onorare una cambiale | — *a proprio cargo*, lettera di cambio **6** (*pl.*) lettere (*pl.*), studi (*m.pl.*) umanistici: *facultad de letras*, facoltà di lettere | *bellas letras*, belle lettere | *hombre de letras*, uomo di lettere **7** (*pl.*) cultura (*sing.*), istruzione (*sing.*): *primeras letras*, istruzione elementare.
letrado *agg.* istruito, colto ♦ *s.m.* avvocato.
letrero *s.m.* insegna (*f.*), scritta (*f.*), cartello.
letrina *s.f.* **1** latrina **2** (*fig.*) sporcizia.
letrista *s.m./f.* paroliere (*m.*).
letrones *s.m.pl.* (*relig.*) editto (*sing.*) di scomunica.
leucemia *s.f.* (*med.*) leucemia.
leucémico *agg.* (*med.*) leucemico.
leucoblasto *s.m.* (*biol.*) leucoblasto.
leucocitario *agg.* (*biol.*) leucocitario.
leucocito *s.m.* (*biol.*) leucocita.
leucocitosis *s.f.* (*med.*) leucocitosi.
leucodermia *s.f.* (*med.*) leucodermia.
leucoma *s.m.* (*med.*) leucoma.
leucoplasto *s.m.* (*biol.*) leucoplasto.
leucopoyesis *s.f.* (*biol.*) leucopoiesi.
leudar *v.tr.* lievitare.
leva *s.f.* **1** (*mil.*) leva, coscrizione, reclutamento (*m.*) **2** (*mar., di nave*) partenza **3** (*di ruota*) dente (*m.*) **4** (*mecc.*) camma | *árbol de —*, albero a camme.
levadizo *agg.* levatoio: *puente —*, ponte levatoio.

levador *s.m.* operaio di una cartiera.
levadura *s.f.* lievito (*m.*) | — *de cerveza*, lievito di birra.
levantado *agg.* **1** alzato, levato, sollevato: — *del suelo*, sollevato da terra **2** (*fig.*) elevato, alto; sublime.
levantador *s.m.*, *agg.* (*fig.*) sovversivo, agitatore.
levantamiento *s.m.* **1** sollevamento | (*sport*) — *de pesos*, sollevamento pesi | (*dir.*) — *del cadáver*, rimozione del cadavere **2** (*fig.*) sollevazione (*f.*), sedizione (*f.*), ammutinamento **3** (*dir.*) revoca (*f.*), sospensione (*f.*): *el juez ordenó el inmediato — de su arresto*, il giudice ordinò la revoca immediata del suo arresto **4** (*geol.*) rilevamento | — *topográfico*, rilevamento topografico.
levantar *v.tr.* **1** alzare, sollevare (*anche fig.*): *levantó un peso*, sollevò un peso; — *la pierna*, alzare la gamba; — *la voz*, alzare la voce | — *una polémica*, sollevare una polemica **2** (*fig.*) nobilitare, elevare: *la música levanta los ánimos*, la musica eleva l'animo **3** levare, togliere: *le levantaron el vendaje*, gli tolsero le bende | — *la mesa*, sparecchiare la tavola | — *el campamento*, levare le tende **4** (*edil.*) edificare, costruire: — *una casa*, costruire una casa **5** (*dir.*) revocare, rimuovere | — *una prohibición*, cancellare un divieto | — *acta*, redigere il verbale | — *la sesión*, chiudere la seduta **6** arruolare: — *tropas*, reclutare truppe **7** (*fam.*) rubare: *le levantaron la cartera*, gli rubarono il portafoglio ♦ **-se** *v.pron.* **1** alzarsi; sollevarsi: *me levanté a las seis*, mi sono alzato alle sei **2** ribellarsi, sollevarsi; ammutinarsi | — *en armas*, fare una rivolta armata.
levante *s.m.* levante, oriente, est | *estar de* —, essere in partenza.
levantino *agg.* **1** levantino **2** della regione di Valencia ♦ *s.m.* nativo della regione di Valencia.
levantisco *agg.* turbolento, irrequieto.
levar *v.tr.* (*mar.*) salpare, levare le ancore ♦ *v.intr.* salpare.
leve *agg.* lieve, leggero, tenue.
levedad *s.f.* leggerezza, levità.
leviatán *s.m.* leviatano.
levigar (*con. come* llegar) *v.tr.* levigare.
levirato *s.m.* (*st.*) levirato.
levitar *v.intr.* levitare.
levítico *agg.* **1** (*relig.*) levitico **2** (*fig.*) bigotto.
lexema *s.m.* (*ling.*) lessema.
lexical *agg.* (*ling.*) lessicale.
lexicalización *s.f.* (*ling.*) lessicalizzazione.
lexicalizar (*con. come* cazar) *v.tr.* (*ling.*) lessicalizzare.
léxico *s.m.* lessico, vocabolario: *el — inglés*, il lessico inglese.
lexicografía *s.f.* (*ling.*) lessicografia.
lexicográfico *agg.* (*ling.*) lessicografico.
lexicógrafo *s.m.* (*ling.*) lessicografo.
lexicología *s.f.* (*ling.*) lessicologia.
lexicológico *agg.* (*ling.*) lessicologico.
lexicólogo *s.m.* (*ling.*) lessicologo.
lexicón *s.m.* dizionario.
ley *s.f.* **1** legge; norma, precetto (*m.*): *las leyes naturales*, le leggi naturali | *con arreglo a la* —, in conformità alla legge | *con todas las de la* —, in perfetta regola | *hecha la — hecha la trampa*, fatta la legge trovato l'inganno | *la — de Dios*, la legge di Dio | — *del embudo*, legge arbitraria | — *del silencio*, omertà | — *seca*, proibizionismo | *es de* —, è legge | *proyecto de* —, disegno di legge | *persona de leyes*, giurista **2** (*chim., metall.*) titolo | *oro de* —, oro puro.
leyenda *s.f.* **1** leggenda; tradizione; fiaba **2** (*relig.*) agiografia, vita dei santi.
lezna *s.f.* (*tecn.*) lesina.
liado *agg.* **1** complicato, intricato, confuso **2** (*di persona*) occupato, preso: *estoy muy liada*, sono molto occupata.
liar (*con. come* confiar) *v.tr.* **1** legare: — *con cuerdas*, legare con corde **2** avvolgere: — *un paquete*, incartare un pacco | — *un cigarrillo*, rollare una sigaretta **3** (*fig.*) imbrogliare, ingannare: *sabe — a la gente con su labia*, sa ingannare la gente con la sua parlantina ♦ **-se** *v.pron.* **1** confondersi: *no logró armar la estantería porque se lió con las instrucciones*, non riuscì a montare la libreria perché fece confusione con le istruzioni **2** (*fam.*) mettersi insieme, avere una relazione con: *se ha liado con una mujer muy joven*, si è messo insieme a una donna molto giovane
■ ***liarse a***, (+ *s.*) prendersi a: *se liaron a palos*, si presero a bastonate; (+ *v.*) attaccare/cominciare a: *se liaron a dar gritos*, cominciarono a gridare.
libación *s.f.* libagione.
libanés *agg.*, *s.m.* libanese (*m./f.*).
libar *v.tr.* **1** (*relig.*) libare **2** (*di ape*) succhiare (il nettare) **3** (*bevanda*) bere, sorseggiare.
libatorio *s.m.* vaso libatorio.
libelista *s.m./f.* libellista.
libelo *s.m.* libello.
libélula *s.f.* (*zool.*) libellula.
liberación *s.f.* **1** liberazione: *la — de los pueblos oprimidos*, la liberazione dei popoli oppressi **2** (*comm.*) quietanza **3** (*ipoteca*) cancellazione.
liberador *agg.* liberatore.
liberal *agg.* liberale, generoso ♦ *s.m.* (*pol.*) liberale.
liberalidad *s.f.* liberalità.
liberalismo *s.m.* (*pol.*) liberalismo.
liberalización *s.f.* (*pol.*) liberalizzazione.

liberalizar (*con. come* cazar) *v.tr.* (*pol.*) liberalizzare: — *el comercio*, liberalizzare il commercio.
liberar *v.tr.* liberare: — *a los oprimidos*, liberare gli oppressi; — *la imaginación*, liberare l'immaginazione ♦ **-se** *v.pron.* liberarsi.
liberatorio *agg.* liberatorio.
liberiano *agg.*, *s.m.* liberiano.
liberista *agg.* (*econ.*) liberista.
libertad *s.f.* **1** libertà | *con toda* —, in piena libertà | — *bajo fianza*, libertà su cauzione | — *condicional*, libertà condizionale | — *de expresión*, libertà di espressione | — *provisional*, libertà provvisoria | — *de cátedra*, libertà d'insegnamento | — *de cultos*, libertà di culto | — *de prensa, de imprenta*, libertà di stampa **2** (*anche pl.*) licenza, libertà: *se tomó demasiadas libertades*, si prese troppe libertà; *me tomo la — de invitarle*, mi permetto di invitarla.
libertador *agg.*, *s.m.* liberatore.
libertar *v.tr.* **1** liberare **2** (*fig.*) esentare, esimere.
libertario *agg.* (*pol.*) libertario.
liberticida *agg.*, *s.m./f.* liberticida.
libertinaje *s.m.* libertinaggio.
libertino *agg.* libertino: *lleva una vida libertina*, ha una vita dissoluta.
liberto *s.m.* (*st.*) liberto.
líbico *agg.*, *s.m.* libico.
libidinoso *agg.* libidinoso.
libido *s.f.* (*psic.*) libido.
libio *agg.*, *s.m.* libico.
libra *s.f.* **1** (*unità di misura*) libbra **2** (*moneta*) lira: — *esterlina*, sterlina **3** (*astr.*) bilancia.
libraco *s.m.* (*spreg.*) libraccio.
librado *s.m.* (*comm.*) trattario (di cambiale).
libranza *s.f.* (*comm.*) lettera di credito, mandato (*m.*) di pagamento.
librar *v.tr.* **1** liberare; sottrarre qlcu. a qlco., evitare qlco. a qlcu. | *salir bien, mal librado*, uscirne bene, male **2** (*dir.*) emettere, emanare: — *una sentencia*, emettere una sentenza **3** (*comm.*) emettere, spiccare: — *una letra*, emettere una cambiale ♦ *v.intr.* **1** (*fam.*) avere un giorno di riposo: *libra dos días por semana*, ha due giorni liberi alla settimana/è libero due giorni alla settimana **2** (*di donna*) partorire ♦ **-se** *v.pron.* liberarsi da, schivare.
libratorio *s.m.* (*in carcere, convento*) parlatorio.
libre *agg.* **1** libero (*anche fig.*) | *al aire* —, all'aria aperta | *entrada* —, entrata libera, ingresso libero | *tiempo* —, tempo libero **2** (*spec. econ.*) franco, esente: *estoy — de preocupaciones*, sono libero da preoccupazioni | — *de impuestos*, esentasse | — *del servicio militar*, militesente **3** single, scapolo, nubile | *ser* —, essere single ♦ *s.m.* (*calcio*) libero
■ ***andar/ir/actuar por libre***, agire in modo indipendente | ***estudiar por libre***, studiare da privatista.
librea *s.f.* (*anche zool.*) livrea.
librecambio *s.m.* (*econ.*) libero scambio.
librecambismo *s.m.* (*econ.*) liberoscambismo.
librecambista *s.m./f.* (*econ.*) liberoscambista.
librepensador *s.m.* libero pensatore.
librepensamiento *s.m.* libero pensiero.
librería *s.f.* libreria | — *de ocasión*, remainder.
libreril *agg.* librario.
librero *s.m.* **1** libraio **2** (*Amer.*, *mobile*) libreria (*f.*).
libresco *agg.* libresco.
libreta *s.f.* taccuino (*m.*), libretto (*m.*), quadernetto (*m.*) | (*Amer.*) — *militar*, tessera militare.
libretista *s.m./f.* (*mus.*) librettista.
libreto *s.m.* (*mus.*) libretto.
libro *s.m.* libro | — *encuadernado*, libro rilegato | — *borrador*, brogliaccio | — *de cuentas*, libro contabile | — *de vencimientos*, scadenziario | — *de bolsillo*, tascabile | *libros contables*, libri contabili | — *mayor*, libro mastro | *hablar como un* —, parlare come un libro stampato | *colgar los libros*, lasciare gli studi | *ser un — abierto*, essere un libro aperto.
licantropía *s.f.* licantropia.
licántropo *s.m./agg.* licantropo.
licencia *s.f.* **1** licenza, permesso (*m.*), autorizzazione | (*mil.*) — *absoluta*, congedo | — *de armas*, porto d'armi **2** (*fig.*) abuso (*m.*), sfrenatezza **3** (*Amer.*) patente di guida.
licenciado *agg.*, *s.m.* **1** (*università*) laureato: — *en letras*, dottore in lettere **2** (*mil.*) congedato.
licenciamiento *s.m.* (*mil.*) congedo.
licenciar *v.tr.* **1** concedere una licenza a **2** (*università*) laureare **3** (*mil.*) congedare ♦ **-se** *v.pron.* laurearsi.
licenciatura *s.f.* (*università*) laurea: — *en leyes*, laurea in giurisprudenza.
licencioso *agg.* licenzioso.
liceo *s.m.* **1** liceo **2** circolo letterario.
licio *agg.*, *s.m.* (*st.*) licio.
licitación *s.f.* (*comm.*) gara d'appalto.
lícito *agg.* lecito.
licitud *s.f.* liceità.
licor *s.m.* liquore: — *de hierbas*, liquore alle erbe.
licorera *s.f.* **1** bottiglia da liquore **2** mobile (*m.*) bar **3** (*Amer.*) fabbrica di liquori.
licorería *s.f.* negozio (*m.*) di liquori.
licorista *s.m./f.* liquorista.

licoroso *agg.* liquoroso.
licuable *agg.* che si può liquefare.
licuado *agg.* liquefatto ♦ *s.m.* frullato.
licuadora *s.f.* frullatore (*m.*).
licuar (*con. come* continuar) *v.tr.* **1** liquefare **2** (*metall.*) fondere.
licuefacción *s.f.* liquefazione.
lid *s.f.* **1** lotta, combattimento (*m.*) **2** (*fig.*) litigio (*m.*), discussione, controversia.
líder *s.m.* leader: *son líderes en el mercado*, sono leader sul mercato.
liderar *v.tr.* **1** guidare, dirigere: *tienes que ser capaz de — un equipo*, devi essere capace di guidare una squadra **2** dominare **3** (*sport*) guidare (una classifica).
liderato, liderazgo *s.m.* leadership (*f.*).
lidia *s.f.* **1** lotta **2** (*corrida*) combattimento (*m.*) con il toro | *toro de —*, toro da combattimento.
lidiar *v.intr.* **1** lottare **2** (*fig.*) contrapporsi, affrontare: *— con un problema*, affrontare un problema.
lidio *agg.*, *s.m.* (*st.*) lidio.
liebrastón, liebratón *s.m.* (*zool.*) leprotto.
liebre *s.f.* (*zool.*) lepre | *coger una —*, scivolare per terra | *comer —*, essere pauroso | *levantar la —*, scoprire gli altarini.
liendre *s.f.* (*zool.*) lendine (*m.*).
lienza *s.f.* (*tess.*) nastro (*m.*).
lienzo *s.m.* (*anche pitt.*) tela (*f.*): *un — de Goya*, una tela di Goya.
lifting *s.m.* lifting.
liga *s.f.* **1** giarrettiera **2** (*calcio*) campionato (*m.*): *— de primera división*, campionato di serie A | *título de —*, scudetto **3** lega, alleanza.
ligado *s.m.* **1** (*mus.*) legato **2** (*calligrafia*) legatura (*f.*).
ligadura *s.f.* **1** (*mus.*) legatura **2** corda, laccio (*m.*) **3** (*fig.*) legame (*m.*), vincolo (*m.*).
ligamen *s.m.* (*anche fig.*) legame.
ligamento *s.m.* (*anat.*) legamento | *— cruzado*, legamento crociato.
ligamentoso *agg.* (*anat.*) legamentoso.
ligamiento *s.m.* **1** legatura (*f.*), allacciatura (*f.*) **2** (*fig.*) unione (*f.*), accordo.
ligando *s.m.* (*chim.*) legante.
ligar (*con. come* llegar) *v.tr.* **1** legare; annodare, allacciare **2** (*fig.*) collegare, unire, relazionare: *me liga a él una gran amistad*, una grande amicizia mi unisce a lui **3** (*metall.*) legare ♦ *v.intr.* (*fam.*) flirtare, rimorchiare, cuccare: *trataba de — con una chica inglesa*, cercava di flirtare con una ragazza inglese ♦ **-se** *v.pron.* unirsi, allearsi: *se ligó a Carlos por interés*, si è unito a Carlos per interesse.
ligazón *s.f.* connessione, legatura, vincolo (*m.*).
ligeramente *avv.* **1** superficialmente, con leggerezza **2** leggermente, appena.
ligereza *s.f.* leggerezza, agilità, rapidità.
ligero *agg.* **1** leggero; lieve (*anche fig.*) **2** agile; veloce **3** (*fig.*) volubile, superficiale: *no debes ser tan ligera*, non devi essere così volubile ♦ *avv.* (*Amer.*) in fretta, subito: *ven —*, vieni subito
■ ***a la ligera***, alla leggera; senza troppe cerimonie | ***de ligero***, senza riflettere, alla leggera | ***ligero de cascos***, sventato, irresponsabile | ***ligero de ropa***, con poca roba addosso.
lignario *agg.* ligneo.
lignito *s.m.* (*min.*) lignite (*f.*).
ligón *agg.*, *s.m.* (*fam.*) seduttore, conquistatore.
ligotear *v.intr.* (*fam.*) flirtare.
ligue *s.m.* (*fam.*) flirt, conquista (*f.*).
liguero *agg.* del campionato di calcio ♦ *s.m.* reggicalze.
ligur *agg.*, *s.m./f.* ligure.
ligustre *s.m.* (*bot.*) fiore del ligustro.
ligustro *s.m.* (*bot.*) ligustro.
lija *s.f.* **1** carta vetrata; carta smerigliata **2** (*zool.*) gattuccio (*m.*).
lijado *s.m.* smerigliatura (*f.*).
lijadora *s.f.* levigatrice.
lijar *v.intr.* smerigliare, scartavetrare.
lila *s.f.* (*bot.*) lillà ♦ *s.m.* tonto, scemo.
liliputiense *agg.*, *s.m./f.* (*anche fig.*) lillipuziano (*m.*).
lima[1] *s.f.* **1** lima **2** (*fig.*) limatura, correzione **3** (*fam.*) mangione (*m.*) | *comer como una —*, mangiare come un lupo.
lima[2] *s.f.* (*bot.*) limetta, lime (*m.*).
limado *s.m.* limatura (*f.*).
limador *s.m.* limatore.
limadora *s.f.* limatrice.
limadura *s.f.* limatura.
limar *v.tr.* **1** limare, smussare **2** (*fig., uno scritto*) correggere, perfezionare.
limbo *s.m.* **1** limbo | *estar en el —*, essere fra le nuvole **2** lembo; (*di veste*) orlo, bordo **3** (*bot.*) lamina (*f.*) fogliare.
limen *s.m.* (*lett.*) limine, soglia (*f.*).
limeño *agg.* di Lima ♦ *s.m.* nativo di Lima.
liminar *agg.* **1** liminare **2** preliminare.
limitable *agg.* limitabile.
limitación *s.f.* **1** limitazione, limite (*m.*) | *— de la velocidad*, limite di velocità **2** ostacolo (*m.*), impedimento (*m.*).
limitado *agg.* **1** limitato: *una cantidad limitada*, una quantità limitata; *derechos reales limitados*, diritti reali limitati **2** delimitato, definito, circoscritto: *nuestra esperiencia es limitada*, la nostra esperienza è circoscritta **3** (*fig., persona*) limitato, mediocre, scarso.
limitador *s.m.* (*elettr.*) limitatore.
limitante *agg.* limitante.
limitar *v.tr.* limitare, circoscrivere: *limité mis pretensiones*, ho limitato le mie pretese ♦ *v.intr.* confinare: *España limita con Fran-*

cia, la Spagna confina con la Francia ♦ **-se** *v.pron.* limitarsi: *limítate a estudiar lo que está subrayado*, limitati a studiare quello che è sottolineato.
limitativo *agg.* (*dir.*) limitativo.
límite *s.m.* limite, confine, termine.
limítrofe *agg.* limitrofo.
limo *s.m.* limo.
limón *s.m.* (*bot.*) limone.
limonada *s.f.* limonata | *no ser ni chicha ni —*, non essere né carne né pesce.
limonero *s.m.* **1** (*albero*) limone **2** limonaio.
limosidad *s.f.* limosità.
limosna *s.f.* elemosina.
limosnear *v.intr.* (*anche fig.*) elemosinare: *unos politicos andan limosneando votos*, alcuni politici elemosinano voti in giro.
limosnera *s.f.* borsa per le elemosine.
limosnero *agg.* caritatevole ♦ *s.m.* **1** elemosiniere **2** (*Amer.*) mendicante.
limoso *agg.* limoso.
limpia *s.f.* **1** pulitura **2** (*di vino*) sorso (*m.*), bicchiere (*m.*) ♦ *s.m.* (*fam.*) lustrascarpe (*m./f.*).
limpiabarros *s.m.* zerbino.
limpiabotas *s.m./f.* lustrascarpe.
limpiachimeneas *s.m.* spazzacamino.
limpiacoches *s.m.* **1** (*ai semafori*) lavavetri (*m./f.*) **2** lavamacchine.
limpiacristales *s.m./f.* lavavetri.
limpiadientes *s.m.* stuzzicadenti.
limpiador *agg.* detergente: *crema limpiadora*, crema detergente ♦ *s.m.* addetto alle pulizie.
limpiadura *s.f.* pulizia.
limpiamente *avv.* in maniera pulita.
limpiaparabrisas *s.m.* tergicristalli.
limpiar *v.tr.* **1** pulire **2** (*fig.*) sbarazzare, ripulire: *la policía ha limpiado el barrio de delincuentes*, la polizia ha ripulito il quartiere dai delinquenti **3** (*fig.*, *anche al gioco*) alleggerire, ripulire: *me limpiaron el dinero*, mi hanno rubato i soldi **4** (*agr.*) potare **5** asciugare: *límpiate los ojos por favor*, asciugati gli occhi per favore ♦ **-se** *v.pron.* pulirsi, lavarsi.
limpiauñas *s.m.* spazzolino per le unghie.
limpidez *s.f.* (*anche fig.*) limpidezza, trasparenza, pulizia.
límpido *agg.* limpido, chiaro, puro.
limpieza *s.f.* **1** pulizia, nettezza | *— de las calles*, nettezza urbana | *— de manos*, onestà | *— etnica*, pulizia etnica | *mujer de la —*, donna delle pulizie **2** (*fig.*) onestà, integrità: *actuó siempre con —*, ha agito sempre con onestà **3** (*fig.*) purezza | *— de sangre*, purezza di sangue.
limpio *agg.* **1** pulito (*anche fig.*) | *pasar a —*, mettere in bella copia | *estar, quedarse —*, essere, restare al verde | *sacar en —*, dedurre **2** netto: *pagué cien euros limpios*, pagai cento euro netti | *en —*, al netto **3** (*di raz-za*) puro **4** esente, scevro: *— de sospechas*, esente da ogni sospetto ♦ *avv.* onestamente, in modo pulito: *juega siempre —*, gioca sempre onestamente.
limpión *s.m.* pulita (*f.*), passata (*f.*): *darle un — a algo*, dare una pulita a qlco.
limusina *s.f.* limousine.
linaje *s.m.* **1** lignaggio, stirpe (*f.*) **2** classe (*f.*), condizione (*f.*), specie (*f.*).
linar *s.m.* campo di lino.
linaza *s.f.* semi (*m.pl.*) di lino, linosa.
lince *s.m.* (*zool.*, *fig.*) lince (*f.*) | *vista de —*, occhio di lince | *ser un —*, essere molto sveglio.
linceo *agg.* (*zool., anche fig.*) linceo, da lince.
linchamiento *s.m.* linciaggio.
linchar *v.tr.* linciare.
lindamente *avv.* **1** scrupolosamente, accuratamente **2** candidamente, bellamente.
lindante *agg.* attiguo, confinante.
lindar *v.intr.* confinare: *mi jardín linda con el de Mario*, il mio giardino confina con quello di Mario.
linde *s.m.* (*tra poderi*) confine, limite.
lindero *agg.* confinante, limitrofo ♦ *s.m.* confine, limite: *estás ya en los linderos de la comarca*, ti trovi già ai confini della regione.
lindeza *s.f.* **1** grazia **2** battuta, mottetto (*m.*) **3** (*pl.*, *iron.*) offese (*pl.*), insulti (*m.pl.*).
lindo *agg.* grazioso, bello, gradevole | *de lo (más) —*, molto, parecchio: *tomaron de lo más —*, bevvero parecchio | *— Don Diego*, damerino.
lindura *s.f.* bellezza.
línea *s.f.* **1** linea (*anche fig.*): *— quebrada*, linea spezzata; *— recta*, linea retta **2** (*trasporti, tel.*) linea: *— férrea/de ferrocarril*, linea ferroviaria **3** (*comm.*) linea | *— blanca*, linea di elettrodomestici | *— marrón*, linea hi-fi **4** riga | *entre líneas*, tra le righe **5** (*fig.*) linea, tendenza, orientamento (*m.*) **6** linea, silhouette: *el coche tiene una — aerodinámica*, l'automobile ha una linea aerodinamica; *guardar la —*, mantenere la linea **7** fila; filare (*m.*): *entre las líneas de los árboles se divisaba el río*, tra le file degli alberi si scorgeva il fiume **8** (*mil.*) fronte (*m.*), linea (*anche fig.*) | (*sport*) *— delantera*, linea d'attacco | *ganar en toda la —*, vincere su tutta la linea **9** (*pl.*) lineamenti (*m.*), tratti (*m.*).
lineal *agg.* **1** lineare: *desarrollo —*, sviluppo lineare **2** (*bot.*) lanceolato: *hoja —*, foglia lanceolata.
linealidad *s.f.* linearità.
lineamiento *s.m.* lineamento.
linear[1] *agg.* lineare.
linear[2] *v.tr.* abbozzare, tratteggiare.
linfa *s.f.* linfa.
linfático *agg.* (*biol.*) linfatico | *vasos linfáticos*, vasi linfatici.
linfatismo *s.m.* (*med.*) linfatismo.

linfocito *s.m.* (*biol.*) linfocita.
linfocitosis *s.f.* (*med.*) linfocitosi.
linfoglándula *s.f.* (*anat.*) linfonodo (*m.*).
linfoma *s.m.* (*med.*) linfoma.
linfopoyesis *s.f.* (*med.*) linfopoiesi.
lingote *s.m.* **1** lingotto **2** sbarra (*f.*), barra (*f.*), verga (*f.*).
lingual *agg.* (*anche ling.*) linguale.
linguete *s.m.* linguetta (*f.*).
lingüista *s.m./f.* linguista.
lingüística *s.f.* linguistica | *— estructural*, linguistica strutturale.
lingüístico *agg.* linguistico.
linier *s.m.* (*sport*) guardalinee (*m./f.*).
linjavera *s.f.* faretra.
lino *s.m.* (*bot.*, *tess.*) lino.
linografía *s.f.* stampa su tela.
linóleo *s.m.* linoleum.
linotipia *s.f.* linotipia.
linotipista *s.m./f.* linotipista.
linotipo *s.m.* linotype.
linterna *s.f.* lanterna, fanale (*m.*): *— de mano*, torcia elettrica.
linternero *s.m.* lanternaio.
lío *s.m.* **1** involto, fagotto: *un — de ropa*, un fagotto di indumenti **2** (*fig.*) imbroglio, pasticcio: *¡en qué — se ha metido!*, in che imbroglio si è messo! | *— de faldas*, una faccenda di donne **3** (*pop.*) flirt, tresca (*f.*): *tiene un — con una amiga mía*, ha una tresca con una mia amica.
liofilización *s.f.* liofilizzazione.
liofilizado *agg.*, *s.m.* liofilizzato.
liofilizador *agg.*, *s.m.*liofilizzatore.
liofilizar (*con. come* cazar) *v.tr.* liofilizzare.
lionés *agg.*di Lione ♦ *s.m.* nativo di Lione, lionese (*m./f.*).
lioso *agg.* **1** contorto, intricato **2** intrigante.
lipemia, lipemía *s.f.* (*med.*) lipemia.
lipídico *agg.* (*biol.*) lipidico.
lípido *s.m.* (*biol.*) lipide.
lipoma *s.m.* (*med.*) lipoma.
lipoproteína *s.f.* (*chim.*) lipoproteina.
liposoluble *agg.* liposolubile.
liposoma *s.m.* (*med.*) liposoma.
liposucción *s.f.* (*med.*) liposuzione.
lipotimia *s.f.* (*med.*) lipotimia.
liquen *s.m.* (*bot.*) lichene.
liquenoide *agg.*, *s.m.* (*med.*) lichenoide.
liquidable *agg.* (*comm., banc.*) liquidabile.
liquidación *s.f.* liquidazione, svendita | *— de fin de temporada*, svendita di fine stagione.
liquidador *s.m.* liquidatore.
liquidar *v.tr.* **1** fondere; liquefare **2** (*comm., banc.*) liquidare, pagare: *— la cuenta*, pagare il conto **3** (*fig.*, *fam.*) fare fuori, eliminare.
liquidez *s.f.* (*anche econ.*) liquidità.
líquido *agg.*, *s.m.* **1** liquido **2** (*econ.*) liquido; netto | *sueldo —*, stipendio netto | *— imponible*, capitale imponibile.
lira *s.f.* **1** (*mus.*) lira, cetra **2** (*moneta*) lira **3** (*fig.*) musa, nume (*m.*) **4** (*zool.*) uccello (*m.*) lira.
lírica *s.f.* (*mus.*) lirica.
liricidad *s.f.* liricità.
lírico *agg.* lirico.
lirio *s.m.* (*bot.*) giglio.
lirismo *s.m.* lirismo.
lirón *s.m.* **1** (*zool.*) ghiro **2** (*bot.*) alisma (*f.*).
lis *s.f.* (*bot.*) iris (*m.*) | *flor de —*, fiordaliso.
lisboeta, lisbonense *agg.* di Lisbona ♦ *s.m./f.* nativo (*m.*) di Lisbona, lisbonese.
lisérgico *agg.* (*chim.*) lisergico.
lisiado *s.m.* invalido, portatore di handicap.
lisiadura *s.f.* storpiamento (*m.*).
lisiar *v.tr.* procurare lesioni a, fare male a.
lisis *s.f.* (*biol.*) lisi.
liso *agg.* liscio, levigato | *pelo —*, capelli lisci | *una falda lisa*, una gonna semplice | *color —*, tinta unita | *— y llano*, chiaro e semplice.
lisonja *s.f.* **1** lusinga, adulazione **2** (*araldica*) losanga.
lisonjear *v.tr.* lusingare.
lisonjero *agg.* lusinghiero, adulatore.
lista *s.f.* **1** striscia | *traje de listas*, vestito a righe **2** lista, elenco (*m.*); distinta | *— de bodas*, lista di nozze | *— de correos*, fermo posta | *— de precios*, listino prezzi | *— de espera*, lista d'attesa | *— negra*, lista nera | *pasar —*, fare l'appello **3** (*ristorante*) menu (*m.*).
listado *agg.* a righe, listato ♦ *s.m.* elenco, lista (*f.*).
listar *v.tr.* (*inform.*) elencare.
listel *s.m.* listello.
listeza *s.f.* sveltezza, prontezza.
listín *s.m.* **1** (*comm.*) listino | *— de precios*, listino prezzi **2** elenco telefonico.
listo *agg.* **1** sveglio, scaltro: *ese muchacho es muy —*, quel ragazzo è molto furbo | *pasarse de —*, fare il furbo **2** pronto, preparato: *¿estás —?*, sei pronto? | *¡y —!*, punto e basta!
lisura *s.f.* **1** liscezza, levigatezza **2** (*fig.*) sincerità **3** (*Amer.*) parolaccia.
litargirio *s.m.* (*min.*) litargirio.
litera *s.f.* **1** cuccetta **2** letto (*m.*) a castello **3** portantina.
literal *agg.* letterale.
literalidad *s.f.* letteralità.
literario *agg.* letterario.
literato *s.m.* letterato.
literatura *s.f.* **1** letteratura **2** bibliografia, letteratura (scientifica).
lítico *agg.* (*chim.*) litico.
litigante *agg.*, *s.m./f.* litigante.
litigar (*con. come* llegar) *v.intr.* (*anche dir.*) litigare: *litigó con su hermano por la herencia*, litigò col fratello per l'eredità.
litigio *s.m.* **1** litigio, alterco, contesa (*f.*) **2** (*dir.*) lite (*f.*): *este — le va a costar mucho*, questa lite gli costerà molto.

litigioso *agg.* litigioso.
litio *s.m.* (*chim.*) litio.
litisexpensas *s.f.pl.* (*dir.*) spese legali.
litofotografía *s.f.* fotolitografia.
litogenesia *s.f.* (*geol.*) litogenesi.
litografía *s.f.* litografia.
litografiar *v.tr.* litografare.
litográfico *agg.* litografico.
litógrafo *s.m.* litografo.
litología *s.f.* (*geol.*) litologia.
litólogo *s.m.* (*geol.*) litologo.
litoral *agg.* litorale, litoraneo ♦ *s.m.* zona (*f.*) costiera, litorale.
litoscopio *s.m.* (*med.*) litoscopio.
litosfera *s.f.* (*geol.*) litosfera.
litostratigrafía *s.f.* (*geol.*) litostratigrafia.
litote *s.f.* (*ret.*) litote.
litro *s.m.* litro.
litrona *s.f.* (*pop.*) bottiglia di birra da un litro.
lituano *agg.*, *s.m.* lituano.
liturgia *s.f.* (*relig.*) liturgia.
litúrgico *agg.* (*relig.*) liturgico.
liturgista *s.m./f.* (*relig.*) liturgista.
liviandad *s.f.* leggerezza, superficialità.
liviano *agg.* leggero, incostante, volubile.
lividecer (*con. come* agradecer) *v.intr.* illividire, impallidire.
lividez *s.f.* lividezza, pallore (*m.*).
lívido *agg.* livido: *se puso —* , divenne livido.
living *s.m.* soggiorno.
livor *s.m.* livore.
liza *s.f.* competizione, lizza, gara | *entrar en —*, entrare in lizza | *estar en —*, essere di moda.
llaga *s.f.* **1** piaga, ferita (*anche fig.*) | *poner el dedo en la —*, mettere il dito nella piaga **2** (*pl.*, *relig.*) stimmate.
llagado *agg.* piagato.
llagar (*con. come* llegar) *v.tr.* piagare ♦ **-se** *v.pron.* piagarsi.
llama[1] *s.f.* fiamma.
llama[2] *s.f.* (*zool.*) lama (*m.*).
llamada *s.f.* **1** chiamata; richiamo (*m.*) | *— telefónica*, telefonata | *— de cobro revertido*, telefonata a carico del destinatario **2** (*in un testo*) richiamo (*m.*).
llamado *s.m.* **1** chiamata (*f.*), appello **2** (*Amer.*) appello.
llamador *s.m.* **1** battente **2** campanello.
llamamiento *s.m.* **1** chiamata (*f.*), convocazione (*f.*) **2** appello.
llamar *v.tr.* **1** chiamare, dare nome, denominare | *— al pan pan y al vino vino*, dire pane al pane e vino al vino **2** chiamare; convocare | *— a filas*, chiamare alle armi | *— a gritos/a voces*, chiamare a squarciagola | *— por teléfono*, telefonare **3** richiamare, attirare | *— la atención*, richiamare l'attenzione ♦ *v.intr.* chiamare; suonare: *llaman a la puerta/al timbre*, bussano/suonano alla porta ♦ **-se** *v.pron.* chiamarsi, avere nome: *¿cómo te llamas?*, come ti chiami?
llamarada *s.f.* fiammata, vampata.
llamativo *agg.* **1** appariscente, vistoso, eclatante: *un caso —*, un caso eclatante **2** attraente.
llameante *agg.* fiammeggiante.
llamear *v.intr.* (*anche fig.*) fiammeggiare.
llanada *s.f.* (*geogr.*) pianura.
llanamente *avv.* **1** apertamente, francamente: *te confieso — lo que estoy pensando*, ti confesso apertamente quello che sto pensando **2** ingenuamente.
llande *s.f.* (*bot.*) ghianda.
llanero *s.m.* abitante (*m./f.*) della pianura.
llaneza *s.f.* **1** semplicità, modestia **2** naturalezza (di stile).
llano *agg.* **1** piano, liscio | *plato —*, piatto piano **2** (*fig.*) dimesso, semplice, modesto | *a la llana*, *a la pata la llana*, alla buona **3** (*fig.*) chiaro, semplice **4** (*fig.*) sincero, schietto **5** (*gramm.*) piano: *palabra llana*, parola piana ♦ *s.m.* piano, pianoro.
llanta *s.f.* (*di ruota*) cerchione (*m.*) | *llantas de aleación*, cerchioni in lega.
llantera *s.f.* (*fam.*) piagnisteo (*m.*).
llanto *s.m.* pianto.
llanura *s.f.* pianura.
llave *s.f.* **1** chiave (*anche fig.*) | *— inglesa*, chiave inglese | *— maestra*, passe-partout | *— de la luz*, interruttore della luce | *es la — que abre todas las puertas*, è la chiave che apre tutte le porte | *bajo —*, sotto chiave | *echar la —*, girare la chiave **2** (*tip.*) parentesi graffa **3** (*del gas*, *dell'acqua*) rubinetto (*m.*), chiavetta **4** (*mus.*, *strumenti a fiato*) chiave.
llavero *s.m.* portachiavi.
llavín *s.m.* chiavetta (*f.*).
lleco *agg.* incolto.
llegada *s.f.* **1** arrivo (*m.*) **2** inizio (*m.*): *la — del invierno*, l'arrivo dell'inverno **3** (*sport*) traguardo (*m.*), meta.
llegar (*pass.rem.* llegué, llegaste ; *cong. pres.* llegue, llegues…; *imp.* llega, llegue, lleguemos, llegad, lleguen) *v.intr.* **1** arrivare, giungere (*anche fig.*): *— a destino*, arrivare a destinazione; *— a la conclusión*, giungere alla conclusione; *espero que no llegue a sus oídos*, spero che non arrivi alle sue orecchie | *— a las armas/manos*, venire alle armi/mani | *¡hasta ahí podíamos —!*, è il colmo **2** raggiungere, toccare: *lo que me dices me llega al alma*, ciò che mi dici mi tocca profondamente **3** (*di persona*) diventare, essere promosso (a una carica): *llegó a catedrático a los 35 años*, divenne professore ordinario a 35 anni **4** (*di spesa*) ammontare **5** bastare, essere sufficiente : *«¿tienes para comprar cigarros?» «no, no llego»*, «hai abbastanza soldi per le sigarette?» «no, non ci arrivo» **6** *— a*

(+ *inf.*) riuscire | — *a ver*, riuscire a vedere | — *a ser*, divenire, diventare ♦ **-se** *v.pron.* **1** avvicinarsi (*anche fig.*): *puedes llegarte a la verdadera razón*, puoi avvicinarti alla vera ragione **2** andare, fare un salto.

llena *s.f.* piena.

llenado *s.m.* riempimento.

llenar *v.tr.* **1** riempire, colmare | — *un impreso*, compilare un formulario **2** (*fig.*) soddisfare, convincere: *esto me llena*, ciò mi soddisfa ♦ **-se** *v.pron.* **1** riempirsi **2** (*di cibo*) rimpinzarsi.

llenazo *s.m.* (*fam.*) pienone, calca (*f.*).

llenez *s.f.* pienezza.

lleno *agg.* pieno, colmo; carico ♦ *s.m.* pienone | *tener un* —, avere successo | *de* —, in pieno.

llenura *s.f.* pienezza.

llevadero *agg.* sopportabile, tollerabile: *dolor* —, dolore sopportabile.

llevar *v.tr.* **1** portare: *le llevé un paquete*, gli portai un pacchetto; *«¿cuándo me traes el libro?» «mañana te lo llevo»*, «quando mi porti il libro?» «te lo porto domani»; — *un recado*, portare un messaggio | *me lleva siempre la contraria*, mi contraddice sempre | — *la corriente*, dare corda/spago | — *las cuentas*, tenere i conti | — *a las tablas*, *a la pantalla*, portare in scena, sullo schermo **2** portare via: *el ladrón le llevó la maleta*, il ladro gli portò via la valigetta **3** portare, condurre: *este camino lleva a la ciudad*, questo cammino porta in città; *no te preocupes, si no sabes bailar te llevo yo*, non ti preoccupare, se non sai ballare ti guido io | — *a cabo*, portare a termine **4** indurre, spingere: *sus palabras me llevaron a pensar que tenía razón*, le sue parole mi indussero a pensare che aveva ragione | *dejarse — por alguien*, lasciarsi/farsi influenzare da qlcu. **5** (*abbigl.*) indossare; portare: *¿tu prima lleva gafas?*, tua cugina porta gli occhiali?; *lleva el pelo largo*, porta i capelli lunghi **6** dirigere, occuparsi di: *estoy llevando la venta de la casa*, mi sto occupando della vendita della casa; *mi padre lleva una empresa*, mio padre dirige un'azienda **7** (*fig.*) sopportare, tollerare: *no consigo — esta vida*, non riesco a sopportare questa vita **8** contenere: *la tarta está divina ¿qué lleva?*, la torta è ottima, cosa c'è dentro? **9** superare di, essere più avanti di: *me lleva dos años*, ha due anni più di me **10** (*fam.*) trattare, prendere: *¿el jefe? hay que saberlo —*, il capo? bisogna saperlo prendere **11** (*mezzo di trasporto*) guidare, condurre: *llevaba el coche como un loco*, guidava la macchina come un pazzo **12** (*tempo, lavoro, sforzo*) richiedere: *lleva su tiempo llegar hasta la casa del campo*, richiede tempo arrivare fino alla casa di campagna; *me llevará diez minutos vestirme*, mi occorreranno dieci minuti per vestirmi **13** (*comm.*) prendere, riscuotere: *¿cuánto me lleva por ello?*, quanto vuole per questo? **14** — (+ *compl. di tempo*) essere da (+ *compl. di tempo*): *lleva aquí dos días*, è qui da due giorni; *llevo cinco años viviendo en Francia*, vivo in Francia da cinque anni; *llevo un día fatal*, ho trascorso un giorno orribile **15** — (+ *part.pass.*) avere (+ *part. pass.*): *llevo estudiadas diez páginas*, ho già studiato dieci pagine; *llevo pensado irme de esta ciudad*, ho pensato di andarmene da questa città **16** avere, possedere: *llevo un euro*, ho un euro; — *razón*, aver ragione **17** (*mat.*) riportare **18** (*agr.*) produrre, rendere: *el campo llevaba sobre todo hortalizas*, il campo produceva soprattutto ortaggi ♦ **-se** *v.pron.* **1** portarsi via, prendersi: *se lo llevaron a la cárcel*, lo portarono in prigione; *se llevó la mejor parte*, si è preso il meglio | — *por delante*, distruggere, portarsi via: *el tren, al llegar, se llevó por delante el autobús*, il treno, arrivando, investì l'autobus **2** (*premio*) ottenere, vincere **3** essere di moda: *este verano se lleva el amarillo*, quest'estate va di moda il giallo

■ ***llevarse bien, mal con alguien***, andare, non andare d'accordo con qlcu.

lloradera *s.f.* (*spreg.*) piagnisteo (*m.*).

llorar *v.intr.* piangere: *llora por la muerte de su hija*, piange per la morte della figlia | — *de dolor*, piangere di dolore | — *de risa*, piangere dal ridere | — *a lágrima viva/a moco tendido*, piangere a calde lacrime | — *pobreza*, piangere miseria ♦ *v.tr.* rimpiangere.

lloredo *s.m.* (*bot.*) laureto.

llorica *s.m./f.* piagnone (*m.*).

lloriquear *v.intr.* piagnucolare.

lloriqueo *s.m.* piagnucolio.

lloro *s.m.* pianto.

llorón *agg.* piagnucolone, frignone.

llorona *s.f.* prefica.

lloroso *agg.* **1** piangente, lacrimoso **2** lacrimevole, commovente.

llovedizo *agg.* grondante.

llover (*con. come* mover) *v.intr.impers.* piovere | *llueve a cántaros*, piove a catinelle | *llueve sobre mojado*, piove sul bagnato.

llovizna *s.f.* pioggerella.

lloviznar *v.intr.impers.* piovigginare.

lloviznoso *agg.* piovigginoso.

llueca *s.f.* (*zool.*) chioccia.

lluvia *s.f.* pioggia | — *ácida*, pioggia acida.

lluvioso *agg.* piovoso.

lo[1] *art.det.neutro* (*solo davanti ad agg., part. pass., avv.*): — *bueno*, ciò che è buono; — *hecho*, quel che si è fatto | *a — lejos*, in lontananza | — *que*, ciò che.

lo[2] (*pl.* los) *pron.pers.m. di 3ª pers.sing.ogg.* lo: — *veo*, lo vedo.

loa *s.f.* lode.

loable *agg.* lodevole: *un — labor editorial*, un lodevole lavoro editoriale.
loar *v.tr.* lodare, elogiare.
loba *s.f.* (*zool.*) lupa.
lobato *s.m.* (*zool.*) lupacchiotto.
lobear *v.intr.* cacciare, braccare.
lobera *s.f.* tana del lupo.
lobero *agg.* lupesco, da lupo ♦ *s.m.* cacciatore di lupi.
lobezno *s.m.* (*zool.*) lupacchiotto.
lobo *s.m.* (*zool.*) lupo | *— cerval*, lince | *— marino*, foca | *— de mar*, lupo di mare | *muda el — los dientes pero no las mientes*, il lupo perde il pelo ma non il vizio | *ver asomar las orejas al —*, vedere il pericolo.
lobotomía *s.f.* (*med.*) lobotomia.
lóbrego *agg.* **1** lugubre, tetro: *un canto —*, un canto lugubre **2** (*fig.*) mesto, malinconico.
lobreguez *s.f.* oscurità, buio (*m.*).
lobulado *agg.* (*bot.*) lobato.
lóbulo *s.m.* (*anat.*) lobo | *— de la oreja*, lobo dell'orecchio.
locación *s.f.* (*dir.*) locazione.
local *agg.* locale (*anche med.*): *las autoridades locales*, le autorità locali | (*sport*) *el equipo —*, la squadra di casa ♦ *s.m.* locale.
localidad *s.f.* **1** località **2** (*di spettacolo*) biglietto (*m.*), posto (*m.*): *las localidades están agotadas*, i biglietti sono esauriti.
localismo *s.m.* **1** campanilismo **2** usanza (*f.*) locale.
localista *agg.* localista.
localizable *agg.* localizzabile.
localización *s.f.* localizzazione.
localizador *agg.*, *s.m.* localizzatore.
localizar (*con. come* cazar) *v.tr.* **1** localizzare, rintracciare: *localizaron el coche en un barranco*, rintracciarono la macchina in un dirupo **2** determinare, circoscrivere.
locatario *s.m.* (*dir.*) locatario.
locativo *agg.*, *s.m.* (*anche gramm.*) locativo.
loción *s.f.* lozione.
loco *agg.* **1** pazzo, folle, matto (*anche fig.*): *está — de alegría*, è pazzo di gioia; *se volvió — de dolor*, divenne pazzo per il dolore | *brújula loca*, bussola impazzita | *ni —*, neppure per scherzo | *a lo —*, senza riflettere | *a tontas y locas*, all'impazzata **2** (*fam.*) straordinario, pazzesco: *unas ganas locas*, una voglia matta | *tener una suerte loca*, avere una fortuna sfacciata ♦ *s.m.* pazzo, folle, matto | *cada — con su tema*, ognuno ha le sue manie | *hacerse el —*, fare orecchi da mercante, fare il finto tonto.
locomoción *s.f.* locomozione.
locomotor *s.m.* locomotore.
locomotora *s.f.* (*ferr.*) locomotiva.
locomotriz (*pl.* -ces) *agg.*, *s.f.* (*ferr.*) locomotrice.
locuacidad *s.f.* loquacità.
locuaz (*pl.* -ces) *agg.* loquace, ciarliero.
locución *s.f.* (*ling.*) locuzione.
locuela *s.f.* loquela.
locuelo *s.m.* pazzerello.
locura *s.f.* pazzia, follia | *¡has hecho una —!*, hai fatto una pazzia! | *de —*, straordinario, fuori dalla norma.
locutor *s.m.* (*radio*, *tv*) speaker, annunciatore.
locutorio *s.m.* **1** parlatorio **2** cabina (*f.*) telefonica.
lodazal *s.m.* fangaia (*f.*).
lodo *s.m.* fango, melma (*f.*), limo.
lodoso *agg.* fangoso.
logarítmico *agg.* (*mat.*) logaritmico.
logaritmo *s.m.* (*mat.*) logaritmo.
logia *s.f.* loggia | *— masónica*, loggia massonica.
lógica *s.f.* logica.
lógico *agg.* logico; coerente.
logística *s.f.* logistica.
logístico *agg.* logistico.
logografía *s.f.* logografia.
logógrafo *s.m.* logografo.
logograma *s.m.* (*ling.*) logogramma.
logopeda *s.m./f.* (*med.*) logopedista.
logopedia *s.f.* (*med.*) logopedia.
logorrea *s.f.* logorrea.
logorroico *agg.* (*anche med.*) logorroico.
logos *s.m.* (*filos.*) logos.
logoterapeuta *s.m./f.* (*med.*) logoterapeuta.
logoterapia *s.f.* (*med.*) logoterapia.
lograr *v.tr.* **1** ottenere, conseguire: *— un empleo interesante*, ottenere un impiego interessante; *— que las instituciones funcionen*, fare in modo che le istituzioni funzionino **2** riuscire a: *logró entretener a los muchachos con un juego*, riuscì a intrattenere i ragazzi con un gioco ♦ **-se** *v.pron.* svilupparsi, arrivare a maturità: *de las tantas cosas que hice sólo unas cuantas se lograron*, delle tante cose che ho fatto solo alcune sono state portate a termine.
logrero *s.m.* **1** usuraio **2** incettatore.
logrería *s.f.* usura.
logro *s.m.* conseguimento, risultato, acquisizione (*f.*), conquista (*f.*).
logroñés *agg.* di Logroño ♦ *s.m.* nativo di Logroño.
lolita *s.f.* lolita.
loma *s.f.* collina.
lombriz (*pl.* -ces) *s.f.* (*zool.*) lombrico (*m.*) | *— intestinal*, verme intestinale, ascaride.
lomear *v.intr.* (*cavallo*) imbizzarrirsi.
lomo *s.m.* **1** (*anat.*) lombo, fondoschiena; (*di animale*) dorso | *a lomos*, sul dorso | *sobarse alguien los lomos*, lavorare duramente **2** (*di libro*) dorso **3** (*cuc.*) lombata (*f.*).
loncha *s.f.* **1** fetta | *cortar en lonchas el jamón*, tagliare il prosciutto a fette **2** (*pietra*) lastra.
londinense *agg.*, *s.m./f.* londinese.

longanimidad *s.f.* longanimità.
longánimo *agg.* longanime.
longaniza *s.f.* (*cuc.*) salsiccia.
longevidad *s.f.* longevità.
longevo *agg.* longevo.
longitud *s.f.* **1** lunghezza | *salto de —*, salto in lungo **2** (*geogr.*) longitudine.
longitudinal *agg.* longitudinale.
longobardo *agg.*, *s.m.* (*st.*) longobardo.
lonja[1] *s.f.* fetta: *una — de tocino*, una fetta di pancetta; *una — de carne*, una fetta di carne.
lonja[2] *s.f.* **1** (*comm.*) borsa merci, mercato (*m.*) | *— de pescado*, mercato del pesce **2** (*arch.*) loggia.
look *s.m.* look.
loquear *v.intr.* folleggiare: *me está loqueando*, mi sta facendo diventare pazzo.
loquera *s.f.* gabbia di matti.
loquero *s.m.* (*fam.*) psichiatra (*m./f.*).
lord *s.m.* lord.
lordosis *s.f.* (*med.*) lordosi.
loriga *s.f.* lorica.
loro *s.m.* **1** (*zool.*) pappagallo | (*pop.*) *estar al —*, essere aggiornato **2** (*iron.*) racchia (*f.*) **3** (*fam.*) autoradio (*f.*).
lorza *s.f.* balza.
los[1] *art.det.m.pl.* gli, i: *— hombres*, gli uomini; *— juegos*, i giochi.
los[2] *pron.pers.m. di 3ª pers.pl.ogg.* li: *— veo*, li vedo.
losa *s.f.* **1** lastra; pietra tombale **2** piastrella.
losange *s.f.* losanga.
loseta *s.f.* mattonella.
lote *s.m.* lotto, partita (*f.*)
■ (*volg*) ***darse/pegarse el lote***, pomiciare, limonare.
lotear *v.tr.* lottizzare.
lotería *s.f.* **1** lotteria | *— de cartones*, tombola **2** lotto (*m.*): *tocarle/caerle a alguien la —*, vincere al lotto.
lotero *s.m.* ricevitore del lotto.
loto[1] *s.f.* (*fam.*, *lotería*) lotto (*m.*).
loto[2] *s.m.* (*bot.*) loto.
lotófago *agg.*, *s.m.* lotofago.
loxodromia *s.f.* (*geogr.*) lossodromia.
loxodrómico *agg.* (*geogr.*) lossodromico.
loza *s.f.* **1** maiolica **2** vasellame (*m.*) in maiolica.
lozanía *s.f.* **1** freschezza, rigogliosità **2** vigore (*m.*), gagliardia.
lozano *agg.* fresco, vigoroso; lussureggiante: *vegetación lozana*, vegetazione rigogliosa.
lubina *s.f.* (*zool.*) branzino (*m.*).
lubricación *s.f.* (*mecc.*) lubrificazione: *— del motor*, lubrificazione del motore.
lubricante *agg.*, *s.m.* (*mecc.*) lubrificante.
lubricar (*con. come* pescar) *v.tr.* (*mecc.*) lubrificare.
lubricativo *agg.* lubrificativo.
lubricidad *s.f.* lubricità.
lúbrico *agg.* **1** scurrile, osceno **2** scivoloso.
lubrificación *s.f.* lubrificazione.
lubrificante *agg.* lubrificante.
lubrificar (*con. come* pescar) *v.tr.* (*mecc.*) lubrificare.
lucense *agg.* di Lugo ♦ *s.m./f.* nativo (*m.*) di Lugo.
lucerna *s.f.* **1** lumiera, lampadario (*m.*) **2** lucerna: *una antigua — romana*, un'antica lucerna romana.
lucernario *s.m.* (*arch.*) lucernario.
lucero *s.m.* **1** stella (*f.*); astro brillante | *— de la mañana*, Venere **2** (*fig.*) splendore, lustro **3** (*di animali*) macchia (*f.*) bianca sulla fronte **4** (*pl.*) occhi.
lucha *s.f.* lotta, combattimento (*m.*): *la — contra el terrorismo*, la lotta contro il terrorismo; *— por la libertad*, lotta per la libertà.
luchador *s.m.* lottatore.
luchar *v.intr.* lottare, combattere.
lucidez *s.f.* **1** lucidità: *tiene una — irónica*, ha una lucidità ironica **2** (*lett.*) lucentezza.
lucido *agg.* **1** splendido, magnifico **2** brillante, (ben) riuscito: *ha tenido una intervención muy lucida*, ha fatto un intervento molto brillante.
lúcido *agg.* (*di persona, mente, ragionamento*) lucido.
luciérnaga *s.f.* (*zool.*) lucciola.
lucifer *s.m.* lucifero.
luciferino *agg.* luciferino.
lucífero *agg.* splendente ♦ *s.m.* (*astr.*) Venere.
lucio *s.m.* (*zool.*) luccio.
lucir (*indic.pres.* luzco, luces...; *cong.pres.* luzca, luzcas...; *imp.* luce, luzca, luzcamos, lucid, luzcan) *v.tr.* **1** sfoggiare, far mostra di: *lucían sus mejores vestidos*, sfoggiavano i loro vestiti migliori **2** (*edil.*) imbiancare ♦ *v.intr.* **1** brillare, risplendere **2** (*fig.*) emergere, distinguersi, spiccare **3** (*econ.*) rendere ♦ **-se** *v.pron.* **1** distinguersi **2** (*spreg.*) pavoneggiarsi.
lucrarse *v.pron.* lucrare, trarre profitto: *se lucraron muchos millones con el soborno de los contratos*, intascarono molti milioni con la corruzione degli appalti.
lucrativo *agg.* lucrativo: *es un sector —*, è un settore lucrativo.
lucro *s.m.* lucro, guadagno | *lucros y daños*, profitti e perdite.
luctuoso *agg.* luttuoso.
lucubración *s.f.* elucubrazione.
lucubrar *v.tr.* elucubrare.
ludibrio *s.m.* ludibrio.
lúdico *agg.* ludico.
ludoteca *s.f.* ludoteca.
luego *avv.* dopo: *— lo veré*, dopo lo vedrò | *— que comió*, subito dopo aver mangiato | *desde —*, naturalmente, certamente | *¡hasta*

—*!*, a dopo! | *para — es tarde*, chi ha tempo non aspetti tempo ♦ *cong.* quindi.
lugar *s.m.* **1** luogo, posto (*anche fig.*) | *— geométrico*, luogo geometrico **2** posto: *en primer, segundo —*, al primo, secondo posto **3** località (*f.*), paese, villaggio | *ser del —*, essere del posto **4** (*lavoro*) posto **5** momento (giusto), occasione (*f.*)
■ ***lugar común***, luogo comune | ***dar lugar a***, essere motivo di | ***fuera de lugar***, fuori luogo | ***poner las cosas en su lugar***, mettere le cose in chiaro | ***tener lugar***, avere luogo, tenersi | ***en lugar de***, invece di, al posto di: *vino en — de su hermano*, venne al posto di suo fratello | ***dejar en buen, mal lugar***, mettere in buona, cattiva luce | ***estar muy en su lugar***, essere molto appropriato | ***hacerse lugar***, farsi strada, aprirsi il cammino nella vita | ***no dejar lugar a duda***, non lasciare adito a dubbi | ***quedar en buen, mal lugar***, fare bella, brutta figura | (*dir.*) ***no hay lugar a***, non c'è motivo per.
lugareño *agg.*, *s.m.* paesano.
lugartenencia *s.f.* (*mil.*) luogotenenza.
lugarteniente *s.m.* (*mil.*) luogotenente.
lúgubre *agg.* lugubre.
luis *s.m.* (*moneta*) luigi.
lujo *s.m.* lusso, sfarzo, abbondanza (*f.*).
lujoso *agg.* lussuoso: *me alojaron en un hotel —*, mi alloggiarono in un hotel lussuoso.
lujuria *s.f.* **1** lussuria **2** (*fig.*) eccesso (*m.*).
lujuriante *agg.* lussureggiante.
lujurioso *agg.* lussurioso.
lumbago *s.m.* (*med.*) lombaggine (*f.*).
lumbar *agg.* (*anat.*) lombare.
lumbre *s.f.* **1** fuoco (*m.*) **2** fiamma, luce, lume (*m.*), candela | *a — de pajas*, di breve durata, un fuoco di paglia | *al amor de la —*, accanto al fuoco | *— del agua*, specchio d'acqua | *dar —*, accendere la sigaretta.
lumbrera *s.f.* **1** lucernario (*m.*), abbaino (*m.*) **2** (*mar.*) occhio (*m.*) di bue.
luminaria *s.f.* luminaria.
luminiscencia *s.f.* luminescenza.
luminiscente *agg.* luminiscente.
luminosidad *s.f.* luminosità.
luminoso *agg.* luminoso.
luminotecnia *s.f.* luministica.
luna *s.f.* **1** luna: *— creciente, menguante, nueva*, luna crescente, calante, nuova | *estar en la —*, vivere fra le nuvole | *— de miel*, luna di miele | *quedarse a la — de Valencia*, restare con un palmo di naso **2** (*astr.*) satellite (*m.*), luna: *las lunas de Júpiter*, i satelliti di Giove **3** specchio (*m.*) | *armario de —*, armadio a specchio **4** vetrina **5** (*aut.*) lunotto (*m.*).
lunación *s.f.* (*astr.*) lunazione.
lunar *agg.* lunare ♦ *s.m.* **1** neo **2** pois: *tela de lunares*, tessuto a pois **3** (*fig.*) pecca (*f.*), difetto.
lunático *agg.*, *s.m.* lunatico.
lunecilla *s.f.* mezzaluna.
lunes *s.m.* lunedì | (*Amer.*) *hacer —*, scioperare.
luneta *s.f.* **1** (*arch.*) lunetta **2** (*aut.*) lunotto (*m.*).
luneto *s.m.* (*arch.*) lunetta (*f.*).
lunfardo *s.m.* (*Riopl.*) **1** gergo di Buenos Aires **2** malvivente (*m./f.*).
lupa *s.f.* lente di ingrandimento.
lupanar *s.m.* lupanare, bordello.
lupanario *agg.* da bordello.
lupicia *s.f.* (*med.*) alopecia.
lupino *agg.* lupino, lupesco ♦ *s.m.* (*bot.*) lupino.
lúpulo *s.m.* (*bot.*) luppolo.
lupus *s.m.* (*med.*) lupus.
luquete *s.m.* fetta (*f.*) di arancio nel bicchiere di una bibita.
lusitano *agg.*, *s.m.* **1** (*st.*) lusitano, lusiade (*m./f.*) **2** portoghese (*m./f.*).
luso *agg.*, *s.m.* **1** (*st.*) lusitano, lusiade (*m./f.*) **2** portoghese (*m./f.*).
lustrabotas *s.m.* (*Amer.*) lustrascarpe.
lustral *agg.* lustrale.
lustrar *v.tr.* **1** lustrare **2** purificare, lavare.
lustre *s.m.* **1** lucentezza (*f.*) **2** (*fig.*) decoro, prestigio: *dar —*, dar prestigio.
lustrina *s.f.* (*tess.*) broccato (*m.*).
lustro *s.m.* lustro, quinquennio.
lustroso *agg.* **1** lucente, lucido, brillante **2** (*fig.*) sano.
luteranismo *s.m.* (*relig.*) luteranesimo.
luterano *agg.*, *s.m.* (*relig.*) luterano.
luto *s.m.* **1** lutto: *vestir de —*, vestire a lutto **2** (*pl.*) paramenti da lutto.
luxación *s.f.* (*med.*) lussazione.
luxar *v.tr.* (*med.*) lussare.
luxemburgués *agg.*, *s.m.* lussemburghese (*m./f.*).
luz (*pl.* -ces) *s.f.* **1** luce (*anche fig.*) | *a media —*, in penombra | *entre dos luces*, al tramonto | *arrojar — sobre*, fare luce su | *sacar a —*, portare alla luce **2** lampada; (*aut.*) fari (*m.pl.*) | *— larga/de carretera*, faro abbagliante | *— corta/de cruce*, faro anabbagliante | *— de freno, de posición*, luce d'arresto, di posizione **3** (*arch.*) finestra **4** (*fig., persona*) faro (*m.*), guida **5** (*pl.*) lumi (*m.pl.*), conoscenze (*pl.*), erudizione (*sing.*) | *el siglo de las luces*, il secolo dei lumi | *de pocas luces*, di poco giudizio
■ ***dar a luz***, partorire | ***ver la luz***, essere partorito; (*editoria*) essere pubblicato: *su primera novela vio la — en 1987*, il suo primo romanzo fu pubblicato nel 1987 | ***pasar con la luz roja***, passare col semaforo rosso | ***dar luz verde***, dare via libera | ***a todas luces***, evidentemente.
lycra *s.f.* (*tess.*) lycra.

Mm

m *s.f.* m | (*tel.*) *como Madrid*, m come Milano.
maca *s.f.* **1** (*di tessuto*) difetto (*m.*) **2** (*di frutto*) ammaccatura.
macabro *agg.* macabro: *un relato —*, un racconto macabro.
macaco *agg.* (*Amer.*, *fam.*) brutto ♦ *s.m.* (*zool.*) macaco.
macana *s.f.* (*Amer.*) **1** mazza, clava **2** (*fam.*) balla, frottola.
macanudo *agg.* (*fam.*) straordinario, stupendo: *me compré un sombrero —*, mi sono comprato un cappello stupendo.
macar (*con. come* pescar) *v.tr.* ammaccare.
macarelo *s.m.* attaccabrighe (*m./f.*).
macarra *agg.* di cattivo gusto, volgare ♦ *s.m.* (*pop.*) protettore (di prostitute), pappone ♦ *s.m./f.* (*fam.*) bullo (*m.*), teppista.
macarrón *s.m.* **1** (*cuc.*) maccherone **2** dolce di mandorle **3** (*tecn.*) guaina (*f.*).
macarrónico *agg.* maccheronico: *latín —*, latino maccheronico.
macartismo *s.m.* (*pol.*) maccartismo.
macear *v.tr.* **1** (*anche fig.*) martellare **2** picchiare ♦ *v.intr.* (*fig.*) molestare, dare fastidio.
macedonia *s.f.* (*cuc.*) macedonia.
macedonio *agg.*, *s.m.* macedone (*m./f.*).
maceración *s.f.* macerazione: *— de un fruto*, macerazione di un frutto.
macerar *v.tr.* marinare, macerare (*anche fig.*): *para que el asado te quede bien hay que dejarlo — en un poco de vino*, perché l'arrosto venga bene devi lasciarlo macerare in un poco di vino; *llegó macerado por el insomnio*, arrivò distrutto dall'insonnia.
macero *s.m.* (*st.*) mazziere.
maceta *s.f.* **1** vaso (*m.*) da fiori **2** manico (*m.*) di utensile.
macetero *s.m.* portavasi.
machaca *s.m.* **1** (*di negozio*) garzone **2** (*mil.*) subalterno ♦ *s.m./f.* (*fam.*) rompiscatole.
machacadera *s.f.* pestello (*m.*).
machacadura *s.f.* frantumazione.
machacante *s.m.* (*mil.*) attendente.
machacar (*con. come* pescar) *v.tr.* **1** schiacciare, pestare; ammaccare **2** (*fig.*) tormentare **3** (*fam.*) studiare con impegno, sgobbare su **4** (*fam.*) sfiancare, esaurire: *la espera me está machacando*, l'attesa mi sta stancando ♦ *v.intr.* (*fam.*) insistere (su qlco.): *no deja de — porque quiere ir al cine*, non smette di insistere perché vuole andare al cinema ♦ **-se** *v.pron.* schiacciarsi, pestarsi: *me machaqué un dedo con el martillo*, mi sono schiacciato un dito con il martello.
machacón *agg.* assillante, importuno.
machaconería *s.f.* petulanza, insistenza.
machada *s.f.* **1** stupidaggine, sciocchezza: *su frase es la — del año*, la sua frase è la sciocchezza dell'anno **2** imprudenza, sconsideratezza, bravata.
machado *s.m.* scure (*f.*).
machaqueo *s.m.* pestatura (*f.*).
machear *v.tr.* (*biol.*) fecondare.
machetazo *s.m.* colpo di machete.
machete *s.m.* machete.
machetear *v.tr.* colpire con il machete.
machetero *s.m.* chi si fa strada nella foresta a colpi di machete.
machismo *s.m.* maschilismo.
machista *agg.*, *s.m./f.* maschilista.
macho *agg.* **1** coraggioso **2** robusto, forte ♦ *s.m.* **1** maschio (*anche di vite*) | *— cabrío*, caprone | *— montés*, stambecco | *flor —*, fiore staminifero | *café —*, caffè forte | *vino —*, vino robusto | **2** (*fig.*) macho | *hacerse el —*, fare lo spaccone **3** (*edil.*) pilastro
■ ***apearse del macho***, riconoscere i propri errori | ***apretarse/atarse los machos***, stringere i denti, tenere duro: *no le quedaba otro remedio que atarse los machos y ponerse a trabajar*, non gli restava altro rimedio che stringere i denti e mettersi a lavorare.
machón *s.m.* (*arch.*) pilone.
machorro *agg.* sterile, infruttuoso.
machota *s.f.* (*fam.*) virago.
machote *s.m.* (*fam.*) uomo robusto, fusto.
machucadura *s.f.* ammaccatura.
machucar (*con. come* pescar) *v.tr.* **1** ammaccare **2** (*Amer.*) triturare, maciullare **3** (*Amer.*) picchiare.
machucho *agg.* **1** vecchio: *se casó muy —*, si è sposato in tarda età **2** saggio.
macilento *agg.* macilento.
macillo *s.m.* (*mus.*, *di pianoforte*) martelletto.
macis *s.f.* (*bot.*) macis.

macizar (*con. come* cazar) *v.tr.* chiudere, otturare ♦ *v.intr.* (*pesca*) gettare l'esca.
macizo *agg.* **1** massiccio **2** compatto, solido ♦ *s.m.* **1** (*geogr.*) massiccio montuoso **2** (*di case*) blocco, isolato **3** (*edil.*) tavolato **4** (*fam.*) fusto: *su novio es un —*, il suo ragazzo è un fusto.
macramé *s.m.* (*tess.*) macramè.
macroanálisis *s.f.* macroanalisi.
macrobiota *s.m.* (*zool.*) macrobioto.
macrobiótica *s.f.* macrobiotica.
macrobiótico *agg.* macrobiotico: *alimentación macrobiótica*, alimentazione macrobiotica.
macroblasto *s.m.* (*med.*) macroblasto.
macrocefalia *s.f.* (*med.*) macrocefalia.
macrocéfalo *agg.*, *s.m.* (*med.*) macrocefalo.
macrocosmos *s.m.* macrocosmo.
macrodistribución *s.f.* (*econ.*) macrodistribuzione.
macroeconomía *s.f.* macroeconomia.
macroestructura *s.f.* macrostruttura.
macromolécula *s.f.* (*chim.*) macromolecola.
macromolecular *agg.* (*chim.*) macromolecolare.
macroscópico *agg.* macroscopico.
macrosociología *s.f.* macrosociologia.
macrospora *s.f.* (*bot.*) macrospora.
mácula *s.f.* **1** macchia | *máculas solares*, macchie solari **2** (*fig.*) infamia **3** inganno (*m.*).
macular *agg.* maculare.
maculatura *s.f.* (*tip.*) scarto (*m.*).
macumba *s.f.* (*Amer.*) macumba.
macuto *s.m.* zaino militare; zainetto.
madama *s.f.* **1** signora **2** (*pop.*) maîtresse.
madeja *s.f.* matassa: *desenredar una —*, sbrogliare una matassa | *enredar la —*, complicare le cose | (*fam.*) *— sin cuenda*, imbroglio, pasticcio.
madera *s.f.* **1** legno (*m.*) | *— curada*, legno stagionato | *ser de la misma —*, essere della stessa pasta | *tocar —*, toccare ferro **2** (*fig.*) stoffa | *tener — para*, avere la stoffa per | *tener mala —*, essere pigro **3** legname (*m.*) **4** (*mus.*) legni (*m.pl.*).
maderable *agg.* da legname.
maderamen *s.m.* (*edil.*) legno da costruzione.
maderero *agg.* del legno, del legname: *comercio —*, commercio di legname ♦ *s.m.* **1** falegname **2** commerciante (*m./f.*) di legname.
madero *s.m.* **1** tronco; trave (*f.*) **2** (*fam.*) poliziotto, sbirro.
madona *s.f.* (*arte*) madonna.
madoroso *agg.* madido.
madrastra *s.f.* matrigna.
madraza[1] *s.f.* buona madre.
madraza[2] *s.f.* (*arch.*) madrasa.
madre *s.f.* **1** madre, mamma | *— de leche*, balia | *— política*, suocera | *— soltera*, ragazza madre | *— de alquiler*, utero in affitto | *lengua —*, lingua materna **2** (*fig.*) origine, causa | *la ociosidad es — de los vicios*, l'ozio è il padre dei vizi **3** (*di fiume*) alveo (*m.*) | *salir de —*, straripare **4** (*di aceto*) madre; (*di vino*) feccia
■ ***la madre del cordero***, il nocciolo della questione | ***ciento y la madre***, un mare di gente | (*volg.*) ***de puta madre***, fantastico, stupendo | (*volg.*) ***la madre que lo parió***, al diavolo | (*volg.*) ***hijo de su madre***, figlio di buona madre | ***mentar/nombrar la madre***, insultare, dare del figlio di puttana | ***sacar de madre***, far uscire dai gangheri | ***salirse de madre***, passare il limite.
madrearse *v.pron.* (*vino*) inacidirsi, andare a male.
madreclavo *s.m.* (*bot.*) chiodo di garofano.
madreperla *s.f.* ostrica perlifera.
madrero *agg.* mammone.
madreselva *s.f.* (*bot.*) madreselva.
madrigado *agg.* **1** (*zool.*) da monta **2** (*fig.*) scafato, esperto, navigato.
madrigal *s.m.* (*lett.*, *mus.*) madrigale.
madrigalesco *agg.* (*lett.*, *mus.*) madrigalesco.
madrigalista *s.m./f.* (*lett.*, *mus.*) madrigalista.
madrigalizar (*con. come* cazar) *v.intr.* (*lett.*, *mus.*, *fig.*) madrigaleggiare.
madriguera *s.f.* (*anche fig.*) tana, covo (*m.*): *la — del conejo*, la tana del coniglio.
madrileño *agg.*, *s.m.* madrileno.
madrina *s.f.* madrina; protettrice.
madroñal *s.m.* (*agr.*) coltivazione (*f.*) di corbezzoli.
madroño *s.m.* (*bot.*) corbezzolo.
madrugada *s.f.* **1** alba: *a las cuatro de la —*, alle quattro del mattino | *de —*, di buon mattino **2** (*fig.*) levataccia.
madrugador *agg.* mattiniero.
madrugar (*con. come* llegar) *v.intr.* **1** alzarsi di buon mattino | *a quien madruga Dios le ayuda*, il mattino ha l'oro in bocca | (*fig.*) *no por mucho — amanece más temprano*, dare tempo al tempo **2** (*fig.*) guadagnare tempo, anticipare qlcu. nel fare qlco.
madrugón *s.m.* levataccia (*f.*): *nos dimos un —*, facemmo una levataccia.
maduración *s.f.* (*anche fig.*) maturazione.
maduradero *s.m.* serra (*f.*) da maturazione.
madurar *v.intr.* **1** maturare (*anche fig.*) **2** (*fig.*) maturare, crescere: *tu hijo todavía tiene que —*, tuo figlio deve ancora maturare ♦ *v.tr.* maturare, condurre a maturazione: *— la fruta*, far maturare la frutta.
madurez *s.f.* (*anche fig.*) maturità.
maduro *agg.* (*anche fig.*) maturo: *manzanas maduras*, mele mature; *tiene experiencia pero todavía no está — como jefe del personal*, ha esperienza ma non è ancora pronto per

diventare capo del personale; *para ser una chica de quince años es bastante madura*, per essere una ragazza di quindici anni è abbastanza matura.
maestra *s.f.* maestra | *abeja* —, ape regina | *obra* —, capolavoro.
maestral *agg.* magistrale: *una obra* —, un'opera magistrale ♦ *s.m.* (*vento*) maestrale.
maestre *s.m.* (*mar.*) commissario di bordo | (*mil.*) — *de campo*, maestro di campo | (*massoneria*) *gran* —, gran maestro.
maestrear *v.tr.* **1** fare da maestro **2** (*agr.*) potare le viti ♦ *v.intr.* (*fig.*, *fam.*) fare il saccente.
maestresala *s.m.* **1** (*nel ristorante*) maître **2** (*st.*) siniscalco.
maestría *s.f.* **1** maestria, abilità, perizia: *su — pictórica es insuperable*, la sua abilità pittorica è insuperabile **2** (*titolo di studio*) magistero (*m.*); master (*m.*).
maestro *agg.* abile ♦ *s.m.* **1** maestro | — *de obras*, capomastro, capocantiere **2** musicista (*m./f.*), direttore d'orchestra **3** (*mar.*) albero maestro.
mafia *s.f.* mafia; criminalità organizzata.
mafiosidad *s.f.* mafiosità.
mafioso *agg.*, *s.m.* mafioso.
magacín *s.m.* **1** rivista (*f.*) **2** (*tv*) varietà.
magaña *s.f.* magagna.
magdalena *s.f.* **1** (*peccatrice pentita*) maddalena | *estar hecha una Magdalena*, versare un fiume di lacrime | *llorar como una Magdalena*, piangere a dirotto **2** (*dolce*) madeleine.
magenta *agg.*, *s.m.* (*colore*) magenta.
magia *s.f.* magia, incantesimo (*m.*): *la — de la amistad*, la magia dell'amicizia | — *negra*, magia nera | *como por arte de* —, come per magia.
magiar *agg.*, *s.m./f.* magiaro (*m.*).
mágico *agg.* **1** magico: *la reina hablaba con un espejo* —, la regina parlava con uno specchio magico **2** (*fig.*) incantevole, affascinante: *este paisaje es* —, questo paesaggio è affascinante.
magisterial *agg.* magistrale.
magisterio *s.m.* magistero, insegnamento.
magistrado *s.m.* magistrato.
magistral *agg.* magistrale, eccellente | *lección* —, lectio magistralis.
magistratura *s.f.* (*dir.*) magistratura.
magma *s.m.* (*geol.*) magma.
magmático *agg.* (*geol.*) magmatico: *líquido* —, liquido magmatico.
magmatismo *s.m.* (*geol.*) magmatismo.
magnanimidad *s.f.* magnanimità.
magnánimo *agg.* magnanimo, generoso.
magnate *s.m.* magnate (*m./f.*).
magnesia *s.f.* (*chim.*) magnesia.
magnesio *s.m.* (*chim.*) magnesio | (*foto.*) *lámpara al* —, lampada al magnesio.
magnesita *s.f.* (*min.*) magnesite.
magnético *agg.* magnetico.
magnetismo *s.m.* (*fis.*, *anche fig.*) magnetismo | — *terrestre*, magnetismo terrestre.
magnetita *s.f.* (*min.*) magnetite.
magnetización *s.f.* (*fis.*) magnetizzazione.
magnetizador *s.m.* (*fis.*) magnetizzatore.
magnetizar (*con. come* cazar) *v.tr.* **1** (*fis.*) magnetizzare **2** (*fig.*) ipnotizzare; affascinare: *parecía magnetizado por la mujer*, sembrava ipnotizzato dalla donna.
magneto *s.m.* (*fis.*, *mecc.*) magnete.
magnetoeléctrico *agg.* (*fis.*) magnetoelettrico.
magnetofísica *s.f.* (*fis.*) magnetofisica.
magnetofónico *agg.* magnetofonico.
magnetófono *s.m.* magnetofono, registratore.
magnetómetro *s.m.* (*fis.*) magnetometro.
magnetoscopio *s.m.* (*fis.*) magnetoscopio.
magnetosfera *s.f.* (*astr.*) magnetosfera.
magnetoterapia *s.f.* (*med.*) magnetoterapia.
magnetoterápico *agg.* (*med.*) magnetoterapico.
magnificador *s.m.* magnificatore.
magnificar (*con. come* pescar) *v.tr.* magnificare, lodare: *los periódicos magnificaron su discurso*, i giornali esaltarono il suo discorso.
magníficat *s.m.* (*mus.*, *relig.*) magnificat.
magnificencia *s.f.* **1** magnificenza, splendore (*m.*), fasto (*m.*) **2** magnificenza, prodigalità.
magnificente *agg.* magnificente.
magnífico *agg.* **1** magnifico, meraviglioso, stupendo: *un hombre* —, un uomo straordinario **2** (*rettore di università*) Magnifico.
magnitud *s.f.* **1** (*anche fis.*) grandezza **2** (*fis.*) magnitudine **3** (*fig.*) importanza, serietà, gravità: *la — del problema*, la gravità del problema.
magno *agg.* magno: *Alejandro Magno*, Alessandro Magno.
magnolia *s.f.* (*bot.*) magnolia.
magnoliáceas *s.f.pl.* (*bot.*) magnoliacee.
mago *s.m.* mago; astrologo | *los Reyes Magos*, i Re Magi.
magrear *v.tr.* (*volg.*) palpare, palpeggiare.
magrebí *agg.*, *s.m./f.* magrebino (*m.*).
magreo *s.m.* (*volg.*) palpeggiamento, palpata (*f.*).
magrez *s.f.* magrezza.
magro *agg.* (*anche fig.*) magro, scarno: *magra figura*, aspetto scarno; *magra herencia*, magra eredità ♦ *s.m.* carne (*f.*) magra di maiale.
magrura *s.f.* magrezza.
magüeto *s.m.* (*zool.*) vitello.

maguey *s.m.* (*Amer., bot.*) agave (*f.*) americana.
magulladura *s.f.* **1** (*med.*) contusione **2** (*di frutto*) ammaccatura.
magullar *v.tr.* ammaccare.
maharajá *s.m.* maharajah.
mahatma *s.m.* (*relig.*) mahatma.
mahometano *agg., s.m.* (*relig.*) maomettano.
mahometismo *s.m.* (*relig.*) islamismo.
mahometista *agg., s.m./f.* (*relig.*) maomettano (*m.*).
mahometizar (*con. come* cazar) *v.intr.* (*relig.*) professare l'islamismo.
mahona *s.f.* (*mar.*) maona.
mahonesa *s.f.* (*cuc.*) maionese.
maicena *s.f.* (*cuc.*) maizena®.
maicero *s.m.* venditore di mais.
mailing *s.m.* (*inform.*) mailing.
maitines *s.m.pl.* (*relig.*) mattutino (*sing.*).
maître *s.m.* maître.
maíz *s.m.* (*bot.*) mais, granoturco.
maizal *s.m.* campo di mais.
maja *s.f.* (*da cucina*) pestello (*m.*).
majada *s.f.* **1** ovile (*m.*), stalla **2** (*Amer.*) gregge (*m.*).
majadal *s.m.* **1** pascolo per pecore **2** ovile.
majadear *v.intr.* (*di bestiame*) passare la notte in una stalla.
majadería *s.f.* stupidaggine, imbecillità.
majadero *agg., s.m.* sciocco, stupido.
majadura *s.f.* pestatura.
majano *s.m.* cippo.
majar *v.tr.* **1** pestare; tritare, triturare: *— el ajo con sal en el mortero*, pestare l'aglio col sale nel mortaio **2** (*fig.*) annoiare, importunare.
majareta *agg., s.m./f.* rintronato (*m.*), pazzo (*m.*) | *— perdido*, matto da legare.
majestad *s.f.* maestà.
majestuosidad *s.f.* maestosità; grandiosità.
majestuoso *agg.* maestoso; imponente, grandioso.
majeza *s.f.* grazia.
majo *agg.* **1** (*fam.*) carino, bello; elegante: *eres muy — con esa chaqueta*, sei molto elegante con quella giacca | *ponerse —*, farsi bello, vestirsi di tutto punto | *ser —*, essere simpatico **2** (*fig., fam.*) gradevole, di belle maniere.
majorca *s.f.* (*bot.*) pannocchia.
majorette *s.f.* majorette.
mal[1] *agg.* → **malo.**
mal[2] *s.m.* **1** male | *— de ojo*, malocchio | *del — el menos*, il minore dei mali | *— de muchos, consuelo de tontos*, mal comune, mezzo gaudio | *quien canta, su — espanta*, cuor contento il ciel l'aiuta | *no hay — que por bien no venga*, non tutto il male vien per nuocere **2** male, malattia (*f.*) | *— incurable*, male incurabile ♦ *avv.* male: *si — no recuerdo*, se non ricordo male, se ben ricordo | *oler —*, puzzare | *salir —*, riuscire male
▪ ***mal que***, sebbene, anche se: *— que me pese iré a Barcelona en coche*, che mi piaccia o no andrò a Barcellona in auto | ***echar a mal***, sciupare, mandare in malora | ***mal a mal***, per amore o per forza | ***de mal en peor***, di male in peggio | ***estar a mal con alguien***, essere in cattivi rapporti con qlcu. | ***mal que bien***, bene o male | ***¡mal haya!***, accidenti!, mannaggia!
malabar *agg.* di Malabar ♦ *s.m./f.* nativo di Malabar
▪ ***juegos malabares***, giochi di destrezza.
malabarismo *s.m.* gioco di destrezza; equilibrismo (*anche fig.*) | *hacer malabarismos*, fare i salti mortali.
malabarista *s.m./f.* equilibrista.
malabsorción *s.f.* (*med.*) malassorbimento (*m.*).
malacología *s.f.* (*zool.*) malacologia.
malacólogo *s.m.* (*zool.*) malacologo.
malaconsejado *agg.* malconsigliato, incauto.
malacostumbrado *agg.* viziato.
malacostumbrar *v.tr.* viziare, dare cattive abitudini.
málaga *s.m.* (*vino*) malaga.
malagana *s.f.* sconforto (*m.*), abbattimento (*m.*).
malagradecido *agg., s.m.* ingrato: *este hombre es un —*, quest'uomo è un ingrato.
malagueña *s.f.* (*mus.*) malagueña.
malagueño *agg., s.m.* di Malaga ♦ *s.m.* nativo di Malaga.
malaleche *s.f.* (*volg.*) **1** cattivo umore (*m.*) **2** cattiveria **3** (*fig.*) carogna.
malamente *avv.* **1** male: *toca — el órgano*, suona male l'organo **2** gravemente, pesantemente: *estoy herido —*, sono gravemente ferito **3** appena: *te oigo —*, ti sento appena.
malandante *agg.* sventurato, disgraziato.
malandanza *s.f.* sventura, disgrazia.
malandrín *agg., s.m.* malandrino.
malapata *s.m./f.* maldestro (*m.*).
malaquita *s.f.* (*min.*) malachite.
malar *agg.* malare ♦ *s.m.* (*anat.*) zigomo.
malaria *s.f.* (*med.*) malaria.
malasangre *agg.* irascibile.
malatía *s.f.* (*med., raro*) lebbra.
malato *s.m.* (*med., raro*) lebbroso.
malavenido *agg.* (*di persona*) in conflitto, in disaccordo.
malaventura *s.f.* sfortuna, disgrazia.
malaventurado *agg.* sfortunato, disgraziato.
malaventuranza *s.f.* sfortuna.
malayo *agg., s.m.* malese (*m./f.*).
malbaratador *agg., s.m.* sperperatore, scialacquatore.
malbaratar *v.tr.* **1** dilapidare, dissipare, sperperare: *ha malbaratado sus bienes*, ha sperpe-

rato i suoi beni **2** svendere: *tuvo que — dos cuadros*, dovette svendere due quadri.
malcarado *agg.* **1** di brutto aspetto; torvo: *tenía un aspecto — pero, en realidad, era una buena persona*, aveva un aspetto torvo, ma in realtà era una buona persona; *un tipo — se me acercò*, un tipo con una brutta faccia mi si avvicinò **2** (*fam.*) di cattivo umore.
malcasado *agg.* **1** infedele **2** sposato male.
malcocinado *agg.* cucinato male.
malcomer *v.intr.* mangiare poco o male; mangiare senza appetito: *esa pobre gente no tiene ni para —*, quella povera gente non ha neanche da mangiare; *estoy harto de — en aquel restaurante*, sono stufo di mangiare male in quel ristorante.
malconsiderado *agg.* sconsiderato.
malcontentadizo *agg.* incontentabile.
malcontento *agg.* scontento, disgustato.
malcriado *agg.* maleducato, viziato: *un niño —*, un bimbo viziato.
malcriar *v.tr.* viziare, tirare su male.
maldad *s.f.* malvagità, cattiveria.
maldecir (*con. come* predecir, *part.pass.* maldecido, maldito) *v.tr.* maledire: *— a alguien*, maledire qlcu. ♦ *v.intr.* **1** sparlare, denigrare: *— de todo*, parlar male di tutto **2** insultare, protestare: *no dejaba de maldecir del gobierno*, non smetteva di protestare contro il governo.
maldiciente *agg. maldicente* ♦ *s.m./f.* maldicente, malalingua (*f.*).
maldición *s.f.* maledizione, imprecazione.
maldispuesto *agg.* **1** indisposto (*di salute*) **2** maldisposto, ostile.
maldito *agg.* maledetto, dannato | *— de cocer*, caparbio | (*inter.*) *¡maldita sea!*, maledizione! ♦ *s.m.* maledetto, dannato ♦ *s.f.* (*fam.*) lingua | *soltar la maldita*, parlare senza freni in bocca.
maleabilidad *s.f.* malleabilità.
maleable *agg.* malleabile | *aluminio —*, alluminio malleabile.
maleante *agg.* malvagio, maligno ♦ *s.m.* malvivente (*m./f.*): *la policía atrapó a cuatro maleantes que intentaban robar un banco*, la polizia ha catturato quattro malviventi che cercavano di rapinare una banca.
malear *v.tr.* guastare, rovinare (*anche fig.*) ♦ **-se** *v.pron.* corrompersi: *es precisamente en la cárcel donde muchos se malean*, è proprio in carcere che molti si rovinano.
malecón *s.m.* **1** diga (*f.*), argine **2** molo.
maledicencia *s.f.* maldicenza.
maleducado *agg.* maleducato.
maleducar (*con. come* pescar) *v.tr.* educare male.
maleficencia *s.f.* cattiveria, malignità.
maleficiar *v.tr.* stregare.
maleficio *s.m.* maleficio, stregoneria (*f.*).
maléfico *agg.* maléfico ♦ *s.m.* stregone.
malentender (*con. come* entender) *v.tr.* fraintendere, equivocare.
malentendido *s.m.* malinteso, equivoco.
maleolar *agg.* (*anat.*) malleolare.
maléolo *s.m.* (*anat.*) malleolo.
malestar *s.m.* malessere, indisposizione (*f.*).
maleta[1] *s.f.* valigia | *hacer la —*, fare le valigie, partire
maleta[2] *s.m./f.* (*fam.*) inetto (*m.*), imbranato (*m.*): *¡qué — (que) eres!*, quanto sei imbranato!
maletera *s.f.* (*Amer.*, *aut.*) bagagliaio (*m.*).
maletero *s.m.* **1** facchino **2** (*aut.*) bagagliaio.
maletilla *s.m.* (*corrida*) aspirante torero.
maletín *s.m.* valigetta (*f.*): *— de ejecutivo*, valigetta diplomatica | *— de belleza*, beauty-case.
malevolencia *s.f.* malevolenza, malanimo (*m.*).
malévolo *agg.* malevolo: *intenciones malévolas*, intenzioni malevole.
maleza *s.f.* **1** erbacce (*pl.*) **2** roveto (*m.*), sterpaglia.
malformación *s.f.* (*med.*) malformazione.
malgache *agg.*, *s.m.* malgascio.
malgastador *s.m.* sperperatore, scialacquatore.
malgastar *v.tr.* sperperare, dissipare: *malgastó en el juego todo el dinero que le dieron sus padres*, sperperò al gioco tutto il denaro che gli diedero i genitori.
malhablado *agg.* sboccato, scurrile.
malhadado *agg.* sfortunato, disgraziato.
malhecho *agg.* malfatto, brutto: *me parece muy — que lo haya echado de la casa*, mi sembra orribile che lo abbia buttato fuori di casa ♦ *s.m.* malefatta (*f.*), cattiveria (*f.*).
malhechor *agg.*, *s.m.* malfattore.
malherir (*con. come* sentir) *v.tr.* ferire gravemente.
malhumor *s.m.* malumore.
malhumorado *agg.* di cattivo umore.
malhumorar *v.tr.* mettere di cattivo umore ♦ **-se** *v.pron.* adombrarsi.
malicia *s.f.* **1** malizia, civetteria; ipocrisia: *hablar con —*, parlare con malizia **2** ingegno (*m.*); astuzia: *es muy ingenuo, le falta —*, è molto ingenuo, gli manca l'astuzia **3** (*pl.*, *fam.*) sospetti (*m.pl.*): *tengo mis malicias respecto a él/ella*, ho i miei sospetti nei suoi riguardi.
maliciar *v.tr.* sospettare.
malicioso *agg.* malizioso: *tenía una mirada maliciosa*, aveva uno sguardo malizioso.
maliense *agg.*, *s.m./f.* maliano (*m.*).
malignar *v.tr.* **1** rovinare, guastare: *tiene el poder de — la atmósfera*, ha il potere di rovinare l'atmosfera **2** denigrare, calunniare ♦ **-se** *v.pron.* guastarsi; corrompersi.

malignidad *s.f.* malignità.
malignizarse (*con. come* cazar) *v.pron.* (*med.*) diventare maligno.
maligno *agg.* maligno: *tumor —*, tumore maligno ♦ *s.m.* (il) maligno, (il) diavolo.
malilla *s.f.* (*gioco di carte*) scopone (*m.*).
malintencionado *agg.* malintenzionato.
malinterpretar *v.tr.* equivocare, fraintendere.
malla *s.f.* **1** maglia **2** (*tess.*) tessuto (*m.*) a maglie **3** calzamaglia **4** (*sport*) body (*m.*) **5** (*Amer.*) costume (*m.*) da bagno.
mallar *v.intr.* lavorare a maglia.
mallorquín *agg.* di Mallorca ♦ *s.m.* nativo di Mallorca.
malmeter *v.tr.* **1** deviare, pervertire **2** svendere.
malmirado *agg.* malvisto, inviso: *un hombre — por todos*, un uomo malvisto da tutti.
malnutrición *s.f.* (*med.*) malnutrizione.
malnutrido *agg.* (*med.*) malnutrito.
malo *agg.* (mal *davanti a s.m.sing.*) **1** cattivo | *un mal negocio*, un pessimo affare | *mal sabor*, sapore sgradevole | *malos tratos*, maltrattamenti | *malas artes*, astuzie | *mala suerte*, sfortuna | *de mala calidad*, di pessima qualità, scadente **2** ammalato: *estar —*, essere ammalato **3** brutto: *pasó un mal rato*, passò un brutto momento; *hace mal tiempo*, è brutto tempo, fa brutto | *pasarla mala*, attraversare un periodaccio | **4** nocivo ♦ *s.m.* cattivo: *el guapo, el feo y el —*, il bello, il brutto e il cattivo | *lo — es que...*, il brutto è che...
■ ***por las malas o por las buenas***, con le buone o con le cattive | ***estar de malas***, essere sfortunato (*spec. al gioco*) | ***venir de malas***, venire con cattive intenzioni | ***a una mala***, nel peggiore dei casi, mal che vada | ***más vale malo conocido que bueno por conocer***, meglio un uovo oggi che una gallina domani.
malogrado *agg.* **1** andato a male; riuscito male **2** disgraziato **3** morto prematuramente.
malogramiento *s.m.* fallimento, insuccesso.
malograr *v.tr.* **1** rovinare, mandare in malora: *su llegada vino a — nuestros planes*, il suo arrivo mandò all'aria i nostri progetti **2** (*occasione*) lasciarsi sfuggire; (*tempo*) sprecare: *me parece que malogró una buena ocasión rechazando ese trabajo*, mi pare si sia lasciato sfuggire una buona occasione rifiutando quel lavoro ♦ **-se** *v.pron.* **1** andare a male **2** non raggiungere il pieno sviluppo; morire prematuramente: *su nieta se malogró en un accidente de moto*, sua nipote morì prematuramente in un incidente di moto.
malogro *s.m.* → **malogramiento.**
maloliente *agg.* puzzolente, fetido.
malparado *agg.* (*anche fig.*) malconcio: *en los últimos sondeos el presidente salió muy —*, dagli ultimi sondaggi il presidente è uscito con le ossa rotte.
malparir *v.intr.* abortire.
malpensado *agg.* malpensante.
malquerencia *s.f.* malevolenza, avversione.
malquerer (*con. come* querer) *v.tr.* volere male a qlcu.
malquerido *agg.* avverso, detestato.
malquistarse *v.pron.* inimicarsi.
malquisto *agg.* malvisto.
malsano *agg.* **1** (*di luogo*) malsano **2** (*di persona*) malaticcio.
malsufrido *agg.* insofferente.
malta *s.f.* malto (*m.*).
maltés *agg.*, *s.m.* maltese (*m./f.*).
maltosa *s.f.* (*biol.*) maltosio (*m.*).
maltraído *agg.* (*Amer.*) mal vestito, trasandato.
maltrapillo *s.m.* discolo, monello.
maltratamiento *s.m.* maltrattamento.
maltratar *v.tr.* **1** (*una persona*) maltrattare **2** (*una cosa*) strapazzare, rovinare.
maltrato *s.m.* → **maltratamiento.**
maltrecho *agg.* malconcio, maltrattato: *el castillo, aunque —, todavía se conserva*, il castello, anche se in cattivo stato, si conserva ancora.
malva *agg.*, *s.m.* (*colore*) malva ♦ *s.f.* (*bot.*) malva.
malváceas *s.f.pl.* (*bot.*) malvacee.
malváceo *agg.* (*bot.*) malvaceo.
malvado *agg.* cattivo, malvagio.
malvasía *s.f.* (*uva*) malvasia.
malvender *v.tr.* svendere: *tendré que — la casa*, dovrò svendere la casa.
malversación *s.f.* (*dir.*) malversazione.
malversador *s.m.* (*dir.*) malversatore.
malversar *v.tr.* (*amm.*) malversare, usare in modo illecito: *lo metieron preso por — los fondos públicos*, lo hanno arrestato per uso illecito di fondi pubblici.
malvivir *v.intr.* tirare avanti: *estoy cansado de — con este sueldo*, sono stanco di tirare avanti con questo stipendio.
mama *s.f.* **1** (*anat.*) mammella **2** (*fam.*) mamma.
mamá *s.f.* (*fam.*) mamma, madre.
mamada *s.f.* **1** poppata **2** (*volg.*) fellatio, pompino (*m.*) **3** (*Amer., fam.*) sbornia.
mamadera *s.f.* poppatoio (*m.*).
mamado *agg.* sbronzo.
mamar *v.tr.* **1** poppare, succhiare | *dar de —*, allattare | *— y gruñir*, non essere mai contenti **2** (*fam.*) bere dalla bottiglia **3** (*fig.*) imparare sin dall'infanzia **4** (*volg.*) succhiare ♦ **-se** *v.pron.* (*fam.*) **1** bersi; sbronzarsi: *se mamó toda la botella de ron*, tracannò tutta la bottiglia di rum **2** sopportare, sorbirsi: *después me tengo que — todos sus sermones*, dopo mi tocca sopportare tutti i

suoi rimproveri **3** godere, spassarsela: *¡qué vida se mama ese hombre!*, che vita si gode quell'uomo!
mamario *agg.* (*anat.*) mammario.
mamarón *s.m.* intruso, scroccone | *ir a mamarones*, fare il portoghese.
mamarrachada *s.f.* sciocchezza, cavolata.
mamarracho *s.m.* **1** sventato, sciocco **2** (*fig.*) persona (*f.*) ridicola, pagliaccio.
mambo *s.m.* (*mus.*) mambo.
mamelón *s.m.* **1** (*geogr.*) mammelone **2** (*med.*) cheloide.
mameluco *s.m.* **1** (*st.*) mamelucco **2** mammalucco, scemo **3** (*Amer.*) tuta (*f.*).
mamífero *agg.*, *s.m.* (*zool.*) mammifero.
mamila *s.f.* (*anat.*) mammella.
mamilar *agg.* (*anat.*) mammillare.
mamografía *s.f.* (*med.*) mammografia.
mamola *s.f.* (*sotto il mento*) schiaffetto (*m.*), buffetto (*m.*).
mamón *s.m.* **1** poppante (*m./f.*), lattante (*m./f.*) **2** (*bot.*) germoglio **3** (*fam.*) scroccone **4** (*volg.*) stupido.
mamotreto *s.m.* **1** (*lett.*) zibaldone **2** (*fig.*) aggeggio, trabiccolo **3** (*spreg., libro*) mattone.
mampara *s.f.* paravento (*m.*), tramezzo (*m.*).
mamparo *s.m.* (*mar.*) paratia (*f.*).
mampostería *s.f.* (*edil.*) muro (*m.*) di pietre o sassi.
mampostero *s.m.* (*edil.*) muratore.
mampuesto *s.m.* (*edil.*) **1** pietra (*f.*) grezza **2** parapetto.
mamullar *v.tr.* biascicare, borbottare.
mamut *s.m.* (*geol., zool.*) mammut.
maná *s.m.* manna (*f.*).
manada *s.f.* **1** gregge (*m.*), branco (*m.*) **2** (*fam.*) frotta di persone: *a manadas*, a frotte **3** manciata, brancata.
manadero *agg.* sorgivo; zampillante ♦ *s.m.* sorgente (*f.*).
manager *s.m./f.* manager.
manantial *s.m.* **1** sorgente (*f.*), fonte (*f.*): *agua de* —, acqua sorgiva **2** (*fig.*) origine (*f.*) ♦ *agg. solo nella loc.*: *agua* —, acqua sorgiva.
manantío *agg.* sorgivo.
manar *v.intr.* **1** sgorgare, zampillare, scaturire: *después de un verano tan seco la fuente había dejado de* —, dopo un'estate così secca la fonte aveva smesso di zampillare **2** abbondare: *la tierra manaba en agua*, la terra abbondava d'acqua | — *en riqueza*, essere straricco.
manatí *s.m.* **1** (*zool.*) lamantino **2** frusta (*f.*) in pelle di lamantino.
manazas *s.m./f.* (*fam.*) imbranato (*m.*), incapace | *ser un* —, essere un incapace.
mancar (*con. come* pescar) *v.tr.* rendere monco ♦ **-se** *v.pron.* rimanere monco.
manceba *s.f.* concubina.
mancebía *s.f.* casa di malaffare, postribolo (*m.*).
mancebo *s.m.* **1** ragazzo, fanciullo **2** garzone, aiutante.
mancha *s.f.* **1** macchia, chiazza | *como — de aceite*, a macchia d'olio **2** (*arte*) schizzo (*m.*), bozzetto (*m.*) **3** (*fig.*) vergogna, disonore (*m.*) | *sin* —, senza macchia.
manchado *agg.* sporco, macchiato: *una camisa manchada de pintura*, una camicia macchiata di vernice.
manchar *v.tr.* **1** macchiare (*anche fig.*): *sus vicios mancharon el honor de su familia*, i suoi vizi macchiarono l'onore della sua famiglia **2** (*pitt.*) dare il chiaroscuro ♦ **-se** *v.pron.* macchiarsi: *te manchaste la ropa con pintura*, ti sei macchiata i vestiti di vernice.
manchego *agg* della Mancha ♦ *s.m.* nativo della Mancha.
manchón *s.m.* (*agr.*) maggese.
manchú *agg.*, *s.m.* manciù.
mancilla *s.f.* (*fig.*) macchia, onta.
mancillado *agg.* disonorato | *hijo* —, figlio illegittimo.
mancillar *v.tr.* macchiare, infangare, disonorare ♦ **-se** *v.pron.* macchiarsi, infangarsi, disonorarsi.
manco *agg.* **1** storpio, monco **2** incompleto; scarso: *el libro resultaría — sin la clave de los ejercicios*, il libro risulterebbe incompleto senza le soluzioni degli esercizi
■ ***no ser manco***, essere abile | ***no quedarse manco***, non essere secondo a nessuno.
mancomún *s.m. solo nella loc.*: *de* —, di comune accordo.
mancomunar *v.tr.* (*anche dir.*) accomunare, associare: *la única manera de que podamos salir de la crisis es — nuestros esfuerzos*, l'unico modo per uscire dalla crisi è unire i nostri sforzi ♦ **-se** *v.pron.* unirsi.
mancomunidad *s.f.* **1** unione, lega **2** (*amm.*) associazione comunale o provinciale.
manda *s.f.* **1** offerta **2** (*dir.*) legato (*m.*).
mandadero *s.m.* fattorino, messaggero, messo.
mandado *s.m.* **1** commissione (*f.*), incarico **2** incaricato **3** ordine, mandato.
mandala *s.m.* (*relig.*) mandala.
mandamás *s.m./f.* (*fam.*) capo (*m.*); capetto (*m.*).
mandamiento *s.m.* **1** comando, ordine **2** (*relig.*) comandamento | *los diez mandamientos*, i dieci comandamenti **3** (*dir.*) mandato, ordinanza (*f.*), decreto.
mandanga *s.f.* **1** calma, flemma **2** (*gerg., droga*) marijuana, erba **3** (*pl.*) cretinate (*pl.*), storie (*pl.*) | *decir mandangas*, raccontare storie.
mandante *s.m./f.* (*dir.*) mandante.
mandar *v.tr.* **1** ordinare, incaricare: *me*

mandó que limpiara la casa, mi ordinò di pulire la casa | *¡mande!/¡a mandar!*, comandi! | *— hacer*, far fare | *lo que usted mande*, ai suoi ordini **2** inviare, spedire: *manda la carta por fax*, spedisci la lettera per fax | *— al cuerno/al demonio/al diablo/a freír espárragos*, mandare a quel paese **3** comandare, dirigere: *las tropas mandadas por el general se sublevaron*, le truppe comandate dal generale si ribellarono **4** (*dir.*) fare un lascito di: *mandó a su nieto 5000 euros*, lasciò in eredità a suo nipote 5000 euro ♦ *v.intr.* comadare: *mi jefe manda mucho*, il mio capo comanda molto ♦ **-se** *v. pron.* fare da sé, essere autosufficiente: *es que el niño sabe — no necesita mucho cuidado*, il bambino sa cavarsela da solo, non ha bisogno di molta attenzione.
mandarín *s.m.* (*st., ling.*) mandarino.
mandarina *s.f.* (*frutto*) mandarino (*m.*), clementina.
mandarinato *s.m.* (*st.*) mandarinato.
mandarinero *s.m.* (*pianta*) mandarino.
mandarinismo *s.m.* (*pol.*) mandarinismo.
mandarino *s.m.* (*pianta*) mandarino.
mandatario *agg.*, *s.m.* (*dir.*) mandatario, procuratore | *el primer —*, il presidente, il primo ministro.
mandato *s.m.* **1** ordine; (*dir.*) decreto, disposizione (*f.*) **2** (*pol.*) mandato **3** (*dir.*) procura (*f.*), delega (*f.*).
mandíbula *s.f.* (*anat.*) mandibola, mascella | *reír a — batiente*, ridere a crepapelle.
mandibular *agg.* (*anat.*) mandibolare.
mandil *s.m.* grembiule; zinale di cuoio.
mandilón *s.m.* (*fam.*) fifone, vigliacco.
mandioca *s.f.* (*bot.*) manioca, yucca, tapioca.
mando *s.m.* **1** ordine, comando: *estar al — de*, essere agli ordini di **2** (*tecn.*) comando, pulsante | *— a distancia*, telecomando.
mandoble *s.m.* **1** colpo, schiaffo **2** spadone.
mandolina *s.f.* (*mus.*) mandolino (*m.*).
mandolinista *s.m./f.* (*mus.*) mandolinista.
mandón *agg.* prepotente, autoritario.
mandorla *s.f.* (*arte*) mandorla.
mandracho *s.m.* bisca (*f.*).
mandrágora *s.f.* (*bot.*) mandragola.
mandril[1] *s.m.* (*zool.*) mandrillo.
mandril[2] *s.m.* (*med., mecc.*) mandrino.
mandrilado *s.m.* (*mecc.*) mandrinaggio.
mandrilar *v.tr.* (*mecc.*) mandrinare.
manducar (*con. come* pescar) *v.intr./.tr.* (*fam.*) mangiare, sbafare.
manducatoria *s.f.* (*fam.*) cibo (*m.*), mangiare (*m.*), pappa.
manea *s.f.* pastoia.
manear *v.tr.* impastoiare.
manecilla *s.f.* **1** (*mecc.*) levetta, freccia **2** (*di orologio*) lancetta.
manejabilidad *s.f.* maneggevolezza.
manejable *agg.* maneggevole.
manejar *v.tr.* **1** maneggiare: *la aspiradora que compré se maneja fácilmente*, l'aspirapolvere che ho comprato è facile da maneggiare **2** (*fig.*) utilizzare, usare, addurre: *todas las razones manejadas no son suficientes para meterlo preso*, tutte le ragioni addotte non sono sufficienti per mandarlo in prigione **3** (*Amer., aut.*) guidare **4** amministrare, gestire: *¿quién se encargó de — el negocio?*, chi è che gestisce l'affare? ♦ **-se** *v.pron.* sapersela cavare, destreggiarsi.
manejo *s.m.* **1** funzionamento | *instrucciones de —*, istruzioni per l'uso, libretto d'istruzioni **2** direzione (*f.*), governo, amministrazione (*f.*): *quebraron por el mal — de la empresa*, fallirono per la cattiva amministrazione della ditta **3** (*Amer., aut.*) guida (*f.*): *clases de —*, lezioni di guida **4** (*pol.*) macchinazione (*f.*), intrigo.
manera *s.f.* **1** modo (*m.*), maniera: *no hay — de convencerle*, non c'è modo di convincerlo | *— de actuar*, modo di fare | *a — de*, a mo' di | *a mi —*, a modo mio **2** (*pl.*) modi (*m.pl.*), maniere (*pl.*) | *buenas maneras*, buone maniere
■ ***de cualquier manera***, in qualsiasi modo | ***de esa manera***, in questo modo, così; in questo caso, se è così | ***de la manera que sea***, a tutti i costi, in qualunque modo | ***de manera que***, di modo che | ***de ninguna manera***, in nessun modo | ***de otra manera***, altrimenti | ***de tal manera que***, in modo tale che, così tanto che | ***de todas maneras***, a ogni modo | ***sobre/en gran manera***, moltissimo.
manes *s.m.pl.* (*mit.*) mani.
manga *s.f.* **1** manica | *ser de — ancha*, essere di manica larga | *hacer mangas y capirotes*, fare le cose in fretta e furia | *ir — por hombro*, essere sottosopra | *sacarse algo de la —*, inventarsi qlco. **2** tubo (*m.*) di irrigazione, canna | *— de ventilación*, manica a vento **3** (*cuc.*) filtro (*m.*), colino (*m.*); tasca **4** (*meteo*) tromba d'acqua | *— de agua*, acquazzone | *— de viento*, mulinello, vortice **5** (*mar.*) larghezza massima della nave **6** (*sport*) manche, eliminatoria: *la partida se juega a dos mangas*, la partita si gioca in due manches **7** (*geogr.*) braccio (*m.*) di mare.
manganesa *s.f.* (*chim.*) manganite.
manganeso *s.m.* (*chim.*) manganese.
manganilla *s.f.* stratagemma (*m.*).
mangante *agg.*, *s.m./f.* (*fam.*) **1** parassita, approfittatore (*m.*) **2** ladro (*m.*).
mangar (*con. come* llegar) *v.tr.* (*fam.*) rubare, fregare.
manglar *s.m.*(*bot.*) mangrovia (*f.*).
mango[1] *s.m.* manico | *tener la sartén por el —*, avere il coltello dalla parte del manico.
mango[2] *s.m.* (*bot.*) mango.

mangonear *v.intr.* **1** ingerirsi, intromettersi **2** (*fig.*) rubare ♦ *v.tr.* tiranneggiare.
mangoneo *s.m.* **1** ruberia (*f.*) **2** ingerenza (*f.*), intromissione (*f.*).
mangosta *s.f.* (*zool.*) mangusta.
mangote *s.m.* mezza manica (*f.*).
manguera *s.f.* **1** tubo (*m.*) di irrigazione, canna **2** (*mar.*) manica.
manguero *s.m.* addetto alle pompe.
mangueta *s.f.* **1** (*tecn.*) manichetta, manicotto (*m.*) **2** (*di porte, finestre*) stipite (*m.*) **3** (*relig.*) borsa per l'elemosina.
manguito *s.m.* **1** (*tecn.*) manicotto di raccordo **2** (*abbigl.*) manicotto di pelliccia.
maní *s.m.* (*bot.*) arachide (*f.*), nocciolina (*f.*) americana.
manía *s.f.* **1** mania, ossessione **2** stravaganza, capriccio (*m.*) **3** antipatia | *tenerle — a alguien*, sentire avversione verso qlcu.
maníaco *agg.*, *s.m.*(*anche psic.*) maniaco.
maniatar *v.tr.* legare le mani a.
maniático *agg.* maniaco.
manicomio *s.m.* manicomio.
manicorto *agg.*, *s.m.* tirchio, avaro: *en España se dice que los catalanes son manicortos*, in Spagna si dice che i catalani sono tirchi.
manicura *s.f.* manicure.
manicuro *s.m.* (*persona*) manicure (*m./f.*).
manida *s.f.* (*fig.*) casa, covo (*m.*).
manido *agg.* **1** consumato, liso, logoro **2** (*fig.*) trito, frusto: *el escritór cae en un — tópico*, lo scrittore cade in un trito luogo comune.
manierismo *s.m.* (*arte*) manierismo.
manierista *agg.*, *s.m./f.* (*arte*) manierista.
manifactura *s.f.* manifattura.
manifestación *s.f.* **1** espressione: *su mirada era la — de su dolor*, il suo sguardo era il riflesso del suo dolore **2** manifestazione: *una — de los jóvenes contra la droga*, una manifestazione dei giovani contro la droga | *—deportiva*, manifestazione sportiva.
manifestante *s.m./f.* manifestante: *la policía no utilizó la fuerza física contra los manifestantes*, la polizia non ha usato la forza fisica contro i manifestanti.
manifestar (*con. come* acertar) *v.tr.* **1** manifestare, dichiarare: *quiero manifestarle mi agradecimiento por su valiosa colaboración*, desidero esprimerle i miei ringraziamenti per la sua preziosa collaborazione **2** scoprire, svelare: *su cara manifestó sorpresa*, il suo viso rivelò sorpresa ♦ **-se** *v.pron.* **1** rivelarsi, manifestarsi: *la viruela se manifiesta por manchas rojas en la piel*, il vaiolo si manifesta con macchie rosse sulla pelle **2** manifestare: *ayer un millón de personas se manifestaron en favor de la paz*, ieri un milione di persone manifestarono in favore della pace.
manifiesto *agg.* manifesto, evidente, palese: *tus opiniones sobre el asunto son manifiestas*, le tue opinioni sull'argomento sono palesi ♦ *s.m.* manifesto, avviso, proclama
■ ***de manifiesto***, chiaramente | ***poner de manifiesto***, rendere noto.
manigueta *s.f.* manico (*m.*).
manija *s.f.* **1** maniglia, manico (*m.*) **2** manovella **3** (*mecc.*) ghiera.
manijero *s.m.* (*agr.*) fattore.
manilargo *agg.* **1** dalle mani lunghe **2** (*fig.*) lesto di mano.
manileño *agg.*, *s.m.* di Manila ♦ *s.m.* nativo di Manila.
manilla *s.f.* **1** maniglia **2** manico (*m.*) **3** (*di orologio*) lancetta **4** manetta.
manillar *s.m.* (*di bicicletta*) manubrio.
maniobra *s.f.* **1** (*aut.*, *mil.*) manovra **2** (*mar.*) cordame (*m.*), sartiame (*m.*) **3** (*fig.*) manovra, maneggio (*m.*), raggiro (*m.*).
maniobrabilidad *s.f.* (*anche fig.*) manovrabilità.
maniobrable *agg.* manovrabile.
maniobrar *v.tr.* manovrare (*anche fig.*): *el ordenador se echó a perder porque lo maniobró un inexperto*, il computer si è rovinato perché ci ha messo mano un principiante.
maniobrero *agg.* (*fig.*) intrigante, maneggione.
maniobrista *agg.*, *s.m.* (*mar.*) manovratore.
maniota *s.f.* pastoia.
manipulación *s.f.* manipolazione: *— de los alimentos*, manipolazione degli alimenti.
manipulador *agg.*, *s.m.* (*fig.*) manipolatore.
manipular *v.tr.* maneggiare, manipolare (*anche fig.*): *es mejor no tocar las armas de fuego si no se saben —*, è meglio non toccare le armi da fuoco se non si sanno maneggiare | *— los medios*, manipolare i media.
manipuleo *s.m.* (*fam.*) manipolazione (*f.*).
manípulo *s.m.* (*st.*, *mil.*, *relig.*) manipolo.
maniqueísmo *s.m.* (*relig.*, *anche spreg.*) manicheismo.
maniqueísta *agg.*, *s.m./f.* (*relig.*, *anche spreg.*) manicheo (*m.*).
maniqueo *agg.*, *s.m.* (*relig.*, *anche spreg.*) manicheo.
maniquí (*pl.* -es) *s.m.*manichino, fantoccio ♦ *s.m./f.* indossatore (*m.*), modello (*m.*).
manir *v.tr.* frollare.
manirroto *agg.* scialacquatore, con le mani bucate.
manismo *s.m.* (*relig.*) manismo.
manita *s.f.* manina | (*cuc.*) *— de cerdo*, zampa di maiale
manitas *s.m./f.* *solo nelle loc.*: *hacer —*, pomiciare | *ser un —*, avere le mani d'oro, essere abile nel fare qlco.
manito[1] *s.m.*(*chim.*) mannite (*f.*).
manito[2] *s.m.* (*Amer.*, *fam.*) amico, compare.
manitú *s.m.* (*relig.*) manitù.

manivela *s.f.* (*mecc.*) manovella.
manjar *s.m.* cibo/piatto prelibato, manicaretto.
mano *s.f.* **1** mano | *apretar la —*, stringere la mano | *cogerse de la —*, prendersi per mano | *¡manos arriba!*, mani in alto! **2** (*zool.*) zampa **3** (*di mortaio*) pestello (*m.*) **4** (*di orologio*) lancetta **5** (*di vernice*) mano, strato (*m.*): *— de pintura*, mano di vernice **6** (*nel gioco delle carte*) mano, partita: *echar una —*, giocare una partita
■ ***a mano derecha***, ***izquierda***, a destra, sinistra | ***a manos llenas***, a piene mani | ***bajo mano***, sottomano, di nascosto | ***con las manos vacías***, a mani vuote | ***con una mano detrás y otra delante***, povero in canna | ***coger con las manos en la masa***, prendere con le mani nel sacco | ***dar una mano por***, dare l'anima al diavolo in cambio di | ***echar una mano a alguien***, aiutare qlcu. | ***echar mano a algo***, mettere mano a qlco. | ***echar mano de algo***, avvalersi di qlco. (per uno scopo) | ***largo de manos***, lesto di mano | ***mano dura***, mano ferma | ***mano sobre mano***, con le mani in mano | ***¡manos a la obra!***, diamoci da fare! | ***mano de obra***, manodopera | ***poner la mano encima a alguien***, mettere le mani addosso a qlcu. | ***por su propia mano***, da solo | ***suelto de mano***, manesco | ***tener entre manos***, avere per/tra le mani | ***tener mano***, essere abile | ***vivir de/por sus manos***, guadagnarsi la vita con le proprie mani.
manojo *s.m.* **1** (*di chiavi, di fiori*) mazzo **2** (*d'erba*) fascio | (*fig.*) *ser un — de nervios*, essere un fascio di nervi **3** mucchio, cumulo.
manola *s.f.* carrozza a quattro posti.
manolo *s.m.* popolano di Madrid; popolano.
manométrico *agg.* (*fis.*) manometrico.
manómetro *s.m.* (*fis.*) manometro.
manopla *s.f.* (*guanto*) manopola.
manoseador *agg.* palpatore.
manosear *v.tr.* **1** toccare, palpare: *— la fruta para elegir la más madura*, toccare la frutta per scegliere la più matura **2** (*fig.*) trattare ripetutamente (una questione, un tema): *el tema está muy manoseado*, l'argomento è stato trattato molte volte.
manoseo *s.m.* tastamento, palpamento.
manotazo *s.m.* manata (*f.*), scappellotto.
manotear *v.intr.* gesticolare.
manoteo *s.m.* gesticolazione (*f.*).
manquear *v.intr.* essere imbranato, maldestro.
manquedad *s.f.* **1** mancanza **2** l'essere (*m.*) monco.
mansarda *s.f.* (*arch.*) mansarda.
mansedumbre *s.f.* mansuetudine, docilità, mitezza.
mansejón *s.m.* animale mansueto.
mansión *s.f.* magione; casa, dimora | *hacer —*, permanere.
manso *agg.* **1** mansueto, mite, docile **2** (*di cosa*) calmo, tranquillo | *agua mansa*, acqua calma **3** (*volg.*) cornuto ♦ *s.m.* (*bestiame*) capobranco.
manta *s.f.* **1** coperta, coltre: *— de viaje*, coperta da viaggio | *tirar de la —*, scoprire gli altarini **2** (*fam.*) manica (di botte) **3** (*zool.*) manta
■ ***a manta***, in abbondanza.
mantear *v.tr.* lanciare in aria (qlcu. sdraiato su una coperta).
manteca *s.f.* **1** strutto (*m.*) **2** burro (*m.*) | *— de cacao*, burro di cacao.
mantecada *s.f.* (*cuc.*) **1** fetta di pane imburrata con zucchero **2** sorta di brioche.
mantecado *s.m.* (*cuc.*) **1** pasta (*f.*) con farina, uovo, strutto e zucchero **2** (*gelato*) mantecato.
mantecoso *agg.* grasso.
mantel *s.m.* tovaglia (*f.*).
mantelería *s.f.* biancheria da tavola.
manteleta *s.f.* mantelletta.
mantelillo *s.m.* tovaglietta (*f.*).
mantellina *s.f.* velo (*m.*).
mantener (*con. come* tener) *v.tr.* **1** reggere **2** (*anche fig.*) mantenere: *con ese sueldo no consigue — a la familia*, con quello stipendio non riesce a mantenere la famiglia; *hacer ejercicios ayuda a — la elasticidad de los músculos*, fare esercizi aiuta a mantenere l'elasticità dei muscoli; *Italia mantiene el segundo lugar en la producción de vinos*, l'Italia è al secondo posto nella produzione dei vini | *— correspondencia con*, essere in corrispondenza con **3** sostenere: *hay quien mantiene que la esquizofrenia tiene origen orgánico*, c'è chi sostiene che la schizofrenia abbia origine organica | *— la conversación*, sostenere la conversazione ♦ **-se** *v.pron.* mantenersi: *a pesar de los años que tiene se mantiene en forma*, nonostante gli anni si mantiene in forma.
mantenido *agg.*, *s.m.* mantenuto.
mantenimiento *s.m.* **1** mantenimento, tutela (*f.*), conservazione (*f.*): *el — de los antiguos molinos en Galicia ha sido notable*, la tutela dei vecchi mulini è stata notevole in Galizia **2** manutenzione (*f.*) **3** sostentamento: *proveer al — de los viejos*, provvedere al mantenimento degli anziani **4** (*pl.*) viveri (*pl.*), vettovaglie (*f.pl.*).
mantequera *s.f.* **1** contenitore (*m.*) per il burro **2** zangola.
mantequería *s.f.* latteria.
mantequero *s.m.* venditore di burro/strutto.
mantequilla *s.f.* burro (*m.*) | *manos de —*, mani di pastafrolla.

mantero *s.m.* **1** fabbricante (*m./f.*) di coperte **2** (*comm.*) venditore di coperte.
mántica *s.f.* mantica.
mantilla *s.f.* **1** mantiglia, scialle (*m.*) **2** (*di cavallo*) gualdrappa **3** (*pl.*) fasce (per neonato) | (*fig.*) *estar en mantillas*, essere in fasce, essere agli inizi.
mantillo *s.m.* (*geol.*) humus.
mantis *s.f.* (*zool.*) mantide | *— religiosa*, mantide religiosa.
manto *s.m.* **1** mantello **2** (*anche fig.*) manto: *— de nieve*, manto di neve | *— vegetal*, vegetazione **3** (*geol.*) mantello | *— terrestre*, mantello terrestre **4** (*di camino*) cappa (*f.*) **5** (*lutto*) velo nero.
mantón *s.m.* scialle.
mantuano *agg.*, *s.m.* mantovano.
manual *agg.* manuale ♦ *s.m.* manuale | *— de instrucciones*, libretto di istruzioni.
manualidad *s.f.* manualità.
manubrio *s.m.* **1** manovella (*f.*) **2** (*Amer.*, *di auto*) volante.
manufactura *s.f.* **1** manifattura, fabbrica **2** manufatto (*m.*).
manufacturar *v.tr.* manifatturare.
manufacturero *agg.* manifatturiero: *sector —*, settore manifatturiero.
manumisión *s.f.* manomissione.
manumiso *agg.* manomesso.
manumisor *s.m.* manomissore.
manumitir *v.tr.* manomettere.
manuscrito *agg.*, *s.m.* manoscritto.
manutención *s.f.* mantenimento (*m.*), sostentamento (*m.*) | *— de una casa*, mantenimento di una casa.
manzana *s.f.* **1** (*bot.*) mela | *— reineta*, mela renetta | *sano como una —*, sano come un pesce | *— de la discordia*, il pomo della discordia **2** isolato (*m.*) di case: *gira en la siguiente —*, gira al prossimo isolato **3** (*Amer.*) pomo (*m.*) d'Adamo.
manzanal *s.m.* (*bot.*) meleto.
manzanilla *s.f.* **1** (*bot.*) camomilla **2** vino (*m.*) bianco andaluso **3** oliva verde.
manzano *s.m.* (*bot.*) melo.
maña *s.f.* **1** abilità, destrezza | *darse —*, industriarsi | *más vale — que fuerza*, vale più l'ingegno che la forza **2** astuzia **3** (*pl.*) capricci (*m.pl.*), moine (*pl.*).
mañana *avv.* domani | *— por la tarde*, domani pomeriggio | *pasado —*, dopodomani | *hasta —*, a domani ♦ *s.m.* domani: *el — está en manos de Dios*, il futuro è nelle mani di Dio ♦ *s.f.* mattina, mattino (*m.*): *de —*, di buon mattino | *por la —*, di mattina | *tomar la mañana*, alzarsi presto; (*fig.*) prendere un bicchierino a digiuno | *de la noche a la —*, dall'oggi al domani.
mañanear *v.intr.* (*fam.*) alzarsi presto al mattino.
mañanero *agg.* mattiniero.
mañear *v.intr.* comportarsi astutamente.
mañería[1] *s.f.* sterilità.
mañería[2] *s.f.* truffa, frode.
mapa *s.m.* mappa (*f.*), carta (*f.*) geografica | *borrar del —*, far sparire, eliminare | *no estar en el —*, essere straordinario, fuori dal comune ♦ *s.f.* (*fam.*) primato (*m.*): *llevarse la —*, riportare la palma.
mapache *s.m.* (*zool.*) procione, orsetto lavatore.
mapamundi *s.m.* mappamondo.
mapeo *s.m.* (*anche biol.*) mappatura (*f.*).
maque *s.m.* lacca (*f.*).
maqueador *s.m.* laccatore.
maquear *v.tr.* laccare ♦ **-se** *v.pron.* (*fam.*) farsi bello.
maqueta *s.f.* (*arch.*) plastico (*m.*), modellino (*m.*).
maquetista *s.m./f.* (*tip.*) grafico (*m.*).
maquiavélico *agg.* (*anche fig.*) machiavellico.
maquiavelismo *s.m.* (*anche fig.*) machiavellismo.
maquiavelista *agg.*, *s.m./f.* machiavellista.
maquillador *s.m.* truccatore.
maquillaje *s.m.* trucco; fondotinta.
maquillar *v.tr.* (*anche fig.*) truccare: *maquilla a su hermana todas las mañanas*, trucca sua sorella ogni mattina ♦ **-se** *v.pron.* truccarsi.
máquina *s.f.* **1** macchina | *— de coser*, *de escribir*, macchina da cucire, da scrivere | *— herramienta*, macchina utensile | *— tragaperras*, slot-machine | *a toda —*, a tutta birra **2** (*ferr.*) locomotiva.
maquinación *s.f.* macchinazione, trama.
maquinador *agg.*, *s.m.* macchinatore.
maquinal *agg.* (*anche fig.*) meccanico, automatico.
maquinar *v.tr.* **1** macchinare, ordire **2** (*tecn.*) lavorare a macchina.
maquinaria *s.f.* macchinario (*m.*), apparato (*m.*).
maquinilla *s.f.* macchinetta | *— eléctrica*, rasoio elettrico.
maquinismo *s.m.* meccanicismo.
maquinista *s.m./f.* macchinista.
maquinización *s.f.* meccanizzazione.
maquinizar (*con. come* cazar) *v.tr.* meccanizzare.
mar *s.m./f.* **1** mare (*m.*): *alta —/— ancha*, alto mare | *— interno*, mare interno | *— adentro*, al largo | *— en calma*, mare calmo | *hacerse a la —*, salpare | *lobo de —*, lupo di mare | *hablar de la —*, parlare dell'impossibile | *quien no se aventura no pasa la —*, chi non risica non rosica **2** (*fig.*) grande quantità, mare (*m.*) | *la — de*, molto; un mucchio di: *estar la — de fácil*, essere facilissimo; *haber*

la — de gente, esserci un mucchio di gente | *llorar a mares*, piangere a calde lacrime | *llover a mares*, piovere a catinelle.
marabú *s.m.* (*zool.*) marabù.
marabunta *s.f.* folla: *en el concierto había una — de gente*, al concerto c'era una grande folla.
marabuto *s.m.* marabut.
maraca *s.f.* (*mus.*) maraca.
maracaibero *agg.* di Maracaibo ♦ *s.m.* nativo di Maracaibo.
maracuyá *s.f.* (*bot.*) maracuja.
maraña *s.f.* **1** groviglio (*m.*), garbuglio (*m.*) **2** (*fig.*) ginepraio (*m.*) **3** sterpaglia, boscaglia.
marañar *v.tr.* **1** ingarbugliare, arruffare **2** (*fig.*) imbrogliare, rendere contorto, intricare.
marañón *s.m.* (*bot.*) anacardio.
maratón *s.m.* (*sport, anche fig.*) maratona (*f.*).
maratoniano, maratónico *agg.* spossante, massacrante.
maratonista *agg.*, *s.m./f.* (*sport*) maratoneta.
maravilla *s.f.* **1** meraviglia, sorpresa | *a las mil maravillas*, alla perfezione | *decir maravillas de alguien*, tessere le lodi di qlcu. | *hacer maravillas*, fare meraviglie **2** (*bot.*) erba meraviglia, bella di notte.
maravillar *v.tr.* meravigliare, stupire ♦ **-se** *v.pron.* meravigliarsi: *me maravilla que haya admitido su error*, mi meraviglia che abbia ammesso il suo errore.
maravilloso *agg.* meraviglioso.
marbete *s.m.* **1** targhetta (*f.*), etichetta (*f.*): *— de identificación*, etichetta di identificazione **2** orlo, bordo.
marca *s.f.* **1** marcatura: *la — del ganado*, la marcatura dei bovini **2** marchio (*m.*), etichetta, contrassegno (*m.*) | *de —*, di marca, griffato | *— de fábrica*, marchio di fabbrica | *— registrada*, brevetto, marchio registrato | *papel de —*, carta legale | *— blanca*, marchio del supermercato **3** segno (*m.*), traccia **4** (*mar.*) punto (*m.*) d'orientamento, posizione **5** (*sport*) record (*m.*), primato (*m.*): *mejorar una —*, superare un record | *de — mayor*, straordinario **6** (*st.*) regione o territorio (*m.*) di frontiera.
marcación *s.f.* **1** marcatura **2** (*mar.*) rilevamento (*m.*): *— polar*, rilevamento polare.
marcado *agg.* marcato, evidente, accentuato.
marcador *s.m.* **1** (*sport*) tabellone elettronico **2** (*sport*) marcatore.
marcadora *s.f.* (*tecn.*) marcatrice.
marcaje *s.m.* marcatura (*f.*).
marcalibros *s.m.* segnalibro.
marcapasos *s.m.* (*med.*) pace maker.
marcar (*con. come* pescar) *v.tr.* **1** segnare, indicare: *el reloj marcaba las seis*, l'orologio segnava le sei | (*mil.*) *— el paso*, segnare il passo **2** marchiare, bollare, segnare: *la muerte de su hijo lo marcó de por vida*, la morte del figlio lo segnò a vita **3** (*sport*) marcare (l'avversario): *se encargó de — al delantero*, si incaricò di marcare l'attaccante **4** (*sport*) segnare: *el equipo francés marcó gol cuando el partido estaba a punto de terminar*, la squadra francese segnò un gol quando la partita stava per terminare **5** fare la messa in piega | *lavar y —*, shampoo e piega **6** comporre: *— un número de teléfono*, comporre un numero di telefono.
marcero *agg.* marzolino.
marcescente *agg.* marcescente.
marcha *s.f.* **1** marcia (*anche aut., sport*); andatura: *— atrás*, marcia indietro | *poner en — el coche*, avviare l'automobile | *puesta en —*, messa in moto | *estar en —*, funzionare **2** partenza **3** (*fig.*) piega, andamento (*m.*) | *coger la —*, prendere il ritmo, l'abitudine **4** (*mus.*) marcia | *— fúnebre*, marcia funebre | *— nupcial*, marcia nuziale **5** (*fam.*) energia | *tener —*, essere pieno di vita **6** (*fam.*) divertimento (*m.*), vita | *irse de —*, uscire, andare a divertirsi
■ ***a toda marcha***, a tutta velocità | ***a marchas forzadas***, rapidamente | ***sobre la marcha***, man mano, via via.
marchador *s.m.* (*sport*) marciatore.
marchamar *v.tr.* (*comm.*) marchiare.
marchamo *s.m.* (*comm., bur.*) **1** bolla (*f.*) **2** marchio, contrassegno.
marchante *s.m./f.* mercante d'arte.
marchar *v.intr.* **1** andare (a piedi); marciare: *las tropas están marchando hacia el sur del país*, le truppe si stanno dirigendo verso il sud del paese; *voy a — en la manifestación de mañana*, marcerò nella manifestazione di domani | (*nei bar in risposta a un'ordinazione*) *¡marchando!*, subito!, immediatamente! **2** funzionare, andare bene (*anche fig.*): *después de la reparación la lavadora marcha*, dopo la riparazione la lavatrice funziona bene | *el asunto marcha*, l'affare va bene ♦ **-se** *v.pron.* andarsene, partire: *hace un año mi hermano se marchó para América*, è un anno che mio fratello è andato in America.
marchitable *agg.* marcescibile.
marchitamiento *s.m.* (*bot.*) appassimento.
marchitar *v.tr.* **1** avvizzire, fare sfiorire (*anche fig.*) **2** (*fig.*) dimagrire ♦ **-se** *v.pron.* appassire, avvizzirsi: *las rosas se han marchitado*, le rose sono appassite.
marchitez *s.f.* (*bot.*) appassimento (*m.*).
marchito *agg.* (*anche fig.*) sfiorito, appassito.
marchoso *agg.* (*fam.*) **1** vigoroso, grintoso **2** festaiolo **3** (*mus.*) orecchiabile.
marcial *agg.* marziale | *artes marciales*, arti marziali.
marcialidad *s.f.* marzialità.

marciano *agg.* marziano.
marco *s.m.* **1** (*di quadro*) cornice (*f.*) **2** (*di porta*) stipite **3** sfondo, contorno **4** ambito: *— de decisión*, ambito decisionale **5** (*moneta*) marco **6** (*fig.*) quadro: *acuerdo —*, accordo quadro.
marconigrama *s.m.* (*tel.*) marconigramma.
marea *s.f.* **1** marea **2** brezza di mare **3** (*fig.*) moltitudine, gran quantità: *una — de gentes*, un mucchio di gente.
mareado *agg.* **1** nauseato **2** (*di libro*) macchiato.
mareaje *s.m.* (*mar.*) **1** navigazione (*f.*) **2** rotta (*f.*).
mareante *agg.* **1** nauseante **2** (*fig.*) tedioso, noioso ♦ *s.m./f.* navigante.
marear *v.tr.* **1** governare (un'imbarcazione) | *aguja de —*, bussola **2** dare fastidio, scocciare: *deja de hablar tanto que me estás mareando*, smetti di parlare ché mi stai scocciando **3** nauseare, dare la nausea | *que marea*, da far girare la testa ♦ **-se** *v.pron.* **1** soffrire il mal di mare/il mal d'auto: *no puedo viajar en barco porque me mareo*, non posso andare in barca perché mi viene il mal di mare **2** avere la nausea, le vertigini: *no me monto en las montañas rusas porque me mareo*, non salgo sulle montagne russe perché mi vengono le vertigini.
marejada *s.f.* **1** mareggiata **2** (*fig.*) fermento (*m.*), agitazione.
maremagno, mare mágnum *s.m.* (*anche fig.*) mare magnum.
maremoto *s.m.* maremoto.
mareo *s.m.* **1** nausea (*f.*), vertigine (*f.*); mal di mare/mal d'auto **2** disgusto, fastidio | *dar —*, stordire, frastornare.
mareógrafo *s.m.* (*mar.*) mareografo.
marfil *s.m.* (*anche colore*) avorio | *torre de —*, torre d'avorio.
marfileño *agg.* eburneo.
marfilina *s.f.* avorio (*m.*) artificiale.
marga *s.f.* (*min.*) marga.
margarina *s.f.* (*cuc.*) margarina.
margarita *s.f.* **1** (*bot.*) margherita: *deshojar una —*, sfogliare un margherita **2** perla.
margen *s.m.* **1** (*di foglio*) margine, bordo **2** (*fig.*) occasione (*f.*), motivo, pretesto | *dar — para*, dare il pretesto per **3** (*mat.*) margine, differenza (*f.*) **4** (*comm.*) beneficio, margine ♦ *s.f.* **1** (*di fiume*, *strada*) bordo (*m.*), sponda, riva **2** postilla, nota
■ ***al margen***, in maniera indipendente, appartata | ***andarse por las márgenes***, divagare.
marginación *s.f.* **1** emarginazione **2** (*tip.*) marginatura.
marginado *agg.*, *s.m.* **1** emarginato, escluso, isolato **2** emarginato, povero.
marginal *agg.* **1** marginale **2** (*fig.*) secondario, marginale: *utilidad —*, utilità marginale **3** (*fig.*) emarginato: *un hombre —*, un uomo emarginato.
marginalidad *s.f.* marginalità.
marginalismo *s.m.* (*econ.*) marginalismo.
marginalización *s.f.* marginalizzazione.
marginar *v.tr.* **1** (*tip.*) marginare **2** (*fig.*) emarginare ♦ **-se** *v.pron. emarginarsi.*
margoso *agg.* (*geol.*) marnoso: *suelo —*, suolo marnoso.
marguera *s.f.* (*min.*) marniera.
marica *s.f.* (*zool.*) gazza ♦ *s.m.* (*fam.*, *spreg.*) omosessuale, finocchio.
maricón *s.m.* (*volg.*) **1** omosessuale, frocio **2** cornuto, stronzo.
mariconada *s.f.* (*volg.*) **1** cazzata **2** stronzata, carognata.
mariconera *s.f.* (*spreg.*) borsello (*m.*) (da uomo).
maridaje *s.m.* **1** matrimonio **2** (*cuc.*) unione (*f.*), fusione (*f.*), abbinamento: *el — de la carne y el vino*, l'abbinamento della carne e del vino **3** (*fig.*) accordo.
maridar *v.tr.* (*fig.*) unire, fondere ♦ *v.intr.* sposarsi.
maridillo *s.m.* scaldino da piedi.
marido *s.m.* marito.
marihuana *s.f.* marijuana.
marimacho *s.f.* (*volg.*) virago, lesbica.
marimorena *s.f.* rissa, baruffa | *armar la —*, scatenare il pandemonio.
marina *s.f.* **1** marina, riviera **2** flotta | *— mercante*, marina mercantile.
marinar *v.tr.* **1** (*cuc.*) marinare **2** (*mar.*) ingaggiare (marinai).
marine *s.m.* (*mil.*) marine.
marinear *v.intr.* fare il marinaio.
marinera *s.f.* (*abbigl.*) marinara.
marinerado *agg.* equipaggiato.
marinerazo *s.m.* lupo di mare.
marinería *s.f.* marineria.
marinero *agg.* marinaro: *las repúblicas marineras de Italia*, le repubbliche marinare italiane ♦ *s.m.* marinaio.
marinesco *agg.* marinaresco.
marinismo *s.m.* (*lett.*) marinismo.
marino *agg.* marino: *aguas terrestres y marinas*, acque terrestri e marine ♦ *s.m.* marinaio.
marión *s.m.* (*zool.*) storione.
marioneta *s.f.* (*anche fig.*) marionetta, burattino (*m.*).
marionetista *s.m./f.* marionettista.
mariposa *s.f.* **1** (*zool.*, *anche nuoto*) farfalla **2** lumino (*m.*) **3** (*tecn.*) galletto (*m.*) ♦ *s.m.* (*fam.*, *spreg.*) omosessuale, finocchio.
mariposear *v.intr.* (*fig.*) sfarfallare.
mariposón *s.m.* **1** farfallone **2** (*fam.*, *spreg.*) checca (*f.*).
mariquita *s.f.* **1** (*zool.*) coccinella **2** (*zool.*) pappagallino (*m.*) ♦ *s.m.* (*fam.*, *spreg.*) finocchio.

marisabidilla *s.f.* (*spreg.*) saputella.
mariscador *s.m.* pescatore/allevatore di frutti di mare.
mariscal *s.m.* (*mil.*) maresciallo.
mariscalía *s.f.* (*mil.*) maresciallato (*m.*).
mariscar (*con. come* pescar) *v.intr.* pescare frutti di mare.
marisco *s.m.* frutto di mare.
marisma *s.f.* (*geogr.*) maremma.
marismeño *agg.*, *s.m.* (*geogr.*) maremmano.
marisquería *s.f.* **1** pescheria **2** ristorante (*m.*) specializzato in frutti di mare.
marisquero *agg.* dei frutti di mare ♦ *s.m.* persona (*f.*) che vende o raccoglie frutti di mare.
marital *agg.* maritale.
marítimo *agg.* marittimo: *la región tiene un clima —*, la regione ha clima marittimo | *paseo —*, lungomare | *derecho —*, diritto marittimo.
marjal *s.m.* palude (*f.*).
marketing *s.m.* (*comm.*) marketing.
marmita *s.f.* (*cuc.*) marmitta.
marmitón *s.m.* (*persona*) lavapiatti (*m./f.*).
mármol *s.m.* (*min.*) marmo | *ser de —*, avere il cuore di pietra.
marmoleño *agg.* marmoreo.
marmolería *s.f.* **1** arte marmoraria **2** bottega di marmista.
marmolista *s.m./f.* marmista.
marmóreo *agg.* marmoreo.
marmota *s.f.* **1** (*zool.*) marmotta **2** (*fig.*) dormiglione (*m.*), ghiro (*m.*).
marmullar *v.intr.* borbottare.
marola *s.f.* mareggiata.
maromo *s.m.* (*fam.*) **1** tizio **2** uomo, compagno.
maronita *agg.*, *s.m./f.* (*relig.*) maronita.
marqués *s.m.* marchese.
marquesado *s.m.* marchesato.
marquesina *s.f.* pensilina, tettoia.
marquesita *s.f.* (*min.*) marcassite.
marquetería *s.f.* **1** ebanisteria **2** intarsio (*m.*).
marquista *s.m./f.* corniciaio (*m.*).
marramao, marramáu *s.m.* miao.
marranada *s.f.* (*fam.*) carognata, porcheria.
marranear *v.tr.* **1** sporcare **2** (*fig.*) imbrogliare ♦ *v.intr.* comportarsi da vigliacco.
marranería *s.f.* (*fam.*) porcheria.
marrano *agg.* sporco, sudicio ♦ *s.m.* **1** maiale, porco **2** (*fig.*) sporcaccione, porco **3** (*st.*, *spreg.*) marrano.
marrar *v.intr./tr.* mancare, sbagliare: *— un tiro*, sbagliare un colpo.
marrasquino *s.m.* maraschino.
marrazo *s.m.* scure (*f.*) a doppio taglio.
marro *s.m.* errore.
marrón *agg.* marrone ♦ *s.m.* **1** (*colore*) marrone **2** (*fam.*) rogna (*f.*): *comerse un —*, sorbirsi una rogna.
marroquí (*pl.* -íes) *agg.*, *s.m./f.* marocchino (*m.*).
marroquinería *s.f.* **1** pelletteria **2** articoli (*m.pl.*) in pelle.
marroquinero *s.m.* pellettiere.
marrullería *s.f.* inganno (*m.*), imbroglio (*m.*).
marrullero *agg.*, *s.m.* imbroglione.
marsala *s.m.* (*vino*) marsala.
marsellés *agg.*, *s.m.* marsigliese (*m./f.*).
mársico *agg.* marsicano.
marsupial *agg.*, *s.m.* (*zool.*) marsupiale.
marsupio *s.m.* (*zool.*) marsupio.
marta *s.f.* (*zool.*) martora | *— cibelina*, zibellino.
marte *s.m.* (*astr.*) Marte.
martes *s.m.* martedì | *en — ni te cases ni te embarques*, né di Venere né di Marte ci si sposa oppur si parte.
martillada *s.f.* martellata.
martillador *agg.*, *s.m.* martellatore.
martillar *v.tr.* **1** martellare **2** (*fig.*) tormentare ♦ **-se** *v.pron.* tormentarsi, ossessionarsi.
martillazo *s.m.* martellata (*f.*).
martillear *v.tr.* **1** martellare **2** (*fig.*) ossessionare, martellare: *la idea seguía martilleando en su cerebro*, l'idea continuava a martellare nel suo cervello ♦ *v.intr.* (*fig.*) insistere, martellare.
martilleo *s.m.* (*anche fig.*) martellamento.
martillo *s.m.* **1** martello | *— neumático*, martello pneumatico | (*sport*) *lanzamiento de —*, lancio del martello | *hoz y —*, falce e martello | *a macha —*, con fermezza **2** (*anat.*) martelletto **3** (*mus.*) chiave (*f.*); martelletto **4** (*di persona*) persecutore.
martineta *s.f.* (*zool.*) pernice.
mártir *s.m./f.* martire.
martirial *agg.* del martire.
martirio *s.m.* **1** martirio **2** (*fig.*) tortura (*f.*), assillo, tormento: *su vida fue un —*, la sua vita fu un tormento.
martirizador *agg.*, *s.m.* martirizzatore.
martirizar (*con. come* cazar) *v.tr.* **1** martirizzare **2** (*fig.*) assillare, affliggere, tormentare.
martirologio *s.m.* (*relig.*) martirologio.
maruja *s.f.* (*fam.*) massaia, casalinga.
marxismo *s.m.* (*pol.*) marxismo.
marxista *agg.*, *s.m./f.* (*pol.*) marxista.
marzal *agg.* marzolino.
marzo *s.m.* marzo.
mas *cong.* (*lett.*) ma, però.
más *avv.* **1** più | *no — que*, non più di | *poco —*, poco più | *lo — pronto posible*, il più presto possibile | *(los/las) —*, i più, la maggior parte **2** ancor più, soprattutto ♦ *s.m.* (*mat.*) più
▪ ***a lo más***, al massimo | ***a más (de)***, per di più, inoltre, oltre a | ***a más no poder***, a più non posso | ***aún más***, ancora di più | ***más o menos***,

più o meno | ***el que más, el que menos***, chi più, chi meno | ***nunca más***, mai più | ***por más que***, quantunque | ***nada más***, nient'altro | ***sin más ni más***, senza motivo, improvvisamente | ***más bien***, piuttosto, al contrario | ***cada vez más***, sempre di più | ***de lo más***, molto | ***de más***, di più | ***es más/más aún***, ancora di più, anzi | ***estar de más***, essere in più | ***más y más***, sempre di più | ***por más que***, per quanto, sebbene, quantunque | ***más allá***, oltre, al di là | ***el más allá***, l'aldilà.

masa *s.f.* **1** massa (*anche fig.*) | (*econ.*) — *salarial*, monte dei salari | *en* —, in massa **2** impasto (*m.*), pasta: — *de hojaldre*, pasta sfoglia **3** (*fig.*) indole, pasta: *de buena* —, di buona pasta.

masacrar *v.tr.* (*anche fig.*) massacrare.

masacre *s.f.* massacro (*m.*): *los invasores hicieron una* —, gli invasori fecero un massacro.

masada *s.f.* (*agr.*) masseria.

masadero *s.m.* (*agr.*) massaio.

masai *agg.*, *s.m./f.* masai.

masaje *s.m.* massaggio: *dar un* —, fare un massaggio.

masajear *v.tr.* massaggiare.

masajista *s.m./f.* massaggiatore (*m.*) ♦ *s.f.* (*spreg.*) ragazza squillo.

mascada *s.f.* **1** boccone (*m.*) **2** (*Amer.*) presa di tabacco da masticare.

mascadijo *s.m.* masticatorio.

mascado *agg.* **1** masticato **2** (*fig.*) pronto, digerito, servito.

mascar (*con. come* pescar) *v.tr.* **1** masticare: — *tabaco*, masticare tabacco | *tenerlo todo mascado*, avere la pappa pronta **2** borbottare: *se fue mascando palabrotas entre los dientes*, se ne andò borbottando parolacce tra i denti ♦ **-se** *v.pron.* fiutare, sospettare, intuire: *se mascaba en el ambiente que bajarían las acciones*, si fiutava nell'ambiente che le azioni sarebbero precipitate.

máscara *s.f.* **1** maschera | *arrancar/quitar la* —, smascherare | — *de colmenero*, maschera da apicoltore **2** (*pl.*) mascherata (*sing.*).

mascarada *s.f.* (*anche fig.*) mascherata.

mascarero *s.m.* mascheraio.

mascarilla *s.f.* **1** mascherina | — *de oxígeno*, mascherina di ossigeno | — *de belleza*, maschera di bellezza **2** maschera in gesso, calco (*m.*).

mascarón *s.m.* (*anche arch.*) mascherone | (*mar.*) — *de proa*, polena.

mascota *s.f.* mascotte.

masculinidad *s.f.* mascolinità.

masculinización *s.f.* mascolinizzazione.

masculinizar (*con. come* cazar) *v.tr.* mascolinizzare.

masculino *agg.* **1** mascolino **2** (*anche gramm.*) maschile.

mascullar *v.tr.* biascicare, borbottare: *le mascullό al oído algunas palabras*, le bisbigliò alcune parole all'orecchio.

masera *s.f.* (*mobile*) madia.

masería *s.f.* (*agr.*) masseria.

masificación *s.f.* massificazione: *la* — *de la política*, la massificazione della politica.

masificar (*con. come* pescar) *v.tr.* massificare: — *el uso de la tecnología*, massificare l'uso della tecnologia.

masiliense *agg.*, *s.m./f.* marsigliese.

masilla *s.f.* mastice (*m.*).

masivo *agg.* **1** massiccio **2** massivo.

masoca *s.m./f.* (*pop.*) masochista.

masón *s.m.* massone.

masonería *s.f.* massoneria.

masónico *agg.* massonico.

masoquismo *s.m.* (*psic.*) masochismo.

masoquista *s.m./f.* (*psic.*) masochista.

masora *s.f.* (*relig.*) masora.

masoreta *s.m.* (*relig.*) masoreta.

masorético *agg.* (*relig.*) masorético.

masovero *s.m.* (*agr.*) fittavolo.

mass media *s.m.pl.* mass media.

mastectomía *s.f.* (*med.*) mastectomia.

máster *s.m.* (*scol.*) master.

masticable *agg.* masticabile.

masticación *s.f.* masticazione.

masticador *agg.* masticatore ♦ *s.m.* tritatutto.

masticar (*con. come* pescar) *v.tr.* **1** masticare | — *a dos carrillos*, mangiare a quattro palmenti **2** (*fig.*) meditare; ruminare: — *los acontecimientos de la última hora*, meditare sugli avvenimenti dell'ultima ora.

masticatorio *agg.* masticatorio.

masticino *agg.* (*resina, edil.*) di mastice.

mástil *s.m.* **1** (*mar.*) albero **2** palo **3** impugnatura (*f.*) **4** (*mus., di chitarra, violino ecc.*) tastiera (*f.*) **5** (*zool.*) calamo.

mastín *s.m.* (*zool.*) mastino.

mástique *s.m.* (*resina, edil.*) mastice.

mastitis *s.f.* (*med.*) mastite.

mastodonte *s.m.* (*anche fig.*) mastodonte.

mastodóntico *agg.* mastodontico.

mastoides *agg.* (*anat.*) mastoideo ♦ *s.m.* (*anat.*) mastoide.

mastólogo *s.m.* (*med.*) mastologo.

mastopatía *s.f.* (*med.*) mastopatia.

mastoplastia *s.f.* (*med.*) mastoplastica.

mastuerzo *s.m.* **1** (*bot.*) nasturzio **2** (*bot.*) crescione **3** (*fig.*) balordo.

masturbación *s.f.* masturbazione.

masturbador *agg.* masturbatorio.

masturbar *v.tr.* masturbare ♦ **-se** *v.pron.* masturbarsi.

mata[1] *s.f.* **1** (*bot.*) cespuglio (*m.*); cespo (*m.*) | *una* — *de flores*, un ciuffo di fiori | *una* — *de pelo*, una folta chioma | *a salto de* —, in fretta e furia **2** campo (*m.*), terreno (*m.*) coltivato ad alberi **3** (*bot.*) lentisco (*m.*) **4** (*Amer.*) pianta.

mata² *s.f.* (*gioco di carte*) settebello (*m.*).

matacán *s.m.* **1** (*bot.*) noce (*f.*) vomica **2** veleno per cani **3** (*gioco di carte*) due di bastoni.

matachín *s.m.* **1** macellatore **2** (*fig.*) rissoso, attaccabrighe.

matadero *s.m.* mattatoio, macello.

matador *agg.* che uccide ♦ *s.m.* torero.

matadura *s.f.* (*fam.*) colpo (*m.*), ferita superficiale.

matafuego *s.m.* **1** (*persona*) vigile del fuoco **2** estintore.

matamoros *agg.*, *s.m./f.* spaccone (*m.*).

matamoscas *s.m.* **1** paletta (*f.*) acchiappamosche **2** carta (*f.*) moschicida, insetticida.

matancero *agg.*, *s.m.* macellatore.

matanza *s.f.* **1** strage, carneficina, massacro (*m.*) **2** (*di maiale*) maialatura, macello (*m.*).

matar *v.tr.* **1** (*anche fig.*) uccidere, ammazzare: *le mataron de un tiro*, lo uccisero con un colpo; *sus vicios le matan*, i suoi vizi lo uccidono | (*fig.*) — *el tiempo*, ammazzare il tempo **2** (*una luce, un suono ecc.*) smorzare, attenuare: — *un color intenso*, smorzare un colore forte; — *el brillo*, opacizzare | — *el hambre*, calmare la fame **3** (*fig.*) seccare, annoiare ♦ **-se** *v.pron.* **1** ammazzarsi, suicidarsi **2** (*fig.*) sforzarsi, affaticarsi: *se estaba matando por terminar la carrera*, si stava ammazzando per finire l'università
■ ***llevarse a matar***, essere come cane e gatto | ***matarlas callando***, essere una gattamorta | ***todos la matamos***, chi è senza peccato scagli la prima pietra.

matarife *s.m.* macellatore.

matarratas *s.m.* **1** veleno per topi **2** (*fig.*) pessimo liquore.

matasanos *s.m./f.* (*fam.*) medicastro (*m.*).

matasellos *s.m.* timbro/bollo postale.

matasiete *s.m.* (*fam.*) ammazzasette (*m./f.*), spaccone.

mate¹ *s.m.* **1** scacco matto **2** (*sport*) schiacciata (*f.*).

mate² *s.m.* **1** (*bot., anche infuso*) mate: *cebar/curar el* —, preparare l'infuso di mate **2** (*Amer., fam.*) testa (*f.*), zucca (*f.*).

mate³ *agg.* (*di colore*) opaco; (*di suono*) smorzato; (*annebbiato*) velato: *barniz* —, vernice opaca; *sonido* —, suono smorzato.

matear *v.intr.* (*Amer.*) bere mate.

matemáticas *s.f.pl.* matematica (*sing.*) | *si las — no fallan*, se la matematica non è un'opinione.

matemático *agg.*, *s.m.* matematico.

matematismo *s.m.* (*filos.*) matematismo.

materia *s.f.* materia, argomento (*m.*): — *prima*, materia prima | *entrar en* —, entrare nel vivo.

material *agg.* (*anche fig.*) materiale | *intereses materiales*, interessi materiali ♦ *s.m.* **1** materiale: — *de derribo*, materiale di demolizione **2** materiale, attrezzatura (*f.*): — *escolar*, materiale scolastico; — *de gimnasia*, attrezzatura sportiva.

materialismo *s.m.* (*filos.*) materialismo.

materialista *agg.*, *s.m./f.* (*anche filos.*) materialista.

materialización *s.f.* materializzazione.

materializar (*con. come* cazar) *v.tr.* materializzare: — *una idea*, materializzare un'idea ♦ **-se** *v.pron.* materializzarsi.

materialmente *avv.* **1** materialmente: *no hay — tiempo para eso*, non c'è il tempo materiale per questo **2** letteralmente: *lo que dices es — imposible*, quello che dici è letteralmente impossibile.

maternal *agg.* materno: *amor* —, amore materno.

maternidad *s.f.* **1** maternità: *baja por* —, congedo per maternità, maternità **2** (*in ospedale*) reparto (*m.*) maternità.

maternizado *agg.* umanizzato: *leche maternizada*, latte umanizzato.

maternizar (*con. come* cazar) *v.tr.* (*latte*) umanizzare.

materno *agg.* materno: *apellido* —, cognome della madre; *lengua materna*, lingua materna.

matero *agg.*, *s.m.* (*Amer.*) amante (*m./f.*) del mate.

matidez *s.f.* opacità.

matinal *agg.* mattutino.

matiné *s.f.* matinée.

matiz (*pl.* -ces) *s.m.* **1** (*anche fig.*) sfumatura (*f.*), gradazione (*f.*): *matices de azul*, sfumature di blu **2** (*fig.*) carattere, tono: *su aparición en público tiene un — político*, la sua comparsa in pubblico ha una valenza politica.

matización *s.f.* puntualizzazione.

matizar (*con. come* cazar) *v.tr.* **1** (*colori*) accostare, armonizzare: *las flores del bordado matizaban varios tonos violetas*, i fiori del ricamo armonizzavano diversi toni di viola **2** (*anche fig.*) dare un tono: *él matiza de ironía sus artículos*, dà un tono ironico ai suoi articoli **3** (*fig.*) mitigare, attenuare: *considero necesario — una aseveración tan cortante*, ritengo necessario mitigare un'affermazione così dura **4** (*fig.*) puntualizzare: *quiso — los aspectos salientes*, volle puntualizzare gli aspetti rilevanti.

matojo *s.m.* cespuglio.

matón *s.m.* smargiasso | — *de feria*, bullo da strapazzo.

matorral *s.m.* landa (*f.*); sterpaglia (*f.*), cespuglio.

matoso *agg.* cespuglioso.

matraz *s.m.* (*chim.*) matraccio.
matrero *agg.* **1** scaltro, astuto **2** (*Amer.*) diffidente, sospettoso; schivo ♦ *s.m.* (*Amer.*) brigante, bandito; fuggiasco.
matriarca *s.f.* matriarca.
matriarcado *s.m.* matriarcato.
matriarcal *agg.* matriarcale: *la herencia —*, l'eredità matriarcale.
matricial *agg.* (*inform., mat.*) matriciale: *cálculo —*, calcolo matriciale.
matricida *s.m./f.* (*dir.*) matricida.
matricidio *s.m.* (*dir.*) matricidio.
matrícula *s.f.* **1** matricola; numero (*m.*) di registro **2** (*bur.*) immatricolazione, iscrizione | (*scol.*) *— de honor*, lode **3** (*aut.*) targa.
matriculación *s.f.* (*bur.*) immatricolazione.
matriculado *agg.* **1** immatricolato **2** (*auto*) targato.
matricular *v.tr.* immatricolare, registrare: *el coche había sido matriculado en Alemania*, la macchina era stata immatricolata in Germania ♦ **-se** *v.pron.* iscriversi: *se matriculó en la Facultad de letras*, si iscrisse alla Facoltà di lettere.
matrilineal *agg.* (*antropologia*) matrilineare.
matrimonial *agg.* matrimoniale: *el vínculo —*, il vincolo matrimoniale.
matrimonialista *agg., s.m./f.* (*dir.*) matrimonialista.
matrimonio *s.m.* **1** matrimonio, nozze (*f.pl.*) | *— civil,* matrimonio civile | *— blanco*, matrimonio bianco | *constante el —*, durante il matrimonio **2** coppia (*f.*) sposata | *cama de —*, letto matrimoniale.
matritense *agg.* di Madrid.
matriz (*pl.* -ces) *agg.* madre, matrice | *casa —*, casa madre ♦ *s.f.* **1** matrice, stampo (*m.*) | *— cuadrada*, matrice quadrata **2** (*anat.*) utero (*m.*).
matrona *s.f.* **1** (*anche fig.*) matrona **2** (*med.*) levatrice, ostetrica.
matronal *agg.* matronale.
maturrangas *s.f.pl.* stratagemma (*sing.*), imbroglio (*m.sing.*): *no me vengas con —*, non cercare di imbrogliarmi.
maturrango *s.m.* (*Amer.*) chi non è buon cavaliere.
matusalén *s.m. solo nella loc.*: *ser más viejo que —*, essere un Matusalemme.
matute *s.m.* contrabbando | *de —*, di nascosto.
matutear *v.intr.* contrabbandare: *se dedica a — en gran escala*, si dedica al contrabbando su grande scala.
matutino *agg.* mattutino ♦ *s.m.* giornale mattutino.
maula *agg.* **1** (*fam.*) fannullone **2** imbroglione ♦ *s.f.* **1** cianfrusaglia **2** truffa, raggiro (*m.*).
maullar *v.intr.* miagolare.
maullido, maúllo *s.m.* miagolio.
mauritano *agg., s.m.* mauritano.
mauro *agg., s.m.* (*st.*) mauro.
máuser *s.m.* (*arma*) mauser.
mausoleo *s.m.* mausoleo.
maxilar *agg.* (*anat.*) mascellare.
maxilofacial *agg.* (*anat.*) maxillofacciale.
maxilolabial *agg.* (*anat.*) maxillolabiale.
máxima *s.f.* massima, sentenza.
maximalismo *s.m.* (*filos.*) massimalismo.
maximalista *agg., s.m./f.* massimalista.
máxime *avv.* soprattutto.
maximizar (*con. come* cazar) *v.tr.* **1** (*anche econ.*) massimizzare: *— el uso del espacio*, massimizzare l'uso dello spazio **2** (*inform.*) ingrandire (la finestra).
máximo *agg., s.m.* massimo | *como —*, al massimo.
máximum *s.m.* maximum.
maxwell *s.m.* (*fis.*) maxwell.
maya[1] *s.f.* (*bot.*) margheritina.
maya[2] *agg., s.m./f.* maya.
mayestático *agg.* maiestatico | *plural —*, plurale maiestatico.
mayéutica *s.f.* (*filos.*) maieutica.
mayéutico *agg.* (*filos.*) maieutico.
mayo *s.m.* maggio | *el — francés*, il Sessantotto.
mayólica *s.f.* maiolica.
mayonesa *s.f.* (*cuc.*) maionese.
mayor *agg.* **1** maggiore: *— que yo*, maggiore di me; *es el — de los hermanos*, è il più grande dei fratelli **2** principale **3** adulto; anziano | *— de edad*, maggiorenne ♦ *s.m.* **1** maggiore: *es el —*, è il più grande **2** adulto; anziano **3** (*mil.*) maggiore **4** (*pl.*) antenati ■ ***al por mayor***, all'ingrosso | ***plana mayor***, Stato maggiore | ***por mayor***, sommariamente.
mayorazgo *s.m.* primogenitura (*f.*).
mayordomear *v.tr.* (*una proprietà*) dirigere.
mayordomía *s.f.* direzione di una proprietà.
mayordomo *s.m.* maggiordomo.
mayoría *s.f.* maggior parte, maggioranza: *se da en la — de los casos*, accade nella maggior parte dei casi | *— de edad*, maggiore età.
mayoridad *s.f.* maggioranza.
mayorista *s.m.* grossista (*m./f.*), venditore all'ingrosso | *agencia —*, tour operator.
mayoritario *agg.* maggioritario: *el sistema electivo —*, il sistema elettivo maggioritario.
mayormente *avv.* soprattutto, a maggior ragione.
mayúscula *s.f.* maiuscola.
mayúsculo *agg.* **1** maiuscolo: *letra mayúscula*, lettera maiuscola **2** grande; ingente: *jaqueca mayúscula*, mal di testa terribile; *susto —*, grande spavento.
maza *s.f.* mazza, clava; mazzuolo (*m.*).
mazacote *s.m.* **1** pasticcio, pastrocchio **2** (*di scultura, di edificio*) pacchianata (*f.*).

mazamorra *s.f.* (*Amer.*) **1** pietanza di mais **2** (*fig.*) confusione.
mazapán *s.m.* marzapane.
mazar (*con. come* cazar) *v.tr.* (*latte*) scremare.
mazazo *s.m.* (*anche fig.*) colpo, mazzata (*f.*).
mazdeísmo *s.m.* (*relig.*) mazdaismo.
mazdeísta *s.m./f.* (*relig.*) mazdeo (*m.*).
mazmorra *s.f.* segreta, prigione sotterranea.
maznar *v.tr.* **1** impastare a mano **2** (*ferro*) forgiare a caldo.
mazo *s.m.* **1** maglio, pestello **2** (*di carte*) mazzo **3** (*fig.*) uomo noioso.
mazonería *s.f.* (*edil.*) muratura.
mazorca *s.f.* pannocchia.
mazorral *agg.* rozzo, grezzo.
mazurca *s.f.* (*mus.*) mazurca.
me *pron.pers. di 1ª pers.sing.* (*anche enclitico*) a me, mi, me: — *compré unos zapatos nuevos*, mi sono comprata delle scarpe nuove; — *lo dio él*, me l'ha dato lui; *pásame la sal*, passami il sale; *llévamelo*, portamelo.
meada *s.f.* (*volg.*) pisciata.
meadero *s.m.* (*volg.*) orinatoio, pisciatoio.
meandro *s.m.* meandro.
mear *v.intr.* orinare | (*volg.*) — *fuera del tiesto*, farla fuori dal vaso ♦ **-se** *v.pron.* orinarsi addosso | *mearse de la risa*, sbellicarsi dalle risa.
meato *s.m.* (*anat.*) meato.
meca *s.f.* (*anche fig.*) Mecca.
mecachis *inter.* (*fam.*) accidenti!
mecánica *s.f.* **1** (*anche fis.*) meccanica | — *cuántica*, meccanica quantistica **2** meccanismo (*m.*).
mecanicismo *s.m.* (*filos.*) meccanicismo.
mecanicista *agg.*, *s.m./f.* (*filos.*) meccanicista.
mecánico *agg.* meccanico, automatico: *se lo aprendió de memoria y todo de manera mecánica*, lo imparò a memoria e in modo meccanico; *energía mecánica*, energia meccanica ♦ *s.m.* meccanico: *es el mejor — del taller*, è il miglior meccanico dell'officina | — *dentista*, odontotecnico.
mecanismo *s.m.* meccanismo, congegno | *mecanismos de inhibición*, freni inibitori.
mecanización *s.f.* meccanizzazione.
mecanizado *agg.* meccanizzato.
mecanizar (*con. come* cazar) *v.tr.* meccanizzare.
mecano *s.m.* (*gioco*) meccano®.
mecanografía *s.f.* dattilografia.
mecanografiado *agg.*, *s.m.* dattiloscritto.
mecanografiar *v.tr.* battere a macchina.
mecanográfico *agg.* dattilografico.
mecanógrafo *s.m.* dattilografo.
mecate *s.m.* (*Amer.*) corda (*f.*), fune (*f.*).
mecedor *agg.* altalenante, dondolante ♦ *s.m.* **1** altalena (*f.*) **2** mestatoio, mescolatore.
mecedora *s.f.* sedia a dondolo.
mecedura *s.f.* dondolio (*m.*).
mecenas *s.m.* mecenate.
mecenazgo *s.m.* mecenatismo.
mecer (*con. come* vencer) *v.tr.* **1** dondolare, cullare: *la mamá mecía al niño en la cuna*, la madre dondolava il bambino nella culla **2** mescolare, rimestare ♦ **-se** *v.pron.* dondolarsi, cullarsi: *miraba las palmeras meciéndose al viento*, guardava i palmeti che si dondolavano al vento.
mecha *s.f.* **1** miccia; stoppino (*m.*) **2** ciuffo (*m.*), ciocca **3** (*pl.*) mèches (*pl.*), colpi (*m.pl.*) di sole
■ ***aguantar mecha***, tenere duro | ***a toda mecha***, di gran carriera.
mechar *v.tr.* (*cuc.*) lardellare; farcire.
mechero *s.m.* accendino | — *de gas*, accendigas.
mechinal *s.m.* (*fam.*) stamberga (*f.*), topaia (*f.*).
mechón *s.m.* **1** ciuffo, ciocca (*f.*) **2** mazzetto.
medalla *s.f.* medaglia.
medallero *s.m.* (*sport*) medagliere.
medallista *s.m./f.* (*sport*) atleta che ha vinto una medaglia, medagliato.
medallón *s.m.* **1** medaglione **2** (*cuc.*) fetta grossa (di carne o presce).
médano *s.m.* **1** duna (*f.*) **2** banco di sabbia.
media¹ *s.f.* **1** media: — *proporcional*, media proporzionale | — *aritmética*, media aritmetica | *sacar la* —, fare la media **2** calza (da donna); collant (*m.*) | *medias de espuma*, calze di filanca.
media² *s.m.pl.* media, mass media
mediación *s.f.* mediazione.
mediado *agg.* mezzo, a metà: *el vaso estaba* —, il bicchiere era pieno a metà | *a mediados de*, verso la metà di.
mediador *s.m.* mediatore.
medialuna *s.f.* **1** mezzaluna **2** croissant (*m.*).
mediana *s.f.* **1** (*strada*) spartitraffico (*m.*) **2** (*geom.*) mediana **3** stecca da biliardo lunga.
medianamente *avv.* **1** mediamente, così e così **2** mediamente, nella media.
medianera *s.f.* mezzana.
medianero *agg.* intermedio | *pared medianera*, parete divisoria, tramezzo ♦ *s.m.* mediatore, intercessore.
medianía *s.f.* **1** mediocrità **2** parte mediana; termine (*m.*) medio.
mediano *agg.* **1** medio, mediano: *colocar el libro en el estante*—, collocare il libro sul ripiano di mezzo **2** mediocre: *un estudiante de mediana capacidad*, uno studente di mediocri capacità.
medianoche *s.f.* **1** mezzanotte; ore (*pl.*) centrali della notte **2** (*cuc.*) panino (*m.*) al latte ripieno.

mediante *prep.* mediante, tramite, con | *Dios —*, con l'aiuto di Dio.
mediar *v.intr.* **1** mediare, intercedere, intervenire: *el embajador intentó — entre los dos Estados*, l'ambasciatore cercò di mediare tra i due Stati **2** (*di tempo*) trascorrere: *en las horas que medien hasta su llegada*, nelle ore che mancano al suo arrivo **3** essere in mezzo: *mediaban unos kilómetros entre los dos pueblos*, c'erano alcuni chilometri tra i due paesi **4** essere a metà: *mediando el día*, a metà del giorno.
mediático *agg.* mediatico: *poder —*, potere mediatico.
mediatización *s.f.* (*fig.*) influsso (*m.*), influenza.
mediatizar (*con. come* cazar) *v.tr.* **1** influire su, incidere su, influenzare: *— el conocimiento de la realidad*, influenzare la conoscenza della realtà **2** ostacolare, limitare: *— la capacidad intelectiva*, limitare la capacità intellettiva **3** (*dir.*, *Stato*) annettere.
mediato *agg.* mediato.
medicable *agg.* medicabile.
medicación *s.f.* medicazione, farmaco (*m.*).
medicamento *s.m.* medicinale, farmaco: *tomar medicamentos*, assumere farmaci | *— de libre venta*, farmaco da banco.
medicamentoso *agg.* medicamentoso.
medicastro *s.m.* (*spreg.*) medicastro.
medicina *s.f.* **1** (*scienza*) medicina **2** (*farmaco*) medicinale, medicina.
medicinal *agg.*, *s.m.* medicinale.
medicinar *v.tr.* dare farmaci a ♦ **-se** *v.pron.* assumere farmaci.
medición *s.f.* misura, misurazione.
médico[1] *agg.* medico | *receta médica*, ricetta medica | *reconocimiento —*, visita medica ♦ *s.m.* medico, dottore | *— de cabecera/titular*, medico di famiglia | *— forense*, *municipal*, medico legale, condotto | *— de a bordo*, medico di bordo | *— cirujano*, medico chirurgo | *— espiritual*, confessore.
médico[2] *agg.* (*st.*) medo.
medicolegal *agg.* medico-legale.
medicucho *s.m.* (*spreg.*) medicastro.
medida *s.f.* **1** misura: *hecho a la —*, fatto su misura; *tomar las medidas*, prendere le misure **2** (*fig.*) misura, moderazione | *hablar con —*, parlare ponderatamente | **3** (*lett.*) metro **4** (*pl.*) provvedimenti (*m.pl.*), misure (*pl.*): *tomar sus medidas*, prendere provvedimenti
■ ***a medida que***, man mano | ***a medida***, in proporzione | ***colmarse la medida de algo***, oltrepassare i limiti di qlco. | ***a medida del paladar***, secondo i gusti | ***en cierta medida***, in un certo senso | ***no tener medida***, non avere limiti.
medidor *agg.* misuratore ♦ *s.m.* **1** misurino **2** (*Amer.*) contatore.
mediero *s.m.* **1** mezzadro **2** (*comm.*) socio.
medieval *agg.* medievale.
medievalismo *s.m.* medievalismo.
medievalista *s.m./f.* medievalista, medievista: *la obra de un —*, l'opera di un medievista.
medievo *s.m.* medioevo.
medina *s.f.* medina.
medinés *agg.* di Medina del Campo ♦ *s.m.* nativo di Medina del Campo.
medio *agg.* **1** mezzo: *— litro*, mezzo litro | *a media tarde*, nel pomeriggio | *a — terminar*, non completamente terminato | *a — camino*, a metà strada **2** medio: *clase media*, classe media | *la edad media*, il medioevo ♦ *s.m.* **1** ambiente, ambito | *el — ambiente*, l'ambiente **2** metà (*f.*), centro **3** mezzo, strumento, modo (*anche fig.*): *halló el — de convencerlo*, trovò il modo di convincerlo | *no hay —*, non c'è modo **4** mezzo | *medios de difusión de masa*, mass-media | *medios de transporte*, mezzi di trasporto **5** (*sport*) mediano **6** (*pl.*) denaro (*sing.*), risorse (*f.*) economiche | (*Amer.*) *no tener ni —*, non avere un centesimo
■ ***a medias***, a metà: *ir a medias*, fare a metà | ***de medio a medio***, completamente | ***en medio de todo***, tutto sommato | ***por medio de***, per mezzo di | (*fig.*) ***poner tierra por medio***, scappare, fuggire | ***ponerse por medio***, inserirsi, mettersi in mezzo | ***quitar de en medio***, togliere di mezzo | ***en medio de***, in mezzo a; tra.
medioambiental *agg.* ambientale.
mediocampista *s.m./f.* (*sport*) centrocampista.
mediocre *agg.* mediocre; modesto: *ingresos mediocres*, guadagni modesti/scarsi.
mediocridad *s.f.* mediocrità.
mediodía *s.m.* **1** mezzogiorno | *hacer —*, fermarsi a pranzare durante un viaggio **2** sud.
medioeval *agg.* medievale.
medioevo *s.m.* medioevo.
mediofondista *s.m./f.* mezzofondista.
medioriental *agg.*, *s.m./f.* mediorientale.
medir (*con. come* servir) *v.tr.* **1** misurare: *el puente medía 28 metros de alto*, il ponte misurava 28 metri di altezza; *«¿cuánto mides?» «mido 1,80 (uno ochenta)»*, «quanto sei alto?» «sono alto 1,80» **2** (*fig.*) valutare, calibrare: *mide las consecuencias*, valuta le conseguenze; *hay que — las palabras cuando se habla con él*, bisogna misurare bene le parole quando si parla con lui ♦ **-se** *v.pron.* **1** misurarsi, paragonarsi: *se midió con el campeón del mundo*, si misurò con il campione del mondo **2** misurarsi, moderarsi.
meditabundo *agg.* pensieroso.
meditación *s.f.* meditazione.

meditar *v.tr.* meditare.
mediterráneo *agg.* mediterraneo.
médium *s.m./f.* medium.
medo *agg.*, *s.m.* (*st.*) medo.
medra *s.f.* crescita.
medrar *v.intr.* **1** (*di animali, piante*) crescere, svilupparsi: *los parasitos medran a expensas de otros organismos*, i parassiti crescono a spese di altri organismi **2** (*fig.*) progredire, migliorare, farsi una posizione: *su intención no era ganarse el pan sino — en la empresa*, la sua intenzione non era guadagnarsi da vivere ma farsi una posizione nell'impresa
■ ***¡medrados estamos!***, stiamo freschi!
medroso *agg.* **1** pauroso, timoroso **2** spaventoso.
médula *s.f.* (*anat., bot., fig.*) midollo (*m.*): *— espinal*, midollo spinale.
medular *agg.* (*anat.*) midollare.
meduloso *agg.* (*anat.*) midolloso.
medusa *s.f.* (*zool.*) medusa.
mefistofélico *agg.* mefistofelico.
mefítico *agg.* mefitico: *gas —*, gas mefitico.
megabyte *s.m.* (*inform.*) megabyte.
megafonía *s.f.* **1** tecnica di amplificazione sonora **2** altoparlante (*m.*): *nos llamaron por la —*, ci chiamarono con gli altoparlanti.
megáfono *s.m.* megafono.
megahertzio *s.m.* (*fis.*) megahertz.
megalítico *agg.* megalitico.
megaloblasto *s.m.* (*biol.*) megaloblasto.
megalomanía *s.f.* megalomania.
megalómano *agg.*, *s.m.* megalomane (*m./f.*).
megalópolis *s.f.* megalopoli.
megavatio *s.m.* (*fis.*) megawatt.
megavoltio *s.m.* (*fis.*) megavolt.
meigo *s.m.* stregone.
meiosis *s.f.* (*biol.*) meiosi.
mejana *s.f.* (*fiume*) isolotto (*m.*).
mejer *v.tr.* (*liquido*) mescolare, agitare.
mejicanismo *s.m.* (*ling.*) messicanismo.
mejicano *agg.*, *s.m.* messicano.
mejilla *s.f.* guancia, gota.
mejillón *s.m.* (*zool.*) cozza (*f.*).
mejillonera *s.f.* allevamento (*m.*) di cozze.
mejor *agg.* **1** migliore: *es el —*, è il migliore; *el — postor*, il miglior offerente | *lo —*, la cosa migliore | *lo — posible*, il meglio possibile **2** meglio: *en vez de ir a la piscina es — estudiar*, invece di andare in piscina è meglio studiare ♦ *avv.* **1** meglio: *estoy —*, sto meglio **2** piuttosto: *me gustaría — verte en tu casa*, preferirei piuttosto vederti a casa tua
■ ***a lo mejor***, forse | ***en mejor***, migliore | ***mejor dicho***, cioè | ***ir a mejor***, migliorare | ***tanto mejor***, tanto meglio: *si vienes conmigo tanto —*, se vieni con me tanto meglio | ***¡mejor!***, meglio!
mejora *s.f.* **1** miglioramento (*m.*) **2** miglioria **3** (*dir.*) lascito (*m.*) che va oltre la legittima.
mejorable *agg.* migliorabile: *su velocidad es —*, la sua velocità è migliorabile.
mejoramiento *s.m.* miglioramento: *hay un — de la calidad de la educación*, c'è un miglioramento della qualità dell'educazione.
mejorana *s.f.* (*bot.*) maggiorana.
mejorar *v. tr.* **1** migliorare: *los años han mejorado mucho su carácter*, gli anni hanno migliorato molto il suo carattere **2** aumentare: *después de ascender le mejoraron el sueldo*, dopo la promozione gli aumentarono lo stipendio **3** (*dir.*) conferire un lascito a ♦ *v.intr.* **1** (*di tempo, salute*) migliorare: *el tiempo se presenta inestable aunque con tendencia a —*, il tempo si presenta incerto anche se con tendenza a migliorare; *mejora la mujer herida en el accidente*, migliora la donna ferita nell'incidente **2** progredire, fare progressi: *su inglés va a —*, il suo inglese migliorerà ♦ **-se** *v.pron.* migliorare
■ ***mejorando lo presente***, senza offesa per i presenti.
mejoría *s.f.* **1** miglioramento (*m.*): *— de una enfermedad*, miglioramento di una malattia **2** miglioria.
mejunje *s.m.* intruglio, pasticcio.
melada *s.f.* (*cuc.*) pane (*m.*) tostato con miele.
melado *agg.* color miele ♦ *s.m.* **1** (*cuc.*) dolce al miele **2** sciroppo di canna da zucchero.
meladura *s.f.* sciroppo (*m.*) di zucchero.
melancolía *s.f.* malinconia, mestizia.
melancólico *agg.* malinconico.
melancolizar (*con. come* cazar) *v.tr.* intristire, immalinconire.
melanesio *agg.*, *s.m.* melanesiano.
melanina *s.f.* (*biol.*) melanina.
melanismo *s.m.* (*biol.*) melanismo.
melanoblasto *s.m.* (*biol.*) melanoblasto.
melanoma *s.m.* (*med.*) melanoma.
melanosis *s.f.* (*med.*) melanosi.
melanuria *s.f.* (*med.*) melanuria.
melar[1] *agg.* melato.
melar[2] *v.intr.* (*api*) mellificare.
melatonina *s.f.* (*chim.*) melatonina.
melaza *s.f.* melassa.
melcocha *s.f.* miele (*m.*) concentrato.
melcochudo *agg.* gommoso.
melena[1] *s.f.* **1** chioma, capigliatura **2** (*di leone*) criniera.
melena[2] *s.f.* (*med.*) melena.
meleno *s.m.* villano, burino.
melenudo *s.m.* capellone.
melero *s.m.* **1** venditore di miele **2** melario.
mélico *agg.* (*lett.*) melico.
melificación *s.f.* mellificazione.
melificar (*con. come* pescar) *v.tr.* mellificare.
melifluidad *agg.* mellifluità.

melifluo *agg.* mellifluo.
meliloto *s.m.* (*bot.*) meliloto.
melindre *s.m.* **1** frittella (*f.*) di miele **2** (*fig.*) smanceria (*f.*), moina (*f.*).
melindrería *s.f.* leziosità, vezzosità.
melindrizar (*con. come* cazar) *v.intr.* fare smancerie.
melindroso *agg.* (*di persona*) affettato.
meliorativo *agg.* migliorativo.
melisa *s.f.* (*bot.*) melissa.
melito *s.m.* (*farm.*) mellito.
mella *s.f.* tacca, sbeccatura | (*fig.*) *hacer —* impressionare, colpire; causare danno o perdita.
mellado *agg.* **1** sbeccato, intaccato **2** sdentato ♦ *s.m.* intaccatura (*f.*).
melladura *s.f.* sbeccatura, tacca.
mellar *v.tr.* **1** sbeccare **2** (*fig.*) danneggiare, macchiare ♦ **-se** *v.pron.* sbeccarsi.
mellizo *agg.*, *s.m.* gemello.
melocotón *s.m.* (*bot.*) pesca (*f.*).
melocotonar *s.m.* (*agr.*) pescheto.
melocotonero *s.m.* (*bot.*) pesco.
melodía *s.f.* (*mus.*) melodia.
melódico *agg.* (*mus.*) melodico.
melodioso *agg.* (*mus.*) melodioso.
melodista *s.m./f.* (*mus.*) melodista.
melodrama *s.m.* (*mus.*) melodramma.
melodramático *agg.* (*mus.*, *fig.*) melodrammatico.
melomanía *s.f.* melomania.
melómano *s.m.* melomane.
melón *s.m.* **1** (*bot.*) melone | *— de agua*, cocomero **2** (*fig.*) testa (*f.*) di rapa, citrullo.
melonada *s.f.* (*fam.*) sproposito (*m.*), scempiaggine, sciocchezza: *hacer una —*, fare una sciocchezza.
melonar *s.m.* (*agr.*) melonaio.
melonero *s.m.* coltivatore/venditore di meloni.
melopea *s.f.* **1** melopea **2** (*fam.*) sbronza, ubriacatura.
melosidad *s.f.* mellifluità.
meloso *agg.* **1** mellifluo, dolce, soave **2** (*spreg.*) sdolcinato, affettato.
memada *s.f.* (*fam.*) sciocchezza: *no digas memadas*, non dire scemenze.
membrana *s.f.* membrana.
membranáceo *agg.* (*bot.*, *zool.*) membranaceo.
membranoso *agg.* (*bot.*, *zool.*) membranoso.
membrete *s.m.* intestazione (*f.*): *papel con —*, carta intestata.
membrillero *s.m.* (*bot.*) melo cotogno.
membrillo *s.m.* (*bot.*) mela (*f.*) cotogna: *dulce de —*, cotognata.
membrudo *agg.* membruto.
memento *s.m.* memento.
memez *s.f.* stupidità.
memo *agg.*, *s.m.* sciocco, stupido.
memorable *agg.* memorabile: *un día —*, un giorno memorabile.
memorando, memorándum *s.m.* memorandum, agenda (*f.*).
memorar *v.tr.* commemorare, ricordare: *— a los héroes*, ricordare gli eroi.
memorativo *agg.* **1** commemorativo: *una imagen memorativa*, un'immagine commemorativa **2** mnemonico: *método —*, metodo mnemonico.
memoria *s.f.* **1** memoria: *aprender de —*, imparare a memoria **2** ricordo (*m.*) | *guardar/conservar —*, conservare il ricordo, ricordare **3** inventario (*m.*) **4** memoriale (*m.*), relazione, dissertazione | *— de licenciatura*, tesina di laurea **5** (*pl.*) memorie (*pl.*), autobiografia (*sing.*) **6** (*inform.*) memoria | *— cache*, memoria cache
■ ***hacer memoria de***, rievocare | ***traer algo a la memoria***, riportare qlco. alla memoria | ***pasársele de memoria***, passare di mente | ***refrescar la memoria***, rinfrescare la memoria | ***venir a la memoria***, venire in mente | ***hablar de memoria***, parlare a vanvera | ***en memoria de***, alla memoria di | ***memoria colectiva***, memoria storica.
memorial *s.m.* memoriale.
memorialista *s.m./f.* memorialista.
memorión, memorioso *agg.* di buona memoria.
memorismo *s.m.* nozionismo.
memorista *agg.* **1** nozionistico **2** di buona memoria.
memorización *s.f.* memorizzazione.
memorizar (*con. come* cazar) *v.tr.* memorizzare.
mena *s.f.* (*min.*) vena metallifera.
ménade *s.f.* (*mit.*, *lett.*) menade.
menaje *s.m.* **1** arredo domestico, accessori (*pl.*) della casa | *— de cocina*, utensili da cucina | *— del hogar*, accessori della casa **2** materiale didattico.
menarquía *s.f.* (*med.*) menarca (*m.*).
menchevique *agg.*, *s.m./f.* (*pol.*) menscevico (*m.*).
menchevismo *s.m.* (*pol.*) menscevismo.
mención *s.f.* menzione, ricordo (*m.*): *— honorífica*, nota di merito | *hacer —*, fare cenno | *ser digno de —*, essere degno di attenzione.
mencionar *v.tr.* menzionare, citare: *en el informe se incluirán los documentos arriba mencionados*, alla relazione vanno allegati i documenti sopra citati.
menda *pron.sing.m./f.* (*fam.*) **1** il sottoscritto, io: *el — aquí presente*, il qui presente **2** tipo, tizio.
mendacidad *s.f.* **1** menzogna **2** (*lett.*) mendacia.
mendaz (*pl.* -ces) *s.m.* mendace, falso.
mendelevio *s.m.* (*chim.*) mendelevio.

mendeliano *agg.* (*biol.*) mendeliano.
mendelismo *s.m.* (*biol.*) mendelismo.
mendicante *agg.*, *s.m./f.* mendicante | *órden —*, ordine mendicante.
mendicidad *s.f.* accattonaggio (*m.*), mendicità: *tomar medidas contra la —*, prendere misure contro l'accattonaggio.
mendigar (*con. come* llegar) *v.tr.* (*anche fig.*) mendicare, elemosinare: *— afecto*, mendicare affetto.
mendigo *s.m.* mendicante.
mendrugo *s.m.* **1** tozzo di pane, boccone **2** (*fig.*) zuccone, tonto.
menear *v.tr.* agitare, dimenare, dondolare: *al bailar meneaba las caderas con mucha gracia*, ballando dimenava i fianchi con molta grazia | *— la cola*, scodinzolare (*anche fig.*) | *de no te menees*, da sballo ♦ **-se** *v.pron.* **1** agitarsi, dimenarsi **2** (*fam.*) sbrigarsi, muoversi: *es tarde, ¿te meneas o qué?*, è tardi, ti sbrighi o no?
■ (*volg.*) ***meneársela***, masturbarsi.
meneo *s.m.* **1** dimenamento, il dimenare: *un rápido — de cola*, un rapido dimenare della coda **2** (*fam.*) bussata (*f.*), bastonatura (*f.*).
menester *s.m.* **1** bisogno | *haber — una cosa*, aver bisogno di una cosa | *ser —*, essere necessario **2** occupazione (*f.*), lavoro, impiego, faccenda (*f.*): *su único — fue el de zapatero*, il suo unico lavoro fu quello di calzolaio **3** (*pl.*) bisogni corporali **4** (*pl.*) ferri del mestiere.
menesteroso *agg.*, *s.m.* indigente (*m./f.*), bisognoso.
menestral *s.m.* artigiano.
menestralía *s.f.* artigianato.
menestra *s.f.* **1** legume (*m.*) secco **2** (*cuc.*) minestra di legumi.
mengano *s.m.* tale, tizio | *fulano, —, zutano*, Tizio, Caio, Sempronio | *no había ni —*, non c'era proprio nessuno.
mengua *s.f.* **1** calo (*m.*), diminuzione **2** mancanza **3** discredito (*m.*), disonore (*m.*) | *en — de*, a scapito di.
menguado *agg.* **1** codardo; timido **2** tonto, meschino ♦ *s.m.* (*nel lavoro a maglia*) diminuzione (*f.*), calo di punti.
menguante *agg.* calante | *luna —*, luna calante ♦ *s.f.* **1** bassa marea **2** (*fiume*) secca **3** (*fig.*) calo (*m.*), diminuzione.
menguar (*con. come* averiguar) *v.intr.* **1** diminuire, venir meno: *la luz de la lámpara iba menguando lentamente*, la luce della lampada diminuiva lentamente **2** (*della luna*) calare **3** esaurire; decadere: *después de estos acontecimientos menguó su prestigio en la capital*, dopo questi avvenimenti venne meno il suo prestigio nella capitale **4** (*di lavoro a maglia*) calare: *menguó en la manga*, calò i punti nella manica ♦ *v.tr.* diminuire, ridurre: *ese trabajo menguó su salario*, quel lavoro ridusse il suo stipendio.
mengue *s.m.* (*fam.*) diavolo.
menina *s.f.* damigella di compagnia; infanta.
meninge *s.f.* (*anat.*) meninge.
meníngeo *agg.* (*anat.*) meningeo.
meningitis *s.f.* (*fam.*) meningite.
meningocele *s.m.* (*med.*) meningocele.
meningococo *s.m.* (*med.*) meningococco.
menino *s.m.* (*st.*) paggetto, giovane nobile al servizio della corte.
menipeo *agg.* (*lett.*) menippeo.
menisco *s.m.* (*anat.*) menisco.
menopausia *s.f.* menopausa.
menor *agg.* (*anche di età*) minore: *María es — que Ana*: Maria è più giovane di Anna | *— de edad*, minorenne | *el mal —*, il male minore | *Osa Menor*, Orsa Minore ♦ *s.m.* **1** minore: *es el —*, è il più piccolo **2** minore, minorenne
■ ***al por menor***, al dettaglio | ***no tener la menor idea***, non avere la più pallida idea | ***paños menores***, biancheria intima.
menoría *s.f.* **1** inferiorità **2** (*dir.*) minore età.
menorqués, menorquín *agg.* di Minorca ♦ *s.m.* nativo di Minorca.
menorragia *s.f.* (*med.*) menorragia.
menos *avv.* **1** meno: *es — tonto de lo que parece*, è meno scemo di quanto sembri; *— de 10 personas*, meno di 10 persone; *el/la — interesante*, il/la meno interessante; *las tres — cuarto*, le tre meno un quarto | **2** ancor meno, soprattutto: *poco viaja y — después de su enfermedad*, viaggia poco e ancor meno dopo la malattia ♦ *prep.* eccetto, salvo, tranne: *están todos — él*, ci sono tutti tranne lui; *cualquier cosa — eso*, tutto eccetto questo ♦ *s.m.* (*mat.*) meno
■ ***echar de menos***, sentire la mancanza | ***ir a menos***, calare, peggiorare | ***por lo menos***, per lo meno | ***lo de menos***, la cosa meno importante; il meno | ***nada menos que***, niente meno che | ***ni mucho menos***, niente affatto, per niente | ***no ser para menos***, non essere da meno | ***a menos que***, eccetto/tranne che | ***al/a lo menos***, almeno.
menoscabar *v.tr.* **1** (*fig.*) diminuire **2** danneggiare: *lo acusaron de dopaje y eso menoscabó la integridad del equipo*, lo accusarono di doping e questo danneggiò l'integrità della squadra.
menoscabo *s.m.* **1** discredito; scapito | *en — de*, a scapito di **2** danno, perdita (*f.*).
menospreciable *agg.* disprezzabile.
menospreciar *v.tr.* **1** sottovalutare: *no hay que — las capacidades del hombre a la hora del peligro*, non bisogna sottovalutare le ca-

pacità dell'uomo nell'ora del pericolo **2** disprezzare, disistimare.
menospreciativo *agg.* spregiativo.
menosprecio *s.m.* disprezzo, disistima (*f.*): *el — de la autoridad*, il disprezzo dell'autorità.
mensaje *s.m.* messaggio, ambasciata (*f.*): *— radio*, messaggio radio.
mensajería *s.f.* messaggeria.
mensajero *agg.* messaggero | *paloma mensajera*, piccione viaggiatore ♦ *s.m.* messaggero, messo, fattorino | *matar al —*, prendersela con chi non ha colpa.
menstruación *s.f.* mestruazione.
menstrual *agg.* mestruale.
menstruante *agg.*, *s.f.* mestruata.
menstruo *agg.* mestruale ♦ *s.m.* mestruo.
mensual *agg.* mensile ♦ *s.m.* (*giornale*) mensile.
mensualidad *s.f.* **1** stipendio (*m.*) **2** mensilità, rata.
ménsula *s.f.* mensola.
mensurabilidad *s.f.* misurabilità.
mensurable *agg.* misurabile.
mensuración *s.f.* misurazione.
mensurar *v.tr.* misurare.
menta *s.f.* (*bot.*) menta.
mentado *agg.* **1** menzionato: *el estudio anteriormente —*, lo studio menzionato in precedenza **2** noto, rinomato: *el — pianista*, il noto pianista.
mental *agg.* mentale | *reserva —*, riserva mentale | *retrasado —*, ritardato mentale.
mentalidad *s.f.* mentalità | *— cerrada*, mentalità ristretta.
mentalismo *s.m.* (*filos.*, *ling.*) mentalismo.
mentalización *s.f.* presa di coscienza.
mentalizar (*con. come* cazar) *v.tr.* sensibilizzare, interessare ♦ **-se** *v. pron.* convincersi.
mentar (*con. come* acertar) *v.tr.* menzionare, nominare, citare | *ni lo mientes*, non voglio neanche sentirlo nominare | *no hay que — la soga en casa del ahorcado*, non parlar di corda in casa dell'impiccato | (*fam.*) *— la madre*, dare del figlio di buona donna.
mente *s.f.* **1** mente | *irse de la —*, uscire di mente | *quedarse con la — en blanco*, avere un vuoto di memoria | *tener en —*, avere in mente **2** (*fig.*) mentalità.
mentecatería, mentecatez *s.f.* sciocchezza, scemenza.
mentecato *agg.*, *s.m.* mentecatto.
mentidero *s.m.* (*fam.*) ritrovo di pettegoli.
mentido *agg.* falso, mendace, fallace.
mentir (*con. come* sentir) *v.intr.* mentire: *me mintió y eso no se lo perdono*, mi ha mentito e questo non glielo perdono | *¡miento!*, mi correggo ♦ *v.tr.* **1** (*ant.*) venir meno a, mancare a: *mentiste tu promesa*, sei venuto meno alla tua promessa **2** fingere, simulare: *el color del metal mentía el brillo del oro*, il colore del metallo simulava la brillantezza dell'oro.
mentira *s.f.* bugia, frottola | *¡cochina/podrida/gorda —!*, balle! | *coger en (la) —*, cogliere in fallo | *de —*, per scherzo | *parece —*, sembra impossibile.
mentirijillas, de *loc.avv.* per finta, per scherzo: *su hermano le tomaba el pelo, pero —*, suo fratello lo prendeva in giro, ma per scherzo.
mentiroso *agg.* **1** bugiardo **2** ingannevole: *pasaron los años en una espera mentirosa*, trascorsero gli anni in un'attesa ingannevole ♦ *s.m.* bugiardo.
mentís *s.m.* smentita (*f.*): *dar un —*, smentire.
mentol *s.m.* (*chim.*) mentolo.
mentolado *agg.* mentolato.
mentón *s.m.* (*anat.*) mento.
mentor *s.m.* mentore.
menú *s.m.* (*anche inform.*) menu | *— del día*, menu del giorno | (*inform.*) *— desplegable*, menu a tendina.
menudear *v.intr.* essere frequente; abbondare: *las críticas a su programa de gobierno menudeaban*, le critiche al suo programma di governo erano frequenti ♦ *v.tr.* **1** particolareggiare, dettagliare: *en un cuaderno menudeó todas sus dudas*, in un quaderno espresse nei particolari tutti i suoi dubbi **2** fare qlco. di frequente, intensificare: *menudeaba sus visitas para ver lo que ella hacía*, le sue visite si facevano più frequenti per vedere ciò che lei faceva **3** (*Amer.*) vendere al dettaglio.
menudencia *s.f.* **1** (*fig.*) minuzia, bazzecola **2** cianfrusaglia **3** (*pl.*, *Amer.*) frattaglie.
menudeo *s.m.* **1** frequenza (*f.*) **2** commercio al dettaglio: *vender al —*, vendere al minuto.
menudo *agg.* **1** minuto, piccolo (*anche fig.*) | *dinero —*, spiccioli | *llover —*, piovere fitto **2** (*enfatico*) bello | *¡— coche se compró!*, si è comprato un macchinone! | *¡— problema!*, che bel guaio! **3** (*fig.*) minuzioso, dettagliato **4** (*fig.*) marginale, irrilevante
■ ***a menudo***, spesso | ***por menudo***, minutamente | ***a la menuda***, al dettaglio; dettagliatamente.
menudos *s.m.pl.* **1** (*cuc.*) frattaglie (*f.*) **2** (*denaro*) spiccioli.
menuza *s.f.* briciola.
meñique *s.m.* (*anat.*) mignolo.
meollo *s.m.* **1** (*anat.*) midollo **2** (*fig.*) nocciolo, sostanza (*f.*): *llegar al — de la cuestión*, arrivare al nocciolo della questione.
mequetrefe *s.m.* ficcanaso.
mercachifle *s.m.* **1** ricettatore, venditore di cose rubate **2** (*fig.*, *spreg.*) rivendugliolo.
mercadante *s.m.* mercante.

mercadear *v.intr.* commerciare.
mercadeo *s.m.* **1** mercanteggiamento **2** studio di mercato.
mercader *s.m.* negoziante (*m./f.*), commerciante (*m./f.*); mercante (*m./f.*).
mercadería *s.f.* (*Amer.*) mercanzia.
mercaderil *agg.* mercantile.
mercadillo *s.m.* mercatino.
mercado *s.m.* mercato: *— de acciones*, mercato azionario | *estudio de —*, ricerca di mercato | *— laboral*, mercato del lavoro | *— negro*, mercato nero.
mercancía *s.f.* merce, mercanzia | *— perecedera*, merce deperibile | *— caducada*, merce scaduta.
mercancías *s.m.* treno merci.
mercante *agg.* mercantile | *marina —*, marina mercantile.
mercantil *agg.* mercantile.
mercantilismo *s.m.* (*pol.*) mercantilismo.
mercantilista *agg.*, *s.m./f.* **1** (*pol.*) mercantilista **2** (*dir.*) commercialista.
mercantilización *s.f.* mercificazione.
mercantilizar (*con. come* cazar) *v.tr.* mercanteggiare.
mercar (*con. come* pescar) *v.tr.* (*fam.*) comprare.
merced *s.f.* **1** grazia, concessione **2** favore (*m.*), cortesia, piacere **3** arbitrio (*m.*) | *a la — de*, in balia di
■ ***merced a***, grazie a | ***vuestra merced***, vostra grazia.
mercenario *agg.*, *s.m.* (*anche spreg.*) mercenario.
mercería *s.f.* merceria.
mercero *s.m.* merciaio.
merchandising *s.m.* merchandising.
mercromina *s.f.* (*farm.*) mercurocromo® (*m.*).
mercúrico *agg.* (*chim.*) mercurico.
mercurio *s.m.* (*astr.*, *chim.*) mercurio.
mercurocromo *s.m.* (*farm.*) mercurocromo®.
merdoso *agg.* merdoso.
merecedor *agg.* meritevole, degno: *hacerse — de*, rendersi meritevole di.
merecer (*con. come* agradecer) *v.intr.* meritare: *¿te regañaron? pues, bien merecido*, ti hanno rimproverato? ben ti sta ♦ *v.tr.* meritare, valere: *no merece tanto trabajo vivir para ahorrar*, non merita tanta fatica vivere per risparmiare | *— la pena*, valere la pena | *no merece respuesta*, non merita risposta ♦ **-se** *v.pron.* meritarsi.
merecido *s.m.* punizione (*f.*).
merecimiento *s.m.* merito.
merendar (*con. come* acertar) *v.intr.* fare merenda: *siempre meriendo con un poco de leche*, faccio sempre merenda con un po' di latte ♦ *v.tr.* mangiare (qlco.) a merenda: *merendó los restos de la comida*, a merenda mangiò gli avanzi del pranzo ♦ **-se** *v. pron.* **1** (*fam.*, *fig.*) papparsi, mangiarsi: *el campeón se merendó en tres mangas al rival*, il campione fece fuori il rivale in tre set **2** (*fam.*, *fig.*) appropriarsi, impossessarsi: *la intención de las tropas era de — la región en pocos días*, l'intenzione delle truppe era quella di impossessarsi della regione in pochi giorni.
merendero *s.m.* chiosco all'aria aperta.
merendilla *s.f.* merendina.
merendola, merendona *s.f.* **1** merenda abbondante **2** picnic (*m.*).
merengar (*con. come* llegar) *v.tr.* **1** (*cuc.*) montare gli albumi d'uovo con latte e zucchero **2** (*fam.*) rovinare, mandare a monte.
merengue *s.m.* **1** (*cuc.*) meringa (*f.*) **2** persona (*f.*) sdolcinata **3** (*mus.*) merengue ♦ *agg.* (*fam.*) della squadra di calcio del Real Madrid | *el equipo —*, il Real Madrid.
meretricio *s.m.* meretricio.
meretriz (*pl.* -ces) *s.f.* meretrice.
meridiano *agg.* **1** meridiano **2** (*fig.*) luminoso, chiaro: *sus palabras eran meridianas*, le sue parole erano chiare ♦ *s.m.* (*astr.*, *geogr.*) meridiano.
meridional *agg.*, *s.m.* meridionale (*m./f.*).
merienda *s.f.* merenda, picnic (*m.*): *— campestre*, picnic sull'erba | *— de negros*, confusione, disordine.
merino *agg.* merino | *oveja merina*, pecora merino.
mérito *s.m.* **1** merito, valore: *tener —*, aver valore | *hacer méritos*, acquistare meriti **2** titolo | *concurso de méritos*, concorso per titoli.
meritorio *agg.* meritorio ♦ *s.m.* apprendista (*m./f.*).
merlot *s.m.* (*vino*) merlot.
merluza *s.f.* **1** merluzzo (*m.*), nasello (*m.*) **2** (*fam.*) sbronza.
merluzo *s.m.* (*fig.*) stupido, ingenuo, allocco.
merma *s.f.* **1** diminuzione, riduzione: *una — de valor*, una diminuzione di valore **2** (*di denaro*) sottrazione **3** consumo (*m.*).
mermar *v.tr.* diminuire, ridurre: *la falta de lluvias de estos días ha mermado el agua de los ríos*, la mancanza di pioggia di questi giorni ha abbassato il livello dei fiumi ♦ *v.intr.* (*fig.*) svanire, calare: *a medida que avanzaba por el barro se le iban mermando las fuerzas*, man mano che avanzava nel fango gli venivano meno le forze.
mermelada *s.f.* (*cuc.*) marmellata.
mero[1] *s.m.* (*zool.*) palombo.
mero[2] *agg.* mero, semplice, puro.
merodear *v.intr.* **1** vagare, gironzolare: *los turistas merodeaban por el barrio*, i turisti girovagavano per il quartiere **2** (*mil.*) saccheggiare.

merodeo *s.m.* il girovagare, l'aggirarsi.
mes *s.m.* **1** mese **2** mensilità (*f.*), paga (*f.*) **3** mestruazione (*f.*) | *estar con el* —, avere le mestruazioni.
mesa *s.f.* **1** tavola, tavolo (*m.*) | — *de billar*, tavolo da biliardo | — *de despacho*, scrivania | — *de noche*, comodino | *sentarse a la* —, sedersi a tavola | *poner la* —, apparecchiare la tavola | *quitar la* —, sparecchiare **2** (*fig.*) cucina, tavola: *le gusta la buena* —, gli piace la buona cucina: *un vino de* —, vino da tavola **3** (*di persone*) tavolata **4** (*geogr.*) tavolato (*m.*), altopiano (*m.*) **5** (*gioco*) partita a biliardo
■ ***mesa electoral***, seggio elettorale | ***mesa redonda***, tavola rotonda | ***vivir a mesa puesta***, vivere alle spalle di qlcu.
mesada *s.f.* mesata.
mesar *v.tr.* tirare, strappare ♦ **-se** *v.pron.* tirarsi, strapparsi: — *la barba*, tirarsi la barba.
mescolanza *s.f.* miscuglio (*m.*).
mesencéfalo *s.m.* (*anat.*) mesencefalo.
mesentérico *agg.* (*anat.*) mesenterico.
mesenterio *s.m.* (*anat.*) mesenterio.
mesero *s.m.* (*Amer.*, *bar*) cameriere.
meseta *s.f.* **1** (*geogr.*) altopiano (*m.*) **2** pianerottolo (*m.*).
mesiánico *agg.* (*relig.*) messianico.
mesianismo *s.m.* (*relig.*) messianismo.
mesías *s.m.* messia.
mesilla *s.f.* **1** tavolino (*m.*) | — *de noche*, comodino **2** davanzale (*m.*) | *alero de* —, cornicione **3** pianerottolo (*m.*).
mesnada *s.f.* (*mil.*) masnada.
mesnadero *s.m.* (*mil.*) masnadiero.
mesoamericano *agg.*, *s.m.* centroamericano.
mesocardia *s.f.* (*med.*) mesocardia.
mesolítico *agg.*, *s.m.* mesolitico.
mesón *s.m.* osteria (*f.*), locanda (*f.*).
mesonero *s.m.* locandiere, oste.
mesosfera *s.f.* (*geol.*) mesosfera.
mesozoico *agg.*, *s.m.* (*geol.*) mesozoico.
mestizaje *s.m.* *meticciato,* incrocio di razze.
mestizar (*con. come* cazar) *v.tr.* incrociare (razze).
mestizo *agg.*, *s.m.* **1** meticcio **2** (*bot.*) ibrido.
mesura *s.f.* **1** moderazione **2** serietà, gravità.
mesurado *agg.* **1** misurato, moderato **2** riservato.
mesurar *v.tr.* misurare, ponderare ♦ **-se** *v.pron.* misurarsi, moderarsi.
meta *s.f.* **1** (*anche fig.*) meta, traguardo (*m.*); scopo (*m.*) **2** (*calcio*) porta ♦ *s.m.* (*calcio*) portiere.
metabólico *agg.* metabolico.
metabolismo *s.m.* metabolismo.
metabolizar (*con. come* cazar) *v.tr.* metabolizzare.
metacarpo *s.m.* (*anat.*) metacarpo.
metadona *s.f.* (*farm.*) metadone (*m.*).
metafísica *s.f.* (*filos.*) metafisica.
metafísico *agg.*, *s.m.* (*filos.*) metafisico.
metafonía *s.f.* (*ling.*) metafonia.
metáfora *s.f.* metafora.
metafórico *agg.* metaforico.
metaforizar (*con. come* cazar) *v.tr./intr.* metaforeggiare.
metahemoglobina *s.f.* (*biol.*) metaemoglobina.
metal *s.m.* **1** metallo | — *blanco*, alpacca | *ciencia de los metales*, metallografia | *trabajador del* —, metalmeccanico **2** ottone **3** (*di voce*) timbro; (*di campana*) metallo **4** (*anche pl.*, *mus.*) ottoni (*pl.*).
metaldehído *s.m.* (*chim.*) metaldeide (*f.*).
metalenguaje *s.m.* metalinguaggio.
metalero *s.m.* fabbro.
metálico *agg.* metallico ♦ *s.m.* denaro sonante | *en* —, in contanti.
metalífero *agg.* metallifero.
metalingüística *s.f.* metalinguistica.
metalingüístico *agg.* metalinguistico.
metalización *s.f.* (*anche chim.*) metallizzazione.
metalizado *agg.* (*anche chim.*) metallizzato: *coche* —, auto metallizzata.
metalizar (*con. come* cazar) *v.tr.* (*anche chim.*) metallizzare.
metalla *s.f.* foglia d'oro.
metalografía *s.f.* (*anche chim.*) metallografia.
metaloterapia *s.f.* (*med.*) metalloterapia.
metalurgia *s.f.* metallurgia.
metalúrgico *agg.*, *s.m.* metallurgico: *el sector* —, il settore metallurgico.
metalurgista *s.m./f.* metallurgista.
metamórfico *agg.* (*geol.*) metamorfico.
metamorfismo *s.m.* (*geol.*) metamorfismo.
metamorfosear *v.tr.* trasformare.
metamorfosis *s.f.* (*anche fig.*) metamorfosi.
metano *s.m.* (*chim.*) metano.
metanoducto *s.m.* (*tecn.*) metanodotto.
metanol *s.m.* (*chim.*) metanolo.
metaplasmo *s.m.* (*ling.*) metaplasmo.
metástasis *s.f.* (*med.*) metastasi.
metatarsiano *agg.* (*anat.*) metatarsiale.
metatarso *s.m.* (*anat.*) metatarso.
metátesis *s.f.* (*ling.*) metatesi.
metempsicosis *s.f.* (*filos.*, *relig.*) metempsicosi.
meteórico *agg.* (*geogr.*) meteorico.
meteorismo *s.m.* (*med.*) meteorismo.
meteorito *s.m.* (*astr.*) meteorite (*m. o f.*).
meteoro *s.m.* meteora (*f.*).
meteorógrafo *s.m.* meteorografo.
meteorología *s.f.* meteorologia.
meteorológico *agg.* meteorologico.
meteorólogo *s.m.* meteorologo.
meter *v.tr.* **1** mettere (*anche fig.*); introdurre,

inserire: *«¿dónde dejaste las llaves?» «pues, no sé, tal vez las metí en el cajón»*, «dove hai lasciato le chiavi?» «beh, non so, forse le ho messe nel cassetto»; *me gustaría saber quién le metió en la cabeza que nos íbamos de aquí*, vorrei sapere chi gli ha messo in testa che ce ne andavamo da qui; *nos metió en un lío de los más bellos*, ci ha cacciati in un guaio tremendo | *— de contrabando*, introdurre di contrabbando | *— mano a algo*, metter mano a, cominciare qlco. | (*pop.*) *— mano a alguien*, palpare qlcu. **2** versare, depositare: *— dinero en una cuenta*, depositare il denaro in un conto **3** produrre, causare | *— miedo*, spaventare | *— chismes*, spettegolare | *— bulla*, fare casino | *— fuego*, dar fuoco | *— un gol*, fare un gol **4** (*fam.*) mollare, dare; (*fregatura*) rifilare | *— una bofetada*, dare uno schiaffo **5** restringere; accorciare: *hay que — los pantalones, te quedan largos*, bisogna accorciare i pantaloni, sono lunghi per te **6** (*attrezzo, arnese*) prendere, impugnare ♦ **-se** *v.pron.* **1** mettersi **2** cacciarsi, finire | *— en un lío*, cacciarsi nei pasticci **3** *— a* (+ *inf.*) mettersi a: *se metió a bailar con él*, si mise a ballare con lui **4** diventare, farsi | *— a fraile*, farsi frate **5** (*anche fig.*) entrare: *la noche era fría y se metió en un bar*, la notte era fredda e si infilò in un bar; *se me ha metido una piedra en el zapato*, mi è entrato un sassolino nella scarpa; *hace un mes se ha metido en política*, da un mese si è dato alla politica **6** intromettersi, immischiarsi: *no te metas en mis cosas*, non immischiarti negli affari miei | *— en todo*, essere un ficcanaso | *— por medio*, mettersi in mezzo
■ ***meter la pata***, fare una gaffe | ***a todo meter***, al massimo | ***meterse con alguien***, attaccare briga con qlcu. | ***meterse en sí mismo***, chiudersi in se stesso.
meterete *agg.*, *s.m.* ficcanaso, invadente.
meticulosidad *s.f.* meticolosità.
meticuloso *agg.* meticoloso.
metida *s.f.* (*fam.*) **1** ripassata, bastonatura **2** (*fam.*) coltellata **3** (*fig.*) impulso (*m.*), spinta.
metido *agg.* **1** inserito, coinvolto | *estar muy — con alguien*, essere molto amico di qlcu. **2** occupato, impegnato | *estar muy — en algo*, essere molto impegnato in qlco.; essere dentro fino al collo in qlco. **3** (*Amer.*) impiccione ♦ *s.m.* **1** colpo **2** impulso, mossa (*f.*).
metílico *agg.* (*chim.*) metilico.
metilo *s.m.* (*chim.*) metile.
metimiento *s.m.* **1** inserimento, introduzione (*f.*) **2** influenza (*f.*), ascendente.
metódico *agg.* metodico.
metodismo *s.m.* (*relig.*) metodismo.
metodista *agg.*, *s.m./f.* (*relig.*) metodista.
metodizar (*con. come* cazar) *v.tr.* metodizzare.
método *s.m.* metodo.
metodología *s.f.* metodologia.
metodológico *agg.* metodologico.
metonimia *s.f.* metonimia.
metonímico *agg.* metonimico.
metopa *s.f.* (*arch.*) metopa.
metraje *s.m.* metraggio.
metralla *s.f.* **1** (*mil.*) mitraglia **2** (*fig.*) ciarpame, chincaglierie (*pl.*) **3** ferraglia, rottami (*m.pl.*) **4** (*fam.*) spiccioli (*m.pl.*).
metrallazo *s.m.* mitragliata (*f.*).
metralleta *s.f.* mitra (*m.*), mitragliatrice.
métrica *s.f.* (*lett.*) metrica.
métrico *agg.* metrico.
metrificar (*con. come* pescar) *v.intr./tr.* (*lett.*) versificare.
metro[1] *s.m.* (*anche lett.*) metro.
metro[2] *s.m.* metropolitana (*f.*): *ir en —*, andare in metro.
metrología *s.f.* metrologia.
metrológico *agg.* metrologico.
metrónomo *s.m.* (*mus.*) metronomo.
metrópoli *s.f.* metropoli.
metropolitano *agg.* metropolitano ♦ *s.m.* **1** metropolitana (*f.*) **2** (*relig.*) metropolita.
mezcal *s.m.* **1** (*bot.*) mescal **2** acquavite (*f.*) di mescal.
mezcla *s.f.* **1** miscuglio (*m.*), mistura; intruglio (*m.*) **2** (*edil.*) calcina **3** (*chim.*) miscela | *— explosiva*, miscela esplosiva **4** (*mus.*) mixage (*m.*) **5** (*tv*) missaggio (*m.*).
mezclable *agg.* mescolabile.
mezclador *s.m.* (*anche mus.*) mixer.
mezcladura *s.f.* **1** miscela **2** (*spreg.*) miscuglio (*m.*).
mezclar *v.tr.* **1** mescolare, mischiare: *— la levadura con el agua*, mescolare il lievito con l'acqua **2** (*fig.*) immischiare ♦ **-se** *v.pron.* **1** immischiarsi: *no te mezcles en mis asuntos*, non ti immischiare nei miei affari **2** imparentarsi: *se mezcló con una familia rica*, si imparentò con una ricca famiglia **3** mischiarsi, mescolarsi; confondersi: *se mezcló entre el gentío de la metro*, si confuse tra la folla della metropolitana.
mezcolanza *s.f.* (*fig.*) miscuglio (*m.*), accozzaglia.
mezquindad *s.f.* meschinità.
mezquino *agg.* **1** meschino, gretto **2** misero, povero.
mezquita *s.f.* moschea.
mi[1] *s.m.* (*mus.*) mi.
mi[2] (*pl.* mis) *agg.poss. di 1ª pers.sing.* mio (*m.*), mia (*f.*): *— padre*, mio padre; *— casa*, la mia casa; *mis padres*, i miei genitori.
mí *pron.pers. di 1ª pers.sing.* me: *a —*, a me; *para —*, per me | *por — mismo*, da solo: *quiero hacerlo por — mismo*, voglio farlo da solo.

miaja *s.f.* briciola.
mialgia *s.f.* (*med.*) mialgia.
miasma *s.m.* miasma.
miasmático *agg.* miasmatico.
miastenia *s.f.* (*med.*) miastenia.
miatrofía *s.f.* (*med.*) miatrofia.
miau *s.m.* miao.
mica *s.f.* (*min.*) mica.
micado *s.m.* mikado.
micción *s.f.* minzione.
micelio *s.m.* (*bot.*) micelio.
micénico *agg.*, *s.m.* miceneo.
micetología *s.f.* (*bot.*) micetologia.
micho *s.m.* (*fam.*) micio.
mico *s.m.* **1** (*zool.*) micco **2** (*fig.*, *spreg.*) scimmia (*f.*), macaco **3** (*fig.*, *fam.*) scimmietta (*f.*)
■ ***dar mico***, tirare un bidone | ***volverse mico para hacer algo***, diventare matto a fare qlco.
micología *s.f.* (*bot.*) micologia.
micólogo *s.m.* (*bot.*) micologo.
micosis *s.f.* (*med.*) micosi (*f.*).
micro- *pref.* micro-.
microamperio *s.m.* (*fis.*) microampère.
microanálisis *s.m.* (*chim.*) microanalisi (*f.*).
microbiano *agg.* (*biol.*) microbico.
microbicida *agg.*, *s.m.* (*farm.*, *med.*) microbicida.
microbio *s.m.* (*anche fig.*) microbo.
microbiología *s.f.* (*biol.*) microbiologia.
microbiológico *agg.* (*biol.*) microbiologico.
microbiólogo *s.m.* (*biol.*) microbiologo.
microbús *s.m.* minibus.
microcefalia *s.f.* (*med.*) microcefalia.
microcéfalo *agg.*, *s.m.* (*med.*) microcefalo.
microchip *s.m.* (*elettr.*) microchip.
microcircuito *s.m.* (*elettr.*) microcircuito | *— neuronal*, microcircuito neuronale.
microcirugía *s.f.* (*med.*) microchirurgia.
microcito *s.m.* (*biol.*) microcito.
microclima *s.m.* (*geogr.*) microclima.
microclimatología *s.f.* (*meteor.*) microclimatologia.
micrococo *s.m.* (*biol.*) micrococco.
microcósmico *agg.* microcosmico.
microcosmo *s.m.* microcosmo.
microeconomía *s.f.* microeconomia.
microelectrónica *s.f.* microelettronica.
microespía *s.f.* microspia.
microestado *s.m.* staterello.
microestructura *s.f.* microstruttura.
microfibra *s.f.* microfibra.
microficha *s.f.* microfiche.
microfilm *s.m.* → **microfilme.**
microfilmadora *s.f.* microfilmatrice.
microfilmar *v.tr.* microfilmare.
microfilme *s.m.* microfilm.
microfónico *agg.* microfonico.
microfonista *s.m./f.* microfonista.
micrófono *s.m.* microfono.
microfotografía *s.f.* microfotografia.
microfotográfico *agg.* microfotografico.
micrografía *s.f.* micrografia.
micrográfico *agg.* micrografico.
microgramo *s.m.* microgrammo.
micrómetro *s.m.* micrometro.
micrón *s.m.* micron.
micronesio *agg.*, *s.m.* micronesiano.
microonda *s.m.* (*fis.*) microonda (*f.*).
microondas *s.m.* forno a microonde.
microorganismo *s.m.* (*biol.*) microorganismo.
microprocesador *s.m.* (*inform.*) microprocessore.
microscopia *s.f.* microscopia.
microscópico *agg.* **1** microscopico: *examen —*, esame microscopico **2** (*fig.*) piccolissimo, microscopico: *un objeto —*, un oggetto piccolissimo.
microscopio *s.m.* microscopio.
microscopista *s.m./f.* microscopista.
microsegundo *s.m.* microsecondo.
microspora *s.f.* (*bot.*) microspora.
mieditis *s.f.* (*fam.*) paura, fifa.
miedo *s.m.* paura (*f.*); spavento; timore: *tengo — de no llegar a tiempo*, ho paura di non arrivare in tempo | *— cerval*, panico | *dar —*, far paura (*anche fig.*): *me dan — las alturas*, l'altezza mi fa paura; *mis alumnos sacaron unas notas que dan —*, i miei alunni hanno preso dei voti da far spavento | *de —*, da paura, incredibile | (*volg.*) *cagarse/mearse de —*, farsela addosso per la paura | *morirse de —*, morire di paura
■ ***¿quien dijo –?***, qual è il problema?
miedoso *agg.* pauroso, timoroso ♦ *s.m.* pavido, pusillanime.
miel *s.f.* miele (*m.*) | *— de caña*, melassa | *— rosada*, miele rosato | *— sobre hojuelas*, come il cacio sui maccheroni | *luna de —*, luna di miele | *dejar con la — en los labios*, lasciare a bocca asciutta | *no se hizo la — para la boca del asno*, non si danno le perle ai porci | *ser de mieles*, essere dolcissimo.
mielina *s.f.* (*anat.*) mielina.
mielítico *agg.* (*med.*) mielitico.
mielitis *s.f.* (*med.*) mielite.
mielografía *s.f.* (*med.*) mielografia.
mieloma *s.m.* (*med.*) mieloma.
mielopatía *s.f.* (*med.*) mielopatia.
miembro *s.m.* **1** (*anche ling.*, *mat.*) membro, elemento, componente **2** (*anat.*) membro, arto: *— viril*, pene | *miembros superiores, inferiores*, arti superiori, inferiori.
miente *s.f.* pensiero (*m.*) | *venirsele a las mientes*, venire in mente.
mientras *avv.* nel frattempo, intanto: *yo pongo la mesa; tú — cocina*, io preparo la tavola; nel frattempo tu cucina ♦ *prep.* **1** mentre: *— se duchaba, cantaba*, mentre si faceva la

doccia cantava **2** finché: — *siga lloviendo*, finché continuerà a piovere
■ ***mientras más tienes, más quieres***, quanto più hai, tanto più vuoi | ***mientras tanto***, intanto, nel frattempo | ***mientras que***, mentre, al contrario, invece.
miércoles *s.m.* mercoledì: — *de ceniza*, mercoledì delle ceneri | *mandar al* —, mandare a quel paese.
mierda *s.f.* **1** (*volg.*) merda **2** (*fam.*) sudiciume (*m.*), spazzatura **3** (*fam.*) sbronza ♦ *s.m./f.* (*fam.*) stronzo (*m.*)
■ (*volg.*) ***estar hecho una mierda***, essere a pezzi | (*volg.*) ***¡a la mierda!***, al diavolo! | (*volg.*) ***¡vete a la mierda!***, vaffanculo! | (*volg.*) ***irse a la mierda***, andare a puttane.
mierdoso *agg.* (*volg.*) merdoso.
mies *s.f.* (*agr.*) messe.
miga *s.f.* **1** briciola; mollica di pane **2** (*fig.*) sostanza: *hombre de* —, uomo di sostanza **3** (*pl., cuc.*) pane (*m.*) sbriciolato fritto con aglio e pepe
■ ***hacer buenas migas***, andare d'accordo | ***hacer migas***, ridurre in pezzi.
migaja *s.f.* **1** briciola **2** (*pl., anche fig.*) avanzi (*m.*), residui (*m.*).
migajón *s.m.* mollica (*f.*).
migar (*con. come* llegar) *v.tr.* (*pane*) **1** sbriciolare **2** inzuppare.
migración *s.f.* migrazione.
migraña *s.f.* (*med.*) emicrania.
migrar *v.intr.* migrare.
migratorio *agg.* **1** migratorio **2** migratore | *ave* —, uccello migratore.
mijo *s.m.* (*bot.*) miglio.
mil *agg.num.card.* mille | *dos* —, due mila | — *quinientos*, mille e cinquecento ♦ *s.m.* **1** mille **2** (*pl.*) migliaia (*f.pl.*): *miles de hombres*, migliaia di uomini.
milagrear *v.intr.* operare miracoli.
milagrería *s.f.* miracolismo (*m.*).
milagrero *agg.* miracoloso.
milagro *s.m.* miracolo, prodigio | *vivir de* —, essere vivo per miracolo.
milagroso *agg.* miracoloso, prodigioso.
milanés *agg., s.m.* milanese (*m./f.*).
milanesa *s.f.* (*cuc.*) cotoletta alla milanese.
milano *s.m.* (*zool.*) nibbio.
milenario *agg.* (*anche relig.*) millenario.
milenarismo *s.m.* (*relig.*) millenarismo.
milenarista *agg., s.m./f.* (*relig.*) millenarista.
milenio *s.m.* millennio.
milésimo *agg.num.ord, s.m.* millesimo.
milesio *agg.* (*st.*) milesio.
milgranar *s.m.* coltivazione (*f.*) di melograni.
milhojas *s.m.* (*cuc.*) millefoglie.
mili *s.f.* (*fam.*) naia, servizio (*m.*) militare: *hacer la* —, fare il servizio militare.
mili- *pref.* milli-.
miliario *agg.* miliare.
milicia *s.f.* milizia, esercito (*m.*); servizio (*m.*) militare.
miliciano *agg.* miliziano ♦ *s.m.* (*st.*) soldato repubblicano.
milico *s.m.* (*Amer., spreg.*) soldato.
miligramo *s.m.* milligrammo.
mililitro *s.m.* millilitro.
milimetrado *agg.* millimetrato: *papel* —, carta millimetrata.
milimétrico *agg.* millimetrico: *precisión milimétrica*, precisione millimetrica.
milímetro *s.m.* millimetro.
milisegundo *s.m.* millisecondo.
militancia *s.f.* militanza.
militante *agg., s.m./f.* militante | *iglesia* —, chiesa militante.
militar[1] *v.intr.* **1** militare; lottare, combattere: *milita en el partido popular*, milita nel partito popolare; *durante la guerra militó a las órdenes del mando republicano*, durante la guerra combatté agli ordini del comando repubblicano **2** (*fig.*) sostenere: *militan muchas pruebas en favor de su teoría*, molte sono le prove che sostengono la sua teoria.
militar[2] *agg., s.m./f.* militare: *mi tío es un* — *desde hace veinte años*, mio zio fa parte delle forze armate da vent'anni.
militarada *s.f.* golpe (*m.*).
militarismo *s.m.* (*pol.*) militarismo.
militarista *s.m./f.* (*pol.*) militarista.
militarización *s.f.* (*pol.*) militarizzazione.
militarizar (*con. come* cazar) *v.tr.* (*pol.*) militarizzare.
mílite *s.m.* milite.
milla *s.f.* (*unità di misura*) miglio (*m.*).
millar *s.m.* migliaio: *millares de hectáreas*, migliaia di ettari | *a millares*, a migliaia.
millarada *s.f.* un migliaio (*m.*) circa.
millardario *agg., s.m.* miliardario.
millardo *s.m.* miliardo.
millo *s.m.* (*bot.*) miglio.
millón *s.m.* **1** milione **2** (*fig.*) infinità (*f.*).
millonada *s.f.* (*fig.*) patrimonio (*m.*), fortuna: *valer una* —, valere una fortuna.
millonario *agg., s.m.* milionario.
millonésimo *agg.num.ord., s.m.* milionesimo.
milmillonésimo *agg.num.ord., s.m.* miliardesimo.
milocha *s.f.* aquilone (*m.*).
milonga *s.f.* (*mus.*) milonga.
milonguear *v.intr.* suonare una milonga.
milord *s.m.* milord.
mimado *agg.* viziato, coccolato.
mimar *v.tr.* **1** vezzeggiare, coccolare: *cuando pequeña mi papá siempre me mimaba*, quando ero piccola mio padre mi coccolava sempre **2** viziare: *no es bueno* — *tanto a los niños*, non è bene viziare tanto i bambini.
mimbre *s.m.* vimini, giunco.

mimbrear *v.intr.* flettersi.
mimbreño *agg.* **1** di vimini **2** (*fig.*) flessuoso, pieghevole.
mimesis *s.f.* mimesi.
mimético *agg.* mimetico.
mimetismo *s.m.* (*anche fig.*) mimetismo.
mimetizar (*con. come* cazar) *v.tr.* imitare ♦ **-se** *v.pron.* mimetizzarsi.
mímica *s.f.* mimica.
mímico *agg.* mimico.
mimo *s.m.* **1** (*teatr.*) mimo **2** coccola (*f.*), tenerezza (*f.*) **3** vizio.
mimosa *s.f.* (*bot.*) mimosa.
mimoso *agg.* affettuoso, coccolone.
mina *s.f.* **1** miniera (*anche fig.*), cava **2** mina, bomba: *volar la —*, far scoppiare la mina | *— submarina*, torpedine **3** (*di matita*) mina.
minado *agg.* minato: *campo —*, campo minato.
minador *s.m.* **1** (*mar.*) posamine **2** artificiere.
minar *v.tr.* (*anche fig.*) minare: *han minado todos los campos militares*, hanno minato tutti i campi militari; *— la salud*, minare la salute.
minarete *s.m.* (*relig.*) minareto.
mineral *agg.*, *s.m.* minerale.
mineralización *s.f.* mineralizzazione.
mineralizador *agg.*, *s.m.* mineralizzatore.
mineralizar (*con. come* cazar) *v.tr.* mineralizzare.
mineralogía *s.f.* mineralogia.
mineralógico *agg.* mineralogico.
mineralogista *s.m./f.* mineralogista.
minero *agg.* minerario ♦ *s.m.* minatore.
mini- *pref.* mini-.
miniado *agg.* (*pitt.*) miniato.
miniar *v.tr.* (*pitt.*) miniare.
miniatura *s.f.* miniatura: *en —*, in miniatura.
miniaturista *s.m./f.* (*pitt.*) miniaturista.
miniaturización *s.f.* (*pitt.*) arte della miniatura.
miniaturizado *agg.* miniaturizzato.
miniaturizar (*con. come* cazar) *v.tr.* miniaturizzare.
minibar *s.m.* minibar.
minibús *s.m.* minibus.
minifalda *s.f.* minigonna.
minigolf *s.m.* (*sport*) minigolf.
minimalismo *s.m.* (*arte*) minimalismo.
minimalista *agg.*, *s.m./f.* (*arte*) minimalista.
minimizar (*con. come* cazar) *v.tr.* **1** minimizzare: *medidas para — el impacto ambiental*, misure per minimizzare l'impatto ambientale **2** (*mat.*) ridurre al minimo (una funzione) **3** (*inform.*) ridurre a icona (una finestra).
mínimo *agg.* minimo; piccolissimo: *no hacer ni el — esfuerzo*, non fare il minimo sforzo ♦ *s.m.* minimo: *la tasa de interés oscilará entre un — de 3,6% y un máximo de 4%*, il tasso di interesse oscillerà tra un minimo del 3,6% e un massimo del 4%
■ ***como mínimo***, come minimo, almeno| ***lo más mínimo***, niente | ***en lo más mínimo***, in nessun modo.
minio *s.m.* (*chim.*) minio.
ministerial *agg.* (*pol.*) ministeriale.
ministerialismo *s.m.* (*pol.*) ministerialismo.
ministerio *s.m.* **1** ministero: *— de asuntos exteriores*, ministero degli affari esteri; *— de educación y ciencia*, ministero della pubblica istruzione; *— del Interior*, ministero degli Interni; *— de Hacienda*, ministero del Tesoro **2** carica (*f.*), funzione (*f.*); incarico: *desempeñar un —*, svolgere un incarico **3** (*dir.*) *— fiscal*, pubblico ministero.
ministrable *agg.* che può divenire ministro.
ministrar *v.intr./tr.* ministrare.
ministro *s.m.* ministro | *primer —*, primo ministro | *— sin cartera*, ministro senza portafoglio | *— de Dios*, ministro di Dio.
minoico *agg.* (*st.*) minoico.
minoración *s.f.* diminuzione.
minorar *v.tr.* diminuire.
minorativo[1] *agg.* minorativo.
minorativo[2] *agg.*, *s.m.* (*farm.*) lassativo.
minoría *s.f.* minoranza: *los protestantes representan una — en este país*, i protestanti rappresentano una minoranza in questo paese | *— de edad*, minore età.
minoridad *s.f.* minore età.
minorista *agg.* (*comm.*) al dettaglio/minuto ♦ *s.m./f.* venditore (*m.*) al dettaglio.
minorita *s.m.* (*relig.*) minorita.
minoritario *agg.* minoritario: *un fenómeno —*, un fenomeno minoritario.
minucia *s.f.* minuzia.
minuciosidad *s.f.* minuziosità.
minucioso *agg.* **1** dettagliato, particolareggiato **2** (*di persona*) minuzioso, scrupoloso.
minué *s.m.* (*mus.*) minuetto.
minuendo *s.m.* (*mat.*) minuendo.
minueto *s.m.* (*mus.*) minuetto.
minúscula *s.f.* (*di scrittura*) minuscolo (*m.*).
minúsculo *agg.* minuscolo, piccolissimo.
minusvalía *s.f.* **1** handicap (*m.*), menomazione, invalidità **2** (*econ.*) perdita del valore di mercato, minusvalenza.
minusvalidez *s.f.* invalidità, menomazione.
minusválido *agg.*, *s.m.* disabile (*m./f.*).
minusvalorar *v.tr.* (*econ.*) svalutare.
minuta *s.f.* **1** minuta, bozza: *— de contrato*, bozza di contratto | *— de compra*, nota d'acquisto **2** lista di vivande, menu (*m.*) **3** (*di avvocato*) parcella.
minutaje *s.m.* minutaggio.
minutar *v.tr.* **1** (*una minuta*) redigere **2** (*una parcella*) scrivere.
minutario *s.m.* minutario.

minutero *s.m.* lancetta (*f.*) dei minuti.
minuto *agg.* minuto, piccolo ♦ *s.m.* minuto | *sin perder un —*, di volata.
mío (*pl.* míos; *f.* mía; *pl.f.* mías) *agg.poss.m. di 1ª pers.sing.* mio: *este sombrero es —*, questo cappello è mio ♦ *pron.poss.m. di 1ª pers. sing.* mio: *es el —*, è il mio | *lo —*, ciò che è mio | *lo — son las matemáticas*, il mio forte è la matematica.
miocardia *s.f.* (*med.*) miocardia.
miocárdico *agg.* (*anat.*) miocardico.
miocardio *s.m.* (*anat.*) miocardio.
miocardiopatía *s.f.* (*med.*) miocardiopatia.
miocarditis *s.f.* (*med.*) miocardite.
mioceno *s.m.* (*geol.*) miocene.
miografía *s.f.* (*med.*) miografia.
mioma *s.f.* (*med.*) mioma.
miopatía *s.f.* (*med.*) miopatia.
miopático *agg.* (*med.*) miopatico.
miope *agg., s.m./f.* miope.
miopía *s.f.* (*med., anche fig.*) miopia.
miorrelajante *agg.* (*farm.*) miorilassante.
miosclerosis *s.f.* (*med.*) miosclerosi.
miosotis *s.m.* (*bot.*) nontiscordardimé.
mira *s.f.* **1** intento (*m.*), proposito (*m.*) | *con miras a*, con il proposito di **2** mirino (*m.*) ■ ***a la mira***, in attesa di | ***con la mira puesta en***, pensando solo a: *trabajaba con la — puesta en su familia*, lavorava pensando solo alla sua famiglia.
mirada *s.f.* occhiata, sguardo (*m.*): *echar una —*, dare uno sguardo | *clavar una —*, guardare fisso | *— perdida*, sguardo nel vuoto | *ser el blanco de las miradas*, essere al centro delle attenzioni.
miradero *s.m.* belvedere.
mirado *agg.* cauto, attento ■ ***bien mirado***, a ben guardare, a voler considerare bene.
mirador *s.m.* **1** (*luogo elevato*) belvedere **2** (*in casa*) veranda (*f.*).
miramiento *s.m.* **1** considerazione (*f.*) **2** riguardo, rispetto: *se procederá con todo —*, si procederà con ogni riguardo | *sin —*, senza riguardo.
miranda *s.f.* belvedere (*m.*).
mirar *v.tr.* **1** guardare: *tenía la costumbre de — siempre la hora*, aveva l'abitudine di guardare sempre l'ora | *— de reojo/con el rabillo del ojo*, guardare con la coda dell'occhio | *— por encima*, dare un'occhiata | *— de arriba abajo/— por encima del hombro*, guardare dall'alto in basso **2** esaminare, controllare: *me miraron las maletas*, mi hanno controllato le valigie; *mira a ver si encuentras algo de comer*, guarda un po' se trovi qualcosa da mangiare **3** pensare, considerare: *mira bien lo que vas a hacer*, pensa bene a quello che farai **4** (*fig.*) stimare, apprezzare: *le miran como un hombre de bien*, lo stimano come uomo dabbene ♦ *v.intr.* **1** mirare, avere come scopo: *sólo miraba a su provecho*, mirava soltanto al suo interesse **2** badare, fare attenzione a: *y mira que lo digo por tu bien*, e bada che lo dico per il tuo bene; *¡mira por las niñas!*, fai attenzione alle bambine! | *— por alguien*, preoccuparsi di qlcu. **3** (*di finestra ecc.*) dare su, affacciarsi su; essere rivolto verso: *la ventana mira al jardín*, la finestra dà sul giardino ♦ **-se** *v.pron.* guardarsi: *se miró en el espejo*, si guardò allo specchio ■ ***¡mira tú!***, guarda un po'!, giudica tu! | ***¡mira quién habla!***, senti chi parla! | ***mirarse en alguien***, essere orgoglioso di qlcu., prendere come esempio qlcu.: *mírate en tu padre que nunca ha conocido descanso*, prendi come esempio tuo padre che non sa cosa vuol dire il riposo.
miríada *s.f.* miriade.
mirilla *s.f.* **1** (*di porta*) spioncino (*m.*) **2** (*macchina fotografica*) mirino (*m.*).
mirlo *s.m.* (*zool.*) merlo | (*fig.*) *— blanco*, rarità, mosca bianca.
mirón *s.m.* **1** curioso | *estar de —*, fare il perdigiorno **2** guardone, voyeur.
mirra *s.f.* mirra.
mirto *s.m.* (*bot.*) mirto.
misa *s.f.* messa | *ayudar —*, servire messa | *— de difuntos*, messa da requiem | *— del Gallo*, messa di mezzanotte, messa di Natale | *no saber de la — la mitad*, essere all'oscuro | *como en —*, in religioso silenzio.
misal *s.m.* (*relig.*) messale.
misantropía *s.f.* misantropia.
misantrópico *agg.* misantropico.
misántropo *s.m.* misantropo.
miscelánea *s.f.* (*anche lett.*) miscellanea.
misceláneo *agg.* miscellaneo.
miscible *agg.* mescolabile.
miserable *agg.* **1** miserabile, gretto **2** tirchio, spilorcio: *ese individuo —no me quiso prestar ni un centavo*, quello spilorcio non mi ha voluto prestare mezzo centesimo **3** (*di luogo*) misero, povero: *trabajó de médico en unos pueblos miserables*, lavorò come medico in paesi poveri.
miseración *s.f.* (*lett.*) commiserazione, compassione.
miserando *agg.* miserando.
miserere *s.m.* (*relig.*) miserere.
miseria *s.f.* **1** grettezza, avarizia **2** miseria, povertà.
misericordia *s.f.* misericordia, compassione.
misericordioso *agg., s.m.* misericordioso.
mísero *agg.* misero, infelice.
misérrimo *agg.* (*superl.*) miserrimo.
misil *s.m.* missile | *— aire-aire*, missile aria-aria | *— de crucero*, missile cruise.
misilístico *agg.* missilistico.

misión *s.f.* (*anche relig.*) missione: — *diplomática*, missione diplomatica.
misional *agg.* missionario.
misionero *s.m.* missionario.
misiva *s.f.* missiva.
mismamente *avv.* proprio, esattamente: *te buscaba — a ti*, cercavo proprio te.
mismidad *s.f.* (*filos.*) identità personale.
mismo *agg., pron.dimostr.* **1** stesso, medesimo: *las dos maletas tenían el — peso*, le due valigie avevano lo stesso peso; *«¿eres tú?» «yo —»*, «sei tu?» «proprio io» **2** uguale, identico: *es su — padre*, è identico a suo padre
■ ***al mismo tiempo***, simultaneamente, allo stesso tempo | (*fam.*) ***con las mismas***, immediatamente: *encendió un cigarillo y con las mismas lo apagó*, accese una sigaretta e immediatamente la spense | ***estar/seguir en las mismas***, essere alle solite | ***dar/ser lo mismo***, essere indifferente: *me da lo —*, per me è lo stesso; *es lo —*, fa lo stesso | ***venir a ser lo mismo***, essere la stessa cosa | ***lo que es lo mismo***, cioè | ***por mí mismo***, da solo | ***por lo mismo***, perciò, per tal motivo | (*fam.*) ***lo mismo que***, uguale in tutto e per tutto, come: *se porta lo — que los niños*, si comporta tale e quale i bambini | ***aquí mismo***, proprio qui | ***ahora mismo***, subito, adesso.
misoginia *s.f.* misoginia.
misoginismo *s.m.* misoginismo.
misógino *agg., s.m.* misogino.
misoneísmo *s.m.* misoneismo.
misoneísta *s.m./f.* misoneista.
miss *s.f.* miss.
míster *s.m.* mister.
misterio *s.m.* mistero, arcano.
misterioso *agg.* misterioso.
mística *s.f.* mistica.
misticismo *s.m.* misticismo.
místico *agg., s.m.* mistico.
mistificación *s.f.* mistificazione.
mistificador *s.m.* mistificatore.
mistificar (*con. come* pescar) *v.tr.* mistificare.
mistral *s.m.* (*vento*) maestrale.
mitad *s.f.* metà: *partir por la —*, dividere a metà; *en la — del río*, in mezzo al fiume | *cara —*, dolce metà, coniuge | *— y —*, in parti uguali.
mítico *agg.* mitico.
mitificación *s.f.* mitizzazione.
mitificar (*con. come* pescar) *v.tr.* mitizzare, idealizzare.
mitigación *s.f.* alleviamento (*m.*), mitigazione.
mitigador *agg., s.m.* mitigatore.
mitigar (*con. come* llegar) *v.tr.* mitigare, alleviare: *se sabía la manera de — mis penas*, conosceva il modo di alleviare le mie pene ♦ **-se** *v.pron.* attenuarsi: *de repente su dolor de cabeza se mitigó*, all'improvviso il suo mal di testa si attenuò.
mitigativo *agg.* mitigativo.
mitin *s.m.* **1** (*anche sport*) meeting **2** (*pol.*) comizio | (*fam.*) *dar un —*, fare una predica.
mito *s.m.* (*anche fig.*) mito.
mitocondria *s.f.* (*biol.*) mitocondrio (*m.*).
mitografía *s.f.* mitografia.
mitógrafo *s.m.* mitografo.
mitología *s.f.* mitologia.
mitológico *agg.* mitologico.
mitologista *s.m./f.* mitologista.
mitólogo *s.m.* mitologo.
mitomanía *s.f.* (*psic.*) mitomania.
mitómano *agg., s.m.* (*psic.*) mitomane (*m./f.*).
mitra *s.f.* **1** (*relig.*) mitra **2** (*relig., fig.*) autorità, dignità episcopale; diocesi **3** turbante (*m.*).
mitrado *agg.* mitrato ♦ *s.m.* (*relig.*) vescovo.
mitral *agg.* (*anat.*) mitrale: *válvula —*, valvola mitrale.
mitridatismo *s.m.* (*med.*) mitridatismo.
mítulo *s.m.* (*zool.*) mitilo.
mix *s.m.* mix.
mixtificador *agg., s.m.* mistificatore.
mixtificar (*con. come* pescar) *v.tr.* mistificare.
mixtilíneo *agg.* (*geom.*) mistilineo.
mixtión *s.f.* commistione, mescolanza.
mixto *agg.* misto | *matrimonio —*, matrimonio misto ♦ *s.m.* fiammifero.
mixtura *s.f.* mistura, miscela.
mixturar *v.tr.* mescolare, mischiare.
mnemónica *s.f.* mnemotecnica.
mnemónico *agg.* mnemonico.
mnemotecnia, mnemotécnica *s.f.* mnemotecnica.
mnemotécnico *agg.* mnemotecnico.
moabita *agg., s.m./f.* (*st.*) moabita.
moaxaja *s.f.* (*lett.*) testo (*m.*) poetico antico in arabo o ebraico.
mobiliario *agg.* (*econ.*) mobiliare: *mercado —*, mercato mobiliare; *propiedad mobiliaria*, proprietà mobiliare ♦ *s.m.* mobilia (*f.*), mobili (*pl.*).
moblaje *s.m.* mobilia (*f.*).
moca *s.m.* (*qualità di caffè*) moca.
mocarra *s.m./f.* (*fam.*) moccioso (*m.*).
mocarro *s.m.* moccio.
mocasín *s.m.* (*scarpa*) mocassino.
mocear *v.intr.* fare il giovincello.
mocedad *s.f.* giovinezza, gioventù.
mocerío *s.m.* gioventù (*f.*), giovani (*pl.*).
mocete *s.m.* ragazzino.
mocetón *s.m.* ragazzone.
mochar *v.tr.* dare testate a, prendere a testate.
mochazo *s.m.* testata (*f.*).
mochila *s.f.* **1** zaino (*m.*) | *de —*, a spalla **2** (*caccia*) carniere (*m.*).

mochilero *s.m.* **1** saccopelista (*m./f.*) **2** (*mil.*) soldato addetto al vettovagliamento.
mocho *agg.* tronco, mozzo ♦ *s.m.* (*di fucile*) calcio.
mochuelo *s.m.* **1** (*zool.*) civetta (*f.*) | *cada — a su olivo*, ognuno al suo posto **2** (*fam.*) grana, noia: *cargarse con el —*, prendersi una gatta da pelare.
moción *s.f.* mozione, proposta: — *de censura*, mozione di sfiducia.
mocito *s.m.* ragazzino.
moco *s.m.* **1** muco | *sonarse los mocos*, soffiarsi il naso **2** moccolo, candela (*f.*)
■ ***moco de pavo***, cosa da nulla | ***buscar a moco de candil***, cercare con il lanternino | ***llorar a moco tendido***, piangere a dirotto.
mocoso *agg., s.m.* moccioso.
moda *s.f.* moda: *estar de —*, essere di moda | *tienda de modas*, boutique.
modal *agg.* (*ling.*) modale
modales *s.m.pl.* modi, maniere (*f.*): *buenos modales*, buone maniere, galateo.
modalidad *s.f.* modalità.
modelable *agg.* modellabile.
modelado *s.m.* modellato, modellatura (*f.*).
modelador *agg., s.m.* modellatore.
modelar *v.tr.* (*anche fig.*) modellare, forgiare: — *el carácter*, forgiare il carattere; — *el cuerpo con ejercicios*, modellare il corpo con degli esercizi.
modélico *agg.* modello: *un oficial —*, un ufficiale modello.
modelismo *s.m.* modellismo.
modelista *s.m./f.* modellista.
modelización *s.f.* modellazione.
modelo *agg.* modello: *un marido —*, un marito modello ♦ *s.m.* **1** (*anche moda*) foggia (*f.*), modello: *tengo el mismo — de falda*, ho lo stesso modello di gonna **2** modello, esempio: *seguir el — de contratto,* seguire il modello di contratto **3** modellino **4** stampo, forma (*f.*) ♦ *s.m./f.* (*moda*) modello (*m.*), modella (*f.*).
modem *s.m.* (*inform.*) modem.
modenés *agg., s.m.* modenese (*m./f.*).
moderable *agg.* moderabile.
moderación *s.f.* moderazione, misura.
moderado *agg., s.m.* (*anche pol.*) moderato.
moderador *agg., s.m.* moderatore.
moderantismo *s.m.* (*pol.*) moderatismo.
moderar *v.tr.* **1** moderare, attenuare: — *la velocidad del coche*, moderare la velocità della macchina **2** moderare, fare da moderatore: — *una reunión*, fare da moderatore in una riunione ♦ **-se** *v.pron.* attenuarsi, moderarsi: *después de unas ráfagas el viento se moderó*, dopo alcune raffiche il vento si attenuò.
modernidad *s.f.* modernità.
modernismo *s.m.* **1** (*relig.*) modernismo **2** (*arte*) liberty.
modernista *agg., s.m./f.* (*arte*) liberty.
modernización *s.f.* ammodernamento (*m.*).
modernizar (*con. come* cazar) *v.tr.* modernizzare.
moderno *agg.* moderno, nuovo | *la época moderna*, l'epoca, l'età moderna.
modestia *s.f.* **1** modestia, semplicità **2** povertà di risorse.
modesto *agg.* **1** modesto, umile: *vivía en una pensión modesta*, viveva in una pensione modesta; *ser de origen —*, essere di umili origini **2** moderato: *los gastos van a ser modestos*, le spese saranno contenute.
módico *agg.* modico, moderato: *la casa tiene un precio —*, la casa ha un prezzo modico.
modificable *agg.* modificabile.
modificación *s.f.* modificazione.
modificador *agg., s.m.* modificatore.
modificar (*con. come* pescar) *v.tr.* modificare, variare, cambiare.
modificativo *agg.* modificativo.
modismo *s.m.* (*ling.*) modismo.
modistilla *s.f.* sartina.
modisto *s.m.* sarto, stilista (*m./f.*).
modo *s.m.* **1** modo, maniera (*f.*): *del mismo — que*, nello stesso modo in cui; *a — de*, a modo di, come | *a mi —*, a modo mio | — *de ser*, modo di essere, carattere **2** (*pl.*) modi (*pl.*), maniere (*f.pl.*)
■ ***de cualquier modo***, in ogni modo; come capita | ***de modo que***, di modo che | ***de ningún modo***, in nessun modo | ***de otro modo***, altrimenti | ***de todos modos***, a ogni modo | ***en cierto/de algún modo***, in un certo senso | ***no hay modo***, non c'è maniera | ***sobre modo***, oltremodo.
modorra *s.f.* sonnolenza, torpore (*m.*).
modorrarse *v.pron.* appisolarsi, assopirsi.
modorro *agg.* **1** assonnato, sonnolento **2** (*fig.*) lento, torpido **3** (*di frutta*) fermentato.
modosidad *s.f.* educazione, garbo (*m.*).
modoso *agg.* gentile, garbato.
modrego *s.m.* maldestro.
modulable *agg.* modulabile.
modulación *s.f.* modulazione.
modulado *agg.* (*anche mus.*) modulato.
modulador *agg., s.m.* (*anche tecn.*) modulatore.
modular[1] *agg.* modulare, componibile.
modular[2] *v.tr.* (*anche tecn.*) modulare: — *la tonalidad*, modulare la tonalità.
módulo *s.m.* modulo; formulario.
mofa *s.f.* burla, beffa: *hacer — de*, farsi beffe di.
moflete *s.f.* (*fam.*) guanciotta.
mofletudo *agg.* (*fam.*) grassottello, paffuto.
mofarse *v.pron.* canzonare, farsi beffe di: *se*

mofaba de todo el mundo, si faceva beffe di tutti.
mofeta *s.f.* (*zool.*) puzzola.
mogol *agg.*, *s.m.* mongolo | *gran* —, gran mogol.
mogólico *agg.* mongolico.
mogollón *s.m.* (*fam.*) sacco, mucchio: *había un — de gente*, c'era un sacco di gente
■ ***de mogollón***, a ufo/scrocco, gratis.
mohicano *agg.*, *s.m.* moicano.
mohín *s.m.* gesto; smorfia (*f.*).
mohína *s.f.* amarezza, dispiacere (*m.*).
mohíno *agg.* triste, mogio.
moho *s.m.* **1** muffa (*f.*) | *criar* —, fare la muffa (*anche fig.*) **2** ruggine (*f.*).
mohoso *agg.* **1** ammuffito **2** arrugginito, ossidato.
mojada *s.f.* bagnata.
mojado *agg.* inzuppato, fradicio | *papel* —, scritto da nulla, carta straccia.
mojador *s.m.* spugnetta (*f.*) per francobolli.
mojadura *s.f.* bagnatura.
mojar *v.tr.* bagnare, inzuppare: *me gusta — las galletas en la leche*, mi piace inzuppare i biscotti nel latte ♦ *v.intr.* partecipare, entrare: — *en un negocio*, partecipare a un affare ♦ **-se** *v.pron.* **1** bagnarsi: *me mojé los zapatos porque estaba lloviendo*, mi sono bagnato le scarpe perché stava piovendo **2** (*fam.*) compromettersi, esporsi: *mojarse con solucionar los problemas de la salud pública*, impegnarsi a risolvere i problemi della salute pubblica **3** (*fam.*) farsi la pipì addosso: *el niño se mojó en la cama*, il bambino ha fatto la pipì a letto.
mojicón *s.m.* **1** (*fam.*) schiaffo, manata (*f.*) **2** (*cuc.*) dolcetto di marzapane.
mojiganga *s.f.* **1** (*teatr.*, *anche fig.*) farsa **2** festa mascherata.
mojigatería, mojigatez *s.f.* bacchettoneria.
mojigato *agg.*, *s.m.* bacchettone, bigotto.
mojón¹ *s.m.* **1** pietra (*f.*) miliare **2** paracarro.
mojón² *s.m.* sommelier.
mojonera *s.f.* linea di pietre di confine.
molar¹ *agg.*, *sm.* molare.
molar² *v.intr.* (*fam.*) piacere: *me mola*, mi piace.
molaridad *s.f.* (*chim.*) molarità.
moldar *v.tr.* modellare.
moldavo *agg.*, *s.m.* moldavo.
molde *s.m.* **1** stampo, sagoma (*f.*) | *pan de* —, pane in cassetta **2** (*fig.*) modello, schema | *romper moldes*, rompere gli schemi
■ ***letra de molde***, lettera di stampa; stampatello | ***venir de molde***, venire a fagiolo | ***estar de molde***, stare a pennello.
moldeable *agg.* modellabile, malleabile.
moldeado *s.m.* **1** (*edil.*) gettata (*f.*), colata (*f.*) **2** (*di capelli*) messa (*f.*) in piega.
moldeador *agg.* modellante.
moldeamiento *s.m.* (*edil.*) getto.
moldear *v.tr.* **1** modellare, dare forma: *lucía un vestido que moldeaba bien su figura*, sfoggiava un vestito che le modellava bene la figura **2** (*capelli*) mettere in piega.
moldeo *s.m.* **1** (*edil.*) getto **2** (*metall.*) colata (*f.*).
moldura *s.f.* (*arch.*) modanatura.
moldurar *v.tr.* (*falegnameria*) modanare.
mole *s.f.* **1** mole, stazza **2** (*Amer.*, *cuc.*) salsa a base di peperoncino e aglio.
molécula *s.f.* molecola.
molecular *agg.* (*fis.*, *chim.*) molecolare.
moledera *s.f.* mola.
moledero *agg.* macinabile.
moledor *agg.*, *s.m.* **1** macinatore **2** (*fig.*) scocciatore.
moledura *s.f.* **1** molitura **2** (*di olive*) spremitura **3** (*fig.*) spossatezza, stanchezza.
molendero *s.m.* mugnaio, macinatore.
moler (*con. come* mover) *v.tr.* **1** macinare: — *el maíz*, macinare il mais **2** (*olive*) spremere **3** (*fig.*) stancare: *este viaje me ha molido*, questo viaggio mi ha distrutto; *estoy molida del cansancio*, sono a pezzi per la stanchezza **4** (*fam.*) importunare, infastidire: *terminé con mi novio y le dije que dejara de molerme*, ho chiuso con il mio fidanzato e gli ho detto di smetterla di infastidirmi **5** bastonare: — *a palos*, dare un sacco di legnate.
molestar *v.tr.* **1** molestare, dare fastidio: *estos zapatos nuevos me molestan*, queste scarpe nuove mi danno fastidio, mi fanno un po' male **2** disturbare: *«¿quieres que te pase el azúcar?» «no, gracias, no te molestes»*, «vuoi che ti passi lo zucchero?» «no, grazie, non ti disturbare» ♦ **-se** *v.pron.* **1** arrabbiarsi, irritarsi: *se molestó conmigo porque llegué tarde*, si è arrabbiato con me perché sono arrivato in ritardo **2** prendersi il disturbo: *ni siquiera se molestó en acompañarme a la estación*, non si è neppure preso il disturbo di accompagnarmi in stazione.
molestia *s.f.* molestia, fastidio (*m.*), disturbo (*m.*): *disculpe la* —, scusi il disturbo | *tomarse la* —, prendersi la briga.
molesto *agg.* **1** fastidioso, spiacevole: *ser* —, essere noioso/sgradevole **2** infastidito, arrabbiato: *estar* —, essere infastidito; essere a disagio; essere scomodo.
molicie *s.f.* mollezza.
molienda *s.f.* **1** macinatura **2** mulino (*m.*) **3** (*fig.*) fastidio (*m.*), seccatura.
molimiento *s.m.* **1** macinatura (*f.*) **2** sfinimento, stanchezza (*f.*).
molinero *s.m.* mugnaio.
molinete *s.m.* **1** (*anche sport*) mulinello **2** tornello.
molinillo *s.m.* **1** macinino: — *de café*, macinino da caffè **2** frullino.

molino *s.m.* mulino: — *de viento*, mulino a vento.
molitivo *agg.* emolliente.
molla *s.f.* polpa.
mollear *v.intr.* incurvarsi, cedere.
molleja *s.f.* (*zool.*) ventriglio (*m.*).
mollejo *agg.* molle.
mollejón *s.m.* mollaccione.
mollera *s.f.* **1** (*anat.*) fontanella **2** (*fig.*) cervello (*m.*), comprendonio (*m.*): *duro de* —, testone | *secarse la* —, diventare scemo.
mollina *s.f.* pioggerella.
mollino *agg.* piovigginoso.
molliznar, molliznear *v.intr.impers.* piovigginare.
molón *agg.*(*fam.*) **1** piacevole, gradevole **2** elegante.
moloso *s.m.* (*zool.*, *cane*) molosso.
moltura *s.f.* macinatura.
molturar *v.tr.* macinare.
molusco *s.m.* (*zool.*) mollusco.
momentáneo *agg.* momentaneo.
momento *s.m.* (*anche fis.*) momento, istante | *en buen* —, al momento giusto | — *de rotación*, momento di rotazione | — *magnético*, momento magnetico
■ ***al momento***, subito | ***de momento***, per ora | ***por momentos***, rapidamente, progressivamente | ***cosa de poco momento***, cosa da nulla | ***a cada momento***, continuamente.
momia *s.f.* (*anche fig.*) mummia.
momificación *s.f.* mummificazione.
momificar (*con. come* pescar) *v.tr.* mummificare.
momo *s.m.* smorfia (*f.*).
mona *s.f.* **1** scimmia | *aunque la — se vista de seda, — se queda*, l'abito non fa il monaco | *corrido como una* —, svergognato | *estar como una* —, essere sbronzo **2** (*fam.*) sbornia | *dormir la* —, smaltire la sbornia.
monacal *agg.* monacale; monastico.
monacato *s.m.* (*relig.*) monacato.
monada *s.f.* **1** bellezza, meraviglia: *es una* —, è un amore | *¡qué monada!*, che meraviglia! **2** moina, smanceria **3** ragazzata, marachella **4** mossa scimmiesca.
mónada *s.f.* (*filos.*) monade.
monadología *s.f.* (*filos.*) monadologia.
monaguillo *s.m.* (*relig.*) chierichetto.
monaquismo *s.m.* (*relig.*) monachesimo.
monarca *s.m./f.* (*pol.*) monarca.
monarquía *s.f.* (*pol.*) monarchia.
monárquico *agg.*, *s.m.* (*pol.*) monarchico.
monarquismo *s.m.* (*pol.*) monarchismo.
monasterial *agg.* (*relig.*) monasteriale.
monasterio *s.m.* (*relig.*) monastero.
monástico *agg.* (*relig.*) monastico: *congregación monástica*, congregazione monastica.
monda *s.f.* **1** ripulitura **2** buccia, scorza
■ ***ser la monda***, essere incredibile/formidabile.
mondadientes *s.m.* stuzzicadenti.
mondador *s.m.* mondatore.
mondadura *s.f.* mondatura, ripulitura.
mondaorejas *s.m.* cotton fioc®.
mondapozos *s.m.* vuotapozzi.
mondar *v.tr.* **1** pulire, mondare **2** pelare, sbucciare **3** (*fiumi, canali*) dragare **4** rapare, tagliare i capelli **5** (*fam.*) derubare, ripulire ♦ **-se** *v.pron.* —*de risa*, sbellicarsi dal ridere.
mondo *agg.* pulito, mondo | — *y lirondo*, puro e semplice.
mondongo *s.m.* trippa (*f.*).
mondonguero *s.m.* trippaio.
moneda *s.f.* moneta: *acuñar* —, battere moneta | *casa de la* —, zecca | *papel* —, banconota | — *suelta*, spiccioli | (*fig.*) *pagar con/en la misma* —, ripagare con la stessa moneta | *la otra cara de la* —, l'altra faccia della medaglia.
monedería *s.f.* monetazione.
monedero *agg.* monetario ♦ *s.m.* portamonete
■ ***monedero falso***, falsario.
monegasco *agg.*, *s.m.* monegasco.
monema *s.m.* (*ling.*) monema.
monesco *agg.* scimmiesco.
monetario *agg.* monetario | *sistema — internacional*, sistema monetario internazionale ♦ *s.m.* collezione (*f.*) di monete.
monetarismo *s.m.* (*econ.*) monetarismo.
monetarista *agg.* (*econ.*) monetarista.
monetización *s.f.* (*econ.*) monetizzazione.
monetizar (*con. come* cazar) *v.tr.* (*econ.*) monetizzare.
mongol *agg.*, *s.m.* mongolo.
mongólico *agg.* **1** mongolico, mongolo **2** (*med.*) mongoloide.
mongolismo *s.m.* (*med.*) mongolismo.
monigote *s.m.* **1** pupazzo, fantoccio (*anche fig.*) **2** (*Amer.*) seminarista.
monipodio *s.m.* consorzio di delinquenti.
monismo *s.m.* (*filos.*) monismo.
monista *s.m./f.* (*filos.*) monista.
monitor[1] *s.m.* istruttore.
monitor[2] *s.m.* (*tv, inform.*) monitor, schermo.
monitoria *s.f.* ammonimento (*m.*).
monitorio *agg.* monitorio.
monitorización *s.f.* monitorizzazione.
monitorizado *agg.* monitorizzato.
monitorizar (*con. come* cazar) *v.tr.* monitorizzare.
monja *s.f.* (*relig.*) suora, monaca.
monje *s.m.* (*relig.*) frate, monaco.
monjerío *s.m.* (*relig.*) monacato.
monjía *s.f.* (*relig.*) **1** convento (*m.*) di suore **2** monacato (*m.*).

monjil *agg.* (*relig.*) monacale ♦ *s.m.* (*relig.*) abito da suora.
monjío *s.m.* (*relig.*) monacato.
mono *agg.* carino, grazioso ♦ *s.m.* **1** scimmia (*f.*) | — *aullador*, scimmia urlatrice | — *sabio*, scimmia ammaestrata | *hacer el* —, fare lo scemo **2** tuta (*f.*) da lavoro **3** (*fam.*, *droga*) sindrome (*f.*) da astinenza, scimmia (*f.*) **4** scarabocchio, sgorbio
■ | ***ser el último mono***, essere l'ultima ruota del carro | ***estar de monos***, tenersi il broncio | ***quedarse hecho un mono***, arrossire per la vergogna | ***tengo monos en la cara?***, che c'è da guardare?
mono- *pref.* mono-.
monobloque *agg.* (*tecn.*) monoblocco.
monocarril *s.m.* (*ferr.*) monorotaia (*f.*).
monociclo *s.m.* monociclo.
monocigótico *agg.* (*biol.*) monozigote.
monocigoto *s.m.* (*med.*) monozigote.
monocito *s.m.* (*biol.*) monocito.
monocolor *agg.* (*anche pol.*) monocolore.
monocorde *agg.* **1** monocorde, monotono **2** (*mus.*) monocordo.
monocordio *s.m.* (*mus.*) monocordo.
monocracia *s.f.* (*pol.*) monocrazia.
monocromático *agg.* monocromatico.
monocromía *s.f.* (*med.*) monocromia.
monocromo *agg.* monocromo.
monocular *agg.* monoculare.
monóculo *s.m.* **1** monocolo **2** (*med.*) benda (*f.*) per occhio.
monocultivo *s.m.* (*agr.*) monocoltura (*f.*).
monodia *s.f.* (*mus.*) monodia.
monódico *agg.* (*mus.*) monodico.
monodosis *agg.* (*farm.*) monodose.
monofagia *s.f.* (*med.*) monofagia.
monofásico *agg.* (*elettr.*) monofase.
monofisismo *s.m.* (*relig.*) monofisismo.
monofisita *agg.*, *s.m./f.* (*relig.*) monofisita.
monogamia *s.f.* monogamia.
monógamo *agg.*, *s.m.* monogamo.
monogénesis *s.f.* (*biol.*) monogenesi.
monogenético *agg.* (*biol.*) monogenetico.
monogenismo *s.m.* (*biol.*) monogenismo.
monografía *s.f.* monografia.
monográfico *agg.* monografico | *curso* —, corso monografico.
monografista *s.m./f.* autore (*m.*) di monografie.
monograma *s.m.* monogramma.
monohélice *agg.* (*aer.*) monoelica.
monolingüe *agg.* (*ling.*) monolingue.
monolingüismo *s.m.* (*ling.*) monolinguismo.
monolítico *agg.* (*anche fig.*) monolitico.
monolitismo *s.m.* monolitismo.
monolito *s.m.* monolito.
monologar (*con. come* llegar) *v.intr.* (*teatr.*, *fig.*) monologare, parlare da solo.
monólogo *s.m.* monologo, soliloquio.
monomanía *s.f.* monomania.
monomaníaco, monomaniático *agg.*, *s.m.* (*psic.*) monomaniaco.
monomio *s.m.* (*mat.*) monomio.
monomotor *agg.*, *s.m.* (*aer.*) monomotore.
mononuclear *agg.* (*biol.*) mononucleare.
mononucleosis *s.f.* (*med.*) mononucleosi.
monopartidismo *s.m.* (*pol.*) monopartitismo.
monopartidista *agg.* (*pol.*) monopartitico.
monopatín *s.m.* **1** monopattino **2** skateboard.
monoplaza *agg.*, *s.m.* monoposto.
monopolio *s.m.* (*econ.*, *fig.*) monopolio.
monopolismo *s.m.* (*econ.*) monopolio.
monopolista *agg.*, *s.m./f.* (*econ.*) monopolista.
monopolístico *agg.* (*econ.*) monopolistico.
monopolización *s.f.* (*econ.*) monopolizzazione.
monopolizador *agg.*, *s.m.* (*econ.*, *anche fig.*) monopolizzatore.
monopolizar (*con. come* cazar) *v.tr.* (*econ.*, *anche fig.*) monopolizzare.
monopoly® *s.m.* (*gioco*) monopoli®.
monóptero *agg.* (*arch.*) monoptero.
monoptongación *s.f.* (*ling.*) monottongazione.
monoptongar (*con. come* llegar) *v.tr./intr.* monottongare.
monoptongo *s.m.* (*ling.*) monottongo.
monorraíl *agg.*, *s.m.* (*ferr.*) monorotaia (*f.*).
monorrítmico *agg.* (*lett.*) monoritmico.
monorritmo *s.m.* (*lett.*) monoritmo.
monosacárido *s.m.* (*chim.*) monosaccaride.
monosilábico *agg.* (*ling.*) monosillabico.
monosílabo *agg.*, *s.m.* (*ling.*) monosillabo.
monostrófico *agg.* (*lett.*) monostrofico.
monoteísmo *s.m.* (*relig.*) monoteismo.
monoteísta *agg.*, *s.m./f.* (*relig.*) monoteista.
monotemático *agg.* monotematico.
monotipia *s.f.* **1** (*tip.*) monotipia **2** (*macchina*) monotype.
monotipo *s.m.* (*tip.*) monotype (*f.*).
monotonía *s.f.* monotonia, uniformità.
monótono *agg.* monotono, noioso.
monovalente *agg.* (*chim.*) monovalente.
monovolumen *agg.*, *s.m.* (*auto*) monovolume.
monóxido *s.m.* (*chim.*) monossido.
monseñor *s.m.* (*relig.*) monsignore.
monserga *s.f.* tirata, solfa, pappardella.
monstruo *s.m.* (*anche fig.*) mostro | — *sagrado*, mostro sacro.
monstruosidad *s.f.* (*anche fig.*) mostruosità.
monstruoso *agg.* **1** mostruoso, orrendo: *criaturas monstruosas*, creature mostruose **2** (*anche fig.*) gigantesco **3** atroce, mostruoso, crudele: *un carácter* —, un carattere crudele.
monta *s.f.* **1** ammontare (*m.*), totale (*m.*)

2 valore (*m.*), entità | *de poca* –, di scarsa entità **3** (*zool.*) monta.

montacargas *s.m.* montacarichi.

montado *agg.* a cavallo | *policía montada*, polizia a cavallo
■ (*fam.*) ***estar montado (en el dólar)***, essere carico di soldi.

montador *s.m.* montatore.

montaje *s.m.* **1** montaggio: *cadena de*–, catena di montaggio | – *fotográfico*, fotomontaggio **2** (*teatr.*) messa (*f.*) in scena **3** (*fam.*) farsa (*f.*), montatura (*f.*).

montanero *s.m.* guardaboschi (*m./f.*).

montanismo *s.m.* (*relig.*) montanismo.

montanista *agg.*, *s.m./f.* (*relig.*) montanista.

montano *agg.* montano.

montante *agg.* ammontante ♦ *s.f.* (*geogr.*) alta marea ♦ *s.m.* **1** (*tecn.*) supporto, montante **2** (*comm.*) ammontare **3** (*arch.*) montante.

montaña *s.f.* **1** montagna, monte (*m.*) | – *rusa*, montagne russe | *hacer una – de un grano de arena*, fare di un sassolino una montagna **2** (*fig.*) mucchio (*m.*), gran quantità.

montañés *agg.*, *s.m.* montanaro.

montañismo *s.m.* alpinismo.

montañista *s.m./f.* alpinista.

montañoso *agg.* montagnoso.

montaplatos *s.m.* montavivande.

montar *v.tr.* **1** montare, assemblare | – *una película*, realizzare il montaggio di un film | – *un záfiro, una esmeralda*, montare uno zaffiro, uno smeraldo **2** avviare, mettere su (*anche fig.*): – *un negocio*, impiantare un'attività | – *una tienda*, aprire un negozio | – *un show/un lío*, fare una scenata/un putiferio **3** allestire, mettere in scena | – *un espectáculo, una obra teatral*, allestire uno spettacolo, un'opera teatrale **4** (*cuc.*) montare: – *la nata, las claras*, montare la panna, gli albumi **5** montare, cavalcare **6** (*zool.*) montare, coprire **7** (*arma*) caricare **8** (*mar.*) doppiare: – *un cabo, un promontorio*, doppiare un capo, un promontorio ♦ *v.intr.* **1** salire, montare (*anche fig.*): *montó en el coche*, salì in macchina | – *en cólera*, montare in collera **2** importare, valere: *tanto monta tu hermano como el mío*, tuo fratello vale quanto il mio | *tanto monta/monta tanto*, tanto vale, fa lo stesso **3** (*comm.*) ammontare a: *los gastos montaban a 3.000 euros*, le spese ammontavano a 3.000 euro.

montaraz *agg.* **1** silvestre, montano **2** (*fig.*) selvatico, scontroso.

monte *s.m.* **1** monte, montagna (*f.*) | – *de piedad*, monte di pietà | – *de Venus*, monte di Venere **2** bosco, selva (*f.*) | – *bajo*, boscaglia **3** (*fig.*) ostacolo
■ ***correr el monte***, andare a caccia | ***echarse al monte***, darsi alla macchia | ***no todo el monte es orégano***, non sono tutte rose e fiori.

montea *s.f.* battuta di caccia.

montear *v.tr.* (*selvaggina*) cacciare, stanare.

montenegrino *agg.*, *s.m.* montenegrino.

montera *s.f.* berretto (*m.*) da torero.

monterería *s.f.* berrettificio (*m.*).

montería *s.f.* **1** caccia grossa **2** arte della caccia.

montero *s.m.* (*caccia*) battitore.

montés *agg.* montano | *gato* –, gatto selvatico.

montículo *s.m.* monticello.

monto *s.m.* (*comm.*) ammontare.

montón *s.m.* (*anche fig.*) mucchio: *a montones*, a mucchi, a iosa | *a* –, alla rinfusa | *ser del* –, essere uno qualunque.

montonera *s.f.* (*anche fig.*) cumulo (*m.*), massa, montagna.

montonero *agg.*, *s.m.* (*Amer.*, *pol.*) montonero.

montuno *agg.* montano.

montuosidad *s.f.* montuosità.

montuoso *agg.* montuoso.

montura *s.f.* **1** cavalcatura **2** finimenti (*m.pl.*), sella **3** (*di gioielli, occhiali*) montatura.

monumental *agg.* **1** monumentale **2** (*fig.*) monumentale, imponente.

monumentalidad *s.f.* monumentalità.

monumento *s.m.* (*anche fig.*) monumento.

monzón *s.m.* monsone.

monzónico *agg.* monsonico.

moño *s.m.* chignon; crocchia (*f.*) | *agarrarse del* –, prendersi per i capelli | *estar hasta el* –, averne fin sopra i capelli | *ponerse moños*, darsi delle arie.

mopa *s.f.* (*spazzolone*) mop (*m.*).

moquear *v.intr.* avere il naso che cola.

moqueta *s.f.* moquette.

moquete *s.m.* pugno sul naso.

moquetear *v.tr.* prendere a pugni sul naso.

moquitear *v.intr.* piagnucolare.

mora[1] *s.f.* (*bot.*) mora.

mora[2] *s.f.* (*dir.*) mora.

morabito *s.m.* (*relig.*) anacoreta musulmano.

morada *s.f.* **1** dimora, casa **2** permanenza, soggiorno (*m.*): *hizo – por algún tiempo en Roma*, soggiornò per qualche tempo a Roma.

morado *agg.* **1** viola, violaceo **2** livido: *los golpes me dejaron los brazos morados*, i colpi mi lasciarono le braccia piene di lividi | *poner un ojo* –, fare un occhio nero ♦ *s.m.* **1** viola, violetto **2** livido, ematoma
■ ***pasarlas moradas***, vedersela brutta | ***ponerse morado***, fare una scorpacciata.

morador *agg.*, *s.m.* residente (*m./f.*), abitante (*m./f.*).

moradura *s.f.* livido (*m.*), contusione.

moral[1] *agg.* morale, etico ♦ *s.f.* **1** morale,

etica | *faltar a la* —, venire meno all'etica **2** morale (*m.*): *tener la — por los suelos*, avere il morale a pezzi | *comerle la — a alguien*, demoralizzare, avvilire | *tocar la* —, rompere le scatole.
moral² *s.m.* (*bot.*) gelso nero.
moraleda *s.f.* gelseto (*m.*).
moraleja *s.f.* morale della favola.
moralidad *s.f.* moralità.
moralina *s.f.* ipocrisia.
moralismo *s.m.* moralismo.
moralista *s.m./f.* (*anche filos.*) moralista.
moralización *s.f.* moralizzazione.
moralizador *s.m.* moralizzatore.
moralizante *agg.* moralizzante.
moralizar (*con. come* cazar) *v.intr.* moraleggiare ♦ *v.tr.* moralizzare.
morar *v.intr.* abitare, risiedere; soggiornare.
moratoria *s.f.* (*dir.*) moratoria.
moravo *agg.*, *s.m.* moravo.
morbidez *s.f.* **1** (*med.*) morbosità **2** morbidezza.
mórbido *agg.* **1** morbido, soave, soffice **2** (*med.*) morboso.
morbo *s.m.* **1** morbo, malattia (*f.*) | — *gálico*, sifilide **2** (*fig.*) morbosità (*f.*).
morbosidad *s.f.* (*med., fig.*) morbosità.
morboso *agg.* (*med., fig.*) morboso.
morcilla *s.f.* **1** (*cuc.*) sanguinaccio (*m.*) **2** (*teatr.*) improvvisazione.
morcillero *s.m.* salumiere.
morcillo *s.m.* coscia (*f.*) di bovino.
morcón *s.m.* (*insaccato*) budello.
mordacidad *s.f.* mordacità.
mordaga *s.f.* (*fam.*) sbronza.
mordaz (*pl.* -ces) *agg.* (*anche fig.*) mordace, pungente.
mordaza *s.f.* bavaglio (*m.*).
mordedura *s.f.* morso (*m.*); morsicatura.
mordente *s.m.* (*mus., chim.*) mordente.
morder (*con. come* mover) *v.tr.* **1** mordere, morsicare, addentare: *el perro le mordió una pierna*, il cane gli morse una gamba | — *el anzuelo*, abboccare; (*fig.*) cadere nella trappola | *está que muerde*, è furibondo | — *el freno*, mordere il freno **2** consumare, intaccare: *la inflación mordió el valor del dinero*, l'inflazione intaccò il valore del denaro **3** (*chim.*) corrodere **4** (*fig.*) colpire, pungere.
mordicante *agg.* corrosivo.
mordicar (*con. come* pescar) *v.tr.* pungere, pizzicare.
mordida *s.f.* **1** morso (*m.*) **2** (*Amer.*) mazzetta.
mordido *agg.* liso, logoro.
mordiente *s.m.* (*chim.*) mordente.
mordiscar (*con. come* pescar) *v.tr.* **1** mordicchiare, rosicchiare **2** (*fig.*) denigrare ♦ *v.intr.* (*fig.*) spettegolare, sparlare.
mordisco *s.m.* **1** morso, morsicatura (*f.*) **2** boccone, morso.
mordisquear *v.tr.* mordicchiare, rosicchiare.
morena *s.f.* **1** (*zool.*) murena **2** (*geogr.*) morena.
morenez *s.f.* brunezza.
moreno *agg.* **1** scuro, bruno: *ser* —, essere scuro di capelli e/o di carnagione **2** abbronzato: *estar* —, essere abbronzato **3** (*fam.*) nero, mulatto ♦ *s.m.* bruno, moro.
morera *s.f.* (*bot.*) gelso (*m.*) bianco.
moreral *s.m.* (*agr.*) gelseto.
morería *s.f.* (*st.*) quartiere (*m.*) musulmano.
moretón *s.m.* (*fam.*) livido.
morfema *s.m.* (*ling.*) morfema.
morfemático *agg.* (*gramm.*) morfematico.
morfina *s.f.* (*chim.*) morfina.
morfinismo *s.m.* (*med.*) morfinismo.
morfinomanía *s.f.* (*med.*) morfinomania.
morfinómano *agg.*, *s.m.* (*med.*) morfinomane (*m./f.*).
morfofonema *s.m.* (*ling.*) morfofonema.
morfogénesis *s.f.* morfogenesi.
morfología *s.f.* morfologia.
morfológico *agg.* morfologico.
morfosintaxis *s.f.* (*ling.*) morfosintassi.
morganático *agg.* (*dir.*) morganatico.
morgue *s.f.* obitorio (*m.*).
moribundo *agg.*, *s.m.* moribondo.
morigeración *s.f.* morigeratezza.
morigerado *agg.* morigerato.
morigerar *v.tr.* moderare.
morillo *s.m.* (*di camino*) alare.
morir (*con. come* dormir; *part.pass.* muerto) *v.intr.* **1** (*anche fig.*) morire: *murió en la guerra*, morì in guerra; *el riachuelo moría entre los arenales del puerto*, il rigagnolo moriva tra le sabbie del porto | *¡ni muerto!*, neanche morto! | *¡muérete!*, crepa! | — *vestido*, morire di morte violenta | — *de risa*, morir dal ridere **2** (*anche fig.*) affievolirsi, spegnersi: *dejar morir la lumbre*, lasciare spegnere il lume ♦ **-se** *v.pron.* **1** morire: *se ha muerto el director de la escuela*, è morto il preside della scuola **2** morire per, desiderare intensamente: *estoy que me muero de hambre*, sto morendo dalla fame; *hay gente que se muere por tener un Ferrari*, c'è gente che muore dalla voglia di avere una Ferrari **3** intorpidirsi: *de tanto estar sentada se me murió una pierna*, a furia di stare seduta mi si è intorpidita una gamba ■ ***a morir***, intensamente | ***de/para morirse***, straordinario | ***que te mueres***, in modo stupendo, molto bene.
morisco *agg.* (*arte*) moresco ♦ *s.m.* (*st.*) musulmano convertito al cristianesimo.
morisqueta *s.f.* smorfia.
morlón *agg.*, *s.m.* finto tonto.
mormón *s.m.* (*relig.*) mormone.
mormónico *agg.* (*relig.*) mormonico.

mormonismo *s.m.* (*relig.*) mormonismo.
moro *agg.*, *s.m.* (*spreg.*) moro, arabo, musulmano
■ ***hay moros en la costa***, anche i muri hanno orecchi.
morosidad *s.f.* (*dir.*) morosità.
moroso *agg.*, *s.m.* (*dir.*) moroso.
morra *s.f.* (*gioco*) morra.
morrada *s.f.* **1** testata **2** ceffone (*m.*).
morral *s.m.* **1** sacco, bisaccia (*f.*) **2** carniere **3** (*fam.*) zoticone.
morralla *s.f.* **1** (*fig.*) ciarpame (*m.*), carabattole (*pl.*) **2** (*fig.*) gentaglia **3** (*pesce*) minutaglia.
morrena *s.f.* (*geol.*) morena.
morrénico *agg.* (*geol.*) morenico.
morriña *s.f.* tristezza, malinconia; nostalgia: *tener — de su tierra*, avere nostalgia di casa propria.
morrito *s.m.* smorfia (*f.*).
morro *s.m.* **1** muso **2** faccia (*f.*) tosta | *tener —*, avere la faccia di bronzo **3** ciottolo **4** (*fam.*) labbro
■ ***estar de morro(s)***, fare il broncio | ***beber a morro***, bere a garganella.
morrocotudo *agg.* (*fam.*) notevole, impressionante, formidabile.
morsa *s.f.* (*zool.*) tricheco (*m.*).
mortadela *s.f.* (*cuc.*) mortadella.
mortaja[1] *s.f.* sudario (*m.*).
mortaja[2] (*tecn.*) incastro (*m.*).
mortal *agg.* mortale, letale ♦ *s.m.* mortale.
mortalidad *s.f.* mortalità.
mortandad *s.f.* moria.
mortecino *agg.* fievole, debole: *de la ventana llegaba la luz mortecina de los faroles*, dalla finestra arrivava la fievole luce dei fanali | *color —*, colore smorto.
morterazo *s.m.* **1** colpo di mortaio **2** ferita (*f.*) da mortaio.
morterete *s.m.* mortaretto.
mortero *s.m.* **1** mortaio **2** (*edil.*) malta (*f.*), calcina (*f.*) **3** mola (*f.*), macina (*f.*).
morteruelo *s.m.* (*cuc.*) stufato di fegato di maiale.
mortífero *s.m.* mortifero.
mortificación *s.f.* mortificazione, umiliazione.
mortificador *agg.* mortificante.
mortificar (*con. come* pescar) *v.tr.* mortificare, umiliare.
mortinato *agg.*, *s.m.* nato morto.
mortuorio *agg.* mortuario | *cámara mortuoria*, camera ardente.
morueco *s.m.* (*zool.*) montone, ariete.
moruno *agg.* moresco.
mosaico[1] *s.m.* mosaico | *— de madera*, intarsio.
mosaico[2] *agg.* (*relig.*) mosaico, relativo a Mosé | *ley mosaica*, legge mosaica.
mosaiquista *s.m./f.* mosaicista.
mosaismo *s.m.* (*relig.*) mosaismo.
mosca *agg.* (*fam.*) sospettoso, diffidente: *su actitud me tiene —*, il suo atteggiamento mi insospettisce ♦ *s.f.* **1** (*zool.*) mosca **2** (*barba*) pizzetto (*m.*) **3** (*fam.*) denaro (*m.*): *aflojar la —*, sborsare quattrini **4** (*fam., persona*) calabrone (*m.*), rompiscatole (*m.*)
■ ***mosca muerta***, gattamorta | ***estar con la mosca en la oreja***, avere la pulce nell'orecchio | ***cazar moscas***, perder tempo | ***como moscas***, in gran quantità | ***no ser capaz de matar una mosca***, non essere capace di far male a una mosca | ***papar moscas***, imbambolarsi | ***picarle la mosca a alguien***, far saltare la mosca al naso a qlcu. | ***por si las moscas***, non si sa mai.
moscada *agg. solo nella loc.*: *nuez —*, noce moscata.
moscardón *s.m.* **1** (*zool.*) moscone, calabrone **2** (*fig.*) rompiscatole.
moscatel *s.m.* (*vino*) moscato.
moscón *s.m.* (*zool.*) moscone.
mosconear *v.tr.* (*fig.*) girare intorno a, molestare, infastidire.
moscovita *agg.*, *s.m./f.* moscovita.
mosqueado *agg.* (*fam.*) arrabbiato, risentito.
mosquear *v.tr.* **1** scacciare (le mosche) **2** (*fig.*) insospettire: *lo que más mosqueó a los policías fue que se salió sin las llaves del coche*, ciò che più insospettì i poliziotti fu che se ne andò senza le chiavi della macchina **3** (*fam.*) far arrabbiare: *su actitud nos mosquea*, il suo atteggiamento ci fa incavolare ♦ **-se** *v.pron.* (*fam.*) risentirsi, arrabbiarsi: *se va a — si sigues tomándole el pelo de esa forma*, finirà con l'arrabbiarsi se continui a prenderlo in giro in quel modo.
mosquerío *s.m.* moscaio.
mosquero *s.m.* carta (*f.*) moschicida.
mosquetazo *s.m.* moschettata (*f.*).
mosquete *s.m.* moschetto.
mosquetero *s.m.* moschettiere.
mosquetón *s.m.* **1** moschettone **2** (*arma*) moschetto.
mosquitero *s.m.* zanzariera (*f.*).
mosquito *s.m.* (*zool.*) zanzara (*f.*).
mostacho *s.m.* (*anche fig.*) baffo.
mostachón *s.m.* (*cuc.*) mostacciolo.
mostaza *s.f.* (*bot., cuc.*) senape.
mostear *v.intr.* **1** (*vino*) travasare il mosto **2** ammostare ♦ *v.intr./tr.* aggiungere il mosto al vino.
mostillo *s.m.* (*cuc.*) mosto cotto aromatizzato con cannella, anice o chiodi di garofano.
mosto *s.m.* mosto.
mostrable *agg.* mostrabile.
mostrador *agg.* indicatore ♦ *s.m.* (*di negozio*) bancone.
mostrar (*con. come* contar) *v.tr.* mostrare;

dimostrare ♦ **-se** *v.pron.* mostrarsi, dimostrarsi.
mostrativo *agg.* dimostrativo.
mostrenco *agg.* senza proprietario | *res mostrenca*, mandria allo stato brado | *bienes mostrencos*, beni senza padrone ♦ *agg.*, *s.m.* **1** tozzo, tracagnotto **2** ignorante, tardo.
mota *s.f.* **1** puntino (*m.*), pois (*m.*) **2** (*fig.*) neo (*m.*), difetto (*m.*).
mote *s.m.* **1** motto, detto **2** nomignolo, soprannome.
moteado *agg.* punteggiato; a puntini.
motear *v.tr.* disegnare pallini su.
motejador *agg.*, *s.m.* motteggiatore.
motejar *v.tr.* chiamare, dare del: — *de cobarde*, dare del vigliacco.
motejo *s.m.* motteggio.
motel *s.m.* motel.
motero *agg.* (*fam.*) appassionato di moto.
motilidad *s.f.* motilità.
motín *s.m.* rivolta (*f.*), ammutinamento.
motivación *s.f.* motivazione.
motivador *agg.* motivante.
motivar *v.tr.* **1** motivare, spronare **2** chiarire, motivare.
motivo *s.m.* **1** causa (*f.*), motivo **2** (*disegno, mus.*) motivo | — *ornamental*, motivo ornamentale
▪ ***con motivo de***, in occasione di | ***de motivo propio***, di propria iniziativa.
moto *s.f.* moto, motocicletta | *ir a toda* —, andare a tutta birra.
moto- *pref.* moto-.
motocarro *s.m.* motocarro.
motocicleta *s.f.* motocicletta.
motociclismo *s.m.* (*sport*) motociclismo.
motociclista *agg.*, *s.m./f.* motociclista.
motociclo *s.m.* motociclo.
motocine *s.m.* drive-in.
motocompresor *s.m.* (*mecc.*) motocompressore.
motocross *s.m.* (*sport*) motocross.
motocultivador *s.m.* (*agr.*) motocoltivatore.
motocultivo *s.m.* (*agr.*) motocoltura (*f.*).
motocultor *s.m.* → **motocultivador.**
motoesquí *s.m.* motoslitta (*f.*).
motón *s.m.* (*mar.*) bozzello.
motopesquero *s.m.* (*mar.*) motopeschereccio.
motopropulsor *agg.*, *s.m.* motopropulsore.
motor *agg.* motore ♦ *s.m.* **1** (*anche fig.*) motore | — *de dos tiempos*, *de explosión*, *de inyección*, motore a due tempi, a scoppio, a iniezione | — *de arranque*, motorino d'avviamento **2** (*cinem.*) ciak.
motora *s.f.* (*mar.*) motoscafo (*m.*).
motorismo *s.m.* (*sport*) motorismo.
motorista *s.m./f.* **1** motociclista **2** (*poliziotto*) agente della stradale.
motorización *s.f.* motorizzazione.
motorizado *agg.* motorizzato.
motorizar (*con. come* cazar) *v.tr.* motorizzare.
motosierra *s.f.* motosega.
mototaxi *s.m./f.* mototaxi.
motricidad *s.f.* motricità.
motriz *agg.f.* motrice: *fuerza* —, forza motrice.
motu proprio *loc.avv.* spontaneamente.
mousse *s.f.* (*cuc.*) mousse.
movedizo *agg.* **1** mobile, instabile | *arenas movedizas*, sabbie mobili **2** (*fig.*) incostante.
mover (*indic.pres.* muevo, mueves, mueve, movemos, movéis, mueven; *cong.pres.* mueva, muevas, mueva, movamos, mováis, muevan; *imp.* mueve, mueva, movamos, moved, muevan) *v.tr.* **1** (*anche fig.*) muovere: — *la cabeza*, muovere la testa; — *a lástima*, muovere a pietà **2** causare, scatenare: *las leyes promulgadas movieron las protestas de la gente*, le leggi promulgate causarono le proteste della gente ♦ **-se** *v.pron.* (*anche fig.*) muoversi: *no se movió de la silla donde estaba*, non si mosse dalla sedia dove si trovava; *hay que — si queremos aumentar las ventas*, dobbiamo darci da fare se vogliamo aumentare le vendite.
movible *agg.* **1** mobile **2** (*fig.*) instabile, incostante.
movida *s.f.* (*fam.*) **1** vita notturna **2** animazione, confusione.
movido *agg.* **1** animato, movimentato **2** agitato **3** (*foto.*) mosso.
móvil *agg.* mobile ♦ *s.m.* **1** movente, causa (*f.*): *hasta ahora se desconocen los móviles del crimen*, fino a ora non si conoscono i moventi del delitto **2** (*tel.*) cellulare, telefonino.
movilidad *s.f.* mobilità.
movilización *s.f.* (*mil.*, *fig.*) mobilitazione.
movilizar (*con. come* cazar) *v.tr.* (*anche fig.*) mobilitare: *el gobierno movilizó sus tropas hacia la frontera*, il governo mobilitò le truppe verso la frontiera | — *a las masas*, mobilitare le masse.
movimiento *s.m.* **1** movimento, moto: — *uniforme*, moto uniforme; impulso **2** rivolta (*f.*), moto **3** (*culturale*, *politico ecc.*) corrente (*f.*), movimento **4** movimento, animazione (*f.*); traffico: *había mucho — en la calle*, per la strada c'era un gran movimento **5** (*mus.*) movimento, tempo **6** (*econ.*) movimento.
moviola *s.f.* (*cinem.*, *tv*) moviola.
moza *s.f.* **1** ragazza nubile | *buena* —, bella ragazza **2** servetta | — *de cámara*, cameriera **3** (*carte*) ultima mano di gioco.
mozalbete *s.m.* giovincello, ragazzino.
mozambiqueño *agg.*, *s.m.* mozambicano.
mozárabe *agg.* (*st.*) mozarabico ♦ *s.m./f.* (*st.*) mozarabo.

mozarabismo *s.m.* (*ling., pitt.*) mozarabismo.

mozo *agg.* **1** giovane **2** scapolo, celibe, nubile ♦ *s.m.* **1** giovanotto | *buen* —, bell'uomo **2** cameriere, garzone | — *de cocina*, sguattero | — *de cordel/de estación/de esquina*, facchino | — *de oficio*, inserviente, apprendista di bottega **3** (*mil.*) recluta (*f.*) **4** sostegno, puntello.

mozuelo *s.m.* ragazzino, giovanotto.

mu *s.m. nella loc.*: *no decir ni* —, non aprire bocca.

mucama *s.f.* (*Amer.*) domestica, donna di servizio.

muchacha *s.f.* **1** ragazza **2** (*fam.*) domestica, cameriera.

muchachada *s.f.* **1** ragazzata **2** combriccola.

muchachear *v.intr.* comportarsi da ragazzo.

muchacho *s.m.* ragazzo.

muchedumbre *s.f.* moltitudine, folla.

mucho *agg./pron.indef.* molto, tanto: *voy a hablar de muchas cosas*, parlerò di molte cose; *el — calor nos impidió dormir*, il gran caldo ci impedì di dormire; *muchos de ellos*, molti di loro ♦ *avv.* molto, tanto: *hace — que no te veo*, è da tanto che non ti vedo; *el helado me gusta* —, il gelato mi piace molto | — *mejor*, molto meglio
▪ ***como mucho***, al massimo | ***ni mucho menos***, nemmeno per sogno | ***por mucho que***, per quanto | ***tener en mucho***, stimare molto.

mucilaginoso *agg.* (*bot.*) mucillaginoso.

mucílago *s.m.* (*bot.*) mucillagine (*f.*).

mucolítico *agg., s.m.* (*farm.*) mucolitico.

mucosa *s.f.* (*anat.*) mucosa.

mucosidad *s.f.* muco (*m.*).

mucoso *agg.* mucoso.

muda *s.f.* **1** (*zool.*) muta **2** biancheria di ricambio.

mudable *agg.* mutevole, variabile.

mudadizo *agg.* mutevole, incostante.

mudanza *s.f.* **1** cambiamento (*m.*); cambio (*m.*) **2** trasloco (*m.*): *estar de* —, traslocare.

mudar *v.tr.* **1** mutare, cambiare; trasformare, convertire: *al oír esas palabras mudó su tristeza en alegría*, al sentire quelle parole mutò la sua tristezza in allegria; — *los pañales a un niño*, cambiare il pannolino a un bambino; — *las plumas*, *la piel*, *la voz*, mutare le piume, la pelle, la voce **2** trasferire: *le han mudado a otra oficina*, l'hanno trasferito in un altro ufficio ♦ *v.intr.* cambiare, trasformarsi: *las cosas han mudado*, le cose sono cambiate ♦ **-se** *v.pron.* **1** cambiarsi: — *de ropa*, cambiarsi il vestito **2** traslocare: *se mudaron a la ciudad hace poco*, si sono trasferiti in città da poco.

mudéjar *agg., s.m./f.* (*st.*) mudéjar.

mudez *s.f.* (*anche fig.*) mutismo (*m.*).

mudo *agg.* **1** muto | *mapa* —, cartina muta | *cine* —, cinema muto **2** (*fig.*) zitto, silenzioso: *quedarse* —, restare zitto ♦ *s.m.* muto.

mueblaje *s.m.* mobilia (*f.*).

mueble *agg.* mobile: *bienes* —, beni mobili ♦ *s.m.* mobile | *salvar los* —, uscire da una situazione difficile.

mueblería *s.f.* mobilificio (*m.*).

mueblista *agg., s.m./f.* mobiliere (*m.*).

mueca *s.f.* smorfia, ghigno (*m.*).

muecín *s.m.* (*relig.*) muezzin.

muela *s.f.* **1** (*tecn.*) macina **2** (*per affilare*) mola **3** (*anat.*) molare (*m.*) | *dolor de muelas*, mal di denti | — *cordal/del juicio*, dente del giudizio **4** (*bot.*) cicerchia.

muellaje *s.m.* (*mar.*) tassa (*f.*) d'ormeggio.

muelle[1] *agg.* molle, soffice ♦ *s.m.* molla (*f.*) | *colchón de muelles*, materasso a molle.

muelle[2] *s.m.* **1** molo, banchina (*f.*) **2** scalo ferroviario.

muérdago *s.m.* (*bot.*) vischio.

muerdo *s.m.* (*fam.*) morso.

muerte *s.f.* **1** (*anche fig.*) morte: *a todos nos pesó mucho su* —, la sua morte pesò molto a tutti noi; *ayer dos malandros le dieron — a un comerciante*, ieri due delinquenti hanno ucciso un commerciante | *en peligro de* —, in pericolo di vita | *aburrirse de* —, annoiarsi a morte | *amar a* —, amare alla follia | *lucha a* —, lotta all'ultimo sangue | *odiar a* —, odiare a morte | *poner a la* —, ridurre in fin di vita **2** omicidio (*m.*): *a ciencia cierta le atribuyen dos muertes*, gli attribuiscono senza ombra di dubbio due omicidi
▪ ***de mala muerte***, di infima categoria, misero | ***de muerte***, da lasciare stecchiti | ***ser una muerte***, essere una noia mortale | ***muerte chiquita***, brivido | (*tennis*) ***muerte súbita***, tie-break.

muerto *agg.* **1** (*anche fig.*) morto: *estar — de cansancio*, essere sfinito dalla stanchezza | *medio* —, stanco morto | *ni* —, neanche morto | *naturaleza muerta*, natura morta **2** (*fig.*) smorto, spento: *un color* —, un colore smorto ♦ *s.m.* morto, defunto
▪ ***cargar con el muerto***, prendersi la colpa di qlco. | ***echarle el muerto a alguien***, scaricare la colpa su qlcu. | ***el muerto al hoyo y el vivo al bollo***, chi muore giace, chi vive si dà pace | ***no encontrar ni muerto ni vivo***, non trovare anima viva | ***no tener donde caerse muerto***, essere un morto di fame | (*pallacanestro*) ***pedir tiempo*** —, chiedere un time out.

muesca *s.f.* incisione, tacca, incastro (*m.*).

mueso *s.m.* (*anche equitazione*) morso.

muestra *s.f.* **1** (*comm.*) campione (*m.*) | *para la — basta un botón*, l'eccezione conferma la regola **2** modello (*m.*) **3** (*comm.*) esposizione, fiera | *feria de muestras*, fiera campionaria | *perro de* —, cane da esposizione

4 segnale (*m.*), indizio (*m.*) | *dar muestra(s) de*, dare prova di | *hacer* —, far mostra **5** (*di negozio, attività*) insegna
■ ***pasar muestra***, passare in rivista.
muestrario *s.m.* campionario, catalogo.
muestreo *s.m.* **1** campionatura (*f.*) **2** campionamento (statistico).
muflón *s.m.* (*zool.*) muflone.
muftí *s.m.* (*dir.*) muftì.
muga[1] *s.f.* pietra miliare.
muga[2] *s.f.* (*pesci*) deposizione delle uova.
mugar (*con. come* llegar) *v.intr.* deporre le uova.
mugido *s.m.* muggito.
mugir (*con. come* afligir) *v.intr.* muggire.
mugre *s.f.* sudiciume (*m.*), unto (*m.*).
mugriento *agg.* sporco, sudicio, unto.
muguete *s.m.* (*bot.*) mughetto.
mujer *s.f.* **1** donna | — *de gobierno*, governante | — *de mala vida*, donna di malaffare | — *de su casa*, casalinga | — *de la limpieza*, donna di servizio **2** moglie: *quiero presentarte a mi* —, voglio presentarti mia moglie.
mujeriego *agg., s.m.* donnaiolo
■ ***a mujeriegas/a la mujeriega***, all'amazzone.
mujeril *agg.* femminile.
mujerío *s.m.* (*spreg.*) insieme di donne.
mujerona *s.f.* (*spreg.*) donnone (*m.*).
mujerzuela *s.f.* (*spreg.*) **1** donnicciola **2** (*spreg.*) donnaccia, prostituta.
mula *s.f.* mula | *ser más terco que una* —, essere più testardo di un mulo | *mozo de mulas*, mulattiere | *en la* — *de San Francisco*, a piedi.
mulada *s.f.* branco (*m.*) di muli.
muladar *s.m.* (*anche fig.*) letamaio, mondezzaio.
mular *agg.* mulattiero.
mulatero *s.m.* mulattiere.
mulatizar (*con. come* cazar) *v.intr.* avere il colore del mulatto.
mulato *agg., s.m.* mulatto.
muleta *s.f.* **1** gruccia, stampella **2** (*fig.*) appoggio (*m.*), sostegno (*m.*). **3** (*corrida*) muleta, asta con un drappo rosso.
muletilla *s.f.* intercalare (*m.*).
muleto *s.m.*(*zool.*) mulo selvatico.
muletón *s.m.* mollettone.
mullida *s.f.* strame (*m.*), lettiera per bestiame.
mullido *agg.* soffice, morbido ♦ *s.m.* imbottitura (*f.*).
mullir (*con. come* bullir) *v.tr.* **1** ammorbidire, rendere soffice, sprimacciare: *siempre se pone a* — *el sofá antes de sentarse*, si mette sempre a sprimacciare il divano prima di sedersi **2** (*agr.*) sarchiare, lavorare (la terra): *tenemos que* — *el terreno y después sembramos*, dobbiamo sarchiare la terra e poi seminiamo.
mullo *s.m.* (*zool.*) triglia (*f.*).
mulo *s.m.* **1** (*zool.*) mulo **2** (*fig., fam.*) persona (*f.*) resistente, roccia (*f.*) | *ser un* — *de carga*, essere una bestia da soma.
multa *s.f.* multa, penale: *me dieron una* — *porque el coche no estaba asegurado*, mi hanno multato perché l'auto non era assicurata.
multar *v.tr.* multare.
multi- *pref.* multi-.
multicelular *agg.* (*biol.*) multicellulare.
multicine *s.m.* cinema multisala.
multicolor *agg.* multicolore.
multicopiado *agg.* fotocopiato.
multicopiar *v.tr.* fotocopiare.
multicopista *agg., s.f.* fotocopiatrice.
multicultural *agg.* multiculturale.
multiculturalismo *s.m.* multiculturalismo.
multidisciplinar, **multidisciplinario** *agg.* multidisciplinare.
multifamiliar *agg.* multifamiliare.
multifocal *agg.* multifocale.
multiforme *agg.* multiforme.
multifunción, **multifuncional** *agg.* multifunzionale.
multifuncionalidad *s.f.* multifunzionalità.
multilateral *agg.* multilaterale.
multilateralismo *s.m.* multilateralismo.
multimedia *agg.* multimediale: *programas* —, programmi multimediali.
multimillonario *agg., s.m.* miliardario.
multinacional *agg., s.f.* multinazionale.
multípara *agg., s.f.* multipara.
multipartidismo *s.m.* (*pol.*) pluripartitismo.
múltiple *agg.* multiplo, molteplice: *parto* —, parto multiplo.
múltiplex *agg., s.m.* multiplex.
multiplicable *agg.* moltiplicabile.
multiplicación *s.f.* (*anche mat.*) moltiplicazione.
multiplicador *agg., s.m.* (*anche mat.*) moltiplicatore.
multiplicando *agg., s.m.* (*mat.*) moltiplicando.
multiplicar (*con. come* pescar) *v.tr.* (*anche mat.*) moltiplicare | *tabla de* —, tabellina aritmetica ♦ **-se** *v.pron.* **1** moltiplicarsi, riprodursi **2** (*fam.*) darsi da fare, farsi in quattro.
multiplicativo *agg.* moltiplicativo.
multiplicidad *s.f.* molteplicità.
múltiplo *s.m.* (*mat.*) multiplo.
multipropiedad *s.f.* multiproprietà.
multirracial *agg.* multirazziale.
multirriesgo *agg.* (*assicurazioni*) multirischio.
multitud *s.f.* moltitudine, folla | *en* — *de ocasiones*, in moltissime occasioni.
multitudinario *agg.* di massa.
multiuso *agg.* multiuso.
mundanal *agg.* (*lett.*) mondano.

mundanería *s.f.* mondanità.
mundano *agg.* mondano.
mundial *agg.* mondiale | *campeonato —*, campionato del mondo ♦ *s.m.* (*sport, campionato*) mondiale.
mundialista *s.m./f.* (*sport*) atleta che partecipa ai mondiali.
mundificar (*con. come* pescar) *v.tr.* purificare.
mundo *s.m.* **1** mondo | *el tercer —*, il terzo mondo **2** gente (*f.*): *medio —*, molta gente | *todo el —*, tutti quanti | *apartarse del —*, allontanarsi dalla gente | *el gran —*, l'alta società
■ ***echar al mundo***, dare alla luce, mettere al mondo | ***echarse al mundo***, darsi alla prostituzione | ***no es nada del otro mundo***, non è nulla di straordinario | ***arreglar el mundo***, parlare di politica o di altri temi generali | ***como su madre le trajo al mundo***, nudo, come mamma l'ha fatto | ***desde que el mundo es mundo***, da che mondo è mondo | ***el mundo es un pañuelo***, com'è piccolo il mondo | ***enviar al otro mundo***, spedire all'altro mondo | ***hacer un mundo de una cuestión***, farne una tragedia/un affare di Stato | ***hundirse el mundo / venírsele encima el mundo***, crollare il mondo addosso | ***irse al otro mundo***, finire all'altro mondo | ***¡mundo cruel!*** mondo cane! | ***por nada del mundo***, per niente al mondo | ***ver mucho mundo***, essere una persona esperta | ***ser de/tener mundo***, essere un uomo di mondo | ***al fin del mundo***, in capo al mondo.
mundovisión *s.f.* (*tv*) mondovisione.
munición *s.f.* munizione
■ ***de munición***, d'ordinanza; di scarsa qualità: *artículo de —*, articolo di scarsa qualità.
municionamiento *s.m.* (*mil.*) munizionamento.
municionar *v.tr.* (*mil.*) munizionare.
municionero *s.m.* (*mil.*) munizioniere.
municipal *agg.* municipale, comunale | *término —, circoscrizione municipale* ♦ *s.m.* guardia (*f.*) municipale, vigile urbano.
municipalidad *s.f.* (*amm.*) municipalità.
municipalismo *s.m.* (*amm.*) municipalismo.
municipalista *agg.* (*amm.*) municipalistico.
municipalización *s.f.* (*amm.*) municipalizzazione.
municipalizado *agg.* (*amm.*) municipalizzato.
municipalizar (*con. come* cazar) *v.tr.* (*amm.*) municipalizzare.
munícipe *s.m./f.* cittadino (*m.*) di un comune.
municipio *s.m.* municipio, comune.
munificencia *s.f.* munificenza.
munificente *agg.* munificente.
munífico *agg.* munifico.
muñeca *s.f.* **1** (*anat.*) polso (*m.*) **2** (*anche fig.*) bambola **3** batuffolo (*m.*), tampone (*m.*): *barnizaje a —*, vernice a tampone.
muñeco *s.m.* **1** pupazzo, fantoccio (*anche fig.*) **2** (*spreg.*) damerino.
muñequera *s.f.* **1** (*sport*) polsiera **2** (*di orolgio*) cinturino (*m.*).
muñir *v.tr.* manipolare, truccare.
muñón *s.m.* moncherino.
mural *agg.* murale ♦ *s.m.* **1** murale, affresco **2** manifesto.
muralismo *s.m.* (*pitt.*) pittura (*f.*) murale.
muralista *s.m./f.* (*pitt.*) muralista.
muralla *s.f.* muraglia.
murallón *s.m.* muraglione.
murar *v.tr.* circondare di mura: *— una ciudad*, cingere di mura una città.
murciano *agg.* di Murcia ♦ *s.m.* nativo di Murcia.
murciélago *s.m.* (*zool.*) pipistrello.
murena *s.f.* (*zool.*) murena.
murga[1] *s.f.* (*dell'olio*) morchia.
murga[2] *s.f.* **1** banda musicale ambulante **2** (*fam.*) seccatura | *dar la —*, dare fastidio.
murguista *s.m./f.* musicante.
muriático *agg.* (*chim.*) muriatico | *ácido —*, acido muriatico.
muriato *s.m.* (*chim.*) muriato.
murmullo *s.m.* mormorio, sussurro, bisbiglio.
murmuración *s.f.* mormorazione.
murmurador *agg.*, *s.m.* **1** mormoratore **2** (*fig.*) diffamatore, pettegolo, maldicente (*m./f.*).
murmurar *v.intr.* **1** mormorare, sussurrare: *es de mala educación — delante de la gente*, è cattiva educazione parlare sottovoce davanti alla gente **2** (*fig.*) criticare, sparlare.
murmureo, murmurio *s.m.* mormorio.
muro *s.m.* muro, parete (*f.*) | *— de los lamentos*, muro del pianto.
murria *s.f.* (*fam.*) malinconia, tristezza.
murrino *agg.* murrino.
murrio *agg.* (*fam.*) triste, malinconico.
murta *s.f.* **1** (*frutto*) bacca di mirto **2** (*pianta*) mirto (*m.*).
murtilla *s.f.* (*bot.*) mortella.
murtón *s.m.* (*bot.*) bacca (*f.*) di mirto.
murucuyá *s.f.* (*bot.*) passiflora.
musa *s.f.* (*anche fig.*) musa | *entender la — de alguien*, scoprire le intenzioni di qlcu. | *soplarle la —*, essere ispirato.
musageta *agg.*, *s.m.* (*mit.*) musagete.
musaraña *s.f.* (*zool.*) toporagno (*m.*) | *pensar en las musarañas*, essere distratto.
muscardino *s.f.* (*zool.*) moscardino.
musco *agg.* scuro.
muscular *agg.* (*anat.*) muscolare.
musculatura *s.f.* (*anat.*) muscolatura.
músculo *s.m.* muscolo.
musculoso *agg.* muscoloso.

museístico *agg.* museale.
muselina *s.f.* mussolina, mussola.
museo *s.m.* museo | *de* —, da esposizione.
museografía *s.f.* museografia.
museográfico *agg.* museografico.
museógrafo *s.m.* esperto di museografia.
museología *s.f.* museologia.
museológico *agg.* museale.
museólogo *s.m.* museologo.
musgo *s.m.* (*bot.*) muschio.
musgoso *agg.* muscoso.
música *s.f.* (*anche fig.*) musica.
▪ ***dar música a un sordo***, parlare ai sordi | ***¡ni que tuviera música!***, neanche fosse oro! | ***¡vete con tu música a otra parte!***, basta con questa storia!
musicable *agg.* musicabile.
musical *agg.* musicale.
musicalidad *s.f.* musicalità.
musicante *s.m./f.* musicante.
musicar (*con. come* pescar) *v.tr.* musicare.
music-hall *s.m.* music-hall.
músico *agg.* musicale | *instrumentos músicos*, strumenti musicali ♦ *s.m.* musicista (*m./f.*).
musicografía *s.f.* musicografia.
musicógrafo *s.m.* musicografo.
musicología *s.m.* musicologia.
musicólogo *s.m.* musicologo.
musicomanía *s.f.* musicomania.
musicómano *s.m.* musicomane (*m./f.*).
musicoterapia *s.f.* (*med.*) musicoterapia.
musiquilla *s.f.* **1** musichetta, motivetto (*m.*) **2** (*fig.*) cadenza, cantilena.
musitar *v.tr.* bisbigliare, sussurrare: *no lo dijo claro, lo musitó*, non lo disse chiaramente, lo bisbigliò.
musivo *agg.* musivo.
muslo *s.m.* (*anat.*) coscia (*f.*).
musmón *s.m.* (*zool.*) muflone.
mustiar *v.tr.* far sfiorire, far appassire.
mustio *agg.* **1** triste, malinconico: *llovía, la mañana era mustia*, pioveva, la mattina era malinconica **2** appassito, vizzo (*anche fig.*) | *una cara mustia*, un viso avvizzito **3** sgualcito: *su traje aparecía* —, il suo vestito era sciupato.
musulmán *agg.*, *s.m.* musulmano.
mutabilidad *s.f.* mutabilità.
mutable *agg.* mutevole, incostante.
mutación *s.f.* **1** mutazione, cambiamento (*m.*): — *genética*, mutazione genetica **2** (*teatr.*) cambio (*m.*) di scena **3** brusca variazione del clima.
mutacionismo *s.m.* (*biol.*) mutazionismo.
mutagénesis *s.f.* (*biol.*) mutagenesi.
mutágeno *agg.* (*biol.*) mutageno.
mutante *agg.*, *s.m./f.* mutante.
mutar *v.tr.* mutare.
mutatis mutandis *loc.* mutatis mutandis.
mutilación *s.f.* mutilazione.
mutilado *agg.* mutilato.
mutilador *agg.* mutilatore.
mutilar *v.tr.* (*anche fig.*) mutilare, mozzare: *el periódico llegó mutilado de los artículos contra el gobierno*, il giornale arrivò censurato degli articoli contro il governo.
mútilo *agg.* (*lett.*) mutilo.
mutis *s.m.* (*teatr.*) uscita (*f.*) di scena
▪ ***hacer mutis***, battersela alla chetichella; fare scena muta | ***¡mutis!***, silenzio!
mutismo *s.m.* mutismo.
mutua *s.f.* assicurazione, mutua.
mutual *agg.* mutuo.
mutualidad *s.f.* **1** mutualità **2** mutua.
mutualismo *s.m.* mutualismo.
mutualista *agg.* mutualistico ♦ *s.m./f.* mutuato (*m.*).
mutuo *agg.* mutuo, reciproco: *afecto* —, affetto reciproco.
muy *avv.* molto, tanto: *no entendí lo que dijo porque hablaba — rápido*, non ho capito cosa diceva perché parlava molto velocemente; *es un chico — alto*, è un ragazzo molto alto | — *de mañana*, molto presto | — *de noche*, molto tardi.

Nn

n *s.f.* n | (*tel.*) — *como Navarra*, n come Napoli.
naba *s.f.* (*bot.*) rapa, ravizzone (*m.*).
nabab *s.m.* (*pol., fig.*) nababbo.
nabar *agg.* di rape ♦ *s.m.* coltivazione (*f.*) di rape.
nabería *s.f.* **1** insieme di rape **2** minestra di rape.
nabí *s.m.* profeta.
nabicol *s.m.* (*bot.*) rapa (*f.*).
nabina *s.f.* (*bot.*) seme (*m.*) della rapa.
nabiza *s.f.* (*bot.*) **1** cima di rapa **2** radice della rapa.
nabo *s.m.* **1** (*bot.*) ravizzone | — *gallego*, rapa **2** (*volg.*) uccello, pisello.
naboría *s.f.* **1** (*Amer., st.*) servo di origine indio-americana **2** (*Amer., st.*) nel primo periodo della conquista, azione di destinare alcuni indios al servizo domestico.
nácar *s.m.* madreperla (*f.*).
nacarado *agg.* **1** madreperlaceo **2** madreperlato.
nacatamal *s.m.* (*Amer., cuc.*) calzone ripieno di carne di maiale o di pollo.
nacencia *s.f.* **1** lignaggio (*m.*) **2** tumore (*m.*); ciste.
nacer (*con. come* agradecer) *v.intr.* **1** nascere (*anche fig.*): *nació en Milán*, è nato a Milano; *la física moderna nace con el siglo XX*, la fisica moderna nasce nel XX secolo; *su rabia nace de que lo criticaste delante de todos*, la sua rabbia nasce dal fatto che lo hai criticato davanti a tutti **2** spuntare, sorgere: *hoy nació un sol bellísimo*, oggi è spuntato un sole bellissimo **3** (*bot.*) spuntare, germogliare: *en mayo nacen las rosas*, a maggio sbocciano le rose ♦ **-se** *v.pron.* (*cucitura*) sfilacciarsi: *esta falda se ha nacido*, questa gonna si è sfilacciata
■ ***nacer (alguien) a algo***, iniziare (qlcu.) a qlco. | ***nacer para***, essere predestinato a; avere delle doti per | ***no haber nacido ayer***, non essere nati ieri, non essere ingenui | ***volver a nacer***, essere vivo per miracolo.
nacido *agg., s.m.* nato | *recién* —, neonato | *mal* —, maledetto.
naciente *agg.* **1** nascente **2** recente, nuovo ♦ *s.m.* oriente, levante.
nacimiento *s.m.* **1** nascita (*f.*): *ciego de* —, cieco dalla nascita | *acta/partida de* —, certificato di nascita **2** sorgente (*f.*), fonte (*f.*): *el río tiene su — en los Alpes*, il fiume ha le sue sorgenti nelle Alpi **3** origine (*f.*), principio: *el — de la raza humana*, l'origine della razza umana **4** presepio **5** stirpe (*f.*), lignaggio.
nación *s.f.* **1** nazione, paese (*m.*) **2** stirpe, popolo (*m.*): *la — curda*, il popolo curdo.
nacional *agg.* nazionale: *fiesta* —, festa nazionale | *carretera* —, strada statale ♦ *s.m.* (*st.*) miliziano franchista.
nacionalidad *s.f.* nazionalità; cittadinanza.
nacionalismo *s.m.* (*pol.*) nazionalismo.
nacionalista *agg.* (*pol.*) nazionalista.
nacionalización *s.f.* (*pol., econ.*) nazionalizzazione.
nacionalizar (*con. come* cazar) *v.tr.* (*pol., econ.*) nazionalizzare: *el gobierno nacionalizò el cobre*, il governo ha nazionalizzato il rame ♦ **-se** *v.pron.* naturalizzarsi, ottenere la cittadinanza: *mi mamá es de origen español pero no se quiere* —, mia mamma è di origine spagnola ma non vuole prendere la cittadinanza.
nacionalsocialismo *s.m.* (*pol.*) nazionalsocialismo, nazismo.
naco *s.m.* (*Amer.*) **1** tabacco da masticare **2** purè di patate **3** spavento improvviso **4** (*fam.*) escremento, cacca (*f.*).
nacrita *s.f.* (*min.*) nacrite.
nada *s.f.* nulla (*m.*): *crear de la* —, creare dal nulla ♦ *pron.indef.* **1** niente: *no preparé — especial para comer*, non ho preparato niente di speciale da mangiare; *no tengo — que decirte*, non ho niente da dirti | *no tenían — de dinero*, non avevano un centesimo| *¡— de bromas!*, niente scherzi! | *hace — que se fue*, è appena andato via | *por — del mundo*, per niente al mondo **2** poco, niente: *lo que me pasó es — en comparación con lo que te ha pasado a ti*, ciò che mi è successo è niente rispetto a quello che è successo a te ♦ *avv.* per nulla, niente affatto: *no estoy — satisfecho*, non sono per niente soddisfatto; *no se encuentra — bien*, non sta per niente bene; *esta lavadora no funciona* —, questa lavatrice non funziona affatto; *no trabaja ni* —, non fa niente di niente; *«¿apareció tu hermano?»*

«*—, ya ves*», «s'è visto tuo fratello?» «no, per nulla, come vedi».
■ ***antes que nada***, prima di tutto | ***ide nada!***, prego | ***de nada***, da nulla, insignificante | ***dentro de nada***, in pochissimo tempo | ***nada de eso***, niente affatto | ***estar en nada***, mancare poco | ***más que nada***, più che altro, soprattutto | ***a cada nada***, spesso/frequentemente | ***como si nada***, come se niente fosse | ***nada más***, nient'altro; (+ *inf.*) appena: *— más volver*, appena ritornato | ***nada menos***, nientemeno, addirittura | ***nada más y nada menos***, né più né meno | ***para nada***, niente affatto | ***por nada***, per niente | ***no es por nada, pero...***, non per dire, ma...: *no es por —, pero me tienes harta*, insomma, ma mi hai stufata.
nadadera *s.f.* salvagente (*m.*).
nadador *s.m.* nuotatore.
nadar *v.intr.* nuotare; galleggiare: *aprendió a — cuando tenía tres años*, imparò a nuotare quando aveva tre anni; *el aceite nada en el agua*, l'olio galleggia sull'acqua | *— entre dos aguas*, tenere il piede in due scarpe | *— y guardar la ropa*, procedere con cautela.
nadería *s.f.* sciocchezzuola, cosa di poco conto.
nadie *pron.indef.* nessuno: *— me lo dijo*, nessuno me l'ha detto ♦ *s.m.* nessuno: *tú no eres — para levantar la voz de esa forma*, tu non sei nessuno per alzare la voce in questo modo | *ser un don —*, essere un signor nessuno.
nadir *s.m.* (*astr.*) nadir.
nado, a *loc.avv.* nuotando, a nuoto: *ha cruzado el río —*, ha attraversato il fiume a nuoto.
nafta *s.f.* **1** (*chim.*) nafta **2** (*Amer.*) benzina.
naftalina *s.f.* (*chim.*) naftalina.
nagual *s.m.* (*Amer.*) **1** stregone **2** animale totemico.
náhuatl *s.m.* (*lingua dell'America Centrale*) nahuatl.
naíf *agg.*, *s.m.* naïf.
naife *s.m.* diamante di qualità superiore.
nailon® *s.m.* nylon®, tessuto sintetico: *camiseta de —*, maglietta di nylon.
naipe *s.m.* **1** carta (*f.*) da gioco **2** (*pl.*) mazzo (*sing.*) di carte
■ ***dar bien/mal el naipe***, avere la sorte a favore/contraria | ***tener buen/mal naipe***, essere fortunato/sfortunato al gioco: *hoy no quiero jugar, tengo mal —*, non voglio giocare, non ho fortuna | ***estar como el naipe***, essere molto magro, patito | ***cambiar el naipe***, cambiare discorso.
naja[1] *s.f.* (*zool.*) cobra (*m.*), serpente (*m.*) velenoso.
naja[2] *s.f. solo nella loc.*: *salir de —*, svignarsela.
nalga *s.f.* natica.
nalgada *s.f.* sculacciata.
nalgatorio *s.m.* (*fam.*) sedere.
nalguear *v.intr.* sculettare.
nana *s.f.* **1** ninna nanna **2** bambina **3** (*Amer.*) balia, tata **4** (*abbigl.*) tutina (per neonati).
nanay *avv.* (*fam.*) no, assolutamente | *— de la China*, non ci pensare neanche.
nano- *pref.* nano-.
nanómetro *s.m.* nanometro.
nanosegundo *s.m.* nanosecondo.
nanotecnología *s.f.* nanotecnologia.
nansa *s.f.* **1** rete da pesca, nassa **2** stagno (*m.*) per i pesci.
nansú *s.m.* batista (*f.*).
nao *s.m.* nave (*f.*).
napa *s.f.* nappa.
napalm *s.m.* napalm.
napoleónico *agg.* napoleonico.
napolitano *agg.*, *s.m.* napoletano.
naranja *s.f.* **1** (*bot.*) arancia | *media —*, dolce metà, marito/moglie | *¡naranjas de la China!*, nemmeno per sogno! **2** (*arch.*) cupola ♦ *agg.*, *s.m.* (*colore*) arancione.
naranjada *s.f.* aranciata.
naranjal *s.m.* aranceto.
naranjero *agg.* relativo alle arance.
naranjo *s.m.* (*albero*) arancio.
narcisismo *s.m.* narcisismo.
narcisista *s.m./f.* narcisista.
narciso *s.m.* **1** (*bot.*) narciso **2** (*fig.*) narciso, narcisista (*m./f.*).
narco- *pref.* narco-.
narcodólar *s.m.* narcodollaro.
narcolepsia *s.f.* (*med.*) narcolessia.
narcosis *s.f.* (*med.*) narcosi.
narcoterapia *s.f.* (*med.*) narcoterapia.
narcoterrorismo *s.m.* narcoterrorismo.
narcótico *s.m.* narcotico.
narcotización *s.f.* narcotizzazione.
narcotizar (*con. come* cazar) *v.tr.* narcotizzare.
narcotraficante *s.m.* narcotrafficante (*m./f.*).
narcotráfico *s.m.* narcotraffico.
nardo *s.m.* (*bot.*) nardo, tuberosa (*f.*).
narguile *s.m.* narghilè.
narigón *agg.* nasuto ♦ *s.m.* narice (*f.*).
nariz (*pl.* -ces) *s.f.* **1** naso (*m.*); narice: *— aguileña*, naso aquilino; *— chata*, naso camuso, a patata; *— fina*, naso sottile; *— respingona*, naso all'insù **2** olfatto (*m.*); fiuto (*m.*) (*anche fig.*): *tiene una — increíble*, ha un naso incredibile **3** (*pl.*, *fam.*) fegato, coraggio: *¿quién iba a creérselo que tuviera las narices para eso?*, chi avrebbe creduto che avesse il fegato per farlo?
■ ***asomar las narices***, farsi vedere, fare capolino | ***ide las narices!***, del cavolo! | ***darse de narices con alguien***, imbattersi in qlcu. | ***en mis propias narices***, proprio davanti ai miei

occhi | ***estar hasta las narices***, non poterne più, averne fin sopra i capelli | ***tener a alguien montado en las narices***, non sopportare qlcu.: *lo tengo montado en las narices*, mi sta sullo stomaco | ***darle a alguien en la nariz***, insospettire qlcu.: *me da en la —*, mi sa che | ***me importa tres narices***, non me ne frega nulla | ***meter la nariz***, ficcare il naso | ***no haber más narices***, non esserci altro rimedio | ***restregar por las narices***, sbattere in faccia | ***romper las narices***, rompere il muso | ***tocar las narices***, rompere le scatole | ***tocarse las narices***, stare con le mani in mano | ***hincharle a alguien las narices***, stufare: *se me hincharon las narices de esperarlo y me marché*, mi stufai di aspettarlo e me ne andai | ***no ver más allá de sus narices***, non vedere più in là del proprio naso | ***por narices***, per forza.

narizón *agg.* nasuto.

narra *s.f.* (*bot.*) sandalo (*m.*).

narrable *agg.* narrabile.

narración *s.f.* narrazione, racconto (*m.*).

narrador *s.m.* narratore.

narrar *v.tr.* narrare, raccontare; esporre: *mi abuela siempre nos narraba historias de amor*, mia nonna ci raccontava sempre storie d'amore.

narrativa *s.f.* (*lett.*) narrativa.

narrativo *agg.* narrativo.

narria *s.f.* traino (*m.*).

nártex *s.m.* (*arch.*) nartece.

narval *s.m.* (*zool.*) narvalo.

nasa *s.f.* **1** (*pesca*) nassa **2** cesto (*m.*), cestino (*m.*) per il pane.

nasal *agg.* (*anche ling.*) nasale.

nasalización *s.f.* (*ling.*) nasalizzazione.

nasalizar (*con. come* cazar) *v.tr.* (*ling.*) nasalizzare.

nastuerzo *s.m.* (*bot.*) nasturzio.

nata *s.f.* **1** panna: *— batida/montada*, panna montata **2** (*fig.*) crema, il fior fiore (*m.*): *la crema y — de la sociedad*, il fior fiore della società.

natación *s.f.* nuoto (*m.*).

natal *agg.* natale, natio: *Madrid era su ciudad —*, Madrid era la sua città natale.

natalicio *agg.* natalizio ♦ *s.m.* compleanno, genetliaco.

natalidad *s.f.* natalità: *ha descendido la tasa de —*, il tasso di natalità è diminuito.

natátil *agg.* galleggiante.

natatorio *agg.* natatorio.

naterón *s.m.* cagliata (*f.*).

natillas *s.f.pl.* (*cuc.*) crema (*sing.*) inglese.

Natividad *s.f.* Natale (*m.*).

nativo *agg.* **1** natio: *país —*, paese natio **2** congenito; innato: *hábito —*, abitudine innata ♦ *s.m.* nativo.

nato *agg.* nato | *es un bailarín —*, è un ballerino nato.

natural *agg.* **1** naturale: *eventos naturales*, eventi naturali | *era hijo — del rey de Polonia*, era figlio naturale del re di Polonia **2** originario: *— de Madrid*, originario di Madrid **3** spontaneo, genuino, puro: *el galanteo ha dejado de ser un hecho —*, la galanteria non è più una cosa spontanea **4** logico, legittimo: *era — que el niño llorara después de caerse*, era logico che il bambino piangesse dopo la caduta ♦ *s.m./f.* nativo (*m.*) ♦ *s.m.* indole (*f.*), carattere, natura (*f.*): *gente de buen —*, gente di buon carattere

■ ***copiar del natural***, copiare dal vero | ***al natural***, allo stato naturale | ***de natural***, in natura.

naturaleza *s.f.* **1** natura: *— humana*, natura umana | *por —*, di natura | (*arte*) *— muerta*, natura morta **2** carattere (*m.*), temperamento (*m.*): *cada quien tiene su propia —*, ciascuno ha il proprio carattere **3** genere (*m.*), specie, tipo (*m.*): *en la librería estaban amontonadas obras de varia —*, nella libreria erano ammucchiate opere di vario genere **4** costituzione, fisico (*m.*): *ser de — flaca*, essere di costituzione magra **5** cittadinanza | *carta de —*, certificato di cittadinanza.

naturalidad *s.f.* naturalezza, spontaneità, semplicità: *esa mujer se movía con mucha —*, quella donna si muoveva con molta naturalezza.

naturalismo *s.m.* (*filos., lett.*) naturalismo.

naturalista *agg., s.m./f.* (*filos., lett.*) naturalista.

naturalización *s.f.* (*dir.*) naturalizzazione.

naturalizar (*con. come* cazar) *v.tr.* (*dir.*) naturalizzare, concedere la cittadinanza a ♦ **-se** *v.pron.* naturalizzarsi, ottenere la cittadinanza: *Juan todavía no se ha naturalizado español*, Juan non si è ancora naturalizzato spagnolo.

naturalmente *avv.* **1** naturalmente, in modo naturale **2** sicuramente, ovviamente.

naturismo *s.m.* naturismo.

naturista *agg., s.m./f.* naturista.

naufragar (*con. come* llegar) *v.intr.* (*anche fig.*) naufragare: *la lancha naufragó a cuatro millas de la costa*, il motoscafo naufragò a quattro miglia dalla costa; *la relación terminaría naufragando a los pocos meses de casados*, la relazione sarebbe fallita/naufragata dopo pochi mesi di matrimonio.

naufragio *s.m.* naufragio.

náufrago *s.m.* naufrago.

nauseabundo *agg.* nauseabondo.

nausear *v.tr.* nauseare.

náusea *s.f. spec.pl.* **1** nausea (*sing.*): *tener náuseas*, avere la nausea **2** ripugnanza (*sing.*).

náutica *s.f.* nautica.

náutico *agg.* nautico: *club —*, club nautico.

nava *s.f.* bassopiano (*m.*) circondato da montagne, spesso paludoso.
navaja *s.f.* **1** coltello (*m.*) a serramanico: *parece que lo hirieron con una —*, sembra lo abbiano ferito con un coltello a serramanico | *— de afeitar*, rasoio **2** (*zool.*) cannolicchio (*m.*).
navajada *s.f.* coltellata.
navajazo *s.m.* coltellata (*f.*); rasoiata (*f.*): *la pelea terminó a navajazos*, la lite terminò a coltellate.
navajero *agg.* (*delinquente*) che tira di coltello ♦ *s.m.* **1** produttore di coltelli a serramanico **2** astuccio per rasoio **3** delinquente che tira di coltello.
navajo *agg., s.m.* navajo, indiano d'America.
naval *agg.* navale: *escuela —*, scuola navale.
navarro *agg. della Navarra* ♦ *s.m.* nativo della Navarra.
nave *s.f.* **1** nave | *— mercante*, mercantile | *— espacial*, astronave | (*fig.*) *quemar las naves*, bruciarsi le navi alle spalle **2** capannone (*m.*), deposito (*m.*) **3** (*arch.*) navata.
navegabilidad *s.f.* navigabilità.
navegable *agg.* navigabile: *río navegable*, fiume navigabile.
navegación *s.f.* navigazione; nautica: *— interior*, navigazione interna | *— aérea*, navigazione aerea.
navegador *s.m.* **1** navigatore **2** (*inform.*) browser.
navegante *s.m.* navigante.
navegar (*con. come* llegar) *v.intr.* **1** navigare: *me fui en un barco que navegaba lentísimo*, me ne andai su un'imbarcazione che navigava molto lentamente; *— en alta mar*, navigare in alto mare **2** (*inform.*) navigare.
naveta *s.f.* **1** (*recipiente per l'incenso*) navicella **2** cassetto (*m.*) di scrittoio.
Navidad *s.f.* **1** Natale (*m.*) | *¡Feliz —!*, Buon Natale! | *por —*, nel periodo di Natale **2** (*pl.*) feste di Natale: *para navidades voy a reunir a todos mis hermanos*, durante le feste natalizie riunirò tutti i miei fratelli.
navideño *agg.* natalizio.
naviero *agg.* relativo alla navigazione ♦ *s.m.* armatore.
navío *s.m.* nave (*f.*), bastimento: *— de alto bordo*, nave di alto bordo; *— de cargo*, nave da carico | *capitán de —*, capitano di vascello.
náyade *s.f.* (*mit., bot.*) naiade.
nayuribe *s.m.* (*bot.*) amaranto.
nazareno *agg., s.m.* **1** nazareno **2** (*fig.*) cristiano.
nazi *agg., s.m./f.* nazista.
nazismo *s.m.* nazismo.
nebladura *s.f.* danno (*m.*) provocato alle coltivazioni dalla nebbia.
neblí *s.m.* (*zool.*) nibbio.
neblina *s.f.* nebbiolina, foschia.
neblinoso *agg.* nebbioso.
nebral *s.m.* (*bot.*) ginepraio.
nebrina *s.f.* (*bot.*) coccola.
nebular *agg.* nebulare.
nebulización *s.f.* nebulizzazione.
nebulizador *s.m.* nebulizzatore.
nebulizar (*con. come* cazar) *v.tr.* nebulizzare.
nebulosa *s.f.* (*astron.*) nebulosa.
nebulosidad *s.f.* nebulosità.
nebuloso *agg.* **1** nuvoloso, coperto **2** (*fig.*) nebuloso, vago **3** (*fig.*) oscuro.
necear *v.intr.* dire delle sciocchezze, parlare a vanvera.
necedad *s.f.* stupidaggine, sciocchezza.
necesario *agg.* necessario, indispensabile; inevitabile: *haremos todo lo —*, faremo tutto il necessario | *es — que te enteres en qué contexto se ha dicho*, è necessario che tu sappia in che contesto è stato detto.
necesidad *s.f.* **1** necessità, bisogno (*m.*); fabbisogno (*m.*): *no hay — de gritar*, non c'è bisogno di urlare; *siente una gran — de ayuda*, sente un gran bisogno di aiuto; *lo hizo por —*, l'ha fatto per necessità | *artículos de primera —*, generi di prima necessità | *de —*, necessariamente | *hacer de la — virtud*, fare di necessità virtù **2** difficoltà, situazione difficile: *se encuentra en una gran —*, si trova in una situazione molto difficile | *sufrir/padecer necesidades*, vivere in grandi ristrettezze **3** (*spec.pl.,fam.*) bisogni (*m.pl.*): *hizo sus necesidades*, fece i suoi bisogni | *— mayor*, defecazione.
necesitado *agg., s.m.* bisognoso, povero: *repartía comida a los necesitados*, distribuiva cibo ai bisognosi | *estar — de*, aver bisogno di.
necesitar *v.tr.* necessitare, aver bisogno di: *necesito tu cariño*, ho bisogno del tuo affetto; *necesito verte*, ho bisogno di vederti | *se necesita secretaria*, cercasi segretaria | *se necesita hablar inglés*, è necessario conoscere l'inglese.
necio *agg., s.m.* sciocco, stupido: *no soporto a los hombres necios*, non sopporto gli uomini stupidi | *a necias*, stupidamente.
nécora *s.f.* (*zool.*) granchio (*m.*).
necro- *pref.* necro-.
necrofagia *s.f.* necrofagia.
necrófago *agg.* necrofago.
necrofilia *s.f.* necrofilia.
necrófilo *agg., s.m.* necrofilo.
necrofobia *s.f.* necrofobia.
necróforo *agg., s.m.* (*zool.*) necroforo.
necrología *s.f.* **1** necrologia **2** necrologio (*m.*).
necrológico *agg.* necrologico.
necromancia, necromancía *s.f.* negromanzia.
necrópolis *s.f.* necropoli.
necrosis *s.f.* (*biol.*) necrosi.
necrótico *agg.* (*biol.*) necrotico.
néctar *s.m.* (*anche fig.*) nettare: *— de las*

flores, nettare dei fiori; — *de fruta*, succo di frutta.
nectáreo *agg.* nettareo.
nectarina *s.f.* (*bot.*) pescanoce, nettarina.
neerlandés *agg.*, *s.m.* neerlandese (*m./f.*), olandese (*m./f.*).
nefando *agg.* nefando, ripugnante.
nefario *agg.* empio, malvagio.
nefasto *agg.* nefasto, funesto; infausto.
nefrítico *agg.* (*anat.*) nefritico.
nefritis *s.f.* (*med.*) nefrite.
nefro- *pref.* nefro-.
nefrología *s.f.* (*med.*) nefrologia.
nefrólogo *s.m.* (*med.*) nefrologo.
nefrona *s.f.* (*med.*) nefrone (*m.*).
nefrosis *s.f.* (*med.*) nefrosi.
nefrótico *agg.* (*med.*) nefrotico.
nefrotomía *s.f.* (*med.*) nefrotomia.
negable *agg.* negabile.
negación *s.f.* negazione, rifiuto (*m.*) | *ser una — en algo*, essere negato per qlco.
negado *agg.* negato, incapace.
negar (*indic.pres.* niego, niegas, niega, negamos, negáis, niegan; *pass.rem.* negué, negaste ; *cong.pres.* niegue, niegues, niegue, neguemos, neguéis, nieguen; *imp.* niega, niegue, neguemos, negad, nieguen) *v.tr* **1** negare; rifiutare: *el acusado negaba su culpabilidad*, l'accusato negava la propria colpevolezza **2** proibire ♦ **-se** *v.pron.* rifiutarsi: *se negó a hablarle*, si rifiutò di parlargli.
negativa *s.f.* diniego (*m.*), rifiuto (*m.*): *nos respondió con una —*, ci rispose con un diniego.
negativo *agg.* negativo: *actitud negativa*, atteggiamento negativo ♦ *s.m.* (*foto.*) negativo.
negligencia *s.f.* negligenza, trascuratezza.
negligente *agg.* negligente, trascurato.
negociable *agg.* negoziabile.
negociación *s.f.* **1** trattativa, negoziato (*m.*) **2** (*econ.*) negoziazione: *negociaciones bursátiles*, negoziazioni di borsa.
negociado *s.m.* (*amm.*) ufficio, sezione (*f.*): *jefe de —*, capo sezione.
negociador *s.m.* negoziatore.
negociante *s.m./f.* negoziante, commerciante.
negociar *v.intr.* commerciare, esercitare un'attività commerciale: *negocian en muebles*, commerciano in mobili ♦ *v.tr.* negoziare, trattare, concordare: *se negoció el nuevo sistema electoral*, trattarono il nuovo sistema elettorale.
negocio *s.m.* **1** (*comm.*) affare: *tiene muchos negocios*, ha molti affari | *hacer negocios*, fare affari | — *redondo*, affare lucroso | *volumen de negocios*, giro d'affari | *hace su —*, fa i propri interessi **2** attività (*f.*) commerciale; negozio, bottega (*f.*): *montar un —*, impiantare un'attività; *traspasar un —*, cedere un'attività commerciale **3** affare, questione (*f.*), incombenza (*f.*): *tardé mucho en convencerla de que lo que había acaecido no era — mío*, faticai a convincerla che quanto accaduto non era una questione di mia competenza; *yo tenía el dinero, invertirlo era — de Manuel*, io avevo il denaro, investirlo era affare di Manuel | *¡mal —!*, brutto affare!
negra *s.f.* (*fam.*) scalogna, iella.
negral *agg.* nerastro ♦ *s.m.* ecchimosi (*f.*), livido.
negrear *v.intr.* **1** scurirsi, annerire **2** (*Amer.*) disprezzare, disistimare: *te negrean en el trabajo,* ti disprezzano sul lavoro.
negrero *agg.*, *s.m.* **1** negriero **2** (*fig.*) sfruttatore.
negrilla *s.f.* (*tip.*) neretto (*m.*), grassetto (*m.*).
negrillera *s.f.* (*bot.*) olmeto (*m.*).
negrillo *s.m.* (*bot.*) olmo.
negrita *s.f.* neretto (*m.*), grassetto (*m.*).
negritud *s.f.* negritudine.
negro *agg.* **1** (*anche fig.*) nero: *un vestido —*, un vestito nero | *café —*, caffè nero | *tengo un día —*, è un giorno nero per me | *suerte negra*, sfortuna nera, (*volg.*) sfiga | *no hay que ser tan negros, las cosas mejorarán*, non dobbiamo essere così catastrofici, le cose miglioreranno | *hacía un frío —*, faceva un freddo tremendo **2** fosco, cupo: *el cielo está —*, il cielo è scuro **3** abbronzato **4** (*lett.*, *cinem.*) noir ♦ *s.m.* **1** (*colore*) nero | — *de humo*, nerofumo **2** nero, persona (*f.*) di colore: *un — africano*, un nero africano **3** (*chi scrive libri, articoli per conto di altri*) negro, ghost-writer
■ ***estar negro***, essere nero (per la rabbia) | ***poner negro***, fare infuriare | ***un negro de la uña***, una parte minima | ***estorbarle a alguien lo negro***, non avere l'abitudine di leggere | ***trabajar como un negro***, lavorare come un negro | ***pasarlas negras***, vedersela brutta | ***verse negro para algo***, trovarsi in difficoltà nel fare qlco.: *se ha visto negro para lograr su objetivo*, ha faticato molto per raggiungere il suo obbiettivo.
negroide *agg.*, *s.m./f.* negroide.
negrura *s.f.* nerezza.
negruzco *agg.* nerastro.
neguijón *s.m.* carie (*f.*).
negus *s.m.* (*pol.*) negus.
nema *s.f.* sigillo (*m.*).
némesis *s.f.* nemesi.
nemoroso *agg.* boscoso, boschivo.
nemotecnia *s.f.* mnemotecnica.
nene *s.m.* (*fam.*) **1** bambino piccolo: *la nena está durmiendo*, la bimba sta dormendo **2** (*spec.f.*, *appellativo affettuoso*) piccolo, tesoro | *¿hola, nena, cómo estás?*, ciao, piccola, come stai?
nenia *s.f.* nenia.
nenúfar *s.m.* (*bot.*) ninfea (*f.*).

neo- *pref.* neo-.
neocapitalismo *s.m.* (*pol, econ*) neocapitalismo.
neoclasicismo *s.m.* (*arte, arch.*) neoclassicismo.
neoclásico *agg., s.m.* (*arte, arch.*) neoclassico.
neocolonialismo *s.m.* (*pol.*) neocolonialismo.
neófito *s.m.* neofita (*m./f.*).
neoimpresionismo *s.m.* (*pitt.*) neoimpressionismo.
neolatino *agg.* neolatino.
neolítico *agg., s.m.* neolitico.
neología *s.f.* (*ling.*) neologia.
neologismo *s.m.* (*ling.*) neologismo.
neón *s.m.* neon.
neonatal *agg.* neonatale.
neonato *s.m.* neonato.
neonatología *s.f.* (*med.*) neonatologia.
neonatólogo *s.m.* (*med.*) neonatologo.
neonazismo *s.m.* (*pol.*) neonazismo.
neonazista *agg., s.m./f.* (*pol.*) neonazista.
neoplatónico *agg., s.m.* (*filos.*) neoplatonico.
neoplatonismo *s.m.* (*filos.*) neoplatonismo.
neopositivismo *s.m.* (*filos.*) neopositivismo.
neopositivista *agg., s.m./f.* (*filos.*) neopositivista.
neopreno *s.m.* neoprene®.
neorrealismo *s.m.* neorealismo.
neorrealista *agg., s.m./f.* neorealista.
neoyorquino *agg., s.m.* newyorchese (*m./f.*).
neozelandés *agg., s.m.* neozelandese (*m./f.*).
nepalés *agg., s.m.* nepalese (*m./f.*).
nepente *s.m.* (*bot.*) nepente.
nepotismo *s.m.* nepotismo.
nepotista *agg.* nepotista.
neptuniano *agg.* (*geol.*) nettuniano.
neptuno *s.m.* (*astr.*) Nettuno.
nequicia *s.f.* nequizia, malvagità.
nerón *s.m.* (*fam.*) uomo crudele, malvagio.
neroniano *agg.* neroniano.
nervadura *s.f.* (*arch., bot.*) nervatura.
nérveo *agg.* nervino.
nervino *agg.* nervino | *gas* —, gas nervino.
nervio *s.m.* **1** (*anat., anche fig.*) nervo: — *óptico*, nervo ottico | *crispar los nervios, poner los nervios de punta*, urtare i nervi | *ser puro* —, essere un fascio di nervi **2** (*bot.*) nervatura (*f.*): — *de las hojas*, nervatura delle foglie **3** (*legatoria*) nervo **4** (*fig.*) nerbo, vigore: *es un joven de mucho* —, è un giovane vigoroso | *tener mucho* —, avere molto polso.
nerviosidad *s.f.* nervosità, nervosismo (*m.*).
nerviosismo *s.m.* nervosismo.
nervioso *agg.* (*anche fig.*) nervoso: *cuando le hablo del tema se pone* —, quando gli parlo della questione diventa nervoso; *el bistec era duro y* —, la bistecca era dura e piena di nervi.
nervosidad *s.f.* **1** nervosità **2** (*metalli*) duttilità **3** efficacia, incisività.
nervudo *agg.* nerboruto.
nervura *s.f.* (*legatoria*) nervatura.
nesgar (*con. come* llegar) *v.tr.* tagliare di sbieco.
neto *agg.* **1** netto: *precio* —, prezzo netto | (*comm.*) *en* —, al netto **2** (*fig.*) puro, chiaro: *la victoria ha sido neta*, è stata una vittoria netta.
neuma *s.m.* (*mus.*) **1** neuma **2** pneuma.
neumático *agg., s.m.* pneumatico | *martillo* —, martello pneumatico.
neumo- *pref.* pneumo-.
neumococo *s.m.* (*med.*) pneumococco.
neumología *s.f.* (*med.*) pneumologia.
neumólogo *s.m.* (*med.*) pneumologo.
neumonía *s.f.* (*med.*) polmonite.
neumónico *agg.* (*med.*) pneumonico.
neumotórax *s.m.* (*med.*) pneumotorace.
neura *agg., s.m./f.* (*fam.*) nevrastenico, isterico ♦ *s.f.* (*med.*) nevrastenia; (*fam.*) mania, ossessione, fissa: *está lleno de* —, è una persona con molte ossessioni.
neural *agg.* (*anat.*) neurale.
neuralgia *s.f.* (*med.*) nevralgia.
neurálgico *agg.* (*med., anche fig.*) nevralgico.
neurastenia *s.f.* (*med.*) nevrastenia.
neurasténico *agg., s.m.* (*med.*) nevrastenico.
neurita *s.f.* (*biol.*) neurite, assone (*m.*).
neuritis *s.f.* (*med.*) nevrite.
neuro- *pref.* neuro-.
neurobiología *s.f.* (*biol.*) neurobiologia.
neurobiólogo *s.m.* (*biol.*) neurobiologo.
neurocirugía *s.f.* (*med.*) neurochirurgia.
neurocirujano *s.m.* (*med.*) neurochirurgo.
neurología *s.f.* (*med.*) neurologia.
neurólogo *s.m.* (*med.*) neurologo.
neuromuscular *agg.* (*biol.*) neuromuscolare.
neurona *s.f.* (*anat.*) neurone (*m.*).
neuronal *agg.* (*anat.*) neuronale.
neurosiquiatría *s.f.* (*med.*) neuropsichiatria.
neurosis *s.f.* (*med.*) nevrosi.
neurótico *agg.* (*med.*) nevrotico, paranoico.
neurotransmisor *s.m.* (*biol.*) neurotrasmettitore.
neurovegetativo *agg.* (*anat.*) neurovegetativo.
neutral *agg.* neutrale: *país* —, paese neutrale.
neutralidad *s.f.* neutralità.
neutralista *agg., s.m./f.* neutralista.
neutralizable *agg.* neutralizzabile.
neutralización *s.f.* neutralizzazione.
neutralizado *agg.* neutralizzato.
neutralizador *agg.* neutralizzante.
neutralizar (*con. come* cazar) *v.tr.* neutralizzare, annullare: — *una decisión*, annullare una decisione ♦ **-se** *v.pron.* (*fig.*) neutralizzarsi, annullarsi.
neutrino *s.m.* (*fis.*) neutrino.

neutro *agg.* neutro: *género —*, genere neutro | *poner una cara neutra*, fare una faccia inespressiva.
neutrón *s.m.* (*fis.*) neutrone.
nevada *s.f.* nevicata.
nevado *agg.* **1** innevato, coperto di neve **2** (*fig.*) candido, bianco.
nevar (*con. come* acertar) *v.intr.impers.* nevicare: *cuando llegamos empezó a —*, quando arrivammo cominciò a nevicare.
nevasca *s.f.* bufera di neve.
nevazo *s.m.* nevicata (*f.*) intensa.
nevera *s.f.* **1** frigorifero (*m.*), ghiacciaia **2** (*fig.*) luogo (*m.*) gelido.
nevero *s.m.* nevaio.
nevisca *s.f.* nevischio (*m.*).
nevo *s.m.* (*med.*) neo.
nevoso *agg.* nevoso.
nexo *s.m.* nesso, legame, connessione (*f.*): *no veo el — entre lo que dices y lo que haces*, non vedo il nesso tra ciò che dici e ciò che fai.
ni *cong.* **1** né: *— lo dijo, — lo escribió*, non l'ha né detto, né scritto; *no estaba — él — su hermana*, lui non c'era e neanche sua sorella **2** neanche, neppure: *— él lo sabe*, neppure/neanche lui lo sa | *¡— soñarlo/en sueños!*, neanche per sogno | *— hablar*, non se ne parla neppure
■ ***ni que***, come se, manco: *¡— que fuese...!*, manco fosse...! *— que hubiera trabajado sólo él*, manco avesse lavorato solo lui | (*Amer.*) ***ni bien***, non appena.
nicaragüeño *agg.*, *s.m.* nicaraguense (*m./f.*).
nicho *s.m.* **1** nicchia (*f.*) | *— ambiental*, nicchia ecologica **2** loculo.
nicotina *s.f.* nicotina.
nicotínico *agg.* nicotinico.
nicotinismo *s.m.* (*med.*) nicotinismo.
nictálope *agg.*, *s.m./f.* (*med.*) nictalope.
nictalopía *s.f.* (*med.*) nictalopia.
nidada *s.f.* nidiata.
nidal *s.m.* **1** nido **2** endice, uovo finto **3** rifugio, riparo.
nidificar (*con. come* pescar) *v.intr.* nidificare.
nido *s.m.* **1** nido | (*fig.*) *caerse de un —*, essere un credulone | *cama —*, letto estraibile **2** (*fig.*) covo, tana (*f.*): *— de ladrones*, covo di ladri **3** (*fig.*) fonte (*f.*), origine (*f.*): *— de discordias*, fonte di discordie **4** (*mil.*) postazione (*f.*).
niebla *s.f.* **1** (*anche fig.*) nebbia | *— meona*, nebbia mista a pioggerellina | *se pierde en la — del tiempo*, si perde nelle nebbie del tempo **2** confusione.
niel *s.m.* niello.
nielar *v.tr.* niellare.
nietastro *s.m.* figlio del figliastro.
nieto *s.m.* (*di nonno*) nipote: *el abuelo juega con sus nietos*, il nonno gioca coi suoi nipoti.
nieve *s.f.* **1** neve: *hace un tiempo de nieves*, c'è un tempo da neve | *copo de —*, fiocco di neve | *bola de —*, palla di neve | *muñeco de —*, pupazzo di neve | *nieves perpetuas*, nevi perenni | (*cuc.*) *batido a punto de —*, sbattuto a neve **2** (*gerg.*) neve, cocaina.
nigeriano *agg.*, *s.m.* nigeriano.
nigérrimo *agg.* nerissimo.
nigromancia, nigromancía *s.f.* negromanzia.
nihilismo *s.m.* nichilismo.
nihilista *agg.*, *s.m./f.* nichilista.
nimbo *s.m.* **1** aureola (*f.*) **2** (*meteor.*) nembo.
nimiedad *s.f.* **1** sciocchezza: *no te preocupes por esas nimiedades*, non ti preoccupare per queste sciocchezze **2** meticolosità: *la — de su trabajo*, la meticolosità del suo lavoro.
nimio *agg.* **1** insignificante, sciocco | *no te enfades, es de lo más —*, non ti arrabbiare, è una sciocchezza, una cosa da niente **2** scrupoloso, meticoloso: *cuidado —*, attenzione scrupolosa **3** prolisso, eccessivo: *un discurso —*, un discorso prolisso | *en grado —*, in modo eccessivo.
ninfa *s.f.* (*mit.*, *zool.*, *fig.*) ninfa.
ninfea *s.f.* (*bot.*) ninfea.
ninfo *s.m.* (*persona*) narciso.
ninfómana *s.f.* ninfomane.
ninfomanía *s.f.* ninfomania.
ningunear *v.tr.* (*fam.*) **1** ignorare, non prendere in considerazione: *esa chica me ningunea*, quella ragazza mi ignora **2** snobbare.
ninguno *agg.* (*davanti a s.m.sing.* ningún) nessuno: *no ha llegado ninguna carta*, non è arrivata nessuna lettera; *no hay ningún libro*, non c'è nessun libro | *de ninguna manera*, in nessun modo ♦ *pron.indef.* nessuno: *— de los que querías ver ha venido*, nessuno di quelli che volevi vedere è venuto.
niña *s.f.* (*anat.*) pupilla | *querer como las niñas de sus ojos*, volere un bene dell'anima a qlcu.; amare molto qlco.
niñato *agg.* (*spreg.*) **1** senza esperienza, principiante **2** presuntuoso, saccente.
niñear *v.intr.* avere un atteggiamento infantile, fare bambinate.
niñera *s.f.* bambinaia.
niñería *s.f.* bambinata; sciocchezza, inezia.
niñero *agg.* che ama i bambini: *mi padre no era muy —*, mio padre non era un grande amante dei bambini.
niñez *s.f.* **1** infanzia, fanciullezza (*anche fig.*): *dicen que la ancianidad es como una segunda —*, dicono che la vecchiaia è una seconda fanciullezza **2** origine, inizio (*m.*): *la — del movimiento artístico*, l'inizio del movimento artistico **3** bambinata.
niño *agg.*, *s.m.* bambino, fanciullo: *— mimado*, bambino viziato; *todavía es muy —*, è ancora molto bambino | *— bonito*, cocco

di mamma | *Niño Jesús*, Gesù Bambino | *¡no seas — !*, non fare il bambino! | *la niña bonita*, (*al lotto*) il numero quindici.
nipón *agg.*, *s.m.* nipponico.
níquel *s.m.* **1** nichel **2** (*moneta*) nichelino.
niquelado *agg.* nichelato.
niquelador *s.m.* nichelatore.
niqueladura *s.f.* nichelatura.
niquelar *v.tr.* nichelare.
niqui *s.m.* (*indumento*) polo (*f.*).
nirvana *s.m.* nirvana.
níspero *s.m.* **1** (*albero*) nespolo | *mondar nísperos*, estraniarsi, essere sulle nuvole **2** (*frutto*) nespola (*f.*).
níspola *s.f.* (*bot.*) nespola.
nistagmo *s.m.* (*med.*) nistagmo.
nitidez *s.f.* nitidezza.
nítido *agg.* nitido, limpido, trasparente.
nitración *s.f.* (*chim.*) nitrazione.
nitrar *v.tr.* (*chim.*) nitrare.
nitrato *s.m.* (*chim.*) nitrato.
nítrico *agg.* (*chim.*) nitrico.
nitrificación *s.f.* (*chim.*) nitrificazione.
nitrito *s.m.* (*chim.*) nitrito.
nitro *s.m.* (*min.*) nitro.
nitro- *pref.* nitro-.
nitrocompuesto *s.m.* (*chim.*) nitrocomposto.
nitrogenado *agg.* (*chim.*) azotato.
nitrógeno *s.m.* (*chim.*) nitrogeno, azoto.
nitroglicerina *s.f.* (*chim.*) nitroglicerina.
nival *agg.* (*geogr.*) nivale.
nivel *s.m.* **1** livello: *— de vida*, livello di vita | *características técnicas de elevado —*, caratteristiche tecniche di alto livello | *a — del mar*, al livello del mare | *paso a —*, passaggio a livello | *poner algo a —*, mettere una cosa alla stessa altezza di un'altra **2** livella (*f.*): *— de aire*, livella a bolla d'aria | *— de albañil*, filo a piombo.
nivelación *s.f.* livellazione.
niveladora *s.f.* livellatrice.
nivelar *v.tr.* **1** livellare, appianare: *— la superficie*, livellare la superficie **2** allineare: *tienes que — esos cuadros: el de la izquierda está más alto*, devi allineare quei quadri: quello di sinistra è più alto.
níveo *agg.* niveo, candido.
nivoso *agg.* nevoso.
nizardo *agg.*, *s.m.* nizzardo.
no *avv.* **1** no | *¡cómo — ¡*, perché no? | *dice que —*, dice di no | *¡—, que —!*, no e poi no! | *¡qué —!*, ma no! | *¡a qué — !*, vuoi scommettere che non è così? **2** non: *— quiero salir con él*, non voglio uscire con lui | *— sólo sino que*, non soltanto… ma anche | *— ya*, non solo ♦ *s.m.* no
■ ***no bien***, non appena | ***no más***, soltanto, nient'altro | (*Amer.*) ***ahí no más***, qui vicino | (*Amer.*) ***así no más***, solo così.
nobiliario *agg.* nobiliare: *título —*, titolo nobiliare.
noble *agg.* **1** nobile, illustre: *de — alcurnia*, di nobile lignaggio | *gas —*, gas nobile | (*di casa d'epoca*) *zona —*, piano nobile **2** (*fig.*) generoso, magnanimo: *el niño es muy —*, il bambino ha un cuore generoso **3** (*di animale*) fedele **4** (*di materiale*) nobile, pregiato: *madera —*, legno pregiato; *el aluminio es un metal —*, l'alluminio è un metallo nobile ♦ *s.m.* nobile, gentiluomo.
nobleza *s.f.* (*anche fig.*) nobiltà.
noca *s.f.* (*zool.*) grancevola, granseola.
nocedal *s.m.* (*bot.*) noceto.
noche *s.f.* **1** notte | *al caer la —*, sul far della notte | *hacer — en algún lugar*, pernottare in qualche posto | *hacerse de —*, farsi notte | *dar las buenas noches*, dare la buona notte | *muy entrada la —*, a notte fonda | *pasar la — en claro*, passare la notte in bianco | *— toledana*, notte agitata/insonne | *por la —*, di notte | *noche vieja*, notte di San Silvestro | *Nochebuena*, notte della vigilia di Natale | *traje de —*, vestito da sera | *de la — a la mañana*, dalla sera alla mattina | *de — todos los gatos son pardos*, di notte tutti i gatti sono bigi **2** (*fig.*) oscurità, tenebre (*pl.*).
noción *s.f.* **1** nozione: *— del tiempo*, nozione del tempo **2** (*pl.*) nozioni (*pl.*) | *nos enseñó nociones de historia*, ci ha insegnato nozioni di storia.
nocional *agg.* nozionale.
nocividad *s.f.* nocività.
nocivo *agg.* nocivo, dannoso.
noctambulismo *s.m.* nottambulismo.
noctámbulo *agg.*, *s.m.* nottambulo.
noctívago *agg.* (*zool.*) nottivago.
nocturno *agg.* notturno: *local —*, locale notturno.
nodación *s.f.* (*med.*) nodosità.
nodal *agg.* nodale.
nodo *s.m.* (*astron.*) nodo.
nodriza *s.f.* **1** nutrice, balia **2** (*aut.*) alimentatore (*m.*) | *buque, avión —*, nave, aereo cisterna.
nodulación *s.f.* (*med.*) nodosità.
nodular *agg.* (*med.*) nodulare.
nódulo *s.m.* nodulo.
noema *s.m.* (*filos.*) noema.
noemático *agg.* (*filos.*) noematico.
noesis *s.f.* (*filos.*) noesi.
noético *agg.* (*filos.*) noetico.
nogal *s.m.* (*albero*) noce.
noguera *s.f.* (*albero*) noce (*m.*).
nogueral *s.m.* (*bot.*) noceto.
nolición *s.f.* (*filos.*) nolontà.
noluntad *s.f.* (*filos.*) nolontà.
nómada *agg.*, *s.m./f.* nomade: *las tribus nómadas*, le tribù nomadi.
nomadismo *s.m.* nomadismo.

nomás *avv.* (*Amer.*) solamente, appena.
nombradía *s.f.* reputazione, fama: *gozar de mucha —*, godere di molta fama.
nombrado *agg.* famoso, celebre.
nombramiento *s.m.* nomina (*f.*); documento di nomina: *todavía sigue esperando el — para secretario*, sta ancora aspettando la nomina di segretario; *se firmarán los — cuanto antes*, i documenti di nomina verranno firmati quanto prima.
nombrar *v.tr.* **1** nominare, menzionare; citare **2** nominare, eleggere: *lo han nombrado presidente*, lo hanno nominato presidente.
nombre *s.m.* **1** nome: *le pusimos por — Mario*, lo abbiamo chiamato Mario | *— de pila*, nome di battesimo | *— y apellido*, nome e cognome | *— de guerra*, nome di battaglia | *en — de*, in nome di | (*gramm.*) *— sustantivo*, sostantivo | *por* (*mal*) *—*, soprannominato | *dar el — de alguien*, fare il nome di qlcu. | *eso no tiene —*, è una vergogna **2** fama (*f.*), reputazione (*f.*): *tenía mucho — de artista*, aveva fama di artista | *hacerse un —*, farsi un nome **3** titolo: *el — de una canción*, il titolo di una canzone.
nomenclátor *s.m.* catalogo nomenclatore.
nomenclatura *s.f.* nomenclatura.
nomeolvides *s.f.* (*bot.*) nontiscordardimé (*m.*).
nómina *s.f.* **1** lista, elenco (*m.*) **2** (*amm.*) organico (*m.*): *estar en —*, essere in organico **3** (*amm.*) busta paga | *— de sueldos*, foglio paga.
nominación *s.f.* nomina, incarico (*m.*), designazione.
nominal *agg.* nominale: *valor —*, valore nominale.
nominalismo *s.m.* (*filos.*) nominalismo.
nominalista *agg.*, *s.m./f.* (*filos.*) nominalista.
nominalización *s.f.* (*ling.*) nominalizzazione.
nominalizar (*con. come* cazar) *v.tr.* (*ling.*) nominalizzare.
nominalmente *avv.* nominalmente.
nominar *v.tr.* nominare; designare: *lo nominaron por tercera vez para el Oscar*, lo nominarono per la terza volta all'Oscar.
nominativo *agg.*, *s.m.* (*gramm., comm.*) nominativo.
nominilla *s.f.* nota di pagamento.
nomografía *s.f.* (*mat.*) nomografia.
nomograma *s.m.* (*mat.*) nomogramma.
non *agg.* dispari: *números pares y nones*, numeri pari e dispari | *de —*, senza compagno, spaiato ♦ *s.m.* dispari.
nona *s.f.* (*ora*) nona.
nonada *s.f.* sciocchezza, cosa insignificante.
nonagenario *agg.* nonagenario.
nonato *agg.* **1** nato da parto cesareo **2** inesistente.
nones *avv.* (*fam.*) no | *decir* (*que*) *nones*, negare ripetutamente, dire no e no.
nono *agg.* nono.
no obstante *loc.cong.* nonostante, tuttavia; sebbene: *— fuera nativo de otro país hablaba muy bien el inglés*, nonostante fosse nativo di un altro paese parlava molto bene l'inglese.
nopal *s.m.* (*bot.*) fico d'India.
noquear *v.tr.* (*pugilato, anche fig.*) mettere KO, mandare al tappeto.
noquero *s.m.* conciatore.
noray *s.m.* (*mar.*) **1** bitta (*f.*) **2** cavo per ormeggiare le barche.
nordeste *s.m.* nordest.
nórdico *agg.*, *s.m.* nordico.
nordista *agg.*, *s.m./f.* nordista.
norma *s.f.* **1** norma, regola: *se luchaba contra las viejas normas*, si lottava contro le vecchie norme **2** (*tecn.*) squadra: *ejecutó el dibujo con el compás y la —*, eseguì il disegno con il compasso e la squadra.
normal *agg.* **1** normale, regolare: *su actitud es —*, il suo comportamento è normale **2** (*mat.*) perpendicolare: *línea —*, linea perpendicolare ♦ *s.f.* (*scol.*) istituto (*m.*) magistrale.
normalidad *s.f.* normalità: *pese a la guerra el país vivía una situación de aparente —*, nonostante la guerra il paese viveva una situazione di apparente normalità; *después de la crisis la situación volvió a la —*, dopo la crisi la situazione ritornò alla normalità.
normalista *s.m./f.* allievo (*m.*) dell'istituto magistrale.
normalización *s.f.* normalizzazione.
normalizar (*con. come* cazar) *v.tr.* **1** normalizzare, regolarizzare **2** uniformare, standardizzare.
normando *agg.*, *s.m.* normanno.
normativa *s.f.* normativa.
normativo *agg.* normativo.
noroccidental *agg.* nordoccidentale.
noroeste *s.m.* nordovest.
nororiental *agg.* nordorientale.
nortada *s.f.* tramontana.
norte *s.m.* **1** nord, settentrione: *al — de Italia*, a nord dell'Italia **2** tramontana (*f.*) **3** stella (*f.*) polare **4** (*fig.*) direzione (*f.*), guida (*f.*) | *perder el —*, perdere la bussola.
norteafricano *agg.*, *s.m.* nordafricano.
norteamericano *agg.*, *s.m.* nordamericano, statunitense.
nortear *v.tr.* (*mar.*) dirigere verso nord.
norteño *agg.* nordico, settentrionale.
noruego *agg.*, *s.m.* norvegese (*m./f.*).
nos *pron.pers. di 1ª pers.pl.* (*anche enclitico*) ci, ce: *— llama*, ci chiama; *— dice*, ci dice; *— los dio*, ce li diede; *— marchamos de allí*, ce ne andammo; *habladnos*, parlatecene | *amémonos*, amiamoci.

nosocomio *s.m.* (*med.*) nosocomio.
nosogenia *s.f.* (*med.*) nosogenesi.
nosografía *s.f.* (*med.*) nosografia.
nosología *s.f.* (*med.*) nosologia.
nosológico *agg.* (*med.*) nosologico.
nosotros (*f.* -as) *pron.pers.m. di 1ª pers.pl.* noi: — *iremos al cine*, noi/noialtri andremo al cinema; *te habló de* —, ti parlò di noi; *¿te vienes con —?*, vieni con noi? | *entre* —, detto tra noi.
nostalgia *s.f.* nostalgia.
nostálgico *agg.*, *s.m.* nostalgico.
nostramo *s.m.* (*mar.*) nostromo.
nota *s.f.* **1** nota (*anche fig.*), annotazione, appunto (*m.*): *tomar* —, prendere nota; *me ha dejado una* —, mi ha lasciato un appunto; *pone siempre una — de ironía en sus cartas*, mette sempre un tocco d'ironia nelle sue lettere **2** fama; merito (*m.*): *es un pintor de* —, è un pittore di fama | *de mala* —, di cattiva reputazione | *de primera* —, di prima categoria **3** (*comm.*) distinta, conto (*m.*), fattura | — *de precios*, listino prezzi **4** voto (*m.*): *ha sacado una buena* —, ha preso un bel voto **5** (*mus.*) nota **6** (*dir.*) atto (*m.*) scritto ■ (*spreg.*) ***dar la nota***, farsi notare | (*fam.*) ***ser un nota***, essere uno che dà i numeri.
notabilidad *s.f.* notabilità.
notable *agg.* notevole, considerevole, insigne: *el crecimiento de la industria ha sido* —, la crescita dell'industria è stata notevole ♦ *s.m.* **1** (*voto scolastico*) distinto **2** (*pl.*) notabili (*pl.*).
notación *s.f.* **1** annotazione **2** (*mus.*) notazione.
notar *v.tr.* **1** notare; osservare; avvertire: *los amigos notaron su ausencia*, gli amici notarono la sua assenza | — *frío*, sentire freddo **2** prendere nota: *¿notaste el número?*, hai preso nota del numero? ♦ **-se** *v.pron.* notarsi, vedersi.
notaría *s.f.* **1** notariato (*m.*) **2** studio (*m.*) notarile.
notariado *s.m.* **1** notariato **2** ordine dei notai.
notarial *agg.* notarile: *acta* —, atto notarile.
notario *s.m.* notaio.
noticia *s.f.* **1** notizia, comunicazione: *no he vuelto a tener — de él*, non ho più avuto sue notizie | *su divorcio ya es* —, già è risaputa la notizia del suo divorzio | *guardar* —, serbare ricordo | — *bomba*, scoop, notizia bomba **2** (*pl.*, *fam.*) notiziario (*m.sing.*).
noticiar *v.tr.* dar notizia di, informare su.
noticiario *s.m.* (*cinem.*, *tv*) notiziario.
noticiero *agg.* d'informazione: *suplemento* —, supplemento d'informazione ♦ *s.m.* **1** giornalista (*m./f.*) **2** (*Amer.*) telegiornale.
notición *s.m.* scoop, notizia (*f.*) bomba.
noticioso *agg.* **1** informato sui fatti **2** erudito ♦ *s.m.* (*Amer.*) telegiornale, radiogiornale.
notificación *s.f.* **1** notifica, notificazione **2** (*dir.*, *amm.*) atto (*m.*) di notifica.
notificado *agg.*, *s.m.* (*dir.*) notificato.
notificar (*con. come* pescar) *v.tr.* notificare, comunicare: *de no pagar me fue notificado de que incurriría en una multa*, mi fu notificato che se non avessi pagato mi avrebbero dato una multa.
noto *s.m.* (*vento*) austro.
notoriedad *s.f.* notorietà, fama, celebrità.
notorio *agg.* **1** noto, famoso: *un — escritor*, un famoso scrittore **2** notorio, evidente.
nova *s.f.* (*astron.*) nova.
novación *s.f.* (*dir.*) novazione.
novar *v.tr.* (*dir.*) novare.
novatada *s.f.* **1** (*nei collegi e nelle caserme*) scherzo (*m.*) fatto ai nuovi arrivati, nonnismo (*m.*) **2** errore (*m.*) frutto dell'inesperienza.
novato *agg.*, *s.m.* principiante (*m./f.*), novellino; matricola (*f.*).
novecientos (*pl.* -as) *agg.num.card.*, *s.m.* novecento ♦ *agg.num.ord.* novecentesimo.
novedad *s.f.* **1** novità, innovazione: *las colecciones de moda no presentan novedades*, le collezioni di moda non presentano novità | *sin* —, niente di nuovo **2** notizia, novità.
novedoso *agg.* nuovo, originale: *es un equipo* —, è un impianto stereo innovativo.
novel *agg.* novello, esordiente.
novela *s.f.* **1** romanzo (*m.*) | — *corta*, novella, racconto | — *de caballería*, romanzo cavalleresco | — *negra*, romanzo noir | — *policíaca*, romanzo giallo | — *por entregas*, romanzo d'appendice, a puntate **2** falsità, menzogna, bugia: *no me cuentes novelas*, non raccontarmi bugie.
novelador *s.m.* romanziere.
novelar *v.tr.* romanzare, raccontare ♦ *v.intr.* scrivere romanzi.
novelería *s.f.* novità, pettegolezzo (*m.*).
novelero *agg.*, *s.m.* **1** amante (*m./f.*) di romanzi e racconti **2** pettegolo **3** incostante (*m./f.*), lunatico.
novelesco *agg.* romanzesco: *obras novelescas*, opere romanzesche.
novelista *s.m./f.* romanziere (*m.*).
novelística *s.f.* novellistica.
novelístico *agg.* romanzesco.
novelizar (*con. come* cazar) *v.tr.* romanzare.
novelón *s.m.* romanzo popolare, polpettone.
noveno *agg.num.ord.*, *s.m.* nono.
noventa *agg.num.card.*, *s.m.* novanta ♦ *agg. num.ord.* novantesimo: *es el — presidente de la República*, è il novantesimo presidente della Repubblica.
noventón *agg.* (*anche spreg.*) novantenne.
noviazgo *s.m.* fidanzamento.

noviciado *s.m.* **1** noviziato **2** casa (*f.*) dei novizi **3** apprendistato, periodo di prova.
novicio *s.m.* **1** novizio **2** (*fig.*) principiante (*m./f.*), apprendista (*m./f.*).
noviembre *s.m.* novembre.
novillada *s.f.* **1** mandria di torelli **2** corrida di torelli.
novillero *s.m.* mandriano di torelli.
novillo *s.m.* **1** vitello; torello **2** (*pl.*) corrida (*f.sing.*) di torelli **3** (*fam.*) cornuto
■ (*fam.*) ***hacer novillos***, marinare la scuola.
novilunio *s.m.* novilunio, luna (*f.*) nuova.
novio *s.m.* **1** sposo novello, sposino | *traje de novia*, abito da sposa | *¡vivan los novios!*, viva gli sposi!| *viaje de novios*, viaggio di nozze | *quedar compuesta y sin —*, rimanere a bocca asciutta/con un palmo di naso **2** fidanzato.
noyó *s.m.* (*liquore*) amaretto.
nubada *s.f.* acquazzone (*m.*), rovescio (*m.*).
nubarrón *s.m.* nuvolone, cumulonembo.
nube *s.f.* **1** (*anche fig.*) nube, nuvola | *— de verano*, temporale estivo | *una — de polvo*, una nube di polvere **2** (*fig.*) nugolo (*m.*), mucchio (*m.*)
■ ***como caído de las nubes***, piovuto dal cielo | ***estar en las nubes***, avere la testa fra le nuvole | ***estar en una nube***, essere in estasi | ***poner por las nubes***, innalzare al settimo cielo | ***ponerse por las nubes***, arrabbiarsi | ***estar por las nubes***, essere alle stelle: *los precios están por las nubes*, i prezzi sono alle stelle.
núbil *agg.* nubile.
nubio *agg.*, *s.m.* nubiano.
nublado *agg.* nuvoloso: *el cielo está —*, il cielo è nuvoloso ♦ *s.m.* nube (*f.*) temporalesca: *se levantó el —*, il cielo si è rasserenato | *tenerle a alguien más miedo que a un —*, temere qlcu. più della morte.
nublar *v.tr.* **1** rannuvolare: *la tormenta está nublando el horizonte*, il temporale sta rannuvolando/oscurando l'orizzonte **2** (*fig.*) offuscare, obnubilare: *el ron me había nublado la cabeza*, il rum mi aveva obnubilato la mente ♦ **-se** *v.pron.* rannuvolarsi: *el cielo se nubló de repente*, il cielo si rannuvolò all'improvviso.
nubosidad *s.f.* nuvolosità.
nuboso *agg.* **1** nuvoloso: *cielo —*, cielo nuvoloso **2** (*fig.*) minaccioso, cupo, funesto: *se vino con cara nubosa a comentármelo todo*, venne con una faccia cupa a raccontarmi tutto.
nuca *s.f.* (*anat.*) nuca.
nucal *agg.* (*anat.*) nucale.
nuclear *agg.* nucleare.
nuclearización *s.f.* nuclearizzazione.
nuclearizar (*con. come* cazar) *v.tr.* nuclearizzare.
nucleico *agg.* nucleico | *ácido —*, acido nucleico.
núcleo *s.m.* **1** (*anche fig.*) nucleo: *— de la célula*, nucleo della cellula | *— de la personalidad*, l'essenza della personalità **2** nocciolo.
nucléolo *s.m.* nucleolo.
nudillo *s.m.* **1** nocca (*f.*) **2** (*tecn.*) tassello.
nudismo *s.m.* nudismo.
nudista *agg.*, *s.m./f.* nudista.
nudo *s.m.* **1** (*anche fig.*) nodo: *— corredizo*, nodo scorsoio | *— ciego*, groppo, nodo ingarbugliato | *el — de la cuestión*, il nodo della questione | *hacerse un — en la garganta*, venire un groppo alla gola | *— de tripas*, colica | *echar otro — a la bolsa*, stringere i cordoni della borsa **2** (*mar.*) nodo, miglio: *a diez nudos por hora*, a dieci nodi all'ora **3** (*fig.*) vincolo, legame **4** (*fig.*) intreccio: *el — del drama se basa en un cuento de amor medieval*, l'intreccio del dramma si basa su un racconto d'amore del medioevo.
nudosidad *s.f.* nodosità.
nudoso *agg.* nodoso.
nuégado *s.m.* **1** (*edil.*) malta (*f.*) **2** pasta (*f.*) di farina, miele e noci.
nuera *s.f.* nuora.
nuestro (*f.* nuestra; *pl.m.* nuestros; *pl.f.* nuestras) *agg.*, *pron.poss.m. di 1ª pers.pl.* nostro: *nuestros hijos y los hijos de nuestros hijos*, i nostri figli e i figli dei nostri figli; *esta casa es la nuestra*, questa casa è la nostra | *lo — es hacer tartas*, noi siamo bravi a fare le torte, il nostro forte è fare le torte.
nueva *s.f.* nuova, notizia: *la buena —*, la buona novella
■ ***hacerse de nuevas***, cascare dalle nuvole | ***cogerle de nuevas***, cogliere alla sprovvista.
nueve *agg.num.card.*, *s.m.* nove | *un — largo*, una calibro nove ♦ *agg.num.ord.* nono: *el año —*, il nono anno.
nuevo *agg.* **1** nuovo: *el coche es —*, l'auto è nuova; *el coche está —*, l'auto è come nuova | *— rico*, parvenu, nuovo ricco | *¿qué hay de —?*, che c'è di nuovo? | *vino —*, vino novello | *patatas nuevas*, patate novelle **2** nuovo, appena arrivato: *yo soy nueva aquí*, io sono nuova qui **3** principiante, novellino: *ser — en un trabajo*, essere nuovo del mestiere.
nuez (*pl.* -ces) *s.f.* **1** noce | *— moscada*, noce moscata | *— de coco*, noce di cocco | *ser más el ruido que las nueces*, essere tutto fumo e niente arrosto **2** (*anat.*) pomo (*m.*) d'Adamo | *apretar la — a alguien*, strangolare qlcu.
nulidad *s.f.* nullità; incapacità.
nulo *agg.* **1** nullo: *las pruebas se consideraron nulas*, le prove furono considerate nulle **2** inetto: *para jugar fútbol soy —*, come giocatore di calcio, non valgo nulla.
numantino *agg.* **1** di Numanzia **2** (*fig.*) te-

nace, ostinato, perseverante ♦ *s.m.* nativo di Numanzia.
numen *s.m.* nume.
numerable *agg.* numerabile.
numeración *s.f.* numerazione.
numerado *agg.* numerato.
numerador *s.m.* numeratore.
numeral *agg.* numerale.
numerar *v.tr.* numerare, enumerare, contare.
numerario *agg.* **1** numerario **2** (*amm.*) in organico, di ruolo ♦ *s.m.* denaro contante.
numéricamente *avv.* **1** numericamente **2** individualmente, uno alla volta.
numérico *agg.* numerico.
número *s.m.* **1** numero, cifra (*f.*): — *impar*, numero dispari | — *arábigo*, numero arabo | — *complejo*, numero complesso | — *redondo*, cifra tonda | *barajar números*, fare calcoli | *hacer números*, far di conto **2** numero, spettacolo: *cuando se emborrachaba era todo un* —, era un vero spettacolo quando si ubriacava | *montar un* —, fare una scenata | — *de fuerza*, esercizio di bravura **3** (*di giornale*) copia (*f.*), numero: — *especial del Abc*, numero speciale dell'Abc **4** numero, quantità (*f.*): *había un buen* — *de jóvenes*, c'era un buon numero di giovani
■ (*fig.*) ***sin número***, innumerevole | ***en números rojos***, (*di conto corrente*) in rosso | ***tomar a alguien el número cambiado***, sbagliarsi nei confronti di qlcu.
numerología *s.f.* numerologia.
numeroso *agg.* numeroso.
númida *agg.*, *s.m./f.* numida.
numídico *agg.* numidico.
numinoso *agg.* numinoso.
numisma *s.m.* nomisma, moneta (*f.*).
numismática *s.f.* numismatica.
numismático *agg.* numismatico.
nunca *avv.* mai: — *me habló*, non mi ha mai parlato; *no lo he visto* —, non l'ho mai visto | — *jamás*, mai più | *más vale tarde que* —, meglio tardi che mai.
nunciatura *s.f.* **1** nunziatura **2** Tribunale (*m.*) della Sacra Rota.
nuncio *s.m.* **1** nunzio, messaggero | — *apostólico*, nunzio apostolico **2** (*lett.*) annuncio, segno: *sus éxitos fueron nuncios de lo que sería su carrera a los pocos años*, i suoi successi furono i cenni/presagi di ciò che sarebbe stata la sua carriera pochi anni dopo.
nupcial *agg.* nuziale: *misa* —, messa nuziale.
nupcialidad *s.f.* nuzialità.
nupcias *s.f.pl.* nozze: *casarse en segundas* —, sposarsi in seconde nozze.
nutria *s.f.* (*zool.*) lontra, nutria.
nutricio *agg.* nutritivo.
nutrición *s.f.* nutrizione, alimentazione.
nutricional *agg.* nutrizionale.
nutricionista *s.m./f.* nutrizionista.
nutrido *agg.* (*anche fig.*) nutrito.
nutriente *agg.* nutriente.
nutrimento *s.m.* nutrimento.
nutrir *v.tr.* **1** nutrire, alimentare: *el agua nutre las plantas*, l'acqua nutre le piante **2** soddisfare: *el dique abastecerá de agua a la población y nutrirá sus necesidades*, la diga fornirá acqua alla popolazione e soddisferà le sue necessità ♦ **-se** *v.pron.* nutrirsi, alimentarsi: *las células se nutren también de oxígeno*, le cellule si nutrono anche di ossigeno.
nutritivo *agg.* nutritivo: *sustancias nutritivas*, sostanze nutritive.
nutual *agg.* amovibile.

Ññ

ñ *s.f.* (*lettera*) ñ.
ñame *s.m.* (*bot.*) igname.
ñandú *s.m.* (*zool.*) nandù, struzzo d'America.
ñaña *s.f.* (*Amer.*) sorella maggiore.
ñaño *s.m.* (*Amer.*) **1** amico del cuore **2** fratello ♦ *agg.* (*Amer.*) omosessuale.
ñañoso *agg.* lagnoso.
ñapa *s.f.* (*Amer.*) piccolo omaggio (*m.*); regalino (*m.*) | *de* —, per giunta.
ñapango *agg.* (*Amer.*) meticcio, mulatto.
ñapindá *s.f.* (*bot.*) acacia.
ñaque *s.m.* ciarpame.
ñatas *s.f.pl.* (*Amer.*) naso (*m.sing.*).
ñato *agg.* (*Amer.*) camuso ♦ *s.m.* (*Amer.*) pugile.
ñeque *agg.* **1** (*Amer.*) forte, vigoroso **2** (*Amer.*) stupendo, eccellente ♦ *s.m.* **1** (*Amer.*) forza (*f.*), energia (*f.*) **2** (*Amer.*) coraggio **3** (*Amer.*) sfortuna (*f.*).
ñiquiñaque *s.m.* cosa (*f.*), persona (*f.*) spregevole.
ñizca *s.f.* (*Amer.*) pezzetto (*m.*).
ño *s.m.* (*Amer., fam.*) signor: — *Juan*, signor Giovanni; *ña María*, signora Maria.
ñoñería *s.f.* stupidaggine, sciocchezza.
ñoño *agg.* stupido, sciocco.
ñoqui *s.m.* (*cuc.*) gnocco.
ñorbo *s.m.* (*bot.*) passiflora (*f.*).
ñu *s.m.* (*zool.*) gnu.
ñuto *agg.* (*Amer.*) macinato, tritato.

Oo

o[1] *s.f.* o | (*tel.*) — *como Oviedo*, o come Otranto.
o[2] *cong.* o: — *nos quedamos* — *nos vamos*, o restiamo o ce ne andiamo | — *bien*, oppure.
oasis *s.m.* oasi (*f.*).
obcecación *s.f.* accecamento (*m.*).
obcecar (*con. come* pescar) *v.tr.* offuscare, accecare ♦ **-se** *v.pron.* ostinarsi, intestardirsi.
obedecer (*con. come* agradecer) *v.tr.* ubbidire a, obbedire a: *el hijo obedece a sus padres*, il figlio ubbidisce ai genitori ♦ *v.intr.* **1** ubbidire, obbedire **2** provenire, derivare: *la obesidad a veces obedece a una mala alimentación*, a volte l'obesità deriva da una cattiva alimentazione **3** piegarsi, cedere.
obediencia *s.f.* ubbidienza: — *ciega*, ubbidienza cieca | *guardar* — *a alguien*, ubbidire a qlcu., stare ai comandi di qlcu.
obediente *agg.* ubbidiente, remissivo.
obelisco *s.m.* obelisco.
obencadura *s.f.* (*mar.*) sartiame (*m.*).
obenque *s.m.* (*mar.*) sartia (*f.*).
obertura *s.f.* (*mus.*) ouverture, preludio (*m.*).
obesidad *s.f.* obesità, pinguedine.
obeso *agg.*, *s.m.* obeso.
óbice *s.m.* ostacolo, intralcio.
obispado *s.m.* **1** (*edificio*) vescovado **2** (*ufficio*) episcopato.
obispal *agg.* vescovile.
obispillo *s.m.* **1** (*cuc.*) sanguinaccio **2** (*università*) matricola (*f.*), pivello.
obispo *s.m.* vescovo | — *metropolitano*, arcivescovo | (*fig.*) *trabajar para el* —, lavorare per la gloria.
óbito *s.m.* (*dir.*) decesso, morte (*f.*).
obituario *s.m.* **1** (*giorn.*) necrologio **2** (*relig.*) obituario.
objeción *s.f.* obiezione: — *de conciencia*, obiezione di coscienza.
objetable *agg.* eccepibile.
objetar *v.tr.* **1** obiettare, eccepire: *me objetó que no era yo quien tenía que decirle algo*, mi obiettò che non ero io a dovergli dire qualcosa **2** criticare: *objetó sus argumentaciones citando fuentes históricas*, criticò le sue argomentazioni citando fonti storiche ♦ *v.intr.* fare obiezione di coscienza: *la ley incluye la posibilidad de* —, la legge include la possibilità di esercitare l'obiezione di coscienza.
objetivación *s.f.* oggettivazione.
objetivar *v.tr.* oggettivare.
objetividad *s.f.* obiettività, oggettività.
objetivismo *s.m.* oggettivismo.
objetivista *agg.* oggettivista.
objetivo *agg.* obiettivo, oggettivo | *prueba objetiva*, esame oggettivo ♦ *s.m.* **1** obiettivo, finalità (*f.*): *el principal* — *es potenciar al grupo*, lo scopo principale è potenziare il gruppo **2** (*di macchina fotografica, di cinepresa*) obiettivo.
objeto *s.m.* **1** (*anche fig.*) oggetto: *el* — *de esta charla es la educación*, l'argomento/l'oggetto di questa conferenza è l'educazione |— *de críticas*, oggetto di critiche **2** fine, scopo: *¿qué* — *tiene guardar esos muebles viejos?*, a che serve conservare quei vecchi mobili? | *con* — *de*, allo scopo di | *sin* —, inutilmente.
objetor *s.m.* obiettore: — *de conciencia*, obiettore di coscienza.
oblación *s.f.* (*relig.*) oblazione, offerta.
oblada *s.f.* (*relig.*) oblazione.
oblativo *agg.* (*relig.*) oblatorio.
oblato *agg.*, *s.m.* (*relig.*) oblato.
oblea *s.f.* **1** ostia **2** (*fig.*, *fam.*) scheletro: *salió del hospital hecho una* —, uscì dall'ospedale ridotto a uno scheletro.
oblicuar *v.tr.* obliquare ♦ *v.intr.* (*mil.*) avanzare in diagonale.
oblicuidad *s.f.* obliquità.
oblicuo *agg.* obliquo | *plano* —, piano obliquo.
obligación *s.f.* **1** obbligo (*m.*), dovere (*m.*): *tenemos* — *de respetar a nuestros hijos*, abbiamo il dovere di rispettare i nostri figli | *correr* —, essere obbligato | *cumplir con su* —, adempiere al proprio dovere **2** (*econ.*) obbligazione: — *mancomunada*, obbligazione garantita.
obligacionista *s.m./f.* (*econ.*) obbligazionista.
obligado *agg.* **1** obbligato (*anche dir.*), inevitabile: *estas normas son de* — *cumplimiento*, queste norme devono essere osservate obbligatoriamente; *en sus discursos la política era tema* —, nei suoi discorsi la politica era un tema obbligato; *la tierra que compró está obligada a un fondo patrimonial*, la terra che comprò è vincolata a un fondo patrimo-

niale **2** (*fig.*) grato, riconoscente: *le quedo —*, le sono obbligato ♦ *s.m.* (*mus.*) obbligato.
obligar (*con. come* llegar) *v.tr.* **1** obbligare, costringere: *no me obligues a pelear contigo*, non obbligarmi a litigare con te **2** spingere; forzare: *tuvo que — la manilla porque la puerta no se abría*, dovette forzare la maniglia perché la porta non si apriva **3** (*dir.*) obbligare, vincolare: *— por contrato*, vincolare per contratto ♦ **-se** *v.pron.* impegnarsi (a mantenere un obbligo): *con la letra de cambio se obligó a pagar 3000 euros en dos meses*, con la cambiale si è impegnato a pagare 3000 euro in due mesi.
obligatoriedad *s.f.* obbligatorietà: *la — del servicio militar*, l'obbligatorietà del servizio militare.
obligatorio *agg.* obbligatorio: *estas normas han de considerarse obligatorias*, queste norme sono da considerarsi obbligatorie ♦ *s.m.* fideiussione (*f.*).
obliteración *s.f.* obliterazione.
obliterador *agg.* obliteratore.
obliterar *v.tr.* **1** obliterare, annullare: *hay que — la póliza*, la marca da bollo va annullata **2** (*med.*) ostruire, occludere | *algunas enfermedades obliteran los vasos capilares*, alcune malattie occludono i vasi capillari.
oblito *s.m.* (*med.*) corpo estraneo (dimenticato nel paziente dopo un'operazione chirurgica).
oblongo *agg.* oblungo.
obnubilación *s.f.* obnubilazione, annebbiamento (*m.*).
obnubilar *v.tr.* obnubilare.
oboe *s.m.* (*mus.*) oboe.
óbolo *s.m.* obolo, offerta (*f.*) | *— de San Pedro*, obolo di San Pietro.
obra *s.f.* **1** opera: *— de arte*, opera d'arte | *— maestra*, capolavoro | *obras de caridad*, opere di carità **2** lavoro (*m.*) | *obras públicas*, lavori pubblici | *en obras*, lavori in corso: *edificio en obras*, edificio in costruzione, in fase di restauro | *estamos de obras*, stiamo eseguendo lavori di ristrutturazione **3** cantiere (*m.*) **4** libro (*m.*), volume (*m.*): *en esta — se habla de la pintura holandesa*, in questo libro si parla della pittura olandese | *— de referencia*, opera di consultazione **5** muratura: *convento construido en —*, convento costruito in muratura
▪ ***mano de obra***, manodopera | ***imanos a la obra!***, diamoci da fare!, mettiamoci all'opera! | ***ni obra buena, ni palabra mala***, promettere molto e non fare nulla | (*mar.*) ***obra muerta***, opera morta | ***poner por obras***, portare a buon fine un progetto | ***obra de***, nel giro di | ***de obra***, di fatto | ***de palabra y de obra***, con le parole e con i fatti | ***obra y milagros de alguien***, vita morte e miracoli di qlcu. | (*fig.*) ***la obra de El Escorial***, la fabbrica del Duomo; lavoro mai finito.
obrada *s.f.* parte di terra zappata o arata in una giornata.
obrador *s.m.* **1** operatore **2** laboratorio; opificio.
obraje *s.m.* **1** manufatto **2** manifattura (*f.*) tessile.
obrar *v.intr.* **1** agire, operare: *la institución obra a favor de los minusválidos*, l'istituzione opera a favore dei portatori di handicap | *— de buena fe*, agire in buona fede **2** (*di medicina*) agire, fare effetto: *a los dos días las medicinas empezaron a —*, dopo due giorni le medicine cominciarono a fare effetto **3** andare di corpo, defecare **4** essere, trovarsi: *su carta obra en mi poder*, la sua lettera è nelle mie mani ♦ *v.tr.* compiere, eseguire: *según dicen, los santos obran milagros*, pare che i santi compiano miracoli; *el anticuario no supo decirnos dónde obraron los jarrones*, l'antiquario non ha saputo dirci dove hanno eseguito i vasi.
obrepción *s.f.* (*dir.*) obrezione.
obrepticio *agg.* (*dir.*) obrettizio.
obrerismo *s.m.* **1** operaismo **2** classe (*f.*) operaia.
obrerista *agg.* operaista.
obrero *agg.*, *s.m.* operaio.
obrizo *agg.*, *solo nella loc.*: *oro —*, oro puro.
obscenidad *s.f.* oscenità.
obsceno *agg.* osceno, ripugnante: *palabras obscenas*, parole oscene.
obscurantismo *s.m.* oscurantismo.
obscurantista *agg.*, *s.m./f.* oscurantista.
obscurecer (*con. come* agradecer) *v.tr.* (*anche fig.*) oscurare, offuscare: *obscureció la fama de todos los pintores*, offuscò la fama di tutti i pittori ♦ *v.intr.impers.* oscurarsi, farsi notte: *al — vino la tormenta*, quando si fece notte arrivò la tempesta.
obscurecimiento *s.m.* oscuramento.
obscuridad *s.f.* (*anche fig.*) oscurità, buio (*m.*); tenebre (*pl.*): *yo le tengo miedo a la —*, io ho paura del buio; *llegaron con las primeras obscuridades*, arrivarono sul fare della sera.
obscuro *agg.* **1** scuro, oscuro; cupo, fosco: *un cielo — y nublado*, un cielo scuro e nuvoloso | *a obscuras*, all'oscuro **2** (*fig.*) incerto, ignoto: *sus orígenes son obscuros*, le sue origini sono ignote.
obsecración *s.f.* ossecrazione.
obsecuente *agg.* ossequente.
obsequiar *v.tr.* **1** ossequiare, omaggiare: *la obsequiaron con un ramo de flores*, la accolsero con un mazzo di fiori; *obsequiaron copas de vino a los invitados*, offrirono agli invitati bicchieri di vino **2** corteggiare.
obsequias *s.f.pl.* esequie.

obsequio *s.m.* **1** ossequio, deferenza (*f.*); cortesia (*f.*) | *hacer a alguien el — de*, fare a qlcu. il favore di | *en — de/a*, in ossequio a **2** dono, regalo.
obsequiosidad *s.f.* ossequiosità.
obsequioso *agg.* ossequioso, servizievole, deferente.
observable *agg.* osservabile.
observación *s.f.* **1** osservazione: *sometido a —*, sotto osservazione **2** rimprovero (*m.*), richiamo (*m.*).
observador *agg.* **1** osservatore **2** rispettoso, osservante: *ser — de la ley*, essere rispettoso della legge ♦ *s.m.* osservatore.
observancia *s.f.* osservanza, obbedienza.
observante *agg.* (*relig.*) osservante.
observar *v.tr.* **1** osservare: *me gusta — el vuelo de los pájaros*, mi piace osservare il volo degli uccelli **2** notare: *observó que el director no estaba*, notò che il direttore non c'era **3** rispettare, adempiere.
observatorio *s.m.* osservatorio: *— metereológico*, osservatorio meteorologico.
obsesión *s.f.* (*anche fig.*) ossessione, mania: *su — es el fútbol*, la sua ossessione è il calcio.
obsesionante *agg.* ossessionante.
obsesionar *v.tr.* ossessionare, perseguitare.
obsesividad *s.f.* ossessività.
obsesivo *agg.* ossessivo.
obseso *agg.*, *s.m.* ossesso.
obsidiana *s.f.* (*min.*) ossidiana.
obsolescencia *s.f.* obsolescenza.
obsolescente *agg.* obsolescente.
obsoleto *agg.* obsoleto, antico, sorpassato.
obstaculizar (*con. come* cazar) *v.tr.* ostacolare, impedire.
obstáculo *s.m.* (*anche fig.*) ostacolo, impedimento: *muchos son los obstáculos para el desarrollo de aquel proyecto*, molti sono gli ostacoli per lo sviluppo di quel progetto | (*sport*) *carrera de obstáculos*, corsa a ostacoli.
obstar *v.intr.* essere di ostacolo, impedire: *su divorcio no obsta para que pueda recibir la herencia*, il suo divorzio non è d'ostacolo perché possa ricevere l'eredità.
obstetra *s.m./f.* (*med.*) ostetrico (*m.*).
obstetricia *s.f.* (*med.*) ostetricia.
obstétrico *s.m.* (*med.*) ostetrico.
obstinación *s.f.* ostinazione, caparbietà.
obstinado *agg.* ostinato, caparbio, cocciuto.
obstinarse *v.pron.* ostinarsi, impuntarsi: *se obstina en su idea*, si ostina nella sua idea.
obstrucción *s.f.* **1** (*anche med.*) ostruzione: *— renal*, blocco renale **2** (*pol.*) ostruzionismo (*m.*).
obstruccionismo *s.m.* (*pol.*) ostruzionismo.
obstruccionista *agg.*, *s.m./f.* ostruzionista.
obstruir (*con. come* huir) *v.tr.* **1** chiudere, ostruire: *— el paso*, ostruire il passaggio **2** ostacolare, impedire; (*pol.*) fare ostruzionismo contro: *la oposición empezó a — todos los trabajos parlamentarios*, l'opposizione iniziò a fare ostruzionismo contro tutti i lavori parlamentari ♦ **-se** *v.pron.* ostruirsi, otturarsi: *se ha obstruido el desagüe*, si è intasato il tubo di scarico.
obtemperancia *s.f.* ottemperanza.
obtemperante *agg.* ottemperante.
obtemperar *v.tr.* ottemperare, compiere.
obtención *s.f.* conseguimento (*m.*), ottenimento (*m.*).
obtener (*con. come* tener) *v.tr.* ottenere, conseguire: *se pueden — a largo plazo resultados interesantes*, a lungo termine si possono ottenere risultati interessanti.
obtenible *agg.* ottenibile.
obturación *s.f.* otturazione.
obturador *agg.*, *s.m.* otturatore.
obturar *v.tr.* otturare, ostruire | *— el conducto de salida*, otturare il condotto di scarico.
obtusángolo *agg.* (*geom.*) ottusangolo.
obtuso *agg.* (*anche fig.*) ottuso.
obús *s.m.* (*mil.*) obice.
obvención *s.f.* provento (*m.*).
obviar *v.tr.* ovviare a, rimediare a.
obviedad *s.f.* ovvietà, evidenza.
obvio *agg.* ovvio, evidente: *actuó de esa forma por obvios motivos*, si comportò in quel modo per ovvi motivi.
oc *avv.* oc | *lengua de —*, lingua d'oc.
oca *s.f.* (*zool.*) oca | *juego de la —*, gioco dell'oca | *ser la —*, essere una cosa assurda.
ocapi *s.m.* (*zool.*) okapi.
ocarina *s.f.* (*mus.*) ocarina.
ocasión *s.f.* **1** occasione, opportunità: *nunca tuve — de conocerle*, non ho mai avuto occasione di conoscerlo; *aprovechar la —*, cogliere l'occasione; *en la primera —*, alla prima occasione | *la — la pintan calva*, ogni lasciata è persa | *coger la — por los pelos*, cogliere l'occasione al volo | *la — hace al ladrón*, l'occasione fa l'uomo ladro **2** congiuntura, circostanza: *depende de la — en que lo dijo*, dipende dalla circostanza in cui lo disse **3** rischio (*m.*); tentazione: *para no pecar hay que evitar las ocasiones*, per non peccare bisogna evitare le tentazioni **4** causa, motivo (*m.*), pretesto (*m.*): *eso fue — para que lo echaran del trabajo*, quello fu il pretesto per licenziarlo.
■ ***de ocasión*** d'occasione: *lo compré de —*, l'ho comprato d'occasione | ***en ocasiones***, a volte | ***con ocasión de***, in occasione di.
ocasionado *agg.* provocatorio, irritante.
ocasional *agg.* occasionale, accidentale.
ocasionar *v.tr.* causare, provocare: *la huelga no deja de — problemas en la industria*, lo sciopero continua a provocare problemi nell'industria.

ocaso *s.m.* **1** tramonto **2** (*fig.*) decadenza (*f.*), declino: *el — de la civilización*, il tramonto della civiltà **3** occidente, ovest.
occidental *agg.* occidentale.
occidentalismo *s.m.* occidentalismo.
occidentalista *s.m./f.* occidentalista.
occidentalización *s.f.* occidentalizzazione.
occidentalizar (*con. come* cazar) *v.tr.* occidentalizzare **-se** *v.pron.* occidentalizzarsi.
occidente *s.m.* occidente, ovest, ponente.
occipital *agg.* (*anat.*) occipitale.
occipucio *s.m.* (*anat.*) occipite, nuca (*f.*).
occisión *s.f.* uccisione.
occiso *agg.* ucciso.
occitano *agg.* occitano, occitanico ♦ *s.m.* occitano, lingua d'oc.
oceánico *agg.* **1** oceanico **2** relativo all'Oceania.
océano *s.m.* **1** oceano **2** (*fig.*) sacco, caterva (*f.*).
oceanografía *s.f.* oceanografia.
oceanográfico *agg.* oceanografico.
oceanógrafo *s.m.* oceanografo.
ochavado *agg.* (*geom.*) ottagonale.
ochavo *s.m.* **1** edificio di forma ottagonale **2** sciocchezza (*f.*), cosa (*f.*) insignificante **3** (*st.*) moneta di rame che valeva due maravedì.
ochenta *agg.num.card.*, *s.m.* ottanta | *los años —*, gli anni Ottanta ♦ *agg.num.ord.* ottantesimo: *es su — cumpleaños*, è il suo ottantesimo compleanno.
ochentón *agg.*, *s.m.* (*fam.*) ottantenne (*m./f.*).
ocho *agg.num.card.*, *s.m.* otto | *lo mismo da — que ochenta*, non c'è differenza | *ser más chulo que un —*, essere molto simpatico ♦ *agg.num.ord.* ottavo.
ochocientos (*f.* -as) *agg.num.card.*, *s.m.* ottocento ♦ *agg.num.ord.* ottocentesimo.
ociar *v.intr.* oziare.
ocio *s.m.* **1** ozio, inattività (*f.*) **2** quiete (*f.*), riposo: *días de —*, giorni di riposo.
ociosamente *avv.* oziosamente.
ociosidad *s.f.* oziosità, poltroneria.
ocioso *agg.* **1** ozioso, inattivo: *he estado — por dos semanas*, sono rimasto inattivo per due settimane **2** superfluo, triviale: *no es — recordar la importancia de su educación*, non è superfluo ricordare l'importanza della sua educazione **3** (*econ.*) infruttifero: *capitales ociosos*, capitali infruttiferi.
ocluir (*con. come* huir) *v.tr.* occludere, ostruire: *todas las salidas quedaron ocluidas*, tutte le uscite rimasero bloccate ♦ **-se** *v.pron.* (*med.*) occludersi, ostruirsi: *la vena se ocluyó*, la vena si è occlusa.
oclusión *s.f.* occlusione; ostruzione: *— intestinal*, occlusione intestinale.
oclusivo *agg.* (*ling.*, *med.*) occlusivo.
oclusor *s.m.* occlusore.
ocráceo *agg.* ocraceo, color ocra.
ocre *s.m.* **1** (*min.*) ocra (*f.*) **2** (*colore*) ocra.
octa- *pref.* octa-, otta-.
octaédrico *agg.* (*geom.*) ottaedrico.
octaedro *s.m.* (*geom.*) ottaedro.
octagonal *agg.* (*geom.*) ottagonale.
octágono *s.m.* (*geom.*) ottagono.
octano *s.m.* (*chim.*) ottano.
octava *s.f.* (*lett.*, *mus.*) ottava | *— real*, ottava di endecasillabi, stanza.
octavario *s.m.* (*relig.*) ottavario.
octaviano *agg.* augusteo.
octavilla *s.f.* **1** (*tip.*) ottavo (*m.*) **2** pamphlet (*m.*), volantino (*m.*) **3** (*tassa*) ottavino (*m.*).
octavín *s.m.* (*mus.*) ottavino.
octavo *agg.num.ord.*, *s.m.* ottavo | (*sport*) *octavos de final*, ottavi di finale.
octeto *s.m.* (*mus.*) ottetto.
octogenario *agg.*, *s.m.* ottuagenario.
octogésimo *agg.num.ord.* ottantesimo.
octogonal *agg.* (*geom.*) ottagonale.
octosilábico *agg.* ottosillabo.
octosílabo *s.m.* ottosillabo, ottonario.
octubre *s.m.* ottobre.
óctuple *agg.*, *s.m.* ottuplo.
ocular *agg.*, *s.m.*oculare: *examen —*, esame oculare | *testigo —*, testimone oculare.
ocularista *s.m./f.* protesista oculare.
oculista *s.m./f.* (*med.*) oculista.
oculística *s.f.* (*med.*) oculistica.
oculístico *agg.* (*med.*) oculistico.
ocultable *agg.* occultabile.
ocultación *s.f.* occultamento (*m.*).
ocultar *v.tr.* nascondere, occultare: *ocultaron la verdad*, nascosero la verità ♦ **-se** *v.pron.* nascondersi: *se ocultó de la policía*, si nascose alla polizia | *no se me oculta el origen de esos fenómenos*, mi è nota l'origine di questi fenomeni.
ocultismo *s.m.* occultismo.
ocultista *agg.*, *s.m./f.* occultista.
oculto *agg.* **1** nascosto **2** occulto, misterioso | *ciencias ocultas*, scienze occulte.
ocupable *agg.* occupabile.
ocupación *s.f.* occupazione, impiego (*m.*): *tu — es interesante*, il tuo lavoro è interessante.
ocupacional *agg.* occupazionale.
ocupante *agg.* occupante.
ocupar *v.tr.* **1** occupare: *ocupen sus asientos, por favor*, occupate i vostri posti, per favore **2** dare lavoro a: *la empresa ocupa a casi 3700 trabajadores*, l'impresa dà lavoro a quasi 3700 dipendenti **3** impossessarsi di: *los campesinos ocuparon las tierras*, i contadini si impossessarono delle terre ♦ **-se** *v.pron.* occuparsi di: *¿y tú, de qué te ocupas?*, e tu di che cosa ti occupi?
ocurrencia *s.f.* **1** caso (*m.*), congiuntura: *una — infeliz*, un caso infelice **2** arguzia, battuta: *se me quitó la tristeza con sus ocu-*

rrencias, mi è passata la tristezza con le sue battute **3** idea, trovata: *¡qué —!*, che idea! **4** (*ling.*) occorrenza, frequenza: *estudió la — de las palabras inglesas en el texto*, studiò la frequenza delle parole inglesi nel testo.
ocurrente *agg.* ingegnoso, che ha delle belle trovate | *idea —*, idea ingegnosa.
ocurrir *v.intr.* accadere, succedere: *¿qué ocurre?*, cosa succede?; *lo que le ocurre es que es un vago*, il fatto è che è un pigro | *ocurra lo que ocurra*, succeda quel che succeda ♦ **-se** *v.pron.* venire in mente, pensare: *se le ocurrió que podía ir a verlo*, gli venne in mente che poteva andare a trovarlo.
oda *s.f.* ode.
odalisca *s.f.* odalisca.
odiar *v.tr.* odiare, detestare: *lo que más odio es la rutina*, ciò che più detesto è la routine.
odio *s.m.* odio, astio: *le tengo — a esta canción*, detesto questa canzone.
odiosidad *s.f.* odiosità.
odioso *agg.* odioso, detestabile: *cuando me hablas así eres —*, quando mi parli così sei odioso.
odisea *s.f.* (*anche fig.*) odissea.
odontalgia *s.f.* (*med.*) odontalgia.
odontálgico *agg.* (*med.*) odontalgico.
odontología *s.f.* (*med.*) odontologia.
odontológico *agg.* (*med.*) odontologico.
odontólogo *s.m.* (*med.*) odontoiatra (*m./f.*).
odontómetro *s.m.* (*med.*) odontometro.
odontopatía *s.f.* (*med.*) odontopatia.
odontotécnica *s.f.* (*med.*) odontotecnica.
odontotécnico *s.m.* (*med.*) odontotecnico.
odorante *agg.* profumato, fragrante.
odorífero *agg.* odorifero, odoroso, profumato.
odre *s.m.* **1** otre **2** (*fam.*) beone.
odrina *s.f.* otre (*m.*) di cuoio | *está hecho una —*, è pieno di acciacchi.
oeste *s.m.* **1** ovest, occidente, ponente | *el lejano —*, il far west | *película del —*, film western **2** (*vento*) ponente.
ofender *v.tr.* **1** offendere, oltraggiare: *— la moral pública*, offendere la morale pubblica **2** infastidire, disturbare: *— la vista*, offendere la vista ♦ **-se** *v.pron.* offendersi, indignarsi: *se ofendió por la broma*, si è offeso per lo scherzo.
ofendido *agg.* offeso.
ofensa *s.f.* offesa, ingiuria, oltraggio (*m.*): *— al sentido común*, offesa al senso comune.
ofensiva *s.f.* offensiva, attacco (*m.*): *tomar la —*, lanciare l'offensiva.
ofensivo *agg.* offensivo, oltraggioso, lesivo: *cartas ofensivas*, lettere offensive.
ofensor *agg.*, *s.m.* offensore.
oferente *agg.*, *s.m./f.* offerente.
oferta *s.f.* **1** (*econ.*) offerta: *presentar su —*, presentare la propria offerta | *la ley de la — y la demanda*, la legge della domanda e dell'offerta **2** (*comm.*) promozione, offerta: *estar de/en —*, essere in offerta **3** regalo (*m.*), dono (*m.*); (*relig.*) offerta: *llevaron ofertas a la Virgen*, portarono offerte/doni alla Madonna.
ofertar *v.tr.* (*comm.*) lanciare, mettere in vendita.
ofertorio *s.m.* (*relig.*) offertorio.
oficial *agg.* **1** ufficiale: *propaganda —*, propaganda ufficiale **2** statale, pubblico | *centros oficiales y privados*, centri pubblici e privati ♦ *s.m.* **1** lavorante (*m./f.*) (finito), operaio: *— de albañil*, muratore **2** (*mil.*) ufficiale: *primer —*, primo ufficiale **3** impiegato: *— de aduana*, impiegato della dogana.
oficialía *s.f.* impiego (*m.*) in ufficio | (*mil.*) *— mayor*, ufficio dell'ufficiale maggiore.
oficialidad *s.f.* (*anche mil.*) ufficialità: *no han confirmado la — de la noticia*, non hanno confermato l'ufficialità della notizia.
oficialismo *s.m.* **1** (*Amer.*) governo **2** (*Amer.*) tendenze (*f.pl.*) e forze (*f.pl.*) politiche filogovernative.
oficialista *agg.* (*Amer.*) ufficialista, filogovernativo.
oficialización *s.f.* ufficializzazione.
oficializar (*con. come* cazar) *v.tr.* ufficializzare, dare ufficialità a.
oficiante *agg.*, *s.m.* (*relig.*) officiante.
oficiar *v.tr.* (*relig.*) officiare, celebrare.
oficina *s.f.* **1** ufficio (*m.*), studio (*m.*): *— de informaciones*, ufficio informazioni; *— de empleo*, ufficio di collocamento **2** laboratorio (*m.*) farmaceutico.
oficinal *agg.* officinale, medicamentoso | *plantas oficinales*, piante officinali.
oficinista *s.m./f.* (*in un ufficio*) impiegato (*m.*).
oficio *s.m.* **1** mestiere, professione (*f.*): *tiene el — de fontanero*, esercita il mestiere di idraulico | *escuela de artes y oficios*, scuola d'arte e mestieri | *sin — ni beneficio*, senza arte né parte | (*iron.*) *¿es que no tienes —?*, non hai niente da fare? **2** funzione (*f.*), scopo: *la escuela se propone entre otros oficios el de formar a las personas*, la scuola si propone, tra gli altri scopi, quello di formare le persone **3** lettera (*f.*) ufficiale, circolare (*f.*) | *dirigir un —*, inviare una comunicazione scritta **4** (*relig.*) ufficio religioso | *Santo Oficio*, Inquisizione | *los oficios de Semana Santa*, le funzioni religiose della Settimana Santa | *oficios de difuntos*, ufficio funebre/dei defunti
■ ***buenos oficios***, buoni uffici, intercessione | ***de oficio***, d'ufficio: *abogado de —*, avvocato d'ufficio.
oficiosidad *s.f.* ufficiosità.
oficioso *agg.* **1** ufficioso **2** solerte, sollecito, scrupoloso **3** ficcanaso, impiccione.
ofidio *s.m.* (*zool.*) ofide.

ofrecer (*con. come* agradecer) *v.tr.* **1** offrire: *le ofrecieron una cena de despedida*, gli offrirono una cena di saluto/addio | — *una misa a los difuntos*, far dire/celebrare una messa per i defunti **2** presentare: *los dos autores ofrecen rasgos similares*, i due autori presentano caratteristiche simili **3** consacrare, dedicare ♦ **-se** *v.pron.* **1** offrirsi: *me ofrecí para ayudarle*, mi offrii di aiutarlo **2** venire in mente; venire il dubbio: *se le ofreció que podía pasar por la plaza*, gli venne in mente che poteva passare dalla piazza **3** (*in frasi negative e interrogative*) desiderare; avere bisogno: *¿se le ofrece algo más?*, desidera altro?
ofrecimiento *s.m.* offerta (*f.*), proposta (*f.*): — *de cargo*, proposta di incarico.
ofrenda *s.f.* (*relig.*) offerta, elemosina.
ofrendar *v.tr.* offrire in sacrificio, immolare.
oftalmia, oftalmía *s.f.* (*med.*) oftalmia.
oftálmico *agg.* (*med.*) oftalmico.
oftalmo- *pref.* (*med.*) oftalmo-.
oftalmología *s.f.* (*med.*) oftalmologia.
oftalmólogo *s.m.* (*med.*) oculista (*m./f.*).
oftalmometría *s.f.* (*med.*) oftalmometria.
oftalmómetro *s.m.* (*med.*) oftalmometro.
oftalmoscopia *s.f.* (*med.*) oftalmoscopia.
oftalmoscopio *s.m.* (*med.*) oftalmoscopio.
oftalmoterapia *s.f.* (*med.*) oftalmoterapia.
ofuscación *s.f.* (*anche fig.*) offuscamento.
ofuscamiento *s.m.* (*anche fig.*) offuscamento.
ofuscar (*con. come* pescar) *v.tr.* (*anche fig.*) offuscare, oscurare ♦ **-se** *v.pron.* **1** offuscarsi, oscurarsi **2** (*fig.*) turbarsi.
ogro *s.m.* (*anche fig.*) orco, mostro.
óhmetro *s.m.* (*elettr.*) ohmmetro.
óhmico *agg.* (*elettr.*) ohmico.
ohmio *s.m.* (*elettr.*) ohm.
oíble *agg.* udibile, percepibile.
oída *s.f.* udito (*m.*) | *de oídas*, per sentito dire.
oído *s.m.* **1** udito **2** (*anat.*, *anche fig.*) orecchio: *deben estarle zumbando los oídos*, gli devono fischiare le orecchie | — *interno*, orecchio interno | *al* —, all'orecchio | *de* —, a orecchio
■ ***aplicar el óido***, tendere l'orecchio | ***dar oídos***, prestare attenzione: *¿si te da tanto fastidio porque le das oídos?*, se ti dà fastidio perché lo ascolti? | ***abrir/aguzar los oídos***, aprire le orecchie, prestare attenzione | ***cerrar los oídos***, tapparsi le orecchie, non sentire ragioni | ***duro de oído***, duro d'orecchi | ***entrarle por un oído y salirle por el otro***, entrare da un orecchio e uscire dall'altro | ***hacer oídos sordos***, fare il sordo | ***hacer oídos de mercader***, fare orecchie da mercante | ***ser todo oídos***, essere tutto orecchi | ***tener oído*** , avere orecchio | ***llegar a oídos***, giungere all'orecchio | ***regalar los oídos***, adulare: *lo que hizo fue regalarme los oídos para obtener lo que quería*, ciò che fece fu adularmi per ottenere ciò che voleva.
oidor *agg.* uditore ♦ *s.m.* (*st.*) magistrato, giudice.
oimiento *s.m.* ascolto, udienza (*f.*).
oír (*indic.pres.* oigo, oyes, oye, oímos, oís, oyen; *pass.rem.* oyó, oyeron; *cong.pres.* oiga, oigas...; *imperf.* oyera, oyeras...; *ger.* oyendo; *imp.* oye, oiga, oigamos, oíd, oigan) *v.tr.* **1** udire, sentire: *oigo su voz*, sento la sua voce; *ahora, me vas a* —, adesso mi starai a sentire | *¡oye!*, senti! | *¡oiga!*, senta! | *¿me oyes?*, mi stai a sentire o no? | *oír algo con sus propios oídos*, sentire qlco. con le proprie orecchie | — *la misa*, assistere alla messa **2** (*fig.*) ascoltare, dare retta a: *no quiso — nuestros ruegos*, non volle ascoltare le nostre preghiere
■ ***ni oye ni entiende***, non capisce nulla | ***como quien oye llover***, come se niente fosse | ***oír, ver y callar***, chi tace non sbaglia | ***como lo oyes/lo estás oyendo***, ***lo que oyes/lo que estás oyendo***, proprio così, è quello che ti dico.
ojal *s.m.* **1** asola (*f.*) **2** foro, buco.
ojalá *inter.* magari: — *que hoy no llueva*, magari oggi non piovesse; — *no hubiera llovido hoy*, magari non avesse piovuto oggi.
ojalador *s.m.* occhiellatrice (*f.*).
ojaladura *s.f.* occhiellatura.
ojalar *v.tr.* fare le asole, gli occhielli a.
ojanco *s.m.* (*mit.*) ciclope.
ojaranzo *s.m.* (*bot.*) oleandro.
ojeada *s.f.* occhiata, sguardo (*m.*) | *echar una* —, dare un'occhiata: *en realidad no lo corregí, sólo le eché una* —, in realtà non l'ho corretto, gli ho solo dato un'occhiata.
ojear[1] *v.tr.* **1** dare un'occhiata a; guardare; occhieggiare: — *el periódico*, dare un'occhiata al giornale **2** fare il malocchio a.
ojear[2] *v.tr.* **1** (*nella caccia*) stanare, scovare **2** (*anche fig.*) mettere in fuga.
ojén *s.m.* anisetta (*f.*).
ojeo *s.m.* battuta (*f.*) di caccia.
ojeras *s.f.pl.* occhiaie.
ojeriza *s.f.* antipatia, astio (*m.*): *le tenía — a mi hermano*, provava antipatia per mio fratello.
ojeroso *agg.* che ha le occhiaie.
ojete *s.m.* **1** occhiello metallico **2** (*volg.*) buco del culo **3** (*Amer.*) tonto **4** (*Amer.*, *volg.*) culo, fortuna (*f.*).
ojetear *v.tr.* fare occhielli a.
ojialegre *agg.* che ha gli occhi allegri, l'espressione ridente.
ojimiel *s.m.* (*farm.*) sciroppo a base di aceto e miele.
ojimoreno *agg.* che ha gli occhi castani.
ojinegro *agg.* che ha gli occhi neri.
ojito *s.m.* **1** occhietto, occhiolino | *hacer oji-*

tos, fare gli occhi dolci **2** (*Amer.*) biscotto rotondo con un ripieno in mezzo.

ojituerto *agg.* strabico, guercio.

ojiva *s.f.* (*arch.*) ogiva.

ojival *agg.* (*arch.*) ogivale.

ojizaino *agg.* che ha lo sguardo cattivo, malvagio.

ojo *s.m.* **1** occhio: *creo que me entró algo en el —*, credo mi sia entrato qualcosa nell'occhio | *mirarse a los ojos*, guardarsi negli occhi | *— a la funerala*, occhio pesto | *ojos de besugo/carnero*, occhi da pesce lesso | *poner los ojos cuadros*, sbarrare gli occhi | *torcer los ojos*, guardare storto **2** (*dell'ago*) cruna (*f.*): *no consigo meter el hilo por el — de la aguja*, non riesco a infilare il filo nell'ago **3** (*della serratura*) toppa (*f.*): *no conseguía meter la llave en el — de la cerradura*, non riusciva a infilare la chiave nella toppa **4** buco, occhio | *— de la escalera*, tromba della scala | *— de perdiz*, (*il callo*) occhio di pernice; (*cucito*) punto di passamaneria | *— de la tempestad/del huracán*, occhio del ciclone | *— de buey*, occhio di bue **5** occhio della coda del pavone **6** nota (*f.*) a margine

■ ***a ojo (de buen cubero)***, a occhio e croce | ***con los/a ojos cerrados***, a occhi chiusi | ***a ojos vistas***, a vista d'occhio | ***cerrar el ojo***, chiudere un occhio | ***con los ojos clavados***, con gli occhi fissi | ***costar un ojo de la cara***, costare un occhio della testa | ***devorar/comer con los ojos***, mangiare con gli occhi: *ese hombre era guapísimo, estaba que me lo comía con los ojos*, quell'uomo era bellissimo, me lo mangiavo con gli occhi | ***echar/ poner el ojo en***, mettere gli occhi addosso a | ***tener ojo clínico***, avere l'occhio clinico | ***en un abrir y cerrar de ojos***, in un batter d'occhio | ***estar/andar con cien ojos***, stare all'erta | ***hasta los ojos***, fin sopra i capelli | ***írsele a alguien los ojos tras una cosa***, bramare intensamente qlco. | ***mirar con buenos, malos ojos***, vedere di buon, di cattivo occhio | ***mirar con el rabillo del ojo***, guardare con la coda dell'occhio | ***cuatro ojos***, quattrocchi | ***cerrar el ojo***, morire | ***no pegar ojo***, non chiudere occhio | ***¡no lo verán tus ojos!***, questo non accadrà mai | ***no quitar los ojos (de encima)***, non togliere gli occhi di dosso | ***no tener más ojos que para...***, non avere occhi che per... | ***no ver más que por los ojos de alguien***, vivere per una persona: *estaba enamorado como un loco, sólo veía por sus ojos*, ero innamorato pazzo, vivevo solo per lei | ***ojos que no ven corazón que no siente***, occhio non vede cuore non duole | ***sacarse los ojos***, cavarsi gli occhi | ***saltar a los ojos***, saltare/balzare agli occhi, essere evidente | ***tener de ojo***, tenere d'occhio | ***traer entre ojos***, aborrire, odiare | ***¡mucho ojo!***, occhio! | ***¡ojo al parche!***, attenzione! | ***¡ojo avizor!***, all'erta!

ojota *s.f.* (*Amer.*) sandalo (*m.*).

ojuelos *s.m.pl.* **1** occhi allegri **2** occhiali da lettura.

ola *s.f.* onda; ondata (*anche fig.*): *tragué agua porque una — me batió*, ho bevuto acqua perché un'ondata mi ha travolto; *las olas se rompían en los arrecifes*, le onde si infrangevano sulla scogliera; *una — de frío caracterizará este fin de semana*, un'ondata di freddo caratterizzerà questo fine settimana| (*fig.*) *nueva —*, nuova generazione, new wave.

olambrilla *s.f.* piastrella.

ole *s.m.* danza (*f.*) andalusa.

oleada *s.f.* ondata (*anche fig.*): *una — de gente*, un'ondata di gente.

oleaginoso *agg.* oleoso.

oleaje *s.m.* ondosità (*f.*).

olear[1] *v.tr.* **1** condire con olio **2** dare l'estrema unzione a **3** ungere con olio sacro.

olear[2] *v.intr.* fare le onde.

oleario *agg.* oleario.

oledor *agg.* odoroso, profumato.

oleico *agg.* (*chim.*) oleico | *ácido —*, acido oleico.

oleicultor *s.m.* (*agr.*) oleicoltore, olivicoltore.

oleicultura *s.f.* (*agr.*) oleicoltura, olivicoltura.

oleífero *agg.* (*bot.*) oleifero.

óleo *s.m.* olio | (*pitt.*) *cuadro al —*, quadro a olio | (*relig.*) *santo —*, olio santo, crisma.

oleoducto *s.m.* oleodotto.

oleografía *s.f.* (*pitt.*) oleografia.

oleográfico *agg.* oleografico.

oleómetro *s.m.* (*fis.*) oleometro.

oleosidad *s.f.* oleosità.

oleoso *agg.* oleoso.

oler (*indic.pres.* huelo, hueles, huele, olemos, oléis, huelen; *cong.pres.* huela, huelas...; *imp.* huele, huela, olamos, oled, huelan) *v.tr.* **1** odorare, fiutare, annusare (*anche fig.*) **2** (*fig.*) ficcanasare, impicciarsi: *siempre viene a — nuestros asuntos*, viene sempre a impicciarsi nei nostri affari ♦ *v.intr.* avere odore: *huele a cebolla*, puzza di cipolla; *¡huele bien!*, ha un buon profumo!; *huele que apesta*, puzza da morire | *ya huele*, è cosa vecchia ♦ **-se** *v.pron.* fiutare, avere il sospetto: *me huele que se escapó*, ho il sospetto che sia scappato | *me huele mal*, la cosa mi puzza.

olfatear *v.tr.* **1** fiutare, annusare: *mi gato siempre olfatea la comida antes de comérsela*, il mio gatto annusa sempre il cibo prima di mangiarlo **2** (*fig.*) indagare su, curiosare in: *a mí no me gusta — las vidas ajenas*, non mi piace curiosare nella vita degli altri **3** sospettare: *mi padre olfateaba que yo estaba embarazada*, mio padre sospettava che fossi incinta.

olfateo *s.m.* fiuto.

olfativo *agg.* olfattivo.

olfato *s.m.* **1** olfatto, odorato **2** (*fig.*) fiuto: *tiene buen —*, ha fiuto.

olfatómetro *s.m.* olfattometro.

olfatorio *agg.* olfattorio.

olíbano *s.m.* (*incenso*) olibano.

olifante *s.m.* (*st.*) olifante.

oligarca *s.m.* (*pol.*) oligarca.

oligarquía *s.f.* (*pol.*) oligarchia.

oligárquico *agg.* (*pol.*) oligarchico.

oligo- *pref.* oligo-.

oligoelemento *s.m.* (*biol.*) oligoelemento.

oligomineral *agg.* (*biol.*) oligominerale.

oligopolio *s.m.* (*econ.*) oligopolio.

oligopolista *agg.* (*econ.*) oligopolista.

oligopsonio *s.m.* (*econ.*) oligopsonio.

olimpiada, olimpíada *s.f.* olimpiade.

olímpico *agg.* **1** olimpico **2** altezzoso, superbo.

olimpo *s.m.* olimpo | *está en el —*, è pieno di sé, è orgoglioso.

olisco *agg.* **1** fetido, puzzolente **2** che annusa in giro.

olisquear *v.tr.* annusare, fiutare ♦ *v.intr.* (*fig.*) ficcanasare, curiosare.

oliva *s.f.* **1** (*bot.*, *frutto*) oliva: *aceite de —*, olio d'oliva **2** (*bot.*, *albero*) olivo (*m.*) **3** (*zool.*) civetta.

oliváceo *agg.* olivaceo, olivastro.

olivar[1] *s.m.* uliveto.

olivar[2] *v.tr.* potare i rami più bassi di un albero.

olivarda *s.f.* **1** (*zool.*) piccolo nibbio (*m.*) **2** (*bot.*) inula.

olivarero *agg.* olivicolo ♦ *s.m.* olivicoltore.

olivera *s.f.* (*bot.*) ulivo (*m.*).

olivero *s.m.* olivaio.

olivicultor *s.m.* olivicoltore.

olivicultura *s.f.* olivicoltura.

olivo *s.m.* ulivo | (*corrida*) *tomar el —*, ripararsi oltre la barriera, scappare.

olla *s.f.* **1** pentola: *ya puse la — al fuego para hacer la pasta*, ho già messo la pentola sul fuoco per cuocere la pasta | *— exprés/a presión* pentola a pressione **2** carne bollita, bollito (*m.*) con legumi e ortaggi | *— podrida*, bollito misto castigliano

■ ***las ollas de Egipto***, il tempo delle vacche grasse | ***olla de cohetes***, estremo pericolo | ***olla de grillos***, caos, casino | ***estar a la olla de alguien***, vivere a spese di qlcu. | ***olla ciega***, salvadanaio | (*fam.*) ***írsele la olla a alguien***, perdere la testa, impazzire.

ollar *agg.* ollare | *piedra —*, pietra ollare ♦ *s.m.* narice (*f.*) del cavallo, frogia (*f.*).

ollería *s.f.* **1** stoviglie (*pl.*), vasellame (*m.*) di terracotta **2** fabbrica o negozio (*m.*) di vasellame di terracotta.

olma *s.f.* (*bot.*) olmo (*m.*) molto grosso e frondoso.

olmedo *s.m.* olmeto.

olmo *s.m.* (*bot.*) olmo | *pedir peras al —*, voler cavare sangue da una rapa.

olocracia *s.f.* (*pol.*) olocrazia.

ológrafo *s.m.* olografo.

olor *s.m.* **1** (*anche fig.*) odore: *emanar un rico —*, emanare un buon profumo; *había — a quemado/chamusquina*, c'era odore di bruciato | *en esta casa hay — a soledad*, in questa casa si prova un senso di solitudine | *de —*, profumato | *buen —*, profumo | *mal —*, fetore/puzza **2** (*fig.*) indizio, sentore: *— de desgracia*, sentore di disgrazia **3** speranza, promessa

■ ***en olor de santidad***, in odore di santità | ***en olor de multitud***, in mezzo al fervore popolare: *el equipo de fútbol fue recibido en — de multitud*, la squadra di calcio fu ricevuta da una folla esultante.

olorizar (*con. come* cazar) *v.tr.* profumare.

oloroso *agg.* odoroso, fragrante | *vino —*, vino aromatico.

olote *s.m.* (*Amer.*) tutolo, cuore della pannocchia.

olvidadizo *agg.* **1** smemorato, sbadato **2** ingrato.

olvidar *v.tr.* dimenticare: *olvidé las llaves*, ho dimenticato le chiavi | *¡olvídalo!*, lascia perdere, scordatelo ♦ **-se** *v.pron.* dimenticarsi (di): *me olvidé el dinero*, mi sono dimenticato i soldi; *se me ha olvidado llamarle*, mi sono dimenticato di telefonargli; *no te olvides de mí*, non ti dimenticare di me.

olvido *s.m.* **1** oblio: *lo que había entre tú y yo quedó en el —*, ciò che c'era tra me e te è caduto nell'oblio | *echar todo al/en el —*, dimenticare tutto, gettare nel dimenticatoio | *caer en el —*, cadere nel dimenticatoio | *relegar al/enterrar en el* , dimenticare volontariamente qlco., mettere qlco. nel dimenticatoio **2** dimenticanza (*f.*), trascuratezza (*f.*).

omagua *s.m.* (*Amer.*) **1** indio di una tribù amazzonica che secondo la tradizione era collegata alla mitica città di El Dorado **2** lingua (*f.*) di questi indios.

omaso *s.m.* (*zool.*) omaso.

ombligo *s.m.* (*anche fig.*) ombelico | *creerse el — del mundo*, credersi il centro del mondo | *encogérsele/arrugársele el — a alguien*, spaventarsi | *mirarse el —*, guardarsi l'ombelico, avere un atteggiamento egocentrico | (*bot.*) *— de Venus*, ombelico di Venere.

ombliguero *s.m.* (*med.*) bendaggio ombelicale che si fa ai neonati.

ombría *s.f.* ombra.

ombrófilo *agg.* (*bot.*) ombrofilo.

omega *s.f.* (*lettera*) omega.

omero *s.m.* (*bot.*) ontano.

ómicron *s.f.* (*lettera*) omicron.

ominoso *agg.* ominoso, di malaugurio.

omisible *agg.* omissibile.
omisión *s.f.* omissione, negligenza, mancanza: *pecado de —*, peccato d'omissione | *— de socorro*, omissione di soccorso.
omiso *s.m.* omesso, trascurato | *hacer caso — de alguien, algo*, ignorare qlcu., qlco.
omitir *v.tr.* omettere, tralasciare: *— detalles*, omettere i dettagli.
omni- *pref.* omni-, onni-.
ómnibus *s.m.* omnibus, autobus.
omnicomprensivo *agg.* onnicomprensivo.
omnidireccional *agg.* onnidirezionale.
omnipotencia *s.f.* onnipotenza.
omnipotente *agg.* onnipotente.
omnipresencia *s.f.* onnipresenza.
omnipresente *agg.* onnipresente.
omnisciencia *s.f.* onniscienza.
omnisciente *agg.* onnisciente.
omnívoro *agg., s.m.* onnivoro.
onagro *s.m.* (*zool.*) onagro.
onanismo *s.m.* onanismo.
once *agg.num.card., s.m.* **1** undici | *estar a las —*, essere storto/sbilenco **2** (*sport*) undici, squadra (*f.*) di calcio ♦ *agg.num.ord.* undicesimo.
oncejo *s.m.* (*zool.*) rondone.
oncogénesis *s.f.* (*med.*) oncogenesi.
oncógeno *agg.* (*med.*) oncogeno.
oncología *s.f.* (*med.*) oncologia.
oncólogo *s.m.* (*med.*) oncologo.
oncoterapia *s.f.* (*med.*) oncoterapia.
onda *s.f.* **1** (*anche fig.*) onda: *cortar las ondas*, fendere le onde; *coger la — de una radio*, prendere la frequenza di una radio; *las ondas del pelo*, le onde dei capelli | *— luminosa, electromagnética, sonora*, onda luminosa, elettromagnetica, sonora | *— de choque*, onda d'urto **2** (*di vestito*) balza ■ (*fam.*) ***llegar la onda***, arrivare la notizia | (*fam.*) ***captar/coger la onda***, capire l'antifona: *¿me cogiste la — ?*, hai capito? | (*Amer.*) ***ponerse para la onda***, fare il filo a qlcu. | ***estar en la onda***, essere alla moda | ***estar fuera de onda***, non essere aggiornati sulle ultime tendenze.
ondeado *agg.* ondulato.
ondeante *agg.* ondeggiante, fluttuante.
ondear *v.intr.* ondeggiare: *las banderas ondearon al viento*, le bandiere ondeggiarono al vento.
ondeo *s.m.* ondeggiamento.
ondina *s.f.* (*mit.*) ondina.
ondoso *agg.* ondoso.
ondulación *s.f.* ondulazione.
ondulado *agg.* ondulato, mosso: *tenía el cabello —*, aveva i capelli mossi.
ondular *v.tr.* (*capelli*) arricciare, ondulare ♦ *v.intr.* ondeggiare, fluttuare.
ondulatorio *agg.* ondulatorio.
onerario *agg.* (*mar.*) da carico, cargo.
oneroso *agg.* oneroso.
onfalitis *s.f.* (*med.*) onfalite.
onfalotomía *s.f.* (*med.*) onfalotomia, taglio (*m.*) del cordone ombelicale.
ónice *s.m.* (*min.*) onice (*f.*).
onicofagía *s.f.* (*med.*) onicofagia.
onicófago *agg., s.m.* (*med.*) onicofago.
onírico *agg.* onirico.
onirismo *s.m.* (*med.*) onirismo.
ónix *s.m.* (*min.*) onice (*f.*).
onomástica *s.f.* onomastica.
onomástico *agg.* onomastico.
onomatopeya *s.f.* (*ling.*) onomatopea.
onomatopéyico *agg.* onomatopeico.
óntico *agg.* (*filos.*) ontico.
ontogenia *s.f.* (*biol.*) ontogenesi.
ontogénico *agg.* (*biol.*) ontogenetico.
ontología *s.f.* (*filos.*) ontologia.
ontológico *agg.* (*filos.*) ontologico.
ontologismo *s.m.* (*filos.*) ontologismo.
ontólogo *s.m.* (*filos.*) ontologista (*m./f.*).
onza[1] *s.f.* **1** oncia **2** (*di cioccolato*) quadretto.
onza[2] *s.f.* (*zool.*) giaguaro (*m.*).
oocito *s.m.* (*biol.*) oocita.
oogénesis *s.f.* (*biol.*) oogenesi.
opa[1] *agg., s.m./f.* (*Amer.*) tonto (*m.*), stupido (*m.*), idiota.
opa[2] *s.f.* (*econ., acronimo di* oferta pública de adquisición) OPA, offerta pubblica d'acquisto.
opacar (*con. come* pescar) *v.tr.* **1** (*Amer.*) oscurare, annuvolare **2** (*Amer.*) superare, mettere in ombra.
opacidad *s.f.* opacità.
opaco *agg.* **1** opaco, non trasparente: *agua opaca*, acqua torbida **2** (*anche fig.*) opaco, poco brillante: *luz opaca*, luce opaca **3** (*fig.*) triste, malinconico.
opado *agg.* **1** presuntuoso, orgoglioso **2** (*di linguaggio*) affettato, iperbolico.
opalescencia *s.f.* opalescenza.
opalescente *agg.* opalescente.
opalino *agg.* opalino, opalescente.
opalizar (*con. come* cazar) *v.tr.* rendere opalescente.
ópalo *s.m.* (*min.*) opale.
opción *s.f.* **1** opzione, scelta, possibilità: *descartamos otras opciones*, abbiamo scartato altre opzioni; *para resolver este problema hay sólo dos opciones*, per risolvere questo problema ci sono solo due possibilità **2** (*econ.*) opzione | *— de compra, de venta*, opzione di acquisto, di vendita.
opcional *agg.* opzionale, facoltativo: *se vende casa con jardín, garaje —*, vendesi casa con giardino, garage opzionale.
ópera *s.f.* (*mus.*) opera (lirica).
operabilidad *s.f.* operabilità.

operable *agg.* **1** realizzabile, fattibile **2** (*med.*) operabile.
operación *s.f.* operazione: — *aritmética*, operazione aritmetica; — *quirúrgica*, operazione chirurgica; — *bursátil*, operazione di borsa | (*med.*) *mesa de operaciones*, tavolo operatorio | (*med.*) — *cesárea*, taglio cesareo | (*econ.*) — *a la baja, al alza, al contado*, operazione al ribasso, al rialzo, in contanti.
operacional *agg.* **1** operazionale **2** (*mil.*) operativo | *la unidad está* —, l'unità è operativa.
operacionalismo *s.m.* (*filos.*) operazionalismo.
operacionismo *s.m.* (*filos.*) operazionismo.
operador *agg.* (*med.*) che esegue operazioni ♦ *s.m.* (*anche mat.*) operatore | — *telefónico*, operatore telefonico | — *de cine*, cineoperatore | — *turístico*, tour operator.
operante *agg.* operante, attivo.
operar *v.tr.* (*anche fig.*) operare: *operaron grandes cambios*, operarono grandi cambiamenti; *están operando al paciente del corazón*, stanno operando il paziente al cuore ♦ *v.intr.* **1** operare: *las flotas operaban en la zona norte*, le flotte operavano nella zona nord; *la nueva línea operará con autobuses de lujo*, la nuova linea opererà con pullman di lusso **2** fare effetto: *la medicina operó lentamente*, la medicina agì lentamente ♦ **-se** *v.pron.* **1** verificarsi, aver luogo: *se operó un accidente*, si è verificato un incidente **2** (*med.*) sottoporsi a un intervento chirurgico, farsi operare.
operario *s.m.* operaio.
operativa *s.f.* procedura: *todavía no han fijado la — del cambio monetario*, ancora non hanno fissato la procedura del cambio monetario.
operatividad *s.f.* operatività.
operativo *agg.* operativo: *el sistema será — dentro de pocos días*, il sistema sarà operativo tra alcuni giorni ♦ *s.m.* dispositivo.
operatorio *agg.* operatorio.
opérculo *s.m.* (*biol., bot.*) opercolo.
opereta *s.f.* (*mus.*) operetta | *de* —, da operetta, ridicolo.
operista *s.m./f.* (*mus.*) operista.
operístico *agg.* (*mus.*) operistico.
operoso *agg.* **1** operoso, laborioso **2** oneroso, impegnativo.
opiáceo *agg., s.m.* oppiaceo.
opiato *agg., s.m.* oppiato.
opilación *s.f.* (*med.*) oppilazione, occlusione.
opimo *agg.* ricco, fertile, abbondante.
opinable *agg.* opinabile, discutibile.
opinar *v.intr.* opinare, pensare: *¿qué opinas sobre la situación actual?*, cosa pensi della situazione attuale? ♦ *v.tr.* pensare: *opino lo mismo que tu hermano*, la penso come tuo fratello.
opinión *s.f.* **1** opinione, parere (*m.*): *no tenía — acerca de lo ocurrido*, non aveva nessuna opinione a proposito di quanto era accaduto | *cambiar de* —, cambiare idea | *casarse con su* —, restare fermo sulle proprie posizioni | *en mi* —, secondo la mia opinione, a mio parere/avviso | — *pública*, opinione pubblica **2** stima, considerazione: *goza de buena — entre sus amigos*, gode di una buona considerazione fra gli amici.
opio *s.m.* oppio | *dar el* —, conquistare, ammaliare.
opioide *agg.* (*farm.*) oppioide.
opiómano *agg., s.m.* oppiomane (*m./f.*).
opíparo *agg.* lauto, abbondante, copioso | *el banquete era* —, il banchetto era abbondante.
opistódomo, opistodomo *s.m.* (*arch.*) opistodomo.
oponente *agg.* opponente, oppositore.
oponer (*con. come* poner) *v.tr.* **1** opporre, contrapporre: *opuso su defensa a nuestras acusaciones*, oppose la sua diffesa alle nostre accuse | *no entiendo por qué — reparos a la manifestación*, non vedo perché nutrire riserve sulla manifestazione | — *razones*, avanzare le proprie ragioni **2** obiettare; contraddire: *siempre tiene algo que — a mis ideas*, ha sempre qlco. da obiettare alle mie idee ♦ **-se** *v.pron.* opporsi, contrapporsi: *su opinión se opone a la mía*, la sua opinione si contrappone alla mia.
oponible *agg.* opponibile.
opopónaco *s.m.* (*bot.*) opoponaco.
oporto *s.m.* (*vino*) porto.
oportunidad *s.f.* **1** opportunità | *igualdad de oportunidades*, pari opportunità **2** occasione: *aprovechó la primera — para hablarle*, approfittò della prima occasione per parlargli | *ofrecerse la* —, presentarsi l'occasione **3** sconto (*m.*), occasione.
oportunismo *s.m.* opportunismo.
oportunista *agg., s.m./f.* opportunista.
oportuno *agg.* **1** opportuno, conveniente **2** pronto, brillante nella conversazione.
oposición *s.f.* **1** opposizione, contrasto (*m.*): *partido de* —, partito d'opposizione **2** (*amm.*) concorso (*m.*), esame (*m.*): *hacer oposiciones*, fare un concorso; *sacar/ganar una* —, vincere un concorso.
oposicionista *agg.* oppositore ♦ *s.m./f.* esponente del partito di opposizione.
opositar *v.intr.* prendere parte a un concorso.
opositor *s.m.* **1** oppositore **2** concorrente (*m./f.*); candidato (a un concorso).
opoterapia *s.f.* (*med.*) opoterapia.
opoterápico *agg.* (*med.*) opoterapico.

opresión *s.f.* oppressione; vessazione: *siento — en el pecho*, sento un'oppressione al petto.
opresivo *agg.* oppressivo.
opresor *agg.*, *s.m.* oppressore; tiranno | *líder —*, tiranno.
oprimido *agg.* oppresso.
oprimir *v.tr.* **1** schiacciare, premere: *oprimió el interruptor una y otra vez*, premette l'interruttore più volte **2** (*fig.*) opprimere, tiranneggiare, vessare: *— un pueblo*, tiranneggiare un popolo.
oprobiar *v.tr.* vilipendere, insultare, infamare.
oprobio *s.m.* obbrobrio, disonore, infamia (*f.*).
oprobioso *agg.* obbrobrioso.
optación *s.f.* (*ling.*) proposizione ottativa.
optar *v.intr.* **1** optare, scegliere: *hemos optado por el 'todo incluído'*, abbiamo scelto il 'tutto compreso' **2** aspirare: *Pepe optaba a ejecutivo*, Pepe aspirava al posto di dirigente.
optativo *agg.* **1** facoltativo, opzionale: *asignaturas comunes y optativas*, materie obbligatorie e facoltative **2** (*ling.*) ottativo.
óptica *s.f.* (*fis.*, *anche fig.*) ottica.
óptico *agg.*, *s.m.* ottico | *nervio —*, nervo ottico | *fibra óptica*, fibra ottica.
optimación *s.f.* ottimizzazione.
optimar *v.tr.* ottimizzare.
optimismo *s.m.* ottimismo.
optimista *agg.*, *s.m./f.* ottimista.
óptimo *agg.* ottimo, eccellente.
optoelectrónica *s.f.* (*elettr.*) optoelettronica.
optometría *s.f.* (*med.*) optometria.
optometrista *s.m./f.* (*med.*) optometrista.
optómetro *s.m.* (*med.*) optometro.
opuesto *agg.* opposto, contrario: *nos dejamos porque nuestras vidas iban en sentidos opuestos*, ci siamo lasciati perché le nostre vite andavano in senso opposto.
opugnación *s.f.* **1** opposizione violenta **2** oppugnazione, confutazione.
opugnador *agg.*, *s.m.* oppugnatore.
opugnar *v.tr.* **1** combattere, opporsi con violenza a **2** confutare, oppugnare.
opulencia *s.f.* opulenza, sfarzo (*m.*).
opulento *agg.* opulento, ricco.
opuncia *s.f.* (*bot.*) opunzia, fico (*m.*) d'India.
opúsculo *s.m.* opuscolo.
oquedad *s.f.* **1** vuoto (*m.*), cavità **2** (*fig.*) inconsistenza: *sensación de —*, sensazione di vuoto.
oración *s.f.* **1** (*relig.*) orazione, preghiera **2** (*gramm.*) proposizione, frase: *— subordinada*, proposizione subordinata **3** orazione, discorso (*m.*)
■ ***corromper las oraciones***, mandare a monte un affare | ***romper las oraciones***, intervenire a sproposito.
oracional *agg.* proposizionale ♦ *s.m.* libro di preghiere, breviario.
oráculo *s.m.* oracolo | *— del campo*, camomilla.
orador *s.m.* oratore, conferenziere, predicatore.
oraje *s.m.* situazione (*f.*) meteorologica.
oral *agg.* **1** orale, verbale: *hoy tuve un examen — de inglés*, oggi ho avuto un esame orale di inglese **2** (*med.*) orale: *por vía —*, per via orale.
orangután *s.m.* (*zool.*) orango.
orante *agg.* orante.
orar *v.intr.* pregare: *tenemos que — todos juntos por la paz del mundo*, dobbiamo pregare tutti quanti per la pace nel mondo.
orate *s.m./f.* **1** pazzo (*m.*) **2** (*fam.*) sventato (*m.*), imprudente.
oratoria *s.f.* oratoria, eloquenza.
oratoriano *agg.* (*relig.*) oratoriano.
oratorio[1] *agg.* oratorio | *movimiento —*, slancio oratorio | *lugar —*, luogo comune.
oratorio[2] *s.m.* oratorio | *— festivo*, oratorio domenicale.
orbe *s.m.* **1** sfera (*f.*) terrestre, globo **2** mondo, universo.
orbicular *agg.* rotondo, circolare.
órbita *s.f.* **1** (*astr.*) orbita: *poner en —*, lanciare in orbita; (*fig.*) far diventare famoso; portare al successo qlco., qlcu. | *estar en —*, essere ben informato **2** (*fig.*) ambito (*m.*), sfera **3** (*anat.*) orbita.
orbital *agg.* orbitale.
orbitar *v.intr.* orbitare, seguire un'orbita.
orbitario *agg.* orbitario.
orca *s.f.* (*zool.*) orca.
orco *s.m.* (*mit.*) inferno, orco.
ordalía *s.f.* ordalia.
orden *s.m.* **1** ordine: *todo está en —*, tutto è in ordine; *el — público*, l'ordine pubblico; *— alfabético*, ordine alfabetico | *llamar al —*, richiamare all'ordine | *poner en —*, mettere in ordine | *poner — en algo*, mettere ordine in qlco. | (*mil.*) *— abierto*, ordine sparso **2** (*fig.*) categoria (*f.*), livello: *necesitamos una secretaria de primer —*, cerchiamo una segretaria di prim'ordine; *le movieron críticas de todo —*, gli mossero critiche d'ogni tipo **3** ambito, sfera (*f.*): *en el — de la arquitectura española*, nell'ambito dell'architettura spagnola **4** (*arch.*) ordine: *— corintio*, ordine corinzio **5** (*relig.*) ordine: *el — sacerdotal*, l'ordine sacerdotale | *dar órdenes*, ordinare, conferire gli ordini ♦ *s.f.* **1** ordine (*m.*); comando (*m.*): *¿cómo se le da la — de imprimir a este ordenador?*, come si dà il comando di stampa a questo computer? | *estar a las órdenes*, essere agli ordini | *— ministerial*, ordine ministeriale | *de — de*, per ordine di | *— de arresto*, mandato di cattura | *¡a la —!*, agli ordini!, signorsì! **2** (*di istituzione religiosa o militare*) ordine (*m.*): *— franciscana*, ordine

francescano; *la — de los dominicos*, l'ordine domenicano; — *de caballería*, ordine cavalleresco **3** (*comm.*) ordinazione, commissione, ordine (*m.*) | *a la* —, all'ordine
■ ***del orden de***, nell'ordine di migliaia | ***en orden a***, col fine di; per quanto riguarda | (*pol.*) ***hombre de orden***, conservatore | ***sin orden ni concierto***, alla rinfusa | ***estar a la orden del día***, essere all'ordine del giorno, essere frequente/usuale.
ordenación *s.f.* **1** ordinamento (*m.*), disposizione: — *social*, ordinamento sociale **2** (*relig.*) ordinazione ■ ***ordenación de pagos***, ufficio di contabilità | ***ordenación del suelo***, piano regolatore.
ordenada *s.f.* (*geom.*) ordinata | *eje de las ordenadas*, asse delle ordinate.
ordenado *agg.* ordinato, metodico.
ordenador *agg.* ordinatore ♦ *s.m.* computer: — *portátil*, computer portatile.
ordenamiento *s.m.* **1** ordine, ordinamento **2** ordinamento, insieme delle norme | — *jurídico*, ordinamento giuridico.
ordenancista *agg.* rigorista, che applica con rigore le norme.
ordenando *s.m.* (*relig.*) ordinando.
ordenanza *s.f.* ordinanza, regolamento (*m.*): — *militar*, ordinanza militare ♦ *s.m.* **1** usciere, fattorino **2** (*mil.*) attendente.
ordenar *v.tr.* **1** ordinare, comandare: *le ordenó que se fuera*, gli ordinò di andarsene **2** mettere in ordine: *hay que — la casa*, bisogna mettere in ordine, riordinare la casa **3** disporre in un ordine, ordinare: — *los grupos sociales por rentas*, ordinare i gruppi sociali per reddito **4** (*relig., conferire ordini sacri*) ordinare ♦ **-se** *v.pron.* (*relig.*) prendere gli ordini: *el sacerdote de mi pueblo se ordenó hace más de veinte años*, il sacerdote del mio paese ha preso gli ordini più di vent'anni fa.
ordeñadero *s.m.* mungitoio.
ordeñador *s.m.* **1** mungitore **2** raccoglitore di olive.
ordeñadora *s.f.* mungitrice.
ordeñar *v.tr.* **1** mungere **2** (*olive*) raccogliere, brucare **3** (*fig.*) spillare denaro; sfruttare.
ordeño *s.m.* mungitura (*f.*) | (*agr.*) *a* —, raccogliendo le olive.
ordinal *agg.*, *s.m.* (*gramm., mat.*) ordinale.
ordinariez *s.f.* rozzezza, grossolanità, volgarità.
ordinario *agg.* **1** ordinario, consueto: *correo* —, posta ordinaria | *de* —, abitualmente **2** grossolano, rozzo, ordinario: *era una persona ordinaria, sin modales*, era una persona grossolana, priva di buone maniere ♦ *s.m.* **1** corriere, staffetta (*f.*) **2** (*relig.*) vescovo diocesano.
ordinativo *agg.* ordinativo.
oréade *s.f.* (*mit.*) oreade.
orear *v.tr.* **1** arieggiare; rinfrescare **2** asciugare ♦ **-se** *v.pron.* **1** asciugarsi all'aria **2** uscire a prendere una boccata d'aria.
orégano *s.m.* (*bot.*) origano | *no todo el monte es* —, non è tutto rose e fiori | — *sea*, speriamo bene.
oreja *s.f.* **1** orecchio (*m.*) | *orejas de soplillo*, orecchie a sventola | *estaba tan contento que sonreía de — a* —, era così contento che il suo sorriso andava da un orecchio all'altro **2** udito: *tengo buena oreja*, ho un buon udito **3** (*di vaso*) manico (*m.*), ansa
■ ***aguzar las orejas***, drizzare le orecchie | ***dar orejas***, dare ascolto, prestare orecchio | ***asomar la oreja***, scoprirsi, lasciar vedere ciò che si è | ***bajar/agachar las orejas***, abbassare la cresta | ***con las orejas gachas***, a capo chino | ***apearse por las orejas***, agire in maniera sbagliata; finire male | ***calentarle las orejas a alguien***, tirare le orecchie a qlcu., sgridare severamente qlcu. | ***descubrir la oreja***, scoprire il lato debole | ***hasta las orejas***, fino al collo | (*fig.*) ***mojarle la oreja a alguien***, far mangiare la polvere a qlcu. | ***planchar la oreja***, dormire | ***poner las orejas coloradas a alguien***, far arrossire, far vergognare qlcu. | ***salirle algo a alguien por las orejas***, averne fin sopra i capelli di qlco.: *se me salen por las orejas sus quejas*, ne ho fin sopra i capelli delle sue lamentele | ***ver las orejas al lobo***, vedersela brutta, vedere la morte in faccia | ***con las orejas tan largas***, tutt'orecchi | ***hacer orejas de mercader***, fare orecchie da mercante | ***no hay orejas para cada martes***, chi la fa l'aspetti | ***vino de dos orejas***, vino robusto | ***sillón de orejas***, poltrona con poggiacapo, bergère.
orejano *agg.* (*di bestiame*) non marchiato.
orejear *v.intr.* **1** (*Amer.*) origliare **2** (*di animali*) muovere le orecchie **3** fare qlco. controvoglia.
orejera *s.f.* **1** (*di persone o animali*) paraorecchie (*m.*) **2** pregiudizio (*m.*), visione limitata **3** (*di aratro*) versoio (*m.*).
orejón *agg.* orecchiuto ♦ *s.m.* **1** tirata (*f.*) d'orecchie **2** (*spec. albicocca e pesca*) frutta (*f.*) secca **3** (*Amer.*) parotite (*f.*), orecchioni.
orejudo *agg.* orecchiuto.
orejuela *s.f.* manico (*m.*), impugnatura.
oreo *s.m.* **1** soffio d'aria **2** essiccazione (*f.*).
orfanato *s.m.* orfanotrofio.
orfandad *s.f.* **1** orfanezza **2** (*fig.*) abbandono (*m.*), solitudine.
orfebre *s.m./f.* orefice, orafo (*m.*), gioielliere (*m.*).
orfebrería *s.f.* oreficeria.
orfelinato *s.m.* orfanotrofio.
orfeón *s.m.* (*mus.*) coro a cappella.
órfico *agg.* (*relig.*) orfico.
orfismo *s.m.* (*relig.*) orfismo.

organdí *s.m.* (*tessuto*) organza (*f.*).
organero *s.m.* (*mus.*) organaro.
organicidad *s.f.* organicità.
organicismo *s.m.* (*med.*) organicismo.
organicista *agg.*, *s.m./f.* (*med.*) organicista.
orgánico *agg.* **1** (*med.*) organico: *enfermedad orgánica*, malattia organica | *alimento —*, cibo organico **2** organico, armonico.
organigrama *s.m.* organigramma.
organillero *s.m.* (*mus.*) suonatore di organetto.
organillo *s.m.* (*mus.*) organetto.
organismo *s.m.* **1** organismo: *el — humano*, l'organismo umano **2** (*fig.*) ente, organismo: *— de gobierno*, ente governativo | *— internacional*, organizzazione internazionale.
organista *s.m./f.* (*mus.*) organista.
organización *s.f.* **1** organizzazione: *el curso era muy bueno pero tenía una mala —*, il corso era buono ma l'organizzazione era pessima **2** ente (*m.*), associazione.
organizado *agg.* (*anche biol.*) organico, strutturato.
organizador *agg.*, *s.m.* organizzatore.
organizar (*con. come* cazar) *v.tr.* organizzare; strutturare, sistemare: *organizaré los cursos para el sábado que viene*, organizzerò i corsi per sabato prossimo; *— una fiesta*, organizzare una festa; *organizo los papeles por orden cronológico*, sistemo i documenti in ordine cronologico ♦ **-se** *v.pron.* **1** organizzarsi **2** prodursi, verificarsi | *se ha organizado un lío en la casa de tus vecinos que ni te imaginas*, c'è stato uno scompiglio nella casa dei tuoi vicini che neppure ti immagini ■ (*fam.*) ***organizarla***, far casino.
órgano *s.m.* (*anche mus.*) organo: *órganos de partido*, organi di partito | *— de la vista*, l'organo della vista | *— administrativo*, organo amministrativo.
organogenia *s.f.* (*biol.*) organogenesi.
organógeno *agg.* organogeno.
organoléptico *agg.* organolettico.
organología *s.f.* organologia.
organológico *agg.* organologico.
organopatía *s.f.* (*med.*) organopatia.
organoscopia *s.f.* (*med.*) organoscopia.
organoterapia *s.f.* (*med.*) organoterapia.
orgánulo *s.m.* (*biol.*) organulo.
orgásmico *agg.* orgasmico.
orgasmo *s.m.* orgasmo.
orgía *s.f.* **1** orgia **2** lussuria, sfrenatezza.
orgiástico *agg.* orgiastico.
orgullo *s.m.* orgoglio: *no acepto su ayuda por —*, non accetto il suo aiuto per orgoglio.
orgulloso *agg.* orgoglioso.
orientación *s.f.* **1** orientazione, orientamento (*m.*): *la — de la casa*, l'orientamento della casa **2** (*anche fig.*) orientamento (*m.*) | *sentido de la —*, senso dell'orientamento | *curso de — profesional*, corso di orientamento professionale **3** pista, indizio (*m.*): *si me das una — puede que lo adivine*, se mi dai un indizio può darsi che lo indovini.
orientador *agg.*, *s.m.* orientatore.
oriental *agg.*, *s.m./f.* orientale.
orientalismo *s.m.* orientalistica (*f.*).
orientalista *agg.*, *s.m./f.* orientalista.
orientalístico *agg.* orientalistico.
orientalización *s.f.* orientalizzazione.
orientalizar (*con. come* cazar) *v.tr.* orientalizzare.
orientar *v.tr.* **1** orientare (*anche fig.*), posizionare: *mi habitación está orientada hacia el norte*, la mia stanza è orientata a nord; *no sabía hacia qué — sus esfuerzos*, non sapeva verso cosa dirigere i suoi sforzi **2** indicare la strada, indirizzare (*anche fig.*): *iba perdida: me orientó una señora que venía por la calle*, mi ero persa: mi diede indicazioni una signora che passava per strada; *mi profesor me orientó por los estudios económicos*, il mio professore mi indirizzò verso gli studi economici ♦ **-se** *v.pron.* orientarsi: *se orientó por el ruido del agua*, si orientò grazie al rumore dell'acqua.
oriente *s.m.* **1** oriente, levante, est | *Lejano Oriente*, Estremo Oriente | *Oriente Próximo*, Medio Oriente | *Cercano Oriente*, Vicino Oriente **2** (*loggia massonica*) oriente **3** (*oreficeria*) oriente.
orificar (*con. come* pescar) *v.tr.* (*dente*) otturare con l'oro.
orificio *s.m.* orifizio, foro.
oriflama *s.f.* stendardo (*m.*), gonfalone (*m.*).
origen *s.m.* origine (*f.*): *es de — noble*, è di nobile origine; *mi padre era de — español*, mio padre era di origine spagnola; *la disputa dio — a un pleito*, la disputa diede origine a un litigio; *el — de una disputa*, l'origine d'un litigio | *denominación de —*, denominazione di origine.
original *agg.* **1** originale, autentico: *la escultura — está en el museo*, la scultura originale è nel museo **2** inusuale, stravagante, originale: *tiene una manera de vestirse —*, ha un modo stravagante/originale di vestirsi **3** nativo, originario ♦ *s.m.* originale, esemplare autentico/autografo.
originalidad *s.f.* **1** originalità, autenticità **2** stravaganza.
originalmente *avv.* **1** originalmente, in modo originale **2** originariamente.
originar *v.tr.* causare, originare: *los contrastes originaron un hondo malestar*, i contrasti causarono un profondo malessere ♦ **-se** *v.pron.* derivare, nascere: *su enfermedad se origina en el hígado*, la sua malattia ha origine nel fegato.

originario *agg.* originario: *texto —*, testo originario | *— de Lisboa*, originario di Lisbona.
orilla *s.f.* **1** riva, sponda: *en/a la — del río, a orillas del río*, in riva al fiume; *orilla del mar*, (*fam.*) in riva al mare | *la otra —*, l'altro mondo **2** margine (*m.*), bordo (*m.*); orlo (*m.*): *la — de la mesa*, il bordo del tavolo | *en la —*, sul bordo | *la — de un mantel*, l'orlo di una tovaglia **3** (*pl., Amer.*) sobborghi (*m.pl.*).
orillar *v.tr.* **1** sistemare, concludere: *he orillado las cuentas*, ho sistemato i conti **2** rasentare, avvicinarsi: *su cuento orilla el absurdo*, il suo racconto rasenta l'assurdo **3** (*Amer.*) evitare, eludere **4** (*Amer.*) navigare lungo la costa, costeggiare **5** orlare, bordare: *he orillado los pantalones*, ho fatto l'orlo ai pantaloni ♦ *v.intr.* accostare ♦ **-se** *v.pron.* accostarsi.
orillero *agg.* (*Amer., di persona*) di periferia, dei sobborghi.
orillo *s.m.* cimosa (*f.*), vivagno.
orín *s.m.* **1** ruggine (*f.*) **2** (*pl.*) urina (*f.sing.*).
orina *s.f.* urina | *mal de —*, incontinenza.
orinal *s.m.* pitale, vaso da notte | *— del cielo*, zona particolarmente piovosa.
orinar *v.intr.* orinare.
orinque *s.m.* (*mar.*) grippia (*f.*).
oriundo *agg.* oriundo, nativo, originario.
órix *s.m.* (*zool.*) orice.
orla *s.f.* **1** bordo (*m.*); orlo (*m.*); fascia: *la — bordada de una falda*, il bordo ricamato di una gonna **2** festone (*m.*), gallone (*m.*) **3** (*università*) fotografia con il ritratto di tutti i compagni di corso | *— de fin de carrera*, fotografia di laurea.
orladura *s.f.* **1** orlatura **2** festone (*m.*), addobbo (*m.*).
orlar *v.tr.* **1** orlare, bordare **2** (*araldica, scudo*) decorare con il proprio stemma.
orleanista *agg.* (*st.*) orleanista.
orlo[1] *s.m.*(*mus.*) corno, alphorn.
orlo[2] *s.m.* (*arch.*) plinto.
ornamentación *s.f.* ornamentazione.
ornamental *agg.* ornamentale.
ornamentar *v.tr.* adornare; addobbare.
ornamento *s.m.* **1** ornamento, addobbo **2** (*arch.*) fregio **3** (*pl.*) paramenti (*pl.*) sacri.
ornar *v.tr.* adornare, abbellire: *me gustaría — con flores mi habitación*, mi piacerebbe abbellire la mia stanza con fiori.
ornato *agg.* ornato, adorno, abbellito.
ornito- *pref.* ornito-.
ornitófilo *agg.* ornitofilo.
ornitología *s.f.* ornitologia.
ornitológico *agg.* ornitologico.
ornitólogo *s.m.* ornitologo.
ornitorrinco *s.m.* (*zool.*) ornitorinco.
oro *s.m.* **1** oro: *me compré un collar de —*, mi sono comprata una collana d'oro | *— de ley, de 24 quilates*, oro fino, a 24 carati | *— batido*, oro battuto in fogli sottilissimi **2** (*fig.*) denaro, ricchezza (*f.*) **3** (*pl., nelle carte*) ori, denari: *el as de oros, el —*, l'asso di denari ♦ *agg.* color oro
■ ***como los chorros del oro***, lustro come uno specchio | ***como oro en paño***, come fosse oro | ***hacerse de oro***, diventare ricco sfondato | ***no es todo oro lo que reluce***, non è tutto oro ciò che luccica | ***pedir el oro y el moro***, chiedere mari e monti | ***ser oro molido***, essere una persona d'oro | ***de oro y azul***, composto, ben vestito | ***vale más oro como pesa/todo el oro del mundo***, vale tanto oro quanto pesa/tutto l'oro del mondo.
oro- *pref.* oro-.
orobanca *s.f.* (*bot.*) orobanche.
orofaringe *s.f.* (*anat.*) orofaringe.
orogénesis *s.f.* (*geol.*) orogenesi.
orogénico *agg.* (*geol.*) orogenetico.
orografía *s.f.* (*geogr.*) orografia.
orográfico *agg.* (*geogr.*) orografico.
orohidrografía *s.f.* (*geogr.*) oroidrografia.
orohidrográfico *agg.* (*geogr.*) oroidrografico.
oronasal *agg.* (*anat.*) oronasal.
orondo *agg.* (*fam.*) **1** panciuto: *un barril —*, una botte panciuta **2** soddisfatto, appagato; tronfio, pieno di sé | *iba caminando por la calle de lo más —*, camminava per strada tutto tronfio.
oronimia *s.f.* (*ling.*) oronimia.
orónimo *s.m.* (*ling.*) oronimo.
oronja *s.f.* (*bot.*) ovolo (*m.*).
oropel *s.m.* **1** similoro, orpello: *ese brazalete es de —*, quel braccialetto è in similoro **2** (*fig.*) apparenza (*f.*), orpello: *era todo galanteo y —*, era tutto galanteria e apparenza | *gastar mucho —*, ostentare una condizione che non corrisponde alla realtà **3** fronzolo: *llevaba un vestido de lentejuelas y oropeles de todo tipo*, portava un vestito con paillettes e fronzoli d'ogni tipo.
oropéndola *s.f.* (*zool.*) oriolo (*m.*).
orozuz *s.m.* (*bot.*) liquirizia (*f.*).
orquesta *s.f.* (*mus.*) orchestra.
orquestación *s.f.* (*mus., anche fig.*) orchestrazione.
orquestal *agg.* (*mus.*) orchestrale.
orquestar *v.tr.* **1** (*mus.*) orchestrare **2** (*fig.*) orchestrare, organizzare.
orquestina *s.f.* (*mus.*) orchestrina.
orquialgía *s.f.* (*med.*) orchialgia.
orquídea *s.f.* (*bot.*) orchidea.
orquiectomía *s.f.* (*med.*) orchiectomia.
orquitis *s.f.* (*med.*) orchite.
ortega *s.f.* (*zool.*) starna.
ortiga *s.f.* (*bot.*) ortica | *ser como unas ortigas*, essere antipatico e intrattabile.
ortigal *s.m.* (*bot.*) campo di ortiche.
orto- *pref.* orto-.
ortocéntrico *agg.* (*geom.*) ortocentrico.

ortocentro *s.m.* (*geom.*) ortocentro.
ortodoncia *s.f.* (*med.*) ortodonzia.
ortodóntico *agg.* (*med.*) ortodontico.
ortodontista *s.m./f.* (*med.*) ortodontista.
ortodoxia *s.f.* (*anche relig.*) ortodossia.
ortodoxo *agg.*, *s.m.* (*anche relig.*) ortodosso: *iglesia ortodoxa*, chiesa ortodossa.
ortofonía *s.f.* ortofonia.
ortofónico *agg.* ortofonico.
ortogénesis *s.f.* (*biol.*) ortogenesi.
ortogenético *agg.* (*biol.*) ortogenetico.
ortogonal *agg.* (*geom.*) ortogonale.
ortografía *s.f.* **1** ortografia **2** (*geom.*) prospetto (*m.*) | — *geométrica*, proiezione ortogonale.
ortográfico *agg.* ortografico.
ortopeda *s.m./f.* (*med.*) ortopedico (*m.*).
ortopédico *agg.*, *s.m.* (*med.*) ortopedico: *aparato* —, apparecchio ortopedico.
ortopedista *s.m./f.* (*med.*) ortopedico (*m.*).
oruga *s.f.* **1** (*zool.*) bruco (*m.*), larva **2** (*mecc.*) cingolato (*m.*) **3** (*bot.*) ruchetta.
orujo *s.m.* **1** (*di uva*) vinaccia (*f.*); (*di olive*) sansa (*f.*) **2** (*liquore*) acquavite (*f.*) **3** olio di sansa.
orvallo *s.m.* pioggerellina (*f.*).
orza[1] *s.f.* giara.
orza[2] *s.f.* (*mar.*) orzata.
orzar (*con. come* cazar) *v.intr.* (*mar.*) orzare.
orzuelo[1] *s.m.* (*med.*) orzaiolo: *en el párpado me ha salido un* —, mi si è formato un orzaiolo sulla palpebra.
orzuelo[2] *s.m.* trappola (*f.*), tagliola (*f.*).
os *pron.pers. di 2ª pers.pl.* (*anche enclitico*) vi, ve: — *veo*, vi vedo; — *digo*, vi dico; — *lo digo*, ve lo dico | *idos*, andatevene.
osadía *s.f.* **1** audacia, ardimento (*m.*), valore (*m.*) **2** insolenza, sfacciataggine.
osado *agg.* audace, ardito: *acción osada*, azione audace.
osamenta *s.f.* ossatura, scheletro (*m.*).
osar *v.tr./intr.* osare: *nadie osaba contradecir a mi padre*, nessuno osava contraddire mio padre.
osario *s.m.* ossario.
oscilación *s.f.* oscillazione, escursione: — *anual de temperatura*, oscillazione annuale della temperatura.
oscilador *s.m.* oscillatore.
oscilante *agg.* oscillante.
oscilar *v.intr.* **1** (*anche fig.*) oscillare: *los árboles oscilaban fuertemente a causa del viento*, gli alberi oscillavano molto a causa del vento | *el precio de ese vestido oscila entre doscientos y trescientos euros*, il prezzo di questo vestito oscilla tra i duecento e i trecento euro **2** (*fig.*) tentennare, titubare.
oscilatorio *agg.* oscillatorio.
oscular *v.tr.* (*geom.*) osculare.
osculatriz *agg.* (*geom.*) osculatore ♦ *s.f.* (*geom.*) cerchio (*m.*) osculatore.
oscurable *agg.* oscurabile.
oscurantismo *s.m.* oscurantismo.
oscurantista *agg.*, *s.m./f.* oscurantista.
oscurecer *v.tr.* **1** oscurare, privare della luce **2** scurire: — *el pelo*, scurire i capelli **3** occultare, offuscare **4** (*pitt.*) ombreggiare ♦ *v.intr. impers.* imbrunire ♦ **-se** *v.pron.* **1** imbrunire, scurirsi **2** coprirsi, rannuvolarsi.
oscurecimiento *s.m.* oscuramento.
oscuridad *s.f.* **1** oscurità, buio (*m.*) **2** (*fig.*) oscurità, mancanza di chiarezza.
oscuro *agg.* **1** scuro, buio | *a oscuras*, (*anche fig.*) al buio | *cámara oscura*, camera oscura **2** cupo, fosco **3** anonimo, sconosciuto **4** oscuro, poco comprensibile | *el significado de su discurso es* —, il significato del suo discorso è oscuro ♦ *s.m.* ombra | *claro* —, chiaroscuro.
óseo *agg.* osseo: *tejido* —, tessuto osseo.
osera *s.f.* tana dell'orso.
osezno *s.m.* cucciolo di orso.
osiánico *agg.* (*lett.*) ossianico.
osificación *s.f.* ossificazione.
osificarse (*con. come* pescar) *v.pron.* ossificarsi.
osmanlí (*pl.* -íes) *agg.*, *s.m.* turco, ottomano.
osmosis, ósmosis *s.f.* osmosi.
osmótico *agg.* osmotico.
oso *s.m.* orso: — *pardo*, orso bruno | — *blanco*, orso polare | — *panda*, panda | — *hormiguero*, formichiere | — *marino*, otaria ■ (*astr.*) ***Osa Mayor***, ***Menor***, Orsa Maggiore, Minore | ***hacer el oso***, fare il pagliaccio | ***¡anda la osa!***, caspita!
ososo *agg.* ossoso, d'osso.
ostensible *agg.* ostensibile.
ostensión *s.f.* ostensione.
ostensivo *agg.* ostensivo.
ostensorio *s.m.* (*relig.*) ostensorio.
ostentación *s.f.* pompa, ostentazione: *hacía — de su riqueza*, ostentava le sue ricchezze.
ostentador *agg.*, *s.m.* ostentatore.
ostentar *v.tr.* ostentare.
ostentoso *agg.* sontuoso, magnifico, grandioso.
osteo- *pref.* osteo-.
osteodistrofia *s.f.* (*med.*) osteodistrofia.
osteofito *s.m.* (*med.*) osteofita.
osteología *s.f.* (*med.*) osteologia.
osteológico *agg.* (*med.*) osteologico.
osteólogo *s.m.* (*med.*) osteologo.
osteomielítico *agg.* (*med.*) osteomielitico.
osteomielitis *s.f.* (*med.*) osteomielite.
osteopatía *s.f.* (*med.*) osteopatia.
osteoporosis *s.f.* (*med.*) osteoporosi.
osteosarcoma *s.m.* (*med.*) osteosarcoma.
osteosclerosis *s.f.* (*med.*) osteosclerosi.
osteosis *s.f.* (*med.*) osteosi.
osteotomía *s.f.* (*med.*) osteotomia.
osteótomo *s.m.* (*med.*) osteotomo.
ostia *s.f.* (*zool.*) ostrica.

ostiario *s.m.* (*relig.*) ostiario.
ostra *s.f.* **1** (*zool.*) ostrica **2** (*fam.*) burbero (*m.*), orso (*m.*)
■ ***aburrirse como una ostra***, annoiarsi a morte | ***¡ostras!***, caspita!
ostracismo *s.m.* (*pol*) ostracismo, esclusione (*f.*).
ostral *s.m.* **1** allevamento di ostriche **2** allevamento di perle.
ostricultor *s.m.* ostricoltore.
ostricultura *s.f.* ostricoltura.
ostrífero *agg.* ricco di ostriche.
ostro[1] *s.m.* **1** (*zool.*) murice **2** color porpora.
ostro[2] *s.m.* (*vento*) ostro.
ostrogodo *agg.*, *s.m.* (*st.*) ostrogoto.
ostugo *s.m.* **1** angolo **2** briciola (*f.*).
osudo *agg.* ossuto.
otalgia *s.f.* (*med.*) otalgia.
otálgico *agg.* (*med.*) otalgico.
otaria *s.f.* (*zool.*) otaria.
otario *agg.* (*Amer.*) tonto, sempliciotto.
otear *v.tr.* esplorare, scrutare: — *el horizonte*, scrutare l'orizzonte.
otero *s.m.* picco.
otitis *s.f.* (*med.*) otite.
oto- *pref.* oto-.
otología *s.f.* (*med.*) otoiatria.
otólogo *s.m.* (*med.*) otoiatra (*m./f.*).
otomana *s.f.* ottomana.
otomano *agg.* ottomano, turco.
otoñal *agg.* **1** autunnale: *hojas otoñales*, foglie autunnali **2** (*fig.*) maturo: *edad* —, età matura.
otoñar *v.intr.* **1** trascorrere l'autunno | *otoño en las montañas*, passo l'autunno in montagna **2** (*di erba*) spuntare in autunno.
otoñizo *agg.* autunnale.
otoño *s.m.* (*anche fig.*) autunno.
otorgamiento *s.m.* **1** concessione (*f.*), autorizzazione (*f.*): — *de un título*, concessione di un titolo **2** (*dir.*) atto notarile, rogito **3** rilascio, permesso: — *de licencias*, rilascio di licenze.
otorgar (*con. come* llegar) *v.tr.* **1** rilasciare, concedere: — *un permiso*, concedere un permesso; — *una certificación*, rilasciare un certificato **2** (*dir.*) stipulare | — *testamento*, fare testamento (*da un notaio*) **3** (*dir.*) promulgare.
otorrinolaringología *s.f.* (*med.*) otorinolaringoiatria.
otorrinolaringólogo *s.m.* (*med.*) otorinolaringoiatra (*m./f.*).
otosclerosis *s.f.* (*med.*) otosclerosi.
otoscopia *s.f.* (*med.*) otoscopia.
otoscopio *s.m.* (*med.*) otoscopio.
otro *agg.*, *pron.indef.* altro: — *día iré a verlo*, andrò a trovarlo un altro giorno; *tengo muchos libros, pero me gustaría comprar* —, ho molti libri, ma mi piacerebbe comprarne un altro; *ha venido otra vez*, è venuto un'altra volta; *ésta es otra de mis hermanas*, questa è un'altra delle mie sorelle; *tiene dos coches: uno aquí y* (*el*) — *en el campo*, ha due automobili: una qui e l'altra in campagna; *los otros llegarán más tarde*, gli altri arriveranno più tardi
■ ***al otro día***, il giorno dopo | ***otro que tú...***, un altro al tuo posto... | ***como dijo el otro***, come disse quel tale | ***hasta otro día***, arrivederci | ***¡otra!***, bis! | ***¡otro que tal!/¡otro que bien baila!***, eccone un altro ancora! | ***otra vez será***, sarà per la prossima volta | ***por otra parte***, d'altra parte, d'altronde | ***¡esa es otra!***, ci mancava anche questa!
otrora *avv.* in altri tempi.
otrosí *avv.* altresì ♦ *s.m.* (*dir.*) clausola (*f.*).
ova *s.f.* (*bot.*) ulva | — *marina*, lattuga di mare.
ovación *s.f.* ovazione, applauso (*m.*): *le dedicaron una prolongada* —, gli dedicarono una prolungata ovazione.
ovacionar *v.tr.* acclamare, applaudire.
ovado *agg.* **1** fecondato **2** ovale.
oval *agg.* ovale.
ovalado *agg.* ovale.
óvalo *s.m.* (*geom.*) ovale.
ovar *v.intr.* deporre le uova.
ovárico *agg.* (*anat.*) ovarico.
ovariectomía *s.f.* (*med.*) ovariectomia.
ovario *s.m.* **1** (*anat.*) ovaia (*f.*) **2** (*bot.*) ovario.
oveja *s.f.* (*anche fig.*) pecora | *eres la — negra de la familia*, sei la pecora nera della famiglia | — *descarriada*, pecorella smarrita | *aburrir hasta a las ovejas*, annoiare a morte | *cada — con su pareja*, ognuno stia con i propri simili; Dio li fa e poi li accoppia.
ovejería *s.f.* **1** (*Amer.*) allevamento (*m.*) di ovini **2** ovini (*m.pl.*).
ovejero *agg.*, *s.m.* pastore, pecoraio | *perro* —, cane pastore.
ovejuno *agg.* ovino.
overo *agg.* fulvo, rossiccio, roano.
overol *s.m.* (*Amer.*) tuta (*f.*) da lavoro.
ovidiano *agg.* (*lett.*) ovidiano.
óvido *agg.*, *s.m.* (*zool.*) ovino.
oviducto *s.m.* (*anat.*) ovidotto.
ovil *s.m.* ovile.
ovillar *v.intr.* aggomitolare ♦ **-se** *v.pron.* raggomitolarsi.
ovillo *s.m.* **1** gomitolo | *hacerse un* —, raggomitolarsi **2** (*fig.*) groviglio.
ovino *agg.*, *s.m.* ovino: *ganado* —, bestiame ovino.
ovíparo *agg.*, *s.m.* (*zool.*) oviparo.
ovni (*objeto volante no identificado*) *s.m.* ufo, disco volante.
ovoide *agg.*, *s.m.* ovoide.
ovoso *agg.* algoso.
ovovivíparo *agg.* (*zool.*) ovoviviparo.

ovulación *s.f.* ovulazione.
ovular[1] *agg.* ovulare.
ovular[2] *v.intr.* ovulare, avere l'ovulazione.
óvulo *s.m.* ovulo.
oxhídrico *agg.* (*chim.*) ossidrico.
oxidabilidad *s.f.* (*chim.*) ossidabilità.
oxidable *agg.* (*chim.*) ossidabile.
oxidación *s.f.* (*chim.*) ossidazione.
oxidante *agg.*, *s.m.* (*chim.*) ossidante.
oxidar *v.tr.* **1** ossidare **2** arrugginire ♦ **-se** *v.pron.* **1** ossidarsi **2** (*fig.*) arrugginirsi: *sus músculos se han oxidado*, i suoi muscoli si sono arrugginiti.
óxido *s.m.* **1** (*chim.*) ossido **2** ruggine (*f.*).
oxigenación *s.f.* ossigenazione.
oxigenar *v.tr.* ossigenare ♦ **-se** *v.pron.* ossigenarsi.
oxígeno *s.m.* ossigeno.
oxigenoterapia *s.f.* (*med.*) ossigenoterapia.
oximiel *s.m.* sciroppo di aceto e miele.
oxímoron *s.m.* (*ret.*) ossimoro.
oxitócico *agg.* (*farm.*) ossitocico.
oxitocina *s.f.* (*farm.*) ossitocina.
oxítono *agg.* (*ling.*) ossitono.
oxiuro *s.m.* (*zool.*) ossiuro.
oyente *s.m./f.* **1** ascoltatore (*m.*) **2** (*scol.*) uditore (*m.*).
ozonización *s.f.* ozonizzazione.
ozonizador *s.m.* ozonizzatore.
ozonizar (*con. come* cazar) *v.tr.* ozonizzare.
ozono *s.m.* ozono | *agujero de* —, buco dell'ozono | *capa de* —, fascia dell'ozono.
ozonosfera *s.f.* ozonosfera.
ozonoterapia *s.f.* (*med.*) ozonoterapia.

Pp

p *s.f.* p | (*tel.*) — *como París*, p come Palermo.
pa' *prep.* (*Amer., pop., apocope di* para) per.
pabellón *s.m.* **1** (*arch.*) padiglione: — *de la feria de muestras*, padiglione della fiera campionaria **2** (*anat.*) padiglione: — *de la oreja*, padiglione auricolare **3** tenda (*f.*) *da campo* **4** baldacchino **5** (*anche mar.*) bandiera (*f.*): *un barco de — panameño*, una nave battente bandiera panamense | *poner el — muy alto*, portare alta la bandiera **6** (*mus.*) padiglione.
pabilo, pábilo *s.m.* stoppino.
pábulo *s.m.* pasto, cibo, alimento
■ ***dar pábulo***, aggiungere legna al fuoco (*anche fig.*) | (*fig.*) ***dar pábulo a***, dare adito a.
paca[1] *s.f.* (*zool.*) paca (*m.*).
paca[2] *s.f.* (*comm.*) balla, collo (*m.*), pacco (*m.*).
pacana *s.f.* (*bot.*) pecan (*m.*).
pacato *agg.* **1** mite, pacato: *me habló con tono —*, mi parlò con tono pacato **2** insignificante: *los datos son pacatos*, i dati sono insignificanti **3** bigotto, moralista ♦ *s.m.* **1** mite (*m./f.*) **2** bigotto, moralista (*m./f.*).
pacedero *agg.* (*agr.*) da pascolo.
pacense *agg.* **1** di Badajoz **2** di Beja ♦ *s.m./f.* **1** nativo (*m.*) di Badajoz **2** nativo (*m.*) di Beja.
paceño *agg.* di La Paz ♦ *s.m.* nativo di La Paz.
pacer (*con. come* agradecer) *v.tr./intr.* pascolare.
pachá *s.m.* pascià.
pachanga *s.f.* **1** (*fam.*) festa, casino (*m.*) **2** (*Amer.*) pachanga.
pachanguero *agg.* chiassoso.
pachanguita *s.f.* (*calcio*) palleggio (*m.*).
pacharán *s.m.* distillato di susine.
pachocha *s.f.* **1** (*Amer.*) flemma, lentezza, placidità **2** (*cuc.*) panzanella.
pachón *agg.* (*Amer.*) peloso, lanoso ♦ *s.m.* (*fam.*) persona (*f.*) flemmatica, lenta.
pachorra *s.f.* (*fam.*) flemma, indolenza, lentezza: *tiene una — desesperante*, ha una flemma esasperante.
pachorrudo *agg.* (*fam.*) indolente, lento.
pachucho *agg.* (*fam., anche fig.*) moscio, fiacco, debole: *me encuentro un poco —*, sono un po' moscio.
pachulí *s.m.* (*bot.*) patchouli.
paciencia *s.f.* **1** pazienza, sopportazione | *hacer perder la —*, far uscire dai gangheri **2** mansuetudine, mitezza.
paciente *agg.* paziente ♦ *s.m./f.* paziente: *el — estaba en la sala de espera*, il paziente era nella sala d'attesa.
pacienzudo *agg.* (*fam.*) molto paziente.
pacificación *s.f.* **1** pacificazione: *con la diplomacia comenzó la — del territorio*, con la diplomazia si avviò la pacificazione della zona **2** rappacificamento (*m.*), pace.
pacificador *agg.*, *s.m.* pacificatore.
pacificar (*con. come* pescar) *v.tr.* pacificare, riconciliare: — *a los países adversarios*, pacificare i paesi nemici; *enviaron al ejército para — la zona*, fu inviato l'esercito per rappacificare la zona ♦ *v.intr.* imporre la pace ♦ **-se** *v.pron.* (*fig.*) placarsi, tranquillizzarsi.
pacífico *agg.* **1** pacifico **2** pacato, tranquillo.
pacifismo *s.m.* (*pol.*) pacifismo.
pacifista *agg.*, *s.m./f.* (*pol.*) pacifista.
pack *s.m.* pack.
package *s.m.* (*inform.*) package.
packaging *s.m.* packaging.
paco[1] *s.m.* (*Amer., zool.*) **1** paca **2** alpaca | — *llama*, alpaca.
paco[2] *s.m.* cecchino.
pacotilla *s.f.* (*mar.*) paccottiglia.
■ ***hacer su pacotilla***, fare lauti guadagni, farsi il gruzzolo | *mercancía de —*, merce scadente.
pacotillero *s.m.* **1** chi negozia paccottiglia **2** (*Amer.*) venditore di chincaglierie, ambulante (*m./f.*).
pactar *v.tr.* pattuire, concordare: *entre ellos pactaron las condiciones de la tregua*, pattuirono fra loro le condizioni della tregua ♦ *v.intr.* patteggiare, venire a un compromesso, scendere a patti: *pactó con el competidor*, scese a patti con l'avversario.
pactismo *s.m.* (*pol.*) tendenza (*f.*) al patteggiamento.
pactista *agg.*, *s.m./f.* patteggiatore (*m.*).
pacto *s.m.* **1** (*comm.*) patto, accordo, intesa (*f.*): *cumplir un —*, rispettare/mantenere un patto | — *de/entre caballeros*, accordo verbale, contratto sulla parola | — *social*, patto sociale | (*econ.*) — *de recompra*, accordo di riacquisto **2** (*pol.*) alleanza (*f.*) | *Pacto Atlántico*, Patto Atlantico **3** clausola (*f.*): —

de compromiso clausola compromissoria | (*dir.*) — *de retroventa,* riserva di proprietà.
paddock *s.m.* (*sport*) paddock.
padecer (*con. come* agradecer) *v.tr.* **1** soffrire (di), patire: — *una enfermedad*, soffrire di una malattia **2** sopportare, tollerare: *tuve que — aquel clima durante cuatro años*, ho dovuto sopportare quel clima per quattro anni **3** subire: *la ciudad padeció muchos bombardeos*, la città subì molti bombardamenti ♦ *v.intr.* soffrire: — *de los nervios*, soffrire di nervi; — *en el alma,* essere ferito nell'anima; *padece con/por su artritis*, soffre a causa della sua artrite.
padecimiento *s.m.* **1** patimento, sofferenza (*f.*), dolore: *ese despido le acarreó muchos padecimientos*, quel licenziamento gli procurò notevoli sofferenze **2** disgrazia (*f.*), pena (*f.*): *un viaje lleno de padecimientos*, un viaggio pieno di disgrazie.
padrastro *s.m.* **1** patrigno **2** (*fig.*) padre snaturato.
padre *s.m.* **1** padre **2** padre, capostipite: *fue el — de toda una generación de artistas*, fu il capostipite di una generazione di artisti **3** (*relig.*) don, padre **4** padre, inventore, creatore **5** (*pl.*) genitori (*pl.*): *vivo con mis padres*, vivo con i miei genitori ♦ *agg.* (*fam.*) molto grande, madornale, straordinario: *una juerga —*, una festa da sballo | *una borrachera de — y muy señor mío*, si prese una sbronza coi fiocchi/madornale.
padrenuestro *s.m.* (*relig.*) padrenostro.
padrinazgo *s.m.* **1** funzione (*f.*) di padrino **2** (*fig.*) protezione (*f.*).
padrino *s.m.* **1** (*di battesimo*, *cresima*) padrino **2** testimone di nozze **3** (*fig.*) capomafia, padrino, boss **4** (*pl.*) padrino (*m.*) e madrina (*f.*) **5** (*pl.*) agganci (*pl.*), appoggi (*pl.*).
padrón *s.m.* **1** anagrafe (*f.*), censimento: *inscribirse en el —*, iscriversi all'anagrafe **2** marchio d'infamia, ignominia (*f.*): *esa acción es un — para quien la hizo*, quell'azione è un'ignominia per chi l'ha compiuta | — *de ignominia*, marchio di infamia **3** modello, campione: *ese hombre es un — de sabiduría*, quell'uomo è un modello di saggezza.
paduano *agg.*, *s.m.* padovano.
paella *s.f.* (*cuc.*) **1** paella **2** padella per cucinare la paella.
paellera *s.f.* padella per cucinare la paella.
paflón *s.m.* (*arch.*) plafond.
paga *s.f.* **1** paga, stipendio (*m.*), salario (*m.*) | — *extraordinaria*, tredicesima/quattordicesima **2** pagamento (*m.*) | — *y señal*, anticipo | *mala —*, cattivo pagatore | *ver la — al ojo*, fiutare un affare **3** espiazione, pena: *el delincuente ha cumplido su —*, il delinquente ha scontato la sua pena.
pagable *agg.* pagabile.
pagadero *agg.* (*comm.*) pagabile, da pagare: — *contra conocimiento de embarque*, pagabile a fronte di documenti d'imbarco; — *a tres meses*, pagabile a tre mesi.
pagado *agg.* compiaciuto, orgoglioso | — *de sí mismo*, pieno di sé.
pagador *s.m.* **1** (*comm.*) liquidatore **2** (*comm.*) trattario.
pagaduría *s.f.* tesoreria, ufficio (*m.*) liquidazioni: *para cobrar en —*, da riscuotere all'ufficio liquidazioni.
paganismo *s.m.* (*relig.*) paganesimo.
paganizar (*con. come* cazar) *v.tr.* (*relig.*) paganizzare.
pagano[1] *agg.*, *s.m.* (*relig.*) pagano.
pagano[2] *s.m.* **1** (*fam.*) pagatore, chi paga per tutti **2** (*fig.*) capro espiatorio.
pagar (*con. come* llegar) *v.tr.* **1** pagare | — *por adelantado*, pagare in anticipo | — *a plazos*, pagare a rate | — *en especie*, pagare in natura | — *un ojo de la cara*, pagare un occhio della testa | *a —*, da pagare **2** (*fig.*) ricompensare, ricambiare, contraccambiare: — *el beneficio*, contraccambiare il favore; *te pagaré con creces*, ti ricompenserò con generosità **3** (*fig.*, *pena*) pagare, scontare ♦ **-se** *v.pron.* vantarsi: *se paga de ser muy rico*, si vanta di essere molto ricco
■ ***pagarla(s)***, pagare a caro prezzo, pagarla | ***pagar el pato/los platos rotos***, essere il capro espiatorio | ***estamos pagados***, siamo pari | ***¡que Dios se lo pague!***, che Dio la benedica! | ***pagar con la misma moneda***, ripagare con la stessa moneta.
pagaré *s.m.* (*comm.*) cambiale (*f.*), pagherò, vaglia cambiario: — *a la orden*, cambiale circolare; *endosar un —*, girare un pagherò; — *del tesoro*, buono del tesoro.
pagaya *s.f.* pagaia.
página *s.f.* **1** pagina; facciata: *un tema de una —*, un tema di una sola facciata | — *web*, pagina web | *páginas amarillas*, pagine gialle **2** (*fig.*) episodio (*m.*) rilevante, pagina: *la cumbre de Kioto fue una — en la historia de la ecología*, il vertice di Kyoto fu un evento importante nella storia dell'ecologia.
paginación *s.f.* **1** impaginazione **2** paginazione, segnatura **3** (*inform.*) paginatura.
paginar *v.tr.* impaginare.
pago[1] *s.m.* **1** pagamento; rata (*f.*): *en tres pagos*, in tre rate | — *en/por cuotas*, pagamento rateale | *de —*, a pagamento | *orden de —*, bolla di pagamento | *suspensión de pagos*, amministrazione controllata **2** ricompensa (*f.*), rimunerazione (*f.*), premio: *en —*, a/come compenso | *mal —*, ingratitudine ♦ *agg.* pagato, liquidato, (*Amer.*) saldato: *cójalos, están pagos*, li prenda, sono pagati.
pago[2] *s.m.* (*di paese*) frazione (*f.*), borgata (*f.*).
pagoda *s.f.* (*arch.*) pagoda.

pagote *s.m.* **1** capro espiatorio **2** scemo di turno, sciocco.
paguro *s.m.* (*zool.*) paguro.
paidología *s.f.* pedologia.
paidológico *agg.* pedologico.
paila *s.f.* pentola.
pailero *s.m.* (*Amer.*) padellaio.
país *s.m.* **1** paese, nazione (*f.*), Stato: *— acreedor*, paese creditore; *— desarrollado*, paese sviluppato; *países en vías de desarrollo*, paesi in via di sviluppo **2** foglio, di carta o stoffa, che ricopre le stecche di un ventaglio **3** (*pitt.*, *fam.*) paesaggio.
paisaje *s.m.* paesaggio: *pintor de paisajes* pittore di paesaggi.
paisajismo *s.m.* (*pitt.*) paesaggistica (*f.*).
paisajista *s.m./f.* (*pitt.*) paesaggista.
paisajístico *agg.* (*pitt.*) paesaggistico.
paisanaje *s.m.* l'essere compaesani.
paisano *agg.*, *s.m.* **1** compaesano, conterraneo: *estaba entre sus paisanos*, era fra i suoi compaesani **2** contadino, campagnolo: *costumbres paisanas*, usanze contadine **3** (*non militare*) civile | *de —*, in borghese: *el general estaba de —*, il generale era in borghese.
paisista *s.m./f.* → **paisajista.**
paja *s.f.* **1** paglia **2** (*per bibite*) cannuccia **3** pagliuzza, fuscello (*m.*) **4** (*fig.*) sciocchezza, minuzia **5** (*volg.*) sega, pippa: *hacerse una —*, farsi una sega.
■ ***dormirse en las pajas***, riposare sugli allori | ***hombre de paja***, uomo di paglia | ***ver la paja en el ojo ajeno y no la viga en el nuestro***, vedere la pagliuzza nell'occhio altrui e non vedere la trave nel proprio | ***echar pajas***, tirare a sorte | ***hablar paja***, parlare a vanvera | ***no importar una paja***, non importare un fico secco.
pajada *s.f.* pagliata.
pajar *s.m.* pagliaio, fienile | *buscar una aguja en un —*, cercare un ago in un pagliaio.
pájara *s.f.* **1** uccello (*m.*) femmina **2** (*fig.*) donna astuta **3** (*ciclismo*) défaillance: *el ciclista sufrió una —*, il ciclista ha avuto una défaillance.
pajarear *v.intr.* (*fig.*) oziare, ciondolare.
pajarera *s.f.* uccelliera.
pajarería *s.f.* **1** negozio (*m.*) di uccelli **2** stormo (*m.*).
pajarero *agg.* (*fam.*) **1** festoso, allegro **2** appariscente ♦ *s.m.* uccellatore.
pajarita *s.f.* (*cravatta*) farfallino (*m.*), papillon (*m.*).
pajarito *s.m.* uccellino | *comer como un —*, mangiare come un uccellino | *quedarse —*, gelarsi.
pájaro *s.m.* **1** uccello: *— bobo*, pinguino; *— carpintero*, picchio; *— mosca*, colibrì **2** pernice (*f.*) maschio da richiamo **3** (*fig.*) furbastro, dritto | *— gordo*, pesce grosso, boss | *— de cuenta*, dritto
■ ***matar dos pájaros de un tiro***, prendere due piccioni con una fava | ***más vale pájaro en mano que ciento volando***, è meglio un uovo oggi che una gallina domani | ***tener la cabeza llena de pájaros***, avere grilli per la testa.
pajarraco *s.m.* (*spreg.*) **1** uccellaccio **2** (*fig.*) furbastro, volpone: *ese tipo es un —*, quel tizio è un volpone.
paje *s.m.* **1** paggio | *— de armas*, scudiero | *— de escoba*, mozzo | *— de cámara*, valletto di camera **2** specchiera (*f.*), mobile da toilette.
pajear *v.intr.* portarsi, comportarsi ♦ **-se** *v.pron.* (*volg.*) masturbarsi, farsi le seghe.
pajera *s.f.* (*agr.*) pagliaio (*m.*).
pajilla *s.f.* **1** cannuccia **2** (*fam.*) sigaretta, paglia.
pajillero *s.m.* (*volg.*) segaiolo, masturbatore.
pajita *s.f.* → **pajilla.**
pajizo *agg.* **1** (*colore*) paglierino **2** di paglia.
pajolero *agg.* (*fam.*) scocciatore, rompiscatole
■ ***no tener ni pajolera idea***, non avere la minima idea.
pajón *s.m.* stoppia (*f.*).
pajuela *s.f.* **1** stoppino (*m.*) **2** pagliuzza.
pakistaní (*pl.* -íes) *agg.*, *s.m./f.* pachistano (*m.*).
pala *s.f.* **1** (*di elica, di remo ecc.*) pala **2** (*cuc.*) paletta **3** pala, badile (*m.*) | *— mecánica*, ruspa **4** (*di scarpa*) tomaia **5** (*gioielli*) castone (*m.*) **6** (*mil.*) spallina **7** (*mar.*) fiocco (*m.*).
palabra *s.f.* **1** parola | *dirigir la —*, rivolgere la parola | *tomar la —*, prendere la parola | *dar la —*, dare la parola | *palabras mayores*, parole grosse, insulti **2** (*ling.*) voce, vocabolo (*m.*), termine (*m.*) **3** (*fig.*) discorso (*m.*): *tengo que decirte unas palabras*, devo farti un discorso **4** (*fig.*) parola, promessa, impegno (*m.*): *— de matrimonio*, promessa di matrimonio | *sobre/bajo —*, sulla parola | *dar —*, dare la propria parola
■ ***de palabra***, a voce; a parole; di parola | ***no soltar palabra***, non dire una parola | ***ahorrar palabras***, risparmiare il fiato | ***beber las palabras de alguien***, pendere dalle labbra di qlcu. | ***comerse las palabras***, mangiarsi le parole.
palabrada *s.f.* parolacce (*pl.*).
palabreja *s.f.* parola vana.
palabreo *s.m.* lagna (*f.*), solfa (*f.*) tiritera (*f.*).
palabrería *s.f.* tiritera, solfa, chiacchiere (*pl.*) inutili.
palabrerío *s.m.* → **palabrería.**
palabrero *agg.*, *s.m.* chiacchierone, ciarlone, parolaio.

palabrista *agg.*, *s.m./f.* parolaio, chiacchierone.
palabrita *s.f.* **1** parolina: *le he dicho unas cuantas palabritas*, gliene ho dette quattro **2** (*iron.*) parola pesante.
palabrota *s.f.* parolaccia, parola sconcia | *soltar palabrotas*, dire le parolacce.
palacete *s.m.* palazzina (*f.*).
palaciego *agg.* palatino; cortigiano.
palacio *s.m.* **1** (*edificio signorile*) palazzo | *— de comunicaciones*, palazzo delle poste | *— de las cortes*, parlamento | *— de cristal*, palazzo di vetro **2** palazzo, corte (*f.*), reggia (*f.*): *— real*, palazzo reale
■ ***echar a palacio***, lasciar stare | ***estar embragado para palacio***, avere un impegno.
palada *s.f.* **1** palata **2** (*mar.*) colpo (*m.*) di remo.
paladar *s.m.* **1** palato | *— blando*, palato molle | *velo del —*, velo del palato **2** (*fig.*) gusto, sensibilità (*f.*) | *tener buen —*, essere di palato fine; avere buon gusto.
paladear *v.tr.* **1** assaporare, gustare **2** (*una bevanda*) sorseggiare, degustare **3** (*fig.*) godere, gustare: *paladeo este momento contigo*, godo di stare qua con te.
paladeo *s.m.* degustazione (*f.*).
paladial *agg.* **1** (*anat.*) palatale, palatino **2** (*ling.*) palatale.
paladín *s.m.* **1** (*st.*) paladino **2** (*fig.*) paladino, difensore: *— de los oprimidos*, difensore degli oppressi; *es un — de la justicia*, è un paladino della giustizia.
paladino *agg.* chiaro, evidente, palese: *ha sido un error —*, è stato un errore palese.
paladio *s.m.* (*chim.*) palladio.
paladión *s.m.* (*mit.*, *fig.*) palladio, baluardo.
palafito *s.m.* palafitta (*f.*).
palafrén *s.m.* palafreno.
palafrenero *s.m.* palafreniere.
palanca *s.f.* **1** leva, braccio (*m.*): *— de cambio*, leva del cambio | *hacer —*, fare leva **2** (*fig.*) appoggio (*m.*), protezione: *tener palancas*, avere degli appoggi, delle aderenze **3** (*tecn.*) palanchino (*m.*) **4** (*piscina*) trampolino (*m.*).
palangana *s.f.* bacinella, catinella, catino (*m.*) ♦ *s.m./f.* (*Amer.*, *fig.*) fanfarone (*m.*).
palanganear *v.intr.* (*Amer.*) fare il fanfarone, il gradasso.
palanganero *s.m.* lavamano.
palangre *s.m.* (*attrezzo da pesca*) palamito.
palangrero *s.m.* (*mar.*, *barca*) palamito.
palanquera *s.f.* palizzata, steccato (*m.*).
palanquero *s.m.* **1** addetto al mantice **2** (*fam.*) scassinatore.
palanqueta *s.f.* **1** levetta **2** piede (*m.*) di porco, leva da scasso.
palanquín[1] *s.m.* **1** facchino **2** (*mar.*) paranco.
palanquín[2] *s.m.* palanchino, portantina (*f.*).
palatal *agg.* **1** (*anat.*) palatale, palatino **2** (*ling.*) palatale.
palatalización *s.f.* (*ling.*) palatalizzazione.
palatalizar (*con. come* cazar) *v.tr.* (*ling.*) palatalizzare.
palatinado *s.m.* (*st.*) palatinato.
palatino *agg.* **1** palatino **2** (*anat.*) palatale, palatino.
palatitis *s.f.* (*med.*) palatite.
palazo *s.m.* (*colpo*) palata (*f.*).
palazón *s.m.* (*edil.*) legname.
palco *s.m.* **1** (*teatr.*) palco **2** tribuna (*f.*).
palenque *s.m.* **1** steccato, recinto **2** (*Amer.*) palo per legare i cavalli.
paleoambiental *agg.* paleoecologico.
paleoantropología *s.f.* paleoantropologia.
paleoasiático *agg.* paleoasiatico.
paleobiología *s.f.* (*biol.*) paleobiologia.
paleobiólogo *s.m.* paleobiologo.
paleobotánica *s.f.* (*biol.*) paleobotanica.
paleoceno *s.m.* (*geol.*) paleocene.
paleoclimatología *s.f.* paleoclimatologia.
paleocristiano *agg.*, *s.m.* paleocristiano.
paleografía *s.f.* paleografia.
paleógrafo *s.m.* paleografo.
paleolítico *agg.*, *s.m.* (*geol.*) paleolitico.
paleólogo *s.m.* paleografo.
paleontográfico *agg.* paleontografico.
paleontología *s.f.* paleontologia.
paleontólogo *s.m.* paleontologo.
paleopatología *s.f.* paleopatologia.
paleozoico *agg.*, *s.m.* (*geol.*) paleozoico.
paleozoología *s.f.* (*geol.*) paleozoologia.
palería *s.f.* bonifica.
palermitano *agg.*, *s.m.* palermitano.
palero *s.m.* **1** chi fabbrica o vende pale **2** vangatore **3** (*mar.*) aiuto fochista **4** (*mil.*) artiere.
palestino *agg.*, *s.m.* palestinese (*m./f.*).
paleta *s.f.* **1** (*pitt.*) tavolozza **2** cazzuola | *media —* apprendista muratore **3** (*cuc.*) schiumarola **4** (*anat.*) scapola **5** (*mecc.*) pala **6** (*fam.*, *denti*) incisivo (*m.*)
■ ***de paleta***, perfetto | ***en dos paletas***, in un attimo.
paletada *s.f.* **1** palata, palettata **2** (*fig.*) cafonata: *no digas paletadas*, non dire cafonate.
paletear *v.intr.* (*mar.*) remare a vuoto; girare a vuoto (elica).
paletería *s.f.* villania, cafonaggine.
paletilla *s.f.* **1** (*anat.*) scapola **2** (*anat.*) cartilagine sternale **3** (*cuc.*) spalla **4** candeliere (*m.*)
■ ***ponerle a alguien la paletilla en su lugar***, dare una strapazzata a qlcu.
paleto *agg.* **1** cafone, rustico, rozzo **2** ignorante ♦ *s.m.* **1** (*zool.*) daino **2** cafone, tanghero, burino.
paletó *s.m.* paltò, soprabito, cappotto.

pali *agg., s.m.* (*ling.*) pali.
palia *s.f.* (*relig.*) palla.
paliar *v.tr.* **1** lenire, attenuare, mitigare: *tratamos de* — *los efectos de la polución*, cerchiamo di attenuare gli effetti dell'inquinamento **2** (*fig.*) fingere, dissimulare.
paliativo *agg., s.m.* palliativo, lenitivo, calmante: *esta medida es solo un* —, questo provvedimento è solo un palliativo.
paliatorio *agg.* dissimulato.
palidecer (*con. come* agradecer) *v.intr.* **1** impallidire **2** (*fig.*) perdere d'importanza.
palidez *s.f.* pallore (*m.*).
pálido *agg.* **1** pallido **2** (*di colore*) pallido, spento, smorto
■ ***no tener ni pálida idea***, non avere la più pallida idea.
paliducho *agg.* palliduccio.
palillero *s.m.* **1** portastuzzicadenti **2** portapenne **3** (*persona*) fabbricante (*m./f.*) di stuzzicadenti.
palillo *s.m.* **1** stuzzicadenti, stecchino **2** (*mus.*) bacchetta (*f.*) **3** (*del tombolo*) fusello **4** (*fam., di persona*) chiodo, acciuga (*f.*): *estar hecho un* — essere magro come un chiodo **5** (*fam.*) cose (*f.pl.*) secondarie, trascurabili **6** (*pl., del biliardo*) birilli **7** (*pl., scultura*) stecche (*f.pl.*) per modellare **8** (*pl., per mangiare*) bacchette (*f.pl.*)
■ ***tocar todos los palillos***, tentare con tutti i mezzi, tentare tutte le strade.
palimpsesto *s.m.* (*manoscritto*) palinsesto.
palindrómico *agg.* palindromico.
palíndromo *s.m.* palindromo.
palingenesia *s.f.* (*relig.*) palingenesi.
palingenésico *agg.* (*relig.*) palingenetico.
palinodia *s.f.* palinodia | *cantar la* —, ritrattare, scusarsi.
palinología *s.f.* (*bot.*) palinologia.
palinuro *s.m.* (*zool.*) palinuro.
palio *s.m.* **1** baldacchino | *recibir bajo el* —, accogliere con tutti gli onori **2** cappa (*f.*), mantello.
palique *s.m.* (*fam.*) **1** chiacchiera (*f.*), ciancia (*f.*): *estar de* —, chiacchierare **2** articolo satirico.
paliquear *v.intr.* (*fam.*) ciarlare, chiacchierare.
palisandro *s.m.* (*bot.*) palissandro.
palista *s.m./f.* (*sport*) giocatore (*m.*) di pelota.
paliza *s.f.* **1** bastonata, batosta (*anche fig.*): *recibir una* —, ricevere una batosta, una bastonata; *nos dieron una* — *en los últimos minutos*, ci hanno dato una batosta negli ultimi minuti **2** (*fam.*) sculacciata **3** (*fig.*) sfacchinata: *esta mudanza ha sido una* —, questo trasloco è stato una sfacchinata
■ ***ser un paliza***, (*di persona*) essere molto noioso | ***dar la paliza***, attaccare bottone.
palizada *s.f.* palizzata, steccato (*m.*).
palma *s.f.* **1** (*bot.*) palma **2** (*della mano*) palmo (*m.*) | *llevar en palmas*, portare in palmo di mano | *como la* — *de la mano*, completamente piatto; facilissimo | *batir palmas*, battere le mani | *conocer como la* — *de la mano*, conoscere come le proprie tasche **3** (*fig.*) vittoria, gloria, trionfo (*m.*) | *llevarse la* —, ottenere la palma della vittoria **4** (*pl.*) applausi (*m.pl.*).
palmada *s.f.* **1** manata, pacca: *le dio una* — *para animarlo*, gli diede una pacca d'incoraggiamento; *dar una* — *en el hombro a un amigo*, dare una pacca sulla spalla a un amico **2** applauso (*m.*), battimani (*m.*): *se oyeron unas palmadas estruendosas*, si udirono degli applausi fragorosi.
palmado *agg.* palmato, a palma.
palmar[1] *agg.* **1** (*anat.*) palmare **2** chiaro, evidente, ovvio ♦ *s.m.* **1** palmeto **2** (*tess.*) scardasso.
palmar[2] *v.intr.* (*fam.*) morire, crepare: *la palmó*, è crepato.
palmario *agg.* lampante, palese, palmare.
palmeado *agg.* (*anche bot., zool.*) palmato.
palmear *v.intr.* battere le mani, applaudire ♦ *v.tr.* **1** (*tip.*) spianare, pareggiare **2** (*mar.*) alare.
palmeo *s.m.* **1** misurazione (*f.*) a spanne **2** battimani **3** (*pallacanestro*) elevazione (*f.*).
palmera *s.f.* (*bot.*) palma da datteri.
palmeral *s.m.* (*bot.*) palmeto.
palmero *s.m.* **1** (*flamenco*) battitore di mani **2** raccoglitore di foglie di palma.
palmeta *s.f.* **1** bacchetta **2** bacchettata.
palmetazo *s.m.* bacchettata (*f.*).
palmífero *agg.* palmifero.
palmípedo *agg., s.m.* palmipede.
palmita *s.f.* *solo nella loc.*: *llevar en palmitas*, portare in palmo di mano.
palmito *s.m.* **1** (*bot.*) palma (*f.*) di San Pietro **2** (*fam.*) volto, viso | *buen* —, bel visino **3** figura (*f.*), aspetto.
palmo *s.m.* spanna (*f.*), palmo | *dejar con un* — *de narices*, lasciare con un palmo di naso | *conocer* — *a* —, conoscere palmo a palmo.
palmotear *v.intr.* battere le mani, applaudire.
palmoteo *s.m.* battimani.
palo *s.m.* **1** palo **2** bastone, randello | *terciar el* —, alzare il bastone (*per picchiare*) **3** legno **4** (*mar.*) albero: — *mayor* albero maestro | *a* — *seco*, a vele ammainate **5** (*fig.*) bastonata (*f.*), legnata (*f.*), mazzata (*f.*) **6** (*delle carte da gioco*) seme, colore: *los cuatro palos de la baraja*, i quattro semi delle carte da gioco **7** (*sport*) legno, bastone, mazza (*f.*): — *de golf*, mazza da golf
■ ***a palo seco***, schiettamente, senza complimenti | ***comer a palo seco***, mangiare senza

bere | ***de tal palo, tal astilla***, tale il padre, tale il figlio.
paloma *s.f.* piccione (*m.*), colomba.
palomar *s.m.* colombaia (*f.*), piccionaia (*f.*) | *alborotar el —*, infiammare gli animi.
palomear *v.intr.* **1** allevare colombi **2** uccellare a colombi.
palomero *s.m.* allevatore di colombi.
palomilla *s.f.* **1** (*zool.*) farfalla notturna **2** (*zool.*) ninfa, crisalide, pupa **3** (*zool.*) tignola del grano **4** (*di equini*) groppa **5** (*mecc.*) galletto (*m.*) **6** (*edil.*) staffa triangolare.
palomita *s.f.* **1** pop corn (*m.*) **2** bibita a base di acqua e anice **3** (*calcio*) parata.
palomo *s.m.* **1** (*zool.*) colombo **2** mezzano, mediatore.
palotada *s.f.* **1** bacchettata **2** (*fig.*) niente (*m.*), nulla (*m.*): *no he encontrado ni —*, non ho trovato nulla | *no dar —*, non azzeccarne una, non concludere nulla | *no saber ni —*, non sapere nulla.
palote *s.m.* **1** bacchetta (*f.*), bastoncino **2** (*nella scrittura*) asta (*f.*).
palotear *v.intr.* **1** battere pali **2** (*fig.*) altercare, discutere.
palpable *agg.* **1** palpabile **2** (*fig.*) chiaro, evidente, palese: *su malestar es —*, il suo malessere è evidente.
palpación *s.f.* **1** palpamento (*m.*) **2** (*med.*) palpazione.
palpamiento *s.m.* palpamento.
palpar *v.tr.* **1** palpare, tastare, palpeggiare **2** (*fig.*) percepire, constatare ♦ *v.intr.* andare a tentoni.
palpebral *agg.* (*anat.*) palpebrale.
palpitación *s.f.* palpitazione, palpito (*m.*).
palpitante *agg.* **1** palpitante **2** (*fig.*) caldo, attuale.
palpitar *v.intr.* **1** battere, pulsare **2** (*fig.*) palpitare, fremere, vibrare.
pálpito *s.m.* presentimento.
palquista *s.m./f.* ladro (*m.*) d'appartamenti.
palta *s.f.* (*Amer.*, *bot.*, *frutto*) avocado (*m.*).
palto *s.m.* (*Amer.*, *bot.*, *albero*) avocado.
paludamento *s.m.* paludamento.
palúdico *agg.* **1** paludoso, palustre **2** (*med.*) malarico.
paludismo *s.m.* (*med.*) malaria (*f.*).
palurdo *agg.*, *s.m.* rude, grossolano, zotico.
palustre *agg.* (*geogr.*) palustre.
pamema *s.f.* **1** leziosità, moina **2** falsità, simulazione **3** (*fam.*) sciocchezza.
pampa *s.f.* (*geogr.*) pampa.
pámpana *s.f.* (*bot.*) pampino (*m.*).
pampanaje *s.m.* abbondanza (*f.*) di pampini.
pampear *v.intr.* (*Amer.*) attraversare la pampa.
pamplonés *agg.* di Pamplona ♦ *s.m.* nativo di Pamplona.
pamplonica *agg.* di Pamplona ♦ *s.m./f.* nativo (*m.*) di Pamplona.
pamporcino *s.m.* (*bot.*) ciclamino.
pampringada *s.f.* **1** (*cuc.*) fettunta **2** (*fig.*) stupidaggine, sciocchezza.
pan *s.m.* **1** pane: *— rallado*, pangrattato; *— de molde*, pan carré; *bastoncito de —*, grissino **2** (*fig.*) pane, alimento, nutrimento **3** pasta (*f.*) sfoglia **4** pane, panetto: *— de mantequilla*, panetto di burro **5** lamina (*f.*) d'oro o d'argento
■ ***con su pan se lo coma***, è affar suo | ***contigo pan y cebolla***, un cuore e una capanna | ***ganarse el pan***, guadagnarsi da vivere | ***ser pan comido***, essere cosa fatta | ***ser un pedazo de pan***, essere un pezzo di pane.
pana *s.f.* **1** (*tess.*) fustagno (*m.*), velluto (*m.*) a coste **2** (*mar.*) pagliolo (*m.*).
panacea *s.f.* panacea, toccasana (*m.*).
panaché *s.m.* verdura (*f.*) mista.
panadería *s.f.* panetteria, panificio (*m.*), forno (*m.*).
panadero *s.m.* panettiere, fornaio.
panadizo *s.m.* (*med.*) giradito.
panafricanismo *s.m.* (*pol.*) panafricanismo.
panafricano *agg.* (*pol.*) panafricano.
panal *s.m.* **1** (*di api*) favo **2** (*di vespe*) vespaio **3** zuccherino.
panamá *s.m.* (*tess.*, *cappello*) panama.
panameño *agg.*, *s.m.* panamense (*m./f.*).
panamericanismo *s.m.* (*pol.*) panamericanismo.
panamericano *agg.* (*pol.*) panamericano.
panárabe *agg.* (*pol.*) panarabo.
panarabismo *s.m.* (*pol.*) panarabismo.
panartritis *s.f.* (*med.*) panartrite.
panasiático *agg.* (*pol.*) panasiatico.
panasiatismo *s.m.* (*pol.*) panasiatismo.
panateneas *s.f.pl.* (*st.*) panatenee.
pancarta *s.f.* striscione (*m.*), cartello (*m.*): *— de meta*, traguardo; *— publicitaria*, cartello pubblicitario.
panceta *s.f.* (*cuc.*) pancetta.
panchito *s.m.* (*cuc.*) arachidi (*f.pl.*) fritte e salate.
pancho[1] *agg.* **1** placido, flemmatico | *quedarse tan —*, prendersela con calma **2** (*fig.*) soddisfatto.
pancho[2] *s.m.* (*Amer.*) hot dog.
pancho[3] *s.m.* (*fam.*) pancia (*f.*).
pancracio *s.m.* (*sport*) pancrazio.
pancrático *agg.* (*anat.*) pancreatico.
páncreas *s.m.* (*anat.*) pancreas.
pancreático *agg.* (*anat.*) pancreatico.
pancreatina *s.f.* pancreatina.
pancreatitis *s.f.* (*med.*) pancreatite.
pancronía *s.f.* (*ling.*) pancronia.
panda[1] *s.m.* (*zool.*) panda.
panda[2] *s.f.* **1** (*di chiostro*) corridoio (*m.*),

galleria **2** (*fam.*) banda, gruppo (*m.*) di amici; (*spreg.*) cricca, combriccola.
pandear *v.intr.*, **pandearse** *v.pron.* (*di parete o asse*) inarcarsi, incurvarsi.
pandectas *s.f.pl.* (*dir.*) pandette.
pandemia *s.f.* (*med.*) pandemia.
pandémico *agg.* pandemico.
pandemónium *s.m.* pandemonio.
pandeo *s.m.* **1** curvatura (*f.*) **2** (*tecn.*) inarcamento.
pandereta *s.f.* (*mus.*) tamburello (*m.*).
panderetear *v.intr.* **1** tamburellare **2** fare musica per divertimento.
panderetero *s.m.* (*mus.*) suonatore di tamburello.
pandero *s.m.* **1** (*mus.*) tamburello **2** (*fig.*) ciarliero, chiacchierone **3** (*fam.*, *fig.*) sedere, deretano.
pandilla *s.f.* **1** gruppo (*m.*), compagnia **2** (*fam.*, *spreg.*) banda, combriccola, cricca.
pandillaje *s.m.* (*spreg.*) attività (*f.*) delle cricche.
pandillero *s.m.* (*spreg.*) piccolo delinquente.
pando *agg.* **1** inarcato, incurvato **2** (*fig.*) flemmatico.
panecillo *s.m.* panino, panetto.
panegírico *agg.*, *s.m.* (*anche fig.*) panegirico.
panegirista *s.m./f.* panegirista.
panel[1] *s.m.* **1** pannello, lastra (*f.*), riquadro: — *de control*, quadro di controllo; — *de instrumentos*, cruscotto (dell'auto) **2** campione (statistico), panel: — *de audiencia*, campione d'ascolto **3** spazio pubblicitario.
panel[2] *s.m.* **1** dibattito, panel **2** (*Amer.*, *di concorso*) giuria (*f.*).
panenteísmo *s.m.* (*filos.*) panenteismo.
panera *s.f.* **1** madia **2** paniere (*m.*); cestino (*m.*) da pane **3** (*pesca*) nassa.
paneslavismo *s.m.* (*pol.*) panslavismo.
paneslavista *s.m./f.* (*pol.*) panslavista.
paneuropeo *agg.* (*pol.*) paneuropeo.
pánfilo *agg.* sciocco, ingenuo.
panfletario *agg.* panflettistico.
panfletista *s.m./f.* panflettista.
panfleto *s.m.* **1** (*pol.*) libello, pamphlet **2** opuscolo, volantino: *repartir planfletos*, fare volantinaggio.
pangea *s.f.* (*geol.*) pangea.
pangermánico *agg.* (*pol.*) pantedesco.
pangermanismo *s.m.* (*pol.*) pangermanismo.
pangermanista *s.m./f.* (*pol.*) pangermanista.
pangolín *s.m.* (*zool.*) pangolino.
panhelénico *agg.* (*pol.*) panellenico.
panhelenismo *s.m.* (*pol.*) panellenismo.
paniaguado *agg.*, *s.m.* (*fam.*) favorito, raccomandato.
pánico *agg.* (*mit.*) panico ♦ *s.m.* panico, terrore.
panícula *s.f.* (*bot.*) **1** pannocchia **2** spiga.
panículo *s.m.* (*anat.*) pannicolo.
paniego *agg.* amante del pane.
panificable *agg.* panificabile.
panificación *s.f.* panificazione.
panificadora *s.f.* panificio (*m.*).
panificar (*con. come* pescar) *v.tr.* panificare.
panislámico *agg.* (*pol.*) panislamico.
panislamismo *s.m.* (*pol.*) panislamismo.
panlogismo *s.m.* (*filos.*) panlogismo.
panocha *s.f.* **1** (*bot.*) pannocchia **2** (*Amer.*, *volg.*) vagina.
panoja *s.f.* **1** (*bot.*) pannocchia **2** (*fig.*) grana, quattrini (*m.pl.*).
panol *s.m.* (*mar.*) cambusa (*f.*).
panoli *agg.*, *s.m./f.* (*fam.*) pappamolle, rammollito (*m.*).
panoplia *s.f.* (*armatura*) panoplia.
panorama *s.m.* panorama (*anche fig.*), vista (*f.*).
panorámica *s.f.* panoramica.
panorámico *agg.* panoramico.
panqué, **panqueque** *s.m.* (*Amer.*, *cuc.*) torta (*f.*) ripiena.
pantagruélico *agg.* (*anche fig.*) pantagruelico.
pantalán *s.m.* (*mar.*) porticciolo.
pantaleta *s.f.* (*Amer.*) mutande (*pl.*).
pantalla *s.f.* **1** (*cinem.*, *tv*, *inform.*) schermo (*m.*) | — *chica/pequeña*, piccolo schermo | — *grande*, grande schermo | — *ultraplana*, schermo ultrapiatto | — *panorámica*, schermo panoramico **2** paralume (*m.*) **3** (*di camino*) parafuoco (*m.*) **4** (*fig.*) copertura, paravento (*m.*): *servir de* —, fare da paravento | — *de humo*, cortina di fumo.
pantallazo *s.m.* schermata (*f.*).
pantalón *s.m.* pantaloni (*pl.*), calzoni (*pl.*): — *corto*, pantaloncini | — *vaquero/tejano*, jeans | — *de pana*, pantalone di velluto (a coste) | — *bombacho*, pantaloni alla zuava | — *de campana*, pantaloni a zampa di elefante | *traje* —, tailleur pantalone | *falda* —, gonna-pantalone
■ (*fam.*) ***bajarse los pantalones***, calarsi le brache | ***ponerse los pantalones***, portare i pantaloni.
pantalonero *s.m.* pantalonaio.
pantanal *s.m.* pantano, terreno fangoso.
pantano *s.m.* **1** palude (*f.*), pantano, stagno **2** chiusa (*f.*), bacino artificiale **3** (*fig.*) impiccio, intoppo: *no sé cuando saldremos de este* —, non so quando usciremo da questo impiccio.
pantanoso *agg.* **1** paludoso **2** (*fig.*) difficile, ingarbugliato.
panteísmo *s.m.* (*filos.*) panteismo.
panteísta *agg.*, *s.m./f.* (*filos.*) panteista.
panteístico *agg.* (*filos.*) panteistico.
panteón *s.m.* **1** (*arch.*) pantheon; monumento funebre, tomba (*f.*) di famiglia **2** (*Amer.*) cimitero.

pantera *s.f.* (*zool.*) **1** pantera **2** (*Amer.*) giaguaro (*m.*).
pantocrátor *s.m.* (*arte*) pantocratore.
pantográfico *agg.* (*tecn.*) pantografico.
pantógrafo *s.m.* (*tecn.*) pantografo.
pantomima *s.f.* **1** (*teatr.*) pantomima **2** (*fig.*) farsa, finzione.
pantomímico *agg.* (*teatr., fig.*) pantomimico.
pantomimo *s.m.* (*teatr.*) pantomimo.
pantorrilla *s.f.* (*anat.*) polpaccio (*m.*).
pantufla *s.f.* pantofola, ciabatta.
pantuflo *s.m.* pantofola (*f.*), ciabatta (*f.*).
panty *s.m.* collant: *lleva pantys de lana*, porta la calzamaglia.
panza *s.f.* **1** pancia, ventre (*m.*): *echar* — metter su pancia **2** (*zool.*) rumine (*m.*).
panzada *s.f.* **1** panciata, spanciata **2** (*fig.*) scorpacciata
■ ***darse una panzada de reír***, morire dal ridere.
panzón *agg., s.m.* pancione.
panzudo *agg.* panciuto.
pañal *s.m.* **1** pannolino, ciripà **2** (*pl.*) fasce (*f.pl.*) | *de pañales*, in fasce
■ ***estar en panales***, essere molto ingenuo; avere scarsa conoscenza di qlco.
pañito *s.m.* centrino.
paño *s.m.* **1** (*tessuto*) panno **2** panno, straccio | — *de cocina*, strofinaccio | (*fig.*) *paños calientes*, pannicelli caldi, rimedi inefficaci **3** arazzo **4** (*pl.*) panni, vestiti | *en paños menores*, in déshabillé **5** (*pl., in arte*) drappeggi.
pañol *s.m.* (*mar.*) cambusa (*f.*), stiva (*f.*).
pañolería *s.f.* (*comm.*) negozio (*m.*) di fazzoletti, foulard.
pañoleta *s.f.* foulard (*m.*), fazzoletto (*m.*).
pañuelo *s.m.* **1** fazzoletto **2** foulard.
papa[1] *s.m.* (*relig.*) papa, pontefice.
papa[2] *s.f.* (*Amer.*) patata | — *frita*, patatina/patatine fritte.
papa[3] *s.f.* **1** (*pl.*) pappa (*sing.*) **2** (*pl., cuc., zuppa*) farinata (*sing.*).
papá *s.m.* **1** papà, babbo **2** (*pl.*) genitori (*pl.*).
papable *agg.* (*relig.*) papabile.
papada *s.f.* pappagorgia, doppio mento (*m.*).
papado *s.m.* (*relig.*) papato.
papagayo *s.m.* (*zool.*) pappagallo.
papahígo *s.m.* **1** passamontagna **2** (*mar.*) pappafico.
papaíto *s.m.* (*fam.*) paparino.
papal *agg.* (*relig.*) papale.
papalina[1] *s.f.* (*copricapo*) papalina.
papalina[2] *s.f.* (*fam.*) sbronza.
papalino *agg.* (*relig.*) papale, papalino.
papamoscas *s.m./f.* sciocco (*m.*), tontolone (*m.*), babbeo (*m.*).
papanatas *s.m./f.* babbeo (*m.*), sempliciotto (*m.*), gonzo (*m.*).
papar *v.tr.* **1** (*pappe*) mangiare **2** (*fam.*) pappare.
paparazzi *s.m.* paparazzo.
paparrucha *s.f.* **1** fandonia, ciancia **2** stupidaggine, boiata: *todo eso son paparruchas*, tutto questo non sono che stupidaggini.
papasal *s.m.* inezia (*f.*), nonnulla, bagattella (*f.*).
papaverina *s.f.* (*chim.*) papaverina.
papaya *s.f.* (*bot.*) papaia.
papear *v.intr.* (*fam.*) balbettare ♦ *v.tr.* (*fam.*) pappare.
papel *s.m.* **1** carta (*f.*); foglio: — *cebolla*, carta velina; — *de envolver*, carta da pacco; — *moneda*, cartamoneta; — *manila, de seda*, carta da lucido; — *secante*, carta assorbente; — *de lija*, carta vetrata; — *con membrete*, carta intestata; — *sellado*, carta bollata; — *de cartas*, carta da lettere; — *de oficio*, carta da bollo; — *de plata/aluminio*, carta stagnola; — *de tornasol*, cartina di tornasole **2** (*comm.*) effetto, valore, tratta (*f.*), pagherò, cambiale (*f.*): — *comercial*, effetto commerciale **3** (*teatr.*) parte (*f.*), ruolo **4** (*fig.*) funzione (*f.*), ruolo | *invertirse los papeles*, scambiarsi i ruoli **5** (*pl.*) documenti (*pl.*), carte (*f.pl.*)
■ ***hacer buen, mal papel***, fare bella figura, fare una figuraccia | ***hacer el papel de***, fare le veci di | ***perder los papeles***, perdere il controllo.
papelear *v.intr.* **1** scartabellare **2** (*fig.*) farsi notare.
papeleo *s.m.* **1** trafila (*f.*), serie (*f.*) di pratiche **2** (*fig.*) burocrazia (*f.*).
papelera *s.f.* **1** cestino (*m.*) della carta straccia **2** cartiera.
papelería *s.f.* cartoleria.
papelerío *s.m.* (*Amer.*) cartacce (*f.pl.*).
papelero *s.m.* cartaio.
papeleta *s.f.* **1** biglietto (*m.*) **2** (*comm.*) cedola, bolletta, ricevuta **3** scheda: — *electoral*, scheda elettorale **4** (*dell'università*) statino (*m.*) **5** (*fig., fam.*) guaio (*m.*): *es una buena* —, è un bel guaio | *resolver la* —, risolvere la questione.
papeletear *v.tr.* prendere nota di, annotare.
papelillo *s.m.* **1** foglietto, cartina (*f.*) **2** (*fig.*) sigaretta (*f.*).
papelina *s.f.* (*gerg., di droga*) bustina.
papelista *s.m./f.* cartaio (*m.*).
papelón *s.m.* figuraccia (*f.*).
papelorio *s.m.* (*fam.*) scartoffie (*f.pl.*).
papelote *s.m.* (*fam.*) **1** (*spreg.*) cartaccia (*f.*) **2** carta (*f.*) da riciclo.
paperas *s.f.pl.* (*med.*) orecchioni (*m.*), parotite (*sing.*).
papilar *agg.* (*anat.*) papillare.
papilla *s.f.* **1** pappa, omogeneizzato (*m.*) **2** (*chim.*) bario (*m.*) **3** (*fig.*) artifizio (*m.*),

raggiro (*m.*), astuzia | *dar — a alguien*, abbindolare, raggirare qlcu.
■ ***hacer papilla a alguien/algo***, ridurre in cattivo stato qlcu./qlco. | ***estar hecho papilla***, essere malconcio; essere ridotto a uno straccio.
papiloma *s.m.* (*med.*) papilloma.
papilomatosis *s.f.* (*med.*) papillomatosi.
papión *s.m.* (*zool.*) babbuino.
papiro *s.m.* (*bot.*) papiro.
papiroflexia *s.f.* origami (*m.*).
papirología *s.f.* papirologia.
papirólogo *s.m.* papirologo.
papirotada *s.f.* colpetto (*m.*) sulla testa, nocchino (*m.*).
papirote *s.m.* **1** nocchino **2** (*fig.*) sciocco.
papisa *s.f.* papessa.
papismo *s.m.* (*relig.*) papismo.
papista *s.m./f.* (*relig.*) papista.
paporrear *v.tr.* **1** picchiare, pestare, malmenare **2** blaterare.
páprika *s.f.* (*cuc.*) paprica.
papú, papúa *agg.*, *s.m./f.* papua, papuano (*m.*).
papudo *agg.* che ha il gozzo, gozzuto.
paquebote *s.m.* (*mar.*) nave (*f.*) postale, postale.
paquete *s.m.* **1** pacco, pacchetto, confezione (*f.*), collo: *— de libros*, pacco di libri **2** (*pol.*, *econ.*) pacchetto: *— accionarial*, pacchetto di azioni; *— de ayudas económicas*, pacchetto di aiuti economici **3** (*volg.*) pacco, genitali (*pl.*) maschili **4** (*fam.*) punizione (*f.*), castigo: *meter un — a alguien*, mettere in castigo qlcu.
paquetero *agg.*, *s.m.* **1** impacchettatore, imballatore **2** (*di giornali*) distributore.
paquidermia *s.f.* (*med.*) pachidermia.
paquidérmico *agg.* (*anche fig.*) pachidermico.
paquidermo *s.m.* (*zool.*) pachiderma.
paquistaní (*pl.* -íes) *agg.*, *s.m./f.* pachistano.
par *agg.* **1** pari, uguale: *su amigo es — en cualidades*, il suo amico gli è pari in fatto di qualità **2** pari, divisibile per due: *número —*, numero pari ♦ *s.m.* **1** paio; coppia (*f.*): *un — de bueyes*, una coppia di buoi; *un — de zapatos*, un paio di scarpe | *¡vaya —!*, che coppia! **2** (*titolo nobiliare*) pari: *los pares de España*, i pari di Spagna **3** (*arch.*) puntone **4** pari, confronto | *sin —*, senza uguale, incomparabile
■ ***a la par***, contemporaneamente; insieme | ***de par en par***, spalancato | ***echar a pares y nones***, giocare a pari o dispari.
para *prep.* **1** (*fine*, *vantaggio*) per, a, da: *lo he comprado — leerlo*, l'ho comprato per leggerlo; *ha venido — verla*, è venuto a/per vederla; *estudia — médico*, studia per diventare medico; *es bueno — crecer*, è buono per far crescere; *sirve — muchas cosas*, serve a molte cose; *no sirve — nada*, non serve a niente; *lo he comprado — ti*, l'ho comprato per te; *¿tienes algo — comer?*, hai qualcosa da mangiare? **2** (*moto a luogo*) a, in: *voy — casa*, vado a casa; *iré — Japón*, andrò in Giappone **3** (*tempo*) entro, a; (*durata*) per: *— fin de mes*, entro la fine del mese; *faltan diez días — Navidad*, mancano dieci giorni a Natale; *me voy — dos semanas*, parto per due settimane **4** (*opinione*) per: *no es bueno — mí*, non è buono per me; *es muy pesado — él*, è molto pesante per lui **5** (*concessivo*) per: *— ser tan joven es muy responsable*, per essere così giovane è molto responsabile **6** (*comparazione*) per: *le pagan muy poco — lo que trabaja*, lo pagano molto poco per il lavoro che fa
■ ***para que***, affinché, perché: *— que te enteres*, che ti sia ben chiaro | ***¿para qué?***, a che scopo?, perché?: *¿— qué hablar?*, lasciamo perdere! | ***para con***, nei confronti di: *es amable — con ella*, è gentile verso di lei.
parábasis *s.f.* (*lett.*) parabasi.
parabién *s.m.* congratulazioni (*f.pl.*), rallegramento, felicitazione (*f.*): *dar el —*, fare le congratulazioni.
parábola *s.f.* (*geom.*, *relig.*) parabola.
parabolano *s.m.* **1** chi racconta parabole **2** (*fig.*) mentitore, bugiardo **3** (*relig.*) parabolano.
parabólica *s.f.* antenna parabolica.
parabólico *agg.* (*anche geom.*) parabolico.
paraboloide *s.m.* (*geom.*) paraboloide | *— de revolución*, paraboloide di rotazione | *— hiperbólico*, paraboloide iperbolico.
parabrisas *s.m.* (*aut.*) parabrezza.
paraca *s.m.* (*fam.*) parà.
paracaídas *s.m.* paracadute | (*aer.*) *— frenante*, paracadute di coda.
paracaidismo *s.m.* paracadutismo.
paracaidista *s.m./f.* paracadutista.
paracetamol *s.m.* (*farm.*) paracetamolo.
parachispas *s.m.* parascintille.
parachoques *s.m.* (*aut.*) paraurti.
parada *s.f.* **1** fermata, arresto (*m.*), sosta: *— del autobús*, fermata dell'autobus; *— de taxis*, parcheggio di taxi; *— discrecional*, fermata facoltativa **2** (*sport*) parata **3** (*mil.*) parata, rivista **4** (*mus.*) pausa **5** (*nel gioco*) posta, puntata: *doblar la —*, raddoppiare la posta.
paradental *agg.* (*med.*) paradentale.
paradentosis *s.f.* (*med.*) paradentosi.
paradera *s.f.* **1** paratoia **2** rete da pesca fissa.
paradero *s.m.* **1** dimora (*f.*), domicilio, recapito | *— desconocido*, recapito sconosciuto **2** (*fig.*) fine (*f.*), esito, termine: *llevar las cosas a buen —*, portare le cose a buon fine

3 (*Amer.*) posteggio di taxi; fermata (*f.*) di autobus.
paradigma *s.m.* (*anche ling.*) paradigma.
paradigmático *agg.* (*anche ling.*) paradigmatico.
paradisiaco, paradisíaco *agg.* (*anche fig.*) paradisiaco.
parado *agg.* **1** fermo, immobile: *no te quedes ahí* —, non stare lì impalato **2** timido, impacciato **3** disoccupato: *estar* —, essere disoccupato **4** (*Amer.*) ritto, in piedi ♦ *s.m.* disoccupato
■ ***salir bien/mal parado de algo***, uscire bene, male da qlco.
paradoja *s.f.* **1** (*ling.*) paradosso (*m.*) **2** assurdità.
paradójico *agg.* paradossale.
parador *s.m.* albergo, locanda (*f.*) | — *nacional*, hotel situato in palazzi storici.
paraescolar *agg.* parascolastico.
paraestatal *agg.* parastatale.
parafernales *agg. solo nella loc.*: *bienes* — (*dir.*) beni parafernali.
parafernalia *s.f.* (*spreg.*) pompa, apparato (*m.*).
parafina *s.f.* (*chim.*) paraffina.
parafinado *s.m.* (*chim.*) paraffinatura (*f.*).
parafinar *v.tr.* (*chim.*) paraffinare.
parafínico *agg.* (*chim.*) paraffinico.
parafiscal *agg.* (*econ.*) parafiscale.
parafiscalidad *s.f.* (*econ.*) parafiscalità.
parafrasear *v.tr.* parafrasare.
paráfrasis *s.f.* (*ling.*) parafrasi.
parafrástico *agg.* (*ling.*) parafrastico.
paragoge *s.f.* (*ling.*) paragoge.
paragógico *agg.* (*ling.*) paragogico.
paragolpes *s.m.* (*Amer.*, *auto*) paraurti.
parágrafo *s.m.* → **párrafo.**
paraguas *s.m.* ombrello.
paraguayo *agg.*, *s.m.* paraguaiano.
paragüería *s.f.* (*negozio*) ombrellaio (*m.*).
paragüero *s.m.* **1** (*persona*) ombrellaio **2** portaombrelli.
paraíso *s.m.* **1** (*relig.*, *fig.*) paradiso: — *terrenal*, paradiso terrestre | — *fiscal*, paradiso fiscale | *ave del* —, uccello del paradiso **2** (*teatr.*) loggione.
paraje *s.m.* luogo, paraggio, posto.
parajismo *s.m.* smorfia (*f.*).
paraláctico *agg.* (*astr.*) parallattico.
paralaje, paralaxi *s.f.* (*astr.*, *geom.*) parallasse.
paralela *s.f.* **1** parallela **2** (*pl.*, *sport*) parallele.
paralelepípedo *s.m.* (*geom.*) parallelepipedo.
paralelismo *s.m.* parallelismo.
paralelizar (*con. come* cazar) *v.tr.* (*tecn.*) parallelizzare.
paralelo *agg.* parallelo (*anche fig.*) ♦ *s.m.* **1** parallelo **2** (*fig.*) paragone, confronto: *crear un — entre dos obras*, istituire un confronto tra due opere.
paralelogramo *s.m.* (*geom.*) parallelogramma.
parálisis *s.f.* **1** (*med.*) paralisi | — *progresiva*, paralisi progressiva **2** (*fig.*) paralisi, arresto (*m.*): — *de las exportaciones*, paralisi delle esportazioni.
paraliterario *agg.* paraletterario.
paraliteratura *s.f.* paraletteratura.
paralítico *agg.*, *s.m.* paralitico.
paralización *s.f.* (*fig.*) paralisi, blocco (*m.*), ristagno (*m.*).
paralizador *agg.* paralizzante.
paralizar (*con. come* cazar) *v.tr.* **1** paralizzare **2** (*fig.*) paralizzare, bloccare, arrestare: — *la producción del acero* paralizzare la produzione dell'acciaio ♦ **-se** *v.pron.* (*med.*) restare paralizzato.
paralogismo *s.m.* (*filos.*) paralogismo.
paramecio *s.m.* (*zool.*) paramecio.
paramédico *agg.* paramedico.
paramento *s.m.* **1** paramento, addobbo **2** gualdrappa (*f.*).
paramétrico *agg.* (*mat.*) parametrico.
parámetro *s.m.* parametro, indice: *parámetros retributivos*, parametri retributivi.
paramilitar *agg.* paramilitare.
páramo *s.m.* **1** (*geogr.*) landa (*f.*) **2** (*Amer.*) pioggerellina (*f.*) gelida.
parangón *s.m.* paragone, confronto.
parangonar *v.tr.* **1** paragonare, confrontare, comparare **2** (*tip.*) giustificare.
paraninfo *s.m.* (*di università*) aula (*f.*) magna.
paranoia *s.f.* (*psic.*, *fig.*) paranoia.
paranoico *agg.*, *s.m.* (*psic.*, *fig.*) paranoico: *tiene un comportamiento* —, ha un comportamento paranoico.
paranoide *agg.*, *s.m./f.* (*psic.*) paranoide.
paranormal *agg.* paranormale.
parapente *s.m.* (*sport*) parapendio.
parapentista *s.m./f.* chi si dedica al parapendio.
parapetarse *v.pron.* (*anche fig.*) barricarsi, asserragliarsi: — *detrás de un pretexto para no trabajar*, nascondersi dietro a una scusa per non lavorare.
parapeto *s.m.* parapetto, balaustra (*f.*).
paraplejia *s.f.* (*med.*) paraplegia.
parapléjico *agg.*, *s.m.* (*med.*) paraplegico.
parapoco *s.m./f.* incapace, imbranato (*m.*), mezzacartuccia (*f.*).
parapolítico *agg.* (*pol.*) parapolitico.
parapsicología *s.f.* parapsicologia.
parapsicológico *agg.* parapsichico.
parapsicólogo *s.m.* parapsicologo.
parar *v.tr.* **1** fermare, arrestare, bloccare: — *el tráfico*, fermare il traffico **2** (*sport*) parare **3** (*di cane da caccia*) puntare ♦ *v.intr.*

1 fermare, sostare: *el tren para en todas las estaciones*, il treno ferma in tutte le stazioni | *sin —*, senza sosta | *no — en casa*, non essere mai a casa | *todo ha ido a — a sus manos*, tutto è finito nelle sue mani **2** smettere: *no para de llover*, non smette di piovere **3** alloggiare, abitare: *¿sabes dónde para Mario?*, sai dove abita Mario? **4** (*nel gioco*) puntare **5** (*fig.*) finire: *¿adónde habrá ido a —?*, dove sarà finito?, dove si sarà cacciato? ♦ **-se** *v.pron.* **1** fermarsi **2** (*Amer.*) alzarsi, mettersi in piedi.

pararrayos *s.m.* parafulmini.

parasemo *s.m.* (*mar.*) polena (*f.*).

parasitar *v.tr.* (*biol.*) parassitare.

parasitario *agg.* (*biol, fig.*) parassitario.

parasiticida *s.m.* (*chim.*) parassiticida.

parasitismo *s.m.* (*biol., fig.*) parassitismo.

parásito *agg.* (*biol., fig.*) parassita, parassitario ♦ *s.m.* **1** (*biol.*) parassita **2** (*fig.*) parassita (*m./f.*), fannullone, scroccone **3** (*fam.*) pidocchio.

parasitología *s.f.* (*biol.*) parassitologia.

parasitólogo *s.m.* (*med.*) parassitologo.

parasitosis *s.f.* (*med.*) parassitosi.

parasol *s.m.* **1** ombrellone **2** (*aut.*) visiera (*f.*).

parástade *s.m.* (*arch.*) parasta (*f.*).

parata *s.f.* (*agr.*) terrazzo (*m.*), terrazzamento (*m.*).

paratáctico *agg.* (*ling.*) paratattico.

parataxis *s.f.* (*ling.*) paratassi.

paratífico *agg.* (*med.*) paratifico.

paratifoidea *s.f.* (*med.*) paratifo (*m.*).

parauniversitario *agg.* parauniversitario.

parcela *s.f.* **1** lotto (*m.*), appezzamento (*m.*) di terreno **2** (*nel catasto*) particella, lotto (*m.*) **3** (*fig.*) frammento (*m.*), pezzo (*m.*).

parcelable *agg.* lottizzabile.

parcelación *s.f.* lottizzazione.

parcelar *v.tr.* **1** lottizzare **2** catastare.

parcelario *agg.* parcellare.

parche *s.m.* **1** toppa (*f.*), pezza (*f.*), rattoppo **2** (*med.*) cataplasma, cerotto: *— para dejar de fumar*, cerotto per smettere di fumare **3** membrana (*f.*) del tamburo **4** (*mus.*) tamburo.

parchear *v.tr.* **1** rattoppare, mettere una toppa a **2** tastare, palpare.

parcial *agg.* **1** parziale, ridotto **2** parziale, incompleto: *pago —*, pagamento parziale **3** (*fig.*) parziale, fazioso: *un juez —*, un giudice parziale ♦ *s.m.* (*scol.*) esame parziale.

parcialidad *s.f.* **1** parzialità, favoritismo (*m.*) **2** (*pol.*) setta, fazione, partito (*m.*).

parcialmente *avv.* **1** parzialmente **2** faziosamente, in modo parziale.

parco *agg.* **1** parco, sobrio, frugale **2** scarso, insufficiente.

pardear *v.intr.* essere bruno.

pardillo *agg.*, *s.m.* **1** sciocco, ingenuo **2** bifolco, cafone.

pardo *agg.* **1** bruno, bigio; scuro; *oso —*, orso bruno | *de noche los gatos son pardos*, di notte tutti i gatti son bigi **2** (*di cielo*) plumbeo, scuro **3** (*di voce*) cupo: *el sonido — de su voz*, il suono cupo della sua voce ♦ *s.m.* (*zool., Amer.*) leopardo.

pardusco *agg.* brunastro.

parear *v.tr.* **1** confrontare, comparare **2** appaiare, abbinare, accoppiare.

parecer[1] *s.m.* **1** parere, opinione (*f.*), giudizio: *el — de los expertos*, il parere degli esperti; *según mi —*, a mio parere **2** aspetto fisico, fattezze (*f.pl.*), lineamenti (*pl.*): *de buen —*, di bell'aspetto.

parecer[2] (*con. come* agradecer) *v.intr.* **1** parere, sembrare: *parece que no le ha gustado*, sembra che non gli sia piaciuto; *al —*, a quanto sembra; *me parece bien, mal*, mi sembra giusto, sbagliato | *por el buen —*, per salvare le apparenze **2** comparire, riapparire: *ya pareció la cartera*, finalmente è comparso il portafoglio ♦ **-se** *v.pron.* **1** assomigliare **2** (*reciproco*) assomigliarsi.

parecido *agg.* simile, somigliante: *es muy —*, è molto somigliante | *nunca he visto nada —*, non ho mai visto niente di simile ♦ *s.m.* somiglianza (*f.*), rassomiglianza (*f.*): *tiene mucho — con Luis*, assomiglia molto a Luis

■ ***bien parecido***, di bell'aspetto, bello: *es un hombre bien —*, è un bell'uomo | ***mal parecido***, di brutto aspetto, brutto.

pared *s.f.* parete, muro (*m.*): *— maestra*, muro maestro; *— medianera*, muro comune

■ ***entre cuatro paredes***, fra quattro mura, isolato | ***las paredes oyen***, anche i muri hanno orecchi | ***poner contra la pared***, mettere con le spalle al muro | ***entre la espada y la pared***, tra l'incudine e il martello.

paredón *s.m.* muraglia (*f.*), muraglione | *llevar al — a alguien*, mettere al muro, fucilare qlcu.

pareja *s.f.* **1** coppia: *en parejas*, a coppie; *este calcetín no forma — con este otro*, questo calzino non si accoppia con quest'altro | *hacer buena —*, formare una bella coppia | *vivir en —*, convivere | *correr parejas*, andare di pari passo **2** compagno (*m.*), compagna: *tengo mi — para la fiesta*, ho il mio cavaliere/la mia dama per la festa **3** (*di cavalli*) pariglia.

parejo *agg.* **1** uguale, simile, pari **2** liscio, piano: *han dejado la acera pareja*, hanno lasciato il marciapiede piano.

paremia *s.f.* proverbio (*m.*).

paremiología *s.f.* paremiologia.

paremiólogo *s.m.* paremiologo.

parenético *agg.* (*lett.*) parenetico.

parental *agg.* parentale.

parentela *s.f.* parentado (*m.*).
parentesco *s.m.* **1** parentela (*f.*): *contraer —*, imparentarsi **2** (*fig.*) collegamento, relazione, affinità.
paréntesis *s.m.* **1** parentesi (*f.*) **2** inciso, digressione (*f.*): *entre —*, tra parentesi, per inciso **3** (*fig.*) pausa (*f.*), interruzione (*f.*).
pareo[1] *s.m.* (*abbigl.*) pareo.
pareo[2] *s.m.* appaiamento.
pares *s.f.pl.* (*anat.*) placenta.
paresia *s.f.* (*med.*) paresi.
parhelio *s.m.* (*meteor.*) parelio.
paria *s.m./f.* paria.
paridad *s.f.* **1** parità, uguaglianza **2** (*econ.*) parità: *— de divisas*, parità valutaria.
pariente *agg.* (*fam.*) simile ♦ *s.m.* **1** parente (*m./f.*), consanguineo: *— mayor*, capostipite **2** (*iron.*) marito, moglie (*f.*) | *la parienta*, la moglie.
parietal *agg.*, *s.m.* (*anat.*) parietale.
parihuela *s.f.* **1** barella, lettiga **2** portantina.
parir *v.tr./intr.* **1** (*anche fig.*) partorire, dare alla luce; (*di animale*) figliare **2** (*fig., fam.*) tirar fuori, spiattellare: *— una idea*, tirare fuori un'idea.
parisiense *agg.*, *s.m./f.* parigino (*m.*).
parisilábico, parisílabo *agg.* (*gramm.*) parisillabo.
paritario *agg.* **1** paritario **2** (*pol., econ.*) paritetico.
paritorio *s.m.* sala (*f.*) parto.
parking *s.m.* parking, parcheggio.
parla *s.f.* (*fam.*) parlantina, verbosità.
parlamentar *v.intr.* parlamentare, trattare.
parlamentario *agg.*, *s.m.* (*pol.*) parlamentare (*m./f.*).
parlamentarismo *s.m.* (*pol.*) parlamentarismo.
parlamento *s.m.* **1** (*pol.*) parlamento; assemblea (*f.*) legislativa **2** (*teatr.*) monologo, tirata (*f.*).
parlanchín *agg.*, *s.m.* **1** chiacchierone, ciarliero **2** pettegolo.
parlante *agg.* parlante ♦ *s.m.* (*Amer.*) altoparlante.
parlar *v.intr.* **1** cianciare, chiacchierare; parlare a vanvera **2** spettegolare, mormorare: *no se lo cuentes porque parla mucho*, non raccontarglielo perché non tiene la bocca chiusa.
parlatorio *s.m.* parlatorio.
parlería *s.f.* (*fam.*) diceria.
parlero *agg.* **1** ciarliero, pettegolo **2** (*fig.*) parlante, espressivo, comunicativo.
parlotear *v.intr.* chiacchierare, cianciare.
parloteo *s.m.* parlottio, chiacchierio.
parmesano *agg.*, *s.m.* parmigiano, parmense (*m./f.*) | (*queso*) *—*, (formaggio) parmigiano.
parnaso *s.m.* (*lett.*) parnaso.
parné *s.m.* (*fam.*) quattrini (*pl.*).
paro[1] *s.m.* **1** disoccupazione (*f.*): *estar en —*, essere disoccupato | *— encubierto*, lavoro sommerso | *— forzoso*, disoccupazione **2** serrata (*f.*): *los patrones han decidido ir al —*, i proprietari hanno deciso la serrata **3** sciopero: *mañana hay — nacional de transporte por carretera*, domani c'è sciopero nazionale del trasporto su strada **4** arresto, interruzione (*f.*): *— del flujo de produción*, arresto del flusso di produzione | *— cardiaco*, arresto cardiaco.
paro[2] *s.m.* (*zool.*) cincia (*f.*).
parodia *s.f.* **1** parodia **2** (*fam.*) imitazione.
parodiador *agg.*, *s.m.* imitatore.
parodiar *v.tr.* parodiare.
paródico *agg.* parodistico, parodico.
parodista *s.m./f.* parodista.
parolero *agg.* (*fam.*) parolaio.
parón *s.m.* arresto.
paronomasia *s.f.* (*ling.*) paronomasia.
parotiditis *s.f.* (*med.*) parotite.
paroxismal *agg.* (*med.*) parossistico.
paroxismo *s.m.* parossismo, esacerbazione (*f.*), acme (*f.*).
paroxístico *agg.* parossistico.
paroxítono *agg.* (*ling.*) parossitono.
parpadear *v.intr.* **1** sbattere le palpebre | *sin —*, senza battere ciglio **2** lampeggiare, tremolare: *la lámpara fluorescente parpadea*, la lampada fluorescente lampeggia.
parpadeo *s.m.* **1** lampeggiamento **2** (*luci*) luccichio, sfarfallio **3** (*occhi*) battito di ciglia.
párpado *s.m.* (*anat.*) palpebra (*f.*).
parque *s.m.* **1** parco, giardino pubblico: *— de atracciones*, luna park; *— zoológico*, zoo, giardino zoologico | *— nacional*, parco nazionale | *— natural*, parco naturale **2** deposito, magazzino, parco: *— de artillería*, deposito munizioni: *— móvil*, parco autoveicoli; *— de maquinaria*, parco macchine **3** (*di bimbi*) box.
parqué *s.m.* (*edil.*) parquet, parchè.
parqueadero *s.m.* (*Amer.*) parcheggio.
parquear *v.tr.* (*Amer.*) parcheggiare.
parquedad *s.f.* sobrietà, parsimonia.
parqueo *s.m.* (*Amer.*) parcheggio.
parquímetro *s.m.* parchimetro.
parra *s.f.* **1** (*bot.*) vite rampicante **2** pergola
■ ***subirse a la parra***, (*di persona*) prendersi troppe confidenze; andare in collera; (*di locale pubblico*) diventare costoso.
parrafada *s.f.* **1** conversazione, chiacchierata: *— filosófica*, chiacchierata filosofica **2** sproloquio (*m.*), tirata.
parrafear *v.intr.* **1** chiacchierare **2** fare una tirata, sproloquiare.
parrafeo *s.m.* chiacchiera (*f.*).

párrafo *s.m.* paragrafo.
parral[1] *s.m.* **1** pergolato di viti **2** vigneto di vite rampicante.
parral[2] *s.m.* vaso da miele.
parranda *s.f.* baldoria, gazzarra, festa | *andar/ir de —*, fare baldoria.
parrandear *v.intr.* (*fam.*) fare baldoria.
parrandero *s.m.* festaiolo.
parricida *s.m./f.* (*dir.*) parricida.
parricidio *s.m.* (*dir.*) parricidio.
parrilla *s.f.* **1** griglia, graticola: *carne a la —*, carne alla griglia **2** (*Amer.*, *aut.*) portapacchi (*m.*)
▪ (*sport*) ***parrilla de salida***, griglia di partenza.
parrillada *s.f.* (*cuc.*) carne alla griglia, grigliata.
parriza *s.f.* (*bot.*) vite americana.
parro *s.m.* (*zool.*) anatra (*f.*).
párroco *s.m.* (*relig.*) parroco, curato.
parroquia *s.f.* **1** (*relig.*) parrocchia | *ayuda de —*, chiesa succursale **2** (*fig.*, *di un negozio*) clientela: *servir a la —*, servire la clientela.
parroquial *agg.* (*relig.*) parrocchiale | *casa —*, canonica | *iglesia —*, chiesa parrocchiale.
parroquiano *agg.* (*relig.*) che appartiene a una parrocchia ♦ *s.m.* **1** (*relig.*) parrocchiano **2** (*di negozio*) cliente (*m./f.*) abituale, habitué (*m./f.*).
parsi *s.m.* parsi
parsimonia *s.f.* **1** parsimonia, sobrietà, frugalità **2** circospezione, temperanza, moderazione: *actuar con —*, procedere con circospezione **3** flemma, lentezza: *se mueve con una — exasperante*, si muove con una lentezza esasperante.
parsimonioso *agg.* **1** parsimonioso **2** flemmatico, lento.
parte *s.f.* **1** parte, porzione; quota: *partes del capital de una impresa*, quote del capitale di un'impresa **2** parte, lato (*m.*): *por mi —*, da parte mia; (*fig.*) *estar de — de alguien*, essere dalla parte di qlcu. **3** luogo (*m.*), parte, posto (*m.*): *en cualquier —*, in qualsiasi luogo **4** (*dir.*) parte: *— interesada*, parte interessata **5** (*teatr.*) parte, ruolo (*m.*) **6** (*pl.*, *fam.*) parti (*pl.*) intime ♦ *s.m.* **1** rapporto, comunicato: *dar —*, dare notizia, comunicare **2** (*med.*) referto **3** bollettino: *— metereológico*, bollettino meteorologico
▪ ***formar parte de***, far parte di | ***llevar la mejor***, ***la peor parte***, avere la meglio, la peggio | ***por partes***, con ordine: *vamos por partes*, procediamo con ordine | ***por otra parte***, d'altra parte.
partear *v.tr.* (*una partoriente*) assistere.
partenaire *s.m./f.* partner.
partenogénesis *s.f.* (*biol.*) partenogenesi.
partenogenético *agg.* (*biol.*) partenogenetico.
partenopeo *agg.*, *s.m.* partenopeo.
partera *s.f.* levatrice, ostetrica.
parterre *s.m.* aiuola (*f.*).
partición *s.f.* **1** (*dir.*) partizione, spartizione **2** (*mat.*) divisione **3** (*inform.*) partizione, segmentazione.
participación *s.f.* **1** partecipazione, intervento (*m.*): *— obrera en la dirección*, partecipazione operaia alla gestione; *— accionaria*, partecipazione azionaria **2** partecipazione, comunicazione formale: *nos ha llegado — de su boda*, ci è arrivata la sua partecipazione di nozze **3** (*di lotteria*) quota, biglietto (*m.*).
participante *agg.*, *s.m./f.* partecipante.
participar *v.intr.* **1** partecipare, prendere parte: *— en el negocio*, partecipare all'affare **2** essere partecipe, condividere: *— de la opinión general*, condividere l'opinione generale ♦ *v.tr.* comunicare, informare, annunciare.
partícipe *agg.*, *s.m./f.* partecipe | *hacer — de*, rendere partecipe di.
participial *agg.* (*ling.*) participiale.
participio *s.m.* (*gramm.*) participio.
partícula *s.f.* particella | (*fis.*) *acelerador de partículas*, acceleratore di particelle | (*fis.*) *— atómica*, particella atomica | (*gramm.*) *— prepositiva*, prefisso.
particular *agg.* **1** proprio, personale, privato: *el ministro tiene un secretario —*, il ministro ha un segretario personale; *clases particulares*, lezioni private; *correspondencia —*, corrispondenza privata; *vida —*, vita privata **2** particolare, peculiare, caratteristico **3** dato, determinato ♦ *s.m./f.* (*persona*) privato (*m.*): *vender mercancía a particulares*, vendere la merce a privati ♦ *s.m.* argomento, questione (*f.*): *no hay más que decir sobre el —*, sull'argomento non c'è altro da dire.
particularidad *s.f.* **1** particolarità, peculiarità **2** singolarità, originalità **3** particolare (*m.*), dettaglio (*m.*).
particularismo *s.m.* particolarismo.
particularización *s.f.* particolarizzazione.
particularizar (*con. come* cazar) *v.tr.* **1** caratterizzare, contraddistinguere **2** particolareggiare, dettagliare ♦ **-se** *v.pron.* distinguersi: *este producto se particulariza de los otros por su material*, questo prodotto si distingue dagli altri per il materiale.
particularmente *avv.* **1** particolarmente, specialmente: *estos medicamentos son — útiles*, queste medicine sono particolarmente utili **2** separatamente, privatamente: *le hablaré —*, le parlerò in privato.
partida *s.f.* **1** partenza **2** (*dir.*) atto (*m.*), certificato (*m.*): *— de nacimiento*, certificato di nascita **3** (*comm.*) partita: *— de vino*, partita di vino **4** (*comm.*) partita, voce: *— doble*, partita doppia; *— presupuestaria*, voce del bilancio di previsione **5** (*di gioco da*

salotto) partita: *una — de ajedrez*, una partita a scacchi **6** (*fig.*) dipartita, morte **7** (*fig.*) gruppo (*m.*), banda, combriccola: *¡sois una — de holgazanes!*, siete una manica di fannulloni!
■ ***partida de campo***, scampagnata | ***partida de caza***, battuta di caccia | ***jugar a alguien una mala partida***, giocare un brutto tiro a qlcu. | ***por partida doble***, doppiamente: *ser ingenuo por — doble*, essere doppiamente ingenuo.
partidario *agg.*, *s.m.* sostenitore, fautore; difensore: *— de la economía de mercado*, sostenitore dell'economia di mercato; *— de la guerra*, guerrafondaio.
partidismo *s.m.* **1** (*fig.*) parzialità (*f.*), faziosità (*f.*) **2** (*pol.*) spirito di partito.
partidista *agg.*, *s.m.* (*pol.*) partigiano.
partido *agg.* diviso, suddiviso, frazionato ♦ *s.m.* **1** (*anche pol.*) partito: *— en el poder*, partito al potere | *tomar — por una u otra parte*, prendere partito per una parte o per l'altra, schierarsi | *buen —*, buon partito **2** (*sport*) partita (*f.*): *— amistoso*, partita amichevole **3** (*sport*) squadra **4** profitto: *sacar —*, trarre profitto **5** distretto, circoscrizione (*f.*): *cabeza de —*, capoluogo; *— judicial*, distretto giudiziario.
partidor *s.m.* **1** (*mat.*) divisore **2** tagliatore | *— de leña*, taglialegna.
partir *v.tr.* **1** dividere, spartire **2** spaccare, rompere: *— una nuez*, rompere una noce; *— la cara*, spaccare la faccia; (*fig.*) *— el corazón*, spezzare il cuore **3** tagliare: *— una raja de melón*, tagliare una fetta di melone **4** delimitare, separare ♦ *v.intr.* **1** partire: *partieron del puerto de Génova*, partirono dal porto di Genova; *partió para Barcelona*, partì per Barcellona **2** (*fig.*) partire, iniziare ♦ **-se** *v.pron.* **1** spaccarsi, dividersi **2** (*fam.*) sbellicarsi: *— de risa*, sbellicarsi dalle risate.
partisano *agg.*, *s.m.* (*pol.*) partigiano.
partitivo *agg.*, *s.m.* (*ling.*) partitivo.
partitocracia *s.f.* (*pol.*) partitocrazia.
partitura *s.f.* (*mus.*) partitura, spartito (*m.*).
parto *s.m.* **1** parto | *dolores de —*, doglie **2** (*fig.*) parto, creazione (*f.*), prodotto.
parturienta *agg.*, *s.f.* partoriente.
party *s.m.* party.
parvedad *s.f.* piccolezza.
parvo *agg.* **1** piccolo **2** povero, scarso, magro: *— favor le has hecho*, gli hai fatto un magro favore.
parvulario *s.m.* scuola (*f.*) materna, asilo infantile.
parvulista *s.m./f.* insegnante di scuola materna.
párvulo *s.m.* pargolo, bimbo.
pasa *s.f.* uva passa.
pasable *agg.* passabile, discreto.
pasada *s.f.* **1** passaggio (*m.*) **2** passata, mano, ritocco (*m.*): *hay que dar dos pasadas de pintura*, bisogna dare due mani di colore **3** (*nel cucito*) punto (*m.*) lungo di imbastitura **4** (*fam.*) mito (*m.*) | *ser una —*, essere la fine del mondo
■ ***de pasada***, di sfuggita; di passaggio, en passant: *lo vi muy de —*, lo vidi molto di sfuggita; *si sales, de — compra el periódico*, se esci, già che ci sei, compra il giornale | ***dar pasada***, lasciar pedere | ***mala pasada***, brutto tiro, tiro mancino.
pasadera *s.f.* passerella.
pasadero *agg.* passabile, accettabile.
pasadizo *s.m.* passaggio, strettoia (*f.*), corridoio: *— secreto*, passaggio segreto.
pasado *agg.* **1** passato, scorso: *el año —*, l'anno scorso | *— mañana*, dopodomani **2** marcio, guasto; troppo maturo **3** vecchio (*anche fig.*), sciupato, logoro; *— de moda*, sorpassato, fuori moda ♦ *s.m.* (*anche gramm.*) passato: *tiene un — oscuro*, ha un oscuro passato.
pasador *agg.* che passa, passante ♦ *s.m.* **1** chiavistello, saliscendi **2** contrabbandiere **3** (*cuc.*) filtro, colino, colabrodo **4** (*per capelli*) fermaglio, fermacapelli **5** (*abbigl.*) fermacravatta.
pasaje *s.m.* **1** passaggio **2** pedaggio **3** (*di aereo o nave*) biglietto **4** (*di montagna*) passo **5** (*mus.*) passaggio, brano.
pasajero *agg.* passeggero, momentaneo ♦ *s.m.* passeggero, viaggiatore.
pasamanería *s.f.* (*tess.*) passamaneria.
pasamano *s.m.* **1** corrimano **2** (*tess.*) passamano.
pasamontañas *s.m.* (*abbigl.*) passamontagna.
pasante *s.m./f.* praticante; assistente: *— de pluma*, praticante d'avvocato.
pasantía *s.f.* praticantato (*m.*).
pasaportar *v.tr.* (*fig.*, *fam.*) **1** mandare via, cacciare **2** uccidere, fare secco.
pasaporte *s.m.* **1** (*bur.*) passaporto **2** (*mil.*) lasciapassare, salvacondotto.
pasapurés *s.m.* (*cuc.*) schiacciapatate.
pasar *v.intr.* **1** passare: *— por la calle*, passare per la strada; *pasa por mi casa, así te enseño esos libros*, passa da casa mia, così ti mostro quei libri; *prohibido —*, vietato l'accesso **2** entrare, accomodarsi: *¡pase usted!*, venga avanti!; *pasad al comedor*, accomodatevi in sala da pranzo **3** (*al gioco*) passare **4** (*del tempo*) passare, trascorrere **5** succedere, accadere: *todo pasa*, tutto finisce | *pase lo que pase*, succeda quel che succeda; a ogni costo | (*fam.*) *¿qué pasa?*, cosa succede? **6** (*fam.*) fregarsene | *— de algo*, fregarsene di qlco. ♦ *v.tr.* **1** passare: *— un pedido*, passare un'ordinazione; *¿me pasas la sal, por favor?*, mi

passi il sale, per favore? | — *a limpio*, trascrivere in bella copia **2** spostare, trasferire **3** sorpassare, superare | *tú eres muy listo, pero él te pasa*, tu sei molto furbo, ma lui ti supera **4** (*il tempo*) passare, trascorrere: *pasó dos años en la cárcel*, trascorse due anni in carcere **5** passare, superare: — *la prueba*, superare la prova **6** passare, attraversare, varcare: — *el río*, attraversare il fiume **7** perdonare, lasciar correre **8** (*un film*) proiettare, dare **9** (*comm.*) contabilizzare, registrare: — *al activo*, portare all'attivo **10** (*fam.*) attaccare, contagiare: *me pasaron la gripe*, mi hanno attaccato l'influenza ♦ **-se** *v.pron.* **1** cessare, passare: *acuéstate hasta que se te pase el dolor de cabeza*, sdraiati finché non ti passa il mal di testa **2** passare, spostarsi: — *al otro bando*, passare all'altra fazione; *el director se ha pasado a otro despacho*, il direttore si è spostato in un altro ufficio **3** marcire, appassire, guastarsi, andare a male: *estas manzanas se están pasando*, queste mele marciscono **4** esagerare, eccedere: *¡te estás pasando!*, stai esagerando! | — *de la raya*, superare il limite **5** stare: *se pasa estudiando horas y horas*, se ne sta ore e ore a studiare **6** dimenticarsi, scordare: *se me pasó su cumpleaños*, mi sono scordata del suo compleanno
■ ***pasar por alto***, omettere | ***pasarlo mal***, annoiarsi, star male | ***pasarlo bien/ bomba/en grande***, spassarsela, divertirsi.
pasarela *s.f.* passerella.
pasatiempo *s.m.* passatempo, hobby.
pascal *s.m.* (*fis.*) pascal.
Pascua *s.f.* **1** Pasqua **2** (*pl.*) feste di Natale: *¡felices Pascuas!*, buon Natale!
■ ***estar como unas pascuas***, essere felice come una Pasqua | ***hacer las pascuas a alguien***, dare fastidio a qlcu. | ***¡santas pascuas!***, buonanotte!
pascual *agg.* pasquale.
pase *s.m.* **1** (*anche sport*) passaggio **2** permesso, lasciapassare, pass **3** (*di moda*) sfilata (*f.*) **4** (*cinem.*) proiezione (*f.*) **5** (*di mago*) mossa (*f.*), movimento.
paseador *agg.*, *s.m.* passeggiatore.
paseante *s.m./f.* viandante.
pasear *v.intr.* passeggiare ♦ *v.tr.* **1** portare a spasso: *lo encuentro cuando pasea al perro*, lo incontro quando porta a spasso il cane **2** (*fig.*) esibire, mettere in mostra: *a su novio lo pasea para que todos lo vean*, porta in giro il suo fidanzato per farsi vedere da tutti ♦ **-se** *v.pron.* **1** fare una passeggiata **2** (*fig.*) bighellonare, oziare.
paseíllo *s.m.* (*corrida*) sfilata (*f.*).
paseo *s.m.* **1** passeggiata (*f.*), giro: *dar un —*, fare una passeggiata; *ir de —*, andare a spasso **2** corso, viale **3** breve distanza (*f.*), breve tratto
■ ***echar/mandar a paseo***, mandare a quel paese | ***¡vete a paseo!***, va a quel paese!
pasible *agg.* sensibile.
pasificación *s.f.* appassimento (*m.*) dell'uvetta.
pasiflora *s.f.* (*bot.*) passiflora.
pasil *s.m.* **1** (*di fiume*) attraversamento, guado: *atravesamos el arroyo por un —*, attraversammo il ruscello a guado **2** (*pietre*) passatoio **3** stradina (*f.*), sentiero.
pasillo *s.m.* **1** corridoio **2** (*nel cucito*) punto lungo **3** (*teatr.*) atto unico.
pasión *s.f.* passione.
pasional *agg.* passionale.
pasionario *agg.* (*relig.*) passionario.
pasito *avv.* **1** lentamente, pian piano **2** pacatamente, a bassa voce.
pasiva *s.f.* (*gramm.*) passivo (*m.*) | — *refleja*, si passivante.
pasividad *s.f.* passività.
pasivo *agg.* passivo | *haberes pasivos*, pensione | *intereses pasivos*, interessi passivi | *voz pasiva*, forma passiva ♦ *s.m.* (*econ.*) passivo, passività (*f.*): — *fijo*, passivo consolidato.
pasma *s.f.* (*pop.*) polizia.
pasmado *agg.* (*fam.*) **1** intontito, inebetito **2** distratto.
pasmar *v.tr.* **1** raffreddare, gelare **2** stupire, sbalordire, lasciare di stucco.
pasmo *s.m.* **1** (*fig.*) sbalordimento, meraviglia (*f.*), stupore **2** (*med.*) crampo, spasmo.
paso *s.m.* **1** passo; andatura (*f.*): *apretar el —*, affrettare il passo; *dar un — atrás*, fare un passo indietro | *a este — no llegarás nunca*, di questo passo non arriverai mai **2** passaggio: — *a nivel*, passaggio a livello; — *de peatones/peatonal*, passaggio pedonale; — *elevado*, cavalcavia; — *subterráneo*, sottopassaggio | *abrirse —*, farsi strada | *cortar/cerrar el —*, tagliare la strada, bloccare il passaggio | *¡—!*, fate largo!, pista! **3** (*geogr.*) passo, valico; (*mar.*) stretto: — *de Calais*, stretto di Calais **4** (*tel.*) scatto **5** passo avanti, progresso **6** (*lett.*) passo, brano **7** (*pl.*) trafila (*f.sing.*), pratiche (*f.*): *dar pasos*, fare la trafila
■ ***a cada paso***, continuamente, spesso | ***de paso***, allo stesso tempo | ***seguir los pasos de alguien***, seguire le orme di qlcu.
pasota *agg.*, *s.m./f.* (*fam.*) menefreghista, qualunquista.
pasotismo *s.m.* (*fam.*) qualunquismo.
paspartú *s.m.* passe-partout.
pasquín *s.m.* pasquinata (*f.*), satira (*f.*).
pasquinada *s.f.* pasquinata.
pássim *avv.* passim.
pasta *s.f.* **1** pasta, impasto (*m.*): — *de hojaldre*, pasta sfoglia; — *alimenticia*, pasta

alimentare; — *de dientes*, dentifricio **2** pasta, pastasciutta **3** (*di libro*) copertina: *libro de — dura*, libro con la copertina rigida **4** (*fam.*) soldi (*m.pl.*), grana | *estar sin —*, essere al verde **5** (*fam.*) pasta, indole | *de buena —*, di indole bonaria.
pastaflora *s.f.* (*cuc.*) pastafrolla.
pastar *v.tr./intr.* pascolare, pascere.
pastel *s.m.* **1** (*cuc.*) pasticcino, dolce; torta (*f.*); (*salato*) pasticcio **2** (*in arte*) pastello **3** (*fig.*) imbroglio | *descubrir el —*, scoprire l'imbroglio.
pastelera *s.f.* (*cuc.*) crema pasticciera.
pastelería *s.f.* pasticceria.
pastelero *s.m.* pasticciere.
pastelillo *s.m.* (*cuc.*) pasticcino.
pastelista *s.m./f.* (*pitt.*) pastellista.
pasteurización *s.f.* pastorizzazione.
pasteurizador *s.m.* (*ind.*) pastorizzatore.
pasteurizar (*con. come* cazar) *v.tr.* pastorizzare.
pastiche *s.m.* (*lett.*) pastiche.
pastilla *s.f.* **1** pastiglia, pasticca: *pastillas para la tos*, pasticche per la tosse | — *de jabón*, saponetta | — *de chocolate*, quadretto di cioccolato **2** (*tecn.*) pastiglia, chip (*m.*), piastrina
■ ***a toda pastilla***, a tutta birra.
pastillero *s.m.* **1** portapillole **2** (*fam.*) impasticcato.
pastizal *s.m.* pascolo.
pasto *s.m.* **1** pascolo; (*Amer.*) prato **2** (*agr.*) foraggio, biada (*f.*), fieno
■ ***a todo pasto***, a tutto spiano.
pastor *s.m.* **1** pastore **2** (*cane*) pastore | — *alemán*, pastore tedesco **3** (*relig.*) pastore, prelato.
pastoral *agg.* pastorale ♦ *s.f.* (*relig.*) pastorale.
pastorear *v.tr.* pascolare, portare al pascolo.
pastoreo *s.m.* pascolo.
pastoril *agg.* (*lett.*) bucolico, pastorale.
pastosidad *s.f.* pastosità.
pastrano *agg.* rustico.
pastura *s.f.* **1** pastura **2** foraggio (*m.*).
pata¹ *s.f.* **1** (*di animale*) zampa **2** (*di tavolo ecc.*) gamba, piede (*m.*) **3** (*di persona, fam.*) gamba | *a cuatro patas*, gattoni | *a la — coja*, su una gamba sola
■ ***a la pata llana***, con semplicità, senza complimenti | ***patas arriba***, in disordine, a gambe all'aria; al contrario | ***meter la pata***, fare una gaffe | ***estirar la pata***, morire | ***pata de gallo***, zampa di gallina | ***poner de patitas en la calle***, sbattere fuori, cacciare via | ***buena/mala pata***, fortuna/sfortuna | ***a pata***, a piedi | ***con las patas de atrás***, coi piedi | ***salir por patas***, svignarsela.
pata² (*sport*) pareggio (*m.*).
patada *s.f.* **1** pedata, calcio (*m.*) **2** (*di animale*) zampata
■ ***a patadas***, a palate | ***dar la patada***, licenziare | ***dar una patada***, mandare via | ***tratar a patadas***, prendere a calci, prendere a pesci in faccia.
patagón *agg.*, *s.m.* patagone (*m./f.*).
patagónico *agg.* patagonico.
patalear *v.intr.* **1** (*per rabbia*) battere i piedi **2** scalciare.
pataleo *s.m.* calpestio, scalpitio.
pataleta *s.f.* **1** botta, colpo (*m.*) **2** piazzata, scenata.
patán *agg.*, *s.m.* zotico, cafone.
patanería *s.f.* (*fam.*) cafoneria, volgarità.
patarata *s.f.* **1** affettazione, smanceria **2** (*cosa ridicola*) fesseria, cavolata.
pataratero *agg.* lezioso, affettato ♦ *s.m.* persona (*f.*) leziosa, affettata.
patata *s.f.* (*bot.*) patata.
patatal *s.m.* piantagione (*f.*) di patate.
patatero *agg.* di patate ♦ *s.m.*(*agr.*) coltivatore di patate.
patatús *s.m.* (*fam.*) malore, mancamento.
patavino *agg.*, *s.m.* padovano, patavino.
paté *s.m.* (*cuc.*) paté.
patear *v.tr.* **1** calpestare **2** (*fig.*) maltrattare, umiliare, mortificare **3** percorrere a piedi: *he pateado el barrio buscando esos libros*, mi sono fatto tutto il quartiere in cerca di quei libri ♦ *v.intr.* **1** scalciare, battere i piedi **2** scarpinare.
patentable *agg.* brevettabile.
patentar *v.tr.* brevettare.
patente *agg.* evidente, palese, ovvio: *su desilusión es —*, la sua delusione è lampante | *hacer — algo*, rendere qlco. manifesto ♦ *s.f.* **1** brevetto (*m.*) | — *de invención*, brevetto **2** (*comm.*) licenza, patente.
patentizar (*con. come* cazar) *v.tr.* rendere evidente, manifestare, evidenziare.
paterfamilias *s.m.* pater familias.
paternal *agg.* paterno.
paternalismo *s.m.* (*pol.*) paternalismo.
paternalista *agg.* paternalistico ♦ *s.m./f.* paternalista.
paternidad *s.f.* paternità.
paterno *agg.* paterno.
paternóster *s.m.* (*relig.*) paternoster.
patético *agg.* patetico.
patetismo *s.m.* patetismo.
patiabierto *agg.* con le gambe arcuate.
patibulario *agg.* (*anche fig.*) patibolare | *cara patibularia*, faccia patibolare.
patíbulo *s.m.* patibolo.
paticojo *agg.*, *s.m.* (*fam.*) zoppo.
paticorto *agg.* dalle gambe corte.
patilla *s.f.* **1** basetta **2** (*di occhiali*) stanghetta.

patín *s.m.* pattino: — *de ruedas*, pattino a rotelle.
patinadero *s.m.* pista (*f.*) di pattinaggio.
patinado *s.f.* (*arte*) patinatura.
patinador *s.m.* (*sport*) pattinatore.
patinaje *s.m.* **1** pattinaggio | — *artístico*, pattinaggio artistico | — *sobre hielo*, pattinaggio sul ghiaccio | — *sobre ruedas*, pattinaggio a rotelle **2** (*mecc.*) pattinamento.
patinar[1] *v.intr.* **1** pattinare **2** (*di auto*) slittare, derapare.
patinar[2] *v.tr.* (*arte*) patinare.
patinazo *s.m.* **1** scivolata (*f.*), scivolone **2** (*fig.*) scivolone, gaffe (*f.*).
patinete *s.m.* monopattino.
patio *s.m.* cortile, patio | — *de luces*, cavedio | (*teatr.*) — *de butacas*, platea.
patitieso *agg.* **1** paralizzato **2** (*fig.*) sorpreso, attonito.
patito *s.m.* (*zool.*) anatroccolo | *ser el — feo*, essere il brutto anatroccolo.
pato *s.m.* (*zool.*) anatra (*f.*).
patogénesis, patogenia *s.f.* (*med.*) patogenesi.
patogenicidad *s.f.* (*med.*) patogenicità.
patogénico *agg.* (*med.*) patogenico.
patógeno *agg.* (*med.*) patogeno.
patología *s.f.* patologia.
patológico *agg.* (*med.*) patologico.
patólogo *s.m.* (*med.*) patologo.
patraña *s.f.* frottola, bugia.
patria *s.f.* patria | *merecer bien la* —, essere benemerito della patria | — *celestial*, patria celeste.
patriarca *s.m.* (*anche fig.*) patriarca.
patriarcado *s.m.* patriarcato.
patriarcal *agg.* patriarcale.
patriciado *s.m.* (*st.*) patriziato.
patricio *agg.*, *s.m.* **1** (*st.*) patrizio **2** (*fig.*) nobile (*m./f.*).
patrilineal *agg.* patrilineare.
patrimonial *agg.* patrimoniale.
patrimonio *s.m.* patrimonio.
patrio *agg.* patrio | *patria potestad*, patria potestà.
patriota *s.m./f.* patriota.
patriotería *s.f.* sciovinismo.
patriotero *s.m.* sciovinista (*m./f.*).
patriótico *agg.* patriottico.
patriotismo *s.m.* patriottismo.
patrística *s.f.* (*relig.*) patristica.
patrístico *agg.* (*relig.*) patristico.
patrocinador *agg.* patrocinante ♦ *s.m.* **1** patrocinatore **2** (*econ.*) sponsor.
patrocinar *v.tr.* **1** patrocinare, sostenere **2** (*econ.*) sponsorizzare.
patrocinio *s.m.* **1** patrocinio **2** (*econ.*) sponsorizzazione (*f.*).
patrología *s.f.* (*relig.*) patrologia.
patrón[1] *s.m.* **1** proprietario, padrone **2** datore di lavoro, titolare (*m./f.*) **3** (*mar.*) armatore **4** (*relig.*) patrono.
patrón[2] *s.m.* **1** (*tecn.*) modello, maschera (*f.*), stampo | *cortados por el mismo* —, fatti con lo stampino **2** (*econ.*) tallone | — *oro*, tallone aureo **3** cartamodello.
patronal *agg.* **1** patronale **2** padronale ♦ *s.f.* (*econ.*) padronato (*m.*), associazione degli industriali.
patronato *s.m.* **1** (*econ.*) padronato **2** patrocinio, patronato: *exposición con el — del ayuntamiento*, mostra sotto il patronato del comune **3** associazione (*f.*), ente, corporazione (*f.*) **4** (*relig.*) patronato.
patronímico *agg.*, *s.m.* patronimico.
patrono *s.m.* **1** difensore **2** datore di lavoro, titolare (*m./f.*) **3** (*relig.*) santo patrono.
patrulla *s.f.* pattuglia.
patrullaje *s.m.* pattugliamento.
patrullar *v.tr./intr.* pattugliare, perlustrare.
patrullera *s.f.* (*mar.*) motovedetta.
patuco *s.m.* scarpina (*f.*) da bebè.
patullar *v.intr.* **1** pestare, calpestare **2** (*fig., fam.*) adoperarsi, darsi da fare **3** (*fig., fam.*) chiacchierare.
paúl, paular *s.m.* palude (*f.*).
paulatinamente *avv.* gradualmente, progressivamente.
paulatino *agg.* lento, graduale.
paulino *agg.* (*relig.*) paolino.
pauperismo *s.m.* (*econ.*) pauperismo.
pauperizar (*con. come* cazar) *v.tr.* depauperare.
paupérrimo *agg.* (*superl.*) poverissimo.
pausa *s.f.* **1** pausa, interruzione, intervallo (*m.*) **2** calma, lentezza **3** (*mus.*) pausa.
pausado *agg.* calmo, tranquillo, lento.
pausar *v.tr./intr.* rallentare.
pauta *s.f.* **1** norma, regola, modello (*m.*) **2** riga **3** righello (*m.*).
pautado *s.m.* (*mus.*) pentagramma.
pautar *v.tr.* **1** rigare **2** (*fig.*) dare regole per.
pavero[1] *s.m.* allevatore di tacchini
pavero[2] *agg.*, *s.m.* sbruffone.
pavés *s.m.* **1** (*di strada*) pavé **2** (*mil.*) pavese.
pavesa *s.f.* scintilla.
pávido *agg.* pavido, timoroso.
pavimentación *s.f.* (*edil.*) pavimentazione.
pavimentador *s.m.* (*edil.*) pavimentatore.
pavimentar *v.tr.* (*edil.*) pavimentare.
pavimento *s.m.* **1** pavimento **2** pavimentazione (*f.*) stradale, manto stradale.
pavo *agg.* (*fam.*) imbranato, sciocco: *mi hijo es muy* —, mio figlio è molto imbranato ♦ *s.m.* **1** (*zool.*) tacchino: — *real*, pavone **2** (*fam.*) pollo, tonto
■ ***subírsele a alguien el pavo***, arrossire | ***edad del pavo***, età della stupidera.
pavonazo *s.m.* (*pitt.*) vermiglio.

pavonearse *v.pron.* pavoneggiarsi, vantarsi.
pavor *s.m.* paura (*f.*), terrore.
pavoroso *agg.* terrificante, spaventoso.
payasada *s.f.* pagliacciata, buffonata.
payaso *s.m.* pagliaccio, buffone.
paz (*pl.* -ces) *s.f.* **1** pace **2** (*fig.*) tranquillità, serenità: *en esta casa se respira* —, in questa casa si respira molta pace.
pazguato *s.m.* ingenuo, semplicione, sciocco.
pe *s.f.* (*lettera dell'alfabeto*) pi.
pea *s.f.* (*fam., volg.*) sbornia.
peaje *s.m.* pedaggio.
peajero *s.m.* casellante (*m./f.*).
peana *s.f.* pedana.
peatón *s.m.* pedone.
peatonal *agg.* pedonale: *calle* —, strada pedonale | *paso* —, strisce pedonali.
peatonalizar (*con. come* cazar) *v.tr.* pedonalizzare.
pebete *s.m.* bastoncino d'incenso.
pebetero *s.m.* bruciaprofumi, incensiere.
peca *s.f.* lentiggine.
pecado *s.m.* (*relig.*) peccato | — *venial*, peccato veniale | — *de juventud*, peccato di gioventù.
pecador *s.m.* peccatore.
pecadora *s.f.* (*fig., fam.*) prostituta.
pecaminoso *agg.* peccaminoso.
pecar (*con. come* pescar) *v.intr.* **1** peccare **2** (*fig.*) mancare, sbagliare: *peca de bueno*, pecca per troppa bontà.
pece *s.f.* (*edil.*) malta.
pececillo *s.m.* pesciolino | — *de plata*, pesciolino d'argento.
pecera *s.f.* vasca per i pesci, acquario (*m.*).
pechera *s.f.* **1** (*abbigl.*) sparato (*m.*) della camicia **2** (*fam.*) tette (*pl.*), seno (*m.*) **3** (*abbigl.*) pettorina **4** (*equit.*) pettorale (*m.*).
pechicolorado *s.m.* (*zool.*) pettirosso.
pecho *s.m.* **1** (*anat.*) petto, torace **2** seno, mammella (*f.*): *dar el* —, allattare **3** (*fig.*) cuore | *tomar a* —, prendersi a cuore
■ ***a lo hecho, pecho***, quel che è fatto è fatto | ***sacar pecho***, essere fiero di sé.
pechuga *s.f.* petto (*m.*) di pollo.
pechugón *agg.* (*fam.*) pettoruto: *mujer pechugona*, tettona ♦ *s.m.* colpo al petto.
pecina *s.f.* melma.
peciolo *s.m.* (*bot.*) picciolo.
pecoso *agg.* lentigginoso.
péctico *agg.* (*chim.*) pectico.
pectina *s.f.* (*chim.*) pectina.
pectoral *agg., s.m.* pettorale.
pecuario *agg.* del bestiame.
peculado *s.m.* (*dir.*) peculato.
peculiar *agg.* peculiare, particolare, singolare.
peculiaridad *s.f.* peculiarità.
pecunia *s.f.* (*fam.*) denaro (*m.*).
pecuniario *agg.* pecuniario, finanziario.
pedagogía *s.f.* pedagogia.
pedagógico *agg.* pedagogico.
pedagogo *s.m.* pedagogo.
pedal *s.m.* pedale.
pedalada *s.f.* pedalata.
pedalear *v.intr.* pedalare.
pedaleo *s.m.* pedalata (*f.*).
pedalero *s.m.* (*mus.*) pedaliera (*f.*).
pedante *agg., s.m./f.* pedante, saccente.
pedantería *s.f.* pedanteria.
pedantesco *agg.* (*spreg.*) pedantesco.
pedazo *s.m.* **1** pezzo, frammento | *caerse a pedazos*, cadere a pezzi | *hacer pedazos*, fare a pezzi | *estar hecho pedazos*, essere a pezzi| — *de pan*, tozzo di pane; (*persona*) pezzo di pane **2** (*fam.*) pezzo, razza (*f.*) | — *de animal*, pezzo d'asino
■ ***morirse por los pedazos de alguien***, essere innamorato perso di qlcu. | ***pedazo de mi corazón***, anima mia.
pederasta *s.m.* pedofilo, pederasta.
pederastia *s.f.* pedofilia, pederastia.
pedernal *s.m.* (*min.*) selce (*f.*), pietra (*f.*) focaia.
pedestal *s.m.* **1** piedistallo **2** pedana (*f.*) **3** (*fig.*) fondamento, base (*f.*).
pedestre *agg.* **1** pedestre **2** (*fig.*) banale, pedestre.
pedestrismo *s.m.* (*sport*) podismo.
pediatra *s.m./f.* (*med.*) pediatra.
pediatría *s.f.* (*med.*) pediatria.
pediátrico *agg.* (*med.*) pediatrico.
pedicelo *s.m.* (*bot.*) pedicello.
pedículo *s.m.* (*bot.*) peduncolo, picciolo.
pedicuro *s.m.* pedicure (*m./f.*).
pedida *s.f.* fidanzamento (*m.*), proposta di matrimonio.
pedido *s.m.* **1** richiesta (*f.*), domanda (*f.*) **2** (*comm.*) ordine, ordinazione (*f.*), commessa (*f.*): — *de prueba*, ordine di prova; *cancelación de un* —, annullamento di un ordine; *cumplimentar un* —, eseguire un ordinativo.
pedigrí *s.m.* pedigree.
pedigüeño *agg., s.m.* approfittatore, scroccone.
pediluvio *s.m.* pediluvio.
pedimento *s.m.* (*dir.*) petizione (*f.*).
pedir *v.tr* **1** chiedere, domandare: — *un favor*, chiedere un favore; — *ayuda*, chiedere aiuto; — *prestado*, chiedere in prestito; — *a gritos*, reclamare; *¿cuánto piden por ese piso?*, quanto vogliono per quell'appartamento? | *no hay más que* —, basta chiedere | — *hora*, chiedere un appuntamento **2** (*comm.*) ordinare, commissionare: — *cuatro televisores*, ordinare quattro televisori **3** esigere, richiedere: *esa fiesta pide un vestido elegante*, quella festa richiede un vestito elegante
■ ***a pedir de boca***, a puntino | ***pedir peras al olmo***, cavare sangue da una rapa.
pedo *s.m.* (*fam.*) peto, scoreggia (*f.*).

pedofilia *s.f.* pedofilia.
pedófilo *agg.*, *s.m.* pedofilo.
pedrada *s.f.* **1** sassata **2** (*fig.*) frecciata, battuta maligna.
pedrea *s.f.* **1** sassaiola **2** (*meteor.*) granditana **3** (*lotteria*) premio (*m.*) minore, di consolazione.
pedregal *s.m.* pietraia (*f.*), sassaia (*f.*).
pedregoso *agg.* pietroso, sassoso.
pedrejón *s.m.* masso, macigno.
pedrera *s.f.* (*min.*) cava, pietraia.
pedrería *s.f.* pietre (*pl.*) preziose.
pedrero *s.m.* scalpellino, pietraio.
pedrisca *s.f.* (*meteor.*) grandinata.
pedriscal *s.m.* pietraia. (*f.*).
pedrisco *s.m.* **1** (*meteor.*) grandine (*f.*) **2** pietraia (*f.*).
pedrojiménez *s.m.* **1** (*bot.*) uva (*f.*) bianca di Jerez **2** vino bianco dolce prodotto con l'uva bianca di Jerez.
pedúnculo *s.m.* (*bot.*, *zool.*) peduncolo.
pega *s.f.* **1** critica, appunto (*m.*) **2** pecca, problema (*m.*), difetto (*m.*): *esta casa tiene una —, es muy chica*, questo appartamento ha una pecca, è molto piccolo **3** (*tecn.*) incollatura, attaccatura **4** burla, scherzo (*m.*), beffa **5** domanda difficile **6** pezza, toppa
■ ***de pega***, falso | ***poner pegas***, mettere i bastoni fra le ruote: *pusieron pegas al proyecto*, hanno messo i bastoni fra le ruote al progetto | ***ser de la pega***, essere un malavitoso.
pegada *s.f.* (*sport*) potenza (di tiro, colpo, ecc.).
pegadizo *agg.* **1** appiccicoso **2** (*fig.*) contagioso: *una risa pegadiza*, una risata contagiosa **3** (*fig.*) orecchiabile: *una canción pegadiza*, una canzone orecchiabile.
pegado *agg.* incollato, aderente ♦ *s.m.* (*med.*) cerotto.
pegadura *s.f.* (*parte*) incollatura.
pegajoso *agg.* **1** appiccicoso **2** contagioso **3** sdolcinato, smorfioso: *persona pegajosa*, persona smorfiosa.
pegamento *s.m.* colla (*f.*), adesivo.
pegamoscas *s.f.* (*bot.*) silene acchiappamosche.
pegar (*con. come* llegar) *v.tr.* **1** attaccare: *— un botón*, attaccare un bottone **2** contagiare, trasmettere, attaccare: *— una enfermedad*, trasmettere una malattia; *— un vicio*, attaccare un vizio **3** (*anche inform.*) incollare, appiccicare: *— carteles*, affiggere cartelli; *— un sello*, incollare un francobollo | *hacer un corta y —*, fare un taglia e incolla **4** mollare; picchiare: *no le pegues al niño*, non picchiare il bambino; *— contra la pared*, battere contro il muro; *— una bofetada*, mollare una sberla **5** avvicinare, accostare: *— la mesa a la pared*, accostare il tavolo al muro | *no — ojo*, non chiudere occhio **6** (*fuoco*) accendere **7** fare | *— un salto*, fare un salto | *— un susto*, spaventare ♦ *v.intr.* **1** urtare, cozzare **2** (*di pianta*) attecchire **3** (*di sole*) picchiare **4** essere attaccato **5** (*fig.*) accordarsi, intonarsi: *esa camisa no pega con esta chaqueta*, quella camicia non sta bene con questa giacca ♦ **-se** *v.pron.* **1** picchiarsi | *— un tiro*, spararsi un colpo **2** (*di cibo*) attaccarsi, bruciare **3** (*fam.*) appiccicarsi a qlcu.: *cada vez que salimos ese chico se nos pega*, ogni volta che usciamo quel ragazzo ci si appiccica.
pegásides *s.f.pl.* muse.
pegatina *s.f.* adesivo (*m.*).
pego *s.m.* imbroglio, truffa (*f.*) | *dar el —*, ingannare.
pegote *s.m.* **1** (*fig.*, *persona*) piattola (*f.*) **2** (*anche fig.*) pezza (*f.*), rimedio, toppa (*f.*) **3** (*fam.*) impiastro, pasticcio.
pegujal *s.m.* **1** beni (*pl.*), patrimonio, capitale **2** (*dir.*) podere dato in usufrutto.
pegujón *s.m.* (*di lana*) garbuglio, groviglio.
peinado *s.m.* **1** pettinatura (*f.*), acconciatura (*f.*) **2** (*fig.*) rastrellamento; (*polizia*) retata (*f.*).
peinadura *s.f.* pettinata.
peinar *v.tr.* **1** pettinare, acconciare **2** (*di lana*) pettinare, cardare **3** (*fig.*) rastrellare ♦ **-se** *v.pron.* pettinarsi.
peine *s.m.* **1** pettine **2** (*per lana*) pettine, cardatrice (*f.*) **3** (*di fucile*) caricatore **4** (*del piede*) collo.
peineta *s.f.* pettinino (*m.*).
peladilla *s.f.* **1** confetto (*m.*) **2** ciottolo (*m.*).
pelado *agg.* **1** pelato **2** spelato, sbucciato; (*di tronco*) scortecciato **3** (*fig.*) brullo, nudo, spoglio: *esa tierra ahora está pelada*, quella terra ora è spoglia **4** (*fig.*) pelato, povero in canna | *estar —*, essere al verde ♦ *s.m.* **1** (*fam.*) povero in canna **2** (*Amer.*) ragazzino.
peladura *s.f.* **1** sbucciatura **2** (*di frutto*) buccia.
pelagatos *s.m./f.* (*fam.*) disgraziato (*m.*), poveraccio (*m.*).
pelagiano *agg.* (*relig.*) pelagiano.
pelagra *s.f.* (*med.*) pellagra.
pelagroso *agg.* (*med.*) pellagroso.
pelapatatas *s.m.* pelapatate.
pelar *v.tr.* **1** rapare **2** pelare, sbucciare: *— la fruta con cuchillo*, sbucciare la frutta col coltello **3** spiumare, spennare **4** (*fig.*, *fam.*) spennare, lasciare al verde: *en esa tienda te pelan*, in quel negozio ti pelano **5** (*fam.*) sparlare di qlcu.: *le gusta — a los vecinos*, le piace sparlare dei vicini ♦ **-se** *v.pron.* **1** spellarsi **2** raparsi; perdere i capelli
■ ***correr que se las pela***, correre a gambe levate | ***duro de pelar***, brutta gatta da pelare.
peldaño *s.m.* scalino, gradino.

pelea *s.f.* **1** lotta, combattimento (*m.*), battaglia **2** lite, rissa, litigio (*m.*).
peleador *agg., s.m.* **1** combattivo, battagliero **2** polemico, attaccabrighe (*m./f.*).
pelear *v.intr.* **1** lottare, combattere **2** (*fig.*) affannarsi, darsi da fare: *peleaba por un trabajo*, si dava da fare per ottenere un lavoro ♦ **-se** *v.pron.* litigare, azzuffarsi: *se pelean todo el día*, litigano sempre.
pelele *s.m.* **1** fantoccio **2** tutina (*f.*) per bambini **3** (*fig.*) sempliciotto.
peleón *agg.* **1** attaccabrighe, violento **2** (*di vino*) di qualità scadente: *vino* —, vino ordinario.
peletería *s.f.* pellicceria.
peletero *s.m.* pellicciaio.
peliagudo *agg.* **1** difficile, complicato: *una situación peliaguda*, una situazione difficile **2** (*fig.*) ingegnoso, sottile: *razonamiento* —, ragionamento sottile.
pelícano *s.m.* (*zool.*) pellicano.
película *s.f.* **1** (*per alimenti*) pellicola **2** (*cinem.*) film (*m.*), pellicola: *rodar una* —, girare un film | *de* —, fantastico | *ser el malo de la* —, essere il cattivo di turno **3** pellicola, velo (*m.*).
pelicular *agg.* pellicolare.
peliculero *agg.* **1** amante del cinema **2** cinematografico **3** sognatore ♦ *s.m.* **1** amante (*m./f.*) del cinema **2** attore del cinema **3** sognatore.
peliculón *s.m.* **1** filmone **2** (*spreg.*) mattone, film noioso.
peligrar *v.intr.* rischiare, essere in pericolo.
peligro *s.m.* pericolo, rischio: *fuera de* —, fuori pericolo.
peligrosidad *s.f.* pericolosità.
peligroso *agg.* pericoloso, rischioso.
pelillo *s.m.* (*fam.*) fastidio, molestia (*f.*) | *pararse en pelillos*, cercare il pelo nell'uovo.
pelilloso *agg.* **1** pedante, puntiglioso **2** permaloso.
pelirrojo *agg.* dai capelli rossi ♦ *s.m.* (*di capelli*) rosso.
pelitieso *agg.* con i capelli ritti.
pellejería *s.f.* **1** conceria **2** pellicceria.
pellejero *s.m.* pellaio.
pellejo *s.m.* **1** (*di animale*) pelle (*f.*) **2** (*fam., fig., di persona*) pelle (*f.*) | *salvar el* —, salvare la pelle | *dejar el* —, lasciarci la pelle | *ponerse en el — de alguien*, mettersi nei panni di qlcu. | *jugarse el* —, giocarsi la pelle | *dar el* —, tirare le cuoia **3** (*bot.*) pelle (*f.*), buccia (*f.*) **4** otre **5** (*fam.*) ubriaco.
pelliza *s.f.* pelliccia, pellicciotto (*m.*).
pellizcar (*con. come* pescar) *v.tr.* **1** pizzicare **2** (*cibo*) piluccare, mangiucchiare ♦ **-se** *v.pron.* innervosirsi.
pellizco *s.m.* **1** pizzicotto **2** pizzico, presa (*f.*): *tomar un — de azúcar*, prendere un pizzico di zucchero.
pelma *s.m./f.* **1** (*fig.*) rompiscatole **2** lumacone (*m.*), polentone (*m.*).
pelmazo *s.m.* **1** (*fig.*) rompiscatole (*m./f.*) **2** lumacone, polentone.
pelo *s.m.* **1** pelo; (*di frutta*) peluria (*f.*); (*di animali*) pelame, manto **2** capelli (*pl.*), capigliatura (*f.*): *tiene el — rubio*, ha i capelli biondi **3** (*fig.*) pelo, pizzico
■ ***a contra pelo***, contropelo | ***tomar el pelo***, prendere in giro | ***tirarse de los pelos***, accapigliarsi, azzuffarsi | ***con pelos y señales***, per filo e per segno | ***no tocar un pelo de la ropa***, non torcere un capello | ***colgado de un pelo***, appeso a un filo | ***ponérsele a alguien los pelos de punta***, rizzarsi i capelli a qlcu., venire a qlcu. la pelle d'oca | ***no tener pelos en la lengua***, non avere peli sulla lingua.
pelona *s.f.* (*fam.*) pelata.
pelonería *s.f.* miseria, indigenza, povertà.
peloponesiaco, peloponesio *agg., s.m.* peloponnesiaco.
peloso *agg.* peloso.
pelota *s.f.* **1** palla, pallone (*m.*) **2** (*pl., vulg.*) palle (*pl.*) | *en pelotas*, nudo ♦ *s.m./f.* (*fam.*) leccapiedi | *ser un* —, essere un leccapiedi.
pelotazo *s.m.* pallonata (*f.*).
pelotear *v.intr.* **1** palleggiare **2** (*fig.*) litigare: *mis vecinos pelotean continuamente*, i miei vicini litigano in continuazione.
peloteo *s.m.* **1** palleggio **2** (*fig., fam.*) adulazione (*f.*).
pelotera *s.f.* **1** scontro (*m.*), litigio (*m.*) **2** confusione, casino (*m.*).
pelotón *s.m.* **1** (*mil., sport*) plotone **2** (*di capelli*) groviglio, garbuglio **3** (*di gente*) ammasso, frotta (*f.*).
peltre *s.m.* peltro.
peltrero *s.m.* peltraio.
peluca *s.f.* **1** parrucca **2** (*fig., fam.*) ramanzina, paternale.
peluche *s.m.* peluche.
peludo *agg.* peloso ♦ *s.m.* stuoino.
peluquería *s.f.* (*negozio*) parrucchiere (*m.*); barbiere (*m.*).
peluquero *s.m.* parrucchiere; barbiere.
peluquín *s.m.* parrucchino.
pelusa *s.f.* **1** peluria **2** (*fam.*) gelosia, invidia infantile.
pelviano *agg.* (*anat.*) pelvico.
pelvis *s.f.* (*anat.*) pelvi, bacino (*m.*).
pena *s.f.* **1** pena, dolore (*m.*), rammarico (*m.*): *dar* —, far pena | *es una — que no hayas venido*, è un peccato che tu non sia venuto **2** pena, condanna, castigo (*m.*): *— capital*, pena capitale **3** (*fig.*) fatica, sforzo (*m.*): *con mucha — he terminado este trabajo*, con molta fatica ho terminato questo lavoro |

merecer la —, valere la pena | *a duras penas*, a mala pena, a stento.
penacho *s.m.* pennacchio.
penado *agg.* faticoso, difficile ♦ *s.m.* condannato.
penal *agg.* penale: *antecedentes penales*, precedenti penali ♦ *s.m.* carcere, prigione (*f.*).
penalidad *s.f.* **1** sofferenza, pena **2** (*dir.*) pena, sanzione, penalità.
penalista *agg.*, *s.m./f.* (*dir.*) penalista.
penalización *s.f.* penalizzazione.
penalizar (*con. come* cazar) *v.tr.* punire, penalizzare.
penalty *s.m.* (*sport*) calcio di rigore | *casarse de* —, fare un matrimonio riparatore.
penar *v.intr.* penare, soffrire, patire ♦ *v.tr.* punire, castigare ♦ **-se** *v.pron.* affliggersi, addolorarsi.
pendencia *s.f.* **1** lite, rissa **2** (*dir.*) pendenza.
pendenciar *v.intr.* litigare.
pendenciero *agg.* litigioso, polemico, attaccabrighe.
pender *v.intr.* **1** pendere, essere appeso | — *de un hilo*, essere appeso a un filo **2** (*fig.*) incombere, sovrastare: *penden amenazas en nuestra economía,* incombono delle minacce sulla nostra economia **3** (*affare, lite*) stare per finire.
pendiente *agg.* **1** pendente, inclinato **2** sospeso, irrisolto ♦ *s.m.* **1** orecchino **2** ciondolo, pendaglio, pendente **3** (*del tetto*) pendenza (*f.*) ♦ *s.f.* pendio (*m.*), declivio (*m.*), china.
péndola *s.f.* **1** pendolo (*m.*) **2** (*orologio*) pendola **3** (*di ponte*) tirante (*m.*), asta verticale.
pendular *agg.* (*movimento*) pendolare.
péndulo *s.m.* **1** pendolo **2** (*orologio*) pendola (*f.*).
pene *s.m.* (*anat.*) pene.
penene *s.m./f.* (*professore*) precario. (*m.*), professore (*m.*) a contratto.
penetrabilidad *s.f.* penetrabilità.
penetrable *agg.* **1** penetrabile **2** (*fig.*) intelligibile, comprensibile.
penetración *s.f.* **1** penetrazione **2** (*fig.*) acume (*m.*), perspicacia.
penetrador *agg.* penetrante, perspicace.
penetrante *agg.* **1** penetrante, acuto **2** (*fig.*) penetrante, intelligente, perspicace.
penetrar *v.tr.* **1** penetrare **2** (*fig.*) indovinare, decifrare, capire ♦ *v.intr.* penetrare, addentrarsi.
penetrativo *agg.* penetrativo.
penicilina *s.f.* (*farm.*) penicillina.
península *s.f.* (*geogr.*) penisola.
peninsular *agg.* peninsulare.
penitencia *s.f.* **1** (*anche relig.*) penitenza | *cumplir la* —, fare penitenza **2** (*fig.*) castigo (*m.*), punizione.
penitencial *agg.* (*anche relig.*) penitenziale.
penitenciar *v.tr.* sottoporre a penitenza.
penitenciaría *s.f.* (*dir.*) **1** penitenziario (*m.*) **2** (*relig.*) penitenzieria.
penitenciario *agg.* **1** penitenziario, carcerario **2** (*relig.*) del penitenziere.
penitente *agg.*, *s.m./f.* (*anche relig.*) penitente.
penosamente *avv.* **1** penosamente **2** a fatica, appena.
penoso *agg.* **1** penoso, triste **2** faticoso, disagevole.
pensable *agg.* pensabile.
pensado *agg.* meditato, pensato, valutato | *el día menos* —, quando meno te lo aspetti | *mal* —, malpensante.
pensador *s.m.* pensatore.
pensamiento *s.m.* **1** pensiero: *los pensamientos de Pascal*, le massime di Pascal **2** idea (*f.*): *me ha venido un* —, mi è venuta un'idea **3** mente (*f.*): *acudir al* —, venire in mente **4** intenzione (*f.*), proposito: *tengo el* — *de irme de vacaciones*, ho l'intenzione di andare in vacanza **5** (*bot.*) viola (*f.*) del pensiero.
pensante *agg.* pensante | *bien* —, benpensante.
pensar (*con. come* acertar) *v.tr.* **1** pensare: *piénsalo bien*, pensaci bene **2** ritenere, credere: *pienso que no es el momento oportuno*, credo che non sia il momento opportuno **3** intendere, volere: *pienso marcharme mañana*, penso di partire domani **4** escogitare, architettare: *ha pensado un plan diabólico*, ha escogitato un piano diabolico ♦ *v.intr.* **1** pensare: — *en*, pensare a **2** esaminare, riflettere: *tengo que* — *sobre el asunto*, devo rifletterci sopra **3** pensare, immaginare, figurarsi: — *de distinto modo*, pensarla in modo diverso
■ ***dar (en) que pensar***, dar da pensare | ***ni pensarlo***, neanche a pensarci | ***pensándolo bien***, pensandoci bene | ***manera de pensar***, modo di pensare | ***sin pensar***, senza riflettere.
pensativo *agg.* pensieroso, pensoso.
pénsil *agg.* pensile.
pensión *s.f.* **1** pensione: — *asistencial*, pensione sociale | *fondo de pensiones*, fondo pensione | — *alimenticia*, alimenti | — *contributiva*, pensione contributiva **2** (*alloggio*) pensione, locanda: *media* —, mezza pensione **3** borsa di studio.
pensionado *agg.* pensionato ♦ *s.m.* **1** (*persona*) pensionato **2** pensionato, collegio.
pensionar *v.tr.* **1** (*amm.*) mandare in pensione **2** sussidiare.
pensionista *s.m./f.* **1** pensionato (*m.*) **2** (*di albergo*) pensionante.
pentacordio *s.m.* (*mus.*) pentacordo.
pentagonal *agg.* (*geom.*) pentagonale.
pentágono *s.m.* (*geom.*) pentagono.

pentagrama *s.m.* (*mus.*) pentagramma.
pentámetro *s.m.* (*lett.*) pentametro.
Pentateuco *s.m.* (*relig.*) Pentateuco.
pentatlón *s.m.* (*sport*) pentathlon.
pentecostal *agg.* (*relig.*) pentecostale.
Pentecostés *s.m.* Pentecoste (*f.*).
penúltimo *agg.* penultimo.
penumbra *s.f.* **1** penombra **2** (*pitt.*) mezzatinta.
penuria *s.f.* penuria, scarsità: — *de fondos*, scarsità di fondi.
peña *s.f.* **1** roccia, masso (*m.*) **2** monte (*m.*), rupe **3** circolo (*m.*), club (*m.*) **4** (*fam.*) banda, comitiva **5** (*Amer.*) festa folcloristica.
peñasco *s.m.* rupe (*f.*), macigno; dirupo, monte.
peñascoso *agg.* rupestre, roccioso.
péñola *s.f.* penna d'oca.
peñón *s.m.* **1** roccia (*f.*), rupe (*f.*) **2** (*geogr.*) rocca (*f.*): *el — de Gibraltar*, la rocca di Gibilterra.
peón *s.m.* **1** manovale, bracciante, giornaliero | — *caminero* cantoniere **2** (*mil.*) fante **3** (*negli scacchi*) pedone; (*nella dama*) pedina (*f.*) **4** trottola (*f.*) **5** pedone.
peonada *s.f.* **1** giornata lavorativa (di un bracciante) **2** braccianti (*m.pl.*), manovali (*m.pl.*).
peonaje *s.m.* braccianti (*pl.*); manovalanza (*f.*).
peonía *s.f.* (*bot.*) peonia.
peonza *s.f.* trottola.
peor *agg.* peggiore ♦ *avv.* peggio: — *que nunca*, peggio che mai; *cada vez* —, sempre peggio
■ ***llevar la peor parte***, avere la peggio.
pepinar *s.m.* (*agr.*) coltivazione (*f.*) di cetrioli.
pepinazo *s.m.* **1** botto, scoppio **2** (*calcio*) cannonata (*f.*).
pepinillo *s.m.* (*cuc.*) cetriolino.
pepino *s.m.* (*bot.*) cetriolo | *no importar un* —, non importare un fico secco: *no me importa un* —, non me ne importa un fico secco.
pepita *s.f.* **1** (*della frutta*) seme (*m.*) **2** (*di metallo prezioso*) pepita.
pepito *s.m.* (*cuc.*) **1** bignè **2** panino alla carne.
pepón *s.m.* (*fam.*) anguria (*f.*).
pepsina *s.f.* (*biol.*) pepsina.
peptídico *agg.* (*chim.*) peptidico.
péptido *s.m.* (*chim.*) peptide.
pequeñajo *agg.*, *s.m.* piccoletto.
pequeñez (*pl.* -ces) *s.f.* **1** piccolezza: *perdonen la — del regalo*, scusate la piccolezza del dono **2** sciocchezza, inezia **3** meschinità, grettezza: *la — de mi jefe me asombra*, la meschinità del mio capo mi stupisce **4** fanciullezza, infanzia.
pequeño *agg.* **1** piccolo: — *accionista*, piccolo azionista **2** (*fig.*) meschino, piccolo, gretto ♦ *s.m.* bambino, piccolo.
pequeñoburgués *agg.*, *s.m.* piccolo borghese (*m./f.*).
pequinés *agg.*, *s.m.* pechinese (*m./f.*).
pera *s.f.* **1** (*bot.*) pera | *pedir peras al olmo*, cavar sangue da una rapa **2** peretta, clistere (*m.*) **3** (*elettr.*) peretta, interruttore **4** barbetta, pizzo (*m.*).
peral *s.m.* (*bot.*) pero.
peraleda *s.f.* (*agr.*) pereto (*m.*).
peraltar *v.tr.* (*arch.*) rialzare.
peralte *s.m.* (*arch.*) rialzo, sopralzo.
peralto *s.m.* (*geom.*) altezza (*f.*).
perborato *s.m.* (*chim.*) perborato.
perca *s.f.* (*zool.*) pesce (*m.*) persico.
percal *s.m.* (*tess.*) percalle
■ ***conocer el percal***, conoscere i propri polli.
percalina *s.f.* (*tess.*) percallino (*m.*).
percance *s.m.* contrattempo, guaio, incidente: *he tenido muchos percances*, ho avuto molti contrattempi; *los percances del camino*, gli incidenti di viaggio.
per capita *loc.avv.* pro capite.
percatarse *v.pron.* accorgersi, rendersi conto, notare: — *de un peligro*, accorgersi d'un pericolo.
percebe *s.m.* (*zool.*) lepade (*f.*).
percepción *s.f.* **1** percezione **2** riscossione, incasso (*m.*) **3** intuizione, idea.
perceptibilidad *s.f.* percettibilità.
perceptible *agg.* percettibile, percepibile.
perceptivo *agg.* ricettivo, reattivo, percettivo.
perceptor *agg.*, *s.m.* percettore.
percha *s.f.* **1** pertica **2** (*per abiti*) gruccia **3** attaccapanni (*m.*), appendiabiti (*m.*) **4** (*nella caccia*) carniere (*m.*).
perchar *v.tr.* (*tessuti*) cardare.
perchero *s.m.* attaccapanni, appendiabiti.
percibir *v.tr.* **1** percepire, avvertire, sentire **2** riscuotere, ricevere: — *una cantidad*, riscuotere una somma.
percibo *s.m.* riscossione (*f.*), incasso.
perclorato *s.m.* (*chim.*) perclorato.
perclórico *agg.* (*chim.*) perclorico.
percolación *s.f.* (*chim.*) percolazione.
percolar *v.intr.* (*chim.*) percolare.
percudir *v.tr.* sporcare.
percusión *s.f.* percussione | *instrumentos de* —, strumenti a percussione.
percusionista *s.m./f.* (*mus.*) percussionista.
percutir *v.tr.* percuotere.
percutor *s.m.* percussore.
perdedor *agg.*, *s.m.* perdente (*m./f.*).
perder (*con. come* entender) *v.tr.* **1** perdere: *he perdido un guante*, ho perso un guanto; *perdimos el tren por cinco minutos*, abbiamo perso il treno per cinque minuti; *ha perdido dos kilos en una semana*, ha perso due chili in

una settimana; — *el empleo*, perdere il lavoro | — *el hilo de un razonamiento*, perdere il filo di un ragionamento | — *la salud*, perdere la salute | — *la ocasión*, perdere l'occasione | — *un pleito*, perdere una causa **2** (*fig.*) perdere, sprecare: — *el tiempo*, perdere tempo **3** (*fig.*) rovinare ♦ *v.intr.* **1** perdere: *ha perdido mi equipo*, la mia squadra ha perso; — *en el juego*, perdere al gioco **2** (*colore*) sbiadire, stingere, scolorire **3** deperire: *ella ha perdido mucho en este último año*, è molto deperita in quest'ultimo anno ♦ **-se** *v.pron.* **1** smarrire: *se me han perdido las gafas*, ho smarrito gli occhiali **2** perdersi, smarrirsi: *se perdieron en el bosque*, si smarrirono nel bosco **3** (*fig.*) distrarsi, perdere il filo: *me he perdido al final de su razonamiento*, ho perso il filo alla fine del suo ragionamento **4** (*fig.*) svanire, scomparire: *el barco se perdió en la lejanía*, la nave svanì all'orizzonte **5** perdersi, rovinarsi, darsi ai vizi

■ ***echarse a perder***, guastarsi, andare a male | ***no tener nada que perder***, non avere niente da perdere.

perdición *s.f.* **1** perdizione, rovina **2** (*relig.*) dannazione.

pérdida *s.f.* **1** perdita: — *de capital*, perdita di capitale; — *de beneficios*, perdita di utili; *lleva perdidos más de un millón de euros en ese negocio*, in quell'affare ha avuto perdite per più di un milione di euro **2** (*tecn.*) perdita, fuga: *hay una — de gas*, c'è una fuga di gas.

perdidamente *avv.* **1** perdutamente **2** in maniera vana, inutilmente.

perdidizo *agg.* **1** sfuggente **2** fuggevole.

perdido *agg.* **1** perso, perduto; sperduto **2** (*fam.*) completo, fatto e finito: *es tonta perdida*, è completamente scema ♦ *s.m.* libertino, vizioso.

perdigón[1] *s.m.* **1** perniciotto **2** (*di arma*) pallettone.

perdigón[2] *s.m.* **1** sperperatore, sprecone, dissipatore **2** (*fam., gioco*) perdente **3** (*fam.*) studente bocciato.

perdiz (*pl.* -ces) *s.f.* (*zool.*) pernice | — *blanca*, pernice bianca | *ojo de* —, occhio di pernice

■ ***marear la perdiz***, tergiversare.

perdón *s.m.* perdono | *¡—!*, scusi! | *con — sea dicho*, sia detto senz'offesa.

perdonable *agg.* perdonabile.

perdonar *v.tr.* **1** perdonare **2** scusare: *perdone la molestia*, scusi per il disturbo; *perdona, pero no estoy de acuerdo con lo que dices*, scusami, ma non sono d'accordo con quello che dici **3** (*dir.*) condonare: — *las deudas*, condonare i debiti **4** dispensare, esonerare, esimere: *le han perdonado el trabajo*, l'hanno esentato dal lavoro **5** rinunciare a | *no — ocasión de*, non perdere l'occasione di.

perdulario *agg., s.m.* **1** trascurato, distratto: *eres una perdularia, que te lo pierdes todo*, sei una distratta, che perdi tutto **2** (*spreg.*) dissoluto, depravato.

perdurable *agg.* **1** duraturo **2** perenne, perpetuo.

perduración *s.f.* persistenza.

perdurar *v.intr.* perdurare, permanere, persistere.

perecedero *agg.* caduco, effimero, perituro.

perecer (*con. come* agradecer) *v.intr.* **1** perire, morire **2** (*fig.*) dannarsi, perdersi.

peregrinación *s.f.* **1** pellegrinaggio (*m.*) **2** peregrinazione, vagabondaggio (*m.*).

peregrinaje *s.m.* pellegrinaggio.

peregrinamente *avv.* **1** in maniera peregrina **2** (*lett.*) incredibilmente, eccezionalmente.

peregrinar *v.intr.* **1** peregrinare, errare; — *de país en país*, peregrinare di paese in paese **2** andare in pellegrinaggio.

peregrinidad *s.f.* peregrinità.

peregrino *agg.* **1** pellegrino | *ave peregrina*, uccello migratore **2** (*fig.*) bizzarro, stravagante: *una idea peregrina*, un'idea bizzarra ♦ *s.m.* (*relig.*) pellegrino.

perejil *s.m.* (*bot.*) prezzemolo.

perendengue *s.m.* fronzolo, articolo di bigiotteria.

perennal *agg.* → **perenne.**

perenne *agg.* perenne; *planta* —, pianta perenne.

perennidad *s.f.* perennità.

perentorio *agg.* **1** perentorio, tassativo: *plazo/término* —, termine perentorio **2** urgente: *una necesidad perentoria*, un bisogno urgente **3** conclusivo, determinante.

pereza *s.f.* pigrizia, indolenza; *me da mucha — salir con este frío*, non me la sento di uscire con questo freddo | *sacudir la* —, scuotere la pigrizia, darsi una mossa.

perezoso *agg.* pigro, indolente; lento ♦ *s.m.* (*zool.*) bradipo.

perfección *s.f.* perfezione: *conocer a la* —, conoscere alla perfezione.

perfeccionador *agg., s.m.* perfezionatore.

perfeccionamiento *s.m.* perfezionamento: *curso de* —, corso di perfezionamento.

perfeccionar *v.tr.* **1** perfezionare, migliorare: *ha ido a Inglaterra para — el inglés*, è andato in Inghilterra per perfezionare il suo inglese **2** completare, rifinire **3** (*dir.*) perfezionare.

perfeccionismo *s.m.* perfezionismo.

perfeccionista *agg., s.m./f.* perfezionista.

perfectibilidad *s.f.* perfettibilità.

perfectible *agg.* perfettibile, perfezionabile.

perfectivo *agg.* (*anche gramm.*) perfettivo.

perfecto *agg.* perfetto, ottimo, eccellente: *ha quedado —*, è rimasto perfetto ■ (*gramm.*) *pretérito —*, passato prossimo | (*gramm.*) *futuro —*, futuro anteriore.
perfidia *s.f.* perfidia, malvagità.
pérfido *agg.* perfido, malvagio, infido ♦ *s.m.* malvagio, cattivo.
perfil *s.m.* **1** profilo, silhouette (*f.*) | *de medio —*, di tre quarti **2** profilo, contorno, sagoma (*f.*) **3** (*fig.*) caratteristica (*f.*): *buscan a un empleado con un determinado —*, cercano un impiegato con determinate caratteristiche.
perfilado *agg.* **1** affilato: *cara perfilada*, viso affilato **2** (*tecn.*) profilato, sagomato.
perfiladora *s.f.* (*tecn.*) profilatrice.
perfiladura *s.f.* (*tecn.*) profilatura.
perfilar *v.tr.* **1** profilare **2** (*fig.*) rifinire, ritoccare **3** (*tecn.*) profilare, sagomare ♦ **-se** *v.pron.* **1** mettersi di profilo **2** (*fam.*) profilarsi (*anche fig.*), delinearsi, intravedersi: *la nave se perfiló en el horizonte*, la nave si profilò all'orizzonte; *se perfila una buena oportunidad de trabajo*, si profila una buona occasione di lavoro.
perforable *agg.* perforabile.
perforación *s.f.* perforazione.
perforador *agg.* perforante.
perforadora *s.f.* (*tecn.*) perforatrice.
perforante *agg.* perforante.
perforar *v.tr.* perforare, forare.
performativo *agg.* (*ling.*) performativo.
perfumadero *s.m.* bruciaprofumi, profumiera (*f.*).
perfumar *v.tr./intr.* profumare ♦ **-se** *v.pron.* profumarsi.
perfume *s.m.* profumo.
perfumería *s.f.* profumeria.
perfumero *s.m.* profumiere.
perfumista *s.m./f.* profumista.
pergamino *s.m.* **1** pergamena (*f.*) **2** (*documento*) pergamena (*f.*) **3** (*pl.*) titoli nobiliari.
pergeñar *v.tr.* (*fam.*) abbozzare, tracciare.
pérgola *s.f.* **1** (*arch.*) pergola **2** giardino (*m.*) pensile.
periartritis *s.f.* (*med.*) periartrite.
perica *s.f.* (*fam.*) donnaccia.
pericárdico *agg.* (*anat.*) pericardico.
pericardio *s.m.* (*anat.*) pericardio.
pericarditis *s.f.* (*med.*) pericardite.
pericia *s.f.* perizia, maestria, bravura.
pericial *agg.* (*dir.*, *tecn.*) peritale: *juicio —*, giudizio peritale; *tasación —*, stima peritale.
periclitar *v.intr.* declinare, tramontare, decadere.
periferia *s.f.* **1** periferia **2** (*geom.*) circonferenza, contorno (*m.*).
periférico *agg.* periferico ♦ *s.m.* (*inform.*) periferica (*f.*).
perifollo *s.m.* **1** (*bot.*) cerfoglio **2** (*pl.*, *fig.*) fronzoli (*pl.*).
periforme *agg.* piriforme.
perífrasis *s.f.* (*ret.*, *gramm.*) perifrasi.
perifrástico *agg.* (*ling.*) perifrastico.
perigeo *s.m.* (*astr.*) perigeo.
perihelio *s.m.* (*astr.*) perielio.
perilla *s.f.* barbetta, pizzetto (*m.*) ■ ***de perilla(s)***, a fagiolo, a proposito: *este trabajo me va de perilla(s)*, questo lavoro arriva a fagiolo.
perimétrico *agg.* (*geom.*) perimetrico.
perímetro *s.m.* (*geom.*) perimetro; circonferenza (*f.*) | *— torácico*, circonferenza toracica.
periodicidad *s.f.* periodicità.
periódico *agg.* periodico: *recibir pedidos periódicos*, ricevere ordinazioni periodiche; (*mat.*) *fracción periódica*, frazione periodica ♦ *s.m.* quotidiano, giornale, periodico: *— de información*, periodico d'informazione.
periodismo *s.m.* giornalismo, stampa (*f.*): *— amarillo*, stampa scandalistica.
periodista *s.m./f.* giornalista.
periodístico *agg.* giornalistico.
periodización *s.f.* periodizzazione.
periodo, período *s.m.* **1** periodo: *— de imposición*, periodo d'imposta | *— de incubación*, periodo d'incubazione | *— de revolución*, periodo di rivoluzione **2** (*fisiologia*) ciclo, mestruazione (*f.*) **3** (*mat.*) numero periódico.
peripatético *agg.*, *s.m.* **1** (*filos.*) peripatetico **2** (*fam.*) bizzarro, eccentrico, ridicolo.
peripato *s.m.* (*filos.*) peripatetismo.
peripecia *s.f.* peripezia, vicissitudine.
periplo *s.m.* **1** (*mar.*, *lett.*) periplo **2** (*fig.*) periplo, lungo viaggio.
peripuesto *agg.* in ghingheri, agghindato: *ha salido todo —*, è uscito tutto in ghingheri.
periquear *v.intr.* oziare, bighellonare.
periquete *s.m.* attimo, istante | *en un —*, in un attimo, in un battibaleno.
periscopio *s.m.* periscopio.
perista *s.m./f.* ricettatore (*m.*).
peristáltico *agg.* (*biol.*) peristaltico.
peristilo *s.m.* (*arch.*) peristilio.
perístole *s.f.* (*biol.*) peristalsi.
peritación *s.f.* perizia (*f.*), esame peritale: *— de los daños*, perizia dei danni.
peritar *v.tr.* valutare, eseguire una perizia di.
perito *agg.* esperto: *es un gran — en el campo informático*, è un grande esperto di informatica ♦ *s.m.* perito: *— mercantil*, perito mercantile, ragioniere.
peritoneal *agg.* (*anat.*) peritoneale.
peritoneo *s.m.* (*anat.*) peritoneo.
peritonitis *s.f.* (*med.*) peritonite.
perjudicado *agg.* **1** leso, danneggiato **2** (*dir.*) irregolare ♦ *s.m.* vittima (*f.*): *los perjudicados por el terremoto*, i terremotati.

perjudicar (*con. come* pescar) *v.tr.* pregiudicare, nuocere a: — *un negocio*, pregiudicare un affare.
perjudicial *agg.* dannoso, nocivo, pregiudizievole: — *para la salud*, nocivo alla salute.
perjuicio *s.m.* **1** danno: *pedir daños y perjuicios*, chiedere il risarcimento per danni **2** danno, detrimento, scapito: *en — de*, a scapito di
■ ***sin perjuicio de***, fatto salvo: *sin — de lo dispuesto*, fatto salvo quanto disposto.
perjurar *v.intr.* spergiurare.
perjurio *s.m.* (*anche dir.*) spergiuro.
perjuro *s.m.* (*anche dir.*) spergiuro, mentitore.
perla *s.f.* **1** (*anche fig.*) perla **2** (*farm.*) capsula, perla
■ ***de perlas***, molto buono; a proposito.
perlado *agg.* perlato.
perlar *v.tr.* imperlare.
perlífero *agg.* perlifero.
permanecer (*con. come* agradecer) *v.intr.* **1** permanere, rimanere, restare: *la mancha permanece*, la macchia rimane **2** rimanere, fermarsi, trattenersi: *permanezco aquí*, rimango qui.
permanencia *s.f.* permanenza.
permanente *agg.* permanente, inalterabile.
permeabilidad *s.f.* permeabilità.
permeable *agg.* permeabile.
permisible *agg.* ammissibile, lecito.
permiso *s.m.* permesso, licenza (*f.*), autorizzazione (*f.*): — *de importación*, licenza d'importazione; — *de desembarque*, permesso di sbarco; *estar de —*, essere in licenza.
permitir *v.tr.* **1** permettere, concedere: *sus padres le permitieron salir*, i suoi genitori le permisero di uscire **2** consentire, tollerare **3** permettere, rendere possibile: *su ayuda permite obtener buenos resultados*, il suo aiuto consente di ottenere dei buoni risultati ♦ **-se** *v.pron. permettersi,* osare, prendersi la libertà di.
permuta *s.f.* (*anche dir.*) permuta, scambio (*m.*).
permutable *agg.* permutabile, che si può cambiare.
permutar *v.tr.* permutare, scambiare.
pernera *s.f.* (*di pantalone*) gamba.
pernicioso *agg.* pernicioso, nocivo, dannoso.
pernil *s.m.* **1** (*di animale*) coscia (*f.*), cosciotto **2** (*di pantalone*) gamba (*f.*).
pernio *s.m.* cardine, cerniera (*f.*), perno.
perno *s.m.* **1** bullone: — *de tuerca*, bullone a vite **2** perno, cardine.
pernoctación *s.f.* pernottamento (*m.*).
pernoctar *v.intr.* pernottare.
pero *cong.* **1** (*avversativa*) ma, però, tuttavia, eppure: *estudia mucho — no tiene buena memoria*, studia molto ma non ha una buona memoria; *corrió tanto — perdió el bus*, ha corso tanto eppure ha perso l'autobus **2** (*enfatica*) ma: — *¿dónde vas a gastar tanto dinero?*, ma dove li spendi tutti quei soldi? ♦ *s.m.* (*fig.*, *fam.*) difetto, neo: *este trabajo no tiene peros*, questo lavoro non ha difetti.
perogrullada *s.f.* ovvietà, banalità.
perogrullo *s.m. solo nella loc.*: *verdad de —*, verità lapalissiana.
perol *s.m.* (*cuc.*) paiolo.
perola *s.f.* (*cuc.*) piccolo paiolo (*m.*).
peroné *s.m.* (*anat.*) perone.
peroneo *agg.* (*anat.*) peroneo.
peronismo *s.m.* (*Amer.*, *pol.*) peronismo.
peronista *agg.*, *s.m./f.* (*Amer.*,*pol.*) peronista.
peroración *s.f.* (*ret.*) perorazione.
perorar *v.intr.* declamare; parlare con enfasi: *el profesor peroró entorno a las virtudes de su maestro*, il professore declamò le virtù del suo maestro.
perorata *s.f.* (*fam.*) tiritera, sproloquio (*m.*).
peróxido *s.m.* (*chim.*) perossido | — *de hidrógeno*, perossido d'idrogeno.
perpendicular *agg.*, *s.f.* perpendicolare.
perpendicularidad *s.f.* perpendicolarità.
perpetrar *v.tr.* perpetrare, commettere: — *un crimen*, perpetrare un delitto.
perpetuación *s.f.* perpetuazione.
perpetuar *v.tr.* perpetuare, eternare.
perpetuidad *s.f.* perpetuità | *a —*, in perpetuo.
perpetuo *agg.* **1** perpetuo, eterno, perenne: *nieves perpetuas*, nevi perenni **2** a vita, vitalizio: *renta perpetua*, rendita vitalizia.
perplejidad *s.f.* perplessità, incertezza.
perplejo *agg.* perplesso, dubbioso: *he quedado —*, sono rimasto perplesso.
perra *s.f.* **1** cagna **2** sbornia **3** bizza, capriccio (*m.*): *ha tenido la — toda la mañana*, è tutta la mattina che fa i capricci **4** (*pl.*, *fam.*) soldi (*m.pl.*): *tener muchas perras*, avere molti soldi.
perrada *s.f.* **1** muta di cani **2** (*fig.*) carognata.
perrera *s.f.* **1** canile (*m.*) **2** (*fam.*) lavoro (*m.*) faticoso e malpagato.
perrería *s.f.* **1** muta di cani **2** (*fig.*) carognata | *decir perrerías de alguien*, dire malissimo di qlcu.
perrero *s.m.* impiegato del canile, accalappiacani (*m./f.*).
perrito *s.m.* cagnolino, cagnetto
■ ***perrito caliente***, hot dog.
perro *agg.* (*fam.*) da cani, tremendo | *vida —*, vita da cani ♦ *s.m.* (*zool.*) cane | — *callejero*, cane randagio | — *de aguas/de lanas*, barboncino | — *faldero*, cane da compagnia | — *guardián*, cane da guardia
■ ***de perros***, da cani: *hacía un tiempo de perros*, faceva un tempo da cani | ***perro la-***

drador, poco mordedor, can che abbaia non morde | ***llevarse como el perro y el gato***, essere cane e gatto | ***tratar a alguien como un perro***, trattare qlcu. da cani.
perruno *agg.* canino.
persa *agg.*, *s.m./f.* persiano.
persecución *s.f.* **1** persecuzione: *la — de los judíos durante el nazismo*, la persecuzione degli ebrei durante il nazismo **2** (*nel ciclismo*) inseguimento (*m.*).
persecutor *agg.* persecutore.
persecutorio *agg.* persecutorio | *manía persecutoria*, mania di persecuzione.
perseguible *agg.* (*dir.*) perseguibile.
perseguido *agg.* perseguitato.
perseguidor *agg.*, *s.m.* **1** persecutore **2** inseguitore.
perseguimiento *s.m.* → **persecución.**
perseguir (*con. come* seguir) *v.tr.* **1** (*anche fig.*) inseguire **2** perseguitare; tormentare **3** perseguire, aspirare a: — *un fin*, perseguire uno scopo **4** (*dir.*) perseguire: — *un crimen*, perseguire un delitto.
perseverancia *s.f.* perseveranza, tenacia.
perseverante *agg.* perseverante.
perseverar *v.intr.* **1** perseverare, insistere **2** persistere, durare: *esta costumbre persevera desde hace muchos años*, quest'abitudine persiste da molti anni.
persiana *s.f.* persiana: — *enrollable*, tapparella; — *veneciana*, veneziana.
persiano *agg.*, *s.m.* persiano.
pérsico *agg.*, *s.m.* (*st.*) persico.
persignarse *v.pron.* segnarsi, fare il segno della croce.
persistencia *s.f.* persistenza.
persistente *agg.* persistente: *planta* —, pianta perenne.
persistir *v.tr.* **1** perseverare **2** perdurare, durare.
persona *s.f.* persona, individuo (*m.*) | — *a cargo del contribuyente*, persona a carico del contribuente | — *jurídica*, persona giuridica.
personaje *s.m.* personaggio: *es un gran* —, è un gran personaggio.
personal *agg.* **1** personale, privato: *carta* —, lettera personale **2** soggettivo: *tiene una opinión muy — sobre mí*, ha un'opinione troppo soggettiva su di me ♦ *s.m.* personale, dipendenti (*pl.*) | — *de vuelo*, equipaggio.
personalidad *s.f.* **1** personalità, carattere (*m.*), temperamento (*m.*) **2** carica, autorità: *en la tribuna estaban presentes las personalidades del lugar*, in tribuna erano presenti le autorità del posto.
personalismo *s.m.* **1** (*pol.*) personalismo **2** considerazione (*f.*), nota (*f.*), appunto.
personalista *agg.* personalistico ♦ *s.m./f.* personalista.
personalización *s.f.* personalizzazione, individualizzazione.
personalizado *agg.* personalizzato.
personalizar (*con. come* cazar) *v.intr.* fare riferimenti personali, fare nomi ♦ *v.tr.* **1** personalizzare: — *el área de trabajo*, personalizzare lo spazio di lavoro **2** (*gramm.*) usare (un verbo) in modo personale.
personalmente *avv.* personalmente.
personarse *v.pron.* **1** (*dir.*) comparire **2** (*amm.*) presentarsi: *al final de la reunión tendrán que — los participantes*, alla fine della riunione dovranno presentarsi tutti i partecipanti.
personificación *s.f.* personificazione.
personificar (*con. come* pescar) *v.tr.* **1** personificare **2** impersonare, rappresentare: *este personaje personifica la envidia*, questo personaggio impersona l'invidia.
personilla *s.f.* personcina.
personudo *agg.* corpulento, massiccio.
perspectiva *s.f.* **1** (*tecn.*, *mat.*) prospettiva **2** (*fig.*) prospettiva, previsione, possibilità: *perspectivas a largo plazo*, prospettive a lungo termine.
perspicacia *s.f.* perspicacia, sagacia.
perspicaz (*pl.* -ces) *agg.* perspicace, acuto, sagace.
perspicuidad *s.f.* perspicuità.
perspicuo *agg.* (*anche fig.*) perspicuo, chiaro.
persuadir *v.tr.* persuadere, convincere: — *a un comprador potencial*, persuadere un potenziale acquirente.
persuasible *agg.* persuasibile.
persuasión *s.f.* persuasione, convincimento (*m.*).
persuasivo *agg.* persuasivo, convincente.
persuasor *s.m.* persuasore | *persuasores ocultos*, persuasori occulti.
persulfato *s.m.* (*chim.*) persolfato.
pertenecer (*con. come* agradecer) *v.intr.* **1** appartenere **2** (*fig.*) spettare, competere: *este gasto no pertenece a mi departamento*, quesa spesa non spetta al mio reparto **3** fare parte: *pertenece a una especie animal*, fa parte di una specie animale.
perteneciente *agg.* appartenente.
pertenencia *s.f.* **1** appartenenza **2** proprietà, possesso (*m.*) **3** accessorio (*m.*).
pértica *s.f.* (*misura di superficie*) pertica.
pértiga *s.f.* pertica, palo (*m.*), asta.
pertinacia *s.f.* perseveranza.
pertinaz (*pl.* -ces) *agg.* **1** (*persona*) perseverante, caparbio, cocciuto **2** durevole, costante.
pertinencia *s.f.* pertinenza.
pertinente *agg.* **1** pertinente, attinente **2** opportuno, adatto.
pertrechar *v.tr.* rifornire, munire.
pertrechos *s.m.pl.* **1** equipaggiamento

(*sing.*) militare **2** attrezzi, strumenti da lavoro, equipaggiamento (*sing.*), dotazione (*f.sing.*): — *del buque*, dotazioni di bordo.
perturbable *agg.* impressionabile, sensibile.
perturbación *s.f.* **1** (*anche meteor.*) perturbazione **2** turbamento (*m.*), alterazione.
perturbado *agg.* **1** turbato, alterato **2** (*persona*) disturbato, squilibrato.
perturbador *s.m.* perturbatore.
perturbar *v.tr.* turbare, alterare: — *el orden público*, turbare l'ordine pubblico.
peruano *agg.*, *s.m.* peruviano.
perversidad *s.f.* perversità, malvagità.
perversión *s.f.* perversione, depravazione: — *moral*, perversione morale.
perverso *agg.* perverso, immorale ♦ *s.m.* malvagio, cattivo.
pervertido *agg.*, *s.m.* pervertito.
pervertidor *agg.*, *s.m.* pervertitore.
pervertir (*con. come* sentir) *v.tr.* corrompere, depravare.
pervivencia *s.f.* sopravvivenza.
pervivir *v.intr.* sopravvivere.
pesa *s.f.* (*anche sport*) peso (*m.*): *poner las pesas en la balanza*, mettere i pesi sulla bilancia; *las pesas del buceador*, i pesi del sommozzatore.
pesadamente *avv.* **1** pesantemente **2** (*fig.*) stancamente, di mala voglia **3** lentamente.
pesadez (*pl.* -ces) *s.f.* **1** pesantezza **2** (*fig.*) noia, fastidio (*m.*) **3** pinguedine, obesità.
pesadilla *s.f.* (*anche fig.*) incubo (*m.*).
pesado *agg.* **1** pesante **2** (*fig.*) noioso, fastidioso **3** (*fig.*) gravoso, faticoso **4** grasso, obeso **5** (*fig.*) tardo, goffo, impacciato **6** (*di clima*) afoso, opprimente.
pesador *agg.*, *s.m.* pesatore.
pesadumbre *s.f.* dispiacere (*m.*), tristezza, rammarico (*m.*).
pésame *s.m.* condoglianze (*f.pl.*): *dar el* —, fare le condoglianze.
pesar[1] *v.tr.* **1** pesare **2** (*fig.*) contare, soppesare ♦ *v.intr.* **1** (*anche fig.*) pesare, essere pesante: *este trabajo me pesa*, questo lavoro mi pesa **2** ricadere, gravare: *toda la gestión pesa sobre mi hermano*, tutta la gestione grava su mio fratello **3** dispiacere, rincrescere: *me pesa no poder venir*, mi rincresce non poter venire **4** (*fig.*) pesare, dare fastidio: *su actitud nos pesa*, il suo atteggiamento ci dà fastidio
■ ***pese a***, a dispetto di.
pesar[2] *s.m.* rincrescimento, dispiacere, dolore | *a — de/pese a*, nonostante | *a — suyo*, suo malgrado.
pesaroso *agg.* **1** preoccupato, triste **2** pentito, dispiaciuto.
pesca *s.f.* pesca: *ir de* —, andare a pesca.
pescadería *s.f.* pescheria.
pescado *s.m.* (*cibo*) pesce: *como* —, mangio del pesce.
pescador *s.m.* pescatore.
pescar (*indic.pass.rem.* pesqué, pescaste; *cong.pres.* pesque, pesques...; *imp.* pesca, pesque, pesquemos, pescad, pesquen) *v.tr.* **1** pescare **2** (*fam.*, *malattia*) prendere, buscarsi: — *una gripe*, beccarsi l'influenza **3** (*fam.*) pescare, tirare fuori **4** (*fam.*) pescare, accalappiare: — *un empleo*, ottenere un impiego **5** (*fam.*) beccare, sorprendere: *el policía pescó al ladrón*, il poliziotto acchiappò il ladro.
pescozón *s.m.* (*fam.*) scappellotto, scapaccione.
pescuezo *s.m.* **1** collo **2** (*negli animali*) collottola (*f.*).
pesebre *s.m.* **1** mangiatoia (*f.*), greppia (*f.*) **2** presepe.
peseta *s.f.* (*moneta*) peseta
■ ***mirar la peseta***, guardare al centesimo | (*pop.*) ***cambiar la peseta***, vomitare.
pesetero *agg.* attaccato al denaro, tirchio.
pesimismo *s.m.* pessimismo.
pesimista *s.m./f.* pessimista.
pésimo *agg.* (*superl.*) pessimo.
peso *s.m.* **1** peso: — *bruto*, *neto*, peso lordo, netto **2** (*tecn.*) portata (*f.*), carico **3** (*fig.*) importanza (*f.*), influenza (*f.*), peso: *de* —, importante | *dar* —, dare peso **4** (*Amer.*, *moneta*) peso **5** (*fig.*) peso, preoccupazione (*f.*) | *librarse de un* —, liberarsi di un peso | *ser un — para alguien*, essere di peso a qlcu.
pespunte *s.m.* impuntitura (*f.*), impuntura (*f.*).
pespunteado *agg.* impunturato ♦ *s.m.* impuntura (*f.*).
pespuntear *v.tr.* impunturare.
pesquera *s.f.* **1** (*sbarramento d'acqua*) pescaia **2** (*vivaio*) peschiera.
pesquero *agg.*, *s.m.* peschereccio: *industria pesquera*, industria ittica.
pesquis *s.m.* sagacia (*f.*), perspicacia (*f.*).
pesquisa *s.f.* **1** perquisizione **2** indagine, ricerca | *hacer pesquisas*, fare indagini.
pestaña *s.f.* **1** (*anat.*) ciglio (*m.*) **2** (*fig.*) bordo (*m.*), orlo (*m.*), lembo (*m.*).
pestañear *v.intr.* battere le ciglia | *sin* —, senza batter ciglio.
peste *s.f.* **1** (*med.*) peste **2** puzzo (*m.*), fetore (*m.*) **3** (*pl.*) critiche (*pl.*) | *decir pestes de alguien*, dire peste e corna di qlcu.
pesticida *s.m.* pesticida.
pestífero *agg.* **1** (*med.*) pestilenziale **2** pestifero, puzzolente, fetido.
pestilencia *s.f.* **1** (*med.*) pestilenza, epidemia **2** puzza, tanfo (*m.*).
pestilencial *agg.* pestilenziale.
pestilente *agg.* pestilente, pestilenziale.
pestillo *s.m.* **1** (*di porta, di finestra*) chiavistello, paletto **2** (*di serratura*) catenaccio.
petaca *s.f.* **1** tabacchiera, portasigari

(*m.*) **2** (*per alcolici*) borraccia, fiaschetta **3** (*Amer.*) baule (*m.*).
pétalo *s.m.* (*bot.*) petalo.
petardo *s.m.* **1** petardo **2** (*fig., fam.*) pacco, bidone: *lo que te propone es un —*, quello che ti propone è un bidone **3** (*fig., fam.*) pizza (*f.*), mattone: *no te soporto, eres un —*,non ti sopporto, sei un mattone **4** (*fig., gerg.*) canna (*f.*), spinello.
petate *s.m.* **1** stuoia (*f.*) **2** (*mar., mil.*) fagotto, bagaglio **3** (*fig., fam.*) scroccone, uomo da poco.
petequia *s.f.* (*med.*) petecchia.
petequial *agg.* (*med.*) petecchiale | *tifus —*, tifo petecchiale.
petición *s.f.* **1** (*bur.*) petizione **2** richiesta, domanda: *— de informes*, richiesta di informazioni **3** (*dir.*) istanza: *a — de las partes*, su istanza delle parti.
peticionario *agg., s.m.* (*dir.*) richiedente (*m./f.*).
petirrojo *s.m.* (*zool.*) pettirosso.
pétreo *agg.* pietroso, sassoso, ciottoloso.
petrificar (*con. come* pescar) *v.tr.* pietrificare.
petrográfico *agg.* (*geol.*) petrografico.
petrógrafo *s.m.* (*geol.*) petrografo.
petróleo *s.m.* petrolio.
petroleoquímica *s.f.* petrolchimica.
petroleoquímico *agg.* petrolchimico.
petrolera *s.f.* industria petrolifera.
petrolero *agg.* petrolifero ♦ *s.m.* **1** (*nave*) petroliera (*f.*) **2** (*persona*) petroliere.
petrolífero *agg.* petrolifero.
petrología *s.f.* (*geol.*) petrologia.
petulancia *s.f.* boria, insolenza, arroganza.
petulante *agg., s.m./f.* petulante, borioso (*m.*), insolente.
peyorativo *agg.* negativo, peggiorativo, spregiativo: *comentario —*, commento spregiativo.
pez[1] (*pl.* -ces) *s.m.* pesce | *— espada*, pesce spada | *— globo*, pesce palla | *— martillo*, pesce martello
■ ***estar como pez en el agua***, sguazzare, trovarsi a proprio agio | ***estar pez***, non sapere un tubo.
pez[2] *s.f.* pece.
pezón *s.m.* **1** (*anat.*) capezzolo **2** (*bot.*) picciolo, stelo.
pezuña *s.f.* **1** (*di gatto*) zampa **2** zoccolo (*m.*).
piadosamente *avv.* **1** (*relig.*) devotamente **2** pietosamente, caritatevolmente.
piadoso *agg.* **1** pietoso, compassionevole **2** pio, devoto.
piamontés *agg., s.m.* piemontese (*m./f.*).
pianista *s.m./f.* (*mus.*) pianista.
pianístico *agg.* (*mus.*) pianistico.
piano[1] *s.m.* (*mus.*) piano, pianoforte | *— de cola*, pianoforte a coda | *— vertical*, pianoforte verticale
■ ***como un piano***, grande come una casa.
piano[2] *avv.* (*mus.*) piano, adagio.
pianobar *s.m.* pianobar.
pianoforte *s.m.* (*mus.*) pianoforte.
pianola *s.f.* (*mus.*) pianola.
piar (*con. come* confiar) *v.intr.* **1** pigolare **2** (*fig., fam.*) parlare: *es mejor que no píes*, è meglio che tu non apra bocca.
picacho *s.m.* (*geogr.*) picco di montagna.
picada *s.f.* **1** (*fam.*) beccata **2** (*aer.*) picchiata.
picadero *s.m.* **1** maneggio **2** (*fig., volg.*) scannatoio, garconnière (*f.*), pied-à-terre.
picadillo *s.m.* (*cuc.*) **1** trito **2** carne (*f.*) trita, ragù.
picado *agg.* **1** bucherellato; traforato **2** (*fig., fam.*) risentito, offeso, arrabbiato: *está — porque no le han invitado a la fiesta*, è arrabbiato perché non l'hanno invitato alla festa **3** (*med.*) butterato **4** (*Amer.*) sbronzo, brillo ♦ *s.m.* **1** (*cuc.*) carne (*f.*) alla tartara **2** (*aer.*) picchiata (*f.*) **3** (*mus.*) picchiettato **4** (*cinem.*) ripresa (*f.*) dall'alto.
picador *s.m.* **1** (*nella corrida*) torero a cavallo **2** (*equitazione*) domatore **3** (*cuc.*) tagliere **4** (*min.*) minatore, picconiere.
picadora *s.f.* (*cuc.*) tritatutto (*m.*).
picadura *s.f.* **1** (*d'insetto*) puntura **2** (*di denti*) carie.
picaflor *s.m.* (*zool.*) colibrì.
picajoso *agg.* permaloso.
picante *agg.* **1** piccante **2** (*fig.*) mordace, pungente.
picantería *s.f.* (*Amer.*) trattoria.
picapedrero *s.m.* (*min.*) scalpellino, tagliapietre.
picapleitos *s.m.* **1** (*fam.*) attaccabrighe (*m./f.*) **2** (*avvocato*) azzeccagarbugli: *este abogado es un —*, questo avvocato è un azzeccagarbugli.
picaporte *s.m.* (*di porte e finestre*) fermo, saliscendi.
picar (*con. come* pescar) *v.tr.* **1** beccare **2** (*di insetti*) pungere: *me han picado los mosquitos*, mi hanno punto le zanzare **3** (*di pesci*) abboccare **4** tritare, sminuzzare **5** (*equit., anche fig.*) spronare **6** (*tecn.*) traforare, punzonare, picchiettare **7** (*biglietto, cartellino*) timbrare **8** (*min.*) picconare ♦ *v.intr.* **1** prudere, far prurito, pizzicare **2** (*fig.*) piluccare, mangiucchiare **3** (*aer.*) volare in picchiata **4** (*fig.*) abboccare, cascarci: *es muy ingenuo, siempre pica*, è molto ingenuo, ci casca sempre ♦ **-se** *v.pron.* **1** prendersela, offendersi: *se ha picado con tus palabras*, si è risentito per le tue parole **2** piccarsi, intestardirsi **3** (*dente*) cariarsi **4** (*di vestiti*) tarmarsi **5** (*di mare*) incresparsi **6** (*di vino, di cibo*)

inacidire, andare a male: *el vino se ha picado*, il vino si è inacidito.
picardear *v.intr.* **1** dire battute spinte **2** fare marachelle, monellerie ♦ *v.tr.* sviare, traviare.
picardía *s.f.* **1** astuzia, scaltrezza, malizia **2** birichinata, birbonata **3** battuta spinta.
picardo *agg., s.m.* piccardo.
picaresco *agg.* picaresco, malizioso.
pícaro *agg.* **1** picaro, birbone, furfante **2** furbo, astuto ♦ *s.m.* **1** monello, birichino **2** picaro, furfante.
picassiano *agg.* (*pitt.*) picassiano.
picaza *s.f.* (*zool.*) gazza.
picazón *s.f.* **1** (*med.*) prurito (*m.*) **2** (*fig.*) cruccio (*m.*).
pichón *s.m.* (*zool.*) piccione.
picnic *s.m.* picnic.
pico *s.m.* **1** (*di animali*) becco **2** (*di vaso*) beccuccio **3** punta (*f.*), spigolo **4** (*attrezzo*) piccone, zappa (*f.*) **5** (*geogr.*) picco, cima (*f.*) | *irse de picos pardos*, andare a far baldoria **6** (*fam., di persona*) becco, bocca (*f.*) | *callar el —*, chiudere il becco | *darse el —*, darsi un bacio sulla bocca **7** rotti (*pl.*): *cien euros y —*, cento euro e rotti; *llegó a las seis y —*, arrivò alle sei passate.
picor *s.m.* **1** prurito **2** bruciore.
picotada *s.f.* beccata.
picotazo *s.m.* **1** beccata (*f.*) **2** puntura (*f.*) d'insetto.
picotear *v.tr.* beccare, colpire/ferire con il becco ♦ *v.intr.* **1** spiluccare, mangiucchiare **2** (*fam.*) cianciare ♦ **-se** *v.pron.* (*fig., fam.*) azzuffarsi, accapigliarsi.
picoteo *s.m.* **1** il mangiucchiare, il piluccare **2** (*zool.*) becchettio.
picotero *agg.* chiacchierone.
pictografía *s.f.* (*ling.*) pittografia.
pictográfico *agg.* (*ling.*) pittografico.
pictograma *s.m.* (*ling.*) pittogramma.
pictórico *agg.* pittorico.
picudo *agg.* **1** a becco **2** appuntito, aguzzo **3** (*fam.*) chiacchierone ♦ *s.m.* (*cuc.*) spiedo.
pie *s.m.* **1** (*anat., fig.*) piede: *— plano*, piede piatto | *a —*, a piedi | *de —*, in piedi | *a cuatro pies*, a quattro zampe | (*nell'acqua*) *hacer —*, toccare: *aquí no hago —*, qui non tocco | *quedarse a —*, rimanere a piedi | *volver — atrás*, fare marcia indietro | *— de cabra*, piede di porco **2** (*sostegno*) base (*f.*), appoggio **3** (*misura*) piede **4** (*nei giornali*) didascalia (*f.*) **5** (*zool.*) zampa (*f.*) **6** (*bot.*) fusto, gambo
■ ***al pie de la letra***, alla lettera | ***a pies juntillas***, a piè pari, senza dubbio | ***no dar pie con bola***, non farne una giusta | ***no tener ni pies ni cabeza***, non avere né capo né coda | ***al pie de***, ai piedi di | ***con pies de plomo***, con i piedi di piombo | ***a pie firme***, a piè fermo | ***con buen/mal pie***, col piede giusto/sbagliato | ***de pies a cabeza***, dalla testa ai piedi | ***hacer las cosas con los pies***, fare le cose coi piedi | ***nacer de pie***, nascere con la camicia.
piedad *s.f.* **1** pietà, compassione **2** devozione.
piedemonte *s.m.* (*Amer., geol.*) pedemonte.
piedra *s.f.* **1** pietra, sasso (*m.*) **2** (*med.*) calcolo **3** (*fam.*) grandine.
piel *s.f.* **1** (*anche fig.*) pelle | *ponérsele la — de gallina a alguien*, venire la pelle d'oca a qlcu. | *soltar la —*, tirare le cuoia | *pagar con la —*, rimetterci la pelle | *salvar la —*, salvare la pelle | *— roja*, pellerossa **2** (*abbigl.*) pelle, cuoio (*m.*) | *abrigo de —*, pelliccia **3** (*di frutta, verdura*) buccia.
pienso *s.m.* **1** foraggio, biada (*f.*) **2** mangime.
pierna *s.f.* **1** gamba: *con las piernas cruzadas*, a gambe incrociate | *estirar las piernas*, sgranchire le gambe | *en piernas*, a gambe scoperte | *estirar la — más de la manta*, fare il passo più lungo della gamba | *irse con el rabo entre las piernas*, andar via con la coda fra le gambe | *salir por piernas*, darsela a gambe **2** (*zool.*) coscia.
pietismo *s.m.* (*relig.*) pietismo.
pietista *s.m./f.* (*relig.*) pietista.
pieza *s.f.* **1** pezzo (*m.*), parte: *— de repuesto*, pezzo di ricambio | (*abbigl.*) *dos piezas*, due pezzi **2** (*di gioco*) pedina **3** (*mus.*) brano (*m.*) **4** stanza, locale (*m.*), vano (*m.*) **5** (*tess.*) pezza, balla **6** (*di caccia*) preda: *he cazado tres piezas*, ho catturato tre prede **7** (*teatr.*) pièce
■ ***dejar, quedar de una pieza***, lasciare, rimanere di stucco | ***ser de una pieza***, essere tutto d'un pezzo.
pífano *s.m.* (*mus.*) piffero.
pifia *s.f.* **1** sproposito (*m.*), gaffe **2** (*di biliardo*) stecca **3** (*fig.*) granchio (*m.*), cantonata **4** (*Amer.*) burla, beffa.
pifiar *v.intr.* **1** (*di biliardo*) steccare **2** (*fig.*) fare una gaffe.
pigmalión *s.m.* pigmalione.
pigmentación *s.f.* pigmentazione.
pigmentar *v.tr./intr.* pigmentare.
pigmentario *agg.* pigmentale.
pigmeo *s.m.* **1** pigmeo **2** (*fig., fam.*) nano.
pignoración *s.f.* (*dir.*) pignoramento (*m.*): *— de valores*, pignoramento di titoli.
pignorar *v.tr.* (*dir.*) pignorare.
pignoraticio *agg.* (*dir.*) pignoratizio.
pigricia *s.f.* pigrizia.
pijada *s.f.* (*fam.*) cavolata, cretinata.
pijama *s.m.* pigiama.
pijotada *s.f.* (*fam.*) cavolata, cretinata.
pila *s.f.* **1** pila, mucchio (*m.*), catasta **2** vasca, lavello (*m.*) **3** (*relig.*) fonte battesimale | *nombre de —*, nome di battesimo **4** (*elettr.*)

pila (a secco) **5** (*edil.*) pilone (*m.*), pilastro (*m.*).
pilada *s.f.* ammasso (*m.*), mucchio (*m.*), pila.
pilar *s.m.* **1** pilastro, pilone **2** colonna (*f.*), cippo.
pilastra *s.f.* (*arch.*) lesena.
píldora *s.f.* pillola, pastiglia | *tragarse la —*, cascarci, abboccare all'amo.
pildorero *s.m.* pilloliera (*f.*).
pileta *s.f.* **1** (*relig.*) acquasantiera **2** (*Amer.*) lavandino (*m.*) **3** (*Amer.*) piscina **4** (*min.*) vasca.
pilífero *agg.* (*biol.*) pilifero.
pillaje *s.m.* **1** rapina (*f.*), furto **2** saccheggio; sciacallaggio.
pillar *v.tr.* **1** rubare, derubare **2** acciuffare, acchiappare, pigliare **3** investire, travolgere **4** (*fam.*) sorprendere, scoprire, beccare: *lo han pillado in fraganti*, l'hanno beccato in flagrante **5** (*fam.*) ottenere, trovare: *ha pillado un buen puesto en la clasificación*, ha ottenuto un buon posto in graduatoria ♦ *v.intr.* trovarsi: *— lejos/cerca*, trovarsi lontano, vicino ♦ **-se** *v.pron.* **1** beccarsi, prendersi: *se ha pillado un resfriado*, si è beccato un raffredore **2** incastrarsi, rimanere incastrato.
pillastre *s.m.* **1** briccone, furfante **2** (*bambino*) briccone, monello, birbante.
pillear *v.intr.* essere un briccone.
pillería *s.f.* monelleria.
pillo *agg.* furbo, sveglio ♦ *s.m.* **1** briccone, furfante (*m./f.*), mascalzone **2** teppista (*m./f.*), vandalo **3** (*bambino*) monello, birbante (*m./f.*).
pilón[1] *s.m.* **1** pane di zucchero raffinato **2** (*mecc.*) peso a cursore **3** (*edil.*) materiale inerte **4** (*fig.*) mucchio.
pilón[2] *s.m.* pila (*f.*), vasca (*f.*).
pilongo *agg.* magro, asciutto, mingherlino, allampanato.
pilorectomía *s.f.* (*med.*) pilorectomia.
píloro *s.m.* (*anat.*) piloro.
piloso *agg.* **1** peloso, villoso **2** pilifero | *bulbo —*, bulbo pilifero **3** capelluto.
pilotaje *s.m.* (*aer.*) pilotaggio.
pilotar *v.tr.* pilotare.
pilote *s.m.* (*edil.*) palo.
pilotear *v.tr.* (*edil.*) palificare.
piloto *s.m./f.* **1** pilota: *— de pruebas*, pilota collaudatore | *— automático*, pilota automatico | (*zool.*) *pez —*, pesce pilota **2** (*mar.*) comandante ♦ *s.m.* **1** guida (*f.*), pilota: *instalación —*, impianto pilota **2** (*mecc.*) spia (*f.*) | *faro —*, luce di posizione.
piltra *s.f.* (*fam.*) letto (*m.*).
piltrafa *s.f.* **1** pelletica **2** (*fig.*) rudere (*m.*), rottame (*m.*), relitto (*m.*) | *estar hecho una —*, essere malconcio.
pimentero *s.m.* **1** (*bot.*) albero del pepe **2** (*cuc.*) macinapepe, pepaiola (*f.*).
pimentón *s.m.* (*cuc.*) paprica (*f.*).
pimienta *s.f.* (*bot.*) pepe (*m.*).
pimiento *s.m.* (*bot.*) peperone | *— de cerecilla*, peperoncino rosso.
pimpante *agg.* pimpante.
pimpollo *s.m.* **1** (*bot.*) germoglio, pollone **2** albero novello **3** (*di rosa*) bocciolo **4** (*fig.*, *persona*) fiore, bellezza (*f.*), splendore.
pimpón *s.m.* (*sport*) ping-pong.
pinacoteca *s.f.* pinacoteca.
pináculo *s.m.* **1** (*arch.*) pinnacolo, guglia (*f.*) **2** (*fig.*) culmine, apice.
pinar *s.m.* pineta (*f.*).
pinastro *s.m.* (*bot.*) pino marittimo.
pincel *s.m.* **1** pennello **2** (*fig.*) pittore **3** (*fig.*) pittura (*f.*), dipinto **4** (*fig.*) stile di pittura, tocco, mano (*f.*)
■ ***hecho un pincel***, vestito di tutto punto.
pincelada *s.f.* pennellata.
pincelar *v.tr.* **1** dipingere **2** (*edil.*) pennellare **3** ritrarre.
pincelero *s.m.* **1** (*persona*) venditore/fabbricante (*m./f.*) di pennelli **2** contenitore dei pennelli.
pincha[1] *s.f.* (*di frutto*) spina; (*di pesce*) lisca.
pincha[2] *s.f.* sguattera.
pincha[3] *s.m./f.* (*pop.*) dee-jay.
pinchadiscos *s.m./f.* (*mus.*) dee-jay.
pinchadura *s.f.* bucatura, punzecchiatura.
pinchar *v.tr.* **1** pungere **2** bucare, forare **3** infilzare **4** (*fig.*) punzecchiare, irritare **5** (*fig.*) stimolare, invogliare, spingere ♦ *v.intr.* (*di gomme*) forare, bucare ♦ **-se** *v.pron.* **1** pungersi **2** (*di gomme*) forarsi, bucarsi **3** (*gerg.*, *droga*) bucarsi
■ ***ni pinchar ni cortar***, non contare niente.
pinchazo *s.m.* **1** puntura (*f.*) **2** (*di gomme*) foratura (*f.*), bucatura (*f.*) **3** fitta (*f.*) **4** (*gerg.*, *droga*) buco.
pinche *s.m.* sguattero.
pincho *agg.* (*fam.*) in ghingheri, agghindato ♦ *s.m.* **1** pungiglione, aculeo, spina (*f.*) **2** spiedo, pungolo **3** (*cuc.*) stuzzichino, spuntino.
pinchudo *agg.* spinoso.
pindárico *agg.* (*lett.*) pindarico.
pineal *agg.* (*anat.*) pineale | *glándula —*, ghiandola pineale.
pineda *s.f.* pineta.
pingajo *s.m.* brandello, straccio, cencio.
pingar (*con. come* llegar) *v.intr.* **1** pendere **2** sgocciolare: *el grifo pinga*, il rubinetto sgocciola.
pingorota *s.f.* vetta, cima.
pingue *s.m.* (*mar.*) nave (*f.*) da carico, cargo.
pingüe *agg.* **1** abbondante, pingue, grasso **2** (*fig.*) copioso, ricco **3** (*fig.*) fertile.
pingüedinoso *agg.* pingue.
pingüino *s.m.* (*zool.*) pinguino.
pinguosidad *s.f.* pinguedine.

pinitos *s.m.pl.* (*anche fig.*) passetti, piccoli passi | *hacer —*, fare i primi passi.
pinnado *agg.* (*bot.*) pennato.
pinnípedos *s.m.pl.* (*zool.*) pinnipedi.
pino *s.m.* (*bot.*) pino | *vivir en el quinto —*, abitare lontanissimo.
pinocha *s.f.* (*bot.*) ago (*m.*) di pino.
pinta[1] *s.f.* **1** macchia, chiazza **2** (*fig.*) aspetto (*m.*), aria (*f.*), piglio (*m.*): *tener buena —*, avere un bell'aspetto **3** pois (*m.*), pallino (*m.*) **4** (*di carte*) seme (*m.*) **5** (*di liquidi*) goccia.
pinta[2] *s.f.* (*misura di capienza*) pinta.
pintada[1] *s.f.* (*zool.*) gallina faraona.
pintada[2] *s.f.* (*sui muri*) scritta, graffito (*m.*).
pintado *agg.* **1** macchiato, chiazzato **2** dipinto, pitturato **3** colorato.
pintalabios *s.m.* rossetto.
pintar *v.tr.* **1** dipingere **2** pitturare, verniciare **3** (*edil.*) imbiancare, tinteggiare **4** (*fig.*) descrivere, illustrare ♦ *v.intr.* **1** (*di matita, penna*) scrivere: *el boli ya no pinta*, la biro non scrive più **2** (*fig., fam.*) valere, contare: *no — nada*, non contare nulla | *estar pintando la mona*, passare il tempo senza fare niente **3** maturare, essere maturo ♦ **-se** *v.pron.* truccarsi.
pintarrajar, pintarrajear *v.tr.* imbrattare ♦ **-se** *v.pron.* truccarsi esageratamente.
pintarrajo *s.m.* scarabocchio.
pintarroja *s.f.* (*zool.*) gattuccio (*m.*).
pintauñas *s.m.* smalto per unghie.
pintear *v.intr.impers.* piovigginare.
pintiparado *agg.* (*fam.*) spiccicato, sputato, identico.
pintiparar *v.tr.* (*fam.*) confrontare, paragonare.
pintojo *agg.* (*zool.*) pezzato.
pintona *s.f.* (*zool.*) trota.
pintor *s.m.* **1** pittore **2** (*edil.*) imbianchino.
pintoresco *agg.* **1** pittoresco, caratteristico **2** (*di stile*) colorito **3** (*fig.*) stravagante.
pintoresquismo *s.m.* pittoricismo.
pintorrear *v.tr.* (*spreg.*) imbrattare.
pintura *s.f.* **1** pittura **2** (*opera*) dipinto (*m.*) **3** colore (*m.*), tinta, vernice: *— al fresco*, affresco **4** (*edil.*) tinteggiatura, imbiancatura, verniciatura.
pinza *s.f.* **1** (*per stendere*) molletta **2** (*pl.*) pinze; pinzette **3** (*zool.*) pinza, chela **4** (*abbigl.*) piega, pince.
pinzamiento *s.m.* (*med.*) schiacciamento.
pinzar (*con. come* cazar) *v.tr.* prendere con le pinze, afferrare.
piña *s.f.* **1** (*bot.*) ananas (*m.*) **2** (*di pino*) pigna **3** (*bot., di mais*) pannocchia **4** (*tess.*) batista **5** (*fig.*) ammasso (*m.*), cumulo (*m.*) **6** (*mar.*) gassa.
piñata *s.f.* **1** pignatta, pentola **2** (*gioco*) pentolaccia.
piñón[1] *s.m.*(*bot.*) pinolo.
piñón[2] *s.m.* (*mecc.*) pignone, ingranaggio | (*di bicicletta*) *— grande*, moltiplica.
pío[1] *s.m.* (*pigolio*) pio | *no decir ni —*, non aprire bocca.
pío[2] *agg.* **1** pio, devoto **2** compassionevole, benevolo.
piojento *agg.* pidocchioso.
piojera, piojería *s.f.* spilorceria, tirchieria, grettezza.
piojillo *s.m.* (*zool.*) pidocchio pollino.
piojo *s.m.*(*zool.*) pidocchio.
piojoso *agg., s.m.* **1** pidocchioso **2** (*fig.*) pezzente, miserabile.
piolar *v.intr.* pigolare.
piolet *s.m.* (*sport*) piccozza (*f.*).
pionerismo *s.m.* pionierismo.
pionero *s.m.* pioniere.
piorno *s.m.* (*bot.*) ginestra (*f.*).
piorrea *s.f.* (*med.*) piorrea.
pipa[1] *s.f.* **1** pipa: *fumar en —*, fumare la pipa **2** botte, barile (*m.*).
pipa[2] *s.f* (*di girasole, melone*) seme (*m.*).
pipar *v.intr.* fumare la pipa.
pipero *s.m.* venditore di dolciumi.
pipeta *s.f.* (*tecn.*) pipetta.
pipiar (*con. come confiar*) *v.intr.* pigolare.
pipiolo *s.m.* **1** pivellino, novellino **2** (*Amer.*) scemo, sciocco.
piporro *s.m.* (*mus.*) fagotto.
pique *s.m.* **1** risentimento, rancore **2** puntiglio, impegno
■ ***echar a pique***, mandare a picco | ***irse a pique***, andare a picco | ***a pique de***, sul punto di.
piqué *s.m.* (*tess.*) piqué.
piqueta *s.f.* (*edil.*) piccone (*m.*).
piquete *s.m.* **1** taglietto, strappo **2** forellino, buco **3** (*di soldati, di scioperanti*) picchetto.
pira *s.f.* **1** pira **2** (*fig.*) falò (*m.*) **3** (*fig.*) festa, vacanza, svago (*m.*).
pirado *agg., s.m.* **1** svitato, fuori di testa (*m./f.*) **2** drogato.
piragua *s.f.* **1** piroga **2** canoa.
piragüismo *s.m.* (*sport*) canottaggio; canoismo.
piragüista *s.m./f.* (*sport*) canottiere (*m.*); canoista.
piramidal *agg.* (*geom., anat.*) piramidale.
pirámide *s.f.* piramide: *— truncada*, piramide tronca.
piramidón® *s.m.* (*farm.*) piramidone®.
piraña *s.m.* (*zool.*) piranha.
pirar *v.intr.* (*fam.*) marinare la scuola ♦ **-se** *v.pron.* svignarsela | *pirárselas*, svignarsela.
pirata *agg.* **1** pirata, piratesco **2** clandestino ♦ *s.m.* **1** pirata, corsaro, bucaniere **2** (*fig.*) plagiario, contraffattore **3** (*fig.*) pirata, pescecane, sfruttatore.

piratear *v.intr.* pirateggiare, predare, saccheggiare (*anche fig.*) ♦ *v.tr.* (*fig.*) piratare.
piratería *s.f.* **1** pirateria **2** (*fig.*) plagio (*m.*), pirateria.
pirático *agg.* piratesco.
pirenaico *agg.* (*geogr.*) pirenaico.
pirético *agg.* (*med.*) piretico.
pirex® *s.m.* pyrex®.
pírico *agg.* **1** pirico **2** pirotecnico.
piriforme *agg.* piriforme.
pirita *s.f.* (*min.*) pirite.
piritoso *agg.* (*min.*) piritico.
piroclástico *agg.* (*min.*) piroclastico.
piroconductividad *s.f.* (*elettr.*) piroconducibilità.
piroelectricidad *s.f.* (*fis.*) piroelettricità.
piroeléctrico *agg.* (*fis.*) piroelettrico.
pirograbado *s.m.* (*arte*) pirografia (*f.*).
pirograbador *s.m.* (*arte*) pirografista (*m./f.*).
pirograbar *v.tr.* (*arte*) pirografare.
pirografía *s.f.* (*arte*) pirografia.
pirógrafo *s.m.* (*arte*) pirografo.
piromanía *s.f.* piromania.
pirómano *agg.*, *s.m.* piromane (*m./f.*).
piropear *v.tr.* fare dei complimenti a.
piropo *s.m.* **1** complimento, galanteria (*f.*) | *echar un —*, fare un complimento **2** (*min.*) rubino **3** (*colore*) rosso sangue.
piróscafo *s.m.* (*mar.*) piroscafo.
pirosulfato *s.m.* (*chim.*) pirosolfato.
pirosulfito *s.m.* (*chim.*) pirosolfito.
pirotecnia *s.f.* (*tecn.*) pirotecnica, pirotecnia.
pirotécnico *agg.* pirotecnico ♦ *s.m.* **1** pirotecnico **2** (*mil.*) artificiere.
pirrarse *v.pron.* (*fam.*) andare pazzo per, essere pazzo di: *me pirro por los dulces*, vado pazzo per i dolci.
pírrico *agg. solo nella loc.*: *victoria pírrica*, vittoria di Pirro.
pirronismo *s.m.* (*filos.*) pirronismo.
pirueta *s.f.* **1** piroetta, giravolta, capriola **2** (*fig.*) salto (*m.*) mortale.
piruetear *v.intr.* piroettare.
pirula *s.f.* (*fam.*) fregatura.
piruleta *s.f.* lecca lecca.
pirulí *s.m.* → **piruleta.**
pis *s.m.* (*fam.*) pipì (*f.*): *hacer —*, fare pipì.
pisada *s.f.* **1** impronta, orma, traccia **2** passo (*m.*).
pisadora *s.f.* (*agr.*) pigiatrice, torchio (*m.*).
pisapapeles *s.m.* fermacarte, pressacarte.
pisar *v.tr.* **1** pestare **2** calpestare | *besar la tierra que pisa alguien*, baciare la terra dove qlcu. cammina | *ir pisando huevos*, camminare sulle uova | *no — un lugar*, non mettere piede in un posto | *— los talones*, stare alle calcagna **3** pigiare, schiacciare, pestare: *— las uvas*, pigiare l'uva **4** (*mus.*) premere, pizzicare **5** (*di uccelli*) coprire, fecondare.
pisaúvas *s.m./f.* pigiatore (*m.*).
piscator *s.m.* almanacco meteorologico.
piscicultura *s.f.* piscicoltura.
piscifactoría *s.f.* allevamento (*m.*) ittico.
pisciforme *agg.* pisciforme.
piscina *s.f.* **1** piscina **2** vasca, stagno (*m.*).
piscis *agg.* *s.m.pl.* (*astr.*) pesci.
piscolabis *s.m.* (*fam.*) stuzzichino, merenda (*f.*).
piso *s.m.* **1** (*arch.*) piano: *vive en el último —*, vive all'ultimo piano | *— bajo*, pianterreno **2** appartamento: *— de alquiler*, appartamento in affitto **3** (*di scarpa*) suola (*f.*) **4** pavimento: *el — es de madera*, il pavimento è di legno **5** (*geol.*) piano, strato.
pisotear *v.intr.* calpestare, schiacciare, pestare.
pisoteo *s.m.* calpestio.
pisotón *s.m.* pestone.
pista *s.f.* **1** pista | *— de tenis*, campo da tennis | (*aer.*) *— de aterrizaje*, pista di atterraggio | *— cubierta*, campo coperto **2** (*fig.*) traccia, indizio (*m.*).
pistache *s.m.* (*cuc.*) gelato al pistacchio.
pistachero *s.m.* (*bot.*, *pianta*) pistacchio.
pistacho *s.m.* (*bot.*, *frutto*) pistacchio.
pistar *v.tr.* (*cuc.*) pestare, schiacciare.
pistilo *s.m.* (*bot.*) pistillo.
pisto *s.m.* **1** (*fig.*) miscuglio, pasticcio **2** (*cuc.*) peperonata (*f.*), caponata (*f.*).
pistola *s.f.* **1** pistola, rivoltella | *— automática*, pistola automatica | *a punta de —*, ad arma spianata | *poner una — en el pecho*, mettere il coltello alla gola **2** (*tecn.*) pistola a spruzzo, aerografo (*m.*).
pistolera *s.f.* fondina.
pistolerismo *s.m.* gangsterismo.
pistolero *s.m.* pistolero.
pistoletazo *s.m.* pistolettata (*f.*), rivoltellata (*f.*).
pistolete *s.m.* piccola pistola (*f.*).
pistón *s.m.* **1** (*tecn.*) pistone, stantuffo **2** (*mus.*) chiave (*f.*).
pistraje *s.m.* (*fam.*) brodaglia (*f.*), sbobba (*f.*).
pistura *s.f.* spremitura.
pita[1] *s.f.* (*bot.*) agave (*m.*).
pita[2] *s.f.* fischio (*m.*).
pitada *s.f.* **1** fischio (*m.*) **2** (*fig.*) facezia, battuta.
pitagórico *agg.* (*filos.*, *geom.*) pitagorico | *tabla pitagórica*, tavola pitagorica.
pitagorín *s.m.* (*fam.*) secchione.
pitagorismo *s.m.* (*filos.*, *geom.*) pitagorismo.
pitancería *s.f.* rosticceria.
pitar *v.intr.* **1** fischiare **2** (*aut.*) suonare il clacson **3** ronzare ♦ *v.tr.* fischiare
■ ***salir pitando***, andarsene precipitosamente.
pitecántropo *s.m.* pitecantropo.
pitido *s.m.* **1** fischio **2** ronzio.
pitillera *s.f.* portasigarette (*m.*).
pitillo *s.m.* sigaretta (*f.*).

pítima *s.f.* (*fam.*) sbornia, sbronza.
pitipié *s.m.* (*di carta geografica*) scala (*f.*)
pito *s.m.* **1** fischietto | *voz de —*, voce stridula **2** (*di dita*) schiocco **3** (*aut.*) clacson **4** (*di treno*) fischio **5** (*fam.*) sigaretta (*f.*) **6** (*fam.*, *pene*) pisello
■ ***un pito***, un fico secco, un tubo: *no se me da un —*, non me ne importa un fico secco | ***por pitos o por flautas***, per una ragione o per l'altra.
pitón[1] *s.m.* **1** corno di toro **2** (*bot.*) germoglio, pollone.
pitón[2] *s.m.* **1** (*zool.*) pitone **2** indovino.
pitonazo *s.m.* (*corrida*) cornata (*f.*).
pitonisa *s.f.* pitonessa, pizia.
pitorrearse *v.pron.* (*fam.*) burlarsi: *— de alguien*, prendere in giro qlcu.
pitorreo *s.m.* presa (*f.*) in giro.
pitote *s.m.* (*fam.*) gazzarra (*f.*), chiasso, cagnara (*f.*).
pitufo *s.m.* puffo.
pituso *agg.*, *s.m.* (*fam.*) piccolino.
piular *v.intr.* **1** (*di uccelli*) pigolare **2** (*fig.*) bramare, desiderare, sospirare.
pívot *s.m./f.* (*pallacanestro*) pivot.
pivotante *agg.* pivotante.
pivotar *v.intr.* **1** (*su un perno*) ruotare **2** (*fig.*) imperniarsi, fondarsi.
pivote *s.m.* **1** (*mecc.*) perno **2** (*fig.*) base (*f.*), fulcro.
pixel *s.m.* (*inform.*) pixel.
pixide *s.f.* (*relig.*) pisside, ciborio (*m.*).
pizarra *s.f.* **1** lavagna **2** (*min.*) ardesia, lavagna.
pizarreño *agg.* dell'ardesia.
pizarrín *s.m.* lapis di ardesia.
pizca *s.f.* pizzico (*m.*), presa, briciolo (*m.*): *una — de sal*, una presa di sale.
pizcar (*con. come* pescar) *v.tr.* pizzicare, prendere un pizzico di.
pizco *s.m.* **1** pizzico, pizzicotto **2** pizzico, briciolo, presa (*f.*).
pizpireta *agg.* (*fam.*, *di donna*) vivace, effervescente, spumeggiante.
pizzero *s.m.* pizzaiolo.
pizzicato *s.m.* (*mus.*) pizzicato.
placa *s.f.* **1** placca, piastra, lastra **2** (*foto.*) lastra **3** targa commemorativa **4** (*di polizia*) distintivo (*m.*) **5** (*aut.*) targa **6** (*tecn.*) pellicola, lamina **7** (*geol.*) strato (*m.*).
placable *agg.* placabile.
placado *s.m.* (*tecn.*) placcatura (*f.*).
placaje *s.m.* (*sport*) placcaggio.
placar (*con. come* pescar) *v.tr.* (*sport*) placcare.
placebo *s.m.* placebo.
pláceme *s.m.* congratulazioni (*f.pl.*).
placenta *s.f.* (*anat.*, *bot.*) placenta.
placentario *agg.* (*anat.*, *bot.*) placentare ♦ *s.m.pl.* (*zool.*) placentati.
placenteramente *avv.* piacevolmente.
placentero *agg.* gradevole, piacevole.
placentino *agg.*, *s.m.* piacentino.
placer[1] *s.m.* piacere | *ha sido un — haberle conocido*, è stato un piacere averla conosciuta | *a —*, a piacere.
placer[2] (*indic.pres.* plazco, places...; *pass. rem.* plació/plugo, placieron/pluguieron; *cong.pres.* plazca, plazcas, plazca/plegue, plazcamos, plazcáis, plazcan; *imperf.* placiera, placieras, placiera/pluguiera, placiéramos ; *imp.* place, plazca, plazcamos, placed, plazcan) *v.intr.* piacere.
placero *agg.* della piazza ♦ *s.m.* (*comm.*) ambulante (*m./f.*).
plácet *s.m.* placet.
placible *agg.* piacevole.
placidez *s.f.* placidità.
plácido *agg.* **1** placido, pacifico, calmo **2** piacevole, gradevole.
placiente *agg.* piacente.
plácito *s.m.* placito, parere.
pladur® *s.m.* (*edil.*) cartongesso.
plafón *s.m.* **1** soffitto **2** (*arch.*) lambris **3** (*elettr.*) plafoniera (*f.*).
plaga *s.f.* **1** piaga, flagello (*m.*), calamità **2** (*fig.*) afflizione, disastro (*m.*), disgrazia.
plagado *agg.* punito, castigato.
plagar (*con. come* llegar) *v.tr.* piagare, infestare (*anche fig.*).
plagiar *v.tr.* **1** (*copiare*) plagiare **2** (*Amer.*) sequestrare.
plagiario *agg.*, *s.m.* plagiario.
plagio *s.m.* (*copia*) plagio.
plaguicida *s.m.* (*chim.*) pesticida.
plan *s.m.* **1** piano, progetto: *— urbanístico*, piano regolatore | *— de estudios*, piano di studi | *— de inversiones*, piano di investimenti | *— de pensiones*, fondo pensionistico | *a —*, pianificato **2** proposito, intenzione (*f.*) | *en — de*, con l'intenzione di **3** (*geogr.*) livello **4** dieta (*f.*): *estoy a —*, sono a dieta
■ ***a todo plan***, alla grande | ***hacer plan algo***, convenire.
plana *s.f.* **1** pagina, facciata: *en primera —*, in prima pagina **2** (*tip.*) pagina di composizione **3** (*geogr.*) piana, pianura
■ ***plana mayor***, gruppo dirigente.
plancha *s.f.* **1** lamina, lastra **2** (*cuc.*) piastra | *a la —*, alla piastra | *hacer la —*, fare il morto **3** ferro (*m.*) da stiro **4** (*mar.*) ponte (*m.*), passerella **5** (*fig.*) figuraccia, gaffe | *hacer una —*, fare una figuraccia **6** (*sport*) posizione orizzontale del corpo | (*nell'acqua*) *hacer la —*, fare il morto.
planchada *s.f.* (*mar.*) pontile (*m.*).
planchado *s.m.* **1** stiratura (*f.*), stiro **2** panni (*pl.*) da stirare.
planchador *s.m.* stiratore.

planchadora *s.f.* **1** stiratrice **2** (*tess.*) stiratoio (*m.*).
planchar *v.tr.* stirare.
planchazo *s.m.* **1** gaffe (*f.*), brutta figura (*f.*) **2** panciata (*f.*), tuffo di pancia.
plancton *s.m.* (*biol.*) plancton.
planeador *s.m.* (*aer.*) aliante.
planeadora *s.f.* (*mar.*) fuoribordo (*m.*).
planear *v.tr.* progettare; preparare, programmare ♦ *v.intr.* (*aer.*) planare.
planeo *s.m.* **1** planata (*f.*) **2** volo librato.
planeta *s.m.* (*astr.*) pianeta.
planetario *agg.*, *s.m.* (*astr.*) planetario.
planetícola *s.m./f.* extraterrestre.
planicie *s.f.* pianura.
planificación *s.f.* pianificazione, programmazione.
planificador *agg.*, *s.m.* pianificatore.
planificar (*con. come* pescar) *v.tr.* **1** pianificare, programmare **2** (*edil.*) progettare.
planilla *s.f.* **1** modulo (*m.*), stampato (*m.*) **2** (*comm.*) busta paga **3** (*econ.*) stato (*m.*) dei conti, stato (*m.*) patrimoniale.
planimetría *s.f.* (*geom.*) planimetria.
planimétrico *agg.* (*geom.*) planimetrico.
planímetro *s.m.* (*tecn.*) planimetro.
planisferio *s.m.* (*geogr.*) planisfero.
plano *agg.* piano, piatto: *de* —, di piatto ♦ *s.m.* **1** piano, superficie (*f.*) **2** (*nel disegno*) pianta (*f.*), planimetria (*f.*): *levantar un* —, tracciare una pianta **3** (*in topografia*) pianta (*f.*), mappa (*f.*), carta (*f.*) **4** (*cinem.*) piano: — *americano*, piano americano.
planta *s.f.* **1** (*arch.*, *bot.*) pianta **2** (*di edificio*) piano (*m.*): — *baja*, pianterreno | *de* —, dalle fondamenta **3** (*tecn.*) impianto (*m.*), centrale, stabilimento (*m.*): — *de montaje*, stabilimento di montaggio | — *eléctrica*, centrale elettrica **4** ruolo (*m.*), organico (*m.*) **5** (*fig.*) aspetto (*m.*) | *de buena* —, di bella presenza
■ ***de (nueva) planta***, di sana pianta.
plantación *s.f.* piantagione.
plantado *agg.* **1** piantato **2** (*fig.*) (ben) piantato, solido | *bien* —, ben piantato.
plantador *agg.*, *s.m.* piantatore.
plantaje *s.m.* (*agr.*) coltivazione (*f.*).
plantar *v.tr.* **1** piantare; impiantare **2** sistemare **3** (*fam.*) piantare, abbandonare, lasciare: *su mujer le plantó*, sua moglie l'ha abbandonato **4** (*fam.*) assestare, appioppare, stampare: *me plantó un beso*, mi stampò un bacio ♦ **-se** *v.pron.* **1** raggiungere, arrivare: — *al centro en dos horas*, arrivare in centro in due ore **2** impuntarsi, ostinarsi.
plante *s.m.* **1** protesta (*f.*) **2** bidonata (*f.*), bidone | *dar un — a alguien*, tirare un bidone a qlcu.
planteamiento *s.m.* **1** impostazione (*f.*), progetto **2** motivazioni (*f.pl.*).
plantear *v.tr.* **1** impostare, progettare, porre le basi di **2** prospettare, progettare, esporre **3** sollevare: — *la cuestión*, sollevare la questione **4** (*mat.*) porre, impostare.
plantel *s.m.* (*anche fig.*) vivaio.
planteo *s.m.* → **planteamiento.**
plantificar (*con. come* pescar) *v.tr.* **1** stabilire, impiantare: — *un establecimiento*, impiantare uno stabilimento **2** (*fam.*) mollare, appioppare: *le ha plantificado una bofetada*, gli ha mollato una sberla **3** (*fam.*) infilare, mettere, ficcare ♦ **-se** *v.pron.* (*fam.*) arrivare: *se plantificó en casa en cinco minutos*, si presentò in casa in cinque minuti.
plantígrado *agg.*, *s.m.* (*zool.*) plantigrado.
plantilla *s.f.* **1** soletta, plantare (*m.*) **2** suola **3** (*tecn.*) sagoma, modello (*m.*), maschera, stampo (*m.*) **4** organico (*m.*), personale (*m.*): *de* —, fisso, di ruolo.
plantío *agg.* coltivato, coltivabile ♦ *s.m.* (*agr.*) coltura (*f.*), coltivazione (*f.*), seminato.
plañidera *s.f.* (*lett.*) prefica.
plañidero *agg.* **1** lacrimevole **2** lamentoso, piagnucoloso.
plañir *v.intr.* lamentarsi, gemere, piangere.
plaqueta *s.f.* **1** mattonella, piastrella **2** (*biol.*) piastrina.
plasma *s.m.* (*biol.*) plasma.
plasmación *s.f.* creazione.
plasmador *agg.*, *s.m.* artefice (*m./f.*), creatore.
plasmar *v.tr.* **1** plasmare, foggiare, modellare **2** (*fig.*) raffigurare ♦ **-se** *v.pron.* concretizzarsi, tradursi.
plasmático *agg.* (*biol.*) plasmatico.
plasta *s.f.* **1** melma, poltiglia **2** sterco (*m.*) di mucca **3** (*fig.*, *fam.*) pasticcio (*m.*), porcheria: *este trabajo es una* —, questo lavoro è una porcheria ♦ *s.m./f.* (*fam.*) rompiscatole.
plaste *s.m.* (*edil.*) stucco.
plastecer (*con. come* agradecer) *v.tr.* (*edil.*) stuccare.
plastia *s.f.* (*med.*) chirurgia plastica.
plástica *s.f.* (*arte*) plastica.
plasticidad *s.f.* plasticità.
plástico *agg.* **1** plastico, duttile **2** plastico, espressivo: *artes plásticas*, arti plastiche ♦ *s.m.* **1** (*materiale*) plastica (*f.*) **2** (*esplosivo*) plastico.
plastificación *s.f.* plastificazione.
plastificado *s.m.* plastificazione (*f.*).
plastificador *s.m.* plastificatore.
plastificar (*con. come* pescar) *v.tr.* plastificare.
plastilina® *s.f.* plastilina®, pongo® (*m.*).
plata *s.f.* **1** argento (*m.*) | — *alemana*, alpacca | *papel de* —, carta stagnola | *bodas de* —, nozze d'argento | *edad de* —, età dell'argento **2** (*Amer.*) quattrini (*m.pl.*), soldi (*m.pl.*): *cuesta mucha* —, costa molti soldi

■ ***como una plata***, come uno specchio | ***en plata***, in soldoni, in sostanza.
platabanda *s.f.* (*arch.*) piattabanda.
plataforma *s.f.* **1** piattaforma **2** (*di vagone merci*) pianale (*m.*): — *espacial*, base spaziale **3** (*fig.*) programma (*m.*), piattaforma: — *sindical*, piattaforma sindacale.
platanar *s.m.* (*bot.*) **1** plataneto **2** bananeto.
platanero *agg.* bananiero ♦ *s.m.* (*bot.*) banano.
plátano *s.m.* **1** (*albero ornamentale*) platano **2** (*albero da frutto*) banano **3** (*frutto*) banana (*f.*).
platea *s.f.* (*teatr.*) platea.
plateado *agg.* argentato ♦ *s.m.* argentatura (*f.*).
plateador *agg.*, *s.m.* argentatore.
plateadura *s.f.* argentatura.
platear *v.tr.* argentare.
platel *s.m.* vassoio.
platense *agg.* di La Plata ♦ *s.m./f.* nativo (*m.*) di La Plata.
platería *s.f.* **1** argenteria **2** (*tecn.*) oreficeria, artigianato (*m.*) dell'argento.
platero[1] *s.m.* **1** argentiere, gioielliere **2** orefice.
platero[2] *s.m.* **1** scolapiatti **2** credenza (*f.*), buffet.
plática *s.f.* **1** conversazione, dialogo (*m.*), chiacchiera **2** (*relig.*) sermone (*m.*).
platicar (*con. come* pescar) *v.intr.* conversare, dialogare, chiacchierare.
platija *s.f.* (*zool.*) platessa.
platillo *s.m.* **1** piattino; (*di bilancia*) piatto | — *volante*, disco volante **2** (*cuc.*) stufato di carne e verdure **3** (*nel gioco*) posta (*f.*) **4** (*pl.*, *mus.*) piatti (*pl.*).
platina *s.f.* platino (*m.*).
platinado *agg.* platinato | *rubio* —, biondo platino.
platinar *v.tr.* platinare.
platino *s.m.* **1** platino **2** (*mecc.*) puntina (*f.*).
plato *s.m.* **1** piatto: — *hondo/sopero*, piatto fondo; — *llano*, piatto piano **2** piatto, portata (*f.*) **3** (*mecc.*) piatto, disco **4** (*gioco*) piattello.
platónico *agg.* (*filos.*, *fig.*) platonico.
platonismo *s.m.* (*filos.*) platonismo.
plausibilidad *s.f.* plausibilità.
plausible *agg.* **1** lodevole, encomiabile **2** plausibile, accettabile, ammissibile.
playa *s.f.* **1** spiaggia **2** (*Amer.*) area, piazzale (*m.*).
play-back *s.m.* play-back: *no canta en — sino en directo*, non canta in play-back ma dal vivo.
play-boy *s.m.* playboy.
playera *s.f.* (*abbigl.*) **1** (*Amer.*) t-shirt **2** (*pl.*) scarpe (*pl.*) da tennis.
playero *agg.* da spiaggia.
plaza *s.f.* **1** piazza, piazzale (*m.*) | — *de toros*, arena **2** impiego (*m.*): — *vacante*, posto vacante **3** mercato (*m.*) | — *de abastos*, mercato all'ingrosso **4** posto (*m.*): — *reservada*, posto riservato.
plazo *s.m.* **1** scadenza (*f.*), termine | *cumplirse el* —, scadere il termine | *dar un* —, fissare una scadenza **2** rata (*f.*): *a* —, a rate.
plazoleta *s.f.* piazzetta, piazzola.
pleamar *s.f.* (*mar.*) alta marea.
plebano *s.m.* (*relig.*) pievano.
plebe *s.f.* **1** plebe **2** (*fig.*) volgo (*m.*), popolino (*m.*).
plebeyez *s.f.* bassezza.
plebeyo *agg.* plebeo, volgare ♦ *s.m.* **1** plebeo **2** (*fig.*) popolano, becero.
plebiscitario *agg.* plebiscitario.
plebiscito *s.m.* plebiscito; referendum.
pleca *s.f.* (*tip.*) trattino (*m.*), filetto (*m.*).
plectro *s.m.* **1** (*mus.*) plettro **2** ispirazione (*f.*).
plegable *agg.* pieghevole, flessibile: *silla* —, sedia pieghevole.
plegadera *s.f.* tagliacarte (*m.*).
plegadizo *agg.* pieghevole.
plegador *agg.* piegatore ♦ *s.m.* **1** (*macchina*) piegatrice (*f.*) **2** (*di telaio*) subbio.
plegamiento *s.m.* (*geol.*) piega (*f.*).
plegar (*con. come* negar) *v.tr.* **1** piegare, flettere **2** (*tess.*) avvolgere ♦ **-se** *v.pron.* piegarsi, cedere, sottomettersi.
plegaria *s.f.* (*relig.*) preghiera.
pleguete *s.m.* (*bot.*) viticcio.
pleistoceno *s.m.* (*geol.*) pleistocene.
pleita *s.f.* (*tess.*) treccia.
pleitear *v.tr.* (*dir.*) fare causa; litigare.
pleitesía *s.f.* riverenza: *rendir* —, ossequiare, rendere omaggio.
pleitista *agg.* iroso, attaccabrighe.
pleito *s.m.* **1** (*dir.*) causa (*f.*), querela (*f.*): *entablar* —, fare causa | *poner — a alguien*, fare causa a qlcu. | *conocer de un* —, essere giudice in una causa | *poner a* —, fare il bastian contrario **2** processo **3** lite (*f.*), litigio.
plenamar *s.f.* (*mar.*) alta marea.
plenariamente *avv.* **1** pienamente, totalmente **2** con consenso plenario.
plenario *agg.* plenario.
plenilunio *s.m.* plenilunio.
plenipotenciario *agg.* plenipotenziario: *ministro* —, ministro con pieni poteri.
plenitud *s.f.* **1** pienezza, totalità **2** (*fig.*) pienezza, culmine (*m.*), apogeo (*m.*): *estar en la — de la vida*, essere nella pienezza della vita.
pleno *agg.* pieno: *estamos en — invierno*, siamo in pieno inverno; *se desnudó en plena calle*, si spogliò nel bel mezzo della strada | *en* —, all'unanimità ♦ *s.m.* riunione (*f.*) plenaria, plenum.

pleonasmo *s.m.* **1** (*ret.*) pleonasmo **2** (*fig.*) affettazione (*f.*), manierismo.
pleonástico *agg.* pleonastico.
plepa *s.f.* (*fam.*) scocciatura, fastidio (*m.*), impiastro (*m.*).
plesímetro *s.m.* (*med.*) plessimetro.
plétora *s.f.* **1** (*med.*) pletora **2** (*fig.*) pletora, abbondanza, eccesso (*m.*).
pletórico *agg.* **1** (*med.*) pletorico **2** (*fig.*) pieno, ricco, pervaso.
pleura *s.f.* (*anat.*) pleura.
pleural *agg.* (*anat.*) pleurale.
pleuritis *s.f.* (*med.*) pleurite.
plexo *s.m.* (*anat.*) plesso | — *solar*, plesso solare.
pléyade *s.f.* (*astr.*, *anche fig.*) pleiade.
plica *s.f.* **1** plico (*m.*) **2** (*anat.*) plica, piega.
pliego *s.m.* **1** foglio: — *común*, foglio protocollo **2** fascicolo, plico **3** documento: — *de condiciones*, capitolato, bando **4** (*tip.*) segnatura (*f.*).
pliegue *s.m.* **1** piega (*f.*), grinza (*f.*) **2** (*anat.*) plica (*f.*).
plinto *s.m.* (*arch.*) plinto.
plioceno *s.m.* (*geol.*) pliocene.
plisado *agg.* plissettato.
plisadora *s.f.* pieghettatrice.
plisar *v.tr.* (*tess.*) ligiare, pieghettare, plissettare.
plomada *s.f.* **1** (*edil.*) piombo (*m.*), filo (*m.*) a piombo **2** (*nella pesca*) piombino (*m.*) **3** (*mar.*) piombino (*m.*), scandaglio (*m.*).
plomar *v.tr.* piombare.
plomazo *s.m.* **1** impallinamento **2** (*fig.*) peso, fastidio.
plomear *v.intr.* impallinare.
plomería *s.f.* **1** copertura di piombo **2** (*Amer.*) idraulica **3** (*Amer.*) negozio (*m.*) di idraulica.
plomero *s.m.* (*Amer.*) idraulico.
plomífero *agg.* (*min.*) piombifero.
plomizo *agg.* **1** (*min.*) piomboso **2** plumbeo.
plomo *s.m.* **1** piombo **2** (*pesca*) piombino **3** (*edil.*) filo a piombo | *caer a* —, cadere a peso morto **4** (*elettr.*) fusibile **5** pallottola (*f.*) **6** (*fig.*) peso | *ser un* —, essere noioso.
plomoso *agg.* piomboso.
pluma *s.f.* **1** piuma **2** penna stilografica **3** stile (*m.*), abilità nella scrittura **4** (*fig.*) scrittore (*m.*) **5** (*fam.*) atteggiamento (*m.*) effemminato | *tener* —, comportarsi da checca ■ ***escribir a vuela pluma***, scrivere di getto, abbandonandosi all'ispirazione | ***echar buena pluma***, migliorare | ***llevar la pluma***, scrivere sotto dettatura | ***poner la pluma bien/mal***, scrivere bene/male | ***vivir de su pluma***, guadagnarsi da vivere scrivendo.
plumada *s.f.* tratto (*m.*) di penna.
plumado *agg.* piumato.
plumaje *s.m.* **1** piumaggio **2** pennacchio.
plumazo *s.m.* **1** cuscino o materasso di piume **2** tratto di penna ■ ***de un plumazo***, definitivamente.
plumazón *s.m.* piumaggio.
plúmbeo *agg.* **1** plumbeo **2** (*fig.*) noioso, pesante.
plumeado *s.m.* tratteggio.
plumear *v.tr.* **1** scrivere con la penna stilografica **2** tratteggiare.
plúmeo *agg.* piumato.
plumero *s.m.* **1** (*per la polvere*) piumino **2** (*ornamento*) pennacchio **3** (*contenitore*) astuccio.
plumier *s.m.* astuccio.
plumífero *agg.* piumato ♦ *s.m.* **1** piumino d'oca **2** (*spreg.*) scrivano, scribacchino.
plumilla *s.f.* (*bot.*) piumetta.
plumín *s.m.* (*di stilografica*) pennino.
plumón *s.m.* **1** piuma (*f.*) **2** materasso di piume.
plural *agg.*, *s.m.* (*anche gramm.*) plurale: *sociedad* —, società pluralista.
pluralidad *s.f.* pluralità, molteplicità.
pluralismo *s.m.* pluralismo.
pluralizar (*con. come* cazar) *v.tr.* **1** pluralizzare **2** (*fig.*) generalizzare.
pluricelular *agg.* (*biol.*) pluricellulare.
pluriempleo *s.m.* doppio lavoro.
plurilingüe *agg.* plurilingue.
plurinacional *agg.* plurinazionale.
pluripartidismo *s.m.* (*pol.*) pluripartitismo.
pluripartidista *agg.* (*pol.*) pluripartitico.
plurivalente *agg.* polivalente, plurivalente.
plus *s.m.* gratifica (*f.*), incentivo, indennità (*f.*).
pluscuamperfecto *s.m.* (*gramm.*) trapassato prossimo.
plusmarca *s.f.* (*sport*) primato (*m.*), record (*m.*).
plusmarquista *s.m./f.* (*sport*) primatista.
plusvalía *s.f.* **1** plusvalenza, plusvalore (*m.*) **2** imposta sul plusvalore.
pluteo *s.m.* (*arch.*) pluteo.
plutocracia *s.f.* (*pol.*) plutocrazia.
plutócrata *s.m.* (*pol.*) plutocrate.
plutocrático *agg.* plutocratico.
plutón *s.m.* (*astr.*) plutone.
plutónico *agg.* (*geol.*) plutonico.
plutonio *s.m.* (*chim.*) plutonio.
plutonismo *s.m.* (*geol.*) plutonismo.
pluvial *agg.* pluviale.
pluviometría *s.f.* (*meteor.*) pluviometria.
pluviómetro *s.m.* (*meteor.*) pluviometro.
pluviosidad *s.f.* (*meteor.*) piovosità.
pluvioso *agg.* (*meteor.*) piovoso.
pobeda *s.f.* (*bot.*) pioppeto (*m.*).
población *s.f.* **1** popolazione **2** paese (*m.*), centro (*m.*) abitato, insediamento (*m.*) urbano.
poblada *s.f.* (*Amer.*) rivolta popolare.
poblado *s.m.* villaggio, centro abitato.

poblador *agg., s.m.* **1** abitante **2** colono.
poblano *agg., s.m.* (*Amer.*) contadino.
poblar (*con. come* contar) *v.tr.* popolare, abitare.
pobo *s.m.* (*bot.*) pioppo bianco.
pobre *agg.* **1** povero, scarso | *¡— de mí!*, povero me! **2** modesto: *resultado —*, modesto risultato ♦ *s.m./f.* **1** povero (*m.*), indigente **2** (*fig.*) disgraziato (*m.*).
pobreta *s.f.* (*fam.*) prostituta.
pobrete *agg.* **1** disgraziato **2** (*fam.*) poveretto, sempliciotto.
pobretear *v.intr.* piangere miseria.
pobretería *s.f.* **1** poveri (*m.pl.*) **2** povertà, miseria, indigenza **3** taccagneria.
pobretón *agg., s.m.* poveraccio.
pobreza *s.f.* **1** povertà, indigenza, miseria, penuria **2** (*fig.*) povertà, piccineria, pochezza.
pocero *s.m.* **1** cavatore **2** spurgatore.
pocholo *agg.* (*fam.*) bello, carino, grazioso.
pocilga *s.f.* **1** porcile (*m.*) **2** (*fig.*) porcaio (*m.*), letamaio (*m.*).
pocillo *s.m.* (*Amer.*) tazza (*f.*).
pócima *s.f.* **1** decotto (*m.*), pozione **2** (*fam.*) sbobba.
poción *s.f.* pozione.
poco *agg., avv., s.m.* poco | *dentro de —*, presto, tra poco | *hace —*, recentemente | *tener en —*, avere in poca stima | *un —*, un po', alquanto.
póculo *s.m.* calice.
poda *s.f.* (*agr.*) potatura, capitozza.
podadera *s.f.* (*agr.*) roncola, falcetto (*m.*), ronchetto (*m.*).
podadora *s.f.* (*agr.*) potatrice, potatoio (*m.*).
podadura *s.f.* (*agr.*) potatura.
podálico *agg.* (*med.*) podalico.
podar *v.tr.* (*agr.*) potare, capitozzare.
podazón *s.m.* tempo della potatura.
podenco *s.m.* (*zool.*) segugio.
poder[1] *s.m.* **1** potere, autorità (*f.*); facoltà (*f.*), capacità (*f.*) | *— adquisitivo*, potere d'acquisto **2** forza (*f.*), potenza (*f.*) **3** (*dir.*) possesso | *estar/obrar en — de alguien*, essere in possesso di qlco.: *su testamento está en poder del notario*, il notaio è in possesso del suo testamento **4** (*dir.*) procura (*f.*), mandato: *por —*, per procura
■ ***a poder de***, a forza di | ***de poder a poder***, tra pari | ***hacer un poder***, fare uno sforzo.
poder[2] (*indic.pres.* puedo, puedes, puede, podemos, podéis, pueden; *pass.rem.* pude, pudiste...; *fut.* podré, podrás...; *cond.* podría, podrías...; *cong.pres.* pueda, puedas, pueda, podamos, podáis, puedan; *imperf.* pudiera, pudieras...; *ger.* pudiendo; *imp.* puede, pueda, podamos, poded, puedan) *v.tr.* potere: *no me puedo marchar*, non posso partire ♦ *v.intr.* essere più forte, superare: *puede con todos*, supera tutti, *puede más que yo*, è più forte di me ♦ *v.intr.impers.* potere, essere probabile: *puede que venga más tarde*, forse verrà più tardi
■ ***puede ser***, può darsi | ***a más no poder***, a più non posso | ***no poder con***, non poter soffrire | ***no poder más***, non farcela più | ***no poder menos que***, non poter fare altro che | ***no poder parar***, essere molto agitato | ***no poder tener***, non riuscire a stare in piedi | ***no poder ver/tragar a alguien***, detestare qlcu.
poderdante *s.m.* (*dir.*) mandante.
poderhabiente *s.m.* (*dir.*) mandatario.
poderío *s.m.* **1** potere **2** forza (*f.*), potenza (*f.*).
poderoso *agg.* poderoso, potente: *hombre —*, uomo potente, influente ♦ *s.m.* potente, ricco.
podio *s.m.* **1** (*arch.*) podio, basamento **2** podio, pedana (*f.*).
podología *s.f.* (*med.*) podologia.
podólogo *s.m.* (*med.*) podologo.
podón *s.m.* potatoio, roncola (*f.*).
podredumbre *s.f.* **1** putridume (*m.*) **2** (*fig.*) corruzione, marciume (*m.*), immoralità.
podredura *s.f.* putrefazione.
podrido *agg.* **1** marcio, putrido, putrefatto **2** (*fig.*) corrotto, immorale.
podrir *v.intr.* → **pudrir.**
poema *s.m.* poema, poesia (*f.*).
poemario *s.m.* antologia (*f.*) di poemi, florilegio.
poesía *s.f.* poesia.
poeta (*f.* -isa) *s.m.* poeta.
poetastro *s.m.* (*spreg.*) poetastro.
poética *s.f.* poetica.
poético *agg.* poetico.
poetisa *s.f.* poetessa.
poetizar (*con. come* cazar) *v.intr.* poetare, comporre in versi.
pogromo *s.m.* pogrom.
polaco *agg., s.m.* polacco.
polacra *s.f.* (*mar.*) polacca.
polaina *s.f.* (*abbigl.*) ghetta, gambale (*m.*).
polar *agg.* **1** polare | (*tessuto*) *forro polar, pile* **2** (*fig.*) polare, glaciale, gelido (*m.*).
polaridad *s.f.* (*anche fis.*) polarità.
polarización *s.f.* (*anche fis.*) polarizzazione.
polarizar (*con. come* cazar) *v.tr.* **1** (*anche fis.*) polarizzare **2** (*fig., l'attenzione*) accentrare, attirare.
polca *s.f.* (*mus., danza*) polca.
polea *s.f.* **1** carrucola, puleggia **2** (*mar.*) bozzello (*m.*) doppio.
poleadas *s.f.pl.* (*cuc.*) polentina (*sing.*), farinata (*sing.*).
poleame *s.m.* (*mar.*) paranco.
polémica *s.f.* polemica, controversia.
polémico *agg.* polemico.
polemista *s.m./f.* polemista.

polemizar (*con. come* cazar) *v.intr.* polemizzare, discutere, disputare.
polen *s.m.* (*bot.*) polline.
polenta *s.f.* (*cuc.*) polenta.
poleo *s.m.* **1** (*bot.*) menta (*f.*) **2** (*fam.*) presunzione (*f.*), vanità (*f.*) **3** (*fam.*) vento freddo.
poleví *s.m.* scarpa (*f.*) con tacco a spillo.
poli- *pref.* poli-.
poliantea *s.f.* raccolta, antologia.
poliarquía *s.f.* (*pol.*) poliarchia.
policarbonato *s.m.* (*chim.*) policarbonato.
pólice *s.m.* pollice.
polichinela *s.m.* (*teatr.*) pulcinella.
policía *s.f.* polizia ♦ *s.m./f.* poliziotto (*m.*), agente.
policiaco *agg.* poliziesco: *novela policiaca*, romanzo giallo.
policial *agg.* poliziesco.
policlínica *s.f.* policlinico (*m.*).
policopia *s.f.* fotocopiatrice.
policopiador *s.m.* ciclostile.
policromar *v.tr.* policromare.
policromía *s.f.* policromia.
policromo, polícromo *agg.* policromo.
policultivo *s.m.* (*agr.*) policoltura (*f.*).
polidactilia *s.f.* (*med.*) polidattilia.
polideportivo *agg.*, *s.m.* polisportivo.
poliédrico *agg.* (*geom.*) poliedrico.
poliedro *s.m.* (*geom.*) poliedro.
poliéster *s.m.* (*chim.*) poliestere.
poliestireno *s.m.* (*chim.*) polistirolo.
polietileno *s.m.* (*chim.*) polietilene.
polifacético *agg.* sfaccettato, multiforme, versatile.
polifagia *s.f.* (*med.*) polifagia.
polifásico *agg.* polifase.
polifonía *s.f.* (*mus.*) polifonia.
polifónico *agg.* (*mus.*) polifonico.
poligamia *s.f.* poligamia.
polígamo *agg.*, *s.m.* poligamo.
polígloto *agg.*, *s.m.* poliglotta (*m./f.*).
poliglotismo *s.m.* poliglottismo.
poligonal *agg.* (*geom.*) poligonale.
polígono *agg.* (*geom.*) poligonale ♦ *s.m.* **1** (*geom.*) poligono **2** quartiere, area (*f.*) | — *industrial*, zona industriale | — *de tiro*, poligono di tiro.
poligrafía *s.f.* crittografia.
polígrafo *s.m.* crittografo.
polilla *s.f.* **1** tarma **2** (*fam.*, *fig.*) tarlo (*m.*) | *comerse de* —, rodersi il fegato | *no tener — en la lengua*, non avere peli sulla lingua **3** (*Amer.*, *fam.*) secchione (*m.*) **4** (*Amer.*, *fam.*) prostituta.
polimérico *agg.* (*chim.*) polimerico.
polimerización *s.f.* (*chim.*) polimerizzazione.
polímero *s.m.* (*chim.*) polimero.
polimetría *s.f.* (*ret.*) polimetria.
polimétrico *agg.* (*ret.*) polimetrico.
polímita *agg.* (*tess.*) multicolore.
polimórfico *agg.* → **polimorfo.**
polimorfismo *s.m.* polimorfismo.
polimorfo *agg.* polimorfo.
polín *s.m.* **1** rullo **2** basamento.
polinesio *agg.*, *s.m.* (*geogr.*) polinesiano.
polinización *s.f.* (*bot.*) impollinazione.
polinomio *s.m.* (*mat.*) polinomio.
polio *s.f.* (*med.*) polio.
poliomielitis *s.f.* (*med.*) poliomielite.
polipétalo *agg.* (*bot.*) polipetalo.
pólipo *s.m.* (*zool.*, *med.*) polipo.
polipropileno *s.m.* (*chim.*) polipropilene.
políptico *s.m.* (*pitt.*) polittico.
polis *s.f.* polis.
polisacárido *s.m.* (*chim.*) polisaccaride.
polisarcia *s.f.* (*med.*) obesità.
polisemia *s.f.* (*ling.*) polisemia.
polisílabo *agg.*, *s.m.* (*ling.*) polisillabo.
polisíndeton *s.m.* (*ling.*) polisindeto.
polista *agg.*, *s.m./f.* (sport) polista.
politécnico *agg.* politecnico.
politeísmo *s.m.* (*relig.*) politeismo.
politeísta *agg.*, *s.m./f.* (*relig.*) politeista.
política *s.f.* **1** politica **2** (*fig.*) diplomazia, tatto (*m.*) | — *de la empresa*, politica/strategia aziendale.
politicastro *s.m.* (*spreg.*) politico da strapazzo.
político *agg.* **1** politico **2** (*di parente*) acquisito: *tengo un tío* —, ho uno zio acquisito | *padre* —, suocero | *hijo* —, genero | *hija política*, nuora | *hermano* —, cognato ♦ *s.m.* politico.
politiquear *v.intr.* far politica da intrallazzo.
politizar (*con. come* cazar) *v.tr.* politicizzare.
politología *s.f.* politologia.
politólogo *s.m.* politologo.
politonalidad *s.f.* (*mus.*) politonalità.
poliuretano *s.m.* (*chim.*) poliuretano.
polivalente *agg.* polivalente.
póliza *s.f.* **1** polizza **2** marca da bollo **3** contrassegno (*m.*).
polizón *s.m.* (*passeggero*) clandestino.
polizonte *s.m.* (*fam.*) piedipiatti, sbirro.
polla *s.f.* **1** (*zool.*) pollastra **2** (*a carte*) posta, scommessa **3** (*volg.*) cazzo (*m.*) **4** (*Amer.*, *nelle corse di cavalli*) scommessa.
pollada *s.f.* covata.
pollastre *s.m.* (*anche fig.*) galletto.
pollazón *s.m.* covata (*f.*).
pollear *v.intr.* fare il bullo.
pollera *s.f.* **1** pollaio (*m.*) **2** (*per bambini*) girello (*m.*) **3** (*Amer.*) gonna.
pollería *s.f.* polleria.
pollez *s.f.* periodo (*m.*) tra una muta e l'altra.
pollino *s.m.* **1** asinello **2** (*fig.*) somaro.
pollito *s.m.* **1** pulcino **2** (*fig.*, *fam.*) cucciolo.
pollo[1] *s.m.* **1** pollo **2** (*di ape*) larva (*f.*) **3** (*fig.*, *fam.*) ragazzetto **4** (*fig.*, *fam.*) furbastro.

pollo² *s.m.* (*fam.*) sputacchio, scaracchio.
polluelo *s.m.* → **pollito.**
polo¹ *s.m.* **1** (*geogr.*) polo: — *ártico/boreal*, polo artico | *de — a —*, agli antipodi **2** ghiacciolo | — *de limón*, ghiacciolo al limone **3** (*elettr.*) polo | *los polos opuestos se atraen*, gli opposti si attraggono **4** zona (*f.*), polo: — *industrial*, polo industriale.
polo² *s.m.* **1** (*sport*) polo **2** (*abbigl.*) polo (*f.*).
pololear *v.tr.* (*Amer.*) corteggiare, adulare.
pololo¹ *s.m.* **1** (*da neonato*) pantaloncino a sbuffo **2** pantaloncino sportivo femminile.
pololo² *s.m.* (*Amer.*) pretendente.
polonés *agg.*, *s.m.* (*geogr.*) polacco.
polonesa *s.f.* (*mus.*) polacca.
polonio *s.m.* (*chim.*) polonio.
poltrón *agg.*, *s.m.* poltrone, pigro, sfaticato.
poltrona *s.f.* (*anche fig.*) poltrona.
polución *s.f.* **1** inquinamento (*m.*), contaminazione **2** polluzione.
poluto *agg.* contaminato.
polvareda *s.f.* (*anche fig.*) polverone (*m.*).
polvera *s.f.* portacipria (*m.*).
polvificar (*con. come* pescar) *v.tr.* (*fam.*) polverizzare.
polvillo *s.m.* pulviscolo, polverina (*f.*).
polvo *s.m.* **1** polvere (*f.*), pulviscolo **2** (*volg.*) scopata (*f.*) | *echar un —*, fare una scopata **3** (*pl.*) cipria (*f.sing.*)
■ ***estar hecho polvo***, essere a pezzi, distrutto | ***sacudirle el polvo (a alguien)***, dare una manica di botte (a qlcu.) | ***polvo de la madre Celestina***, toccasana | ***escribir en el polvo***, scrivere sulla sabbia | ***hacer polvo***, fare a pezzi | ***hacer morder el polvo***, far mangiare la polvere | ***limpio de polvo y paja***, netto.
pólvora *s.f.* **1** polvere da sparo/pirica **2** fuoco (*m.*) artificiale **3** vivacità, brio (*m.*), allegria
■ ***haber inventado la pólvora***, aver scoperto l'acqua calda | (*Amer.*) ***gastar pólvora en chimangos/en gallinazo/en zamuros/en zanates***, sprecare le proprie energie.
polvorear *v.tr.* polverizzare.
polvoriento *agg.* polveroso.
polvorilla *s.m./f.* (*fam.*) peperino (*m.*).
polvorín *s.m.* **1** polveriera (*f.*) **2** polverino, polvere da sparo **3** fiaschetta (*f.*) per polvere da sparo.
polvorista *s.m./f.* fuochista.
polvorizable *agg.* polverizzabile.
polvorizar (*con. come* cazar) *v.tr.* **1** spolverare, cospargere, spolverizzare **2** polverizzare.
polvorón *s.m.* dolce natalizio molto friabile a base di farina, burro e zucchero.
polvoroso *agg.* polveroso.
poma *s.f.* **1** pomo (*m.*), frutto (*m.*) **2** (*bot.*) mela **3** incensiera, profumiera.
pomada *s.f.* pomata, unguento (*m.*).
pomar *s.m.* meleto, frutteto.
pomarada *s.f.* meleto (*m.*).
pomelo *s.m.* (*bot.*) pompelmo.
pómez *s.f.* (*min.*) pomice.
pomo *s.m.* **1** (*bot.*) pomo **2** (*di cassetto, porta; di spada*) pomolo, pomello **3** boccetta (*f.*) di profumo.
pomología *s.f.* (*agr.*) pomologia.
pompa *s.f.* **1** bolla: — *de jabón*, bolla di sapone **2** ostentazione, sfoggio (*m.*); pompa, sfarzo (*m.*): *fue una boda con mucha —*, fu un matrimonio con gran pompa **3** (*relig.*) processione solenne.
pompático *agg.* pomposo, sfarzoso.
pompeyano *agg.*, *s.m.* pompeiano.
pompi(s) *s.m.* (*fam.*) sedere, culo.
pompón *s.m.* pompon.
pomponearse *v.pron.* pavoneggiarsi, darsi delle arie.
pomposo *agg.* **1** pomposo, sfarzoso, fastoso **2** rigonfio.
pómulo *s.m.* (*anat.*) zigomo.
ponchada *s.f.* (*Amer, fam.*) sacco (*m.*), moltitudine.
ponchazo *s.m.* (*Amer.*) colpo dato con il poncho.
ponche *s.m.* punch.
poncho¹ *s.m.* (*abbigl.*) poncho, mantello.
poncho² *agg.* **1** mansueto **2** pigro.
poncil *s.m.* (*bot.*) cedro.
ponderable *agg.* ponderabile.
ponderación *s.f.* **1** moderazione, equilibrio (*m.*) **2** lode, elogio (*m.*) **3** pesatura.
ponderado *agg.* ponderato, prudente, cauto.
ponderal *agg.* ponderale.
ponderar *v.tr.* **1** ponderare, esaminare: *hay que — todas las decisiones*, bisogna ponderare tutte le decisioni **2** lodare, elogiare, decantare le lodi di.
ponedero *agg.* ovaiolo ♦ *s.m.* stia.
ponedor *s.m.* (*nell'asta*) battitore.
ponencia *s.f.* **1** relazione, conferenza **2** relatore (*m.*); gruppo (*m.*) di studio: — *parlamentaria*, relatore parlamentare.
ponente *agg.*, *s.m./f.* conferenziere, relatore.
poner (*indic.pres.* pongo, pones...; *pass.rem.* puse, pusiste...; *fut.* pondré, pondrás; *cond.* pondría, pondrías ; *cong.pres.* ponga, pongas...; *imperf.* pusiera, pusieras...; *part.pass.* puesto; *imp.* pon, ponga, pongamos, poned, pongan) *v.tr.* **1** mettere (*anche fig.*), porre, collocare: — *buena voluntad en un trabajo*, mettercela tutta nel fare un lavoro; — *de manifiesto,* porre in evidenza **2** (*abbigl.*) mettere, indossare, infilare **3** preparare: — *la mesa,* apparecchiare la tavola **4** scrivere, apporre: *¿qué pone la carta?* che cosa c'è scritto nella lettera?; *¿qué pongo en la postal?*, che cosa scrivo nella cartolina? **5** stabilire **6** chiamare; dare del: *me puso de*

mentiroso, mi ha dato del bugiardo **7** (*radio ecc.*) accendere | — *el despertador*, puntare, mettere la sveglia **8** (*attività*) aprire, mettere su **9** dare, proiettare: *¿qué ponen en la tele?*, cosa danno alla tele? **10** supporre: *pongamos que cambie de idea*, mettiamo che cambi idea **11** riporre, sistemare: *he puesto bien la casa*, ho sistemato bene la casa | — *de su parte*, darsi da fare **12** (*di denaro*) puntare, scommettere: *pongo 10 por ese caballo*, scommetto 10 a 1 su quel cavallo **13** mettere, far diventare | — *de mal humor*, far arrabbiare | — *colorado*, far arrossire | — *bien con*, riconciliare ♦ *v.intr.* (*di uova*) deporre ♦ **-se** *v.pron.* **1** mettersi, indossare; calzare **2** diventare: — *colorado*, diventare rosso; — *triste*, diventare triste **3** (*di astri*) tramontare: *en esta época del año el sol se pone tarde*, in questo periodo dell'anno il sole tramonta tardi **4** (*di tempo*) tardare, impiegare: — *una hora*, impiegare/metterci un'ora: *en auto me pongo en una hora,* in auto ci metto un'ora **5** — *a* (+ *inf.*) mettersi a | — *a correr*, mettersi a correre.

pongo[1] *s.m.*(*zool.*) pongo, orangutan.

pongo[2] *s.m.* (*Amer.*) servitore indio.

poni *s.m.* (*zool.*) pony.

poniente *s.m.* (*geogr.*) ovest, ponente, occidente.

pontear *v.tr.* **1** costruire un ponte su **2** (*Amer.*) mimare, imitare.

póntico *agg.* pontico.

pontificado *s.m.* (*relig.*) pontificato, papato.

pontifical *agg.* (*relig.*) **1** pontificale, papale **2** vescovile ♦ *s.m.* libro pontificale.

pontificar (*con. come* pescar) *v.intr.* **1** (*relig.*) pontificare **2** (*fig.*) pontificare, sentenziare.

pontífice *s.m.* (*relig.*) pontefice, papa.

pontificio *agg.* (*relig.*) pontificio.

pontón *s.m.* **1** (*mar.*) chiatta (*f.*) **2** ponte in legno.

pontonero *s.m.* pontoniere.

ponzoña *s.f.* **1** veleno (*m.*) **2** (*fig.*) danno (*m.*), malignità: *comentarios con* —, commenti maligni.

ponzoñoso *agg.* **1** velenoso, tossico **2** (*fig.*) dannoso.

popa *s.f.* (*mar.*) poppa.

popar *v.tr.* **1** disprezzare **2** adulare, lusingare **3** viziare, coccolare.

pope *s.m.* (*relig.*) pope.

popel *agg.* (*mar.*) poppiero.

popelina *s.f.* (*tess.*) popeline.

populachero *agg.* **1** (*spreg.*) dozzinale, popolano **2** (*pol.*) populista.

populacho *s.m.* plebe (*f.*), popolino.

popular *agg.* **1** popolare **2** popolare, famoso (*m.*), celebre.

popularidad *s.f.* popolarità, fama, celebrità.

popularismo *s.m.* populismo.

popularizar (*con. come* cazar) *v.tr.* rendere noto, diffondere ♦ **-se** *v.pron.* diventare famoso, spopolare: *sus canciones se han popularizado mucho*, le sue canzoni sono diventate famose.

populismo *s.m.* populismo.

populista *agg.*, *s.m./f.* populista.

populoso *agg.* affollato, popolato.

poquedad *s.f.* **1** pochezza, scarsità **2** timidezza **3** (*fig.*) codardia, pusillanimità.

póquer *s.m.* (*gioco*) poker.

poquito *agg.* pochino.

por *prep.* **1** (*causa, fine, scopo, vantaggio*) per: *estudia — gusto*, studia per piacere; *se cayó — distraído*, è caduto perché è distratto; *vengo — el libro*, vengo a prendere il libro; *estoy — la paz,* sono per la pace; *lo hace — ti*, lo fa per te; *sentir amor — los hijos*, sentire amore verso i figli **2** (*agente*) da: *hecho — mí*, fatto da me | — *sí mismo*, da sé **3** (*distributivo*) a, per: *me pagan diez euros — hora*, mi pagano dieci euro all'ora; *100 km — hora*, 100 km all'ora; *tres caramelos — cabeza*, tre caramelle a testa **4** (*mezzo*) per, da, a: — *avión*, per via aerea; *lo he sabido — él*, l'ho saputo da lui **5** (*tempo*) di, a: — *la mañana,* di mattina; — *Navidad*, a Natale; *fue — 1990*, fu all'incirca nel 1990 **6** (*mat.*) per: *dos — tres*, due per tre **7** (*moto per luogo*) da, attraverso, per: *pasa — la ventana*, passa dalla finestra; *hay que cruzar — el parque*, bisogna passare dal/attraverso il parco **8** (*luogo impreciso*) per, in | *está — la ciudad*, è in città | *¿— dónde estabas?*, dov'eri? **9** (*modo*) a, per: — *señas*, a gesti | — *adelantado*, in anticipo | — *las buenas*, *malas*, con le buone, cattive | — *casualidad*, per caso **10** (*prezzo*) a, per: *lo vendió — mil euros*, l'ha venduto a mille euro **11** (*sostituzione*) per: *voy — ti*, vado al tuo posto **12** (*opinione*) per: — *mi, puedes irte*, per quanto mi riguarda, puoi andare **13** (+ *inf.*) da: *la cama está todavía — hacer*, il letto è ancora da fare
■ ***¿por qué?***, perché? | ***por si acaso***, nel caso che | ***por ejemplo***, per esempio | ***por desgracia***, purtroppo, per sfortuna | ***por suerte***, per fortuna.

porcelana *s.f.* porcellana.

porcentaje *s.m.* **1** percentuale (*f.*) **2** (*econ.*) tasso **3** (*min.*, *chim.*) titolo, tenore.

porcentual *agg.* percentuale.

porche *s.m.* **1** portico **2** atrio.

porcicultor *s.m.* suinicoltore.

porcicultura *s.f.* suinicoltura.

porcino *agg.*, *s.m.* porcino, suino: *ganado —*, bestiame suino.

porción *s.f.* **1** porzione, parte **2** (*comm.*) parte, quota.

porcionista *s.m./f.* (*in collegio, pensione*) pensionante.
porcuno *agg.* **1** porcino **2** buono per i maiali.
pordiosear *v.intr.* elemosinare, mendicare: *pordiosea por la calle*, è in giro a mendicare.
pordiosero *s.m.* mendicante (*m./f.*), accattone.
porfía *s.f.* ostinazione, cocciutaggine.
porfiado *agg.* cocciuto, testardo.
porfiar (*con. come* confiar) *v.intr.* **1** ostinarsi, incaponirsi **2** insistere **3** disputare.
pórfido *s.m.* (*geol.*) porfido.
porfirizar (*con. come* cazar) *v.tr.* porfirizzare.
porfolio *s.m.* portfolio.
pormenor *s.m.* dettaglio (*anche fig.*), particolare: *venta al* —, vendita al dettaglio.
pormenorizar (*con. come* cazar) *v.tr.* dettagliare, esporre nei particolari.
pornografía *s.f.* pornografia.
pornográfico *agg.* pornografico.
pornógrafo *s.m.* pornografo.
poro *s.m.* poro.
poronguero *s.m.* (*Amer.*) venditore di latte.
pororó *s.m.* (*Amer.*) pop corn.
porosidad *s.f.* porosità.
poroto *s.m.* (*Amer.*) **1** bambino **2** (*bot.*) fagiolo.
porque *cong.* **1** (*causale*) perché, poiché, dato che: *no te avisamos — pensamos que lo sabías*, non ti abbiamo avvisato perché abbiamo pensato che tu lo sapessi | *me voy — tengo prisa*, me ne vado perché ho fretta **2** (*finale*) perché.
porqué *s.m.* perché, motivo, causa (*f.*): *explícame el — de tu actitud*, spiegami il motivo del tuo atteggiamento.
porquera *s.f.* (*di cinghiale*) tana.
porquería *s.f.* **1** porcheria, sporcizia, sudiciume (*m.*) **2** (*fig., fam.*) oscenità, sconcezza **3** schifezza: *este trabajo es una* —, questo lavoro è una schifezza.
porqueriza *s.f.* porcile (*m.*).
porquerizo *s.m.* guardiano di porci, porcaio.
porquero *s.m.* guardiano di porci.
porra *s.f.* **1** manganello (*m.*), sfollagente (*m.*) **2** (*tecn.*) mazza **3** (*fig., fam.*) rompiscatole (*m.*), faccia tosta **4** (*cuc.*) frittella ■ ***mandar a la porra***, mandare a farsi friggere.
porráceo *agg.* color della bile, verdognolo.
porrada *s.f.* **1** manganellata **2** botta, colpo (*m.*) **3** (*fam.*) mucchio (*m.*), sacco (*m.*): *una — de gente*, un sacco di gente **4** (*fam.*) stupidata, scemata.
porral *s.m.* campo di porri.
porrazo *s.m.* colpo, botta (*f.*), percossa (*f.*) | *de un* —, di colpo.
porrear *v.intr.* **1** insistere, impuntarsi **2** (*fam.*) dare fastidio.
porrería *s.f.* **1** (*fam.*) scemata, stupidaggine **2** (*fam.*) noia.
porrero *s.m.* (*fam.*) fumatore d'erba, di hascish.
porretada *s.f.* sacco (*m.*), mucchio (*m.*).
porrillo, a *loc.avv.* a bizzeffe, in abbondanza.
porrino *s.m.* (*bot.*) seme di porro.
porro[1] *agg.* (*fam.*) tonto, tardo.
porro[2] *s.m.* (*fam.*) spinello, canna (*f.*).
porrón[1] *agg.* (*fam.*) tardo, lento.
porrón[2] *s.m.* caraffa (*f.*) di vetro, brocca (*f.*).
porta *s.f.* **1** (*mar.*) portello (*m.*) **2** (*anat.*) vena porta.
porta- *pref.* porta-.
portaalmizcle *s.m.* (*zool.*) mosco.
portaaviones *s.m.* (*mar., mil.*) portaerei (*f.*).
portabandera *s.f.* fascia portabandiera.
portabebés *s.m.* porte-enfant, marsupio.
portabilidad *s.f.* (*anche tel.*) portabilità.
portacartas *s.m.* cartella (*f.*), portacarte.
portachuelo *s.m.* (*geogr.*) valico, passo.
portada *s.f.* **1** (*arch.*) facciata **2** (*tip.*) frontespizio (*m.*) **3** (*di libro*) copertina.
portadera *s.f.* portaoggetti (*m.*).
portadilla *s.f.* (*tip.*) occhiello (*m.*).
portador *agg., s.m.* portatore, latore: *al* —, al portatore.
portaequipaje(s) *s.m.* portabagagli.
portaestandarte *s.m.* portabandiera, alfiere.
portafolio(s) *s.m.* (*cartelletta*) portadocumenti; (*borsa*) ventiquattr'ore (*f.*).
portahelicópteros *s.m.* (*mar.*) portaelicotteri (*f.*).
portaherramientas *s.m.* portautensili.
portal *s.m.* **1** atrio, vestibolo, androne **2** portone **3** (*inform.*) portale, pagina (*f.*) web **4** portico, porticato **5** presepe | *el — de belén*, la grotta del presepe.
portalada *s.f.* (*arch.*) portale (*m.*).
portalámpara(s) *s.f.* portalampada (*m.*).
portalápiz *s.m.* astuccio, portamatite.
portalibros *s.m.* cinghia (*f.*) per tenere i libri.
portaligas *s.m.* (*Amer.*) reggicalze.
portalón *s.m.* **1** (*arch.*) portale, portone **2** (*mar.*) portellone.
portamaletas *s.m.* (*aut.*) portabagagli, bagagliaio.
portaminas *s.m.* portamine.
portamonedas *s.m.* portamonete.
portanario *s.m.* (*anat.*) piloro.
portante *agg.* portante.
portanuevas *s.m./f.* pettegolo (*m.*).
portañuela *s.f.* patta (dei pantaloni).
portaobjetos *s.m.* vetrino (del microscopio).
portapliegos *s.m.* borsello.
portaplumas *s.m.* penna (*f.*) a cui si attaccava un pennino.
portar *v.tr.* **1** (*caccia*) riportare **2** portare

♦ **-se** *v.pron.* **1** comportarsi, agire: *pórtate bien con tus amigos*, comportati bene con gli amici **2** (*fam.*) fare bella figura: *se ha portado bien en la fiesta*, ha fatto bella figura alla festa.
portarretrato(s) *s.m.* portaritratti.
portátil *agg.*, *s.m.* (*anche inform.*) portatile.
portaventanero *s.m.* falegname che si occupa di infissi.
portaviandas *s.m.* portavivande.
portavoz (*pl.* -ces) *s.m./f.* portavoce: *el — del grupo*, il portavoce del gruppo ♦ *s.m.* megafono.
portazgo *s.m.* pedaggio.
porte *s.m.* **1** (*comm.*) trasporto **2** (*comm.*, *spec.pl.*) porto, spese (*f.pl.*) di trasporto: *los portes son por cuenta del destinatario*, il trasporto è a carico del destinatario **3** portamento, aspetto: *tiene muy buen —*, ha un bell'aspetto fisico **4** (*fig.*) bei modi (*pl.*): *se comporta con mucho —*, ha dei bei modi **5** capienza (*f.*): *barco de gran —*, nave di grossa capacità.
porteador *s.m.* trasportatore.
portear[1] *v.tr.* trasportare.
portear[2] *v.intr.* (*di porte e finestre*) sbattere.
portento *s.m.* portento, prodigio.
portentoso *agg.* portentoso, prodigioso.
porteño *agg.* bonaerense, di Buenos Aires ♦ *s.m.* **1** bonaerense (*m./f.*), abitante (*m./f.*) di Buenos Aires **2** abitante (*m./f.*) di città portuale.
portería *s.f.* **1** portineria **2** (*sport*) porta.
portero *s.m.* **1** (*sport*) portiere **2** portinaio, custode (*m./f.*) | *— automático*, citofono | *— de estrados*, usciere.
portezuela *s.f.* (*aut.*) portiera.
portichuelo *s.m.* (*geogr.*) valico di montagna.
pórtico *s.m.* (*arch.*) portico, loggia (*f.*), porticato.
portilla *s.f.* (*mar.*) oblò (*m.*), occhio (*m.*) di bue.
portillo *s.m.* **1** (*geogr.*) varco, passaggio **2** portello, porticina (*f.*) **3** (*geogr.*) gola (*f.*) **4** falla (*f.*), crepa (*f.*).
portón *s.m.* portone.
portorriqueño *agg.*, *s.m.* portoricano.
portuario *agg.* portuale.
portugués *agg.*, *s.m.* portoghese (*m./f.*).
portuguesada *s.f.* esagerazione, spacconata.
portulano *s.m.* (*mar.*) portolano.
porvenir *s.m.* futuro, avvenire: *— incierto*, futuro incerto.
pos- *pref.* pos-.
posada *s.f.* **1** locanda, pensione **2** (*fig.*) ospitalità: *dar —*, offrire ospitalità.
posaderas *s.f.pl.* (*fam.*) chiappe.
posadero *s.m.* locandiere.
posar[1] *v.intr.* **1** alloggiare, dimorare **2** riposare ♦ *v.tr.* posare (*anche fig.*), deporre, poggiare: *— la mirada*, posare lo sguardo ♦ **-se** *v.pron.* **1** (*fis.*) decantare, sedimentare, depositarsi **2** posarsi: *la cometa se posó en un árbol*, l'aquilone si posò su un albero.
posar[2] *v.intr.* posare: *las modelos deben — por muchas horas*, le modelle devono posare per molte ore.
posavasos *s.m.* sottobicchiere.
posbélico *agg.* postbellico.
poscomunismo *s.m.* (*pol.*) postcomunismo.
posdata *s.f.* poscritto (*m.*).
posdiluviano *agg.* postdiluviano.
pose *s.f.* posa, atteggiamento (*m.*): *su actitud es una —*, il suo atteggiamento è finto.
poseedor *s.m.* possessore, proprietario.
poseer *v.tr.* **1** possedere, disporre di **2** (*fig.*) dominare, avere padronanza di **3** (*dir.*) possedere.
poseído *agg.* (*anche fig.*) dominato, posseduto: *— por una obsesión*, dominato da/in preda a un'ossessione ♦ *s.m.* posseduto, indemoniato.
posesión *s.f.* **1** possesso (*m.*): *estar en —*, essere in possesso; *tomar —*, prendere possesso **2** (*econ.*, *anche pl.*) proprietà, beni (*m.pl.*) **3** (*pol.*) possedimento (*m.*), colonia.
posesional *agg.* (*dir.*) possessorio.
posesionarse *v.pron.* prendere possesso (*di qlco.*); (*un incarico*) assumere.
posesivo *agg.* (*anche gramm.*) possessivo ♦ *s.m.* (*gramm.*) aggettivo, pronome possessivo.
poseso *agg.*, *s.m.* posseduto, indemoniato.
posesor *s.m.* possessore, proprietario.
posesorio *agg.* (*dir.*) possessorio.
posguerra *s.f.* dopoguerra (*m.*).
posibilidad *s.f.* **1** possibilità; occasione: *hay — de ir en barco*, c'è la possibilità di andare in nave **2** (*fig.*) possibilità (*pl.*), mezzi (*m.pl.*) economici: *ahora no tengo la — de comprar una casa*, adesso non ho le possibilità per acquistare una casa.
posibilismo *s.m.* (*pol.*) possibilismo.
posibilista *agg.*, *s.m./f.* (*pol.*) possibilista.
posibilitar *v.tr.* rendere possibile, agevolare.
posible *agg.* possibile ♦ *s.m.pl.* possibilità (*f.pl.*), mezzi (*pl.*) economici
■ ***hacer todo lo posible***, fare tutto il possibile | ***hacer posible***, rendere possibile | ***lo antes posible***, quanto prima.
posición *s.f.* **1** (*luogo*) posizione, ubicazione **2** atteggiamento (*m.*), posa **3** (*fig.*) status (*m.*), condizione sociale; situazione: *tienen una buena — económica*, hanno una buona situazione economica **4** (*fig.*) atteggiamento (*m.*), presa di posizione: *mantiene una — negativa*, ha un atteggiamento negativo **5** (*mil.*) postazione, posizione **6** (*dir.*) domanda, quesito (*m.*).
posicionamento *s.m.* posizionamento.

posicionar *v.tr.* posizionare ♦ **-se** *v.pron.* prendere posizione: — *de un lado o del otro*, prendere posizione da una parte o dall'altra.
posindustrial *agg.* postindustriale.
positivismo *s.m.* positivismo.
positivista *agg.* positivistico ♦ *s.m./f.* positivista.
positivo *agg.* **1** positivo, affermativo: *respuesta positiva*, risposta affermativa **2** (*fig.*) valido, efficace: *persona positiva*, persona ottimista, ben disposta **3** (*comm.*, *elettr.*) positivo ♦ *s.m.* (*foto.*) positivo, stampa (*f.*).
pósito *s.m.* **1** silo, granaio **2** (*st.*) cooperativa (*f.*) | — *pío*, iniziativa benefica.
positrón *s.m.* (*fis.*) positrone.
positura *s.f.* **1** postura, atteggiamento (*m.*) **2** disposizione, stato (*m.*).
posma *s.m./f.* (*fam.*) persona (*f.*) lenta, fiacca, indolente.
posmodernidad *s.f.* postmodernismo (*m.*).
posmoderno *agg.* **1** postmoderno **2** postmodernista ♦ *s.m.* postmodernista (*m./f.*).
poso *s.m.* **1** sedimento, deposito, fondo **2** riposo, quiete (*f.*) **3** (*fig.*) strascico, rimasuglio: *me quedó un — de amargura*, mi rimase un fondo di dispiacere.
posología *s.f.* (*farm.*) posologia.
posón *s.m.* sgabello di vimini.
posparto *s.m.* puerperio, post partum.
pospelo, a *loc.avv.* contropelo.
pospierna *s.f.* (*zool.*) coscia.
posponer (*con. come* poner) *v.tr.* **1** posporre, differire, posticipare, rimandare: — *una fiesta*, rimandare una festa **2** posporre, relegare: *han pospuesto al último lugar mi trabajo*, hanno relegato all'ultimo posto il mio lavoro.
post- *pref.* post-.
posta *s.f.* **1** pallottola **2** fetta, porzione **3** targa commemorativa **4** (*arch.*) fregio (*m.*), greca
■ (*Amer.*) ***posta médica***, guardia medica | ***irse por la posta***, essere in punto di morte | ***por la posta***, di fretta, a tutta velocità.
postal *agg.* postale | *giro* —, vaglia ♦ *s.f.* cartolina (postale).
poste *s.m.* **1** (*elettrico ecc.*) palo **2** pietra (*f.*) miliare, cippo
■ ***dar poste***, farsi attendere | ***llevar poste***, aspettare inutilmente | ***oler el poste***, scamparla bella.
postema *s.m.* **1** (*med.*) ascesso, postema **2** piaga (*f.*), lagna (*f.*).
póster *s.m.* poster, manifesto.
postergar (*con. come* llegar) *v.tr.* **1** differire, posporre, rinviare **2** trascurare, mettere da parte.
posteridad *s.f.* posterità, posteri (*m.pl.*): *pasar a la* —, passare alla storia.
posterior *agg.* **1** (*nel tempo*) posteriore, successivo, seguente **2** (*nello spazio*) posteriore: *el jardín está en la parte — de la casa*, il giardino è nella parte posteriore della casa.
posterioridad *s.f.* posteriorità.
postigo *s.m.* **1** persiana (*f.*), imposta (*f.*) **2** porticina (*f.*).
postilla[1] *s.f.* (*di una ferita*) crosta.
postilla[2] *s.f.* (*lett.*) postilla, chiosa, commento (*m.*).
postillón *s.m.* postiglione.
postilloso *agg.* (*med.*) crostoso.
postimpresionismo *s.m.* (*arte*) postimpressionismo.
postín *s.m.* (*fig.*) presunzione (*f.*), spocchia (*f.*) | *darse* —, darsi delle arie | *de* —, di lusso.
postinear *v.intr.* (*fam.*) ostentare presunzione, darsi delle arie.
postinero *agg.* presuntuoso.
postizo *agg.* posticcio, finto: *dentadura postiza*, dentiera ♦ *s.m.* parrucchino, toupet.
postmeridiano *agg.* pomeridiano.
postónico *agg.* (*ling.*) postonico.
postoperatorio *agg.* (*med.*) postoperatorio.
postor *s.m.* offerente | *mayor/mejor* —, miglior offerente.
postración *s.f.* **1** (*fig.*) prostrazione, abbattimento (*m.*) **2** spossatezza, debolezza.
postrar *v.tr.* **1** prostrare, abbattere **2** sfiancare, spossare, stremare ♦ **-se** *v.pron.* **1** sfiancarsi **2** inginocchiarsi.
postraumático *agg.* (*med.*) postraumatico.
postre *s.m.* dolce, dessert
■ ***a la postre***, alla fine.
postremo *agg.* ultimo, postremo.
postrer, postrero *agg.* ultimo; estremo.
postrimería *s.f.* (*spec.pl.*) fine (*m.*), ultimo periodo (*m.*): *en las — del imperio*, nell'ultimo periodo dell'impero.
postrimero *agg.* postremo, ultimo, estremo.
post scríptum *s.m.* post scriptum, poscritto.
postulación *s.f.* richiesta, questua.
postulado *s.m.* (*filos.*, *mat.*) postulato.
postulador *s.m.* **1** postulante **2** postulatore.
postulante *s.m./f.* **1** richiedente **2** (*relig.*) postulante.
postular *v.tr.* **1** richiedere **2** raccogliere fondi per, fare la colletta per **3** (*Amer.*) candidare, proporre: *este partido postula un candidato extranjero*, questo partito propone un candidato straniero.
póstumo *agg.* postumo.
postura *s.f.* **1** atteggiamento (*m.*), postura **2** (*comm.*) offerta | (*in un'asta*) *hacer* —, rilanciare **3** portamento (*m.*) **4** piantatura **5** patto (*m.*), accordo (*m.*) **6** (*in una scommessa*) posta **7** (*di uova*) deposizione; covata
■ ***postura del sol***, tramonto.
postural *agg.* posturale.

posventa *s.f.* (*comm.*) garanzia.
potabilidad *s.f.* potabilità.
potable *agg.* **1** potabile **2** (*fig.*) accettabile: *es una idea —*, è un'idea accettabile.
potación *s.f.* potazione.
potaje *s.m.* (*cuc.*) minestra (*f.*) di verdure, potage.
potala *s.f.* **1** (*mar.*) pietra da ancoraggio **2** (*mar.*) nave pesante.
potar[1] *v.tr.* (*pesi, misure*) tarare.
potar[2] *v.tr.* bere.
potasa *s.f.* (*chim.*) potassa.
potasio *s.m.* (*chim.*) potassio.
pote *s.m.* **1** barattolo **2** vaso da fiori **3** pentola (*f.*).
potencia *s.f.* **1** potenza, energia, forza **2** (*fig.*) potenza, potere (*m.*), autorità **3** (*pol., econ., mat.*) potenza | *elevación a —*, elevazione a potenza
■ ***en potencia***, potenzialmente.
potenciación *s.f.* potenziamento (*m.*).
potencial *agg.* potenziale, possibile, virtuale ♦ *s.m.* **1** potenziale, potenza (*f.*): *el — nuclear de una nación*, il potenziale nucleare di una nazione **2** (*gramm.*) condizionale.
potenciar *v.tr.* potenziare, incrementare, rafforzare: *— el turismo*, incrementare il turismo; *— la enseñanza de idiomas*, potenziare l'insegnamento delle lingue straniere.
potenciómetro *s.m.* (*elettr.*) potenziometro.
potentado *s.m.* **1** potentato **2** (*fig.*) potenza (*f.*), pezzo grosso.
potente *agg.* **1** potente, vigoroso (*m.*), possente **2** efficace, forte **3** (*fam.*) abbondante, smisurato: *tiene un pecho —*, ha un seno abbondante.
potero *s.m.* taratore.
potestad *s.f.* **1** (*dir.*) potestà, autorità, arbitrio (*m.*) **2** (*pol., st.*) podestà.
potestativo *agg.* (*dir.*) potestativo.
potingue *s.m.* (*fam.*) **1** (*di farmaco, di cibo*) intruglio, miscuglio, pappa (*f.*): *prepara unos potingues horribles*, prepara degli intrugli disgustosi **2** crema (*f.*).
potito *s.m.* (*cuc.*) omogeneizzato per bambini.
potosí (*pl.* -íes) *s.m.* (*fig.*) ricchezza (*f.*), fortuna (*f.*): *valer un —*, valere una fortuna.
potra[1] *s.f.* **1** (*fam.*) ernia **2** (*fam.*) buona sorte, fortuna | *tener —*, essere fortunato.
potra[2] *s.f.* **1** (*zool.*) puledra **2** (*Amer.*) partita amichevole.
potrada *s.f.* branco (*m.*) di puledri.
potranco *s.m.* (*zool.*) puledro.
potrero *s.m.* **1** guardiano di puledri **2** pascolo.
potro *s.m.* **1** (*zool.*) puledro **2** (*sport*) cavallo, cavallina (*f.*).
poyata *s.f.* mensola, ripiano (*m.*).
poyo *s.m.* sedile, banco di pietra.
poza *s.f.* **1** pozzanghera **2** (*tess.*) maceratoio (*m.*), macero (*m.*).
pozal *s.m.* secchio.
pozanco *s.m.* pozza (*f.*).
pozo *s.m.* pozzo, buca (*f.*), cisterna (*f.*): *— negro*, pozzo nero | (*fig.*) *— de ciencia*, pozzo di scienza.
práctica *s.f.* **1** pratica: *poner en/llevar a la —*, mettere in pratica **2** esperienza, capacità **3** (*dir.*) prassi, procedura **4** (*spec.pl.*) pratica, tirocinio (*m.*), praticantato (*m.*): *he hecho las prácticas en un laboratorio*, ho fatto il tirocinio in un laboratorio.
practicable *agg.* **1** praticabile, accessibile **2** (*fig.*) possibile, fattibile.
prácticamente *avv.* in pratica, praticamente.
practicante *agg.* (*relig.*) praticante, osservante ♦ *s.m./f.* assistente ospedaliero/a, tirocinante.
practicar (*con. come* pescar) *v.tr.* **1** praticare, esercitare **2** (*relig.*) professare ♦ *v.intr.* **1** fare pratica, esercitarsi **2** fare il tirocinio.
práctico *agg.* **1** pratico, concreto: *un método —*, un metodo pratico **2** utile, comodo: *un objeto —*, un utensile pratico **3** realistico: *hay que ser prácticos*, bisogna essere realistici **4** esperto, abile.
practicón *s.m.* (*fam.*) praticone, smanettone.
pradal *s.m.* grande prato.
pradejón *s.m.* praticello.
pradera *s.f.* **1** prateria **2** grande prato (*m.*) **3** pascolo (*m.*).
pradería *s.f.* prateria.
prado *s.m.* **1** prato, pascolo **2** parco.
pragmática *s.f.* (*filos.*) pragmatica.
pragmático *agg.* pragmatico, realistico, concreto.
pragmatismo *s.m.* (*filos.*) pragmatismo.
praliné *s.m.* (*cuc.*) pralina (*f.*).
pratense *agg.* pratense, prativo.
praticultura *s.f.* praticoltura.
pravedad *s.f.* corruzione, iniquità.
pravo *agg.* perverso.
praxis *s.f.* prassi, procedura.
pre- *pref.* pre-.
preacuerdo *s.m.* preaccordo.
preadamita *s.m./f.* (*st.*) preadamita.
preadamítico *agg.* (*st.*) preadamitico.
preámbulo *s.m.* **1** preambolo, preliminare: *dejémonos de preámbulos*, lasciamo da parte le formalità **2** (*di libro, di discorso*) premessa (*f.*).
preaviso *s.m.* preavviso.
prebenda *s.f.* **1** (*relig.*) prebenda **2** (*di fondazione benefica*) borsa di studio **3** (*fig., fam.*) pacchia.
prebendado *s.m.* (*relig.*) prebendato.
prebendar *v.tr.* (*relig.*) conferire una prebenda a ♦ *v.intr.* ottenere una prebenda.
preboste *s.m.* **1** preposto, capo **2** (*fam.*) capo.

precario *agg.* precario, instabile, incerto.
precarista *agg.*, *s.m./f.* (*dir.*) detentore (*m.*) di un precario.
precaución *s.f.* precauzione, accortezza, cautela: *tuvo la — de cerrar con llave*, ebbe l'accortezza di chiudere a chiave.
precaucionarse *v.pron.* tutelarsi, prendere delle precauzioni, proteggersi.
precautelar *v.tr.* prevenire, prendere precauzioni per.
precautorio *agg.* cautelare, precauzionale: *medida precautoria*, misura cautelare.
precaver *v.tr.* prevenire ♦ **-se** *v.pron.* premunirsi, cautelarsi.
precavido *agg.* cauto, previdente, prudente.
precedencia *s.f.* precedenza, priorità.
precedente *agg.* precedente, antecedente ♦ *s.m.* precedente: *sentar precedentes*, stabilire un precedente.
preceder *v.tr./intr.* **1** precedere: *la moto roja precede a las demás*, la moto rossa precede le altre **2** superare: *él los precede a todos en sabiduría*, lui supera tutti in saggezza.
preceptista *agg.*, *s.m./f.* precettista.
preceptiva *s.f.* precettistica.
preceptivo *agg.* **1** precettivo **2** obbligatorio.
precepto *s.m.* precetto, norma (*f.*), regola (*f.*): *fiesta de —*, festa comandata.
preceptor *s.m.* precettore, maestro.
preceptuar *v.tr.* ordinare, stabilire.
preces *s.f.pl.* **1** preghiere **2** suppliche, istanze: *no me vengas con —*, non supplicarmi.
precesión *s.f.* (*fis.*) precessione.
preciado *agg.* **1** apprezzato, stimato **2** prezioso: *un bien —*, un bene prezioso.
preciarse *v.pron.* vantarsi, pavoneggiarsi.
precinta *s.f.* **1** (*falegnameria*) striscia di cuoio **2** (*della dogana*) sigillo (*m.*), contrassegno (*m.*) **3** (*mar.*) benda.
precintar *v.tr.* **1** (*comm.*) imballare **2** (*dir.*) apporre i sigilli a, sigillare: *han precintado la puerta*, hanno messo i sigilli alla porta.
precinto *s.m.* **1** legatura (*f.*), fasciatura (*f.*), piombatura (*f.*) **2** sigillo.
precio *s.m.* **1** (*comm.*) prezzo, costo, importo **2** (*fig.*) prezzo, sacrificio.
preciosidad *s.f.* **1** splendore (*m.*), bellezza: *es una —*, è una bellezza **2** rarità, preziosità.
preciosismo *s.m.* preziosismo.
precioso *agg.* **1** prezioso, pregiato **2** (*fig.*) bello, meraviglioso: *un niño —*, un bambino bellissimo.
preciosura *s.f.* (*fam.*) bellezza, meraviglia.
precipicio *s.m.* **1** precipizio, burrone **2** (*fig.*) rovina (*f.*), catastrofe (*f.*): *estamos al borde de un —*, siamo sull'orlo della rovina.
precipitación *s.f.* **1** (*fig.*) precipitazione, fretta: *con —*, in modo precipitoso **2** (*chim.*, *meteor.*) precipitazione.
precipitadamente *avv.* **1** avventatamente, sconsideratamente **2** precipitosamente.
precipitado *agg.* precipitoso, avventato: *actuaron de modo —*, agirono in modo avventato ♦ *s.m.* (*chim.*) precipitato.
precipitante *s.m.* (*chim.*) precipitante.
precipitar *v.tr.* **1** precipitare, scaraventare **2** precipitare, accelerare, affrettare **3** (*chim.*) precipitare ♦ **-se** *v.pron.* **1** precipitare **2** precipitarsi **3** agire avventatamente.
precipuo *agg.* precipuo, principale.
precisamente *avv.* **1** espressamente **2** precisamente, esattamente **3** necessariamente, forzosamente.
precisar *v.tr.* **1** precisare, specificare: *sin —*, senza specificare **2** avere bisogno: *si me precisas llámame*, se hai bisogno di me chiamami; *precisa descansar*, ha bisogno di riposare **3** costringere, obbligare ♦ *v.intr.* aver bisogno, necessitare: *van a — de tus conocimientos*, avranno bisogno delle tue conoscenze.
precisión *s.f.* precisione, esattezza: *él trabaja con —*, lavora con scrupolosità.
preciso *agg.* **1** inequivocabile, preciso **2** preciso, rigoroso: *un estilo —*, uno stile rigoroso **3** necessario, indispensabile: *ser —*, essere necessario **4** preciso, esatto: *sucedió en ese — momento*, si verificò in quel preciso momento.
precitado *agg.* anzidetto, suddetto.
precito *agg.* (*relig.*) reprobo.
preclaro *agg.* illustre, insigne.
preclusión *s.f.* preclusione.
preclusivo *agg.* preclusivo.
precocidad *s.f.* precocità.
precocinado *agg.*, *s.m.* (*cuc.*) precotto.
precognición *s.f.* precognizione.
precolombino *agg.* (*st.*) precolombiano.
preconcebido *agg.* **1** (*di idea, pensiero*) pregiudizievole, preconcetto: *está lleno de ideas preconcebidas*, è pieno di idee preconcette **2** (*dir.*) premeditato.
preconcebir *v.tr.* **1** prestabilire, prefiggere **2** (*dir.*) premeditare.
precondición *s.f.* precondizione.
preconizar (*con. come* cazar) *v.tr.* **1** encomiare, lodare **2** proporre, consigliare **3** (*relig.*) preconizzare, ordinare vescovo.
precontrato *s.m.* (*dir.*) contratto preliminare.
precoz (*pl.* -ces) *agg.* **1** precoce: *vejez —*, vecchiaia precoce; *niño con talento —*, bambino con talento precoce **2** (*agr.*) primaticcio.
precursor *agg.*, *s.m.* precursore, antesignano.
predador *agg.*, *s.m.* predatore.
predecesor *s.m.* **1** predecessore **2** antenato, avo.
predecir (*con. come* decir *tranne che nell'indic.fut.* predeciré, predecirás... *e condiz.* predeciría, predecirías...) *v.tr.* predire, pronosticare.

predefinir *v.tr.* **1** predefinire **2** (*relig.*) predestinare.
predela *s.f.* predella.
predestinación *s.f.* predestinazione, destino (*m.*).
predestinado *agg.* **1** predestinato, prestabilito, destinato **2** (*relig.*) eletto **3** (*fam., iron*) cornuto.
predestinar *v.tr.* predestinare.
predeterminar *v.tr.* predeterminare, prestabilire.
predial *agg.* prediale.
prédica *s.f.* **1** (*relig.*) predica, sermone (*m.*) **2** arringa, perorazione.
predicable *agg.* predicabile.
predicación *s.f.* predicazione.
predicadera *s.f.* **1** (*arch.*) pulpito (*m.*) **2** parlantina, doti (*pl.*) del predicatore.
predicado *s.m.* (*gramm.*) predicato | — *nominal*, predicato nominale | — *verbal*, predicato verbale.
predicador *s.m.* (*anche relig.*) predicatore.
predicamento *s.m.* dignità (*f.*), onore, credibilità (*f.*).
predicar (*con. come* pescar) *v.tr.* **1** predicare, insegnare: — *con el buen ejemplo*, insegnare dando il buon esempio **2** (*relig.*) predicare, evangelizzare **3** (*fig.*) criticare, riprendere: *están todo el día predicando*, criticano in continuazione.
predicativo *agg.* (*gramm.*) **1** predicativo **2** affermativo.
predicción *s.f.* previsione, pronostico (*m.*) | — *del tiempo*, previsione meteorologica.
predilección *s.f.* predilezione, preferenza.
predilecto *agg.* prediletto, preferito.
predio *s.m.* proprietà (*f.*) immobiliare: — *rústico*, fondo rustico.
predisponente *agg.* predisponente.
predisponer (*con. come* poner) *v.tr.* predisporre, preparare.
predisposición *s.f.* predisposizione, attitudine.
predispuesto *agg.* predisposto, propenso: *estar bien — para hacer algo*, essere incline a fare qlco.
predominante *agg.* predominante.
predominar *v.intr.* **1** predominare, prevalere **2** (*fig.*) sovrastare.
predominio *s.m.* predominio, supremazia (*f.*), egemonia (*f.*).
predorsal *agg.* (*anat., ling.*) dorsale.
preelectoral *agg.* (*pol.*) preelettorale.
preelegir *v.tr.* prescegliere.
preeminencia *s.f.* superiorità, preminenza.
preeminente *agg.* preminente: *ocupar un lugar* —, occupare una posizione di spicco.
preescolar *agg.* prescolare ♦ *s.m.* scuola (*f.*) materna.
preestablecer (*con. come* agradecer) *v.tr.* prestabilire.
preestreno *s.m.* (*cinem.*) anteprima (*f.*).
preexistencia *s.f.* preesistenza.
preexistente *agg.* precedente, preesistente, anteriore.
preexistir *v.intr.* preesistere.
prefabricación *s.f.* prefabbricazione.
prefabricado *agg.* (*edil.*) prefabbricato: *casas prefabricadas*, case prefabbricate.
prefacio *s.m.* prefazione (*f.*), prologo.
prefecto *s.m.* **1** (*st., relig.*) prefetto **2** (*di collegio*) prefetto, sorvegliante.
prefectura *s.f.* (*st., relig.*) prefettura.
preferencia *s.f.* **1** preferenza **2** priorità: *tienen — las personas con experiencia*, hanno la priorità le persone con esperienza.
preferencial *agg.* preferenziale.
preferente *agg.* preferenziale, superiore.
preferible *agg.* preferibile: *es — que estudies a que trabajes*, è preferibile che studi piuttosto che lavorare.
preferir (*con. come* sentir) *v.tr.* preferire, prediligere: *¿qué prefieres?*, cosa preferisci (*in generale*); *¿qué (película, libro...) prefieres?*, quale (film, libro...) preferisci? (*in particolare*).
prefigurar *v.tr.* prefigurare, preannunziare.
prefijación *s.f.* (*gramm.*) prefissazione.
prefijar *v.tr.* **1** prefiggere, prestabilire **2** (*gramm.*) prefissare, apporre un prefisso a.
prefijo *s.m.* (*gramm., di telefono*) prefisso.
prefinir *v.tr.* prefissare, prestabilire.
prefloración *s.f.* (*bot.*) prefiorazione.
prefoliación *s.f.* (*bot.*) prefogliazione.
preformación *s.f.* preformazione.
prefulgente *agg.* fulgido, risplendente.
pregón *s.m.* bando, proclama: — *de fiestas*, proclama delle feste.
pregonar *v.tr.* **1** annunciare, proclamare: — *su inocencia*, proclamare la propria innocenza **2** decantare, lodare, elogiare **3** divulgare, pubblicizzare: — *un secreto*, divulgare un segreto.
pregonero *s.m.* **1** banditore **2** divulgatore.
pregrabado *agg.* preregistrato.
pregunta *s.f.* domanda, quesito (*m.*) | *bombardear a preguntas*, subissare di domande ■| ***estar a la cuarta pregunta***, essere al verde.
preguntar *v.tr./intr.* domandare, chiedere: — *por alguien*, chiedere di qlcu. | — *la edad*, chiedere l'età ♦ **-se** *v.pron.* chiedersi: *me pregunto qué querrá*, mi chiedo che cosa vorrà.
preguntón *s.m.* (*fam.*) curioso, ficcanaso (*m./f.*), indiscreto.
prehelénico *agg.* (*st.*) preellenico.
prehispánico *agg.* (*st,*) preispanico.
prehistoria *s.f.* preistoria.
prehistórico *agg.* preistorico.
preindustrial *agg.* preindustriale.
preinscripción *s.f.* preiscrizione.
preinserto *agg.* preinserito.

prejubilación *s.f.* prepensionamento (*m.*).
prejudicial *agg.* (*dir.*) pregiudiziale.
prejuicio *s.m.* **1** pregiudizio, preconcetto **2** tabù.
prejuzgar (*con. come* llegar) *v.tr.* giudicare prematuramente.
prelacía *s.f.* (*relig.*) prelatura.
prelación *s.f.* **1** (*dir.*) prelazione **2** priorità **3** (*Amer., aut.*) precedenza.
prelado *s.m.* (*relig.*) prelato.
prelaticio *agg.* (*relig.*) prelatizio.
prelavado *s.m.* prelavaggio.
preliminar *agg.* preliminare ♦ *s.m.pl.* preliminari, premesse (*f.*): — *del tratado de paz*, preliminari del trattato di pace.
preludiar *v.tr.* preludere a, preparare ♦ *v.intr.* (*mus.*) preludere.
preludio *s.m.* **1** (*mus.*) preludio **2** (*fig.*) preambolo, premessa (*f.*).
prelusión *s.f.* introduzione, preludio (*m.*).
premamá *agg.* pré-maman.
prematrimonial *agg.* prematrimoniale.
prematuridad *s.f.* prematurità.
prematuro *agg.* **1** (*med.*) prematuro: *parto* —, parto prematuro **2** prematuro, precoce, anticipato: *noticias prematuras*, notizie premature ♦ *s.m.* (*med.*) prematuro.
premeditación *s.f.* **1** premeditazione, intenzione: *actuar con fría* —, agire con fredda premeditazione **2** (*dir.*) premeditazione: *homicidio con* —, omicidio premeditato.
premeditar *v.tr.* **1** premeditare, tramare, ordire **2** considerare, valutare: — *las respuestas*, valutare le risposte.
premestrual *agg.* premestruale.
premiación *s.f.* (*Amer.*) premiazione.
premiador *s.m.* premiatore.
premiar *v.tr.* premiare, ricompensare.
premier *s.m./f.* (*pol.*) primo ministro, premier.
premio *s.m.* **1** premio | — *gordo*, primo premio (alla lotteria) **2** premio, riconoscimento; (*sul lavoro*) gratifica (*f.*) | (*università*) — *extraordinario*, bacio accademico **3** (*fin.*, *di valuta*) aumento.
premioso *agg.* **1** goffo, lento, impacciato **2** imbarazzante **3** stretto, attillato.
premisa *s.f.* **1** (*logica*) premessa **2** (*fig.*) premessa, presupposto (*m.*).
premiso *agg.* prevenuto.
premolar *agg.*, *s.m.* (*anat.*) premolare.
premonición *s.f.* premonizione, presagio (*m.*), profezia.
premonitorio *agg.* premonitore.
premoriencia *s.f.* (*dir.*) premorienza.
premorir *v.intr.* (*dir.*) premorire.
premura *s.f.* premura, fretta.
prenatal *agg.* prenatale.
prenavideño *agg.* prenatalizio.
prenda *s.f.* **1** (*abbigl.*) capo (*m.*): — *íntima*, indumento intimo **2** pegno (*m.*), caparra, cauzione | *pagar* —, pagare pegno **3** dimostrazione, prova: *en — de amistad*, in pegno d'amicizia **4** (*di persona*) qualità: *él tiene muchas prendas*, ha molte qualità **5** (*Amer.*) gioiello (*m.*) **6** (*appellativo*) amore (*m.*), tesoro (*m.*): *ven aquí*, —, vieni qua tesoro ■ ***no soltar prenda***, tenere la bocca chiusa.
prendar *v.tr.* **1** impegnare **2** ammaliare, affascinare ♦ **-se** *v.pron.* innamorarsi, invaghirsi.
prendedero *s.m.* **1** fermaglio, spilla (*f.*) **2** manico **3** fascia (*f.*) per capelli.
prendedor *s.m.* **1** fermaglio, spilla (*f.*) **2** cucitrice (*f.*), spillatrice (*f.*).
prender *v.tr.* **1** catturare, arrestare **2** (*con aghi, spille ecc.*) appuntare, attaccare **3** afferrare, acchiappare ♦ *v.intr.* **1** (*di piante*) attecchire; (*di fuoco*) prendere, accendersi **2** impigliarsi: *ha quedado prendido*, è rimasto impigliato ♦ **-se** *v.pron.* **1** accendersi **2** impigliarsi.
prendería *s.f.* negozio (*m.*) di robivecchi.
prendero *s.m.* robivecchi (*m./f.*), rigattiere.
prendido *agg.* (*Amer.*) bellissimo ♦ *s.m.* **1** pennacchio, piuma (*f.*) **2** cartamodello.
prenoción *s.f.* (*filos.*) prenozione.
prensa *s.f.* **1** (*mecc.*) pressa, torchio (*m.*) **2** stampa, giornali (*m.pl.*): *en* —, in stampa | — *diaria*, stampa quotidiana | *rueda de* —, conferenza stampa **3** (*tip.*) stamperia, tipografia ■ ***tener buena/mala prensa***, avere buona/cattiva fama.
prensado *agg.* pressato ♦ *s.m.* (*tecn.*) pressatura (*f.*).
prensar *v.tr.* (*mecc.*) pressare, torchiare.
prensil *agg.* prensile.
prensión *s.f.* presa.
prensor *agg.* prensile.
preñada *agg.* incinta.
preñado *agg.* **1** (*arch.*) curvo, fuori piombo **2** pieno, carico.
preñar *v.tr.* **1** fecondare, ingravidare **2** (*fig.*) riempire.
preñez (*pl.* -ces) *s.f.* gravidanza, gestazione.
preocupación *s.f.* preoccupazione, pensiero (*m.*), inquietudine.
preocupar *v.tr.* preoccupare, inquietare ♦ **-se** *v.pron.* **1** preoccuparsi, impensierirsi **2** curarsi, badare (che): *preocúpate de que no le falte nada*, bada che non gli/le manchi niente.
preolímpico *agg.* (*sport*) preolimpico.
preoperatorio *agg.* (*med.*) preoperatorio.
preopinante *s.m.* preopinante.
preordinar *v.tr.* (*relig.*) predestinare.
prepalatal *agg.* (*ling.*) prepalatale.
preparación *s.f.* **1** preparazione **2** (*med.*) preparato (*m.*) **3** preparazione, bagaglio

(*m.*) culturale: *posee una buena —*, ha un buon bagaglio culturale.
preparado *agg.* preparato, pronto ♦ *s.m.* (*farm.*) preparato.
preparador *s.m.* (*sport*) allenatore.
preparar *v.tr.* **1** preparare, allestire: *han preparado un palco*, hanno allestito un palcoscenico **2** (*fig.*) preparare, predisporre **3** elaborare **4** (*sport*) allenare ♦ **-se** *v.pron.* **1** prepararsi, accingersi **2** prepararsi, allenarsi: *el jugador se ha preparado todo el año*, il giocatore si è allenato tutto l'anno.
preparativo *s.m.* preparativo.
preparatorio *agg.* preparatorio, introduttivo.
preponderancia *s.f.* preponderanza, predominio (*m.*).
preponderar *v.intr.* prevalere, predominare.
preponer (*con. come* poner) *v.tr.* preporre, preferire.
preposición *s.f.* (*gramm.*) preposizione.
preposicional *agg.* (*gramm.*) preposizionale.
prepositivo *agg.* (*gramm.*) prepositivo.
prepósito *s.m.* (*relig.*) prevosto.
prepositura *s.f.* (*relig.*) prevostura, prepositura.
prepóstero *agg.* inverso, prepostero.
prepotencia *s.f.* prepotenza.
prepotente *agg., s.m.* prepotente, prevaricatore.
prepucio *s.m.* (*anat.*) prepuzio.
prerrafaelismo *s.m.* (*pitt.*) preraffaellismo.
prerrafaelista *agg., s.m./f.* (*pitt.*) preraffaellita.
prerrequisito *s.m.* prerequisito.
prerrogativa *s.f.* prerogativa, privilegio (*m.*).
prerromance *agg.* (*ling.*) preromanzo.
prerrománico *agg.* preromanico.
prerromano *agg.* preromano.
prerromanticismo *s.m.* (*lett.*) preromanticismo.
presa *s.f.* **1** presa: *hacer —*, far presa; *las llamas hicieron — del depósito*, le fiamme avvolsero il magazzino **2** (*anche fig.*) preda: *atrapar la —*, catturare la preda; *ser — del miedo*, essere in preda allo spavento | *ave de —*, uccello rapace **3** (*tecn.*) diga; chiusa **4** (*agr.*) canale (*m.*) d'irrigazione.
presado *agg.* verde chiaro.
presagiar *v.tr.* presagire, pronosticare.
presagio *s.m.* **1** presagio, presentimento, intuizione (*f.*) **2** presagio, auspicio.
presbicia *s.f.* (*med.*) presbiopia.
présbite *agg., s.m./f.* (*med.*) presbite.
presbiterado *s.m.* (*relig.*) presbiterato.
presbiteral *agg.* (*relig.*) presbiterale.
presbiteriano *agg., s.m.* (*relig.*) presbiteriano.
presbiterio *s.m.* (*arch., relig.*) presbiterio.
presbítero *s.m.* (*relig.*) presbitero, sacerdote.
presciencia *s.f.* (*relig.*) prescienza.
prescindible *agg.* prescindibile.
prescindir *v.intr.* prescindere, rinunciare, astenersi: *prescindiendo de todo lo demás*, a prescindere dal resto.
prescribir *v.tr.* (*dir., med.*) prescrivere, ordinare ♦ *v.intr.* (*dir.*) **1** acquisire un diritto per usucapione **2** (*di debito, pena*) cadere in prescrizione, scadere.
prescripción *s.f.* **1** prescrizione, norma, regola | *— facultativa*, prescrizione medica, terapeutica **2** (*dir., di reto, pena*) prescrizione, estinzione.
prescriptible *agg.* prescrittibile.
presea *s.f.* **1** gioiello (*m.*) **2** (*Amer.*) medaglia.
preselección *s.f.* preselezione, eliminatoria.
preseleccionado *agg.* preselezionato, prescelto.
presencia *s.f.* **1** presenza: *hacer acto de —*, fare atto di presenza, comparire | *— de ánimo*, presenza di spirito, prontezza **2** esistenza: *se sospecha la — de un virus*, si sospetta l'esistenza di un virus **3** (*fig.*) aspetto (*m.*), figura: *tiene una buena —*, ha un bell'aspetto.
presencial *agg.* **1** di presenza **2** oculare: *testigo —*, testimone oculare.
presenciar *v.intr.* presenziare, assistere.
presenil *agg.* (*med.*) presenile.
presentable *agg.* presentabile: *ser —*, essere decoroso.
presentación *s.f.* **1** presentazione, introduzione **2** (*teatr.*) messa in scena, esibizione.
presentador *s.m.* presentatore.
presentalla *s.f.* (*relig.*) offerta, ex voto (*m.*).
presentar *v.tr.* **1** presentare; mostrare, esibire **2** (*scuse*) porgere: *presento mis excusas*, porgo le mie scuse **3** (*un programma*) presentare, annunciare **4** inoltrare: *— solicitud*, inoltrare domanda **5** (*qlcu.*) proporre, candidare **6** (*far conoscere*) presentare: *— a un amigo*, presentare un amico ♦ **-se** *v.pron.* **1** presentarsi, candidarsi: *— para la alcaldía*, candidarsi a sindaco **2** presentarsi, capitare **3** comparire, presentarsi: *se presentó de repente*, comparì all'improvviso.
presente *agg.* presente: *estar —*, essere presente | *hacer —*, far presente, ricordare (*qlco.*) ♦ *s.m.* **1** (*anche gramm.*) presente: *el — me asusta un poco*, il presente mi spaventa un po' | *al —*, adesso | *hasta el —*, finora **2** dono, pensiero: *te regalo este —, espero que te guste*, ti faccio questo dono, spero che ti piaccia ♦ *s.f.* (*lettera*) presente.
presentimiento *s.m.* presentimento, intuizione (*f.*).
presentir (*con. come* sentir) *v.tr.* presentire, intuire: *presentía tu llegada*, presentivo il tuo arrivo.
presero *s.m.* guardiano di una diga.
preservar *v.tr.* preservare, salvaguardare, difendere ♦ **-se** *v.pron.* cautelarsi, difendersi.

preservativo *agg.* preservativo, protettivo ♦ *s.m.* preservativo, profilattico.
presidencia *s.f.* presidenza.
presidencial *agg.* presidenziale.
presidencialismo *s.m.* (*pol.*) presidenzialismo.
presidencialista *s.m./f.* (*pol.*) presidenzialista.
presidenta *s.f.* **1** presidentessa **2** first lady.
presidente *s.m.* **1** presidente **2** (*pol., nelle repubbliche*) capo di Stato.
presidiario *s.m.* carcerato, detenuto.
presidio *s.m.* **1** (*mil.*) presidio, guarnigione (*f.*) **2** carcere: *dos años de —*, due anni di galera.
presidir *v.tr.* presiedere.
presilla *s.f.* **1** asola **2** sopraffilo (*m.*).
presión *s.f.* **1** pressione: *— atmosférica*, pressione atmosferica **2** (*fig.*) influenza.
presionar *v.tr.* **1** premere **2** (*fig.*) fare pressione su.
preso *agg.* **1** incarcerato **2** (*fig.*) imprigionato, in preda a: *estar — de un sentimiento*, essere prigioniero di un sentimento ♦ *s.m.* prigioniero, detenuto.
presoterapia *s.f.* (*med.*) pressoterapia.
prestación *s.f.* prestazione, aiuto (*m.*), assistenza.
prestamera *s.f.* (*relig.*) prestimonio (*m.*).
prestamista *s.m./f.* **1** prestasoldi **2** (*comm.*) mutuante.
préstamo *s.m.* prestito: *hacer un —*, fare un prestito; *he pedido un — al banco*, ho chiesto un prestito in banca | *— lingüístico*, prestito linguistico.
prestancia *s.f.* **1** prestanza **2** distinzione, signorilità.
prestante *agg.* prestante.
prestar *v.tr.* **1** prestare, dare in prestito; (*Amer.*) chiedere in prestito **2** (*fig.*) offrire: *— auxilio*, dare aiuto ♦ **-se** *v.pron.* **1** prestarsi, adoperarsi, prodigarsi: *me he prestado voluntaria*, mi sono offerta volontaria **2** accondiscendere, accettare **3** dare adito: *esa expresión se presta a ser malentendida*, quell'espressione dà adito a malintesi.
prestatario *s.m.* mutuatario.
presteza *s.f.* prontezza, sollecitudine.
prestidigitación *s.f.* prestidigitazione.
prestidigitador *s.m.* prestigiatore.
prestigiar *v.tr.* conferire prestigio a.
prestigio *s.m.* **1** prestigio, rinomanza (*f.*) **2** ascendente, autorità (*f.*).
prestigioso *agg.* prestigioso, importante, rinomato.
presto *agg.* **1** rapido, diligente, pronto **2** pronto, preparato ♦ *avv.* ora, subito: *llega —*, arriva subito ♦ *s.m.* (*mus.*) presto.
presumible *agg.* presumibile.
presumido *agg.* presuntuoso, supponente.
presumir *v.tr.* presumere, supporre ♦ *v.intr.* vantarsi, darsi arie: *— de culto*, darsi arie da persona colta.
presunción *s.f.* **1** supposizione, congettura **2** presunzione, boria, tracotanza **3** (*dir.*) prova indiziaria.
presuntivo *agg.* presuntivo.
presunto *agg.* presunto, ipotetico.
presuntuoso *agg.* **1** presuntuoso, borioso **2** pretenzioso, ricercato.
presuponer (*con. come* poner) *v.tr.* **1** presupporre, supporre: *presupongo que llegará pronto*, penso che arriverà presto **2** implicare, richiedere.
presuposición *s.f.* presupposizione, supposizione.
presupuestar *v.tr.* **1** preventivare: *han presupuestado las obras públicas*, hanno preventivato le opere pubbliche **2** (*econ.*) calcolare, stimare.
presupuestario *agg.* (*econ.*) relativo al budget, del bilancio.
presupuesto *agg.* presupposto ♦ *s.m.* **1** (*econ.*) preventivo, budget: *— nacional*, bilancio dello Stato **2** presupposto, condizione (*f.*) **3** (*econ.*) bilancio preventivo.
presurizar (*con. come* cazar) *v.tr.* (*fis.*) pressurizzare.
presuroso *agg.* rapido, frettoloso.
pretencioso *agg.* pretenzioso.
pretender *v.tr.* **1** aspirare a, desiderare: *pretende obtener el premio*, aspira a ottenere il premio **2** pretendere: *— saberlo todo*, pretendere di sapere tutto **3** corteggiare: *me pretende*, mi corteggia.
pretendiente *agg., s.m./f.* **1** aspirante: *— al trono*, pretendente al trono **2** corteggiatore (*m.*), pretendente: *tiene muchos pretendientes*, ha tanti corteggiatori.
pretensado *agg.* precompresso.
pretensar *v.tr.* precomprimere.
pretensión *s.f.* pretesa, presunzione: *tener la — de ser el mejor*, avere la presunzione di essere il migliore.
preterintencional *agg.* (*dir.*) preteritenzionale.
preterintencionalidad *s.f.* (*dir.*) preterintenzionalità.
pretérito *agg., s.m.* (*gramm.*) passato: *— indefinito*, passato remoto.
pretermisión *s.f.* omissione.
pretermitir *v.tr.* omettere.
pretextar *v.tr.* addurre come scusa, pretesto.
pretexto *s.m.* pretesto, scusa (*f.*), giustificazione (*f.*): *no me vengas con pretextos*, non inventare scuse.
pretil *s.m.* (*di ponte*) parapetto.
pretina *s.f.* cintura.
pretónico *agg.* (*ling.*) pretonico.
pretor *s.m.* (*st.*) pretore.
pretorianismo *s.m.* (*pol.*) militarismo.

pretoriano *agg.* (*st.*) pretoriano.
pretorio *agg.* (*st.*) pretorio ♦ *s.m.* (*st.*) pretura (*f.*).
pretura *s.f.* (*st.*) pretura.
prevalecer (*con. come* agradecer) *v.intr.* prevalere, predominare: *mi opinión prevale por encima de las otras*, la mia opinione prevale su tutte le altre.
prevaler *v.intr.* prevalere ♦ **-se** *v.pron.* avvalersi.
prevaricación *s.f.* (*dir.*) prevaricazione.
prevaricar (*con. come* pescar) *v.intr* (*dir.*) prevaricare; abusare della propria posizione.
prevención *s.f.* **1** prevenzione: *— de enfermedades*, prevenzione delle malattie; *medida de —*, misura di prevenzione | *de —*, di riserva **2** precauzione **3** preconcetto (*m.*); prevenzione **4** (*mil.*) corpo (*m.*) di guardia.
prevenido *agg.* **1** prevenuto | *hombre — vale por dos*, uomo avvisato mezzo salvato **2** preparato, pronto, predisposto: *está — para afrontar estas dificultades*, è pronto per affrontare queste difficoltà **3** previdente, cauto: *con el dinero es muy —*, con i soldi è previdente.
prevenir (*con. come* venir) *v.tr.* **1** prevenire | *más vale — que curar*, meglio prevenire che curare **2** avvisare, avvertire: *él me previno y no le creí*, mi avvertì ma io non gli credetti **3** predisporre, preparare: *— lo necesario para el viaje*, preparare il necessario per il viaggio ♦ **-se** *v.pron.* premunirsi: *se ha prevenido con utensilios*, si è premunito degli utensili.
preventivo *agg.* preventivo.
prever (*con. come* ver) *v.tr.* **1** prevedere, intuire, indovinare **2** cautelarsi contro.
previdencia *s.f.* **1** previdenza **2** preveggenza.
previo *agg.* previo, precedente | *se entra al cine — pago de la entrada*, si entra al cinema previo pagamento del biglietto.
previsible *agg.* prevedibile, presumibile.
previsión *s.f.* **1** previsione, congettura, pronostico (*m.*) **2** misura, provvedimento (*m.*).
previsor *agg.* previdente, prudente.
previsto *agg.* previsto.
priapismo *s.m.* (*med.*) priapismo.
prieto *agg.* **1** scuro, nero **2** (*di indumento*) stretto: *estos pantalones me quedan prietos*, questi pantaloni sono stretti **3** (*di muscolo*) duro, sodo.
prima *s.f.* **1** (*di assicurazione*) premio (*m.*) **2** (*fin.*) premio (*m.*), sovrapprezzo (*m.*) **3** premio (*m.*), gratifica: *— de producción*, premio di produzione.
primacía *s.f.* **1** priorità; preminenza **2** primato (*m.*), superiorità.
primada *s.f.* (*fam.*) stupidata, sciocchezza.
primado *s.m.* (*relig.*) primate.
primar *v.intr.* primeggiare, predominare.
primario *agg.* primario, principale, fondamentale.
primate *agg.* (*zool.*) primate ♦ *s.m.* **1** magnate, pezzo grosso **2** (*pl., zool.*) primati.
primatólogo *s.m.* primatologo.
primavera *agg.* ingenuo, sempliciotto ♦ *s.f.* **1** (*anche fig.*) primavera **2** (*bot.*) primula.
primaveral *agg.* primaverile.
primazgo *s.m.* cuginanza (*f.*).
primeriza *agg., s.f.* primipara.
primerizo *agg.* principiante, novizio.
primero (*davanti a s.m.* primer) *agg.* **1** primo: *ha llegado —*, è arrivato (per) primo **2** fondamentale, principale ♦ *s.m.* primo ♦ *avv.* prima: *— vamos a cenar y después veremos*, prima andiamo a cena e poi si vedrà ■ ***a primeros de***, ai primi di, all'inizio di: *a primeros de abril*, ai primi di aprile | ***de primera***, di prim'ordine | ***de buenas a primeras***, all'improvviso.
primicerio *agg.* principale ♦ *s.m.* (*relig.*) maestro del coro.
primicia *s.f.* (*di frutta o verdura*) primizia.
primigenio *agg.* primigenio, primordiale.
primípara *s.f.* (*med.*) primipara.
primitivismo *s.m.* primitivismo.
primitivo *agg.* **1** primitivo, originario, primigenio **2** (*fig.*) grezzo, rozzo, primitivo.
primo *agg.* primo | *materias primas,* materie prime | *número —*, numero primo ♦ *s.m.* **1** cugino **2** (*fam.*) ingenuo, sciocco.
primogénito *agg., s.m.* primogenito.
primogenitura *s.f.* primogenitura.
primor *s.m.* **1** accuratezza (*f.*) **2** (*fig.*) bellezza (*f.*), meraviglia (*f.*).
primordial *agg.* **1** primordiale **2** indispensabile, fondamentale: *es — terminar este trabajo*, è indispensabile finire questo lavoro.
primoroso *agg.* **1** abile, provetto **2** bello, delicato.
prímula *s.f.* (*bot.*) primula.
prínceps *agg.* (*edizione*) principe ♦ *s.f.* edizione principe.
princesa *s.f.* principessa.
principada *s.f.* (*fam.*) abuso (*m.*) di autorità.
principado *s.m.* principato.
principal *agg.* principale ♦ *s.m.* **1** principale, superiore **2** piano rialzato: *vive en el —*, abita al piano rialzato.
principalmente *avv.* **1** innanzitutto, in primo luogo **2** fondamentalmente.
príncipe (*f.* princesa) *s.m.* principe: *— heredero*, principe ereditario.
principesco *agg.* principesco.
principiante *agg., s.m.* principiante (*m./f.*).
principiar *v.tr.* cominciare, iniziare.
principio *s.m.* **1** principio, inizio, origine (*f.*) | *a principio* (*s*) *de*, agli inizi di **2** nozione (*f.*) **3** (*fis., mat.*) principio **4** (*fig.*) fondamento, presupposto, norma (*f.*): *no lo hago*

por —, non lo faccio per principio **5** (*cuc.*) pietanza (*f.*).
pringado *s.m.* (*fam.*) ingenuo, gonzo.
pringar (*con. come* llegar) *v.tr.* **1** sporcare di grasso; ungere **2** (*fam.*) denigrare, infamare **3** (*fam.*) ferire ♦ *v.intr.* (*fam.*) **1** sgobbare, sfacchinare: *he tenido que — el sábado*, ho dovuto sgobbare sabato **2** fare da capro espiatorio: *ha pringado por sus hermanos*, ha pagato per le colpe dei suoi fratelli ♦ **-se** *v.pron.* **1** macchiarsi, sporcarsi: — *de aceite*, macchiarsi di olio **2** mettersi nei pasticci.
pringón *agg.* unto, grasso ♦ *s.m.* macchia (*f.*), patacca (*f.*).
pringor *s.m.* succo, sostanza (*f.*).
pringoso *agg.* unto; sporco di grasso; appiccicoso: *este plato está — de aceite*, questo piatto è unto di olio.
pringue *s.m.* **1** grasso, unto **2** (*fig.*) sporcizia (*f.*), sudiciume.
prior *s.m.* (*relig.*) priore.
priorato *s.m.* (*relig.*) priorato
prioridad *s.f.* priorità, precedenza.
prioritario *agg.* prioritario.
prisa *s.f.* **1** fretta, premura: *ir con* —, andare di fretta | *a toda* —, in tutta fretta | *meter* —, mettere fretta | *darse* —, sbrigarsi | *de — y corriendo*, in fretta e furia **2** lite, litigio (*m.*), scaramuccia **3** ressa: *en Navidad hay muchas prisas en las tiendas*, a Natale c'è una gran ressa nei negozzi.
priscal *s.m.* addiaccio.
prisco *s.m.* (*bot.*) **1** (*albero*) albicocco **2** (*frutto*) albicocca (*f.*).
prisión *s.f.* **1** prigione, carcere (*m.*) **2** (*dir.*) detenzione, prigionia **3** (*fig.*) oppressione, schiavitù.
prisionero *agg.*, *s.m.* **1** prigioniero **2** (*fig.*) prigioniero, schiavo, succube (*m./f.*).
prisma *s.m.* prisma.
prismático *agg.* prismatico.
prismáticos *s.m.pl.* binocolo (*sing.*).
prístino *agg.* originale, primordiale.
privacidad *s.f.* privacy, intimità.
privación *s.f.* **1** privazione, mancanza **2** (*fig.*) ristrettezza, privazione, rinuncia.
privado *agg.* **1** privo: — *de ayudas*, privo di aiuti **2** privato: *una fiesta privada*, una festa privata; *asuntos privados*, affari privati ♦ *s.m.* (*st.*) favorito, persona (*f.*) di fiducia.
privar *v.tr.* **1** privare, togliere **2** proibire, vietare: — *de los amigos*, privare della compagnia di amici **3** piacere molto, andare pazzo per: *María me priva*, vado pazzo per María ♦ **-se** *v.pron.* privarsi: — *de lo necesario*, privarsi del necessario.
privatista *s.m./f.* (*dir.*) privatista, esperto (*m.*) di diritto privato.
privativo *agg.* proprio, esclusivo.
privatización *s.f.* privatizzazione.
privatizador *agg.* che privatizza.
privatizar (*con. come* cazar) *v.tr.* privatizzare.
privilegiado *agg.*, *s.m.* privilegiato, fortunato.
privilegiar *v.tr.* privilegiare, favorire, concedere un privilegio a.
privilegio *s.m.* **1** privilegio: *disfrutar de privilegios*, godere di privilegi **2** (*st., dir., documento*) privilegio **3** dote (*f.*), dono naturale: *tiene el — de estar siempre sereno*, ha il dono di essere sempre calmo.
pro *s.m.* pro, vantaggio, utilità (*f.*): *los pros y los contras*, i pro e i contro | *en — de*, a favore di.
pro- *pref.* pro-.
proa *s.f.* (*mar.*) prua, prora.
probabilidad *s.f.* probabilità, possibilità.
probabilismo *s.m.* (*filos.*) probabilismo.
probable *agg.* **1** probabile, possibile **2** verosimile **3** dimostrabile.
probado *agg.* **1** provato, sperimentato, dimostrato **2** (*fig.*) provato, affaticato **3** (*dir.*) probatorio.
probador *s.m.* (*in negozio, sartoria*) camerino.
probanza *s.f.* (*dir.*) accertamento (*m.*) probatorio.
probar (*con. come* contar) *v.tr.* **1** provare; dimostrare **2** provare: — *un vestido*, provare un vestito **3** (*tecn.*) collaudare **4** assaggiare: *prueba este vino*, assaggia questo vino ♦ *v.intr.* provare, tentare, cercare: *¿por qué no pruebas a saltar?*, perché non tenti di saltare? ♦ **-se** *v.pron.* provarsi, misurarsi: *ha querido — a sí mismo*, ha voluto misurarsi con se stesso.
probatorio *agg.* (*dir.*) probatorio.
probatura *s.f.* esperimento (*m.*), prova.
probeta *s.f.* **1** provetta **2** campione (*m.*), saggio (*m.*).
probidad *s.f.* probità, onestà: *actuó con gran* —, ha agito con grande onestà.
problema *s.m.* problema; (*fig.*) difficoltà (*f.*), questione (*f.*).
problemática *s.f.* problematica.
problemático *agg.* problematico.
probo *agg.* probo.
probóscide *s.f.* (*zool.*) proboscide.
proboscidio *agg., s,m.* (*zool.*) proboscidato.
procacidad *s.f.* procacità.
procaz (*pl.* -ces) *agg.* procace.
procedencia *s.f.* **1** provenienza, origine **2** (*dir.*) fondatezza.
procedente *agg.* **1** proveniente **2** (*dir.*) opportuno.
proceder[1] *v.intr.* **1** provenire; derivare **2** venire da, arrivare: *procede de Madrid,* arriva da Madrid **3** comportarsi, agire **4** procedere, andare avanti: *el trabajo procede,* il lavoro va avanti **5** (*dir.*) procedere.
proceder[2] *s.m.* condotta (*f.*), comportamento.

procedimiento *s.m.* **1** svolgimento, corso **2** procedimento, metodo **3** (*dir.*) procedura (*f.*), procedimento; processo.
procela *s.f.* tempesta.
prócer *agg.* eminente, elevato ♦ *s.m.* padre della patria, grand'uomo.
proceridad *s.f.* **1** eminenza, altezza **2** vigore (*m.*), forza.
proceroso *agg.* vigoroso, corpulento.
procesado *agg.* (*dir.*) **1** processuale **2** imputato ♦ *s.m.* (*dir.*) imputato.
procesador *s.m.* (*inform.*) processore, elaboratore.
procesal *agg.* (*dir.*) processuale, procedurale.
procesamiento *s.m.* **1** elaborazione (*f.*) **2** (*dir.*) procedimento giudiziario.
procesar *v.tr.* **1** processare (*anche fig.*), sottoporre a processo **2** (*inform.*) elaborare: — *datos*, elaborare dati.
procesión *s.f.* **1** (*relig.*) processione **2** (*fig.*) processione, colonna, fila: — *cívica*, corteo | (*fig.*) *ir la — por dentro*, rodersi dentro.
proceso *s.m.* **1** processo, sviluppo **2** (*dir.*) processo, causa (*f.*).
proclama *s.f.* proclama (*m.*), editto (*m.*), bando (*m.*).
proclamación *s.f.* **1** proclamazione; incoronazione **2** acclamazione.
proclamar *v.tr.* **1** proclamare: *fue proclamado campeón de natación*, fu proclamato campione di nuoto **2** annunciare, rendere noto **3** acclamare.
proclisis *s.f.* (*ling.*) proclisi.
proclive *agg.* **1** propenso, incline **2** inclinato, sbilenco.
procomún *s.m.* bene comune, pubblica utilità (*f.*).
procónsul *s.m.* (*st.*) proconsole.
proconsulado *s.m.* (*st.*) proconsolato.
procrastinar *v.tr.* procrastinare, differire.
procreación *s.f.* procreazione.
procrear *v.tr.* procreare, generare.
proctología *s.f.* (*med.*) proctologia.
proctólogo *s.m.* (*med.*) proctologo.
procura *s.f.* (*dir.*) procura.
procuración *s.f.* **1** impegno (*m.*), attenzione **2** (*dir.*) procura **3** (*dir.*) procuratorato (*m.*).
procurador *s.m.* **1** (*dir.*) procuratore mandatario **2** (*nei processi*) procuratore legale, avvocato **3** (*Amer, dir.*) procuratore, pubblico ministero.
procuraduría *s.f.* (*dir.*) procuratorato (*m.*).
procurar *v.tr.* **1** procurare, cercare: *procura que no te pase nada*, procura che non ti succeda niente; *procura disimular*, cerca di dissimulare **2** procurare, fornire ♦ **-se** *v.pron.* procurarsi, procacciarsi: — *daños*, procurarsi malanni.
prodigalidad *s.f.* prodigalità.
prodigar (*con. come* llegar) *v.tr.* **1** elargire, donare, prodigare **2** sperperare, dilapidare ♦ **-se** *v.pron.* **1** prodigarsi **2** farsi vedere.
prodigio *s.m.* **1** prodigio, portento, genio **2** (*fig.*) meraviglia (*f.*), miracolo.
prodigioso *agg.* **1** prodigioso, portentoso **2** (*fig.*) eccezionale, straordinario.
pródigo *agg.* **1** prodigo, generoso **2** dissipatore: *es demasiado* —, ha le mani bucate.
proditorio *agg.* proditorio.
pródromo *s.m.* (*med.*) prodromo.
producción *s.f.* produzione.
producir (*con. come* conducir) *v.tr.* **1** produrre; fabbricare **2** causare, arrecare **3** (*fin.*) produrre, rendere: — *un interés del 10%*, produrre un interesse del 10% **4** (*dir.*) presentare, esibire: — *pruebas*, produrre prove ♦ **-se** *v.pron.* **1** avvenire, verificarsi **2** spiegarsi, farsi capire.
productividad *s.f.* produttività.
productivo *agg.* produttivo.
producto *s.m.* **1** prodotto: *productos estancados*, prodotti del monopolio di Stato; *productos de belleza*, cosmetici **2** (*econ.*, *fin.*) provento, utile, profitto **3** (*mat.*) prodotto **4** (*fig.*) prodotto, risultato, frutto **5** (*agr.*) prodotto.
productor *agg.*, *s.m.* produttore.
proel *agg.* (*mar.*) prodiero ♦ *s.m.* (*mar.*) prodiere.
proemio *s.m.* proemio.
proeza *s.f.* prodezza.
profanación *s.f.* profanazione, violazione.
profanador *agg.*, *s.m.* profanatore.
profanar *v.tr.* profanare, violare.
profano *agg.* **1** profano, empio, sacrilego **2** profano, incompetente ♦ *s.m.* profano, incompetente (*m./f.*).
profase *s.f.* (*med.*) profase.
profecía *s.f.* profezia, predizione.
proferir *v.tr.* proferire, pronunciare.
proferta *s.f.* profferta.
profesar *v.tr.* **1** (*una fede*, *un credo*) professare **2** (*una professione*) esercitare, svolgere, praticare ♦ *v.intr.* (*relig.*) prendere i voti.
profesión *s.f.* professione, mestiere (*m.*): — *liberal*, libera professione
profesional *agg.* professionale ♦ *s.m./f.* professionista.
profesionalidad *s.f.* professionalità.
profesionalización *s.f.* professionalizzazione.
profesionalizar (*con. come* cazar) *v.tr.* professionalizzare.
profeso *agg.*, *s.m.* (*relig.*) professo.
profesor *s.m.* professore, insegnante (*m./f.*): — *adjunto*, professore aggregato; — *titular*, professore associato.
profesorado *s.m.* **1** corpo docente/insegnante **2** docenza (*f.*).
profesoral *agg.* professorale.

profeta (*f.* -isa) *s.m.* **1** (*relig.*) profeta **2** veggente (*m./f.*), indovino.
profético *agg.* (*anche relig.*) profetico.
profetismo *s.m.* (*relig.*) profetismo.
profetizar (*con. come* cazar) *v.tr.* **1** vaticinare **2** predire, divinare.
proficuo *agg.* proficuo, vantaggioso.
profiláctica *s.f.* (*med.*) profilassi.
profiláctico *agg.*, *s.m.* profilattico.
profilaxis *s.f.* profilassi, prevenzione.
prófugo *s.m.* **1** profugo **2** fuggiasco, latitante (*m./f.*) **3** renitente alla leva, disertore.
profundamente *avv.* profondamente, intensamente.
profundidad *s.f.* **1** profondità **2** (*fig.*) profondità, intensità.
profundización *s.f.* approfondimento (*m.*).
profundizar (*con. come* cazar) *v.tr.* **1** (*anche fig.*) approfondire; andare a fondo: — *el asunto*, approfondire l'argomento **2** scavare, penetrare ♦ *v.intr.* (*fig.*) approfondire: — *en una materia*, approfondire una materia.
profundo *agg.* (*anche fig.*) profondo ♦ *s.m.* profondo, profondità (*f.*): *en lo — del mar*, nel fondo del mare.
profusión *s.f.* **1** profusione, abbondanza **2** prodigalità, superficialità, sperpero (*m.*).
profuso *agg.* abbondante, copioso, ricco.
progenie *s.f.* progenie, prole, stirpe.
progenitor *s.m.* progenitore, avo, antenato.
progesterona *s.f.* progesterone (*m.*).
prognatismo *s.m.* prognatismo.
prognato *agg.*, *s.m.* prognato.
prognosis *s.f.* previsione.
programa *s.m.* **1** (*tv*) programma, programmazione (*f.*) | (*cinem.*) — *continuo*, sessione continua **2** programma, piano, progetto **3** (*inform.*) programma.
programable *agg.* programmabile.
programación *s.f.* **1** programmazione, pianificazione **2** (*inform.*) programmazione **3** (*radio*, *tv*) palinsesto (*m.*).
programador *s.m.* (*anche inform.*) programmatore, sistemista (*m./f.*).
programar *v.tr.* **1** programmare, progettare **2** (*inform.*) programmare **3** (*econ.*) programmare, pianificare.
programático *agg.* programmatico.
progre *agg.*, *s.m./f.* (*fam.*, *pol.*) progressista.
progresar *v.intr.* progredire, migliorare.
progresía *s.f.* (*pol.*) **1** insieme (*m.*) di idee progressiste **2** gruppo (*m.*) di progressisti.
progresión *s.f.* progressione (*anche mat.*), avanzamento (*m.*).
progresismo *s.m.* (*pol.*) progressismo.
progresista *agg.*, *s.m./f.* progressista, riformatore (*m.*).
progresivo *agg.* progressivo, graduale.
progreso *s.m.* progresso, sviluppo, avanzamento.
prohibición *s.f.* proibizione, divieto (*m.*), interdizione: *levantar la* —, togliere il divieto.
prohibicionista *agg.* (*pol.*) proibizionista.
prohibir *v.tr.* proibire, vietare: *le han prohibido fumar*, gli hanno proibito di fumare | *se prohibe el paso*, vietato il passaggio.
prohibitivo *agg.* **1** proibitivo, inibitorio **2** (*di prezzo*) proibitivo, eccessivo.
prohibitorio *agg.* proibitorio, proibitivo.
prohijar *v.tr.* **1** (*un figlio*) adottare **2** (*fig.*, *un punto di vista*) adottare, assumere.
prohombre *s.m.* personaggio, personalità (*f.*).
proís *s.m.* (*mar.*) pilone d'ormeggio.
prójima *s.f.* (*spreg.*) donna di malaffare.
prójimo *s.m.* prossimo.
prolapso *s.m.* (*med.*) prolasso.
prole *s.f.* prole, figliolanza.
proletariado *s.m.* proletariato.
proletario *agg.*, *s.m.* proletario.
proliferación *s.f.* **1** (*biol.*) proliferazione **2** proliferazione, espansione, diffusione.
proliferar *v.intr.* **1** (*biol.*) proliferare **2** proliferare, diffondersi.
prolífico *agg.* prolifico.
prolijidad *s.f.* prolissità.
prolijo *agg.* **1** prolisso **2** minuzioso, meticoloso **3** (*fig.*) pignolo, noioso: *es demasiado* —, è troppo pignolo.
prologar (*con. come* llegar) *v.tr.* comporre il prologo di.
prólogo *s.m.* prologo, introduzione (*f.*), prefazione (*f.*).
prolongable *agg.* prolungabile.
prolongación *s.f.* **1** prolungamento (*m.*), allungamento (*m.*) **2** (*elettr.*) prolunga.
prolongado *agg.* **1** prolungato **2** protratto, esteso.
prolongamiento *s.m.* prolungamento.
prolongar (*con. come* llegar) *v.tr.* prolungare; allungare ♦ **-se** *v.pron.* dilungarsi.
proloquio *s.m.* (*ling.*) proposizione (*f.*), frase (*f.*).
prolusión *s.f.* prolusione.
promediar *v.tr.* **1** fare la media tra **2** dividere a metà ♦ *v.intr.* **1** (*di tempo*) essere a metà: *promediaba el mes de mayo cuando...*, era la metà di maggio quando... **2** (*comm.*) mediare, fare da intermediario.
promedio *s.m.* media (*f.*): *hacer el* —, fare la media.
promesa *s.f.* **1** promessa, giuramento (*m.*) **2** (*relig.*) voto (*m.*).
prometedor *agg.* promettente.
prometer *v.tr.* **1** promettere **2** assicurare, garantire: *me han prometido un trabajo*, mi hanno assicurato un posto di lavoro ♦ *v.intr.* promettere, essere promettente ♦ **-se** *v.pron.* fidanzarsi.
prometido *agg.* promesso ♦ *s.m.* **1** fidanzato, promesso sposo **2** promessa (*f.*).

prominencia *s.f.* **1** prominenza, sporgenza **2** (*fig.*) eminenza.
prominente *agg.* **1** prominente, sporgente **2** (*fig.*) illustre, eminente, insigne.
promiscuar *v.intr.* **1** (*relig.*) non rispettare il digiuno quaresimale **2** avere una condotta promiscua.
promiscuidad *s.f.* **1** promiscuità **2** mescolanza.
promiscuo *agg.* **1** promiscuo **2** ambiguo, ambivalente.
promisión *s.f.* **1** promessa | *tierra de —*, terra promessa **2** (*dir.*) promissione.
promisorio *agg.* (*dir.*) promissorio.
promoción *s.f.* **1** promozione, sviluppo (*m.*): *plan de — agrícola*, piano di sviluppo agricolo **2** (*nel lavoro*) promozione, avanzamento (*m.*) di carriera **3** (*fig., di laureati, di lavoratori*) classe: *la — de bachilleres del 89*, il gruppo di liceali dell'89.
promocional *agg.* promozionale.
promocionar *v.tr.* **1** promuovere; (*nel lavoro*) incentivare **2** (*comm.*) fare promozione; (*un nuovo prodotto*) lanciare, sponsorizzare.
promontorio *s.m.* (*geogr.*) promontorio, colle, collina (*f.*).
promotor *agg.*, *s.m.* **1** promotore, sponsor **2** (*di artista o scrittore*) agente, manager **3** (*comm.*) imprenditore.
promover (*con. come* mover) *v.tr.* **1** promuovere, favorire: *— el turismo*, promuovere il turismo **2** promuovere, far avanzare di grado **3** provocare: *sus palabras promovieron nuevas reacciones*, le sue parole provocarono nuove reazioni **4** (*dir.*) promuovere, avviare.
promulgación *s.f.* promulgazione.
promulgar (*con. come* llegar) *v.tr.* **1** (*dir.*) promulgare, pubblicare **2** (*una notizia*) diffondere, divulgare; (*uno sciopero*) proclamare.
pronación *s.f.* (*anat.*) pronazione.
pronaos *s.m.* (*arch.*) pronao.
prono *agg.* **1** incline **2** prono.
pronombre *s.m.* (*gramm.*) pronome.
pronominal *agg.* (*gramm.*) pronominale.
pronosticar (*con. come* pescar) *v.tr.* pronosticare, predire.
pronóstico *s.m.* **1** pronostico, predizione (*f.*) **2** (*med.*) prognosi (*f.*) **3** (*meteor.*) previsione (*f.*).
prontitud *s.f.* prontezza, rapidità.
pronto *agg.* **1** pronto, disposto, preparato **2** rapido, lesto, veloce ♦ *avv.* **1** presto, tra poco, subito: *llegaré —*, arriverò presto | *hasta —* a presto **2** presto, di buonora: *me he levantado —*, mi sono alzato presto ♦ *s.m.* (*fam.*) scatto, impulso, raptus: *sus prontos me dan miedo*, i suoi scatti mi fanno paura
■ ***de pronto***, all'improvviso | ***por de pronto***, per il momento.
prontuario *s.m.* **1** prontuario, manuale: *— de tarifas*, tariffario **2** scheda (*f.*) **3** (*Amer.*) fedina (*f.*) penale.
pronunciación *s.f.* pronuncia.
pronunciamiento *s.m.* **1** (*pol.*) rivolta (*f.*) militare, pronunciamento **2** (*dir.*) sentenza (*f.*); (*amm.*) risoluzione (*f.*).
pronunciar *v.tr.* **1** pronunciare **2** (*una sentenza*) emettere, pronunciare **3** mettere in rilievo, accentuare, esaltare ♦ **-se** *v.pron.* **1** pronunciarsi, dichiararsi **2** ribellarsi, sollevarsi, insorgere **3** accentuarsi.
propagación *s.f.* (*di malattia*) propagazione; (*di notizia*) diffusione.
propaganda *s.f.* **1** propaganda, divulgazione **2** (*comm.*) pubblicità, propaganda.
propagandístico *agg.* propagandistico.
propagar (*con. come* llegar) *v.tr.* **1** propagare, moltiplicare **2** diffondere, divulgare.
propalar *v.tr.* propalare, divulgare, rivelare.
propalador *s.m.* propalatore.
propano *s.m.* (*chim.*) propano.
propanol *s.m.* (*chim.*) propanolo.
propasar *v.tr.* oltrepassare ♦ **-se** *v.pron.* **1** eccedere, passare il segno **2** mancare di rispetto.
propedéutica *s.f.* propedeutica.
propedéutico *agg.* propedeutico.
propender *v.intr.* propendere, tendere.
propensión *s.f.* propensione, inclinazione, attitudine.
propenso *agg.* propenso, incline.
propiamente *avv.* propriamente.
propiciación *s.f.* (*relig.*) propiziazione.
propiciar *v.tr.* **1** favorire, sostenere **2** blandire, lusingare **3** propiziare.
propiciatorio *agg.* propiziatorio.
propicio *agg.* **1** propizio, benevolo, favorevole **2** opportuno, adatto.
propiedad *s.f.* **1** proprietà, possesso (*m.*) **2** attributo (*m.*), qualità, caratteristica **3** proprietà, possedimento (*m.*), bene (*m.*): *— particular*, propietà privata **4** proprietà, correttezza, precisione.
propietario *agg.* **1** proprietario **2** titolare, di ruolo ♦ *s.m.* proprietario.
propileo *s.m.* (*arch.*) propileo.
propina *s.f.* mancia | *de —*, in aggiunta.
propinar *v.tr.* **1** dare, causare: *propinas disgustos a tu madre*, causi dispiaceri a tua madre **2** (*med.*) somministrare.
propincuo *agg.* propinquo, prossimo, vicino.
propio *agg.* **1** (*anche gramm.*) proprio: *lo escribió con sus propias manos*, lo scrisse con le sue stesse mani **2** caratteristico, peculiare **3** adatto, appropriato, adeguato **4** naturale: *son cosas propias de la edad*, sono cose naturali a questa età **5** stesso, medesimo: *el propio director presentó la película*, ha presentato il film il regista stesso.

propóleos *s.m.* (*farm.*) propoli (*f.*).
proponer (*con. come* poner) *v.tr.* **1** proporre, candidare **2** suggerire: *me propuso una solución*, mi suggerì una soluzione ♦ **-se** *v.pron.* **1** proporsi, prefiggersi **2** mettersi in testa: *se ha propuesto adelgazar como sea*, si è messo in testa di dimagrire a tutti i costi.
proporción *s.f.* **1** proporzione, corrispondenza, rapporto (*m.*) **2** (*pl., anche fig.*) dimensioni (*pl.*): *de grandes proporciones*, di grandi dimensioni.
proporcionado *agg.* **1** adeguato, adatto: *es un gasto* —, è una spesa adeguata; *es un precio* —, è un prezzo adeguato **2** proporzionato, armonico, armonioso.
proporcional *agg.* proporzionale.
proporcionalidad *s.f.* proporzionalità.
proporcionar *v.tr.* **1** adeguare: — *las medidas*, adeguare le misure **2** dare, fornire, procurare: *han proporcionado alimentos*, hanno procurato degli alimenti **3** causare, determinare: *han proporcionado daños*, hanno causato dei danni; — *un disgusto*, causare un dispiacere ♦ **-se** *v.pron.* procurarsi.
proposición *s.f.* **1** proposta **2** (*gramm.*) proposizione **3** (*filos., mat.*) enunciato (*m.*).
propósito *s.m.* **1** proposito, intenzione (*f.*) | *de* —, apposta, espressamente **2** obiettivo, mira (*f.*), scopo.
propuesta *s.f.* **1** proposta, suggerimento (*m.*) **2** (*econ.*) piattaforma.
propugnación *s.f.* propugnazione.
propugnar *v.tr.* propugnare, sostenere.
propulsar *v.tr.* **1** dare impulso a, potenziare, stimolare **2** respingere, rifiutare.
propulsión *s.f.* **1** propulsione **2** (*fig.*) spinta, propulsione.
propulsor *s.m.* propulsore.
prorrata *s.f.* quota, parte proporzionale.
prorrateo *s.m.* ripartizione (*f.*).
prórroga *s.f.* **1** proroga, dilazione **2** (*sport*) tempi (*m.pl.*) supplementari.
prorrogar (*con. come* llegar) *v.tr.* prorogare, dilazionare.
prorrumpir *v.intr.* prorompere, scoppiare.
prosa *s.f.* **1** prosa **2** (*fig.*) verbosità, prolissità.
prosador *s.m.* prosatore.
prosaico *agg.* **1** relativo alla prosa **2** (*spreg.*) prosaico, banale.
prosaísmo *s.m.* prosaicità (*f.*), trivialità (*f.*), banalità (*f.*).
prosapia *s.f.* stirpe, discendenza.
proscenio *s.m.* (*teatr.*) proscenio, ribalta (*f.*).
proscribir *v.tr.* **1** (*pol.*) proscrivere, esiliare, confinare **2** proibire **3** mettere una taglia su qlcu.
proscrito *s.m.* (*pol.*) esiliato, proscritto.
prosecretario *s.m.* (*Amer.*) vicesegretario.
prosecución *s.f.* continuazione, proseguimento (*m.*).
proseguir (*con. come* seguir) *v.tr.* **1** proseguire, continuare **2** riprendere, ricominciare ♦ *v.intr.* proseguire, insistere.
proselitismo *s.m.* proselitismo.
prosélito *s.m.* **1** (*relig.*) proselito **2** (*pol.*) adepto.
prosificar (*con. come* pescar) *v.tr.* (*lett.*) mettere in prosa.
prosista *s.m./f.* (*lett.*) prosatore (*m.*).
prosístico *agg.* (*lett.*) prosastico.
prosodia *s.f.* (*ling.*) prosodia.
prosopopeya *s.f.* **1** prosopopea, affettazione **2** personificazione.
prospección *s.f.* **1** (*min.*) prospezione: — *sísmica*, prospezione sismica **2** (*econ.*) previsione, proiezione.
prospectar *v.tr.* (*un terreno*) esplorare, sondare.
prospectiva *s.f.* futurologia.
prospectivo *agg.* futuribile.
prospecto *s.m.* **1** prospetto; opuscolo **2** esposizione (*f.*) **3** (*di medicinale*) bugiardino.
prosperar *v.intr.* **1** prosperare **2** migliorare, progredire: *ha prosperado en los estudios*, ha progredito negli studi.
prosperidad *s.f.* **1** prosperità, benessere (*m.*) **2** (*econ.*) espansione.
próspero *agg.* **1** prospero, fiorente **2** favorevole, propizio.
próstata *s.f.* (*anat.*) prostata.
prostatitis *s.f.* (*med.*) prostatite.
prosternarse *v.pron.* **1** inginocchiarsi, inchinarsi **2** (*fig.*) prostrarsi, umiliarsi, sottomettersi.
prostíbulo *s.m.* postribolo, bordello, casa (*f.*) chiusa.
prostitución *s.f.* prostituzione.
prostituir (*con. come* huir) *v.tr.* (*anche fig.*) prostituire ♦ **-se** *v.pron.* (*anche fig.*) prostituirsi.
prostituta *s.f.* prostituta.
protagonismo *s.m.* protagonismo.
protagonista *s.m./f.* protagonista.
protagonizar (*con. come* cazar) *v.tr.* interpretare, recitare (come protagonista).
prótasis *s.f.* (*gramm., lett.*) protasi.
protección *s.f.* **1** protezione, tutela: — *de menores*, tutela dei minori **2** aiuto (*m.*), sostegno (*m.*) **3** pizzo (*m.*), tangente.
proteccionismo *s.m.* (*econ.*) protezionismo.
proteccionista *agg.* (*econ.*) protezionistico ♦ *s.m./f.* (*econ.*) protezionista.
protector *agg.* protettivo ♦ *s.m.* **1** (*persona*) protettore **2** (*sport*) protezione (*f.*), paradenti.
protectorado *s.m.* **1** protettorato **2** (*fig.*) controllo, leadership (*f.*).

protectorio *agg.* protettivo.
proteger (*con. come* coger) *v.tr.* **1** proteggere, difendere: *su hermano lo protege*, suo fratello lo protegge **2** favorire, fomentare: *el estado protegerá la exportación*, lo Stato favorirà le esportazioni.
protegido *agg.*, *s.m.* protetto, favorito.
proteico *agg.* proteiforme.
proteína *s.f.* (*biol., chim.*) proteina.
proteínico *agg.* (*biol., chim.*) proteico, proteinico.
protervia *s.f.* protervia, malvagità.
protésico *agg.* (*med.*) protesico ♦ *s.m.* odontotecnico.
prótesis *s.f.* protesi.
protesta *s.f.* **1** protesta, contestazione **2** reclamo (*m.*) **3** (*fig.*) dimostrazione, attestazione.
protestante *agg.*, *s.m./f.* (*relig.*) protestante.
protestantismo *s.m.* (*relig.*) protestantesimo.
protestar *v.intr.* protestare, reclamare ♦ *v.tr.* **1** dichiarare **2** (*comm.*) protestare, levare il protesto.
protesto *s.m.* (*dir.*) protesto: — *de una letra de cambio*, protesto di una cambiale.
proto- *pref.* proto-.
protocolar *agg.* protocollare.
protocolario *agg.* **1** protocollare **2** (*fig.*) cerimonioso, formale.
protocolizar (*con. come* cazar) *v.tr.* protocollare, registrare.
protocolo *s.m.* **1** protocollo, registro **2** (*fig.*) protocollo, cerimoniale **3** (*inform.*) protocollo.
protohistoria *s.f.* protostoria.
protolengua *s.f.* protolingua.
protón *s.m.* (*fis.*) protone.
protónico *agg.* (*ling.*) protonico.
prototipo *s.m.* prototipo, modello.
protóxido *s.m.* (*chim.*) protossido.
protozoo *s.m.* (*zool.*) protozoo.
protráctil *agg.* (*zool.*) protrattile.
protuberancia *s.f.* protuberanza, sporgenza.
protuberante *agg.* protuberante, sporgente.
provecho *s.m.* **1** profitto, beneficio, vantaggio: *sacar* —, trarre profitto | *de* —, utile | *en — de*, a beneficio di | *buen* —, buon appetito **2** (*econ.*) utile, guadagno.
provechoso *agg.* utile, proficuo, vantaggioso.
provecto *agg.* maturo, anziano, vecchio.
proveedor *s.m.* fornitore: — *de mercancías*, fornitore di merci.
proveer (*con. come* leer; *part.pass.* provisto) *v.tr.* fornire, rifornire: — *de mercancías*, fornire della merce ♦ **-se** *v.pron.* munirsi, attrezzarsi, rifornirsi.
proveído *s.m.* (*dir.*) sentenza (*f.*) interlocutoria.
proveniente *agg.* proveniente, originario.
provenir (*con. come* venir) *v.intr.* provenire.
provenzal *agg.* provenzale ♦ *s.m.* (*ling.*) provenzale.
provenzalismo *s.m.* (*ling.*) provenzalismo.
provenzalista *s.m./f.* (*ling.*) provenzalista.
proverbial *agg.* proverbiale.
proverbio *s.m.* proverbio, detto, massima (*f.*).
providencia *s.f.* **1** provvidenza **2** provvedimento (*m.*), misura **3** (*dir.*) provvedimento (*m.*).
providencial *agg.* provvidenziale, divino.
providenciar *v.tr.* **1** (*provvedimenti*) disporre, stabilire **2** (*dir.*) prescrivere.
providente *agg.* **1** previdente, prudente **2** provvido (*m.*), benefico (*m.*).
provincia *s.f.* provincia.
provincial *agg.* provinciale.
provincialato *s.m.* (*relig.*) provincialato.
provincialismo *s.m.* **1** campanilismo **2** (*ling.*) provincialismo, dialettalismo.
provincianismo *s.m.* (*spreg.*) provincialità, provincialismo.
provinciano *agg.*, *s.m.* **1** provinciale **2** (*fig.*) arretrato, chiuso **3** (*fig.*) campanilista.
provisión *s.f.* **1** provvista, scorta: — *de material*, provvista di materiale **2** (*econ.*) accantonamento (*m.*), riserva, fondo (*m.*).
provisional *agg.* **1** provvisorio, interinale **2** temporaneo, transitorio.
provisionalidad *s.f.* provvisorietà.
provocación *s.f.* provocazione.
provocar (*con. come* pescar) *v.tr.* **1** provocare, istigare, incitare **2** causare, determinare.
provocativo *agg.* **1** provocante, provocatorio **2** provocante, procace.
proxeneta *s.m./f.* prosseneta, sensale.
proximal *agg.* (*anat.*) prossimale.
próximamente *avv.* prossimamente, presto, a breve.
proximidad *s.f.* prossimità, vicinanza.
próximo *agg.* prossimo, vicino.
proyección *s.f.* **1** (*anche geom., cinem.*) proiezione **2** (*fig.*) importanza, risonanza.
proyeccionista *s.m./f.* (*cinem.*) proiezionista.
proyectar *v.tr.* **1** lanciare, scagliare: — *piedras*, lanciare dei sassi **2** (*una figura, un film*) proiettare **3** progettare, programmare: — *un plan*, programmare un piano.
proyectil *s.m.* proiettile.
proyectista *s.m./f.* progettista, designer.
proyectivo *agg.* proiettivo.
proyecto *s.m.* progetto, piano.
proyector *s.m.* **1** proiettore **2** (*elettr.*) riflettore.
proyectura *s.f.* (*arch.*) aggetto (*m.*).
prudencia *s.f.* **1** prudenza **2** saggezza.
prudencial *agg.* **1** prudenziale **2** sufficiente.
prudente *agg.* prudente, cauto, moderato.
prueba *s.f.* **1** prova | *a* —, in prova | *a — de*, a prova di **2** (*foto.*) provino (*m.*) **3** (*tip.*)

bozza: *pruebas de imprenta*, bozze di stampa **4** prova, dimostrazione | *en — de*, in segno di **5** (*di cibo*) assaggio (*m.*), degustazione **6** (*tecn.*) esperimento (*m.*), test (*m.*), collaudo (*m.*): *pruebas nucleares*, test nucleari; *— del motor*, collaudo del motore **7** (*med.*) analisi: *me harán pruebas*, mi faranno delle analisi **8** (*sport*) gara: *una — de velocidad*, una gara di velocità **9** (*comm.*) campione (*m.*): *una — de la mercancía*, un campione di merce.
pruriginoso *agg.* (*med.*) pruriginoso.
prurigo *s.m.* (*med.*) prurigine (*f.*).
prurito *s.m.* **1** prurito **2** (*iron.*) smania (*f.*).
prusiano *agg.*, *s.m.* prussiano.
pseudónimo *s.m.* → **seudónimo.**
psico- *pref.* psico-.
psicoanálisis *s.f.* psicoanalisi.
psicoanalista *s.m./f.* psicoanalista, psicanalista.
psicoanalítico *agg.* psicoanalitico, psicanalitico.
psicoanalizar (*con. come* cazar) *v.tr.* psicoanalizzare, psicanalizzare.
psicodélico *agg.* psichedelico.
psicodrama *s.m.* psicodramma.
psicoestimulante *agg.*, *s.m.* psicostimolante.
psicofármaco *s.m.* psicofarmaco.
psicofarmacología *s.f.* psicofarmacologia.
psicofísica *s.f.* psicofisica.
psicofísico *agg.* psicofisico.
psicografía *s.f.* psicografia.
psicográfico *agg.* psicografico.
psicograma *s.m.* psicogramma.
psicología *s.f.* psicologia.
psicológico *agg.* psicologico.
psicologismo *s.m.* (*filos.*) psicologismo.
psicólogo *s.m.* psicologo.
psicomotor *agg.* psicomotorio.
psicopatía *s.f.* psicopatia.
psicopático *agg.*, *s.m.* psicopatico.
psicopatología *s.f.* psicopatologia.
psicopatológico *agg.* psicopatologico.
psicopatólogo *s.m.* psicopatologo.
psicopedagogía *s.f.* psicopedagogia.
psicopedagógico *agg.* psicopedagogico.
psicopedagogo *s.m.* psicopedagogo.
psicosis *s.f.* psicosi.
psicosocial *agg.* psicosociale.
psicosomático *agg.* psicosomatico.
psicoterapeuta *s.m./f.* psicoterapeuta.
psicoterapéutico *agg.* psicoterapeutico.
psicoterapia *s.f.* psicoterapia.
psicótico *agg.*, *s.m.* psicotico.
psicótropo *s.m.* psicotropo.
psique *s.f.* psiche, mente.
psiquiatra *s.m./f.* psichiatra.
psiquiatría *s.f.* psichiatria.
psiquiátrico *agg.* psichiatrico.
psíquico *agg.* psichico.
psiquismo *s.m.* psichismo.
psoriasis *s.f.* (*med.*) psoriasi.
ptero- *pref.* ptero-.
pterodátctilo *s.m.* (*zool.*) pterodattilo.
púa *s.f.* **1** punta, spina, aculeo (*m.*): *alambre de púas*, filo spinato **2** (*di pettine*) dente (*m.*) **3** (*mus.*) plettro (*m.*).
púber *agg.*, *s.m./f.* pubere.
pubertad *s.f.* pubertà.
pubescente *agg.* pubescente.
pubis *s.m.* (*anat.*) pube.
publicación *s.f.* pubblicazione.
publicano *s.m.* (*st.*) pubblicano.
publicar (*con. come* pescar) *v.tr.* **1** pubblicare, stampare **2** divulgare, rendere noto, diffondere **3** (*pubblicazioni di matrimonio*) fare.
publicidad *s.f.* **1** pubblicità, divulgazione **2** (*comm.*) pubblicità, propaganda.
publicista *s.m./f.* **1** giornalista; pubblicista **2** (*dir.*) pubblicista, esperto (*m.*) in diritto pubblico **3** pubblicitario (*m.*).
publicitario *agg.* pubblicitario, promozionale.
público *agg.*, *s.m.* pubblico.
pucherazo *s.m.* (*fam.*) frode (*f.*) elettorale, broglio: *el dictador ganó las elecciones mediante un —*, il dittatore ha vinto le elezioni grazie a una frode elettorale.
puchero *s.m.* **1** pentola (*f.*) **2** (*cuc.*) bollito di carne e legumi
■ ***hacer pucheros***, piagnucolare.
pucho *s.m.* (*Amer.*) mozzicone.
pudendo *agg.* pudendo | *las partes pudendas*, le parti intime.
pudibundez *s.f.* pruderie, bigotteria.
pudibundo *agg.* (*spreg.*) pudibondo, bigotto.
púdico *agg.* pudico.
pudiente *agg.*, *s.m.* ricco, benestante (*m./f.*).
pudinga *s.f.* (*min.*) puddinga.
pudor *s.m.* pudore.
pudoroso *agg.* pudico.
pudridero *s.m.* **1** letamaio, compostiera (*f.*) **2** camera (*f.*) ardente.
pudrir (*part.pass.* podrido) *v.tr.* **1** fare marcire, fare imputridire, putrefare **2** (*fig.*) infastidire, seccare, scocciare: *me estás pudriendo*, mi stai seccando ♦ **-se** *v.pron.* marcire, imputridire, putrefarsi: *la fruta se ha podrido*, la frutta è marcita.
pueblerino *s.m.* **1** paesano **2** rozzo, buzzurro.
pueblero *agg.* (*Amer.*) paesano, cittadino.
pueblo *s.m.* **1** paese, villaggio **2** popolo, popolazione (*f.*) **3** popolo, plebe (*f.*), volgo.
puente *s.m.* **1** ponte | *— colgante*, ponte sospeso | *— levadizo*, ponte levatoio | *el — del 1 de mayo*, il ponte del primo maggio **2** (*fig.*) collegamento: *tender un —*, gettare un ponte **3** (*mus.*) ponticello.

puerco *agg.* (*fig.*) sporco, sudicio ♦ *s.m.* porco, maiale | — *espín*, porcospino | — *marino*, delfino.
puericia *s.f.* fanciullezza, infanzia.
puericultura *s.f.* puericultura.
pueril *agg.* **1** infantile **2** (*fig.*) puerile, sciocco (*m.*): *excusas pueriles*, scuse puerili; *comportamiento* —, comportamento puerile.
puerilidad *s.f.* **1** puerilità **2** (*spreg.*) sciocchezza.
puérpera *s.f.* puerpera.
puerperal *agg.* puerperale.
puerperio *s.m.* puerperio.
puerro *s.m.* (*bot.*) porro.
puerta *s.f.* **1** porta, uscio (*m.*) | — *vidriera*, porta a vetri | *llamar a la* —, suonare/bussare alla porta **2** (*di mobili*) anta **3** (*aut.*) portiera, sportello (*m.*)
■ ***a puerta cerrada***, a porte chiuse | ***dar con la puerta en las narices***, sbattere la porta in faccia | ***a las puertas de***, a un passo da: *a las puertas de la muerte*, in fin di vita | ***cerrar la puerta***, mettere i bastoni tra le ruote.
puerto *s.m.* **1** porto | — *franco/libre*, porto franco | (*fig.*) *naufragar en el* —, naufragare in porto **2** (*geogr.*) passo, valico.
puertorriqueño *agg.*, *s.m.* portoricano.
pues *cong.* **1** (*consecutiva*) allora, dunque, ebbene: *'no quiero ir' '— no vayas'*, 'non voglio andare' 'e allora non andare' | *te lo dije y no me hiciste caso, — no te quejes*, te lo dissi e non mi hai dato retta, dunque non lamentarti **2** (*causale*) perché, poiché, dato che, giacché: *fuimos a tomar algo — teníamos sed*, siamo andati a bere qualcosa perché avevamo sete **3** (*enfatico*) ma, beh | *¡— claro!*, ma certo!
puesta *s.f.* **1** tramonto (*m.*): — *de sol*, tramonto del sole **2** (*nel gioco*) posta **3** (*zool.*) covata **4** (*il mettere*) messa | — *en venta*, messa in vendita | — *en marcha*, messa in moto, avvio | — *en escena*, messa in scena.
puestero *s.m.* venditore ambulante.
puesto *agg.* elegante ♦ *s.m.* **1** posto, luogo **2** lavoro, impiego **3** (*di mercato*) banco, bancarella (*f.*); (*comm.*) stand **4** posto di guardia, stazione (*f.*)
■ ***puesto que***, posto che.
puf *s.m.* pouf.
pufo *s.m.* (*fam.*) imbroglio, frode (*f.*), truffa (*f.*).
púgil *s.m.* pugile.
pugilato *s.m.* pugilato, boxe (*f.*).
pugna *s.f.* lotta, opposizione, contrasto (*m.*): *estar en* —, essere in contrasto.
pugnacidad *s.f.* combattività.
pugnante *agg.* **1** combattente **2** avversario, contrario.
pugnar *v.intr.* lottare, combattere.
puja *s.f.* **1** spinta, sforzo (*m.*) **2** (*nelle aste*) offerta, rilancio (*m.*).
pujamen *s.m.* (*mar.*) bordame.
pujante *agg.* **1** robusto, vigoroso, possente **2** florido, prosperoso: *economía* —, economia florida.
pujanza *s.f.* **1** forza, potenza, vigore (*m.*) **2** grinta.
pujar[1] *v.tr.* spingere (per superare un ostacolo) ♦ *v.intr.* **1** impappinarsi **2** (*fam.*) essere sul punto di piangere.
pujar[2] *v.tr.* rilanciare: — *en una subasta*, rilanciare a un'asta.
pulcritud *s.f.* **1** cura, diligenza, correttezza: *trabaja con* —, lavora con cura **2** ordine (*m.*).
pulcro *agg.* **1** impeccabile **2** pulito, lindo.
pulga *s.f.* (*zool.*) pulce | *tener la — detrás de la oreja*, avere la pulce nell'orecchio | *hacer de una — un camello*, fare di una mosca un elefante | *buscar las pulgas a alguien*, provocare, stuzzicare qlcu.
pulgada *s.f.* (*misura*) pollice (*m.*): *televisión de 20 pulgadas*, televisione da 20 pollici.
pulgar *s.m.* **1** pollice | *pulgarcito*, pollicino **2** (*di piede*) alluce.
pulgarada *s.f.* **1** colpo (*m.*) di pollice **2** pizzico (*m.*), presa.
pulgoso *agg.* pulcioso.
pulguera *s.f.* pulciaio (*m.*).
pulguillas *s.m./f.* (*fam.*) attaccabrighe, permaloso (*m.*).
pulidez *s.f.* levigatezza.
pulido *agg.* lucidato, levigato, lustro.
pulidora *s.f.* (*tecn.*) lucidatrice, levigatrice.
pulimentar *v.tr.* (*tecn.*) levigare, brunire, lucidare.
pulimento *s.m.* (*tecn.*) levigatura (*f.*), lucidatura (*f.*).
pulir *v.tr.* **1** lisciare, levigare **2** lucidare, pulire **3** rifinire, perfezionare: *hay que — el programa*, bisogna perfezionare il programma.
pulla *s.f.* parolaccia, insulto (*m.*).
pullés *agg.*, *s.m.* pugliese (*m./f.*).
pulmón *s.m.* (*anat.*) polmone: — *de acero*, polmone d'acciaio.
pulmonar *agg.* (*anat.*) polmonare.
pulmonía *s.f.* (*med.*) polmonite.
pulóver *s.m.* (*abbigl.*) pullover, maglione.
pulpa *s.f.* polpa.
pulpejo *s.m.* carnosità (*f.*).
pulpería *s.f.* (*Amer.*) alimentari (*m.*).
púlpito *s.m.* pulpito.
pulpo *s.m.* (*zool.*) polpo.
pulposo *agg.* polposo.
pulque *s.m.* (*Amer.*) pulque.
pulquería *s.f.* (*Amer.*) osteria.
pulsación *s.f.* **1** pulsazione, battito (*m.*) **2** (*fis.*) pulsazione, oscillazione **3** (*tip.*) battuta.
pulsar *v.intr.* pulsare, palpitare, battere: *el*

corazón pulsa fuerte, il cuore batte forte ♦ *v.tr.* **1** premere **2** (*fig.*) saggiare, sondare **3** (*mus.*) suonare.

pulsátil *agg.* che pulsa, pulsatile.

pulsear *v.intr.* fare a braccio di ferro.

pulsera *s.f.* **1** braccialetto (*m.*) **2** (*di orologio*) cinturino (*m.*) **3** (*med.*) benda da polso.

pulsímetro *s.m.* (*med.*) sfigmomanometro.

pulsión *s.f.* pulsione.

pulso *s.m.* **1** battito, pulsazione (*f.*) **2** (*anat.*) polso **3** (*fig.*) polso, fermezza (*f.*) **4** (*anche fig.*) braccio di ferro: *echar un —*, fare a braccio di ferro.

pultáceo *agg.* **1** poltiglioso **2** (*med.*) in cancrena, putrido.

pulular *v.intr.* pullulare, brulicare.

pulverización *s.f.* polverizzazione.

pulverizar (*con. come* cazar) *v.tr.* **1** polverizzare, macinare **2** spruzzare, vaporizzare **3** (*fig.*) annientare, distruggere ♦ **-se** *v.pron.* polverizzarsi, distruggersi, sparire.

pulverulento *agg.* polveroso, impolverato.

puma *s.m.* (*Amer.*, *zool.*) puma.

pumita *s.f.* (*min.*) pomice.

puncha *s.f.* spina, punta, pungolo (*m.*).

punchar *v.tr.* pungolare.

punción *s.f.* (*med.*) puntura, incisione; agoaspirazione.

puncionar *v.intr.* (*med.*) agoaspirare.

pundonor *s.m.* onore, amor proprio.

pundonoroso *agg.* orgoglioso.

punible *agg.* punibile.

punición *s.f.* punizione.

púnico *agg.* (*st.*) punico, cartaginese.

punitivo *agg.* (*dir.*) punitivo.

punta *s.f.* **1** punta | *sacar —*, fare la punta; (*fig.*) fraintendere **2** estremità, capo (*m.*): *de — a —*, da un capo all'altro **3** puntina **4** punta, pizzico (*m.*) **5** (*nella caccia*) punta: *perro de —*, cane da punta **6** mozzicone (*m.*), cicca **7** (*toro*) corno.

puntada *s.f.* **1** punto (*m.*) di cucito: *dar unas puntadas*, dare dei punti **2** (*fam.*) allusione, stoccata, frecciata: *me ha lanzado alguna —*, mi ha lanciato qualche frecciata **3** fitta **4** (*toro*) incornata.

puntal *s.m.* **1** (*arch.*) puntello **2** (*fig.*) sostegno, appoggio **3** (*Amer.*) spuntino **4** (*mar.*) puntale.

puntapié *s.m.* calcio, pedata (*f.*).

puntazo *s.m.* **1** incornata (*f.*) **2** stoccata (*f.*).

punteado *agg.* punteggiato.

puntear *v.tr.* **1** punteggiare **2** (*mus.*) pizzicare **3** cucire ♦ *v.intr.* (*mar.*) orzare.

punteo *s.m.* (*mus.*) pizzicato.

puntera *s.f.* **1** (*di scarpa*) punta **2** rammendo (*m.*).

puntería *s.f.* **1** mira **2** (*fig.*) bravura, destrezza.

puntero *agg.* all'avanguardia, di punta: *industria puntera*, industria di punta ♦ *s.m.* **1** bacchetta (*f.*) **2** lancetta (*f.*) **3** (*tecn.*) punzone, scalpello, punteruolo **4** (*inform.*) puntatore.

puntiagudo *agg.* appuntito, aguzzo, acuminato.

puntilla *s.f.* **1** merletto (*m.*), trina, pizzo (*m.*) **2** pugnale (*m.*) **3** (*nel disegno*) tiralinee (*m.*)

■ ***de puntillas***, in punta di piedi.

puntillismo *s.m.* (*pitt.*) puntinismo, divisionismo.

puntillista *s.m./f.* (*pitt.*) puntinista, divisionista.

puntillo *s.m.* **1** puntiglio **2** (*mus.*) punto.

puntilloso *agg.* **1** puntiglioso, meticoloso, pignolo **2** permaloso.

punto *s.m.* **1** punto | *— y aparte*, punto e a capo **2** punto, maglia (*f.*) | *hacer —*, lavorare a maglia **3** punto, posto, luogo **4** (*fig.*) punto, nocciolo | *aquí está el —*, qui sta il bello **5** (*colore*) tono, gradazione (*f.*)

■ ***con puntos y comas***, mettendo i puntini sulle i | ***dar punto***, smettere | ***darse un punto en la boca***, avere la bocca cucita | ***a punto de caramelo***, a puntino | ***punto en boca***, acqua in bocca | ***estar a punto de***, essere sul punto di | ***arco de medio punto***, arco a tutto sesto.

puntuable *agg.* valutabile: *examen no —*, esame non valutabile.

puntuación *s.f.* **1** punteggiatura, interpunzione **2** punteggio (*m.*).

puntual *agg.* **1** puntuale **2** diligente, preciso.

puntualidad *s.f.* **1** puntualità **2** precisione, esattezza.

puntualizar (*con. come* cazar) *v.tr.* **1** puntualizzare, precisare **2** dettagliare, particolareggiare **3** dare l'ultimo tocco a.

puntuar *v.tr.* **1** inserire la punteggiatura **2** attribuire un punteggio a ♦ *v.intr.* fare punti.

puntura *s.f.* **1** puntura **2** asta premifoglio.

punzada *s.f.* **1** puntura **2** fitta.

punzar (*con. come* cazar) *v.tr.* pungere, perforare ♦ *v.intr.* **1** (*di dolore*) farsi sentire **2** (*fig.*) acuirsi, ravvivarsi, esacerbarsi.

punzón *s.m.* punzone, punteruolo.

puñada *s.f.* pugno (*m.*).

puñado *s.m.* pugno, manciata (*f.*): *un — de caramelos*, una manciata di caramelle.

puñal *s.m.* pugnale.

puñalada *s.f.* pugnalata.

puñeta *s.f.* cavolata, sciocchezza

■ (*volg.*) ***hacerse puñetas***, masturbarsi | (*volg.*) ***mandar a hacer puñetas***, mandare a quel paese.

puñetazo *s.m.* pugno, cazzotto: *dar un —*, dare un pugno.

puñete *s.m.* **1** pugno **2** braccialetto.

puñetero *agg.*, *s.m.* **1** (*fam.*) fastidioso, molesto **2** (*volg.*) segaiolo.
puño *s.m.* **1** pugno | *tener en — a alguien*, avere in pugno qlcu. **2** polsino: *los puños de la camisa*, i polsini della camicia **3** impugnatura (*f.*) **4** (*fig.*) forza (*f.*), valore **5** (*Amer.*) pugno, cazzotto.
pupa *s.f.* **1** febbre, sfogo (*m.*) **2** (*infantile*) bua **3** crosta **4** pupa, crisalide.
pupila *s.f.* (*anat.*) pupilla.
pupilaje *s.m.* **1** convitto, pensionato **2** retta (*f.*) **3** (*dir.*) tutela (*f.*).
pupilar *agg.* pupillare.
pupilo *s.m.* **1** (*anche fig.*) pupillo **2** pensionante (*m./f.*) **3** (*di collegio*) convittore.
pupitre *s.m.* banco di scuola, scrittoio.
puré *s.m.* purè, purea (*f.*).
purera *s.f.* portasigari (*m.*).
pureza *s.f.* purezza, integrità, castità.
purga *s.f.* **1** purga, purgante (*m.*), lassativo (*m.*) **2** spurgo (*m.*), scoria **3** (*pol.*) purga, epurazione.
purgador *s.m.* spurgatore.
purgante *s.m.* purga (*f.*), purgante.
purgar (*con. come* llegar) *v.tr.* **1** purgare, purificare, depurare **2** (*fig.*) espiare, scontare **3** (*med.*) somministrare un purgante a ♦ *v.intr.* spurgare ♦ **-se** *v.pron.* **1** purgarsi **2** purificarsi.
purgatorio *s.m.* purgatorio.
puridad *s.f.* purezza, castità.
purificación *s.f.* purificazione.
purificador *agg.*, *s.m.* purificatore.
purificar (*con. come* pescar) *v.tr.* purificare.
purismo *s.m.* purismo.
purista *agg.*, *s.m./f.* purista.
puritanismo *s.m.* (*relig.*) puritanesimo.
puritano *agg.*, *s.m.* **1** puritano **2** (*fig.*) puritano, moralista (*m./f.*).
puro *agg.* **1** puro **2** solo, semplice: *de — gusto*, per semplice capriccio **3** corretto, casto ♦ *s.m.* sigaro.
púrpura *s.f.* porpora ♦ *s.m.* (*colore*) porpora.
purpurado *s.m.* (*relig.*) cardinale, porporato.
purpúreo *agg.* purpureo.
purpurina *s.f.* porporina.
purpurino *agg.* porporino.
purrete *s.m.* (*Amer.*) bambino.
purulencia *s.f.* (*med.*) purulenza.
purulento *agg.* (*med.*) purulento.
pus *s.m.* pus.
pusilánime *agg.*, *s.m./f.* pusillanime, vile, codardo (*m.*).
pusilanimidad *s.f.* pusillanimità.
pústula *s.f.* (*med.*) pustola.
puta *s.f.* (*volg.*) puttana, sgualdrina.
putada *s.f.* (*volg.*) puttanata, cazzata.
putaísmo *s.m.* (*volg.*) **1** esercizio della prostituzione **2** troiaio **3** postribolo.
putañear *v.intr.* (*volg.*) andare a puttane.
putañero *s.m.* (*volg.*) puttaniere.
putativo *agg.* putativo.
puteada *s.f.* (*Amer., volg.*) puttanata.
putear *v.intr.* (*volg.*) **1** andare a puttane **2** prostituirsi ♦ *v.tr.* (*volg.*)rompere le palle a: *su decisión me putea*, la sua decisione mi danneggia.
putero *s.m.* (*volg.*) puttaniere.
puto *agg.* (*volg.*) maledetto, fottuto.
putrefacción *s.f.* putrefazione, decomposizione.
putrefactivo *agg.* putrescibile.
putrefacto *agg.* putrefatto, corrotto.
pútrido *agg.* putrido, marcio.
puya *s.f.* **1** punta di ferro, pungolo (*m.*) **2** (*fig.*) frecciata mordace: *cuando me habla me lanza puyas*, quando mi parla mi lancia delle frecciate.
puyazo *s.m.* frecciata (*f.*).
puzolana *s.f.* pozzolana.

Qq

q *s.f.* q | (*tel.*) *— como querido*, q come Quarto.
quark *s.m.* (*fis.*) quark.
quásar *s.m.* (*astr.*) quasar.
que[1] *pron.rel.* **1** che, cui: *las cosas — más me gustan*, le cose che più mi piacciono; *el libro de — te hablo*, il libro di cui ti parlo; *el año — murió mi padre,* l'anno in cui morì mio padre **2** (*preceduto da art.det.*) il/la quale, i/le quali, cui, chi, colui/colei che, quello/quella che, coloro che: *las chicas con las — vamos al cine*, le ragazze con le quali andiamo al cinema; *la casa en la — vivo*, la casa in cui vivo; *la persona con la — salgo*, la persona con cui esco; *el — no esté de acuerdo puede marcharse*, chi non è d'accordo può andarsene; *el — habla*, colui/quello che parla; *los — escuchan*, coloro che ascoltano **3** (*preceduto dall'art. neutro* lo) ciò che, che cosa; quanto: *imagina lo — dice*, immagina ciò che dice; *no sé lo — pasa*, non so che cosa succede; *llegó antes de lo — pensaba*, arrivò prima di quanto pensassi.
que[2] *cong.* **1** che: *quiero — lo sepa*, voglio che lo sappia; *estoy tan cerca — voy andando*, sono così vicino che vado a piedi; *hace un frío — mata*, fa un freddo da morire, che si muore; *te aconsejo — descanses*, ti consiglio di riposare | *decir — sí*, dire di sì **2** quando, quanto: *desde — tiene uso de razón*, da quando ha l'uso della ragione; *por más — corramos*, per quanto corriamo **3** (*comparativo*) di, che: *Juan es más alto — tú*, Juan è più alto di te; *es más simpático — guapo*, è più simpatico che bello.
qué *pron.interr.* che, che cosa, come, quanto, quale: *¿—?*, che cosa; *¿— dices?*, cosa dici?; *¿— es esto?*, che cos'è questo?; *no sé — quiere hacer*, non so che cosa vuole fare; *¿— dinero tienes?*, quanto denaro hai? | *¿y —?*, e con ciò? | *¿— tal (estás)?*, come va/stai? ♦ *pron.escl.* che, che cosa, come: *¡— suerte!*, che fortuna!; *¡— bien estás!*, come stai bene!; *¡— de cosas te diría!*, quante cose ti direi!
quebrada *s.f.* **1** crepaccio (*m.*), fenditura: *a la orilla de una —*, sull'orlo di un crepaccio **2** (*geogr.*) passo (*m.*), gola.
quebradero *s.m. solo nella loc.*: *— de cabeza*, rompicapo.
quebradizo *agg.* fragile, delicato (*anche fig.*): *salud quebradiza*, salute debole/fragile | *voz quebradiza*, voce malferma.
quebrado *agg.* **1** frastagliato, irregolare; (*di terreno*) accidentato **2** (*comm.*) fallito **3** pallido **4** (*mat.*) frazionario: *número —*, numero frazionario ♦ *s.m.* **1** (*comm.*) fallito **2** (*mat.*) frazione (*f.*)
■ ***azúcar quebrado***, zucchero non raffinato | ***día quebrado***, giorno festivo | ***línea quebrada***, linea spezzata.
quebradura *s.f.* **1** fenditura, crepa: *una — en la tierra*, una fenditura nella terra **2** (*med.*) ernia.
quebraja *s.f.* crepa, fenditura.
quebrantable *agg.* **1** frangibile **2** (*fig.*) debole, vulnerabile.
quebrantado *agg.* **1** (*anche fig.*) rotto, frantumato: *tiene el corazón —*, ha il cuore spezzato **2** (*fig.*) abbattuto, stravolto, sconvolto.
quebrantador *agg., s.m.* trasgressore.
quebrantadora *s.f.* (*tecn.*) macchina frantumatrice.
quebrantahuesos *s.m.* **1** (*zool.*) gipeto, avvoltoio barbuto **2** (*fam., persona noiosa*) rompiscatole, palla (*f.*).
quebrantamiento *s.m.* **1** rottura (*f.*), frattura (*f.*), spaccatura (*f.*) **2** (*dir.*) infrazione (*f.*), violazione (*f.*): *— de la ley*, violazione della legge; *— de un pacto*, rottura di un patto.
quebrantaolas *s.m.* (*mar.*) frangiflutti.
quebrantar *v.tr.* **1** (*anche fig.*) rompere, spezzare, fare a pezzi **2** violare, trasgredire, infrangere: *quebrantó todas las promesas*, infranse tutte le promesse; *— la ley*, violare la legge **3** (*dir.*) annullare; revocare: *— un testamento*, annullare un testamento; *— un decreto presidencial*, revocare un decreto presidenziale **4** (*fig.*) diminuire, attenuare: *— las fuerzas*, diminuire le forze; *— un color*, attenuare un colore **5** (*fig.*) commuovere: *me quebranta escucharlo*, mi commuovo quando l'ascolto ♦ **-se** *v.pron.* **1** creparsi, incrinarsi **2** (*di salute*) rovinarsi **3** (*fig.*) procurarsi un'ernia.
quebranto *s.m.* **1** (*anche fig.*) rottura (*f.*): *el — del silencio*, la rottura del silenzio **2** (*fig.*) spossatezza (*f.*), debolezza (*f.*) **3** (*fig.*) sofferenza (*f.*), pena (*f.*): *mi — es hondo*, la

mia pena è profonda **4** (*fig.*) trauma, colpo **5** (*fig.*) rovina (*f.*), perdita (*f.*)
■ ***quebranto de moneda***, rimborso in caso di errore.

quebrar (*con. come* acertar) *v.tr.* **1** spaccare, rompere, spezzare; fendere: *— la leña con el hacha*, spaccare la legna con l'accetta; *— una vasija*, rompere un vaso; *el vidrio de la ventana se quebró*, il vetro della finestra si infranse **2** trasgredire, infrangere, violare: *— todas reglas*, infrangere tutte le regole **3** interrompere: *— la relación de confianza*, interrompere il rapporto di fiducia ♦ *v.intr.* **1** (*comm.*) fallire: *la fábrica quebró*, la fabbrica è fallita **2** (*fig.*) rompere, troncare: *ha quebrado con su amiga*, ha rotto con la sua amica | *tener la voz quebrada por la emoción*, avere la voce incrinata/rotta per l'emozione | *antes — que doblar*, spezzarsi ma non piegarsi ♦ **-se** *v.pron.* **1** (*anche fig.*) rompersi, spezzarsi: *se cayó y se quebró una pierna*, cadde e si ruppe una gamba; *nuestra amistad se quebró*, la nostra amicizia si è rotta | *— la cabeza*, rompersi la testa **2** prodursi un'ernia.

quebraza *s.f.* **1** (*di pelle*) screpolatura **2** (*pl., di spada*) imperfezioni (*pl.*) della lama.

quebrazón *s.m.* (*Amer.*) rottura, frantumazione.

quechua *agg., s.m./f.* (*Amer.*) quechua: *literatura —*, letteratura quechua.

queda *s.f.* coprifuoco (*m.*): *toque de —*, segnale di coprifuoco.

quedada *s.f.* (*meteor.*) calma di vento.

quedamente *avv.* pacatamente, piano, sommessamente.

quedar *v.intr.* **1** (*in un luogo, in una condizione*) restare, rimanere, fermarsi: *quedó fuera*, rimase fuori; *el trabajo quedó sin acabar*, il lavoro rimase incompiuto; *quedó herido*, rimase ferito | *— atrás*, rimanere indietro **2** rimanere, risultare: *quedó ciego*, rimase cieco | *no — a deber nada*, non dovere più nulla | *estar quedado con alguien*, essere innamorato di qlcu. | *— como un señor*, comportarsi da signore **3** trovarsi, essere situato: *el cine queda cerca del estanco*, il cinema è vicino al tabaccaio; *ese pueblo queda al norte de Sevilla*, quel paese si trova a nord di Siviglia **4** (*di tempo, strada*) mancare, restare: *quedan dos semanas para Navidad*, mancano due settimane a Natale; *me queda aún mucho para terminar*, mi manca ancora molto per finire; *quedan dos kilómetros para llegar*, mancano ancora due chilometri per arrivare **5** accordarsi con, concordare: *quedamos en pagar a plazos*, abbiamo concordato di pagare a rate | *¿en qué quedamos?*, che cosa facciamo?, come rimaniamo d'accordo? **6** darsi appuntamento: *¿a qué hora quedamos?*, a che ora ci vediamo? **7** rimanere, avanzare: *queda un poco de helado*, avanza/è rimasto un po' di gelato; *ya no queda aceite*, non c'è piu olio | *no — piedra por remover*, non lasciare nulla di intentato **8** (+ *agg. o avv.*) stare; andare: *los pantalones me quedan cortos*, i pantaloni mi vanno corti; *ese jersey te queda muy bien*, quel maglione ti sta molto bene; *¿a las tres te queda bien?*, ti va bene alle tre? ♦ **-se** *v.pron.* **1** rimanere, fermarsi: *nos quedamos hasta las diez*, siamo rimasti fino alle dieci; *— en casa*, restare a casa **2** tenersi; impossessarsi di; comprare: *quédate con mis libros*, tieniti i miei libri; *me quedo con esto*, mi prendo/compro questo
■ ***quedar por otro***, farsi garante per qlcu. | ***quedar bien, mal***, (*di abiti*) stare bene, male; (*fig.*) fare bella, brutta figura | ***quedarse en la ruina***, andare in rovina | ***quedarse frío***, rimanere freddo.

quedo *agg.* **1** tranquillo, calmo: *espero aquí —*, aspetto qui tranquillo **2** sommesso: *se acercó con pasos quedos*, si avvicinò a passi felpati ♦ *avv.* sottovoce, adagio: *habla — que el niño está durmiendo*, parla a bassa voce che il bimbo dorme; *lloraba muy —*, piangeva sommessamente.

quehacer *s.m. spec. pl.* faccenda (*f.*), occupazione (*f.*), lavoro: *quehaceres domésticos*, faccende domestiche | *dar —*, dare da fare.

queja *s.f. spec.pl.* **1** lamento (*m.*): *se oían las quejas de los heridos*, si sentivano i lamenti dei feriti **2** lamentela , rimostranza : *el cliente pone quejas al director*, il cliente fa le proprie rimostranze al direttore | *presentar una — de algo/alguien*, lamentarsi di qlco./qlcu. **3** (*dir.*) querela (*sing.*).

quejarse *v.pron.* **1** lamentarsi di; lagnarsi di: *se queja de su jefe*, si lamenta del suo capo **2** (*dir.*) querelare (qlcu.).

quejica *agg., s.m.* lamentoso, lagnoso: *una niña —*, una bambina lamentosa.

quejido *s.m.* gemito, lamento.

quejigal, quejigar *s.m.* (*bot.*) lecceto.

quejoso *agg.* scontento, lagnoso: *está — de él*, è scontento di lui.

quejumbre *s.f.* recriminazioni (*pl.*), lamentele (*pl.*).

quejumbroso *agg.* piagnucoloso, lamentoso: *un llanto —*, un pianto lamentoso.

quema *s.f.* **1** incendio (*m.*), rogo (*m*); bruciatura: *hubo una — en el bosque*, c'è stato un incendio nel bosco; *la — de la ciudad*, l'incendio della città **2** (*tecn.*) incinerazione
■ ***huir de la quema***, sfuggire un pericolo; stare alla larga.

quemadero *s.m.* (*tecn.*) bruciatore.

quemado *s.m.* **1** bruciato: *huele a —*, c'è odore di bruciato **2** ustionato.

quemador *agg.* piromane ♦ *s.m.* (*tecn.*) bruciatore.
quemadura *s.f.* **1** bruciatura **2** (*med.*) scottatura, ustione: *es una — superficial*, è un'ustione superficiale **3** (*med.*) piaga.
quemar *v.tr.* **1** bruciare: *he quemado el asado*, ho bruciato l'arrosto | (*fig.*) *— etapas*, bruciare le tappe **2** scottare, ustionare: *hoy el sol quema*, oggi il sole scotta; **3** (*fig.*, *una pianta*) bruciare, seccare, inaridire **4** (*di sostanza piccante o urticante*) bruciare **5** (*fig.*) distruggere: *quemó su vida en el juego*, ha distrutto la sua vita al gioco **6** (*fam.*) svendere: *— las existencias*, svendere le giacenze ♦ *v.intr.* scottare: *la sopa quema*, la minestra scotta ♦ **-se** *v.pron.* bruciarsi, scottarsi, ustionarsi: *me quemé con el café*, mi sono bruciato con il caffè; *me he quemado con la plancha*, mi sono scottata con il ferro da stiro
■ ***me sabe a cuerno quemado***, non mi convince | ***quémese la casa y que no salga humo***, i panni sporchi si lavano in casa | ***quemarse la sangre***, farsi cattivo sangue | (*nello studio*) ***quemarse las pestañas***, cavarsi gli occhi.
quemarropa, a *loc.avv.* a bruciapelo.
quemazón *s.f.* **1** bruciatura: *la — de las ramas y de la hierba seca*, la bruciatura dei rami e dell'erba secca; *la — de los libros*, il rogo dei libri **2** arsura, calura **3** (*anche fig.*) bruciore (*m.*): *sensación de —*, sensazione di bruciore; *siento — por su derrota*, mi brucia la sua sconfitta **4** svendita.
quepis *s.m.* (*mil.*) képi.
queratina *s.f.* (*biol.*) cheratina.
queratitis *s.f.* (*med.*) cheratite.
queratodermia *s.f.* (*med.*) cheratodermia.
querella *s.f.* **1** discordia, dissidio (*m.*), lite **2** (*dir.*) querela, causa **3** lamento (*m.*).
querellado *s.m.* (*dir.*) querelato.
querellador *s.m.* (*dir.*) querelante.
querellante *s.m./f.* (*dir.*) querelante.
querellarse *v.pron.* **1** (*dir.*) sporgere querela, querelare: *Juan se ha querellado contra la administración*, Juan ha querelato l'amministrazione/ha sporto querela contro l'amministrazione **2** lagnarsi, lamentarsi.
querencia *s.f.* **1** affetto (*m.*): *tiene una gran — por sus alumnos*, ha un grande affetto per i suoi allievi **2** (*fig.*) istinto che fa tornare al luogo di origine; attaccamento a un luogo **3** (*fig.*) nido (*m.*); tana; stalla: *los caballos huelen la —*, i cavalli fiutano la stalla; *la — del zorro está en el bosque*, la tana della volpe è nel bosco.
querendón *agg.* (*Amer.*) affettuoso: *es un niño muy —*, è un bambino molto affettuoso.
querer (*indic.pres.* quiero, quieres...; *pass. rem.* quise, quisiste...; *fut.* querré, querrás...; *cond.* querré, querrás...; *cong.pres.* quiera, quieras...; *imperf.* quisiera, quisieras...; *imp.* quiere, quiera, quieran) *v.tr.* **1** volere; desiderare: *quiero una falda gris*, voglio una gonna grigia; *¿qué quieres?*, cosa vuoi?; *quiero ir a la playa*, desidero andare al mare | *quiera que no*, che lo voglia o meno | *¿qué quiere decir?*, che cosa vuol dire? | *¿qué más quieres?*, cosa vuoi di più? | *¡aquí te quiero escopeta!*, qui ti voglio! | *sin —*, senza volere **2** voler bene a, amare: *te quiero mucho*, ti amo molto | *dejarse —*, farsi benvolere **3** volere, chiedere, esigere: *¿cuanto quieres por tus zapatos?*, quanto vuoi per le tue scarpe? | *¿como quieres que...?*, come vuoi che...? ♦ *s.m.* amore, affetto: *llora por cosas del —*, piange per questioni di cuore
■ ***como quiera que***, comunque | ***cuando quiera que...***, ogni volta che | ***¡que si quieres!***, non se ne parla!
querido *agg.* caro: *mi — amigo*, mio caro amico ♦ *s.m.* **1** amante (*m./f.*): *su querida es muy guapa*, la sua amante è molto bella **2** (*fam.*) mantenuto.
querosén *s.m.* (*Amer.*, *chim.*) cherosene.
queroseno *s.m.* (*chim.*) cherosene.
querube *s.m.* (*lett.*) cherubino.
querubín *s.m.* cherubino.
quesadilla *s.f.* (*cuc.*) **1** pasticcio (*m.*) di formaggio **2** pasticcino (*m.*) farcito.
quesera *s.f.* **1** formaggiera **2** caseificio (*m.*) **3** vassoio (*m.*) dei formaggi.
quesería *s.f.* **1** caseificio (*m.*): *taller de —*, laboratorio caseario **2** bottega, negozio (*m.*) del formaggiaio.
quesero *s.m. agg.* **1** caseario: *tecnología quesera*, tecnologia casearia **2** (*fam.*) amante dei formaggi, formaggiaio.
quesillo *s.m.* (*Amer.*) ricotta (*f.*).
quesito *s.m.* (*porzione*) formaggino.
queso *s.m.* formaggio | *— de bola*, formaggio olandese | *— manchego*, pecorino manchego | *— parmesano*, parmigiano | *— de hierba*, formaggio erborinato
■ ***dársela con queso***, darla a bere.
quevedesco *agg.* (*lett.*) di Quevedo.
quevedos *s.m.pl.* occhiali stringinaso (*sing.*), pince-nez (*sing.*).
quiasma *s.m.* (*biol.*) chiasmo.
quiasmo *s.m.* (*lett.*) chiasmo.
quiche *s.f.* (*cuc.*) quiche.
quicial *s.m.* (*edil.*) stipite.
quicio *s.m.* cardine | (*fig.*) *fuera de —*, fuori di senno | *sacar de — a alguien*, esasperare, far uscire dai gangheri qlcu. | *sacar de — a algo*, ingigantire qlco.
quico *s.m.* chicco di mais tostato | (*fig.*) *ponerse como el —*, mangiare molto.
quid *s.m.* essenza (*f.*), nocciolo; quid | *vamos al —*, veniamo al sodo.
quid pro quo *loc. sost.m.* qui pro quo.
quiebra *s.f.* **1** rottura, spaccatura, fenditura

2 (*comm.*) fallimento (*m.*), bancarotta: *declaración de —*, dichiarazione di fallimento.
quiebro *s.m.* **1** torsione (*f.*) **2** (*sport*) scarto, finta (*f.*) **3** (*mus.*) gorgheggio.
quien (*pl.* quienes) *pron.rel.* **1** colui, che, cui: *fue él — llegó tarde, no tú*, fu lui che arrivò tardi, non tu; *encontré a Luis, — me dijo...*, ho incontrato Luis, che mi ha detto...; *es él a — quiero hablar*, è a lui che voglio parlare; *las personas de quien(es) me hablaste*, le persone di cui mi hai parlato | *— calla otorga*, chi tace acconsente | *como — oye llover*, come se niente fosse | *como — no quiere cosa*, facendo finta di niente **2** (*preceduto da v. alla forma negativa.*) nessuno: *no hay — pueda con él*, non c'è nessuno che lo sopporti ♦ *pron.indef.* chi | *— más — menos*, a chi più a chi meno.
quién (*pl.* quienes) *pron.interr.* chi: *¿— es?*, chi è?; *¿quiénes nos visitan hoy?*, chi ci viene a trovare oggi? | *— sabe*, chissà | *dime con — andas y te diré — eres*, dimmi con chi vai e ti dirò chi sei.
quienquiera (*pl.* quienesquiera) *pron.indef.* chiunque, chicchessia: *— puede decírtelo*, chiunque può dirtelo; *— que sea le recibiré*, chiunque sia lo riceverò.
quiescencia *s.f.* quiescenza.
quiescente *agg.* quiescente.
quietarse *v.pron.* acquietarsi.
quietismo *s.m.* (*relig.*) quietismo.
quietista *agg.*, *s.m./f.* (*relig.*) quietista.
quieto *agg.* **1** (*anche fig.*) fermo: *no puedo tener las manos quietas*, non posso tenere ferme le mani; *quédate — ahí*, stai fermo lì; *el expediente está —*, la pratica è bloccata **2** quieto, calmo: *el mar está — hoy*, oggi il mare è calmo; *una vida quieta*, una vita tranquilla.
quietud *s.f.* **1** quiete, calma, tranquillità: *la — del alma*, la tranquillità dell'anima **2** immobilità.
quif *s.m.* hascisc.
quijada *s.f.* **1** (*zool.*) mascella **2** (*tecn.*) ganascia.
quijal *s.m.* (*zool.*) **1** mandibola (*f.*) **2** molare.
quijarudo *agg.* mascellone.
quijotada *s.f.* **1** spavalderia, temerarietà **2** azione nobile e ingenua.
quijote[1] *s.m.* **1** (*di armatura*) cosciale **2** (*di animali*) groppa (*f.*).
quijote[2] *s.m.* donchisciotte.
quijotesco *agg.* donchisciottesco.
quijotismo *s.m.* donchisciottismo.
quilatador *s.m.* (*di oro, argento o preziosi*) saggiatore.
quilatar *v.tr.* (*oreficeria*) caratare.
quilate *s.m.* carato: *oro de 18 quilates*, oro a 18 carati.
quilatera *s.f.* strumento (*m.*) per misurare le perle.
quilla *s.f.* (*mar.*) chiglia.
quillotrar *v.tr.* (*fam.*) **1** invogliare, stimolare: *el turismo quillotra la riqueza del área*, il turismo stimola la ricchezza dell'area **2** piacere **3** considerare, rimuginare **4** corteggiare.
quillotro *s.m.* **1** stimolo **2** traccia (*f.*), segno **3** complimento **4** filone, tresca (*f.*) **5** amante, innamorato.
quilo[1] *s.m.* chilogrammo, chilo: *cuesta 50 euros el —*, costa 50 euro al chilo.
quilo[2] *s.m.* (*biol.*) chilo.
quilogramo *s.m.* → **kilogramo.**
quilométrico *agg.* **1** chilometrico **2** (*fig.*) lunghissimo, interminabile: *hay un titular — en primera plana*, c'è un titolo chilometrico in prima pagina ♦ *s.m.* (*ferr.*) biglietto a fascia chilometrica.
quilómetro *s.m.* → **kilómetro.**
quilovatio *s.m.* (*fis.*) chilowatt, kilowatt | *— hora*, chilowattora.
quimera *s.f.* **1** (*mit.*) chimera **2** (*fig.*) chimera, illusione, utopia: *la — del progresismo*, la chimera del progressismo **3** (*fig.*) disputa, contesa.
quimérico *agg.* chimerico, utopico, utopistico, fantastico: *un animal —*, un animale chimerico; *una idea quimérica*, un'idea utopistica.
quimerista *agg.* **1** sognatore, fantasioso **2** polemico, rissoso ♦ *s.m./f.* **1** sognatore (*m.*) **2** attaccabrighe, rissoso (*m.*).
quimerizar (*con. come* cazar) *v.intr.* fantasticare.
química *s.f.* chimica | *— orgánica, inorgánica*, chimica organica, inorganica | *— pura*, chimica pura | *— física*, chimica fisica | *— farmacéutica*, chimica farmaceutica.
químico *agg.*, *s.m.* chimico.
quimificación *s.f.* (*biol.*) chimificazione.
quimificar (*con. come* pescar) *v.tr.* (*biol.*) chimificare.
quimioterapia *s.f.* (*med.*) chemioterapia.
quimono *s.m.* (*abbigl.*) chimono.
quina *s.f.* (*bot.*, *liquore*) china | *tragar —*, inghiottire un boccone amaro | *ser más malo que la —*, essere cattivissimo, perfido.
quinado *agg.* (*vino*) chinato.
quinaquina *s.f.* (*bot.*) corteccia della china.
quinario *agg.* (*mat.*) quinario ♦ *s.m.* (*moneta*) quinario.
quincalla *s.f.* **1** chincaglieria, bigiotteria **2** (*fig.*) cianfrusaglia.
quincallería *s.f.* chincaglieria: *un bazar de —*, un bazar di chincaglieria.
quincallero *agg.*, *s.m.* chincagliere.
quince *agg.num.*, *s.m.* **1** (*card.*) quindici **2** (*ord.*) quindicesimo.

quinceavo *agg.*, *s.m.* quindicesimo.
quinceañero *agg.*, *s.m.* quindicenne (*m./f.*) | *moda quinceañera*, moda per adolescenti.
quincena *agg.*, *s.f.* **1** (*anche salario*) quindicina **2** (*dir.*) custodia cautelare di quindici giorni.
quincenal *agg.* quindicinale.
quinceno *agg.* quindicesimo.
quincuagenario *agg.* **1** cinquantesimo **2** cinquantenne ♦ *s.m.* cinquantenne (*m./f.*).
quincuagésimo *agg.* cinquantesimo.
quindécimo *agg.*, *s.m.* quindicesimo.
quindenio *s.m.* quindicennio.
quinesiología *s.f.* (*med.*) chinesiologia.
quinesiólogo *s.m.* (*med.*) chinesiologo.
quinesioterapia *s.f.* (*med.*) chinesiterapia.
quingentésimo *agg.*, *s.m.* cinquecentesimo.
quiniela *s.f.* **1** totocalcio (*m.*) **2** schedina del totocalcio | *tocar la —*, vincere al totocalcio, imbroccare la schedina **3** (*Amer.*) lotteria.
quinielista *s.m./f.* scommettitore.
quinientista *agg.* cinquecentesco.
quinientos (*pl.* -as) *agg.num.*, *s.m.* cinquecento: *— libros*, cinquecento libri; *quinientas personas*, cinquecento persone.
quinina *s.f.* (*chim.*) chinino (*m.*).
quino *s.m.* (*bot.*) china (*f.*).
quínola *s.f.* (*fam.*) stramberia, stranezza.
quinona *s.f.* (*farm.*) chinone (*m.*).
quinoto *s.m.* (*Amer.*, *bot.*) chinotto | *romper a alguien los quinotos*, rompere le scatole a qlcu.
quinqué *s.m.* lume a petrolio.
quinquenal *agg.* quinquennale.
quinquenio *s.m.* quinquennio.
quinqui *s.m.* delinquente, balordo.
quinta *s.f.* **1** villa, casa di campagna **2** (*mil.*) leva: *la — de 1983*, la leva del 1983 | *entrar en quintas*, essere di leva **3** (*riferito all'età*) classe: *es de mi —*, è della mia classe **4** (*mus.*) intervallo (*m.*) di quinta.
quintacolumnista *s.m./f.* (*st.*) membro (*m.*) della quinta colonna.
quintaesencia *s.f.* quintessenza.
quintaesenciar *v.tr.* raffinare.
quintal *s.m.* quintale.
quintana *s.f.* residenza di campagna.
quintar *v.tr.* **1** sorteggiare uno tra cinque **2** (*mil.*) reclutare.
quintería *s.f.* (*agr.*) tenuta.
quinterno *s.m.* **1** quinterno **2** (*gioco*) cinquina (*f.*)
quinteto *s.m.* (*mus.*) quintetto.
quintilla *s.f.* **1** strofa di cinque versi **2** (*gioco*) poker (*m.*).
quinto *agg.num.ord.* quinto ♦ *s.m.* **1** (*mil.*) recluta (*f.*) **2** (*econ.*) imposta (*f.*) del 20%.
quíntuple *agg.*, *s.m.* quintuplo.
quintuplicar (*con. come* pescar) *v.tr.* quintuplicare: *— el tamaño*, quintuplicare la grandezza.
quíntuplo *agg.*, *s.m.* quintuplo.
quiosco *s.m.* **1** chiosco, gazebo **2** (*comm.*) edicola (*f.*).
quiosquero *s.m.* (*comm.*) edicolante (*m./f.*).
quiquiriquí *s.m.* **1** chicchirichì **2** (*persona*) galletto.
quirguiz *agg.*, *s.m.* chirghiso.
quirófano *s.m.* (*med.*) sala (*f.*) operatoria.
quirógrafo *agg.*, *s.m.* (*dir.*) chirografo.
quiromancia, quiromancía *s.f.* chiromanzia.
quiromante, **quiromántico** *s.m./f.* chiromante.
quiromasaje *s.m.* (*med.*) chiromassaggio.
quiropráctica *s.f.* (*med.*) chiropratica.
quiropractor *s.m.* (*med.*) chiropratico.
quirúrgico *agg.* (*med.*) chirurgico: *intervención quirúrgica*, intervento chirurgico.
quirurgo *s.m.* (*med.*) chirurgo.
quisco *s.m.* (*bot.*) cereo.
quisicosa *s.f.* enigma (*m.*), indovinello (*m.*).
quisquilla *s.f.* **1** quisquilia, minuzia, bazzecola **2** (*zool.*) gamberetto (*m.*).
quisquillosidad *s.f.* permalosità.
quisquilloso *agg.* **1** permaloso, suscettibile **2** pedante, sofistico, meticoloso.
quistarse *v.pron.* farsi benvolere.
quiste *s.m.* (*biol.*, *med.*) cisti (*f.*).
quita *s.f.* (*dir.*) condono (*m.*).
quitaesmalte *s.m.* solvente, acetone.
quitamanchas *s.m.* smacchiatore.
quitamiedos *s.m.* **1** (*di scala*) mancorrente **2** (*di strada*) guardrail.
quitanieves *s.f.* spazzaneve (*m.*).
quitanza *s.f.* (*assicurazione*) quietanza | *— de prima*, quietanza di premio.
quitapenas *s.m.* (*fam.*) alcolico, liquore.
quitapesares *s.m.* consolazione (*f.*), sollievo.
quitar *v.tr.* **1** togliere, levare: *— una mancha*, togliere una macchia; *— el mantel de la mesa*, levare la tovaglia dal tavolo | *— la vida*, togliere la vita | *de quita y pon*, da mettere e togliere; facile da installare e smontare | *no — los ojos de encima*, non levare gli occhi di dosso | *— el sentido*, togliere di sentimento | *— el sombrero*, fare tanto di cappello **2** prendere, rubare; privare di: *me quitaron la maleta*, mi hanno rubato la valigia **3** (*dir.*) abrogare, derogare: *— una ley*, abrogare una legge **4** riscattare, togliere: *— una hipoteca*, togliere un'ipoteca **5** impedire, proibire: *me quitaron de fumar*, mi hanno proibito di fumare **6** liberare, togliere | *— la mesa*, sparecchiare la tavola ♦ **-se** *v.pron.* **1** allontanarsi, andarsene: *¡quítate de la puerta!*, levati dalla porta!; *se me ha quitado el hambre*, mi è passata la fame **2** togliersi, levarsi: *— los calcetines*, togliersi i calzini; *estas manchas no se quitan*, queste macchie non vanno/ven-

gono via | — *de en medio*, togliersi di torno/ di mezzo **3** smettere: — *de fumar*, smettere di fumare

■ ***ni quitar ni poner***, non prendere posizione | ***quitando...***, a eccezione di... | ***que quita el hipo***, mozzafiato | ***quitarse de encima***, togliersi dai piedi; sbarazzarsi di (qlcu. o qlco.).

quitasol *s.m.* parasole, ombrellino.

quitasueño *s.m.* cruccio, angoscia (*f.*), preoccupazione (*f.*).

quite *s.m.* **1** scarto, mossa (*f.*) **2** (*scherma*) parata (*f.*) **3** (*corrida*) azione (*f.*) effettuata da un torero per aiutarne un altro in difficoltà | *estar al* —, tenersi pronti per accorrere in aiuto di qlcu. | *ir al* —, accorrere in aiuto | (*Amer.*) *sacar el* —, schivare, sfuggire a qlco. | *no tener* —, essere senza rimedio.

quiteño *agg.* di Quito ♦ *s.m.* nativo di Quito.

quitina *s.f.* (*chim.*) chitina.

quito *agg.* libero, immune.

quivi *s.m.* → **kiwi.**

quizá, quizás *avv.* forse, magari; chissà: — *tenga suerte*, forse avrà fortuna; — *nadie le haya dicho lo ocurrido*, forse nessuno gli avrà detto ciò che è successo; *lo hará*, —, *porque me quiere*, lo farà, forse/chissà, perché mi vuole bene.

quórum *s.m.* quorum, numero legale.

Rr

r *s.f.* r | (*tel.*) — *como Ramón*, r come Roma.
rabada *s.f.* (*taglio di carne*) quarto (*m.*) posteriore.
rabadán *s.m.* **1** capo dei pastori **2** mandriano.
rabadilla *s.f.* (*anat.*) coccige (*m.*).
rabanal *s.m.* campo di ravanelli.
rabanera *s.f.* **1** donnaccia **2** insalatiera.
rabanero *agg.* ordinario, volgare, svergognato ♦ *s.m.* venditore di ravanelli.
rabanillo *s.m.* **1** (*bot.*) rapa (*f.*) **2** acidità (*f.*) del vino **3** (*fam.*) ritrosia (*f.*), scontrosità (*f.*).
rabaniza *s.f.* (*bot.*) **1** seme (*m.*) della rapa **2** ruchetta.
rábano *s.m.* (*bot.*) ravanello | — *picante*, rafano | *¡me importa un —!*, non me ne importa un cavolo/un fico secco.
rabárbaro *s.m.* (*bot.*) rabarbaro.
rabasaire *s.m.* mezzadro, contadino catalano.
rabear *v.intr.* **1** scodinzolare **2** (*mar.*) sbandare.
rabel *s.m.* **1** (*mus.*) ribeca (*f.*) **2** (*fam.*) sedere.
rabelero *s.m.* (*mus.*) suonatore di ribeca.
rabeo *s.m.* scodinzolio.
rabera *s.f.* **1** parte posteriore **2** (*agr.*) pula.
rabí (*pl.* -íes) *s.m.* (*relig.*) rabbino.
rabia *s.f.* **1** (*med.*) rabbia **2** rabbia, ira, collera: *es lo único que me da —*, è l'unica cosa che mi fa rabbia **3** antipatia, avversione: *dice que el profesor le tiene —*, dice che il professore ce l'ha con lui.
rabiar *v.intr.* **1** (*med.*) avere la rabbia **2** adirarsi, arrabbiarsi, incollerirsi **3** soffrire intensamente: *está rabiando de dolor de cabeza*, soffre moltissimo per il mal di testa ■ ***rabiar por***, desiderare ardentemente: *rabia por salir con aquella mujer*, impazzisce dalla voglia di uscire con quella donna | ***a rabiar***, moltissimo, da impazzire: *me gusta la paella a —*, la paella mi piace da impazzire.
rabiatar *v.tr.* legare per la coda.
rabiazorras *s.m.* (*fam.*) vento di levante.
rábico *agg.* (*med.*) rabbico.
rabicorto *agg.* dalla coda corta.
rabieta *s.f.* broncio (*m.*), capriccio (*m.*).
rabihorcado *s.m.* (*zool.*) fregata (*f.*).
rabilargo *agg.* dalla coda lunga.
rabillo *s.m.* **1** codino, coda (*f.*) | *mirar con el — del ojo*, guardare con la coda dell'occhio **2** (*bot.*) picciolo, peduncolo.
rabínico *agg.* (*relig.*) rabbinico.
rabinismo *s.m.* (*relig.*) rabbinismo.
rabinista *s.m./f.* (*relig.*) rabbinista.
rabino *s.m.* (*relig.*) rabbino.
rabión *s.m.* (*di fiume*) rapida (*f.*).
rabioso *agg.* **1** (*med.*) rabbioso, idrofobo: *un perro —*, un cane idrofobo **2** adirato, furioso, collerico: *me pone siempre —*, mi fa sempre infuriare.
rabisalsera *agg.* (*di donna*) disinvolta.
rabiza *s.f.* **1** punta della canna da pesca **2** (*mar.*) stroppo (*m.*).
rabo *s.m.* **1** coda (*f.*): *menear el —*, scodinzolare | *irse con el — entre las piernas*, andarsene con la coda fra le gambe | *de cabo a —*, da capo a piedi **2** (*bot.*) picciolo, peduncolo **3** (*volg.*) pene **4** (*agr.*) pula (*f.*).
rabón *agg.* senza coda; dalla coda mozza.
raboso *agg.* sfilacciato.
rabotada *s.f.* insulto (*m.*).
rabotear *v.tr.* mozzare la coda.
raboteo *s.m.* **1** mozzatura (*f.*) della coda **2** periodo dell'anno in cui i pastori mozzano la coda alle pecore.
rábula *s.m.* (*spreg.*) leguleio.
racamento *s.m.* (*mar.*) trozza (*f.*).
racanear *v.intr.* (*fam.*) **1** essere tirchio, avere il braccino corto **2** battere la fiacca.
rácano *agg., s.m.* (*fam.*) **1** tirchio, avaro, taccagno **2** sfaticato.
racha *s.f.* **1** (*meteor.*) raffica: *una — de viento*, una raffica di vento **2** (*fig.*) serie, successione: *ha habido una — de robos*, c'è stata una serie di furti **3** (*fig.*) periodo (*m.*), momento (*m.*): *mala —*, brutto periodo | *buena —*, colpo di fortuna.
racheado *agg.* a raffiche.
rachear *v.intr.* (*di vento*) soffiare a raffiche.
racial *agg.* razziale.
racimado *agg.* a grappoli.
racimal *agg.* relativo al grappolo.
racimar *v.tr.* (*agr.*) racimolare, raspollare ♦ **-se** *v.pron.* formare dei grappoli.
racimo *s.m.* (*bot., fig.*) racemo, grappolo.
racimudo *agg.* dai grappoli grandi.
raciocinación *s.f.* raziocinio (*m.*).
raciocinar *v.intr.* raziocinare, ragionare.

raciocinio *s.m.* **1** raziocinio, buon senso **2** ragionamento, argomentazione (*f.*).
ración *s.f.* razione, porzione: *una copa de vino y una — de tortilla*, un bicchiere di vino e una porzione di frittata | *estar a media —*, essere alla fame.
racional *agg.* razionale, pensante; logico.
racionalidad *s.f.* razionalità.
racionalismo *s.m.* razionalismo.
racionalista *agg.*, *s.m./f.* razionalista.
racionalización *s.f.* razionalizzazione.
racionalizar (*con. come* cazar) *v.tr.* razionalizzare, rendere razionale.
racionamiento *s.m.* razionamento.
racionar *v.tr.* razionare, dividere in razioni.
racionero *s.m.* **1** vivandiere **2** (*relig.*) prebendario.
racismo *s.m.* razzismo.
racista *s.m.* razzista.
racor, racór *s.m.* (*tecn.*) raccordo.
rada *s.f.* (*di mare*) rada, insenatura.
radar *s.m.* (*elettr.*) radar.
radarista *s.m./f.* (*elettr.*) radarista.
radiación *s.f.* (*fis.*) radiazione.
radiactividad *s.f.* (*fis.*) radioattività.
radiactivo *agg.* (*fis.*) radioattivo.
radiado *agg.* **1** (*anche bot.*) radiato **2** (*zool.*) raggiato.
radiador *s.m.* **1** (*di motore*) radiatore **2** calorifero, termosifone.
radial *agg.* **1** radiale: *red — de transportes*, rete radiale di trasporti **2** (*Amer.*) radiotrasmesso: *programa —*, programma radiotrasmesso.
radián *s.m.* (*geom.*) radiante.
radiante *agg.* **1** radiante **2** luminoso, splendente, brillante **3** (*fig.*) raggiante, esultante, radioso: *está — de felicidad*, è raggiante di gioia.
radiar *v.tr.* **1** (*fis.*, *med.*) irradiare, sottoporre a radiazione **2** (*radio*) trasmettere: *vamos a — música ligera*, trasmetteremo musica leggera.
radicación *s.f.* **1** (*bot.*) radicazione **2** radicamento (*m.*).
radical *agg.* radicale: *un cambio —*, un cambiamento radicale ♦ *s.m.* (*gramm.*, *mat.*, *chim.*) radicale | *radicales libres*, radicali liberi.
radicalismo *s.m.* radicalismo, estremismo.
radicalizar (*con. come* cazar) *v.tr.* radicalizzare, estremizzare ♦ **-se** *v. pron.* radicalizzarsi.
radicar (*con. come* pescar) *v.intr.* **1** radicare, attecchire **2** stare, essere ubicato: *la escritura radica en la notaría de…*, la scrittura si trova presso l'ufficio notarile di…; *la fábrica radica en las cercanías de la capital*, lo stabilimento è situato nelle vicinanze della capitale **3** dipendere da: *su éxito radica en el favor de la prensa*, il suo successo dipende dal favore della stampa ♦ **-se** *v. pron.* stabilirsi, prendere dimora.
radícula *s.f.* (*bot.*) radichetta.
radicular *agg.* (*bot.*) radicolare.
radiestesia *s.f.* radioestesia.
radiestesista *s.m./f.* radioestesista.
radio[1] *s.f.* radio: *— de transistores*, radio a transistor; *— portátil*, radio portatile; *encender, apagar la —*, accendere, spegnere la radio.
radio[2] *s.m.* **1** (*geom.*) raggio **2** (*di ruota*) raggio **3** (*anat.*) radio
■ ***radio de acción***, raggio d'azione.
radio[3] *s.m.* (*chim.*) radio.
radio- *pref.* radio-.
radioaficionado *s.m.* (*tel.*)radioamatore.
radiobaliza *s.f.* (*mar.*) radiogoniometro (*m.*).
radiocasete *s.m.* radioregistratore.
radiocomunicación *s.f.* (*tel.*) radiocomunicazione.
radiodespertador *s.m.* radiosveglia (*f.*).
radiodiagnóstico *s.m.* (*med.*) radiodiagnostico.
radiodifundir *v.tr.* radiodiffondere, radiotrasmettere.
radiodifusión *s.f.* **1** radiodiffusione **2** (*tecn.*) radiotrasmittente.
radiodifusor *agg.* che radiodiffonde.
radioelectricidad *s.f.* radioelettricità.
radioeléctrico *agg.* radioelettrico.
radioemisora *s.f.* (*tel.*) stazione radioemittente.
radioescucha *s.m./f.* radioascoltatore (*m.*), radioascoltatrice (*f.*).
radiofonía *s.f.* → **radiotelefonía.**
radiofónico *agg.* radiofonico.
radiofonista *s.m./f.* → **radiotelefonista.**
radiofrecuencia *s.f.* (*tel.*) radiofrequenza.
radiografía *s.f.* (*med.*) radiografia.
radiografiar (*con come* confiar) *v.tr.* (*med.*) radiografare.
radiográfico *agg.* (*med.*) radiografico.
radiogramola *s.f.* radiogrammofono (*m.*).
radiología *s.f.* (*med.*) radiologia.
radiológico *agg.* (*med.*) radiologico.
radiólogo *s.m.* (*med.*) radiologo.
radiomando *s.m.* radiocomando.
radiomensaje *s.m.* radiomessaggio.
radiometría *s.f.* (*fis.*) radiometria.
radiómetro *s.m.* (*fis.*) radiometro.
radionavegación *s.f.* (*elettr.*) radionavigazione.
radionovela *s.f.* serial (*m.*) radiofonico; radiodramma (*m.*).
radiorreceptor *s.m.* radioricevitore, radioricevente (*f.*).
radioscopia *s.f.* (*med.*) radioscopia.
radioscópico *agg.* (*med.*) radioscopico.
radiosensibilidad *s.f.* (*med.*) radiosensibilità.

radioso *agg.* radioso, raggiante, sfolgorante.
radiosonda *s.f.* (*meteor.*) radiosonda.
radiotaxi *s.m.* radiotaxi.
radiotecnia *s.f.* radiotecnica.
raditotécnico *s.m.* radiotecnico.
radiotelefonía *s.f.* (*tel.*) radiotelefonia.
radiotelefónico *agg.* (*tel.*) radiotelefonico.
radiotelefonista *s.m.* (*tel.*) radiofonista.
radioteléfono *s.m.* (*tel.*) radiotelefono.
radiotelegrafía *s.f.* (*tel.*) radiotelegrafia.
radiotelegrafiar *v.tr.* (*tel.*) radiotelegrafare.
radiotelegráfico *agg.* (*tel.*) radiotelegrafico.
radiotelegrafista *s.m./f.* (*tel.*) radiotelegrafista.
radiotelégrafo *s.m.* (*tel.*) radiotelegrafo.
radiotelegrama *s.m.* (*tel.*) radiotelegramma.
radiotelescopio *s.m.* radiotelescopio.
radiotelevisión *s.f.* (*tel.*) radiotelevisione.
radioterapeuta *s.m./f.* (*med.*) radioterapista.
radioterapéutico *agg.* (*med.*) radioterapeutico.
radioterapia *s.f.* (*med.*) radioterapia.
radioterápico *agg.* → **radioterapéutico.**
radiotransmisión *s.f.* (*tel.*) radiotrasmissione.
radiotransmisor *s.m.* (*tel.*) radiotrasmettitore.
radioyente *s.m./f.* → **radioescucha.**
radisótopo *s.m.* (*chim.*) radioisotopo.
radón *s.m.* (*chim.*) radon.
rádula *s.f.* (*zool.*) radula.
raedera *s.f.* raschietto (*m.*).
raedor *agg.*, *s.m.* rasatore.
raedura *s.f.* **1** rasatura **2** raschiatura.
raer (*indic.pres.* rao/raigo/rayo, raes...; *cong. pres.* raiga/raya, raigas/rayas...; *imp.* raiga/raya, raigamos/rayamos, raigan/rayan) *v.tr.* **1** radere **2** raschiare, raspare, grattare **3** (*fig.*) estirpare: — *la mafia*, estirpare la mafia.
rafa *s.f.* (*arch.*) pilastro (*m.*) di sostegno.
ráfaga *s.f.* **1** (*anche di arma da fuoco*) raffica **2** lampo (*m.*), bagliore (*m.*).
rafe *s.m.* (*anat.*, *bot.*) rafe | — *escrotal*, rafe scrotale.
rafia *s.f.* (*tess.*) rafia.
ragú *s.m.* (*cuc.*) stufato di carne.
ragua *s.f.* (*bot.*) punta della canna da zucchero.
raguseo *agg.*, *s.m.* (*geogr.*) abitante di Ragusa.
rahez (*pl.* -ces) *agg.* vile, spregevole.
raíble *agg.* rasabile.
raicilla *s.f.* (*bot.*) radichetta.
raído *agg.* (*di tela, vestito*) logoro, frusto, consumato.
raigal *agg.* della radice, radicale.
raigambre *s.f.* **1** fascio (*m.*) di radici **2** (*fig.*) legame (*m.*), radicamento (*m.*): *la — con las personas de su país*, il legame con la gente del suo paese **3** (*fig.*) tradizioni (*pl.*), costumi (*m.pl.*): *era una persona de — católica*, era una persona di tradizione cattolica.
raigón *s.m.* radice (*f.*) di un dente.
raíl, rail *s.m.* rotaia (*f.*).
raimiento *s.m.* **1** raschiatura (*f.*) **2** (*fig.*) sfacciataggine (*f.*), sfrontatezza (*f.*).
raíz (*pl.* -ces) *s.f.* **1** (*bot.*) radice: *echó raíces en mi casa*, ha messo radici in casa mia **2** (*fig.*) origine, causa: *la — del mal*, l'origine, la radice del male **3** (*mat.*) radice: — *cuadrada*, radice quadrata | — *cúbica*, radice cubica **4** (*spec. pl.*) immobile: *bienes raíces*, beni immobili
■ ***a raíz de***, in seguito a, a partire da.
raja *s.f.* **1** fessura, fenditura, crepa **2** fetta: *una — de queso*, *de sandía*, una fetta di formaggio, di anguria **3** (*di legno*) scheggia
■ ***sacar raja***, trarre profitto.
rajadillo *s.m.* (*cuc.*) croccante di mandorle.
rajadizo *agg.* fragile.
rajador *s.m.* taglialegna.
rajadura *s.f.* crepa, scheggiatura, fessura.
rajar *v.tr.* **1** crepare: *el agua hirviendo ha rajado el vaso*, l'acqua bollente ha crepato il bicchiere **2** (*legna*) spaccare, spezzare **3** affettare, tagliare a fette **4** (*fam.*) ferire (con arma bianca) ♦ *v.intr.* **1** fare il bullo **2** (*fig.*, *fam.*) chiacchierare, cianciare ♦ **-se** *v.pron.* (*fam.*) desistere, fare marcia indietro, tornare sui propri passi: *se ha rajado de su propósito de hacer los exámenes este año*, ha desistito dal proposito di dare gli esami quest'anno.
rajatabla, a *loc.avv.* rigorosamente; a qualsiasi prezzo: *lleva la dieta —*, segue la dieta rigorosamente.
rajuela *s.f.* sasso (*m.*), ciottolo (*m.*).
ralea *s.f.* **1** (*di cose*) specie, qualità, razza: *de mala —*, di cattiva qualità | *de baja —*, disprezzabile, di bassa lega **2** (*spreg.*, *di persone*) risma: *no me gustan los de su —*, non mi piacciono quelli della sua risma/quelli come lui.
ralear *v.intr.* **1** sfoltirsi, diradarsi **2** (*di uva*) non granarsi **3** (*fig.*) rivelarsi, mostrarsi.
ralentí *s.m.* rallentatore: *al —*, al rallentatore.
ralentización *s.f.* rallentamento (*m.*).
ralentizar (*con. come* cazar) *v.tr.* rallentare.
rallador *s.m.* (*cuc.*) grattugia (*f.*).
ralladura *s.f.* **1** grattatura **2** cosa grattugiata.
rallar *v.tr.* **1** grattugiare **2** infastidire.
rallo *s.m.* **1** raspa (*f.*) **2** grattugia (*f.*)
■ ***cara de rallo***, faccia butterata.
rallón *s.m.* dardo, freccia (*f.*).
ralo *agg.* rado, diradato: *un bosque —*, un bosco rado.
rama[1] *s.f.* **1** (*bot.*) ramo (*m.*) **2** (*fig.*) ramo (*m.*), branca, indirizzo (*m.*): *una — de la filo-*

sofía, una branca della filosofia | *una — de la familia*, un ramo della famiglia **3** diramazione ■ ***de rama en rama***, di palo in frasca | ***andarse/irse por las ramas***, divagare, saltare di palo in frasca.
rama² *s.f.* (*tip.*) telaio (*m.*).
ramadán *s.m.* (*relig.*) ramadan.
ramaje *s.m.* (*bot.*) frascame, fogliame.
ramal *s.m.* **1** (*viario*, *fluviale*) ramo, diramazione (*f.*), derivazione (*f.*): — *de carretera*, diramazione stradale **2** (*di scala*) rampa (*f.*): *el — derecho*, la rampa destra.
ramalazo *s.m.* **1** attacco, fitta (*f.*): *me ha dado un — en la espalda*, (*fam.*) mi è venuto il colpo della strega **2** raptus.
ramalear *v.intr.* seguire docilmente.
ramalillo *s.m.* (*di cavallo*) redine (*f.*).
ramazón *s.m.* ramaglia (*f.*).
rambla *s.f.* **1** alveo (*m.*), letto (*m.*); (*di acque alluvionali*) corso (*m.*) **2** (*strada*) corso (*m.*), viale (*m.*).
ramblar *s.m.* confluenza (*f.*) di diversi alvei.
rameado *agg.* (*di tessuto*) a ramages, damascato, fiorato.
rameal *agg.* (*bot.*) relativo al ramo.
rámeo *agg.* (*bot.*) del ramo.
ramera *s.f.* prostituta, meretrice.
ramería *s.f.* **1** bordello (*m.*), casa chiusa **2** prostituzione.
ramificación *s.f.* **1** ramificazione; diramazione **2** (*fig.*) conseguenza, seguito (*m.*): *las ramificaciones del problema*, le conseguenze del problema.
ramificarse (*con. come* pescar) *v.pron.* **1** ramificarsi, biforcarsi, diramarsi **2** (*fig.*) estendersi, diffondersi.
ramillete *s.m.* **1** mazzolino **2** (*fig.*) rosa (*f.*), cerchia (*f.*): *un — de apasionados de los bailes populares*, una cerchia di appassionati delle danze popolari.
ramilletero *s.m.* **1** chi compone e vende mazzolini di fiori **2** fioriera (*f.*), vaso da fiori.
ramio *s.m.* (*bot.*) ramia (*f.*), ortica (*f.*) bianca.
ramito *s.m.* (*bot.*) ramoscello, rametto.
ramo *s.m.* **1** (*bot.*) ramo **2** mazzo di fiori: *un — de rosas*, un mazzo di rose **3** (*fig.*) settore, ramo, indirizzo **4** (*di cipolle*, *aglio*) filza (*f.*), resta (*f.*) **5** (*di malattia*) sintomo, principio.
ramón *s.m.* (*potatura*) ramaglia (*f.*).
ramonear *v.intr.* **1** potare, spuntare **2** (*di animali*) brucare, sfrondare.
ramoneo *s.m.* **1** spuntatura (*f.*), potatura (*f.*) **2** brucatura (*f.*).
ramoso *agg.* ramoso, ramificato: *el árbol está muy —*, l'albero è molto ramificato.
rampa¹ *s.f.* rampa: *en el edificio han puesto una — para las sillas de ruedas*, nel palazzo hanno messo una rampa per le sedie a rotelle; — *de lanzamiento de un cohete*, rampa di lancio di un missile.
rampa² *s.f.* crampo (*m.*).
rampante *agg.* (*anche arch.*, *fig.*) rampante.
rampiñete *s.m.* (*mil.*) scovolo.
ramplón *agg.* grossolano, rozzo.
ramplonería *s.f.* grossolanità, rozzezza.
rampojo *s.m.* → **raspajo.**
rampollo *s.m.* (*bot.*) piantone, talea (*f.*).
rana *s.f.* (*zool.*) rana, ranocchio (*m.*) | — *pescadora*, rana pescatrice, coda di rospo ■ ***no ser rana***, essere abile/destro | ***cuando las ranas críen pelo***, quando gli asini voleranno | ***salir rana***, deludere: *el nuevo jefe nos ha salido —*, il nuovo capo ci ha deluso.
ranacuajo *s.m.* → **renacuajo.**
rancajada *s.f.* sradicamento (*m.*).
rancajo *s.m.* scheggia (*f.*).
ranchear *v.intr.* bivaccare, accamparsi.
ranchera *s.f.* **1** (*mus.*) canzone popolare messicana **2** (*Amer.*, *aut.*) station wagon.
ranchería *s.f.* **1** accampamento (*m.*) **2** gruppo (*m.*) di capanne o baracche.
ranchero *s.m.* **1** (*mil.*, *mar.*) cuciniere, ranciere **2** (*Amer.*) fattore, contadino.
rancho *s.m.* **1** baracca (*f.*), capanna (*f.*) **2** accampamento **3** rancio, pasto **4** (*Amer.*) ranch, fattoria (*f.*) ■ ***hacer rancho aparte***, fare gruppo a parte.
ranciar *v.tr.* irrancidire, andare a male ♦ **-se** *v.pron.* irrancidirsi, diventare rancido.
rancidez *s.f.* rancidezza.
ranciedad *s.f.* **1** rancidezza, rancidità **2** vecchiume (*m.*).
rancio *agg.* **1** (*di cibo*, *vino*) rancido, vecchio: *mantequilla rancia*, burro rancido **2** (*fig.*) antiquato, passato di moda: *son canciones rancias*, sono canzoni passate di moda **3** antico; illustre: — *abolengo*, antica stirpe ♦ *s.m.* **1** (*sapore*) rancido: *sabor a —*, sapore di rancido **2** (*cuc.*) lardo stagionato.
randa *s.f.* pizzo (*m.*), merletto (*m.*) ♦ *s.m.* (*fam.*) monello, ladruncolo.
randado *agg.* guarnito di merletti.
randera *s.f.* merlettaia.
ranero *s.m.* luogo con molte rane.
rangífero *s.m.* → **reno.**
ranina *agg.* (*anat.*, *di vena*) sottolinguale.
ranita *s.f.* (*zool.*) raganella.
rango *s.m.* rango, classe (*f.*); livello: *es una familia de —*, è una famiglia di rango; *ha alcanzado un buen —*, si è sistemato bene.
ránula *s.f.* (*med.*) ranula, ranella.
ranúnculo *s.m.* (*bot.*) ranuncolo.
ranura *s.f.* fenditura, scanalatura: *introducir las fichas en la —*, introdurre i gettoni nella fessura.
ranurar *v.tr.* scanalare.
ranzón *s.m.* (*denaro*) riscatto.

raña *s.f.* **1** (*mar.*) pulpara **2** macchia, boscaglia.
raño *s.m.* **1** (*zool.*) scorfano **2** rampino.
rapacería *s.f.* **1** rapacità, avidità **2** furto (*m.*).
rapacidad *s.f.* rapacità.
rapador *agg.* rasatore ♦ *s.m.* barbiere, parrucchiere.
rapadura *s.f.* rasatura (*f.*).
rapamiento *s.m.* rasatura (*f.*).
rapapiés *s.m.* petardo, mortaretto.
rapapolvo *s.m.* ramanzina (*f.*), sgridata (*f.*) | *echar un* —, sgridare qlcu.
rapar *v.tr.* **1** (*barba*) radere, rasare **2** (*capelli*) rapare **3** (*fig.*, *gerg.*) rubare, scippare ♦ **-se** *v.pron.* radersi, rasarsi.
rapavelas *s.m.* (*spreg.*) sacrestano.
rapaz[1] (*pl.* -ces) *agg.* **1** rapace: *ave* —, uccello rapace **2** (*fig.*, *di persona*) rapace, avido ♦ *s.m.* (*zool.*) rapace.
rapaz[2] (*pl.* -ces) *s.m.* ragazzo, monello.
rapazada *s.f.* ragazzata.
rape[1] *s.m.* rasatura (*f.*) veloce e poco accurata; rapata | *cortar al* —, rapare a zero.
rape[2] *s.m.* (*zool.*) rana (*f.*) pescatrice.
rapidez (*pl.* -ces) *s.f.* rapidità, velocità, celerità.
rápido *agg.* rapido, celere, veloce ♦ *s.m.* **1** (*di fiume*) rapida (*f.*) **2** (*ferr.*) treno rapido.
rapiña *s.f.* rapina | *ave de* —, uccello rapace/da preda.
rapiñar *v.tr.* (*fam.*) rubacchiare, sgraffignare.
rapónchigo *s.m.* (*bot.*) raperonzolo.
raposa *s.f.* **1** (*zool.*) femmina della volpe **2** (*fig.*) persona furba, scaltra.
raposear *v.intr.* agire con scaltrezza.
raposeo *s.m.* inganno, raggiro.
raposera *s.f.* tana di volpe.
raposería *s.f.* astuzia, furbizia, scaltrezza.
raposero *agg.* (*zool.*) volpino | *perro* —, cane per la caccia alla volpe.
raposino *agg.* (*zool.*) volpino.
raposo *s.m.* → **zorro**.
rapsoda *s.m.* **1** rapsodo, rapsodista **2** poeta.
rapsodia *s.f.* (*mus.*, *lett.*) rapsodia.
rapsódico *agg.* (*mus.*, *lett.*) rapsodico.
raptar *v.tr.* rapire, sequestrare.
rapto *s.m.* **1** rapimento, sequestro; (*lett.*) ratto **2** raptus: *un* — *de celos*, un raptus di gelosia **3** estasi (*f.*), rapimento.
raptor *s.m.* rapitore, sequestratore.
raque *s.m.* (*mar.*) recupero di relitti.
raqueador *s.m.* (*mar.*) chi si occupa del recupero di relitti.
raquear *v.tr.* (*mar.*) recuperare relitti.
raquero *s.m.* (*mar.*) **1** pirata **2** chi recupera relitti.
raqueta *s.f.* **1** (*sport*) racchetta | *raquetas de nieve*, ciaspole **2** (*di strade*) svincolo (*m.*).
raquetazo *s.m.* racchettata (*f.*).
raquetero *s.m.* fabbricante o venditore di racchette.
raquetista *s.m.* (*sport*) giocatore di pelota.
raqui- *pref.* raqui-.
raquialgia *s.f.* (*med.*) rachialgia.
raquídeo *agg.* (*anat.*) rachideo.
raquis *s.m.* (*anat.*) rachide (*m./f.*).
raquítico *agg.* (*med.*, *fig.*) rachitico.
raquitismo *s.m.* (*med.*) rachitismo.
raramente *avv.* **1** raramente, di rado **2** in modo strano o stravagante: *habla* —, parla strano.
rarear *v.tr.* diradare.
rarefacción *s.f.* rarefazione.
rarefacer (*con. come* hacer; *part.pass.* rarefacto) *v.tr.* rarefare ♦ **-se** *v.pron.* rarefarsi.
rareza *s.f.* **1** stravaganza, stranezza: *te acostumbrarás a sus rarezas*, ti abituerai alle sue stranezze/manie **2** rarità: *esa planta es una* —, quella pianta è una rarità.
rarificar (*con. come* pescar) *v.tr.* (*fis.*) rarefare ♦ **-se** *v.pron.* rarefarsi.
rarificativo *agg.* che può rarefare.
raro *agg.* **1** stravagante, strano, strambo: *es un fenómeno* —, è un fenomeno strano; *estabas rara conmigo*, eri strana con me **2** raro, eccezionale: *la lluvia es rara en esta zona*, la pioggia è rara in questa zona | *rara vez*, di rado.
ras *s.m.* livello, piano | *a* — *de*, al livello di | *a* — *del agua*, sul pelo dell'acqua, a fior d'acqua | *vuelo a* — *de tierra*, volo raso terra.
rasa *s.f.* radura, spianata.
rasante *agg.* radente: *vuelo*, *tiro* —, volo, tiro radente.
rasar *v.tr.* **1** rasare, livellare, pareggiare **2** rasentare, sfiorare.
rasca *agg.* (*fam.*) **1** (*Amer.*) scadente **2** avaro, taccagno ♦ *s.f.* **1** (*fam.*) freddo (*m.*) **2** (*Amer.*) sbornia; ubriachezza.
rascacielos *s.m.* (*arch.*) grattacielo.
rascadera *s.f.* **1** raschietto (*m.*) **2** (*per cavalli, asini*) striglia.
rascador *s.m.* raschiatoio, raschietto.
rascamiento *s.m.* grattata (*f.*).
rascar (*con. come* pescar) *v.tr.* grattare; raschiare ♦ **-se** *v.pron.* **1** grattarsi: — *la barriga*, grattarsi la pancia | — *el bolsillo*, svuotarsi le tasche **2** (*Amer.*) ubriacarsi.
rascatripas *s.m.* (*fam.*, *spreg.*) strimpellatore.
rascazón *s.f.* prurito (*m.*).
rascón *agg.* (*di sapore*) aspro, acre, brusco.
rasera *s.f.* **1** (*cuc.*) schiumarola **2** (*agr.*) rasiera.
rasero *s.m.* (*agr.*) rasiera (*f.*) | *medir por el mismo* —, trattare nello stesso modo, senza fare differenze.
rasete *s.m.* (*tess.*) raso di qualità inferiore.
rasgado *agg.* (*di balcone, finestra*) panoramico.

rasgadura *s.f.* strappo (*m.*), lacerazione.
rasgar (*con. come* llegar) *v.tr.* **1** lacerare, strappare, stracciare: *rasgué la carta*, strappai la lettera **2** (*mus.*) arpeggiare.
rasgo *s.m.* **1** (*nella scrittura*) svolazzo, tratto, linea (*f.*) **2** slancio, gesto; espressione (*f.*): *un — generoso*, uno slancio di generosità **3** (*pl.*) fattezze (*f.*), lineamenti: *tu hija tiene hermosos rasgos*, tua figlia a dei bei lineamenti **4** caratteristica (*f.*), peculiarità (*f.*), elemento distintivo: *el — fundamental del proyecto es la innovación*, la caratteristica fondamentale del progetto è l'innovazione.
rasgón *s.m.* strappo, lacerazione (*f.*), squarcio.
rasgueado *s.m.* (*mus.*) arpeggio.
rasgueador *s.m.* calligrafo.
rasguear *v.tr.* (*mus.*) arpeggiare ♦ *v.intr.* scarabocchiare.
rasgueo *s.m.* (*mus.*) arpeggio.
rasguñar *v.tr.* graffiare, lacerare.
rasguño *s.m.* graffio, graffiatura (*f.*).
raso *agg.* **1** liscio, raso, piano | *llanura rasa*, pianura uniforme **2** (*di persona*) senza titoli | *soldado —*, soldato semplice **3** raso, colmo: *cucharada rasa*, cucchiaio colmo **4** raso, radente **5** (*di cielo*) sereno, limpido | *al —*, all'aperto ♦ *s.m.* (*tessuto*) raso.
raspa *s.f.* **1** (*bot.*) arista; (*di pannocchia*) tutolo (*m.*); (*di uva*) raspo (*m.*) **2** (*di pesce*) spina **3** (*Amer.*) sgridata, rimprovero (*m.*).
raspado *s.m.* **1** raschiatura (*f.*) **2** (*med.*) raschiamento.
raspador *s.m.* grattino; raschietto.
raspadura *s.f.* **1** raschiamento (*m.*) **2** limatura, raschiatura.
raspajo *s.m.* (*di uva*) raspo.
raspamiento *s.m.* raschiamento.
raspante *agg.* asprigno, pungente.
raspar *v.tr.* **1** raspare, limare, raschiare **2** rasentare, sfiorare **3** (*Amer.*) rimproverare **4** (*di vino*) pungere, pizzicare.
raspilla *s.f.* (*bot.*) nontiscordardimé.
raspón *s.m.* graffio, abrasione (*f.*), scorticatura (*f.*).
rasponazo *s.m.* graffio, abrasione (*f.*).
rasposo *agg.* **1** rasposo, ruvido **2** (*fig.*) burbero, scontroso **3** pungente, aspro.
rasqueta *s.f.* **1** (*Amer.*) striglia **2** raschietto.
rasquetear *v.tr.* (*Amer.*) strigliare.
rastacuero *s.m.* **1** parvenu **2** (*Amer.*) arricchito.
rastel *s.m.* (*edil.*) ringhiera (*f.*).
rastra *s.f.* **1** rastrello (*m.*) **2** (*mar.*) rampino (*m.*) **3** (*di frutta secca*) treccia, filza **4** (*fig.*) conseguenza, postumi (*m.pl.*) **5** traino (*m.*), rimorchio (*m.*) | *a la —, a rastras*, trascinandosi; (*fig.*) controvoglia: *estudiar a la —*, studiare controvoglia/malvolentieri **6** (*di vestito*) strascico (*m.*).
rastrallar *v.intr.* schioccare.
rastreador *agg.* esploratore, perlustratore.
rastrear *v.tr.* **1** seguire le tracce, ricercare; braccare **2** (*il fondale marino*) rastrellare **3** (*fig.*) indagare, congetturare ♦ *v.intr.* volare rasoterra.
rastreo *s.m.* **1** rastrellamento **2** (*fig.*) indagine (*f.*); (*med.*) screening.
rastrero *agg.* **1** strisciante **2** radente **3** (*fig.*) meschino, spregevole, subdolo ♦ *s.m.* macellaio, macellatore.
rastrilla *s.f.* rastrello (*m.*).
rastrillada *s.f.* **1** rastrellata **2** (*Amer.*) orma, impronta.
rastrillado *s.m.* rastrellatura (*f.*).
rastrillador *s.m.* chi rastrella.
rastrillaje *s.m.* rastrellatura (*f.*).
rastrillar *v.tr.* (*anche fig.*) rastrellare.
rastrillo *s.m.* **1** (*agr.*) rastrello **2** (*tess.*) pettinatrice (*f.*) **3** grata (*f.*), saracinesca (*f.*) **4** mercatino delle pulci.
rastro *s.m.* **1** (*agr.*) rastrello **2** orma (*f.*), traccia (*f.*); segno (*anche fig.*): *aquellas visitas me dejaban un — de inquietud*, quelle visite mi lasciavano un fondo di inquietudine **3** mercato delle pulci.
rastrojar *v.tr.* strappare le stoppie.
rastrojear *v.intr.* pascolare in un campo di stoppie.
rastrojera *s.f.* **1** campo (*m.*) di stoppie **2** stagione del pascolo nei campi di stoppie.
rastrojo *s.m.* **1** stoppia (*f.*) **2** campo di stoppie **3** (*pl., fig.*) avanzi.
rasurar *v.tr.* radere, rasare.
rata[1] *s.f.* **1** (*zool.*) ratto (*m.*) | *— de alcantarilla*, topo di fogna | *— almizclada*, topo muschiato | *ser más pobre que una —*, essere povero in canna **2** (*fig., fam.*) ladruncolo (*m.*) **3** (*fig., fam.*) spilorcio.
rata[2] *s.f.* (*econ.*) quota proporzionale, rateo (*m.*), tasso (*m.*): *— por cantidad*, in quote proporzionali.
ratafía *s.m.* (*liquore*) ratafià.
ratear[1] *v.tr.* (*econ.*) rateizzare, ripartire proporzionalmente.
ratear[2] *v.tr.* (*fam.*) borseggiare.
ratería *s.f.* **1** furtarello (*m.*) **2** bassezza, viltà.
ratero *agg.* **1** strisciante **2** basso, vile ♦ *s.m.* borseggiatore, ladro.
raticida *agg., s.m.* topicida.
ratificación *s.f.* (*dir.*) ratifica, convalida.
ratificar (*con. come* pescar) *v.tr.* ratificare, convalidare, confermare.
ratificatorio *agg.* ratificatore.
ratigar (*con. come* llegar) *v.tr.* legare il carico su un carro.
rátigo *s.m.* carico di un carro.
ratímetro *s.m.* (*med.*) dosimetro.
ratina *s.f.* (*tess.*) ratina.
ratinado *s.m.* (*tess.*) ratinatura (*f.*).

ratinadora *s.f.* (*tess.*) ratinatrice.
ratinar *v.tr.* (*tess.*) ratinare.
rato *agg.* (*dir.*) rato, ratificato ♦ *s.m.* **1** momento; (breve) periodo: *estuvieron sólo un —*, si sono fermati soltanto un momento | *de — en —*, di quando in quando, ogni tanto | *pasar un mal —*, passare un brutto momento | *pasar el —*, ingannare il tempo; perder tempo | *tener para —*, averne per un bel po' **2** (*zool.*) ratto, topo.
ratón (*f.* -a) *s.m.* **1** topo, sorcio | (*fig.*) *es un — de biblioteca*, è un topo di biblioteca **2** (*inform.*) mouse.
ratonar *v.tr.* rosicchiare, mordicchiare.
ratonera *s.f.* **1** (*anche fig.*) trappola: *has caído en la —*, sei caduto in trappola **2** tana, topaia.
ratonero *agg.* da topi.
rauco *agg.* rauco, afono.
rauda *s.f.* cimitero (*m.*) arabo.
raudal *s.m.* fiumana (*f.*), torrente (*anche fig.*): *un — de gente*, una fiumana di gente | *a raudales*, in abbondanza.
raudo *agg.* (*lett.*) rapido, impetuoso, violento.
ravioles *s.m.pl.* (*cuc.*) ravioli.
raya *s.f.* **1** riga, linea, tratto (*m.*): *una corbata a rayas*, una cravatta a righe **2** (*tip.*) lineetta, trattino (*m.*) **3** (*dei capelli*) scriminatura, riga **4** (*anche fig.*) limite (*m.*), confine (*m.*) | (*fig.*) *pasarse de la —*, oltrepassare il limite, esagerare | *poner/tener a —*, mettere in riga **5** (*zool.*) razza.
rayada *s.f.* (*med.*) fitta.
rayadillo *s.m.* tela (*f.*) a righe.
rayado *agg.* **1** (*Amer.*) squilibrato **2** rigato ♦ *s.m.* **1** rigatura (*f.*) **2** tessuto a righe.
rayano *agg.* **1** limitrofo, confinante **2** (*fig.*) simile, quasi uguale: *su mansedumbre es rayana con el servilismo*, la sua mansuetudine rasenta il servilismo.
rayar *v.tr.* **1** tracciare righe, rigare: *— un papel*, tracciare delle righe su un foglio di carta **2** cancellare, depennare; tirare una riga sopra **3** sottolineare **4** graffiare, incidere ♦ *v.intr.* **1** confinare **2** (*fig.*) assomigliare a, rasentare: *su impulsividad raya en el descaro*, la sua impulsività rasenta la sfacciataggine ■ ***rayar el alba/el día***, albeggiare, farsi giorno.
rayo *s.m.* **1** raggio: *— de sol*, raggio di sole | *rayos X*, raggi x | *rayos infrarrojos*, raggi infrarossi | *oler a rayos*, avere un cattivo odore **2** (*geom.*) raggio **3** (*di ruota*) raggio **4** (*meteor., anche fig.*) saetta (*f.*), fulmine | *¡mal — te parta!*, che ti venga un accidente! | *está que echa rayos*, è furioso **5** (*fig.*) toccasana **6** fitta (*f.*), dolore improvviso.
rayón® *s.m.* (*tess.*) raion, rayon.
rayoso *agg.* rigato.
rayuela *s.f.* (*gioco*) campana, mondo (*m.*).
raza *s.f.* **1** razza; stirpe, discendenza **2** (*zool.*) razza, specie.
razia *s.f.* **1** razzia, scorreria **2** retata, battuta.
razón *s.f.* **1** ragione, criterio (*m.*), discernimento (*m.*) | *perder la —*, impazzire | *lleva Ud. —*, Lei ha ragione | *alcanzar de razones*, lasciare senza possibilità di replica | *asistir la —*, dare ragione | *cargarse de razones*, agire a ragion veduta | *dar la —*, dare ragione | *entrar en —*, rendersi conto | *ponerse a razones*, discutere **2** motivo (*m.*), ragione: *tiene — para estar contento*, ha ragione di essere contento | *fuera de —*, senza giustificazione | *no atender a razones*, non sentire ragioni ■ ***razón de Estado***, ragion di Stato | ***razón social***, ragione sociale | ***hacer la razón***, rispondere a un brindisi.
razonable *agg.* ragionevole, giusto (*anche fig.*).
razonado *agg.* ragionato, provato, fondato.
razonador *agg.* ragionatore.
razonamiento *s.m.* ragionamento; argomentazione (*f.*).
razonar *v.intr.* **1** ragionare **2** discutere, conversare **3** (*opinioni, conteggi ecc.*) giustificare; rendere conto di.
re *s.m.* (*mus.*) re.
re- *pref.* ri-.
reabrir (*part.pass.irr.* reabierto) *v.tr.* riaprire.
reabsorber *v.tr.* riassorbire.
reabsorción *s.f.* riassorbimento.
reacción *s.f.* (*anche chim.*) reazione: *tuvo una — inmediata*, ebbe una reazione immediata | *— en cadena*, reazione a catena ■ ***motor de reacción***, motore a reazione.
reaccionar *v.intr.* reagire.
reaccionario *agg.*, *s.m.* (*anche pol.*) reazionario, retrogrado, conservatore.
reacio *agg.* restio, recalcitrante, riluttante.
reactancia *s.f.* (*elettr.*) reattanza.
reactante *agg.*, *s.m.* (*chim.*) reagente.
reactivación *s.f.* **1** riattivazione, ripresa **2** (*med.*) recrudescenza.
reactivar *v.tr.* riattivare, rimettere in funzione.
reactivo *agg.* reattivo ♦ *s.m.* (*chim.*) reagente.
reactor *s.m.* (*aer., chim.*) reattore.
reacuñar *v.tr.* riconiare.
readaptación *s.f.* **1** riabilitazione **2** reinserimento (*m.*).
readaptar *v.tr.* riadattare.
readecuar *v.tr.* ritoccare.
readmisión *s.f.* riammissione.
readmitir *v.tr.* riammettere.
readquirir (*con. come* adquirir) *v.tr.* riacquistare.
reafirmación *s.f.* riaffermazione.
reafirmante *agg.* rassodante.
reafirmar *v.tr.* riaffermare.
reagravación *s.f.* riaggravamento (*m.*)

reagravarse *v.pron.* riaggravarsi.
reagrupación *s.f.* raggruppamento.
reagrupar *v.tr.* raggruppare.
reagudización *s.f.* riacutizzazione.
reagudizar (*con. come* cazar) *v.tr.* riacutizzare.
reajustar *v.tr.* **1** riaggiustare **2** (*prezzi, salari, tasse*) ritoccare, aggiornare, aumentare, diminuire **3** (*pol.*) rimpastare.
reajuste *s.m.* **1** riaggiustamento **2** aggiornamento, ritocco, riallineamento: — *de los precios*, riallineamento/aggiustamento dei prezzi **3** (*pol.*) rimpasto.
real[1] *agg.* reale, vero, autentico: *es una imagen* —, è un'immagine reale; *un personaje* —, un personaggio reale.
real[2] *agg.* **1** reale, regale; regio: *el palacio* —, il palazzo reale | (*zool.*) *águila* —, aquila reale **2** (*fam.*) enorme, impressionante: *eso es una — mentira*, quella è un'enorme bugia **3** (*fam.*) bello: *es un — mozo*, è un bellissimo ragazzo ♦ *s.m.* **1** (*mil.*) accampamento **2** (*per feste, fiere*) spiazzo.
realce *s.m.* **1** rilievo | *bordar de* —, ricamare in rilievo **2** (*fig.*) lustro, rilievo: *su presencia dio — a la fiesta*, la sua presenza diede tono alla festa.
realegrarse *v.pron.* rallegrarsi.
realejo *s.m.* (*mil.*) accampamento.
realengo *agg.* **1** demaniale **2** (*Amer.*) pigrone, fannullone **3** (*Amer.*) randagio.
realera *s.f.* cella dell'ape regina.
realeza *s.f.* regalità, maestà.
realidad *s.f.* realtà, verità | *en* —, in realtà, effettivamente.
realimentación *s.f.* retroazione.
realineamiento *s.m.* riallineamento.
realismo *s.m.* **1** realismo, concretezza (*f.*) **2** (*lett., arte*) realismo **3** (*pol.*) partito monarchico.
realista[1] *agg.* **1** realista, pratico: *una persona* —, una persona realista **2** (*filos.*) realista.
realista[2] *agg., s.m./f.* monarchico, realista.
realizable *agg.* realizzabile, effettuabile, attuabile.
realización *s.f.* realizzazione, esecuzione, compimento (*m.*).
realizador *agg., s.m.* **1** realizzatore **2** (*cinem.*) regista **3** direttore di produzione.
realizar (*con. come* cazar) *v.tr.* **1** realizzare, effettuare, compiere **2** vendere, monetizzare ♦ **-se** *v.pron.* realizzarsi: — *en el trabajo*, realizzarsi nel lavoro.
realojar *v.tr.* rialloggiare.
realquilado *s.m.* subaffittuario.
realquilar *v.tr.* subaffittare.
realzar (*con. come* cazar) *v.tr.* **1** rialzare, elevare **2** (*fig.*) mettere in rilievo, ingrandire, far risaltare: *este peinado realza su belleza*, questa pettinatura fa risaltare la sua bellezza.
reanimación *s.f.* (*anche med.*) rianimazione.
reanimar *v.tr.* **1** rianimare (*anche med.*), ridare forza **2** confortare, rincuorare.
reanudación *s.f.* ripresa.
reanudar *v.tr.* (*fig.*) riprendere, riannodare, riallacciare.
reaparecer (*con. come* agradecer) *v.intr.* riapparire, ricomparire.
reaparición *s.f.* ricomparsa, riapparizione.
reapertura *s.f.* riapertura.
reapretar (*con. come* acertar) *v.tr.* **1** restringere **2** stringere eccessivamente.
reargüir (*con. come* huir) *v.tr.* **1** ribadire **2** controbattere.
rearmar *v.tr.* (*mil.*) riarmare.
rearme *s.m.* riarmo.
reaseguro *s.m.* rassicurazione (*f.*).
reasumir *v.tr.* riassumere.
reasunción *s.f.* riassunzione.
reata *s.f.* **1** fune, corda **2** (*Amer., fam.*) ubriacatura, sbornia **3** (*Amer.*) pene (*m.*).
reatar *v.tr.* **1** riallacciare **2** legare stretto **3** accodare.
reato *s.m.* penitenza (*f.*).
reaventar *v.tr.* (*agr.*) ventilare nuovamente.
reavivación *s.f.* ravvivazione.
reavivar *v.tr.* ravvivare, rianimare ♦ **-se** *v.pron.* rinnovarsi, ravvivarsi: *su dolor se reavivó con las noticias del periódico*, il suo dolore si ravvivò con le notizie del giornale.
rebaba *s.f.* sbavatura.
rebaja *s.f.* ribasso (*m.*), sconto (*m.*), saldo (*m.*): — *de precios*, prezzi scontati; *es época de rebajas*, è il periodo di saldi.
rebajado *agg., s.m.* (*mil.*) congedato.
rebajador *s.m.* (*foto.*) agente riducente.
rebajar *v.tr.* **1** ribassare **2** diminuire, scontare, ridurre **3** (*arch.*) ribassare **4** (*fig.*) umiliare, sminuire **5** (*foto.*) attenuare ♦ **-se** *v.pron.* abbassarsi, umiliarsi: *se ha rebajado de una manera vergonzosa*, si è umiliato in un modo vergognoso.
rebajo *s.m.* incavo, scanalatura (*f.*).
rebalaje *s.m.* **1** (*fiume*) mulinello, gorgo **2** (*mar.*) riflusso delle onde **3** bagnasciuga.
rebalsa *s.f.* ristagno (*m.*).
rebalsar *v.tr.* (*liquidi*) far ristagnare ♦ **-se** *v.pron.* ristagnare.
rebalse *s.m.* stagnazione (*f.*), ristagno.
rebanada *s.f.* (*di pane*) fetta.
rebanar *v.tr.* **1** (*il pane*) affettare, tagliare a fette **2** recidere, mozzare.
rebañadera *s.f.* rampino (*m.*).
rebañador *s.m.* **1** ripulitore **2** rampino.
rebañaduras *s.f.pl.* avanzi (*m.*).
rebañar *v.tr.* **1** arraffare, portare via tutto **2** (*fam.*) fare la scarpetta, ripulire il piatto.
rebaño *s.m.* (*anche fig.*) gregge; branco.
rebasar *v.tr.* oltrepassare, superare; eccede-

re: — *la barrera del sonido*, superare la barriera del suono.
rebatible *agg.* confutabile, contestabile.
rebatimiento *s.m.* confutazione (*f.*).
rebatiña *s.f.* arraffamento (*m.*) | *a la* —, a chi arraffa arraffa.
rebatir *v.tr.* **1** ribattere, contrastare **2** (*fig.*) respingere, confutare, controbattere.
rebato *s.m.* segnale d'allarme: *tocar a* —, dare l'allarme | *de* —, improvvisamente.
rebeca *s.f.* (*abbigl.*) golfino (*m.*) aperto; giacca di maglia; cardigan (*m.*).
rebeco *s.m.* (*zool.*) camoscio.
rebelarse *v.pron.* ribellarsi (*anche fig.*).
rebelde *agg.* **1** ribelle (*anche fig.*); disobbediente **2** (*di malattia*) ribelle, che non risponde alle cure ♦ *s.m./f.* **1** ribelle **2** (*dir.*) contumace.
rebeldía *s.f.* **1** ribellione, disobbedienza **2** (*dir.*) contumacia: *en* —, in contumacia.
rebelión *s.f.* ribellione, rivolta, insurrezione.
rebencazo *s.m.* staffilata (*f.*), frustata (*f.*).
rebenque *s.m.* frusta (*f.*), frustino, staffile.
rebinar *v.tr.* **1** (*agr.*) arare per la seconda volta **2** (*agr.*) zappare per la terza volta **3** (*fig.*) rimuginare.
rebisabuelo *s.m.* trisavolo.
rebitar *v.tr.* ribattere un chiodo.
reblandecer (*con. come* agradecer) *v.tr.* rammollire ♦ **-se** *v.pron.* rammollirsi.
reblandecimiento *s.m.* (*anche med.*) rammollimento.
reblar *v.intr.* retrocedere ♦ *v.tr.* **1** ribattere un chiodo, ribadire **2** (*edil.*) riempire con macerie.
reble *s.m.* (*Amer.*) maceria (*f.*).
rebobinado *s.m.* riavvolgimento.
rebobinar *v.tr.* riavvolgere.
rebojo *s.m.* tozzo.
rebollar *s.m.* (*bot.*) cerreto.
rebollo *s.m.* (*bot.*) cerro.
rebolludo *agg.* robusto, tarchiato.
rebombar *v. intr.* rimbombare.
reborde *s.m.* bordura (*f.*), bordo.
rebordeador *s.m.* bordatrice (*f.*).
rebordear *v.tr.* bordare.
rebosadero *s.m.* (*di vasca, lavandino*) troppopieno.
rebosadura *s.f.* tracimazione.
rebosamiento *s.m.* tracimazione (*f.*).
rebosante *agg.* (*anche fig.*) traboccante: *un padre — de orgullo*, un padre gonfio d'orgoglio.
rebosar *v.intr.* **1** traboccare, fuoriuscire; straripare (*anche fig.*): *el vino rebosa del vaso*, il vino trabocca dal bicchiere; *el teatro rebosaba de gente*, il teatro straripava di gente **2** abbondare: *en aquel país rebosa el petróleo*, in quel paese il petrolio abbonda **3** (*fig.*) traboccare, sprizzare: *le rebosa la salud*, scoppia di salute; *rebosa de alegría*, trabocca di/sprizza gioia; *rebosa de energías*, è pieno di energie, sprizza energia da tutti i pori.
rebotación *s.f.* arrabbiatura.
rebotar *v.intr.* rimbalzare, sobbalzare: *la pelota rebotó en la pared*, la palla rimbalzò sulla parete ♦ *v.tr.* **1** (*un chiodo*) ribadire, rintuzzare **2** respingere: *la armadura rebotó la flecha*, l'armatura respinse la freccia **3** (*fam.*) far arrabbiare, far uscire dai gangheri: *me rebotan tus palabras*, mi fanno incavolare le tue parole ♦ **-se** *v.pron.* (*fam.*) arrabbiarsi, irritarsi: *le tomaron el pelo y se rebotó*, lo presero in giro e si arrabbiò.
rebotador *agg.* che rimbalza.
rebote *s.m.* **1** rimbalzo **2** (*fam.*) arrabbiatura (*f.*).
rebotica *s.f.* (*comm.*) retrobottega.
rebozar (*con. come* cazar) *v.tr.* **1** coprire il volto, imbacuccare **2** (*cuc.*) infarinare, impanare, bagnare nell'uovo: — *la carne en pan rallado*, impanare la carne.
rebozo *s.m.* reticenza (*f.*); simulazione (*f.*) | *de* —, di nascosto | *sin* —, francamente, sinceramente.
rebrincar (*con. come* pescar) *v.intr.* saltare di gioia.
rebrotar *v.intr.* **1** (*bot.*) germogliare nuovamente **2** ritornare, rinascere.
rebrote *s.m.* (*bot.*) germoglio.
rebudiar *v.intr.* (*di cinghiale*) grugnire.
rebudio *s.m.* (*di cinghiale*) grugnito.
rebufar *v.intr.* **1** sbuffare **2** risbuffare.
rebufe *s.m.* sbuffo.
rebujado *agg.* arruffato, scompigliato; disordinato.
rebujar *v.tr.* avvolgere, infagottare.
rebujina *s.f.* tumulto (*m.*), sommossa.
rebujo *s.m.* **1** involto, fagotto **2** (*fam.*) groviglio.
rebullicio *s.m.* gran tumulto, baccano.
rebullir (*con. come* bullir) *v.intr.* agitarsi, ribollire ♦ **-se** *v.pron.* (*fam.*) agitarsi, innervosirsi.
rebumbar *v.intr.* rimbombare, rombare.
reburujar *v.tr.* (*fam.*) infagottare alla bell'e meglio.
rebusca *s.f.* **1** ricerca **2** (*agr.*) racimolatura **3** scarto (*m.*).
rebuscado *agg.* ricercato, affettato.
rebuscamiento *s.m.* ricercatezza (*f.*), affettazione (*f.*).
rebuscar (*con. come* pescar) *v.tr.* ricercare; rovistare.
rebutir *v.tr.* imbottire, insaccare, infarcire.
rebuznar *v.intr.* (*zool.*) ragliare.
rebuzno *s.m.* (*zool.*) raglio.
recabar *v.tr.* **1** conseguire, ottenere **2** (*Amer.*) domandare, richiedere.

recadero *s.m.* fattorino, corriere, messaggero.
recado *s.m.* **1** messaggio: *acaba de dejarme un — en el contestador automático*, mi ha appena lasciato un messaggio sulla segreteria telefonica; *hay un — para ti*, c'è un messaggio per te **2** regalo, presente **3** incarico; commissione (*f.*): *tenía una serie de recados y compromisos*, avevo una serie di commissioni e di impegni; *voy de recados*, esco per delle commissioni.
recaer (*con. come* caer) *v.intr.* **1** (*anche fig.*) ricadere, ricascare: — *en la falta*, ricadere nell'errore; *recayó en el mismo vicio*, ricadde nello stesso vizio; *la culpa recae sobre ti*, la colpa ricade su di te; *la suerte ha recaído en ti*, la fortuna è toccata di nuovo a te **2** riammalarsi, avere una ricaduta.
recaída *s.f.* ricaduta.
recalada *s.f.* (*mar.*) approdo (*m.*).
recalar *v.tr.* impregnare, inzuppare, intridere ♦ *v.intr.* **1** (*mar.*) avvistare terra, approdare **2** (*fig.*) comparire, farsi vedere.
recalcada *s.f.* (*mar.*) sbandamento (*m.*).
recalcadora *s.f.* (*metall.*) ricalcatoio (*m.*).
recalcar (*con. come* pescar) *v.intr.* (*mar.*) sbandare ♦ *v.tr.* **1** calcare, ricalcare, pigiare **2** (*fig.*) puntualizzare, sottolineare; ribattere: *recalqué con saña*, ribattei accanitamente **3** ammassare, riempire ♦ **-se** *v.pron.* **1** provocarsi una distorsione al piede **2** ripetersi, insistere.
recalcificar (*con. come* pescar) *v.tr.* (*med.*) ricalcificare.
recalcitrante *agg.* **1** (*di animale*) ricalcitrante **2** (*fig.*) contrario, ostinato.
recalcitrar *v.intr.* **1** (*di animali*) ricalcitrare **2** (*fig.*) opporre resistenza.
recalentador *s.m.* surriscaldatore.
recalentamiento *s.m.* surriscaldamento.
recalentar (*con. come* acertar) *v.tr.* **1** riscaldare **2** surriscaldare **3** (*fig., fam.*) eccitare ♦ **-se** *v.pron.* **1** surriscaldarsi **2** (*di frutta*) guastarsi.
recalificar (*con. come* pescar) *v.tr.* (*urbanistica*) riqualificare.
recalmón *s.m.* (*mar.*) bonaccia (*f.*).
recalzar (*con. come* cazar) *v.tr.* **1** rincalzare **2** (*arch.*) rincalzare, rafforzare **3** colorare.
recalzo *s.m.* **1** (*arch.*) rincalzo **2** rincalzatura (*f.*).
recamado *s.m.* ricamo in rilievo.
recamador *s.m.* chi esegue ricami in rilievo.
recamar *v.tr.* ricamare in rilievo.
recámara *s.f.* **1** (*locale*) guardaroba (*m.*) **2** (*di arma da fuoco*) culatta, camera di caricamento **3** (*fig.*) riserva, cautela: *hay que actuar con* —, bisogna agire con riserva/prudenza.
recambiar *v.tr.* **1** ricambiare **2** (*comm.*) emettere cambiale di rivalsa.
recambio *s.m.* **1** ricambio: *piezas de* —, pezzi di ricambio **2** (*comm.*) emissione (*f.*) di cambiale di rivalsa.
recantación *s.f.* pubblica ritrattazione.
recantón *s.m.* paracarro che protegge l'angolo di un edificio.
recapacitar *v.tr.* ripassare, meditare, riflettere su: — *sobre el asunto*, riflettere sull'argomento.
recapitulación *s.f.* ricapitolazione, riepilogo (*m.*).
recapitular *v.tr.* ricapitolare, riepilogare, riassumere.
recarga *s.f.* ricarica.
recargable *agg.* ricaricabile.
recargamiento *s.m.* (*fig.*) eccesso, sovrabbondanza (*f.*).
recargar (*con. come* llegar) *v.tr.* **1** ricaricare **2** sovraccaricare (*anche fig.*): — *de trabajo a los obreros*, sovraccaricare di lavoro gli operai **3** (*econ.*) gravare, maggiorare.
recargo *s.m.* **1** sovraccarico **2** (*fin.*) soprattassa (*f.*), addizionale (*f.*) **3** (*dir.*) aggravio.
recatado *agg.* **1** cauto, circospetto, prudente **2** modesto, onesto.
recatar *v.tr.* nascondere, occultare, celare ♦ **-se** *v.pron.* **1** agire con prudenza **2** occultarsi, nascondersi.
recato *s.m.* **1** discrezione (*f.*), cautela (*f.*), prudenza (*f.*) | *sin* —, senza pudore, sfacciatamente **2** riserbo, modestia (*f.*).
recatón *s.m.* (*di bastone, lancia*) puntale.
recatonazo *s.m.* colpo dato con un puntale.
recauchutado *s.m.* (*aut.*) vulcanizzazione (*f.*).
recauchutar *v.tr.* (*aut.*) vulcanizzare.
recaudación *s.f.* (*econ.*) **1** riscossione, esazione **2** ricavato (*m.*), raccolta, incasso (*m.*) **3** esattoria, tesoreria.
recaudador *s.m.* (*econ.*) esattore, agente delle tasse.
recaudamiento *s.m.* (*econ.*) **1** riscossione (*f.*), esazione (*f.*) **2** esattoria (*f.*).
recaudar *v.tr.* **1** riscuotere, percepire, esigere **2** custodire.
recaudo *s.m.* **1** (*econ.*) riscossione (*f.*) **2** cautela (*f.*) **3** (*dir.*) cauzione (*f.*), garanzia (*f.*) | *a buen* —, al sicuro, garantito.
recazo *s.m.* **1** (*di spada*) guardamano **2** (*di coltello*) costa.
recebar *v.tr.* colmare.
recebo *s.m.* **1** pietrisco, ghiaia (*f.*) **2** colmatura (*f.*).
rececho *s.m.* (*caccia*) appostamento.
recelar *v.tr.* diffidare di, sospettare, temere.
recelo *s.m.* sospetto, diffidenza (*f.*), sfiducia (*f.*), timore.
receloso *agg.* sospettoso, diffidente.
recensión *s.f.* recensione, rassegna.
recensor *s.m.* recensore

recentar *v.tr.* aggiungere lievito all'impasto ♦ **-se** *v.pron.* rinnovarsi.
receñir (*con. come* teñir) *v.tr.* ricingere.
recepción *s.f.* **1** ricezione, ricevimento (*m.*): *a la — de la mercancía*, al ricevimento della merce **2** ricevimento (*m.*), festa **3** (*di albergo*) reception; (*di ospedale*) accettazione.
recepcionista *s.m./f.* receptionist, addetto (*m.*) alla reception.
receptáculo *s.m.* ricettacolo.
receptador *s.m.* (*dir.*) **1** ricettatore **2** favoreggiatore.
receptar *v.tr.* **1** (*dir.*) ricettare **2** (*dir.*) favoreggiare **3** accogliere, ricevere.
receptividad *s.f.* ricettività.
receptivo *agg.* ricettivo.
recepto *s.m.* rifugio, riparo.
receptor (*f.* -a) *agg.* ricevente ♦ *s.m.* ricevitore: *— telefónico*, ricevitore telefonico; *— rádar*, ricevitore radar.
receptoría *s.f.* **1** ricevitoria **2** tesoreria, esattoria.
recercador *agg.* ricercatore ♦ *s.m.* (*edil.*) cesello.
recesión *s.f.* (*anche econ.*) recessione.
recesivo *agg.* recessivo.
receso *s.m.* **1** rifugio, anfratto; recesso **2** (*fig.*) sospensione (*f.*), pausa (*f.*), cessazione (*f.*).
receta *s.f.* **1** ricetta: *recetas de cocina*, ricette di cucina **2** prescrizione medica, ricetta.
recetador *s.m.* chi prescrive una ricetta.
recetar *v.tr.* **1** (*med.*) prescrivere **2** (*fam.*) richiedere.
recetario *s.m.* ricettario, formulario.
recetoría *s.f.* ricevitoria.
rechazar (*con. come* cazar) *v.tr.* **1** (*anche fig.*) rifiutare, respingere: *— una acusación*, respingere un'accusa; *le rechazó cuando intentó besarla*, lo respinse quando cercò di baciarla **2** contraddire, rifiutare.
rechazo *s.m.* **1** rifiuto **2** (*med.*) rigetto ■ ***de rechazo***, di rimbalzo; (*fig.*) indirettamente.
rechifla *s.f.* fischi (*m.pl.*) di protesta.
rechiflar *v.tr.* fischiare ♦ **-se** *v.pron.* (*fig.*) ridicolizzare, beffare: *se rechifla de mí*, si burla di me.
rechinador *agg.* stridente, cigolante.
rechinamiento *s.m.* **1** stridore, cigolio **2** digrignamento dei denti.
rechinar *v.intr.* cigolare; stridere | *— los dientes*, digrignare i denti.
rechinido *s.m.* **1** stridore, cigolio **2** digrignamento dei denti.
rechistar *v.intr.* (*in frasi negative*) fiatare: *haz lo que te ha dicho sin —*, fai quel che ti ha detto senza fiatare.
rechoncho *agg.* (*fam.*) grassottello, paffuto.
rechupete, de *loc.avv.* da leccarsi i baffi.
recial *s.m.* (*di fiume*) rapida (*f.*).
recibidor (*f.* -a) *agg.* ricevente ♦ *s.m.* **1** ricevente (*m./f.*) **2** (*stanza*) anticamera (*f.*), ingresso.
recibimiento *s.m.* **1** accoglienza (*f.*): *nos han reservado un buen —*, ci hanno fatto una buona accoglienza **2** ricevimento, ricezione **3** anticamera (*f.*), ingresso **4** sala (*f.*) principale.
recibir *v.tr.* **1** ricevere: *recibió una llamada*, ricevette una telefonata **2** ricevere, accogliere: *fue a la estación a recibirme*, venne alla stazione ad accogliermi **3** (*tel.*, *tecn.*) ricevere, prendere: *recibe muy bien todos los canales*, prende molto bene tutti i canali.
recibo *s.m.* **1** ricevuta (*f.*), bolletta (*f.*), scontrino **2** ricezione | *acusar — de la mercancía*, accusare ricevuta della merce.
reciclable *agg.* riciclabile.
reciclado *s.m.* riciclaggio.
reciclamiento *s.m.* riciclaggio.
reciclar *v.tr.* riciclare, riutilizzare ♦ **-se** *v.pron.* (*fig.*) aggiornarsi, riqualificarsi.
recidiva *s.f.* (*med.*) recidiva, ricaduta.
recidivar *v.intr.* (*med.*) recidivare.
reciedumbre *s.f.* forza, vigore (*m.*).
recién *avv.* appena, recentemente, da poco: *— graduado*, appena laureato; *— nacido*, neonato | *— casados*, sposini, novelli sposi.
reciente *agg.* recente, fresco: *es una herida —*, è una ferita recente, ancora fresca.
recinchar *v.tr.* cingere, fasciare.
recinto *s.m.* recinto: *el — de la exposición*, il recinto della mostra.
recio *agg.* **1** forte, robusto, vigoroso **2** rigido, inclemente, duro (*anche fig.*): *invierno —*, inverno rigido | *recia circunstancia*, circostanza dolorosa | *carácter —*, carattere scontroso/burbero **3** grosso, imponente **4** denso, corposo
■ ***de recio***, con impeto.
récipe *s.m.* (*fam.*) **1** ricetta (*f.*) medica, prescrizione (*f.*) **2** dispiacere.
recipiendario *s.m.* candidato.
recipiente *s.m.* recipiente, contenitore.
reciprocar (*con. come* pescar) *v.tr.* **1** abbinare **2** (*Amer.*) corrispondere, contraccambiare ♦ **-se** *v.pron.* corrispondere.
reciprocidad *s.f.* reciprocità, corrispondenza.
recíproco *agg.* reciproco, vicendevole | *a la recíproca*, reciprocamente.
recitación *s.f.* recitazione, declamazione.
recitado *s.m.* **1** recitazione (*f.*) **2** (*mus.*) recitativo.
recitador *agg.*, *s.m.* attore, acclamatore.
recital *s.m.* concerto, recital.
recitante *s.m./f.* recitante, commediante.
recitar *v.tr.* recitare, declamare.
recitativo *agg.*, *s.m.* recitativo.

reciura *s.f.* **1** forza, robustezza, vigore (*m.*) **2** (*di clima*) rigidezza.
reclamación *s.f.* reclamo (*m.*), protesta.
reclamante *s.m.* reclamante.
reclamar *v.intr.* **1** reclamare, protestare **2** (*dir.*) ricorrere, fare ricorso: *reclamó contra la sentencia*, ricorse contro la sentenza ♦ *v.tr.* **1** (*dir.*) richiamare, convocare **2** esigere, pretendere **3** (*dir.*) avocare.
reclamo *s.m.* **1** (*nella caccia*) uccello da richiamo **2** (*fig.*) richiamo, grido **3** annuncio, pubblicità (*f.*).
reclasificación *s.f.* riclassificazione.
reclinar *v.tr.* reclinare, piegare, inclinare: *reclinó la cabeza en el respaldo del asiento*, reclinò/appoggiò la testa sullo schienale del sedile.
reclinatorio *s.m.* inginocchiatoio.
recluir (*con. come* huir) *v.tr.* rinchiudere ♦ **-se** *v.pron.* (*anche fig.*) rinchiudersi.
reclusión *s.f.* **1** reclusione, prigionia **2** carcere (*m.*), prigione.
recluso *agg.*, *sm.* recluso, prigioniero.
reclusorio *s.m.* reclusorio, prigione (*f.*).
recluta *s.f.* (*mil.*) reclutamento (*m.*) ♦ *s.m.* recluta, coscritto (*m.*).
reclutamiento *s.m.* (*mil.*) reclutamento, arruolamento, leva (*f.*): *el — de 1943*, la leva del 1943.
reclutar *v.tr.* reclutare, arruolare (*anche mil.*); ingaggiare.
recobrar *v.tr.* recuperare, riacquistare (*anche fig.*): *después de mucho tiempo del accidente recobró la memoria*, molto tempo dopo l'incidente riacquistò la memoria ♦ **-se** *v.pron.* **1** (*med.*) riaversi, rimettersi: *se recobró en pocos días*, si rimise in pochi giorni **2** riprendersi, rifarsi di una perdita.
recobro *s.m.* recupero.
recocer (*con. come* cocer) *v.tr.* **1** ricuocere **2** stracuocere ♦ **-se** *v.pron.* struggersi, consumarsi d'amore.
recochinearse *v.pron.* burlarsi, prendere in giro.
recochineo *s.m.* burla (*f.*), beffa (*f.*).
recocho *agg.* (*cuc.*) stracotto.
recocida *s.f.* (*cuc.*) ricottura.
recocido *agg.* esperto, vissuto ♦ *s.m.* (*cuc.*) ricottura (*f.*).
recodar *v.intr.* **1** appoggiarsi sui gomiti **2** fare una svolta a gomito.
recodo *s.m.* (*di fiume*, *strada*) svolta (*f.*) a gomito.
recogeabuelos *s.m.* fermacapelli.
recogedero *s.m.* magazzino, deposito.
recogedor *agg.* che fornisce rifugio ♦ *s.m.* (*della spazzatura*) paletta (*f.*).
recogepelotas *s.m./f.* (*sport*) raccattapalle.
recoger (*con. come* coger) *v.tr.* **1** raccogliere: *recogía los libros del suelo*, raccoglieva i libri da terra; *— firmas para un referéndum*, raccogliere firme per un referendum **2** recuperare; riprendere, prendere: *voy a — a mi hermano al aeropuerto*, vado a prendere mio fratello in aeroporto **3** riunire, radunare: *recoge tus cosas y vete*, raduna le tue cose e vattene **4** riavvolgere: *— las cortinas*, riavvolgere le tende; *— las velas*, ammainare le vele **5** rimboccare: *— las mangas*, rimboccare le maniche **6** riordinare, riassettare | *— la mesa*, sparecchiare ♦ **-se** *v.pron.* **1** ritirarsi, appartarsi; rifugiarsi **2** ritirarsi, rincasare **3** (*fig.*) raccogliersi, meditare.
recogida *s.f.* **1** ritiro (*m.*); raccolta | *— de datos*, raccolta dati **2** (*agr.*) raccolto (*m.*), raccolta.
recogido *agg.* **1** (*anche fig.*) raccolto, appartato, ritirato **2** (*di animale*) dal tronco corto ♦ *s.m.* drappeggio.
recogimiento *s.m.* raccoglimento, concentrazione (*f.*).
recolar (*con. come* contar) *v.tr.* colare di nuovo.
recolección *s.f.* **1** raccolta: *— de las aceitunas*, raccolta delle olive | *— de las limosnas*, questua **2** compendio (*m.*), riassunto (*m.*) **3** (*fig.*) luogo (*m.*) di raccoglimento; monastero (*m.*).
recolectar *v.tr.* (*agr.*) raccogliere, fare il raccolto.
recolector *agg.* raccoglitore ♦ *s.m.* **1** (*agr.*) raccoglitore **2** esattore.
recoleto *agg.* **1** raccolto, intimo **2** relativo alla clausura.
recomendable *agg.* raccomandabile.
recomendación *s.f.* raccomandazione.
recomendado *agg.*, *s.m.* raccomandato.
recomendante *agg.*, *s.m./f.* raccomandante.
recomendar (*con. come* acertar) *v.tr.* raccomandare: *le recomiendo a mi amigo*, le raccomando il mio amico.
recomendatorio *agg.* raccomandatorio.
recomenzar (*con. come* tropezar) *v.tr./intr.* ricominciare.
recomerse *v.pron.* consumarsi, rodersi.
recompensa *s.f.* compenso (*m.*); ricompensa, premio (*m.*).
recompensable *agg.* ricompensabile.
recompensación *s.f.* → **recompensa.**
recompensar *v.tr.* **1** remunerare, retribuire **2** ricompensare, premiare.
recomponer (*con. come* poner) *v.tr.* **1** ricomporre **2** riparare; ricostruire.
reconcentrar *v.tr.* **1** inserire **2** riconcentrare, riunire, radunare **3** concentrare **4** dissimulare, nascondere ♦ **-se** *v.pron.* concentrarsi.
reconciliación *s.f.* riconciliazione, rappacificazione.
reconciliar *v.tr.* **1** riconciliare, rappacificare **2** riammettere nella Chiesa ♦ **-se** *v.pron.*

1 riconciliarsi, rappacificarsi **2** (*relig.*) confessarsi.
reconcomerse *v.pron.* **1** rodersi, consumarsi **2** agitarsi.
reconcomio *s.m.* **1** rodimento interiore **2** agitazione (*f.*), impazienza (*f.*) **3** (*fam.*) prurito.
recondenar *v.tr.* ricondannare.
recóndito *agg.* (*anche fig.*) recondito, segreto, nascosto.
reconducción *s.f.* riconduzione.
reconducir (*con. come* conducir) *v.tr.* **1** ricondurre, riportare **2** (*dir.*) rinnovare un contratto di affitto.
reconfigurar *v.tr.* (*anche inform.*) riconfigurare.
reconfortante *agg.* confortante.
reconfortar *v.tr.* riconfortare, rianimare, rincuorare, sollevare.
reconocedor *agg.*, *s.m.* riconoscitore, esaminatore.
reconocer (*con. come* agradecer) *v.tr.* **1** riconoscere, identificare **2** ammettere; confessare: *reconoció su culpa*, ammise/riconobbe la sua colpa **3** esaminare, controllare; perlustrare: — *a un enfermo*, esaminare/visitare un ammalato; *la policía de aduana reconoció todas las maletas de ese vuelo*, la polizia doganale ispezionò tutte le valigie di quel volo **4** (*dir.*) riconoscere, legittimare: — *por hijo*, riconoscere come figlio ♦ **-se** *v.pron.* **1** riconoscersi **2** confessarsi, dichiararsi **3** reputarsi, stimarsi, credersi.
reconocible *agg.* riconoscibile.
reconocido *agg.* **1** riconoscente, grato **2** (*dir.*) riconosciuto, legittimo.
reconocimiento *s.m.* **1** riconoscimento, identificazione (*f.*) **2** riconoscenza (*f.*), gratitudine (*f.*) **3** controllo, verifica (*f.*), esame.
reconquista *s.f.* **1** riconquista **2** (*st.*) riconquista del territorio iberico occupato dai musulmani, conclusa nel 1492.
reconquistador *agg.* che partecipò alla riconquista.
reconquistar *v.tr.* riconquistare (*anche fig.*).
reconsiderar *v.tr.* riconsiderare, riesaminare.
reconstitución *s.f.* ricostituzione.
reconstituir (*con. come* huir) *v.tr.* ricostituire, rifare.
reconstituyente *agg.*, *s.m.* (*anche med.*) ricostituente.
reconstrucción *s.f.* ricostruzione.
reconstructivo *agg.* ricostruttore.
reconstruir (*con. come* huir) *v.tr.* ricostruire (*anche fig.*).
recontar (*con. come* contar) *v.tr.* **1** ricontare **2** raccontare, riferire.
recontento *agg.* contentissimo ♦ *s.m.* grande felicità (*f.*).
reconvalecer (*con. come* agradecer) *v.intr.* essere di nuovo in convalescenza.
reconvención *s.f.* **1** rimprovero (*m.*) **2** (*dir.*) riconvenzione.
reconvenir (*con. come* venir) *v.tr.* **1** rimproverare, rinfacciare **2** (*dir.*) riconvenire.
reconversión *s.f.* riconversione; riorganizzazione: — *de los astilleros*, riconversione dei cantieri navali.
reconvertir (*con. come* adquirir) *v.tr.* **1** riconvertire **2** ristrutturare.
recopilación *s.f.* **1** compendio (*m.*), riepilogo (*m.*), riassunto (*m.*), **2** (*lett.*) compendio (*m.*), raccolta **3** (*mus.*) compilation.
recopilador *s.m.* compilatore.
recopilar *v.tr.* compilare; raccogliere.
récord *s.m.* record, primato: *rebasar el* —, battere il record.
recordación *s.f.* ricordo (*m.*), memoria.
recordar (*con. come* contar) *v.tr.* ricordare: *recuerdo mi niñez*, ricordo la mia infanzia; *esta foto no me recuerda nada*, questa foto non mi ricorda nulla.
recordativo *agg.* ricordativo ♦ *s.m.* promemoria.
recordatorio *s.m.* **1** avviso, avvertenza (*f.*), promemoria **2** (*immaginetta sacra*) ricordino.
recorrer *v.tr.* **1** (*anche fig.*) percorrere; girare: *recorrieron toda la ciudad*, girarono tutta la città; *ha recorrido todos los grados de la jerarquía*, ha ricoperto tutti i gradi della gerarchia **2** scorrere, sfogliare, ripassare: *recorría todo el libro*, sfogliava tutto il libro **3** (*tip.*) giustificare.
recorrido *s.m.* **1** percorso, viaggio, itinerario, tragitto; rotta (*f.*) **2** sgridata, ripassata (*f.*): *dar un — a alguien*, dare una ripassata/strigliata a qlcu.
recortable *agg.* che si può ritagliare ♦ *s.m.* figurina (*f.*), cartoncino da ritagliare.
recortado *agg.* ritagliato ♦ *s.m.* cartoncino, figurina (*f.*) ritagliata.
recortar *v.tr.* **1** ritagliare, tagliare, ridurre (*anche fig.*): — *los gastos*, ridurre le spese **2** (*pitt.*) delineare, abbozzare ♦ **-se** *v.pron.* stagliarsi, risaltare: *la sombra se recorta en la pared*, l'ombra si staglia contro il muro.
recorte *s.m.* **1** ritaglio **2** (*econ.*) taglio, diminuzione (*f.*) riduzione (*f.*).
recorvar *v.tr.* curvare.
recorvo *agg.* curvo, incurvato.
recoser *v.tr.* ricucire, rammendare.
recosido *s.m.* ricucitura (*f.*).
recostar (*con. come* contar) *v.tr.* reclinare, inclinare ♦ **-se** *v.pron.* coricarsi, sdraiarsi.
recova *s.f.* polleria.
recoveco *s.m.* **1** (*anche fig.*) meandro, tortuosità (*f.*) | *hablar sin tantos recovecos*, parlare senza tanti giri di parole **2** angolo, cantuccio **3** sotterfugio.

recovero *s.m.* persona (*f.*) che compera e vende volatili.
recreable *agg.* piacevole, divertente.
recrear¹ *v.tr.* distrarre, divertire, rallegrare ♦ **-se** *v.pron.* distrarsi, svagarsi.
recrear² *v.tr.* ricreare, rifare, riprodurre.
recreativo *agg.* divertente, ricreativo, ameno.
recrecer (*con. come* agradecer) *v.tr.* aumentare, accrescere ♦ *v.intr.* ricrescere ♦ **-se** *v.pron.* rianimarsi, rinvigorirsi.
recreo *s.m.* ricreazione (*f.*), passatempo, vacanza (*f.*): *viaje de* —, viaggio di piacere; *casa de* —, casa di vacanza | (*scuola*) *salir al* —, fare la ricreazione.
recría *s.f.* (*bestiame*) ingrasso (*m.*)
recriador *s.m.* (*bestiame*) ingrassatore.
recriar *v.tr.* **1** (*bestiame*) ingrassare **2** nutrite, alimentare.
recriminación *s.f.* recriminazione, lagnanza.
recriminador *s.m.* recriminatore.
recriminar *v.tr.* recriminare, rinfacciare ♦ **-se** *v.pron.* rinfacciarsi.
recriminatorio *agg.* recriminatorio.
recrudecer (*con. come* agradecer) *v.intr.* esacerbare, inasprire.
recrudecimiento *s.m.* recrudescenza (*f.*), inasprimento.
recruzar (*con. come* cazar) *v.tr.* rincrociare.
recta *s.f.* (*geom.*) retta | (*sport*) — *final*, rettilineo finale.
rectal *agg.* (*med., anat.*) rettale, del retto: *temperatura* —, temperatura rettale.
rectamente *avv.* **1** direttamente, in linea retta **2** (*fig.*) rettamente, onestamente.
rectangular *agg.* rettangolare.
rectángulo *agg., s.m.* (*geom.*) rettangolo.
rectificable *agg.* rettificabile.
rectificación *s.f.* rettifica, correzione.
rectificador *agg.* rettificatore.
rectificar (*con. come* pescar) *v.tr.* rettificare, correggere: *tengo que* — *mis palabras*, devo correggere ciò che ho detto ♦ **-se** *v.pron.* emendarsi, correggersi.
rectificativo *agg.* rettificatore.
rectilíneo *agg.* (*geom.*) rettilineo.
rectitud *s.f.* **1** dirittura **2** (*fig.*) rettitudine, onestà **3** (*fig.*) giustezza, esattezza.
recto *agg.* **1** retto, diritto: *línea recta*, linea retta; *siga* —, vada diritto **2** (*fig.*) giusto, onesto, corretto: *es una persona recta*, è una persona retta ♦ *s.m.* (*anat.*) retto.
rector *s.m.* **1** (*anche Università*) rettore **2** (*relig.*) parroco.
rectorado *s.m.* (*Università*) **1** (*incarico*) rettorato **2** ufficio del rettore.
rectoral *agg.* (*Università*) rettorale ♦ *s.f.* (*relig.*) casa parrocchiale, canonica.
rectorar *v.intr.* reggere, governare.
rectoría *s.f.* **1** (*Università*) rettorato (*m.*) **2** (*relig.*) casa parrocchiale, canonica.
rectoscopia *s.f.* (*med.*) rettoscopia.
rectoscopio *s.m.* (*med.*) rettoscopio.
recua *s.f.* **1** branco (*m.*) di animali da soma **2** (*fig.*) fila, processione.
recuadrar *v.tr.* squadrare, quadrettare.
recuadro *s.m.* **1** riquadro **2** (*tip.*) riquadrato.
recubrimiento *s.m.* ricopertura (*f.*).
recubrir (*part.pass.irr.* recubierto) *v.tr.* ricoprire, rivestire.
recudimiento *s.m.* procura (*f.*) per riscuotere gli affitti.
recudir *v.tr.* pagare, corrispondere.
recuento *s.m.* conto di verifica, riscontro.
recuerdo *s.m.* **1** ricordo **2** (*fig.*) souvenir (*m.*), presente **3** (*pl.*) saluti: *recuerdos a tu familia*, saluti ai tuoi.
recuero *s.m.* mandriano.
recuesta *s.f.* (*dir.*) diffida, intimazione.
recuestar *v.tr.* richiedere, domandare.
recular *v.intr.* **1** rinculare, retrocedere, ritirarsi **2** (*fam.*) arrendersi, cedere.
reculo *agg.* (*di pollame*) scodato.
recuperable *agg.* recuperabile.
recuperación *s.f.* **1** recupero (*m.*); guarigione; ripresa, miglioramento (*m.*) **2** (*scuola*) esame (*m.*) di riparazione | *clases de* —, corsi di recupero.
recuperador *agg.* recuperatore.
recuperar *v.tr.* **1** recuperare (*anche fig.*): *necesita* — *confianza*, ha bisogno di riacquistare fiducia **2** riciclare: — *le aceite frito*, riciclare l'olio dei fritti ♦ **-se** *v.pron.* rimettersi, ristabilirsi, riprendersi.
recuperativo *agg.* recuperatorio.
recura *s.f.* coltello (*m.*) dentato.
recurar *v.tr.* fare i denti ai pettini.
recurrencia *s.f.* **1** ricorrenza **2** (*mat.*) ricorsività.
recurrente *agg.* **1** ricorrente **2** (*mat.*) ricorsivo.
recurrible *agg.* (*dir.*) impugnabile.
recurrir *v.intr.* **1** ricorrere, rivolgersi | — *a la violencia*, ricorre alla violenza **2** (*dir.*) presentare ricorso, appellarsi.
recurso *s.m.* **1** (*anche dir.*) ricorso: *como último* —, come mezzo estremo | — *de apelación*, ricorso in appello | — *de casación*, ricorso in cassazione **2** (*amm.*) istanza (*f.*), reclamo **3** (*pl.*) risorse (*f.*); beni: *los recursos ambientales, humanos*, le risorse ambientali, umane.
recusable *agg.* (*anche dir.*) ricusabile.
recusación *s.f.* (*anche dir.*) ricusazione, ricusa.
recusante *agg., s.m./f.* (*anche dir.*) ricusante.
recusar *v.tr.* **1** ricusare, smentire **2** (*dir.*) ricusare.
red *s.f.* (*anche inform., fig.*) rete: — *de autopistas*, rete autostradale; — *de espionaje*, rete

di spionaggio | (*fig.*) *caer en la* —, cadere nella rete.
redacción *s.f.* **1** redazione, stesura, composizione: *ejercicio de* —, esercizio di composizione **2** (*ufficio*) redazione.
redactar *v.tr.* scrivere, redigere.
redactor (*f.* -a) *s.m.* redattore; scrittore; giornalista (*m./f.*).
redada *s.f.* retata.
redaño *s.m.* (*anat.*) mesentere.
redaños *s.m.pl.* valore (*sing.*), coraggio (*sing.*): *mi padre es un tío con* —, mio padre è un tipo grintoso.
redar *v.tr.* (*mar.*) gettare le reti.
redargüir (*con. come* huir) *v.tr.* ritorcere contro qlcu.: — *una argumentación*, ritorcere un argomentazione.
redaya *s.f.* rete per la pesca fluviale.
redecilla *s.f.* **1** (*per capelli*) retina, reticella **2** retino (*m.*) da pesca **3** (*zool.*) reticolo (*m.*).
rededor *s.m.* contorno | *al/en* —, intorno, attorno.
redefinir *v.tr.* ridefinire.
redel *s.m.* (*mar.*) costa (*f.*).
redención *s.f.* redenzione; riscatto (*m.*).
redentor *agg.*, *s.m.* (*relig.*) redentore.
redentorista *agg.*, *s.m.* (*relig.*) redentorista.
redero *s.m.* fabbricante/venditore di reti.
redescontar (*con. come* contar) *v.tr.* (*comm.*) riscontare.
redescubrir (*part.pass.irr.* redescubierto) *v.tr.* riscoprire.
redescuento *s.m.* (*comm.*) risconto.
redicho *agg.* pedante.
redición *s.f.* ripetizione.
redil *s.m.* ovile, recinto per animali.
redimensionamiento *s.m.* ridimensionamento.
redimible *agg.* redimibile.
redimir *v.tr.* **1** redimere, riscattare, affrancare **2** (*dir.*) riscattare, estinguere, cancellare: — *una hipoteca*, cancellare una ipoteca.
redistribución *s.f.* ridistribuzione.
redistribuir (*con. come* huir) *v.tr.* ridistribuire.
rédito *s.m.* reddito, rendita (*f.*).
redituable *agg.* redditizio.
reditual *agg.* redditizio.
redituar (*con. come* continuar) *v.tr.* rendere, fruttare.
redivivo *agg.* redivivo.
redoblado *agg.* **1** (*di persona*) tarchiato, tracagnotto **2** (*di cosa*) grosso, resistente.
redobladura *s.f.* raddoppiamento (*m.*).
redoblamiento *s.m.* raddoppiamento.
redoblante *s.m.* (*mus.*) **1** (*strumento*) tamburo **2** (*suonatore*) tamburino.
redoblar *v.tr.* **1** raddoppiare; aumentare, intensificare (*anche fig.*) **2** ribadire ♦ *v.intr.* (*di tamburi*) rullare.
redoble *s.m.* **1** raddoppiamento, raddoppio **2** rullo di tamburi, rullio.
redoblón *s.m.* **1** (*chiodo*) ribattino **2** tegola (*f.*), coppo.
redola *s.f.* contorno (*m.*), perimetro (*m.*).
redolada *s.f.* regione.
redolar *v.intr.* ruotare, girare.
redolente *agg.* indolenzito.
redolor *s.m.* indolenzimento.
redomado *agg.* astuto, scaltro, (*fam.*) matricolato: *estafador* —, truffatore scaltro.
redomón *agg.* (*Amer.*) semiselvaggio.
redonda *s.f.* **1** dintorni (*m.pl.*); zona: *es el campo más hermoso de la* —, è la campagna più bella dei dintorni/di questa zona | *a la* —, nel raggio di: *en 10 km a la* — *no hay nigún poblado*, nel raggio di 10 km non c'è nessun centro abitato **2** (*mus.*) semibreve.
redondamente *avv.* **1** intorno **2** categoricamente, chiaro e tondo.
redondeado *agg.* tondeggiante, arrotondato.
redondear *v.tr.* (*anche mat.*) arrotondare: — *por exceso*, *por defecto*, arrotondare per eccesso, per difetto ♦ **-se** *v.pron.* **1** arricchirsi **2** arrotondarsi, diventare paffuto.
redondel *s.m.* **1** circolo, cerchio **2** (*tauromachia*) arena (*f.*).
redondeo *s.m.* arrotondamento.
redondez (*pl.* -ces) *s.f.* rotondità.
redondilla *s.f.* **1** (*poema*) quartina **2** (*tip.*) tondo.
redondo *agg.* **1** rotondo, tondo, circolare | *en* —, in tondo **2** perfetto, riuscito: *el negocio le salió* —, ha fatto un affarone **3** categorico, netto, deciso: *le dijo un no* —, gli disse un no tondo tondo, un no categorico **4** (*tip.*) tondo.
redopelo *s.m.* contropelo.
redor *s.m.* **1** intorno **2** stuoia (*f.*) rotonda.
redorar *v.tr.* ridorare.
redro *avv.* dietro ♦ *s.m.* anello che si forma ogni anno nelle corna degli ovini.
redrojar *v.tr.* (*agr.*) dare frutti tardivi.
redrojo *s.m.* (*agr.*) **1** frutto tardivo **2** raspollo.
redropelo *s.m.* contropelo.
reducción *s.f.* riduzione; ribasso (*m.*), diminuzione.
reduccionismo *s.m.* riduzionismo.
reducible *agg.* riducibile.
reducido *agg.* ridotto, limitato, stretto.
reducidor *s.m.* (*Amer.*) ricettatore.
reducir (*con. come* conducir) *v.tr.* **1** ridurre, diminuire | — *una salsa*, far addensare un sugo **2** costringere, obbligare: — *al silencio*, ridurre al silenzio **3** (*med.*) ridurre ♦ **-se** *v.pron.* **1** moderarsi, limitarsi **2** costringersi, obbligarsi.
reductible *agg.* riducibile.
reductor *agg.* riduttore, riducente ♦ *s.m.*

1 (*tecn.*) riduttore 2 (*chim.*) agente riducente.
redundancia *s.f.* ridondanza, sovrabbondanza, eccesso (*m.*).
redundante *agg.* ridondante, gonfio.
redundar *v.intr.* 1 ridondare; abbondare; traboccare; eccedere 2 risultare, risolversi | — *en beneficio suyo*, risolversi a suo vantaggio.
reduplicación *s.f.* 1 duplicazione 2 (*ling.*) ripetizione, anafora.
reduplicar (*con. come* pescar) *v.tr.* 1 duplicare, raddoppiare 2 ripetere.
reduvio *s.m.* (*zool.*) cimice (*f.*).
reedición *s.f.* (*editoria*) riedizione, ristampa.
reedificación *s.f.* riedificazione.
reedificar (*con. come* pescar) *v.tr.* riedificare, ricostruire.
reeditar *v.tr.* (*editoria*) ripubblicare, ristampare.
reeducación *s.f.* (*anche med.*) rieducazione.
reeducar (*con. come* pescar) *v.tr.* (*anche med.*) rieducare.
reelaborar *v.tr.* rielaborare.
reelección *s.f.* rielezione.
reelecto *agg.* rieletto.
reelegible *agg.* rieleggibile.
reelegir (*con. come* corregir) *v.tr.* rieleggere, riconfermare.
reembarcar (*con. come* pescar) *v.tr.* reimbarcare.
reembolsar *v.tr.* rimborsare, rifondere, restituire.
reembolso *s.m.* rimborso, rifusione (*f.*), risarcimento | *a/contra* —, contrassegno.
reemplazable *agg.* rimpiazzabile, sostituibile.
reemplazar, remplazar (*con. come* cazar) *v.tr.* 1 sostituire, rimpiazzare 2 fare le veci di, rappresentare, supplire.
reemplazo, remplazo *s.m.* 1 sostituzione (*f.*) 2 supplenza (*f.*), rimpiazzo | *soldado de* —, soldato di leva.
reencarnación *s.f.* (*anche relig.*) reincarnazione.
reencarnar *v.tr.* reincarnare ♦ **-se** *v.pron.* (*anche relig.*) reincarnarsi.
reencontrar (*con. come* contar) *v.tr.* ritrovare, rinvenire.
reencuentro *s.m.* 1 ritrovo 2 (*mil.*) scontro.
reenganchado *agg.* (*mil.*) soldato a cui è stata rinnovata la ferma.
reenganchamiento *s.m.* (*mil.*) rinnovo della ferma.
reenganchar *v.tr.* (*mil.*) rinnovare la ferma.
reenganche *s.m.* (*mil.*) rinnovo della ferma.
reengendrador *agg.* rigeneratore.
reengendrar *v.tr.* rigenerare (*anche fig.*).
reentrada *s.f.* rientro (*m.*).
reenviar (*con. come* confiar) *v.tr.* rinviare, rimandare.
reenvío *s.m.* rinvio.
reequilibrar *v.tr.* riequilibrare.
reescribir (*part.pass.irr.* reescrito) *v.tr.* riscrivere.
reestrenar *v.tr.* (*cinem.*, *teatr.*) replicare.
reestreno *s.m.* (*cinem.*, *teatr.*) replica (*f.*).
reestructuración *s.f.* ristrutturazione.
reestructurar *v.tr.* ristrutturare, restaurare, riorganizzare.
reexaminación *s.f.* riesame (*m.*).
reexaminar *v.tr.* riesaminare.
reexpedición *s.f.* rispedizione.
reexpedir (*con. come* pedir) *v.tr.* rispedire.
refacción *s.f.* 1 refezione 2 (*fam.*) aggiunta 3 (*Amer.*) restaurazione.
refaccionar *v.tr.* restaurare, riparare.
refajo *s.m.* (*abbigl.*) sottoveste (*f.*), sottana (*f.*).
refectorio *s.m.* refettorio.
referencia *s.f.* 1 narrazione, relazione, racconto (*m.*) 2 relazione; riferimento (*m.*): *en este libro se hace — a los autores griegos*, in questo libro si fa riferimento agli autori greci; *poner en — dos hechos*, mettere in relazione due fatti | *con — a*, in riferimento a, per quanto riguarda | *número de* —, numero di riferimento 3 rimando (*m.*), richiamo (*m.*); citazione 4 referenze (*pl.*): *dar la — de alguien*, dare informazioni/referenze su qlcu.
referendario *agg.* (*pol.*) referendario.
referéndum *s.m.* (*pol.*) referendum.
referente *agg.* relativo, riguardante | — *a*, per quanto concerne ♦ *s.m.* (*ling.*) referente.
réferi, referí *s.m.* (*Amer.*) arbitro.
referible *agg.* riferibile.
referir (*con. come* sentir) *v.tr.* 1 riferire, raccontare: *le refería lo que ocurrió*, gli riferiva ciò che era successo 2 mettere in relazione, collegare ♦ **-se** *v.pron.* riferirsi a; riguardare; alludere: *eso se refiere a lo que ya hemos dicho*, ciò concerne/si riferisce a quanto abbiamo già detto; *este trabajo se refiere a tu profesión*, questo lavoro si ricollega con la tua professione.
refilón, de *loc.avv.* di sbieco, di traverso, di sfuggita: *se miraba — en los escaparates*, si guardava di sfuggita nelle vetrine.
refinación *s.f.* raffinazione.
refinadera *s.f.* (*tecn.*) raffinatore (*m.*) di cioccolato.
refinado *agg.* 1 (*tecn.*) raffinato 2 (*fig.*) raffinato, fine, ricercato: *gustos refinados*, gusti raffinati.
refinador *agg.*, *s.m.* raffinatore.
refinamiento *s.m.* 1 raffinatezza (*f.*), squisitezza (*f.*) 2 (*tecn.*) raffinazione (*f.*) 3 crudeltà (*f.*), accanimento.

refinar *v.tr.* **1** raffinare, purificare **2** (*fig.*) perfezionare ♦ **-se** *v.pron.* raffinarsi.
refinería *s.f.* raffineria.
refino *agg.* finissimo, purissimo ♦ *s.m.* **1** raffinazione (*f.*) **2** (*Amer.*) acquavite (*f.*).
refirmar *v.tr.* **1** ratificare, confermare, approvare **2** sovrapporre.
refitolear *v.tr.* ficcanasare, curiosare.
refitolero *agg.* **1** chi si occupa del refettorio **2** (*fam.*) ficcanaso, impiccione **3** affettato, lezioso **4** abbellito, agghindato.
reflectante *agg.* riflettente.
reflectar *v.tr.* (*fis.*) riflettere.
reflector *agg.* riflettente ♦ *s.m.* **1** riflettore (ottico) **2** (*astr.*) rifrattore.
reflejar *v.tr.* **1** riflettere, rispecchiare: *el espejo reflejaba su imagen*, lo specchio rifletteva la sua immagine **2** (*fig.*) riflettere, meditare ♦ **-se** *v.pron.* riflettersi, rispecchiarsi.
reflejo *agg.* riflesso: *rayo —*, raggio riflesso ♦ *s.m.* **1** (*di luce, immagine, anche fig.*) riflesso: *— metálico*, riflesso metallico; *una sonrisa que era el — de mi felicidad*, un sorriso che era il riflesso della mia felicità **2** (*fisiol.*) riflesso: *— condicionado*, riflesso condizionato; *el alcohol condiciona los reflejos*, l'alcol condiziona i riflessi.
reflejoterapia *s.f.* (*med.*) riflessoterapia.
réflex *agg.*, *s.f.* (*foto.*) reflex.
reflexible *agg.* riflessibile.
reflexión *s.f.* **1** (*fis.*) riflessione: *ángulo de —*, angolo di riflessione **2** (*fig.*) riflessione, meditazione, osservazione, considerazione: *sus reflexiones eran muy interesantes*, le sue riflessioni erano molto interessanti.
reflexionar *v.tr.* riflettere, meditare.
reflexivo *agg.* (*anche mat.*, *gramm.*) riflessivo.
reflorecer (*con. come* agradecer) *v.intr.* (*anche fig.*) rifiorire, rinascere, rianimarsi.
reflorecimiento *s.m.* rifioritura (*f.*).
reflotamiento *s.m.* (*econ.*) risanamento.
reflotar *v.tr.* **1** (*econ.*) risanare, riassestare **2** (*mar.*) far tornare a galla.
refluir (*con. come* huir) *v.intr.* rifluire.
reflujo *s.m.* riflusso (*anche fig.*).
refocilación *s.f.* rifocillamento (*m.*).
refocilar *v.tr.* rifocillare, ricreare.
reforestación *s.f.* riforestazione.
reforestar *v.tr.* rimboschire.
reforma *s.f.* **1** riforma: *la — del código*, la riforma del codice **2** ristrutturazione, restauro (*m.*): *con la — la casa se revaloriza*, con la ristrutturazione la casa si rivaluta **3** (*st.*, *relig.*) Riforma.
reformado *agg.*, *s.m.* (*relig.*) riformato.
reformador *agg.*, *s.m.* riformatore.
reformar *v.tr.* **1** riformare; modificare, correggere, emendare **2** riparare, rinnovare; ristrutturare: *gastamos mucho dinero en — el cuarto de baño*, abbiamo speso molti soldi per ristrutturare il bagno ♦ **-se** *v.pron.* correggersi.
reformativo *agg.* riformativo.
reformatorio *s.m.* riformatorio, casa (*f.*) di correzione.
reformismo *s.m.* riformismo.
reformista *agg.*, *s.m./f.* riformista.
reforzado *agg.* rinforzato
reforzador *agg.* rinforzatore.
reforzamiento *s.m.* rafforzamento.
reforzar (*con. come* almorzar) *v.tr.* **1** rinforzare; animare, rinfrancare **2** fortificare, riparare.
refracción *s.f.* (*fis.*) rifrazione.
refractar *v.tr.* (*fis.*) rifrangere.
refractario *agg.* **1** refrattario **2** (*fig.*) ribelle, restio, riluttante.
refractivo *agg.* (*fis.*) rifrangente.
refracto *agg.* (*fis.*) rifratto.
refractómetro *s.m.* (*fis.*) rifrattometro.
refractor *s.m.* (*fis.*) rifrattore.
refrán *s.m.* proverbio, detto, sentenza (*f.*).
refranero *s.m.* raccolta (*f.*) di proverbi.
refranesco *agg.* proverbiale.
refrangibilidad *s.f.* (*fis.*) rifrangibilità.
refrangible *agg.* (*fis.*) rifrangibile.
refranista *s.m.* proverbista.
refregadura *s.f.* **1** sfregatura, sfregamento (*m.*) **2** graffio (*m.*).
refregar (*con. come* negar) *v.tr.* **1** strofinare, sfregare **2** (*fam.*) rinfacciare: *me refregó mis ausencias*, mi rimproverò le mie assenze.
refregón *s.m.* **1** sfregamento **2** (*mar.*) raffica (*f.*) di vento.
refreír (*con. come* reír) *v.tr.* (*cuc.*) rifriggere.
refrenable *agg.* raffrenabile.
refrenamiento *s.m.* raffrenamento.
refrenar *v.tr.* frenare, moderare, contenere, reprimere ♦ **-se** *v.pron.* trattenersi, reprimersi.
refrendación *s.f.* (*amm.*) vidimazione, controfirma.
refrendar *v.tr.* (*amm.*) autorizzare, legalizzare, vistare; (*leggi o decreti*) controfirmare.
refrendario *s.m.* (*amm.*) vidimatore.
refrendata *s.f.* (*amm.*) controfirma.
refrendo *s.m.* (*amm.*) **1** controfirma (*f.*) **2** visto, autenticazione (*f.*), vidimazione (*f.*).
refrescador *agg.* rinfrescante.
refrescadura *s.f.* rinfrescata.
refrescamiento *s.m.* rinfrescamento.
refrescante *agg.* rinfrescante, refrigerante.
refrescar (*con. come* pescar) *v.tr./intr.* rinfrescare (*anche fig.*): *ha refrescado el tiempo*, il tempo è rinfrescato; *— la memoria*, rinfrescare la memoria ♦ **-se** *v. pron.* rinfrescarsi, ristorarsi.
refresco *s.m.* **1** rinfresco, ricevimento **2** bibita (*f.*).

refriega *s.f.* rissa, mischia, scontro (*m.*), baruffa.
refrigeración *s.f.* refrigerazione, refrigerio (*m.*).
refrigerador *agg.* refrigerante ♦ *s.m.* frigorifero.
refrigeradora *s.f.* frigorifero (*m.*).
refrigerante *agg.* refrigerante.
refrigerar *v.tr.* **1** refrigerare; congelare **2** climatizzare.
refrigerativo *agg.* refrigerativo.
refrigerio *s.m.* **1** refrigerio **2** conforto, sollievo **3** ristoro, spuntino.
refringencia *s.f.* (*ottica*) rifrazione.
refringente *agg.* (*ottica*) rifrangente.
refrito *s.m.* **1** (*cuc.*) soffritto **2** (*fam.*) scopiazzatura (*f.*), lavoro non originale.
refuerzo *s.m.* **1** rinforzo, rincalzo **2** soccorso, aiuto.
refugiado *agg.*, *s.m.* rifugiato, profugo.
refugiar *v.tr.* dar rifugio a, accogliere, ospitare ♦ **-se** *v.pron.* rifugiarsi.
refugio *s.m.* rifugio, ricovero, riparo: *es un — provisional*, è un rifugio provvisorio.
refulgencia *s.f.* splendore (*m.*), fulgore (*m.*).
refulgente *agg.* splendente, rifulgente, brillante.
refulgir (*con. come* afligir) *v.intr.* rifulgere, brillare, risplendere.
refundar *v.tr.* rifondare.
refundición *s.f.* **1** (*tecn.*) rifusione di metallo **2** (*lett.*) rimaneggiamento (*m.*).
refundidor *s.m.* rifonditore.
refundir *v.tr.* **1** (*tecn., metalli*) rifondere **2** (*un testo*) rimaneggiare **3** (*Amer.*) smarrire, perdere.
refunfuñador *agg.* (*fam.*) brontolone.
refunfuñar *v.intr.* (*fam.*) brontolare, borbottare.
refunfuño *s.m.* (*fam.*) brontolio, borbottio.
refunfuñón *agg.* (*fam.*) brontolone.
refutable *agg.* confutabile, impugnabile.
refutar *v.tr.* confutare, impugnare, ribattere.
refutatorio *agg.* confutatorio.
regable *agg.* (*agr.*) irrigabile.
regadera *s.f.* innaffiatoio (*m.*).
regadío *agg.* (*agr.*) irrigabile, irriguo ♦ *s.m.* (*agr.*) **1** terreno irriguo **2** irrigazione (*f.*).
regadizo *agg.* (*agr.*) irrigabile.
regador *s.m.* (*agr.*) irrigatore.
regadura *s.f.* irrigazione.
regalado *agg.* **1** regalato, molto economico **2** piacevole, comodo, delizioso: *una vida regalada*, una vita agiata.
regalar *v.tr.* **1** regalare, donare **2** coccolare, lusingare **3** rallegrare, divertire: *me regala los oídos con sus palabras*, mi rallegra con le sue parole ♦ **-se** *v.pron.* trattarsi bene: *se regaló con una buena siesta*, si concesse (il lusso di) una bella siesta.
regalía *s.f.* regalia, privilegio (*m.*).
regalillo *s.m.* manicotto.
regalismo *s.m.* (*st.*) regalismo.
regalista *agg.*, *s.m.* (*st.*) regalista.
regaliz (*pl.*-ces) *s.m.* (*bot., dolciume*) liquirizia (*f.*).
regalo *s.m.* **1** regalo, dono, omaggio **2** comodità (*f.*), agiatezza (*f.*), lusso: *le tratan con mucho —*, lo tengono nella bambagia; *vivir con —*, vivere agiatamente, da signore.
regañadientes, a *loc.avv.* di mala voglia, malvolentieri.
regañar *v.intr.* **1** ringhiare **2** (*fig.*) brontolare; litigare ♦ *v.tr.* (*fam.*) sgridare, rimproverare.
regañina *s.f.* (*fam.*) ramanzina, sgridata, rimprovero (*m.*).
regar (*con. come* negar) *v.tr.* **1** innaffiare, irrigare **2** (*di fiume*) bagnare: *el río Po riega varias regiones italianas*, il fiume Po bagna diverse regioni italiane **3** (*fig.*) spargere, disseminare.
regata *s.f.* **1** (*mar.*) regata **2** (*agr.*) solco (*m.*) d'irrigazione.
regate *s.m.* **1** (*sport*) scarto **2** (*fig.*) scappatoia (*f.*).
regatear[1] *v.tr.* **1** mercanteggiare, trattare sul prezzo **2** vendere al minuto **3** lesinare, risparmiare: *sin — esfuerzos*, senza lesinare/risparmiare sforzi.
regatear[2] *v.intr.* (*mar.*) regatare.
regateo *s.m.* **1** contrattazione (*f.*), mercanteggiamento **2** (*comm.*) vendita (*f.*) al dettaglio.
regatista *s.m.* (*sport*) regatante.
regazo *s.m.* **1** grembo **2** (*fig.*) rifugio, riparo.
regencia *s.f.* (*pol.*) reggenza.
regeneración *s.f.* rigenerazione.
regenerador *agg.* rigeneratore.
regenerar *v.tr.* **1** rigenerare; rinnovare, migliorare **2** riciclare: *— el plástico*, riciclare la plastica ♦ **-se** *v.pron.* **1** rigenerarsi, ristabilirsi **2** (*fig.*) riabilitarsi, redimersi.
regenerativo *agg.* rigenerativo.
regentar *v.tr.* **1** dirigere, reggere **2** (*amm.*) sostituire, occupare temporaneamente una carica.
regente (*f.* -a) *s.m.* reggente (*m./f.*).
regiamente *avv.* **1** regalmente **2** (*fig.*) sontuosamente.
regicidio *s.m.* (*dir.*) regicidio.
regidor *s.m.* **1** reggitore **2** (*amm.*) consigliere comunale.
régimen (*pl.* regímenes) *s.m.* **1** (*pol.*) regime: *— democrático*, regime democratico **2** metodo; regime: *en aquel colegio se emplea un severo — de educación*, in quel collegio si usa un metodo educativo severo **3** dieta (*f.*), regime alimentare: *estoy a —*,

sono a dieta **4** (*meteor.*) regime, andamento | — *de lluvias*, regime pluviometrico.
regimiento *s.m.* **1** (*mil.*) reggimento **2** (*fam.*) moltitudine: *con los primos somos un —*, insieme ai cugini siamo un esercito.
regio *agg.* regio, regale (*anche fig.*) | *cena regia*, cena magnifica/sontuosa.
región *s.f.* **1** regione, zona, territorio (*m.*) **2** (*anat.*) regione.
regional *agg.* regionale.
regionalismo *s.m.* (*anche pol.*) regionalismo.
regir (*con. come* corregir) *v.tr.* **1** reggere; dirigere, governare **2** (*gramm.*) volere, reggere: *verbos que rigen el infinitivo*, verbi che reggono l'infinito ♦ *v.intr.* **1** (*amm.*) essere in vigore **2** (*di meccanismo*) funzionare | (*fig.*) — *bien*, avere la testa a posto.
registrado *agg.* registrato, brevettato | *marca registrada*, marchio registrato.
registrador *agg.* registratore | *caja registradora*, registratore di cassa ♦ *s.m.* funzionario del registro immobiliare.
registrar *v.tr.* **1** esaminare, controllare **2** perquisire, ispezionare: *en la aduana registraron mi maleta*, alla dogana hanno ispezionato la mia valigia | *¡a mí que me registren!*, io non c'entro! **3** registrare; trascrivere, annotare: — *entradas y salidas*, registrare le entrate e le uscite **4** (*comm.*) depositare, iscrivere a registro, registrare ♦ **-se** *v.pron.* **1** iscriversi, immatricolarsi; presentarsi **2** (*dir.*) registrarsi, verificarsi: *en enero se registran las temperaturas más bajas*, in gennaio si registrano le temperature più basse.
registro *s.m.* **1** registro, ruolo; registrazione (*f.*): — *de la propiedad*, registro catastale **2** (*dir.*) perquisizione (*f.*) **3** (*dir., amm.*) ufficio del registro **4** (*mar.*) stazza (*f.*) **5** (*mecc.*) registro **6** (*mus.*) registro, pedale.
regla *s.f.* **1** riga, righello (*m.*); regolo (*m.*) **2** regola, norma, precetto (*m.*): *la — monástica de los benedictinos es muy rígida*, la regola monastica dei benedettini è molto rigida; *está en — con todos los documentos*, è in regola con tutti i documenti | *salir de —*, uscire della norma | *las cuatro reglas*, le quattro operazioni | *por — general*, di regola, in genere: *por — general, llega a esta hora*, di regola, arriva a quest'ora **3** (*med.*) mestruazioni (*pl.*).
reglaje *s.m.* **1** (*tecn.*) regolazione (*f.*) **2** rigatura (*f.*), quadrettatura (*f.*).
reglamentación *s.f.* **1** regolamentazione **2** regolamento (*m.*), ordinamento (*m.*).
reglamentar *v.tr.* regolamentare, disciplinare, ordinare.
reglamentario *agg.* regolamentare.
reglamento *s.m.* (*anche dir.*) regolamento, ordinamento.
reglar *v.tr.* **1** tracciare linee dritte, rigare **2** (*anche tecn.*) regolare, adattare.
reglón *s.m.* (*edil.*) regolo, bolla (*f.*).
regocijar *v.tr.* rallegrare, allietare ♦ **-se** *v.pron.* gioire, rallegrarsi.
regocijo *s.m.* gioia (*f.*), allegria (*f.*), gaudio.
regodearse *v.pron.* compiacersi, gioire: — *con el mal ajeno*, compiacersi del male altrui.
regodeo *s.m.* compiacimento, godimento, divertimento.
regoldar *v.intr.* ruttare.
regordete *agg.* grassoccio, rotondetto, paffutello.
regresar *v.intr.* **1** ritornare, rincasare **2** (*psic.*) regredire **3** (*Amer.*) restituire.
regresión *s.f.* regresso (*m.*), regressione (*anche psic.*).
regresivo *agg.* regressivo.
regreso *s.m.* ritorno.
regüeldo *s.m.* rutto.
reguera *s.f.* canale (*m.*) d'irrigazione.
reguero *s.m.* **1** rigagnolo, rivolo: *por la montaña bajaba un — de lava*, dalla montagna scendeva un rivolo di lava **2** (*fig.*) scia (*f.*), striscia (*f.*): *ha quedado un — de arroz*, è rimasta una scia di chicchi di riso | — *de pólvora*, detto di qlco. che si propaga molto rapidamente: *la noticia se extendió como un — de pólvora*, la notizia si diffuse in un baleno.
reguilete *s.m.* (*gioco*) freccette (*f.pl.*).
regulable *agg.* regolabile.
regulación *s.f.* regolazione | — *de nacimientos*, controllo delle nascite.
regulador *agg.* regolatore.
regular *agg.* regolare, normale; discreto, mediocre | *«¿qué tal está Ud.?» «—»*, «Lei come sta?» «discretamente» | *por lo —*, in genere ♦ *v.tr.* **1** regolare, ordinare, disciplinare **2** (*econ.*) adeguare, riassestare.
regularidad *s.f.* regolarità, periodicità.
regularizar (*con. come* cazar) *v.tr.* regolarizzare, normalizzare.
regurgitación *s.f.* (*biol.*) rigurgito (*m.*).
regurgitar *v.intr.* **1** (*biol.*) rigurgitare **2** traboccare.
regusto *s.m.* **1** retrogusto, sapore **2** (*fig.*) sensazione (*f.*), impressione (*f.*) | — *amargo*, sensazione amara.
rehabilitación *s.f.* **1** (*med.*) riabilitazione, ricupero (*m.*), rieducazione **2** (*arch.*) ristrutturazione, restauro (*m.*).
rehabilitar *v.tr.* **1** riabilitare, reintegrare **2** ristrutturare, restaurare ♦ **-se** *v.pron.* riabilitarsi.
rehacer (*con. come* hacer) *v.tr.* rifare; riparare ♦ **-se** *v.pron.* rimettersi, ristabilirsi.
rehacimiento *s.m.* rifacimento.
rehecho *agg.* tracagnotto.

rehén *s.m.* **1** ostaggio: *soltar a un —*, rilasciare un ostaggio **2** pegno, garanzia (*f.*).
rehenchido *s.m.* (*materiale*) imbottitura (*f.*).
rehenchir *v.tr.* **1** riempire **2** imbottire.
rehilete *s.m.* **1** (*gioco*) freccetta (*f.*) **2** (*gioco*) volano **3** (*fig.*) frecciata (*f.*).
rehogar (*con. come* llegar) *v.tr.* (*cuc.*) soffriggere, rosolare.
rehuir (*con. come* huir) *v.tr.* rifuggire, evitare, schivare; sfuggire a: *rehuye la conversación*, evita la conversazione ♦ **-se** *v.pron.* sottrarsi, negarsi, sfuggire.
rehusar *v.tr.* **1** rifiutare, negare **2** non accettare, declinare.
reimplantación *s.f.* **1** (*bot.*) reinnesto (*m.*) **2** (*med.*) reimpianto (*m.*).
reimplantar *v.tr.* **1** (*bot.*) reinnestare **2** (*med.*) reimpiantare.
reimpresión *s.f.* ristampa.
reimprimir *v.tr.* ristampare.
reina *s.f.* **1** (*anche scacchi*) regina **2** (*fam.*) gioia, tesoro (*m.*).
reinado *s.m.* **1** regno **2** (*fig.*) autorità (*f.*), dominio: *tener bajo su —*, avere sotto la sua autorità.
reinar *v.tr.* (*anche fig.*) regnare.
reincidencia *s.f.* **1** (*dir.*) recidiva **2** recidività, ricaduta nello stesso errore.
reincidente *agg.*, *s.m.* recidivo.
reincidir *v.intr.* recidivare, essere recidivo; ricadere (in un errore).
reincorporación *s.f.* rincorporamento (*m.*).
reincorporar *v.tr.* rincorporare, riannettere: *— una ciudad*, riannettere una città.
reineta *s.f.* (*mela*) renetta.
reingresar *v.tr.* reintegrare; riammettere.
reingreso *s.m.* rientro, reintegrazione (*f.*).
reino *s.m.* regno | (*biol.*) *— vegetal*, regno vegetale | (*relig.*) *el — de Dios*, il regno di Dio.
reintegrar *v.tr.* **1** reintegrare, ricostituire **2** restituire ♦ **-se** *v.pron.* **1** (*in una carica, un'attività*) reintegrarsi; rientrare **2** rifarsi, recuperare.
reintegro *s.m.* **1** pagamento; risarcimento **2** (*lotteria*) premio equivalente alla somma giocata.
reír (*indic.pres.* río, ríes, ríe, reímos, reís, ríen; *pass.rem.* rió, rieron; *cong.pres.* ría, rías...; *imperf.* riera, rieras...; *ger.* riendo; *imp.* ríe, ría, riamos, reíd, rían) *v.intr.* ridere: *no me hagas —*, non farmi ridere; *se echó a —*, si mise a ridere | *— a carcajadas*, ridere a crepapelle ♦ *v.tr.* ridere di qlco.: *— un chiste*, ridere di una barzelletta ♦ **-se** *v. pron.* **1** burlarsi di, prendere in giro: *se rió de ella*, si burlò di lei **2** ridersene, infischiarsene: *se ríe de sus amenazas*, se la ride/se ne infischia delle loro minacce.
reiteración *s.f.* reiterazione, ripetizione.
reiterar *v.intr.* reiterare, ripetere.
reiterativo *agg.* ripetitivo.
reivindicación *s.f.* rivendicazione.
reivindicar (*con. come* pescar) *v.tr.* rivendicare, reclamare; riaffermare.
reja[1] *s.f.* **1** (*agr.*) vomere (*m.*) **2** (*agr.*) aratura.
reja[2] *s.f.* grata, inferriata, griglia | (*fig.*) *entre rejas*, dietro le sbarre, in carcere.
rejilla *s.f.* **1** rete metallica; grata **2** (*di sedile o spalliera*) impagliatura **3** (*serramento*) gelosia, persiana.
rejo *s.m.* **1** punta (*f.*) di ferro **2** (*di ape, vespa*) pungiglione **3** sbarra (*f.*), spranga (*f.*).
rejón *s.m.* **1** dardo, giavellotto **2** (*tauromachia*) pungolo **3** (*cuc.*) spiedo.
rejuntar *v.tr.* mettere insieme, riunire ♦ **-se** *v.pron.* mettersi insieme.
rejuvenecer (*con. come* agradecer) *v.tr.* **1** ringiovanire **2** (*fig.*) rinnovare, rimodernare ♦ *v.intr.* ringiovanire.
relación *s.f.* **1** relazione, rapporto (*m.*), connessione | *con — a*, in relazione a | *con — a su carta*, riguardo a, in riferimento alla Sua lettera **2** rapporto (*m.*), legame (*m.*): *— de pareja*, rapporto di coppia; *relaciones de parentesco*, rapporti di parentela | *estar en buenas, malas relaciones*, essere in buoni, cattivi rapporti | *relaciones diplomáticas*, rapporti diplomatici | *relaciones públicas*, (*attività*) pubbliche relazioni; (*persona*) pierre, addetto alle pubbliche relazioni **3** racconto (*m.*), relazione, resoconto (*m.*) **4** (*pl.*) conoscenze.
relacionar *v.tr.* **1** mettere in relazione **2** riferire, informare; relazionare: *relacione el motivo de su solicitud*, spieghi/indichi il motivo della sua richiesta ♦ **-se** *v.pron.* essere in relazione, avere rapporti: *— con la clientela*, avere rapporti con i clienti.
relajación *s.f.* **1** rilassamento (*m.*), distensione **2** (*fig.*) rilassatezza **3** (*tecn.*) allentamento (*m.*).
relajamiento *s.m.* rilassamento.
relajar *v.tr.* **1** rilassare **2** allentare: *— una cuerda*, allentare una corda **3** (*dir.*) assolvere; liberare ♦ **-se** *v.pron.* **1** rilassarsi, distendersi **2** viziarsi.
relajo *s.m.* **1** (*fam.*) disordine; rilassatezza (*f.*); degrado **2** (*Amer.*) burla (*f.*), scherno.
relamer *v.tr.* leccare, rileccare ♦ **-se** *v.pron.* **1** leccarsi le labbra, leccarsi i baffi | *— de gusto con algo*, leccarsi i baffi per la bontà di qlco.; (*fig.*) pregustare qlco. di bello | *— las heridas*, leccarsi le ferite **2** lisciarsi, imbellettarsi **3** (*fig.*) gloriarsi, vantarsi.
relamido *agg.* affettato, ricercato: *ser —*, essere ricercato.
relámpago *s.m.* lampo (*anche fig.*), fulmine, saetta (*f.*) | *guerra —*, guerra lampo | *ir como un —*, andare veloce come il lampo.

relampaguear *v.intr.* lampeggiare.
relampagueo *s.m.* lampeggiamento.
relance *s.m.* (*anche nel gioco*) rilancio.
relanzar (*con. come* cazar) *v.tr.* rilanciare, riproporre.
relatar *v.tr.* riferire, raccontare, esprimere.
relatividad *s.f.* (*anche fis.*) relatività.
relativismo *s.m.* (*anche fis.*) relativismo.
relativo *agg.* **1** (*anche gramm.*) relativo **2** relativo, non assoluto: *ganó las elecciones con una mayoría relativa*, ha vinto le elezioni con una maggioranza relativa **3** attinente, concernente **4** relativo, limitato: *un asunto de relativa importancia*, un affare di relativa importanza ♦ *s.m.* (*gramm.*) pronome relativo.
relato *s.m.* narrazione (*f.*), racconto, storia (*f.*): *relatos breves*, racconti brevi.
relator *agg.*, *s.m.* (*dir.*) relatore.
releer (*con. come* leer) *v.tr.* rileggere.
relegar (*con. come* llegar) *v.tr.* **1** relegare; bandire, espellere **2** (*fig.*) mettere in disparte; posporre.
relente *s.m.* umidità (*f.*) notturna; rugiada (*f.*).
relevación *s.f.* **1** rilevamento (*m.*) **2** (*dir.*) esenzione, esonero (*m.*) | — *de fianza*, esenzione dalla cauzione.
relevancia *s.f.* rilevanza, importanza.
relevante *agg.* **1** rilevante, significativo, notevole **2** eminente, eccellente.
relevar *v.tr.* **1** dare rilievo a; mettere in rilievo **2** esaltare, ingrandire: *tenía la costumbre de — los defectos y los méritos de sus alumnos*, aveva l'abitudine di esaltare i difetti e i meriti dei suoi allievi **3** (*dir.*) esonerare, esimere **4** (*sport*) sostituire **5** assolvere, perdonare: — *las culpas*, perdonare le colpe.
relevo *s.m.* **1** cambio della guardia | *dar el —*, dare il cambio **2** (*mil.*, *chi dà il cambio*) sentinella (*f.*) **3** (*sport*) staffettista (*m./f.*) | *carrera de relevos*, gara di staffetta.
relicario *s.m.* (*relig.*) reliquiario.
relicto *agg.* (*dir.*) ereditario | *bienes relictos*, beni ereditari.
relieve *s.m.* (*anche fig.*) rilievo | *bajo —*, bassorilievo | *poner de —*, mettere in evidenza/risalto/rilievo.
religión *s.f.* (*anche fig.*) religione: — *monoteísta*, religione monoteista | — *judía*, ebraismo | *entrar en —*, pronunciare i voti | *la — del trabajo*, la religione del lavoro.
religionario *s.m.* (*relig.*) protestante.
religiosamente *avv.* **1** religiosamente **2** (*fig.*) scrupolosamente.
religiosidad *s.f.* **1** religiosità **2** (*fig.*) scrupolo (*m.*), zelo (*m.*).
religioso *agg.*, *s.m.* religioso: *música religiosa*, musica sacra; *ha llegado una comitiva de religiosos*, è arrivata una comitiva di religiosi.
relinchar *v.intr.* (*zool.*) nitrire.
relincho *s.m.* nitrito.
reliquia *s.f.* **1** (*relig.*) reliquia **2** (*fig.*) resto (*m.*), residuo (*m.*), vestigia (*pl.*).
rellano *s.m.* **1** (*di scala*) pianerottolo **2** (*geogr.*) pianoro.
rellenar *v.tr.* **1** riempire, imbottire: *estaba rellenando su pipa con picadura*, stava riempiendo la pipa di tabacco **2** (*un modulo*) compilare **3** (*cuc.*) farcire.
relleno *agg.* **1** rigonfio, pieno, ripieno **2** (*cuc.*) farcito, ripieno ♦ *s.m.* **1** imbottitura (*f.*) **2** (*cuc.*) ripieno, farcitura (*f.*) ■ (*fam.*) ***de relleno***, riempitivo.
reloj *s.m.* orologio: — *de pulsera*, orologio da polso; — *de arena*, clessidra; — *de cuco*, orologio a cucù; — *de péndola*, orologio a pendolo; — *solar/de sol*, meridiana; *el — adelanta*, *atrasa* l'orologio va avanti, ritarda | *poner en hora el —*, regolare l'orologio | *carrera contra —*, (*di gara ciclistica*) corsa a cronometro; (*fig.*) corsa contro il tempo.
relojería *s.f.* orologeria.
relojero *s.m.* orologiaio.
reluciente *agg.* rilucente, brillante, splendente.
relucir (*con. come* lucir) *v.intr.* **1** splendere, brillare, rilucere **2** (*fig.*) emergere, distinguersi, spiccare: *su nombre no salió a —*, il suo nome non è emerso | *sacar a —*, tirare in ballo, rivangare.
reluctancia *s.f.* (*elettr.*) resistenza.
reluctante *agg.* riluttante, disobbediente, restio.
relumbrar *v.intr.* risplendere, brillare.
relumbrón *s.m.* **1** bagliore, lampo, fulgore **2** (*fig.*) ostentazione (*f.*), vistosità (*f.*) | *de —*, appariscente.
remachar *v.tr.* (*anche fig.*) ribattere, ribadire: — *un clavo*, ribattere un chiodo.
remache *s.m.* **1** ribaditura (*f.*) **2** (*chiodo*) ribattino, rivetto **3** (*sport*) ribattuta (*f.*).
remallar *v.tr.* rimagliare.
remanente *s.m.* rimanente; rimanenza (*f.*); residuo.
remangarse (*con. come* llegar) *v.pron.* (*anche fig.*) rimboccarsi le maniche: *se remangó las mangas y se puso a trabajar como todos sus amigos*, si rimboccò le maniche e si mise a lavorare come tutti i suoi amici.
remango *s.m.* **1** rimbocco, rimboccatura (*f.*) **2** (*fig.*) determinazione (*f.*), risoluzione (*f.*), decisione (*f.*).
remansarse *v.pron.* (*di acqua*) ristagnare, stagnare.
remanso *s.m.* **1** (*di corrente*) ristagno **2** (*fig.*) fiacca (*f.*), flemma (*f.*), lentezza (*f.*) ■ ***remanso de paz***, oasi di pace.
remar *v.intr.* remare, vogare.
remarcable *agg.* notevole, rimarchevole.

remarcar (*con. come* pescar) *v.tr.* rimarcare, sottolineare, rilevare.
rematado *agg.* **1** terminato, finito, rifinito **2** irrimediabile, incorreggibile | *loco —*, pazzo da legare **3** (*Amer.*) stanchissimo.
rematador *s.m.* (*nelle aste*) banditore.
rematante *s.m.* (*nelle aste*) compratore, aggiudicatario.
rematar *v.tr.* **1** finire, rifinire: *el borde estaba rematado por un encaje*, l'orlo era rifinito da un merletto **2** (*in un'asta*) aggiudicare, assegnare | *— al mejor postor*, aggiudicare al miglior offerente **3** (*comm.*) svendere **4** finire, dare il colpo di grazia (*anche fig.*) | *y para —...*, e come ciliegina sulla torta... **5** (*nel cucito*) fermare il punto **6** (*sport*) tirare in porta.
remate *s.m.* **1** fine (*f.*), estremità (*f.*), termine: *ha hablado mal y como — ha olvidado una parte del discurso*, ha parlato male e per finire ha dimenticato una parte del discorso | *de —*, assolutamente, irrimediabilmente | *loco de —*, pazzo da legare | *para —*, per di più, come colmo **2** (*arch.*) coronamento, sommità (*f.*) **3** (*in un'asta*) prezzo finale **4** (*comm.*) svendita (*f.*), liquidazione (*f.*) **5** (*sport*) tiro a rete, tiro in porta **6** (*fig.*) colpo di grazia **7** (*Amer.*) asta (*f.*) pubblica.
remedar *v.tr.* **1** imitare, seguire l'esempio di qlcu. **2** imitare, scimmiottare **3** contraffare.
remediable *agg.* rimediabile.
remediar *v.tr.* **1** rimediare, riparare, correggere: *no se puede —*, non si può correggere **2** far fronte, provvedere: *— una necesidad*, provvedere a un bisogno **3** evitare, scongiurare: *no hemos podido remediarlo*, non abbiamo potuto farci niente.
remediavagos *s.m.* bigino, bignami®.
remedio *s.m.* **1** rimedio, mezzo, ripiego: *hay que poner — a esa situación*, bisogna porre rimedio a questa situazione; *no tengo más — que ir*, non posso far altro che andare | *no haber (más) —*, non esserci altro da fare **2** medicina (*f.*), rimedio | *— casero*, rimedio casalingo | *el — es peor que la enfermedad*, il rimedio è peggiore del male.
remedo *s.m.* contraffazione (*f.*), imitazione (*f.*).
remellado *agg.* screpolato: *labios remellados*, labbra screpolate.
remembranza *s.f.* rimembranza, ricordo (*m.*).
rememorar *v.tr.* rimembrare, ricordare.
remendar (*con. come* acertar) *v.tr.* rammendare, rappezzare, rattoppare.
remendón *agg.* rammendatore | *zapatero —*, ciabattino, calzolaio.
remera *agg.* (*zool., di penna*) remigante.
remero *s.m.* rematore, vogatore.
remesa *s.f.* spedizione, invio (*m.*), rimessa.
remesar *v.tr.* (*comm.*) inviare/spedire una rimessa.
remeter *v.tr.* rimettere, mettere di nuovo.
remiendo *s.m.* **1** rammendo, rattoppo, rappezzo; toppa (*f.*) | *poner un —*, rappezzare **2** (*fig.*) aggiunta (*f.*), correzione (*f.*) | *a remiendos*, (fatto) a pezzi, in modo discontinuo.
remilgado *agg.* affettato, smorfioso, lezioso, schizzinoso.
remilgo *s.m.* leziosaggine (*f.*); smanceria (*f.*), moina (*f.*).
reminiscencia *s.f.* reminiscenza.
remirar *v.tr.* riguardare, rimirare ♦ **-se** *v.pron.* rimirarsi, guardarsi con compiacimento.
remisible *agg.* remissibile.
remisión *s.f.* **1** remissione, perdono (*m.*) | *perdido sin —*, perduto senza speranza **2** rimessa, invio (*m.*), spedizione **3** (*in un testo*) rimando (*m.*), rinvio (*m.*).
remiso *agg.* apatico, pigro, debole, fiacco.
remisoria *s.f.* (*dir.*) remissoria.
remite *s.m.* (*nelle spedizioni*) mittente.
remitente *agg.* remittente ♦ *s.m.* mittente.
remitir *v.tr.* **1** spedire, inviare, mandare **2** rimandare, rinviare: *este pie te remite a las primeras hojas*, questa didascalia ti rimanda alle prime pagine **3** perdonare, condonare ♦ **-se** *v.pron.* **1** rimettersi, attenersi: *— al juicio*, attenersi al giudizio **2** diminuire, affievolirsi.
remo *s.m.* **1** remo **2** (*sport*) canottaggio.
remoción *s.f.* (*anche dir.*) rimozione.
remodelar *v.tr.* **1** modificare, ricomporre **2** (*arch.*) ristrutturare, riformare.
remojar *v.tr.* **1** mettere a bagno; macerare; ammollare, inzuppare: *— el pan*, inzuppare il pane **2** (*fig., fam.*) celebrare, brindare a: *— el ascenso*, brindare alla promozione.
remojo *s.m.* bagno, ammollo | (*cuc.*) *echar/poner en —*, mettere a bagno.
remojón *s.m.* (*fam.*) tuffo.
remolacha *s.f.* (*bot.*) barbabietola | *— azucarera*, barbabietola da zucchero.
remolcador *s.m.* (*mar.*) rimorchiatore.
remolcar (*con. come* pescar) *v.tr.* **1** rimorchiare, trainare **2** (*fig.*) trainare, coinvolgere.
remolino *s.m.* **1** (*di acqua, vento*) mulinello, vortice, turbinio **2** (*fig.*) tumulto.
remolón *agg., s.m.* pigro, fannullone, scansafatiche | *hacerse el —*, comportarsi da pigro.
remolonear *v.intr.* bighellonare, poltrire, oziare.
remolque *s.m.* rimorchio | *llevar a —*, rimorchiare, trascinare.
remontada *s.f.* (*sport*) rimonta.
remontar *v.tr.* **1** risalire, rimontare: *— el curso del río*, risalire il corso del fiume **2** (*scarpe*) risuolare **3** (*fig.*) superare (ostacoli o difficoltà) **4** (*sport*) rimontare ♦ **-se**

v.pron. **1** elevarsi **2** risalire: — *a los orígenes de algo*, risalire alle origini di qlco.
remonte *s.m.* **1** risalita (*f.*) **2** (*sport*) impianto di risalita: *estos remontes mecánicos de esquí son los más modernos de la zona*, questi impianti sciistici di risalita sono i più moderni della zona.
remoque *s.m.* (*fam.*, *allusione*) frecciata (*f.*), beccata (*f.*).
remoquete *s.m.* **1** cazzotto, pugno **2** (*fam.*, *allusione*) frecciata (*f.*), beccata (*f.*) **3** soprannome.
rémora *s.f.* **1** (*zool.*) remora **2** (*fig.*) indugio (*m.*), remora, freno (*m.*), ostacolo (*m.*).
remorder (*con. come* mover) *v.tr.* (*anche fig.*) rimordere ♦ **-se** *v.pron.* (*fig.*) consumarsi, rodersi.
remordimiento *s.m.* rimorso.
remotamente *avv.* **1** lontanamente **2** (*fig.*) confusamente, vagamente | *ni* —, neanche per idea.
remoto *agg.* remoto, lontano (*anche fig.*) | *peligro* —, pericolo remoto.
remover (*con. come* mover) *v.tr.* **1** rimuovere, smuovere, spostare **2** deporre, destituire **3** mescolare, smuovere ♦ **-se** *v.pron.* agitarsi.
removible *agg.* rimovibile.
remozar (*con. come* cazar) *v.tr.* rinnovare, rimodernare.
remuneración *s.f.* rimunerazione, compenso (*m.*), retribuzione | — *bajo cuerda*, compenso dato sottobanco | — *en especie*, pagamento in natura.
remunerar *v.tr.* rimunerare, ricompensare, retribuire.
renacentista *agg.* rinascimentale.
renacer (*con. come* agradecer) *v.intr.* rinascere; risorgere, rivivere.
renacimiento *s.m.* **1** rinascita (*f.*) **2** (*st.*, *lett.*) Rinascimento.
renacuajo *s.m.* (*zool.*) girino.
renal *agg.* (*anat.*) renale.
rencilla *s.f.* litigio (*m.*), bisticcio (*m.*), diverbio (*m.*).
rencilloso *agg.* litigioso, attaccabrighe.
renco, rengo *agg.*, *s.m.* zoppo.
rencor *s.m.* astio, rancore, risentimento: *todavía le guardo* —, gli serbo ancora rancore.
rencoroso *agg.* rancoroso, astioso.
rendición *s.f.* resa (*anche fig.*), capitolazione: — *de la ciudad*, resa della città | — *de cuentas*, resa dei conti.
rendido *agg.* **1** arreso, sottomesso; devoto **2** stanco, esaurito: *está* —, è stanco.
rendija *s.f.* fessura, fenditura, crepa; spiraglio (*m.*): *lo atisbo a través de una* —, lo spio attraverso una fessura.
rendimiento *s.m.* **1** (*anche fin.*) rendimento, resa (*f.*) **2** sottomissione (*f.*), umiltà (*f.*) **3** stanchezza (*f.*), sfinimento: *trabajo todo el día sin* —, lavoro tutto il giorno senza stancarmi.
rendir (*con. come* servir) *v.tr.* **1** rendere, restituire | — *homenaje*, rendere omaggio **2** (*comm.*) rendere, fruttare **3** (*mil.*) sottomettere, assoggettare, piegare ♦ **-se** *v.pron.* **1** arrendersi, sottomettersi **2** affaticarsi.
renegado *agg.*, *s.m.* **1** rinnegato **2** (*fam.*) disgraziato, scontroso.
renegar (*con. come* negar) *v.tr.* **1** rinnegare **2** detestare ♦ *v.intr.* **1** (*relig.*, *anche fig.*) rinnegare: — *de su fe*, rinnegare la propria fede; — *de sus principios*, rinnegare i propri principi **2** (*fig. fam.*) brontolare, borbottare.
renegón *agg.*, *s.m.* brontolone.
renegrido *agg.* pesto, annerito: *después de la pelea tenía el ojo* —, come conseguenza del litigio aveva l'occhio pesto.
renglón *s.m.* **1** riga (*f.*), linea (*f.*): *te envío unos renglones*, ti mando due righe | (*fig.*) *leer entre renglones*, leggere fra le righe | *a* — *seguido*, immediatamente, subito **2** (*Amer.*, *comm.*) articolo, genere di commercio: *se dedica al* — *de ropa deportiva*, si dedica al commercio di abbigliamento sportivo.
renitencia *s.f.* renitenza, riluttanza.
renitente *agg.* renitente, riluttante.
reno *s.m.* (*zool.*) renna (*f.*).
renombrado *agg.* famoso, rinomato, celebre.
renombre *s.m.* **1** soprannome **2** epiteto **3** celebrità (*f.*).
renovable *agg.* rinnovabile.
renovación *s.f.* rinnovamento (*m.*), innovazione.
renovar (*con. come* contar) *v.tr.* **1** rinnovare; modernizzare: *después de algunos años han renovado los muebles*, dopo alcuni anni hanno rinnovato l'arredamento **2** ristabilire; riannodare, riallacciare: *los dos países han renovado las relaciones comerciales*, i due paesi hanno ristabilito/riallacciato i rapporti commerciali **3** ripetere, rinnovare: — *una promesa*, rinnovare una promessa.
renquear *v.intr.* **1** zoppicare **2** (*fig.*) tirare avanti.
renta *s.f.* **1** rendita: — *vitalicia*, rendita vitalizia **2** reddito (*m.*), interesse (*m.*): — *per cápita*, reddito pro capite; *declaración de (la)* —, dichiarazione dei redditi | — *rentada*, reddito fisso **3** affitto (*m.*), canone (*m.*) d'affitto.
rentabilidad *s.f.* redditività, rendimento (*m.*).
rentabilizar (*con. come* cazar) *v.tr.* rendere redditizio: — *al máximo*, trarre il massimo utile.
rentable *agg.* redditizio: *inversión* —, investimento redditizio.

rentar *v.intr.* rendere, fruttare ♦ *v.tr.* (*Amer.*) affittare, noleggiare.
rentero *s.m.* (*agr.*) fittavolo.
rentista *s.m./f.* **1** finanziere (*m.*) **2** chi vive di rendita.
rentístico *agg.* del reddito, reddituale.
renuencia *s.f.* renitenza, riluttanza.
renuente *agg.* riluttante, renitente.
renuevo *s.m.* (*bot.*) pollone, getto, germoglio.
renuncia *s.f.* rinuncia; rifiuto (*m.*).
renunciar *v.tr.* rinunciare a; lasciare, rifiutare.
reñidero *s.m.* recinto per il combattimento dei galli.
reñido *agg.* **1** contrariato, inimicato, in collera: *estar — con un amigo*, essere in collera con un amico | *estar — con el dinero*, essere senza soldi | *estar — con la vida*, essere stanco di vivere **2** accanito: *una reñida carrera*, una gara accanita.
reñir (*con. come* teñir) *v.intr.* litigare con qlcu., inimicarsi qlcu.; lottare | *— de bueno a bueno*, battersi lealmente.
reo[1] *agg.* colpevole ♦ *s.m./f.* colpevole, reo (*m.*); (*dir.*) imputato (*m.*).
reo[2] *s.m.* (*zool.*) trota salmonata (*f.*).
reojo, de *loc.avv.* di sottecchi, di sbieco: *lo miraba de —*, lo guardava di sottecchi.
reorganización *s.f.* riorganizzazione.
reorganizar (*con. come* cazar) *v.tr.* riorganizzare.
repanchigarse, **repantigarse** (*con. come* llegar) *v.pron.* (*in poltrona, sul divano*) sprofondarsi, distendersi.
reparable *agg.* **1** riparabile **2** ragguardevole, considerevole, degno di nota.
reparación *s.f.* **1** riparazione **2** risarcimento (*m.*), soddisfazione.
reparar *v.tr.* **1** riparare, aggiustare (*anche fig.*) **2** emendare, correggere, rimediare | *— fuerzas*, ristabilire le forze ♦ *v.intr.* **1** rendersi conto di; osservare: *reparamos en que se parecían mucho*, ci siamo resi conto che si assomigliavano molto **2** badare: *sin — en gastos*, senza badare a spese **3** riflettere, soffermarsi su qlco: *— en la belleza del paisaje*, soffermarsi sulla bellezza del paessaggio.
reparo *s.m.* **1** riparazione (*f.*); restauro **2** avvertenza (*f.*), critica (*f.*), osservazione (*f.*) **3** inconveniente, difficoltà (*f.*): *no poner — al proyecto de reestructuración*, non fare obiezioni al progetto di ristrutturazione; *no tener — en decir lo que se piensa*, non aver paura di dire ciò che si pensa **4** (*scherma*) parata (*f.*).
repartición *s.f.* distribuzione, divisione, ripartizione.
repartir *v.tr.* **1** ripartire, distribuire **2** ripartire, dividere, smistare **3** ordinare, classificare **4** (*teatr.*) assegnare le parti.
reparto *s.m.* **1** distribuzione (*f.*), ripartizione (*f.*) **2** consegna (*f.*): *— a domicilio*, consegna a domicilio **3** (*cinem.*, *teatr.*) cast.
repasar *v.tr.* **1** ripassare **2** rivedere, correggere; rileggere, ripassare **3** ricucire.
repaso *s.m.* **1** ripasso, revisione (*f.*): *vamos a realizar un — de la lección*, faremo un ripasso della lezione **2** (*fam.*) ramanzina (*f.*), sgridata (*f.*).
repatriación *s.f.* rimpatrio (*m.*).
repatriar *v.tr./intr.* rimpatriare.
repecho *s.m.* erta (*f.*), salita (*f.*), pendio.
repeinado *agg.* (*fig.*) azzimato, lisciato.
repelente *agg.* **1** (*anche fig.*) repellente **2** (*fam.*) antipatico, insopportabile, impertinente ♦ *s.m.* repellente.
repeler *v.tr.* respingere; repellere ♦ *v.intr.* disgustare, ripugnare: *hay cosas que repelen*, ci sono cose che ripugnano.
repelo *s.m.* **1** (*di unghia*) pipita (*f.*) **2** contropelo | *a —*, in contropelo **3** (*fig.*) repulsione (*f.*), ripugnanza (*f.*) | *dar —*, fare schifo, ripugnare.
repelús, **repeluzno** *s.m.* **1** schifo, ripugnanza (*f.*) **2** paura (*f.*) | *dar —*, far schifo; dare i brividi.
repente, de *loc.avv.* improvvisamente: *— se marchó*, all'improvviso se ne andò | *hablar —*, parlare senza riflettere.
repentino *agg.* repentino, subitaneo, improvviso.
repentista *s.m./f.* (*lett.*, *mus.*) improvvisatore (*m.*).
repentizar (*con. come* cazar) *v.tr.* (*lett.*, *mus.*) improvvisare.
repercusión *s.f.* ripercussione.
repercutir *v.intr.* **1** ripercuotersi; influire: *la quiebra de la fábrica repercute sobre los obreros*, il fallimento della fabbrica si ripercuote sugli operai **2** risuonare, rimbombare: *el ruido me repercute en la cabeza*, il rumore mi rimbomba in testa.
repertorio *s.m.* repertorio, elenco.
repescar (*con. come* pescar) *v.tr.* (*anche fig.*) ripescare, recuperare.
repetición *s.f.* ripetizione | *de —*, a ripetizione.
repetidor (*f.* -a) *agg.* ripetitore ♦ *s.m.* **1** (*di studente*) ripetente **2** (*tel.*) ripetitore.
repetir (*con. come* servir) *v.tr.* ripetere, ridire; rifare ♦ *v.intr.* **1** (*fam.*) tornare su, essere indigesto: *la cebolla repite*, la cipolla mi torna/viene su **2** fare il bis (di un cibo, una bevanda) ♦ **-se** *v.pron.* ripetersi, susseguirsi: *esta oportunidad no vuelve a —*, quest'occasione non si ripeterà più; *me repitió la gripe*, mi è venuta di nuovo l'influenza.
repicar (*con. come* pescar) *v.tr.* **1** tritare finemente, triturare **2** (*di campane*) scampanare, suonare a festa ♦ **-se** *v.pron.* piccarsi;

incaponirsi | — *de valiente*, piccarsi di essere coraggioso.
repintar *v.tr.* ridipingere ♦ **-se** *v.pron.* truccarsi vistosamente.
repipi *agg.* (*di bambino*) affettato, pedante ♦ *s.m./f.* saputello.
repique *s.m.* **1** rintocco, scampanio **2** dispetto, ripicca (*f.*).
repiquetear *v.tr./intr.* **1** battere ritmicamente, tamburellare, ticchettare, picchiettare; *la lluvia repiquetea en el techo*, la pioggia picchietta sul tetto **2** (*di tamburo*) rullare.
repisa *s.f.* mensola, ripiano (*m.*).
replantar *v.tr.* (*agr.*) **1** ripiantare **2** trapiantare.
replantear *v.tr.* **1** (*arch.*) ritracciare un progetto **2** (*fig.*) impostare di nuovo, reimpostare; riproporre.
replegar (*con. come* negar) *v.tr.* ripiegare ♦ **-se** *v.pron.* ritirarsi, ripiegarsi (*anche fig.*): *se repliega en sí mismo*, si richiude in se stesso.
repleto *agg.* colmo, ripieno, saturo, zeppo.
réplica *s.f.* replica; copia, ripetizione: *una función sin —*, uno spettacolo senza repliche.
replicar (*con. come* pescar) *v.intr.* **1** replicare, ribattere, rispondere **2** (*dir.*) impugnare.
repliegue *s.m.* **1** pieghettatura (*f.*), ripiegatura (*f.*) **2** (*mil.*) ripiegamento, ritirata (*f.*).
repoblación *s.f.* **1** ripopolamento (*m.*) **2** (*agr.*) rimboschimento (*m.*), riforestazione.
repoblar (*con. come* contar) *v.tr.* **1** ripopolare **2** (*agr.*) rimboschire.
repollo *s.m.* **1** (*bot.*) cavolo cappuccio **2** (*di insalata, cavolo*) cuore.
reponer (*con. come* poner) *v.tr.* **1** riporre, ricollocare; rimpiazzare **2** (*teatr.*) rimettere in scena, replicare **3** (*dir.*) retrocedere ♦ **-se** *v.pron.* **1** rimettersi in salute, riprendersi, ristabilirsi **2** tranquillizzarsi, calmarsi.
reportaje *s.m.* reportage, servizio giornalistico, cronaca (*f.*).
reportar *v.tr.* **1** moderare, reprimere, frenare una passione: *no pudo — su ira*, non poté frenare la sua ira **2** riportare, conseguire, ottenere: *— la victoria*, ottenere la vittoria **3** (*Amer.*) denunciare; informare ♦ **-se** *v.pron.* moderarsi; reprimersi, contenersi.
reporte *s.m.* **1** relazione (*f.*), notizia (*f.*), informazione (*f.*) **2** (*fam.*) pettegolezzo.
reportero *s.m.* reporter (*m./f.*), cronista (*m./f.*), inviato speciale | *— gráfico*, fotoreporter.
reposabrazos *s.m.* (*aut.*) bracciolo.
reposacabezas *s.m.* (*aut.*) poggiatesta.
reposado *agg.* calmo, flemmatico, tranquillo.
reposapiés *s.m.* (*moto*) poggiapiedi.
reposar *v.intr.* riposare | *«aquí reposa»*, «qui giace» ♦ **-se** *v.pron.* **1** riposarsi, appisolarsi **2** (*di liquidi*) depositarsi, decantare.
reposición *s.f.* **1** ripresa, guarigione **2** (*teatr.*) replica.
reposo *s.m.* riposo, quiete (*f.*).
repostar *v.tr./intr.* **1** rifornirsi (di) **2** (*aut.*) fare benzina.
repostería *s.f.* pasticceria, confetteria.
repostero *s.m.* pasticciere.
reprender *v.tr.* riprendere, rimproverare, ammonire: *lo reprendí porque no estudiaba*, lo rimproverai perché non studiava.
reprensibile *agg.* biasimevole, riprovevole, censurabile.
reprensión *s.f.* **1** biasimo (*m.*), censura, rimprovero (*m.*) **2** (*dir.*) ammonizione.
represa *s.f.* **1** diga **2** (*dir.*) embargo (*m.*).
represalia *s.f.* **1** rappresaglia **2** (*econ.*) ritorsione.
represar *v.tr.* **1** far stagnare (l'acqua) **2** (*fig.*) reprimere.
reprensentable *agg.* rappresentabile.
representación *s.f.* **1** (*teatr.*) rappresentazione: *esta es la primera — de teatro de la temporada*, questa è la prima rappresentazione teatrale della stagione **2** immagine, figura **3** rappresentanza, delegazione | *en —*, in rappresentanza di.
representante *agg.*, *s.m./f.* rappresentante.
representar *v.tr.* (*anche teatr.*) rappresentare.
representativo *agg.* rappresentativo; caratteristico.
represión *s.f.* repressione.
represivo *agg.* repressivo.
reprimenda *s.f.* sgridata, rimprovero (*m.*), paternale.
reprimir *v.tr.* reprimere, frenare, contenere, trattenere.
reprobable *agg.* riprovevole, censurabile.
reprobar (*con. come* contar) *v.tr.* riprovare, disapprovare, biasimare.
réprobo *agg.*, *s.m.* reprobo, empio.
reprochar *v.tr.* rimproverare: *me reprochaba mi egoísmo*, mi rinfacciava il mio egoismo.
reproche *s.m.* rimprovero, rimbrotto.
reproducción *s.f.* **1** (*biol.*) riproduzione **2** (*di un'opera*) riproduzione, copia.
reproducir (*con. come* conducir) *v.tr.* riprodurre ♦ **-se** *v.pron.* **1** (*biol.*) riprodursi, moltiplicarsi **2** riprodursi, ripetersi.
reproductor *agg.*, *s.m.* riproduttore.
reptil, réptil *s.m.* rettile.
república *s.f.* repubblica.
repudiar *v.tr.* **1** ripudiare **2** respingere, rifiutare, rinnegare.
repuesto *agg.* riposto, appartato, nascosto ♦ *s.m.* **1** ricambio, accessorio **2** scorta (*f.*) | *de —*, di scorta.
repugnancia *s.f.* ripugnanza; avversione, repulsione: *todo eso me produce —*, tutto questo mi suscita ripugnanza.

repugnante *agg.* ripugnante, nauseante, disgustoso.
repugnar *v.intr.* ripugnare, nauseare, causare avversione ♦ **-se** *v.pron.* opporsi, contrastare.
repujado *s.m.* (*tecn.*) sbalzo.
repujar *v.tr.* lavorare a sbalzo, sbalzare.
repulir *v.tr.* levigare, lisciare di nuovo ♦ **-se** *v.pron.* agghindarsi.
repulsa *s.f.* **1** rifiuto (*m.*), ripulsa **2** rimprovero (*m.*).
repulsar *v.tr.* respingere, rigettare.
repulsión *s.f.* **1** ripulsione, avversione, ripugnanza **2** (*fis.*) repulsione.
repulsivo *agg.* ripulsivo.
repunte *s.m.* (*econ.*) ripresa (*f.*), rialzo: — *alcista de las cotizaciones*, spinta al rialzo delle quotazioni; — *de los precios*, rialzo dei prezzi; — *inflacionista*, ripresa/rialzo dell'inflazione.
reputación *s.f.* reputazione, stima, considerazione, fama.
reputar *v.tr.* reputare, stimare, considerare, ritenere: *se le reputa muy culto*, lo si considera molto colto.
requebrar (*con. come* acertar) *v.tr.* **1** lusingare, adulare **2** (*una donna*) corteggiare.
requemar *v.tr.* **1** bruciare, tostare **2** (*di piante*) rinsecchire, seccare ♦ **-se** *v.pron.* crucciarsi, tormentarsi, rodersi.
requerimiento *s.m.* **1** richiesta (*f.*): *ojalá que tu — sea acogido*, speriamo che la tua richiesta sia accolta **2** (*dir.*) intimazione (*f.*), citazione (*f.*), ingiunzione (*f.*), diffida (*f.*).
requerir (*con. come* sentir) *v.tr.* **1** richiedere, necessitare: *un trabajo que requería una gran concentración*, un lavoro che richiedeva una grande concentrazione **2** (*dir.*) intimare, citare, diffidare, ingiungere.
requesón *s.m.* (*cuc.*) ricotta (*f.*).
requete- *pref.* stra-, arci-.
requeté *s.m.* (*st.*) soldato carlista.
requetebien *avv.* (*fam.*) benissimo.
requiebro *s.m.* corteggiamento, galanteria (*f.*).
requisa *s.f.* **1** (*dir.*) requisizione **2** perquisizione, ispezione.
requisar *v.tr.* (*anche dir.*) requisire.
requisito *s.m.* requisito, condizione (*f.*).
requisitoria *s.f.* (*dir.*) requisitoria, rogatoria.
res *s.f.* capo (*m.*) di bestiame.
resaber (*con. come* saber) *v.tr.* sapere molto bene.
resabido *agg.* saccente, saputo.
resabio *s.m.* **1** cattivo sapore **2** brutta abitudine (*f.*), vizio.
resaca *s.f.* **1** risacca; (*anche pol.*) riflusso (*m.*) **2** (*comm.*) rivalsa **3** (*di una sbronza*) postumi (*m.pl.*), malessere (*m.*): *la — le duró muchovarias horas*, i postumi della sbornia gli durarono a lungo; *combatir la —*, smaltire la sbornia.
resalado *agg.* (*fig.*) spiritoso, arguto, brioso, vivace.
resalir (*con. come* salir) *v.intr.* (*arch.*) risaltare, sporgere.
resaltar *v.tr.* **1** rimbalzare **2** (*fig.*) risaltare, emergere, spiccare.
resalte *s.m.* (*arch.*) risalto, aggetto.
resalto *s.m.* **1** (*edil.*) rimbalzo **2** risalto.
resarcir (*con. come* zurcir) *v.tr.* risarcire, indennizzare ♦ **-se** *v.pron.* rifarsi (di).
resbaladero *s.m.* luogo sdrucciolevole.
resbaladizo *agg.* scivoloso, sdrucciolevole.
resbalar *v.intr.* **1** scivolare, sdrucciolare **2** (*fig.*) cadere in fallo.
resbalón *s.m.* **1** scivolone, caduta (*f.*) | *picaporte de —*, serratura a scatto **2** (*fig.*) fallo, gaffe (*f.*).
rescatar *v.tr.* **1** riscattare, cancellare, estinguere: — *una hipoteca*, cancellare un'ipoteca **2** recuperare: — *el tempo perdido*, recuperare il tempo perso **3** liberare.
rescate *s.m.* riscatto.
rescindir *v.tr.* rescindere, sciogliere, annullare: — *un contrato*, rescindere un contratto.
rescisión *s.f.* rescissione; scioglimento (*m.*), annullamento (*m.*).
rescoldo *s.m.* **1** brace (*f.*) coperta dalla cenere, tizzone **2** (*fig.*) rancore, risentimento.
resecar[1] (*con. come* pescar) *v.tr.* seccare, inaridire.
resecar[2] (*con. come* pescar) *v.tr.* (*med.*) resecare.
resección *s.f.* (*med.*) resezione.
reseco *agg.* **1** rinsecchito, inaridito **2** (*fig.*) asciutto, magro, rinsecchito.
resentido *agg.* risentito, irritato, offeso.
resentimiento *s.m.* risentimento.
resentirse (*con. come* sentir) *v.pron.* risentirsi, sdegnarsi, offendersi.
reseña *s.f.* **1** rassegna, cronaca **2** (*di un libro*) recensione **3** (*mil.*) rassegna.
reseñar *v.tr.* recensire.
reserva *s.f.* **1** riserva, provvista, scorta **2** cautela, riserva, dubbio (*m.*): *quería confiarme en él sin reservas*, volevo affidarmi a lui senza riserve **3** (*mil.*, *sport*, *dir.*) riserva | — *de indios*, riserva indiana | — *natural*, riserva naturale **4** prenotazione ♦ *s.m.* (*enologia*) vino riserva.
reservado *agg.* **1** riservato, confidenziale **2** riservato, discreto **3** reticente, restio ♦ *s.m.* separé.
reservar *v.tr.* **1** riservare, mettere da parte **2** nascondere, occultare **3** prenotare, riservare ♦ **-se** *v.pron.* **1** conservarsi **2** cautelarsi, riguardarsi.
reservista *s.m.* (*mil.*) riservista.
resfriado *agg.* raffreddato: *estar —*, essere

raffreddato ♦ *s.m.* raffreddore: *coger un* —, prendere un raffreddore | *cocer el* —, curare il raffreddore.
resfriar (*con. come* confiar) *v.intr.* raffreddare (*anche fig.*): *la lejanía hizo — su amistad*, la lontananza ha raffreddato la sua amicizia ♦ **-se** *v.pron.* prendersi un raffreddore.
resguardar *v.tr.* riparare, proteggere ♦ **-se** *v.pron.* riguardarsi, proteggersi, difendersi.
resguardo *s.m.* **1** difesa (*f.*), protezione (*f.*), riparo **2** (*comm.*) ricevuta (*f.*), scontrino.
residencia *s.f.* **1** residenza, sede **2** residenza, domicilio (*m.*) | — *sanitaria*, casa di cura | — *de ancianos*, ospizio, casa di riposo | — *universitaria*, collegio universitario.
residencial *agg.* residenziale.
residente *agg.* residente.
residir *v.intr.* **1** risiedere, abitare, dimorare **2** (*fig.*) stare, trovarsi: *aquí reside la dificultad*, qui sta la difficoltà.
residual *agg.* residuo, rimanente.
residuo *s.m.* **1** residuo, resto: *residuos nucleares*, scorie nucleari **2** (*mat.*) risultato (di una sottrazione), resto.
resignación *s.f.* rassegnazione.
resignar *v.tr.* rinunziare a; rassegnare: *el presidente resignó su mando*, il presidente rassegnò il mandato ♦ **-se** *v.pron.* rassegnarsi, accondiscendere, sottomettersi.
resina *s.f.* (*bot.*) resina.
resinoso *agg.* (*bot.*) resinoso.
resistencia *s.f.* **1** (*anche elettr.*) resistenza **2** (*fig.*) riluttanza, opposizione, resistenza.
resistente *agg.* resistente.
resistir *v.intr.* resistere; rifiutare, respingere: *resistió a sus ataques*, resistette ai loro attacchi ♦ *v.tr.* resistere a, sopportare, tollerare: *resiste el cansancio*, sopporta la stanchezza ♦ **-se** *v.pron.* opporsi, rifiutarsi.
resma *s.f.* (*di carta*) risma.
resobado *agg.* (*fig.*) ritrito, risaputo.
resocialización *s.f.* reinserimento (*m.*) sociale.
resol *s.m.* riverbero.
resolano *agg.* (*di luogo*) soleggiato.
resollar (*con. come* contar) *v.intr.* **1** respirare, ansare, ansimare | *sin* —, senza fiatare **2** (*fig.*) dar segni di vita, dar notizie di sé.
resoluble *agg.* risolubile.
resolución *s.f.* **1** soluzione (*anche mat.*) **2** decisione: *tomar una* —, prendere una decisione **3** ardire (*m.*), risolutezza, determinazione **4** (*dir.*) decreto (*m.*), sentenza, provvedimento (*m.*): *por — del juez*, su provvedimento del giudice.
resolutivo *agg.* risolutivo, decisivo.
resoluto *agg.* **1** risoluto, deciso, determinato **2** riassuntivo, conciso, breve.
resolutorio *agg.* risolutivo, decisivo: *condición resolutoria*, condizione risolutiva.
resolver (*con. come* mover; *part.pass.irr.* resuelto) *v.tr.* **1** risolvere: *resolvió todos los problemas*, risolse tutti i problemi; — *una ecuación*, risolvere un'equazione **2** decidere, determinare: *resolvió marcharse enseguida*, decise di andarsene subito **3** (*dir.*) annullare, disfare: — *un contrato*, annullare un contratto ♦ **-se** *v.pron.* decidersi, risolversi.
resonancia *s.f.* **1** risonanza, eco, rimbombo (*m.*) **2** (*fig.*) risonanza, interesse (*m.*).
resonar (*con. come* contar) *v.intr.* (*anche fig.*) risuonare, risonare: *resonaban mis pasos en la calle desierta*, i miei passi risuonavano nella strada deserta.
resoplar *v.intr.* soffiare, sbuffare.
resoplido, resoplo *s.m.* sbuffata (*f.*).
resorción *s.f.* (*med.*) riassorbimento (*m.*).
resorte *s.m.* **1** molla (*f.*) **2** (*fig.*) risorsa (*f.*), mezzo: *ha tocado todos los resortes para pagar sus estudios*, ha impiegato tutti i mezzi per pagarsi gli studi.
respaldar *v.tr.* **1** proteggere, difendere **2** annotare sul retro (di uno scritto) ♦ **-se** *v.pron.* **1** appoggiarsi con le spalle **2** guardarsi le spalle: *le aconsejó — de las malas compañías*, gli consigliò di guardarsi dalle cattive compagnie.
respaldo *s.m.* **1** schienale, spalliera (*f.*) **2** (*di un foglio scritto*) verso, retro **3** (*fig.*) appoggio, protezione (*f.*), riparo.
respectar *v.intr.* riguardare, spettare, concernere | *por lo que respecta a...*, per quanto riguarda, rispetto a...
respectivamente *avv.* **1** relativamente, rispetto a **2** rispettivamente.
respectivo *agg.* rispettivo, corrispondente; relativo | *en lo — a*, per quel che riguarda, riguardo a.
respecto *s.m.* relazione (*f.*), proposito | *al* —, al riguardo | *con — a*, rispetto a.
résped *s.m.* **1** (*di vipera o biscia*) lingua (*f.*) **2** (*fig.*) intenzione (*f.*) malevola (in ciò che si dice).
respetabilidad *s.f.* rispettabilità.
respetable *agg.* **1** rispettabile **2** considerevole, ragguardevole: *una cantidad* —, una quantità ragguardevole.
respetar *v.tr.* rispettare: — *un acuerdo*, osservare un accordo.
respeto *s.m.* rispetto; deferenza (*f.*): *le tengo mucho* —, ho grande rispetto di lui | *campar por sus respetos*, fare ciò che pare e piace, fare i propri comodi | *coche de* —, automobile di scorta | *faltar al* —, mancare di rispetto.
respetuoso *agg.* **1** rispettabile, degno di considerazione **2** rispettoso, deferente, ossequioso.
respigar (*con. come* llegar) *v.intr.* (*agr.*) spigolare.
respingar (*con. come* llegar) *v.intr.* **1** scal-

ciare; recalcitrare **2** (*fig.*) impuntarsi; resistere.
respingo *s.m.* **1** sobbalzo **2** (*fig.*) riluttanza (*f.*).
respingón (*f.* -a) *agg.* all'insù: *nariz respingona*, nasino all'insù.
respiración *s.f.* respirazione | — *dificultosa*, difficoltà di respirazione | — *asistida*, ventilazione assistita | (*anche fig.*) *sin* —, senza fiato.
respiradero *s.m.* **1** sfiatatoio; spiraglio (*anche fig.*) **2** (*arch.*) feritoia (*f.*), lucernario **3** (*tecn.*) sfiato, presa (*f.*) d'aria **4** (*fam.*) apparato respiratorio.
respirador *s.m.* (*med.*) respiratore.
respirar *v. intr.* **1** respirare | *sin* —, in apnea, (*fig.*) senza tregua | (*fig.*) *no dejar* —, togliere il fiato (a qlcu.) **2** (*fig.*) fiatare, proferire parola.
respiro *s.m.* **1** respiro **2** (*fig.*) riposo, pausa (*f.*) **3** (*comm.*) proroga (*f.*), dilazione (*f.*).
resplandecer (*con. come* agradecer) *v.intr.* risplendere, brillare (*anche fig.*).
resplandor *s.m.* **1** splendore, bagliore, luminosità (*f.*), luce (*f.*): *unos leves resplandores de luz primaveral*, lievi bagliori di luce primaverile **2** (*fig.*) splendore.
responder *v.tr.* **1** rispondere: *respondió a las preguntas*, rispose alle domande **2** replicare, ribattere **3** garantire, avallare: *respondo de lo que dice mi amigo*, rispondo io di quanto dice il mio amico ♦ *v.intr.* (*fig.*) rendere, fruttare: *este prado no responde*, questo prato non rende.
respondón *agg.*, *s.m.* linguacciuto, impertinente, insolente.
responsabilidad *s.f.* responsabilità.
responsabilizar (*con. come* cazar) *v.tr.* responsabilizzare, rendere responsabile ♦ **-se** *v.pron.* rendersi responsabile, farsi carico (di qlco., qlcu.), responsabilizzarsi.
responsable *agg.*, *s.m.* responsabile.
responso *s.m.* **1** (*relig.*) responsorio **2** (*fam.*) sgridata (*f.*) | *echarle su buen* —, fargli una bella sgridata.
respuesta *s.f.* **1** risposta, replica: *eran preguntas sin* —, erano domande senza risposta **2** reazione: *tu capacidad de — es asombrosa*, la tua capacità di reazione è straordinaria.
resquebradura, resquebrajadura *s.f.* crepa, fessura.
resquebrajar *v.tr.* screpolare; sgretolare ♦ **-se** *v.pron.* screpolarsi, sgretolarsi.
resquemar *v.tr.* **1** (*di cibo, bevanda*) bruciare, pizzicare **2** bruciacchiare, tostare.
resquemor *s.m.* risentimento, inquietudine (*f.*), cruccio.
resquicio *s.m.* **1** interstizio, fessura (*f.*), spiraglio **2** (*fig.*) occasione (*f.*).
resta *s.f.* **1** (*mat.*) sottrazione **2** (*mat.*) resto (*m.*); risultato (*m.*) di una sottrazione.
restablecer (*con. come* agradecer) *v.tr.* ristabilire, ripristinare, rimettere ♦ **-se** *v.pron.* ristabilirsi, rimettersi.
restablecimiento *s.m.* ristabilimento, ripristino.
restallar *v.tr./intr.* schioccare.
restallido *s.m.* schiocco.
restante *agg.* restante, rimanente ♦ *s.m.* resto, residuo.
restañar *v.tr./intr.* (*di acqua*) ristagnare; (*di sangue*) stagnare; (*di ferita*) cicatrizzare ♦ **-se** *v.pron.* ristagnare, ristagnarsi.
restar *v.tr.* **1** (*mat.*) sottrarre **2** diminuire; sminuire: — *importanza*, sminuire l'importanza **3** (*sport*) respingere (un tiro) ♦ *v.intr.* **1** restare, rimanere **2** mancare: *restan quince días para el comienzo de las vacaciones*, mancano quindici giorni all'inizio delle vacanze.
restauración *s.f.* **1** (*st.*) restaurazione **2** (*arch.*) restauro (*m.*) **3** ristorazione.
restaurador *s.m.* restauratore.
restaurante *s.m.* ristorante | *coche* —, vagone ristorante.
restaurar *v.tr.* **1** restaurare (*anche arch.*), riparare **2** ricuperare; riottenere.
restinga *s.f.* (*mar.*) secca; basso fondale (*m.*).
restitución *s.f.* restituzione, resa.
restituir (*con. come* huir) *v.tr.* **1** restituire, ridare, rendere **2** riportare, ripristinare ♦ **-se** *v.pron.* ritornare a casa.
resto *s.m.* **1** resto, rimanenza (*f.*): *los restos de la comida*, i resti del pranzo | *restos mortales*, resti mortali **2** (*al gioco*) posta (*f.*) | — *abierto*, posta illimitata.
restregar (*con. come* negar) *v.tr.* strofinare, sfregare.
restricción *s.f.* restrizione, restringimento (*m.*), limitazione.
restrictivo *agg.* restrittivo, limitativo.
restricto *agg.* ristretto, rigido, preciso.
restringir (*con. come* afligir) *v.tr.* restringere, limitare, ridurre.
resucitación *s.f.* (*med.*) rianimazione.
resucitar *v.tr.* (*anche fig.*) risuscitare, far rivivere: *resucitó una vieja costumbre*, fece rivivere una vecchia usanza ♦ *v.intr.* resuscitare, risorgere.
resuello *s.m.* respiro affannoso, affanno.
resuelto *agg.* risoluto, audace, deciso.
resulta *s.f.* risultato (*m.*) | *de resultas*, in/per conseguenza.
resultado *s.m.* risultato, esito: *el — de las elecciones*, l'esito delle elezioni; *el — de una división*, il risultato di una divisione | *da más* —, è più efficace.
resultar *v.intr.* risultare: *mi visita resultó inoportuna*, la mia visita fu inopportuna;

hablar con él me resulta difícil, mi riesce difficile parlare con lui; *los esfuerzos para ganar resultaron inútiles*, gli sforzi per vincere risultarono inutili; *no me resulta que sea así*, non mi risulta che sia così.

resumen *s.m.* riassunto, compendio, sommario, riepilogo | *en* —, in sintesi, ricapitolando.

resumir *v.tr.* riassumere, compendiare, ricapitolare.

resurgimiento *s.m.* rinascita (*f.*), risveglio.

resurgir (*con. come* afligir) *v.intr.* **1** risorgere, rinascere **2** (*fig.*) risorgere, risollevarsi, riaversi.

resurrección *s.f.* risurrezione, rinascita.

retablo *s.m.* (*pitt.*) pala (*f.*) d'altare, ancona (*f.*).

retaco *s.m.* **1** carabina (*f.*) **2** (*spreg., di persona*) tappo, tracagnotto.

retador *agg.*, *s.m.* sfidante (*m./f.*).

retaguardia *s.f.* (*mil.*) **1** retroguardia **2** retrovia.

retahíla *s.f.* fila, filza.

retal *s.m.* ritaglio, scampolo.

retama *s.f.* (*bot.*) ginestra | (*fig.*) *mascar* —, masticare veleno.

retar *v.tr.* **1** sfidare, provocare **2** (*fam.*) rimproverare, rinfacciare **3** (*Amer.*) insultare.

retardar *v.tr.* ritardare; rimandare, differire.

retardo *s.m.* ritardo.

retazo *s.m.* **1** scampolo, ritaglio **2** (*di discorso*) frammento, stralcio.

retén *s.m.* **1** riserva (*f.*), scorta (*f.*) **2** (*mil.*) picchetto; truppa (*f.*) di riserva **3** (*Amer.*) posto di blocco stradale.

retención *s.f.* **1** ritenzione **2** ritenuta, trattenuta: — *sobre el sueldo*, ritenuta/trattenuta sullo stipendio **3** (*di veicoli*) ingorgo (*m.*), rallentamento (*m.*), coda **4** (*med.*) ritenzione idrica.

retener (*con. come* tener) *v.tr.* **1** ritenere, trattenere: — *el llanto*, trattenere il pianto **2** ricordare: — *en la mente las fechas importantes*, tenere a mente le date importanti **3** detenere, arrestare: *fue retenido como rehén*, fu preso come ostaggio **4** trattenere, detrarre: — *parte del sueldo*, detrarre parte dello stipendio **5** (*dir.*) bloccare gli emolumenti ♦ **-se** *v.pron.* trattenersi, frenarsi.

retentiva *s.f.* memoria.

reticencia *s.f.* reticenza.

reticente *agg.* reticente.

reticular *agg.* reticolare.

retículo *s.m.* reticolo, reticolato.

retina *s.f.* (*anat.*) retina.

retintín *s.m.* tintinnio | (*fam.*) *habla con mucho* —, parla in tono ironico/canzonatorio.

retirada *s.f.* (*mil.*) ritirata, ripiegamento (*m.*): *cubrir la* —, proteggere la ritirata.

retirado *agg.* **1** appartato, isolato **2** (*di persona*) ritirato, pensionato | *coronel* —, colonnello a riposo.

retirar *v.tr.* **1** ritirare **2** espellere, allontanare **3** (*banc.*) prelevare ♦ **-se** *v.pron.* **1** ritirarsi, rifugiarsi **2** andare in pensione.

retiro *s.m.* **1** ritiro, eremo **2** pensionamento, pensione (*f.*) **3** (*mil.*) riposo **4** (*banc.*) ritiro, prelievo.

reto *s.m.* **1** sfida (*f.*); minaccia (*f.*): *echar retos*, minacciare **2** (*Amer.*) sgridata (*f.*).

retocado *s.m.* ritocco.

retocar (*con. come* pescar) *v.tr.* **1** ritoccare, correggere **2** rifinire, dare l'ultima mano **3** restaurare ♦ **-se** *v.pron.* ritoccarsi: *debía — cada vez que entraba en escena*, doveva ritoccarsi/ripassare il trucco ogni volta che entrava in scena.

retoñar *v.intr.* **1** (*bot.*) rigermogliare **2** (*fig.*) rinascere, riprodursi.

retoño *s.m.* **1** (*bot.*) germoglio, pollone **2** (*fam.*) rampollo.

retoque *s.m.* **1** ritocco, correzione (*f.*) **2** (*med.*) pulsazione (*f.*) accelerata.

retorcer (*con. come* cocer) *v.tr.* **1** ritorcere, torcere; (*il bucato*) strizzare **2** (*fig.*) ritorcere, rivolgere contro **3** (*fig.*) travisare, distorcere: *no retuerzas mis palabras*, non travisare le mie parole ♦ **-se** *v.pron.* ritorcersi.

retorcido *agg.* (*di persona, linguaggio*) contorto, tortuoso.

retorcimiento *s.m.* **1** ritorcimento **2** (*tecn.*) torsione (*f.*).

retórica *s.f.* ret. (*anche spreg.*).

retórico *agg.* retorico.

retornable *agg.* restituibile | *envase no* —, vuoto a perdere.

retornar *v.tr.* restituire, rendere ♦ *v.intr.* ritornare, tornare indietro.

retorno *s.m.* **1** ritorno **2** contraccambio, scambio; ricompensa (*f.*) **3** restituzione (*f.*).

retorsión *s.f.* ritorsione.

retozar (*con. come* cazar) *v.intr.* saltellare, giocherellare; ruzzare.

retracción *s.f.* (*anche med.*) ritrazione.

retractable *agg.* ritrattabile.

retractación *s.f.* ritrattazione.

retractar *v.tr.* ritrattare ♦ **-se** *v.pron.* (*dir.*) recedere.

retráctil *agg.* (*anche zool.*) retrattile | *pantalla* —, schermo retrattile.

retraer (*con. come* traer) *v.tr.* **1** riportare, portare indietro, rendere **2** ritrarre, riprodurre, rappresentare: — *un paisaje*, riprodurre un paesaggio **3** (*dir.*) esercitare il diritto di riscatto **4** tirare indietro, ritrarre: *la tortuga retrae la cabeza en el caparazón*, la tartaruga ritrae la testa nel carapace ♦ **-se** *v.pron.* **1** ripararsi, rifugiarsi **2** ritirarsi, retrocedere: *inmediatamente me retraje de la ventana*, mi ritrassi immediatamente dalla finestra.

retraído *agg.* **1** solitario **2** timido, introverso, chiuso.
retraimiento *s.m.* **1** isolamento **2** timidezza (*f.*), riservatezza (*f.*), introversione (*f.*).
retrasado *agg.* **1** indietro, in ritardo: *está — en latín*, è indietro in latino; *mi reloj está — de dos minutos*, il mio orologio è indietro di due minuti **2** poco sviluppato, arretrato; (*di persona, spreg.*) ritardato ♦ *s.m.* (*di persona, spreg.*) minorato, ritardato.
retrasar *v.tr.* ritardare, rimandare, differire | — *el reloj*, spostare indietro le lancette dell'orologio ♦ *v.intr.* restare indietro ♦ **-se** *v.pron.* tardare, essere in ritardo: *dijo que se retrasaría media hora*, disse che avrebbe ritardato mezz'ora.
retraso *s.m.* ritardo | *llegar con* —, arrivare in ritardo.
retratar *v.tr.* **1** ritrarre, fare il ritratto **2** (*fig.*) imitare.
retrato *s.m.* ritratto (*anche fig.*): *es el — de su padre*, è il ritratto di suo padre.
retreta *s.f.* **1** (*mil.*, *mus.*) suono (*m.*) della ritirata, ritirata **2** (*Amer. fam.*) sfilza, filza, rosario (*m.*).
retrete *s.m.* gabinetto.
retribución *s.f.* retribuzione, compenso (*m.*), remunerazione | — *en especie*, remunerazione in natura.
retribuir (*con. come* huir) *v.tr.* **1** retribuire, ricompensare, rimunerare **2** (*Amer.*) contraccambiare, ricambiare.
retributivo *agg.* retributivo.
retro *agg.* retrò: *moda* —, moda retrò.
retro- *pref.* retro-.
retroactividad *s.f.* retroattività.
retroceder *v.intr.* retrocedere, indietreggiare; tornare indietro.
retroceso *s.m.* **1** retrocessione (*f.*), arretramento, regresso **2** (*med.*) recrudescenza (*f.*), aggravamento.
retrógrado *agg.* retrogrado ♦ *s.m.* retrogrado; conservatore, reazionario.
retronar (*con. come* contar) *v.intr.* rintronare.
retroproyector *s.m.* lavagna (*f.*) luminosa.
retrospección *s.f.* retrospezione.
retrospectiva *s.f.* retrospettiva.
retrospectivo *agg.* retrospettivo.
retrotraer (*con. come* traer) *v.tr.* retrodatare.
retroversión *s.f.* (*med.*) retroversione.
retrovisor *agg.*, *s.m.* (*anche aut.*) retrovisore.
retruécano *s.m.* (*ret.*) inversione (*f.*), chiasmo.
retumbante *agg.* **1** rimbombante **2** (*fig.*) fastoso, pomposo.
retumbar *v.intr.* rimbombare, rintronare.
reuma *s.m.* (*med.*) reumatismo, reuma.
reunificar (*cong. come* pescar) *v.tr.* riunificare, riunire ♦ **-se** *v.pron.* riunificarsi.
reunión *s.f.* **1** riunione **2** convegno (*m.*), raduno (*m.*), assemblea.
reunir (*indic.pres.* reúno, reúnes, reúne, reunimos, reunís, reúnen; *cong. pres.* reúna, reúnas, reúna, reunamos, reunáis, reúnan; *imp.* reúne, reúna, reúnan) *v.tr.* **1** riunire **2** raccogliere; congiungere; adunare ♦ **-se** *v.pron.* riunirsi.
revalidación *s.f.* convalida, convalidazione.
revalidar *v.tr.* convalidare, ratificare, confermare.
revalorización *s.f.* rivalutazione.
revalorizar (*con. come* cazar) *v.tr.* rivalutare.
revaluación *s.f.* rivalutazione.
revaluar (*con. come* continuar) *v.tr.* (*econ.*) rivalutare.
revancha *s.f.* rivincita, riscatto (*m.*), rivalsa.
revanchismo *s.m.* (*pol.*) revanscismo.
revelación *s.f.* rivelazione.
revelado *s.m.* (*foto.*) sviluppo, fissaggio.
revelador *agg.* rivelatore ♦ *s.m.* (*foto.*) rivelatore, sviluppatore.
revelar *v.tr.* **1** rivelare, divulgare, svelare **2** (*foto.*) sviluppare.
revendedor *s.m.* rivenditore.
revender *v.tr.* rivendere.
revenido *s.m.* (*metall.*) rinvenimento.
revenirse (*con. come* venir) *v.pron.* **1** restringersi, consumarsi **2** (*di conserva, liquore*) guastarsi, inacidire **3** trasudare umidità.
reventa *s.f.* **1** rivendita **2** (*fam.*) bagarino (*m.*).
reventadero *s.m.* **1** scarpata (*f.*) **2** (*fig.*) sfacchinata (*f.*), lavorataccia (*f.*).
reventar (*con. come* acertar) *v.intr.* **1** esplodere, scoppiare **2** (*fig.*) scoppiare, non poterne più: *reventaba por hablar*, scoppiava dalla voglia di parlare | *hasta* —, fino a scoppiare ♦ *v.tr.* **1** far scoppiare **2** sfiancare, affaticare, stremare **3** (*fig.*) rovinare: — *un proyecto*, rovinare un progetto **4** (*teatr.*) fischiare.
reventón *agg.* rigonfio | (*fig.*) *ojos reventones*, occhi sporgenti ♦ *s.m.* **1** scoppio, esplosione (*f.*) **2** (*fig.*) sforzo.
reverberación *s.f.* **1** riverbero (*m.*), riverberazione **2** (*chim.*) calcinazione.
reverberar *v.intr.* (*di luce*) riverberare, riflettersi.
reverbero *s.m.* **1** riverbero, riflesso **2** (*Amer.*) fornello a spirito.
reverdecer (*con. come* agradecer) *v.tr/intr.* rinverdire, ringiovanire.
reverencia *s.f.* **1** riverenza, inchino (*m.*) **2** riverenza, rispetto (*m.*), deferenza.
reverencial *agg.* reverenziale.
reverenciar *v.tr.* riverire, ossequiare.
reverendo *agg.*, *s.m.* (*relig.*) reverendo.
reversibilidad *s.f.* reversibilità.
reversible *agg.* reversibile.
reverso *s.m.* **1** rovescio: *el — de la moneda*,

il rovescio della moneta **2** (*Amer.*) marcia (*f.*) indietro | *echar* —, fare retromarcia, fare marcia indietro (*anche fig.*).
reverter (*con. come* entender) *v.intr.* traboccare, riversarsi.
revertir (*con. come* sentir) *v.intr.* **1** (*dir.*) ritornare al precedente proprietario **2** tornare allo stato primitivo.
revés *s.m.* **1** rovescio, dietro, retro | *al* —, al contrario **2** (*sport*) rovescio **3** manrovescio **4** (*fig.*) disgrazia (*f.*), infortunio.
revestimiento *s.m.* (*anche edil.*) rivestimento.
revestir (*con. come* servir) *v.tr.* **1** (*anche edil.*) rivestire, ricoprire **2** (*fig.*) attribuire, concedere: *lo revistieron del premio como mejor periodista*, gli attribuirono il premio come miglior giornalista **3** dissimulare, mascherare ♦ **-se** *v.pron.* **1** rivestirsi, coprirsi **2** (*fig.*) armarsi: — *de resignación*, armarsi di rassegnazione **3** (*relig.*) vestire i paramenti.
revezar (*con. come* cazar) *v.tr.* sostituire, dare il cambio.
revigorizar (*cong. come* cazar) *v.tr.* rinvigorire.
revisable *agg.* controllabile.
revisar *v.tr.* rivedere, controllare, revisionare: *revisa los apuntes*, controlla gli appunti.
revisión *s.f.* revisione, controllo (*m.*) | — *médica*, check-up, controllo medico.
revisionismo *s.m.* revisionismo.
revisor (*f.* -a) *agg.* revisore ♦ *s.m.* **1** revisore **2** (*ferr.*) controllore.
revista *s.f.* **1** rivista, rotocalco (*m.*) | — *del corazón*, rivista (della stampa) rosa **2** riesame (*m.*), ispezione, controllo (*m.*) **3** (*mil.*) rivista, rassegna | *pasar* —, passare in rassegna **4** (*teatr.*) rivista, varietà (*m.*).
revistero *s.m.* **1** cronista (*m./f.*), redattore **2** (*mobile*) portariviste.
revitalizar (*con. come* cazar) *v.tr.* rivitalizzare.
revivir *v.intr.* **1** rivivere, rinascere **2** (*fig.*) ravvivarsi, riprendersi; rinnovarsi ♦ *v.tr.* rievocare, ricordare: — *el pasado*, rievocare il passato.
revocable *agg.* revocabile.
revocar (*con. come* pescar) *v.tr.* **1** revocare, abrogare **2** dissuadere **3** (*edil.*) intonacare di nuovo **4** dissipare, disperdere.
revoco *s.m.* → **revoque.**
revolcar (*con. come* trocar) *v.tr.* **1** rovesciare, abbattere (*anche fig.*): *el huracán ha revolcado dos árboles*, l'uragano ha abbattuto due alberi **2** umiliare, battere, vincere: — *al adversario*, battere l'avversario ♦ **-se** *v.pron.* rotolarsi, rivoltolarsi.
revolotear *v.intr.* svolazzare, volteggiare; mulinare: *mariposas de noche revoloteaban en torno a la lámpara*, farfalle notturne svolazzavano intorno alla lampada.
revoloteo *s.m.* svolazzo.
revoltijo *s.m.* **1** miscuglio, guazzabuglio, groviglio **2** (*fig.*) parapiglia, gazzarra (*f.*).
revoltoso *agg.* **1** rivoltoso, ribelle **2** (*fig.*) turbolento, indocile **3** intricato, contorto.
revolución *s.f.* (*anche mecc.*, *astron.*, *fig.*) rivoluzione.
revolucionar *v.tr.* rivoluzionare, sovvertire, trasformare.
revolucionario *agg.*, *s.m.* rivoluzionario.
revolver (*con. come* mover; *part.pass.irr.* revuelto) *v.tr.* **1** mettere sottosopra: — *los cajones*, rovistare nei cassetti **2** (*cuc.*) rimestare, rimescolare **3** (*fig.*) sconvolgere, turbare: — *el alma*, sconvolgere l'animo **4** avvolgere: — *en un papel*, avvolgere in un foglio ♦ **-se** *v.pron.* **1** rivoltarsi, ribellarsi **2** agitarsi: *se revolvía de impaciencia*, si agitava in preda all'impazienza **3** (*meteor.*, *di tempo*) incupirsi, volgere al brutto.
revólver *s.m.* revolver, rivoltella (*f.*).
revoque *s.m.* (*edil.*) intonacatura (*f.*); intonaco.
revuelo *s.m.* **1** svolazzo **2** (*fig.*) agitazione (*f.*); subbuglio, scompiglio, trambusto
■ ***de revuelo***, al volo.
revuelta *s.f.* **1** rivolta, sommossa **2** rissa, alterco (*m.*) **3** (*di strada*) svolta **4** mutamento (*m.*).
revuelto *agg.* **1** disordinato, sottosopra | *estar con el estómago* —, avere lo stomaco in disordine **2** irrequieto, ribelle **3** imbrogliato, confuso, intricato **4** (*di liquido*) torbido ♦ *s.m.* (*cuc.*) piatto a base di uova strapazzate e altri ingredienti: — *de setas*, uova strapazzate con funghi
■ ***huevos revueltos***, uova strapazzate.
rey (*f.* reina) *s.m.* **1** re, monarca | — *absoluto*, monarca assoluto | — *constitucional*, re costituzionale | *el — del petróleo*, il re del petrolio | *los Reyes Magos*, i Re Magi | *día de Reyes*, Epifania | — *de armas*, araldo | *a — muerto, — puesto*, morto un papa se ne fa un altro | *vivir a cuerpo de* —, vivere come un re **2** (*fam.*) tesoro, cocco, gioia (*f.*): *¡mi —!*, tesoro mio!
reyerta *s.f.* lite, contesa, disputa.
rezagar (*con. come* llegar) *v.tr.* ritardare, differire, rinviare ♦ **-se** *v.pron.* attardarsi; restare indietro.
rezar (*con. come* cazar) *v.tr.* **1** pregare: — *a Dios*, pregare Dio **2** (*di leggi*, *regolamenti*) recitare: *según reza la orden*, come recita l'ordine ♦ *v.intr.* (*fam.*) brontolare.
rezo *s.m.* preghiera (*f.*), orazione (*f.*).
rezongar (*con. come* llegar) *v.intr.* brontolare, borbottare.
rezumar *v.intr.* **1** trasudare; filtrare **2** (*fig.*) trasudare, trapelare: *le rezuma el orgullo*, scoppia di orgoglio.
ría *s.f.* (*geogr.*) ría.

riada *s.f.* piena, fiumana; alluvione; allagamento (*m.*).
ribazo *s.m.* ripa (*f.*), argine.
ribera *s.f.* **1** sponda, riva; costa **2** (*agr.*) orto (*m.*) ripario.
ribereño *agg.* rivierasco, costiero, ripario.
ribete *s.m.* **1** bordura (*f.*), orlatura (*f.*) **2** (*pl.*) indizi, spunti: *ese chico tiene ribetes cómicos,* quel ragazzo ha spunti comici.
ribeteado *s.m.* filettatura (*f.*), bordatura (*f.*).
ribetear *v.tr.* profilare, orlare.
ricacho, ricachón *agg.*, *s.m.* riccone, (uomo) ricco sfondato.
ricamente *avv.* **1** riccamente, lussuosamente **2** piacevolmente, stupendamente: *me quedo en casa muy —*, rimango in casa con molto piacere.
ricino *s.m.* (*bot.*) ricino.
rico *agg.* **1** ricco, facoltoso **2** abbondante **3** gustoso, squisito, saporito: *esta ensalada está riquísima*, questa insalata è gustosissima **4** eccellente, di qualità.
ricura *s.f.* bellezza, bontà: *la nena es una —*, la bimba è una bellezza/un amore.
ridiculez (*pl.* -ces) *s.f.* ridicolezza, sciocchezza, inezia; stravaganza.
ridiculizar (*con. come* cazar) *v.tr.* ridicolizzare, burlare.
ridículo *agg.* **1** ridicolo, strano; stravagante **2** minimo, esiguo: *una cantidad ridícula*, una quantità esigua ♦ *s.m.* situazione (*f.*) ridicola | *quedar en —*, cadere nel ridicolo | *poner en —*, mettere in ridicolo.
riego *s.m.* irrigazione (*f.*): *no hay — suficiente para el campo*, non c'è acqua sufficiente per irrigare il campo.
riel *s.m.* **1** (*ferr.*) rotaia (*f.*) **2** (*di tenda*) guida (*f.*), riloga (*f.*).
rienda *s.f.* **1** redine, briglia | *a — suelta*, a briglia sciolta | *a toda —*, al galoppo **2** (*fig.*) freno (*m.*), moderazione: *dio — suelta al llanto*, si abbandonò al pianto **3** (*pl., fig.*) redini, governo (*m.sing.*), guida (*sing.*): *llevaba las riendas de la familia*, teneva le redini della famiglia.
riesgo *s.m.* rischio, pericolo.
rifa *s.f.* lotteria, riffa.
rifar *v.tr.* sorteggiare.
rifle *s.m.* carabina (*f.*).
rigidez *s.f.* **1** rigidità, rigidezza **2** (*fig.*) rettitudine, integrità, inflessibilità.
rígido *agg.* **1** rigido, teso, duro **2** (*fig.*) rigido, severo, inflessibile, rigoroso.
rigor *s.m.* **1** rigore, asprezza (*f.*), inclemenza (*f.*), rigidità (*f.*) **2** rigore, esattezza (*f.*): *es de — que los alumnos usen el uniforme*, è obbligatorio che gli allievi usino la divisa.
riguroso *agg.* rigoroso, severo; inflessibile.
rima *s.f.* (*lett.*) rima: *— alterna*, rima alternata; *— cruzada*, rima incrociata; *— pareada*, rima baciata.
rimar *v.tr.* (*lett.*) rimare, fare rima.
rimbombante *agg.* **1** rimbombante **2** (*fig.*) roboante, vistoso, sgargiante.
rímel *s.m.* rimmel, mascara (*f.*).
rimero *s.m.* pila (*f.*), cumulo, mucchio, catasta (*f.*).
rincón *s.m.* **1** (*di un interno*, *di una stanza*) angolo, angolino, cantone: *éste es un — tranquilo*, questo è un cantuccio tranquillo **2** (*fig.*) ripostiglio, nascondiglio.
rinconera *s.f.* **1** cantoniera, cantonale (*m.*), angoliera **2** (*arch.*) angolo (*m.*), cantone (*m.*).
ring *s.m.* (*sport*) ring, quadrato.
ringlera *s.f.* **1** fila, serie **2** filare (*m.*).
rinitis *s.f.* (*med.*) rinite.
rinoceronte *s.m.* (*zool.*) rinoceronte.
rinoplastia *s.f.* (*med.*) rinoplastica.
riña *s.f.* lite, rissa, zuffa.
riñón *s.m.* **1** (*anat.*) rene | *— artificial*, rene artificiale **2** (*cuc.*) rognone **3** (*pl.*) fondoschiena (*sing.*) | *dolor de riñones*, mal di schiena | (*fig.*) *quebrantarse/romperse los riñones*, spaccarsi la schiena
■ ***costar un riñón***, costare un occhio della testa | ***tener cubierto el riñón***, avere molti soldi | ***tener riñones***, avere fegato.
riñonera *s.f.* (*borsa*) marsupio (*m.*).
río *s.m.* fiume (*anche fig.*) | *riacho*, *riachuelo*, fiumiciattolo | *un — de palabras*, un fiume di parole | *pescar en — revuelto*, pescare nel torbido.
rioplatense *agg.* del Rio de la Plata ♦ *s.m./f.* nativo della regione del Rio de la Plata.
ripio *s.m.* **1** residuo, avanzo **2** calcinaccio **3** (*lett.*) zeppa (*f.*), riempitivo, pleonasmo.
riqueza *s.f.* **1** ricchezza; abbondanza **2** (*econ.*) patrimonio (*m.*), risorsa **3** bellezza.
risa *s.f.* riso (*m.*), ilarità: *se moría de risas*, si sbellicava dalle risa | *dar —*, far ridere | *desternillarse/troncharse de —*, sganasciarsi/sbellicarsi dalle risate.
riscal *s.m.* luogo roccioso.
risco *s.m.* roccia (*f.*), rupe (*f.*), dirupo.
riscoso *agg.* roccioso, dirupato, scosceso.
risible *agg.* risibile, ridicolo.
risotada *s.f.* forte risata.
risotear *v.intr.* ridere fragorosamente.
ristra *s.f.* **1** (*d'aglio o cipolle*) filza, resta **2** (*fig.*) serie, filza.
ristre *s.m.* (*di armatura*) resta (*f.*) | *en —*, in resta.
risueño *agg.* **1** allegro, sorridente **2** (*fig.*) ridente, ameno, piacevole **3** prospero, favorevole.
rítmico *agg.* ritmico.
ritmo *s.m.* ritmo.
rito *s.m.* rito, cerimonia (*f.*).
ritornelo *s.m.* (*mus.*) ritornello.

ritual *agg.* rituale; abituale, usuale ♦ *s.m.* rituale; cerimoniale: *no he olvidado el* —, non ho dimenticato il rituale | *ser de* —, essere di rito.
ritualidad *s.f.* ritualità.
rival *agg.*, *s.m./f.* rivale, avversario (*m.*).
rivalidad *s.f.* rivalità, antagonismo (*m.*).
rivalizar (*con. come* cazar) *v.intr.* rivaleggiare, competere, gareggiare.
rivera *s.f.* rivo (*m.*), ruscello (*m.*).
rizado *agg.* **1** arricciato, riccio: *tiene el pelo* —, ha i capelli ricci **2** (*di mare*) mosso, increspato ♦ *s.m.* arricciatura (*f.*).
rizar (*con. come* cazar) *v.tr.* **1** arricciare **2** (*di vento*) increspare il mare **3** ondulare ♦ **-se** *v.pron.* **1** arricciarsi **2** (*di mare*) incresparsi.
rizo *agg.* riccio, arricciato ♦ *s.m.* riccio, ricciolo.
rizoma *s.m.* (*bot.*) rizoma.
róbalo *s.m.* (*zool.*) branzino, spigola (*f.*).
robar *v.tr.* **1** rubare, depredare, derubare **2** rapire **3** (*di fiume, acqua*) erodere **4** (*carte*) pescare dal mazzo.
robellón *s.m.* (*bot., fungo*) agarico delizioso.
roble *s.m.* **1** (*bot.*) rovere, quercia (*f.*) **2** (*fig.*, *persona forte*) quercia (*f.*), roccia (*f.*).
robledal *s.m.* querceto.
roblizo *agg.* forte, duro, resistente, robusto.
roblón *s.m.* (*chiodo*) ribattino, rivetto.
robo *s.m.* **1** furto, rapina (*f.*) | — *a mano armada*, rapina a mano armata **2** refurtiva (*f.*).
roborante *agg.* corroborante.
roborar *v.tr.* **1** corroborare, rinvigorire **2** (*fig.*) corroborare, confermare.
robot *s.m.* robot, automa | *retrato* —, identikit.
robótica *s.f.* robotica.
robotizar (*con. come* cazar) *v.tr.* robotizzare.
robustecer (*con. come* agradecer) *v.tr.* irrobustire, rafforzare, fortificare, rinvigorire ♦ **-se** *v.pron.* irrobustirsi, rafforzarsi.
robusto *agg.* robusto, forte, resistente.
roca *s.f.* **1** roccia; masso (*m.*) | *cristal de* —, cristallo di rocca **2** rupe; scoglio (*m.*) **3** (*fig.*) macigno (*m.*): *este hombre es fuerte como una* —, quest'uomo è forte come un macigno.
rocambolesco *agg.* rocambolesco, avventuroso, audace.
roce *s.m.* **1** sfregamento, strofinio, attrito **2** pratica (*f.*), familiarità (*f.*), relazione (*f.*) continuata con qlcu.: *en ese grupo hay mucho* —, in quel gruppo c'è molta familiarità **3** (*fig.*) attrito, contrasto: *he tenido algún* — *con mi suegra*, ho avuto qualche attrito con mia suocera.
rociada *s.f.* **1** spruzzata, annaffiata **2** (*meteor.*) rugiada.
rociador *s.m.* spruzzatore, nebulizzatore.
rociar (*con. come* confiar) *v.intr.impers.* (*meteor.*) **1** cadere la rugiada **2** piovigginare ♦ *v.tr.* **1** spruzzare, innaffiare **2** (*fig.*) cospargere; (*cuc.*) irrorare.
rocín *s.m.* ronzino.
rocío *s.m.* (*meteor.*) **1** rugiada (*f.*) **2** pioggerella (*f.*); spruzzata (*f.*).
rocoso *agg.* roccioso.
rodaballo *s.m.* (*zool.*) rombo.
rodada *s.f.* solco (*m.*) della ruota.
rodado *agg.* **1** (*di cavallo*) pezzato **2** (*di frase, testo*) scorrevole **3** (*fig.*) arrotondato | *canto* —, ciottolo.
rodaja *s.f.* **1** rotella, dischetto (*m.*) **2** fetta (rotonda), rondella: *una* — *de patata*, una fetta di patata.
rodaje *s.m.* **1** (*aut.*) rodaggio (*anche fig.*) **2** (*cinem.*) ripresa (*f.*) **3** (*mecc.*) insieme di ruote, rotismo.
rodapié *s.m.* battiscopa, zoccolino.
rodar (*con. come* contar) *v.intr.* **1** ruotare, girare, rotolare **2** (*fig.*) gironzolare ♦ *v.tr.* **1** (*aut.*) rodare, fare il rodaggio dell'auto **2** (*cinem.*) filmare, girare un film: — *en blanco y negro*, girare un film in bianco e nero ■ ***echarlo todo a rodar***, mandare tutto all'aria.
rodear *v.tr.* circondare, attorniare; aggirare ♦ *v.intr.* girare intorno ♦ **-se** *v.pron.* **1** circondarsi: *se rodea de obras de arte*, si circonda di opere d'arte **2** rivoltarsi: — *en el lecho*, rivoltarsi nel letto.
rodeo *s.m.* **1** giro, giravolta (*f.*) **2** (*fig.*) giro di parole: *dime la verdad sin rodeos*, dimmi la verità senza tergiversare | *andar con rodeos*, menar il can per l'aia **3** recinto per il bestiame **4** (*sport*) rodeo.
rodera *s.f.* solco (*m.*) lasciato da una ruota.
rodete *s.m.* **1** cercine; (*di capelli*) crocchia (*f.*) **2** ruota (*f.*) di trasmissione.
rodilla *s.f.* ginocchio (*m.*) | *de rodillas*, in ginocchio | *hincarse de rodillas*, inginocchiarsi | *a media* —, con un solo ginocchio a terra.
rodillazo *s.m.* ginocchiata (*f.*).
rodillera *s.f.* ginocchiera.
rodillo *s.m.* **1** rullo **2** (*cuc.*) mattarello.
rododendro *s.m.* (*bot.*) rododendro.
rodríguez *s.m. solo nella loc.*: *estar de* —, essere un marito temporaneamente solo a casa perché la moglie è in vacanza.
roedor *agg.*, *s.m.* roditore.
roedura *s.f.* rodimento (*m.*); rosicchiamento.
roer (*indic.pres.* roo/roigo/royo, roes...; *cong.pres.* roiga, roigas...; *imp.* roa/roiga/roya, roamos/roigamos/royamos, roan/roigan/royan) *v.tr.* **1** rodere, rosicchiare **2** (*fig.*) consumare, logorare, intaccare **3** (*fig.*) rimordere, tormentare.
rogar (*con. come* colgar) *v.tr.* chiedere, pregare, supplicare: *le ruego que me envíe...*, la

prego di inviarmi... | *hacerse* (*de*) —, farsi pregare.
rogativa *s.f.* **1** supplica **2** (*pl., relig.*) rogazioni.
rogatorio *agg.* (*dir.*) rogatorio.
roído *agg.* logoro, consunto; roso.
rojal *agg.* rossastro, rossiccio.
rojizo *agg.* rossiccio.
rojo *agg.* rosso: *vestido* —, vestito rosso | *al* — (*vivo*), incandescente; (*fig.*) esaltato | *ponerse* —, arrossire | *glóbulo* —, globulo rosso.
rol *s.m.* ruolo; elenco, lista (*f.*): *fue inscrito en el — de los mejores alumnos*, fu iscritto nella lista dei migliori allievi.
rollista *agg., s.m./f.* rompiballe.
rollizo *agg.* **1** grassoccio, robusto **2** rotondo, cilindrico.
rollo *s.m.* **1** rotolo: *un — de tela blanca*, un rotolo di tessuto bianco **2** (*foto.*) rullino **3** (*fig., fam.*) faccenda (*f.*): *está metido en un — poco claro*, si è cacciato in una faccenda poco chiara **4** (*fig., fam.*) stile di vita | *llevar un mal* —, essere sulla cattiva strada | *dar un mal* —, fare una brutta impressione **5** (*fig., fam.*) cosa o persona noiosa: *la conferencia fue un* —, la conferenza è stata una pizza/barba | *¡qué —!*, che menata/noia! | *soltar el* —, menarla/farla lunga.
romana *s.f.* stadera, bilancia romana.
romance *agg.* (*ling.*) romanzo: *lenguas romances*, lingue romanze ♦ *s.m.* **1** (*lett.*) romanzo cavalleresco **2** (*ling.*) spagnolo antico **3** (*fig.*) storia (*f.*) amorosa, relazione (*f.*) sentimentale.
romancero *s.m.* **1** collezione (*f.*) di romanzi cavallereschi **2** cantastorie (*m./f.*).
románico *agg.* (*arte*) romanico: *estilo* —, stile romanico.
romanización *s.f.* (*st.*) romanizzazione.
romano *agg.* romano | (*cuc., di cibo*) *a la romana*, infarinato e fritto.
romanticismo *s.m.* (*lett., arte*) romanticismo.
rombo *s.m.* (*geom., zool.*) rombo.
romboidal *agg.* (*geom.*) romboidale.
romeral *s.m.* campo di rosmarino.
romería *s.f.* **1** pellegrinaggio (*m.*) **2** sagra.
romero[1] *s.m.* (*bot.*) rosmarino.
romero[2] *s.m.* pellegrino.
romo *agg.* **1** smussato, ottuso, rincagnato **2** (*fig.*) ottuso.
rompecabezas *s.m.* **1** puzzle, rompicapo **2** (*fig.*) indovinello, rompicapo.
rompecorazones *s.m.* rubacuori.
rompehielos *s.m.* rompighiaccio.
rompehuelgas *s.m.* crumiro.
rompeolas *s.m.* frangiflutti, frangionde.
romper (*part.pass.irr.* roto) *v.tr.* **1** rompere, frantumare, spezzare: *rompió los cristales a pedradas*, ruppe i vetri a sassate **2** stracciare, lacerare, strappare: — *una hoja*, stracciare un foglio **3** (*fig.*) infrangere, violare, rompere: — *el pacto*, violare il patto **4** (*fig.*) rompere, interrompere, troncare: — *el ayuno*, interrompere il digiuno; *había roto con su novia*, aveva rotto con la sua fidanzata | — *relaciones*, troncare i rapporti ♦ *v.intr.* **1** spuntare, irrompere, prorompere **2** iniziare, cominciare: — *el día*, farsi giorno | — *las hostilidades*, aprire le ostilità
■ ***romper a*** (+ *inf.*), mettersi a (+ *inf.*): — *a reír*, mettersi a ridere | ***romper en*** (+ *s.*), scoppiare in (+ *s.*): — *en lágrimas/llanto*, scoppiare in lacrime/pianto.
rompiente *s.m.* (*mar.*) frangente.
rompimiento *s.m.* rottura (*f.*), frattura (*f.*), spaccatura (*f.*).
ron *s.m.* rum.
ronca *s.f.* bramito (*m.*).
roncar (*con. come* pescar) *v.intr.* **1** russare, ronfare **2** (*di mare, vento*) mugghiare, rumoreggiare **3** (*di cervo*) bramire.
roncear *v.intr.* **1** gingillarsi, perdere tempo, tirare in lungo **2** lusingare, adulare.
roncha *s.f.* **1** eruzione; ecchimosi, livido (*m.*) **2** fetta rotonda.
ronco *agg.* rauco, roco.
ronda *s.f.* **1** (*mil.*) ronda, pattuglia **2** (*mus.*) serenata; passeggiata notturna **3** (*strada*) viale (*m.*), circonvallazione **4** (*fam., invito a mangiare o bere*) giro (*m.*): *a esta — invito yo*, questo giro lo pago io **5** (*carte*) mano, partita.
rondar *v.intr.* **1** (*mil.*) fare la ronda **2** fare il nottambulo, girare di notte **3** corteggiare, fare la ronda: *los muchachos rondaban por las calles*, i ragazzi facevano la ronda per le strade ♦ *v.tr.* **1** girare/ronzare intorno **2** stare addosso: *la policia ronda a los sospechosos*, la polizia sta addosso ai sospetti.
ronquedad *s.f.* raucedine.
ronquera *s.f.* laringite, raucedine: *tenía — después del concierto*, era rauco dopo il concerto.
ronquido *s.m.* il russare, russamento.
ronronear *v.intr.* **1** (*di gatto*) fare le fusa **2** (*fig.*) ronzare, vibrare.
ronroneo *s.m.* ron-ron, fusa (*f.pl.*).
ronzal *s.m.* cavezza (*f.*).
ronzar (*con. come* cazar) *v.tr.* sgranocchiare.
roña *s.f.* **1** (*di ovini*) rogna **2** (*fig., fam.*) taccagneria, tirchieria **3** (*di metalli*) ruggine **4** sudiciume (*m.*).
roñoso *agg.* **1** rognoso **2** arrugginito, ossidato **3** (*fig.*) lercio, sozzo, immondo **4** (*fig., fam.*) tirchio, taccagno.
ropa *s.f.* **1** indumento (*m.*), vestito (*m.*) | — *de diario*, vestito di tutti i giorni | — *de vestir*, vestito elegante **2** biancheria | — *blanca*, biancheria da casa | — *de cama, de mesa*,

biancheria da letto, da tavola | — *interior*, biancheria intima
■ (*fig.*) ***haber ropa tendida***, anche i muri hanno orecchie: *habla bajo, que hay — tendida*, parla piano, che anche i muri hanno orecchie | *nadar y guardar la —*, agire con cautela.
ropaje *s.m.* vestiario.
ropero *s.m.* **1** (*armadio*) guardaroba **2** guardarobiere.
roque *agg.* addormentato | *quedarse —*, addormentarsi ♦ *s.m.* (*scacchi*) torre (*f.*).
roquero[1] *agg.* rupestre.
roquero[2] *s.m.* **1** cantante (*m./f.*) rock **2** rocchettaro.
rosa *agg.* rosa ♦ *s.f.* (*bot.*) rosa | — *de cien hojas*, rosa centifolia | — *de té*, rosa tea | *no hay — sin espinas*, non c'è rosa senza spine | — *de los vientos*, rosa dei venti ♦ *s.m.* (*colore*) rosa.
rosado *agg.* roseo, rosa: *vino —*, vino rosé ♦ *s.m.* vino rosé.
rosal *s.m.* roseto, pianta (*f.*) di rosa.
rosario *s.m.* **1** rosario **2** (*fig.*) rosario, serie (*f.*), sfilza (*f.*).
rosbif *s.m.* (*cuc.*) roast beef, carne (*f.*) di manzo arrostita.
rosca *s.f.* **1** (*cuc.*) ciambella **2** spira **3** (*di vite*) filetto (*m.*), filettatura | *pasarse de —*, dipanarsi; (*fig.*, *di persona*) essere svitato **4** (*Amer.*, *pol.*) combriccola, cricca: — *financiera*, cricca finanziaria
■ ***hacer la rosca a alguien***, corteggiare; circuire qlcu. | (*fam.*) ***no comerse una rosca***, andare in bianco.
roscado *agg.* filettato, a vite ♦ *s.m.* filettatura (*f.*).
roscón *s.m.* (*cuc.*) ciambella (*f.*).
roséola *s.f.* (*med.*) rosolia.
roseta *s.f.* **1** rosetta, rosellina **2** (*pl.*) popcorn (*m.*).
rosetón *s.m.* (*arch.*) rosone.
rosquilla *s.f.* **1** ciambella **2** bruco (*m.*), baco (*m.*).
rostro *s.m.* **1** faccia (*f.*), viso, volto **2** (*fam.*) sfacciataggine (*f.*) | *tener mucho —*, avere la faccia tosta | *¡vaya —!*, che sfacciato!
rotación *s.f.* rotazione.
rotacismo *s.m.* (*ling.*) rotacismo.
rotativa *s.f.* rotativa.
rotativo *agg.* rotativo ♦ *s.m.* (*giornale*) quotidiano; rotocalco.
roto *s.m.* (*su un indumento*) strappo.
rotor *s.m.* (*tecn.*) rotore.
rótula *s.f.* (*anat.*) rotula.
rotulador *s.m.* pennarello.
rotular *v.tr.* **1** (*comm.*) etichettare **2** intitolare, intestare.
rótulo *s.m.* **1** titolo, intestazione (*f.*) **2** insegna (*f.*), cartello **3** etichetta (*f.*), cartellino.
rotundidad *s.f.* rotondità, rotondezza.
rotundo *agg.* **1** (*di voce*) pieno, sonoro **2** (*di discorso*) categorico, deciso, chiaro: *respondió a todas las preguntas en modo —*, ha risposto a tutte le domande in modo chiaro **3** voluminoso, rotondo, forte: *se destacaba su rotunda figura*, si stagliava la sua imponente figura.
rotura *s.f.* **1** rottura, strappo (*m.*) **2** (*med.*) frattura.
roturar *v.tr.* (*agr.*) dissodare.
roya *s.f.* (*agr.*) ruggine dei cereali.
roza *s.f.* (*agr.*) **1** sarchiatura **2** terreno (*m.*) sarchiato.
rozadora *s.f.* sarchiatrice.
rozadura *s.f.* **1** sfregamento (*m.*) **2** (*med.*) escoriazione.
rozagante *agg.* **1** soddisfatto, orgoglioso: *va — con su traje nuevo*, è tutto pimpante col suo vestito nuovo **2** vivace, in piena salute: *la abuela está —*, la nonna ha un ottimo aspetto/è in forma smagliante.
rozamiento *s.m.* **1** sfregamento, attrito, strofinamento **2** (*fig.*) dissenso, screzio.
rozar (*con. come* cazar) *v.tr.* **1** (*agr.*) sarchiare **2** (*edil.*) raschiare, sfregare **3** (*anche fig.*) rasentare, sfiorare: — *la mesa*, sfiorare il tavolo; *roza la genialidad*, rasenta la genialità ♦ **-se** *v.pron.* **1** sfregarsi **2** frequentarsi, essere in confidenza **3** essere simile.
rubéola *s.f.* (*med.*) rosolia.
rubí (*pl.* -es) *s.m.* (*min.*) rubino.
rubicundo *agg.* rubicondo, florido.
rubio *agg.* (*di capelli, tabacco*) biondo.
rubor *s.m.* **1** rossore **2** (*fig.*) imbarazzo, vergogna (*f.*).
ruborizarse (*con. come* cazar) *v.pron.* **1** arrossire **2** (*fig.*) vergognarsi.
rúbrica *s.f.* (*di firma*) svolazzo (*m.*).
rubricar (*con. come* pescar) *v.tr.* **1** sottoscrivere, firmare **2** (*fig.*) autenticare, certificare; rubricare.
rucio *agg.* (*di animale*) bigio; (*di persona*) brizzolato ♦ *s.m.* asino, cavallo dal mantello bigio.
ruda *s.f.* (*bot.*) ruta.
rudeza *s.f.* rudezza, rozzezza.
rudimentario *agg.* rudimentale, elementare.
rudimento *s.m.* **1** (*biol.*) rudimento, embrione **2** (*pl.*) rudimenti, conoscenze (*f.*) di base.
rudo *agg.* **1** rude, grossolano **2** (*di oggetto*) grezzo, rozzo **3** scortese, brusco.
rueca *s.f.* rocca, conocchia.
rueda *s.f.* **1** ruota: — *del coche*, ruota dell'auto | — *del molino*, ruota del mulino | — *hidráulica*, ruota idraulica | *camino de ruedas*, strada rotabile | (*ciclismo, fam.*) *chupar —*, seguire a ruota **2** (*di persone*) cerchio (*m.*), crocchio (*m.*), capannello (*m.*): *ponerse en —*, mettersi in cerchio **3** (*di pane, frutto*) fetta **4** (*zool.*) pesce (*m.*) luna

■ ***rueda de prensa***, conferenza stampa | ***rueda de presos***, confronto all'americana | ***ir sobre ruedas***, andare a gonfie vele | ***comulgar con ruedas de molino***, credere a tutto.
ruedo *s.m.* **1** rotazione (*f.*), giro **2** (*tauromachia*) arena (*f.*) **3** orlo, bordo.
ruego *s.m.* preghiera (*f.*), richiesta (*f.*) | *a — de*, su istanza di | *ruegos y preguntas*, varie ed eventuali.
rufián *s.m.* **1** ruffiano, protettore, magnaccia **2** mascalzone, farabutto.
rufianería *s.f.* ruffianeria.
rugido *s.m.* **1** (*anche fig.*) ruggito **2** brontolio, gorgoglio.
ruginoso *agg.* rugginoso.
rugir (*con. come* afligir) *v.intr.* **1** ruggire **2** (*fig.*) urlare.
rugosidad *s.f.* rugosità, grinzosità.
rugoso *agg.* rugoso, grinzoso.
ruibarbo *s.m.* (*bot.*) rabarbaro.
ruido *s.m.* **1** rumore; frastuono, chiasso: *oía ruidos por el pasillo*, sentivo rumori in corridoio | (*fig.*) *mucho — y pocas nueces*, molto fumo e poco arrosto **2** (*fig.*) risonanza (*f.*), scalpore: *el acontecimiento hizo mucho —*, l'avvenimento ebbe vasta risonanza.
ruidoso *agg.* **1** rumoroso, chiassoso **2** (*fig.*) clamoroso, strepitoso.
ruin *agg.* **1** vile, spregevole, abietto **2** avaro, spilorcio, tirchio **3** miserabile.
ruina *s.f.* **1** rovina, distruzione **2** (*fig.*) rovina, tracollo (*m.*), bancarotta **3** (*fig.*) disgrazia, sciagura, sfacelo (*m.*) **4** *pl.* ruderi (*m.*), rovine.
ruindad *s.f.* viltà, meschinità, vigliaccheria.
ruinoso *agg.* rovinoso, disastroso.
ruiseñor *s.m.* (*zool.*) usignolo.
rular *v.intr.* rotolare.
ruleta *s.f.* (*gioco*) roulette | (*fig.*) *— rusa*, roulette russa.
rulo *s.m.* **1** (*tecn.*) rullo **2** (*per capelli*) bigodino.
rumano *agg.*, *s.m.* romeno.
rumba *s.f.* **1** (*ballo*) rumba **2** (*Amer.*) festa, ballo (*m.*).
rumbero *s.m.* danzatore di rumba.
rumbo *s.m.* **1** (*mar.*) rotta (*f.*) | *poner — a*, fare rotta su **2** (*fig.*) cammino, direzione (*f.*): *eché a andar sin — fijo*, mi misi a camminare senza una direzione precisa | *con — a*, in direzione di **3** (*fig.*) ostentazione (*f.*), pompa (*f.*).
rumboso *agg.* **1** fastoso, pomposo, sfarzoso **2** generoso, munifico.
rumia *s.f.* ruminazione.
rumiajo *s.m.* (*di mela, pera*) torsolo.
rumiante *agg.* (*zool.*) ruminante.
rumiar *v.tr./intr.* **1** (*zool.*) ruminare **2** (*fig.*) meditare, rimuginare.
rumor *s.m.* **1** brusio, mormorio **2** (*fig.*) diceria (*f.*), voce (*f.*).
rumorearse *v.pron.impers.* correre voce: *se rumorea que...*, si mormora che...
rumoreo *s.m.* rumorio, mormorio.
runrún *s.m.* rumorio, brusio, mormorio.
rupestre *agg.* rupestre.
ruptura *s.f.* **1** rottura, cessazione, interruzione **2** (*med.*) frattura, rottura.
rural *agg.* **1** rurale, agricolo **2** (*fig.*) rustico, rozzo, grossolano.
ruso *agg.*, *s.m.* russo | (*cuc.*) *carlota rusa*, charlotte | (*cuc.*) *ensaladilla —*, insalata russa.
rusticano *agg.* (*di pianta*) selvatico.
rusticidad *s.f.* **1** rusticità **2** (*fig.*) rustichezza, rozzezza.
rústico *agg.* **1** rustico, campagnolo **2** (*fig.*) rozzo, grossolano.
ruta *s.f.* **1** (*anche mar.*) rotta **2** itinerario (*m.*), percorso (*m.*) **3** (*fig.*) strada.
rutilante *agg.* rutilante, splendente.
rutilar *v.intr.* rifulgere, risplendere.
rutina *s.f.* routine, consuetudine, tran tran (*m.*): *la — cotidiana*, il tran tran quotidiano.
rutinario *agg.* abitudinario, consuetudinario, routinario.

Ss

s *s.f.* s | (*tel.*) — *como sábado*, s come Savona.
sábado *s.m.* sabato.
sabana *s.f.* (*geogr.*) savana: *las sabanas se extienden por África y América*, le savane si estendono in Africa e in America.
sábana *s.f.* lenzuolo (*m.*): — *bajera, encimera*, lenzuolo di sotto, di sopra | (*relig.*) — *santa*, Sacra Sindone | *pegársele las sábanas a alguien*, dormire più del dovuto, essere un dormiglione.
sabandija *s.f.* **1** (*rettile o insetto*) animaletto (*m.*), bestiolina **2** (*fig. spreg.*) verme (*m.*), persona spregevole.
sabanero *agg.* della savana.
sabañón *s.m.* (*med.*) gelone.
sabático *agg.* sabbatico: *descanso* —, riposo sabbatico | *año* —, anno sabbatico.
sabedor *agg.* **1** conoscitore, esperto **2** consapevole; informato: — *del hecho*, consapevole del fatto.
sabelotodo *s.m./f.* (*fam.*) saccente, saputello (*m.*), sapientone (*m.*).
saber (*indic.pres.* sé, sabes ; *pass.rem.* supe, supiste...; *fut.* sabré, sabrás ; *cond.* sabría, sabrías ; *cong.pres.* sepa, sepas...; *imperf.* supiera, supieras...; *imp.* sabe, sepa, sepamos, sabed, sepan) *v.tr.* **1** sapere, conoscere: *no sabía que estuvieras casado*, non sapevo che fossi sposato; *María sabe mucha literatura*, Maria conosce bene la letteratura | — *al dedillo*, sapere a menadito | *(vaya) a — dónde estará*, chissà dove sarà | *¡(de) haberlo subido!*, se l'avessi saputo! | *¡qué sé yo!/¡yo qué sé!*, che ne so! | *quién sabe*, chissà | *sabérselas todas*, saperla lunga **2** essere capace, sapere: *el niño ya sabe nadar*, il bambino sa già nuotare ♦ *v.intr.* **1** avere notizie: *no sabemos de él desde hace mucho tempo*, non abbiamo sue notizie da molto tempo **2** sapere, avere sapore di: *este caramelo sabe a limón*, questa caramella sa di limone | (*di cibo*) — *a gloria*, essere una bontà ♦ *s.m.* sapere, conoscenza (*f.*): *este libro recoge todo su* —, questo libro contiene tutto il suo sapere
■ ***saber a poco***, (*di cosa piacevole*) essere insufficiente: *los cuatro días de vacaciones me han sabido a poco*, i quattro giorni di vacanza sono volati | ***saber bien a alguien***, fare piacere a qlcu. | ***saber mal/a cuerno quemado***, dispiacere: *me supo mal/a cuerno quemado que vinieras y no encontraras a nadie*, mi è dispiaciuto che tu sia venuto e non abbia trovato nessuno.
sabidillo *agg., s.m.* saputello, sapientone.
sabido *agg.* **1** (*iron.*) saputello, saputo **2** abituale, solito.
sabiduría *s.f.* **1** saggezza, senno (*m.*): *trató el asunto con mucha* —, trattò il tema con molta saggezza **2** sapienza, sapere (*m.*).
sabiendas, a *loc.avv.* deliberatamente, apposta: *lo atacó — de que no podía defenderse*, lo aggredì apposta, sapendo che non poteva difendersi.
sabio *agg.* saggio, assennato, giudizioso: *un — consejo*, un saggio consiglio ♦ *s.m.* saggio; sapiente, erudito: *es un — en esta materia*, è un erudito in questa materia.
sabiondo *agg., s.m* saputo, saputello.
sablazo *s.m.* **1** sciabolata (*f.*) **2** (*fig.*) scrocco, salasso, richiesta (*f.*) di denaro: *Pepe da sablazos a los amigos*, Pepe scrocca denaro agli amici **3** (*fig.*) frecciata (*f.*), stoccata (*f.*).
sable *s.m.* sciabola (*f.*).
sablear *v.intr.* (*fig., fam.*) spillare denaro: *no te aconsejo aquel restaurante porque te van a* —, non ti consiglio quel ristorante perché ti spillano molti soldi.
sabor *s.m.* sapore, gusto (*anche fig.*): *caramelo con — a fresa*, caramella al sapore di fragola | *dejar mal — de boca*, lasciare l'amaro in bocca.
saborear *v.tr.* **1** (*anche fig.*) assaporare, gustare: — *los momentos de felicidad*, assaporare i momenti di felicità **2** insaporire.
sabotaje *s.m.* sabotaggio: *se denuncian muchos casos de — informático*, si denunciano molti casi di sabotaggio informatico.
saboteador *agg., s.m* sabotatore.
sabotear *v.tr.* sabotare: *fue descubierto un plan para — las elecciones*, fu scoperto un piano per sabotare le elezioni.
sabroso *agg.* **1** saporito, gustoso; delizioso: *comí un — flan*, mangiai un crème caramel delizioso **2** (*fig.*) interessante: *fue un viaje muy* —, fu un viaggio molto interessante.
sabueso *s.m.* **1** (*zool.*) segugio, bracco **2** (*fig.*) investigatore, detective.

saca[1] *s.f.* sacco (*m.*): *una — de harina*, un sacco di farina.
saca[2] *s.f.* (*comm.*) prelievo (*m.*) | *estar de —*, essere in vendita.
sacabocados *s.m.* (*tecn.*) punteruolo.
sacacorchos *s.m.* cavatappi.
sacacuartos *s.m.* (*fam.*) **1** succhiasoldi, mangiasoldi **2** fregatura (*f.*): *ese juego es un —*, quel gioco è una fregatura.
sacaleches *s.m.* tiralatte.
sacamuelas *s.m.* (*fam.*) **1** (*st., spreg.*) cavadenti **2** ciarlatano.
sacapuntas *s.m.* temperamatite.
sacar (*con. come* pescar) *v.tr.* **1** estrarre, cavare (*anche fig.*): *— una muela*, estrarre/togliere un dente | *sacarle dinero a alguien*, spillare soldi a qlcu. | *— de apuros*, togliere dai pasticci **2** tirare fuori; portare fuori: *— la lengua*, tirare fuori la lingua; *saca las plantas al balcón*, porta le piante fuori sul balcone; *tengo que — al perro, devo portare fuori il cane* | *— de sí*, far uscire dai gangheri **3** trarre, dedurre: *— conclusiones*, trarre conclusioni **4** ottenere, ricavare: *de esta lana se puede — un jersey*, da questa lana si può ricavare un maglione; *— provecho*, trarre profitto; *— el carnet de conducir*, prendere la patente **5** mostrare, far vedere: *— las uñas*, mostrare le unghie; *— los defectos de alguien*, mostrare i difetti di qlcu. | *— a relucir*, tirare in ballo | *— brillo*, lucidare, tirare a lucido **6** lanciare, mettere in circolazione: *— nuevos modelos*, lanciare nuovi modelli | *— en el periódico*, pubblicare sul giornale **7** togliere, levare, far sparire: *— las manchas*, togliere le macchie **8** prelevare: *— dinero del cajero automático*, prelevare allo sportello automatico **9** vincere: *— un premio de la lotería*, vincere un premio alla lotteria **10** (*foto.*) scattare: *— una foto*, scattare/fare una foto **11** (*biglietti*) comperare, acquistare: *he sacado dos entradas para esta noche*, ho comprato due biglietti per stasera **12** (*scuola*) prendere (un voto); essere promosso, superare un esame: *sacó un nueve en latín*, ha preso nove in latino; *he sacado todas las asignaturas del semestre*, ho superato tutti gli esami del semestre **13** (*calcio*) battere il calcio di inizio **14** (*calcio*) rimettere in gioco la palla: *— de banda,* fare una rimessa laterale
■ ***sacar en claro/en limpio***, mettere in chiaro | ***sacar adelante***, mandare avanti | ***sacar a bailar***, invitare a ballare (una donna).
sacarina *s.f.* (*chim.*) saccarina.
sacarino *agg.* zuccherino.
sacarosa *s.f.* (*chim.*) saccarosio (*m.*).
sacerdocio *s.m.* sacerdozio.
sacerdotal *agg.* sacerdotale.
sacerdote *s.m.* sacerdote, prete.
saciar *v.tr.* **1** saziare: *— el hambre y la sed*, saziare la fame e la sete **2** (*fig.*) soddisfare, appagare: *— la sed de venganza*, appagare la sete di vendetta ♦ **-se** *v.pron.* saziarsi.
saciedad *s.f.* sazietà | *hasta la —*, fino alla sazietà.
saco *s.m.* **1** sacco | *— de dormir*, sacco a pelo | *— sin fondo*, pozzo senza fondo | *echar en — roto*, lasciar cadere nel vuoto; dimenticare | *meter en el mismo —*, fare di ogni erba un fascio **2** (*Amer., abbigl.*) giacca (*f.*) **3** (*fig.*) sacco, mucchio | *a —*, senza moderazione.
sacón *s.m.* (*Amer.*) giaccone.
sacralizar (*con. come* cazar) *v.tr.* sacralizzare.
sacramental *agg.* (*relig.*) sacramentale.
sacramento *s.m.* (*relig.*) **1** sacramento (*anche fig.*) | *con todos los sacramentos*, con tutti i requisiti/i crismi necessari | *incapaz de —*, persona rozza, ignorante **2** eucaristia (*f.*); ostia (*f.*) consacrata: *Santísimo —*, Santissimo Sacramento.
sacrificar (*con. come* pescar) *v.tr.* **1** sacrificare, immolare: *los mayas sacrificaban animales a las divinidades*, i maya immolavano animali alle divinità; *— sus intereses*, sacrificare i propri interessi **2** ammazzare, uccidere, macellare **3** (*fig.*) sacrificare, rinunciare: *Carlos sacrificó sus vacaciones*, Carlos rinunciò alle sue vacanze ♦ **-se** *v.pron.* sacrificarsi: *— por sus hijos*, sacrificarsi per i propri figli.
sacrificio *s.m.* (*anche fig.*) sacrificio: *el — de Abraham*, il sacrificio di Abramo; *los sacrificios humanos de los aztecas*, i sacrifici umani degli aztechi; *hacer grandes sacrificios para adelgazar*, fare grandi sacrifici per dimagrire.
sacrilegio *s.m.* (*relig., anche fig.*) sacrilegio: *robar imágenes de la iglesia es un —*, rubare icone da una chiesa è un sacrilegio.
sacrílego *agg.*, *s.m.* (*anche relig.*) sacrilego, empio: *no digas chistes sacrílegos*, non dire barzellette sacrileghe.
sacristán *s.m.* (*relig.*) sagrestano.
sacristía *s.f.* (*relig.*) sagrestia.
sacro *agg.* sacro, divino: *historia sacra*, storia sacra | (*anat.*) *hueso —*, osso sacro.
sacrosanto *agg.* sacrosanto.
sacudida *s.f.* (*anche fig.*) scossa, scossone (*m.*), scrollata; colpo (*m.*): *en Haiti hubo otra — sísmica*, ad Haiti ci fu un'altra scossa sismica; *la enfermedad de su padre fue para él una fuerte —*, la malattia di suo padre fu per lui un duro colpo.
sacudir *v.tr.* **1** (*anche fig.*) scuotere, scrollare: *— la cabeza*, scuotere la testa; *— las conciencias*, scuotere le coscienze **2** sbattere: *— un colchón, una alfombra*, sbattere un materasso, un tappeto **3** (*una persona*) percuotere, colpire **4** scacciare, allontanare:

— *los insectos del plato*, scacciare gli insetti dal piatto **5** (*fig.*) turbare, scuotere: *una gran emoción sacudió a los participantes*, una grande emozione turbò i partecipanti ♦ **-se** *v.pron.* **1** togliersi di dosso, scrollarsi **2** sbarazzarsi, liberarsi da: — *de un vendedor*, sbarazzarsi di un venditore; — *de las tareas más difíciles*, liberarsi dai compiti più difficili.

sádico *agg., s.m.* sadico.

sadismo *s.m.* **1** sadismo **2** (*fig.*) crudeltà (*f.*).

sadomasoquismo *s.m.* (*psic.*) sadomasochismo.

saeta *s.f.* **1** saetta, freccia, dardo (*m.*) | *echar saetas*, fare fuoco e fiamme **2** (*di orologio, bussola*) lancetta **3** (*mus.*) composizione breve che si canta nelle processioni di Pasqua: *se cantan saetas a la Virgen*, si cantano *saetas* alla Vergine.

saetazo *s.m.* frecciata (*f.*).

saetera *s.f.* **1** feritoia **2** lucernario (*m.*).

safari *s.m.* safari: *durante un — fotográfico vieron muchos leones y elefantes*, durante un safari fotografico videro molti leoni ed elefanti.

safena *s.f.* (*anat.*) (vena) safena.

sagacidad *s.f.* astuzia, sagacia: *todos reconocen la — política del nuevo alcalde*, tutti riconoscono l'astuzia politica del nuovo sindaco.

sagaz (*pl.* -ces) *agg.* sagace, accorto, scaltro: *el administrador es demasiado —*, l'amministratore è troppo scaltro; *el zorro es un animal muy —*, la volpe è un animale molto astuto.

sagital *agg.* sagittale: *vista — del encéfalo*, vista sagittale dell'encefalo.

sagrado *agg.* sacro (*anche fig.*): *templo —*, tempio sacro; *para mí sus palabras son sagradas*, per me le sue parole sono sacre.

sagrario *s.m.* sacrario.

sahariano *agg., s.m.* sahariano.

sahumar *v.tr.* **1** (*alimenti*) affumicare **2** profumare, incensare: *hace tiempo era frecuente — las viviendas*, un tempo era abituale profumare le abitazioni.

sahumerio *s.m.* suffumigio.

saín *s.m.* sugna (*f.*), grasso di animali.

sainete *s.m.* **1** (*teatr.*) intermezzo comico, farsa (*f.*) **2** (*fig.*) commedia (*f.*), farsa (*f.*).

saja *s.f.* taglio (*m.*), incisione.

sajador *s.m.* bisturi.

sajar *v.tr.* (*med., cuc.*) tagliare, incidere: — *el pollo*, incidere il pollo.

sajón *agg., s.m.* sassone (*m./f.*).

sal *s.f.* **1** (*anche chim.*) sale (*m.*): — *común*, sale comune; — *fina, gorda*, sale grosso, sale fino; *sales de baño*, sali da bagno **2** (*fig.*) grazia; disinvoltura: *esa niña tiene mucha — para explicar las cosas*, questa ragazza ha molta disinvoltura nello spiegare le cose **3** (*fig.*) arguzia, prontezza, spirito (*m.*): *una comedia sin —*, una commedia priva di spirito ■ ***estar hecho de sal***, essere allegro, di buon umore | ***hacerse sal y agua***, ridursi a niente, svanire | ***con su sal y pimienta***, **1** con modo di fare piccante **2** (*fam.*) con malignità; con difficoltà e impegno.

sala *s.f.* **1** sala, salotto (*m.*): — *de estar*, soggiorno; — *de espera*, sala d'attesa; — *de fiestas*, sala da ballo, balera; — *de ensayos*, sala prove; — *de proyecciones* sala proiezioni **2** (*di ospedale*) corsia **3** aula di tribunale.

salado *agg.* **1** salato, salmastro: *las patatas fritas están demasiado saladas*, le patate fritte sono troppo salate **2** (*fig.*) spiritoso, arguto: *es muy — en sus respuestas*, è molto arguto nelle sue risposte **3** (*Amer.*) scalognato, sfortunato **4** (*Amer., fig.*) salato, caro.

salamandra *s.f.* (*zool.*) salamandra.

salamanquesa *s.f.* (*zool.*) geco (*m.*).

salami *s.m.* (*cuc.*) salame.

salar[1] *v.tr.* (*cuc.*) **1** mettere sotto sale **2** salare: *tengo que — el agua*, devo salare l'acqua.

salar[2] *s.m.* salina (*f.*).

salarial *agg.* salariale, retributivo: *aumento —*, aumento salariale; *igualdad —*, parità di retribuzione.

salario *s.m.* salario, paga (*f.*), stipendio.

salaz (*pl.* -ces) *agg.* salace, lascivo.

salazón *s.f.* **1** salatura **2** (*spec.pl.*) cibo (*m.*) sotto sale **3** (*Amer.*) sfortuna.

salchicha *s.f.* (*cuc.*) salsiccia | — *de Frankfurt*, würstel.

salchichería *s.f.* salumeria.

salchichero *s.m.* salumiere.

salchichón *s.m.* (*cuc.*) salame, salsicciotto.

saldar *v.tr.* **1** (*econ.*) liquidare, pagare, saldare (*anche fig.*): *nos quedan pocas deudas por —*, ci restano pochi debiti da saldare **2** liquidare, svendere: *prefiero comprar zapatos en enero, cuando los saldan*, preferisco comprare le scarpe a gennaio, quando le svendono.

saldo *s.m.* **1** (*comm.*) saldo, liquidazione (*f.*), svendita (*f.*): *temporada de saldos*, periodo di saldi **2** (*econ.*) saldo, pagamento: *el — de la hipoteca*, il saldo dell'ipoteca **3** (*econ.*) saldo contabile.

saledizo *agg.* sporgente: *dientes saledizos*, denti sporgenti.

salero *s.m.* **1** saliera (*f.*) **2** (*fig.*) spirito, arguzia (*f.*), brio: *tiene mucho —*, ha molto brio.

saleroso *agg.* spiritoso, disinvolto.

salfumán *s.m.* (*chim.*) acido muriatico.

salida *s.f.* **1** uscita: — *de emergencia*, uscita di sicurezza; — *número cuatro*, uscita numero quattro; *nos encontramos a la — del trabajo*, ci troviamo quando usciamo dal lavoro

| *la — del sol*, il sorgere del sole | *— de tono*, sconcezza, sconvenienza **2** partenza: *se aplaza la — del tren*, la partenza del treno è rimandata; *la fecha de —*, la data di partenza | (*sport*) *— falsa*, falsa partenza | (*sport*) *dar la —*, dare il via **3** (*comm.*) smercio (*m.*): *artículo de mucha —*, articolo di grande smercio **4** (*fig.*) via d'uscita, scappatoia: *no haber —*, non esserci via d'uscita; *siempre encuentra alguna — para no trabajar*, trova sempre un pretesto per non lavorare **5** (*fig., fam.*) battuta, uscita: *mi hijo tiene salidas muy graciosas*, mio figlio fa delle battute molto simpatiche **6** (*econ.*) uscita; passivo (*m.*) **7** sbocco (*m.*), prospettiva: *la informática es una carrera con muchas salidas*, l'informatica è una professione con molti sbocchi.

salido *agg.* **1** sporgente, prominente **2** (*di animali, anche volg. di persona*) in calore.

saliente *agg.* **1** uscente: *la ministra —*, la ministra uscente; *entrante y —*, entrante e uscente **2** sporgente: *dibuja un ángulo —*, disegna un angolo sporgente; *hay que señalar las cargas salientes con una placa*, bisogna segnalare i carichi sporgenti con un cartello ♦ *s.m.* **1** sporgenza (*f.*) **2** est, levante, oriente: *estaban sentados en la orilla del mar mirando al Saliente*, stavano seduti sulla riva del mare guardando a Levante.

salificar (*con. come* pescar) *v.tr.* (*chim.*) salificare.

salina *s.f.* salina: *en Sicilia visité muchas salinas*, in Sicilia visitai molte saline.

salinidad *s.f.* salinità.

salino *agg.* salino: *suelo —*, suolo salino.

salir (*indic.pres.* salgo, sales...; *fut.* saldré, saldrás ; *cond.* saldría, saldrías ; *cong.pres.* salga, salgas...; *imp.* sal, salga, salgamos, salid, salgan) *v.intr.* **1** (*anche fig.*) uscire: *— a la terraza*, uscire in terrazza | *no me sale la palabra*, non mi viene la parola | *— pitando*, uscire di corsa | *— al encuentro*, andare incontro **2** partire: *el viernes salen de vacaciones*, venerdì partono per le vacanze **3** apparire: *la noticia salió en el periódico de ayer*, la notizia è apparsa sul giornale di ieri; *esta revista sale los miércoles*, questa rivista esce il mercoledì **4** uscire, essere sorteggiato: *salió su numero en la lotería*, è uscito il suo numero alla lotteria **5** risultare, riuscire: *— bien en los exámenes*, riuscire bene negli esami; *el dibujo me ha salido mal*, il disegno mi è venuto male **6** sporgere: *esta cornisa sale demasiado*, questo cornicione sporge troppo **7** somigliare: *este niño ha salido a su abuelo*, questo bambino somiglia suo nonno **8** costare: *sale a/por mil euros*, viene a costare mille euro **9** spuntare, crescere: *le han salido ya cinco dientes*, gli sono già spuntati cinque denti **10** stare con qlcu., uscire con qlcu., avere una relazione: *sale con esa chica desde hace varios meses*, sta con quella ragazza da alcuni mesi **11** provenire, derivare: *los plásticos salen del petróleo*, le materie plastiche derivano dal petrolio ♦ **-se** *v.pron.* **1** uscire, andarsene **2** fuoriuscire; traboccare ■ ***salir adelante***, giungere a buon fine | ***salirse con la suya***, spuntarla, averla vinta.

salitre *s.m.* (*chim.*) salnitro.

saliva *s.f.* saliva | *tragar —*, ingoiare il rospo | *gastar —*, sprecar fiato.

salivación *s.f.* salivazione.

salival *agg.* salivale: *glándulas salivales*, ghiandole salivari.

salivar *v.intr.* salivare.

salivazo *s.m.* sputo: *echar salivazos contra alguien no es un gesto educado*, sputare contro qualcuno non è un gesto educato.

salmantino *agg.* di Salamanca ♦ *s.m.* nativo di Salamanca.

salmista *s.m.* (*relig.*) salmista, chi compone o chi canta salmi.

salmo *s.m.* (*relig.*) salmo.

salmodiar *v.intr.* (*relig.*) salmodiare, cantare salmi.

salmón *s.m.* (*zool.*) salmone.

salmonelosis *s.f.* (*med.*) salmonellosi.

salmonete *s.m.* (*zool.*) triglia (*f.*).

salmorejo *s.m.* (*cuc.*) salmoriglio.

salmuera *s.f.* (*cuc.*) salamoia: *anchoas en —*, acciughe in salamoia.

salobre *agg.* salmastro: *agua —*, acqua salmastra.

salobridad *s.f.* salinità: *la — del agua de riego puede dañar algunas plantas*, la salinità dell'acqua d'irrigazione può danneggiare alcune piante.

salón *s.m.* **1** salone | *— de actos*, aula magna | *— de belleza*, salone di bellezza | *— de té*, sala da tè **2** salotto, soggiorno: *en el — hay dos librerías*, nel salone ci sono due librerie **3** salone, fiera (*f.*): *el — del automóvil*, il salone dell'automobile.

salpicadero *s.m.* (*aut.*) cruscotto.

salpicadura *s.f.* schizzo (*m.*), spruzzo (*m.*).

salpicar (*con. come* pescar) *v.tr.* **1** schizzare, spruzzare: *he salpicado de aceite la encimera*, ho schizzato d'olio il piano di lavoro **2** cospargere, spargere **3** coinvolgere ♦ **-se** *v.pron.* schizzarsi.

salpicón *s.m.* **1** schizzo **2** (*cuc.*) pesce marinato; insalata (*f.*) di carne o pesce.

salpimentar (*con. come* acertar) *v.tr.* **1** (*cuc.*) condire con sale e pepe: *— el pollo a gusto y ponerlo en el horno*, salare e pepare il pollo a piacere e metterlo nel forno **2** (*fig.*) condire, ornare: *el profesor salpimenta sus clases con chistes*, il professore condisce le sue lezioni con delle barzellette.

salpullido *s.m.* (*med.*) eruzione (*f.*) cutanea.
salsa *s.f.* **1** (*cuc., fig.*) salsa, condimento (*m.*): *— de tomate*, sugo di pomodoro; *la alegría es la — de la vida*, l'allegria è il sale della vita | *estar en su propia —*, essere come un pesce nell'acqua, sentirsi a proprio agio **2** (*mus.*) salsa.
salsedumbre *s.f.* salsedine.
salsera *s.f.* salsiera.
saltabanco *s.m.* saltimbanco, guitto.
saltador *s.m.* saltatore: *— de vallas*, atleta di salto a ostacoli.
saltamontes *s.m.* (*zool.*) cavalletta (*f.*).
saltar *v.intr.* **1** saltare: *cuerda de —*, corda per saltare | *— al vacío*, saltare nel vuoto **2** (*di liquido*) saltare, schizzare **3** staccarsi, venire via: *ha saltado un botón*, si è staccato un bottone **4** (*fig.*) scattare, sbottare: *al oír una mentira salta en seguida*, quando sente una bugia scatta immediatamente **5** (*sport*) entrare in campo: *primero saltó el portero*, per primo entrò in campo il portiere **6** gettarsi su qlcu.: *el gato saltó sobre el ratón*, il gatto saltò sul topo ♦ *v.tr.* **1** saltare: *— un obstáculo*, saltare un ostacolo; *he saltado un capítulo*, ho saltato un capitolo **2** forzare, scassinare: *— la cerradura*, scassinare la serratura ♦ **-se** *v.pron.* **1** saltare: *al leer me he saltado un renglón*, leggendo ho saltato una riga **2** (*una norma*) infrangere: *me salté el límite de velocidad*, non ho rispettato il limite di velocità
■ ***saltar a la vista***, essere evidente, balzare agli occhi | ***estar a la que salta***, stare all'erta.
saltarín *agg.* **1** ballerino, salterino: *el grillo —*, il grillo salterino **2** irrequieto, sventato ♦ *s.m.* ballerino.
salteador *s.m.* brigante: *— de camino*, brigante di strada.
saltear *v.tr.* **1** assaltare: *saltearon el tren*, assaltarono il treno **2** (*fig.*) saltare qua e là: *no debes — los ejercicios, sino hacerlos de forma ordenada*, non devi saltare qua e là con gli esercizi, ma farli in modo ordinato **3** (*cuc.*) saltare, far saltare: *corta las verduras y saltéalas*, taglia le verdure e falle saltare.
salterio *s.m.* (*relig.*) salterio, libro di salmi.
saltimbanqui *s.m.* saltimbanco, funambolo.
salto *s.m.* **1** salto, balzo (*anche fig.*): *dar, pegar un —*, fare/spiccare un salto | *dar saltos de alegría*, fare salti di gioia | (*atletica*): *— de altura*, salto in alto; *— de longitud/largo*, salto in lungo; *triple —*, salto triplo; *— de pértiga*, salto con l'asta **2** (*sport*) tuffo: *— carpado*, tuffo carpiato **3** precipizio, burrone, dirupo | *— de agua*, cascata
■ ***a salto de mata***, **1** di corsa, a gambe levate **2** irregolarmente, senza un ordine prestabilito.
salubre *agg.* salubre, salutare: *aguas salubres*, acque salubri; *ambiente —*, ambiente salutare.
salubridad *s.f.* salubrità.
salud *s.f.* salute: *tener —*, avere la salute | *curarse en —*, premunirsi; mettere le mani avanti | *vender —*, avere salute da vendere.
saludable *agg.* **1** sano, salutare (*anche fig.*) **2** (*di aspetto*) sano, florido.
saludar *v.tr.* salutare: *el profesor saluda a los alumnos*, il professore saluta gli alunni; *existen diferentes maneras de —*, esistono vari modi di salutare.
saludo *s.m.* saluto: *no dirigir el —*, non rivolgere il saluto; *— militar*, saluto militare.
salva *s.f.* **1** salva: *disparar a salvas*, sparare a salve | *— de aplausos*, scoppio (*m.*) di applausi **2** saluto (*m.*), benvenuto (*m.*).
salvación *s.f.* salvezza (*anche relig.*): *la — del alma*, la salvezza dell'anima.
salvado *s.m.* (*bot.*) crusca (*f.*).
salvador *s.m.* (*anche relig.*) salvatore.
salvadoreño *agg.*, *s.m.* salvadoregno.
salvaguardar *v.tr.* salvaguardare, tutelare, proteggere: *esta asociación salvaguarda algunos animales en vía de extinción*, questa associazione protegge alcuni animali in via d'estinzione; *— los derechos de los trabajadores*, salvaguardare i diritti dei lavoratori.
salvaguardia *s.f.* salvaguardia (*anche fig.*): *la Unesco se preocupa de la — del patrimonio artístico mundial*, l'Unesco si preoccupa della salvaguardia del patrimonio artistico mondiale.
salvajada *s.f.* bestialità, atrocità.
salvaje *agg.* **1** selvaggio, selvatico: *los gatos salvajes se encuentran en peligro de extinción*, i gatti selvatici sono in pericolo d'estinzione **2** (*fig., fam.*) disumano, crudele: *emitió gritos salvajes*, emise delle grida disumane ♦ *s.m.* selvaggio.
salvajismo *s.m.* inciviltà (*f.*), barbarie (*f.*).
salvamanteles *s.m.* sottopentola.
salvamento *s.m.* salvataggio: *los equipos de — han sido veloces*, le squadre di salvataggio sono state veloci.
salvar *v.tr.* **1** (*anche inform.*) salvare: *los bomberos salvaron a todos los que estaban en el edificio*, i pompieri salvarono tutti quelli che erano nel palazzo **2** percorrere: *— una distancia*, percorrere una distanza **3** superare, attraversare, sormontare: *ya has salvado la principal dificultad*, ormai hai superato la difficoltà maggiore; *salvó el foso de un salto*, saltò il fossato con un salto ♦ **-se** *v.pron.* salvarsi | *sálvese quien pueda*, si salvi chi può.
salvavidas *s.m.* salvagente: *para practicar el kayak es necesario el chaleco —*, per praticare il kayak serve il giubbotto salvagente | *bote —*, scialuppa di salvataggio.

salvedad *s.f.* eccezione, riserva: *con la — de*, a eccezione di.
salvia *s.f.* (*bot.*) salvia.
salvo[1] *agg.* salvo, illeso, incolume
■ ***estar a salvo***, essere in salvo | ***poner a salvo***, mettere in salvo.
salvo[2] *prep.* fuorché, salvo, eccetto: *me llevo bien con todos mis parientes, — con mi cuñado*, vado d'accordo con tutti i miei parenti, fuorché con mio cognato.
salvoconducto *s.m.* salvacondotto, lasciapassare (*anche fig.*): *necesitas un — para viajar por países en guerra*, hai bisogno di un salvacondotto per viaggiare nei paesi in guerra; *su estatus es un — que le permite viajar por todo el mundo*, il suo status è un lasciapassare che gli permette di viaggiare in tutto il mondo.
samaritano *agg.*, *s.m.* samaritano | *el buen —*, il buon samaritano.
sambenito *s.m.* bollo, marchio d'infamia: *colgar el — de* (*a alguien*), bollare/tacciare qlcu. di.
samurái *s.m.* samurai.
san *agg.* (*solo davanti a no. pr. maschili che non iniziano per* Do-, To-) san, santo: *— Esteban*, santo Stefano; *— Andrés*, sant'Andrea.
sanable *agg.* sanabile.
sanador *agg.*, *s.m.* guaritore.
sanar *v.tr.* sanare: *— las heridas*, sanare le ferite ♦ *v.intr.* guarire, rimettersi: *sané de la gripe en una semana*, guarii dall'influenza in una settimana.
sanatorio *s.m.* sanatorio, casa (*f.*) di cura.
sanción *s.f.* **1** sanzione, pena: *— administrativa*, sanzione amministrativa **2** approvazione, consenso (*m.*): *dar la —*, dare l'approvazione **3** ratifica: *— del tratado de paz*, ratifica del trattato di pace.
sancionar *v.tr.* **1** sanzionare, sancire **2** applicare una sanzione, punire: *— con multa*, punire con una multa.
sancochar *v.tr.* (*cuc.*) scottare appena.
sandalia *s.f.* (*abbigl.*) sandalo (*m.*).
sandalo *s.m.* (*bot.*) sandalo.
sandaraca *s.f.* (*resina*) sandracca.
sandez (*pl.* -ces) *s.f.* **1** ignoranza **2** sciocchezza, stupidaggine: *¡cállate estás diciendo demasiadas sandeces!*, taci, stai dicendo troppe sciocchezze!
sandía *s.f.* (*bot.*) anguria, cocomero (*m.*): *una rebanada de —*, una fetta d'anguria.
sandunga *s.f.* vivacità, brio (*m.*).
saneado *agg.* **1** sanato, risanato (*anche fig.*), bonificato: *balance —*, bilancio risanato **2** (*dir.*) esente, libero: *propiedad saneada*, proprietà libera da gravami **3** redditizio, sicuro: *inversión saneada*, investimento redditizio.
saneamiento *s.m.* **1** risanamento: *— patrimonial*, risanamento patrimoniale **2** bonifica (*f.*): *— de un terreno*, bonifica di un terreno.
sanear *v.tr.* **1** risanare, riassestare (*anche fig.*): *— la economía*, sanare l'economia **2** bonificare: *hay que — los canales de riego*, bisogna bonificare i canali d'irrigazione.
sanedrín *s.m.* (*st.*) sinedrio.
sangradera *s.f.* **1** scolmatore (*m.*) **2** recipiente (*m.*), bacinella.
sangrado *s.m.* (*tip.*) rientro.
sangradura *s.f.* **1** canale (*m.*) di scolo **2** (*med.*) salasso, incisione.
sangrante *agg.* **1** sanguinante **2** indecente, vergognoso: *una verdad —*, una verità indecente.
sangrar *v.intr.* sanguinare ♦ *v.tr.* **1** (*med.*) salassare (*anche fig.*): *ha sangrado a sus padres toda la vida*, ha spremuto denaro ai suoi genitori per tutta la vita **2** (*tip.*) rientrare.
sangre *s.f.* sangue (*m.*): *donar — es un acto voluntario*, donare sangue è un atto volontario | *animal de — fría*, animale a sangue freddo | (*fig.*) *a — fría*, a sangue freddo | *tener mala —*, essere cattivo | *de — azul*, di sangue blu.
sangría *s.f.* **1** (*med.*) salasso (*m.*) **2** (*cuc.*) sangria **3** (*tip.*) capoverso (*m.*), rientranza **4** (*di fiume, canale*) incile (*m.*), canale (*m.*) scolmatore (*m.*) **5** latrocinio (*m.*) **6** (*anat.*) piega del braccio opposta al gomito.
sangriento *agg.* **1** sanguinolento, sanguinante, insanguinato: *herida sangrienta*, ferita sanguinante **2** sanguinoso, cruento: *lucha sangrienta*, lotta sanguinosa; *la película tiene un final demasiado —*, il film ha un finale troppo cruento **3** (*fig.*) crudele, sanguinario.
sanguijuela *s.f.* (*zool.*) sanguisuga (*anche fig.*).
sanguinario *agg.* sanguinario, crudele.
sanguíneo *agg.* sanguigno: *grupo —*, gruppo sanguigno.
sanguinolento *agg.* sanguinolento.
sanguinoso *agg.* **1** sanguigno **2** (*fig.*) sanguinario, crudele.
sanidad *s.f.* sanità, salute: *el Ministerio de —*, il Ministero della Salute | *visita de —*, visita sanitaria.
sanitario *agg.* sanitario.
sanitarios *s.m.pl.* impianti sanitari.
sanjacobo *s.m.* (*cuc.*) cordon bleu.
sanjuanada *s.f.* festa campestre che si celebra il 24 giugno.
sano *agg.* **1** sano **2** salutare, salubre: *quiero que mis hijos crezcan en un ambiente —*, desidero che i miei figli crescano in un ambiente sano **3** (*fig.*) sano, intero, intatto: *le cayó el vaso pero se quedó —*, gli cadde il bicchiere ma rimase intatto | *estar en su — juicio*, avere la testa a posto, essere sano di mente
■ ***cortar por lo sano***, tagliare la testa al toro.

sanscrito *agg.*, *s.m.* sanscrito.
sanseacabó *inter.* basta, stop: *¡chicos, apagad el ordenador y —¡*, ragazzi, spegnete il computer e basta!
santanderino *agg.* di Santander ♦ *s.m.* nativo di Santander.
santería *s.f.* **1** bigotteria **2** (*Cuba, relig.*) culto (*m.*) sincretico fra il cattolicesimo e religioni africane.
santero *agg.* bigotto ♦ *s.m.* **1** custode (di santuario): *es el — el que tiene que abrir y cerrar la iglesia*, è il custode che ha il compito di aprire e chiudere la chiesa **2** pittore o scultore di santi **3** mendicante **4** santone **5** (*Cuba, relig.*) sacerdote della *santería.*
santiamén, en un *loc.avv.* in un batter d'occhio, in un battibaleno: *comió todos los pasteles —*, mangiò tutti i pasticcini in un batter d'occhio.
santidad *s.f.* santità | *Su Santidad, el papa*, Sua Santità, il papa.
santificación *s.f.* santificazione: *la iglesia aprueba la — de algunos mártires*, la chiesa ha approvato la santificazione di alcuni martiri.
santificar (*con. come* pescar) *v.tr.* **1** santificare **2** osservare, celebrare: *— las fiestas*, santificare le feste **3** glorificare, venerare: *— el nombre de Dios*, santificare il nome di Dio.
santiguarse (*con. come* averiguar) *v.pron.* farsi il segno della croce.
santo *agg.* (*davanti a no. pr. maschili che iniziano per* Do-, To- *e davanti a no.pr. femminili*) santo, san: *— Domingo*, san Domenico; *— Tomás*, san Tommaso; *santa Ana*, sant'Anna; *los santos lugares*, i luoghi santi ♦ *s.m.* **1** (*anche fig.*) santo: *su padre era un —*, suo padre era un santo | *Todos los Santos*, Ognissanti **2** onomastico: *ayer era mi —*, ieri era il mio onomastico
■ ***írsele a alguien el santo al cielo***, perdere il filo; dimenticare | ***¿a santo de qué?***, per quale motivo? | ***santo y seña***, parola d'ordine | ***tener el santo de cara***, avere la fortuna dalla propria parte.
santurrón *agg.* bigotto, ipocrita, bacchettone.
saña *s.f.* **1** rabbia, odio (*m.*), astio (*m.*): *le tiene —*, ha dell'astio contro di lui **2** furore (*m.*), accanimento (*m.*).
sañudo *agg.* astioso, rabbioso.
sápido *agg.* sapido, saporito.
sapiencia *s.f.* → **sabiduría.**
sapo *s.m.* (*zool.*) rospo.
■ ***echar sapos y culebras***, lanciare insulti, bestemmie e maledizioni | ***tragar sapos y culebras,*** ingoiare il rospo.
saponificación *s.f.* (*chim.*) saponificazione.
saponificar (*con. come* pescar) *v.tr.* (*chim.*) saponificare.
saque *s.m.* (*sport*) **1** calcio, lancio, rinvio: *— inicial*, calcio d'inizio; *— de esquina*, calcio d'angolo; *— de banda*, rimessa laterale; *— de meta*, rimessa dal fondo; *— de portería*, rimessa in gioco del portiere; *— de honor*, calcio d'onore **2** (*tennis, pallavolo*) servizio, battuta (*f.*) | *tener el —*, servire.
saqueador *agg.*, *s.m.* saccheggiatore: *tras el sisma la policía detuvo a muchos saqueadores*, dopo il terremoto la polizia arrestò molti sciacalli.
saquear *v.tr.* **1** saccheggiare: *los piratas saqueaban las naves*, i pirati saccheggiavano le navi **2** svaligiare, svuotare: *— el supermercado*, svuotare il supermercato.
saqueo *s.m.* saccheggio, razzia (*f.*), sciacallaggio.
sarampión *s.m.* (*med.*) morbillo.
sarao *s.m.* festa (*f.*) notturna: *si quieres participar al — tienes que apuntarte*, se vuoi partecipare alla festa devi iscriverti
■ ***montar un sarao***, far baldoria, far baccano | ***meterse en saraos***, mettersi nei guai.
sarape *s.m.* (*Amer.*) poncho messicano.
sarcasmo *s.m.* sarcasmo: *por favor, háblame sin —*, per favore, parlami senza sarcasmo.
sarcástico *agg.* sarcastico, mordace.
sarcófago *s.m.* sarcofago.
sarcoma *s.m.* (*med.*) sarcoma.
sardana *s.f.* (*ballo*) sardana.
sardina *s.f.* sardina, sarda
■ ***arrimar el ascua a su sardina***, tirare l'acqua al proprio mulino.
sardónico *agg.* sardonico, beffardo: *hizo un mohín —*, fece una smorfia beffarda.
sarga *s.f.* (*bot.*) salice (*m*).
sargazo *s.f.* (*bot.*, *alga*) sargasso.
sargento *s.m.* (*mil.*) sergente.
sargo *s.m.* (*zool.*) sarago.
sarmiento *s.m.* (*bot.*) tralcio, sarmento: *— de la vid*, sarmento della vite.
sarna *s.f.* (*med.*) scabbia, rogna.
sarnoso *agg.* (*med.*) scabbioso, rognoso.
sarpullido *s.m.* (*med.*) eritema, eruzione (*f.*) cutanea | (*fig.*) *dar — a alguien*, far venire l'orticaria a qlcu., dar fastidio.
sarraceno *agg.*, *s.m.* saraceno.
sarracina *s.f.* **1** strage, disastro (*m.*) **2** zuffa, rissa, baruffa.
sarro *s.m.* **1** calcare, incrostazione (*f.*) **2** (*med.*) tartaro **3** (*sulla lingua*) patina (*f.*) biancastra.
sarta *s.f.* **1** filza, filo (*m.*): *— de perlas*, filo di perle **2** (*fig.*) sfilza, sequela: *una — de sucesos*, una sfilza di avvenimenti.
sartén *s.f.* padella, tegame (*m.*) | (*fig.*) *tener la — por el mango*, tenere il coltello dalla parte del manico.
sartenada *s.f.* **1** padellata **2** (*fig.*) gran

quantità: *me contó una — de tonterías*, mi raccontò una gran quantità di stupidaggini.
sastre *s.m.* sarto.
sastrería *s.f.* sartoria.
satanás *s.m.* satana.
satánico *s.m.* satanico.
satanismo *s.m.* satanico.
satelital *agg.* satellitare.
satélite *agg.*, *s.m.* satellite.
satén *s.m.* (*tessuto*) satin.
satinado *agg.* satinato.
satinar *v.tr.* satinare.
sátira *s.f.* satira.
satírico *agg.* satirico, mordace.
satirizar (*con. come* cazar) *v.tr.* satireggiare; umiliare, canzonare: *ese periódico satiriza a todos los políticos*, questo giornale canzona tutti i politici.
sátiro *s.m.* (*mit.*, *fig.*) satiro.
satisfacción *s.f.* **1** soddisfazione, gioia: *la — del deber cumplido*, la soddisfazione di aver fatto il proprio dovere | *a mi —*, secondo il mio gusto **2** riparazione, scusa: *dar — de una ofensa*, riparare un'offesa **3** stima, considerazione: *tener mucha — de sí mismo*, avere un'alta stima di sé.
satisfacer (*con. come* hacer; *part.pass.irr.* satisfecho) *v.tr.* **1** soddisfare: *— un deseo*, soddisfare un desiderio; *— a los acreedores*, soddisfare i creditori; *su conducta no me satisface*, la sua condotta non mi soddisfa; *el candidato satisface todos los requisitos*, il candidato soddisfa tutti i requisiti **2** risolvere, chiarire: *satisfice sus dudas rápidamente*, ho chiarito i suoi dubbi rapidamente ♦ **-se** *v.pron.* **1** soddisfarsi, accontentarsi **2** vendicarsi: *— de las ofensas*, vendicarsi delle offese **3** convincersi: *no me satisfacen tus palabras*, non mi convincono le tue parole.
satisfactorio *agg.* **1** soddisfacente: *las condiciones son satisfactorias*, le condizioni sono soddisfacenti **2** piacevole, gratificante: *tiene un trabajo —*, ha un lavoro gratificante.
satisfecho *agg.* **1** gongolante **2** (*fig.*) soddisfatto, appagato, contento: *estoy — de las notas de mi hijo*, sono soddisfatto dei voti di mio figlio **3** sazio: *comieron mucho hasta estar satisfechos*, mangiarono molto fino a essere sazi.
sátrapa *s.m.* (*st.*, *anche fig.*) satrapo.
saturación *s.f.* (*chim.*, *anche fig.*) saturazione.
saturado *agg.* (*chim.*, *anche fig.*) saturo.
saturar *v.tr.* **1** (*anche fis.*, *chim.*) saturare **2** riempire, saziare.
sauce *s.m.* (*bot.*) salice | *— llorón*, salice piangente.
sauceda *s.f.* saliceto (*m.*).
saúco *s.m.* (*bot.*) sambuco.
saudí *agg.*, *s.m./f.* saudita.
sauna *s.f.* sauna.
savia *s.f.* **1** (*bot.*) linfa **2** (*fig.*) energia, vigore (*m.*).
saxo *s.m.* (*mus.*) sax.
saxofón *s.m.* (*mus.*) sassofono.
saxofonista *agg.*, *s.m./f.* sassofonista.
saya *s.f.* gonna; sottoveste.
sayo *s.m.* saio, tunica (*f.*) | *hacer de su capa un —*, fare come pare e piace.
sazón *s.f.* **1** maturazione, maturità: *una fruta en —*, un frutto maturo, giunto a maturazione **2** momento (*m.*), occasione | *en —*, al momento opportuno **3** gusto (*m.*), sapore (*m.*) ■ ***a la sazón***, allora, a quel tempo | ***fuera de sazón***, inopportunamente.
sazonador *agg.*, *s.m.* (*cuc.*) che insaporisce.
sazonar *v.tr.* (*cuc.*) insaporire, condire ♦ **-se** *v.pron.* maturare, stagionare.
se *pron.pers. di 3ª pers.sing./pl.* **1** (*anche enclitico*) si, se: *ponerse*, mettersi; *— fue*, se ne andò; *inscríbase al curso*, si iscriva al corso **2** (*impers.*) si: *— hace lo que — puede*, si fa quel che si può; *— nos pide lo imposible*, ci viene chiesto l'impossibile **3** (*compl. di termine*) gli: *— lo diré*, glielo dirò; *— los daré*, glieli darò; *a ellos — lo puedo decir*, a loro lo/glielo posso dire.
sebáceo *agg.* sebaceo.
sebo *s.m.* **1** sebo **2** (*fam.*) grasso, ciccia (*f.*).
seborrea *s.f.* (*med.*) seborrea.
seborreico *agg.* (*med.*) seborroico.
secadero *s.m.* essiccatoio.
secado *s.m.* essiccazione (*f.*); asciugatura (*f.*): *el — de la ropa*, l'asciugatura della biancheria.
secador *s.m.* asciugacapelli.
secadora *s.f.* asciugatrice.
secano *s.m.* (*agr.*) terreno non irrigato.
secante[1] *agg.* essiccante: *papel —*, carta assorbente.
secante[2] *s.f.* (*geom.*) secante.
secar (*con. come* pescar) *v.tr.* **1** asciugare: *— con una toalla*, asciugare con un asciugamano **2** seccare, inaridire: *he puesto las hojas a — en un libro*, ho messo le foglie a seccare in un libro **3** (*fig.*) seccare, infastidire, scocciare: *me seca su visita*, mi infastidisce la sua visita ♦ **-se** *v.pron.* **1** asciugarsi; inaridirsi, seccarsi (*anche fig.*): *la fuente se ha secado hace dos meses*, la fonte si è prosciugata due mesi fa **2** (*fig.*) rinsecchirsi; dimagrire vistosamente: *casi no lo reconocía de lo que se ha secado*, quasi non lo riconoscevo tanto è dimagrito.
secarral *s.m.* terreno molto secco.
sección *s.f.* **1** sezione, taglio (*m.*), incisione **2** parte, sezione: *la — femenina del partido*, la sezione femminile del partito **3** reparto (*m.*), settore (*m.*): *— de ropa infantil*, reparto abbigliamento infantile.

seccionar *v.tr.* **1** sezionare **2** dividere, frazionare.
secesión *s.f.* (*pol.*) secessione.
secesionismo *s.m.* (*pol.*) secessionismo.
secesionista *agg.* (*pol.*) secessionista.
seco *agg.* **1** asciutto (*anche fig.*): *le respondió con palabras muy secas*, gli rispose con parole molto secche **2** appassito, vizzo **3** secco, arido: *clima* —, clima secco; *higos secos*, fichi secchi **4** (*fig.*) magro, asciutto ■ ***en seco***, di colpo, improvvisamente | ***a secas***, senza aggiungere nulla; e basta | ***estar seco***, essere senza soldi, squattrinato.
secoya *s.f.* → **secuoya.**
secreción *s.f.* secrezione: — *lagrimal*, secrezione lacrimale.
secretar *v.tr.* (*biol.*) secernere.
secretariado *s.m.* segretariato: *oferta de empleo de* —, offerta di lavoro di segreteria.
secretaría *s.f.* segreteria.
secretario *s.m.* segretario: *ha sido designado un nuevo — general*, è stato eletto un nuovo segretario generale.
secretear *v.intr.* bisbigliare, parlare sottovoce, parlare in segreto: *si necesitáis —, ¡no lo hagáis delante de mí!*, se dovete parlarvi in segreto, non fatelo davanti a me!
secreter *s.m.* (*mobile*) secrétaire.
secreto *agg.* **1** segreto, occulto: *un lugar* —, un posto segreto **2** riservato ♦ *s.m.* segreto: *guardar un* —, mantenere un segreto; *violar un* —, violare un segreto | *en* —, in segreto | — *a voces*, segreto di pulcinella | — *de Estado*, segreto di Stato | — *profesional*, segreto professionale.
secretor *agg.* (*biol.*) secretore.
secta *s.f.* setta.
sectario *agg.* **1** settario: *proselitismo* —, proselitismo settario **2** (*fig.*) fazioso.
sector *s.m.* settore: *hay innovaciones en el — eléctrico*, ci sono innovazioni nel settore elettrico; *trabajan en el — privado*, lavorano nel settore privato.
sectorial *agg.* settoriale: *estudios sectoriales*, studi settoriali.
secuaz (*pl.* -ces) *agg.*, *s.m./f.* seguace, adepto (*m.*).
secuela *s.f.* **1** conseguenza, ripercussione: *la aluvión tuvo secuelas incalculables sobre la economía de la región*, l'alluvione ebbe conseguenze incalcolabili sull'economia della regione **2** (*med.*) postumo (*m.*), strascico (*m.*): *su tos puede ser una de las secuelas de la gripe*, la sua tosse può essere uno dei postumi dell'influenza.
secuencia *s.f.* sequenza, successione, sequela: *ordenar los números en* —, ordinare i numeri in sequenza.
secuencial *agg.* sequenziale.
secuenciar *v.tr.* sequenziare.
secuestrador *s.m.* **1** sequestratore, rapitore: *han detenido al presunto* —, hanno arrestato il presunto rapitore **2** (*aer.*) dirottatore: *el — no actuó solo*, il dirottatore non ha agito da solo.
secuestrar *v.tr.* **1** sequestrare, rapire **2** (*aer.*) dirottare: *un pasajero intentó — el autobús*, un passeggero ha cercato di dirottare l'autobus **3** (*dir.*) porre sotto sequestro: *han secuestrado todos los bienes de la empresa acusada*, hanno posto sotto sequestro tutti i beni della ditta accusata.
secuestro *s.m.* **1** sequestro (*anche dir.*), rapimento: *un famoso farmacéutico ha sido víctima de un* —, un famoso farmacista è rimasto vittima di un sequestro | (*dir.*) — *conservativo*, sequestro conservativo **2** (*aer.*) dirottamento.
secular *agg.* **1** (*relig.*) secolare: *es un sacerdote* —, è un sacerdote secolare **2** secolare, antico: *en el parque todavía hay muchos árboles seculares*, nel parco ci sono ancora molti alberi secolari.
secularización *s.f.* (*relig.*) secolarizzazione.
secularizar (*con. come* cazar) *v.tr.* (*relig.*) secolarizzare.
secundar *v.tr.* assecondare, appoggiare: *muchos estudiantes secundan la huelga general*, molti studenti appoggiano lo sciopero generale.
secundariamente *agg.* secondariamente, in secondo luogo.
secundario *agg.* secondario (*anche fig.*): *papel* —, ruolo secondario | *actor* —, attore non protagonista | *enseñanza secundaria*, scuola secondaria.
secuoya *s.f.* (*bot.*) sequoia.
sed *s.f.* sete (*anche fig.*); arsura: *apagar/matar la* —, spegnere la sete; *tengo — de ti*, ho sete di te; *el asesino tenía — de venganza*, l'assassino aveva sete di vendetta.
seda *s.f.* **1** seta: *gusano de* —, baco da seta; *pañuelo de* —, fazzoletto di seta **2** setola | — *dental*, filo interdentale ■ (*fam.*) ***ir como una seda***, andare tutto liscio, senza difficoltà | ***quedar como una seda***, rimanere quieto, docile | ***hacer seda***, dormire.
sedación *s.f.* (*anche med.*) sedazione: *para practicar una colonoscopia es necesaria la — del paciente*, per praticare una colonscopia è necessaria la sedazione del paziente.
sedal *s.m.* lenza (*f.*).
sedán *s.m.* (*auto*) berlina (*f.*).
sedante *agg.*, *s.m.* (*anche farm.*) calmante, sedativo: *para viajar tranquilo en avión tomo un — que me recetó el médico*, per viaggiare tranquillo in aereo prendo un calmante che mi ha prescritto il medico.
sedar *v.tr.* **1** (*med.*) sedare **2** calmare, pla-

care: *el ejercito trató de — a los rebeldes*, l'esercito cercò di calmare i ribelli.
sede *s.f.* **1** sede: *se inauguró ayer la nueva — del banco*, è stata inaugurata ieri la nuova sede della banca **2** seggio (*m.*).
sedentario *agg.* sedentario: *lleva una vida demasiado sedentaria*, conduce una vita troppo sedentaria.
sedería *s.f.* seteria, setificio (*m.*).
sedero *agg.* serico.
sedicente *agg.* sedicente.
sedición *s.f.* insurrezione, rivolta, sommossa.
sedicioso *agg.*, *s.m.* sedizioso, ribelle, sovversivo: *en el piso del terrorista encontraron también material —*, nell'appartamento del terrorista trovarono anche materiale sovversivo.
sediento *agg.* **1** assetato (*anche fig.*) **2** arido, riarso.
sedimentación *s.f.* sedimentazione.
sedimentar *v.tr.* sedimentare, consolidare (*anche fig.*) ♦ **-se** *v.pron.* **1** *sedimentare,* depositarsi **2** (*fig.*) consolidarsi: *en mi familia se han sedimentado ciertas costumbres alimentares*, nella mia famiglia si sono consolidate certe abitudini alimentari.
sedimentario *agg.* sedimentario: *estas rocas tienen origen —*, queste rocce hanno un'origine sedimentaria.
sedimento *s.m.* sedimento, deposito.
sedoso *agg.* serico, setoso: *tiene el pelo —*, ha i capelli setosi.
seducción *s.f.* seduzione.
seducir (*con. come* conducir) *v.tr.* **1** sedurre **2** attrarre, affascinare, allettare.
seductor *agg.*, *s.m.* seduttore.
sefardí (*pl.* -íes) *agg.*, *s.m./f.* sefardita.
segador *s.m.* (*agr.*) falciatore, mietitore.
segadora *s.f.* (*agr.*) mietitrice, falciatrice.
segar (*con. come* negar) *v.tr.* **1** (*agr.*) mietere, falciare: *es tiempo de — el césped*, è tempo di tagliare la siepe **2** troncare, tagliare: *— la cabeza*, tagliare la testa **3** (*fig.*) stroncare.
seglar *agg.* **1** mondano, terreno **2** (*relig.*) secolare, laico.
segmentación *s.f.* segmentazione: *sirve una — del mercado*, serve una segmentazione del mercato.
segmentar *v.tr.* segmentare ♦ **-se** *v.pron.* segmentarsi.
segmento *s.m.* **1** segmento, parte (*f.*), sezione (*f.*) **2** (*mat.*) segmento: *— circular*, segmento circolare.
segregación *s.f.* **1** segregazione: *— étnica*, segregazione etnica **2** secrezione.
segregacionismo *s.m.* (*pol.*) segregazionismo.
segregacionista *agg.*, *s.m.* (*pol.*) segregazionista.
segregar (*con. come* llegar) *v.tr.* **1** segregare, isolare **2** separare: *han segregado la parte privada del parque de la parte pública*, hanno separato la parte privata del parco dalla parte pubblica **3** (*biol.*) secernere: *— saliva*, secernere saliva.
segueta *s.f.* (*tecn.*) seghetto (*m.*).
seguetear *v.tr.* (*tecn.*) seghettare.
seguida *s.f. nelle loc.*: *de —*, di seguito, poco dopo | *en —*, subito.
seguidamente *avv.* immediatamente.
seguido *agg.* **1** continuo, ininterrotto: *una fila seguida de árboles*, una fila ininterrotta di alberi; *un dolor muy —*, un dolore incessante **2** di fila, di seguito: *cinco días seguidos*, cinque giorni di seguito **3** diritto, retto: *una calle seguida*, una strada diritta ♦ *avv.* di seguito, subito dopo: *yo iba adelante con mi coche y — venían los demás*, io andavo davanti con la mia macchina e subito dopo venivano gli altri; *por aquí — se llega a la catedral*, continuando sempre diritto per di qui si arriva alla cattedrale | *acto —*, subito dopo.
seguimiento *s.m.* **1** inseguimento, pedinamento: *tras muchos seguimientos los policías pudieron detener al jefe de los secuestradores*, dopo molti pedinamenti i poliziotti poterono arrestare il capo dei rapitori **2** indagine (*f.*), screening, monitoraggio: *plan de — de los huracanes*, piano di osservazione degli uragani.
seguir (*indic.pres.* sigo, sigues, sigue, seguimos, seguís, siguen; *pass.rem.* siguió, siguieron; *cong.pres.* siga, sigas...; *imperf.* siguiera, siguieras...; *ger.* siguiendo; *imp.* sigue, siga, sigamos, seguid, sigan) *v.tr.* **1** seguire: *siguió el camino que le aconsejaron*, seguì la strada che gli consigliarono | (*fig.*) *— los pasos de alguien*, seguire le orme di qlcu. **2** inseguire, rincorrere: *los policías siguieron al ladrón*, i poliziotti inseguirono il ladro **3** frequentare, seguire: *Ana sigue las lecciones con interés*, Anna frequenta/segue le lezioni con interesse; *mi hijo quiere — medicina*, mio figlio vuole studiare medicina | *— una doctrina*, seguire una dottrina | *— una dieta*, seguire una dieta ♦ *v.intr.* **1** continuare; proseguire: *yo paré en Madrid, él siguió para Salamanca*, io mi fermai a Madrid, lui proseguì per Salamanca; *después de él te toca — a ti*, dopo di lui tocca a te proseguire; *sigue enfermo*, è ancora ammalato | *— adelante*, andare avanti, proseguire | *— en sus trece*, persistere, ostinarsi (in qlco.) **2** — (+ *ger.*), continuare a (+ *inf.*): *sigue trabajando en la universidad*, continua a lavorare all'università **3** succedere a, seguire: *después de la tormenta sigue la calma*, al temporale segue la quiete ♦ **-se** *v.pron.* **1** succedersi, susseguirsi **2** dedurre, risultare: *de estas calificaciones se sigue que no has estudiado*, da questi voti si deduce che non hai studiato.

según *prep.* secondo, in base a, a seconda di: — *la ley*, secondo la legge, ai sensi della legge; — *yo, tú*, secondo me, te; — *el tiempo saldremos o no*, a seconda del tempo usciremo o no ♦ *avv.* **1** a seconda di | *«¿vendrás mañana?» «—»*, «verrai domani?» «dipende» **2** man mano, via via: — *llegaban se inscribían*, man mano che arrivavano, si iscrivevano **3** come: *todo queda — estaba*, tutto rimane com'era; — *el pedido*, come da richiesta
■ ***según y como*** (+ *v.*), così come, tale e quale (+ *v.*): *te lo devuelvo — y como me lo dejaste*, te lo rendo tale e quale me lo consegnasti | ***según y conforme***, a seconda di, dipende da: *se pagará el trabajo — y conforme lo que produzca cada uno*, il lavoro sarà pagato a seconda di/secondo quanto ciascuno riuscirà a produrre | ***según (lo que) parece***, a quanto pare | ***según que***, secondo ciò che.
segunda *s.f.* **1** (*delle chiavi*) doppia mandata **2** (*aut.*) seconda (marcia) **3** secondo fine (*m.*): *lo hacen con segundas*, lo fanno con secondi fini
■ ***de segunda***, di categoria inferiore.
segundero *s.m.* lancetta (*f.*) dei secondi.
segundo *agg.num.ord.* **1** secondo: *llegó segunda*, arrivò seconda | *sin* —, senza pari **2** vice: *secretario* —, vicesegretario; sottosegretario ♦ *s.m.* **1** secondo: *la carrera duró 15 minutos y 30 segundos*, la corsa durò 15 minuti e 30 secondi **2** istante, poco tempo: *te lo traduzco en un* —, te lo traduco in un secondo.
segundogénito *agg.*, *s.m.* secondogenito.
segundón *agg.*, *s.m.* **1** secondogenito; (figlio) non primogenito **2** (*fam.*) che occupa un ruolo o carica inferiore: *en el trabajo no es un* —, al lavoro non è secondo a nessuno.
segur *s.f.* scure, mannaia.
seguramente *avv.* **1** sicuramente, certamente **2** forse, probabilmente.
seguridad *s.f.* **1** sicurezza: *cinturón de* —, cintura di sicurezza; *hay que observar las normas de* —, bisogna osservare le norme di sicurezza | *de* —, di sicurezza: *agente de* —, agente di sicurezza; *válvula de* —, valvola di sicurezza | — *social*, previdenza sociale **2** sicurezza, certezza: *tener la* —, avere la certezza.
seguro *agg.* **1** sicuro, certo: *estoy — de que llegará a tiempo*, sono sicuro che arriverà in tempo | *dar por* —, dare per certo **2** sicuro, stabile, saldo **3** (*di persona*) sicuro, determinato, risoluto ♦ *s.m.* **1** luogo sicuro, protetto | *en* —, al sicuro | *sobre* —, sul sicuro **2** chiusura (*f.*) di sicurezza; (*di arma*) sicura (*f.*) **3** assicurazione (*f.*): — *de incendios*, assicurazione contro gli incendi; — *de vida*, assicurazione sulla vita | *compañía de seguros*, compagnia d'assicurazione ♦ *avv.* sicuramente, senza dubbio: — *iré a casa de mi abuela*, sicuramente andrò a casa di mia nonna
■ ***a buen seguro***, certamente/sicuramente, di sicuro | (*fam.*) ***seguro social***, previdenza sociale.
seis *agg.num.*, *s.m.* **1** (*card.*) sei **2** (*ord.*) sesto: *el capítulo — es el más interesante*, il sesto capitolo è il più interessante.
seisavo *agg.num.* sesto ♦ *s.m.* la sesta parte.
seiscientos (*f.* -as) *agg.num.*, *s.m.* **1** (*card.*) seicento **2** (*ord.*) seicentesimo.
seisillo *s.m.* (*mus.*) sestina (*f.*).
selección *s.f.* **1** selezione, scelta: *una buena — de películas francesas*, una buona selezione di film francesi | — *natural*, selezione naturale **2** (*sport*) (squadra) nazionale: *la — italiana*, la nazionale italiana.
seleccionado *s.m.* (*Amer.*, *sport*) (squadra) nazionale (*f.*).
seleccionar *v.tr.* selezionare, scegliere: *selecciona los artículos más interesantes*, scegli gli articoli più interessanti.
selectivo *agg.* selettivo.
selecto *agg.* scelto, di qualità, selezionato: *tirador* —, tiratore scelto.
selector *s.m.* (*elettr.*) selettore.
selenio *s.m.* (*chim.*) selenio.
self-service *s.m.* self-service, tavola (*f.*) calda.
sellado *agg.* bollato | *papel* —, carta bollata ♦ *s.m.* **1** affrancatura (*f.*) **2** chiusura (*f.*), sigillatura (*f.*).
sellar *v.tr.* **1** timbrare, bollare: *tinta de* —, inchiostro per timbrare **2** sigillare: *sellaron un pozo*, sigillarono un pozzo.
sello *s.m.* **1** (*attrezzo*) timbro **2** sigillo, sigillatura (*f.*) **3** francobollo, bollo **4** marchio, timbratura (*f.*).
seltz *s.m.* seltz: *agua de* —, acqua seltz.
selva *s.f.* (*anche fig.*) foresta, selva, giungla: *el libro de la* —, il libro della giungla; *una — de palabras*, una giungla di parole.
selvático *agg.* **1** selvatico, selvaggio: *gato* —, gatto selvatico **2** (*fig.*) rozzo.
semáforo *s.m.* semaforo: — *peatonal*, semaforo pedonale.
semana *s.f.* settimana: *fin de* —, fine settimana | *entre* —, giorno feriale | — *blanca*, settimana bianca.
semanal *agg.* settimanale: *revista* —, rivista settimanale.
semanario *agg.* settimanale ♦ *s.m.* (*rivista, pubblicazione*) settimanale: *concedió una entrevista a un — extranjero*, ha concesso un'intervista a un settimanale straniero.
semántica *s.f.* (*ling.*) semantica.
semántico *agg.* (*ling.*) semantico.
semblante *s.m.* **1** viso, volto, espressione (*f.*): *su — es inexpresivo*, il suo viso è ine-

spressivo | *mudar de* —, cambiare espressione | *componer el* —, assumere un'espressione tranquilla dopo un'emozione; mostrare serietà o modestia **2** sembiante, aspetto.
semblanza *s.f.* ritratto (*m.*): *el profesor trazó una breve — del artista*, il professore tracciò un breve ritratto dell'artista.
sembrado *agg.*, *s.m.* (*agr.*) seminato.
sembrador *agg.*, *s.m.* (*agr.*) seminatore.
sembrar (*con. come* acertar) *v.tr.* (*agr.*, *fig.*) seminare: *hay que — mas árboles*, bisogna seminare più alberi | — *la discordia*, seminare discordia; — *la paz*, seminare la pace.
semejante *agg.* simile; somigliante ♦ *s.m.* simile: *ama a tus semejantes*, ama il tuo prossimo.
semejanza *s.f.* **1** somiglianza: *no hay — entre los dos hermanos*, non c'è somiglianza tra i due fratelli **2** similitudine.
semen *s.m.* **1** seme **2** sperma.
semental *agg.* **1** (*bot.*) seminale **2** (*zool.*) da monta ♦ *s.m.* (*zool.*) stallone, animale da monta.
sementera *s.f.* (*agr.*) **1** semina **2** seminato (*m.*) **3** semenzaio (*m.*).
semestral *agg.* semestrale.
semestre *s.m.* semestre: *en el último — ha crecido el precio de los coches*, nell'ultimo semestre è aumentato il prezzo delle auto.
semiacabado *agg.*, *s.m.* semilavorato.
semiautomático *agg.* semiautomatico.
semibreve *agg.* (*mus.*) semibreve.
semicilíndrico *agg.* semicilindrico.
semicircular *agg.* semicircolare.
semicírculo *s.m.* semicircolo.
semicircunferencia *s.f.* semicirconferenza.
semiconductor *agg.*, *s.m.* (*elettr.*) semiconduttore.
semiconsonante *s.f.* (*ling.*) semiconsonante.
semidesnatado *agg.* parzialmente scremato.
semidesnudo *agg.* seminudo.
semidiós *agg.*, *s.m.* semidio.
semieje *s.m.* (*geom.*) semiasse.
semiesfera *s.f.* semisfera.
semifinal *s.f.* (*sport*) semifinale.
semifinalista *agg.*, *s.m.* (*sport*) semifinalista.
semilla *s.f.* **1** (*bot.*) seme (*m.*): *la — ha comenzado a germinar*, il seme ha cominciato a germinare **2** (*fig.*) seme (*m.*), fonte, causa: *la muerte de aquel inocente fue la — de muchos cambios*, la morte di quell'innocente fu il seme di molti cambiamenti.
semillero *s.m.* **1** semenzaio, vivaio: *he construido un pequeño —*, ho costruito un piccolo vivaio **2** (*fig.*) fonte (*f.*), origine (*f.*): *ese local es un — de vicios*, quel locale è una fonte di vizi.
semilunio *s.m.* (*astr.*) semilunio.
semimetal *s.m.* (*chim.*) semimetallo.
seminal *agg.* seminale.
seminario *s.m.* seminario.
semioruga *s.m.* (*mil.*) cingolato.
semiótica *s.f.* **1** semiotica **2** (*fig.*) semeiotica.
semirrecta *s.f.* (*geom.*) semiretta.
semisótano *s.m.* seminterrato.
semivacío *agg.* semivuoto.
sémola *s.f.* semola, semolino (*m.*).
semoviente *agg.* semovente: *bienes semovientes*, capi di bestiame.
sempiterno *agg.* eterno, perpetuo.
senado *s.m.* (*pol.*) senato: *el — aprobó la ley*, il senato approvò la legge.
senador *s.m.* (*pol.*) senatore.
senatorial *agg.* (*pol.*) senatoriale.
sencillez *s.f.* semplicità, ingenuità: *se viste con mucha —*, si veste con molta semplicità.
sencillo *agg.* **1** semplice, facile: *un problema —*, un problema facile **2** semplice, alla buona; ingenuo: *sus parientes son personas sencillas*, i suoi parenti sono persone alla buona ♦ *s.m.* (*mus.*) singolo: *me gusta el último — de Laura Pausini*, mi piace l'ultimo singolo di Laura Pausini.
senda *s.f.* **1** sentiero (*m.*); viottolo (*m.*): *sigue la — recta*, segui il sentiero diritto **2** (*fig.*) strada, via | *tomar la — de la victoria*, iniziare una tendenza vincente.
senderismo *s.m.* trekking, escursionismo: *han empezado a practicar —*, hanno iniziato a fare trekking.
senderista *s.m/f.* persona che fa trekking, escursionista.
sendero *s.m.* sentiero, viottolo: *han abierto un nuevo — en la montaña*, hanno aperto un nuovo sentiero sulla montagna.
sendos (*f.* -as) *agg.pl.* uno per ciascuno, rispettivo (*sing.*); cadauno (*sing.*): *con — regalos*, con un regalo per ciascuno.
senectud *s.f.* senilità.
senegalés *agg.*, *s.m.* senegalese (*m./f.*).
senescal *s.m.* siniscalco.
senil *agg.* senile: *enfermedades seniles*, malattie senili.
senilidad *s.f.* senilità, vecchiaia.
senior *agg.* senior.
seno *s.m.* **1** seno, petto **2** (*fig.*) grembo, ventre: *lleva a su hijo en el—*, porta suo figlio in grembo **3** (*geogr.*) insenatura (*f.*) **4** (*mat.*) seno.
sensación *s.f.* **1** sensazione, impressione: — *de inseguridad*, sensazione d'insicurezza | *tener la — de que...*, avere l'impressione che... **2** sensazione, scalpore (*m.*): *el discurso del presidente provocó una fuerte —*, il discorso del presidente provocò un forte scalpore.
sensacional *agg.* sensazionale, clamoroso, straordinario: *un hecho —*, un fatto sensazionale.

sensacionalismo *s.m.* sensazionalismo.
sensatez *s.f.* assennatezza, buonsenso (*m.*).
sensato *agg.* sensato, giudizioso, assennato.
sensibilidad *s.f.* sensibilità: *la — del oído*, la sensibilità dell'udito.
sensibilización *s.f.* sensibilizzazione: *habrá una jornada de — sobre los problemas de los jóvenes*, ci sarà una giornata di sensibilizzazione sui problemi giovanili.
sensibilizar (*con. come* cazar) *v.tr.* **1** sensibilizzare (*anche fig.*): *esta publicidad sensibiliza a todos los ciudadanos sobre los problemas del tráfico*, questa pubblicità sensibilizza tutti i cittadini sul problema del traffico **2** (*med.*) rendere cosciente.
sensible *agg.* **1** sensibile: *eres muy —, puedes comprender mi dolor*, sei molto sensibile, puoi capire il mio dolore **2** doloroso, penoso, spiacevole: *es muy — tener que decírselo*, è molto spiacevole doverglielo dire **3** (*fig.*) notevole, sensibile: *una — merma de peso*, un notevole/sensibile calo di peso.
sensiblemente *avv.* **1** sensibilmente, notevolmente **2** tristemente, dolorosamente: *nos separamos —*, ci separammo dolorosamente.
sensiblería *s.f.* sentimentalismo (*m.*): *la — de sus palabras es insoportable*, il sentimentalismo delle sue parole è insopportabile.
sensitivo *agg.* **1** sensibile **2** emozionante: *una poesía sensitiva*, una poesía emozionante.
sensor *s.m.* (*tecn.*) sensore: *una alarma con —*, un allarme con sensore.
sensual *agg.* sensuale: *es una mujer extravagante y —*, è una donna stravagante e sensuale.
sensualidad *s.f.* sensualità.
sentada *s.f.* **1** (*pol.*) sit-in (*m.*): *los obreros hicieron una — delante de la fábrica*, gli operai fecero un sit-in davanti alla fabbrica **2** seduta
■ ***de una sentada***, in una tirata, in un colpo solo.
sentado *agg.* giudizioso, posato, sensato: *es una persona muy sentada*, è una persona molto posata
■ ***dar por sentado***, dare per sicuro/scontato.
sentar (*con. come* acertar) *v.tr.* **1** far sedere **2** stabilire: *los ministros sentaron las bases de la reforma*, i ministri stabilirono le basi della riforma **3** assestare, fissare ♦ *v.intr.* **1** far bene, giovare: *la sopa me ha sentado bien*, la minestra mi ha fatto bene **2** (*di abiti*) stare: *ese traje le sienta muy bien*, quel vestito le sta molto bene ♦ **-se** *v.pron.* **1** sedersi | *siéntese*, si accomodi **2** (*fig.*) depositarsi, sedimentare.
sentencia *s.f.* **1** (*dir.*) sentenza, verdetto (*m.*): *— firme/definitiva*, sentenza passata in giudicato **2** sentenza, detto (*m.*), massima **3** (*fig.*) decisione, giudizio (*m.*): *los alumnos esperaban la — del profesor*, gli allievi aspettavano la decisione del professore.
sentenciar *v.tr.* **1** sentenziare **2** condannare: *el juez decidió no — a muerte al prisionero*, il giudice decise di non condannare a morte il prigioniero.
sentencioso *agg.* pedante, saccente.
sentido *agg.* **1** sentito, sincero: *le doy mi más — pésame*, le faccio le mie più sincere condoglianze **2** permaloso, suscettibile: *es una persona sentida*, è una persona permalosa ♦ *s.m.* **1** senso | *— de orientación*, senso dell'orientamento | *perder el —*, perdere i sensi, svenire | *— común*, senso comune | *sexto —*, sesto senso **2** giudizio, discernimento: *tienes que hacer las cosas con más —*, devi fare le cose con più giudizio **3** senso, significato: *no tiene —*, non ha senso; *doble —*, doppio senso; *el — de la vida, de la historia*, il senso della vita, della storia **4** senso, direzione (*f.*): *carretera de — único*, strada a senso unico.
sentimental *agg., s.m.* sentimentale, romantico: *una historia —*, una storia romantica; *ser un —*, essere un sentimentale.
sentimiento *s.m.* **1** sentimento; affetto, amore: *nunca le reveló sus sentimientos hacia ella*, non le svelò mai il suo amore per lei **2** dolore, dispiacere, rammarico | *acompañar en el —*, fare le condoglianze **3** coscienza (*f.*): *este muchacho tenía el — del deber*, questo ragazzo aveva il senso del dovere.
sentir (*indic.pres.* siento, sientes, siente, sentimos, sentís, sienten; *pass.rem.* sintió, sintieron; *cong.pres.* sienta, sientas, sienta, sintamos, sintáis, sientan; *imperf.* sintiera, sintieras...; *ger.* sintiendo; *imp.* siente, sienta, sintamos, sentid, sientan) *v.tr.* **1** sentire, provare; avvertire: *siento frío*, ho/sento freddo | *— cariño*, provare affetto | *sin —*, senza accorgersi **2** sentire, presentire: *siento que el exámen irá bien*, sento che l'esame andrà bene ♦ *v.intr.* dispiacersi per qlco.: *sintió que no fueras a verle*, gli dispiacque che non fossi andato a trovarlo | *lo siento*, mi dispiace ♦ **-se** *v.pron.* sentirsi: *no me siento bien*, non mi sento bene ♦ *s.m.* **1** sentimento: *hay que tener en cuenta el — popular*, bisogna tener presente il sentimento popolare **2** opinione (*f.*), giudizio: *¿no te importa mi —?*, non ti importa la mia opinione?
seña *s.f.* **1** segno (*m.*), indizio (*m.*), segnale (*m.*) **2** (*pl.*) dati (*m.*); connotati (*m.*): *señas personales*, dati personali | *dar las señas de alguien*, descrivere qlcu. **3** (*pl.*) indirizzo (*m.sing.*) **4** segno (*m.*), gesto (*m.*), cenno (*m.*): *hacer señas*, far segni | *hablar por señas*, parlare a gesti | *santo y —*, parola d'ordine.
señal *s.f.* **1** segnale (*m.*); segno (*m.*): *— de tráfico*, segnale stradale | *— de la cruz*, segno

della croce; *en — de*, in segno di | *con pelos y señales*, per filo e per segno | *mala —*, brutto segno **2** segnale (*m.*), ordine (*m.*), avviso (*m.*) **3** simbolo (*m.*) **4** caparra, anticipo (*m.*): *le dejé 100 euros de —*, gli lascai 100 euro di caparra.
señalar *v.tr.* **1** segnalare, indicare: *— el camino*, indicare il cammino **2** fissare, stabilire: *— la fecha de la asamblea*, fissare la data dell'assemblea **3** sottolinerare, mettere in evidenza: *— las fechas importantes*, sottolineare le date importanti ♦ **-se** *v.pron.* distinguersi, segnalarsi: *aquel equipo se señala siempre por su mala educación*, quella squadra si distingue sempre per la sua maleducazione.
señalización *s.f.* segnalazione; segnaletica: *hay que actualizar la — de los senderos*, bisogna aggiornare la segnaletica dei sentieri.
señalizar (*con. come* cazar) *v.tr.* segnalare.
señor *agg.* (*fam.*) **1** elegante, nobile: *compré un — sombrero*, comprai un elegante cappello **2** grande: *tiene una señora motocicleta*, ha una grande moto ♦ *s.m.* **1** signore | (*nella corrispondenza*) *muy — mío*, egregio signore | *— mayor*, signore di età avanzata | *quedar como un —*, fare bella figura | *ser un —*, essere una persona educata e gentile **2** padrone, proprietario.
señora *s.f.* **1** signora | *— de compañía*, dama di compagnia **2** moglie **3** padrona.
señorear *v.tr.* signoreggiare.
señorial *agg.* **1** signorile **2** distinto, raffinato.
señorío *s.m.* **1** dominio, signoria (*f.*) **2** signorilità (*f.*): *lo siento, te falta —*, mi dispiace, ti manca signorilità **3** signori (*pl.*), notabili (*pl.*).
señorita *s.f.* signorina.
señoritingo *s.m.* (*spreg.*) signorino.
señorón *agg.* da gran signore.
señuelo *s.m.* **1** (*nella caccia*) richiamo **2** (*fig.*) lusinga (*f.*), allettamento.
separación *s.f.* **1** separazione, divisione | *— en palabras*, suddivisione in sillabe **2** (*dir.*) separazione, divorzio (*m.*) **3** distacco (*m.*).
separado *agg.* separato | *por —*, a parte, separatamente.
separar *v.tr.* **1** staccare **2** separare, dividere: *— los buenos de los malos*, separare i buoni dai cattivi **3** destituire; sospendere ♦ **-se** *v.pron.* **1** separarsi: *se separó de su marido el verano pasado*, si è separata da suo marito l'estate scorsa **2** allontanarsi, dividersi: *nos separamos delante de la escuela*, ci dividemmo davanti alla scuola.
separatismo *s.m.* (*pol.*) separatismo.
separatista *agg.*, *s.m./f.* (*pol.*) separatista.
sepelio *s.m.* funerale, sepoltura (*f.*), esequie (*f.pl.*).
sepia *s.f.* **1** (*zool.*) seppia **2** (*colore*) seppia.
septembrino *agg.* settembrino.
septenario *agg.* settenario.
septenio *s.m.* settennio.
septentrión *s.m.* **1** settentrione, nord **2** (*meteor.*) vento del nord.
septentrional *agg.* settentrionale.
septicemia *s.f.* (*med.*) setticemia.
séptico *agg.* settico: *herida séptica*, ferita settica | *fosa séptica*, pozzo nero.
septiembre *s.m.* settembre.
séptimo *agg.num.ord.*, *s.m.* settimo.
septo *s.m.* (*anat.*) setto: *el — de la nariz*, il setto nasale.
septuagenario *agg.*, *sm.* settuagenario, settantenne (*m./f.*).
septuagésimo *agg.*, *sm.* settantesimo.
sepulcral *agg.* sepolcrale: *piedra —*, pietra sepolcrale.
sepulcro *s.m.* sepolcro, tomba (*f.*).
sepultar *v.tr.* **1** seppellire, sotterrare **2** (*fig.*) nascondere, occultare: *sepultaron todos los secretos de su familia*, nascosero tutti i segreti della loro famiglia.
sepultura *s.f.* sepoltura, tomba.
sepulturero *s.m.* becchino.
sequedad *s.f.* **1** siccità; secchezza: *la — de los campos en verano*, la secchezza dei campi in estate; *se puede prevenir la — de las manos*, si può prevenire la secchezza delle mani **2** (*fig.*) asprezza: *mi jefe siempre me trata con —*, il mio capo mi tratta sempre con asprezza.
sequía *s.f.* siccità, aridità: *en el sur es tiempo de —*, al sud è tempo di siccità.
séquito *s.m.* **1** seguito, corteo: *un nutrido —acompañaba a la reina*, un nutrito seguito accompagnava la regina **2** (*fig.*) strascichi (*pl.*), postumi (*pl.*).
ser (*indic.pres.* soy, eres, es, somos, sois, son; *imperf.* era, eras, era, éramos, erais, eran; *pass.rem.* fui, fuiste, fue, fuimos, fuisteis, fueron; *fut.* seré, serás ; *cond.* sería, serías ; *cong. pres.* sea, seas...; *imperf.* fuera, fueras...; *part.pass.* sido; *ger.* siendo; *imp.* sé, sea, seamos, sed, sean) *v.intr.* **1** (*copulativo*) essere: *es modista*, è sarta; *— malo*, essere cattivo; *— listo*, essere furbo; *somos 10*, siamo in 10; *son las tres*, sono le tre; *— temprano*, *tarde*, essere presto, tardi; *ya es de noche*, ormai è/si è fatta notte **2** essere, esistere **3** (*provenire*) essere: *— de otro país*, essere di un altro paese **4** costare: *¿cuánto —?*, quanto viene? **5** (*mat.*) fare, risultare: *dos y dos son cuatro*, due più due fanno quattro **6** succedere, accadere; svolgersi: *¿qué es de tu hermano?*, che ne è di tuo fratello?; *¿dónde fue el funeral?*, dove si è svolto/tenuto il funerale? **7** servire a: *la vela es para decorar la mesa*, la candela serve ad abbellire la tavola **8** far

parte di, appartenere a: *estos libros son de la biblioteca*, questi libri sono della biblioteca | *esto no es para mí*, questo non fa per me **9** (*nella forma passiva*) essere: *la protesta ha sido organizada por los intelectuales*, la protesta è stata organizzata dagli intellettuali ♦ *s.m.* **1** essere: *— racional*, essere razionale **2** esistenza (*f.*), vita (*f.*): *mis padres me dieron el —*, i miei genitori mi hanno dato la vita **3** essenza (*f.*), natura (*f.*)
■ ***llegar a ser***, diventare | ***o sea***, cioè | ***a no ser que***, a meno che | ***¿cómo es eso?***, come sarebbe a dire? | ***es más***, anzi | ***¡eso es!***, ecco, proprio così | ***lo que sea***, qualsiasi cosa | ***érase una vez/érase que se era***, c'era un volta.
seráfico *agg.* serafico, tranquillo, sereno.
serafín *s.m.* **1** (*relig.*) serafino **2** (*fig.*) cherubino, bambino bellissimo.
serba *s.f.* (*bot.*) sorba.
serbal *s.m.* (*bot.*) sorbo.
serbio *agg, s.m.* serbo.
serbocroato *agg, s.m.* serbocroato.
serenar *v.tr.* rasserenare, calmare: *música para — la mente*, musica per calmare la mente ♦ **-se** *v.pron.* **1** (*meteor.*) schiarirsi, rasserenarsi: *tras muchos días de lluvia, el cielo se serenó*, dopo molti giorni di pioggia, il cielo si schiarì **2** (*fig.*) calmarsi.
serenata *s.f.* **1** (*mus.*) serenata **2** (*fig.*) ritornello (*m.*), solfa.
serenidad *s.f.* serenità, calma, tranquillità: *perder la —*, perdere la serenità.
sereno *agg.* **1** sereno, calmo **2** (*meteor.*) sereno, limpido: *cielo —*, cielo sereno ♦ *s.m.* **1** metronotte, guardia (*f.*) notturna **2** umidità (*f.*) notturna.
serial *agg.* seriale ♦ *s.m.* serial, romanzo a puntate, sceneggiato.
sericicultor *s.m.* sericoltore.
sericicultura *s.f.* sericoltura.
sérico *agg.* (*med.*) sierico.
serie *s.f.* **1** serie, sfilza, successione: *el niño hizo una — de dibujos*, il bambino fece una serie di disegni | *fabricar en —*, fabbricare in serie | *fuera de —*, fuori serie **2** (*tv*) serial (*m.*), serie.
seriedad *s.f.* serietà, gravità: *trabajan con —*, lavorano con serietà.
serigrafía *s.f.* serigrafia.
serio *agg.* **1** serio, grave | *en —*, sul serio, seriamente: *no la tomes tan en —*, non prenderla troppo sul serio **2** severo, accigliato, serio.
sermón *s.m.* **1** (*relig.*) sermone **2** (*fig.*) paternale (*f.*), predica (*f.*): *echar un —*, fare la predica.
sermonear *v.tr.* rimproverare, sgridare ♦ *v.intr.* (*relig.*) predicare.
seronegativo *agg.* (*biol.*) sieronegativo.
seropositivo *agg.* (*biol.*) sieropositivo.
serosidad *s.f.* (*biol.*) sierosità.
seroso *agg.* (*biol.*) sieroso.
serpenteado *agg.* serpeggiante, tortuoso.
serpentear *v.intr.* serpeggiare.
serpenteo *s.m.* serpeggiamento.
serpentín *s.m.* (*tecn.*) serpentina (*f.*).
serpentina *s.f.* **1** (*striscia di carta*) stella filante **2** (*min.*) serpentina.
serpiente *s.f.* serpente (*m.*) | *— de anteojos*, (serpente) cobra dagli occhiali | *— de cascabel*, serpente a sonagli.
serrado *agg.* seghettato: *hoja serrada*, foglia seghettata.
serraduras *s.f.pl.* segatura (*sing.*).
serrallo *s.m.* serraglio.
serranía *s.f.* zona montuosa.
serranilla *s.f.* (*lett.*) pastorella.
serrano *agg.* **1** montanaro, montano: *pueblos serranos*, paesi montani | *jamón —*, prosciutto crudo **2** (*fam.*) bello, elegante ♦ *s.m.* montanaro.
serrar (*con. come* acertar) *v.tr.* segare: *máquina para — madera*, macchina per segare la legna.
serrería *s.f.* segheria.
serrín *s.m.* segatura (*f.*).
serrucho *s.m.* (*tecn.*) seghetto, saracco.
serval *s.m.* (*zool.*) gattopardo.
servible *agg.* servibile, utilizzabile.
servicial *agg.* servizievole.
servicio *s.m.* **1** (*lavoro, attività*) servizio: *estar de —*, essere in servizio; *lleva veinte años al — del Estado*, lavora da vent'anni al servizio dello Stato | *— militar*, servizio militare **2** (*relig.*) funzione (*f.*): *— dominical*, funzione domenicale **3** servitù (*f.*), domestici (*pl.*) **4** favore, cortesia (*f.*) **5** servizio, set: *— de mesa*, servizio da tavola; *— de té*, servizio da tè **6** (*pl.*) servizi, gabinetto (*sing.*): *tengo que ir a los servicios para lavarme las manos*, devo andare ai servizi per lavarmi le mani.
servidor *s.m.* **1** servitore | *un —*, il sottoscritto **2** (*inform.*) server.
servidumbre *s.f.* **1** (*dir.*) servitù: *— de paso*, servitù di passaggio **2** servitù, personale (*m.*) di servizio.
servil *agg.* **1** servile **2** vile, umile: *ocupaciones serviles*, lavori umili.
servilismo *s.m.* servilismo.
servilleta *s.f.* tovagliolo (*m.*): *doblar la —*, piegare il tovagliolo.
servilletero *s.m.* portatovagliolo.
servilmente *avv.* **1** servilmente: *obrar —*, agire servilmente **2** (*fig.*) alla lettera, testualmente: *traducir —*, tradurre alla lettera.
servir (*indic.pres.* sirvo, sirves, sirve, servimos, servís, sirven; *pass.rem.* sirvió, sirvieron; *cong.pres.* sirva, sirvas...; *imperf.* sirviera, sirvieras...; *ger.* sirviendo; *imp.* sirve, sirva, sirvamos, servid, sirvan) *v.intr.* **1** servire, es-

sere utile per: *esta máquina no sirve para eso*, questa macchina non serve a ciò; *no — de nada*, non servire a nulla **2** prestare servizio: *sirvió en el ejército*, ha prestato servizio nell'esercito **3** (*Amer.*) funzionare: *el mecanismo sirve muy bien*, il meccanismo funziona benissimo ♦ *v.tr.* **1** servire, portare in tavola: — *el primer plato*, portare in tavola il primo piatto **2** (*relig.*) servire: — *a Dios*, servire il Signore ♦ **-se** *v.pron.* **1** servirsi: — *por sí mismo*, servirsi da sé **2** offrirsi: *se sirvió de traérmelo él mismo*, si offrì di portarmelo lui.

servodirección *s.f.* (*aut.*) servosterzo (*m.*).

servofreno *s.m.* (*aut.*) servofreno.

sesada *s.f.* (*di animale*) cervello (*m.*).

sésamo *s.m.* (*bot.*) sesamo.

sesear *v.intr.* pronunciare *ce, ci* o *za, zo, zu* con il suono della *s*.

sesenta *agg.num.card., s.m.* sessanta.

sesentavo *agg., s.m.* sessantesimo.

sesentón *agg., sm.* sessantenne (*m./f.*).

seseo *s.m.* pronuncia di *ce, ci* o di *za, zo, zu* con il suono della *s*.

sesera *s.f.* **1** (*fam.*) cranio (*m.*) **2** (*cuc.*) cervella (*pl.*) **3** (*fam.*) zucca; intelligenza.

sesgado *agg.* **1** obliquo **2** (*fig.*) fazioso.

sesgar (*con. come* llegar) *v.tr.* **1** tagliare di sbieco **2** storcere, mettere di sbieco (*anche fig.*): — *los labios*, storcere le labbra; — *las noticias*, storcere/falsare le notizie.

sesgo *agg.* **1** obliquo, sbieco: *al* —, di traverso/sbieco **2** (*fig.*) torvo, bieco ♦ *s.m.* andazzo, piega (*f.*) | *mal* —, brutta piega.

sesión *s.f.* **1** sessione, seduta: *abrir la* —, aprire la seduta; *levantar la* —, togliere la seduta **2** (*cinem.*) spettacolo (*m.*), proiezione: — *continua*, spettacolo continuato.

seso *s.m.* **1** (*spec.pl.*) cervello (*sing.*), cervella (*f.pl.*) | *devanarse los sesos*, lambiccarsi il cervello **2** senno, giudizio: *le falta el* —, gli manca il senno | *sorber el* —, far uscire di senno.

sestear *v.intr.* **1** fare la siesta **2** (*di animali*) riposare in un luogo ombroso, meriggiare.

sestercio *s.m.* (*st.*) sesterzio.

sesudo *agg.* **1** assennato, giudizioso: *un alumno* —, un alunno giudizioso **2** dotto; intelligente: *un comentario* —, un commento intelligente.

set *s.m.* (*sport*) set.

seta *s.f.* (*bot.*) fungo (*m.*): — *comestible*, fungo commestibile.

setecientos (*f.* -as) *agg.num., s.m.* **1** (*card.*) settecento **2** (*ord.*) settecentesimo.

setenta *agg.num., s.m.* **1** (*card.*) settanta **2** (*ord.*) settantesimo.

setentavo *agg.num.ord., s.m.* settantesimo.

setentón *agg., s.m.* (*fam.*) settantenne (*m./f.*).

seto *s.m.* **1** siepe (*f.*) **2** steccato.

seudónimo *s.m.* pseudonimo.

severidad *s.f.* **1** severità **2** rigore (*m.*), rigidità: — *en la observación de la ley*, rigore nel rispettare la legge.

severo *agg.* **1** severo, rigoroso: *un giudice* —, un giudice severo **2** austero, serio.

sevicia *s.f.* sevizia, tortura.

sevillano *agg., s.m.* sivigliano.

sexagesimal *agg.* (*mat.*) sessagesimale.

sexagesimo *agg.num.ord.* sessantesimo.

sexcentésimo *agg. num.ord.* seicentesimo.

sexismo *s.m.* sessismo.

sexo *s.m.* **1** sesso | *bello —/— débil*, gentil sesso/sesso debole **2** sesso, genitali (*pl.*).

sexología *s.f.* sessuologia.

sexólogo *agg., s.m.* sessuologo.

sextante *s.m.* (*mar.*) sestante.

sexteto *s.m.* **1** (*lett.*) sestina (*f.*) **2** (*mus.*) sestetto.

sextina *s.f.* (*lett.*) sestina.

sexto *agg.num.ord., s.m.* sesto.

sextuplo *agg., s.m.* sestuplo.

sexuado *agg.* sessuato.

sexual *agg.* sessuale: *educación* —, educazione sessuale.

sexualidad *s.f.* sessualità.

si[1] *cong.* se: *hablaré — quieres*, parlerò se vuoi; *habla mal como — fuera extranjero*, parla male come se fosse straniero
■ ***si bien***, anche se, sebbene: — *bien no puedo, lo haré para mis amigos*, anche se non posso, lo farò per i miei amici.

si[2] *s.m.* (*mus.*) si.

sí[1] *pron.pers.m./f. di 3ª pers.sing./pl.* sé: *hablar para — mismo*, parlare tra sé; *por — solo*, da sé, da solo; *tener para — sus opiniones*, tenere per sé le proprie opinioni | *de* (*por*) —, di per sé.

sí[2] *avv.* sì: *decir que* —, dire di sì; *¿a que —?*, scommettiamo di sì?

siamés *agg., s.m.* siamese (*m./f.*): *hermanas siamesas*, sorelle siamesi.

siberiano *agg., s.m.* siberiano.

sibila *s.f.* (*st.*) sibilla.

sibilante *agg.* (*ling.*) sibilante.

sibilino *agg.* sibillino, misterioso, enigmatico: *palabras sibilinas*, parole sibilline.

sicario *s.m.* sicario.

sico- *pref.* psico-.

sicoanálisis *s.f.* psicoanalisi.

sicofante *s.m.* calunniatore.

sicofísico *agg.* psicofisico.

sicología *s.f.* psicologia.

sicomoro *s.m.* (*bot.*) sicomoro.

sicopatía *s.f.* psicopatia.

sicopatología *s.f.* psicopatologia.

sicosis *s.f.* psicosi.

sicosomático *agg.* psicosomatico.

sicoterapia *s.f.* psicoterapia.

sida *s.m.* (*med.*) AIDS (*f.*).

sideral *agg.* siderale: *espacio —*, spazio siderale.
siderurgia *s.f.* siderurgia.
siderúrgico *agg.* siderurgico.
sidoso *agg.* (*fam.*) malato di AIDS.
sidra *s.f.* (*di mele*) sidro (*m.*).
siega *s.f.*(*agr.*) **1** mietitura: *después de la — habrá una fiesta en la aldea*, dopo la mietitura ci sarà una festa nel villaggio **2** raccolto (*m.*).
siembra *s.f.* (*agr.*) **1** semina: *hoy es la jornada de —*, oggi è la giornata della semina **2** seminato (*m.*).
siempre *avv.* **1** sempre: *desde —*, da sempre **2** nondimeno, tuttavia
■ ***siempre que/siempre y cuando*** **1** ogni volta che: *— que lo encuentro es muy amable conmigo*, ogni volta che lo incontro è molto gentile con me **2** a patto che, sempre che: *— que estudies, irás de viaje en estas vacaciones*, farai un viaggio in queste vacanze a patto/sempre che tu studi.
siempreviva *s.f.* (*bot.*) semprevivo (*m.*).
sien *s.f.* (*anat.*) tempia.
siena *agg.*, *s.m.* (*colore*) ocra, terra di Siena.
sierpe *s.f.* **1** (*zool.*) serpe, serpente (*m.*), biscia **2** (*fig.*, *spreg.*) vipera, serpe.
sierra *s.f.* **1** sega: *— de banda, circular*, sega a nastro, circolare **2** (*geogr.*) catena di monti: *dar un paseo por la —*, fare una passeggiata in montagna.
siervo *s.m.* servo, schiavo: *fue un — fiel*, fu un servo fedele.
siesta *s.f.* sonnellino (*m.*), pisolino (*m.*): *echar la —*, fare un sonnellino.
siete *agg.num.*, *s.m.* **1** (*card.*) sette **2** (*ord.*) settimo.
sietemachos *agg.* spaccone.
sietemesino *agg.*, *s.m.* **1** (*bambino*) settimino **2** (*fig.*) moccioso, sbarbatello.
sífilis *s.f.* (*med.*) sifilide.
sifilítico *agg.* (*med.*) sifilitico.
sifón *s.m.* **1** sifone **2** seltz, soda (*f.*).
sigilar *v.tr.* sigillare.
sigilo *s.m.* **1** sigillo **2** segreto: *— profesional*, segreto professionale; *levantar el — bancario*, togliere il segreto bancario **3** circospezione (*f.*), cautela (*f.*): *obrar con —*, agire con cautela.
sigiloso *agg.* **1** riservato, discreto **2** cauto, prudente: *Mario es muy — en sus negocios*, Mario è molto prudente nei suoi affari.
sigla *s.f.* sigla, acronimo (*m.*).
siglo *s.m.* **1** secolo: *el — XV*, il XV secolo; *los siglos pasados*, i secoli scorsi | *del —*, del secolo: *el partido del —*, la partita del secolo **2** (*fig.*) secolo, lungo periodo: *llevo siglos viviendo aquí*, è da tantissimo tempo che vivo qui | *por los siglos de los siglos*, nei secoli dei secoli, eternamente.
signar *v.tr.* **1** segnare **2** firmare, sottoscrivere: *— un documento*, firmare un documento ♦ **-se** *v.pron.* farsi il segno della croce.
signatario *s.m.* firmatario.
signatura *s.f.* **1** firma, sottoscrizione: *la — del contrato está prevista para mañana*, la firma del contratto è prevista per domani **2** (*nelle biblioteche*) segnatura, collocazione: *la — de los libros nos permite ordenarlos*, la segnatura dei libri ci permette di ordinarli.
significación *s.f.* **1** significato (*m.*), senso (*m.*) **2** (*fig.*) significato (*m.*), importanza, valore (*m.*): *la obra artística de Gaudí tiene una — mundial*, l'opera artistica di Gaudi ha un valore mondiale.
significado *agg.* (*di persona*) importante, rappresentativo, conosciuto: *un — político*, un importante uomo politico ♦ *s.m.* significato, senso: *no entiendo el — de esta poesía*, non capisco il significato di questa poesia.
significar (*con. come* pescar) *v.tr.* **1** significare, voler dire: *¿qué significa eso?* che cosa significa? **2** (*fig.*) rappresentare, significare, equivalere a: *ese puesto para él significa la seguridad*, quel posto per lui significa la sicurezza **3** esprimere, esternare, manifestare: *me significó su desacuerdo*, mi manifestò il suo disaccordo **4** avere valore, significare: *lo que dices no significa nada para mí*, ciò che dici non ha nessun valore per me ♦ **-se** *v.pron.* distinguersi: *se ha significado en el trabajo de grupo*, si è distinto nel lavoro di gruppo.
significativo *agg.* significativo: *un suceso muy —*, un successo molto significativo.
signo *s.m.* **1** segno: *le estrechó la mano en — de amistad*, gli strinse la mano in segno di amicizia | *— de admiración/exclamación*, punto esclamativo | *— de interrogación*, punto interrogativo | *— matemático*, segno matematico | *— del zodiaco*, segno zodiacale **2** indizio: *las nubes son — de lluvia*, le nuvole sono indizio/segno di pioggia.
siguiente *agg.* seguente, successivo: *corregid el ejercicio —*, correggete l'esercizio successivo.
sílaba *s.f.* sillaba: *— abierta, cerrada*, sillaba aperta, chiusa; *— larga, corta*, sillaba lunga, corta.
silabación *s.f.* (*ling.*) sillabazione.
silabear *v.intr./tr.* sillabare, compitare.
silabeo *s.m.* sillabazione (*f.*).
silábico *agg.* sillabico.
silba *s.f.* fischi (*m.pl.*), fischiata.
silbar *v.intr./tr.* fischiare: *— una canción*, fischiare una canzone.
silbato *s.m.* fischietto: *tocó el —*, suonò il fischietto.
silbido *s.m.* fischio, sibilo.
silenciador *s.m.* silenziatore.

silenciar *v.tr.* far tacere, zittire: *cuando estoy en la oficina, necesito — las llamadas entrantes*, quando sono in ufficio ho bisogno di silenziare le chiamate in arrivo.
silencio *s.m.* **1** silenzio, quiete (*f.*) | *guardar — sobre algo*, non dire/rivelare qlco. | *pasar en —*, passare sotto silenzio **2** (*mus.*) pausa (*f.*).
silencioso *agg.* **1** silenzioso: *un mecanismo —*, un congegno silenzioso **2** quieto, tranquillo: *un lugar —*, un luogo tranquillo **3** taciturno: *es un niño muy —*, è un bambino molto taciturno.
silente *agg.* silente, silenzioso: *un — amanecer*, un'alba silenziosa.
sílex *s.m.* (*geol.*) selce (*f.*).
silicato *s.m.* (*min.*) silicato.
sílice *s.f.* (*min.*) silice.
silíceo *agg.* (*min.*) siliceo.
silicio *s.m.* (*chim.*) silicio.
silicona *s.f.* (*chim.*) silicone (*m.*).
silicosis *s.f.* (*med.*) silicosi.
silla *s.f.* **1** sedia, seggiola: *— de ruedas*, sedia a rotelle; *— de tijeras/plegable*, sedia pieghevole; *— de brazos*, sedia con braccioli | *— de manos*, portantina **2** (*per bambini*) passeggino (*m.*) **3** (*per cavalli*) sella.
sillín *s.m.* sellino.
sillón *s.m.* poltrona (*f.*).
silo *s.m.* (*agr.*) silo: *instalaron un — para almacenar maíz*, installarono un silo per immagazzinare mais.
silogismo *s.m.* (*filos.*) sillogismo.
silogístico *agg.* (*filos.*) sillogistico.
silueta *s.f.* **1** sagoma, profilo (*m.*): *cortamos la — de estas muñecas de papel*, tagliamo la sagoma di queste figurine di carta **2** figura, silhouette, linea: *esa mujer se preocupa por su —*, quella donna si preoccupa della sua linea.
siluetar *v.tr.* profilare.
siluro *s.m.* (*zool.*) siluro.
silvestre *agg.* silvestre, agreste: *en las montañas se pueden recoger fresas silvestres*, in montagna si possono raccogliere fragole silvestri.
silvícola *agg.* silvicolo.
silvícultor *s.m.* silvicoltore.
silvicultura *s.f.* silvicoltura.
sima *s.f.* **1** precipizio (*m.*), burrone (*m.*) **2** (*arch.*) sima.
simbiosis *s.f.* (*biol.*, *fig.*) simbiosi: *viven en perfecta —*, vivono in perfetta simbiosi.
simbólico *agg.* simbolico: *lenguaje —*, linguaggio simbolico; *está triste porque ha perdido un anillo que para ella tenía un valor —*, è triste perché ha perso un anello che per lei aveva un valore simbolico.
simbolismo *s.m.* simbolismo: *compré un libro sobre el — de los sueños*, ho comprato un libro sul simbolismo dei sogni.
simbolizar (*con. come* cazar) *v.tr.* simboleggiare, rappresentare: *esta escultura simboliza la libertad*, questa scultura rappresenta la libertà.
símbolo *s.m.* simbolo, emblema: *la cruz es el principal — de los cristianos*, la croce è il simbolo principale dei cristiani.
simbología *s.f.* simbologia: *es un estudioso de la — maya*, è uno studioso della simbologia maya.
simetría *s.f.* simmetria.
simétrico *agg.* simmetrico: *diseño —*, disegno simmetrico.
simiente *s.f.* semente, seme (*m.*).
simiesco *agg.* scimmiesco: *una posición simiesca*, una posizione scimmiesca.
símil *agg.* (*raro*) simile ♦ *s.m.* **1** similitudine (*f.*), somiglianza (*f.*): *hay muchos símiles en el uso de estos dos verbos*, ci sono molte similitudini nell'uso di questi due verbi **2** (*ret.*) similitudine (*f.*).
similar *agg.* similare, simile: *tengo una bufanda — a la tuya*, ho una sciarpa simile alla tua.
similitud *s.f.* similitudine, somiglianza: *cualquier — con la realidad es pura coincidencia*, qualsiasi somiglianza con la realtà è pura coincidenza.
simio *s.m.* (*zool.*) scimmia (*f.*), primate.
simonía *s.f.* (*relig.*) simonia.
simoniaco *agg.* (*relig.*) simoniaco.
simpa *s.f.* (*Amer.*, *di capelli*) treccia.
simpar *v.tr.* (*Amer.*, *capelli*) intrecciare.
simpatía *s.f.* simpatia: *transmitir —*, trasmettere simpatia; *ver con —*, vedere con simpatia; *su regalo es una demostración de —*, il suo regalo è una dimostrazione di simpatia; *esta chica derrocha —*, questa ragazza sprizza simpatia.
simpático[1] *agg.* simpatico: *¿la nueva compañera es simpática?*, la nuova compagna è simpatica?
simpático[2] *agg.*, *s.m.* (*anat.*) simpatico.
simpatizante *agg.*, *s.m.* simpatizzante, sostenitore: *los simpatizantes del equipo ingresaron al campo*, i simpatizzanti della squadra entrarono in campo.
simpatizar (*con. come* cazar) *v.intr.* simpatizzare: *no simpatizo con cierta gente*, non simpatizzo con certa gente.
simple *agg.* **1** semplice, facile: *un método —*, un metodo semplice **2** (*fig.*) ingenuo, sempliciotto **3** semplice, sobrio: *vestido —*, vestito sobrio; *comida —*, cibo semplice/leggero **4** (*gramm.*, *mus.*) semplice: *tiempo —*, tempo semplice.
simplemente *avv.* semplicemente.
simpleza *s.f.* semplicità, ingenuità: *no creo a su —, me parece aparente*, non credo alla sua ingenuità, mi sembra apparente.
simplicidad *s.f.* semplicità, candore (*m.*),

ingenuità: *comportarse con —*, comportarsi con ingenuità.
simplificar (*con. come* pescar) *v.tr.* semplificare, facilitare: *la nueva ley se propone — el sistema fiscal*, la nuova legge si propone di semplificare il sistema fiscale.
simplismo *s.m.* semplicismo.
simplón *agg.*, *s.m.* semplicione, sempliciotto.
simposio *s.m.* simposio, convegno.
simulación *s.f.* simulazione, finzione: *a mis alumnos les gustan los juegos de —*, ai miei alunni piacciono i giochi di simulazione.
simulacro *s.m.* simulacro, parvenza (*f.*): *— de ataque*, attacco simulato.
simulador *agg.*, *s.m.* simulatore: *— de pilotaje,* simulatore di pilotaggio.
simular *v.tr.* **1** simulare, fingere: *— un secuestro*, simulare un sequestro **2** riprodurre: *— la nieve*, riprodurre la neve.
simultaneidad *s.f.* simultaneità.
simultáneo *agg.* simultaneo, contemporaneo: *traductor —*, traduttore simultaneo.
sin *prep.* **1** senza: *nos quedamos — agua*, rimanemmo senz'acqua; *pasé una semana — ver a mis hijos*, ho passato una settimana senza vedere i miei figli; *la tarea está — hacer*, il lavoro è ancora da fare/non è stato fatto **2** senza (contare), escluso: *le costó 500 euros — el* IVA, gli costò 500 euro IVA esclusa ■ ***sin más (ni más)***, di colpo, senza spiegazioni | ***sin ton ni son***, senza ragione | ***sin embargo***, tuttavia.
sinagoga *s.f.* sinagoga.
sinalgia *s.f.* (*med.*) sinalgia.
sinapismo *s.m.* **1** (*med.*) senapismo **2** (*fam.*) pizza (*f.*), barba (*f.*).
sinapsis *s.f.* (*biol.*) sinapsi.
sincerarse *v.pron.* **1** essere sincero, confidarsi: *se sinceró con su nuevo amigo*, si confidò con il suo nuovo amico **2** giustificarsi: *se sinceró por el error cometido*, si giustificò per l'errore commesso.
sinceridad *s.f.* sincerità, franchezza: *hablar con —*, parlare con sincerità.
sincero *agg.* sincero, franco: *una amistad sincera*, un'amicizia sincera.
síncopa *s.f.* (*mus.*, *ling.*) sincope.
sincopado *agg.* sincopato.
sincopar *v.tr.* **1** (*mus.*) sincopare **2** (*fig.*) abbreviare.
síncope *s.m.* (*med.*) sincope (*f.*).
sincrético *agg.* (*filos.*, *ling.*) sincretico.
sincretismo *s.m.* (*filos.*, *ling.*) sincretismo, fusione (*f.*).
sincronía *s.f.* sincronia.
sincrónico *agg.* sincronico, sincrono.
sincronización *s.f.* sincronizzazione.
sincronizador *s.m.* sincronizzatore.
sincronizar (*con. come* cazar) *v.tr.* sincronizzare.
sindicado *agg.* sindacalizzato, iscritto al sindacato ♦ *s.m.* persona (*f.*) iscritta al sindacato.
sindical *agg.* **1** sindacale **2** (*dir.*) del curatore fallimentare.
sindicalismo *s.m.* sindacalismo.
sindicalista *agg.*, *s.m./f.* sindacalista.
sindicar (*con. come* pescar) *v.tr.* (*econ.*) vincolare ♦ **-se** *v.pron.* iscriversi a un sindacato.
sindicato *s.m.* **1** sindacato: *— de aseguradores de cargo*, sindacato degli assicuratori merci **2** (*dir.*) giunta (*f.*) dei curatori.
sindicatura *s.f.* (*dir.*) ufficio (*m*), carica del curatore fallimentare.
síndico *s.m.* (*dir.*) curatore fallimentare.
sindiós *agg.* miscredente.
síndrome *s.m.* sindrome (*f.*): *el — de Down*, la sindrome di Down; *— premestrual*, sindrome premestruale.
sinecdoque *s.f.* (*ling.*) sineddoche.
sinergía *s.f.* sinergia; unione: *— empresarial*, unione impresariale.
sinfín *s.m.* infinità (*f.*): *este chico conoce un — de juegos*, questo ragazzo conosce un'infinità di giochi.
sinfonía *s.f.* (*mus.*) sinfonia: *escuché la novena — de Beethoven*, ho ascoltato la nona sinfonia di Beethoven.
sinfónico *agg.* (*mus.*) sinfonico: *concierto —*, concerto sinfonico.
singaporense *agg.*, *s.m./f.* singaporiano (*m.*).
singladura *s.f.* **1** navigazione giornaliera, giorno (*m.*) nautico **2** (*fig.*) percorso (*m.*), strada **3** (*mar.*) rotta.
singlar *v.intr.* (*mar.*) navigare, fare rotta.
singular *agg.* **1** (*anche gramm.*) singolare, particolare, straordinario, eccellente: *aventura —*, avventura straordinaria **2** unico, individuale ♦ *s.m.* (*gramm.*) singolare: *en —*, al singolare.
singularidad *s.f.* **1** singolarità **2** unicità, particolarità.
singularizar (*con. come* cazar) *v.tr.* **1** distinguere, differenziare: *su manera de andar lo singulariza*, lo contraddistingue il suo modo di camminare **2** (*gramm.*) mettere al singolare ♦ **-se** *v.pron.* distinguersi, farsi notare.
singularmente *avv.* **1** singolarmente **2** particolarmente.
sinhueso *s.f.* (*fam.*) lingua | *darle a la —*, chiacchierare molto.
siniestra *s.f.* mano sinistra.
siniestrado *agg.*, *s.m.* sinistrato: *un avión —*, un aereo sinistrato.
siniestralidad *s.f.* sinistrosità.
siniestro *agg.* sinistro, torvo, minaccioso: *una mirada siniestra*, uno sguardo torvo; *un ritual —*, un rituale sinistro ♦ *s.m.* sinistro, in-

cidente, infortunio: *leí la noticia del — aéreo*, ho letto la notizia dell'incidente aereo.
sinnúmero *s.m.* infinità (*f.*), marea (*f.*): *en el fin de semana hubo un — de accidentes*, nel fine settimana ci fu un'infinità di incidenti.
sino[1] *s.m.* destino, sorte (*f.*), fato.
sino[2] *cong.* **1** ma, bensì: *no sólo bello, — también inteligente*, non soltanto bello, ma anche intelligente **2** se non, tranne, fuorché: *no deseo — descansar*, non desidero altro che riposare, desidero solo riposare; *no quiero — que me escuchen*, voglio solo che mi ascoltino; *nadie — tú puede haberlo hecho*, nessuno se non tu/tranne te può averlo fatto.
sinodal *agg.* (*relig.*) sinodale.
sínodo *s.m.* (*relig.*) sinodo: *el — de los obispos*, il sinodo dei vescovi.
sinología *s.f.* sinologia.
sinólogo *s.m.* sinologo.
sinonimia *s.f.* sinonimia.
sinonímico *agg.* sinonimico.
sinónimo *agg.*, *s.m.* sinonimo.
sinopsis *s.f.* **1** sinossi, schema (*m.*): *para estudiar historia he preparado una — de los acontecimientos más importantes del siglo*, per studiare storia ho preparato una sinossi dei fatti più importanti del secolo **2** compendio (*m.*).
sinóptico *agg.* sinottico: *cuadro —*, quadro sinottico.
sinovia *s.f.* (*anat.*) sinovia.
sinovial *agg.* (*anat.*) sinoviale.
sinrazón *s.f.* torto (*m.*), sopruso (*m.*), sopraffazione.
sinsabor *s.m.* dispiacere, contrarietà (*f.*).
sinsentido *s.m.* assurdità (*f.*).
sintáctico *agg.* (*ling.*) sintattico.
sintagma *s.m.* (*ling.*) sintagma.
sintaxis *s.f.* (*ling.*) sintassi.
síntesis *s.f.* **1** sintesi: *en —*, in sintesi **2** sintesi, compendio (*m.*): *una — biográfica*, una sintesi biografica.
sintético *agg.* **1** sintetico **2** (*di prodotto industriale*) sintetico, artificiale: *productos sintéticos*, prodotti sintetici.
sintetizador *agg.*, *s.m.* sintetizzatore.
sintetizar (*con. come* cazar) *v.tr.* sintetizzare, riassumere: *sintetiza en pocas palabras tus ideas*, sintetizza le tue idee in poche parole.
sintoísmo *s.m.* (*relig.*) scintoismo.
sintoísta *agg.*, *s.m./f.* (*relig.*) scintoista.
síntoma *s.m.* (*med.*, *anche fig.*) sintomo: *síntomas de anemia*, sintomi d'anemia; *síntomas de rebelión*, segnali/sintomi di ribellione.
sintomático *agg.* (*med.*, *anche fig.*) sintomatico: *fármaco para el tratamiento — de la gripe*, farmaco per il trattamento sintomatico dell'influenza.
sintomatología *s.f.* (*med.*, *anche fig.*) sintomatologia.
sintonía *s.f.* **1** (*fis.*) sintonia **2** (*radio*, *tv*) sigla musicale **3** (*fig.*) sintonia, armonia: *no hay — entre las dos hermanas*, non c'è sintonia tra le due sorelle.
sintonización *s.f.* sintonizzazione.
sintonizador *s.m.* (*tecn.*) sintonizzatore.
sintonizar (*con. come* cazar) *v.tr.* sintonizzare: *para — los canales de la radio*, per sintonizzare i canali radiofonici ♦ *v.intr.* (*fig.*) essere in sintonia con.
sinuosidad *s.f.* sinuosità, tortuosità: *la — del río*, la sinuosità del fiume.
sinuoso *agg.* **1** sinuoso, tortuoso: *procedimiento —*, procedimento tortuoso **2** (*fig.*) contorto, subdolo: *persona sinuosa*, persona contorta.
sinusitis *s.f.* (*med.*) sinusite.
sinvergüencería *s.f.* sfacciataggine, sfrontatezza.
sinvergüenza *agg.* spudorato, svergognato: *un administrador —*, un amministratore svergognato ♦ *s.m.* **1** svergognato, sfacciato: *¡sólo un perfecto — puede hacer ciertas propuestas!*, solo un perfetto svergognato può fare certe proposte! **2** (*fam.*) monello, briccone.
sinvivir *s.m.* (*fam.*) tormento, angoscia (*f.*): *estoy en un — continuo, porque todavía no tengo noticias de mis parientes lejanos*, sono in un continuo tormento perché non ho ancora notizie dei miei parenti lontani.
sionismo *s.m.* (*pol.*) sionismo.
sionista *agg.*, *s.m./f.* (*pol.*) sionista.
siquiatra *s.m.* → **psiquiatra.**
siquiatría *s.f.* → **psiquiatría.**
siquico *agg.* → **psíquico.**
siquiera *cong.* anche se: *hazlo, — sea la última vez*, fallo, anche se per l'ultima volta ♦ *avv.* almeno, per lo meno: *dame — un libro*, dammi almeno un libro | *ni —*, nemmeno, neanche.
sirena *s.f.* (*mit. e segnale acustico*) sirena: *el canto de la —*, il canto della sirena; *la — de los bomberos*, la sirena dei pompieri.
siríaco *agg.*, *s.m.* siriaco.
sirimiri *s.m.* (*fam.*) pioggerella (*f.*).
siringa *s.f.* (*mus.*) siringa, flauto (*m.*) di Pan.
sirio *agg.*, *s.m.* siriano.
sirla *s.f.* **1** (*gerg.*) scippo (*m.*) **2** coltello (*m.*) a serramanico.
sirlar *v.tr.* (*gerg.*) scippare con un coltello a serramanico.
siroco *s.m.* (*meteor.*) scirocco: *el — es un viento cálido*, lo scirocco è un vento caldo | (*fig.*) *darle a alguien el —*, avere un colpo di testa.
sirvienta *s.f.* domestica.
sirviente *s.m.* domestico, servitore: *el — de la reina*, il servitore della regina.

sisa *s.f.* **1** furtarello (*m.*); cresta **2** (*abbigl.*) giromanica (*m.*), scalfo (*m.*).
sisar *v.tr.* **1** fare la cresta su, rubacchiare: — *en la compra*, fare la cresta sulla spesa **2** scalfare le maniche.
sisear *v.tr.* zittire, fare sst!: — *a los niños durante el espectáculo,* zittire i bambini durante lo spettacolo.
siseo *s.m.* sst!: *lo callaron con un* —, lo zittirono con un sst!.
sísmico *agg.* (*geol.*) sismico: *estudian el riesgo — de la zona*, studiano il rischio sismico della zona.
sismo *s.m.* (*geol.*) sisma, terremoto: *un — de magnitud 5.0 sacudió ayer el norte del país*, un sisma di magnitudo 5.0 ha scosso ieri il nord del paese.
sismógrafo *s.m.* (*geol.*) sismografo.
sismología *s.f.* (*geol.*) sismologia.
sismológico *agg.* (*geol.*) sismologico.
sismólogo *s.m.* (*geol.*) sismologo.
sismómetro *s.m.* (*geol.*) sismometro.
sistema *s.m.* sistema: — *endócrino*, sistema endocrino; — *político*, sistema politico; — *operativo*, sistema operativo; — *de defensa nacional*, sistema di difesa nazionale; — *solar*, sistema solare
■ ***por sistema***, per ostinazione: *por — no obedece nunca a su abuela*, si ostina a non ubbidire mai a sua nonna.
sistemática *s.f.* sistematica; classificazione.
sistemáticamente *avv.* sistematicamente; regolarmente.
sistemático *agg.* **1** sistematico **2** (*di persona*) metodico, preciso.
sistematización *s.f.* sistematizzazione; classificazione.
sistematizar (*con. come* cazar) *v.tr.* sistematizzare: *es preciso — la producción*, è necessario sistematizzare la produzione.
sístole *s.f.* (*fisiol., lett.*) sistole.
sitial *s.m.* seggio, scanno.
sitiar *v.tr.* **1** assediare, accerchiare: *los campesinos amenazan con — la ciudad*, i contadini minacciano di assediare la città **2** (*fig.*) mettere alle strette.
sitio *s.m.* **1** posto, spazio: *no hay* —, non c'è posto; *no hay — para todos*, non c'è posto/spazio per tutti | *hacer* —, far posto **2** posto, luogo: *vive en un — muy bonito*, vive in un bel posto; *su casa está en el mejor — de la ciudad*, la sua casa si trova nella zona più bella della città | *poner algo/alguien en su* —, mettere qlcu. al suo posto | *real* —, residenza reale **3** (*mil.*) assedio: *estado de* —, stato d'assedio; *el — de la fortaleza*, l'assedio della fortezza
■ ***quedarse en el sitio***, morire sul colpo | (*inform.*) ***sitio web***, sito web.
sito *agg.* (*amm.*) sito, posto, collocato.

situación *s.f.* **1** posizione: *la — del edificio es muy buena*, la posizione dell'edificio è ottima **2** situazione: *la — económica de un país*, la situazione economica di un paese | *estar a la altura de la* —, mostrarsi all'altezza della situazione | — *límite*, situazione critica.
situado *agg.* **1** situato, collocato: *el restaurante está bien* —, il ristorante è ben situato **2** (*fig.*) arrivato, sistemato: *un hombre* —, un uomo arrivato.
situar (*con. come* continuar) *v.tr.* **1** situare, collocare, porre: *¿sabrías — en el mapa todas las islas del archipiélago?* sapresti collocare sulla cartina tutte le isole dell'arcipelago? **2** (*comm.*) stanziare, versare: — *fondos en el extranjero*, stanziare fondi all'estero ♦ **-se** *v.pron.* (*anche fig.*) sistemarsi, collocarsi bene: *el público finalmente se situó en la platea porque el concierto iba a comenzar*, il pubblico infine si sistemò nella platea perché il concerto stava per cominciare; *se situó bien en la empresa,* si è sistemato bene nell'azienda.
so[1] *s.m.* (*solo come rafforzativo di un insulto*) grandissimo, razza di, pezzo di: *¡— tonto!*, pezzo di stupido!
so[2] *prep. solo nelle loc.*: — *pena de*, sotto pena di; — *capa/color de*, con il pretesto di.
soasar *v.tr.* (*cuc.*) rosolare, dorare: — *la cebolla*, rosolare la cipolla.
sobaco *s.m.* (*fam.*) ascella (*f.*).
sobadera *s.f.* (*fam., Amer.*) seccatura, rottura.
sobado *agg.* **1** molto usato: *uso palabras muy sobadas*, ricorro a parole molto usate **2** logoro, consumato: *tenía un uniforme muy* — , aveva una divisa logora.
sobaquera *s.f.* (*abbigl.*) sottoascella.
sobaquina *s.f.* (*fam.*) puzza di sudore.
sobar *v.tr.* **1** manipolare; impastare **2** (*volg.*) palpare **3** (*fam., fig.*) picchiare **4** seccare, importunare **5** (*Amer.*) adulare ♦ *v.intr.* (*Amer.*) dormire.
sobejano *agg.* esagerato, eccessivo.
soberanamente *avv.* **1** sovranamente **2** (*fig.*) magnificamente: *nadaba* —, nuotava benissimo **3** (*fig.*) moltissimo: *aburrirse* —, annoiarsi a morte.
soberanía *s.f.* **1** sovranità: *el país proclamó su* —, il paese dichiarò la sua sovranità | — *popular*, sovranità popolare **2** superiorità, eccellenza: *la — de este pintor es indiscutible*, la superiorità di questo pittore è indiscutibile.
soberano *agg.* **1** sovrano: *pueblo* —, popolo sovrano **2** (*fig.*) eccellente, superbo, superiore: *fue una soberana actuación*, fu un'eccellente recitazione ♦ *s.m.* sovrano, re.
soberbia *s.f.* **1** superbia, alterigia, presunzione: *por su — no acepta ninguna crítica*, per la sua superbia non accetta nessuna cri-

tica **2** magnificenza, sontuosità: *la — de un palacio*, la magnificenza di un palazzo.
soberbio *agg.* **1** orgoglioso, fiero **2** superbo, arrogante: *es tan — que nunca admite sus límites*, è così superbo che non ammette mai i suoi limiti **3** (*fig.*) imponente, maestoso: *debut —*, debutto maestoso.
sobón *agg.* sdolcinato; appiccicoso ♦ *s.m.* scansafatiche, fannullone.
sobornable *agg.* corruttibile.
sobornar *v.tr.* corrompere, comprare: *se dice que los futbolistas sobornaron al árbitro*, si dice che i calciatori hanno corrotto l'arbitro.
soborno *s.m.* **1** corruzione (*f.*): *hay que intervenir contra el —*, bisogna intervenire contro la corruzione **2** bustarella (*f.*), tangente (*f.*): *la ley contra los sobornos ha sido aprobada*, la legge contro le tangenti è stata approvata.
sobra *s.f.* **1** eccedenza, avanzo (*m.*): *la — de la producción de leche es un problema serio*, l'eccedenza della produzione di latte è un problema serio | *de —*, in abbondanza, in eccesso: *había de — de comer para todos*, c'era da mangiare in abbondanza per tutti; *tiene razones de —*, ha ragioni da vendere **2** (*pl.*) avanzi (*m.*), resti (*m.*): *a veces ceno con las sobras del almuerzo*, a volte ceno con gli avanzi del pranzo.
sobradamente *avv.* abbondantemente.
sobradillo *s.m.* (*edil.*) pensilina (*f.*), tettoia (*f.*).
sobrado *agg.* **1** abbondante, più che sufficiente: *tienes sobrada razón*, hai ragione da vendere **2** pieno, ricco: *está — de amistades*, è pieno di amicizie ♦ *s.m.* (*arch.*) soffitta (*f.*) ♦ *avv.* troppo, eccessivamente, abbondantemente.
sobrante *agg.* rimanente, superfluo, eccedente: *terminada la fiesta se dividieron las bebidas sobrantes*, finita la festa si divisero le bibite avanzate ♦ *s.m.* eccedenza (*f.*), avanzo, rimanenza (*f.*): *con el — podremos comprarnos algo*, con la rimanenza potremo comprare qualcosa per noi.
sobrar *v.intr.* **1** essere in più, essere di troppo: *este adorno sobra en el vestido*, questa guarnizione è di troppo nel vestito **2** avanzare, restare: *esto es lo que sobra*, questo è ciò che avanza; *sobró vino*, avanzò del vino **3** (*fig.*) essere inutile, superfluo: *sobra decir que...*, è inutile dire che...
sobre[1] *prep.* **1** su, sopra: *el lápiz está — la mesa*, la matita è sul tavolo; *— él*, sopra di lui | *éxito — éxito*, successo dopo successo | *— todo*, soprattutto **2** verso, intorno: *vendrá — las diez*, verrà verso le dieci **3** oltre a, oltre che: *— las preocupaciones que yo tenía, debía pensar al trabajo*, oltre alle preoccupazioni che avevo, dovevo pensare al lavoro.
sobre[2] *s.m.* **1** busta (*f.*): *el — no lleva el sello*, la busta non ha il francobollo **2** bustina (*f.*): *— de té*, bustina di tè **3** (*fam.*) letto: *ir al —*, andare a dormire.
sobreabundancia *s.f.* sovrabbondanza, esubero (*m.*).
sobrealimentación *s.f.* **1** (*elettr.*) sovralimentazione **2** ipernutrizione.
sobrealimentar *v.tr.* sovralimentare.
sobrealzar (*con. come* cazar) *v.tr.* sopraelevare.
sobrecalentamiento *s.m.* surriscaldamento: *mi ordenador presenta problemas de —*, il mio computer presenta problemi di surriscaldamento.
sobrecalentarse (*con. come* acertar) *v.pron.* surriscaldarsi: *el motor se sobrecalienta*, il motore si surriscalda.
sobrecarga *s.f.* sovraccarico (*m.*): *— muscular*, sovraccarico muscolare; *está cansadísimo por la — de trabajo*, è stanchissimo per il sovraccarico di lavoro.
sobrecargar (*con. come* llegar) *v.tr.* sovraccaricare.
sobrecogedor *agg.* spaventoso, impressionante: *vi una foto sobrecogedora de los heridos*, vidi una foto impressionante dei feriti.
sobrecoger (*con. come* coger) *v.tr.* sorprendere, spaventare, intimorire ♦ **-se** *v.pron.* sorprendersi, spaventarsi: *un trueno me sobrecogió mientras dormía*, un tuono mi sorprese mentre dormivo.
sobrecogimiento *s.m.* atterrimento, impressione (*f.*).
sobrecubierta *s.f.* **1** sopraccoperta, copriletto (*m.*) leggero **2** (*di libro*) copertina, sopraccoperta.
sobredicho *agg.* sopraddetto, suddetto.
sobredimensionar *v.tr.* sovradimensionare, ingigantire: *los niños sobredimensionan las historias*, i bambini ingigantiscono le storie.
sobredorar *v.tr.* dorare, rivestire d'oro.
sobredosificar (*con. come* pescar) *v.tr.* sovradosare.
sobredosis *s.f.* **1** dose eccessiva **2** (*di droga*) overdose: *por una presunta — falleció*, morì per una presunta overdose.
sobreexponer (*con. come* poner) *v.tr.* sovraesporre.
sobregiro *s.m.* (*comm.*) assegno o tratta (*f.*) a vuoto.
sobrehilo *s.m.* (*cucito*) sopraffilo.
sobrehumano *agg.* sovrumano, soprannaturale.
sobreimpresión *s.f.* (*foto., tip.*) sovrimpressione.
sobreimpreso *agg.* (*tip.*) sovrastampato.
sobrellevar *v.tr.* **1** sopportare: *— el peso de un trabajo pesado*, reggere il peso di un duro lavoro **2** (*fig.*) rassegnarsi, accettare **3** reggere, sorreggere: *sobrellevaba al niño*

que daba sus primeros pasos, sorreggeva il bambino che muoveva i primi passi.
sobremanera *avv.* oltremodo; eccessivamente: *tu visita nos alegra* —, la tua visita ci rallegra molto.
sobremesa *s.f.* dopopranzo (*m.*), dopocena (*m.*): *hablaremos de eso en la* —, ne parleremo a tavola dopo mangiato | *lámpara de* —, lampada da tavolo.
sobremodo *avv.* oltremodo, oltre misura.
sobrenadar *v.intr.* stare a galla.
sobrenatural *agg.* soprannaturale: *un evento* —, un evento soprannaturale.
sobrenombre *s.m.* **1** soprannome **2** pseudonimo.
sobrentender (*con. come* entender) *v.tr.* sottintendere.
sobrentendido *agg.*, *s.m.* sottinteso: *dieron por sobrentendidas demasiadas cosas*, diedero per sottintese troppe cose.
sobrepaga *s.f.* extra (*m.*), compenso (*m.*) straordinario: *si trabajas por la noche te dan una* —, se lavori di sera ti danno un extra.
sobrepasar *v.intr.* **1** eccedere, oltrepassare: *tus mentiras sobrepasan la medida*, le tue bugie oltrepassano ogni misura **2** superare: *no sobrepaso en altura a mi hermano gemelo*, non supero in altezza mio fratello gemello.
sobrepeso *s.m.* sovrappeso: *el problema del — afecta a muchos adolescentes*, il problema del sovrappeso riguarda molti adolescenti.
sobreponer (*con. come* poner) *v.tr.* sovrapporre ♦ **-se** *v.pron.* dominarsi; non lasciarsi andare.
sobreprecio *s.m.* sovrapprezzo.
sobreproducción *s.f.* sovrapproduzione.
sobrepuesto *agg.* sovrapposto.
sobrepujanza *s.f.* vigore (*m.*), forza, grinta.
sobrepujar *v.tr.* superare, eccedere: *sobrepuja a todos los de su edad*, supera tutti quelli della sua età.
sobresaliente *agg.* **1** sporgente: *carga* —, carico sporgente **2** (*fig.*) eminente, eccellente, superiore: *la interpretación del artista fue* —, l'interpretazione dell'artista fu eccellente ♦ *s.m.* (*di voto*) ottimo, eccellente: *hay alumnos que sacan — en todas las asignaturas*, ci sono alunni che prendono ottimo in tutte le materie.
sobresalir (*con. come* salir) *v.intr.* **1** sporgere: *una bandera sobresale de la ventana*, una bandiera sporge dalla finestra **2** (*fig.*) eccellere; emergere, distinguersi: *hay una bailarina que sobresale entre las otras*, c'è una ballerina che si distingue dalle altre; *la torre del reloj sobresale entre los edificios medievales de la plaza*, la torre dell'orologio emerge tra gli edifici medievali della piazza.
sobresaltar *v.tr.* spaventare ♦ **-se** *v.pron.* trasalire, sussultare: *¡te sobresaltas por todo!*, ti spaventi per tutto!
sobresalto *s.m.* spavento, sussulto, sobbalzo: *mi corazón tuvo un* —, il mio cuore ebbe un sussulto.
sobreseer *v.tr.* **1** (*dir.*) archiviare **2** (*fig.*) sospendere.
sobreseimiento *s.m.* (*dir.*) archiviazione (*f.*): *el — de un juicio*, l'archiviazione d'un processo.
sobrestante *s.m.* caposquadra.
sobrestimar *v.tr.* sovrastimare, sopravvalutare.
sobresueldo *s.m.* (*di stipendio*) compenso extra.
sobretasa *s.f.* (*econ.*) soprattassa.
sobretensión *s.f.* (*elettr.*) sovratensione.
sobretodo *s.m.* (*abbigl.*) soprabito, cappotto.
sobrevalorar *v.tr.* sopravvalutare ♦ **-se** *v.pron.* sovrastimarsi.
sobrevaloración *s.f.* supervalutazione.
sobrevenir (*con. come* venir) *v.intr.* (*anche fig.*) sopravvenire, sopraggiungere.
sobreviviente *agg.*, *s.m./f.* sopravvissuto (*m.*), superstite.
sobrevivir *v.intr.* sopravvivere: *sobrevivieron al ataque terrorista*, sopravvissero all'attacco terrorista.
sobrevolar (*con. come* contar) *v.tr.* sorvolare: *el helicóptero sobrevoló la ciudad*, l'elicottero sorvolò la città.
sobrexceder *v.tr.* eccedere, superare.
sobriedad *s.f.* sobrietà, moderazione: *bebed con — si tenéis que conducir*, bevete con moderazione se dovete guidare; *se viste con* —, si veste con sobrietà.
sobrino *s.m.* nipote (di zio).
sobrio *agg.* **1** (*di persona*) sobrio, moderato, parco; semplice: *convidado* —, commensale parco **2** (*di cosa*) sobrio, semplice: *vida sobria*, vita sobria **3** (*non ubriaco*) sobrio, lucido.
socaire *s.m.* (*mar.*) sottovento: *al* —, al riparo.
socapa *s.f.* (*fam.*) scusa, pretesto (*m.*): *me pidió dinero con la — de comprar libros*, mi chiese soldi con la scusa di comprare dei libri.
socarrar *v.tr.* (*cuc.*) bruciacchiare.
socarrón *agg.* **1** sornione, burlone: *es un chico —, se ríe de todos sus compañeros*, è un ragazzo burlone, si prende gioco di tutti i suoi compagni **2** astuto, scaltro.
socarronería *s.f.* scaltrezza, astuzia.
socavar *v.tr.* **1** scavare, scalzare: *socavan la base de la columna para buscar el tesoro*, scalzano la base della colonna per cercare il tesoro **2** (*fig.*) minare, indebolire, fiaccare: *la humillación por la pérdida de su trabajo*

lo socavó, l'umiliazione per la perdita del lavoro lo minò.
socavón *s.m.* scavo, galleria (*f.*), fosso: *un enorme — ocasionado por la lluvia nos obligó a cerrar la carretera*, un enorme avvallamento causato dalla pioggia ci obbligò a chiudere la strada.
sociabilidad *s.f.* socievolezza.
sociabilizar (*con. come* cazar) *v.tr.* socializzare.
sociable *agg.* socievole: *mi nieto es muy extrovertido y —*, mio nipote è molto estroverso e socievole.
social *agg.* sociale: *capital —*, capitale sociale; *tiene una vida — muy rica*, ha una vita sociale molto ricca.
socialdemocracia *s.f.* (*pol.*) socialdemocrazia.
socialdemócrata *agg.*, *s.m./f.* (*pol.*) socialdemocratico (*m.*).
socialismo *s.m.* (*pol.*) socialismo.
socialista *agg.*, *s.m./f.* (*pol.*) socialista: *partido —*, partito socialista.
socialización *s.f.* socializzazione.
socializador *agg.* socializzante.
socializar (*con. come* cazar) *v.tr.* socializzare.
sociedad *s.f.* **1** società: *— patriarcal*, società patriarcale; *alta —*, alta società **2** (*comm.*) società; associazione; impresa: *— anónima*, società per azioni; *— limitada*, società a responsabilità limitata; *— en comandita*, società in accomandita.
societario *agg.* (*comm.*) societario.
socio *s.m.* socio (*anche fig.*): *hacerse — de la biblioteca*, diventare socio della biblioteca.
sociocultural *agg.* socioculturale.
socioeconómico *agg.* socioeconomico: *nivel — de los inmigrantes*, livello socioeconomico degli immigrati.
sociolaboral *agg.* socio-lavorativo: *datos sobre la situación — de los jóvenes*, dati sulla situazione sociolavorativa dei giovani.
sociolingüística *s.f.* sociolinguistica.
sociolingüístico *agg.* sociolinguistico.
sociología *s.f.* sociologia.
sociológico *agg.* sociologico.
sociólogo *agg.*, *s.m.* sociologo.
sociopolítico *agg.* sociopolitico.
socorrer *v.tr.* soccorrere, aiutare: *el hospital decidió devolver fondos para — a los numerosos heridos por la guerra*, l'ospedale decise di devolvere fondi per soccorrere i numerosi feriti di guerra.
socorrido *agg.* pratico, utile: *el saco de dormir es muy —*, il sacco a pelo è molto pratico.
socorrista *s.m.* **1** soccorritore, volontario **2** (*in spiaggia*) bagnino.
socorro *s.m.* **1** soccorso, aiuto | *¡—!*, aiuto! **2** (*mil.*) soccorso, rifornimento, rinforzo: *enviar socorros*, inviare aiuti.
socrático *agg.*, *s.m.* (*filos.*) socratico.
soda *s.f.* soda.
sodio *s.m.* (*chim.*) sodio.
sodomía *s.f.* sodomia.
sodomita *agg.*, *s.m.* sodomita.
soez (*pl.* -ces) *agg.* grossolano, volgare.
sofá *s.m.* sofà, divano: *— cama*, divano letto.
sofión *s.m.* **1** sbuffo **2** (*geol.*) soffione.
sofisma *s.m.* sofisma.
sofista *agg.*, *s.m.* (*filos.*) sofista.
sofisticación *s.f.* sofisticazione, ricercatezza; complessità.
sofisticado *agg.* sofisticato, complesso: *un aparato —*, un apparecchio complesso.
sofisticar (*con. come* pescar) *v.tr.* **1** sofisticare, adulterare, alterare: *— el vino*, adulterare il vino **2** rendere sofisticato, elaborare.
sofístico *agg.* sofistico.
sofocación *s.f.* soffocamento (*m.*).
sofocante *agg.* soffocante, opprimente.
sofocar (*con. come* pescar) *v.tr.* **1** soffocare **2** (*un incendio, una rivolta*) spegnere, estinguere **3** (*fig.*) fare arrossire: *con su modo de mirar me hace —*, con il suo modo di guardare mi fa arrossire **4** (*fig.*) assillare, importunare: *me sofoca con sus preguntas*, mi assilla con le sue domande.
sofoco *s.m.* **1** soffocamento, affanno: *las subidas siempre le producen —*, le salite le provocano sempre affanno **2** rossore, vampata (*f.*): *en la menopausa son frecuentes los sofocos*, durante la menopausa sono frequenti le vampate **3** (*fig.*) vergogna (*f.*) **4** (*fig.*) sgomento; grave dispiacere: *me ha dado un —*, mi ha dato un grave dispiacere.
sofocón *s.m.* (*fam.*) colpo, tuffo al cuore: *llevarse un —*, prendere un colpo.
sofreír *v.tr.* (*con. come* reír) (*cuc.*) soffriggere: *— las patatas en el aceite*, soffriggere le patate nell'olio.
sofrenar *v.tr.* **1** frenare bruscamente **2** (*fig.*) reprimere, contenere: *sofrena tus impulsos*, frena, contieni i tuoi impulsi.
sofrito *agg.*, *s.m.* (*cuc.*) soffritto, battuto: *dejar cocer el — de cebolla y tomate*, lasciar cuocere il soffritto di cipolla e pomodoro.
soga *s.f.* corda, fune | *estar con la — al cuello*, avere la corda al collo, essere alle strette | *dar — a alguien*, dar corda a qlcu.
soja *s.f.* (*bot.*) soia.
sojuzgar (*con. come* llegar) *v.tr.* soggiogare, sottomettere.
sol *s.m.* **1** sole: *tomar el —*, prendere il sole; *el — pega*, il sole picchia | *¡eres un —!*, sei un tesoro! | *de — a —*, dall'alba al tramonto **2** (*mus.*) sol.
solador *s.m.* (*edil.*) piastrellista.
solamente *avv.* solamente, soltanto.
solana *s.f.* **1** solleone (*m.*) **2** solarium (*m.*), terrazzo (*m.*).

solanas *agg.* (*fam.*) solo | *de solanas*, da solo.
solanera *s.f.* **1** solleone (*m.*): *la — del verano*, il solleone dell'estate **2** luogo (*m.*) soleggiato **3** insolazione: *sufrir una —*, soffrire un'insolazione.
solano *s.m.* (*meteor.*) vento di levante.
solapa *s.f.* **1** risvolto (*m.*), bavero (*m.*): *la — de la chaqueta*, il bavero della giacca **2** (*di busta*) linguetta: *en la — escribe tu dirección*, sulla linguetta scrivi il tuo indirizzo **3** (*di libro*) aletta: *en la — de la cubierta vi la foto del autor*, nell'aletta della copertina ho visto la foto dell'autore **4** (*di borsa*) patella: *cartera de cuero con —*, cartella di cuoio con patella.
solapado *agg.* subdolo, falso: *actuaba siempre en forma solapada*, agiva sempre in modo subdolo.
solapar *v.tr.* **1** sovrapporre **2** dissimulare, nascondere, mascherare ♦ **-se** *v.pron.* **1** sovrapporsi **2** coincidere: *nuestras deducciones se solapan*, le nostre deduzioni coincidono.
solar[1] *s.m.* **1** terreno fabbricabile: *se vende —*, si vende terreno edificabile **2** casata (*f.*), discendenza (*f.*), lignaggio.
solar[2] *agg.* solare: *rayos solares*, raggi solari; *paneles solares*, pannelli solari.
solar[3] (*con. come* contar) *v.tr.* **1** piastrellare, pavimentare: *la terraza ya está solada*, la terrazza è già pavimentata **2** (*scarpe*) risuolare: *necesito — mis viejos zapatos negros*, ho bisogno di risuolare le mie vecchie scarpe nere.
solariego *agg.* avito, nobile, antico | *casa solariega*, casa avita.
solario *s.m.* solarium.
solaz (*pl.* -ces) *s.m.* sollazzo, divertimento, svago: *casa rural para el — y el descanso*, casa rurale per lo svago e il riposo.
solazar (*con. come* cazar) *v.tr.* divertire, svagare ♦ **-se** *v.pron.* sollazzarsi, svagarsi.
solazo *s.m.* (*fam.*) solleone.
soldada *s.f.* (*mil.*) stipendio (*m.*), paga.
soldadesca *s.f.* (*spreg.*) soldatesca.
soldadesco *agg.* (*spreg.*) soldatesco.
soldado *s.m.* soldato | *— de fortuna*, soldato di ventura | *— raso*, soldato semplice | *los niños soldados*, i bambini soldato.
soldador *s.m.* saldatore.
soldadora *s.f.* (*tecn.*) saldatrice.
soldadura *s.f.* saldatura: *— robotizada*, saldatura robotizzata; *— en frío del acero*, saldatura a freddo dell'acciaio.
soldar (*con. come* contar) *v.tr.* **1** saldare, unire: *— cables trenzados*, saldare cavi intrecciati **2** (*fig.*) aggiustare; correggere, emendare.
soleá *s.f.* canto e ballo andaluso.
solear *v.tr.* soleggiare, esporre al sole ♦ **-se** *v.pron.* prendere il sole.
soledad *s.f.* **1** solitudine: *los encantos de la —*, il fascino della solitudine **2** luogo (*m.*) isolato: *retirarse a una —*, ritirarsi in un luogo isolato.
solemne *agg.* **1** solenne, maestoso, grandioso: *fiestas solemnes*, feste solenni; *ceremonia —*, cerimonia solenne **2** (*iron.*) madornale, spropositato: *hizo una — tontería*, ha fatto una sciocchezza madornale.
solemnidad *s.f.* **1** solennità **2** (*dir.*) formalità, procedura.
solemnizar (*con. come* cazar) *v.tr.* solennizzare, rendere solenne: *la presencia del ministro solemniza la fiesta*, la presenza del ministro rende solenne la festa.
solenoide *s.m.* (*fis.*) solenoide.
soler (*con. come* mover) *v.intr.* essere solito, avere l'abitudine di: *suele venir por la tarde*, è solito venire nel pomeriggio; *suele venir conmigo al cine el domingo*, è solito venire con me al cinema la domenica.
solera *s.f.* **1** (*tecn.*) trave maestra **2** base del forno **3** (*di mulino*) macina inferiore **4** (*fig.*) tradizione, prestigio | *vino de —*, vino invecchiato.
soleta *s.f.* rammendo | *dar —*, licenziare.
solevantar *v.tr.* sollevare, fomentare ♦ **-se** *v.pron.* ribellarsi, insorgere.
solfa *s.f.* **1** (*mus.*) solfeggio (*m.*) **2** (*fig.*) musica **3** (*fig., fam.*) legnata, manica di botte ■ ***estar en solfa***, essere in discussione.
solfear *v.tr.* **1** (*mus.*) solfeggiare: *en la clase de música los chicos aprenden a —*, durante la lezione di musica i ragazzi imparano a solfeggiare **2** (*fig., fam.*) suonarle a qlcu., picchiare qlcu.
solfeo *s.m.* **1** solfeggio: *voy a un curso de iniciación al —*, vado a un corso di introduzione al solfeggio **2** (*fam.*) batosta (*f.*).
solicitación *s.f.* **1** sollecito (*m.*), richiesta **2** (*fis.*) sollecitazione.
solicitante *agg.*, *s.m./f.* richiedente: *los solicitantes de la beca tienen que enviar sus datos*, coloro che richiedono la borsa di studio devono inviare i loro dati.
solicitar *v.tr.* **1** (*anche fis.*) sollecitare **2** richiedere, domandare: *quería conocer los requisitos para — un crédito hipotecario*, vorrei conoscere i requisiti per richiedere un mutuo; *— ayuda*, chiedere aiuto.
solícito *agg.* sollecito, premuroso: *mis hijos son muy solícitos en el estudio*, i miei figli sono molto solleciti nello studio.
solicitud *s.f.* **1** sollecitudine, premura **2** istanza, richiesta: *hay que presentar — de admisión al máster dentro de tres días*, bisogna presentare la richiesta di ammissione al master entro tre giorni.

sólidamente *avv.* solidamente; saldamente.
solidaridad *s.f.* solidarietà: *ha iniciado una campaña de — hacia las ciudades afectadas por el seismo*, è iniziata una campagna di solidarietà verso le città colpite dal sisma.
solidario *agg.* solidale.
solidarizarse (*con. come* cazar) *v.pron.* solidarizzare, essere solidale.
solidez *s.f.* **1** solidità: *la — de aquella banca no es cierta*, la solidità di quella banca non è certa **2** (*geom.*) volume (*m.*).
solidificación *s.f.* solidificazione.
solidificar (*con. come* pescar) *v.tr.* solidificare ♦ **-se** *v.pron.* solidificarsi.
sólido *agg.* solido, resistente: *tener una base sólida*, avere una base solida; *el estado —*, lo stato solido ♦ *s.m.* (*geom.*) solido.
soliloquio *s.m.* soliloquio, monologo.
solio *s.m.* soglio, trono: *— pontificio*, soglio pontificio; *— presidencial*, soglio presidenziale.
solista *s.m./f.* (*mus.*) solista.
solitaria *s.f.* (*zool.*) verme (*m.*) solitario.
solitario *agg.* **1** (*di persona*) solo; solitario **2** (*di luogo*) solitario, deserto ♦ *s.m.* (*gioco a carte*) solitario.
soliviantado *agg.* agitato, ribelle, irrequieto.
soliviantar *v.tr.* **1** aizzare, agitare: *soliviantaron el pueblo contra las instituciones*, aizzarono il popolo contro le istituzioni **2** inquietare, alterare; irritare ♦ **-se** *v.pron.* **1** agitarsi, alterarsi **2** (*fig.*) irritarsi.
solla *s.f.* (*zool.*) platessa.
sollozar (*con. come* cazar) *v.intr.* piangere, singhiozzare.
sollozo *s.m.* (*di pianto*) singhiozzo.
solo *agg.* **1** solo, unico, singolo: *su sola preocupación es divertirse*, la sua unica preoccupazione è divertirsi | *café —*, caffè liscio **2** solo: *el niño está — en casa*, il bambino è solo in casa; *me encanta viajar sola*, mi piace viaggiare da sola | *a solas*, da solo ♦ *s.m.* (*mus.*) assolo.
sólo *avv.* solo, solamente: *me queda — una hora para repasar*, mi rimane solo un'ora per ripassare | *tan —*, soltanto.
solomillo *s.m.* (*cuc.*) filetto.
solsticio *s.m.* (*astr.*) solstizio.
soltar (*con. come* contar) *v.tr.* **1** slegare, sciogliere, slacciare: *— el pelo*, sciogliere i capelli **2** lasciar andare, mollare, allentare: *no suelta su puesto de director*, non molla il posto di direttore **3** (*fig.*) liberare: *— un preso*, liberare un detenuto **4** (*fig.*) prorompere in, scoppiare in/a: *soltó una risotada*, scoppiò in una risata/a ridere **5** (*fam.*) dire: *soltó una maldición*, lanciò una maledizione ♦ **-se** *v.pron.* **1** sciogliersi, liberarsi **2** acquisire disinvoltura: *antes era más introvertido, ahora se ha soltado mucho*, prima era più introverso adesso ha acquistato disinvoltura
■ ***soltarse a***, cominciare.
soltera *s.f.* nubile.
soltería *s.f.* celibato (*m.*).
soltero *agg.*, *s.m.* celibe, scapolo.
solterona *s.f.* zitella.
soltura *s.f.* **1** scioltezza, disinvoltura, spigliatezza: *hablar con —*, parlare con disinvoltura **2** agilità.
solubilidad *s.f.* solubilità.
soluble *agg.* **1** solubile **2** (*fig.*) risolvibile: *un intrigo —*, un intrigo risolvibile.
solución *s.f.* **1** soluzione: *no haber —*, non esserci soluzione; *¿cuál es la — del problema?*, qual è la soluzione del problema? **2** chiarimento (*m.*), spiegazione: *la — de una duda*, il chiarimento di un dubbio **3** conclusione, esito (*m.*): *la — del drama*, la conclusione del dramma **4** (*chim.*) soluzione: *— alcohólica*, soluzione alcolica.
solucionar *v.tr.* risolvere; chiarire.
soluto *agg.*, *s.m.* (*chim.*) soluto.
solvencia *s.f.* **1** (*comm.*) liquidità, solvenza, solvibilità: *sin — no puedo pagar las facturas de este mes*, senza liquidità non posso pagare le fatture di questo mese **2** (*fig.*) credibilità, attendibilità.
solventar *v.tr.* **1** (*comm.*) liquidare, regolare un conto: *— una deuda*, pagare un debito **2** (*fig.*) risolvere, chiarire: *— una duda*, risolvere un dubbio.
solvente *agg.* **1** solvente (*anche chim.*), solvibile: *es el inquilino menos — de la casa*, è l'inquilino meno solvente della casa **2** agiato, benestante: *es de familia —*, è di famiglia agiata **3** affidabile, responsabile: *le admiro porque es muy —, cualquier trabajo lo cumple*, lo ammiro perché è molto responsabile, porta a termine qualsiasi lavoro ♦ *s.m.* (*chim.*) solvente.
somalí (*pl.* -íes) *agg.*, *s.m./f.* somalo (*m.*).
somanta *s.f.* (*fam.*) batosta.
somático *agg.* somatico: *rasgo —*, carattere somatico.
somatización *s.f.* (*med.*) somatizzazione.
somatizar (*con. come* cazar) *v.tr.* (*med., anche fig.*) somatizzare.
sombra *s.f.* **1** ombra: *la — de la casa*, l'ombra della casa; *en la —*, all'ombra | *sombras chinescas*, ombre cinesi | *dar —*, fare ombra | *hacer —*, oscurare; adombrare **2** (*spec.pl.*) oscurità, tenebre (*pl.*): *aprovechando las sombras el ladrón pudo huir fácilmente*, approfittando dell'oscurità il ladro poté fuggire facilmente **3** (*fig.*) macchia, difetto (*m.*), pecca **4** (*fig.*) ombra, ricordo (*m.*); fantasma (*m.*)
■ (*fig.*) ***a la sombra***, al fresco, in prigione | ***sombra de ojos***, ombretto | ***sin sombra de***

duda, senz'ombra di dubbio | (*fam.*) ***mala, buena sombra***, cattiva, buona sorte | (*fam.*) ***ni por sombra***, neanche per sogno.
sombreado *agg.* ombreggiato, sfumato ♦ *s.m.* ombreggiatura (*f.*), sfumatura (*f.*).
sombrear *v.tr.* **1** ombreggiare, sfumare **2** fare ombra.
sombrerera *s.f.* **1** cappelliera **2** (*persona*) cappellaia.
sombrerería *s.f.* bottega di cappellaio.
sombrerero *s.m.* cappellaio.
sombrerete *s.m.* **1** cappello, copertura (*f.*) **2** (*di fungo*) cappella (*f.*).
sombrerillo *s.m.* (*di fungo*) cappella.
sombrero *s.m.* cappello: — *de copa*, cilindro/tuba | — *canotié*, paglietta | — *de tres picos,* tricorno | — *hongo*, bombetta | — *de ala ancha,* cappello a tesa larga | (*fig.*) *quitarse el* —, fare tanto di cappello.
sombrilla *s.f.* **1** parasole (*m.*), ombrellino (*m.*) **2** ombrellone (*m.*).
sombrío *agg.* **1** ombroso: *un rincón* —, un angolo ombroso **2** (*fig.*) cupo, tetro; malinconico: *tenía un rostro* —, aveva un viso malinconico.
somero *agg.* **1** poco profondo, basso: *aguas someras*, acque poco profonde **2** (*fig.*) superficiale, sommario: *hacer un examen* —, fare un esame superficiale.
someter *v.tr.* **1** sottomettere, assoggettare: *el ejército sometió a todos los enemigos*, l'esercito sottomise tutti i nemici **2** sottoporre, presentare: *sometió su trabajo al juicio de la mayoría*, sottopose il suo lavoro al giudizio della maggioranza ♦ **-se** *v.pron.* **1** sottoporsi: — *a una intervención quirúrgica*, sottoporsi a un interveno chirurgico **2** (*fig.*) sottostare a: — *al reglamento*, sottostare al regolamento.
sometimiento *s.m.* sottomissione (*f.*), assoggettamento.
somier *s.m.* (*del letto*) rete (*f.*) | — *de láminas*, rete a doghe.
somnífero *agg.* soporifero: *ciertas drogas tienen un efecto* —, certe droghe hanno un effetto soporifero ♦ *s.m.* (*farm.*) sonnifero: *llevo dos noches sin dormir, voy a tomar un* —, è da due notti che non dormo, prenderò un sonnifero.
somnolencia *s.f.* **1** sonnolenza, torpore (*m.*): *el fármaco que el médico me recetó me causa* —, il farmaco che mi ha prescritto il medico mi causa sonnolenza **2** (*fig.*) pigrizia, indolenza.
somnoliento *agg.* **1** sonnolento, assonnato **2** (*fig.*) soporifero: *¡es una historia somnolienta!*, è una storia soporifera!
somontano *agg.*, *s.m.* (*geogr.*) pedemontano.
somonte *s.m.* (*geogr.*) pedemonte.
son *s.m.* **1** suono: *empezaron a bailar al — de la música*, cominciarono a ballare al suono della musica **2** (*fig.*) modo, maniera (*f.*): *vino en — de guerra*, venne con atteggiamento bellicoso **3** motivo, pretesto: *¿a — de qué?*, perché?, per quale motivo? | *sin ton ni* —, senza ragione.
sonado *agg.* **1** famoso, rinomato; clamoroso: *fue un caso judicial muy* —, fu un clamoroso caso giudiziario **2** (*fig.*) suonato, rintronato: *de tantos golpes el boxedor estaba* —, dopo tanti colpi il pugile era stordito.
sonaja *s.f.* **1** sonaglio (*m.*) **2** (*mus.*) tamburello (*m.*) a sonagli.
sonajero *s.m.* (*per bambini*) sonaglio.
sonambulismo *s.m.* sonnambulismo.
sonámbulo *agg.*, *s.m.* sonnambulo.
sonante *agg.* sonante.
sonar (*con. come* contar) *v.intr.* **1** suonare: *sonaron las doce*, sono suonate le dodici; — *a hueco*, suonare a vuoto **2** (*fig.*) ricordare qlco.: *ese nombre me suena*, quel nome mi ricorda qlco., mi è familiare **3** (*ling.*) pronunciarsi: *la letra h no suena*, la lettera h non si pronuncia **4** essere menzionato/citato: *su nombre no suena en el documento*, il suo nome non è menzionato nel documento **5** parere, sembrare: *esa acción sonaba interesada*, quell'azione sembrava interessata | — *a cuento*, sembrare una menzogna ♦ **-se** *v.pron.* soffiarsi: — *las narices*, soffiarsi il naso.
sonata *s.f.* (*mus.*) sonata.
sonatina *s.f.* (*mus.*) sonatina.
sonda *s.f.* **1** (*tecn.*) sonda **2** (*mar.*) scandaglio (*m.*) **3** (*mar., geol.*) sondaggio (*m.*) **4** (*med.*) sonda, specillo (*m.*).
sondar *v.tr.* **1** (*geol., med.*) sondare **2** (*mar.*) scandagliare.
sondear *v.tr.* **1** (*anche fig.*) sondare, verificare, controllare: *sería mejor — sus afirmaciones*, sarebbe meglio verificare le sue affermazioni **2** (*mar.*) scandagliare.
sondeo *s.m.* **1** sondaggio **2** (*tecn.*) trivellazione (*f.*) **3** (*min.*) carotaggio **4** (*econ.*) sondaggio; indagine (*f.*).
sonería *s.f.* suoneria.
soneto *s.m.* (*lett.*) sonetto.
songa *s.f.* (*Amer.*) burla, scherzo (*m.*).
sonido *s.m.* (*tecn.*, *ling.*, *mus.*, *fig.*) suono: *el pueblo se despierta con el — de las campanas*, il paese si sveglia al suono delle campane
■ ***equipo/cadena de sonido***, stereo | ***barrera del sonido***, barriera del suono.
soniquete *s.m.* rumorio, brusio.
sonoridad *s.f.* sonorità.
sonorizar (*con. come* cazar) *v.tr.* sonorizzare.
sonoro *agg.* sonoro: *banda sonora*, colonna sonora; *proyector de cine* —, proiettore di cinema sonoro.

sonreír (*con. come* reír) *v.intr.* sorridere (*anche fig.*): *ese niño es muy simpatico, no deja de* —, quel bambino è molto simpatico, non smette di sorridere.
sonriente *agg.* sorridente.
sonrisa *s.f.* sorriso (*m.*): *el valor de una* —, il valore di un sorriso.
sonrojar *v.tr.* far arrossire: *vuestras palabras me sonrojan*, le vostre parole mi fanno arrossire ♦ **-se** *v.pron.* arrossire.
sonrojo *s.m.* **1** rossore **2** (*fig.*) vergogna (*f.*).
sonrosado *agg.* **1** rosato **2** (*fig.*) colorito.
sonrosar *v.tr.* far diventare roseo ♦ **-se** *v.pron.* diventare roseo, colorirsi.
sonsacar (*con. come* pescar) *v.tr.* **1** sottrarre, carpire **2** (*fig.*) cavare di bocca: *con astucia le sonsacó todo lo que sabía*, con l'astuzia gli cavò di bocca tutto quello che sapeva.
sonsonete *s.m.* **1** tamburellamento: *hacía un — con los dedos sobre la mesa*, tamburellava con le dita sul tavolo **2** cantilena (*f.*), lagna (*f.*), solfa (*f.*) **3** tono canzonatorio.
soñador *agg.*, *s.m.* sognatore, idealista (*m./f.*), illuso: *mi padre era una persona muy optimista y soñadora*, mio padre era una persona molto ottimista e sognatrice.
soñar (*con. come* contar) *v.tr./intr.* sognare (*anche fig.*): — *con algo, alguien*, sognare qlco., qlcu., sognare di; *he soñado contigo*, ti ho sognato; *sueña con una casa grande*, sogna una grande casa; *he soñado que volaba*, ho sognato di volare | — *despierto*, sognare a occhi aperti | *¡ni soñarlo!*, neanche per sogno! | *¡que sueñes con los angelitos!*, sogni d'oro!
soñarrera *s.f.* (*fam.*) sonnolenza.
soñoliento *agg.* **1** insonnolito, sonnolento **2** (*fig.*) indolente, pigro, tardo.
sopa *s.f.* (*cuc.*) minestra, zuppa: — *de cebollas*, zuppa di cipolle
■ ***comer la sopa boba***, vivere a sbafo, a scrocco | ***estar hecho una sopa***, essere bagnato fradicio | ***hasta en la sopa***, dappertutto | ***sopa de letras***, paroliere, ricerca di parole.
sopapina *s.f.* (*fam.*) manica di schiaffi.
sopapo *s.m.* (*fam.*) schiaffo, ceffone.
sopar *v.tr.* inzuppare.
sopera *s.f.* zuppiera.
sopero *agg.* **1** (*di piatto*) fondo **2** da minestra: *tazón* —, tazza per zuppa; *cuchara* —, cucchiaio da minestra ♦ *s.m.* piatto fondo.
sopesar *v.tr.* (*anche fig.*) soppesare, valutare: *sopesó todos los aspectos negativos y positivos de la propuesta antes de aceptarla*, soppesò tutti gli aspetti negativi e positivi della proposta prima di accettarla.
sopetear *v.tr.* **1** (*fam.*) inzuppare, fare la scarpetta **2** (*fig.*) maltrattare, oltraggiare.
sopetón, de *loc.avv.* all'improvviso, di punto in bianco.
sopicaldo *s.m.* minestra (*f.*) brodosa.
sopladero *s.m.* sfiato, sfiatatoio, spiraglio.
soplado *agg.* soffiato: *lámpara de vidrio* —, lampada di vetro soffiato ♦ *s.m.* soffiatura (*f.*): *máquina de* —, macchina per la soffiatura.
soplador *s.m.* **1** soffietto, ventola (*f.*) **2** (*nel terreno*) sfiatatoio **3** (*Amer.*, *teatr.*) suggeritore.
soplagaitas *agg.* (*fam.*) tonto, stupido.
soplamocos *s.m.* (*fam.*) ceffone.
soplapollas *agg.*, *s.m.* (*volg.*) stronzo, pirla.
soplar *v.intr.* (*anche di vento*) soffiare ♦ *v.tr.* **1** soffiare: *sopló el polvo de encima de los libros*, soffiò via la polvere dai libri **2** (*fig.*) suggerire: *le sopló la lección*, gli suggerì la lezione **3** gonfiare **4** (*fig.*) soffiare, rubare, fregare **5** (*fig.*) spifferare, fare una soffiata ♦ **-se** *v.pron.* (*fig.*) tracannarsi; mangiarsi, mangiare in modo esagerato: *se sopló un pollo entero*, divorò/si sbafò un pollo intero.
soplete *s.m.* **1** (*tecn.*) cannello: — *oxídrico*, cannello ossidrico; *llama del* —, fiamma ossidrica **2** (*mus.*) bocchino.
soplido *s.m.* soffio forte.
soplillo *s.m.* mantice, soffietto.
soplo *s.m.* **1** soffio: *un — de viento*, un soffio di vento **2** soffiata (*f.*), spiata (*f.*): *fue un — lo que permitió a la policía recuperar las joyas robadas*, fu una soffiata che permise alla polizia di recuperare i gioielli rubati **3** (*fig.*) soffio, attimo: *el día de fiesta pasó en un* —, il giorno di festa passò in un soffio.
soplón *s.m.* **1** spia (*f.*), delatore **2** (*Amer.*, *teatr.*) suggeritore.
soponcio *s.m.* **1** (*fam.*) colpo, accidente: *le vino un — cuando oyó la noticia*, gli venne un colpo quando sentì la notizia **2** svenimento, mancamento.
sopor *s.m.* sonnolenza (*f.*), torpore: *después de comer siento un — que no me permite hacer nada*, dopo mangiato sento una sonnolenza che non mi permette di far niente.
soporífero *agg.* soporifero: *ciertas transmisiones televisivas tienen un efecto* —, certe trasmissioni televisive hanno un effetto soporifero.
soportable *agg.* sopportabile, tollerabile: *este año el calor es más — que el año pasado*, quest'anno il caldo è più sopportabile dell'anno scorso.
soportal *s.m.* **1** atrio: *te espero en el* —, ti aspetto nell'atrio **2** (*spec.pl.*) portico (*sing.*), porticato (*sing.*): *en los soportales de la plaza hay muchas tiendas de recuerdos*, sotto i portici della piazza ci sono molti negozi di souvenir.
soportar *v.tr.* **1** sopportare, sostenere **2** sopportare, tollerare: *no soporta el dolor de cabeza*, non sopporta il mal di testa; *no*

soporto un día más esta lluvia, non sopporto un giorno di più questa pioggia.

soporte *s.m.* supporto, sostegno: *compré un — para mi portátil*, ho comprato un supporto per il mio portatile.

soprano *s.m.* (*mus., voce*) soprano ♦ *s.m./f.* (*cantante*) soprano.

soquear *v.tr.* (*Amer.*) schiaffeggiare.

sor *s.f.* (*relig.*) suora: — *María*, suor Maria.

sorber *v.tr.* **1** sorbire, succhiare: *hay niños que comen los espaguetis sorbiéndolos*, ci sono bambini che mangiano gli spaghetti succhiandoli **2** assorbire (*anche fig.*): *asistieron a la conferencia del filósofo y sorbieron todas sus palabras*, assistettero alla conferenza del filosofo e assorbirono tutte le sue parole **3** (*fig.*) inghiottire: *el mar embravecido sorbió el barco*, il mare agitato inghiottì la barca.

sorbete *s.m.* sorbetto: *el — de limón es muy refrescante*, il sorbetto di limone è molto rinfrescante.

sorbetera *s.f.* (*cuc.*) sorbettiera.

sorbo *s.m.* sorso, sorsata (*f.*): *tomar solo un — de vino*, bere solo un sorso di vino | *a sorbos*, a sorsi; poco alla volta.

sordera *s.f.* sordità.

sordez *s.f.* (*fonetica*) sordità.

sordidez *s.f.* sordidezza.

sórdido *agg.* **1** sordido, sporco: *dormía en una sórdida cama*, dormiva in un letto sudicio **2** (*fig.*) avaro, gretto, meschino.

sordina *s.f.* (*mus.*) sordina: *con/a la —*, in sordina.

sordo *agg.* **1** sordo | *más — que una tapia*, sordo come una campana **2** (*silenzioso*) sordo: *ruido —*, rumore sordo | *a la sorda, a sordas*, in sordina, silenziosamente; alla chetichella **3** (*fig.*) sordo, insensibile, indifferente: — *a las voces de su pueblo*, insensibile/sordo alla voce del suo popolo ♦ *s.m.* sordo | *diálogo de sordos*, dialogo tra sordi | *hacerse el —*, fare orecchie da mercante.

sordomudo *agg., s.m.* sordomuto.

sorgo *s.m.* (*bot.*) sorgo.

soriasis *s.f.* (*med.*) psoriasi.

sorna *s.f.* **1** fiacca, flemma **2** (*fig.*) ironia, sarcasmo (*m.*): *hablar con —*, parlare con ironia.

soroche *s.m.* (*Amer., med.*) mal di montagna/altitudine.

sorprendente *agg.* sorprendente: *el joven actor tuvo un éxito —*, il giovane attore ebbe un successo sorprendente.

sorprender *v.tr.* **1** sorprendere; scoprire, cogliere alla sprovvista: *la lluvia nos sorprendió a mitad del sendero*, la pioggia ci colse a metà del sentiero | — *a un ladrón*, sorprendere un ladro | — *con las manos en la masa*, prendere/cogliere con le mani nel sacco **2** (*fig.*) sorprendere, stupire, meravigliare ♦ **-se** *v.pron.* sorprendersi, meravigliarsi: *me sorprendo de lo que dices*, mi sorprendo di ciò che dici.

sorpresa *s.f.* **1** sorpresa, stupore (*m.*), meraviglia: *por —*, di sorpresa **2** (*cosa*) sorpresa: *dar a uno una —*, fare a qlcu. una sorpresa, un'improvvisata; *le organizamos una cena — por su licenciatura*, gli organizzammo una cena a sorpresa per la sua laurea.

sorpresivo *agg.* (*Amer.*) sorprendente, inatteso.

sortear *v.tr.* **1** sorteggiare: *mañana se sortearán los premios*, domani verranno sorteggiati i premi **2** (*fig.*) schivare, eludere, scansare: *es tímida y sortea a todas las personas que no conoce*, è timida ed evita tutte le persone che non conosce.

sorteo *s.m.* sorteggio, estrazione (*f.*): *lista oficial de premios del — de ayer*, listino ufficiale dei numeri vincenti della lotteria estratti ieri.

sortija *s.f.* **1** anello (*m.*): *mi abuela me regaló una antigua — de plata*, mia nonna mi ha regalato un anello antico in argento **2** (*di capelli*) ricciolo (*m.*), boccolo (*m.*).

sortilegio *s.m.* sortilegio, incantesimo: *el — de sus ojos*, l'incantesimo dei suoi occhi.

SOS *s.m.* sos: *el gobierno ha lanzado un —*, il governo ha lanciato un sos.

sosa *s.f.* (*chim.*) soda.

sosaina *agg.* (*fam., di persona*) insulso, insipido.

sosegado *agg.* tranquillo, pacato, quieto: *vida sosegada*, vita tranquilla; *ambiente —*, ambiente quieto; *una sosegada tarde de verano*, un tranquillo pomeriggio d'estate.

sosegar (*con. come* negar) *v.tr.* tranquillizzare, placare, rasserenare: *hay que — los ánimos*, bisogna placare gli animi; *hace falta mucho tiempo para — vuestro dolor*, è necessario molto tempo per lenire il vostro dolore ♦ **-se** *v. pron.* **1** riposarsi **2** (*fig.*) calmarsi, acquietarsi: *el viento se ha sosegado*, il vento si è calmato.

sosería *s.f.* **1** balordaggine, insulsaggine **2** scipitezza.

sosia, sosias *s.m.* sosia (*m./f.*).

sosiego *s.m.* calma (*f.*), tranquillità (*f.*), serenità (*f.*).

soslayar *v.tr.* **1** inclinare, mettere di traverso: *soslayad la cama para que pueda pasar por la puerta*, inclinate il letto in modo che possa passare dalla porta **2** (*fig.*) aggirare (un ostacolo), schivare, scansare, eludere.

soslayo, de *loc.avv.* **1** obliquamente; di traverso, di lato: *mirar —*, guardare di sbieco **2** di sfuggita: *habló de la cosa —*, parlò della faccenda di sfuggita.

soso *agg.* **1** insipido, sciapo: *comida sosa*,

mangiare scipito **2** (*fig.*) noioso; insulso, scialbo: *espéctaculo —*, spettacolo noioso; *con ella es difícil hablar porque es una persona muy sosa*, con lei è difficile parlare perché è una persona molto insulsa.
sospecha *s.f.* sospetto (*m.*), dubbio (*m.*): *sobre él pesa la — de robo*, su di lui pesa il sospetto di furto.
sospechar *v.tr.* sospettare: *sospecho que la causa de todo sea él*, sospetto che sia lui la causa di tutto ♦ *v.intr.* sospettare di, dubitare di, diffidare di.
sospechoso *agg.* **1** sospetto: *lugar —*, luogo sospetto **2** sospettoso, diffidente: *no hagas siempre el —*, non fare sempre il sospettoso ♦ *s.m.* (*dir.*) persona (*f.*) sospetta, sospettato: *hoy mismo interrogan a los sospechosos*, oggi stesso interrogano le persone sospette.
sostén *s.m.* **1** sostegno (*anche fig.*), base (*f.*), supporto: *ser el — de la familia*, essere il sostegno della famiglia; *las vigas son el — principal de los tejados*, le travi sono il sostegno principale dei tetti **2** (*abbigl.*) reggiseno.
sostenedor *s.m.* sostenitore.
sostener (*con. come* tener) *v.tr.* **1** sostenere, reggere, sopportare (*anche fig.*): *la estantería sostiene el peso de todos los libros*, lo scaffale regge il peso di tutti i libri **2** mantenere: *— a toda la familia*, mantenere tutta la famiglia **3** sostenere, difendere, propugnare: *— una causa*, difendere una causa; *— la difusión de la lectura*, propugnare la diffusione della lettura ♦ **-se** *v.pron.* **1** sostenersi, reggersi **2** mantenersi: *se sostienen con el dinero de sus padres*, si mantengono con il denaro dei loro genitori.
sostenido *agg.* (*mus.*) sostenuto ♦ *s.m.* (*mus.*) diesis: *un fa —*, un fa diesis.
sostenimiento *s.m.* **1** sostegno **2** mantenimento, sostentamento.
sota *s.f.* **1** (*nelle carte*) fante (*m.*) **2** (*fam.*) strega, megera.
sotabanco *s.m.* mansarda (*f.*), sottotetto: *desde mi — puedo ver las montañas lejanas*, dalla mia mansarda posso vedere le montagne lontane.
sotabarba *s.m.* doppio mento.
sotana *s.f.* (*relig.*) veste talare, sottana.
sótano *s.m.* cantina (*f.*), scantinato.
sotechado *s.m.* tettoia (*f.*), pensilina (*f.*).
soterrado *agg.* sotterraneo, occulto: *hallaron el tesoro en un lugar — del castillo*, trovarono il tesoro in un luogo sotterraneo del castello.
soterrar *v.tr.* (*con. come* acertar) **1** sotterrare, seppellire **2** (*fig.*) dimenticare, sotterrare, nascondere: *frente a los demás soterraron su reciente dolor*, di fronte agli altri nascosero il loro recente dolore.
soto *s.m.* boschetto, boscaglia (*f.*), macchia (*f.*).
sotobosque *s.m.* sottobosco.
soviético *agg.*, *s.m.* sovietico.
soya *s.f.* → **soja.**
spanglish *s.m.* (*ling.*) spanglish.
spaniel *s.m.* (*cane*) spaniel.
spin *s.m.* (*fis.*) spin.
spinnaker *s.m.* (*mar.*) spinnaker.
spinning *s.m.* (*sport*) spinning.
sport *agg.* (*abbigl.*) sportivo, casual: *lucir ropa —*, sfoggiare abbigliamento sportivo.
spot *s.m.* spot, comunicato pubblicitario.
sprint *s.m.* (*sport*) sprint: *el — final le permitió ganar la carrera*, lo sprint finale gli permise di vincere la corsa.
squash *s.m.* (*sport*) squash.
srilankés *agg.*, *s.m.* singalese (*m./f.*).
staff *s.m.* staff, équipe (*f.*).
stand *s.m.* stand, banco d'esposizione.
standing *s.m.* categoria (*f.*) economica o sociale.
starter *s.m.* → **estárter.**
statu(s) quo *s.m.* statu(s) quo: *su objetivo era mantener el —*, il loro obiettivo era mantenere lo statu quo.
step *s.m.* (*sport*) step.
stock *s.m.* stock, scorta (*f.*): *han quedado muchos recambios de — en el almacén*, sono rimasti molti ricambi di scorta in magazzino.
stop *s.m.* (*segnale stradale, telegrammi*) stop: *quién no observa el — pone en peligro su vida y la de los otros*, chi non osserva lo stop mette in pericolo la sua vita e quella altrui.
su (*pl.* sus) *agg.poss. di 3ª pers.* **1** suo (*m.*), sua (*f.*), loro (*pl.*): *— padre*, suo/il loro padre; *sus padres*, i suoi/i loro genitori; *— escuela*, la sua/loro scuola **2** (*seguito da un numero*) circa: *debe de tener sus cuarenta*, sarà sulla quarantina.
suahili, suajili *s.m.* → **swahili.**
suasorio *agg.* persuasivo.
suave *agg.* **1** soave, delicato, dolce: *perfume —*, profumo delicato **2** morbido, soffice: *tela —*, tessuto soffice; *pelo —*, capelli morbidi **3** (*fig.*) lento, moderato: *entrenamiento —*, allenamento moderato; *paseo —*, passeggiata lenta.
suavidad *s.f.* **1** gentilezza, delicatezza: *le respondió con —*, le rispose con gentilezza **2** morbidezza.
suavizante *agg.* ammorbidente ♦ *s.m.* **1** ammorbidente: *compro el — más barato para mi lavadora*, compro l'ammorbidente più economico per la mia lavatrice **2** (*per capelli*) balsamo: *para desenredar el pelo siempre uso un —*, per districare i capelli uso sempre un balsamo.
suavizar (*con. come* cazar) *v.tr.* **1** ammorbidire (*anche fig.*): *esta crema suaviza la piel de la cara*, questa crema ammorbidisce la pelle

del viso **2** sfumare: *he aprendido a — las fotos*, ho imparato a sfumare le foto.
subacuático *agg.* subacqueo: *hemos visitado un parque —*, abbiamo visitato un parco subacqueo.
subalimentación *s.f.* sottoalimentazione.
subalpino *agg.* (*geogr.*) subalpino.
subalterno *agg.* **1** subalterno: *empleada subalterna*, impiegata subalterna **2** secondario, accessorio: *personaje —*, personaggio secondario ♦ *s.m.* subalterno, sottoposto: *sus subalternos no obedecieron a las órdenes*, i suoi sottoposti non obbedirono agli ordini.
subarrendamiento *s.m.* subaffitto, sublocazione (*f.*).
subarrendar (*con. come* acertar) *v.tr.* subaffittare, sublocare.
subarrendatario *s.m.* subaffittuario, sublocatario.
subarriendo *s.m.* subaffitto, sublocazione (*f.*).
subasta *s.f.* **1** asta, incanto (*m.*): *a —*, all'asta; *— de quiebra*, asta fallimentare; *aviso de —*, bando d'asta; *sacar a pública —*, mettere in licitazione **2** (*amm.*) appalto (*m.*).
subastador *s.m.* banditore d'asta.
subastar *v.tr.* mettere/vendere all'asta: *subastaron un dibujo de Picasso*, hanno venduto all'asta un disegno di Picasso.
subatómico *agg.* (*fis.*) subatomico.
subcampeón *s.m.* vicecampione.
subcampeonato *s.m.* (*sport*) secondo posto.
subcelular *agg.* (*chim.*) subcellulare.
subclase *s.f.* (*biol.*) sottoclasse.
subcomisario *agg.*, *s.m.* sottocommissario.
subcomisión *s.f.* sottocommissione.
subconjunto *s.m.* (*mat.*) sottoinsieme.
subconsciente *agg.*, *s.m.* (*psic.*) subcosciente, inconscio.
subcontinente *agg.* (*geogr.*) subcontinente.
subcontrata *agg.*, *s.f.* (*amm.*) subappalto (*m.*).
subcontratación *s.f.* (*amm.*) subappalto (*m.*).
subcontratar *v.tr.* (*amm.*) subappaltare.
subcontratista *agg.*, *s.m./f.* (*amm.*) subappaltatore (*m.*).
subcultura *s.f.* sottocultura, subcultura.
subcutáneo *agg.* sottocutaneo.
subdelegación *s.f.* subdelegazione.
subdelegado *agg.*, *s.m.* vicedelegato.
subdelegar (*con. come* llegar) *v.tr.* subdelegare.
subdesarrollado *agg.* sottosviluppato, arretrato: *país —*, paese sottosviluppato.
subdesarrollo *s.m.* sottosviluppo: *bolsa de —*, sacca di sottosviluppo.
subdirección *s.m.* vicedirezione.
subdirector *s.m.* vicedirettore.
súbdito *s.m.* suddito.
subdividir *v.tr.* suddividere: *subdividimos el dinero en partes iguales*, suddividemmo il denaro in parti uguali ♦ **-se** *v.pron.* suddividersi: *la obra teatral se subdivide en tres actos*, l'opera teatrale si suddivide in tre atti.
subdivisión *s.f.* **1** suddivisione **2** divisorio (*m.*).
subducción *s.f.* (*geol.*) subduzione.
subempleo *s.m.* sottoccupazione (*f.*): *muchos licenciados se enfrentan con el problema del — a la hora de empezar a trabajar*, molti laureati si scontrano con il problema della sottoccupazione nel momento di iniziare a lavorare.
subentender (*con. come* entender) *v.tr.* sottintendere.
suberificarse (*con. come* pescar) *v.pron.* (*bot.*) suberificarsi.
suberoso *agg.* sugheroso, simile al sughero.
subespecie *s.f.* sottospecie.
subestación *s.f.* sottostazione: *— eléctrica*, sottostazione elettrica.
subestimar *v.tr.* sottostimare, sottovalutare: *han perdido por — al equipo adversario*, hanno perso per aver sottovalutato la squadra avversaria ♦ **-se** *v.pron.* sottovalutarsi.
subfamilia *s.f.* (*biol.*) sottofamiglia.
subgénero *s.m.* sottogenere.
subgrupo *s.m.* sottogruppo.
subida *s.f.* **1** salita, erta, pendio (*m.*): *calle en —*, strada in salita; *al final de la — está el restaurante que buscáis*, alla fine della salita c'è il ristorante che cercate **2** (*fig.*) ascesa: *— al trono*, ascesa al trono **3** rialzo (*m.*), aumento (*m.*): *la — de precios*, l'aumento dei prezzi; *la — de la temperatura*, l'aumento della temperatura; *la — de las ventas*, l'aumento delle vendite.
subido *agg.* **1** alto, elevato; caro: *precio muy —*, prezzo molto elevato **2** vivo, intenso, acceso, forte: *colores subidos*, colori intensi; *un perfume —*, un profumo penetrante; *lleva una bufanda color azul —*, indossa una sciarpa color azzurro vivo **3** (*fam.*) spinto, audace; osé: *nos enseñó fotos muy subidas*, ci mostrò foto molto audaci.
subir *v.intr.* **1** salire (*anche fig.*): *— al tren*, salire sul treno; *— a un árbol*, salire su un albero; *— en ascensor*, salire in ascensore; *— al poder*, salire al potere; *— al podio*, salire sul podio; *— a caballo*, montare a cavallo **2** (*fig.*) aumentare, crescere: *ha subido la temperatura*, la temperatura è aumentata; *han subido los impuestos*, sono aumentate le tasse; *— de nivel*, crescere di livello; *comes demasiado y subes de peso*, mangi troppo e aumenti di peso **3** (*comm.*) ammontare: *la cuenta sube a 100 euros*, il conto ammonta a 100 euro ♦ *v.tr.* **1** salire, risalire: *— las escaleras*, salire le scale; *— la corriente*, risalire la corrente **2** portare su: *súbeme el correo, por favor*, portami su la posta, per favore **3** alzare, sollevare: *sube la cabeza*, alza la testa;

sube la cortina, tira su la tenda; — *la voz*, alzare la voce **4** aumentare: *los comerciantes han subido los precios*, i commercianti hanno aumentato i prezzi ♦ **-se** *v.pron.* salire, arrampicarsi: — *al tren*, salire sul treno | *subírsele los humos a la cabeza*, montarsi la testa.

subitáneo *agg.* subitaneo, repentino.

súbito *agg.* repentino, improvviso, subitaneo: *por un apagón — del ordenador he perdido todos los datos*, a causa di uno spegnimento improvviso del computer ho perso tutti i dati ♦ *avv.* improvvisamente, di colpo, repentinamente: *por el viento la puerta se abrió —*, per il vento la porta si aprì di colpo | *de —*, improvvisamente.

subjefe *s.m.* vicecapo.

subjetividad *s.f.* soggettività.

subjetivismo *s.m.* soggettivismo.

subjetivo *agg.* soggettivo: *es un juicio totalmente —*, è un giudizio totalmente soggettivo; *su arte es —*, la sua arte è soggettiva; *haz un análisis subjetiva de la situación*, fai un'analisi soggettiva della situazione.

subjuntivo *s.m.* (*gramm.*) congiuntivo.

sublevación *s.f.* tumulto (*m.*), sommossa, insurrezione, rivolta: *el nuevo aumento de los precios podría producir una — ciudadana*, il nuovo aumento dei prezzi potrebbe produrre una rivolta cittadina.

sublevar *v.tr.* **1** sollevare, fare insorgere: *intentó — el norte contra el sur*, tentò di far insorgere il nord contro il sud **2** (*fig.*) irritare, dare fastidio ♦ **-se** *v.pron.* ribellarsi, sollevarsi: *el pueblo se sublevó en contra del dictador*, il popolo si ribellò contro il dittatore.

sublimación *s.f.* (*fis., chim., psic.*) sublimazione.

sublimado *agg.* sublimato ♦ *s.m.* (*chim., fis.*) sublimato.

sublimar *v.tr.* **1** ingrandire, sublimare **2** (*fis., chim., psic.*) sublimare ♦ **-se** *v.pron.* (*fis., chim., psic.*) sublimarsi.

sublime *agg.* sublime, eccelso, divino: *es una música —*, è una musica sublime.

subliminal *agg.* subliminale: *mensajes subliminales*, messaggi subliminali.

sublingual *agg.* (*anat.*) sottolinguale, sublinguale.

sublunar *agg.* sublunare, sottolunare.

submarinismo *s.m.* diving, immersioni (*f.pl.*).

submarinista *agg.*, *s.m.* **1** (*sport*) subacqueo **2** (*mil.*) sommergibilista.

submarino *agg.* sottomarino: *ambiente —*, ambiente sottomarino; *cable telefónico —*, cavo telefonico sottomarino ♦ *s.m.* sottomarino: *han construido un — nuclear*, hanno costruito un sottomarino nucleare.

submúltiplo *agg.*, *s.m.* (*mat.*) sottomultiplo.

submundo *s.m.* (*anche fig.*) sottomondo, ambiente degradato: *dice que quiere salir del — de la droga*, dice che vuole uscire dall'ambiente della droga.

subnormal *agg.*, *s.m./f.* (*di persona, spreg.*) subnormale.

subnormalidad *s.f.* (*spreg.*) subnormalità.

suboficial *s.m.* (*mil.*) sottufficiale.

suborbital *agg.* suborbitale: *el vuelo — del cohete*, il volo suborbitale del razzo.

suborden *s.m.* (*bot., zool.*) sottordine.

subordinación *s.f.* (*anche gramm.*) subordinazione.

subordinado *agg.* **1** subordinato, subalterno **2** (*gramm.*) subordinato: *esta frase subordinada requiere el verbo al subjuntivo*, questa frase subordinata richiede il verbo al congiuntivo ♦ *s.m.* subordinato, subalterno.

subordinar *v.tr.* **1** subordinare, sottomettere **2** (*gramm.*) subordinare ♦ **-se** *v.pron.* sottomettersi, soggiacere a: *nos obligaron a subordinarnos a su voluntad*, ci obbligarono a soggiacere alla loro volontà.

subpolar *agg.* (*geogr.*) subpolare: *aire frío de origen —*, aria fredda di origine subpolare.

subprefecto *s.m.* (*relig., st., scuola*) sottoprefetto.

subprefectura *s.f.* (*relig., st., scuola*) sottoprefettura.

subproducto *s.m.* sottoprodotto, sottomarca (*f.*).

subproletariado *s.m.* sottoproletariato.

subrayado *agg.* sottolineato: *buscad en el diccionario las palabras subrayadas*, cercate sul dizionario le parole sottolineate ♦ *s.m.* sottolineatura (*f.*): *¿quién ha borrado mis subrayados?*, chi ha cancellato le mie sottolineature?

subrayar *v.tr.* sottolineare (*anche fig.*): *subraya los verbos en pretérito indefinido*, sottolinea i verbi al passato remoto; *¿por qué subrayas sólo los defectos de tus compañeros de trabajo?*, perché sottolinei solo i difetti dei tuoi colleghi di lavoro?

subreino *s.m.* (*zool.*) sottoregno.

subrepticio *agg.* surrettizio (*anche dir.*).

subrogar (*con. come* llegar) *v.tr.* (*dir., econ.*) surrogare, sostituire: *subrogué un préstamo hipotecario*, ho surrogato un mutuo.

subsanar *v.tr.* **1** rimediare, riparare, risolvere: *el médico me dio unos consejos para — mis dolores de espalda*, il medico mi ha dato dei consigli per risolvere i miei dolori di schiena; *hace falta — inmediatamente estos errores de contabilidad*, è necessario correggere subito questi errori contabili **2** risarcire.

subscribir (*part.pass.irr.* subscrito) *v.tr.* firmare, sottoscrivere (*anche fig., econ.*): — *nuevas acciones*, sottoscrivere nuove azioni

♦ **-se** *v.pron.* associarsi; abbonarsi: *querría subscribirme a una revista inglesa*, vorrei abbonarmi a una rivista inglese.
subscripción *s.f.* **1** (*econ.*) sottoscrizione **2** (*a giornali ecc.*) abbonamento (*m.*): — *de obsequio*, abbonamento omaggio.
subscriptor *s.m.* **1** abbonato: — *de una revista*, abbonato a una rivista **2** (*amm.*) firmatario, sottoscrittore: — *de obligaciones*, sottoscrittore di obbligazioni.
subsección *s.f.* sottosezione.
subsecretaría *s.f.* sottosegretariato (*m.*).
subsecretario *s.m.* sottosegretario, vicesegretario.
subsector *s.m.* sottosettore.
subseguir (*con. come* seguir) *v.intr.* susseguire ♦ **-se** *v.pron.* susseguirsi: *de aquel error se subsiguen efectos interminables*, da quell'errore si susseguono effetti interminabili.
subsidencia *s.f.* (*geol.*) subsidenza: *el fenómeno de la —atmosférica*, il fenomeno della subsidenza atmosferica.
subsidiar *v.tr.* sovvenzionare: — *una entidad*, sovvenzionare un ente; *acaban de aprobar un decreto para — a los parados*, hanno appena approvato un decreto per concedere un sussidio ai disoccupati.
subsidiaria *s.f.* (*Amer.*, *comm.*) filiale.
subsidiario *agg.* sussidiario, ausiliario: *intervenciones subsidiarias para ayudar a los trabajadores más afectados por la crisis*, interventi sussidiari per aiutare i lavoratori più colpiti dalla crisi.
subsidio *s.m.* **1** sussidio: — *de desempleo*, sussidio di disoccupazione **2** sovvenzione (*f.*), contributo, stanziamento: — *a la exportación*, sovvenzione all'esportazione; *aquella empresa continúa la actividad sólo gracias a los subsidios del Estado*, quell'impresa continua l'attività solo grazie ai sussidi dello Stato.
subsiguiente *agg.* susseguente, successivo.
subsistencia *s.f.* **1** sussistenza: *hay países que todavía practican una agricultura de —*, ci sono paesi che praticano ancora un'agricoltura di sussistenza **2** (*pl.*) vettovaglie, viveri (*m.*).
subsistir *v.intr.* **1** sussistere, perdurare, persistere: *aquel edificio subsiste aún*, quel palazzo è ancora in piedi; *muchas familias subsiten sólo por la ayuda de asociaciones de solidaridad*, molte famiglie sussistono solo per l'aiuto di associazioni di solidarietà **2** essere in vigore: *todavía subsiste la ley de 1935*, è ancora in vigore la legge del 1935.
substancia *s.f.* **1** sostanza, materia: *en los alimentos hay substancias naturales y substancias químicas*, negli alimenti ci sono sostanze naturali e sostanze chimiche **2** (*fig.*) valore (*m.*), importanza: *dicen un montón de palabras sin —*, dicono un mucchio di parole senza valore.
substancial *agg.* **1** sostanziale, essenziale: *no entiendo cuál es el contenido — de lo que está intentando demostrar*, non capisco qual è il contenuto essenziale di ciò che sta cercando di dimostrare **2** (*di cibo*) sostanzioso, nutriente.
substancioso *agg.* sostanzioso, nutriente: *tu madre cocina platos demasiado substanciosos*, tua madre cucina piatti troppo sostanziosi.
substantivación *s.f.* → **sustantivación.**
substantivar *v.tr.* → **sustantivar.**
substantivo *s.m.* → **sustantivo.**
substracción *s.f.* **1** sottrazione, furto (*m.*): *le condenaron por — de menores*, lo condannarono per sottrazione di minore **2** (*mat.*) sottrazione.
substraendo *s.m.* (*mat.*) sottraendo.
substraer (*con. come* traer) *v.tr.* **1** (*anche mat.*) sottrarre: — *una parte de lo que se ha producido*, sottrarre una parte di quello che è stato prodotto **2** rubare: *le substrajeron la cartera*, le rubarono il portafoglio ♦ **-se** *v.pron.* sottrarsi, esimersi dal fare qlco.: *¡qué vagos!, se substraen frente a cualquier tarea*, che fannulloni, si sottraggono davanti a qualsiasi compito.
subsuelo *s.m.* sottosuolo.
subsumir *v.tr.* incorporare, comprendere: *el principio general subsume el caso particular*, il principio generale comprende il caso particolare.
subte *s.m.* (*Amer.*) metropolitana (*f.*).
subtender (*con. come* entender) *v.tr.* (*geom.*) sottendere.
subteniente *s.m.* (*mil.*) sottotenente.
subterfugio *s.m.* sotterfugio, scappatoia (*f.*).
subterráneo *agg.*, *s.m.* sotterraneo: *encontraron un pasaje — para salir del castillo*, trovarono un passaggio sotterraneo per uscire dal castello.
subtitular *v.tr.* (*cinem.*) sottotitolare: *la película se subtitula en cuatro idiomas*, il film viene sottotitolato in quattro lingue.
subtítulo *s.m.* (*cinem.*) sottotitolo.
subtropical *agg.* subtropicale: *clima —*, clima subtropicale.
suburbano *agg.* suburbano, extraurbano: *el tren — fue inaugurado hace tres años*, il treno suburbano fu inaugurato tre anni fa.
suburbial *agg.* dei sobborghi, di periferia: *tiene el acento —*, ha l'accento della periferia.
suburbio *s.m.* sobborgo, periferia (*f.*), hinterland: *hubo una explosión en un — de la capital*, ci fu un'esplosione in un sobborgo della capitale.
subvalorar *v.tr.* sottovalutare: *no subvalores*

los consejos de tus padres, non sottovalutare i consigli dei tuoi genitori.
subvención *s.f.* sovvenzione, finanziamento (*m.*), sovvenzionamento (*m.*): — *del estado*, sovvenzione statale.
subvencionar *v.tr.* sovvenzionare, finanziare.
subvenir (*con. come* venir) *v.intr.* **1** sovvenire, venire in aiuto **2** provvedere, far fronte: *no sé como podremos — a los gastos extraordinarios*, non so come potremo far fronte alle spese straordinarie.
subversión *s.f.* sovversione.
subversivo *agg.* sovversivo, eversivo: *preparaban un plan* —, preparavano un piano sovversivo.
subvertir (*con. come* sentir) *v.tr.* sovvertire, alterare, sconvolgere: *los manifestantes fueron acusados de — el orden público*, i manifestanti furono accusati di sovvertire l'ordine pubblico.
subyacente *agg.* soggiacente, sottostante.
subyacer (*con. come* yacer) *v.intr.* soggiacere.
subyugador *agg.*, *s.m.* soggiogatore.
subyugante *agg.* soggiogante.
subyugar (*con. come* llegar) *v.tr.* soggiogare, assoggettare, sottomettere.
succión *s.f.* suzione: *la — del dedo pulgar,* la suzione del dito pollice.
succionar *v.tr.* **1** succhiare **2** aspirare, risucchiare.
sucedáneo *agg.*, *s.m.* succedaneo, surrogato: *producto* —, prodotto surrogato.
suceder *v.intr.* **1** succedere (a), seguire: *el tres sucede al dos*, il tre segue il due **2** (*dir.*) succedere ♦ *v.intr.impers.* succedere, accadere: *suceden hechos terribles*, accadono fatti terribili.
sucedido *s.m.* (*fam.*) avvenimento.
sucesión *s.f.* **1** successione: *en base a su testamento se organizará la — de los bienes*, in base al testamento si organizzerà la successione dei beni **2** discendenza, prole **3** (*dir.*) eredità.
sucesivo *agg.* successivo, seguente
■ ***en lo sucesivo***, in seguito, d'ora in poi, in futuro: *en lo — te explicaré mis razones*, in seguito ti spiegherò le mie ragioni.
suceso *s.m.* **1** avvenimento, fatto, evento: *le ocurrió un — desagradable*, le accadde un fatto sgradevole **2** esito, risultato **3** (*pl.*) fatti di cronaca: *todavía no he leído los sucesos de hoy*, non ho ancora letto la cronaca di oggi | (*giorn.*) *página de sucesos*, cronaca.
sucesor *agg.*, *s.m.* **1** successore **2** erede (*m./f.*): *por el testamento los sucesores son tres*, secondo il testamento gli eredi sono tre.
suciedad *s.f.* (*anche fig.*) sporcizia, sudiciume (*m.*).
sucinto *agg.* **1** succinto, breve, conciso **2** (*abbigl.*) succinto, ridotto: *vestido* —, vestito succinto.
sucio *agg.* **1** sporco, sudicio, lurido: *papel* —, carta sporca **2** (*fig.*) volgare, osceno; sleale, scorretto: *frases sucias*, frasi volgari.
súcubo *agg.* (*demone*) succube.
sucre *s.m.* (*moneta*) sucre.
suculento *agg.* (*anche fig.*) succulento, gustoso, sostanzioso: *una cena suculenta*, una cena succulenta; *firmar un contrato* —, firmare un contratto sostanzioso.
sucumbir *v.intr.* **1** soccombere, arrendersi: *no hay que — a la crisis*, non bisogna soccombere alla crisi **2** morire, perire **3** (*dir.*) soccombere in giudizio, perdere la causa.
sucursal *s.f.* succursale, filiale: *la — de mi banco está lejos*, la filiale della mia banca è lontana.
sudaca *agg.*, *s.m./f.* (*spreg.*) sudamericano (*m.*).
sudación *s.f.* sudorazione.
sudadera *s.f.* **1** (*fam.*) sudata **2** (*abbigl.*) felpa.
sudafricano *agg.*, *s.m.* sudafricano.
sudamericano *agg.*, *s.m.* sudamericano.
sudanés *agg.*, *s.m.* sudanese (*m./f.*).
sudar *v.intr.* sudare (*anche fig.*) | — *la gota gorda*, sudare sette camicie.
sudario *s.m.* sudario.
sudeste *s.m.* sudest.
sudista *agg.*, *s.m.* (*st.*) sudista.
sudoeste *s.m.* sudovest.
sudor *s.m.* **1** sudore | *estar bañado en* —, essere in un bagno di sudore **2** (*fig.*) sforzo, fatica (*f.*).
sudoración *s.f.* sudorazione.
sudoriento *agg.* sudaticcio.
sudorífico *agg.* (*anat.*) sudorifero.
sudoríparo *agg.* (*anat.*) sudoriparo.
sudoroso *agg.* sudato, sudaticcio.
sueco *agg.*, *s.m.* svedese (*m./f.*) | *hacerse el* —, fare lo gnorri.
suegro *s.m.* suocero.
suela *s.f.* **1** suola: *hacer las medias suelas*, rifare le suole **2** (*arch.*) zoccolo (*m.*)
■ ***pícaro de siete suelas***, furfante di sette cotte | ***no llegar a la suela del zapato***, non essere all'altezza.
sueldo *s.m.* stipendio, salario | *asesino a* —, killer.
suelo *s.m.* **1** suolo, terreno: — *fértil*, suolo fertile; *explotación del* —, sfruttamento del suolo | *echar al* —, radere al suolo: *echar al — un edificio*, demolire un edificio | *echarse al* —, buttarsi per terra | *arrastrarse por el* —, strisciare, umiliarsi | *medir el* —, cascare per terra lungo disteso | — *natal*, suolo natio, patria **2** pavimento: — *de ladrillo*, pavimento di mattoni **3** (*edil.*) area (*f.*) edificabile, terreno edificabile

■ ***poner por el suelo a alguien***, svergognare qlcu. | ***estar por los suelos*** **1** costare pochissimo **2** essere depresso/a terra.

suelto *agg.* **1** sciolto, libero: *animales sueltos*, animali sciolti/liberi **2** spaiato, scompagnato: *medias sueltas*, calze spaiate **3** sciolto, sfuso: *pliegos sueltos*, fogli sciolti **4** (*fig.*) disinvolto, agile, svelto **5** ampio, comodo: *ese vestido es muy —*, quel vestito è molto comodo **6** (*fig.*) scorrevole, fluido: *estilo —*, stile scorrevole ♦ *s.m.* **1** spiccioli (*pl.*) | *tener —*, avere spiccioli **2** (*giorn.*) trafiletto.

sueño *s.m.* **1** sonno: *— pesado*, sonno pesante; *coger el —*, prendere sonno **2** sogno: *en sueños*, in sogno | *ni en/por sueños*, neanche per sogno | *entre sueños*, nel dormiveglia | *— dorado*, sogno nel cassetto **3** (*fig.*) sogno, bellezza (*f.*), meraviglia (*f.*).

suero *s.m.* siero | (*med.*) *— fisiológico*, soluzione fisiologica | *estar conectado al —*, essere attaccato alla flebo.

suerte *s.f.* **1** sorte, caso (*m.*), destino (*m.*) | *confiar a la —*, lasciare al caso | *echar a —*, tirare a sorte | *caer en —*, toccare in sorte **2** fortuna: *dar —*, portare fortuna; *mala —*, sfortuna | *por —*, per fortuna, fortunatamente **3** genere (*m.*), specie, tipo (*m.*): *¿qué — de tela quieres?*, che genere/tipo di tessuto vuoi?

■ ***de suerte que***, di modo che | ***de todas suertes***, in ogni modo.

suéter *s.m.* maglione, maglia (*f.*), pullover.

suevo *agg.*, *s.m.* (*st.*) svevo.

suficiencia *s.f.* **1** sufficienza **2** capacità, idoneità: *los aspirantes deben mostrar su — ante un tribunal*, i candidati devono dimostrare la loro idoneità davanti a una commissione **3** (*fig.*) sufficienza, presunzione.

suficiente *agg.* **1** sufficiente: *no tiene — dinero*, non ha sufficiente denaro; *tener suficientes requisitos para algo*, avere i requisiti idonei per qlco. **2** (*fig.*) sufficiente, sdegnoso | *es —*, è sufficiente, basta.

suficientemente *avv.* abbastanza.

sufijo *s.m.* (*gramm.*) suffisso.

suflé *s.m.* (*cuc.*) soufflé.

sufragar (*con. come* llegar) *v.tr.* **1** suffragare, appoggiare **2** soddisfare, pagare: *con esa renta puede — todos sus vicios*, con quella rendita può soddisfare tutti i suoi vizi.

sufragio *s.m.* **1** suffragio, voto: *— universal*, suffragio universale; *— restringido*, suffragio ristretto **2** (*fig.*) aiuto, soccorso **3** (*relig.*) suffragio: *misa de —*, messa di suffragio.

sufrido *agg.* **1** paziente, tollerante, rassegnato **2** compiacente, condiscendente **3** (*di colore, tessuto ecc.*) poco sporchevole.

sufrimiento *s.m.* **1** sofferenza (*f.*), dolore, pena (*f.*) **2** pazienza (*f.*), rassegnazione (*f.*), sopportazione (*f.*).

sufrir *v.tr.* **1** patire, soffrire, sopportare (*anche fig.*): *— frecuentes ataques de asma*, soffrire di frequenti attacchi d'asma; *¡a ese tipo non hay quien le sufra!*, quel tipo è insopportabile! **2** subire: *sufrió una operación*, ha subito un'operazione; *— las consecuencias*, subire le conseguenze; *el reglamento sufrirá variaciones*, il regolamento subirà delle modifiche ♦ *v.intr.* soffrire, patire: *sufrió mucho con su marido*, ha sofferto molto con suo marito.

sugerencia *s.f.* suggerimento (*m.*) | *por/bajo — de ella*, su consiglio/suggerimento di lei.

sugerir (*con. come* sentir) *v.tr.* **1** suggerire, proporre **2** ispirare.

sugestión *s.f.* **1** suggestione; fascino (*m.*) **2** suggerimento (*m.*), consiglio (*m.*).

sugestionable *agg.* suggestionabile.

sugestionar *v.tr.* **1** suggestionare, influenzare **2** affascinare, sedurre ♦ **-se** *v.pron.* suggestionarsi, farsi suggestionare.

sugestivo *agg.* suggestivo, affascinante: *paisaje —*, paesaggio suggestivo.

suicida *agg.*, *s.m./f.* suicida.

suicidarse *v.pron.* suicidarsi.

suicidio *s.m.* suicidio (*anche fig.*).

suite *s.f.* (*in un albergo*) suite.

suizo *agg.* svizzero ♦ *s.m.* **1** svizzero **2** (*cuc.*) bombolone.

sujeción *s.f.* **1** soggezione **2** stretta, blocco (*m.*): *logró liberarse de la — de la muchedumbre*, riuscì a liberarsi dalla stretta della folla **3** (*tecn.*) fissaggio (*m.*), attacco (*m.*).

sujetador *s.m.* (*abbigl.*) reggiseno | *— de aro*, reggiseno con ferretto.

sujetalibros *s.m.* reggilibri.

sujetapapeles *s.m.* fermacarte.

sujetar *v.tr.* **1** assoggettare, sottomettere **2** trattenere: *no me sujetes el brazo*, non mi trattenere per il braccio **3** legare, immobilizzare | *— el pelo*, legare i capelli **4** (*tecn.*) fissare, fermare **5** mantenere ♦ **-se** *v.pron.* sottostare a, sottomettersi a.

sujeto *agg.* **1** stretto, legato **2** soggetto: *es una persona sujeta a estas enfermedades*, è una persona soggetta a queste malattie ♦ *s.m.* **1** soggetto, individuo **2** (*gramm.*) soggetto **3** (*lett.*) tema, soggetto **4** soggetto, individuo.

sulfamida *s.f.* (*chim.*) sulfamidico (*m.*).

sulfato *s.m.* (*chim.*) solfato.

sulfhídrico *agg.* (*chim.*) solfidrico.

sulfito *s.m.* (*chim.*) solfito.

sulfurado *agg.* (*chim.*) solforato.

sulfurar *v.tr.* **1** (*chim.*) solforare **2** (*fig.*) irritare, far adirare ♦ **-se** *v.pron.* irritarsi, adirarsi.

sulfúreo *agg.* (*chim.*) sulfureo.

sulfúrico *agg.* (*chim.*) solforico.

sulfuro *s.m.* (*chim.*) solfuro.

sulfuroso *agg.* (*chim.*) solforoso.
sultán *s.m.* sultano.
sultanato *s.m.* sultanato.
suma *s.f.* (*anche mat.*) somma, cifra; addizione | *en* —, insomma.
sumador *agg.* che somma.
sumamente *avv.* estremamente.
sumando *s.m.* (*mat.*) addendo.
sumar *v.tr.* **1** (*mat.*) sommare, addizionare **2** compendiare; riassumere: — *todos los discursos en un libro*, compendiare tutti i discorsi in un libro ♦ **-se** *v.pron.* aderire, aggregarsi.
sumarial *agg.* (*dir.*) istruttorio.
sumariar *v.tr.* (*dir.*) sottoporre a indagine preliminare.
sumario *agg.* sommario, limitato ♦ *s.m.* **1** sommario, compendio, riassunto **2** (*dir.*) inchiesta (*f.*), istruttoria (*f.*).
sumergible *agg.* sommergibile ♦ *s.m.* (*mar.*) sommergibile.
sumergido *agg.* (*anche fig.*) sommerso: *trabajo* —, lavoro sommerso.
sumergir (*con. come* afligir) *v.tr.* sommergere; immergere ♦ **-se** *v.pron.* (*anche fig.*) immergersi: — *en una profunda tristeza*, sprofondare nella tristezza; — *en el estudio*, immergersi nello studio.
sumerio *agg.*, *s.m.* sumero.
sumersión *s.f.* immersione.
sumidad *s.f.* cima, sommità.
sumidero *s.m.* **1** fogna (*f.*) **2** scarico, tombino.
sumiller *s.m.* sommellier.
suministrador *agg.*, *s.m.* fornitore.
suministrar *v.tr.* fornire, erogare.
suministro *s.m.* **1** somministrazione (*f.*) **2** fornitura (*f.*), rifornimento; erogazione (*f.*): *el — de luz no será garantizado en estos días*, l'erogazione della luce non sarà garantita in questi giorni.
sumir *v.tr.* **1** sommergere, affondare **2** (*fig.*) far sprofondare, far cadere: *la enfermedad de su padre la sumió en la tristeza*, la malattia di suo padre la fece sprofondare nella tristezza ♦ **-se** *v.pron.* **1** immergersi **2** (*fig.*) sprofondare: — *en la miseria*, cadere in miseria.
sumisión *s.f.* **1** sottomissione, dipendenza **2** remissività, obbedienza: *obedecer con* —, ubbidire con remissività.
sumiso *agg.* **1** sottomesso, umile **2** (*di voce*) sommesso.
sumo *agg.* **1** sommo, supremo **2** grande, enorme
■ ***a lo sumo***, al massimo, tutt'al più.
suntuario *agg.* di lusso: *impuestos suntuarios*, imposte di lusso.
suntuosidad *s.f.* sontuosità.
suntuoso *agg.* sontuoso, sfarzoso, lussuoso.
supeditación *s.f.* subordinazione.
supeditar *v.tr.* **1** sottomettere **2** (*fig.*) subordinare, condizionare: *hay que supeditarlo todo a la conclusión del trabajo*, bisogna subordinare tutto alla conclusione del lavoro ♦ **-se** *v.pron.* assoggettarsi, sottomettersi.
súper *agg.* (*fam.*) super, stupendo, magnifico ♦ *s.m.* (*fam.*) supermercato ♦ *s.f.* benzina super.
superable *agg.* **1** superabile **2** (*amm.*) sormontabile.
superabundancia *s.f.* sovrabbondanza.
superabundante *agg.* sovrabbondante.
superabundar *v.tr.* sovrabbondare.
superación *s.f.* superamento (*m.*).
superalimentar *v.tr.* sovralimentare.
superar *v.tr.* superare, oltrepassare ♦ **-se** *v.pron.* superare se stesso, dare il massimo.
superávit *s.m.* (*econ.*) eccedenza (*f.*), saldo attivo, avanzo, surplus.
superchería *s.f.* **1** inganno (*m.*), frode **2** superstizione.
superciliar *agg.* (*anat.*) sopracciliare.
superconductor *s.m.* (*elettr.*) superconduttore.
superdotado *agg.*, *s.m.* superdotato.
superestructura *s.f.* sovrastruttura.
superficial *agg.* **1** superficiale (*anche fig.*); sommario, sbrigativo: *preparó su tesis en modo* —, ha preparato la sua tesi in modo sbrigativo/superficiale **2** banale, frivolo.
superficialidad *s.f.* superficialità.
superficie *s.f.* **1** superficie, estensione | *a la* —, in superficie **2** (*fig.*) apparenza.
superfino *agg.* sopraffino.
superfluidad *s.f.* superfluità.
superfluo *agg.* superfluo.
superhéroe *s.m.* supereroe.
superhombre *s.m.* superuomo.
superíndice *s.m.* (*mat.*) esponente, apice.
superintendencia *s.f.* sovrintendenza.
superintendente *s.m.* sovrintendente.
superior *agg.* superiore: *planta* —, piano superiore ♦ *s.m.* superiore: *mis superiores*, i miei superiori.
superioridad *s.f.* **1** superiorità **2** autorità.
superlativo *agg.*, *s.m.* (*anche gramm.*) superlativo.
supermercado *s.m.* supermercato.
supernumerario *agg.* **1** soprannumerario **2** (*amm.*) precario ♦ *s.m.* (*amm.*) precario.
superpoblación *s.f.* sovrappopolazione.
superpoblado *agg.* sovrappopolato.
superpoblar *v.tr.* sovrappopolare.
superponer (*con. come* poner) *v.tr.* **1** sovrapporre **2** anteporre; far prevalere: — *la amistad a los intereses personales*, anteporre l'amicizia agli interessi personali.
superposición *s.f.* sovrapposizione.
superpotencia *s.f.* superpotenza.
superproducción *s.f.* sovrapproduzione.

superpuesto *agg.* sovrapposto.
superrealismo *s.m.* surrealismo.
supersónico *agg.* supersonico.
superstición *s.f.* superstizione.
supersticioso *agg.* superstizioso.
supervaloración *s.f.* supervalutazione.
supervalorar *v.tr.* sopravvalutare.
supervisar *v.tr.* sovrintendere, supervisionare.
supervisión *s.f.* supervisione.
supervisor *s.m.* supervisore; — *de ventas*, supervisore alle vendite.
supervivencia *s.f.* sopravvivenza.
superviviente *agg.*, *s.m./f.* superstite: *el último — nos ha contado todo lo sucedido*, l'ultimo sopravvissuto ci ha raccontato tutto ciò che è successo.
superyó *s.m.* (*psic.*) Super Io.
supino *agg.* **1** supino **2** enorme, madornale, spropositato: *un error* —, un errore madornale.
suplantar *v.tr.* soppiantare, sostituire.
suplementario *agg.* supplementare.
suplemento *s.m.* **1** supplemento, aggiunta (*f.*) **2** (*giorn.*) supplemento, inserto: *cada domingo compro el — del periódico*, ogni domenica compro il supplemento del quotidiano.
suplencia *s.f.* supplenza, sostituzione.
suplente *agg.*, *s.m./f.* supplente, sostituto (*m.*).
supletorio *agg.* **1** suppletivo **2** supplementare | *cama supletoria*, letto addizionale ♦ *s.m.* apparecchio telefonico addizionale.
súplica *s.f.* **1** supplica **2** (*dir.*) istanza, domanda.
suplicar (*con. come* pescar) *v.tr.* **1** supplicare, implorare: — *y rogar a Dios*, supplicare e pregare Dio **2** (*dir.*) ricorrere in appello.
suplicatorio *s.m.* (*dir.*) istanza (*f.*), richiesta (*f.*), rogatoria (*f.*).
suplicio *s.m.* **1** supplizio, pena (*f.*) **2** (*fig.*) tormento, strazio.
suplido *s.m.*(*comm.*) anticipo.
suplir *v.tr.* **1** sostituire, fare le veci di: — *a un profesor*, sostituire un professore **2** supplire, compensare: — *la falta de inteligencia con una gran dedicación al estudio*, supplire alla mancanza d'intelligenza con una grande dedizione allo studio.
suponer (*con. come* poner) *v.tr.* **1** supporre, immaginare | *ser de* —, essere logico, probabile **2** comportare, implicare: *esto supone un gasto enorme*, questo implica una spesa enorme ♦ *v.intr.* (*di persona*) valere, contare: *su abuelo supone mucho en el ministerio*, suo nonno conta molto nel ministero.
suposición *s.f.* supposizione, congettura, ipotesi.
supositorio *s.m.* (*farm.*) supposta (*f.*).
supranacional *agg.* sopranazionale.
suprarrenal *agg.* (*anat.*) surrenale.
supremacía *s.f.* **1** supremazia, predominio (*m.*) **2** primato (*m.*).
supremo *agg.* **1** supremo, sommo: *jefe* —, capo supremo | (*dir.*) *corte suprema*, corte di cassazione; *tribunal* —, tribunale supremo **2** estremo, ultimo.
supresión *s.f.* soppressione, abolizione: — *de un vínculo*, soppressione di un vincolo.
suprimir *v.tr.* **1** sopprimere, abolire, annullare: — *los derechos de aduana*, abolire i dazi doganali **2** omettere, tralasciare: *ha suprimido muchos detalles en su declaración*, ha omesso molti particolari nella sua dichiarazione.
supuesto *agg.* supposto, presunto ♦ *s.m.* caso, presupposto, ipotesi (*f.*): *lo que decía era un —, no una teoría*, quello che diceva era un'ipotesi, non una teoria
■ ***dar por supuesto***, dare per scontato | ***¡por supuesto!***, certamente! | ***supuesto que***, ammesso che.
supuración *s.f.* suppurazione.
supurar *v.intr.* suppurare: *es fácil que supuren los oídos*, è facile che suppurino le orecchie.
sur *s.m.* sud: *los mares del* —, i mari del sud.
suramericano *agg.*, *s.m.* sudamericano.
surcar (*con. come* pescar) *v.tr.* **1** solcare (*anche fig.*): — *las olas*, solcare le onde **2** (*agr.*) arare: — *el terreno*, arare il terreno.
surco *s.m.* **1** solco (*anche fig.*), scia (*f.*) **2** ruga (*f.*).
surcoreano *agg.*, *s.m.* sudcoreano.
sureño *agg.* del sud, meridionale.
surf *s.m.* (*sport*) surf.
surfista *s.m./f.* (*sport*) surfista.
surgimiento *s.m.* il sorgere, l'apparire.
surgir (*con. come* afligir) *v.intr.* **1** sorgere, levarsi **2** (*di acqua*) scaturire, sgorgare **3** (*fig.*) sorgere, emergere: *ha logrado — de las dificultades*, è riuscito a superare le difficoltà.
suroccidental *agg.* sudoccidentale.
suroriental *agg.* sudorientale.
surtidero *s.m.* **1** canale di scarico **2** getto, zampillo.
surtido *agg.* assortito ♦ *s.m.* assortimento: — *de artículos de exportación*, assortimento di articoli d'esportazione.
surtidor *agg.* fornitore ♦ *s.m.* **1** zampillo, getto d'acqua **2** (*di benzina*) distributore, (*fam.*) pompa (*f.*): — *de gasolina*, distributore/pompa di benzina.
surtir *v.tr.* **1** rifornire, fornire, assortire | — *una tienda*, rifornire un negozio **2** produrre, ottenere: — *efecto*, produrre un effetto ♦ **-se** *v.pron.* rifornirsi; approvvigionarsi.
susceptibilidad *s.m.* suscettibilità.
susceptible *agg.* **1** suscettibile, passibile di: *mi proyecto es — de mejorías*, il mio pro-

getto è passibile di migliorie **2** suscettibile, permaloso.
suscitar *v.tr.* suscitare, provocare.
suscribir *v.tr.* → **subscribir.**
suscripción *s.f.* → **subscripción.**
suscriptor *s.m.* → **subscriptor.**
susodicho *agg.* suddetto, sopraddetto.
suspender *v.tr.* **1** appendere **2** sospendere, interrompere: *suspendieron el trabajo*, interruppero il lavoro; — *el suministro*, sospendere la fornitura **3** bocciare: *ha sido suspendido en dos asignaturas*, è stato bocciato in due materie ♦ **-se** *v.pron.* appendersi.
suspensión *s.f.* sospensione, interruzione | (*econ.*) — *de pagos*, fallimento.
suspensivo *agg.* sospensivo: *puntos suspensivos*, punti sospensivi.
suspenso *agg.* **1** sospeso **2** sorpreso, stupito **3** (*a scuola*) respinto, bocciato ♦ *s.m.* (*a scuola*) bocciatura (*f.*); insufficienza (*f.*).
suspensorio *agg.* **1** (*anat.*) sospensorio **2** sospensore ♦ *s.m.* (*med.*) sospensorio.
suspicacia *s.f.* diffidenza: *mirada de* —, sguardo di diffidenza.
suspicaz (*pl.* -ces) *agg.* diffidente, sospettoso.
suspirar *v.intr.* **1** sospirare **2** (*fig.*) desiderare, sognare: — *por un viaje*, sognare un viaggio.
suspiro *s.m.* sospiro: *dar un* —, emettere un sospiro.
sustancia *s.f.* → **substancia.**
sustancial *agg.* → **substancial.**
sustanciar *v.tr.* **1** compendiare, riassumere **2** (*dir.*) adire le vie legali.
sustancioso *agg.* → **substancioso.**
sustantivación *s.f.* (*gramm.*) sostantivazione.
sustantivar *v.tr.* (*gramm.*) sostantivare: *aquel adjetivo no se puede* —, quell'aggettivo non si può sostantivare.
sustantivo *agg.*, *s.m.* (*gramm.*) sostantivo.
sustentación *s.f.* sostentamento (*m.*).
sustentar *v.tr.* **1** sostenere, reggere **2** mantenere, conservare **3** (*fig.*) sostenere, difendere ♦ **-se** *v.pron.* sostentarsi, mantenersi: *se sustentan con pocas cosas*, si mantengono con poche cose.
sustento *s.m.* **1** sostentamento, mantenimento **2** sostegno, appoggio.
sustitución *s.f.* sostituzione.
sustituible *agg.* sostituibile.
sustituir (*con. come* huir) *v.tr.* sostituire, cambiare, rimpiazzare.
sustitutivo *agg.* sostitutivo: *coche* —, auto sostitutiva ♦ *s.m.* surrogato, succedaneo.
sustituto *s.m.* sostituto.
susto *s.m.* **1** spavento: *dar un* —, far prendere uno spavento; *llevarse/pegarse un* —, prendersi uno spavento; *caerse del* —, cadere dallo spavento; *¡qué* —*!*, che spavento! **2** (*fam.*) paura (*f.*), timore, apprensione (*f.*) | *no ganar para sustos*, spaventarsi spesso.
sustracción *s.f.* → **substracción.**
sustraendo *s.m.* → **substraendo.**
sustraer *v.tr.* → **substraer.**
sustrato *s.m.* sostrato.
susurrar *v.tr.* sussurrare, bisbigliare.
susurro *s.m.* sussurro, mormorio, bisbiglio.
sutil *agg.* **1** sottile, fine **2** (*fig.*) sottile, acuto, perspicace.
sutileza *s.f.* **1** sottigliezza **2** (*fig.*) acume (*m.*), acutezza, finezza.
sutilizar (*con. come* cazar) *v.tr.* **1** assottigliare **2** perfezionare, limare: — *el estilo*, perfezionare lo stile **3** (*fig.*) sottilizzare.
sutura *s.f.* (*med.*) sutura.
suturar *v.tr.* (*med.*) suturare.
suyo *agg./pron.poss. di 3ª pers. m.sing./pl.* (*pl.* suyos; *f.* suya; *f.pl.* suyas) suo, loro: *un amigo* —, un suo/loro amico; *este libro es* —, questo libro è suo; *estas revistas son mías, las suyas son esas*, queste riviste sono le mie, quelle sono le loro | *hacer* —, far proprio | ■ ***ir a lo suyo***, badare solo al proprio interesse | ***lo suyo*** **1** ciò che è suo **2** la cosa che va bene per lui: *trabajar en una librería es lo* —, lavorare in una libreria è la cosa che fa per lui | ***hacer de las suyas***, combinare/fare una delle sue | ***salirse con la suya***, spuntarla | ***ser muy suyo***, stare sulle sue | ***los suyos***, i suoi, la sua famiglia.
swahili *s.m.* (*lingua*) swahili.
swing *s.m.* (*mus.*) swing.

Tt

t *s.f.* t | (*tel.*) — *como Tarragona*, t come Taranto.
tabacal *s.m.* piantagione (*f.*) di tabacco.
tabacalero *agg.* del tabacco ♦ *s.m.* **1** coltivatore di tabacco **2** tabaccaio.
tabaco *s.m.* **1** tabacco: — *negro*, tabacco forte; — *rubio*, tabacco biondo/dolce; — *de pipa*, tabacco da pipa | *tomar* —, fiutare tabacco **2** (*fam.*) sigarette (*f.pl.*): *¿tienes —?*, hai una sigaretta? **3** (*colore, anche agg.*) tabacco: *necesito un jersey* —, mi serve un maglione tabacco.
tabalear *v.intr.* tamburellare ♦ *v.tr.* dondolare, far oscillare ♦ **-se** *v.pron.* dondolarsi, oscillare, scuotersi.
tábano *s.m.* (*zool.*) tafano.
tabaque *s.m.* cestino di vimini, paniere.
tabaquera *s.f.* tabacchiera.
tabaquero *s.m.* tabaccaio.
tabaquismo *s.m.* (*med.*) tabagismo.
tabardillo *s.m.* **1** (*fam.*) insolazione (*f.*), colpo di sole **2** (*fig.*) balordo.
tabarra *s.f.* **1** seccatura, noia: *dar* —, rompere le scatole, seccare **2** lagna, pizza.
tabasco *s.m.* (*cuc.*) tabasco.
taberna *s.f.* taverna, bettola, osteria.
tabernáculo *s.m.* (*relig.*) tabernacolo.
tabernario *agg.* **1** da bettola, da osteria **2** (*fig.*) scurrile, volgare, rozzo: *lenguaje* —, linguaggio scurrile.
tabernero *s.m.* oste.
tabica *s.f.* **1** (*arch.*) listello (*m.*) **2** (*edil.*) alzata (di scalino).
tabicar (*con. come* pescar) *v.tr.* (*arch.*) murare, tappare: —*una ventana*, murare una finestra ♦ *v.pron.* tapparsi: —*la nariz*, tapparsi il naso.
tabique *s.m.* **1** tramezzo, muro, divisorio **2** (*anat.*) setto: — *de la nariz*, setto nasale.
tabla *s.f.* **1** tavola, asse: — *de madera*, tavola di legno | — *de planchar*, asse da stiro | — *de lavar*, asse per lavare | — *del water*, asse del water, tavoletta | — *de cortar*, tagliere **2** lastra, tavola: — *de mármol*, lastra di marmo **3** (*pitt.*) tavola, dipinto (*m.*) su legno **4** tabella, lista, elenco (*m.*): — *de impuestos*, tabella delle imposte | — *de precios*, listino dei prezzi **5** (*sport*) tavola: — *de surf*, tavola da surf ; — *de vela*, tavola a vela **6** (*abbigl.*) piega: *vestido de tablas*, vestito a pieghe **7** (*pl.*) palcoscenico (*m.sing.*) | *pisar las tablas*, calcare le scene/fare l'attore | *tener tablas*, dominare la scena; (*fig.*) avere esperienza, sapere il fatto proprio **8** (*pl., geogr.*) tavoliere (*m.sing.*)
■ (*fig.*) ***tabla de salvación***, ancora di salvezza | (*nel gioco*) ***hacer/quedar tablas***, fare patta; (*fig.*) arrivare a un'impasse | ***a raja tabla***, alla lettera, a oltranza | ***por tablas***, per miracolo | (*relig.*) ***las tablas de la ley***, le tavole della legge | ***hacer tabla rasa***, fare tabula rasa | ***tabla pitagórica/de Pitágoras***, tavola pitagorica.
tablado *s.m.* **1** tavolato, assito **2** impalcatura (*f.*) **3** (*teatr.*) palcoscenico, palco **4** (*di letto*) doghe (*f.pl.*).
tablao *s.m.* **1** palco per le esibizioni di flamenco **2** (*estens.*) locale in cui si tengono spettacoli di flamenco.
tablazón *s.m.* **1** tavolame **2** (*mar.*) tavolato, coperta (*f.*), fasciame.
tableado *agg.* pieghettato, a pieghe: *falda tableada*, gonna a pieghe.
tablero *s.m.* **1** asse (*f.*), tavola (*f.*) | — *de dibujo*, tavolo da disegno **2** bacheca (*f.*) **3** scacchiera (*f.*) **4** lavagna (*f.*) **5** tabellone.
tableta *s.f.* **1** tavoletta: — *de chocolate*, tavoletta di cioccolato **2** (*farm.*) compressa, tavoletta.
tabletear *v.intr.* tamburellare.
tabloide *agg., s.m.* (*giorn.*) tabloid.
tablón *s.m.* **1** asse (*f.*), tavolato **2** (*fam.*) sbornia (*f.*) **3** tabellone, bacheca (*f.*): — *de anuncios*, tabellone per le affissioni.
tabú *s.m.* tabù.
tabuco *s.m.* bugigattolo, tugurio.
tabulación *s.f.* tabulazione.
tabulador *s.m.* tabulatore.
tabular *agg.* tabulare ♦ *v.tr.* tabulare.
taburete *s.m.* sgabello.
tacada *s.f.* (*biliardo*) steccata
■ (*fig., fam.*) ***de una tacada***, d'un fiato.
tacañería *s.f.* taccagneria, spilorceria, tirchieria.
tacaño *agg., s.m.* taccagno, tirchio, spilorcio.
tacha *s.f.* **1** difetto (*m.*), imperfezione, macchia: *es un hombre sin* —, è un uomo senza macchia **2** (*tecn.*) chiodo (*m.*) a borchia,

bomberina **3** (*dir., della dichiarazione di un testimone*) ricusazione.
tachadura *s.f.* cancellatura.
tachar *v.tr.* **1** tacciare, incolpare: *le tachan de infantil*, lo tacciano di infantilismo **2** cancellare (tirando una riga); depennare **3** (*dir., testimone*) ricusare.
tacho *s.m.* (*Amer.*) **1** (*cuc.*) paiolo **2** secchio: *— de la basura*, secchio della spazzatura.
tachón *s.m.* **1** cancellatura (*f.*), scarabocchio **2** borchia (*f.*).
tachonado *agg.* (*fig.*) costellato, cosparso, tempestato.
tachonar *v.tr.* guarnire di borchie.
tachuela *s.f.* (*tecn.*) bomberina, chiodo (*m.*) a borchia.
tácito *agg.* tacito, sottinteso.
taciturno *agg.* **1** taciturno, silenzioso **2** (*fig.*) triste, malinconico.
taco *s.m.* **1** tassello **2** (*biliardo*) stecca (*f.*) **3** (*fig.*) confusione (*f.*), baraonda (*f.*): *armar un —*, fare baraonda | *hacerse un —*, andare in confusione, ingarbugliarsi **4** bestemmia (*f.*), parolaccia (*f.*): *soltar un —*, imprecare **5** (*sport*) blocco: *— de salida,* blocco di partenza **6** (*di scarpa sportiva*) tacchetto **7** blocco, blocchetto: *— de notas,* blocco di appunti **8** stuzzichino, spuntino: *un — de jamón,* un dadino di prosciutto **9** (*Amer., cuc.*) piadina ripiena.
tacógrafo *s.m.* (*tecn.*) tachigrafo.
tacómetro *s.m.* (*tecn.*) tachimetro.
tacón *s.m.* tacco: *— bajo*, tacco basso; *— de aguja*, tacco a spillo; *me siento incómoda con tacones*, mi sento scomoda coi tacchi alti.
taconazo *s.m.* colpo dato con il tacco.
taconear *v.intr.* tacchettare, battere i tacchi.
taconeo *s.m.* tacchettio.
táctica *s.f.* **1** (*mil.*) tattica **2** (*fig.*) prudenza, diplomazia.
táctico *agg., s.m.* tattico.
táctil *agg.* tattile: *pantalla —*, touch screen, schermo tattile.
tacto *s.m.* **1** tatto: *reconocer por el —*, riconoscere al tatto **2** (*fig.*) tatto, accortezza (*f.*), delicatezza (*f.*), diplomazia (*f.*): *falta de —*, mancanza di tatto, diplomazia; *tener —*, avere delicatezza.
tafetán *s.m.* (*tess.*) taffettà.
tafia *s.f.* (*Amer.*) acquavite di canna da zucchero.
tafilete *s.m.* (*cuoio*) marocchino.
tahitiano *agg., s.m.* tahitiano.
tahona *s.f.* panetteria, forno (*m.*).
tahúr *s.m.* **1** giocatore d'azzardo **2** baro.
taifa *s.f.* **1** (*st.*) piccoli regni della Spagna araba **2** setta; fazione, partito (*m.*) **3** (*fam.*) combriccola, cricca.
taiga *s.f.* (*geogr.*) taiga.
tailandés *agg., s.m.* thailandese (*m./f.*).
taimado *agg.* astuto, scaltro, furbo.
taita *s.m.* (*Amer.*) papà, babbo.
tajada *s.f.* **1** fetta: *una — de queso*, una fetta di formaggio **2** (*fig.*) profitto (*m.*) | *sacar —*, fare la cresta; trarre profitto | (*fam.*) *llevarse la mejor —*, aggiudicarsi la fetta più grande **3** (*fam.*) sbornia: *se ha cogido una — terrible*, si è preso una bella sbornia.
tajadera *s.f.* (*cuc.*) **1** mezzaluna **2** tagliere (*m.*).
tajado *agg.* **1** a picco, a strapiombo **2** (*fam.*) bevuto, ubriaco.
tajador *s.m.* (*tecn.*) cutter, taglierina (*f.*).
tajante *agg.* **1** perentorio, tassativo, categorico **2** (*fig.*) mordace, pungente, tagliente.
tajar *v.tr.* tagliare, affettare ♦ **-se** *v.pron.* (*fam.*) ubriacarsi, sbronzarsi.
tajo *s.m.* **1** taglio | *de un —*, in un colpo solo **2** (*di lama*) filo **3** (*geogr.*) gola (*f.*), strapiombo **4** (*cuc.*) tagliere **5** (*fam.*) lavoro: *tener mucho —*, avere molto lavoro.
tal[1] (*pl.* tales) *agg.* **1** tale, simile: *en tales circunstancias, es mejor callarse*, in certe/simili circostanze è meglio stare zitti | *de — padre — hijo, de — palo — astilla*, tale il padre, tale il figlio | *— cual*, tale quale, esattamente | *— para cual*, tale quale **2** (*consecutivo*) tale, così grande: *dijeron tales barbaridades que todos se ofendieron*, dissero tali spropositi che tutti si offesero; *tengo un miedo — que no logro quedarme sola*, ho una tale paura che non riesco a restare da sola **3** (*dimostrativo*) tale, suddetto: *no te has enterado de — cosa*, non ti sei reso conto di quella cosa **4** (*indefinito*) tale (cosa): *dime si necesitas — o cual cosa*, dimmi se hai bisogno di questa o di quell'altra cosa; *un — Gómez*, un certo Gómez ♦ *avv.* in modo tale: *— se porta, como si no existieran los demás*, si comporta come se gli altri non esistessero | (*comparazione*) *— como*, così come, allo stesso modo ■ ***como si tal cosa***, come se niente fosse | ***tal vez***, forse | ***ser tal para cual***, essere fatti l'uno per l'altro | ***con tal de***, pur di | ***con tal (de) que***, a condizione che, purché | ***¿qué tal?***, come va? | ***¿qué tal si...?***, che te ne pare se...? | (*fam.*) ***y tal***, e così via.
tal[2] *pron.indef.* tale: *el — me cae mal*, quel tale mi sta antipatico | *— o cual está contento*, qualcuno è contento | *fulano de —*, il tal dei tali.
tala *s.f.* (*di alberi*) taglio (*m.*).
talabartero *s.m.* sellaio.
taladrado *s.m.* **1** (*tecn.*) trapanatura (*f.*) **2** (*mecc.*) trapanatrice (*f.*), trapano **3** (*inform.*) perforazione (*f.*).
taladrador *agg., s.m.* trapanatore, trivellatore.
taladrar *v.tr.* **1** perforare, trapanare **2** (*fig.*)

trafiggere, perforare: *esa música taladra el cerebro*, quella musica perfora il cervello.
taladro *s.m.* **1** trapano: — *de mano,* trapano portatile **2** foro, buco.
tálamo *s.m.* talamo.
talanquera *s.f.* **1** steccato (*m.*), parapetto (*m.*), staccionata **2** (*fig.*) riparo (*m.*), protezione.
talante *s.m.* atteggiamento, disposizione (*f.*) d'animo, umore: *me recibió de buen* —, mi ricevette di buon umore | *hacer algo de buen, mal* —, fare qlco. volentieri, di malavoglia.
talar *v.tr.* **1** tagliare, sradicare **2** (*fig.*) devastare, distruggere.
talasemia *s.f.* (*med.*) talassemia.
talasoterapia *s.f.* (*med.*) talassoterapia.
talco *s.m.* talco, borotalco.
talega *s.f.* **1** sacca, borsa **2** (*spec.pl., fam.*) quattrini.
talegazo *s.f.* colpo dato con una borsa, borsata (*f.*).
talego *s.m.* **1** sacca (*f.*), bisaccia (*f.*) **2** (*pop.*) galera (*f.*), gattabuia (*f.*) **3** (*pop.*) banconota (*f.*) da mille pesetas.
taleguilla *s.f.* (*tauromachia*) pantaloni (*m.pl.*) dell'abito del torero.
talento *s.m.* **1** talento; ingegno, capacità (*f.*): *tiene — para el baile*, ha talento per il ballo | *cazar talentos*, andare a caccia di talenti **2** (*moneta*) talento.
talentoso *agg.* intelligente, dotato.
talgo *s.m.* treno ad alta velocità.
talibán *agg.*, *s.m.* talebano.
talión *s.m.* (*st.*) taglione: *ley del* —, legge del taglione.
talismán *s.m.* talismano, amuleto.
talla *s.f.* **1** taglia, statura **2** (*abbigl.*) taglia, misura | *tallas grandes*, taglie forti **3** (*fig.*) statura, levatura, valore (*m.*): *personaje de gran* —, personaggio di grande valore **4** intaglio (*m.*) **5** scultura lignea **6** (*Amer.*) frottola, bugia
■ ***dar la talla***, essere all'altezza di qlco., essere adatto.
tallado *agg.* **1** intagliato, scolpito **2** ben fatto, proporzionato ♦ *s.m.* intaglio, taglio.
tallador *s.m.* incisore, intagliatore.
tallar *v.tr.* **1** intagliare, scolpire: — *la madera*, intagliare il legno **2** misurare la statura **3** (*oreficeria*) tagliare, sfaccettare **4** (*nel gioco*) tenere il banco.
tallarín *s.m.* (*cuc.*) tagliatella (*f.*).
talle *s.m.* **1** costituzione (*f.*), corporatura (*f.*) **2** (*anat.*) cintura (*f.*), vita (*f.*).
taller *s.m.* **1** (*mecc.*) officina (*f.*): — *de montaje*, officina di montaggio **2** laboratorio: — *de sastre*, laboratorio di sartoria **3** studio, bottega (*f.*) **4** (*scuola*) seminario, workshop: *en mi colegio se organizan talleres de idiomas*, nella mia scuola si organizzano seminari di lingue.
tallista *agg.*, *s.m./f.* intagliatore (*m.*), scultore (*m.*).
tallo *s.m.* (*bot.*) **1** fusto, gambo, stelo **2** germoglio.
talludo *agg.* **1** (*bot.*) con un grosso gambo; con germogli **2** (*di persona*) cresciutello, grandicello.
talo *s.m.* (*bot.*) tallo.
talón[1] *s.m.* **1** tallone, calcagno | *pisar los talones*, stare alle calcagna | *girar sobre los talones*, fare dietrofront | — *de Aquiles*, tallone di Achille **2** tagliando, cedola (*f.*): — *de entrada, de salida*, tagliando di entrata, di uscita; — *resguardo*, scontrino | (*amm.*) *matriz y* —, madre e figlia **3** assegno: — *de cuenta corriente*, assegno di conto corrente | — *conformado*, assegno circolare.
talón[2] *s.m.* (*econ.*) tallone: — *de oro*, tallone aureo.
talonario *s.m.* blocco, blocchetto: — *de cheques*, libretto degli assegni; — *de entrega*, bollettario di consegna.
talonear *v.tr.* (*Amer.*) spronare.
talud *s.m.* scarpata (*f.*); terrapieno | (*geol.*) — *continental*, zoccolo continentale.
tamal *s.m.* **1** (*Amer., cuc.*) involtino in foglia di mais o di banano **2** (*Amer., fig.*) imbroglio, pasticcio.
tamalero *s.m.* (*Amer.*) chi prepara o vende *tamales*.
tamandúa *s.m.* (*zool.*) formichiere.
tamaño *agg.* simile, tale, così grande: *no hemos visto nunca tamaña inundación*, non abbiamo mai visto una simile inondazione ♦ *s.m.* **1** grandezza (*f.*), dimensioni (*f.pl.*), formato: — *natural*, grandezza naturale; *de gran* —, di grandi dimensioni | (*di foto*) — *carnet*, formato tessera **2** (*fig.*) rilevanza, importanza: *tus investigaciones tienen un — considerable*, le tue ricerche hanno un'importanza considerevole.
tamarindo *s.m.* (*bot.*) tamarindo.
tambalearse *v.pron.* barcollare, traballare, vacillare.
tambarría *s.f.* (*Amer.*) baldoria.
también *avv.* anche, pure: *yo* —, anch'io; *no sólo éste sino — ése*, non solo questo ma anche quello.
tambor *s.m.* **1** (*mus.*) tamburo | *a — batiente*, a tamburo battente, trionfalmente **2** (*tecn.*) tamburo: — *del freno*, tamburo del freno; *revolver de* —, pistola a tamburo **3** (*tess.*) telaio da ricamo **4** fustino, fusto: — *de detergente*, fustino di detersivo **5** (*di lavatrice*) cestello.
tambora *s.f.* (*mus.*) grancassa.
tamborear *v.intr.* tamburellare.
tamboril *s.m.* (*mus.*) piccolo tamburo che si suona con una bacchetta.
tamborilear *v.intr.* suonare il *tamboril*; tamburellare.

tamborileo *s.m.* tambureggiamento.
tamborilero *s.m.* suonatore di *tamboril*.
tamborrada *s.f.* festa popolare in cui si sfila suonando il tamburo.
tamiz (*pl.* -ces) *s.m.* setaccio | (*anche fig.*) *pasar por el* —, passare al setaccio.
tamizar (*con. come* cazar) *v.tr.* setacciare, vagliare (*anche fig.*): — *las noticias*, vagliare le notizie.
tamo *s.m.* **1** lana (*f.*), polvere (*f.*) che si accumula sotto i mobili **2** (*bot.*) pula (*f.*).
tampoco *avv.* neppure, nemmeno, neanche: *yo* —, neanch'io.
tampón *s.m.* **1** tampone, cuscinetto **2** (*med.*) assorbente interno, tampone.
tamujo *s.m.* (*bot.*) saggina (*f.*).
tan *avv.* → **tanto.**
tanatorio *s.m.* camera (*f.*) ardente, casa (*f.*) funeraria.
tanda *s.f.* **1** turno (*m.*): *terminar la* —, finire il turno | *en/por tandas*, a turni **2** serie, ciclo (*m.*) **3** gruppo (*m.*), squadra: *una — de obreros*, una squadra di operai **4** partita: *echar una — de billar*, fare una partita a biliardo **5** raffica, sequela **6** strato (*m.*), pila, pigna: — *de leña*, strato di legname; *tengo una — de libros para leer*, ho una pila di libri da leggere.
tándem *s.m.* **1** (*bicicletta*) tandem **2** coppia (*f.*), duo.
tanga *s.m.* (*abbigl.*) tanga.
tángana, **tangana** *s.f.* (*fam.*) tafferuglio (*m.*), parapiglia (*m.*): *después del partido hubo — entre los dos equipos*, dopo la partita ci fu un tafferuglio tra le due squadre.
tangar (*con. come* llegar) *v.tr.* (*fam.*) raggirare, abbindolare.
tangencial *agg.* (*geom., anche fig.*) tangenziale.
tangente *agg.*, *s.f.* (*geom.*) tangente: *la — de una circunferencia*, la tangente di una circonferenza | *irse/salirse por la* —, partire per la tangente.
tangerino *agg.*, *s.m.* tangerino.
tangible *agg.* tangibile, palpabile, lampante.
tango *s.m.* (*mus.*) tango.
tanguear *v.intr.* ballare il tango.
tanguero *agg.* appassionato di tango.
tanguillo *s.m.* canto e ballo flamenco tipico di Cadice.
tanino *s.m.* (*chim.*) tannino.
tanque *s.m.* **1** (*mil.*) carro armato **2** (*aut.*) autocisterna (*f.*) **3** cisterna (*f.*) **4** (*aut.*) serbatoio **5** (*fam.*) boccale.
tanqueta *s.f.* (*mil.*) autoblindo.
tanteador *s.m.* (*sport*) **1** (tabellone) segnapunti **2** risultato.
tantear *v.tr.* **1** stimare, calcolare a occhio e croce **2** saggiare, sondare: — *el terreno*, sondare il terreno **3** (*nel gioco*) segnare i punti **4** (*pitt.*) abbozzare, schizzare **5** (*dir.*) esercitare il diritto di prelazione ♦ **-se** *v.pron.* andare a tentoni, brancolare.
tanteo *s.m.* **1** esame, indagine (*f.*), prova (*f.*) **2** (*dir.*) diritto di prelazione **3** (*nel gioco*) punteggio **4** calcolo approssimato | *a/por* —, a occhio e croce.
tantico *s.m.* (*fam.*) briciolo, goccio: *he bebido solo un — de vino*, ho bevuto solo un goccio di vino.
tanto (*pl.* tantos; *f.* tanta; *pl.f.* tantas) *agg.indef.* **1** tanto: *no tengo — tiempo*, non ho tanto tempo; *tengo — dinero como tú*, ho tanto denaro quanto te **2** tot: *le prestó tantos euros*, gli prestò tot euro; *tiene sesenta y tantos años*, ha sessant'anni e passa | *el año mil novecientos treinta y tantos*, l'anno millenovecentotrenta e rotti **3** (così) tanto ♦ *pron.dimostr.* **1** tanto, questo, ciò: *a — arrastra el amor*, a tanto/questo spinge l'amore **2** (*correlativo*) tutto ♦ *avv.* (*davanti ad agg., avv., part.pass.* tan) tanto, così: *es tan alegre como yo*, è allegro tanto quanto me; *aquel chico es tan amable que todos le quieren*, quel ragazzo è così gentile che tutti gli vogliono bene; *vivía tan lejos que tenía que levantarse de madrugada*, abitava così lontano che doveva alzarsi all'alba; *no comas* —, non mangiare tanto ♦ *s.m.* **1** tot, tanto: *le da un — al mes*, gli dà un tanto al mese | — *por ciento*, tanto per cento, percentuale **2** (*nel gioco*) punto: *ganó nuestro equipo por dos tantos*, vinse la nostra squadra per due punti | *apuntarse un — a favor*, segnare un punto a proprio favore (*anche fig.*) | — *en contra*, punto a sfavore
■ ***estar al tanto***, essere al corrente | ***en tanto que***, fin tanto che | ***entre tanto***, frattanto | ***de tanto en tanto***, di tanto in tanto | ***por lo tanto***, pertanto | ***no es para tanto***, non è così terribile/eccezionale | ***las tantas***, le ore piccole (della notte): *quedamos con él hasta las tantas*, restammo con lui fino a tardi | ***tan siquiera***, per lo meno | ***tanto es así***, cosicché | ***tanto alzado***, prezzo convenuto | ***otro tanto***, altrettanto.
tanzano *agg.*, *s.m.* tanzaniano.
tañer (*pass.rem.* tañó, tañeron; *cong.imperf.* tañera, tañeras...; *ger.* tañendo) *v.tr.* (*strumento, campana*) suonare ♦ *v.intr.* tamburellare.
tañido *s.m.* (*mus.*) suono; (*di campane*) rintocco.
taoísmo *s.m.* (*filos., relig.*) taoismo.
taoísta *agg.*, *s.m.* (*filos., relig.*) taoista.
tapa *s.f.* **1** coperchio (*m.*) **2** copertina: *un cuaderno de tapas de hule*, un quaderno con la copertina di tela cerata | *libro de — blanda*, libro tascabile **3** stuzzichino | *ir de tapas*, andare a prendere un aperitivo **4** soprattac-

co (*m.*): *echar tapas a los zapatos*, rifare i tacchi alle scarpe **5** (*cuc.*, *taglio di carne*) noce.
tapaboca *s.m.* **1** manata (*f.*) sulla bocca, schiaffo, ceffone **2** (*fam.*) sciarpa (*f.*).
tapacubos *s.m.* (*aut.*) cerchio, coprimozzo.
tapadera *s.f.* **1** coperchio (*m.*) **2** (*fig.*) copertura, paravento (*m.*).
tapado *agg.* **1** coperto, protetto **2** (*fig.*) celato, nascosto ♦ *s.m.* (*Amer.*) cappotto.
tapajuntas *s.m.* **1** (*edil.*) coprifilo **2** (*mecc.*) coprigiunto.
tapar *v.tr.* **1** coprire, ricoprire **2** occultare, nascondere **3** chiudere, tappare ♦ **-se** *v.pron.* coprirsi, infagottarsi: *tápate bien que hace frío*, copriti bene che fa freddo; *— la nariz*, tapparsi il naso.
tapear *v.intr.* mangiare stuzzichini, mangiare *tapas*.
tapeo *s.m.* il mangiare *tapas*.
tapera *s.f.* **1** resti (*m.pl.*), rovine (*pl.*) **2** catapecchia, baracca.
tapete *s.m.* **1** tappeto, tappetino | *el — verde*, il tappeto verde, il tavolo da gioco **2** copritavolo, centrino | (*fig.*) *la cuestión está sobre el —*, la questione è sul tappeto.
tapia *s.f.* muro (*m.*), muro (*m.*) di cinta
■ ***más sordo que una tapia***, sordo come una campana.
tapiar *v.tr.* (*edil.*) **1** murare **2** cingere con un muro.
tapicería *s.f.* tappezzeria.
tapicero *s.m.* tappezziere.
tapioca *s.f.* (*bot.*) tapioca.
tapir *s.m.* (*zool.*) tapiro.
tapisca *s.f.* (*Amer.*) raccolta di granoturco.
tapiz (*pl.* -ces) *s.m.* arazzo.
tapizado *agg.* tappezzato ♦ *s.m.* (*aut.*) tappezzeria (*f.*).
tapizar (*con. come* cazar) *v.tr.* tappezzare.
tapón *s.m.* **1** tappo, turacciolo | *— de cera*, tappo di cerume **2** (*med.*) tampone **3** (*stradale*) ingorgo, imbottigliamento **4** (*fig.*) persona (*f.*) bassa, tappo.
taponamiento *s.m.* **1** ostruzione (*f.*), intasamento **2** (*med.*) tamponamento.
taponar *v.tr.* **1** tappare, turare **2** tamponare **3** bloccare, ostruire.
taponazo *s.m.* (*di tappo*) botto.
tapujo *s.m.* **1** sotterfugio, imbroglio: *andar con tapujos*, usare sotterfugi | *sin tapujos*, senza sotterfugi **2** (*fig.*) reticenza (*f.*).
taqué *s.m.* (*mecc.*) punteria (*f.*).
taquicardia *s.f.* (*med.*) tachicardia.
taquigrafía *s.f.* stenografia.
taquigrafiar *v.tr.* stenografare.
taquigráfico *agg.* stenografico.
taquígrafo *s.m.* stenografo.
taquilla *s.f.* **1** botteghino (*m.*), biglietteria **2** casellario (*m.*) **3** (*fig.*) cassetta **4** armadietto (*m.*) personale **5** (*Amer.*) osteria, taverna.
taquillaje *s.m.* **1** incasso **2** biglietto d'ingresso.
taquillero *agg.* di successo, di cassetta ♦ *s.m.* **1** bigliettaio **2** (*Amer.*) oste.
taquillón *s.m.* (*mobile*) credenza (*f.*).
taquimecanografía *s.f.* stenodattilografia.
taquimecanógrafo *s.m.* stenodattilografo.
taquímetro *s.m.* **1** (*aut.*) tachimetro **2** (*topografia*) tacheometro.
tara *s.f.* **1** tara: *— de un embalaje*, tara di un pacco **2** tara, difetto (*m.*), pecca.
tarabilla *s.f.* **1** (*di porte*, *finestre*) saliscendi (*m.*) **2** (*fig.*) chiacchierone (*m.*) | *soltar la —*, chiacchierare troppo.
taracea *s.f.* (*legno*) intarsio (*m.*).
taracear *v.tr.* (*legno*) intarsiare.
tarado *agg.* **1** tarato **2** (*fig.*) deficiente, scemo.
tarambana *agg.* (*fam.*) svitato, suonato.
tarántula *s.f.* (*zool.*) tarantola | (*fig.*) *picado de la —*, morso dalla tarantola, tarantolato.
tarar *v.tr.* tarare.
tararear *v.tr.* canticchiare: *tarareaba la letra de una canción*, canticchiava le parole di una canzone.
tarascada *s.f.* **1** morso (*m.*), dentata **2** (*fig.*) frecciata, rispostaccia.
taray *s.m.* (*bot.*) tamerice.
tarazón *s.f.* fetta, trancio (*m.*), pezzo (*m.*).
tardanza *s.f.* ritardo (*m.*), indugio (*m.*).
tardar *v.intr.* tardare, indugiare: *tardó en reaccionar*, tardò a reagire | *a más —*, al più tardi | *sin —*, al più presto ♦ *v.tr.* impiegare (del tempo): *tardé bastante tiempo en fijarme en él*, ci misi parecchio tempo ad accorgermi di lui.
tarde *s.f.* pomeriggio (*m.*); sera | *buenas tardes*, (*dopo pranzo*) buon giorno; buona sera | *por la —*, nel/di pomeriggio; di sera: *ayer por la —*, ieri pomeriggio | *de —*, pomeridiano | *de — en —*, di tanto in tanto ♦ *avv.* tardi: *llegaré —*, arriverò tardi | *más vale — que nunca*, meglio tardi che mai | *más — o más temprano*, prima o poi.
tardío *agg.* tardivo (*anche di frutto*): *un consejo —*, un consiglio tardivo; *fruta tardía*, frutti tardivi.
tardo *agg.* **1** lento, flemmatico: *— de reflejos*, lento di riflessi **2** (*fig.*) tardo, ottuso.
tardón *agg.*, *s.m.* ritardatario, tiratardi, lumacone,
tarea *s.f.* **1** lavoro (*m.*), occupazione: *las tareas del campo*, i lavori agricoli; *una — de importancia fundamental*, un incarico di estrema importanza **2** (*a scuola*) compito (*m.*).
tarifa *s.f.* tariffa | *— telefónica*, tariffa telefonica.
tarifar *v.tr.* tariffare, prezzare ♦ *v.intr.* litigare,

bisticciare: *siempre su niña acaba tarifándo con las compañeras de clase*, sua figlia finisce sempre per litigare con le compagne di classe.
tarifario *agg.* tariffario.
tarima *s.f.* **1** predella, pedana **2** pavimento (*m.*) in legno.
tarjeta *s.f.* **1** biglietto (*m.*): — *de visita/presentación*, biglietto da visita **2** carta, tessera: — *de crédito*, carta di credito; — *de débito*, bancomat | (*sport*) — *amarilla/roja*, cartellino giallo/rosso | — *telefónica*, scheda telefonica | — *prepago*, scheda prepagata **3** cartolina: — *postal*, cartolina postale **4** (*inform.*) scheda: — *de sonido*, scheda audio; — *de red*, scheda di rete; — *perforada*, scheda perforata.
tarjetero *s.m.* portabiglietti da visita.
tarot *s.m.* (*carta*) tarocco.
tarquín *s.m.* melma (*f.*), fango.
tarra *s.m.* (*fam., spreg. persona vecchia*) rudere (*m.*), rottame (*m.*).
tarrina *s.f.* (*cuc.*) contenitore (*m.*).
tarro *s.m.* **1** vasetto, barattolo: *un — de mermelada*, un barattolo di marmellata **2** (*Amer.*) lattina (*f.*), barattolo di latta **3** (*fam., iron.*) testa (*f.*), zucca (*f.*): *estar mal del —*, essere fuori di testa | *comer el —a alguien*, fare il lavaggio del cervello a qlcu. | *comerse el —*, preoccuparsi, lambiccarsi il cervello.
tarso *s.m.* (*anat.*) tarso.
tarta *s.f.* (*cuc.*) torta, crostata: *comió dos trozos de —*, mangiò due fette di torta | — *helada*, torta gelato | (*stat.*) *gráfico de —*, grafico a torta.
tartaleta *s.f.* (*cuc.*) tortino (*m.*): — *de manzana*, tortino di mele.
tartamudear *v.intr.* balbettare, tartagliare.
tartamudeo *s.m.* balbettio.
tardamudez *s.f.* balbuzie.
tardamudo *agg., s.m.* balbuziente.
tartana *s.f.* **1** calesse (*m.*) **2** (*fam.*) catorcio (*m.*), carcassa
■ ***andar como una tartana***, camminare come una lumaca.
tártaro *s.m.* (*med., chim.*) tartaro.
tartera *s.f.* (*cuc.*) **1** tortiera **2** portavivande (*m.*).
tarugo *s.m.* **1** tassello, zeppa (*f.*) **2** tozzo di pane **3** (*fam.*) zoticone, cafone, tanghero.
tarumba *agg.* (*fam.*) rimbambito, rintronato | *volver — a alguien*, rintronare qlcu.
tas *s.m.* piccola incudine (*f.*).
tasa *s.f.* **1** tassa, imposta: — *de exportación*, tassa di esportazione **2** tasso (*m.*), indice (*m.*), percentuale: — *de natalidad*, tasso di natalità; — *de desarrollo*, indice di sviluppo; — *de inflación*, tasso d'inflazione **3** stima, valutazione
■ ***sin tasa***, senza limitazioni.
tasación *s.f.* stima, valutazione: — *oficial*, stima ufficiale.
tasador *s.m.* perito, stimatore.
tasar *v.tr.* **1** stimare, valutare **2** limitare, dosare; lesinare: *le tasa la libertad a su hijo*, limita la libertà al figlio.
tasca *s.f.* taverna, osteria | *ir de tascas*, andare per osterie.
tascar (*con. come* pescar) *v.tr.* **1** brucare **2** (*tess.*) scotolare **3** (*di cavallo*) mordere il freno.
tasquear *v.intr.* andare per osterie.
tata *s.f.* **1** (*fam.*) tata, bambinaia **2** (*Amer.*) papà (*m.*), babbo (*m.*).
tatarabuelo *s.m.* trisavolo.
tataranieto *s.m.* trisnipote.
tatuaje *s.m.* tatuaggio.
tatuar (*con. come* continuar) *v.tr.* tatuare ♦ **-se** *v.pron.* tatuarsi.
taula *s.f.* (*archeol.*) monumento megalitico tipico delle isole Baleari.
taumaturgia *s.f.* taumaturgia.
taumaturgo *s.m.* taumaturgo.
taurino *agg.* taurino.
tauro *s.m.* (*astr.*) toro: *soy —*, sono del toro.
tauromaquia *s.f.* tauromachia.
tautología *s.f.* tautologia.
taxativo *agg.* tassativo.
taxi *s.m.* taxi.
taxidermia *s.f.* tassidermia.
taxímetro *s.m.* tassametro.
taxista *s.m./f.* tassista.
taxonomía *s.f.* tassonomia.
taza *s.f.* **1** tazza, scodella: *una — de chocolate*, una tazza di cioccolata **2** tazza del water **3** vasca: *la — de una fuente*, la vasca di una fontana.
tazar (*con. come* cazar) *v.tr.* (*di vestiti*) consumare.
tazón *s.m.* scodella (*f.*)
■ (*di capelli*) *a —*, a caschetto.
te *pron.pers. di 2ª pers.sing.* te, ti: — *veo* ti vedo; *péinate*, pettinati; — *hablo*, ti parlo; — *lo digo*, te lo dico; *darte*, darti.
té *s.m.* tè: — *negro*, tè nero; — *en bolsitas*, tè in bustine
■ (*fam.*) ***dar el té***, stufare, scocciare, dar fastidio.
tea *s.f.* **1** fiaccola **2** (*fam.*) sbornia.
teatral *agg.* **1** teatrale **2** (*fig.*) teatrale, esagerato: *actitud —*, atteggiamento teatrale.
teatralidad *s.f.* teatralità (*anche fig.*).
teatralizar (*con. come* cazar) *v.tr.* drammatizzare, sceneggiare.
teatrero *agg.* (*fam.*) **1** (*fam.*) appassionato di teatro **2** teatrale ♦ *s.m.* **1** appassionato di teatro **2** istrione, buffone.
teatro *s.m.* **1** teatro (*anche fig.*) **2** finta (*f.*), scena (*f.*): *hacer —*, fare scena.
tebeo *s.m.* fumetto, giornalino a fumetti

■ ***estar más visto que un tebeo***, essere trito e ritrito, essere superato.
teca[1] *s.f.* (*bot.*) tek (*m.*).
teca[2] *s.f.* reliquiario (*m.*), teca.
techado *s.m.* tetto, tettoia (*f.*), copertura (*f.*) | *bajo* —, al coperto.
techar *v.tr.* coprire con un tetto.
techo *s.m.* **1** (*edil.*) tetto | — *corredizo*, tetto apribile **2** (*edil.*) soffitto | — *artesonado*, soffitto a cassettoni | *falso* —, controsoffitto **3** (*econ.*) tetto, limite massimo: *tocar* —, arrivare al massimo livello.
techumbre *s.f.* (*edil.*) tetto (*m.*), copertura.
tecla *s.f.* tasto (*m.*): — *de la máquina de escribir*, tasto della macchina da scrivere | (*inform.*) — *de retorno*, tasto d'invio
■ ***dar en la tecla***, colpire nel segno | ***tocar muchas teclas***, ricorrere a tutti i mezzi necessari per risolvere un problema.
teclado *s.m.* **1** tastiera (*f.*): — *del ordenador*, tastiera del computer | (*inform.*) — *inalámbrico*, tastiera senza fili **2** (*mus.*) tastiere (*f.pl.*).
teclear *v.intr.* **1** battere i tasti **2** tamburellare con le dita.
tecleo *s.m.* (*sulla tastiera*) battitura (*f.*).
teclista *s.m./f.* (*mus.*) tastierista.
técnica *s.f.* **1** (*anche fig.*) tecnica, metodo (*m.*): — *de recogida de datos*, tecnica di raccolta dati; — *de venta*, tecnica di vendita **2** (*sport*) fallo (*m.*) tecnico.
tecnicidad *s.f.* tecnicità.
tecnicismo *s.m.* tecnicismo.
técnico *agg.* tecnico: *utiliza un lenguaje muy* —, usa un linguaggio molto tecnico ♦ *s.m.* esperto, specialista (*m./f.*).
tecnicolor® *s.m.* (*cinem.*) technicolor®.
tecnificar (*con. come* pescar) *v.tr.* meccanizzare, automatizzare.
tecno *agg.*, *s.m.* (*mus.*) techno (*f.*).
tecnocracia *s.f.* (*pol.*) tecnocrazia.
tecnócrata *s.m./f.* **1** (*pol.*) tecnocrate **2** (*fig.*) burocrate.
tecnocrático *agg.* (*pol.*) tecnocratico.
tecnología *s.f.* tecnologia: — *de punta/de vanguardia*, tecnologia di punta/d'avanguardia.
tecnológico *agg.* tecnologico.
tectónica *s.m.* (*geol.*) tettonica | — *de placas*, tettonica a zolle.
tectónico *agg.* (*geol.*) tettonico.
tedio *s.m.* tedio, noia (*f.*).
tedioso *agg.* tedioso, noioso.
teflón® *s.m.* teflon®.
tegumento *s.m.* (*biol.*) tegumento.
teína *s.f.* (*chim.*) teina.
teísmo *s.m.* (*filos.*) teismo.
teísta *agg.*, *s.m.* (*filos.*) teista.
teja *agg.* (*colore*) mattone: *una bufanda* —, una sciarpa color mattone ♦ *s.f.* tegola | — *plana*, embrice, tegola piatta | — *árabe*, coppo ♦ *s.m.* (*colore*) mattone
■ ***a toca teja***, in contanti | ***de tejas abajo***, di/in questo mondo | ***de tejas arriba***, dell'aldilà, del cielo.
tejadillo *s.m.*(*edil.*) **1** tetto a una falda **2** tettoia (*f.*), pensilina (*f.*).
tejado *s.m.* (*edil.*) tetto, copertura (*f.*).
tejano *agg.* texano ♦ *s.m.* **1** texano **2** (*pl.*) blue-jeans.
tejar[1] *v.tr.* (*edil.*) coprire di tegole.
tejar[2] *s.m.* fabbrica (*f.*) di laterizi, fornace (*f.*).
tejedor *s.m.* **1** tessitore **2** (*Amer.*, *fig.*) intrigante (*m./f.*).
tejedora *s.f.* macchina da maglieria, tessitrice.
tejeduría *s.f.* tessitura.
tejemaneje *s.m.* **1** destrezza (*f.*), abilità (*f.*) **2** (*fig.*) sotterfugio, imbroglio, intrallazzo.
tejer *v.tr.* **1** tessere **2** intrecciare **3** (*fig.*) ordire, tramare, macchinare ♦ *v.intr.* lavorare a maglia; lavorare all'uncinetto | — *y destejer*, fare e disfare.
tejido *s.m.* **1** (*anche biol.*) tessuto: — *de lana*, tessuto di lana; — *de algodón*, tessuto di cotone; — *muscular*, tessuto muscolare **2** tessitura (*f.*).
tejo[1] *s.m.* **1** gioco delle piastrelle; (*pezzo*) piastrella (*f.*) **2** (*gioco*) mondo, campana (*f.*)
■ (*fam.*) ***tirarle los tejos a alguien***, fare il filo a qlcu.
tejo[2] *s.m.* (*bot.*) tasso.
tejón *s.m.* (*zool.*) tasso.
tejuelo *s.m.* (*biblioteca*) etichetta (*f.*) di collocazione.
tela *s.f.* **1** tela, tessuto (*m.*), stoffa: — *de punto*, tessuto a maglia | — *de araña*, ragnatela **2** (*pitt.*) quadro (*m.*), tela, dipinto (*m.*): *una — de Dalí*, una tela di Dalí **3** pellicola, membrana: *la — del corazón*, la membrana del cuore | *telas del cerebro*, membrane cerebrali **4** argomento (*m.*) di discussione: *tienen — para rato*, hanno di che parlare per un bel po' **5** quattrini (*m.pl.*), grana, denaro (*m.*)
■ ***poner en tela de juicio***, mettere in dubbio | ***tener tela que cortar***, avere molto da fare.
telar *s.m.* **1** telaio **2** (*teatr.*) telaio, armatura (*f.*) **3** intelaiatura (*f.*) | *en el* —, in preparazione.
telaraña *s.f.* **1** ragnatela **2** (*fig.*) cavillo (*m.*), sottigliezza
■ ***mirar las telarañas***, avere la testa fra le nuvole.
tele *s.f.* (*fam.*) tele, televisione.
teleadicto *agg.*, *s.m.* teledipendente.
telecabina *s.f.* funivia.
telecomunicación *s.f.* telecomunicazione.
teleconferencia *s.f.* (*tel.*) teleconferenza.
telecontrol *s.m.* telecomando.
telediario *s.m.* (*tv*) telegiornale.
teledifusión *s.f.* (*tv*) telediffusione.

teledirigido *agg.* radiocomandato, telecomandato.
teledirigir *v.tr.* (*con. come* afligir) telecomandare.
telefax *s.m.* (*tel.*) telefax, fax.
teleférico *s.m.* funivia (*f.*), teleferica (*f.*).
telefilme *s.m.* (*tv*) telefilm.
telefonazo *s.m.* telefonata (*f.*), squillo telefonico.
telefonear *v.intr.* telefonare.
telefonema *s.m.* (*tel.*) fonogramma.
telefonía *s.f.* telefonia.
telefonillo *s.m.* citofono.
telefonista *s.m./f.* telefonista, operatore.
teléfono *s.m.* **1** telefono: *coger el —*, rispondere al telefono | *ficha de —*, gettone telefonico | *— móvil*, telefono cellulare | *— inalámbrico*, telefono senza filo, cordless **2** numero di telefono: *¿me das tu —?*, mi dai il tuo numero di telefono?
telefoto *s.f.* telefoto.
telegénico *agg.* (*tv*) telegenico.
telegrafía *s.f.* (*tel.*) telegrafia | *— inalámbrica*, telegrafia senza fili, radiotelegrafia.
telegrafiar (*con. come* confiar) *v.intr.* (*tel.*) telegrafare.
telegráfico *agg.* (*tel.*) telegrafico (*anche fig.*).
telegrafista *s.m.* (*tel.*) telegrafista.
telégrafo *s.m.* (*tel.*) telegrafo.
telegrama *s.m.* (*tel.*) telegramma.
teleimpresor *s.m.* (*tel.*) telescrivente (*f.*).
telekinesia *s.f.* telecinesi.
telele *s.m.* **1** (*fam.*) colpo: *cuando la vi me dio un —*, quando l'ho vista mi è venuto un accidente **2** (*fam.*) svenimento, capogiro.
telemando *s.m.* telecomando.
telemanía *s.f.* telemania: *la — de algunos niños es exagerada*, la telemania di alcuni bambini è esagerata.
telemática *s.f.* (*inform.*) telematica.
telemático *agg.* (*inform.*) telematico.
telemetría *s.f.* (*tel.*) telemetria.
telémetro *s.m.* (*tel.*) telemetro.
telenovela *s.f.* (*tv*) telenovela, teleromanzo (*m.*).
teleobjetivo *s.m.* (*foto.*) teleobiettivo.
teleológico *s.m.* (*filos.*) teleologico.
telepatía *s.f.* telepatia.
telepático *agg.* telepatico.
teleproceso *s.m.* (*inform.*) teleprocesso.
telepromoción *s.f.* telepromozione.
telequinesia *s.f.* (*psic.*) telecinesi.
telescópico *agg.* telescopico.
telescopio *s.m.* telescopio.
teleserie *s.f.* (*tv*) serial (*m.*) televisivo.
telesilla *s.f.* seggiovia.
telespectador *s.m.* (*tv*) telespettatore.
telesquí *s.m.* sciovia (*f.*), ski-lift.
teletexto® *s.m.* televideo®.
teletienda *s.f.* (*tv*) televendita.
teletipo *s.m.* (*tecn.*) telescrivente (*f.*).
teletrabajo *s.m.* telelavoro.
televidente *s.m.* (*tv*) teleutente, telespettatore.
televisar *v.tr.* (*tv*) trasmettere in televisione.
televisión *s.f.* televisione: *mirar la —*, guardare la televisione; *salir en —*, apparire in televisione; *— en color*, televisione a colori; *— por cable*, televisione via cavo; *— privada*, televisione privata; *— pública*, televisione pubblica.
televisivo *agg.* televisivo.
televisor *s.m.* televisore: *— de plasma*, televisore al plasma.
televisual *agg.* televisivo.
télex *s.m.* (*tel.*) telex.
telina *s.f.* (*zool.*) tellina.
telón *s.m.* sipario, telone | *bajar el —*, calare il sipario | *subir el —*, alzare il sipario.
telonero *agg.* (*di attore*) secondario ♦ *s.m.* **1** (*artista*) attore secondario **2** siparista.
telúrico *agg.* (*geol.*) tellurico.
tema *s.m.* **1** tema, argomento, soggetto: *el — de la película es muy actual*, il tema del film è molto attuale; *cambiar de —*, cambiare discorso **2** (*mus.*) tema, motivo **3** (*ling.*) radicale, radice (*f.*), tema.
temario *s.m.* programma: *el — de las conferencias*, il programma delle conferenze.
temática *s.f.* tematica: *la misma — se repite en todas sus novelas*, la stessa tematica si ripete in tutti i suoi romanzi.
temático *agg.* tematico: *parque —*, parco tematico.
temblar (*con. come* acertar) *v.intr.* **1** tremare, rabbrividire: *ponerse a —*, mettersi a tremare; *— de miedo*, tremare di paura | *— como un azogado*, tremare come una foglia **2** tremolare, oscillare: *el sisma hizo — todos los edificios más altos*, il sisma fece oscillare tutti gli edifici più alti **3** (*fig.*) trepidare, temere.
tembleque *s.m.* **1** vibrazione (*f.*), tremolio: *el — del volante*, il tremolio del volante **2** tremarella (*f.*), fifa (*f.*).
temblequear *v.intr.* (*fam.*) avere la tremarella.
temblor *s.m.* tremore, tremito | *— de tierra*, terremoto.
tembloroso *agg.* tremante, tremolante: *sonido —*, suono tremolante.
temer *v.tr.* temere: *temo los relámpagos*, ho paura dei fulmini ♦ *v.intr.* aver paura, essere preoccupato: *— por los hijos*, essere preoccupato per i figli ♦ **-se** *v.pron.* temere, sospettare, presumere: *me temo que no vendrá*, temo che non verrà.
temerario *agg.* **1** temerario, imprudente: *aumentan los esquiadores demasiado temerarios*, aumentano gli sciatori troppo teme-

rari **2** (*fig.*) azzardato, avventato: *juicio —*, giudizio avventato.
temeridad *s.f.* temerarietà, audacia, imprudenza: *correr con el coche es una —*, correre con l'auto è un'imprudenza.
temeroso *agg.* **1** timoroso, pavido **2** pauroso, spaventoso.
temible *agg.* temibile.
temor *s.m.* timore, paura (*f.*): *— a la oscuridad*, paura del buio.
témpano *s.m.* **1** lastra (*f.*) di ghiaccio: *el pingüino estaba sentado sobre un — de hielo*, il pinguino era seduto su una lastra di ghiaccio **2** (*arch.*, *edil.*, *mus.*) timpano **3** (*di tamburo*) membrana (*f.*).
tempera *s.f.* (*pitt.*) tempera.
temperamental *agg.* passionale, impulsivo, focoso.
temperamento *s.m.* **1** temperamento, indole (*f.*), natura (*f.*): *aquel chico tiene un — agresivo,* quel ragazzo ha un temperamento aggressivo **2** (*Amer.*) temperatura (*f.*), clima.
temperancia *s.f.* temperanza, moderazione.
temperar *v.tr.* **1** moderare, calmare **2** (*Amer.*) andare in vacanza.
temperatura *s.f.* **1** temperatura: *la — está bajo cero*, la temperatura è sotto zero **2** febbre: *tener —*, avere la febbre; *tomar la —*, misurare la febbre.
temperie *s.f.* **1** situazione meteorologica **2** temperamento (*m.*).
tempestad *s.f.* **1** tempesta, bufera; burrasca marina **2** (*fig.*) agitazione violenta, esplosione: *sus palabras levantaron una — de silbidos*, le sue parole scatenarono una tempesta di fischi.
tempestividad *s.f.* tempestività.
tempestuoso *agg.* tempestoso, burrascoso (*anche fig.*): *su relación tuvo un inicio —*, la loro relazione ebbe un inizio tempestoso.
templado *agg.* **1** tiepido: *agua templada*, acqua tiepida **2** (*di clima*) temperato, mite **3** (*fig.*) moderato, misurato: *sus palabras fueron muy templadas*, le sue parole furono molto misurate **4** (*tecn.*) temprato: *acero —*, acciaio temprato **5** (*fam.*) fermo, risoluto **6** (*mus.*) accordato.
templanza *s.f.* **1** temperanza, moderazione **2** (*di clima*) mitezza: *la — del clima atrae a muchos turistas*, la mitezza del clima attrae molti turisti **3** (*arte*) armonia, proporzione.
templar *v.tr.* **1** moderare; mitigare, calmare: *— los nervios*, calmare i nervi **2** (*mus.*) accordare: *templa tu guitarra antes de tocar*, accorda la tua chitarra prima di suonare **3** intiepidire **4** (*tecn.*) temprare, temperare: *— los vidrios*, temperare i vetri ♦ *v.intr.* (*meteor.*) mitigarsi, riscaldarsi: *el frío ha templado*, la giornata è diventata più calda ♦ **-se** *v.pron.* **1** moderarsi, contenersi, calmarsi **2** (*Amer.*) innamorarsi.
temple *s.m.* **1** tempra (*f.*); indole (*f.*) **2** temperatura (*f.*) **3** coraggio, valore **4** (*mus.*) accordatura (*f.*) **5** (*pitt.*) guazzo, tempera (*f.*).
templete *s.m.* **1** tempietto; cappella (*f.*), altarino **2** chiosco.
templo *s.m.* tempio (*anche fig.*), chiesa (*f.*).
tempo *s.m.* (*mus.*) tempo, ritmo.
temporada *s.f.* stagione, periodo (*m.*) di tempo: *tuve una — de descanso*, ho avuto un periodo di riposo | *— de ópera*, stagione lirica | *— alta*, alta stagione | *de —*, stagionale; di stagione: *fruta de —*, frutta di stagione.
temporal *agg.* **1** temporaneo, passeggero **2** (*econ.*) temporaneo, provvisorio: *trabajo —*, lavoro temporaneo **3** (*gramm.*) temporale: *oración —*, proposizione temporale ♦ *s.m.* temporale, burrasca (*f.*), tempesta (*f.*).
temporalidad *s.f.* temporalità.
temporero *agg.*, *s.m.* **1** stagionale: *peón —*, bracciante stagionale **2** avventizio, precario: *empleado —*, lavoratore precario.
temporizador *s.m.* (*tecn.*) temporizzatore, timer.
tempranear *v.intr.* (*Amer.*) alzarsi presto.
tempranero *agg.* mattiniero.
temprano *agg.* precoce: *fruta temprana*, frutto precoce ♦ *avv.* **1** presto, di buon'ora: *salió —*, uscì di buon'ora **2** in anticipo, presto: *con el avión llegaron —*, con l'aereo arrivarono presto.
tenacidad *s.f.* tenacia, perseveranza, costanza.
tenacillas *s.f.pl.* **1** mollette **2** pinzette | *— de rizar el pelo*, arricciacapelli.
tenaz (*pl.* -ces) *agg.* tenace, caparbio, perseverante.
tenazas *s.f.pl.* **1** (*tecn.*) tenaglie **2** molle, pinze **3** (*zool.*) tenaglie, chele.
tenca *s.f.* (*zool.*) tinca.
ten con ten *loc. sost.m.* (*fam.*) diplomazia (*f.*), moderazione (*f.*), tatto.
tendal *s.m.* **1** tendone **2** biancheria (*f.*) stesa.
tendalada *s.f.* (*Amer.*) strage.
tendedero *s.m.* **1** (*luogo*) stenditoio **2** stendibiancheria.
tendencia *s.f.* tendenza, propensione: *tiene — a hablar demasiado*, ha la tendenza a parlare troppo.
tendencioso *agg.* tendenzioso.
tendente *agg.* tendente, incline.
tender (*con. come* entender) *v.tr.* **1** tendere, stendere, distendere: *— un hilo*, tendere un filo **2** (*bucato*) stendere ♦ *v.intr.* **1** tendere: *su estilo tiende a la perfección*, il suo stile tende alla perfezione **2** propendere, essere incline ♦ **-se** *v.pron.* distendersi, coricarsi: *me tendí en el sofá y leí el periódico*, mi distesi sul divano e lessi il giornale.

tenderete *s.m.* **1** bancarella (*f.*) **2** (*fam.*) caos, baraonda (*f.*).
tendero *s.m.* bottegaio, negoziante (*m./f.*), esercente (*m./f.*).
tendido *agg.* esteso, disteso | *a galope* —, a gran galoppo | *llorar a moco* —, piangere a dirotto ♦ *s.m.* **1** gradinata (*f.*) scoperta dell'arena: — *de sombra, de sol*, gradinata all'ombra, al sole **2** (*arch.*) spiovente **3** (*edil.*) intonaco **4** impianto elettrico: — *eléctrico*, cablaggio **5** (*Amer.*) biancheria (*f.*) da letto.
tendinitis *s.f.* (*med.*) tendinite.
tendón *s.m.* (*anat.*) tendine | — *de Aquiles*, tendine d'Achille.
tenebroso *agg.* **1** tenebroso, cupo: *una noche tenebrosa*, una notte tenebrosa **2** tetro, lugubre.
tenedor *s.m.* **1** (*econ.*) detentore, titolare: — *de acciones*, titolare di azioni | — *de libros*, contabile **2** forchetta (*f.*) **3** (*categoria nella ristorazione*) stella (*f.*): *restaurante de dos tenedores*, ristorante a due stelle.
teneduría *s.f.* (*comm.*) contabilità, ragioneria: — *de libros*, contabilità.
tenencia *s.f.* detenzione, possesso (*m.*): — *de acciones*, possesso di azioni.
tener (*indic.pres.* tengo, tienes, tiene, tenemos, tenéis, tienen; *pass.rem.* tuve, tuviste, tuvo, tuvimos, tivisteis, tuvieron; *fut.* tendré, tendrás...; *cond.* tendría, tendrías...; *cong. pres.* tenga, tengas...; *imperf.* tuviera, tuvieras...; *ger.* teniendo; *imp.* ten, tenga, tengamos, tened, tengan) *v.tr.* **1** avere; possedere: *no* — *miedo*, non avere paura; — *hambre*, avere fame; *no tengo tiempo*, non ho tempo; *tiene muchos dias de vacaciones*, ha molti giorni di vacanza; *tiene dos pisos*, ha due appartamenti; *tiene muchos libros*, possiede molti libri; *tiene de/como secretaria a su hermana*, ha come segretaria sua sorella; *tiene algo que decirnos*, ha qualcosa da dirci; *tendré mucho gusto en conocerle*, sarò lieto di conoscerla **2** tenere, reggere: *tenía en los brazos a una niña*, teneva in braccio una bambina; *ten tu billete*, tieni/prendi il tuo biglietto **3** ricevere: *tuvo una visita*, ricevette una visita; *tuve una desilusión*, ricevetti una delusione **4** tenere, mantenere: — *la derecha, la izquierda*, tenere la destra, la sinistra; — *una promesa*, mantenere una promessa **5** sentire, provare: *ella te tiene mucho cariño*, lei prova per te molto affetto | — *celos*, essere geloso | *¿qué tienes?*, che cos'hai? **6** — *en*, stimare, apprezzare, considerare: *lo tengo en mucho*, ho una grande considerazione per lui **7** — *por*, ritenere, considerare: *no me tengas por malcriado*, non considerarmi maleducato **8** avere (fatto qlco.): *me lo tiene dicho*, me l'ha detto; *tengo pensado ir*, ho pensato di andare; *me tenía preparada la comida*, mi aveva preparato da mangiare **9** (*per esprimere obbligo, necessità*) — *que* (+ *inf.*), dovere: *tengo que decírselo*, devo dirglielo; *tuvo que dejar la universidad*, dovette lasciare l'università ♦ **-se** *v.pron.* reggersi, tenersi: *tente para no caerte*, afferrati per non cadere | — *a lo convenido*, tenersi ai patti; *está tan cansado que no se tiene*, è così stanco che non si regge in piedi | — *de pie*, reggersi in piedi
■ ***tener en cuenta***, avere presente | ***tener en cuenta a alguien***, tenere qlcu. in considerazione | ***no tener que ver***, non avere niente a che vedere | ***no tener nada que perder***, non avere nulla da perdere | ***tener a bien***, degnarsi, avere la gentilezza di | ***tener por seguro***, ritenere certo, considerare sicuro | ***no tener dónde caerse muerto***, essere povero in canna | ***tener atravesado/entre ojos a alguien***, avercela con qlcu. | ***no tenerlas todas consigo***, non essere molto sicuro di qlco., non essere tranquillo.
tenería *s.f.* conceria.
tenia *s.f.* (*med.*) tenia, verme (*m.*) solitario.
teniente *s.m.* **1** (*mil.*) tenente **2** (*sostituto*) vice: *primer* — *alcalde*, vicesindaco.
tenis *s.m.* (*sport*) tennis | — *de mesa*, ping pong.
tenista *agg.*, *s.m./f.* (*sport*) tennista.
tenístico *agg.* (*sport*) tennistico.
tenor[1] *s.m.* tenore, contenuto | *a este* —, così, in questo modo | *a* — *de*, tenuto conto che, a giudicare da | *de este* —, di questo genere.
tenor[2] *s.m.* (*mus.*) tenore.
tenora *s.f.* (*mus.*) strumento (*m.*) a fiato simile all'oboe, tipico catalano.
tensar *v.tr.* tendere; tirare: — *un cable*, tirare un cavo.
tensión *s.f.* **1** tensione: *alta* —, alta tensione **2** (*med.*) pressione: — *arterial*, pressione arteriosa; *tomar la* —, misurare la pressione **3** (*fig.*) tensione, contrasto (*m.*), attrito (*m.*): *durante la huelga la* — *entre los obreros era muy alta*, durante lo sciopero la tensione tra gli operai era molto alta.
tenso *agg.* **1** teso, tirato **2** (*fig.*) nervoso, difficile: *lo veo siempre muy* — *por sus problemas de trabajo*, lo vedo sempre molto teso per i suoi problemi di lavoro.
tensor *agg.* tensore: *músculo* —, muscolo tensore ♦ *s.m.* (*mecc.*) tenditore.
tentación *s.f.* tentazione: *tener la* — *de*, avere la tentazione di; *no supe resistir a la* — *de probar aquel turrón*, non seppi resistere alla tentazione di provare quel torrone.
tentacular *agg.* (*zool.*) tentacolare.
tentáculo *s.m.* (*zool.*) tentacolo.
tentador *agg.* allettante, attraente.
tentar (*con. come* acertar) *v.tr.* **1** tastare,

palpare: *tienta el bolso y controla si las llaves están allí*, tasta la borsa e controlla se le chiavi sono lì **2** (*fig.*) tentare, allettare: *tu propuesta me tienta mucho*, la tua proposta mi tenta molto **3** provare, esperimentare: *hay que — el ejercicio hasta que no resulte correcto*, bisogna tentare l'esercizio finché non risulta corretto.
tentativa *s.f.* tentativo (*m.*), prova | — *de asesinato*, tentativo d'omicidio.
tentemozo *s.m.* (*edil.*) puntello, contropalo.
tentempié *s.m.* spuntino; merendina (*f.*).
tenue *agg.* **1** tenue, leggero, sottile: *desde lejos llegaba una — música*, da lontano giungeva una tenue musica **2** (*di persona*) debole, delicato **3** (*di colore*) tenue, pallido: *una camisa rosa —*, una camicia color rosa tenue.
tenuidad *s.f.* leggerezza, delicatezza.
teñir (*indic.pres.* tiño, tiñes, tiñe, teñimos, teñís, tiñen; *cong.pres.* tiña, tiñas ; *imperf.* tiñera, tiñeras ; *imp.* tiñe, tiña, tiñamos, teñid, tiñan) *v.tr.* **1** tingere: *ha teñido de negro sus vaqueros*, ha tinto di nero i suoi jeans **2** (*pitt.*) sfumare ♦ **-se** *v.pron.* tingersi: *decidió — el pelo*, decise di tingersi i capelli.
teocracia *s.f.* teocrazia.
teocrático *agg.* teocratico.
teodolito *s.m.* (*tecn.*) teodolite.
teogonía *s.f.* (*relig.*) teogonia.
teologal *agg.* (*relig.*) teologale.
teología *s.f.* (*relig.*) teologia.
teológico *agg.* (*relig.*) teologico.
teólogo *s.m.* (*relig.*) teologo.
teorema *s.f.* teorema, tesi, dimostrazione.
teoría *s.f.* teoria, dottrina: *en —*, teoricamente.
teórico *agg.*, *s.m.* teorico: *el examen preve una parte teórica y una práctica*, l'esame prevede una parte teorica e una pratica.
teorizar (*con. come* cazar) *v.tr.* teorizzare.
teosofía *s.f.* (*filos.*) teosofia.
tequila *s.f.* (*liquore*) tequila.
tequio *s.m.* (*Amer.*) fastidio, danno.
terapeuta *s.m./f.* (*med.*) terapeuta.
terapéutica *s.f.* (*med.*) terapeutica.
terapéutico *agg.* (*med.*) terapeutico.
terapia *s.f.* (*med.*) terapia, cura: *el paciente necesita una — más fuerte*, il paziente ha bisogno di una terapia più forte | — *de choque*, terapia d'urto.
tercería *s.f.* **1** mediazione, intercessione **2** ruffianeria.
tercermundista *agg.* **1** terzomondista **2** (*spreg.*) da terzo mondo.
tercero *agg.num.ord.* (*davanti a s.m.* tercer) terzo: *el tercer año*, il terzo anno; *la tercera semana*, la terza settimana ♦ *s.m.* **1** terzo: *habrá que pagar eventuales daños a terceros*, bisognerà pagare eventuali danni a terzi | *seguro a terceros*, polizza assicurativa contro terzi **2** mediatore, intermediario | — *en discordia*, mediatore di pace
■ ***a la tercera va la vencida***, la terza è la volta buona.
terceto *s.m.* **1** (*metrica*) terzina (*f.*) **2** (*mus.*) trio, terzetto: *un — flamenco*, un trio di chitarre.
terciana *s.f.* (*med.*) febbre terzana.
terciar *v.tr.* **1** mettere di traverso, di sbieco, a tracolla **2** dividere in tre parti ♦ *v.intr.* **1** (*spec. in una conversazione*) prendere parte a, intervenire: *nunca quiero — en las discusiones de otros*, non voglio intervenire nelle discussioni altrui; *¿me permiten —?*, mi permettete di intervenire? **2** interporsi, mediare: *tuve que — y poner paz entre mis vecinos*, dovetti intervenire e mettere pace tra i miei vicini ♦ **-se** *v.pron.* capitare, presentarsi l'occasione: *si se tercia una buena oportunidad, compraré un coche*, se si presenta una buona occasione, comprerò una macchina.
terciario *agg.* **1** terziario: *sector —*, settore terziario **2** (*geol.*) terziario: *estrato —*, strato terziario.
tercio *agg.*, *s.m.* **1** terzo: *recibió un — de la herencia*, ricevette un terzo dell'eredità **2** ognuna (*f.*) delle tre parti in cui è divisa la corrida **3** (*mil.*) reggimento di fanteria | — *extranjero*, legione straniera
■ ***cambiar el tercio***, cambiare discorso, cambiare lavoro.
terciopelo *s.m.* velluto: *una capa de — negro*, una mantella di velluto nero.
terco *agg.*, *s.m.* caparbio, ostinato, cocciuto: *es un niño muy —, nunca quiere obedecer*, è un bambino molto ostinato, non vuole mai obbedire.
tergal® *s.m.* (*tess.*) terital®.
tergiversación *s.f.* distorsione, travisamento (*m.*).
tergiversar *v.tr.* **1** tergiversare **2** travisare, falsare.
termal *agg.* termale: *curas termales*, cure termali.
termas *s.f.pl.* terme.
térmico *agg.* termico.
terminación *s.f.* **1** estremità **2** fine, termine (*m.*), conclusione: *la fecha de — del contrato no se puede cambiar*, la data della fine del contratto non si può cambiare **3** (*gramm.*) desinenza: *la — 'ito' en español indica un diminutivo*, la desinenza 'ito' in spagnolo indica un diminutivo **4** (*Amer.*, *tecn.*) rifinitura.
terminal *agg.* (*anche med.*) terminale: *esta asociación se dedica a los enfermos teminales*, questa associazione si dedica ai malati terminali ♦ *s.f.* **1** (*di mezzo di trasporto pubblico*) capolinea (*m.*): *bajamos a la —*, scendiamo al capolinea **2** (*aer.*) terminal

(*m.*) ♦ *s.m.* (*elettr.*, *inform.*) terminale: *no puedo conectarme, tengo problemas con mi —*, non posso collegarmi, ho problemi con il mio terminale.
terminante *agg.* perentorio, tassativo, categorico.
terminantemente *avv.* tassativamente, categoricamente.
terminar *v.tr.* **1** terminare, ultimare: *hay que — la traducción lo antes posible*, bisogna ultimare la traduzione il prima possibile; *no terminó la carrera*, non ha finito gli studi **2** (*tecn.*) rifinire: *el escultor termina una estatua de madera*, lo scultore rifinisce una statua lignea ♦ *v.intr.* **1** finire, terminare: *la fiesta terminó con un concierto de guitarras*, la festa terminò con un concerto di chitarre **2** *— con*, mettere fine a una relazione: *terminó con su novia*, ha rotto con la sua fidanzata **3** *— por* (+ *inf.*), finire con/per (+ *inf.*): *si sigue así, terminará por...*, se continua così finirà per... ♦ **-se** *v.pron.* finire, terminare: *se terminó el agua*, è finita l'acqua.
término *s.m.* **1** termine, fine (*f.*), conclusione (*f.*): *al — de la reunión*, al termine della riunione | *llevar a —*, concludere, terminare **2** confine, limite: *el — del jardín estaba delimitado por unos cipreses*, la fine del giardino era delimitata da alcuni cipressi **3** (*limite di tempo*) termine, scadenza (*f.*): *hay que solicitar el permiso en el — de tres meses*, bisogna chiedere il permesso entro tre mesi | *depósito a — fijo*, deposito a termine fisso **4** termine, condizione (*f.*), punto: *— perentorio*, termine improrogabile; *a este — no aguanto más*, a questo punto non sopporto più | *en último —*, in ultima istanza **5** (*ling.*) termine, parola (*f.*): *empleó unos términos científicos*, usò dei termini scientifici; *analizar los términos de la frase*, analizzare i termini della frase.
terminología *s.f.* (*ling.*) terminologia: *— médica*, terminologia medica.
terminológico *agg.* (*ling.*) terminologico.
termita *s.f.* (*zool.*) termite.
termitero *s.m.* termitaio.
termoaislante *agg.* termocoibente, termoisolante.
termodinámica *s.f.* (*fis.*) termodinamica.
termoelectricidad *s.f.* (*fis.*) termoelettricità.
termoeléctrico *agg.* (*fis.*) termoelettrico.
termología *s.f.* (*fis.*) termologia.
termometría *s.f.* (*fis.*) termometria.
termómetro *s.m.* termometro: *¡el — marca 0 grados!*, il termometro segna 0 gradi | *— clínico*, termometro clinico.
termonuclear *agg.* (*fis.*) termonucleare.
termoplástico *agg.* termoplastico.
termoquímica *agg.* (*chim.*) termochimica.
termorregulación *s.f.* termoregolazione.
termorregulador *s.m.* termoregolatore.
termosfera *s.f.* (*geol.*) termosfera.
termosifón *s.m.* termosifone.
termostato *s.m.* termostato.
terna *s.f.* terna: *una — de estudiantes ha ganado una beca muy prestigiosa*, una terna di studenti ha guadagnato una prestigiosa borsa di studio.
ternario *agg.* ternario: *aquella danza tiene un ritmo —*, quella danza ha un ritmo ternario.
ternasco *s.m.* (*Amer.*) agnello da latte.
terne *agg.* (*fam.*) **1** tronfio, borioso **2** ostinato, testardo; perseverante | *— que —*, cocciuto **3** sano, robusto: *a pesar de la edad avanzada, está —*, nonostante l'età avanzata è in buona salute.
ternera *s.f.* **1** (*zool.*) vitella **2** (*cuc.*) carne di vitello.
ternero *s.m.* (*zool.*) vitello.
terno *s.m.* **1** completo da uomo (con gilet) **2** terno, terzetto; terna (*f.*) **3** bestemmia (*f.*), imprecazione (*f.*).
ternura *s.f.* **1** tenerezza, sensibilità **2** lusinga, complimento (*m.*).
terquear *v.intr.* intestardirsi, incaponirsi.
terquedad *s.f.* ostinazione, cocciutaggine, testardaggine.
terracota *s.f.* terracotta.
terrado *s.m.* terrazza (*f.*), tetto.
terral *s.m.* (*meteor.*) vento di terra.
terranova *s.m.* (*cane*) terranova.
terraplén *s.m.* **1** terrapieno **2** burrone.
terráqueo *agg.* terracqueo.
terrateniente *s.m./f.* grande proprietario (*m.*) terriero, latifondista.
terraza *s.f.* **1** terrazza, terrazzo (*m.*): *el piso no es grande pero tiene una — magnífica*, l'appartamento non è grande ma ha una magnifica terrazza **2** (*di bar, ristorante*) dehors (*m.*) **3** (*agr.*) terrazza, terrazzamento (*m.*): *se cultivan vides en las terrazas*, si coltivano viti sui terrazzamenti **4** (*fam.*) zucca, testa.
terremoto *s.m.* terremoto, sisma.
terrenal *agg.* terrestre, terreno: *justicia —*, giustizia terrena.
terreno *agg.* terreno, terrestre ♦ *s.m.* **1** terreno, suolo, campo: *cerca de la costa los terrenos son más fértiles*, vicino alla costa i terreni sono più fertili | *— abonado*, terreno propizio **2** (*fig.*) campo d'azione, settore: *en el — de la literatura*, nel campo della letteratura **3** (*sport*) terreno/campo di gioco
■ ***sobre el terreno***, sul posto | ***tantear el terreno***, tastare il terreno | ***allanar el terreno***, preparare il terreno, creare le condizioni favorevoli a | ***perder, ganar terreno***, perdere, guadagnare terreno; essere in svantaggio, vantaggio | ***pisar terreno firme***, sentirsi sicu-

ro | ***saber el terreno que pisa***, conoscere bene la materia.
térreo *agg.* terreo.
terrero *agg.* **1** terrestre **2** (*di volo*) radente, rasente **3** (*fig.*) umile ♦ *s.m.* deposito di terra.
terrestre *agg.* terrestre: *eje* —, asse terrestre.
terrible *agg.* **1** terribile, atroce, spaventoso: *hubo una explosión* —, ci fu una terribile esplosione **2** insopportabile, pesante: *estoy viviendo un periodo* —, sto vivendo un periodo terribile; *sufren un hambre* —, soffrono una fame terribile **3** (*fig.*) spietato, feroce: *su dueño es un hombre* —, il suo padrone è un uomo spietato.
terrícola *agg.*, *s.m./f.* terrestre.
terrina *s.f.* **1** recipiente (*m.*), vasetto (*m.*), terrina **2** coppetta di gelato.
territorial *agg.* territoriale.
territorialidad *s.f.* (*pol.*, *dir.*) territorialità.
territorio *s.m.* **1** (*geogr.*) territorio; regione (*f.*), area (*f.*) **2** (*dir.*) giurisdizione (*f.*).
terrón *s.m.* **1** (*agr.*) zolla (*f.*) **2** zolletta (*f.*): *un — de azúcar*, una zolletta di zucchero.
terror *s.m.* terrore, panico, orrore: *tener — a algo*, aver paura di qlco. | *película de* —, film dell'orrore.
terrorífico *agg.* terrificante, spaventoso (*anche fig.*): *tenia una expresión terrorífica*, aveva un'espressione spaventosa.
terrorismo *s.m.* terrorismo.
terrorista *agg.*, *s.m./f.* terrorista.
terroso *agg.* terroso: *color* — ocra.
terruño *s.m.* **1** zolla (*f.*) **2** appezzamento di terra: *en mi — cultivo productos todo el año*, sul mio terreno coltivo prodotti tutto l'anno **3** terra (*f.*) natìa: *vivo aquí desde hace diez años pero volvería a mi* —, vivo qui da dieci anni ma tornerei nella mia terra.
tersar *v.tr.* lisciare.
terso *agg.* terso; limpido, chiaro (*anche fig.*).
tersura *s.f.* lucentezza, nitidezza.
tertulia *s.f.* **1** riunione; conversazione: *una — de amigos*, una riunione di amici; *hacer agradables tertulias*, fare conversazioni piacevoli; *tertulias literarias*, incontri letterari **2** circolo (*m.*), ritrovo (*m.*), cenacolo (*m.*) **3** (*teatr.*) loggione (*m.*), galleria.
tertuliano *agg.* che partecipa a un circolo ♦ *s.m.* membro di un circolo.
tesela *s.f.* tessera di mosaico.
tesina *s.f.* tesina, ricerca monografica.
tesis *s.f.* **1** tesi, proposizione **2** (*scritto*) tesi: *acaba de escribir el primer capítulo de su* —, ha finito di scrivere il primo capitolo della sua tesi.
tesitura *s.f.* **1** (*mus.*) tessitura: *cada cantante tiene su* —, ogni cantante ha la sua tessitura **2** (*fig.*) stato (*m.*) d'animo; circostanza, situazione: *no me encuentro en — adecuada*, non mi trovo nelle circostanze più adeguate.
teso *agg.* (*Amer.*) faticoso, impegnativo ♦ *s.m.* (*geogr.*) poggio: *subimos hasta el* —, salimmo fin sul poggio.
tesón *s.m.* **1** fermezza (*f.*), inflessibilità (*f.*) **2** impegno, costanza (*f.*): *estudias con poco* —, studi con poco impegno; *el entrenador alabó el — de los atletas*, l'allenatore lodò l'impegno degli atleti.
tesorería *s.f.* **1** tesoreria: *— del estado*, tesoreria dello Stato **2** cassa: *flujo de* —, flusso di cassa.
tesorero *s.m.* tesoriere.
tesoro *s.m.* **1** tesoro **2** erario **3** (*fig.*) tesoro: *mi nieto es un* —, mio nipote è un tesoro.
test *s.m.* (*anche psic.*, *med.*) test.
testa *s.f.* testa.
testaferro *s.m.* prestanome.
testamentaría *s.f.* (*dir.*) esecuzione testamentaria.
testamentario *agg.* (*dir.*) testamentario ♦ *s.m.* (*dir.*) esecutore testamentario.
testamento *s.m.* (*dir.*) testamento: *— público*, testamento notarile; *— ológrafo*, testamento olografo | *Antiguo*, *Nuevo Testamento*, Antico, Nuovo Testamento.
testar[1] *v.intr.* (*dir.*) fare testamento, disporre per testamento.
testar[2] *v.tr.* testare, provare: *trabaja en una empresa que testa productos de belleza*, lavora in una azienda che testa prodotti di bellezza.
testarazo *s.m.* (*fam.*) **1** colpo violento, capocciata (*f.*): *dio un — contra la columna*, diede una capocciata contro la colonna **2** testata, colpo di testa: *el toro le dio un — terrible*, il toro gli diede una testata terribile.
testarudez *s.f.* testardaggine, ostinazione, cocciutaggine.
testarudo *agg.*, *s.m.* testardo, cocciuto, caparbio.
testículo *s.m.* (*anat.*) testicolo.
testificación *s.f.* (*dir.*) attestazione, testimonianza: *sólo la — de los vecinos aclarará el caso*, solo la testimonianza dei vicini chiarirà il caso.
testificar (*con. come* pescar) *v.tr.* **1** (*anche dir.*) rendere testimonianza, deporre **2** attestare, certificare, provare: *estos dibujos testifican su talento*, questi disegni provano il suo talento.
testigo *s.m./f.* (*anche dir.*) testimone, teste: *— ocular/de vista*, testimone oculare; *poner por* —, chiamare come testimone | *— de cargo*, *descargo*, testimone a carico, discarico | *— de casamiento*, testimone di nozze | *— de Jehová*, testimone di Geova ♦ *s.m.* **1** testimonianza (*f.*), prova (*f.*): *estas piedras son los testigos de una ciudad muy antigua*, queste

pietre sono la testimonianza di una città molto antica **2** (*tecn.*) spia (*f.*), indicatore: *el — de la gasolina no funciona*, la spia della benzina non funziona **3** (*sport, staffetta*) testimone.
testimonial *agg.* (*dir.*) testimoniale.
testimoniales *s.f.pl.* autenticazione, deposizione testimoniale.
testimoniar *v.intr.* **1** testimoniare, attestare **2** (*dir.*) deporre.
testimonio *s.m.* **1** (*anche dir.*) testimonianza (*f.*): *levantar —*, raccogliere la testimonianza **2** (*dir.*) certificato, attestazione (*f.*) **3** (*fig.*) testimonianza (*f.*), prova (*f.*).
testosterona *s.f.* (*chim., biol.*) testosterone (*m.*).
testuz *s.f./m.* **1** (*di equino*) fronte **2** (*di bovino*) nuca.
teta *s.f.* (*fam.*) mammella; (*fam.*) tetta, poppa | *niño de —*, neonato, lattante | *quitar la —*, svezzare | (*pop.*) *pasarlo —*, divertirsi un sacco.
tétano(s) *s.m.* (*med.*) tetano.
tetera *s.f.* **1** teiera **2** (*Amer.*) poppatoio (*m.*), biberon (*m.*).
tetilla *s.f.* **1** tettarella, succhiotto (*m.*) di gomma **2** (*zool.*) capezzolo (*m.*) maschile.
tetina *s.f.* tettarella.
tetraedo *s.m.* (*geom.*) tetraedro.
tetragonal *agg.* (*geom.*) tetragonale.
tetragono *s.m.* (*geom.*) tetragono.
tetralogía *s.f.* (*lett., st.*) tetralogia.
tetrapléjico *agg., s.m.* (*med.*) tetraplegico.
tetrasílabo *s.m.* (*ling.*) quadrisillabo.
tétrico *agg.* **1** tetro, lugubre **2** triste, malinconico: *¡qué — este lugar!*, che triste questo luogo!
teutón *agg., s.m.* teutonico, teutone (*m./f.*).
teutónico *agg., s.m.* (*st.*) teutonico, teutone (*m./f.*).
textil *agg.* tessile: *sector —*, settore tessile.
texto *s.m.* testo: *en el — se habla de animales fantásticos*, nel testo si parla di animali fantastici; *el — de la conferencia se publicará en un libro*, il testo della conferenza sarà pubblicato in un libro.
textual *agg.* **1** testuale: *las citas textuales se ponen entre comillas*, le citazioni testuali si mettono tra virgolette **2** letterale.
textura *s.f.* **1** ordito (*m.*), tessitura **2** (*fig.*) struttura, composizione.
tez *s.f.* pelle, cute; carnagione: *tenía la — morena*, aveva la carnagione scura.
ti *pron.pers. di 2ª pers.sing.* te: *te lo digo a —*, lo dico a te; *me habló de —*, mi parlò di te | *por — mismo*, da solo, senza aiuto | *para — mismo*, tra te e te, a mente | *de — para mí*, detto fra noi, in confidenza | *hoy por — mañana por mí*, oggi a te, domani a me.
thailandés *agg., s.m.* thailandese (*m./f.*).
tiara *s.f.* tiara.
tía *s.f.* **1** zia | *cuéntaselo a tu —*, vai a raccontarlo a qualcun altro **2** (*fam.*) tizia, tipa.
tiberio *s.m.* (*fam.*) rumore, confusione.
tibetano *agg., s.m.* tibetano.
tibia *s.f.* (*anat.*) tibia, stinco (*m.*).
tibieza *s.f.* **1** tepore (*m.*) **2** (*fig.*) freddezza di modi, mancanza di entusiasmo.
tibio *agg.* **1** tiepido **2** (*fig.*) tiepido, indifferente
■ ***poner tibio a alguien***, insultare qlcu.; parlare male di qlcu. | ***ponerse tibio*** **1** rimpinzarsi: *nos pusimos tibios comiendo un montón de pasta*, ci rimpinzammo mangiando moltissima pasta **2** sporcarsi: *el niño jugando con la arena se puso tibio*, il bambino, giocando con la sabbia, si insudiciò.
tibor *s.m.* vaso di terracotta.
tiburón *s.m.* squalo, pescecane (*anche fig.*).
tic *s.m.* tic.
ticket *s.m.* → **tique.**
tico *s.m.* (*Amer., fam.*) costaricano.
tiempo *s.m.* **1** tempo: *con el correr del —*, con il passare del tempo; *hace — que no me llama*, è un pezzo che non mi telefona; *lleva mucho — trabajando*, è da molto che lavora; *llevará — hacerlo*, ci vorrà del tempo per farlo | *a —*, in tempo: *llegar a —*, arrivare in tempo | *con —*, in anticipo: *salir con —*, uscire con anticipo/per tempo | *— atrás*, tempo addietro **2** momento: *al mismo —*, nello stesso momento, contemporaneamente | *al poco —*, poco dopo | *a su —*, al momento opportuno, a tempo debito **3** epoca (*f.*), periodo: *— pascual*, periodo pasquale; *en — de los romanos*, al tempo dei romani | *fruta del —*, frutta di stagione **4** (*meteor.*) stagione (*f.*), tempo atmosferico: *hace buen —*, è bel tempo **5** (*gramm.*) tempo: *— simple, compuesto*, tempo semplice, composto
■ ***agua del tiempo***, acqua a temperatura ambiente | ***a mal tiempo buena cara***, far buon viso a cattivo gioco | ***en tiempos***, una volta, un tempo | ***ganar tiempo***, guadagnare tempo | ***matar el tiempo***, ammazzare il tempo | ***por tiempos***, a intervalli | ***a tiempo completo***, a tempo pieno | ***a tiempo parcial***, part-time.
tienda *s.f.* **1** negozio (*m.*), bottega: *— de autoservicio*, negozio self-service; *— de comestibles*, negozio di alimentari; *— de ropa*, negozio d'abbigliamento; *— de moda*, boutique | *ir de tiendas*, andare per negozi **2** (*da campeggio*) tenda.
tienta *s.f.* **1** (*corrida*) prova dei torelli **2** (*med.*) sonda | *buscar a tientas*, cercare a tentoni.
tiento *s.m.* **1** tatto, cautela (*f.*) | *ir con —*, andare con cautela **2** bastone per ciechi **3** (*senso*) tatto: *a —*, al tatto **4** polso fermo: *traza líneas perfectas gracias a su —*, traccia

linee perfette grazie alla sua mano ferma **5** (*fam.*) pacca (*f.*), botta (*f.*): *se enfadó y le dio un —*, si arrabbiò e gli diede un colpo **6** (*di equilibrista*) bilanciere
■ ***dar un tiento a algo*** **1** sondare, esaminare **2** bere un sorso; dare un morso: *dar un — al pan*, assaggiare un boccone di pane | ***de tiento en tiento***, facendo molti tentativi.
tierno *agg.* **1** tenero, soffice **2** (*fig.*) affettuoso, dolce: *tengo un — recuerdo de mis abuelos*, ho un dolce ricordo dei miei nonni **3** (*fig.*) tenero, giovane: *a tierna edad ya tocaba el piano*, già in tenera età suonava il piano.
tierra *s.f.* **1** (*astr.*) Terra **2** (*opposto di acqua*) terra: *viajar por mar y por —*, viaggiare per mare e per terra | *— adentro*, entroterra | *— firme*, terraferma | *tomar —*, sbarcare **3** terra, terreno (*m.*): *— de cultivo*, terreno coltivabile | (*agr.*) *— vegetal*, terra concimata **4** (*pavimento*) terra: *caer por —*, cadere a terra | *morder la —*, mordere la polvere | *dar en — con algo*, buttare giù, abbattere qlco. | *quedarse en —*, restare a terra; *el tren llegó lleno de pasajeros y nos quedamos en —*, il treno arrivò pieno di passeggeri siamo rimasti a terra **5** (*regione*) terra | *— prometida/de promisión*, terra promessa | *Tierra Santa*, Terrasanta
■ (*elettr.*) ***toma de tierra***, presa a terra | ***irse a tierra***, andare a monte | ***venirse a tierra***, fallire; distruggersi | (*fam.*) ***itrágame tierra!***, vorrei sprofondare! | ***dar tierra*** **1** sotterrare qlcu. **2** (*elettr.*) fare la messa a terra.
tierral *s.m.* (*Amer.*) polverone.
tieso *agg.* **1** rigido, duro: *tu manera de bailar es demasiado tiesa,* il tuo modo di ballare è troppo rigido **2** eretto, teso: *con las orejas tiesas*, con le orecchie tese **3** (*fam.*) freddo, serio **4** (*fig.*) senza soldi, al verde: *no voy a comprarte regalos porque estoy —*, non ti comprerò regali perché sono al verde **5** (*fig.*) in gamba, in salute
■ ***dejar tieso*** **1** uccidere/far fuori qlcu. **2** causare una grande impressione | ***quedarse tieso*** **1** essere intirizzito per il freddo **2** morire **3** rimanere di stucco: *me quedé tiesa con el precio de los pisos*, rimasi impressionata dal prezzo degli appartamenti.
tiesto *s.m.* **1** vaso per piante: *la planta ha crecido mucho, tengo que cambiar su —*, la pianta è cresciuta molto, devo cambiarle il vaso **2** coccio
■ ***sacar los pies del tiesto***, mostrare i denti | (*volg.*) ***mear fuera del tiesto***, parlare a vanvera.
tiesura *s.f.* **1** durezza, rigidità **2** gravità eccessiva.
tifoideo *agg.* (*med.*) tifoideo, tifoide: *fiebre tifoidea*, febbre tifoide.
tifón *s.m.* (*meteor.*) tifone.
tifus *s.m.* **1** (*med.*) tifo **2** (*teatr.*) claque (*f.*).
tigre (*f.* tigresa) *s.m.* **1** (*zool.*) tigre (*f.*): **2** (*fig.*) persona (*f.*) crudele, belva (*f.*) **3** (*Amer.*) giaguaro
■ ***hacer el tigre***, oziare, poltrire | (*di luogo, persona*) ***oler a tigre***, puzzare tantissimo.
tigresa *s.f.* **1** tigre femmina **2** (*fam., donna provocante*) gatta, pantera.
tigrillo *s.m.* (*Amer., zool.*) ocelot.
tijera(s) *s.f.* **1** (*spec.pl.*) forbici (*pl.*); cesoie (*pl.*) | *— de cocina*, trinciapollo **2** (*mecc.*) tranciatrice **3** (*sport*) sforbiciata
■ ***de tijera***, pieghevole: *silla de —*, sedia pieghevole | ***cortado por la misma tijera***, fatto con lo stampino | ***echar/meter la tijera***, censurare.
tijereta *s.f.* **1** (*zool.*) forbicina, forficola **2** (*sport*) sforbiciata.
tijeretada *s.f.* sforbiciata, taglio (*m.*): *darán una — a los sueldos de los empleados*, daranno un taglio agli stipendi degli impiegati.
tijeretazo *s.m.* sforbiciata (*f.*), cesoiata (*f.*).
tijeretear *v.tr.* sforbiciare, tagliuzzare.
tila *s.f.* **1** (*albero e fiore*) tiglio (*m.*) **2** infuso (*m.*) di tiglio
■ ***ique le den tila!***, che vada a farsi friggere!
tildar *v.tr.* **1** (*fig.*) tacciare, accusare: *le tildaron de inmoral*, lo tacciarono di immoralità **2** mettere la tilde **3** cancellare uno scritto.
tilde *s.f.* **1** tilde, accento (*m.*): *cuando 'el' es artículo no lleva —*, quando 'el' è articolo non ha l'accento **2** (*fig.*) difetto (*m.*), macchia, pecca **3** (*fig.*) bazzeccola, cosa di poco conto | (*lett.*) *ni una —*, neanche un po'.
tiliche(s) *s.m.* (*spec.pl., Amer.*) cianfrusaglia (*f.*).
tilico *agg.* (*Amer.*) **1** mingherlino, smilzo **2** inetto, incapace.
tilingo *agg.* (*Amer.*) stordito, sventato.
tilo *s.m.* (*bot., albero*) tiglio.
timador *s.m.* truffatore, imbroglione.
timar *v.tr.* **1** imbrogliare, truffare, raggirare: *me timó cuando me vendió su moto*, mi imbrogliò quando mi vendette la sua moto **2** rubare, soffiare: *en la cola me timaron el monedero*, mentre ero in coda mi hanno rubato il portamonete ♦ **-se** *v.pron.* flirtare, civettare.
timba *s.f.* **1** bisca **2** (*gioco d'azzardo*) partita.
timbal *s.m.* **1** (*mus.*) timpano: *el — es un instrumento de percusión*, il timpano è uno strumento a percussione **2** (*mus.*) tamburino **3** (*cuc.*) timballo, sformato: *¡comí un — de arroz y setas que estaba riquísimo!*, mangiai un buonissimo sformato di riso e funghi.
timbalero *s.m.* (*mus.*) timpanista.
timbrado *agg.* (*di suono*) armonico, di qualità.
timbrar *v.tr.* **1** bollare, sigillare, timbrare

2 (*voce*) dare un timbro a, rischiarare: *timbra la voz antes de empezar el canto*, rischiara la voce prima di iniziare il canto.
timbrazo *s.m.* scampanellata (*f.*).
timbre *s.m.* **1** marca (*f.*) da bollo, timbro, sigillo **2** timbro di voce **3** campanello: *llamaron al —*, hanno suonato il campanello | *— de alarma*, campanello d'allarme **4** (*mus.*) timbro.
timidez (*pl.* -ces) *s.f.* timidezza: *por su — nunca interviene durante las discusiones en el aula*, per la sua timidezza non interviene mai durante le discussioni in classe.
tímido *agg.* **1** timido, pavido **2** leggero, debole: *en la niebla apareció un — sol*, in mezzo alla nebbia apparve un timido sole.
timo[1] *s.m.* truffa (*f.*), frode (*f.*), fregatura (*f.*): *ese negocio es un —*, quell'affare è una fregatura.
timo[2] *s.m.* (*anat.*) timo.
timón *s.m.* **1** timone: *coger el —*, prendere il timone **2** (*fig.*) governo, guida (*f.*): *tras la muerte de su marido, es ella el — de la familia*, dopo la morte di suo marito, è lei la guida della famiglia.
timonear *v.intr.* governare con il timone.
timonel *s.m.* timoniere.
timorato *agg.* **1** timido, insicuro, indeciso: *ese piloto tiene un estilo de conducir demasiado inseguro y —*, questo pilota ha uno stile di guida troppo insicuro e indeciso **2** bacchettone.
tímpano *s.m.* (*anat.*, *arch.*, *mus.*) timpano: *durante una inmersión se le rompió el —*, durante un'immersione si perforò il timpano; *el — de la catedral pertenece al período románico*, il timpano della cattedrale appartiene al periodo romanico.
timple *s.m.* (*mus.*) piccola chitarra tipica delle isole Canarie.
tina *s.f.* **1** tino (*m.*) **2** tinozza, catino (*m.*) **3** (*Amer.*) vasca da bagno.
tinaja *s.f.* giara, orcio (*m.*): *tinajas de aceite*, giare d'olio.
tinción *s.f.* tintura.
tinerfeño *agg.* di Tenerife ♦ *s.m.* nativo di Tenerife.
tinglado *s.m.* **1** tettoia (*f.*) **2** macchinazione (*f.*), intrigo | *manejar el —*, muovere i fili.
tiniebla *s.f.* tenebra, oscurità | *estar en tinieblas*, essere al buio; (*fig.*) essere all'oscuro; essere nell'ombra, in clandestinità.
tino *s.m.* **1** abilità (*f.*), destrezza (*f.*) **2** senno, giudizio: *juzgar con —*, giudicare con senno | *perder el —*, perdere il lume della ragione **3** moderazione (*f.*), misura (*f.*): *sin —*, smodatamente **4** tatto, discrezione (*f.*) **5** mira (*f.*): *tener buen —*, avere buona mira; (*fig.*) buon fiuto
■ ***a buen tino***, a occhio.
tinta *s.f.* **1** tinta, colore (*m.*) **2** inchiostro (*m.*)
■ ***cargar las tintas***, esagerare, parlare con tono arrogante | ***sudar tinta***, sudare sette camicie | ***gastar tinta***, versare fiumi d'inchiostro | ***saber algo de buena tinta***, sapere qlco. da fonti sicure.
tintar *v.tr.* tingere.
tinte *s.m.* **1** (*per capelli, indumenti*) tintura (*f.*), tinta (*f.*): *quiero hacerme el —, empiezo a tener pelo gris*, voglio farmi la tinta, comincio ad avere i capelli grigi **2** (*fam.*) tintoria (*f.*): *llevar la ropa al —*, portare i vestiti in tintoria **3** sfumatura (*f.*): *— amargo*, sfumatura amara **4** (*fig.*) pizzico, tocco, parvenza (*f.*).
tinterillo *s.m.* **1** (*spreg.*) impiegatuccio **2** (*Amer.*) leguleio, azzeccagarbugli.
tintero *s.m.* calamaio | *dejar algo en el —*, dimenticare di scrivere qlco.
tintinar, tintinear *v.intr.* tintinnare.
tintineo *s.m.* tintinnio.
tinto *agg.* rosso: *vino —*, vino rosso ♦ *s.m.* **1** (*colore*) rosso scarlatto: *el — te queda muy bien*, il rosso scuro ti sta molto bene **2** vino rosso | *— de verano*, vino rosso con ghiaccio e gazzosa.
tintóreo *agg.* (*bot.*) tintorio.
tintorera *s.f.* (*zool.*) verdesca.
tintorería *s.f.* tintoria: *en este centro comercial hay también servicio de —*, in questo centro commerciale c'è anche il servizio di tintoria.
tintorero *s.m.* tintore.
tintorro *s.m.* (*fam.*) vino rosso.
tintura *s.f.* **1** tintura, tinta **2** (*fig.*) infarinatura, informazione superficiale: *tengo sólo una — de griego antiguo*, ho solo un'infarinatura di greco antico.
tiña *s.f.* **1** (*med.*) tigna **2** (*zool.*) tignola degli alveari **3** (*fig.*) spilorceria, grettezza, meschinità: *todos los parientes le critican por su —*, tutti i parenti lo criticano per la sua spilorceria **4** (*fig.*) sporcizia, sudiciume (*m.*).
tiñoso *agg.* **1** (*med.*) tignoso **2** (*fig.*) tirchio, spilorcio: *mi tío es —, nunca me hace regalos*, mio zio è tirchio, non mi fa mai regali **3** (*fig.*) sporco, sudicio: *su coche está siempre —*, la sua auto è sempre sporca.
tío *s.m.* **1** zio: *— abuelo*, prozio; *— carnal*, zio paterno o materno; *— segundo*, zio di secondo grado **2** (*fam.*) tizio, tipo, individuo: *¿recuerdas a esa tía que vivía antes en este piso?*, ricordi quella tizia che abitava prima in questo appartamento?
■ ***¡oye tío!***, ehi, tu! | ***¡qué tío!***, che tipo! | ***¡tía buena!***, che pezzo di donna! | ***tío bueno***, pezzo d'uomo | ***no hay tu tía***, non c'è verso | ***¡cuéntaselo a tu tía!***, raccontalo a un altro! | ***¡su tía!***, dannazione!
tiovivo *s.m.* giostra (*f.*), carosello da fiera:

mi nieta quiso subir al caballito del —, mia nipote volle salire sul cavallino della giostra.
tipa *s.f.* (*fam.; spreg.*) tipa.
tiparraco *s.m.* (*spreg.*) tipaccio.
tipazo *s.m.* (*fam.*) **1** corpo attraente, bel fisico: *tener* —, avere un bel fisico **2** persona (*f.*) attraente, fusto.
tipear *v.tr.* (*Amer.*) scrivere a macchina.
tipejo *s.m.* (*spreg.*) tizio, tipaccio.
tipicidad *s.f.* tipicità.
típico *agg.* tipico, caratteristico: *tiene el acento — del sur*, ha l'accento tipico del sud.
tipificación *s.f.* tipizzazione.
tipificar (*con. come* pescar) *v.tr.* **1** tipizzare, standardizzare **2** essere tipico di, rappresentare: *este lenguaje tipifica a los adolescientes*, questo linguaggio è tipico degli adolescenti **3** (*dir.*) tipicizzare.
tipo *s.m.* **1** tipo, individuo: *en aquella casa vive un — raro*, in quella casa vive un tipo strano **2** modello: *varios tipos de vehículos*, vari tipi di veicoli **3** categoria (*f.*), genere, sorta (*f.*) **4** (*econ.*) tasso: — *activo*, tasso attivo; — *de interés*, tasso di interesse **5** figura (*f.*), fisico: *tener buen* —, avere un bel fisico ■ ***jugarse el tipo***, rischiare la vita | ***aguantar/mantener el tipo***, mantenere la calma | ***salvar el tipo***, salvare la pelle | ***ser el tipo de alguien***, avere le qualità necessarie per piacere al qlcu.: *esa chica no es mi* —, quella ragazza non è il mio tipo, non fa per me.
tipografía *s.f.* tipografia.
tipográfico *agg.* tipografico.
tipógrafo *s.m.* tipografo.
tipología *s.f.* tipologia.
tique *s.m.* **1** scontrino, buono: — *de caja*, — *de compra*, scontrino di cassa **2** (*Amer.*) biglietto: *comprar el — del tren*, comprare il biglietto del treno.
tiquismiquis *agg.* (*fam.*) schizzinoso: *nadie le invita a comer porque es demasiado* —, nessuno lo invita a mangiare perché è troppo schizzinoso ♦ *s.m.pl.* **1** smancerie (*f.*), moine (*f.*) **2** (*fam.*) bazzecole (*f.*), minuzie (*f.*): *enfadarse por* —, arrabbiarsi per delle bazzecole.
tira *s.f.* **1** striscia, lista: *una — de tejido*, una striscia di tessuto | *hacer tiras*, fare a pezzi **2** fumetto (*m.*), striscia: *me encantan las tiras de Mafalda*, adoro le strisce di Mafalda **3** (*fig., grande quantità*) mucchio, sacco: *en su mochila siempre lleva la — de objetos*, nel suo zaino ha sempre un mucchio di cose.
tirabuzón *s.m.* **1** ricciolo di capelli, boccolo **2** cavatappi.
tirachinas *s.m.* fionda (*f.*).
tirada *s.f.* **1** (*tip.*) tiratura **2** grande distanza, bel pezzo (*m.*) di strada: *hasta la plaza hay una* —, per arrivare in piazza c'è ancora molta strada **3** (*fig.*) fila, sfilza: *tengo que aprender una — de verbos irregulares*, devo imparare una sfilza di verbi irregolari ■ ***de una tirada***, in una sola tirata, tutto di seguito, in una volta.
tirado *agg.* (*fam.*) **1** tirato, teso **2** a buon mercato: *en el supermercado venden pasteles tirados*, nel supermercato vendono dolci a buon mercato **3** facile, semplice: *está — vender libros usados en universidad*, è facile vendere libri usati in università **4** (*Amer.*) spregevole, miserabile **5** abbandonato | *dejar — a alguien*, piantare in asso qlcu.: *teíamos una cita pero me dejó* —, avevamo un appuntamento ma mi ha tirato un bidone | *quedar* —, restare solo, senza aiuto ♦ *s.m.* **1** (*tip.*) tiratura (*f.*) **2** (*tecn.*) trafilatura (*f.*).
tirador *s.m.* **1** tiratore **2** maniglia (*f.*): *el — del armario está roto*, la maniglia dell'armadio è rotta **3** fionda (*f.*) **4** (*metall.*) trafilatore.
tiragomas *s.m.* fionda (*f.*).
tiraje *s.m.* **1** (*tip.*) tiratura (*f.*) **2** (*Amer., di caminetto*) tiraggio.
tiralevitas *s.m./f.* leccapiedi.
tiralíneas *s.m.* tiralinee.
tiranía *s.f.* **1** (*pol., st.*) tirannide, dispotismo (*m.*) **2** (*fig.*) dispotismo (*m.*), potere (*m.*).
tiranicida *agg., s.m.* tirannicida.
tiranicidio *s.m.* tirannicidio.
tiránico *agg.* tirannico.
tiranizar (*con. come* cazar) *v.tr.* tiranneggiare.
tirano *agg.* tiranno ♦ *s.m.* despota.
tiranosaurio *s.m.* tirannosauro.
tirante *agg.* **1** (*anche fig.*) teso, tirato: *antes del examen estaba* —, prima dell'esame era teso **2** imbarazzante ♦ *s.m.* **1** cinghia (*f.*); filo di aquilone **2** (*edil.*) trave (*f.*) maestra **3** (*pl., abbigl.*) bretelle (*f.*).
tirantez *s.f.* **1** tensione (*anche fig.*) **2** (*arch.*) corda.
tirar *v.tr.* **1** tirare, lanciare: — *una piedra*, lanciare un sasso **2** far cadere: *ten cuidado, no tires lo que llevas en la bandeja*, fai attenzione, non far cadere quello che porti sul vassoio **3** buttare via, gettare via (*anche fig.*): *tiran el tiempo viendo la tele*, buttano via il tempo guardando la tivù; *tiré la tarjeta a la papelera*, gettai il biglietto nel cestino **4** tirare: *me tiraba por la manga*, mi tirava per la manica **5** (*tip.*) stampare: — *cien copias*, stampare cento copie **6** abbattere, demolire | — *abajo*, buttare giù **7** tracciare: — *una línea*, tracciare una riga ♦ *v.intr.* **1** tirare: — *de la cuerda*, tirare la corda; — *al blanco*, tirare a segno **2** trainare, trascinare: *los caballos tiran del carro*, i cavalli tirano il carro **3** (*di vestito*) tirare, stringere: *el vestido te tira de cintura*, il vestito ti tira in vita **4** (*di canna fumaria*) tirare **5** dirigersi, andare verso: *tira a la izquierda*, vai a sinistra **6** (*fam.*) tirare

avanti: *aunque es muy mayor va tirando*, tira avanti nonostante sia molto anziano **7** tendere: *este color tira al violeta*, questo colore tende al viola **8** — *para*, avere inclinazione per **9** (*fam.*) attirare, piacere: *no le tira estudiar, le tira el trabajo*, non gli piace studiare, gli piace lavorare ♦ **-se** *v.pron.* **1** lanciarsi, gettarsi, buttarsi: — *al suelo*, buttarsi per terra **2** passare (il tempo): *se ha tirado todo el día estudiando*, ha passato tutta la giornata studiando **3** (*volg.*) scopare, farsi qlcu.
■ ***tira y afloja***, tira e molla | ***tirar a dar***, cercare di colpire nel vivo | (*di odore*) ***que tira para atrás***, terribile, insopportabile | (*fig.*) ***tirar para adelante***, tirare dritto.
tirilla *s.f.* (*di colletto di camicia*) listino (*m.*).
tirillas *s.m.* (*fam.*) persona (*f.*) gracile.
tirita *s.f.* **1** fettuccia, nastro (*m.*) **2** cerotto (*m.*).
tiritar *v.intr.* tremare, rabbrividire | *quedarse tiritando*, restare in brache di tela.
tiritera *s.f.* tremito (*m.*).
tiritón *s.m.* tremito, brivido.
tiro *s.m.* **1** (*lancio*) tiro | *a* —, alla portata | *ir a — hecho*, andare a colpo sicuro **2** (*di arma da fuoco*) sparo, colpo, tiro, scarica (*f.*): *pegar un* —, sparare un colpo | — *al blanco*, tiro al bersaglio | (*sport*) — *al plato*, tiro al piattello | — *de pichón*, tiro al piccione | — *de gracia*, colpo di grazia | *errar el* —, mancare il bersaglio | *a — limpio*, a revolverate | *ni a tiros*, in nessun modo **3** (*di canna fumaria*) tiraggio **4** (*di pantaloni*) cavallo **5** (*di scala*) rampa (*f.*)
■ ***de tiros largos***, in ghingheri, in tiro | ***no van por ahí los tiros***, non stanno così le cose | ***matar dos pájaros de un tiro***, prendere due piccioni con una fava.
tirocinio *s.m.* tirocinio, apprendistato.
tiroideo *agg.* (*anat.*) tiroideo.
tiroides *agg.*, *s.f.* (*anat.*) tiroide.
tirolés *agg.*, *s.m.* tirolese (*m./f.*).
tirón *s.m.* **1** strappo, strattone: — *muscular*, strappo muscolare **2** tirata (*f.*): *acabaré el trabajo de un* —, finirò il lavoro in una sola tirata; — *de orejas*, tirata d'orecchi **3** scippo: *fui testigo de un — y me espanté mucho*, fui testimone di uno scippo e mi spaventai molto.
tironear *v.tr.* (*Amer.*) strattonare.
tironero *s.m.* (*fam.*) scippatore.
tirotear *v.tr.* sparare, crivellare (di colpi) ♦ **-se** *v.pron.* avere una sparatoria, spararsi.
tiroteo *s.m.* sparatoria (*f.*): *el ladrón quedó herido en el* —, nella sparatoria il ladro rimase ferito.
tirreno *agg.* tirreno, tirrenico.
tirria *s.f.* (*fam.*) antipatia, astio (*m.*), livore (*m.*): *tenerle — a alguien*, avercela con qlcu.
tirulo *s.m.* (*di sigaro*) tabacco.
tisana *s.f.* tisana, decotto (*m.*), infuso (*m.*).
tísico *agg.*, *s.m.* tisico, tubercolotico; (*anche fig.*): *quedarse* —, ridursi pelle e ossa.
tisiología *s.f.* (*med.*) tisiologia.
tisis *s.f.* (*med.*) tisi, tubercolosi.
tisú *s.m.* (*tess.*) broccato.
tisular *agg.* (*med.*) tissutale.
titán *s.m.* **1** titano, gigante, colosso (*anche fig.*) **2** (*mecc.*) gru (*f.*) a ponte.
titánico *agg.* (*anche fig.*) gigantesco, titanico, colossale: *una empresa titanica*, un'impresa titanica.
titanio *s.m.* (*chim.*) titanio.
títere *s.m.* **1** marionetta (*f.*), burattino: *teatro de títeres*, teatrino delle marionette **2** (*fig.*) buffone, fantoccio | *echar los títeres a rodar*, mandare tutto al diavolo | *no quedar/dejar — con cabeza*, (*di cosa*) distruggere tutto, fare piazza pulita; (*di persona*) non risparmiare nessuno.
titilación *s.f.* (*lett.*) tremolio (*m.*), fremito (*m.*).
titilar *v.intr.* **1** scintillare, brillare: *las estrellas titilan en la noche*, le stelle brillano nella notte **2** (*lett.*) tremolare.
titiritero *s.m.* **1** (*teatr.*) burattinaio **2** saltimbanco, acrobata (*m./f.*).
titubeante *agg.* titubante: *después de un inicio —, recitó la poesía perfectamente*, dopo un inizio titubante, recitò la poesia perfettamente.
titubear *v.intr.* **1** titubare, esitare, tentennare: *como no había estudiado, titubeé antes de contestar a las preguntas del profesor*, siccome non avevo studiato, esitai prima di rispondere alle domande del professore **2** balbettare, esprimersi con titubanza: *es tan tímido que siempre titubea*, è così timido che si esprime sempre con titubanza **3** oscillare, traballare: *«¿por qué titubeas?» «porque he bebido demasiada cerveza»*, «perché barcolli?» «perché ho bevuto troppa birra».
titubeo *s.m.* titubanza (*f.*), esitazione (*f.*), perplessità (*f.*): *para no decir la verdad, los chicos contestaron con mucho* —, per non dire la verità, i ragazzi risposero con molta esitazione.
titulación *s.f.* **1** titolazione, titolatura: *el editor decide la* —, l'editore decide la titolazione **2** (*dir.*) titolo (*m.*) di proprietà: *en la — de la casa resultan titulares todos los hermanos*, dall'atto di proprietà della casa risultano intestati tutti i fratelli **3** laurea, titolo (*m.*) accademico.
titulado *agg.* **1** titolato, blasonato **2** diplomato; laureato: — *en arquitectura*, laureato in architettura.
titular[1] *agg.* **1** titolare **2** (*nella scuola*) di ruolo, titolare: *un profesor* —, un professore di ruolo ♦ *s.m.* **1** titolare, intestatario: — *de*

la empresa, titolare della ditta **2** possessore: — *de acciones*, possessore di azioni **3** (*di giornale*) titolo.
titular² *v.tr.* intitolare ♦ **-se** *v.pron.* diplomarsi; laurearsi.
titularidad *s.f.* titolarità, ruolo.
titulillo *s.m.* testatina (*f.*), titolo corrente.
título *s.m.* **1** titolo: — *de un capítulo*, titolo di un capitolo **2** (*econ.*) titolo, certificato azionario: — *negociable*, titolo negoziabile; — *público*, titolo di Stato **3** cartellino, etichetta (*f.*) **4** titolo, qualifica (*f.*): *el — de maestro*, la qualifica di maestro; *éste es el candidato que posee más títulos*, questo è il concorrente che possiede una maggior qualifica; — *de estudio*, titolo di studio; — *académico*, laurea **5** (*dir.*) documento, titolo, voce (*f.*); — *de propiedad*, titolo di proprietà | *a — de*, in qualità di.
tiza *s.f.* gessetto (*m.*), gesso (*m.*).
tiznar *v.tr.* **1** macchiare di fuliggine, annerire: *para jugar, los niños tiznaron sus rostros*, per giocare i bambini annerirono i loro visi **2** (*fig.*) macchiare, infangare ♦ **-se** *v.pron.* **1** annerirsi **2** (*fig.*) macchiarsi.
tizne *s.m.* **1** fuliggine (*f.*) **2** tizzone.
tizón *s.m.* **1** tizzone **2** (*fig.*) macchia (*f.*), onta (*f.*) **3** (*arch.*) chiave (*f.*).
tizona *s.f.* (*lett.*) spada.
toalla *s.f.* **1** asciugamano (*m.*) **2** (*tessuto*) spugna | *arrojar la —*, gettare la spugna.
toallero *s.m.* portasciugamani.
toallita *s.f.* salvietta: *toallitas húmedas*, salviettine umidificate.
toar *v.tr.* (*mar.*) tonneggiare, rimorchiare.
toba *s.f.* **1** (*min.*) tufo (*m.*): — *volcánica*, tufo vulcanico **2** (*fig.*) incrostazioni (*pl.*), crosta **3** (*di denti*) tartaro (*m.*) **4** (*fam.*) cicca, mozzicone (*m.*) **5** (*bot.*) cardo (*m.*).
tobera *s.f.* (*mecc.*, *tecn.*) ugello (*m.*).
tobillera *s.f.* (*med.*) cavigliera.
tobillero *agg.* che arriva alle caviglie: *capa tobillera*, mantello che arriva alle caviglie.
tobillo *s.m.* (*anat.*) malleolo, caviglia (*f.*) | *brazalete de —*, braccialetto da caviglia.
tobogán *s.m.* **1** slitta (*f.*), toboga (*f.*) **2** (*gioco*) scivolo: *¡la niña se tiró desde un — acuático de 10 metros de altura!*, la bambina si lanciò da un trampolino acquatico alto 10 metri! **3** (*tecn.*) rampa (*f.*).
toca *s.f.* **1** cuffia **2** (*relig.*) velo (*m.*).
tocadiscos *s.m.* giradischi.
tocado *agg.* **1** suonato, tocco, matto: *no escuches sus discursos, está un poco —*, non ascoltare i suoi discorsi, è un po' matto **2** (*di frutto*) ammaccato: *las fresas están todas tocadas*, le fragole sono tutte ammaccate **3** (*sport*, *di giocatore*) lesionato, acciaccato ♦ *s.m.* **1** pettinatura (*f.*), acconciatura (*f.*) **2** cappello.
tocador *s.m.* **1** mobile da toilette **2** spogliatoio.
tocante *agg.* riguardante | *en lo — a*, per quanto riguarda, in quanto a.
tocar (*con. come* pescar) *v.tr.* **1** toccare (*anche fig.*): *la historia de aquel niño nos tocó el corazón*, la storia di quel bambino ci toccò il cuore | — *en la herida*, mettere il dito sulla piaga | — *madera*, toccare ferro | — *fondo*, toccare il fondo **2** (*anche mus.*) suonare: *tocaba el piano*, suonava il piano **3** alludere, fare cenno a ♦ *v.intr.* **1** risuonare: — *a muerto*, suonare a morto; *tocan a la puerta*, suonano alla porta **2** spettare, corrispondere: *ahora me toca el turno*, ora è il mio turno | *por lo que toca a*, per ciò che riguarda **3** vincere: *¡nos ha tocado el primer premio de la lotería!*, abbiamo vinto il primo premio della lotteria ♦ **-se** *v.pron.* toccarsi, tastarsi
■ ***tocárselas***, squagliarsela.
tocata *s.f.* (*mus.*) toccata.
tocateja, a *loc.avv.* in contanti: *compró el garaje y pudo pagarlo a —*, comprò un garage e poté pagarlo in contanti.
tocayo *s.m.* (*riferito a persona*) omonimo.
tocho *agg.* **1** rozzo **2** sciocco, stupido ♦ *s.m.* **1** (*tecn.*) massello, barra (*f.*); (*edil.*) mattone **2** (*fig.*) macigno, mattone: *¡la película fue un verdadero —¡*, il film è stato un vero mattone!
tocinería *s.f.* salumeria.
tocinero *s.m.* salumiere.
tocino *s.m.* **1** lardo **2** bacon, pancetta (*f.*) | (*cuc.*) — *de cielo*, dolce simile al budino **3** (*anche agg.*) stordito, ignorante.
tocología *s.f.* ostetricia.
tocólogo *s.m.* ostetrico.
tocón *agg.* (*fam.*) palpeggiatore ♦ *s.m.* (*di albero*) ceppo.
todavía *avv.* **1** ancora: — *no lo he visto*, non l'ho ancora visto; *mi abuela lee — más que yo*, mia nonna legge ancora più di me **2** (*avversativo*) nonostante tutto, malgrado ciò: *he trabajado todo el día y — el jefe no está contento*, ho lavorato tutto il giorno e malgrado ciò il capo non è contento; *ahora estudia más y — no obtiene buenas notas*, adesso studia di più e malgrado ciò non ottiene buoni voti **3** (*concessivo*) forse, ancora ancora: *si pidiera perdón — le hablaría*, se chiedesse scusa ancora ancora gli parlerei.
todo (*f.* toda; *m.pl.* todos; *f.pl.* todas) *agg.indef.* **1** tutto: *comió — el bocadillo*, mangiò tutto il panino; — *el día*, tutto il giorno | *a toda prisa*, in tutta fretta | *a toda pastilla*, a tutta birra | *de todas maneras*, a ogni modo **2** proprio: *es — un caballero*, è proprio un gentiluomo, è un vero gentiluomo **3** ogni: *toda violencia es injusta*, ogni violenza è ingiusta; *en — momento*, in ogni momento | *a toda costa*, a ogni costo, a tutti i costi | *de*

todas todas, con certezza ♦ *pron.indef.* tutto: *me lo dijo* —, mi disse tutto; — *el mundo*, tutti; *todos son interesantes*, tutti sono interessanti | *no es oro — lo que reluce*, non è oro tutto ciò che luccica | — *o nada*, tutto o niente ♦ *s.m.* tutto: *ellos forman un* —, formano un tutt'uno | *jugarse el — por* —, giocarsi il tutto per tutto ♦ *avv.* **1** assolutamente, completamente: *él es toda bondad*, è assolutamente buono **2** (*seguito da agg. o avv.*) quanto: *vinieron — lo deprisa que pudieron*, vennero il più in fretta possibile ■ ***a todo esto***, nel frattempo | ***ante todo***, prima di tutto, anzitutto | ***así y todo***, tuttavia, ciò nonostante | ***con todo y eso***, nonostante | ***del todo***, completamente, del tutto | ***sobre todo***, soprattutto | ***todo lo más***, al massimo, tutt'al più.

todopoderoso *agg.* onnipotente: *Dios* —, Dio onnipotente.

todoterreno *agg.*, *s.m.* (*aut.*) fuoristrada.

toga *s.f.* toga: *colgar la* —, abbandonare la toga.

togado *agg.* (*magistratura*) togato.

togolés *agg.*, *s.m.* togolese (*m./f.*).

toldería *s.f.* (*Amer.*) accampamento indio composto da *toldos*.

toldo *s.m.* **1** tenda (*f.*), tendone **2** telone a copertura dei camion **3** (*Amer.*) tenda india composta da cuoio e rami.

tole *s.m.* confusione (*f.*), baccano, chiasso.

toledano *agg.* di Toledo ♦ *s.m.* nativo di Toledo.

tolerable *agg.* tollerabile.

tolerado *agg.* (*di spettacolo*) permesso, consentito: *película tolerada para todos*, film per tutti.

tolerancia *s.f.* tolleranza: *el diálogo entre extranjeros promueve la* —, il dialogo tra stranieri promuove la tolleranza.

tolerante *agg.* tollerante.

tolerar *v.tr.* **1** tollerare, permettere, consentire: *no tolero qua veas tantas horas de televisión*, non permetto che tu veda tante ore la televisione **2** tollerare, sopportare: *mi estómago no tolera esa comida*, il mio stomaco non tollera questo cibo; *este paciente no tolera la aspirina*, questo paziente non tollera l'aspirina.

tolmo *s.m.* masso roccioso isolato.

tolteca *agg.*, *s.m./f.* tolteco (*m.*).

tolva *s.f.* **1** (*di urna*) feritoia **2** (*tecn.*) tramoggia.

toma *s.f.* **1** presa (*anche tecn.*): — *de aguas*, presa d'acqua; — *de corriente*, presa della corrente | (*elettr.*) — *de tierra*, messa a terra | — *de posesión*, presa di servizio **2** (*mil.*) conquista: *la — de la ciudad*, la conquista della città **3** (*cinem.*) ripresa, inquadratura **4** (*cuc.*) presa, pizzico (*m.*), dose: *es suficiente una — de sal*, è sufficiente una presa di sale.

tomador *s.m.* **1** (*econ.*) beneficiario: — *del seguro*, contraente dell'assicurazione **2** ladro, borseggiatore **3** (*Amer.*) ubriacone.

tomadura *s.f.* presa (*anche fam.*): — *de pelo*, presa in giro.

tomar *v.tr.* **1** prendere: *tomó el libro*, prese il libro; *tomo el tren*, prendo il treno; *tomamos un piso para el verano*, abbiamo affittato una casa per l'estate; *no sabía qué partido* —, non sapevo quale decisione prendere; *toma notas*, prendi appunti; *tomó a mal mis palabras*, prese male le mie parole; *no me tomo en serio*, non mi prendo sul serio | — *cuerpo*, concretizzarsi | — *la pluma*, mettersi a scrivere **2** prendere, conquistare: *tomaron la aldea*, conquistarono il villaggio **3** mangiare, bere: *tomé un café*, presi un caffè **4** (*un vizio, un atteggiamento*) assumere, prendere: *tomó el vicio de fumar*, prese il vizio di fumare **5** (*cinem.*, *foto.*) riprendere: *tomó las pruebas del baile*, riprese le prove del ballo **6** (*aut.*) prendere, imboccare: — *una curva*, prendere una curva ♦ *v.intr.* (*Amer.*) bere alcolici.

tomatal *s.m.* piantagione (*f.*) di pomodori.

tomate *s.m.* **1** (*bot.*) pomodoro | *ponerse como un* —, diventare rosso come un peperone **2** (*fig.*) chiasso, baccano; confusione (*f.*): *en la plaza hay* —, in piazza c'è confusione.

tómbola *s.f.* lotteria, riffa: *me ha tocado un premio en la* —, ho vinto un premio alla tombola.

tomillo *s.m.* (*bot.*) timo.

tomismo *s.m.* (*filos.*) tomismo.

tomista *s.m.* (*filos.*) tomista.

tomo *s.m.* tomo, volume | *de — y lomo*, considerevole, rilevante.

tomografía *s.f.* (*med.*) tomografia | — *axial computarizada* (TAC), tomografia assiale computerizzata.

tonadilla *s.f.* **1** canzone popolare spagnola **2** canzonetta leggera del teatro spagnolo della fine del XVIII secolo.

tonadillero *s.m.* persona che canta o compone *tonadillas*.

tonal *agg.* tonale.

tonalidad *s.f.* **1** tonalità, tono (*m.*), intonazione **2** (*arte*) tonalità, gradazione, sfumatura.

tondo *s.m.* (*arte*) tondo.

tonel *s.m.* **1** botte (*f.*), fusto, barile: *un — de petróleo*, un barile di petrolio **2** (*fig.*, *fam.*) botte (*f.*), obeso, grassone: *no deja de comer, está hecho un* —, non smette di mangiare, è diventato una botte.

tonelada *s.f.* tonnellata | *a toneladas*, a tonnellate.

tonelaje *s.m.* tonnellaggio, stazza (*f.*).
tóner *s.m.* toner.
tonga *s.f.* strato (*m.*).
tónica *s.f.* **1** acqua tonica, acqua brillante **2** peculiarità, caratteristica.
tónico *agg.* **1** (*ling., med., mus., cosmesi*) tonico: *sílaba tónica*, sillaba tonica **2** tonico, corroborante ♦ *s.m.* tonico.
tonificación *s.f.* tonificazione.
tonificante *agg.* tonificante.
tonificar (*con. come* pescar) *v.tr.* tonificare, corroborare, rinvigorire ♦ **-se** *v.pron.* tonificarsi.
tonillo *s.m.* **1** cantilena (*f.*) **2** accento, cadenza (*f.*): *tiene un — andaluz*, ha una cadenza andalusa.
tono *s.m.* **1** tono, inflessione (*f.*), modulazione (*f.*); accento: *bajar, subir el —*, abbassare, alzare il tono **2** (*mus., pitt.*) tonalità (*f.*), tono **3** (*tel.*) segnale acustico
■ ***subir(se) de tono***, accalorarsi | (*di parola, barzelletta*) ***subido de tono***, osceno, volgare | ***a tono***, a tono | ***darse mucho tono***, darsi un tono | ***ponerse a tono***, adattarsi alle circostanze | ***en todos los tonos***, in tutti i modi | ***de buen, mal tono***, di buono, cattivo gusto.
tonsila *s.f.* (*med.*) tonsilla.
tonsura *s.f.* tonsura, chierica.
tonsurar *v.tr.* **1** tosare **2** (*relig.*) tonsurare.
tontear *v.intr.* (*fam.*) **1** fare o dire sciocchezze **2** civettare, flirtare.
tontera *s.f.* (*fam.*) stupidata, scemata.
tontería *s.f.* **1** sciocchezza, stupidaggine: *un rosario de tonterías*, una sfilza di sciocchezze; *no digas tonterías*, non dire sciocchezze | *dejarse de tonterías*, smetterla di dire, fare sciocchezze **2** smanceria, moina **3** lusinga, complimento (*m.*).
tonto *agg.*, *s.m.* **1** deficiente, imbecille **2** tonto, ottuso: *hacer el —*, fare lo stupido | *el — del pueblo*, lo scemo del paese **3** (*teatr.*) buffone
■ ***a tontas y a locas***, all'impazzata.
tontorrón *s.m.* tontolone.
tontuna *s.f.* scemenza, stupidaggine.
toña *s.f.* **1** (*gioco*) lippa **2** (*fam.*) cazzotto (*m.*), legnata **3** (*fam.*) sbronza, sbornia.
top *s.m.* (*abbigl.*) top.
top-model *s.f.* top model, modella.
topacio *s.m.* (*min.*) topazio.
topar *v.tr./intr.* urtare, cozzare ♦ **-se** *v.pron.* incontrarsi, imbattersi: *me topé con él*, mi imbattei in lui.
tope *s.m.* **1** (*comm.*) limite: *cargaron el coche a —*, caricarono la macchina al massimo | *fecha —*, data limite | *precio —*, prezzo massimo **2** punta (*f.*), estremità (*f.*), cima (*f.*) | *estar hasta los topes*, averne fin sopra i capelli | *llegar al —*, arrivare al limite **3** ostacolo, intoppo, difficoltà (*f.*) **4** (*mecc.*) leva (*f.*) d'arresto, dispositivo di sicurezza.
topera *s.f.* tana della talpa.
topetar *v.intr.* cozzare.
topetazo *s.m.* **1** cornata (*f.*) **2** urto, scontro, colpo.
tópico *agg.* **1** topico, locale: *un medicamento de uso —*, una medicina per uso topico **2** preconcetto, ripetuto ♦ *s.m.* luogo comune, stereotipo: *existe el — de que los españoles beben mucho*, esiste lo stereotipo che gli spagnoli bevono molto.
topless *s.m.* topless.
topo *s.m.* **1** (*zool.*) talpa (*f.*) **2** (*fig., fam.*) persona (*f.*) dalla vista scarsa, talpa (*f.*): *vee menos que un —*, vede meno di una talpa **3** spia (*f.*).
topografía *s.f.* topografia.
topográfico *agg.* topografico.
topógrafo *s.m.* topografo.
topología *s.f.* topologia.
toponimia *s.f.* toponomastica, toponimia.
toponímico *agg.* toponimico.
topónimo *s.m.* toponimo.
toque *s.m.* **1** tocco, dettaglio: *se nota el — femenino*, si nota il tocco femminile **2** (*pitt.*) pennellata (*f.*), sfumatura (*f.*) **3** ritocco, modifica (*f.*): *dar el último —*, dare l'ultimo ritocco **4** rintocco; colpo leggero: *tres toques de campana*, tre rintocchi di campana | *— de difuntos*, campane a morto | *— de queda*, coprifuoco.
toquetear *v.tr.* palpare, tastare.
toral *agg.* fondamentale, essenziale.
tórax *s.m.* (*anat.*) torace.
torbellino *s.m.* **1** vortice, turbine, mulinello: *— de polvo*, un turbine di polvere **2** (*fig.*) ciclone, terremoto: *un — de ideas*, un terremoto di idee **3** persona (*f.*) irrequieta.
torcedura *s.f.* **1** (*tess.*) torcitura **2** (*med.*) distorsione, storta, lussazione **3** torsione.
torcer (*con. come* cocer) *v.tr.* **1** torcere, piegare, curvare **2** (*fig.*) distorcere, interpretare falsamente: *torcieron mis palabras*, hanno distorto le mie parole ♦ *v.intr.* **1** voltare: *tuerza a la izquierda*, svolti a sinistra **2** girare ♦ **-se** *v.pron.* **1** torcersi, attorcigliarsi **2** (*med.*) storcersi, slogarsi: *me torcí la muñeca jugando a baloncesto*, mi slogai il polso giocando a pallacanestro **3** (*fig.*) fallire, andare a monte: *se han torcido mis planes*, i miei piani sono andati a monte.
torcido *agg.* **1** storto: *¿quién ha pegado estas fotos tan torcidas?*, chi ha incollato queste foto così storte? **2** (*fig.*) sleale, disonesto, corrotto ♦ *s.m.* filo ritorto.
torcimiento *s.m.* **1** storcimento, torcitura (*f.*) **2** (*fig.*) giro di parole, perifrasi (*f.*).
tórculo *s.m.* (*stampa*) torchio.
tordo *s.m.* **1** (*zool.*) tordo **2** (*Amer.*) storno.

torear *v.intr.* (*corrida*) toreare, combattere con i tori ♦ *v.tr.* **1** (*fig.*) stuzzicare, prendere in giro: *no me torees*, non stuzzicarmi **2** (*fig.*) evitare, schivare: *el actor torea a los fotógrafos*, l'attore elude i fotografi.
toreo *s.m.* **1** (*corrida*) combattimento con i tori, tauromachia (*f.*) **2** (*fig.*) presa (*f.*) in giro.
torera *s.f.* (*abbigl.*) bolero (*m.*).
torero *agg.* taurino | *saltarse algo a la —*, farsene un baffo di qlco., infischiarsene ♦ *s.m.* torero.
toril *s.m.* recinto dei tori.
torio *s.m.* (*chim.*) torio.
tormenta *s.f.* **1** (*meteor., anche fig.*) temporale (*m.*), burrasca, tempesta **2** (*fig.*) sventura, avversità.
tormento *s.m.* **1** tortura (*f.*) **2** angoscia (*f.*), pena (*f.*) **3** tormento | *dar —*, tormentare.
tormentoso *agg.* (*anche fig.*) tempestoso, burrascoso.
torna *s.f.* **1** ritorno (*m.*) **2** restituzione **3** sbarramento (*m.*) per l'acqua
■ ***volver las tornas***, invertire i ruoli.
tornadizo *agg.* volubile, mutevole.
tornado *s.m.* (*meteor.*) tornado, uragano.
tornaguía *s.f.* (*comm.*) bolla di spedizione.
tornar *v.tr.* **1** restituire, rendere: *— los libros*, restituire i libri **2** cambiare, mutare ♦ *v.intr.* tornare: *tornarán el domingo*, torneranno domenica | *— a*, ripetere, tornare a: *— a llover*, ritornare a piovere; *torno a explicártelo*, te lo rispiego ♦ **-se** *v.pron.* diventare, trasformarsi: *— blanco*, diventare bianco.
tornasol *s.m.* **1** (*bot.*) girasole **2** (*chim.*) tornasole: *papel de —*, cartina di tornasole **3** (*tess.*) colore cangiante, riflesso.
tornasolado *agg.* (*tess.*) cangiante.
tornasolar *v.tr.* rendere cangiante ♦ **-se** *v.pron.* (*tess.*) essere cangiante.
torneado *agg.* tornito (*anche fig.*) ♦ *s.m.* (*tecn.*) tornitura (*f.*).
tornear *v.tr.* **1** (*tecn.*) tornire: *— un jarrón*, tornire un vaso **2** combattere in un torneo.
torneo *s.m.* torneo: *el — de voleibol empieza en octubre*, il torneo di pallavolo comincia in ottobre.
tornero *s.m.* (*tecn.*) tornitore.
tornillo *s.m.* **1** (*tecn.*) vite (*f.*): *dar vueltas al —*, girare la vite | *— de estrella*, vite a stella **2** morsa (*f.*) da tavolo
■ (*fig.*) ***tener los tornillos flojos***, essere poco intelligente | ***faltarle un tornillo a alguien***, mancare una rotella | (*fig.*) ***apretar los tornillos***, costringere, mettere alle strette.
torniquete *s.m.* **1** tornello: *puedes entrar sólo pasando por los torniquetes*, puoi entrare solo passando attraverso i tornelli **2** (*med.*) laccio emostatico.
torno *s.m.* **1** (*tecn.*) tornio **2** (*tecn.*) argano **3** (*med.*) trapano
■ ***en torno a*** **1** intorno a: *corréis en —*, correte intorno; *en — tuyo*, intorno a te **2** circa: *había en — a mil personas*, c'erano circa mille persone.
toro *s.m.* **1** (*zool.*) toro: *— de lidia*, toro da combattimento **2** uomo robusto e forte: *estar como un —*, star bene in salute **3** (*pl., fam.*) corrida (*f.sing.*): *ir a los toros*, andare alla corrida
■ (*fig.*) ***tomar el toro por los cuernos***, prendere il toro per le corna | (*fig.*) ***ver los toros desde la barrera***, stare a guardare, tenersi in disparte | ***ir al toro***, andare al sodo | ***pillarle el toro a alguien***, essere in ritardo con qlco., non riuscire a finire qlco.
toronja *s.f.* (*bot., frutto*) pompelmo (*m.*).
toronjil *s.m.* (*bot.*) melissa (*f.*).
toronjo *s.m.* (*bot., pianta*) pompelmo.
torpe *agg.* **1** tardo (*anche fig.*), lento, pesante **2** maldestro, inetto, goffo **3** turpe, ignobile: (*dir.*) *condición —*, condizione disonesta, immorale.
torpedear *v.tr.* **1** (*mil.*) silurare **2** (*fig.*) mandare a monte, sabotare, boicottare: *su partido torpedeó nuestros programas financieros*, il loro partito boicottò i nostri programmi finanziari.
torpedero *s.m.* (*mil.*) torpediniera (*f.*).
torpedo *s.m.* **1** (*zool.*) torpedine (*f.*) **2** (*mil.*) siluro.
torpeza *s.f.* **1** lentezza, pigrizia **2** stupidaggine, sciocchezza **3** goffaggine.
torrar *v.tr.* tostare, torrefare.
torre *s.f.* **1** (*anche scacchi*) torre, torrione (*m.*): *— de control*, torre di controllo **2** campanile (*m.*) **3** traliccio (*m.*): *torres de alta tensión*, tralicci dell'alta tensione.
torrefacción *s.f.* torrefazione, tostatura.
torrefacto *agg.* torrefatto.
torrencial *agg.* torrenziale, torrentizio.
torrente *s.m.* **1** torrente **2** (*fig.*) fiumana (*f.*), marea (*f.*): *un — de palabras inútiles*, una marea di parole inutili.
torrentera *s.f.* alveo (*m.*) di un torrente.
torreón *s.m.* torrione.
torreta *s.f.* **1** (*elettr.*) pilone (*m.*) **2** (*mil.*) torretta.
tórrido *agg.* torrido: *zona tórrida*, zona torrida.
torsión *s.f.* torsione.
torso *s.m.* **1** torso **2** busto.
torta *s.f.* **1** (*cuc.*) focaccia **2** (*fam.*) schiaffo (*m.*), sberla, ceffone (*m.*) **3** sbronza, sbornia **4** colpo (*m.*), botta | (*fig.*) *darse una —*, andare a sbattere
■ ***ni torta***, niente di niente, nulla: *no sabía ni —*, non sapeva assolutamente nulla; *no ver ni —*, non vedere nulla | ***no tener ni media***

torta, essere molto debole, non avere possibilità di vittoria.
tortazo *s.m.* **1** ceffone, schiaffo **2** colpo, botta (*f.*) | (*fig.*) *darse un* —, andare a sbattere.
torticero *agg.* ingiusto, scorretto, contrario alla legge.
tortícolis *s.m.* (*med.*) torcicollo.
tortilla *s.f.* **1** (*cuc.*) frittata: — *de patatas*, frittata di patate; — *francesa*, omelette **2** (*Amer.*) piadina di mais
■ (*fig.*) ***volverse la tortilla***, capovolgersi la situazione.
tórtola *s.f.* (*zool.*) tortora.
tortuga *s.f.* (*zool.*) tartaruga; testuggine | (*fig.*) *ir como una* —, essere una lumaca, andare lentamente.
tortuosidad *s.f.* tortuosità.
tortuoso *agg.* **1** tortuoso, serpeggiante, sinuoso **2** (*fig.*) subdolo, ambiguo.
tortura *s.f.* tortura, tormento (*m.*).
torturar *v.tr.* torturare, tormentare ♦ **-se** *v.pron.* tormentarsi.
torva *s.f.* (*meteor.*) turbine di neve o pioggia.
torvo *agg.* torvo, accigliato, minaccioso: *ojos torvos*, occhi torvi.
torzal *s.m.* **1** filo (*m.*) di seta per cucire **2** (*fig.*) groviglio (*m.*).
tos *s.f.* tosse | — *ferina*, tosse canina, pertosse.
tosca *s.f.* (*di denti*) tartaro (*m.*).
tosco *agg.*, *s.m.* rozzo; ignorante, zotico.
toser *v.intr.* tossire.
tosquedad *s.f.* rozzezza, grossolanità, villania.
tostada *s.f.* fetta di pane tostato, fetta biscottata | (*fig.*) *dar una* —, imbrogliare.
tostadero *s.m.* **1** torrefazione (*f.*) **2** (*fig.*) forno, luogo molto caldo.
tostado *agg.* **1** abbrustolito, tostato **2** abbronzato ♦ *s.m.* tostatura (*f.*).
tostador *s.m.* tostapane.
tostar *v.tr.* **1** tostare, abbrustolire **2** (*fig.*, *fam.*) arrostire ♦ **-se** *v.pron.* (*fam.*) rosolarsi al sole, abbrustolire.
tostón *s.m.* **1** (*cuc.*) crostino **2** (*fig.*) rompiscatole **3** (*fig.*) pizza (*f.*), mattone: *este libro es un* —, questo libro è un mattone.
total *agg.* totale, completo, generale: *en la* — *oscuridad*, nella totale oscurità ♦ *s.m.* **1** totalità (*f.*) **2** totale, somma (*f.*): *dime el* — *de tus deudas*, dimmi la somma dei tuoi debiti ♦ *avv.* riassumendo, in conclusione: —, *que no vamos*, in conclusione, non andiamo.
totalidad *s.f.* totalità: *la* — *de los alumnos participará a la excursión*, la totalità degli alunni parteciperà alla gita.
totalitario *agg.* (*pol.*) totalitario, assoluto.
totalitarismo *s.m.* (*pol.*) totalitarismo.
totalitarista *agg.*, *s.m./f.* (*pol.*) totalitario, fautore del totalitarismo.
totalizador *agg.* totalizzante.
totalizar (*con. come* cazar) *v.tr.* totalizzare: *tengo que* — *esta lista de números*, devo totalizzare questo elenco di numeri.
tótem *s.m.* totem.
totémico *agg.* totemico.
tour *s.m.* tour, giro, escursione (*f.*): — *operador*, tour operator.
toxicidad *s.f.* tossicità.
tóxico *agg.* tossico, velenoso, nocivo: *estas setas son tóxicas, ¡no las cojas!*, questi funghi sono velenosi, non raccoglierli! ♦ *s.m.* tossico, veleno.
toxicología *s.f.* (*med.*) tossicologia.
toxicomanía *s.f.* tossicomania, tossicodipendenza.
toxicómano *agg.*, *s.m.* tossicomane (*m./f.*).
toxina *s.f.* (*biol.*) tossina.
tozudez *s.f.* ostinazione, testardaggine: *por su* — *discute con todos sus amigos*, per la sua testardaggine discute con tutti i suoi amici.
tozudo *agg.* testardo, ostinato, cocciuto: *es muy tozuda y siempre quiere tener razón*, è molto testarda e vuole sempre aver ragione.
traba *s.f.* **1** connessione, legame (*m.*); **2** impedimento (*m.*), ostacolo (*m.*) | *poner trabas*, intralciare, ostacolare **3** (*dir.*) pignoramento (*m.*), sequestro (*m.*).
trabajado *agg.* **1** lavorato con cura, elaborato **2** stanco, affaticato.
trabajador *agg.* lavoratore ♦ *s.m.* lavoratore, operaio: — *a jornal*, lavoratore a giornata; — *en paro forzoso*, lavoratore in mobilità; — *temporal*, lavoratore temporaneo; — *eventual*, lavoratore occasionale.
trabajar *v.tr.* **1** lavorare: — *el metal*, *la madera*, lavorare il metallo, il legno **2** trattare, vendere: *no trabajo este género de zapatos*, non vendo questo genere di scarpe ♦ *v.intr.* lavorare: *trabaja de mecánico*, fa il meccanico; *ese bar trabaja mucho*, questo bar lavora molto; *trabajo por mi cuenta*, lavoro in proprio.
trabajo *s.m.* **1** lavoro: *está dedicado en cuerpo y alma a su* —, dedica anima e corpo al suo lavoro; — *a destajo*, lavoro a cottimo | — *sucio*, lavoro sporco | *tomarse el* —, prendersi la briga **2** sforzo, difficoltà (*f.*): *costar* —, costare fatica **3** (*pl.*) disagi, tribolazioni (*f.*).
trabajoso *agg.* **1** faticoso, pesante: *el esquí es un deporte* —, lo sci è uno sport faticoso **2** penoso, travagliato: *fue un viaje muy* —, fu un viaggio molto travagliato.
trabalenguas *s.m.* scioglilingua.
trabar *v.tr.* **1** congiungere, unire, legare **2** afferrare, prendere **3** (*fig.*) bloccare, fissare: *para evitar robos conviene* — *las puertas*, per evitare furti conviene bloccare le porte **4** (*fig.*) cominciare, iniziare: — *amistad*, fare amicizia **5** (*fig.*) ostacolare, impedire: —

las conversaciones, ostacolare le trattative **6** (*cuc.*) ispessire ♦ **-se** *v.pron.* **1** vincolarsi **2** impappinarsi: — *la lengua*, balbettare, tartagliare.
trabazón *s.f.* **1** connessione, raccordo (*m.*): *creo que no hay una — entre los hechos*, credo che non ci sia una connessione tra i fatti **2** (*fig.*) relazione: *la — entre causas y efectos*, la relazione tra cause ed effetti.
trabe *s.f.* (*edil.*) trave di legno.
trabilla *s.f.* (*abbigl.*) **1** martingala **2** (*di cintura*) passante (*m.*) **3** (*di pantalone*) staffa.
trabucar (*con. come* pescar) *v.tr.* **1** scompigliare, mettere in disordine **2** confondere, mescolare **3** alterare, distorcere: — *informaciones*, distorcere le informazioni ♦ **-se** *v.pron.* confondersi, ingarbugliarsi: *me trabuqué y pronuncié mal su apellido*, mi confusi e pronunciai male il suo cognome.
traca *s.f.* raffica di fuochi d'artificio.
tracción *s.f.* trazione: — *delantera, trasera*, trazione anteriore, posteriore; — *de vapor*, a vapore.
tracto *s.m.* **1** lasso, intervallo: *tenemos un — bastante largo para contestar a las preguntas*, abbiamo un intervallo abbastanza lungo per rispondere alle domande **2** tratto, spazio: *hice un — del camino sin encontrar a nadie*, feci un tratto del cammino senza incontrare nessuno **3** (*med.*) tratto: — *intestinal*, tratto intestinale.
tractor *s.m.* trattore.
tractorista *s.m.* trattorista.
tradición *s.f.* **1** tradizione: *celebraron la Navidad con cantos de la — española*, celebrarono il Natale con canti della tradizione spagnola **2** costume (*m.*), usanza, consuetudine: *es importante conocer las tradiciones del país en que se vive*, è importante conoscere le usanze del paese in cui si vive.
tradicional *agg.* tradizionale; consueto.
tradicionalismo *s.m.* tradizionalismo.
tradicionalista *agg.*, *s.m./f.* tradizionalista.
traducción *s.f.* traduzione: — *simultánea*, traduzione simultánea; — *literal*, traduzione letterale; — *directa*, traduzione diretta; — *inversa*, versione.
traducir (*con. come* conducir) *v.tr.* tradurre: — *del inglés al español*, tradurre dall'inglese in spagnolo ♦ **-se** *v.pron.* trasformarsi.
traductor *s.m.* traduttore.
traer (*indic.pres.* traigo, traes; *pass.rem.* traje, trajiste, trajo, trajimos, trajisteis, trajeron; *cong.pres.* traiga, traigas…; *imperf.* trajera, trajeras…; *ger.* trayendo; *imp.* traiga, traigamos, traigan) *v.tr.* **1** portare (*verso chi parla*): *¿me traes un vaso de agua?*, mi porti un bicchiere d'acqua? **2** arrecare, causare: *trae mala suerte*, porta sfortuna; *me trajo mucha alegría*, mi procurò molta gioia **3** (*di giornale*) riportare, pubblicare: *el periódico trae un artículo muy bueno*, il giornale riporta un articolo molto buono ♦ **-se** *v.pron.* tramare: *¿qué se traerá con tanto misterio?*, cosa starà tramando tanto segretamente?
■ ***traer de cabeza***, preoccupare | ***traer razones***, addurre motivi | ***traer a la memoria***, ricordare | (*fig.*) ***traerse entre manos***, avere qlco. tra le mani | ***traerse al fresco***, non importare niente | ***traérselas***, essere molto difficile.
trafagar (*con. come* llegar) *v.intr.* **1** trafficare, affaccendarsi **2** andare per il mondo, vagabondare.
tráfago *s.m.* traffico, commercio.
traficante *agg.* trafficante ♦ *s.m.* **1** trafficante (*m./f.*), mercante **2** (*spreg.*) trafficante (*m./f.*), spacciatore.
traficar (*con. come* pescar) *v.intr.* **1** commerciare, smerciare: — *con armas*, commerciare in armi **2** (*droghe*) spacciare.
tráfico *s.m.* **1** traffico, circolazione (*f.*): *en el centro suele haber mucho —*, di solito in centro c'è molto traffico **2** smercio, commercio: *luchar contra el — de drogas*, combattere contro il traffico della droga.
tragacanto *s.m.* (*bot.*) astragalo.
tragador *agg.*, *s.m.* (*fam.*) mangione.
tragafuego *s.m.* mangiafuoco.
tragahombres *s.m.* (*fam.*) spaccone, gradasso.
tragaldabas *s.m./f.* (*fam.*) mangione (*m.*).
tragaluz (*pl.* -ces) *s.m.* lucernario, abbaino.
tragaperras *s.f.* macchina mangiasoldi, slot-machine.
tragar (*con. come* llegar) *v.tr.* **1** inghiottire, ingoiare: *¡mi hijo no mastica la carne, la traga!*, mio figlio non mastica la carne, la inghiotte! | *¡trágame tierra!*, vorrei sprofondare! **2** (*fam.*) trangugiare, divorare: *no sabe controlarse, traga todo en pocos minutos*, non sa controllarsi, divora tutto in pochi minuti **3** (*fig.*) digerire, sopportare: *no lo puedo —*, non lo posso sopportare ♦ **-se** *v.pron.* (*fig.*) crederci, berla: *hacer —*, darla a bere; *se tragó todas mis mentiras*, credette a tutte le mie bugie.
tragasables *s.m.* mangiatore di spade.
tragedia *s.f.* **1** tragedia **2** disastro (*m.*), catastrofe: *parar en —*, finire in tragedia.
trágico *agg.* **1** tragico: *actor —*, attore tragico **2** drammatico, grave.
tragicomedia *s.f.* (*teatr.*, *fig.*) tragicommedia.
tragicómico *agg.* (*teatr.*, *fig.*) tragicomico.
trago *s.m.* **1** sorso, sorsata (*f.*): *a tragos*, a sorsi; *de un —*, d'un sorso **2** (*fig.*) avversità (*f.*): *pasaron un mal —*, hanno passato un brutto momento; *es un mal —*, è un problema **3** drink, goccetto: *te invito a tomar un —*, ti invito a bere qlco.
tragón *agg.* *ingordo*: *es muy —, nunca re-*

nuncia a los dulces, è molto ingordo, non rinuncia mai ai dolci ♦ *s.m.* (*fam.*) mangione.

traición *s.f.* tradimento (*m.*) | *a* —, con l'inganno; a tradimento.

traicionar *v.tr.* tradire: *en las adversidades los verdaderos amigos no traicionan*, nelle avversità i veri amici non tradiscono! ♦ **-se** *v.pron.* tradirsi.

traído *agg.* logoro, sciupato | *un asunto — y llevado*, una questione molto chiacchierata.

traidor *s.m.* traditore.

traje *s.m.* (*abbigl.*) vestito, abito: — *de noche*, vestito da sera; — *de sastre/de chaqueta*, tailleur; — *de pantalón*, tailleur pantalone | — *de baño*, costume da bagno | — *de novia*, vestito da sposa | — *de luces*, costume del torero.

trajeado *agg.* ben vestito: *en el banco todos los empleados siempre están trajeados*, in banca gli impiegati sono sempre ben vestiti.

trajín *s.m.* **1** trasporto **2** faccenda (*f.*), attività (*f.*), viavai: — *diario*, viavai quotidiano.

trajinar *v.tr.* trasportare: *tenemos que — las maletas hasta el segundo piso del hotel*, dobbiamo trasportare le valigie fino al secondo piano dell'hotel ♦ *v.intr.* trafficare, darsi da fare: — *por la casa*, darsi da fare in casa.

tralla *s.f.* frusta (*f.*) con sverzino.

trallazo *s.m.* frustata (*f.*).

trama *s.f.* **1** (*tess.*, *anche fig.*) trama, intreccio (*m.*): *la — de la novela es muy interesante y actual*, la trama del romanzo è molto interessante e attuale **2** intrigo (*m.*), macchinazione.

tramar *v.tr.* **1** tramare, retinare **2** tramare, tessere inganni, macchinare: *siempre está tramando algo*, sta sempre tramando qualcosa.

tramitación *s.f.* **1** procedura, iter (*m.*): — *para obtener un préstamo*, iter per ottenere un prestito **2** inoltro (*m.*): — *de una instancia*, inoltro di una pratica.

tramitar *v.tr.* inoltrare, dare corso a, fare le pratiche: *¿has tramitado tu petición del permiso?*, hai inoltrato la pratica per la richiesta del permesso?

trámite *s.m.* pratica (*f.*), formalità (*f.*): *trámites para la obtención del pasaporte*, pratiche per il rilascio del passaporto.

tramo *s.m.* **1** (*di scala*) rampa (*f.*) **2** tratto: *recorrimos un — de la carretera en la niebla*, percorremmo un tratto di strada nella nebbia **3** (*econ.*) tranche (*f.*), quota (*f.*), scaglione: *emitir un — de obligaciones*, emettere una tranche di obbligazioni **4** (*lett.*) brano.

tramontana *s.f.* **1** tramontana **2** (*fig.*) vanità, superbia, alterigia

■ ***perder la tramontana***, perdere la tramontana.

tramontano *agg.* ultramontano, oltre i monti.

tramoya *s.f.* **1** (*teatr.*) macchina (*f.*) teatrale **2** (*fig.*) intrigo.

tramoyista *s.m./f.* **1** (*teatr.*) macchinista, attrezzista **2** imbroglione (*m.*), maneggione (*m.*).

trampa *s.f.* **1** (*anche fig.*) trappola, trabocchetto (*m.*): *caer en una* —, cadere in trappola | *hecha la ley, hecha la* —, fatta la legge, trovato l'inganno | *sin — ni cartón*, senza trucco e senza inganno **2** botola, tombino **3** (*nel gioco*) imbroglio (*m.*), inganno (*m.*) **4** debito (*m.*): *estar lleno de trampas*, essere pieno di debiti.

trampantojo *s.m.* (*fam.*) trucco, inganno.

trampear *v.intr.* **1** tirare avanti, arrabattarsi **2** imbrogliare.

trampilla *s.f.* botola.

trampolín *s.m.* **1** (*anche fig.*) trampolino: *saltar del* —, saltare dal trampolino **2** pedana (*f.*): *el gimnasta saltó sobre el — y tomó mayor impulso*, il ginnasta saltò sulla pedana e prese maggiore slancio.

tramposo *agg.*, *s.m.* imbroglione, truffatore.

tranca *s.f.* **1** stanga, sbarra, spranga **2** (*Amer.*) sbornia, sbronza

■ ***a trancas y barrancas***, a stento, con fatica.

trancada *s.f.* **1** stangata **2** passo (*m.*) lungo, falcata.

trancar (*con. come* pescar) *v.tr.* sprangare, sbarrare.

trancazo *s.m.* **1** stangata (*f.*) **2** (*med.*, *fam.*) forte influenza: *cogí un — y no pude ir a esquiar*, presi una forte influenza e non potei andare a sciare.

trance *s.m.* **1** pericolo, momento critico: *salió de un mal* —, è uscito da un momento critico, si è salvato da un pericolo | *a todo* —, a ogni costo | *en — de muerte*, in punto di morte **2** trance (*f.*), estasi (*f.*).

tranco *s.m.* **1** passo lungo, falcata (*f.*) | *a* —, al galoppo | *en dos trancos*, in un salto **2** soglia (*f.*).

tranquera *s.f.* staccionata, palizzata, steccato (*m.*).

tranquilidad *s.f.* tranquillità, calma: *necesito un periodo de descanso y* —, ho bisogno di un periodo di riposo e tranquillità.

tranquilizante *agg.* tranquillizzante, rassicurante: *recibió noticias tranquilizantes*, ricevette notizie rassicuranti ♦ *s.m.* (*farm.*) tranquillante.

tranquilizar (*con. come* cazar) *v.tr.* tranquillizzare, quietare: *las caricias de su madre tranquilizaron al niño*, le carezze della madre tranquillizzarono il bambino ♦ **-se** *v.pron.* tranquillizzarsi.

tranquilo *agg.* tranquillo, quieto: *a pesar de sus problemas, vive* —, nonostante i suoi problemi, vive tranquillo | (*fam.*) *tú* —, stai tranquillo.

trans- *pref.* tra-/trans-/tras-.
transacción *s.f.* **1** (*comm.*) transazione, compravendita **2** accordo (*m.*), patto (*m.*).
transalpino *agg.* transalpino.
transandino *agg.* transandino.
transar *v.intr.* (*Amer.*) transigere, venire/scendere a patti.
transatlántico *agg.*, *s.m.* (*anche mar.*) transatlantico.
transbordador, trasbordador *s.m.* (*mar.*) traghetto, ferry-boat.
transbordar *v.tr.* trasbordare.
transcendental *agg.* → **trascendental**.
transcender *v.intr.* → **trascender**.
transcontinental *agg.* transcontinentale.
transcribir (*part.pass.irr.* transcrito, transcripto) *v.tr.* **1** trascrivere, traslitterare **2** copiare: *transcribid en el cuaderno lo que está escrito en la pizarra*, copiate sul quaderno ciò che c'è scritto alla lavagna.
transcripción *s.f.* **1** trascrizione, traslitterazione: *—fonética*, trascrizione fonetica **2** (*di uno scritto*) copia.
transcriptor *agg.* che trascrive.
transcurrir *v.intr.* trascorrere, passare: *transcurrimos nuestros años juveniles en Argentina*, trascorremmo i nostri anni giovanili in Argentina.
transcurso *s.m.* corso, decorso: *en el — de la vida*, nel corso della vita; *en el — del año escolar*, nel corso dell'anno scolastico.
transeúnte *agg.* **1** transitorio: *efecto —*, effetto transitorio **2** (*fig.*) effimero, provvisorio ♦ *s.m.* passante: *un — asistió al robo del motociclo*, un passante assistette al furto del motorino.
transexual *agg.*, *s.m./f.* transessuale.
transexualidad *s.f.* transessualità.
transferencia *s.f.* **1** trasferimento (*m.*) **2** (*banc.*) bonifico (*m.*): *— bancaria*, bonifico bancario.
transferible *agg.* trasferibile.
transferir (*con. come* sentir) *v.tr.* **1** trasferire: *han transferido a su hijo a otro colegio*, hanno trasferito loro figlio in un'altra scuola **2** differire, rimandare: *— un pago*, rimandare un pagamento.
transfiguración *s.f.* **1** trasformazione, mutamento (*m.*) **2** (*relig.*) trasfigurazione.
transfigurar *v.tr.* trasfigurare, trasformare ♦ **-se** *v.pron.* trasfigurarsi.
transformable *agg.* trasformabile: *sofá —*, divano trasformabile.
transformación *s.f.* trasformazione, metamorfosi: *realizar una —*, realizzare una trasformazione.
transformador *agg.*, *s.m.* (*tecn.*) trasformatore.
transformar *v.tr.* trasformare, cambiare: *toda persona podría — el mundo*, ogni persona potrebbe cambiare il mondo ♦ **-se** *v.pron.* trasformarsi.
transformismo *s.m.* (*biol.*) trasformismo, evoluzionismo.
transformista *agg.*, *s.m.* (*teatr.*) trasformista.
tránsfuga *s.m./f.*, **tránsfugo** *s.m.* **1** (*pol.*) transfuga (*m./f.*) **2** fuggitivo (*m.*).
transfundir *v.tr.* (*anche med.*) trasfondere: *tuvieron que transfundirle sangre*, dovettero fargli una transfusione di sangue ♦ **-se** *v.pron.* trasfondersi.
transfusión *s.f.* (*anche med.*) trasfusione.
transgénico *agg.* (*biol.*) transgenico.
transgredir *v.tr.* trasgredire, violare: *— las leyes*, trasgredire le leggi.
transgresión *s.f.* trasgressione, infrazione.
transgresivo *agg.* trasgressivo.
transgresor *agg.* trasgressivo ♦ *s.m.* trasgressore.
transiberiano *agg.* transiberiano.
transición *s.f.* **1** transizione, passaggio (*m.*), cambiamento (*m.*) **2** in Spagna, periodo storico compreso tra la morte di Francisco Franco (1975) e la proclamazione della nuova Costituzione (1978).
transido *agg.* **1** affranto, afflitto, estenuato: *— de hambre*, estenuato dalla fame; *— de cansancio*, affranto dalla stanchezza **2** (*spreg.*) meschino, gretto.
transigencia *s.f.* **1** indulgenza, tolleranza **2** arrendevolezza, condiscendenza.
transigente *agg.* **1** transigente **2** condiscendente.
transigir (*con. come* afligir) *v.intr.* transigere, cedere, venire a patti: *sobre este punto no transijo*, su questo punto non transigo; *no transijo con tus ofensas*, non tollero le tue offese.
transistor *s.m.* (*elettr.*) transistor.
transitable *agg.* transitabile: *por la nieve la carretera no está —*, per la neve la strada non è transitabile.
transitar *v.intr.* **1** transitare, passare **2** circolare, viaggiare.
transitivo *agg.* (*gramm.*) transitivo.
tránsito *s.m.* **1** passaggio; transito, circolazione (*f.*): *derecho de —*, dazio **2** sosta (*f.*), fermata (*f.*): *hizo varios tránsitos*, fece varie soste.
transitoriedad *s.f.* transitorietà.
transitorio *agg.* **1** transitorio, passeggero **2** caduco, fugace.
transliteración *s.f.* traslitterazione.
transliterar *v.tr.* traslitterare.
translúcido *agg.* traslucido.
translucir *v.tr.* (*con. come* lucir) traslucere.
transmigración *s.f.* trasmigrazione.
transmigrar *v.tr.* trasmigrare.
transmisible *agg.* trasmissibile.
transmisión *s.f.* **1** (*anche radio*, *tv*) trasmis-

sione **2** (*econ.*) trasmissione, emissione: — *lucrativa*, emissione a titolo oneroso.
transmisor *agg.* trasmittente ♦ *s.m.* trasmettitore.
transmitir *v.tr.* trasmettere (*anche fig.*): — *por radio*, trasmettere via radio; — *en directo*, trasmettere in diretta; *nos transmitió su congoja*, ci trasmise la sua angoscia ♦ **-se** *v.pron.* trasmettersi.
transmutación *s.f.* trasmutazione, trasformazione.
transmutar *v.tr.* **1** tramutare, trasformare, convertire: *esa noticia transmutó en alegría su dolor*, quella notizia tramutò in gioia il suo dolore **2** trasferire: — *la sede de una oficina*, trasferire la sede di un ufficio.
transnacional *agg.* (*Amer.*) multinazionale.
transoceánico *agg.* transoceanico.
transparencia *s.f.* **1** trasparenza: *se nota la — del cristal*, si nota la trasparenza del vetro **2** (*fig.*) chiarezza, evidenza **3** (*Amer., foto.*) diapositiva **4** (*per lavagna luminosa*) lucido (*m.*).
transparentar *v.tr.* lasciar vedere, far trasparire (*anche fig.*): *su cara transparenta toda su tristeza*, il suo viso fa trasparite tutta la sua tristezza ♦ *v.intr.* essere trasparente ♦ **-se** *v.pron.* **1** intravedersi **2** essere trasparente.
transparente *agg.* **1** trasparente, diafano **2** chiaro, evidente.
transpiración *s.f.* traspirazione.
transpirar *v.intr.* traspirare, trasudare: *estos zapatos no transpiran*, queste scarpe non traspirano.
transpirenaico *agg.* transpirenaico: *un tren —*, un treno che attraversa i Pirenei.
transponedor *agg.* **1** che trasferisce, che sposta **2** che oltrepassa.
transponer (*con. come* poner) *v.tr.* **1** spostare, trasferire **2** oltrepassare; varcare ♦ **-se** *v.pron.* **1** tramontare: *en verano el sol se transpone muy tarde*, in estate il sole tramonta molto tardi **2** scomparire: *la luna se transpone detrás de la montaña*, la luna scompare dietro la montagna **3** assopirsi: *comió demasiado y al final se traspuso*, mangiò troppo e alla fine si appisolò.
transportador *agg.* trasportatore, vettore ♦ *s.m.* **1** trasportatore **2** goniometro.
transportar *v.tr.* trasportare (*anche fig.*): *las fotos de esta revista os transportarán a islas maravillosas*, le foto di questa rivista vi trasporteranno su isole meravigliose; *la bicicleta se puede — sobre algunos trenes*, la bicicletta si può trasportare su alcuni treni ♦ **-se** *v.pron.* cadere in estasi.
transporte *s.m.* **1** trasporto: *medios de —*, mezzi di trasporto; — *por avión*, trasporto aereo **2** (*fig.*) entusiasmo, impeto, trasporto.
transportista *s.m.* vettore, corriere, autotrasportatore.
transposición *s.f.* trasposizione.
transubstanciación *s.f.* transustanziazione.
transvasar *v.tr.* travasare.
transvase *s.m.* travaso.
transversal *agg.* trasversale.
tranvía *s.m.* tram: *por la noche circulan menos tranvías*, di notte circolano meno tram.
tranviario *agg.* tranviario: *tráfico —*, traffico tranviario ♦ *s.m.* tranviere.
trapacear *v.intr.* trafficare, intrallazzare, ingannare.
trapacería *s.f.* frode, inganno (*m.*).
trapacero *agg., s.m.* imbroglione.
trapajoso *agg., s.m.* cencioso, sporco, trasandato.
trápala[1] *s.f.* chiasso (*m.*), trambusto (*m.*), baccano (*m.*).
trápala[2] *s.f.* bugia, panzana ♦ *agg., s.m./f.* **1** chiacchierone (*m.*) **2** bugiardo (*m.*).
trapalear *v.intr.* **1** scalpicciare **2** (*fig.*) blaterare, cianciare; imbrogliare.
trapalón *agg.* chiacchierone.
trapatiesta *s.f.* (*fam.*) zuffa, lite, confusione.
trapaza *s.f.* frode, truffa.
trapear *v.tr.* (*Amer.*) pulire, lavare il pavimento.
trapecio *s.m.* (*anche anat., geom.*) trapezio.
trapecista *s.m./f.* trapezista.
trapense *agg., s.m.* (*relig.*) trappista.
trapería *s.f.* **1** mucchio (*m.*) di stracci **2** bottega di stracci; rigattiere (*m.*).
trapero *s.m.* straccivendolo, rigattiere.
trapezoidal *agg.* (*geom.*) trapezoidale.
trapezoide *s.m.* (*anat., geom.*) trapezoide.
trapiche *s.m.* (*agr.*) torchio.
trapichear *v.intr.* **1** (*fig.*) ingegnarsi, arrabattarsi **2** (*fig.*) trafficare.
trapicheo *s.m.* (*fig., fam.*) traffico: *sospechan de él porque está en trapicheos oscuros*, sospettano di lui perché è coinvolto in traffici loschi.
trapillo, de *loc.avv.* (*di abito*) da casa; ordinario, di poco valore.
trapío *s.m.* **1** (*tauromachia*) gagliardia (*f.*) **2** (*fam.*) grazia (*f.*), eleganza (*f.*).
trapisonda *s.f.* **1** zuffa, lite; subbuglio (*m.*) **2** imbroglio (*m.*), raggiro (*m.*): *¡no te metas en trapisondas!*, non metterti negli imbrogli.
trapisondear *v.tr.* (*fam.*) organizzare imbrogli o zuffe.
trapisondista *s.m./f.* attaccabrighe, agitatore.
trapo *s.m.* **1** straccio, cencio: — *de cocina*, strofinaccio; *muñeca de —*, bambola di stoffa | *dejar, poner como un —*, ridurre qlcu. a uno straccio | *está hecho un —*, è ridotto uno straccio **2** (*pl., fam.*) vestiti **3** (*mar.*) vela-

me: *soltar el* —, sciogliere le vele | *a todo* —, molto in fretta
■ ***entrar al trapo***, rispondere a una provocazione | ***sacar los trapos sucios a relucir***, rinfacciare e rendere pubblici i difetti di qlcu.
tráquea *s.f.* (*anat.*) trachea.
traqueal *agg.* (*anat.*) tracheale.
traqueotomía *s.f.* (*med.*) tracheotomia.
traquetear *v.tr.* sbattere, agitare ♦ *v.intr.* **1** scoppiettare **2** far rumore.
traqueteo *s.m.* **1** baccano, trambusto: *el — de los fuegos artificiales espantó al niño*, il rumore dei fuochi artificiali spaventò il bambino **2** scossa (*f.*), sballottamento.
tras *prep.* **1** dopo: *volvió — unos días de vacaciones*, tornò dopo alcuni giorni di vacanza; *iré — de ti*, andrò dopo di te; *día — día*, giorno dopo giorno **2** dietro, oltre: *— los cristales de la ventana*, dietro i vetri della finestra.
tras- *pref.* → **trans-**.
trascacho *s.m.* posto riparato dal vento.
trascendencia *s.f.* **1** trascendenza **2** rilevanza, importanza, gravità **3** conseguenze (*pl.*), ripercussioni (*pl.*): *su gesto violento no tuvo* —, il suo gesto violento non ebbe conseguenze.
trascendental *agg.* **1** trascendentale **2** (*fig.*) di fondamentale importanza: *un asunto* —, una faccenda di fondamentale importanza.
trascender (*con. come* perder) *v.intr.* **1** (*fig.*) trascendere, andare oltre: *problema que trasciende de la esfera privada*, problema che trascende la sfera privata **2** trapelare **3** diffondersi, propagarsi: *las noticias trascendieron a la opinión pública*, le notizie arrivarono all'opinione pubblica.
trascocina *s.f.* retrocucina (*m.*), sbrigacucina (*m.*).
trasegar (*con. come* negar) *v.tr.* **1** scompigliare, sconvolgere **2** travasare, trasferire: *— el aceite*, travasare l'olio **3** (*fam., alcolici*) trangugiare, scolare.
trasero *agg.* posteriore: *asiento* —, sedile posteriore; *la puerta trasera*, la porta sul retro ♦ *s.m.* deretano.
trasfondo *s.m.* (*anche fig.*) fondo: *en el — de sus ojos se percibía una gran tristeza*, nel fondo dei suoi occhi si percepiva una grande tristezza.
trasgo *s.m.* folletto, spiritello.
trashumancia *s.m.* transumanza (*f.*).
trashumar *v.intr.* (*di bestiame*) transumare.
trasiego *s.m.* **1** (*di liquidi*) travaso **2** (*di persone, cose*) viavai, trambusto.
traslación *s.f.* **1** trasferimento (*m.*), trasloco (*m.*) **2** (*ret.*) metafora **3** traduzione.
trasladar *v.tr.* **1** trasportare, trasferire: *traslada su librería a una calle del casco antiguo*, trasferisce la sua libreria in una via del centro storico; *le van a — a la oficina de Madrid*, lo trasferiscono all'ufficio di Madrid **2** tradurre; trascrivere: *sus poesías han sido trasladadas al árabe*, le sue poesie sono state tradotte in arabo **3** anticipare; posticipare, rinviare: *nieva demasiado, hay que — la excursión al domingo próximo*, nevica troppo, bisogna rimandare la gita a domenica prossima ♦ **-se** *v.pron.* trasferirsi; traslocare: *quiero trasladarme al campo*, voglio trasferirmi in campagna.
traslado *s.m.* **1** trasferimento, trasloco: *estamos muy cansados tras el* —, siamo molto stanchi per il trasloco **2** copia (*f.*), trascrizione (*f.*).
traslucir (*con. come* lucir) *v.tr.* far trasparire, rivelare ♦ **-se** *v.pron.* trasparire, intravedersi.
trasluz (*pl.* -ces) *s.m.* controluce (*f.*); trasparenza (*f.*): *mirar al* —, guardare in controluce.
trasmano, a *loc.avv.* (*di cosa*) lontano, fuori portata; (*di luogo*) fuori mano, remoto, lontano: *no puedo cogerlo porque está* —, non posso prenderlo perché non l'ho a portata di mano.
trasminar *v.tr.* **1** aprire un percorso sotterraneo **2** (*di liquido, odore*) penetrare, impregnare ♦ **-se** *v.pron.* infiltrarsi.
trasmundo *s.m.* **1** aldilà **2** mondo immaginario.
trasnochado *agg.* **1** (*di persona*) sciupato, sbattuto, stanco: *cara trasnochada*, faccia sbattuta **2** vecchio, superato, antiquato: *noticia trasnochada*, notizia vecchia **3** appassito, avvizzito: *flores trasnochadas*, fiori appassiti.
trasnochador *agg.*, *s.m.* nottambulo.
trasnochar *v.intr.* **1** vegliare: *tiene la costumbre de — con los libros*, ha l'abitudine di passare la notte leggendo libri **2** fare le ore piccole: *me gusta* —, mi piace fare tardi la sera.
traspapelar *v.tr.* smarrire, perdere qlco. tra le carte: *¿has traspapelado mi carta en tu escritorio?*, hai smarrito la mia lettera sulla tua scrivania? ♦ **-se** *v.pron.* andar perso qlco. tra le carte.
traspasar *v.tr.* **1** (*comm.*) trasferire, cedere: *— una tienda*, cedere un negozio **2** spostare: *— los vestidos de un armario a otro*, spostare i vestiti da un armadio a un altro **3** oltrepassare il limite; (*un fiume*) attraversare: *— el umbral*, varcare la soglia **4** (*anche fig.*) trafiggere: *aquella noticia le traspasó el corazón*, quella notizia gli trafisse il cuore **5** (*dir.*) trasgredire, contravvenire: *— la ley*, trasgredire la legge.
traspaso *s.m.* **1** trapasso; cessione (*f.*): *certificato de* —, atto di cessione; *— de propiedad*, trapasso di proprietà **2** trasferimento:

el — de un empleado, il trasferimento di un impiegato.
traspié *s.m.* **1** scivolone, inciampo: *dar un —*, fare una scivolata **2** (*fig.*) errore: *dar un —*, fare una gaffe.
trasplantar *v.tr.* (*anche med., agr.*) trapiantare: *no es la temporada idónea para — los cactus*, non è il periodo giusto per trapiantare i cactus; *sus tradiciones han sido trasplantadas también en el norte*, le loro tradizioni sono state trapiantate anche al nord; *han trasplantado el higado a un enfermo de sesenta años*, hanno trapiantato il fegato a un malato di sessant'anni ♦ **-se** *v.pron.* traslocare, trasferirsi.
trasplante *s.m.* (*anche med.*) trapianto.
trasportín *s.m.* (*di bicicletta, di moto*) portapacchi.
traspuesta *s.f.* altura.
traspunte *s.m.* (*teatr.*) suggeritore.
traspuntín *s.m.* (*aut.*) strapuntino.
trasquilar *v.tr.* **1** tosare: *el pastor trasquiló su rebaño*, il pastore tosò il suo gregge **2** (*fam.*) rapare, tosare: *mi hijo se quiso — para estar de moda*, mio figlio si è voluto rapare per essere alla moda.
trasquilón *s.m.* forbiciata (*f.*) | *a trasquilones*, alla bell'e meglio.
trastabillar *v.intr.* **1** inciampare, incespicare: *este niño todavía no sabe andar bien y trastabilla a menudo*, questo bambino non sa ancora camminare bene e spesso inciampa **2** vacillare **3** balbettare: *cuando los profesores le hacen preguntas difíciles, él empieza a —*, quando i professori gli fanno domande difficili comincia a balbettare.
trastada *s.f.* **1** (*fam.*) canagliata **2** birichinata, monelleria.
trastazo *s.m.* colpo, botta (*f.*).
traste *s.m.* **1** (*di scala in legno*) piolo **2** pettegolezzo **3** (*mus.*) tasto
■ ***irse algo al traste***, fallire | ***irse alguien fuera de trastes***, dire parole fuori luogo | ***dar al traste con algo***, mandar all'aria qlco. | ***sin trastes***, senza metodo.
trastear *v.intr.* **1** rovistare; mettere scompiglio **2** (*Amer., fam.*) traslocare ♦ *v.tr.* (*mus.*) tasteggiare.
trastero *s.m.* ripostiglio, sgabuzzino; solaio.
trastienda *s.f.* **1** retrobottega (*m.*) **2** (*fig.*) astuzia: *tener mucha —*, essere molto furbo.
trasto *s.m.* **1** mobile, suppellettile (*f.*), masserizia (*f.*) **2** (*pl.*) attrezzi, strumenti: *los trastos de pintar*, gli strumenti per dipingere | *tirarse los trastos a la cabeza*, discutere violentemente **3** oggetto, cianfrusaglia (*f.*): *los cajones de mi hija están llenos de trastos*, i cassetti di mia figlia sono pieni di cianfrusaglie | *— viejo*, vecchio arnese **4** (*teatr.*) quinta (*f.*), telaio, fondale **5** (*spreg.*) perdigiorno **6** (*fam.*) birba (*f.*), monello.
trastocar (*con. come* pescar) *v.tr.* cambiare; mettere a soqquadro, sconvolgere: *— los proyectos*, sconvolgere i progetti ♦ **-se** *v.pron.* impazzire, andare fuori di testa.
trastornar *v.tr.* **1** frastonare, scombussolare, sconvolgere: *hay imagines televisivas que pueden — a los más pequeños*, ci sono immagini televisive che possono sconvolgere i più piccoli **2** (*fig.*) fare impazzire ♦ **-se** *v.pron.* alterarsi; diventare pazzo, ammattire.
trastorno *s.m.* **1** scompiglio, agitazione (*f.*): *su llegada produjo un — general*, il suo arrivo causò uno scompiglio generale **2** turbamento, molestia (*f.*) **3** (*med.*) disturbo, turba (*f.*): *trastornos del sistema nervioso*, disturbi del sistema nervoso.
trastrocar (*con. come* pescar) *v.tr.* confondere, scambiare ♦ **-se** *v.pron.* confondersi.
trastrueque *s.m.* confusione (*f.*), cambiamento.
trastumbar *v.tr.* far rotolare.
trasudar *v.tr.* trasudare, traspirare.
trasunto *s.m.* **1** copia (*f.*), trascrizione (*f.*): *en realidad esta novela es el — de una leyenda medieval*, in verità questo romanzo è la trascrizione di una leggenda medievale **2** copia (*f.*), ritratto: *en esta foto pareces el — de una actriz famosa*, in questa foto sembri il ritratto di una famosa attrice.
trasverter *v.intr.* (*con. come* entender) traboccare.
trata *s.f.* tratta, commercio (*m.*): *— de blancas*, tratta delle bianche.
tratable *agg.* **1** (*comm.*) trattabile: *es el último precio, ya no es —*, è l'ultimo prezzo, non è più trattabile **2** affabile, cordiale.
tratado *s.m.* (*dir.*) trattato: *— de adhesión a la Unión Europea*, trattato di adesione all'Unione Europea.
tratamiento *s.m.* **1** tratto, comportamento **2** trattamento, formula (*f.*) di cortesia: *'usted' es un pronombre de —*, 'usted' è un pronome di cortesia | *apear el —*, passare al tu **3** (*med.*) trattamento, cura (*f.*): *ponerse en —*, mettersi in cura; *responder bien a un nuevo —*, rispondere bene a una nuova cura | *— de choque*, terapia d'urto.
tratante *s.m./f.* commerciante, mercante: *— de joyas*, commerciante di gioielli.
tratar *v.tr.* **1** trattare: *— con cuidado*, trattare con cura | *— como un felpudo*, trattare come uno zerbino **2** trattare, negoziare: *— el precio del petróleo*, negoziare il prezzo del petrolio **3** dare del (tu, lei): *no me trates de tú*, non darmi del tu; *— de usted*, dare del lei **4** (*med.*) curare: *¿qué hay que hacer para — el acné?*, cosa bisogna fare per curare l'acne? ♦ *v.intr.* **1** trattare, vertere: *el*

documento trata sobre el mundo submarino, il documento tratta del mondo sottomarino; *la conferencia trata de las relaciones entre padres e hijos*, la conferenza tratta dei rapporti tra genitori e figli **2** cercare, tentare di: *trató de levantarse*, cercò di alzarsi; *¡trata de adelgazar un poco!*, cerca di dimagrire un po'! **3** commerciare: *— en títulos y acciones*, commerciare in titoli e azioni; *trata en muebles*, commercia in mobili ♦ **-se** *v.pron.* **1** frequentarsi: *eran amigas pero ya no se tratan*, erano amiche ma ora non si frequentano più; *se tratan desde el verano pasado*, si frequentano dall'estate scorsa **2** trattarsi da: *se trata como un rey*, si tratta come un re **3** trattarsi di: *¿de qué se trata?*, di che cosa si tratta?; *se trata de un asunto delicado*, si tratta di un affare delicato.

tratativa *s.f.* (*Amer.*) trattativa.

trato *s.m.* **1** patto, accordo: *hacer un —*, fare un patto; *sellar un —*, siglare un accordo | *¡— hecho!*, affare fatto! **2** trattamento: *sufrir un — injusto*, soffrire un trattamento ingiusto; *— especial/preferente*, trattamento di favore; *igualdad de —*, parità di trattamento **3** relazione (*f.*): *no tengo — con ellos*, non ho alcuna relazione con loro | *— carnal*, relazione sessuale **4** maniera (*f.*), modo: *tratos amables*, modi gentili; *semana del buen —*, settimana delle buone maniere | *malos tratos*, danni fisici o psichici, maltrattamenti.

trauma *s.m.* **1** (*anche med.*) trauma: *cayó y su rodilla derecha padeció un fuerte —*, cadde e il suo ginocchio destro subì un forte trauma **2** (*fig.*) trauma, forte impressione: *la película me generó un —*, il film mi provocò una forte impressione.

traumático *agg.* (*anche med.*) traumatico: *fue algo muy —*, fu qualcosa di molto traumatico.

traumatismo *s.m.* (*med.*) traumatismo: *— nasal*, traumatismo nasale; *prevenir los traumatismos*, prevenire i traumatismi.

traumatizar (*con. come* cazar) *v.tr.* traumatizzare.

traumatología *s.f.* (*med.*) traumatologia.

traumatológico *agg.* (*med.*) traumatologico.

traumatólogo *agg.*, *s.m.* (*med.*) traumatologo: *para tratar el tobillo tienes que ir al —*, per curare la caviglia devi andare dal traumatologo.

través *s.m.* **1** (*fig.*) inclinazione (*f.*) **2** disgrazia (*f.*), fatalità (*f.*)

■ ***de través***, di/per traverso; trasversalmente: *mirar de —*, guardare di sbieco | ***a través de***, attraverso; per mezzo di: *lo oyó a — de la puerta*, lo sentì attraverso la porta; *lo supe a — de un amigo*, lo seppi per mezzo di un amico.

travesaño *s.m.* **1** traversa (*f.*): *lancé la pelota por arriba del —*, lanciai la palla al di sopra della traversa **2** (*di scala*) piolo.

travesero *agg.* traverso: *flauta travesera*, flauto traverso.

travesía *s.f.* **1** (*via*) traversa **2** (*mar.*, *aer.*) traversata: *la — fue peligrosa por el mal tiempo*, la traversata fu pericolosa per il cattivo tempo.

travesti, travestí *s.m.* travestito.

travestir (*con. come* pedir) *v.tr.* travestire ♦ **-se** *v.pron.* travestirsi.

travesura *s.f.* monelleria, birichinata: *te voy a contar la última — que ha hecho mi niño*, ti racconto l'ultima birichinata che ha fatto mio figlio.

traviesa *s.f.* (*ferr.*) traversina.

travieso *agg.* **1** traverso, obliquo **2** acuto, sagace **3** birichino, monello; irrequieto, turbolento.

trayecto *s.m.* percorso, tragitto: *fin del —*, fine del tragitto.

trayectoria *s.f.* **1** traiettoria, parabola: *la — del sol*, la traiettoria del sole; *la exposición presenta toda la — artística de Dalí*, la mostra presenta tutto il percorso artistico di Dalì **2** (*fig.*) condotta, evoluzione | *— profesional*, curriculum professionale.

traza *s.f.* **1** traccia, schizzo (*m.*) **2** piano (*m.*), progetto (*m.*); (*arch.*) pianta: *la — urbana*, il piano urbanistico **3** aspetto (*m.*), apparenza, figura | *llevar trazas de*, avere l'aria di.

trazado *s.m.* **1** schizzo, tratteggio **2** tracciato, piano.

trazar (*con. come* cazar) *v.tr.* tracciare, disegnare (*anche fig.*); tratteggiare: *el periodista trazó en pocas líneas un retrato del nuevo líder político*, il giornalista ha tracciato in poche righe un ritratto del nuovo leader politico.

trazo *s.m.* **1** disegno, schizzo: *— de ángulos*, disegno di angoli **2** linea (*f.*), riga (*f.*); tratto: *dibuja con trazos personalizados*, disegna con tratti molto personalizzati.

trebejo *s.m.* **1** arnese, attrezzo: *para este trabajo se puede utilizar un — cualquiera*, per questo lavoro si può usare un arnese qualsiasi **2** qualsiasi pezzo del gioco degli scacchi.

trébol *s.m.* **1** (*bot.*) trifoglio: *no es fácil encontrar un — de cuatro hojas*, non è facile trovare un quadrifoglio **2** (*spec. pl.*, *carte da gioco*) fiori: *el rey de —*, il re di fiori.

trece *agg.num.*, *s.m.* **1** (*card.*) tredici: *a los — años empecé a esquiar*, iniziai a sciare all'età di tredici anni; *en mi curso de ruso somos —*, nel mio corso di russo siamo in tredici **2** (*ord.*) tredicesimo: *el libro —*, il tredicesimo libro; *León —*, Leone XIII

■ ***mantenerse/seguir en sus trece***, impuntarsi.

treceavo *agg.num.ord.*, *s.m.* tredicesimo.

trecho *s.m.* (*di spazio, di tempo*) tratto: *a trechos*, a tratti | *de — en —*, di tanto in tanto | *del dicho al hecho hay mucho —*, tra il dire e il fare c'è di mezzo il mare.
trefilar *v.tr.* (*tecn.*) trafilare.
tregua *s.f.* **1** tregua **2** (*fig.*) pausa, interruzione, sosta | *sin —*, senza tregua.
treinta *agg.num., s.m.* **1** (*card.*) trenta: *los días de noviembre son —*, i giorni di novembre sono trenta **2** (*ord.*) trentesimo: *el día — de la batalla el general murió*, il generale morì il trentesimo giorno della battaglia.
treintañero *agg., s.m.* trentenne: *mi nieta ya es treintañera*, mia nipote è già trentenne.
treintavo *agg.num.ord., s.m.* trentesimo.
treintena *s.f.* trentina: *en el aula caben una — de estudiantes*, nell'aula ci stanno una trentina di studenti; *me quedan una — de páginas para leer*, mi restano da leggere una trentina di pagine.
tremebundo *agg.* tremendo, terribile: *ayer fue un día —*, ieri è stata una giornata terribile; *¡lleva una falda tremebunda!*, indossa una gonna terribile!
tremedal *s.m.* terreno pantanoso.
tremendismo *s.m.* **1** allarmismo: *el tuyo es un — inútil*, il tuo è un allarmismo inutile **2** sensazionalismo: *no apruebo el — periodístico*, non approvo il sensazionalismo giornalistico.
tremendista *s.m.* allarmista: *¿por qué eres tan —?*, perché sei così allarmista?
tremendo *agg.* **1** tremendo, terribile: *hice un sueño —*, ho fatto un sogno tremendo **2** eccessivo, esagerato: *tuvieron una reacción tremenda*, ebbero una reazione esagerata | *echar por la tremenda*, perdere le staffe | *tomarse algo a la tremenda*, dare troppa importanza a qlco. **3** terribile, monello: *es una niña tremenda*, è una bambina monella.
trementina *s.f.* trementina.
tremolar *v.tr.* sventolare: *al despedirse hicieron — sus pañuelos*, quando si accomiatarono sventolarono i loro fazzoletti ♦ *v.intr.* tremolare; ondeggiare, oscillare, sventolare: *la bandera que está tremolando es la chilena*, la bandiera che sta sventolando è quella cilena.
tremolina *s.f.* **1** (*di vento*) turbinio (*m.*) **2** (*fam.*) baraonda: *armar la —*, fare confusione.
trémulo *agg.* tremulo, tremolante.
tren *s.m.* **1** treno: *— directo*, treno diretto; *— expreso*, treno rapido; *— de largo recorrido*, treno a lungo percorso; *— de cercanías*, treno locale **2** (*tecn.*) catena (*f.*)
■ (*aer.*) ***tren de aterrizaje***, carrello di atterraggio | ***tren de vida***, tenore, ritmo di vita | ***a todo tren*** **1** senza badare a spese, con lusso **2** a tutta velocità | ***estar como un tren***, essere uno schianto.
trena *s.f.* (*pop.*) carcere (*m.*), prigione.
trenca *s.f.* (*abbigl.*) montgomery (*m.*).
trencilla *s.f.* (*cucito*) gallone (*m.*), spighetta: *necesito una cinta de — para renovar mi blusa*, mi serve un nastro di spighetta per rinnovare la mia camicetta.
trenza *s.f.* **1** (*di tessuto, capelli*) treccia: *cuando debe danzar se peina con trenzas*, quando deve danzare si fa le trecce **2** (*dolce*) treccia.
trenzado *agg.* intrecciato: *me gustan los cinturones de cuero —*, mi piacciono le cinture di cuoio intrecciato; *mi gorro es de paja trenzada*, il mio cappello è di paglia intrecciata.
trenzar (*con. come* cazar) *v.tr.* intrecciare: *los troncos del ficus benjamina se pueden —*, i tronchi del ficus beniamino si possono intrecciare.
trepa[1] *s.f.* arrampicata, scalata: *cuerdas de —*, corde da arrampicata ♦ *s.m./f.* (*fig.*) arrampicatore (*m.*) sociale, arrivista: *el jefe no ayuda a nadie porque es un —*, il capo non aiuta nessuno perché è un arrivista.
trepa[2] *s.f.* **1** (*abbigl.*) balza, volant (*m.*) **2** venatura del legno.
trepado *s.m.* **1** linea (*f.*) perforata di punti **2** (*abbigl.*) balza (*f.*), volant.
trepador *agg.* **1** (*anche fig.*) arrampicatore **2** rampicante: *en mi balcón cultivo plantas trepadoras*, sul mio balcone coltivo piante rampicanti.
trepanación *s.f.* (*med.*) trapanazione.
trepanar *v.tr.* (*med.*) trapanare.
trépano *s.m.* (*med.*) trapano.
trepar *v.intr.* (*anche fig.*) arrampicarsi: *— a un árbol*, arrampicarsi su un albero; *la hiedra trepa por el muro*, l'edera si arrampica sul muro; *aprovecha todas las ocasiones para —*, cerca tutte le occasioni per avanzare socialmente.
trepatroncos *s.m.* (*zool.*) cinciarella (*f.*).
trepidación *s.f.* trepidazione; tremore (*m.*).
trepidante *agg.* **1** tremante **2** intenso, rapido.
trepidar *v.intr.* **1** trepidare; tremare, vibrare: *el helicóptero trepida*, l'elicottero vibra **2** (*Amer.*) vacillare, oscillare.
tres *agg.num., s.m.* **1** (*card.*) tre: *los — cerditos*, i tre porcellini; *las — edades del hombre*, le tre età dell'uomo **2** (*ord.*) terzo
■ ***como tres y dos son cinco***, come due più due fa quattro | ***cada dos por tres***, ogni due per tre, spesso | ***no hay dos sin tres***, non c'è due senza tre | ***ni a la de tres***, in nessun modo, neanche per sogno | ***de tres al cuarto***, da quattro soldi | (*gioco*) ***tres en raya***, filetto.
trescientos (*pl. -as*) *agg.num., s.m.* **1** (*card.*) trecento: *trescientas hojas*, trecento fogli **2** (*ord.*) trecentesimo.
tresillo *s.m.* **1** divano a tre posti; divano e due poltrone: *vendo — de piel en buen es-*

tado, vendo un divano tre posti di pelle in buono stato() **2** (*mus.*) terzina (*f.*).
treta *s.f.* **1** stratagemma (*m.*), trucco (*m.*), astuzia: *no creas a todas las tretas publicitarias*, non credere a tutti gli stratagemmi pubblicitari **2** (*scherma*) finta.
tríada *s.f.* triade: *el cuadro representa una — de flores*, il quadro rappresenta una triade di fiori.
triangular *agg.* triangolare: *un espejo —*, uno specchio triangolare.
triángulo *agg.* triangolare ♦ *s.m.* (*anche mus.*) triangolo: *— escaleno*, triangolo scaleno; *— equilátero*, triangolo equilatero; *— isósceles*, triangolo isoscele; *— rectángulo*, triangolo rettangolo; *tocar el —*, suonare il triangolo.
triásico *agg.*, *s.m.* (*geol.*) triassico.
triatlón *s.m.* (*sport*) triathlon.
tribal *agg.* tribale: *una máscara —*, una maschera tribale.
tribalismo *s.m.* tribalismo.
tribu *s.f.* tribù (*anche fig.*): *hallar tribus desconocidas*, trovare tribù sconosciute.
tribulación *s.f.* tribolazione, sofferenza.
tribuna *s.f.* **1** tribuna: *vieron el partido desde la —*, videro la partita dalla tribuna **2** (*arch.*) trifora (*m.*) **3** (*radio*, *tv*) rubrica **4** (*fig.*) oratoria, eloquenza.
tribunal *s.m.* **1** tribunale: *— de menores*, *militar*, tribunale dei minori, militare **2** corte (*f.*), commissione (*f.*): *Tribunal Supremo*, Corte Suprema; *Tribunal de Cuentas*, Corte dei Conti; *Tribunal de Apelaciones*, Corte d'Appello | *— de Dios*, giudizio divino.
tribuno *s.m.* tribuno.
tributación *s.f.* (*amm.*) **1** pagamento (*m.*) di un tributo **2** tributo (*m.*), onorificenza **3** regime (*m.*) o sistema (*m.*) tributario.
tributar *v.tr.* **1** (*amm.*) pagare le tasse: *por la venta de mi piso tuve que — mucho*, per la vendita del mio appartamento ho dovuto pagare molte tasse **2** (*fig.*) tributare: *— respeto*, tributare rispetto.
tributario *agg.* (*amm.*) tributario, fiscale: *contencioso —*, contenzioso tributario; *código —*, codice tributario ♦ *s.m.* contribuente (*m./f.*).
tributo *s.m.* **1** (*amm.*) imposta (*f.*), tassa (*f.*): *algunos tributos se pueden pagar on line*, alcune tasse si possono pagare on line **2** (*fig.*) tributo, omaggio: *durante la manifestación se rindió — al actor por su larga carrera*, durante la manifestazione si rese omaggio all'attore per la sua lunga carriera **3** (*fig.*) tributo, prezzo.
tricentésimo *agg.num.ord.* trecentesimo.
tríceps *s.m.* (*anat.*) tricipite.
triciclo *s.m.* triciclo.
tricípite *agg.* tricipite, a tre teste: *un perro —*, un cane a tre teste.
tricolor *agg.* tricolore.
tricornio *agg.*, *s.m.* **1** tricorno **2** (*cappello*) tricorno **3** (*fam.*) guardia (*f.*) civile.
tricota *s.f.* (*Amer.*) maglione.
tricotar *v.intr.* lavorare a maglia.
tricotosa *s.f.* macchina per maglieria.
tridente *agg.* a tre punte ♦ *s.m.* tridente.
tridimensional *agg.* tridimensionale: *efecto, visión —*, effetto, visione tridimensionale.
triduo *agg.* (*relig.*) triduo: *— pascual*, triduo pasquale.
trienal *agg.* triennale: *un plan económico —*, un piano economico triennale.
trienio *s.m.* **1** triennio: *durante un — vivió en América*, visse in America per un triennio **2** incremento salariale triennale: *pedir el —*, chiedere lo scatto triennale; *cobrar los trienos*, percepire gli scatti triennali.
trifásico *agg.* (*elettr.*) trifasico.
trifolio *s.m.* (*bot.*) trifoglio.
triforme *agg.* triforme: *un dios —*, un dio triforme.
trifulca *s.f.* (*fam.*) contesa, rissa, pandemonio (*m.*): *armar una —*, provocare un pandemonio.
trigal *s.m.* (*agr.*) campo di frumento: *el viento sopla entre los trigales*, il vento soffia tra i campi di frumento.
trigésimo *agg.num.ord.*, *s.m.* trentesimo: *hoy se celebra el — aniversario de la Constitución*, oggi si celebra il trentesimo anniversario della Costituzione.
trigo *s.m.* (*bot.*) frumento, grano: *las proteínas del — son de alta calidad*, le proteine del grano sono di alta qualità; *harina de —*, farina di frumento | *no ser trigo limpio*, non essere una persona onesta, limpida; non essere una faccenda chiara, pulita.
trigonometría *s.f.* (*mat.*) trigonometria.
trigonométrico *agg.* (*mat.*) trigonometrico.
trigueño *agg.* castano chiaro: *tez trigueña*, carnagione bruno chiaro.
triguero *agg.* **1** granario: *mercado —*, mercato granario; *producción granaria*, produzione di grano **2** (*di asparago*) selvatico.
trilateral *agg.* trilaterale.
trile *s.m.* gioco delle tre carte.
trilingüe *agg.* trilingue: *diccionario —*, dizionario trilingue.
trilla *s.f.* (*agr.*) **1** trebbiatrice **2** trebbiatura.
trillado *agg.* **1** trebbiato: *maiz recién —*, granoturco appena trebbiato **2** battuto, frequentato: *camino —*, strada battuta **3** noto, risaputo: *es un argumento —*, è un argomento risaputo | *estar muy —*, essere trito e ritrito.
trillador *agg.*, *s.m.* (*agr.*) trebbiatore.
trilladora *s.f.* (*agr.*) trebbiatrice.
trillar *v.tr.* **1** (*agr.*) trebbiare **2** (*fig.*) battere, insistere su (qlco.).

trillizo *agg.* trigemino.
trillo *s.m.* **1** (*agr.*) trebbiatrice (*f.*) manuale **2** (*Amer.*) sentiero.
trilogía *s.f.* trilogía: *la — cinematográfica*, la trilogia cinematografica.
trimestral *agg.* trimestrale: *el gráfico indica la evolución — del paro,* il grafico indica l'evoluzione trimestrale della disoccupazione.
trimestre *s.m.* trimestre.
trimotor *agg.* (*aer.*) trimotore.
trinar *v.intr.* **1** gorgheggiare: *oigo las aves que trinan*, sento gli uccelli che gorgheggiano **2** essere arrabbiato, spazientirsi | *estar que trina*, avere un diavolo per capello.
trincar[1] (*con. come* pescar) *v.tr.* spezzare, spezzettare: *cuchillo de —*, coltello per spezzettare.
trincar[2] (*con. come* pescar) *v.tr.* **1** legare stretto **2** (*fam.*) prendere, arrestare: *el guardia trincó a los ladrones*, la guardia prese i ladri **3** (*fam.*) rubare: *trincaron quinientos euros en el supermercado*, rubarono 500 euro al supermercato **4** (*mar.*) trincare.
trincar[3] (*con. come* pescar) *v.tr.* (*fam.*) trincare, bere.
trinchar *v.tr.* trinciare: *es fácil — el pollo con estas tijeras pofesionales*, è facile trinciare il pollo con queste forbici professionali.
trinchera *s.f.* **1** (*mil.*) trincea: *los soldados dispararon desde las trincheras*, i soldati spararono dalle trincee **2** (*abbigl.*) impermeabile (*m.*), trench (*m.*) **3** (*edil.*) scavo (*m.*).
trinchero *s.m.* **1** (*mobile*) credenza (*f.*) **2** tagliere.
trineo *s.m.* slitta (*f.*); slittino: *los niños disfrutan en sus trineos*, i bambini si divertono sui loro slittini; *Papá Noel llega en su —*, Babbo Natale arriva sulla sua slitta.
trinidad *s.f.* (*relig.*) trinità.
trinitaria *s.f.* (*bot.*) viola del pensiero.
trinitario *agg.* trinitario.
trino *s.m.* **1** (*mus.*) trillo **2** (*di uccello*) gorgheggio, cinguettio.
trino *agg.* (*relig.*) trino.
trinomio *s.m.* (*mat.*) trinomio.
trinquete *s.m.* **1** (*mar.*) trinchetto **2** (*sport*) sferisterio coperto.
trío *s.m.* (*anche mus.*) trio, terzetto: *protagonista del concierto será un — de guitarras*, protagonista del concerto sarà un trio di chitarre.
triodo *s.m.* (*fis.*) triodo.
tripa *s.f.* **1** intestino (*m.*), interiora (*pl.*): **2** (*fam.*) trippa, pancia: *echar —*, mettere su pancia **3** (*spec.pl., di oggetto*) parti interne: *le sacó las tripas al juguete*, ha svuotato/smontato il giocattolo
■ ***echar las tripas***, vomitare l'anima | ***hacer de tripas corazón***, fare di necessità virtù | ***revolver las tripas***, far venire il voltastomaco.
tripada *s.f.* (*fam.*) **1** scorpacciata **2** panciata.
tripartición *s.f.* tripartizione.
tripartito *agg.* tripartito.
tripear *v.intr.* (*fam.*) mangiare avidamente, abbuffarsi.
tripero *agg.* (*fam.*) ingordo, golosone.
triple *agg.* triplice, triplo.
triplicado *agg.* triplicato ♦ *s.m.* la terza copia (*f.*).
triplicar (*con. come* pescar) *v.tr.* triplicare.
trípode *s.m.* treppiede.
tripón *agg., s.m.* (*fam.*) trippone, pancione.
tríptico *s.m.* trittico.
tripulación *s.f.* (*mar., aer.*) equipaggio (*m.*): *la — está lista para la nueva misión espacial*, l'equipaggio è pronto per la nuova missione spaziale.
tripulante *s.m.* **1** marinaio **2** (*aer.*) membro dell'equipaggio.
tripular *v.tr.* (*mar., aer.*) **1** equipaggiare **2** guidare una nave, un aereo.
triquiñuela *s.f.* (*fam.*) sotterfugio (*m.*), stratagemma (*m.*): *la publicidad puede esconder triquiñuelas*, la pubblicità può nascondere dei trucchi.
tris *s.m.* briciola (*f.*), inezia (*f.*); attimo | *por un —*, per un pelo | *estar en un — de*, essere sul punto di.
trisar *v.intr.* garrire.
trisca *s.f.* **1** scricchiolio (*m.*) **2** (*fig.*) chiasso (*m.*), baccano (*m.*): *armar —*, fare baccano.
triscar (*con. come* pescar) *v.intr.* **1** scricchiolare, scalpicciare **2** salterellare ♦ *v.tr.* scompigliare, arruffare.
trisemanal *agg.* trisettimanale.
trisílabo *agg., s.m.* (*gramm.*) trisillabo.
triste *agg.* **1** triste, afflitto; malinconico: *estar — por un accidente*, essere afflitto per un incidente; *fue un — episodio de su vida*, fu uno spiacevole episodio della sua vita; *día —*, giorno malinconico **2** misero, insignificante: *— consuelo*, magra consolazione **3** squallido, desolato: *llevar una — existencia*, condurre una vita squallida.
tristeza *s.f.* tristezza, mestizia: *¡no quiero oír sus tristezas!*, non voglio sentire le sue tristezze!
tristón *agg.* malinconico.
trituración *s.f.* triturazione.
trituradora *s.f.* tritatutto (*m.*).
triturar *v.tr.* **1** tritare, triturare, sminuzzare **2** (*fig.*) pestare, maltrattare.
triunfador *agg., s.m.* trionfatore.
triunfal *agg.* trionfale: *asistieron a la entrada — de los campeones*, assistettero all'entrata trionfale dei campioni.
triunfar *v.intr.* trionfare, affermarsi: *triunfó como pintor*, si affermò come pittore.
triunfo *s.m.* **1** trionfo, vittoria (*f.*); successo:

su actuación ha sido un —, il suo operato è stato un successo **2** (*fig.*) pompa (*f.*), sfarzo.
trivalente *agg.* (*chim.*) trivalente.
trivial *agg.* **1** triviale, volgare, grossolano **2** banale, scontato.
trivialidad *s.f.* trivialità, volgarità; banalità.
trivializar (*con. come* cazar) *v.tr.* banalizzare, dare per scontato.
triza *s.f.* briciola; frammento (*m.*): *hacer trizas*, fare a pezzi, distruggere | *hacerse trizas*, ridursi in frantumi.
trocar (*indic.pres.* trueco, truecas, trueca, trocamos, trocáis, truecan; *pass.rem.* troqué, trocaste ; *cong.pres.* trueque, trueques, trueque, troquemos, troquéis, truequen; *imp.* trueca, trueque, troquemos, trocad, truequen) *v.tr.* **1** scambiare, permutare **2** cambiare, variare.
trocear *v.tr.* fare a pezzi, spezzettare.
trocha *s.f.* **1** sentiero (*m.*), viottolo (*m.*) **2** scorciatoia.
trofeo *s.m.* **1** trofeo, premio **2** bottino.
troglodita *agg.*, *s.m./f.* (*anche fig.*) troglodita.
trola *s.f.* bugia, frottola.
trolebús *s.m.* filobus.
trolero *agg.*, *s.m.* bugiardo.
tromba *s.f.* (*meteor.*) tromba marina: — *de aire*, tromba d'aria; — *de agua*, acquazzone ■ ***en tromba***, di slancio.
trombo *s.m.* (*med.*) trombo.
trombón *s.m.* (*mus.*) trombone.
trombosis *s.f.* (*med.*) trombosi.
trompa *s.f.* **1** (*mus.*, *arch.*) tromba | (*anat.*) — *de Eustaquio*, tromba/tuba di Eustachio **2** (*zool., di elefante, insetto*) proboscide **3** (*fam.*) ubriacatura, sbornia: *coger/pillar una* —, prendere una sbornia **4** (*gioco*) trottola.
trompada *s.f.* **1** colpo (*m.*), botta **2** pugno (*m.*), cazzotto (*m.*).
trompazo *s.m.* colpo, urto.
trompear *v.tr.* (*Amer.*) prendere a cazzotti ♦ **-se** *v.pron.* (*Amer.*) sbronzarsi.
trompeta *s.f.* trombetta ♦ *s.m.* trombettiere.
trompetazo *s.m.* strombettata (*f.*).
trompetear *v.intr.* strombazzare.
trompetista *s.m./f.* (*mus.*) trombettista.
trompicar (*con. come* pescar) *v.intr.* inciampare, incespicare ♦ *v.tr.* **1** fare inciampare **2** (*fig.*) fare lo sgambetto.
trompicón *s.m.* **1** passo barcollante: *a trompicones*, barcollando **2** sussulto **3** colpo, botta (*f.*).
trompo *s.m.* **1** trottola (*f.*) **2** (*aut.*) testacoda (*f.*).
trona *s.f.* seggiolone (*m.*): — *de mesa*, seggiolone da tavolo.
tronado *agg.* sciupato (*anche fig.*), logoro, consumato | *estar* —, essere suonato.
tronar (*con. come* contar) *v.intr.impers.* **1** (*meteor.*) tuonare **2** (*fig.*) tuonare, rimbombare **3** (*fig.*) tuonare, inveire: — *con*, inimicarsi qlcu.
tronchar *v.tr.* **1** mozzare, spezzare **2** (*fig.*) estenuare: *estoy tronchado de trabajar*, sono estenuato dal lavoro ♦ **-se** *v.pron.* **1** troncarsi, spezzarsi **2** (*Amer.*) slogarsi, lussarsi ■ ***troncharse de risa***, sganasciarsi dalle risate.
troncho *s.m.* **1** (*di frutto*) torsolo, torso **2** (*Amer.*) moncone, spezzone.
tronco *s.m.* **1** tronco, fusto: *cortar los troncos*, tagliare i tronchi | *dormir como un* —, dormire come un sasso **2** stirpe (*f.*).
tronera *s.f.* **1** feritoia; finestrino (*m.*); lucernario (*m.*) **2** (*di biliardo*) buca ♦ *s.m./f.* (*fig., fam.*) scapestrato (*m.*).
trono *s.m.* **1** trono **2** (*relig.*) tabernacolo.
tropa *s.f.* **1** (*mil.*) truppa **2** (*fig.*) moltitudine, folla | *en* —, a frotte **3** (*Amer.*) mandria.
tropel *s.m.* **1** calca (*f.*), folla (*f.*), ressa (*f.*): *lo seguía un — de gente*, lo seguiva una folla di gente; *en* —, a frotte **2** guazzabuglio: *un — de cosas*, un guazzabuglio di cose.
tropelía *s.f.* violenza, sopruso (*m.*), angheria.
tropezar (*indic.pres.* tropiezo, tropiezas, tropieza, tropezamos, tropezáis, tropiezan; *pass. rem.* tropecé, tropezaste; *cong.pres.* tropiece, tropieces, tropiece, tropecemos, tropecéis, tropiecen; *imp.* tropieza, tropiece, tropecemos, tropezad, tropiecen) *v.intr.* **1** inciampare, incespicare **2** (*fig.*) incappare in qlco.: *tropecé con dificultades*, incappai in difficoltà **3** discutere, contrastare: *tropieza siempre con el jefe*, si scontra sempre col capo ♦ **-se** *v.pron.* imbattersi: *anoche me tropecé con Myriam*, ieri sera ho incontrato Miriam per caso.
tropezón *s.m.* **1** intoppo, ostacolo | *a tropezones*, stentatamente **2** (*fig.*) errore, sbaglio **3** (*fig.*) calo: *ha tenido un — pero, en general, es buen estudiante*, ha avuto un calo ma, di solito, è uno studente valido **4** contrasto, litigio.
tropical *agg.* tropicale: *países tropicales*, paesi tropicali.
trópico *s.m.* (*geogr.*) tropico.
tropiezo *s.m.* **1** intoppo, difficoltà (*f.*): *por varios tropiezos no podemos salir mañana*, per vari intoppi non possiamo più partire domani **2** sbaglio, errore **3** alterco, discussione (*f.*): *hubo un — entre los parientes*, ci fu una discussione tra i parenti.
troquel *s.m.* **1** (*di moneta*) conio **2** (*mecc.*) matrice (*f.*) **3** taglierina (*f.*).
troquelar *v.tr.* **1** (*moneta*) coniare **2** tranciare.
trotacalles *s.m./f.* girovago.
trotaconventos *s.f.* (*fam.*) mezzana.
trotamundos *s.m./f.* giramondo.
trotar *v.intr.* **1** (*sport*) trottare **2** (*fig.*) trottare; camminare in fretta.

trote *s.m.* **1** trotto **2** (*fam.*) faticaccia (*f.*), sfacchinata (*f.*)
■ ***al trote***, in fretta | ***para todo trote***, di uso quotidiano | ***tomar uno el trote***, svignarsela.

troupe *s.f.* (*cinem.*, *tv*) troupe, compagnia.

trovador *agg.*, *s.m.* (*lett.*) trovatore, menestrello.

trozo *s.m.* **1** pezzo, porzione (*f.*): — *de pan*, pezzo di pane | *a trozos*, a pezzi **2** tratto: *un — de carretera*, un tratto di strada **3** (*lett.*) brano, frammento: *trozos escogidos en prosa*, brani scelti di prosa.

trucar (*con. come* pescar) *v.tr.* truccare, modificare.

trucha *s.f.* (*zool.*) trota: — *asalmonada*, trota salmonata | *tener* —, avere una faccia tosta.

truco *s.m.* **1** trucco, inganno: *coger el* —, scoprire il trucco **2** (*cinem.*, *tv*) trucco, effetto speciale.

truculencia *s.f.* truculenza.

truculento *agg.* truculento, truce.

trueno *s.m.* **1** (*meteor.*) tuono: *sonó un* —, echeggiò un tuono. **2** (*fig.*) fragore, strepito
■ ***escapar del trueno y dar en el relámpago***, cadere dalla padella nella brace.

trueque *s.m.* baratto, scambio, permuta (*f.*): *a/en* —, in cambio.

trufa *s.f.* tartufo (*m.*).

trufar *v.tr.* (*cuc.*) tartufare.

truhán *s.m.* **1** truffatore, imbroglione **2** buffone, burlone.

trujal *s.m.* (*agr.*) **1** torchio **2** frantoio.

truncar (*con. come* pescar) *v.tr.* **1** troncare, interrompere: — *una amistad*, interrompere un'amicizia **2** mozzare, recidere: — *las ramas del árbol*, recidere i rami dell'albero.

tu (*pl.* tus) *agg.poss. di 2ª pers.sing.* tuo (*m.*), tua (*f.*): — *libro*, il tuo libro; — *carta*, la tua lettera; *tus palabras*, le tue parole; — *libro y el mío*, il tuo libro e il mio.

tú *pron.pers. di 2ª pers.sing.* tu: — *lo has dicho*, lo hai detto tu; *nos tratamos de* —, ci diamo del tu; *entre — y yo*, fra te e me; *según* —, secondo te | *a por* —, a tu per tu.

tuberculosis *s.f.* (*med.*) tubercolosi.

tubería *s.f.* conduttura.

tubo *s.m.* **1** tubo, condotto: *un — de goma*, un tubo di gomma; — *acodado*, tubo a gomito; — *de pasta dentífrica*, tubetto di dentifricio | (*anat.*) — *digestivo*, tubo digerente **2** (*gerg.*) metrò
■ ***pasar por el tubo***, subire una situazione spiacevole | ***por un tubo***, moltissimo.

tubular *agg.* tubolare.

tucán *s.m.* (*zool.*) tucano.

tueco *s.m.* **1** ceppo **2** tarlatura (*f.*).

tuerca *s.f.* (*tecn.*) bullone (*m.*), dado (*m.*): *llave de* —, chiave fissa.

tuerto *s.m.* **1** guercio **2** torto, offesa (*f.*) | *deshacer tuertos*, vendicare i torti ricevuti **3** (*pl.*) doglie (*f.*).

tueste *s.m.* tostatura (*f.*).

tuétano *s.m.* (*anat.*, *bot.*) midollo | *hasta el* —, fino al midollo.

tufo *s.m.* **1** puzza (*f.*), tanfo **2** (*pl.*) boria (*f.*), vanità (*f.*), arie (*f.pl.*): *esta chica tiene muchos tufos*, questa ragazza si dà molte arie **3** (*fig.*) indizio, sospetto.

tugurio *s.m.* **1** tugurio, topaia (*f.*) **2** capanna (*f.*).

tul *s.m.* (*tess.*) tulle.

tulipán *s.m.* (*bot.*) tulipano.

tullido *agg.* storpio, paralitico.

tullirse *v.pron.* restare paralizzato.

tumba *s.f.* **1** tomba, sepolcro (*m.*): *irse a la* —, morire **2** (*in un funerale*) catafalco (*m.*).

tumbar *v.tr.* **1** abbattere: — *un árbol*, abbattere un albero **2** mettere K.O. (*anche fig.*): *este licor tumba a cualquiera*, questo liquore mette K.O. chiunque **3** (*scuola*) bocciare ♦ **-se** *v.pron.* coricarsi, sdraiarsi: *me tumbé vestida*, mi sdraiai vestita; — *de espaldas*, coricarsi in posizione supina.

tumbo *s.m.* **1** scossone, sbalzo: *los tumbos del automóvil*, gli scossoni dell'automobile | *dar tumbos*, sbattere da una parte all'altra **2** capitombolo, ruzzolone.

tumbón *agg.*, *s.m.* **1** furbacchione, sornione **2** fannullone, scansafatiche (*m./f.*).

tumbona *s.f.* sedia a sdraio, sdraio.

tumefacción *s.f.* (*med.*) tumefazione.

tumor *s.m.* (*med.*) tumore.

tumoral *agg.* (*med.*) tumorale.

túmulo *s.m.* tumulo.

tumulto *s.m.* **1** tumulto, subbuglio, sommossa (*f.*) **2** chiasso, frastuono.

tuna *s.f.* **1** gruppo (*m.*) musicale studentesco **2** (*bot.*) fico (*m.*) d'India.

tunante *agg.* **1** vagabondo **2** scaltro, furbo.

tunda *s.f.* bastonata.

tundir *v.tr.* dare colpi, calci.

tundra *s.f.* tundra.

tunecí, **tunecino** *agg.*, *s.m.* tunisino.

túnel *s.m.* tunnel, galleria (*f.*); traforo.

túnica *s.f.* tunica; (*dei frati*) tonaca.

tuntún, al *loc.avv.* a caso, alla cieca, a vanvera.

tupido *agg.* **1** fitto, folto: *barba tupida*, barba folta; *bosque* —, bosco fitto **2** (*fig.*) ottuso, tardo.

tupir *v.tr.* **1** infittire, ispessire **2** (*Amer.*) chiudersi, costiparsi, ostruirsi: *tiene la nariz tupida*, ha il naso chiuso ♦ **-se** *v.pron.* **1** (*di tessuto*) infittirsi; infeltrirsi **2** (*fam.*) saziarsi, fare una scorpacciata: — *de pasteles*, fare una scorpacciata di pasticcini.

turba *s.f.* **1** folla, moltitudine: *una — de mendigos*, una folla di mendicanti **2** (*min.*) torba.

turbación *s.f.* turbamento (*m.*), agitazione.

turbante *s.m.* turbante.
turbar *v.tr.* **1** turbare, sconvolgere **2** intorbidire: — *las aguas del río*, intorbidire le acque del fiume ♦ **-se** *v.pron.* turbarsi.
turbera *s.f.* torbiera.
turbiedad *s.f.* torbidezza.
turbina *s.f.* (*mecc.*) turbina.
turbio *agg.* **1** torbido, fangoso **2** (*fig.*) oscuro, confuso; losco: *palabras turbias*, parole oscure.
turbo *agg.*, *s.m.* (*mecc.*) turbo.
turbocompresor *s.m.* turbocompressore.
turbogenerador *s.m.* (*elettr.*) generatore a turbina.
turbopropulsor *s.m.* **1** turbopropulsore **2** (*aer.*) turboelica (*f.*).
turbulencia *s.f.* **1** (*meteor.*) turbolenza **2** (*fig.*) irrequietezza, confusione, disordine (*m.*).
turbulento *agg.* **1** (*meteor.*) agitato, mosso: *mar* —, mare agitato **2** (*fig.*) confuso, agitato.
turca *s.f.* (*fam.*) sbornia, sbronza.
turco *agg.*, *s.m.* turco.
turgente *agg.* (*med.*) turgido, gonfio.
turismo *s.m.* turismo.
turista *s.m./f.* turista.
turístico *agg.* turistico.
turnarse *v.pron.* alternarsi, fare a turno.
turno *s.m.* turno, avvicendamento: — *de descanso*, turno di riposo | *por* —, a turno.
turón *s.m.* (*zool.*) puzzola (*f.*).
turquesa *agg.* (*di colore*) turchese ♦ *s.f.* (*min.*, *colore*) turchese (*m.*).
turrón *s.m.* torrone.
turulato *agg.* (*fam.*) intontito, stordito; stupefatto.
turumbón *s.m.* (*fam.*) bernoccolo.
tusar *v.tr.* (*Amer.*) tosare.
tutear *v.tr.* dare del tu ♦ **-se** *v.pron.* darsi del tu.
tutela *s.f.* **1** tutela, protezione **2** (*dir.*) tutela: — *testamentaria*, tutela testamentaria.
tutelar *agg.* tutelare ♦ *v.intr.* (*dir.*) esercitare la tutela.
tuteo *s.m.* il darsi del tu.
tutor *s.m.* (*dir.*) tutore, affidatario.
tutoría *s.f.* **1** (*dir.*) tutela **2** (*negli studi*) tutorato (*m.*): *horario de* —, orario di ricevimento.
tutú *s.m.* tutù.
tuyo (*pl.* tuyos; *f.* tuya; *pl.f.* tuyas) *agg.*, *pron. poss. di 2ª pers.sing.* tuo: *este libro* —, questo tuo libro; *lo* — *es* —, ciò che è tuo è tuo; *dos hermanas tuyas*, due tue sorelle | *los tuyos*, i tuoi, la tua famiglia.

Uu

u[1] *s.f.* u | (*tel.*) — *como Uruguay*, u come Udine.
u[2] *cong.* (*davanti a parole che iniziano per* o *e* ho) o, od, oppure: *mujer — hombre*, donna o uomo; *uno — otro*, uno o l'altro.
ubicación *s.f.* ubicazione.
ubicar (*con. come* pescar) *v.intr.* essere ubicato, essere situato, trovarsi: *la casa ubica en la calle principal*, la casa è situata sulla strada principale ♦ *v.tr.* (*Amer.*) ubicare, situare, collocare ♦ **-se** *v.pron.* ubicarsi.
ubicuidad *s.f.* ubiquità.
ubicuo *agg.* **1** onnipresente **2** (*fig.*) invadente, ficcanaso.
ubre *s.f.* (*zool.*) mammella.
ucraniano *agg.*, *s.m.* ucraino.
uf *inter.* uffa!: *¡—, que aburrimiento!*, uffa, che noia!
ufanarse *v.pron.* vantarsi di, gloriarsi di.
ufano *agg.* **1** orgoglioso, contento: *va muy — con su chaqueta nueva*, è tutto orgoglioso della sua giacca nuova **2** vanitoso, borioso; presuntuoso, arrogante **3** (*fig.*) risoluto, spavaldo **4** (*bot.*) rigoglioso: *los árboles en este momento están muy ufanos*, gli alberi in questo momento sono nel loro pieno rigoglio.
ufología *s.f.* ufologia.
ufologo *s.m.* ufologo.
ugandés *agg.*, *s.m.* ugandese (*m./f.*).
ugetista *s.m./f.* membro (*m.*) del sindacato spagnolo UGT: *una manifestación de ugestistas*, una manifestazione di membri della UGT.
uh *inter.* uh!: *¡—, que delusión!*, uh, che delusione!
ujier *s.m.* **1** usciere, messo: — *del tribunal*, messo del tribunale | — *de saleta*, assistente del re **2** ufficiale giudiziario.
úlcera *s.f.* (*med.*) ulcera, piaga.
ulceración *s.f.* (*med.*) ulcerazione.
ulcerar *v.tr.* (*med.*) ulcerare ♦ **-se** *v.pron.* (*med.*) ulcerarsi.
ulceroso *agg.* (*med.*) ulceroso.
ulterior *agg.* ulteriore: *recibir noticias ulteriores*, ricevere ulteriori notizie.
ultimación *s.f.* ultimazione, completamento (*m.*).
ultimar *v.tr.* **1** ultimare, terminare **2** (*Amer.*) uccidere, fare fuori.
últimamente *avv.* **1** ultimamente: — *duermo poco*, ultimamente dormo poco **2** da ultimo, alla fine.
último *agg.* **1** ultimo: *últimas disposiciones*, ultime disposizioni **2** estremo, definitivo: *en — caso, llamaré a tu casa*, in caso estremo chiamerò a casa tua | (*relig.*) *últimos sacramentos*, estrema unzione **3** remoto, lontano, sperduto: *está en el — rincón de la casa*, è nell'angolo più remoto della casa ♦ *s.m.* ultimo | *los últimos serán los primeros*, gli ultimi saranno i primi
■ ***a lo último***, alla fine | ***por último***, infine | ***estar en las últimas***, essere in fin di vita; essere agli sgoccioli | ***ser el último mono***, essere l'ultima ruota del carro.
ultra *s.m./f.* ultrà, estremista.
ultra- *pref.* **1** (*al di là*) oltre-, ultra-: *ultramar*, oltremare **2** (*molto*) ultra-: *ultrasensible*, ultrasensibile.
ultraderecha *s.f.* (*pol.*) estrema destra.
ultraderechista *agg.* (*pol.*) di estrema destra.
ultraizquierda *s.f.* (*pol.*) estrema sinistra.
ultraizquierdista *agg.* (*pol.*) di estrema sinistra.
ultrajar *v.tr.* **1** oltraggiare, ingiuriare: *aquel articulo ultraja a nuestra ciudad*, quell'articolo oltraggia la nostra città **2** offendere, umiliare | — *con las palabras*, offendere con le parole.
ultraje *s.m.* oltraggio, ingiuria (*f.*), offesa (*f.*).
ultrajoso *agg.* oltraggioso, offensivo.
ultraligero *agg.*, *s.m.* ultraleggero.
ultramar *s.m.* oltremare | (*st.*) *Ministerio de —*, Ministero delle colonie.
ultramarino *agg.* d'oltremare | *azul —*, blu oltremare ♦ *s.m.* (*spec.pl.*) generi (*pl.*) coloniali: *tienda de ultramarinos*, drogheria.
ultramarinos *s.m.* negozio di generi coloniali, drogheria; negozio di alimentari: *me gusta comprar en el — que está en la esquina*, mi piace comprare nel negozio di alimentari che c'è all'angolo.
ultramoderno *agg.* ultramoderno.
ultramontano *agg.* oltremontano, al di là dei monti.
ultranza, a *loc.avv.* a oltranza: *apoyo al At-*

lético de Madrid a —, tifo per l'Atletico Madrid a oltranza.
ultraplano *agg.* ultrapiatto.
ultrarrápido *agg.* ultrarapido.
ultrarrojo *agg.* (*fis.*) infrarosso, ultrarosso.
ultrasonico *agg.* ultrasonico.
ultrasonido *s.m.* (*fis.*) ultrasuono.
ultratumba *s.f.* oltretomba (*m.*).
ultravioleta *agg.* (*fis.*) ultravioletto: *rayos* —, raggi ultravioletti.
ulular *v.intr.* ululare.
ululato *s.m.* ululato.
umbilical *agg.* (*anat.*) ombelicale: *cordón* —, cordone ombelicale.
umbral *s.m.* **1** soglia (*f.*), uscio: *atraversar el* —, varcare la soglia **2** (*fig.*) inizio; limitare: *estar en los umbrales de la vejez*, essere alle soglie della vecchiaia; *estamos en los umbrales del proyecto*, siamo agli inizi del progetto **3** (*arch.*) trave (*f.*).
umbrío *agg.* ombroso, ombreggiato.
umbroso *agg.* ombroso.
un (*f.* una; un *sostituisce* una *davanti a s.f. che iniziano per* a, ha *con accento tonico*) *art. indet.* un, uno, una: — *piso*, un appartamento; — *hombre*, un uomo; — *águila*, un'aquila; *un hacha*, un'ascia; *una carta*, una lettera ♦ *agg.num.card.* uno: — *kilo de manzanas*, un chilo di mele.
unánime *agg.* unanime: *un parecer* —, un parere unanime.
unanimidad *s.f.* unanimità: *por* —, all'unanimità.
unción *s.f.* **1** unzione **2** (*relig.*) estrema unzione **3** devozione, raccoglimento (*m.*): *los frailes rezaban con mucha* —, i frati pregavano con molto raccoglimento.
uncir (*con. come* zurcir) *v.tr.* mettere il giogo a, aggiogare: — *los bueyes al arado*, aggiogare i buoi all'aratro.
undécimo *agg.num.ord.*, *s.m.* undicesimo.
undoso *agg.* ondoso: *mar* —, mare ondoso.
ungido *s.m.* (*relig.*) unto.
ungir (*con. come* afligir) *v.tr.* **1** ungere **2** (*relig.*) ungere, dare il crisma a.
ungüento *s.m.* **1** unguento, pomata (*f.*), balsamo **2** (*fig.*) panacea (*f.*) | — *amarillo*, rimedio per tutti i mali.
ungular *agg.* (*anat.*) ungueale.
unicameral *agg.* (*pol.*) unicamerale.
unicelular *agg.* (*biol.*) unicellulare.
unicidad *s.f.* unicità.
único *agg.* **1** unico, solo: *su nieto fue el* — *que faltó a la fiesta del colegio*, suo nipote è stato l'unico a non venire alla festa della scuola; *hijo* —, figlio unico **2** (*fig.*) unico, straordinario, singolare: *fue una experiencia única*, fu un'esperienza straordinaria.
unicolor *agg.* monocolore, monocromo.
unicornio *s.m.* **1** (*lett.*) unicorno **2** (*zool.*) rinoceronte.
unidad *s.f.* **1** unione, unità: *no hay* — *entre ellos*, non c'è unione tra di loro **2** (*mat.*) unità **3** (*tecn.*) unità, gruppo (*m.*): — *de producción*, unità di produzione | — *de muestreo*, unità di campionamento **4** (*inform.*) unità: — *de memoria,* unità di memoria **5** (*med.*) unità, reparto (*m.*): — *de cuidados intensivos*, reparto di terapia intensiva; — *de cuidados coronarios*, unità coronarica.
unidimensional *agg.* unidimensionale.
unidireccional *agg.* unidirezionale.
unifamiliar *agg.* unifamiliare: *empresa* —, impresa unifamiliare.
unificación *s.f.* unificazione, fusione: — *de dos empresas*, fusione di due aziende.
unificador *agg.* unificante.
unificar (*con. come* pescar) *v.tr.* **1** unificare, uniformare: *tenemos que* — *la política ambiental de nuestras regiones*, dobbiamo uniformare la politica ambientale delle nostre regioni **2** unire: *prefiero* — *dos imágenes en una sola página*, preferisco unire due immagini in una sola pagina ♦ **-se** *v.pron.* unificarsi.
uniformar *v.tr.* **1** uniformare **2** far indossare l'uniforme a: *en este supermercado han hecho* — *los empleados*, in questo supermercato hanno costretto i dipendenti a portare la divisa ♦ **-se** *v.pron.* uniformarsi.
uniforme *agg.* uniforme ♦ *s.m.* uniforme (*f.*), divisa (*f.*) | — *de camuflaje*, tuta mimetica.
uniformidad *s.f.* uniformità.
uniformizar (*con. come* cazar) *v.tr.* uniformare ♦ **-se** *v.pron.* uniformarsi.
unilateral *agg.* unilaterale.
unilateralidad *s.f.* unilateralità.
unión *s.f.* **1** unione **2** (*fig.*) accordo (*m.*), intesa, unione | *la* — *hace la fuerza*, l'unione fa la forza **3** associazione, unione: — *agrícola*, associazione agricola; — *de consumidores*, unione dei consumatori; *Unión Europea*, Unione Europea **4** (*tecn.*) saldatura, collegamento (*m.*) **5** (*tra due sposi*) unione, matrimonio (*m.*).
unipersonal *agg.* singolo, per una sola persona: *vivienda* —, abitazione singola | (*gramm.*) *verbo* —, verbo impersonale.
unipolar *agg.* (*fis.*, *elettr.*) unipolare.
unir *v.tr.* **1** unire, collegare: *hay que* — *las fuerzas*, bisogna unire le forze **2** mescolare, aggiungere, legare: — *el azúcar a los huevos*, aggiungere lo zucchero alle uova **3** (*relig.*, *amm.*) unire in matrimonio, sposare ♦ **-se** *v.pron.* **1** unirsi, congiungersi; allearsi **2** sposarsi.
unísono *agg.*, *s.m.* (*mus.*) unisono | *al* —, all'unisono.

unitario *agg.* unitario: *precio —*, prezzo unitario.

unitivo *agg.* unitivo | *tejido —*, tessuto connettivo.

universal *agg.* universale: *remedio —*, rimedio universale | *sufragio —*, suffragio universale.

universalidad *s.f.* **1** universalità, totalità **2** (*dir.*) universalità, pluralità.

universalizar (*con. come* cazar) *v.tr.* universalizzare, estendere, generalizzare.

universidad *s.f.* università.

universitario *agg.*, *s.m.* universitario.

universo *s.m.* **1** universo, cosmo **2** (*fig.*) universo, mondo: *su — es muy limitado*, il suo mondo è molto limitato.

univocidad *s.f.* univocità.

unívoco *agg.* univoco: *el sentido de sus palabras no es —*, il senso delle sue parole non è univoco.

uno (*davanti a s.m. sing.* un; *f.* una) *agg.num.card.* uno, un: *quiero —*, ne voglio uno; *son las tres y un minuto*, sono le tre e un minuto ♦ *agg.* uno, unico ♦ *agg.indef.pl.* **1** alcuni: *unos días después*, alcuni giorni dopo; *unas cuantas personas*, alcune persone **2** (*davanti a num.card.*) circa: *unos veinte años*, circa vent'anni ♦ *pron.indef.* **1** uno: *ha venido — que quería vender libros de cocina*, è venuto uno che voleva vendere libri di cucina **2** (*pl.*) alcuni: *unos trabajaban, otros descansaban*, alcuni lavoravano, altri riposavano **3** (*f.*, *fam.*) una: *mi primo armó una impresionante*, mio cugino ne ha combinata una impressionante ♦ *s.m.* **1** uno | *cada —*, ciascuno **2** (*f.*, *ora*) una: *nos vemos a la una*, ci vediamo all'una

■ ***de uno en uno***, ***uno por uno***, a uno a uno | ***ser todo uno***, essere tutt'uno | ***todos a una***, tutti insieme, contemporaneamente | ***una de dos***, delle due l'una | ***una que otra vez***, a volte | ***cada uno a lo suyo***, ognuno per sé | ***cuando uno mismo hace las cosas vienen mejor***, chi fa da sé fa per tre.

untadura *s.f.* **1** unzione **2** unto (*m.*), grasso (*m.*).

untar *v.tr.* **1** ungere, spalmare: *— el pan con mantequilla*, spalmare il burro sul pane **2** (*fam.*) corrompere: *había untado al funcionario*, aveva corrotto il funzionario; *untaron al alcalde para conseguir la concesión*, il sindaco ha preso una bustarella per avere quell'appalto ♦ **-se** *v.pron.* **1** macchiarsi, sporcarsi: *— con el café*, macchiarsi con il caffè **2** (*fig.*) appropriarsi indebitamente.

unto *s.m.* **1** unto, grasso **2** grasso animale.

untuoso *agg.* **1** untuoso, oleoso **2** (*fig.*) sdolcinato; adulatore.

untura *s.f.* **1** unzione **2** unguento (*m.*).

uña *s.f.* **1** (*anat.*) unghia | *uñas postizas*, unghie finte **2** (*zool.*) zoccolo (*m.*) **3** (*mecc.*) incavo (*m.*), scanalatura **4** (*tecn.*) gancio (*m.*): *la — sirve para abrir la lata*, il gancio serve per aprire la scatoletta

■ ***enseñar/sacar las uñas***, tirar fuori le unghie, mostrare i denti | ***con uñas y dientes***, con tutte le forze | ***ser uña y carne***, essere culo e camicia | ***caer en las uñas de alguien***, cadere nelle grinfie di qlcu.

uñada *s.f.* unghiata.

uñero *s.m.* **1** giradito **2** unghia (*f.*) incarnita.

upa *inter.* **1** forza!, issa! **2** (*detto dai bambini*) oplà!, in braccio!

uperización *s.f.* uperizzazione, ultrapastorizzazione.

uperizado *agg.* uperizzato: *leche uperizada*, latte UHT.

urajear *v.intr.* (*di corvo*) gracchiare.

uralita® *s.f.* (*edil.*) eternit®, fibrocemento.

uranio *s.m.* uranio | *enriquecer —*, arricchire l'uranio.

urbanidad *s.f.* cortesia, correttezza | *reglas de —*, galateo.

urbanismo *s.m.* (*arch.*) urbanistica (*f.*).

urbanista *agg.*, *s.m./f.* urbanista.

urbanistica *s.f.* urbanistica.

urbanización *s.f.* **1** urbanizzazione **2** complesso (*m.*) residenziale: *voy a pasar el fin de semana en una — cerca de Málaga*, passerò il fine settimana in un complesso residenziale vicino a Malaga.

urbanizar (*con. come* cazar) *v.tr.* urbanizzare.

urbano *agg.* **1** urbano, cittadino | *limpieza urbana*, nettezza urbana **2** (*fig.*) educato, cortese: *es una persona urbana*, è una persona educata.

urbe *s.f.* (*lett.*) urbe; città.

urdidera *s.f.* (*tess.*) orditoio (*m.*)

urdimbre *s.f.* **1** (*tess.*) ordito (*m.*) **2** (*fig.*) macchinazione, trama, complotto (*m.*).

urdir *v.tr.* **1** (*tess.*) ordire **2** (*fig.*) complottare, tramare.

urea *s.f.* (*biol.*, *chim.*) urea.

uréter *s.m.* (*anat.*) uretere.

uretra *s.f.* (*anat.*) uretra.

uretral *agg.* (*anat.*) uretrale.

uretritis *s.f.* (*med.*) uretrite.

urgencia *s.f.* **1** urgenza: *dile que venga con —*, digli/dille di venire con urgenza **2** necessità, emergenza: *en caso de — coge el coche*, in caso d'emergenza prende la macchina **3** (*pl.*, *med.*) pronto soccorso (*m. sing.*): *ir a urgencias*, andare al pronto soccorso.

urgente *agg.* urgente | *carta —*, lettera espresso | *correo —*, posta prioritaria.

urgir (*con. come* afligir) *v.intr.* urgere, premere: *urge hacer este trabajo*, urge fare questo lavoro.

úrico *agg.* (*biol.*, *chim.*) urico.

urinario *agg.* (*anat.*) urinario: *aparato* —, apparato urinario ♦ *s.m.* vespasiano, orinatoio.
urna *s.f.* **1** urna: — *cineraria, electoral*, urna cineraria, elettorale | *ir/acudir a las urnas*, andare alle urne | (*fig.*) — *de cristal*, campana di vetro **2** vetrinetta, bacheca, teca.
urogallo *s.m.* (*zool.*) gallo cedrone, urogallo.
urogenital *agg.* (*anat.*) urogenitale.
urología *s.f.* (*med.*) urologia.
urólogo *s.m.* (*med.*) urologo.
urraca *s.f.* (*zool.*) gazza | *hablar más que una* —, essere un ciarlone.
urticante *agg.* urticante.
urticaria *s.f.* (*med.*) orticaria.
uruguayo *agg.*, *s.m.* uruguaiano.
usado *agg.* **1** usato, utilizzato: *¿has comprado libros usados?*, hai comprato libri usati? | *palabra usada*, parola d'uso comune **2** logoro, sciupato: *este sombrero es demasiado* —, questo cappello è troppo logoro **3** (*fig.*) abituato: *es un obrero — en estas nuevas técnicas*, è un operaio abituato a queste nuove tecniche.
usanza *s.f.* usanza, consuetudine | *a* —, secondo l'usanza | *a la antigua* —, alla vecchia maniera.
usar *v.tr.* **1** usare, adoperare: *¿ puedo — tu goma?*, posso usare la tua gomma? | *de — y tirar*, usa e getta **2** essere solito, avere l'abitudine di: *el sábado uso ir a la piscina*, il sabato sono solito andare in piscina ♦ **-se** *v.pron.* essere di moda: *este año se usa mucho vestir de color verde*, quest'anno si usa molto vestire di verde.
usina *s.f.* (*Amer.*) centrale idroelettrica/termoelettrica.
uso *s.m.* **1** uso, utilizzo: *de — externo*, per uso esterno | *fuera de* —, fuori uso | *de — corriente*, d'uso corrente **2** usanza (*f.*), costume: *en las fiestas elegantes es— el vestido de etiqueta*, nelle feste eleganti è d'obbligo l'abito di gala | *usos y costumbres*, usi e costumi **3** (*dir.*) uso, usufrutto
■ ***en buen, mal uso***, in buono, cattivo stato | ***en uso de***, in possesso di.
usted (*pl.* ustedes) *pron.pers.m./f.* **1** Lei: — *es muy amable*, Lei è molto gentile | *tratar, hablar/llamar de* —, dare del lei | *de — para mí*, detto tra noi **2** (*pl.*) Voi, Loro: *¿conocen ustedes al señor García?*, Loro conoscono/Voi conoscete il signor García? **3** (*pl., Amer.*) voi: *hijos míos, deseo que ustedes me escuchen*, figli miei, desidero che voi mi ascoltiate; *ustedes son amigos fieles*, voi siete degli amici fedeli.
ustión *s.f.* ustione, bruciatura.
usual *agg.* usuale, abituale, solito: *es — que llueva en Galicia*, è usuale che piova in Galizia.
usuario *agg.* **1** che usa abitualmente **2** (*dir.*) usuario ♦ *s.m.* **1** utente: *los usuarios de la electricidad*, gli utenti dell'elettricità **2** (*dir.*) usuario, beneficiario: *el — del canal de riego*, l'usuario del canale d'irrigazione.
usucapión *s.f.* (*dir.*) usucapione.
usufructo *s.m.* **1** (*dir.*) usufrutto: *propiedad en* —, proprietà in usufrutto; *mi padre tiene el — de este apartamento*, mio padre ha l'usufrutto di questo appartamento **2** (*econ.*) profitto, utile: *es un negocio que le da un buen* —, è un affare che gli dà buoni utili.
usufructuario *agg.*, *s.m.* (*dir.*) usufruttuario.
usura *s.f.* usura, strozzinaggio (*m.*): *se hizo rico mediante la* —, è diventato ricco con l'usura | *pagar con* —, strapagare | *prestar con* —, prestare a usura.
usurario *agg.* usurario: *interés* —, interesse usurario.
usurero *s.m.* usuraio, strozzino.
usurpación *s.f.* usurpazione, appropriazione indebita | — *de atribuciones*, abuso di potere.
usurpador *agg.*, *s.m.* usurpatore.
usurpar *v.tr.* usurpare: *han usurpado los territorios cercanos*, hanno usurpato i territori vicini.
utensilio *s.m.* utensile, attrezzo: *utensilios de cocina*, utensili da cucina | *los utensilios quirúrgicos*, i ferri chirurgici.
útero *s.m.* (*anat.*) utero.
útil[1] *agg.* **1** utile, vantaggioso: *es muy — estudiar idiomas*, è molto utile studiare le lingue **2** atto, adatto: *este cuchillo es — para cortar las verduras*, questo coltello è adatto per tagliare le verdure.
útil[2] *s.m.* (*spec.pl.*) utensile, attrezzo | *los útiles del oficio*, gli attrezzi/i ferri del mestiere.
utilería *s.f.* **1** utensileria **2** (*teatr.*) attrezzeria.
utilero *s.m.* (*teatr.*) attrezzista (*m./f.*).
utilidad *s.f.* **1** utilità: *comprender la — de un reglamento*, capire l'utilità di un regolamento **2** (*econ.*) utile (*m.*), guadagno (*m.*): — *acumulada*, utile accantonato.
utilitario *agg.* utilitario ♦ *s.m.* (*aut.*) utilitaria (*f.*).
utilitarismo *s.m.* (*filos.*) utilitarismo.
utilizable *agg.* utilizzabile: *este aparato ya no es* —, questo apparecchio non è più utilizzabile.
utilización *s.f.* utilizzazione, utilizzo (*m.*), uso (*m.*): *normas para una buena — del equipo*, norme per il buon utilizzo dell'impianto.
utilizar (*con. come* cazar) *v.tr.* **1** utilizzare, adoperare: *para limpiar bien el mármol hay que — un detergente adecuado*, per pulire bene il marmo bisogna usare un detergente adeguato; *esta impresora no funciona bien, ¿por qué no utilizas otra?*, questa stampante non funziona bene, perché non ne usi un'al-

tra? **2** (*fig.*) sfruttare, servirsene: *utiliza a sus compañeros*, sfrutta i suoi colleghi.
utillaje *s.m.* (*tecn.*) attrezzatura (*f.*), utensileria (*f.*), attrezzi (*pl.*): *los utillajes del escultor*, gli attrezzi dello scultore.
utopía, utopia *s.f.* utopia: *vivir en una sociedad sin injusticias es una —*, vivere in una società priva di ingiustizie è un'utopia.
utópico *agg.* utopico, utopistico: *tus proyectos políticos son utópicos*, i tuoi progetti politici sono utopici.
uva *s.f.* **1** (*bot.*) uva: *racimo de uvas*, grappolo d'uva; *grano de —*, acino/chicco d'uva | *— espina*, uva spina **2** acino, chicco d'uva: *dame dos uvas*, dammi due chicchi d'uva ■ ***estar de mala uva***, essere di cattivo umore | ***ser mala uva***, essere una canaglia | ***tener mala uva***, avere un caratteraccio | ***entrar a por uvas***, rischiare | ***de uvas a peras***, (a) ogni morte di papa.
uve *s.f.* (*lettera dell'alfabeto*) vu; *— doble*, vu doppia.
uvero *agg.* uvaceo ♦ *s.m.* venditore di uva.
úvula *s.f.* (*med.*) ugola.
uxoricida *agg.*, *s.m.* uxoricida.
uxoricidio *s.m.* uxoricidio.

Vv

v *s.f.* v | (*tel.*) — *como Valencia*, v come Venezia.
vaca *s.f.* (*zool.*) vacca, mucca: *carne de* —, carne di manzo | *vacas gordas, flacas*, vacche grasse, magre | — *de San Antón*, coccinella | — *loca*, mucca pazza.
vacacional *agg.* vacanziero.
vacación *s.f.* **1** (*spec. pl.*) vacanza; vacanze (*pl.*), ferie (*pl.*): *estar de vacaciones*, essere in ferie/vacanza; *tomar las vacaciones*, prendersi le ferie **2** (*amm.*) posto/incarico (*m.*) vacante, vacanza.
vacada *s.f.* mandria di bovini.
vacante *agg.* vacante: *cargo* —, carica vacante ♦ *s.f.* posto/incarico (*m.*) vacante, vacanza: *hay una — en la oficina*, c'è un posto vacante in ufficio.
vacar (*con. come* sacar) *v.intr.* **1** vacare, essere vacante **2** mancare, essere privo di: — *de importancia*, mancare di importanza.
vacarí *agg.* (*di scudo*) rivestito in pelle bovina.
vaciadero *s.m.* cloaca (*f.*), chiavica (*f.*).
vaciadizo *agg.* (*metall.*) gettato, colato.
vaciado *agg.* (*Amer.*) simpatico ♦ *s.m.* **1** (*metall.*) getto, colata (*f.*) **2** (*arch.*) scavo.
vaciar (*con. come* confiar) *v.tr.* **1** svuotare, vuotare: — *los bolsillos*, vuotare le tasche **2** (*tecn.*) scavare, incavare: — *un tronco*, incavare un tronco **3** (*metall.*) gettare, fondere, colare: — *una estatua*, fondere una statua **4** (*lame*) affilare, molare ♦ *v.intr.* (*di fiumi, mari*) sfociare, decrescere ♦ **-se** *v. pron.* **1** vuotarsi; riversarsi **2** (*fig.*) spifferare tutto, vuotare il sacco.
vaciedad *s.f.* **1** vacuità: *la — de esa persona me molesta*, la vacuità di quella persona mi dà fastidio **2** sciocchezza, stupidaggine: *no dice más que vaciedades*, non dice altro che sciocchezze.
vacilación *s.f.* **1** vacillamento (*m.*) **2** (*fig.*) esitazione, indugio (*m.*), perplessità.
vacilante *agg.* **1** vacillante, oscillante **2** (*fig.*) vacillante, titubante, perplesso.
vacilar *v.intr.* **1** vacillare, traballare, oscillare **2** (*fig.*) esitare, indugiare, tentennare **3** (*fig.*) sfottere, scherzare.
vacile *s.m.* (*fam.*) presa (*f.*) in giro, scherzo.
vacilón *agg.* (*fam.*) **1** burlone, buontempone **2** (*fam.*) fatto, brillo ♦ *s.m.* festa (*f.*).
vacío *agg.* **1** vuoto: *vaso* —, bicchiere vuoto **2** (*fig.*) fatuo, frivolo, vacuo, vano ♦ *s.m.* **1** (*anche fig.*) vuoto: *su salida dejó un gran* —, la sua partenza ha lasciato un grande vuoto | *hacer el — a uno*, fare il vuoto intorno a qlcu. | *de* —, senza carico: *el camión volvió de* —, il camion tornò senza carico **2** cavità (*f.*).
vaco *s.m.* (*fam.*) bue.
vacuidad *s.f.* vacuità.
vacuna *s.f.* (*med., farm.*) vaccino (*m.*).
vacunación *s.f.* (*med.*) vaccinazione.
vacunar *v.tr.* **1** (*med.*) vaccinare **2** (*fig.*) proteggere.
vacuno *agg.* (*zool.*) bovino, vaccino ♦ *s.m.* (*zool.*) bovino.
vacunoterapia *s.f.* (*med.*) vaccinoterapia.
vacuo *agg.* **1** (*anche fig.*) vacuo, vuoto **2** (*amm.*) vacante **3** frivolo, futile ♦ *s.m.* vuoto, cavità (*f.*).
vacuola *s.f.* (*biol.*) vacuolo (*m.*).
vade *s.m.* **1** cartella (*f.*) portacarte da scrivania **2** scrittoio.
vadeable *agg.* **1** guadabile **2** affrontabile, superabile.
vadear *v.tr.* **1** (*fiumi*) guadare **2** (*fig., ostacolo*) superare, risolvere **3** (*fig., intenzioni*) sondare, tastare ♦ **-se** *v.pron.* (*fig.*) arrangiarsi, destreggiarsi.
vademécum *s.m.* vademecum, prontuario.
vado *s.m.* **1** guado **2** passaggio, accesso | — *permanente*, passo carraio **3** (*fig.*) mezzo, rimedio
■ ***tentar el vado***, sondare il terreno | ***al vado o a la puente***, in un modo o nell'altro.
vadoso *agg.* guadoso.
vagabundear *v.intr.* vagabondare, girovagare.
vagabundeo *s.m.* vagabondaggio.
vagabundo *agg., s.m.* vagabondo, girovago.
vagancia *s.f.* **1** oziosità, pigrizia **2** vagabondaggine.
vagante *agg.* vagante.
vagar[1] (*con. come* llegar) *v.intr.* **1** vagare, andare a zonzo, vagabondare **2** oziare.
vagar[2] *s.m.* **1** tempo libero: *no tengo — para ir de vacaciones*, non ho tempo per andare

in vacanza **2** lentezza (*f.*), flemma (*f.*): *hace las cosas con mucho —*, fa le cose con molta lentezza.

vagaroso *agg.* vagante, errante, girovago.

vagido *s.m.* (*di neonato*) vagito, gemito.

vagina *s.f.* (*anat.*) vagina.

vaginal *agg.* (*anat.*) vaginale.

vaginitis *s.f.* (*med.*) vaginite.

vago[1] *agg.* ozioso, pigro ♦ *s.m.* fannullone, sfaccendato.

vago[2] *agg.* **1** vago, impreciso, indeterminato **2** (*pitt.*) vaporoso, leggero, sfumato, indefinito **3** vagante, errante ♦ *s.m.* (*anat.*) vago.

vagón *s.m.* (*ferr.*) vagone, carrozza (*f.*), vettura (*f.*): *— de cola*, vettura di coda.

vagoneta *s.f.* carrello (*m.*), vagoncino (*m.*).

vagotomía *s.f.* (*med.*) vagotomia.

vagotonía *s.f.* (*med.*) vagotonia.

vaguada *s.f.* (*geogr.*) fondovalle (*m.*).

vaguear *v.intr.* **1** bighellonare, errare, vagare **2** oziare.

vaguedad *s.f.* **1** imprecisione, indeterminatezza **2** poltroneria, scioperataggine.

vahar *v.intr.* esalare vapore.

vaharada *s.f.* esalazione, vampata, zaffata.

vaharera *s.f.* febbre, escoriazione del labbro.

vaharina *s.f.* nebbia, vapore (*m.*).

vahear *v.intr.* **1** evaporare **2** spremersi, scervellarsi.

vahído *s.m.* capogiro, svenimento, vertigine (*f.*).

vaho *s.m.* esalazione (*f.*), vapore.

vaina *s.f.* **1** guaina, fodero (*m.*) **2** (*bot.*) baccello (*m.*) **3** (*Amer.*, *fam.*) seccatura: *¡qué —!*, che guaio! | *ni de —*, neanche per sogno.

vainica *s.f.* orlo (*m.*) a giorno.

vainilla *s.f.* (*bot.*) vaniglia.

vaivén *s.m.* **1** viavai, andirivieni **2** oscillazione (*f.*), dondolio **3** (*fig.*) alti e bassi (*pl.*), instabilità (*f.*).

vaivoda *s.m.* (*st.*) voivoda.

vajilla *s.f.* vasellame (*m.*), stoviglie (*pl.*).

valdense *agg.*, *s.m./f.* valdese.

vale[1] *inter.* d'accordo!

vale[2] *s.m.* **1** (*comm.*) pagherò, vaglia **2** buono, ordine di consegna: *— de caja*, buono di cassa **3** biglietto omaggio.

valedero *agg.* valevole, valido: *— por dos personas*, valevole per due persone.

valencia *s.f.* (*chim.*, *biol.*) valenza.

valenciano *agg.* di Valencia ♦ *s.m.* nativo di Valencia.

valentía *s.f.* **1** coraggio (*m.*), audacia **2** abilità, maestria **3** prodezza, eroismo (*m.*).

valentísimo *agg.* perfetto, bravissimo.

valentón *agg.*, *s.m.* spaccone, gradasso.

valentonada *s.f.* spacconata, smargiassata.

valer[1] (*indic.pres.* valgo, vales...; *fut.* valdré, valdrás...; *cond.* valdría, valdrías...; *cong.pres.* valga, valgas...; *imp.* valga, valgamos, valgan) *v.intr.* **1** valere, essere di valore: *¿cuánto vale?*, quanto costa? **2** servire, essere utile: *en aquella ocasión me valió el casco*, in quella occasione mi fu utile il casco **3** avere validità, essere valido **4** prevalere | *valió la decisión del profesor*, prevalse la decisione del professore ♦ *v.tr.* **1** ammontare; costare: *esta camisa vale 20 euros*, questa camicia costa 20 euro **2** proteggere, aiutare | *¡válganos Dios!*, che Dio ci aiuti! **3** equivalere ♦ **-se** *v.pron.* **1** avvalersi, servirsi: *para este trabajo me valgo del ordenador*, per questo lavoro mi servo del computer **2** essere autonomo, autosufficiente: *mi abuelo no se vale*, mio nonno non è autosufficiente

■ ***más vale***, è meglio/preferibile: *más vale tarde que nunca*, meglio tardi che mai.

valer[2] *s.m.* valore, merito.

valeriana *s.f.* (*bot.*) valeriana.

valerosamente *avv.* valorosamente, coraggiosamente.

valeroso *agg.* **1** valoroso, coraggioso **2** valente, efficace.

valetudinario *agg.* acciacoso, malaticcio.

valgo *agg.* (*med.*) valgo.

valía *s.f.* valore (*m.*); pregio, merito: *mayor —*, plusvalore | *un hombre de gran —*, un uomo di grande valore.

validar *v.tr.* convalidare, rendere valido, obliterare.

validez *s.f.* **1** validità, legalità, correttezza **2** capacità, utilità.

valido *s.m.* (*st.*) consigliere, favorito.

válido *agg.* **1** valido, valevole, vigente, legale **2** forte, valido, robusto.

valiente *agg.* **1** coraggioso, valoroso **2** bravo, valente, eccellente: *es un — artista*, è un artista eccellente **3** (*iron.*) bello | *¡ amigo tienes!*, bell'amico che hai! **4** spaccone, gradasso ♦ *s.m./f.* **1** coraggioso (*m.*), valoroso (*m.*) **2** spaccone (*m.*), gradasso (*m.*).

valija *s.f.* **1** valigia **2** sacco (*m.*) postale.

valimiento *s.m.* **1** valore, validità (*f.*) **2** favore, protezione (*f.*), appoggio, influenza (*f.*).

valioso *agg.* **1** prezioso, pregiato **2** importante; autorevole.

valla *s.f.* **1** steccato (*m.*), recinto (*m.*), barriera, staccionata **2** cartellone (*m.*), affisso (*m.*): *— publicitaria*, cartellone pubblicitario **3** (*anche fig.*) ostacolo (*m.*) | (*sport*) *carrera de vallas*, corsa a ostacoli.

valladar *s.m.* **1** staccionata (*f.*), recinto **2** ostacolo, barriera (*f.*).

vallado *s.m.* staccionata (*f.*), recinto.

vallar *v.tr.* recintare, alzare uno steccato/un argine intorno a.

valle *s.m.* (*geogr.*) valle (*f.*), vallata (*f.*).

valón *agg.*, *s.m.* vallone.

valor *s.m.* **1** valore, pregio; importanza

(*f.*) **2** coraggio | *armarse de —*, armarsi di coraggio **3** (*fig.*) sfacciataggine (*f.*), faccia (*f.*) tosta: *tuvo el — de negarlo*, ha avuto il coraggio di negarlo **4** (*econ.*) valore, prezzo, costo | *— añadido*, (*Amer.*) *— agregado*, valore aggiunto **5** (*banc.*) valuta (*f.*): *— a fin de mes*, valuta a fine mese **6** (*pl.*) valori (*pl.*), principi (*pl.*) **7** (*pl.*, *fin.*) valori (*pl.*), titoli (*pl.*): *valores cotizados en la Bolsa*, titoli quotati in Borsa.
valoración *s.f.* valutazione, stima.
valorar *v.tr.* **1** valutare, stimare, dare un prezzo a **2** valorizzare.
valorativo *agg.* valutativo.
valorización *s.f.* **1** stima, valutazione, estimo (*m.*) **2** valorizzazione.
valorizar (*con. come* cazar) *v.tr.* **1** stimare, valutare **2** valorizzare.
valquiria *s.f.* (*mit.*) valchiria.
vals *s.m.* (*mus.*, *danza*) valzer.
valsar *v.intr.* ballare il valzer.
valse *s.m.* (*Amer.*, *mus.*, *danza*) valzer.
valuación *s.f.* valutazione, stima.
valuar (*con. come* continuar) *v.tr.* valutare, stimare.
valva *s.f.* (*bot.*, *zool.*) valva.
válvula *s.f.* (*anche anat.*, *elettr.*) valvola.
valvular *agg.* valvolare.
vampiresa *s.f.* (*fig.*) seduttrice, fatalona, vamp.
vampirismo *s.m.* **1** vampirismo **2** (*med.*) necrofilia (*f.*).
vampiro (*f.* vampiresa) *s.m.* **1** (*anche fig.*) vampiro **2** (*zool.*) pipistrello, vampiro.
vanadio *s.m.* (*chim.*) vanadio.
vanagloria *s.f.* vanagloria, boria, presunzione.
vanagloriarse *v.pron.* vanagloriarsi.
vanaglorioso *agg.* vanaglorioso, borioso, presuntuoso.
vanamente *avv.* **1** vanamente, invano **2** presuntuosamente; vanitosamente.
vandalaje *s.m.* (*Amer.*) vandalismo.
vandálico *agg.* vandalico.
vandalismo *s.m.* vandalismo.
vándalo *s.m.* vandalo.
vanear *v.intr.* vaneggiare, parlare a vanvera.
vanguardia *s.f.* avanguardia.
vanguardismo *s.m.* avanguardismo.
vanguardista *agg.*, *s.m./f.* avanguardista.
vanidad *s.f.* vanità, presunzione, fatuità | *ajar la — de alguien*, smontare qlcu.
vanidoso *agg.*, *s.m.* vanitoso, vanesio.
vanilocuencia *s.f.* vaniloquenza.
vaniloquio *s.m.* vaniloquio.
vano *agg.* **1** vano, vuoto, futile | *en —*, invano | *no dirás el nombre de Dios en —*, non nominare il nome de Dio invano **2** vanitoso, presuntuoso ♦ *s.m.* (*arch.*) vano.
vapor *s.m.* **1** vapore, esalazione (*f.*): *— de agua*, vapore acqueo | *al —*, (*cuc.*) al vapore; di corsa **2** (*mar.*) piroscafo **3** mancamento, svenimento, vertigine (*f.*).
vaporable *agg.* evaporabile.
vaporización *s.f.* **1** vaporizzazione **2** (*med.*) suffumigio (*m.*).
vaporizador *s.m.* vaporizzatore, nebulizzatore.
vaporizar (*con. come* cazar) *v.tr.* **1** far evaporare **2** vaporizzare, nebulizzare; polverizzare.
vaporoso *agg.* **1** che esala vapori **2** vaporoso, leggero: *vestido —*, vestito leggero.
vapulear *v.tr.* **1** battere, frustare; flagellare **2** (*fig.*) criticare.
vapuleo *s.m.* **1** bastonata (*f.*); castigo corporale **2** (*fig.*) critica.
vaquería *s.f.* vaccheria.
vaqueriza *s.f.* stalla, bovile (*m.*).
vaquerizo *agg.* bovino ♦ *s.m.* **1** (*persona*) bovaro **2** stalla (*f.*).
vaquero *agg.* da/di bovaro ♦ *s.m.* **1** (*persona*) bovaro, cow-boy | *película de vaqueros*, film western **2** (*pl.*, *abbigl.*) blue-jeans (*pl.*).
vaqueta *s.f.* (*pelle*) vacchetta | *cara de —*, faccia da schiaffi.
vaquillona *s.f.* (*Amer.*) **1** vitellone (*m.*) **2** (*spreg.*) donna corpulenta, grassona.
vara *s.f.* **1** verga, bacchetta, stanga, pertica, bastone (*m.*) **2** pungolo (*m.*), picca **3** (*corrida*) stoccata **4** (*misura*) braccio (*m.*).
varada *s.f.* (*mar.*) incaglio (*m.*).
varadero *s.m.* (*mar.*) scalo di alaggio.
varadura *s.f.* (*mar.*) incaglio (*m.*), arenamento (*m.*).
varal *s.m.* **1** palo, pertica (*f.*), asta (*f.*) **2** (*di carro*) stanga (*f.*).
varapalo *s.m.* **1** palo, pertica (*f.*) **2** (*fam.*) danno: *su despido fue un gran —*, il suo licenziamento è stato un grave danno **3** (*fam.*) sgridata (*f.*), castigo: *vaya — se ha llevado*, si è preso una bella sgridata.
varar *v.intr.* (*anche fig.*) arenarsi, incagliarsi ♦ *v.tr.* (*mar.*) tirare in secco.
varaseto *s.m.* graticcio.
vareador *s.m.* (*agr.*) bacchiatore.
vareaje *s.m.* (*agr.*) bacchiatura (*f.*).
varear *v.tr.* **1** (*agr.*) bacchiare **2** sbattere, battere, scuotere **3** (*corrida*) piccare.
varenga *s.f.* (*mar.*) **1** forcaccio (*m.*) **2** quinto (*m.*).
vareta *s.f.* **1** verga **2** (*nei tessuti*) riga di diverso colore **3** (*fig.*) frecciata
■ (*fam.*) ***estar de vareta***, avere la diarrea.
varetear *v.tr.* (*nel tessuto*) formare righe.
varga[1] *s.f.* pendio (*m.*).
varga[2] *s.f.* (*zool.*) grongo (*m.*).
várgano *s.m.* (*della staccionata*) palo.
variabilidad *s.f.* **1** variabilità **2** (*fig.*) instabilità, incostanza.
variable *agg.* **1** variabile **2** (*fig.*) mutevole, variabile, incostante ♦ *s.f.* (*mat.*) variabile.
variación *s.f.* **1** variazione, cambiamento

(*m.*), trasformazione, modifica **2** (*biol.*) differenziazione, diversificazione **3** (*mus.*) variazione.
variado *agg.* variato, vario, eterogeneo.
variancia *s.f.* (*statistica*) varianza.
variante *agg.* variabile ♦ *s.f.* **1** variante: *presentar una — del proyecto*, presentare una variante del progetto **2** differenza: *la única — era la cualidad de la tela,* l'unica differenza era la qualità del tessuto **3** deviazione: *para llegar aquí tuvimos que hacer una — muy larga*, per arrivare qui abbiamo dovuto fare una deviazione molto lunga.
variar (*con. come* confiar) *v.intr.* cambiare, modificarsi, diventare diverso: *la vita varía*, la vita cambia ♦ *v.tr.* variare, mutare, cambiare: *Antonio tiene que — sus modales*, Antonio deve cambiare i suoi modi.
varice *s.f.* (*med.*) varice.
varicela *s.f.* (*med.*) varicella.
varicocele *s.m.* (*med.*) varicocele.
varicoso *agg.* (*med.*) varicoso.
variedad *s.f.* **1** varietà, diversità; pluralità: *la — de un paisaje*, la varietà di un paesaggio; *— de opiniones*, varietà di opinioni; *hay distintas variedades de plantas*, ci sono diverse varietà di piante **2** (*pl., teatr.*) varietà (*m.sing.*), rivista (*sing.*) **3** (*fig.*) incostanza, mutabilità.
variegación *s.f.* (*bot.*) variegazione.
variegado *agg.* (*di colore*) variegato.
varilla *s.f.* bacchetta; (*di ombrello, ventaglio, busto*) stecca.
varillaje *s.m.* insieme di stecche.
vario *agg.* **1** diverso, vario: *varias personas*, varie persone; *dibujos varios*, disegni differenti **2** (*fig., meteor.*) incostante, mutevole: *tiempo —*, tempo mutevole **3** (*pl.*) diversi, svariati: *los inconvenientes son varios*, gli inconvenienti sono molteplici.
varioloso *agg., s.m.* (*med.*) vaioloso.
variopinto *agg.* **1** variopinto, multicolore **2** vario, diversificato.
varita *s.f.* bacchetta: *— mágica*, bacchetta magica.
variz (*pl.* -ces) *s.f.* (*med.*) varice.
varón *s.m.* **1** (*uomo*) maschio **2** (*fig.*) uomo autorevole, rispettabile, barone.
varonil *agg.* **1** virile, maschile **2** mascolino, forte.
varraco *s.m.* (*zool.*) verro, porco.
varsoviano *agg.* di Varsavia ♦ *s.m.* nativo di Varsavia.
vasallaje *s.m.* **1** (*st.*) vassallaggio **2** (*fig.*) schiavitù (*f.*).
vasallo *s.m.* **1** (*st.*) vassallo **2** (*fig.*) suddito.
vasar *s.m.* mensola (*f.*) per stoviglie, scansia (*f.*) da cucina.
vasco *agg., s.m.* basco | *pelota vasca*, pelota.
vascón *agg., s.m.* (*st.*) guascone.
vascongado *agg., s.m.* basco | *provincias vascongadas*, province basche; Paesi baschi.
vascuence *s.m.* (*ling.*) basco.
vascular *agg.* (*anat.*) vascolare.
vasculoso *agg.* (*anat.*) vascoloso.
vasectomía *s.f.* (*med.*) vasectomia.
vasectomizar (*con. come* cazar) *v.tr.* (*med.*) vasectomizzare.
vaselina *s.f.* **1** vaselina **2** (*calcio*) tiro (*m.*) spiovente **3** (*fam.*) tatto (*m.*), delicatezza, prudenza: *hay que tratarlo con —*, bisogna trattarlo con i guanti.
vasera *s.f.* **1** mensola per bicchieri **2** cestello (*m.*) portabicchieri.
vasija *s.f.* vaso (*m.*), recipiente (*m.*), vasetto (*m.*).
vasillo *s.m.* (*di alveare*) cella (*f.*), celletta (*f.*).
vaso *s.m.* **1** bicchiere | *ahogarse en un — de agua*, affogare in un bicchier d'acqua **2** vaso | *vasos comunicantes*, vasi comunicanti | *la gota que hace colmar el —*, la goccia che fa traboccare il vaso **3** vaso da notte, pitale **4** (*zool.*) zoccolo **5** anfora (*f.*), giara (*f.*) **6** (*anat.*) canale, dotto, vaso: *— sanguíneo*, vaso sanguigno | *— lacrimatorio*, dotto lacrimale.
vasoconstrictor *agg., s.m.* (*med.*) vasocostrittore.
vasodilatador *agg., s.m.* (*med.*) vasodilatatore.
vástago *s.m.* **1** (*bot.*) germoglio, getto **2** (*fig.*) rampollo **3** (*mecc.*) gambo, stello, biella (*f.*).
vastedad *s.f.* vastità, estensione, ampiezza.
vasto *agg.* vasto, ampio, spazioso, esteso.
vataje *s.m.* (*fis., elettr.*) wattaggio.
vate *s.m.* **1** vate, poeta **2** indovino.
váter *s.m.* **1** water, tazza (*f.*) del gabinetto **2** gabinetto, stanza (*f.*) da bagno.
vaticanista *agg., s.m./f.* vaticanista.
vaticano *agg.* vaticano.
vaticinar *v.tr.* vaticinare, pronosticare, presagire, predire.
vaticinio *s.m.* vaticinio, profezia (*f.*), divinazione (*f.*).
vatímetro *s.m.* (*elettr.*) wattometro.
vatio *s.m.* (*elettr.*) watt.
vaya[1] *inter.* caspita!, però!, accidenti!: *¡— calor!*, che caldo!
vaya[2] *s.f.* beffa, burla.
vecinal *agg.* vicinale; comunale: *abrieron un camino —*, hanno aperto una strada comunale.
vecindad *s.f.* **1** vicinanze (*pl.*), prossimità; dintorni (*m.pl.*): *vive en la — de Roma*, abita nelle vicinanze di Roma **2** vicinato (*m.*): *toda la — los acogió muy bien*, tutto il vicinato li accolse molto bene **3** residenza, cittadinanza | (*st.*) *carta de —*, certificato di residenza.
vecindario *s.m.* **1** vicinato **2** popolazione

(*f.*) **3** (*amm.*) anagrafe (*f.*): *está inscrito en el —*, è iscritto all'anagrafe.
vecino *agg.* **1** vicino, prossimo **2** simile, somigliante: *tiene movimientos muy vecinos a su padre*, ha dei gesti molto simili a quelli di suo padre ♦ *s.m.* **1** vicino: *mis vecinos tienen varios perros*, i miei vicini hanno vari cani **2** residente (*m./f.*), cittadino: *— de Madrid*, residente a Madrid.
vector *agg.*, *s.m.* vettore.
vectorial *agg.* vettoriale.
veda *s.f.* veto (*m.*), divieto (*m.*), proibizione: *levantar la —*, togliere il veto | (*caccia*) *abrir, cerrar la veda*, aprire/chiudere la stagione di caccia.
vedado *s.m.* riserva (*f.*): *— de caza*, riserva di caccia.
vedar *v.tr.* **1** vietare, proibire **2** ostacolare, impedire.
vedeja *s.f.* chioma, criniera.
vedetismo *s.m.* protagonismo.
vedija *s.f.* **1** batuffolo (*m.*), bioccolo (*m.*) **2** (*di peli, capelli*) groviglio (*m.*), arruffamento (*m.*).
vedismo *s.m.* (*relig.*) vedismo.
veedor *agg.* osservatore ♦ *s.m.* ispettore, controllore.
vega *s.f.* pianura fertile.
vegetación *s.f.* **1** vegetazione **2** (*pl., anat.*) adenoidi (*pl.*).
vegetal *agg.*, *s.m.* vegetale.
vegetalista *s.m./f.* vegetalista.
vegetar *v.intr.* (*anche fig.*) vegetare.
vegetariano *agg.*, *s.m.* vegetariano.
vegetativo *agg.* vegetativo.
vehemencia *s.f.* veemenza, impeto (*m.*).
vehemente *agg.* **1** veemente, impetuoso **2** impulsivo.
vehicular[1] *v.tr.* (*anche fig.*) veicolare, servire da veicolo a.
vehicular[2] *agg.* veicolare.
vehículo *s.m.* mezzo di trasporto, veicolo (*anche fig.*): *el — de infección fue el agua contaminada*, il veicolo d'infezione fu l'acqua inquinata.
veinte *agg.num.card.*, *s.m.* venti ♦ *agg.num. ord.* ventesimo: *el capítulo — era el más largo*, il ventesimo capitolo era il più lungo.
veinteavo *agg.*, *s.m.* ventesimo.
veintena *s.f.* ventina.
veinteñal *agg.* ventennale.
vejación *s.f.* vessazione.
vejador *s.m.* vessatore.
vejamen *s.m.* vessazione (*f.*), offesa (*f.*), umiliazione (*f.*).
vejar *v.tr.* vessare, tormentare, tiranneggiare.
vejatorio *agg.* umiliante, mortificante; vessatorio.
vejestorio *s.m.* (*spreg.*) vecchio decrepito, rudere.
vejete *s.m.* vecchietto.
vejez (*pl.* -ces) *s.f.* **1** vecchiaia, vecchiezza **2** (*pl.*) acciacchi (*m.pl.*): *está lleno de vejeces*, è pieno di acciacchi.
vejiga *s.f.* **1** (*anat.*) vescica | *— de la bilis*, vescica biliare | (*bot.*) *— de perro*, alchechengi | (*zool.*) *— natatoria*, vescica natatoria **2** bolla, vescica **3** (*Amer., fam.*) persona ingenua, sempliciotto (*m.*).
vejigatorio *agg.* (*farm.*) vescicatorio, vescicante.
vejigoso *agg.* vescicoso.
vela[1] *s.f.* **1** candela, moccolo (*m.*) **2** veglia: *pasar la noche en —*, passare la notte in bianco **3** (*mil.*) sentinella
■ ***aguantar/tener la vela***, reggere il moccolo | ***estar a dos velas***, essere al verde | ***dejar a dos velas***, non far capire niente | ***poner una vela a Dios y otra al diablo***, tenere il piede in due staffe | ***no darle a alguien vela en un entierro***, non permettere a qlcu. di impicciarsi: *¿quién te ha dado — en este entierro?*, chi ti ha detto di impicciarti?
vela[2] *s.f.* (*mar.*) vela | *barco de —*, barca a vela | *a velas desplegadas*, a vele spiegate | *hacerse a la —*, salpare.
velación *s.f.* **1** veglia **2** (*relig.*) sponsali (*m.pl.*).
velada *s.f.* **1** serata, riunione notturna **2** veglia **3** festa notturna, veglione (*m.*).
velado *agg.* **1** velato **2** (*fig.*) occulto, misterioso: *fue un discurso con frases veladas y amenazadoras*, fu un discorso con frasi oscure e minacciose **3** (*foto.*) sovraesposto.
velador *agg.* che veglia ♦ *s.m.* **1** (*persona*) sorvegliante (*m./f.*), sentinella (*f.*) **2** tavolino rotondo **3** candelabro **4** (*Amer.*) comodino.
veladura *s.f.* sfumatura, velatura.
velaje *s.m.* (*mar.*) velatura (*f.*), velame.
velar[1] *v.intr.* **1** vegliare, stare sveglio **2** fare gli straordinari **3** vigilare, controllare, curare: *— por la salud*, curare la salute ♦ *v.tr.* **1** vegliare, assistere (qlcu. di notte): *— a un enfermo*, assistere un malato; *— la guardia*, fare la guardia **2** (*fig.*) osservare attentamente.
velar[2] *v.tr.* **1** coprire con un velo, velare **2** (*fig.*) nascondere, coprire, dissimulare **3** (*pitt.*) velare **4** (*foto.*) prendere luce.
velar[3] *agg.* (*ling.*) velare.
velarización *s.f.* (*ling.*) velarizzazione.
velatorio *s.m.* **1** veglia (*f.*) funebre **2** camera (*f.*) ardente.
veleidad *s.f.* **1** velleità **2** incostanza, volubilità.
veleidoso *agg.* **1** velleitario **2** volubile, incostante, mutevole.
velejar *v.intr.* (*mar.*) veleggiare.

velería *s.f.* fabbrica che produce candele, cereria.
velero[1] *s.m.* (*mar.*) veliero.
velero[2] *s.m.* **1** produttore di candele **2** chi assiste alle veglie, devoto.
veleta *s.f.* (*anche fig.*) banderuola.
velete *s.m.* (*piccolo velo*) veletta (*f.*).
velicación *s.f.* (*med.*) vellicazione.
velis nolis *loc.* volente o nolente.
vélite *s.m.* (*st., mil.*) velite.
velívolo *s.m.* (*aer.*) velivolo.
vello *s.m.* (*anat.*) pelo, peluria (*f.*).
vellocino *s.m.* **1** vello **2** (*abbigl.*) montone rovesciato.
vellón[1] *s.m.* **1** vello, tosone **2** bioccolo, batuffolo.
vellón[2] *s.m.* antica moneta (*f.*) di rame.
vellosidad *s.f.* villosità.
velloso *agg.* villoso.
velludillo *s.m.* velluto di cotone.
velludo *agg.* villoso ♦ *s.m.* velluto.
velmez *s.m.* (*st.*) veste (*f.*) che si indossava sotto l'armatura.
velo *s.m.* **1** (*anche fig.*) velo | *correr un tupido —*, stendere un velo pietoso | (*anat.*) *— del paladar*, velo palatino | *correr el —*, scoprire, svelare **2** (*abbigl.*) veletta (*f.*) **3** (*tessuto*) tulle **4** (*pesca*) retino **5** (*relig.*) vestizione (*f.*) | *tomar el —*, prendere i voti.
velocidad *s.f.* **1** velocità, rapidità, celerità **2** (*aut.*) marcia: *primera —*, prima (marcia).
velocímetro *s.m.* tachimetro.
velocípedo *s.m.* velocipede, bicicletta (*f.*).
velocista *s.m./f.* velocista.
velódromo *s.m.* velodromo.
velomotor *s.m.* ciclomotore.
velorio *s.m.* **1** veglia (*f.*) funebre **2** vestizione (*f.*).
veloz (*pl.* -ces) *agg.* veloce, rapido, celere.
veludo *s.m.* velluto.
vena *s.f.* **1** (*anat.*) vena **2** (*min.*) vena, filone (*m.*) **3** (*di legno, pietra*) venatura **4** (*bot.*) nervatura **5** (*fig.*) disposizione d'animo, umore (*m.*), ispirazione | *estar en —*, essere in vena | *coger(le)/dar(le) la — (a alguien) por algo*, essere/sentirsi dell'umore giusto per fare qlco. | *coger de/en — a alguien*, prendere qlcu. nel momento giusto.
venablo *s.m.* dardo, giavellotto | *echar venablos*, dare in escandescenze.
venado *s.m.* (*zool.*) cervo.
venal[1] *agg.* **1** vendibile **2** venale, avido, interessato.
venal[2] *agg.* (*anat.*) venoso.
venalidad *s.f.* venalità.
venático *agg.* stravagante, strambo.
venatorio *agg.* venatorio.
vencedor *agg.*, *s.m.* vincitore.
vencer (*indic.pres.* venzo, vences...; *cong. pres.* venza, venzas...; *imp.* venza, venzamos, venzan) *v.tr.* **1** vincere: *— el partido*, vincere la partita **2** sconfiggere: *— al enemigo en una batalla*, sconfiggere il nemico in una battaglia **3** (*fig.*, *un ostacolo*) superare **4** (*fig.*) dominare, soggiogare, piegare | *— el sueño*, vincere il sonno ♦ *v.intr.* **1** vincere **2** scadere: *vence el plazo*, scade il termine ♦ **-se** *v.pron.* **1** deformarsi, piegarsi, imbarcarsi: *la tabla se venció por el peso*, la tavola si è deformata/imbarcata per il peso **2** (*fig.*) dominarsi, vincersi.
vencible *agg.* vincibile.
vencimiento *s.m.* **1** (*econ.*) scadenza (*f.*) **2** imbarcatura (*f.*), incurvatura (*f.*): *el — de la librería se debe a la mala calidad de las tablas*, l'incurvatura della libreria è data dalla cattiva qualità delle tavole.
venda *s.f.* benda, fascia | *llevar la — en los ojos*, avere la benda sugli occhi | *caérsele la — de los ojos*, cadere la benda dagli occhi.
vendaje *s.m.* bendaggio, fasciatura (*f.*): *— enyesado*, ingessatura.
vendar *v.tr.* bendare, fasciare.
vendaval *s.m.* (*meteor.*) vento forte, uragano.
vendedor *s.m.* venditore.
vendehúmos *s.m./f.* (*fam.*) vendifumo, imbroglione (*m.*).
vender *v.tr.* **1** vendere: *— a crédito/al fiado*, vendere a credito | *se vende*, vendesi **2** tradire: *— a los amigos*, tradire gli amici ♦ **-se** *v.pron.* vendersi, lasciarsi corrompere | *— caro*, farsi pregare/desiderare | *— por*, spacciarsi per: *— por rico*, fingersi ricco.
vendí *s.m.* **1** fattura (*f.*), certificato di vendita **2** (*borsa*) fissato bollato.
vendible *agg.* vendibile, smerciabile.
vendido *agg.* (*anche fig.*) venduto.
vendimia *s.f.* **1** (*agr.*) vendemmia **2** (*fig.*) profitto (*m.*).
vendimiador *s.m.* (*agr.*) vendemmiatore.
vendimiar *v.tr.* **1** (*agr.*) vendemmiare **2** approfittare di qlco. **3** (*fam.*) uccidere, far fuori.
vendimiario *s.m.* (*st.*) vendemmiaio, primo mese del calendario repubblicano francese.
veneciano *agg.*, *s.m.* veneziano.
veneno *s.m.* (*anche fig.*) veleno.
venenosidad *s.f.* velenosità.
venenoso *agg.* (*anche fig.*) velenoso.
venera *s.f.* **1** (*di capasanta*) conchiglia **2** (*st.*) insegna che identificava i cavalieri appartenenti ai vari ordini.
venerable *agg.* venerabile.
veneración *s.f.* venerazione, adorazione.
venerando *agg.* venerabile, venerando.
venerar *v.tr.* venerare; onorare.
venéreo *agg.* (*med.*) venereo.
venereología *s.f.* (*med.*) venereologia.
venero *s.m.* **1** sorgente (*f.*) **2** (*nelle meridiane*) linea (*f.*) oraria **3** (*fig.*) origine (*f.*), principio.

véneto *agg., s.m.* veneto.
venezolano *agg., s.m.* venezuelano.
vengador *agg., s.m.* vendicatore.
venganza *s.f.* vendetta, rappresaglia.
vengar (*con. come* llegar) *v.tr.* vendicare ♦ **-se** *v.pron.* vendicarsi.
vengativo *agg.* vendicativo.
venia *s.f.* **1** perdono (*m.*) **2** permesso (*m.*), licenza, consenso (*m.*) **3** (*saluto*) inchino (*m.*).
venial *agg.* (*anche relig.*) veniale.
venialidad *s.f.* (*anche relig.*) venialità.
venida *s.f.* **1** venuta, arrivo (*m.*) **2** ritorno (*m.*): *ida y —*, andata e ritorno **3** apparizione, inizio (*m.*) **4** (*fig.*) scatto (*m.*), impeto (*m.*).
venidero *agg.* futuro, venturo, a venire, prossimo.
venideros *s.m.pl.* posteri.
venir (*indic.pres.* vengo, vienes, viene, venimos, venís, vienen; *pass.rem.* vine, viniste, vino, vinimos, vinisteis, vinieron; *fut.* vendré, vendrás ; *cond.* vendría, vendrías ; *cong.pres.* venga, vengas...; *imperf.* viniera, vinieras...; *ger.* viniendo; *imp.* ven, venga, vengamos, venid, vengan) *v.intr.* **1** venire; arrivare: *vino a verme a Milán*, è venuto a trovarmi a Milano | *el año, el mes que viene*, l'anno, il mese prossimo **2** accadere, verificarsi, succedere: *estas enfermedades vienen en las zonas húmedas*, queste malattie sono tipiche delle zone umide | *venga lo que viniere*, succeda quel che succeda **3** provenire; derivare, avere origine: *Luisa viene de Chile*, Luisa viene dal Cile; *de ahí viene su disgusto*, da lì ha origine il suo dispiacere **4** — *bien/mal* (*di vestiti*) andare bene/male; servire/non servire; addirsi/non addirsi: *tu camisa me viene bien*, la tua camicia mi va bene; *le viene bien estudiar conmigo*, le serve studiare con me **5** — (+ *ger.*), stare (+ *ger.*): *viene leyendo desde una hora*, sta leggendo da un'ora; *se lo vengo diciendo desde hace una semana*, è da una settimana che glielo sto dicendo ♦ **-se** *v.pron.* fermentare, lievitare
■ ***venir a menos***, decadere, andare in rovina | ***venir con***, venire fuori con, dire: *siempre viene con mentiras*, dice sempre bugie | ***venirse abajo***, crollare (*anche fig.*): *su imagén se vino abajo por todas sus mentiras*, la sua immagine è crollata a causa di tutte le sue bugie | ***venir a la memoria***, venire in mente | ***¿a qué viene eso?***, che senso ha? | ***en lo por venir***, in futuro, prossimamente.
venoso *agg.* (*anat.*) venoso.
venta *s.f.* **1** vendita: — *ambulante*, vendita ambulante; — *puerta a puerta*, vendita porta a porta **2** locanda, trattoria.
ventada *s.f.* ventata, raffica.
ventaja *s.f.* **1** vantaggio (*m.*): *llevar/tener —*, essere in vantaggio; *sacar — de*, trarre vantaggio da | *jugador de —*, baro **2** (*di stipendio*) extra (*m.*), soprassoldo (*m.*) **3** (*sport*) handicap.
ventajear *v.tr.* (*Amer.*) trarre profitto da.
ventajero *agg.* (*Amer.*) approfittatore, arrivista.
ventajista *agg., s.m./f.* approfittatore (*m.*).
ventajoso *agg.* vantaggioso, conveniente: *contrato —*, contratto vantaggioso.
ventalle *s.m.* **1** ventaglio **2** (*di armatura*) ventaglia (*f.*).
ventana *s.f.* **1** finestra **2** (*anat.*) narice
■ ***echar/tirar algo por la ventana***, sprecare, sperperare, buttare dalla finestra qlco. | ***estar asomado a la buena ventana***, avere una buona occasione a portata di mano | ***salir por la ventana***, uscirne male | ***tirar a ventana conocida***, sparlare di qlcu. senza fare nomi ma lasciando capire di chi si tratta.
ventanaje *s.m.* finestratura (*f.*).
ventanal *s.m.* finestrone.
ventanazo *s.m.* colpo di finestra che sbatte.
ventanear *v.intr.* (*fam.*) affacciarsi di frequente alla finestra.
ventanilla *s.f.* **1** finestrino (*m.*) **2** (*in banca, in posta*) sportello (*m.*) **3** (*anat.*) narice.
ventanillo *s.m.* **1** (*di porta*) spioncino **2** (*di pavimento*) botola (*f.*).
ventarrón *s.m.* ventaccio, vento impetuoso.
ventear *v.intr.impers.* tirare vento ♦ *v.tr.* **1** (*di animali*) fiutare (l'aria) **2** ventilare, arieggiare **3** (*fig.*) indagare, investigare ♦ **-se** *v.pron.* **1** rompersi, spaccarsi **2** seccarsi, essiccarsi **3** (*fam.*) scoreggiare.
ventero[1] *s.m.* locandiere, oste.
ventero[2] *agg.* (*di animale*) da fiuto.
ventilación *s.f.* ventilazione.
ventilador *s.m.* ventilatore.
ventilar *v.tr.* **1** (*una stanza*) arieggiare; (*una cosa*) esporre all'aria **2** (*fig.*) risolvere, delucidare: — *un problema*, risolvere un problema **3** (*fig.*) divulgare, rendere pubblico **4** (*fig.*) assassinare, far fuori, eliminare.
ventisca *s.f.* (*meteor.*) bufera; tormenta di neve.
ventiscar *v.intr.impers.* (*meteor.*) nevicare con un forte vento.
ventiscoso *agg.* (*meteor.*) nevoso, tempestoso.
ventisquero *s.m.* nevaio, ghiacciaio.
ventolera *s.f.* **1** folata, refolo (*m.*), raffica **2** (*fig.*) ghiribizzo (*m.*), capriccio (*m.*), ticchio (*m.*): *le dió la ∼ de irse de viaje*, gli saltò il ticchio di fare un viaggio **3** girandola **4** (*fig.*) vanità, superbia.
ventolina *s.f.* (*mar.*) vento (*f.*) variabile.
ventor *agg.* (*di animale*) da fiuto, da caccia.
ventorrero *s.m.* luogo molto ventoso.
ventorrillo *s.m.* **1** (*spreg.*) bettola (*f.*) **2** osteria (*f.*), trattoria (*f.*).
ventorro *s.m.* (*spreg.*) bettola (*f.*).

ventosa *s.f.* **1** ventosa **2** sfiatatoio (*m.*).
ventosear *v.intr.* (*fam.*) scoreggiare.
ventosidad *s.f.* **1** (*med.*) flatulenza, meteorismo (*m.*) **2** (*fam.*) peto (*m.*).
ventoso *agg.* **1** ventoso **2** (*med.*) flatulento **3** (*di animale*) da fiuto **4** vanitoso, presuntuoso.
ventral *agg.* (*anat.*) ventrale.
ventrecha *s.f.* (*di pesce*) ventresca.
ventregada *s.f.* **1** cucciolata, nidiata **2** (*fig.*) sacco (*m.*), grande quantità.
ventrera *s.f.* **1** pancera **2** parte dell'armatura che proteggeva il ventre.
ventricular *agg.* (*anat.*) ventricolare.
ventrículo *s.m.* (*anat.*) **1** ventricolo **2** stomaco.
ventrílocuo *s.m.* ventriloquo.
ventriloquia *s.f.* ventriloquio (*m.*).
ventrón *s.m.* (*zool.*) ventraia (*f.*).
ventrudo *agg.* panciuto, dal ventre prominente.
ventura *s.f.* **1** felicità **2** fortuna: *por —*, per fortuna **3** ventura, sorte | *a la —*, alla ventura | *buena, mala —*, buona, cattiva sorte | *probar —*, tentare la sorte **4** pericolo (*m.*).
venturero *agg., s.m.* avventuriero.
venturoso *agg.* **1** beato, fortunato, felice **2** burrascoso, tempestoso.
venus *s.f.* (*astr., anche fig.*) venere.
venusiano *agg.* venusiano.
venusino *agg.* (*lett.*) venereo.
venustez *s.f.* venustà.
ver[1] (*indic.pres.* veo, ves, ve, vemos, véis, ven; *imperf.* veía, veías, veía, veíamos, veíais, veían; *cong.pres.* vea, veas…; *imp.* ve, vea, veamos, ved, vean; *part.pass.* visto) *v.tr.* **1** vedere; guardare: *desde mi ventana veo el mar*, dalla mia finestra vedo il mare; *— la tele*, guardare la televisione; *— por un agujero*, guardare da un buco; *véase en la pag.* 7, vedi alla pag. 7 **2** guardare, esaminare: *vea usted si esos vestidos estan bien hechos*, guardi lei se quei vestiti sono ben fatti **3** (*fig.*) capire, rendersi conto: *ahí se puede — lo mal escrita que está esta carta,* da lì si può capire com'è scritta male questa lettera **4** prevedere, presagire, sospettare: *estoy viendo que no me pagará*, ho il sospetto che non mi pagherà **5** (*fare visita*) vedere, visitare: *ir a — a alguien*, andare a trovare qlcu. ♦ *v.intr.* vedere ♦ **-se** *v.pron.* **1** vedersi, incontrarsi | *— con alguien*, frequentare qlcu. **2** vedersi; guardarsi: *verse en el espejo*, guardarsi allo specchio
■ ***¡habráse visto!***, come si permette? | ***está por ver***, è da vedere | ***a ver...***, vediamo… | ***si te he visto, no me acuerdo***, chi s'è visto s'è visto | ***ya veremos***, vedremo | ***ver para creer***, vedere per credere.
ver[2] *s.m.* **1** vista (*f.*), vedere **2** parere, opinione (*f.*), giudizio | *a mi — no es así*, a mio parere non è così **3** (*fig.*) aspetto: *de buen —*, di bell'aspetto.
vera *s.f.* (*di fiume*) sponda, riva; (*di strada*) margine (*m.*), ciglio (*m.*) | *a la —*, di fianco, di lato.
veracidad *s.f.* veridicità.
veraneante *s.m./f.* villeggiante.
veranear *v.intr.* villeggiare, passare l'estate.
veraneo *s.m.* villeggiatura (*f.*): *ir de —*, andare in villeggiatura.
veraniego *agg.* estivo | *ir —*, indossare abiti estivi.
verano *s.m.* estate (*f.*) | (*anche fig.*) *nube de —*, nuvola passeggera.
veras, de *loc.avv.* davvero, veramente; sul serio.
veraz (*pl.* -ces) *agg.* verace, veritiero, sincero.
verba *s.f.* loquacità, prolissità.
verbal *agg.* verbale, orale; parlato.
verbalismo *s.m.* verbalismo.
verbalista *agg.* verbalistico.
verbasco *s.m.* (*bot.*) verbasco.
verbena *s.f.* **1** (*bot.*) verbena **2** sagra, festa popolare notturna.
verbenear *v.intr.* **1** brulicare, pullulare **2** affollarsi.
verbenero *agg.* **1** della sagra, della festa **2** festoso, festaiolo ♦ *s.m.* **1** festaiolo **2** organizzatore di sagre.
verberar *v.tr.* **1** percuotere, colpire, fustigare **2** (*di vento, acqua*) sferzare.
verbigracia *avv.* per esempio, cioè.
verbo *s.m.* **1** (*gramm.*) verbo **2** (*lett.*) parola (*f.*) **3** (*relig.*) Verbo
■ ***en un verbo***, in un baleno.
verborrea *s.f.* (*fam.*) loquacità; verbosità.
verboso *agg.* verboso, prolisso.
verdacho *s.m.* (*pitt.*) verdaccio.
verdad *s.f.* **1** verità | *la — amarga*, l'amara verità | *a decir —*, a dire la verità | *— de Perogrullo*, verità lapalissiana | *una — como un templo*, la sacrosanta verità **2** sincerità
■ ***de verdad***, davvero | ***¿verdad?***, vero? | ***¿no es verdad?***, non è vero? | ***bien es verdad que***, è pur vero che | ***decir las cuatros verdades/las verdades del barquero a alguien***, dirgliene quattro a qlcu.
verdadero *agg.* **1** vero, reale **2** veritiero **3** sincero, verace.
verdal *agg.* (*di frutta*) verde: *ciruela —*, prugna verde.
verde *agg.* **1** verde | *zona —*, zona verde, con giardini | *salsa —*, salsa verde, con prezzemolo **2** (*anche fig.*) acerbo, immaturo | *estar —*, essere agli inizi/in nuce: *este proyecto está todavía —*, questo progetto è ancora in nuce **3** osceno, sconcio; lascivo: *un viejo —*, *un* vecchio lascivo; *chiste —*, barzelletta

oscena ♦ *s.m.* **1** (*colore*) verde **2** (*pol.*) verde, ecologista **3** erba (*f.*), fogliame
■ ***poner verde***, dirne di tutti i colori, screditare | ***darse un verde***, fare una scorpacciata.
verdear *v.intr.* **1** verdeggiare; sbocciare **2** (*di colore*) tendere al verde.
verdecer *v.intr.* rinverdire, verdeggiare.
verdecillo *s.m.* (*zool.*) verdone.
verdejo *agg.* (*di frutta*) verdino.
verdel *s.m.* (*zool.*) verdesca (*f.*).
verdeo *s.m.* raccolta delle olive prima della maturazione.
verderón *s.m.* (*zool.*) verdone.
verdete *s.m.* verderame.
verdiano *agg.* (*mus.*) verdiano.
verdor *s.m.* **1** (*colore*) verde intenso **2** (*fig.*) vigore, forza (*f.*) **3** (*fig.*) giovinezza (*f.*).
verdugo *s.m.* **1** boia **2** (*fig.*) aguzzino **3** (*abbigl.*) passamontagna **4** (*bot.*) germoglio, virgulto, pollone **5** scudiscio, frusta (*f.*) **6** tormento, molestia (*f.*).
verdugón *s.m.* **1** livido, ematoma **2** (*bot.*) germoglio.
verduguillo *s.m.* **1** (*bot.*) germoglio **2** rasoio piccolo **3** stocco, spadino **4** orecchino ad anello.
verdulería *s.f.* negozio (*m.*) di frutta e verdura.
verdulera *s.f.* donnaccia.
verdulero *s.m.* fruttivendolo, ortolano.
verdura *s.f.* verdura.
verdusco *agg.* verde scuro.
verecundia *s.f.* verecondia, pudore (*m.*).
verecundo *agg.* verecondo, pudico, vergognoso.
vereda *s.f.* **1** sentiero (*m.*), viottolo (*m.*) | (*fig.*) *entrar en —*, mettersi in riga **2** (*Amer.*) marciapiede (*m.*).
veredicto *s.m.* **1** (*dir.*) verdetto, sentenza (*f.*) **2** (*fig.*) giudizio, parere.
verga *s.f.* **1** verga, bastone (*m.*) **2** (*fam.*) pene (*m.*) **3** arco (*m.*) di acciaio della balestra **4** piombatura della finestra **5** (*mar.*) penna.
vergajazo *s.m.* vergata (*f.*).
vergajo *s.m.* (*frusta*) nerbo.
vergel *s.m.* verziere, orto con frutteto.
vergonzante *agg.* vergognoso.
vergonzoso *agg.* vergognoso; timido.
vergüenza *s.f.* **1** vergogna; timidezza, imbarazzo (*m.*) | *tener —*, avere vergogna | *dar —*, imbarazzare, mettere in imbarazzo | *caerse la cara de —*, morire dalla vergogna | *sacar a la —*, svergognare **2** pudore (*m.*); dignità, decoro (*m.*) | *poca —*, sfacciataggine **3** (*pl., fam.*) genitali (*m.pl.*), vergogne (*pl.*).
vergueta *s.f.* bacchetta.
verguío *agg.* flessibile.
vericueto *s.m.* **1** luogo impervio **2** (*pl., fig.*) difficoltà (*f.pl.*), aspetti (*pl.*) poco chiari: *el examen de matemáticas tenía muchos vericuetos*, l'esame di matematica aveva molte difficoltà.
verídico *agg.* veridico, veritiero.
verificación *s.f.* verifica, accertamento (*m.*); esame (*m.*).
verificador *agg.*, *s.m.* verificatore.
verificar (*con. come* pescar) *v.tr.* verificare, comprovare ♦ **-se** *v.pron.* **1** verificarsi, accadere **2** (*di pronostico*) realizzarsi, avverarsi.
verija *s.f.* (*anat.*) pube (*m.*).
verisimilitud *s.f.* verosimiglianza.
verismo *s.m.* (*arte*) verismo.
verja *s.f.* inferriata, cancello (*m.*).
verme *s.m.* (*med.*) verme intestinale, tenia (*f.*).
vermicida *agg.*, *s.m.* (*farm.*) vermifugo.
vermicular *agg.* vermicolare.
vermiforme *agg.* vermiforme.
vermífugo *agg.* (*farm.*) vermifugo.
verminoso *agg.* (*med.*) verminoso.
vermú, **vermut** *s.m.* vermouth.
vernáculo *agg.* vernacolo, nativo.
vernal *agg.* primaverile | *equinoccio —*, equinozio primaverile.
vero[1] *s.m.* pelliccia (*f.*) di zibellino.
veronés *agg.*, *s.m.* veronese (*m./f.*).
verosímil *agg.* verosimile.
verosimilitud *s.f.* verosimiglianza.
verraco *s.m.* (*zool.*) verro.
verraquear *v.intr.* **1** (*fam.*) grugnire **2** (*fig.*) strillare, fare capricci.
verraquera *s.f.* (*fam.*) capriccio (*m.*).
verriondo *agg.* (*zool.*) in calore.
verruga *s.f.* **1** (*med.*) verruca, porro (*m.*) **2** (*fig.*) fastidio (*m.*), tormento (*m.*).
verrugoso *agg.* pieno di verruche.
versado *agg.* versato, competente, esperto, pratico, istruito | *— en*, portato per.
versal *agg.* maiuscolo ♦ *s.f.* lettera maiuscola.
versalita *s.f.* maiuscoletto (*m.*).
versallesco *agg.* **1** di Versailles **2** (*fam.*) affettato, lezioso.
versar *v.intr.* trattare, vertere: *este libro versa sobre los animales prehistóricos*, questo libro tratta degli animali preistorici ♦ **-se** *v.pron.* istruirsi, impratichirsi.
versátil *agg.* **1** versatile, adattabile **2** (*fig.*) variabile, volubile, incostante.
versatilidad *s.f.* versatilità.
versear *v.intr.* (*fam.*) verseggiare.
versícula *s.f.* scansia per i libri del coro.
versículo *s.m.* (*lett.*) versetto, antifona (*f.*).
versificación *s.f.* (*lett.*) versificazione.
versificador *s.m.* (*lett.*) versificatore.
versificar (*con. come* pescar) *v.intr.* (*lett.*) versificare, fare versi ♦ *v.tr.* (*lett.*) mettere in versi.
versión *s.f.* **1** traduzione **2** versione, esposizione; interpretazione **3** (*cinem.*, *mus.*) versione, remake (*m.*): *una — de la película*, un remake del film.

verso[1] *s.m.* verso; poesia (*f.*): *comedia en —*, commedia in versi.
verso[2] *agg.* (*di foglio*) verso, retro.
vértebra *s.f.* (*anat.*) vertebra.
vertebrado *agg.*, *s.m.* (*zool.*) vertebrato.
vertebral *agg.* (*anat.*) vertebrale.
vertedero *s.m.* **1** immondezzaio, letamaio **2** (*tecn.*) discarica (*f.*).
vertedor *s.m.* canale di scolo, fogna (*f.*).
verter (*con. come* entender) *v.tr.* **1** versare; rovesciare, spandere **2** (*recipiente*) inclinare **3** tradurre: *he vertido al italiano unas canciones populares andaluzas*, ho tradotto in italiano alcune canzoni popolari andaluse ♦ *v.intr.* scorrere; affluire: *el río Po vierte en la Pianura Padana*, il fiume Po scorre nella Pianura Padana.
vertible *agg.* trasformabile, convertibile.
vertical *agg.*, *s.f.* verticale.
verticalidad *s.f.* verticalità.
verticalismo *s.m.* (*pol.*) verticalismo.
vértice *s.m.* vertice.
vertidos *s.m.pl.* scorie (*f.*), rifiuti, residui.
vertiente *s.f.* **1** (*geogr.*) pendio (*m.*), versante (*m.*) **2** (*arch.*) spiovente (*m.*) **3** (*fig.*) punto (*m.*) di vista.
vertiginoso *agg.* **1** vertiginoso **2** (*med.*) che soffre di vertigini.
vértigo *s.m.* (*med., anche fig.*) vertigine (*f.*), capogiro.
vertimiento *s.m.* spargimento, versamento.
vesania *s.f.* demenza, pazzia, furia.
vesánico *agg.* pazzo, folle.
vesical *agg.* (*anat.*) vescicale.
vesicante *agg.* (*farm.*) vescicante.
vesícula *s.f.* (*anat.*) vescichetta, vescicola | *— biliar*, cistifellea.
vesicular *agg* (*anat.*) vescicolare.
vesiculoso *agg.* (*anat.*) vescicoloso.
véspero *s.m.* **1** vespero, il pianeta Venere **2** imbrunire.
vespertino *agg.* vespertino, pomeridiano ♦ *s.m.* giornale della sera.
vestal *s.f.* (*st.*) vestale.
vestíbulo *s.m.* **1** (*anat.*) vestibolo **2** (*arch.*) atrio, vestibolo, anticamera (*f.*).
vestido *s.m.* vestito; abito femminile | *— de etiqueta*, abito di gala.
vestidura *s.f.* **1** abito (*m.*), vestito (*m.*) | *rasgarse las vestiduras*, stracciarsi le vesti, scandalizzarsi **2** (*relig.*) veste del sacerdote.
vestigio *s.m.* **1** (*di piede*) impronta (*f.*) **2** vestigia (*f.pl.*), rovina (*f.*) **3** (*fig.*) indizio; segno, ricordo.
vestiglo *s.m.* mostro.
vestimenta *s.f.* **1** vestito (*m.*) **2** (*relig.*) veste del sacerdote.
vestir (*con. come* servir) *v.tr.* **1** vestire, rivestire, coprire | *— el cargo*, rivestire il proprio ruolo **2** vestire, indossare **3** (*fig.*) mascherare, dissimulare: *vistió la realidad por el bien de la familia*, mascherò la realtà per il bene della famiglia ♦ *v.intr.* vestire: *— de rojo*, vestirsi di rosso ♦ **-se** *v.pron.* **1** vestirsi: *se viste en mi tienda*, si veste presso il mio negozio **2** coprirsi, ricoprirsi: *el monte se viste de flores*, la montagna si riveste di fiori.
vestuario *s.m.* **1** vestiario, abbigliamento, guardaroba **2** (*cinem.*, *teatr.*) costumi (*pl.*) **3** (*teatr.*) spogliatoio, camerino **4** (*sport*) spogliatoio **5** (*mil.*) divisa (*f.*), uniforme (*f.*).
veta *s.f.* **1** striscia, fascia **2** vena, venatura **3** (*min.*) filone (*m.*), vena **4** (*fig.*) vena artistica.
vetado *agg.* **1** rigato, striato **2** venato.
vetar *v.tr.* porre il veto a, opporsi a.
vetear *v.tr.* venare.
veterano *agg.*, *s.m.* **1** (*mil.*) veterano **2** (*fig.*) esperto.
veterinaria *s.f.* veterinaria.
veterinario *s.m.* veterinario.
veto *s.m.* veto, proibizione (*f.*), divieto; opposizione (*f.*).
vetustez *s.f.* vetustà, anzianità.
vetusto *agg.* vetusto, vecchio, antico.
vexilología *s.f.* vessillologia.
vez (*pl.* -ces) *s.f.* **1** volta: *ya vino dos veces*, è già venuto due volte | *de una —*, in una volta; una buona volta | *por primera —*, per la prima volta | *de — en cuando*, ogni tanto | *otra —*, di nuovo | *era(se)/había una —*, c'era una volta | *a veces*, a volte, ogni tanto | *cada — que*, ogni volta che | *de una — para siempre*, una volta per tutte | *de — en cuando*, di tanto in tanto | *una — que otra*, una volta o l'altra **2** turno (*m.*): *llegará tu — de hablar*, arriverà il tuo turno di parlare | *¿quién da la —?*, chi è l'ultimo?
■ ***en vez de***, invece di | ***a la vez***, allo stesso tempo | ***tal vez***, forse | ***hacer las veces de alguien***, fare le veci di qlcu.
veza *s.f.* (*bot.*) veccia.
vía *s.f.* **1** via, strada; cammino (*m.*) | (*astr.*) *— Láctea*, via Lattea **2** (*ferr.*) binario (*m.*); rotaia | *— estrecha*, binario a scartamento ridotto | *— muerta*, binario morto **3** (*di autostrada*) corsia **4** (*dir.*) via, procedimento (*m.*), procedura: *— contenciosa*, procedimento contenzioso | *— sumarísima*, per direttissima **5** (*anat.*) via, canale (*m.*), condotto (*m.*): *vías respiratorias*, vie respiratorie | *por — oral*, per bocca ♦ *prep.* rotta, via: *volaré a París — Ginebra*, volerò a Parigi via Ginevra
■ ***en vías de***, in via di, in corso di: *este problema esta en vías de solucionarse*, questo problema sta per risolversi | ***de vía estrecha***, dalla mentalità ristretta.
viabilidad *s.f.* viabilità.
viable *agg.* **1** vitale, che può vivere: *el niño ha nacido vivo y —*, il bambino è nato vivo e

vitale **2** possibile, fattibile, realizzabile: *negocio* —, affare combinabile **3** viabile, transitabile, percorribile.
vía crucis *s.m.* **1** via crucis (*f.*), calvario **2** (*fig.*) tribolazione (*f.*), afflizione (*f.*).
viaducto *s.m.* viadotto.
viajante *agg.* viaggiante, viaggiatore ♦ *s.m./f.* rappresentante, commesso (*m.*) viaggiatore.
viajar *v.intr.* viaggiare.
viaje[1] *s.m.* **1** viaggio: *¡buen —!*, buon viaggio! | — *de negocios*, viaggio d'affari | — *de novios*, viaggio di nozze | (*Amer.*) *agarrar* —, accettare una proposta **2** percorso, tragitto **3** (*di trasporto*) carico, peso **4** (*gerg.*) viaggio allucinogeno **5** (*mar.*) velocità della nave.
viaje[2] *s.m.* **1** taglio **2** (*tauromachia*) cornata (*f.*) **3** (*fam.*) colpo, mazzata (*f.*) **4** (*fam.*) coltellata (*f.*).
viajero *agg.*, *s.m.* viaggiatore.
vial *agg.* stradale.
vialidad *s.f.* viabilità.
vianda *s.f.* vivanda, cibo (*m.*), pietanza.
viandante *s.m./f.* **1** viandante **2** passante.
viaraza *s.f.* (*Amer.*) reazione repentina.
viario *agg.* stradale, viario.
viático *s.m.* **1** (*relig.*, *anche fig.*) viatico **2** indennità (*f.*) di trasferta.
víbora *s.f.* (*zool.*, *anche fig.*) vipera.
viborear *v.intr.* (*Amer.*) serpeggiare.
viborezno *agg.* viperino.
vibración *s.f.* vibrazione.
vibrador *agg.* vibratorio, vibrante ♦ *s.m.* vibratore.
vibrante *agg.* vibrante.
vibrar *v.intr.* **1** vibrare, tremare **2** (*fig.*) commuoversi ♦ *v.tr.* **1** far vibrare: — *un resorte*, far vibrare un elastico **2** lanciare, scagliare, vibrare: — *la lanza*, vibrare la lancia.
vibrátil *agg.* vibratile.
vibratorio *agg.* vibratorio.
viburno *s.m.* (*bot.*) viburno.
vicaria *s.f.* (*relig.*) vicaria.
vicaría *s.f.* (*relig.*) vicariato (*m.*).
vicariante *agg.* (*biol.*) vicariante.
vicariato *s.m.* (*relig.*) vicariato.
vicario *s.m.* (*anche relig.*) vicario | — *apostólico*, vicario apostolico.
vice- *pref.* vice-.
vicecónsul *s.m./f.* viceconsole.
vicedirector *s.m.* vicedirettore.
viceministro *s.m.* viceministro.
vicenal *agg.* ventennale.
vicepresidencia *s.f.* vicepresidenza.
vicepresidente *s.m.* vicepresidente (*m./f.*).
vicesecretario *s.m.* vicesegretario.
vicésima *s.f.* (*st.*) vigesima.
vicésimo *agg.* ventesimo.
vicetiple *s.f.* (*fam.*) show-girl.
viceversa *avv.* viceversa, al contrario.
viciar *v.tr.* **1** viziare; corrompere, traviare: *fue viciado del ambiente*, fu traviato dall'ambiente **2** (*dir.*) invalidare, annullare: *esa fecha vicia el certificado*, quella data invalida il certificato **3** (*fig.*) adulterare, falsificare: — *un manuscrito*, falsificare un manoscritto **4** travisare, fraintendere ♦ **-se** *v.pron.* prendere il vizio.
vicio *s.m.* **1** difetto, imperfezione (*f.*): — *de dicción*, difetto di pronuncia **2** vizio, cattiva abitudine (*f.*): *tiene el — de hablar demasiado*, ha il vizio di parlare troppo **3** libertinaggio, vizio
■ ***de vicio***, senza necessità, senza motivo.
vicioso *agg.* vizioso; dissoluto.
vicisitud *s.f.* vicissitudine, vicenda, caso (*m.*).
víctima *s.f.* vittima.
victimar *v.tr.* assassinare, uccidere.
victimismo *s.m.* vittimismo.
victimista *agg.* vittimista.
victoria[1] *s.f.* vittoria, trionfo (*m.*) | *cantar* —, cantare vittoria.
victoria[2] *s.f.* carrozza.
victoriano *agg.* vittoriano.
victorioso *agg.* vittorioso, trionfante.
vicuña *s.f.* (*zool.*) vigogna.
vid *s.f.* (*bot.*) vite.
vida *s.f.* vita: — *airada*, vita disordinata | *buena* —, bella vita | *tener la — en un hilo*, *essere* in pericolo di vita | *condenado de por* —, condannato per sempre/a vita | *de toda la* —, da sempre | *en la* —, mai | *meterse en vidas ajenas*, intromettersi negli affari altrui | — *canonical*, bella vita | — *y milagros*, vita, morte e miracoli | *la otra* —, l'aldilà | *buscarse/ganarse la* —, guadagnarsi da vivere | *consumir la* —, logorare | *dar mala* —, rendere la vita impossibile | *de mala* —, di malaffare | *partirse de esta* —, morire | *pasar la* —, vivere con lo stretto necessario | *pasar a mejor* —, morire.
vidalita *s.f.* (*Amer.*) canzone popolare accompagnata da chitarre.
vide *loc.* vedi.
vidente *agg.* vedente ♦ *s.m./f.* veggente, indovino (*m.*).
video *s.m.* video.
video- *pref.* video-.
videoaficionado *s.m.* videoamatore.
videocámara *s.f.* videocamera, telecamera.
videocasete *s.f.* videocassetta.
videocinta *s.f.* videocassetta, nastro (*m.*).
videoclip *s.m.* videoclip.
videocontrol *s.m.* videocontrollo.
videófono *s.m.* videocitofono, videofono.
videofrecuencia *s.f.* videofrequenza.
videográfico *agg.* videografico.
videojuego *s.m.* videogioco, videogame.
videoteca *s.f.* videoteca.
videoteléfono *s.m.* videotelefono, videofono.

vidorra *s.f.* (*fam.*) bella vita.
vidriado *agg.* vetrato, smaltato ♦ *s.m.* **1** stoviglia (*f.*) di maiolica o di terracotta smaltata **2** (*tecn.*) invetriatura (*f.*).
vidriar *v.tr.* **1** vetrificare **2** invetriare ♦ **-se** *v.pron.* diventare vitreo.
vidriera *s.f.* vetrata | *puerta* —, porta a vetri.
vidriería *s.f.* vetreria.
vidriero *s.m.* vetraio.
vidrio *s.m.* vetro | — *bufado*, vetro soffiato | *pagar los vidrios rotos*, essere il capro espiatorio.
vidrioso *agg.* **1** vetroso **2** (*fig.*) delicato, fragile **3** (*fig.*) permaloso, scontroso **4** (*di ghiaccio, suolo*) sdrucciolevole, scivoloso **5** (*occhio*) vitreo.
vidual *agg.* vedovile.
vidurria *s.f.* (*Amer., fam.*) bella vita.
viejales *s.m./f.* (*fam., iron.*) vecchietto (*m./f.*).
viejo *agg.* **1** vecchio, anziano | (*fig.*) *perro* —, vecchia volpe **2** antico, vecchio **3** rovinato, consunto ♦ *s.m.* vecchio, anziano | (*Amer.*) *mis viejos*, i miei genitori.
vienés *agg., s.m.* viennese (*m./f.*).
viento *s.m.* **1** vento: *vientos alisios*, venti alisei | **2** (*caccia*) usta (*f.*), traccia (*f.*) **3** (*mecc.*) tirante **4** (*mar.*) rotta (*f.*) **5** (*fig.*) boria (*f.*), aria (*f.*), presunzione (*f.*): *hombre lleno de* —, uomo pieno di boria **6** (*fam.*) peto **7** (*mus.*) sezione dei fiati | *instrumentos de* —, strumenti a fiato
▪ ***a los cuatros vientos***, ai quattro venti | ***a buen viento va la parva***, essere sulla strada giusta | ***beber el viento por algo***, anelare a qlco. | ***como el viento***, velocemente, veloce come il vento | ***contra viento y marea***, contro ogni ostacolo e difficoltà, a ogni costo | ***correr malos vientos***, tirare una brutta aria | ***dar al viento***, dire in giro | ***irse con el viento que corre***, seguire la massa.
vientre *s.m.* **1** ventre, addome | *hacer de* —, andare di corpo | *de* —, (*di animale*) da riproduzione **2** (*di recipiente*) pancia (*f.*) **3** grembo, utero **4** (*dir.*) madre (*f.*).
viernes *s.m.* venerdì | — *de indulgencias/de la cruz*, Venerdì Santo | *haber aprendido algo en viernes* —, ripetere la stessa solfa.
vierteaguas *s.m.* gocciolatoio, gronda (*f.*).
vietnamita *agg., s.m./f.* vietnamita.
viga *s.f.* **1** (*arch.*) trave, longherone (*m.*); putrella: — *armada*, trave di cemento armato | — *maestra*, trave maestra **2** torchio (*m.*) o frantoio (*m.*) a stanga.
vigencia *s.f.* vigenza, vigore (*m.*), validità.
vigente *agg.* vigente.
vigesimal *agg.* vigesimale.
vigésimo *agg.* ventesimo, vigesimo.
vigía *s.m./f.* vedetta, sentinella ♦ *s.f.* **1** torre di avvistamento **2** vigilanza, osservazione.
vigiar *v.tr.* sorvegliare, vigilare.
vigilancia *s.f.* vigilanza, controllo (*m.*), sorveglianza.
vigilante *agg.* vigile ♦ *s.m./f.* vigilante, sorvegliante.
vigilar *v.tr./intr.* vigilare, sorvegliare.
vigilia *s.f.* **1** veglia (notturna) **2** vigilia | *comer de* —, mangiare di magro **3** (*mil.*) turno (*m.*) di guardia.
vigor *s.m.* **1** vigore, forza (*f.*), energia (*f.*) **2** (*dir.*) vigore, efficacia (*f.*): *en* —, in vigore.
vigorizar (*con. come* cazar) *v.tr.* rinvigorire, irrobustire ♦ **-se** *v.pron.* rinvigorirsi; animarsi.
vigorosidad *s.f.* vigorosità.
vigoroso *agg.* vigoroso, forte, robusto, gagliardo.
vigués *agg.* di Vigo ♦ *s.m.* nativo di Vigo.
viguería *s.f.* (*edil.*) travatura.
vigueta *s.f.* (*edil.*) longherina.
vihuela *s.f.* (*mus.*) vella.
vikingo *agg., s.m.* vichingo.
vil *agg.* vile, vigliacco, infame.
vileza *s.f.* viltà, bassezza, vigliaccheria, infamia.
vilipendiar *v.tr.* vilipendere, insultare.
vilipendio *s.m.* vilipendio, insulto.
villa *s.f.* **1** villa, villino (*m.*) **2** città di importanza storica.
villanada *s.f.* villaneria.
villanaje *s.m.* plebe (*f.*), popolino.
villancico *s.m.* canto natalizio.
villanía *s.f.* **1** villania, insolenza, ingiuria **2** rusticità.
villano *agg., s.m.* **1** villano, contadino, campagnolo **2** (*fig.*) rozzo, zotico, grossolano, maleducato: *portarse como un* —, comportarsi come un maleducato **3** vile (*m./f.*).
villoría *s.f.* cascina, casa di campagna.
villorrio *s.m.* (*spreg.*) paesucolo.
vilo, en *loc.avv.* **1** in aria, sospeso **2** (*fig.*) in bilico; nell'incertezza.
vilordo *agg.* pigro.
vilorta *s.f.* **1** vimine (*m.*) **2** ghiera **3** (*bot.*) clematide.
viltrotear *v.intr.* bighellonare.
vinagre *s.m.* **1** aceto **2** (*fam.*) persona (*f.*) acida.
vinagrera *s.f.* acetiera, ampolla dell'aceto.
vinagreta *s.f.* (*cuc.*) vinaigrette.
vinagrillo *s.m.* aceto aromatico.
vinagroso *agg.* **1** acetoso **2** (*fig., persona*) acido, astioso.
vinajera *s.f.* (*relig.*) ampolla.
vinariego *s.m.* viticoltore.
vinatería *s.f.* osteria.
vinatero *agg.* vinicolo ♦ *s.m.* vinaio, oste.
vinaza *s.f.* vinello (*m.*).
vinazo *s.m.* vino forte e corposo.
vincha *s.f.* (*Amer.*) fascia per i capelli.
vinculación *s.f.* vincolo (*m.*).

vincular *v.tr.* **1** legare, unire **2** (*dir.*) vincolare, obbligare ♦ **-se** *v.pron.* vincolarsi, legarsi.
vínculo *s.m.* **1** legame, unione (*f.*) **2** (*dir.*) vincolo.
vindicar (*con. come* pescar) *v.tr.* **1** vendicare **2** (*per iscritto*) difendere **3** (*dir.*) rivendicare.
vindicativo *agg.* vendicativo.
vindicatorio *agg.* **1** vendicativo **2** rivendicativo.
vínico *agg.* vinicolo.
vinícola *agg.* vinicolo ♦ *s.m./f.* viticoltore (*m.*).
vinicultor *s.m.* viticoltore, vinificatore.
vinicultura *s.f.* viticoltura.
vinífero *agg.* vinifero.
vinificación *s.f.* vinificazione.
vinilo *s.m.* (*chim.*) vinile.
vinillo *s.m.* vinello.
vino *s.m.* vino: — *abocado*, vino amabile | — *clarete*, vino rosé | — *tinto*, vino rosso | — *de agujas*, vino frizzante | — *añejo*, vino vecchio/d'annata | *bautizar el* —, annacquare, allungare il vino | *dormir el* —, smaltire la sbornia dormendo | *pregonar* — *y vender vinagre*, predicare bene e razzolare male.
vinolencia *s.f.* smodatezza nel consumo del vino.
vinolento *agg.* beone, dedito al vino.
vinoso *agg.* vinoso.
viña *s.f.* (*agr.*) vigna, vigneto (*m.*) ■ ***como hay viñas***, com'è vero che | ***como viña vendimiada***, detto fatto | ***la viña del Señor***, la vigna del Signore, l'insieme dei fedeli | ***tener una viña***, ottenere molto impegnandosi poco.
viñador *s.m.* (*agr.*) vignaiolo.
viñatero *agg.* (*Amer.*) vinicolo ♦ *s.m.* (*Amer., agr.*) **1** vignaiolo **2** viticoltore.
viñedo *s.m.* (*agr.*) vigneto, vigna (*f.*).
viñeta *s.f.* vignetta.
viola[1] *s.f.* (*mus.*) viola.
viola[2] *s.f.* (*bot.*) viola.
violáceo *agg.* violaceo.
violación *s.f.* **1** violazione **2** violenza carnale, stupro (*m.*).
violado *agg.* viola, violetto.
violador *s.m.* violentatore, stupratore.
violar[1] *v.tr.* **1** violare, trasgredire, infrangere: — *una ley*, infrangere una legge **2** violentare, stuprare **3** profanare: — *una iglesia*, profanare una chiesa.
violar[2] *s.m.* campo di viole.
violencia *s.f.* violenza.
violentar *v.tr.* **1** violentare **2** (*fig.*) forzare, obbligare **3** fraintendere, mal interpretare: — *el sentido de las palabras*, interpretare in maniera distorta il significato delle parole **4** violare **5** mettere in imbarazzo ♦ **-se** *v.pron.* vincersi, dominarsi, controllarsi.
violento *agg.* **1** violento; brusco: *es un hombre muy* —, è un uomo molto violento; *hizo un movimento* — *mientras jugaba*, ha fatto un movimento brusco mentre giocava **2** innaturale, forzato: *interpretación violenta de un texto*, interpretazione forzata di un testo **3** (*di persona*) iracondo, irascibile **4** imbarazzante; penoso: *me es muy* — *marcharme sin despedirme de ellos*, mi è difficile andarmene senza salutarli | *estar/encontrarse* —, sentirsi in imbarazzo/a disagio.
violeta *agg.* (*colore*) viola, violetto ♦ *s.f.* (*bot.*) viola mammola, violetta ♦ *s.m.* (*colore*) viola, violetto.
violín *s.m.* (*mus.*) **1** violino | *tocar el* —, non fare niente di utile **2** violinista (*m./f.*).
violinista *s.m./f.* (*mus.*) violinista.
violón *s.m.* (*mus.*) **1** contrabbasso | *tocar el* —, parlare a vanvera **2** contrabbassista (*m./f.*).
violoncelista, violonchelista *s.m./f.* (*mus.*) violoncellista.
violoncelo, violonchelo *s.m.* (*mus.*) **1** violoncello **2** violoncellista (*m./f.*).
viperino *agg.* (*anche fig.*) viperino | *lengua viperina*, lingua viperina.
vira *s.f.* **1** saetta **2** (*per le scarpe*) mascherina.
viracocha *s.m.* (*Amer., st., detto dai nativi*) conquistatore spagnolo.
virada *s.f.* (*mar.*) virata.
virador *s.m.* **1** (*foto.*) liquido di viraggio **2** (*mar.*) viradore.
virago *s.f.* virago.
viraje *s.m.* (*anche fig.*) sterzata (*f.*); virata (*f.*).
viral *agg.* virale.
virar *v.intr.* sterzare; virare ♦ *v.tr.* (*foto., mar.*) virare.
virgen *agg.* vergine (*anche fig.*), puro, immacolato | *aceite* —, olio vergine ♦ *s.f.* (*relig.*) Vergine | *fíate de la* — *y no corras*, aiutati che Dio t'aiuta.
virgiliano *agg.* virgiliano.
virginal *agg.* **1** verginale **2** (*fig.*) casto, puro, illibato, immacolato, intatto.
virgíneo *agg.* virgineo, verginale.
virginidad *s.f.* verginità.
virgo ♦ *agg.* vergine ♦ *s.m.* **1** (*astr.*) Vergine **2** (*anat.*) imene.
virguería *s.f.* (*fam.*) abilità, virtuosismo (*m.*) | *hacer virguerías*, essere molto abile nel fare qlco.
vírgula *s.f.* **1** lineetta **2** (*med.*) vibrione (*m.*) del colera.
vírico *agg.* (*biol.*) virale.
viril[1] *agg.* virile, maschile.
viril[2] *s.m.* teca (*f.*) di vetro, reliquiario.
virilidad *s.f.* virilità.
virilismo *s.m.* (*med.*) virilismo.
virilizarse (*con. come* cazar) *v.pron.* virilizzarsi.

virola *s.f.* (*tecn.*) ghiera, anello (*m.*).
virolento *agg.* **1** (*med.*) virulento **2** butterato.
virolo *agg.* (*fam.*) strabico.
virología *s.f.* (*biol.*) virologia.
virosis *s.f.* (*med.*) virosi.
virote *s.m.* dardo.
virreina *s.f.* viceregina.
virreinal *agg.* vicereale.
virreinato *s.m.* vicereame.
virrey *s.m.* viceré.
virtual *agg.* **1** virtuale, potenziale **2** implicito, tacito: *afirmación —*, affermazione implicita **3** (*scient.*, *mecc.*) virtuale, apparente: *momento —*, momento virtuale.
virtualmente *agg.* **1** virtualmente **2** implicitamente, tacitamente **3** praticamente.
virtud *s.f.* **1** virtù; proprietà, capacità, qualità: *hay que conocer las virtudes curativas de las hierbas*, bisogna conoscere le virtù curative delle erbe | *en/por — de*, in virtù, a causa di **2** virtù, integrità **3** (*relig.*) castità.
virtuosismo *s.m.* virtuosismo.
virtuoso *agg.*, *s.m.* virtuoso.
viruela *s.f.* **1** (*med.*) vaiolo (*m.*) **2** pustola del vaiolo: *picado de viruelas*, butterato.
virulé, a la *loc.avv.* in cattivo stato, trascurato, malconcio | *estar a la —*, essere malconcio.
virulencia *s.f.* virulenza.
virulento *agg.* virulento.
virus *s.m.* (*biol.*, *inform.*) virus.
viruta *s.f.* truciolo (*m.*).
vis *s.f. solo nella loc.*: *— cómica*, vis comica.
visa *s.f.* (*Amer.*, *amm.*) visto (*m.*).
visado *s.m.* (*amm.*) visto, permesso di soggiorno.
visaje *s.m.* boccaccia (*f.*), smorfia (*f.*).
visar *v.tr.* **1** mettere il visto a, vidimare, autorizzare **2** visionare.
víscera *s.f.* (*anat.*) viscere (*pl.*).
visceral *agg.* (*anat.*, *anche fig.*) viscerale.
visco *s.m.* (*bot.*) vischio.
viscosa *s.f.* (*chim.*) viscosa.
viscosidad *s.f.* viscosità.
viscosilla *s.f.* (*tess.*) viscosa.
viscoso *agg.* viscoso, vischioso, appiccicoso.
visera *s.f.* **1** visiera **2** (*per cavalli*) paraocchi (*m.pl.*).
visibilidad *s.f.* visibilità.
visible *agg.* visibile; evidente, palese.
visigodo *agg.*, *s.m.* (*st.*) visigoto.
visigótico *agg.* visigotico.
visillo *s.m.* tendina (*f.*).
visión *s.f.* **1** visione, percezione **2** veduta, panorama (*m.*): *una — espectacular apareció ante sus ojos*, una veduta spettacolare apparve ai suoi occhi **3** vista: *trastornos de la —*, disturbi della vista **4** apparizione, sogno (*m.*), allucinazione | *tener/ver visiones*, avere le traveggole | *quedarse como quien ve visiones*, restare attonito **5** visione, punto (*m.*) di vista.
visionar *v.tr.* visionare.
visionario *agg.*, *s.m.* visionario.
visir *s.m.* (*pol.*) visir.
visita *s.f.* **1** visita: *estar de —*, essere in visita | *ir de —*, andare a trovare | *devolver/pagar la —*, contraccambiare la visita | *— de cumplido*, visita di cortesia | *— pastoral*, visita pastorale **2** ospite (*m.*), persona che viene in visita: *tener visitas*, avere ospiti **3** (*abbigl.*) mantellina.
visitación *s.f.* (*relig.*) visitazione.
visitador *s.m.* **1** visitatore **2** ispettore **3** (*med.*) informatore medico.
visitante *s.m./f.* visitatore (*m.*).
visitar *v.tr.* **1** visitare, fare visita a **2** ispezionare, controllare **3** (*med.*) visitare.
visivo *agg.* visivo.
vislumbrar *v.tr.* **1** scorgere, intravedere: *— la costa*, intravedere la costa **2** sospettare, capire, dedurre, congetturare: *— la verdad*, sospettare la verità.
vislumbre *s.f.* **1** barlume (*m.*) **2** (*fig.*) parvenza, apparenza **3** (*fig.*) indizio (*m.*), sospetto (*m.*).
viso *s.m.* **1** riflesso **2** (*fig.*) apparenza (*f.*), aria (*f.*), parvenza (*f.*): *esta acción tiene visos de honradez*, quest'azione sembrerebbe onesta | *a dos visos*, con due intenti diversi **3** vetta (*f.*), altura (*f.*) **4** sottoveste (*f.*), fodera (*f.*).
visón *s.m.* visone.
visor *s.m.* (*foto.*) visore, mirino.
visorio *agg.* visivo ♦ *s.m.* perizia (*f.*), esame.
víspera *s.f.* **1** vigilia: *la — de Navidad*, la vigilia di Natale **2** (*pl.*, *relig.*) vespri (*m.pl.*)
■ ***en vísperas de***, in prossimità di.
vista *s.f.* **1** vista: *perder la —*, perdere la vista | *aguzar la —*, aguzzare la vista | *conocer de —*, conoscere di vista | *— corta*, miopia | *— cansada*, presbiopia | (*fig.*) *— de lince*, occhio di lince, vista acuta | *doble —*, telepatia | **2** sguardo (*m.*), occhiata: *fijar la —*, fissare lo sguardo | *apartar la —*, distogliere lo sguardo | *bajar la —*, abbassare lo sguardo **3** apparenza, aspetto (*m.*) **4** veduta, panorama (*m.*) | *casa con vistas al mar*, casa con vista sul mare **5** (*dir.*) udienza ♦ *s.m.* doganiere | *— de aduana*, ispettore doganale
■ ***a la vista***, in vista; evidente; a vista: *poner a la —*, mettere in vista; *tiene un negocio a la —*, ha un affare in vista; *a la — está*, è evidente; (*comm.*) *pagadero a la —*, pagabile a vista | ***a vista de pájaro***, a volo d'uccello, dall'alto | ***¡hasta la vista!***, arrivederci! | ***comerse (algo, alguien) con la vista***, mangiarsi (qlco., qlcu.) con gli occhi | ***no volver la vista atrás***, non

guardarsi/voltarsi indietro | ***hacer la vista gorda***, fare finta di niente.
vistazo *s.m.* occhiata (*f.*), sguardo: *echar un —*, dare un'occhiata.
vistillas *s.f.pl.* belvedere (*m.sing.*)
■ (*nei giochi di carte*) ***irse a las vistillas***, sbirciare le carte del rivale.
visto *agg.* **1** (*dir.*) visto, esaminato, vidimato, autorizzato **2** molto conosciuto, poco originale; passato di moda, antiquato ♦ *s.m.* visto | *— bueno*, nullaosta, benestare
■ ***por lo visto***, a quanto pare | ***en un visto y no visto***, in un batter d'occhio.
vistosidad *s.f.* vistosità, ostentazione.
vistoso *agg.* vistoso, appariscente.
visual *agg.* visivo ♦ *s.f.* visuale.
visualidad *s.f.* visualità.
visualizar (*con. come* cazar) *v.tr.* **1** visualizzare, rendere visibile **2** (*fig.*) visualizzare, rappresentare con immagini.
visura *s.f.* **1** visione **2** (*dir.*) esame, perizia.
vital *agg.* **1** vitale: *energía —*, energia vitale **2** (*fig.*) essenziale, fondamentale: *cuestión —*, questione fondamentale.
vitalicio *agg.* vitalizio, a vita: *cargo —*, incarico vitalizio ♦ *s.m.* vitalizio, rendita (*f.*) vitalizia.
vitalidad *s.f.* **1** vitalità; energia, vigore (*m.*): *persona dotada de gran —*, persona dotata di grande energia **2** forza espressiva.
vitalismo *s.m.* vitalismo.
vitamina *s.f.* vitamina.
vitaminado *agg.* vitaminico.
vitando *agg.* **1** da evitare **2** odioso, condannabile.
vitela *s.f.* (*pergamena*) velino (*m.*).
vitelino *agg.* (*biol., parte dell'uovo*) vitellino, di vitello | *saco —*, sacco vitellino.
vitelo *s.m.* (*biol., parte dell'uovo*) vitello.
vitícola *agg.* viticolo.
viticultor *s.m.* viticoltore.
viticultura *s.f.* viticoltura.
vitíligo *s.m.* (*med.*) vitiligine (*f.*).
vitivinicultura *s.f.* vitivinicoltura.
vito *s.m.* ballo andaluso.
vitola *s.f.* **1** (*mil.*) calibratoio (*m.*) **2** qualità di sigaro **3** fascetta del sigaro **4** aspetto (*m.*), apparenza.
vítor *s.m.* acclamazione (*f.*), ovazione (*f.*) | *¡—!*, evviva!
vitorear *v.tr.* acclamare, applaudire.
vitral *s.m.* vetrata (*f.*) colorata.
vítreo *agg.* vitreo; cristallino.
vitrificar (*con. come* pescar) *v.tr.* vetrificare.
vitrina *s.f.* vetrina, bacheca, credenza a vetri.
vitriolo *s.m.* (*chim.*) vetriolo.
vitrocerámica *s.f.* vetroceramica.
vitualla *s.f.* (*spec. pl.*) viveri (*m.pl.*), vettovaglie (*pl.*).
vituperable *agg.* vituperabile.
vituperar *v.tr.* vituperare, infamare, ingiuriare.
vituperio *s.m.* vituperio, ingiuria (*f.*).
viudal *agg.* vedovile.
viudedad *s.f.* **1** pensione di reversibilità **2** vedovanza.
viudez (*pl.* -ces) *s.f.* vedovanza.
viudo *agg., s.m.* vedovo.
viva *inter.* evviva!
vivace *agg., s.m.* (*mus.*) vivace.
vivacidad *s.f.* vivacità, brio (*m.*).
vivalavirgen *s.m./f.* (*fam.*) irresponsabile.
vivales *s.m./f.* (*spreg.*) menefreghista; furbacchione (*m.*).
vivandero *s.m.* vivandiere.
vivaque *s.m.* bivacco.
vivaquear *v.intr.* (*mil.*) bivaccare.
vivar[1] *s.m.* **1** allevamento **2** vivaio.
vivar[2] *v.tr.* (*Amer.*) esultare, acclamare.
vivaracho *agg.* (*fam.*) vivace, allegro.
vivaz (*pl.* -ces) *agg.* **1** vivace, vitale **2** vigoroso, forte, energico.
vivencia *s.f.* esperienza di vita, vissuto (*m.*).
víveres *s.m.pl.* viveri, vettovaglie (*f.*).
viverista *s.m./f.* vivaista.
vivero *s.m.* vivaio.
viveza *s.f.* **1** prontezza, rapidità **2** (*fig.*) vivacità, vivezza: *sus ojos tienen una gran —*, i suoi occhi sono molto vivaci **3** (*fig.*) perspicacia, acutezza: *la — de sus opiniones es notable*, l'acutezza delle sue opinioni è notevole.
vividero *agg.* vivibile.
vivido *agg.* vissuto, navigato.
vívido *agg.* vivido, vivace, espressivo.
vividor *s.m.* **1** viveur, vitaiolo **2** (*fam.*) scroccone.
vivienda *s.f.* casa, abitazione, alloggio (*m.*).
viviente *agg., s.m./f.* vivente.
vivificación *s.f.* vivificazione.
vivificador *agg.* vivificante, vivificatore.
vivificar (*con. come* pescar) *v.tr.* **1** vivificare, dar vita a **2** confortare, rinvigorire, rianimare.
vivífico *agg.* vivifico.
vivíparo *agg., s.m.* (*zool.*) viviparo.
vivir[1] *v.intr.* **1** vivere: *su abuela vivió 90 años*, sua nonna ha vissuto 90 anni | *— al día*, vivere alla giornata **2** abitare: *vive en Madrid*, abita a Madrid ♦ *v.tr.* vivere, provare, affrontare, sperimentare: *he vivido un gran dolor*, ho provato un grande dolore
■ ***dejar vivir***, lasciar vivere | ***¡quién vive!***, chi va là! | ***¡vivir para ver!***, guarda che roba!
vivir[2] *s.m.* *vita* (*f.*) | *gente de mal vivir*, gente di malavita.
vivisección *s.f.* vivisezione.
vivo *agg.* **1** vivo, vivente (*anche fig.*): *estar —*, essere vivo; *los seres vivos*, gli esseri viventi **2** intenso, forte: *color —*, colore vivace

3 vivace, espressivo, intenso **4** furbo, scaltro ♦ *s.m.* vivo
■ ***dar/tocar en lo vivo***, pungere nel/sul vivo | ***en vivo***, dal vivo; di persona: *musica en —*, musica dal vivo | ***vivo y coleando***, sano e salvo, vivo e vegeto | ***como de lo vivo a lo pintado***, come il giorno e la notte.
vizcacha *s.f.* (*zool.*) viscaccia.
vizcaíno *agg.*, *s.m.* biscaglino.
vizconde *s.m.* visconte.
vizcondesa *s.f.* viscontessa.
vocablo *s.m.* vocabolo, parola (*f.*).
vocabulario *s.m.* **1** vocabolario, dizionario **2** lessico.
vocabulista *s.m./f* vocabolarista, lessicografo (*m.*).
vocación *s.f.* **1** vocazione, inclinazione, attitudine **2** (*relig.*) vocazione.
vocacional *agg.* vocazionale.
vocal *agg.* vocale ♦ *s.f.* (*ling.*) vocale ♦ *s.m.* consigliere, membro di un consiglio.
vocálico *agg.* (*ling.*) vocalico.
vocalismo *s.m.* (*ling.*) vocalismo.
vocalista *s.m./f.* (*mus.*) vocalist, cantante.
vocalización *s.f.* vocalizzazione.
vocalizar (*con. come* cazar) *v.intr.* vocalizzare.
vocativo *s.m.* (*gramm.*) vocativo.
voceador *s.m.* strillone, banditore.
vocear *v.intr.* vociare, gridare, strillare ♦ *v.tr.* proclamare, annunciare, rendere pubblico, bandire, divulgare.
vocerío *s.m.* schiamazzo.
vocero *s.m.* portavoce (*m./f.*).
vociferación *s.f.* vociferazione.
vociferar *v.intr.* vociare, strillare.
vocinglería *s.f.* chiasso (*m.*), schiamazzo (*m.*), gridio (*m.*).
vocinglero *agg.* **1** chiassoso **2** che parla a vanvera.
vodevil *s.m.* (*teatr.*) commedia (*f.*), vaudeville.
vodka *s.f.* vodka.
volada *s.f.* volata.
voladera *s.f.* (*tecn.*) pala di ruota idraulica.
voladero *agg.* **1** volatile **2** effimero ♦ *s.m.* precipizio.
voladito *agg.* (*tip.*) in esponente, in apice.
voladizo *agg.* (*arch.*) sporgente ♦ *s.m.* (*arch.*) aggetto, sporgenza (*f.*).
volado *agg.* **1** (*tip.*) in esponente **2** (*Amer.*, *fam.*) fatto, drogato **3** (*Amer.*) ansioso, disorganizzato.
volador *agg.* **1** volante: *platillo —*, disco volante **2** penzolante, sospeso **3** (*fig.*) rapido, veloce ♦ *s.m.* razzo.
voladura *s.f.* esplosione.
volandas, en *loc.avv.* **1** in volo, come volando **2** (*fig.*) rapidamente: *llegaron —*, arrivarono di volata, rapidamente.
volandera *s.f.* **1** mola, macina del mulino **2** rondella **3** (*fam.*) bugia.
volandero *agg.* **1** volante **2** sospeso per aria **3** accidentale, casuale, imprevisto.
volante *agg.* (*anche fig.*) volante ♦ *s.m.* **1** (*di vestito*) volant, gala (*f.*): *mi madre me regaló la falda de —*, mia madre mi ha regalato la gonna con i volant **2** (*aut.*) volante **3** (*mecc.*) volano, bilanciere **4** (*sport*) volano **5** foglietto volante, nota (*f.*).
volantín *agg.* volante ♦ *s.m.* (*Amer.*) aquilone.
volar (*con. come* contar) *v.intr.* **1** volare: *echarse a —*, cominciare a volare **2** andare veloce: *Carlos vuela en bicicleta*, Carlo vola in bicicletta **3** (*fig.*) scomparire, volatilizzarsi: *la tarta ha volado*, la torta è scomparsa ♦ *v.tr.* **1** far saltare in aria, far scoppiare, brillare **2** (*fig.*) irritare, far arrabbiare: *sus mentiras me volaron*, le sue bugie mi hanno irritato ♦ **-se** *v.pron.* **1** volare via **2** irritarsi, incollerirsi.
volatería *s.f.* **1** caccia col falcone **2** volatili (*m.pl.*)
■ ***hablar de volatería***, parlare a vanvera.
volátil *agg.* **1** volante, atto a volare **2** (*chim.*) volatile **3** (*fig.*) incostante, mutevole: *carácter —*, carattere incostante ♦ *s.m.* (*zool.*) volatile, uccello.
volatilidad *s.f.* (*chim.*, *econ.*) volatilità.
volatilizar (*con. come* cazar) *v.tr.* volatilizzare, far evaporare ♦ **-se** *v.pron.* **1** volatilizzarsi, evaporare **2** (*fam.*) sparire, dileguarsi.
volatinero *s.m.* funambolo.
volcán *s.m.* **1** vulcano | (*fig.*) *estar sobre un —*, stare su un vulcano **2** (*fig.*) passione (*f.*), ardore.
volcánico *agg.* **1** (*geol.*) vulcanico **2** (*fig.*) focoso, impetuoso, ardente.
volcar (*con. come* trocar) *v.tr.* **1** rovesciare, capovolgere: *la secretaria volcó su café*, la segretaria rovesciò il caffè **2** (*di profumo*, *odore*) stordire: *su perfume me vuelca*, il suo profumo mi dà il capogiro **3** (*fig.*) far cambiare parere a: *después de estas lecciones volcó las ideas de sus alumnos*, dopo queste lezioni fece cambiar parere ai suoi allievi ♦ *v.intr.* ribaltarsi, rovesciarsi; capottare: *su coche volcó en la bajada*, la sua macchina si ribaltò nella discesa ♦ **-se** *v.pron.* **1** rovesciarsi **2** (*fig.*) farsi in quattro: *se volcó en ese asunto para solucionar el problema*, si fece in quattro per risolvere il problema.
volear *v.tr.* **1** colpire al volo **2** (*agr.*) seminare a spaglio.
voleibol *s.m.* (*sport*) pallavolo (*f.*).
voleo *s.m.* **1** colpo che si dà alla palla al volo **2** colpo, schiaffo
■ ***a voleo***, a casaccio.

volición *s.f.* (*filos.*) volizione.
volitivo *agg.* (*filos.*) volitivo.
volován *s.m.* (*cuc.*) vol-au-vent.
volquearse *v.pron.* fare giravolte.
volquete *s.m.* (*aut.*) dumper.
voltaico *agg.* (*elettr.*) voltaico.
voltaje *s.m.* (*elettr.*) voltaggio.
voltario *agg.* incostante, volubile.
volteador *s.m.* volteggiatore.
voltear *v.tr.* **1** girare, voltare **2** rovesciare, capovolgere ♦ *v.intr.* **1** girare; volteggiare **2** (*Amer.*, *aut.*) svoltare, girare.
volteo *s.m.* volteggio.
voltereta *s.f.* capriola, piroetta.
volteriano *agg.* (*anche fig.*) volterriano.
voltímetro *s.m.* (*elettr.*) voltimetro.
voltio[1] *s.m.* (*elettr.*) volt.
voltio[2] *s.m.* (*fam.*) giretto, passeggiatina (*f.*): *dar un* —, fare un giro.
volubilidad *s.f.* volubilità, incostanza.
voluble *agg.* **1** girevole, vorticoso **2** (*fig.*) mutevole, incostante, volubile: *hombre* —, uomo incostante/volubile; *clima* —, clima mutevole **3** (*bot.*) volubile, che si avvolge.
volumen *s.m.* **1** volume, libro **2** dimensione (*f.*), corpulenza (*f.*) **3** (*mus.*) volume, intensità (*f.*) **4** (*mat.*) volume.
volumetría *s.f.* volumetria.
volumétrico *agg.* volumetrico.
voluminoso *agg.* voluminoso, ingombrante, grosso.
voluntad *s.f.* **1** volontà; intenzione, proposito (*m.*): *tiene buena* —, ha buone intenzioni | *de buena* —, di buona volontà **2** desiderio (*m.*), voglia: *quitar la* —, togliere la voglia **3** (*fam.*) affetto (*m.*): *tenerle mucha — a una persona*, provare molto affetto per una persona
■ ***a voluntad***, a volontà | ***zurcir voluntades***, spettegolare.
voluntariado *s.m.* volontariato.
voluntario *agg.* **1** volontario **2** capriccioso ♦ *s.m.* volontario.
voluntarioso *agg.* **1** volenteroso **2** ostinato, testardo.
voluptuosidad *s.f.* voluttuosità.
voluptuoso *agg.* voluttuoso.
voluta *s.f.* (*arch.*) voluta.
volver (*con. come* mover, *part.pass.irr.* vuelto) *v.tr.* **1** voltare, girare: *volvió la cabeza*, voltò la testa; — *las hojas*, girare le pagine; — *la tierra*, rivoltare la terra **2** rivolgere, dirigere: — *los ojos hacia las estrellas*, volgere gli occhi/lo sguardo alle stelle **3** restituire, rendere: *tengo que — su diccionario a mi profesora*, devo restituire alla mia professoressa il suo dizionario **4** trasformare, rendere, far diventare: *ha vuelto negro su vestido nuevo*, ha fatto diventare nero il suo vestito nuovo | — *loco*, far ammattire ♦ *v.intr.* **1** tornare, ritornare: — *a casa*, (ri)tornare a casa **2** — *a* (+ *inf.*), (verbo all'inf.) + di nuovo: — *a salir*, uscire di nuovo; — *a empezar*, ricominciare **3** girare, svoltare: — *a la derecha*, girare a destra ♦ **-se** *v.pron.* **1** tornare, ritornare **2** girarsi, voltarsi **3** trasformarsi, cambiare, diventare: — *loco*, diventare pazzo
■ ***volver en sí***, tornare in sé | ***volverse atrás***, retrocedere, fare marcia indietro (*anche fig.*).
vómer *s.m.* (*anat.*) vomere.
vomipurgante *agg.* (*farm.*) emetico e purgante.
vomitar *v.tr.* **1** vomitare **2** (*fig.*) spifferare, confessare: *vomitar todo*, vuotare il sacco.
vomitivo *agg.* **1** (*farm.*) vomitivo, emetico **2** ripugnante, rivoltante.
vómito *s.m.* vomito.
vomitona *s.f.* (*fam.*) vomitata: *tuvo una — por culpa del alcohol*, ha vomitato tutto per colpa dell'alcol.
vomitorio *agg.* vomitorio ♦ *s.m.* **1** (*archeol.*) vomitorio **2** (*stadio*) ingresso.
voracidad *s.f.* voracità, ingordigia.
vorágine *s.f.* vortice (*m.*), gorgo (*m.*), voragine.
voraginoso *agg.* tumultuoso, vorticoso.
voraz (*pl.* -ces) *agg.* **1** (*anche fig.*) vorace, ingordo: *animales voraces*, animali voraci **2** devastatore, devastante: *incendio* —, incendio devastante.
vórtice *s.m.* vortice, mulinello, gorgo.
vortiginoso *agg.* vorticoso.
vos *pron.pers. di 2ª pers.pl.* **1** (*ant.*) voi **2** (*Amer.*, *spec. in Argentina*) tu: — *tenés que saberlo*, tu lo devi sapere.
vosear *v.tr.* dare del 'vos' (del tu).
vosotros (*f.* -as) *pron.pers. di 2ª pers.pl.* voi: *vosotras sois muy amables*, voi siete molto gentili; *me habló de vosotras*, mi ha parlato di voi; *voy con* —, vengo con voi.
votación *s.f.* votazione.
votante *agg.*, *s.m.* votante.
votar *v.tr.* **1** votare, dare un voto a **2** approvare per votazione ♦ *v.intr.* votare.
votivo *agg.* votivo | *misa votiva*, messa votiva.
voto *s.m.* **1** voto **2** (*relig.*) voto, promessa (*f.*) **3** augurio, auspicio: *formular votos de felicidad por una persona*, formulare/fare gli auguri a una persona.
voz (*pl.* -ces) *s.f.* **1** (*anche mus.*, *fig.*) voce: *aclarar la* —, schiarirsi la voce; *en — baja*, a bassa voce; — *empañada*, voce fioca/rotta | — *de cabeza*, falsetto **2** (*di animale*) verso (*m.*) **3** (*ling.*) voce, parola, vocabolo (*m.*), lemma (*m.*) **4** (*fig.*) voce, diceria **5** grido (*m.*), urlo (*m.*): *dar una* —, chiamare | *a — en grito* a squarciagola | *a voces*, gridando
■ ***de viva voz***, a viva voce | ***voz cantante***, melodia | ***llevar la voz cantante***, essere il porta-

voce; essere quello che decide | ***correr la voz***, spargere la voce | ***con voz y voto***, con diritto di voto | ***voz de la conciencia***, voce della coscienza, rimorso | ***tomar la voz***, prendere la parola.

vozarrón *s.m.* vocione, voce (*f.*) potente.

vudú *s.m.* vudù.

vuelco *s.m.* **1** (*anche fig.*) ribaltamento, rovesciamento **2** balzo, sussulto.

vuelillo *s.m.* passamaneria (*f.*), trina (*f.*), spighetta (*f.*).

vuelo *s.m.* **1** (*anche fig.*) volo | *tomar* —, decollare, prendere il volo | — *rasante*, volo radente **2** (*di vestito*) ampiezza (*f.*) **3** (*arch.*) sporgenza (*f.*), aggetto

■ ***al vuelo***, al volo | ***de altos vuelos***, di grande importanza; di alto livello | ***cortar los vuelos***, tarpare le ali | ***echar las campanas al vuelo***, suonare le campane a distesa; gridare ai quattro venti | ***cazarlas al vuelo***, accorgersi al volo.

vuelta *s.f.* **1** giro (*m.*) | *dar la* —, girare; fare il giro | *dar una* —, andare a fare un giro **2** curva, svolta: *a la — de la esquina hay un bar*, girato/svoltato l'angolo c'è un bar | (*fig.*) *a la — de la esquina*, molto vicino, dietro l'angolo **3** (*di soldi*) resto (*m.*): *dar la* —, dare il resto **4** ritorno (*m.*): *a la* —, al ritorno; *billete de ida y* —, biglietto di andata e ritorno | *estar de* —, essere di ritorno **5** (*di vestiti*) risvolto (*m.*) **6** (*di tessuto, carta*) rovescio (*m.*), verso (*m.*) **7** (*mus.*) ritornello (*m.*)

■ ***a vuelta de correo***, a giro di posta | ***estar de vuelta***, essere navigato | ***no tener vuelta de hoja***, essere chiaro/indiscutibile | (*pol.*) ***segunda vuelta***, ballottaggio, secondo turno.

vuelto *s.m.* (*Amer., di soldi*) resto.

vuestro (*f.* vuestra; *m. pl.* vuestros; *f. pl.* vuestras) *agg., pron.poss.m. di 2ª pers.pl.* vostro: *vuestra escuela*, la vostra scuola; *vuestros amigos*, i vostri amici; *un amigo* —, un vostro amico | *los vuestros*, i vostri parenti; (*dello stesso gruppo, partito*) i vostri.

vulcanismo *s.m.* (*geol.*) vulcanismo.

vulcanización *s.f.* (*chim., tecn.*) vulcanizzazione.

vulcanizar (*con. come* cazar) *v.tr.* (*chim., tecn.*) vulcanizzare.

vulcanología *s.f.* (*geol.*) vulcanologia.

vulcanólogo *s.m.* (*geol.*) vulcanologo.

vulgar *agg.* **1** comune **2** ordinario, popolare **3** volgare, sguaiato.

vulgaridad *s.f.* volgarità.

vulgarismo *s.m.* volgarismo.

vulgarización *s.f.* volgarizzazione.

vulgarizar (*con. come* cazar) *v.tr.* **1** volgarizzare, rendere comune; diffondere, divulgare **2** rendere volgare, incolto ♦ **-se** *v.pron.* diffondersi, divulgarsi.

vulgata *s.f.* (*Bibbia*) vulgata.

vulgo *s.m.* volgo, plebe (*f.*).

vulnerabilidad *s.f.* vulnerabilità.

vulnerable *agg.* vulnerabile; sensibile.

vulnerar *v.tr.* **1** violare, trasgredire **2** vulnerare, ferire; danneggiare.

vulpeja *s.f.* (*zool.*) volpe femmina.

vulpino *agg.* volpino.

vultuoso *agg.* (*med.*) congestionato.

vulva *s.f.* (*anat.*) vulva.

vulvitis *s.f.* (*med.*) vulvite.

vulvovaginitis *s.f.* (*med.*) vulvovaginite.

Ww

w *s.f.* w | (*tel.*) – *como Washington*, w come Washington.
wahabita *agg.*, *s.m./f.* wahabita.
walkman® *s.m.* walkman®.
wáter *s.m.* **1** water **2** gabinetto.
waterpolo *s.m.* (*sport*) pallanuoto (*f.*).
watt *s.m.* (*elettr.*) watt.
web *s.f.* (*inform.*) web (*m.*).
whisky *s.m.* → **güisqui**.

Xx

x *s.f.* x | (*tel.*) – *como xilófono*, x come Xeres.
xenofilia *s.f.* xenofilia.
xenófilo *agg.*, *s.m.* xenofilo.
xenofobia *s.f.* xenofobia.
xenófobo *agg.*, *s.m.* xenofobo.
xenón *s.m.* (*chim.*) xeno.
xerocopia *s.f.* xerocopia.
xerocopiar *v.tr.* xerocopiare.
xerografía *s.f.* xerografia.
xerográfico *agg.* xerografico.
xilofonista *s.m./f.* (*mus.*) xilofonista, silofonista.
xilófono *s.m.* (*mus.*) xilofono, silofono.
xilografía *s.f.* silografia, xilografia.
xilográfico *agg.* (*tecn.*) silografico, xilografico.

Yy

y[1] *s.f.* y | (*tel.*) — *como yegua*, y come yacht.
y[2] *cong.* e: *María — yo*, Maria e io.
ya *avv.* **1** già: — *es hora de marcharnos*, è già ora di andarcene; — *hemos hablado de esto*, ne abbiamo già parlato; — *lo sé*, lo so già **2** ora, adesso, subito: — *voy*, adesso vengo **3** poi, dopo: — *te lo diré*, poi te lo dirò | — *nos veremos*, (*per congedarsi*) ci vediamo **4** ormai, più: — *no llama*, ormai non chiama più; — *no vendrá*, ormai non verrà più; *ése — no se casa*, quello non si sposa più ♦ *cong.* ora: — *por una cosa, — por otra, siempre está nervioso*, ora per un motivo, ora per un altro, è sempre nervoso
■ ***ya que***, giacché, poiché | ***ya está***, ecco fatto | ***ya entiendo***, ora capisco.
yacaré *s.m.* (*Amer., zool.*) caimano.
yacente *agg.* giacente: *mercancías yacentes*, merci giacenti.
yacer (*indic.pres.* yazco/yazgo/yago, yaces...; *cong.pres.* yazca/yazga/yaga, yazcas/yazgas/yagas...; *imp.* yace/yaz, yazca/yazga/yaga, yazcamos/yazgamos/yagamos, yazcan/yazgan/yagan; *le forme irregolari sono cadute in disuso*) *v.intr.* **1** giacere | *aquí yace*, qui giace **2** trovarsi, essere situato.
yacija *s.f.* **1** giaciglio (*m.*) **2** sepolcro (*m.*), fossa.
yacimiento *s.m.* giacimento.
yactura *s.f.* iattura, disgrazia, danno (*m.*).
yaguar *s.m.* → **jaguar.**
yámbico *agg.* (*lett.*) giambico.
yambo *s.m.* (*lett.*) giambo.
yanqui *agg.*, *s.m./f.* (*spreg.*) yankee, nordamericano (*m.*).
yapa *s.f.* (*Amer.*) aggiunta, omaggio (*m.*).
yarda *s.f.* (*misura di lunghezza*) iarda, yarda.
yate *s.m.* (*mar.*) panfilo, yacht.
yayo *s.m.* (*fam.*) nonno, nonnino.
yedra *s.f.* (*bot.*) edera.
yegua *s.f.* **1** (*zool.*) cavalla, giumenta **2** (*Amer.*) mozzicone (*m.*), cicca.
yeguada *s.f.* branco (*m.*), mandria di cavalli.
yegüero *s.m.* mandriano, custode (*m./f.*) di cavalli.
yelmo *s.m.* elmo.
yema *s.f.* **1** (*bot.*) gemma **2** tuorlo (*m.*) d'uovo **3** (*anat.*) polpastrello (*m.*) **4** (*fig.*) il meglio (*m.*), la parte centrale (di qlco.) | *dar en la —*, venire al nocciolo
■ ***dar en la yema***, trovare il punto principale o la difficoltà.
yerba *s.f.* **1** erba | — *mate*, tè del Paraguay **2** (*gerg.*) erba, marijuana.
yerbal *s.m.* (*Amer., agr.*) piantagione (*f.*) di mate.
yermo *agg.* **1** brullo; incolto **2** deserto, disabitato ♦ *s.m.* eremo, luogo deserto.
yerno *s.m.* genero.
yerro *s.m.* **1** errore, sbaglio, svista (*f.*): — *de cuentas*, errore di calcolo **2** colpa (*f.*).
yerto *agg.* rigido, duro, irrigidito: *quedarse —*, restare irrigidito, stecchito.
yesal, yesar *s.m.* gessaia (*f.*), cava (*f.*) di gesso.
yesca *s.f.* (*anche fig.*) esca.
yeso *s.m.* gesso.
yo *pron.pers. di 1ª pers.sing.* **1** io | — *que tú*, se fossi in te **2** (*compl.*) me: *se levanta siempre antes que —*, si alza sempre prima di me | *como —*, come me | *según —*, secondo me.
yodado *agg.* (*chim.*) iodato.
yodo *s.m.* (*chim.*) iodio.
yodoformo *s.m.* (*chim.*) iodoformio.
yoduro *s.m.* (*chim.*) ioduro.
yoga *s.m.* yoga.
yogur *s.m.* yogurt.
yogurtera *s.f.* yogurtiera.
yonqui *s.m./f.* (*gerg.*) tossicodipendente, eroinomane.
yuca *s.f.* (*bot.*) yucca.
yugo *s.m.* (*anche fig.*) giogo.
yugoslavo *agg.*, *s.m.* iugoslavo.
yugular *agg.*, *s.f.* (*med.*) giugulare.
yunque *s.m.* incudine (*f.*).
yunta *s.f.* coppia di buoi.
yuntero *s.m.* (*agr.*) aratore.
yute *s.m.* (*tess.*) iuta (*f.*).
yuxtaponer (*con. come* poner) *v.tr.* giustapporre ♦ **-se** *v.pron.* giustapporsi.
yuxtaposición *s.f.* giustapposizione.

Zz

z *s.f.* z | (*tel.*) — *como Zaragoza*, z come Zara.
zabila *s.f.* (*bot.*) aloe (*m.*).
zabordar *v.intr.* (*mar.*) arenarsi, incagliarsi.
zabullir *v.tr.* → **zambullir.**
zafado *agg.*, *s.m.* sfacciato, svergognato, villano.
zafar *v.tr.* (*mar.*) sbrogliare, liberare, sbarazzare: — *un nudo*, *las velas*, sbrogliare un nodo, le vele ♦ **-se** *v.pron.* **1** squagliarsela, svignarsela, sfuggire **2** (*tecn.*, *di cinghia*) sfuggire, sfilarsi **3** (*fig.*) schivare, evitare, sottrarsi: *se ha zafado de hacer las tareas más pesadas*, ha evitato di fare i lavori più pesanti; — *de un compromiso*, liberarsi da un impegno.
zafarrancho *s.m.* **1** (*fam.*) rissa (*f.*), zuffa (*f.*), baruffa (*f.*): *se armó un* —, si scatenò una baruffa **2** (*mar.*) sgombero: — *de limpieza*, sgombero per la pulizia (di una nave) **3** (*fig.*) sconquasso, rovina (*f.*), disastro: *hizo un* —, fece uno sconquasso.
zafiedad *s.f.* villania, rozzezza.
zafio *agg.* grossolano, zotico, villano, rozzo.
zafiro *s.m.* (*min.*) zaffiro.
zafo *agg.* **1** (*mar.*) sgombro, libero **2** (*fig.*) franco, incolume, libero: *salirse* — *de una pelea*, uscire incolume da una lite.
zaga *s.f.* **1** retro (*m.*), parte posteriore **2** (*sport*) difesa
■ ***a la zaga***, in coda | ***no ir en zaga de alguien***, non essere inferiore a qlcu., non essere da meno di qlcu.
zagal *s.m.* **1** ragazzo, adolescente (*m./f.*) **2** pastorello.
zagual *s.m.* remo corto, pagaia (*f.*).
zaguán *s.m.* (*arch.*) atrio, vestibolo, androne, ingresso.
zaherir (*con. come* sentir) *v.tr.* mortificare, ferire, offendere, vilipendere.
zahondar *v.tr.* zappare, scavare ♦ *v.intr.* (*nella terra*) affondare, sprofondare.
zahorí *s.m./f.* **1** rabdomante **2** (*fig.*) persona (*f.*) perspicace.
zahúrda *s.f.* **1** porcile (*m.*) **2** (*fig.*, *spreg.*) tugurio (*m.*).
zalamería *s.f.* salamelecco (*m.*), smanceria, moina.
zalamero *agg.*, *s.m.* sdolcinato, adulatore.
zalea *s.f.* vello (*m.*).
zamarra *s.f.* (*abbigl.*) giacca, giaccone (*m.*) di montone rovesciato.
zamarro *s.m.* **1** (*abbigl.*) giacca (*f.*), giaccone di montone rovesciato **2** (*fig.*) zoticone, tanghero **3** (*Amer.*, *da cavallerizzo*) cosciale.
zambo *agg.* **1** valgo, con le gambe a x **2** (*Amer.*) meticcio ♦ *s.m.* **1** persona (*f.*) con le gambe a x **2** (*Amer.*) meticcio.
zambucar (*con. come* pescar) *v.tr.* (*fam.*) nascondere in fretta, imboscare.
zambullida *s.f.* tuffo (*m.*), immersione.
zambullir (*con. come* bullir) *v.tr.* tuffare, immergere ♦ **-se** *v.pron.* **1** tuffarsi; immergersi (*anche fig.*) **2** (*fig.*) nascondersi.
zampar *v.tr.* **1** divorare, sbafare **2** ficcare, cacciare dentro ♦ **-se** *v.pron.* **1** divorarsi, sbafarsi **2** intrufolarsi; (*fam.*) piombare: *el acreedor se zampó en la casa*, il creditore piombò in casa.
zampón *agg.*, *s.m.* ghiottone, mangione, ingordo.
zanahoria *s.f.* (*bot.*) carota.
zanca *s.f.* **1** (*di uccello*) zampa **2** (*di persona*) gamba lunga **3** (*arch.*) zanca.
zancada *s.f.* passo (*m.*) lungo, falcata | *en dos zancadas*, in un batter d'occhio.
zancadilla *s.f.* sgambetto (*m.*) | *echar/poner la* —, fare lo sgambetto (*anche fig.*).
zancajo *s.m.* **1** (*anat.*) tallone, calcagno | *no llegara los zancajos de alguien*, non essere degno di lustrare le scarpe a qlcu. **2** (*persona*) sgorbio, nanerottolo.
zanco *s.m.* trampolo.
zancudas *s.f.pl.* (*zool.*, *ordine*) trampolieri (*m.*).
zancudo *agg.* con le zampe lunghe ♦ *s.m.* (*Amer.*) zanzara (*f.*).
zanganada *s.f.* (*fam.*) impertinenza, stupidaggine.
zanganear *v.intr.* gironzolare, bighellonare, vagabondare, oziare.
zanganería *s.f.* pigrizia, svogliatezza.
zángano *s.m.* **1** (*zool.*) fuco **2** (*fig.*) scroccone, parassita (*m./f.*), fannullone.
zangolotear *v.tr.* dimenare, agitare, scuotere ♦ *v.intr.* vagare ♦ **-se** *v.pron.* dimenarsi, agitarsi.
zangoloteo *s.m.* dimenio, dondolio.

zanguango *agg.*, *s.m.* pigro, indolente (*m./f.*).
zanja *s.f.* **1** fossa, fosso (*m.*) | *abrir las zanjas*, (*anche fig.*) gettare le fondamenta **2** (*agr.*) solco (*m.*).
zanjar *v.tr.* **1** scavare **2** (*fig.*) risolvere; chiudere, concludere: *el asunto ha quedado zanjado*, la faccenda è stata risolta.
zanjón *s.m.* fossato; (*di fiume*) alveo, letto.
zanquear *v.intr.* **1** camminare con le gambe storte **2** allungare il passo.
zanquilargo *agg.* dalle gambe lunghe.
zapa *s.f.* **1** zappa **2** (*mil.*) fossato (*m.*), trincea
■ ***trabajo de zapa***, lavoro occulto, manovre sotterranee.
zapador *s.m.* (*mil.*) zappatore.
zapallo *s.m.* (*Amer.*) **1** (*bot.*) zucca (*f.*) **2** fortuna (*f.*) inattesa.
zapapico *s.m.* piccone.
zapar *v.tr.* zappare.
zapata *s.f.* **1** (*scarpa*) coturno (*m.*) **2** (*mecc.*) ceppo (*m.*), ganascia: *freno de zapatas*, freno a ganasce.
zapatazo *s.m.* **1** scarpata (*f.*) | *tratar a zapatazos*, prendere a calci nel sedere **2** (*fig.*) tonfo, colpo.
zapatear *v.intr.* **1** battere/pestare i piedi **2** ballare battendo i tacchi **3** zampettare **4** (*di cavalli*) scalpitare **5** (*di vele*) sbattere, sbatacchiare.
zapatería *s.f.* **1** calzoleria, negozio (*m.*) di calzature **2** calzaturificio (*m.*).
zapatero *agg.* **1** calzaturiero **2** (*fam., di legume, di cibo*) duro ♦ *s.m.* calzolaio | *—, a tus zapatos*, a ciascuno il proprio mestiere.
zapatilla *s.f.* **1** ciabatta, pantofola **2** (*sport*) scarpa da ginnastica **3** (*di rubinetto*) guarnizione.
zapato *s.m.* scarpa (*f.*), calzatura (*f.*): *zapatos de charol*, scarpe di vernice; *— plano*, scarpa bassa; *— botín*, stivaletto
■ ***andar con zapatos de fieltro***, procedere in punta di piedi, di nascosto | ***saber (alguien) donde le aprieta el zapato***, sapere il fatto proprio.
zaque *s.m.* **1** otre **2** (*fig., persona*) ubriaco, ciucco.
zaquear *v.tr.* (*liquidi*) travasare in un otre.
zaquizamí *s.m.* **1** solaio, soffitta (*f.*) **2** (*fig.*) stambugio, stamberga (*f.*).
zarabanda *s.f.* (*mus., anche fig.*) sarabanda.
zaragalla *s.f.* carbonella.
zaragata *s.f.* (*fam.*) chiasso (*m.*); tumulto (*m.*), rissa, tafferuglio (*m.*).
zaragatero *agg.*, *s.m.* (*fam.*) attaccabrighe (*m./f.*).
zaranda *s.f.* **1** (*tecn.*) setaccio (*m.*), vaglio (*m.*) **2** colino (*m.*).
zarandajas *s.f.pl.* (*fam.*) bagattelle, inezie.
zarandear *v.tr.* **1** vagliare, setacciare; colare **2** agitare, scuotere ♦ **-se** *v.pron.* affannarsi, agitarsi, affaccendarsi.
zarandillo *s.m.* **1** piccolo setaccio **2** (*fig., di bambino*) diavoletto.
zarcillo *s.m.* **1** (*bot.*) viticcio **2** orecchino ad anello.
zarco *agg.* celeste.
zarpa *s.f.* (*di felini*) artiglio (*m.*), grinfia | (*fig., fam.*) *echar la —*, sgraffignare.
zarpar *v.intr.* (*mar.*) salpare, levare l'ancora.
zarpazo *s.m.* zampata (*f.*).
zarrapastroso *agg.* sciatto, cencioso ♦ *s.m.* straccione, pezzente (*m./f.*).
zarza *s.f.* (*bot.*) rovo (*m.*).
zarzal *s.m.* roveto.
zarzamora *s.f.* (*bot.*) **1** (*pianta*) rovo (*m.*) **2** (*frutto*) mora.
zarzo *s.m.* graticcio, canniccio.
zarzuela *s.f.* **1** (*mus.*) operetta spagnola **2** (*cuc.*) zuppa di pesce catalana.
zata, zatara *s.f.* zattera.
zebra *s.f.* → **cebra.**
zeda *s.f.* (*lettera dell'alfabeto*) zeta.
zedilla *s.f.* → **cedilla.**
zenit *s.m.* → **cenit.**
zigoto *s.m.* (*biol.*) zigote.
zigzag *s.m.* zigzag: *en —*, a zigzag.
zigzaguear *v.intr.* zigzagare, andare a zigzag.
zinc *s.m.* → **cinc.**
zipizape *s.m.* (*fam.*) baruffa (*f.*), discussione (*f.*), tafferuglio.
zócalo *s.m.* **1** (*edil.*) zoccolo, battiscopa **2** (*arch., di colonna*) zoccolo **3** (*Messico*) piazza (*f.*) principale.
zodiacal *agg.* zodiacale.
zodiaco, zodíaco *s.m.* zodiaco.
zombi, zombie *s.m.* **1** zombi | *estar —*, sembrare un automa/uno zombi **2** (*Amer.*) uomo nero, babau.
zona *s.f.* **1** zona, area: *— de ensanche*, zona edificabile; *— deprimida*, zona depressa; *— fronteriza*, zona di confine; *— peatonal*, zona pedonale | *— azul*, zona blu **2** (*med.*) herpes (*m.*) zoster.
zonal *agg.* zonale, di zona.
zoncería *s.f.* (*Amer.*) sciocchezza, stupidaggine.
zonificación *s.f.* (*Amer.*) zonizzazione.
zonzo *agg.* **1** (*di cibo*) insipido, scipito **2** (*di persona*) insulso ♦ *s.m.* sciocco, stupido, scemo.
zoo *s.m.* zoo, giardino zoologico.
zoofilia *s.f.* zoofilia.
zoología *s.f.* zoologia.
zoológico *agg.* zoologico ♦ *s.m.* zoo, giardino zoologico.
zoom *s.m.* (*foto.*) zoom.
zootecnia *s.f.* zootecnia.
zopas *s.m./f.* bleso (*m.*).

zopenco *agg.*, *s.m.* (*fam.*) idiota (*m./f.*), imbecille (*m./f.*), scemo.
zopisa *s.f.* **1** resina di pino **2** catrame (*m.*).
zoquete *agg.* (*fig.*) zuccone, duro di comprendonio: *es muy* —, è molto duro di comprendonio ♦ *s.m.* **1** pezzo di legno **2** tozzo di pane **3** (*fig.*) sciocco, sempliciotto, babbeo.
zoquetudo *agg.* malfatto, grossolano, rozzo.
zorollo *agg.* tenero, morbido.
zorra *s.f.* **1** volpe femmina **2** (*fig.*) persona astuta, furba **3** (*fam.*) prostituta **4** (*fam.*) sbornia: *dormir la* —, smaltire la sbornia
■ ***no ser la primera zorra que uno ha desollado***, non essere alle prime armi, non essere di primo pelo.
zorrastrón *agg.* (*fam.*) dritto ♦ *s.m.* (*fam.*) volpone, furbacchione, dritto.
zorrera *s.f.* **1** tana della volpe **2** (*fig.*) stanza piena di fumo.
zorrería *s.f.* astuzia, furbizia, scaltrezza.
zorrero *agg.* astuto, furbo, scaltro.
zorro *s.m.* **1** volpe (*f.*) maschio | — *azul*, volpe argentata **2** (*abbigl.*) pelliccia (*f.*) di volpe **3** (*pl.*) straccio (*sing.*) per la polvere
■ ***estar hecho unos zorros***, essere morto di stanchezza | ***hacerse el zorro***, fare lo gnorri.
zote *agg.* ignorante, zuccone, testone.
zozobra *s.f.* **1** naufragio (*m.*) **2** (*fig.*) angoscia, ansia, inquietudine.
zozobrar *v.intr.* **1** (*anche fig.*) naufragare **2** (*fig.*) angosciarsi, affliggersi, essere in apprensione.
zueco *s.m.* (*calzatura*) zoccolo.
zulacar (*con. come* pescar) *v.tr.* incatramare.
zulaque *s.m.* catrame, bitume.
zumba *s.f.* **1** burla, canzonatura **2** (*Amer.*) bastonata **3** sonaglio (*m.*).
zumbador *s.m.* campanello.
zumbar *v.intr.* ronzare, fischiare | *me zumban los oídos*, mi fischiano le orecchie ♦ *v.tr.* (*fig.*) dare uno schiaffo a, suonarle a ♦ **-se** *v.pron.* burlarsi, prendere in giro.
zumbido *s.m.* ronzio.
zumbón *agg.*, *s.m.* (*fig.*, *fam.*) burlone, mattacchione, giocherellone.
zumo *s.m.* succo; spremuta (*f.*): — *de limón*, succo di limone.
zuncho *s.m.* **1** fascetta (*f.*) **2** (*mecc.*) ghiera (*f.*).
zurcido *s.m.* rammendo.
zurcidor *s.m.* rammendatore.
zurcir (*indic.pres.* zurzo, zuerces…; *cong. pres.* zurza, zurzas…; *imp.* zurce, zurza, zurzamos, zurcid, zurzan) *v.tr.* **1** rammendare **2** (*fig.*) tessere, ordire **3** (*fig.*) unire, collegare
■ ***¡que te/le zurzan!***, vai/vada al diavolo!
zurdazo *s.m.* calcio di sinistro.
zurdo *agg.*, *s.m.* mancino | *no ser* —, essere furbo; essere abile.
zurra *s.f.* **1** concia, conciatura **2** pestata, batosta, bastonata **3** (*fam.*) tirata, faticaccia.
zurrar *v.tr.* **1** conciare **2** (*fig.*) picchiare, menare **3** (*fig.*) umiliare, mortificare.
zurriago *s.m.* frusta (*f.*), scudiscio.
zurrón *s.m.* **1** bisaccia (*f.*) **2** (*bot.*) mallo **3** (*med.*) sacco amniotico.
zurullo *s.m.* **1** grumo **2** (*fam.*) cacca (*f.*); (*volg.*) stronzo.
zutano *s.m.* tipo, tizio | *Fulano, Mengano y* —, Tizio, Caio e Sempronio.

ITALIANO - SPAGNOLO

Aa

a[1] *s.f.* a: *le* —, las aes | *dalla — alla zeta*, del principio al fin/de pe a pa | (*tel.*) — *come Ancona*, a como Antonio.

a[2] *prep.* **1** (*moto a luogo*) a, hacia, para: *arrivammo ad Asti*, llegamos a Asti; *dirigersi all'uscita*, dirigirse hacia la salida; *il treno va — Roma*, el tren va para/a Roma **2** (*stato in luogo*) en: *abito — Milano*, vivo en Milán; *lavoro al Ministero*, trabajo en el Ministerio; *— Nord, — Sud*, al Norte, al Sur **3** (*tempo*) a, en, por, hasta: *alle dodici*, a las doce; *dalle otto alle nove*, de ocho a nueve; *— giugno*, en junio; *— Natale*, en/por Navidad; *al mattino*, por la mañana | *— domani*, hasta mañana **4** (*distanza*) a: *— tre ore di cammino*, a tres horas de camino; *— pochi chilometri da casa mia*, a pocos quilómetros de mi casa **5** (*età*) a: *— vent'anni*, a los veinte años **6** (*distributivo*) a, para, por: *cento euro al giorno*, cien euros al/por día; *un regalo — ciascuno*, un regalo para cada uno; *— due — due*, de dos en dos **7** (*modo*) a, de, en: *— cottimo*, a destajo; *sapere — memoria*, saber de memoria; *— colori*, de colores; *— voce alta*, en voz alta | *alla grande*, en grande | *alla marinara*, a la marinera | *— caso*, al azar **8** (*fine, scopo*) a, de, para: *è venuto — vederti*, ha venido a/para verte; *andare — fare compere*, ir de compras **9** (*mezzo*) por: *parlare al telefono* hablar por teléfono; *barca — vela*, barco de vela.

abaco *s.m.* ábaco.

abate *s.m.* abad.

abat-jour *s.m.* **1** (*paralume*) pantalla (*f.*) **2** (*lampada*) lámpara (*f.*).

abbacchiarsi *v.pron.* deprimirse, abatirse.

abbacchiato *agg.* (*fam.*) abatido, deprimido.

abbacchio *s.m.* (*cuc.*) cordero lechal.

abbacinante *agg.* deslumbrante: *una luce —*, una luz deslumbrante.

abbacinare *v.tr.* **1** deslumbrar **2** (*fig.*) encandilar, ilusionar.

abbagliante *agg.* deslumbrante | (*aut.*) *fari abbaglianti*, luces de carretera/luces largas.

abbagliare *v.tr.* **1** deslumbrar: *il riflesso abbaglia*, el reflejo deslumbra **2** (*fig.*) encandilar, fascinar, ilusionar, seducir*: *non lasciarti — dalle lusinghe*, no te dejes encandilar por los halagos.

abbaglio *s.m.* (*errore*) error, equivocación (*f.*) | *prendere un —*, equivocarse.

abbaiare *v.intr.* ladrar.

abbaino *s.m.* **1** (*soffitta*) buhardilla (*f.*), desván **2** (*lucernario*) claraboya (*f.*), tragaluz*.

abbaio *s.m.* ladrido.

abbandonare *v.tr.* **1** abandonar, dejar | *— il ring*, tirar la toalla | *— l'idea*, renunciar a la idea | *— la preda*, soltar la presa **2** (*lasciare senza protezione*) desamparar: *non mi —*, no me desampares ♦ **-rsi** *v.pron.* abandonarse; (*darsi*) entregarse*: *— al dolore*, abandonarse al dolor.

abbandonato *agg.* **1** abandonado, desamparado **2** (*di luogo*) abandonado, desierto **3** (*lett., fig.*) relajado, acostado.

abbandono *s.m.* **1** abandono **2** (*sport*) abandono, renuncia (*f.*), retiro **3** (*trascuratezza*) abandono, descuido, dejadez (*f.*): *il suo — è totale dopo la disgrazia*, su dejadez es total después de la desgracia; *la vecchia casa era in totale stato di —*, la vieja mansión estaba completamente abandonada **4** (*fig.*) (*rilassamento*) debilidad (*f.*), flaqueza (*f.*), descuido: *un momento di —*, un momento de debilidad.

abbarbicarsi *v.pron.* **1** (*anche fig.*) agarrarse, enraizarse* **2** (*fig.*) agarrarse, estrecharse.

abbassare *v.tr.* **1** bajar, disminuir*: *— una mensola*, bajar una repisa; *— il prezzo*, bajar el precio; *— il volume*, bajar/disminuir el volumen **2** (*chinare*) bajar, agachar: *— la testa*, agachar la cabeza | *— la cresta*, bajar los humos ♦ **-rsi** *v.pron.* **1** (*diminuire*) bajar, descender*, disminuir*: *le quotazioni si sono abbassate*, las cotizaciones han bajado **2** (*chinarsi*) agacharse, inclinarse **3** (*umiliarsi*) humillarse, rebajarse.

abbasso *inter.* ¡abajo!

abbastanza *avv.* bastante, suficientemente: *hai mangiato —?*, ¿has comido suficientemente?; *il vino non è — per tutti*, el vino no alcanza/no basta para todos; *rimane — lavoro da fare*, queda bastante trabajo por hacer | *averne —*, estar harto, estar hasta la coronilla.

abbattere *v.tr.* **1** abatir, derribar, echar abajo; (*una casa*) demoler*, derrocar*; (*con un colpo*) tumbar; (*un albero*) talar, tumbar: — *un aereo*, abatir un avión; — *un animale*, sacrificar/matar un animal **2** (*destituire*) derrocar*: — *il dittatore*, derrocar al dictador **3** (*scoraggiare*) desanimar, desalentar* ♦ **-rsi** *v.pron.* **1** (*scoraggiarsi*) desalentarse*, desmoralizarse* **2** (*colpire*) caer*, venirse: *sulla città si abbatté una forte tempesta*, sobre la ciudad cayó una fuerte tormenta.

abbattimento *s.m.* **1** abatimiento, derribo **2** (*alberi*) tala (*f.*); (*animali*) matanza (*f.*) **3** (*anche fig.*) agotamiento, aflicción (*f.*), desesperación (*f.*).

abbattuto *agg.* desanimado, abatido.

abbazia *s.f.* abadía, monasterio (*m.*).

abbellire *v.tr.* adornar, embellecer*: — *la pagina con qualche immagine*, adornar la página con alguna imagen.

abbeverare *v.tr.* abrevar ♦ **-rsi** *v.pron.* (*anche fig.*) saciar la sed, saciarse.

abbeveratoio *s.m.* abrevadero; (*Amer.*) aguadero.

abbiccì *s.m.* **1** silabario **2** (*fig.*) abecé, nociones (*f.pl.*): *l'— della chimica*, las nociones de la química.

abbiente *agg., s.m.* acomodado, rico, pudiente | *i non abbienti*, los pobres/los desheredados.

abbigliamento *s.m.* vestuario, ropa (*f.*): *si consiglia di portare un — sportivo e pratico*, se aconseja llevar ropa deportiva y práctica | *settore dell'—*, ramo de la confección.

abbigliare *v.tr.* acicalar, engalanar ♦ **-rsi** *v.pron.* acicalarse, engalanarse: — *per il ballo*, acicalarse para el baile.

abbinamento *s.m.* **1** combinación (*f.*): *l'— dei colori è azzeccato*, la combinación de colores es acertada **2** (*sport*) emparejamiento: *l'— delle squadre agevolerà la vittoria*, el emparejamiento de los equipos facilitará la victoria.

abbinare *v.tr.* **1** acoplar, juntar, unir **2** (*colori*) combinar.

abbindolare *v.tr.* engatusar, embaucar* | *farsi —*, dejarse estafar.

abbiocco *s.m.* (*pop.*) modorra (*f.*), somnolencia (*f.*).

abboccamento *s.m.* **1** coloquio, entrevista (*f.*) | *avere un —*, tener una entrevista **2** (*tecn., collegamento*) acoplamiento.

abboccare *v.intr.* **1** (*pesci*) morder* el anzuelo, picar* **2** (*fig., farsi ingannare*) picar*, caer* en la trampa **3** (*collegare*) acoplar, empalmar **4** (*riempire*) colmar.

abboccato *agg.* (*di vino*) abocado.

abbonamento *s.m.* abono; (*a un giornale*) suscripción (*f.*): *avere con sé l'— dell'autobus*, llevar el bonobús; — *postale*, correo concertado.

abbonare *v.tr.* → **abbuonare.**

abbonarsi *v.pron.* abonarse; (*a un giornale*) suscribirse.

abbonato *agg., s.m.* abonado; (*a un giornale*) subscriptor.

abbondante *agg.* abundante; (*con misure*) corrido: *un chilo —*, un quilo corrido.

abbondantemente *avv.* abundantemente.

abbondanza *s.f.* abundancia.

abbondare *v.intr.* **1** abundar; ser rico: *abbonda d'acqua*, es rico en agua **2** (*fig.*) ser* generoso, (*iron.*) exceder: *abbonda in complimenti*, excede con los cumplidos.

abbordabile *agg.* accesible, abordable: *un prezzo —*, un precio abordable.

abbordaggio *s.m.* (*mar.*) abordaje.

abbordare *v.tr.* abordar (*anche fig.*): — *un argomento*, abordar/tratar un asunto | — *una ragazza*, abordar a una chica/tratar de ligar.

abborracciato *agg.* mal hecho, chapucero: *un lavoro —*, un trabajo chapucero.

abbottonare *v.tr.* abotonar, abrochar | (*fig.*) *stare abbottonato*, no soltar una palabra.

abbottonatura *s.f.* botonadura.

abbozzare *v.tr.* bosquejar, esbozar* (*anche fig.*).

abbozzo *s.m.* bosquejo, esbozo, boceto; (*brutta copia*) borrador.

abbracciare *v.tr.* **1** abrazar* (*anche fig.*) | — *la causa*, adherir a la causa **2** (*comprendere*) abarcar*, abrazar* ♦ **-rsi** *v.pron.* abrazarse*.

abbraccio *s.m.* abrazo.

abbrancare *v.tr.* **1** agarrar, aferrar **2** (*arraffare*) arrebatar ♦ **-rsi** *v.pron.* agarrarse, aferrarse.

abbreviare *v.tr.* **1** (*tempo*) abreviar **2** (*ridurre*) reducir*.

abbreviazione *s.f.* **1** (*gramm.*) abreviatura **2** (*dir.*) abreviación.

abbrivare *v.tr.* (*mar.*) acelerar, arrancar* ♦ *v.intr.* arrancar*.

abbriv(i)o *s.m.* **1** (*mar.*) arrancada (*f.*) **2** (*fig.*) empuje, arranque.

abbronzante *agg., s.m.* bronceador.

abbronzarsi *v.pron.* broncearse, ponerse* moreno; (*fam.*) tostarse.

abbronzato *agg.* bronceado, moreno.

abbronzatura *s.f.* bronceado (*m.*).

abbrunare *v.tr.* enlutar.

abbrustolire *v.tr.* tostar.

abbrutimento *s.m.* embrutecimiento.

abbrutire *v.tr.* embrutecer* ♦ **-rsi** *v.pron.* embrutecerse*: — *con l'alcol*, embrutecerse con el alcohol.

abbuffarsi *v.pron.* atracarse*, atiborrarse.

abbuonare *v.tr.* **1** (*un debito*) bonificar*, descontar*: — *una rata*, bonificar una cuota

2 (*considerare valido*) convalidar, reconocer*: *mi hanno abbuonato due esami*, me reconocieron dos exámenes **3** (*fig., perdonare, lasciar correre*) perdonar, no considerar: *— un errore*, perdonar una falta.
abbuono *s.m.* **1** (*comm.*) descuento, rebaja (*f.*) **2** (*sport, ciclismo*) bonificación (*f.*), reducción (*f.*).
abdicare *v.intr.* **1** (*pol.*) abdicar* **2** (*fig.*) renunciar: *— a un diritto*, renunciar a un derecho.
abdicazione *s.f.* **1** abdicación **2** (*fig.*) renuncia.
aberrazione *s.f.* (*anche med. e astr.*) aberración, alejamiento (*m.*), perversión: *— longitudinale*, aberración longitudinal.
abetaia *s.f.* (*bot.*) abetal (*m.*).
abete *s.m.* (*bot.*) abeto.
abietto *agg.* bajo, abyecto: *un comportamento —*, una actitud abyecta.
abiezione *s.f.* abyección.
abigeato *s.m.* (*dir.*) abigeato.
abile *agg.* **1** (*idoneo*) hábil, apto, idóneo (*anche mil.*) **2** (*esperto*) capaz*, diestro, experto **3** (*astuto*) hábil, sagaz*: *un'— manovra politica*, una hábil maniobra política.
abilità *s.f.* habilidad, capacidad, destreza.
abilitare *v.tr.* habilitar, autorizar*, capacitar: *— all'insegnamento*, habilitar para la enseñanza ♦ **-rsi** *v.pron.* capacitarse.
abilitazione *s.f.* capacitación | *corso di —*, curso de capacitación.
abissale *agg.* (*anche fig.*) abismal: *una differenza —*, una diferencia abismal.
abissino *agg., s.m.* abisinio.
abisso *s.m.* abismo (*anche fig.*), precipicio: *tra loro c'è un —*, entre ellos hay un abismo.
abitabile *agg.* habitable.
abitabilità *s.f.* habitabilidad.
abitacolo *s.m.* **1** (*aut.*) habitáculo, cabina (*f.*) **2** (*aer.*) cabina (*f.*).
abitante *s.m.* habitante.
abitare *v.intr.* vivir, residir, habitar: *— a Roma*, vivir en Roma ♦ *v.tr.* habitar, ocupar, poblar: *i coloni abitarono la valle del fiume*, los colonos poblaron el valle del río.
abitato *agg.* poblado | *centro —*, población, pueblo ♦ *s.m.* poblado, población (*f.*).
abitazione *s.f.* casa, vivienda, domicilio (*m.*).
abito *s.m.* vestido, traje: *— da sera*, traje de noche; *— scuro*, traje de etiqueta | *l'— non fa il monaco*, el hábito no hace al monje.
abituale *agg.* habitual, usual, acostumbrado.
abitualmente *avv.* de costumbre, habitualmente.
abituare *v.tr.* acostumbrar ♦ **-rsi** *v.pron.* acostumbrarse, habituarse: *ci si abitua presto alle comodità*, uno se acostumbra pronto a las comodidades.
abituato *agg.* acostumbrado, habituado: *essere —*, estar acostumbrado.
abitudinario *agg.* rutinario.
abitudine *s.f.* costumbre, hábito (*m.*): *ha l'— di alzarsi presto*, tiene la costumbre de levantarse temprano; *ormai ci ho fatto l'—*, ya me he habituado; *prendere una brutta, bella —*, adquirir una buena, mala costumbre.
abiura *s.f.* (*relig.*) abjuración.
abiurare *v.tr.* (*relig.*) abjurar, retractar.
abluzione *s.f.* ablución, lavatorio (*m.*): *— rituale*, lavatorio ritual.
abnegazione *s.f.* abnegación.
abnorme *agg.* anormal, anómalo.
abolire *v.tr.* abolir*, anular; (*una legge*) abrogar*.
abolizione *s.f.* abolición, supresión.
abolizionismo *s.m.* (*pol.*) abolicionismo.
abolizionista *agg., s.m.* (*pol.*) abolicionista.
abominevole *agg.* abominable, horrible.
abominio *s.m.* abominación (*f.*), infamia (*f.*).
aborigeno *agg., s.m.* aborigen (*m./f.*), indígena (*m./f.*), autóctono.
aborrire *v.intr./tr.* aborrecer*, detestar, odiar.
abortire *v.intr.* **1** (*anche fig.*) abortar **2** (*fallire*) fracasar, malograrse.
abortista *agg., s.m./f.* abortista.
abortivo *agg.* abortivo: *pillola abortiva*, píldora abortiva.
aborto *s.m.* **1** (*med.*) aborto **2** (*fam., fig., di persona*) aborto, engendro, monstruo; (*di lavoro, attività*) fracaso.
abrasione *s.f.* (*anche med.*) abrasión, escoriación.
abrasivo *agg., s.m.* abrasivo.
abrogare *v.tr.* (*dir.*) abrogar*, anular, derogar*.
abrogativo *agg.* (*dir.*) abrogatorio, derogatorio.
abrogazione *s.f.* (*dir.*) abrogación, derogación.
abrogazionista *agg., s.m.* (*pol.*) favorable a la abrogación de una ley.
abside *s.f.* (*arch.*) ábside (*m.*).
abulia *s.f.* **1** (*med.*) abulia **2** (*estens.*) indolencia, pereza.
abulico *agg.* **1** (*med.*) abúlico **2** (*estens.*) indolente, apático.
abusare *v.intr.* **1** (*fare uso eccessivo*) abusar **2** (*approfittare*) aprovecharse, (*sessualmente*) violar: *— di una donna*, violar a una mujer.
abusato *agg.* sabido, manido, gastado: *un'immagine abusata*, una imagen manida.
abusivamente *avv.* abusivamente.
abusivismo *s.m.* intrusismo.
abusivo *agg.* abusivo, no autorizado.
abuso *s.m.* abuso | *fare — di farmaci, di al-*

colici, abusar de fármacos, de bebidas alcohólicas.
acácia *s.f.* (*bot.*) acacia.
acanto *s.m.* (*bot.*) acanto.
acca *s.f.* (*lettera*) hache | (*fig.*) *non capisco un'—*, no entiendo ni jota.
accademia *s.f.* **1** academia: *— di storia*, Academia de historia **2** (*scuola*) escuela, instituto (*m.*).
accademico *agg.* **1** académico: *anno —*, año académico **2** (*fig.*) retórico, teórico ♦ *s.m.* académico.
accadere *v.intr.* acontecer*, ocurrir, suceder, pasar: *è accaduto qlco.*, ha sucedido algo.
accaduto *agg.* ocurrido, sucedido ♦ *s.m.* hecho, suceso, acontecimiento: *ti racconto l'—*, te cuento los hechos/lo ocurrido.
accalappiacani *s.m./f.* perrero (*m.*), lacero (*m.*).
accalappiare *v.tr.* **1** atrapar con lazo, lacear, enlazar* **2** (*fig.*) enredar, engañar: *questa donna l'ha accalappiato*, esa mujer lo enredó.
accalcarsi *v.pron.* amontonarse, agolparse: *la gente si accalcava all'uscita*, la gente se agolpaba a la salida.
accaldarsi *v.pron.* acalorarse, sudar, enardecerse*: *— dopo una corsa*, acalorarse después de una carrera.
accaldato *agg.* acalorado, enardecido, excitado.
accampamento *s.m.* **1** camping **2** campamento (*anche mil.*): *un — di nomadi*, un campamento de nómadas.
accampare *v.tr.* **1** (*mil.*) acampar **2** (*fig.*) alegar*: *— scuse*, alegar pretextos ♦ **-rsi** *v.pron.* acamparse.
accanimento *s.m.* **1** (*furia*) ensañamiento, encarnizamiento, saña (*f.*), furor: *— terapeutico*, ensañamiento terapéutico **2** (*tenacia*) ahínco, empeño, tesón.
accanirsi *v.pron.* **1** (*infierire*) ensañarse, encarnizarse* **2** (*ostinarsi*) obstinarse.
accanito *agg.* **1** ensañado, encarnizado **2** (*ostinato*) empedernido, incorregible: *giocatore —*, jugador empedernido.
accanto *avv.* al lado, cerca: *abita qui —*, vivo aquí al lado ♦ *agg.* vecino, de al lado: *abita nella casa —*, vive en la casa vecina/de al lado
■ ***accanto a***, cerca de, al lado (de), junto a: *— a casa mia*, al lado de mi casa; *siediti — a me*, siéntate junto a mí.
accantonamento *s.m.* **1** apartamiento, separación (*f.*), almacenaje **2** (*econ.*) asignación **3** (*mil.*) acuartelamiento, acantonamiento.
accantonare *v.tr.* **1** apartar, guardar, reservar **2** (*lasciare in sospeso*) dejar en suspenso, aplazar*: *— un progetto*, dejar en suspenso un proyecto **3** (*econ.*) asignar: *sono stati accantonati due milioni*, se han asignado dos millones **4** (*mil.*) acantonar.
accaparrare *v.tr.* acaparar (*anche fig.*): *il leader si è accaparrato l'attenzione di tutti*, el líder atrajo la atención de todos ♦ **-rsi** *v.pron.* apropriarse, ganarse, acaparar.
accapigliarsi *v.pron.* (*anche fig.*) pelear, reñir.
accapo, a capo *s.m.*, *avv.* aparte: *punto e —*, punto y aparte.
accappatoio *s.m.* albornoz*; (*Amer.*) salida (*f.*) de baño.
accapponare *v.tr.* castrar, capar ♦ **-rsi** *v.pron.* (*di pelle*) ponerse* de gallina: *mi si accapponò la pelle*, se me puso la piel de gallina.
accarezzare *v.tr.* acariciar (*anche fig.*) | *accarezzarsi i baffi*, atusarse los bigotes.
accartocciare *v.tr.* **1** (*fare un cartoccio*) abarquillar **2** (*spiegazzare*) arrugar*: *— un foglio di carta*, arrugar un papel ♦ **-rsi** *v.pron.* **1** abarquillarse **2** (*fig.*) curvarse, doblarse; (*rinsecchire*) arrugarse*.
accasare *v.tr.* casar ♦ **-rsi** *v.pron.* **1** (*sposarsi*) casarse **2** (*metter su casa*) poner* casa.
accasciarsi *v.pron.* desplomarse, dejarse caer: *si accasciò su una sedia*, se dejó caer sobre una silla; *— al suolo*, se desplomó al suelo.
accasermare *v.tr.* (*mil.*) acuartelar.
accatastare[1] *v.tr.* amontonar, apilar: *— la legna*, amontonar la leña
accatastare[2] *v.tr.* (*bur.*) declarar, registrar en el catastro.
accattivante *agg.* atrayente, cautivador.
accattivarsi *v.pron.* ganarse, cautivarse.
accattonaggio *s.m.* mendicidad (*f.*).
accattone *s.m.* pordiosero, mendigo.
accavallamento *s.m.* **1** superposición (*f.*) **2** (*fig.*) agolpamiento.
accavallare *v.tr.* sobreponer*, amontonar | *— le gambe*, cruzar las piernas.
accecante *agg.* cegador, deslumbrante.
accecare *v.tr.* **1** cegar*, enceguecer* **2** (*fig.*) ofuscar*, obcecar*: *l'ira lo accecò*, la ira lo ofuscó.
accedere *v.intr.* **1** entrar, ingresar; acceder **2** (*fig., richiesta*) conceder, acceder.
acceleramento *s.m.* aceleración (*f.*), aceleramiento.
accelerare *v.tr.* acelerar, apresurar: *— il passo*, acelerar el paso ♦ *v.intr.* darse* prisa, apresurarse, acelerarse.
accelerato *agg.* acelerado ♦ *s.m.* (*ferr.*) tren de cercanías.
acceleratore *agg.*, *s.m.* acelerador.
accelerazione *s.f.* aceleración, aceleramiento (*m.*).
accendere *v.tr.* **1** (*fuoco, luce*) encender*, prender: *accendi quella lampada*, enciende/

prende esa lámpara; — *un fiammifero, il camino*, encender una cerilla, la chimenea | *mi fai — ?*, ¿me das fuego? | — *la tv*, poner la tele | — *il computer*, encender el ordenador | (*fig.*) — *le polemiche*, suscitar polémicas **2** (*motore*) encender*, poner* en marcha **3** (*econ., dir.*) abrir, constituir*: — *un conto bancario*, abrir una cuenta; — *un mutuo*, constituir una hipoteca ♦ **-rsi** *v.pron.* encenderse*, prender: *la legna bagnata non si accende*, la leña mojada no prende; *la lampadina è guasta: non si accende più*, la bombilla está fundida, ya no se enciende.

accendigas *s.m.* encendedor.

accendino *s.m.* mechero, encendedor.

accennare *v.intr.* **1** (*fare cenni*) hacer* señas, hacer* ademán: *mi accennò di entrare*, me hizo ademán de entrar, me indicó que entrara; *la pioggia non accennava a smettere*, la lluvia no tenía visos de parar **2** (*fare un rapido accenno*) mencionar, señalar, apuntar: *vorrei solo — a un problema*, quisiera sólo mencionar/señalar un problema; *accennò alla possibilità di trasferirsi presto*, apuntó la posibilidad de trasladarse pronto **3** (*alludere*) aludir, hacer* referencia, referirse*: — *a un progetto*, hacer referencia a un proyecto ♦ *v.tr.* (*abbozzare*) bosquejar, esbozar* (*anche fig.*): — *un sorriso*, esbozar una sonrisa | — *un motivo musicale*, entonar una melodía.

accenno *s.m.* **1** alusión (*f.*), referencia (*f.*) **2** (*segno*) seña (*f.*), gesto, esbozo: — *di sorriso*, esbozo de sonrisa.

accensione *s.f.* **1** encendido (*m.*) **2** (*fig.*) vivacidad, colorido (*m.*) **3** (*econ., dir.*) apertura, constitución: — *di una ipoteca*, constitución de una hipoteca.

accentare *v.tr.* (*ling., mus.*) acentuar*.

accentazione *s.f.* (*ling.*) acentuación.

accento *s.m.* **1** (*segno grafico*) acento **2** (*inflessione*) acento, deje, tono: — *dei Caraibi*, deje caribeño.

accentrare *v.tr.* **1** concentrar, reunir **2** (*fig.*) centralizar*, monopolizar*, acaparar.

accentuare *v.tr.* **1** acentuar* **2** (*fig.*) recalcar*, subrayar ♦ **-rsi** *v.pron.* acentuarse, agravarse.

accentuato *agg.* acentuado, marcado: *un trucco molto —*, un maquillaje muy cargado.

accerchiamento *s.m.* **1** (*mil.*) cerco **2** (*anche fig.*) acorralamiento, cerco: *politica di —*, política de aislamiento.

accerchiare *v.tr.* cercar*, circundar, rodear, acorralar, asediar.

accertabile *agg.* averiguable, comprobable.

accertamento *s.m.* comprobación (*f.*), control, averiguación (*f.*) | — *medico*, control médico | — *d'imposta*, atribución (*f.*) de impuestos | (*dir.*) *fare un —*, hacer una estimación | — *probatorio*, probanza.

accertare *v.tr.* comprobar*, constatar, controlar, averiguar* ♦ **-rsi** *v.pron.* cerciorarse, asegurarse.

acceso *agg.* **1** encendido, prendido: *la radio era accesa*, la radio estaba encendida; *il caminetto era —*, la chimenea estaba encendida; *un'auto ferma col motore —*, un automóvil parado con el motor encendido; *lasciare le luci accese*, dejar las luces encendidas/prendidas **2** (*di colore*) brillante, vivo.

accessibile *agg.* **1** accesible **2** (*di prezzo*) alcanzable.

accessibilità *s.f.* accesibilidad.

accessione *s.f.* **1** participación, incorporación **2** (*biblioteca*) adquisición **3** (*dir.*) accesión.

accesso *s.m.* **1** (*anche inform.*) acceso, entrada (*f.*), ingreso | *divieto d'—*, prohibido el paso **2** (*med.*) acceso, ataque **3** (*impeto*) acceso, arrebato.

accessorio *agg.* secundario, accidental, (*anche dir.*) accesorio ♦ *s.m.* **1** (*di auto*) accesorio **2** (*abbigl.*) complemento.

accetta *s.f.* hacha | (*fig.*) *tagliato con l'—*, tosco, basto.

accettabile *agg.* aceptable.

accettare *v.tr.* aceptar, admitir, aprobar*.

accettazione *s.f.* **1** aceptación, admisión **2** (*in albergo*) recepción; (*in ospedale*) oficina de ingreso.

accetto *agg.* grato, agradable, acepto: *essere ben —*, ser grato.

accezione *s.f.* (*ling.*) acepción, sentido (*m.*).

acchiappafarfalle *s.m.* **1** cazamariposas **2** (*fig., vagabondo*) holgazán.

acchiappamosche *s.m.* matamoscas.

acchiappare *v.tr.* **1** (*afferrare*) coger*, agarrar, asir* **2** (*beccare*) atrapar, pillar: *l'acchiapparono con le mani nel sacco*, lo pillaron con las manos en la masa ♦ **-rsi** *v.pron.* cogerse*, agarrarse.

acchito *s.m.* (*biliardo*) primer tiro | *di primo —*, a primera vista.

acciaccato *agg.* **1** estropeado; (*di cappello*) chafado **2** (*fig., di persona*) achacoso.

acciacco *s.m.* achaque.

acciaieria *s.f.* acería, acerería.

acciaio *s.m.* acero | *nervi d'—*, nervios de acero.

acciambellarsi *v.pron.* (*animali*) acurrucarse*, hacerse* un ovillo.

accidentale *agg.* accidental, fortuito: *evento —*, evento fortuito.

accidentalmente *avv.* accidentalmente.

accidentato *agg.* (*di terreno*) accidentato (*anche fig.*), quebrado.

accidente *s.m.* **1** (*imprevisto*) accidente,

percance, vicisitud (*f.*) **2** (*med.*) ataque, síncope (*f.*) | *ti venisse un —!*, ¡mal rayo te parta! **3** (*fam., niente*) jota (*f.*), comino, pepino, rábano: *non sa un* —, no sabe ni jota | *non gli importa un* —, no le importa un comino.
accidenti *inter.* ¡demonios!,¡caray!, ¡cáspita!
accidia *s.f.* (*anche relig.*) pereza, apatía, acedia.
accidioso *agg.* acidioso, triste, perezoso.
accigliarsi *v.pron.* **1** fruncir* el ceño **2** (*fig.*) inquietarse, contrariarse.
accigliato *agg.* ceñudo, arrugado.
accingersi *v.pron.* estar* a punto de, aprestarse.
acciottolato *s.m.* engujarrado, empedrado.
acciottolio *s.m.* entrechocar* de vajilla.
acciuffare *v.tr.* agarrar, atrapar.
acciuga *s.f.* anchoa, boquerón (*m.*) | (*fig.*) *essere magro come un'—*, estar más flaco que un fideo, estar en los huesos.
acclamare *v.tr.* aclamar, ovacionar, alabar, elogiar.
acclamazione *s.f.* **1** aclamación, ovación **2** (*elezione*) consenso (*m.*), aprobación | *per* —, por aclamación.
acclimatare *v.tr.* aclimatar ♦ **-rsi** *v.pron.* aclimatarse, adaptarse.
accludere *v.tr.* adjuntar, incluir*.
accluso *agg.* incluso, adjunto: *la documentazione acclusa*, la documentación adjunta.
accoccolarsi *v.pron.* acuclillarse.
accodare *v.tr.* poner* en la cola ♦ **-rsi** *v.pron.* ponerse* en la cola, juntarse a.
accogliente *agg.* acogedor, hospitalario, confortable.
accoglienza *s.f.* acogida, recepción | — *fredda, calorosa*, fría, cálida acogida.
accogliere *v.tr.* **1** acoger*, recibir **2** (*accettare*) aceptar: — *le critiche*, aceptar las críticas **3** (*contenere*) contener, caber*: *il teatro accoglie cinquecento spettatori*, en el teatro caben quinientos espectadores.
accolito *s.m.* (*relig., fig.*) acólito, seguidor.
accollare *v.tr.* endosar, atribuir*, imputar ♦ **-rsi** *v.pron.* asumirse: — *un rischio*, asumirse un riesgo.
accollato *agg.* (*di abito*) cerrado, de cuello alto.
accoltellamento *s.m.* acuchillamiento.
accoltellatore *s.m.* acuchillador.
accoltellare *v.tr.* acuchillar, apuñalar.
accomandante *agg., s.m./f.* (*comm.*) socio (*m.*) comanditario.
accomiatarsi *v.pron.* despedirse*: *si accomiatò in tutta fretta*, se despidió con mucha prisa.
accomodamento *s.m.* arreglo, acuerdo, compostura (*f.*).
accomodante *agg.* condescendiente, conciliante, adaptable.
accomodare *v.tr.* **1** arreglar, reparar **2** (*ordinare*) poner* en orden, arreglar **3** (*fig.*) componer*, resolver*: — *una lite,* resolver una discusión ♦ **-rsi** *v.pron.* sentarse*, acomodarse, entrar: *si accomodi*, (*entri*) pase usted; (*si sieda*) siéntese usted.
accompagnamento *s.m.* **1** acompañamiento: — *musicale*, acompañamiento musical | (*amm.*) *indennità d'*—, subsidio de dependencia **2** (*seguito*) séquito, cortejo: — *funebre*, cortejo fúnebre **3** (*dir.*) comparición (*f.*), comparecencia (*f.*).
accompagnare *v.tr.* **1** acompañar, llevar: — *qlcu.*, acompañar a alguien; — *alla porta*, acompañar hasta la puerta | — *la porta*, cerrar con cuidado **2** (*unire*) acompañar, juntar **3** (*mus.*) acompañar ♦ **-rsi** *v.pron.* acompañarse, combinarse: (*mus.*) — *col pianoforte*, acompañarse con el piano.
accompagnatore *s.m.* **1** acompañante: — *turistico*, guía turístico **2** (*mus.*) acompañador: *maestro* —, maestro acompañador.
accomunare *v.tr.* **1** aunar, unir, reunir **2** (*fig.*) acercar*, unir: *ci accomuna l'amore per buona tavola*, nos une el amor por la buena mesa.
acconciare *v.tr.* **1** arreglar, preparar **2** (*abbigliare, curare l'aspetto*) acicalar ♦ **-rsi** *v.pron.* **1** acicalarse, peinarse **2** (*fig., adattarsi*) amoldarse, adaptarse.
acconciatore *s.m.* peluquero.
acconciatura *s.f.* (*pettinatura*) peinado (*m.*); (*ornamento*) tocado (*m.*).
acconcio *agg.* adecuado, apropriado.
accondiscendente *agg.* condescendiente, complaciente.
accondiscendere *v.intr.* condescender*, acomodarse: — *a una richiesta*, condescender a una petición.
acconsentire *v.intr.* consentir*, acceder, autorizar*, conceder, otorgar* | *chi tace acconsente*, el que calla otorga.
accontentare *v.tr.* contentar, complacer* ♦ **-rsi** *v.pron.* conformarse: *si accontenta di quello che ha*, se conforma con lo que tiene.
acconto *s.m.* (*comm.*) anticipo, adelanto: *versare un* —, abonar un anticipo.
accoppare *v.tr.* (*fam.*) matar, desnucar*.
accoppiare *v.tr.* acoplar, juntar, unir | *Dio li fa e poi li accoppia*, Dios los cría y ellos se juntan ♦ **-rsi** *v.pron.* (*di animali*) acoplarse, aparearse.
accoppiamento *s.m.* **1** acoplamiento, emparejamiento **2** (*di animali*) apareamiento.
accoramento *s.m.* congoja (*f.*), tristeza (*f.*).
accorare *v.tr.* entristecer*, afligir* ♦ **-rsi** *v.pron.* entristecerse*, afligirse*.

accorato *agg.* triste, afligido.
accorciamento *s.m.* acortamiento.
accorciare *v.tr.* **1** acortar, reducir* **2** (*abbreviare*) abreviar ♦ **-rsi** *v.pron.* acortarse, achicar*.
accordare *v.tr.* **1** (*concedere*) conceder, otorgar* **2** (*conciliare*) avenir*, conciliar, poner* de acuerdo **3** (*mus.*) acordar*, afinar, concertar* **4** (*colori*) armonizar*, combinar ♦ **-rsi** *v.pron.* avenirse*, concordar*, ponerse* de acuerdo: — *sul prezzo*, concordar el precio.
accordato *agg.* (*mus.*) afinado: *uno strumento* —, un instrumento afinado.
accordatore *s.m.* (*mus.*) afinador, templador.
accordo *s.m.* **1** acuerdo | *arrivare a un* —, llegar a un acuerdo | *essere d'*—, estar conforme | *andare d'*—, llevarse bien, hacer buenas migas | *mettersi d'*—, ponerse de acuerdo | *di comune* —, de común acuerdo **2** (*dir.*) pacto, acuerdo **3** (*gramm.*) concordancia (*f.*) **4** (*mus.*) acorde.
accorgersi *v.pron.* **1** (*scorgere*) advertir*, notar, ver*: *non si è neanche accorto di noi*, ni siquiera ha notado/advertido nuestra presencia; *non ti sei accorto del gradino?*, ¿no has visto/notado el escalón? **2** (*rendersi conto, capire*) advertir*, darse* cuenta, enterarse: *si accorse del pericolo troppo tardi*, advirtió el peligro demasiado tarde | *senza accorgersene*, inadvertidamente, sin percatarse.
accorgimento *s.m.* **1** (*prontezza*) intuición (*f.*), prontitud (*f.*) **2** (*astuzia*) recurso, astucia (*f.*), treta (*f.*), estratagema (*f.*): *usare un* —, valerse de una treta.
accorpamento *s.m.* **1** unificación (*f.*) **2** (*bur.*) centralización (*f.*).
accorpare *v.tr.* **1** unir, juntar, unificar* **2** (*bur.*) centralizar*: — *le scuole*, centralizar las escuelas.
accorrere *v.intr.* acudir, ir* en ayuda, ir* corriendo, precipitarse: *accorsero subito in mio aiuto*, vinieron inmediatamente a socorrerme.
accortezza *s.f.* **1** (*sagacia*) prontitud, lucidez, astucia **2** (*cautela*) prudencia, cautela.
accorto *agg.* **1** sagaz*, perspicaz*, listo | *poco* —, desprevenido **2** (*cauto*) prudente, sensato | *essere* —, ser cuidadoso, tener cuidado.
accosciarsi *v.pron.* agazaparse, agacharse, doblarse.
accostamento *s.m.* **1** (*anche fig.*) arrimo, acercamiento **2** (*di colori*) combinación (*f.*).
accostare *v.tr.* **1** acercar*; (*appoggiare contro*) arrimar | (*aut.*) — *a destra*, *a sinistra*, estacionar a la derecha, a la izquierda **2** (*porte, finestre*) entornar ♦ *v.intr.* **1** (*aut.*) estacionar, aparcar **2** (*mar.*) acostar, atracar* ♦ **-rsi** *v.pron.* **1** (*avvicinarsi*) aproximarse, arrimarse **2** (*fig.*) adherir* | — *a un'arte*, interesarse por un arte.
accostato *agg.* (*finestre*) entornado.
accosto *avv.* cerca, al lado de.
accovacciarsi *v.pron.* acuclillarse, agacharse.
accozzaglia *s.f.* (*di cose*) fárrago (*m.*), amasijo (*m.*); (*di persone*) caterva, tropel (*m.*).
accozzare *v.tr.* amasar; (*cose*) amontonar.
accreditare *v.tr.* **1** (*econ.*) abonar, acreditar: — *sul conto di qlcu.*, abonar en cuenta de alguien **2** (*anche fig.*) acreditar, atestiguar*.
accreditato *agg.* acreditado.
accredito *s.m.* (*banc.*) abono.
accrescere *v.tr.* aumentar, acrecentar: — *le proprie fortune*, acrecentar su fortuna ♦ **-rsi** *v.pron.* acrecentarse, agrandarse.
accrescimento *s.m.* **1** acrecentamiento **2** (*biol., crescita*) crecimiento.
accrescitivo *agg.*, *s.m.* (*gramm.*) aumentativo.
accucciarsi *v.pron.* (*di animale*) echarse, agazaparse; (*di persona*) acurrucarse*, acuclillarse.
accudire *v.tr.* cuidar (*a*, de): — *il neonato*, cuidar al recién nacido ♦ *v.intr.* atender*, dedicarse*, ocuparse: — *alle faccende di casa*, ocuparse de las faenas domésticas .
acculturare *v.tr.* culturizar* ♦ **-rsi** *v.pron.* **1** recibir la aculturación **2** (*fig., iron.*) aprender, instruirse*.
acculturazione *s.f.* aculturación.
accumulare *v.tr.* (*anche fig.*) acumular, amontonar, apilar: — *debiti*, acumular deudas ♦ **-rsi** *v.pron.* acumularse, subseguirse*, amontonarse: *si accumulano eventi*, se acumulan los acontecimientos.
accumulatore *s.m.* acumulador.
accumulo *s.m.* **1** (*anche econ.*) acumulación (*f.*) **2** (*ammasso, detriti*) derrubio.
accuratezza *s.f.* esmero (*m.*), cuidado (*m.*), meticulosidad, precisión, exactitud.
accurato *agg.* esmerado, preciso, diligente, cuidadoso.
accusa *s.f.* acusación, imputación | *capi d'*—, cargos, imputaciones | *mettere sotto/in stato di* —, (*dir.*) encausar; (*fam.*) empapelar.
accusare *v.tr.* **1** (*anche dir.*) acusar, inculpar, imputar **2** (*manifestare*) revelar, manifestar, sentir: *l'economia accusa segni di recessione*, la economia manifiesta signos de recesión | (*amm.*) — *ricevuta*, dar acuse de recibo ♦ **-rsi** *v.pron.* confesar, acusarse.
accusato *s.m.* (*anche dir.*) acusado, imputado, reo.
accusatore *s.m.* (*anche dir.*) acusador.
accusatorio *agg.* (*anche dir.*) acusatorio: *tono* —, entonación acusatoria; *impianto* —, estructura de la acusación.

acerbo *agg.* **1** (*di frutta*) verde **2** (*di persona*) inmaduro **3** (*aspro*) áspero, agrio, ácido.
acero *s.m.* (*bot.*) arce.
acerrimo *agg.superl.* **1** acérrimo **2** (*fig.*) tenaz*, implacable.
acetato *s.m.* (*chim.*) acetato.
acetico *s.m.* (*chim.*) acético.
acetiera *s.f.* vinagrera.
acetificare *v.tr.* (*chim.*) acetificar*.
acetile *s.m.* (*chim.*) acetilo.
acetilene *s.m.* (*chim.*) acetileno.
acetilsalicilico *agg.* (*chim.*) acetilsalicílico.
aceto *s.m.* vinagre | *verdura sott'—*, encurtido.
acetone *s.m.* **1** (*chim.*) acetona (*f.*) **2** (*med.*) acetonemia (*f.*).
acetosa *s.f.* (*bot.*) acedera.
acetosella *s.f.* (*bot.*) aleluya.
acetoso *agg.* vinagroso, acetoso.
achillea *s.f.* (*bot.*) aquilea, milenrama.
aciclico *agg.* acíclico.
acidamente *avv.* ácidamente.
acidificare *v.tr.* acidificar* ♦ **-rsi** *v.pron.* acidificarse*.
acidità *s.f.* acidez* | *— di stomaco*, ardor de estómago | *— di carattere*, acritud, adustez.
acido *agg.* **1** ácido, agrio **2** (*fig.*) ácido, áspero, mordaz* ♦ *s.m.* (*chim.*) ácido.
acidulo *agg.* acídulo.
acino *s.m.* grano de uva.
acme *s.f.* **1** (*med.*) acmé **2** (*fig.*) cumbre, ápice (*m.*), cima.
acne *s.f.* (*med.*) acné.
acqua *s.f.* **1** agua: *— gassata*, agua con gas | *sott'—*, debajo del agua | *acque nere*, aguas negras | *acque di scolo*, aguas residuales | *— e sapone*, al natural, sin maquillaje | (*fig.*) *avere l'— alla gola*, estar con el agua al cuello | (*fig.*) *scoprire l'— calda*, descubrir la pólvora | (*fig.*) *trovarsi in cattive acque*, estar en apuros | *fare —*, hacer agua (*anche fig.*) | *— in bocca!*, ¡chitón! **2** (*pioggia*) lluvia: *non voglio prendere l'—*, no quiero mojarme | *cade — a catinelle*, llueve a cántaros | *scroscio d'—*, aguacero, chaparrón **3** (*pl.*, *liquido amniotico*) aguas: *le si sono rotte le acque*, ha roto aguas.
acquacoltura *s.f.* → **acquicoltura**.
acquaforte *s.f.* (*pitt.*) aguafuerte.
acquafortista *s.m./f.* (*pitt.*) aguefuertista.
acquaio *s.m.* fregadero; (*Amer.*) lavaplatos.
acquaiolo *s.m.* aguador.
acquamarina *s.f.* (*min.*) aguamarina.
acquaplano *s.m.* (*sport*) esquí acuático.
acquaragia *s.f.* aguarrás (*m.*).
acquarello *s.m.* → **acquerello**.
acquario *s.m.* acuario (*anche astr.*).
acquartieramento *s.m.* (*mil.*) acuartelamiento.
acquartierare *v.tr.* (*mil.*) acuartelar ♦ **-rsi** *v.pron.* acuartelarse.
acquasanta *s.f.* agua bendita.
acquasantiera *s.f.* pila del agua bendita.
acquascooter *s.m.* moto (*f.*) de agua.
acquatico *agg.* acuático.
acquattarsi *v.pron.* agacharse, esconderse.
acquavite *s.f.* aguardiente (*m.*); (*Amer.*) grapa.
acquazzone *s.m.* chaparrón, chubasco.
acquedotto *s.m.* acueducto.
acqueo *agg.* ácueo.
acquerellista *s.m./f.* (*pitt.*) acuarelista.
acquerello *s.m.* acuarela (*f.*), aguada (*f.*): *ad —*, a acuarela.
acquerugiola *s.f.* llovizna.
acquicoltura *s.f.* acuicultura.
acquiescente *agg.* sumiso, manso.
acquiescenza *s.f.* aquiescencia, aceptación.
acquietare *v.tr.* **1** aquietar, tranquilizar* **2** (*fig., fame, sete*) apagar* ♦ **-rsi** *v.pron.* (*anche fig.*) tranquilizarse*, calmarse.
acquifero *agg.* acuífero: *falda acquifera*, capa acuífera.
acquirente *s.m./f.* comprador (*m.*).
acquisire *v.tr.* (*anche fig.*) adquirir*, obtener*: *ho acquisito delle informazioni importanti*, he conseguido/obtenido informaciones importantes.
acquisito *agg.* adquirido | *zio —*, tío político.
acquisizione *s.f.* adquisición.
acquistabile *agg.* adquirible.
acquistare *v.tr.* **1** comprar **2** (*fig.*) adquirir*, ganar: *— fama*, adquirir fama **3** (*sport*) fichar, contratar ♦ *v.intr.* ganar, mejorar: *— in salute*, *bellezza*, ganar en salud, belleza.
acquisto *s.m.* adquisición (*f.*), compra (*f.*): (*sport*) *trattare l'— di un giocatore*, tratar la compra de un jugador; *quella casa è stata un pessimo —*, aquella casa fue una pésima adquisición | *potere d' —*, poder adquisitivo.
acquitrino *s.m.* pantano, ciénaga (*f.*).
acquitrinoso *agg.* cenagoso, pantanoso.
acquolina *s.f.* *nella loc.*: *ho l'— in bocca*, se me hace la boca agua.
acquoso *agg.* acuoso: *terreno —*, terreno cenagoso.
acre *agg.* acre, áspero | *frase —*, frase mordaz | *voce —*, voz agria/estridente.
acredine *s.f.* **1** acritud **2** (*fig.*) causticidad, mordacidad.
acrilico *agg.* (*chim.*) acrílico.
acrimonia *s.f.* (*lett.*) acrimonia, acritud.
acrobata *s.m./f.* acróbata.
acrobatica *s.f.* acrobatismo (*m.*).
acrobatico *agg.* acrobático: *volo —*, vuelo acrobático.
acrobazia *s.f.* (*anche fig.*) acrobacia | *fare delle acrobazie*, hacer acrobacias.
acromatico *agg.* acromático.

acronimo *s.m.* acrónimo.
acropoli *s.f.* acrópolis.
acrostico *s.m.* **1** (*lett.*) acróstico **2** (*sigla*) acrónimo.
acuire *v.tr.* aguzar*, afinar: — *l'ingegno*, avivar el ingenio ♦ **-rsi** *v.pron.* agudizarse*, agravarse: *il male si è acuito*, la enfermedad se ha agravado.
aculeo *s.m.* (*di insetti*) aguijón; (*di piante*) púa (*f.*).
acume *s.m.* (*anche fig.*) agudeza (*f.*), sutileza (*f.*).
acuminato *agg.* agudo, puntiagudo.
acustica *s.f.* acústica.
acusticamente *avv.* acústicamente.
acustico *agg.* acústico: *chitarra acustica*, guitarra acústica; *apparecchio* —, aparato acústico.
acutezza *s.f.* agudeza.
acuto *agg.* **1** agudo **2** (*fig.*) agudo, penetrante, vivo, intenso: *dolore* —, dolor agudo/atroz **3** (*perspicace*) sutil: *mente acuta*, mente sutil.
adagiare *v.tr.* acomodar, colocar* con cuidado ♦ **-rsi** *v.pron.* **1** recostarse*, arrellanarse, acomodarse: — *sul letto*, echarse en la cama **2** (*fig.*) abandonarse, entregarse*: — *nell'ozio*, entregarse al ocio.
adagio[1] *avv.* **1** despacio, lentamente, poco a poco **2** (*con cautela*) con cuidado.
adagio[2] *s.m.* **1** (*mus.*) adagio **2** (*proverbio*) refrán, proverbio.
adamantino *agg.* **1** (*lett.*, *fig.*) adamantino, resplandeciente **2** (*fig.*) duro, diamantino.
adamitico *agg.* (*fig.*, *iron.*) adánico | *in costume* —, en cueros.
adattabile *agg.* adaptable.
adattabilità *s.f.* adaptabilidad.
adattamento *s.m.* adaptación (*f.*).
adattare *v.tr.* **1** adaptar **2** (*sistemare*) ajustar, acomodar ♦ **-rsi** *v.pron.* adaptarse, conformarse, amoldarse.
adattatore *s.m.* (*tecn.*) adaptador.
adatto *agg.* apto, adecuado, idóneo | *essere — a*, (*capace*) ser capaz de.
addebitare *v.tr.* **1** adeudar, cargar* en el debe: — *una fattura*, cargar una factura **2** (*fig.*) achacar*, atribuir*, imputar.
addebito *s.m.* **1** (*econ.*) cargo (*f.*), adeudo **2** (*fig.*) imputación (*f.*), cargo.
addenda *s.m.pl.* adenda (*f.sing.*), apéndice (*f.sing.*).
addendo *s.m.* (*mat.*) sumando.
addensamento *s.m.* **1** densificación (*f.*) **2** (*di nubi*) masa (*f.*) **3** (*di persone*) multitud (*f.*).
addensare *v.tr.* espesar, condensar ♦ **-rsi** *v.pron.* **1** espesarse **2** (*fig.*) agolparse, acumularse, amontonarse: *le nuvole si addensano prima del temporale*, las nubes se acumulan antes de la tormenta.
addentare *v.tr.* morder*; hincar* los dientes.
addentrarsi *v.pron.* **1** introducirse*, internarse: — *nel tunnel*, entrar/introducirse en el túnel; — *nel bosco*, internarse en el bosque **2** (*fig.*) penetrar, profundizar*.
addentro *avv.* adentro | *essere — a qlco.*, ser experto en algo.
addestramento *s.m.* formación (*f.*), (*anche mil.*) adiestramiento; (*sport*) entrenamiento.
addestrare *v.tr.* adiestrar, instruir*, entrenar: — *un cane*, amaestrar un perro.
addestratore *s.m.* (*di animali*) adiestrador; (*di persone*) entrenador.
addetto *agg.*, *s.m.* encargado (de), destinado (a) | — *alle pulizie*, encargado de la limpieza | *addetti ai lavori*, personal asignado | — *culturale*, agregado cultural.
addiaccio *s.m.* aprisco, corral, redil | *dormire all'—*, dormir al sereno.
addietro *avv.* atrás | *tempo* —, hace algún tiempo, tiempo atrás.
addio *inter.* adiós | *dire — a qlco.*, renunciar a algo ♦ *s.m.* (*saluto*) despedida (*f.*) | *dare l'—*, despedirse para siempre | (*teatr.*) *serata d'—*, último espectáculo, función de despedida | — *al celibato*, despedida de soltero.
addirittura *avv.* **1** (*persino*) hasta, incluso, directamente: *la sua gentilezza è — esagerata*, su amabilidad es incluso exagerada | *—!*, ¡nada menos! **2** (*assolutamente*) totalmente, absolutamente, completamente: *è — incredibile*, es absolutamente increíble.
addirsi *v.pron.* convenir*, ajustarse, sentar* bien: *questo clima mi si addice*, este clima me sienta bien.
additare *v.tr.* indicar*, señalar: — *qlcu. a mo' di esempio*, poner a alguien como ejemplo.
additivo *s.m.* aditivo.
addizionale *agg.* adicional: *imposta* —, impuesto adicional ♦ *s.f.* (*econ.*, *fin.*) recargo (*m.*).
addizionare *v.tr.* **1** (*mat.*) adicionar **2** (*aggiungere*) sumar, añadir, agregar*.
addizione *s.f.* (*mat.*) adición, suma.
addobbare *v.tr.* decorar, adornar, arreglar, engalanar.
addobbo *s.m.* decoración (*f.*), ornamento, adorno.
addolcire *v.tr.* **1** azucarar, dulcificar*, endulzar* **2** (*fig.*) suavizar*, mitigar*: — *il proprio carattere*, suavizar el carácter ♦ **-rsi** *v.pron.* suavizarse*.
addolorare *v.tr.* afligir*, acongojar, entristecer* ♦ **-rsi** *v.pron.* afligirse: *non addolorarti per così poco!*, ¡no te aflijas por tan poca cosa!
addolorato *agg.* doliente, afligido, apenado.
addome *s.m.* abdomen.

addomesticabile *agg.* domesticable.
addomesticare *v.tr.* domesticar*, amansar, domar.
addomesticato *agg.* **1** domesticado **2** (*fig.*) falseado, manejado.
addormentare *v.tr.* **1** dormir*, adormecer*: — *qlcu. prima di un'operazione*, dormir a alguien antes de la operación **2** (*annoiare*) aburrir ♦ **-rsi** *v.pron.* **1** adormecerse*, dormirse* **2** (*intorpidirsi*) entumecerse*, entumirse: *mi si è addormentata una mano*, se me ha entumecido/dormido una mano.
addossare *v.tr.* **1** arrimar, apoyar **2** (*attribuire*) atribuir*, achacar*, imputar: — *una colpa*, atribuir una culpa ♦ **-rsi** *v.pron.* arrimarse, apoyarse: *si addossarono al muro per ripararsi dalla pioggia*, se arrimaron al muro para protegerse de la lluvia.
addosso *avv.* (*sulla persona*) encima, sobre sí: *avere* —, (*indossare*) llevar (puesto), vestir; (*avere con sé*), llevar encima/consigo; *aveva — molti gioielli*, lucía/llevaba muchas joyas | *un'auto gli è andata* —, un coche lo atropelló; (*fig.*) *non stargli così —!*, ¡no estés tan encima de él! | (*fam.*) *farsela* —, hacerse pis/caca; (*per le risate*) mearse de risa; (*per paura*) cagarse de miedo
■ ***addosso a*** **1** (*sopra*) encima de: *piombare — (a)*, caerse* encima (de) **2** (*contro*) encima de, contra **3** (*vicino*) junto, pegado, adosado: *una — all'altra*, una junto/pegada/adosada a la otra | ***mettere le mani addosso a qlcu.***, pegar a alguien; (*allungare le mani*) manosear | ***dare addosso a qlcu.***, ir contra alguien, estar (en) contra de alguien.
addottrinare *v.tr.* enseñar, instruir*, adoctrinar ♦ **-rsi** *v.pron.* instruirse*.
addurre *v.tr.* aducir*, alegar* | — *un esempio*, citar como ejemplo.
adeguamento *s.m.* **1** adecuación (*f.*), ajuste: — *dei prezzi*, adecuación de los precios **2** (*dir.*) adaptación (*f.*): — *delle norme*, adaptación de las normas.
adeguare *v.tr.* adecuar, ajustar, proporcionar ♦ **-rsi** *v.pron.* adaptarse, conformarse, amoldarse.
adeguatamente *avv.* adecuadamente.
adeguato *agg.* adecuado, apropiado, conveniente.
adempiere *v.tr./intr.* cumplir, ejecutar: — *(a) i propri compiti*, cumplir con sus obligaciones ♦ **-rsi** *v.pron.* cumplirse: *si adempia il volere di Dio*, ¡cúmplase/hágase la voluntad de Dios!
adempimento *s.m.* desempeño, cumplimiento; (*della legge*) observancia (*f.*).
adenoidi *s.f.pl.* (*med.*) adenoides.
adenoma *s.m.* (*med.*) adenoma.
aderente *agg.* **1** adherente, ajustado: *abito* —, traje ceñido **2** (*fig.*) inherente, pertinente ♦ *s.m.* afiliado, miembro, partidario.
aderenza *s.f.* **1** (*tecn., med.*) adherencia **2** (*pl., relazioni*) relaciones, influencias: *avere delle aderenze*, tener influencias.
aderire *v.intr.* **1** adherir*, adherirse*, pegarse*: *la colla non aderisce alla porcellana*, la cola no se pega a la porcelana **2** (*fig.*) adherir*, abrazar*, afiliarse: — *a un partito*, afiliarse a un partido.
adescamento *s.m.* (*anche dir.*) seducción (*f.*).
adescare *v.tr.* **1** (*animali*) cebar **2** (*fig.*) seducir*, atraer* con engaño.
adesione *s.f.* **1** adhesión **2** (*fig.*) adhesión, apoyo (*m.*), aprobación.
adesivo *agg.* adhesivo: *nastro* —, cinta adhesiva; (*fam.*) celo; (*Amer.*) cinta pegante ♦ *s.m.* autoadhesivo, pegatina (*f.*).
adesso *avv.* ahora, en este momento, hace poco: *è uscito* —, acaba de salir; — *vengo!*, ¡ahora voy! | *fin da* —, desde ahora, a partir de ahora | *per* —, por el momento.
adiacente *agg.* adyacente, contiguo.
adiacenza *s.f.* **1** contigüidad, cercanía, proximidad **2** (*spec.pl., luoghi*) cercanías.
adibire *v.tr.* destinar, asignar, emplear: *questa stanza è adibita a magazzino*, esta habitación se destina a almacén.
adipe *s.m.* grasa (*f.*), adiposidad (*f.*); (*fam.*) gordura (*f.*).
adiposità *s.f.* adiposidad.
adiposo *agg.* adiposo.
adirarsi *v.pron.* enfadarse, enojarse, irritarse: — *contro qlcu.*, enojarse con alguien.
adirato *agg.* furioso, enfadado, airado.
adire *v.tr.* (*dir.*) **1** recurrir: — *le vie legali*, recurrir a vías legales **2** (*accedere*) adir, aceptar: — *una successione*, adir una sucesión.
adolescente *agg., s.m./f.* adolescente.
adolescenza *s.f.* adolescencia, mocedad.
adolescenziale *agg.* de la adolescencia.
adombrare *v.tr.* (*lett. anche fig.*) **1** sombrear, ofuscar* **2** (*fig.*) expresar veladamente ♦ **-rsi** *v.pron.* ofenderse, resentirse*.
adop(e)rare *v.tr.* usar, emplear ♦ **-rsi** *v.pron.* empeñarse, ingeniarse: — *a favore dei poveri*, trabajar en favor de los pobres.
adorabile *agg.* adorable, delicioso, encantador.
adorare *v.tr.* adorar, encantar (*anche fig.*): *adoro la neve*, me encanta la nieve.
adorazione *s.f.* adoración, veneración, embeleso (*m.*).
adornare *v.tr.* adornar, decorar ♦ **-rsi** *v.pron.* acicalarse, arreglarse.
adorno *agg.* adornado.
adottabile *agg.* adoptable.
adottare *v.tr.* **1** (*anche fig.*) adoptar: — *un bambino*, adoptar a un niño; — *misure ur-*

genti, tomar medidas urgentes **2** (*scegliere*) adoptar, elegir*: — *un libro di testo*, elegir un libro de texto.
adottivo *agg.* adoptivo: *figlio* —, hijo adoptivo; *patria adottiva*, patria adoptiva.
adozione *s.f.* (*anche fig.*) adopción.
adrenalina *s.f.* (*chim.*) adrenalina.
adriatico *agg.* (*geogr.*) adriático: *versante* —, vertiente adriática.
adulare *v.tr.* adular, halagar*, lisonjear.
adulatore *s.m.* adulador, halagador.
adulatorio *agg.* adulatorio, lisonjero.
adulazione *s.f.* adulación, lisonja.
adulterare *v.tr.* adulterar, alterar, falsificar*.
adulterazione *s.f.* adulteración.
adulterino *agg.* adulterino.
adulterio *s.m.* adulterio.
adultero *agg.* adúltero.
adulto *agg.*, *s.m.* adulto: *film solo per adulti*, película para mayores de edad.
adunanza *s.f.* asamblea, junta, reunión: — *parlamentare*, sesión parlamentaria.
adunare *v.tr.* reunir, recoger ♦ **-rsi** *v.pron.* reunirse, hacer* asamblea, concentrarse.
adunata *s.f.* **1** (*mil.*) formación **2** (*raduno*) asamblea, reunión.
adunco *agg.* encorvado, curvo: *naso* —, nariz agüileña.
aerare *v.tr.* **1** airear, ventilar **2** (*un terreno*) orear.
aerato *agg.* aireado.
aerazione *s.f.* (*anche tecn.*) aireación, aieamiento (*m.*): *condotto di* —, conducto de aireación.
aereo[1] *s.m.* avión: — *civile*, avión comercial; — *da turismo*, avioneta; *viaggiare in* —, viajar en avión.
aereo[2] *agg.* **1** aéreo: *linee aeree*, líneas aéreas; *veduta aerea*, perspectiva aérea | *per via aerea*, por avión **2** (*fig.*) ligero, liviano, aéreo.
aerobica *s.f.* aeróbic (*m.*).
aerocisterna *s.f.* avión (*m.*) nodriza.
aeroclub *s.m.* aeroclub.
aerodinamica *s.f.* (*fis.*) aerodinámica.
aerodinamico *agg.* aerodinámico.
aerodromo *s.m.* aeródromo.
aerofaro *s.m.* aerofaro.
aerografo *s.m.* aerógrafo.
aerometro *s.m.* aerómetro.
aeromobile *s.m.* aeromóvil.
aeronautico *agg.* aeronáutico.
aeronavale *agg.* aeronaval.
aeroplano *s.m.* avión.
aeroporto *s.m.* aeropuerto.
aeroportuale *agg.* aeroportuario.
aerosoccorso *s.m.* socorro aéreo.
aerosol *s.m.* **1** (*med.*) aerosol, inhalaciones (*f.pl.*), vahos (*pl.*): *deve fare un* — *ogni sei ore*, tiene que hacer inhalaciones/un aerosol cada seis horas **2** (*apparecchio inalatore*) atomizador, nebulizador, vaporizador.
aerospaziale *agg.* aeroespacial.
aerostatico *agg.* aerostático.
aerostato *s.m.* aeróstato, aerostato.
aerostazione *s.f.* terminal (del aeropuerto).
aerotaxi *s.m.* aerotaxi.
aerotrasportato *agg.* aerotransportado: *truppe aerotrasportate*, tropas aerotransportadas.
afa *s.f.* bochorno (*m.*).
afasia *s.f.* (*med.*) afasia.
afasico *agg.* (*med.*) afásico.
affabile *agg.* afable, amable, cortés.
affabilità *s.f.* amabilidad, afabilidad.
affabulare *v.tr.* narrar, contar.
affabulatore *s.m.* fabulador.
affaccendarsi *v.pron.* atarearse, afanarse, bregar*, trajinar.
affaccendato *agg.* ocupado, atareado: *è* — *ai fornelli*, está atareado en la cocina.
affacciare *v.tr.* **1** asomar **2** (*fig.*) presentar, exponer*, plantear: — *dubbi*, plantear dudas ♦ **-rsi** *v.pron.* **1** asomarse: *questa finestra si affaccia sul cortile*, esta ventana da al patio **2** (*fig.*) presentarse, ocurrirse: *mi si affacciò un pensiero*, se me ocurrió una idea.
affamare *v.tr.* hambrear, hacer* pasar hambre.
affamato *agg.*, *s.m.* hambriento: *sono molto* —, estoy muerto de hambre.
affannare *v.tr.* afligir*, acongojar, sofocar* ♦ **-rsi** *v.pron.* **1** (*ansimare*) fatigarse*, jadear **2** (*fig.*) afanarse, anhelar, afligirse*: — *per un nonnulla*, afanarse por naderías.
affannato *agg.* **1** jadeante, agitado **2** (*fig.*) angustiado, afligido.
affanno *s.m.* **1** jadeo, ahogo **2** (*fig.*) ansiedad (*f.*), angustia (*f.*).
affannosamente *avv.* afanosamente, frenéticamente.
affannoso *agg.* **1** (*di respiro*) anhelante, jadeante **2** (*fig.*) angustioso, pesado, afanoso.
affare *s.m.* **1** (*comm.*) negocio: *concludere un buon* —, cerrar un buen negocio; *uomo d'affari*, hombre de negocios; *giro d'affari*, volumen de negocios | *affarone*, negocio redondo, (*fam.*) ganga | — *fatto!*, ¡trato hecho! | — *sporco*, negocio sucio, (*fam.*) chanchullo **2** (*faccenda*) asunto, incumbencia (*f.*), cuestión (*f.*): *affari riservati*, asuntos reservados | *fatti gli affari tuoi!*, ¡no te metas (en lo ajeno)!, ¡no es asunto tuyo! | *un* — *di Stato*, cuestión de estado | *farne un* — *di Stato*, hacer un mundo, dar demasiada importancia a algo | *Ministero degli Affari Esteri*, Ministerio de Asuntos Exteriores **3** (*dir.*) caso: *l'*—

Watergate, el caso Watergate **4** (*fam., cosa*) artefacto, chisme
■ ***di mal affare***, de mala reputación.
affarista *s.m./f.* especulador (*m.*).
affascinante *agg.* seductor, atractivo, fascinante, encantador.
affascinare *v.tr.* **1** fascinar, atraer* **2** (*fig.*) cautivar, seducir*, hechizar*: *il suo sorriso lo affascinò*, su sonrisa lo hechizó.
affastellare *v.tr.* (*anche fig.*) hacinar, apilar, acumular, amontonar.
affaticamento *s.m.* fatiga (*f.*), cansancio, agotamiento.
affaticare *v.tr.* fatigar*, cansar: — *la vista*, cansar la vista ♦ **-rsi** *v.pron.* cansarse, fatigarse*.
affaticato *agg.* cansado, agotado.
affatto *avv.* **1** (*rafforzativo di una negazione*) en absoluto, de ninguna manera: *non lo conosco* —, no lo conozco para nada | *niente* —, de ningún modo **2** (*del tutto*) completamente, del todo: *sono punti di vista — diversi*, son puntos de vista totalmente diferentes.
affermare *v.tr.* **1** afirmar, asegurar **2** (*dire di sì*) decir* que sí, asentir* **3** (*sostenere*) sostener*, defender*: — *la propria innocenza*, defender su inocencia ♦ **-rsi** *v.pron.* destacar*, distinguirse*, imponerse*, ganar terreno, sobresalir*: — *tra i primi*, sobresalió entre los primeros.
affermativamente *avv.* afirmativamente: *rispondere* —, responder que sí.
affermativo *agg.* afirmativo.
affermato *agg.* prestigioso, célebre, renombrado.
affermazione *s.f.* **1** afirmación **2** (*fig.*) éxito (*m.*), triunfo (*m.*).
afferrare *v.tr.* **1** asir*, agarrar | — *l'occasione*, aprovechar la ocasión **2** (*fig.*) captar, entender*: — *un concetto*, comprender un concepto ♦ **-rsi** *v.pron.* aferrarse, agarrarse: *si afferrò alla corda*, se aferró/agarró a la cuerda | — *a una scusa*, agarrarse a un pretexto.
affettare[1] *v.tr.* (*tagliare a fette*) rebanar, cortar en (lonchas, rebanadas, rodajas, tajadas).
affettare[2] *v.tr.* (*ostentare*) afectar, aparentar*, fingir*, simular.
affettato[1] *agg.* cortado en rebanadas ♦ *s.m.* embutido.
affettato[2] *agg.* afectado, artificioso.
affettivo *agg.* afectivo, expresivo.
affetto[1] *agg.* **1** (*malato*) enfermo, afectado: — *da* AIDS, enfermo de SIDA **2** (*lett., in preda a*) dominado, poseído: — *da malinconia*, dominado por la melancolía.
affetto[2] *s.m.* cariño, afecto: *nutrire* —, sentir cariño.
affettuosamente *avv.* cariñosamente.
affettuosità *s.f.* cariño (*m.*), afectuosidad.
affettuoso *agg.* cariñoso, afectuoso, efusivo.
affezionarsi *v.pron.* encariñarse, apegarse*: — *al bambino*, encariñarse con el niño | — *allo sport*, aficionarse al deporte.
affezionato *agg.* encariñado, apegado.
affezione *s.f.* **1** cariño (*m.*) **2** (*med.*) enfermedad, afección.
affiancare *v.tr.* **1** flanquear, ir* al lado **2** (*sostenere*) proteger*, ayudar, apoyar: *nello studio sono affiancato da un tutor*, me ayuda un tutor con los estudios ♦ **-rsi** *v.pron.* ponerse* al lado.
affiatamento *s.m.* camaradería (*f.*), compañerismo, armonía (*f.*).
affiatare *v.tr.* unir, concordar ♦ **-rsi** *v.pron.* confraternizar*, familiarizarse*: *i calciatori si sono affiatati*, los futbolistas han confraternizado.
affiatato *agg.* unido: *essere molto affiatati*, estar muy unidos.
affibbiare *v.tr.* **1** asestar, poner*, dar*: — *un calcio*, dar una patada; — *un nomignolo*, poner un apodo **2** (*fig.*) atribuir, achacar*: — *una colpa*, atribuir una culpa **3** (*cinture*) cerrar con hebilla, abrochar.
affidabile *agg.* **1** (*di persone*) fiable, de confianza **2** (*di fonti*) seguro.
affidabilità *s.f.* **1** fiabilidad, seguridad **2** (*tecn.*) fiabilidad, precisión.
affidamento *s.m.* **1** confianza (*f.*), seguridad (*f.*): *fare — su*, contar con, tener confianza en **2** (*dir.*) tutela (*f.*): *dare in — un minore*, otorgar la tutela de un menor.
affidare *v.tr.* confiar*, encargar*: — *qlco. di prezioso*, confiar algo valioso ♦ **-rsi** *v.pron.* encomendarse*, entregarse*: — *alla sorte*, encomendarse a la suerte.
affidatario *s.m.* (*dir.*) tutor.
affido *s.m.* (*dir.*) custodia (*f.*), tutela (*f.*): *avere in* —, tener la custodia de alguien.
affievolimento *s.m.* amortiguamento, atenuación (*f.*), debilitamiento: — *della vista*, debilitamiento de la vista.
affievolire *v.tr.* atenuar*, debilitar, disminuir*.
affiggere *v.tr.* fijar, pegar*: — *un avviso*, pegar* un aviso.
affilacoltelli *s.m.* afilador, piedra (*f.*) amoladera.
affilamento *s.m.* afiladura (*f.*).
affilare *v.tr.* afilar; (*una matita*) sacar* punta.
affilato *agg.* **1** afilado **2** (*sottile*) afilado, delgado, fino, sutil.
affilatrice *s.f.* afilador (*m.*), piedra amoladera.
affiliare *v.tr.*(*dir.*) prohijar*afiliar, inscribir, asociar; (*dir.*) prohijar* ♦ **-rsi** *v.pron.* afiliar-

se, asociarse: — *a una setta*, afiliarse a una secta.
affiliato *agg.* afiliado, asociado; (*dir.*) prohijado ♦ *s.m.* miembro, afiliado.
affiliazione *s.f.* **1** afiliación **2** (*dir.*) prohijamiento (*m.*) **3** (*sport*) fichaje.
affinamento *s.m.* afinación (*f.*), refinado.
affinare *v.tr.* **1** afinar **2** (*fig.*), perfeccionar, pulir, aguzar*: — *l'udito*, aguzar el oído ♦ **-rsi** *v.pron.* (*perfezionarsi*) mejorarse, perfeccionarse.
affinché *cong.* para que, a fin de que, con el objeto de que.
affine *agg.* análogo, similar ♦ *s.m.* pariente, allegado.
affinità *s.f.* **1** afinidad (*anche dir.*), semejanza **2** (*simpatia*) simpatía, atracción.
affiochito *agg.* débil, amortiguado.
affioramento *s.m.* **1** afloración (*f.*), emersión (*f.*) **2** (*geol.*) afloramiento: — *roccioso*, afloramiento rocoso.
affiorare *v.intr.* **1** aflorar, brotar; (*di liquido*) manar: *qualche scoglio affiora dall'acqua*, algunos escollos afloran del agua; *l'acqua affiora dal terreno*, el agua brota/mana del terreno **2** (*fig.*) surgir*, salir* a la luz: *gli affiorò un dubbio*, le surgió una duda; *sono affiorate le prime difficoltà*, salieron a la luz/superficie las primeras dificultades.
affissione *s.f.* colocación de carteles/avisos: *divieto d'* —, prohibido fijar carteles.
affisso *s.m.* **1** anuncio, póster, cartel **2** (*gramm.*) afijo: — *verbale*, afijo verbal.
affittacamere *s.m./f.* persona que alquila habitaciones.
affittare *v.tr.* **1** (*dare in affitto*) alquilar, arrendar* **2** (*prendere in affitto*) alquilar, arrendar*, tomar en alquiler | *affittasi*, se alquila.
affitto *s.m.* alquiler, arriendo: *pagare l'* —, pagar el alquiler; *ho preso in — un appartamento*, he alquilado un piso | *casa in* —, casa en alquiler.
affittuario *s.m.* inquilino.
afflato *s.m.* aflato: — *poetico*, aflato poético.
affliggere *v.tr.* afligir*, entristecer* ♦ **-rsi** *v.pron.* afligirse*, sentir* pena, sufrir*, padecer*.
afflitto *agg.* **1** afligido, dolorido **2** (*tormentato*) afectado: — *da una malattia*, afectado por una enfermedad.
afflizione *s.f.* aflicción.
afflosciamento *s.m.* aflojamiento.
afflosciare *v.tr.* **1** (*bot.*) marchitar, poner* mustio: *la siccità affloscia le piante*, la sequía pone mustias las plantas **2** (*fig., indebolire*) debilitar **3** (*fig., scoraggiare*) desinflar, desanimar: *le delusioni l'hanno afflosciato*, las desilusiones lo/la han desinflado ♦ **-rsi** *v.pron.* **1** (*bot.*) ablandarse, ponerse* mustio; (*di pelle, corpo*) ponerse*/volverse* flácido **2** (*sgonfiarsi*) desinflarse: *il palloncino si è afflosciato*, el globo se ha desinflado **3** (*svenire*) desmayarse.
affluente *s.m.* afluente.
affluenza *s.f.* afluencia, concurrencia.
affluire *v.intr.* **1** afluir*, desembocar*, verter*: *l'ira gli faceva — il sangue alla testa*, se le subía la sangre a la cabeza por la ira **2** (*fig.*) afluir*, acudir, llegar*, concurrir: *il popolo affluiva nella piazza*, el pueblo afluía a la plaza.
afflusso *s.m.* **1** (*di liquido*) aflujo **2** (*di cose*) entrada (*f.*); (*di gente*) afluencia (*f.*), concurrencia (*f.*): — *di capitali*, entrada/ingreso de capitales; — *di merci dall'estero*, entrada de mercancías del extranjero; *l'— dei tifosi allo stadio*, la afluencia de aficionados al estadio.
affogamento *s.m.* ahogamiento.
affogare *v.tr.* ahogar* (*anche fig.*): — *i dispiaceri nell'alcol*, ahogar las penas en el alcohol ♦ *v.intr.* ahogarse*: *è affogato nel fiume*, se ahogó en el río.
affogato *s.m.* (*cuc.*) helado con café o licor.
affollamento *s.m.* gentío, muchedumbre (*f.*), concurrencia (*f.*).
affollare *v.tr.* atestar, abarrotar: *gli studenti affollavano l'ingresso*, los estudiantes abarrotaban la entrada ♦ **-rsi** *v.pron.* agolparse, aglomerarse, hacinarse: *troppi ricordi si affollavano nella sua mente*, demasiados recuerdos se agolpaban en su mente.
affollato *agg.* atestado, repleto, lleno (de gente).
affondare *v.tr.* **1** hundir, sumergir* **2** (*far penetrare*) ahondar ♦ *v.intr.* **1** hundirse, irse* a pique: *la nave affondò vicino alla costa di Malaga*, el barco se hundió cerca de la costa de Málaga **2** (*penetrare profondamente*) hundirse: — *nel fango*, hundirse en el barro.
affondo *s.m.* **1** (*scherma*) fondo **2** (*corsa*) acelerón, sprint, aumento de velocidad.
affossamento *s.m.* concavidad (*f.*), depresión (*f.*).
affossare *v.tr.* **1** ahondar, hundir **2** (*incavare*) hender*, surcar* **3** (*fig.*) dejar en suspenso, dar* carpetazo: — *la questione*, dar carpetazo a la cuestión ♦ **-rsi** *v.pron.* hundirse.
affrancamento *s.m.* emancipación (*f.*), liberación (*f.*).
affrancare *v.tr.* **1** franquear, eximir, exentar **2** (*liberare*) librar; emancipar; (*uno schiavo*) manumitir **3** (*posta*) franquear, poner* sellos ♦ **-rsi** *v.pron.* liberarse.
affrancato *s.m.* liberto.

affrancatrice *s.f.* (*posta*) máquina para franquear.
affrancatura *s.f.* franqueo (*m.*).
affranto *agg.* **1** (*stremato*) fatigado, (*fam.*) exhausto, reventado **2** (*dal dolore*) abrumado, quebrantado, transido.
affratellamento *s.m.* hermanamiento.
affratellare *v.tr.* unir, hermanar.
affrescare *v.tr.* pintar al fresco.
affresco *s.m.* **1** fresco **2** (*fig.*) panorama (*f.*), retrato, descripción (*f.*): *la Commedia è un — del Duecento,* la Divina Comedia es un retrato del siglo XIII.
affrettare *v.tr.* apresurar, apremiar; (*Amer.*) apurar | — *i tempi*, ganar tiempo, apresurar (las cosas) ♦ **-rsi** *v.pron.* darse* prisa, apresurarse.
affrettato *agg.* **1** presuroso, rápido **2** (*poco curato*) ligero, apresurado: *un giudizio* —, un juicio apresurado.
affricato *agg.* (*ling.*) africado.
affrontare *v.tr.* afrontar, encarar, enfrentar, hacerle* frente (a algo): — *una salita*, afrontar una cuesta; — *un problema*, encarar un problema; — *un pericolo*, encarar un peligro ♦ **-rsi** *v.pron.* enfrentarse.
affronto *s.m.* afrenta (*f.*), ofensa (*f.*): *subire un* —, sufrir una afrenta | *lavare un — col sangue*, vengar con sangre una ofensa.
affumicamento *s.m.* ahumado.
affumicare *v.tr.* **1** (*annerire*) tiznar **2** (*alimenti*) ahumar.
affumicato *agg.* (*anche fig.*) ahumado: *prosciutto* —, jamón ahumado.
affusolare *v.tr.* ahusar.
affusolato *agg.* **1** ahusado, delgado **2** (*di indumento*) ceñido, ajustado.
afg(h)ano *agg.*, *s.m.* afgano.
afonia *s.f.* (*med.*) afonía.
afonico *agg.* (*med.*) afónico.
afono *agg.* afónico, áfono.
aforisma *s.m.* aforismo.
aforistico *agg.* aforístico.
afosità *s.f.* bochorno (*m.*).
afoso *agg.* bochornoso, sofocante.
africander, **afrikander** *s.m.* afrikáner.
africanismo *s.m.* africanismo.
africanista *agg.*, *s.m./f.* africanista.
africano *agg.*, *s.m.* africano.
africo *s.m.* viento del sur, ábrego.
afrikaans *s.m.* afrikáans.
afroamericano *agg.*, *s.m.* afroamericano.
afroasiatico *agg.* afroasiático.
afrocubano *agg.*, *s.m.* afrocubano.
afrodisiaco *agg.*, *s.m.* afrodisíaco, afrodisiaco.
afrore *s.m.* olor acre.
afta *s.f.* (*med.*) afta.
agape *s.f.* ágape.
agata *s.f.* (*min.*) ágata.
agave *s.f.* (*bot.*) agave, pita, fique.
agenda *s.f.* agenda.
agente *s.m.* (*comm.*, *chim.*, *ling.*) agente | — *di borsa*, corredor de bolsa.
agenzia *s.f.* agencia, sucursal | — *di viaggi*, agencia de viajes | — *immobiliare*, inmobiliaria | — *pubblicitaria*, agencia de publicidad.
agevolare *v.tr.* facilitar; (*aiutare*) favorecer*, ayudar: *sono stato sempre agevolato da mio padre*, mi padre siempre me ha ayudado; — *un concorrente*, favorecer a un competidor.
agevolato *agg.* facilitado | *mutuo* —, préstamo hipotecario blando.
agevolazione *s.f.* facilitación: — *di pagamento*, facilidades de pago.
agevole *agg.* fácil, llano, comodo.
agganciamento *s.m.* (*anche tecn.*) enganche.
agganciare *v.tr.* **1** enganchar, agarrar con un gancho **2** (*fig.*, *persone*) enganchar: *era un maestro nell'— le ragazze*, era un portento para abordar a las muchachas.
aggancio *s.m.* **1** enganche **2** (*fig.*) contacto, enchufe: *ha buoni agganci*, tiene buenos contactos.
aggeggio *s.m.* trasto, chisme: *come funziona quell'—?*, ¿cómo funciona ese chisme?
aggettivale *agg.* (*gramm.*) adjetival.
aggettivazione *s.f.* (*gramm.*) adjetivación.
aggettivo *s.m.* (*gramm.*) adjetivo.
agghiacciante *agg.* espantoso, horrible, horroroso.
agghiacciare *v.tr.* **1** helar*, enfriar* **2** (*fig.*) asustar, aterrar: *la notizia mi agghiacciò*, la noticia me aterró ♦ **-rsi** *v.pron.* **1** helarse* **2** (*fig.*) aterrorizarse*, espantarse.
agghindare *v.tr.* acicalar, engalanar, adornar ♦ **-rsi** *v.pron.* acicalarse.
agghindato *agg.* engalanado, acicalado.
aggio *s.m.* (*comm.*) agio.
aggiornamento *s.m.* **1** actualización, puesta (*f.*) al día | *corso di — professionale*, cursillo **2** (*rinvio*) aplazamiento.
aggiornare *v.tr.* **1** (*ammodernare*) actualizar*: *i prezzi sono stati appena aggiornati*, acaban de revisar los precios* **2** (*mettere al corrente*) poner* al día **3** (*rinviare*) aplazar*, diferir* ♦ **-rsi** *v.pron.* ponerse* al día.
aggiotaggio *s.m.* (*dir.*) agiotaje.
aggiramento *s.m.* **1** rodeo **2** (*mil.*) flanqueo.
aggirare *v.tr.* **1** rodear; circundar: — *le linee nemiche*, rodear las líneas enemigas **2** (*fig.*) esquivar, sortear, salvar, soslayar: — *l'ostacolo*, esquivar el obstáculo: *aggirò abilmente ogni difficoltà*, sorteó con habilidad todas las dificultades ♦ **-rsi** *v.pron.* **1** vagar*, merodear: *un tipo sospetto si aggira per il parco*, un tipo sospechoso merodea por el parque **2** (*fig.*) aproximarse, estar entorno: *la spesa*

si aggira sul milione di euro, el gasto es de aproximadamente un millón de euros.

aggiudicare *v.tr.* adjudicar*, asignar, atribuir* ♦ **-rsi** *v.pron.* (*ottenere per sé*) adjudicarse*: *mi aggiudicai il pezzo più interessante dell'asta*, me adjudiqué la pieza más interesante de la subasta.

aggiungere *v.tr.* añadir, agregar*, echar: *aggiungi un po' di sale*, agrega/echa un poco de sal; — *legna al fuoco*, echarle leña al fuego | *e poi aggiunse che...*, y luego añadió que...

aggiunta *s.f.* añadido (*m.*), añadidura, aditamento (*m.*).

aggiuntivo *agg.* adicional.

aggiunto *agg.* añadido | *procuratore* —, procurador adjunto ♦ *s.m.* asociado, adjunto.

aggiustamento *s.m.* (*anche fig.*) arreglo.

aggiustare *v.tr.* arreglar, reparar: *far — l'orologio*, mandar arreglar el reloj | — *i conti*, arreglar/cuadrar cuentas | — *un disaccordo*, conciliar una desavenencia | (*iron.*) — *uno per le feste*, dejar a uno como nuevo | — *il tiro*, afinar la puntería ♦ **-rsi** *v.pron.* **1** (*sistemarsi, adattarsi*) adaptarse **2** (*arrangiarsi*) apañarse, arreglárselas: — *alla meglio*, arreglárselas de la mejor manera **3** (*accordarsi*) arreglarse, ponerse de acuerdo **4** (*rimettersi in ordine*) componerse, arreglarse: *aggiustati la giacca, i capelli*, arréglate la chaqueta, el pelo.

agglomerare *v.tr.* aglomerar, unir ♦ **-rsi** *v.pron.* aglomerarse.

agglomerato *s.m.* **1** (*urbano*) casco urbano **2** (*geol.*) aglomerado, conglomerado.

agglomerazione *s.f.* aglomeración.

agglutinare *v.tr.* aglutinar, pegar*.

agglutinazione *s.f.* aglutinación.

aggomitolare *v.tr.* ovillar, enrollar ♦ **-rsi** *v.pron.* ovillarse, acurrucarse*.

aggradare *v.intr.* agradar, gustar: *se ti aggrada*, si te agrada.

aggrapparsi *v.pron.* asirse*, agarrarse, aferrarse (*anche fig.*): — *alla vita*, aferrarse a la vida.

aggravamento *s.m.* agravamiento.

aggravante *agg.*, *s.f.* (*anche dir.*) agravante.

aggravare *v.tr.* agravar, empeorar ♦ **-rsi** *v.pron.* agravarse, recrudecer*.

aggravato *agg.* (*malato*) aggravato.

aggravio *s.m.* **1** aumento | — *fiscale*, carga tributaria **2** (*lett.*) injusticia, agravio.

aggraziato *agg.* apuesto, agraciado, garboso, airoso.

aggredire *v.tr.* **1** agredir*, atacar*, acometer **2** (*fig.*) encarar, enfrentar: — *un problema*, encarar un problema.

aggregare *v.tr.* agregar*, añadir, incorporar ♦ **-rsi** *v.pron.* unirse, sumarse: *ci aggreghiamo a voi*, nos sumamos/agregamos a vosotros.

aggregato *agg.* **1** agregado **2** (*econ.*) total ♦ *s.m.* **1** (*biol.*) agregado **2** (*mat.*) conjunto.

aggregazione *s.f.* (*anche fis.*) agregación.

aggressione *s.f.* agresión, asalto (*m.*), ataque (*m.*).

aggressivo *agg.* agresivo, combativo.

aggressore *s.m.* agresor.

aggrinzire *v.tr.* arrugar*, encrespar ♦ **-rsi** *v.pron.* fruncirse, encresparse.

aggrottare *v.tr.* fruncir*.

aggrovigliare *v.tr.* enredar, liar* ♦ **-rsi** *v.pron.* (*anche fig.*) liarse*, enmarañarse, embarullarse.

aggrovigliato *agg.* **1** enredado, enmarañado: *un rotolo di corda molto* —, un rollo de cuerda muy enmarañado **2** (*fig.*) intricado, complicado.

aggrumare *v.tr.* agrumar, coagular ♦ **-rsi** *v.pron.* agrumarse, coagularse.

agguantare *v.tr.* agarrar, aferrar, coger*, asir*: *la polizia l'agguantò*, la policía lo cogió.

agguato *s.m.* acecho, emboscada (*f.*): *stare in* —, estar al acecho; *tendere un* —, tender una emboscada.

agguerrito *agg.* (*anche fig.*) combativo, aguerrido, valiente.

agiatamente *avv.* cómodamente.

agiatezza *s.f.* bienestar (*m.*), comodidad, riqueza.

agiato *agg.* acomodado, pudiente | *vita agiata*, vida regalada/acomodada.

agibile *agg.* (*abitabile*) habitable, practicable.

agile *agg.* **1** ágil, dinámico, desenvuelto, rápido **2** (*di testo*) ágil, fácil, claro.

agilità *s.f.* (*anche fig.*) agilidad, dinamismo (*m.*), ligereza, vivacidad.

agilmente *avv.* ágilmente.

agio *s.m.* comodidad (*f.*), bienestar | *essere a proprio* —, estar a sus anchas | *mettere a proprio* —, hacer sentir a gusto.

agiografia *s.f.* hagiografía.

agire *v.intr.* **1** actuar, obrar: *occorre — subito*, es preciso actuar de inmediato | — *apertamente*, actuar a cara descubierta | — *con leggerezza*, actuar con ligereza **2** (*funzionare*) funcionar, surtir efecto: *la medicina ha agito subito*, la medicina ha surtido efecto enseguida **3** (*comportarsi*) portarse | *modo di* —, proceder, comportamiento.

agitare *v.tr.* **1** agitar; (*scuotere*) sacudir: — *le braccia*, agitar los brazos **2** (*turbare*) turbar, alborotar ♦ **-rsi** *v.pron.* **1** agitarse, moverse*, revolverse*: — *nel letto*, revolverse/dar vueltas en la cama **2** (*fig.*) alterarse, excitarse.

agitato *agg.* **1** (*mare*) agitado, borrascoso: *il*

mare è —, el mar está picado **2** (*di persona*) agitado, nervioso.
agitatore *s.m.* agitador | *— politico*, agitador político.
agitazione *s.f.* **1** agitación | (*pol.*) *— sindacale*, revuelta sindical **2** (*ansia*) ansia, angustia, preocupación.
aglio *s.m.* (*bot.*) ajo: *spicchio d'—*, diente de ajo.
agnello *s.m.* cordero (*anche fig.*): *— da latte*, cordero lechal | (*fig.*) *essere buono come un —*, ser manso como un cordero.
agnosticismo *s.m.* (*filos.*) agnosticismo.
agnostico *agg.* (*filos.*) agnóstico.
ago *s.m.* aguja (*f.*): *infilare l'—*, enhebrar la aguja | *— della bilancia*, fiel.
agognare *v.tr.* desiderar, anhelar.
agonia *s.f.* **1** agonía **2** (*fig.*) angustia, tormento (*m.*), ansia.
agonismo *s.m.* espíritu combativo/ competitivo.
agonistica *s.f.* agonística.
agonistico *agg.* **1** agonístico **2** (*fig.*) combativo, competitivo.
agonizzante *agg.* agonizante.
agonizzare *v.intr.* agonizar*.
agopuntura *s.f.* (*med.*) acupuntura.
agorafobia *s.f.* (*med.*) agorafobia.
agosto *s.m.* agosto.
agraria *s.f.* agronomía, agricultura | *Facoltà di —*, Facultad de agricultura.
agrario *agg.* agrario.
agricolo *agg.* agrícola, agrario: *azienda agricola*, finca rústica, hacienda (agrícola), granja.
agricoltore *s.m.* agricultor, labrador, campesino.
agricoltura *s.f.* agricultura | *— biologica*, agricultura orgánica.
agrifoglio *s.m.* (*bot.*) acebo, agrifolio.
agriturismo *s.m.* agroturismo, turismo rural.
agro[1] *agg.* **1** ácido **2** (*fig.*) agrio ♦ *s.m.* acidez (*f.*), agrura (*f.*), amargura (*f.*).
agro[2] *s.m.* agro, campo: *— romano*, agro romano.
agroalimentare *agg.* agroalimentario.
agrodolce *agg.* agridulce.
agronomia *s.f.* agronomía.
agronomo *s.m.* agrónomo.
agrume *s.m.* (*bot.*) cítrico, agrio.
agrumeto *s.m.* plantación de cítricos.
aguglia *s.f.* (*zool.*) aguja paladar.
aguzzare *v.tr.* afilar, aguzar*, afinar (*anche fig.*): *— l'ingegno*, aguzar el ingenio | *— la vista, gli orecchi*, aguzar la vista, el oído.
aguzzino *s.m.* cómitre, torturador.
aguzzo *agg.* **1** puntiagudo, agudo, afilado: *coltello —*, cuchillo puntiagudo; *una punta aguzza*, una punta aguda/afilada **2** (*fig.*) penetrante, intenso.
ah *inter.* ¡ay!
ahi *inter.* ¡ay!: *— che male!*, ¡ay que dolor!
ahimè (*inter.*) ¡pobre de mí!
aia *s.f.* era | *menare il can per l'—*, andarse con rodeos.
AIDS *s.m./f.* (*med.*) SIDA (*m.*).
airone *s.m.* (*zool.*) garza (*f.*): *— cinerino*, airón, garza real.
aitante *agg.* fornido, gallardo, robusto.
aiuola *s.f.* cuadro (*m.*), bancal (*m.*), parterre (*m.*).
aiutante *s.m.* (*anche mil.*) ayudante, asistente.
aiutare *v.tr.* **1** ayudar, cooperar, socorrer | *aiutati, che Dio ti aiuta*, al que se ayuda, Dios lo ayuda **2** (*favorire*) facilitar.
aiutato *s.m.* médico adjunto.
aiuto *s.m.* **1** ayuda (*f.*), auxilio | *essere il miglior —*, ser la mano derecha | *invocare —*, pedir auxilio **2** (*aiutante*) ayudante (*m./f.*) ♦ *inter.* ¡socorro!
aizzamento *s.m.* incitación (*f.*)
aizzare *v.tr.* azuzar*, incitar, instigar*.
aizzatore *s.m.* instigador.
ala *s.f.* **1** ala: *sbattere le ali*, batir las alas; *ad ali spiegate*, con las alas desplegadas **2** (*di schieramenti*) ala: *l'— sinistra del partito*, el ala izquierda del partido; *fra due ali di gente*, entre dos filas de gente **3** (*sport*) ala, interior (*m.*), lateral (*m.*): *l'— destra*, el ala derecha, el exterior derecho **4** (*di cappello*) ala ■ ***avere le ali ai piedi***, tener alas en los pies | ***in un batter d'ali***, en un abrir y cerrar de ojos | ***sotto l'ala di***, a la sombra de | ***tarpare le ali a qlcu.***, cortarle las alas a alguien.
alabardiere *s.m.* (*mil.*) alabardero.
alabastro *s.m.* (*min.*) alabastro.
alacre *agg.* pronto, diligente, vivaz: *— operosità*, vivaz laboriosidad.
alacrità *s.f.* alacridad, vivacidad.
alamaro *s.m.* (*bottone*) alamar.
alambicco *s.m.* alambique.
alano *s.m.* (*zool.*) alano.
alare[1] *s.m.* (*di camino*) morillo.
alare[2] *agg.* del ala, de las alas | *apertura —*, envergadura.
alato *agg.* **1** alado **2** (*fig.*) elevado, sublime, noble.
alba *s.f.* **1** alba, madrugada, amanecer (*m.*); (*lett.*) alborada: *sul far dell'—*, al despuntar del día **2** (*fig.*) albor (*m. spec.pl.*), comienzo (*m.*): *l'— della civiltà*, los albores de la civilización.
albanese *agg.*, *s.m./f.* albanés (*m.*).
albatro *s.m.* (*zool.*) albatros.
albeggiamento *s.m.* alborada (*f.*).
albeggiare *v.intr.* **1** clarear, amanecer* **2** (*fig.*) blanquear ♦ *v.impers.* alborear, amanecer*: *al mio risveglio albeggiava*, me desperté cuando amanecía.

alberato *agg.* arbolado: *viale —*, avenida arbolada.
albereta *s.f.* arboleda.
albergare *v.tr.* **1** hospedar: *— un amico*, hospedar a un amigo **2** (*fig.*, *sentimenti*) abrigar*, nutrir: *— un'idea*, abrigar una idea ♦ *v.intr.* **1** residir, alojarse **2** (*fig.*) esconderse, abrigar*: *nel suo cuore alberga l'odio*, en su corazón se anida el odio.
albergatore *s.m.* hotelero.
alberghiero *agg.* hotelero.
albergo *s.m.* hotel.
albero *s.m.* **1** árbol: *— da frutto*, árbol frutal; *l'— di Natale*, el árbol de Navidad **2** (*mar.*) mástil, palo **3** (*mecc.*) eje.
albicocca *s.f.* (*bot.*) albaricoque (*m.*).
albicocco *s.m.* (*bot.*) albaricoquero; (*Amer.*) damasco.
albinismo *s.m.* (*biol.*) albinismo.
albino *agg.*, *s.m.* albino.
albo *s.m.* **1** colegio, registro: *— professionale*, colegio profesional; *iscriversi all'—*, colegiarse **2** (*bacheca*) cartelera (*f.*), tablón de anuncios.
albori *s.m.pl.* (*lett.*, *fig.*) principio (*sing.*), albores: *gli — dell'era moderna*, los albores de la edad moderna.
album *s.m.* **1** álbum **2** (*mus.*) elepé, álbum musical.
albume *s.m.* albumen, clara (*f.*) de huevo.
albumina *s.f.* (*chim.*) albúmina.
alcali *s.m.* (*chim.*) álcali.
alcalinità *s.f.* (*chim.*) alcalinidad.
alcalino *agg.* (*chim.*) alcalino.
alcaloide *s.m.* (*chim.*) alcaloide.
alce *s.m.* (*zool.*) ante, alce.
alchimia *s.f.* **1** alquimia **2** (*fig.*) artificio (*m.*), magia, astucia.
alchimista *s.m./f.* alquimista.
alcione *s.m.* (*biol.*) alción.
alcol *s.m.* alcohol: *— denaturato*, alcohol de quemar.
alcolemia *s.f.* (*med.*) alcoholemia.
alcolico *agg.* alcohólico ♦ *s.m.* bebida (*f.*) alcohólica.
alcolismo *s.m.* (*med.*) alcoholismo.
alcolista *s.m./f.* (*med.*) alcohólico (*m.*).
alcolizzato *agg.*, *s.m.* alcohólico.
alcotest *s.m.* **1** test de alcoholemia **2** (*strumento*) alcoholímetro.
alcova *s.f.* alcoba.
alcunché *pron.indef.* (*lett.*) **1** (*in frasi affermative*) algo: *c'è — di interessante in questo libro*, hay algo interesante en este libro **2** (*in frasi negative*) nada: *non c'è — di vero nelle tue parole*, no hay nada verdadero en tus palabras.
alcuno, **alcun** *agg.indef.* **1** (*pl.*, *in frasi affermative o interr. dalle quali ci si aspetta una risposta affermativa*) algunos, unos: *alcuni giorni fa*, algunos días atrás **2** (*sing.*, *in frasi negative*) ninguno, alguno, (*davanti a s.m.*) ningún: *non vedo — problema*, no veo ningún problema, no veo problema alguno; *non c'era alcuna ragazza*, no había ninguna chica ♦ *pron.indef.* **1** (*pl.*, *in frasi affermative*) algunos: *alcuni sono d'accordo*, algunos están de acuerdo; (*in correlazione con altri*) *alcuni partono, altri restano*, algunos se marchan, otros se quedan **2** (*sing.*, *in frasi negative, riferito a persone*) nadie, ninguno; (*riferito a animali o cose*) ninguno: *non incontrai —*, no encontré a nadie; *non hanno mantenuto alcuna delle loro promesse*, no han mantenido ninguna de sus promesas.
aldilà *s.m.*: *l'—*, el más allá, la otra vida | *credere nell'—*, creer en el más allá | *mandare qlcu. all'—*, despachar, cargarse a alguien.
alea *s.f.* casualidad, riesgo (*m.*).
aleatorio *agg.* aleatorio.
aleggiare *v.intr.* (*fig.*) flotar.
alesare *v.tr.* (*mecc.*) escariar*.
alesatore *s.m.* (*mecc.*) escariador.
alesatrice *s.f.* (*mecc.*) escariador (*m.*).
alettone *s.m.* (*aer.*, *aut.*) alerón.
alfa *s.f./m.* alfa (*f.*) | (*fig.*) *— e omega*, alfa y omega.
alfabetico *agg.* alfabético | *ordine —*, orden alfabético.
alfabetizzare *v.tr.* alfabetizar*: *— i nuovi alunni*, alfabetizar a los nuevos alumnos.
alfabetizzazione *s.f.* alfabetización.
alfabeto *s.m.* alfabeto: *l'— Morse*, el alfabeto Morse.
alfanumerico *agg.* alfanumérico.
alfiere *s.m.* **1** (*mil.*) alférez* **2** (*fig.*) paladino: *l'— della democrazia*, il paladino de la democracia **3** (*scacchi*) alfil.
alga *s.f.* (*bot.*) alga.
algebra *s.f.* (*mat.*) álgebra.
algebrico *agg.* (*mat.*) algebraico.
algerino *agg.*, *s.m.* argelino.
alghicida *s.m.* algicida.
algoritmico *agg.* (*mat.*) algorítmico.
algoritmo *s.m.* (*mat.*) algoritmo.
aliante *s.m.* (*aer.*) planeador.
alias *avv.* alias, apodado.
alibi *s.m.* (*dir.*) coartada (*f.*): *un — di ferro*, una coartada sólida.
alice *s.f.* **1** (*zool.*) boquerón (*m.*) **2** (*cuc.*) anchoa.
alienabile *agg.* (*dir.*) enajenable.
alienante *agg.* **1** (*psic.*) alienante **2** (*dir.*) enajenador.
alienare *v.tr.* **1** (*dir.*) enajenar, vender, ceder **2** (*allontanare*) alejar, extrañar, alienar, apartar.

alienato *agg.* **1** (*psic.*) alienado **2** (*dir.*) enajenado.
alienazione *s.f.* **1** (*psic.*) alienación **2** (*dir.*) enajenación.
alieno *agg.* ajeno, adverso ♦ *s.m.* extraterrestre.
alimentare[1] *agg.* comestible, alimentario, alimenticio: *intossicazione —*, intoxicación alimentaria.
alimentare[2] *v.tr.* (*anche fig.*) alimentar, nutrir; (*animali*) cebar; *— sentimenti di odio*, nutrir sentimientos de odio ♦ **-rsi** *v.pron.* alimentarse, sustentarse: *si alimenta di sogni*, vive de sueños.
alimentari *s.m.pl.* productos alimenticios | *negozio di —*, tienda de comestibles.
alimentatore *s.m.* (*tecn.*) alimentador.
alimentazione *s.f.* **1** alimentación, nutrición, sustento (*m.*) **2** (*tecn.*) cebadura, ceba.
alimento *s.m.* **1** alimento **2** (*pl., dir.*) pensión (*f.sing.*) alimenticia, alimentos.
aliquota *s.f.* **1** (*mat.*) parte alícuota **2** (*percentuale*) alícuota, cuota: *— d'imposta*, tipo (*m.*) impositivo, alícuota tributaria.
aliscafo *s.m.* hidroplano, lancha (*f.*) rápida, voladora (*f.*).
aliseo *s.m.* alisio.
alitare *v.intr.* **1** alentar, respirar **2** (*fig.*) soplar levemente.
alito *s.m.* aliento, hálito: *avere l'— cattivo*, tener mal aliento, *un — di vento*, un soplo de viento.
allacciamento *s.m.* **1** enlace **2** (*elettr.*) conexión (*f.*) **3** (*ferr., di strade*) empalme.
allacciare *v.tr.* **1** enlazar*, anudar, atar: *— le scarpe*, atar los zapatos, atar los cordones **2** (*con bottoni, fibbie*) abrochar **3** (*elettr.*) conectar; (*ferr., di strade*) empalmar **4** (*fig.*) entablar, hacer*, trabar: *— rapporti*, entablar relaciones.
allacciatura *s.f.* abrochamiento (*m.*), botonadura.
allagamento *s.m.* inundación (*f.*).
allagare *v.tr.* inundar, anegar*: *— i campi*, anegar los campos ♦ **-rsi** *v.intr.* inundarse.
allampanato *agg.* larguirucho, esmirriado.
allappare *v.tr.* (*anche assol.*) dar dentera: *il succo di limone allappa*, el zumo de limón da dentera.
allargamento *s.m.* dilatación (*f.*), ampliación (*f.*), ensanche.
allargare *v.tr.* ensanchar, agrandar, ampliar* (*anche fig.*): *fare — una gonna*, mandar ensanchar una falda | *— le braccia*, abrir los brazos | *— i propri orizzonti*, ampliar sus horizontes ♦ **-rsi** *v.pron.* (*di strada*) ensancharse, dilatarse: *il sentiero si allarga dopo il paese*, el camino se ensancha después del pueblo; *quella crepa si è molto allargata*, esa grieta se ha dilatado mucho | (*fig.*) *mi si allarga il cuore a vederti*, se me ensancha el corazón al verte.
allarmante *agg.* alarmante: *episodio —*, episodio alarmante.
allarmare *v.tr.* alar*mar.*
allarme *s.m.* alarma (*f.*), alerta (*f.*): *essere in —*, estar intranquilo/sobresaltado; *inserire il sistema d'—*, conectar/poner la alarma | *stato d'—*, estado de alarma | *cessato —*, fin de la alarma | *lanciare l'—*, dar la voz de alarma; (*fig.*) alertar | (*anche fig.*) *un falso —*, una falsa alarma.
allarmismo *s.m.* alarmismo.
allarmista *s.m./f.* alarmista.
allarmistico *agg.* alarmista.
allattamento *s.m.* lactancia (*f.*): *— artificiale*, lactancia artificial.
allattare *v.tr.* amamantar, dar el pecho, dar de ma*mar.*
alleanza *s.f.* alianza, liga, coalición, pacto (*m.*).
allearsi *v.pron.* aliarse*, coaligarse*, confederarse, unirse.
alleato *agg., s.m.* aliado.
allegare *v.tr.* **1** (*accludere*) adjuntar, anexar **2** (*dir.*) alegar*, aducir*: *— prove*, aducir/presentar pruebas.
allegato *agg.* unido, adjunto: *due documenti allegati*, dos documentos adjuntos ♦ *s.m.* anexo, (*anche inform.*) anejo | (*amm.*) *in —*, conjuntamente.
alleggerimento *s.m.* **1** alivio **2** (*fig.*) desahogo, respiro.
alleggerire *v.tr.* **1** aligerar, aliviar (*anche fig.*): *— una sofferenza*, aliviar un sufrimiento **2** (*iron.*) robar: *lo hanno alleggerito dei soldi*, le soplaron el dinero ♦ **-rsi** *v.pron.* (*svestirsi*) aligerarse, quitarse de encima (*anche fig.*).
allegoria *s.f.* alegoría.
allegorico *agg.* alegórico.
allegria *s.f.* alegría, contento (*m.*), gozo (*m.*): *mettere —*, poner contento; *vivere in —*, vivir alegremente.
allegro *agg.* **1** alegre, contento | *c'è poco da essere allegri*, no hay de qué estar contentos | *un ambiente —*, un ambiente ameno/grato **2** (*colore*) vivaz, vivo **3** (*spensierato*) despreocupado **4** (*fam., brillo*) achispado, bebido.
alleluia *s.m.* (*relig.*) aleluya ♦ *inter.* | *— !*, ¡aleluya!
allenamento *s.m.* entrenamiento, adiestramiento: *tenersi in —*, mantenerse en forma; *sono fuori —*, me falta entrenamiento; (*fam.*) estoy oxidado.
allenare *v.tr.* (*sport*) entrenar; (*esercitare*) ejercitar; (*addestrare*) adiestrar, amaestrar ♦ **-rsi** *v.pron.* entrenarse, ejercitarse.

allenatore *s.m.* entrenador, preparador; (*di animali*) adiestrador.
allentare *v.tr.* **1** aflojar, soltar*, relajar: — *un nodo*, aflojar un nudo **2** (*fig.*) calmar, atenuar*, disminuir*: — *la sorveglianza*, bajar la guardia.
allergene *s.m.* (*biol.*) alergeno, alérgeno.
allergia *s.f.* **1** (*med.*) alergia **2** (*iron.*) rechazo (*m.*), desagrado (*m.*).
allergico *agg.* alérgico (*anche fig.*): *sono — ai piagnoni*, detesto/me enferman los lloricas.
allergologo *s.m.* (*med.*) alergista (*m./f.*).
allerta, **all'erta** *avv.*, *s.m./f.* alerta (*f.*): *stare —*, estar alerta, estar ojo avizor; *—!*, *¡alerta!*
allertare *v.tr.* alertar, advertir*.
allestimento *s.m.* **1** preparación (*f.*) **2** (*teatr.*) puesta (*f.*) en escena, decorado, montaje **3** (*mar.*) armadura (*f.*).
allestire *v.tr.* **1** preparar, aprontar, poner* a punto **2** (*teatr.*) poner* en escena, montar.
allettante *agg.* atractivo, cautivador, sugestivo: *un'idea —*, una idea atractiva.
allettare *v.tr.* atraer*, hacer* ilusión, ilusionar: *lo allettarono con la promessa di un aumento di stipendio*, lo ilusionaron con la promesa de un aumento de sueldo; *essere allettato dal denaro*, ser atraído por el dinero.
allevamento *s.m.* **1** (*di animali*) cría (*f.*) **2** (*fattoria*) granja (*f.*); (*impianto zootecnico*) criadero: *un vasto — di maiali*, un gran criadero de cerdos | *polli d'—*, pollos de criadero | *— di bestiame*, ganadería.
allevare *v.tr.* **1** (*far crescere*) criar*, sacar* adelante **2** (*animali*) criar, cebar **3** (*agr.*) cultivar.
allevatore *s.m.* criador, ganadero.
alleviare *v.tr.* aliviar, calmar.
allibire *v.intr.* asombrarse, pasmarse, desconcertar*.
allibito *agg.* estupefacto, pasmado: *rimanere —*, quedar estupefacto.
allibramento *s.m.* (*comm.*) anotación en cuenta.
allibrare *v.tr.* (*comm.*) inscribir/asentar en el libro maestro.
allibratore *s.m.* corredor de apuestas.
allietare *v.tr.* alegrar ♦ **-rsi** *v.pron.* alegrarse.
allievo *s.m.* alumno, discípulo.
allineamento *s.m.* **1** alineamiento **2** (*tip.*, *inform.*) justificación (*f.*) **3** (*mar.*) orientación (*f.*).
allineare *v.tr.* **1** (*anche tip.*) alinear, poner* en fila: *— gli atleti alla partenza*, alinear a los atletas en la línea de salida **2** (*econ.*) ajustar, reajustar **3** (*schierare*) formar: *— le truppe per la parata*, formar las tropas para el desfile ♦ **-rsi** *v.pron.* (*pol.*) alinearse.
allineato *agg.* (*anche tip., pol.*) alineado: *paese non —*, país no alineado.
allitterazione *s.f.* (*ling.*) aliteración.
allocare *v.tr.* (*fin.*, *amm.*) asignar, destinar a.
allocazione *s.f.* (*fin.*, *amm.*) asignación.
allocco *s.m.* **1** (*zool.*) mochuelo, cárabo, autillo **2** (*fig.*) bobo, tonto, zoquete: *rimanere come un —*, quedar boquiabierto.
allocuzione *s.f.* alocución.
allodola *s.f.* (*zool.*) alondra | *specchietto per le allodole*, señuelo.
alloggiamento *s.m.* **1** alojamiento **2** (*mil.*) acuartelamiento.
alloggiare *v.tr.* **1** alojar, hospedar **2** (*mil.*) acampar, acuartelar ♦ *v.intr.* vivir, habitar, alojarse.
alloggio *s.m.* alojamiento, hospedaje, vivienda (*f.*): *l'insufficienza degli alloggi*, la escasez de vivienda.
alloglotto *agg.* alógeno.
allontanamento *s.m.* alejamiento.
allontanare *v.tr.* **1** alejar, apartar **2** (*mandar via*) despedir*, echar: *— i predatori*, ahuyentar a los depredadores ♦ **-rsi** *v.pron.* alejarse, ausentarse: *— da casa*, irse de casa.
allora *avv.* **1** (*in quel momento*) entonces **2** (*a quel tempo*) en esa época, por aquel entonces | *fin da —*, desde entonces | *da — in poi*, a partir de entonces, de ahí en adelante ♦ *cong.* **1** (*in tal caso*) entonces, en ese caso, en tal caso **2** (*ebbene, quindi*) entonces, pues, pues entonces: *se non studi, — niente paghetta*, si no estudias, pues entonces te quedas sin paga; *sei innocente? — parla!*, ¿eres inocente? pues (entonces), ¡habla! | *e —?, che si fa?*, entonces/a ver, ¿qué hacemos?; *e —?, che cosa ti ha detto?*, entonces, ¿qué te ha dicho? ♦ *agg.* de entonces: *l' — direttore*, el director de entonces.
allorché *cong.* (*form.*, *lett.*) cuando.
alloro *s.m.* (*bot.*) laurel | *dormire sugli allori*, dormirse en los laureles.
allorquando *cong.* (*lett.*) cuando.
alluce *s.m.* (*anat.*) dedo gordo del pie.
allucinante *agg.* **1** alucinante **2** (*fig.*, *spaventoso*) asombroso, espantoso.
allucinazione *s.f.* alucinación.
allucinogeno *agg.*, *s.m.* alucinógeno.
alludere *v.intr.* aludir, insinuar*, hacer* alusión, referirse*.
allume *s.m.* alumbre | *— di rocca*, piedra de alumbre.
alluminio *s.m.* aluminio.
allunaggio *s.m.* alunizaje.
allungabile *agg.* prolongable, extensible.
allungamento *s.m.* alargamiento, prolongación (*f.*), extensión (*f.*).
allungare *v.tr.* **1** alargar*: *— un orlo di due centimetri*, bajar el dobladillo dos centímetros **2** (*stendere*) estirar: *— le gambe*, estirar las piernas | (*fig.*) *— le orecchie*, aguzar* el

oído | (*fig.*) — *le mani*, robar, echar mano | (*fam.*) *gli allungò un ceffone*, le soltó una bofetada **3** (*prolungare*) prolongar*, demorar: — *l'attesa*, prolongar la espera **4** (*fam., porgere*) alcanzar*, pasar: *allungami il latte*, pásame la leche **5** (*diluire*) diluir*; (*annacquare*) aguar*: — *il vino*, aguar el vino ♦ **-rsi** *v.pron.* **1** alargarse*: *i giorni si allungano*, los días se alargan | (*fam.*) *il ragazzo si allunga ogni giorno di più*, el chico se estira/espiga cada día más **2** (*distendersi*) tumbarse, tenderse*

■ ***allungare il passo***, aligerar, avivar el paso.

allungato *agg.* **1** alargado **2** diluido.

allungo *s.m.* (*sport, ciclismo*) demarraje, escapada (*f.*), sprint; (*calcio*) pase largo; (*atletica*) tirón; (*boxe*) directo; (*scherma*) fondo.

allusione *s.f.* **1** alusión, insinuación **2** (*riferimento letterario*) referencia.

allusivo *agg.* alusivo: *uno sguardo* —, una mirada alusiva.

alluvionale *agg.* de aluvión, aluvial.

alluvionato *agg., s.m.* damnificado, afectado por un aluvión.

alluvione *s.f.* aluvión, inundación.

almanaccare *v.intr.* **1** (*fantasticare*) soñar, imaginar **2** (*cercare di capire*) cavilar, devanarse los sesos.

almanacco *s.m.* **1** alamanaque **2** (*rivista*) anuario.

almeno *avv.* por lo menos, al menos, cuanto menos, siquiera: — *non piovesse!*, ¡si por lo menos no lloviera!; *dammi — una spiegazione*, dame siquiera una explicación.

aloe *s.m.* (*bot.*) áloe.

alogeno *s.m., agg.* (*chim.*) halógeno: *lampada alogena*, lámpara halógena.

alone *s.m.* **1** halo (*anche fig.*): *un — di mistero*, un halo de misterio **2** (*macchia*) cerco.

alpaca *s.m.* (*zool.*) alpaca (*f.*).

alpeggio *s.m.* pasto en la alta montaña.

alpestre *agg.* **1** alpestre **2** empinado, escarpado.

alpinismo *s.m.* alpinismo, montañismo.

alpinista *s.m./f.* alpinista, montañista.

alpino *agg.* alpino ♦ *s.m.* (*mil.*) soldado italiano del cuerpo de montaña.

alquanto *avv.* algo, un poco, un tanto: *è — triste*, está algo triste ♦ *agg., pron.indef.* **1** algo de, bastante: *ci volle — denaro*, se necesitó bastante dinero **2** (*pl.*) algunos, bastantes, unos cuantos: *alquante persone*, unas cuantas personas.

alt *inter.* ¡alto! ♦ *s.m.* **1** (*ordine*) alto: *intimare l'—*, dar el alto **2** (*sosta*) alto, parada (*f.*): *fare un* —, parar, hacer un alto.

altalena *s.f.* **1** columpio (*m.*) **2** (*fig.*) altibajo (*m.*), inconstancia: *un'— di emozioni*, un altibajo de emociones.

altalenante *agg.* (*anche fig.*) oscilante, variable.

altamente *avv.* sumamente, altamente.

altare *s.m.* altar

■ ***portare qlcu. all'altare***, llevar a alguien al altar, casarse con alguien | ***mettere sugli altari***, beatificar*; (*fig.*) poner por las nubes.

altarino *s.m.* reclinatorio

■ (*fig.*) ***scoprire gli altarini***, sacar los trapos sucios.

altea *s.f.* (*bot.*) altea.

alterabile *agg.* **1** alterable: *sostanza* —, sustancia alterable **2** (*fig.*) irritable.

alterare *v.tr.* **1** alterar: *il caldo ha alterato il cibo*, el calor ha alterado/descompuesto los alimentos; *con voce alterata dall'emozione*, con la voz alterada por la emoción **2** (*falsificare*) falsificar*; (*adulterare*) adulterar: — *i dati di un bilancio*, falsificar los datos de un balance ♦ **-rsi** *v.pron.* (*turbarsi*) turbarse, irritarse.

alterato *agg.* **1** alterato, modificado **2** (*fig., arrabbiato*) irritado, turbado, enojado: *voce alterata*, voz alterada.

alterazione *s.f.* **1** (*anche chim., med.*) alteración **2** irritación **3** falsificación, adulteración.

altercare *v.intr.* pelearse, contender*.

alterco *s.m.* **1** pelea (*f.*), riña (*f.*) **2** (*lett.*) altercado.

alterigia *s.f.* orgullo (*m.*), soberbia.

alternanza *s.f.* **1** alternación **2** (*agr., biol., ling., pol.*) alternancia, rotación: — *politica*, alternancia política; — *di colture*, rotación de cultivos.

alternare *v.tr.* alternar ♦ **-rsi** *v.pron.* alternarse, sucederse; (*avvicendarsi*) turnarse: *la febbre si alternava al sonno*, la fiebre se alternaba con el sueño; *si alternano nel curarlo*, se turnan para cuidarlo.

alternativa *s.f.* alternativa, opción: *non avere* —, no tener salida/alternativa | *difficile* —, encrucijada.

alternativo *agg.* **1** alternativo; (*diverso*) diferente | *medicina alternativa*, medicina alternativa | *stampa alternativa*, prensa alternativa **2** (*mecc.*) alternativo, alterno.

alternato *agg.* alternado | *corrente alternata*, corriente alterna.

alternatore *s.m.* (*elettr.*) alternador.

alterno *agg.* (*anche fig.*) alterno, variable | *umore* —, humor variable.

altero *agg.* altivo, altanero, majestuoso.

altezza *s.f.* **1** altura, alto (*m.*); (*statura*) estatura: *5 metri di* —, 5 metros de alto; *da questa — si vede il mare*, desde esta altura se ve el mar | *essere all'—*, estar a la altura **2** (*di tessuto*) anchura, ancho (*m.*) **3** (*geogr.*) altura,

altitud, latitud | *all'— di*, a la altura de, en proximidad de **4** (*titolo principesco*) alteza.
altezzoso *agg.* altanero, soberbio; (*spreg.*) engreído.
alticcio *agg.* alegre, chispo.
altimetria *s.f.* altimetría.
altimetrico *agg.* altimétrico.
altimetro *s.m.* altímetro.
altipiano *s.m.* → **altopiano.**
altitudine *s.f.* altitud, altura (*anche geogr.*).
alto *agg.* **1** alto (*anche fig.*): *un ponte — 25 metri*, un puente de 25 metros de alto/altura; *quanto sei —?*, ¿cuánto mides?; *sono — un metro e settanta*, mido un metro setenta | *— Medioevo*, alta Edad Media | *alta Italia*, Italia del Norte | *parlare ad alta voce*, hablar en voz alta **2** (*profondo*) hondo, profundo: *acque alte*, aguas profundas | *— mare*, alta mar ♦ *avv.* alto, arriba: *in —*, (hacia) arriba; *guarda là in —*, mira allá arriba | *un'aquila volava molto in —*, un águila volaba muy alto | *mani in —!*, ¡manos arriba! | (*sport*) *salto in —*, salto de altura | *volare —*, volar alto | *parlare —*, hablar alto ♦ *s.m.* alto, altura (*f.*) ■ ***alta stagione***, temporada alta | ***alta marea***, pleamar | ***alto tradimento***, alta traición | ***l'alta società***, la alta sociedad | ***gli alti e bassi della vita***, los altibajos de la vida | (*fig.*) ***dall'alto***, del Cielo | ***mirare alto***, tener altas miras, tener muchas aspiraciones | ***guardare dall'alto in basso***, mirar de arriba abajo.
altoforno *s.m.* (*metall.*) alto horno.
altolà (*inter.*) ¡alto ahí!
altolocato *agg.* de alto rango, de alta condición.
altoparlante *s.m.* altavoz*.
altopiano *s.m.* (*geogr.*) altiplano, meseta (*f.*), altiplanicie (*f.*).
altrettanto *agg.indef.* igual, otro tanto ♦ *pron.indef.* lo mismo: *non posso dire —*, no puedo decir lo mismo; *«buon appetito!» «grazie, —»*, «¡que aproveche!» «gracias, igualmente» ♦ *avv.* igualmente: *è — buona*, es igual de buena | *grazie, —*, gracias, igualmente.
altri *pron.indef.sing.* (*form. qualcun altro*) otro, otra persona | *chi —?*, quién otro?
altrimenti *avv.* **1** (*diversamente*) de otro modo | *non posso fare —*, no puedo actuar de otra manera **2** (*contrariamente*) en caso contrario, si no, de lo contrario: *alzati, — farai tardi*, levántate, si no se te hace tarde.
altro *agg.indef.* **1** otro: *un'altra volta*, otra vez; *l'altra sorella*, la otra hermana; *vorrei altri due libri*, quisiera otros dos libros; *in un — modo*, de otra manera; *è un'altra questione*, es otro asunto; *gli altri libri te li porto io domani*, los otros libros te los llevo yo mañana; *l'una e l'altra cosa*, ambas cosas **2** (*scorso*) pasado: *l'altr'anno*, el año pasado; *ieri l'—*, *l'— ieri*, anteayer **3** (*prossimo*) que viene: *quest'altr'anno*, el año que viene; *domani l'—*, pasado mañana **4** (*in più, ancora*) más: *c'è dell'— caffè?*, ¿hay más café?; *cos'— ha detto?*, ¿qué más ha dicho? **5** (*restante*) demás: *siamo soli, gli altri ospiti se ne sono andati*, estamos solos, los demás invitados se han ido ♦ *pron.indef.* **1** otro: *dammene un —*, dame otro; *gli altri*, los otros | *l'uno o l'—*, uno u otro | *si aiutano l'un l'—*, se ayudan los unos a los otros **2** (*altra cosa*) otra cosa, más: *è tutt'—*, es otra cosa, es lo contrario; *pensava ad —*, pensaba en otra cosa; *ho ben — cui pensare*, tengo otras cosas en qué pensar **3** (*restante*) demás: *rimasi con tutti gli altri*, me quedé con (todos) los demás ■ ***d'altra parte***, por otro lado | ***se non altro***, (*almeno*) por lo menos, al menos | ***senz'altro***, sin falta, ciertamente| ***tutt'altro***, al contrario | ***nient'altro***, nada más | ***tra l'altro***, (*inoltre*) entre otras cosas; además | ***ci vuole ben altro***, se necesita mucho más | ***c'è dell'altro***, hay más.
altroché *avv.* (*enfatico*) sí, por supuesto, desde luego, claro.
altronde, d' *avv.* por otra parte.
altrove *avv.* **1** (*stato in luogo*) en otra parte, en otro lugar **2** (*moto a luogo*) a otro lugar ■ (*fig.*) ***avere la testa altrove***, estar con la mente en otra cosa, estar en la luna.
altrui *agg.* ajeno, de los demás, de los otros: *la roba —*, las cosas ajenas, lo ajeno.
altruismo *s.m.* altruismo.
altruista *s.m./f.* altruista.
altruistico *agg.* altruista.
altura *s.f.* **1** altura, cumbre, lugar (*m.*) elevado: *il castello è su un'—*, el castillo está sobre una altura **2** elevación, altitud **3** (*alto mare*) altura | *pesca d'—*, pesca de altura.
alunno *s.m.* alumno, estudiante (*m./f.*).
alveare *s.m.* colmena (*f.*).
alveo *s.m.* (*geogr.*) álveo.
alveolare *agg.* (*med., ling.*) alveolar.
alveolo *s.m.* (*anat.*) alveolo, alvéolo.
alzabandiera *s.m.* (*mil.*) izamiento de la bandera.
alzacristallo *s.m.* (*aut.*) elevalunas.
alzaia *s.f.* (*strada*) camino de sirga.
alzare *v.tr.* **1** alzar*, levantar: *— qlco. da terra*, levantar/recoger algo del suelo **2** (*costruire*) levantar, construir* **3** (*aumentare*) subir, aumentar: *— i prezzi*, aumentar los precios **4** (*il volume*) alzar*, subir ♦ **-rsi** *v.pron.* **1** (*svegliarsi*) levantarse: *mi alzo molto presto*, madrugo; me levanto muy temprano **2** (*in piedi*) ponerse* de pie; (*Amer.*) pararse: *alzati da terra*, incorpórate, levántate **3** (*levarsi in volo*) alzar el vuelo (*di uccelli*) emprender el vuelo: *una rondine*

si alzò in volo, una golondrina emprendió vuelo **4** (*crescere*) crecer*: *come ti sei alzato!*, ¡cómo has crecido!; *il livello della diga si è alzato pericolosamente*, el nivel del dique ha subido peligrosamente **5** (*di sole, luna*) salir*, surgir* **6** (*di vento*) levantarse
■ ***alzare la voce***, (*di tono*) hablar más alto; (*per rabbia*) levantar la voz | ***alzare le spalle***, encogerse* de hombros | ***alzare il gomito***, empinar el codo.
alzata *s.f.* **1** levantamiento, alzamiento | *votare per — di mano*, votar a mano alzada | *— di spalle*, encogimiento de hombros **2** (*sport*) arrancada **3** (*scalino*) contrahuella.
amabile *agg.* amable | *vino —*, vino abocado.
amabilità *s.f.* gentileza, afabilidad, amabilidad.
amabilmente *avv.* amablemente.
amaca *s.f.* hamaca.
amalgama *s.m.* amalgama (*f.*), mezcla (*f.*).
amalgamare *v.tr.* (*anche fig.*) amalgamar, mezclar ♦ **-rsi** *v.pron.* amalgamarse.
amante *s.m./f.* **1** amante, querido (*m.*) **2** (*appassionato*) aficionado, amante | *— della musica*, aficionado a la música.
amanuense *s.m./f.* amanuense.
amaranto *s.m.* **1** (*bot.*) flor (*f.*) de amaranto **2** (*colore*) amaranto ♦ *agg.* amaranto.
amare *v.tr.* **1** amar, querer*: *ti amo*, te quiero, te amo | *— la buona cucina*, amar la buena cocina, gustar de la buena cocina **2** (*desiderare*) aspirar a, desear: *— la pace*, desear la paz ♦ **-rsi** *v.pron.* amarse, quererse*.
amareggiare *v.tr.* (*fig.*) amargar*, entristecer*, angustiar: *la delusione gli amareggiò la giornata*, la decepción le amargó el día ♦ **-rsi** *v.pron.* amargarse*, angustiarse.
amareggiato *agg.* amargado, afligido.
amarena *s.f.* (*bot.*) guinda: *sciroppo di —*, jarabe de guinda.
amaretto *s.m.* **1** (*cuc.*) pastelito de almendras amargas **2** licor de almendras amargas.
amarezza *s.f.* **1** amargor (*m.*), sabor (*m.*) amargo **2** (*tristezza*) amargura, pesar (*m.*), pesadumbre.
amarilli, amarillide *s.f.* (*bot.*) amarilis.
amaro *agg.* **1** amargo (*anche fig.*) **2** (*fig.*) duro, áspero: *una risata amara*, una sonrisa amarga; *parole amare*, palabras amargas; *un'amara sorpresa*, una amarga sorpresa ♦ *s.m.* **1** (*sapore*) amargor **2** (*liquore*) amargo
■ ***mandar giù un boccone amaro***, tragar quina | ***rimanere con l'amaro in bocca***, quedar desilusionado.
amarognolo *agg.* amarguillo.
amato *agg.* querido, amado ♦ *s.m.* amado: *mio —*, amado mío.
amatore *s.m.* **1** amador, amante **2** (*intenditore*) entendedor, conocedor **3** (*iron.*) tenorio, donjuán, seductor **4** (*sport*) amateur (*m./f.*), aficionado.
amatoriale *agg.* aficionado, de amateur.
amazzone *s.f.* (*mit., anche fig.*) amazona | *cavalcare all'—*, montar a mujeriegas.
amazzonico *agg.* amazónico.
ambasciata *s.f.* **1** embajada, legación, delegación **2** (*messaggio*) mensaje (*m.*).
ambasciatore *s.m.* embajador, emisario, mensajero.
ambedue *agg., pron.m./f.* ambos (*m.*), ambas (*f.*), los dos (*m.*), las dos (*f.*).
ambidestro *agg.* ambidextro, ambidiestro.
ambientale *agg.* ambiental, del medioambiente.
ambientalismo *s.m.* ambientalismo.
ambientalista *agg., s.m./f.* ecologista, ambientalista; (*fam.*) verde.
ambientamento *s.m.* ambientación (*f.*).
ambientare *v.tr.* ambientar, dar* ambiente: *un romanzo ambientato a Barcellona*, una novela ambientada en Barcelona ♦ **-rsi** *v.pron.* adaptarse, acostumbrarse, aclimatarse.
ambientazione *s.f.* ambientación: *l'— del film*, la ambientación de la película.
ambiente *s.m.* ambiente, entorno, medio: *— urbano*, medio urbano; *l'— naturale*, el medio ambiente, la naturaleza | *la tutela dell'—*, la tutela del medio ambiente | *l'— universitario*, el ambiente universitario.
ambiguità *s.f.* ambigüedad.
ambiguo *agg.* ambiguo; equívoco; (*sospetto*) dudoso.
ambire *v.tr./intr.* anhelar, ambicionar, codiciar: *— a un incarico*, aspirar a un cargo.
àmbito *s.m.* ámbito, entorno, campo, marco: *in — scientifico*, en el campo científico.
ambivalente *agg.* ambivalente.
ambivalenza *s.f.* ambivalencia.
ambizione *s.f.* ambición.
ambizioso *agg.* ambicioso.
ambo *agg.* ambos, los dos: *con — le mani*, con ambas manos ♦ *s.m.* (*nel gioco*) ambo.
ambosessi *agg.* de ambos sexos, unisex.
ambra *agg., s.f.* ámbar (*m.*) | *— grigia*, ámbar gris.
ambrato *agg.* ambarino.
ambrosia *s.f.* (*mit., anche fig.*) ambrosía, néctar.
ambrosiano *agg.* **1** ambrosiano **2** (*milanese*) milanés.
ambulante *agg.* ambulante: *un* (*venditore*) *—*, un vendedor ambulante | (*fig.*) *enciclopedia —*, enciclopedia viviente.
ambulanza *s.f.* ambulancia.
ambulatorio *s.m.* (*med.*) dispensario, consultorio, consulta (*f.*).

ameba *s.f.* (*zool.*) ameba.
amen *s.m.* amén | *in meno di un* —, en un santiamén, en menos que canta un gallo.
amenità *s.f.* **1** amenidad: *l'— del luogo*, la amenidad del lugar **2** gracejo **3** (*iron.*) barbaridad, disparate (*m.*): *dire una quantità di* —, decir un montón de barbaridades.
ameno *agg.* ameno, grato, divertido, entretenido.
americanata *s.f.* (*spreg.*) americanada.
americanismo *s.m.* (*anche ling.*) americanismo.
americanizzare *v.tr.* americanizar* ♦ **-rsi** *v.pron.* americanizarse*.
americano *agg.*, *s.m.* americano; (*statunitense*) norteamericano, estadounidense.
amerindio *agg.*, *s.m.* amerindio.
ametista *s.f.* (*min.*) amatista.
amfetamina *s.f.* (*chim.*) anfetamina.
amianto *s.m.* (*min.*) amianto.
amichevole *agg.* amistoso, amigable, afable.
amichevolmente *avv.* amistosamente, amigablemente.
amicizia *s.f.* **1** amistad: *fare — con qlcu.*, entablar amistad con alguien **2** (*pl.*, *amici*) relaciones, amigos (*m.*).
amico *s.m.* amigo | — *del cuore*, amigo del alma | — *d'infanzia*, amigo de la infancia | *chi trova un — trova un tesoro*, quien tiene un amigo tiene un tesoro ♦ *agg.* amigo, amistoso, aliado: *una mano amica*, una mano amiga | *fuoco* —, fuego amigo.
amido *s.m.* almidón, fécula (*f.*).
aminoacido *s.m.* → **amminoacido.**
amletico *agg.* **1** de Hamlet **2** (*fig.*) contradictorio, dudoso | *un dubbio* —, una duda que angustia.
ammaccare *v.tr.* (*metallo*) abollar; (*frutti*) magullar ♦ **-rsi** *v.pron.* (*rovinarsi*) magullarse.
ammaccato *agg.* **1** (*metallo*) abollado **2** (*frutta*) macado, magullado.
ammaccatura *s.f.* abolladura, machucadura; (*sul corpo*) contusión, moratón (*m.*).
ammaestrabile *agg.* que se puede amaestrar.
ammaestramento *s.m.* **1** (*di animali*) amaestramiento **2** (*insegnamento*) lección (*f.*), precepto.
ammaestrare *v.tr.* **1** amaestrar, adiestrar: — *gli animali del circo*, adiestrar los animales de circo **2** enseñar, aleccionar.
ammaestrato *agg.* **1** (*animale*) amaestrado: *cane* —, perro amaestrado **2** aleccionado.
ammainabandiera *s.m.* arriada (*f.*) de la bandera.
ammainare *v.tr.* amainar, arriar*.
ammalarsi *v.pron.* enfermar, ponerse* enfermo/malo.
ammalato *agg.*, *s.m.* enfermo: *essere* —, estar enfermo.
ammaliare *v.tr.* hechizar*, seducir*, cautivar.
ammaliatore *agg.* cautivador, seductor ♦ *s.m.* hechicero, seductor.
ammanco *s.m.* desfalco, déficit.
ammanettare *v.tr.* poner* las esposas, esposar.
ammanicato *agg.* enchufado: *essere — coi politici*, estar enchufado con los políticos.
ammannire *v.tr.* **1** preparar, aprontar: — *il pranzo*, preparar la comida **2** (*iron.*, *propinare*) dar*, suministrar.
ammansire *v.tr.* **1** (*animali*) amansar, domesticar* **2** (*fig.*) calmar, sosegar*.
ammantare *v.tr.* **1** amantar **2** (*fig.*) cubrir, recubrir: *la nebbia ammanta i campi*, la niebla recubre los campos ♦ **-rsi** *v.pron.* (*fig.*) aparentar, atribuirse*, dárselas*: — *di ricchezza*, dárselas de rico.
ammaraggio *s.m.* (*aer.*) amarizaje, amaraje.
ammarare *v.intr.* (*aer.*) amerizar*, amarar.
ammassare *v.tr.* apiñar, amontonar, hacinar; (*provviste*) hacer* acopio | — *una fortuna*, amasar una fortuna ♦ **-rsi** *v.pron.* agolparse: *dovevano — nel treno*, tenían que hacinarse en el tren.
ammasso *s.m.* montón, cúmulo: — *di detriti*, cúmulo de escorias.
ammattire *v.intr.* **1** (*impazzire*) enloquecer*, perder* la cabeza | — *su qlco.*, romperse la cabeza por algo **2** (*spazientirsi*) perder* la paciencia, exasperarse.
ammazzare *v.tr.* matar; (*fam.*) cargarse*: — *qlcu.*, matar a alguien ♦ **-rsi** *v.pron.* (*suicidarsi*) matarse, quitarse la vida | — *di fatica*, matarse de fatiga; — *di lavoro*, matarse de trabajo, matarse trabajando.
ammenda *s.f.* **1** (*multa*) multa **2** (*pentimento*) enmienda | *fare — di qlco.*, enmendarse, arrepentirse de algo.
ammennicolo *s.m.* (*accessorio inutile*) adminículo, fruslería (*f.*).
ammesso *agg.* admitido | — *che*, suponiendo que.
ammettere *v.tr.* **1** admitir, aceptar: *sono stato ammesso all'esame*, fui admitido al examen; *gli animali non sono ammessi*, no se admiten animales **2** aceptar, tolerar: *non ammetto questo comportamento*, no tolero este comportamiento **3** (*supporre*) suponer*: *ammettiamo che sia vero*, supongamos que sea verdad **4** (*riconoscere*) reconocer*: — *la propria responsabilità*, reconocer su responsabilidad.
ammezzato *s.m.* entresuelo.
ammiccare *v.intr.* guiñar (el ojo).
amministrare *v.tr.* administrar; gobernar* | — *i sacramenti*, administrar los sacramentos.
amministrativo *agg.*, *s.m.* administrativo.

amministratore *s.m.* administrador: — *delegato*, consejero delegado.
amministrazione *s.f.* **1** administración: *la pubblica* —, la administración pública **2** (*econ.*) dirección, gerencia: — *di impresa*, dirección de empresa **3** (*sede amministrativa*) administración.
amminoacido *s.m.* (*chim.*) aminoácido.
ammiraglia *s.f.* (*mar.*) almiranta.
ammiraglio *s.m.* (*mil., mar.*) almirante.
ammirare *v.tr.* admirar | *rimanere ammirato*, admirarse, sorprenderse.
ammiratore *s.m.* admirador; (*corteggiatore*) pretendiente.
ammirazione *s.f.* admiración.
ammirevole *agg.* admirable.
ammissibile *agg.* admisible.
ammissibilità *s.f.* admisibilidad.
ammissione *s.f.* **1** admisión, ingreso (*m.*): *esame d'*—, prueba de acceso/ingreso **2** reconocimiento (*m.*): *l'— dei propri errori*, el reconocimiento de los propios errores.
ammobiliare *v.tr.* amueblar.
ammobiliato *agg.* amueblado: *camera ammobiliata*, cuarto amueblado, habitación amueblada.
ammodernamento *s.m.* modernización, actualización.
ammodernare *v.tr.* modernizar*, renovar* | — *l'arredo*, renovar la decoración.
ammodo *agg.* educado, correcto: *una persona* —, una persona educada ♦ *avv.* correctamente.
ammogliare *v.tr.* casar ♦ **-rsi** *v.pron.* casarse.
ammogliato *agg., s.m.* casado.
ammollare *v.tr.* remojar, empapar: — *i panni sporchi*, poner en remojo la ropa sucia.
ammollo *s.m.* remojo.
ammoniaca *s.f.* (*chim.*) amoniaco (*m.*), amoníaco (*m*).
ammonimento *s.m.* **1** admonición (*f.*), aviso **2** reprensión (*f.*).
ammonio *s.m.* (*chim.*) amonio.
ammonire *v.tr.* **1** (*esortare*) advertir*, exhortar, prevenir*, poner* en guardia **2** (*riprendere*) amonestar, reprender: — *un giocatore*, amonestar a un jugador **3** (*dir.*) apercibir.
ammonizione *s.f.* **1** advertencia, admonición **2** (*sgridata*) reprimenda **3** (*sport*) amonestación.
ammontare[1] *v.intr.* ascender*, sumar, montar: *la spesa ammonta a due milioni*, el gasto asciende a dos millones.
ammontare[2] *s.m.* importe, suma (*f.*): *l'— è di 50 euro*, el total es 50 euros.
ammonticchiare *v.tr.* apilar, hacinar.
ammorbare *v.tr.* **1** apestar, atufar **2** (*fig.*) fastidiar, importunar **3** (*fig.*) corromper, viciar.
ammorbidente *s.m.* (*detersivo*) suavizante.
ammorbidire *v.tr.* ablandar, suavizar*.
ammortamento *s.m.* (*dir., banc.*) amortización (*f.*).
ammortizzare *v.tr.* **1** amortiguar*; (*attutire*) atenuar* **2** (*econ.*) amortizar*.
ammortizzatore *s.m.* (*aut., tecn., fig.*) amortiguador.
ammosciare *v.tr.* chafar, ajar ♦ **-rsi** *v.pron.* aflojarse, ajarse.
ammucchiare *v.tr.* amontonar, hacinar, apilar; acumular ♦ **-rsi** *v.pron.* amontonarse, aglomerarse.
ammucchiata *s.f.* **1** orgía, cama redonda **2** (*fig.*) amasijo (*m.*), revoltijo (*m.*).
ammuffire *v.intr.* enmohecer* | (*fig.*) — *per l'inattività*, languidecer por la inactividad.
ammuffito *agg.* enmohecido, mohoso: *il pane è* —, el pan está mohoso.
ammutinamento *s.m.* motín, amotinamiento.
ammutolire *v.intr.* enmudecer*, callarse: — *per la sorpresa*, enmudecer de asombro.
amnesia *s.f.* amnesia.
amniocentesi *s.f.* (*med.*) amniocéntesis.
amniotico *agg.* amniótico: *liquido* —, líquido amniótico.
amnistia *s.f.* (*pol.*) amnistía.
amnistiare *v.tr.* (*pol.*) amnistiar.
amo *s.m.* anzuelo | *abboccare all'*—, morder el anzuelo, picar | *gettare l'*—, echar el anzuelo.
amorale *agg.* amoral.
amore *s.m.* **1** amor, afecto, cariño: *una lettera d'*—, una carta de amor | *amor proprio*, amor proprio, pundonor **2** (*passione*) pasión (*f.*), deseo: *un — travolgente*, una pasión impetuosa **3** (*inclinazione*) amor, inclinación (*f.*), afición (*f.*): — *per la pittura*, inclinación por la pintura **4** (*zelo*) esmero, dedicación (*f.*): *studia con* —, estudia con esmero **5** (*cosa graziosa*) monada (*f.*): *quel vestito è un* —, ese vestido es una monada
■ ***per amore o per forza***, por las buenas o por las malas | ***per l'amor del cielo***, ¡por el amor de Dios! | ***d'amore e d'accordo***, en amor y compañía | (*di animali*) ***essere in amore***, estar en celo.
amoreggiare *v.intr.* flirtear, coquetear.
amorevole *agg.* cariñoso, tierno.
amorfo *agg.* (*anche spreg., chim., fis.*) amorfo.
amorino *s.m.*(*arte*) amorcillo.
amoroso *agg.* **1** amoroso: *linguaggio* —, lenguaje amoroso **2** (*amorevole*) afectuoso, cariñoso ♦ *s.m.* amado, novio.
amperaggio *s.m.* (*fis.*) amperaje.
ampere *s.m.* (*fis.*) amperio.
amperometro *s.m.* (*fis.*) amperímetro.

ampiamente *avv.* ampliamente, largamente.
ampiezza *s.f.* amplitud, anchura: — *di vedute*, amplitud de horizontes.
ampio *agg.* **1** (*largo*) amplio, extenso, ancho **2** (*abbondante*) amplio, abundante
■ ***di ampio respiro***, de gran envergadura | ***ad ampio raggio***, de amplio radio.
ampliare *v.tr.* ampliar*, extender*, agrandar, ensanchar, aumentar.
amplificare *v.tr.* amplificar*.
amplificatore *s.m.* amplificador.
amplificazione *s.f.* amplificación.
amplio *agg.* → **ampio.**
ampolla *s.f.* ampolla, frasco (*m.*); (*per olio*) aceitera; (*per aceto*) vinagrera.
ampolliera *s.f.* aceiteras (*pl.*), vinagreras (*pl.*).
ampollosità *s.f.* ampulosidad.
ampolloso *agg.* ampuloso, hinchado, pomposo: *una poesia ampollosa*, un poema ampuloso.
amputare *v.tr.* (*med.*) amputar.
amputazione *s.f.* (*med.*) amputación.
amuleto *s.m.* talismán, amuleto.
anabbagliante *agg.* que no deslumbra | (*aut.*) *luci anabbaglianti*, luces cortas/de cruce ♦ *s.m.* (*aut.*) luz* (*f.*) corta/de cruce.
anabolizzante *agg.*, *s.m.* (*farm.*) anabolizante.
anacardio, anacardo *s.m.* (*bot.*) anacardio.
anaconda *s.f.* (*zool.*) anaconda.
anacoreta *s.m.* anacoreta.
anacronismo *s.m.* anacronismo.
anacronistico *agg.* anacrónico.
anafilattico *agg.* (*med.*) anafiláctico | *shock* —, choque anafiláctico.
anagrafe *s.f.* (*anche ufficio*) registro (*m.*) civil, censo (*m.*) | — *tributaria*, agencia tributaria.
anagrafico *agg.* del registro civil.
anagramma *s.m.* anagrama.
analcolico *agg.* sin alcohol ♦ *s.m.* aperitivo sin alcohol.
anale *agg.* anal.
analfabeta *s.m./f.* analfabeto (*m.*).
analfabetismo *s.m.* analfabetismo.
analgesico *agg.*, *s.m.* (*farm.*) analgésico.
analisi *s.f.* (*anche med., gramm., mat.*) análisis (*m.*): — *logica*, análisis sintáctico; — *matematica*, análisis matemático | *l'— del sangue*, el análisis/examen de sangre | (*psic.*) *essere in* —, estar en análisis
■ ***in ultima analisi***, en resumidas cuentas.
analista *s.m./f.* **1** (*anche biol., chim.*) analista **2** (*psic.*) psicoanalista, analista.
analitico *agg.* analítico.
analizzare *v.tr.* analizar*, examinar: — *la situazione*, estudiar la situación.
analogamente *avv.* análogamente.
analogia *s.f.* analogía.
analogico *agg.* (*anche tecn., inform.*) analógico: *televisione analogica*, televisión analógica.
analogismo *s.m.* razonamiento por analogia.
analogo *agg.* análogo.
anamnesi *s.f.* **1** (*filos.*) anamnesis, reminiscencia **2** (*med.*) anamnesis, historial (*m.*) clínico.
ananas *s.m.* piña (*f.*), ananás.
anarchia *s.f.* **1** (*pol.*) anarquía, anarquismo (*m.*) **2** (*fig.*) caos (*m.*), confusión.
anarchico *agg.* (*pol.*) anárquico, libertario ♦ *s.m.* (*pol.*) anarquista (*m./f.*).
anarchismo *s.m.* (*pol.*) anarquismo.
anatema *s.m.* **1** (*relig.*) anatema, excomunión (*f.*) **2** (*fig.*) maldición (*f.*).
anatomia *s.f.* anatomía.
anatomico *agg.* anatómico: *sala anatomica*, anfiteatro anatómico.
anatomista *s.m./f.* anatomista.
anatomizzare *v.tr.* **1** diseccionar, anatomizar* **2** analizar* menudamente.
anatra, anitra *s.f.* (*zool.*) pato (*m.*).
anatroccolo *s.m.* patito | *brutto* —, patito feo.
anca *s.f.* cadera; (*di animali*) anca.
ancella *s.f.* (*lett.*) criada.
ancestrale *agg.* ancestral.
anche *cong.* **1** (*pure*) también: — *lui*, él también; *vengo anch'io*, voy yo también **2** (*nemmeno*) tampoco: — *oggi non andrò*, hoy tampoco iré **3** (*perfino*) hasta, incluso, aun: — *tu mi abbandoni*, hasta tú me abandonas **4** (*enfatico, neanche*) aun, ni: — *per denaro non lo farei*, ni por dinero lo haría; — *a spiegargli non capisce*, ni explicándole entiende **5** (*inoltre*) además: *è — antipatico*, además es antipático **6** (*concessivo, + ger.*) aunque, aun cuando, así: — *correndo non lo raggiungerà*, aunque/así corra, no lo alcanzará.
ancia *s.f.* (*mus.*) lengüeta.
ancòra[1] *avv.* **1** todavía, aún: *non sono — partiti*, aún no han salido, no han salido aún; *non* —, todavía no | *vi scrivete —?*, ¿os seguís escribiendo?, (*tuttora*) ¿todavía os escribís? **2** (*di nuovo*) otra vez, de nuevo: *proverò* —, lo intentaré otra vez; *è venuto — da me*, ha vuelto a venir a mi casa, ha venido de nuevo a mi casa **3** (*in aggiunta*) más, otro(s), otra(s): — *pane?*, ¿más pan?; *prestami — due libri*, préstame otros dos libros.
àncora[2] *s.f.* (*mar.*) ancla, áncora: *gettare l'*—, echar el ancla | — *di salvezza*, tabla/ancla de salvación.
ancorare *v.tr.* (*mar.*) anclar, echar anclas, fondear ♦ **-rsi** *v.pron.* agarrarse, fijarse.
andaluso *agg.*, *s.m.* andaluz*.
andamento *s.m.* desarrollo, marcha (*f.*):

l'— degli affari, la marcha de los negocios; *— delle trattative*, desarrollo de las negociaciones | *— del tempo*, curso del tiempo.
andante *agg.* **1** (*corrente*) en curso **2** (*fig.*) fluido, corriente **3** (*mediocre*) ordinario ♦ *s.m.* (*mus.*) andante.
andare *v.intr.* **1** ir*: *— dal dottore*, ir al médico; *— al mare, in montagna*, ir a la playa, a la montaña; *— a teatro, al cinema*, ir al teatro, al cine; *— in treno, in aereo, in bicicletta, in auto*, ir en tren, en avión, en bici, en coche; *— a piedi*, ir andando, ir a pie; *— a far spese*, ir de compras; *ma dove sono andati a finire i libri?*, ¿pero dónde fueron a parar los libros? | *— in gita*, ir de excursión | *— in vacanza*, irse de vacaciones | *— via*, irse, marcharse | *— avanti*, avanzar, adelantar | *— indietro*, retroceder, atrasarse | *— per i quindici anni*, ir para los quince años | *lasciar —*, soltar, dejar ir; (*lasciar correre*) dejar de lado, no preocuparse | *lasciami —*, déjame ir **2** (*funzionare*) funcionar, andar: *quella macchina va a gasolio*, ese automóvil funciona con gasóleo; *l'orologio non va più*, el reloj ya no funciona; (*di orologio*) *— avanti, indietro*, adelantar, atrasar **3** (*procedere*) andar, marchar: *gli affari vanno bene, male*, los negocios marchan bien, mal | (*fig.*) *non possiamo più — avanti così*, no podemos seguir así **4** (*essere, sentirsi*) estar, sentirse: *— fiero di*, sentirse orgulloso de; *ti va di uscire?*, ¿te apetece salir? **5** (*piacere*) agradar, gustar, apetecer*: *non mi va affatto*, no me apetece en absoluto; *quest'anno va il bianco*, este año se lleva lo blanco, está de moda el blanco **6** (*di indumento*) estar*, ir*, quedar: *le scarpe mi vanno strette*, los zapatos me aprietan; *questa gonna non mi va più bene*, esta falda ya no me va bien | *— a pennello*, sentar/caer bien **7** (*dover essere*) haber* de, haber* que: *questo lavoro va fatto subito*, este trabajo ha de hacerse/hay que hacerlo enseguida; *il cancello va ridipinto*, hay que volver a pintar la verja **8** (+ *ger.*) ir: *il tempo va migliorando*, el tiempo va mejorando ♦ **andarsene** *v.pron.* irse*, marcharse: *vattene!*, vete!
■ ***andare a male***, (*marcire*) estropearse, pudrirse | (*fig.*) ***non mi va giù***, no lo puedo tragar | ***ne va della nostra reputazione***, nuestra reputación está de por medio | ***ma va' là!***, ¡anda!, ¡venga! | ***lasciarsi andare***, abandonarse; (*scoraggiarsi*) desanimarse | ***come va?***, ¿qué tal? | ***andare a finire***, acabar, resultar | ***anche questa è andata!***, ¡por fin hemos salido de ésta! | ***andare per le lunghe***, demorar, eternizar | ***andare matto per***, chiflarse por | ***va bene!***, ¡vale!, ¡de acuerdo! | ***andarci di mezzo***, pagar el pato.

andata *s.f.* ida: *viaggio di — e ritorno*, viaje de ida y vuelta | *girone d'—*, primera vuelta.
andato *agg.* **1** (*trascorso*) ido, andado **2** (*rovinato*) arruinado, perdido; (*avariato*) podrido, pasado: *verdura andata*, verdura pasada, podrida.
andatura *s.f.* **1** andadura, paso (*m.*); (*portamento*) modo (*m.*) de caminar, porte (*m.*) **2** (*sport*) marcha: *aumentare l'—*, acelerar/apretar el paso **3** (*mar.*) navegación.
andazzo *s.m.* (*fam., spreg.*) vicio, costumbre (*f.*), moda (*f.*): *prendere un brutto —*, (*di persona*) coger malas costumbres; (*di cosa*) tomar mal cariz.
andino *agg.* andino.
andirivieni *s.m.* **1** vaivén, ir y venir **2** (*fig.*) trajín, confusión (*f.*).
andito *s.m.* **1** pasillo, pasadizo **2** (*disimpegno*) vestíbulo, zaguán **3** (*fig.*) rincón | *cercare in ogni —*, buscar en todos los rincones.
androgino *agg., s.m.* hermafrodita, andrógino.
androide *s.m./f.* androide.
androne *s.m.* zaguán, portal.
andropausa *s.f.* andropausia.
aneddotica *s.f.* **1** anecdotismo (*m.*) **2** (*raccolta*) anecdotario (*m.*).
aneddoto *s.m.* anécdota (*f.*).
anelare *v.intr.* anhelar (*anche fig.*), jadear: *— al potere*, codiciar, aspirar al poder.
anelito *s.m.* **1** (*lett.*) anhélito **2** (*fig.*) deseo, anhelo.
anellidi *s.m.pl.* (*zool.*) anélidos.
anello *s.m.* **1** anillo, sortija (*f.*): *— nuziale*, alianza **2** (*di catena*) eslabón **3** (*oggetto circolare*) aro, anilla (*f.*); (*mecc.*) abrazadera (*f.*), aro, arandela (*f.*): quaderno ad anelli, cuaderno de anillas | (*mar.*) *— d'ormeggio*, argolla de amarre | *— stradale*, enlace, empalme **4** (*pl., sport*) anillas (*f.*).
anemia *s.f.* (*med.*) anemia.
anemico *agg.* **1** (*med.*) anémico **2** (*fig.*) pálido, descolorido ♦ *s.m.* (*med.*) anémico.
anemone *s.m.* **1** (*bot.*) anémona (*f.*) **2** (*zool.*) *— di mare*, anémona de *mar.*
anestesia *s.f.* (*med.*) anestesia: *— totale*, anestesia general.
anestesista *s.m./f.* (*med.*) anestesista.
anestetico *agg., s.m.* (*farm.*) anestético.
anestetizzare *v.tr.* (*med.*) anestesiar.
aneurisma *s.m.* (*med.*) aneurisma.
anfibio *s.m.* **1** (*zool., aut.*) anfibio **2** (*calzatura*) bota (*f.*) impermeable ♦ *agg.* (*anche mil.*) anfibio: *mezzi anfibi*, medios anfibios.
anfiteatro *s.m.* anfiteatro.
anfitrione *s.m.* anfitrión.
anfora *s.f.* ánfora, cántaro (*m.*).
angariare *v.tr.* oprimir, angustiar, vejar.
angelico *agg.* angélico, angelical.

angelo *s.m.* ángel: — *custode*, ángel de la guarda.
angheria *s.f.* vejación, atropello, prepotencia (*m.*).
angina *s.f.* (*med.*) angina: — *pectoris*, angina de pecho.
angiologo *s.m.* (*med.*) angiólogo.
angioma *s.m.* (*med.*) angioma.
anglicanesimo *s.m.* (*relig.*) anglicanismo.
anglicano *agg., s.m.* (*relig.*) anglicano.
anglicismo, anglismo *s.m.* (*ling.*) anglicismo.
anglista *s.m./f.* anglicista.
angloamericano *agg., s.m.* angloamericano.
anglofono *agg., s.m.* anglohablante.
anglosassone *agg., s.m./f.* anglosajón (*m.*).
angolare[1] *agg.* angular: *velocità* —, velocidad angular | *pietra* —, piedra angular.
angolare[2] *v.tr.* **1** angular **2** (*cinem., tv, immagine*) tomar una foto o filmar según cierto ángulo.
angolazione *s.f.* (*anche fig.*) ángulo, punto de vista: *osservare da una diversa* —, mirar de un ángulo diferente.
angolo *s.m.* **1** (*mat.*) ángulo **2** (*esterno, spigolo*) esquina (*f.*): *all'*—, en la esquina; *girato l'*—, a la vuelta de lá esquina | *la via Lucca fa — con la via Pisa*, la calle Lucca hace esquina con la calle Pisa | (*calcio*) *calcio d'*—, saque de esquina, córner **3** (*di stanza*) rincón | (*fig.*) *mettere nell'*—, arrinconar.
angoloso *agg.* **1** anguloso **2** (*fig., carattere*) difícil, esquinado, huraño.
angora *s.f.* (*lana*) angora | *gatto d'*—, gato de angora | *lana d'*—, lana de angora.
angoscia *s.f.* (*anche psic., filos.*) angustia, congoja.
angosciare *v.tr.* angustiar, estresar, agobiar ♦ **-rsi** *v.pron.* angustiarse: — *per l'esame*, angustiarse por el examen.
angosciato *agg.* acongojado, estresado.
angoscioso *agg.* angustiante: *un'attesa* —, una espera angustiante.
anguilla *s.f.* **1** (*zool.*) anguila **2** (*fig.*) persona escurridiza.
anguria *s.f.* sandía.
angustia *s.f.* **1** (*di spazio*) estrechez*, falta de espacio | — *di tempo*, apuro, escasez de tiempo **2** (*angoscia*) angustia, aflicción | (*fig.*) *angustie economiche*, estrecheces, aprietos.
angustiare *v.tr.* angustiar, tormentar ♦ **-rsi** *v.pron.* angustiarse.
angusto *agg.* **1** angosto, estrecho **2** (*fig.*) mezquino, limitado, corto.
anice *s.m.* (*bot.*) anís.
anidride *s.f.* anhídrido (*m.*), anhidrido (*m.*) | — *carbonica*, anhídrido carbónico.
anima *s.f.* **1** alma, ánima | *rompere l'*—, molestar, fastidiar, sacar de quicio | *con tutta l'*—, de todo corazón | — *in pena*, alma en pena **2** (*fig., persona*) alma, persona: *non c'è un'*—, no hay nadie | — *buona*, alma de Dios | *buon'*—, difunto **3** (*fig., essenza*) alma, esencia, substancia: *la pubblicità è l'— del commercio*, la propaganda es el alma del comercio.
animale *s.m.* animal, bestia (*f.*), bicho | — *nocivo*, animal dañino, alimaña | *quel tipo è un* —, el tipo ese es una bestia, un mal bicho.
animalesco *agg.* bestial.
animalista *agg., s.m/f.* protector (*m.*) de animales.
animalità *s.f.* animalidad.
animare *v.tr.* **1** animar, dar vida **2** (*incoraggiare*) alentar*, estimular: —*la partecipazione*, estimular la participación **3** (*dare vivacità*) avivar, alegrar: — *la festa*, animar la fiesta ♦ **-rsi** *v.pron.* (*anche fig.*) **1** avivarse, alegrarse: *le strade si animarono*, las calles se animaron **2** acalorarse: *il dibattito si anima*, el debate se acalora.
animatamente *avv.* animadamente.
animato *agg.* **1** (*vivente*) animado | *cartoni animati*, dibujos animados **2** (*vivace*) animado, acalorado.
animatore *s.m.* (*anche cinem.*) animador.
animazione *s.f.* animación.
animella *s.f. spec.pl.* molleja.
animismo *s.m.* (*relig.*) animismo.
animo *s.m.* **1** ánimo | *di buon* —, de buen grado | *perdersi d'*—, desalentarse, descorazonarse | *stato d'*—, estado de ánimo **2** (*intenzione*) intención (*f.*), propósito: *avere in — di fare*, tener idea de hacer **3** (*coraggio*) ánimo, valor: *farsi* —, cobrar valor.
animosità *s.f.* animosidad, hostilidad.
anisetta *s.f.* anisete (*m.*).
annacquare *v.tr.* **1** aguar*, diluir* **2** (*fig.*) atenuar*, templar, moderar.
annacquato *agg.* **1** aguado, diluido **2** (*fig.*) ligero, pálido.
annaffiare *v.tr.* regar*.
annaffiatoio *s.m.* regadera (*f.*).
annali *s.m.pl.* anales.
annaspare *v.intr.* **1** (*anche fig.*) bracear, gesticular: — *fra le onde*, bracear por las olas; afanarse **2** (*con le parole*) liarse*, enredarse.
annata *s.f.* **1** año (*m.*), añada: — *calda*, añada/estación cálida **2** (*raccolto*) cosecha, temporada: *buona* —, buena cosecha, añada.
annebbiare *v.tr.* **1** nublar **2** (*fig.*) oscurecer*, ofuscar*: *l'ira fa — la mente*, la ira ofusca la mente ♦ **-rsi** *v.pron.* nublarse, ofuscarse*.
annegamento *s.m.* ahogamiento.
annegare *v.tr.* ahogar* ♦ *v.intr.* **1** ahogarse*: *è annegato nel fiume*, se ahogó en el río

2 (*fig.*) hundirse: — *in un mare di guai*, hundirse en un mar de problemas.
annerimento *s.m.* ennegrecimiento.
annerire *v.tr.* ennegrecer*, oscurecer*: *le pareti erano annerite dal fumo*, las paredes estaban ennegrecidas por el humo.
annessione *s.f.* (*anche pol.*) anexión.
annesso *agg.* **1** (*congiunto*) anejo, anexo: *la piscina annessa alla villa*, la piscina aneja/anexa al chalet; *l'ufficio — alla segreteria*, la oficina aneja a la secretaría **2** (*accluso*) adjunto, anexo: *documento —*, documento adjunto ♦ *s.m.* anexo, anejo.
annettere *v.tr.* **1** (*pol., mil.*) anexar, incorporar, unir **2** (*accludere*) adjuntar, anexar.
annichilire *v.tr.* (*anche fig.*) aniquilar, abatir, destruir ♦ **-rsi** *v.pron.* aniquilarse, anularse.
annidarsi *v.pron.* **1** nidificar*, anidar (*anche fig.*): *la cicogna si è annidata sulla torre*, la cigueña ha anidado en la torre **2** (*fig., nascondersi*) esconderse.
annientamento *s.m.* aniquilamiento: *l'— del nemico*, el aniquilamiento del enemigo.
annientare *v.tr.* **1** aniquilar, exterminar **2** (*fig.*) anonadar: *quel trauma l'ha annientato*, ese trauma lo ha dejado anonadado.
anniversario *s.m.* aniversario.
anno *s.m.* año: — *bisestile*, año bisiesto; — *corrente*, año en curso; *l'— scorso, l'altr'—*, el año pasado; *l'— prossimo, quest'altr'—*, el año entrante/que viene; *entro l'—*, dentro del año; *per anni e anni*, por años y años | *all'—*, por año | — *scolastico*, curso escolar, año académico | — *fiscale*, ejercicio fiscal | — *luce*, año luz | — *sabbatico*, año sabático | *buon —!*, ¡feliz año! | *quanti anni hai?*, ¿cuántos años tienes? | *ho vent'anni*, tengo veinte años | *essere avanti/in là con gli anni*, estar entrado en años | *negli anni Cinquanta*, en los (años) cincuenta | *con l'andar degli anni*, con el tiempo.
annodare *v.tr.* anudar, enlazar* ♦ **-rsi** *v.pron.* anudarse: *si annodò un fazzoletto al collo*, se anudó un pañuelo al cuello.
annoiare *v.tr.* aburrir, fastidiar ♦ **-rsi** *v.pron.* aburrirse.
annoiato *agg.* aburrido.
annoso *agg.* añoso, viejo, antiguo.
annotare *v.tr.* **1** anotar, apuntar: — *l'indirizzo*, anotar la dirección **2** (*lett.*) poner* notas, apostillar: *manoscritto annotato*, manuscrito anotado.
annotazione *s.f.* nota, apostilla, comentario (*m.*).
annoverare *v.tr.* contar*, considerar, incluir*: *è annoverato tra i migliori*, está incluido entre los mejores.
annuale *agg.* anual.
annualità *s.f.* anualidad.
annuario *s.m.* anuario.
annuire *v.intr.* asentir*.
annullamento *s.m.* (*dir.*) anulación; cancelación: — *del volo*, cancelación del vuelo.
annullare *v.tr.* **1** (*dir.*) anular, revocar* | — *un contratto*, rescindir un contrato **2** cancelar: — *una riunione*, cancelar una reunión; — *una prenotazione*, cancelar una reserva **3** (*posta*) timbrar, sellar ♦ **-rsi** *v.pron.* **1** (*fig.*) anularse **2** (*eliminarsi a vicenda*) eliminarse.
annullo *s.m.* (*posta*) matasellos.
annunciare *v.tr.* anunciar.
annunciatore *s.m.* (*radio, tv*) locutor.
annunciazione *s.f.* (*relig.*) Anunciación.
annuncio *s.m.* anuncio, aviso, noticia (*f.*) | — *economico*, anuncio por palabras; (*Amer.*) aviso limitado | — *pubblicitario*, cuña, anuncio publicitario | *dare l'—*, dar la noticia.
annuo *agg.* anual.
annusare *v.tr.* oler*, olfatear, husmear (*anche fig.*): — *tabacco*, aspirar tabaco | — *il pericolo*, olfatear el peligro.
ano *s.m.* (*anat.*) ano.
anodino *agg.* **1** (*med.*) anodino **2** (*fig.*) anodino, ineficaz*, sin carácter.
anodo *s.m.* (*fis.*) ánodo.
anofele *s.m.* (*zool.*) anófeles.
anomalia *s.f.* anomalía, irregularidad.
anomalo *agg.* irregular, anómalo.
anonimato *s.m.* anonimato.
anonimo *agg., s.m.* anónimo: *telefonata anonima*, llamada anónima | *alcolisti anonimi*, alcohólicos anónimos.
anoressia *s.f.* (*med.*) anorexia.
anoressico *agg.* (*med.*) anorexico.
anormale *agg.* anormal.
anormalità *s.f.* anormalidad.
ansa *s.f.* **1** (*manico, anche anat.*) asa: *l'— della brocca*, el asa de la jarra | — *intestinale*, asa intestinal **2** (*di fiume*) meandro (*m.*), recodo (*m.*).
ansante *agg.* jadeante.
ansare *v.intr.* → **ansimare.**
ansia *s.f.* ansia, ansiedad | stare in — *per qlco., qlcu.*, estar en/sobre ascuas por algo, alguien.
ansietà *s.f.* ansiedad.
ansimante *agg.* jadeante.
ansimare *v.intr.* jadear, resoplar (*anche fig.*).
ansiolitico *agg., s.m.* (*farm.*) ansiolítico.
ansioso *agg.* ansioso.
anta *s.f.* (*di finestra, porta*) hoja, postigo (*m.*); (*di armadio*) puerta.
antagonismo *s.m.* antagonismo, competición (*f.*).
antagonista *s.m./f.* antagonista.
antartico *s.m., agg.* antártico.

antecedente *agg.* antecedente ♦ *s.m.* antecedente, circunstancia (*f.*) anterior.
antefatto *s.m.* antecedentes (*pl.*).
anteguerra *s.m.* preguerra (*f.*), anteguerra (*f.*).
antenato *s.m.* antepasado, ascendiente (*m./f.*).
antenna *s.f.* (*anche zool.*) antena.
antennista *s.m./f.* antenista.
anteporre *v.tr.* anteponer*.
anteprima *s.f.* (*cinem.*) preestreno (*m.*), sesión privada: *l'hanno proiettato in — al festival*, transmitieron el preestreno en el festival.
antera *s.f.* (*bot.*) antera.
anteriore *agg.* anterior, delantero: *parte —*, parte delantera.
anteriorità *s.f.* anterioridad.
anteriormente *avv.* anteriormente.
antesignano *s.m.* precursor, pionero: *un'antesignana del femminismo*, una pionera del feminismo.
antiabortista *agg., s.m./f.* antiabortista.
antiaereo *agg.* antiaéreo.
antialcolico *agg.* antialcohólico.
antiallergico *agg., s.m.* (*farm.*) antialérgico.
antiappannante *agg.* antivaho.
antiatomico *agg.* antiatómico: *rifugio —*, refugio antiatómico.
antibatterico *agg.* (*farm.*) antibacteriano.
antibiotico *agg., s.m.* (*farm.*) antibiótico.
anticaglia *s.f.* (*spreg.*) antigualla.
anticamente *avv.* antiguamente, anteriormente.
anticamera *s.f.* antesala, antecámara.
anticancro *agg.* (*med.*) anticancerígeno.
anticapitalismo *s.m.* anticapitalismo.
anticarie *agg., s.m./f.* anticariógeno.
anticarro *agg.* antitanque.
anticellulite *agg.* anticelulítico.
antichità *s.f.* **1** antigüedad **2** (*spec.pl.*) antigüedades.
anticiclone *s.m.* (*meteor.*) anticiclón.
anticiclonico *agg.* (*meteor.*) anticiclónico.
anticipare *v.tr.* **1** anticipar, adelantar: *— un incontro*, anticipar un encuentro **2** (*soldi, pagare in anticipo*): *— il salario*, anticipar el sueldo **3** (*far sapere*) anticipar: *ti anticipo che non verrò*, te anticipo que no voy a venir **4** (*prevenire*) prevenir*.
anticipatamente *avv.* anticipadamente.
anticipazione *s.f.* **1** anticipación, adelanto (*m.*) **2** previsión **3** información, anticipación: *dare anticipazioni sul risultato*, dar anticipaciones sobre los resultados.
anticipo *s.m.* **1** anticipación (*f.*), antelación (*f.*): *con due ore di —*, con dos horas de anticipación | *in —*, con antelación | *pagare in —*, pagar por adelantado **2** (*somma di denaro*) anticipo, adelanto; (*caparra*) señal (*f.*): *ricevere un —*, recibir un adelanto.
anticlericale *agg.* anticlerical.
antico *agg.* antiguo, viejo, pasado | *all'antica*, a la antigua ♦ *s.m.* **1** lo antiguo **2** (*persona*) antiguo: *gli antichi*, los antiguos.
anticoagulante *agg., s.m.* (*med., farm.*) anticoagulante.
anticoncezionale *agg., s.m.* anticonceptivo.
anticonformismo *s.m.* anticonformismo.
anticonformista *s.m./f.* anticonformista, no conformista.
anticorpo *s.m.* anticuerpo.
anticostituzionale *agg.* (*dir.*) anticonstitucional.
anticrimine *agg.* contra el crimen: *politica —*, política contra el crimen.
anticrittogamico *s.m.* anticriptogámico.
antidatare *v.tr.* antedatar.
antidemocratico *agg.* antidemocrático.
antidepressivo *agg., s.m.* (*farm.*) antidepresivo.
antidiarroico *agg., s.m.* (*farm.*) antidiarréico.
antidiluviano *agg.* antediluviano: *un sistema —*, un sistema antediluviano.
antidolorifico *agg., s.m.* (*farm.*) analgésico.
antidoping *agg., s.m.* antidóping, antidopaje.
antidoto *s.m.* antídoto, contraveneno (*anche fig.*).
antidroga *agg.* antidroga: *cane —*, perro antidroga.
antieconomico *agg.* antieconómico.
antiemorragico *agg., s.m.* (*farm.*) antihemorrágico.
antiepilettico *agg., s.m.*(*farm.*) antiepiléptico, anticomicial.
antiestetico *agg.* antiestético, feo.
antifascismo *s.m.* (*pol.*) antifascismo.
antifebbrile *agg., s.m.* (*farm.*) antifebril.
antifona *s.f.* **1** antífona **2** (*fig.*) alusión, indirecta, insinuación | *capire l'—*, darse por aludido, captar la indirecta.
antiforfora *s.f.* anticaspa: *shampoo —*, champú anticaspa.
antifurto *s.m.* antirrobo.
antigas *agg.* antigás: *maschera —*, máscara antigás.
antigelo *agg., s.m.* (*aut., tecn.*) anticongelante.
antigienico *agg.* antihigiénico.
antigovernativo *agg.* (*pol.*) antigubernamental.
antilope *s.f.* (*zool.*) antílope.
antimafia *agg., s.f.* antimafia.
antimeridiano *agg.* antemeridiano.
antimilitarismo *s.m.* antimilitarismo.
antimilitarista *agg., s.m./f.* antimilitarista.
antimissile *agg.* (*mil.*) antimisiles.
antimperialismo *s.m.* (*pol.*) antiimperialismo.
antimonarchico *agg., s.m.* (*pol.*) antimonárquico.

antimonio *s.m.* (*chim.*) antimonio.
antimonopolistico *agg.* antimonopolista.
antinazionale *agg.* (*pol.*) antinacionalista.
antincendio *agg.* antincendio.
antinebbia *agg.* antiniebla.
antineve *agg.* anti neve | *catene* —, cadenas para la nieve.
antinevralgico *agg.* (*farm.*) antineurálgico.
antinfluenzale *agg.* (*farm.*) antigripal.
antinomia *s.f.* (*filos.*) antinomia, contradicción.
antinquinamento *agg.* contra la contaminación, no contaminante.
antinucleare *agg.* antinuclear.
antiorario *agg.* en sentido contrario a las agujas del reloj.
antiossidante *agg.*, *s.m./f.* antioxidante.
antiparassitario *agg.* antiparasitario ♦ *s.m.* antiplaguicida, antiparasitario.
antipasto *s.m.* entremés, entrada (*f.*).
antipatia *s.f.* antipatía, aversión: *nutrire — verso qlcu.*, sentir antipatía por alguien.
antipatico *agg.* antipático, desagradable: *mi è* —, me cae mal.
antipatriottico *agg.* antipatriótico.
antipiega *agg.* antiarrugas.
antipiretico *agg.*, *s.m.* (*farm.*) antipirético.
antipodi *s.m.pl.* antípodas | *essere agli* —, estar en los antípodas.
antipolio *s.f.* vacuna antipoliomielítica.
antiproiettile *agg.* antibalas.
antipsichiatria (*psic.*) antipsiquiatría.
antiquariato *s.m.* antigüedades (*f.pl.*): *negozio d'*—, tienda de antigüedades | *un pezzo d'*—, una antigüedad.
antiquario *s.m.* anticuario, coleccionista de antigüedades.
antiquato *agg.* anticuado, desusado.
antirabbico *agg.* (*med.*, *vet.*) antirrábico.
antirazzismo *s.m.* antirracismo.
antireligioso *agg.* antirreligioso.
antireumatico *agg.*, *s.m.* (*farm.*) antirreumático.
antiriflesso *agg.* antirreflectante | *lenti* —, lentes antirreflejo.
antiruggine *agg.*, *s.m.* antioxidante.
antirughe *agg.*, *s.m.* antiarrugas.
antiscasso *agg.* antirrobo, blindado.
antisciopero *agg.* contra la huelga.
antiscippo *agg.* antirrobo.
antiscivolo *agg.* antideslizante.
antisemita *agg.*, *s.m./f.* (*pol.*) antisemita.
antisemitismo *s.m.* (*pol.*) antisemitismo.
antisettico *agg.*, *s.m.* antiséptico.
antisindacale *agg.* (*dir.*, *pol.*) antisindical, contra el sindicato.
antisismico *agg.* antisísmico: *edificio* —, edificio antisísmico.
antislittamento *agg.* antiderrapante, antipatinamiento.
antismog *agg.* anticontaminante.
antisociale *agg.* antisocial.
antisommossa *agg.* antisubversivo.
antispastico *agg.*, *s.m.* (*farm.*) antispasmódico.
antisportivo *agg.* antideportivo.
antistaminico *agg.*, *s.m.* (*farm.*) antihistamínico.
antistante *agg.* enfrente (de).
antistatico *agg.* antiestático.
antistorico *agg.* contra la historia.
antitarlo *agg.*, *s.m.* antipolilla.
antitarme *agg.*, *s.m.* antipolilla.
antiterrorismo *agg.*, *s.m.* antiterrorismo.
antitesi *s.f.* antítesis, contraposición, contraste: *il tuo pensiero è in — col mio*, tu pensamiento es la antítesis del mío.
antitetanico *agg.* (*farm.*) antitetánico.
antitetico *agg.* antitético, contrario.
antitifico *agg.* (*farm.*) antitífico.
antitossina *s.f.* (*biol.*) antitoxina.
antitrust *agg.* (*econ.*) antimonopolio, antitrust.
antitubercolare *agg.* (*farm.*) antituberculoso.
antiurto *agg.* antichoque.
antivaiolosa *s.f.* (*farm.*) antivariólica.
antivigilia *s.f.* antivíspera.
antivirale *agg.* (*farm.*) antiviral.
antivirus *s.m.* (*inform.*) antivirus.
antologia *s.f.* antología.
antologico *agg.* antológico.
antonimia *s.f.* (*ling.*) antonimia.
antonomasia *s.f.* antonomasia: *per* —, por antonomasia.
antrace *s.m.* (*med.*) carbunco | — *maligno*, ántrax maligno.
antracite *s.f.* (*min.*) antracita.
antro *s.m.* **1** antro (*anche fig.*), caverna (*f.*), gruta (*f.*) **2** (*med.*) cavidad (*f.*), seno: — *gastrico*, cavidad gástrica.
antropocentrico *agg.* (*filos.*) antropocéntrico.
antropocentrismo *s.m.* (*filos.*) antropocentrismo.
antropofagia *s.f.* antropofagia.
antropofago *agg.*, *s.m.* antropófago.
antropoide *s.m.* antropoide.
antropologia *s.f.* antropología.
antropologo *s.m.* antropólogo.
antropometria *s.f.* antropometría.
antropomorfismo *s.m.* antropomorfismo.
antropomorfo *agg.* antropomorfo: *scimmie antropomorfe*, monos antropomorfos.
anulare *agg.*, *s.m.* anular.
anzi *cong.* **1** (*al contrario*) al contrario: *«disturbo?» «no, —!»*, «¿molesto?» «no, al con-

trario» **2** (*o meglio, o piuttosto*) o más bien, o mejor: *gli scrivo, —, gli telefono*, le escribo, o mejor, le llamo por teléfono; *un amico, —, un fratello*, un amigo, o más bien, un hermano **3** (*rafforzativo*) es más, o más bien: *è brutto, — orribile*, es feo, es más, horrible; *verrò presto, — prestissimo*, vendré pronto, o mejor, prontísimo.

anzianità *s.f.* **1** vejez, ancianidad **2** (*di servizio*) antigüedad.

anziano *agg.* **1** anciano, viejo **2** (*nel mestiere*) antiguo, veterano: *il socio più —*, el socio veterano/más antiguo ♦ *s.m.* anciano, viejo, persona (*f.*) mayor/de más edad: *il più — del gruppo*, el mayor del grupo, el de más edad del grupo.

anziché *cong.* en lugar de, en vez de: *prendo le mele — le pere*, cojo las manzanas en vez de las peras.

anzitutto *avv.* ante todo, antes que nada: *— la famiglia*, ante todo la familia.

aorta *s.f.* (*anat.*) aorta.

apartheid *s.f.* segregación racial.

apartitico *agg.* (*pol.*) independiente.

apatia *s.f.* apatía, pereza.

apatico *agg.* apático, indiferente.

ape *s.f.* (*zool.*) abeja: *— operaia*, abeja obrera; *— regina*, abeja reina; *— maschio*, zángano, abejón.

aperitivo *s.m.* aperitivo.

apertamente *avv.* abiertamente, claramente: *parlare —*, hablar abiertamente.

aperto *agg.* **1** abierto | *restare a bocca aperta*, quedar boquiabierto | *a occhi aperti*, con los ojos abiertos **2** (*non definito, non risolto*) pendiente: *la trattativa è ancora aperta*, la negociación todavía está pendiente; *è una situazione ancora aperta*, es una cuestión que sigue pendiente; *avere un conto — con qlcu.*, tener una cuenta pendiente con alguien **3** (*fig.*) abierto, franco, sincero **4** abierto, declarado: *aperta ostilità*, abierta hostilidad **5** tolerante, abierto: *avere una mentalità aperta*, tener una mentalidad abierta | *essere — a nuove proposte*, estar abierto a nuevas propuestas ♦ *s.m.*: *all'—*, al aire libre
■ ***in aperta campagna***, en campo abierto | ***all'aria aperta***, al aire libre.

apertura *s.f.* **1** apertura: *— della mostra*, apertura de la exposición; *orario di —*, horario de apertura | *— di un conto*, apertura de una cuenta | *— alare*, envergadura **2** (*spaccatura*) abertura, hendidura.

apicale *agg.* apical.

apice *s.m.* **1** ápice, punta (*f.*) **2** (*fig.*) apogeo, cumbre (*f.*) | *essere all'—*, estar en su apogeo, (*fam.*) estar en la cresta de la ola.

apicoltore *s.m.* apicultor.

apicoltura *s.f.* apicultura.

apiretico *agg.* (*med.*) apirético.

aplacentato *agg.* (*biol., zool.*) aplacentario.

aplasia *s.f.* (*biol.*) aplasia.

aploide *agg.* (*biol.*) haploide.

aplomb *s.m.* aplomo: *avere dell'—*, tener aplomo.

apnea *s.f.* apnea.

apocalisse *s.f.* apocalipsis (*m.*).

apocalittico *agg.* **1** (*relig.*) apocalíptico **2** (*fig.*) apocalíptico, terrible: *uno scenario —*, una escena apocalíptica **3** (*fig.*) pesimista: *una prospettiva apocalittica*, una perspectiva pesimista.

apocope *s.f.* (*ling.*) apócope.

apocrifo *agg., s.m.* apócrifo: *vangeli apocrifi*, evangelios apócrifos.

apogeo *s.m.* apogeo.

apografo *agg., s.m.* apógrafo.

apolide *agg., s.m./f.* apátrida.

apolitico *agg.* apolítico.

apollo *s.m.* (*fig.*) adonis, muchacho hermoso | *credersi un —*, creerse un adonis.

apologetico *agg.* (*anche relig.*) apologético, de defensa.

apologia *s.f.* apología.

apologista *s.m./f.* apologista, defensor (*m.*).

apologo *s.m.* apólogo, alegoría (*f.*).

apoplessia *s.f.* (*med.*) apoplejía.

apoplettico *agg.* (*med.*) apopléjico, apoplético.

aporia *s.f.* (*filos., fig.*) aporía, situación imposible.

apostasia *s.f.* (*relig.*) apostasía.

apostata *s.m./f.* (*relig.*) apóstata.

apostolato *s.m.* (*relig.*) apostolado.

apostolico *agg.* (*relig.*) apostólico, papal, católico: *Chiesa apostolica*, Iglesia apostólica.

apostolo *s.m.* apóstol.

apostrofare *v.tr.* **1** apostrofar **2** poner* un apóstrofo.

apotema *s.m.* (*geom.*) apotema.

apoteosi *s.f.* apoteosis.

apotropaico *agg.* apotropaico.

appacificare *v.tr.* apaciguar*, pacificar*.

appagabile *agg.* que se puede satisfacer.

appagante *agg.* satisfactorio.

appagare *v.tr.* (*desideri*) satisfacer*, contentar: *non sentirsi appagato da un lavoro*, no sentirse satisfecho con un trabajo | *— la fame*, matar el hambre ♦ **-rsi** *v.pron.* saciarse.

appagato *agg.* satisfecho, contento.

appaiare *v.tr.* (*abbinare*) emparejar, acoplar, parear: *— due calzini dello stesso colore*, emparejar/parear dos calcetines del mismo color | *giungere appaiati al traguardo*, llegar a la meta empatados/emparejados.

appallottolare *v.tr.* apelotonar, agrumar ♦ **-rsi** *v.pron.* ovillarse, acurrucarse*: *— in un angolo*, acurrucarse en un rincón.

appaltare *v.tr.* **1** (*dare in appalto*) adjudicar*, conceder **2** (*prendere in appalto*) adjudicarse* una contrata.
appaltatore *s.m.*, *agg.* contratista (*m./f.*): *consorzio* —, empresa contratista.
appalto *s.m.* concurso, licitación (*f.*), contrata (*f.*): *gara d'*—, concurso, subasta; *dare in* —, sacar a pública subasta; *contratto d'*—, contrata, concesión; *capitolato d'*—, pliego de condiciones.
appannaggio *s.m.* **1** pensión (*f.*), asignación (*f.*) **2** (*fig.*) prerrogativa (*f.*).
appannare *v.tr.* **1** empañar **2** (*fig.*) ofuscar*, embobar.
apparato *s.m.* **1** (*anche anat., biol.*) aparato | — *digerente*, aparato digestivo | — *muscolare*, sistema muscular **2** artefacto, máquina (*f.*) | — *scenico*, montaje escénico | — *militare*, despliegue militar **3** conjunto: — *di conoscenze*, bagaje de conocimientos | — *critico*, aparato crítico.
apparecchiare *v.tr.* preparar, aprontar: — *la tavola*, poner la mesa.
apparecchiatura *s.f.* (*tecn.*) equipo (*m.*), instrumentación, dispositivos (*m.pl.*): *apparecchiature elettroniche*, dispositivos electrónicos.
apparecchio *s.m.* **1** aparato, dispositivo: — *telefonico*, teléfono; — *fotografico*, cámara | *resti all'*—*!*, ¡no cuelgue! **2** (*aereo*) avión.
apparente *agg.* **1** aparente **2** (*manifesto*) evidente.
apparenza *s.f.* apariencia, aspecto (*m.*) | *salvare le apparenze*, guardar las apariencias.
apparire *v.intr.* **1** aparecer*, surgir* **2** (*sembrare*) parecer*, hallarse, resultar: *appariva molto soddisfatto*, parecía muy satisfecho.
appariscente *agg.* vistoso.
apparizione *s.f.* aparición, visión: *sembrava un'*—, parecía un espectro.
appartamento *s.m.* piso; (*piccolo*) apartamento; (*Amer.*) departamento.
appartarsi *v.pron.* **1** apartarse: — *in un luogo tranquillo*, apartarse en lugar tranquilo **2** (*fig.*) retirarse, dejar.
appartenere *v.intr.* pertenecer*.
appassionante *agg.* apasionante: *un libro* —, un libro apasionante/fascinante.
appassionare *v.tr.* apasionar: *questo racconto mi appassiona*, este cuento me apasiona ♦ **-rsi** *v.pron.* apasionarse, aficionarse: — *al computer*, aficionarse al ordenador.
appassionato *agg.* apasionado, entusiasta ♦ *s.m.* aficionado: — *di musica*, aficionado a la música.
appassire *v.intr.* marchitarse.
appassito *agg.* marchito, mustio, ajado: *fiore* —, flor mustia.
appellante *agg.*, *s.m./f.* (*dir.*) apelante.
appellare *v.tr.* (*lett.*) llamar, apelar ♦ **-rsi** *v.pron.* (*anche dir.*) apelar: — *alla sua generosità*, apelar a su generosidad.
appellativo *s.m.* apelativo.
appello *s.m.* **1** lista (*f.*), llamada (*f.*): *fare l'*—, pasar lista | — *nominale*, votación nominal **2** (*in università*) convocatoria (*f.*): *fare l'esame al primo* —, dar el examen en la primera convocatoria **3** (*fig.*) exhortación (*f.*), llamamiento | *fare* — *a qlco.*, (*ricorrere*) exhortar, hacer un llamamiento a algo **4** (*dir.*) apelación (*f.*): *corte d'*—, tribunal de segunda instancia.
appena *avv.* **1** (*a stento*) apenas, casi no, escasamente: *lo sento* —, casi no lo oigo, apenas (si) lo oigo | — —, apenas, con dificultad **2** (*soltanto*) solamente, sólo: *mi ha detto* — *poche parole*, me dijo sólo pocas palabras; *sono* — *le tre*, son sólo las tres **3** (*da poco*) recién: — *fatto*, recién hecho | essere, avere — (+ *part.pass.*), acabar de (+ *inf.*): *è* — *nato*, acaba de nacer; *ho* — *finito di leggere la sua lettera*, acabo de leer su carta | — *in tempo*, justo a tiempo ♦ *cong.* (*subito dopo*) apenas, en cuanto, tan pronto: *ti avvertirò* (*non*) — *lo saprò*, te avisaré en cuanto lo sepa.
appendere *v.tr.* colgar*: — *la giacca all'attaccapanni*, colgar la chaqueta en el perchero; *il quadro è appeso sopra il divano*, el cuadro está colgado encima del sofá | (*fig.*) *essere appesi a un filo*, pender de un hilo.
appendiabiti *s.m.* perchero.
appendice *s.f.* apéndice (*m.*) | *romanzo d'*—, novela de folletín/por entregas.
appendicectomia *s.f.* (*med.*) apendicectomía.
appendicite *s.f.* (*med.*) apendicitis.
appenninico *agg.* de los Apeninos: *il versante* —, la vertiente de los Apeninos.
appesantire *v.tr.* recargar*, cargar* (*anche fig.*): *non appesantirmi di lavoro!*, ¡no me cargues/abrumes de trabajo!; *mangiare grassi appesantisce lo stomaco*, comer grasas da pesadez (de estómago) ♦ **-rsi** *v.pron.* (*ingrassare*) engordar.
appestare *v.tr.* (*anche fig.*) apestar, heder*: *il suo sigaro appesta l'aria*, su puro apesta el aire.
appestato *s.m.* (*malato*) apestado.
appetibile *agg.* apetecible, atrayente.
appetito *s.m.* apetito | *buon* —*!*, ¡qué aproveche!; (*Amer.*) ¡buen provecho!
appetitoso *agg.* apetitoso: *piatto* —, plato sabroso.
appezzamento *s.m.* lote de terreno, parcela (*f.*).
appianabile *agg.* superable.
appianare *v.tr.* **1** aplanar, allanar **2** (*risolvere*) resolver*, solucionar.

appiattimento *s.m.* (*anche fig.*) aplastamiento, achatamiento.
appiattire *v.tr.* achatar, aplanar; (*anche fig., livellare*) nivelar ♦ **-rsi** *v.pron.* (*abbassarsi, rannicchiarsi*) acurrucarse*; (*appoggiarsi contro*) aplastarse, apretarse: *si appiattì fra i cespugli*, se acurrucó entre los matorrales; *si appiattì contro il muro*, se aplastó contra la pared.
appiccare *v.tr.* **1** prender, pegar*: — *il fuoco*, pegar fuego **2** (*affiggere*) colgar*.
appiccicare *v.tr.* pegar* | — *un nomignolo*, poner un sobrenombre ♦ **-rsi** *v.pron.* pegarse*.
appiccicaticcio *agg.* **1** pegajoso **2** (*fig.*) pegadizo, pesado, fastidioso.
appiccicoso *agg.* **1** pegajoso, viscoso **2** (*fig.*) pegajoso, pesado.
appiedare v.tr. **1** (*mil.*) desmontar, apear: — *le truppe*, apear las tropas **2** (*privare del mezzo di trasporto*) apear.
appieno *avv.* totalmente, completamente.
appigliarsi *v.pron.* agarrarse, aferrarse.
appiglio *s.m.* **1** (*presa*) agarradero, asidero **2** (*fig.*) pretexto.
appiombo *s.m.* caida (*f.*) a plomo ♦ *avv.* verticalmente, a plomo.
appioppare *v.tr.* **1** (*un colpo*) dar*, pegar*: — *un calcio, un ceffone*, pegar un puntapié, una bofetada **2** (*attribuire*) atribuir*, echar; (*rifilare*) endosar, endilgar*: — *una colpa*, echar/endosar una culpa; *ci hanno appioppato il peggior lavoro*, nos han endosado el peor trabajo | — *un nomignolo*, poner un apodo/mote.
appisolarsi *v.pron.* adormecerse*, dormitar: — *dopo pranzo*, sestear.
applaudire *v.tr./intr.* aplaudir.
applauso *s.m.* aplauso.
applicabililtà *s.f.* aplicabilidad.
applicare *v.tr.* **1** aplicar*, poner*, pegar*: — *un'etichetta*, pegar una etiqueta **2** (*mettere in atto*) aplicar*, poner en práctica: — *una legge*, aplicar una ley, poner en práctica una ley ♦ **-rsi** *v.pron.* (*impegnarsi*) aplicarse*.
applicativo *agg.* aplicativo.
applicato *agg.* (*anche di disciplina*) aplicado: chimica applicata, química aplicada ♦ *s.m.* (*amm.*) empleado: — *di segreteria*, empleado de secretaría.
applicazione *s.f.* **1** aplicación, colocación: — *di un cerotto*, aplicación de una tirita **2** (*attuazione*) aplicación: — *di una legge*, aplicación de una ley **3** (*decorazione*) adorno (*m.*): *applicazioni in pizzo*, adornos de encaje **4** (*impegno*) aplicación, empeño (*m.*), dedicación.
applique *s.f.* lámpara de pared, aplique (*m.*).
appoggiare *v.tr.* **1** apoyar, posar **2** (*fig.*) favorecer*, sostener*: — *qlcu.*, respaldar a alguien ♦ **-rsi** *v.pron.* **1** apoyarse **2** (*fig.*) basarse.
appoggio *s.m.* **1** apoyo, soporte **2** (*fig.*) apoyo, protección, influencias (*f.pl.*) | *punto d'*—, punto de apoyo.
appollaiarsi *v.pron.* **1** (*di uccelli*) posarse **2** (*rannicchiarsi*) hacerse* un ovillo, acurrucarse*.
appollaiato *agg.* (*di uccello*) posado; (*fig.*) encamarado.
apporre *v.tr.* poner*, colocar*: *deve — la sua firma*, debe estampar su firma.
apportare *v.tr.* **1** (*dir., addurre, allegare*) aportar, alegar*: — *prove*, aportar pruebas **2** (*aggiungere*) añadir, agregar*: — *qualche modifica*, añadir algunas modificaciones **3** (*causare, cagionare*) ocasionar, causar, provocar*: — *danni*, ocasionar daños.
apportatore *agg., s.m.* portador.
apporto *s.m.* aportación (*f.*), contribución (*f.*).
apposito *agg.* adecuado, expreso, indicado: *nell'— luogo*, en el lugar indicado.
apposizione *s.f.* (*gramm.*) aposición.
apposta *avv.* **1** (*di proposito*) adrede, a/de propósito, aposta: *l'ha fatto* —, lo hizo adrede/de propósito **2** (*appositamente*) expresamente: *comprò un abito — per la festa*, compró un traje expresamente para la fiesta.
appostare *v.tr.* acechar, aguardar ♦ **-rsi** *v.pron.* apostarse.
apprendere *v.tr.* **1** aprender, comprender **2** (*venire a sapere*) saber*; (*notizia*) enterarse (de).
apprendimento *s.m.* conocimiento, aprendizaje: *l'— di una lingua*, el aprendizaje de una lengua.
apprendista *s.m./f.* aprendiz* (*m.*).
apprendistato *s.m.* práctica (*f.*), aprendizaje.
apprensione *s.f.* aprensión, inquietud, desasosiego (*m.*).
apprensivo *agg.* aprensivo, inquieto.
appresso *avv.* **1** cerca, al lado **2** (*dietro*) detrás: *vienimi* —, sígueme, ven tras de mí **3** (*con sé*) consigo: *si porta sempre — il cellulare*, lleva siempre consigo el móvil ♦ *prep.* detrás de: *andare — a qlcu.*, ir detrás de alguien ♦ *agg.* después, siguiente: *il giorno* —, el día después.
apprestare *v.tr.* preparar, aprontar ♦ **-rsi** *v.pron.* aprestarse, disponerse*, estar* a punto de: — *a scrivere una lettera*, aprestarse a escribir una carta.
appretto *s.m.* almidón, apresto: *dare l'— alla camicia*, almidonar la camisa.
apprezzabile *agg.* **1** apreciable: *una gentilezza* —, una gentileza apreciable **2** considerable, notable: *una differenza* —, una diferencia considerable.

apprezzamento *s.m.* **1** aprecio, elogio, consideración (*f.*) **2** (*econ.*) revaloración (*f.*).
apprezzare *v.tr.* apreciar, estimar: — *un dono*, agradecer un regalo.
approcciare *v.tr.* **1** acercar*, aproximar: — *un problema*, examinar un problema **2** (*mil.*) hacer* aproches ♦ **-rsi** *v.pron.* aproximarse.
approccio *s.m.* **1** (*primo contatto*) acercamiento, aproximación (*f.*), acceso | *tentare un* —, intentar ligar | *fare un timido* —, hacer un tímido tentativo | *primo* —, primer contacto | — *all'opera*, introducción a la obra **2** (*metodo*) criterio, punto de vista, planteamiento: — *scientifico*, planteamiento científico.
approdare *v.intr.* (*mar.*) atracar*, arribar | *non — a nulla*, no llegar a nada.
approdo *s.m.* **1** (*mar.*) atraque; puerto **2** (*fig.*) meta (*f.*), parada (*f.*), fin.
approfittare *v.intr.* aprovechar: — *dell'occasione*, aprovechar la oportunidad ♦ **-rsi** *v.pron.* aprovecharse, abusar: — *di un amico*, aprovecharse de un amigo.
approfondire *v.tr.* **1** profundizar*, ahondar **2** (*fig.*) profundizar*, aclarar, esclarecer*, perfeccionar.
approfondito *agg.* exhaustivo, profundo.
approntamento *s.m.* preparación (*f.*).
approntare *v.tr.* aprontar, preparar: — *una struttura di supporto*, preparar una estructura de soporte.
appropinquarsi *v.pron.* (*scherz.*) apropincuarse, acercarse*.
appropriamento *s.m.* apropiación (*f.*).
appropriarsi *v.pron.* apropiarse, apoderarse.
appropriazione *s.f.* (*dir.*) apropiación | — *indebita*, apropiación indebida.
appropriato *agg.* adecuado, apropiado: *un tono* —, un tono adecuado.
approssimare *v.tr.* aproximar, arrimar ♦ **-rsi** *v.pron.* aproximarse, acercarse*.
approssimativamente *avv.* aproximadamente, cerca de.
approssimativo *agg.* aproximativo, aproximado: *conoscenza approssimativa*, conocimiento superficial.
approssimato *agg.* **1** aproximado **2** (*approssimativo*) aproximativo: *un linguaggio* —, un lenguaje aproximativo.
approssimazione *s.f.* (*anche mat.*) aproximación.
approvare *v.tr.* (*anche dir.*) aprobar*: — *un'opinione*, aprobar una opinión; — *una mozione*, aprobar una moción.
approvazione *s.f.* aprobación.
approvvigionamento *s.m.* **1** (*mil.*) avituallamiento **2** abastecimiento **3** (*pl.*) víveres.
approvvigionare *v.tr.* abastecer*, aprovisionar: — *il magazzino*, abastecer el almacén.
appuntamento *s.m.* cita (*f.*): *il medico riceve solo su* —, el médico atiende sólo con cita; *prendere — col medico*, pedir*/fijar hora con el medico; *darsi* —, darse cita, citarse, concertar una cita, quedar.
appuntare[1] *v.tr.* (*una medaglia*) apuntar; (*uno spillo*) clavar.
appuntare[2] *v.tr.* (*annotare*) tomar nota, apuntar: — *un nome*, tomar nota de un nombre.
appuntato *s.m.* (*mil.*) cabo.
appuntire *v.tr.* aguzar*.
appuntito *agg.* puntiagudo, agudo: *bastone* —, palo puntiagudo.
appunto[1] *s.m.* **1** apunte, nota (*f.*) **2** (*osservazione*) observación (*f.*), reproche.
appunto[2] *avv.* precisamente, exactamente | *per l'*—, precisamente por eso.
appurare *v.tr.* comprobar*, verificar*, averiguar*.
apribile *agg.* que se puede abrir.
apribottiglie *s.m.* abrebotellas, abridor; (*Amer.*) destapador.
apribuste *s.m.* abrecartas.
aprile *s.m.* abril | — *ogni goccia un barile*, abril aguas mil.
a priori *loc.* a priori.
apriorismo *s.m.* (*filos.*) apriorismo.
aprioristico *agg.* (*filos.*) apriorístico.
aprire *v.tr.* **1** abrir: — *la finestra*, abrir la ventana | *non — bocca*, no soltar palabra, no rechistar | (*fig.*) — *gli occhi*, abrir los ojos, desengañarse, espabilarse | *apriti cielo!*, ¡Dios nos libre! **2** (*allargare, stendere*) abrir, extender*, desdoblar: — *la tovaglia*, desdoblar el mantel | — *le braccia*, abrir los brazos; (*fig.*) resignarse **3** (*dare inizio*) abrir, dar* comienzo: — *la seduta*, abrir la sesión, dar comienzo a la sesión ♦ *v.intr.* abrir: *il negozio apre alle 9*, la tienda abre a las 9 ♦ **-rsi** *v.pron.* **1** abrirse: *la porta è bloccata, non si apre*, la puerta está trabada, no se abre **2** (*fendersi*) abrirse, agrietarse, fisurarse, rajarse: *dopo il terremoto si è aperto il muro*, después del terremoto se ha agrietado/fisurado el muro **3** (*fig.*) abrirse, franquearse.
apriscatole *s.m.* abrelatas.
aquaplaning *s.m.* aquaplaning, patinazo.
aquila *s.f.* (*zool.*) águila: *l'— bianca*, el águila blanca | (*fig.*) *non essere un'*—, no ser un águila/lince (*m.*).
aquilano *agg., s.m.* nativo de l'Aquila.
aquilino *agg.* aguileño: *naso* —, nariz aguileña.
aquilone[1] *s.m.* (*vento*) aquilón.
aquilone[2] *s.m.* (*gioco*) cometa (*f.*).
aquilotto *s.m.* aguilucho.
arabescare *v.tr.* decorar con arabescos.
arabesco *s.m.* **1** (*pitt.*) arabesco **2** (*fig., scherz.*) garabato, escarabajos (*pl.*).

arabico *agg.* arábigo, árabe | *gomma arabica*, goma arábiga | *Mar Arabico*, Mar Arábigo.
arabile *agg.* (*agr.*) arable.
arabismo *s.m.* arabismo.
arabista *s.m./f.* arabista, estudioso (*m.*) de árabe.
arabo *agg.* árabe ♦ *s.m.* **1** árabe (*m./f.*) **2** (*lingua*) árabe (*m.*) | (*fig.*) *parlare* —, hablar chino.
arachide *s.f.* cacahuete (*m.*); (*Amer.*) maní (*m.*).
aragosta *s.f.* (*zool.*) langosta.
araldica *s.f.* héraldica.
araldico *agg.* héraldico.
araldo *s.m.* heraldo, mensajero.
aramaico *s.m.*, *agg.* arameo.
aranceto *s.m.* naranjal.
arancia *s.f.* naranja.
aranciata *s.f.* naranjada.
arancino *s.m.* (*cuc.*) croqueta (*f.*) de arroz.
arancio *s.m.* naranjo | *colore* —, anaranjado, color naranja | *fiore d'*—, flor de azahar.
arancione *agg.*, *s.m.* anaranjado, (color) naranja.
arare *v.tr.* (*agr.*) arar, labrar.
aratro *s.m.* (*agr.*) arado.
aratura *s.f.* (*agr.*) aradura.
arazzo *s.m.* tapiz*.
arbitraggio *s.m.* arbitraje.
arbitrare *v.tr.* arbitrar.
arbitrario *agg.* arbitrario.
arbitrato *s.m.* (*dir.*, *econ.*) arbitraje.
arbitrio *s.m.* **1** albedrío: *libero* —, libre albedrío **2** (*sopruso*) abuso, capricho.
arbitro *s.m.* árbitro: *fare da — in una partita*, arbitrar un partido.
arboreo *agg.* arbóreo.
arboricolo *agg.* arborícola.
arbusto *s.m.* arbusto.
arca *s.f.* **1** (*cassa*) árca | — *dell'Alleanza*, arca de la Alianza | — *di Noè*, arca de Noé **2** (*sarcofago*) sarcófago.
arcadia *s.f.* **1** (*fig.*, *lett.*) lugar (*m.*) idílico: *vivere in un'*—, vivir en un lugar idílico **2** (*lett.*) academia de los árcades; corriente literaria.
arcadico *agg.* **1** arcádico, de Arcadia **2** (*lett.*) idílico **3** (*lett.*) de la academia de los árcades.
arcaico *agg.* arcaico.
arcaismo *s.m.* arcaísmo.
arcangelo *s.m.* arcángel.
arcano *agg.* arcano, oculto, misterioso ♦ *s.m.* arcano, misterio.
arcata *s.f.* arco (*m.*), arcada | — *dentaria*, arco dental.
archeologia *s.f.* arqueología.
archeologo *s.m.* arqueólogo.
archeozoico *agg.*, *s.m.* (*geol.*) arqueozoico.
archetipico *agg.* (*lett.*) arquetípico.
archetipo *s.m.* arquetipo.
archetto *s.m.* **1** (*mus.*) arco **2** (*arch.*) arcatura (*f.*).
archibugio *s.m.* arcabuz*.
architettare *v.tr.* **1** proyectar, concebir*, planear **2** (*fig.*) maquinar, tramar.
architetto *s.m.* arquitecto.
architettonico *agg.* arquitectónico.
architettura *s.f.* arquitectura.
architrave *s.m.* (*edil.*) arquitrabe.
archiviare *v.tr.* **1** archivar **2** (*fig.*) dejar, abandonar: — *un'idea*, abandonar una idea **3** (*dir.*) sobreseer: — *un caso, un procedimento*, sobreseer un caso, un procedimiento.
archiviazione *s.f.* **1** archivo (*m.*) **2** (*dir.*) sobreseimiento (*m.*).
archivio *s.m.* **1** (*anche inform.*, *raccolta, luogo*) archivo **2** (*rivista*) boletín, revista (*f.*).
archivista *s.m./f.* archivista, archivero (*m.*).
archivistico *agg.* archivístico.
arcidiacono *s.m.* (*relig.*) archidiácono.
arcidiocesi *s.f.* (*relig.*) archidiócesis.
arciduca *s.m.* archiduque.
arciere *s.m.* arquero.
arcigno *agg.* severo, grave, hosco; (*accigliato*) ceñudo: *viso* —, rostro ceñudo.
arcipelago *s.m.* archipiélago.
arcivescovado *s.m.* (*relig.*) arzobispado.
arcivescovile *agg.* (*relig.*) arzobispal.
arcivescovo *s.m.* (*relig.*) arzobispo.
arco *s.m.* **1** (*anche arch.*) arco: *tirare con l'*—, disparar el arco; *tiro con l'*—, tiro al arco; — *a sesto acuto*, arco ojival; — *a tutto sesto*, arco de medio punto | *ad* —, en arco, arqueado | — *celeste*, bóveda celeste | (*geogr.*) — *alpino*, cadena de los Alpes | (*mus.*) *strumenti ad* —, instrumentos de cuerda **2** (*fig.*) curso, transcurso; (*termine*) lapso, plazo: *nell'— dell'anno*, en el curso del año; *nell'— di un mese*, en el plazo de un mes.
arcobaleno *s.m.* arco iris.
arcolaio *s.m.* (*tess.*) argadijo, devanadera (*f.*).
arconte *s.m.* arconte.
arcuare *v.tr.* arquear, encorvar ♦ **-si** *v.pron.* encorvarse, doblarse.
arcuato *agg.* enarcado, arqueado.
ardente *agg.* **1** ardiente | *camera* —, cámara mortuoria, capilla ardiente **2** (*fig.*) impetuoso, abrasador.
ardere *v.tr./intr.* quemar | (*fig.*) — *di desiderio*, arder en deseos.
ardesia *s.f.* pizarra.
ardimento *s.m.* audacia (*f.*), valor, atrevimiento.
ardimentoso *agg.* valiente, arrojado.
ardire[1] *v.intr.* osar, atreverse.

ardire² *s.m.* **1** intrepidez (*f.*), atrevimiento, valor **2** osadía (*f.*): *avere l'—*, tener la osadía.
arditezza *s.f.* intrepidez, audacia.
ardito *agg.* atrevido, valiente.
ardore *s.m.* ardor, fervor.
arduo *agg.* arduo, difícil.
area *s.f.* (*anche sport, geom., pol.*) área: *— del poligono*, área del polígono | *— edificabile*, zona edificable | *— di rigore*, área de penalty | *— verde*, zona verde.
arena *s.f.* **1** arena, anfiteatro (*m.*), ruedo (*m.*) | *scendere nell'—*, salir al ruedo **2** (*sabbia*) arena.
arenaria *s.f.* (*min.*) arenisca.
arenarsi *v.pron.* **1** encallarse, embarrancarse* **2** (*fig.*) atascarse*, pararse, estancarse*: *le trattative si sono arenate*, las negociaciones se han estancado.
arenile *s.m.* arenal.
aretino *agg., s.m.* aretino.
argano *s.m.* cabrestante, árgano.
argentato *agg.* **1** (*metall.*) plateado **2** (*argenteo*) plateado, argénteo | *volpe argentata*, zorro azul.
argenteo *agg.* de plata, argénteo, plateado.
argenteria *s.f.* plata, platería.
argentiere *s.m.* platero.
argentifero *agg.* argentífero.
argentino *agg., s.m.* argentino.
argento *s.m.* plata (*f.*) | *— vivo*, azogue, mercurio | (*fig.*) *avere l'— vivo addosso*, ser un azogue, ser muy inquieto | *nozze d'—*, bodas de plata.
argilla *s.f.* arcilla.
argilloso *agg.* arcilloso.
arginamento *s.m.* encauzamento.
arginare *v.tr.* **1** canalizar*; (*un fiume*) encauzar*, contener* **2** (*fig.*) detener*, atajar: *— un fenomeno*, detener un fenómeno.
argine *s.m.* **1** dique, malecón, terraplén: *l'— del fiume ha ceduto*, el dique del río ha cedido **2** (*fig.*) freno.
argivo *agg., s.m.* argivo, de Argo.
argo¹ *s.m.* (*lett.*) argos.
argo² *s.m.* (*chim.*) argón.
argomentare *v.intr.* argumentar, discutir.
argomentazione *s.f.* argumento (*m.*), argumentación.
argomento *s.m.* **1** (*anche mat.*) argumento **2** (*soggetto*) tema, asunto, sujeto: *l'— del libro*, el tema del libro **3** (*motivo*) motivo, pretexto: *fornire un —*, aportar/dar un motivo.
argonauta *s.m.* argonauta.
arguire *v.tr.* argüir*, argumentar, deducir*.
arguto *agg.* agudo, ingenioso.
arguzia *s.f.* agudeza, gracia; (*facezia*) ocurrencia, salida.
aria *s.f.* **1** aire (*m.*): *— condizionata*, aire acondicionado; *— compressa*, aire comprimido; *all'— aperta*, al aire libre; *cambiare — alla stanza*, ventilar/airear la habitación | *colpo d'—*, enfriamiento | (*fig.*) *meglio cambiare — per un po'*, mejor cambiar/mudar de aires por un tiempo | *qui mi manca l'—*, aquí me falta el aire **2** aspecto (*m.*), (*fam.*) pinta: *ha un'— che non mi piace*, tiene un aspecto que no me gusta; *ha l'— di avere le idee chiare*, da la impresión de tener las ideas claras **3** clima **4** (*mus.*) aire, tema; (*di opera*) aria
■ ***campato in aria***, sin fundamento | ***darsi delle arie***, darse aires/ínfulas, presumir | ***mandare a gambe all'aria***, poner patas arriba | ***mandare all'aria un progetto***, echar a perder un proyecto, tirar por la borda un proyecto | ***non buttare tutto per aria!***, no des al traste con todo!, ¡no desordenes todo! | ***in linea d'aria***, en línea recta | ***tira una brutta aria***, corren malos vientos | ***vivere d'aria***, alimentarse de aire | ***aria!***, ¡aire!
arianesimo *s.m.* (*relig.*) arrianismo.
ariano¹ *agg.* (*relig.*) arriano.
ariano² *agg., s.m.* ario.
aria-terra *agg.* (*mil*) aire-tierra: *missile —*, misil aire-tierra.
aridità *s.f.* aridez, sequedad.
arido *agg.* árido, seco.
arieggiare *v.tr.* **1** (*stanza*) airear; (*indumento*) orear **2** asemejarse, parecerse*; imitar.
ariete *s.m.* **1** carnero **2** (*mil.*) ariete **3** (*astr.*) Aries.
aringa *s.f.* (*zool.*) arenque (*m.*): *— affumicata*, arenque ahumado.
arioso *agg.* **1** aireado, fresco **2** ancho, abierto.
arista *s.f.* (*cuc.*) lomo (*m.*) de cerdo.
aristocratico *agg.* aristocrático ♦ *s.m.* aristócrata (*m./f.*).
aristocrazia *s.f.* aristocracia.
aristotelico *agg.* (*filos.*) aristotélico.
aristotelismo *s.m.* (*filos.*) aristotelismo.
aritmetica *s.f.* (*mat.*) aritmética.
aritmia *s.f.* (*med.*) arritmia.
arlecchino *s.m.* (*anche fig.*) arlequín ♦ *agg.* a cuadros, multicolor.
arma *s.f.* **1** arma (*anche fig.*): *— a lunga gittata*, arma de largo alcance; *armi da fuoco*, armas de fuego | *abbassare le armi*, rendir las armas | *porto d'armi*, licencia de armas | *chiamata alle armi*, llamada al servicio militar **2** (*mil.*) ejército, arma | *— militare*, cuerpo militar
■ ***arma a doppio taglio***, arma de doble filo | ***essere alle prime armi***, estar en pañales | ***ad armi pari***, de igual a igual.
armadietto *s.m.* taquilla (*f.*).
armadillo *s.m.* (*zool.*) armadillo.

armadio *s.m.* armario: — *a muro*, armario empotrado.
armaiolo *s.m.* armero.
armamentario *s.m.* **1** utensilos (*pl.*), equipo, instrumental **2** (*fig.*) bagaje.
armamento *s.m.* (*anche mar., mil.*) armamento: *società di* —, sociedad armadora.
armare *v.tr.* **1** armar; fortificar*: — *un soldato*, armar a un soldado; — *una postazione*, fortificar un emplazamiento **2** (*una pistola*) armar, cargar* **3** (*una nave*) equipar, aparejar, armar **4** (*edil., cemento*) encofrar ♦ **-rsi** *v.pron.* armarse | *armatevi di pazienza*, armaos de paciencia.
armata *s.f.* (*mil.*) armada | (*st.*) *l'Invincibile Armata*, la Armada Invencible.
armato *agg.* **1** armado: *essere — di buone intenzioni*, estar armado de buenas intenciones **2** (*cemento*) armado, encofrado.
armatore *s.m.* armador, naviero.
armatura *s.f.* **1** armadura **2** (*tecn.*) armazón, estructura: — *della trave di calcestruzzo*, encofrado de la viga de hormigón.
armeggiare *v.tr.* **1** ajetrearse, agitarse **2** tramar, intrigar*.
armeno *agg., s.m.* armenio.
armento *s.m.* hato, ganado, manada (*f.*).
armeria *s.f.* **1** (*anche mil.*) armería **2** (*collezione*) hoploteca, museo (*m.*) de armas.
armistizio *s.m.* armisticio.
armo *s.m.* (*canottaggio*) equipo de remeros.
armonia *s.f.* armonía.
armonica *s.f.* (*mus.*) armónica.
armonico *agg.* (*mus., fig.*) armónico | *frequenza armonica*, frecuencia armónica.
armonioso *agg.* armonioso.
armonium *s.m.* (*mus.*) armonio.
armonizzare *v.tr.* armonizar*.
arnese *s.m.* **1** utensilio, herramienta (*f.*) **2** (*fam.*) trasto, chisme.
arnia *s.f.* colmena, arna.
aroma *s.m.* **1** aroma **2** (*pl.*) especias (*f.pl.*).
aromaterapia *s.f.* aromaterapia.
aromatico *agg.* (*anche chim.*) aromático, oloroso: *pianta aromatica*, planta aromática.
aromatizzare *v.tr.* aromatizar*.
arpa *s.f.* (*mus.*) arpa.
arpeggiare *v.intr.* (*mus.*) **1** tocar* el arpa **2** arpegiar.
arpeggio *s.m.* (*mus.*) arpegio.
arpia *s.f.* (*mit., fig., zool.*) arpía.
arpionare *v.tr.* arponear, arponar.
arpione *s.m.* **1** (*mecc.*) gancho, trinquete **2** (*da pesca*) arpón **3** (*da alpinismo*) pitón **4** (*di una porta*) gozne, perno.
arrabbiarsi *v.pron.* enfadarse, enojarse | *non farmi arrabbiare*, no hagas que me enfade.
arrabbiato *agg.* **1** enojado, enfadado **2** (*vet.*) rabioso **3** (*fig., accanito*) incorregible, tenaz | (*cuc.*) *all'arrabbiata*, con salsa de tomate picante.
arrabbiatura *s.f.* enfado (*m.*), enojo (*m.*), (*fam.*) pataleta.
arraffare *v.tr.* **1** agarrar, coger* **2** (*rubare*) arrear, llevarse: arraffò i soldi, salió arreando con el dinero.
arrampicarsi *v.pron.* encaramarse, trepar: *il bambino si arrampicò su un albero*, el niño se encaramó a un árbol | — *sugli specchi*, agarrarse de un clavo ardiendo.
arrampicata *s.f.* **1** (*erta*) pendiente **2** trepa; (*alpinismo*) escalada: — *sportiva*, escalada deportiva.
arrampicatore *agg., s.m.* **1** escalador **2** (*fig.*) arribista.
arrancare *v.intr.* **1** (*zoppicare*) cojear **2** (*procedere a fatica*) renquear.
arrangiamento *s.m.* (*anche mus.*) arreglo.
arrangiare *v.tr.* **1** arreglar **2** (*mus.*) hacer* un arreglo ♦ **-rsi** *v.pron.* arreglárselas, ingeniárselas, apañarse: *arrangiati!*, ¡arréglatelas!, ¡a ver cómo te las compones!
arrangiatore *s.m.* (*mus.*) arreglista.
arrapare *v.tr.* (*pop.*) calentar ♦ **-rsi** *v.pron.* arrecharse, calentarse.
arrecare *v.tr.* causar, provocar*: — *danni*, acarrear perjuicios.
arredamento *s.m.* decoración (*f.*); (*mobilio*) mobiliario: *un — sobrio*, una sobria decoración, un mobiliario sencillo.
arredare *v.tr.* amueblar, decorar.
arredatore *s.m.* decorador.
arredo *s.m.* decorado.
arrembaggio *s.m.* (*mar.*) abordaje | *all'—!*, ¡al abordaje!
arrendersi *v.pron.* **1** rendirse* **2** (*fig.*) ceder, claudicar*, darse* por vencido.
arrendevole *agg.* dócil, flexible; (*compiacente*) complaciente: *un carattere* —, un carácter dócil.
arrendevolezza *s.f.* docilidad, flexibilidad.
arrestare *v.tr.* **1** (*catturare*) arrestar, detener*, capturar **2** (*fermare*) parar, frenar: *arrestò l'auto davanti al bar*, paró/frenó el coche delante del bar; *nessuno poté — la sua corsa*, nadie pudo detener su carrera ♦ **-rsi** *v.pron.* detenerse*: *il camion si arrestò in mezzo al viale*, el camión se detuvo en medio de la avenida.
arresto *s.m.* **1** (*fermata*) parada (*f.*): *segnale d'*—, señal de parada | (*med.*) — *cardiaco*, paro cardíaco | (*calcio*) — *del gioco*, detención del juego | *battuta d'*—, compás de espera **2** (*dir.*) arresto, captura (*f.*), detención (*f.*): *lei è in* —, queda usted detenido/arrestado **3** (*mecc.*) freno.
arretrare *v.intr.* retroceder, volver* atrás: — *di qualche metro*, retroceder unos metros; —

davanti al pericolo, retroceder ante el peligro ♦ *v.tr.* hacer* retroceder, retrasar.
arretratezza *s.f.* atraso: *condizioni di grave —*, condiciones de grave atraso.
arretrato *agg.* **1** atrasado: *numero, fascicolo —*, número atrasado, entrega atrasada; *ho molto lavoro —*, tengo mucho trabajo atrasado/por hacer; *essere in — con l'affitto*, habérsele vencido el alquiler, estar atrasado con el (pago del) alquiler | *ho una fame arretrata!*, ¡tengo hambre atrasada! **2** atrasado, retrasado: *paese —*, país atrasado/subdesarrollado ♦ *s.m. spec.pl.* **1** atrasos (*pl.*): *mi devono pagare gli arretrati*, me tienen que pagar los atrasos **2** (*econ., anche fig.*) cuentas (*f.pl.*) pendientes | *avere un — con qlcu.*, tener una cuenta pendiente con alguien.
arricchimento *s.m.* (*anche chim., fig.*) enriquecimiento.
arricchire *v.tr.* (*anche fig.*) enriquecer*, aumentar ♦ **-rsi** *v.pron.* enriquecerse*.
arricchito *agg.* (*anche fig.*) enriquecido, rico ♦ *s.m.* (*spreg.*) nuevo rico.
arricciacapelli *s.m.* rizador.
arricciare *v.tr.* rizar* | *— il naso*, arrugar la nariz ♦ **-rsi** *v.pron.* rizarse*, encresparse: *con l'umidità mi si arricciano i capelli*, con la humedad se me encrespa el pelo.
arricciatura *s.f.* encrespado (*m.*).
arridere *v.tr.* (*fig.*) sonreír*, favorecer*: *la sorte mi ha arriso*, la suerte me sonrió.
arringa *s.f.* (*dir.*) arenga, defensa; alegato (*m.*).
arringare *v.tr.* arengar*.
arrischiare *v.tr.* arriesgar*, exponer*.
arrivare *v.intr.* **1** (*anche fig.*) llegar*: *— a Milano, in stazione*, llegar a Milán, a la estación; *— da Toledo*, llegar de Toledo; *— ultimo*, llegar el último; *il fango gli arrivava alle cosce*, el barro le llegaba a los muslos; *mi è arrivata una lettera*, me llegó una carta | *è arrivato a dire che...*, llegó a decir que **2** (*riuscire*) alcanzar*, lograr | *non arrivarci*, no lograr entender, no caer (en la cuenta).
arrivato *agg.* llegado: *ecco il nuovo —*, ahí está el recién llegado; *appena —*, recién llegado | *ben —*, bienvenido | *uomo —*, hombre de buena posición, (*fam.*) triunfador.
arrivederci, arrivederla *inter.* hasta pronto, hasta luego, hasta la vista, adiós.
arrivismo *s.m.* arribismo.
arrivista *s.m./f.* arribista, (*fam.*) trepa.
arrivo *s.m.* **1** llegada (*f.*): *ordine di —*, orden de llegada | *essere in —*, estar por llegar **2** (*sport*) (línea de) meta, llegada.
arroccare *v.tr.* **1** (*scacchi*) enrocar* **2** (*mil.*) poner* tropas tras la línea de defensa ♦ **-rsi** *v.pron.* **1** (*scacchi*) enrocarse* **2** (*anche fig.*) refugiarse, alejarse: *— su posizioni rigide*, tomar posiciones rígidas.
arrochire *v.intr.* enronquecer* ♦ **-rsi** *v.pron.* enronquecerse*.
arrogante *agg.* arrogante, altanero, engreído.
arroganza *s.f.* arrogancia, altanería, engreimiento (*m.*).
arrogare *v.tr.* (*dir.*) efectuar* arrogación ♦ **-rsi** *v.pron.* arrogarse*: *— un diritto*, arrogarse un derecho.
arrossamento *s.m.* enrojecimiento.
arrossare *v.tr.* enrojecer* ♦ **-rsi** *v.pron.* enrojecerse*; (*del cielo*) arrebolar, ponerse* rojo.
arrossire *v.intr.* sonrojarse, enrojecerse*, ruborizarse*, ponerse* colorado: *— dalla vergogna*, ruborizarse por la vergüenza.
arrostire *v.tr.* asar; (*pane*) tostar.
arrostito *agg.* (*cuc.*) asado; (*di pane*) tostado.
arrosto *s.m.* asado | *molto fumo e poco —*, mucho ruido y pocas nueces.
arrotare *v.tr.* amolar, afilar, sacar* filo.
arrotatrice *s.f.* (*mecc.*) pulidora.
arrotino *s.m.* afilador, amolador.
arrotolare *v.tr.* arrollar, enrollar; (*una bobina*) envolver*; (*una sigaretta*) liar.
arrotondamento *s.m.* (*anche fig.*) redondeo: *— del conto*, redondeo de la cuenta.
arrotondare *v.tr.* (*anche cifre*) redondear: *— per difetto, per eccesso*, redondear por defecto, por exceso.
arrovellarsi *v.pron.* irritarse, enfadarse, atormentarse | *— il cervello*, devanarse los sesos.
arroventare *v.tr.* (*anche fig.*) encandecer*, calentar* al rojo ♦ **-rsi** *v.pron.* ponerse* candente.
arroventato *agg.* candente, incandescente: *un ferro — sulla fiamma*, un hierro al rojo vivo en la llama | *deserto —*, desierto tórrido | *un dibattito —*, una discusión acalorada.
arruffapopoli *agg., s.m.* agitador, alborotador, alborotapueblos.
arruffare *v.tr.* **1** alborotar, enmarañar, enredar; (*capelli*) desgreñar: *il gatto arruffò il pelo*, el gato erizó el pelo **2** (*fig.*) confundir.
arruffato *agg.* **1** desgreñado **2** (*fig.*) enredado.
arruffianarsi *v.pron.* trabajarse (*qlcu.*).
arruffone *agg., s.m.* **1** desordenado, chapucero **2** tramposo, enredador.
arrugginire *v.tr.* **1** enmohecer*, oxidar: *l'acqua ha arrugginito l'inferriata*, el agua ha oxidado la reja **2** (*fig.*) debilitar, entorpecer*: *l'inattività arrugginisce i muscoli*, la inactividad oxida/entorpece los músculos ♦ *v.intr.*, **-rsi** *v.pron.* **1** oxidarse, herrumbrarse: *la chiave (si) è arrugginita*, la llave se ha oxidado/herrumbrado **2** (*fig.*) oxidarse, atrofiarse, entorpecerse*, enmohecerse*.

arrugginito *agg.* (*anche fig.*) herrumbroso, mohoso.
arruolamento *s.m.* (*mil.*) reclutamiento.
arruolare *v.tr.* alistar, reclutar ♦ **-rsi** *v.pron.* alistarse, enrolarse.
arsenale *s.m.* **1** (*di armi*) arsenal **2** (*mar.*) astillero.
arsenico *s.m.* arsénico.
arsura *s.f.* **1** (*caldo*) calor (*m.*) abrasador **2** (*sete*) sed ardiente, sequedad **3** (*aridità*) aridez, sequía.
arte *s.f.* **1** arte (*m.*): — *astratta*, arte abstracto; *le arti figurative*, las artes figurativas; *un'opera d'*—, una obra de arte | *a regola d'*—, según los cánones, como Dios manda **2** (*mestiere*) oficio (*m.*), técnica, habilidad: *l'— del falegname*, el oficio del carpintero | *ad* —, con arte | *nome d'*—, nombre artístico, seudónimo | *senza — né parte*, sin oficio ni beneficio | *essere figlio d'*—, ser hijo de artista, haber heredado el oficio.
artefatto *s.m.* **1** falsificado, adulterado **2** innatural, afectado.
artefice *s.m./f.* artífice, artista, autor (*m.*).
arteria *s.f.* **1** (*anat.*) arteria **2** (*strada*) arteria, calle, carretera principal.
arteriosclerosi *s.f.* (*med.*) arteriosclerosis.
arteriosclerotico *agg.*, *s.m.* (*med.*) arteriosclerótico.
arterioso *agg.* (*anat.*) arterial, arterioso: *sangue* —, sangre arterial.
artico *agg.* ártico.
articolare[1] *v.tr.* articular ♦ **-rsi** *v.pron.* articularse, subdividirse, constar (de): *lo spettacolo si articola in tre parti*, la función se divide en tres partes.
articolare[2] *agg.* (*anat.*) articular.
articolato *agg.* **1** (*anat.*) articulado **2** (*fig.*) fluido, corriente, bien ordenado: *un pensiero ben* —, un pensamiento bien desarrollado.
articolazione *s.f.* articulación.
articolista *s.m./f.* articulista, columnista.
articolo *s.m.* artículo (*anche gramm.*) | — *di fondo*, editorial | *articoli di lusso*, artículos de lujo.
artificiale *agg.* artificial | *sorriso* —, sonrisa falsa.
artificiere *s.m.* **1** (*mil.*) artificiero **2** (*di fuochi d'artificio*) pirotécnico.
artificio *s.m.* **1** artificio; (*abilità*) maestría (*f.*) | *fuochi d'*—, fuegos artificiales **2** (*stratagemma*) artificio, engaño, malas artes (*f.pl.*) **3** (*affettazione*) artificio, afectación (*f.*).
artificioso *agg.* artificioso, innatural, afectado: *comportamento* —, comportamiento artificioso.
artigianale *agg.* artesano, artesanal.
artigianato *s.m.* artesanía (*f.*).
artigiano *agg.* artesano, artesanal ♦ *s.m.* artesano.
artigliere *s.m.* (*mil.*) artillero.
artiglieria *s.f.* (*mil.*) artillería.
artiglio *s.m.* (*di felini*) zarpa (*f.*); (*di rapaci*) garra (*f.*).
artista *s.m./f.* artista.
artistico *agg.* artístico.
arto *s.m.* miembro, extremidad (*f.*).
artrite *s.f.* (*med.*) artritis.
artritico *agg.* (*med.*) artrítico.
artropodi *s.m.pl.* (*zool.*) artrópodos.
artrosi *s.f.* (*med.*) artrosis.
aruspice *s.m.* (*st.*) arúspice.
arzigogolare *v.intr.* **1** (*fantasticare*) fantasear **2** conjeturar, alambicar*, cavilar.
arzigogolato *agg.* artificioso, enredado.
arzigogolo *s.m.* **1** cavilación (*f.*) **2** escapatoria (*f.*).
arzillo *agg.* vivaz*, (*fam.*) vivaracho: *anziano* —, anciano vivaracho.
asburgico *agg.* habsbúrgico.
ascella *s.f.* axila, (*fam.*) sobaco (*m.*).
ascendente *agg.* ascendente: *linea* —, línea ascendente ♦ *s.m.* **1** (*antenato*) ascendiente **2** (*astr.*) ascendente **3** (*autorevolezza*) ascendiente, influencia (*f.*), autoridad (*f.*) moral.
ascendenza *s.f.* ascendencia.
ascendere *v.intr.* ascender*.
ascensionale *agg.* ascensional: *corrente* —, corriente ascensional.
ascensione *s.f.* ascensión.
ascensore *s.m.* ascensor; (*Amer.*) elevador.
ascensorista *s.m./f.* ascensorista.
ascesa *s.f.* ascenso (*m.*), subida: *l'— al trono*, la subida al trono.
ascesi *s.f.* (*relig.*, *filos.*) ascesis.
ascesso *s.m.* absceso.
asceta *s.m./f.* (*relig.*) asceta.
ascetico *agg.* (*relig.*) ascético, místico.
ascetismo *s.m.* (*relig.*) ascetismo.
ascia *s.f.* hacha | (*spreg.*) *fatto con l'*—, basto, tosco.
ascissa *s.f.* (*mat.*) abscisa.
asciugabiancheria *s.m.* secadora (*f.*).
asciugacapelli *s.m.* secador (de pelo).
asciugamano *s.m.* toalla (*f.*).
asciugare *v.tr.* **1** secar*; (*prosciugare*) desecar*: *stendere i panni ad* —, tender la ropa, poner a secar la ropa; *asciugarsi le mani*, secarse las manos **2** (*le lacrime*) enjugar* ♦ **-rsi** *v.pron.* secarse*.
asciugatura *s.f.* secado (*m.*).
asciutto *agg.* **1** seco **2** (*magro*) seco, flaco, enjuto, delgado **3** (*fig.*) seco, brusco, tajante: *stile* —, estilo sobrio ♦ *s.m.* lugar seco; (*terreno arido*) secano | (*fig.*) *restare all'*—, quedarse sin blanca/dinero.

ascoltare *v.tr.* **1** escuchar, oír* **2** (*dare retta*) acceder, obedecer*.
ascoltatore *s.m.* oyente (*m./f.*); (*radioascoltatore*) radioescucha (*m./f.*), radioyente (*m./f.*).
ascolto *s.m.* escucha (*f.*): *in* —, a la escucha | *dare* —, prestar atención | *indice d'*—, índice de audiencia.
ascrivere *v.tr.* **1** adscribir **2** atribuir*, imputar: — *un successo a qlcu.*, atribuir un éxito a alguien.
asessuato *agg.* (*biol.*) asexuado.
asettico *agg.* aséptico.
asfaltare *v.tr.* asfaltar.
asfaltato *agg.* asfaltado.
asfaltatura *s.f.* asfaltado (*m.*).
asfalto *s.m.* **1** asfalto **2** (*strada*) calzada (*f.*), firme.
asfissia *s.f.* asfixia.
asfissiante *agg.* **1** asfixiante **2** (*fig.*) molesto, fastidioso, pegadizo.
asfissiare *v.tr.* **1** asfixiar (*anche fig.*), sofocar* **2** (*assillare*) acosar.
asfissiato *agg.* asfixiado.
asfittico *agg.* **1** asfíctico **2** (*fig.*) estrecho, apagado.
asfodelo *s.m.* (*bot.*) asfódelo.
asiatico *agg., s.m.* asiático.
asilo *s.m.* **1** (*rifugio*) asilo: *diritto di* —, derecho de asilo; — *politico*, asilo político; *chiedere* —, pedir asilo **2** (*ricovero per poveri*) hospicio, albergue; (*asilo infantile*) parvulario; (*asilo nido*) guardería (*f.*).
asimmetria *s.f.* asimetría.
asimmetrico *agg.* asimétrico.
asincrono *agg.* (*fis.*) asíncrono.
asindeto *s.m.* (*ret., ling.*) asíndeton.
asino *s.m.* **1** burro, asno, borrico | *legare l'— dove vuole il padrone*, obedecer sin chistar **2** (*fig.*) ignorante, tonto.
asma *s.f.* (*med.*) asma.
asmatico *s.m., agg.* (*med.*) asmático.
asociale *agg.* asocial, antisocial: *un comportamento* —, un comportamiento asocial/antisocial.
asola *s.f.* ojal (*m.*).
asparago *s.m.* (*bot.*) espárrago.
aspartame *s.m.* (*chim.*) aspartame.
asperità *s.f.* aspereza.
aspersione *s.f.* aspersión.
aspersorio *s.m.* (*relig.*) aspersorio.
aspettare *v.tr.* **1** esperar | *aspetta e spera*, el que espera, desespera **2** (*prevedere*) esperar, temer: *cosa ti aspetti da uno come lui?*, ¿qué te esperas de uno como él?; *c'era da aspettarselo*, era previsible | *quando uno meno se l'aspetta*, cuando menos te lo esperas ■ ***chi la fa l'aspetti***, donde las dan las toman | ***aspettare un bambino***, esperar un bebé.
aspettativa *s.f.* **1** expectativa, espera; (*previsione*) previsión: *superare le aspettative*, ser superior a lo previsto | *contro ogni* —, contra toda previsión **2** (*sospensione dal lavoro*) excedencia, cesantía: *chiedere un'*—, pedir una excedencia.
aspetto[1] *s.m.* *nella loc.*: *sala d'*—, sala de espera.
aspetto[2] *s.m.* **1** aspecto, apariencia (*f.*), semblante **2** (*fig.*) punto de vista | *sotto questo* —, bajo este aspecto.
aspide *s.m.* (*zool.*) áspid.
aspirante *agg.* aspirante ♦ *s.m./f.* aspirante, candidato (*m.*), pretendiente.
aspirapolvere *s.m.* aspiradora (*f.*).
aspirare *v.tr.* aspirar, inspirar ♦ *v.intr.* (*fig.*) aspirar, pretender.
aspiratore *s.m.* aspirador.
aspirazione *s.f.* **1** aspiración **2** (*fig.*) aspiración, deseo (*m.*), objetivo (*m.*): *avere grandi aspirazioni*, tener grandes aspiraciones.
aspirina® *s.f.* (*farm.*) aspirina.
asportare *v.tr.* **1** quitar, sacar*, llevar **2** (*med.*) extirpar, amputar.
asportazione *s.f.* (*anche med.*) extirpacion.
asporto *s.m.* transporte | *da* —, para llevar.
aspramente *avv.* duramente, fuertemente: *rimproverare* —, regañar duramente.
asprezza *s.f.* **1** aspereza **2** (*fig.*) dureza, severidad, aspereza.
asprigno *agg.* (*anche fig.*) áspero.
aspro *agg.* **1** áspero, agrio; (*di suono*) estridente **2** (*fig.*) rudo, duro, severo, cruel: *un — combattimento*, un duro combate.
assaggiare *v.tr.* (*cibo*) gustar, degustar; (*vino*) catar | — *il terreno*, tantear el terreno.
assaggiatore *s.m.* degustador, catador de vinos, sumiller.
assaggio *s.m.* prueba (*f.*); (*di vino*) catadura (*f.*); (*di cibi*) degustación (*f.*).
assai *avv.* **1** (*molto*) mucho; (*davanti ad agg., avv.*) muy: — *bello*, muy bonito; — *meglio*, mucho mejor; — *dopo*, mucho después **2** (*abbastanza*) bastante, lo suficiente, (*lett.*) harto: *viaggia* —, viaja bastante; *ho già dormito* —, ya he dormido lo suficiente; *fu — difficile arrivare*, fue harto difícil llegar; *sono — stanca*, estoy bastante cansada; *ho mangiato* —, he comido mucho ♦ *agg.* mucho, harto: *sono venute — più persone dell'anno scorso*, han venido muchas más personas que el año pasado.
assalire *v.tr.* asaltar (*anche fig.*), acometer, agredir: — *uno alle spalle*, agredir a uno por la espalda; *essere assalito da un dubbio*, ser asaltado por una duda.
assalitore *agg., s.m.* asaltante.
assaltare *v.tr.* asaltar; (*rubare*) atracar*.

assalto *s.m.* asalto, ataque; (*rapina*) atraco: *andare all'—*, ir al ataque.
assaporare *v.tr.* saborear (*anche fig.*), gustar, paladear | *— il gusto della vendetta*, saborear la venganza.
assassinare *v.tr.* asesinar, matar.
assassinio *s.m.* asesinato, homicidio.
assassino *s.m.* asesino.
asse[1] *s.m.* **1** (*mat., mecc.*) eje **2** (*fig.*) alianza (*f.*), pacto **3** (*dir.*) haberes (*pl.*), caudal: *— ereditario*, heredad.
asse[2] *s.f.* (*tavola*) tabla | *— da stiro*, mesa de planchar.
assecondare *v.tr.* **1** (*favorire*) secundar, apoyar, favorecer*; *— i tentativi di qlcu.*, favorecer los intentos de alguien **2** (*soddisfare*) secundar, llevarle la corriente, dar* gusto, complacer*: *asseconda il figlio in tutti i capricci*, complace a su hijo en todos sus caprichos.
assediante *agg., s.m./f.* asediador (*m.*), sitiador (*m.*).
assediare *v.tr.* **1** sitiar, asediar, cercar* **2** (*fig.*) rodear, importunar.
assedio *s.m.* sitio, asedio, cerco: *cingere d'—*, poner cerco, sitiar, asediar | *— economico*, embargo, bloqueo económico | (*pol.*) *stato d'—*, estado de sitio.
assegnamento *s.m. nella loc.*: *fare — su qlcu.*, poner las esperanzas en alguien.
assegnare *v.tr.* **1** (*dir.*) adjudicar*, asignar: *— un bene*, asignar un bien **2** (*destinare*) destinar, asignar, adscribir: *fu assegnato all'ufficio acquisti*, lo destinaron/adscribieron al departamento de compras **3** (*attribuire*) atribuir*, asignar: *gli assegnarono la stanza migliore*, le asignaron la mejor habitación; *a ciascuno fu assegnato un compito*, a cada uno se le asignó una tarea; *— un premio*, otorgar un premio.
assegnatario *s.m.* (*dir.*) beneficiario, adjudicatario.
assegnazione *s.f.* asignación, adjudicación.
assegno *s.m.* **1** cheque, talón: *— scoperto*, cheque en blanco/sin fondos; *— sbarrato*, cheque cruzado | *contro —*, contra reembolso | *libretto degli assegni*, talonario de cheques | *— al portatore*, cheque al portador | *— postale*, cheque postal **2** (*sussidio*) renta (*f.*), subsidio.
assemblaggio *s.m.* (*mecc., tecn.*) acoplamiento, montaje.
assemblare *v.tr.* acoplar, ensemblar, montar.
assemblea *s.f.* (*mecc., tecn.*) asamblea, junta: *— degli azionisti*, junta de accionistas | *sciogliere l'—*, levantar la sesión.
assembramento *s.m.* gentío, muchedumbre (*f.*), aglomeración (*f.*), concurrencia (*f.*): *un — di curiosi*, una aglomeración de curiosos.
assennato *agg.* sabio, sensato, juicioso.
assenso *s.m.* consentimiento, asentimiento: *— di matrimonio*, consentimiento de matrimonio; *cenno di —*, ademán de asenso.
assentarsi *v.pron.* ausentarse: *— ingiustificatamente*, faltar sin permiso.
assente *agg., s.m./f.* ausente.
assenteismo *s.m.* **1** (*dal lavoro*) absentismo **2** (*disinteresse politico*) indiferencia (*f.*), (*pop.*) pasotismo.
assenteista *agg., s.m./f.* absentista, (*pop.*) pasota.
assentire *v.intr.* asentir*.
assenza *s.f.* **1** ausencia **2** (*mancanza*) falta, ausencia: *— di luce, aria*, falta de luz, de aire.
assenzio *s.m.* ajenjo.
asserire *v.tr.* afirmar, declarar, sostener*.
asserragliarsi *v.pron.* encerrarse*, atrincherarse, parapetarse.
assertivo *agg.* **1** asertivo, afirmativo **2** firme, que se impone: *tono —*, tono firme.
assertore *s.m.* asertor, defensor, partidario.
asservimento *s.m.* sometimiento, sujeción (*f.*).
asservire *v.tr.* someter, sujetar: *— la popolazione*, someter a la población ♦ **-rsi** *v.pron.* someterse.
asserzione *s.f.* aserción.
assessorato *s.m.* (*pol.*) concejalía (*f.*).
assessore *s.m.* (*pol.*) concejal.
assestamento *s.m.* **1** organización (*f.*), ordenación (*f.*), ajuste, reajuste: *una fase politica di —*, una etapa política de ajuste | *— economico*, saneamiento/ajuste económico | *— dei prezzi*, reajuste de precios **2** (*edil., geol.*) asiento, asentamiento: *una scossa di —*, un seísmo de asentamiento.
assestare *v.tr.* **1** ordenar, arreglar, ajustar (*anche fig.*) **2** (*un colpo*) asestar, pegar* ♦ **-rsi** *v.pron.* **1** (*stabilirsi*) establecerse*, instalarse: *— nella nuova casa*, instalarse en la nueva casa **2** (*stabilizzarsi*) estabilizarse*: *i prezzi si sono assestati*, los precios se han estabilizado; *il terreno si è assestato*, el terreno se ha asentado/compactado.
assetato *agg.* sediento: *— di vendetta*, sediento de venganza.
assetto *s.m.* **1** orden, organización (*f.*) | *in — di guerra*, equipados para el combate **2** (*aer., mar.*) actitud (*f.*), posición (*f.*): *— di volo*, posición de vuelo | (*aut.*) *— delle ruote*, alineación de las ruedas.
assiale *agg.* axial.
assicurare *v.tr.* **1** asegurar, garantizar* **2** (*fissare*) afianzar*, fijar: *— una corda all'albero*, atar una cuerda al árbol **3** (*stipulare una polizza*) asegurar: *— l'auto contro il furto*, asegurar el coche contra robo ♦ **-rsi**

v.pron. **1** asegurarse **2** (*accertarsi*) cerciorarse.
assicurativo *agg.* del seguro | *polizza assicurativa*, póliza de seguro | *compagnia assicurativa*, compañía aseguradora.
assicurato *agg., s.m.* asegurado.
assicuratore *s.m.* asegurador.
assicurazione *s.f.* seguro (*m.*) | *compagnia di —*, compañía de seguros | *premio di —*, prima | *— sulla vita*, seguro de vida.
assideramento *s.m.* congelación (*f.*), aterimiento.
assiderare *v.tr.* helar* ♦ **-rsi** *v. pron.* helarse*; morir* por congelación.
assiderato *agg.* aterido, congelado.
assiduamente *avv.* asiduamente.
assiduità *s.f.* asiduidad.
assiduo *agg.* asiduo: *cliente —*, cliente habitual.
assieme *avv., s.m.* → **insieme.**
assiepamento *s.m.* gentío, multidud (*f.*), aglomeración (*f.*).
assieparsi *v. pron.* amontonarse, aglomerarse.
assillante *agg.* agobiante, apremiante.
assillare *v.tr.* acosar, molestar; (*fam.*) reventar*.
assillo *s.m.* (*ossessione*) aguijón, obsesión (*f.*).
assimilabile *agg.* asimilable.
assimilare *v.tr.* **1** asimilar **2** (*paragonare*) asociar.
assimilazione *s.f.* (*anche ling.*) asimilación: *— delle proteine*, asimilación de las proteínas; *— di una nozione*, asimilación de una noción.
assioma *s.m.* axioma, dogma.
assiro *agg., s.m.* asirio.
assise *s.f.* **1** (*dir.*) tribunal (*m.*) **2** asemblea.
assistente *s.m./f.* asistente | *— medico*, médico residente | *— sociale*, asistente social | *— universitario*, profesor asociado | *— di volo*, auxiliar de vuelo, (*hostess*) azafata | (*mar.*) *— di bordo*, camarero.
assistenza *s.f.* asistencia: *— tecnica*, asistencia técnica | *— sociale*, asistencia social.
assistenziale *agg.* asistencial | *politica —*, política asistencial.
assistenzialismo *s.m.* asistencialismo.
assistere *v.tr.* asistir; (*soccorrere*) auxiliar, ayudar, cuidar: *— gli infermi*, cuidar a los enfermos ♦ *v.intr.* asistir, presenciar: *— a una cerimonia*, asistir a una ceremonia.
assistito *agg., s.m.* beneficiario.
asso *s.m.* **1** (*a carte*) as **2** (*fig.*) as, campeón ■ ***piantare in asso***, dejar plantado | ***avere un asso nella manica***, tener un as en la manga.
associare *v.tr.* **1** (*far socio*) asociar, afiliar **2** (*correlare*) asociar, relacionar ♦ **-rsi** *v.pron.* (*diventar socio*) afiliarse, hacerse* socio | *— a un'iniziativa*, participar a una iniciativa.
associativo *agg.* (*anche mat.*) asociativo.
associazione *s.f.* **1** asociación: *— di idee*, asociación de ideas **2** (*società*) asociación, organización: *— a delinquere*, asociación criminal; *— dei consumatori*, asociación de consumidores.
associazionismo *s.m.* asociacionismo.
assoggettamento *s.m.* sometimiento, sujeción (*f.*), opresión (*f.*).
assoggettare *v.tr.* someter, subyugar*.
assolato *agg.* soleado.
assoldare *v.tr.* reclutar, enrolar, contratar.
assolo *s.m.* (*mus.*) solo: *un — di violoncello*, un solo de violonchelo.
assolutamente *avv.* **1** absolutamente, completamente: *è — necessario*, es absolutamente necesario **2** (*in ogni modo*) de todas maneras, a toda costa: *devi andare —*, tienes que ir a toda costa **3** (*in nessun modo*) en absoluto, de ninguna manera; *non mi piace —*, no me gusta en absoluto; *non devi uscire —*, no debes salir por ningún motivo | *— no!*, ¡ni hablar!
assolutezza *s.f.* absolutidad.
assolutismo *s.m.* (*pol.*) absolutismo.
assolutista *agg.* (*pol.*) absolutista | *monarca —*, monarca absolutista.
assoluto *agg.* absoluto.
assolutorio *agg.* (*dir.*) absolutorio.
assoluzione *s.f.* (*dir., relig.*) absolución.
assolvere *v.tr.* **1** (*dir., relig.*) absolver* **2** (*adempiere*) cumplir, llevar a cabo: *— un impegno*, cumplir con un compromiso | *— un debito*, pagar/saldar una deuda.
assolvimento *s.m.* cumplimiento.
assomigliare *v.intr.* parecerse*, asemejarse: *— a qlcu.*, parecerse a alguien: *assomiglia a sua sorella*, se parece a su hermana ♦ **-rsi** *v. pron.* parecerse*.
assommare *v.tr.* reunir*, juntar: *— in sé molte qualità*, sumar en sí muchas cualidades ♦ *v.intr.* (*ammontare*) ascender*, montar ♦ **-rsi** *v.pron.* sumarse, juntarse, añadirse: *a problema si assomma problema*, a un problema se suma otro problema.
assonanza *s.f.* asonancia.
assonnato *agg.* soñoliento, amodorrado.
assopimento *s.m.* amodorramiento, adormecimiento.
assopirsi *v.pron.* amodorrarse, adormecerse*.
assorbente *agg.* absorbente | *carta —*, papel secante ♦ *s.m.* (*igienico*) compresa (*f.*), absorbente | *— interno*, tampón.
assorbimento *s.m.* **1** (*anche chim., fis.*) absorción (*f.*) **2** (*biol.*) asimilación (*f.*): *— di vitamine*, asimilación de vitaminas.
assorbire *v.tr.* **1** absorber, embeber **2** (*fig.*)

absorber, captar: *il lavoro assorbe tutta la sua attenzione*, el trabajo capta toda su atención | — *un colpo*, amortiguar/neutralizar un golpe.
assordamento *s.m.* ensordecimiento.
assordante *agg.* ensordecedor, atronador.
assordare *v.tr.* ensordecer*.
assortimento *s.m.* surtido.
assortire *v.tr.* **1** surtir, proveer **2** (*colori*) combinar, armonizar*.
assortito *agg.* **1** surtido **2** congeniado, combinado: *una coppia ben assortita*, una pareja muy compenetrada.
assorto *agg.* absorto, ensimismado: *era — nei suoi pensieri*, estaba absorto/ensimismado en sus pensamientos.
assottigliare *v.tr.* **1** adelgazar*, afilar **2** (*diminuire*) disminuir*.
assuefare *v.tr.* habituar*, acostumbrar ♦ **-rsi** *v. pron.* **1** acostumbrarse, habituarse* **2** (*med.*) hacerse* adicto: — *alla droga*, hacerse adicto a la droga.
assuefazione *s.f.* **1** adaptación, hábito (*m.*) **2** (*med.*) adicción, dependencia.
assumere *v.tr.* **1** asumir: — *una responsabilità*, asumir la responsabilidad **2** (*ingerire*) ingerir* **3** (*per lavoro*) contratar: — *dieci operai*, contratar a diez obreros **4** (*dir., prove, testimoni*) recoger, reunir: — *informazioni su qlcu.*, recoger informaciones sobre alguien.
assunto[1] *s.m.* **1** asunto, cuestión (*f.*) **2** tesis (*f.*), suposición (*f.*).
assunto[2] *s.m.* empleado.
assunzione *s.f.* **1** asunción **2** (*ingestione*) ingestión **3** (*di personale*) contratación, nombramiento (*m.*) **4** (*dir.*) admisión; (*di testimoni*) adquisición, recepción.
assurdità *s.f.* absurdidad, despropósito (*m.*) | *dire* —, decir disparates.
assurdo *agg.* absurdo, disparatado, insensato ♦ *s.m.* absurdo, absurdidad (*f.*).
assurgere *v.intr.* (*lett.*) elevarse, subir, ascender*: — *a un grande onore*, ascender a un gran honor.
asta[1] *s.f.* **1** (*di bandiera*) asta: *a mezz'—*, a media asta **2** (*sport*) pértiga: *salto con l'—*, salto con pértiga.
asta[2] *s.f.* (*comm.*) subasta: *mettere, vendere all'—*, subastar.
astante *s.m.* presente, concurrente: *tutti gli astanti l'applaudirono*, todos los presentes aplaudieron.
astanteria *s.f.* dispensario (*m.*).
astemio *agg., s.m.* abstemio.
astenersi *v.pron.* abstenerse* (*anche pol.*), contenerse*: — *da giudizi affrettati*, evitar los juicios precipitados.
astenia *s.f.* (*med.*) astenia.
astensione *s.f.* abstención.
astensionismo *s.m.* (*pol.*) abstencionismo.
astensionista *agg., s.m./f.* (*pol.*) abstencionista.
astenuto *s.m.* persona que se abstiene.
asterisco *s.m.* asterisco.
asteroide *s.m.* (*astr.*) asteroide.
astice *s.m.* (*zool.*) bogavante.
astigmatico *agg.* (*med.*) astigmático.
astigmatismo *s.m.* (*med.*) astigmatismo.
astinenza *s.f.* abstinencia | *crisi di* —, crisis de abstinencia.
astio *s.m.* rencor, ojeriza (*f.*): *portare — a qlcu.*, tenerle manía a uno.
astiosità *s.f.* ojeriza, encono (*m.*).
astioso *agg.* rencoroso.
astrakan *s.m.* astracán.
astrale *agg.* **1** astral **2** (*fig.*) enorme, abismal.
astrarre *v.tr.* **1** (*filos.*) abstraer* **2** distraer* (*la mente*) ♦ *v.intr.* abstraer*, prescindir de: — *dalle circostanze*, prescindir de las circunstancias ♦ **-rsi** *v.pron.* abstraerse*, concentrarse, alejarse.
astrattezza *s.f.* abstracción.
astrattismo *s.m.* arte abstracto.
astrattista *s.m./f.* artista abstracto.
astratto *agg.* abstracto.
astrazione *s.f.* abstracción.
astringente *agg.* astringente.
astro *s.m.* **1** (*astr.*) astro **2** (*fig.*) estrella (*f.*), astro: *un — del cinema*, un astro del cine | — *nascente*, nueva promesa.
astrofisica *s.f.* astrofísica.
astrofisico *agg., s.m.* astrofísico.
astrolabio *s.m.* astrolabio
astrologia *s.f.* astrología.
astrologico *agg.* astrológico.
astrologo *s.m.* astrólogo.
astronauta *s.m./f.* astronauta.
astronautica *s.f.* astronáutica.
astronave *s.f.* astronave, nave espacial.
astronomia *s.f.* astronomía.
astronomico *agg.* **1** astronómico **2** (*fig.*) altísimo, excesivo: *una cifra astronomica*, una suma astronómica.
astronomo *s.m.* astrónomo.
astruso *agg.* abstruso, incomprensible.
astuccio *s.m.* estuche; (*di tessuto*) funda (*f.*).
astuto *agg.* astuto, listo, sagaz*.
astuzia *s.f.* astucia, maña, estratagema | *giocare d'—*, obrar con picardía.
atavico *agg.* atávico.
ateismo *s.m.* ateísmo.
ateista *agg., s.m./f.* (*relig.*) ateo, ateísta.
atelier *s.m.* **1** (*pitt.*) taller, atelier **2** (*moda*) casa de modas.
ateneo *s.m.* **1** academia (*f.*) **2** universidad (*f.*).
ateniese *agg., s.m./f.* ateniense.
ateo *agg., s.m.* (*relig.*) ateo.

atermico *agg.* (*fis.*) atérmico.
atipicità *s.f.* atipicidad, singularidad.
atipico *agg.* atípico.
atlante *s.m.* atlas.
atlantico *agg.* atlántico.
atleta *s.m./f.* atleta.
atletica *s.f.* atletismo (*m.*).
atletico *agg.* atlético.
atmosfera *s.f.* **1** atmósfera **2** (*fig.*) atmósfera, ambiente (*m.*): *percepire un'— ostile*, percibir un ambiente hostil.
atollo *s.m.* atolón.
atomica *s.f.* bomba atómica.
atomico *agg.* atómico | *peso —*, peso atómico | *rifugio —*, refugio atómico.
atomizzare *v.tr.* atomizar*, nebulizar*.
atomizzatore *s.m.* (*tecn.*) atomizador, pulverizador.
atomo *s.m.* átomo.
atonale *agg.* (*mus.*) atonal.
atonia *s.f.* (*med.*) atonía.
atono *agg.* átono.
atossico *agg.* atóxico.
atrio *s.m.* zaguán, vestíbulo, entrada (*f.*).
atroce *agg.* atroz*, bárbaro, cruel; (*fam.*) alucinante, bestial.
atrocità *s.f.* atrocidad: *commettere delle —*, cometer atrocidades.
atrofia *s.f.* (*med.*) atrofia.
atrofico *agg.* (*med.*) atrófico.
atrofizzare *v.tr.* atrofiar*, anquilosar.
atrofizzato *agg.* atrofiado.
attaccabrighe *agg.*, *s.m.* pendenciero, rencilloso.
attaccamento *s.m.* apego, cariño: *aveva un — morboso al suo cane*, tenía un apego morboso a su perro.
attaccante *s.m.* atacante; (*calcio*) delantero.
attaccapanni *s.m.* (*gruccia*) percha (*f.*); (*a piantana*) perchero.
attaccare *v.tr.* **1** (*incollare*) pegar*: *— un francobollo sulla busta*, pegar un sello en el sobre | *— un manifesto*, fijar un cartel | *— i buoi all'aratro*, uncir bueyes al arado | *— il traino*, enganchar el remolque **2** (*appendere*) colgar*: *— un quadro alla parete*, colgar un cuadro a la pared **3** (*cucire*) coser | (*fig.*) *— bottone*, dar palique **4** (*aggredire*) atacar*; (*criticare*) criticar* **5** (*iniziare*) comenzar*, empezar*, trabar: *— discorso*, trabar conversación **6** (*fam.*, *contagiare*) pegar*, contagiar: *mi ha attaccato il morbillo*, me ha pegado/contagiado el sarampión **7** (*fam.*, *collegare, accendere*) enchufar, conectar: *— la lavatrice*, enchufar la lavadora ♦ *v.intr.* **1** (*aderire*) adherir*: *questo cerotto non attacca*, este parche no adhiere/pega **2** (*attecchire*) echar raíces, arraigar*, prender | (*fam.*) *con me non attacca*, conmigo no cuela **3** (*cominciare*) empezar*, emprender: *non — con i soliti discorsi*, no empieces con el tema de siempre | *attacchiamo alle dieci*, comenzamos/empezamos a la diez ♦ **-rsi** *v.pron.* **1** (*affezionarsi*) apegarse*, encariñarse | (*fig.*) *— alla bottiglia*, empinar el codo **2** (*aggrapparsi*) asirse, agarrarse: *si attaccò a un ramo*, se agarró a una rama **3** (*di cibi*) pegarse*: *bada che il sugo non si attacchi!*, ¡cuida que la salsa no se pegue!
attaccaticcio *agg.* **1** pegajoso, pegadizo **2** (*fig.*) pegajoso, zalamero.
attaccatura *s.f.* arranque (*m.*), nacimiento (*m.*) | *— dei capelli, nacimiento de los cabellos* | *— della manica, sisa.*
attacchino *s.m.* cartelero, fijador de carteles.
attacco *s.m.* **1** ataque, asalto: *andare all'—*, ir al ataque **2** (*punto di unione*) unión (*f.*), juntura (*f.*), conexión (*f.*), enganche; (*di tubazioni*) acometida (*f.*) **3** (*elettr.*) enchufe, toma (*f.*), conexión (*f.*) **4** (*pl.*, *da sci*) fijaciones (*f.*) **5** (*sport*) ataque, delantera (*f.*): *l'— è buono ma non la difesa*, la delantera es buena, pero la defensa no **6** (*med.*) ataque, acceso: *un — cardiaco*, un ataque al corazón; *un — di tosse*, un acceso de tos.
attanagliare *v.tr.* **1** atenazar* **2** estrechar **3** (*fig.*) atenazar*, estrechar, atormentar: *il dubbio mi attanaglia*, la duda me atenaza.
attecchire *v.intr.* prender, arraigar*, echar raíces.
atteggiamento *s.m.* actitud (*f.*), comportamiento, postura (*f.*).
atteggiarsi *v.pron.* **1** dárselas (de) **2** (*recitare la parte*) hacerse*: *— a martire*, hacerse el mártir.
attempato *agg.* maduro, entrado en años.
attendarsi *v.pron.* (*mil.*) acamparse.
attendente *s.m.* (*mil.*) ordenanza.
attendere *v.tr.* esperar ♦ *v.intr.* (*occuparsi di*) atender*, ocuparse (de).
attendibile *agg.* atendible, creíble, fehaciente: *non essere —*, ser inverosímil/improbable/poco creíble; *una notizia —*, una noticia digna de atención, una noticia de buena fuente.
attendibilità *s.f.* credibilidad, autenticidad.
attenersi *v.pron.* atenerse*: *— alle consegne ricevute*, atenerse a las disposiciones recibidas.
attentamente *avv.* atentamente.
attentare *v.intr.* atentar: *— alla vita*, atentar contra la vida.
attentato *s.m.* atentado.
attento *agg.* **1** atento, pendiente (de) **2** (*diligente*) cuidadoso, diligente
■ ***attento!***, ¡cuidado! | ***attenti al cane!***, ¡cuidado con el perro! | ***attenti al gradino!***, ¡cuidado con el escalón!
attenuante *s.f.* **1** (*anche dir.*) atenuante **2** (*pl.*, *dir.*) circunstancias atenuantes.

attenuare *v.tr.* atenuar*: — *il dolore*, mitigar el dolor ♦ **-rsi** *v.pron.* atenuarse*: *la mia paura si attenuò*, mi miedo se atenuó.
attenuazione *s.f.* **1** (*diminuzione*) atenuación, disminución: — *delle radiazioni*, atenuación de las radiaciones **2** (*smorzamento*) atenuación: — *del rumore*, atenuación del ruido.
attenzione *s.f.* atención, cuidado (*m.*): *fa —!*, ¡pon atención!, ¡ten cuidado! | (*amm.*) *all'— di*, a la atención de
atterraggio *s.m.* (*aer.*) aterrizaje: *carrello d'—*, tren de aterrizaje.
atterrare *v.intr.* (*aer.*) aterrizar*, tomar tierra ♦ *v.tr.* abatir, derribar, echar a tierra: — *un vecchio palazzo*, demoler un edificio viejo.
atterrire *v.tr.* asustar, aterrar, aterrorizar*.
attesa *s.f.* **1** espera: *sala d'—*, sala de espera; *lista d'—*, lista de espera; *in —*, a la espera | *essere in dolce —*, estar embarazada/preñada **2** (*pl.*) expectativas, esperanzas.
atteso *agg.* esperado.
attestare *v.tr.* atestiguar*, certificar*, comprobar*: *ciò attesta la sua innocenza*, eso atestigua su inocencia.
attestato *s.m.* certificado; documento, comprobante.
attestazione *s.f.* declaración, constancia, certificación | — *di conformità*, (*di impianto tecnico*) certificado de conformidad (a las normas técnicas).
attico *s.m.* (*arch.*) buhardilla (*f.*), ático.
attiguo *agg.* contiguo, adyacente.
attillato *agg.* ceñido, ajustado.
attimo *s.m.* instante | *in un —*, en un santiamén | *cogliere l'—*, aprovechar el momento | *di — in —*, de un momento a otro.
attinente *agg.* pertinente, relativo.
attinenza *s.f.* relación, relevancia, connexión.
attingere *v.tr.* **1** sacar*, extraer*: — *acqua dalla sorgente*, sacar agua del manantial **2** (*ottenere*) sacar*, obtener*, conseguir*: — *informazioni*, obtener informaciones
■ ***attingere a un credito***, utilizar un crédito.
attinia *s.f.* (*zool.*) actinia.
attirare *v.tr.* atraer*, llamar: — *l'attenzione*, llamar la atención; — *gli sguardi di tutti*, captar todas las miradas.
attitudinale *agg.* de aptitud | *test —*, test psicotécnico.
attitudine *s.f.* aptitud, capacidad: — *per il disegno*, disposición para el dibujo | — *al comando*, dotes de mando.
attivare *v.tr.* activar, poner* en marcha | (*amm.*) — *le pratiche*, agilizar los trámites.
attivazione *s.f.* (*anche fis., chim.*) activación.
attivismo *s.m.* (*pol.*) activismo.
attivista *s.m./f.* (*pol.*) activista, militante.
attività *s.f.* **1** actividad: *praticare un'— sportiva*, practicar una actividad deportiva; *un vulcano ancora in —*, un volcán activo/todavía en actividad **2** (*occupazione*) trabajo (*m.*), profesión, ocupación: *avere un'interessante — professionale*, tener una interesante actividad profesional; *cessare l'—*, dejar la profesión; jubilarse; cerrar la fábrica | — *terziaria*, sector terciario **3** (*econ.*) activo (*m.*): — *consolidate*, activo consolidado.
attivo *agg.* (*anche gramm.*) activo: *intelligenza attiva*, inteligencia vivaz ♦ *s.m.* (*di bilancio*) activo, haber: *in —*, en activo | *avere qlco. al proprio —*, tener en su haber algo.
attizzare *v.tr.* **1** atizar*, avivar **2** (*fig.*) fomentar, instigar*.
attizzatoio *s.m.* atizador.
atto[1] *s.m.* **1** acto, acción (*f.*): *compiere un — vandalico*, cometer un acto vandálico; *un — di protesta*, una acción de protesta **2** (*gesto*) ademán: *un — di amicizia*, una manifestación de amistad **3** (*documento*) auto, acta (*f.*), certificado | — *notorio*, escritura pública | — *di nascita*, partida de nacimiento | — *di vendita*, escritura de venta **4** (*pl.*) actas (*f.*); (*incartamenti*) expediente (*sing.*), autos: *pubblicare gli atti di un convegno*, publicar las actas de un congreso | *essere agli atti*, constar en autos **5** (*teatr.*) acto: — *unico*, acto único **6** (*relig.*) gli Atti degli Apostoli, los Actos de los Apóstoles
■ ***all'atto di***, en el momento de | ***mettere in atto***, realizar | ***essere in atto***, estar vigente; estar en curso | ***dare atto***, reconocer*, certificar | ***prendere atto di qlco.***, tomar nota de algo, reconocer algo.
atto[2] *agg.* apto, idóneo, apropriado; capaz*, competente: *mezzo —*, medio apropiado.
attonito *agg.* atónito, estupefacto; (*fam.*) pasmado: *restare —*, quedar pasmado.
attorcigliare *v.tr.* enroscar*, enrollar; retorcer*: — *una fune intorno a un palo*, enroscar/enrollar una cuerda alrededor de un palo; — *i baffi all'insù*, retorcer los bigotes hacia arriba; — *la lana*, retorcer la lana ♦ **-rsi** *v.pron.* enroscarse*, retorcerse*: *la serpe si attorcigliò intorno al ramo*, la serpiente se enroscó alrededor de la rama; *il cavo si è attorcigliato*, el cable se ha retorcido.
attore *s.m.* **1** actor | *primo —*, actor principal **2** (*dir.*) actor, demandante | — *e convenuto*, demandante y demandado.
attorno *avv.* → **intorno.**
attraccare *v.tr./intr.* (*mar.*) atracar*, arribar.
attracco *s.m.* atracadero, muelle.
attraente *agg.* atractivo, atrayente: *essere molto —*, ser muy atractivo, (*fam.*) estar como un tren.
attrarre *v.tr.* **1** atraer* **2** (*fig.*) seducir*.

attrattiva *s.f.* actractivo (*m.*), encanto (*m.*).
attraversamento *s.m.* travesía (*f.*) | — *pedonale*, paso peatonal.
attraversare *v.tr.* atravesar*, cruzar*; (*passare*) pasar (*anche fig.*): — *tutta la regione*, atravesar toda la región; — *la strada*, cruzar la calle; — *un brutto periodo*, pasar por un mal período.
attraverso *prep.* **1** a través de, por: *arrivare — il bosco*, venir por el bosque; *guardare — le imposte*, mirar por entre los postigos **2** (*per mezzo di*) mediante, gracias a: — *lunghe indagini si è appurata la verità*, mediante largas pesquisas se descubrió la verdad **3** (*trasversalmente, obliquamente a*) de través, oblicuamente: *l'albero è caduto — la strada*, el árbol cayó de través en la carretera.
attrazione *s.f.* atracción.
attrezzare *v.tr.* equipar, dotar.
attrezzatura *s.f.* equipo (*m.*), instalación, maquinaria; (*di nave*) equipamiento (*m.*) | — *chirurgica*, instrumental quirúrgico | *attrezzature sportive*, instalaciones deportivas.
attrezzista *s.m./f.* **1** (*cinem., teatr.*) utilero (*m.*) **2** (*atletica*) gimnasta.
attrezzo *s.m.* **1** herramienta (*f.*), utensilio: *attrezzi del falegname*, herramientas de carpintero; *attrezzi da giardino*, herramientas de jardín; *attrezzi da cucina*, enseres/utensilios de cocina | *attrezzi navali*, aparejos | *carro attrezzi*, grúa **2** (*pl., sport*) aparatos (de gimnasia): *una palestra dotata di attrezzi sportivi*, un gimnasio dotado de aparatos.
attribuibile *agg.* atribuible, imputabile.
attribuire *v.tr.* asignar, conceder, atribuir* | *attribuirsi un diritto*, atribuirse/arrogarse un derecho.
attributivo *agg.* atributivo.
attributo *s.m.* atributo.
attribuzione *s.f.* atribución: *dipinto di — dubbia*, pintura de atribución dudosa; — *di fondi*, asignación de fondos.
attrice *s.f.* actriz*.
attrito *s.m.* **1** fricción (*f.*), roce **2** (*fig.*) roce: *c'erano attriti tra loro*, había roces/desavenencias entre ellos.
attuabile *agg.* realizable, ejecutable, posible.
attuabilità *s.f.* factibilidad.
attuale *agg.* actual, presente; (*in vigore*) vigente.
attualità *s.f.* actualidad: *tornare d'—*, volver a estar de moda.
attualizzare *v.tr.* (*anche econ.*) actualizar*.
attualmente *avv.* actualmente.
attuare *v.tr.* realizar*, actuar*.
attuazione *s.f.* realización: *l'— del piano di pace*, realización del plan de paz.
attutire *v.tr.* atenuar*, amortiguar* | — *un colpo*, amortiguar un golpe.
audace *agg.* audaz*, atrevido, osado, intrépido.
audacia *s.f.* audacia, atrevimiento (*m.*), osadía.
audience *s.f.* índice (*m.*) de audiencia, audiencia.
audio *s.m.* **1** sonido: *alzare l'—*, subir el volumen **2** (*tv*) audio.
audiocassetta *s.f.* casete (*m.*), cinta (magnetofónica).
audiofrequenza *s.f.* (*fis.*) audiofrecuencia.
audiologia *s.f.* (*med.*) audiología.
audiometría *s.f.* (*med.*) audiometría.
audiometrico *agg.* (*med.*) audiométrico.
audiovisivo *s.m.* audiovisual.
auditivo *agg.* → **uditivo.**
auditorio, auditorium *s.m.* auditorio, auditorium.
audizione *s.f.* audición.
auge *s.f.* auge (*m.*), apogeo (*m.*) | *essere, venire in —*, estar en, alcanzar su auge.
augurabile *agg.* deseable, de esperar.
augurale *agg.* **1** augural **2** de enhorabuena: *discorso —*, discurso de enhorabuena.
augurare *v.tr.* desear: *ti auguro di guarire presto*, te deseo que sanes pronto; *vi auguro ogni felicità*, ¡muchas felicidades!, hago votos por vuestra felicidad ♦ **-rsi** *v.pron.* esperar: *mi auguro di rivederti*, espero volverte a ver.
augurio *s.m.* **1** deseo: *i nostri migliori auguri*, nuestros mejores deseos; *fare gli auguri*, felicitar; ¡ *tanti auguri!*, ¡felicidades! | *auguri!*, ¡felicidades!; (*di buona fortuna*) ¡suerte! **2** (*auspicio*) augurio, agüero, pronóstico: *cattivo —*, mal agüero.
aula *s.f.* aula, clase; (*dir.*) sala: — *magna*, paraninfo, aula magna.
aulico *agg.* **1** áulico, de corte **2** (*fig.*) elevado, refinado, áulico.
aumentare *v.tr.* aumentar, incrementar, engrandecer* ♦ *v.intr.* **1** aumentar, subir, crecer* | (*di persona*) — *di peso*, engordar **2** (*diventare più caro*) encarecerse*: *gli affitti aumentano in continuazione*, los alquileres se encarecen continuamente.
aumento *s.m.* aumento; (*rialzo*) subida (*f.*), alza (*f.*): *l'— della benzina*, el alza de la gasolina; *l'— della popolazione*, el incremento de la población.
aura *s.f.* **1** (*lett., brezza*) aura, brisa **2** (*lett. fig.*) atmósfera; halo **3** (*med.*) aura.
aureo *agg.* áureo, dorado | *tallone —*, patrón oro | (*mat.*) *sezione aurea*, sección áurea.
aureola *s.f.* aureola, corona: — *di mistero*, halo de misterio.

auricola *s.f.* **1** (*anat.*) aurícula **2** (*bot.*) oreja de oso.
auricolare *s.m.* **1** (*tel.*) auricular **2** (*cuffia*) auricular, (*fam.*) casco.
aurifero *agg.* aurífero.
auriga *s.m.* (*st.*) auriga.
aurora *s.f.* **1** aurora, amanecer (*m.*), alba: *all'—*, al amanecer, de madrugada **2** (*fig.*) albores (*m.pl.*).
auscultare *v.tr.* (*med.*) auscultar.
ausiliare *agg.* auxiliar ♦ *s.m./f.* auxiliar, ayudante.
ausiliario *agg.* auxiliar ♦ *s.m.* **1** (*mil.*) auxiliar **2** ayudante, auxiliar.
auspicabile *agg.* deseable, de esperar: *è — finire presto il lavoro*, es de esperar que terminemos pronto el trabajo.
auspicare *v.tr.* esperar, desear, hacer* votos: *— che tutto vada per il meglio*, hacer votos para que todo se resuelva de la mejor manera.
auspicio *s.m.* **1** auspicio, pronóstico; agüero, presagio: *di buon —*, de buenos auspicios; *di cattivo —*, de mal agüero **2** deseo, voto: *è nostro — che tutto vada bene*, hacemos votos porque todo salga bien **3** auspicio, patrocinio: *sotto gli auspici del ministero*, bajo los auspicios del ministerio.
austerità *s.f.* austeridad, sobriedad.
austero *agg.* austero, sobrio.
australe *agg.* austral.
austriaco *agg.*, *s.m.* austriaco, austríaco.
autarchia *s.f.* **1** (*pol.*) autarquía **2** (*dir.*) autonomía.
autarchico *agg.* **1** (*pol.*) autárquico **2** (*dir.*) autónomo.
aut aut *loc.sost.m.* ultimátum: *porre un — a qlcu.*, dar un ultimátum a alguien.
autentica *s.f.* → **autenticazione.**
autenticare *v.tr.* (*dir., amm.*) autenticar*; (*una copia*) compulsar; (*una firma*) legalizar*.
autenticazione *s.f.* (*dir., amm.*) autenticación, (*di una firma*) legalización; (*di una copia*) compulsa: *— di un documento*, autenticación de un documento.
autentico *agg.* auténtico, genuino, legítimo: *copia autentica*, copia compulsada | *un — imbroglio*, una verdadera estafa.
autista[1] *s.m.* chófer, conductor.
autista[2] *agg.*, *s.m./f.* (*psic.*) autista.
autistico *agg.* (*psic.*) autístico.
auto *s.f.* → **automobile.**
autoabbronzante *agg.*, *s.m.* autobronceador.
autoaccensione *s.f.* (*aut.*) autoencendido (*m.*).
autoaccessorio *s.m.* (*aut.*) accesorio.
autoaccusa *s.f.* autoacusación.
autoadesivo *agg.* autoadhesivo ♦ *s.m.* adhesivo, pegatina (*f.*).
autoaffermazione *s.f.* autoafirmación.
autoambulanza *s.f.* ambulancia.
autoanalisi *s.f.* (*psic.*) autoanálisis (*m.*).
autoarticolato *s.m.* (*aut.*) camión con remolque.
autobiografia *s.f.* autobiografía.
autobiografico *agg.* autobiográfico: *romanzo —*, novela autobiográfica.
autoblindo *s.m.*, **autoblinda** *s.f.* (*mil.*) carro (*m.*) blindado, tanque (*m.*); (*della polizia*) tanqueta (*f.*): *attaccarono la folla con —*, atacaron a la multitud con tanquetas.
autobomba *s.f.* coche (*m.*) bomba.
autobotte *agg.*, *s.m.* → **autocisterna.**
autobus *s.m.* autobús; (*corriera*) autocar | (*iron.*) *perdere l'—*, perder el último tren.
autocarro *s.m.* camión.
autocensura *s.f.* autocensura.
autocingolato *s.m.* oruga (*f.*).
autocisterna *s.f.* autotanque (*m.*), camión (*m.*) cisterna.
autocitazione *s.f.* citación de sí mismo, de la propria obra.
autoclave *s.f.* (*tecn.*) autoclave.
autocolonna *s.f.* fíla de vehículos.
autocombustione *s.f.* autocombustión.
autocommiserazione *s.f.* autocompasión.
autocompiacimento *s.m.* autocomplacencia (*f.*).
autoconcessionario *s.m.* concesionario de automóviles.
autoconservazione *s.f.* conservación, preservación: *istinto di —*, instinto de preservación.
autocontrollo *s.m.* autocontrol.
autocoscienza *s.f.* (*filos.*) autognosis.
autocrate *s.m./f.* (*pol.*) autócrata.
autocratico *agg.* (*pol.*) autocrático.
autocrazia *s.f.* (*pol.*) autocracia.
autocritica *s.f.* autocrítica: *fare —*, hacer autocrítica.
autocritico *agg.* autocrítico.
autoctono *agg.*, *s.m.* autóctono.
autodenuncia *s.f.* autodenuncia.
autodeterminazione *s.f.* autodeterminación.
autodiagnosi *s.f.* (*med.*) autodiagnóstico (*m.*).
autodidatta *s.m./f.* autodidacto (*m.*).
autodidattico *agg.* autodidáctico.
autodifesa *s.f.* autodefensa.
autodisciplina *s.f.* autodisciplina.
autodistruggersi *v. pron.* autodestruirse*.
autodistruzione *s.f.* autodestrucción.
autodromo *s.m.* autódromo.
autoeducazione *s.f.* autoeducación.
autoerotismo *s.m.* erotismo individual.

autoescludersi *v. pron.* marginarse a sí mismo.
autofecondazione *s.f.* (*biol.*) autofecundación.
autoferrotranviario *agg.* del transporte.
autofficina *s.f.* (*aut.*) taller (*m.*).
autofinanziamento *s.m.* (*econ.*) autofinanciación (*f.*).
autofinanziarsi *v. pron.* (*anche econ.*) autofinanciarse.
autofurgone *s.m.* (*aut.*) autofurgoneta (*f.*).
autogeno *agg.* autógeno.
autogestione *s.f.* (*pol.*) autogestión, autogobierno (*m.*).
autogestire *v.tr.* autogestionar.
autogestito *agg.* autogestionario.
autogol *s.m.* autogol, gol en propia meta.
autogovernarsi *v.pron.* autogobernarse*.
autogoverno *s.m.* autogobierno.
autografo *s.m.* autógrafo.
autogrill® *s.m.* bar de área de servicio en autopista, parador de carretera.
autogrù *s.f.* (*aut.*) grúa.
autoguida *s.f.* autodirección.
autoguidato *agg.* autodirigido.
autoipnosi *s.f.* autohipnosis.
autoironia *s.f.* ironía con uno mismo.
autolavaggio *s.m.* autolavado, túnel de lavado.
autolesionismo *s.m.* autoagresión (*f.*).
autolinea *s.f.* línea de autobuses.
automa *s.m./f.* autómata.
automaticamente *avv.* automáticamente.
automatico *agg.*, *s.m.* automático.
automatismo *s.m.* (*anche psic.*) automatismo.
automatizzare *v.tr.* automatizar*.
automatizzazione *s.f.* automatización.
automazione *s.f.* automatización.
automezzo *s.m.* vehículo.
automobile *s.f.* automóvil (*m.*), coche (*m.*): — *da corsa*, coche de carreras; *in* —, en coche; *industria dell'*—, industria automotriz.
automobilismo *s.m.* automovilismo.
automobilista *s.m./f.* automovilista.
automobilistico *agg.* automovilístico: *incidente* —, accidente automovilístico | *patente automobilistica*, carné (*m.*) de conducir.
automodellismo *s.m.* automodelismo.
automotrice *s.f.* automotor (*m.*).
autonoleggio *s.m.* alquiler de coches.
autonomia *s.f.* **1** autonomía, independencia: — *di giudizio*, autonomía de juício **2** (*sovranità*) soberanía: — *dell'ordine giudiziario*, autonomía del poder judicial; *proclamare l'— della colonia*, proclamar la soberanía de la colonia.
autonomismo *s.m.* (*pol.*) **1** doctrina (*f.*) autonomista **2** separatismo.
autonomista *agg.*, *s.m./f.* (*pol.*) **1** autonomista **2** separatista.
autonomo *s.m.* autónomo: *lavoro* —, trabajo autónomo | *azienda autonoma di soggiorno*, oficina de turismo.
autoparco *s.m.* parque móvil.
autopattuglia *s.f.* coche (*m.*) patrulla.
autopista *s.f.* autopista.
autopompa *s.f.* coche (*m.*) de bomberos.
autopropulsione *s.f.* autopropulsión.
autopsia *s.f.* (*med.*) autopsia.
autoptico *agg.* (*med.*) autóptico; de la autopsia: *referto* —, informe de la autopsia.
autopulente *agg.* autolimpiante.
autopullman *s.m.* autocar.
autoradio *s.f.* radio para coche.
autore *s.m.* autor: — *di romanzi*, escritor de novelas | *diritti d'* —, derechos de autor.
autorete *s.f.* (*calcio*) gol (*m.*) en propia meta.
autorevole *agg.* influyente, competente, calificado | *fonte* —, fuente fidedigna.
autorevolezza *s.f.* autoridad (moral), prestigio (*m.*): *lo rispettano per la sua* —, lo respetan por su autoridad moral; *persona di grande* —, persona de gran prestigio/autoridad.
autorevolmente *avv.* con autoridad.
autorimessa *s.f.* garaje (*m.*).
autorità *s.f.* **1** (*potere*) autoridad: — *paterna*, autoridad paterna; *occorre distinguere l'— dall'autoritarismo*, hay que distinguir entre autoridad y autoritarismo **2** (*pl.*, *enti, persone*) autoridades: *le — politiche*, las autoridades políticas **3** (*persona autorevole*) eminencia, autoridad: *essere un'— in materia*, ser una eminencia/autoridad en la materia.
autoritario *agg.* (*anche pol.*) autoritario, prepotente, imperioso, despótico: *regime* —, régimen autoritario.
autoritarismo *s.m.* (*pol.*) autoritarismo.
autoritratto *s.m.* autorretrato.
autorizzare *v.tr.* **1** (*permettere*) autorizar*: — *un'indagine*, autorizar una investigación **2** (*legittimare*) justificar*, autorizar*.
autorizzato *agg.* autorizado.
autorizzazione *s.f.* autorización, permiso: (*dir.*) — *a procedere*, autorización a proceder.
autoscatto *s.m.* (*foto.*) disparador automático.
autoscuola *s.f.* auto escuela.
autoservizio *s.m.* autoservicio.
autosilo *s.m.* aparcamiento, garaje (de varios pisos).
autosnodato *s.m.* → **autoarticolato.**
autosoccorso *s.m.* coche de socorro, grúa (*f.*).
autostazione *s.f.* **1** (*distributore*) gasolinera, estación de servicio **2** (*capolinea di autobus*) terminal (*m.*) de autobuses.
autostima *s.f.* autoestima.

autostop *s.m.* autoestop: *fare —*, hacer dedo.
autostoppista *s.m./f.* autoestopista.
autostrada *s.f.* autopista: *— a quattro corsie*, autopista de cuatro carriles.
autostradale *agg.* de autopista.
autosufficiente *agg.* autosuficiente.
autosufficienza *s.f.* autosuficiencia.
autosuggestione *s.f.* autosugestión.
autotassazione *s.f.* (*econ.*) autoliquidación.
autotrapianto *s.m.* (*med.*) autotransplante.
autotrasfusione *s.f.* (*med.*) autotrasfusión.
autotrasportatore *s.m.* camionero, transportista.
autotrasporto *s.m.* camionaje.
autotreno *s.m.* camión remolque, trailer.
autovaccino *s.m.* (*med.*) autovacuna (*f.*).
autoveicolo *s.m.* vehículo.
autovelox *s.m.* radar de control de tráfico.
autovettura *s.f.* automóvil (*m.*).
autrice *s.f.* autora.
autunnale *agg.* otoñal.
autunno *s.m.* otoño.
avallare *v.tr.* avalar, confirmar, garantizar*: *— un'ipotesi*, confirmar una hipótesis.
avallo *s.m.* **1** (*comm.*) aval, garantía (*f.*) **2** (*fig.*) apoyo.
avambraccio *s.m.* antebrazo.
avamposto *s.m.* (*mil.*) avanzada.
avana *agg.* **1** (*sigaro*) habano **2** (*colore*) color habano ♦ *s.m.* habano.
avance *s.f.* insinuación (*f.*).
avanguardia *s.f.* vanguardia.
avannotto *s.m.* (*zool.*) alevín.
avanscoperta *s.f.* (*mil.*) avanzada, reconocimiento (*m.*), descubierta.
avanspettacolo *s.m.* vodevil, espectáculo de variedades.
avanti *avv.* **1** (*nello spazio*) adelante, delante: *due passi —*, dos pasos (hacia) adelante; *inclinato in —*, inclinado hacia delante/adelante; *più — inizia il centro storico*, más allá/adelante empieza el casco antiguo | *—!*, ¡adelante!, ¡pase! | *— il prossimo!*, ¡que pase el siguiente! **2** (*nel tempo*) antes, adelante: *la sveglia è — di 5 minuti*, el despertador está adelantado 5 minutos | *d'ora in —*, de ahora en adelante ♦ *prep.* antes de | *— Cristo*, antes de Cristo ♦ *agg.* (*prima*) antes, anterior: *la settimana —*, la semana antes ♦ *s.m.* (*calcio*) delantero
■ ***andare avanti***, ir adelante, progresar; (*continuare*) seguir adelante | ***farsi avanti***, (*avanzare*) avanzar, pasar hacia adelante; (*fig.*) tomar una iniciativa, afirmarse | ***tirare avanti***, ir tirando | ***mandare avanti la ditta***, sacar adelante la empresa | ***andare avanti e indietro***, ir de un lado a otro, ir para arriba y para abajo | ***essere avanti negli studi***, estar adelantado en los estudios | ***avanti negli anni***, entrado en años.
avantreno *s.m.* (*aut., mil.*) avantrén.
avanzamento *s.m.* *avance*, adelanto, progreso: *l'— scientifico*, el avance científico | *— di carriera*, ascenso, promoción.
avanzare[1] *v.intr.* **1** avanzar*, proceder, progresar **2** (*di grado*) ascender* (de grado) ♦ *v.tr.* **1** (*superare*) adelantar, avanzar* **2** (*presentare*) plantear: *— una proposta*, plantear una propuesta; *— un'istanza*, presentar una instancia | *— pretese*, tener pretensiones, reivindicar derechos.
avanzare[2] *v.intr.* (*rimanere*) sobrar, quedar: *avanza del cibo*, sobra comida.
avanzata *s.f.* **1** avance (*m.*), progreso (*m.*) **2** (*mil.*) avanzada: *l'— nemica*, la avanzada enemiga.
avanzato *agg.* **1** adelantado | *in età avanzata*, mayor **2** (*fig.*) avanzado: *livello —*, nivel avanzado.
avanzo *s.m.* resto, sobra (*f.*): *d'—*, de sobra.
avaria *s.f.* avería.
avariarsi *v. pron.* (*di cibi*) echarse a perder, pasarse.
avariato *agg.* averiado, deteriorado; (*di cibo*) pasado.
avarizia *s.f.* avaricia, codicia, tacañería.
avaro *agg., s.m.* avaro, tacaño.
ave *inter.* ave.
avemaria, avemmaria *s.f.* (*relig.*) avemaría.
avena *s.f.* avena.
avere[1] *v.aus.* haber* ♦ *v.tr.* **1** (*possedere*) tener*, poseer: *ho una casa a Madrid*, tengo una casa en Madrid; *non ho soldi*, no tengo dinero **2** (*tenere*) tener*: *— le mani in tasca*, tener las manos en el bolsillo | *— a portata di mano*, tener a mano **3** (*indossare*) llevar: *quando l'ho visto aveva una camicia blu*, cuando lo vi llevaba una camisa azul | *ha i baffi*, lleva bigote **4** (*sentire*) tener*, sentir*, padecer*: *— freddo*, tener/sentir frío; *— fame*, padecer hambre | *ho la febbre*, tengo fiebre **5** (*ottenere*) obtener*, lograr: *— un riconoscimento*, conseguir un reconocimiento | *— ciò che si merita*, recibir su merecido | *— la meglio*, salir ganando | *— la peggio*, salir perdiendo, llevarse la peor parte **6** (*dovere*) *— da*, tener* que: *ho da finire il lavoro per domani*, tengo que terminar el trabajo para mañana
■ ***«quanti anni hai?» «ho vent'anni»***, «¿cuántos años tienes?» «tengo veinte años» | ***quanti ne abbiamo oggi?***, ¿a cuántos estamos hoy? | ***avere ragione***, tener razón | ***avercela con qlcu.***, tenerle tirria/manía a alguien | ***avere molto del padre***, parecerse mucho al padre | ***che cos'hai?***, ¿qué tienes?, ¿qué te pasa?

avere² *s.m.* **1** (*comm.*) haber: *dare e —*, debe y haber **2** (*pl.*) haberes, hacienda (*f.sing.*), caudal (*sing.*).
averla *s.f.* (*zool.*) alcaudón (*m.*).
aviatore *s.m.* aviador, piloto.
aviazione *s.f.* aviación, aeronáutica.
avicolo *agg.* avícola.
avicoltore *s.m.* avicultor.
avicoltura *s.f.* avicultura.
avidità *s.f.* avidez: *mangiare con —*, comer con avidez.
avido *agg.* ávido, codicioso.
avito *agg.* de los antepasados, ancestral | *paese —*, país solariego | *casa avita*, casa solar.
avocado *s.m.* (*bot.*) aguacate; (*Perù*) palta (*f.*).
avorio *s.m.* marfil | *Costa d'Avorio*, Costa de Marfil.
avulso *agg.* (*fig.*) separado, abstracto.
avvalersi *v.pron.* valerse*, servirse*: *— dell'immunità*, valerse de la inmunidad; *— delle influenze*, servirse de las influencias.
avvallamento *s.m.* hondonada (*f.*), depresión (*f.*), hundimiento.
avvallarsi *v. pron.* hundirse.
avvalorare *v.tr.* validar, convalidar, ratificar*: *— l'autenticità della firma*, validar la autenticidad de la firma; *— una tesi*, ratificar una tesis.
avvampare *v.intr.* **1** incendiarse **2** enrojecer*: *alla vista del suo amato avvampò*, al ver a su amado enrojeció **3** (*fig.*) arder: *— di passione*, arder de pasión.
avvantaggiare *v.tr.* aventajar, favorecer* ♦ **-rsi** *v.pron.* **1** (*sul tempo*) aventajar, adelantar, superar **2** (*avere la meglio*) sacar* provecho, ventaja; salir* ganando.
avvedersi *v.pron.* darse* cuenta, percatarse (de).
avvedutezza *s.f.* acierto (*m.*), prudencia, juicio (*m.*).
avveduto *agg.* **1** sensato, precavido, juicioso: *opinione avveduta*, opinión juiciosa **2** (*scaltro*) sagaz*, perspicaz*: *consiglio —*, consejo perspicaz.
avvelenamento *s.m.* envenenamiento.
avvelenare *v.tr.* envenenar | (*fig.*) *— l'esistenza*, amargar la vida.
avvelenato *agg.* **1** envenenado **2** (*fig.*) enojado, rancoroso, furioso.
avvelenatore *s.m.* envenenador.
avvenente *agg.* atractivo, guapo, bien parecido.
avvenenza *s.f.* belleza, hermosura , prestancia.
avvenimento *s.m.* acontecimiento, suceso, evento: *il più importante — della mia vita*, el evento más importante de mi vida.
avvenire¹ *s.m.* porvenir, futuro: *costruirsi un —*, labrarse el porvenir | *in —*, (de ahora) en adelante.
avvenire² *v.intr.* ocurrir, suceder, acontecer*: *avvenne un fatto curioso*, ocurrió un hecho curioso.
avveniristico *agg.* futurista: *un'opera avveniristica*, una obra futurista.
avventarsi *v.pron.* lanzarse*, arrojarse: *— sulla preda*, abalanzarse sobre la presa.
avventatezza *s.f.* temeridad, precipitación, imprudencia.
avventato *agg.* temerario, imprudente, desconsiderado | *giudizio —*, juicio temerario.
avventista *agg.*, *s.m./f.* (*relig.*) adventista.
avventizio *agg.* **1** (*provvisorio*) interino, provisional; (*di lavoratore*) interino, ocasional **2** (*casuale, occasionale*) adventicio, ocasional.
avvento *s.m.* **1** llegada (*f.*), venida (*f.*), advenimiento **2** (*relig.*) adviento.
avventore *s.m.* cliente; (*cliente fisso*) parroquiano.
avventura *s.f.* aventura | *per —*, por casualidad.
avventurarsi *v.pron.* aventurarse, arriesgarse*.
avventuriero *s.m.* aventurero.
avventuroso *agg.* aventuroso, arriesgado.
avverbiale *agg.* (*gramm.*) adverbial.
avverbio *s.m.* adverbio.
avversare *v.tr.* contrariar, obstaculizar*, combatir: *— il programma di qlcu.*, obstaculizar el plan de alguien.
avversario *s.m.* adversario, contrincante, rival: *il campione eliminò tutti i suoi avversari*, el campeón eliminó a todos sus contrincantes/rivales | *la squadra avversaria*, el equipo adversario.
avversativo *agg.* (*gramm.*) adversativo.
avversione *s.f.* adversión, antipatía, ojeriza, tirria.
avversità *s.f.* adversidad, desgracia, calamidad, mala suerte.
avverso *agg.* adverso, desfavorable, hostil.
avvertenza *s.f.* **1** (*attenzione*) precaución, cautela: *avere l'— di spegnere il gas*, tener el cuidado de apagar el gas **2** (*avviso*) advertencia **3** (*premessa*) nota preliminar **4** (*pl.*, *istruzioni*) instrucciones: *leggere attentamente le avvertenze*, léanse atentamente las instrucciones para el uso.
avvertibile *agg.* perceptible: *un cambiamento —*, un cambio perceptible.
avvertimento *s.m.* advertencia (*f.*); (*minaccia*) intimidación (*f.*), amenaza (*f.*): *trascurare l'—*, desatender la advertencia | *dare un —*, poner sobre aviso.
avvertire *v.tr.* **1** advertir*, avisar **2** (*percepire*) advertir*, notar, percibir, sentir*.
avvezzo *agg.* acostumbrado, habituado.
avviamento *s.m.* **1** introducción (*f.*), orien-

tación (*f.*), encaminamiento | *corso d'—*, curso de orientación **2** (*mecc.*) arranque | *motorino d'—*, estárter **3** (*econ.*) puesta (*f.*) en marcha
■ ***codice di avviamento postale***, código postal.
avviare *v.tr.* **1** encaminar; (*indirizzare*) dirigir*, guiar*, orientar: *fu avviato alla carriera medica*, fue orientado hacia la carrera de medicina **2** (*iniziare, dare l'avvio*) poner* en marcha, iniciar, comenzar*: *— le pratiche di divorzio*, comenzar los trámites de divorcio | *— un'attività*, montar un negocio | *— le trattative*, abrir las negociaciones **3** (*mettere in moto*) encender* el motor, arrancar* ♦ **-rsi** *v.pron.* **1** encaminarse, dirigirse* | *— su una cattiva strada*, ir por mal camino **2** (*essere in procinto di*) estar* para, estar* a punto de.
avviato *agg.* **1** (*anche fig.*) en marcha, encaminado: *il lavoro è ben —*, el trabajo está bien encaminado **2** (*di attività, impresa*) activo.
avvicendamento *s.m.* alternancia (*f.*), rotación (*f.*).
avvicendare *v.tr.* alternar ♦ **-rsi** *v.pron.* sucederse; (*di persone*) alternarse, turnarse.
avvicinamento *s.m.* acercamiento, aproximación (*f.*).
avvicinare *v.tr.* **1** acercar*, aproximar, arrimar: *avvicina il tavolo alla parete*, acerca la mesa a la pared **2** (*qlcu.*) abordar, acercarse* ♦ **-rsi** *v. pron.* acercarse*, aproximarse: *— alla meta*, aproximarse a la meta.
avvilente *agg.* degradante, desmoralizante.
avvilimento *s.m.* **1** humillación (*f.*) **2** (*scoraggiamento*) abatimento, desaliento **3** degradación (*f.*): *l'— della persona*, la degradación de la persona.
avvilire *v.tr.* **1** (*degradare*) envilecer*, degradar: *la corruzione avvilisce i cittadini*, la corrupción degrada a los ciudadanos **2** (*scoraggiare*) desalentar*, desmoralizar*; humillar ♦ **-rsi** *v.pron.* abatirse, amilanarse, desanimarse, desmoralizarse*.
avvilito *agg.* (*demoralizzato*) abatido, desmoralizado.
avviluppare *v.tr.* **1** enrollar, envolver* **2** (*fig.*) engañar, enredar ♦ **-rsi** *v.pron.* **1** envolverse*: *il serpente si avviluppa al ramo*, la serpiente se envuelve a la rama **2** (*aggrovigliarsi*) liarse*.
avvincente *agg.* cautivador, sugestivo.
avvincere *v.tr.* **1** (*lett.*) atar, ceñir **2** encantar, cautivar, fascinar.
avvinghiarsi *v. pron.* abrazarse*: *il bambino si avvinghò alla madre*, el niño se abrazó a la madre.
avvio *s.m.* comienzo, inicio, arranque: *dare l'—*, empezar, poner en marcha.
avvisaglia *s.f.* señal (*m.*), síntoma (*m.*).
avvisare *v.tr.* **1** (*informare*) avisar, comunicar*, informar **2** (*avvertire*) avisar, advertir*.
avvisatore *s.m.* (*tecn.*) alarma (*f.*), avisador.
avviso *s.m.* **1** (*avvertimento*) aviso, advertencia (*f.*) | *mettere sull'— (qlcu.)*, poner (a alguien) sobre aviso/en guardia **2** (*annuncio*) anuncio, aviso; (*dir.*) notificación (*f.*) | *— economico*, anuncio por palabras; (*Amer.*) aviso clasificado **3** (*opinione*) opinión (*f.*), parecer: *a mio —*, en mi opinión, para mí.
avvistamento *s.m.* avistamiento, el avistar.
avvistare *v.tr.* avistar, divisar.
avvitare *v.tr.* atornillar, enroscar*.
avvitatore *s.m.* (*tecn.*) destornillador.
avvizzimento *s.m.* marchitamiento.
avvizzire *v.intr.* marchitarse; (*di tela, pelle*) ajar, arrugar* | *fiore avvizzito*, flor mustia.
avvocatessa *s.f.* abogada.
avvocato *s.m.* abogado: *— difensore*, abogado defensor | *— d'ufficio*, abogado de oficio | *— del diavolo*, abogado del diablo.
avvocatura *s.f.* abogacía.
avvolgere *v.tr.* **1** envolver* (*anche fig.*): *— un regalo in carta colorata*, envolver un regalo con papel de colores | *— nel silenzio*, rodear de silencio **2** (*arrotolare*) enrollar, envolver*.
avvolgibile *s.m.* persiana (*f.*).
avvoltoio *s.m.* (*zool.*) buitre.
avvoltolare *v.tr.* enrollar, envolver* ♦ **-rsi** *v.pron.* envolverse*; revolcarse*.
azalea *s.f.* (*bot.*) azalea.
azerbaigiano, azero *agg., s.m.* azerbaiyano, azerí*.
azienda *s.f.* empresa; (*ditta*) firma: *— agricola*, hacienda, cortijo, granja.
aziendale *agg.* empresarial: *economia —*, economía empresarial.
azimo *agg., s.m.* → **azzimo.**
azimut *s.m.* (*astr.*) acimut.
azimutale *agg.* (*astr.*) acimutal.
azionamento *s.m.* (*tecn.*) accionamento.
azionare *v.tr.* accionar; poner* en marcha/función.
azionariato *s.m.* (*fin.*) accionariado.
azionario *agg.* (*fin.*) accionario: *mercato —*, mercado accionario.
azione *s.f.* **1** acción: *una buona —*, una buena acción; *— gentile*, gesto amable | *uomo d'—*, hombre de acción | *mettere in —*, poner en marcha | *passare all'—*, pasar a la acción | *entrare in —*, entrar en acción (*anche sport*) **2** (*econ.*) acción: *le azioni salgono*, las acciones suben **3** (*dir.*) demanda: *intentare un'—*, entablar una demanda
■ ***film d'azione***, película de aventuras.
azionista *s.m./f.* (*fin.*) accionista.

azotato *agg.* (*chim.*) azoado.
azotemia *s.f.* (*med.*) azoemia.
azoto *s.m.* (*chim.*) nitrógeno, ázoe.
azteco *agg.*, *s.m.* azteca (*m./f.*).
azzannare *v.tr.* adentellar, morder* ♦ **-rsi** *v.pron.* (*reciproco*) **1** morderse* **2** (*fig.*) pelearse violentemente, reñir*.
azzardare *v.tr.* arriesgar*, poner* en juego: — *un'ipotesi*, atreverse a hacer una hipótesis ♦ **-rsi** *v.pron.* arriesgarse*, aventurarse, osar: *non azzardarti a parlarmi così un'altra volta!*, ¡ni te atrevas a hablarme así otra vez!
azzardato *agg.* atrevido, arriesgado.
azzardo *s.m.* azar, riesgo | *gioco d'*—, juego de azar.
azzeccagarbugli *s.m.* (*spreg.*) leguleyo, abogado.
azzeccare *v.tr.* acertar*, adivinar, dar* en el blanco | *non — niente*, no dar pie con bola, no acertar ni una.
azzeramento *s.m.* (*tecn.*, *fig.*) puesta (*f.*) a cero.
azzerare *v.tr.* **1** poner* a cero **2** (*fig.*) cancelar, eliminar.
azzimato *agg.* (*iron.*) acicalado, atilado.
azzimo *s.m.*, *agg.* ázimo.
azzoppamento *s.m.* cojera (*f.*).
azzoppare *v.tr.* dejar cojo ♦ **-rsi** *v.pron.* quedar* cojo.
azzuffarsi *v.pron.* pegarse*, pelearse, reñir*.
azzurrato *agg.* azulado.
azzurrino *agg.* azulado, azulino.
azzurro *agg.*, *s.m.* **1** azul claro, azul celeste | *il principe* —, el príncipe azul **2** (*sport*) italiano.
azzurrognolo *agg.* azulado.

Bb

b *s.f.* b | (*tel.*) — *come Bologna*, b como Barcelona | (*sport*) *serie B*, serie B, segunda división | (*fig.*) *di serie B*, de segunda clase.
babà *s.m.* (*cuc.*) (bizcocho) borracho.
babbeo *agg., s.m.* bobo, tonto, papanatas.
babbo *s.m.* (*fam.*) papá | — *Natale*, Papá Noel.
babbuccia *s.f.* **1** (*scarpa*) babucha **2** (*pantofola*) chinela, zapatilla.
babbuino *s.m.* (*zool.*) babuino.
babele *s.f.* (*fig.*) confusión, lío | *torre di Babele*, torre de Babel.
babelico *agg.* babélico.
babilonese *agg., s.m./f.* babilonio (*m.*).
babilonia *s.f.* (*fig.*) babel.
babilonico *agg.* **1** babilónico **2** (*fig.*) confuso, babélico.
babordo *s.m.* (*mar.*) babor.
baby *s.m./f.* (*fam.*) bebé, niñito (*m.*).
baby-doll *s.m.* picardías.
baby-sitter *s.m./f.* niñera (*f.*); (*fam.*) canguro.
bacare *v.tr.* (*fig.*) corromper ♦ **-rsi** *v.pron.* agusanarse, acocarse*, pudrirse: *la frutta si è bacata*, la fruta se ha podrido.
bacato *agg.* (*di frutto*) picado, podrido | (*fig.*) *mente bacata*, cabeza hueca.
bacca *s.f.* (*bot.*) baya.
baccalà *s.m.* **1** bacalao, abadejo | (*fig.*) *non startene lì come un — !*, ¡no te quedes ahí pasmado! **2** (*fig.*) tonto, merluzo.
baccanale *s.m.* bacanal, orgía (*f.*).
baccano *s.m.* estruendo, bullicio: *fare* —, hacer alboroto.
baccante *s.f.* (*st.*) bacante.
baccarà *s.m.* (*gioco di carte*) bacará.
baccelliere *s.m.* (*anche fig.*) bachiller.
baccello *s.m.* (*bot.*) vaina (*f.*).
bacchetta *s.f.* **1** vara, varita | — *magica*, varita mágica | *comandare a* —, llevar la batuta, tratar a baqueta **2** (*del direttore d'orchestra*) batuta **3** (*del tamburo*) baqueta, palillo (*m.*) **4** (*pl., cuc. cinese*) palillos (*m.pl.*).
bacchettare *v.tr.* **1** baquetar **2** (*fig.*) reprochar, criticar*.
bacchettata *s.f.* baquetazo (*m.*).
bacchettone *s.m.* gazmoño, hipócrita (*m./f.*), santurrón.
bacchettoneria *s.f.* gazmoñería.
bacchiare *v.tr.* (*agr.*) varear | — *le olive*, varear los olivos.
bacchiatore *s.m.* (*di olive*) vareador, arreador.
bacchiatura *s.f.* vareo (*m.*).
bacchico *agg.* (*mit.*) báquico.
bacchio *s.m.* vara (*f.*), pértiga (*f.*).
bacheca *s.f.* **1** (*vetrinetta*) vitrina **2** (*per avvisi*) cartelera, tablero (*m.*) de anuncios.
bachelite *s.f.* (*chim.*) baquelita.
bacherozzo *s.m.* (*zool.*) oruga (*f.*), gusano (*anche fig.*).
bachicoltore *s.m.* sericultor.
bachicoltura *s.f.* sericultura.
baciamano *s.m.* besamanos | *fare il* —, dar el besamanos.
baciapile *s.m./f.* gazmoño (*m.*), mojigato (*m.*), tragasantos, (*Amer., fam.*) chupacirios.
baciare *v.tr.* besar | (*fig.*) *la fortuna ti ha baciato in fronte*, has tenido un golpe de suerte ♦ **-rsi** *v.pron.* (*reciproco*) besarse.
bacile *s.m.* jofaina (*f.*), fuente (*f.*).
bacilliforme *agg.* (*biol.*) baciliforme.
bacillo *s.m.* (*biol.*) bacilo.
bacinella *s.f.* jofaina, palangana; (*da laboratorio*) cubeta.
bacino *s.m.* **1** (*geogr.*) cuenca (*f.*); (*min.*) yacimiento; (*artificiale*) embalse, presa (*f.*), represa (*f.*): *un vasto — carbonifero*, un amplio yacimiento carbonífero; *il — del Mar Mediterraneo*, la cuenca del Mar Mediterráneo | (*fig.*) — *d'utenza*, origen de los usuarios **2** (*mar.*) dique; — *di carenaggio*, dique seco; — *di ricovero*, dársena **3** (*anat.*) pelvis (*f.*), íleon.
bacio *s.m.* beso | *al* —, a pedir de boca, a la perfección | — *di Giuda*, beso de Judas | *mangiare qlcu. di baci*, comerse a besos a alguien.
baciucchiare *v.tr.* → **sbaciucchiare.**
backgammon *s.m.* (*gioco*) backgammon.
background *s.m.* bagaje, background: — *culturale*, bagaje cultural.
backup *s.m.* (*anche inform.*) backup, cobertura (*f.*): — *incrementale*, backup incremental.
baco *s.m.* (*zool.*) gusano, oruga (*f.*): — *da seta*, gusano de seda.
bacolo *s.m.* (*lett., relig.*) báculo.
bacon *s.m.* (*cuc.*) beicon.

bacucco *agg., s.m.* carcamal | *vecchio —*, vejestorio.
bada *s.f. solo nella loc.*: *tenere a —*, tener bajo control.
badante *s.m./f.* cuidador (informal).
badare *v.intr.* **1** tener* cuidado con, poner* atención: *bada a quello che fai*, cuidado con lo que haces | *senza — a spese*, no reparar en gastos **2** (*prendersi cura*) vigilar, cuidar, ocuparse (de), dedicarse* a **3** preocuparse: *bada solo al suo interesse*, solo le preocupa su provecho ♦ *v.tr.* vigilar, cuidar.
badessa *s.f.* (*relig.*) abadesa.
badge *s.m.* **1** tarjeta (*f.*) de reconocimiento **2** distintivo, insignia (*f.*).
badia *s.f.* abadía.
badilata *s.f.* palada.
badile *s.m.* pala (*f.*), laya (*f.*).
badminton *s.m.* (*sport*) bádminton.
baffo *s.m.* **1** bigote | *da leccarsi i baffi*, para chuparse los dedos, de rechupete | *me ne faccio un —*, no me importa un bledo | *ridere sotto i baffi*, reir para sus adentros | (*fig.*) *coi baffi*, de bigote **2** (*sbavatura*) mancha (*f.*), borrón.
baffuto *agg.* bigotudo.
bagagliaio *s.m.* **1** (*sui treni*) furgón **2** (*di auto*) maletero.
bagaglio *s.m.* **1** equipaje | *— a mano*, equipaje de mano | *deposito bagagli*, consigna | *andarsene con armi e bagagli*, liar el petate **2** (*fig.*) bagaje, acervo: *— di esperienze*, acervo de experiencias.
bagarinaggio *s.m.* reventa (*f.*).
bagarino *s.m.* logrero, revendedor, reventa (*m./f.*).
bagarre *s.f.* riña, follón (*m.*), jaleo (*m.*).
bagascia *s.f.* (*fam.*) fulana.
bagattella *s.f.* **1** fruslería, nadería **2** (*mus.*) bagatela.
baggianata *s.f.* tontería, chorrada: *non dire baggianate!*, ¡no digas tonterías!
bagliore *s.m.* **1** resplandor, destello: *il — del fuoco*, el resplandor del fuego **2** (*fig.*) muestra (*f.*), aparición (*f.*).
bagnante *s.m./f.* bañista.
bagnare *v.tr.* **1** mojar; (*di fiume, mare*) bañar **2** (*innaffiare*) rociar*, regar*: *— le piante*, regar las plantas ♦ **-rsi** *v.pron.* **1** mojarse **2** (*in mare*) bañarse.
bagnarola *s.f.* (*iron.*) cafetera: *questa macchina è una —*, este coche es una cafetera.
bagnasciuga *s.m.* batiente, orilla (*f.*) de la playa: *i ragazzi corrono sul —*, los chicos corren por la orilla.
bagnato *agg.* **1** mojado, | — fradicio, empapado | *— come un pulcino*, calado hasta los huesos **2** (*da mare, fiume*) bañado: *— dal Mare dei Caraibi*, bañado por el Mar Caribe ♦ *s.m.* terreno mojado | (*fig.*) *piove sul —*, llueve sobre mojado.
bagnino *s.m.* socorrista (*m./f.*); (*Amer.*) guardavidas, salvavidas, bañero, bañista.
bagno *s.m.* **1** baño: *fare il —*, bañarse, darse un baño | *costume da —*, bañador, traje de baño | *vasca da —*, bañera/tina; (*Amer.*) bañadera **2** (*stanza*) baño, cuarto de baño; (*in un locale pubblico*) lavabo, servicios (*pl.*): *— di servizio*, (cuarto de) aseo **3** (*spec.pl., stabilimento balneare*) baños (*pl.*), balneario: *i bagni Solemar*, el balneario Solemar ■ (*fig.*) ***bagno di folla***, baño de multitudes | ***bagno di sangue***, baño de sangre | ***bagno fotografico***, lavado fotográfico | ***bagno penale***, colonia (*f.*) penal.
bagnomaria *s.m.* (*cuc.*) a baño María.
bagnoschiuma *s.m.* gel de baño.
bagordare *v.intr.* salir*/ir* de farra; (*Amer.*) farrear.
bagordo *s.m. spec.pl.* juerga (*f.*), parranda (*f.*).
baguette *s.f.* baguette, barra.
bah *inter.* bah.
baia *s.f.* (*geogr.*) bahía, ensenada, rada.
baicolo *s.m.* (*cuc.*) galleta (*f.*) veneciana.
bailamme *s.m.* (*pop.*) confusión (*f.*), barahúnda (*f.*), jaleo (*m.*).
baio *s.m.* (*cavallo*) bayo.
baiocco *s.m.* (*moneta*) bayoco | *non avere un —*, estar sin blanca, no tener una perra.
baionetta *s.f.* (*mil.*) bayoneta.
baionettata *s.f.* bayonetazo (*m.*).
baita *s.f.* cabaña alpina, refugio (*m.*) de montaña.
balalaica, balalaika *s.f.* (*mus.*) balalaica.
balaustra *s.f.* (*arch.*) balaustrada, barandilla.
balaustrata *s.f.* (*arch.*) balaustrada.
balaustrino *s.m.* compás de pinza.
balbettamento *s.m.* balbuceo, titubeo.
balbettante *agg.* tartamudo, farfullero, balbuciente.
balbettare *v.intr.* tartamudear, balbucir*, balbucear: *il bambino comincia a —*, el niño comienza a hablar/balbucear ♦ *v.tr.* (*farfugliare*) balbucir*, balbucear, mascullar, farfullar; (*una lingua*) chapurrear, mascullar: *balbetta poche parole di spagnolo*, masculla pocas palabras de español.
balbettìo *s.m.* balbuceo.
balbuzie *s.f.* tartamudez*.
balbuziente *agg., s.m./f.* balbuciente, tartamudo (*m.*).
balcanico *agg.* balcánico.
balcanizzare *v.tr.* (*pol.*) balcanizar*.
balcanizzazione *s.f.* (*pol.*) balcanización.
balconata *s.f.* **1** galería **2** (*teatr.*) galería, anfiteatro (*m.*).
balcone *s.m.* balcón.

baldacchino *s.m.* **1** baldaquín, baldaquino **2** (*relig.*) palio.
baldanza *s.f.* ánimo (*m.*), arrogancia, gallardía.
baldanzoso *agg.* animoso, gallardo.
baldo *agg.* valiente, intrepido | — *giovane*, joven resuelto.
baldoria *s.f.* parranda, juerga: *far* —, salir/ir de juerga.
baldracca *s.f.* (*spreg.*) fulana.
balena *s.f.* **1** (*zool.*) ballena | *stecche di* —, ballenas **2** (*spreg., donna molto grassa*) foca.
balenamento *s.m.* relampagueo.
balenare *v.intr.* **1** (*lampeggiare*) relampaguear **2** (*passare per la mente*) ocurrírsele, asaltar: *mi balenò un sospetto*, me asaltó una sospecha.
baleniera *s.f.* (*mar.*) ballenero (*m.*).
baleniere *s.m.* (*mar., persona*) ballenero.
baleno *s.m.* relámpago | (*fig.*) *in un* —, en un instante/segundo, en un abrir y cerrar de ojos, en un santiamén.
balenottera *s.f.* (*zool.*) rorcual (*m.*) | — *azzurra*, ballena azul.
balenottero, balenotto *s.m.* (*zool.*) ballenato.
balera *s.f.* salón (*m.*) de baile, (*Amer., pop.*) bailanta.
balestra *s.f.* (*tecn.*) ballesta.
balestriere *s.m.* (*mil.*) ballestero.
balestruccio *s.m.* (*zool.*) avión, vencejo.
balia[1] *s.f.* nodriza, ama de cría/leche, aya; (*Amer.*) nana | — *asciutta*, niñera.
balìa[2] *s.f. nella loc.*: *in* — *di*, en poder/manos de, a merced de.
baliatico *s.m.* **1** crianza (*f.*) **2** (*bambino*) niño dado a la nodriza.
balilla *s.m.* (*sotto il fascismo*) cadete.
balistica *s.f.* (*mil.*) balística.
balistico *agg.* (*mil.*) balístico.
balla[1] *s.f.* (*involto*) bala, fardo (*m.*).
balla[2] *s.f.* (*fam., bugia*) mentira, bola, cuento (*m.*) chino, (*Amer.*) macana | *cacciare una* —, soltar un cuento.
ballabile *agg.* bailable.
ballare *v.intr./tr.* (*anche fig.*) bailar, danzar* | — *dalla gioia*, dar saltos de alegría | (*fam.*) *in quella gonna ci balli dentro*, esa falda te baila | *mi balla un dente*, me baila un diente.
ballata *s.f.* (*mus.*) balada.
ballatoio *s.m.* balcón, terraza (*f.*); (*pianerottolo*) rellano.
ballerina *s.f.* **1** bailarina; (*di flamenco*) bailaora **2** (*scarpa*) bailarina, manoletina; (*Amer.*) zapatilla.
ballerino *agg.* inestable, movedizo ♦ *s.m.* bailarín.
balletto *s.m.* **1** ballet **2** (*fig.*) ir y venir.
ballista *s.m./f.* (*pop.*) mentiroso (*m.*), trolero (*m.*), cuentista.
ballo *s.m.* baile, danza (*f.*) | — *liscio*, baile de salón | — *in maschera*, baile de disfraces ■ ***tirare in ballo***, sacar a relucir/a colación | ***essere in ballo***, estar en juego/danza | (*med.*) ***ballo di San Vito***, baile de San Vito.
ballonzolare *v.intr.* **1** bailotear, oscilar **2** brincar*, saltar, botar.
ballottaggio *s.m.* (*pol.*) segunda vuelta (*f.*).
balneabile *agg.* donde es posible bañarse.
balneare *agg.* de baños.
balneazione *s.f.* baño (*m.*) | *divieto di* —, prohibido bañarse.
baloccare *v.tr.* entretener*, divertir* ♦ **-rsi** *v.pron.* **1** entretenerse* **2** gandulear.
balocco *s.m.* **1** juguete **2** (*fig.*) entretenimiento.
balordaggine *s.f.* necedad, tontería, disparate (*m.*).
balordo *agg.* **1** torpe, bobo: *affare* —, negocio insensato **2** inestable, extraño: *tempo* —, tiempo inestable ♦ *s.m.* **1** tonto, bobo **2** maleante, delincuente, quinque.
balsamico *agg.* **1** balsámico **2** (*estens.*) perfumado, oloroso; (*di aria*) saludable | *aceto* —, vinagre balsámico.
balsamo *s.m.* **1** bálsamo; (*per i capelli*) suavizante, enjuague **2** (*fig.*) alivio, conforto.
baltico *agg.* báltico.
baltoslavo *agg.* (*ling.*) baltoeslavo.
baluardo *s.m.* baluarte (*anche fig.*), bastión, fortaleza (*f.*) | *il* — *della democrazia*, el baluarte de la democracia.
baluginare *v.intr.* **1** (*luce*) centellear **2** (*fig.*) ocurrírsele, venir* a la cabeza.
balza *s.f.* **1** (*geogr.*) barranco (*m.*); rellano (*m.*) **2** (*di vestito*) volante (*m.*).
balzano *agg.* **1** (*cavallo*) dosalbo **2** (*fig.*) raro, peregrino: un'idea balzana, una idea peregrina.
balzare *v.intr.* saltar, brincar* | — *addosso*, echarse encima | — *agli occhi*, saltar a la vista | — *in piedi*, levantarse de un salto.
balzello *s.m.* (*st.*) impuesto, tasa (*f.*).
balzelloni *avv.* a brincos, a saltos: *andare* —, ir brincando.
balzo *s.m.* **1** brinco, salto **2** (*fig.*) vuelco, giro, salto: *l'economia ha fatto un* — *in avanti*, la economía ha dado un salto hacia adelante.
bambagia *s.f.* algodón (*m.*): *allevare nella* —, criar entre algodones.
bambagiona *s.f.* (*bot.*) heno (*m.*) blanco.
bambinaia *s.f.* niñera.
bambinata *s.f.* niñería, chiquillada.
bambinesco *agg.* (*spreg.*) pueril, infantil.
bambino *s.m.* **1** niño, nene, chiquillo | (*fig.*) *non fare il* —*!*, ¡no seas niño! | *Gesù Bambino*, Niño Jesús **2** (*spec.pl.*) hijos (*pl.*).

bambinone *s.m.* (*spreg.*) niño.
bamboccio *s.m.* **1** niño rollizo **2** (*fig.*) hombre torpe, monigote: *non comportarti come un* —, no te portes como un monigote **3** muñeco, fantoche.
bambola *s.f.* muñeca, muñeco (*m.*): — *di pezza*, muñeca de trapo.
bamboleggiare *v.intr.* **1** niñear, portarse de modo pueril **2** (*di donna*) coquetear.
bambolotto *s.m.* muñeco.
bambù *s.m.* (*bot.*) bambú.
banale *agg.* banal, trivial, insignificante.
banalità *s.f.* banalidad, sandez*, tontería.
banalizzare *v.tr.* trivializar*.
banalizzazione *s.f.* trivialización.
banana *s.f.* **1** (*bot.*) plátano (*m.*), banana **2** (*di capelli*) copete (*m.*), rosca.
bananeto *s.m.* platanal.
bananiero *s.m.* bananero, platanero.
banano *s.m.* (*bot.*) plátano, banano.
banca *s.f.* banco (*m.*).
bancarella *s.f.* tenderete (*m.*), puesto (*m.*), parada.
bancario *agg.* bancario ♦ *s.m.* empleado de banco.
bancarotta *s.f.* quiebra, bancarrota; (*fam.*) ruina, fracaso (*m.*) | *andar in* —, quebrar | *rischiare la* —, estar al borde de la quiebra.
banchettante *s.m./f.* convidado (*m.*).
banchettare *v.intr.* banquetear.
banchetto *s.m.* banquete, convite, festín.
banchiere *s.m.* banquero.
banchina *s.f.* **1** (*mar.*) muelle (*m.*), embarcadero (*m.*) **2** (*ferr.*) andén (*m.*); (*di strada*) arcén (*m.*); (*Amer.*) banquina.
banchisa *s.f.* banquisa.
banco *s.m.* **1** banco; (*di scuola*) pupitre | — *da lavoro*, banco de trabajo | — *di accettazione*, recepción | — *di prova*, banco de pruebas | (*dir.*) — *degli imputati*, banquillo | (*fig.*) *tener* —, ser el centro de la atención **2** (*di negozio*) mostrador; (*del bar*) barra (*f.*) | *prodotto da* —, producto de venta libre | *sotto* —, a escondidas **3** (*bancarella*) puesto **4** (*ammasso*) banco: — *di nebbia*, banco de niebla; — *di sardine*, banco de sardinas — *corallino*, arrecife coralino | — *di sabbia*, banco de arena **5** (*banca*) banco | — *dei pegni*, monte de piedad **6** (*nei giochi*) banca (*f.*) | *far saltare il* —, hacer saltar la banca.
bancomat *s.m.* **1** (*sportello*) cajero automático **2** (*tessera*) tarjeta (*f.*).
bancone *s.m.* (*di negozio, ufficio*) mostrador; (*di bar*) barra (*f.*).
banconiere, banconista *s.m.* **1** vendedor **2** (*bar*) barman.
banconota *s.f.* billete (*m.*), papel (*m.*) moneda.
band *s.f.* (*mus.*) conjunto (*m.*).
banda[1] *s.f.* **1** (*mus.*) banda **2** (*di ragazzi*) pandilla, panda; (*Amer.*) patota: — *di teppisti*, banda de malhechores **3** (*mil.*) patrulla, grupo (*m.*).
banda[2] *s.f.* **1** (*fascia*) banda, faja; (*riga*) lista **2** (*lato*) banda, lado (*m.*): — *destra*, lado/costado derecho **3** (*tecn.*) banda, cinta | — *di frequenza*, banda de frecuencia.
bandella *s.f.* **1** (*di mobile*) pieza de metal **2** (*sportello*) gozne **3** (*di tavolo*) tapa, tablero (*m.*) móvil.
banderilla *s.f.* banderilla.
banderillero *s.m.* banderillero.
banderuola *s.f.* (*anche fig.*) veleta | (*fig.*) *essere una* —, ser una veleta, ser voluble.
bandiera *s.f.* bandera, pabellón (*m.*): — *a mezz'asta*, bandera a media asta | (*fig.*) *cambiare* —, cambiar de chaqueta | (*fig.*) *tenere alta la* — (*della patria*), hacer honor a (*la patria*) | (*mar.*) — *di comodo*, bandera de conveniencia | — *bianca*, bandera blanca | *battere* —, llevar bandera | (*calcio*) *il gol della* —, el gol del honor.
bandierina *s.f.* (*calcio*) bandera (*m.*).
bandire *v.tr.* **1** anunciar, publicar*, pregonar: — *un concorso*, convocar oposiciones **2** (*anche fig., esiliare*) desterrar*, exiliar, proscribir.
bandito *s.m.* bandido, bandolero.
banditismo *s.m.* bandolerismo, bandidaje.
banditore *s.m.* (*di aste*) subastador, rematador.
bando *s.m.* **1** (*annuncio*) bando, decreto: — *di concorso*, convocatoria; — *d'asta*, anuncio de subasta **2** (*esilio*) proscripción (*f.*), destierro, exilio
■ ***bando alle chiacchiere***, ***agli scrupoli***, basta ya de charlas, de escrúpulos | ***bando alle ciance!***, ¡menos cuentos! | ***mettere al bando***, exiliar, poner fuera de la ley.
bandolero *s.m.* bandolero.
bandoliera *s.f.* (*mil.*) bandolera.
bandolo *s.m.* cabo | *trovare il* — *della matassa/della questione*, encontrar la solución.
bandone *s.m.* **1** (*saracinesca*) persiana (*f.*) metálica, cierre metálico **2** (*metall.*) plancha (*f.*) de metal, plastro.
banjo *s.m.* (*mus.*) banjo.
bantu *agg., s.m./f.* bantú.
baobab *s.m.* (*bot.*) baobab.
bar *s.m.* bar, café, cafetería (*f.*).
bara *s.f.* ataúd (*m.*), féretro (*m.*) | *avere un piede nella* —, estar en las últimas.
barabba *s.m.* (*fig.*) barrabás.
baracca *s.f.* **1** chabola, barraca **2** (*cosa mal funzionante*) trasto (*m.*), cacharro (*m.*): *la mia radio è ormai una* —, mi radio está hecha un trasto
■ ***mandare avanti la baracca***, sacar adelante

la familia, la empresa | ***piantare baracca e burattini***, dejar plantado algo.
baracchino *s.m.* **1** (*mil.*) caseta (*f.*) **2** (*pop.*) quiosco **3** radiotransmisor.
baraccone *s.m.* (*di circo, di fiera*) barracón, caseta (*f.*), toldo | (*fig.*, *spreg.*) *un fenomeno da* —, un esperpento.
baraccopoli *s.f.* barrio de chabolas, chabolismo (*m.*).
baraonda *s.f.* barahunda, alboroto (*m.*); (*di cose*) confusión, revoltijo (*m.*).
barare *v.intr.* **1** (*al gioco*) rampear, hacer* trampa **2** (*fig.*) engañar, jugar* sucio.
baratro *s.m.* abismo, precipicio (*anche fig.*): *precipitò nel — della depressione*, se sumió en el abismo de la depresión.
barattare *v.tr.* permutar, trocar*, cambiar.
barattiere *s.m.* **1** baratero **2** (*spreg.*) estafador.
baratto *s.m.* trueque, cambio.
barattolo *s.m.* (*di vetro*) frasco, bote, tarro; (*di metallo*) lata (*f.*).
barba *s.f.* barba: *farsi la* —, afeitarse; *farsi crescere la* —, dejarse barba; *si è tagliato la —, ma non i baffi*, se afeitó la barba pero no el bigote
■ (*fig.*) ***che barba!***, ¡qué lata!/¡qué rollo! | ***farla in barba a qlcu.***, engañar a alguien en sus narices.
barbabietola *s.f.* (*bot.*) remolacha.
barbacane *s.m.* (*mil.*) barbacana (*f.*).
barbagianni *s.m.* **1** (*uccello*) lechuza (*f.*) **2** (*fig.*) sabidillo, sabiondo.
barbaglio *s.m.* deslumbramiento, fulgor.
barbaresco *agg., s.m.* beréber.
barbaricino *agg., s.m.* de Barbagia.
barbarico *agg.* **1** bárbaro, de los bárbaros **2** (*fig.*) salvaje, bárbaro | *usanze barbariche*, costumbres bárbaras.
barbarie *s.f.* **1** barbarie, crueldad **2** atraso (*m.*), barbarie, incultura.
barbarismo *s.m.* (*ling.*) barbarismo.
barbaro *agg.*, *s.m.* bárbaro, primitivo, salvaje: *ha dei gusti barbari*, tiene gustos primitivos.
barbe *s.f.pl.* (*bot.*) barbas.
barbecue *s.m.* barbacoa (*f.*), asador (*m.*).
barbiere *s.m.* barbero, peluquero.
barbino *agg.* mezquino | *fare una figura barbina*, hacer un papelón.
barbiturico *s.m.* (*farm.*) barbitúrico.
barbogio *agg.* (*di persona anziana*) llorón, aburrido, chocho | *un vecchio* —, viejo chocho.
barboncino *s.m.* perro de aguas.
barbone *s.m.* **1** (*straccione*) vagabundo, mendigo, sin techo **2** (*cane*) perro de lanas.
barboso *agg.* aburrido, pesado.
barbugliare *v.intr.* farfullar, barbotear, barbullar.
barbuto *agg.* barbudo.
barca *s.f.* **1** barco (*m.*), barca, embarcación: — *a motore*, lancha; — *a vela*, barco de vela, velero; — *a remi*, barca de remos; — *di salvataggio*, bote salvavidas | *la — fa acqua!*, ¡esto se hunde! | (*fig.*) *essere tutti sulla stessa* —, correr la misma suerte, estar en el mismo barco | (*fig.*) *tirare i remi in* —, recoger velas **2** (*fam., gran quantità*) pila, montón (*m.*): *una — di soldi*, un montón de dinero.
barcaccia *s.f.* **1** (*mar.*) barcaza **2** (*teatr.*) primer palco (*m.*).
barcaiolo *s.m.* barquero.
barcamenarsi *v.pron.* arreglárselas, saberse* organizar*, apañarse.
barcarola *s.f.* (*mus.*) barcarola.
barcata *s.f.* **1** montón, pilada, cantidad **2** (*mar.*) barcada.
barcollamento *s.m.* vacilación (*f.*), tambaleo.
barcollante *agg.* tambaleante.
barcollare *v.intr.* vacilar, tambalearse (*anche fig.*): *il governo barcolla sotto le accuse di corruzione*, el gobierno se tambalea ante las acusaciones de corrupción.
barcone *s.m.* (*chiatta*) barcaza (*f.*), lanchón.
bardare *v.tr.* **1** (*equitazione*) aparejar, enjalmar **2** (*fig.*) acicalar, adornar, emperejilar
♦ **-rsi** *v.pron.* acicalarse.
bardato *agg.* **1** (*equitazione*) aparejado, bardado **2** (*fig.*) acicalado, emperifollado.
bardatura *s.f.* (*equitazione*) aparejos (*m.pl.*), arreos (*m.pl.*); (*Amer.*) aperos (*m.pl.*).
bardo *s.m.* bardo, vate, poeta.
bardotto *s.m.* **1** (*zool.*) burdégano **2** (*fig.*) aprendiz.
barella *s.f.* camilla: *trasporto in* —, transporte en camilla.
barellare *v.tr.* llevar en camilla.
barelliere *s.m.* camillero.
bargello *s.m.* (*st.*) **1** alguacil **2** (*edificio*) tribunal **3** (*edificio*) cárcel (*f.*).
bargiglio *s.m.* (*di uccelli*) barba (*f.*).
baricentro *s.m.* (*fis., geom.*) baricentro.
barile *s.m.* barril, tonel, cuba (*f.*) | *un — di petrolio*, un barril de petróleo | (*fig.*) *grasso come un* —, gordo como un tonel.
barilotto *s.m.* **1** (*da vino*) barrica (*f.*) **2** (*fig., pop., persona*) tonel.
bario *s.m.* (*chim.*) bario.
barista *s.m.* barman, camarero.
baritono *s.m.* (*mus.*) barítono.
barlume *s.m.* destello, vislumbre (*f.*): — *di speranza*, destello de esperanza.
baro *s.m.* fullero, tramposo; (*truffatore*) estafador; (*a carte*) tahúr.
barocchismo *s.m.* barroquismo.
barocco *agg.*, *s.m.* barroco.

barometrico *agg.* barométrico.
barometro *s.m.* barómetro.
baronale *agg.* del barón.
barone *s.m.* **1** barón: *— e baronessa*, barón y baronesa **2** (*fig.*) mandarín, barón.
baronetto *s.m.* baronet.
baronia *s.f.* **1** (*dir.*) baronía **2** (*fig.*) poder (*m.*) **3** (*spreg.*) amiguismo (*m.*).
barra *s.f.* **1** barra, palanca; (*di dolce*) barrita | *codice a barre*, código de barras **2** (*del timone*) barra, caña **3** (*metall.*) lingote (*m.*).
barracuda *s.m.* (*zool.*) barracuda.
barrare *v.tr.* rayar, cruzar* | *— un assegno*, cruzar un cheque.
barricare *v.tr.* atrincherar ♦ **-rsi** *v.pron.* atrincherarse: *— in casa*, encerrarse, aislarse.
barricata *s.f.* barricada, barrera: *fare, alzare le barricate*, levantar barricadas | (*fig.*) *essere dall'altra parte della —*, estar en el bando opuesto.
barriera *s.f.* barrera (*anche fig.*), obstáculo (*m.*), valla, protección: *eliminare le barriere architettoniche*, eliminar las barreras arquitectónicas | (*geogr.*) *— corallina*, arrecife coralino | *— del suono*, barrera del sonido | (*calcio*) *fare —*, formar la barrera.
barrire *v.intr.* (*zool., di elefante*) barritar.
barrito *s.m.* (*zool., di elefante*) barrito.
baruffa *s.f.* riña, pelea: *fare —*, armar bronca.
barzelletta *s.f.* chiste (*m.*): *— spinta*, chiste verde.
basale *agg.* **1** (*med.*) basal **2** básico, esencial.
basaltico *agg.* basáltico.
basalto *s.m.* basalto.
basamento *s.m.* **1** (*edil., arch.*) basamento, basa (*f.*) **2** (*mecc.*) bancada: *il — del motore*, la bancada del motor.
basare *v.tr.* basar, fundar ♦ **-rsi** *v.pron.* basarse.
basco *agg.* vasco, vascongado | (*geogr.*) *i Paesi Baschi*, el País Vasco, Euskadi | *lingua basca*, euskera ♦ *s.m.* **1** vasco, vascongado **2** (*lingua*) euskera **3** (*cappello*) boina (*f.*).
base *s.f.* **1** base, basamento (*m.*); fundamento (*m.*) (*anche fig.*): *porre le basi per un accordo*, sentar las bases de un acuerdo; *ha buone basi di grammatica*, tiene buenas bases de gramática | *una buona cultura di —*, una buena cultura general **2** (*mil.*) base | *— aerea, navale*, base aérea, naval **3** (*mus.*) acompañamiento: *canta accompagnato da una —*, canta con acompañamiento
▪ ***a base di***, a base de | ***in base a, sulla base di***, en función de, según | ***stipendio base***, sueldo base.
basetta *s.f.* patilla.
basilare *agg.* básico, basilar.
basilica *s.f.* basílica.
basilico *s.m.* (*bot.*) albahaca (*f.*).
basista *s.m./f.* **1** (*delinquenza*) cerebro (*m.*), el que dirige **2** (*pol.*) partidario (*m.*) de la base.
basito *agg.* atónito, pasmado: *rimanere —*, quedar pasmado.
basket *s.m.* (*sport*) baloncesto, basquet.
bassamente *avv.* con bajeza.
bassezza *s.f.* bajeza, ruindad, mezquindad.
basso *agg.* **1** bajo: *un soffitto —*, un techo bajo; *il punto più — del fiume*, el punto más bajo del río | *prezzo —*, precio módico | *bassa stagione*, temporada baja | (*geogr.*) *bassa marea*, baja marea/bajamar **2** (*geogr.*) meridional: *bassa Italia*, Italia meridional **3** (*fig.*) bajo, ruín; (*gretto*) tosco, vulgar ♦ *avv.* basso: *tirare —*, tirar bajo; *volare —*, volar bajo ♦ *s.m.* **1** bajo: *è sceso da — dalla vicina*, ha bajado a casa de la vecina | *in —*, abajo; *giù in — si vede la città*, allá abajo se divisa la ciudad **2** (*mus.*) bajo
▪ ***guardare dall'alto in basso***, mirar de arriba abajo | (*fig.*) ***cadere in basso***, arruinarse, venirse abajo | ***gli alti e bassi***, los altibajos.
bassofondo *s.m.* **1** (*mar.*) bajo, bajío **2** (*pl.*) bajos fondos.
bassorilievo *s.m.* bajorrelieve.
bassotto *agg.* (*di statura*) bajito ♦ *s.m.* (*zool., cane*) perro perdiguero.
basta *inter.* basta: *— con gli scherzi!*, ¡basta de bromas!; *— così!*, ¡basta ya!, ¡así es suficiente!
bastante *agg.* suficiente.
bastardo *agg., s.m.* bastardo; (*volg.*) cabrón, hijo de puta.
bastare *v.intr.* **1** (*essere sufficiente*) bastar, alcanzar*: *mi bastano pochi minuti*, me basta con pocos minutos; *lo stipendio non ci basta*, el sueldo no nos alcanza; *basta solo che arrivi in orario*, con tal (de) que llegues a tiempo **2** (*durare*) durar: *ti basterà l'acqua per tre giorni?*, ¿te durará el agua tres días?
▪ ***basta e avanza***, basta y sobra | ***quel tanto che basta***, lo necesario | ***come se non bastasse***, para colmo.
bastiano *s.m.* *nella loc.*: *bastian contrario*, contreras.
bastimento *s.m.* (*mar.*) barco, bastimento.
bastione *s.m.* bastión, baluarte.
bastonare *v.tr.* **1** apalear, bastonear, pegar* **2** (*fig.*) criticar* duramente.
bastonata *s.f.* **1** garrotazo (*m.*), paliza **2** (*fig., sfortuna*) palo (*m.*), porrazo (*m.*).
bastoncino *s.m.* bastoncito, palito; (*di dolce*) barrita (*f.*); (*di pesce*) palito; (*per le orecchie*) bastoncillo.
bastone *s.m.* **1** bastón, palo, garrote: *il suo — da passeggio*, su bastón de paseo | (*fig.*) *mettere il — tra le ruote*, poner trabas/zanca-

dilla | *usare il — e la carota*, mandar por las buenas y por las malas **2** (*di pane*) barra (*f.*) **3** (*appoggio*) apoyo, sostén, báculo | *essere il — della vecchiaia*, ser el báculo de la vejez **4** (*pl., a carte*) bastos: asso di bastoni, as de bastos.

batacchio *s.m.* **1** (*campana*) badajo **2** (*di porta*) llamador (*m.*).

batimetria *s.f.* (*geol.*) batimetría.

batiscafo *s.m.* (*mar.*) batiscafo.

batista *s.f.* (*tess.*) batista.

batosta *s.f.* **1** paliza, golpe (*m.*) **2** (*fig., sfortuna*) desgracia, revés (*m.*).

battage *s.m.* (*fam.*) publicidad (*f.*), campaña (*f.*) de publicidad.

battaglia *s.f.* (*anche fig.*) batalla: *dar —*, dar/presentar batalla | *nome di —*, nombre de guerra | *cavallo di —*, caballo de batalla | *giocare a — navale*, jugar a batalla naval | *da —*, de batalla | *dare —*, presentar batalla.

battagliare *v.intr.* **1** (*mil.*) batallar **2** (*fig.*) discutir, reñir*, disputar.

battagliero *agg.* (*anche fig.*) batallador, combativo.

battaglio *s.m.* → **batacchio.**

battaglione *s.m.* (*mil.*) batallón.

battelliere *s.m.* (*mar.*) batelero.

battello *s.m.* (*mar.*) bote, lancha (*f.*): *— a vapore*, barco de vapor.

battente *agg.* batiente ♦ *s.m.* **1** batiente **2** (*per bussare*) aldaba.

battere *v.tr.* **1** batir, golpear: *ho battuto un ginocchio a terra*, me golpeé la rodilla contra el suelo | *senza — ciglio*, sin pestañear | *in un batter d'occhio*, en un abrir y cerrar de ojos | *— i denti*, castañear los dientes | *— i piedi*, patalear | *— le mani*, aplaudir | *— alla porta*, llamar a la puerta **2** (*a macchina*) escribir a máquina, mecanografiar **3** (*il tappeto*) sacudir **4** (*percorrere*) recorrer, aventurarse **5** (*sconfiggere*) batir, derrotar **6** (*agr.*) trillar ♦ *v.intr.* **1** (*picchiare*) golpear, pegar*; (*della pioggia*) repiquetear **2** (*del cuore*) latir: *il mio cuore batte per te*, mi corazón late por ti **3** (*tennis*) sacar*; (*pallavolo*) servir*; (*baseball*) batear ♦ **-rsi** *v.pron.* luchar, batirse: *— in un duello*, batirse en duelo | *— per un ideale*, luchar por un ideal

■ ***battere cassa***, pedir dinero | ***battere la fiacca***, ser holgazán/no dar palo al agua | ***battere le ore***, dar las horas | ***battere il tempo***, marcar el compás | ***battere il marciapiede***, prostituirse | ***battere in ritirata***, batirse en retirada | (*di motore*) ***battere in testa***, martillar de válvulas | ***battersela***, largarse/esfumarse.

batteria *s.f.* **1** (*elettr.*) batería **2** (*sport*) eliminatoria | *in —*, en batería **3** (*mus.*) batería ■ ***una batteria da cucina***, una batería de cocina.

battericida *s.m.* (*farm.*) bactericida.

batterico *agg.* (*biol.*) bacteriano | *flora batterica*, flora bacteriana.

batterio *s.m.* (*biol.*) bacteria (*f.*).

batteriologia *s.f.* (*biol.*) bacteriología.

batteriologico *agg.* (*biol.*) bacteriológico.

batteriologo *s.m.* (*biol.*) bacteriólogo.

batterista *s.m./f.* (*mus.*) baterista, batería.

battesimale *agg.* (*relig.*) bautismal | *fonte —*, pila bautismal.

battesimo *s.m.* **1** (*sacramento, anche fig.*) bautismo: *— del fuoco*, bautismo de fuego **2** (*cerimonia*) bautizo | *tenere a —*, apadrinar, ser padrino/madrina | *nome di —*, nombre de pila.

battezzare *v.tr.* bautizar*; llamar, poner* el nombre.

battibaleno *s.m. solo nella loc.*: *in un —*, en un santiamén.

battibecco *s.m.* discusión (*f.*), disputa (*f.*).

batticuore *s.m.* **1** palpitación (*f.*) **2** (*fig.*) sobresalto, susto | *avere il —*, estar angustiado, tener ansiedad | (*fig.*) *far venire il —*, provocar un infarto.

battigia *s.f.* batiente (*m.*), orilla (*f.*) del *mar.*

battimani *s.m.* aplauso, palmas (*f.pl.*): *un caloroso —*, un caluroso aplauso.

battipalo *s.m.* martinete.

battipanni *s.m.* sacudidor.

battipista *s.m.* **1** (*persona*) quien prepara la pista de esquí **2** (*macchina*) oruga (*f.*) allanadora.

battiscopa *s.m.* (*edil.*) zócalo, rodapié.

Battista *s.m.* (*relig.*) Bautista | *il —*, san Juan Bautista.

battistero *s.m.* baptisterio, bautisterio.

battistrada *s.m.* **1** (*chi è davanti a tutti*) vanguardia (*f.*), guía (*f.*) **2** (*mil.*) batidor **3** (*sport*) cabeza (*f.*) de carrera **4** (*di ruota*) banda (*f.*) de rodadura.

battitappeto *s.m.* aspiradora (*f.*).

battito *s.m.* **1** (*del cuore*) latido; (*del polso*) pulsación (*f.*) | *— cardiaco*, latido del corazón; *avere il — irregolare*, tener el pulso irregular **2** (*della pioggia*) repiqueteo.

battitore *s.m.* **1** (*a baseball*) bateador; (*a calcio, tennis*) jugador que saca **2** (*d'asta*) rematador **3** (*a caccia*) batidor, rastreador **4** (*agr.*) trillador.

battitura *s.f.* **1** (*agr.*) trilla **2** (*dattilografia*) mecanografiado (*m.*) | *errore di —*, errata **3** (*dei metalli*) martillazo (*m.*).

battuta *s.f.* **1** golpe (*m.*) **2** (*frase pronta, teatr.*) intervención: *dimenticarsi una — importante*, olvidar una intervención importante **3** (*spiritosaggine*) salida, ocurrencia: *fare una — di spirito*, tener una salida/ocurrencia **4** (*mus.*) compás (*m.*) | *le prime battute*, los primeros compases **5** (*della polizia*) batida,

redada; (*Amer.*) operativo (*m.*) **6** (*di caccia*) batida **7** (*sport*) saque (*m.*); (*tennis*) saque (*m.*), servicio (*m.*): *ora è Sampras alla —*, ahora le toca a Sampras el servicio; (*calcio*) *una — dal limite dell'area*, un saque desde el borde del área **8** (*dattilografica*) tecleo (*m.*)
■ ***battuta d'arresto***, compás de espera: *il negoziato ha subito una — d'arresto*, la tratativa ha sufrido una dilación | ***non perdere una battuta***, no perderse ni una coma | ***avere la battuta pronta***, cogerlas al vuelo.

battuto *agg.* batido; trillado | *sentiero —*, camino trillado | *una strada in terra battuta*, una carretera sin pavimentar | *ferro —*, hierro forjado ♦ *s.m.* machado, picadillo: *un — di aglio e prezzemolo*, un machado de ajo y perejil
■ ***a spron battuto***, a galope tendido.

batuffolo *s.m.* copo (de algodón, de lana): *un — imbevuto di alcol*, un copo impregnado de alcohol.

baule *s.m.* **1** (*cassapanca*) baúl **2** (*di auto*) maletero; (*Amer.*) baúl.

bava *s.f.* **1** baba | *avere la — alla bocca*, estar rabioso, echar humo **2** (*di metalli*) rebaba **3** (*di vento*) brizna, soplo (*m.*).

bavaglino *s.m.* babero.

bavaglio *s.m.* mordaza (*f.*): *mettere il — alla stampa dissidente*, amordazar a la prensa disidente.

bavero *s.m.* (*di vestito*) cuello, solapa (*f.*) | (*fig.*) *prendere per il —*, maltratar.

bavosa *s.f.* (*zool., pesce*) budión (*m.*), baboso (*m.*).

bavoso *agg.* baboso.

bazar *s.m.* bazar.

bazzecola *s.f.* bagatela, minucia; (*Amer.*) pavada.

bazzicare *v.tr.* frecuentar, ser* asiduo: *bazzicava luoghi malfamati*, era asiduo de lugares de mala muerte ♦ *v.intr.* ir* a menudo: *bazzica spesso qui alla sera*, viene con frecuencia aquí por la noche.

bazzotto *agg.* **1** (*cuc.*) pasado por agua **2** (*fig.*) inestable.

beare *v.tr.* encantar, deleitar ♦ **-rsi** *v.pron.* deleitarse, complacerse*.

beatamente *avv.* felizmente, con beatitud.

beatificare *v.tr.* beatificar*.

beatificazione *s.f.* (*relig.*) beatificación.

beatitudine *s.f.* beatitud (*anche relig.*); (*felicità*) dicha, felicidad.

beato *agg.* beato, feliz* | *— te!*, ¡dichoso tú! | *beati gli ultimi, se i primi sono stati onesti!*, el que parte y comparte se lleva la mejor parte ♦ *s.m.* (*relig.*) beato.

bebè *s.m.* bebé.

beccaccia *s.f.* (*zool.*) chocha, becada, gallineta.

beccaccino *s.m.* **1** (*zool.*) becacina (*f.*), agachadiza (*f.*). **2** (*mar.*) snipe.

beccamorto *s.m.* (*spreg.*) enterrador, sepulturero | (*fig., scherz.*) *fa il — con tutte le donne*, le tira los tejos a todas las mujeres.

beccare *v.tr.* **1** picar*, picotear: *l'uccellino beccava le briciole*, el pajarito picoteaba las migajas **2** (*fig., fam., prendere*) coger*, agarrar, pescar*: *— qlcu. a rubare*, pillar a alguien robando | *se ti becco!*, ¡si te pillo! | *si è beccato una bella multa!*, ¡le han puesto una buena multa! | *beccarsi un raffreddore*, pillar un resfriado ♦ **-rsi** *v.pron.* **1** picotearse **2** (*fig., bisticciare*) agarrarse, pelearse.

beccata *s.f.* picotazo (*m.*).

beccatello *s.m.* (*arch.*) cartela (*f.*).

beccheggiare *v.intr.* (*mar.*) cabecear.

beccheggio *s.m.* (*mar.*) cabeceo; arfada (*f.*).

becchime *s.m.* alpiste, cebo de las aves de corral.

becchino *s.m.* sepulturero, enterrador.

becco[1] *s.m.* **1** (*zool.*) pico **2** (*fam.*) pico, boca (*f.*) | *chiudi il —!*, ¡cállate!, ¡cierra el pico!
■ ***mettere il becco***, meter las narices, entrometerse | ***essere senza il becco di un quattrino***, estar sin blanca, no tener ni un duro.

becco[2] *s.m.* **1** (*zool.*) macho cabrío **2** (*pop.*) cornudo.

beccuccio *s.m.* (*di brocche, teiere ecc.*) pico, pitorro.

becero *agg., s.m.* (*pop.*) grosero, bruto, insolente.

beduino *agg., s.m.* beduino.

Befana *s.f.* **1** (*festa*) día (*m.*) de Reyes, Epifanía **2** (*spreg.*) bruja, mujer fea.

beffa *s.f.* befa, burla, mofa, tomadura de pelo | *oltre al danno la —*, además de cornudo apaleado | *farsi beffe di qlcu.*, tomar el pelo a alguien.

beffardo *agg.* burlón, mordaz*: *sorriso —*, sonrisa socarrona.

beffare *v.tr.* burlar, engañar ♦ **-rsi** *v.pron.* burlarse, (*fam.*) tomar el pelo; (*fam.*) cachondearse, pitorrearse | *— della legge, di un divieto*, burlarse de la ley, de una prohibición.

beffeggiare *v.tr.* befar, chacotear, escarnecer*.

bega *s.f.* **1** (*litigio*) riña, disputa (*f.*) **2** (*fastidio*) engorro, lío, marrón.

beghina *s.f.* **1** (*relig.*) beguina **2** (*spreg., bigotta*) santurrona, meapilas (*m./f.*).

begonia *s.f.* (*bot.*) begonia.

beh *inter.* (*fam.*) bueno, bien, pues.

beige *agg., s.m.* beige, beis.

bel *agg.* → **bello.**

belare *v.intr.* (*zool.*) balar.

belato *s.m.* (*zool.*) balido.

belga *agg., s.m./f.* belga.

bella *s.f.* **1** guapa, bella, bonita | (*iron.*) *— di notte*, prostituta **2** (*innamorata*) amada, prometida: *esce con la sua —*, sale con su chica **3** (*spareggio*) desempate (*m.*)
■ ***farla bella***, hacer de las mías/tuyas/suyas | ***questa sì che è bella!***, ¡esta sí que es buena! | ***ne ha raccontate delle belle!***, ¡ha contado cosas increíbles!; (*dir bugie*) ¡ha dicho cada mentira! | ***copiare in bella***, pasar en limpio.
belladonna *s.f.* (*bot.*) belladona.
bellamente *avv.* **1** tan ricamente, bonitamente **2** elegantemente.
belletto *s.m.* **1** colorete **2** (*fig.*) artificio.
bellezza *s.f.* **1** belleza, hermosura, beldad **2** (*incanto*) monada, primor (*m.*): *il vestito è una —*, el vestido es un encanto **3** (*enfatico*) maravilla, portento (*m.*) | *che —!*, ¡qué maravilla!; *costa la — di un milione*, cuesta la friolera de un millón; *viaggia che è una —*, viaja que es un primor | *finire in —*, terminar con broche de oro **4** (*bella donna*) guapa: *ciao, —!*, ¡hola, guapa!
bellico *agg.* bélico: *sforzo —*, esfuerzo bélico.
bellicoso *agg.* belicoso, pendenciero, agresivo.
belligerante *agg., s.m.* beligerante.
belligeranza *s.f.* beligerancia.
bellimbusto *s.m.* galán; (*iron.*) lechuguino, petimetre.
bello *agg.* **1** (*di donna*) guapa, hermosa, maja; (*di uomo*) guapo, buen mozo, bien parecido, apuesto | *farsi —* (*per uscire*), arreglarse/engalanarse (para salir); (*fig., vantarsi*) presumir **2** hermoso, bonito, lindo: *due begli occhi blu*, dos hermosos ojos azules | *bei ricordi*, recuerdos gratos/felices | *fa bel tempo*, hace buen tiempo | *che —!*, ¡qué bonito! | *belle arti*, bellas artes **3** (*apprezzabile*) bueno*, grande*: *non è — quel che vuoi fare*, lo que quieres hacer no es bueno; *ho un bel lavoro*, tengo un buen trabajo; *belle maniere*, buenos modales; *è una bella persona*, es una gran persona | *fare bella figura*, quedar bien ♦ *s.m.* **1** bueno, belleza (*f.*), hermosura (*f.*); (*ciò che è bello*) lo bello; lo bonito/bueno (*neutro*): *essere un amante del —*, ser un amante de la belleza, de lo bello; *il — di questa casa è il terrazzo*, lo bonito de esta casa es la terraza; *non sai apprezzare il — della vita*, no sabes apreciar lo bueno de la vida | *cos'hai in mente di — per questa sera?*, ¿qué se te ocurre hacer para esta noche? | *non c'è niente di — in televisione*, no hay nada bueno en la tele **2** (*di tempo*) buen tiempo: *domani tornerà il —*, mañana vuelve el buen tiempo; *abbiamo trovato — per tutta la vacanza*, nos hizo buen tiempo durante todas las vacaciones
■ (*iron.*) ***bella roba!***, ¡pues mira qué bien! | ***bello spavento!***, ¡menudo susto! | ***ha un bel dire...***, por mucho que diga... | ***ho un bel daffare***, tengo mucho que hacer | ***bell'e fatto!***, ¡listo! | ***un bel niente!***, nada de nada | ***sul più bello***, en lo mejor, en el momento menos pensado | ***cosa fai di bello a Madrid?***, ¿qué te trae por Madrid? | ***e adesso viene il bello!***, y ahora viene lo bueno/mejor.
belluino *agg.* bestial, salvaje, feroz.
belva *s.f.* **1** fiera **2** (*fig.*) bestia, furia.
belvedere *s.m.* mirador.
bemolle *s.m.* (*mus.*) bemol.
benché *cong.* aunque, a pesar de que | *non ho il — minimo dubbio*, no tengo la menor duda.
benda *s.f.* venda.
bendaggio *s.m.* vendaje.
bendare *v.tr.* vendar, fajar.
bendisposto *agg.* propicio, bien dispuesto.
bene[1] *avv.* **1** bien: *lavora —*, trabaja a conciencia | *—!*, ¡bueno!/bien!/vale! | *va —!*, ¡vale/de acuerdo! | *ben detto!*, ¡bien dicho! | *«come stai?» «—!»/«non tanto —!»*, «¿cómo estás?» «¡bien!»/«¡no muy bien!» | *passarsela —*, pasarlo bien **2** (*correttamente*) correctamente, como se debe, perfectamente | *la vacanza ti farà —*, las vacaciones te sentarán bien ♦ *agg.* bien: *appartiene a una famiglia bene di Milano*, proviene de una familia bien de Milán
■ ***ti sta bene!, ben ti sta!***, ¡te está bien empleado! | ***di bene in meglio***, cada vez mejor | ***ben bene***, mucho, del todo, completamente: *copriti ben — per uscire!*, ¡abrígate muy bien para salir! | ***tutto è bene quel che finisce bene***, bien está lo que bien acaba.
bene[2] *s.m.* **1** bien | *voler —*, querer | *fare del —*, hacer el bien | *agisce solo per il tuo —*, actúa sólo por tu bien | *a fin di —*, con buenas intenciones | *sarà — dirglielo*, será mejor decírselo | *sarebbe — che*, sería conveniente que **2** (*proprietà*) bien, propiedad (*f.*): *beni immobili*, bienes inmuebles | *beni culturali*, patrimonio cultural | *beni di consumo*, bienes de consumo | (*dir.*) *comunione dei beni*, bienes garanciales.
beneamato *agg., s.m.* bien amado.
benedettino *agg., s.m.* benedictino.
benedetto *agg.* bendito: *acqua benedetta*, agua bendita | *— sia il Signore*, alabado sea el Señor.
benedire *v.tr.* bendecir*, alabar | *mandare qlcu. a farsi —*, andar a alguien a la porra, a freír espárragos, al diablo.
benedizione *s.f.* bendición.
beneducato *agg.* bien educado, bien criado, formal.
benefattore *s.m.* benefactor, bienhechor.
beneficenza *s.f.* beneficencia.

beneficiare *v.intr.* beneficiarse, disfrutar, aprovechar: — *di sgravi fiscali*, beneficiarse de deducciones fiscales ♦ *v.tr.* ayudar, socorrer, beneficiar.
beneficiario *s.m.* beneficiario.
beneficio *s.m.* **1** beneficio; (*vantaggio*) ventaja (*f.*) **2** (*profitto*) provecho: *trarre* —, sacar provecho | *a — di*, a favor de | *con — d'inventario*, a beneficio de inventario.
benefico *agg.* benéfico.
benemerenza *s.f.* mérito (*m.*).
benemerito *agg.* benemérito | *la benemerita* (*arma*), la benemérita.
beneplacito *s.m.* beneplácito, favor, visto bueno, aprobación (*f.*).
benessere *s.m.* **1** bienestar, prosperidad (*f.*) **2** (*econ.*) riqueza (*f.*) | *la società del* —, la sociedad de la prosperidad/riqueza.
benestante *agg.*, *s.m./f.* acomodado (*m.*), pudiente: *una famiglia* —, una familia acomodada.
benestare *s.m.* aprobación (*f.*); (*comm.*) visto bueno.
benevolenza *s.f.* benevolencia, indulgencia.
benevolo *agg.* benévolo, indulgente: *atteggiamento* —, actitud bondadosa.
bengala *s.m.* bengala.
bengalese *agg.*, *s.m./f.* bengalí*.
bengali *s.m.* (*idioma*) bengalí.
bengodi *s.m.* jauja (*f.*), cucaña (*f.*).
beniamino *s.m.* **1** benjamín, hijo predilecto **2** (*fig.*) preferido, favorito: *è il — del pubblico spagnolo*, es el favorito del público español.
benignità *s.f.* benignidad, indulgencia.
benigno *agg.* **1** benigno **2** (*propizio*) propicio, favorable.
benintenzionato *agg.*, *s.m.* bienintencionado.
beninteso *avv.* claro está, por supuesto | — *che*, con tal de que.
benna *s.f.* (*di scavatrice*) cuchara, cucharón (*m.*), pala.
benpensante *agg.*, *s.m./f.* conservador (*m.*), tradicionalista: *un film poco amato dai benpensanti*, una película mal vista por los conservadores.
benservito *s.m.* certificado de servicio | *dare il* —, poner de patitas en la calle.
bensì *cong.* sino: *non usare la forza — la persuasione*, no usar la fuerza sino la persuasión.
bentornato *s.m.*, *inter.* bienvenido.
bentrovato *inter.* dichosos los ojos que te ven.
benvenuto *agg.*, *inter.* bienvenido ♦ *s.m.* bienvenida (*f.*): *dare il — a qlcu.*, darle la bienvenida a alguien.
benvisto *agg.* bien visto, estimado, apreciado.
benvolere *v.tr.* querer*: *farsi* —, hacerse estimar/querer ♦ *s.m.* estima (*f.*), cariño: *prendere a — qlcu.*, cogerle cariño, encariñarse con alguien.
benvoluto, ben voluto *agg.* querido, apreciado, estimado.
benzina *s.f.* gasolina: — *verde*, gasolina sin plomo | *fare* —, echar/poner gasolina | *restare senza* —, quedarse sin gasolina.
benzinaio *s.m.* gasolinero, empleado de gasolinera.
beone *s.m.* beodo; (*fam.*) borrachín.
beota *agg.*, *s.m.* **1** beocio **2** (*fig.*) torpe, tonto.
bequadro *s.m.* (*mus.*) becuadro.
berbero *agg.*, *s.m.* beréber, bereber.
bere *v.tr.* **1** beber, tomar: *andiamo a — un bicchierino?*, ¿vamos a tomar una copa, un trago? | *beviamoci sopra!*, ¡brindemos! | *beviamo alla salute, al tuo successo!*, ¡a la salud!, ¡por tu éxito! | — *come una spugna*, beber como una esponja | — *a garganella*, beber a morro | — *tutto d'un fiato*, beber de un tirón | (*fig.*) *darla a* —, engañar, hacerle tragar algo a alguien | (*fig.*) *o — o affogare*, entre la espada y la pared **2** (*fig., di piante, auto*) consumir ♦ *s.m.* bebida (*f.*): *il vizio del* —, el vicio de la bebida.
bergamasco *agg.* de Bérgamo ♦ *s.m.* originario de Bérgamo.
bergamotto *s.m.* (*bot.*) bergamote, bergamoto.
berillio *s.m.* (*chim.*) berilio.
berillo *s.m.* (*min.*) berilo.
berlina[1] *s.f.* (*aut.*) berlina, turismo (*m.*).
berlina[2] *s.f.* (*derisione*) escarnio (*m.*), picota | *mettere in/alla* —, poner en ridículo.
berlinese *agg.*, *s.m./f.* berlinés (*m.*).
bermuda *s.m.pl.* bermudas.
bernardo l'eremita *loc.* → **paguro.**
bernoccolo *s.m.* **1** chichón **2** (*fig.*) disposición (*f.*), genio | *avere il — degli affari*, tener talento para los negocios.
berretta *s.f.* **1** gorra, gorro (*m.*) **2** (*eccl.*) capelo (*m.*).
berretto *s.m.* gorro, gorra (*f.*), boina (*f.*).
bersagliare *v.tr.* **1** (*mil.*) acribillar, disparar **2** (*fig.*) afligir*, atormentar.
bersagliere *s.m.* (*mil.*) soldado italiano de infantería ligera.
bersaglio *s.m.* blanco, objetivo | *colpire il* —, dar en el blanco | *mancare il* —, errar el tiro | *essere il — di una protesta*, ser el objetivo de una protesta.
besciamella *s.f.* (*cuc.*) bechamel.
bestemmia *s.f.* blasfemia, palabrota, taco (*m.*).
bestemmiare *v.intr.* blasfemar, decir* palabrotas/tacos.
bestemmiatore *agg.*, *s.m.* blasfemo.
bestia *s.f.* bestia: — *da soma*, bestia de carga | *come una* —, como un burro, a lo bruto |

andare in —, ponerse hecho una fiera, enfurecerse*; (*Amer.*) sulfurarse.
bestiale *agg.* **1** bestial **2** (*fam., terribile*) brutal **3** (*fam., molto intenso*) bestial, tremendo, duro: *un caldo* —, un calor tremendo.
bestialità *s.f.* **1** bestialidad, brutalidad **2** (*fig.*) disparate (*m.*), barbaridad, burrada: *dire* —, decir burradas.
bestiame *s.m.* ganado, ganadería (*f.*) | *allevamento di — bovino, equino, ovino*, cría de ganado bovino, caballar, ovino.
bestiario *s.m.* (*lett.*) bestiario.
bestiola *s.f.* animalucho (*m.*).
bestione *s.m.* (*anche fig.*) bestia (*f.*) parda.
betoniera *s.f.* hormigonera.
bettola *s.f.* figón (*m.*), taberna.
betulla *s.f.* (*bot.*) abedul (*m.*).
bevanda *s.f.* bebida.
beveraggio *s.m.* **1** brebaje **2** (*pozione*) bebedizo.
beverino *s.m.* (*nelle gabbie per uccelli*) bebedero.
beverone *s.m.* **1** (*per animali*) salvado con agua **2** (*spreg.*) brebaje **3** (*medicamento*) bebedizo.
bevibile *agg.* bebible; (*fam.*) bebestible.
bevitore *s.m.* bebedor, borrachín, beodo.
bevuta *s.f.* bebida, trago (*m.*): *farsi una* —, tomarse unos tragos/unas copas.
bevuto *agg.* borracho.
bi- *pref.* bi-.
biacca *s.f.* (*chim.*) albayalde (*m.*).
biada *s.f.* forraje (*m.*), pienso (*m.*).
bianca *s.f.* (*tip.*) anverso (*m.*) | — *e volta*, anverso y reverso.
biancastro *agg.* blancuzco.
biancheggiare *v.intr.* **1** blanquear: *il mare biancheggia in lontananza*, el mar blanquea a lo lejos **2** (*capelli*) encanecer* ♦ *v.tr.* encalar, blanquear.
biancheria *s.f.* ropa, lencería; (*per la casa*) ropa blanca: — *intima*, ropa interior | — *da letto*, ropa de cama | — *da tavola*, mantelería | *cambio di* —, muda (de ropa).
bianchetto *s.m.* **1** (*per cancellare*) corrector **2** (*per le scarpe*) blanquete.
bianchezza *s.f.* blancura.
bianchiccio *agg.* blanquecino.
bianco *agg.* **1** blanco: *pane, vino* —, pan, vino blanco; *capelli bianchi*, canas | *settimana bianca*, semana de esquí | *far venire i capelli bianchi*, hacer salir canas **2** (*pallido*) blanco, pálido ♦ *s.m.* **1** blanco: *un film in — e nero*, una película en blanco y negro | *mettere nero su* —, poner por escrito **2** (*parte bianca*) blanco: *il — dell'occhio*, el blanco del ojo | — *d'uovo*, clara del huevo **3** (*vino*) vino blanco: *un bicchiere di — frizzante*, una copa de vino blanco espumoso ■ ***di punto in bianco***, de repente | ***in bianco*** **1** (*cuc.*) hervido: *deve mangiare in* —, tiene que comer comida ligera **2** (*non compilato*) en blanco: *un assegno in* —, un cheque en blanco; *lascia la data in* —, deja la fecha en blanco, deja sin fechar **3** (*insonne*) en blanco: *notte in* —, noche en blanco | ***andare in bianco***, (*essere delusi*) no comerse una rosca, quedarse con un palmo de narices.
biancore *s.m.* (*lett.*) blancor.
biancospino *s.m.* (*bot.*) espino albar, majuelo.
biascicare *v.tr.* **1** (*masticare*) masticar* con fatiga **2** (*nel parlare*) mascullar, farfullar.
biasimare *v.tr.* reprobar*, reprender, criticar*.
biasimevole *agg.* criticable, reprobable, reprensible.
biasimo *s.m.* desaprovación (*f.*), reproche, crítica (*f.*): *una nota di* —, un reproche escrito.
bibbia *s.f.* biblia (*anche fig.*).
biberon *s.m.* biberón.
bibita *s.f.* bebida, refresco (*m.*).
biblico *agg.* bíblico.
bibliofilia *s.f.* bibliofilia.
bibliofilo *s.m.* bibliófilo.
bibliografia *s.f.* bibliografía.
bibliografico *agg.* bibliográfico.
bibliografo *s.m.* bibliógrafo.
biblioteca *s.f.* biblioteca.
bibliotecario *s.m.* bibliotecario.
biblista *s.m./f.* biblista.
bica *s.f.* (*agr.*) parva.
bicamerale *agg.* (*pol.*) bicameral.
bicameralismo *s.m.* (*pol.*) bicameralismo.
bicarbonato *s.m.* (*chim.*) bicarbonato.
bicchierata *s.f.* **1** (*quantità*) vaso (*m.*) **2** (*bevuta*) copeo (*m.*), copas (*pl.*).
bicchiere *s.m.* vaso, copa (*f.*) | *affogare in un — d'acqua*, ahogarse en un vaso de agua | *facile come bere un — d'acqua*, facilísimo | *fondo di* —, culo de vaso | *bere un — di troppo*, empinar el codo.
bicchierino *s.m.* copita (*f.*).
bicicletta, bici *s.f.* bicicleta; (*fam.*) bici.
biciclo *s.m.* biciclo.
bicilindrico *agg.* (*mecc.*) bicilíndrico.
bicipite *s.m.* (*anat.*) biceps.
bicolore *agg.* bicolor | *governo* —, gobierno bipartito.
biconcavo *agg.* (*geom.*) bicóncavo.
biconvesso *agg.* (*geom.*) biconvexo.
bicromia *s.f.* (*tip.*) bicromía.
bidè *s.m.* bidé.
bidello *s.m.* bedel.
bidimensionale *agg.* bidimensional.
bidonare *v.tr.* (*ingannare*) embaucar*, en-

gañar, timar; (*mancare a un appuntamento*) dar* un plantón, dejar plantado.
bidonata *s.f.* **1** (*imbroglio*) timo (*m.*), camelo | *dare una* —, dar un timo (*m.*) **2** (*fam., delusione*) chasco (*m.*).
bidone *s.m.* **1** bidón: — *della spazzatura*, cubo de la basura **2** (*fig.*) lata (*f.*), cacharro: *la mia moto è un* —, mi moto es un cacharro **3** (*imbroglio*) engaño, camelo, timo | *fare un — a qlcu.*, dar plantón a alguien.
bidonville *s.f.* barrio (*m.*) de chabolas; (*Amer.*) villa miseria.
bieco *agg.* **1** (*torvo*) avieso **2** (*malvagio*) siniestro, malvado.
biella *s.f.* (*mecc.*) biela, vástago (*m.*).
biennale *agg.* bienal.
biennio *s.m.* bienio.
bietola *s.f.* (*bot.*) acelga.
bietta *s.f.* **1** (*mecc.*) escalmo (*m.*), cuña **2** (*barretta*) chaveta.
bifase *agg.* (*fis.*) bifásico.
bifido *agg.* (*biol.*) bífido.
bifocale *agg.* bifocal: *lenti bifocali*, lentes bifocales.
bifolco *s.m.* **1** vaquero, labrador **2** (*fig.*) patán.
bifora *s.f.* (*arch.*) bífora, ajimez* (*m.*).
biforcarsi *v.pron.* bifurcarse*.
biforcazione *s.f.* bifurcación.
biforcuto *agg.* bífido: *lingua biforcuta*, lengua viperina.
bifronte *agg.* **1** bifronte **2** (*fig.*) falso, hipócrita.
biga *s.f.* biga.
bigamia *s.f.* bigamia.
bigamo *agg., s.m.* bígamo.
bighellonare *v.intr.* haraganear, holgazanear, callejear.
bighellone *agg.* vagabundo.
bigiare *v.tr.* (*pop.*) hacer* novillos.
bigio *agg.* gris, ceniciento.
bigiotteria *s.f.* bisutería.
biglia *s.f.* → **bilia.**
bigliettaio *s.m.* **1** (*teatr., cinem. ecc.*) taquillero **2** (*del tram*) cobrador.
biglietteria *s.f.* taquilla; (*Amer.*) boletería.
biglietto *s.m.* **1** billete; (*Amer.*) boleto; (*d'ingresso*) entrada (*f.*); (*aereo*) pasaje: — *di andata e ritorno*, billete de ida y vuelta; — *omaggio*, billete gratis, pase; *ho due biglietti per la partita*, tengo dos entradas para el partido **2** (*nota*) nota (*f.*), apunte: *hai letto il mio —?*, ¿has leído mi nota/apunte? **3** (*foglietto*) papelito: *ho scritto il suo nome su un* —, escribí su nombre en un papelito **4** (*d'auguri, da visita*) tarjeta (*f.*): — *d'invito*, invitación/participación **5** (*banconota*) billete.
bignè *s.m.* (*cuc.*) buñuelo, bocadito de nata.
bigodino *s.m.* bigudí, rulo: *mettersi i bigodini*, ponerse rulos en la cabeza.
bigotteria *s.f.*, **bigottismo** *s.m.* mojigatería (*f.*), beatería (*f.*).
bigotto *agg., s.m.* mojigato, beato.
bikini® *s.m.* biquini.
bilabiale *agg.* (*ling.*) bilabial.
bilancia *s.f.* **1** balanza | *ago della* —, fiel de la balanza | (*fig.*) *mettere sul piatto della* —, sopesar | (*econ.*) — *commerciale*, balanza comercial, balanza de pagos **2** (*astr.*) Bilancia, Libra | *sono della Bilancia*, soy Libra.
bilanciamento *s.m.* balance.
bilanciare *v.tr.* **1** balancear, equilibrar **2** (*fig.*) ponderar, sopesar.
bilanciato *agg.* balanceado, equilibrado.
bilanciere *s.m.* balancín.
bilancio *s.m.* balance (*anche fig.*): — *consuntivo*, balance; — *preventivo*, presupuesto | *Ministero del Bilancio*, Ministerio de Hacienda | *far quadrare il — familiare*, cuadrar el presupuesto familiar.
bilaterale *agg.* bilateral.
bile *s.f.* (*biol.*) bilis, hiel (*anche fig.*) | *ingoiare* —, tragar hiel/quina.
bilia *s.f.* **1** (*da biliardo*) bola **2** (*nel gioco dei bambini*) canica; (*Amer.*) bolita.
biliardino *s.m.* **1** billar romano, flipper **2** (*calcio balilla*) futbolín®.
biliardo *s.m.* billar: *tavolo da* —, mesa de billar.
biliare *agg.* (*anat.*) biliar.
bilico *s.m.* **1** (*di bilancia*) astil, brazo **2** *nelle loc.*: *in* —, en vilo; *stare in* —, estar en vilo.
bilingue *agg., s.m.* bilingüe.
bilinguismo *s.m.* bilingüismo.
bilione *s.m.* (*un miliardo*) mil millones, billón.
bilioso *agg.* (*anche fig.*) bilioso.
bilocale *s.m.* apartamento; (*Amer.*) apartaestudio.
bimbo *s.m.* niño, crío, criatura; (*Amer.*) nene, nené.
bimensile *agg.* bimensual.
bimestrale *agg.* bimestral.
bimestre *s.m.* bimestre.
bimetallico *agg.* (*metall.*) bimetálico.
bimotore *agg., s.m.* (*aer.*) bimotor.
binario *agg.* binario ♦ *s.m.* (*ferr.*) vía (*f.*); (*banchina*) andén | *vietato attraversare i binari*, prohibido cruzar las vías | — *morto*, vía muerta, apartadero | (*fig.*) *essere su un — morto*, estar en un atolladero/aprieto | *uscire dai binari*, (*anche fig.*) desviarse/descarriarse.
binda *s.f.* (*mecc.*) gato (*m.*).
binocolo *s.m.* prismáticos (*pl.*), gemelos (*pl.*) | (*fig.*) *col — !*, ¡ ni por asomo!
binoculare *agg.* binocular.

binomiale *s.m.* (*mat.*) binomial.
binomio *s.m.* (*mat.*) binomio.
biobibliografico *agg.* biobibliográfico.
biochimica *s.f.* bioquímica.
biochimico *agg.* bioquímico.
biodegradabile *agg.* biodegradable.
biodegradabilità *s.f.* biodegradación.
biodiversità *s.f.* (*biol.*) biodiversidad.
bioelemento *s.m.* bioelemento.
bioetica *s.f.* bioética.
biogas *s.m.* biogás.
biogenetica *s.f.* biogenética.
biografia *s.f.* biografía.
biografico *agg.* biográfico.
biografo *s.m.* biógrafo.
biologia *s.f.* biología.
biologico *agg.* biológico.
biologo *s.m.* biólogo.
bioluminescenza *s.f.* bioluminescencia.
biomassa *s.f.* biomasa.
biomeccanica *s.f.* biomecánica.
biomeccanico *agg.* biomecánico.
biomedico *agg.* biomédico.
biometrico *agg.* biométrico.
biondastro *agg.* rubial.
biondiccio *agg.* pajizo.
biondo *agg.*, *s.m.* rubio, (*Amer.*) güero, mono.
bionica *s.f.* biónica.
bionico *agg.* biónico.
biopsia *s.f.* (*med.*) biopsia.
bioritmo *s.m.* biorritmo.
biosfera *s.f.* biosfera.
biossido *s.m.* (*chim.*) bióxido.
biotecnologia *s.f.* biotecnología.
biotecnologico *agg.* biotecnológico.
biotipo *s.m.* biotipo.
biovulare *agg.* bicigótico.
bipartire *v.tr.* dividir en dos partes, efectuar* una bipartición.
bipartitico *agg.* (*pol.*) bipartidista.
bipartitismo *s.m.* (*pol.*) bipartidismo.
bipartito[1] *agg.* bipartido.
bipartito[2] *agg.*, *s.m.* (*anche pol.*) bipartito.
bipartizione *s.f.* bipartición.
bipede *agg.*, *s.m.* (*zool.*) bípedo.
biplano *s.m.* (*aer.*) biplano.
bipolare *agg.* bipolar.
bipolarismo *s.m.* (*pol.*) bipolarización (*f.*).
biposto *s.m.*, *agg.* (*aer.*, *aut.*) biplaza.
birba *s.f.*, **birbante** *s.m.* **1** (*canaglia*) bribón (*m.*) **2** (*monello*) pícaro (*m.*), pillo (*m.*).
birbanteria, birbonata *s.f.* bribonada.
birbone *agg.*, *s.m.* bribón, canalla, granuja | *fare un tiro — a qlcu.*, hacerle una jugarreta a alguien.
bireattore *agg.*, *s.m.* (*aer.*) birreactor.
birichinata *s.f.* muchachada, travesura.
birichino *agg.* travieso ♦ *s.m.* pillo, pícaro.
birillo *s.m.* (*bowling*) bolo; (*biliardo*) palillo: *giocare ai birilli*, jugar a los bolos.
birmano *agg.*, *s.m.* birmano.
biro® *s.f.* bolígrafo (*m.*); (*fam.*) boli (*m.*); (*Amer.*) esfero (*m.*).
birra *s.f.* cerveza: — *alla spina*, cerveza de barril; — *chiara*, *scura*, cerveza rubia, negra | *a tutta* —, a todo gas | *dare la* —, (*lasciare indietro*) dejar atrás.
birraio *s.m.* cervecero.
birreria *s.f.* cervecería.
birrificio *s.m.* cervecería (*f.*).
bis *s.m.* bis: *chiedere il* —, pedir un bis; *fare il* —, repetir.
bis- *pref.* bi-, bis-.
bisaccia *s.f.* alforja, talega.
bisavolo *s.m.* **1** (*bisnonno*) bisabuelo **2** tatarabuelo, antepasado.
bisbetico *agg.* gruñón, irascible, cascarrabias | *la bisbetica domata*, la fierecilla domada.
bisbigliare *v.tr.* cuchichear, susurrar.
bisbiglio *s.m.* cuchicheo, siseo.
bisboccia *s.f.* parranda, juerga.
bisbocciare *v.intr.* estar* de juerga/parranda.
bisca *s.f.* garito (*m.*), timba.
biscazziere *s.m.* garitero.
biscia *s.f.* (*zool.*) culebra.
biscotteria *s.f.* galletería.
biscottiera *s.f.* galletero (*m.*).
biscottificio *s.m.* galletería (*f.*).
biscotto *s.m.* galleta (*f.*): *un — al cioccolato*, una galleta de chocolate.
biscroma *s.f.* (*mus.*) fusa.
biscugino *s.m.* primo segundo.
bisecante *agg.* (*geom.*) bisector ♦ *s.f.* (*geom.*) bisectriz*.
bisecare *v.tr.* (*geom.*) bisecar*.
bisessuale *agg.*, *s.m/f.* bisexual.
bisessualità *s.f.* bisexualidad.
bisestile, bisesto *agg.* bisiesto.
bisettimanale *agg.* bisemanal.
bisettrice *s.f.* (*geom.*) bisectriz*.
bisex *agg.*, *s.m./f.* bisexual.
bisezione *s.f.* (*geom.*) bisección.
bisillabico *agg.* (*ling.*) bisilábico.
bisillabo *agg.*, *s.m.* (*ling.*) bisílabo.
bislacco *agg.* estrafalario, extravagante.
bislungo *agg.* alargado, oblongo.
bismuto *s.m.* (*chim.*) bismuto.
bisnipote *s.m./f.* bisnieto.
bisnonno *s.m.* bisabuelo.
bisognare *v.intr.impers.* haber* que, ser* necesario/preciso, hacer* falta: *bisognava tornare in città*, había que volver a la ciudad; *cosa bisogna fare in questi casi?*, ¿qué hay que hacer en estos casos?
bisogno *s.m.* **1** necesidad (*f.*), falta (*f.*): *vado al mercato: c'è — di qlco.?*, voy al mer-

cado: ¿hace falta algo?; *non c'è — del tuo intervento*, no hace falta, no es preciso que intervengas; *sento il — di parlargli direttamente*, necesito/siento la necesidad de hablarle directamente | *al —*, en caso de necesidad **2** (*spec.pl.*) necesidad (*f.*): *soddisfare i bisogni primari*, satisfacer las necesidades primarias; *fare i propri —*, (*fam.*) hacer sus necesidades

■ ***avere bisogno di qlco., qlcu.***, necesitar algo: *ha — di riposare*, necesita/le hace falta descansar; *ho — di te*, te necesito; *ha di nuovo — di un prestito*, otra vez necesita un préstamo.

bisognoso *agg.* necesitado, falto (de) ♦ *s.m.* pobre (*m./f.*), menesteroso.

bisonte *s.m.* (*zool.*) bisonte.

bissare *v.tr.* bisar, hacer* el bis, repetir*.

bisso *s.m.* (*tess.*) lino de la India.

bistecca *s.f.* bistec (*m.*); (*Amer.*) bife (*m.*): *— al sangue*, bistec poco hecho.

bistecchiera *s.f.* asador (*m.*), parrilla; (*Amer.*) plancha.

bisticciare *v.intr.* pelear, reñir*, discutir.

bisticcio *s.m.* **1** altercado, pelea (*f.*), riña (*f.*), discusión (*f.*) **2** (*gioco di parole*) juego de palabras.

bistrattare *v.tr.* tratar mal.

bisturi *s.m.* bisturí.

bisunto *agg.* grasiento, untuoso, pringoso.

bit *s.m.* (*inform.*) bit.

bitonale *agg.* (*mus.*) bitonal.

bitorzolo *s.m.* **1** habón, nudo **2** (*faccia*) forúncolo.

bitta *s.f.* (*mar.*) bita | *giro di —*, abitadura.

bitter *s.m.* bíter, aperitivo.

bitumare *v.tr.* (*edil.*) embetunar.

bitumatrice *s.f.* (*edil.*) embetunadora.

bitume *s.m.* betún; (*mar.*) brea (*f.*).

bituminoso *agg.* (*chim.*) bituminoso.

biunivoco *agg.* (*mat.*) biunívoco.

bivaccare *v.intr.* **1** (*mil.*) vivaquear **2** (*fig.*) acamparse.

bivacco *s.m.* campamento, vivaque, refugio.

bivalente *agg.* bivalente.

bivalenza *s.f.* (*chim., fig.*) bivalencia.

bivio *s.m.* cruce, bifurcación (*f.*) | *trovarsi davanti a un —*, estar en una encrucijada.

bizantino *agg.* **1** bizantino **2** (*fig.*) sofisticado, pedante.

bizza *s.f.* capricho (*m.*), pataleta, berrinche (*m.*).

bizzarria *s.f.* **1** rareza, extravagancia **2** antojo (*m.*), capricho (*m.*).

bizzarro *agg.* extravagante, estrafalario.

bizzeffe, a *avv.* a montones, en abundancia.

bizzoso *agg.* antojadizo, colérico, caprichoso.

blandire *v.tr.* **1** (*lusingare*) halagar* **2** (*calmare*) aplacar*, calmar.

blandizie *s.f.* lisonja, adulación.

blando *agg.* blando, suave, leve.

blasfemo *agg.* blasfemo.

blasonato *agg.* blasonado; aristocrático, noble, de abolengo: *una famiglia blasonata*, una familia aristocrática | *una squadra (pluri)blasonata*, un equipo (pluri)campeón.

blasone *s.m.* blasón.

blaterare *v.intr.* (*spreg.*) charlar, chismorrear.

blatta *s.f.* (*zool.*) blátido (*m.*), cucaracha.

bleso *agg.* (*med.*) ceceante.

blindato *agg.* blindado, acorazado: *un'auto blindata*, un coche blindado; *reparto —*, división acorazada ♦ *s.m.* vehículo blindado.

blitz *s.m.* operación (*f.*) relámpago: *un — della polizia*, una operación relámpago de la policía.

bloccaggio *s.m.* bloqueo.

bloccare *v.tr.* **1** bloquear, aislar*: *rimanere bloccati dalla neve*, quedar bloqueados/aislados por la nieve **2** (*arrestare*) detener*, parar: *è stato bloccato alla frontiera*, fue detenido en la frontera **3** (*tecn.*) fijar, sujetar **4** (*comm., econ.*) congelar: *tariffa bloccata*, tarifa congelada **5** (*anche mil.*) sitiar ♦ **-rsi** *v.pron.* **1** bloquearse **2** (*di meccanismo*) pararse **3** (*psic.*) inhibirse: *quando gli chiedi qualcosa si blocca*, cuando le preguntas algo se inhibe.

bloccasterzo *s.m.* (*aut.*) inmovilizador.

bloccato *agg.* **1** bloqueado, agarrotado: *la strada è bloccata*, el tráfico (en la calle) está interrumpido **2** (*psic.*) inhibido.

blocco¹ *s.m.* **1** bloque: *scolpire un — di marmo*, esculpir un bloque de mármol | *in —*, en bloque | (*sport*) *blocchi di partenza*, tacos de salida **2** (*di fogli*) bloc, bloque: *il — degli appunti*, el bloque de apuntes **3** (*pol.*) coalición (*f.*), bloque.

blocco² *s.m.* **1** bloqueo: *— navale* bloqueo/asedio naval | *— stradale*, bloqueo del tráfico; control de policía | *posto di —*, control de carreteras; (*Amer.*) retén | *— delle comunicazioni ferroviarie*, interrupción del transporte ferroviario **2** (*limite imposto*) bloqueo, congelación (*f.*): *il — degli affitti*, la congelación de los alquileres; *il — dei prezzi*, congelación/control de precios; *— dei salari*, congelación de los salarios **3** (*med.*) colapso, bloqueo: *— renale, cardiaco*, bloqueo renal, cardíaco | *— emotivo*, bloqueo emotivo.

blu *agg., s.m.* azul marino, azul oscuro | *sangue —*, sangre azul.

bluastro *agg.* azulado.

blue-jeans *s.m.pl.* (pantalones) vaqueros/tejanos; (*Amer.*) bluyines.

blues *s.m.* (*mus.*) blues.
bluff *s.m.* **1** (*nel poker*) farol **2** (*fig.*) finta (*f.*), aparencia (*f.*).
bluffare *v.intr.* **1** (*nel poker*) tirarse un farol **2** fanfarronear, farolear, aparentar.
blusa *s.f.* **1** blusa **2** (*da lavoro*) chaqueta.
boa[1] *s.m.* (*zool., abbigl.*) boa.
boa[2] *s.f.* (*mar.*) boya, baliza | *giro di* —, golpe de timón.
board *s.m.* consejo.
boato *s.m.* estruendo, retumbo.
bob *s.m.* bob: — *a due, a quattro*, bob de dos/de cuatro puestos, trineo dirigible.
bobina *s.f.* bobina | — *magnetica*, bobina magnética; (*film*) carrete (*m.*).
bobinatrice *s.f.* (*tess.*) bobinadora.
bobinatura *s.f.* (*tecn.*) bobinado (*m.*).
bocca *s.f.* **1** boca; (*fam.*) pico (*m.*); (*di animale*) hocico (*m.*) | *tenere la — chiusa, non aprir* —, callarse la boca, (*fam.*) cerrar el pico | *acqua in —!*, ¡punto en boca!, ¡a callar! | *restare a — aperta*, quedarse boquiabierto | *in — al lupo!*, ¡suerte! | (*med.*) *per* —, por vía oral | (*bot.*) — *di leone*, becerra/dragón | — *d'irrigazione*, boca de riego **2** (*geogr., di fiume*) delta (*m.*), desembocadura; (*di mare*) estrecho (*m.*)
■ ***la bocca della verità***, la boca de la verdad | ***essere sulla bocca di tutti***, andar de boca en boca | ***restare a bocca asciutta***, quedar decepcionado, con la miel en los labios | ***di bocca buona***, de buen comer | ***a mezza bocca***, con la boca chica | (*fig.*) ***fare la bocca a qlco.***, acostumbrarse a algo, hacerse ilusiones.
boccaccesco *agg.* (*fig.*) licencioso.
boccaccia *s.f.* **1** (*spreg.*) pico (*m.*), bocaza **2** (*smorfia*) mueca **3** (*persona maldicente*) bocazas (*m./f.*): *mio cugino è una* —, mi primo es un bocazas.
boccacciano *agg.* (*lett.*) de Giovanni Boccaccio.
boccadoro *s.m.* pico de oro.
boccaglio *s.m.* **1** (*mar.*) boca **2** (*tecn.*) tobera (*f.*).
boccale *s.m.* jarra (*f.*), jarro: *un — di birra*, una jarra de cerveza.
boccalone *s.m.* **1** bocaza (*f.*) **2** (*fig., credulone*) inocentón.
boccaporto *s.m.* (*mar.*) escotilla (*f.*).
boccascena *s.m.* (*teatr.*) embocadura (*f.*).
boccata *s.f.* bocanada; (*di sigaretta*) calada, chupada | *prendere una — d'aria*, salir a tomar aire/el fresco | — *di ossigeno*, una bocanada de aire.
bocce *s.f.pl.* petanca (*s.*), juego (*m.*) de las bochas.
boccetta *s.f.* ampolla; (*di profumo*) frasquito (*m.*).
boccheggiare *v.intr.* jadear, boquear.
bocchettone *s.m.* tapón roscado.
bocchino *s.m.* (*mus., per fumare*) boquilla (*f.*).
boccia *s.f.* **1** (*recipiente*) garrafa **2** (*gioco*) bocha, bola: *gioco delle bocce*, juego de bochas/petanca.
bocciare *v.tr.* **1** (*a scuola*) suspender: *hanno bocciato mio fratello quest'anno*, este año suspendieron a mi hermano **2** (*una proposta*) rechazar*: *l'assemblea ha bocciato la proposta*, la asamblea rechazó la propuesta **3** (*a bocce*) bochar.
bocciato *agg.* (*a scuola*) suspenso.
bocciatore *s.m.* (*a bocce*) bochista.
bocciatura *s.f.* **1** (*a scuola*) suspenso (*m.*), (*fam.*) cate (*m.*): *ho avuto la — in storia*, tengo un suspenso, no pasé en historia **2** (*di proposta, di legge*) rechazo (*m.*), no aceptación.
boccino *s.m.* (*a bocce*) bolín.
bocciodromo *s.m.* cancha de bochas.
bocciofilo *agg.* de las bochas: *società bocciofila*, círculo recreativo donde se juega a bochas.
bocciolo *s.m.* (*bot.*) botón, capullo.
boccolo *s.m.* bucle, rizo.
bocconcino *s.m.* **1** bocado **2** (*fig.*) golosina (*f.*) | *essere un* —, ser una belleza.
boccone *s.m.* **1** bocado: *mangiare un* —, tomar un bocado | (*fig.*) *ingoiare bocconi amari*, pasar un mal trago | *a pezzi e bocconi*, de a poco | *in un sol* —, en un bocado **2** (*fig.*) manjar, delicia (*f*).
bocconi *avv.* de bruces, boca abajo: *cadere* —, caerse de bruces; *rimase a terra* —, quedó en el suelo boca abajo.
boccuccia *s.f.* boquita.
boemo *agg., s.m.* bohemio.
boero *agg., s.m.* bóer.
bofonchiare *v.intr.* refunfuñar, bufar.
boh *inter.* bah.
bohème *s.f.* bohemia.
bohémien *s.m.* bohemio.
boia *agg.* (*fam.*) cruel, maldito | *freddo* —, *frío terrible* ♦ *s.m.* verdugo
boicottaggio *s.m.* boicot, boicoteo.
boicottare *v.tr.* boicotear.
boicottatore *agg., s.m.* boicoteador.
boiler *s.m.* calentador de agua.
bolero *s.m.* **1** (*mus.*) bolero **2** (*giacca*) torera (*f.*), bolero.
bolgia *s.f.* **1** (*lett.*) valle del infierno dantesco **2** (*fig.*) confusión, pandemónium (*m.*).
bolide *s.m.* **1** (*astr., aut.*) bólido **2** (*fig., grosso*) tonel.
bolina *s.f.* (*mar.*) bolina | *navigare di* —, navegar de bolina.
boliviano *agg., s.m.* boliviano.
bolla[1] *s.f.* **1** burbuja: — *di sapone*, pompa de jabón | (*fig.*) *finire in una — di sapone*,

quedar en nada | (*edil.*) *in* —, a nivel **2** (*vescica*) ampolla.
bolla² *s.f.* **1** (*relig.*) bula **2** (*comm.*) recibo (*m.*), resguardo (*m.*): — *di consegna*, nota de entrega, albarán.
bollare *v.tr.* **1** (*timbrare*) sellar, timbrar **2** (*fig.*) marcar*, estigmatizar*: — *come incapace*, marcar como inútil.
bollato *agg.* **1** sellado: *carta bollata*, papel sellado **2** (*fig.*) señalado, marcado.
bollente *agg.* **1** hirviendo, hirviente: *acqua* —, agua hirviendo **2** (*fig.*) ardiente, ardoroso.
bolletta *s.f.* boleta; (*di luce, gas ecc.*) recibo (*m.*) | *essere in* —, estar sin blanca.
bollettario *s.m.* talonario.
bollettino *s.m.* **1** boletín, comunicado: — *medico*, informe/parte médico **2** (*modulo*) impreso | — *di versamento*, impreso de pago.
bollino *s.m.* sello.
bollire *v.tr.* hervir*: *mettere a* —, poner a hervir ♦ *v.intr.* hervir*, bullir | (*fig.*) — *di rabbia*, bufar de rabia | (*fig.*) *qualcosa bolle in pentola*, hay gato encerrado.
bollito *agg.* hervido ♦ *s.m.* carne (*f.*) cocida.
bollitore *s.m.* **1** hervidor **2** (*tecn.*) autoclave.
bollitura *s.f.* ebullición, hervor (*m.*).
bollo *s.m.* (*timbro*) sello | (*aut.*) — *di circolazione*, impuesto de circulación | *carta da* —, papel timbrado | *marca da* —, sello.
bollore *s.m.* **1** hervor **2** (*caldo*) calor, bochorno **3** (*fig.*) ardor.
bolo *s.m.* bolo.
bolognese *agg., s.m./f.* boloñés (*m.*).
bolscevico *agg., s.m.* (*pol.*) bolchevique.
bolscevismo *s.m.* (*pol.*) bolchevismo.
bolzanino *agg.* de Bolzano ♦ *s.m.* originario de Bolzano.
bomba *s.f.* bomba: — *a mano*, bomba de mano; — *molotov*, cóctel molotov | — *carta*, carta bomba | (*fig.*) *tornare a* —, volver al cuento/grano.
bombardamento *s.m.* bombardeo: — *a tappeto*, bombardeo de arrasamiento.
bombardare *v.tr.* bombardear, acosar | (*fig.*) — *di domande*, abrumar/acosar con preguntas | *essere bombardati dalla pubblicità*, estar acosados/bombardeados por la publicidad.
bombardiere *s.m.* **1** (*mil.*) bombardero **2** (*pescatore di frodo*) pescador furtivo.
bombardino *s.m.* (*mus.*) bombardino.
bombardone *s.m.* (*mus.*) bombardón.
bombarolo *s.m.* terrorista (*m./f.*).
bombato *agg.* convexo, abombado.
bombetta *s.f.* (*cappello*) bombín (*m.*), hongo (*m.*).
bombo *s.m.* (*zool.*) abejorro.
bombola *s.f.* **1** (*di gas*) bombona; (*Amer.*) garrafa, tanque (*m.*) **2** (*d'ossigeno*) balón (*m.*), botella.
bomboletta *s.f.* (*spray*) aerosol (*m.*).
bomboniera *s.f.* bombonera, confitera.
bompresso *s.m.* (*mar.*) bauprés.
bonaccia *s.f.* **1** bonanza **2** (*fig.*) calma.
bonaccione *agg., s.m.* bonachón, buenazo.
bonapartista *agg., s.m.* bonapartista.
bonariamente *avv.* amablemente, cordialmente.
bonarietà *s.f.* cordialidad, amabilidad.
bonario *agg.* bonachón.
bongustaio *s.m.* → **buongustaio.**
bonifica *s.f.* saneamiento (*m.*).
bonificare *v.tr.* **1** (*terreno*) sanear **2** (*un prezzo*) bonificar*; (*banc.*) hacer* una transferencia.
bonifico *s.m.* **1** (*sconto*) bonificación (*f.*) **2** (*bancario*) transferencia (*f.*).
bonomia *s.f.* cordialidad, bondad.
bonsai *s.m.* (*bot.*) bonsai.
bontà *s.f.* **1** bondad | *abbia la* — *di*, tenga la amabilidad de, tenga a bien **2** (*di cibo*) exquisitez*; (*di una cosa*) calidad | *che* —!, ¡qué rico/sabroso!
bon ton *s.m.* buena educación (*f.*), cortesía (*f.*).
bonus malus *s.m.* (*assicurazione*) bonus malus.
bonzo *s.m.* (*relig.*) bonzo.
boracifero *agg.* (*min.*) de bórax.
borbonico *agg.* **1** borbónico **2** (*fig.*) reaccionario.
borbottare *v.tr./intr.* refunfuñar; murmurar; farfullar: *borbottava fra i denti*, farfullaba entre dientes.
borbottio *s.m.* **1** murmurio, refunfuño **2** (*di acqua che bolle*) borboteo.
borchia *s.f.* tachuela, herrete (*m.*).
bordare *v.tr.* **1** (*orlare*) orillar **2** (*mar.*) desplegar*.
bordata *s.f.* **1** (*mar.*) bordada **2** (*colpo*) salva (*anche fig.*).
bordatura *s.f.* (*tess.*) orillo (*m.*), dobladillo (*m.*).
bordeggiare *v.intr.* (*mar.*) bordear: *navigare bordeggiando*, navegar bordeando.
bordello *s.m.* **1** burdel, lupanar, prostíbulo **2** (*fig.*) caos, follón | *far* —, armar jaleo.
borderline *agg., s.m./f.* borderline.
borderò *s.m.* **1** (*comm.*) nota (*f.*), lista (*f.*) **2** (*teatr.*) taquillaje.
bordo *s.m.* **1** bordc, orilla (*f.*) (*anche fig.*): *un* — *di pizzo*, un borde en encaje, una tira bordada **2** (*mar., aer.*) bordo: *salire a* —, subir a bordo | *persone d'alto* —, gente bien/de la alta sociedad.
bordura *s.f.* **1** (*di aiuole*) bordura **2** (*tess.*) franja, cenefa.

borea *s.f.* **1** (*meteor.*) bóreas **2** (*lett.*) norte.
boreale *agg.* boreal: *aurora* —, aurora boreal.
borgata *s.f.* barriada, arrabal (*m.*), suburbio (*m.*).
borghese *agg.*, *s.m./f.* burgués (*m.*) | *in* —, de paisano/civil.
borghesia *s.f.* burguesía.
borgo *s.m.* (*paese*) burgo.
borgogna *s.m.* (*vino*) borgoña.
borgognone *agg.*, *s.m.* borgoñón.
borgomastro *s.m.* (*mar.*) burgomaestre.
boria *s.f.* presunción, humos (*m.pl.*), ínfulas (*pl.*).
borico *agg.* (*chim.*) bórico.
borioso *agg.* presumido, jactancioso, arrogante.
boro *s.m.* (*chim.*) boro.
borotalco *s.m.* polvo de talco.
borraccia *s.f.* cantimplora.
borsa[1] *s.f.* bolsa, (*borsetta*) bolso (*m.*); (*Amer.*) cartera: — *a tracolla*, bolso de bandolera; — *da viaggio*, maletín, bolsa de mano; *la — della spesa*, la cesta de la compra; (*Amer.*) la canasta familiar | — *dell'acqua calda*, bolsa del agua caliente | — *di studio*, beca | *assegnare una — di studio*, becar | *mettere mano alla* —, echar mano al bolsillo | *tenere stretta la* —, ser agarrado/tacaño | *sciogliere i cordoni della* —, rascar la faltriquera | (*fig.*) *avere le borse sotto gli occhi*, tener bolsas debajo de los ojos.
borsa[2] *s.f.* (*econ.*) bolsa, mercado (*m.*) bursátil: *agente di* —, corredor de bolsa | — *nera*, mercado negro, estraperlo | — *valori*, bolsa de valores.
borsaiolo *s.m.* carterista.
borsanera, borsa nera *s.f.* mercado (*m.*) negro.
borseggiare *v.tr.* robar; (*Amer.*) bolsear.
borseggiatore *s.m.* carterista, ratero, bolsillero.
borseggio *s.m.* robo, tirón.
borsellino *s.m.* monedero.
borsello *s.m.* mariconera (*f.*).
borsetta *s.f.* bolso.
borsino *s.m.* bolsín.
borsista *s.m./f.* becario (*m.*), becado (*m.*).
borsistico *agg.* bursátil.
borsite *s.f.* (*med.*) bursitis.
borsone *s.m.* bolsa (*f.*), petate.
boscaglia *s.f.* monte (*m.*), espesura.
boscaiolo *s.m.* **1** leñador **2** guardabosques.
boschetto *s.m.* boscaje.
boschivo *agg.* del bosque, forestal: *incendi boschivi*, incendios forestales.
boscimano *agg.*, *s.m.* bosquimán.
bosco *s.m.* bosque.
boscoso *agg.* boscoso.
bosniaco *agg.*, *s.m.* bosnio.
boss *s.m.* jefe, (*fam.*) capo.
bossolo *s.m.* **1** (*di arma*) casquillo **2** (*dei dadi*) cubilete.
botanica *s.f.* botánica.
botanico *agg.*, *s.m.* botánico.
botola *s.f.* trampilla.
botta *s.f.* **1** (*colpo*) golpe (*m.*): *mi ha dato una — in testa*, me dio un golpe en la cabeza | (*fig.*) *a — calda*, en caliente **2** (*rumore*) ruido (*m.*), detonación **3** (*motto*) puya, insinuación | — *e risposta*, dares y tomares **4** (*livido*) morado (*m.*) **5** (*pl.*) paliza (*sing.*), tunda (*sing.*): *fare a botte*, pegarse | *manica di botte*, tunda **6** (*fig.*) golpe (*m.*), (*fam.*) palo (*m.*): *questa sconfitta è stata una* —, esta derrota ha sido un palo.
bottaio *s.m.* tonelero, barrilero.
botte *s.f.* tonel (*m.*), barril (*m.*) | *essere in una — di ferro*, estar a buen recaudo | (*fig.*) *dare un colpo al cerchio e uno alla* —, estar bien con Dios y con el diablo | (*fig.*) *volere la — piena e la moglie ubriaca*, querer el oro y el moro | (*arch.*) *volta a* —, bóveda de cañón.
bottega *s.f.* **1** comercio (*m.*), tienda | *chiudere* —, cerrar el negocio **2** (*laboratorio*) taller (*m.*) | (*pitt.*, *scultura*) *opera di* —, obra de taller/de escuela.
bottegaio *s.m.* tendero.
botteghino *s.m.* **1** (*di teatro*) taquilla (*f.*) **2** despacho de lotería.
bottiglia *s.f.* botella | *attaccarsi alla* —, empinar el codo.
bottiglieria *s.f.* **1** (*negozio*) tienda le licores **2** (*cantina*) cantina, bodega.
bottiglione *s.m.* botellón.
bottino *s.m.* botín, presa (*f.*).
botto *s.m.* **1** golpe | *di* —, de repente/golpe | *tutto in un* —, todo a la vez **2** (*pl.*) petardos.
bottone *s.m.* botón: *premere il* —, pulsar el botón/pulsante | (*fig.*) *attaccare* —, pegar la hebra, soltar el rollo | (*fig.*) *non vale un* —, no vale un comino | *stanza dei bottoni*, centro de mando.
botulino *s.m.* (*med.*) botulina (*f.*).
botulismo *s.m.* (*med.*) botulismo.
bouclé *agg.*, *s.m.* (*tess.*) bouclé.
bouquet *s.m.* **1** (*fiori*) centro, ramo de flores **2** (*vino*) boca (*f.*), bouquet.
boutique *s.f.* (*comm.*) casa de modas, boutique.
bovarismo *s.m.* (*lett.*) bovarismo.
bovaro *s.m.* (*agr.*) boyero.
bove *s.m.* → **bue.**
bovindo *s.m.* (*arch.*) mirador.
bovino *agg.*, *s.m.* bovino, vacuno | *occhi bovini*, ojos saltones.
box *s.m.* **1** (*aut.*) garaje **2** (*equitazione, autodromi*) box: *la macchina si è fermata al* —,

el automóvil se paró en el box **3** (*per bambini*) corralito, parque.
boxare *v.intr.* (*sport*) boxear.
boxe *s.f.* (*sport*) boxeo (*m.*).
bozza *s.f.* **1** boceto (*m.*), borrador (*m.*); (*di contratto*) esbozo: *la — di un accordo di pace*, el esbozo/boceto de un acuerdo de paz **2** (*tip.*) prueba (de imprenta); galerada: *correggere le bozze*, corregir las pruebas de imprenta; *— in colonna*, galerada; *— impaginata*, galerada compaginada **3** (*arch.*) sillar (*m.*) **4** (*bernoccolo*) chichón (*m.*).
bozzettista *s.m./f.* **1** (*pubblicità*) grafista **2** (*lett.*) costumbrista.
bozzetto *s.m.* (*disegno*) boceto, croquis; (*racconto*) folletín.
bozzo *s.m.* bollo, chichón.
bozzolo *s.m.* (*bot.*) capullo.
braca *s.f.* braga | (*fam.*) *calare le brache*, acojonarse | (*fig.*) *restare in brache di tela*, quedarse en bragas.
braccare *v.tr.* acosar, acorralar: *— un animale*, acorralar un animal.
braccetto *s.m.nella loc.*: *andare a —*, ir del brazo.
bracchetto *s.m.* (*cane*) braco.
bracciale, braccialetto *s.m.* **1** brazalete, pulsera (*f.*) **2** (*fascia*) brazal, cinta (*f.*).
bracciante *s.m.* peón, jornalero.
bracciata *s.f.* brazada.
braccio *s.m.* **1** (*anche fig.*) brazo: *incrociare le braccia*, cruzarse de brazos | *a braccia aperte*, con los brazos abiertos | *prendere in —*, tener en brazos | *essere il — destro di qlcu.*, ser el brazo derecho de alguien **2** (*di macchine*) brazo, barra (*f.*); (*di bilancia*) astil; (*di gru*) pescante; (*di leva*) barra (*f.*) **3** (*arch.*) ala (*f.*), pabellón | *— della morte*, corredor de la muerte **4** (*geogr.*) brazo, ramal, lengua (*f.*) | *— di mare*, estrecho/brazo de mar **5** (*antica unità di misura di lunghezza, anche mar.*) braza (*f.*)
■ ***fare a braccio di ferro***, echar un pulso | ***far cadere le braccia***, decepcionar | ***a braccio***, improvisando | (*fig.*) ***essere fra le braccia di Morfeo***, estar en brazos de Morfeo.
bracciolo *s.m.* brazo.
bracco *s.m.* (*cane*) braco.
bracconaggio *s.m.* caza (*f.*) furtiva.
bracconiere *s.m.* cazador furtivo.
brace *s.f.* brasa, ascua: *carne alla —*, carne a la brasa; (*Amer.*) churrasco | (*fig.*) *cadere dalla padella nella —*, ir de mal en peor, de Guatemala a Guatepeor.
brachilogia *s.f.* (*ling.*) braquilogía.
braciere *s.m.* brasero.
braciola *s.f.* (*cuc.*) chuleta.
bradicardia *s.f.* (*med.*) bradicardia.
bradipo *s.m.* (*zool.*) perezoso.
bradisismo *s.m.* (*geol.*) bradiseísmo.
brado *agg.* bravo, salvaje: *vivere allo stato —*, vivir como un salvaje.
braga *s.f.* → **braca.**
brahmanesimo *s.m.* (*relig.*) brahmanismo.
brahmanico *agg.* (*relig.*) brahmánico.
brahmano *s.m.* (*relig.*) brahmán.
braille® *agg.*, *s.m.* braille.
brama *s.f.* ansia, anhelo (*m.*), afán (*m.*), sed.
bramanesimo *s.m.* → **brahmanesimo.**
bramare *v.tr.* ansiar, anhelar.
bramino *s.m.* → **brahmano.**
bramire *s.m.* (*zool.*) bramar.
bramito *s.m.* (*zool.*) bramido.
bramosia *s.f.* anhelo (*m.*), ansia.
bramoso *agg.* deseoso, ansioso.
branca *s.f.* **1** (*ramo*) rama **2** (*fig.*) ramo (*m.*), sector (*m.*).
branchia *s.f.* (*zool.*) agalla, branquia.
branchiati *s.m.pl.* (*zool.*) branquíferos.
brancicare *v.tr.* manosear, toquetear ♦ *v.intr.* andar* a tientas.
branco *s.m.* manada (*f.*), rebaño.
brancolare *v.intr.* andar* a ciegas, ir* a tientas.
branda *s.f.* catre (*m.*).
brandello *s.m.* jirón, andrajo: *a brandelli*, hecho jirones.
brandire *v.tr.* blandir, sacudir: *— la lancia*, blandir la lanza.
brano *s.m.* **1** fragmento, trozo **2** (*lett.*, *mus.*) pieza (*f.*), pasaje: *— musicale*, pieza musical.
branzino *s.m.* (*zool.*) lubina (*f.*), róbalo.
brasare *v.tr.* **1** (*cuc.*) estofar **2** (*tecn.*) soldar*.
brasato *agg.*, *s.m.* (*cuc.*) asado, estofado.
brasiliano *agg.*, *s.m.* brasileño.
bravata *s.f.* bravata, bravuconada.
bravo *agg.* **1** (*buono*) bueno, honrado, diligente: *fai il —*, sé bueno, pórtate bien; *brav'uomo*, buen hombre **2** (*abile*) hábil, experto: *un attore molto —*, un actor muy diestro/bueno; *è — in matematica*, tiene disposición/es bueno para las matemáticas | *—!*, ¡bravo!, ¡viva!, ¡olé! | (*iron.*) *— fesso!*, ¡qué tonto!, ¡vaya tonto! ♦ *s.m.* (*st.*) bandido, bandolero.
bravura *s.f.* habilidad, capacidad.
breccia *s.f.* brecha (*anche fig.*) | *far — nel cuore di qlcu.*, hacer mella en el corazón de alguien | *essere sulla —*, estar en la brecha.
brefotrofio *s.m.* orfanato.
bresaola (*cuc.*) bresaola.
bresciano *agg.* de Brescia ♦ *s.m.* originario de Brescia.
bretella *s.f.* **1** (*abbigl.*) tirante (*m.*); (*Amer.*) tirador (*m.*): *pantaloni con le bretelle*, pantalón con tirantes **2** (*stradale*) enlace (*m.*), empalme (*m.*).
bretone *agg.*, *s.m./f.* bretón (*m.*).

breve *agg.* breve, corto: *a — scadenza*, a corto plazo | *in —*, en resumen | *tra —*, en breve, dentro de poco | *per farla —*, en dos/pocas palabras.
brevemente *avv.* en breve, brevemente.
brevettare *v.tr.* patentar.
brevettato *agg.* patentado | *marchio —*, marca registrada.
brevetto *s.m.* patente (*f.*), permiso, título.
breviario *s.m.* (*relig.*) breviario.
brevità *s.f.* brevedad, concisión.
brezza *s.f.* brisa.
bricco *s.m.* jarro; (*di caffè*) cafetera (*f.*); (*di tè*) tetera (*f.*).
bricconata *s.f.* bribonada.
briccone *agg., s.m.* bribón, canalla; (*fam.*) pillo | *tiro —*, jugarreta.
briciola *s.f.* miga, migaja: *ridurre in briciole*, hacer añicos/trizas.
briciolo *s.m.* pizca (*f.*), migaja (*f.*) | (*fig.*) *un — d'intelligenza*, una pizca de inteligencia.
bricolage *s.m.* bricolaje.
briga *s.f. solo nelle loc.*: *prendersi la — di fare*, tomarse la molestia de hacer; *attaccar —*, buscar camorra, armar bronca.
brigadiere *s.m.* (*mil., polizia*) sargento, brigada, brigadier.
brigantaggio *s.m.* bandolerismo.
brigante *s.m.* bandido, bandolero, salteador.
brigantino *s.m.* (*mar.*) bergantín.
brigare *v.intr.* bregar*; ingeniarse, apañarse.
brigata *s.f.* **1** brigada, grupo (*m.*) **2** (*mil.*) brigada.
brigatista *s.m./f.* (*pol.*) miembro (*m.*) de una brigada; miembro (*m.*) de las Brigadas Rojas.
briglia *s.f.* brida, rienda | *a — sciolta*, a rienda suelta.
brillamento *s.m.* (*bomba, mina*) explosión (*f.*).
brillante *agg., s.m.* brillante.
brillantemente *avv.* brillantemente.
brillantina *s.f.* brillantina.
brillare *v.intr.* brillar, relucir*; (*luccicare*) centellear, chispear ♦ *v.tr.* (*esplosivo*) explotar, volar*.
brillo *agg.* bebido, achispado.
brina *s.f.* (*meteor.*) escarcha.
brinare *v.intr.impers.* (*meteor.*) escarchar: *stanotte è brinato*, esta noche ha escarchado ♦ *v.tr.* **1** (*cuc.*) escarchar **2** (*fig.*) encanecer*.
brinata *s.f.* (*meteor.*) escarcha.
brindare *v.intr.* brindar.
brindisi *s.m.* brindis.
brio *s.m.* brío, empuje.
brioche *s.f.* croisant (*m.*), bollo (*m.*).
briosità *s.f.* brío (*m.*).
brioso *agg.* brioso.
briscola *s.f.* brisca | (*fig.*) *contare quanto il due di —*, no contar nada, ser el último mono.
britannico *agg.* británico.
brivido *s.m.* **1** escalofrío **2** (*fig., di paura*) escalofrío, estremecimiento | *far venire i brividi*, dar escalofríos.
brizzolato *agg.* (*di persona*) entrecano; (*di animale*) rucio.
brocca *s.f.* jarra, jarro (*m.*), cántaro (*m.*).
broccato *s.m.* (*tess.*) brocado.
broccolo *s.m.* (*bot.*) brécol.
brodo *s.m.* caldo: *— ristretto*, consomé; *— di dadi*, caldo de cubitos | (*biol.*) *— di coltura*, caldo de cultivo | (*fig.*) *andare in — di giuggiole*, estar como unas castañuelas | (*fig.*) *tutto fa —*, todo aprovecha; lo que no mata engorda.
brodoso *agg.* caldoso.
brogliaccio *s.m.* **1** diario, bloc de notas **2** (*per appunti*) borrador.
broglio *s.m.* fraude, embrollo.
bromo *s.m.* (*chim.*) bromo.
bromuro *s.m.* (*chim.*) bromuro.
bronchiale *agg.* (*anat., med.*) bronquial.
bronchite *s.f.* (*med.*) bronquitis.
broncio *s.m.* ceño, morro, mala cara (*f.*) | *avere/fare il —*, estar ceñudo, torcer el morro, poner el hocico.
bronco *s.m.* (*anat.*) bronquio.
broncopolmonite *s.f.* (*med.*) bronconeumonía.
brontolare *v.intr.* (*lagnarsi*) refunfuñar, rezongar*.
brontolio *s.m.* rezongo; (*del tuono*) retumbo.
brontolone *agg.* rezongón.
bronzeo *agg.* broncíneo, de bronce.
bronzetto *s.m.* (*scultura*) bronce.
bronzina *s.f.* (*mecc.*) buje (*m.*), cojinete (*m.*).
bronzo *s.m.* bronce | (*fig.*) *avere la faccia di —*, tener mucha cara, ser un cara dura.
brossura *s.f. nella loc.*: *in —*, (encuadernación) en rústica.
brucare *v.tr.* (*zool.*) tascar*.
bruciacchiare *v.tr.* churruscar*, socarrar.
bruciante *agg.* fulminante.
bruciapelo, a *avv.* a quemarropa/bocajarro.
bruciare *v.tr.* **1** quemar: *bruciò tutte le sue lettere*, quemó todas sus cartas **2** (*fig.*) secar*; (*per il freddo*) helar* **3** conusumir: *— energie*, consumir energía **4** (*un avversario*) batir ♦ *v.intr.* **1** (*del sole*) abrasar **2** arder (*anche fig.*), escocer*; picar*: *mi bruciano gli occhi*, me arden/pican los ojos; *mi brucia la gola*, me arde/duele la garganta; *una sconfitta che brucia*, una derrota que escuece | *— d'amore, di febbre*, arder de amor, de fiebre ♦ **-rsi** *v.pron.* quemarse, abrasarse: *attento, l'arrosto si brucia!*, ¡cuidado, que el asado se quema!

■ (*fig.*) ***bruciare i ponti***, quemar las naves | ***bruciare le tappe***, quemar etapas.
bruciato *agg.* **1** quemado **2** (*fig.*) perdido | *gioventù bruciata*, juventud perdida.
bruciatore *s.m.* quemador.
bruciatura *s.f.* quemadura.
bruciore *s.m.* ardor, escozor: — *di stomaco*, ardor de estómago | (*fig.*) *il — di una sconfitta*, la amargura de una derrota.
bruco *s.m.* (*zool.*) gusano, oruga (*f.*), larva (*f.*).
brufolo *s.m.* grano, espinilla (*f.*).
brughiera *s.f.* brezal (*m.*), páramo (*m.*).
brugola *s.f.* (*tecn.*) llave Allen.
brûlé *agg.* *solo nella loc.*: *vin —*, hipocrás.
brulicare *v.intr.* **1** hormiguear **2** (*di gente*) bullir, hervir*, pulular.
brulichio *s.m.* hormigueo, hervidero.
brullo *agg.* árido, yermo, pelado.
bruma *s.f.* (*meteor., foschia*) bruma, niebla.
brunastro *agg.* pardusco.
brunire *v.tr.* **1** (*metall.*) bruñir, enlucir* **2** (*tecn.*) pulir, pulimentar.
brunitura *s.f.* (*metall.*) bruñido (*m.*).
bruno *agg.* (*di persona*) moreno, pardo.
brusco *agg.* **1** (*aspro*) áspero **2** (*sgarbato*) rudo **3** (*improvviso*) brusco, repentino | (*fig.*) *tra il lusco e il —*, entre indulgente y severo | *con le* (*maniere*) *brusche*, de mala manera.
bruscolo *s.m.* pizca (*f.*), pellizco.
brusio *s.m.* murmullo, rumor.
brutale *agg.* brutal, bestial.
brutalità *s.f.* brutalidad.
brutalizzare *v.tr.* **1** torturar **2** (*violentare*) violar.
bruto *agg., s.m.* bruto.
brutta *s.f.* (*di copia*) borrador (*m.*).
bruttezza *s.f.* fealdad.
brutto *agg.* **1** feo **2** (*sgradevole*) desagradable, malo | *c'è — tempo*, hace mal tiempo | *non dire brutte parole*, no digas tacos | *fare brutta figura*, quedar mal/en ridículo, meter la pata | *— sogno*, pesadilla | *— tiro*, jugarreta **3** (*grave*) *grave* | *brutta notizia*, mala noticia | *— incidente*, accidente grave/serio ♦ *s.m.* **1** (*persona brutta*) feo **2** (*fig.*) malo | *il — è che...*, lo malo es que... | (*meteor.*) *domani tornerà il —*, mañana volverá el mal tiempo ■ ***arrabbiarsi di brutto***, ponerse furioso/furibundo | ***guardare di brutto***, mirar con mala cara | ***con le brutte***, por las malas | ***vedersela brutta***, pasar un mal rato, pasarlas negras.
bruttura *s.f.* **1** fealdad, monstruosidad **2** (*fig.*) porquería.
bubbone *s.m.* (*med.*) bubón.
bubbonico *agg.* (*med.*) bubónico | *peste bubbonica*, peste bubónica.
buca *s.f.* hoya, hoyo (*m.*); (*nella strada*) bache (*m.*) | *— delle lettere*, buzón | (*teatr.*) *la — del suggeritore*, la concha del apuntador.
bucaneve *s.m.* (*bot.*) campanilla (*f.*) de invierno.
bucaniere *s.m.* (*mar.*) bucanero.
bucare *v.tr.* agujerear; pinchar: *— una ruota*, pinchar una rueda ♦ **-rsi** *v.pron.* **1** agujerearse, pincharse **2** (*drogarsi*) pincharse.
bucato[1] *agg.* agujereado | (*fig.*) *avere le mani bucate*, ser manirroto
bucato[2] *s.m.* colada (*f.*); (*Amer.*) lavado: *fare il —*, lavar la ropa | *fresco di —*, recién lavado.
bucatura *s.f.* **1** agujero (*m.*), perforación **2** (*aut.*) pinchazo (*m.*).
buccia *s.f.* (*scorza*) cáscara, piel; (*di legume*) vaina | (*fig.*) *scivolare su una — di banana*, resbalar en una cáscara de plátano, caer en la trampa.
bucchero *s.m.* (*terra, vaso*) búcaro.
buccina *s.f.* (*mus.*) bocina.
buccola *s.f.* (*orecchino*) pendiente (*m.*), broquelillo (*m.*).
bucherellare *v.tr.* agujerear, hacer* agujeritos.
buco[1] *s.m.* **1** agujero, hueco | (*fig.*) *quella casa è un —*, esa casa es un cuchitril/tugurio | *fare un — nell'acqua*, fracasar | (*fig.*) *non cavar un ragno dal —*, pedir peras al olmo | (*astr.*) *— nero*, agujero negro **2** (*di denaro*) déficit, agujero **3** (*droga*) chute, pinchazo, pico.
buco[2] *agg.* (*fam., scuola*) *nella loc.*: *ora buca*, hora libre.
bucolico *agg.* (*anche lett.*) bucólico, pastoral, campestre.
buddismo *s.m.* (*relig.*) budismo.
buddista *agg., s.m./f.* (*relig.*) budista.
budello *s.m.* **1** (*fam.*) tripa (*f.*), tubo | (*fig.*) *cavare le budella*, sacar las tripas **2** (*strada*) callejón, callejuela (*f.*).
budino *s.m.* (*cuc.*) budín, pudin, flan.
bue *s.m.* buey | *mettere il carro davanti ai buoi*, poner el carro delante de las mulas | *moglie e buoi dei paesi tuoi*, mujer y rocino, tómalos del vecino | (*cuc.*) *uova all'occhio di —*, huevos fritos.
bufala *s.f.* **1** (*zool.*) búfala **2** (*fig., notizia falsa*) bola, bulo (*m.*) **3** (*errore*) disparate (*m.*).
bufalo *s.m.* (*zool.*) búfalo.
bufera *s.f.* (*anche fig.*) tormenta, vendaval (*m.*).
buffet *s.m.* bufé.
buffetto *s.m.* (*schiocco*) chasquido; (*carezza*) cachete, caricia (*f.*).
buffo *agg.* cómico, ridículo, gracioso | *che —!*, ¡qué absurdo!, ¡qué gracioso! ♦ *s.m.* (*so-*

lo sing.) la gracia (*f.*), lo cómico: *il — della situazione*, lo cómico de la situación.
buffonata *s.f.* bufonada, payasada.
buffone *s.m.* bufón, gracioso, payaso.
bug *s.m.* (*inform.*) bug.
buganvillea *s.f.* (*bot.*) buganvilla.
buggerare *v.tr.* (*fam., pop.*) timar, camelar.
buggerata *s.f.* trola, bobería, tontería.
bugia[1] *s.f.* mentira, embuste (*m.*) | *le bugie hanno le gambe corte*, antes cae un mentiroso que un cojo.
bugia[2] *s.f.* (*candeliere*) palmatoria.
bugiardo *agg.* mentiroso, embustero.
bugigattolo *s.m.* cuchitril.
bugliolo *s.m.* (*in carcere*) orinal.
bugna *s.f.* (*arch.*) almohadilla, cantería.
bugnato *agg.* (*arch.*) almohadillado, de cantería.
buio *agg.* oscuro, obscuro, sombrío | (*fig.*) *essere — in volto*, tener el rostro sombrío ♦ *s.m.* oscuridad (*f.*): *diventare/farsi —*, anochecer, oscurecer | *al —*, a oscuras | (*fig.*) *essere al — di qlco.*, ignorar algo | *brancolare nel —*, ir a ciegas | (*fig.*) *fare un salto nel —*, hacer un salto en el vacío.
bulbo *s.m.* **1** (*bot.*) bulbo **2** (*anat.*) globo, bulbo: — *oculare*, bulbo/globo ocular; — pilifero, bulbo piloso.
bulboso *agg.* (*bot.*) bulboso.
bulgaro *agg., s.m.* búlgaro | *cuoio —*, piel de Rusia.
bulimia *s.f.* (*med.*) bulimia.
bulimico *agg.* (*med.*) bulímico.
bulino *s.m.* buril, cincel.
bulldog *s.m.* (*zool., cane*) buldog.
bulldozer *s.m.* (*tecn.*) buldózer.
bulletta *s.f.* (*tecn.*) tachuela.
bullo *s.m.* chulo, matón.
bullone *s.m.* (*tecn.*) perno, tornillo.
bungalow *s.m.* bungalow.
bunker *s.m.* (*mil.*) búnker, refugio antiaéreo.
buon *agg., s.m.* ▸ **buono**[1].
buonafede *s.f. nella loc.*: *in —*, de buena fe.
buonagrazia *s.f.* amabilidad, cortesia: *con tua —*, si no te molesta.
buonanima *agg. s.f.* finado (*m.*), difunto (*m.*).
buonanotte *s.f., inter.* buenas noches (*pl.*) | — *suonatori!*, ¡sanseacabó!
buonasera *s.f., inter.* (*di pomeriggio*) buenas tardes (*pl.*); (*dopo il tramonto*) buenas noches (*pl.*).
buoncostume *s.f.* (*reparto di polizia*): *squadra —*, brigada antivicio.
buondì *s.m., inter.* buenos días (*pl.*).
buongiorno *s.m., inter.* buenos días (*pl.*).
buongrado, di *loc.avv.* de buen grado, de buena gana.
buongustaio *s.m.* sibarita (*m./f.*), entendedor, gastrónomo.
buongusto *s.m.* (buen) gusto: *lei ha —*, ella tiene gusto.
buono[1] *agg.* **1** bueno; (*pieno di bontà*) bondadoso; (*gentile*) amable: *la nonna è sempre molto buona con tutti*, la abuela siempre es muy bondadosa con todos; *un buon uomo*, un hombre de bien; *un cane —*, un perro fiel/obediente | *siamo buoni amici*, somos buenos amigos **2** (*abbondante*) bueno, abundante: *una buona mangiata*, una comida abundante, una comilona; *una buona mezz'ora*, más de media hora **3** (*bravo, capace*) bueno, capaz*, hábil: *un buon avvocato*, un buen abogado **4** (*azzeccato, efficace*) correcto, justo: *una buona diagnosi*, un diagnóstico acertado; *un buon provvedimento*, una medida eficaz/útil | *il momento —*, el momento oportuno | *un buon lavoro*, (*preciso, serio*) un trabajo escrupuloso **5** (*con riferimento alla qualità*) bueno; (*di sapore*) rico, sabroso: *questo dolce è molto —*, este postre está muy rico | *aria buona*, aire puro | *bere del buon vino*, beber un buen vino **6** (*valido*) bueno, válido: *buon motivo*, buen motivo, motivo válido **7** (*tranquillo*) tranquilo, quieto: *è stato — tutto il giorno*, ha estado tranquilo todo el día ♦ *s.m.* bueno, bondad (*f.*): *i buoni e i cattivi*, los buenos y los malos; *è un —*, es una bondad, buena persona
■ ***di buon grado***, con mucho gusto | ***buon appetito!***, ¡que aproveche! | ***buon anno!***, ¡feliz año! | ***andare a buon fine***, tener éxito | ***a buon mercato***, barato | ***lavoro a buon punto***, trabajo adelantado | ***alla buona***, sin ceremonias | ***con le buone***, por las buenas | ***di buona lena***, con entusiasmo | ***di buon'ora***, temprano | ***il vestito buono***, el vestido fino/de domingo | ***essere un poco di buono***, ser un granuja | ***un buono a nulla***, un inútil, un cero a la izquierda | ***ci vuole del bello e del buono***, hay que armarse de mucha paciencia | ***buon per te!***, ¡por suerte para ti!
buono[2] *s.m.* (*comm., fin.*) bono, cupón, vale: — *del tesoro*, bono del tesoro; — *di consegna*, cupón de entrega | — *mensa/pasto*, vale para el comedor.
buonora *avv. solo nelle loc.*: *alla —!*, ¡por fin! | *di —*, temprano.
buonsenso *s.m.* sentido común, sensatez (*f.*).
buontempone *agg., s.m.* vividor, juerguista.
buonumore *s.m.* buen humor.
buonuscita *s.f.* indemnización, resarcimiento (*m.*).
burattinaio *s.m.* (*teatr.*) titiritero.
burattino *s.m.* títere, marioneta (*f.*) | *piantare baracca e burattini*, liar los bártulos; dejarlo todo | *teatro dei burattini*, guiñol.

burbero *agg.* áspero, arisco, adusto.
buriana *s.f.* **1** (*pop., temporale*) borrasca **2** (*fig.*) alboroto (*m.*), jaleo (*m.*).
burino *agg., s.m.* (*anche fig.*) paleto, cateto, hortera (*m./f.*).
burla *s.f.* broma, burla, chanza.
burlarsi *v.pron.* burlarse, mofarse.
burlesco *agg.* **1** (*lett.*) burlesco **2** burlón.
burlone *s.m.* burlón, bromista (*m./f.*).
burocrate *s.m./f.* burócrata.
burocratico *agg.* burocrático.
burocratizzazione *s.f.* burocratización.
burocrazia *s.f.* burocracia.
burrasca *s.f.* (*meteor.*) borrasca, tempestad.
burrascoso *agg.* (*meteor., fig.*) borrascoso, tempestuoso.
burriera *s.f.* mantequera.
burro *s.m.* mantequilla (*f.*) | — *di cacao*, manteca de cacao | *avere le mani di* —, tener manos de mantequilla.
burrone *s.m.* barranco, despeñadero, precipicio.
bus *s.m.* autobús, bus.
buscare *v.tr.* obtener*; (*malattie*) coger* | *buscarle*, ganarse una paliza; *buscarsi un raffreddore*, coger un resfriado; *buscarsi un malanno*, enfermarse.
busillis *s.m.* busilis.
bussare *v.intr.* llamar (a la puerta).
bussola *s.f.* brújula | (*fig.*) *perdere la* —, perder la chaveta.
bussolotto *s.m.* (*gioco*) cubilete.
busta *s.f.* **1** (*da lettera*) sobre (*m.*): — *a finestra*, sobre de ventanilla | — *paga*, nómina, paga, sueldo **2** (*astuccio*) funda **3** (*di droga*) papelina.
bustarella *s.f.* soborno (*m.*); (*fam.*) mordida; (*in tribunale*) astilla.
bustina *s.f.* (*di tè*) bolsita; (*di zucchero*) sobre (*m.*).
busto *s.m.* **1** (*anat., arte*) busto, tronco **2** (*indumento*) corsé.
butano *s.m.* (*chim.*) butano.
butanolo *s.m.* (*chim.*) butanolo.
buttafuori *s.m.* **1** (*di locali*) gorila **2** (*mar.*) arbotante.
buttare *v.tr.* **1** tirar, echar, arrojar: — *per terra*, tirar al suelo; *ha buttato un giocattolo dal balcone*, arrojó/lanzó un juguete por el balcón; *l'hanno buttato fuori*, lo echaron/lo pusieron de patitas en la calle **2** (*sprecare*) desperdiciar, malgastar: *ho buttato via tutta la mattinata*, he desperdiciado toda la mañana | — *via*, tirar **3** (*emettere*) echar: *il camino butta fumo*, la chimenea echa humo ♦ *v.intr.* **1** (*germogliare*) echar, germinar **2** (*tendere*) tender*: *il tempo butta al bello*, el tiempo mejora **3** (*avere un esito*) tomar cariz: *la faccenda butta bene, male*, el asunto toma buen, mal cariz ♦ **-rsi** *v.pron.* **1** echarse, tirarse, arrojarse, lanzarse*: — *in acqua*, tirarse al agua | — *sul letto*, echarse/tumbarse en la cama **2** (*fig., dedicarsi*) entregarse* | — *in politica*, lanzarse en la política ■ ***buttare giù***, (*abbattere*) demoler, derrumbar; (*ingoiare*) tragar*; (*scoraggiare*) desalentar* | ***buttare all'aria***, poner patas arriba | ***buttarsi giù***, desanimarse.
butterato *agg.* cacarañado, picado.
buzzo *s.m.* (*pop., fam.*) barriga (*f.*), panza (*f.*).
buzzurro *agg.* cafre, paleto.
by-pass *s.m.* (*med.*) by-pass.
byte *s.m.* (*inform.*) byte.

Cc

c *s.f.* c | (*tel.*) — *come Como*, c como Carmen.
cabaret *s.m.* cabaré.
cabarettista *s.m./f.* cabaretero (*m.*).
cabernet *s.m.* cabernet.
cabina *s.f.* **1** cabina; (*di nave*) camarote (*m.*) | — *di regia*, sala de dirección | — *elettorale*, cabina electoral | — *elettrica*, cabina eléctrica | — *telefonica*, cabina telefónica **2** (*balneare*) caseta.
cabinovia *s.f.* telecabina, teleférico (*m.*).
cablaggio *s.m.* (*elettr., tel.*) cableado.
cablare *v.tr.* (*elettr., tel.*) cablear.
cablato *agg.* (*elettr., tel.*) cableado.
cabotaggio *s.m.* (*mar.*) cabotaje.
cabriolet *s.m.* (*aut.*) descapotable.
cacadubbi *s.m./f.* (*fam.*) caviloso (*m.*), indeciso (*m.*).
cacao *s.m.* cacao: *burro di* —, manteca de cacao.
cacare *v.int./tr.* → **cagar.**
cacca *s.f.* (*fam.*) caca, popó.
cacchio *inter.* ¡concho!
caccia[1] *s.f.* caza: *andare a* —, ir de cacería | — *grossa*, caza mayor | — *alla volpe*, caza del zorro | *battuta di* —, partida de caza | *divieto di* —, veda | *permesso di* —, licencia de casa | *riserva di* —, coto de caza | — *al tesoro*, juego del tesoro escondido | — *all'uomo*, cacería humana | — *alle streghe*, caza de brujas | *dare la* — *a qlcu., qlco.*, dar caza a alguien/algo, andar tras alguien/algo.
caccia[2] *s.m.* (*aereo*) caza.
cacciagione *s.f.* caza: *cucinare la* —, guisar la caza.
cacciare *v.tr.* **1** cazar*: — *la volpe*, cazar el zorro **2** (*scacciare*) echar, expulsar; (*far sgomberare*) desalojar; (*fig.*) ahuyentar: *lo hanno cacciato a pugni*, lo han echado a puñetazos; — *da un locale*, echar de un establecimiento; — *da un partito*, expulsar de un partido | — *la tristezza*, ahuyentar la tristeza | — *fuori dai piedi*, echar con cajas destempladas **3** (*fam., mettere*) meter, poner*: *dove avrò cacciato le chiavi?*, ¿dónde habré puesto las llaves? | — *le mani in tasca*, meterse las manos en los bolsillos **4** (*fam., tirare fuori*) sacar, echar mano a | — *il portafoglio*, echar mano a la cartera ♦ **-rsi** *v.pron.* (*fig.*) meterse: — *in un pasticcio*, meterse en un lío | *dove si sarà cacciato?*, ¿dónde se habrá metido?, ¿dónde habrá ido a parar? | — *in testa un'idea*, metérsele/clavársele en la mente una idea.
cacciatora *s.f. nella loc.*: *alla* — | *pollo alla* —, pollo a la/en chilindrón | *giacca alla* —, cazadora.
cacciatore *s.m.* cazador | — *di dote*, cazadotes | — *di teste*, cazacerebros, cazador de cabezas.
cacciatorpediniere *s.m.* (*mil.*) cazatorpedero.
cacciavite *s.m.* destornillador.
cacciucco *s.m.* (*cuc.*) caldereta (*f.*) de pescado.
caccola *s.f.* (*muco*) caquera, moco (*m.*), pelotilla.
cachemire *s.m.* (*lana*) lana (*f.*) de cachemira; (*tess.*) cachemir, cachemira (*f.*), casimir.
cachet *s.m.* **1** (*med.*) cápsula (*f.*), píldora (*f.*) **2** (*compenso*) caché, contrato, remuneración (*f.*) **3** (*fig.*) clase (*f.*), elegancia (*f.*) **4** (*per capelli*) tinte.
cachi[1] *s.m.* (*albero, frutto*) caqui.
cachi[2] *agg., s.m.* (*colore*) caqui.
caciara *s.f.* jaleo (*m.*), juerga, follón (*m.*), lío (*m.*): *fare* —, armar follón.
cacio *s.m.* queso
■ ***cascare come il cacio sui maccheroni***, venir como anillo al dedo | ***essere alto un soldo di cacio***, ser muy bajito.
cacofonia *s.f.* cacofonía.
cactus *s.m.* (*bot.*) cacto, cactus.
cadauno *agg., pron.indef.* cada uno, cada cual.
cadavere *s.m.* cadáver, muerto, difunto: *seppellire il* —, enterrar al muerto | *rimozione del* —, levantamiento del cadáver | *essere bianco come un* —, estar pálido/blanco como un cadáver.
cadaverico *agg.* cadavérico.
cadente *agg.* **1** (*di casa, edificio*) ruinoso: *edificio* —, edificio ruinoso/en ruina **2** (*di persona*) decrépito **3** (*di stella*) fugaz*: *stella* —, estrella fugaz.
cadenza *s.f.* **1** entonación, cadencia, inflexión; (*accento*) acento (*m.*), deje (*m.*): *ha una* — *grave*, tiene una entonación grave; *ha una* — *meridionale*, tiene un acento del sur **2** (*ritmo*) cadencia.

cadenzare *v.tr.* modular, ritmar: — *i passi*, modular los pasos.
cadenzato *agg.* cadencioso.
cadere[1] *v.intr.* **1** caer*, caerse*: *sono caduto dalla bici*, me caí de la bicicleta; *sono caduto dalle scale*, me caí por las escaleras; *gli cadono i capelli*, se le cae el pelo; *la neve cade sui tetti*, la nieve cae sobre los tejados; *è caduto il governo*, ha caído el gobierno; *l'abito cade bene*, el vestido tiene buen corte; *molti sono caduti in battaglia*, muchos han caído en la batalla; *lasciar — una parola*, dejar caer unas palabras **2** (*crollare*) derrumbarse, desplomarse, precipitar **3** (*ricorrere*) caer, ser: *l'anniversario cade di lunedì*, el aniversario cae en lunes **4** (*di linea telefonica*) cortarse, interrumpirse: *è caduta la linea*, se cortó/interrumpió la comunicación
■ ***cadere dalla padella nella brace***, ir de mal en peor, ir de Guatemala a Guatepeor | ***cadere in errore***, caer en falta | ***cadere dalle nuvole***, caerse de espaldas | ***cadere in contraddizione***, contradecirse | ***cadere in miseria***, caer en la miseria | ***cadere nel ridicolo***, caer en ridículo | ***cadere nel vuoto***, caer en saco roto | ***far cadere dall'alto***, conceder algo con dificultad, echar en cara | ***cadere le braccia***, caersele a alguien el alma a los pies.
cadere[2] *s.m.* caer | *al — del giorno*, al oscurecer.
cadetto *agg.,s.m.* **1** (*figlio*) segundón **2** (*mil., sport*) cadete (*m./f.*).
caducità *s.f.* **1** caducidad **2** (*fig.*) fragilidad.
caduco *agg.* caduco, perecedero, fugaz: *bellezza caduca*, bellezza perecedera.
caduta *s.f.* caída: *una brutta —*, una mala caída; *prevenire la — dei capelli*, prevenir la caída del pelo | *— massi*, peligro de desprendimientos | *— dei prezzi*, baja de precios | *— di tensione*, caída de tensión/voltaje | *— libera*, caída libre.
caduto *s.m.* (*mil.*) caído: *monumento ai caduti*, monumento a los caídos.
caffè *s.m.* café | *— espresso*, café exprés | *— macchiato*, café cortado | *— e latte*, café con leche | *— corretto*, carajillo | *— decaffeinato*, café descafeinado | *— nero*, café solo/negro | *— ristretto*, café corto | *— solubile*, café soluble | *piantagione di —*, cafetal.
caffeina *s.f.* cafeína.
caffe(l)latte *s.m.* café con leche.
caffetteria *s.f.* cafetería.
caffettiera *s.f.* cafetera.
caffettiere *s.m.* cafetero.
cafonaggine *s.f.* chacabanería, patanería, ramplonería.
cafone *agg.* (*zoticone*) ordinario, patán*, zafio, vulgar ♦ *s.m.* (*spreg.*) pueblerino.
cafoneria *s.f.* chabacanería, ramplonería, ordinariez*.
cagare *v.int./tr.* (*volg.*) cagar*
■ ***vai a cagare***, ¡vete a la mierda! | ***non cagare qlcu.***, ni hacer caso a alguien: *non mi caga*, no me hace caso | ***cagarsi sotto***, cagarse de miedo.
cagionare *v.tr.* causar, ocasionar, provocar*: — *danni*, causar daños.
cagionevole *agg.* enfermizo, endeble.
cagliare *v.intr.* cuajar, cuajarse, cortarse.
caglio *s.m.* cuajo.
cagna *s.f.* perra.
cagnara *s.f.* **1** (*rumore*) alboroto (*m.*) **2** (*lite*) follón (*m.*), gresca.
cagnesco *agg.* (*fig.*) hostil, amenazador | *guardare in —*, tener cara de pocos amigos.
caimano *s.m.* (*zool.*) caimán.
caio *s.m.* tío, fulano | *Tizio, Caio e Sempronio*, Fulano, Mengano y Zutano.
cala *s.f.* cala, ensenada.
calabrone *s.m.* **1** (*zool.*) abejorro **2** (*fig.*) moscardón.
calamaio *s.m.* tintero.
calamaro *s.m.* (*zool.*) calamar.
calamita *s.f.* imán (*m.*).
calamità *s.f.* calamidad, azote (*m.*): *— naturali*, calamidades naturales.
calamitare *v.tr.* imantar, magnetizar*.
calamitato *agg.* imantado.
calante *agg.* **1** decreciente: *velocità —*, velocidad decreciente **2** (*astro*) menguante | *luna —*, luna menguante.
calare[1] *v.tr.* **1** bajar, hacer* descender **2** (*mar.*) calar, arriar: *— le vele*, arriar las velas **3** (*a maglia*) disminuir* (puntos) ♦ *v.intr.* **1** bajar, descender* **2** (*di sole*) ponerse*; (*di luna*) menguar* **3** (*diminuire*) disminuir*, menguar*, mermar; (*di peso*) adelgazar*: *il prezzo del petrolio è calato ancora*, el precio del petróleo ha bajado de nuevo; *è calata la temperatura*, ha bajado la temperatura ♦ **-rsi** *v.pron.* descender*, dejarse caer
■ ***calarsi nella parte***, meterse en el papel.
calare[2] *s.m.* caída (*f.*) | *al — del sole*, al ponerse el sol, al atardecer.
calata *s.f.* bajada, descenso (*m.*).
calca *s.f.* gentío (*m.*), multitud, muchedumbre.
calcagno *s.m.* (*anat.*) talón
■ ***stare alle calcagna (di qlcu.)***, pisarle los talones (a alguien) | ***avere qlcu. alle calcagna***, tener a alguien pisándole los talones.
calcare[1] *v.tr.* **1** (*calpestare*) pisar **2** (*premere*) apretar*, comprimir **3** (*copiare un disegno*) calcar*; (*una scultura*) hacer* un calco
■ (*teatr.*) ***calcare le scene***, pisar las tablas | ***calcare le orme***, seguir los pasos | ***calcare la mano***, cargar la mano | ***calcare le parole***, enfatizar.

calcare[2] *s.m.* (*geol.*) caliza (*f.*).
calcareo *agg.* calcáreo, calizo.
calce *s.f.* (*chim.*) cal.
calce, in *loc.avv.* al pie de página.
calcestruzzo *s.m.* hormigón; (*Amer.*) concreto.
calciare *v.tr.* **1** (*prendere a calci*) dar* patadas, puntapiés a **2** (*sport*) chutar, sacar* ♦ *v.intr.* (*di cavallo*) cocear.
calciatore *s.m.* futbolista (*m./f*).
calcificare *v.tr./intr.* calcificar*.
calcina *s.f.* cal viva.
calcinaccio *s.m.* **1** (*di intonaco*) yesón **2** (*pl., macerie*) escombros (*pl.*).
calcio[1] *s.m.* **1** (*colpo dato col piede*) puntapié, patada (*f.*); (*con una zampa*) coz* | *dare un — alla fortuna*, perder una buena ocasión | *prendere a calci nel sedere*, pegarle patadas en el trasero **2** (*sport*) fútbol; (*tiro*) chute, saque: *campionato di —*, liga | *— d'inizio*, saque inicial | *— d'angolo*, saque de esquina | *— di punizione*, saque libre | *— di rigore*, penalti.
calcio[2] *s.m.* (*di pistola*) culata (*f.*).
calcio[3] *s.m.* (*chim.*) calcio.
calcio-balilla *s.m.* futbolín®.
calco *s.m.* calco, copia (*f.*).
calcolabile *agg.* calculable.
calcolare *v.tr.* **1** calcular **2** (*valutare*) evaluar; considerar.
calcolatore *agg.* (*anche fig.*) calculador: *è un ragazzo —, pensa solo ai soldi*, es un chico calculador, piensa sólo en el dinero ♦ *s.m.* **1** (*persona*) calculador **2** (*macchina*) calculadora (*f.*); (*inform.*) ordenador.
calcolatrice *s.f.* calculadora: *— tascabile*, calculadora de bolsillo.
calcolo[1] *s.m.* **1** (*mat.*) cálculo, cómputo; (*stima*) previsión (*f.*) | *— delle probabilità*, cálculo de probabilidades | *fare un — approssimativo*, calcular de forma aproximada | *far un — preventivo*, realizar un cálculo previo
■ ***agire per calcolo***, actuar por interés | ***fare bene i propri calcoli***, hacer bien sus cuentas/cálculos: *fai bene i tuoi calcoli prima di accettare*, haz bien tus cuentas/cálculos antes de aceptar | ***fare male i propri calcoli***, fallar los cálculos.
calcolo[2] *s.m.* (*med.*) cálculo.
caldaia *s.f.* **1** caldera, calentador (*m.*) | *— a gas*, caldera de gas **2** (*recipiente*) caldero (*m.*): *una — da minestra*, un caldero para la sopa.
caldamente *avv.* calurosamente, encarecidamente.
caldana *s.f.* bochorno (*m.*), sofoco (*m.*).
caldarrosta *s.f.* castaña asada.
caldeggiare *v.tr.* apoyar, sostener*, fomentar: *caldeggiò la sua candidatura*, apoyó su candidatura.
calderone *s.m.* **1** caldero **2** (*fig.*) lío, confusión (*f.*).
caldo *agg.* caliente, caluroso, cálido: *clima —*, clima cálido/tórrido; *giornata calda*, día caluroso; *latte caldo*, leche caliente; *un cappotto —*, un abrigo cálido; *una calda accoglienza*, una acogida cálida/afectuosa/cordial; *un tono di voce —*, un tono de voz cálido | (*pol.*) *una zona calda*, una zona crítica ♦ *s.m.* calor: *fare —*, hacer calor | *avere —*, tener calor | *mangiare, bere qlco. di —*, comer, beber algo caliente
■ ***a caldo***, en caliente | ***non fare né caldo né freddo***, no dar ni frío ni calor, dejar indiferente.
caleidoscopio *s.m.* caleidoscopio.
calendario *s.m.* calendario, almanaque: *— civile*, calendario laboral; *— liturgico*, calendario eclesiástico; *— lunare*, calendario lunar; *— scolastico*, calendario escolar; *— accademico*, calendario académico.
calende *s.f.pl.* calendas | *andare alle — greche*, dejar para las calendas griegas.
calepino *s.m.* **1** bloc de notas **2** (*ant.*) diccionario **3** (*iron.*) tocho, mamotreto.
calesse *s.m.* calesa (*f.*), tartana (*f.*).
calibrare *v.tr.* **1** calibrar, medir* **2** (*fig.*) sopesar, ponderar: *— le parole*, sopesar las palabras.
calibro *s.m.* calibre.
calice *s.m.* copa (*f.*); (*relig.*) cáliz*: *un — di champagne*, una copa de champán | *a —*, en forma de copa | *alzare i calici*, brindar | *bere al — dell'amarezza*, apurar/beber el cáliz de la amargura | *bere il — fino alla feccia/in fondo*, llegar hasta el fondo del pozo.
califfo *s.m.* (*pol.*) califa.
californiano *agg., s.m.* californiano.
caligine *s.f.* neblina, calina, bruma.
callifugo *agg., s.m.* callicida.
calligrafia *s.f.* caligrafía, letra: *una — illeggibile*, una letra enrevesada/ilegible.
callista *s.m./f.* callista.
callo *s.m.* callo: *— osseo*, callo óseo
■ ***fare il callo***, acostumbrarse, amoldarse | (*fig.*) ***pestare i calli***, acosar, estorbar.
callosità *s.f.* callosidad.
calloso *agg.* calloso, endurecido.
calma *s.f.* calma, sosiego (*m.*), tranquilidad: *dobbiamo mantenere la —*, tenemos que mantener la calma; *finalmente c'è un attimo di —*, por fin hay un momento de calma/tregua | *prendersela con —*, tomarse las cosas con calma.
calmante *agg., s.m.* (*anche farm.*) calmante.
calmare *v.tr.* **1** calmar, sosegar*, tranquilizar* **2** (*lenire*) calmar, aliviar: *— il dolore*, calmar el dolor ♦ **-rsi** *v.pron.* calmarse, tranquilizarse*, abonanzarse*.

calmo *agg.* calmo, tranquilo, sereno, quieto: *sta —!*, ¡ tranquilo!; *oggi il mare è —*, hoy el mar está sereno.

calo *s.m.* **1** merma (*f.*), mengua (*f.*), disminución (*f.*) | *— della vista*, disminución de la vista **2** (*comm.*) baja (*f.*): *il — delle vendite*, la disminución de las ventas; *il — dei prezzi*, la baja de precios

■ ***essere in calo***, disminuir: *i turisti stranieri sono in —*, los turistas extranjeros están disminuyendo.

calore *s.m.* **1** (*anche fig.*) calor: *il — della fiamma*, el calor de la llama **2** (*di animali*) celo: *essere in —*, estar en celo.

caloria *s.f.* caloría.

calorico *agg.* calórico.

calorifero *s.m.* radiador, calorífero.

caloroso *agg.* **1** (*non freddoloso*) caluroso: *è sempre —, anche d'inverno*, es caluroso, incluso en invierno **2** (*cordiale*) cordial, cálido: *un — abbraccio*, un cálido abrazo.

calotta *s.f.* casquete (*m.*) | (*anat.*) *— cranica*, bóveda craneal | (*geogr.*) *— glaciale, polare*, casquete glaciar, polar.

calpestare *v.tr.* **1** pisar, pisotear: *vietato — le aiuole*, prohibido pisar el césped **2** (*fig.*) pisotear, ultrajar: *— la democrazia*, atropellar la democracia; *— l'onore*, pisotear el honor.

calunnia *s.f.* calumnia.

calunniare *v.tr.* calumniar, denigrar.

calunniatore *s.m.* calumniador, difamador.

calura *s.f.* bochorno (*m.*), calícula.

calvario *s.m.* **1** calvario **2** (*fig.*) calvario, suplicio, martirio: *la sua vita è un —*, su vida es un calvario.

calvizie *s.f.* calvicie.

calvo *agg.* (*senza capelli*) calvo, pelado ♦ *s.m.* calvo.

calza *s.f.* (*da uomo*) calcetín (*m.*), media; (*da donna*) media: *calze di seta*, medias de seda

■ ***fare la calza***, tejer, hacer la calceta/punto | ***ferro da calza***, aguja de hacer punto, aguja de tejer.

calzamaglia *s.f.* leotardos (*m.pl.*); (*collant*) medias (*pl.*), pantys (*pl.*).

calzante *agg.* **1** (*indumento*) ceñido (*m.*), apretado (*m.*) **2** (*fig., argomento, discorso*) apropiado (*m.*), justo (*m.*): *esempio —*, ejemplo apropiado ♦ *s.m.* calzador.

calzare *v.tr.* (*guanti, scarpe*) llevar, calzar*: *calzava guanti e scarpe nuove*, calzaba guantes y zapatos nuevos ♦ *v.intr.* **1** (*andar bene*) sentar* bien, quedar perfecto: *questo vestito ti calza perfettamente*: este traje te queda perfectamente **2** (*fig., argomento, discorso*) ser apropiado

■ ***calzare a pennello***, (*indumento*) sentar como un guante; (*argomento, discorso*) venir de perillas.

calzascarpe *s.m.* calzador.

calzatura *s.f.* calzado (*m.*), zapato (*m.*) | *negozio di calzature*, tienda de calzado.

calzaturificio *s.m.* fábrica (*f.*) de calzado.

calzettone *s.m.* media (*f.*) de lana.

calzino *s.m.* calcetín.

calzolaio *s.m.* **1** zapatero **2** (*negozio*) zapatería (*f.*).

calzoncini *s.m.pl.* (*abbigl.*) pantalones cortos.

calzone *s.m.* (*cuc.*) pizza (*f.*) doblada a la mitad.

calzoni *s.m.pl.* (*abbigl.*) pantalones: *— a zampa d'elefante*, pantalones de campana; *mettersi/infilarsi i —*, ponerse los pantalones | *mettersi i — lunghi*, ponerse de largo

■ ***farsela nei calzoni***, cagarse de miedo.

camaleonte *s.m.* (*zool.*) camaleón.

cambiale *s.f.* letra de cambio, pagaré (*m.*): *emettere una —*, librar una letra; *— all'incasso*, letra al cobro; *— al portatore*, pagaré al portador; *— a vista*, letra a la vista; *— commerciale*, papel comercial; *— domiciliata*, letra de cambio domiciliada; *— finanziaria*, letra financiera; *girare una —*, girar una letra.

cambiamento *s.m.* cambio, transformación (*f.*), modificación (*f.*): *c'è stato un — in lui*, tuvo lugar una transformación en él.

cambiare *v.tr.* **1** cambiar, mudar: *— casa*, mudarse | *— di camera*, cambiar de habitación | *— di posto*, cambiar de lugar | *— posizione*, cambiar de postura | *— parere*, cambiar de opinión | *— strada*, cambiar el rumbo | *— vita*, cambiar de vida | *la cosa cambia aspetto*, esto ya es otra cosa **2** cambiar, sustituir: *— i freni*, sustituir los frenos | *cambiò i fumetti con dei libri*, cambió los tebeos por unos libros | *— dollari in euro*, cambiar dólares por euros ♦ *v.intr.* cambiar | *non cambia mai*, no cambia nunca, sigue siempre igual ♦ **-rsi** *v.pron.* cambiarse, mudarse: *mi cambio la camicia ed esco*, me cambio la camisa y salgo; *— per un pranzo importante*, cambiarse para una comida importante

■ ***cambiare aria***, cambiar de aires | ***cambiare le carte in tavola***, hacer trampa | ***tanto per cambiare!***, ¡como de costumbre!

cambio *s.m.* **1** cambio, variación (*f.*), substitución (*f.*): *il — della biancheria*, cambio de ropa interior **2** (*comm.*) cambio, canje | *agente di —*, corredor de bolsa | *ufficio di —*, caja de cambios **3** (*aut.*) cambio; (*leva*) palanca (*f.*) del cambio: *— automatico*, cambio automático

■ ***dare il cambio***, relevar | ***darsi il cambio***, turnarse | ***fare cambio***, cambiar: *facciamo —?*, ¿cambiamos? | ***in cambio di***, en lugar de, a cambio de: *in — cosa mi dai?*, ¿qué me das a cambio?

cambusa *s.f.* (*mar.*) gambuza, bodega.

cambusiere *s.m.* maestre de raciones/víveres.
camera *s.f.* **1** habitación, cuarto (*m.*): — *singola*, habitación individual; — *doppia*, habitación doble; — matrimoniale, habitación matrimonial; *l'appartamento ha tre camere*: el piso tiene tres habitaciones | — *con vista*, habitación con vistas | — *degli ospiti*, cuarto de los huéspedes | — *ardente/mortuaria*, capilla ardiente, tanatorio | — *oscura*, cuarto oscuro | — *sterile*, cámara aséptica | *veste da* —, bata | *musica da* —, música de cámara **2** (*tecn., med., pol.*) cámara: — *d'aria*, cámara de aire | — *dei deputati*, cámara de los diputados.
cameraman *s.m./f.* cámara, camarógrafo (*m.*).
camerata[1] *s.f.* (*dormitorio*) dormitorio (*m.*) común.
camerata[2] *s.m./f.* (*mil., pol.*) camarada, compañero (*m./f.*).
cameratismo *s.m.* camaradería (*f.*), compañerismo.
cameriera *s.f.* **1** (*domestica*) criada, sirvienta, muchacha, chacha **2** (*di bar, ristorante*) camarera.
cameriere *s.m.* camarero.
camerino *s.m.* (*di negozio*) probador; (*teatr.*) camerino.
camice *s.m.* **1** bata (*f.*) **2** (*relig.*) alba (*f.*).
camicetta *s.f.* blusa.
camicia *s.f.* camisa; (*da donna*) blusa | — *da notte*, camisón, camisa de dormir | — *di forza*, camisa de fuerza
■ ***sudare sette camicie***, sudar la gota gorda | (*fig.*) ***essere nato con la camicia***, haber nacido de pie | (*cuc.*) ***uova in camicia***, huevos escalfados | (*st.*) ***camicia nera***, fascista.
caminetto *s.m.* chimenea (*f.*): *accendere il* —, encender la chimenea.
camino *s.m.* (*anche tecn., geol.*) chimenea (*f.*) | *fumare come un* —, fumar como un carretero.
camion *s.m.* (*aut.*) camión: *un — con rimorchio*, un camión con remolque.
camioncino *s.m.* (*aut.*) furgón, camioneta (*f.*).
camionista *s.m./f.* camionero (*m.*).
cammello *s.m.* (*zool.*) camello.
camminamento *s.m.* (*mil.*) camino.
camminare *v.intr.* **1** caminar, andar*: *non mi piace* —, no me gusta andar | — *in punta di piedi*, caminar de puntillas | (*fam.*) *cammina!*, ¡date prisa! | *cammina cammina...*, camina que caminarás | — *come una tartaruga*, andar como una tortuga | — *con le proprie gambe*, ir por su proprio pie | — *sulle uova*, ir pisando huevos **2** (*fig.*) andar*, funcionar, marchar: *la scienza cammina*, la ciencia avanza; *la macchina non cammina più*, el coche ya no funciona.
camminata *s.f.* caminata, paseo (*m.*).
camminatore *s.m.* andador*, caminante (*m./f.*).
cammino *s.m.* camino, marcha (*f.*); (*strada*) ruta (*f.*): *eravamo in — già da tre ore*, estábamos en camino desde hacía tres horas; *il rifugio è a due ore di* —, el refugio está a dos horas de camino | *mettersi in* —, encaminarse, ponerse en camino | *cammin facendo*, a lo largo del camino | *aprirsi il* —, abrirse/hacerse camino | — *battuto*, camino trillado.
camomilla *s.f.* (*infuso*) manzanilla; (*bot.*) camomila.
camorra *s.f.* mafia napolitana.
camorrista *agg.* que pertenece a la mafia napolitana ♦ *s.m.* camorrista.
camorristico *agg.* de la mafia napolitana.
camoscio *s.m.* (*zool., tess.*) gamuza (*f.*).
campagna *s.f.* **1** campo (*m.*), campiña: *in aperta* —, en campo abierto; *vivere in* —, vivir en el campo; *gente di* —, campesinos, gente del campo; *topo di* —, ratón de campo **2** (*elettorale, pubblicitaria ecc.*) campaña: — *acquisti*, fichaje de futbolistas | — *elettorale*, campaña electoral | — *fotografica*, reportaje fotográfico | — *pubblicitaria*, campaña publicitaria.
campagnolo *agg.* rural, campero ♦ *s.m.* campesino, aldeano.
campana *s.f.* campana: — *a martello*, campana a rebato; *le campane suonano a morto*, las campanas doblan/tocan a muerto | — *di vetro*, campana de cristal, fanal
■ ***sordo come una campana***, más sordo que una tapia | ***tenere qlcu. sotto una campana di vetro***, tener a alguien entre algodones | ***sentire anche l'altra campana***, oír también la otra versión.
campanaccio *s.m.* cencerro, esquila (*f.*).
campanario *agg.* de la campana.
campanaro *s.m.* campanero.
campanella *s.f.* **1** timbre (*m.*): *la — della scuola*, el timbre del colegio **2** (*di portone*) aldaba **3** (*orecchini*) pendiente (*m.*).
campanello *s.m.* **1** campanilla (*f.*) **2** (*di porta*) timbre (*m.*)
■ ***campanello d'allarme***, alarma.
campanile *s.m.* campanario | *alto come un* —, larguirucho.
campanilismo *s.m.* chovinismo, patriotería (*f.*).
campare *v.intr.* ganarse la vida | — *alla giornata*, vivir al día | *tirare a* —, arreglárselas, ir tirando.
campato *agg. nella loc.*: — *in aria*, sin fundamento, en el aire.
campeggiatore *s.m.* acampador, campista (*m./f.*).
campeggio *s.m.* camping; campamento.
campestre *agg.* campestre.

camper *s.m.* camper, caravana (*f.*).
campidoglio *s.m.* capitolio.
campionare *v.tr.* seleccionar muestras de.
campionario *agg.* de muestras ♦ *s.m.* muestrario, catálogo.
campionato *s.m.* campeonato; (*di calcio*) liga (*f.*).
campione *s.m.* **1** (*esemplare*) muestra (*f.*): — *senza valore*, muestra sin valor (*f.*) | (*med.*) *analizzare un — di tessuto*, analizar una muestra de tejido **2** (*sport*) campeón.
campo *s.m.* **1** campo: — *di patate*, patatal, (*Amer.*) sembrado de papa | *abbandonare il —*, abandonar el campo | *in — aperto*, en descampado | — *di battaglia*, campo de batalla | *lasciare il — libero*, dejar el campo libre | *mettere in —*, alinear, desplegar; (*scuse ecc.*) alegar, presentar **2** (*fig.*) sector **3** (*sport*) campo, cancha (*f.*), pista (*f.*) | — *da gioco*, campo de juego, cancha | — *da tennis*, cancha de tenis | *entra in — il n. 12*, entra en la pista el n. 12 **4** (*accampamento*) campamento.
camposanto *s.m.* camposanto, cementerio.
camuffare *v.tr.* camuflar; (*mascherare*) disfrazar*.
canadese *agg.*, *s.m./f.* canadiense ♦ *s.f.* (*tenda*) tienda de campaña.
canaglia *s.f.* canalla (*m./f.*).
canale *s.m.* **1** canal; (*diramazione*) acequia (*f.*) **2** (*tv*) cadena (*f.*), canal: *c'è un film sul primo —*, hay una película en el primer canal | — *televisivo*, canal de televisión | — *a pagamento*, canal de pago | — *di distribuzione*, canal de distribución | — *d'irrigazione* canal de riego **3** (*anat.*) canal, conducto.
canalizzare *v.tr.* (*anche fig.*) canalizar*.
canapa *s.f.* (*bot.*, *tess.*) cáñamo (*m.*).
canarino *s.m.* (*zool.*) canario.
canasta *s.f.* (*gioco, carte*) canasta.
cancellare *v.tr.* **1** (*con la gomma, anche fig.*) borrar; (*con la penna*) tachar; (*inform.*) borrar | *l'ho cancellato dalla lista dei miei amici*, lo he borrado de la lista de mis amigos **2** (*disdire*) anular, cancelar.
cancellata *s.f.* verja.
cancellatura *s.f.* borradura, tachón (*m.*).
cancellazione *s.f.* cancelación, anulación, supresión.
cancelleria *s.f.* **1** (*ufficio*) cancillería **2** (*oggetti*) objetos (*m.pl.*) de escritorio/de papelería.
cancelliere *s.m.* (*amm.*, *pol.*) canciller.
cancellino *s.m.* borrador.
cancello *s.m.* verja (*f.*), reja (*f.*): — *automatico*, cancela automática.
cancerogeno *agg.* (*med.*) cancerígeno.
canceroso *agg.* (*med.*) canceroso ♦ *s.m.* (*med.*) enfermo de cáncer.
cancro *s.m.* (*anche astr.*) cáncer.
candeggiante *agg.*, *s.m.* blanqueador, decolorante.
candeggiare *v.tr.* blanquear: — *i panni*, echar lejía a la ropa.
candeggina *s.f.* lejía.
candeggio *s.m.* blanqueo, decoloración.
candela *s.f.* **1** vela | *a lume di —*, a la luz de la vela **2** (*aut.*, *elettr.*) bujía: *una lampadina da 40 candele*, una bombilla de 40 bujías ■ ***il gioco non vale la candela***, no vale/merece la pena | ***a candela***, en candela | ***reggere, tenere la candela***, aguantar la vela.
candelabro *s.m.* candelabro; (*a un braccio*) candelero.
candeliere *s.m.* candelero.
candelina *s.f.* vela para las tartas.
candelotto *s.m.* (*di dinamite*) cartucho.
candidare *v.tr.* presentar la candidatura de ♦ **-rsi** *v.pron.* presentarse como candidato.
candidato *s.m.* candidato; aspirante (*m./f.*); (*in un concorso*) opositor.
candidatura *s.f.* candidatura: *bocciare la — di qlcu.*, rechazar la candidatura de alguien.
candido *agg.* **1** cándido, blanco **2** (*puro*) candoroso: *un'anima candida*, un alma candorosa **3** (*ingenuo*) ingenuo, simple.
candire *v.tr.* confitar, almibarar, escarchar.
candito *agg.* confitado ♦ *s.m.* fruta (*f.*) confitada/escarchada.
candore *s.m.* **1** blancura (*f.*) **2** (*fig.*) candor, inocencia (*f.*).
cane *s.m.* **1** perro: — *randagio*, perro callejero; — *da salotto*, perro faldero; — *da guardia*, perro guardián **2** (*di arma da fuoco*) gatillo ■ ***da cani***, de perros: *vita da cani*, vida perra/de perros; *tempo da cani*, tiempo de perros | ***fare un freddo cane***, hacer un frío que pela | ***solo come un cane***, solo como un perro | ***can che abbaia non morde***, perro ladrador poco mordedor | ***figlio d'un cane!***, ¡hijo de perra!, ¡hijo de puta! | ***lavorare da cani***, trabajar a la buena de Dios | ***menare il can per l'aia***, andarse por las ramas, andarse con rodeos | ***non svegliare il can che dorme***, es mejor no buscarle las cosquillas | ***roba da cani!***, ¡qué porquería! | ***essere come cane e gatto***, llevarse come el perro y el gato | ***trattare come un cane***, tratar como a un perro.
canestro *s.m.* canasta (*f.*), cesta (*f.*) | (*sport*) *segnare un —*, marcar canasta.
canfora *s.f.* alcanfor (*m.*).
cangiante *agg.* irisado, tornasolado, batido.
cangiare *v.tr.* cambiar, mudar.
canguro *s.m.* (*zool.*) canguro.
canile *s.m.* perrera (*f.*).
canino *agg.* canino, perruno ♦ *s.m.* (*dente*) colmillo.
canizie *s.f.* **1** (*capelli*) canicie, canas (*pl.*) **2** (*fig.*) vejez.

canna *s.f.* **1** caña: — *da pesca*, caña de pescar | *piantagione di — da zucchero*, cañaveral **2** (*da passeggio*) bastón (*m.*) **3** (*di camino*) tubo (*m.*): — *fumaria*, chimenea **4** (*di bicicletta*) barra **5** (*di fucile*) cañón (*m.*) **6** (*droga*) porro (*m.*), canuto (*m.*): *farsi una* —, liarse un porro
■ ***essere povero in canna***, ser más pobre que una rata | ***bere a canna***, beber a morro/a pico de botella.
cannella[1] *s.f.* (*bot., cuc.*) canela.
cannella[2] *s.f.* (*di botte*) canilla, espita
cannello *s.m.* **1** canuto, cañuto **2** (*metall.*) soplete.
cannelloni *s.m.pl.* (*cuc.*) canelones.
canneto *s.m.* cañaveral, cañizal.
cannibale *agg., s.m./f.* caníbal.
cannibalismo *s.m.* canibalismo.
cannocchiale *s.m.* catalejo, anteojo | — *astronomico*, telescopio.
cannolicchio *s.m.* (*zool.*) navaja (*f.*).
cannolo *s.m.* (*cuc.*) rollo dulce de requesón.
cannonata *s.f.* (*anche fig.*) cañonazo (*m.*).
cannone *s.m.* cañón.
cannuccia *s.f.* **1** paja, pajilla **2** (*tecn.*) canuto (*m.*).
canoa *s.f.* canoa, piragua.
canone *s.m.* canon | — *d'affitto*, alquiler.
canottaggio *s.m.* (*sport*) remo, piragüismo.
canottiera *s.f.* camiseta de tirantes.
canotto *s.m.* bote inflable | — *di salvataggio*, lancha salvavidas.
canovaccio *s.m.* **1** (*asciugamano*) cañamazo, trapo de cocina **2** (*teatr., trama*) guión, trama (*f.*).
cantante *agg., s.m./f.* cantante.
cantare *v.tr.* **1** cantar: — *una canzone*, cantar una canción; — *alla radio*, cantar en la radio | — *a orecchio*, cantar de oído ♦ *v.intr.* **1** cantar **2** (*di uccelli*) cantar, trinar: *gli uccelli cominciano a — all'alba*, los pájaros empiezan a cantar al amanecer
■ ***cantar chiaro***, hablar sin rodeos, cantar las cuarenta | ***carta canta***, lo escrito, escrito está | ***canta che ti passa***, quien canta sus males espanta | ***cantare vittoria***, cantar victoria.
cantastorie *s.m./f.* juglar (*m.*), coplero (*m.*).
cantata *s.f.* (*mus.*) cantata.
cantautore *s.m.* (*mus.*) cantautor.
canterino *agg.* canterín, cantor.
canticchiare *v.tr./intr.* canturrear, tararear.
cantico *s.m.* cántico.
cantiere *s.m.* (*edile*) obra (*f.*); (*navale*) astillero
■ (*fig.*) ***avere in cantiere***, traer entre manos.
cantilena *s.f.* cantilena, copla.
cantina *s.f.* **1** sótano (*m.*); (*per il vino*) bodega **2** (*osteria*) tasca, cantina, taberna.
canto[1] *s.m.* canto; (*canzone*) canción (*f.*): *il — dell'usignolo*, el canto del ruiseñor | *al — del gallo*, al canto del gallo.
canto[2] *s.m.* (*angolo di strada*) esquina (*f.*); (*angolino*) rincón | *starsene in un* —, quedarse en un rincón
■ ***dal canto mio***, por mi parte | ***d'altro canto***, por otro lado.
cantonata *s.f.* **1** (*angolo*) esquina **2** (*errore*) equivocación: *prendere una* —, no acertar, pifiarla.
cantone *s.m.* cantón: *il — svizzero*, el cantón suizo | *giocare ai quattro cantoni*, jugar al juego de las cuatro esquinas.
cantuccio *s.m.* rincón: *si era nascosto in un — della stanza*, se había escondido en un rincón de la habitación.
canuto *agg.* canoso.
canzonare *v.tr.* burlarse de, tomar el pelo a.
canzone *s.f.* canción.
canzonetta *s.f.* canción ligera.
canzoniere *s.m.* cancionero.
caos *s.m.* caos, desorden.
caotico *agg.* caótico, desordenado, confuso.
capace *agg.* **1** capaz*, hábil, competente, experto: *è un artista molto* —, es un artista muy válido **2** (*ampio*) espacioso, amplio: *è una cucina molto* —, es una cocina muy espaciosa
■ (*fam.*) ***è capace che***, puede que | ***essere capace di tutto***, ser capaz de todo, caber todo en uno.
capacità *s.f.* **1** habilidad, capacidad **2** (*capienza*) capacidad, cabida.
capanna *s.f.* cabaña, choza
■ ***due cuori e una capanna***, contigo pan y cebolla.
capannone *s.m.* **1** nave (*f.*) | — *industriale*, nave industrial **2** (*rustico*) cobertizo, **3** (*aer.*) hangar.
caparbietà *s.f.* testarudez, tozudez.
caparbio *agg.* testarudo, tozudo.
caparra *s.f.* señal; (*dir.*) caución.
capatina *s.f.* escapada, vuelta: *fare una — in ufficio*, ir un momento a la oficina.
capeggiare *v.tr.* capitanear, acaudillar, encabezar*.
capello *s.m.* (*spec.pl.*) cabello (*sing.*), pelo (*sing.*): *tagliarsi i capelli*, cortarse el pelo; *capelli biondi*, *castani*, pelo rubio, castaño; *capelli rossi*, pelirrojo; *coi capelli corti*, *lunghi*, *ricci*, *lisci*, de pelo corto, largo, rizado, liso | *farsi i capelli*, ir a la peluquería
■ ***avere un diavolo per capello***, estar que se lo llevan los demonios | ***averne fin sopra i capelli***, estar hasta la coronilla, echar humo | ***far rizzare i capelli***, poner los pelos de punta | ***far venire i capelli bianchi***, hacer salir canas | ***mettersi le mani nei capelli***, llevarse las manos a la cabeza | ***prendersi per i capelli***,

tirarse de los pelos | ***strapparsi i capelli***, rasgarse las vestiduras | ***spaccare il capello in quattro***, sacar punta (a algo) | ***tirato per i capelli***, forzado.
capellone *s.m.* melenudo.
capelluto *agg.* cabelludo.
capestro *s.m.* **1** soga (*f.*) **2** (*fig.*) horca (*f.*).
capezzale *s.m.* larguero, cabecera (*f.*).
capezzolo *s.m.* (*anat.*) pezón.
capidoglio *s.m.* (*zool.*) cachalote.
capiente *agg.* capaz*, espacioso.
capienza *s.f.* cabida, capacidad.
capigliatura *s.f.* cabellera, melena.
capillare *agg.* **1** (*anche anat.*) capilar: *vasi capillari*, vasos capilares **2** (*fig.*) minucioso **3** (*fig.*) amplio, vasto: *una rete — sul territorio*, una vasta red en el territorio ♦ *s.m.* (*anat.*) capilar.
capillarità *s.f.* **1** capilaridad **2** minuciosidad, meticulosidad.
capire *v.tr.* entender*, comprender; (*rendersi conto*) darse* cuenta de, percibir, captar: *non ho capito*, no he entendido | *farsi —*, hacerse entender | *fare finta di non —*, fingir no entender
■ ***capisco!***, ¡ya! | ***capito?***, ¿comprendido?/¿estamos? | ***ci siamo capiti?***, ¿de acuerdo? | ***capire l'antifona***, entender la indirecta | ***capirai!***, ¡figúrate!/¡vaya! | ***si capisce***, está claro | ***non capire un accidente/cavolo/fico secco/tubo***, no entender un pepino/comino.
capitale[1] *agg.* capital, principal: *lo hanno condannato alla pena —*, le condenaron a la pena capital.
capitale[2] *s.m.* capital: *accumulare un —*, amasar una fortuna | *— liquido*, capital líquido | *investirono il — in azioni*, invirtieron el capital en acciones.
capitale[3] *s.f.* capital: *la — della Spagna è Madrid*, la capital de España es Madrid.
capitalismo *s.m.* capitalismo.
capitalista *agg., s.m./f.* capitalista.
capitanare *v.tr.* capitanear, mandar, liderar.
capitaneria *s.f.* (*mil.*) capitanía: *— di porto*, capitanía del puerto.
capitano *s.m.* (*mil.*) capitán; jefe, líder: *il — dei ribelli*, el jefe de los rebeldes | *— di fregata*, capitán de fragata | *— di lungo corso*, capitán de altura | *— d'industria*, empresario industrial | *— di ventura*, capitán de mercenarios.
capitare *v.intr.* **1** (*giungere*) pasar, caer*, llegar*: *mi è capitato tra le mani*, me llegó a las manos; *se capiti da queste parti, chiamami*, si pasas por aquí, llámame **2** (*accadere*) suceder, ocurrir | *me ne capitano di tutti i colori!*, ¡me pasa de todo! | *cose che capitano*, cosas que pasan | | *non ti capita mai di ...?*, ¿pero a ti nunca te ...? **3** (*presentarsi*) tocar: *ci è capitata una buona occasione*, nos ha tocado una buena ocasión
■ ***dove capita***, donde sea: *dormirò dove capita*, dormiré donde sea | ***capitare bene***, caer de perlas/perillas; tener buena suerte | ***capitare male***, caer en mal momento; tener mala suerte | ***capitare fra capo e collo***, suceder de repente.
capitello *s.m.* (*arch.*) capitel, cabeza (*f.*): *— corinzio*, capitel corintio; *— dorico*, capitel dórico; *— ionico*, capitel jónico.
capitolare[1] *v.intr.* **1** capitular, rendirse* **2** (*fig.*) ceder.
capitolare[2] *agg.* (*relig.*) capitular.
capitolo *s.m.* capítulo
■ ***aver voce in capitolo***, tener voz y voto.
capitombolo *s.m.* **1** porrazo **2** (*fig.*) revés.
capitone *s.m.* (*zool.*) anguila (*f.*).
capo *s.m.* **1** (*anat.*) cabeza (*f.*) | *abbassare/chinare/piegare il —*, bajar/doblar la cabeza | *alzare/drizzare il —*, alzar/levantar la cabeza | *andare a — alto*, ir con la cabeza bien alta | *andare a — chino*, ir con la cabeza gacha **2** (*estremità*) cabo: *da un — all'altro della città*, de cabo a rabo de la ciudad, de punta a punta de la ciudad **3** (*geogr.*) cabo **4** (*dir.*) capítulo: *— d'accusa*, capítulo de acusación, cargos, imputaciones | *riassumere per sommi capi*, resumir someramente/en pocas palabras **5** (*chi comanda*) jefe **6** (*abbigl.*) prenda (*f.*): *un — firmato*, una prenda de diseño **7** (*di bestiame*) res (*f.*)
■ ***da capo a piedi***, de cabo a rabo | ***essere senza capo né coda***, no tener pies ni cabeza | ***tra capo e collo***, por sorpresa| ***a capo di***, a la cabeza de | ***dare una lavata di capo***, echar un rapapolvo | ***non venire a capo di qlco.***, no dar con la solución, no resolver algo | ***da capo***, desde el principio, de nuevo: (*dover ricominciare*) *essere da —*, tener que volver a empezar | ***punto e a capo***, punto y aparte | ***in capo al mondo***, en el quinto pino, en el fin del mundo | ***cosa fatta capo ha***, a lo hecho pecho.
capobanda *s.m./f.* **1** (*mus.*) director (*m.*) **2** (*malavita*) jefe (*m.*), capo (*m.*).
capocantiere *s.m./f.* jefe (*m.*) de obras.
capoclasse *s.m./f.* delegado (*m.*) de la clase.
capocollo *s.m.* sobrasada (*f.*)
capocronista *s.m./f.* redactor (*m.*) jefe.
capodanno *s.m.* año nuevo: *buon —*, feliz año nuevo.
capofamiglia *s.m./f.* cabeza de familia
capofficina *s.m./f.* jefe (*m.*) de taller.
capofila *s.m./f.* **1** primero (*m.*) de una fila **2** representante principal, maestro (*m.*).
capofitto, a *loc.avv.* sin pensarlo dos veces | (*fig.*) *gettarsi — nel lavoro*, meterse de lleno

en el trabajo, dedicarse en cuerpo y alma al trabajo.
capogiro *s.m.* mareo, vahído, aturdimiento | *da —*, de vértigo.
capolavoro *s.m.* obra (*f.*) maestra.
capolinea *s.m.* (estación) terminal (*f.*); final de línea.
capoluogo *s.m.* capital (*f.*) de provincia.
capomastro *s.m.* capataz*.
caporale *s.m./f.* (*mil.*) cabo, sargento.
caporedattore *s.m.* (*giorn.*) redactor jefe.
caporeparto *s.m./f.* jefe (*m.*) de sección
caposala *s.m./f.* jefe (*m.*) de sala.
capostazione *s.m./f.* (*ferr.*) jefe (*m.*) de estación.
capotavola *s.m.* cabecera (*f.*) de la mesa | *sedere a —*, sentarse en la cabecera.
capotreno *s.m./f.* (*ferr.*) jefe (*m.*) de tren.
capoverso *s.m.* párrafo, apartado.
capovolgere *v.tr.* **1** girar, dar* la vuelta a, volcar*, capotar: *— la sedia*, poner la silla patas arriba **2** (*fig.*) invertir*: *— la situazione*, invertir la situación; *ha capovolto tutti i nostri piani*, ha invertido todos nuestros planes ♦ **-rsi** *v.pron.* volcar*, capotar: *l'auto si è capovolta*, el automóvil volcó.
capovolgimento *s.m.* **1** vuelco **2** (*fig.*) cambio, inversión (*f.*).
cappa[1] *s.f.* **1** (*indumento, anche fig.*) capa **2** (*di camino*) campana.
cappa[2] *s.f.* (*lettera*) ka.
cappella *s.f.* capilla: *— mortuaria*, cámara mortuoria; *—reale*, capilla real.
cappellaio *s.m.* sombrerero.
cappellano *s.m.* (*relig.*) capellán.
cappelliera *s.f.* sombrerera.
cappello *s.m.* sombrero | *— a cilindro*, chistera, sombrero de copa | *— di paglia*, sombrero de paja | *portare il — sulle ventitré*, llevar el sombrero ladeado
■ ***tanto di cappello!***, ¡hay que quitarse el sombrero!
cappero *s.m.* (*bot.*) alcaparra (*f.*)
■ ***capperi!***, ¡caramba!
cappio *s.m.* (*nodo*) lazo; (*capestro*) cabestro, dogal | (*fig.*) *avere il — al collo*, estar con la soga al cuello.
cappone *s.m.* (*pollo*) capón.
cappotta *s.f.* (*aut.*) capota.
cappottare *v.intr.* capotar.
cappotto[1] *s.m.* (*abbigl.*) abrigo.
cappotto[2] *s.m.* (*al gioco*) capote: *fare, dare —*, dar capote, ganar todo.
cappuccino[1] *s.m.* (*bevanda*) capuchino, café con leche.
cappuccino[2] *s.m.* (*frate*) capuchino.
cappuccio *s.m.* capuchón, caperuza (*f.*).
capra *s.f.* (*zool.*) cabra
■ ***salvare capra e cavoli***, nadar y guardar la ropa.
caprese *s.f.* (*cuc.*) ensalada de tomate con mozarela y orégano.
capretto *s.m.* (*zool.*) cabrito.
capriccio *s.m.* capricho, antojo; (*di bambino*) rabieta (*f.*), pataleta (*f.*) | *fare i capricci*, tener rabietas, cogerse una pataleta | *levarsi un —*, darse un gustazo, quitarse las ganas.
capriccioso *agg.* caprichoso, antojadizo: *una ragazza capricciosa*, una chica antojadiza; *ha uno stile —*, tiene un estilo extravagante
■ (*cuc.*) ***insalata capricciosa***, ensaladilla | (*cuc.*) ***pizza capricciosa***, pizza caprichosa.
Capricorno *s.m.* (*astr.*) Capricornio.
caprifoglio *s.m.* (*bot.*) madreselva (*f.*).
caprino *agg.* (*zool.*) caprino, cabrío: *formaggio —*, queso de cabra; *lana caprina*, lana de cabra.
capriola *s.f.* cabriola, pirueta, voltereta | *fare una —*, hacer una pirueta; (*fig.*) sufrir un revés.
capriolo *s.m.* (*zool.*) corzo.
capsula *s.f.* cápsula.
captare *v.tr.* captar, conquistar, ganarse: *— l'attenzione*, captar la atención.
carabina *s.f.* carabina.
carabiniere *s.m./f.* militar con funciones de policia, (*in Spagna*) Guardia Civil; (*in Cile*) Carabinero | (*fig.*) *fare il/essere un —*, ser un ordeno y mando.
caraffa *s.f.* garrafa.
caramella *s.f.* caramelo (*m.*).
caramellaio *s.m.* fabricante (*m./f.*) de caramelos.
caramello *agg./s.m.* (*sostanza, colore*) caramelo.
carato *s.m.* (*di oro, preziosi*) quilate.
caratteraccio *s.m.* mal genio; (*fam.*) mala leche (*f.*).
carattere *s.m.* **1** carácter: *una donna di —*, una mujer de carácter | *di buon —*, de buena pasta | *incompatibilità di —*, incompatibilidad de carácter **2** (*tip.*) carácter, tipo, letra (*f.*): *— corsivo*, letra cursiva; *— grassetto*, letra negrita | *a caratteri cubitali*, a toda plana
■ ***a carattere personale***, de carácter privado.
caratterino *s.m.* geniecillo.
caratteristica *s.f.* característica, peculiaridad, particularidad: *le caratteristiche del clima tropicale*, las peculiaridades del clima tropical.
caratteristico *agg.* característico, peculiar, proprio.
caratterizzare *v.tr.* caracterizar*, definir, describir: *— un'epoca*, definir una época ♦ **-rsi** *v.pron.* caracterizarse*.
caratura *s.f.* medición en quilates.
caravan *s.m.* caravana (*f.*).

caravella *s.f.* (*mar.*) carabela.
carboidrato *s.m.* (*chim.*) hidrato de carbono.
carbonaia *s.f.* carbonera, cisquera.
carbonaio *s.m.* carbonero.
carbonare *v.tr.* carbonear.
carbonaro *agg., s.m.* (*st.*) carbonario.
carbone *s.m.* carbón: *carbon fossile*, carbón de piedra, hornaguera, hulla | — *attivo*, carbón activo/activado | *carta* —, papel carbón ■ ***essere nero come il carbone***, ser negro como el carbón | (*fig.*) ***essere sui carboni accesi***, estar en ascuas.
carbonella *s.f.* carbonilla, cisco (*m.*).
carbonifero *agg.* carbonífero.
carbonio *s.m.* (*chim.*) carbono.
carbonizzare *v.tr.* carbonizar*.
carburante *s.m.* carburante
carburare *v.tr./intr.* carburar, marchar; (*fig.*) funcionar.
carburatore *s.m.* (*mecc.*) carburador.
carcassa *s.f.* **1** (*di animale*) osamenta **2** (*di macchina, di apparecchio*) armazón (*m.*), carcasa **3** (*fig.*) piltrafa, cacharro (*m.*): *la mia auto ormai è una* —, mi auto está hecha una piltrafa.
carcerare *v.tr.* encarcelar, arrestar.
carcerario *agg.* penitenciario, carcelero.
carcerato *agg., s.m.* preso, recluso.
carcerazione *s.f.* encarcelamiento (*m.*), prisión.
carcere *s.m.* cárcel (*f.*), prisión (*f.*) | — *preventivo*, prisión preventiva.
carceriere *s.m.* carcelero.
carciofo *s.m.* (*bot.*) alcachofa (*f.*).
cardellino *s.m.* (*zool.*) colorín.
cardiaco *agg.* cardiaco, cardíaco.
cardigan *s.m.* (*abbigl.*) rebeca (*f.*), cárdigan.
cardinale[1] *agg.* cardinal, fundamental, principal.
cardinale[2] *s.m.* (*relig.*) cardenal.
cardine *s.m.* **1** quicio, gozne **2** (*fig.*) base (*f.*), cimientos (*pl.*).
cardiochirurgia *s.f.* (*med.*) cardiocirugía, cirugía del corazón.
cardiochirurgo *s.m.* (*med.*) cardiocirujano.
cardiocircolatorio *agg.* (*anat.*) cardiocirculatorio.
cardiologia *s.f.* (*med.*) cardiología.
cardiologo *s.m.* (*med.*) cardiólogo.
cardiopalmo *s.m.* (*med.*) palpitación (*f.*).
cardiopatia *s.f.* (*med.*) cardiopatía.
cardiopatico *agg., s.m.* (*med.*) cardiópata (*m./f.*).
cardiopolmonare *agg.* (*anat.*) cardiopulmonar.
cardiorespiratorio *agg.* (*anat.*) cardiorrespiratorio.
cardiovascolare *agg.* (*anat.*) cardiovascular.
cardo *s.m.* (*bot.*) cardo, cardillo.
carente *agg.* carente, falto, privo.
carenza *s.f.* carencia, falta: — *affettiva*, carencia afectiva.
carestia *s.f.* carestía, escasez.
carezza *s.f.* caricia.
carezzare *v.tr.* acariciar.
cariatide *s.f.* (*arch.*) cariátide.
cariato *agg.* (*med.*) cariado.
carica *s.f.* **1** (*incarico*) cargo (*m.*), grado (*m.*) | *in* —, en servicio | *campione in* —, actual campeón **2** (*caricamento*) carga **3** (*di persona*) energía, fuerza **4** (*mil.*) carga (*anche fig.*), ataque (*m.*) | *alla* —*!*, ¡al ataque!
caricabatteria *s.m.* (*elettr.*) cargabaterías.
caricamento *s.m.* carga (*f.*).
caricare *v.tr.* **1** cargar*: — *la batteria*, cargar la batería; — *la macchina fotografica*, cargar la cámara | — *la pipa*, llenar la pipa | — *l'orologio*, darle cuerda al reloj | (*fig.*) — *le tinte*, cargar las tintas **2** (*attaccare*) cargar*, acometer, atacar*: *la polizia ha caricato i manifestanti*, la policía ha cargado contra los manifestantes **3** (*passeggeri*) recoger*, subir ♦ **-rsi** *v.pron.* **1** cargarse*; llenarse (*anche fig.*): *si caricò lo zaino in spalla*, se echó la mochila sobre los hombros | — *di impegni*, llenarse de obligaciones/compromisos **2** (*fig.*) concentrarse, mentalizarse*: — *prima di un esame*, concentrarse antes de un examen.
caricato *agg.* cargado, lleno.
caricatura *s.f.* **1** (*pitt., lett.*) caricatura **2** (*fig.*) caricatura, parodia | *mettere in* —, caricaturizar, ridiculizar.
caricaturale *agg.* caricaturesco.
caricaturista *s.m./f.* caricaturista.
carico[1] *agg.* **1** cargado | *essere* — *di lavoro, preoccupazioni*, estar agobiado por el trabajo, por las preocupaciones **2** (*di infuso*) fuerte **3** (*di colore*) subido.
carico[2] *s.m.* **1** carga (*f.*), cargamento: *nave da* —, buque de carga | *operazioni di* — *e scarico*, operaciones de carga y descarga **2** (*fig.*) cargo, gravamen, acusación (*f.*) | *a* — *di*, a cargo de | *avere una famiglia numerosa a* —, tener a su cargo una familia numerosa | *farsi* — *di qlco., di qlcu.*, hacerse cargo de algo, de alguien | *a* — *del destinatario*, a cobro revertido.
carie *s.f.* (*med.*) caries.
carino *agg.* **1** bonito, mono **2** (*gentile*) amable.
carisma *s.m.* carisma: *avere* —, tener carisma.
carismatico *agg.* carismático.
carità *s.f.* **1** caridad **2** (*elemosina*) limosna: *chiedere la* —, pedir limosna **3** (*fam.*) favor: *fammi la* — *di*, hazme el favor de ■ ***per carità!***, ¡por el amor de Dios!
caritatevole *agg.* caritativo.

carlona, alla *loc.avv.* a la buena de Dios, deprisa y corriendo, con los pies.
carmelitano *agg., s.m.* carmelita (*m./f.*).
carnagione *s.f.* tez, cutis (*m.*).
carnale *agg.* carnal.
carne *s.f.* carne: — *bianca*, carne blanca; — *di manzo*, carne de buey; — *di suino*, carne de cerdo; — *di vitello*, carne de ternera; — *magra*, carne magra; — *rossa*, carne roja | (*fig.*) — *da macello*, carne de cañón
■ ***in carne e ossa***, en persona | ***mettere troppa carne al fuoco***, meter demasiada carne en el asador | ***né carne né pesce***, ni chicha ni limonada.
carnefice *s.m.* verdugo.
carneficina *s.f.* carnicería, masacre, matanza.
carnevale *s.m.* **1** carnaval (*anche fig.*) **2** juerga (*f.*) | *fare* —, ir de juerga.
carnevalesco *agg.* carnavalesco.
carnivoro *agg., s.m.* carnívoro.
carnoso *agg.* carnoso.
caro *agg.* **1** querido, grato, amado, entrañable | (*in una lettera*) *cara Anna*, querida Ana | *cari saluti*, cordiales saludos **2** (*costoso*) caro **3** (*cosa*) importante, precioso, valioso: *la salute è un bene* —, la salud es un bien precioso | *se ti è cara la vita*, si aprecias la vida **4** (*gentile*) amable: *sei stato — a ricordarti!*, ¡qué amable has sido al acordarte! **5** (*gradito*) grato, amado: *è un artista — al pubblico*, es un artista amado por el público ♦ *s.m.* ser querido | *i miei cari*, mis seres queridos ♦ *avv.* caro: *costa — ma è utilissimo*, es caro pero muy útil | *pagare* —, salir caro
■ ***pagarla cara***, pagarlo con creces | ***vendere cara la pelle***, vender cara la vida | ***tenere caro***, guardar, conservar | (*iron.*) ***caro lei!***, ¡querido mío!
carogna *s.f.* **1** carroña **2** (*fig.*) canalla (*m./f.*), sinvergüenza (*m./f.*).
carota *s.f.* (*bot.*) zanahoria
■ ***pel di carota***, pelirrojo | ***usare il bastone e la carota***, dar una de cal y otra de arena.
carovana *s.f.* (*gruppo in viaggio*) caravana, partida, expedición: *una — di beduini*, una caravana de beduinos.
carovita *s.m.* carestía (*f.*).
carpa *s.f.* (*zool.*) carpa.
carpaccio *s.m.* (*cuc.*) carpaccio.
carpenteria *s.f.* carpintería de obra.
carpentiere *s.m.* carpintero de obra.
carpire *v.tr.* sonsacar*: — *denaro*, sacar dinero | — *un segreto*, sonsacar un secreto.
carponi, a *loc.avv.* a gatas.
carrabile *agg.* transitable, carretero | *passo* —, vado.
carraio *agg.* transitable, carretero | *passo* —, vado.
carreggiata *s.f.* carril (*m.*) | *uscire di* —, descarrilar | *rimettersi in* —, encarrilarse.
carrellata *s.f.* **1** (*cinem., tv*) travelín (*m.*), carrusel (*m.*) **2** (*fig.*) resumen (*m.*).
carrello *s.m.* **1** carrito **2** (*aer.*) tren de aterrizaje.
carriera *s.f.* carrera | *far* —, hacer carrera | *in* —, en carrera
■ ***andare di gran carriera***, ir a la carrera.
carro *s.m.* carro | — *armato*, tanque | — *attrezzi*, grúa | — *bestiame*, vagón de ganado | — *merci*, vagón de carga | (*astr.*) *Grande, Piccolo Carro*, Osa Mayor, Menor
■ ***essere l'ultima ruota del carro***, ser el farolillo de cola | ***mettere il carro davanti ai buoi***, empezar la casa por el tejado.
carrozza *s.f.* **1** carroza **2** (*del treno*) vagón (*m.*).
carrozzella *s.f.* **1** (*per invalidi*) silla de ruedas **2** (*per bebè*) cochecito (*m.*).
carrozzeria *s.f.* (*aut.*) carrocería.
carrozziere *s.m.* carrocero.
carrozzina *s.f.* cochecito (*m.*).
carruba *s.f.* (*bot.*) algarroba.
carrucola *s.f.* polea, garrucha.
carta *s.f.* **1** papel (*m.*): — *assorbente*, papel secante; — *da musica*, papel de música/pautado; — *da pacchi*, papel de estraza; — *da parati*, papel pintado/de empapelar; — *igienica*, papel higiénico; — *velina*, papel de seda; — *vetrata*, papel de lija; — *da lettera*, papel de cartas | — *intestata*, papel con membrete | — *straccia*, papel de estraza; (*fig.*) papel mojado: *tutte le promesse furono — straccia*, todas las promesas quedaron en papel mojado **2** (*documento*) papel (*m.*), carné (*m.*), carta: — *d'identità*, carné de identidad; — *di credito*, carta de crédito **3** (*statuto*) carta **4** (*mappa*) mapa (*m.*): — *stradale*, mapa de carreteras **5** (*da gioco*) carta, naipe (*m.*): *mazzo di carte*, baraja; *mescolare le carte*, barajar | *leggere le carte*, echar las cartas
■ ***carta canta***, lo escrito escrito está | ***fare carte false per***, hacer lo imposible para | ***avere le carte in regola***, estar con todas las de la ley | ***andare a carte quarantotto***, irse al demonio | ***giocare a carte scoperte***, jugar a carta descubierta.
cartacarbone *s.f.* papel (*m.*) carbón.
cartaceo *agg.* de papel.
cartamodello *s.m.* patrón.
cartapesta *s.f.* cartón (*m.*) piedra.
carteggio *s.m.* carteo, correspondencia (*f.*).
cartella *s.f.* **1** (*di carta*) carpeta; (*di cuoio*) cartera | — *clinica*, historial clínico **2** (*pagina*) cuartilla **3** (*della tombola*) cartón (*m.*) **4** (*esattoriale*) aviso (*m.*) de pago.
cartellino *s.m.* rótulo, marbete; ficha (*f.*); (*del prezzo*) etiqueta (*f.*) | *timbrare il* —,

fichar | (*nel calcio*) — *rosso*, *giallo*, tarjeta roja, amarilla.
cartello *s.m.* cartel, anuncio, letrero | — *stradale*, señal de tráfico.
cartellone *s.m.* **1** letrero; (*pubblicitario*) valla (*f.*) publicitaria; (*striscione*) pancarta (*f.*) **2** (*di spettacoli*) cartelera (*f.*).
cartiera *s.f.* fábrica de papel.
cartilagine *s.f.* cartílago (*m.*).
cartina *s.f.* **1** (*bustina*) sobre (*m.*) **2** (*geogr.*) mapa (*m.*) **3** (*per sigarette*) papelillo (*m.*), papel (*m.*) de fumar.
cartoccio *s.m.* cartucho, cucurucho.
cartolaio *s.m.* papelero.
cartoleria *s.f.* papelería.
cartolina *s.f.* tarjeta postal, postal.
cartomante *s.m./f.* cartomántico (*m.*).
cartone *s.m.* **1** cartón **2** (*imballaggio*) embalaje **3** (*cinem.*) dibujo: *cartoni animati*, dibujos animados.
cartuccia *s.f.* cartucho (*m.*): — *di inchiostro*, cartucho de tinta | — *a salve*, bala de fogueo (*m.*)
■ ***essere una mezza cartuccia***, ser un pobre diablo.
casa *s.f.* **1** casa, vivienda: — *a cinque piani*, casa de cinco pisos; *affittare una* —, alquilar una casa | *cambiare* —, mudarse | — *di campagna*, casa de campo | — *di cura*, clínica, sanatorio | — *di ricovero*, asilo | — *da gioco*, casa de juego | — *di ringhiera*, corrala | *seconda* —, segunda residencia, casa de vacaciones | — *popolare*, vivienda social | *fatto in* —, casero | *donna di* —, ama de casa | *i lavori di* —, los quehaceres de la casa | *fare gli onori di* —, agasajar/atender a los huéspedes | (*sport*) *giocare in* —, jugar en casa | — *dolce* —, hogar, dulce hogar **2** (*dinastia*) familia, dinastia: *la* — *reale*, la familia real **3** (*comm.*) casa, firma | — *editrice*, editorial | — *madre*, casa madre.
casacca *s.f.* (*abbigl.*) chaqueta.
casaccio, a *loc.avv.* a la buena de Dios.
casale *s.m.* caserío, casa (*f.*) de campo, casal.
casalinga *s.f.* ama de casa.
casalinghi *s.m.pl.* artículos para el hogar: *negozio di* —, tienda de artículos para el hogar.
casalingo *agg.* casero.
casanova *s.m.* donjuán, tenorio.
casata *s.f.* casa, estirpe, linaje (*m.*).
casato *s.m.* casa (*f.*), estirpe (*f.*), linaje.
cascare *v.intr.* caer*, caerse*: — *per terra*, caerse al suelo | — *dalla fame/stanchezza*, morirse de hambre/cansancio | — *dal sonno*, caerse de sueño
■ ***cascarci***, caer en la trampa | ***cascare a pezzi***, venirse abajo | ***cascare bene/male***, salir bien/mal | ***cascare dalle nuvole***, caer en cuenta, caerse de espaldas | ***cascare il mondo addosso***, caérsele el mundo encima, venirse el cielo abajo | ***cascare in piedi***, salir bien parado | ***cascare le braccia***, caerse el alma a los pies | ***qui casca l'asino!***, ¡ahora viene lo difícil! | ***non casca il mondo!***, ¡no se acaba el mundo!
cascata *s.f.* cascada, salto (*m.*) de agua.
caschetto *s.m.* **1** (*armatura*) almófar **2** (*acconciatura*) melena (*f.*).
cascina *s.f.* granja.
casco *s.m.* **1** casco **2** (*di banane*) racimo **3** (*di parrucchiere*) secador.
caseggiato *s.m.* **1** (*gruppo di case*) manzana (*f.*) **2** (*grande edificio*) edificio de apartamentos.
caseificio *s.m.* industria (*f.*) caseosa, fábrica (*f.*) de quesos.
casella *s.f.* casilla | — *postale*, apartado de correos.
casellante *s.m./f.* **1** (*di passaggio a livello*) guardabarrera **2** (*in autostrada*) peajero (*m.*).
casello *s.m.* (*di autostrada*) barrera (*f.*) de la autopista.
casereccio *agg.* casero.
caserma *s.f.* cuartel (*m.*).
cash *s.m.* *angl.* cash, efectivo.
casino *s.m.* **1** (*postribolo*) burdel **2** (*fig.*, *pasticcio*) jaleo, pelotera (*f.*): *piantare un* —, armar un jaleo **3** (*fig.*, *quantità*) montón, mogollón: *un* — *di soldi*, un montón de dinero.
casinò *s.m.* casino.
caso *s.m.* **1** (*destino*) azar, casualidad (*f.*) **2** (*circostanza*) caso; (*avvenimento*) suceso, acontecimiento: *un* — *che fa discutere*, un caso que da que hablar | — *clinico*, caso clínico | — *di coscienza*, caso de conciencia | — *disperato*, caso perdido | — *di Stato*, cuestión de Estado | — *fortuito*, caso fortuito | — *limite*, caso límite
■ ***a caso***, a voleo, al azar | ***per caso***, por casualidad | ***mettiamo il caso che***, pongamos/supongamos que | ***si dà il caso che***, da la casualidad que | ***guarda caso***, ¡qué casualidad, oye! | ***non farci caso***, hacer caso omiso | ***non sarebbe il caso di***, no sería el caso de | ***parlare a caso***, hablar sin ton ni son | ***far caso***, prestar atención | ***in caso contrario***, de lo contrario | ***è il caso di***, es oportuno: *è il* — *di intervenire*, es oportuno intervenir | ***caso mai***, por si acaso/las moscas.
casolare *s.m.* caserío.
casomai, caso mai *cong.* en caso de que, si; por si | — *ti servisse*, por si te sirve.
caspita *inter.* ¡cáspita!, ¡caramba!
cassa *s.f.* **1** caja, cajón (*m.*): *una* — *di birra*, una caja de cerveza | — *da morto*, ataúd, féretro **2** (*banc., comm.*) caja: — *di risparmio*, caja de ahorros; *registratore di* —, caja

registradora | — *continua*, cajero automático | (*fig.*) *batter* —, pedir dinero.
cassaforte *s.f.* caja fuerte.
cassapanca *s.f.* arcón (*m.*).
casseruola *s.f.* cacerola, cazuela.
cassetta *s.f.* **1** caja, cajita | — *di sicurezza*, caja de seguridad | — *delle lettere*, buzón | — *degli attrezzi*, caja de herramientas | — *per le api*, colmena **2** (*nastro magnetico*) cinta, casete (*m.*).
cassetto *s.m.* cajón.
cassettone *s.m.* **1** cómoda (*f.*) **2** (*arch.*) artesón | *soffitto a cassettoni*, techo artesonado.
cassiere *s.m.* cajero.
cassone *s.m.* cajón, caja (*f.*).
cassonetto *s.m.* (*dei rifiuti*) contenedor, cubo de basura.
castagna *s.f.* (*bot.*) castaña: *castagne arrosto*, castañas asadas
■ ***prendere in castagna***, coger con las manos en la masa | ***cavare le castagne dal fuoco***, sacar las castañas del fuego, sacar de apuros.
castagno *s.m.* (*bot.*) castaño.
castano *agg.*, *s.m.* (*colore*) castaño.
castello *s.m.* castillo | *letti a* —, literas
■ ***castelli in aria***, castillos en el aire | ***crollare come un castello di carte***, desplomarse como un castillo de naipes.
castigare *v.tr.* castigar*.
castigo *s.m.* castigo, escarmiento: *essere in* —, estar castigado, en penitencia.
castità *s.f.* castidad, pureza.
casto *agg.* casto, puro.
castoro *s.m.* (*zool.*) castor.
castrare *v.tr.* **1** castrar, capar **2** (*fig.*) inhibir, reprimir.
casuale *agg.* casual, fortuito.
casualità *s.f.* casualidad, caso (*m.*).
cataclisma *s.m.* (*anche fig.*) cataclismo, desastre.
catacomba *s.f.* catacumba.
catalogare *v.tr.* catalogar*.
catalogo *s.m.* catálogo.
catapultare *v.tr.* catapultar.
catasta *s.f.* pila, montón (*m.*), hacina.
catasto *s.m.* catastro.
catastrofe *s.f.* (*anche fig.*) catástrofe, calamidad.
catechesi *s.f.* catequesis.
catechismo *s.m.* catecismo.
categoria *s.f.* categoría.
categorico *agg.* categórico.
catena *s.f.* **1** cadena | — *alimentare*, cadena alimentaria | — *di montaggio*, cadena de montaje | — *di montagne*, cordillera, cadena de montañas | *a* —, en cadena **2** (*pl.*, *aut.*) cadenas (*pl.*).
catenaccio *s.m.* **1** cerrojo, pestillo **2** (*giorn.*, *sottotitolo*) subtítulo.
cateratta *s.f.* (*anche med.*) catarata.
caterva *s.f.* montón (*m.*).
catinella *s.f.* jofaina, palangana
■ ***piovere a catinelle***, llover a cántaros.
catino *s.m.* palangana (*f.*), jofaina (*f.*).
catrame *s.m.* alquitrán; (*mar.*) brea (*f.*): — *per calafatare*, brea para calafatear.
cattedra *s.f.* cátedra
■ ***montare in cattedra***, sentar cátedra.
cattedrale *s.f.* catedral.
cattedratico *agg.*, *s.m.* catedrático.
cattiveria *s.f.* **1** (*l'essere cattivo*) maldad, perfidia **2** (*azione cattiva*) canallada, faena: *mi hanno fatto una* —, me hicieron una mala jugada.
cattività *s.f.* cautiverio (*m.*).
cattivo *agg.*, *s.m.* malo: *gli hanno dato un — consiglio*, le dieron un mal consejo; *è un — soggetto*, es un individuo malo; (*spiacevole*) desagradable | *avere un — sapore*, tener mal sabor, tener un sabor desagradable | — *augurio*, mal agüero | *cattive intenzioni*, malas intenciones | — *carattere*, mal genio | *di — gusto*, de mal gusto | *cattiva memoria*, mala memoria | *con le buone o con le cattive*, por las buenas o por las malas | (*fig.*) *essere in cattive acque*, estar con el agua al cuello | (*fig.*) *essere sulla cattiva strada*, andar por mal camino | *è stata una cattiva idea*, fue una mala idea.
cattolicesimo *s.m.* (*relig.*) catolicismo.
cattolico *agg.*, *s.m.* (*relig.*) católico.
cattura *s.f.* captura; arresto (*m.*) | *mandato di* —, orden de captura.
catturare *v.tr.* **1** capturar, aprehender, prender **2** (*fig.*) captar: — *l'attenzione*, captar la atención.
caucciù *s.m.* caucho, goma (*f.*).
causa *s.f.* **1** causa, motivo (*m.*), razón | *a — tua*, por causa tuya, por tu culpa | *a — del traffico*, debido al/a causa del tráfico | *con cognizione di* —, con conocimiento de causa | *giusta* —, justa causa **2** (*dir.*) causa, proceso (*m.*), pleito (*m.*) | *far — a qlcu.*, pleitear con alguien | *vincere*, *perdere una* —, ganar, perder un pleito.
causale *agg.* causal.
causare *v.tr.* causar, ocasionar.
cautela *s.f.* **1** cautela, prudencia: *agire con* —, actuar con cautela **2** precaución: *prendere le cautele necessarie*, tomar las precauciones necesarias.
cautelare[1] *v.tr.* cautelar, precaver ♦ **-rsi** *v.pron.* cautelarse, protegerse*.
cautelare[2] *agg.* (*dir.*) cautelar, preventivo: *custodia* —, prisión preventiva; *procedimento* —, procedimiento cautelar.
cauto *agg.* cauto, precavido, prudente: *è sta-*

to — nell'agire, fue prudente al actuar | *andare —*, andar/ir con cuidado.
cauzione *s.f.* fianza; (*dir.*) caución.
cava *s.f.* cantera, mina: *— di calce*, calera; *— di gesso*, yesal; *— di pietra*, pedrera; *— di zolfo*, azufrera.
cavadenti *s.m./f.* sacamuelas.
cavalcare *v.tr.* **1** cabalgar*, montar: *— un purosangue*, cabalgar un pura sangre **2** (*edil.*) cruzar*: *un ponte che cavalca un fiume*, un puente que cruza el río ♦ *v.intr.* cabalgar*, ir* a caballo.
cavalcata *s.f.* **1** (*gruppo a cavallo*) cabalgata **2** (*il cavalcare*) cabalgada.
cavalcavia *s.m.* (*per automobili*) paso elevado, travesía (*f.*); (*per persone*) puente peatonal.
cavalcioni, a *loc.avv.* a horcajadas.
cavaliere *s.m.* **1** jinete: *è un — esperto*, es un jinete experto **2** (*fig., gentiluomo*) caballero, señor: *è quello che si dice un vero —*, es lo que se llama todo un caballero **3** (*fig., accompagnatore*) acompañante **4** (*st.*) caballero | *—errante*, caballero andante | *i cavalieri della tavola rotonda*, los caballeros de la mesa redonda
■ ***cavaliere del lavoro***, caballero del trabajo | ***cavalier servente***, galán, pretendiente.
cavalla *s.f.* (*zool.*) yegua.
cavalleggero *s.m.* soldado de caballería.
cavalleresco *agg.* caballeresco.
cavalleria *s.f.* **1** caballería: *libri di —*, libros de caballería **2** (*fig.*) generosidad, galantería.
cavalletta *s.f.* (*zool.*) langosta.
cavalletto *s.m.* caballete, trípode.
cavallo *s.m.* **1** (*zool.*) caballo: *andare a —*, montar a caballo, cabalgar | *— a dondolo*, caballo de balancín | *— da corsa*, caballo de carreras **2** (*di pantaloni*) tiro
■ ***essere a cavallo!***, ¡estar sobre seguro!, ¡llevar las de ganar! | ***cavallo di battaglia***, caballo de batalla | ***cavallo di Troia***, caballo de Troya | ***a caval donato non si guarda in bocca***, a caballo regalado no hay que mirarle el diente | ***l'occhio del padrone ingrassa il cavallo***, el ojo del amo engorda el ganado.
cavare *v.tr.* **1** (*togliere*) quitar: *— il cappello*, quitar el sombrero **2** (*tirar fuori*) sacar*; (*estrarre*) extraer*, arrancar ♦ **-rsi** *v.pron.* quitarse, sacarse* | *cavarsi una voglia*, darse un gusto
■ ***cavarsela***, salir del paso, arreglárselas | ***non cavare un ragno dal buco***, salir con las manos vacías | ***cavare gli occhi***, sacar los ojos.
cavatappi *s.m.* sacacorchos.
caverna *s.f.* cueva, gruta | *uomo delle caverne*, cavernícola.
cavernicolo *agg., s.m.* cavernícola (*m./f.*).
cavetto[1] *s.m.* (*elettr.*) cable.
cavetto[2] *s.m.* (*arch.*) caveto.
cavezza *s.f.* **1** cabestro (*m.*) **2** (*fig.*) freno (*m.*).
cavia *s.f.* (*zool.*) cobaya, conejillo (*m.*) de Indias | (*fig.*) *fare da —*, hacer/servir de cobaya.
caviale *s.m.* caviar.
caviglia *s.f.* (*anat.*) tobillo (*m.*).
cavità *s.f.* cavidad, hueco (*m.*).
cavo[1] *agg.* hueco, ahuecado, cóncavo ♦ *s.m.* hueco; cavidad (*f.*): *nel — della mano*, en el hueco de la mano | *— orale*, cavidad bucal.
cavo[2] *s.m.* (*fune*) cabo; (*elettr.*) cable | *via —*, por cable.
cavolata *s.f.* (*fig.*) chuminada, chorrada.
cavolfiore *s.m.* (*bot.*) coliflor.
cavolo *s.m.* (*bot.*) col
■ ***cavoli!***, ¡ostras! | ***non valere un cavolo***, no valer un pepino/pimiento | ***testa di cavolo***, cabeza de chorlito | ***entrarci come il cavolo a merenda***, no pegar ni con cola | ***farsi i cavoli propri***, no meterse en lo que no le importa | ***salvare capra e cavoli***, nadar y guardar la ropa | ***son cavoli amari***, es un problemón.
cazzata *s.f.* (*volg.*) chorrada, gilipollez*; (*Amer.*) huevada, pendejada: *non dire cazzate!*, ¡no digas chorradas!
cazzeggiare *v.intr.* (*volg.*) gandulear.
cazzo *s.m.* (*volg.*) carajo, polla (*f.*)
■ ***che cazzo fai!***, ¡qué coño haces! | ***non fare un cazzo***, tocarse los cojones | ***non importare un cazzo***, no importar un carajo/huevo | ***col cazzo!***, ¡por los cojones! | ***sono cazzi tuoi***, arréglatelas | ***non valere un cazzo***, no valer un carajo.
cazzottata *s.f.* (*fam.*) pelea, trifulca.
cazzotto *s.m.* puñetazo, castañazo: *dare un —*, pegar un puñetazo.
CD *s.m.* (*inform.*) cd, disco compacto.
CD-ROM *s.m.* (*inform.*) CD-ROM, cederrón.
ce *pron.pers. di 1ª pers.pl.* nos: *— li puoi spiegare*, nos los puedes explicar; *spiegaceli*, explícanoslos ♦ *avv.*: *— ne sono due*, hay dos; *non — n'erano più*, no había más; aquí, acá, en este lugar: *— ne sono molti*, aquí hay muchos.
cecchino *s.m.* francotirador.
cece *s.m.* (*bot.*) garbanzo: *minestra di ceci*, sopa de garbanzos.
ceceno *agg., s.m.* checheno.
cecità *s.f.* (*anche fig.*) ceguera.
ceco *agg., s.m.* checo.
cecoslovacco *agg., s.m.* checoslovaco, checoeslovaco.
cedere *v.tr.* **1** ceder, conceder | *— terreno*, retroceder, retirarse | *— il passo*, dejar pasar | *— la destra*, dejar libre la derecha **2** (*una proprietà*) transferir*, traspasar ♦ *v.intr.* ceder, flaquear, claudicar*; (*al nemico*) rendirse*: *— alle minacce, a un ricatto*, ceder a las

amenzas, a un chantaje; *il ponte ha ceduto sotto la spinta dell'acqua*, el puente ha cedido bajo el empuje del agua | *— alla tentazione*, flaquear frente a la tentación.
cedevole *agg.* **1** blando, dúctil **2** (*di carattere*) dócil, afable **3** (*di terreno*) inestable, que no es firme.
cedibile *agg.* transferible.
cedimento *s.m.* hundimiento, abandono.
cedola *s.f.* (*banc., fin.*) cupón (*m.*), póliza.
cedrata *s.f.* bebida con jarabe de cidra.
cedro[1] *s.m.* (*conifera*) cedro.
cedro[2] *s.m.* **1** (*albero*) cidro **2** (*frutto*) cidra (*f.*).
cefalea *s.f.* (*med.*) cefalea.
ceffo *s.m.* (*grugno*) jeta (*f.*), morro; (*muso*) hocico | *un brutto —*, un tipo mal encarado.
ceffone *s.m.* bofetada (*f.*), sopapo; (*Amer.*) cachetada (*f.*).
celare *v.tr.* celar, encubrir, ocultar ♦ **-rsi** *v.pron.* esconderse.
celata *s.f.* (*di armatura*) celada.
celato *agg.* oculto, encubierto, disimulado.
celeberrimo *agg.* celebérrimo.
celebrare *v.tr.* **1** celebrar, alabar, elogiar: *— le prodezze*, celebrar sus hazañas **2** festejar: *— le feste*, guardar las fiestas **3** celebrar, oficiar: *— la messa*, celebrar misa.
celebrazione *s.f.* celebración, acto (*m.*).
celebre *agg.* célebre, famoso.
celebrità *s.f.* celebridad, fama: *raggiungere la —*, alcanzar la fama; *è una—*, es una celebridad.
celere *agg.* rápido, veloz, breve.
celeste *agg.* **1** (*colore*) celeste, azul celeste **2** (*relig.*) celestial ♦ *s.m.* azul celeste.
celestiale *agg.* celestial.
celiaco *agg.* (*anat., med.*) celiaco, celíaco.
celibato *s.m.* celibato, soltería (*f.*): *addio al —*, despedida de soltero.
celibe *agg., s.m.* soltero.
cella *s.f.* **1** celda; (*di carcere*) celda, calabozo (*m.*) **2** (*tecn.*) celda, cámara | *— frigorifera*, cámara frigorífica **3** (*inform.*) sector (*m.*).
cellula *s.f.* célula.
cellulare *agg.* celular ♦ *s.m.* **1** (*furgone*) celular **2** (*telefono*) móvil, (*Amer.*) celular.
cellulite *s.f.* celulitis.
celluloide *s.f.* (*cinem., foto.*) celuloide.
cellulosa *s.f.* celulosa.
celta *s.m./f.* celta.
celtibero *agg., s.m.* celtíbero.
celtico *agg.* celta.
cembalo *s.m.* (*mus.*) **1** (*strumento a percussione*) címbalo **2** (*clavicembalo*) clavicémbalo.
cementare *v.tr.* cementar.
cemento *s.m.* cemento; (*conglomerato*) hormigón, (*Amer.*) concreto: *— armato*, cemento/hormigón armado.
cena *s.f.* cena.
cenacolo *s.m.* cenáculo, tertulia (*f.*).
cenare *v.intr.* cenar: *ceniamo insieme?*, ¿vamos a cenar juntos?
cencio *s.m.* trapo; andrajo, harapo: *— per spolverare*, paño del polvo | *bianco come un —*, pálido come un papel.
cencioso *agg.* andrajoso, harapiento.
cenere *s.f.* **1** ceniza **2** (*pl., resti mortali*) cenizas (*pl.*) , restos (*m.pl.*); (*relig.*) ceniza (*sing.*) | *mercoledì delle ceneri*, miércoles de ceniza ■ ***andare/ridurre in cenere***, convertirse en/reducir a cenizas | ***Bacco, Tabacco e Venere riducono l'uomo in cenere***, la mujer y el vino sacan al hombre de tino | ***covare sotto la cenere***, ir por dentro de la procesión.
cenerentola *s.f.* cenicienta.
cenerino *agg.* ceniciento, cenizo.
cenno *s.m.* **1** (*segno*) seña (*f.*); gesto, ademán: *mi fece — di sì*, me hizo un ademán afirmativo | *non dà cenni di miglioramento*, no da señales de mejoría **2** (*accenno*) alusión (*f.*) | *fare —*, hacer mención, aludir.
cenone *s.m.* cena (*f.*) de nochebuena/nochevieja.
cenozoico *agg., s.m.* (*geol.*) cenozoico.
censimento *s.m.* (*amm.*) censo.
censire *v.tr.* censar, registrar.
censo *s.m.* (*tassa*) censo, tributo.
censura *s.f.* **1** censura **2** (*fig.*) crítica, represión.
censurabile *agg.* censurable, condenable, reprobable.
censurare *v.tr.* (*anche fig.*) censurar: *— la stampa*, censurar la prensa.
centauro *s.m.* **1** (*mit.*) centauro **2** (*fig.*) motociclista (*m./f.*).
centellinare *v.tr.* **1** (*assaporare*) paladear, saborear: *— il vino*, paladear el vino | *centellinava le parole dell'amico*, saboreaba las palabras del amigo **2** (*dosare*) dosificar.
centenario *agg., s.m.* centenario.
centennale *agg.* centenario: *istituzione —*, institución centenaria.
centesimo *agg.num.ord.* centésimo ♦ *s.m.* **1** centésimo, centésima parte (*f.*) **2** (*moneta*) centavo, céntimo | *non avere un — in tasca*, estar sin blanca | *pagare al —*, pagar hasta el último céntimo.
centigrado *agg.* centígrado.
centigrammo *s.m.* centigramo.
centilitro *s.m.* centilitro.
centimetro *s.m.* centímetro | *al —*, perfecto.
centinaio *s.m.* centenar, centena (*f.*) | *a centinaia*, a cientos.
cento *agg.num.card., s.m.* **1** ciento; (*davanti a s. e agg.*) cien: *— uomini*, cien hombres

2 (*grande quantità*) miles (*pl.*) de, millón (*sing.*) de, montón (*sing.*) de: *l'ho chiamato — volte*, lo llamé miles de veces
■ ***al cento per cento***, al cien por cien: *essere sicuro al — per —*, estar totalmente seguro, estar seguro al cien por cien | ***cento di questi giorni!***, ¡por muchos años!
centomila *agg.num.card., s.m.* cien *mil.*
centopiedi *s.m.* (*zool.*) ciempiés, cientopiés.
centrale *agg.* central, céntrico: *è in posizione —*, está en posición céntrica; *strada —*, calle céntrica; *il tema — del romanzo*, el tema principal de la novela ♦ *s.f.* central | *— elettrica*, central eléctrica | *— di polizia*, comisaría de policía.
centralinista *s.m./f.* (*tel.*) centralista, telefonista, operador (*m*).
centralino *s.m.* (*tel.*) centralita (*f.*).
centralità *s.f.* importancia clave: *la — dell'argomento*, la importancia clave del tema.
centrare *v.tr.* **1** (*colpire nel centro*) centrar, dar* en; (*azzeccare*) acertar*, comprender: *— il bersaglio*, dar en el blanco, acertar el tiro; *— il problema*, comprender/captar el problema **2** (*fissare nel centro*) poner* en el centro | *— una foto*, encuadrar una foto.
centrato *agg.* centrado.
centrattacco *s.m.* (*sport*) delantero centro, punta (*f.*).
centrifuga *s.f.* centrifugadora.
centrifugare *v.tr.* centrifugar*.
centrifugato *agg.* centrifugado ♦ *s.m.* zumo natural.
centrifugo *agg.* centrífugo | (*fig.*) *movimento —*, movimiento centrífugo/descentralizador.
centripeto *agg.* centrípeto: *forza centripeta*, fuerza centrípeta.
centro *s.m.* **1** (*anche fig.*) centro: *il — di un cerchio*, el centro de un círculo | *sedersi al —*, sentarse en el medio | *essere al — dell'attenzione*, ser el centro/el blanco de todas las miradas | *fare —*, dar en el blanco **2** (*luogo di attività*) centro | *— commerciale*, centro comercial | *— di potere*, centros de poder | *— di interesse*, centro de interés | *— di raccolta*, centro de acogida | *— ospedaliero*, centro hospitalario | *— stampa*, gabinete de prensa **3** (*di città*) centro: *questo pomeriggio andiamo in —*, por la tarde vamos al centro | *— storico*, casco viejo **4** (*complesso urbano*) núcleo | *— abitato*, núcleo urbano | *— residenziale*, complejo residencial **5** (*anat., fis.*) centro | *— nervoso*, centro nervioso | *— ottico*, centro óptico.
centrocampista *s.m./f.* (*sport*) centrocampista.
centrodestra *s.m.* (*pol.*) centroderecha.
centroeuropeo *agg.* centroeuropeo.
centrosinistra *s.m.* (*pol.*) centroizquierda.
centrotavola *s.m.* centro de mesa.
centuria *s.f.* (*st.*) centuria.
centurione *s.m.* (*st.*) centurión.
ceppo *s.m.* **1** cepa (*f.*); (*tronco tagliato*) tocón; (*da ardere*) ceporro, tronco **2** (*fig., origine*) estirpe (*f.*) **3** (*mecc.*) zapata (*f.*) **4** (*pl., di prigioniero*) cepos (*pl.*), bretes (*pl.*), grillos (*pl.*) | *rompere/spezzare i ceppi*, romper las cadenas.
cera[1] *s.f.* cera | *dar la — al pavimento*, echarle cera al suelo.
cera[2] *s.f.* (*aspetto*) cara, aspecto (*m.*) | *bella, brutta —*, buena, mala cara.
ceralacca *s.f.* lacre (*m.*): *sigillare con —*, lacrear.
ceramica *s.f.* cerámica, loza: *ha delle belle ceramiche*, tiene bonitas piezas de cerámica.
ceramico *agg.* cerámico.
ceramista *s.m./f.* ceramista.
cerbero *s.m.* cancerbero.
cerbiatto *s.m.* (*zool.*) cervato.
cerbottana *s.f.* cerbatana.
cerca, in *loc.avv.* en busca, a la búsqueda: *andare — di guai*, buscarse problemas, ser un buscapleitos.
cercare *v.tr.* buscar*: *cerco casa, lavoro*, busco casa, trabajo ♦ *v.intr.* (*tentare*) procurar, tratar de, intentar: *cerca di capire*, trata de entender
■ ***cercare il pelo nell'uovo***, buscarle tres/cinco pies al gato | ***cercare per mare e per terra***, buscar por todas partes | ***cercare un ago in un pagliaio***, buscar una aguja en un pajar | ***chi cerca trova***, el que busca encuentra.
cerchia *s.f.* **1** barrera; (*di mura*) muralla **2** (*fig.*) círculo (*m.*), grupo (*m.*), ámbito (*m.*), esfera: *— familiare*, ámbito familiar.
cerchiare *v.tr.* **1** (*tecn.*) cinchar **2** (*fare un cerchio intorno*) rodear **3** (*cingere*) cercar*, asediar: *— una città*, cercar una ciudad.
cerchietto *s.m.* (*per capelli*) diadema (*f.*).
cerchio *s.m.* **1** (*geom.*) círculo **2** (*gioco*) aro **3** (*di persone*) corro, círculo: *mettersi in —*, ponerse en círculo
■ ***avere un cerchio alla testa***, tener dolor de cabeza | ***dare un colpo al cerchio e uno alla botte***, estar bien con Dios y con el diablo | ***quadratura del cerchio***, cuadratura del círculo.
cerchione *s.m.* (*di ruota*) llanta (*f.*).
cereale *s.m.* cereal.
cerebrale *agg.* cerebral.
ceretta *s.f.* (*per depilare*) cera.
cerimonia *s.f.* **1** ceremonia | *abito da —*, traje de etiqueta **2** (*pl.*) formalidades (*pl.*), miramientos (*m.pl.*) | *senza tante cerimonie*, sin miramientos.
cerimoniale *agg., s.m.* ceremonial.
cerino *s.m.* cerilla (*f.*), fósforo.
cernia *s.f.* (*zool.*) mero (*m.*).

cerniera *s.f.* **1** (*mecc.*) bisagra, charnela **2** (*di indumento*) cremallera.
cero *s.m.* cirio, vela (*f.*).
cerone *s.m.* maquillaje.
cerotto *s.m.* parche; (garzetta) tirita (*f.*); (*Amer.*) curita | — *adesivo*, esparadrapo.
certame *s.m.* certamen, torneo: *un — letterario*, un certamen literario.
certezza *s.f.* certeza, certidumbre, convicción | *con assoluta —*, a ciencia cierta.
certificare *v.tr.* autenticar*, certificar*.
certificato *s.m.* certificado, certificación (*f.*); (*anagráfico*) partida (*f.*): — *di nascita, di morte*, partida de nacimiento, de defunción | — *di cittadinanza*, carta de ciudadanía | — *elettorale*, certificado del censo electoral | — *medico*, certificado médico.
certificazione *s.f.* certificación.
certo *agg.* **1** (*vero*) cierto, verdadero **2** (*scontato*) claro, obvio | *dare per —*, dar por descontado **3** (*sicuro*) seguro, convencido: *sono — che...*, estoy seguro de que... ♦ *agg.indef.* cierto, tal, alguno: *ha chiamato un — Luigi*, ha llamado un cierto/tal Luigi | *un — non so che*, un cierto no sé qué | *fa certe stupidate!*, ¡hace ciertas/semejantes tonterías! ♦ *pron.indef.* (*pl., alcuni*) unos | *certi dicono di sì, altri di no*, unos dicen que sí, otros que no ♦ *s.m.* lo cierto | *lasciare il — per l'incerto*, dejar lo cierto por lo dudoso ♦ *avv.* ciertamente, por cierto, por supuesto | — *che sì, che no!*, ¡claro que sí, que no! | *ma —!*, ¡seguramente!
certosa *s.f.* cartuja.
certosino *agg., s.m.* cartujo: *monaco —*, monje cartujo | *lavoro —*, trabajo de chinos.
cerume *s.m.* cerumen, cera (*f.*).
cervello *s.m.* **1** (*anat.*) cerebro **2** (*fig., senno, intelletto*) cerebro, cabeza (*f.*) | *agire senza —*, actuar sin pensar | *arrovellarsi/lambiccarsi il —*, devanarse los sesos | *avere un gran —*, ser un cerebro | *avere poco —*, tener poca cabeza | *fare il lavaggio del —*, lavar el cerebro | *fuga di cervelli*, fuga de cerebros | *non passare per l'anticamera del —*, no pasársele por la imaginación | *ti sei bevuto il —?*, ¿se te ha ido la olla? | *uscire di/dare di volta il —*, beberse/sorberse el seso, secársele el cerebro **3** (*spec.pl., cuc.*) seso: *cervella fritte*, sesos fritos.
cervellone *s.m.* genio, lince: *essere un —*, ser un genio.
cervicale *agg.* (*anat.*) cervical ♦ *s.f.* **1** (*anat.*) cervical **2** (*med.*) artrosis cervical.
cervice *s.f.* **1** (*anat.*) cervix, cuello (*m.*) del útero **2** (*lett.*) cerviz, nuca.
cervo *s.m.* (*zool.*) ciervo, venado.
cesareo *agg., s.m.* (*med.*) cesáreo.
cesellare *v.tr.* (*metall.*) cincelar, limar, pulir.
cesellatore *s.m.* (*metall.*) cincelador.
cesello *s.m.* (*metall.*) cincel | *lavorare di —*, cincelar, limar; (*fig.*) trabajar con extrema precisión.
cesoia *s.f.* cizalla; (*da giardinaggio*) tijeras (*pl.*) de podar, podadera.
cespo *s.m.* cogollo, grumo, repollo: *un — di lattuga*, un cogollo de lechuga.
cespuglio *s.m.* (*bot.*) matorral, mata (*f.*); (*spinoso*) zarza (*f.*).
cessare *v.tr.* cesar, suspender, parar: — *le ostilità*, cesar las hostilidades ♦ *v.intr.* **1** cesar: *ormai il cattivo tempo è cessato*, ya ha pasado el mal tiempo **2** (*comm.*) cerrar*: *la società ha cessato*, la sociedad ha cerrado ■ ***cessate il fuoco***, alto el fuego.
cessazione *s.f.* **1** cesación, cese (*m.*), interrupción **2** (*comm.*) cierre (*m.*): — *di gestione*, cierre de gestión; — *di esercizio*, cierre de un comercio.
cessione *s.f.* cesión, traspaso (*m.*).
cesso *s.m.* **1** retrete, latrina (*f.*) **2** (*volg., cosa*) porquería (*f.*), asco; (*persona*) adefesio.
cesta *s.f.* cesta, canasta, banasta.
cestello *s.m.* **1** (*di lavatrice*) tambor **2** (*di bottiglie*) cesta (*f.*).
cestino *s.m.* cesto; (*della carta*) papelera (*f.*).
cesto *s.m.* cesto, canasta (*f.*).
cesura *s.f.* cesura, pausa.
cetaceo *s.m.* (*zool.*) cetáceo.
ceto *s.m.* clase (*f.*), rango.
cetra *s.f.* (*mus.*) cítara, cetra.
cetriolo *s.m.* (*bot.*) pepino.
chalet *s.m.* chalé.
champagne *s.m.* champán.
champignon *s.m.* (*bot.*) champiñón.
chance *s.f.* oportunidad.
che[1] *pron.rel.* **1** (*riferito a persona*) que, quien; (*riferito a cosa*) que: i ragazzi che sono venuti, los chicos que vinieron; *vorrei la maglietta — è in vetrina*, quisiera la camiseta que está en el escaparate; *ecco i libri — mi hai chiesto*, aquí están los libros que me has pedido; *ciò — dici è bello*, lo que dices es bonito **2** (*la qual cosa*) lo que/cual: *dal — si deduce —...*, de lo que se deduce que... | *al — ho detto di no*, y entonces dije que no **3** (*fam., con valore temporale*) que: *il giorno — sono arrivato*, el día que llegué **4** (*dove*) que, donde: *è là — lavoro*, es allá donde trabajo ♦ *agg., pron.interr./escl.* qué: — *ore sono?*, ¿qué hora es?; — (*cosa*) *dici?*, ¿qué dices?; *vorrei sapere — ne pensate*, quisiera saber qué pensáis de ello; — *strano!*, ¡qué raro!
■ ***non c'è di che***, de nada/non hay de qué | ***non essere un gran che***, no ser gran cosa/no ser nada del otro mundo.
che[2] *cong.* **1** (*dichiarativa*) que: *sapevo —*

non saresti venuto, sabía que no vendrías **2** (*consecutiva*) que | *così...* —, tan... que: *lavora* (*così*) *tanto* —, trabaja tanto que **3** (*finale*) que, para que: *bada — il libro non cada*, ten cuidado que el libro no se caiga **4** (*temporale*) que: *sono anni — non si vedono*, hace años que no se ven | *ogni volta* —, cada vez que **5** (*comp.*) que | *meglio...* —, mejor... que | *meno, più...* —, menos, más que **6** (*in prop. eccettuative*) que, sino: *non fa altro — piangere*, no hace más que llorar, no hace sino llorar **7** (*in prop. interrogative*): — *sia già arrivato?*, ¿ya habrá llegado?
■ ***al punto che***, hasta tal punto che | ***a patto che***, a condición de que, con tal de que | ***sempre che***, siempre que/y cuando.
check-in *s.m.* (*in aeroporto*) facturación (*f.*) | *fare il* —, hacer la facturación, facturar.
check-up *s.m.* (*med.*) control médico, chequeo.
chef *s.m.* chef, jefe de cocina.
chemio- *pref.* quimio-.
chemioterapia *s.f.* (*med.*) quimioterapia.
cherosene *s.m.* (*chim.*) queroseno.
cherubino *s.m.* **1** (*relig.*) querubín **2** (*arte*) amorcillo.
chetare *v.tr.* calmar, sosegar*, apaciguar* ♦ **-rsi** *v.pron.* calmarse, tranquilizarse*.
chetichella, alla *loc.avv.* a hurtadillas, a la chita callando.
chewing-gum *s.m.* chicle, goma (*f.*) de mascar.
chi *pron.rel.* quien, el/la que, quienes (*pl.*), los/las que (*pl.*) ♦ *pron.indef.* **1** (*chiunque*) quien, el/la/los/las que: *può andarci — vuole*, puede ir quien/el que quiera **2** (*qualcuno che*) quien, alguien que; (*in frasi negative*) nadie que: *c'è — riuscirebbe a farlo*, hay quien podría hacerlo, hay alguien que podría hacerlo; *non c'è — riesca a farlo*, no hay nadie que pueda hacerlo ♦ *pron.interr.* quién, quiénes (*pl.*): — *è?*, ¿quién es?; — *sono?*, ¿quiénes son?; — *lo sa?*, ¿quién sabe?, ¿quién lo sabe?
■ ***chi se ne frega!***, ¡qué me importa!, ¡qué más da! | ***chi si vede!***, ¡tú por aquí!, ¡dichosos los ojos que te ven! | ***chi te lo fa fare?***, ¿quién te manda meterte en esto? | ***chi diavolo sarà?***, ¿quién demonio será? | ***chi troppo vuole, nulla stringe***, quien mucho abarca, poco aprieta.
chiacchiera *s.f.* **1** charla, conversación, plática | *fare due chiacchiere*, charlar un rato **2** (*pettegolezzo*) habladuría, cotilleo (*m.*), chisme (*m.*).
chiacchierare *v.intr.* **1** charlar, conversar, platicar* **2** (*fare pettegolezzi*) cotillear, chismorrear.
chiacchierata *s.f.* charla, plática.
chiacchiericcio *s.m.* cháchara (*f.*), palique.
chiacchierone *s.m.* charlatán, parlanchín, chacharero.
chiamare *v.tr.* **1** llamar: *chiama tua madre*, llama a tu madre; *chiama un taxi*, llama un taxi; *la chiamai per nome*, la llamé por su nombre; *come l'avete chiamato?*, ¿qué nombre le habéis puesto? | — *al telefono*, llamar por teléfono | — *a voce*, llamar a voces; | — *da parte*, llamar a parte/un lado | — *le cose con il loro nome*, llamar las cosas por su nombre **2** (*dir.*) citar, convocar*: — *in causa*, encausar/encartar **3** (*chiedere l'intervento di qlcu.*) pedir*, invocar*: — *aiuto*, pedir socorro; *chiamiamo il dottore?*, ¿llamamos al doctor? | — *la palla*, pedir la pelota ♦ **-rsi** *v.pron.* llamarse: *come ti chiami?*, ¿cómo te llamas?
chiamata *s.f.* **1** llamada: *c'è una — per te sulla linea 2*, hay una llamada para tí por la línea 2; *accorrere a una* —, acudir a una llamada | — *telefonica*, llamada telefónica | — *a carico del destinatario*, llamada a cobro revertido | — *internazionale*, conferencia de larga distancia | — *interurbana*, conferencia **2** (*appello*) llamamiento (*m.*) | (*mil.*) — *alle armi*, llamamiento a las armas.
chiappa *s.f.* (*fam.*) nalga | *le chiappe*, el pompis, (*volg.*) el culo.
chiarezza *s.f.* claridad, luminosidad: *con* —, con claridad.
chiarificante *agg.* aclaratorio, aclarativo.
chiarificare *v.tr.* clarificar*, aclarar.
chiarificatore *agg.* aclaratorio, aclarativo, clarificador.
chiarificazione *s.f.* clarificación, aclaración, explicación.
chiarimento *s.m.* explicación (*f.*).
chiarire *v.tr.* aclarar, explicar*: *dobbiamo chiarire il progetto*, tenemos que aclarar el proyecto; *vorrei che mi chiarissi il significato*, quisiera que me explicaras el significado ♦ **-rsi** *v.pron.* aclararse: *mi sono chiarito una questione*, me he aclarado una cuestión.
chiaro *agg.* **1** claro (*anche fig.*), luminoso, diáfano | *avere le idee chiare*, tener las ideas claras | *cantarla/dirla chiara*, cantarlas claras | — *come la luce del sole*, claro como la luz del día | *essere* —, estar claro: *è tutto —?*, ¿está todo claro? | *essere poco* —, no ser muy claro, no estar muy claro | *patti chiari amicizie lunghe*, las cuentas claras y el chocolate espeso **2** (*famoso*) preclaro, esclarecido, ilustre ♦ *avv.* claro, claramente | *parlare — e tondo*, hablar sin rodeos ♦ *s.m.* claridad (*f.*), claro | — *di luna*, claro de luna | *mettere in* —, poner en claro/aclarar.
chiarore *s.m.* resplandor, luminosidad (*f.*).
chiaroscuro *s.m.* claroscuro.

chiaroveggente *agg., s.m./f.* clarividente.
chiaroveggenza *s.f.* clarividencia.
chiasso *s.m.* alboroto, bullicio, vocerío | *fare —*, hacer bochinche/jaleo.
chiassoso *agg.* **1** bullicioso **2** (*fig., di colore, di abito*) llamativo, vistoso.
chiatta *s.f.* barcaza, chalana.
chiavare *v.tr.* (*volg.*) joder, follar.
chiave *s.f.* **1** (*anche fig.*) llave: *mi è rimasta la — nella serratura*, se me ha quedado la llave en la cerradura | *tenere sotto —*, guardar bajo llave | *chiudere a —*, cerrar con/bajo llave, echar la llave | *chiudere a sette chiavi*, encerrar bajo siete llaves | *il buco della —*, el ojo de la cerradura | *— inglese*, llave inglesa | *— d'accensione*, llave de contacto | *— fissa*, llave de tuercas | *— universale*, llave maestra | *chiavi in mano*, llave en mano | *le chiavi della città*, las llaves de la ciudad | *avere le chiavi del cuore di qlcu.*, dominar los sentimientos de alguien | *le chiavi di san Pietro*, las llaves de san Pedro **2** (*arch., mus.*) clave | *— di volta*, clave de bóveda | *uscire di —/essere fuori —*, desafinar; hablar por hablar **3** (*fig.*) clave, base: *la — dell'enigma*, la clave del enigma ♦ *agg.* clave: *parola —*, palabra clave.
chiavistello *s.m.* cerrojo, pestillo, pasador.
chiazza *s.f.* mancha.
chicco *s.m.* grano: *— d'uva*, grano de uva.
chiedere *v.tr.* **1** (*per sapere*) preguntar: *— un prezzo*, preguntar un precio **2** (*per avere*) pedir*: *— un prestito, un'informazione*, pedir un préstamo, una información | *— scusa, aiuto*, pedir perdón, ayuda | *basta —*, no hay más que pedir | *— la mano*, pedir la mano **3** (*richiedere*) requerir* ♦ *v.intr.* preguntar: *— di qlcu.*, preguntar por alguien | (*fam.*) *chiedono di te al telefono*, te llaman por teléfono.
chierichetto *s.m.* (*relig.*) monaguillo, acólito.
chiesa *s.f.* (*relig.*) iglesia.
chiglia *s.f.* (*mar.*) quilla.
chilo *s.m.* kilo, quilo.
chilo- *pref.* kilo-.
chilogrammo *s.m.* kilogramo, quilogramo.
chilometraggio *s.m.* kilometraje.
chilometro *s.m.* kilómetro.
chimica *s.f.* química.
chimico *agg., s.m.* químico.
chimono *s.m.* (*abbigl.*) quimono, kimono.
china[1] *s.f.* (*pendio*) pendiente, cuesta | *prendere una brutta —*, tomar por mal camino.
china[2] *s.f.* **1** (*bot.*) quino (*m.*) **2** (*med.*) quina.
china[3] *s.f.* (*inchiostro*) tinta china.
chinare *v.tr.* agachar, inclinar: *— il capo*, agachar/bajar la cabeza; *— lo sguardo*, bajar la mirada ♦ **-rsi** *v.pron.* agacharse.
chincaglieria *s.f.* quincallería, quincalla.
chino *agg.* inclinado, encorvado, agachado | *essere a capo —*, estar con la cabeza agachada; (*fig.*) estar cabizbajo.
chioccia *s.f.* (*gallina*) clueca.
chiocciola *s.f.* **1** (*zool.*) caracol (*m.*) | *scala a —*, escalera de caracol **2** (*inform.*) arroba.
chiodo *s.m.* **1** clavo | *— a uncino*, escarpia | (*fig.*) *essere magro come un —*, estar en los huesos **2** (*fig.*) fijación (*f.*) | *— fisso*, idea fija, manía.
chioma *s.f.* **1** cabellera, melena **2** (*di albero*) copa.
chiosa *s.f.* glosa, nota, acotación.
chiosare *v.tr.* glosar, comentar.
chiosco *s.m.* quiosco; (*di bibite*) chiringuito.
chiostro *s.m.* claustro.
chiromante *s.m./f.* quiromántico (*m.*).
chiromanzia *s.f.* quiromancia, quiromancía.
chirurgia *s.f.* cirugía | *— plastica*, cirugía plástica.
chirurgo *s.m.* cirujano.
chissà *avv.* **1** quién sabe **2** (*nelle risposte, forse*) tal vez, quizás, a lo mejor: che non arrivi, quizás consigue llegar | *— mai*, a lo mejor.
chitarra *s.f.* (*mus.*) guitarra.
chitarrista *s.m./f.* (*mus.*) guitarrista.
chiudere *v.tr.* **1** cerrar*; (*tappare*) clausurar, tapar: *— a chiave*, cerrar con llave **2** (*sbarrare*) obstruir*, impedir*: *— le vie d'ingresso*, cerrar las vías de acceso **3** (*concludere*) clausurar, levantar | *— i corsi*, clausurar los cursos | *— la seduta*, levantar la sesión **4** (*rinchiudere*) encerrar* **5** (*amm., econ.*) clausurar, levantar; saldar: *— un conto corrente*, clausurar/cerrar una cuenta corriente; *— il debito*, saldar la deuda ♦ *v.intr.* cerrar* | *con te ho chiuso!*, ¡contigo se terminó! ♦ **-rsi** *v.pron.* **1** cerrarse* **2** (*rinchiudersi*) encerrarse*, clausurarse **3** (*ritirarsi*) aislarse
■ ***non chiudere occhio***, no pegar ojo | ***chiudere un occhio***, hacer la vista gorda/pasar por alto | ***chiudere la bocca***, cerrar el pico: *chiudi quella bocca!*, ¡cierra el pico!, ¡punto en boca! | ***chiudere lo stomaco***, cerrar el estómago: *la paura gli ha chiuso lo stomaco*, el miedo le cerró el estómago | ***chiudere la porta in faccia***, dar con la puerta en las narices, cerrar la puerta a | ***chiudere in bellezza***, poner un broche de oro.
chiunque *pron.indef.* quienquiera, cualquiera ♦ *pron.rel.indef.* quienquiera que: *— essi siano*, quienesquiera que sean.
chiusa *s.f.* **1** (*tecn.*) compuerta, esclusa **2** (*di lettera, discorso*) final (*m.*).
chiuso *agg., s.m.* cerrado: *— per fallimento*, cerrado por quiebra; *un carattere molto —*, un carácter muy cerrado | *odore di —*, olor a cerrado.

chiusura *s.f.* **1** cierre (*m.*), clausura | *orario di —*, horario de cierre | *— settimanale*, descanso semanal **2** (*dispositivo*) cierre (*m.*) | *— centralizzata*, cierre centralizado | *— lampo*, cremallera **3** (*fig.*) cerrazón: *— mentale*, cerrazón mental **4** (*fine*) conclusión, fin (*m.*).

ci *pron.pers. di 1ª pers.pl.* **1** (*oggetto, termine*) nos: *non — ha invitato*, no nos ha invitado; *guarda cosa — ha regalato*; mira lo que nos ha regalado; *dateci retta*, hacednos caso **2** (*con v.pron.*) nos: *— siamo addormentati presto*, nos dormimos pronto ♦ *pron.dimostr.* (*a ciò*) en esto, en eso, en ello: *— tiene molto*, le interesa mucho (eso); *non — penso*, no pienso en ello | *io non c'entro*, yo no tengo nada que ver | *— si abitua*, uno se acostumbra | *io — sto*, me apunto/estoy de acuerdo ♦ *avv.* **1** (*qui*) aquí; (*lì*) ahí, (*là*) allí: *non — sono mai stato*, no he estado nunca allí | (*in uno spazio*) *non — stiamo*, no cabemos **2** (*di qui*) por aquí; (*di lì*) por ahí, (*di là*) por allí: *— passo sempre*, paso siempre por ahí **3** (*con il v. essere*): *c'è un solo cinema*, hay sólo un cine; *non — sono farmacie*, no hay farmacias; *chi c'è alla festa? io non — sarò*, ¿quién está en la fiesta? yo no voy a ir.

ciabatta *s.f.* **1** zapatilla, chinela, pantufla **2** (*forma di pane*) chapata **3** (*elettr.*) ladrón (*m.*).

cialda *s.f.* barquillo (*m.*).

cialtrone *s.m.* granuja (*m./f.*), canalla (*m./f.*).

ciambella *s.f.* **1** (*cuc.*) rosca | *non tutte le ciambelle riescono col buco*, no todo sale bien **2** (*salvagente*) salvavidas (*m.*), flotador (*m.*).

ciambellaio *s.m.* rosquillero.

ciambellano *s.m.* chambelán, camarlengo.

cianfrusaglia *s.f.* baratija.

cianotico *agg.* (*med.*) cianótico.

cianuro *s.m.* (*chim.*) cianuro.

ciao *inter.* (*incontrandosi*) ¡hola!; (*congedandosi*) ¡adiós!, ¡hasta luego!, ¡chao!

ciarla *s.f.* habladuría, voz, chisme (*m.*): *in paese correvano molte ciarle su di lui*, en el pueblo circulaban muchas habladurías sobre él.

ciarlare *v.intr.* charlar, conversar: *smettila di — e lavora!*, ¡déjate de charlar y trabaja!

ciascuno *agg.indef.* cada, todo: *ciascun membro ha diritto di voto*, todo miembro tiene derecho al voto ♦ *pron.indef.* cada uno, cada cual: *— è responsabile delle proprie azioni*, cada uno es responsable de sus propias acciones; *un panino —*, un bocadillo para cada uno.

cibare *v.tr.* (*persona*) alimentar, nutrir; (*animale*) cebar ♦ **-rsi** *v.pron.* (*anche fig.*) alimentarse, nutrirse: *— solo di frutta e verdura*, alimentarse sólo de fruta y verdura | *— di illusioni*, vivir de ilusiones | *— di promesse*, alimentarse de promesas | *— di speranze*, alimentar esperanzas | *— solo di letteratura*, dedicarse exclusivamente a la literatura.

cibo *s.m.* alimento, comida (*f.*): *— per cani*, comida para perros | *non toccare —*, no probar bocado.

cicala *s.f.* (*zool.*) cigarra, chicharra; (*di mare*) cigala.

cicatrice *s.f.* **1** cicatriz* **2** (*fig.*) cicatriz*, huella, herida.

cicca *s.f.* **1** (*gomma da masticare*) chicle (*m.*) **2** (*di sigaretta*) colilla

■ ***non valere una cicca***, no valer un comino/pepino.

ciccia *s.f.* chicha, carne.

cicciolo *s.m.* chicharrón, torrezno.

ciccione *agg.* (*fam.*) gordinflón.

cicciotto *agg.* (*fam.*) gordito, mofletudo.

cicerone *s.m.* cicerone (*m./f.*), guía (*f.*).

ciclabile *agg.* de/para bicicletas: *pista —*, carril bici.

ciclamino *s.m.* **1** (*bot.*) ciclamino, pamporcino **2** (*colore*) púrpura.

ciclico *agg.* cíclico.

ciclismo *s.m.* (*sport*) ciclismo.

ciclista *s.m./f.* (*sport*) ciclista.

ciclo *s.m.* ciclo | (*a scuola*) *primo, secondo —*, ciclo básico, medio | *— lunare*, ciclo lunar | *— mestruale*, ciclo menstrual, regla | *— storico*, ciclo histórico.

ciclomotore *s.m.* ciclomotor.

ciclone *s.m.* (*meteor., anche fig.*) ciclón , huracán | (*fig.*) *quell'uomo è un —*, ese hombre es un torbellino

■ ***essere nell'occhio del ciclone***, estar en el ojo del huracán.

cicogna *s.f.* (*zool.*) cigüeña.

cicoria *s.f.* (*bot.*) achicoria.

cicuta *s.f.* (*bot.*) cicuta.

cieco *agg., s.m.* ciego: *essere — dalla nascita*, ser ciego de nacimiento; *— dalla gelosia*, ciego de celos; *— di rabbia*, ciego de rabia

■ ***alla cieca***, a ciegas | ***la fortuna è cieca***, la suerte es ciega | (*gioco*) ***mosca cieca***, gallina ciega | ***vicolo cieco***, callejón sin salida (*anche fig.*).

cielo *s.m.* cielo: *— coperto*, cielo cubierto; *— limpido*, cielo despejado; *— a pecorelle*, cielo aborregado

■ ***a cielo aperto***, a cielo abierto | ***essere al settimo cielo***, estar en el séptimo cielo | ***non stare né in cielo né in terra***, no tener ni pies ni cabeza | ***il regno dei cieli***, el reino de los cielos | ***santo cielo!***, ¡cielos! | ***grazie al cielo***, gracias a Dios | ***apriti cielo!***, ¡trágame tierra! | ***per amor del cielo!***, ¡válgame Dios! | ***piovuto dal cielo***, caído/llovido del cielo.

cifra *s.f.* **1** cifra, guarismo (*m.*), dígito (*m.*):

un numero di due cifre, un número de dos dígitos/cifras | *per fare — tonda*, para redondear **2** (*di denaro*) suma: *cifre significative*, sumas importantes **3** (*codice*) código | *parlare in —*, hablar en chino
■ (*fam.*) ***una cifra***, una barbaridad: *costa una —*, cuesta una barbaridad.
cifrare *v.tr.* **1** cifrar **2** (*ricamo*) bordar las iniciales.
cifrato *agg.* cifrado: *lettera cifrata*, carta cifrada.
ciglio *s.m.* **1** pestaña (*f.*) **2** (*sopracciglio*) ceja (*f.*) | *aggrottare le ciglia*, fruncir el ceño **3** (*bordo*) borde, orilla (*f.*): *il — della strada*, el arcén de la carretera
■ ***senza batter ciglio***, sin pestañear, sin inmutarse.
cigno *s.m.* (*zool.*) cisne.
cigolare *v.intr.* chirriar.
cigolio *s.m.* chirrido, rechinamiento.
cilecca *s.f.* chasco (*m.*), befa, burla
■ ***fare cilecca***, (*di arma*) encasquillarse, fallar; (*fig.*) fallar.
cileno *agg.*, *s.m.* chileno.
cilicio *s.m.* cilicio.
ciliegia *s.f.* cereza.
ciliegio *s.m.* cerezo.
cilindrata *s.f.* (*mecc.*) cilindrada.
cilindrico *agg.* cilíndrico.
cilindro *s.m.* **1** (*geom, mecc., tecn.*) cilindro **2** (*cappello*) sombrero de copa.
cima *s.f.* **1** cima, cumbre **2** (*fig., persona*) genio (*m.*), lumbrera | (*fig.*) *essere una —*, ser un genio **3** (*mar.*) cabo (*m.*), cuerda
■ ***in cima***, encima/sobre | ***da cima a fondo***, de arriba abajo/de punta a cabo.
cimelio *s.m.* reliquia (*f.*); (*scherz.*) antigualla (*f.*).
cimentare *v.tr.* arriesgar*, poner* a prueba, desafiar, retar: *— la vita*, arriesgar la vida ♦ **-rsi** *v.pron.* arriesgarse*, aventurarse: *— in un'impresa difficile*, aventurarse en una empresa difícil.
cimice *s.f.* **1** (*zool.*) chinche **2** (*microspia*) micrófono (*m.*) oculto.
ciminiera *s.f.* chimenea.
cimitero *s.m.* cementerio.
cimosa *s.f.* (*tess.*) orillo (*m.*), orilla.
cimurro *s.m.* moquillo.
cincia, cinciallegra *s.f.* (*zool.*) paro (*m.*) carbonero.
cincillà *s.f.* (*zool.*) chinchilla.
cincin *inter.* ¡chichín!
cincischiare *v.tr.* (*tagliuzzare*) tijeretear; (*sgualcire*) arrugar* ♦ *v.intr.* holgazanear.
cinema *s.m.* cine | *— muto*, cine mudo.
cinematografia *s.f.* cinematografía.
cinematografico *agg.* cinematográfico.
cinematografo *s.m.* cine.
cinerario *agg.* cinerario.
cinepresa *s.f.* cámara cinematográfica.
cinese *agg.*, *s.m./f.* chino (*m.*).
cineteca *s.f.* cinemateca.
cinetica *s.f.* (*fis.*) cinética.
cinetico *agg.* (*fis.*) cinético.
cingere *v.tr.* ceñir*, cercar*, rodear: *una città cinta di mura*, una ciudad rodeada de murallas | *— le braccia intorno al collo*, echar los brazos al cuello | (*mil.*) *— d'assedio*, asediar ♦ **-rsi** *v.pron.* ceñirse*, ajustarse.
cinghia *s.f.* correa; (*cintura*) cinturón (*m.*) | *stringere la —*, apretarse el cinturón (*anche fig.*).
cinghiale *s.m.* (*zool.*) jabalí.
cingolato *agg.* (*aut.*) de oruga ♦ *s.m.* (*aut.*) oruga (*f.*).
cingolo *s.m.* (*di veicolo*) oruga (*f.*), llanta articulada.
cinguettare *v.intr.* gorjear, trinar.
cinguettio *s.m.* gorjeo, trino.
cinico *agg.*, *s.m.* cínico.
ciniglia *s.f.* (*tess.*) chenilla.
cinismo *s.m.* cinismo.
cinofilia *s.f.* cinofilia.
cinofilo *agg.*, *s.m.* perrero.
cinquanta *agg.num.card.*, *s.m.* cincuenta.
cinquantenario *s.m.* cincuentenario.
cinquantesimo *agg.num.ord.*, *s.m.* quincuagésimo.
cinquantina *s.f.* cincuenta, unos cincuenta, alrededor de cincuenta: *è sulla —*, frisa los cincuenta; *c'erano una — di persone*, había alrededor de cincuenta personas.
cinque *agg.num.card.*, *s.m.* cinco | *in — minuti*, en un dos por tres.
cinquecento *agg.num.card.*, *s.m.* quinientos (*m.*), quinientas (*f.*).
cinta *s.f.* **1** (*mura*) cinturón, cordón **2** (*recinto*) valla, cerco | *muro di —*, tapia **3** (*abbigl.*) cinturón (*m.*), correa: *la — dei pantaloni*, el cinturón de los pantalones.
cintare *v.tr.* cercar*.
cintola *s.f.* cinturón (*m.*), correa: *la — dei pantaloni*, la correa del pantalón.
cintura *s.f.* **1** cinturón (*m.*) | *— di castità*, cinturón de castidad | *— di sicurezza*, cinturón de seguridad **2** (*vita*) talle (*m.*), cintura | *essere larghi/stretti di —*, tener el talle ancho/estrecho **3** (*di centro abitato*) zona | *— verde*, espacio/zona verde.
cinturino *s.m.* (*dell'orologio*) correa (*f.*).
ciò *pron.dimostr.* esto, eso, ello, lo: *— è impossibile*, eso es imposible; | *nonostante —*, a pesar de ello | *— che sta dicendo è molto grave*, lo que está diciendo es muy grave.
ciocca *s.f.* (*di capelli*) mechón (*m.*).
cioccolata *s.f.* chocolate (*m.*) | *— con panna*, suizo, chocolate con nata.

cioccolataio *s.m.* chocolatero.
cioccolatino *s.m.* chocolatín, bombón.
cioccolato *s.m.* chocolate: *tavoletta di — al latte*, tableta de chocolate de leche; *— fondente*, chocolate amargo.
cioè *avv.* **1** es decir, o sea | *e —?*, ¿y entonces? **2** (*o meglio, o piuttosto*) mejor dicho, más bien.
ciondolare *v.intr.* oscilar, vacilar ♦ *v.tr.* bambolear: *— la testa*, balancear la cabeza.
ciondolo *s.m.* dije, colgante.
ciondoloni, a *loc.avv.* caído, colgante.
ciononostante *avv.* a pesar de ello.
ciotola *s.f.* cuenco (*m.*), escudilla.
ciottolo *s.m.* canto (rodado).
cipiglio *s.m.* ceño, sobrecejo, entrecejo: *guardare con —*, mirar con desdén.
cipolla *s.f.* **1** (*bot.*) cebolla | (*fig.*) *mangiare pane e —*, comer poco y mal, ser más pobre que una rata **2** (*orologio*) reloj de bolsillo.
cipresso *s.m.* (*bot.*) ciprés.
cipria *s.f.* polvos (*m.pl.*): *mettersi/darsi la —*, empolvarse la cara.
circa *avv.* alrededor de, cerca de, aproximadamente, unos/unas: *lo spettacolo è durato — tre ore*, el espectáculo duró unas tres horas; *verrò alle tre —*, vendré a eso de las tres ♦ *prep.* acerca de, sobre: *non ho capito niente — quell'argomento*, no he entendido nada sobre ese asunto.
circense *agg.* circense.
circo *s.m.* circo.
circolante *agg.* circulante, ambulante | *biblioteca —*, biblioteca ambulante | (*econ.*) *capitale —*, capital circulante.
circolare[1] *agg.* circular, redondo | (*banc.*) *assegno —*, cheque conformado ♦ *s.f.* (*lettera*) circular.
circolare[2] *v.intr.* **1** circular, transitar: *le auto circolano per strada*, los coches circulan por las calles **2** (*del sangue*) circular, fluir* **3** (*di notizie*) circular, propagarse*.
circolazione *s.f.* circulación | *divieto di —*, prohibido pasar/transitar | *carta/libretto di —*, permiso de circulación | *tassa di —*, impuesto de circulación | *la — arteriosa*, la circulación arterial | *la — atmosferica*, la circulación atmosférica | *— monetaria*, circulación monetaria | (*fig.*) *togliere dalla —*, retirar de la circulación | *mettere in —*, poner en circulación.
circolo *s.m.* círculo | *— culturale*, círculo cultural | (*geogr.*) *— polare*, círculo polar | *— vizioso*, círculo vicioso.
circoncidere *v.tr.* circuncidar.
circoncisione *s.f.* circuncisión.
circonciso *agg.* circunciso.
circondare *v.tr.* circundar, cercar*, rodear, acordonar: *la polizia circondò il quartiere*, la policía acordonó el barrio; *arrendetevi, siete circondati!*, ¡rendíos, estáis rodeados! ♦ **-rsi** *v.pron.* rodearse: *— di collaboratori fidati*, rodearse de colaboradores de confianza.
circondariale *agg.* del distrito.
circondario *s.m.* **1** (*amm.*) distrito **2** (*area circostante*) vecindad (*f.*).
circonferenza *s.f.* circunferencia.
circonflesso *agg.* (*accento*) circunflejo.
circonlocuzione *s.f.* circunlocución.
circonvallazione *s.f.* (*strada*) circunvalación, ronda.
circonvenire *v.tr.* embaucar*.
circonvenzione *s.f.* engaño (*m.*), estafa; (*dir.*) abuso (*m.*).
circoscritto *agg.* circunscrito.
circoscrivere *v.tr.* (*anche fig.*) circunscribir, limitar, localizar*: *— un incendio*, circunscribir un incendio; *— gli effetti di qlco.*, circunscribir los efectos de algo.
circoscrizione *s.f.* (*amm.*) circunscripción, distrito (*m.*).
circospezione *s.f.* circunspección, cautela, prudencia.
circostante *agg.* circunstante, comarcano.
circostanza *s.f.* circunstancia.
circostanziale *agg.* circunstancial.
circostanziato *agg.* circunstanciado, detallado.
circuire *v.tr.* embaucar*, enredar: *fu circuito da malfattori*, fue embaucado por unos malhechores.
circuito *s.m.* **1** (*elettr.*) circuito: *— chiuso*, circuito cerrado | *— integrato*, circuito integrado | *— lineare*, circuito lineal | *corto —*, cortocircuito | *in —*, en torno **2** (*sport*) circuito, pista (*f.*) | *— di prova*, pista de prueba **3** (*di distribuzione*) red (*f.*).
circumnavigare *v.tr.* (*mar.*) circunnavegar*.
circumnavigazione *s.f.* (*mar.*) circunnavegación.
cirillico *agg.* cirílico.
cirro *s.m.* (*bot., meteor., zool.*) cirro.
cirrosi *s.f.* (*med.*) cirrosis.
cisalpino *agg.* (*geogr.*) cisalpino.
cispa *s.f.* legaña.
cispadano *agg.* (*geogr.*) cispadano.
cisposo *agg.* legañoso.
ciste *s.f.* → **cisti.**
cisterna *s.f.* cisterna, aljibe (*m.*) | *auto —*, camión cisterna.
cisti *s.f.* (*med.*) quiste (*m.*): *una — sebacea*, un quiste sebáceo | (*anat.*) *— biliare*, vesícula biliar.
cistico *agg.* (*anat.*) cístico.
cistifellea *s.f.* (*anat.*) vesícula biliar.
cistite *s.f.* (*med.*) cistitis.
cisto *s.m.* estepa (*f.*).
citare *v.tr.* **1** citar, mencionar **2** (*dir.*) citar, requerir*, emplazar*.

citazione *s.f.* **1** cita **2** (*dir.*) citación, requerimiento (*m.*), emplazamiento (*m.*).
citofonare *v.intr.* llamar por el interfono.
citofono *s.m.* interfono, portero automático, telefonillo.
citrato *s.m.* citrato.
citronella *s.f.* (*bot.*) hierba de limón.
citrullo *agg.*, *s.m.* mentecato, necio, botarate.
città *s.f.* **1** ciudad: *abito fuori* —, vivo fuera de la ciudad | — *vecchia*, casco viejo | — *universitaria*, ciudad universitaria, campus universitario **2** (*popolazione*) población.
cittadinanza *s.f.* **1** (*dir.*) ciudadanía, nacionalidad **2** (*popolazione*) ciudadanía, ciudadanos (*m.pl.*).
cittadino *agg.*, *s.m.* ciudadano: *traffico* —, tráfico ciudadano | *primo* —, (*di Stato*) presidente del la república; (*di città*) alcalde | *libero* —, libre de responsabilidad y compromisos | *privato* —, ciudadano.
ciucca *s.f.* (*fam.*) mona, trompa, borrachera.
ciuccio *s.m.* (*fam.*) chupete, tetilla (*f.*).
ciucco *agg.* (*fam.*) borracho.
ciuffo *s.m.* (*di capelli*) mechón; (*di penne*) penacho; (*d'erba*) manojo.
ciurlare *v.intr.* vacilar, dudar | — *nel manico*, echarse atrás.
ciurma *s.f.* chusma.
ciurmaglia *s.f.* chusma, gentuza.
civetta *s.f.* **1** (*zool.*) mochuelo (*m.*) **2** (*fig.*) coqueta | *far la* —, coquetear.
civettare *v.intr.* coquetear, flirtear.
civetteria *s.f.* coquetería, coqueteo (*m.*).
civico *agg.* **1** (*del cittadino*) cívico, municipal **2** (*della città, municipale*) civil, ciudadano | *guardia civica*, guardia municipal | *numero* —, número de casa.
civile *agg.* **1** civil | *guerra* —, guerra civil | *diritti civili*, derechos civiles | (*dir.*) *diritto civile*, derecho civil **2** (*ben educato*) educado, civilizado ♦ *s.m./f.* civil: *nella guerra morirono molti civili*, en la guerra murieron muchos civiles.
civilizzare *v.tr.* civilizar*, educar*.
civilizzazione *s.f.* civilización.
civiltà *s.f.* **1** civilización **2** (*cortesia*) urbanidad.
clacson *s.m.* bocina (*f.*), claxon: *è vietato suonare il* —, está prohibido tocar el cláxon, prohibido pitar.
clamore *s.m.* **1** clamor, griterío, vocerío; (*rumore*) fragor, ruido: *il* — *della tempesta*, el fragor de la tempestad **2** (*stupore*) asombro.
clamoroso *agg.* **1** (*fragoroso*) clamoroso; caluroso: *un applauso* —, un aplauso clamoroso **2** (*sorprendente*) apabullante: *una sconfitta clamorosa*, una derrota apabullante.
clan *s.m.* clan, equipo.
clandestinità *s.f.* clandestinidad.
clandestino *agg.* clandestino ♦ *s.m.* clandestino, ilegal (*m./f.*); (*su nave, aereo*) polizón.
clarinettista *s.m./f.* (*mus.*) clarinetista.
clarinetto *s.m.* (*mus.*) clarinete.
clarinista *s.m./f.* (*mus.*) clarín.
clarino *s.m.* (*mus.*) clarín.
clarissa *s.f.* (*relig.*) clarisa.
classe *s.f.* **1** clase: — *borghese*, clase burguesa; — *operaia*, clase obrera | *lotta di* —, lucha de clases **2** (*eleganza, stile, qualità*) clase, categoría | *persona di* —, persona con clase **3** (*su mezzi di trasporto*) clase: *un posto in* — *turistica*, un puesto/una plaza en clase turista **4** (*scuola*) clase, curso (*m.*), asignatura: *che* — *fai?*, ¿en qué curso estás? **5** (*aula*) aula **6** (*di leva*) quinta: — *1981*, quinta de 1981.
classicheggiante *agg.* clasicista.
classicismo *s.m.* clasicismo.
classicista *agg.*, *s.m./f.* clasicista.
classicità *s.f.* mundo (*m.*) clásico.
classico *agg.*, *s.m.* clásico: *danza classica*, danza clásica | *è un* — *della letteratura spagnola*, es un clásico de la literatura española.
classifica *s.f.* clasificación, tabla: *in testa*, *in fondo alla* —, a la cabeza de la tabla, en el fondo de la tabla.
classificare *v.tr.* clasificar*, ordenar ♦ **-rsi** *v.pron.* clasificarse*.
classificatore *s.m.* clasificador, archivador.
classificazione *s.f.* clasificación, calificación, evaluación.
classismo *s.m.* clasismo.
classista *agg.* clasista.
clausola *s.f.* cláusula.
claustrofobia *s.f.* claustrofobia.
claustrofobico *agg.* claustrofóbico.
clausura *s.f.* (*relig.*) clausura.
clava *s.f.* clava, maza.
clavicembalo *s.m.* (*mus.*) clavicémbalo.
clavicola *s.f.* (*anat.*) clavícula.
clemente *agg.* **1** clemente, benévolo **2** (*di clima*) templado.
clementina *s.f.* (*bot.*) clementina.
clemenza *s.f.* clemencia, indulgencia.
cleptomane *agg.*, *s.m./f.* cleptómano (*m.*).
cleptomania *s.f.* cleptomanía.
clericale *agg.* clerical.
clericalismo *s.m.* clericalismo.
clero *s.m.* clero.
clessidra *s.f.* clepsidra.
cliché *s.m.* (*tip.*, *anche fig.*) cliché.
cliente *s.m./f.* cliente; (*abituale*) parroquiano (*m.*).
clientela *s.f.* clientela.
clientelare *agg.* basado en el clientelismo.
clientelismo *s.m.* tráfico de influencias, caciquismo, corporativismo, clientelismo.
clima *s.m.* **1** clima **2** (*fig.*) clima, ambiente.

climatico *agg.* climático: *condizioni climatiche*, condiciones climáticas.
climatizzare *v.tr.* climatizar*.
climatizzazione *s.f.* climatización | *impianto di* —, instalación de aire acondicionado.
clinica *s.f.* clínica: *studiare — pediatrica*, estudiar clínica pediátrica; *ricoverarsi in una* —, ingresar en una clínica.
clinico *agg.* clínico: *caso* —, caso clínico; *quadro* —, cuadro clínico | *avere l'occhio* —, tener ojo clínico.
clistere *s.m.* (*med.*) clister, lavativa (*f.*).
clitoride *s.m./f.* (*anat.*) clítoris (*m.*).
cloaca *s.f.* cloaca, acantarilla, sumidero (*m.*).
clochard *s.m.* vagabundo.
clonare *v.tr.* (*biol., fig.*) clonar.
clonazione *s.f.* (*biol., fig.*) clonación.
clone *s.m.* (*biol., fig.*) clon.
cloro *s.m.* (*chim.*) cloro.
clorofilla *s.f.* (*biol.*) clorofila.
cloroformio *s.m.* (*chim.*) cloroformo.
cloruro *s.m.* (*chim.*) cloruro.
clou *s.m.* punto culminante.
clown *s.m.* clon, clown.
club *s.m.* club, círculo, asociación (*f.*): — *culturale*, club cultural.
coabitare *v.intr.* cohabitar.
coabitazione *s.f.* cohabitación.
coacervo *s.m.* acumulación (*f.*).
coadiutore *s.m.* **1** coadjutor **2** (*relig.*) coadjutor.
coadiuvante *agg.* coadyuvante.
coadiuvare *v.tr.* coadyuvar, colaborar con, cooperar con.
coagulante *agg., s.m.* coagulante.
coagulare *v.intr.* coagular, cuajar ♦ **-rsi** *v. pron.* coagularse, cuajarse.
coagulazione *s.f.* coagulación.
coalizione *s.f.* coalición, alianza.
coalizzare *v.intr.* coaligar*, aliar ♦ **-rsi** *v. pron.* coligarse*, coalizarse*, aliarse.
coatto *agg.* (*anche dir.*) coactivo.
coautore *s.m.* coautor.
coazione *s.f.* (*anche dir.*) coacción.
cobalto *s.m.* (*chim.*) cobalto.
cobra *s.m.* (*zool.*) cobra (*f.*).
coca *s.f.* **1** (*bot.*) coca **2** (*gerg., cocaina*) coca, cocaína.
cocaina *s.f.* cocaína.
cocainomane *s.m./f.* cocainómano (*m.*).
cocca *s.f.* **1** (*di fazzoletto*) pico (*m.*), punta **2** (*freccia*) muesca en la punta.
coccarda *s.f.* escarapela, cucarda.
cocchiere *s.m.* cochero.
cocchio *s.m.* carroza (*f.*), carruaje, coche.
coccige *s.m.* (*anat.*) cóccix, coxis.
coccinella *s.f.* (*zool.*) coccinela, mariquita.
coccio *s.m.* **1** (*terracotta*) cacharro, tiesto, vasija (*f.*) de barro **2** (*frammento*) tiesto (*spec.pl.*), cacho | *chi rompe paga e i cocci sono suoi*, el que rompe paga.
cocciutaggine *s.f.* testarudez, tozudez.
cocciuto *agg.* terco, testarudo, obstinado.
cocco[1] *s.m.* (*frutto*) coco; (*pianta*) cocotero: *noce di* —, coco; *olio di* —, aceite de coco.
cocco[2] *s.m.* (*fam., preferito*) niño predilecto | — *di mamma*, niño mimado.
coccodrillo *s.m.* (*zool.*) cocodrilo.
coccola *s.f.* caricia, mimo (*m.*): *fare le* —, mimar.
coccolare *v.tr.* mimar, consentir*.
cocomero *s.m.* (*bot.*) sandía (*f.*).
cocuzzolo *s.m.* **1** (*di testa*) coronilla (*f.*) **2** (*di montagne*) cima (*f.*), cumbre (*f.*).
coda *s.f.* **1** rabo (*m.*), cola: *non tirare la — al gatto*, no le tires del rabo al gato **2** (*parte finale*) cola **3** (*fila*) cola, fila: *fare una lunga* —, hacer una fila/cola larga; *stare in — per ore*, estar en fila horas y horas **4** (*di capelli*) cola de caballo
■ (*zool.*) ***coda di rospo***, rape | ***a coda di rondine***, a cola de pato | ***avere la coda di paglia***, darse por aludido, sentirse culpable | ***avere la coda tra le gambe***, ir con el rabo entre las piernas | ***non avere né capo né coda***, no tener ni pies ni cabeza | ***con la coda dell'occhio***, con el rabillo del ojo/de reojo | ***se il diavolo non ci mette la coda***, si no surgen complicaciones.
codardia *s.f.* cobardía.
codardo *agg., s.m.* cobarde (*m./f.*), pusilánime (*m./f.*).
codesto *agg.dimostr.* ese ♦ *pron.dimostr.* ése.
codice *s.m.* **1** código: — *di procedura civile*, código de enjuiciamiento civil; — *a barre*, código de barras; — *di avviamento postale*, código postal; — *fiscale*, número de identificación fiscal **2** (*manoscritto*) códice.
codifica *s.f.* codificación.
codificabile *agg.* codificable.
codificare *v.tr.* codificar*, cifrar.
codificatore *agg., s.m.* codificador.
coefficiente *s.m.* coeficiente.
coefficienza *s.f.* coeficiencia.
coenzima *s.m.* (*chim., biol.*) coenzima.
coercitivo *agg.* coercitivo.
coercizione *s.f.* coerción.
coerente *agg.* coherente.
coerenza *s.f.* coherencia.
coesione *s.f.* cohesión.
coesistente *agg.* coexistente.
coesistenza *s.f.* coexistencia.
coesivo *agg.* cohesivo, aglutinante.
coetaneo *agg., s.m.* coetáneo, contemporáneo.
cofanetto *s.m.* **1** (*per gioielli*) cofre, joyero **2** (*per dolciumi, cosmetici*) caja (*f.*).
cofano *s.m.* **1** (*mobile*) arcón, cofre **2** (*aut.*) capó.

cogliere *v.tr.* **1** (*agr.*) recoger*, coger*, cosechar: — *un frutto dall'albero*, coger una fruta del árbol **2** (*sorprendere*) sorprender **3** (*afferrare*) atrapar; (*fig.*) aprovechar | — *l'occasione*, aprovechar la ocasión **4** (*colpire, anche fig.*) acertar*, atinar **5** (*fig., capire*) percibir
■ ***cogliere al volo***, (*un messaggio*) darse por aludido | ***cogliere di sorpresa***, ***in flagrante***, coger desprevenido, in fraganti | ***cogliere in fallo***, pillar en un renuncio | ***cogliere sul fatto***, coger con las manos en la masa: *il ladro è stato colto sul fatto*, al ladrón lo cogieron con las manos en la masa | ***cogliere nel segno***, dar en el blanco.
coglione *s.m.* (*volg.*) **1** (*testicolo*) cojón | *rompere i coglioni*, hinchar las pelotas **2** (*idiota*) huevón, gilipollas, ¡capullo.
cognac *s.m.* coñac.
cognato *s.m.* cuñado.
cognitivo *agg.* cognitivo, cognoscitivo.
cognizione *s.f.* conocimiento (*m.*) | *con — di causa*, con conocimiento de causa.
cognome *s.m.* apellido.
coibentare *v.tr.* aislar.
coibentazione *s.f.* aislamiento (*m.*).
coibente *agg., s.m.* aislante.
coincidenza *s.f.* **1** coincidencia, casualidad: *trovarlo è stata una straordinaria* —, encontrarle ha sido una extraordinaria coincidencia **2** (*fig.*) coincidencia, conformidad, acuerdo (*m.*): *una perfetta — di idee*, una perfecta conformidad de ideas **3** (*ferr.*) enlace (*m.*), empalme (*m*): *prendere la* —, coger el enlace.
coincidere *v.intr.* coincidir (*anche fig.*): *il suo compleanno coincide con il mio*, su cumpleaños coincide con el mío; *le nostre idee coincidono*, nuestras ideas concuerdan.
coinquilino *s.m.* coinquilino.
cointeressare *v.tr.* (*comm.*) interesar.
cointeressato *agg.* asociado ♦ *s.m.* (*comm.*) socio.
coinvolgente *agg.* cautivante, atrayente.
coinvolgere *v.tr.* **1** implicar*, comprometer: — *qlcu. in uno scandalo*, comprometer a alguien en un escándalo **2** (*interessare*) interesar, incluir*: — *in un progetto*, interesar en un proyecto | *non lasciarti — emotivamente*, no te dejes enredar emotivamente.
coinvolgimento *s.m.* implicación (*f.*).
coinvolto *agg.* implicado, involucrado.
coito *s.m.* coito, cópula (*f.*).
colabrodo *s.m.* colador.
colapasta *s.m.* colador, escurridor (de pasta).
colare *v.tr.* **1** (*filtrare*) filtrar, colar*; (*scolare*) escurrir **2** (*fondere*) fundir ♦ *v.intr.* **1** (*di liquidi*) gotear, chorrear, escurrir, filtrar | *il sudore gli colava dalla fronte*, el sudor trasudaba de su frente **2** (*liquefarsi*) derretirse, fundirse, licuarse
■ ***colare a picco***, hundirse/irse a pique.
colata *s.f.* (*geol., metall.*) colada.
colato *agg.* colado, filtrado.
colatura *s.f.* coladura.
colazione *s.f.* **1** (*del mattino*) desayuno (*m.*) | *far* —, desayunar **2** (*di mezzogiorno*) almuerzo (*m.*), comida | *fare la — al sacco*, comer fiambres/bocadillos | — *di lavoro*, almuerzo de trabajo/negocios.
colbacco *s.m.* gorra (*f.*) de piel.
colei *pron.dimostr.sing.f.* aquella: — *che*, la que.
coleottero *s.m.* (*zool.*) coleóptero.
colera *s.m.* (*med.*) cólera.
colerico *agg.* (*med.*) colérico.
colibrì *s.m.* (*zool.*) colibrí, picaflor.
colica *s.f.* (*med.*) cólico (*m.*).
colino *s.m.* colador, coladero.
colite *s.f.* (*med.*) colitis.
colla *s.f.* cola, pegamento (*m.*): *vorrei della — liquida*, quisiera un pegamento líquido | (*cuc.*) — *di pesce*, cola de pescado, colapez.
collaborare *v.intr.* colaborar, cooperar.
collaboratore *s.m.* colaborador: — *esterno*, colaborador externo | — *linguistico*, lector | *collaboratrice familiare*, asistenta.
collaborazione *s.f.* colaboración.
collage *s.m.* collage.
collana *s.f.* **1** (*gioiello*) collar (*m.*): *una — di perle*, un collar de perlas **2** (*di libri*) colección: *una — di romanzi*, una colección de novelas **3** (*di fiori*) guirnalda.
collant *s.m.* medias (*f.pl.*), panty.
collante *agg., s.m.* aglutinante.
collare *s.m.* **1** collar | — *ortopedico*, collarín **2** (*dei sacerdoti*) alzacuello, collarín | *mettersi il* —, tomar los hábitos.
collasso *s.m.* (*med., fig.*) colapso.
collaterale *agg.* colateral: *effetti collaterali*, efectos colaterales.
collaudare *v.tr.* ensayar, probar*.
collaudatore *s.m.* probador.
collaudo *s.m.* ensayo, prueba (*f.*).
colle[1] *s.m.* (*collina*) collado, colina (*f.*).
colle[2] *s.m.* (*passo, valico*) paso.
collega *s.m./f.* colega, compañero (*m.*).
collegamento *s.m.* **1** (*elettr., trasporti*) conexión (*f.*): *mettersi in* — ponerse en comunicación | — *Internet*, conexión Internet | — *a terra*, conexión de tierra | — *via cavo*, conexión por cable | — *via satellite*, comunicación vía satélite **2** unión (*f.*), enlace: *stabilire un — tra due fatti*, atar cabos.
collegare *v.tr.* **1** enlazar*, atar; (*elettr.*) conectar: — *i fili della luce*, conectar los cables de la luz **2** (*fig., mettere in relazione*) atar cabos/relacionar: — *due fatti*, relacionar dos

hechos ♦ **-rsi** *v.pron.* **1** coligarse*, unirse **2** (*mettersi in contatto*) comunicarse*, ponerse* en contacto: *siamo in attesa di collegarci con Londra*, estamos a la espera de ponernos en contacto con Londres.
college *s.m.* (*Inghilterra*) colegio.
collegiale *agg.*, *s.m./f.* colegial.
collegialità *s.f.* colegialidad.
collegio *s.m.* **1** (*organo*) colegio | — *arbitrale*, consejo arbitral | — *dei docenti*, claustro | — *dei giudici*, colegio de jueces **2** (*scuola*) colegio, internado | — *universitario*, colegio mayor **3** (*circoscrizione elettorale*) colegio, circunscripción (*f.*), distrito | — *elettorale*, colegio electoral.
collera *s.f.* cólera, rabia | *montare in* —, montar en cólera | *essere in — con*, estar enfadado con.
collerico *agg.* colérico, furioso, furibundo.
colletta *s.f.* colecta, cuestación.
collettività *s.f.* colectividad.
collettivo *agg.*, *s.m.* colectivo: *atto* —, acto colectivo | *società collettiva/in nome* —, sociedad regular colectiva.
colletto *s.m.* cuello | *colletti bianchi*, empleados | *colletti blu*, obreros.
collezionare *v.tr.* coleccionar.
collezione *s.f.* colección.
collezionismo *s.m.* coleccionismo.
collezionista *s.m./f.* coleccionista.
collidere *v.intr.* colisionar, chocar*, contraponerse*: *i nostri interessi collidono*, nuestros intereses se contraponen.
collimare *v.intr.* coincidir, corresponder ♦ *v.tr.* (*fis.*) colimar.
collina *s.f.* (*geogr.*) colina, collado (*m.*), loma, monte (*m.*).
collinare *agg.* de colinas: *zona* —, zona de colinas.
collirio *s.m.* (*farm.*) colirio.
collisione *s.f.* **1** colisión, choque (*m.*) | *entrare/venire in* —, entrar en colisión, chocar **2** (*fig.*) colisión, conflicto (*m.*): — *di interessi*, conflicto de intereses; — *di diritti*, colisión de derechos.
collo[1] *s.m.* cuello: *ha il — lungo*, tiene el cuello largo | — *del piede*, empeine | (*anche fig.*) — *di bottiglia*, cuello de botella
■ ***prendere per il collo***, tener acogotado | ***tirare il collo***, retorcer el pescuezo | ***correre a rotta di collo***, correr a rienda suelta | ***fino al collo***, hasta el cuello/cogote: *essere indebitato fino al* —, estar de deudas hasta el cogote; *essere nei guai fino al* —, estar metido en líos hasta el cuello; *esserci dentro fino al* —, meter las manos hasta el codo | ***rompersi l'osso del collo***, desnucarse.
collo[2] *s.m.* (*pacco*) bulto, fardo, bala (*f.*).
collocamento *s.m.* **1** colocación (*f.*), posición (*f.*), emplazamiento **2** (*lavoro*) colocación (*f.*), empleo | *agenzia di* —, oficina de empleo.
collocare *v.tr.* **1** colocar*, poner*, situar **2** (*dare lavoro*) emplear, colocar* | — *a riposo*, jubilar **3** (*una merce*) vender ♦ **-rsi** *v.pron.* (*anche fig.*) colocarse*.
collocato *agg.* situado, asentado, colocado, dispuesto.
collocazione *s.f.* colocación, disposición, posición.
colloquiale *agg.* coloquial, familiar, informal: *usare un linguaggio* —, usar un lenguaje coloquial.
colloquiare *v.intr.* charlar, hablar.
colloquio *s.m.* coloquio, conferencia (*f.*); (*di lavoro*) entrevista (*f.*).
collottola *s.f.* (*fam.*) cogote (*m.*), morrillo (*m.*).
collutorio *s.m.* (*farm.*) colutorio, enjuagatorio.
colluttare *v.intr.* pelear.
colluttazione *s.f.* pelea, riña.
colmare *v.tr.* colmar, llenar (*anche fig.*): — *un bicchiere di vino*, colmar un vaso de vino; — *una lacuna, un vuoto*, llenar un vacío | — *il sacco/la misura*, colmar la medida.
colmata *s.f.* (*geol.*) colmatación.
colmatura *s.f.* **1** llenado (*m.*) **2** (*enologia*) atestamiento (*m.*).
colmo[1] *s.m.* **1** (*anche fig.*) colmo | *il — dei colmi*, el colmo de los colmos | *per — di sventura*, para colmo de males | *ma è il —!*, ¡pero, es el colmo! **2** (*di tetto*) caballete.
colmo[2] *agg.* colmo, rebosante, lleno.
colomba *s.f.* (*zool.*) paloma.
colombaccio *s.m.* (*zool.*) paloma (*f.*) torcaz.
colombaia *s.f.* palomar (*m.*), palomera.
colombella *s.f.* (*zool.*) paloma zorita.
colombiano *agg.*, *s.m.* colombiano.
colombo *s.m.* (*zool.*) paloma (*f.*) | — *viaggiatore*, paloma mensajera.
colonia[1] *s.f.* colonia: — *estiva*, colonia de verano.
colonia[2] *s.f.* (*profumo*) colonia, agua de colonia.
coloniale *agg.* colonial: *diritto* —, derecho colonial.
coloniali *s.m.pl.* ultramarinos.
colonialismo *s.m.* (*pol.*) colonialismo.
colonialista *agg.*, *s.m./f.* (*pol.*) colonialista.
colonizzare *v.tr.* colonizar*, conquistar: *la Spagna colonizzò l'America*, España colonizó América.
colonizzatore *agg.*, *s.m.* colonizador.
colonna *s.f.* **1** columna: — *ionica*, columna jónica; — *di fumo*, columna de humo; — *di giornale*, columna de periódico **2** (*fila*) columna, fila | *una — di auto*, una caravana de coches | *in* —, en fila, en columna **3** (*fig.*)

columna, sostén (*m.*): *essere la — della famiglia*, ser la columna de la familia
■ (*cinem.*) ***colonna sonora***, banda sonora | (*anat.*) ***colonna vertebrale***, columna vertebral.
colonnello *s.m.* (*mil.*) coronel.
colorante *agg.*, *s.m.* colorante.
colorare *v.tr.* pintar, colorar (*anche fig.*), colorear, teñir ♦ **-rsi** *v.pron.* colorearse.
colorato *agg.* de colores, de color: *un vestito —*, un vestido de color, un vestido vistoso/llamativo | *matite colorate*, lápices de colores.
coloratura *s.f.* (*mus.*) coloratura.
colorazione *s.f.* coloración.
colore *s.m.* (*anche fig.*) color: *colori a olio*, *a tempera*, colores al óleo, al temple| *a colori*, en color; a todo color
■ ***dirne di tutti i colori***, poner verde | ***farne di tutti i colori***, hacer de las suyas | ***passarne di tutti i colori***, pasarlas canutas/pasar de todo (lo imaginable).
colorire *v.tr.* colorear, pintar ♦ **-rsi** *v.pron.* (*di faccia*) sonrosar.
colorito *agg.* **1** coloreado, colorido; (*di faccia*) sonrosado, bronceado **2** (*fig.*) expresivo ♦ *s.m.* **1** (*carnagione*) tez (*f.*) **2** (*vivacità*) colorido.
coloro *pron.dimostr.pl.m./f.* aquellos (*m.*), aquellas (*f.*): *— che*, los/las que.
colossale *agg.* colosal.
colosso *s.m.* (*anche fig.*) coloso, gigante: *un — della musica*, un coloso de la música.
colpa *s.f.* culpa; falta, error (*m.*): *avere —*, tener la culpa; *per — sua*, por su culpa | *dare la —*, echar la culpa | *sentirsi in —*, sentirse culpable | *complesso di —*, complejo de culpa | *non avere — né peccato*, estar limpio de polvo y paja.
colpevole *agg.*, *s.m./f.* culpable.
colpevolezza *s.f.* culpabilidad.
colpevolizzare *v.tr.* culpabilizar*.
colpire *v.tr.* **1** golpear, pegar*; (*con un'arma*) alcanzar, herir: *lo colpì con un bastone*, lo golpeó con un bastón; *il proiettile l'ha colpito alla spalla*, la bala le dio en el hombro **2** (*danneggiare*) afectar: *essere colpiti da un'alluvione*, sufrir un aluvión **3** (*fig.*) impresionar, afectar, tocar*, conmover*
■ ***colpire nel segno***, dar en el blanco | ***colpire al cuore***, tocar el corazón.
colpo *s.m.* **1** (*anche fig.*) golpe; (*pugno*) puñetazo: *dare un —*, dar un golpe; *per lui è stato un brutto —*, para él ha sido un duro golpe **2** (*d'arma da fuoco*) tiro, disparo: *fu ucciso da due colpi*, lo mataron de dos tiros **3** (*med.*) ataque; (*di tosse*) acceso **4** (*rapina*) atraco, golpe
■ ***colpo di testa***, (*calcio*) cabezazo; (*fig.*) locura: *sono stanco dei tuoi colpi di testa*, estoy harto de tus locuras | ***colpo di Stato***, golpe de Estado | ***colpo basso***, golpe bajo | ***colpo d'aria***, corriente (de aire) | ***colpo d'occhio***, ojeada/vistazo | ***colpo di sole***, insolación | ***colpi di sole***, reflejos | ***colpo di telefono***, telefonazo | ***colpo di fulmine***, flechazo | ***colpo di scena***, sorpresa | ***colpo di coda/timone***, volantazo | ***colpo di sonno***, somnolencia | ***colpo di vento***, golpe de viento | ***fare colpo***, impresionar | ***d'un colpo***, de un tirón | ***di colpo***, de repente/golpe | ***sul colpo***, al instante: *è morto sul —*, murió al instante | ***andare a colpo sicuro***, ir sobre seguro | ***dare un colpo al cerchio e uno alla botte***, estar bien con Dios y con el diablo.
colposo *agg.* culposo.
coltellaccio *s.m.* daga (*f.*).
coltellata *s.f.* cuchillada, navajazo (*m.*).
coltello *s.m.* cuchillo | *— a serramanico*, navaja
■ ***avere il coltello dalla parte del manico***, tener la sartén por el mango | ***prendere il coltello per la lama***, tirar piedras a su tejado.
coltivare *v.tr.* **1** cultivar **2** (*fig.*) cultivar, albergar*, alimentar: *— i vizi*, viciarse; *— un'amicizia*, cultivar una amistad.
coltivatore *s.m.* cultivador, agricultor, labrador.
coltivazione *s.f.* cultivación, cultivo (*m.*).
colto *agg.* culto, instruido.
coltura *s.f.* cultivo (*m.*): *la — del mais*, el cultivo del maíz.
colui *pron.dimostr.sing.m.* aquel: *— il quale/che*, aquel/el que.
coma *s.m.* (*med.*) coma: *entrare in —*, entrar en coma.
comandamento *s.m.* (*relig.*) mandamiento.
comandante *sm./f.* (*mil.*) comandante; (*di una nave*) capitán (*m.*).
comandare *v.tr.* **1** mandar, ordenar: *chi comanda qui?*, ¿quién (es el que) manda aquí? **2** (*mecc.*) accionar
■ ***comandare a bacchetta***, mandar a la baqueta | ***fare le cose come Dio comanda***, hacer las cosas como Dios manda.
comandato *agg.* mandado, ordenado | *feste comandate*, fiestas de guardar.
comando *s.m.* **1** orden (*f.*); (*mil.*) mando, comando: *impartire un —*, impartir una orden; *esercitare il —*, ejercer el mando | *ai suoi comandi!*, ¡a sus órdenes! | *prendere il —*, tomar el mando **2** (*sede*) comandancia (*f.*) **3** (*dispositivo*) mando: *azionare i comandi*, accionar los mandos | *— a distanza*, control remoto, mando a distancia
■ (*sport*) ***essere al comando***, estar en cabeza: *è al — della classifica*, está en cabeza de la clasificación.

combaciare *v.intr.* **1** encajar, compaginarse, acoplarse **2** (*fig.*) coincidir, encajar.
combattente *agg., s.m./f.* combatiente.
combattere *v.intr.* **1** combatir, luchar: — *per la patria*, combatir por la patria; — *contro la droga*, combatir la droga **2** (*sport*) competir ♦ *v.tr.* combatir, atacar*: — *il nemico*, atacar al enemigo; — *la corruzione*, combatir la corrupción ♦ **-rsi** *v.pron.* combatirse, atacarse*.
combattimento *s.m.* combate, lucha (*f.*) | *fuori* —, fuera de combate | *galli da* —, gallo de pelea.
combattività *s.f.* combatividad.
combattivo *agg.* combativo.
combattuto *agg.* **1** controvertido, polémico: *una discussione combattuta*, una discusión controvertida **2** (*fig.*) atormentado, indeciso, dudoso: *un uomo — dalle passioni*, un hombre atormentado por las pasiones; *essere — da due alternative*, estar indeciso entre dos alternativas.
combinare *v.tr.* **1** combinar **2** (*concludere*) concluir*; (*organizzare*) organizar*, concertar: —*un affare*, concluir un negocio; — *un incontro*, concertar una entrevista **3** (*fare*) hacer, armar: *oggi non ho combinato niente!*, ¡hoy no he hecho nada de nada!; *guarda cos'hai combinato!*, ¡mira la que has armado! | — *guai*, armar líos | *combinarne di tutti i colori*, hacer de las suyas ♦ *v.intr.* coincidir ♦ **-rsi** *v.pron.* combinarse, ajustarse.
combinato *agg.* combinado, concertado, convenido.
combinatorio *agg.* combinatorio.
combinazione *s.f.* **1** coincidencia; (*caso*) casualidad | *per* —, por casualidad **2** (*di cassaforte*) combinación.
combriccola *s.f.* banda, panda, pandilla, cuadrilla.
combustibile *s.m.* combustible.
combustione *s.f.* combustión.
combustore *s.m.* cámara (*f.*) de combustión.
come *avv.* **1** (*interr.*) cómo: — *hai fatto?*, ¿cómo hiciste?; — *mai?*, ¿cómo es eso?; — *va?*, ¿qué tal? **2** (*escl.*) cómo, qué: *com'è bello!*, ¡qué guapo es! **3** (*comp., modale*) como: *fai — vuoi*, hazlo como quieras; *è alto — me*, es tan alto como yo; *non è così caro — hai detto*, no es tan caro como dijiste **4** (*in qualità di*) como: ♦ *cong.* **1** (*appena*) como, en cuanto, apenas: — *l'ho visto, l'ho comprato*, en cuanto lo vi, lo compré **2** — *se*, como si: — *se niente fosse*, como si nada
■ ***come pure***, como también | ***come non detto***, como si no lo hubiera dicho | (*comm.*) ***come da avviso***, según aviso.
cometa *s.f.* (*astr.*) cometa (*m.*).
comicità *s.f.* comicidad.
comico *agg., s.m.* cómico.
comignolo *s.m.* cumbrera (*f.*), chimenea (*f.*).
cominciare *v.tr./intr.* empezar*, comenzar*: *domani comincia la scuola*, mañana empieza el colegio; *per — serviamo gli antipasti*, para comenzar servimos los entremeses | *a — da te*, empezando por ti | (*iron.*) *cominciamo bene!*, ¡ya empezamos! | *chi ben comincia è a metà dell'opera*, obra empezada medio acabada.
comitato *s.m.* comité, junta (*f.*), comisión (*f.*).
comitiva *s.f.* grupo (*m.*).
comizio *s.m.* (*pol.*) mitin.
comma *s.m.* (*dir.*) apartado, párrafo.
commedia *s.f.* (*teatr., anche fig.*) comedia: — *musicale*, comedia musical | (*fig.*) *personaggio da* —, tío estrafalario | (*fig.*) *non fare la —, adesso!*, ¡ahora, no seas comediante!
commediante *s.m.* (*teatr., anche fig.*) comediante.
commediografo *s.m.* (*teatr.*) comediógrafo.
commemorabile *agg.* conmemorable.
commemorare *v.tr.* conmemorar.
commemorativo *s.m.* conmemorativo.
commemorazione *s.f.* conmemoración.
commendatore *s.m.* comendador.
commensale *s.m.* comensal.
commensurabile *agg.* conmensurable.
commentare *v.tr.* comentar; juzgar*; criticar*, discutir; (*spettegolare*) chismosear.
commentatore *s.m.* comentador; (*giorn.*) comentarista (*m./f.*).
commento *s.m.* **1** comentario, juicio **2** (*mus.*) acompañamiento.
commerciabile *agg.* comerciable.
commerciale *agg.* comercial.
commercialista *s.m./f.* contable, gestor (*m.*) administrativo.
commercializzare *v.tr.* comercializar*.
commerciante *s.m./f.* comerciante, negociante | — *all'ingrosso*, mayorista | — *al dettaglio*, comerciante al por menor/minorista.
commerciare *v.intr.* comerciar, tratar ♦ *v.tr.* comercializar.
commercio *s.m.* comercio, negozio | — *all'ingrosso*, *al dettaglio*, comercio al por mayor, al por menor | — *estero*, comercio exterior | *essere in* —, estar a la venta | *essere fuori* —, estar agotado, no estar en venta | *economia e* —, ciencias económicas y empresariales.
commessa *s.f.* (*comm.*) pedido (*m.*), encargo (*m.*).
commesso *s.m.* (*di negozio*) dependiente, vendedor, empleado: *il — di un negozio*, el dependiente de una tienda; *il — di una banca*, el empleado de un banco | — *viaggiatore*, representante, viajante.
commestibile *agg.* comestible.

commettere *v.tr.* **1** cometer: — *un errore*, cometer un error **2** comisionar: — *la costruzione di una casa*, comisionar la construcción de una casa.
commiato *s.m.* **1** licencia (*f.*), permiso **2** despedida (*f.*), adiós.
commiserare *v.tr.* compadecer*, condolerse* de.
commiserazione *s.f.* conmiseración, compasión.
commissariato *s.m.* comisaría (*f.*).
commissario *s.m.* comisario; (*ispettore*) interventor, inspector: — *di bordo*, sobrecargo; — *politico*, comisario político | (*sport*) — *tecnico*, comisario técnico.
commissione *s.f.* **1** comisión, cometido (*m.*), diligencia, encargo (*m.*) | *devo fare qualche* —, tengo que hacer algunas diligencias | *fatto su* —, hecho por encargo **2** (*comitato*) comisión: — *parlamentare*, comisión parlamentaria | — *d'esame*, tribunal examinador **3** (*comm., ordinazione*) pedido (*m.*) **4** (*compenso*) comisión | *commissioni bancarie*, comisiones bancarias.
committente *s.m./f.* (*comm.*) comitente.
committenza *s.f.* (*comm.*) encargo (*m.*), pedido (*m.*).
commosso *agg.* conmovido, emocionado.
commovente *agg.* conmovedor, emocionante.
commozione *s.f.* conmoción, emoción: *destare* —, producir conmoción
■ (*med.*) ***commozione cerebrale***, conmoción cerebral.
commuovere *v.tr.* conmover*, emocionar, impresionar ♦ **-rsi** *v.pron.* conmoverse*.
commutare *v.tr.* cambiar, (*anche elettr.*) conmutar.
commutativo *agg.* (*anche mat.*) conmutativo.
commutazione *s.f.* conmutación: *la — di una pena*, la conmutación de una pena.
comodino *s.m.* mesilla (*f.*), mesita (*f.*) de noche.
comodità *s.f.* comodidad, confort (*m.*).
comodo *agg.* cómodo; confortable; (*di indumento*) holgado: *scarpe comode*, zapatos cómodos ♦ *s.m.* conveniencia (*f.*), comodidad (*f.*)
■ ***con comodo***, sin prisa | ***far/tornar comodo***, convenir, venir bien | ***fare i propri comodi***, hacer lo que se le antoja | ***stia comodo!***, ¡no se moleste!
compact disc *s.m.* compact disc, disco compacto.
compaesano *s.m.* paisano.
compagine *s.f.* **1** trabazón, coordinación **2** (*sport*) equipo (*m.*), plantilla.
compagnia *s.f.* compañía (*anche comm., mil.*): *in — di*, en compañía de | *frequentare cattive compagnie*, andar con, tener malas compañías | *tenere* —, hacer compañía, acompañar | — *di Gesù*, compañía de Jesús.
compagno *s.m.* **1** compañero: — *di lavoro*, compañero de trabajo **2** (*pol.*) compañero, camarada (*m./f.*) **3** (*convivente*) compañero, pareja (*f.*): *il suo nuovo — è un medico*, su nueva pareja es un médico.
comparabile *s.m.* comparable.
comparare *v.tr.* comparar.
comparativo *agg.* comparativo.
comparato *agg.* comparado.
comparazione *s.f.* comparación, confrontación, parangón (*m.*).
compare *s.m.* **1** compadre, padrino: *il — del bambino è suo zio*, el padrino del niño es su tío **2** amigo, compañero: — *d'osteria*, amigo de tasca **3** cómplice: *il — del ladro*, el cómplice del ladrón.
comparire *v.intr.* **1** aparecer*, presentarse **2** (*dir.*) comparecer* **3** (*esibirsi*) lucirse*, exhibirse.
comparsa *s.f.* **1** aparición **2** (*teatr., cinem.*) comparsa (*m./f.*), figurante (*m./f.*) **3** (*dir.*) demanda.
compartimento *s.m.* **1** compartimiento: — *stagno*, compartimiento estanco **2** (*distretto*) departamento, distrito.
comparto *s.m.* **1** compartimiento **2** sector, departamento: *il — vendite*, el sector de ventas.
compassione *s.f.* compasión, lástima: *fare* —, dar lástima.
compassionevole *agg.* compasivo, misericordioso.
compasso *s.m.* compás.
compatibile *agg.* compatible.
compatire *v.tr.* **1** compadecer* **2** (*scusare*) perdonar ♦ **-rsi** *v.pron.* (*fam.*) autoconmiserarse, compadecerse*.
compatriota *s.m./f.* compatriota.
compatrono *s.m.* compatrono.
compattare *v.tr.* compactar, prensar.
compatto *agg.* **1** compacto, sólido, consistente **2** (*fig.*) unido, concorde.
compendiare *v.tr.* compendiar, extractar, abreviar.
compendio *s.m.* compendio, resumen, extracto.
compenetrabile *agg.* que puede ser compenetrado.
compenetrare *v.tr.* penetrar, invadir, col*mar.*
compenetrazione *s.f.* compenetración.
compensare *v.tr.* **1** compensar **2** (*pagare*) remunerar, retribuir*, pagar* **3** (*risarcire*) indemnizar*.
compensato *s.m.* (*legno*) madera (*f.*) contrachapada, conglomerado.
compensatore *agg., s.m.* compensador.
compensazione *s.f.* compensación.

compenso *s.m.* **1** remuneración (*f.*), retribución (*f.*) **2** (*fig.*) premio, recompensa (*f.*)
■ ***in compenso***, pero, sin embargo/por otra parte.
compera *s.f.* compra: *far compere*, hacer compras, ir de compras.
comperare *v.tr.* → **comprare.**
competente *agg.* competente, experto: *una persona — d'arte moderna*, una persona experta en arte moderno | (*dir.*) *giudice —*, juez competente.
competenza *s.f.* **1** competencia, preparación, conocimientos (*m.pl.*) **2** (*pertinenza*) competencia | *non è di mia —*, no me atañe **3** (*dir.*) jurisdicción **4** (*spec.pl.*, *onorario*) honorario (*m.*), retribución : *le competenze dell'avvocato*, los honorarios del abogado.
competere *v.intr.* **1** (*gareggiare*) competir*, contender **2** (*spettare*) corresponder, atañer **3** (*essere prerogativa di*) competer, incumbir.
competitività *s.f.* competitividad.
competitivo *agg.* competitivo.
competizione *s.f.* **1** (*gara*) competición **2** (*concorrenza*) competencia.
compiacente *agg.* complaciente, consentidor; (*spreg.*) permisivo, ligero, fácil.
compiacenza *s.f.* complacencia, satisfacción, placer (*m.*).
compiacere *v.tr./intr.* complacer*, agradar ♦ **-rsi** *v.pron.* **1** complacerse, alegrarse **2** (*congratularsi*) celebrar, alegrarse.
compiacimento *s.m.* complacencia (*f.*), satisfacción (*f.*).
compiaciuto *agg.* complacido, satisfecho.
compiangere *v.tr.* compadecer*, condolerse* de.
compianto *agg.* difunto, llorado ♦ *s.m.* luto, dolor, pesar, sentimiento.
compiere *v.tr.* **1** cumplir, ejecutar, llevar a cabo, realizar*: *— il proprio dovere*, cumplir con su deber; *— uno sforzo*, realizar un esfuerzo **2** (*finire*) cumplir, acabar, terminar, concluir* **3** (*di età*) cumplir | *compie vent'anni*, cumple veinte años ♦ **-rsi** *v.pron.* **1** (*concludersi*) cumplirse, concluirse* **2** (*avverarsi*) cumplirse, realizarse*, verificarse*.
compilare *v.tr.* **1** (*raccogliere testi*) compilar, recopilar **2** (*completare*) cumplimentar, rellenar, llenar: *— un modulo*, rellenar un impreso.
compilatore *s.m.* compilador.
compilazione *s.f.* compilación; (*di moduli*) relleno (*m.*).
compimento *s.m.* cumplimiento.
compire *v.tr.* → **compiere.**
compito *s.m.* **1** tarea (*f.*), cometido, encargo; (*lavoro*) trabajo: *affidare un — a qlcu.*, encomendar una tarea a alguien; *è un — ingrato/difficile*, es un difícil cometido | *non è — tuo!*, ¡no es asunto tuyo! **2** (*scolastico*) tarea (*f.*); (*a casa*) deber, tarea (*f.*): *fare i compiti*, hacer los deberes.
compiuto *agg.* acabado, completo, terminado.
compleanno *s.m.* cumpleaños | *buon —!*, ¡feliz cumpleaños!
complementare *agg.* complementario, secundario.
complemento *s.m.* (*anche gramm.*) complemento.
complessato *agg.*, *s.m.* acomplejado.
complessità *s.f.* complejidad.
complessivamente *avv.* en conjunto.
complessivo *agg.* general, total.
complesso[1] *agg.* complejo, complicado.
complesso[2] *s.m.* **1** (*insieme*) conjunto **2** (*mus.*) conjunto: *— musicale*, banda, conjunto musical **3** (*edifici, aziende*) complejo: *un — industriale*, un complejo industrial; *un — sportivo*, una instalación deportiva **4** (*psic.*) complejo: *— d'inferiorità*, complejo de inferioridad
■ ***nel complesso***, en conjunto/general, en definitiva.
completare *v.tr.* completar, terminar, perfeccionar.
completezza *s.f.* lo completo.
completo *agg.* **1** completo: *un quadro — della situazione*, un cuadro completo de la situación; *opere complete*, obras completas **2** (*di ristorante, parcheggio*) completo, lleno | *essere al —*, estar completo/lleno ♦ *s.m.* (*abbigl.*, *da uomo*) *traje*, terno; (*da donna*) conjunto, traje de chaqueta.
complicare *v.tr.* complicar*, enredar, dificultar ♦ **-rsi** *v.pron.* complicarse*, enmarañarse.
complicato *agg.* complicado, difícil.
complicazione *s.f.* complicación, dificultad | (*med.*) *complicazioni cardiache, respiratorie*, complicaciones cardiacas, respiratorias.
complice *agg.*, *s.m./f.* cómplice.
complicità *s.f.* complicidad.
complimentare *v.tr.* felicitar, cumplimentar: *tutti lo complimentarono per il suo trionfo*, todos los felicitaron por su triunfo ♦ **-rsi** *v.pron.* congratularse.
complimento *s.m.* **1** cumplido; (*galante*) piropo: *fare complimenti galanti*, piropear **2** (*pl.*, *congratulazioni*) felicitaciones (*pl.*): *bravo! complimenti!*, ¡muy bien!, ¡felicitaciones! **3** (*pl.*, *cerimonie*) cumplidos (*pl.*), formalidades (*pl.*): *ci accolsero con molti complimenti*, nos recibieron con muchos cumplidos | *fare complimenti*, hacer cumplidos | *senza complimenti*, sin ceremonias.
complottare *v.intr.* conspirar, complotar, confabularse.
complotto *s.m.* complot, conspiración (*f.*).

componente *s.m.* **1** (*membro*) miembro: *i componenti di una commissione*, los miembros de una comisión **2** (*sostanza*) ingrediente, componente: *la farina è il — principale della pasta*, la harina es el ingrediente principal de la pasta.
componibile *agg.* componible; (*di mobile*) modular.
componimento *s.m.* **1** composición (*f.*); (*tema*) redacción (*f.*) **2** (*conciliazione*) arreglo, conciliación (*f.*).
comporre *v.tr.* **1** componer*, constituir*, formar; arreglar **2** (*scrivere*) escribir, crear ♦ **-rsi** *v.pron.* componerse*, constar **3** (*numero telefonico*) marcar.
comportamento *s.m.* conducta (*f.*), comportamiento.
comportare *v.tr.* comportar, implicar*, entrañar, conllevar ♦ **-rsi** *v.pron.* portarse.
compositivo *agg.* compositivo.
composito *agg.* compuesto.
compositore *s.m.* (*mus.*) compositor.
composizione *s.f.* composición: *una — floreale*, una composición floreal; *una — in classe*, composición en clase.
composta *s.f.* (*cuc.*) compota: *— di frutta*, compota de fruta.
compostezza *s.f.* compostura, moderación.
composto *agg.* **1** compuesto, formado | *parola composta*, palabra compuesta **2** ordenado, arreglado: *abiti composti*, vestidos arreglados | *stai — a tavola*, pórtate bien en la mesa ♦ *s.m.* (*chim.*) compuesto.
compra *s.f.* → **compera.**
comprare *v.tr.* **1** comprar, adquirir* | *— a scatola chiusa*, comprar a ciegas **2** (*corrompere*) sobornar, comprar.
compratore *s.m.* comprador.
compravendita *s.f.* compraventa.
comprendere *v.tr.* **1** comprender, incluir*; (*contenere*) contener*, abarcar* **2** (*capire*) entender*, comprender: *non — una spiegazione*, no comprender una explicación; *bisogna — la sua inesperienza*, hay que comprender su inexperiencia.
comprensibile *agg.* comprensible, inteligible.
comprensibilità *s.f.* comprensibilidad.
comprensione *s.f.* **1** (*il capire*) entendimiento (*m.*), comprensión **2** (*indulgenza*) comprensión, indulgencia.
comprensivo *agg.* **1** (*indulgente*) comprensivo, tolerante, condescendiente **2** (*comm.*) comprensivo, incluido: *— delle spese*, gastos incluidos.
comprensorio *s.m.* distrito, territorio.
compresente *agg.* copresente.
compresenza *s.f.* copresencia.
compreso *agg.* **1** (*incluso*) incluido | *prezzo tutto —*, precio todo incluido **2** (*capito*) comprendido, entendido.
compressa *s.f.* **1** (*pastiglia*) comprimido (*m.*) **2** (*garza*) compresa.
compressione *s.f.* compresión.
compresso *agg.* comprimido.
compressore *s.m.* compresor.
comprimere *v.tr.* **1** comprimir, apretar* **2** (*fig.*) reprimir, comprimir **3** (*inform.*) comprimir.
compromesso *agg.* comprometido ♦ *s.m.* compromiso, acuerdo; (*spreg.*) componenda (*f.*) | *— di vendita*, contrato preliminar de venta.
compromettente *agg.* comprometedor, peligroso.
compromettere *v.tr.* comprometer, exponer*: *— la reputazione di qlcu.*, comprometer la reputación de alguien; *la malattia ha compromesso la sua salute*, la enfermedad ha comprometido su salud ♦ **-rsi** *v.pron.* comprometerse: *paura di —*, miedo a comprometerse.
comprovare *v.tr.* comprobar*.
compulsione *s.f.* compulsión.
compulsivo *agg.* compulsivo.
compunto *agg.* compungido, dolorido.
computabile *agg.* computable.
computare *v.tr.* computar, contar*, calcular.
computer *s.m.* (*inform.*) ordenador.
computerizzare *v.tr.* (*inform.*) informatizar*.
comunale *agg.* municipal, comunal: *impiegato —*, empleado municipal.
comune[1] *agg.* **1** común: *proprietà —*, propiedad común **2** (*ordinario*) ordinario, corrente: *senso —*, sentido común; *opinione —*, opinión común ♦ *s.m.* (*normalità*) común ■ ***fuori dal comune***, fuera de lo común | ***uscire dal comune***, destacar(se), sobresalir | ***avere qlco. in comune***, tener algo en común.
comune[2] *s.m.* **1** (*amm.*) ayuntamiento, municipio; (*Amer.*) alcaldía (*f.*) **2** (*st.*) común ♦ *s.f.* **1** (*st.*) Comuna **2** (*comunità*) comuna, comunidad: *una — di hippies*, una comuna de hippies.
comunicabile *agg.* comunicable.
comunicabilità *s.m.* comunicabilidad.
comunicante *agg.* comunicante.
comunicare *v.tr.* **1** comunicar*, informar, notificar*; transmitir*: *— una notizia*, comunicar una noticia; *ci comunicò il suo entusiasmo*, nos transmitió su entusiasmo **2** (*relig.*) comulgar*, dar* la comunión a ♦ *v.intr.* comunicar*, comunicarse* ♦ **-rsi** *v.pron.* **1** comunicarse*, extenderse*, propagarse* **2** (*relig.*) comulgar(se)*.
comunicato *s.m.* comunicado, comunicación (*f.*), despacho: *— stampa*, comunicado de prensa | *— commerciale*, cuña publicitaria.
comunicazione *s.f.* comunicación: *mettersi*

in — con, ponerse en contacto con | *— giudiziaria*, notificación judicial | *vie, mezzi di —*, vías, medios de comunicación.
comunione *s.f.* (*anche relig.*) comunión | (*dir.*) *— dei beni*, comunidad de bienes | (*relig.*) *fare la —*, comulgarse; *prima —*, primera comunión.
comunismo *s.m.* (*pol.*) comunismo.
comunista *agg., s.m./f.* (*pol.*) comunista.
comunità *s.f.* comunidad, colectividad: *— etnica*, comunidad étnica; *— religiosa*, comunidad religiosa.
comunitario *agg.* comunitario.
comunque *avv.* sea como sea, como quiera que, de cualquier manera, de todas formas: *non sarei venuto —*, no hubiera venido de todas formas/maneras ♦ *cong.* **1** (*in qualunque modo*) en todo caso: *— vada, cambierò lavoro*, en todo caso, cambiaré de trabajo; *— sia, dovevi avvisarmi*, sea como sea, debías avisarme **2** (*tuttavia*) sin embargo.
con *prep.* **1** (*compagnia, unione, relazione*) con: *— me*, conmigo; *— te*, contigo; *— sé*, consigo; *una casa — un albero davanti*, una casa con un árbol delante; *vive — sua sorella*, vive con su hermana **2** (*modo, maniera*) con: *parlare — facilità*, hablar con facilidad **3** (*qualità, caratteristica*) con, de: *una ragazza — i capelli biondi*, una muchacha de pelo rubio **4** (*mezzo, strumento*) con: *scrivi — la matita*, escribe con el lápiz **5** (*mezzo di trasporto*) en, con: *è arrivato con il treno*, llegó en tren **6** (*concessivo, avversativo*) con, a pesar de: *— tutti i problemi che ha, sorride sempre*, a pesar de los problemas que tiene, sonríe siempre **7** (*seguito da inf.*): *ha finito col darmi ragione*, terminó dándome la razón.
conativo *agg.* **1** (*psic.*) conativo **2** (*ling.*) exhortativo.
conato *s.m.* **1** (*sforzo*) conato, intento, tentativa (*f.*) **2** (*di vomito*) arcada (*f.*).
conca *s.f.* **1** (*recipiente*) tina, cántaro (*m.*), ánfora **2** (*geogr.*) cuenca; (*valle*) valle (*m.*).
concamerazione *s.f.* (*biol.*) concameración.
concatenare *v.tr.* **1** encadenar, concatenar **2** (*fig.*) colegar*, enlazar* ♦ **-rsi** *v.pron.* concatenarse, encadenarse: *i suoi ragionamenti si concatenano logicamente*, sus razonamientos se enlazan con lógica.
concatenato *agg.* concatenado, enlazado.
concatenazione *s.f.* **1** concatenación, encadenamiento (*m.*), enlace (*m.*) **2** (*connessione*) conexión.
concavo *agg.* cóncavo.
concedere *v.tr.* **1** conceder, dar; (*dir.*) otorgar*: *ti hanno concesso un prestito*, te han aprobado/concedido un préstamo | *— autorità*, dar autoridad **2** (*permettere*) consentir*, permitir: *vi concedo di uscire prima*, os permito que salgáis antes **3** (*ammettere*) conceder, admitir ♦ **-rsi** *v.pron.* concederse, entregarse*: *concedersi una lunga vacanza*, concederse unas largas vacaciones
■ ***ammesso e non concesso***, dado y no concedido.
concentramento *s.m.* concentración (*f.*) | *campo di —*, campo de concentración.
concentrare *v.tr.* concentrar, reunir: *— le proprie energie*, reunir sus energías ♦ **-rsi** *v.pron.* **1** concentrarse, reunirse **2** (*fig.*) enfrascarse*, ensimismarse, (re)concentrarse: *— nella lettura*, ensimismarse en la lectura.
concentrato *agg.* **1** concentrado, condensado: *latte —*, leche condensada **2** (*fig.*) concentrado, centrado, enfrescado: *essere — nello studio*, estar concentrado en el estudio ♦ *s.m.* concentrado: *— di pomodori*, concentrado de tomate.
concentrazione **1** concentración, reunión **2** (*pol.*) agrupación **3** (*fig.*) concentración, atención: *perdere la —*, perder la concentración, distraerse.
concepimento *s.m.* concepción (*f.*).
concepire *v.tr.* **1** concebir* **2** (*fig.*) concebir*, idear: *— un progetto*, concebir un proyecto **3** (*fig.*) concebir*, entender*: *non riesco a — il suo comportamento*, no logro entender su comportamiento.
concernere *v.tr.* concernir*, atañer, incumbir: *il fatto non mi concerne*, el hecho no me concierne; *per quanto concerne*, por lo que concierne.
concertare *v.tr.* **1** (*mus.*) concertar* **2** (*fig.*) tramar, urdir: *— uno scherzo*, tramar una broma.
concertista *s.m./f.* (*mus.*) concertista.
concerto *s.m.* concierto
■ ***di concerto***, de concierto, de común acuerdo.
concessionario *s.m.* (*comm.*) concesionario.
concessione *s.f.* **1** concesión; (*governativa*) licencia, permiso (*m.*): *— edilizia*, licencia de obras **2** (*dir.*) otorgamiento (*m.*) **3** (*fig.*) admisión: *per sua stessa —*, por su misma admisión.
concessivo *agg.* (*gramm.*) concesivo.
concetto *s.m.* concepto; idea (*f.*); opinión (*f.*), juicio: *un libro pieno di nuovi concetti*, un libro lleno de nuevas ideas; *farsi un — di qlcu.*, tener una opinión sobre alguien | *impiegato di —*, directivo.
concettosità *s.f.* conceptuosidad.
concettoso *agg.* conceptuoso, sentencioso.
concettuale *agg.* conceptual.
concezione *s.f.* concepción (*anche relig.*); concepto (*m.*) | *Immacolata Concezione*, Inmaculada Concepción.
conchiglia *s.f.* concha.

concia *s.f.* (*di pelli*) curtido (*m.*).
conciare *v.tr.* **1** (*pelli*) curtir **2** (*ridurre in cattivo stato*) maltratar ♦ **-rsi** *v.pron.* (*vestirsi*) malvestirse*; (*sporcarsi*) ensuciarse | *come ti sei conciato!*, ¡cómo te has puesto!
■ ***conciare per le feste qlcu.***, dejar malparado a alguien, poner a alguien como un Cristo
conciato *agg.* (*cuoio*) curtido.
conciliabolo *s.m.* conciliábulo.
conciliare *v.tr.* **1** (*mettere d'accordo*) conciliar, poner* de acuerdo, compaginar: — *i nemici*, conciliar a los enemigos; — *il lavoro con lo studio*, compaginar el trabajo con el estudio **2** (*favorire*) conciliar | — *il sonno*, conciliar el sueño ♦ **-rsi** *v.pron.* reconciliarse, acordarse*: — *con un vecchio nemico*, reconciliarse con un viejo enemigo.
conciliazione *s.f.* conciliación, avenencia, acuerdo (*m.*).
concilio *s.m.* concilio, reunión (*f.*), conclave.
concimare *v.tr.* abonar, fertilizar*.
concimazione *s.f.* abonado (*m.*), abono (*m.*).
concime *s.m.* abono, estiércol; (*chim.*) fertilizante.
concisione *s.f.* concisión, brevedad.
conciso *agg.* conciso, breve.
concitare *v.tr.* **1** concitar, instigar*, azuzar* **2** (*fig.*) concitar, suscitar, estimular.
concitato *agg.* agitado, arrebatado, excitado.
concittadino *s.m.* conciudadano.
conclamare *v.tr.* aclamar, procla*mar.*
conclamato *agg.* manifiesto, evidente.
concludente *agg.* convincente, concluyente.
concludere *v.tr.* **1** concluir*, terminar **2** (*fare*) hacer*, concertar*, estipular: — *un trattato*, estipular un pacto; — *un affare*, llevar a cabo un negocio ♦ **-rsi** *v.pron.* acabarse, concluirse*.
conclusione *s.f.* conclusión.
conclusivo *agg.* conclusivo.
concomitante *agg.* concomitante.
concomitanza *s.f.* concomitancia.
concordare *v.tr.* concordar* (*anche gramm.*); (*stabilire*) acordar*: — *un piano*, acordar un plan ♦ *v.intr.* concordar* (*anche gramm.*), coincidir: *l'aggettivo concorda con il sostantivo*, el adjetivo concuerda con el sustantivo.
concordato *s.m.* **1** (*accordo*) convenio, acuerdo **2** (*relig.*) concordato.
concorde *agg.* concorde, acorde: *siamo concordi nel giudizio*, estamos concordes con el fallo.
concordia *s.f.* concordia, armonía.
concorrente *agg.* concurrente, que concurre ♦ *s.m./f.* **1** concursante; (*sport, econ.*) competidor (*m.*) **2** (*candidato*) candidato (*m.*); opositor (*m.*).
concorrenza *s.f.* competencia: *fare* —, hacer competencia.
concorrere *v.intr.* **1** (*comm., sport*) concurrir, participar | — *alle spese*, contribuir/participar en los gastos **2** (*competere*) competir*, rivalizar*; (*partecipare a un corcorso*) concursar, opositar.
concorso *s.m.* **1** concurso; (*gara*) competición (*f.*); (*amm.*) licitación (*f.*); (*per un posto statale*) oposiciones (*f.pl.*): *vincere un* —, ganar un concurso; *fuori* —, fuera de concurso; *bandire un* —, convocar oposiciones; — *riservato*, oposiciones restringidas **2** (*concomitanza*) coincidencia (*f.*) | (*dir.*) — *di colpa*, concurso de culpa **3** (*contributo*) concurso, contribución (*f.*), ayuda (*f.*): *con il — del ministero*, con la contribución del ministerio.
concretare *v.tr.* concretar, realizar*, concluir*.
concretezza *s.f.* concreción, lo concreto (*m.*)
concretizzare *v.tr.* concretar.
concreto *agg.* **1** concreto, determinado: *un caso* —, un caso concreto **2** concreto, preciso, exacto: *un'idea concreta*, una idea concreta **3** práctico: *un'esperienza* —, una experiencia práctica ♦ *s.m.* concreción (*f.*), lo concreto.
concrezione *s.f.* concreción.
concussione *s.f.* (*dir.*) concusión.
condanna *s.f.* (*anche fig.*) condena: *eseguire una* —, ejecutar una condena; — *a morte*, condena a muerte.
condannabile *agg.* condenable.
condannare *v.tr.* **1** condenar, sancionar: — *per furto*, condenar por robo **2** (*fig.*) condenar, reprobar*, desaprobar*: — *la violenza*, desaprobar la violencia **3** (*fig.*) condenar, forzar*, obligar*: *la malattia lo ha condannato all'immobilità*, la enfermedad lo ha forzado a la inmovilidad.
condannato *agg., s.m.* condenado.
condensa *s.f.* agua de condensación.
condensare *v.tr.* (*anche fig.*) condensar, concentrar ♦ **-rsi** *v.pron.* condensarse.
condensato *agg.* condensado.
condimento *s.m.* aliño, condimento.
condire *v.tr.* **1** aliñar, condimentar, sazonar **2** (*fig.*) aderezar*.
condiscendente *agg.* condescendiente.
condiscendenza *s.f.* condescendencia.
condividere *v.tr.* compartir, participar: — *un dolore*, participar de un dolor.
condizionale *agg.* condicional ♦ *s.m.* (*gramm.*) potencial, condicional ♦ *s.f.* libertad condicional.
condizionamento *s.m.* **1** (*climatizzazione*) acondicionamiento **2** (*psic.*) condicionamiento.
condizionare *v.tr.* condicionar, supeditar.
condizionato *agg.* condicionado, derivado.
condizionatore *s.m.* acondicionador.

condizione *s.f.* **1** condición: *buone condizioni di vendita*, buenas condiciones de venta; *essere in buone, cattive condizioni di salute*, estar en buenas, malas condiciones de salud | *a nessuna —*, por ningún motivo | *mettere qlcu. in — di fare qlco.*, poner a alguien en condición de hacer algo **2** (*dir.*) condición, cláusula | *— preliminare, risolutiva*, cláusula previa, resolutoria
■ ***a condizione che***, a condición de que, con tal de que.
condoglianza *s.f.* condolencia; pésame (*m.*) | *fare le condoglianze*, dar el pésame.
condominiale *agg.* de la comunidad.
condominio *s.m.* comunidad (*f.*) de propietarios; (*Amer.*) condominio.
condomino *s.m.* copropietario, condómino.
condonare *v.tr.* condonar; perdonar.
condono *s.m.* condonación (*f.*).
condotta *s.f.* **1** conducta, comportamiento (*m.*) **2** conducción, dirección **3** (*tecn.*) conducción, tubería.
condottiero *s.m.* condotiero, caudillo.
condotto[1] *agg. nella loc.*: *medico —*, médico de cabecera, médico municipal.
condotto[2] *s.m.* conducto, tubería (*f.*), tubo, canal.
conducente *s.m.* conductor, chófer; (*Amer.*) chofer.
condurre *v.tr.* **1** conducir*, llevar **2** (*guidare un'auto*) conducir*; (*Amer.*) manejar **3** (*gestire*) dirigir*, administrar **4** (*fig.*) llevar: *— una vita tranquilla*, llevar una vida tranquila **5** (*effettuare*) llevar a cabo **6** (*sport*) liderar **7** (*fis., tecn.*) conducir ♦ *v.intr.* **1** (*essere in vantaggio*) ganar, llevar la delantera, ir por delante: *— quattro a uno*, ganar por cuatro a uno **2** (*portare a*) llevar, conducir* ♦ **-rsi** *v.pron.* conducirse*, comportarse.
conduttore *s.m.* **1** (*conducente*) conductor, chófer; (*Amer.*) chofer **2** (*in radio, tv*) conductor, presentador **3** (*dir.*) arrendatario, locatario.
conduttura *s.f.* (*tecn.*) conducto (*m.*), cañería.
conduzione *s.f.* conducción.
confabulare *v.intr.* confabularse, conchabarse.
confacente *agg.* apropiado, adecuado.
confarsi *v.intr.* adaptarse, ajustarse; sentar*/hacer* bien.
confederato *agg., s.m.* (*pol.*) confederado.
confederazione *s.f.* (*pol.*) confederación.
conferenza *s.f.* conferencia | *— stampa*, conferencia/rueda de prensa.
conferenziere *s.m.* conferenciante (*m./f.*), orador, ponente (*m./f.*); (*Amer.*) conferencista (*m./f.*).
conferimento *s.m.* **1** otorgamiento, asignación (*f.*), entrega (*f.*) **2** (*econ.*) aportación (*f.*).
conferire *v.tr.* conferir*, aportar; (*assegnare*) otorgar*, asignar: *— un incarico*, conferir un cargo; *gli hanno conferito la medaglia*, le han otorgado la medalla ♦ *v.intr.* encontrarse*, entrevistarse.
conferma *s.f.* confirmación | *a — di*, en prueba de.
confermare *v.tr.* confirmar; (*dir.*) ratificar* ♦ **-rsi** *v.pron.* confirmarse, consolidarse: *si è confermato campione olimpico*, se confirmó como campeón olímpico.
confessare *v.tr.* confesar*, reconocer*: *— la propria colpa*, reconocer su culpa ♦ **-rsi** *v.pron.* confesarse* (*anche relig.*), declararse: *— colpevole*, declararse culpable.
confessionale *s.m.* (*relig.*) confesionario.
confessione *s.f.* confesión (*anche relig.*), admisión.
confetto *s.m.* **1** peladilla (*f.*), confite **2** (*med.*) gragea (*f.*), comprimido, píldora (*f.*).
confezionare *v.tr.* **1** (*abiti*) confeccionar **2** (*impacchettare*) empaquetar, embalar.
confezione *s.f.* **1** (*di abiti*) confección **2** (*pacchetto*) paquete (*m.*) | *— regalo*, paquete para regalo.
conficcare *v.tr.* **1** clavar, hincar* **2** (*fig.*) grabar, fijar ♦ **-rsi** *v.pron.* clavarse: *gli si conficcò una spina nel dito*, se le clavó una espina en el dedo.
confidare *v.tr.* confiar*, revelar: *— un segreto*, revelar un secreto ♦ *v.intr.* confiar*, tener* confianza: *confido in te*, confío en ti ♦ **-rsi** *v.pron.* confiarse*.
confidente *s.m./f.* confidente; (*della polizia*) delator (*m.*).
confidenza *s.f.* **1** (*segreto*) confidencia, secreto (*m.*) **2** (*familiarità*) confianza, familiaridad | *non dare — agli estranei*, no des confianza a los extraños.
confidenziale *agg.* confidencial, reservado | *in via, tono —*, en tono confidencial.
configurare *v.tr.* (*anche inform.*) configurar, estructurar.
configurazione *s.f.* configuración (*anche inform.*), forma, aspecto (*m.*).
confinante *agg.* limítrofe, fronterizo: *due Stati confinanti*, dos Estados limítrofes.
confinare *v.intr.* limitar, lindar: *l'Italia confina con la Francia*, Italia limita con Francia ♦ *v.tr.* (*esiliare*) confinar, desterrar*, exiliar ♦ **-rsi** *v.pron.* retirarse, apartarse; (*isolarsi*) aislarse.
confinato *s.m.* confinado.
confine *s.m.* **1** (*di nazione*) frontera (*f.*), límite, confín; (*di proprietà*) linde (*m./f.*), lindero, límite: *passare il —*, pasar la fronte-

ra **2** (*termine, fine, anche fig.*) confín | *senza confini*, ilimitado.
confino *s.m.* (*dir.*) confinamiento.
confiscare *v.tr.* confiscar*, decomisar, incautar.
conflitto *s.m.* (*anche fig.*) conflicto: — *d'interessi*, conflicto de intereses; *sono in — tra loro*, están en conflicto/contraposición entre sí.
conflittuale *agg.* conflictivo.
confluenza *s.f.* (*anche fig.*) confluencia.
confluire *v.intr.* (*anche fig.*) confluir*.
confondere *v.tr.* **1** (*scambiare*) equivocar*, mezclar, confundir: *non — le date!*, ¡no equivoques las fechas! **2** (*rendere meno chiaro*) confundir, turbar: *mi hai confuso le idee*, me has confundido las ideas ♦ **-rsi** *v.pron.* confundirse, equivocarse*.
conformare *v.tr.* configurar, conformar ♦ **-rsi** *v.pron.* adaptarse, conformarse.
conformazione *s.f.* complexión.
conforme *agg.* conforme, acorde, similar: *essere — all'originale*, ser conforme/fiel al original ♦ *avv.* conforme, de acuerdo (*con*): — *a quanto detto*, conforme a/con lo dicho.
conformismo *s.m.* conformismo.
confortare *v.tr.* confortar, consolar*, animar ♦ **-rsi** *v.pron.* confortarse, consolarse*.
confortevole *agg.* **1** (*accogliente*) confortable, cómodo **2** (*consolante*) confortante, alentador.
conforto *s.m.* **1** consuelo, consolación (*f.*), alivio: *provare —*, sentir alivio **2** (*appoggio*) sostén.
confrontare *v.tr.* comparar, confrontar; (*documenti*) cotejar, colacionar: — *la copia con l'originale*, cotejar la copia con el original ♦ **-rsi** *v.pron.* enfrentarse, discutir, medirse*.
confronto *s.m.* **1** comparación (*f.*), parangón; (*tra documenti*) cotejo: *in — a*, en comparación con | *non reggere al — con*, no tener ni punto de comparación con | *senza —*, sin parangón **2** (*dir.*) confrontación (*f.*), careo: *mettere a —*, someter a un careo, carear | — *all'americana*, reconocimiento **3** (*sport*) partido, encuentro.
confusionario *agg.*, *s.m.* desordenado.
confusione *s.f.* **1** confusión; (*disordine*) desorden (*m.*), barullo (*m.*): *ha fatto — con le date*, se ha confundido de fecha **2** (*chiasso*) alboroto (*m.*), jaleo (*m.*) **3** (*imbarazzo*) confusión, desconcierto (*m.*).
confuso *agg.* **1** confuso: *un discorso —*, un discurso confuso **2** (*caotico, disordinato*) desordenado **3** (*turbato, imbarazzato*) confundido, desconcertado.
confutare *v.tr.* confutar, refutar, rebatir.
congedare *v.tr.* **1** despedir*; saludar, despachar: — *gli ospiti*, despedir a los huéspedes **2** (*mil.*) licenciar ♦ **-rsi** *v.pron.* despedirse*.
congedo *s.m.* **1** despedida (*f.*) **2** (*mil.*) licencia (*f.*), licenciamiento | — *provvisorio*, reserva | *foglio di —*, licencia de quintas **3** (*amm.*) permiso, excedencia (*f.*): *chiedere un — per motivi di famiglia*, pedir un permiso por motivos familiares | — *matrimoniale*, permiso por matrimonio.
congegnare *v.tr.* **1** montar, ensamblar **2** (*fig.*) idear, maquinar, urdir: — *un piano*, urdir un plan.
congegno *s.m.* aparato, artefacto, mecanismo.
congelamento *s.m.* congelación (*f.*).
congelare *v.tr.* congelar (*anche fig.*), helar*: — *un debito, un credito*, congelar una deuda, un crédito ♦ **-rsi** *v.pron.* congelarse.
congelatore *s.m.* congelador.
congeniale *agg.* adecuado.
congenito *agg.* (*med.*) congénito.
congestionare *v.tr.* congestionar.
congestionato *agg.* **1** (*arrossato*) congestionado; (*med.*) vultuoso **2** (*di traffico*) atascado.
congestione *s.f.* (*anche fig.*) congestión.
congettura *s.f.* conjetura, suposición.
congetturare *v.tr.* conjeturar, hipotizar*, suponer*.
congiungere *v.tr.* juntar, enlazar*, unir: — *le mani*, juntar las manos; *una strada che congiunge due città*, una calle que une dos ciudades ♦ **-rsi** *v.pron.* unirse, confluir*.
congiungimento *s.m.* conjunción (*f.*).
congiuntivite *s.f.* (*med.*) conjuntivitis.
congiunto *agg.* allegado ♦ *s.m.* pariente, allegado.
congiunzione *s.f.* **1** unión, conexión **2** (*ling., astr.*) conjunción.
congiura *s.f.* conjura, conjuración; (*pol.*) conspiración, complot (*m.*).
congiurare *v.tr.* conjurar, conspirar, complotar.
congratularsi *v.pron.* congratularse, felicitar, dar* la enhorabuena: *mi congratulo (con te) per la vittoria*, te felicito por la victoria.
congratulazioni *s.f.pl.* felicidades, congratulaciones | *fare le —*, felicitar | *—!*, ¡enhorabuena!, ¡felicidades!
congregazione *s.f.* congregación.
congresso *s.m.* congreso, conferencia (*f.*); simposio.
congruente *agg.* congruente, coherente.
congruenza *s.f.* congruencia, coherencia.
congruo *agg.* oportuno, adecuado.
conguaglio *s.m.* (*comm.*) saldo, balance; compensación (*f.*).
coniare *v.tr.* **1** (*monete*) acuñar **2** (*fig.*) crear, inventar.
conico *agg.* cónico.
conifere *s.f.pl.* (*bot.*) coníferas.
conigliera *s.f.* conejera.

coniglio *s.m.* **1** (*zool.*) conejo **2** (*fig.*) cobarde, gallina (*f.*).
conio *s.m.* acuñación (*f.*).
coniugale *agg.* conyugal.
coniugare *v.tr.* **1** conjugar*: — *il passato remoto*, conjugar el pretérito indefinido **2** (*fig.*) conjugar*, combinar: — *libertà e giustizia*, conjugar libertad y justicia.
coniugato *agg.*, *s.m.* casado.
coniugazione *s.f.* (*gramm.*) conjugación.
coniuge *s.m./f.* cónyuge, consorte.
connazionale *s.m./f.* compatriota.
connessione *s.f.* **1** (*tecn.*, *inform.*) conexión **2** (*fig.*) conexión, relación, nexo (*m.*).
connesso *agg.* conexo.
connettere *v.tr.* **1** (*tecn.*) conectar, conexionar, enlazar* **2** (*fig.*) relacionar: — *due fatti*, relacionar dos hechos **3** (*inform.*) conectar ♦ *v.intr.* razonar: *non* —, desatinar/tener ideas confusas ♦ **-rsi** *v.pron.* **1** conectarse, relacionarse **2** (*inform.*) conectarse.
connettivo *agg.* conectivo ♦ *s.m.* conector.
connotare *v.tr.* connotar.
connotati *s.m.pl.* rasgos, características (*f.*) | (*fam.*) *cambiare i* —, dejar hecho un nazareno.
cono *s.m.* cono | — *d'ombra*, cono de sombra | — *gelato*, cucurucho de helado | *a* —, en forma de cono.
conoscente *s.m./f.* conocido (*m.*).
conoscenza *s.f.* **1** conocimiento (*m.*), cognición | *essere a — di qlco.*, estar al corriente de algo | *fare la — di qlcu.*, conocer a alguien | *venire a — di*, enterarse de, venir a saber algo **2** (*cultura*) cultura, saber (*m.*) **3** (*coscienza*) conocimiento (*m.*), conciencia, sentido (*m.*): *perdere* —, perder el sentido; *riprendere* —, recobrar el conocimiento, recobrar el sentido **4** (*persona conosciuta*) conocido (*m.*): *ha molte conoscenze all'estero*, tiene muchas relaciones en el extranjero.
conoscere *v.tr.* **1** conocer*, saber*: — *la verità*, conocer la verdad; — *molte lingue*, saber muchas lenguas | — *per filo e per segno*, conocer al dedillo **2** reconocer*, admitir: — *i propri errori*, conocer sus errores **3** conocer*: — *di persona*, conocer personalmente; — *di vista*, conocer de vista ♦ **-rsi** *v.pron.* conocerse*: *ci conosciamo da una vita*, nos conocemos de toda la vida
■ ***far conoscere***, (*qlco.*) dar a conocer; (*qlcu.*) presentar | ***piacere/lieto di conoscerla***, encantado, mucho gusto de conocerla | ***ti conosco mascherina***, te conozco bacalao | ***conosci te stesso***, conócete a ti mismo.
conoscitivo *agg.* cognoscitivo.
conoscitore *s.m.* conocedor, entendedor, entendido.
conosciuto *agg.* famoso, conocido, renombrado: *un artista* —, un artista famoso.
conquista *s.f.* conquista: *la — dell'America*, la conquista de América.
conquistare *v.tr.* **1** conquistar; conseguir* **2** (*fig.*) ganar | — *la fiducia di qlcu.*, ganarse la confianza de alguien.
conquistatore *agg.*, *s.m.* conquistador.
consacrare *v.tr.* **1** (*anche relig.*) consagrar **2** (*dedicare*) dedicar*, entregar*, consagrar ♦ **-rsi** *v.pron.* consagrarse, dedicarse*, entregarse*.
consacrazione *s.f.* (*anche relig.*) consagración.
consanguineo *agg.*, *s.m.* consanguíneo.
consapevole *agg.* consciente | *rendersi* —, concienciarse.
consapevolezza *s.f.* conciencia, concienciación; certidumbre.
conscio *agg.* consciente: *essere — dei rischi*, ser consciente de los riesgos ♦ *s.m.* (*psic.*) consciente: *il — e l'inconscio*, lo consciente y lo inconsciente.
consecutivo *agg.* consecutivo, seguido.
consegna *s.f.* **1** entrega: *termine di* —, plazo de entrega; *pagamento alla* —, pago a la entrega **2** (*mil.*, *ordini*) consigna; (*punizione*) reclusión
■ ***prendere in consegna***, tomar en depósito | ***passare le consegne***, consignar las órdenes.
consegnare *v.tr.* **1** entregar*, consignar **2** (*mil.*) acuartelar; recluir ♦ **-rsi** *v.pron.* entregarse*; rendirse*.
conseguenza *s.f.* consecuencia; (*strascico*) secuela
■ ***di conseguenza***, por consiguiente | ***in conseguenza di***, como consecuencia de.
conseguimento *s.m.* consecución (*f.*), obtención (*f.*).
conseguire *v.tr.* conseguir*, obtener*, alcanzar* ♦ *v.intr.* derivar, resultar: *dalla sua argomentazione consegue che...*, de su argumentación resulta que...
consenso *s.m.* consenso, consentimiento; aprobación (*f.*) | *dare il* —, aprobar.
consentire *v.intr.* **1** (*essere d'accordo*) concordar*, convenir* **2** (*acconsentire*) condescender, acceder, consentir*: — *alle richieste di qlcu.*, condescender a las peticiones de alguien ♦ *v.tr.* (*permettere*) consentir*, permitir, dejar; (*ammettere*) admitir: — *di fare qlco.*, dejar hacer algo; *un lavoro chè non consente distrazioni*, un trabajo que no admite distracciones.
consenziente *agg.* concorde, conforme; consentidor.
conserva *s.f.* conserva.
conservare *v.tr.* conservar; (*serbare*) guardar ♦ **-rsi** *v.pron.* conservarse, mantenerse*

conservatore *agg.*, *s.m.* (*anche pol.*) conservador.
conservatorio *s.m.* (*mus.*) conservatorio.
conservazione *s.f.* conservación.
considerare *v.tr.* considerar; estimar; prever* ♦ **-rsi** *v.pron.* creerse*
■ ***tutto considerato***, en resumidas cuentas, en definitiva.
considerato *agg.* considerado, estimado.
considerazione *s.f.* **1** consideración | *prendere in — qlco.*, tomar en consideración algo **2** (*stima*) respeto (*m.*), deferencia: *è tenuto in grande —*, se le trata con mucha deferencia.
considerevole *agg.* considerable, notable, grande.
consigliare *v.tr.* aconsejar; (*raccomandare*) recomendar*; (*esortare*) exhortar, inducir*: *ti consiglio di fare questo viaggio*, te aconsejo que hagas este viaje ♦ **-rsi** *v.pron.* asesorarse, consultarse: *si consigliò con l'avvocato*, se asesoró con su abogado.
consigliere *s.m.* consejero; (*di assemblea*) concejal, vocal (*m./f.*).
consiglio *s.m.* **1** consejo, sugerencia (*f.*): *dare un —*, dar un consejo; *seguire un —*, acatar un consejo | *la notte porta —*, consultar con la almohada **2** (*organo collegiale*) consejo, junta (*f.*): *il Consiglio dei Ministri*, el Consejo de Ministros; *— di fabbrica*, comité de empresa; *— di facoltà*, claustro/junta de facultad.
consistenza *s.f.* **1** consistencia, solidez **2** (*entità*) monto (*m.*), entidad: *la — della sua fortuna*, la entidad de su fortuna **3** (*fig.*, *validità*) valor (*m.*), solidez.
consistere *v.intr.* **1** consistir **2** (*essere costituito*) constar, estar* constituido: *l'esame consiste in una prova scritta e una orale*, el examen consta de una prueba escrita y una oral.
consociato *agg.*, *s.m.* asociado.
consolare¹ *v.tr.* consolar*, aliviar ♦ **-rsi** *v.pron* consolarse*, alegrarse.
consolare² *agg.* (*amm.*) consular.
consolato *s.m.* (*amm.*) consulado.
consolazione *s.f.* consuelo (*m.*), consolación; (*gioia*) alegría: *sei la mia —*, eres mi consuelo | *premio di —*, premio de consolación.
console *s.m.* (*amm.*, *st.*) cónsul.
consolidamento *s.m.* consolidación (*f.*), afianzamiento.
consolidare *v.tr.* consolidar, reforzar*, afianzar* ♦ **-rsi** *v.pron.* consolidarse, reforzarse*.
consolidato *agg.* consolidado.
consonante *s.f.* consonante.
consonanza *s.f.* consonancia, afinidad, igualdad.
consono *agg.* coherente, conforme.
consorte *s.m./f.* consorte, cónyuge.
consorzio *s.m.* sociedad (*f.*), consorcio, asociación (*f.*).
constatare *v.tr.* constatar, comprobar*: *— un fatto*, constatar un hecho.
constatazione *s.f.* constatación.
consueto *agg.* acostumbrado, usual ♦ *s.m.* costumbre
■ ***di consueto***, de costumbre.
consuetudinario *agg.* consuetudinario, habitual, cotidiano.
consuetudine *s.f.* costumbre: *secondo le consuetudini*, según las costumbres.
consulente *s.m./f.* consultor (*m.*), asesor (*m.*).
consulenza *s.f.* asesoramiento (*m.*), asesoría.
consulta *s.f.* organismo (*m.*) consultivo, consejo (*m.*).
consultare *v.tr.* consultar, pedir* consejo a, pedir* un parecer a: *— un medico*, consultar a un médico; *— un avvocato*, consultar a un abogado ♦ **-rsi** *v.pron.* consultarse, asesorarse, aconsejarse.
consultazione *s.f.* consulta | *— popolare*, consulta popular, referéndum.
consulto *s.m.* **1** (*med.*) consulta (*f.*) **2** (*consulenza*) asesoramiento.
consumare¹ *v.tr.* (*adoperare*) consumir, gastar; (*esaurire*) agotar; (*logorare*) desgastar: *un'auto che consuma molto*, un auto que consume mucho; *non bisogna — le scorte*, no hay que agotar las reservas | *— un pasto*, consumir una comida ♦ **-rsi** *v.pron.* gastarse, desgastarse: *gli pneumatici si sono già consumati*, los neumáticos ya se desgastaron | *— d'amore*, consumirse de amor.
consumare² *v.tr.* (*compiere*) consumar: *— il matrimonio*, consumar el matrimonio; *— un delitto*, cometer, consumar, perpetrar un delito.
consumatore *s.m.* (*comm.*) consumidor, cliente.
consumazione *s.f.* consumición; consumo (*m.*) | *pagare la —*, pagar la consumición.
consumo *s.m.* consumo, gasto | *beni di —*, bienes de consumo | *la società dei consumi*, la sociedad de consumo.
consuntivo *agg.* consuntivo; (*finale*) final | *rendiconto —*, balance ♦ *s.m.* (*comm.*) balance.
consuocero *s.m.* consuegro.
contabile *agg.* contable ♦ *s.m./f.* contable; (*Amer.*) contador (*m.*).
contabilità *s.f.* (*comm.*) contabilidad, contaduría, teneduría.
contachilometri *s.m.* (*aut.*) cuentakilómetros, cuentaquilómetros.
contadino *agg.* campesino, del campo ♦ *s.m.* campesino, labrador, agricultor.
contagiare *v.tr.* (*anche med.*) contagiar, infectar ♦ **-rsi** *v.pron.* contagiarse, infectarse.

contagio *s.m.* (*anche med.*) contagio, contaminación (*f.*).
contagioso *agg.* (*anche med.*) contagioso.
contagiri *s.m.* (*aut.*) cuentarrevoluciones.
contagocce *s.m.* cuentagotas; (*Amer.*) gotero.
contaminare *v.tr.* contaminar (*anche fig.*); infectar.
contaminazione *s.f.* contaminación.
contante *s.m.* efectivo, metálico | *in contanti*, al contado.
contare *v.tr.* **1** contar*: — *sulle dita*, contar* con los dedos; *saremo in otto senza — i bambini*, seremos ocho sin contar a los niños **2** (*sperare, pensare di*) pensar*, calcular: *conto di finire il libro oggi*, pienso terminar el libro hoy; *cosa conti di fare?*, ¿qué piensas hacer? **3** (*raccontare*) contar*, narrar ♦ *v.intr.* **1** (*fare assegnamento*) contar* con: *conto su di te*, cuento contigo **2** (*valere*) contar*, valer*, importar: *è una persona che conta*, es una persona de consideración
■ ***contare come il due di briscola***, ni cortar ni pinchar | ***contare le pecore***, contar ovejas | ***contarle grosse***, decir mentiras | ***ci conto***, lo espero.
contato *agg.* contado, limitado.
contatore *s.m.* contador, medidor.
contattare *v.tr.* ponerse* en contacto con, localizar*: *sei riuscito a — tuo fratello*, has conseguido localizar a tu hermano.
contatto *s.m.* contacto, relación (*f.*), comunicación (*f.*), enlace: *mettersi in —*, ponerse en contacto; *teniamoci in — telefonicamente*, mantengámonos en contacto por teléfono.
conte *s.m.* conde.
contea *s.f.* condado (*m.*), distrito (*m.*), comarca.
conteggiare *v.tr.* computar, contabilizar*, contar*.
conteggio *s.m.* cómputo, cálculo, cuenta (*f.*).
contegno *s.m.* **1** comportamiento **2** (*aria dignitosa*) compostura (*f.*): *darsi un —*, darse tono.
contemplare *v.tr.* **1** contemplar **2** (*prevedere*) considerar; (*dir.*) prever*.
contemplativo *agg.* contemplativo.
contemplazione *s.f.* contemplación, admiración.
contemporaneità *s.f.* contemporaneidad.
contemporaneo *agg., s.m.* contemporáneo.
contendente *s.m./f.* competidor (*m.*), adversario (*m.*).
contendere *v.tr.* contender*, competir*; disputar ♦ *v.intr.* **1** (*litigare*) contender*, discutir **2** (*gareggiare*) competir*, rivalizar*: — *in velocità*, competir en velocidad ♦ **-rsi** *v.pron.* contender* por, disputarse: *contendersi il primato*, disputarse el primato.
contenere *v.tr.* **1** contener* **2** (*frenare*) contener*, refrenar, impedir*: — *l'inflazione*, frenar/contener la inflación ♦ **-rsi** *v.pron.* (*moderarsi*) contenerse*, dominarse.
contenimento *s.m.* contención (*f.*), limitación (*f.*), moderación (*f.*).
contenitore *s.m.* envase, contenedor.
contentare *v. tr.* contentar, satisfacer*, complacer* ♦ **-rsi** *v.pron.* conformarse, contentarse: — *di poco*, conformarse con poco
■ ***chi si contenta gode***, a falta de pan buenas son tortas.
contentezza *s.f.* contento (*m.*), alegría.
contento *agg.* contento, alegre: *sono proprio —*, estoy realmente contento | *far — qlcu.*, contentar a alguien.
contenuto *s.m.* **1** contenido **2** (*soggetto*) argumento: *il — di un libro*, el argumento de un libro.
contenzioso *agg., s.m.* (*dir.*) contencioso.
contesa *s.f.* contienda, disputa.
contessa *s.f.* condesa.
contestare *v.tr.* **1** contestar **2** (*dir., notificare*) notificar*: — una multa, notificar una multa.
contestatore *s.m.* disidente (*m./f.*), contestatario.
contestazione *s.f.* **1** (*protesta*) protesta, contestación **2** (*dir.*) notificación.
contesto *s.m.* contexto.
contestuale *agg.* contextual.
contiguità *s.f.* contigüidad, inmediatez.
contiguo *agg.* contiguo, inmediato, adyacente.
continentale *agg.* (*geogr.*) continental: *clima —*, clima continental.
continente *s.m.* (*geogr.*) continente.
continenza *s.f.* continencia, moderación, templanza.
contingente[1] *agg.* contingente.
contingente[2] *s.m.* **1** (*econ.*) contingente **2** (*mil.*) contingente, destacamento.
continuare *v.tr.* continuar*, seguir*: — *gli studi*, seguir estudiando ♦ *v.intr.* continuar*, seguir*: *continua tu per favore*, continúa tú, por favor; *continua a piovere*, sigue lloviendo; — *a leggere*, seguir leyendo; *non — a ripeterlo*, no sigas repitiéndolo | (*tv, alla fine di una puntata*) *continua*, continuará.
continuativo *agg.* continuativo, duradero.
continuazione *s.f.* continuación | *non interrompermi in —*, no me interrumpas continuamente.
continuità *s.f.* continuidad.
continuo *agg.* continuo, seguido
■ ***di continuo***, seguido, continuamente.
conto *s.m.* **1** cuenta (*f.*), cálculo: — *alla rovescia*, cuenta atrás **2** (*fig.*) consideración (*f.*), estima (*f.*) | *tenere in gran — qlcu.*, tener en gran consideración a alguien **3** (*somma

da pagare) cuenta (*f.*): *il —, per favore!*, ¡la cuenta, por favor! **4** (*comm.*) cuenta (*f.*): — *corrente*, cuenta corriente | *estratto* —, extracto de cuenta | *aprire un — in banca*, abrir una cuenta bancaria
■ ***fare bene i propri conti***, hacer bien sus cuentas, calcular bien | ***fare i conti con qlcu.***, vérselas con alguien: *dovrà fare i conti con me*, tendrá que vérselas conmigo | ***rendere conto a qlcu.***, rendir cuentas a alguien: *non voglio rendere — a nessuno*, no quiero rendirle cuentas a nadie | ***rendersi conto***, darse cuenta | ***far conto di***, tener la intención de/pensar | ***far conto su qlcu.***, contar con alguien | ***tenere conto di qlco.***, tener en cuenta algo: *tieni — delle sue esigenze*, ten en cuenta sus exigencias | ***lavorare per conto proprio***, trabajar por su cuenta | ***in fin dei conti***, en resumidas cuentas/al fin y al cabo.
contorcere *v.tr.* torcer*, retorcer* ♦ **-rsi** *v.pron.* contorcerse*, contorsionarse, retorcerse*.
contornare *v.tr.* circundar, rodear.
contorno *s.m.* **1** contorno **2** (*cuc.*) guarnición (*f.*).
contorsione *s.f.* contorsión.
contorto *agg.* **1** torcido, retorcido **2** (*fig.*) enrevesado: *stile* —, estilo enrevesado.
contrabbandare *v.tr.* contrabandear con; (*fam.*) matutear.
contrabbandiere *s.m.* contrabandista (*m./f.*).
contrabbando *s.m.* contrabando: *sigarette di* —, cigarrillos de contrabando | *merce di* —, alijo; (*fam.*) matute.
contrabbasso *s.m.* (*mus.*) contrabajo.
contraccambiare *v.tr.* devolver*, corresponder.
contraccettivo *agg.*, *s.m.* (*farm.*) anticonceptivo, contraceptivo.
contraccezione *s.f.* contracepción, anticoncepción.
contraccolpo *s.m.* **1** rebote, contragolpe **2** (*fig.*) repercusión (*f.*).
contrada *s.f.* barrio (*m.*), arrabal (*m.*).
contraddire *v.tr./intr.* contradecir*, llevar la contraria, negar* ♦ **-rsi** *v.pron.* contradecirse*.
contraddistinguere *v.tr.* marcar*, contraseñar; (*fig.*) caracterizar*, distinguir*.
contraddittorio *agg.* contradictorio ♦ *s.m.* (*dir.*) procedimiento contradictorio.
contraddizione *s.f.* contradicción | *cadere in* —, contradecirse.
contraerea *s.f.* (*mil.*) artillería antiaérea.
contraffare *v.tr.* (*falsificare*) falsificar*; (*alterare*) alterar.
contraffatto *agg.* falsificado: *una borsa contraffatta*, un bolso falsificado.
contralto *agg.*, *s.m.* (*mus.*) contralto.
contrappeso *s.m.* contrapeso, contrabalanza (*f.*).
contrapporre *v.tr.*. contraponer*, oponer* ♦ **-rsi** *v.pron.* contraponerse*, oponerse*.
contrapposizione *s.f.* contraposición.
contrapposto *agg.* contrapuesto, opuesto.
contrappunto *s.m.* (*mus., lett., cinem.*) contrapunto.
contrariare *v.tr.* contrariar, obstaculizar*, estorbar, contradecir*.
contrarietà *s.f.* contrariedad.
contrario *agg.* **1** (*opposto*) contrario, opuesto: — *al regolamento*, contrario al reglamento **2** (*sfavorevole*) desfavorable ♦ *s.m.* contrario, opuesto: *fare il* —, hacer lo contrario
■ ***al contrario***, (*invece*) al contrario, en cambio; (*col davanti dietro*) al revés: *ti sei messo la maglia al* —, te pusiste el suéter al revés | ***essere contrario a qlco.***, estar en contra de algo | ***non avere niente in contrario***, no tener nada en contra | ***fare il bastian contrario***, llevar la contraria.
contrarre *v.tr.* (*una malattia, un debito*) contraer* ♦ **-rsi** *v.pron.* **1** (*avere una contrazione*) contraerse* **2** (*ridursi*) encogerse*; (*rimpicciolirsi*) achicarse*.
contrassegno[1] *s.m.* contraseña (*f.*), contramarca (*f.*).
contrassegno[2] *avv.* (*comm.*) a la entrega, contra reembolso.
contrastare *v.intr.* contrastar ♦ *v.tr.* **1** (*ostacolare*) obstaculizar*, contrastar, oponerse* a **2** (*foto.*) contrastar.
contrasto *s.m.* **1** (*stampa, foto.*) contraste **2** (*disaccordo*) choque, conflicto, discusión (*f.*), disputa (*f.*) | *essere in — con qlcu.*, estar en desacuerdo con alguien.
contrattacco *s.m.* contraataque.
contrattare *v.tr.* contratar; (*mercanteggiare*) regatear.
contrattazione *s.f.* contratación; (*fam.*) regateo (*m.*).
contrattempo *s.m.* contratiempo, percance.
contratto *s.m.* contrato: — *collettivo di lavoro*, convenio laboral; — *d'affitto*, contrato de arrendamiento | — *capestro*, contrato leonino.
contravvenzione *s.f.* **1** infracción, transgresión, contravención **2** (*multa*) multa, sanción.
contrazione *s.f.* **1** contracción **2** (*riduzione*) reducción, disminución.
contribuente *s.m./f.* contribuyente.
contribuire *v.intr.* contribuir*, concurrir, colaborar: — *all'organizzazione*, colaborar con la organización.
contributivo *agg.* contributivo.
contributo *s.m.* contribución (*f.*), aportación

(*f.*) | *contributi previdenziali*, cotización a la Seguridad Social.
contribuzione *s.f.* contribución.
contro *prep.*, *avv.* contra: — *di me*, contra mí; *l'uno — l'altro*, uno contra otro; *essere — qlco.*, estar en contra de algo | *votare — (qlco.)*, votar en contra (de algo) | *urtare/sbattere — qlco.*, estrellarse contra algo ♦ *s.m.* contra: *il pro e il —*, el pro y el contra.
controbattere *v.tr.* **1** rebatir, refutar **2** (*mil.*) contrabatir.
controcampo *s.m.* (*cinem., tv*) contracampo.
controcorrente *s.f.* contracorriente ♦ *avv.* (*anche fig.*) *a* contracorriente: *andare —*, ir contracorriente.
controesodo *s.m.* gran retorno.
controffensiva *s.f.* (*mil., anche fig.*) contraofensiva.
controfferta *s.f.* contraoferta.
controfigura *s.f.* (*cinem.*) contrafigura, doble (*m./f.*).
controindicato *agg.* contraindicado, desaconsejable.
controindicazione *s.f.* (*med.*) contraindicación.
controllare *v.tr.* **1** controlar, vigilar **2** (*verificare*) verificar*, comprobar*; (*ispezionare*) inspeccionar; (*esaminare*) examinar ♦ **-rsi** *v.pron.* controlarse, dominarse.
controllato *agg.* controlado.
controllo *s.m.* **1** control, vigilancia (*f.*) | *— delle nascite*, control de natalidad **2** (*verifica*) control, comprobación (*f.*); (*ispezione*) inspección (*f.*) | *— medico*, revisión (*f.*) médica **3** (*autocontrollo*) control, dominio
■ ***avere tutto sotto controllo***, tener todo bajo control | ***perdere il controllo***, perder el control; (*fig.*) perder los estribos.
controllore *s.m.* (*ferr.*) revisor | (*aer.*) *— di volo*, controlador aéreo.
controluce, in *loc.avv.* a contraluz; al trasluz.
contromano *avv.* a contramano.
contromisura *s.f.* contramedida.
contromossa *s.f.* contragolpe (*m.*): *pensare a una —*, pensar en un contragolpe.
controparte *s.f.* (*dir.*) parte adversaria; parte contraria.
contropartita *s.f.* contrapartida.
contropelo *avv.* a contrapelo.
contropiede *s.m.* (*sport*) contraataque, contragolpe
■ ***prendere in contropiede***, coger/pillar desprevenido.
controproducente *agg.* contraproducente.
controproposta *s.f.* contrapropuesta.
controprova *s.f.* contraprueba.
contrordine *s.m.* contraorden (*f.*), contramandato.
controriforma *s.f.* (*anche relig.*) contrarreforma.
controsenso *s.m.* contrasentido, despropósito.
controsoffitto *s.m.* cielo raso, falso techo.
controspionaggio *s.m.* contraespionaje.
controtendenza *s.f.* contratendencia.
controversia *s.f.* controversia, disputa; (*dir.*) conflicto (*m.*).
controverso *agg.* discutible, controvertido.
controvoglia *avv.* de mala gana, a regañadientes.
contumace *agg.* (*dir.*) contumaz, rebelde.
contumacia *s.f.* (*dir.*) contumacia, rebeldía.
contundente *agg.* contundente.
conturbante *agg.* conturbador.
conturbare *v.tr.* conturbar, turbar, desasosegar* ♦ **-rsi** *v.pron.* turbarse, desasosegarse*.
contusione *s.f.* (*med.*) contusión.
contuso *agg., s.m.* (*med.*) contuso.
convalescente *agg., s.m./f.* (*med.*) convaleciente.
convalescenza *s.f.* (*med.*) convalecencia.
convalida *s.f.* convalidación.
convalidare *v.tr.* **1** (*dir.*) convalidar **2** (*avvalorare*) confirmar, revalidar.
convegno *s.m.* congreso, reunión (*f.*).
convenevoli *s.m.pl.* formalidades (*f.*), ceremonias (*f.*), palabras (*f.*) de cortesía: *tralasciare i —*, dejarse de formalidades.
conveniente *agg.* **1** conveniente **2** (*vantaggioso*) ventajoso **3** (*a buon mercato*) barato.
convenienza *s.f.* **1** conveniencia, provecho (*m.*), interés (*m.*) | *un matrimonio di —*, un matrimonio de conveniencia **2** (*pl.*) normas de urbanidad, formas: *rispettare le convenienze*, respetar las formas.
convenire *v.intr.* **1** (*essere d'accordo*) convenir*, coincidir, estar* de acuerdo **2** (*essere opportuno, vantaggioso*) convenir*, ser* conveniente | *conviene tacere*, más vale callar **3** (*riunirsi*) convenir* ♦ *v.tr.* **1** (*stabilire*) convenir*, establecer*: *— un prezzo*, convenir un precio **2** (*ammettere*) reconocer*.
convento *s.m.* convento.
convenuto *agg.* convenido, acordado, establecido.
convenzionale *agg.* convencional.
convenzionare *v.tr.* convenir*, pactar.
convenzionato *agg.* asociado.
convenzione *s.f.* **1** (*dir.*) convenio (*m.*), convención; pacto (*m.*), tratado (*m.*): *— mutualistica*, convenio sanitario **2** (*consuetudine*) convención.
convergenza *s.f.* convergencia.
convergere *v.intr.* converger*, convergir*.
conversare *v.intr.* conversar, charlar; (*Amer.*) platicar*.

conversazione *s.f.* conversación, charla; (*Amer.*) plática; (*colloquio*) entrevista.
conversione *s.f.* conversión.
convertire *v.tr.* convertir* ♦ **-rsi** *v.pron.* convertirse*.
convertito *agg., s.m.* converso.
convesso *agg.* convexo.
convettore *s.m.* (*riscaldamento*) convector.
convincente *agg.* convincente, persuasivo | *prova* —, prueba contundente.
convincere *v.tr.* convencer*, persuadir ♦ **-rsi** *v.pron.* convencerse*.
convincimento *s.m.* convicción (*f.*).
convinzione *s.f.* convicción.
convivente *agg., s.m./f.* conviviente.
convivenza *s.f.* convivencia.
convivere *v.intr.* convivir.
conviviale *agg.* convival.
convocare *v.tr.* convocar*.
convocazione *s.f.* convocación, convocatoria.
convogliare *v.tr.* encaminar, dirigir*.
convoglio *s.m.* (*ferr.*) convoy; (*mar.*) escolta (*f.*) | *un — di aiuti umanitari*, un convoy de ayuda humanitaria.
convolare *v.intr.* *solo nella loc.*: *— a nozze*, contraer nupcias.
convulsione *s.f.* (*anche med.*) convulsión; (*attacco*) ataque (*m.*): *— di riso*, ataque de risa.
convulso *agg.* **1** (*anche med.*) convulso, convulsivo **2** (*fig.*) febril.
cooperare *v.intr.* cooperar, colaborar, contribuir*.
cooperativa *s.f.* cooperativa.
cooperativo *agg.* cooperativo.
coordinamento *s.m.* coordinación (*f.*), organización (*f.*).
coordinare *v.tr.* coordinar ♦ **-rsi** *v.pron.* coordinarse.
coordinata *s.f.* **1** (*mat., geogr.*) coordinada **2** (*ling.*) oración coordinada.
coordinato *agg.* coordinado.
coperchio *s.m.* tapa (*f.*), tapadera (*f.*).
coperta *s.f.* **1** manta; (*Amer.*) cobija **2** (*mar.*) cubierta.
copertina *s.f.* **1** (*di libro*) cubierta, portada | *ragazza* —, chica de portada **2** (*di disco*) funda.
coperto[1] *agg.* **1** cubierto, tapado; (*vestito*) abrigado: *esci ben —!*, ¡sal bien abrigado! **2** (*di cielo*) encapotado, enladrillado, nublado, nuboso ♦ *s.m.* (*luogo riparato*) cubierto, abrigo, cobijo
■ ***mettersi al coperto***, ponerse bajo techo; (*fig.*) buscar abrigo/cobijo.
coperto[2] *s.m.* (*nei ristoranti*) cubierto.
copertone *s.m.* **1** (*aut.*) cubierta (*f.*), neumático **2** (*telone*) tela (*f.*), toldo, lona (*f.*).
copertura *s.f.* **1** (*anche fig.*) cobertura **2** (*arch.*) cubierta.
copia[1] *s.f.* **1** copia, reproducción | *brutta* —, borrador | *mettere in bella* —, pasar a limpio | *in duplice* —, por duplicado **2** (*esemplare*) ejemplar (*m.*): *tiratura di centomila copie*, tirada de cien mil ejemplares **3** (*persona somigliante*) retrato (*m.*): *è la — di sua madre*, es el vivo retrato de su madre.
copia[2] *s.f.* (*lett.*) copia, abundancia: *in gran* —, en abundancia.
copiare *v.tr.* **1** copiar **2** (*fig.*) imitar.
copiatura *s.f.* copia.
copione *s.m.* (*teatr., cinem.*) guión.
copisteria *s.f.* copistería.
coppa[1] *s.f.* **1** (*anche sport*) copa **2** (*aut.*) *— dell'olio*, cárter.
coppa[2] *s.f.* (*insaccato*) embutido de lomo de cerdo típico del norte de Italia.
coppia *s.f.* pareja
■ ***a coppie***, (*a due a due*) por parejas, de dos en dos | ***in coppia***, en pareja.
coprente *agg.* que cubre.
copricapo *s.m.* gorro.
copricostume *s.m.* (*abbigl.*) pareo.
coprifuoco *s.m.* queda (*f.*), toque de queda.
copriletto *s.m.* colcha (*f.*), cubrecama (*f.*).
copripiumone *s.m.* funda (*f.*) del edredón.
coprire *v.tr.* **1** (*anche fig.*) cubrir; (*con indumenti*) abrigar: *— un tetto*, techar; *— di gloria*, colmar de gloria **2** (*una spesa, un debito*) cubrir, pagar*, cancelar **3** (*nascondere*) encubrir, disimular, ocultar, tapar **4** (*una distanza*) cubrir, recorrer **5** (*proteggere*) cubrir, proteger* ♦ **-rsi** *v.pron.* **1** (*anche fig.*) cubrirse; (*con indumenti*) taparse, abrigarse*, arroparse **2** (*di cielo*) nublarse.
copritavolo *s.m.* tapete.
coraggio *s.m.* **1** coraje, valor **2** (*impudenza*) osadía (*f.*), atrevimiento
■ ***coraggio!***, ¡ánimo! | ***far coraggio***, animar | ***farsi coraggio***, darse ánimo.
coraggioso *agg.* valiente; (*Amer.*) guapo.
corale *s.f.* coral.
corallifero *agg.* coralífero.
corallino *agg.* coralino.
corallo *s.m.* coral.
Corano *s.m.* Corán.
corazza *s.f.* coraza.
corazzata *s.f.* (*mil.*) acorazado (*m.*).
corazzato *agg.* (*mil.*) acorazado, blindado.
corbezzolo *s.m.* (*bot.*) madroño.
corda *s.f.* **1** cuerda, soga; (*spago*) bramante (*m.*); (*per saltare*) comba: *rotolo di* —, madeja de cuerda; *mollare, stringere la* —, aflojar, apretar la cuerda **2** (*mus.*) cuerda: *strumenti a* —, instrumentos de cuerda **3** (*anat.*) cuerda | *— vocale*, cuerda vocal
■ ***dar corda a qlcu.***, dar cuerda a alguien |

tagliare la corda, tomar las de Villadiego, largarse | ***essere giù di corda***, estar de capa caída | ***tirare troppo la corda***, tirar demasiado de la cuerda | ***mettere qlcu. alle corde***, poner a alguien entre la espada y la pared | ***essere con la corda al collo***, estar con la soga al cuello.
cordata *s.f.* (*sport*) cordada.
cordiale *agg.*, *s.m.* cordial.
cordialità *s.f.* cordialidad, amabilidad.
cordigliera *s.f.* cordillera.
cordoglio *s.m.* pesar, dolor, aflicción (*f.*).
cordone *s.m.* cordón | *un — di poliziotti*, un cordón de policías | *— sanitario*, cordón sanitario.
coreografia *s.f.* coreografía.
coreografo *s.m.* coreógrafo.
coriandolo *s.m.* **1** (*bot.*) cilantro **2** (*spec. pl., di carnevale*) confeti (*pl.*).
coricare *v.tr.* acostar* ♦ **-rsi** *v.pron.* (*sdraiarsi*) acostarse*, recostarse*; (*andare a letto*) acostarse*, irse* a la cama: *— sul divano*, recostarse en el sofá.
corinzio *agg.* corintio.
corista *s.m./f.* corista.
cornacchia *s.f.* (*zool.*) corneja.
cornamusa *s.f.* (*mus.*) cornamusa, gaita.
cornata *s.f.* cornada.
cornea *s.f.* (*anat.*) córnea.
cornetta *s.f.* **1** (*del telefono*) auricular (*m.*) **2** (*mus.*) corneta.
cornetto *s.m.* **1** (*cuc.*) cruasán **2** (*amuleto*) amuleto.
cornice *s.f.* **1** marco (*m.*): *mettere in —*, enmarcar **2** (*arch.*) cornisa **3** (*fig.*) marco.
cornicione *s.m.* (*arch.*) cornisa (*f.*).
corno *s.m.* **1** cuerno | *— da scarpe*, calzador **2** (*mus.*) corno
■ ***fare le corna***, (*tradire*) poner los cuernos; (*fare uno scongiuro*) conjurar contra el mal de ojo.
cornuto *agg.* (*anche volg.*) cornudo ♦ *s.m.* (*volg.*) cornudo.
coro *s.m.* (*mus.*) coro
■ ***in coro***, a coro | *uscire dal —*, estar en desacuerdo.
corolla *s.f.* (*bot.*) corola.
corollario *s.m.* corolario.
corona *s.f.* corona | *— funebre*, corona funeraria.
coronare *v.tr.* **1** (*incoronare*) coronar **2** (*circondare*) rodear, circundar **3** (*concludere*) coronar, concluir **4** (*premiare*) coronar, premiar.
coronaria *s.f.* (*anat.*) arteria coronaria.
corpo *s.m.* **1** cuerpo **2** (*insieme di persone*) cuerpo: *— di ballo*, cuerpo de baile; *— diplomatico*, cuerpo diplomático
■ (*dir.*) ***corpo del reato***, cuerpo del delito | ***guardia del corpo***, guardaespaldas, gorila | ***a corpo morto***, a tumba abierta | ***darsi anima e corpo***, entregarse en cuerpo y alma | ***prendere corpo***, tomar cuerpo: *i suoi sospetti prendevano —*, sus sospechas iban tomando cuerpo | (*fam.*) ***andare di corpo***, hacer de vientre.
corporatura *s.f.* complexión.
corporazione *s.f.* corporación, gremio (*m.*).
corporeo *agg.* corpóreo.
corposo *agg.* denso, espeso, consistente.
corpulento *agg.* corpulento.
corredare *v.tr.* dotar, proveer*, equipar.
corredo *s.m.* **1** (*di sposa*) ajuar; (*di bebè*) canastilla (*f.*) **2** (*attrezzatura*) equipo, (*utensili*) herramientas (*f.pl.*) **3** (*fig.*) provisión (*f.*); (*di conoscenze*) bagaje.
correggere *v.tr.* corregir* ♦ **-rsi** *v.pron.* corregirse*, enmendarse*.
correlativo *agg.* correlativo.
correlazione *s.f.* correlación.
corrente[1] *agg.* **1** (*che scorre*) corriente **2** (*in corso*) corriente, en curso: *il — mese*, el mes en curso **3** (*comune*) corriente, común: *l'opinione —*, la opinión común
■ ***essere al corrente***, estar al corriente/tanto, estar enterado | ***mettere al corrente***, informar.
corrente[2] *s.f.* corriente: *— alternata, continua*, corriente alterna, continua | *seguire la —*, dejarse llevar por la corriente.
correntista *s.m./f.* cuentacorrentista.
correre *v.intr.* **1** correr | *— avanti e indietro*, correr de un lado para otro, correr para arriba y para abajo **2** (*affrettarsi*) darse* prisa, apresurarse ♦ *v.tr.* correr: *— un rischio*, correr un riesgo
■ ***correre dietro a qlcu.***, (*inseguirlo*) perseguir a alguien, ir tras alguien; (*esserne innamorati*) caérsele la baba por alguien | ***correre ai ripari***, remediar | ***lasciar correre***, descuidar | ***corre voce che...***, se dice que... | ***ce ne corre*** ¡ni comparación!
correttezza *s.f.* formalidad, corrección | *per —*, por educación.
corretto *agg.* correcto | *caffè —*, carajillo.
correttore *s.m.* corrector.
correzione *s.f.* corrección | *casa di —*, reformatorio.
corridoio *s.m.* **1** pasillo, corredor **2** (*tennis*) línea (*f.*) lateral de saque.
corridore *s.m.* (*sport*) corredor.
corriera *s.f.* autocar (*m.*), autobús (*m.*) de línea.
corriere *s.m.* correo, expedicionario | *— della droga*, correo de droga; (*gerg.*) camello.
corrimano *s.m.* pasamanos, barandilla (*f.*).
corrispondente *agg.* correspondiente ♦ *s.m./f.* (*giornalista*) corresponsal.
corrispondenza *s.f.* **1** correspondencia;

equivalencia: — *di sentimenti*, correspondencia de sentimientos **2** (*posta*) correspondencia, correo (*m.*): *essere in — con*, mantener correspondencia con.
corrispondere *v.intr.* **1** corresponder, concordar*; (*equivalere*) equivaler*: *i dati delle due tabelle corrispondono*, los datos de las dos casillas corresponden; *le sue azioni corrispondono sempre alle sue intenzioni*, sus acciones corresponden siempre a sus intenciones **2** (*scrivere*) mantener correspondencia ♦ *v.tr.* **1** (*ricambiare*) corresponder, devolver* | *un amore non corrisposto*, un amor no correspondido **2** (*pagare*) dar*, pagar*, retribuir*: — *lo stipendio*, pagar el sueldo.
corrisposto *agg.* **1** (*ricambiato*) correspondido **2** (*pagato*) pagado.
corroborare *v.tr.* **1** (*fortificare*) fortalecer* **2** (*confermare*) corroborar, ratificar*.
corrodere *v.tr.* corroer*, desgastar ♦ **-rsi** *v.pron.* corroerse*, picarse*.
corrompere *v.tr.* corromper, sobornar; (*moralmente*) pervertir* ♦ **-rsi** *v.pron.* corromperse, alterarse; (*marcire*) pudrirse; (*moralmente*) pervertirse*.
corrosione *s.f.* corrosión.
corrosivo *agg.* corrosivo.
corrotto *agg., s.m.* corrupto.
corrucciare *v.tr.* (*raro*) indignar, irritar ♦ **-rsi** *v.pron.* resentirse, enfadarse, entristecerse*.
corrucciato *agg.* enfadado, enojado.
corrugare *v.tr.* fruncir*, arrugar*: — *la fronte*, fruncir el ceño.
corruzione *s.f.* corrupción.
corsa *s.f.* **1** carrera: — *a staffetta*, carrera de relevos **2** (*su veicolo pubblico*) recorrido (*m.*)
■ ***da corsa***, de carreras: *una bici, un'auto da —*, una bicicleta, un coche de carreras | ***di corsa***, de carrera, a la carrera, corriendo: *vieni di —*, ven corriendo; *andare di —*, ir corriendo | ***essere in corsa per qlco.***, competir por algo: *essere in — per un titolo, un posto*, competir por un título, un cargo.
corsetto *s.m.* (*abbigl.*) corsé.
corsia *s.f.* **1** (*passaggio*) pasillo (*m.*), corredor (*m.*) **2** (*di ospedale*) sala **3** (*di strada*) carril (*m.*): — *di sorpasso*, carril de adelantamiento **4** (*sport*) calle **5** (*mar.*) crujía.
corsivo *agg.* cursivo ♦ *s.m.* (*tip.*) (letra) itálica (*f.*), bastardilla (*f.*).
corso *s.m.* **1** (*anche fig.*) curso | — *d'acqua*, curso de agua | *in — di stampa*, en prensa | *lavori in —*, obras | *l'anno in —*, el año corriente | *nel — del mese*, en el curso/transcurso del mes **2** (*via*) paseo, avenida (*f.*) **3** (*serie di lezioni*) curso: *seguire un — di italiano*, asistir a un curso, a clases de italiano **4** (*econ.*) curso, circulación (*f.*); (*quotazione*) cotización (*f.*): *moneta fuori —*, moneda fuera de circulación/de curso legal.
corte *s.f.* **1** (*anche fig.*) corte | *fare la —*, hacer la corte, cortejar **2** (*dir.*) tribunal (*m.*): — *d'appello, di cassazione, dei conti*, tribunal de apelación, supremo, de cuentas; — *d'assise*, tribunal penal **3** (*cortile*) patio (*m.*).
corteccia *s.f.* corteza.
corteggiamento *s.m.* cortejo, galanteo.
corteggiare *v.tr.* cortejar, hacer* la corte a.
corteggiatore *s.m.* admirador, pretendiente (*m./f.*).
corteo *s.m.* cortejo, desfile | — *di protesta*, manifestación.
cortese *agg.* cortés, amable.
cortesia *s.f.* **1** cortesía, educación, amabilidad **2** (*favore*) favor (*m.*) | *per —*, por favor.
cortigiano *s.m.* cortesano.
cortile *s.m.* patio; (*aia*) corral | *animali da —*, animales de corral.
cortina *s.f.* cortina | — *di acciaio*, telón de acero.
cortisone *s.m.* (*farm.*) cortisona (*f.*).
corto *agg.* **1** corto: *portare i capelli corti*, llevar el pelo corto **2** (*tempo*) breve
■ ***essere a corto di***, estar escaso de | ***tagliar corto***, cortar por lo sano | (*fam.*) ***per farla corta***, para abreviar.
cortocircuito *s.m.* cortocircuito.
cortometraggio *s.m.* (*cinem.*) cortometraje, corto.
corvo *s.m.* (*zool.*) cuervo.
cosa *s.f.* **1** cosa: *devo dirti una —*, tengo que decirte una cosa **2** (*faccenda*) cosa, asunto (*m.*), algo (*m.*) | *le cose si mettono bene*, las cosas se ponen bien | *la stessa — è capitata a me*, lo mismo me pasó a mí **3** (*interr., escl.*) qué: (*che*) — *ci vuoi fare?*, ¿qué se le va a hacer?, — *posso fare per lei?*, ¿en qué puedo complacerle?; *a — pensi?*, ¿en qué piensas?; — *fai?*, ¿qué haces?
■ ***cosa da poco***, bagatela, inecia | ***giungere a cose fatte***, a buenas horas mangas verdes | ***ormai è cosa fatta***, ya está | ***per prima cosa***, en primer lugar | ***sopra ogni cosa***, ante todo, por encima de todo | ***buone cose!***, ¡que te/le vaya bien!
cosca *s.f.* clan (*m.*) mafioso.
coscia *s.f.* (*anat.*) muslo (*m.*); (*di animale*) pierna.
cosciente *agg.* consciente.
coscienza *s.f.* **1** conciencia | *avere un peso sulla —*, tener un cargo de conciencia | *avere la — a posto*, estar en paz con la conciencia | *fare un esame di —*, hacer un examen de conciencia **2** (*med.*) conocimiento (*m.*), sentido (*m.*): *perdere, riprendere —*, perder, recobrar el conocimiento/sentido.
coscienziosità *s.f.* escrupulosidad.

coscienzioso *agg.* concienzudo; cuidadoso, escrupuloso, meticuloso.
cosciotto *s.m.* (*cuc.*) pernil, jamón.
così *avv.* **1** así, tal; (*in questo modo*) de este modo; (*in quel modo*) de ese/aquel modo: è —, es así; *quella parola si scrive* —, esa palabra se escribe así **2** (*accompagnando con un gesto*) así de: *la scatola è grande* —, la caja es así de grande **3** (*talmente*) tan: *è — buono!*, ¡es tan bondadoso! **4** (*altrettanto*) lo mismo: *lei partì e — feci io*, ella se fue, y yo hice lo mismo ♦ *cong.* **1** (*allora, perciò*) así que: — *cercai di cambiare lavoro*, así que intenté cambiar de trabajo **2** (*consecutivo*) —*... che*, —*... da*, tan... que; *era — contento che...*, estaba tan contento que **3** —*... come*, tan... como, tal... como; *è — come pensavo*, es tal como pensaba ♦ *agg.* (*siffatto*) así: *non dirmi una cosa* —, no me digas eso
■ ***così così***, así así/regular | ***e così via***, y así sucesivamente | ***proprio così***, eso es, tal cual | ***e fu così che...***, y fue así que..., de modo que...
cosicché *cong.* de manera/modo que, de (tal) modo que.
cosiddetto *agg.* llamado, denominado, apodado, tal.
cosmetico *agg.*, *s.m.* cosmético.
cosmo *s.m.* cosmos.
cosmografia *s.f.* cosmografía.
cosmopolita *agg.*, *s.m./f.* cosmopolita.
cospargere *v.tr.* esparcir*, derramar, diseminar.
cospicuo *agg.* considerable, conspicuo.
cospirare *v.intr.* conspirar, conjurar, confabular.
costa *s.f.* **1** (*di mare, lago*) costa, litoral (*m.*) **2** (*di monte*) pendiente, ladera **3** (*di libro*) lomo (*m.*).
costante *agg.* **1** constante, permanente **2** (*fig.*) constante, perseverante, tenaz*.
costanza *s.f.* constancia, perseverancia.
costare *v.intr.* costar*, valer*: *quanto costa?*, ¿cuánto cuesta?, ¿cuánto vale? | *ti costerà caro!*, (*anche fig.*) ¡te va a costar caro!, ¡la vas a pagar! | (*fig.*) *costi quel che costi*, cueste lo que cueste, a toda costa.
costata *s.f.* (*cuc.*) chuleta.
costeggiare *v.tr.* bordear: — *il bosco*, bordear el bosque.
costei *pron.dimostr.f.sing.* ella, ésa.
costellazione *s.f.* (*astron.*) constelación.
costernato *agg.* desolado, consternado.
costernazione *s.f.* consternación.
costiera *s.f.* costa, litoral (*m.*).
costiero *agg.* costero, costeño.
costina *s.f.* (*cuc.*) costilla.
costipazione *s.f.* **1** (*intestinale*) constipación intestinal, estreñimiento (*m.*) **2** (*raffreddore*) costipado (*m.*), resfriado (*m.*).
costituire *v.tr.* **1** constituir* **2** fundar; (*formare*) formar ♦ **-rsi** *v.pron.* (*alla giustizia*) entregarse*.
costituito *agg.* constituido.
costituzionale *agg.* constitucional: *carta* —, constitución; *Stato* —, Estado constitucional.
costituzione *s.f.* (*anche dir.*) constitución.
costo *s.m.* costo, coste | *prezzo di* —, precio de coste | — *di produzione*, costo de producción
■ ***a costo di***, a costa de | ***a ogni costo/a tutti i costi***, a toda costa.
costola *s.f.* **1** (*anat.*) costilla **2** (*dorso*; *di coltello*) lomo (*m.*); (*di libro*) canto (*m.*)
■ ***stare alle costole di qlcu.***, pegársele a alguien | ***avere qlcu. alle costole***, tener a alguien pisándole los talones.
costoletta *s.f.* (*cuc.*) chuleta.
costoro *pron.dimostr.m./f.pl.* (*lett.*) esos (*m.*), esas (*f.*).
costoso *agg.* costoso, caro: *un gioiello molto* —, una joya muy costosa.
costretto *agg.* obligado, forzado.
costringere *v.tr.* obligar*, forzar*.
costrizione *s.f.* constricción, obligación.
costruire *v.tr.* construir* (*anche fig.*); (*edificare*) edificar*.
costruttivo *agg.* constructivo.
costruzione *s.f.* construcción; (*edificio*) edificio (*m.*).
costui *pron.dimostr.m.sing.* ese.
costume *s.m.* **1** costumbre (*f.*), uso; (*abitudine*) hábito, costumbre (*f.*) **2** (*abbigl.*) traje; (*di carnevale*) disfraz* | — *da bagno*, traje de baño, bañador | — *a due pezzi*, biquini, bikini.
costumista *s.m./f.* diseñador (*m.*), modisto (*m.*).
cotogna *s.f.* (*mela*) membrillo (*m.*).
cotoletta *s.f.* (*cuc.*) chuleta.
cotone *s.m.* algodón: — *idrofilo*, algodón hidrófilo.
cottimo *s.m.* destajo | *a* —, a destajo.
cotto *agg.* **1** cocido; (*in forno*) asado | *ben* —, *poco* —, *molto* —, (*di carne*) bien hecho, poco hecho, muy hecho | *né — né crudo*, ni chicha ni limonada **2** (*fam., innamorato*) colado | *innamorato* —, enamorado perdido, prendado | *essere — di qlcu.*, estar colado por alguien **3** (*fam., sfinito*) molido ♦ *s.m.* baldosa (*f.*) de cerámica.
cottura *s.f.* cocción.
covare *v.tr.* **1** (*zool.*) empollar, incubar **2** (*fig., malattie*) incubar: — *l'influenza*, incubar la gripe **3** (*fig., odio, rancore*) albergar*, guardar, abrigar* ♦ *v.intr.* (*fig., stare nascosto*) anidar(se)
■ ***qui gatta ci cova***, aquí hay gato encerrado.
covata *s.f.* echadura.

covo *s.m.* (*anche fig., tana*) madriguera (*f.*); (*di belve*) cubil, guarida (*f.*) | — *di ladri*, cueva de ladrones.
covone *s.m.* gavilla (*f.*).
cozza *s.f.* (*zool.*) mejillón (*m.*).
cozzare *v.intr.* chocar* (*anche fig.*), topar, estrellarse ♦ **-rsi** *v.pron.* chocar*, embestirse*.
crac *s.m.* crac, quiebra (*f.*).
crampo *s.m.* calambre.
cranio *s.m.* **1** (*anat.*) cráneo **2** (*fam., testa*) cabeza (*f.*) | *a* —, por cabeza.
cratere *s.m.* cráter.
cravatta *s.f.* (*abbigl.*) corbata.
creare *v.tr.* **1** crear; instituir*, fundar **2** (*fig.*) causar, producir* | — *caos*, armar lío | — *difficoltà*, poner trabas ♦ **-rsi** *v.pron.* crearse, producirse*.
creatività *s.f.* creatividad.
creativo *agg.* creador ♦ *s.m.* (*designer*) diseñador; publicitario.
creato *s.m.* universo, creación (*f.*).
creatura *s.f.* **1** criatura **2** (*bambino*) criatura, niño (*m.*), hijo (*m.*) **3** (*fig., protetto*) protegido (*m.*).
creazione *s.f.* creación.
credente *agg., s.m./f.* creyente.
credenza¹ *s.f.* creencia.
credenza² *s.f.* (*mobile*) aparador (*m.*), despensa.
credenziale *s.f.* **1** (*banc.*) letra de cambio **2** (*pl.*) credenciales.
credere *v.tr.* creer*; (*pensare*) opinar, pensar*: *credo di no*, creo que no ♦ *v.intr.* **1** creer*: — *alle superstizioni*, creer en supercherías **2** (*aver fiducia*) confiar, creer* ♦ **-rsi** *v.pron.* creerse*, considerarse
■ ***ci credo!***, ¡ya lo creo! | ***non riesco a crederci***, no puedo creerlo | ***non credere ai propri occhi***, no poder creer lo que se ve: *non credevo ai miei occhi*, no podía creer lo que veía.
credibile *agg.* creíble.
credito *s.m.* **1** crédito: *non si fa credito*, no se fía | *essere in — con qlcu.*, estar en deuda con alguien **2** (*credibilità*) crédito, buena reputación (*f.*): *persona di (poco)* —, persona de (poca) consideración.
creditore *agg., s.m.* (*banc.*) acreedor.
credo *s.m.* (*relig., pol., anche fig.*) credo.
credulone *s.m.* crédulo, ingenuo, papanatas (*m./f.*).
crema *s.f.* crema | — *di latte*, nata, crema de leche | — *da barba*, crema de afeitar.
cremare *v.tr.* incinerar.
cremazione *s.f.* cremación, incineración.
crepa *s.f.* **1** grieta, resquebrajadura **2** (*fig.*) desavenencia.
crepaccio *s.m.* grieta (*f.*), barranco (*m.*); (*in un ghiacciaio*) abra (*f.*).
crepacuore *s.m.* dolor, pena (*f.*).
crepapelle *avv. nelle loc.*: *mangiare a* —, darse un atracón, comer hasta reventar | *ridere a* —, desternillarse de risa.
crepare *v.intr.* **1** (*screpolare*) resquebrajarse, agrietarse **2** (*scoppiare*) reventar*; (*morire*) estirar la pata | — *dal ridere*, desternillarse de risa | — *di salute*, rebosar de salud ♦ **-rsi** *v.pron.* (*screpolarsi*) agrietarse.
crepitare *v.intr.* crepitar; (*scoppiettare*) chisporrotear.
crepuscolare *agg.* crepuscular.
crepuscolo *s.m.* (*anche fig.*) crepúsculo.
crescente *agg.* creciente.
crescere *v.intr.* **1** crecer* **2** (*aumentare*) subir; alzarse* ♦ *v.tr.* (*allevare*) criar*: — *un bambino*, criar a un niño.
crescione *s.m.* (*bot.*) berro, mastuerzo.
crescita *s.f.* crecimiento (*m.*); aumento (*m.*) | — *zero*, crecimiento cero.
cresima *s.f.* (*relig.*) confirmación.
crespo *agg.* (*di capelli*) crespo, rizado.
cresta¹ *s.f.* cresta
■ ***abbassare la cresta***, bajar la cerviz | ***essere sulla cresta dell'onda***, estar en la cresta de la ola.
cresta² *s.f.* (*fam.*) *nella loc.*: *fare la — sulla spesa*, sisar en las compras.
creta *s.f.* creta, arcilla, greda.
cretinata *s.f.* **1** (*stupidata*) estupidez*, tontería, chorrada **2** (*cosa da poco*) bicoca, pequeñez*.
cretino *agg., s.m.* idiota, cretino, bobo.
cric *s.m.* (*mecc.*) gato, cric.
criceto *s.m.* (*zool.*) hámster.
criminale *agg., s.m./f.* criminal.
criminalità *s.f.* criminalidad.
crimine *s.m.* crimen, delito.
criniera *s.f.* (*di cavallo*) crines (*pl.*); (*di leone*) melena.
cripta *s.f.* cripta.
crisalide *s.f.* (*zool.*) crisálida.
crisantemo *s.m.* (*bot.*) crisantemo.
crisi *s.f.* **1** crisis*: — *economica, di governo*, crisis económica, de gobierno | *sull'orlo di una* —, al borde de una crisis | *mettere in* —, poner en crisis **2** (*med.*) acceso (*m.*), ataque (*m.*): — *di nervi, epilettica*, ataque de nervios, ataque epiléptico.
cristalleria *s.f.* cristalería.
cristallino *agg.* cristalino, transparente, límpido.
cristallo *s.m.* cristal.
cristianesimo *s.m.* (*relig.*) cristianismo.
cristiano *agg., s.m.* (*relig.*) cristiano.
Cristo *s.m.* Cristo: *Gesù* —, Jesucristo | *avanti, dopo* —, antes, después de Cristo | *un povero cristo* un desgraciado, un pobre diablo.
criterio *s.m.* **1** criterio, norma (*f.*) **2** (*buon senso*) criterio, juicio.

critica *s.f.* **1** crítica **2** (*recensione*) crítica, reseña.
criticare *v.tr.* criticar*.
critico *agg., s.m.* crítico: *età critica*, edad crítica; *fase critica*, fase crítica; *giorni critici*, días de regla; *momento/punto* —, momento/punto crítico; *prova critica*, prueba crítica; *saggio* —, ensayo crítico.
crivellare *v.tr.* acribillar: — *di pallottole*, acribillar a tiros/balazos.
croccante *agg.* crujiente ♦ *s.m.* (*cuc.*) crocante, guirlache.
croce *s.f.* (*anche fig.*) cruz*
■ ***segno della croce***, signo de la cruz: *farsi il segno della* —, santiguarse | ***fare una croce sopra qlco.***, renunciar a algo | ***mettere in croce qlcu.***, crucificar, atormentar a alguien | ***testa o croce***, cara o cruz | ***a occhio e croce***, a ojo (de buen cubero) | ***Croce Rossa Internazionale***, Cruz Roja Internacional | ***ognuno ha la sua croce***, cada uno lleva su cruz | (*tess.*) ***punto croce***, punto de cruz.
crocevia *s.m.* encrucijada (*f.*).
crociata *s.f.* (*st., anche fig.*) cruzada.
crociera[1] *s.f.* (*arch.*) crucería: *volta a* —, bóveda de aljibe/crucería.
crociera[2] *s.f.* **1** (*mar.*) crucero (*m.*): *andare in* —, hacer un crucero **2** (*aer.*) vuelo (*m.*) | *velocità di* —, velocidad de crucero.
crocifiggere *v.tr.* (*anche fig.*) crucificar*.
crocifisso *agg.* crucificado ♦ *s.m.* crucifijo.
crogiolo *s.m.* **1** (*recipiente*) crisol **2** (*fig.*) crisol, confluencia (*f.*): *un — di culture*, una confluencia de culturas.
croissant *s.m.* (*cuc.*) cruasán.
crollare *v.intr.* (*anche fig.*) caer*, desplomarse, derrumbarse: *le due torri sono crollate*, las dos torres se derrumbaron/se vinieron abajo | *veder — i propri sogni*, ver derrumbarse/fracasar sus sueños.
crollo *s.m.* derrumbe, desplome; (*fig.*) caída (*f.*): *il — delle vendite, di un regime*, la caída de las ventas, de un régimen; — *in borsa*, caída de la bolsa.
cromato *agg.* cromado.
cromosoma *s.m.* (*biol.*) cromosoma.
cronaca *s.f.* **1** crónica; reportaje (*m.*): — *nera*, sucesos; — *scandalistica*, crónica amarilla; *fatti di* —, hechos de crónica; *piccola* —, anuncios **2** (*resoconto*) informe (*m.*), relato (*m.*) **3** (*lett.*) narración.
cronico *agg.* (*anche med.*) crónico: *malattia cronica*, enfermedad crónica.
cronista *s.m./f.* (*giorn.*) cronista, reportero (*m.*).
cronologia *s.f.* cronología.
cronologico *agg.* cronológico.
cronometrare *v.tr.* cronometrar.
cronometro *s.m.* cronómetro | (*sport*) *corsa a* —, carrera contrarreloj.
crosta *s.f.* **1** (*di pane, formaggio ecc.*) corteza | (*geol.*) — *terrestre*, corteza terrestre **2** (*di ferita*) costra **3** (*fig., apparenza*) corteza, aparencia.
crostaceo *s.m.* (*zool.*) crustáceo.
crostata *s.f.* (*cuc.*) tarta de pastaflora.
cruccio *s.m.* tormento, aflicción (*f.*).
cruciale *agg.* crucial, decisivo.
cruciverba *s.m.* crucigrama.
crudele *agg.* cruel, feroz, inhumano.
crudeltà *s.f.* crueldad.
crudezza *s.f.* crudeza, rigor (*m.*), inclemencia.
crudità *s.f.* crudeza.
crudo *agg.* **1** crudo; (*poco cotto*) poco hecho **2** (*rude*) duro, cruel | *la verità nuda e cruda*, la verdad descarnada
■ ***dirne di cotte e di crude***, poner como hoja de perejil | ***farne di cotte e di crude***, hacer locuras.
cruento *agg.* cruento.
crumiro *s.m.* esquirol.
cruna *s.f.* ojo (*m.*) de la aguja.
crusca *s.f.* salvado (*m.*)
■ ***Accademia della Crusca***, Academia de la Crusca (de la lengua italiana) | ***vendere crusca per farina***, dar gato por liebre.
cruscotto *s.m.* (*aut.*) salpicadero.
cubano *agg., s.m.* cubano.
cubetto *s.m.* cubito.
cubismo *s.m.* (*pitt.*) cubismo.
cubitale *agg.* (*anat.*) cubital
■ ***a caratteri cubitali***, en letras muy grandes.
cubo *agg.* cúbico ♦ *s.m.* cubo | (*mat.*) *elevare al* —, elevar al cubo.
cuccagna *s.f.* jauja, abundancia, buena vida | *che —!*, ¡qué suerte! | *il paese della* —, jauja | *albero della* —, cucaña | *è finita la* —, se acabó la fiesta/jauja.
cuccare *v.tr.* (*fam.*) **1** (*imbrogliare*) engañar **2** (*prendere*) coger* **3** (*fare conquiste amorose*) ligar* con; (*Amer.*) conquistar.
cuccetta *s.f.* (*mar., ferr.*) litera.
cucchiaiata *s.f.* cucharada.
cucchiaino *s.m.* cucharilla (*f.*) | — *da tè*, cucharilla de té.
cucchiaio *s.m.* cuchara (*f.*).
cuccia *s.f.* (*del cane*) caseta; (*del gatto*) cesta | *a —!*, (*al cane*) ¡échate!
cucciolo *s.m.* cachorro.
cucina *s.f.* cocina: — *componibile*, cocina modular; — *abitabile*, cocina-comedor, cocina office.
cucinare *v.tr.* cocinar; guisar, preparar.
cucire *v.tr.* **1** coser, confeccionar | *macchina da* —, máquina de coser **2** (*fig., discorso, pensieri*) hilvanar, enlazar*, coordinar
■ ***cucirsi la bocca***, coserse la boca.

cucito *agg.* cosido ♦ *s.m.* costura (*f.*), confección (*f.*) | *taglio e —*, corte y confección
■ ***avere gli occhi cuciti***, vendarse los ojos | ***avere le labbra cucite***, no despegar los labios, no abrir boca | ***essere cucito a filo doppio con qlcu.***, ser uña y carne con alguien | ***stare cucito a qlcu.***, no dejar a alguien ni a sol ni a sombra.

cucitrice *s.f.* grapadora; (*graffatrice*) cosedora.

cucitura *s.f.* costura.

cuculo *s.m.* (*zool.*) cuclillo, cuco.

cuffia *s.f.* **1** cofia; gorro (*m.*): *— da bagno*, gorro de baño **2** (*di radio, telefono*) cascos (*m.pl.*), auriculares (*m.pl.*)
■ ***cavarsela per il rotto della cuffia***, salir a gatas.

cugino *s.m.* primo: *— primo*, primo hermano.

cui *pron.rel.* **1** (*riferito a persone*) quien, quienes; (*riferito a persone, cose, animali*) el/la cual, los/las cuales, el/la que, los/las que: *l'amico con — abito*, el amigo con quien/con el que vivo; *il film di — ti ho parlato*, la película de la cual te hablé **2** (*compl. di termine*; *riferito a persone*) a quien, a quienes; (*riferito a persone, cose, animali*) al/a la cual, a los/las cuales, al/a la que, a los/las que: *l'amico (a) — ho chiesto il libro*, el amigo a quien/al que pedí el libro **3** (*preceduto dall'articolo; per indicare appartenenza*) cuyo, cuya, cuyos, cuyas: *un uomo il — nome è noto a tutti*, un hombre cuyo nombre es de dominio público **4** *in —*, en que; (*dove*) donde: *il modo in — parla*, el modo en que habla; *questo è il quartiere in — abito*, este es el barrio en (el) que vivo **5** *per —*, por lo/la cual: *questo è il motivo per — sono arrivato tardi*, esta es la razón por la cual he llegado tarde; *ho deciso di cambiare città, per — me ne vado da questa casa*, he decidido cambiar de ciudad, por lo cual/tanto, me voy de esta casa.

culinario *agg.* culinario, gastronómico.

culla *s.f.* (*anche fig.*) cuna: *fin dalla —*, desde la cuna | *dalla — alla bara/tomba*, desde el nacimiento a la muerte.

cullare *v.tr.* **1** acunar, mecer*, arrullar **2** (*fig.*) abrigar*, ilusionar ♦ **-rsi** *v.pron.* **1** mecerse* **2** (*illudersi*) ilusionarse con.

culminante *agg.* culminante, crucial, decisivo.

culminare *v.intr.* culminar.

culmine *s.m.* (*anche fig.*) cima (*f.*), cumbre (*f.*), ápice: *il — della montagna, della carriera*, la cumbre de la montaña, de la carrera.

culo *s.m.* **1** (*volg.*) culo **2** (*fondo*) culo, fondo **3** (*volg., fortuna*) suerte (*f.*) | *che —!*, ¡qué suerte! | *avere —*, tener suerte
■ ***avere il fuoco al culo***, ir de culo | ***avere una faccia di/da culo***, ser un cara dura, tener morro; tener una cara desagradable | ***essere culo e camicia***, ser uña y carne | ***fare il culo a***, tocar los cojones | ***farsi un culo (così)***, sudar la gota gorda, pegarse una paliza | ***mandare a fare in culo***, mandar a tomar por culo, mandar al carajo | ***prendere per il culo***, tomar el pelo | ***restare col culo in terra***, estar con el culo a rastras.

culto *s.m.* culto, veneración (*f.*) | *— della personalità*, culto a la personalidad | *libertà di —*, libertad de culto.

cultore *s.m.* estudioso | *— della materia*, estudioso de la asignatura.

cultura *s.f.* cultura: *— di massa*, cultura de masas; *— generale*, cultura general.

culturale *agg.* cultural.

culturismo *s.m.* culturismo.

culturista *s.m./f.* culturista.

cumulare *v.tr.* acumular, juntar.

cumulativo *agg.* acumulativo, cumulativo | *biglietto —*, billete colectivo.

cumulo *s.m.* (*anche fig.*) cúmulo, montón, acumulación (*f.*) | *dire un — di sciocchezze*, decir un montón de tonterías.

cuneiforme *agg.* cuneiforme: *caratteri cuneiformi*, caracteres cuneiformes; *scrittura —*, escritura cuneiforme.

cuneo *s.m.* **1** cuña (*f.*) **2** (*mil., st.*) cúneo.

cunetta *s.f.* cuneta, zanja.

cuocere *v.tr.* cocer*, cocinar, guisar; (*bollire*) cocer*; (*arrostire*) asar: *Luis sa — bene il pesce*, Luis sabe cocinar/guisar bien el pescado; *— il riso in poca acqua*, cocer el arroz en poca agua; *— alla brace*, asar a la brasa ♦ *v.intr.* cocer* ♦ **-rsi** *v.pron.* cocer*, cocerse*, asarse | (*fig.*) *in centro città si cuoce*, en el centro te asas/achicharras
■ ***lascialo cuocere nel suo brodo***, déjalo correr que el parará.

cuoco *s.m.* cocinero.

cuoio *s.m.* cuero | *borsa di —*, bolso de piel
■ ***lasciarci/rimetterci/tirare le cuoia***, dejar/perder/estirar la pata | (*anat.*) ***cuoio capelluto***, cuero cabelludo.

cuore *s.m.* **1** (*anche fig.*) corazón | (*med.*) *soffrire di —*, sufrir del corazón | *è il — della città*, es el corazón de la ciudad **2** (*coraggio*) valor, ánimo, valentía **3** (*pl., carte*) corazones
■ ***a cuore aperto***, (*sinceramente*) con el corazón en las manos: *ridere a — aperto*, reírse a mandíbula batiente | ***amico del cuore***, amigo del alma | ***aprire il cuore***, abrir el corazón | ***arrivare al cuore***, llegar a las telas del corazón | ***avere/non avere cuore***, tener/no tener corazón | ***avere il cuore in gola***, tener/estar con el corazón en un puño | ***col cuore in mano***, con el corazón en las manos | ***la squadra del cuore***, el equipo favorito | ***di tutto cuore***, de todo corazón | ***prendere a cuore***, tomar

a pecho | ***due cuori e una capanna***, contigo pan y cebolla | ***essere senza cuore***, ser desalmado, no tener corazón | ***mettersi il cuore in pace***, resignarse | ***nel cuore di***, en pleno, en mitad de, en medio de: *nel — della notte*, en mitad de la noche, en plena noche; *nel — dell'estate*, en medio del/pleno verano | ***non reggere/bastare il cuore per***, no tener corazón para | ***occhio non vede, cuore non duole***, ojos que no ven, corazón que no siente | ***persona di buon cuore***, persona de buen corazón | ***prendersi a cuore***, tomarse a pecho | ***rubare/prendere il cuore***, romper/partir corazones | ***sentire/avere un tuffo al cuore***, dar un vuelco al corazón | ***sentirsi allargare il cuore***, ensancharse el corazón | ***sentirsi piangere il cuore***, conmoverse | ***sentirsi ridere il cuore***, no caber el corazón en el pecho | ***sentirsi schiantare il cuore***, clavársele en el corazón | ***sentirsi stringere il cuore***, encogérsele el corazón | ***spezzare il cuore***, arrancar el corazón | ***stare a cuore***, interesar mucho, apreciar mucho | ***toccare il cuore di***, tocarle en el corazón a | ***uscire dal cuore***, salir del corazón.

cupidigia *s.f.* avaricia, codicia.

cupido *agg.* codicioso, ávido.

cupo *agg.* **1** oscuro; (*di suono*) ronco, cavernoso **2** (*fig.*) tétrico, sombrío.

cupola *s.f.* cúpula | *volta a —*, bóveda sobre pechinas.

cura *s.f.* **1** atención, cuidado (*m.*), interés (*m.*) | *abbi — di te!*, ¡cuídate! | *prendersi — di*, cuidar a | *con —*, con cuidado **2** (*med.*) cura, curación; (*specifica*) tratamiento (*m.*) | *casa di —*, clinica | *— di bellezza*, tratamiento de belleza **3** (*sollecitudine*) desvelo (*m.*), esmero (*m.*)
■ ***a cura di***, (*di pubblicazione*) edición de.

curare *v.tr.* **1** cuidar, atender*: *— un malato*, asistir a un enfermo | *— il giardino*, cuidar el jardín | *— le anime*, curar las almas **2** (*far guarire*) curar, sanar: *— una malattia*, curar una enfermedad **3** (*preoccuparsi*) velar por: *— l'educazione del figlio*, velar por la educación del hijo **4** (*libri*) editar ♦ **-rsi** *v.pron.* **1** cuidarse, hacer* caso | *non — dei figli*, no preocuparse por los hijos **2** (*med.*) curarse.

curativo *agg.* curativo.

curato[1] *agg.* cuidado, minucioso | *avere un aspetto molto —*, tener un aspecto muy cuidado.

curato[2] *s.m.* cura, párroco.

curdo *agg., s.m.* curdo, kurdo.

curia *s.f.* curia.

curiosare *v.intr.* curiosear, fisgonear: *— nelle cose altrui*, fisgonear en las cosas ajenas.

curiosità *s.f.* curiosidad: *stuzzicare la —*, picar la curiosidad.

curioso *agg.* **1** curioso, entrometido, indiscreto, fisgón: *sono — di sapere chi è*, estoy curioso por saber quién es | *è — che*, es curioso que **2** (*bizzarro*) llamativo, curioso, extraño, raro: *un tipo —*, un tipo interesante ♦ *s.m.* curioso, entrometido.

curriculum *s.m.* currículo, curriculum vitae.

curry *s.m.* curry.

curva *s.f.* curva, recodo (*m.*): *rallentare in —*, reducir la velocidad en las curvas | *prendere una —*, coger/tomar una curva | *— a gomito*, codo | *una donna tutte curve*, una mujer llena de curvas | *avere molte curve*, tener buenas curvas.

curvare *v.tr.* (*piegare ad arco*) curvar, doblar ♦ *v.intr.* torcer*; (*girare*) doblar, girar: *— a destra*, torcer a la derecha ♦ **-rsi** *v.pron.* inclinarse, agacharse, encorvarse: *— per raccogliere qlco.*, agacharse para recoger algo.

curvato *agg.* curvado, combado, recorvo.

curvatura *s.f.* comba, combadura.

curvilineo *agg.* curvilíneo.

curvo *agg.* curvo, encorvado.

cuscinetto *s.m.* **1** (*mecc.*) cojinete, rodamiento **2** (*d'inchiostro*) tampón, almohadilla (*f.*)
■ (*pol.*) ***Stato cuscinetto***, país bisagra.

cuscino *s.m.* (*guanciale*) almohada (*f.*); (*di poltrona ecc.*) cojín, almohadón: *il — del letto*, la almohada de la cama; *ho comprato dei cuscini per il divano*, he comprado unos cojines para el sofá.

cuspide *s.f.* cúspide, cumbre, cima.

custode *s.m./f.* guardián (*m.*), vigilante; (*di casa*) portero (*m.*): *il — di un museo*, el guardián de un museo | *— della scuola*, bedel
■ ***angelo custode***, ángel de la guarda, ángel custodio.

custodia *s.f.* **1** custodia, tutela | *avere in — qlco.*, tener bajo su custodia algo | *— cautelare*, detención preventiva | *— in carcere*, detención en la cárcel **2** (*astuccio*) estuche (*m.*), funda: *la — degli occhiali, di un disco*, la funda de las gafas, de un disco.

custodire *v.tr.* **1** (*conservare*) guardar: *— i soldi in cassaforte*, guardar el dinero en la caja fuerte | *— un segreto*, guardar un secreto **2** (*vigilare*) custodiar, vigilar: *— i prigionieri*, custodiar a los prisoneros; | *— la casa*, vigilar la casa ♦ **-rsi** *v.pron.* cuidarse.

cutaneo *agg.* (*anat.*) cutáneo.

cute *s.f.* (*anat.*) cutis (*m.*), piel.

Dd

d *s.f.* d | (*tel.*) — *come Domodossola*, d como Dinamarca.
da *prep.* **1** (*moto da luogo, origine, provenienza*) de, desde: *arrivo dall'aeroporto*, llego del aeropuerto; *vado a piedi — qui fino al paese*, voy a pie desde aquí hasta el pueblo; *sta chiamando — Madrid*, está llamando de Madrid; *sta tornando — Parigi*, está regresando de París; *discende — un illustre casato*, desciende de una ilustre familia; *puoi copiarlo dal libro*, puedes copiarlo del libro | *non so — che parte cominciare*, no sé por donde empezar | — *destra/sinistra*, por la derecha/izquierda | *dal basso*, desde abajo | *dall'alto in basso*, de arriba abajo, de pies a cabeza | — *ogni parte*, de todos lados/todas partes | — *lontano*, desde/de lejos | — *parte di*, de parte de | — *parte mia/tua/sua*, de mi/tu/su parte, de parte mía/tuya/suya **2** (*moto a luogo*) a; (*in casa di, presso*) a casa de, adonde: *andare dal dentista*, ir al dentista; *vengo — te*, voy a tu casa; *vado dalla nonna*, voy adonde (a casa de) la abuela **3** (*stato in luogo*) en; (*presso*) en casa de, (en) donde: *sono — Paolo*, estoy en casa de Pablo; *oggi ceniamo — Luigi (nel suo ristorante)*, hoy cenamos donde (en el restaurante de) Luigi; *ci vediamo dal pasticciere*, nos vemos en la confitería | — *qualche parte*, por ahí | — *queste parti*, por aquí **4** (*moto per luogo, agente, mezzo*) por: *passerò — te*, pasaré por tu casa; *passa dal cortile*, pasa por el patio; *fatto — me*, hecho por mí; *riconoscere dalla voce*, reconocer por la voz **5** (*tempo*) de, desde, desde hace, a partir de: — *bambino era un monello*, de niño era travieso; *non lo vedo — una settimana*, no lo veo desde hace una semana, hace una semana que no lo veo; — *oggi* (*in poi*), a partir de hoy, de hoy en adelante; — *allora*, desde entonces; — *allora in poi*, desde entonces, a partir de ese momento; — *allora sino a oggi*, desde entonces hasta hoy | — *sempre*, de/desde siempre | — *principio*, desde el principio | — *quando in qua?*, ¿desde cuándo? | — *grande*, cuando sea mayor | *dal momento in cui*, desde el momento en que **6** (*causa*) de: *cadere dal sonno*, caerse de sueño **7** (*fine, scopo*) de, para: *carta — lettere*, papl de cartas **8** (*in qualità di, come*) como: *comportarsi — stupido*, portarse como un estúpido | *non è — te*, no es digno de ti **9** (*qualità, caratteristica*) de: *un ragazzo dal naso aquilino*, un chico de nariz aguileña **10** (*modo*) como; como para; de: — *amici*, como amigos; *lo faccio — solo*, lo hago solo | *roba — matti*, cosa de locos | — *infarto!*, ¡de ataque! **11** (*prezzo, valore*) de: *una macchina — 25.000 euro*, un coche de 25.000 euros **12** (*con valore consecutivo, anche in correlazione con* così, talmente, tanto) de, como para: — *svenire*, como para desmayarse; *non sarai così sciocco — accettare*, no serás tan tonto como para aceptar; *non è tipo — arrendersi facilmente*, no es de los que se dan por vencidos así como así **13** (*fine, necessità, dovere seguito da infinito*) de, para: *qlco. — mangiare*, algo de comer; *un libro — leggere*, un libro para leer; *ho — fare*, tengo que hacer; *i compiti sono ancora — fare*, los deberes están por hacer.
dabbene *agg.* de bien, honesto.
daccapo *avv.* **1** de nuevo, otra vez, nuevamente **2** (*dall'inizio*) desde el principio.
dado *s.m.* **1** dado: *giocare a dadi*, jugar a los dados | *gettare il —*, echar la suerte | *il — è tratto*, la suerte está echada **2** (*mecc.*) tuerca (*f.*) **3** (*cuc.*) cubito (de caldo).
daffare *s.m.* quehacer, faena (*f.*), tarea (*f.*): *avere un gran —*, tener mucho quehacer.
daga *s.f.* daga.
dagli *inter.* (*fam.*) ¡dale!: | — *oggi, — domani*, dale que dale, machaca que te machaca | *e —!*, ¡y dale!, ¡y vuelta a empezar!
dai *inter.* (*fam.*) ¡venga!, ¡dale!, ¡vamos!
daino *s.m.* (*zool.*) gamo | *pelle di —*, piel de gamuza.
dalia *s.f.* (*bot.*) dalia.
dalmata *agg.*, *s.m./f.* dálmata.
daltonico *agg.*, *s.m.* (*med.*) daltónico.
daltonismo *s.m.* (*med.*) daltonismo.
d'altronde *avv.* → **altronde.**
dama *s.f.* **1** dama, señora: | — *di compagnia*, dama/señora de compañía | *darsi arie da gran —*, darse aires de gran dama **2** (*gioco*) damas (*pl.*): *giocare a —*, jugar a las damas.
damascato *agg.* (*tess.*) adamascado, damasquinado.
damasco *s.m.* (*tess.*) damasco.

damerino *s.m.* galán, donjuán; (*spreg.*) lechuguino.
damigella *s.f.* damisela, moza | — *d'onore*, dama de honor.
damigiana *s.f.* damajuana, garrafón (*m.*).
danaro *s.m.* → **denaro.**
danaroso *agg.* adinerado, acaudalado, acomodado, rico.
danese *agg.*, *s.m./f.* danés (*m.*), dinamarqués (*m.*).
dannare *v.tr.* condenar ♦ **-rsi** *v.pron.* **1** (*relig.*) condenarse **2** (*fig.*) afligirse*, bregar*, atormentarse
■ ***far dannare***, volver loco, exasperar, dar mucha guerra | ***dannarsi l'anima per qlco.***, vender el alma por algo.
dannato *agg.* **1** condenado **2** (*fig.*) maldito: *un freddo* —, un maldito frio | *nella/per dannata ipotesi*, en el peor de los casos ♦ *s.m.* condenado | *gridare come un* —, gritar como un condenado
■ ***anima dannata***, (*persona malvagia*) alma de Caín/Judas | ***essere l'anima dannata di qlcu.***, ser el instigador de las infamias de alguien.
dannazione *s.f.* **1** condenación **2** (*fig.*) tormento (*m.*) ♦ *inter.* ¡maldita sea!
danneggiamento *s.m.* → **danno.**
danneggiare *v.tr.* dañar, perjudicar*, estropear, arruinar: *la grandine ha danneggiato il raccolto*, el granizo ha estropeado la cosecha; *fumare danneggia la salute*, fumar perjudica la salud ♦ **-rsi** *v.pron.* perjudicarse*.
danneggiato *agg.*, *s.m.* damnificato, perjudicado.
danno *s.m.* **1** daño, perjuicio: — *irreparabile*, daño irreparable | *ai danni di qlcu.*, en detrimento/perjuicio de alguien | *arrecare/causare un* —, causar daño | *chiedere i danni*, pedir daños y perjuicios | *risarcire i danni*, indemnizar por daños y perjuicios | *restare con il — e con le beffe*, además de cornudo, apaleado **2** (*med.*) lesión (*f.*).
dannoso *agg.* dañoso, perjudicial, nocivo; (*di animale*) dañino | — *alla salute*, nocivo para la salud.
danza *s.f.* danza, baile (*m.*): *scuola di* —, escuela de baile | — *classica*, ballet | — *popolare*, baile popular | *aprire le danze*, abrir el baile.
danzare *v.intr./tr.* (*anche fig.*) bailar, danzar*.
danzatore *s.m.* bailarín.
dappertutto *avv.* por todas partes, en todas partes.
dappoco *agg.* **1** (*di persona*) incapaz*, torpe **2** (*di cosa*) irrelevante, insignificante | *questioni* —, cuestiones baladíes.
dappresso *avv.* cerca, de cerca.
dapprima *avv.* antes, en un primer momento.
dare[1] *v.tr.* **1** dar*: — *un lavoro*, dar (un) trabajo; — *la buonanotte a qlcu.*, dar las buenas noches a alguien | — *aiuto*, prestar auxilio | — *importanza*, dar importancia | — *un consiglio*, dar un consejo | (*a scuola*) — *un voto*, poner una nota **2** (*infliggere*) condenar a: *gli hanno dato cinque anni*, le han condenado a cinco años **3** (*attribuire*) echar*: *non gli darei più di trent'anni*, no le echaría más de treinta años **4** (*qualificare*) llamar, tratar | — *del cretino*, llamar cretino | — *del tu*, tratar de tú, tutear | — *del lei*, tratar de Ud. **5** (*produrre*) producir*; (*causare*) causar, ocasionar: — *fastidio*, (*disturbare*) molestar; (*essere d'ostacolo*) estorbar | — *gioia*, dar alegría **6** (*rappresentare*) poner*: *cosa danno a teatro, alla tv?*, ¿qué ponen en el teatro, en la tele? **7** (*organizzare*) hacer* | — *una festa*, hacer una fiesta ♦ *v.intr.* **1** (*di finestre, porte ecc.*) dar*: *la porta dà sul retro*, la puerta da a la parte de atrás **2** (*di colori*) tirar: — *sul viola*, tirar a violeta ♦ **-rsi** *v.pron.* **1** (*scambiarsi*) darse* **2** (*dedicarsi*) dedicarse*, entregarse* | — *al bere*, darse/entregarse a la bebida
■ ***dare una mano***, echar una mano | ***dare fondo a qlco.***, agotar algo | ***chi ha avuto ha avuto, chi ha dato ha dato***, ¡que me quiten lo bailado! | ***dare a Cesare quel che è di Cesare***, dar al César lo que es del César | ***dare carta bianca***, dar carta blanca | ***dare da pensare***, dar qué pensar, dar mala espina | ***dare del filo da torcere***, traer de cabeza | ***dare di testa/di volta il cervello/di matto***, perder la cabeza, volverse loco | ***dare ai/sui nervi***, crispar los nervios, poner nervioso | ***dare alla luce***, dar a luz | ***dare alla testa***, atontar, aturdir; subírsele a la cabeza: *il successo gli ha dato alla testa*, se le ha subido a la cabeza el éxito | ***dare allo stomaco***, poner nervioso | ***dare nell'occhio***, llamar la atención, saltar a la vista | ***darsi da fare***, empeñarse, ponerse manos a la obra | ***darsi pace***, resignarse | ***può darsi***, puede ser | ***si dà il caso che egli sia qui***, casualmente él está aquí.
dare[2] *s.m.* (*econ.*) debe.
darsena *s.f.* dársena.
data *s.f.* fecha, data: — *di scadenza*, fecha de caducidad; *in — odierna*, en el día de hoy | *di vecchia* —, añejo, antiguo; (*risaputo*) archisabido.
data base *s.m.* (*inform.*) base (*f.*) de datos.
datare *v.tr.* fechar, datar ♦ *v.intr.* datar: *a — da oggi*, a partir de hoy.
dato *agg.* determinado, cierto, especial: *in un — momento*, en un determinado momento ♦ *s.m.* dato, noticia (*f.*): (*inform.*) *inserire dati in un computer*, introducir datos en un orde-

nador | *un — di fatto*, un dato de hecho | *dati anagrafici*, datos personales
■ ***dato che***, puesto que, ya que.
datore *s.m.*: — *di lavoro*, empleador, jefe.
dattero *s.m.* (*albero*) datilera (*f.*); (*frutto*) dátil | (*zool.*) — *di mare*, dátil de *mar.*
dattilografare *v.tr.* mecanografiar, escribir a máquina.
dattilografia *s.f.* mecanografía, dactilografía.
dattilografico *agg.* dactilográfico.
dattilografo *s.m.* dactilógrafo.
dattiloscritto *agg.* mecanografiado, escrito a máquina ♦ *s.m.* texto mecanografiado.
dattiloscrivere *v.tr.* → **dattilografare.**
davanti *avv.* **1** delante, adelante: *mi raccomando, occupa un posto* —, te recomiendo que te sientes delante **2** (*loc.prep.*) — *a*, delante de; (*dirimpetto*) enfrente de; (*in presenza di*) delante de, en presencia de, ante: *siediti — a me*, siéntate delante de mí; *passare — agli occhi*, pasar por delante de los ojos; *ci trovammo — al cinema*, nos encontramos delante del cine; — *alla banca c'è l'ufficio postale*, enfrente del banco está la oficina postal; *lo disse — a lui*, lo dijo delante de él; *si presentò — al giudice*, se presentó ante el juez ♦ *agg.* anterior, delantero: *i sedili* —, los asientos delanteros ♦ *s.m.* frente, fachada (*f.*): *il — della maglia*, la pechera del jersey.
davanzale *s.m.* (*arch.*) alféizar, antepecho.
davvero *avv.* verdaderamente; (*sul serio*) en serio, de veras, de verdad: *è — simpatico*, es realmente simpático; *dici —?*, ¿hablas en serio?; *stavolta lo faccio* —, esta vez lo hago de veras/verdad | —*?*, ¿de veras? | *per* —, de veras.
day hospital *s.m.* (*med.*) centro de día, hospital de día.
dazio *s.m.* impuesto, derecho de aduana.
dea *s.f.* diosa.
deambulare *v.intr.* deambular, pasear, callejear.
deambulatorio *s.m.* (*arch.*) deambulatorio.
deambulazione *s.f.* locomoción.
debellare *v.tr.* **1** debelar, vencer* **2** (*una malattia*) extinguir*.
debilitante *agg.* debilitante.
debilitare *v.tr.* debilitar, extenuar*, agotar ♦ **-rsi** *v.pron.* debilitarse, extenuarse, agotarse.
debilitazione *s.f.* debilitación.
debito[1] *agg.* debido, conveniente, necesario | *a tempo* —, a su (debido) tiempo.
debito[2] *s.m.* deuda (*f.*): *essere in — con qlcu.*, estar en deuda con alguien | *essere pieno di debiti*, estar lleno de deudas | *sentirsi in* —, sentirse en deuda.
debitore *s.m.* deudor.
debole *agg.* **1** débil, endeble, frágil **2** (*fig.*) *débil*, flojo: *un capo troppo* —, un jefe demasiado blando; *di — costituzione*, de complexión frágil | *il punto — di qlcu.*, el punto débil de alguien | *essere — di memoria*, tener mala memoria | *essere — di stomaco*, tener el estómago débil | *essere — di vista*, tener la vista corta | *essere — in qlco.*, flaquear en algo | *il sesso* —, el sexo débil | *polso* —, pulso débil | (*fam., med.*) *essere — di cuore*, sufrir del corazón ♦ *s.m.* **1** débil **2** (*preferenza*) debilidad (*f.*) | *avere un — per*, tener debilidad por **3** (*punto debole*) punto flaco: *il suo — è il latino*, su punto flaco es el latín.
debolezza *s.f.* debilidad (*anche fig.*), flojera: *ha molte debolezze*, tiene muchas debilidades; *è stata una — imperdonabile*, ha sido un error imperdonable; *oggi mi sento una grande — addosso*, hoy siento una gran flojera | — *mentale*, debilidad mental | — *di stomaco*, debilidad de estómago.
debuttare *v.intr.* debutar.
debutto *s.m.* debut*, estreno: *è al suo — come attore comico*, debuta como actor cómico | — *in società*, presentación en sociedad.
decade *s.f.* década.
decadente *agg.* decadente.
decadenza *s.f.* **1** decadencia **2** (*dir.*) caducidad, extinción.
decadere *v.intr.* **1** decaer*, declinar **2** (*dir.*) caducar*, extinguirse.
decadimento *s.m.* decadencia (*f.*), decaimiento.
decaduto *agg.* decaído.
decaffeinato *agg., s.m.* descafeinado.
decalogo *s.m.* decálogo.
decantare[1] *v.tr.* (*lodare*) alabar, ensalzar*: — *le virtù*, ensalzar las virtudes.
decantare[2] *v.tr.* (*chim.*) decantar.
decantatore *s.m.* decantador.
decantazione *s.f.* decantación, depuración.
decapitare *v.tr.* (*anche fig.*) decapitar, degollar*.
decapitazione *s.f.* decapitación.
decappottabile *agg.* descapotable.
decappottare *v.tr.* descapotar.
decasillabo *agg., s.m.* (*lett.*) decasílabo.
deceduto *agg., s.m.* fallecido, muerto.
decelerare *v.intr.* decelerar.
decelerazione *s.f.* desaceleración, deceleración.
decennale *agg.* decenal ♦ *s.m.* décimo aniversario.
decennio *s.m.* decenio, década (*f.*).
decente *agg.* decente, decoroso, adecuado, conveniente.
decentralizzare *v.tr.* descentralizar*.
decentramento *s.m.* (*anche pol.*) descentralización (*f.*).
decentrare *v.tr.* **1** descentrar **2** (*pol.*) descentralizar*.

decentrato *agg.* descentrado.
decenza *s.f.* decencia, decoro (*m.*).
decesso *s.m.* muerte (*f.*), fallecimiento.
decidere *v.tr.* **1** decidir, acordar*, establecer*: *decise di partire subito*, decidió partir inmediatamente; *abbiamo deciso l'ora dell'incontro*, hemos acordado la hora del encuentro; *spetta a te* —, a ti te corresponde decidir **2** (*dir.*) decretar, sentenciar, fallar: *il giudice ha deciso in nostro favore*, el juez falló a nuestro favor ♦ *v.intr.* (*avere valore determinante*) decidir, determinar: *decise lui del mio destino*, él decidió mi destino ♦ **-rsi** *v.pron.* decidirse, resolverse*: *non riuscire a* —, no conseguir decidirse.
decifrabile *agg.* descifrable.
decifiramento *s.m.* desciframiento.
decifrare *v.tr.* descifrar, interpretar.
decimale *agg.*, *s.m.* decimal.
decimare *v.tr.* diezmar.
decimo *agg.* décimo.
decina *s.f.* decena.
decisamente *avv.* **1** (*con risolutezza*) decididamente, con decisión, resueltamente **2** (*indubbiamente*) indudablemente, indiscutiblemente.
decisionale *agg.* decisorio, decisivo.
decisione *s.f.* **1** decisión: *prendere una* —, tomar una decisión **2** (*energia*) empuje (*m.*): *ha mostrato molta — nell'intraprendere l'azione*, ha demostrado mucho empuje al emprender la acción.
decisivo *agg.* decisorio, decisivo, determinante.
deciso *agg.* decidido, resuelto: — *a tutto*, resuelto a todo.
declamare *v.tr./intr.* declamar, recitar.
declamatore *s.m.* declamador.
declamatorio *agg.* declamatorio.
declamazione *s.f.* declamación.
declassamento *s.m.* desclasamiento.
declassare *v.tr.* desclasar.
declassificare *v.tr.* desclasificar*.
declinabile *agg.* (*gramm.*) declinable.
declinare *v.tr.* **1** (*rifiutare*) declinar, rechazar*, rehusar **2** (*gramm.*) declinar, conjugar* **3** (*amm., dichiarare*) dar | — *le proprie generalità*, identificarse ♦ *v.intr.* (*anche fig.*) declinar, decaer*, bajar: *la montagna declina verso il mare*, la montaña baja hacia el mar; *le sue forze declinavano*, decaían sus fuerzas.
declino *s.m.* (*fig.*) decadencia (*f.*), declive, ocaso: *il — dell'impero*, el ocaso del imperio | *essere in* —, estar en decadencia.
decodifica *s.f.* decodificación, descodificación.
decodificare *v.tr.* decodificar*, descodificar*.
decodificatore *s.m.* decodificador, descodificador.
decodificazione *s.f.* decodificación, descodificación.
decollare *v.intr.* **1** (*aer.*) despegar* **2** (*fig.*) arrancar*, ponerse* en marcha.
decollo *s.m.* (*anche fig.*) despegue.
decomporre *v.tr.* descomponer*, pudrir ♦ **-rsi** *v.pron.* descomponerse*; pudrirse.
decomposizione *s.f.* decomposición, descomposición.
deconcentrare *v.tr.* desconcentrar, descentrar.
decongelare *v.tr.* descongelar.
decongelazione *s.f.* descongelación.
decongestionamento *s.m.* descongestión (*f.*).
decongestionante *s.m.* descongestionante.
decongestionare *v.tr.* descongestionar.
decorare *v.tr.* **1** decorar, adornar **2** (*insignire*) condecorar.
decorativo *agg.* decorativo.
decorazione *s.f.* **1** decoración, adorno (*m.*) **2** (*arch.*) decorado (*m.*) **3** (*onorificenza*) condecoración.
decoro *s.m.* decoro, decencia (*f.*), dignidad (*f.*), compostura (*f.*), recato: *comportarsi con* —, portarse con decoro.
decoroso *agg.* decoroso, decente; (*dignitoso*) digno.
decorrenza *s.f.* efecto (*m.*) | *con — da*, con efecto desde/a partir de.
decorrere *v.intr.* **1** (*di interessi*) correr, calcularse, computarse **2** (*di tempo*) pasar, transcurrir | *a — da oggi*, a partir de hoy.
decorso *s.m.* evolución (*f.*), curso.
decotto *s.m.* (*infuso*) tisana (*f.*), decocción (*f.*).
decrepito *agg.* decrépito, senil; (*fam.*) cocho.
decrescere *v.intr.* decrecer*, menguar*.
decretare *v.tr.* decretar, ordenar; tributar.
decreto *s.m.* (*dir.*) decreto.
decubito *s.m.* decúbito: (*med.*) *piaga da* —, úlcera/llaga de decúbito.
decurtare *v.tr.* **1** reducir*, disminuir*: *gli hanno decurtato lo stipendio*, le han disminuido el sueldo **2** (*detrarre*) detraer*, deducir*.
dedica *s.f.* dedicatoria.
dedicare *v.tr.* dedicar*, consagrar, destinar, aplicar* ♦ **-rsi** *v.pron.* dedicarse*, entregarse*.
dedito *agg.* dedicado, entregado; (*a un vizio*) adicto.
dedizione *s.f.* entrega, dedicación.
deducibile *agg.* deducible.
dedurre *v.tr.* **1** deducir*, inferir*, sacar* **2** (*detrarre*) descontar*, restar.
deduzione *s.f.* **1** deducción, inferencia **2** (*detrazione*) descuento (*m.*): — *fiscale*, desgravación fiscal.
dee-jay *s.m./f.* pinchadiscos.
defecare *v.intr.* defecar*, evacuar.

deferire *v.tr.* deferir*, someter.
defezionare *v.intr.* defeccionar, desertar.
defezione *s.f.* defección, deserción.
deficiente *agg.* **1** deficiente **2** (*carente*) insuficiente, incompleto ♦ *s.m./f.* idiota, imbécil.
deficienza *s.f.* **1** deficiencia **2** (*carenza*) carencia, defecto (*m.*).
deficit *s.m.* **1** (*econ.*) déficit: — *della bilancia commerciale*, déficit de la balanza comercial; *colmare il* —, sanear el déficit **2** (*fig.*) carencia (*f.*), falta (*f.*): — *di vitamine*, carencia vitamínica, avitaminosis; *il* — *culturale*, la degradación/el empobrecimiento cultural.
defilarsi *v.pron.* escaquearse, escabullirse: — *da un lavoro*, escaquearse de un trabajo.
defilato *agg.* apartado, retirado.
definire *v.tr.* **1** (*stabilire*) definir, establecer*, fijar **2** (*precisare, descrivere*) precisar, describir **3** (*risolvere*) resolver*, zanjar: — *una lite davanti al giudice*, zanjar un pleito ante el juez.
definitivo *agg.* definitivo, decisivo | *in definitiva*, en definitiva, en resumidas cuentas.
definito *agg.* definido, preciso.
definizione *s.f.* **1** definición **2** (*risoluzione*) resolución, solución.
deflettore *s.m.* (*aut.*) deflector.
defluire *v.intr.* fluir*, manar.
deflusso *s.m.* fluencia (*f.*), salida (*f.*).
deformare *v.tr.* deformar (*anche fig.*), alterar ♦ **-rsi** *v.pron.* alterarse, deformarse.
deformazione *s.f.* (*anche fig.*) deformación.
deforme *agg.* deforme, desfigurado.
defraudare *v.tr.* defraudar.
defunto *agg.*, *s.m.* difunto, fallecido, finado.
degenerare *v.intr.* degenerar, decaer*.
degenerativo *agg.* degenerativo.
degenerato *agg.* degenerado.
degenerazione *s.f.* degeneración, degradación.
degente *agg.* hospitalizado ♦ *s.m./f.* paciente hospitalizado.
degenza *s.f.* hospitalización, período (*m.*) de hospitalización.
deglutire *v.tr.* deglutir, tragar*.
degnare *v.tr.* considerar digno: *non mi degnò di uno sguardo*, no se dignó a mirarme ♦ **-rsi** *v.pron.* dignarse: *si degnò di ascoltarci*, se dignó escucharnos.
degno *agg.* digno, merecedor, meritorio; adecuado: — *di nota*, digno de mención; — *di fede*, digno de fe.
degradabile *agg.* degradable.
degradare *v.tr.* **1** (*mil.*) degradar **2** (*fig.*) humillar, envilecer* ♦ **-rsi** *v.pron.* degradarse.
degrado *s.m.* degradación (*f.*), deterioro: — *ambientale*, degradación ambiental.
degustare *v.tr.* degustar, probar*, catar, saborear.
degustazione *s.f.* degustación, cata, catadura.
deiezioni *s.f.pl.* deyecciones, excrementos (*m.*).
delatore *s.m.* delator.
delazione *s.f.* delación, soplo (*m.*).
delega *s.f.* (*procura*) poder (*m.*), facultad, autorización.
delegare *v.tr.* **1** delegar* **2** (*dare una procura*) apoderar.
delegato *s.m.* delegado (*anche dir.*), representante (*m./f.*), encargado.
delegazione *s.f.* delegación.
delegittimare *v.tr.* deslegitimar.
delegittimazione *s.f.* deslegitimación.
deleterio *agg.* deletéreo.
delfino *s.m.* (*zool., sport, pol.*) delfín.
delibera *s.f.* deliberación.
deliberare *v.tr.* deliberar, determinar, acordar*, establecer* ♦ *v.intr.* deliberar.
deliberato *agg.* deliberado, intencionado.
delicatezza *s.f.* **1** delicadeza; fragilidad **2** (*tatto*) delicadeza, discreción **3** (*di cibo*) exquisitez, delicia.
delicato *agg.* delicado (*anche fig.*), frágil: *profumo* —, perfume delicado; *voce delicata*, voz delicada; *persona delicata nei modi*, persona de modales finos | *momento* —, momento delicado | *tasto* —, tema delicado.
delimitare *v.tr.* (*anche fig.*) delimitar.
delineare *v.tr.* delinear; (*abbozzare*) bosquejar ♦ **-rsi** *v.pron.* perfilarse, dibujarse, presentarse, percibirse.
delinquente *s.m./f.* **1** malhechor (*m.*), criminal, delincuente **2** (*fam.*) sinvergüenza, tunante.
delinquenza *s.f.* criminalidad, delincuencia: — *minorile*, delincuencia juvenil.
delinquere *v.intr.* delinquir*.
delirante *agg.* delirante.
delirare *v.intr.* **1** delirar, desvariar: — *per la febbre*, delirar por la fiebre; — *di passione*, delirar por pasión **2** (*fig.*) exaltarse, entusiasmarse.
delirio *s.m.* **1** delirio, desvarío: *andare/mandare in* —, caer/mandar en delirio **2** (*fig.*) entusiasmo.
delitto *s.m.* **1** delito, crimen **2** (*omicidio*) asesinato.
delizia *s.f.* **1** delicia (*anche iron.*), deleite (*m.*), placer (*m.*) **2** (*leccornia*) exquisitez*.
deliziare *v.tr.* deleitar, hacer* las delicias de ♦ **-rsi** *v.pron.* deleitarse.
delizioso *agg.* delicioso; agradable; (*squisito*) exquisito.
deltaplano *s.m.* ala (*f.*) delta.
delucidare *v.tr.* dilucidar, elucidar, aclarar.
delucidazione *s.f.* aclaración, explicación.

deludente *agg.* decepcionante.
deludere *v.tr.* desilusionar, decepcionar.
delusione *s.f.* desilusión, decepción, desengaño (*m.*): *ricevere una* —, sufrir una desilusión.
deluso *agg.* desengañado, decepcionado.
demagogia *s.f.* demagogia.
demagogico *agg.* demagógico.
demagogo *s.m.* demagogo.
demandare *v.tr.* deferir*, remitir.
demaniale *agg.* del dominio público, demanial.
demanio *s.m.* dominio público, patrimonio nacional.
demarcare *v.tr.* demarcar*, deslindar, delimitar.
demarcazione *s.f.* demarcación.
demente *agg., s.m./f.* demente, loco (*m.*), estúpido (*m.*), imbécil.
demenza *s.f.* **1** (*med.*) demencia, locura **2** (*stupidità*) estupidez, imbecilidad.
demenziale *agg.* demencial, absurdo.
demerito *s.m.* demérito, desmerecimiento; reprobación (*f.*).
demiurgo *s.m.* demiurgo.
democratico *agg.* democrático ♦ *s.m.* demócrata (*m./f.*).
democrazia *s.f.* democracia: — *costituzionale*, democracia constitucional; — *diretta*, democracia directa; — *indiretta/rappresentativa/parlamentare*, democracia representativa.
democristiano *agg., s.m.* democristiano, democratacristiano.
demografico *agg.* demográfico: *incremento* —, expansión demográfica.
demolire *v.tr.* demoler*, derribar (*anche fig.*): — *una teoria*, echar abajo una teoría | (*screditare*) — *la reputazione di qlcu.*, echar por tierra la reputación de alguien, desacreditar a alguien.
demolito *agg.* derribado, desmantelado.
demolizione *s.f.* demolición, derribo (*m.*).
demone *s.m.* (*relig., anche fig.*) demonio.
demoniaco *agg.* (*relig., anche fig.*) demoniaco, demoníaco, diabólico
demonio *s.m.* (*anche fig.*) demonio, diablo | *avere il — addosso/in corpo*, tener el diablo/demonio en el cuerpo | *diventare un* —, ponerse como un demonio | *essere brutto come il* —, ser más feo que picio/el demonio | *essere furbo come il* —, ser muy listo, saber más que el diablo | *le arti del* —, las tentaciones del demonio.
demoralizzare *v.tr.* desanimar, desalentar* ♦ **-rsi** *v.pron.* desanimarse.
demordere *v.intr.* ceder, abandonar la presa.
demotivare *v.tr.* desmotivar.
demotivato *agg.* desmotivado.
denaro *s.m.* **1** dinero; (*fam.*) pasta (*f.*): — *contante*, dinero efectivo; — *spicciolo*, dinero suelto | — *sporco*, dinero sucio | *avere il — contato*, tener el dinero contado | *buttare il* —, tirar/malgastar el dinero | *chiamare/bussare a* —, pedir dinero prestado | *contare i denari in tasca a qlcu.*, hacerle las cuentas a alguien | — *fresco*, inyección de capital | *essere a corto di* —, andar/estar escaso de dinero | *far denari a palate*, hacerse de oro | *sciupare tempo e* —, desperdiciar tiempo y dinero | *tasso* —, tipo de interés. **2** (*pl., alle carte*) oros.
denigrare *v.tr.* denigrar, desacreditar.
denigratore *agg.* denigrante, difamador, desacreditador ♦ *s.m.* difamador.
denigratorio *agg.* denigratorio, denigrante, desacreditador.
denominatore *s.m.* (*mat.*) denominador.
denominazione *s.f.* denominación: — *di origine controllata*, denominación de origen calificada/controlada.
denotare *v.tr.* denotar (*anche ling.*), revelar, demostrar*.
denotativo *agg.* (*anche ling.*) denotativo.
densità *s.f.* densidad: — *di popolazione*, densidad de población; — *di superficie*, densidad de superficie.
denso *agg.* denso, espeso: *nebbia densa*, niebla densa.
dentale *agg.* dental, dentario.
dentario *agg.* dental, dentario.
dentatura *s.f.* dentadura.
dente *s.m.* **1** (*incisivo*) diente; (*molare*) muela (*f.*): — *da latte*, diente de leche; — *del giudizio*, muela del juicio; — *canino, incisivo, molare, del giudizio*, colmillo, (diente) incisivo, muela, muela/cordal del juicio; *avere mal di denti*, tener dolor de muelas; *il dentista mi ha tolto un* —, el dentista me ha sacado un diente, una muela | *mettere i denti*, echar los dientes **2** (*di forchetta, pettine*) púa (*f.*)
■ ***a denti stretti***, a regañadientes | (*cuc.*) ***al dente***, en su punto | ***avere il dente avvelenato con qlcu.***, tener a alguien entre ceja y ceja | ***battere i denti***, dar diente con diente, castañear los dientes | ***essere armato fino ai denti***, estar armado hasta los dientes | ***fuori dai denti***, sin pelos en la lengua | ***la lingua batte dove il dente duole***, meter el dedo en la llaga | ***mettere qlco. sotto i denti***, comer algo | ***mostrare/digrignare i denti***, enseñar/mostrar los dientes | ***rompersi i denti***, quedarse con un palmo de narices | ***stringere i denti***, hacer de tripas corazón | ***reggere l'anima coi denti***, estar en las últimas | ***trovare pane per i propri denti***, encontrar la horma de su zapato | ***tirato coi denti***, traído por los pelos.

dentellato *agg.* denticular, denticulado, dentellado.
dentellatura *s.f.* (*di francobollo, pettine, seghetto*) diente (*m.*); (*di foglia*) borde (*m.*) dentado, zig-zag (*m.*).
dentice *s.m.* (*zool.*) dentón.
dentiera *s.f.* dentadura postiza, prótesis dental.
dentifricio *s.m.* dentífrico, pasta (*f.*) dentífrica.
dentista *s.m./f.* dentista, odontólogo (*m.*).
dentistico *agg.* dental: *studio* —, gabinete dental.
dentizione *s.f.* dentición.
dentro *avv.* dentro, adentro: *in* —, hacia dentro; *mettilo qui* —, ponlo aquí dentro; *che freddo fa qui* —*!*, ¡que frío hace aquí dentro!; *spingere* —, empujar para adentro; *guardare* —, mirar para/hacia adentro |—*!*, ¡adentro! ♦ *prep.* en, dentro de: — *casa*, en casa |— *di sé*, en sus adentros ♦ *s.m.* adentro: *il* — (*di qlco.*), lo de adentro, la parte interna (de algo)
■ ***mettere dentro***, (*incarcerare*) encarcelar, (*fam.*) enchironar | ***tenersi tutto dentro***, guardar todo para sus adentros | ***essere dentro a qlco.***, (*partecipare attivamente*) estar metido en algo; (*conoscere bene*) estar empapado de algo.
denudare *v.tr.* desnudar, desvestir*, despojar ♦ **-rsi** *v.pron.* desnudarse, desvestirse.
denuncia *s.f.* **1** denuncia; (*accusa*) acusación: *sporgere* —, presentar/poner una denuncia **2** (*dichiarazione*) declaración: — *dei redditi*, declaración de la renta.
denunciare *v.tr.* **1** denunciar, noticiar; (*accusare*) delatar: *gli ambientalisti hanno denunciato la grave situazione del lago*, los ambientalistas han denunciado la grave situación del lago; *il suo comportamento lo denuncia*, su comportamiento lo delata **2** (*amm., dichiarare*) declarar **3** (*rendere noto*) revelar.
denutrito *agg.* desnutrido.
deodorante *agg., s.m.* desodorante.
deodorare *v.tr.* desodorizar*.
deontologia *s.f.* deontología.
deontologico *agg.* deontológico.
depennare *v.tr.* tachar, borrar, eliminar.
deperibile *agg.* deteriorable.
deperimento *s.m.* **1** (*di salute*) empeoramiento, agotamiento, decaimiento físico, debilitación (*f.*); (*consunzione*) desgaste **2** (*deterioramento*) deterioro.
deperire *v.intr.* (*in salute*) debilitarse, desmejorar, decaer*.
depilare *v.tr.* depilar ♦ **-rsi** *v.pron.* depilarse.
depilatore *agg., s.m.* depilatorio.
depilatorio *agg.* depilatorio.
depilazione *s.f.* depilación.
depistare *v.tr.* despistar, desorientar, confundir, dejar pistas falsas.
dépliant *s.m.* prospecto, folleto.
deplorabile, deplorevole *agg.* deplorable, lamentable.
deplorare *v.tr.* **1** deplorar, lamentar **2** (*biasimare*) reprobar*, censurar.
deplorevole *agg.* **1** lamentable, deplorable **2** reprobable, censurable.
deporre *v.tr.* **1** poner*, colocar*, deponer*, depositar: — *le uova*, (*di galline*) poner; (*di pesci*) desovar, mugar **2** (*destituire*) destituir*; despedir*, dejar cesante: — *un ministro*, destituir a un ministro | — *le armi*, deponer las armas | — *l'abito talare*, colgar los hábitos ♦ *v.intr.* **1** (*testimoniare*) atestiguar*, declarar: — *il falso*, jurar en falso; — *contro*, *a favore*, atestiguar contra, a favor **2** (*fig.*) hablar: *il suo atteggiamento depone a suo favore*, su actitud habla a su favor.
deportare *v.tr.* deportar, desterrar*.
depositare *v.tr.* **1** depositar, colocar*, poner*: — *i bagagli alla stazione*, consignar el equipaje en la estación **2** (*in banca, borsa*) imponer*, ingresar ♦ **-rsi** *v.pron.* sedimentarse, depositarse.
depositario *agg.* depositario, consignatario.
deposito *s.m.* **1** depósito | — *cauzionale*, depósito de fianza | *pagare un* —, pagar una fianza | — *bancario*, imposición bancaria **2** (*luogo di raccolta*) depósito; (*magazzino*) almacén | — *bagagli*, consigna **3** (*chim.*) depósito, sedimiento.
deposizione *s.f.* **1** deposición: *la* — *di Cristo*, el descendimiento de Cristo **2** (*destituzione*) deposición, destitución **3** (*dir.*) declaración, testimonio (*m.*).
depravato *agg., s.m.* depravado, pervertido, vicioso.
deprecare *v.tr.* desaprobar*, reprobar*, censurar.
depredare *v.tr.* depredar, saquear, despojar.
depressione *s.f.* depresión; (*fam.*) depre | *cadere in* —, caer en depresión.
depressivo *agg.* depresivo.
depresso *agg.* **1** (*econ.*) deprimido **2** (*fig.*) deprimido, decaído, desanimado, (*fam.*) alicaído.
deprezzamento *s.m.* (*econ.*) depreciación (*f.*), devaluación (*f.*).
deprezzare *v.tr.* (*econ.*) depreciar, devaluar* ♦ **-rsi** *v.pron.* (*econ.*) depreciarse, desvalorizarse*.
deprimente *agg.* deprimente, desalentador.
deprimere *v.tr.* deprimir, desanimar, abatir: *una situazione che deprime*, una situación que desanima; *ti deprimi per così poco!*, ¡te deprimes por tan poca cosa! ♦ **-rsi** *v.pron.* abatirse, deprimirse.

depurare *v.tr.* depurar, purificar*.
depurativo *agg., s.m.* (*med.*) depurativo.
depuratore *s.m.* depurador.
depurazione *s.f.* depuración.
deputato *s.m.* (*pol.*) diputado.
dequalificare *v.tr.* desprestigiar, descalificar*.
deragliamento *s.m.* descarrilamiento.
deragliare *v.intr.* (*ferr.*) descarrilar.
derattizzare *v.tr.* desratizar*.
derattizzazione *s.f.* desratización.
derelitto *agg., s.m.* desamparado, desvalido.
deridere *v.tr.* escarnecer*, burlarse de, mofarse de: — *qlcu.*, escarnecer a alguien, burlarse de alguien.
derisione *s.f.* irrisión, escarnio (*m.*), mofa.
deriva *s.f.* (*mar., anche fig.*) deriva: *andare alla* —, ir al garete, ir a la deriva; — *dei continenti*, deriva continental.
derivare *v.tr.* extraer, trasvasar: *l'acqua del fiume viene derivata per irrigare*, trasvasan el agua del río para regar ♦ *v.intr.* (*anche fig.*) derivar, nacer*, derivarse, surgir*: *molti fiumi derivano dai ghiacciai*, muchos ríos nacen en los glaciares; *molte parole spagnole derivano dall'arabo*, muchas palabras españolas derivan del árabe; *il suo comportamento deriva dall'educazione ricevuta*, su manera de comportarse deriva de la educación recibida.
derivato *agg., s.m.* (*anche ling., chim.*) derivado.
derivazione *s.f.* **1** captación, trasvase (*m.*) **2** (*origine*) derivación, origen (*m.*).
derma *s.m.* (*anat.*) dermis (*f.*).
dermatite *s.f.* (*med.*) dermatitis.
dermatologo *s.m.* (*med.*) dermatólogo.
deroga *s.f.* (*dir.*) derogación: *in — a*, en derogación de.
derogare *v.intr.* **1** (*dir.*) derogar*: — *a una legge*, derogar una ley **2** (*non osservare*) incumplir, trasgredir.
derrata *s.f.* (*spec.pl., generi alimentari*) comestibles (*m.pl.*), vituallas (*pl.*) | — *alimentari*, productos alimenticios.
derubare *v.tr.* robar, hurtar: *la derubarono dei gioielli*, le robaron las joyas.
descrivere *v.tr.* describir.
descrizione *s.f.* descripción | — *del libro*, rótulo del libro.
deserto *agg.* yermo, desierto ♦ *s.m.* (*anche fig.*) desierto.
desiderabile *agg.* deseable, apetecible.
desiderare *v.tr.* desear, querer*; (*ardentemente*) ansiar, anhelar | *desidera?*, ¿qué desea?, ¿qué se le ofrece? | *sei desiderato al telefono*, preguntan por ti al teléfono | *farsi* —, hacerse desear | *lasciare a* —, dejar que desear.
desiderio *s.m.* deseo; (*intenso*) anhelo: *esprimere un* —, expresar un deseo.
desideroso *agg.* deseoso, anheloso.
design *s.m.* diseño: *ha un — innovativo*, tiene un diseño innovador.
designare *v.tr.* **1** (*nominare*) designar; nombrar **2** (*fissare*) designar, fijar.
designato *agg., s.m.* designado, elegido.
designazione *s.f.* designación.
desinenza *s.f.* (*gramm.*) desinencia.
desistere *v.intr.* desistir, renunciar.
desolante *agg.* desolador, desconsolador.
desolare *v.tr.* desolar, devastar, asolar.
desolato *agg.* **1** (*di luogo*) desolado, yermo **2** (*fig.*) desolado, afligido, desconsolado: *sono* —, (lo) siento mucho.
desolazione *s.f.* **1** desolación, abandono (*m.*) **2** (*fig.*) aflicción, abandono (*m.*), desconsuelo (*m.*).
despota *s.m./f.* déspota, tirano (*m.*).
dessert *s.m.* (*cuc.*) postre.
destabilizzare *v.tr.* desestabilizar*.
destare *v.tr.* **1** (*svegliare*) despertar* **2** (*fig.*) despertar*, suscitar, causar, levantar: — *ammirazione*, causar admiración; — *sospetti*, levantar sospechas ♦ **-rsi** *v.pron.* despertarse*.
destinare *v.tr.* **1** (*assegnare*) destinar, asignar: — *a una missione*, enviar a una misión **2** (*stabilire*) establecer* | *in data ancora da destinarsi*, en una fecha aún no establecida.
destinatario *s.m.* destinatario.
destinazione *s.f.* **1** destinación, destino (*m.*); (*luogo*) paradero (*m.*); (*direzione*) rumbo (*m.*): *arrivare a* —, llegar a destino; *treno con — Roma*, tren con destino a Roma, tren para Roma, tren rumbo a Roma; — *ignota*, paradero desconocido **2** (*di impiegato*) destino (*m.*).
destino *s.m.* destino, hado, suerte (*f.*) | *era — che la rivedesse!*, el destino quiso que la volviera a ver | *abbandonare qlcu. al proprio* —, abandonar a alguien a su suerte.
destituire *v.tr.* destituir*, deponer*.
destituito *agg.* destituido.
destituzione *s.f.* destitución, remoción.
desto *agg.* despierto, desvelado | *sogno o son —?*, ¡dime que no estoy soñando!
destra *s.f.* **1** derecha: *a* —, a la derecha | *tenere la* —, guardar la derecha | *girare a* —, torcer a la derecha | *alla mia/tua/sua* —, a mi/tu/su derecha | (*pol.*) *essere di* —, ser de derechas **2** (*mano*) derecha, diestra | *baciare la* —, besar la mano derecha.
destreggiarsi *v.pron.* ingeniarse, manejarse: *sa — da sola*, sabe arreglárselas sola.
destrezza *s.f.* **1** destreza, habilitad **2** (*fig.*) sagacidad, astucia, maña.
destro *agg.* **1** derecho **2** (*capace, abile*) die-

stro, hábil, ducho ♦ *s.m.* **1** oportunidad (*f.*) **2** (*pugilato*) derechazo.
desueto *agg.* desusado.
desumere *v.tr.* **1** (*ottenere, apprendere*) sacar*, obtener*; saber*, enterarse **2** (*dedurre*) deducir*, colegir*, argüir*, concluir*: *dall'espressione che ha fatto ho desunto che non lo sapesse*, de su expresión deduje que no lo sabía.
detective *s.m./f.* detective, investigador (*m.*).
detenere *v.tr.* **1** (*anche dir.*) poseer, tener*; (*illegalmente*) detentar: — *un titolo*, poseer un título; — *un record*, poseer/mantener un récord; — *il potere con la forza*, detentar el poder con la fuerza **2** (*in prigione*) detener*, arrestar.
detentore *s.m.* tenedor, poseedor.
detenuto *agg., s.m.* detenido, preso: *un — politico*, un preso político.
detenzione *s.f.* **1** posesión, tenencia **2** (*dir.*) arresto (*m.*); (*prigionia*) reclusión.
detergente *agg., s.m.* detergente | (*cosmesi*) *latte* —, leche/crema detergente/limpiadora.
detergere *v.tr.* deterger*, limpiar; (*med.*) absterger*.
deteriorabile *agg.* deteriorable.
deterioramento *s.m.* deterioro, desgaste.
deteriorare *v.tr.* deteriorar, desgastar ♦ **-rsi** *v.pron.* deteriorarse; (*andare a male*) estropearse, dañarse, podrirse*, pudrirse.
deteriore *agg.* inferior, de baja calidad.
determinabile *agg.* determinable.
determinante *agg.* determinante.
determinare *v.tr.* **1** (*stabilire*) determinar, establecer* **2** (*causare*) originar, causar, provocar* ♦ **-rsi** *v.pron.* resolverse*, decidirse.
determinatezza *s.f.* determinación.
determinato *agg.* **1** determinado, fijo, establecido: *ci vediamo all'ora determinata*, nos vemos a la hora establecida **2** (*risoluto*) resuelto, osado | *essere — nell'agire*, ser resuelto/decidido al obrar.
determinazione *s.f.* determinación, resolución, decisión.
determinismo *s.m.* (*filos.*) determinismo.
determinista *agg., s.m./f.* (*filos.*) determinista.
deterrente *agg.* disuasorio ♦ *s.m.* (*anche fig.*) arma (*f.*) de disuasión, elemento de disuasión.
detersivo *agg., s.m.* detergente: — *liquido per i piatti*, detergente/jabón líquido para platos.
detestabile *agg.* detestable, odioso.
detestare *v.tr.* detestar, odiar, aborrecer* ♦ **-rsi** *v.pron.* detestarse, aborrecerse*.
detonazione *s.f.* detonación, estallido (*m.*).
detrarre *v.tr.* (*fin.*) deducir*, descontar*; (*sottrarre*) restar, substraer*.
detrattore *s.m.* detractor, difamador.
detrazione *s.f.* deducción, reducción.
detrito *s.m.* **1** detrito, detritus **2** (*rifiuto*) desecho, desperdicio.
dettagliante *s.m./f.* minorista, detallista.
dettagliare *v.tr.* detallar, pormenorizar*.
dettagliato *agg.* detallado, pormenorizado: *racconto* —, relato minucioso.
dettaglio *s.m.* **1** detalle, pormenor: *curare i dettagli*, cuidar los detalles | *entrare nei dettagli*, dar detalles, pormenorizar **2** (*comm.*) detalle, por menor | *vendere al* —, vender al por menor.
dettame *s.m.* precepto, dictado.
dettare *v.tr.* **1** dictar; (*suggerire*) sugerir* **2** (*imporre*) imponer*, prescribir.
dettato *s.m.* dictado: *correggere il* —, corregir el dictado.
detto *agg.* **1** dicho | — *fatto*, dicho y hecho | *come non* —, como si no lo hubiera dicho | *è presto* —, es fácil decirlo **2** (*soprannominato*) llamado, apodado, alias: *Antonio, — Toma*, Antonio, alias Toma **3** (*suddetto*) mencionado, susodicho ♦ *s.m.* dicho: *i detti contadini*, los dichos de los campesinos.
deturpare *v.tr.* (*sfigurare*) desfigurar; (*rovinare*) estropear, afear.
deturpazione *s.f.* afeamiento (*m.*), desfiguración.
devastare *v.tr.* **1** devastar, arrasar, asolar **2** (*fig., travolgere*) embargar*.
devastato *agg.* devastado, asolado.
devastatore *agg.* devastador, asolador.
devastazione *s.f.* devastación, destrucción.
deviamento *s.m.* desvío.
deviante *agg.* desviador.
devianza *s.f.* (*statistica, mat.*) desviación.
deviare *v.intr.* **1** desviar: — *a destra*, desviar(se) a la derecha **2** (*fig.*) divagar*, desviarse | — *dal progetto iniziale*, apartarse del proyecto original ♦ *v.tr.* **1** desviar, alejar: — *il traffico verso la circonvallazione*, desviar el tráfico hacia la circunvalación | — *i sospetti*, desviar las sospechas **2** (*fig.*) apartar, disuadir.
deviazione *s.f.* desviación.
devitalizzare *v.tr.* (*med.*) desvitalizar*.
devolvere *v.tr.* **1** ceder, entregar*, destinar **2** (*dir.*) transferir*, traspasar.
devoto *agg.* **1** devoto, fervoroso **2** (*dedito*) consagrado, entregado ♦ *s.m.* devoto, fiel (*m./f.*).
devozione *s.f.* devoción, entrega.
di *prep.* **1** (*specificazione, possesso, denominazione, materia, misura, età*) de: *i racconti — Cervantes*, los cuentos de Cervantes; *il mese — aprile*, el mes de abril; *un maglione — lana*, un jersey de lana; *una casa — cinque piani*, un edificio de cinco plantas; *un*

bambino — due anni, un niño de dos años **2** (*partitivo, spesso non si traduce*) de: *mangiamo del pane*, comemos pan; *tre dei suoi amici*, tres de sus amigos | *non c'è — meglio*, no hay nada mejor **3** (*tempo*) de, por, en, durante: *— giorno*, *— notte*, de día, de noche; *— mattina*, *— sera*, por la mañana, por la noche; *d'estate*, en verano, durante el verano; *— domenica*, el domingo; **4** (*moto da luogo, origine, provenienza*) de: «*— dove sei?*» «*— Saragozza*», «¿de dónde eres?» «de Zaragoza» **5** (*modo, mezzo*) de, con: *coprire di insulti*, llenar de insultos; *vivere del proprio stipendio*, vivir de su sueldo; *mangiare — gusto*, comer con gusto | *— corsa*, corriendo, en carrera **6** (*causa*) de: *morire — noia*, morirse de aburrimiento **7** (*nei comp.*) que, de; (*nei superl.*) de: *meglio — ieri*, mejor que ayer; *più allegro — te*, *— me*, más alegre que tú, que yo; *più cara — quella che vedi*, más cara de la que ves; *meno — quanto pensassi*, menos de lo que pensaba; *erano meno — quattro*, eran menos de cuatro **8** (*moto per luogo*) por: *passavamo — qui*, pasábamos por aquí **9** (*argomento*) de, sobre: *discutere — economia*, discutir sobre economía **10** (*davanti all'inf. retto da verbi di affermazione, opinione, sentimento, volontà, percezione*) que (+ *cong., indic.*): *digli — venire*, dile que venga; *ti consiglio — andare*, te aconsejo que vayas; *crede — aver sempre ragione*, cree que siempre tiene razón | *penso — andare*, pienso ir.

dì *s.m.* día | *buon —*, buenos días | *mezzo —*, mediodia | *notte e —*, día y noche.

diabete *s.m.* (*med.*) diabetes.

diabetico *agg., s.m.* (*med.*)diabético.

diabolico *agg.* **1** diabólico, infernal **2** (*fig.*) malo, perverso.

diadema *s.m.* diadema (*f.*), corona (*f.*).

diafano *agg.* diáfano, nítido, transparente.

diaframma *s.m.* **1** (*anat., foto.*) diafragma **2** (*fig.*) barrera (*f.*), separación (*f.*).

diagnosi *s.f.* (*med., anche fig.*) diagnosis, diagnóstico (*m.*).

diagnostica *s.f.* (*med.*) diagnóstico (*m.*).

diagnosticare *v.tr.* (*med., anche fig.*) diagnosticar*.

diagonale *agg., s.f.* (*geom.*) diagonal.

diagramma *s.m.* diagrama.

dialettale *agg.* (*ling.*) dialectal.

dialettica *s.f.* dialéctica, lógica.

dialetto *s.m.* (*ling.*) dialecto.

dialisi *s.f.* (*med.*) diálisis.

dialogare *v.intr.* dialogar*.

dialogato *agg.* dialogado ♦ *s.m.* diálogo.

dialogo *s.m.* diálogo.

diamante *s.m.* diamante.

diametralmente *avv.* **1** diametralmente **2** (*fig.*) enteramente, completamente.

diametro *s.m.* (*geom.*) diámetro: *del — di 40 cm*, con un diámetro de 40 cm.

diamine *inter.* ¡diablos!, ¡diantre!: *— se ci vado!*, ¡claro que voy!

diapositiva *s.f.* diapositiva.

diaria *s.f.* dieta.

diario *s.m.* diario | *— di bordo*, diario de a bordo, cuaderno de bitácora | *— di classe*, registro de clase | *— di guerra*, diario de operaciones | *— scolastico*, diario escolar.

diarrea *s.f.* diarrea.

diatriba *s.f.* diatriba, invectiva.

diavola *s.f. nella loc.* (*cuc.*): *alla —*, con salsa picante: *pollo alla —*, pollo asado con salsa picante.

diavoleria *s.f.* diablura.

diavolo *s.m.* diablo, demonio ■ ***diavolo!***, ¡demonios! | ***avere un diavolo per capello***, ponérsele a alguien los nervios de punta; llevárselo los demonios | ***avvocato del diavolo***, abogado del diablo | ***essere come il diavolo e l'acquasanta***, ser como el perro y el gato | ***fare il diavolo a quattro***, armar jaleo; mover cielo y tierra | ***essere un povero diavolo***, ser un pobre diablo, un pelagatos | ***saperne una più del diavolo***, sabérselas todas | ***vai al diavolo!***, ¡vete al diablo!, ¡vete a la porra! | ***venire a patti col diavolo***, hacer un pacto con el diablo.

dibattere *v.tr.* (*discutere*) debatir, discutir ♦ **-rsi** *v.pron.* (*agitarsi*) debatirse.

dibattimento *s.m.* (*dir.*) vista (*f.*) oral, juicio.

dibattito *s.m.* debate, discusión (*f.*).

dicembre *s.m.* diciembre.

diceria *s.f.* habladuría, murmuración, chisme (*m.*): *sono solo dicerie*, son puras habladurías.

dichiarante *agg., s.m./f.* (*amm., dir.*) declarante.

dichiarare *v.tr.* declarar: *— il proprio amore*, declarar su amor; *— lo sciopero*, declarar la huelga; *— erede*, nombrar eredero | *— guerra*, declarar guerra | *— in arresto*, detener ♦ **-rsi** *v.pron.* declararse.

dichiarativo *agg.* (*gramm.*) explicativo.

dichiarazione *s.f.* declaración | *— dei redditi*, declaración de renta.

diciannove *agg.num.card., s.m.* diecinueve.

diciannovenne *agg.* de diecinueve años ♦ *s.m./f.* persona (*f.*) de diecinueve años.

diciannovesimo *agg.* decimonono, decimonoveno, diecinueve: *il — secolo*, el siglo diecinueve; *il — dell'elenco*, el decimonoveno de la lista; *— anniversario*, diecinueve aniversario.

diciassette *agg.num.card., s.m.* diecisiete.

diciassettenne *agg.* de diecisiete años ♦ *s.m./f.* persona (*f.*) de diecisiete años.
diciassettesimo *agg.* decimoséptimo, diecisiete: *il — secolo*, el siglo diecisiete; *il — dell'elenco*, el decimoséptimo de la lista.
diciottenne *agg.* de dieciocho años ♦ *s.m./f.* persona (*f.*) de dieciocho años: *sposare una —*, casarse con una de dieciocho años.
diciottesimo *agg.* decimoctavo, dieciocho: *il — secolo*, el siglo dieciocho; *il — dell'elenco*, el decimoctavo de la lista.
diciotto *agg.num.card.*, *s.m.* dieciocho.
dicitura *s.f.* rótulo, (*m.*), marbete (*m.*).
dicotomia *s.f.* dicotomía.
dicotomico *agg.* dicotómico.
didascalia *s.f.* **1** leyenda, acotación **2** (*sottotitolo*) subtítulo (*m.*).
didascalico *agg.* didáctico, educativo, didascálico.
didattica *s.f.* didáctica.
didattico *agg.* didáctico.
didietro *agg.* trasero ♦ *s.m.* **1** parte (*f.*) trasera **2** (*fam.*, *anat.*) trasero, pompis; (*Amer.*) cola (*f.*), colita (*f.*): *un calcio nel —*, una patada en el trasero.
dieci *agg.num.card.*, *s.m.* diez: *i — comandamenti*, los diez mandamientos.
diecimila *agg.num.card.*, *s.m.* diez mil: *un assegno da — euro*, un cheque de diez mil euros.
diesis *s.m.* (*mus.*) diesis.
dieta *s.f.* **1** (*med.*) dieta, régimen (*m.*): *mettersi a —*, ponerse a dieta | *rompere la —*, romper/interrumpir la dieta **2** (*pol.*) dieta.
dietetica *s.f.* (*med.*) dietética.
dietetico *agg.* (*med.*) dietético.
dietologo *s.m.* (*med.*) dietista (*m./f.*).
dietro *avv.* detrás, atrás: *mi siedo io (di) —*, yo me siento atrás; *lì (di) —*, allá atrás; *qua (di) —*, aquí atrás | *passa di —*, pasa por detrás ♦ *prep.* detrás de, tras; por: *— la casa*, detrás de la casa; *— l'angolo*, a la vuelta de la esquina; *uno l'altro*, uno tras otro, uno detrás de otro | *portarsi —*, llevar consigo | *— suggerimento di*, por sugerencia de | (*teatr.*) *— le quinte*, entre bastidores | (*comm.*) *— fattura*, contra factura | *— consegna*, contra reembolso | *— domanda*, bajo solicitud | *ridere — a qlcu.*, reirse a espaldas de alguien | *andare/tenere — a qlcu.*, seguir las huellas de alguien | *correre — a qlco.*, írsele los ojos tras algo ♦ *agg.* trasero: *posti —*, asientos traseros ♦ *s.m.* posterior, parte (*f.*) trasera: *il — di una giacca*, la parte trasera de una chaqueta; *questo è il — e questo è il davanti*, ésta es la parte trasera y ésta la delantera.
dietrofront *s.m.* vuelta (*f.*) atrás: *fare —*, hacer marcha atrás.
difendere *v.tr.* defender*; proteger* | *— a spada tratta*, defender a capa y espada ♦ **-rsi** *v.pron.* **1** defenderse*, protegerse*, ampararse **2** (*cavarsela*) arreglarse: *si difende in chimica*, se las arregla en química.
difendibile *agg.* defendible.
difensiva *s.f.* defensiva | *stare sulla —*, estar a la defensiva.
difensivo *agg.* defensivo.
difensore *s.m.* **1** defensor **2** (*calcio*) defensa (*m./f.*).
difesa *s.f.* **1** (*anche dir.*) defensa *legittima —* legítima defensa | *Ministero della Difesa*, Ministerio de Defensa **2** (*sport*) defensa | *— a uomo*, defensa individual | *— a zona*, defensa por zonas.
difettare *v.intr.* carecer*, faltar.
difettivo *agg.* (*gramm.*) defectivo.
difetto *s.m.* **1** (*imperfezione*) defecto, desperfecto, falla (*f.*): *trovare un —*, encontrar un desperfecto | (*inform.*) *— di programmazione*, defecto/fallo de programación **2** (*colpa*) culpa (*f.*), falta (*f.*) | *in —*, en falta, en culpa **3** (*fig.*) vicio, mala costumbre (*f.*): *ha il — di essere curioso*, tiene la mala costumbre de ser curioso **4** (*mancanza, scarsità*) falta (*f.*), carencia (*f.*) | *in — di*, a falta de, en defecto de | (*mat.*) *per —*, por defecto.
difettoso *agg.* defectuoso, imperfecto.
diffamare *v.tr.* difamar, infamar.
diffamato *agg.* descreditado, difamado.
diffamatorio *agg.* difamatorio, denigrante.
diffamazione *s.f.* (*anche dir.*) difamación.
differente *agg.* diferente, distinto.
differenza *s.f.* diferencia, disparidad | *non fa —*, me da igual, es igual | *una bella —*, una gran diferencia.
differenziale *agg.*, *s.m.* (*aut.*, *mat.*) diferencial.
differenziare *v.tr.* diferenciar, distinguir* ♦ **-rsi** *v.pron.* diferenciarse.
differenziato *agg.* diferenciado.
differenziazione *s.f.* diferenciación.
differire *v.tr.* diferir*, aplazar*, postergar*.
differita *s.f.* (*radio*, *tv*) transmisión en diferido | *in —*, en diferido.
difficile *agg.* difícil, dificultoso | *rendere la vita — a qlcu.*, hacerle la vida imposible a alguien | *il — è passato*, lo difícil ha pasado.
difficoltà *s.f.* dificultad, aprieto (*m.*), apuro (*m.*) | *essere in —*, estar en apuros | *aggirare le —*, capear el temporal | *irto di —*, erizado de dificultades | *presentare delle —*, tener dificultades.
diffida *s.f.* (*dir.*) intimación, requerimiento (*m.*), apercibimiento (*m.*).
diffidare *v.intr.* desconfiar*, recelar: *— di tutti*, desconfiar de todo el mundo ♦ *v.tr.* (*dir.*) requerir*, apercibir.
diffidente *agg.* desconfiado, receloso.

diffidenza *s.f.* desconfianza, recelo (*m.*).
diffondere *v.tr.* **1** difundir, esparcir* **2** (*fig.*) divulgar*, propagar* ♦ **-rsi** *v.pron.* **1** difundirse: *bisogna evitare che la notizia si diffonda*, hay que evitar que la noticia se difunda | *— a macchia d'olio*, extenderse como una mancha de aceite **2** (*dilungarsi*) explayarse.
difforme *agg.* diferente, discordante.
difformità *s.f.* diferencia, divergencia.
diffusione *s.f.* difusión, propagación.
diffuso *agg.* difuso, difundido.
diffusore *agg., s.m.* difusor.
difterite *s.f.* (*med.*) difteritis.
diga *s.f.* presa; (*argine*) dique (*m.*); (*frangiflutti*) rompeolas (*m.*).
digerente *agg.* digestivo | *apparato —*, aparato digestivo.
digeribile *agg.* digerible, digestible.
digeribilità *s.f.* digestibilidad.
digerire *v.tr.* **1** digerir* | *— anche i chiodi/sassi*, tener un estómago de hierro **2** (*fig., sopportare*) digerir*, tragar*, aguantar | *non poter — qlcu.*, tener a alguien en la boca del estómago, no tragar a alguien.
digestione *s.f.* digestión: *avere una cattiva/buona —*, tener mala/buena digestión | (*fig.*) *guastarsi la —*, enfadarse.
digestivo *agg.* digestivo ♦ *s.m.* licor digestivo.
digitale[1] *agg.* (*delle dita*) digital, dactilar: *impronte digitali*, huellas dactilares/digitales.
digitale[2] *agg.* (*numerico*) digital.
digitare *v.tr.* digitar; (*un numero telefonico*) marcar*.
digiunare *v.intr.* ayunar.
digiuno *agg., s.m.* ayuno: *osservare, rompere il —*, hacer ayuno, interrumpir el ayuno | *a —*, en ayunas.
dignità *s.f.* dignidad, decoro (*m.*).
dignitoso *agg.* **1** digno, honrado **2** (*decoroso*) decoroso, decente.
digradare *v.intr.* bajar, descender*, disminuir*.
digressione *s.f.* **1** desviación, desvío (*m.*) **2** (*fig.*) digresión, paréntesis (*m.*).
digrignare *v.tr.* rechinar: *— i denti*, rechinar los dientes; *il cane digrigna i denti*, el perro enseña/muestra los dientes.
dilagante *agg.* difuso.
dilagare *v.intr.* **1** inundar, esparcirse* **2** (*fig.*) difundirse, extenderse, cundir: *il panico dilaga*, cunde el pánico.
dilaniare *v.tr.* (*anche fig.*) destrozar*, despedazar*: *il paese è dilaniato dalla guerra civile*, el país está destrozado por la guerra civil.
dilapidare *v.tr.* derrochar, malgastar, despilfarrar.
dilatare *v.tr.* dilatar (*anche fig.*), expandir ♦ **-rsi** *v.pron.* dilatarse, ampliarse, extenderse.
dilatazione *s.f.* dilatación.
dilazione *s.f.* dilación, demora | *senza —*, sin dilación.
dileguare *v.tr.* disipar, disolver*, desvanecer* ♦ **-rsi** *v. pron.* desaparecer*, desvanecer*, deshacerse*, esfumarse: *il ladro si dileguò nel buio*, el ladrón desvaneció en la oscuridad.
dilemma *s.m.* dilema.
dilettante *agg., s.m./f.* aficionado (*m.*), diletante: *gara per dilettanti*, competición para aficionados.
dilettare *v.tr.* deleitar, recrear ♦ **-rsi** *v.pron.* deleitarse, recrearse.
dilettevole *agg.* deleitoso, placentero, deleitable ♦ *s.m.* lo agradable, lo placentero: *unire l'utile al —*, unir lo útil con lo agradable.
diletto[1] *agg.* dilecto, querido, amado, predilecto.
diletto[2] *s.m.* deleite, gozo, placer; gusto: *per —*, por gusto.
diligente *agg.* diligente, esmerado.
diligenza[1] *s.f.* (*scrupolosità*) diligencia, esmero (*m.*): *fare qlco. con grande —*, hacer algo con mucho esmero.
diligenza[2] *s.f.* (*carrozza*) diligencia.
diluire *v.tr.* diluir*.
dilungarsi *v.pron.* explayarse, alargarse*.
diluviare *v.intr.impers.* diluviar, llover* a cántaros.
diluvio *s.m.* **1** diluvio | *— universale*, diluvio universal **2** (*fig.*) lluvia (*f.*), torrente, profusión (*f.*) | *un — di applausi*, un diluvio de aplausos.
dimagrante *agg.* adelgazante: *fare una cura —*, hacer un tratamiento adelgazante; *fare una dieta —*, ponerse a régimen (para adelgazar).
dimagrimento *s.m.* adelgazamiento, enflaquecimiento.
dimagrire *v.intr.* adelgazar*, enflaquecer*: *voglio — di qualche chilo*, quiero adelgazar unos kilos | *— a vista d'occhio*, ir adelgazando rápidamente.
dimenare *v.tr.* (*agitare*) mover*, menear, agitar: *— le gambe*, patalear; *— la coda*, menear la cola ♦ **-rsi** *v.pron.* **1** (*agitarsi*) revolverse*; (*dibattersi*) forcejear **2** (*nel ballare, camminare*) menearse, contonearse.
dimensione *s.f.* dimensión (*anche fig.*); tamaño (*m.*).
dimenticanza *s.f.* olvido (*m.*), descuido (*m.*).
dimenticare *v.tr.* olvidar: *— qlcu.*, olvidar a alguien ♦ **-rsi** *v.pron.* olvidarse, echar al olvido: *non (ti) — le chiavi*, no olvides las llaves; *ti sei dimenticato di telefonarle!*, se te olvidó llamarla; *si sono dimenticati dell'appuntamento*, se les olvidó la cita.
dimenticatoio *s.m.* olvido | *andare/cadere*

nel —, caer en el olvido | *mettere/porre nel* —, poner en/relegar al olvido.
dimesso *agg.* modesto; (*trasandato*) desaliñado, descuidado.
dimestichezza *s.f.* familiaridad; práctica: *avere — con qlco., qlcu.*, tener familiaridad con algo, alguien | *prendere — con*, familiarizarse con.
dimettere *v.tr.* dar* de baja, destituir*; (*dall'ospedale*) dar* el alta ♦ **-rsi** *v.pron.* dimitir: — *dall'incarico*, renunciar/presentar renuncia al cargo.
dimezzare *v.tr.* demediar, partir por la mitad: — *la produzione*, demediar la producción | *le spese si sono dimezzate*, los gastos se han reducido del 50 por ciento.
diminuire *v.tr.* reducir*, bajar: — *il prezzo*, bajar el precio; — *le spese*, disminuir los gastos ♦ *v.intr.* disminuir*, menguar*; *la temperatura è diminuita di 4 gradi*, la temperatura ha disminuido 4 grados.
diminutivo *agg., s.m.* (*gramm.*) diminutivo.
diminuzione *s.f.* **1** disminución, reducción | *essere in* —, estar disminuyendo/bajando **2** (*med.*) baja: — *della pressione*, baja de tensión.
dimissione *s.f.* **1** (*pl.*) dimisión (*sing.*): *presentare/dare le dimissioni*, presentar renuncia/la dimisión, dimitir; *lettera di dimissioni*, carta de renuncia **2** (*di paziente*) alta.
dimora *s.f.* residencia, morada, mansión | *fissare/stabilire la propria — in*, avecindarse/domiciliarse en | *senza fissa* —, sin domicilio conocido | *ultima* —, última morada.
dimorare *v.intr.* vivir, residir.
dimostrante *s.m./f.* manifestante.
dimostrare *v.tr.* demostrar*, probar*; (*mostrare*) aparentar: *non dimostra la sua età*, no aparenta sus años; — *la propria innocenza*, probar su propia inocencia ♦ *v.intr.* (*pol.*) manifestarse* ♦ **-rsi** *v.pron.* manifestar*, demostrar*, dar* muestras de: *si è dimostrato un grande amico*, dio muestra de ser un buen amigo.
dimostrativo *agg.* demostrativo: *aggettivo, pronome* —, adjetivo, pronombre demostrativo.
dimostrazione *s.f.* **1** demostración, muestra, prueba: — *di forza*, prueba de fuerza **2** (*pol.*) manifestación: — *sindacale*, manifestación sindical.
dinamico *agg.* dinámico.
dinamismo *s.m.* dinamismo.
dinamite *s.f.* dinamita.
dinamo *s.f.* (*fis.*) dínamo.
dinanzi *agg.* anterior, de enfrente ♦ *avv.* delante | — *a* , delante de, frente a: — *a me*, frente a mí.
dinastia *s.f.* dinastía.
diniego *s.m.* denegación (*f.*), negativa (*f.*).
dinosauro *s.m.* dinosaurio.
dintorni *s.m.pl.* alrededores.
dio *s.m.* dios: *gli dei dell'antichità*, los dioses/las divinidades de la antigüedad
■ ***a Dio piacendo***, si Dios quiere | ***che Dio me la mandi buona!***, ¡Dios me valga! | ***Dio voglia!***, ¡ojalá! | ***aiutati che Dio ti aiuta***, a quien madruga Dios le ayuda | ***che Dio ti benedica***, ¡que Dios te bendiga!, ¡que Dios te lo pague! | ***come Dio comanda***, como Dios manda | ***come Dio vuole***, como Dios quiere, por fin | ***come/quanto è vero Dio***, como hay (un) Dios, como Dios es mi padre | ***dare a Cesare quel che è di Cesare a Dio quel che è di Dio***, dar a Dios lo que es de Dios y al César lo que es del César | ***Dio ce ne guardi/scampi e liberi!***, ¡Dios nos coja confesados! | ***Dio li fa e poi li accoppia***, Dios los cría y ellos se juntan | ***essere fuori dalla grazia di Dio***, estar hecho una fiera, subirse por las paredes | ***se Dio vuole***, Dios mediante, Dios lo quiera, si Dios quiere | ***viene giù che Dio la manda***, llueve a cántaros.
diocesi *s.f.* diócesis.
diottria *s.f.* dioptría.
dipanare *v.tr.* **1** devanar: — *la matassa*, desovillar la madeja **2** (*fig.*) desentrañar ♦ **-rsi** *v.pron.* desenvolverse*, desarrollarse (*anche fig.*).
dipartimento *s.m.* departamento, distrito.
dipartire *v.intr.* partir ♦ **-rsi** *v.pron.* desviarse.
dipartita *s.f.* **1** partida, salida **2** (*fig.*) muerte.
dipendente *agg.* dependiente, subordinado ♦ *s.m./f.* asalariado (*m.*), empleado (*m.*), trabajador (*m.*): — *pubblico*, funcionario público/del estado.
dipendenza *s.f.* **1** dependencia, subordinación: *essere alle dipendenze di qlcu.*, estar bajo el mando de alguien | *in — di ciò*, según esto/de acuerdo con esto/como consecuencia de ello **2** (*da farmaci*) dependencia, adicción: *una sostanza che dà* —, una sustancia que crea adicción.
dipendere *v.intr.* **1** depender; (*derivare*) proceder: *dipende tutto da te*, todo depende de ti | *dipende*, depende **2** (*essere subordinato a qlcu.*) depender, estar* bajo el mando, ser subordinado; (*lavoro*) trabajar para, ser empleado de | *non — da nessuno*, no depender de nadie | — *dalla famiglia*, depender de la familia.
dipingere *v.tr.* **1** pintar , decorar, dibujar: — *a olio, a tempera*, pintar al óleo, con témpera **2** (*descrivere*) *pintar,* describir.
dipinto *agg.* pintado: — *a mano*, pintado a mano; *è — di rosso*, está pintado de rojo ♦ *s.m.* pintura (*f.*), cuadro.
diploma *s.m.* diploma; (*di scuola superiore*)

título de bachiller; (*di laurea*) grado, licenciatura (*f.*): — *di laurea breve*, diplomatura.

diplomare *v.tr.* diplomar, graduar* ♦ **-rsi** *v.pron.* diplomarse, graduarse*.

diplomatico *agg.*, *s.m.* (*anche fig.*) diplomático | (*pol.*) *rapporti diplomatici*, relaciones diplomáticas.

diplomato *agg.*, *s.m.* diplomado, titulado.

diplomazia *s.f.* (*anche pol.*) diplomacia | *agire con* —, actuar con diplomacia.

diradare *v.tr.* **1** (*rendere meno fitto*) aclarar: — *il bosco*, aclarar el bosque **2** (*rendere meno frequente*) espaciar: — *le visite*, espaciar las visitas ♦ **-rsi** *v.pron.* disiparse: *la nebbia si è diradata*, la niebla se ha disipado.

diramare *v.tr.* difundir, propagar*: — *un bollettino medico*, difundir un parte médico ♦ **-rsi** *v.pron.* ramificarse*; difundirse, propalarse: *dall'incrocio si diramano quattro strade*, del cruce parten cuatro carreteras.

diramazione *s.f.* **1** ramificación, difusión **2** (*di strada, ferr.*) ramal (*m.*).

dire[1] *v.tr.* **1** decir*; (*raccontare, riferire*) contar*, referir*: — *di no*, decir que no; *dici sul serio?*, ¿hablas en serio?; *dimmi la verità*, dime la verdad | — *le preghiere*, rezar | *non — bugie!*, ¡no digas mentiras! | *si dice che sia già partito*, se rumorea que ya se ha ido | *ognuno può — la sua*, cada cual puede expresar su opinión | *dirne di tutti i colori*, echar/decir pestes | — *chiaro e tondo*, decir fuerte y claro **2** (*significare*) significar*, decir*: *cosa vuol —?*, ¿qué significa?, ¿qué quiere decir? | *cosa intendi —?*, ¿qué quieres decir? | *è un nome che non mi dice niente*, es un nombre que no me suena ♦ **-rsi** *v.pron.* declararse: *si diceva un artista*, decía que era un artista
■ ***dirne di tutti i colori***, echar/decir pestes | ***dire quattro parole in croce***, hablar a duras penas | ***non dire né ai né bai***, no decir ni pío | ***e dire che***, y pensar que: *e — che l'ho pagato io*, y pensar que lo he pagado yo | ***tanto per dire***, decir por decir | ***per sentito dire***, de oídas | ***per così dire***, por así decir | ***vale a dire***, es decir | ***a chi lo dici!***, ¡a quién se lo dices! | ***lo puoi ben dire***, bien dicho, seguro que sí | ***te l'avevo detto io!***, te lo había advertido | ***detto fatto***, dicho y hecho | ***come non detto***, como si no lo hubiera dicho | ***è presto detto***, es fácil decirlo.

dire[2] *s.m.* decir, dicho: *hai un bel — ma le cose vanno di male in peggio*, por mucho que digas la situación va cada vez peor | *fra il — e il fare c'è di mezzo il mare*, del dicho al hecho hay mucho trecho.

diretta *s.f.* (*radio, tv*) transmisión en directo: *trasmettono la — Milan-Real Madrid*, transmiten en directo (el partido) Milan-Real Madrid | *in* —, en directo.

direttiva *s.f.* disposición, directiva, directriz*: *le direttive dell'Unione Europea*, las directivas de la Unión Europea.

direttivo *agg.* directivo, dirigente: *incarico* —, cargo directivo ♦ *s.m.* directorio, directiva (*f.*): *il — del sindacato*, la directiva del sindicato.

diretto *agg.* **1** directo, recto: *luce diretta*, luz directa; *conseguenza diretta*, consecuencia directa | *per via diretta*, por la vía recta **2** (*di treno, aereo*) con destino a: *treno — a Milano*, tren con destino a Milán **3** (*rivolto, indirizzato, condotto*) dirigido, orientado: *orchestra ben diretta*, orquesta bien dirigida ♦ *s.m.* **1** (*nel pugilato*) directo **2** (*ferr.*) tren directo.

direttore *s.m.* **1** director | — *di giornale*, director de periódico **2** (*manager*) ejecutivo.

direzione *s.f.* **1** dirección, rumbo (*m.*): *cambiare* —, cambiar de rumbo | *in — di*, rumbo a **2** (*guida*) dirección, gobierno (*m.*); (*di partito*) cúpula; (*organo direttivo o la sua sede*) gerencia: *recarsi in* —, acudir, dirigirse a la gerencia.

dirigente *agg.* dirigente, directivo | *classe* —, clase dirigente ♦ *s.m./f.* (*di partito*) dirigente; (*di azienda*) directivo (*m.*), ejecutivo (*m.*).

dirigenza *s.f.* directorio (*m.*).

dirigere *v.tr.* **1** dirigir*: — *lo sguardo*, dirigir la mirada; — *il traffico*, dirigir el tráfico | — *l'orchestra*, dirigir la orquesta **2** (*un'azienda*) administrar, regir* ♦ **-rsi** *v.pron.* dirigirse*.

dirimpetto *avv.* enfrente | — *a*, frente a ♦ *agg.* de enfrente: *la casa* —, la casa de enfrente.

diritto[1] *agg.* derecho, recto: *una strada lunga e diritta*, una calle larga y derecha/recta | *metti — quel quadro!*, ¡endereza ese cuadro! | *stare — con la schiena*, tener la espalda erguida ♦ *avv.* recto, directo, derecho: *vada avanti — sino al cinema*, siga todo recto hasta el cine | *se ne andò a casa — —*, se fue directo/directamente a casa | *rigare* —, comportarse como se debe ♦ *s.m.* **1** derecho; (*di tessuto*) derecho, haz; (*di medaglia, moneta*) cara (*f.*), anverso: *il — e il rovescio*, el anverso y el reverso **2** (*punto di lavoro a maglia*) punto del derecho, punto bobo **3** (*tennis*) drive.

diritto[2] *s.m.* **1** derecho, facultad (*f.*): *avanzare un* —, alegar un derecho; — *di proprietà*, derecho a la propiedad; *avere il — di dare degli ordini*, tener las facultades para dar órdenes | — *di voto*, derecho de voto | *diritti civili*, derechos del ciudadano | *a buon* —, en buena ley | *a maggior* —, a/con mayor razón | *spettare di — a qlcu.*, corresponderle por derecho a alguien **2** (*dir., il complesso*

delle leggi) derecho | — *privato, pubblico, canonico, del lavoro*, derecho privado, público, canónico, laboral **3** (*spec.pl., tassa*) derechos (*pl.*) | *diritti d'autore*, derechos de autor | *diritti doganali*, derechos de aduana.
dirittura *s.f.* **1** recta: — *finale*, recta final | *essere in — d'arrivo* (*anche fig.*), estar en la recta final, estar a punto de llegar **2** (*fig.*) rectitud, integridad.
diroccato *agg.* derruido, derrocado, en ruinas.
dirompere *v.intr.* abatirse, prorrumpir.
dirottamento *s.m.* desviación (*f.*), cambio de rumbo.
dirottare *v.tr.* **1** (*aereo, nave*) secuestrar **2** desviar, cambiar rumbo.
dirotto *agg.* (*di pioggia*) incesante; (*di pianto*) irrefrenable, incontenible | *piovere a* —, llover a cántaros | *piangere a* —, llorar a moco tendido/a lágrima viva.
dirupo *s.m.* despeñadero, acantilado, escarpada (*f.*).
disabile *agg.*, *s.m./f.* discapacitado (*m.*), incapacitado (*m.*), minusválido (*m.*), inhábil.
disabitato *agg.* deshabitado, desierto.
disabituarsi *v.pron.* deshabituarse, desacostumbrarse.
disaccordo *s.m.* desacuerdo, discordancia (*f.*), contraste, discrepancia (*f.*): *essere in — con qlcu., su qlco.*, estar en desacuerdo/contraste con alguien, algo.
disadattato *agg.*, *s.m.* inadaptado.
disadatto *agg.* (*di persona*) no apto; (*di cosa*) inadecuado, inapropiado: *un vestito — all'occasione*, un traje inadecuado para la ocasión.
disagevole *agg.* incómodo, dificultoso, fatigoso: *viaggio* —, viaje incómodo, dificultoso; *strada* —, carretera fatigosa.
disagiato *agg.* (*bisognoso*) pobre, menesteroso.
disagio *s.m.* **1** incomodidad (*f.*), apuro: *i disagi del viaggio*, las incomodidades del viaje **2** (*imbarazzo*) malestar, vergüenza (*f.*) | *sentirsi a* —, sentirse incómodo, sentirse a disgusto.
disambiguare *v.tr.* (*ling.*) desambiguar*.
disambiguazione *s.f.* (*ling.*) desambiguación.
disamina *s.f.* ponderación, examen (*m.*) meticuloso.
disaminare *v.tr.* examinar meticolosamente.
disamorare *v.tr.* desapegar*, desapegarse* ♦ **-rsi** *v.pron.* desenamorarse, desapegarse*.
disamorato *agg.* desamorado, desencantado.
disamore *s.m.* desamor, desencanto.
disappannare *v.tr.* desempañar.
disappetente *agg.* inapetente.
disappetenza *s.f.* inapetencia.
disapprovare *v.tr.* desaprobar*, reprobar, censurar.
disapprovazione *s.f.* desaprobación, reprobación, censura.
disappunto *s.m.* contrariedad (*f.*), decepción (*f.*): *mostrare, nascondere il proprio* —, mostrar/expresar, esconder su contrariedad.
disarcionare *v.tr.* desarzonar.
disarmante *agg.* (*anche fig.*) franco (*m.*).
disarmare *v.tr.* desar*mar*.
disarmato *agg.* **1** desarmado **2** (*fig.*) inerme, indefenso.
disarmo *s.m.* **1** desarme: *il — nucleare*, el desarme nuclear **2** (*di navi, macchine*) desguace, desmantelamiento.
disarmonia *s.f.* discordancia, contraste (*m.*).
disarmonico *agg.* discordante, inarmónico.
disarticolare *v.tr.* descomponer*, desarticular ♦ **-rsi** *v.pron.* descomponerse*, desarticularse.
disarticolato *agg.* desarticulado.
disastrare *v.tr.* destruir*, dañar, perjudicar*.
disastrato *agg.* damnificado, dañado, perjudicado.
disastro *s.m.* **1** (*anche fig.*) desastre, calamidad (*f.*), catástrofe (*f.*): *sei un —!*, ¡eres un desastre! **2** (*fallimento*) fracaso.
disastroso *agg.* desastroso, catastrófico.
disattendere *v.tr.* desatender*, desoír*.
disattento *agg.* desatento; distraído, despistado.
disattenzione *s.f.* desatención; (*svista*) descuido (*m.*), despiste (*m.*).
disattivare *v.tr.* desactivar, inactivar.
disattivazione *s.f.* desactivación.
disattivato *agg.* desactivado.
disavanzo *s.m.* (*econ.*) déficit.
disavventura *s.f.* desventura, desgracia, contratiempo (*m.*) | *per* —, per disgrazia.
disboscamento *s.m.* tala (*f.*), desmonte.
disboscare *v.tr.* talar, desmontar.
discarica *s.f.* basurero (*m.*), vertedero (*m.*); (*Amer.*) basural (*m.*).
discarico *s.m.* (*dir.*) descargo, defensa (*f.*) | *prove a* —, pruebas de descargo | *a mio, tuo, suo* —, en mi, tu, su descargo.
discendente *s.m./f.* descendiente: *è il — di una nobile casata*, es el descendiente/vástago de una familia noble.
discendenza *s.f.* descendencia.
discendere *v.intr.* **1** (*scendere*) descender*, bajar **2** (*avere origine*) descender*, derivar, provenir*.
discepolo *s.m.* discípulo; (*seguace*) secuaz* (*m./f.*).
discernere *v.tr.* ver*, distinguir*, reconocer*.
discernimento *s.m.* juicio, discernimiento,

razón (*f.*): *comportarsi con —*, actuar con juicio.
discesa *s.f.* **1** bajada, descenso (*m.*): *la — dei prezzi*, la baja de precios | (*sport*) *— libera*, descenso **2** (*pendio*) cuesta, pendiente | *in —*, cuesta abajo, en bajada: *una strada in —*, una carretera en bajada.
discesista *s.m./f.* (*sport*) descendista.
dischetto *s.m.* **1** (*inform.*) disquete **2** (*sport, calcio*) punto de penalti.
dischiudere *v.tr.* **1** abrir* **2** (*fig.*) desvelar.
discinto *agg.* desaliñado, desarreglado.
disciogliere *v.tr.* → **sciogliere.**
disciplina *s.f.* **1** disciplina (*anche mil.*), orden (*m.*): *una ferrea —*, una disciplina férrea **2** (*materia*) disciplina, materia, asignatura.
disciplinare[1] *agg.* disciplinar, disciplinal, disciplinario.
disciplinare[2] *v.tr.* disciplinar, educar*, reglamentar, ordenar.
disciplinato *agg.* disciplinado, dócil.
disc-jockey *s.m./f.* pinchadiscos (*m.*), disc-jockey.
disco *s.m.* disco | *— volante*, platillo volador | (*sport*) *lancio del —*, lanzamiento de disco | (*inform.*) *— rigido*, disco duro | (*med.*) *ernia del —*, hernia de disco.
discografico *agg., s.m.* discográfico.
discolpare *v.tr.* disculpar, descargar*, excusar ♦ **-rsi** *v.pron.* disculparse.
discontinuità *s.f.* discontinuidad.
discontinuo *agg.* discontinuo, irregular.
discordante *agg.* discordante, desacorde.
discordanza *s.f.* discordancia, divergencia.
discordare *v.intr.* discordar, discrepar.
discorde *agg.* discordante.
discordia *s.f.* discordia, desacuerdo (*m.*): *pomo della —*, manzana de la discordia.
discorrere *v.intr.* hablar, conversar | *e via discorrendo*, y así diciendo.
discorso *s.m.* **1** discurso, mensaje, oración (*f.*): *pronunciare, fare un —*, pronunciar un discurso; (*fam.*) echar(se) un discurso **2** (*conversazione*) conversación (*f.*), plática (*f.*) | *attaccare —*, entablar conversación; (*iron.*) pegar la hebra **3** (*argomento*) tema | *cambiare —*, cambiar de tema, doblar la hoja **4** (*ling.*) estilo, oración (*f.*): *— diretto*, estilo directo; *parti del —*, partes de la oración
■ ***questo è un altro discorso***, esto es harina de otro costal | ***ma che discorsi!***, ¡pero qué dices! | ***discorso senza né capo né coda***, palabras sin ton ni son/pies ni cabeza | ***far cadere il discorso su***, sacar a colación | ***perdere il filo del discorso***, perder el hilo del discurso | ***tutti discorsi!***, ¡no son más que palabras!
discostare *v.tr.* distanciar, desarrimar: *— la scrivania dal muro*, distanciar la mesa de la pared ♦ **-rsi** *v.pron.* (*anche fig.*) alejarse, apartarse.
discosto *agg.* distante, lejano ♦ *avv.* lejos, distante: *è — da qui*, está lejos de aquí.
discoteca *s.f.* discoteca.
discount *s.m.* tienda (*f.*) económica, de descuentos, almacén de rebajas.
discreditare *v.tr.* desacreditar ♦ **-rsi** *v.pron.* desacreditarse, desprestigiarse.
discredito *s.m.* desestima (*f.*), descrédito: *buttare/gettare il — su qlcu.*, desacreditar a alguien.
discrepante *agg.* discrepante, discordante.
discrepanza *s.f.* discrepancia, diferencia.
discrepare *v.intr.* discrepar.
discreto *agg.* **1** (*abbastanza buono*) más o menos bueno, moderado, bastante satisfactorio, discreto: *il prodotto ha un — successo*, el producto tiene un éxito más o menos bueno **2** (*non eccessivo, ragionevole*) moderado, razonable **3** (*di persona*) discreto, reservado, prudente: *essere — nel chiedere*, ser discreto al preguntar.
discrezionale *agg.* discrecional.
discrezionalità *s.f.* discrecionalidad, poder (*m.*) discrecional.
discrezione *s.f.* discreción, prudencia; arbitrio (*m.*) | *a tua, sua —*, a discreción tuya, suya.
discriminante *agg.* discriminatorio.
discriminare *v.tr.* discriminar.
discriminatorio *agg.* discriminatorio.
discriminazione *s.f.* discriminación: *— politica*, discriminación política; *— razziale*, discriminación racial.
discussione *s.f.* **1** discusión: *è in —*, está en entredicho | *non c'è —*, sin discusión **2** (*litigio*) disputa, altercado (*m.*)
■ ***mettere/rimettere in discussione***, poner en tela de juicio | ***è fuori discussione***, (*non se ne parla*) ¡ni hablar! | ***venire in discussione***, salir a colación.
discusso *agg.* (*controverso*) discutido, controvertido.
discutere *v.tr.* discutir: *— sul prezzo*, regatear | *— la tesi*, defender la tesis ♦ *v.intr.* **1** discutir, contender* **2** (*litigare*) altercar*.
discutibile *agg.* discutible, opinable, dudoso, incierto.
disdegnare *v.tr.* desdeñar, despreciar, menospreciar.
disdegno *s.m.* desdén, desprecio, menosprecio | *avere a —*, despreciar | *avere in —*, detestar, odiar.
disdetta *s.f.* **1** (*di contratto*) rescisión; revocación: *dare —*, rescindir un contrato, una suscripción **2** (*sfortuna*) desdicha, mala suerte: *che —!*, ¡qué mala suerte!
disdicevole *agg.* inadecuado, inconveniente.

disdire *v.tr.* **1** rescindir, anular **2** (*smentire*) desmentir*, contradecir*.
diseducare *v.tr.* deseducar*.
diseducativo *agg.* deseducador, contraeducativo.
disegnare *v.tr.* **1** dibujar: *— a mano libera*, dibujar a mano alzada **2** (*tecn.*) delinear: *— la pianta e la sezione*, delinear la planta y el corte **3** (*progettare*) diseñar, proyectar, planear: *— schematicamente*, bosquejar **4** (*fig., descrivere*) describir, dibujar, detallar.
disegnatore *s.m.* **1** (*stilista, creativo*) diseñador: *— di moda*, diseñador de moda, modisto, estilista; *— industriale*, diseñador industrial **2** dibujante (*m./f.*); (*tecnico*) delineante (*m./f.*).
disegno *s.m.* **1** dibujo; (*schizzo*) bosquejo, esbozo | *— a mano libera*, dibujo a mano alzada **2** (*progetto*) plan, proyecto, intención (*f.*) | (*fig.*) *un oscuro — politico*, una oscura trama política
■ ***disegni animati***, dibujos animados | ***disegno di legge***, proyecto de ley.
disequilibrare *v.tr.* desequilibrar ♦ **-rsi** *v.pron.* desequilibrarse.
disequilibrio *s.m.* desequilibro.
diserbante *agg., s.m.* herbicida.
diserbare *v.tr.* desherbar*, desyerbar.
diseredare *v.tr.* desheredar.
diseredato *agg.* desheredado.
disertare *v.intr.* (*mil.*) desertar, huir* ♦ *v.tr.* **1** no ir*, abandonar: *— un incontro*, no presentarse/acudir a un encuentro **2** devastar, arrasar, asolar.
disertore *s.m.* desertor, prófugo.
diserzione *s.f.* deserción, abandono (*m.*).
disfacimento *s.m.* descomposición (*f.*), putrefación (*f.*).
disfare *v.tr.* deshacer*; (*slegare*) desatar: *— le valigie*, deshacer las maletas; *— un nodo*, desatar/deshacer un nudo ♦ **-rsi** *v.pron.* **1** deshacerse*; (*andare a male*) descomponerse*; (*di cosa friabile*) desmoronarse; (*di tessuto*) destejerse **2** (*sciogliersi*) derretirse, disolverse* **3** (*liberarsi*) deshacerse*, desembarazarse*, librarse: *— di qlco. di compromettente*, deshacerse de algo comprometedor.
disfatta *s.f.* derrota.
disfattismo *s.m.* derrotismo.
disfattista *agg., s.m./f.* derrotista.
disfatto *agg.* (*anche fig.*) deshecho: *un viso — dalla fatica*, un rostro desencajado por el cansancio.
disfavore *s.m.* desfavor, desventaja (*f.*).
disfida *s.f.* desafío (*m.*), reto (*m.*).
disfunzione *s.f.* **1** (*med.*) disfunción, desorden (*m.*) **2** (*inefficienza*) disfunción, mal funcionamento (*m.*).
disgelo *s.m.* (*anche fig.*) deshielo.
disgiungere *v.tr.* desunir, separar.
disgiunto *agg.* desunido, separado.
disgrazia *s.f.* **1** desgracia, accidente (*m.*) | *le disgrazie non vengono mai sole*, las desgracias nunca vienen solas **2** (*sfortuna*) desdicha | *— volle che*, desgraciadamente pasó que | *portare —*, traer mala suerte | *per mia/tua/sua —*, para mi/tu/su desgracia **3** (*sfavore*) desgracia | *cadere in —*, caer en desgracia | *avere qlcu. in —*, no poder tragar a alguien | *in — di Dio*, en pecado mortal | *mettere/porre qlcu. in —*, poner mal a alguien.
disgraziato *agg.* **1** (*funesto*) desgraciado, funesto **2** (*infelice*) infeliz*, desdichado, desventurado ♦ *s.m.* **1** pobre (*m./f.*), miserable (*m./f.*) **2** (*sciagurato*) desgraciado, canalla (*m./f.*).
disgregare *v.tr.* **1** (*una roccia*) disgregar* **2** (*chim.*) disociar **3** (*fig.*) desagregar*, desintegrar.
disgregazione *s.f.* (*anche fig.*) disgregación, desintegración: *la — dell'Unione Sovietica*, la desintegración de la URSS.
disguido *s.m.* error, extravío, equívoco: *per un — non siamo riusciti ad avvertirti*, por un equívoco no logramos avisarte.
disgustare *v.tr.* **1** (*nauseare*) disgustar, desagradar, repeler **2** (*fig.*) disgustar, molestar, fastidiar ♦ **-rsi** *v.pron.* disgustarse, estar* disgustado.
disgusto *s.m.* disgusto, fastidio; (*schifo*) asco, repugnancia (*f.*).
disgustoso *agg.* disgustoso, desagradable, repugnante.
disidratare *v.tr.* deshidratar ♦ **-rsi** *v.pron.* deshidratarse.
disilludere *v.tr.* desilusionar, decepcionar ♦ **-rsi** *v.pron.* desilusionarse.
disillusione *s.f.* desilusión, decepción.
disilluso *agg.* desilusionado, desengañado.
disimballaggio *s.m.* desembalaje.
disimballare *v.tr.* desembalar, desenfardar, desempacar*.
disimparare *v.tr.* desaprender, olvidar; (*perdere un'abitudine*) desacostumbrarse.
disimpegnare *v.tr.* **1** desempeñar: *— un gioiello*, desempeñar una joya **2** (*liberare*) liberar, eximir: *— qlcu. da un obbligo*, liberar a alguien de una obligación **3** (*adempiere*) desempeñar, ejecutar, cumplir: *— un incarico*, cumplir un encargo ♦ **-rsi** *v.pron.* **1** (*liberarsi*) desligarse*, liberarse, zafarse **2** (*cavarsela*) desenvolverse*: *sa — bene da solo*, sabe arreglárselas por su cuenta.
disimpegno *s.m.* **1** liberación (*f.*), salida (*f.*) **2** (*indifferenza*) desinterés, indiferencia (*f.*); (*pol.*) desafección (*f.*) **3** (*locale*) desahogo, amplitud (*f.*); vestíbulo **4** (*sport*) despeje.

disimpiegare *v.tr.* despedir*, destituir*.
disimpiego *s.m.* desempleo.
disincantare *v.tr.* desencantar, desembrujar, desengañar ♦ **-rsi** *v.pron.* desencantarse, desengañarse.
disincantato *agg.* desencantado, desilusionado, decepcionado.
disincanto *s.m.* desencanto, desilusión (*f.*), desengaño.
disincarnare *v.tr.* separar (el alma) del cuerpo ♦ **-rsi** *v.pron.* separarse el alma del cuerpo.
disincastrare *v.tr.* desencajar.
disincentivare *v.tr.* desincentivar.
disincentivo *s.m.* desincentivación (*f.*), freno.
disinfestante *agg.* desinsectador.
disinfestare *v.tr.* (*dagli insetti*) desinsectar; (*dai topi*) desratizar*; (*dalle erbacce*) desyerbar, desherbar*.
disinfestazione *s.f.* (*dagli insetti*) desinsectación; (*dai topi*) desratización; (*dalle erbacce*) desyerba.
disinfettante *agg.*, *s.m.* desinfectante.
disinfettare *v.tr.* desinfectar.
disingannare *v.tr.* desengañar, sacar* del engaño.
disinganno *s.m.* desengaño, desilusión (*f.*).
disinibire *v.tr.* desinhibir ♦ **-rsi** *v.pron.* desinhibirse.
disinibito *agg.* desinhibido, desparpajado, desenfadado.
disinnescare *v.tr.* desactivar.
disinnestare *v.tr.* (*la frizione*) desembragar* | — *la marcia*, quitar la marcha.
disinquinare *v.tr.* descontaminar.
disintegrare *v.tr.* **1** desintegrar, disociar **2** (*fig.*) disgregar* ♦ **-rsi** *v.pron.* desintegrarse, desmoronarse.
disintegrazione *s.f.* desintegración.
disinteressamento *s.m.* desinterés, indiferencia (*f.*).
disinteressare *v.tr.* hacer* perder el interés ♦ **-rsi** *v.pron.* desinteresarse, desentenderse*: — *della politica locale*, desinteresarse de la política local.
disinteressato *agg.* **1** (*indifferente*) desinteresado, apático, indiferente **2** (*altruista*) desinteresado, altruista, desprendido.
disinteresse *s.m.* **1** desinterés **2** (*indifferenza*) indiferencia (*f.*), desapego.
disintossicante *agg.* desintoxicante.
disintossicare *v.tr.* desintoxicar* ♦ **-rsi** *v.pron.* desintoxicarse*.
disintossicazione *s.f.* desintoxicación.
disinvolto *agg.* **1** desenvuelto, donairoso, abierto **2** (*spregiudicato*) descocado, descarado.
disinvoltura *s.f.* **1** desenvoltura, soltura, desparpajo (*m.*) **2** (*sfrontatezza*) descoco (*m.*), desfachatez.
disleale *agg.* desleal.
slealtà *agg.* deslealtad.
dislessia *s.f.* (*med.*) dislexia.
dislessico *agg.*, *s.m.* (*med.*) disléxico.
dislivello *s.m.* (*anche fig.*) desnivel: — *sociale*, desnivel social.
dislocamento *s.m.* desplazamiento.
dislocare *v.tr.* desplazar*, trasladar.
dislocazione *s.f.* desplazamiento (*m.*), dislocación.
dismesso *agg.* desusado, anticuado.
dismettere *v.tr.* **1** (*econ.*) abandonar, cerrar, ceder, vender: — *una fabbrica*, cerrar una fábrica **2** desechar | — *un abito*, dejar de usar un vestido.
dismisura *s.f.* exceso (*m.*) | *a* —, con exceso.
disobbedire *v.tr.* → **disubbidire.**
disoccupato *agg.*, *s.m.* desocupado, parado, desempleado | *essere*, *restare* —, estar, quedar desocupado.
disoccupazione *s.f.* desempleo (*m.*), paro (*m.*) | *tasso di* —, tasa de desempleo.
disonestà *s.f.* deshonestidad.
disonesto *agg.* deshonesto, inmoral.
disonorare *v.tr.* deshonrar, ultrajar ♦ **-rsi** *v.pron.* deshonrarse, desprestigiarse.
disonore *s.m.* deshonra (*f.*), deshonor.
disonorevole *agg.* deshonorable, indecoroso (*m.*), vergonzoso (*m.*).
disopra, di sopra *avv.* arriba, por encima: *andare* —, ir arriba, (*al piano di sopra*) ir al piso de arriba; *hai cercato — in camera tua?*, ¿has buscado arriba en tu cuarto? ♦ *agg.* superior, de arriba; (*esterno*) externo, de encima: *il piano* —, el piso de arriba, la planta superior ♦ *s.m.* la parte (*f.*) superior, la parte (*f.*) de encima
■ ***al disopra di***, por encima de: *essere al — di ogni sospetto*, estar por encima de toda sospecha.
disordinare *v.tr.* desordenar, desarreglar ♦ **-rsi** *v.pron.* confundirse.
disordinato *agg.* desordenado, desarreglado; (*fig.*) irregular: *una stanza disordinata*, una habitación desordenada; *una vita disordinata*, una vida desordenada/irregular.
disordine *s.m.* **1** desorden, desarreglo: *ha lasciato la stanza in* —, ha dejado la habitación en desorden | *avere i capelli, gli abiti in* —, tener el pelo sin peinar, la ropa mal arreglada **2** (*spec.pl., tumulti*) desorden (*sing.*), disturbios: *ci sono stati disordini per le strade*, hubo disturbios callejeros.
disorganico *agg.* inorgánico.
disorganizzare *v.tr.* desorganizar*, desordenar, desbaratar: — *i piani*, desbaratar los planes ♦ **-rsi** *v.pron.* desorganizarse*.

disorganizzato *agg.* desorganizado.
disorganizzazione *s.f.* desorganización.
disorientamento *s.m.* desorientación (*f.*).
disorientare *v.tr.* **1** desorientar, despistar **2** (*sconcertare*) desconcertar* ♦ **-rsi** *v.pron.* desorientarse, extraviarse.
disorientato *agg.* desorientado, perdido, extraviado, confuso.
disossare *v.tr.* deshuesar, desosar*.
disotto, di sotto *avv.* abajo | *la cucina è* —, la cocina está abajo ♦ *agg.* inferior, de abajo: *scendere al piano* —, bajar al piso de abajo ♦ *s.m.* la parte (*f.*) de abajo, la parte (*f.*) inferior
■ ***al disotto di***, *por* debajo de: *è al — delle aspettative*, está por debajo de las aspectativas.
dispaccio *s.m.* (*pol., mil., amm.*) despacho, comunicación (*f.*) oficial.
disparato *agg.* diferente, variado, heterogéneo: *i tipi più disparati*, los tipos más heterogéneos; *le idee più disparate*, las ideas más variadas/(*assurde*) descabelladas.
dispari *agg., s.m.* (*di numero*) impar: *si può viaggiare solo nei giorni* —, se puede viajar sólo en los días impares.
disparità *s.f.* disparidad, desigualdad, diferencia.
disparte *avv. solo nella loc.*: *in* —, aparte | *starsene in* —, quedarse apartado | *tenere/mettere/lasciare in* —, dejar aparte/de lado; guardar, ahorrar.
dispendio *s.m.* dispendio, gasto, derroche: *un — di energie*, un derroche de energías.
dispendioso *agg.* dispendioso, costoso, caro.
dispensa *s.f.* **1** (*mobile*) despensa, alacena **2** (*fascicolo*) entrega, fascículo (*m.*), cuaderno (*m.*): *racconto a dispense*, cuento por entregas/en fascículos; — *universitaria*, apuntes de clase **3** (*esonero*) dispensa, exención.
dispensare *v.tr.* **1** (*distribuire*) dispensar, despachar **2** (*esentare*) dispensar, eximir ♦ **-rsi** *v.pron.* eximirse, dispensarse.
disperare *v.tr.* desesperar, angustiar: *ormai disperavano di rivederlo vivo*, ya desesperaban de verlo con vida | (*fam.*) *non fare — i nonni*, no desesperes a los abuelos ♦ **-rsi** *v.pron.* desesperarse.
disperato *agg.* desesperado, angustiado | *un malato in condizioni disperate*, un enfermo en condiciones desesperadas | *lavorare come un* —, trabajar como un loco/burro ♦ *s.m.* infeliz* (*m./f.*), desgraciado.
disperazione *s.f.* desesperación, desespero (*m.*): *essere in preda alla* —, ser presa de la angustia/desesperación | *per* —, por desesperación.
disperdere *v.tr.* **1** dispersar; disipar, diseminar | — *i manifestanti*, disolver a los manifestantes | — *voti*, dispersar votos | *non — plastica nell'ambiente*, no dispersar/diseminar plástico en el entorno **2** (*sprecare*) desperdiciar, derrochar, disipar, desvanecer* | — *un'eredità*, disipar una herencia ♦ **-rsi** *v.pron.* dispersarse (*anche fig.*), desperdigarse*: *i dimostranti si dispersero per la piazza*, los manifestantes se dispersaron por la plaza | *l'energia si disperde*, la energía se dispersa.
dispersione *s.f.* dispersión: — *di forze nel lavoro*, dispersión de fuerzas en el trabajo | — *della luce*, dispersión de la luz | — *dell'elettricità*, dispersión de electricidad | — *del suono*, dispersión del sonido.
dispersività *s.f.* **1** calidad de dispersivo **2** (*fis.*) dispersividad.
dispersivo *agg.* dispersivo.
disperso *agg.* **1** (*sparso*) disperso, diseminado **2** (*smarrito*) perdido, desaparecido | *dare qlcu. per* —, considerar a alguien desaparecido ♦ *s.m.* disperso, desaparecido.
dispetto *s.m.* **1** desaire, desplante: *fare un* —, hacer un desaire, hacer contrariar; *l'ha fatto per* —, lo hizo por despecho/rabia **2** (*stizza*) despecho, bronca (*f.*), enfado: *provare — per qlcu.*, sentir resentimiento por alguien
■ ***a dispetto di***, a despecho de; (*nonostante*) a pesar de, contra: *partiremo a — della pioggia*, partiremos a pesar de la lluvia.
dispettoso *agg.* molesto, fastidioso, despechado.
dispiacere[1] *v.intr.* **1** sentir*, lamentar, deplorar: *mi dispiace*, lo siento; *mi dispiace che non sia qui*, siento que no esté aquí **2** (*riuscire sgradito*) disgustar, desagradar | *il suo discorso non mi è dispiaciuto*, su discurso no me desagradó | *non* —, agradar, gustar **3** (*per chiedere una cortesia*) importar, molestar: *ti dispiacerebbe chiudere la porta?*, ¿te importaría/podrías cerrar la puerta?; *le dispiace se tiro giù il finestrino?*, ¿le importa/molesta si bajo la ventanilla? | *se non ti/le dispiace*, si no te/le molesta | *ti dispiace/vi dispiacerebbe?*, ¿te importa/os importaría? ♦ **-rsi** *v.pron.* sentir*, estar* dolido: *mi dispiaccio per quello che è successo*, estoy dolido por lo sucedido.
dispiacere[2] *s.m.* (*dolore*) pena (*f.*), pesar, disgusto.
dispiaciuto *agg.* disgustado.
display *s.m.* pantalla (*f.*).
disponibile *agg.* **1** disponible | — *a*, dispuesto a **2** (*libero*) libre, vacante, desocupado.
disponibilità *s.f.* **1** disponibilidad **2** (*spec. pl., econ.*) disponibilidades (*pl.*), bienes (*m.pl.*).
disporre *v.tr.* **1** (*sistemare*) disponer*, ordenar, arreglar | — *la tavola*, poner la mesa **2** (*preparare*) organizar* **3** (*stabilire*) de-

cidir, resolver* ♦ *v.intr.* **1** decidir, establecer* **2** disponer*, tener*, contar* con: *non dispongo di molto denaro*, no tengo mucho dinero ♦ **-rsi** *v.pron.* disponerse*, colocarse* | — *in fila indiana*, ponerse en fila india.
dispositivo *s.m.* dispositivo, mecanismo.
disposizione *s.f.* **1** disposición, distribución **2** (*attitudine*) aptitud, inclinación **3** (*stato d'animo*) disponibilidad
■ ***essere a disposizione di***, estar a disposición de | ***mettersi/porsi a disposizione di***, ponerse a disposición de.
disposto *agg.* **1** dispuesto **2** (*stabilito*) establecido.
dispregevole *agg.* despreciable, vil.
dispregiativo *agg.* **1** despectivo, despreciativo **2** (*gramm.*) despectivo.
dispregio *s.m.* desprecio, desestima (*f.*).
disprezzabile *agg.* despreciable, ruin; (*di poco conto*) desdeñable.
disprezzare *v.tr.* despreciar, menospreciar; desdeñar ♦ **-rsi** *v.pron.* despreciarse, menospreciarse.
disprezzo *s.m.* desprecio, menosprecio, desdén.
disputa *s.f.* (*dibattito*) disputa, debate (*m.*); (*discussione*) discusión.
disputare *v.intr.* (*discutere*) discutir ♦ *v.tr.* **1** (*sport*) disputar **2** (*discutere*) discutir **3** (*contendere*) contender* ♦ **-rsi** *v.pron.* disputarse, contenderse*: *le due squadre si disputeranno il titolo*, los dos equipos se disputarán el título.
dissacrante *agg.* desacralizador, que desacraliza.
dissacrare *v.tr. desacralizar**, desmitificar*.
dissacratorio *agg.* desacralizador, que desacraliza.
dissanguamento *s.m.* desangramiento, sangría (*f.*).
dissanguare *v.tr.* desangrar (*anche fig.*) ♦ **-rsi** *v.pron.* desangrarse.
dissanguato *agg.* **1** desangrado **2** (*fig.*) extenuado, emprobecido.
dissapore *s.m.* desacuerdo, desavenencia (*f.*), contraste.
disseminare *v.tr.* **1** diseminar, desparramar **2** (*diffondere*) difundir, propalar.
dissenso *s.m.* disentimiento, desaprobación (*f.*), desacuerdo.
dissenteria *s.f.* (*med.*) disentería.
dissentire *v.intr.* disentir*, discordar*.
disseppellire *v.tr.* **1** desenterrar*, exhumar; (*archeol.*) sacar* a la luz **2** (*fig.*) rememorar, traer* a la memoria.
dissertatore *agg.* disertador.
disservizio *s.m.* ineficiencia (*f.*), mal servicio, desorganización (*f.*).
dissestare *v.tr.* desestabilizar*, desequilibrar.
dissestato *agg.* arruinado: *strada dissestata*, carretera en mal estado.
dissesto *s.m.* **1** desequilibrio; crisis (*f.*) **2** (*econ.*) quiebra (*f.*).
dissetante *agg.* refrescante, que quita la sed.
dissetare *v.tr.* refrescar*, apagar* la sed ♦ **-rsi** *v.pron.* quitarse la sed.
dissidente *agg.*, *s.m./f.* disidente.
dissidenza *s.f.* disidencia.
dissidio *s.m.* **1** discordia (*f.*), disentimiento, disenso, desacuerdo **2** (*alterco*) altercado, pelea (*f.*).
dissimile *agg.* disímil, diferente, distinto.
dissimulare *v.tr.* disimular, ocultar, encubrir.
dissimulato *agg.* encubierto, disimulado.
dissimulatore *s.m.* disimulador.
dissimulazione *s.f.* disimulo (*m.*), disimulación.
dissipare *v.tr.* **1** disipar, desvanecer*: — *un dubbio*, disipar una duda **2** (*sperperare*) malgastar, despilfarrar, desperdiciar: — *il tempo*, desperdiciar el tiempo; — *il patrimonio*, despilfarrar el patrimonio ♦ **-rsi** *v.pron.* (*svanire*) disiparse, desvanecerse*, disolverse*.
dissipato *agg.* disipado, disoluto, libertino.
dissociare *v.tr.* disociar, separar.
dissociazione *s.f.* (*anche chim.*) disociación.
dissodare *v.tr.* roturar, rozar*.
dissolutezza *s.f.* disolución, relajación, corrupción.
dissoluto *agg.*, *s.m.* disoluto, licencioso, desenfrenado.
dissolvente *agg.*, *s.m.* (*chim.*) disolvente, solvente.
dissolvenza *s.f.* (*cinem.*) fundido (*m.*).
dissolvere *v.tr.* (*anche fig.*) disolver*; disgregar* ♦ **-rsi** *v.pron.* disolverse*, disgregarse*; (*svanire*) disiparse, desvanecerse*.
dissonanza *s.f.* **1** (*mus.*) disonancia, disón (*m.*) **2** (*fig.*) disonancia, desacuerdo (*m.*), discrepancia.
dissotterrare *v.tr.* **1** (*cose*) desenterrar*; (*cadaveri*) exhumar **2** (*fig.*) desenterrar*, rememorar.
dissuadere *v.tr.* disuadir.
dissuasione *s.f.* disuasión.
dissuasivo *agg.* disuasivo.
distaccamento *s.m.* **1** (*distacco*) despegue **2** (*mil.*) destacamiento.
distaccare *v.tr.* **1** (*staccare*) desprender, separar, quitar **2** (*trasferire*) destacar* **3** (*sport*) aventajar ♦ **-rsi** *v.pron.* **1** (*staccarsi*) despegarse*, separarse, apartarse **2** (*distinguersi*) destacarse*, sobresalir*.
distaccato *agg.* **1** despegado **2** (*fig.*) indiferente, frío, imperturbable.
distacco *s.m.* **1** desprendimiento: (*med.*) *il*

— *della retina*, el desprendimiento de la retina **2** (*indifferenza*) desapego, indiferencia (*f.*): *trattare con —*, tratar con indiferencia **3** (*separazione*) separación (*f.*), alejamiento **4** (*sport*) distancia (*f.*); (*vantaggio*) ventaja (*f.*).
distante *agg.* **1** distante, lejano, alejado **2** (*fig., distaccato*) distanciado, indiferente ♦ *avv.* lejos: *vivono molto —*, viven muy lejos.
distanza *s.f.* **1** distancia; (*intervallo*) intervalo (*m.*) **2** (*fig.*) distancia, diferencia ■ ***distanza di sicurezza***, distancia de seguridad | ***mantenere le distanze***, guardar las distancias | ***prendere le distanze***, alejarse; disociarse | ***tenersi/mantenersi a debita/rispettosa distanza***, mantenerse a considerable/respetable distancia.
distanziare *v.tr.* **1** distanciar, alejar **2** (*lasciare indietro*) aventajar, dejar atrás.
distare *v.intr.* (*anche fig.*) distar, estar* lejos.
distendere *v.tr.* **1** tender*, extender*, estirar: — *le braccia*, estirar los brazos **2** (*spiegare*) desplegar*: — *la mappa*, extender el mapa; — *le vele*, desplegar las velas **3** (*sdraiare*) acostar*, tender* **4** (*rilassare*) relajar ♦ **-rsi** *v.pron.* **1** (*estendersi*) extenderse* **2** (*sdraiarsi*) tumbarse, acostarse* **3** (*rilassarsi*) relajarse.
distensione *s.f.* **1** extensión, estiramiento (*m.*); (*muscolare*) relajamiento (*m.*) **2** (*psic., pol.*) distensión **3** (*sollevamento pesi*) levantamiento (*m.*).
distensivo *agg.* relajante, reposante.
distesa *s.f.* **1** (*superficie*) extensión, explanada; (*di terra*) llanura **2** (*fila*) hilera: — *di bottiglie*, hilera de botellas.
disteso *agg.* **1** extendido, desplegado: *braccia distese*, brazos extendidos; *vele distese*, velas desplegadas **2** (*sdraiato*) echado, acostado: *era — sul letto*, estaba echado en la cama **3** (*rilassato*) relajado, sereno, tranquilo: *aveva il viso —*, tenía el rostro relajado **4** (*ampio, vasto*) extenso, vasto, amplio: *le distese campagne*, los extensos campos.
distillare *v.tr.* **1** destilar **2** (*fig.*) extraer*, sacar* ♦ *v.intr.* (*colare*) destilar, rezumar, gotear.
distillato *agg.* destilado ♦ *s.m.* destilado, quintaesencia.
distinguere *v.tr.* distinguir* | — *il vero dal falso*, distinguir lo verdadero de lo falso | — *gli odori*, distinguir los olores ♦ **-rsi** *v.pron.* distinguirse*, diferenciarse; sobresalir*, destacarse*.
distinta *s.f.* elenco (*m.*), lista, recibo (*m.*) | (*banc.*) — *di versamento*, recibo de ingreso.
distintamente *avv.* **1** separadamente **2** (*chiaramente*) distintamente, claramente **3** (*con distinzione*) con elegancia.
distintivo *agg.* distintivo ♦ *s.m.* distintivo, insignia (*f.*), marca (*f.*).
distinto *agg.* **1** distinto, diferente **2** (*raffinato*) distinguido, fino **3** (*nella corrispondenza*) *distinti saluti*, atentamente.
distinzione *s.f.* **1** distinción, diferencia **2** discriminación, diferenciación **3** (*garbo, cortesia*) distinción, elegancia.
distogliere *v.tr.* **1** apartar, desviar: — *lo sguardo*, apartar la mirada **2** (*distrarre*) distraer*: — *dallo studio*, distraer del estudio **3** (*dissuadere*) disuadir, apartar ♦ **-rsi** *v.pron.* **1** apartarse, alejarse **2** distraerse*, descuidarse.
distorcere *v.tr.* distorsionar (*anche fig.*), torcer ♦ **-rsi** *v.pron.* distorsionarse.
distorsione *s.f.* (*med.*) distorsión (*anche fig.*), dislocación, esguince (*m.*), torcedura: — *articolare*, dislocación articular.
distrarre *v.tr.* **1** distraer* **2** (*divertire*) divertir*, entretener* ♦ **-rsi** *v.pron.* **1** distraerse* **2** (*divertirsi*) divertirse*, entretenerse*.
distratto *agg.* distraído; (*disattento*) desatento.
distrazione *s.f.* **1** (*sbadataggine*) descuido (*m.*), despiste (*m.*) **2** (*divertimento*) distracción, diversión, entretenimiento (*m.*) **3** (*di denaro*) desvío (*m.*), distracción.
distretto *s.m.* **1** (*amm.*) distrito, circunscripción (*f.*) **2** (*geogr.*) región (*f.*), zona (*f.*), área (*f.*).
distribuire *v.tr.* **1** distribuir*, repartir: — *la posta*, repartir la correspondencia **2** (*disporre*) arreglar, repartir.
distributore *s.m.* repartidor, distribuidor | — *automatico*, máquina automática/expendedora | — *di benzina*, gasolinera, surtidor (de gasolina).
distribuzione *s.f.* **1** distribución; (*della posta*) reparto (*m.*) **2** (*di gas, elettricità*) abastecimiento (*m.*).
districarsi *v.pron.* **1** desenredarse **2** (*fig.*) desenvolverse*, arreglárselas.
distrofia *s.f.* (*med.*) distrofia.
distrofico *agg.* (*med.*) distrófico.
distruggere *v.tr.* (*anche fig.*) destruir*: *la guerra ha distrutto tutto*, la guerra destruyó todo ♦ **-rsi** *v.pron.* destruirse*.
distruttivo *agg.* destructivo.
distrutto *agg.* **1** destruido **2** (*prostrato*) aniquilado; (*esausto*) deshecho: *sono —*, estoy molido/hecho polvo.
distruttore *agg.* destructor.
distruzione *s.f.* destrucción, ruina: *la — di una civiltà*, la destrucción de una civilización | *seminare morte e —*, sembrar muerte y destrucción.
disturbare *v.tr.* molestar; (*infastidire*) fastidiar, perturbar | *posso disturbarla?*, ¿permi-

te que le moleste? | *disturbo?*, ¿se puede? | *non si disturbi*, no se moleste.
disturbato *agg.* **1** (*psic.*) desequilibrado **2** (*indisposto*) indispuesto **3** (*tel.*) con interferencias.
disturbo *s.m.* **1** molestia (*f.*): *scusi il —*, perdone la molestia | *togliere il —*, despedirse, irse | *non si disturbi/non si doveva disturbare*, no se moleste/no tenía que molestarse **2** (*malessere*) trastorno **3** (*tel.*) interferencia (*f.*).
disubbidiente *agg.* desobediente, rebelde; indócil.
disubbidienza *s.f.* desobediencia, rebeldía.
disubbidire *v.intr.* desobedecer*.
disuguaglianza *s.f.* desigualdad, disparidad.
disuguale *agg.* desigual, diferente.
disumanità *s.f.* inhumanidad, crueldad.
disumano *agg.* inhumano, cruel.
disuso *s.m.* desuso.
ditale *s.m.* dedal.
ditata *s.f.* dedada.
dito *s.m.* dedo | — *grosso* (*del piede*), dedo gordo (del pie)
■ ***sapere le cose sulla punta delle dita***, saber al dedillo | ***legarsi qlco. al dito***, guardársela a alguien | ***contarsi sulle dita di una mano***, contarse con los dedos de la mano | ***essere a un dito da***, estar a punto de | ***leccarsi le dita***, chuparse los dedos, relamerse de gusto | ***mettere il dito nella piaga***, meter el dedo en la llaga | ***mordersi le dita***, morderse las manos | ***nascondersi dietro un dito***, negar lo que es evidente | ***non muovere un dito in favore di***, no mover un dedo por | ***toccare il cielo con un dito***, tocar el cielo con las manos.
ditta *s.f.* firma, empresa | *offre/paga la —*, corre a cuenta de la empresa.
dittatore *s.m.* (*pol., anche fig.*) dictador.
dittatura *s.f.* (*pol., anche fig.*) dictadura.
dittongare *v.intr.* (*gramm.*) diptongar*.
dittongazione *s.f.* (*gramm.*) diptongación.
dittongo *s.m.* (*gramm.*) diptongo.
diuresi *s.f.* (*biol.*) diuresis.
diuretico *agg., s.m.* (*med.*) diurético.
diurno *agg.* diurno.
diva *s.f.* diva, estrella | — *del cinema*, estrella del cine.
divagare *v.intr.* divagar*; irse* por las ramas.
divampare *v.tr.* (*anche fig.*) estallar.
divano *s.m.* sofá.
divaricare *v.tr.* abrir*, separar: — *le gambe*, abrir las piernas ♦ **-rsi** *v.pron.* abrirse.
divario *s.m.* divergencia (*f.*); distancia (*f.*).
divenire, diventare *v.intr.* **1** hacerse*, volverse*, llegar a ser: — *vecchio*, hacerse viejo; — *matto*, volverse loco **2** (*farsi*) ponerse*: — *rosso*, ponerse colorado **3** (*trasformarsi*) convertirse (en): *il principe divenne un rospo*, el príncipe se convirtió en sapo.
diverbio *s.m.* discusión (*f.*), altercado.
divergente *agg.* divergente.
divergenza *s.f.* divergencia, desacuerdo (*m.*).
divergere *v.intr.* **1** divergir* **2** (*fig.*) discrepar.
diversificare *v.tr.* diversificar*, diferenciar ♦ **-rsi** *v.pron.* diversificarse*, diferenciarse.
diversificazione *s.f.* diversificación, diferenciación.
diversità *s.f.* diversidad, diferencia.
diversivo *agg.* diversivo ♦ *s.m.* (*svago*) pasatiempo, entretenimiento, distracción (*f.*).
diverso *agg.* **1** diverso, diferente **2** (*pl., parecchi*) varios ♦ *pron.indef.* (*pl.*) varios, muchos: *parecchi di noi se ne andarono*, muchos de nosotros se fueron.
divertente *agg.* divertido, entretenido.
divertimento *s.m.* **1** diversión (*f.*), entretenimiento | *buon —!*, ¡que te diviertas!/¡que lo pases bien! | *parco dei divertimenti*, parque de atracciones **2** (*mus.*) divertimiento.
divertire *v.tr.* divertir*, distraer*, entretener* ♦ **-rsi** *v.pron.* divertirse*, distraerse*, entretenerse*, pasarlo bien.
divertito *agg.* divertido, alegre, festivo.
dividendo *s.m.* (*banc.*) dividendo.
dividere *v.tr.* **1** dividir (*anche mat.*), partir: — *a metà*, partir por mitad **2** desunir, separar **3** (*spartire*) partir, repartir; (*condividere*) compartir: — *tra tutti*, repartir entre todos; — *con qlcu.*, compartir con alguien; — *gli utili*, repartir los beneficios ♦ **-rsi** *v.pron.* **1** dividirse: *si divide tra la famiglia e il lavoro*, se divide entre familia y trabajo **2** (*di coniugi*) separarse.
divieto *s.m.* prohibición (*f.*); (*di caccia e pesca*) veda (*f.*): *qui c'è — assoluto di scarico rifiuti*, queda terminantemente prohibido echar basuras aquí | — *di sosta/sorpasso*, prohibido aparcar/adelantar.
divinatorio *agg.* adivinatorio.
divincolare *v.tr.* torcer*, doblar ♦ **-rsi** *v.pron.* forcejear, debatirse.
divinità *s.f.* divinidad (*anche fig.*), deidad, dios (*m.*).
divinizzare *v.tr.* divinizar*, deificar*, endiosar.
divino *agg.* **1** divino **2** (*fig.*) divino, excelente, exquisito.
divisa[1] *s.f.* (*mil., sport*) uniforme (*m.*); (*di autista, cameriere*) librea.
divisa[2] *s.f.* (*econ.*) divisa.
divisibile *agg.* divisible, partible.
divisione *s.f.* **1** división, reparto (*m.*) **2** (*spartizione*) partición **3** (*discordia*) división, discordia.
diviso *agg.* dividido, partido.
divisorio *agg.* divisorio ♦ *s.m.* (*arch.*) tabique.
divo *s.m.* divo, estrella (*f.*).

divorare *v.tr.* devorar (*anche fig.*), engullir.
divorziare *v.intr.* divorciarse.
divorzio *s.m.* divorcio.
divulgare *v.tr.* divulgar*, difundir ♦ **-rsi** *v.pron.* divulgarse*, difundirse.
dizionario *s.m.* diccionario, vocabulario.
doccia *s.f.* ducha: *fare la* —, ducharse | (*fig.*) *una — fredda*, un jarro de agua fría.
docente *agg.* docente ♦ *s.m./f.* profesor (*m.*): *la mia — è colombiana*, mi profesora es colombiana.
docenza *s.f.* docencia, enseñanza.
docile *agg.* dócil, sumiso.
docilità *s.f.* docilidad, mansedumbre.
documentabile *agg.* documental | (*dir.*) *prova* —, prueba documental.
documentare *v.tr.* documentar, probar* ♦ **-rsi** *v.pron.* documentarse, informarse.
documentario *s.m.* (*cinem.*) documental.
documentato *agg.* documentado, acreditado, probado.
documentazione *s.f.* documentación.
documento *s.m.* **1** documento **2** (*d'identità*) documento; (*fam.*) papeles (*pl.*) | — *di riconoscimento*, carné de identidad | — *di lavoro*, documento de trabajo.
dodicenne *agg.* de doce años ♦ *s.m.* persona (*f.*) de doce años.
dodicesimo *agg.* duodécimo, doce: *il — secolo*, el siglo doce; *il — dell'elenco*, el duodécimo de la lista.
dodici *agg.num.card.*, *s.m.* doce: *i — mesi dell'anno*, los doce meses del año; *i — apostoli*, los doce apóstoles.
dogana *s.f.* aduana; (*tassa*) arancel (*m.*).
doganale *agg.* aduanero.
doglie *s.f.pl.* dolores (*m.*) de parto.
dogma *s.m.* (*anche relig.*) dogma.
dogmatico *agg.* (*anche relig.*) dogmático.
dogmatismo *s.m.* (*anche relig.*) dogmatismo.
dogmatizzare *v.intr.* (*anche relig.*) dogmatizar*.
dolce *agg.* dulce | *in — compagnia*, en amable compañía | *una salita* —, una subida suave | *piedi dolci*, pies delicados | *fare gli occhi dolci*, poner ojos lánguidos | *casa — casa*, hogar, dulce hogar ♦ *s.m.* **1** (*dessert*) postre, dulce; (*torta*) pastel, tarta (*f.*) **2** (*sapore*) dulce.
dolcevita *s.m.* (*abbigl.*) jersey de cuello cisne.
dolcezza *s.f.* (*anche fig.*) dulzura.
dolciario *agg.* confitero, dulcero.
dolciastro *agg.* **1** dulzón, dulzarrón, empalagoso **2** (*fig.*) melifluo, empalagoso.
dolcificante *s.m.* edulcorante.
dolcificare *v.tr.* dulcificar*, endulzar*.
dolciumi *s.m.pl.* dulces, golosinas (*f.*).
dolente *agg.* **1** dolorido | *punto* —, (*fig.*) cuestión candente **2** (*spiacente*) apenado, apesadumbrado: *sono* —, lo siento.
dolere *v.intr.* **1** doler*: *mi duole la schiena*, me duele la espalda **2** (*rincrescere*) sentir*, lamentar: *mi duole dirle questo*, siento/lamento decirle esto ♦ **-rsi** *v.pron.* dolerse*; lamentarse, quejarse.
dollaro *s.m.* dólar.
dolo *s.m.* dolo, engaño, fraude.
dolomite *s.f.* (*geol.*) dolomía, dolomita.
dolomitico *agg.* **1** (*geol.*) dolomítico **2** de los Dolomitas.
dolorante *agg.* dolorido.
dolore *s.m.* **1** (*fisico*) dolor **2** (*morale*) pena (*f.*), sufrimiento.
dolorifico *agg.* doloroso.
doloso *agg.* (*dir.*) doloso.
domabile *agg.* domable.
domanda *s.f.* **1** pregunta **2** (*richiesta*) pedido (*m.*), petición; (*scritta*) solicitud: — *di lavoro*, solicitud de trabajo **3** (*econ.*) demanda.
domandare *v.tr.* **1** (*per sapere*) preguntar: — *quanti anni ha*, preguntar cuántos años tiene **2** (*per ottenere*) pedir*: — *un favore, del denaro*, pedir un favor, dinero ♦ *v.intr.* (*informarsi*) preguntar: *domandano di David*, preguntan por David ♦ **-rsi** *v.pron.* preguntarse.
domani *avv.* mañana: — *l'altro*, pasado mañana; — *mattina*, mañana por la mañana | *a —!*, ¡hasta mañana! | *dagli oggi, dagli* —, dale que dale ♦ *s.m.* mañana, el día siguiente; porvenir, futuro: *pensare al* —, pensar en el mañana.
domare *v.tr.* (*anche fig.*) domar, amansar.
domatore *s.m.* domador.
domattina *avv.* mañana por la mañana.
domenica *s.f.* domingo (*m.*) | — *delle Palme*, domingo de Ramos | *vestito della* —, traje de domingo | *turista della* —, dominguero.
domenicale *agg.* dominical: *riposo* —, descanso dominical.
domenicano *agg.*, *s.m.* (*relig.*) dominico.
domestico *agg.* doméstico: *le faccende domestiche*, las tareas domésticas, los quehaceres domésticos | *archivio* —, archivo familiar | *azienda domestica,* empresa familiar | *focolare* —, el hogar ♦ *s.m.* criado, sirviente, asistente.
domiciliare *agg.* (*dir.*) domiciliar; domiciliario.
domiciliarsi *v.pron.* domiciliarse, empadronarse.
domicilio *s.m.* domicilio, vivienda (*f.*), morada (*f.*) | *consegna a* —, entrega a domicilio | *violazione di* —, allanamiento de morada.
dominante *agg.* dominante, predominante, prevaleciente: *carattere* —, carácter prevale-

ciente | *idea* —, idea fija | *motivo* —, leitmotiv | *nota* —, nota dominante.
dominanza *s.f.* (*anche biol.*) dominancia.
dominare *v.tr.* dominar; (*tenere a freno*) reprimir, contener* ♦ *v.intr.* **1** señorear **2** (*prevalere*) prevalecer* ♦ **-rsi** *v.pron.* dominarse, contenerse*.
dominatore *s.m.* dominador.
dominazione *s.f.* dominación.
dominio *s.m.* dominio.
don *s.m.* (*sacerdote*) padre; (*signore*) don.
donare *v.tr.* donar, regalar ♦ *v.intr.* (*stare bene*) sentar*, caer*, quedar bien: *questo vestito ti dona*, este vestido te sienta/cae bien ♦ **-rsi** *v.pron.* darse*, consagrarse, entregarse*.
donatore *s.m.* donador, donante (*m./f.*).
donazione *s.f.* donación, donativo (*m.*).
donchisciotte *s.m.* don Quijote.
donchisciottesco *agg.* quijotesco.
donchisciottismo *s.m.* quijotismo.
dondolare *v.tr.* mecer*, balancear, columpiar ♦ *v.intr.* oscilar, balancearse ♦ **-rsi** *v.pron.* mecerse*, balancearse; (*sull'altalena*) columpiarse.
dondolio *s.m.* balanceo.
dondolo *s.m.* balancín | *cavallo a* —, caballo de balancín | *sedia a* —, mecedora.
dondoloni *avv.* colgando, balanceando | *andare/camminare (a)* —, gandulear, holgazanear.
dongiovanni *s.m.* donjuán, tenorio: *lui è un* —, él es un tenorio/donjuán.
donna *s.f.* **1** mujer | *andare a donne*, ir a ligar **2** (*domestica*) criada, sirvienta, chacha **3** (*a carte*) reina **4** (*titolo*) doña, señora.
donnaiolo *s.m.* mujeriego.
donnola *s.f.* (*zool.*) comadreja común.
dono *s.m.* **1** regalo, obsequio **2** (*fig.*) don: *avere il — della socievolezza*, tener don de gentes.
donzella *s.f.* doncella.
dopare *v.tr.* dopar.
dopato *agg.* dopado.
doping *s.m.* dopaje, dóping.
dopo *avv.* después; (*più tardi*) más tarde; (*in seguito*) luego, a continuación | *a* —, hasta luego ♦ *prep.* (*nello spazio*) después de, detrás de; (*nel tempo*) después de, tras: — *Cristo*, después de Cristo; *giorno — giorno*, día tras día; *uno — l'altro*, uno tras/detrás de otro ♦ *cong.* después de, tras: — *aver parlato andò via*, tras hablar se fue ♦ *agg.* después, siguiente: *il giorno* —, el día siguiente ♦ *s.m.* futuro | *il — Stalin*, el período posterior a Stalin.
dopobarba *s.m.* loción (*f.*) para después del afeitado.
dopocena *s.m.* velada (*f.*), sobremesa (*f.*).
dopodiché *avv.* desde, desde entonces.
dopodomani *avv.* pasado mañana.
dopoguerra *s.m.* posguerra (*f.*).
dopolavoro *s.m.* asociación (*f.*) recreativa de los trabajadores.
dopopranzo *s.m.* sobremesa (*f.*).
doposci *s.m.pl.* botas (*f.*) para después de esquiar.
doposcuola *s.m.* (*scol.*) actividad (*f.*) extraescolar.
doposole *s.m.* aftersun, crema (*f.*) para después del sol.
dopotutto *avv.* después de todo, al fin y al cabo.
doppiaggio *s.m.* (*cinem.*) doblaje.
doppiare[1] *v.tr.* (*mar., sport*) doblar.
doppiare[2] *v.tr.* (*cinem.*) doblar: — *un film*, doblar una película.
doppiato *agg.* (*cinem.*) doblado.
doppiatore *s.m.* (*cinem.*) doblador.
doppio *avv.* doble ♦ *agg.* **1** doble **2** (*fig.*) falso ♦ *s.m.* **1** doble **2** (*tennis*) dobles (*pl.*).
doppione *s.m.* copia (*f.*), duplicado, doble.
doppiopetto *s.m.* chaqueta (*f.*) cruzada.
doppiovetro *s.m.* doble acristalamiento.
dorare *v.tr.* dorar | — *la pillola*, dorar la píldora.
dorato *agg.* **1** (*rivestimento, colore*) dorado **2** (*cuc.*) rebozado.
doratura *s.f.* **1** doradura, dorado (*m.*) **2** (*cuc., indorato*) rebozado (*m.*).
dorico *agg.* (*arch.*) dórico | *colonna dorica*, columna dórica | *ordine* —, orden dórico.
dormicchiare *v.intr.* dormitar.
dormiente *agg., s.m./f.* durmiente.
dormiglione *s.m.* dormilón.
dormire *v.intr./tr.* (*anche fig.*) dormir* | — *all'aperto/all'addiaccio*, dormir al sereno/raso | — *sodo/profondamente*, dormir profundamente
■ ***dormire come un sasso/ghiro***, dormir como una piedra/un tronco/un lirón | ***dormirci sopra***, consultar con la almohada | ***chi dorme non piglia pesci***, a quien madruga, Dios lo ayuda | ***dormire con gli occhi aperti/un occhio solo***, dormir con los ojos abiertos | ***dormire della grossa/dormirsela***, dormir a pierna suelta | ***dormire in piedi/a occhi aperti***, caerse de sueño | ***dormire sugli allori***, dormirse en los laureles | ***dormire tra due guanciali***, estar al abrigo de todo peligro.
dormita *s.f.* sueño (*m.*): *farsi una* —, echar una cabezada.
dormitorio *agg., s.m.* dormitorio: *quartiere* —, barrio dormitorio.
dormiveglia *s.m.* duermevela | *nel* —, entre dormido y despierto.
dorsale *agg.* dorsal: *muscolo* —, músculo dorsal | *spina* —, espina dorsal ♦ *s.f.*

1 (*geogr.*) dorsal, cordillera **2** (*sedia, poltrona, divano*) espaldar (*m.*), respaldo (*m.*).

dorso *s.m.* **1** dorso | (*sport*) *nuoto a —*, espalda **2** (*di libro*) lomo.

dosare *v.tr.* **1** dosificar* **2** (*fig.*) repartir; (*misurare*) medir*, moderar: *— le parole*, medir las palabras.

dosato *agg.* dosificado, medido.

dosatore *s.m.* dosificador.

dose *s.f.* dosis; porción | *a piccole dosi*, poco a poco.

dosso *s.m.* bulto, saliente; (*della strada*) cambio de rasante

■ ***togliersi/levarsi di dosso***, quitarse de encima: *togliersi un peso di —*, quitarse un peso de encima; *levati di — quel mantello!*, ¡quítate de encima esa capa!

dotare *v.tr.* dotar, equipar, proveer* ♦ **-rsi** *v.pron.* dotarse, equiparse.

dotato *agg.* dotado.

dotazione *s.f.* dotación, equipo (*m.*); fondo (*m.*).

dote *s.f.* **1** dote; (*qualità*) dote, virtud **2** (*corredo nuziale*) dote.

dotto *agg.*, *s.m.* docto, erudito.

dottorale *agg.* doctoral.

dottorando *s.m.* doctorando.

dottorato *s.m.* doctorado.

dottore *s.m.* **1** (*medico*) médico, doctor **2** (*laureato*) licenciado: *— in agraria, in economia*, ingeniero agrónomo, licenciado en economía.

dottrina *s.f.* **1** doctrina, erudición; teoría **2** (*catechismo*) catecismo (*m.*).

dottrinale *agg.* (*relig.*) doctrinal.

dove *avv.* **1** (*interr.*) dónde; (*moto a luogo*) adónde: *da — vieni?*, ¿de dónde vienes?; *— vai questa estate?*, ¿adónde vas este verano?; *fino a — sei arrivato?*, ¿hasta dónde has llegado? **2** (*in cui*) donde, en que; (*moto a luogo*) adonde: *l'edificio — lavoro*, el edificio donde trabajo ♦ *s.m.* dónde: *so il quando, ma non il —* , sé cuándo, pero no sé dónde

■ ***in ogni dove***, en cualquier lugar | ***per ogni dove***, dondequiera.

dovere[1] *v.tr.* **1** (*obbligo morale*) deber, haber* de: *dovrei essere più gentile*, debería ser más amable; *dobbiamo studiare se vogliamo imparare*, hemos de estudiar si queremos aprender **2** (*necessità*) tener* que; (*impers.*) haber* que: *devo lavorare di sabato*, tengo que trabajar los sábados; *si deve chiudere la porta*, hay que cerrar la puerta **3** (*probabilità*) deber de: *devono essere le tre*, deben de ser las tres **4** (*essere debitore*) deber: *— soldi a qlcu.*, deberle dinero a alguien

■ ***come si deve***, como es debido, como corresponde: *un lavoro fatto come si deve*, un trabajo hecho como es debido/como corresponde.

dovere[2] *s.m.* deber, obligación (*f.*) | *fare/compiere il proprio —*, cumplir con su deber/sus obligaciones | *mancare al —*, faltar al deber

■ ***a dovere***, como es debido | ***chi di dovere***, la persona encargada | ***essere/sentirsi in dovere di***, estar obligado a | ***farsi un dovere di***, sentirse en la obligación de | ***prima il dovere e poi il piacere***, antes es la obligación que la devoción.

doveroso *agg.* debido, justo, necesario: *è — farlo*, es preciso hacerlo.

dovizia *s.f.* abundancia, copia, riqueza | *a gran —*, en abundancia, copiosamente.

dovizioso *agg.* **1** (*facoltoso*) rico, adinerado, acaudalado **2** (*abbondante*) abundante, copioso.

dovunque *avv.* dondequiera, por doquier, por todas partes: *la gente correva —*, la gente corría por doquier ♦ *cong.* dondequiera que, adondequiera que: *— arriverai*, dondequiera que llegues/llegues donde llegues.

dovuto *agg.*, *s.m.* debido | *— a*, debido a/a causa de | *più del —*, más de lo debido, más de la cuenta.

down *agg.* (*med.*) que sufre el síndrome de Down ♦ *s.m./f.* (*med.*) persona (*f.*) que sufre el síndrome de Down.

dozzina *s.f.* docena | *a dozzine*, por arrobas/montones.

drago *s.m.* (*anche zool.*) dragón.

dramma *s.m.* (*teatr., fig.*) drama.

drammatico *agg.* (*teatr., anche fig.*) dramático.

drammatizzare *v.tr.* (*teatr., anche fig.*) dramatizar*, teatralizar*.

drammatizzazione *s.f.* (*teatr., anche fig.*) dramatización.

drammaturgia *s.f.* (*teatr.*) dramaturgia.

drammaturgo *s.m.* (*teatr.*) dramaturgo.

drappeggio *s.m.* (*tess.*) drapeado.

drappo *s.m.* tela (*f.*), paño.

drastico *agg.* drástico, enérgico, rigoroso.

drenaggio *s.m.* drenaje.

drenare *v.tr.* drenar, avenar, desaguar*.

dribblare *v.tr.* **1** (*sport*) driblar, regatear, hacer* un quite a **2** (*fig.*) eludir, esquivar.

dritta *s.f.* **1** (*mar.*) estrobor (*m.*) **2** (*parte destra*) derecha | *a — e a manca*, a diestro y siniestro **3** (*fam.*) explicación, información.

dritto[1] *agg.*, *avv.*, *s.m.* → **diritto**[1].

dritto[2] *agg.*, *s.m.* (*persona furba*) listo, espabilado.

drizzare *v.tr.* levantar, poner* derecho; dirigir*: *— le orecchie*, aguzar el oído ♦ **-rsi** *v.pron.* levantarse, enderezarse*: *— in piedi*, ponerse de pie.

droga *s.f.* **1** (*spezia*) especia **2** (*stupefacen-*

te, anche fig.) droga: — *leggera, pesante, sintetica*, droga blanda, dura, de diseño; *traffico/spaccio di* —, tráfico/venta de droga.
drogare *v.tr.* (*anche fig.*) drogar* ♦ **-rsi** *v.pron.* drogarse*, picarse*; (*sport*) doparse.
drogato *s.m.* drogadicto, drogado; (*gerg.*) yonqui (*m./f.*).
drogheria *s.f.* droguería, (tienda de) ultramarinos (*m.*), abacería.
droghiere *s.m.* abacero, tendero de comestibles.
dromedario *s.m.* (*zool.*) dromedario.
dubbio *agg.* **1** dudoso, incierto **2** (*sospetto*) dudoso, equívoco ♦ *s.m.* duda (*f.*); (*sospetto*) sospecha (*f.*): *mi sorge un* —, me asalta una duda | *senza alcun* —, sin duda alguna | *mettere in* —, poner en entredicho/en tela de juicio.
dubbioso *agg.* dudoso, incierto, dubitativo.
dubitare *v.intr.* **1** dudar: *ne dubito*, lo dudo **2** (*temere, sospettare*) temer, recelar.
duca *s.m.* duque.
ducato *s.m.* ducado.
duce *s.m.* caudillo.
due *agg. num. card.*, *s.m.* **1** dos | *a — a* —, de dos en dos | *tutti e* —, ambos, los dos **2** (*fam., pochi*) dos, cuatro: *fare — chiacchiere*, charlar | *fare — passi*, dar una vuelta | *in — minuti*, en un dos por tres | *non saper mettere/dire — parole in fila*, no saber hablar | *uno o —/— o tre*, uno o dos/dos o tres ■ ***contare come il due di coppe***, ni cortar ni pinchar | ***mangiare/bere/lavorare per due***, comer/beber/trabajar por dos.
duecentesco *agg.* del siglo XIII.
duecento *agg.num.card.*, *s.m.* doscientos (*m.*), doscientas (*f.*)
duellare *v.intr.* batirse en duelo.
duello *s.m.* duelo, desafío.
duemila *agg.num.card.*, *s.m.* dos *mil.*
duepezzi *s.m.* (*abbigl.*) **1** (*tailleur*) traje sastre/de chaqueta, conjunto **2** (*costume*) bikini.
duetto *s.m.* (*mus.*) dúo, dueto.
duna *s.f.* duna.
dunque *cong.* **1** (*di conseguenza*) por (lo) tanto **2** (*rafforzativo*) pues **3** (*in conclusione, per riprendere un discorso*) entonces, pues | —*?*, ¿y bien? ♦ *s.m.* (*fig.*) grano, momento crucial | *veniamo al* —, vayamos al grano | *siamo al* —, estamos en el momento de la verdad.
duomo *s.m.* catedral (*f.*).
duplicare *v.tr.* duplicar*, doblar, sacar* copia de.
duplicato *s.m.* duplicado.
duplice *agg.* doble, dúplice.
duplicità *s.f.* duplicidad.
duramente *avv.* duramente, duro.
durante *prep.* durante: — *la guerra*, durante la guerra | *vita natural* —, de por vida.
durare *v.intr.* durar: *finché dura*, mientras dure ♦ *v.tr.* soportar | — *fatica*, costar trabajo ■ ***chi la dura la vince***, el que la sigue la consigue | ***durare da Natale a Santo Stefano***, durar un soplo.
durata *s.f.* duración: *essere di lunga/breve* —, ser de larga/corta duración.
duraturo *agg.* duradero.
durezza *s.f.* **1** dureza **2** (*fig.*) dureza, aspereza; (*di clima*) inclemencia.
duro *agg.* duro; rudo; (*di clima*) inclemente | *un — compito*, una tarea difícil | *un inverno* —, un invierno inclemente ■ ***avere la testa dura***, tener la cabeza dura/ser obstinado, testarudo | ***essere un osso duro***, ser un hueso (duro), ser duro de pelar | ***tenere duro***, resistir.
durone *s.m.* callosidad (*f.*).
duttile *agg.* **1** dúctil, maleable **2** (*versatile*) versátil.

Ee

e[1] *s.f.* e | (*tel.*) — *come Empoli*, e como España.
e[2] *cong.* y, (*davanti a i, hi*) e; (*enfatico*) y, y bien, pues: *vuoi proprio andarci? — vai!* ¿quieres ir? ¡pues vete!
ebanista *s.m./f.* ebanista.
ebanisteria *s.f.* ebanistería.
ebanite *s.f.* (*tecn.*) ebonita.
ebano *s.m.* (*bot.*) ébano.
ebbene *cong.* y bien, pues bien, entonces: —, *che ne dici?*, y bien, ¿qué dices?
ebbrezza *s.f.* embriaguez, ebriedad | (*aut.*) *guida in stato di* —, conducir en estado de embriaguez.
ebbro *agg.* ebrio, bebido, borracho.
ebetaggine *s.f.* torpeza, idiotez, simpleza.
ebete *agg.* idiota, imbécil, estúpido.
ebollizione *s.f.* **1** ebullición: *punto/temperatura di* —, punto/temperatura de ebullición **2** (*fig.*) ebullición, agitación: *a causa dello sciopero, gli operai sono in* —, por la huelga, lo sobreros están en ebullición.
ebraico *agg.* hebraico, hebreo ♦ *s.m.* (*lingua*) hebreo.
ebraismo *s.m.* hebraísmo, judaísmo.
ebreo *agg.*, *s.m.* judío, hebreo.
ecatombe *s.f.* hecatombe.
eccedente *agg.* excedente, sobrante: *merce* —, mercancías sobrantes.
eccedenza *s.f.* **1** excedencia, exceso (*m.*): — *di peso*, sobrepeso **2** (*quantità*) lo sobrante (*m.*).
eccedere *v.tr.* **1** exceder **2** (*esagerare*) exagerar, pasarse: *adesso stai eccedendo*, ahora te estás pasando.
eccellente *agg.* excelente, óptimo (*m.*); (*di voto*) sobresaliente.
eccellenza *s.f.* **1** excelencia, superioridad, excelsitud **2** (*titolo*) Excelencia.
eccellere *v.intr.* sobresalir*, distinguirse*: — *su tutti i compagni*, sobresalir entre todos los compañeros.
eccelso *agg.* **1** excelso, altísimo, elevadísimo **2** (*fig.*) excelso, sublime ♦ *s.m.* el Excelso, el Altísimo, Dios.
eccentricità *s.f.* excentricidad, extravagancia, rareza.
eccentrico *agg.*, *s.m.* excéntrico, extravagante (*m./f.*).
eccepibile *agg.* rebatible, discutible, criticable.
eccepire *v.tr.* **1** objetar **2** (*dir.*) excepcionar, alegar* excepción.
eccessivo *agg.* excesivo, exagerado.
eccesso *s.m.* exceso; (*eccedenza*) sobra (*f.*) | — *di velocità*, exceso de velocidad | *in* —, en exceso, de sobra | *approssimazione per* —, aproximación por exceso | *andare agli eccessi*, irse a los extremos.
eccetera *avv.* etcétera.
eccetto *prep.* excepto, a excepción de, fuera de | — *che*, a menos que, salvo que, a no ser que.
eccettuare *v.tr.* exceptuar*, excluir*.
eccettuato *agg.* exceptuado, excluido.
eccezionale *agg.* excepcional, extraordinario | *in via del tutto* —, excepcionalmente | *misure eccezionali*, medidas excepcionales.
eccezionalità *s.f.* excepcionalidad, lo excepcional (*m.*).
eccezione *s.f.* excepción | *a — di*, a/con excepción de | *fare* —, constituir/representar una excepción | *fatta — per*, hecha excepción de | *d'*—, extraordinario | *l'— conferma la regola*, la excepción confirma la regla.
ecchimosi *s.f.* (*med.*) equimosis.
eccidio *s.m.* masacre (*f.*), matanza (*f.*).
eccipiente *agg.*, *s.m.* (*farm.*) excipiente.
eccitabile *agg.* excitable.
eccitamento *s.m.* excitación (*f.*), incitación (*f.*), instigación (*f.*).
eccitante *agg.*, *s.m.* excitante.
eccitare *v.tr.* excitar, estimular ♦ **-rsi** *v.pron.* excitarse.
eccitato *agg.* excitado, espídico: *quella bambina è sempre molto eccitata*, aquella niña está siempre excitada.
eccitazione *s.f.* **1** excitación, agitación **2** (*sessuale*) calentura.
ecclesiale *agg.* eclesial.
ecclesiastico *agg.*, *s.m.* eclesiástico.
ecco *avv.* **1** (*qui, qua*) he aquí, aquí está; (*là*) he allá/ahí, ahí tienes: — *qui i tuoi soldi*, he aquí/aquí está tu dinero; *eccomi* (*qua*), heme aquí, aquí estoy; *eccolo*, aquí está; — *là i tuoi amici*, ahí tienes tus amigos; *eccolo*

là, míralo **2** (*conclusivo*) por eso/esto: — *perché non sono venuto*, es por eso/esto que no he venido | — *tutto*, eso es todo | — *fatto!*, ¡ya está!
eccome *avv.* pues sí, pues claro, por supuesto.
echeggiare *v.intr.* resonar*, retumbar.
eclatante *agg.* epatante, asombroso.
eclettico *agg.* ecléctico, versátil ♦ *s.m.* ecléctico.
eclissare *v.tr* eclipsar ♦ **-rsi** *v.pron.* eclipsarse.
eclissi *s.f.* **1** (*astr.*) eclipse (*m.*): — *solare*, eclipse solar; — *lunare*, eclipse lunar; — *parziale*, eclipse parcial; —*totale*, eclipse total **2** (*fig.*) desaparición.
eco *s.m./f.* **1** eco (*m.*) **2** (*fig.*) repercusión (*f.*), resonancia (*f.*) | *destare una vasta* —, tener un gran eco.
ecocardiogramma *s.f.* (*med.*) ecocardiograma.
ecografia *s.f.* (*med.*) ecografía.
ecografo *s.m.* (*med.*) ecógrafo.
ecologia *s.f.* ecología.
ecologico *agg.* ecológico | *operatore* —, barrendero.
ecologismo *s.m.* ecologismo.
ecologista *s.m./f.* ecologista.
ecologo *s.m.* ecólogo.
economato *s.m.* intendencia (*f.*), administración (*f.*).
economia *s.f.* **1** economía: — *sommersa*, economía sumergida: *Ministero dell'Economia*, Ministerio de Economía **2** (*risparmio*) ahorro (*m.*) | *fare* —, ahorrar **3** (*pl.*) economías, ahorros (*m.*).
economico *agg.* **1** económico **2** (*a buon mercato*) barato | *classe economica*, clase turista.
economista *s.m./f.* economista.
economizzare *v.intr./tr.* economizar*, ahorrar (*anche fig.*).
economo *agg.* ahorrador, parsimonioso ♦ *s.m.* administrador.
ecosistema *s.m.* ecosistema.
ectoplasma *s.m.* (*biol.*) ectoplasma.
ecuadoriano *agg., s.m.* ecuatoriano.
ecumene *s.f.* (*geogr.*) ecúmene.
ecumenico *agg.* ecuménico.
ecumenismo *s.m.* ecumenismo.
eczema *s.m.* (*med.*) eccema, eczema.
edelweiss *s.m.* flor (*f.*) de nieve, edelweiss.
edema *s.m.* (*med.*) edema.
eden *s.m.* edén, paraíso terrestre (*anche fig.*).
edera *s.f.* (*bot.*) yedra, hiedra | *avvinto come l'*—, pegado como una lapa.
edicola *s.f.* **1** quiosco (*m.*) **2** (*arch.*) templete (*m.*).
edicolante *s.m.* quiosquero.
edificabile *agg.* (*edil.*) edificable: *terreno* —, solar edificable.
edificabilità *s.f.* (*edil.*) edificabilidad.
edificante *agg.* edificante: *un discorso* —, un discurso edificante.
edificare *v.tr.* (*edil.*) edificar*, construir*: — *un palazzo*, edificar un edificio.
edificativo *agg.* edificativo, edificante.
edificazione *s.f.* (*anche edil.*) edificación, construcción.
edificio *s.m.* edificio, construcción (*f.*).
edile *agg.* constructor: *impresa* —, empresa constructora/de construcciones ♦ *s.m.* (*operaio*) albañil.
edilizia *s.f.* contrucción.
edilizio *agg.* constructor: de la construcción: *impresa edilizia*, empresa constructora; *speculazione edilizia*, especulación inmobiliaria; *regolamento* —, reglamentación urbanística.
edito *agg.* editado, publicado.
editore *agg., s.m.* editor | *casa editrice*, editorial, casa editora.
editoria *s.f.* industria editorial.
editoriale *agg.* editorial ♦ *s.m.* (*giornale*) editorial, artículo editorial/de fondo.
editto *s.m.* edicto, bando: *pubblicare un* —, publicar un edicto.
edizione *s.f.* edición: — *a dispense*, edición por entregas; — *tascabile*, edición de bolsillo; — *di lusso*, edición de lujo | — *critica*, edición crítica | — *del mattino*, matutino | — *della sera*, vespertino | — *straordinaria*, edición extraordinaria | — *riveduta e corretta*, edición revisada y corregida.
edonismo *s.m.* hedonismo.
edonista *s.m./f.* hedonista.
edonistico *agg.* hedonístico.
educare *v.tr.* educar*, formar, instruir*: — *un figlio*, educar a un hijo | — *l'orecchio*, educar el oído | — *il popolo*, educar al pueblo | — *la mente*, educar la mente.
educativo *agg.* educativo, edificante: *metodo* —, método educativo; *una lettura educativa*, una lectura edificante.
educato *agg.* educado, cortés.
educatore *s.m.* educador.
educazione *s.f.* educación: *mancanza di* —, falta de educación; — *civica*, educación cívica | — *fisica*, educación física | *chi ti ha insegnato l'—?*, ¡qué maleducado!
edulcorante *s.m.* edulcorante, (*fam.*) sacarina (*f.*).
edulcorare *v.tr.* **1** endulzar*, edulcorar **2** (*fig.*) suavizar*, edulcorar.
efelide *s.f.* (*med.*) efélide, lentigo (*m.*), peca.
effe *s.f.* efe: — *come Firenze*, efe como Francisco.

effeminatezza *s.f.* afeminación, afeminamiento (*m.*).
effeminato *agg.* afeminado, mujeril.
efferatezza *s.f.* ferocidad, atrocidad, crueldad.
efferato *agg.* feroz*, cruel.
effervescente *agg.* efervescente: *bibita* —, bebida efervescente.
effervescenza *s.f.* **1** efervescencia **2** (*fig.*) efervescencia, impetuosidad: *l'— di un carattere*, la impetuosidad de un carácter | *essere in* —, estar en efervescencia.
effettivo *agg.* **1** efectivo, real **2** (*permanente*) de plantilla, efectivo, titular: *insegnante* —, profesor titular, profesor de plantilla; *personale* —, plantilla ♦ *s.m.* **1** (*organico*) efectivos (*pl.*), plantilla (*f.*) **2** (*consistenza*) cantidad (*f.*) real: *l'— dei suoi beni*, la consistencia de sus bienes.
effetto *s.m.* **1** efecto, resultado, consecuencia (*f.*) **2** (*pl., oggetti personali*) efectos, bienes muebles, prendas (*f.*), enseres **3** (*fig.*) efecto, impresión (*f.*) | — *ottico*, efecto óptico | — *serra*, efecto invernadero | — *ritardato*, efecto retardado | *effetti speciali*, efectos especiales | *effetti sonori*, efectos sonoros | *d'*—, de efecto, impactante | *fare* —, impresionar | *fare l'— di*, parecer*, dar la impresión
■ ***in effetti***, de hecho, en efecto | ***per effetto di***, por causa de.
effettuabile *agg.* realizable, factible.
effettuabilità *s.f.* factibilidad, viabilidad.
effettuare *v.tr.* efectuar*, realizar*: — *un ordine*, cumplir una orden ♦ **-rsi** *v.pron.* efectuarse*, llevarse a cabo, cumplirse.
effettuazione *s.f.* efectuación, realización.
efficace *agg.* eficaz*, activo: *un'azione* —, una acción eficaz; *un discorso* —, un discurso eficaz.
efficacia *s.f.* eficacia, vigor (*m.*): *parlare con* —, hablar con vigor | — *della legge*, eficacia jurídica, fuerza de la ley.
efficiente *agg.* eficiente, competente: *uno strumento* —, un instrumento eficiente; *un dipendente* —, un dependiente competente.
efficienza *s.f.* eficiencia, competencia.
effigiare *v.tr.* representar, efigiar.
effigie *s.f.* efigie, figura, retrato (*m.*).
effimero *agg.* efímero.
effluvio *s.m.* efluvio.
effondere *v.tr.* derramar, verter*, efundir ♦ **-rsi** *v.pron.* difundirse, esparcirse*, irradiarse.
effrazione *s.f.* (*dir.*) fractura, escalo (*m.*): *furto con* —, robo con escalo.
effusione *s.f.* **1** (*spargimento*) efusión, derramamiento (*m.*): — *lavica*, efusión de lava **2** (*fig.*) efusión, calor (*m.*): *mi salutò con grande* —, me saludó con gran efusión.
egemone *agg.* hegemónico.
egemonia *s.f.* hegemonía, superioridad, supremacía.
egemonico *agg.* hegemónico.
egiziano *agg., s.m.* egipcio.
egizio *agg., s.m.* (*st.*) egipcio.
egli *pron.pers.m. di 3ª pers.sing.sogg.* él.
egocentrico *agg., s.m.* egocéntrico.
egocentrismo *s.m.* egocentrismo.
egoismo *s.m.* egoísmo.
egoista *agg., s.m./f.* egoísta.
egoistico *agg.* egoísta.
egolatria *s.f.* egolatría.
egregio *agg.* **1** extraordinario, excelente **2** (*nella corrispondenza*) estimado, distinguido: — *signor*, estimado señor.
eguale *agg.* → **uguale.**
egualitario *agg., s.m.* igualitario.
egualitarismo *s.m.* igualitarismo.
ehi *inter.* ¡eh!, ¡oye!: —, *attento a quello che fai!*, ¡oye!, ten cuidado con lo que haces.
eiaculare *v.intr.* eyacular.
eiaculazione *s.f.* eyaculación.
eiettabile *agg.* eyectable.
eiettare *v.tr.* eyectar, proyectar.
eiettore *s.m.* eyector.
eiezione *s.f.* eyección.
elaborare *v.tr.* **1** elaborar, idear: — *un'idea*, elaborar una idea **2** (*inform.*) procesar: — *dati*, procesar datos.
elaborato *agg.* elaborado, rebuscado ♦ *s.m.* (*scuola*) composición (*f.*), redacción (*f.*).
elaboratore *s.m.* ordenador, computador.
elaborazione *s.f.* **1** elaboración **2** (*inform.*) proceso (*m.*), procesamiento (*m.*).
elargire *v.tr.* prodigar*, dispensar: — *favori*, prodigar favores.
elargizione *s.f.* dádiva, donativo (*m.*), donación.
elasticità *s.f.* **1** elasticidad **2** (*scioltezza*) agilidad **3** (*fig.*) elasticidad, flexibilidad: — *della domanda e dell'offerta*, elasticidad de la demanda y de la oferta; — *mentale*, amplitud mental.
elasticizzare *v.tr.* hacer* elástico.
elasticizzato *agg.* elástico.
elastico *agg.* elástico, flexible, ágil ♦ *s.m.* elástico, goma (*f.*): — *per capelli*, coletero.
elefante *s.m.* (*zool.*) elefante: — *africano*, elefante africano; — *indiano*, elefante asiático/indio | — *marino*, elefante marino.
elegante *agg.* elegante, fino | *maniere eleganti*, modales finos.
eleganza *s.f.* elegancia.
eleggere *v.tr.* elegir*, designar.
eleggibile *agg.* elegible.

eleggibilità *s.f.* elegibilidad.
elegia *s.f.* (*lett., mus.*) elegía.
elegiaco *agg.* (*lett., mus.*) elegíaco.
elementare *agg.* elemental, básico: *particelle elementari*, partículas elementales | *scuola* —, escuela primaria.
elemento *s.m.* **1** elemento **2** (*ambiente*) elemento, medio: *la città è il suo* — (*naturale*), la ciudad es su medio | *trovarsi nel proprio* —, estar en su elemento/ambiente.
elemosina *s.f.* limosna: *fare l'*—, dar una limosna.
elemosinare *v.intr./tr.* pedir*, pordiosear, mendigar*, limosnear.
elencare *v.tr.* enumerar, detallar, hacer* una lista.
elenco *s.m.* lista (*f.*) | — *telefonico*, guía telefónica.
eletto *agg.* **1** electo **2** (*prescelto*) elegido, predestinado | (*Bibbia*) *il popolo* —, el pueblo elegido **3** (*fig.*) elevado, noble.
elettorale *agg.* electoral: *scheda* —, papeleta electoral; *certificato* —, tarjeta del censo electoral; *legge* —, ley electoral; *seggio* —, colegio electoral; *sistema* —, sistema electoral.
elettorato *s.m.* electorado.
elettore *s.m.* elector.
elettrauto *s.m.* taller de electromecánica.
elettricista *s.m./f.* electricista.
elettricità *s.f.* electricidad.
elettrico *agg.* eléctrico (*anche fig.*) | *atmosfera elettrica*, atmósfera tensa.
elettrificare *v.tr.* electrificar*.
elettrificazione *s.f.* electrificación.
elettrizzante *agg.* **1** electrizante **2** (*fig.*) excitante.
elettrizzare *v.tr.* **1** electrizar* **2** (*fig.*) exaltar, excitar.
elettrizzazione *s.f.* electrización.
elettro- *pref.* electro-.
elettrocardiogramma *s.m.* (*med.*) electrocardiograma.
elettrochimica *s.f.* electroquímica.
elettrochimico *agg.* electroquímico.
elettrodo *s.m.* (*elettr.*) electrodo.
elettrodomestico *s.m.* electrodoméstico.
elettroencefalogramma *s.m.* (*med.*) electroencefalograma.
elettrogeno *agg.* electrógeno.
elettrolisi *s.f.* (*chim.*) electrólisis, electrolisis.
elettromagnetico *agg.* electromagnético.
elettromeccanico *agg.* electromecánico.
elettrone *s.m.* (*fis.*) electrón.
elettronica *s.f.* electrónica.
elettronico *agg.* electrónico.
elettronucleare *agg.* electronuclear.
elettropositività *s.f.* (*chim.*) electropositividad.
elettropositivo *agg.* (*chim.*) electropositivo.
elettroshock *s.m.* (*med.*) electrochoque.
elettrostatica *s.f.* (*fis.*) electrostática.
elettrostatico *agg.* (*fis.*) electrostático.
elettrotecnica *s.f.* electrotécnica.
elettrotecnico *agg.* electrotécnico.
elettrotermico *agg.* electrotérmico.
elevare *v.tr.* **1** elevar, levantar **2** (*mat.*) elevar: — *a potenza*, elevar a una potencia **3** (*fig.*) mejorar: — *il proprio tenore di vita*, mejorar el propio nivel de vida ♦ **-rsi** *v.pron.* elevarse, ascender*
■ (*bur.*) ***elevare una contravvenzione***, poner una multa.
elevato *agg.* elevado, alto (*anche fig.*).
elevazione *s.f.* elevación.
elezione *s.f.* elección: *elezioni amministrative*, elecciones municipales; *elezioni politiche*, elecciones generales; *indire elezioni anticipate*, convocar a elecciones anticipadas; *candidarsi alle elezioni*, presentarse como candidato a las elecciones.
elfo *s.m.* (*mit.*) elfo.
elica *s.f.* hélice.
elicottero *s.m.* (*aer.*) helicóptero.
elidere *v.tr.* (*ling.*) elidir, eliminar ♦ **-rsi** *v.pron.* (*a vicenda*) anularse.
eliminare *v.tr.* eliminar, excluir*, suprimir.
eliminatoria *s.f.* (*sport*) eliminatoria.
eliminazione *s.f.* eliminación | *procedere per* —, proceder por eliminación.
elio *s.m.* (*chim.*) helio.
eliporto *s.m.* helipuerto.
elisabettiano *agg.* isabelino.
elisione *s.f.* (*gramm.*) elisión.
elisir *s.m.* elixir | — *di lunga vita*, elixir de la vida.
elitario *agg.* elitista.
elitarismo *s.m.* elitismo.
élite *s.f.* elite.
elitista *agg.* elitista.
elitrasportare *v.tr.* helitransportar.
ella *pron.pers.f. di 3ª pers.sing.sogg.* ella.
elle *s.f.* ele: — *come Lucia*, ele como Lucía.
ellenico *agg.* helénico.
ellenismo *s.m.* helenismo.
ellenista *s.m./f.* helenista.
ellenistico *agg.* helenístico.
ellittico *agg.* elíptico.
ellisse *s.f.* (*geom.*) elipse.
elmetto *s.m.* casco.
elmo *s.m.* yelmo.
elogiare *v.tr.* alabar, elogiar.
elogiativo *agg.* elogioso.
elogio *s.m.* alabanza (*f.*), elogio.
eloquente *agg.* elocuente; significativo (*m.*).

eloquenza *s.f.* elocuencia.
eloquio *s.m.* habla (*f.*), lenguaje.
elucubrazione *s.f.* elucubración.
eludere *v.tr.* eludir, esquivar.
eludibile *agg.* eludible.
elvetico *agg.*, *s.m.* helvético, suizo.
emaciato *agg.* flaco, decaído, chupado.
e-mail *s.f.* correo (*m.*) electrónico.
emanare *v.tr.* **1** emanar, exhalar: *quei fiori emanano un buon profumo*, aquellas flores exhalan un perfume muy precioso **2** (*dir.*) promulgar*: — *una sentenza*, pronunciar una sentencia; — *un decreto*, promulgar un decreto; — *un ordine*, dar una orden; | — *una legge*, promulgar una ley.
emanazione *s.f.* **1** emanación **2** (*di legge*) promulgación.
emancipare *v.tr.* emancipar, liberar ♦ **-rsi** *v.pron.* emanciparse.
emancipato *agg.* emancipado, independizado, liberado.
emancipazione *s.f.* emancipación.
emarginare *v.tr.* marginar.
emarginato *s.m.* marginado.
emarginazione *s.f.* marginación.
ematico *agg.* (*biol.*) hemático.
ematologia *s.f.* (*med.*) hematología.
ematoma *s.m.* (*med.*) hematoma.
embargo *s.m.* embargo, bloqueo.
emblema *s.m.* emblema, símbolo.
emblematico *agg.* emblemático: *le tue parole sono state emblematiche*, tus palabras han sido emblemáticas.
embolia *s.f.* (*med.*) embolia.
embolo *s.m.* (*mecc.*) émbolo.
embrionale *agg.* embrionario | *allo stato* —, en embrión.
embrione *s.m.* embrión.
emendamento *s.m.* corrección (*f.*); (*anche dir.*) enmienda (*f.*): *l'opposizione presentò un — alla legge*, la oposición presentó una enmienda a la ley.
emendare *v.tr.* enmendar* (*anche dir.*), corregir* | — *uno scritto*, enmendar un texto ♦ **-rsi** *v.pron.* enmendarse*, corregirse*.
emergenza *s.f.* emergencia, excepción | *stato d'*—, estado de excepción | — *occupazione*, el problema del paro.
emergere *v.intr.* **1** emerger*, aflorar, surgir* **2** (*risultare evidente*) surgir*, presentarse, aparecer*, resultar: *sono emersi nuovi particolari*, han surgido nuevos detalles; *è emerso che*, resulta que **3** (*distinguersi*) sobresalir*, destacarse*: *vuole — a ogni costo*, quiere sobresalir a toda costa.
emerito *agg.* emérito, famoso.
emersione *s.f.* (*mar., astr., geol.*) emersión.
emerso *agg.* (*mar., astr., geol.*) emergido | *terre emerse*, tierra firme.
emettere *v.tr.* **1** emitir, echar: — *un suono*, emitir un sonido **2** (*una sentenza*) pronunciar, dictar **3** (*una cambiale, una tratta*) librar; (*un assegno*) expedir*.
emi- *pref.* hemi-.
emiciclo *s.m.* hemiciclo.
emicrania *s.f.* (*med.*) hemicránea.
emigrante *agg.*, *s.m./f.* emigrante.
emigrare *v.intr.* emigrar.
emigrato *agg.* emigrado.
emigratorio *agg.* emigratorio, migratorio.
emigrazione *s.f.* emigración, migración | — *di capitali*, fuga de capitales.
eminente *agg.* eminente, destacado, notable.
eminenza *s.f.* **1** (*fig.*) eminencia, excelencia **2** (*titolo*) eminencia | — *grigia*, eminencia gris.
emirato *s.m.* emirato.
emiro *s.m.* emir.
emisfero *s.m.* hemisferio: — *australe*, *boreale*, hemisferio austral, boreal | (*anat.*) — *cerebrale*, hemisferio cerebral.
emissario *s.m.* (*anche geogr.*) emisario.
emissione *s.f.* emisión: — *di obbligazioni*, emisión de obligaciones; — *di assegni*, expedición de cheques; — *di una cambiale*, libramiento de una letra.
emittente *agg.* emisor | *banca* —, banco emisor ♦ *s.f.* (*tel.*) emisora: — *radiofonica*, emisora de radio; — *televisiva*, emisora de televisión/televisiva.
emme *s.f.* eme: — *come Maria*, eme como María.
emo- *pref.* hémo-.
emofilia *s.f.* (*med.*) hemofilia.
emoglobina *s.f.* (*biol.*) hemoglobina.
emolumento *s.m.* emolumento, retribución (*f.*).
emorragia *s.f.* (*med.*) hemorragia.
emorroidi *s.f.pl.* (*med.*) hemorroides, (*fam.*) almorranas.
emostasi *s.f.* (*med.*) hemostasía, hemostasis.
emostatico *agg.* (*med.*) hemostático.
emoteca *s.f.* banco (*m.*) de sangre.
emotività *s.f.* emotividad.
emotivo *agg.* emotivo.
emozionante *agg.* emocionante.
emozionare *v.tr.* emocionar ♦ **-rsi** *v.pron.* emocionarse.
emozionato *agg.* emocionado.
emozione *s.f.* emoción.
empatia *s.f.* empatía.
empatico *agg.* empático.
empietà *s.f.* impiedad.
empio *agg.* impío, irriverente.
empirico *agg.*, *s.m.* empírico.

empirismo *s.m.* empirismo.
empiristico *agg.* empirístico.
emporio *s.m.* gran almacén, (*Amer.*) emporio.
emulare *v.tr.* emular, imitar.
emulazione *s.f.* emulación.
emulo *s.m.* émulo.
emulsionare *v.tr.* emulsionar.
emulsione *s.f.* emulsión.
encefalo *s.m.* (*anat.*) encéfalo.
encefalogramma *s.m.* (*med.*) encefalograma.
enciclica *s.f.* (*relig.*) encíclica.
enciclopedia *s.f.* enciclopedia.
enciclopedico *agg.* enciclopédico.
encomiabile *agg.* encomiable, laudable.
encomiare *v.tr.* encomiar, alabar.
endecasillabo *agg.*, *s.m.* (*lett.*) endecasílabo.
endemico *agg.* endémico.
endo- *pref.* endo-.
endocrino *agg.* (*biol.*) endocrino: *ghiandole endocrine*, glándulas endocrinas.
endogeno *agg.* endógeno.
endoscopia *s.f.* (*med.*) endoscopia.
endovenoso *agg.* intravenoso: *iniezione endovenosa*, inyección intravenosa.
energetico *agg.* energético: *fabbisogno* —, necesidad energética.
energia *s.f.* **1** energía, vitalidad: *un uomo pieno di energie*, un hombre lleno de vitalidad **2** (*fis.*) energía: *fonti di* —, fuentes energéticas **3** (*fig.*) vigor (*m.*), fuerza, carácter (*m.*): *con* —, enérgicamente.
energico *agg.* enérgico, decidido: *un uomo* —, un hombre enérgico/resuelto; *un discorso* —, un discurso eficaz.
energumeno *s.m.* energúmeno.
enfasi *s.f.* énfasis.
enfatico *agg.* enfático.
enfatizzare *v.tr.* enfatizar*, exagerar.
enfisema *s.m.* (*med.*) enfisema.
enigma *s.m.* **1** enigma, adivinanza (*f.*) **2** (*fig.*) enigma, misterio, incógnita (*f.*).
enigmatico *agg.* enigmático.
enigmista *s.m.* inventor de pasatiempos.
enigmistica *s.f.* arte de componer o resolver pasatiempos o enigmas: *libro di* —, libro de pasatiempos.
enigmistico *agg.* del enigma.
enne *s.f.* ene: — *come Napoli*, ene como nido.
ennesimo *agg.* enésimo.
enologia *s.f.* enología.
enologo *s.m.* enólogo.
enorme *agg.* **1** enorme, desmedido, inmenso **2** (*fig.*) grande, tremendo: *un — dolore*, un gran dolor.
enormità *s.f.* enormidad (*anche fig.*) | *hai detto un'—!*, ¡has dicho una barbaridad!
enoteca *s.f.* bodega.
ente *s.m.* **1** ente, ser **2** (*dir.*) instituto, organismo, entidad (*f.*), ente: — *culturale*, instituto cultural; — *pubblico*, ente público; — *per il turismo*, oficina de turismo.
enteroclisma *s.m.* (*med.*) enema (*f.*), lavativa (*f.*).
entità *s.f.* **1** entidad **2** (*importanza*) importancia: *danni di lieve* (*o scarsa*) —, daños de escasa cuantía.
entomologia *s.f.* (*zool.*) entomología.
entomologo *s.m.* (*zool.*) entomólogo.
entourage *s.m.* entorno, círculo.
entrambi *agg.*, *pron.m.pl.* ambos, los dos.
entrante *agg.* entrante: *il mese, la settimana* —, el mes, la semana entrante.
entrare *v.intr.* **1** entrar: — *dall'ingresso principale*, entrar por la puerta principal | — *da un orecchio e uscire dall'altro*, entrar por un oído y salir por otro, hacer como quien oye llover | — *in scena*, entrar en escena; entrar en acción | *entrate!*, ¡adelante!, ¡pasad/pasen/pasar! | — *in convento*, entrar en religión **2** (*essere contenuto in qlco.*) entrar, caber*: *quello che dici non mi entra in testa!*, ¡lo que dices no me cabe en la cabeza!; *nella valigia non entra tutto*, en la maleta no cabe todo **3** (*entrarci, avere attinenza*) tener* que ver: *questo non c'entra*, esto no tiene nada que ver | *entrarci come il cavolo a merenda*, no pegar ni con cola, pegar como a un santo dos pistolas **4** (*cominciare a far parte*) participar, tomar parte: — *in magistratura, in politica*, entrar en política, en la magistratura **5** (*iniziare*) *empezar**, entrar | — *in vigore*, entrar en vigencia/vigor | — *in guerra*, entrar en guerra
■ ***entrare in carica***, asumir el cargo | ***entrare in possesso***, tomar posesión | ***entrare in contatto con***, ponerse en contacto con | ***entrare nel personaggio***, identificarse con un personaje.
entrata *s.f.* **1** entrada; ingreso (*m.*): *all'*—, a la entrada; — *libera*, entrada libre | — *della metro*, boca de metro | — *di servizio*, puerta de servicio | — *in scena*, entrada/salida a escena | — *in carica*, toma de posesión **2** (*comm.*) entrada, ingreso (*m.*): *entrate e uscite*, entradas y salidas **3** (*inizio, principio*) principio (*m.*), comienzo (*m.*): *l'— di quest'opera musicale è grandiosa*, el inicio de esta obra musical es magnífico | — *in guerra*, entrada en guerra.
entratura *s.f.* **1** entrada, ingreso (*m.*) **2** (*spec. pl., contatti*) contacto (*m.*), accesos (*m.pl.*).
entro *prep.* dentro de, para, en el plazo de: — *domani*, para mañana; — *oggi*, para hoy; — *una settimana*, en el plazo de una semana.
entrobordo *s.m.* (*mar., imbarcazione*) lancha (*f.*) con motor intrabordo.

entropia *s.f.* entropia.
entroterra *s.m.* interior: *l'— siciliano*, el interior de Sicilia.
entusiasmante *agg.* apasionante.
entusiasmare *v.tr.* entusiasmar, encantar: *quell'esperienza lo ha entusiasmato*, esa experiencia lo ha entusiasmado ♦ **-rsi** *v.pron.* entusiasmarse, enfervorizarse*, pirrarse.
entusiasmo *s.m.* entusiasmo, exaltación (*f.*): *lavorare con —*, trabajar con entusiasmo | *frenare l' —*, frenar/apagar el entusiasmo.
entusiasta *agg.*, *s.m./f.* entusiasta, encantado (*m.*): *sono — del tuo lavoro*, estoy encantado con tu trabajo.
entusiastico *agg.* entusiástico.
enumerare *v.tr.* enumerar.
enumerazione *s.f.* enumeración.
enunciare *v.tr.* enunciar, exponer*.
enunciativo *agg.* (*ling.*) enunciativo.
enunciato *s.m.* (*ling.*) proposición (*f.*), enunciado.
enunciazione *s.f.* (*ling.*) enunciación.
enzima *s.m.* (*biol.*) enzima.
enzimatico *agg.* (*biol.*) enzimático.
eolico *agg.* eólico: *energia eolica*, energía eólica.
epatico *agg.* (*anat.*) hepático: *cirrosi epatica*, cirrosis hepática.
epatite *s.f.* (*med.*) hepatitis.
epatologo *s.m.* (*med.*) hepatólogo.
epica *s.f.* épica, epopeya.
epicentro *s.m.* epicentro.
epico *agg.* épico.
epicureo *agg.* (*fil.*, *fig.*) epicúreo.
epidemia *s.f.* epidemia.
epidermico *agg.* (*anat.*, *anche fig.*) epidérmico.
epidermide *s.f.* **1** (*anat.*) epidermis **2** (*fig.*) superficie.
epidurale *agg.* (*anat.*, *farm.*) epidural.
Epifania *s.f.* Epifanía, Adoración/día de los Reyes Magos.
epiglottide *s.f.* (*anat.*) epiglotis.
epigrafe *s.f.* epígrafe (*m.*).
epigrafico *agg.* epigráfico.
epigramma *s.m.* epigrama.
epilessia *s.f.* (*med.*) epilepsia.
epilettico *agg.*, *s.m.* (*med.*) epiléptico.
epilogo *s.m.* epílogo, conclusión (*f.*).
episcopale *agg.* (*relig.*) episcopal.
episcopato *s.m.* (*relig.*) episcopado, obispado.
episodio *s.m.* episodio.
epistassi *s.f.* (*med.*) epistaxis.
epistolare *agg.* epistolar.
epistolario *s.m.* epistolario.
epitaffio *s.m.* epitafio.
epitelio *s.m.* (*anat.*) epitelio.
epiteto *s.m.* epíteto.
epoca *s.f.* época, temporada | *vestito d'—*, traje de época | (*fig.*) *fare —*, hacer época.
epocale *agg.* transcendental en la época: *evento —*, acontecimiento transcendental en la época.
epopea *s.f.* epopeya.
eppure *cong.* sin embargo, no obstante: *— si muove*, y, sin embargo, se mueve.
epurare *v.tr.* depurar (*anche fig.*).
epurazione *s.f.* depuración (*anche fig.*).
equamente *avv.* imparcialmente.
equanime *agg.* ecuánime, imparcial.
equanimità *s.f.* ecuanimidad.
equatore *s.m.* (*astr.*, *geogr.*) ecuador.
equatoriale *agg.* (*astr.*, *geogr.*) ecuatorial: *foresta —*, selva ecuatorial.
equazione *s.f.* ecuación: *— di primo*, *di secondo grado*, ecuación de primer, de segundo grado.
equestre *agg.* ecuestre.
equidistante *agg.* equidistante.
equilatero *agg.* (*geom.*) equilátero.
equilibrare *v.tr.* equilibrar ♦ **-rsi** *v.pron.* (*fig.*) moderarse.
equilibrato *agg.* (*anche fig.*) equilibrado: *è un uomo —*, es un hombre equilibrado.
equilibratura *s.f.* equilibrado.
equilibrio *s.m.* **1** equilibrio **2** (*fig.*) equilibrio, armonía (*f.*), aplomo: *ha dimostrato un grande —*, ha demostrado un gran aplomo.
equilibrismo *s.m.* equilibrismo.
equilibrista *agg.* equilibrista.
equino *agg.*, *s.m.* (*zool.*) equino.
equinoziale *agg.* (*astr.*) equinoccial.
equinozio *s.m.* (*astr.*) equinoccio: *— d'autunno*, equinoccio de otoño; *— di primavera*, equinoccio de primavera.
equipaggiamento *s.m.* equipo.
equipaggiare *v.tr.* equipar, dotar ♦ **-rsi** *v.pron.* equiparse.
equipaggio *s.m.* (*mar.*, *aer.*) tripulación (*f.*).
equiparare *v.tr.* equiparar, igualar, nivelar.
equiparazione *s.f.* equiparación.
équipe *s.f.* equipo (*m.*).
equipollente *agg.* equipolente, equivalente.
equità *s.f.* equidad, justicia.
equitazione *s.f.* equitación.
equivalente *agg.* equivalente.
equivalenza *s.f.* equivalencia.
equivalere *v.intr.* equivaler*.
equivocare *v.intr.* equivocar*, malentender*.
equivoco *agg.* equívoco, ambiguo: *un discorso —*, un discurso equívoco; *una persona dalla moralità equivoca*, una persona de moralidad equívoca ♦ *s.m.* equívoco, malentendido: *chiarire un —*, aclarar un malentendido | *a scanso di equivoci*, para que no haya malentendidos.

equo *agg.* ecuánime | *prezzo —*, precio razonable | *— canone*, alquiler controlado.
era *s.f.* era, época.
erariale *agg.* del erario.
erario *s.m.* erario, Hacienda (*f.*).
erasmiano *agg.* (*filos.*) erasmiano.
erasmista *agg.* (*filos.*) erasmista.
erba *s.f.* hierba; (*tappeto erboso*) césped (*m.*): *sdraiarsi sull'—*, echarse sobre la hierba | *— cipollina*, cebollino, cebolleta | *— medica*, *alfalfa* | *erbe aromatiche*, hierbas aromáticas | *fare di ogni — un fascio*, meter todo en el mismo saco | *l'— del vicino è sempre più verde*, fruta prohibida más apetecida | *in —*, en ciernes.
erbaccia *s.f.* mala hierba.
erbaceo *agg.* herbáceo.
erbario *s.m.* herbario.
erbette *s.f.pl.* acelgas.
erbicida *s.m.* herbicida.
erbivendolo *s.m.* verdulero.
erbivoro *agg.*, *s.m.* herbívoro.
erborista *s.m./f.* herbolario (*m.*), herborista.
erboristeria *s.f.* herboristería.
erboso *agg.* herboso | *tappeto —*, césped.
ercole *s.m.* (*fig.*) hércules.
erculeo *agg.* hercúleo.
erede *s.m./f.* heredero (*m.*) | *— al trono*, heredero del trono.
eredità *s.f.* herencia.
ereditare *v.tr.* heredar (*anche fig.*): *— un appartamento*, heredar un piso.
ereditarietà *s.f.* hereditabilidad.
ereditario *agg.* heredero, hereditario: *principe —*, príncipe heredero; *malattie ereditarie*, enfermedades hereditarias.
ereditiera *s.f.* heredera.
eremita *s.m./f.* ermitaño (*m.*), eremita.
eremitaggio *s.m.* eremitorio.
eremo *s.m.* **1** ermita (*f.*) **2** (*fig.*) retiro.
eresia *s.f.* **1** (*relig.*) herejía **2** (*fig.*) disparate (*m.*), despropósito (*m.*).
eretico *agg.* (*relig.*, *fig.*) herético ♦ *s.m.* (*relig.*, *fig.*) hereje (*m./f.*).
erettile *agg.* eréctil.
eretto *agg.* erguido.
erezione *s.f.* erección.
ergastolano *s.m.* condenado a cadena perpetua.
ergastolo *s.m.* (*dir.*) cadena (*f.*) perpetua.
ergere *v.tr.* erguir*, levantar ♦ **-rsi** *v.pron.* erguirse*, levantarse, elevarse.
ergo *cong.* ergo, por tanto, luego.
ergonomia *s.f.* ergonomía.
ergonomico *agg.* ergonómico.
erica *s.f.* (*bot.*) brezo (*m.*).
erigere *v.tr.* **1** erigir*, levantar; (*costruire*) edificar*, construir*: *— un monumento*, erigir un monumento **2** (*fondare, istituire*) fundar, instituir* ♦ **-rsi** *v.pron.* erigirse*.
eritema *s.m.* (*med.*) eritema.
ermafrodito *agg.*, *s.m.* hermafrodita (*m./f.*).
ermellino *s.m.* (*zool.*, *pelle*) armiño.
ermeneuta *s.m.*, *f.* hermeneuta.
ermeneutica *s.f.* hermenéutica.
ermeneutico *agg.* hermenéutico, exegético.
ermeticamente *avv.* herméticamente.
ermetico *agg.* hermético (*anche fig.*).
ermetismo *s.m.* hermetismo.
ernia *s.f.* (*med.*) hernia | *— del disco*, hernia discal/de disco | *— iatale*, hernia hiatal/de hiato.
erodere *v.tr.* erosionar.
eroe *s.m.* héroe: *— negativo*, antihéroe; *morire da —*, morir como un héroe.
erogare *v.tr.* **1** erogar*: *— una somma in beneficenza*, erogar una suma de dinero en beneficencia **2** (*acqua, gas*) suministrar.
erogazione *s.f.* **1** erogación **2** (*di acqua, gas*) suministro (*m.*), distribución.
erogeno *agg.* erógeno.
eroicamente *avv.* heroicamente.
eroico *agg.* heroico, valiente: *un uomo —*, un ombre heroico | *poemi eroici*, poemas heroicos | *virtù eroiche,* virtudes heroicas.
eroicomico *agg.* heroico-cómico.
eroina[1] *s.f.* heroína.
eroina[2] *s.f.* (*droga*) heroína.
eroinomane *agg.*, *s.m./f.* heroinómano (*m.*).
eroismo *s.m.* heroísmo.
erompere *v.intr.* irrumpir.
eros *s.m.* eros.
erosione *s.f.* erosión.
erosivo *agg.* erosivo.
erotico *agg.* erótico.
erotismo *s.m.* erotismo.
erotomane *agg.* erotómano.
errante *agg.* errante, errabundo.
errare *v.intr.* **1** errar*, vagar* **2** (*sbagliare*) fallar, equivocarse*.
errata corrige *s.m.* fe (*f.*) de erratas.
errato *agg.* equivocado, incorrecto | *andare —*, equivocarse.
erroneamente *avv.* erróneamente.
erroneo *agg.* erróneo.
errore *s.m.* **1** error, yerro, falta (*f.*), equivocación (*f.*) | *— di distrazione*, descuido | *— di stampa*, errata **2** (*peccato*) pecado: *— di gioventù*, error/pecado de juventud.
erta *s.f.* cuesta, pendiente | *stare all'—*, estar alerta.
erto *agg.* empinado.
erudire *v.tr.* instruir* ♦ **-rsi** *v.pron.* instruirse*.
erudito *agg.*, *s.m.* erudito, sabio.
erudizione *s.f.* erudición.
eruttare *v.intr.* eructar, regoldar*.

eruttivo *agg.* eruptivo.
eruzione *s.f.* (*anche med.*) erupción.
esa- *pref.* hexa-.
esacerbare *v.tr.* exacerbar, exasperar, irritar.
esagerare *v.tr.* exagerar ♦ *v.intr.* (*eccedere*) excederse, pasarse: *non —!*, ¡no te pases!
esagerato *agg.* exagerado; (*di prezzo*) excesivo.
esagerazione *s.f.* exageración, barbaridad: *costa un'—!*, ¡cuesta una barbaridad! | *senza —*, sin exagerar.
esagitato *agg.* agitado, bullicioso.
esagonale *agg.* hexagonal.
esagono *s.m.* (*geom.*) hexágono.
esalare *v.tr.* exhalar, emanar.
esaltante *agg.* emocionante, entusiasmante.
esaltare *v.tr.* **1** exaltar, elevar **2** (*mettere in risalto*) acentuar*, hacer* resaltar.
esaltato *s.m.* exaltado, fanático.
esaltazione *s.f.* exaltación.
esame *s.m.* **1** examen: *in/all'—*, a examen | *prendere in —*, examinar | *— di coscienza*, examen de conciencia **2** (*scolastico*) examen, prueba (*f.*): *dare un —*, examinarse; *essere promosso, bocciato agli esami*, aprobar, suspender los exámenes | *— di concorso*, oposición **3** (*med.*) análisis: *— del sangue*, análisis de la sangre.
esametro *s.m.* (*lett.*) hexámetro.
esaminare *v.tr.* examinar, analizar*.
esaminatore *s.m.* examinador.
esangue *agg.* exangüe.
esanime *agg.* exánime.
esasperante *agg.* exasperante.
esasperare *v.tr.* exasperar ♦ **-rsi** *v.pron.* exasperarse.
esasperato *agg.* exasperado.
esasperazione *s.f.* exasperación.
esattamente *avv.* exactamente.
esattezza *s.f.* exactitud, precisión.
esatto *agg.* exacto, preciso, justo | *—!*, ¡precisamente!, ¡eso es!
esattore *s.m.* recaudador, cobrador.
esattoria *s.f.* recaudación.
esattoriale *agg.* recaudatorio; tributario | *cartella —*, notificación de la Agencia Tributaria.
esaudire *v.tr.* acceder, complacer*: *— un desiderio*, acceder a un deseo.
esauriente *agg.* exhaustivo.
esaurimento *s.m.* agotamiento | *— nervoso*, agotamiento nervioso.
esaurire *v.tr.* agotar, terminar, apurar ♦ **-rsi** *v.pron.* agotarse.
esaurito *agg.* **1** agotado, vendido: *edizione esaurita*, edición agotada | *tutto —*, completo | *fare il tutto —*, vender todas las localidades **2** (*di persona*) agotado, extenuado: *essere —*, estar agotado.
esaustivo *agg.* exhaustivo, minuzioso.
esausto *agg.* exhausto, agotado.
esautorare *v.tr.* desautorizar*.
esca *s.f.* **1** cebo (*m.*), carnada **2** (*fig.*) anzuelo (*m.*), aliciente (*m.*): *gettare l'—*, echar el anzuelo.
escamotage *s.m.* escamoteo.
escandescenza *s.f.* ira, cólera: *dare in escandescenze*, llevárse a alguien los los demonios.
escatologico *agg.* escatológico.
escavatore *s.m.* excavadora (*f.*).
escavatrice *s.f.* excavadora.
eschimese *agg.*, *s.m./f.* esquimal.
esclamare *v.intr.* exclamar.
esclamativo *agg.* exclamativo | *punto —*, signo/punto de admiración.
esclamazione *s.m.* exclamación.
escludere *v.tr.* excluir*.
esclusione *s.f.* exclusión | *a — di*, a/con excepción/exclusión de.
esclusiva, esclusività *s.f.* exclusiva, exclusividad | *in —*, en exclusiva.
esclusivismo *s.m.* exclusivismo.
esclusivista *agg.* exclusivista.
esclusivistico *agg.* exclusivista.
esclusività *s.f.* exclusividad.
esclusivo *agg.* exclusivo; (*elitista*) selecto | *ambiente —*, ambiente selecto.
escluso *agg.* **1** excluido, excluso: *nessuno —*, todos incluidos **2** (*eccettuato*) exceptuado **3** (*improbabile*) improbable: *è — che*, es imposible/improbable que; *non è — che*, es probable que.
escogitare *v.tr.* idear, inventar.
escoriare *v.tr.* excoriar.
escoriazione *s.f.* excoriación.
escremento *s.m.* excremento.
escrescenza *s.f.* excrecencia.
escretore *agg.*, *s.m.* (*anat.*) excretor.
escrezione *s.f.* excreción.
escursione *s.f.* **1** excursión, gira | *— termica*, oscilación/fluctuación térmica **2** (*tecn., mat., fis.*) amplitud.
escursionismo *s.m.* excursionismo.
escursionista *s.m./f.* excursionista.
escursionistico *agg.* excursionístico.
esecrabile *agg.* execrable, abominable.
esecrare *v.tr.* execrar, aborrecer*.
esecrazione *s.f.* execración.
esecutivo *agg.*, *s.m.* ejecutivo: *potere —*, poder ejecutivo.
esecutore *s.m.* **1** ejecutor | *— testamentario*, ejecutor/albacea testamentario **2** (*mus.*) ejecutante (*m./f.*).
esecutorio *agg.* (*dir.*) ejecutorio, ejecutivo.
esecuzione *s.f.* **1** ejecución (*anche mus.*),

realización: *dare — a*, poner en ejecución **2** (*pena capitale*) pena capital.
esegesi *s.f.* exégesis, exegesis, interpretación.
esegeta *s.m./f.* exégeta, exegeta, intérprete.
esegetico *agg.* exegético.
eseguibile *agg.* realizable, viable, ejecutable.
eseguire *v.tr.* **1** ejecutar, efectuar*, realizar*, llevar a cabo **2** (*mus., teatr.*) ejecutar, interpretar.
esempio *s.m.* ejemplo | *dare il buon, cattivo —*, dar buen, mal ejemplo | *fare un —* poner un ejemplo | *per —, ad —*, por ejemplo | *prendere — da*, tomar como ejemplo a | *sull'—*, siguiendo el ejemplo.
esemplare[1] *agg.* ejemplar, modélico.
esemplare[2] *s.m.* **1** (*copia*) ejemplar, copia (*f.*) **2** (*zool., bot.*) ejemplar, espécimen.
esemplificare *v.tr.* ejemplificar*.
esemplificativo *agg.* ejemplarizador.
esemplificazione *s.f.* ejemplificación.
esentare *v.tr.* exentar, dispensar, eximir.
esentasse *agg.* libre de impuestos.
esente *agg.* exento, exonerado, libre: *— da colpe*, libre de culpa.
esenzione *s.f.* exención, exoneración: *— fiscale*, exención fiscal.
esequie *s.f.pl.* exequias.
esercente *s.m./f.* comerciante, tendero (*m.*); empresario (*m.*).
esercitare *v.tr.* **1** (*addestrare, allenare*) ejercitar, entrenar **2** (*dedicarsi a un'attività; far valere*) ejercer*: *— una professione*, ejercer una profesión; *— l'autorità*, ejercer la autoridad ♦ **-rsi** *v.pron.* ejercitarse, hacer* práctica.
esercitazione *s.f.* ejercitación, ejercicio (*m.*), práctica | *esercitazioni militari*, maniobras militares.
esercito *s.m.* ejército: *arruolarsi nell'—*, enrolarse en el ejército.
esercizio *s.m.* **1** (*prova*) ejercicio: *— a corpo libero*, ejercicio de suelo **2** (*allenamento*) ejercicio, práctica (*f.*): *tenersi in —*, entrenarse | *essere, non essere in —*, estar, no estar en forma; estar desentrenado **3** (*adempimento*) desempeño: *— delle proprie funzioni*, desempeño de las propias funciones **4** (*negozio*) tienda (*f.*), comercio **5** (*gestione*) explotación (*f.*): *costi d'—*, gastos de explotación | *— pubblico*, local público.
esfoliante *agg.* exfoliante.
esibire *v.tr.* exhibir; mostrar*; (*mettere in mostra*) exponer* ♦ **-rsi** *v.pron.* exhibirse.
esibizione *s.f.* exhibición; espectáculo (*m.*).
esibizionismo *s.m.* exhibicionismo.
esibizionista *s.m./f.* exhibicionista.
esibizionistico *agg.* exhibicionista.
esigente *agg.* exigente.
esigenza *s.f.* exigencia, pretensión.
esigere *v.tr.* exigir*; requerir*: *è un lavoro che esige molta precisione*, es un trabajo que requiere mucha precisión | *— un credito*, exigir el pago de un crédito.
esigibile *agg.* exigible.
esiguità *s.f.* exigüidad.
esiguo *agg.* exiguo, escaso.
esilarante *agg.* hilarante | (*chim.*) *gas —*, gas hilarante.
esilarare *v.tr.* provocar* hilaridad, divertirse*.
esile *agg.* **1** flaco, delgado **2** (*fig.*) débil.
esiliare *v.tr.* exiliar, desterrar*.
esiliato *s.m.* exiliado, desterrado.
esilio *s.m.* exilio, destierro: *vivere in —*, vivir en el exilio.
esilità *s.f.* gracilidad, delgadez.
esimersi *v.pron.* eximirse: *— da un obbligo*, eximirse de una obligación.
esimio *agg.* eximio, ilustre, insigne.
esistente *agg.* existente.
esistenza *s.f.* existencia.
esistenziale *agg.* existencial.
esistenzialismo *s.m.* (*filos.*) existencialismo.
esistenzialista *agg., s.m./f.* (*filos.*) existencialista.
esistere *v.intr.* existir; vivir | (*fam.*) *non esiste!*, ¡ni hablar/pensarlo!, ¡no tiene sentido!
esitante *agg.* titubeante, inseguro (*m.*).
esitare *v.intr.* vacilar, dudar, titubear.
esitazione *s.f.* vacilación, perplejidad.
esito *s.m.* resultado, efecto: *di dubbio —*, de resultado incierto.
esodo *s.m.* éxodo.
esofago *s.m.* (*anat.*) esófago.
esogeno *agg.* (*biol., geol.*) exógeno.
esondazione *s.f.* (*di liquido*) derrame (*m.*).
esonerare *v.tr.* **1** exonerar, dispensar; (*esentare*) exentar **2** (*destituire*) despedir*, relevar: *il direttore è stato esonerato*, el director ha sido relevado.
esonerato *agg., s.m.* **1** exento, eximido, librado **2** despedido.
esonero *s.m.* **1** exoneración (*f.*), dispensa (*f.*), exención (*f.*) **2** (*da incarichi*) despido.
esorbitante *agg.* exorbitante, excesivo.
esorbitare *v.intr.* exorbitar, exceder, propasarse.
esorcismo *s.m.* (*relig., fig.*) exorcismo.
esorcizzare *v.tr.* (*relig., fig.*) exorcizar*.
esordiente *agg., s.m./f.* principiante, novato (*m.*), novel.
esordio *s.m.* **1** (*di discorso*) exordio, preámbulo **2** (*di attività*) inicio, principio **3** (*debutto*) debut, estreno.
esordire *v.intr.* **1** empezar*, principiar **2** (*debuttare*) estrenar, debutar.
esortare *v.tr.* exhortar, inducir*.

esortativo *agg.* exhortatorio, exhortativo.
esortazione *s.f.* exhortación.
esoscheletro *s.m.* (*zool.*) exoesqueleto, dermatoesqueleto.
esosfera *s.f.* (*geogr.*) exosfera, exósfera.
esoso *agg.* excesivo, esorbitante, caro.
esoterico *agg.* esotérico.
esoterismo *s.m.* esoterismo.
esotermico *agg.* exotérmico.
esotico *agg.* exótico.
esotismo *s.m.* exotismo.
espandere *v.tr.* expandir, extender*, difundir ♦ **-rsi** *v.pron.* expandirse, difundirse.
espansione *s.f.* expansión, difusión.
espansionismo *s.m.* (*pol., econ.*) expansionismo.
espansionista *agg.* (*pol., econ.*) expansionista.
espansionistico *agg.* (*pol., econ.*) expansionista.
espansività *s.f.* extraversión.
espansivo *agg.* expansivo, comunicativo.
espanso *agg.* expandido, ensanchado | *polistirolo —*, poliuretano expandido.
espatriare *v.intr.* expatriar, expatriarse.
espatrio *s.m.* expatriación (*f.*).
espediente *s.m.* expediente, recurso | *vivere di espedienti*, vivir del cuento.
espellere *v.tr.* **1** expulsar, echar: *due studenti furono espulsi da scuola*, dos estudiantes fueron expulsados del colegio **2** (*med.*) expeler, expulsar.
esperanto *s.m.* (*ling.*) esperanto.
esperienza *s.f.* **1** experiencia, práctica; conocimiento (*m.*): *avere — della vita*, tener conocimiento en la vida **2** (*scientifica*) experimento (*m.*).
esperimento *s.m.* experimento, experimentación (*f.*), ensayo; (*compito*) prueba (*f.*), examen: *fare qlco. per —*, hacer algo por prueba, como ensayo.
esperire *v.tr.* realizar*, efectuar*, probar*, intentar.
esperto *agg.* experto, práctico, hábil ♦ *s.m.* experto, perito.
espettorare *v.tr.* (*med.*) expectorar.
espettorato *s.m.* (*med.*) expectoración (*f.*), esputo.
espiantazione *s.f.* (*biol., med.*) explantación, explante (*m.*).
espianto *s.m.* (*biol., med.*) explante.
espiare *v.tr.* expiar; (*pena, condanna*) expiar, pagar*.
espiatorio *agg.* expiatorio | *capro —*, chivo espiatorio.
espiazione *s.f.* expiación.
espirare *v.intr./tr.* espirar.
espletamento *s.m.* cumplimiento.
espletare *v.tr.* cumplir, ejecutar.
esplicare *v.tr.* ejercer*: *— un'attività*, ejercer una actividad.
esplicativo *agg.* explicativo.
esplicitamente *avv.* explícitamente.
esplicitare *v.tr.* explicitar, manifestar, aclarar.
esplicito *agg.* explícito, manifiesto, claro.
esplodere *v.intr.* **1** estallar, explotar, explosionar **2** (*fig.*) estallar: *esplose la crisi finanziaria*, estalló la crisis financiera ♦ *v.tr.* (*sparare*) disparar.
esplorabile *agg.* explorable.
esplorare *v.tr.* explorar; examinar, observar.
esplorativo *agg.* exploratorio.
esploratore *s.m.* explorador.
esplorazione *s.f.* exploración.
esplosione *s.f.* **1** explosión, estallido (*m.*) **2** (*fig.*) explosión | *— demografica*, explosión demográfica.
esplosivo *agg., s.m.* explosivo.
esponente *s.m.* **1** exponente, representante **2** (*mat.*) exponente.
esponenziale *agg.* exponencial.
esporre *v.tr.* **1** exponer* **2** (*spiegare*) exponer*, manifestar*, explicar* ♦ **-rsi** *v.pron.* **1** exponerse*, arriesgarse* **2** (*compromettersi*) comprometerse, exponerse* | *— al pubblico*, exponerse a la crítica.
esportabile *agg.* exportable.
esportare *v.tr.* exportar.
esportatore *agg.* exportador.
esportazione *s.f.* exportación.
esposimetro *s.m.* (*foto.*) exposímetro.
espositore *s.m.* expositor.
esposizione *s.f.* **1** exposición **2** (*mostra*) exposición, exhibición; (*fiera*) feria **3** (*narrazione*) exposición, relato (*m.*).
espressamente *avv.* expresamente.
espressione *s.f.* **1** expresión, manifestación, muestra: *libertà d'—*, libertad de expresión **2** (*ling., mat.*) expresión: *— algebrica*, expresión algebraica.
espressionismo *s.m.* (*arte*) expresionismo.
espressionista *agg., s.m./f.* (*arte*) expresionista.
espressionistico *agg.* (*arte*) expresionista.
espressività *s.f.* expresividad.
espressivo *agg.* expresivo, elocuente.
espresso *agg.* **1** (*esplicito*) expreso **2** (*rapido*) exprés, expreso | *caffè —*, café exprés/expreso ♦ *s.m.* **1** (*treno*) expreso **2** (*lettera*) carta (*f.*) urgente; expreso.
esprimere *v.tr.* expresar, manifestar* ♦ **-rsi** *v.pron.* expresarse.
esprimibile *agg.* expresable.
espropriare *v.tr.* expropiar.
espropriazione *s.f.* (*dir.*) expropiación.

esproprio *s.m.* (*dir.*) expropiación (*f.*).
espugnabile *agg.* expugnable.
espugnare *v.tr.* **1** expugnar **2** (*fig.*) doblegar*.
espugnazione *s.f.* expugnación.
espulsione *s.f.* expulsión.
espulsivo *agg.* expulsivo.
espulsore *agg.* expulsor.
espurgare *v.tr.* expurgar*.
esquimese *agg., s.m./f.* → **eschimese.**
essa *pron.pers.f. di 3ª pers.sing.* ella.
esse *pron.pers.f. di 3ª pers.pl.* ellas.
essenza *s.f.* esencia.
essenziale *agg.* esencial | *olio* —, aceite esencial.
essere[1] *v.aus.* **1** (*nella forma passiva*) ser*: *la porta è aperta dal bidello*, la puerta es abierta por el bedel **2** (*nei tempi composti*) haber*: *sono stato io*, he sido yo; *siamo arrivati*, hemos llegado; *mi sono alzato alle sette*, me he levantado a las siete ♦ *v.intr.* **1** ser*, existir: — *o non* —, ser o no ser; *«chi è?» «sono io»*, «¿quién es?» «soy yo» | *il fu...*, el finado, el difunto: *figlio del fu...*, hijo del finado/difunto **2** (*accadere*) suceder, pasar: *che cosa c'è?*, ¿qué pasa?; *che ne sarà stato di loro?*, ¿qué habrá sido de ellos? | *come se niente fosse*, como si nada **3** (*copulativo*) ser*: *è biondo*, es rubio; *è muratore*, es albañil **4** (*per esprimere un risultato, uno stato d'animo o fisico*) estar*: *sono ammalato*, estoy enfermo; *è morto*, está muerto; *è stanco*, está cansado; *siamo tristi*, estamos tristes; — *di cattivo umore*, estar de mal humor; *la porta è aperta*, la puerta está abierta **5** (*stare, trovarsi*) estar*: *sono a letto*, estoy en la cama; *siamo a scuola*, estamos en la escuela; *siamo in estate*, estamos en verano; *siamo alla metà di giugno*, estamos a mediados de junio | — *dalla parte di*, estar de la parte de | — *di ritorno*, estar de vuelta | — *in forse*, estar en la duda **6** (*esserci*) haber*: *c'è, ci sono*, hay; *in quell'incidente ci furono diversi feriti*, en aquel accidente hubo varios heridos; *cosa c'è da mangiare?*, ¿qué hay para comer? **7** (*essere presente*) estar* | (*al telefono*) *«c'è Juan?» «Juan non c'è»*, «¿está Juan?» «Juan no está» | *ci siamo!*, ¡ya estamos! | (*fam.*) *ci sei?*, ¿estás?; ¿has comprendido? **8** (*essere da + inf.*) ser* de: *è facile da fare*, es fácil de hacer; (*dovere*) haber* que; *questa macchina è da vendere*, este coche hay que venderlo **9** (*tempo*) hacer*, estar*: *è caldo, freddo*, hace calor, frío; *è nuvoloso*, está nublado **10** (*costare*) ser*, costar*: *quant'è?*, ¿cuánto es?
■ ***c'era una volta...***, érase una vez... | ***sarà quel che sarà***, sea lo que fuere | ***così sia***, así sea | ***se fossi in te...***, yo que tú....
essere[2] *s.m.* **1** ser; existencia (*f.*) **2** (*ciò che esiste*) ser, criatura (*f.*): — *vivente*, ser vivo.
essi *pron.pers.m. di 3ª pers.pl.* ellos.
essiccamento *s.m.* desecación (*f.*), desecamiento.
essiccante *agg., s.m.* desecante.
essiccare *v.tr.* desecar*, secar*.
essiccatoio *s.m.* secadero.
essiccazione *s.f.* secado (*m.*), desecación.
esso *pron.pers.m. di 3ª pers.sing.* él.
est *s.m.* este.
estasi *s.f.* éxtasis, arrobamiento (*m.*): *andare in* —, extasiarse, arrobarse.
estasiare *v.tr.* extasiar, arrobar ♦ **-rsi** *v.pron.* extasiarse.
estasiato *agg.* extasiado, arrobado, embelesado.
estate *s.f.* verano (*m.*) | *d'/in* —, en verano.
estemporaneo *agg.* improvisado; (*spreg.*) superficial.
estendere *v.tr.* extender*, ampliar*.
estensibile *agg.* extensible.
estensione *s.f.* **1** extensión; (*fig.*) ampliación **2** (*ampiezza*) amplitud.
estensivo *agg.* extensivo.
estensore *agg., s.m.* extensor.
estenuante *agg.* extenuante, agotador.
estenuare *v.tr.* extenuar*, agotar ♦ **-rsi** *v.pron.* extenuarse*, agotarse.
estenuato *agg.* extenuado, agotado.
estenuazione *s.f.* extenuación, agotamiento (*m.*), debilidad.
esteriore *agg.* exterior.
esteriorità *s.f.* exterioridad, apariencia.
esteriorizzare *v.tr.* exteriorizar*, manifestar*.
esteriorizzazione *s.f.* exteriorización, manifestación.
esteriormente *avv.* exteriormente.
esternamente *avv.* externamente.
esternare *v.tr.* expresar, exteriorizar*, manifestar*.
esternazione *s.f.* exteriorización, manifestación.
esterno *agg.* externo, exterior: *scala esterna*, escalera externa | *per uso* —, para uso exterior ♦ *s.m.* **1** exterior | *all'*—, al exterior **2** (*pl., cinem.*) exteriores **3** (*allievo esterno*) externo.
estero *agg.* **1** (*di paese straniero*) extranjero: *stampa estera*, prensa extranjera **2** (*che riguarda i rapporti con altri Stati*) exterior | *politica estera*, política exterior | *affari esteri*, asuntos exteriores ♦ *s.m.* extranjero: *andare all'*—, ir al extranjero.
esterofilia *s.f.* xenofilia.
esterofilo *agg.* xenófilo.

esterrefatto *agg.* asombrado, aterrado: *rimanere* —, quedar estupefacto.
esteso *agg.* extenso, amplio, vasto | *per* —, por extenso.
esteta *s.m./f.* esteta.
estetica *s.f.* estética.
estetico *agg.* estético.
estetista *s.m./f.* esteticista.
estimatore *s.m.* admirador.
estinguere *v.tr.* extinguir*; (*debito*) pagar*, enjugar* ♦ **-rsi** *v.pron.* extinguirse*; (*di fuoco*) apagarse*.
estinguibile *agg.* extinguible.
estinto *agg.* estinto, extinguido ♦ *s.m.* muerto, difunto.
estintore *s.m.* extintor, matafuego.
estinzione *s.f.* extinción (*anche fig.*).
estirpare *v.tr.* extirpar, erradicar*, desarraigar* (*anche fig.*): — *i vizi e gli abusi*, extirpar los vicios y los abusos; — *alla radice*, arrancar de cuajo.
estirpazione *s.f.* extirpación, extracción.
estivo *agg.* veraniego, estival, de verano.
estone *agg.*, *s.m./f.* estonio (*m.*).
estorcere *v.tr.* **1** sacar*: — *denaro*, sacar dinero **2** (*carpire*) arrancar*, sonsacar*: — *la verità*, arrancar la verdad; — *una promessa*, arrancar una promesa; — *un segreto*, arrancar un secreto.
estorsione *s.f.* extorsión.
estra- *pref.* extra-.
estradabile *agg.* extraditable.
estradare *v.tr.* extraditar.
estradizione *s.f.* extradición.
estraibile *agg.* extraíble.
estraneità *s.f.* ajenidad.
estraneo *agg.* extraño, ajeno | *corpo* —, cuerpo extraño ♦ *s.m.* extraño; forastero: *i bambini non devono parlare con gli estranei*, los niños no deben hablar con extraños/desconocidos.
estraniare *v.tr.* extrañar, expulsar, apartar ♦ **-rsi** *v.pron.* apartarse, aislarse.
estrapolazione *s.f.* extrapolación.
estrarre *v.tr.* extraer*, sacar* | — *a sorte*, sortear.
estrattivo *agg.* extractivo.
estratto *s.m.* extracto | — *conto*, extracto de cuenta.
estrazione *s.f.* **1** extracción **2** (*di lotteria*) sorteo (*m.*).
estremamente *avv.* extremamente.
estremismo *s.m.* extremismo.
estremista *agg.*, *s.m./f.* extremista; ultra.
estremistico *agg.* extremista.
estremità *s.f.* extremidad, extremo (*m.*); (*di corda, filo*) cabo (*m.*).
estremo *agg.* extremo | *in casi estremi*, en último caso | *Estrema Unzione*, Extremaunción | *Estremo Oriente*, Extremo/Lejano Oriente | *estrema destra, sinistra*, ultraderecha, ultraizquierda | *a mali estremi, estremi rimedi*, a grandes males, grandes remedios ♦ *s.m.* **1** extremo, extremidad (*f.*) | *all'*—, al final | *andare da un — all'altro*, pasar de un extremo a otro | *essere agli estremi*, estar en las últimas **2** (*fig.*) término, límite **3** (*pl.*, *di documento*) datos personales.
estrinesco *agg.* extrínseco.
estro *s.m.* inspiración (*f.*); (*artistico*) talento.
estrogeno *s.m.* (*biol.*) estrógeno.
estromettere *v.tr.* excluir*, expulsar.
estromissione *s.f.* expulsión, exclusión.
estroso *agg.* caprichoso, extravagante, excéntrico; (*originale*) original.
estroversione *s.f.* extraversión.
estroverso *agg.* extravertido.
estrusione *s.f.* extrusión.
estuario *s.m.* estuario.
esuberante *agg.* **1** (*abbondante*) exuberante, abundante **2** (*vivace*) vivaz*, brioso, comunicativo; (*di carattere*) vivaracho.
esuberanza *s.f.* **1** (*sovrabbondanza*) exuberancia **2** (*vivacità*) vivacidad.
esubero *s.m.* sobreabundancia (*f.*), excedencia (*f.*) | — *di personale*, excedencia de personal.
esulare *v.intr.* (*fig.*) exceder: *questo esula dai miei compiti*, esto excede a mis deberes.
esule *s.m./f.* exiliado (*m.*), desterrado (*m.*).
esultante *agg.* exultante, jubiloso.
esultanza *s.f.* exultación, júbilo: *con* —, con exultación.
esultare *v.intr.* exultar, alegrarse, regocijarse.
esumare *v.tr.* exhumar, desenterrar*.
esumazione *s.f.* exhumación (*anche fig.*).
età *s.f.* **1** edad | *la giovane/verde* —, la juventud | *la tenera* —, la infancia | *di mezza* —, de mediana edad | *in — da marito*, en edad de merecer | *persona di una bella* —, persona mayor/de cierta edad | *maggiore/minore d'*—, mayor/menor de edad | *avere l'— della ragione*, tener la edad de la discreción | *raggiungere la maggiore* —, llegar a la mayoría de edad | *l'— critica*, (*menopausa*) la edad crítica, la menopausia; (*adolescenza*) la edad del pavo **2** (*epoca*) edad: *l'— della pietra, del ferro*, la edad de piedra, del hierro.
etere *s.m.* (*anche chim.*) éter.
etereo *agg.* etéreo; (*fig.*) celestial.
eternamente *avv.* eternamente.
eternare *v.tr.* inmortalizar*, eternizar*, prolungar*.
eternità *s.f.* eternidad.

eterno *agg.* eterno | *in —*, eternamente.
etero- *pref.* hetero-.
eterodosso *agg.* heterodoxo.
eterogeneità *s.f.* heterogeneidad.
eterogeneo *agg.* heterogéneo.
eterologo *agg.* (*biol.*) heterólogo.
eteronomo *agg.* heterónomo.
eterosessuale *agg., s.m./f.* heterosexual.
eterosessualità *s.f.* heterosexualidad.
eterozigote *agg.* (*genetica*) heterocigoto.
etica *s.f.* ética | *— professionale*, ética profesional.
etichetta[1] *s.f.* etiqueta, marbete (*m.*), rótulo (*m.*).
etichetta[2] *s.f.* (*cerimoniale*) etiqueta, ceremonial (*m.*) | *badare/tenere all'—*, guardar/cubrir las formas | *senza —*, sin ceremonias.
etichettare *v.tr.* etiquetar (*anche fig.*).
etico *agg.* ético.
etile *s.m.* (*chim.*) etilo.
etilene *s.m.* (*chim.*) etileno.
etilico *agg.* etílico.
etilismo *s.m.* etilismo, alcoholismo.
etilista *s.m./f.* alcohólico.
etilometro *s.m.* etilómetro, alcoholímetro.
etimo *s.m.* étimo, raiz (*f.*).
etimologia *s.f.* etimología.
etimologico *agg.* etimológico.
etiope *agg., s.m./f.* etíope, etiope.
etiopico *agg.* etiópico.
etnia *s.f.* etnia.
etnico *agg.* étnico.
etnocentrismo *s.m.* etnocentrismo.
etnografia *s.f.* etnografía.
etnografico *agg.* etnográfico.
etnologia *s.f.* etnología.
etnologico *agg.* etnológico.
etnologo *s.m.* etnólogo.
etologia *s.f.* etología.
etologo *s.m.* etólogo.
etrusco *agg., s.m.* etrusco.
ettaro *s.m.* hectárea (*f.*).
etto- *pref.* hecto-.
etto(grammo) *s.m.* hectogramo: *un etto di salame*, cien gramos de chorizo.
ettolitro *s.m.* hectolitro.
ettometro *s.m.* hectómetro.
eucalipto *s.m.* (*bot.*) eucalipto.
eucaristia *s.f.* (*relig.*) eucaristía.
eucaristico *agg.* (*relig.*) eucarístico.
eufemismo *s.m.* eufemismo.
eufemistico *agg.* eufemístico.
eufonico *agg.* eufónico.
euforia *s.f.* euforia.
euforico *agg.* eufórico.
eunuco *s.m.* eunuco.
eurasiatico *agg., s.m.* eurasiático, euroasiático.
euro *s.m.* (*moneta*) euro.
euroccidentale *agg., s.m./f.* eurooccidental.
eurocentrico *agg.* eurocéntrico.
eurocentrismo *s.m.* eurocentrismo.
eurodeputato *s.m.* (*pol.*) eurodiputado.
eurodollaro *s.m.* (*econ.*) eurodólar.
euromercato *s.m.* (*econ.*) euromercado.
euromissile *s.m.* (*mil.*) euromísil.
euromoneta *s.f.* (*econ.*) eurodivisa.
europarlamentare *agg., s.m./f.* (*pol.*) europarlamentario (*m.*).
europarlamento *s.m.* (*pol.*) europarlamento.
europeismo *s.m.* europeísmo.
europeista *agg., s.m./f.* europeísta.
europeizzare *v.tr.* europeizar*.
europeizzazione *s.f.* europeización.
europeo *agg., s.m.* europeo | *l'Unione europea*, la Unión europea.
eutanasia *s.f.* eutanasia.
evacuare *v.tr.* evacuar, desalojar.
evacuazione *s.f.* evacuación.
evadere *v.intr.* evadir, escaparse, huir* ♦ *v.tr.* **1** (*sbrigare*) despachar: *— un ordine*, despachar un pedido; *— la corrispondenza*, despachar la correspondencia **2** (*tasse*) no pagar*, defraudar al fisco.
evanescente *agg.* evanescente.
evanescenza *s.f.* evanescencia.
evangelico *agg.* (*relig.*) evangélico.
evangelista *s.m./f.* (*relig.*) evangelista.
evangelizzare *v.tr.* (*relig.*) evangelizar*.
evangelizzatore *agg., s.m.* (*relig.*) evangelizador.
evangelizzazione *s.f.* (*relig.*) evangelización.
evaporare *v.tr./intr.* evaporar.
evaporatore *s.m.* evaporador.
evaporazione *s.f.* evaporación.
evasione *s.f.* **1** evasión (*anche fig.*): *— dal carcere*, evasión de la cárcel; *— fiscale*, evasión de impuestos | *d'—*, de evasión **2** (*bur.*) despacho (*m.*): *dare — a una pratica*, despachar un expediente.
evasivo *agg.* evasivo, elusivo.
evaso *s.m.* fugitivo.
evasore *s.m.* evasor fiscal.
evenienza *s.f.* eventualidad; (*caso*) casualidad | *nell'— che*, en el caso (de) que.
evento *s.m.* evento, acontecimiento, suceso | *lieto —*, feliz acontecimiento.
eventuale *agg.* eventual, posible | *varie ed eventuali*, varios e imprevistos.
eventualità *s.f.* eventualidad | *per ogni —*, por cualquier evento.
eventualmente *avv.* eventualmente, posiblemente.
eversione *s.f.* subversión.
eversivo *agg.* subversivo.

eversore *s.m.* subversor.
evidente *agg.* evidente.
evidenza *s.f.* evidencia | *mettersi in —*, llamar la atención.
evidenziare *v.tr.* evidenciar, poner* en evidencia.
evidenziatore *s.m.* rotulador.
evincere *v.tr.* deducir*, inferir*: *dagli indizi si evince che è lui il colpevole*, de los indicios se deduce que es él el culpable.
evirare *v.tr.* emascular.
evirato *agg.* emasculado.
evirazione *s.f.* emasculación.
evitare *v.tr.* evitar, esquivar, rehuir*.
evo *s.m.* edad (*f.*): *il Medio Evo*, la Edad Media.
evocare *v.tr.* **1** invocar*, evocar* **2** (*fig.*) evocar*, recordar*.
evocativo *agg.* evocador.
evocazione *s.f.* evocación.
evolutivo *agg.* evolutivo | *età evolutiva*, edad evolutiva.
evoluto *agg.* avanzado, adelantado: *civiltà evoluta*, civilización avanzada.
evoluzione *s.f.* evolución.
evoluzionismo *s.m.* evolucionismo.
evoluzionista *s.m./f.* evolucionista.
evoluzionistico *agg.* evolucionista.
evolvere *v.intr.* desenvolver*, desarrollar ♦ **-rsi** *v.pron.* evolucionar, progresar, desarrollarse.
evviva *inter.* **1** ¡viva!, ¡hurra! | *— gli sposi!*, ¡vivan los novios! **2** (*brindisi*) ¡salud!
ex *s.m., prep.* ex.
exploit *s.m.* proeza (*f.*).
extra *agg.* **1** (*di qualità*) extra, extraordinario **2** (*in più*) extra: *spese —*, gastos extras ♦ *s.m.* extra.
extra- *pref.* extra-.
extracomunitario *agg., s.m.* extracomunitario.
extraconiugale *agg.* extraconyugal, extramarital, extramatrimonial.
extracontrattuale *agg.* no estipulado en el contrato.
extracorporeo *agg.* extracorpóreo.
extraeuropeo *agg.* extraeuropeo.
extraparlamentare *agg.* (*pol.*) extraparlamentario.
extrasensoriale *agg.* extrasensorial.
extraterrestre *agg., s.m./f.* extraterrestre.
extraterritoriale *agg.* extraterritorial.
extraurbano *agg.* extraurbano.
extrauterino *agg.* (*med.*) extrauterino.
extravergine *agg.* virgen extra: *olio — di oliva*, aceite de oliva virgen extra.
eziologia *s.f.* (*med.*) etiología.

Ff

f *s.f.* efe | — *come Firenze*, efe como Francia.
fa¹ *avv.* (*di tempo*) hace: *tre anni* —, hace tres años; *è uscito poco* —, ha salido hace poco; *tanto tempo* —, hace (mucho) tiempo.
fa² *s.m.* (*mus.*) fa.
fabbisogno *s.m.* exigencia (*f.*), lo necesario | — *nazionale*, presupuesto/demanda nacional.
fabbrica *s.f.* fábrica, manufactura, industria.
fabbricabile *agg.* (*edil.*) edificable: *area* —, área edificable.
fabbricante *agg.* fabricante ♦ *s.m./f.* fabricante, productor (*m.*).
fabbricare *v.tr.* **1** fabricar*, manufacturar, producir* **2** (*costruire*) edificar*, construir* **3** (*fig.*) fabricar*, inventar | — *castelli in aria*, hacer castillos en el aire.
fabbricato *s.m.* edificio, construcción (*f.*).
fabbricazione *s.f.* fabricación, producción.
fabbro *s.m.* herrero.
faccenda *s.f.* **1** asunto (*m.*), quehacer (*m.*), faena, tarea: *le faccende domestiche*, las tareas domésticas **2** (*questione*) asunto (*m.*), trance (*m.*): *è una — delicata*, es un asunto delicado **3** (*affare*) asunto (*m.*), negocio (*m.*).
facchinaggio *s.m. porte*, porteo.
facchino *s.m.* mozo, maletero; (*Amer.*) cargador | *lavorare come un* —, trabajar como un burro | *lavoro da* —, trabajo duro, faena.
faccia *s.f.* **1** cara, rostro (*m.*) | — *a* —, cara a cara | *in* —, a la cara | *di* —, en frente | *dirlo in* —, decirlo en la cara | *spaccare la — a qlcu.*, romperle la cara a alguien | *per la tua, sua bella* —, por tu, su cara bonita/linda cara | *gettare in* —, echar en cara | *trovarsi — a* —, darse de bruces con | *voltare la* —, volver la cara **2** (*espressione*) cara, semblante (*m.*), expresión: *una — amica*, una cara amiga | — *da funerale*, cara fúnebre | *fare la — scura*, poner mala cara **3** (*aspetto*) cara, cariz (*m.*): *la faccenda ha cambiato* —, el asunto ha tomado un nuevo cariz; *questo dolce ha una bella* —, este pastel tiene buena cara **4** (*superficie, anche geom.*) faz*, cara: *la — della Terra*, la faz de la Tierra; *la — della Luna*, la cara de la Luna; *le due facce di una moneta*, las dos caras de una moneda ■ ***perdere la faccia***, quedar mal | ***ridere in faccia a qlcu.***, reírse en las barbas de alguien | ***salvare la faccia***, salir/quedar bien | ***faccia di bronzo***, cara de bronce, caradura | ***alla faccia!***, ¡vaya! | ***faccia di/da culo***, jeta | ***che faccia tosta!***, ¡qué caradura!
facciale *agg.* facial.
facciata *s.f.* **1** fachada (*anche fig.*) | *di* —, formal, de pura apariencia **2** (*di pagina*) cara, plana, carilla: *due facciate di esercizi*, dos planas de ejercicios.
facente *s.m./f. solo nella loc.*: — *funzione*, en función, en funciones.
faceto *agg.* chispeante (*m./f.*), ingenioso, agudo, chistoso: *donna faceta*, mujer chistosa | *tra il serio e il* —, entre burlas y veras, medio en broma medio en serio.
facezia *s.f.* chiste (*m.*), ocurrencia.
fachiro *s.m.* faquir.
facile *agg.* **1** fácil | — *come bere un bicchier d'acqua*, ser coser y cantar | — *a dirsi*, fácil de decir | *fare tutto* —, creerlo todo fácil | *non è — come sembra*, no es soplar y hacer botellas **2** (*fig.*) fácil, ligero (*m.*): *donna di facili costumi*, una mujer ligera de cascos **3** (*probabile*) probable, factible: *è — che ti chiami*, es probable que te llame **4** (*incline*) propenso (*m.*): *è di lacrima* —, es llorón, llora con facilidad | *avere la parola* —, tener labia, tener facilidad de palabra.
facilità *s.f.* facilidad | *con* —, fácilmente.
facilitare *v.tr.* facilitar, simplificar*.
facilitazione *s.f.* facilidad, ventaja: — *di pagamento*, facilidades de pago.
facilone *agg., s.m.* (*spreg.*) fácilón, superficial.
faciloneria *s.f.* ligereza, facilidad.
facinoroso *agg., s.m.* facinoroso, facineroso, delincuente (*m./f.*).
facoltà *s.f.* **1** facultad: — *intellettiva, mentale*, facultad intelectiva, mental | *essere nel pieno possesso delle proprie* —, estar en pleno uso de sus facultades, estar en su sano juicio | *perdere l'uso delle* —, perder las facultades **2** (*autorità*) facultad, autoridad; (*potere*) poder (*m.*); (*competenza*) competencia: *avere la — di decidere*, tener la facultad/autoridad para decidir | — *di rispondere*, derecho de responder **3** (*permesso*) facultad, autorización **4** (*università*) Facultad | *consiglio di* —, junta de Facultad.
facoltativo *agg.* facultativo, optativo: *esame*

—, examen optativo; *fermata facoltativa*, parada discrecional.
facoltoso *agg.* rico, acaudalado, adinerado, acomodado: *famiglia facoltosa*, familia acomodada.
facondia *s.f.* facundia, elocuencia.
facondo *agg.* facundo, elocuente.
facsimile *s.m.* **1** facsímil **2** (*fig.*) copia (*f.*), imitación (*f.*).
factotum *s.m./f.* factótum.
faggeta *s.f.*, **faggeto** *s.m.* hayal (*m.*).
faggio *s.m.* (*bot.*) haya (*f.*).
fagiano *s.m.* (*zool.*) faisán.
fagiolino *s.m.* (*bot.*) judía (*f.*) verde, habichuela (*f.*).
fagiolo *s.m.* (*bot.*) alubia (*f.*), judía (*f.*); (*Amer.*) fríjol, poroto | *andare a* —, caer en gracia, agradar | *capitare a* —, venir de molde.
faglia *s.f.* (*geogr.*) falla.
fagocitare *v.tr.* (*biol., fig.*) fagocitar: *fagocita tutto quello che gli capita davanti*, fagocita todo lo que se le aparece delante.
fagotto[1] *s.m.* hato, hatillo, fardo: *un — di biancheria*, un hato de ropa | *far* —, coger/tomar el hatillo.
fagotto[2] *s.m.* (*mus.*) fagot, bajón.
faida *s.f.* venganza, conflicto entre bandas.
fai da te *s.m.* bricolaje.
faina *s.f.* (*zool.*) garduña.
fair play *s.m.* fair play, juego limpio | *avere* —, tener don de gentes/mundo.
falange *s.f.* (*anat., mil., pol.*) falange.
falangetta *s.f.* (*anat.*) falangeta.
falangina *s.f.* (*anat.*) falangina.
falangismo *s.m.* (*pol.*) falangismo.
falangista *s.m./f.* (*pol.*) falangista.
falcare *v.tr.* curvar, combar.
falcata *s.f.* (*anche sport*) zancada.
falce *s.f.* hoz*, guadaña | — *di luna*, luna creciente/menguante | (*pol.*) — *e martello*, hoz y martillo.
falcetto *s.m.* podadera (*f.*).
falchetto *s.m.* (*zool.*) alcotán.
falciare *v.tr.* **1** segar* **2** (*sport, calcio*) derribar, poner* la zancadilla.
falciatrice *s.f.* segadora, guadañadora.
falco *s.m.* (*zool.*) halcón | *vista da* —, vista de lince | (*pol.*) *falchi e colombe*, militaristas y pacifistas.
falconara *s.f.* halconera.
falcone *s.m.* (*zool.*) halcón de caza.
falconiere *s.m.* halconero, cetrero.
falda *s.f.* **1** capa, estrato (*m.*): — *acquifera*, capa acuífera; — *freatica*, capa freática **2** (*di una montagna*) falda, ladera **3** (*di neve*) copo (*m.*): *nevicare a larghe falde*, nevar a grandes copos **4** (*di cappello*) ala **5** (*abbigl.*) faldón (*m.*) **6** (*del tetto*) agua.
falegname *s.m.* carpintero.
falegnameria *s.f.* carpintería.
falena *s.f.* (*zool.*) falena.
falesia *s.f.* (*geogr.*) acantilado (*m.*).
falla *s.f.* grieta, brecha, vía de agua.
fallace *agg.* falaz*, engañador, falso.
fallacia *s.f.* falacia, engaño (*m.*).
fallibile *agg.* falible.
fallibilità *s.f.* falibilidad.
fallico *agg.* fálico.
fallimentare *agg.* **1** de quiebra/bancarrota: *in stato* —, en estado de quiebra | *asta* —, subasta por quiebra | *curatore* —, síndico, administrador único **2** (*fig.*) desastroso (*m.*).
fallimento *s.m.* **1** (*comm.*) quiebra (*f.*), bancarrota (*f.*): *dichiarazione di* —, declaración de quiebra **2** (*fig.*) fracaso.
fallire *v.intr.* **1** quebrar* **2** (*fig.*) fracasar, frustrar, malograrse ♦ *v.tr.* (*sbagliare*) fallar, errar*: — *il colpo*, fallar la puntería/el tiro.
fallito *agg.* **1** (*comm.*) quebrado, en quiebra **2** (*fig.*) fracasado, fallido, malogrado ♦ *s.m.* **1** empresario en quiebra **2** (*fig.*) fracasado.
fallo[1] *s.m.* **1** (*errore*) error, falta (*f.*): *senza* —, sin falta | *cadere in* —, errar | *cogliere in* —, coger con las manos en la masa | *mettere un piede in* —, resbalar, tropezar; (*fig.*) dar un paso en falso **2** (*difetto*) falla (*f.*) **3** (*sport*) falta (*f.*): — *laterale*, fuera de banda.
fallo[2] *s.m.* (*anat.*) falo, pene.
fallocrate *s.m.* falócrata.
fallocratico *agg.* falocrático.
fallocrazia *s.f.* falocracia.
falloso *agg.* **1** defectuoso **2** (*sport*) marrullero, que comete muchas faltas.
falò *s.m.* fogata (*f.*), hoguera (*f.*).
falsabraca *s.f.* (*mil.*) falsabraga.
falsachiglia *s.f.* quilla móvil.
falsare *v.tr.* falsear; (*travisare*) deformar, distorsionar: — *una dichiarazione*, tergiversar una declaración.
falsariga *s.f.* falsilla | *andare sulla — di qlcu.*, seguir la pauta de alguien.
falsario *s.m.* falsificador, falsario.
falsetto *s.m.* (*mus.*) falsete.
falsificare *v.tr.* falsificar*; (*firme e banconote*) contrahacer* | — *una notizia*, falsear una noticia.
falsificato *agg.* falsificado, contrahecho.
falsificatore *s.m.* falsificador.
falsificazione *s.f.* falsificación; falseamiento (*m.*).
falsità *s.f.* falsedad, mentira: *dire delle* —, decir mentiras.
falso *agg.* falso; (*falsificato*) falsificado, contrahecho | *fare carte false*, servirse de cualquier medio | *essere su una falsa strada*, ir descaminado | *falsa testimonianza*, falso testimonio | — *allarme*, falsa alarma | — *problema*, falso problema | *fare un passo* —, dar

un mal paso, dar un paso en falso ♦ *s.m.* falso; (*dir.*) falsedad (*f.*) | *giurare il* —, jurar en falso | *essere nel* —, estar en el error | — *ideologico*, falsedad en documento público | — *in bilancio*, falsedad documental.

fama *s.f.* **1** fama; (*reputazione*) reputación | *ha — di*, tiene fama de | *avere buona, cattiva* —, tener buena, mala prensa | *è/corre* —, es fama, se dice, se comenta **2** (*notorietà*) renombre (*m.*), notoriedad.

fame *s.f.* **1** hambre: *avere* —, tener hambre; *i morsi della* —, los aguijonazos del hambre | *patire/fare la* —, pasar hambre | *morire di* —, morir(se) de hambre | — *da lupo*, hambre canina | *ingannare la* —, matar el hambre | *la — aguzza l'ingegno*, no hay mejor maestro que el hambre | *sciopero della* —, huelga de hambre **2** (*desiderio*) sed, apetito (*m.*), deseo (*m.*) | *avere — di giustizia*, tener sed de justicia

■ ***brutto come la fame***, más feo que Picio | ***lungo come la fame***, más largo que un día sin pan | ***stipendio da fame***, sueldo/salario de hambre.

famedio *s.m.* panteónn de personas ilustres.

famelico *agg.* famélico, hambriento.

famigerato *agg.* tristemente célebre, mal afamado: *un — delinquente*, un tristemente célebre delincuente.

famiglia *s.f.* familia | *farsi una* —, *metter su* —, casarse | (*amm.*) *stato di* —, libro de familia | *formato* —, tamaño familiar | *aria di* —, parecido | *capita anche nelle migliori famiglie*, sucede en las mejores familias | *di buona* —, de buena familia | *essere di* —, ser muy de casa, ser de confianza | *essere tutto casa e* —, ser uno muy de su casa/casero | — *legittima*, familia legítima | — *linguistica*, familia de lenguas | *in* —, en familia | *la Sacra Famiglia*, la Sagrada Familia.

famigliare *agg. e deriv.* → **familiare** *e deriv.*

familiare *agg.* familiar | *trattamento* —, trato familiar | *auto* —, coche familiar ♦ *s.m./f.* familiar, pariente.

familiarità *s.f.* **1** familiaridad, confianza: *avere — con qlcu.*, tener familiaridad con alguien **2** (*esperienza*) práctica: *non avere — con qlco.*, no tener práctica de.

familiarizzare *v.intr.* familiarizar* (con) ♦ **-rsi** *v.pron.* familiarizarse*; (*abituarsi*) acostumbrarse.

famoso *agg.* famoso, célebre, renombrado.

fan *s.m./f.* fan.

fanale *s.m.* farol, linterna (*f.*); (*di automobile*) faro; (*di treno*) farol; (*di aereo*) luz* (*f.*) de navegación.

fanalino *s.m.* lucecita (*f.*) | — *di coda*, piloto; (*fig.*) farolillo rojo.

fanatico *agg.*, *s.m.* fanático.

fanatismo *s.m.* fanatismo.

fanciulla *s.f.* niña, jovencita, mozuela; (*fam.*) chica.

fanciullesco *agg.* pueril, infantil.

fanciullezza *s.f.* niñez, infancia.

fanciullo *s.m.* niño, jovencito, mozo; (*fam.*) chico | *eterno* —, eterno muchacho | — *prodigio*, niño prodigio.

fandonia *s.f.* bola, bulo (*m.*), patraña, invención: *dice un sacco di fandonie*, dice un montón de bulos.

fanfara *s.f.* (*mus.*) fanfarria, murga.

fanfarone *s.m.* fanfarrón.

fanghiglia *s.f.* cieno (*m.*).

fango *s.m.* barro, fango, lodo (*anche fig.*) | — *termale*, fango termal | *raccogliere/togliere dal* —, sacar del fango/de la calle | *uscire dal* —, salir del fango

■ ***coprire/gettare fango su qlcu.***, llenar/cubrir a alguien de fango, poner a alguien como un trapo | ***cadere nel fango***, caer en el fango.

fangoso *agg.* fangoso, embarrado; (*di terreno*) cenagoso.

fangoterapia *s.f.* balneoterapia.

fannullone *s.m.* holgazán, haragán, vago.

fantapolitica *s.f.* política de ficción.

fantascientifico *agg.* de ciencia ficción

fantascienza *s.f.* ciencia ficción.

fantasia *s.f.* **1** fantasía, imaginación **2** (*capriccio*) capricho (*m.*), deseo (*m.*) **3** (*abbigl., mus.*) fantasía | *stoffa* —, tela estampada/de fantasía.

fantasioso *agg.* (*di persona*) fantasioso; (*di cosa*) extravagante, inverosímil.

fantasista *s.m./f.* artista de variedad.

fantasma *s.m.* fantasma, aparición (*f.*), espectro.

fantasmagoria *s.f.* fantasmagoría, espectáculo (*m.*).

fantasmagorico *agg.* fantasmagórico.

fantasmatico *agg.* fantasmal.

fantasticare *v.intr.* fantasear ♦ *v.tr.* imaginar, soñar*: *fantastica sul successo di suo figlio*, fantasea/sueña con el éxito de su hijo.

fantasticheria *s.f.* imaginación, fantasía, quimera.

fantastico *agg.* **1** fantástico **2** (*irreale*) irreal; (*immaginario*) imaginario, quimérico **3** (*straordinario*) estupendo; (*fam.*) genial ♦ *s.m.* (lo) fantastico, (lo) maravilloso.

fante *s.m.* **1** (*mil.*) infante **2** (*carte*) sota (*f.*).

fanteria *s.f.* (*mil.*) infantería.

fantino *s.m.* yoquey , yoqui, jinete de carreras.

fantoccio *s.m.* **1** fantoche; (*pupazzo*) muñeco **2** (*fig.*) títere, monigote: *quel politico è un* —, ese político es un títere.

fantomatico *agg.* **1** (*immaginario*) fantasmal, imaginario **2** (*inafferrabile*) inasible; misterioso.

farabutto *s.m.* bribón, canalla (*m./f.*), sinvergüenza (*m./f.*).

faraglione *s.m.* farallón.

faraona *s.f.* (*zool.*) pintada, gallina de Guinea, (*Amer.*) gallineta.

faraone *s.m.* faraón.

faraonico *agg.* faraónico, grandioso.

farcire *v.tr.* (*cuc., imbottire*) rellenar; (*lardellare*) mechar: — *il tacchino*, rellenar el pavo.

farcito *agg.* (*cuc.*) relleno.

farcitura *s.f.* (*cuc.*) relleno.

fard *s.m.* (*cosmesi*) colorete.

fardello *s.m.* fardo, fardel, bulto.

fare[1] *v.tr.* **1** hacer*: — *la doccia, il bagno*, ducharse, bañarse; *fai quello che vuoi*, haz lo que te da la gana/lo que se te antoje | — *bella, brutta figura*, quedar bien, mal | — *la parte di*, hacer (el papel) de, representar | *avere da* —, tener que hacer| *devo — riparare l'auto*, tienen que arreglarme el coche | *non — altro che*, no hacer más que/sino: *non fa che piangere*, no hace sino llorar | *che cosa ci vuoi — !*, ¡qué le vamos a hacer! | *fammi il piacere/favore di*, hazme el favor de | — *e disfare*, hacer y deshacer| — *l'amore*, hacer el amor | *farne una delle mie/tue/sue*, hacer una de las mías/tuyas/suyas | *far vedere*, hacer ver; mostrar, enseñar; hacerla pagar | *lascia — a me!*, ¡eso está hecho! | *ma chi te lo fa —?*, ¿para qué te metes en líos? | *non c'è niente da* —, no hay remedio, no hay que darle vueltas **2** (*creare, produrre*) crear, producir*: *fatto a mano*, hecho a mano | — *castelli in aria*, construir castillos en el aire | — *paura*, dar miedo | *non — né caldo né freddo*, no darle ni frío ni calor, no hacer ni fu ni fa | — *il verso*, remedar **3** (*esercitare una professione*) ser*, ejercer* de: — *il medico*, ser médico **4** (*dare come risultato*) ser*: *6 più 2 fa 8*, 6 y 2 son 8 **5** (*credere*) creer*, suponer*: *facciamo che*, supongamos que **6** (*fare le veci*) hacer de: *gli fa da padre*, le hace de padre **7** (*eleggere*) elegir*, nombrar: *lo hanno fatto sindaco*, lo han nombrado alcalde **8** (*lasciare*) dejar: *fammi pensare*, déjame pensar; *far vedere*, dejar ver, mostrar* | — *dormire una pratica*, dar carpetazo **9** (*comportarsi*) comportarse, portarse | — *giudizio*, sentar cabeza | — *il finto tonto*, hacerse el tonto | — *il furbo*, pasarse de listo **10** (*percorrere*) hacer: — *10 km a piedi*, hacer 10 km andando **11** (*dire*) decir*: *e lui mi fa: 'ciao'*, y él me dice: hola' | — *gli auguri*, dar la enhorabuena, felicitar | — *le condoglianze*, dar el pésame | *non — motto/parola*, callarse la boca ♦ *v.intr.* **1** (*essere adatto*) ser*: *questo lavoro non fa per me*, este trabajo no es para mí | *saperci* —, ser hábil **2** (*giovare*) sentar*: *ti farebbe bene un po' di riposo*, te sentaría/te vendría bien un poco de descanso ♦ *v.intr.impers.* (*nelle espressioni di tempo e clima*) hacer*: *fa caldo*, hace calor; *fa bello, brutto*, hace buen/mal tiempo | — *buio*, anochecer*: *d'inverno fa buio presto*, en invierno anochece pronto | — *giorno*, amanecer*: *tra un'ora farà giorno*, dentro de una hora amanece ♦ **-rsi** *v.pron.* **1** hacerse* | — *indietro*, echarse atrás* | — *in là*, apartarse | — *illusioni*, hacerse ilusiones | — *male*, hacerse daño | — *notare*, lucirse | — *più in là*, correrse | — *pregare*, hacerse de rogar | — *vedere*, lucirse; dejarse ver/caer **2** (*diventare*) hacerse*, volverse*: — *grande*, hacerse grande; *si è fatto avaro*, se ha vuelto tacaño; *si fa tardi*, se hace tarde; *si fa notte*, anochece, se hace de noche; *si fa chiaro*, amanece **3** (*gerg., drogarsi*) drogarse, pincharse **4** (*volg.*) follarse: — *qlcu.*, follarse a alguien

■ ***fare benzina***, poner gasolina | ***fare soldi***, hacer dinero | ***fare amicizia***, trabar amistad | ***fare attenzione***, tener cuidado; prestar atención | ***fare finta di***, hacer como que, hacer que | ***fare soldi a palate***, ganar un montón de dinero | ***avere a che fare con***, tener que ver con | ***farsi la macchina***, comprarse el coche | ***fare fuori***, matar | ***farcela***, ser capaz, poder con | ***non farcela***, no conseguir hacer algo, quedar atrás, no poder más con, no dar para más | ***farla a qlcu.***, engañar a alguien | ***ecco fatto!***, ¡ya está! | ***a/per farla breve***, en resumen | ***averla fatta bella/grossa***, haberla hecho buena | ***chi fa da sé fa per tre***, a Dios rogando y con el mazo dando | ***chi la fa l'aspetti***, donde las dan las toman | ***cosa fatta capo ha***, a lo hecho, pecho | ***fa lo stesso***, da igual, tanto monta | ***non fa nulla***, no pasa nada, no importa | ***fare a meno di***, prescindir de, pasar sin | ***farla breve/corta***, ir al grano | ***farla finita***, quitarse la vida; poner término/punto final, acabar con | ***farsela addosso/farsela nei pantaloni***, cagarse/ciscarse de susto, mearse de miedo | ***farsela con qlcu.***, entenderse con alguien | ***farsi in quattro per***, desvivirse por.

fare[2] *s.m.* **1** (*l'agire*) hecho, acción (*f.*): *con tutti quei figli ha il suo da* —, con todos estos hijos tiene mucho que hacer | *tra il dire e il — c'è di mezzo il mare*, del dicho al hecho hay gran/mucho trecho **2** (*modi*) manera (*f.*), modales (*pl.*) **3** (*inizio*) inicio, comienzo: *sul far del giorno*, al amanecer, al comienzo del día.

faretra *s.f.* (*arma bianca*) aljaba, carcaj (*m.*), linjavera.

faretto *s.m.* foco, aplique.

farfalla *s.f.* (*zool.*) mariposa | *nuoto a —*, estilo mariposa.
farfallino *s.m.* (*cravatta*) pajarita (*f.*).
farfallone *s.m.* (*fig.*) mariposón, donjuán.
farfugliare *v.tr./intr.* farfullar.
farina *s.f.* harina: *— di grano*, harina de trigo; *— di castagne*, harina de castañas | *— lattea*, harina lacteada | *non è — del suo sacco*, es harina de otro costal | *è — del mio sacco*, es de mi cosecha.
farinacei *s.m.pl.* farináceos, granos.
farinata *s.f.* (*cuc.*) **1** gachas de harina **2** (*Liguria*) pan de harina de garbanzos.
faringe *s.f.* (*anat.*) faringe.
faringeo *agg.* (*anat.*) faríngeo.
faringite *s.f.* (*med.*) faringitis.
farinoso *agg.* harinoso.
farisaico *agg.* farisaico, falso, hipócrita.
fariseismo *s.m.* farisaísmo.
fariseo *s.m.* fariseo.
farmaceutica *s.f.* farmacología.
farmaceutico *agg.* farmacéutico.
farmacia *s.f.* farmacia.
farmacista *s.m./f.* farmacéutico (*m.*), boticario (*m.*).
farmaco *s.m.* fármaco, remedio, medicamento | *— da banco*, medicamento de venta libre.
farmacodipendente *agg., sm./f.* farmacodependiente.
farmacodipendenza *s.f.* farmacodependencia.
farmacologia *s.f.* farmacología.
farmacologico *agg.* farmacológico.
farmacologo *s.m.* farmacólogo.
farneticamento *s.m.* delirio, desvarío, frenesí.
farneticare *v.intr.* **1** delirar **2** (*fig.*) decir* disparates.
farneticazione *s.f.* desvarío.
faro *s.m.* **1** (*mar.*) faro | *guardiano del —*, farero **2** (*aut.*) faro, luz* (*f.*): *— abbagliante*, luz de carretera, larga; *— anabbagliante*, luz de cruce/corta; *— antinebbia*, faro antiniebla **3** (*riflettore*) foco.
farraginoso *agg.* farragoso, revuelto, confuso.
farro *s.m.* (*bot.*) espelta (*f.*), escanda (*f.*).
farsa *s.f.* **1** (*teatr.*) farsa **2** (*fig.*) farsa, ridiculez*, mentira.
farsesco *agg.* **1** (*teatr.*) de farsa **2** ridículo, grotesco.
farsetto *s.m.* (*abbigl.*) farseto.
fascetta *s.f.* (*abbigl.*) faja, fajilla, corsé (*m.*).
fascia *s.f.* **1** faja, franja, banda; (*nastro*) cinta; (*striscia*) tira: *— adesiva, isolante*, cinta adhesiva, isolante **2** (*med.*) venda **3** (*per neonati*) pañal (*m.*): *in fasce*, en pañales **4** (*zona*) faja, franja: *— equatoriale*, franja ecuatorial | *— d'ozono*, capa de ozono **5** (*fig.*) faja, franja: *— oraria*, franja horaria | *— d'ascolto*, grupo de audiencia | *— salariale*, banda salarial | *— d'età*, grupo de edad | *— di mercato*, segmento de mercado | *fasce di reddito*, tramos de renta.
fasciare *v.tr.* **1** fajar, envolver*: *— un neonato*, fajar a un recién nacido; (*una ferita*) vendar **2** (*di abito*) ceñir* **3** (*un libro*) forrar.
fasciatoio *s.m.* cambiador, envolvedor.
fasciatura *s.f.* (*med.*) vendaje (*m.*).
fascicolare *v.tr.* reunir* documentos en fascículos.
fascicolatrice *s.f.* máquina fasciculadora automática.
fascicolo *s.m.* **1** fascículo, folleto; (*dispensa*) entrega (*f.*) **2** (*amm.*) expediente, legajo: *— personale*, expediente personal.
fascina *s.f.* fajina.
fascinatore *agg.* fascinador, fascinante.
fascino *s.m.* encanto, atractivo, fascinación (*f.*); *è un tipo che ha molto —*, es un tipo que tiene mucho encanto.
fascinoso *agg.* encantador, fascinante, atractivo.
fascio *s.m.* **1** (*di legna, d'erba*) haz*; (*di documenti*) fajo, manojo: *un — di lettere*, un manojo de cartas | *un — di raggi*, un haz de rayos | *un — muscolare*, un haz/fascículo muscular | *un — di luce*, un rayo de luz | *fare d'ogni erba un —*, meter en el mismo saco **2** (*st., pol.*) falange (*f.*).
fascismo *s.m.* (*pol.*) fascismo.
fascista *agg., s.m./f.* (*pol.*) fascista; (*fam.*) facha.
fase *s.f.* fase; (*stadio*) estadio (*m.*), etapa | (*fam.*) *essere fuori —*, no estar en forma.
fast food *s.m.* fast food, comida (*m.*) rápida/veloz, hamburguesería (*f.*).
fasti *s.m.pl.* fastos, gestas (*f.*), hazañas (*f.*).
fastidio *s.m.* **1** molestia (*f.*): *dar —*, molestar **2** (*seccatura*) estorbo, lata (*f.*), rollo: *che bel — mi hai dato!*, ¡qué rollo me has largado!
fastidioso *agg.* molesto, fastidioso.
fasto *s.m.* fasto, boato, lujo.
fastosità *s.f.* fastuosidad, suntuosidad.
fastoso *agg.* fastuoso, pomposo.
fasullo *agg.* falso, sin valor.
fata *s.f.* hada | *— morgana*, espejismo.
fatale *agg.* fatal, inevitable: *destino —*, destino funesto | *donna —*, mujer fatal | *momento —*, momento fatal.
fatalismo *s.m.* fatalismo.
fatalista *agg., s.m./f.* fatalista.
fatalistico *agg.* fatalista.
fatalità *s.f.* fatalidad.
fatare *v.tr.* hadar, encantar, hechizar*.
fatato *agg.* hadado, hechizado.

fatica *s.f.* fatiga, esfuerzo (*m.*); (*stanchezza*) cansancio (*m.*) | *fare — a*, tener dificultad para | *a —*, con dificultad | *costare —*, costar trabajo | *uomo di —*, hombre que realiza trabajos pesados | *prova di —*, prueba de fatiga.
faticaccia *s.f.* tute (*m.*), zurra.
faticare *v.intr.* **1** fatigarse*, trabajar, (*fam.*) currar **2** (*stentare*) costar* trabajo: *fatica a capire*, le cuesta entender.
faticata *s.f.* reventón (*m.*), gran esfuerzo (*m.*).
faticoso *agg.* **1** fatigoso, pesado **2** (*difficile*) difícil, complicado, trabajoso.
fatidico *agg.* fatídico, aciago, fatal.
fatiscente *agg.* ruinoso.
fato *s.m.* hado, destino.
fatta *s.f.* ralea, índole, clase: *gente d'ogni —*, gente de toda clase.
fattaccio *s.m.* crimen, delito, fechoría (*f.*).
fatterello *s.m.* hecho, anécdota (*f.*).
fattezze *s.f.pl.* facciones.
fattibile *agg.* factible, posible.
fattibilità *s.f.* factibilidad.
fattispecie *s.f.* hecho (*m.*) jurídico, caso (*m.*), circunstancia: *nella —*, en dicha circunstancia.
fattivo *agg.* activo, diligente, eficaz.
fatto[1] *agg.* **1** hecho, construido, fabricado: *— a mano*, hecho a mano; *essere — apposta per*, estar hecho a medida; *frase fatta*, frase hecha | *ormai è fatta!/quel che è — è —*, a lo hecho pecho **2** (*ultimato*) hecho | *—!*, ¡listo! | *presto —/detto (e) —*, dicho y hecho | *a conti fatti*, a fin de cuentas **3** (*maturo*) hecho, maduro | *un uomo — e finito*, un hombre hecho y derecho | *a notte fatta*, en plena noche **4** (*drogato*) colgado, flipado.
fatto[2] *s.m.* **1** hecho, acción (*f.*) **2** (*avvenimento*) acontecimiento, suceso **3** (*faccenda*) asunto: *sono fatti miei!*, ¡son asuntos míos! | *badare ai fatti propri*, ir a lo suyo | *— personale*, cuestión personal
■ ***dire il fatto suo***, poner de vuelta y media | ***in fatto di***, en materia de | ***dato di fatto***, hecho evidente | ***fatto sta che***, el hecho es que | ***mettere di fronte al fatto compiuto***, poner frente al hecho consumado | ***sapere il fatto proprio***, saber su salmo | ***passare a vie di fatto***, llegar/venir a las inmediatas.
fattore[1] *s.m.* (*di fattoria*) granjero.
fattore[2] *s.m.* (*elemento*) factor, causa (*f.*) | *— Rh*, factor Rh | *— ambientale*, factor ambiental | *— di potenza*, coeficiente de potencia | *fattori ereditari*, factores hereditarios.
fattoria *s.f.* granja, finca, hacienda.
fattorino *s.m.* **1** mozo, repartidor, recadero **2** (*di albergo*) botones.
fattucchiera *s.f.* hechicera, saga.
fattura *s.f.* **1** factura; (*di vestito*) hechura **2** (*comm.*) factura, cuenta **3** (*stregoneria*) hechizo (*m.*), maleficio (*m.*): *fare una —*, echar el mal de ojo, hechizar.
fatturare *v.tr.* (*comm.*) facturar, vender.
fatturato *s.m.* (*comm.*) volumen de ventas, facturación (*f.*).
fatturazione *s.f.* facturación.
fatuità *s.f.* fatuidad.
fatuo *agg.* fatuo | *fuoco —*, fuego fatuo.
fauci *s.f.pl.* **1** fauces **2** (*fig.*) boca (*sing.*).
fauna *s.f.* fauna.
faunesco *agg.* faunesco.
faunistico *agg.* fáunico.
fauno *s.m.* fauno.
faustiano *agg.* fáustico.
fausto *agg.* fausto, feliz*, afortunado.
fautore *s.m.* partidario, seguidor, sostenedor.
fava *s.f.* (*bot.*) haba | *prendere due piccioni con una —*, matar dos pájaros de un tiro.
favella *s.f.* habla, idioma (*m.*), lengua, lenguaje (*m.*).
favilla *s.f.* chispa, centella, pavesa | *far faville*, echar chispas.
favo *s.m.* (*alveare*) panal, bresca (*f.*).
favola *s.f.* **1** (*lett.*) fábula, apólogo (*m.*): *le favole di Esopo sono famose*, las fábulas de Esopo son famosas | *la morale della —*, la moraleja **2** (*estens.*) cuento (*m.*) de hadas: *la — di Cenerentola*, el cuento de la Cenicienta **3** (*chiacchiera*) habladuría, comidilla **4** (*invenzione*) bola, trola.
favoleggiare *v.tr.* contar* fábulas, fabular.
favoloso *agg.* fabuloso; extraordinario.
favore *s.m.* **1** favor: *a/in — di*, a/en favor de; *votare a — di*, votar a favor de; *testimoniare a —*, testimoniar a favor | *godere il — di qlcu.*, gozar de la simpatía de alguien **2** (*piacere*) favor, ayuda (*f.*), cortesía (*f.*): *chiedere, fare un —*, pedir, hacer un favor; *per —*, por favor | *mi faccia il —!*, ¡por favor!; ¡venga ya!
favoreggiamento *s.m.* (*dir.*) complicidad (*f.*), encubrimiento.
favoreggiare *v.tr.* (*dir.*) encubrir, proteger*.
favoreggiatore *s.m.* (*dir.*) encubridor, cómplice.
favorevole *agg.* favorable; (*vantaggioso*) ventajoso.
favorire *v.tr.* **1** favorecer*; (*sostenere*) sostener*, apoyar; (*aiutare*) ayudar **2** (*nelle formule di cortesia*): *vuole —?*, ¿puedo convidarle?, ¿usted gusta?; *favorisca seguirmi*, haga el favor de venir conmigo; *favorisca i documenti*, su documentación, por favor.
favoritismo *s.m.* favoritismo.
favorito *agg.*, *s.m.* favorito, preferido.
fax *s.m.* fax: *fare un —*, faxear, enviar un fax.
faxare *v.tr.* faxear, enviar fax.
fazione *s.f.* facción.
fazioso *agg.* faccioso, sectario.
fazzoletto *s.m.* pañuelo: *— da testa*, pañuelo

de cabeza; — *da naso*, pañuelo de bolsillo | *fare un nodo al* —, anudar el pañuelo (para acordarse de algo) | *un — di terra*, un pequeño campo.
febbraio *s.m.* febrero.
febbre *s.f.* **1** fiebre (*anche fig.*): *misurare la* —, tomar la temperatura | — *da fieno*, fiebre del heno | — *gialla*, fiebre amarilla | *avere una — da cavallo*, tener fiebre muy alta | (*fig.*) *far venire la* —, poner nervioso | *la — del sabato sera*, la fiebre del sábado noche **2** (*herpes*) boquera.
febbriciattola *s.f.* fiebre baja y persistente, (*med.*) febrícula.
febbricitante *agg.* (*med.*) febricitante, calenturiento.
febbrile *agg.* (*med.*) febril.
feccia *s.f.* **1** hez* **2** (*fig.*) escoria: *la — della società*, la escoria de la sociedad.
feci *s.f.pl.* heces.
fecola *s.f.* fécula.
fecondare *v.tr.* fecundar (*anche fig.*).
fecondazione *s.f.* fecundación: — *artificiale*, fecundación artificial; — *in vitro*, fecundación en probeta/vitro.
fecondità *s.f.* fecundidad, fertilidad.
fecondo *agg.* fecundo, fértil (*anche fig.*).
fede *s.f.* **1** fe: *in buona, cattiva* —, de buena, mala fe; *atto di* —, profesión de fe | *il segno della* —, la señal de la cruz | *in* —, dar fe | *in — mia*, a fe mía | *prestare* —, prestar fe | *fare* —, hacer fe | — *cieca/assoluta*, fe ciega | *rinnegare la* —, renegar la fe **2** (*fiducia*) confianza | *uomo/donna di poca* —, hombre/mujer de poca fe **3** (*lealtà, fedeltà*) fidelidad, lealtad | *tener — a una promessa/un impegno*, cumplir una promesa/un compromiso **4** (*anello nuziale*) alianza **5** (*certificato*) fe, certificación: — *di battesimo*, fe de bautismo | — *di credito*, letra de cambio | — *di deposito*, certificación de depósito.
fedecommesso *s.m.* (*dir.*) fideícomiso.
fedele *agg.*, *s.m./f.* fiel, leal, constante.
fedeltà *s.f.* fidelidad | *ad alta* —, de alta fidelidad.
federa *s.f.* almohadón (*m.*), funda de almohada.
federale *agg.* (*pol.*) federal.
federalismo *s.m.* (*pol.*) federalismo.
federalista *agg.*, *s.m./f.* (*pol.*) federalista.
federalistico *agg.* (*pol.*) federalista.
federare *v.tr.* confederar, federar.
federativo *agg.* federativo.
federato *agg.* confederado, aliado.
federazione *s.f.* federación.
fedifrago *agg.* (*dir.*) perjuro, infiel.
fedina *s.f.* (*penale*) certificado (*m.*) de antecedentes penales; *avere la — penale sporca, pulita*, tener, no tener antecedentes penales.
feedback *s.m.* feed back, retroalimentación.
feeling *s.m.* atracción (*f.*), magnetismo, alquimia (*f.*).
fegatini *s.m.pl.* higadillos.
fegato *s.m.* **1** (*anat.*) hígado | (*fig.*) *farsi venire il mal di* —, echar la hiel, tomarse a pecho una cosa | *rodersi il* —, reconcomerse **2** (*fig.*) valor, valentía (*f.*): *avere del* —, tener hígados.
felce *s.f.* (*bot.*) helecho (*m.*).
felice *agg.* **1** feliz*: *essere* —, ser feliz **2** (*fortunato*) dichoso | *felicissimo!*, (*nelle presentazioni*) ¡encantado!
felicità *s.f.* felicidad.
felicitarsi *v.pron.* felicitar, felicitarse, alegrarse, congratularse: — *con qlcu. per qlco.*, felicitar a alguien por algo.
felicitazioni *s.f.pl.* felicitaciones, enhorabuena (*sing.*).
felino *agg.*, *s.m.* felino.
felpa *s.f.* **1** (*tess.*) felpa **2** (*indumento*) sudadera.
felpare *v.tr.* felpar, afelpar.
felpato *agg.* **1** afelpado, felpudo **2** (*fig.*) silencioso, sigiloso: *passi felpati*, pasos sigilosos.
feltro *s.m.* fieltro.
feluca *s.f.* (*mar.*) falucho (*m.*).
femmina *s.f.* mujer, niña; (*di animali*) hembra: *ha due figli, un maschio e una* —, tiene dos hijos, un varón y una niña.
femmineo *agg.* femíneo, femenino, afeminado.
femminile *agg.*, *s.m.* femenino: *istituto* —, colegio femenino/para niñas; *temperamento* —, temperamento femenino.
femminilità *s.f.* feminidad: *avere una grande* —, ser muy femenina.
femminismo *s.m.* feminismo.
femminista *agg.*, *s.f./m.* feminista.
femminuccia *s.f.* gallina (*m.*), cobarde (*m./f.*).
femorale *agg.* (*anat.*) femoral.
femore *s.m.* (*anat.*) fémur.
fendente *s.m.* hendiente, mandoble.
fendere *v.tr.* hender*, romper, partir.
fendinebbia *s.f.* (*aut.*) faro (*m.*) antiniebla.
fenditoio *s.m.* (*agr.*) navaja (*f.*) de injertar.
fenditura *s.f.* hendidura, cuarteo (*m.*), grieta.
fenice *s.f.* fénix | *l'araba* —, el ave fénix.
fenicio *agg., s.m.* fenicio.
fenicottero *s.m.* (*zool.*) flamenco.
fenologia *s.f.* (*meteor.*) fenología.
fenologico *agg.* (*meteor.*) fenológico.
fenomenale *agg.* fenomenal, extraordinario.
fenomeno *s.m.* fenómeno.
fenomenologia *s.f.* fenomenología.
feretro *s.m.* ataúd, féretro.
feriale *agg.* hábil, laborable, ferial.

ferie *s.f.pl.* vacaciones: *andare in —*, ir de vacaciones.
ferimento *s.m.* herida; (*fig.*) agravio.
ferire *v.tr.* herir* (*anche fig.*) | *senza colpo —*, herir sin disparar un tiro.
ferita *s.f.* herida (*anche fig.*): *— da arma da fuoco*, herida de arma de fuego.
ferito *agg.*, *s.m.* herido.
feritoia *s.f.* **1** aspillera **2** (*per dare aria e luce*) tragaluz* (*m.*).
ferma *s.f.* (*mil.*) servicio (*m.*) militar.
fermacapelli *s.m.* pasador, agujón.
fermacarte *s.m.* sujetapapeles, pisapapeles.
fermacravatta *s.m.* alfiler de corbata, prendedor.
fermaglio *s.m.* (*spilla*) broche, alfiler; (*per capelli*) pasador; (*di gioiello*) hebilla (*f.*); (*per fogli*) grapa (*f.*).
fermaporta *s.f.* retenedor (*m.*), taco (*m.*).
fermare *v.tr.* **1** parar **2** (*dir.*) arrestar, detener* **3** (*interrompere*) interrumpir, suspender **4** (*fissare*) fijar ♦ *v.intr.* (*sostare*) parar ♦ **-rsi** *v.pron.* **1** pararse **2** (*restare*) quedarse.
fermata *s.f.* parada.
fermato *agg.*, *s.m.* detenido, arrestado: *hanno rilasciato molti dei fermati*, dejaron en libertad a muchos de los detenidos.
fermentare *v.intr.* fermentar.
fermentazione *s.f.* fermentación.
fermento *s.m.* **1** fermento **2** (*fig.*) agitación (*f.*), nerviosismo.
fermezza *s.f.* firmeza (*anche fig.*).
fermo *agg.* **1** parado; (*immobile*) inmóvil: *l'orologio è —*, el reloj está parado | *star —*, quedarse quieto | *fermi tutti!*, ¡alto ahí! | *acqua ferma*, agua estancada **2** (*risoluto*) firme **3** (*stabilito*) fijado, establecido | *— restando che*, establecido que ♦ *s.m.* **1** (*chiusura*) seguro **2** (*arresto*) detención (*f.*) | *mettere in stato di —*, detener.
fermoimmagine *s.m.* (*cinem.*) congelado de imagen.
fermoposta *avv.* a la lista (*f.*) de correos: *spedire —*, expedir a la lista de correos ♦ *agg.* *de la* lista (*f.*) de correos: *lettera —*, carta de la lista de correos ♦ *s.m.* lista (*f.*) de correos, apartado de correos.
feroce *agg.* feroz*, cruel.
ferocia *s.f.* ferocidad, crueldad.
ferraglia *s.f.* chatarra.
ferragosto *s.m.* fiesta del 15 de agosto.
ferramenta *s.f.pl.* herramientas ♦ *s.m./f.* (*negozio*) ferretería (*f.*).
ferrare *v.tr.* herrar*: *— i cavalli*, herrar los caballos.
ferrata *s.f.* (*alpinismo*) vía en roca provista de cuerdas y ganchos metálicos.
ferrato *agg.* herrado | *strada ferrata*, vía/línea férrea | *via ferrata*, vía ferrata.
ferreo *agg.* férreo, de hierro.
ferro *s.m.* **1** hierro: *— battuto*, hierro forjado | *— da calza*, aguja | *— da stiro*, plancha | *— di cavallo*, herradura **2** (*pl.*) instrumental (*sing.*), instrumentos: *i ferri del chirurgo*, el instrumental del cirujano | *i ferri del mestiere*, pertrechos, aperos
■ ***di ferro***, de hierro: *volontà, salute di —*, voluntad, salud de hierro | ***alibi di ferro***, coartada segura | (*cuc.*) ***ai ferri***, a la plancha: *bistecca ai ferri*, bistec a la plancha | ***essere ai ferri corti***, andar a la greña | ***mettere a ferro e fuoco***, poner a hierro y fuego/sangre, a sangre y fuego | ***toccare ferro***, tocar madera | ***andare sotto i ferri***, estar en el quirófano.
ferroso *agg.* ferroso.
ferrovia *s.f.* ferrocarril (*m.*).
ferroviario *agg.* ferroviario, ferrovial: *orario —*, horario de ferrocarriles.
ferroviere *s.m.* empleado de ferrocarriles, ferroviario.
ferruginoso *agg.* ferruginoso, ferrugíneo.
fertile *agg.* fértil (*anche fig.*).
fertilità *s.f.* fertilidad.
fertilizzante *s.m.* fertilizante.
fertilizzare *v.tr.* fertilizar*.
fervente, fervido *agg.* férvido, fervoroso, ferviente, caluroso: *fervidi auguri*, calurosas felicitaciones.
fervere *v.intr.* arder, abrasar, quemar.
fervore *s.m.* fervor.
fesseria *s.f.* estupidez*, tontería.
fesso *agg.*, *s.m.* (*fam.*) tonto, estúpido, bobo | *far — qlcu.*, engañar como a un chino.
fessura *s.f.* fisura, hendidura, rendija; (*crepa*) grieta, quiebra.
festa *s.f.* **1** fiesta; (*festività*) festividad: *— di precetto*, fiesta de precepto/de guardar | *buone feste!*, ¡felices fiestas! | *il vestito della —*, el traje de domingo | *a —*, de fiesta | *far —*, hacer fiesta | *— della mamma/del papà*, día de la madre/del padre | *— di famiglia*, fiesta de familia | *— doppia*, fiesta doble | *santificare le feste*, santificar/guardar las fiestas **2** (*fam.*, *compleanno*) cumpleaños (*m.*); (*onomastico*) onomástica, santo (*m.*)
■ ***guastare la festa***, aguar la fiesta | (*fig.*) ***fare la festa a qlcu.***, matarlo; arruinarlo | ***conciare per le feste***, poner como un cristo | ***è finita la festa***, se acabó lo que se daba | ***fare le feste***, agasajar.
festaiolo *agg.* fiestero, juerguista.
festante *agg.* alegre.
festeggiamento *s.m.* celebración (*f.*), festejo.
festeggiare *v.tr.* **1** (*una festa*) celebrar, festejar **2** (*accogliere bene*) agasajar.
festival *s.m.* festival.
festività *s.f.* festividad.

festivo *agg.* festivo.
festone *s.m.* (*arch., tess., ornamento*) festón.
festoso *agg.* alegre, jovial.
fetente *agg.* **1** fétido **2** (*fig.*) vil, infame ♦ *s.m.* infame, ruin.
feticcio *s.m.* fetiche.
feticismo *s.m.* fetichismo.
feticista *agg., s.m./f.* fetichista.
fetido *agg.* fétido, hediondo.
feto *s.m.* feto.
fetore *s.m.* fetidez (*f.*).
fetta *s.f.* (*di pane*) rebanada; (*di insaccato*) loncha; (*di carne*) tajada, filete (*m.*); (*di frutto*) raja; (*porzione*) porción, parte: *tagliare a fette*, rebanar | — *biscottata*, tostada | (*fig.*) *fare a fette qlcu.*, hacer cachitos a alguien.
fettina *s.f.* (*bistecca*) tajada, loncha.
fettuccia *s.f.* cinta (de algodón).
fettuccine *s.f.pl.* (*cuc.*) fettuccine, fetuchines (*m.*).
feudale *agg.* feudal.
feudalesimo *s.m.* feudalismo.
feudatario *s.m.* feudatario.
feudo *s.m.* feudo (*anche fig.*).
feuilleton *s.m.* folletín, entrega (*f.*), suelto.
fiaba *s.f.* **1** cuento (*m.*) de hadas **2** (*fandonia*) patraña, bola.
fiabesco *agg.* fabuloso, maravilloso.
fiacca *s.f.* flema; (*stanchezza*) desgana, (*sport*) pájara | *battere la* —, trabajar con desgana; holgazanear.
fiaccare *v.tr.* debilitar, minar; (*rompere*) quebrar*, romper* (*anche fig.*).
fiacchezza *s.f.* lasitud, flojedad; (*debolezza*) debilidad.
fiacco *agg.* flojo; (*debole*) débil.
fiaccola *s.f.* antorcha.
fiaccolata *s.f.* procesión nocturna con antorchas.
fiala, fialetta *s.f.* ampolla.
fiamma *s.f.* **1** llama (*anche fig.*) | — *ossidrica*, soplete oxídrico | *andare in fiamme*, inflamarse | (*cuc.*) *alla* —, flameado | *dare alle fiamme*, prender fuego; quemar | (*mecc.*) *ritorno di* —, retroceso de llama; (*fig.*) reavivamiento de una pasión | *mettere a fuoco e fiamme*, poner a fuego y sangre/hierro | *rosso* —, color rojo vivo **2** (*persona amata*) ligue (*m.*) | (*fig.*) *nuova, vecchia* —, nuevo ligue, viejo amor **3** (*fig.*) llama, pasión
■ ***Fiamme Gialle***, funcionarios de hacienda | ***avere/sentirsi il viso in fiamme***, ponerse rojo como un tomate | ***far fuoco e fiamme***, echar chispas/saetas/rayos.
fiammante *agg.* **1** vivo (*m.*), encendido (*m.*): *rosso* —, rojo vivo **2** (*fig.*) flamante: *nuovo* —, flamante, recién estrenado.
fiammata *s.f.* **1** llamarada **2** (*fig.*) arrebato (*m.*).
fiammeggiante *agg.* llameante, de fuego (*anche fig.*): *sguardo* —, mirada de fuego.
fiammeggiare *v.intr.* llamear, despedir* llamas.
fiammiferaio *s.m.* cerillero, fosforero.
fiammifero *s.m.* fósforo, cerilla (*f.*).
fiammingo *agg., s.m.* flamenco.
fiancata *s.f.* flanco (*m.*), costado (*m.*): *la — di un'auto*, el lateral de un coche.
fiancheggiare *v.tr.* **1** flanquear; (*costeggiare*) costear, bordear, ladear **2** (*fig., sostenere*) apoyar, ayudar, sostener*.
fiancheggiatore *s.m.* sostenedor.
fianco *s.m.* **1** costado; (*anca*) cadera (*f.*) | *stare al — di qlcu.*, echar una mano a alguien | — *a* —, codo con codo | *lavorare ai fianchi l'avversario*, acosar al adversario | *offrire/prestare il* —, dar el costado, mostrar el punto débil **2** (*parte laterale*) lado; (*di esercito, di imbarcazione*) flanco | *di — a*, al lado de: *di — alla scuola c'è un cinema*, al lado de la escuela hay un cine.
fiandra *s.f.* (*tess.*) holanda.
fiasco *s.m.* **1** frasco, garrafa (*f.*) **2** (*insuccesso*) *fiasco*, chasco, fracaso | *fare* —, llevarse un chasco, fracasar
■ ***prendere fischi per fiaschi***, tomar el rábano por las hojas.
fiatare *v.intr.* hablar, chistar: *non —!*, ¡no hables!; *senza* —, sin chistar.
fiato *s.m.* aliento; (*respiro*) hálito, resuello: *prendere/riprendere* —, cobrar/tomar aliento; *avere il — grosso*, resollar | — *sprecato*, pérdida de tiempo | *in un* —, en un decir amén | (*tutto*) *d'un* —, de un tirón | *strumenti a* —, instrumentos de viento.
fiatone *s.m.* jadeo | *avere il* —, jadear.
fibbia *s.f.* hebilla.
fibra *s.f.* **1** fibra **2** (*costituzione*) constitución, complexión.
fibrillare *v.intr.* **1** (*med.*) fibrilar **2** (*fig.*) agitarse, ponerse nervioso.
fibrillazione *s.f.* **1** (*med.*) fibrilación **2** (*fig.*) agitación, nerviosismo (*m.*).
fibroma *s.m.* (*med.*) fibroma.
fibrosi *s.f.* (*med.*) fibrosis.
fibroso *agg.* fibroso.
fica *s.f.* (*volg.*) coño (*m.*), (*Amer.*) concha.
ficcanaso *s.m.* entrometido.
ficcare *v.tr.* **1** hincar*, clavar **2** (*mettere dentro, anche fig.*) meter | — *il naso dappertutto*, meter el hocico en todo ♦ **-rsi** *v.pron.* (*cacciarsi*) meterse | — *in un guaio*, meterse en un lío.
fiche *s.f.* ficha.
fico[1] *s.m.* **1** (*albero*) higuera (*f.*) | — *d'India*, higo chumbo, (*Amer.*) nopal **2** (*frutto*) higo | *non mi importa un — secco*, me importa un

pepino, un bledo | *non vale un — secco*, no vale un comino.
fico² *agg.* **1** (*alla moda*) guay **2** (*di ragazzo*) guaperas.
ficodindia *s.m.* **1** (*albero*) chumbera (*f.*), higuera (*f.*) de tuna, nopal **2** (*frutto*) higo chumbo/de pala.
fidanzamento *s.m.* noviazgo; (*cerimonia*) compromiso, esponsales (*pl.*).
fidanzare *v.tr.* prometer en matrimonio ♦ **-rsi** *v.pron.* echarse novio, comprometerse.
fidanzato *s.m.* novio, prometido.
fidare *v.tr.* confiar*, fidar, dar* crédito ♦ **-rsi** *v.pron.* fiarse*; (*aver fiducia*) confiar* en; (*contare su*) contar* (con).
fidato *agg.* de confianza.
fideiussione *s.f.* (*dir.*) fianza, garantía.
fido *s.m.* (*banc.*) crédito.
fiducia *s.f.* **1** confianza | *dare/ispirare —*, dar confianza | (*pol.*) *voto di —*, voto de confianza | *uomo di —*, hombre de confianza **2** (*comm.*) solvencia, crédito (*m.*).
fiduciario *agg.*, *s.m.* (*anche banc.*) fiduciario.
fiducioso *agg.* confiado.
fiele *s.m.* **1** (*anat.*) hiel (*f.*), bilis (*f.*) **2** (*fig.*) hodio, rencor; amargura (*f.*).
fienile *s.m.* henil, pajar.
fieno *s.m.* heno | *febbre da —*, fiebre del heno | *raffreddore da —*, rinitis alérgica.
fiera *s.f.* feria, mercado (*m.*); (*esposizione*) exposición.
fierezza *s.f.* orgullo (*m.*).
fiero *agg.* orgulloso: *essere — di qlcu.*, estar orgulloso de alguien.
fievole *agg.* débil, flojo.
fifa *s.f.* (*fam.*) miedo (*m.*), mieditis, canguelo (*f.*).
fifone *s.m.* (*fam.*) miedoso.
figa *s.f.* → **fica.**
figlia *s.f.* hija.
figliare *v.tr.* parir, procrear
figliastro *s.m.* hijastro.
figliata *s.f.* (*animali*) camada: *una — di gatti*, una camada de gatos.
figlio *s.m.* hijo | *— di latte*, hijo de leche | *— di nessuno*, hijo de la tierra | *— illegittimo*, hijo ilegítimo | *— naturale*, hijo natural | *aspettare, avere un —*, esperar, tener un hijo | *tale padre tale —*, de tal palo tal astilla ■ ***figlio di papà***, hijo de papá | ***essere figlio delle proprie azioni***, ser hijo de sus obras, cada palo que aguante su vela | ***essere figlio del proprio tempo/secolo***, ser hijo de su tiempo | ***figlio d'arte***, hijo del oficio | ***figlio di puttana***, hijoputa, hijo de puta | ***figlio di buona donna/mignotta***, hijo de su madre.
figlioccio *s.m.* ahijado.
figliolanza *s.f.* prole, hijos (*m.pl.*).
figliolo *s.m.* hijo, chico | *il figliol prodigo*, el hijo pródigo.
figo *s.m.* → **fico².**
figura *s.f.* **1** figura, forma **2** (*illustrazione*) ilustración, dibujo (*m.*): *ai bambini piacciono i libri pieni di figure*, a los niños les gustan los libros llenos de ilustraciones **3** (*modo di mostrarsi*) figura, imagen: *far —*, hacer figura | *fare una bella, cattiva —*, quedar bien, mal | *fare la — di*, pasar por | *far fare brutta —*, poner en mal lugar, dejar feo | *che —!*, ¡qué plancha/planchazo! **4** (*personaggio*) persona, figura.
figuraccia *s.f.* plancha | *fare una —*, meter la pata, quedar mal.
figurale *agg.*, *s.m.* alegórico (*m.*), simbólico (*m.*).
figurante *s.m./f.* (*teatr.*, *fig.*) figurante, comparsa.
figurare *v.tr.* **1** figurar, representar **2** (*fig.*) figurarse, imaginarse: *me lo figuravo più giovane*, me lo imaginaba más joven | *«ti disturbo?» «figurati!»*, «te molesto?» «¡qué va!» | *«grazie» «figurati!»*, «gracias» «¡de nada!» | *figuriamoci!*, ¡faltaría más! | *si figuri!*, ¡figúrese usted! ♦ *v.intr.* **1** resultar, aparecer*: *non vuole — nell'elenco*, no quiere aparecer en la lista **2** (*apparire*) ser* conocido: *figura come autore di romanzi*, es conocido como autor de novelas
figurativo *agg.* (*arte*) figurativo.
figurato *agg.* figurado.
figurazione *s.f.* figuración, representación.
figurina *s.f.* cromo (*m.*).
figurinista *s.m./f.*, figurinista.
figurino *s.m.* figurín, dibujo, modelo | *essere/sembrare un —*, ir/estar hecho un figurín.
figurona *s.f.* buena impresión | *fare una —*, quedar muy bien, portarse.
figurone *s.m.* → **figurona.**
fila *s.f.* **1** fila, hilera; (*coda*) cola: *in prima —*, en primera fila; *una — di alberi*, una hilera de árboles | *mettersi in —*, ponerse en fila | *in — indiana*, en fila india | *fare la —*, hacer cola | *parcheggiare in doppia —*, aparcar en doble fila | *serrare le —*, cerrar filas | *di —*, todo seguido | *tutto di —*, de un tirón **2** (*serie*) serie, sarta: *una — di bugie*, una serie de mentiras; *una — di sciagure*, una sucesión de desgracias.
filamento *s.m.* filamento, fibra (*f.*).
filanca® *s.f.* fibra sintética elástica, espuma.
filanda *s.f.* hilandería.
filante *agg.* filamentoso | *stella —*, serpentina.
filantropia *s.f.* filantropía.
filantropico *agg.* filantrópico.
filantropo *s.m.* filántropo.
filare¹ *v.tr.* hilar, tejer ♦ *v.intr.* **1** (*formare*

filamenti) hilar **2** (*correre*) correr, salir* disparado | — *via*, irse, marcharse, largarse| *fila via!*, ¡vete!, ¡lárgate! | *filarsela*, largarse, guillarse **3** (*comportarsi bene*) portarse bien: *far — diritto qlcu.*, tener a raya a alguien **4** (*fig.*) fluir*, correr: *un discorso che fila*, un discurso que fluye | *far —*, meter en cintura | *fila tutto liscio come l'olio*, todo es cantar y coser | — *d'amore e d'accordo*, ser uña y carne | — *diritto/dritto*, portarse como Dios manda **5** (*amoreggiare*) flirtear.

filare² *s.m.* hilera (*f.*).

filarmonica *s.f.* (*mus.*) filarmónica.

filastrocca *s.f.* **1** cancioncita, cantilena **2** (*tiritera*) canción, letanía, rollo (*m.*).

filatelia *s.f.* filatelia.

filato *agg.* **1** hilado | *zucchero —*, algodón dulce **2** (*fig.*) sensato, coherente **3** (*di seguito*) seguido: *tre ore filate*, tres horas seguidas **4** (*veloce*) rápido, corriendo: *vai — a casa*, vete corriendo a casa ♦ *s.m.* hilado.

file *s.m.* (*inform.*) fichero, archivo.

filettare *v.tr.* (*tecn.*) filetear, ribetear.

filettato *agg.* (*tecn.*) fileteado, roscado.

filettatore *s.m.* (*persona*) fileteador.

filettatrice *s.f.* (*macchina*) roscadora.

filettatura *s.f.* (*tecn.*) filete (*m.*), ribete (*m.*).

filetto *s.m.* **1** (*tecn.*) filete **2** (*cuc., di bovini, suini*) solomillo, filete; (*di pesce*) lomo, filete: *filetti di sogliola*, lomos de lenguado; — *di vitello*, solomillo de ternera.

filiale¹ *agg.* filial.

filiale² *s.f.* (*econ.*) agencia, sucursal, filial.

filiazione *s.f.* **1** filiación, lazo (*m.*) de parentesco **2** (*fig.*) deducción, derivación.

filibustiere *s.m.* filibustero, corsario.

filiera *s.f.* hilera.

filiforme *agg.* filiforme.

filigrana *s.f.* filigrana.

filippica *s.f.* filípica, invectiva.

filippino *agg.*, *s.m.* filipino.

filisteo *agg.*, *s.m.* filisteo.

film *s.m.* película (*f.*), filme: — *western*, película del oeste; — *con sottotitoli*, película subtitulada; — *a colori*, película en color; — *candidato all'Oscar*, película nominada para los Óscar; — *d'animazione/a cartoni animati*, película de animación/de dibujos animados; — *dell'orrore*, película de terror/de miedo; — *d'azione*, película de acción; — *giallo/poliziesco*, película policíaca; — *in costume*, película de época; — *muto*, película muda; — *porno*, película porno.

filmare *v.tr.* filmar, rodar*.

filmato *s.m.* documental, reportaje.

filmico *agg.* fílmico.

filmografia *s.f.* filmografía.

filo *s.m.* **1** hilo (*anche fig.*) | *un — di perle*, un hilo/collar de perlas | — *interdentale*, seda dental | — *del traguardo*, meta **2** (*di paglia, d'erba*) brizna (*f.*) **3** (*di ferro*) alambre | — *spinato*, alambre de púas/de espino | — *elettrico*, cable **4** (*di lama*) filo: *il — del rasoio*, el filo de la navaja | *passare a fil di spada*, pasar a cuchillo/espada | *essere sul — del rasoio*, estar al borde del precipicio **5** (*quantità minima*) pelo, hilo: *non c'è un — d'aria*, no corre un pelo de aire | *un — d'acqua, di sangue*, un hilo de agua, de sangre | *un — di voce*, un hilo de voz

■ ***filo d'Arianna***, hilo de Ariadna | (*fig.*) ***essere legato a doppio filo con qlcu.***, ser uña y carne | ***perdere il filo del discorso***, perder la hebra | ***per filo e per segno***, con pelos y señales | (*fam.*) ***fare il filo a qlcu.***, cortejar/galantear/camelar a alguien | ***tirare le fila***, atar cabos | ***tenere/muovere/reggere le fila di***, manejar/mover los hilos de.

filo- *pref.* filo-.

filoamericano *agg.*, *s.m.* filoamericano.

filobus *s.m.* trolebús.

filoccidentale *agg.* (*pol.*) filoccidental.

filocomunista *agg.* (*pol.*) filocomunista.

filodiffusione *s.f.* hilo (*m.*) musical.

filodrammatico *s.m.* (*teatr.*) actor* aficionado.

filogovernativo *agg.* (*pol.*) oficialista.

filologia *s.f.* filología.

filologico *agg.* filológico.

filologo *s.m.* filólogo.

filonazista *agg.* (*pol.*) filonazista.

filone *s.m.* **1** (*geol.*) filón, vena (*f.*) **2** (*fig.*) corriente (*f.*), movimiento **3** (*di pane*) barra (*f.*).

filorientale *agg.* (*pol.*) filoriental.

filosofale *agg.* filosofal.

filosofare *v.intr.* filosofar, razonar, discurrir.

filosofia *s.f.* filosofía.

filosofico *agg.* filosófico.

filosofo *s.m.* filósofo.

filosovietico *agg.* (*pol.*) filosoviético.

filovia *s.f.* trolebús (*m.*).

filtrabile *agg.* filtrable.

filtraggio *s.m.* filtración (*f.*), filtrado.

filtrante *agg.* filtrante.

filtrare *v.tr.* **1** filtrar **2** (*fig.*) filtrar, seleccionar, elaborar, analizar* ♦ *v.intr.* **1** (*penetrare*) filtrarse **2** (*fig., diffondersi*) filtrar, difundirse: *sono filtrate informazioni segrete*, se han filtrado informaciones secretas.

filtro¹ *s.m.* filtro.

filtro² *s.m.* (*magico*) filtro, bebedizo, brebaje.

filza *s.f.* sarta, serie | *una — di disgrazie*, un rosario de desgracias.

finale *agg.* final ♦ *s.m.* final, fin, conclusión (*f.*) ♦ *s.f.* (*sport*) final.

finalista *s.m./f.* finalista.

finalità *s.f.* finalidad, fin (*m.*), objetivo (*m.*).

finalizzare *v.tr.* **1** (*concludere*) finalizar*, concluir* **2** (*indirizzare*) dirigir*, encaminar.
finalmente *avv.* al fin | *—!*, ¡por fin!
finanza *s.f.* **1** finanzas (*pl.*) | *— pubblica*, hacienda pública | *Guardia di —*, Policía fiscal | *Ministero delle Finanze*, Ministerio de Hacienda **2** (*pl., risorse*) medios (*m.*), recursos (*m.*).
finanziamento *s.m.* financiación (*f.*).
finanziare *v.tr.* financiar.
finanziaria *s.f.* sociedad financiera.
finanziario *agg.* financiero: *legge finanziaria*, ley de presupuestos generales del estado.
finanziatore *agg., s.m.* financiador.
finanziere *s.m.* **1** financiero **2** (*guardia di finanza*) funcionario (*f.*) de la policía fiscal.
finché *cong.* **1** (*fino a quando*) hasta que: *aspettami — non arrivo*, espérame hasta que no llegue; *mi ha aspettato — non sono arrivata*, me ha esperado hasta que he llegado **2** (*per tutto il tempo che*) mientras (+ *cong.*): *— vivrò*, mientras viva; *— dura questa situazione*, mientras (que) dure esta situación.
fine[1] *s.f.* fin (*m.*), final (*m.*): *— settimana*, fin de semana; *a — mese*, a fines de mes; *alla — della strada*, al final de la calle | *alla —*, al final | *alla — di*, a finales/fines de | *essere il principio della —*, ser el principio del fin | *non sarà la — del mondo*, no se va a hundir el mundo, no será para tanto | *senza —*, sin fin ♦ *s.m.* **1** (*scopo*) fin, objeto, intento | *secondo —*, segunda intención | *a — di bene*, con buenas intenciones **2** (*esito*) desenlace, final, resultado | *lieto —*, final feliz
■ ***essere in fin di vita***, estar en las últimas | ***fare una brutta fine***, acabar mal | ***in fin dei conti***, al fin y al cabo | ***porre fine a qlco.***, dar fin a algo | (*fam.*) ***che fine ha fatto Paolo?***, ¿qué ha sido de Pablo? | (*fam.*) ***è la fine del mondo!***, ¡es la monda!
fine[2] *agg.* **1** (*di spessore*) fino, sutil, delgado **2** (*acuto*) fino, agudo **3** (*raffinato*) fino, refinado.
finestra *s.f.* ventana | *— a doppia anta*, ventana de doble hoja | *— a doppi vetri*, ventana climalit/de doble acristalamiento | *— a fisarmonica*, ventana de acordeón | *— scorrevole*, ventana corredera | *buttare i soldi dalla —*, echar el dinero por la ventana.
finestratura *s.f.* ventanaje (*m.*).
finestrino *s.m.* ventanilla (*f.*).
finestrone *s.m.* ventanal, puerta (*f.*) vidriera.
finezza *s.f.* **1** finura **2** (*fig.*) fineza, delicadeza, perspicacia, agudeza.
fingere *v.tr.* fingir*, simular: *finge di non vederlo*, hace como que no lo ve; *finge di non sentirlo*, se hace el sordo ♦ **-rsi** *v.pron.* fingirse*, hacerse* pasar por: *— pazzo*, hacerse el loco.
fingitore *s.m.* simulador.
finimenti *s.m.* (*cavallo, animali da tiro*) arreos, montura (*f.sing.*).
finimondo *s.m.* fin del mundo: *è successo il —!*, ¡fue el desastre!
finire *v.tr.* **1** acabar, concluir*, terminar: *ho appena finito di mangiare*, acabo de comer | *— in rovina*, acabar en ruina/miseria **2** (*consumare*) apurar, consumir; (*esaurire*) agotar: *— una bottiglia di cognac*, agotar una botella de coñac; *— le scorte*, agotar los víveres **3** (*smettere*) parar de: *finiscila!*, ¡para de una vez! ♦ *v.intr.* **1** acabar, terminar | *— bene, male*, acabar/salir bien, mal | *meno male che tutto è finito bene*, menos mal que todo acabó/salió bien **2** (*fig.*) ir* a parar: *dove andremo a —?*, ¿adónde iremos a parar?; *ma dove è andato a —?*, ¿dónde se habrá metido?, ¿dónde habrá ido a parar? | *com'è andata a —?*, ¿cómo acabó la cosa? | *al —*, al final | *sul —*, a fines
■ ***finire con/per*** (+ *inf.*), acabar/terminar (+ *ger.*): *finirai per ammalarti*, terminarás enfermándote; *hanno finito col rimetterci*, terminaron perdiendo | ***finire in niente***, quedar en nada | ***finire di soffrire***, pasar a mejor vida.
finito *agg.* (*concluso*) acabado, concluido; (*esaurito*) agotado | *farla finita*, poner fin, acabar; (*uccidersi*) matarse | *falla finita*, ¡para! | *— di stampare*, se terminó de imprimir | (*gramm.*) *modo —*, modo personal del verbo | *—!*, ¡hecho!, ¡listo!, ¡ya está!
finitura *s.f.* retoque (*m.*), último toque (*m.*).
finlandese *agg., s.m./f.* finlandés (*m.*).
finnico *agg., s.m.* finés.
fino *prep.* hasta: *fin qui, là*, hasta aquí, allí; *fin quando*, hasta cuando; *fin dove*, hasta donde | *— alle nove*, hasta las nueve | *— a ora*, hasta ahora
■ ***fin da***, (*distanza*) desde; (*a partire da*) desde, a partir de: *è venuto fin dall'America*, vino desde América; *fin d'ora*, desde ya; *fin da domani*, a partir de mañana; *lo conosco fin da bambino*, lo conozco desde niño.
finocchio *s.m.* **1** (*fig.*) hinojo **2** (*omosessuale, volg.*) maricón, marica.
finora *avv.* hasta ahora, hasta la fecha, hasta el momento.
finta *s.f.* **1** fingimiento (*m.*), simulación | *far — di*, fingir, hacer como que | *far — di niente*, como quien no hace/quiere la cosa | *per —*, en broma **2** (*sport*) finta, amago (*m.*).
fintantoché *cong.* hasta que, mientras.
finto *agg.* falso, fingido, simulado (*anche fig.*): *dente —*, diente postizo; *finta pelle*, piel de imitación | *fare il — tonto*, hacerse el tonto/bobo.
finzione *s.f.* **1** ficción, simulación **2** (*inven-*

zione) ficción, invención | — *scenica*, ficción escénica.
fioccare *v.intr.* **1** nevar*, caer* copos de nieve **2** (*fig.*) llover*: *fioccano gli insulti*, llueven insultos.
fiocco *s.m.* **1** (*nodo*) fleco, lazo | (*fig.*) *coi fiocchi*, excelente, sin par **2** (*di lana, di neve*) copo | *fiocchi d'avena*, copos de avena.
fiocina *s.f.* (*mar.*) arpón (*m.*).
fiocinare *v.tr.* fisgar*.
fioco *agg.* tenue, delicado; (*di suono*) apagado: *voce fioca*, voz apagada.
fionda *s.f.* honda.
fiondarsi *v.pron.* precipitarse, acudir corriendo, tirarse.
fioraio *s.m.* florero, fiorista; (*negozio*) floristería.
fiorato *agg.* floreado.
fiordaliso *s.m.* (*bot.*) flor de lis, lirio.
fiordilatte *s.m.* **1** (*formaggio*) queso fresco **2** (*gelato*) helado a base de leche, nata y azúcar.
fiordo *s.m.* fiordo, ría (*f.*).
fiore *s.m.* **1** flor (*f.*) | *fiori d'arancio*, azahar | *fior del muro*, alhelí | *fior di maggio*, narciso amarillo | *fior di passione*, pasiflora, pasionaria | — *incompleto*, flor incompleta | — *molteplice*, flor doble | *a fiori*, floreado | *quella ragazza è un* —, aquella chica es un bombón/es la flor de la canela | *passare di — in* —, ir de flor en flor **2** (*pl., carte*) tréboles
■ ***il fior fiore***, la flor y nata | ***in fiore***, en ciernes | ***a fior d'acqua***, a flor de agua | ***a fior di labbra***, a flor de labios | ***a fior di pelle***, a flor de piel | ***a fior di terra***, a flor de tierra | ***essere il fiore all'occhiello di qlcu.***, ser el ojo derecho de alguien | ***essere nel fiore degli anni/ della gioventù***, estar en la flor de la edad/de la vida | ***fior di quattrini***, un dineral | ***vedere tutto rose e fiori***, ver todo de color de rosa | ***non son tutte rose e fiori***, no todo el monte es orégano, no es oro todo lo que reluce.
fiorente *agg.* floreciente, lozano, próspero.
fiorentina *s.f.* (*cuc.*) chuletón (*m.*) de buey.
fiorentino *agg., s.m.* florentino | *bistecca alla fiorentina*, chuletón de buey.
fioretto *s.m.* **1** (*scherma*) florete **2** (*sacrificio*) sacrificio, voto, renuncia (*f.*).
fioriera *s.f.* maceta, florero (*m.*).
fiorino *s.m.* (*moneta*) florín.
fiorire *v.intr.* **1** florecer* (*anche fig.*) **2** (*fig.*) nacer*, brotar.
fiorista *s.m./f.* florista.
fiorito *agg.* florido, próspero, floreciente.
fioritura *s.f.* **1** floración **2** (*fig.*) floridez.
fiotto *s.m.* borbollón, borbotón: *uscire a fiotti*, salir a borbotones.
firma *s.f.* **1** firma: *mettere la* —, poner la firma | (*fam.*) *ci farei la* —!, ¡ojalá!, ¡yo me apuntaría! **2** (*nome noto*) autoridad: *è una — nel campo della moda*, es una autoridad en el campo de la moda.
firmamento *s.m.* firmamento.
firmare *v.tr.* firmar | — *a occhi chiusi*, firmar con los ojos cerrados | — *la propria condanna*, estar alguien cavando su sepultura | — *in bianco*, firmar en blanco.
firmatario *s.m.* firmante (*m./f.*).
firmato *agg.* (*moda*) de marca.
fisarmonica *s.f.* (*mus.*) acordeón (*m.*), (*Amer.*) bandoneón (*m.*).
fiscale *agg.* **1** fiscal | *scontrino* —, tique de caja | *codice* —, número de identificación fiscal | *evasione* —, evasión fiscal | *pressione* —, presión fiscal **2** (*fig.*) duro, severo, rígido.
fiscalismo *s.m.* intransigencia (*f.*), rigurosidad (*f.*).
fiscalista *s.m.* asesor fiscal.
fiscalizzazione *s.f.* fiscalización.
fischiare *v.intr./tr.* silbar; (*con fischietto*) pitar | *mi fischiano le orecchie*, me zumban los oídos ♦ *v.tr.* **1** silbar **2** (*fig.*) pitar: — *un fallo*, pitar una falta **3** (*disapprovare*) silbar, sisear, abuchear.
fischiettare *v.tr.* silbar alegremente.
fischietto *s.m.* pito, silbato; (*da caccia*) chifle.
fischio *s.m.* silbo, silbido; (*di disapprovazione*) abucheo: *fare un* —, dar un silbido; *accogliere con fischi*, recibir con abucheos | *prender fischi per fiaschi*, tomar el rábano por las hojas.
fisco *s.m.* fisco, hacienda (*f.*).
fisiatra *s.m./f.* (*med.*) fisiatra.
fisiatria *s.f.* (*med.*) fisiatría.
fisiatrico *agg.* (*med.*) fisiátrico.
fisica *s.f.* física.
fisico *agg.* físico ♦ *s.m.* **1** (*studioso*) físico **2** (*corpo umano*) físico, aspecto: *ha un bel* —, tiene un buen físico.
fisiocrate *s.m.* (*econ.*) fisiócrata.
fisiocrazia *s.f.* (*econ.*) fisiocracia.
fisiologia *s.f.* fisiología.
fisiologico *agg.* fisiológico, natural.
fisiologo *s.m.* fisiólogo.
fisionomia *s.f.* fisonomía.
fisionomista *agg., s.m.* fisionomista.
fisioterapia *s.f.* (*med.*) fisioterapia.
fisioterapista *s.m./f.* (*med.*) fisioterapista, fisioterapeuta.
fissaggio *s.m.* fijación (*f.*).
fissare *v.tr.* **1** fijar (*anche fig.*), asentar*, asegurar **2** (*guardare*) mirar fijo: — *lo sguardo*, clavar/fijar la mirada; — *negli occhi*, resistir la mirada **3** (*stabilire*) establecer*: — *una regola*, establecer una regla; — *una data*, fijar una fecha; *resta fissato che*, queda establecido que | — *nella mente*, grabarse/incrustarse

en la memoria **4** (*prenotare*) reservar ♦ **-rsi** *v.pron.* **1** fijarse, establecerse* **2** (*mettersi in testa*) meterse en la cabeza; (*ostinarsi*) obstinarse.
fissato *s.m.* maníaco, maniático.
fissatore *s.m.* **1** (*foto.*) fijador **2** (*per capelli*) fijador, fijapelo.
fissazione *s.f.* **1** fijación **2** (*idea fissa*) idea fija; (*ossessione*) obsesión; (*mania*) manía.
fisso *agg.* fijo, estable: *impiego* —, empleo estable | *essere senza fissa dimora*, no tener residencia fija | *cliente* —, parroquiano | *idea fissa*, idea fija ♦ *avv.* fijo, fijamente: *guardare* —, clavar la mirada.
fistola *s.f.* (*med.*) fístula.
fitoterapia *s.f.* (*med.*) fitoterapia.
fitta *s.f.* punzada: *una — intercostale*, una punzada al costado.
fittavolo *s.m.* arrendatario; (*mezzadro*) aparcero.
fittizio *agg.* ficticio, falso, fingido.
fitto *agg.* **1** (*folto*) espeso; (*di tessuto*) tupido; (*di scrittura*) apretado; (*di nebbia*) denso: *buio* —, plena oscuridad, noche cerrada; *bosco* —, bosque espeso; *tessuto a trame fitte*, tejido tupido **2** (*frequente*) frecuente: *una fitta corrispondenza*, un carteo frecuente **3** (*conficcato*) clavado ♦ *avv.* ininterrumpidamente, reciamente: *piovere* —, llover recio.
fiumana *s.f.* **1** riada, rambla **2** (*fig.*) torrente (*m.*), legión: *una — di parole*, un torrente de palabras; *una — di persone*, una legión de personas.
fiume *s.m.* **1** río **2** (*fig.*) río, riada (*f.*): *un — di gente*, una riada de gente | *versare fiumi d'inchiostro*, escribir a mares | *versare fiumi di lacrime*, llorar a lágrima viva.
fiutare *v.tr.* oler*, husmear (*anche fig.*): — *il tabacco*, aspirar el tabaco | — *il pericolo*, verle las patas al lobo | — *l'occasione*, estar al husmo.
fiuto *s.m.* olfato (*anche fig.*): *avere — per gli affari*, tener olfato para los negocios.
flaccido *agg.* flácido, fofo.
flacone *s.m.* frasco.
flagellamento *s.m.* flagelación (*f.*).
flagellante *agg.*, *s.m./f.* disciplinante, flagelante.
flagellare *v.tr.* flagelar, azotar.
flagellazione *s.f.* flagelación.
flagello *s.m.* **1** flagelo, azote **2** (*fig.*) flagelo, calamidad (*f.*).
flagrante *agg.* flagrante: *cogliere in* —, sorprender in flagrante, coger con las manos en la masa.
flamenco *s.m.* (*mus., danza*) flamenco.
flanella *s.f.* (*tess.*) franela.
flash *s.m.* (*foto.*) flas.
flashback *s.m.* flash-back.
flatulenza *s.f.* flatulencia,
flautato *agg.* (*mus.*) flauteado.
flautista *s.m./f.* (*mus.*) flautista.
flauto *s.m.* (*mus.*) flauta (*f.*): — *dolce*, *traverso*, flauta dulce, travesera.
flebile *agg.* débil, flébil.
flebite *s.f.* (*med.*) flebitis.
fleboclisi *s.f.* **1** (*med.*) fleboclisis **2** (*apparecchio*) gotero (*m.*).
flemma *s.f.* flema.
flemmatico *agg.* flemático | *essere un tipo* —, tener cuajo.
flessibile *agg.* flexible (*anche fig.*).
flessibilità *s.f.* flexibilidad (*anche fig.*).
flessione *s.f.* **1** flexión **2** (*econ.*) disminución: — *delle vendite*, disminución de las ventas.
flessuosità *s.f.* flexibilidad.
flessuoso *agg.* elástico, flexuoso, cimbreño.
flettere *v.tr.* flexionar, doblar ♦ **-rsi** *v.pron.* plegarse*, doblarse.
flipper *s.m.* flíper.
flirt *s.m.* flirteo, ligue.
flirtare *v.intr.* flirtear, ligar*, coquetear.
floppy disk *s.m.* (*inform.*) disquete.
flora *s.f.* flora.
floreale *agg.* floral.
floricoltore *s.m.* floricultor.
floricoltura *s.f.* floricultura.
floridezza *s.f.* prosperidad, lozanía.
florido *agg.* floreciente, próspero; (*di aspetto*) fresco, lozano.
florilegio *s.m.* florilegio.
floscio *agg.* **1** flojo **2** (*fig.*) débil, flaco.
flotta *s.f.* (*mar.*) flota.
flottiglia *s.f.* (*mar.*) flotilla.
fluente *agg.* fluyente, manadero, fluido, corriente.
fludificante *s.m.* expectorante, fluidificante.
fluidificare *v.tr.* fluidificar*.
fluidità *s.f.* fluidez.
fluido *agg.*, *s.m.* fluido.
fluire *v.intr.* **1** fluir*: *il sangue fluisce nelle vene*, la sangre fluye por las venas **2** (*fig., sorgere, venir fuori*) brotar, manar: *le idee fluivano rapidamente dalla sua mente*, las ideas manaban rápidamente de su mente.
fluorescente *agg.* fluorescente.
fluorescenza *s.f.* fluorescencia.
fluoro *s.m.* (*chim.*) flúor.
flusso *s.m.* flujo (*anche fig.*) | — *e riflusso di gente*, ir y venir de gente | — *luminoso*, flujo luminoso | — *magnetico*, flujo magnético | — *di parole*, un flujo/una riada de palabras | — *di coscienza*, monólogo interior.
flutto *s.m.* ola (*f.*), oleada (*f.*).
fluttuante *agg.* fluctuante, flotante.
fluttuare *v.intr.* **1** fluctuar* (*anche fig.*) **2** (*econ.*) fluctuar*, oscilar.

fluttuazione *s.f.* **1** fluctuación, oleada **2** (*econ.*) flotación.
fluviale *agg.* fluvial.
fobia *s.f.* **1** (*psic.*) fobia **2** (*fam.*) antipatía, manía.
foca *s.f.* (*zool.*) foca.
focaccia *s.f.* (*cuc.*) bollo (*m.*), pan (*m.*) | *rendere pan per* —, pagar con la misma moneda.
focalizzare *v.tr.* enfocar*.
focalizzazione *s.f.* enfoque (*m.*), focalización.
foce *s.f.* desembocadura: — *a delta, estuario*, desembocadura (en) delta, estuario.
focolaio *s.m.* (*med.*) foco (*anche fig.*).
focolare *s.m.* **1** hogar (*anche fig.*) | *angelo del* —, ángel del hogar **2** (*di caldaia*) fogón.
focosità *s.f.* fogosidad.
focoso *agg.* fogoso, apasionado.
fodera *s.f.* forro (*m.*).
foderare *v.tr.* forrar.
foderato *agg.* forrado, revestido.
foderatura *s.f.* forrado (*m.*).
fodero *s.f.* vaina (*f.*), funda (*f.*).
foga *s.f.* ardor (*m.*), vehemencia.
foggia *s.f.* **1** modo (*m.*), manera **2** forma; (*moda*) forma de vestir.
foggiare *v.tr.* modelar, forjar (*anche fig.*).
foglia *s.f.* (*bot., metall.*) hoja | — *acicolare/aghiforme*, hoja acicular | — *digitata/palmata*, hoja digitada/palmeada | — *di fico*, hoja de parra | *al cadere delle foglie*, al caer la hoja | *mangiare la* —, cogerlas/cazarlas al vuelo | *essere una* — *al vento*, ser una veleta | *non cade* — *che Dio non voglia*, no se mueve la hoja en el árbol sin la voluntad del Señor | *tremare come una* —, estar hecho/como un flan.
fogliame *s.m.* follaje.
foglietto *s.m.* volante, hoja (*f.*).
foglio *s.m.* hoja (*f.*): — *a quadretti*, hoja cuadriculada | (*aut.*) — *rosa*, autorización temporal para conducir | (*dir.*) — *di via*, orden de expulsión.
fogna *s.f.* **1** alcantarilla, cloaca **2** (*fig., di luogo*) estercolero (*m.*), asco (*m.*): *questo posto è una* —*!*, ¡este sitio es un asco! **3** (*di persona, sporcaccione*) asqueroso (*m.*), cochino (*m.*); (*ingordo*) tragón.
fognario *agg.* de la alcantarilla.
fognatura *s.f.* alcantarillado (*m.*).
folata *s.f.* ráfaga, racha.
folclore *s.m.* folclor, folclore.
folcloristico *agg.* folclórico.
folgorante *agg.* **1** fulgurante **2** (*fig.*) fulminante.
folgorare *v.tr.* **1** fulgurar **2** (*fig.*) fulminar, iluminar.
folgorato *agg.* fulgurado.
folgorazione *s.f.* fulguración, electrocución.
folgore *s.f.* rayo (*m.*), fulgor (*m.*), resplandor (*m.*), brillantez.
folk *agg.* popular.
folla *s.f.* muchedumbre, multitud, gentío (*m.*).
folle *agg., s.m.* **1** loco **2** (*mecc.*) desembragado, libre | (*aut.*) *mettere in* —, poner en punto muerto/marcha libre.
folletto *s.m.* duende.
follia *s.f.* locura (*ache fig.*): *amare* (*fino*) *alla* —, amar con locura; *fare follie*, hacer una locura.
follicolo *s.m.* (*anat., bot.*) folículo.
folto *agg.* **1** espeso, denso: *barba folta*, barba cerrada **2** (*numeroso*) numeroso ♦ *s.m.* espesura (*f.*): *il* — *del bosco*, la espesura del bosque.
fomentare *v.tr.* fomentar.
fon *s.m.* secador (de pelo).
fonda *s.f.* (*mar.*) fondeadero (*m.*): *nave alla* —, buque a la gira, buque fondeado.
fondale *s.m.* **1** (*mar.*) fondo **2** (*teatr.*) telón de fondo.
fondamentale *agg.* fundamental.
fondamentalismo *s.m.* (*pol.*) fundamentalismo.
fondamentalista *agg., s.m./f.* (*pol.*) fundamentalista.
fondamento *s.m.* **1** (*spec.pl., edil.*) cimiento: *dalle fondamenta*, desde los cimientos | *porre, gettare le fondamenta*, poner, echar los cimientos **2** (*fig.*) fundamento: *parlare con* —, hablar con conocimiento de causa; *privo di/senza* —, sin fundamento.
fondare *v.tr.* fundar (*anche fig.*) ♦ **-rsi** *v.pron.* **1** fundarse, basarse (en) **2** (*fare assegnamento*) confiar*, contar* (con).
fondatezza *s.f.* validez, fundamento (*m.*).
fondato *agg.* fundado.
fondatore *s.m.* fundador.
fondazione *s.f.* fundación.
fondente *agg.* fundente | *cioccolato* —, chocolate amargo.
fondere *v.tr.* **1** fundir: — *l'argento*, fundir la plata; — *il motore*, fundir el motor **2** (*unire*) fusionar: — *due società*, fusionar dos sociedades ♦ *v.intr.* derretirse* ♦ **-rsi** *v.pron.* (*fig.*) fusionarse.
fonderia *s.f.* (*metall.*) fundición, fundería.
fondiario *agg.* inmobiliario.
fondina[1] *s.f.* (*di pistola*) funda, pistolera.
fondina[2] *s.f.* (*piatto*) plato (*m.*) hondo; (*Amer.*) plato (*m.*) sopero.
fondista *s.m./f.* **1** (*giorn.*) periodista de artículos de fondo **2** (*sport*) fondista.
fondo[1] *agg.* hondo, profundo: *piatto* —, plato hondo | *a notte fonda*, en plena noche.
fondo[2] *s.m.* **1** fondo: *il* — *del mare, di un pozzo*, el fondo del mar, de un pozo | — *di bicchiere*, culo de vaso | — *stradale*, pavi-

mento | *a doppio —*, de doble fondo **2** (*residuo*) asiento, poso: *fondi di caffè*, posos de café | *fondi di magazzino*, saldos del almacén **3** (*parte finale, più interna*) fondo, final: *la stanza in —*, la habitación del fondo; *fino in —*, hasta el final | *il — dell'anima*, la profundidad del alma | *in — a*, al final de, en fondo de: *in — alla strada*, al final de la calle; *in — alla sala c'era il pianoforte*, en el fondo del salón estaba el piano | (*sport*) *linea di —*, línea de meta **4** (*pitt.*) fondo, campo **5** (*sport*) fondo **6** (*possedimento*) inmueble, terreno **7** (*econ.*) fondo; (*pl., beni*) bienes, caudales: *— perduto*, fondo muerto; *— d'investimento*, fondo de inversión; *— pensioni*, fondo de pensiones | *fondi neri*, fondos reservados | *Fondo Monetario Internazionale*, Fondo Monetario Internacional

■ ***andare a fondo***, irse a fondo/pique; (*fig.*) ir a fondo, profundizar | ***da cima a fondo***, de arriba abajo | ***dar fondo a qlco.***, dar fin a algo | ***conoscere a fondo***, conocer a fondo | ***studiare a fondo***, estudiar a fondo | ***raschiare il fondo del barile***, jugarse la última carta | ***toccare il fondo***, ser lo último; tocar fondo; (*in acqua*) hacer pie.

fondoschiena *s.f.* cola.

fondotinta *s.m.* maquillaje.

fondovalle *s.m.* vaguada (*f.*).

fonduta *s.f.* (*cuc.*) fondue (*f.*).

fonema *s.m.* (*ling.*) fonema.

fonetica *s.f.* fonética.

fonetico *agg.* fonético.

fonico *agg.* fónico.

fono- *pref.* fono-.

fonogramma *s.m.* fonograma.

fonologia *s.f.* fonología, fonética.

fonologico *agg.* fonológico.

fonologo *agg.* fonólogo.

fontana *s.f.* fuente.

fontanella *s.f.* pila.

fontanile *s.m.* manantial.

fonte *s.f.* **1** manantial (*m.*), fuente **2** (*fig.*) fuente, causa: *notizia di — sicura*, noticia de buena fuente; *sapere da buona —*, saber de buena tinta; *andare/risalire alla —*, ir a la fuente; *— di discordie*, fuente de discordias ♦ *s.m.*: *— battesimale*, pila (*f.*) bautismal.

football *s.m.* fútbol | *— americano*, fútbol americano.

footing *s.m.* footing: *fare —*, hacer footing.

foraggiamento *s.m.* forraje.

foraggiare *v.tr.* **1** dar* forraje, proveer* de forraje **2** (*fig.*) subvencionar, costear.

foraggio *s.m.* forraje.

forare *v.tr.* **1** horadar, agujerear; (*biglietti*) perforar **2** (*pneumatici*) pinchar.

foratura *s.f.* pinchazo (*m.*).

forbici *s.f.pl.* tijeras.

forbiciata *s.f.* tijeretazo (*m.*), tijeretada.

forbicina *s.f.* **1** (*da manicure*) tijeras (*pl.*) de manicura; (*da cucito*) tijeras (*pl.*) de bordar **2** (*insetto*) tijereta.

forbire *v.tr.* limpiarse, secarse*.

forbito *agg.* limpio, terso, pulido.

forca *s.f.* **1** (*agr.*) horca **2** (*patibolo*) horca, patíbulo (*m.*) | *forche caudine*, horcas caudinas | *pendaglio da —*, carne de horca.

forcella *s.f.* horquilla, chumacera.

forchetta *s.f.* tenedor (*m.*) | *essere una buona —*, tener una buena boca/un buen estómago.

forchettone *s.m.* trinchante.

forcina *s.f.* horquilla.

forcone *s.m.* horcón, bieldo.

forense *agg.* (*giur.*) forense.

foresta *s.f.* selva: *— pluviale*, selva pluvial.

forestale *agg.* forestal | *guardia —*, florestero.

foresteria *s.f.* hospedería.

forestiero *agg.*, *s.m.* forastero; (*straniero*) extranjero.

forfait *s.m.* (*econ.*) forfait: *a —*, a forfait.

forfettario *agg.* a forfait.

forfora *s.f.* caspa.

forforoso *agg.* casposo.

forgia *s.f.* herrería, fragua, forja.

forgiare *v.tr.* **1** forjar, fraguar* **2** (*fig.*) modelar, plasmar, labrar.

forgiato *agg.* forjado, fraguado.

forgiatore *s.m.* forjador.

forgiatura *s.f.* forjado (*m.*), forjadura.

forma *s.f.* **1** forma: *a — di*, en forma de; *— geometrica*, forma geométrica | *nella debita —*, con las debidas maneras | *una — di formaggio*, un queso entero **2** (*fig.*) apariencia, exterioridad: *badare alla —*, cubrir las apariencias | *vizio di —*, vicio/defecto de forma **3** (*stampo*) molde (*m.*)

■ ***in forma privata***, en privado | ***peso forma***, peso ideal | ***essere in forma***, estar en forma.

formaggiera *s.f.* quesera.

formaggino *s.m.* queso en porciones, quesito.

formaggio *s.m.* queso: *— stagionato*, queso curado; *— grattugiato*, queso rallado.

formale *agg.* formal.

formalità *s.f.* formalidad, trámite (*m.*): *— burocratiche*, trámites burocráticos; *è una semplice —*, es un simple trámite | *per mera —*, por pura fórmula.

formalizzare *v.tr.* formalizar* ♦ **-rsi** *v.pron.* formalizarse*.

formare *v.tr.* **1** formar, constituir* **2** (*modellare*) ahormar, modelar, dar* forma ♦ **-rsi** *v.pron.* formarse, hacerse*.

formativo *agg.* formativo.

formato *s.m.* formato, tamaño | *fotografia — tessera*, fotografía tamaño carné | *libro — tascabile*, libro de bolsillo.

formatore *s.m.* formador, creador, educador.
formattare *v.tr.* (*inform.*) formatear.
formattazione *s.f.* (*anche inform.*) formateado (*m.*), formateo (*m.*).
formazione *s.f.* formación.
formica *s.f.* (*zool.*) hormiga: — *operaia*, hormiga obrera; — *alata*, hormiga alada; — *rossa*, hormiga roja.
fòrmica® *s.f.* (*laminato*) formica.
formicaio *s.m.* hormiguero.
formichiere *s.m.* (*zool.*) oso hormiguero.
formicolare *v.intr.* **1** (*essere intorpidito*) cosquillear, hormiguear **2** (*brulicare*) hormiguear, bullir.
formicolio *s.m.* **1** hormigueo, cosquilleo: — *ai piedi*, cosquilleo en los pies **2** (*brulichio*) hervidero, bullir: *un — di gente*, un bullir de gente.
formidabile *agg.* formidable.
formoso *agg.* curvilíneo.
formula *s.f.* fórmula (*anche fig.*).
formulabile *agg.* formulable.
formulare *v.tr.* formular.
formulario *s.m.* formulario.
formulazione *s.f.* formulación.
fornace *s.f.* **1** horno (*m.*) **2** (*stabilimento*) tejar (*m.*), ladrillar (*m.*) **3** (*fig.*) horno (*m.*), tostadero (*m.*).
fornaio *s.m.* hornero, panadero.
fornello *s.m.* hornillo.
fornicare *v.intr.* fornicar*.
fornire *v.tr.* proporcionar, suministrar; (*rifornire*) abastecer*.
fornito *agg.* provisto, socorrido.
fornitore *s.m.* proveedor, abastecedor.
fornitura *s.f.* abastecimiento (*m.*), suministro (*m.*).
forno *s.m.* **1** horno: — *a microonde*, horno microondas | *alto* —, alto horno | *avere una bocca che sembra un* —, tener boca de espuerta | — *a legna*, horno de leña | — *crematorio*, horno crematorio | — *elettrico*, horno eléctrico | — *inceneritore*, incinerador **2** (*panetteria*) panadería (*f.*).
foro[1] *s.m.* agujero.
foro[2] *s.m.* **1** (*st.*) foro, plaza (*f.*) **2** (*dir.*) tribunal, foro.
forse *avv.* **1** (*probabilità*) quizá(s), tal vez, acaso: — *non è in casa*, tal vez no esté en casa **2** (*circa*) casi, cerca de **3** (*enfatico*) tal vez, acaso: *non siamo — vecchi amici?*, ¿acaso no somos viejos amigos? ♦ *s.m.* duda (*f.*) | *mettere in* —, poner en duda | *essere in* —, estar en la duda | *senza* —, seguramente.
forsennato *agg.*, *s.m.* loco.
forte *agg.* **1** fuerte **2** (*fig.*) grande: *forti sospetti*, grandes sospechas; *essere un — bevitore*, ser una cuba; *essere un — mangiatore*, ser un gran comilón | *taglie forti*, tallas grandes | *parole forti*, palabras duras ♦ *s.m.* **1** (*mil.*) fuerte, fortaleza (*f.*) **2** (*fig.*) fuerte ♦ *avv.* **1** (*mil.*) fuerte, con fuerza: *giocare* —, jugar/apostar fuerte; *tenersi* —, agarrarse fuerte **2** (*velocemente*) rápidamente, velozmente **3** (*volume*) en voz alta, a todo volumen: *parlare* —, hablar en voz alta
■ ***dar man forte***, dar/echar/tender una mano | ***farsi forte di qlco.***, agarrarse a | ***essere forte in***, ser experto/competente en | ***il pezzo forte***, el caballo de batalla | ***piatto forte***, plato fuerte.
fortezza *s.f.* fortaleza (*anche fig.*).
fortificare *v.tr.* **1** fortalecer* **2** (*mil.*) fortificar*.
fortificazione *s.f.* (*mil.*) fortificación.
fortino *s.m.* (*mil.*) fortín.
fortuito *agg.* fortuito.
fortuna *s.f.* **1** fortuna; (*spec. buona*) suerte, dicha: *tentare la* —, probar fortuna; *avere* —, tener suerte; *colpo di* —, golpe de suerte; *portare* —, traer/dar suerte; *per* —, por suerte | *di* —, de emergencia | *atterraggio di* —, aterrizaje forzoso | — *che...*, por suerte que... **2** (*ricchezza*) fortuna | *far* —, enriquecerse **3** (*successo*) éxito (*m.*).
fortunato *agg.* afortunado, dichoso | — *lui!*, ¡dichoso él! | *un affare* —, un buen negocio.
fortunoso *agg.* azaroso, fatal, desdichado: *un incontro* —, un encuentro azaroso.
forum *s.m.* (*anche Internet*) foro.
foruncolo *s.m.* (*med.*) grano, furúnculo.
foruncoloso *agg.* (*med.*) furuncoloso.
forza *s.f.* fuerza: *farsi* —, darse valor; *rimettersi in forze*, recobrarse, restablecerse | — *lavoro*, fuerza de trabajo | *a — di*, a fuerza de | *forze armate*, fuerzas armadas | *camicia di* —, camisa de fuerza | *con la/di* —, por la fuerza | *far* —, hacer un esfuerzo, esforzarse | *far — a*, hacer fuerza, forzar a | *far — su di sé*, dominarse, controlarse | — *acceleratrice/d'accelerazione*, fuerza aceleratriz | — *animale*, fuerza animal | — *bruta*, fuerza bruta | — *centrifuga*, fuerza centrífuga | — *centripeta*, fuerza centrípeta | — *di gravità*, forza de gravedad | — *d'inerzia*, fuerza de inercia | — *fisica*, vigor físico | — *motrice*, fuerza motriz | — *pubblica*, fuerza pública | *forze d'urto*, fuerzas de choque | *in — di*, en fuerza de, en virtud de | *la — dell'abitudine*, la fuerza de la costumbre
■ ***per amore o per forza***, por las buenas o por las malas | ***per forza (di cose)***, a la fuerza, por narices | ***forza maggiore***, fuerza mayor | ***a tutta forza***, a toda vela; a todo poder | ***a viva forza***, a viva fuerza | ***bella forza!***, ¡con qué valor! | ***—!***, ¡ánimo! | ***essere in forza***, estar en plantilla.
forzare *v.tr.* forzar*.

forzato *agg.* forzado ♦ *s.m.* forzado, galeote.
forzatura *s.f.* forzamiento (*m.*).
forziere *s.m.* caja (*f.*) de caudales, cofre: *un — pieno di monete*, un cofre lleno de monedas.
forzoso *agg.* forzoso.
forzuto *agg.* forzudo, vigoroso ♦ *s.m.* forzudo.
foschia *s.f.* neblina, calina.
fosco *agg.* **1** obscuro, fosco **2** (*cupo*) hosco, ceñudo.
fosfato *s.m.* (*chim.*) fosfato.
fosforescente *agg.* fosforescente.
fosforescenza *s.f.* fosforescencia, luminiscencia.
fosforo *s.m.* (*chim.*) fósforo.
fossa *s.f.* **1** fosa, foso (*m.*) **2** (*tomba*) sepultura.
fossato *s.m.* foso, (*mil.*) fosado.
fossetta *s.f.* hoyuelo (*m.*).
fossile *agg.*, *s.m.* fósil (*anche fig.*).
fossilizzarsi *v.pron.* fosilizarse*.
fossilizzazione *s.f.* fosilización.
fosso *s.m.* foso, hoyo, zanja (*f.*).
foto *s.f.* (*fam.*) foto.
foto- *pref.* foto-.
fotocellula *s.f.* fotocélula.
fotocomposizione *s.f.* (*tip.*) fotocomposición.
fotocopia *s.f.* fotocopia.
fotocopiare *v.tr.* fotocopiar.
fotocopiatrice *s.f.* fotocopiadora.
fotocronaca *s.f.* (*giorn.*) crónica fotográfica.
fotoelettrico *agg.* (*fis.*) fotoeléctrico.
fotofinish *s.m.* (*sport*) foto-finish (*f.*),
fotogenesi *s.f.* (*biol.*) fotogénesis.
fotogenico *agg.* fotogénico.
fotografare *v.tr.* fotografiar*.
fotografia *s.f.* fotografía, foto: *fare/scattare una —*, sacar una foto | *— a colori*, fotografía en color | *— in bianco e nero*, fotografía en blanco y negro.
fotografico *agg.* fotográfico: *macchina fotografica*, cámara fotográfica | *memoria fotografica*, memoria fotográfica.
fotografo *s.m.* fotógrafo.
fotogramma *s.m.* fotograma.
fotoincisione *s.f.* fotograbado (*m.*).
fotomodella *s.f.* fotomodelo.
fotomontaggio *s.m.* fotomontaje.
fotoreportage *s.m.* (*giorn.*) fotorreportaje (*sing.*), reportaje fotográfico.
fotoreporter *s.m.* (*giorn.*) reportero gráfico.
fotoromanzo *s.m.* fotonovela (*f.*).
fotosensibile *agg.* fotosensible.
fotosintesi *s.f.* (*biol.*) fotosíntesis.
fototessera *s.f.* foto de carnet.
fotovoltaico *agg.* (*elettr.*) fotovoltaico.
fottere *v.tr.* (*volg.*) **1** (*sessualmente*) follar, joder | *va' a farti —!*, ¡que te follen! **2** (*imbrogliare*) embaucar* **3** (*rubare*) mangar*, birlar: *gli hanno fottuto la macchina*, le mangaron el coche **4** (*bocciare*) cargar*: *mi hanno fottuto all'esame*, me han cargado en el examen ♦ **-rsi** *v.pron. nella loc.*: *fottersene di qlco.*, tocarle algo a alguien los cojones; *me ne fotto degli altri*, los demás me tocan los cojones; *me ne fotto di quello che pensano gli altri!*, ¡me importa un huevo lo que piensan los demás!
fottio *s.m.* (*fam.*) montón, multitud (*f.*): *un — di persone*, un montón de personas.
fottuto *agg.* (*volg.*) tremendo, terrible, jodido, puñetero: *una paura fottuta*, un miedo tremendo | *quel — bastardo*, ese jodido cabrón.
foulard *s.m.* pañuelo, foulard.
fox-terrier *s.m. zool.* (*cane*) fox-terrier.
fra *prep.* **1** entre: *teneva una foto — le mani*, tenía una foto entre las manos; *— la folla*, entre la multitud | *trovarsi — due fuochi*, estar entre dos fuegos **2** (*relazione*) entre: *— noi c'è molta confidenza*, entre nosotros hay mucha confianza; *sia detto — noi*, que quede entre nosotros **3** (*tempo*) dentro de: *— un mese*, dentro de un mes | *— poco/breve/non molto*, dentro de poco/un rato **4** (*distanza*) a: *— due chilometri c'è la dogana*, a dos kilómetros de aquí está la aduana **5** (*partitivo*) entre: *uno, due — (di) noi*, uno, dos entre nosotros **6** (*attraverso*) por, a través de: *la luce filtrava — le tende*, la luz pasaba a través de las cortinas
■ ***fra l'altro***, entre otras cosas | ***fra i piedi***, en medio | ***fra sé e sé***, para sus adentros.
frac *s.m.* frac.
fracassare *v.tr.* quebrar*, estrellar, destrozar*: *— un vetro*, quebrar un cristal; *— le ossa a qlcu.*, romperle los huesos a alguien | *fracassarsi contro un muro*, estrellarse contra una pared.
fracasso *s.m.* estruendo, alboroto.
fradicio *agg.* **1** (*inzuppato*) mojado, empapado | *essere bagnato —*, estar hecho una sopa | *ubriaco —*, borracho perdido | *sudato —*, bañado en sudor **2** (*marcio*) podrido.
fradiciume *s.m.* podredumbre (*f.*), humedad (*f.*), (*fig.*) corrupción (*f.*).
fragile *agg.* frágil (*anche fig.*), quebradizo.
fragilità *s.f.* **1** fragilidad **2** (*fig.*) debilidad.
fragola *s.f.* (*bot.*) fresa.
fragore *s.m.* fragor, ruido.
fragoroso *agg.* fragoroso, sonoro.
fragrante *agg.* fragante.
fragranza *s.f.* fragancia.
fraintendere *v.tr.* tergiversar, malentender*.
fraintendimento *s.m.* tergiversación (*f.*), equívoco, malentendido.
frammentare *v.tr.* fragmentar.

frammentarietà *s.f.* fragmentación.
frammentario *agg.* fragmentario, incompleto.
frammentazione *s.f.* fragmentación.
frammento *s.m.* **1** fragmento, trozo, pedazo: *i frammenti di un osso*, los fragmentos de un hueso; *i frammenti di un vaso*, los añicos de un florero **2** (*fig.*, *un pizzico*) pizca (*f.*).
frammezzare *v.tr.* intercalar, insertar.
frammischiare *v.tr.* entremezclar, mezclar ♦ **-rsi** *v.pron.* (*fig.*) entrometerse, inmiscuirse*, injerirse*.
frammisto *agg.* entreverado, mezclado.
frana *s.f.* **1** derrumbamiento (*m.*), corrimiento (*m.*); (*materiale caduto*) derrubio (*m.*) **2** (*fig.*) caída, ruina | *essere una —*, ser un chapuza.
franare *v.intr.* **1** derrumbarse, desmoronarse **2** (*crollare*) desplomar **3** (*fig.*) desvanecer*.
francescanesimo *s.m.* (*relig.*) movimiento franciscano.
francescano *agg.*, *s.m.* (*relig.*) franciscano.
francese *agg.*, *s.m./f.* francés (*m.*) | *alla —*, a la francesa.
francesismo *s.m.* francesismo.
francesista *agg.*, *s.m./f.* francesista.
franchezza *s.f.* franqueza, sinceridad.
franchigia *s.f.* franquicia.
franchismo *s.m.* (*pol.*) franquismo.
franchista *agg.*, *s.m./f.* (*pol.*) franquista.
franco[1] *agg.* **1** (*comm.*) franco, libre | *— tiratore*, francotirador **2** (*esente da spese di trasporto*) franco, exento: *merce franca di dogana*, mercancía exenta de aduana | *— destino/di porto*, franco de porto | *porto —*, puerto franco | (*fam.*) *farla franca*, salir libre de polvo y paja **3** (*sincero*) leal, sincero | *parlare —*, hablar claro.
franco[2] *s.m.* (*moneta*) franco.
franco[3] *agg.*, *s.m.* (*st.*) franco.
francobollo *s.m.* sello.
francofono *agg.*, *s.m.* francófono.
frangente *s.m.* **1** (*onda*) ola (*f.*) espumosa **2** (*fig.*) lance, circunstancia (*f.*), trance.
frangetta *s.f.* flequillo (*m.*).
frangia *s.f.* **1** (*di tessuto*) fleco (*m.*) **2** (*di capelli*) flequillo (*m.*) **3** (*striscia*) franja: *una — di terreno*, una franja de terreno.
frangibile *agg.* frangible, quebrantable.
frangiflutti *s.m.* rompeolas, espigón.
franoso *agg.* desmoronadizo.
frantoio *s.m.* (*macchina per vino, olive*) lagar, trujal.
frantumare *v.tr.* triturar, moler*, trizar*; (*fig.*) hacer* añicos, destrozar*, destruir*: *— le speranze*, hacer añicos las esperanzas ♦ **-rsi** *v.pron.* hacerse* trizas, hacerse* añicos/pedazos: *nello scontro, si è frantumato il finestrino della macchina*, en el choque, se ha hecho trizas la ventanilla del coche.
frantumi *s.m.pl.* añicos, trizas (*f.*): *andare in —*, hacerse trizas; *mandare/ridurre in —*, hacer añicos.
frappé *s.m.* (*cuc.*) batido.
frapporre *v.tr.* interponer*, entremeter ♦ **-rsi** *v.pron.* intervenir*, entremeterse, entrometerse.
frapposizione *s.f.* interposición.
frasca *s.f.* frasca, follaje (*m.*) | *saltar di palo in —*, echar/irse por los cerros de Úbeda.
frase *s.f.* frase, locución | *— fatta*, frase hecha | *— idiomatica*, modismo | *— musicale*, frase musical.
fraseggiare *v.intr.* frasear.
fraseggio *s.m.* (*mus.*) fraseo.
fraseologia *s.f.* fraseología.
fraseologico *agg.* fraseológico.
frassino *s.m.* (*bot.*) fresno.
frastagliare *v.tr.* mellar, cortar en forma irregular ♦ **-rsi** *v.pron.* quebrarse*, volverse* accidentado/abrupto.
frastagliato *agg.* quebrado, desigual, accidentado: *coste frastagliate*, costas accidentadas.
frastornare *v.tr.* trastornar ♦ **-rsi** *v.pron.* trastornarse.
frastuono *s.m.* estruendo.
frate *s.m.* (*relig.*) fraile | *frati minori*, menores, minoristas.
fratellanza *s.f.* hermandad, fraternidad.
fratellastro *s.m.* hermanastro.
fratello *s.m.* hermano | (*tv*) *Grande Fratello*, Gran Hermano.
fraternità *s.f.* fraternidad.
fraternizzare *v.intr.* fraternizar*.
fraterno *agg.* fraternal.
fratricida *agg.*, *s.m./f.* fratricida.
frattaglie *s.f.pl.* (*cuc.*) casquería (*sing.*); (*di volatile*) menudillos (*m.*).
frattanto *avv.* entretanto, mientras tanto | *— che*, mientras.
frattempo *s.m. nella loc.*: *nel —*, en el ínterin, mientras tanto; *in questo/quel —*, entretanto, mientras tanto.
fratto *agg.* dividido: *quindici — cinque fa tre*, quince dividido por cinco da tres.
frattura *s.f.* **1** (*med.*) fractura **2** (*fig.*) ruptura.
fratturare *v.tr.* (*med.*) fracturar.
fraudolento *agg.* fraudulento.
frazionabile *agg.* fraccionable.
frazionare *v.tr.* fraccionar, dividir.
frazionato *agg.* partido, desmembrado.
frazione *s.f.* **1** (*mat.*) fracción **2** (*parte*) fracción, porción **3** (*di comune*) aldea, pueblo (*m.*), pedanía **4** (*sport*) relevo (*m.*).
freatico *agg.* freático.

freccia *s.f.* flecha.
frecciata *s.f.* **1** flechazo (*m.*) **2** (*fig.*) puyazo (*m.*).
freddare *v.tr.* **1** enfriar* **2** (*uccidere*) matar ♦ **-rsi** *v.pron.* enfriarse*.
freddezza *s.f.* **1** frialdad **2** (*sangue freddo*) sangre fría.
freddo *agg.* frío (*anche fig.*) | *piatti freddi*, fiambres | *tavola fredda*, bar/snack bar | *a mente fredda*, a mente serena | *guerra fredda*, guerra fría ♦ *s.m.* frío | *un — cane*, un frío tremendo/que pela | *non fare né caldo né —*, no dar ni frío ni calor | *mi viene — solo a pensarci*, me da miedo sólo el pensarlo | *sudare —*, correrle un sudor frío | *a —*, en frío (*anche fig.*).
freddoloso *agg.* friolento, friolero.
freddura *s.f.* chanza, agudeza.
freezer *s.m.* congelador.
fregare *v.tr.* **1** frotar; (*pavimenti*) fregar*: *fregarsi le mani, gli occhi*, frotarse las manos, los ojos **2** (*fam., rubare*) robar, mangar* **3** (*fam., imbrogliare*) engañar ♦ **-rsi** *v.pron. nella loc.*: *fregarsene* (*fam.*) pasar de todo, importar un comino/bledo: *non me ne frega niente*, me importa un bledo.
fregatura *s.f.* (*fam.*) timo (*m.*), engaño (*m.*); (*truffa*) estafa | *dare una —*, dar un palo | *prendere una —*, pringarla.
fregiare *v.tr.* decorar, adornar (*anche fig.*) ♦ **-rsi** *v.pron.* preciarse, honrarse: *— del titolo di conte*, preciarse del título de conde.
fregio *s.m.* **1** (*arch.*) friso **2** (*ornamento*) adorno.
fregola *s.f.* **1** (*di animali*) celo (*m.*); (*volg., di persone*) excitación, calentura **2** (*smania*) comezón, manía.
fremere *v.intr.* (*d'amore*) arder; (*di paura*) estremecerse*; (*di impazienza*) agitarse.
fremito *s.m.* bramido, frémito; (*brivido*) estremecimiento, temblor.
frenaggio *s.m.* (*mecc.*) frenado.
frenare *v.tr./intr.* **1** frenar **2** (*fig.*) reprimir*, contener* ♦ **-rsi** *v.pron.* contenerse*, dominarse, controlarse.
frenata *s.f.* frenazo (*m.*).
frenesia *s.f.* **1** frenesí (*m.*) **2** (*fig.*) capricho (*m.*), manía.
frenetico *agg.* frenético: *lavoro —*, trabajo frenético.
freno *s.m.* freno (*anche fig.*): *— a mano*, freno de mano | *— a contenimento*, freno de retención | *— a disco/tamburo*, freno de disco/tambor | *— a ganasce*, freno de zapatas | *— a gomito*, freno cerrado | *— a nastro*, freno de cinta | *— a pattini*, freno de patines | *— a pedale*, freno de pie | *— idraulico*, freno hidráulico | *— pneumatico*, freno neumático | *freni antislittamento*, frenos antiderrapantes | *allentare i freni*, aflojar las riendas | *dare un colpo di —*, dar un frenazo | *mordere il —*, morder el freno | *stringere i freni*, tirar del freno | *senza —*, sin freno | *tenere a —*, refrenar | *tenere a — la lingua*, morderse la lengua | *freni inibitori*, mecanismos de inhibición.
frequentare *v.tr.* **1** frecuentar, asistir: *— le lezioni*, asistir a clases | *— la scuola*, ir al colegio | *— l'università*, cursar **2** (*persone*) relacionarse con, tratarse con | *— brutte/cattive compagnie*, andar en malos pasos.
frequentato *agg.* concurrido.
frequentatore *s.m.* frecuentador, visitante (*m./f.*): *è un assiduo —*, es un frecuentador habitual.
frequentazione *s.f.* frecuentación.
frequente *agg.* frecuente | *di —*, a menudo.
frequenza *s.f.* **1** (*anche fis.*) frecuencia: *con —*, a menudo | *alta —*, alta frecuencia, banda ancha/larga | *bassa —*, baja frecuencia, banda estrecha **2** (*il frequentare*) asistencia: *la — alle lezioni è obbligatoria*, la asistencia a clases es obligatoria.
fresa *s.f.* (*mecc.*) fresa.
fresare *v.tr.* (*mecc.*) fresar.
fresatrice *s.f.* (*mecc.*) fresadora.
fresatura *s.f.* (*mecc.*) fresado (*m.*).
freschezza *s.f.* frescura, frescor (*m.*).
fresco *agg.* fresco (*anche fig.*): *pane, latte —*, pan fresco, leche fresca; *acqua fresca*, agua fresca | *essere — di studi*, haber acabado la carrera | *star —*, estar fresco/apañado | *— di giornata*, recién hecho ♦ *s.m.* fresco: *prendere il —*, tomar el fresco | *mettere in —*, poner en la nevera | (*fig.*) *mettere al —*, meter en la cárcel.
frescura *s.f.* frescura.
fresia *s.f.* (*bot.*) fresia.
fretta *s.f.* prisa: *aver —*, llevar prisa | *fai in —!*, ¡date prisa! | *far —*, dar/meter prisa | *in —*, de prisa | *in — e furia*, de prisa y corriendo | *in tutta —*, a toda mecha.
frettoloso *agg.* apresurado, apurado: *lavoro —*, trabajo apresurado.
freudiano *agg.* freudiano.
friabile *agg.* friable.
friggere *v.tr.* (*cuc.*) freír* | *vai a farti —!*, ¡vete a freír espárragos! ♦ *v.intr.* **1** chisporrotear: *l'olio friggeva nella padella*, el aceite chisporroteaba en la sartén **2** (*fig.*) roerse*, concomerse: *— di rabbia*, consumirse de rabia.
friggitoria *s.f.* freiduría.
friggitrice *s.f.* freidora.
friggitura *s.f.* freidura.
frigidità *s.f.* frigidez.
frigido *agg.* frígido.
frignare *v.intr.* lloriquear.
frignone *s.m.* llorica (*m./f.*), llorón.

frigo *s.m.* frigorífico, nevera (*f.*).
frigobar *s.m.* bar-nevera.
frigorifero *s.m.* frigorífico.
fringuello *s.m.* (*zool.*) pinzón.
frinire *v.intr.* chirriar.
frittata *s.f.* (*cuc.*) tortilla | (*fig.*) *fare una* —, prepararla buena | *ormai la — è fatta!*, ¡ya está hecho el pastel! | *rivoltare la* —, darle la vuelta a la tortilla.
frittella *s.f.* (*cuc.*) buñuelo (*m.*), churro (*m.*).
fritto *agg.*, *s.m.* (*cuc.*) frito: — *misto*, frito mixto; *sapere/puzzare di* —, oler a frito | *siamo fritti!*, ¡estamos perdidos!
frittura *s.f.* (*cuc.*) fritura, frito (*m.*).
frivolezza *s.f.* frivolidad, futilidad.
frivolo *agg.* frívolo.
frizionare *v.tr.* friccionar.
frizione *s.f.* **1** fricción (*anche fig.*) **2** (*aut.*) embrague (*m.*).
frizzante *agg.* **1** (*di aria*) penetrante, cortante **2** (*di bevanda*) efervescente; (*di vino*) espumoso: *acqua* —, agua con gas **3** (*fig.*) agudo, chispeante.
frizzantino *s.m.* vino blanco espumoso.
frizzare *v.intr.* arder, escocer*.
frocio *agg.*, *s.m.* (*volg.*) maricón.
frodare *v.tr.* defraudar.
frodatore *s.m.* estafador.
frode *s.f.* fraude (*m.*).
frodo *s.m.* fraude | *merce di* —, mercadería de contrabando; *pescatore, cacciatore di* —, pescador, cazador furtivo.
frollino *s.m.* galletta (*f.*), bizcocho de pastaflora.
frollo *agg.* **1** blando **2** (*cuc.*) manido | *pasta frolla*, pastaflora.
fronda *s.f.* **1** fronda **2** (*pl.*) frondas, follaje (*m.sing.*).
frondosità *s.f.* frondosidad, espesura.
frondoso *agg.* frondoso.
frontale *agg.* **1** (*anat.*) frontal **2** (*che sta o avviene di fronte*) frontal, de frente: *scontro* —, choque frontal; *attacco* —, ataque de frente.
frontaliero *agg.*, *s.m.* fronterizo.
frontalino *s.m.* (*scalino*) contrahuella (*f.*); (*autoradio*) frontal | — *estraibile*, frontal extraíble.
fronte *s.f.* **1** frente | *corrugare/aggrottare la* —, fruncir el ceño | *a — alta*, con la frente alta | *a — bassa*, con las orejas gachas | *a* —, cara a cara | *gli si legge in* —, lo trae escrito en la frente **2** (*parte anteriore, rivolta verso chi guarda*) frente (*m.*); (*facciata*) fachada | *testo a* —, texto bilingüe | *mettere a* —, poner frente a frente | *stare/trovarsi di* —, estar/encontrarse frente a frente | — *a* —, frente a frente; (*fig.*) delante de, frente a; ante ♦ *s.m.* (*anche pol.*) frente: — *popolare*, frente popular | *andare al* —, ir al frente
■ ***di fronte***, enfrente, de enfrente: *abito qui di* —, vivo aquí enfrente; *la casa di — è la mia*, la casa de enfrente es la mía | ***di fronte a***, enfrente de: *era seduto di — a me*, estaba sentado enfrente de mí; *di — alla casa c'è una chiesa*, enfrente de la casa hay una iglesia; *di — a queste cose non so che dire*, ante/frente a estas cosas no sé qué decir; *fuggire di — alle difficoltà*, huir delante de las dificultades; *ci troviamo di — a un grave problema*, estamos frente a un grave problema | ***a fronte di***, frente a: *a — dei documenti richiesti*, frente a los documentos pedidos | ***far fronte a***, afrontar.
fronteggiare *v.tr.* **1** enfrentar **2** (*essere di fronte*) estar* enfrente (de) ♦ **-rsi** *v.pron.* enfrentarse.
frontespizio *s.m.* frontispicio, fachada (*f.*), portada (*f.*).
frontiera *s.f.* frontera, límite (*m.*), confín (*m.*).
frontone *s.m.* (*arch.*) frontón.
fronzoli *s.m.pl.* oropeles, perejiles (*anche fig.*).
frottola *s.f.* bola, patraña.
frugale *agg.* frugal.
frugalità *s.f.* frugalidad.
frugare *v.intr.* hurgar* ♦ *v.tr.* (*perquisire*) rebuscar*, registrar; (*persone*) cachear: — *gli armadi*, rebuscar en los armarios.
fruitore *s.m.* consumidor; destinatario.
fruizione *s.f.* fruición, goce (*m.*).
frullare *v.tr.* (*cuc.*) batir: — *la frutta, le verdure, le uova*, batir la fruta, las hortalizas, los huevos ♦ *v.intr.* (*fig.*) ocurrírsele: *che cosa ti frulla in testa?*, ¿qué te pasa por la cabeza?
frullato *agg.*, *s.m.* (*cuc.*) batido.
frullatore, frullino *s.m.* batidora (*f.*), licuadora (*f.*).
frullo *s.m.* aleteo.
frumento *s.m.* (*bot.*) trigo, grano.
frusciare *v.intr.* crujir, susurrar.
fruscio *s.m.* **1** crujido; (*di acqua*) murmullo **2** (*di disco*) ruido.
frusta *s.f.* **1** azote (*m.*), látigo (*m.*) | *colpo di* —, latigazo; (*med.*) latigazo | *far schioccare la* —, latiguear, chasquear el látigo | *ricorrere alla/usare la* —, usar el látigo | *trattare con la* —, tratar con dureza **2** (*cuc.*) batidora.
frustare *v.tr.* **1** azotar, pegar* latigazos **2** (*fig.*) fustigar*.
frustata *s.f.* azote (*m.*), latigazo (*m.*).
frustino *s.m.* fusta (*f.*).
frusto *agg.* **1** (*di abito*) raído, desgastado **2** (*di argomento*) trillado.
frustrante *agg.* frustrante.
frustrare *v.tr.* frustrar, defraudar.
frustrato *agg.* frustrado; (*fig.*) fracasado.
frustrazione *s.f.* frustración, fracaso (*m.*).

frutta *s.f.* **1** fruta: — *di stagione*, fruta del tiempo; — *candita*, fruta confitada; — *sciroppata*, fruta en almíbar | — *secca*, fruta seca, cascajo | *macedonia di* —, macedonia de fruta **2** (*portata*) postre (*m.*) | *essere alla* —, estar en las últimas.
fruttaiolo *s.m.* frutero.
fruttare *v.tr./intr.* **1** fructificar*, frutar **2** (*rendere*) producir*, rendir*; (*di denaro*) rentar **3** (*fig.*) causar.
fruttato *agg.* (*di vino*) frutoso ♦ *s.m.* cosecha (*f.*), frutos (*pl.*).
frutteto *s.m.* huerto, vergel.
frutticolo *agg.* frutícola, frutero.
frutticoltore *s.m.* fruticultor.
frutticoltura *s.f.* fruticultura.
fruttifero *agg.* **1** fructífero: *albero* —, frutal; *terreno* —, terreno fértil, fecundo; *un incontro* —, un encuentro provechoso **2** (*econ.*) fructífero, rentable: *buono* —, bono fructífero; *deposito non* —, depósito infructífero.
fruttivendolo *s.m.* frutero, verdulero.
frutto *s.m.* **1** fruto: *albero da* —, árbol frutal | — *carnoso*, fruto carnoso | — *dell'amore/della colpa*, hijo ilegítimo | — *proibito*, fruta prohibida | *frutti di mare*, marisco | (*fig.*) *cogliere un — quand'è maturo*, saber esperar el momento justo **2** (*fig.*) fruto, resultado, provecho | *trarre* —, sacar fruto | *senza* —, sin provecho, en balde | *con poco* —, con escasos resultados | *dare* —, dar fruto | *mettere a* —, poner a fruto **3** (*econ.*) interés.
fruttosio *s.m.* (*chim.*) fructosa (*f.*).
fruttuoso *agg.* **1** fructuoso **2** (*econ.*) provechoso, rentable.
fu *agg.* (*defunto*) el difunto, el finado: *il — signor Rossi*, el difunto señor Rossi; *Luigi D. del — Carlo*, Luis D. hijo del difunto Carlos.
fucilare *v.tr.* fusilar.
fucilata *s.f.* fusilazo (*m.*).
fucilazione *s.f.* fusilamiento (*m.*).
fucile *s.m.* fusil: — *a ripetizione*, máuser, fusil de repetición; — *da caccia*, escopeta; — *ad aria compressa*, escopeta de aire comprimido; — *a canne mozze*, escopeta recortada.
fucina *s.f.* forja, fragua.
fuco[1] *s.m.* (*bot.*) fuco.
fuco[2] *s.m.* (*zool.*) zángano, abejón.
fucsia *agg., s.m.* (*colore*) fucsia.
fuga *s.f.* **1** fuga, huida | *darsi alla* —, fugarse **2** (*perdita*) fuga, escape (*m.*): — *di gas*, escape de gas | (*fig.*) — *di capitali*, fuga de capitales | (*fig.*) — *di cervelli*, fuga de cerebros **3** (*arch.*) serie, sucesión **4** (*mus.*) fuga **5** (*ciclismo*) escapada.
fugace, fuggevole *agg.* fugaz*; (*effimero*) efímero.
fugacità *s.f.* fugacidad, brevedad.
fugare *v.tr.* **1** ahuyentar, poner* en fuga **2** (*fig.*) disipar, dispersar.
fuggente *agg.* fuggitivo: *vivere l'attimo* —, vivir el momento/el instante.
fuggiasco *agg., s.m.* fugitivo.
fuggifuggi *s.m.* (*fam.*) desbandada (*f.*), huida (*f.*).
fuggire *v.intr.* **1** huir*, escapar, fugarse* | *il tempo fugge*, el tiempo corre **2** (*rifugiarsi*) refugiarse **3** (*ciclismo*) iniciar la escapada ♦ *v.tr.* apartarse, evitar.
fuggitivo *agg., s.m.* fugitivo.
fulcro *s.m.* **1** (*mecc.*) fulcro **2** (*fig.*) eje, pivote, punto principal.
fulgido *agg.* fúlgido, resplandeciente.
fulgore *s.m.* fulgor, resplandor.
fuliggine *s.f.* hollín (*m.*).
fuligginoso *agg.* fuliginoso, tiznado.
full *s.m.* (*poker*) full.
full immersion *loc.sost.f.* inmersión total.
full time *loc.sost.m.* dedicación (*f.*) total, jornada (*f.*) completa: *lavorare (a)* —, trabajar con dedicación total.
fulminante *agg.* **1** fulminante **2** (*che esplode detonando*) fulminante, detonante.
fulminare *v.tr.* fulminar (*anche fig.*) | — *qlcu. con lo sguardo*, fulminar a alguien con la mirada ♦ *v.intr.impers.* caer* rayos ♦ **-rsi** *v.pron.* fundirse: *si è fulminata la lampadina*, la bombilla se fundió.
fulminazione *s.f.* fulminación, fulguración.
fulmine *s.m.* rayo | *come un* —, como un rayo | *colpo di* —, flechazo | *come un — a ciel sereno*, caer como una bomba.
fulmineo *agg.* fulmíneo, fulminante, rápido | *uno sguardo* —, una mirada fulminante | *morte fulminea*, muerte fulminante.
fulvo *agg.* (*di pelo*) leonado; (*di capelli*) pelirrojo.
fumacchio *s.m.* tizo, tizón.
fumaiolo *s.m.* chimenea (*f.*).
fumante *agg.* fumante, humeante: *una tazza di tè* —, una taza de té humeante.
fumare *v.intr.* fumar; (*di camino*) humear | — *di rabbia*, sacar humo por las narices | *mi fuma la testa*, se me han calentado los cascos ♦ *v.tr.* fumar: — *la pipa*, fumar en pipa | (*fig.*) — *come una ciminiera/un turco*, fumar como un carretero.
fumata *s.f.* humareda, fumarada | — *bianca/nera*, fumata blanca/negra.
fumatore *s.m.* fumador.
fumettista *s.m./f.* historietista, dibujante de tebeos.
fumettistico *agg.* de historietas, de tebeos.
fumetto *s.m.* **1** (*spec.pl., giornale*) cómic, historieta (*f.*), tebeo **2** (*nuvoletta*) bocadillo **3** (*spreg., cinem., teatr., tv*) culebrón.
fumigare *v.intr.* humear, fumar.

fumigatore *s.m.* fumigador.
fumigatorio *agg.* fumigatorio.
fumigazione *s.f.* fumigación.
fumista *s.m.* fumista.
fumo *s.m.* humo | *far* —, hacer/echar humo, humear | *vendere* —, vender humo | *venditore di* —, vendedor de humo | *grigio* — *di Londra*, color gris oscuro | *vedere come il* — *negli occhi*, ver con malos ojos | *molto* — *e poco arrosto*, mucho ruido y pocas nueces | *andare in* —, irse todo en humo, esfumarse.
fumogeno *agg.* de humo ♦ *s.m.* bote de humo.
fumosità *s.f.* fumosidad.
fumoso *agg.* **1** humoso, fumoso **2** (*fig.*) confuso, vago: *un discorso* —, un discurso confuso.
funambolesco *agg.* funambulesco.
funambolismo *s.m.* acrobatismo, habilidad (*f.*), destreza (*f.*).
funambolo *s.m.* **1** funámbulo **2** (*fig.*) equilibrista (*m./f.*).
fune *s.f.* soga, cuerda; (*cavo*) cable (*m.*).
funebre *agg.* fúnebre | *impresa di pompe funebri*, funeraria.
funerale *s.m.* funeral, entierro | *faccia da* —, cara fúnebre.
funerario *agg.* funerario.
funereo *agg.* funéreo, funebre.
funesto *agg.* funesto, infausto.
fungere *v.tr.* ejercer*, desempeñar: — *da presidente*, ejercer de presidente.
fungo *s.m.* **1** (*bot.*) hongo, seta (*f.*) | *crescere come i funghi*, crecer como setas **2** (*med.*) fungosidad (*f.*).
funicolare *agg.*, *s.f.* funicular (*m.*).
funivia *s.f.* teleférico (*m.*).
funzionale *agg.* funcional.
funzionalità *s.f.* funcionalidad.
funzionamento *s.m.* funcionamiento.
funzionante *agg.* en función.
funzionare *v.intr.* funcionar; (*mecc.*) marchar.
funzionario *s.m.* empleado; (*statale*) funcionario; (*dirigente*) directivo.
funzione *s.f.* **1** función | *essere in* —, funcionar | *mettere in* —, accionar | *il facente* —, el substituto | *fare la* — *di*, hacer las veces de **2** (*relig.*) función, ceremonia religiosa.
fuoco *s.m.* **1** fuego (*anche fig.*) | *cuocere a* — *lento*, *vivo*, *moderato*, cocer a fuego lento, moderado, a llama viva | *andare a* —, quemarse, incendiarse | *dar* —, dar/pegar fuego **2** (*fornello*) fuego, quemador **3** (*caminetto*) chimenea (*f.*) **4** (*mat., fis.*) foco | *mettere a* —, enfocar **5** (*mil.*) fuego | *aprire il* —, romper el fuego | —*!*, ¡fuego!
■ ***parole di fuoco***, palabras de fuego | ***fuoco di paglia***, llamarada | ***fuoco fatuo***, fuego fatuo | ***fuochi d'artificio***, fuegos artificiales | ***prova del fuoco***, prueba decisiva | ***essere tra due fuochi***, estar entre dos fuegos | ***giocare con il fuoco***, jugar con fuego | ***fare fuoco e fiamme***, echar fuego por los ojos.
fuorché *cong.*, *prep.* salvo, excepto.
fuori *avv.* fuera, afuera; (*esternamente*) por fuera (*anche fig.*): *guardare* —, mirar afuera; *aspettare* —, esperar afuera; *viene da* —, viene de afuera/fuera; *mangiare* —, comer fuera; *mia madre è* —, mi madre está fuera de casa | *è venuto* — *che*, se ha descubierto que | *sono saltate* — *le mie chiavi*, han aparecido mis llaves | (*fig.*) *essere* —, estar como una cabra | —*!*, ¡fuera!, ¡afuera! | *in* —, hacia fuera | *far* — *qlcu.*, cargarse, despachar a alguien ♦ *prep.* fuera (de) | *vivo* — *Milano*, vivo fuera de Milán | *essere* — *di sé*, estar fuera de sí | *essere* — *fase*, no estar en forma | *essere* — *strada*, ir descaminado | — *uso*, estropeado, inservible.
fuoribordo *s.m.* (*mar.*) fueraborda.
fuoricampo *agg.* fuera de campo ♦ *s.m.* (*cinem., foto.*) *toma* fuera de campo.
fuoriclasse *agg.*, *s.m./f.* as (*m.*), puntero (*m.*).
fuoricombattimento *s.m.* fuera de combate | *essere* —, estar/quedar fuera de combate.
fuoricorso *agg.*, *s.m./f.* (*università*) repetidor (*m.*); (*moneta, francobollo*) fuera de circulación.
fuorigioco *s.m.* fuera de juego.
fuorilegge *s.m./f.* bandido (*m.*), delincuente.
fuorimano *avv.* a desmano, a trasmano, lejos: *abitare* —, vivir lejos.
fuoripista *s.m.* fuera de pista.
fuoriprogramma *s.m.* (*teatr., tv*) programa de relleno.
fuoriserie *agg.* **1** fuera de serie **2** (*fig.*) excelente, de primera clase ♦ *s.f.* (*aut.*) automóvil (*m.*) fuera de serie.
fuoristrada *agg.*, *s.m.* (*aut.*) todoterreno.
fuoriuscita *s.f.* escape (*m.*), fuga: *una* — *di gas*, un escape de gas.
fuoriuscito *s.m.* (*profugo*) exiliado voluntario.
fuorviante *agg.* que despista.
fuorviare *v.tr./intr.* despistar, alejar, apartar.
furbacchione *agg.*, *s.m.* zorro viejo | *essere un* —, no tener un pelo de tonto.
furbastro *agg.* pájaro, lagartón.
furbata *s.f.* raposería, zamarrada.
furberia *s.f.* **1** astucia **2** (*azione*) ardid (*m.*).
furbesco *agg.* picaresco.
furbizia *s.f.* astucia.
furbo *agg.* astuto | *fare il* —, pasarse de listo.
furbone *agg.* lagarto, raposo, zorrón.
furente *agg.* furibundo, enfurecido, furioso.
furetto *s.m.* (*zool.*) hurón.
furfante *s.m./f.* pícaro (*m.*), pillo (*m.*), canalla.
furfanteria *s.f.* canallada.

furfantino *agg.* canallesco, truhanesco.
furgoncino *s.m.* (*aut.*) furgoneta (*f.*).
furgone *s.m.* (*aut.*) furgón.
furgonista *s.m.* conductor de furgonetas.
furia *s.f.* **1** furia, ira, cólera | *andare su tutte le furie*, estar hecho un basilisco | *a — di*, a fuerza de | *in fretta e —*, de prisa y corriendo **2** (*persona irata*) furia, basilisco (*m.*): *oggi è una —, non gli si può parlare*, hoy está hecho una furia, no se le puede hablar.
furibondo *agg.* furibundo, furioso, airado, violento, iracundo.
furioso *agg.* furioso.
furore *s.m.* furor (*anche fig.*) | *far —*, hacer furor | *a — di popolo*, por el pueblo entero, por aclamación.
furtivo *agg.* furtivo.
furto *s.m.* hurto | *— con scasso*, robo.
fusa *s.f.pl. nella loc.*: *fare le —*, ronronear.
fuscello *s.m.* vara (*f.*), rama (*f.*).
fusciacca *s.f.* fajín (*m.*).
fusibile *s.m.* (*elettr.*) fusible.
fusione *s.f.* fusión (*anche fig.*).
fuso[1] *agg.* fundido | *essere —*, estar hecho polvo, estar para el arrastre
fuso[2] *s.m.* (*per filare*) huso, cilindro | *a —*, fusiforme | *— acromatico*, huso acromático | *— cilindrico/conico*, huso cilíndrico/cónico | *— dell'ancora*, huso del ancla | *— del tornio*, cilindro del torno | *— orario*, huso horario | *essere dritto come un —*, estar más tieso que una vela.
fusoliera *s.f.* (*aer.*) fuselaje (*m.*).
fustagno *s.m.* fustán, fustaño, pana (*f.*).
fustigare *v.tr.* fustigar*.
fustigatore *s.m.* fustigador.
fustigazione *s.f.* fustigación.
fustino *s.m.* (*detersivo*) tambor.
fusto *s.m.* **1** (*bot.*) tallo, tronco: *alberi d'alto —*, árboles de tronco alto **2** (*di colonna*) fuste **3** (*giovane aitante*) cachas, tío bueno | (*fam.*) *che bel —!*, ¡qué cachas ese tío!, ¡qué tío guapo! **4** (*recipiente*) tonel, barril, pipa (*f.*): *un — di vino*, un barril de vino; *un — di benzina*, un bidón de gasolina.
futile *agg.* fútil.
futilità *s.f.* futilidad.
futurismo *s.m.* futurismo.
futurista *agg.*, *s.m./f.* futurista.
futuro *agg.*, *s.m.* futuro.
futurologia *s.f.* futurología.
futurologo *s.m.* futurólogo.

Gg

g *s.f.* g | (*tel.*) — *come Genova*, g como Grecia.
gabardine *s.f.* (*tess., abbigl.*) gabardina.
gabbana *s.f.* (*abbigl.*) gabán (*m.*) | *voltare* —, cambiar de camisa/casaca/chaqueta.
gabbare *v.tr.* engañar, engatusar | *passata la festa gabbato lo santo*, el río pasado el santo olvidado ♦ **-rsi** *v.pron.* reírse*, burlarse, mofarse.
gabbia *s.f.* jaula; (*voliera*) pajarera: — *dei leoni*, jaula de los leones; — *dei canarini*, jaula de los canarios | — *dell'ascensore*, caja del ascensor | (*anat.*) — *toracica*, caja torácica | (*fig.*) *una — di matti*, una casa de locos | — *dorata*, jaula de oro.
gabbiano *s.m.* (*zool.*) gaviota (*f.*).
gabella *s.f.* tributo (*m.*), gabela (*f.*).
gabinetto *s.m.* **1** (cuarto de) baño, aseo, servicio: *andare al* —, ir al servicio | — *alla turca*, retrete de pie/a la turca | — *all'inglese*, wáter **2** (*studio*) gabinete, despacho; (*studio medico*) consultorio **3** (*pol.*) gabinete, ministerio | *crisi di* —, crisis de gobierno.
gadget *s.m.* gadget, objeto divertido, accesorio superfluo.
gaelico *agg.* gaélico.
gaffe *s.f.* plancha, planchazo (*m.*), metedura de pata | *fare una* —, meter la pata.
gagà *s.m.* creído, chulo, guaperas.
gagliardetto *s.m.* **1** (*sport*) grímpola (*f.*) **2** (*mar.*) gallardete.
gagliardo *agg.* vigoroso, valiente, fuerte.
gaiezza *s.f.* contento (*m.*), alegría.
gaio *agg.* alegre, contento, jovial | *gaia scienza*, gaya ciencia.
gala[1] *s.f.* gala: *mettersi in* —, vestirse de gala | *pranzo di* —, cena de gala | *serata di* —, noche de gala.
gala[2] *s.f.* (*ornamento*) volante (*m*).
galante *agg.* galante, galanteador, atento.
galanteria *s.f.* **1** galantería, elegancia, finura **2** (*complimento*) atención, detalle (*m.*).
galantuomo *s.m.* caballero, hombre de bien | *parola di* —, palabra de honor | *il tempo è* —, el tiempo (lo) dirá.
galassia *s.f.* (*astr.*) galaxia, vía láctea.
galateo *s.m.* etiqueta (*f.*), buenos modales/modos (*pl.*), urbanidad (*f.*): *comportarsi secondo le norme del* —, comportarse con urbanidad.
galattico *agg.* (*astr.*) galáctico.
galenico *agg.* galénico.
galeone *s.m.* (*mar.*) galeón.
galeotto *s.m.* **1** galeote **2** (*carcerato*) condenado, preso **3** (*fig.*) delincuente, bandido.
galera *s.f.* **1** (*mar.*) galera **2** (*carcere*) cárcel, prisión; (*lavori forzati*) cadena, galeras (*pl.*) | *avanzo/pezzo di* —, desecho de la sociedad | *vita da* —, vida de perros.
galiziano *agg., s.m.* gallego.
galla, a *loc.avv.* (*anche fig.*) a flote: *stare* —, flotar; *venire* —, (*anche fig.*) salir a flote, a la luz | *portare/riportare* —, sacar a flote | *rimanere* —, salir a flote, salir de apuros | *tenersi* —, sacar adelante | *tornare* —, volver a aparecer.
galleggiamento *s.m.* flotación (*f.*), flote.
galleggiante *agg.* flotante, flotador ♦ *s.m.* flotador; (*boa*) boya (*f.*).
galleggiare *v.intr.* flotar.
galleria *s.f.* **1** galería; (*traforo*) túnel (*m.*); (*passaggio sotterraneo*) subterráneo (*m.*) **2** (*teatr.*) galería, gallinero (*m.*) **3** (*d'arte*) galería.
gallerista *s.m./f.* galerista.
gallese *agg., s.m./f.* galés.
galletta *s.f.* galletta, bizcocho (*m.*).
galletto *s.m.* **1** gallito, gallo joven **2** (*fig.*) pollastre | *fare il* —, hacer el gallo.
gallicano *agg., s.m.* (*relig.*) galicano.
gallicismo *s.m.* galicismo.
gallico *agg., s.m.* gálico.
gallina *s.f.* gallina
■ ***cervello di gallina***, cabeza de chorlito | ***andare a letto con le galline***, acostarse con las gallinas | ***chi di gallina nasce convien che razzoli***, la cabra tira al monte | ***gallina che canta ha fatto l'uovo***, quien se pica, ajos come | ***gallina dalle uova d'oro***, la gallina de los huevos de oro | ***gallina vecchia fa buon brodo***, gallina vieja hace buen caldo | ***meglio un uovo oggi che una gallina domani***, más vale pájaro en mano que ciento volando | ***zampe di gallina***, (*scrittura*) garabatos; (*rughe*) patas de gallo.
gallinaccio *s.m.* (*zool.*) pavo.
gallinella *s.f.* (*bot.*) cimbalaria.

gallo[1] *s.m.* (*zool.*) gallo | — *cedrone*, gallo silvestre, urogallo | — *da combattimento*, gallo de pelea | *al canto del* —, al amanecer ■ ***essere il gallo della Checca***, ser un donjuán | ***fare il gallo***, ponerse gallito | ***vispo come un gallo***, muy avispado.

gallo[2] *agg.* (*st.*) galo, gálico ♦ *s.m.* (*st.*) galo.

gallone *s.m.* (*distintivo, misura*) galón.

galoppante *agg.* galopante.

galoppare *v.intr.* **1** galopar **2** (*fig.*) trajinar: *ho galoppato tutto il giorno senza fermarmi*, he trajinado todo el día sin parar | — *con la fantasia*, dejarse transportar por la fantasía.

galoppata *s.f.* galope (*m.*), carrera.

galoppatoio *s.m.* picadero.

galoppino *s.m.* recadero, mandadero, ganapán.

galoppo *s.m.* galope: *corse di* —, carreras al galope; *andare al* —, correr al galope; *al* —, al galope (*anche fig.*).

galoscia *s.f.* galocha.

galvanico *agg.* galvánico.

galvanizzare *v.tr.* galvanizar* (*anche fig.*), estimular: *la lezione di quel professore li ha galvanizzati*, la clase de aquel profesor los ha galvanizado.

gamba *s.f.* **1** pierna | *a mezza* —, a media pierna | — *dei pantaloni*, pernera/pernil **2** (*di animale*) pata **3** (*di tavolo, sedia ecc.*) pata, pie (*m.*)
■ ***darsela a gambe***, ahuecar el ala | ***essere in gamba***, estar en forma; (*fig.*) ser muy competente: *è un ragazzo in* —, es un chico que vale mucho | ***prendere qlco. sotto gamba***, tomarse algo a la ligera | ***andarci con una gamba sola***, ir volando | ***andare dove le gambe portano***, vagar sin meta | ***andare/cadere/finire a gambe all'aria***, caerse patas arriba | ***andarsene con la coda fra le gambe***, irse con el rabo entre las piernas | ***a quattro gambe***, a gatas, a cuatro patas | ***camminare con le proprie gambe***, ir por su propio pie, poder andar sin andadores | ***correre/fuggire a gambe levate***, poner los pies en polvorosa, correr como el gato por ascuas | ***fare il passo più lungo della gamba***, estirar la pierna más que la manta, ir más allá de sus propias posibilidades | ***fare il passo secondo la gamba***, extender la pierna hasta donde llega la sábana | ***mettere le gambe in spalla***, apretar los talones | ***raddrizzare le gambe ai cani***, intentar lo imposible | ***sentire le gambe fare giacomo giacomo***, no poder tenerse en pie; temblar de miedo | ***sgranchirsi le gambe***, estirar las piernas | ***sta in gamba!***, ¡que sigas bien!, ¡cuídate! | ***tagliare le gambe***, cortar las piernas.

gambale *s.m.* **1** (*di stivale*) caña (*f.*) de la bota **2** (*protesi*) pierna (*f.*) ortopédica.

gambalunga *s.m./f.* zanquilargo (*m.*).

gamberetto *s.m.* (*zool.*) camarón, quisquilla (*f.*).

gambero *s.m.* (*di mare*) gamba (*f.*), cámbaro; (*di fiume*) cangrejo de río | *fare come il* —, de para atrás como el cangrejo.

gamberone *s.m.* (*zool.*) langostino: — *rosso*, carabinero.

gambizzare *v.tr.* disparar a las piernas (en un atentado).

gambo *s.m.* **1** (*di fiori*) tallo; (*di foglie*) pecíolo, (*fam.*) rabo **2** (*sostegno*) pie.

gamete *s.m.* (*biol.*) gameto.

gamma *s.f.* gama | — *di prodotti*, gama de productos | — *di colori*, gama de colores.

ganascia *s.f.* **1** mandíbula; (*zool.*) quijada | *mangiare a due ganasce*, comer a dos carrillos **2** (*mecc.*) mordaza, tenaza; (*di freno*) zapata | *ganasce bloccaruote*, cepos.

gancio *s.m.* gancho; (*uncino*) garfio.

ganghero *s.m.* quicio | *uscire dai gangheri*, salirse de sus casillas | *far uscire dai gangheri*, sacar de quicio/sus casillas.

ganglio *s.m.* **1** (*anat.*) ganglio **2** (*fig.*) núcleo, punto central.

gangster *s.m.* gángster, pistolero, matón.

ganzo *s.m.* ligue, rollo.

gara *s.f.* **1** (*sport*) competición, carrera: — *ciclistica, automobilistica*, carrera ciclista, de coches | *fare a* —, rivalizar, competir **2** (*concorso*) concurso (*m.*), certamen (*m.*).

garage *s.m.* garaje.

garagista *s.m./f.* (*lavoratore*) mecánico; (*proprietario*) dueño de un garaje.

garante *agg.* fiador, garante ♦ *s.m./f.* fiador (*m.*), garante, valedor (*m.*).

garantire *v.tr.* **1** garantizar* **2** (*dare per certo*) asegurar, garantizar*.

garantito *agg.* garantizado, asegurado.

garanzia *s.f.* garantía, fianza | (*dir.*) *avviso di* —, notificación de procesamiento.

garbare *v.tr.* gustar; (*di persona*) agradar, caer* bien.

garbato *agg.* amable, cortés.

garbo *s.m.* gracia (*f.*); (*gentilezza*) amabilidad (*f.*), cortesía (*f.*).

garbuglio *s.m.* **1** enredo, embrollo **2** (*fig.*) garbullo, lío.

gardenia *s.f.* (*bot.*) gardenia.

gareggiare *v.intr.* **1** competir*, rivalizar*, contender* **2** (*sport*) competir*.

garganella *s.f. solo nella loc.*: *bere a* —, beber a gallete/gollete.

gargarismo *s.m.* gargarismo, gárgara (*f.*): *fare i gargarismi*, hacer gárgaras.

gargarozzo *s.m.* (*fam.*) gañote.

garibaldino *agg.*, *s.m.* garibaldino.

garitta *s.f.* (*mil.*) garita.

garofano *s.m.* (*bot.*) clavel | *chiodi di* —, clavo (*sing.*), clavos de olor.
garrese *s.m.* (*di cavallo*) cruz (*f.*).
garretto *s.m.* jarrete.
garrire *v.intr.* garrir, chirriar.
garrito *s.m.* chillido, chirrido.
garrulo *agg.* gárrulo, charlatán.
garza[1] *s.f.* (*med.*) gasa.
garza[2] *s.f.* (*zool.*) garza.
garzone *s.m.* aprendiz*, mozo.
gas *s.m.* gas: *fuga di* —, escape de gas; *bombola a* —, bombona de butano | *andare a tutto* —, ir a todo gas/a toda máquina (*anche fig.*).
gasare *v.tr.* gasear, gasificar*.
gasato *agg.* efervescente, gaseado, (*acqua*) con gas; presumido.
gasdotto *s.m.* gasoducto.
gasolio *s.m.* gasóleo.
gasometro *s.m.* gasómetro.
gassare *v.tr.* → **gasare.**
gassato *agg.* con gas: *acqua gassata*, agua con gas.
gassosa *s.f.* gaseosa.
gassoso *agg.* gaseoso.
gastrico *agg.* gástrico.
gastrite *s.f.* (*med.*) gastritis.
gastroduodenale *agg.* (*anat.*) gastroduodenal.
gastroenterico *agg.* (*med.*) gastroentérico.
gastroenterite *s.f.* (*med.*) gastroenteritis.
gastroenterologo *s.m.* (*med.*) gastroenterólogo.
gastrointestinale *agg.* (*med.*) gastrointestinal.
gastronomia *s.f.* gastronomía, arte culinaria.
gastronomico *agg.* gastronómico.
gastronomo *s.m.* gastrónomo.
gatta *s.f.* gata
■ ***avere una gatta da pelare***, meterse en camisa de once varas | ***qui gatta ci cova***, aquí hay gato encerrado | ***fare la gatta morta***, hacerse la mojigata/la mosquita muerta.
gattabuia *s.f.* (*fam.*) chirona.
gattamorta *s.f.* mosquita muerta, mojigata | *essere una* —, ser una mosquita muerta | *fare la* —, hacerse la mojigata/la mosquita muerta.
gatto *s.m.* gato; (*fam.*) micho | — *selvatico*, gato montés | (*aut.*) — *delle nevi*, máquina pisanieve
■ ***essere come cane e gatto***, llevarse como el perro y el gato | ***essere in quattro gatti***, ser cuatro gatos.
gattonare *v.tr/intr.* gatear, andar* a gatas.
gattoni *avv.* a gatas.
gattopardo *s.m.* (*zool.*) onza (*f.*), gatopardo.
gaudente *agg.* que goza la vida, vividor.
gaudio *s.m.* gozo.
gavetta *s.f.* gamella | (*fig.*) *venire dalla* —, venir desde abajo, partir de cero.
gavitello *s.m.* (*mar.*) boya (*f.*).
gay *agg., s.m./f.* homosexual, gay.
gazza *s.f.* (*zool.*) urraca.
gazzarra *s.f.* algazara.
gazzella *s.f.* (*zool.*) gacela.
gazzetta *s.f.* gaceta, diario (*m.*), boletín (*m.*) | *Gazzetta Ufficiale*, Boletín Oficial.
gazzettino *s.m.* gacetilla (*f.*).
geco *s.m.* (*zool.*) salamanquesa (*m.*).
geisha *s.f.* geisha.
gel *s.m.* gel: — *per capelli*, fijador de pelo, gomina.
gelare *v.tr.* **1** helar*, congelar **2** (*fig.*) helar*, dejar de una pieza | *sentirsi — il sangue*, sentirse bajar la sangre a los talones ♦ *v.intr.* helarse* ♦ **-rsi** *v.pron.* helarse*, congelarse: *qui si gela*, aquí hace un frío que se hiela; *mi si sono gelate le mani*, se me han helado las manos ♦ *v.intr.impers.* helar*: *la notte passata è gelato*, esta noche ha helado.
gelata *s.f.* helada.
gelataio *s.m.* heladero.
gelateria *s.f.* heladería.
gelatiera *s.f.* heladora.
gelatina *s.f.* gelatina; (*di frutta*) jalea.
gelatinoso *agg.* gelatinoso, viscoso.
gelato *agg.* **1** helado, gélido **2** (*fig.*) helado, atónito: *la notizia mi ha lasciato* —, la noticia me ha dejado helado ♦ *s.m.* helado: *cono* —, cucurucho de helado; *una coppa di* —, una copa de helado; — *da passeggio*, bombón helado; — *confezionato*, helado industrial; — *semifreddo*, bizcocho helado.
gelido *agg.* **1** gélido, helado **2** (*fig.*) glacial.
gelo *s.m.* **1** (*anche fig.*) hielo | *sentirsi/diventare di* —, quedarse de hielo **2** (*gelata*) helada (*f.*).
gelone *s.m.* (*med.*) sabañón.
gelosia *s.f.* celos (*m.pl.*): *provare* —, sentir celos.
geloso *agg.* celoso: *essere* —, tener celos.
gelso *s.m.* (*bianco*) morera (*f.*); (*nero*) moral, moreda (*f.*).
gelsomino *s.m.* (*bot.*) jazmín.
gemellaggio *s.m.* hermanamiento.
gemellare[1] *agg.* gemelar: *parto* —, parto gemelar.
gemellare[2] *v.tr.* hermanar ♦ **-rsi** *v.pron.* hermanarse.
gemellato *agg.* hermanado.
gemello *agg.* gemelo, mellizo: *fratello* —, hermano gemelo | (*fig.*) *anima gemella*, alma gemela ♦ *s.m.* **1** gemelo, mellizo **2** (*pl., da polsino*) gemelos (*pl.*) **3** (*pl., astr.*) géminis.
gemere *v.intr.* gemir*, quejarse.
gemito *s.m.* gemido, quejido.
gemma *s.f.* **1** gema, piedra preciosa **2** (*bot.*)

gema, yema, botón (*m.*) **3** (*fig.*) gema, perla | *le gemme della letteratura*, las perlas de la literatura.
gendarme *s.m.* gendarme.
gendarmeria *s.f.* gendarmería.
gene *s.m.* (*biol.*) gen.
genealogia *s.f.* genealogía.
genealogico *agg.* genealógico: *albero* —, árbol genealógico.
genepì *s.m.* (*bot.*) artemisa (*f.*), artemisia (*f.*).
generale[1] *agg.* general: *consenso* —, aprobación general | *in* —, en lo general, por lo general.
generale[2] *s.m.* (*mil.*) general.
generalità *s.f.* **1** generalidad; (*maggioranza*) mayoría **2** (*pl.*) identidad (*sing.*), filiación (*sing.*), datos (*m.pl.*) personales.
generalizzare *v.intr.* generalizar*.
generalizzato *agg.* generalizado.
generalizzazione *s.f.* generalización.
generare *v.tr.* **1** generar, engendrar, procrear **2** (*fig.*) generar, causar, producir* ♦ **-rsi** *v.pron.* generarse, producirse.
generatore *agg.*, *s.m.* generador.
generazionale *agg.* generacional.
generazione *s.f.* generación.
genere *s.m.* **1** género, clase (*f.*), tipo | *il* — *umano*, el género humano | *una cosa del* —, una cosa de este/ese tipo | *di nuovo* —, inusitado | *scherzo di cattivo* —, broma de mal gusto | *in* —, en general, generalmente | *nel suo* —, en su género **2** (*gramm.*) género | — *maschile, femminile, neutro*, género masculino, femenino, neutro | — *epiceno*, género epiceno **3** (*comm.*) mercancía (*f.*), artículos (*pl.*): *generi di prima necessità*, artículos de primera necesidad; *generi di lusso*, artículos de lujo | *generi alimentari*, productos alimenticios | *generi diversi/vari*, artículos varios, mercancías de varias clases.
generico *agg.* genérico; (*generale*) general; (*vago*) vago, indeterminado | *medico* —, médico de familia ♦ *s.m.* **1** lo general, lo vago: *non mi ha raccontato tutto, è rimasto sul* —, no me ha contado todo, se ha quedado en lo vago **2** (*teatr.*) actor polifacético.
genero *s.m.* yerno.
generosità *s.f.* generosidad.
generoso *agg.* generoso, pródigo, liberal, magnánimo.
genesi *s.f.* (*anche relig.*) génesis, origen (*m.*).
genetica *s.f.* genética.
genetico *agg.* (*biol.*) genético: *ingegneria genetica*, ingeniería genética; *patrimonio* —, patrimonio genético.
genetista *s.m./f.* (*biol.*) genetista.
gengiva *s.f.* (*anat.*) encía.
gengivite *s.f.* (*med.*) gingivitis.
genia *s.f.* banda, ralea.
geniale *agg.* genial, ingenioso.
genialità *s.f.* genialidad, genio (*m.*).
genio[1] *s.m.* genio | *sei un* —!, ¡eres un genio! | *andare a* —, caer bien.
genio[2] *s.m.* (*mil.*) cuerpo militar de ingenieros.
genitale *agg.* genital ♦ *s.m.pl.* genitales.
genitivo *agg.*, *s.m.* (*gramm.*) genitivo | — *possessivo*, genitivo posesivo | — *sassone*, genitivo sajón.
genitore *s.m.* **1** padre; madre (*f.*); progenitor **2** (*pl.*) padres: *i miei genitori sono anziani*, mis padres son viejos.
gennaio *s.m.* enero.
genocidio *s.m.* genocidio.
gentaglia *s.f.* gentuza.
gente *s.f.* gente | — *per bene*, gente/personas de bien; *c'è* —, hay gente; *la* — *dice che...*, la gente dice que... | *brulichio di* —, bullir de gente | *essere buona/brava* —, ser gente de bien | *frotta di* —, montón de gente | — *comune*, gente de la calle | — *d'armi*, gente de armas, militares | — *di campagna*, gente del campo | — *di chiesa*, gente de iglesia, el clero | — *di fuori*, forasteros | — *di malaffare*, gente de mal vivir/del hampa | — *di mare*, gente de mar | — *di teatro*, gente de teatro | — *di toga*, los magistrados | — *pacifica*, gente de paz | *lasciar dire la* —, dejar hablar | *le genti future*, los hombres del futuro | *saperci fare con la* —, tener don de gentes | *un mare di* —, la mar de gente.
gentildonna *s.f.* dama, señora: *è proprio una* —, es una gran señora.
gentile *agg.* gentil, amable, cortés | *il gentil sesso*, el sexo femenino.
gentilezza *s.f.* **1** gentileza, amabilidad, cortesía **2** (*favore*) favor (*m.*), gentileza | *fare la* — *di*, hacer el favor de.
gentilizio *agg.* gentilicio.
gentiluomo *s.m.* caballero, señor.
genuflessione *s.f.* genuflexión.
genuflettersi *v.intr.* hincarse*, arrodillarse.
genuinità *s.f.* autenticidad, naturalidad.
genuino *agg.* **1** genuino, natural **2** (*fig.*) espontáneo, auténtico.
genziana *s.f.* (*bot.*) genciana.
geocentrico *agg.* geocéntrico.
geofisica *s.f.* geofísica.
geografia *s.f.* geografía.
geografico *agg.* geográfico | *carta geografica*, mapa.
geografo *s.m.* geógrafo.
geologia *s.f.* geología.
geologico *agg.* geológico.
geologo *s.m.* geólogo.
geometra *s.m./f.* aparejador (*m.*); (*topografo*) agrimensor (*m.*).
geometria *s.f.* geometría.

geometrico *agg.* geométrico.
geopolitica *s.f.* geopolítica.
geopolitico *agg.* geopolítico.
geotermia *s.f.* (*geol.*) geotermía.
geotermico *agg.* (*geol.*) geotérmico.
geranio *s.m.* (*bot.*) geranio.
gerarca *s.m.* jérarca.
gerarchia *s.f.* jerarquía.
gerarchico *agg.* jerárquico.
gerente *s.m./f.* gerente, gestor (*m.*), administrador (*m.*).
gergale *agg.* (*ling.*) jergal.
gergo *s.m.* jerga (*f.*), jeringonza (*f.*), argot.
geriatria *s.f.* (*med.*) geriatría.
geriatrico *agg.* (*med.*) geriátrico.
gerla *s.f.* cuévano (*m.*).
germanico *agg.* germánico; (*tedesco*) alemán.
germanista *s.m./f.* germanista.
germano *s.m.* (*zool.*) pato silvestre.
germe *s.m.* (*anche fig.*) germen | *in* —, en ciernes.
germicida *agg.*, *s.m.* germicida.
germinale *agg.*, *s.m.* germinal.
germinare *v.intr.* (*anche fig.*) germinar, brotar.
germinazione *s.f.* germinación.
germogliare *v.intr.* germinar, brotar, nacer*.
germoglio *s.m.* **1** (*bot.*) brote, yema (*f.*) **2** (*fig.*) germen, origen.
geroglifico *s.m.* (*anche fig.*) jeroglífico.
gerontologia *s.f.* (*med.*) gerontología.
gerontologo *s.m.* (*med.*) gerontólogo.
gerundio *s.m.* (*gramm.*) gerundio.
gessato *agg.* **1** enyesado, escayolado **2** (*di tessuto*) rayado: *abito* —, traje oscuro a rayas.
gesso *s.m.* **1** (*min.*) yeso **2** (*gessetto*) tiza (*f.*) **3** (*med.*) escayola (*f.*) **4** (*arte*) yeso.
gesta *s.f.pl.* gesta (*sing.*), hazañas: *canzone di* —, cantar de gesta.
gestante *s.f.* gestante, mujer embarazada.
gestazione *s.f.* gestación | *essere in* —, estar en gestación/preparación.
gesticolare *v.intr.* gesticular.
gestione *s.f.* gestión, administración: (*amm.*) — *aziendale*, gestión de una empresa | (*inform.*) — *dei dati*, gestión de datos.
gestire *v.tr.* **1** administrar, dirigir*: — *un ristorante*, administrar un restaurante **2** (*le trattative*) conducir*; (*una situazione*) manejar, dominar: *non riesce a — la situazione*, no es capaz de dominar la situación; — *il proprio tempo*, *il proprio lavoro*, organizar su tiempo, su trabajo.
gesto *s.m.* gesto, ademán, señal (*f.*), seña (*f.*) | *fare il — di*, hacer muestra de | *fare un bel* —, tener un gran gesto | — *dell'ombrello/del manichetto*, corte de mangas | *parlare a gesti*, hablar gesticulando.
gestore *s.m.* gestor, administrador, gerente.
gestuale *agg.* gestual.
Gesù *no.pr.m.* Jesús, Jesucristo.
gesuita *agg.*, *s.m.* (*relig.*) jesuita.
gesuitico *agg.* (*relig., anche spreg.*) jesuítico.
gettare *v.tr.* **1** echar; (*con violenza*) tirar, arrojar: — *un sasso*, tirar/lanzar una piedra | — *a terra*, echar al suelo | — *i dadi*, echar los dados | — *l'ancora*, echar el ancla | — *le reti*, echar las redes | — *l'esca/l'amo*, echar el anzuelo **2** (*buttare via*) tirar, desechar | — *via*, tirar | *usa e getta*, desechable, de usar y tirar **3** (*sprecare*) derrochar | — *i soldi*, derrochar/malgastar el dinero **4** (*edil.*) poner | — *le fondamenta*, poner los cimientos ♦ *v.intr.* brotar, germinar* ♦ **-rsi** *v.pron.* **1** tirarse | — *ai piedi di*, arrojarse a los pies de | — *al collo*, echar los brazos al cuello | — *nella mischia*, echarse al ruedo | — *sul letto*, tumbarse en la cama **2** (*sfociare*) desembocar*
■ ***gettare la spugna***, arrojar/tirar la toalla | ***gettare a mare***, echar por la borda | ***gettarsi qlco. dietro le spalle***, deshacerse/desprenderse de algo; olvidar algo | ***gettare la polvere/il fumo negli occhi***, llenar la cabeza de pájaros | ***gettare le armi***, rendir las armas | ***gettare le parole al vento***, hablar al viento/en vano | ***gettare luce***, arrojar luz | ***gettare uno sguardo***, echar una ojeada/un vistazo | ***gettare nella miseria/disperazione***, reducir a la miseria/desesperación.
gettata *s.f.* **1** (*tecn.*) colada, moldeado (*m.*) **2** (*geogr.*) escollera, rompeolas (*m.*).
gettito *s.m.* (*econ.*) rendimiento | *il — fiscale*, los ingresos fiscales.
getto *s.m.* **1** lanzamiento, tiro **2** (*di liquidi*) chorro, flujo **3** (*bot.*) brote, yema (*f.*)
■ ***a getto continuo***, sin interrupción | ***di getto***, de una vez.
gettonato *agg.* (*fam.*) exitoso.
gettone *s.m.* ficha (*f.*).
gettoniera *s.f.* cajetín (*m.*).
ghepardo *s.m.* (*zool.*) guepardo.
gheppio *s.m.* (*zool.*) cernícalo.
gheriglio *s.m.* gajo, pierna (*f.*) de nuez.
ghermire *v.tr.* agarrar, aferrar.
ghetta *s.f.* polaina, botín (*m.*).
ghettizzare *v.tr.* aislar, marginar, encerrar* en un gueto.
ghettizzazione *s.f.* segregación, aislamiento (*m.*).
ghetto *s.m.* gueto.
ghiacciaio *s.m.* (*geol.*) glaciar.
ghiacciare *v.tr.* congelar, helar*.
ghiacciato *agg.* **1** helado, congelado **2** (*fig.*) frío, indiferente.
ghiaccio *s.m.* hielo: *strato di* —, capa de hielo
■ ***restare di ghiaccio***, quedarse de hielo | ***rompere il ghiaccio***, romper el hielo.
ghiacciolo *s.m.* **1** (*di fontana, gronda*) carámbano **2** (*gelato*) polo; (*Amer.*) paleta (*f.*).

ghiaia *s.f.* grava; (*da giardino*) gravilla; (*delle rotaie*) balasto (*m.*).
ghiaione *s.m.* gravera (*f.*).
ghiaioso *agg.* guijoso, cascajoso.
ghianda *s.f.* (*bot.*) bellota.
ghiandaia *s.f.* (*zool.*) arrendajo (*m.*).
ghiandola *s.f.* (*anat., bot.*) glándula.
ghiandolare *agg.* (*anat., bot.*) glandular.
ghibellino *agg., s.m.* (*st.*) gibelino.
ghiera *s.f.* (*tecn.*) abrazadera; (*del bastone*) virola.
ghigliottina *s.f.* guillotina.
ghigliottinare *v.tr.* guillotinar.
ghignare *v.intr.* reír* con sarcasmo.
ghigno *s.m.* mueca (*f.*), visaje.
ghingheri *s.m.pl. nella loc*: (*iron.*) *in* —, acicalado, emperifollado | *essere/mettersi in* —, estar de punta en blanco.
ghiotto *agg.* **1** (*di persona*) glotón, comilón, goloso **2** (*di cibo*) apetitoso, gustoso, rico.
ghiottone *agg., s.m.* glotón, goloso.
ghiottoneria *s.f.* **1** glotonería **2** (*fig.*) golosina.
ghirigoro *s.m.* garabato.
ghirlanda *s.f.* guirnalda, festón (*m.*), corona de flores.
ghiro *s.m.* **1** (*zool.*) lirón **2** (*fig.*) dormilón.
ghisa *s.f.* hierro (*m.*) fundido/colado, arrabio.
già *avv.* **1** ya: *era — tardi quando chiamò*, ya era tarde cuando llamó; *sei — arrivato?*, ¿ya has llegado? **2** (*prima d'ora*) antes: *l'ho — visto*, lo he visto antes | *— detto, citato*, antedicho, citado: *il — citato autore*, el autor citado (antes) **3** (*ex*) antes, ex: *il sindaco, — consigliere*, el alcalde, ex consejero **4** (*come constatazione*) cierto, por cierto
■ ***già che ci sei***, ya que estás | ***di già!***, ¡tan pronto!
giacca *s.f.* chaqueta, americana | *— a vento*, anorak.
giacché *cong.* ya que, dado que, puesto que.
giaccone *s.m.* chaquetón, trenca (*f.*), pelliza (*f.*).
giacente *agg.* **1** yacente **2** (*in sospeso*) pendiente.
giacenza *s.f.* **1** (*di merce*) existencias (*pl.*), stock (*m.*): *giacenze di magazzino*, existencias de almacén **2** (*inattività*) improductividad, inactividad | *capitale in* —, capital improductivo/muerto | *diritti di* —, derechos de estadía.
giacere *v.intr.* **1** yacer*, estar* echado/acostado **2** (*trovarsi*) hallarse, encontrarse*, estar* situado | *il lavoro giace*, el trabajo está en suspenso.
giaciglio *s.m.* jergón.
giacimento *s.m.* yacimiento.
giacinto *s.m.* (*bot.*) jacinto.
giacobino *agg.* (*st.*) jacobino.
giada *s.f.* (*miner.*) jade (*m.*).
giaggiolo *s.m.* (*bot.*) lirio.
giaguaro *s.m.* (*zool.*) jaguar, tigre americano.
giallo *agg., s.m.* amarillo; (*di semaforo*) ámbar: — *canarino*, amarillo claro; — *cromo*, cromado de plomo; — *limone*, amarillo limón; — *ocra*, amarillo ocre; — *paglierino*, amarillo pajizo | *film, romanzo* —, película, novela policíaca | *farina gialla*, harina de maíz | *febbre gialla*, fiebre amarilla | *pagine gialle*, páginas amarillas | — *d'uovo*, yema | (*aut.*) *passare col* —, pasar semáforo en ámbar.
giallognolo *agg.* amarillento.
giallore *s.m.* amarillez (*f.*).
giamaicano *agg., s.m.* jamaicano, jamaiquino.
giamburrasca *s.m.* gamberrete, granujilla.
giammai *avv.* jamás, nunca.
gianduia *s.m.* **1** (*cuc.*) pasta (*f.*) de chocolate con avellanas **2** (*teatr.*) personaje del teatro popular piamontés.
giannizzero *s.m.* (*mil., st.*) jenízaro, genízaro.
giano *s.m. solo nella loc.*: — *bifronte*, persona (*f.*) de dos caras/doble.
giansenismo *s.m.* (*relig.*) jansenismo.
giansenista *agg., s.m./f.* (*relig.*) jansenista.
giapponese *agg., s.m./f.* japonés (*m.*).
giara *s.f.* botijo (*m.*), tinaja.
giardinaggio *s.m.* jardinería (*f.*).
giardinetta *s.f.* (*aut.*) furgoneta, coche (*m.*) familiar, (*Amer.*) camioneta.
giardiniera *s.f.* jardinera.
giardiniere *s.m.* jardinero.
giardino *s.m.* jardín | — *pubblico*, parque | — *d'infanzia*, jardín de infancia.
giarrettiera *s.f.* liga, jarretera.
giavellotto *s.m.* (*sport*) jabalina (*f.*): *lancio del* —, lanzamiento de jabalina.
gigante *agg., s.m.* gigante | *passi da* —, pasos de gigante.
giganteggiare *v.intr.* destacar*, descollar, sobresalir*.
gigantesco *agg.* gigantesco, enorme.
gigantografia *s.f.* ampliación fotográfica.
giglio *s.m.* **1** (*bot.*) azucena (*f.*) **2** (*di uno stemma*) flor (*f.*) de lis.
gilè *s.m.* (*abbigl.*) chaleco.
gin *s.m.* ginebra (*f.*).
gincana *s.f.* gincana.
ginecologia *s.f.* (*med.*) ginecología.
ginecologico *agg.* (*med.*) ginecológico.
ginecologo *s.m.* (*med.*) ginecólogo.
ginepraio *s.m.* (*fig.*) lío, embrollo, avispero | *cacciarsi in un* —, meterse en un lío.
ginepro *s.m.* (*bot.*) enebro.
ginestra *s.f.* (*bot.*) retama, ginesta.
gingillarsi *v.pron.* **1** juguetear **2** (*perdere tempo*) perder*/malgastar el tiempo, holgazanear, gandulear.

gingillo *s.m.* baratija (*f.*), chuchería (*f.*).
ginnasio *s.m.* primer bienio de estudio en el bachillerato de humanidades.
ginnasta *s.m./f.* (*sport*) gimnasta.
ginnastica *s.f.* (*sport*) gimnasia | *scarpe da —*, zapatillas (de deporte); (*Amer.*) tenis.
ginnico *agg.* (*sport*) gímnico.
ginocchiata *s.f.* rodillazo (*m.*).
ginocchiera *s.f.* rodillera.
ginocchio *s.m.* (*anat.*) rodilla (*f.*): *in —*, de rodillas | *mettersi in —*, hincarse de rodillas, arrodillarse | *pregare in —*, rezar de rodillas; pedir de rodillas | *gettarsi alle ginocchia di qlcu.*, ponerse de rodillas delante de alguien | *mettere in — qlcu.*, poner de rodillas a alguien | *far venire il latte alle ginocchia*, dar la lata.
ginocchioni *avv.* de rodillas.
giocare *v.tr./intr.* **1** jugar*: *— a palla, a tennis*, jugar a la pelota, al tenis; *— a carte*, jugar a las cartas | *— con le parole*, jugar con las palabras | *— di testa*, jugar de cabeza | *— in casa, fuori casa*, jugar en casa, fuera de casa | *— in Borsa*, jugar en bolsa **2** (*scommettere*) jugar*, apostar*: *— ai cavalli*, apostar a los caballos **3** (*contare, avere peso*) jugar* un papel ♦ *v.tr.* **1** jugar*: *— una partita di calcio*, jugar un partido de fútbol; *— l'asso*, jugarse el as **2** (*ingannare*) engañar | *— qlcu.*, jugársela a alguien ♦ **-rsi** *v.pron.* jugarse | *— il posto*, arriesgar/jugarse el empleo
■ ***giocare a carte scoperte***, jugar a cartas vistas | (*Borsa*) ***giocare al rialzo/ribasso***, jugar al alza/a la baja | ***giocare bene le proprie carte***, jugar bien sus cartas | ***giocare d'anticipo***, coger/ganar la delantera | ***giocare d'astuzia***, jugar con astucia | ***giocare di gambe***, apretar los talones | ***giocare di gomito***, abrirse paso a codazos | ***giocare pulito/sporco***, jugar limpio/sucio | ***giocare un brutto tiro/tiro mancino***, jugar una mala pasada, hacer una mala jugada | ***giocarsi anche la camicia***, jugarse hasta la camisa | ***giocarsi la testa su***, jugarse/apostar la cabeza | ***giocare il tutto per tutto***, jugarse el todo por el todo, arriesgarlo todo | ***giocare tutte le carte***, poner toda la carne en el asador | ***giocare sul sicuro/sul velluto***, jugar sobre seguro | ***giocarsela***, jugar bien sus cartas.
giocata *s.f.* jugada; partida de juego.
giocatore *s.m.* jugador.
giocattolo *s.m.* juguete.
giocherellare *v.intr.* juguetear, entretenerse*.
giocherellone *agg.* juguetón, retozón.
gioco *s.m.* **1** juego: *— d'azzardo*, juego de azar | *— di parole*, juego de palabras | *casa da —*, casino | *casa da — clandestina*, timba, garito | *fate il vostro —!*, ¡hagan juego! | *giochi d'equilibrio*, juegos malabares | *giochi enigmistici*, juegos de ingenio | *giochi florealі*, juegos florales | *giochi olimpici*, juegos olímpicos | *— dei pegni*, juego de prendas | *— di prestigio*, juego de manos, prestidigitación | *— di ruolo*, juego de rol | *— di società*, juego de sociedad **2** (*partita*) mano (*f.*), lance, jugada (*f.*) **3** (*posta*) envite, apuesta (*f.*): *raddoppiare il —*, hacer un envite **4** (*giocattolo*) juguete **5** (*sport*) juego, competición (*f.*)
■ ***per gioco***, en broma | ***avere buon gioco***, tener juego fácil | ***essere un gioco da ragazzi***, ser un juego de niños | ***mettere in gioco***, poner en juego | ***stare al gioco***, seguir el juego, llevar la corriente | ***far buon viso a cattivo gioco***, a mal tiempo buena cara | ***prendersi gioco di qlcu.***, burlarse de alguien, tomar el pelo a alguien | ***fuori gioco***, fuera de juego | ***sfortunato al gioco, fortunato in amore***, desgraciado en el juego, afortunado en amores | ***alla fine del gioco***, por último; al final | ***capire/scoprire il gioco di qlcu.***, conocer/verle el juego/plumero a alguien | ***condurre il gioco***, llevar la voz cantante | ***conoscere il gioco***, conocer las reglas del juego | ***entrare in/nel gioco***, entrar en juego | ***essere in gioco***, estar en juego | ***fare gioco con***, hacer juego con | ***fare il doppio gioco***, jugar con dos barajas | ***i giochi sono fatti***, la suerte está echada | ***levarsi dal/abbandonare il gioco***, levantar el campo, desistir | ***scoprire il proprio gioco***, mostrar el juego | ***un brutto gioco***, una mala jugada.
giocoliere *s.m.* malabarista (*m./f.*).
giocondo *agg.* alegre, feliz.
giocoso *agg.* jocoso.
giogo *s.m.* yugo (*anche fig.*).
gioia[1] *s.f.* alegría, júbilo (*m.*) | *darsi alla pazza —*, darse la gran vida, darse a la vida alegre | *essere pazzo di —*, volverse loco de alegría | *non stare in sé dalla —*, no caber en sí del contento/gozo | *fare salti di —*, dar saltos de alegría | *sprizzare — da tutti i pori*, rebosar alegría.
gioia[2] *s.f.* **1** (*gioiello*) joya, alhaja **2** (*espressione affettuosa*) cariño (*m.*), amor (*m.*) mío.
gioielleria *s.f.* joyería.
gioielliere *s.m.* joyero.
gioiello *s.m.* **1** joya (*f.*), alhaja (*f.*) **2** (*fig.*) joya (*f.*), perla (*f.*).
gioioso *agg.* alegre, festivo.
gioire *v.intr.* alegrarse, regocijarse, gozar*.
giornalaio *s.m.* vendedor de periódicos.
giornale *s.m.* periódico, diario: *l'ho letto sul —*, lo he leído en el periódico | *— radio*, diario hablado, noticiario | *libro —*, libro diario | *— di bordo*, cuaderno de bitácora | *— di macchina*, diario de máquinas | *— di navigazione*, diario de navegación | *— murale*, diario mural | *— settimanale*, semanario.

giornaliero *agg.* diario ♦ *s.m.* (*lavoratore*) jornalero.
giornalismo *s.m.* periodismo.
giornalista *s.m./f.* periodista.
giornalistico *agg.* periodístico.
giornalmente *avv.* diariamente.
giornata *s.f.* jornada, día (*m.*): *una — fredda, calda*, una jornada fría, caliente/calurosa; *— di studio*, jornada de estudio; *— lavorativa*, jornada laboral; *entro la —, in/nella —*, en el día | *passare una — nera*, pasar un día de perros | *rovinare la —*, dar el día
■ ***lavorare a giornata***, trabajar como jornalero | ***vivere alla giornata***, vivir al día | | ***non essere giornata***, no estar para bromas | ***di giornata***, del día: *fresco di —*, del día | ***essere in giornata***, estar de buen humor.
giorno *s.m.* día: *— lavorativo/feriale, festivo*, día laborable/hábil, festivo; *— di permesso*, día de permiso; *il — prima, dopo*, el día anterior, siguiente; *che — è oggi?*, ¿qué día es hoy?, ¿a qué día estamos? | *l'altro —*, el otro día | *di —*, de día | *— nero*, día de perros | *— pieno/fatto*, en pleno día | *— utile/giudiziario*, día hábil | *ogni —*, cada día
■ ***al giorno d'oggi***, en el día de hoy, hoy en día, en nuestros tiempos | ***a giorni***, dentro de unos días | ***a giorni alterni***, un día sí y otro no | ***giorno per giorno***, día tras día | ***un giorno o l'altro***, algún día, el día menos pensado | ***da un giorno all'altro***, de un día a otro | ***di giorno in giorno***, día a día, de día en día | ***di tutti i giorni***, de cada día | ***giorno del giudizio***, día del juicio (final) | ***giorno e notte***, día y noche | ***questione di giorni***, en cuestión de días | ***dare gli otto giorni***, despedir a alguien | ***avere i giorni contati***, tener los días contados | ***alla luce del giorno***, a la luz del sol | ***cento di questi giorni!***, ¡viva usted/vive mil años! | ***chiudere/finire i propri giorni***, morir | ***ci corre quanto dal giorno alla notte***, hay una diferencia como del día a la noche | ***domani è un altro giorno***, mañana será otro día | ***farsi giorno***, abrir/romper/rayar el día | ***fatti del giorno***, hechos del día | ***il buon giorno si vede dal mattino***, por las vísperas se conocen los santos | ***illuminare a giorno***, encender todas las luces | ***orlo a giorno***, dobladillo con vainica | ***punto a giorno***, vainica | ***Roma non fu fatta in un giorno***, no se ganó Zamora en una sola hora | ***somigliarsi come il giorno e la notte***, parecerse como el día a la noche | ***sul far del giorno***, al clarear el día | ***uomo del giorno***, hombre del día | ***verrà il giorno della resa dei conti***, llegará la hora de la verdad | ***verranno giorni migliori***, vendrán tiempos mejores.
giostra *s.f.* **1** noria, tiovivo (*m.*) **2** (*st.*) torneo (*m.*), justa.
giovamento *s.m.* beneficio, provecho, ventaja (*f.*) | *trarre — da qlco.*, sacar provecho de algo.
giovane *agg., s.m./f.* joven: *da —*, en juventud | *vino —*, vino nuevo | *è — del mestiere*, es un novato.
giovanile *agg.* juvenil.
giovanotto *s.m.* mozo, mocetón.
giovare *v.intr.* **1** servir*, ser* útil **2** (*far bene*) beneficiar, favorecer* ♦ *v.intr.impers.* dar* provecho, servir*: *a chi giova questo?*, ¿quién se beneficia?, ¿a quién le sirve esto? | *giova sapere che*, es útil saber que ♦ **-rsi** *v.pron.* aprovecharse, sacar* partido/utilidad: *— del lavoro altrui*, aprovecharse del trabajo ajeno.
Giove *s.m.* Júpiter.
giovedì *s.m.* jueves.
giovenca *s.f.* novilla.
gioventù *s.f.* juventud.
gioviale *agg.* jovial, alegre.
giovialità *s.f.* jovialidad, alegría.
giovinezza *s.f.* juventud, mocedad.
giradischi *s.m.* tocadiscos.
giraffa *s.f.* jirafa.
giramento *s.m.* vuelta (*f.*), viraje | *— di scatole*, cabreo/mosqueo | *— di testa*, mareo, vértigo.
giramondo *s.m.* trotamundos.
girandola *s.f.* girándula, traca, molinete (*m.*).
girare *v.tr.* **1** girar | *appena giro/giri l'occhio*, a poco que me descuide/te descuides | *— la corda*, menear la cuerda | *girato l'angolo*, a la vuelta de la esquina **2** (*fig.*) cambiar | *— il discorso*, cambiar de tema **3** (*percorrere*) recorrer, visitar: *— la città, il mondo*, recorrer la ciudad, el mundo **4** (*mescolare, capovolgere*) dar* vueltas a **5** (*avvolgere*) enrollar **6** (*passare ad altri*) pasar: *— una telefonata*, pasar una llamada **7** (*assegni ecc.*) endosar: *— un assegno*, endosar un cheque | *— un conto*, girar una cuenta **8** (*filmare*) rodar* | *si gira!*, ¡cámara, acción! ♦ *v.intr.* **1** (*curvare*) doblar, girar, dar* la vuelta: *— a destra, a sinistra*, doblar a la derecha, a la izquierda **2** (*ruotare*) rotar **3** (*andare in giro*) recorrer: *— dappertutto*, recorrerlo todo, ir por todas partes **4** (*passeggiare*) pasear **5** (*circolare*) circular ♦ **-rsi** *v.pron.* darse* la vuelta
■ ***girare al largo***, sacar el quite, esquivar | ***far girare le scatole***, sacar a alguien de quicio/cabrearse | ***far girare i soldi***, hacer inversiones | ***girarsi i pollici***, tocarse las narices | ***mi gira la testa***, estoy mareado, tengo vértigos | ***girare a vuoto***, perder el tiempo | ***se mi gira***, si me viene en gana | ***gira e rigira***, vueltas y más vueltas, al final, al fin y al cabo | ***girare in tondo***, dar vueltas en redondo | ***girare intorno a qlcu.***, pegarse como una ladilla | ***girare intorno a qlco.***, darle vueltas a algo: *smettila*

di girarci intorno!, ¡déjate de (dar) rodeos! | ***girare storta***, tener mala leche/uva | ***secondo come gira***, como me dé, según las ganas.
girarrosto *s.m.* asador (automático).
girasole *s.m.* (*bot.*) girasol.
girata *s.f.* **1** vuelta, paseo (*m.*) **2** (*comm.*) endoso (*m.*).
giravolta *s.f.* vuelta, pirueta, voltereta.
girello *s.m.* **1** (*per bambini*) andador, tacatá **2** (*carne*) redondo
giretto *s.m.* vuelta (*f.*), paseo.
girevole *agg.* giratorio.
girino *s.m.* (*zool.*) renacuajo.
giro *s.m.* **1** vuelta (*f.*): *un — di chiave*, una vuelta de llave **2** (*viaggio*) recorrido, vuelta (*f.*), gira (*f.*) | *fare un — turistico*, hacer una gira turística | *— del mondo*, vuelta al mundo **3** (*passeggiata*) vuelta (*f.*), paseo: *fare un —*, dar una vuelta | *andare in —*, pasear, dar vueltas **4** (*serie di azioni*) ronda (*f.*), serie (*f.*) | *fare un giro di telefonate*, llamar/avisar a los demás **5** (*a carte*) mano (*f.*) **6** (*cerchia*) ambiente, círculo, grupo: *— di amicizie*, grupo de amigos | *essere nel —*, estar en el grupo/la pandilla | *essere fuori dal —*, estar desconectado; (*della droga*) estar desenganchado
■ ***giro di vite***, restricción, vuelta de tuerca | ***giro di valzer***, volteo de vals | ***giro d'affari***, volumen de negocios | ***giro dell'oca***, un rodeo larguísimo | ***giro d'onore***, vuelta de honor | ***giro d'orizzonte***, un vistazo de conjunto | ***giro di boa***, golpe de timón | ***giro di cassa***, asiento de caja | ***giro di perle***, hilo de perlas | ***giro fianchi***, circunferencia de las caderas | ***in giro***, alrededor; por ahí | ***nel giro di***, en el plazo de | ***a giro di posta***, a vuelta de correo | ***essere su di giri***, estar eufórico/animado | ***fare un giro di parole***, dar rodeos | ***guardarsi in giro***, observar la situación | ***prendere in giro***, tomar el pelo | ***angolo giro***, ángulo de 360° | ***mettere in giro***, poner en circulación: *mettere in — una voce*, hacer correr rumores, divulgar.
girocollo *s.m.* **1** circunferencia (*f.*), medida (*f.*) del cuello: *maglione a —*, jersey de cuello redondo **2** (*collana*) gargantilla (*f.*).
girone *s.m.* (*calcio*) vuelta (*f.*): *— di andata*, primera vuelta; *— di ritorno*, segunda vuelta.
gironzolare *v.intr.* callejear, vagar*.
giroscopio *s.m.* giroscopio.
girotondo *s.m.* corro.
girovagare *v.tr.* vagar*, vagabundear.
girovago *agg.*, *s.m.* vagabundo, giróvago.
girovita *s.m.* talle, circunferencia (*f.*) de la cintura.
gita *s.f.* excursión, paseo (*m.*), gira: *andare in —*, ir de excursión.
gitano *s.m.* gitano.
gitante *s.m./f.* excursionista.
gittata *s.f.* alcance (*m.*): *lunga —*, largo alcance.
giù *avv.* abajo: *guardare —*, mirar hacia abajo | *venire —*, (*scendere*) bajar; (*crollare*) derrumbarse | *buttare —*, tirar, derribar | *mettere —*, depositar, bajar, poner
■ ***essere/sentirsi giù***, (*di morale*) estar desanimado/abatido, estar/ir de capa caída; (*fisicamente*) estar mal | ***mandare giù***, tragar; (*fig.*) soportar | ***non andare giù***, no aguantar: *questa storia non mi va —*, esta historia no la aguanto/me sienta fatal | ***andare su e giù***, andar de acá para allá, andar para arriba y para abajo; (*fare la spola*) ir y venir | ***giù di lì!***, ¡bájate de allí! | ***giù le mani!***, ¡quita las manos! | ***su per giù***, poco más o menos | ***in giù***, hacia abajo | ***buttare giù due righe***, ***un ritratto***, esbozar unas cuantas líneas, un retrato | ***buttarsi giù***, echarse en la cama, acostarse; abatirse; tirarse | ***da giù***, desde abajo: *da — in su*, desde abajo hacia arriba | ***giù la maschera!***, ¡quítate la careta! | ***mandare giù il rospo***, tragar quina | ***tirare giù i santi del cielo***, blasfemar/jurar como un carretero.
giubba *s.f.* (*abbigl.*) chaqueta, jubón (*m.*); (*di fantino*) casaca
giubbetto *s.m.* (*abbigl.*) farseto, chaleco.
giubbotto *s.m.* (*abbigl.*) cazadora (*f.*) | *— antiproiettile*, chaleco antibala(s) | *— di salvataggio*, chaleco salvavidas.
giubilare *v.intr.* exultar, saltar de alegría/de gozo.
giubileo *s.m.* jubileo.
giubilo *s.m.* júbilo.
giuda *s.m.* (*traditore*) judas.
giudaico *agg.* judaico.
giudaismo *s.m.* judaísmo.
giudeo *agg.*, *s.m.* judío, hebreo.
giudicare *v.tr/intr.* (*anche fig.*) juzgar* | *a — dalle apparenze*, *dall'aspetto*, a juzgar por su apariencia, por su aspecto, por sus modales.
giudicato *agg.* sentenciado | *passato in —*, con sentencia firme.
giudice *s.m.* juez*: *— istruttore*, juez de instrucción; *— conciliatore*, arbitro; *— di pace*, juez de paz; *— tutelare*, juez tutelar; *— popolare*, juez popular.
giudiziale *agg.* judicial.
giudiziario *agg.* judicial | *ufficiale —*, oficial de juzgado.
giudizio *s.m.* **1** juicio; (*opinione*) opinión (*f.*): *a mio —*, a mi juicio, en mi opinión | *farsi un —*, hacerse una idea/opinión | *— di valore*, juicio de valor **2** (*senno*) juicio, cordura (*f.*); (*buon senso*) sensatez (*f.*): *avere —*, tener juicio | *mettere —*, sentar cabeza | *l'età del —*, la edad del juicio/de la razón | *denti del —*, muelas del juicio **3** (*dir.*) juicio, fallo,

sentencia (*f.*); (*processo*) proceso: *emettere un* —, emitir un fallo | *comparire in* —, comparecer en juicio | *falsare il* —, falsear el juicio | — *abbreviato*, procedimiento abreviado | — *civile*, juicio civil/contencioso | — *di primo/secondo grado*, proceso de primera/segunda instancia | — *di terzo grado*, proceso/recurso en casación | — *penale*, juicio/proceso penal/criminal | — *petitorio*, juicio petitorio | — *possessorio*, juicio posesorio | — *temerario*, juicio temerario | — *universale/finale*, juicio universal/final | *il giorno del* —, el día del juicio | *rimettersi/stare al* —, remitirse al juicio.
giudizioso *agg.* juicioso.
giuggiola *s.f.* (*bot.*) azufaifa | *andare in brodo di giuggiole*, regodearse.
giugno *s.m.* junio.
giugulare *agg., s.f.* (*anat.*) yugular.
giulivo *agg.* alegre, contento | *oca giuliva*, tontaina, gansa.
giullare *s.m./f.* juglar.
giumenta *s.f.* (*anat.*) yegua.
giunca *s.f.* (*imbarcazione*) junco (*m.*).
giunchiglia *s.f.* (*bot.*) junquillo (*m.*).
giunco *s.m.* (*bot.*) junco | *stuoia di* —, estera.
giungere *v.intr.* (*anche fig.*) llegar*, alcanzar*; (*approdare*) arribar: *le navi giunsero di notte*, los barcos arribaron de noche | — *alla conclusione*, llegar a la conclusión | *è giunto il momento*, ha llegado el momento | *mi giunge nuova*, me coge de nuevas | — *a destinazione*, llegar a destino | — *al colmo*, colmar la medida | — *al cuore*, llegar a las telas del corazón | — *all'orecchio*, llegar a oídos | — *in porto*, llegar a puerto ♦ *v.tr.* (*congiungere*) unir, juntar.
giungla *s.f.* jungla.
giunta[1] *s.f.* añadidura, añadido (*m.*); (*cucitura*) cosido (*m.*)
■ ***per giunta***, además, para colmo.
giunta[2] *s.f.* (*amm.*) junta, asamblea | — *comunale, provinciale*, concejo municipal, provincial.
giuntare *v.tr.* juntar, unir.
giunto *s.m.* (*mecc.*) junto, conexión (*f.*): — *cardanico*, cardán.
giuntura *s.f.* **1** (*mecc.*) juntura, empalme (*m.*) **2** (*med.*) articulación.
giunzione *s.f.* (*mecc.*) junta, unión.
giuramento *s.m.* juramento.
giurare *v.tr./intr.* jurar: — *il falso*, jurar en falso, perjurar.
giurassico *agg.* (*geol.*) jurásico.
giurato *agg., s.m.* (*dir.*) jurado.
giuria *s.f.* (*dir.*) jurado (*m.*), tribunal (*m.*).
giuridico *agg.* (*dir.*) jurídico, judicial.
giurisdizionale *agg.* (*dir.*) jurisdicional.
giurisdizione *s.f.* (*dir.*) jurisdicción, poder (*m.*).
giurisprudenza *s.f.* (*dir.*) jurisprudencia.
giurista *s.m./f.* (*dir.*) jurista, jurisconsulto (*m.*).
giustapporre *v.tr.* yuxtaponer*.
giustapposizione *s.f.* yuxtaposición.
giustezza *s.f.* justedad; (*esattezza*) exactitud, precisión.
giustificabile *agg.* justificable.
giustificare *v.tr.* justificar*, defender* ♦ **-rsi** *v.pron.* disculparse, justificarse*.
giustificativo *agg., s.m.* justificativo; comprobante, recibo.
giustificazione *s.f.* justificación, explicación.
giustizia *s.f.* justicia | *ricorrere alla* —, apelarse, recurrir a la justicia | *fare, rendere* —, hacer justicia.
giustiziare *v.tr.* ajusticiar, ejecutar.
giustiziato *agg., s.m.* ajusticiado.
giusto *agg.* **1** justo **2** (*adatto*) justo, adecuado: *al momento* —, en el momento justo; *è la strada giusta per*, es el camino adecuado para **3** (*esatto*) exacto: *ora giusta*, hora exacta ♦ *avv.* justo, justamente ♦ *s.m.* justo: *avere, dare il* —, tener, dar lo justo
■ ***a dirla giusta***, para decir verdad | ***il giusto mezzo***, la media res | ***siamo giusti!***, ¡seamos objetivos! | ***prendere/trovare la via giusta***, encontrar el camino recto | ***giusto in tempo***, al punto | ***mirare/colpire giusto***, dar en el blanco | ***stare giusto***, venir/quedar justo | ***essere nel giusto***, estar en lo cierto.
glabro *agg.* lampiño, imberbe.
glaciale *agg.* (*geol.*) glacial.
glaciazione *s.f.* (*geol.*) glaciación.
gladiatore *s.m.* gladiador.
gladiolo *s.m.* (*bot.*) gladiolo, gladíolo, estoque.
glande *s.m.* (*anat.*) glande.
glassa *s.f.* (*cuc.*) alcorza.
glassare *v.tr.* (*cuc.*) glasear, bañar, alcorzar*.
glassato *agg.* (*cuc.*) glaseado.
glaucoma *s.m.* (*med.*) glaucoma.
gli[1] *art.det.m.pl.* → **il.**
gli[2] *pron.pers.m. compl. di termine di 3ª pers. sing.* **1** (*a lui*) le: — *ho detto di venire*, le he dicho que venga; *digli di andare*, dile que se marche; *diglielo!*, ¡díselo! **2** (*fam., a loro*) les: *chiama le tue amiche e digli che vengano*, llama a tus amigas y diles que vengan.
glicemia *s.f.* (*med.*) glucemia.
glicemico *agg.* (*med.*) glucémico.
glicerina *s.f.* (*chim.*) glicerina.
glicine *s.m.* (*bot.*) glicina (*f.*).
gliela *pron.pers. 3ª pers.f.sing.* se la: *compragliela*, cómprasela; — *regalerò io*, se la regalaré yo.
gliele *pron.pers. 3ª pers.f.pl.* se las: — *darò al più presto*, se las daré lo antes posible.

glieli *pron.pers. 3ª pers.m.pl.* se los: *— spedirò subito*, se los enviaré en seguida.
glielo *pron.pers. 3ª pers.m.sing.* se lo: *— dirò io*, se lo diré yo.
gliene *forma pron.* → **ne.**
globale *agg.* global.
globalizzazione *s.f.* (*econ.*) globalización.
globo *s.m.* globo, esfera (*f.*): *— terrestre*, globo terrestre.
globulina *s.f.* (*biol.*) globulina.
globulo *s.m.* glóbulo.
gloria *s.f.* gloria, fama, celebridad | *coprirsi di —*, cubrirse de gloria
■ ***a gloria di Dio***, a la gloria de Dios | ***andare in gloria***, estar en la gloria | ***che Dio l'abbia in gloria!***, ¡que en gloria esté! | ***essere in gloria***, estar borracho | ***finire in gloria***, terminar bien | ***per la gloria***, por deporte/a remo y sin sueldo: *lavorare per la —*, trabajar por deporte/a remo y sin sueldo | ***vecchia gloria***, vieja gloria.
gloriarsi *v.pron.* gloriarse, vanagloriarse.
glorificare *v.tr.* glorificar*, alabar.
glorioso *agg.* glorioso, ilustre; memorable.
glossa *s.f.* glosa.
glossare *v.tr.* glosar, poner* glosas, apostillar.
glossario *s.m.* (*ling.*) glosario.
glottologia *s.f.* glotología, lingüística.
glucosio *s.m.* (*chim.*) glucosa (*f.*).
gluteo *s.m.* (*anat.*) glúteo, nalga (*f.*).
glutine *s.m.* (*bot.*) gluten.
gnocco *s.m.* (*spec. pl., cuc.*) ñoqui.
gnomo *s.m.* gnomo, nomo, geniecillo, duende.
gnorri *s.m./f. nella loc.*: *fare lo —*, hacerse* el sueco.
gnu *s.m.* (*zool.*) ñu.
gnoseologia *s.f.* (*filos.*) gnoseología.
gnoseologico *agg.* (*filos.*) gnoseológico.
gnosi *s.f.* (*filos.*) gnosis.
gnosticismo *s.m.* (*filos.*) gnosticismo.
gnostico *agg., s.m.* (*filos.*) gnóstico.
goal *s.m.* (*sport*) gol: *fare/segnare un —*, meter un gol.
gobba *s.f.* joroba, giba; (*fam.*) chepa.
gobbo *agg.* **1** jorobado, gibado **2** (*curvo*) curvo, convexo: *naso —*, nariz curva/aguileña ♦ *s.m.* jorobado
■ ***avere sul gobbo***, tener atravesado, llevar a cuestas | ***togliersi dal gobbo***, quitarse de encima.
goccia *s.f.* gota
■ ***goccia a goccia***, gota a gota | ***fino all'ultima goccia***, hasta el fondo | ***neanche una goccia***, ni gota | ***quattro gocce***, cuatro gotas | ***la goccia che fa traboccare il vaso***, la gota que colma el vaso | ***somigliarsi come due gocce d'acqua***, parecerse como dos gotas de agua | ***lampadario a goccia***, araña | ***essere come una goccia nel mare***, ser como un grano de arena en el desierto.
gocciolamento *s.m.* gotera (*f.*), goteo.
gocciolare *v.tr./intr.* gotear.
gocciolio *s.m.* goteo, gotera (*f.*).
godere *v.intr.* **1** gozar*, alegrarse **2** (*fruire*) disfrutar, deleitarse | *— dei diritti civili*, gozar de derechos civiles | *— di una buona reputazione*, tener buena reputación/prensa ♦ *v.tr.* gozar*, disfrutar: *mi sono goduto le vacanze*, he disfrutado de mis vacaciones ♦ **-rsi** *v.pron.* disfrutar: *— lo spettacolo*, disfrutar del espectáculo
■ ***godersela un mondo***, pasarlo bomba, divertirse.
godimento *s.m.* **1** (*piacere*) goce, disfrute **2** (*usufrutto*) usufructo: *avere il — di una rendita*, tener el usufructo de una renta.
goduria *s.f.* (*fam.*) gozada, escorrozo (*m.*).
goffaggine *s.f.* torpeza.
goffo *agg.* torpe, inhábil.
gogna *s.f.* argolla de la picota: *mettere alla —*, poner en la picota.
gola *s.f.* **1** (*anat.*) garganta: *avere mal di —*, tener dolor de garganta | *bagnarsi la —*, mojarse el gaznate | *cantare di —*, cantar de garganta, gargantear | *col boccone in —*, con el bocado en la boca | *parlare di —*, hablar guturalmente **2** (*golosità*) gula | *mangiare per —*, comer por gula **3** (*geogr.*) desfiladero (*m.*), hoz* (*m.*), garganta
■ ***gridare a piena gola***, gritar a voz en grito | ***col cuore in gola***, estar con/tener el corazón en un puño | ***avere l'acqua alla gola***, estar con el agua al cuello | ***avere un nodo alla gola***, tener un nudo en la garganta | ***ricacciare in gola le parole/offese***, rebatir a las ofensas | ***far gola***, hacer ilusión, apetecer | ***prendere per la gola***, engolosinar | ***ne uccide più la gola che la spada***, de grandes cenas están las sepulturas llenas.
goletta *s.f.* (*mar.*) goleta.
golf[1] *s.m.* (*maglione*) jersey; (*Amer.*) suéter.
golf[2] *s.m.* (*sport*) golf.
golfo *s.m.* golfo.
goliardia *s.f.* conjunto (*m.*) de goliardos.
goliardico *agg.* goliardesco, bromista, provocador | *berretto —*, birrete goliardesco.
golosità *s.f.* glotonería.
goloso *agg.* **1** goloso **2** (*avido*) ávido ♦ *s.m.* glotón.
golpe *s.m.* (*pol.*) golpe de estado.
golpista *s.m./f.* (*pol.*) golpista.
gomitata *s.f.* codazo (*m.*) | *fare a gomitate*, (abrirse paso) a codazos.
gomito *s.m.* (*anat.*) codo
■ ***gomito a gomito***, codeándose, codo a/con codo | ***con i gomiti***, a codazos | ***alzare il gomito***, empinar el codo | ***curva a gomito***, curva

cerrada | ***olio di gomito***, esfuerzo: *questo lavoro si fa con olio di —*, este trabajo se hace con esfuerzo.
gomitolo *s.m.* ovillo.
gomma *s.f.* **1** goma, caucho (*m.*) | — *arabica*, goma arábiga **2** (*per cancellare*) goma (de borrar), borrador (*m.*) **3** (*pneumatico*) neumático (*m.*), llanta: *bucare una —*, pinchar un neumático | — *di scorta*, rueda de repuesto | (*fig.*) *avere le gomme a terra*, estar amuermado **4** (*da masticare*) chicle (*m.*) | — *americana*, chicle, goma de mascar.
gommalacca *s.f.* laca, goma laca.
gommapiuma *s.f.* gomaespuma.
gommato *agg.* engomado.
gommista *s.m.* (*negozio*) taller (*m.*) de neumáticos ♦ *s.m./f.* (*persona*) empleado (*m.*) del taller de neumáticos.
gommone *s.m.* bote neumático; lancha (*f.*).
gondola *s.f.* góndola.
gondoliere *s.m.* gondolero.
gonfalone *s.m.* confalón, estandarte.
gonfiabile *agg.* inflable.
gonfiare *v.tr.* **1** inflar **2** (*fig.*) aumentar, exagerar: *hanno gonfiato la notizia*, han exagerado la noticia/el asunto ♦ **-rsi** *v.pron.* **1** hincharse: *mi si è gonfiato un piede*, se me ha hinchado un pie **2** (*fig.*) hincharse, presumir.
gonfiato *agg.* inflado, hinchado | *pallone —*, engreído, petulante, pavo real.
gonfiatura *s.f.* hinchazón, hinchamiento (*m.*), inflación
gonfio *agg.* inflado, hinchado | (*fig.*) *avere il cuore —*, estar muy afligido | *andare a gonfie vele*, navegar viento en popa.
gonfiore *s.m.* hinchazón (*f.*).
gongolante *agg.* complacido (*m.*), regocijado (*m.*).
gongolare *v.intr.* regodearse, regocijarse, complacerse*.
goniometro *s.m.* (*geom.*) goniómetro, transportador.
gonna *s.f.* falda; (*Amer.*) pollera: — *pantalone*, falda pantalón.
gonzo *agg.*, *s.m.* bobo.
gora *s.f.* **1** (*di mulino*) saetín (*m.*) **2** (*di acqua ferma*) ciénaga, pantano (*m.*).
gorgheggiare *v.tr./intr.* gorjear, gorgoritear, gargantear.
gorgheggio *s.m.* gorjeo, gorgorito.
gorgo *s.m.* remolino, torbellino.
gorgogliare *v.intr.* gorgotear, burbujear.
gorgoglio *s.m.* borbotón, gorgoteo.
gorilla *s.m.* **1** (*zool.*) gorila **2** (*fig.*) guardaespaldas.
gota *s.f.* mejilla, carrillo (*m.*)
gotico *agg.*, *s.m.* gótico.
gotta *s.f.* (*med.*) gota.
governabile *agg.* gobernable.
governabilità *s.f.* gobernabilidad.
governante *agg.*, *s.m./f.* gobernante ♦ *s.f.* (*della casa*) gobernanta.
governare *v.tr.* **1** gobernar*: — *uno Stato*, gobernar una nación; — *un esercito*, mandar un ejército **2** (*dirigere*) dirigir*, administrar | — *la casa*, sacar adelante la casa | — *i polli/i buoi/le pecore*, criar pollos/bueyes/ovejas.
governativo *agg.* gubernativo, gubernamental.
governatore *s.m.* gobernador.
governo *s.m.* gobierno | *crisi di —*, crisis de gobierno | — *di coalizione*, gobierno de coalición | — *fantasma*, gobierno fantasma | — *fantoccio*, gobierno fantoche | — *ombra*, gabinete en la sombra | — *ponte*, gobierno provisional/interino | — *tecnico*, gobierno de técnicos | (*scherz.*) *piove, — ladro!*, llueve ¡la culpa es del gobierno!
gozzo *s.m.* **1** (*di uccelli*) buche **2** (*fam.*, *stomaco*) buche **3** (*med.*) bocio, papera (*f.*)
■ ***avere qlcu. sul gozzo***, guardarle rencor a alguien.
gozzovigliare *v.intr.* despendolarse, desmadrarse.
gracchiare *v.intr.* **1** graznar **2** (*fig.*) despotricar*.
gracidamento *s.m.* (*di rana*) el croar; (*di oca, anatra ecc.*) graznido.
gracidare *v.intr.* **1** croar **2** (*fig.*) hablar con voz chillona.
gracidio *s.m.* (*di rana*) el croar prolongado; (*di oca, anatra ecc.*) graznido prolongado.
gracile *agg.* **1** grácil **2** (*fig.*) frágil, débil, flojo.
gracilità *s.f.* gracilidad, debilidad, fragilidad.
gradasso *s.m.* fanfarrón.
gradazione *s.f.* gradación | — *alcolica*, graduación alcohólica | — *vocalica*, apofonía.
gradevole *agg.* agradable.
gradevolezza *s.f.* agrado (*m.*), gusto (*m.*).
gradiente *s.m.* (*fis.*) gradiente.
gradimento *s.m.* **1** agrado, gusto: *non è di mio —*, no es de mi agrado **2** (*approvazione*) aprobación (*f.*), aceptación (*f.*) | *indice di —*, índice de aceptación.
gradinata *s.f.* grada, escalinata; (*di stadio ecc.*) gradería, graderío (*m.*).
gradino *s.m.* escalón, peldaño | (*fig.*) *salire, scendere di un —*, subir, bajar en la consideración.
gradire *v.tr.* **1** agradar, agradecer* **2** (*desiderare*) gustar, apetecer*: *gradisci un gelato?*, ¿te apetece un helado?
■ ***tanto per gradire***, por no desairar.
gradito *agg.* grato, agradable: *poco/non —*, no grato | *essere, non essere — al pubblico*, tener buena, mala prensa.

grado[1] *s.m.* **1** grado, estadio: *di primo* —, de primer grado | *scuole di primo, secondo* —, escuelas primarias, secundarias | *andare per gradi*, ir por grados | *in sommo/al massimo* —, en sumo grado | *gradi del giudizio*, instancias del pleito **2** (*unità di misura, gramm.*) grado | — *alcolico*, grado alcohólico | — *Celsius/centigrado/Fahrenheit/Kelvin*, grado Celsius/centígrado/Fahrenheit/Kelvin | — *comparativo, superlativo*, grado comparativo, superlativo **3** (*mil.*) graduación (*f.*): *distintivo di* —, galón, cordones **4** (*categoria*) posición (*f.*), nivel, rango: *occupare un alto — nella scala sociale,* tener un alto nivel social
■ ***fare il terzo grado***, inquirir, sonsacar | ***essere in grado di***, ser capaz de | ***a trecentosessanta gradi***, enteramente, por completo.
grado[2] *s.m. nella loc.*: *di buon* —, de buen grado, con gusto.
graduale *agg.* gradual; (*progressivo*) progresivo.
gradualità *s.f.* gradualidad, gradación.
graduare *v.tr.* graduar*.
graduato *agg.* gradual ♦ *s.m.* (*mil.*) graduado.
graduatoria *s.f.* escalafón (*m.*), clasificación.
graduazione *s.f.* graduación.
graffa *s.f.* **1** grapa **2** (*parentesi*) corchete (*m.*).
graffetta *s.f.* grapa.
graffiante *agg.* **1** que araña, que rasca **2** (*fig.*) hiriente, mordaz*, punzante.
graffiare *v.tr.* **1** arañar; (*scalfire*) rayar; (*raschiare*) rascar*, raspar **2** (*fig.*) herir*, ofender ♦ **-rsi** *v.pron.* **1** arañarse **2** (*grattarsi*) rascarse*.
graffio *s.m.* arañazo, rasguño.
graffito *s.m.* graffiti (*pl.*), pintadas (*f.*).
grafia *s.f.* grafía, grafismo (*m.*).
grafica *s.f.* gráfica, grafismo (*m.*), artes (*pl.*) gráficas | *la — di copertina*, el grafismo de la portada.
grafico *agg.* gráfico ♦ *s.m.* **1** gráfico, esquema; (*rappresentazione geometrica*) gráfica (*f.*) **2** (*disegnatore*) diseñador, grafista (*m./f.*).
grafite *s.f.* (*min.*) grafito (*m.*).
grafologia *s.f.* grafología.
grafologo *s.m.* grafólogo.
grafomane *s.m./f.* grafómano (*m.*).
gragnola, gragnuola *s.f.* granizo (*m.*) | (*fig.*) *una — di colpi*, una lluvia de disparos/tiros.
gramigna *s.f.* (*bot.*) grama.
graminacea *s.f.* (*bot.*) gramínea.
grammatica *s.f.* gramática.
grammaticale *agg.* gramatical.
grammatura *s.f.* gramaje (*m.*).
grammo *s.m.* gramo.
grammofono *s.m.* gramófono.
gramo *s.m.* **1** achuchado **2** escaso, insuficiente.
gran *agg.* → **grande.**
grana[1] *s.f.* **1** (*consistenza, foto.*) grano (*m.*) **2** (*fig., fam.*) problema (*m.*), dificultad, molestia.
grana[2] *s.f.* (*fam., denaro*) pasta; (*Amer.*) plata | *essere pieno di* —, tener mucha pasta.
grana[3] *s.m.* (*formaggio*) queso parmesano.
granaglie *s.f.pl.* semillas de cereales.
granaio *s.m.* granero, hórreo, troj.
granata[1] *s.f.* (*scopa*) escoba de sorgo.
granata[2] *s.f.* (*mil.*) granada.
granata[3] *s.f.* **1** (*melagrana*) granada **2** (*pietra*) granate (*m.*) ♦ *agg.* (*colore*) granate.
granatina *s.f.* (*sciroppo*) jarabe (*m.*) de granada, granadina.
granato *s.m.* (*min.*) granate.
grancassa *s.f.* (*mus.*) bombo (*m.*).
granchio *s.m.* **1** (*zool.*) cangrejo **2** (*fig., errore*) pifia (*f.*) | *prendere un* —, hacer una pifia, meter la pata.
grandangolo *s.m.* (*foto.*) gran angular.
grande *agg.* **1** (*anche fig.*) grande; (*davanti a s.sing.*) gran: *una — città*, una gran ciudad | *una — famiglia*, una gran familia | *un — scrittore*, un gran escritor | *bello* —, bien grande **2** (*alto, robusto*) grande, enorme: *un uomo* —, un hombre alto/grande **3** (*ampio*) grande, espacioso, ancho: *una stanza* —, una habitación grande **4** (*rafforzativo*) gran; (*con aggettivi*) muy: *un grand'uomo*, un gran hombre; *un gran bugiardo*, un gran mentiroso; *una gran bella ragazza*, una muchacha muy guapa | *gran male*, gran mal, epilepsia mayor | *il gran giorno*, el gran día **5** (*adulto*) mayor, grande ♦ *s.m./f.* **1** (*adulto*) grande, mayor: *si comporta come un* —, se comporta como un adulto/una persona mayor | *da* —, de mayor | *cosa farai da —?*, ¿qué vas a ser cuando seas mayor? **2** (*uomo importante*) grande: *i grandi della letteratura*, los grandes de la literatura | *— di Spagna*, grande de España | *Pietro il Grande,* Pedro el Grande
■ ***alla grande***, a lo grande: *divertirsi alla* —, pasarlo en grande; *vincere alla* —, ganar con muchos puntos | ***a grandi passi***, a grandes zancadas | ***grande come una casa***, grande como una catedral | ***messa grande***, misa mayor | ***fare le cose in grande***, hacer las cosas en grande | ***riprodurre in grande***, ampliar.
grandezza *s.f.* **1** (*dimensione*) tamaño (*m.*): *a — naturale*, de tamaño natural **2** (*fig.*) magnanimidad, grandeza: *manie di* —, delirios de grandeza.
grandinare *v.intr.impers.* (*meteor.*) granizar*.
grandinata *s.f.* (*meteor.*) granizada, pedrea, tormenta de granizo.

grandine *s.f.* (*meteor.*) granizo (*m.*).
grandiosità *s.f.* grandiosidad, majestad, grandeza.
grandioso *agg.* grandioso, imponente.
granduca *s.m.* gran duque.
granello *s.m.* grano; (*di frutta*) semilla (*f.*).
graniglia *s.f.* gravilla.
granita *s.f.* granizado (*m.*).
granitico *agg.* **1** granítico **2** (*fig.*) firme, fuerte.
granito *s.m.* granito.
grano *s.m.* **1** (*frumento*) trigo: — *duro, tenero*, trigo duro, blando **2** (*granello, anche fig.*) grano: *pepe in grani*, pimienta en granos | *non ha un — di buon senso*, no tiene un grano de sentido común.
granturco *s.m.* (*bot.*) maíz.
granulare *agg.* granular.
granulo *s.m.* gránulo.
granuloma *s.m.* (*med.*) granuloma.
granuloso *agg.* granuloso.
grappa *s.f.* (*acquavite*) aguardiente (*m.*).
grappolo *s.m.* racimo.
grassetto *s.m.* negrita (*f.*).
grasso *agg.* **1** (*di persona*) gordo, grueso: *diventare* —, engordar | — *come un maiale/porco*, gordo como un cerdo/una vaca **2** (*di cibi*) graso, grasiento | *brodo* —, caldo gordo | *cucina grassa*, cocina grasa | *formaggio* —, queso mantecoso ♦ *s.m.* (*sostanza grassa*) grasa (*f.*) | *grassi animali, vegetali*, grasas animales, vegetales
■ ***fare grasse risate***, reír a carcajadas | ***annata grassa***, año de cosecha abundante | ***barzelletta grassa***, chiste verde | ***giovedì grasso***, jueves lardero/de carnestolendas | ***pianta grassa***, cactácea | ***tempo di vacche grasse***, tiempo de vacas gordas.
grassoccio *agg.* (*fam.*) regordete, rollizo.
grassone *s.m.* (*fam.*) gordinflón.
grata *s.f.* rejilla.
graticcio *s.m.* enrejado; (*di canne*) cañizo.
graticola *s.f.* parrilla, plancha.
gratifica *s.f.* gratificación, recompensa.
gartificante *agg.* gratificador, gratificante.
gratificare *v.tr.* gratificar*, recompensar.
gratificazione *s.f.* gratificación, propina.
gratinare *v.tr.* (*cuc.*) gratinar.
gratis *avv.* gratis, de balde.
gratitudine *s.f.* gratitud, agradecimiento (*m.*).
grato *agg.* **1** agradecido: *esser* —, estar agradecido **2** (*piacevole*) grato, agradable.
grattacapo *s.m.* preocupación (*f.*), quebradero de cabeza.
grattacielo *s.m.* rascacielos.
grattare *v.tr.* **1** rascar* **2** (*grattugiare*) rallar; (*raschiare*) raspar **3** (*fam., rubare*) arañar ♦ *v.intr.* (*aut.*) chirriar, raspar ♦ **-rsi** *v.pron.* rascarse* | — *il capo*, quebrarse la cabeza | — *la pancia*, tocarse las narices.
grattata *s.f.* rascadura.
grattato *agg.* rallado: *pan* —, pan rallado.
grattugia *s.f.* (*cuc.*) rallador (*m.*).
grattugiare *v.tr.* rallar.
gratuità *s.f.* gratuidad.
gratuito *agg.* gratuito.
gravame *s.m.* peso, carga (*f.*).
gravare *v.intr.* (*anche fig.*) cargar*: *il peso del tetto grava su questi muri*, el peso del techo carga en estos muros; *la responsabilità grava su di me*, estoy cargado de responsabilidad ♦ *v.tr.* **1** cargar*: — *qlcu. di lavoro, di responsabilità*, cargar alguien de trabajo, de responsabilidad **2** (*di tasse*) gravar: — *il popolo di tributi*, gravar el pueblo con tributos ♦ **-rsi** *v.pron.* cargarse*, llenarse.
gravato *agg.* cargado, gravado.
grave *agg.* grave; (*gravoso*) abrumador, pesado; (*grande*) grande, penoso, díficil: *un — dolore*, un gran dolor | *un caso* —, un asunto serio | *accento* —, acento grave.
gravidanza *s.f.* embarazo (*m.*), preñez, gestación.
gravido *agg.* **1** (*di donna*) embarazada; (*di animali*) preñada **2** (*fig.*) lleno.
gravità *s.f.* gravedad | *forza di* —, fuerza de gravedad.
gravitare *v.intr.* gravitar.
gravitazionale *agg.* gravitacional, gravitatorio.
gravitazione *s.f.* gravitación.
gravoso *agg.* gravoso, pesado, costoso.
grazia *s.f.* **1** gracia **2** (*dir.*) indulto (*m.*), perdón (*m.*) | *chiedere la* —, pedir la gracia **3** (*benevolenza*) favor (*m.*) | *essere nelle grazie di*, gozar del favor de | *entrare nelle grazie di*, captarse la amistad de | *tornare nelle grazie di qlcu.*, reconciliarse con alguien
■ ***in grazia di***, en gracia de | ***anno di grazia***, año de gracia, año de la era cristiana | ***dare il colpo di grazia***, dar el golpe de gracia | ***di grazia***, por favor | ***essere fuori dalla grazia di Dio***, estar hecho una fiera, subirse por las paredes | ***le tre Grazie***, las tres Gracias | ***per grazia di Dio***, por la gracia de Dios, gracias a Dios | ***per grazia ricevuta***, gracias a Dios | ***quanta grazia di Dio!***, ¡qué abundancia! | ***rendere grazie***, dar las gracias, agradecer | ***senza garbo né grazia***, sin una pizca de gracia | ***stato di grazia***, estado de gracia | ***troppa grazia!***, ¡qué maravilla!
graziare *v.tr.* (*dir.*) indultar, amnistiar.
grazie *inter.* gracias | — *tante/mille*, muchas gracias | — *al cavolo!*, ¡gracias, por las narices! | — *di tutto*, gracias por todo | — *lo stesso*, gracias igualmente ♦ *s.m.* agradecimiento, gracias

■ ***grazie a***, gracias a: — *a Dio/al cielo*, gracias a Dios.
grazioso *agg.* agraciado, bonito, lindo.
greca *s.f.* greca, cenefa, orla.
grecale *s.m.* (*vento*) gregal.
greco *agg., s.m.* griego.
gregario *s.m.* **1** (*anche fig.*) gregario **2** (*sport*) gregario, doméstico.
gregge *s.m.* (*anche fig.*) rebaño, manada (*f.*)
■ ***il gregge del Signore***, la grey del Señor | ***uscire dal gregge***, salir del montón.
greggio *agg.* **1** bruto, crudo **2** (*di tessuto*) basto ♦ *s.m.* (*petróleo*) crudo.
gregoriano *agg.* gregoriano.
grembiule *s.m.* delantal, mandil.
grembo *s.m.* regazo | — *materno*, vientre materno | *in — a*, en el seno de | *buttarsi/ mettersi in — a*, echarse en brazos de.
gremire *v.tr.* abarrotar, atestar, llenar ♦ **-rsi** *v.pron.* llenarse, abarrotarse.
gremito *agg.* abarrotado, atestado, lleno.
greppia *s.f.* pesebre (*m.*).
greto *s.m.* (*di fiume*) arenal, pedregal, gredal.
grettezza *s.f.* **1** avaricia **2** (*meschinità*) mezquindad.
gretto *agg.* **1** (*meschino*) mezquino, miserable; (*di mente limitata*) cerrado, corto de miras **2** (*spilorcio*) tacaño.
greve *agg.* pesado, doloroso.
grezzo *agg.* basto, tosco: *smeraldo —*, esmeralda en bruto.
gridare *v.tr./intr.* gritar, chillar | — *a squarciagola*, gritar a voz en cuello | — *ai quattro venti*, gritar a los cuatro vientos.
grido *s.m.* grito, chillido: *lanciare un —*, lanzar un grito | — *di guerra*, grito de guerra
■ (*moda*) ***l'ultimo grido***, el último grito | ***di grido***, de renombre.
grifone *s.m.* (*zool.*) alimoche.
grigio *agg., s.m.* (*anche fig.*) gris: *una giornata grigia*, un día gris | *capelli grigi*, canas | — *in volto*, hosco, ceñudo | *materia grigia*, substancia gris.
grigiore *s.m.* **1** gris **2** (*fig.*) monotonía (*f.*), grisura (*f.*).
grigioverde *agg.* gris verdoso | *vestire il —*, llevar el uniforme militar.
griglia *s.f.* parrilla.
grigliata *s.f.* (*cuc.*) parrillada.
grilletto *s.m.* gatillo.
grillo *s.m.* **1** (*zool.*) grillo | *andare a sentir cantare i grilli*, ir a criar malvas | *essere, fare il — parlante*, ser un pepito grillo | *mangiare come un —*, picar como un pajarito **2** (*capriccio*) capricho, antojo | *avere dei grilli per la testa*, tener pájaros en la cabeza | (*fig.*) *saltare il —*, tener un antojo.
grimaldello *s.m.* ganzúa (*f.*).
grinfia *s.f.* (*anche fig.*) garra, zarpa | *cadere nelle grinfie di*, caer entre/en las garras de | *liberare dalle grinfie di*, sacar de las garras de | *mettere le grinfie addosso*, coger entre/ en las garras.
grinta *s.f.* **1** ceño (*m.*), mala cara **2** (*fig.*) arrojo (*m.*), audacia | *avere —*, tener garra.
grintoso *agg.* decidido, resuelto, marchoso.
grinza *s.f.* **1** (*ruga*) arruga **2** (*piega*) pliegue (*m.*)
■ ***non fare una grinza***, ser impecable.
grinzoso *agg.* rugoso; (*di tessuto*) arrugado.
grissino *s.m.* colín.
gronda *s.f.* (*arch.*) alero (*m.*).
grondaia *s.f.* canalón (*m.*), gotera.
grondante *agg.* chorreante.
grondare *v.intr.* chorrear, gotear ♦ *v.tr.* chorrear; perder*: *la fronte del ciclista grondava sudore*, la frente del ciclista chorreaba sudor; *la ferita grondava sangue*, la herida chorreaba sangre.
groppa *s.f.* grupa; (*fam.*) lomo (*m.*).
groppo *s.m.* nudo, enredo | (*fig.*) *avere un — in gola*, tener un nudo en la garganta.
groppone *s.m.* lomo, espinazo.
grossezza *s.f.* grueso (*m.*), grosor (*m.*); (*spessore*) espesor (*m.*).
grossista *s.m./f.* mayorista, comerciante al por mayor.
grosso *agg.* **1** (*anche fig.*) gordo, grande, grueso: *un — complesso industriale*, un gran complejo industrial; *un — libro*, un libro gordo | *un uomo grande e —*, un hombre robusto | *sale —*, sal gorda **2** (*fam., importante*) grande, importante: *un — nome della finanza*, un nombre importante de las finanzas; *un — investitore*, un poderoso inversor | *un pezzo —*, un pez gordo ♦ *s.m.* **1** (*parte più grossa*) grueso: *il — della coscia*, el grueso del muslo **2** (*parte più numerosa*) grueso, la mayor parte (*f.*): *il — del pubblico*, la mayor parte del público
■ ***caccia grossa***, caza mayor | ***parole grosse***, palabras mayores | ***mare grosso***, mar gruesa | ***sbagliare di grosso***, equivocarse de medio a medio | ***farla grossa***, hacerla buena: *l'ha fatta grossa!*, ¡buena la ha hecho! | ***grosso modo***, grosso modo, más o menos | ***avere il fiato grosso***, estar jadeante | ***dirle/spararle grosse***, marcar faroles, contar batallitas | ***dormire della grossa***, dormir a pierna suelta/tendida | ***il pesce grosso mangia il piccolo***, el pez grande se come al pequeño | ***uomo di pasta grossa***, hombre de cortos/pocos alcances.
grossolanità *s.f.* grosería, chabacanería, ordinariez.
grossolano *agg.* grosero, ordinario, burdo.
grossomodo *avv.* grosso modo, poco más o menos, aproximadamente.

grotta *s.f.* gruta, caverna, cueva.
grottesco *agg.* grotesco.
groviera *s.m./f.* (*formaggio*) gruyer (*m.*).
groviglio *s.m.* **1** ovillo **2** (*fig.*) enredo, confusión (*f.*).
gru *s.f.* **1** (*mecc.*) grúa: *braccio della* —, pescante **2** (*zool.*) grulla.
gruccia *s.f.* **1** (*stampella*) muleta **2** (*per abiti*) percha.
grugnire *v.intr.* gruñir*.
grugnito *s.m.* (*anche fig.*) gruñido.
grugno *s.m.* **1** hocico **2** (*fig.*) morro: *fare il* —, poner morros, poner mala cara.
grullo *agg.* tontorrón, bobalicón.
grumo *s.m.* grumo; (*di sangue*) coágulo.
grumoso *agg.* grumoso, incrustado.
gruppo *s.m.* **1** grupo: *in/a gruppi*, en grupos **2** (*ciclismo*) pelotón.
gruzzolo *s.m.* ahorros (*pl.*).
guadagnare *v.tr.* **1** (*anche fig.*) ganar: — *tempo, terreno*, ganar tiempo, terreno | (*sport*) — *tre punti, due minuti*, ganar tres puntos, dos minutos | — *il pane col sudore della fronte*, ganarse el pan con el sudor de la frente **2** (*conquistare*) vencer*: — *una promozione*, obtener una promoción ♦ *v.intr.* ganar | *guadagnarci*, sacar en limpio ♦ **-rsi** *v.pron.* (*anche fig.*) ganarse: — *il pane*, ganarse el pan; — *la fiducia di qlcu.*, granjearse/ganarse la confianza de alguien | — *la vita*, buscarse la vida.
guadagnato *agg.*. ganado
■ ***tanto di guadagnato***, tanto mejor.
guadagno *s.m.* ganancia (*f.*), provecho | *è più lo scapito che il* —, es más la pérdida que la ganancia | *fare lauti guadagni*, hacer su agosto, forrarse | — *accidentale*, ganancias inesperadas | — *lordo*, ganancia bruta | — *netto*, ganancia neta/limpia.
guadare *v.tr.* vadear.
guado *s.m.* vado, paso.
guai *inter.* ¡ay de (+ *pron.*)!, ¡pobre de (+ *pron.*)!: — *a te se non lo fai!*, ¡ay de ti/pobre de ti si no lo haces! | — *a tornare tardi!*, ¡pobre de ti si llegas tarde! | — *a lasciarlo solo!*, ¡es un peligro dejarlo solo!
guaina *s.f.* **1** vaina, funda **2** (*busto*) faja.
guaio *s.m.* adversidad (*f.*), apuro, dificultad (*f.*): *il — è che*, el problema es que | *cacciarsi/ficcarsi nei guai*, meterse en líos/apuros | *avere dei guai*, estar pasando un mal período, estar metido en un lío | *essere in un mare di guai*, estar pringado.
guaire *v.intr.* gañir*, aullar.
guaito *s.m.* gañido, aullido.
gualcire *v.tr.* arrugar*, chafar.
guancia *s.f.* mejilla, carrillo (*m.*) | *porgere l'altra* —, ofrecer la otra mejilla.
guanciale *s.m.* almohada (*f.*) | *dormire tra due guanciali*, dormir a pierna suelta.
guanto *s.m.* guante; (*manopola*) manopla (*f.*): *infilarsi i guanti*, ponerse los guantes | *guanti di ferro*, guanteletes | *guanti di gomma*, guantes de goma | *mezzi guanti*, mitones, maniquetes
■ ***trattare con i guanti***, tratar con guante blanco | ***calzare come un guanto***, sentar como un guante | ***mandare/gettare il guanto***, arrojar/echar el guante, desafiar | ***mano di ferro in guanto di velluto***, con pulso duro y corazón tierno | ***morbido come un guanto***, como un guante | ***pigliare con i guanti***, coger con pinzas | ***raccogliere il guanto***, recoger el guante.
guantone *s.m.* (*sport*) guante de boxeo | *attaccare/appendere i guantoni al chiodo*, colgar los guantes | *incrociare i guantoni*, enfrentarse en el ring, boxeur.
guardaboschi *s.m./f.* guardabosque(s).
guardacaccia *s.m./f.* guardabosque(s), guarda forestal.
guardacoste *s.m.* (*mar.*) guardacostas.
guardadighe *s.m.* presero.
guardalinee *s.m./f.* (*sport*) juez* (*m.*) de línea.
guardamacchine *s.m./f.* guardacoches.
guardaparco *s.m./f.* guardabosque(s).
guardare *v.tr.* **1** mirar: — *la televisione*, ver la televisión; — *dalla finestra*, mirar por la ventana | — *di sfuggita*, mirar rápidamente, de prisa | — *storto, di traverso*, mirar de través, mirar mal | — *dall'alto in basso*, mirar por encima del hombro | — *con la coda dell'occhio*, mirar con el rabillo del ojo | — *in cagnesco/tralice*, mirar de reojo, poner cara de poco amigos— **2** (*proteggere, sorvegliare*) guardar, cuidar, vigilar ♦ *v.intr.* **1** (*fare attenzione*) fijarse, cuidarse, resguardarse, abstenerse*: *guarda di non farlo più!*, ¡no vuelvas a hacerlo! | *guarda che le prendi!*, ¡a que te doy! **2** (*cercare di*) tratar de, esforzarse* por: *guarda di studiare*, trata de estudiar **3** (*essere rivolto a*) mirar, dar*: *la finestra guarda a sud*, la ventana da hacia el sur ♦ **-rsi** *v.pron.* **1** (*rimirarsi*) mirarse **2** (*trattenersi*) abstenerse* | — *dal fare qlco.*, guardarse/abstenerse de hacer algo | — *bene dal*, guardarse bien de
■ ***non guardare in faccia a nessuno***, no tener miramientos | ***guarda caso!***, ¡y fíjate tú! | ***ma guarda un po'!***, ¡lo que son las cosas! | ***a ben guardare***, bien mirado, mirándolo bien | ***da guardare e non toccare***, de mírame y no me toques | ***guarda, guarda!***, ¡qué sorpresa! | ***guardare a vista***, no perder de vista | ***guardare di buon, mal occhio***, mirar con buenos, malos ojos | ***guardare per il sottile***, hilar fi-

no/delgado | ***stare a guardare***, ver los toros desde la barrera | ***dagli amici mi guardi Iddio che dai nemici mi guardo io***, del agua mansa me libre Dios, que de la brava me guardaré yo | ***Dio me ne guardi!***, ¡qué Dios me guarde/ libre! | ***guarda che roba!***, ¡mira tú! | ***guardarsi le spalle***, guardarse las espaldas | ***non guardarsi più***, romper con alguien.
guardaroba *s.m.* **1** (*armadio*) guardarropa, armario, ropero **2** (*locale*) guardarropa **3** (*molti abiti*) guardarropa, vestuario.
guardarobiera *s.f.* (*a teatro*) guardarropa (*m.*).
guardasigilli *s.m.* guardasellos, notario.
guardia *s.f.* **1** guardia: *fare la* —, montar la guardia | *cambio della* —, cambio de guardia | *medico di* —, médico de guardia | *cane da* —, perro guardián | *corpo di* —, cuerpo de guardia | *livello/segnale di* —, nivel de peligro | *posto di* —, puesto de guardia **2** (*persona*) guardia (*m./f.*), guarda (*m./f.*), centinela (*m./f.*); (*di polizia*) agente (*m./f.*), policía (*m./f.*) | — *notturna*, sereno | — *giurata*, guarda jurado | — *del corpo*, guardaespaldas | — *forestale*, guarda forestal, guardabosque(s) | — *di finanza*, policía fiscal | — *medica*, servicio médico de urgencias | *capo delle guardie*, guarda mayor | — *d'onore*, guardia de honor | — *nazionale*, guardia nacional | — *svizzera/ del Papa*, guardia suiza | *guardie rosse*, guardias rojas
■ ***stare in guardia***, ponerse/estar en guardia | ***mettere in guardia***, poner alerta | ***abbassare la guardia***, bajar la guardia | ***essere della vecchia guardia***, ser de la vieja guardia | ***in guardia!***, ¡en guardia! | ***non abbassare la guardia***, no descuidarse.
guardiamarina *s.m.* guardiamarina.
guardiano *s.m.* guardián, vigilante (*m./f.*).
guardingo *agg.* circunspecto, cauteloso.
guardiola *s.f.* garita.
guardrail *s.m.* quitamiedos.
guaribile *agg.* curable: *è — in una settimana*, es curable en de una semana.
guarigione *s.f.* curación.
guarire *v.tr./intr.* curar, sanar: *è guarito in poche settimane*, ha sanado en pocas semanas; *non riesce a guarire dal vizio del gioco*, no logra dejar el juego.
guarito *agg.* repuesto, curado.
guaritore *s.m.* sanador, curandero.
guarnigione *s.f.* (*tecn.*) guarnición.
guarnire *v.tr.* adornar, decorar, engalanar.
guarnizione *s.f.* **1** (*tecn.*) guarnición, empaquetadura **2** (*decorazione*) decoración, adorno (*m.*) **3** (*cuc.*) guarnición.
guastafeste *s.m./f.* aguafiestas, espantagustos (*m.*): *sei proprio un —¡*, ¡qué aguafiestas eres!
guastare *v.tr.* **1** romper*, deteriorar, estropear: *il freddo ha guastato il raccolto*, el frío ha estropeado la cosecha | — *l'appetito*, quitar el apetito | — *gli accordi*, romper las negociaciones | — *i sogni a qlcu.*, turbar la felicidad de alguien | — *l'amicizia*, romper la amistad | — *l'incantesimo*, romper el encanto **2** (*riuscire sgradito*) venir* bien/ mal: *una parola gentile non guasta mai*, una palabra amable siempre viene bien ♦ **-rsi** *v.pron.* **1** (*di meccanismo*) romperse*: *la lavastoviglie si è guastata*, el lavavajillas se ha roto **2** (*di alimenti*) dañarse, echarse a perder, ponerse* mal/malo **3** (*di tempo*) estropearse: *il tempo si sta guastando*, el tiempo se está estropeando **4** (*troncare i rapporti*) enemistarse con
■ ***guastare il sangue***, encender la sangre | ***guastare la festa***, aguar la fiesta | ***guastarsi il fegato***, pudrírsele/quemársele la sangre.
guastatore *s.m.* (*mil.*) gastador.
guasto[1] *agg.* **1** (*anche fig.*) estropeado, averiado, dañado **2** (*marcio*) podrido: *un dente* —, un diente cariado.
guasto[2] *s.m.* avería (*f.*), accidente, daño.
guatemalteco *agg.*, *s.m.* guatemalteco.
guazzabuglio *s.m.* amasijo, batiburrillo, gatuperio.
guazzetto *s.m.* (*cuc.*) guiso caldoso | *in* —, guisado, estofado.
guelfo *agg.*, *s.m.* (*st.*) güelfo, (*fig.*) clerical.
guercio *agg.* bizco, estrábico ♦ *s.m.* bizco.
guerra *s.f.* **1** guerra: *dichiarare* —, declarar la guerra; *fare la* —, guerrear, hacer guerra; — *civile*, guerra civil | — *fredda*, guerra fría | — *all'ultimo sangue*, guerra a muerte/ sin cuartel | — *atomica*, guerra atómica | — *batteriologica*, guerra bacteriológica | — *chimica*, guerra química | — *dei nervi/psicologica*, guerra de nervios | — *d'indipendenza*, guerra de independencia | — *di posizione/ trincea*, guerra de posiciones/trinchera | — *di successione*, guerra de sucesión | — *doganale/di tariffe*, guerra de precisos | — *economica*, guerra económica | — *lampo*, guerra relámpago | — *mondiale*, guerra mundial | — *partigiana*, lucha de los partisanos | — *santa*, guerra santa | — *sporca*, guerra sucia | *in assetto di* —, en equipo de guerra | *prigioniero di* —, prisionero de guerra | *criminale di* —, criminal de guerra | *teatro di* —, teatro de la guerra | *tribunale di* —, consejo de guerra | *vincere/perdere la* —, ganar/perder la guerra | *giocare alla* —, jugar a la guerra | *essere sul piede di* —, estar en pie de guerra **2** (*fig.*) guerra, discordia, contraste (*m.*).
guerrafondaio *s.m.* partidario de la guerra, armamentista (*m./f.*).

guerreggiare *v.intr.* guerrear, luchar, combatir.
guerresco *agg.* **1** guerrero **2** (*bellicoso*) guerrero, belicoso.
guerriero *agg.*, *s.m.* guerrero.
guerriglia *s.f.* guerrilla.
guerrigliero *s.m.* guerrillero.
gufare *v.intr.* cantar, graznar.
gufo *s.m.* (*zool.*) búho.
guglia *s.f.* (*edil.*) aguja, pináculo (*m.*).
gugliata *s.f.* hebra.
guida *s.f.* **1** guía (*m.*): *essere di — a qlcu.*, ser maestro de alguien | *essere alla — di*, tener el liderazgo de | *sotto la — di*, bajo la dirección de | *— alpina*, guía de montaña **2** (*manuale*) guía | *— del telefono*, guía de teléfonos **3** (*di un veicolo*) conducción | *scuola —*, auto escuela | *patente di —*, carné de conducir | *posto di —*, asiento del conductor | *prendere lezioni di —*, aprender a conducir **4** (*tecn.*) corredera, carril (*m.*) **5** (*passatoia*) alfombra de escalera.
guidare *v.tr.* **1** guiar, conducir* | (*sport*) *— la classifica*, encabezar la clasficación **2** (*veicoli*) conducir* **3** (*dirigere*) dirigir*, guiar.
guidatore *s.m.* conductor, chófer.
guinzaglio *s.m.* collar, correa (*f.*), traílla (*f.*) ■ ***lasciarsi portare al guinzaglio***, doblar el espinazo | ***mettere il guinzaglio a***, traer como un dominguillo | ***tenere al guinzaglio***, meter en cintura.
guisa *s.f.* modo (*m.*), manera | *a — di*, al modo de | *di questa —*, de esta manera.
guizzare *v.intr.* **1** (*di pesci*) colear **2** (*balzare*) saltar **3** (*fuggire*) deslizarse*, escabullirse.
guizzo *s.m.* esguince, cuarteo.
guru *s.m.* gurú.
guscio *s.m.* **1** (*di uovo, frutta secca*) cáscara (*f.*) **2** (*di tartaruga, crostaceo*) caparazón **3** (*di conchiglia*) concha (*f.*) ■ ***chiudersi nel proprio guscio***, meterse en su concha | ***stare nel proprio guscio***, vivir entre cuatro paredes | ***uscire dal guscio***, ver el mundo.
gustare *v.tr.* **1** gustar, saborear **2** (*assaggiare*) probar*, catar.
gustativo *agg.* gustativo: *papille gustative*, papilas gustativas.
gustatore *s.m.* catador.
gustatorio *agg.* gustativo.
gusto *s.m.* **1** (*senso*) gusto, paladar **2** (*sapore*) gusto, sabor: *ha un — cattivo*, tiene mal sabor; *un gelato al — di fragola*, un helado con sabor a fresa **3** (*fig.*) gusto | *di buon, cattivo —*, de buen, mal gusto | *scherzo di cattivo —*, broma de mal gusto | *vestire con —*, vestirse con elegancia | *dei gusti non si discute*, sobre gustos no hay nada escrito **4** (*piacere*) gusto, placer, deleite: *mangiare di —*, comer con placer; *provare — a fare qlco.*, cogerle gusto a hacer algo | *prendersi il — di*, darse el gusto de | *ridere di —*, reírse a carcajada limpia.
gustoso *agg.* gustoso, sabroso, rico: *un pasto —*, una comida rica.
gutturale *agg.* (*anche ling.*) gutural.

Hh

h *s.f.* h | *bomba* –, bomba hache | (*tel.*) – *come hotel*, h (hache) como historia.
habanera *s.f.* (*mus.*) habanera.
habitat *s.m.* hábitat (*anche fig.*), medio, ambiente.
habitué *s.m.* parroquiano, cliente habitual, habitué.
habitus *s.m.* **1** (*biol.*) características (*f.pl.*) comunes **2** (*fig.*) costumbre (*f.*), hábito.
hacker *s.m./f.* (*inform.*) hacker.
hair stylist *s.m.* peluquero-estilista.
haitiano *agg.*, *s.m.* haitiano.
hall *s.f.* hall (*m.*), atrio (*m.*), entrada, vestíbulo (*m.*).
hamburger *s.m.* hamburguesa (*f.*).
hamburgheria *s.f.* hamburguesería.
handicap *s.m.* **1** (*med.*) minusvalidez (*f.*), minusvalía (*f.*), discapacidad (*f.*) | *portatore di* –, minusválido **2** (*fig.*) hándicap, desventaja (*f.*) **3** (*sport*) hándicap.
handicappare *v.tr.* **1** (*sport*) establecer* un handicap **2** perjudicar*.
handicappato *agg.*, *s.m.* disminuido, minusválido, impedido; (*psichico, spreg.*) anormal (*m./f.*).
hangar *s.m.* hangar.
happening *s.m.* happening.
happy hour *s.m.* hora (*f.*) feliz.
harakiri *s.m.* haraquiri, harakiri.
hard *agg.* hard, fuerte, duro.
hard copy *s.f.* (*inform.*) prueba; estampa de la pantalla.
hard-core *agg.* porno duro, hardcore.
hard disc *s.m.* (*inform.*) disco duro/rígido, hard disc.
hard rock *s.m.* (*mus.*) rock duro.
hardware *s.m.* (*inform.*) hardware, equipo.
harem *s.m.* harén, harem, serrallo.
hascisc, **hashish** *s.m.* hachís; (*gerg.*) chocolate.
haute couture *s.f.* alta costura.
hawaiano *agg.*, *s.m.* hawaiano.
headline *s.m.* (*giorn., pubblicità*) titular.
hearing *s.m.* informe.
hegeliano *agg.* hegeliano.
hegelismo *s.m.* hegelianismo.
henné *s.m.* henna (*f.*).
herpes *s.m.* (*med.*) herpes, herpe.
hertz *s.m.* (*fis.*) hercio, hertz.
hertziano *agg.* (*fis.*) herciano.
hi-fi *s.m.* equipo de música.
high fidelity *s.f.* alta fidelidad.
hindi *agg.*, *s.m.* hindi.
hinterland *s.m.* extrarradio, alrededores (*pl.*), afueras (*f.pl.*): *abitano nell'*–, viven en las afueras.
hippy *agg.*, *s.m./f.* hippie.
hit *s.m.* hit, canción (*f.*) de éxito.
hitleriano *agg.* hitleriano.
hit-parade *s.f.* lista de éxitos.
hobbistico *agg.* del hobby, de la afición.
hobby *s.m.* hobby, afición (*f.*), pasatiempo.
hockeista *s.m./f.* (*sport*) jugador (*m.*) de hockey.
hockey *s.m.* (*sport*) hockey: – *su prato*, *su ghiaccio*, *su pista*, hockey sobre hierba, sobre hielo, sobre patines.
holding *s.f.* holding (*m.*), grupo (*m.*) de empresas.
hollywoodiano *agg.* hollywoodiano.
home computer *s.m.* (*inform.*) ordenador doméstico.
homeless *s.m.* sin techo.
honduregno *agg.*, *s.m.* hondureño.
honoris causa *loc.* honoris causa.
horror *s.m.* (*cinem.*) terror, horror: *film* –, película de horror/terror/miedo.
hostess *s.f.* **1** azafata; (*Amer.*) aeromoza **2** (*accompagnatrice*) guía turística.
hot dog *s.m.* (*cuc.*) perrito caliente, perro caliente.
hotel *s.m.* hotel: *alloggiare all'*–, hospedarse en el hotel.
hovercraft *s.m.* aerodeslizador.
hula-hop *s.f.* hula-hop.
humour *s.m.* humor | *senso dello* –, sentido del humor.
humus *s.m.* humus, mantillo.
hurrà *inter.* ¡hurra!, ¡viva!
husky *s.m.* (*cane*) husky.

Ii

i[1] *s.f.* i | (*tel.*) — *come Imola*, i como Inés.
i[2] *art.det.m.pl.* → **il.**
iberico *agg.* ibérico.
iberismo *s.m.* (*ling.*) modismo ibérico.
iberista *s.m./f.* iberista.
ibernamento *s.m.* hibernación (*f.*).
ibernare *v.intr.* hibernar.
ibernazione *s.f.* hibernación.
ibidem *avv.* íbidem.
ibis *s.m.* (*zool.*) ibis | — *rosso*, guara guara | — *sacro*, ibis.
ibisco *s.m.* (*bot.*) hibisco.
ibridare *v.tr.* hibridar.
ibridazione *s.f.* hibridación.
ibridismo *s.m.* hibridismo.
ibrido *agg.*, *s.m.* híbrido.
icastico *agg.* icástico, liso, llano: *stile* —, estilo icástico.
iceberg *s.m.* iceberg: *la punta dell'* —, la punta del iceberg.
icona *s.f.* icono (*m.*).
iconico *agg.* icónico.
icono- *pref.* icono-.
iconoclasta *agg.*, *s.m./f.* iconoclasta.
iconoclastico *agg.* iconoclasta.
iconografia *s.f.* iconografía.
iconografico *agg.* iconográfico.
iconostasi *s.f.* (*pitt.*) iconostasio (*m.*).
ictus *s.m.* (*med.*) ictus.
iddio *s.m.* → **dio.**
idea *s.f.* **1** idea: *mi interessano i fatti, non le idee*, me interesan los hechos, no las ideas | *una vaga* —, una ligera idea | *abituarsi all'* —, hacerse a la idea | *associazione di idee*, asociación de ideas | *avere idee ristrette*, ser de mentalidad estrecha, tener estrechez de miras | — *fissa*, idea fija | *idee eccessive*, ideas extremistas **2** (*opinione*) opinión, idea: *esprimere le proprie idee*, expresar sus ideas | *cambiare* —, cambiar de idea | *farsi un'* — *di qlco.*, hacerse una idea de algo | *farsi un'* — *di qlcu.*, formarse/hacerse una idea de alguien **3** intención, propósito (*m.*): *avere l'* — *di partire*, tener la intención de partir **4** (*fam.*, *quantità minima*) pizca | *un'* — *di*, un poco de ■ ***non averne la minima idea/più pallida idea***, no tener ni (la más remota) idea | ***neanche per idea!***, ¡ni hablar!, ¡ni en sueños!, ¡ni por pienso!
ideale *agg.* **1** ideal, imaginario: *un personaggio* —, un personaje imaginario **2** perfecto, excelente: *la donna* —, la mujer ideal ♦ *s.m.* ideal, arquetipo, modelo: *il suo* — *di donna*, su ideal de mujer; *l'* — *sarebbe andare tutti insieme*, lo ideal sería ir todos juntos.
idealismo *s.m.* idealismo.
idealista *s.m./f.* idealista.
idealistico *agg.* idealista.
idealizzare *v.tr.* idealizar*.
ideare *v.tr.* **1** idear **2** (*progettare*) planear, proyectar.
ideatore *s.m.* inventor.
identico *agg.* idéntico, igual.
identificabile *agg.* identificable.
identificare *v.tr.* identificar* ♦ **-rsi** *v.pron.* identificarse*.
identificazione *s.f.* identificación, reconocimiento (*m.*).
identikit *s.m.* retrato robot, retrato, imagen (*f.*).
identità *s.f.* identidad | *carta d'* —, carnet de identidad | *crisi d'* —, crisis de identidad | *principio d'* —, principio de identidad.
ideogramma *s.m.* ideograma.
ideologia *s.f.* ideología.
ideologico *agg.* ideológico.
ideologismo *s.m.* ideologismo.
ideologo *s.m.* ideólogo.
idilliaco, idillico *agg.* idílico: *poesia idilliaca*, poesía idílica; *paesaggio* —, paisaje idílico; *avere una visione idilliaca della vita*, tener una visión idílica de la vida.
idillio *s.m.* idilio.
idioletto *s.m.* (*ling.*) idiolecto.
idioma *s.m.* idioma, lengua (*f.*).
idiomatico *agg.* idiomático.
idiomatismo *s.m.* (*ling.*) modismo.
idiosincrasia *s.f.* **1** idiosincrasia **2** (*fig.*) aversión, animadversión, repugnancia.
idiosincratico *agg.* idiosincrásico.
idiota *agg.*, *s.m./f.* idiota, tonto (*m.*), estúpido (*m.*).
idiozia *s.f.* idiotez*, estupidez*: *dice certe idiozie!*, ¡dice cada imbecilidad!; *fare un'* —, hacer una idiotez.
idolatra *agg.*, *s.m./f.* idólatra.
idolatrare *v.tr.* idolatrar, adorar, venerar.
idolatria *s.f.* idolatría, paganismo (*m.*).

idolatrico *agg.* idolátrico.
idolo *s.m.* ídolo.
idoneità *s.f.* idoneidad, aptitud.
idoneo *agg.* **1** idóneo, apto **2** (*adatto*) idóneo, adecuado.
idrante *s.m.* **1** (*presa d'acqua*) boca (*f.*) de riego **2** (*lancia antincendio*) manga (*f.*) de bombero, manguera (*f.*) **3** (*autocisterna*) camión de bomberos.
idratabile *agg.* hidratable.
idratante *agg., s.m.* hidratante (*f.*): *crema* —, crema humectante.
idratare *v.tr.* hidratar.
idratazione *s.f.* hidratación.
idraulico *agg.* hidraúlico ♦ *s.m.* fontanero; (*Amer.*) plomero.
idrico *agg.* hídrico.
idro- *pref.* hydro-.
idrocarburo *s.m.* (*chim.*) hidrocarburo.
idrocefalo *s.m.* (*med.*) hidrocéfalo.
idrodinamica *s.f.* (*mecc.*) hidrodinámica.
idrodinamico *agg.* (*mecc.*) hidrodinámico.
idroelettrico *agg.* (*elettr.*) hidroeléctrico.
idrofilo *agg.* hidrófilo: *cotone* —, algodón hidrófilo; *garza idrofila*, gasa hidrófila.
idrofobia *s.f.* (*med.*) hidrofobia.
idrofobico *agg.* (*med.*) hidrofóbico.
idrofobo *agg.* (*med.*) hidrófobo.
idrofugo *agg.* hidrófugo, impermeable.
idrogenare *v.tr.* (*chim.*) hidrogenar.
idrogenazione *s.f.* (*chim.*) hidrogenación.
idrogeno *s.m.* (*chim.*) hidrógeno.
idrogetto *s.m.* (*mar.*) hidrojet.
idrografico *agg.* hidrográfico.
idrologia *s.f.* hidrología.
idrologico *agg.* hidrológico.
idrologo *agg.* hidrólogo.
idromassaggio *s.m.* hidromasaje.
idromeccanica *s.f.* hidromecánica.
idrometra *s.m./f.* hidrómetra.
idrometria *s.f.* hidrometría.
idrometrico *agg.* hidrométrico.
idrometro *s.m.* hidrómetro.
idropico *agg., s.m.* (*med.*) hidrópico.
idropisia *s.f.* (*med.*) hidropesía.
idropittura *s.f.* pintura al agua.
idroplano *s.m.* (*mar.*) hidroplano.
idropneumatico *agg.* hidroneumático.
idroreattore *s.m.* → **idrogetto.**
idrorepellente *agg.* repelente al agua.
idrorepellenza *s.f.* repelencia al agua.
idrosanitario *agg.* hidrosanitario.
idroscafo *s.m.* (*mar.*) hidrodeslizador.
idroscalo *s.m.* puerto de hidroaviones.
idroscopio *s.m.* idroscopio.
idrosfera *s.f.* hidrosfera.
idrosolforico *agg.* (*chim.*) sulfhídrico.
idrosolforoso *agg.* (*chim.*) hidrosulfuroso.
idrosolubile *agg.* hidrosoluble.
idrossido *s.m.* (*chim.*) hidróxido.
idrossile *s.m.* (*chim.*) hidroxilo.
idrostatica *s.f.* (*mecc.*) hidrostática.
idrostatico *agg.* hidrostático.
idroterapeutico *agg.* (*med.*) hidroterápico.
idroterapia *s.f.* (*med.*) hidroterapia.
idroterapico *agg.* (*med.*) hidroterápico.
idrotermale *agg.* hidrotermal, termal.
idrotropismo *agg.* (*biol.*) hidrotropismo.
idrovolante *s.m.* (*aer.*) hidroavión.
idrovora *s.f.* bomba de agua.
iella *s.f.* (*fam.*) mala suerte: *avere* —, tener mala suerte | *portare* —, ser gafe, gafar.
iellato *agg., s.m.* desafortunado, desgraciado, gafe (*m./f.*).
iena *s.f.* (*zool.*) hiena.
ieraticità *s.f.* hieratismo (*m.*).
ieratico *agg.* hierático, solemne.
ieri *avv., s.m.* ayer: — *mattina*, ayer por la mañana; — *sera*, anoche | — *l'altro*, *l'altro* —, anteayer | *da — a oggi*, de ayer acá, de ayer a hoy, de un día a otro.
iettare *v.tr.* aojar, ojear, embrujar, echar mal de ojo a, hechizar*.
iettatore *s.m.* gafe (*m./f.*), cenizo.
iettatura *s.f.* **1** mal (*m.*) de ojo **2** (*sfortuna*) mala suerte, malandanza.
igiene *s.f.* higiene.
igienico *agg.* higiénico | *carta igienica*, papel higiénico | *impianto* —, instalaciones sanitarias.
ignaro *agg.* ignorante; (*disinformato*) a oscuras: *essere — della situazione*, estar a oscuras de la situación.
ignavia *s.f.* ignavia, indolencia, desidia.
ignavo *agg.* indolente, flojo, ignavo.
ignifugo *agg.* ignífugo.
ignobile *agg.* innoble.
ignominia *s.f.* ignominia, infamia.
ignorante *agg., s.m./f.* ignorante.
ignoranza *s.f.* ignorancia.
ignorare *v.tr.* ignorar, desconocer* ♦ **-rsi** *v.pron.* ignorarse.
ignoto *agg.* ignoto, desconocido ♦ *s.m.* **1** desconocido | *figlio d'ignoti*, hijo de padres desconocidos | *Milite Ignoto*, Soldado Desconocido **2** (*ciò che non si conosce*) lo ignoto, lo desconocido.
ignudare *v.tr.* desnudar, despojar, desvestir*.
ignudo *agg.* (*lett.*) desnudo.
igrometria *s.f.* higrometría.
igrometrico *agg.* higrométrico.
igrometro *s.m.* higrómetro.
igroscopico *agg.* higroscópico.
igroscopio *s.m.* higroscopio.
iguana *s.f.* (*zool.*) iguana.
iguanodonte *s.m.* (*zool.*) iguanodonte.
il *art.det.m.sing.* **1** el, la: — *libro*, el libro; — *Brasile del nord*, el Brasil del norte **2** (*in*

alcuni casi si omette) — *tuo amico*, tu amigo; *mi piace — Brasile*, me gusta Brasil; — *Manzoni*, Manzoni **3** (*distributivo*) los: — *martedì ho lezione di inglese*, los martes tengo clases de inglés; *l'avvocato riceve — mercoledì*, el abogado atiende los miércoles **4** (*con valore neutro*) lo: — *brutto è che*, lo malo es que.
ilare *agg.* alegre, hilarante.
ilaritá *s.f.* hilaridad.
illanguidimento *s.m.* languidez (*f.*), languor.
illanguidire *v.tr.* languidecer*; (*indebolire*) debilitar ♦ **-rsi** *v.pron.* debilitarse.
illazione *s.f.* ilación, deducción.
illecito *agg.* ilícito, indebido ♦ *s.m.* delito, acto ilícito.
illegale *agg.* ilegal, ilícito.
illegalità *s.f.* ilegalidad.
illeggibile *agg.* ilegible, indescifrable.
illegittimità *s.f.* ilegitimidad.
illegittimo *agg.* ilegítimo.
illeso *agg.* ileso, indemne, incólume.
illetterato *agg.*, *s.m.* iletrado.
illibato *agg.* **1** virgen **2** (*puro*) puro, íntegro.
illimitato *agg.* ilimitado, infinito.
illogico *agg.* ilógico.
illudere *v.tr.* ilusionar, engañar ♦ **-rsi** *v.pron.* ilusionarse.
illuminante *agg.* iluminante.
illuminare *v.tr.* (*anche fig.*) iluminar, alumbrar ♦ **-rsi** *v.pron.* (*anche fig.*) iluminarse, resplandecer*.
illuminato *agg.* **1** iluminado, alumbrado **2** (*st.*) ilustrado | (*lett.*, *st.*) *secolo* —, siglo de las luces.
illuminazione *s.f.* iluminación; (*di strada*) alumbrado (*m.*).
illuminismo *s.m.* (*st.*) ilustración (*f.*).
illuminista *agg.*, *s.m./f.* (*st.*) ilustrado (*m.*).
illuministico *agg.* (*st.*) ilustrado.
illusione *s.f.* ilusión: *farsi illusioni*, hacerse/forjarse ilusiones; — *ottica*, ilusión óptica.
illusionismo *s.m.* ilusionismo, prestidigitación (*f.*).
illusionista *s.m./f.* ilusionista, prestidigitador (*m.*).
illusionistico *agg.* del ilusionismo.
illuso *agg.*, *s.m.* iluso, soñador.
illusorietà *s.f.* lo ilusorio (*m.*).
illusorio *agg.* ilusorio, engañoso, ficticio.
illustrare *v.tr.* ilustrar.
illustrativo *agg.* ilustrativo.
illustrato *agg.* ilustrado, con ilustraciones.
illustrazione *s.f.* **1** ilustración **2** (*spiegazione*) explicación.
illustre *agg.* ilustre, célebre, distinguido.
imbacuccare *v.tr.* arropar, abrigar* ♦ **-rsi** *v.pron.* arroparse, embozarse*.
imbacuccato *agg.* arropado, abrigado: *camminava — nel suo mantello*, iba embozado en su capa.
imbaldanzire *v.tr.* engreír* ♦ **-rsi** *v.pron.* engreírse*, envalentonarse.
imballaggio *s.m.* embalaje, empaque | *carta d'*—, papel de embalar | — *a rendere*, embalaje a devolver | — *a perdere*, embalaje desechable.
imballare[1] *v.tr.* (*impacchettare*) embalar, empaquetar, empacar*.
imballare[2] *v.tr.* (*aut.*) embalar: — *il motore*, embalar el motor.
imballo *s.m.* → **imballaggio.**
imbalsamare *v.tr.* **1** embalsamar **2** (*animali*) disecar*.
imbalsamatore *s.m.* embalsamador; (*di animali*) taxidermista (*m./f.*).
imbalsamatura, imbalsamazione *s.f.* embalsamamiento (*m.*).
imbambolarsi *v.pron.* embobarse, embelesarse, pasmarse.
imbambolato *agg.* embobado, embelesado: *non restare lì* —, no te quedes ahí pasmado.
imbandierare *v.tr.* embanderar, engalanar.
imbandire *v.tr.* preparar, disponer*: — *la tavola*, poner la mesa.
imbandito *agg.* puesto, preparado: *tavola imbandita*, mesa puesta.
imbarazzante *agg.* violento, embarazoso.
imbarazzare *v.tr.* avergonzar*, embarazar* ♦ **-rsi** *v.pron.* embarazarse*, turbarse.
imbarazzato *agg.* violento, cohibido, molesto.
imbarazzo *s.m.* **1** impedimento, dificultad (*f.*), obstáculo **2** (*disagio*) incomodidad (*f.*) | *essere/sentirsi in* —, estar incomodo | *mettere in* —, poner en un apuro
■ ***non c'è che l'imbarazzo della scelta***, no hay más que escoger | ***imbarazzo di stomaco***, empacho de estómago.
imbarbarimento *s.m.* embrutecimiento.
imbarcadero *s.m.* (*mar.*) embarcadero.
imbarcare *v.tr.* embarcar* ♦ **-rsi** *v.pron.* **1** embarcarse* **2** (*fig.*) meterse: *si è imbarcato in un brutto affare*, se ha metido en un lío **3** (*di legno*) pandearse, arquearse.
imbarcazione *s.f.* (*mar.*) embarcación, barco (*m.*).
imbarco *s.m.* (*mar.*) embarco, embarque.
imbastire *v.tr.* (*cucire*) hilvanar, embastar.
imbastito *agg.* (*cucito*) hilvanado, embastado.
imbattersi *v.pron.* encontrarse*, tropezar* (con).
imbattibile *agg.* imbatible, invencible.
imbattibilità *s.f.* invencibilidad, imbatibilidad.
imbavagliare *v.tr.* amordazar*, enmordazar*.

imbavagliato *agg.* amordazado, enmordazado.
imbeccare *v.tr.* **1** embuchar **2** (*fig.*) apuntar, sugerir*.
imbeccata *s.f.* embuchamiento (*m.*); apunte (*m.*), soplo (*m.*), sugerencia.
imbecillagine *s.f.* imbecilidad.
imbecille *agg.*, *s.m./f.* imbécil, estúpido (*m.*) | *fare la figura dell'—*, hacer el imbécil, quedar como un imbécil | *passare da/per —*, pasar por imbécil | *pezzo d'—!*, ¡pedazo de alcornoque/animal!
imbecillità *s.f.* imbecilidad, tontería.
imbelle *agg.* imbele, débil.
imbellettare *v.tr.* maquillar, pintar ♦ **-rsi** *v.pron.* pintarse, maquillarse; acicalarse.
imbellire *v.tr.* embellecer*, favorecer*, hermosear: *questo colore ti imbellisce*, este color te favorece ♦ **-rsi** *v.pron.* ponerse* hermoso, embellecerse*: *Carmen si è imbellita*, Carmen se ha puesto hermosa.
imberbe *agg.* **1** imberbe, lampiño **2** (*fig.*) inexperto, novato.
imbestialire *v.tr.* enfurecer*, enfadar ♦ **-rsi** *v.pron.* enfurecerse*, sulfurarse, ponerse* hecho una fiera.
imbevere *v.tr.* embeber, empapar ♦ **-rsi** *v.pron.* **1** impregnarse, empaparse **2** (*fig.*) imbuirse*: *— di una dottrina*, imbuirse de una doctrina.
imbevibile *agg.* que no se puede beber: *un caffè —*, un café que no se puede beber.
imbiancare *v.tr.* **1** blanquear **2** (*con pittura*) pintar; (*a calce*) encalar, enlucir* ♦ **-rsi** *v.pron.* **1** emblanquecerse*: *le montagne si sono imbiancate per la neve*, las montañas se han emblanquecido con la nieve **2** (*di capelli*) encanecer*: *i suoi capelli si sono imbiancati*, su pelo ha encanecido **3** (*di cielo*) despejarse, aclararse, serenarse: *il cielo s'imbianca a poco a poco*, el cielo se está despejando poco a poco **4** (*fig.*) palidecer*, empalidecer*.
imbiancato *agg.* blanqueado.
imbiancatore *s.m.* (*tess.*) operario encargado del blanqueo.
imbiancatrice *s.f.* (*agr.*) máquina para blanquear el arroz.
imbiancatura *s.f.* blanqueo (*m.*); (*colore*) enjabelgado (*m.*), enjabelgadura.
imbianchino *s.m.* pintor (de brocha gorda).
imbiondire *v.tr.* **1** enrubiar, poner* rubio: *si è imbiondita i capelli*, se ha teñido el pelo de rubio **2** (*cuc.*) dorar ♦ **-rsi** *v.pron.* enrubiarse, ponerse* dorado.
imbizzarrimento *s.m.* iracundia (*f.*), cólera (*f.*), enojo.
imbizzarrire *v.tr.* irritar, encolerizar* ♦ **-rsi** *v.pron.* **1** (*di cavallo*) desbocarse*, encabritarse **2** (*fig.*) encolerizarse*, perder* el control.
imboccare *v.tr.* **1** dar* de comer, embocar* **2** (*entrare in*) embocar*, enfilar, coger*/meterse por: *— una strada*, embocar una calle | (*fig.*) *— una strada pericolosa*, ir por mal camino **3** (*fig.*) instruir*, aleccionar, sugerir*.
imboccatura *s.f.* **1** boca, embocadura **2** (*di strumenti musicali*) boquilla.
imbocco *s.m.* boca (*f.*), entrada (*f.*), acceso: *l'— dell'autostrada*, el acceso a la autopista.
imbonimento *s.m.* embeleco.
imbonire *v.tr.* (*fig.*) embelecar*, camelar, engatusar.
imbonitore *s.m.* pregonero, vendedor ambulante; (*fig.*) charlatán.
imborghesimento *s.m.* aburguesamiento.
imborghesire *v.intr.*, **-rsi** *v.pron.* aburguesarse.
imborghesito *agg.* aburguesado.
imboscamento *s.m.* emboscadura (*f.*).
imboscare *v.tr.* emboscar*, esconder ♦ **-rsi** *v.pron.* emboscarse*, esconderse.
imboscata *s.f.* emboscada: *cadere in un'—*, caer en una emboscada.
imboscato *s.m.* emboscado.
imbottigliamento *s.m.* **1** embotellamiento **2** (*fam.*, *di traffico*) atasco, embotellamiento; (*Amer.*) trancón.
imbottigliare *v.tr.* embotellar ♦ **-rsi** *v.pron.* (*fam.*, *di veicoli*) atascarse*, embotellarse.
imbottire *v.tr.* **1** embutir **2** (*fig.*) llenar la cabeza: *gli imbottisce la testa di stupidaggini*, le llena la cabeza de tonterías; *mi imbottisce di chiacchiere*, me llena la cabeza de charlas **3** (*farcire*) rellenar ♦ **-rsi** *v.pron.* embutirse, llenarse.
imbottito *agg.* **1** acolchado, embutido **2** (*farcito*) relleno | *panino —*, bocadillo; (*Amer.*) sándwich, emparedado.
imbottitura *s.f.* relleno (*m.*), acolchado (*m.*), mullido (*m.*): *l'— del divano*, el mullido del sofá.
imbracare *v.tr.* (*mecc.*) embragar*.
imbracatura *s.f.* (*mecc.*) embrague (*m.*).
imbracciare *v.tr.* embrazar*, empuñar.
imbranato *agg.*, *s.m.* (*fam.*) torpe, manazas (*m./f.*), patoso.
imbrattacarte *s.m./f.* plumífero (*m.*).
imbrattafogli *s.m.* → **imbrattacarte.**
imbrattamento *s.m.* embadurnamiento.
imbrattamuri *s.m.* pintor de brocha gorda.
imbrattare *v.tr.* manchar, ensuciar, embadurnar ♦ **-rsi** *v.pron.* mancharse, ensuciarse.
imbrigliare *v.tr.* **1** embridar **2** (*fig.*) frenar, contener*.
imbroccare *v.tr.* acertar*, adivinar | *imbroccarla*, dar en el blanco, acertar | *non imbroccarne una*, no dar pie con bola.

imbrogliare *v.tr.* **1** (*aggrovigliare, anche fig.*) embrollar, enredar, enmarañar | (*fig.*) — *la matassa*, enmarañar un asunto **2** (*truffare*) estafar, engañar ♦ **-rsi** *v.pron.* embrollarse, complicarse*.
imbroglio *s.m.* **1** (*groviglio*) embrollo, enredo **2** (*truffa*) estafa (*f.*), engaño **3** (*pasticcio*) lío: *cacciarsi in un* —, meterse en un lío.
imbroglione *s.m.* estafador, tramposo, embaucador.
imbronciarsi *v.pron.* enfadarse, enojarse, irritarse; (*Amer.*) ponerse* bravo.
imbronciato *agg.* enfurruñado, ceñudo; (*Amer.*) bravo.
imbrunire[1] *v.intr.impers.* anochecer*, oscurecer*.
imbrunire[2] *s.m.* anochecer | *sull'—, all'—*, al anochecer.
imbruttimento *s.m.* afeamiento.
imbruttire *v.tr.* afear, poner* feo ♦ **-rsi** *v.pron.* estropearse, ponerse* feo.
imbucare *v.tr.* (*posta*) echar al correo/al buzón ♦ **-rsi** *v.pron.* esconderse, meterse, colarse*: — *a una festa*, colarse en una fiesta.
imbullettare *v.tr.* tachonar.
imburrare *v.tr.* untar con mantequilla.
imbustare *v.tr.* meter/poner* en un sobre.
imbuto *s.m.* embudo.
imene *s.m.* (*anat.*) himen.
imitabile *agg.* imitable.
imitare *v.tr.* **1** imitar, copiar **2** (*contraffare*) falsificar*.
imitatore *s.m.* imitador.
imitazione *s.f.* imitación | *gioielli d'—*, joyas de imitación/fantasía, bisutería.
immacolato *agg.* inmaculado.
immagazzinabile *agg.* que se puede almacenar.
immagazzinaggio *s.m.* almacenaje.
immagazzinamento *s.m.* almacenamiento.
immagazzinare *v.tr.* **1** (*anche inform.*) almacenar **2** (*fig.*) acumular.
immaginabile *agg.* imaginable, concebible.
immaginare *v.tr.* imaginar; (*fam., figurarsi*) imaginarse, figurarse: *non puoi — come ci sono rimasta*, no puedes imaginarte cómo me he quedado; *immagino che tu voglia parlarmi*, me imagino que quieres hablarme | *prova a* —, suponte/figúrate ♦ **-rsi** *v.pron.* **1** imaginarse **2** (*in formule di cortesia*)| *«grazie!» «ma s'immagini!»*, «¡gracias!» «¡figúrese! / ¡faltaría más!»
■ ***c'era da immaginarselo!***, ¡era de prever/ esperar!
immaginario *agg.* imaginario ♦ *s.m.* inconsciente; (*psic.*) imaginario | — *collettivo*, inconsciente colectivo.
immaginativo *agg.* imaginativo, creativo, fantasioso.
immaginazione *s.f.* imaginación, inventiva.
immagine *s.f.* imagen, figura, retrato (*m.*): *un'— a colori*, una imagen en color; *l'— di un santo*, la efigie de un santo; *è l'— di sua nonna*, es el retrato de su abuela; — *pubblica*, imagen pública | *a — e somiglianza*, a imagen y semejanza | *essere l' — vivente di*, ser la viva imagen de | — *elettronica*, imagen electrónica | — *fantasma*, negro detrás de blanco | — *latente*, imagen latente | — *reale*, imagen real | — *virtuale*, imagen virtual | *ritorno d'—*, restablecimiento de la imagen pública.
immaginoso *agg.* imaginativo, creativo.
immalinconire *v.tr.* entristecer*, melancolizar*: *certi ricordi immalinconiscono*, algunos recuerdos entristecen ♦ **-rsi** *v.pron.* entristecerse*, ponerse* melancólico.
immancabile *agg.* indefectible; inevitable.
immancabilmente *avv.* sin falta, indefectiblemente.
immane *agg.* **1** enorme; (*smisurato*) desmedido, desmesurado **2** (*fig.*) terrible, espantoso.
immanente *agg.* inmanente.
immanentismo *s.m.* (*filos.*) inmanentismo.
immanentista *s.m./f.* (*filos.*) inmanentista.
immanenza *s.f.* (*filos.*) inmanencia.
immangiabile *agg.* incomible, intragable: *una cena* —, una cena incomible.
immateriale *agg.* inmaterial, intangible.
immaterialismo *s.m.* (*filos.*) inmateralismo.
immaterialista *s.m./f.* (*filos.*) secuaz del inmaterialismo.
immaterialità *s.f.* inmaterialidad: *l'— delle idee*, la inmaterialidad de las ideas.
immatricolare *v.tr.* matricular ♦ **-rsi** *v.pron.* matricularse.
immatricolazione *s.f.* matriculación | *tassa d'—*, gastos de matrícula.
immaturità *s.f.* inmadurez.
immaturo *agg.* **1** verde, inmaduro: *è ancora* —, todavías está verde **2** (*fig.*) inexperto, inmaduro.
immedesimare *v.tr.* fundir, aunar*, unificar* ♦ **-rsi** *v.pron.* identificarse*.
immedesimazione *s.f.* identificación.
immediatamente *avv.* **1** (*senza indugio*) inmediatamente, en seguida **2** (*senza interruzione*) justo: *nell'elenco vieni — dopo di me*, en la lista vienes justo después de mí.
immediatezza *s.f.* inmediatez; (*spontaneità*) espontaneidad.
immediato *agg.* inmediato.
immemorabile *agg.* inmemorial, inmemorable, remoto | *da tempo* —, desde tiempos inmemoriales | *epoca* —, época inmemorial.
immemore *agg.* olvidadizo.
immemoriale *agg.* inmemorial.
immensità *s.f.* **1** inmensidad **2** (*fig., gran-*

de quantità) mar (*m./f.*), infinidad, multitud: *un'— di gente*, un mar de gente, un gentío.
immenso *agg.* inmenso.
immergere *v.tr.* sumergir*, hundir ♦ **-rsi** *v.pron.* **1** sumergirse*, hundirse **2** (*tuffarsi*) zambullirse **3** (*fig.*) sumirse, enfrascarse*: *— nel lavoro*, sumirse/enfrascarse en el trabajo | *— nelle tenebre*, desvanecerse en la obscuridad | *— nel sonno/riposo*, entregarse al sueño/al descanso | *— tra la folla*, perderse entre la muchedumbre.
immeritato *agg.* inmerecido.
immeritevole *agg.* indigno.
immersione *s.f.* inmersión, sumersión | *linea di —*, línea de flotación.
immerso *agg.* inmerso (*anche fig.*), hundido, sumergido | *— nei propri pensieri*, ensimismado | *— nel sonno*, profundamente dormido.
immettere *v.tr.* meter, introducir* ♦ **-rsi** *v.pron.* meterse, embocar*: *— in autostrada*, embocar la autopista.
immigrante *agg.*, *s.m./f.* inmigrante.
immigrare *v.intr.* inmigrar.
immigrato *agg.*, *s.m.* inmigrado.
immigratorio *agg.* inmigratorio.
immigrazione *s.f.* inmigración.
imminente *agg.* inminente, inmediato.
imminenza *s.f.* inminencia.
immischiare *v.tr.* implicar*, enredar, comprometer, mezclar: *ha immischiato la sua famiglia nei suoi sporchi affari*, ha mezclado a su familia en sus sucios negocios ♦ **-rsi** *v.pron.* entrometerse, meterse, mezclarse.
immisericordioso *agg.* inmisericorde.
immiserimento *s.m.* empobrecimiento.
immiserire *v.tr.* empobrecer*, depauperar ♦ *v.intr.*, **-rsi** *v.pron.* empobrecerse*.
immissione *s.f.* introducción, inmisión.
immobile *agg.* inmóvil | *beni immobili*, bienes inmuebles/raíces ♦ *s.m.* inmueble, finca (*f.*): *— rurale*, finca rústica, propiedad rural.
immobiliare *agg.* inmobiliario | *agenzia —*, (agencia) inmobiliaria | *patrimonio —*, patrimonio inmobiliario.
immobilismo *s.m.* inmovilismo.
immobilista *agg.* inmovilista.
immobilità *s.f.* inmovilidad.
immobilitare *v.tr.* → **immobilizzare.**
immobilizzare *v.tr.* inmovilizar*: *— un capitale*, inmovilizar un capital ♦ **-rsi** *v.pron.* bloquearse, pararse de repente.
immobilizzazione *s.f.* inmovilización.
immobilizzo *s.m.* (*econ.*) activo, inmovilizado: *capitale d'—*, capital inmovilizado.
immoderatezza *s.f.* inmoderación, exceso (*m.*).
immoderato *agg.* inmoderato, descomedido, desmedido, excesivo.
immodestia *s.f.* inmodestia, vanidad.
immodesto *agg.* inmodesto, vanidoso.
immolare *v.tr.* inmolar.
immondizia *s.f.* basura, inmundicias (*pl.*): *buttare via l'—*, tirar la basura.
immondo *agg.* inmundo.
immorale *agg.* inmoral.
immoralità *s.f.* inmoralidad.
immortalare *v.tr.* inmortalizar* ♦ **-rsi** *v.pron.* (*fig.*) hacerse* inmortal.
immortale *agg.*, *s.m./f.* inmortal.
immortalità *s.f.* inmortalidad.
immotivato *agg.* inmotivado.
immune *agg.* **1** (*med.*) inmune | *rimanere —*, quedar a salvo, salir ileso **2** (*esente*) exento (de): *— da un pagamento*, exento de pago.
immunità *s.f.* inmunidad: *— ecclesiastica*, inmunidad eclesiástica; *— parlamentare*, inmunidad parlamentaria.
immunitario *agg.* (*biol., med.*) inmunitario.
immunizzare *v.tr.* (*anche biol., med.*) inmunizar*.
immunizzazione *s.f.* (*anche biol., med.*) inmunización.
immuno- *pref.* inmuno-.
immunodeficienza *s.f.* (*med.*) inmunodeficiencia: *sindrome da — acquisita*, síndrome de inmunodeficiencia adquirida.
immunodepressione *s.f.* (*med.*) inmunodepresión, inmunosupresión.
immunodepresso *agg., s.m.* (*med.*) inmunodeprimido.
immunofluorescenza *s.f.* (*med.*) inmunofluorescencia.
immunoglobulina *s.f.* (*biol.*) inmunoglobulina.
immunologia *s.f.* (*med.*) inmunología.
immunologico *agg.* (*biol., med.*) inmunológico.
immunologo *s.m.* (*med.*) inmunólogo.
immunopatologia *s.f.* (*med.*) inmunopatología.
immunoterapia *s.f.* (*med.*) inmunoterapia.
immusire *v.intr.* → **immusonirsi.**
immusonirsi *v.pron.* poner* la cara larga.
immusonito *agg.* ceñudo, enfadado | *essere —*, tener cara de enfado, tener cara de vinagre.
immutabile *agg.* inmutable, inalterable.
immutabilità *s.f.* inmutabilidad.
immutato *agg.* invariado.
impacchettare *v.tr.* empacar*, empaquetar.
impacchettatore *s.m.* empaquetador.
impacchettatrice *s.f.* empacadora.
impacchettatura *s.f.* empaquetamiento (*m.*).
impacciare *v.tr.* **1** estorbar, impedir*, entorpecer* **2** (*fig.*) cohibir ♦ **-rsi** *v.pron.* incomodarse, violentarse.

impacciato *agg.* empachado, cohibido, torpe.
impaccio *s.m.* **1** estorbo, empacho **2** (*imbarazzo*) apuro, aprieto, embarazo | *trarsi d'—*, salir a flote | *non saper trarsi d' —*, no saber como componérselas | *sapersi trarre d'—*, saber arreglárselas.
impacco *s.m.* compresa (*f.*), paño caliente.
impadronirsi *v.pron.* adueñarse, apoderarse.
impagabile *agg.* impagable, inestimable; (*straordinario*) extraordinario, excepcional.
impaginare *v.tr.* imponer*, ajustar, compaginar.
impaginato *agg.* (*tip.*) compaginado ♦ *s.m.* (*tip.*) maqueta (*f.*).
impaginatore *s.m.* compaginador.
impaginatura *s.f.* → **impaginazione.**
impaginazione *s.f.* compaginación.
impagliare *v.tr.* **1** (*sedie*) empajar **2** (*animali*) disecar*.
impagliatura *s.f.* empajado (*m.*).
impalare *v.tr.* empalar.
impalato *agg.* (*fam.*) plantado, tieso | *rimanere —*, quedarse de una pieza.
impalcatura *s.f.* **1** (*edil.*) andamio (*m.*) **2** (*fig.*) estructura.
impallidire *v.intr.* palidecer*, ponerse* pálido: *— per la paura*, palidecer de miedo | *cosa da fare —*, cosa nunca vista.
impallinamento *s.m.* perdigonada (*f.*).
impallinare *v.tr.* disparar perdigones.
impalpabile *agg.* impalpable.
impalpabilità *s.f.* impalpabilidad.
impaludare *v.tr.* empantanar.
impaludato *agg.* empantanado.
impanare[1] *v.tr.* (*cuc.*) empanar, rebozar*.
impanare[2] *v.tr.* (*mecc.*) filetear.
impanatura *s.f.* (*cuc.*) rebozado (*m.*).
impantanarsi *v.pron.* **1** empantanarse, atascarse* **2** (*fig.*) atollarse, comprometerse, embrollarse.
impaperarsi *v.pron.* enredarse, liarse*, embarullarse.
impappinarsi *v.pron.* confundirse, enredarse, trabársele la lengua: *mi sono impappinato*, se me ha trabado la lengua.
imparare *v.tr.* aprender | *— a memoria*, aprender de memoria
■ ***così impara!***, ¡así aprende!, ¡para que aprenda! | ***chi molto pratica, molto impara***, machacando se aprende el oficio | ***impara l'arte e mettila da parte***, quien tiene arte va por toda parte, quien tiene oficio tiene beneficio | ***imparare a proprie spese***, escarmentar | ***sbagliando s'impara***, tropezar y no caer, adelantar camino es.
impareggiabile *agg.* incomparable.
imparentarsi *v.pron.* emparentarse.
impari *agg.* **1** desigual, inferior | *lotta —*, lucha desigual **2** (*dispari*) impar.
impartire *v.tr.* impartir, dar* | *— ordini*, impartir órdenes | *— lezioni private*, dar clases particulares.
imparziale *agg.* imparcial.
imparzialità *s.f.* imparcialidad.
impassibile *agg.* impasible, imperturbable | *rimanere —*, quedarse sin pestañear.
impassibilità *s.f.* impasibilidad.
impastare *v.tr.* (*anche cuc.*) amalgamar, mezclar; (*il pane*) amasar.
impastato *agg.* (*anche cuc.*) amasado | *occhi impastati di sonno*, ojos pesados de sueño | *sentirsi la lingua impastata*, tener la lengua pastosa.
impasticcarsi *v.pron.* tragar* píldoras, drogarse*.
impasticcato *agg.* (*fam.*) colocado ♦ *s.m.* (*gerg.*) pastillero.
impasto *s.m.* **1** (*anche fig.*) mezcla (*f.*), amasijo **2** (*cuc.*) masa (*f.*).
impatto *s.m.* impacto, choque.
impaurire *v.tr.* asustar, espantar ♦ **-rsi** *v.pron.* asustarse, espantarse.
impavido *agg.* impávido, intrépido.
impaziente *agg.* impaciente, intolerante, nervioso.
impazientirsi *v.pron.* impacientarse, perder* la paciencia.
impazienza *s.f.* impaciencia.
impazzare *v.intr.* desmadrar, alborotar.
impazzata *s.f. nella loc.*: *all'—*, a tontas y a locas.
impazzire *v.intr.* **1** (*anche fig.*) enloquecer*, volverse* loco: *— di dolore*, enloquecer de dolor; *— per la gioia*, enloquecer de alegría **2** (*fig., arrovellarsi*) sudar la gota gorda, quebrarse* la cabeza, devanarse los sesos: *sono impazzito per trovare il suo indirizzo*, sudé la gota gorda para encontrar su dirección **3** (*cuc.*) cortarse: *la maionese è impazzita*, la mayonesa se cortó.
impazzito *agg.* enloquecido.
impeccabile *agg.* impecable.
impedimento *s.m.* impedimento, obstáculo.
impedire *v.tr.* **1** impedir* **2** (*ostruire*) impedir*, estorbar **3** (*impacciare*) dificultar.
impegnare *v.tr.* **1** (*anche fig.*) empeñar **2** (*occupare*) absorber, ocupar: *lo studio mi impegna molto tempo*, el estudio me absorbe mucho tiempo ♦ **-rsi** *v.pron.* **1** empeñarse, comprometerse **2** (*applicarsi*) aplicarse*, dedicarse*, esforzarse*.
impegnativa *s.f.* (*med.*) volante (*m.*).
impegnativo *agg.* **1** absorbente, trabajoso, laborioso **2** (*vincolante*) comprometedor.
impegnato *agg.* **1** empeñado **2** (*occupato*) ocupado, atareado **3** (*prenotato*) reservado **4** (*obbligato*) comprometido, obligado: *ormai sono impegnata con lui*, ya estoy com-

prometida con él **5** (*politicamente*) comprometido | *film* —, película comprometida.
impegno *s.m.* **1** compromiso, obligación (*f.*), cometido: *adempiere al proprio* —, cumplir con su cometido; *avere degli impegni*, tener compromisos; *prendere un* —, contraer una obligación | *senza* —, sin compromiso **2** (*zelo*) empeño, ahínco; (*perseveranza*) tesón: *lavorare con* —, trabajar con empeño | *mettersi d'*—, esforzarse.
impelagarsi *v.pron.* meterse: — *in un mare di guai*, meterse en líos gordos | — *nei debiti*, endeudarse.
impellente *agg.* impelente, urgente.
impellenza *s.f.* urgencia, necesidad urgente.
impenetrabile *agg.* impenetrable; (*fitto*) tupido: *foresta* —, selva tupida.
impenetrabilità *s.f.* impenetrabilidad.
impenitente *agg.* impenitente, empedernido | *scapolo* —, solterón empedernido.
impenitenza *s.f.* impenitencia.
impennare *v.tr.* emplumecer*, emplumar, desparramar plumas.
impennarsi *v.pron.* **1** (*di cavallo*) empinarse, encabritarse **2** (*fig.*, *inalberarsi*) cabrearse, mosquearse **3** (*di prezzi*) aumentar.
impennata *s.f.* **1** (*di cavallo*) empinada **2** (*aer.*, *mar.*) encabritada, arrancada **3** (*fig.*) alza, aumento (*m.*).
impensabile *agg.* impensable.
impensato *agg.* inopinado, inesperado.
impensierire *v.tr.* preocupar, alarmar, inquietar: *il suo atteggiamento mi impensierisce*, su actitud me inquieta ♦ **-rsi** *v.pron.* preocuparse: *si è impensierito per quello che gli hanno detto i medici*, está preocupado por lo que le han dicho los médicos.
impensierito *agg.* preocupado, inquieto, alarmado.
impepare *v.tr.* (*cuc.*) sazonar con pimienta.
imperante *agg.* imperante, predominante: *la moda* —, la moda imperante.
imperare *v.intr.* imperar, reinar, dominar.
imperativo *agg.* imperativo (*anche gramm.*), autoritario ♦ *s.m.* (*anche gramm.*) imperativo | *è un* —*!*, ¡es una orden!
imperatore *s.m.* emperador.
imperatrice *s.f.* emperatriz*.
impercettibile *agg.* imperceptible.
impercettibilità *s.f.* imperceptibilidad.
imperdibile *agg.* imperdible.
imperdonabile *agg.* imperdonable: *è una dimenticanza* —, es un olvido imperdonable.
imperfetto *agg.* imperfecto, defectuoso ♦ *s.m.* (*gramm.*) imperfecto.
imperfezione *s.f.* imperfección.
imperiale *agg.* imperial.
imperialismo *s.m.* (*pol.*) imperialismo.
imperialista *agg.*, *s.m./f.* (*pol.*) imperialista.
imperioso *agg.* **1** (*urgente*) imperioso, impelente, apremiante **2** (*autoritario*) despótico.
imperituro *agg.* imperecedero, inmortal.
imperizia *s.f.* **1** impericia, incompetencia **2** (*inesperienza*) inexperiencia; (*fam.*) novatada.
impermalirsi *v.pron.* resentirse*, ofenderse.
impermeabile *agg.* impermeable ♦ *s.m.* impermeable, chubasquero.
impermeabilizzare *v.tr.* impermeabilizar*.
impermeabilizzazione *s.f.* impermeabilización.
imperniare *v.tr.* **1** empernar, atornillar **2** (*fig.*) basar, centrar, fundamentar: *tutto il discorso è imperniato su questo tema*, todo el discurso se basa en este tema.
impero *s.m.* (*anche pol.*) imperio, potencia (*f.*): — *coloniale*, imperio colonial; — *economico*, imperio económico | *primo/secondo* —, primer/segundo imperio | *stile* —, estilo imperio.
imperscrutabile *agg.* inescrutable, impenetrable.
imperscrutabilità *s.f.* impenetrabilidad.
impersonale *agg.* (*anche gramm.*) impersonal.
impersonalità *s.f.* impersonalidad.
impersonare *v.tr.* **1** personificar*, encarnar **2** (*interpretare*) interpretar.
impersuadibile *agg.* impersuasible.
impersuasivo *agg.* no persuasivo.
imperterrito *agg.* impertérrito, imperturbable.
impertinente *agg.* impertinente, atrevido.
impertinenza *s.f.* impertinencia, atrevimiento (*m.*).
imperturbabile *agg.* imperturbable, impasible.
imperturbabilità *s.f.* imperturbabilidad.
imperturbato *agg.* tranquilo, sereno.
imperversare *v.intr.* **1** (*meteor.*) desencadenarse, arreciar **2** (*di malattia*) causar estragos **3** (*di persona*) ensañarse **4** (*essere di moda*) hacer* furor.
impervio *agg.* impracticable, inaccesible.
impeto *s.m.* **1** ímpetu **2** (*fig.*) arrebato | — *d'ira*, arrebato de cólera | *agire d'*—, actuar a tontas y a locas, actuar a lo loco.
impettito *agg.* tieso, almidonado | *camminare* —, andar más tieso que un poste.
impetuosità *s.f.* impetuosidad, ímpetu (*m.*), fuerza.
impetuoso *agg.* impetuoso, vehemente.
impiantare *v.tr.* **1** instalar **2** (*agr.*) trasplantar.
impiantistica *s.f.* ingeniería industrial.
impianto *s.m.* **1** instalación (*f.*) | — *elettrico*, instalación eléctrica | — *di riscaldamento*, instalación de calefacción | — *stereo*, equipo

de sonido | — *sportivo*, polideportivo, instalaciones deportivas | *impianti di risalita*, remonte | — *di aerazione*, instalación de ventilación/aireación | — *di aria condizionata*, instalación de aire acondicionado **2** (*costituzione*) establecimiento | *spese di* —, gastos de establecimiento **3** (*fabbrica*) planta (*f.*): — *siderurgico*, planta siderúrgica **4** (*med.*) implantación (*f.*).
impiastrare *v.tr.* emplastar, untar ♦ **-rsi** *v.pron.* embadurnarse, untarse, pegotearse.
impiastro *s.m.* **1** (*med.*) emplasto, cataplasma (*f.*) **2** (*fig., fam.; cosa*) chapuza (*f.*); (*persona*) pelmazo | *essere un* —, ser un inútil.
impiccagione *s.f.* ahorcamiento (*m.*).
impiccamento *s.m.* ahorcamiento.
impiccare *v.tr.* ahorcar* ♦ **-rsi** *v.pron.* **1** ahorcarse* **2** (*fig.*) volverse loco: *non ti — per finire quel lavoro*, no te vuelvas loco por acabar ese trabajo.
impiccato *agg.* agarrotado, apretado.
impicciarsi *v.pron.* entrometerse, inmiscuirse*.
impicciato *agg.* apurado, cohibido, contado.
impiccio *s.m.* **1** (*fastidio*) estorbo: *essere d'*—, ser un estorbo **2** (*guaio*) lío, enredo | *sei in un bell'—!*, ¡te has metido en un gran lío! | *togliersi dagli impicci*, salir de apuros.
impicciolire *v.intr.* → **impiccolire.**
impiccione *agg., s.m.* entremetido, meterete (*m./f.*), metomentodo (*m./f.*).
impiccolimento *s.m.* empequeñecimiento.
impiccolire *v.tr.* empequeñecer*, achicar*, reducir* ♦ **-rsi** *v.pron.* empequeñecerse*.
impiegabile *agg.* utilizable.
impiegare *v.tr.* **1** emplear; (*utilizzare*) usar, utilizar* **2** (*tempo*) tardar: *ci impiegheremo un'ora per arrivare*, tardaremos una hora para llegar **3** (*investire*) invertir* **4** (*assumere*) dar* empleo, contratar ♦ **-rsi** *v.pron.* emplearse, colocarse*: *si è impiegato in una banca*, se ha colocado en un banco.
impiegatizio *agg.* de los empleados, administrativo.
impiegato *agg., s.m.* empleado: — *statale*, funcionario.
impiego *s.m.* **1** empleo, trabajo | *domande di* —, peticiones/solicitudes de trabajo | *offerta di* —, oferta de trabajo | *il pubblico* —, el empleo público **2** (*uso*) uso, utilización (*f.*).
impietosire *v.tr.* conmover* ♦ **-rsi** *v.pron.* conmoverse*.
impietoso *agg.* cruel, despiadado.
impietrimento *s.m.* petrificación (*f.*), endurecimiento.
impietrire *v.tr.* petrificar*, endurecer* ♦ **-rsi** *v.pron.* petrificarse*, endurecerse*.
impietrito *agg.* (*fig.*) de piedra, helado.
impigliare *v.tr.* enganchar, enredar ♦ **-rsi** *v.pron.* (*anche fig.*) enredarse.
impigrirsi *v.pron.* apoltronarse, emperezar*.
impilabile *agg.* apilable.
impilaggio *s.m.* apilamiento.
impilare *v.tr.* apilar, amontonar: — *sedie*, apilar sillas.
impinzare *v.tr.* **1** hartar, atracar* **2** (*fig.*) llenar, atiborrar ♦ **-rsi** *v.pron.* atiborrarse, atracarse*.
impiumare *v.tr.* emplumar, poner* plumas a ♦ **-rsi** *v.pron.* **1** (*mettere le piume*) emplumecer* **2** (*coprirsi di piume*) emplumarse.
implacabile *agg.* implacable, inexorable.
implacabilità *s.f.* implacabilidad.
implacato *agg.* implacable.
implementare *v.tr.* implementar.
implementazione *s.f.* implementación.
implicare *v.tr.* **1** (*coinvolgere*) implicar* **2** (*comportare*) implicar*, comportar, conllevar: *avere buoni voti implica tanto lavoro*, sacar buenas notas comporta mucho trabajo ♦ **-rsi** *v.pron.* implicarse*, enredarse, involucrarse.
implicato *agg.* implicado, comprometido.
implicazione *s.f.* implicación.
implicito *agg.* implícito.
implodere *v.intr.* implosionar.
implorante *agg.* implorante: *uno sguardo* —, una mirada implorante.
implorare *v.tr.* implorar, rogar*, suplicar*: — *il perdono*, implorar el perdón.
implosione *s.f.* implosión.
implosiva *s.f.* (*ling.*) consonante implosiva.
implosivo *agg.* (*ling.*) implosivo.
impollinare *v.tr.* (*bot.*) polinizar*.
impollinatore *agg., s.m.* (*bot.*) polinizador.
impollinazione *s.f.* polinización.
impolverare *v.tr.* empolvar ♦ **-rsi** *v.pron.* empolvarse: *il vestito si è tutto impolverato*, el traje se ha empolvado completamente.
impomatare *v.tr.* untar con pomada ♦ **-rsi** *v.pron.* darse* pomada; (*scherz.*) engominarse.
impomatato *agg.* untado con pomada; (*scherz.*) engominado.
imponderabile *agg., s.m.* imponderable: *fattore* —, factor imponderable.
imponderabilità *s.f.* imponderabilidad.
imponente *agg.* imponente, majestuoso, impressionante: *un edificio* —, un edificio imponente.
imponenza *s.f.* grandeza, majestuosidad: *l'— di un monumento*, la majestuosidad de un monumento.
imponibile *agg., s.m.* imponible | *reddito* —, renta/base imponible.
impopolare *agg.* impopular, desconocido, ignoto.
impopolarità *s.f.* impopularidad.

imporre *v.tr.* imponer*, hacer* valer, mandar, intimar: — *le condizioni*, imponer las condiciones; *mi impose di fermarmi*, me intimó que me detuviera | — *il silenzio*, imponer silencio | (*relig.*) — *le mani*, imponer las manos | — *un soprannome/nomignolo*, poner un apodo, apodar ♦ **-rsi** *v.pron.* imponerse* | — *all'attenzione generale*, acaparar la atención general.
importante *agg.* importante ♦ *s.m.* lo importante: *l'— è partecipare*, lo importante es participar.
importanza *s.f.* importancia | *non ha* —, no importa.
importare *v.tr.* (*comm.*) importar, introducir* ♦ *v.intr.* (*avere importanza, stare a cuore*) importar ♦ *v.intr.impers.* **1** (*interessare*) importar: *non importa se non mi chiami*, no es necesario que me llames | *non importa!*, ¡no es nada! | *non gliene importa niente*, no le importa nada | *non me ne importa un accidente*, no me interesa para nada, ni me va ni me viene | *non me ne importa un fico secco*, me importa un bledo/comino/pepino/pimiento/rábano | *chi se ne importa!*, ¡y a mí qué me importa! **2** (*occorrere*)ser* necesario.
importatore *agg.*, *s.m.* importador.
importazione *s.f.* importación.
importo *s.m.* importe, monto, montante; (*somma*) suma (*f.*) de dinero.
importunare *v.tr.* importunar; (*disturbare*) molestar.
importuno *agg.*, *s.m.* inoportuno.
imposizione *s.f.* **1** imposición **2** (*ordine*) orden.
impossessamento *s.m.* apoderamiento, apropiación (*f.*).
impossessarsi *v.pron.* adueñarse, apoderarse, posesionarse.
impossibile *agg.* imposible; (*stravagante*) absurdo; (*insopportabile*) inaguantable, insoportable: *è una cosa* —, es una cosa imposible; *le sue idee sono impossibili*, sus ideas son absurdas | *arrivare sempre a ore impossibili*, llegar siempre a destiempo | *condizione* —, condición insoportable | *non è* —, es factible | *pare* —, parece imposible | *reato* —, delito imposible ♦ *s.m.* lo imposible: *desiderare l'*—, desear lo imposible.
impossibilità *s.f.* imposibilidad.
imposta[1] *s.f.* (*tassa*) impuesto (*m.*), tributo (*m.*) | — *sul reddito*, impuesto sobre la renta | *esente da* —, libre de impuestos | *soggetto a* —, sujeto a tributo | *base di*—, base del impuesto | *credito d'*—, anticipo de impuestos a crédito del contribuyente | *detrazione d'*—, deducción de impuestos/impositiva | — *di conguaglio*, impuesto de compensación | — *di fabbricazione*, impuesto de fabricación | — *diretta*, impuesto directo, contribución directa | — *di successione*, impuesto de sucesión | — *fondiaria*, impuesto sobre la propiedad | — *indiretta*, impuesto indirecto, contribución indirecta | — *progressiva*, impuesto progresivo | — *proporzionale*, impuesto proporcional | — *reale*, impuesto real | — *regressiva*, impuesto regresivo | — *sugli utili*, impuestos sobre los beneficios | — *sui consumi*, impuesto sobre el consumo | — *sui generi di lusso*, impuesto de lujo | — *sui fabbricati*, impuesto sobre bienes inmuebles | — *sulle donazioni*, impuesto sobre donaciones | — *sul patrimonio*, impuesto sobre el patrimonio | — *sul reddito delle persone fisiche*, impuesto sobre la renta de las personas físicas | — *sul trasferimento di capitali*, impuesto sobre la transferencia de capitales | — *sul valore aggiunto*, impuesto sobre el valor añadido | *oggetto d'*—, objeto del impuesto | *tasso d'*—, cuota tributaria, tipo impositivo.
imposta[2] *s.f.* (*di finestra*) postigo (*m.*), contraventana; (*di porta*) hoja.
impostare[1] *v.tr.* **1** (*edil.*) asentar*, cimentar **2** (*una questione, un problema*) preparar, plantear; (*un progetto*) planear | — *un problema*, plantear un problema | — *un giornale*, esbozar un periódico | — *un'operazione matematica*, formular una operación matemática **3** (*comm.*) abrir, establecer*; (*avviare*) poner* en marcha **4** (*programmare*) planear, programar, organizar* **5** (*mus.*) impostar: — *la voce*, impostar la voz.
impostare[2] *v.tr.* (*posta*) echar al buzón.
impostazione *s.f.* (*esposizione*) planteamiento (*m.*), formulación; (*di un lavoro ecc.*) organización | (*sport*) *ha una buona* —, tiene una buena preparación.
impostore *s.m.* impostor.
impostura *s.f.* impostura; mentira, hipocresía.
impotente *agg.* impotente.
impotenza *s.f.* impotencia, debilidad: *l'— di fronte alle avversità*, la impotencia frente a las adversidades | — (*sessuale*), impotencia | *ridurre all'*—, poner fuera de combate.
impoverimento *s.m.* empobrecimiento.
impoverire *v.tr./intr.* empobrecer* ♦ **-rsi** *v.pron.* empobrecerse*, arruinarse.
impraticabile *agg.* impracticable, irrealizable, inaccesible.
impraticabilità *s.f.* impracticabilidad.
impratichire *v.tr.* adiestrar, ejercitar, instruir* ♦ **-rsi** *v.pron.* entrenarse, ejercitarse.
imprecare *v.intr.* imprecar*.
imprecazione *s.f.* imprecación, maldición.
imprecisabile *agg.* indefinible.
imprecisato *agg.* indefinido.

imprecisione *s.f.* imprecisión; (*errore*) falta, error (*m.*).
impreciso *agg.* impreciso, inexacto.
impregnare *v.tr.* impregnar; (*imbevere*) embeber.
imprendibile *agg.* inasible.
imprenditore *s.m.* empresario.
imprenditoria *s.f.* empresariado (*m.*): — *femminile*, empresariado femenino; — *giovanile*, empresariado juvenil.
imprenditoriale *agg.* empresarial.
imprenditorialità *s.f.* empresariado (*m.*).
impreparato *agg.* desprevenido, mal preparado | *cogliere qlcu.* —, coger a alguien desprevenido | (*a scuola*) *essere* —, no estar preparado | *essere — per affrontare la vita*, no estar listo/maduro para hacerle frente a la vida.
impreparazione *s.f.* falta de preparación, mala preparación.
impresa *s.f.* **1** (*azienda*) empresa, sociedad | — *edilizia*, empresa constructora | — *commerciale*, empresa comercial | — *industriale*, industria | — *marginale*, empresa marginal **2** (*prodezza*) hazaña, gesta | — *militare*, expedición militar | *le grandi imprese*, las grandes hazañas | *è un'—!*, ¡es muy difícil!
impresario *s.m.* (*anche di spettacoli*) empresario: *l'— delle pompe funebri*, director de la funeraria | — *teatrale*, empresario teatral.
imprescindibile *agg.* imprescindible, indispensable.
imprescrittibile *agg.* imprescriptible.
imprescrittibilità *s.f.* imprescriptibilidad.
impresentabile *agg.* impresentable.
impressionabile *agg.* impresionable, sensible.
impressionante *agg.* impresionante, impactante.
impressionare *v.tr.* impresionar ♦ **-rsi** *v.pron.* impresionarse.
impressionato *agg.* impresionado, turbado.
impressione *s.f.* **1** (*segno*) impresión, señal, huella **2** (*fig.*) impresión, sensación: *fare una buona, cattiva* —, causar buena, mala impresión; *ho l'— che...*, tengo la impresión de que... | *scambiare impressioni*, cambiar ideas/impresiones | *fare* —, impresionar, impactar.
impressionismo *s.m.* (*pitt.*) impresionismo.
impressionista *agg., s.m./f.* (*pitt.*) impresionista.
impressionistico *agg.* (*pitt.*) impresionista.
imprestare *v.tr.* prestar, dejar: *mi impresti la tua macchina?*, ¿me dejas tu coche?
imprevedibile *agg.* imprevisible.
imprevedibilità *s.f.* imprevisibilidad, impredecibilidad.
imprevidenza *s.f.* imprevisión.
imprevisto *agg., s.m.* imprevisto | *salvo imprevisti*, salvo imprevistos.
impreziosire *v.tr.* adornar, enjoyar ♦ **-rsi** *v.pron.* (*scherz.*) hacerse de rogar.
imprigionamento *s.m.* encarcelación (*f.*), encarcelamiento.
imprigionare *v.tr.* **1** aprisionar, encarcelar, encerrar* **2** (*fig.*) atrapar, bloquear.
imprimere *v.tr.* (*anche fig.*) imprimir*; (*incidere*) grabar: — *nella memoria*, imprimir en la memoria.
imprimitura *s.f.* (*pitt.*) imprimación.
improbabile *agg.* improbable.
improbabilità *s.f.* improbabilidad.
improcrastinabile *agg.* impostergable: *impegni improcrastinabili*, obligaciones impostergables.
improduttività *s.f.* improductividad.
improduttivo *agg.* improductivo, desaprovechado.
impronta *s.f.* **1** huella | — *digitale*, huella digital/dactilar **2** (*fig.*) impresión, sello (*m.*); impronta: *l'educazione della prima età lascia una — duratura*, la educación de la primera infancia deja una impronta duradera; *le sue opere hanno un'— molto personale*, sus obras tienen un sello muy personal **3** (*tip.*) impronta.
improntare *v.tr.* **1** imprimir, estampar: — *il sigillo nella ceralacca*, imprimir el sello en el lacre **2** (*fig.*) imprimir ♦ **-rsi** *v.pron.* manifestar*, mostrar*, patentizar*: *il suo volto s'improntò a tristezza,* su rostro manifestó tristeza.
improntato *agg.* (*fig.*) marcado: *aveva un'espressione improntata a tristezza*, tenía una expresión marcada por la tristeza.
impronunciabile *agg.* impronunciabile, irrepetibile.
improperio *s.m.* improperio, injuria (*f.*).
improponibile *agg.* inviable, inadmisible.
improprio *agg.* impropio, incorrecto, inconveniente, inapropiado | *arma impropria*, arma impropia | *frazione impropria*, fracción impropia | *parole/locuzioni improprie*, palabras/locuciones impropias | *preposizione impropria*, preposición impropia.
improrogabile *agg.* improrrogable.
improvvisamente *avv.* de repente/improviso, repentinamente.
improvvisare *v.tr.* improvisar ♦ **-rsi** *v.pron.* meterse a: — *medico*, meterse a doctor.
improvvisata *s.f.* sorpresa.
improvvisato *agg.* improvisado.
improvvisatore *s.m.* improvisador.
improvvisazione *s.f.* improvisación.
improvviso *agg.* improviso; (*inatteso*) inesperado | *all'* —, de repente, de golpe.
imprudente *agg.* imprudente.

imprudenza *s.f.* imprudencia.
impudente *agg., s.m.* impudente, impúdico, desvergonzado.
impudenza *s.f.* impudencia, impudicia.
impudico *agg.* impúdico.
impugnabile *agg.* impugnable.
impugnabilità *s.f.* impugnabilidad.
impugnare[1] *v.tr.* empuñar | (*fig.*) — *le armi*, prepararse al combate.
impugnare[2] *v.tr.* (*dir.*) impugnar: — *un testamento*, impugnar un testamento.
impugnatura *s.f.* empuñadura, mango (*m.*); (*presa*) agarre (*m.*).
impugnazione *s.f.* (*dir.*) impugnación.
impulsivo *agg., s.m.* impulsivo, impetuoso.
impulso *s.m.* (*anche fig.*) impulso: *agire per* —, actuar de manera impulsiva | *dare* —, dar impulso, impulsar | — *elementare di una forza*, impulso elemental de una fuerza | — *elettrico*, impulso eléctrico | — *nervoso*, impulso nervioso.
impune *agg.* impune.
impunemente *avv.* impunemente.
impunibile *agg.* no punible.
impunibilità *s.f.* impunibildad.
impunità *s.f.* impunidad.
impunito *agg.* impune.
impuntarsi *v.pron.* **1** (*puntare i piedi*) plantarse **2** (*fig.*) obstinarse.
impurità *s.f.* impureza.
impuro *agg.* (*anche fig.*) impuro | *lingua impura*, lengua llena de barbarismos | *razza impura*, raza mixta | *vocabolo* —, extranjerismo, barbarismo.
imputabile *agg.* imputable.
imputabilità *s.f.* imputabilidad.
imputare *v.tr.* **1** imputar, atribuir* **2** (*accusare*) imputar, acusar.
imputato *agg., s.m.* imputado, acusado, reo.
imputazione *s.f.* imputación, acusación.
imputridire *v.intr.* pudrirse*, podrirse*, corromperse.
in *prep.* **1** (*stato in luogo*) en: *abito — Italia*, vivo en Italia; *oggi siamo rimasti — casa*, hoy nos hemos quedado en casa | — *alto*, — *basso*, arriba, abajo | — *fondo a*, al fondo de | — *dentro*, adentro | — *fondo*, en el fondo | — *cima a*, arriba de; en lo alto de; en la cumbre de **2** (*moto a luogo*) a: *andare — America*, ir a América; *andare — montagna*, ir a la montaña; *salire — macchina*, subir al coche | — *avanti*, hacia adelante | — *giù*, — *su*, hacia abajo, hacia arriba **3** (*moto per luogo*) por: *passeggiare — piazza*, pasear por la plaza **4** (*trasformazione*) en, a: *tradotto dallo spagnolo — italiano*, traducido del español al italiano; *cambiare dollari — euro*, cambiar dólares en euros **5** (*tempo*) en, durante: — *maggio*, en mayo; *nel mese di maggio*, en el mes de mayo; — *primavera*, en primavera; *sono nata nel 1970*, nací en 1970; — *mattinata*, durante/por la mañana | — *giornata*, hoy mismo | *nell'istante che*, cuando | *nel momento in cui*, en el momento en que | *di quando — quando*, de vez en cuando | *di volta — volta*, cada vez que **6** (*modo*) en, de: *rimanere — silenzio*, quedarse en silencio; *lasciare — pace*, dejar en paz; *stare — ginocchio*, estar de rodillas; *stare — piedi*, estar de pie; *camminare — punta di piedi*, caminar de puntillas; *tagliato — due*, cortado en dos, partido por mitad; — *fretta*, de prisa **7** (*mezzo*) en: — *bicicletta*, *macchina*, *treno*, *aereo*, *autobus*, en bicicleta, coche, tren, avión, autobús; *pagare — euro*, pagar en euros **8** (*materia*) de: — *legno*, *cuoio*, de madera, cuero **9** (*scopo*) en: *dare — prestito*, dar en préstamo, dar prestado; *spende molto — viaggi*, gasta mucho en viajes **10** (*distributivo*) en, entre: *di dieci — dieci*, de diez en diez; *dividere — quattro*, dividir entre cuatro **11** (*quantità; non si traduce*) *siamo — quattro*, somos cuatro; *eravamo — tanti*, éramos muchos **12** (*settore, ambito*) en, de: *esperto — computers*, *informatica*, experto de ordenadores, en informática **13** (*stato coniugale*) de: *Bianca Farina — Sacchetti*, Bianca Farina de Sacchetti **14** (*davanti a inf.*) al (+ *inf.*): *nel salire — metropolitana*, al subir al metro; *nel fare ciò*, haciendo eso.
inabile *agg.* inhábil; (*med.*) incapacitado, minusválido | — *al lavoro*, incapacitado laboral | (*mil.*) — *al servizio militare*, exento del servicio militar.
inabilità *s.f.* (*anche mil.*) incapacidad.
inabilitare *v.tr.* inhabilitar, incapacitar.
inabilitazione *s.f.* inhabilitación.
inabissarsi *v.pron.* hundirse, sumergirse*.
inaccessibile *agg.* inaccesible, inalcanzable.
inaccessibilità *s.f.* inaccesibilidad.
inaccettabile *agg.* inaceptable.
inaccettabilità *s.f.* inaceptabilidad.
inacidire *v.tr.* agriar ♦ **-rsi** *v.pron.* (*anche fig.*) avinagrarse, agriarse.
inadatto *agg.* inadecuado, impropio; (*di persona*) inepto, incapaz*.
inadeguatezza *s.f.* inadecuación.
inadeguato *agg.* inadecuado.
inadempiente *agg.* incumplidor, inobservante ♦ *s.m./f.* incumplidor.
inadempienza *s.f.* incumplimiento (*m.*), inobservancia.
inadempimento *s.m.* incumplimiento.
inadempiuto *agg.* incumplido.
inafferrabile *agg.* **1** inaprensible **2** (*incomprensibile*) incomprensible.
inaffidabile *agg.* no fiable; (*di persona*) informal | *essere* —, no ser de fiar.

inagibile *agg.* impracticable, fuera de servicio; (*di casa*) inhabitable.
inagibilità *s.f.* impracticabilidad.
inalare *v.tr.* inhalar.
inalazione *s.f.* inhalación.
inalienabile *agg.* (*anche dir.*) inalienable.
inalterabile *agg.* inalterable, inmutable.
inalterabilità *s.f.* inalterabilidad.
inalterato *agg.* inalterado, invariado.
inammissibile *agg.* inadmisible, inaceptable, intolerable.
inamovibile *agg.* inamovible.
inanimato *agg.* inanimado.
inappagabile *agg.* inapagable, insaciable.
inappagato *agg.* insatisfecho, descontento.
inappellabile *agg.* (*dir.*) inapelable; irremovible.
inappetente *agg.* inapetente.
inappetenza *s.f.* inapetencia.
inapplicabile *agg.* inaplicable.
inapprendibile *agg.* inaprensible, difícil de aprender.
inapprensibile *agg.* incomprensible, inaprensible, ininteligible, difícil de comprender.
inappuntabile *agg.* **1** (*irreprensibile*) irreprensible, irreprochable **2** (*impeccabile*) perfecto.
inarcamento *s.m.* **1** pandeo, curvatura (*f.*), combadura (*f.*) | — *di chiglia*, combadura/pandeo de quilla **2** (*di sopracciglia*) fruncimiento.
inarcare *v.tr.* arquear, curvar, enarcar* | — *le sopracciglia*, fruncir/enarcar las cejas | — *la schiena*, doblar la espalda ♦ **-rsi** *v.pron.* **1** encorvarse **2** (*di legno*) pandearse, arquearse.
inarcatura *s.f.* pandeo (*m.*), curvatura, combadura.
inaridire *v.tr.* **1** secar* **2** (*fig.*) endurecer* ♦ **-rsi** *v.pron.* (*anche fig.*) secarse*, agotarse: *la sua immaginazione si è inaridita*, su imaginación se ha agotado.
inaridito *agg.* **1** árido, seco **2** (*fig.*) estéril.
inarrestabile *agg.* imparable; (*incontenibile*) irrefrenable.
inaspettato *agg.* inesperado.
inasprimento *s.m.* recrudecimiento; exasperación (*f.*).
inasprire *v.tr.* **1** agriar; (*esacerbare*) exacerbar, exasperar **2** irritar, enfurecer* ♦ **-rsi** *v.pron.* **1** exasperarse **2** aumentar, intensificarse*: *il freddo si è inasprito in questi ultimi inverni*, el frío ha aumentado en estos últimos inviernos.
inattaccabile *agg.* **1** inatacable **2** (*fig.*) irreprochable.
inattendibile *agg.* inatendible, poco fiable: *notizia* —, noticia inatendible.
inatteso *agg.* inesperado, impensado, imprevisto.
inattivare *v.tr.* desactivar.
inattivazione *s.f.* desactivación.
inattività *s.f.* inactividad.
inattivo *agg.* **1** inactivo **2** (*econ.*) improductivo.
inattuabile *agg.* irrealizable.
inaudito *agg.* inaudito.
inaugurale *agg.* inaugural.
inaugurare *v.tr.* **1** inactivo | — *una mostra*, inaugurar una exposición **2** (*scherz.*) estrenar | — *un cappello/abito*, estrenar un sombrero/traje.
inaugurativo *agg.* inaugural.
inauguratore *agg.* inaugurador.
inaugurazione *s.f.* inauguración, estreno (*m.*).
inautentico *agg.* no auténtico.
inavvedutezza *s.f.* distracción, descuido (*m.*).
inavveduto *agg.* distraído, descuidado.
inavvertenza *s.f.* distracción, inadvertencia: *l'incidente avvenne per — del ragazzo*, el accidente ocurrió por distracción del muchacho.
inavvertito *agg.* inadvertido, desapercibido: *la sua comparsa passò inavvertita*, su aparición pasó desapercibida.
inavvicinabile *agg.* inasequible, inaccesible.
inazione *s.f.* inacción, inactividad: *la malattia lo ha costretto all'*—, la enfermedad lo condenó a la inacción.
inca *agg., s.m./f.* inca.
incagliamento *s.m.* (*mar.*) encalladura (*f.*).
incagliare *v.tr.* (*ostacolare*) estancar*, estorbar, dificultar ♦ **-rsi** *v.pron.* **1** (*mar.*) encallarse **2** (*fig.*) encallarse, atascarse*, bloquearse.
incalcolabile *agg.* incalculable, inestimable: *valore* —, valor inestimable.
incallimento *s.m.* callosidad (*f.*), encallecimiento.
incallirsi *v.pron.* **1** encallecerse* **2** (*fig.*) endurecerse*, curtirse.
incallito *agg.* **1** calloso **2** (*fig.*) endurecido, empedernido, impenitente | *fumatore, bevitore* —, fumador, bebedor empedernido.
incalzamento *s.m.* persecución (*f.*), acoso.
incalzante *agg.* acosante, insistente, urgente, apremiante: *una necessità* —, una necesidad acosante; *richieste incalzanti*, peticiones apremiantes.
incalzare *v.tr.* perseguir*, acosar, hostigar*: *il tempo ci incalza*, el tiempo nos apura | *il pericolo incalza*, el peligro se cierne ♦ **-rsi** *v.pron.* subseguirse*, sucederse.
incamerabile *agg.* (*dir.*) confiscable.
in camera caritatis *loc.* con discreción, de forma reservada.
incameramento *s.m.* (*dir.*) incautación (*f.*), confiscación (*f.*).

incamerare *v.tr.* **1** (*dir.*) confiscar*, incautar **2** (*impossessarsi*) apropiarse de.
incamminare *v.tr.* encaminar, encarrilar, encauzar*: — *sulla buona strada*, encauzar por el buen camino ♦ **-rsi** *v.pron.* encaminarse (*anche fig.*), encarrilarse.
incanalamento *s.m.* canalización (*f.*), encauzamiento: *l'— delle acque*, la canalización de las aguas.
incanalare *v.tr.* encanalar, encauzar* (*anche fig.*), canalizar*: — *le acque piovane*, encanalar las aguas pluviales; — *le auto verso la piazza*, dirigir los coches hacia la plaza ♦ **-rsi** *v.pron.* **1** canalizarse*, encauzarse* **2** (*fig.*) dirigirse*, encaminarse: *la folla si incanalò verso la chiesa*, la multitud se dirigió hacia la iglesia.
incanalato *agg.* encanalado, canalizado.
incanalatura *s.f.* canalización.
incancellabile *agg.* (*anche fig.*) imborrable, indeleble.
incancellato *agg.* duradero, persistente.
incancrenire *v.intr.* **1** (*med.*) gangrenarse **2** (*fig.*) arraigarse*, enraizarse*.
incandescente *agg.* **1** incandescente **2** (*fig.*) acalorado, apasionado.
incandescenza *s.f.* incandescencia.
incantamento *s.m.* encanto, embelesamiento, encantamiento.
incantare *v.tr.* encantar, fascinar; (*stregare*) hechizar* ♦ **-rsi** *v.pron.* **1** encantarse, arrobarse **2** (*incepparsi*) bloquearse.
incantato *agg.* **1** encantado, hechizado **2** (*fig.*) maravilloso: *paesaggio —*, paisaje maravilloso **3** (*imbambolato*) embobado, embelesado, ensimismado: *restare — ad ascoltare*, quedarse embobado escuchando.
incantatore *agg.* encantador, cautivador, seductor ♦ *s.m.* seductor, hechizero, brujo.
incantesimo *s.m.* **1** (*sortilegio*) encantamiento, hechizo | *rompere l'—*, romper el hechizo **2** (*fig.*) encanto, atractivo.
incantevole *agg.* encantador, adorable, agradable.
incanto[1] *s.m.* **1** (*magia*) encantamiento, hechizo; (*stregoneria*) brujería (*f.*), embrujo **2** (*fascino*) encanto, fascinación (*f.*), atractivo
■ ***stare d'incanto***, (*di persona*) estar de maravilla; (*di abito*) quedar de maravilla/película | ***rompere l'incanto***, romper el hechizo | ***sorto per incanto***, aparecido como por arte de magia.
incanto[2] *s.m.* (*dir.*) subasta (*f.*): *vendita all'—*, venta en subasta judicial.
incanutire *v.intr.* encanecer*.
incapace *agg.*, *s.m./f.* incapaz*; inepto (*m.*).
incapacità *s.f.* incapacidad; ineptitud.
incaponimento *s.m.* terquedad (*f.*), obstinación (*f.*), porfía (*f.*).
incaponirsi *v.pron.* obstinarse, empeñarse; (*fam.*) emperrarse.
incappare *v.intr.* topar, tropezar*: — *in qlcu.*, tropezar con alguien.
incappucciare *v.tr.* encapuchar, encaperuzar*, cubrir: *la neve ha incappucciato la cima delle montagne*, la nieve ha cubierto la cumbre de las montañas ♦ **-rsi** *v.pron.* encapucharse: *incappucciati perché fa freddo*, encapúchate que hace frío.
incappucciato *agg.*, *s.m.* encapuchado.
incapricciarsi *v.pron.* encapricharse, chiflarse: — *di una donna*, chiflarse por una mujer; — *di un gioiello*, encapricharse con una joya.
incapsulamento *s.m.* encapsulación (*f.*).
incapsulare *v.tr.* (*un dente*) encapsular.
incarceramento *s.m.* encarcelación (*f.*).
incarcerare *v.tr.* encarcelar.
incardinare *v.tr.* engoznar, enquiciar: — *una porta*, engoznar una puerta.
incaricare *v.tr.* encargar*, encomendar*: — *qlcu.*, encomendar a alguien; *mi incaricò di preparare la tavola*, me encargó que pusiera la mesa ♦ **-rsi** *v.pron.* encargarse*.
incaricato *agg.*, *s.m.* encargado, responsable (*m./f.*).
incarico *s.m.* **1** cargo, puesto; (*compito*) encargo **2** (*scuola*) interinidad (*f.*).
incarnare *v.tr.* encarnar, personificar*: — *un'idea*, encarnar una idea.
incarnato[1] *agg.* encarnado.
incarnato[2] *s.m.* encarnado; (*carnagione*) tez (*f.*).
incarnazione *s.f.* encarnación, personificación, representación: *l'— di Cristo*, la encarnación de Jesús Cristo; *l' — della salute*, la encarnación de la salud.
incarnirsi *v.pron.* **1** encarnarse: *le unghie si incarniscono*, las uñas se encarnan **2** (*fig.*) arraigarse*, radicarse*, prender.
incarnito *agg.* encarnado | *unghia incarnita*, uña encarnada.
incartamento *s.m.* expediente, legajo.
incartare *v.tr.* empaquetar, envolver* en papel ♦ **-rsi** *v.pron.* **1** (*a carte*) encartarse **2** (*fig.*) confundirse, desorientarse.
incartocciare *v.tr.* meter/poner* en un cucurucho: — *le mandorle*, poner en un cucurucho las almendras ♦ **-rsi** *v.pron.* arrugarse*, encarrujarse.
incasellamento *s.m.* encasillamiento, clasificación (*f.*).
incasellare *v.tr.* **1** encasillar: — *la posta*, encasillar la correspondencia **2** (*fig.*) encasillar, clasificar*: — *le informazioni*, clasificar las informaciones.
incasinare *v.tr.* (*fam.*) **1** (*mettere in disordi-*

ne) desordenar, poner* patas arriba; (*complicare*) trastornar: *questo ritardo mi incasina tutta la giornata*, este retraso me trastorna todo el día **2** (*confondere*) embarullar, liar*.

incasinato *agg.* (*complicato*) liado, complicado, enmarañado; (*occupato*) atareado, ajetreado: *che storia incasinata!*, ¡qué asunto más liado!; *non chiamatemi adesso perché sono molto —*, no me llaméis ahora porque estoy muy atareado.

incassamento *s.m.* encajonamiento.

incassare *v.tr.* **1** encajar; (*un mobile*) empotrar; (*un fiume*) encauzar* **2** (*denaro*) cobrar, ingresar: *— un assegno*, cobrar un cheque **3** (*fig.*) tragarse*, soportar: *— un'offesa*, tragarse una ofensa/un insulto.

incassato *agg.* **1** (*di mobile*) empotrado **2** (*di luogo, valle ecc.*) encajonado **3** (*di denaro*) cobrado.

incasso *s.m.* **1** (*comm.*) cobro, ingreso **2** (*somma*) recaudación (*f.*) **3** (*edil.*) encaje, cavidad (*f.*) **4** (*di elettrodomestici, mobili ecc.*) *da —*, para empotrar.

incastonare *v.tr.* engastar, engarzar*: *— una pietra in un anello*, engastar una piedra en una sortija.

incastrare *v.tr.* **1** empotrar, encajar **2** (*tecn.*) ensamblar, acoplar **3** (*fig., fam.*) enredar, atrapar, engañar: *mi hanno incastrato*, me han enredado/atrapado ♦ **-rsi** *v.pron.* (*bloccarsi*) atascarse*; (*di meccanismo*) trabarse.

incastro *s.m.* encaje, encajadura (*f.*), muesca (*f.*).

incatenamento *s.m.* encadenamiento, aherrojamiento.

incatenare *v.tr.* (*anche fig.*) encadenar.

incatenato *agg.* encadenado.

incatenatura *s.f.* refuerzo (*m.*) de cadenas.

incatramare *v.tr.* alquitranar.

incattivire *v.tr.* malear, pervertir*: *le sofferenze lo hanno incattivito*, los sufrimientos lo han maleado ♦ **-rsi** *v.pron.* **1** (*diventare cattivo*) malearse; (*di cosa*) echarse a perder **2** (*infuriarsi*) encolerizarse*, enfurecerse*, embravecerse*.

incauto *agg.* incauto, imprudente: *è stato un comportamento —*, ha sido un comportamiento incauto.

incavare *v.tr.* ahuecar*: *— un tronco*, ahuecar un tronco.

incavato *agg.* **1** ahuecado **2** (*di occhio*) hundido | *guance incavate*, mejillas chupadas.

incavatura *s.f.* ahuecado (*m.*); (*cavità*) hueco (*m.*), cavidad.

incavo *s.m.* hueco, cavidad (*f.*).

incavolarsi *v.pron.* (*fam.*) cabrearse, mosquearse.

incavolatura *s.f.* cabreo (*m.*), mosqueo (*m.*).

incazzarsi *v.pron.* (*volg.*) cabrearse.

incazzato *agg.* (*volg.*) cabreado.

incazzatura *s.f.* (*volg.*) cabreo (*m.*).

incazzoso *agg.* (*volg.*) de mala leche/hostia: *oggi Juan è —*, hoy Juan está de mala leche.

incedere[1] *s.m.* andadura (*f.*), porte.

incedere[2] *v.intr.* caminar/andar* solemnemente/majestuosamente.

incendiare *v.tr.* **1** incendiar **2** (*fig.*) encender*, inflamar ♦ **-rsi** *v.pron.* **1** incendiarse **2** (*fig.*) arder.

incendiario *agg.*, *s.m.* incendiario.

incendio *s.m.* incendio.

incenerimento *s.m.* incineración (*f.*).

incenerire *v.tr.* **1** incinerar, carbonizar*, calcinar: *il fuoco incenerì il bosco*, el fuego calcinó el bosque **2** (*fig.*) fulminar: *mi ha incenerito con uno sguardo*, me ha fulminado con una mirada.

inceneritore *s.m.* incinerador.

incensare *v.tr.* (*anche fig.*) incensar*.

incenso *s.m.* incienso.

incensurabile *agg.* incensurable, irreprochable.

incensurato *agg.* (*dir.*) sin antecedentes penales | *essere —*, no tener antecedentes penales.

incentivare *v.tr.* incentivar, estimular.

incentivazione *s.f.* incentivo (*m.*), estímulo (*m.*), aliciente (*m.*).

incentivo *s.m.* **1** incentivo, estímulo **2** (*econ.*) incentivo.

inceppamento *s.m.* atasco, bloqueo; (*mecc.*) agarrotamiento.

inceppare *v.tr.* dificultar, impedir* ♦ **-rsi** *v.pron.* atascarse, bloquearse; (*di meccanismo*) atrancarse*; (*di arma da fuoco*) encasquillarse.

incerare *v.tr.* encerar.

incerata *s.f.* **1** hule (*m.*) **2** (*impermeabile*) chubasquero (*m.*).

incerottare *v.tr.* poner* tiritas.

incertezza *s.f.* **1** incertidumbre: *vivere nell'—*, vivir en la incertidumbre **2** (*esitazione*) titubeo (*m.*): *ho avuto un attimo di —*, he titubeado un instante.

incerto *agg.* **1** (*di cosa*) incierto, dudoso: *quadro di attribuzione incerta*, cuadro de atribución dudosa | *con passo —*, con paso vacilante | *avvenire —*, porvenir incierto | *esito —*, resultado incierto **2** (*di persona*) dudoso, titubeante **3** (*di tempo*) variable, inestable **4** (*indefinito*) impreciso, indefinido | *colori incerti*, colores difuminados | *confini incerti*, límites imprecisos | *luce incerta*, luz mortecina ♦ *s.m.* **1** incertidumbre (*f.*), lo incierto **2** (*pl., rischi*) imprevistos (*pl.*), contratiempos (*pl.*) | *gli incerti del mestiere*, los gajes del oficio.

incespicare *v.intr.* tropezar*.
incessante *agg.* incesante.
incesto *s.m.* incesto.
incestuoso *agg.* incestuoso: *relazione incestuosa*, relación incestuosa; *padre* —, padre incestuoso.
incetta *s.f.* acaparamiento (*m.*) | *fare — di qlco.*, acaparar algo.
inchiesta *s.f.* encuesta, averiguación.
inchinare *v.tr.* inclinar, bajar ♦ **-rsi** *v.pron.* inclinarse; (*abbassarsi*) agacharse.
inchino *s.m.* reverencia (*f.*), inclinación (*f.*).
inchiodare *v.tr.* **1** clavar | — *i pezzi di artiglieria*, clavar las piezas de artillería | — *alla croce*, crucificar, clavar en la cruz **2** (*fig.*) encadenar, inmovilizar* **3** (*fig.*, *veicolo*) frenar | — *l'automobile*, frenar en seco, pegar un frenazo | — *la nave*, hacer encallar la nave ♦ **-rsi** *v.pron.* **1** (*bloccarsi, gripparsi*) atascarse, bloquearse, agarrotarse: *mi si è inchiodata la macchina da cucire*, se me ha bloqueado la máquina de coser **2** (*fig.*, *imprimere, fissare*) grabarse: *gli si è inchiodato nella mente il tuo sguardo*, se le grabó en la mente tu mirada.
inchiodato *agg.* enclavado, clavado.
inchiodatura *s.f.* enclavadura.
inchiostro *s.m.* tinta (*f.*) | — *da stampa*, tinta de imprenta | — *di china*, tinta china | — *elettronico*, tinta electrónica | — *indelebile*, tinta indeleble | — *simpatico*, tinta invisible
■ ***nero come l'inchiostro***, negro como el carbón | ***sprecare l'inchiostro***, escribir inútilmente | ***versare fiumi d'inchiostro***, correr mucha tinta.
inciampare *v.intr.* (*anche fig.*) tropezar*.
inciampo *s.m.* **1** tropiezo (*m.*) **2** (*fig.*) contratiempo, estorbo.
incidentale *agg.* incidental, accidental, casual.
incidentalmente *avv.* accidentalmente.
incidentato *agg.* accidentado, que ha sufrido un accidente: *veicolo* —, vehículo accidentado.
incidente *s.m.* accidente: — *stradale*, accidente de tráfico; — *sul lavoro*, accidente laboral; *avere un* —, sufrir/tener un accidente.
incidenza *s.f.* incidencia, repercusión.
incidere[1] *v.tr.* **1** (*anche med.*) incidir, hacer* una incisión en **2** (*pietre*) esculpir; (*legno*) tallar **3** (*registrare*) grabar.
incidere[2] *v.intr.* incidir, influir*; (*gravare*) gravar; (*ripercuotersi*) recaer*: — *sulle spese*, incidir en los gastos.
incinerazione *s.f.* incineración.
incinta *agg.* embarazada, en estado interesante.
incipiente *agg.* incipiente.
incipit *s.m.* incipit.
incipriare *v.tr.* empolvar ♦ **-rsi** *v.pron.* empolvarse.
incirca, all' *loc.avv.* más o menos, aproximadamente.
incirconciso *agg.* incircunciso.
incisione *s.f.* **1** incisión **2** (*arte*) grabado (*m.*) **3** (*registrazione*) grabación.
incisività *s.f.* eficacia, fuerza.
incisivo *agg.* (*anche fig.*) incisivo ♦ *s.m.* (*dente*) incisivo.
inciso *s.m.* inciso, digresión (*f.*) | *per* —, dicho sea de paso.
incisore *s.m.* grabador.
incitamento *s.m.* incitación (*f.*).
incitare *v.tr.* incitar, azuzar*; (*incoraggiare*) animar.
incitatore *s.m.* incitador, instigador.
incivile *agg.* **1** incivil, bárbaro **2** (*maleducato*) grosero, maleducado.
incivilimento *s.m.* incivilidad (*f.*).
inciviltà *s.f.* **1** barbarie **2** (*maleducazione*) grosería.
inclassificabile *agg.* **1** inclasificable **2** (*fig.*) incalificable.
inclemente *agg.* **1** inclemente **2** (*fig.*) inclemente, riguroso.
inclemenza *s.f.* inclemencia, severidad.
inclinamento *s.m.* inclinación (*f.*).
inclinare *v.tr.* (*anche fig.*) inclinar ♦ *v.intr.* **1** inclinarse **2** (*essere incline*) inclinarse, propender: — *al perdono*, propender por el perdón ♦ **-rsi** *v.pron.* inclinarse.
inclinato *agg.* inclinado, torcido, ladeado.
inclinazione *s.f.* **1** (*pendenza*) inclinación | — *dell'asse di rotazione*, inclinación del eje de rotación | — *dell'orbita*, inclinación de la órbita | — *di una retta/un piano*, inclinación de una recta/un plano | — *magnetica*, inclinación (de la aguja) magnética **2** (*fig.*) propensión, inclinación.
incline *agg.* propenso.
includere *v.tr.* **1** incluir*, incorporar; (*allegare*) adjuntar **2** (*contenere*) comprender.
inclusione *s.f.* inclusión.
inclusivo *agg.* inclusivo, que incluye.
incluso *agg.* incluido | IVA *inclusa*, IVA incluido | *da lunedì a sabato* —, de lunes a sábado inclusive.
incocciare *v.tr.* (*mar.*) encapillar.
incocciatura *s.f.* (*mar.*) encapilladura.
incoercibile *agg.* incoercible, incontenible.
incoerente *agg.* incoherente.
incoerenza *s.f.* incoherencia.
incognita *s.f.* **1** (*mat.*) incógnita **2** (*mistero*) incógnita, misterio (*m.*).
incognito *s.m.* incógnito | *in* —, de incógnito.
incollare *v.tr.* pegar*, encolar ♦ **-rsi** *v.pron.* **1** pegarse* **2** (*fig.*) estar* colgado/pendien-

te: — *davanti alla televisione*, estar colgado de la tele.
incollato *agg.* (*anche fig.*) pegado, encolado.
incollatura *s.f.* encolamiento (*m.*), encoladura.
incollerirsi *v.pron.* encolerizarse*, enfurecerse*.
incollerito *agg.* enfurecido, enojado.
incolmabile *agg.* incolmable: *lasciare un vuoto* —, dejar un vacío incolmable.
incolonnamento *s.m.* **1** colocación (*f.*) en columna, alineamiento **2** (*coda*) caravana (*f.*).
incolonnare *v.tr.* poner* en columna/fila, alinear ♦ **-rsi** *v.pron.* ponerse* en columna/fila, alienarse.
incolore *agg.* incoloro.
incolpabile *agg.* acusable.
incolpare *v.tr.* inculpar, acusar.
incolto *agg.* (*anche fig.*) inculto | *terreno* —, terreno baldío | *barba incolta*, barba descuidada.
incolume *agg.* incólume, indemne.
incolumità *s.f.* incolumidad.
incombente *agg.* **1** inminente **2** (*fig.*) amenazador.
incombenza *s.f.* cometido (*m.*); (*incarico*) encargo (*m.*).
incombere *v.intr.* **1** (*sovrastare*) cernerse* (sobre), amenazar* **2** (*spettare*) incumbir.
incominciare *v.tr./intr.* → **cominciare.**
incommensurabile *agg.* inconmensurable; inmenso.
incommensurabilità *s.f.* inconmensurabilidad.
incommestibile *agg.* no comestible.
incommutabile *agg.* inconmutable.
incommutabilità *s.f.* inconmutabilidad.
incomodare *v.tr.* incomodar, importunar, molestar ♦ **-rsi** *v.pron.* molestarse: *non si incomodi!*, ¡ no se moleste!
incomodo *agg.* (*scomodo*) incómodo; (*inopportuno*) inoportuno ♦ *s.m.* incómodo; fastidio, molestia (*f.*): *essere d'*—, resultar molesto
■ ***togliere l'incomodo***, quitarse de en medio, marcharse, despedirse | ***scusi l'incomodo***, perdone la molestia | ***il terzo incomodo***, el que aguanta la vela.
incomparabile *agg.* incomparable, sin igual.
incompatibile *agg.* incompatibile: *caratteri incompatibili*, caracteres incompatibles; *cariche incompatibili*, cargos incompatibles.
incompatibilità *s.f.* incompatibilidad: — *di carattere*, incompatibilidad de caracteres; — *di due cariche pubbliche*, incompatibilidad de dos cargos públicos | — *di gruppo sanguigno*, incompatibilidad de grupo sanguíneo | — *farmacologica*, incompatibilidad farmacológica | — *materno-fetale*, incompatibilidad materno-fetal.
incompetente *agg.*, *s.m./f.* incompetente (*anche dir.*), incapaz*: — *in materia*, incompetente en la materia.
incompetenza *s.f.* incompetencia, incapacidad.
incompiutezza *s.f.* lo incompleto, lo inacabado.
incompiuto *agg.* inacabado, inconcluso.
incompleto *agg.* incompleto | *dentatura incompleta*, dentadura incompleta | *fiore* —, flor incompleta | *metamorfosi incompleta*, metamorfosis incompleta.
incompostezza *s.f.* descompostura, desaliño (*m.*).
incomprensibile *agg.* incomprensible.
incomprensibilità *s.f.* incomprensibilidad.
incomprensione *s.f.* incomprensión.
incompreso *agg.*, *s.m.* incomprendido.
incomunicabile *agg.* incomunicable.
incomunicabilità *s.f.* incomunicabilidad.
inconcepibile *agg.* inconcebible.
inconciliabile *agg.* inconciliable, incompatible: *punti di vista inconciliabili*, puntos de vista inconciliables.
inconcludente *agg.* infructuoso, vano; (*di persona*) inútil, inepto.
inconcluso *agg.* inconcluso, incompleto, inacabado.
incondizionato *agg.* incondicional.
inconfessabile *agg.* inconfesable.
inconfessato *agg.* no confesado: *colpa inconfessata*, culpa no confesada.
inconfondibile *agg.* inconfundible: *una voce* —, una voz inconfundible.
inconfutabile *agg.* irrefutable.
incongruente *agg.* incongruente, incoherente, contradictorio.
incongruenza *s.f.* incongruencia.
incongruo *agg.* desproporcionado.
inconoscibile *agg.* incognoscible.
inconsapevole *agg.* ajeno, inconsciente, ignorante: *è completamente — di ciò che lo aspetta*, es totalmente incosciente de lo que le espera.
inconsapevolezza *s.f.* ignorancia, desconocimiento (*m.*).
inconscio *agg.*, *s.m.* inconsciente: *desiderio* —, desiderio inconsciente | — *collettivo*, inconsciente colectivo | — *personale*, inconsciente personal/individual.
inconsistente *agg.* (*anche fig.*) inconsistente.
inconsistenza *s.f.* inconsistencia.
inconsolabile *agg.* inconsolable; desconsolado: *un pianto* —, un llanto inconsolable.
inconsueto *agg.* inusitado, insólito.
inconsulto *agg.* irreflexivo, impulsivo.

incontaminato *agg.* incontaminado: *foresta incontaminata*, selva virgen.
incontenibile *agg.* incontenible, irrefrenable: *una felicità —*, una felicidad irrefrenable.
incontentabile *agg.* exigente, descontentadizo, difícil: *sei —!*, ¡eres muy exigente!
incontestabile *agg.* incontestable, irrefutable.
incontestabilità *s.f.* incontestabilidad.
incontestato *agg.* incontestado, indiscutible: *verità incontestata*, verdad incontestada.
incontinente *agg.* incontinente.
incontinenza *s.f.* incontinencia.
incontrare *v.tr.* **1** encontrar* (*anche fig.*), hallar: *per strada ho incontrato un amico*, he encontrado a un amigo por la calle; *lunedì incontrerò Anna*, el lunes veré a Ana | *— delle difficoltà*, afrontar dificultades | *— delle spese*, tener gastos imprevistos **2** (*riscuotere successo*) cuajar, gustar, agradar, tener* éxito/acogida: *è un genere di spettacolo che incontra*, es un tipo de espectáculo que tiene (buena) acogida; *— il favore del pubblico*, gozar de la simpatía del público | *— il gusto*, satisfacer el gusto, acertar **3** (*sport*) enfrantarse a, jugar* contra ♦ **-rsi** *v.pron.* **1** encontrarse*, verse*; (*imbattersi*) toparse; (*conoscersi*) conocerse*: *incontriamoci domani all'università*, veámonos mañana en la universidad; *ci siamo incontrati a Parigi*, nos hemos conocido en París **2** (*fig.*) coincidir, congeniar: *ci incontriamo nei gusti*, coincidimos en nuestros gustos; *in quel punto le due strade si incontrano*, en ese punto las dos calles convergen **3** (*sport*) enfrentarse (a), jugar* (contra).
incontrario, all' *loc.avv.* (*fam.*) al contrario, al revés.
incontrastabile *agg.* incontrastable, irrebatible, indiscutible, ineluctable: *una forza —*, una fuerza incontrastable; *un argomento —*, un argumento irrebatible; *destino —*, destino ineluctable | *comando/legge —*, orden/ley incontrastable | *ragione/verità —*, razón/verdad indiscutible.
incontrastato *agg.* indiscutible, incontrovertible.
incontro[1] *s.m.* **1** encuentro; (*riunione*) reunión (*f.*), convenio: *fare un brutto —*, tener un encuentro desagradable **2** (*sport*) partido, encuentro.
incontro[2] *avv.* **1** (*verso*) al encuentro, hacia: *gli corsi —*, corrí a su encuentro **2** (*contro*) contra: *mi venne — minaccioso*, se vino contra mí amenazador
■ ***incontro a***, hacia: *andare — a qlcu.*, salir al encuentro de alguien, ir hacia alguien | ***andare incontro ai desideri di qlcu.***, darle gusto a alguien | ***andare incontro a qlco.***, afrontar algo | ***venire incontro a qlcu.***, echar una mano/un cable a alguien: *mi è venuto —*, me ha echado una mano/un cable.
incontrollabile *agg.* incontrolable.
incontrollato *agg.* incontrolado: *ira incontrollata*, ira incontrolada.
incontrovertibile *agg.* incontrovertible, indiscutible.
inconveniente *s.m.* inconveniente.
inconvenienza *s.f.* inconveniencia, desconveniencia.
inconvertibile *agg.* inconvertible.
inconvincibile *agg.* inconvencible.
incoraggiamento *s.m.* estímulo, incitamento, aliciente: *parole d'—*, palabras de estímulo | *premio d'—*, premio para estimular.
incoraggiare *v.tr.* animar, incitar, alentar*.
incornare *v.tr.* cornear: *il toro incornò il torero*, el toro corneó al torero ♦ **-rsi** *v.pron.* (*fam., ostinarsi*) empeñarse, emperrarse.
incorniciare *v.tr.* enmarcar*, encuadrar.
incoronamento *s.m.* encoronación (*f.*).
incoronare *v.tr.* coronar.
incoronazione *s.f.* coronación.
incorporale *agg.* incorporal, incorpóreo, inmaterial.
incorporamento *s.m.* incorporación (*f.*).
incorporare *v.tr.* incorporar (*anche fig.*), agregar*.
incorporazione *s.f.* incorporación.
incorporeo *agg.* incorpóreo.
incorreggibile *agg.* incorregible.
incorreggibilità *s.f.* incorregibilidad.
incorrere *v.intr.* incurrir: *— in un errore*, incurrir/caer en un error.
incorruttibile *agg.* incorruptible.
incosciente *agg.*, *s.m.* inconsciente.
incoscienza *s.f.* inconsciencia.
incostante *agg.* **1** (*di persona*) inconstante, voluble **2** (*di tempo ecc.*) variable, mudable.
incostanza *s.f.* inconstancia, volubilidad; variabilidad.
incostituzionale *agg.* (*dir., pol.*) inconstitucional.
incostituzionalità *s.f.* (*dir., pol.*) inconstitucionalidad.
incredibile *agg.* increíble, absurdo, inverosímil.
incredibilità *s.f.* incredibilidad.
incredulità *s.f.* incredulidad, desconfianza, recelo (*m.*).
incredulo *agg.*, *s.m.* incrédulo.
incrementare *v.tr.* incrementar, aumentar.
incremento *s.m.* incremento, aumento: *— della popolazione*, incremento de la población.
increscioso *agg.* desagradable, molesto.
increspare *v.tr.* encrespar; (*una stoffa*) fruncir* ♦ **-rsi** *v.pron.* (*di mare*) encresparse; (*di capelli*) rizarse*.

increspatura *s.f.* encrespadura, encrespamiento (*m.*).
incretinimento *s.m.* atontamiento.
incretinire *v.tr.* atontar, entontecer*, atolondrar ♦ **-rsi** *v.pron.* atontarse, entontecerse*, atolondrarse.
incriminabile *agg.* que puede ser incriminado.
incriminare *v.tr.* incriminar, culpar.
incriminato *agg.* **1** (*dir.*) imputado **2** (*anche scherz., di cosa*) del delito: *l'arma incriminata*, el arma del delito.
incriminazione *s.f.* (*dir.*) incriminación, imputación.
incrinare *v.tr.* rajar, resquebrajar: — *un piatto*, rajar un plato ♦ **-rsi** *v.pron.* **1** rajarse, resquebrajarse **2** (*guastarsi*) deteriorarse, fisurarse: *il nostro rapporto si è incrinato*, nuestra relación se ha deteriorado.
incrinatura *s.f.* **1** grieta, raja, resquebrajadura **2** (*fig.*) discrepancia, disgusto (*m.*), fisura.
incrociare *v.tr.* **1** cruzar* | (*anche fig.*) — *le braccia*, cruzar los brazos | (*fig.*) — *le dita*, tocar madera | — *il ferro/la spada con qlcu.*, batirse a duelo | — *il fuoco*, cruzar el fuego | — *le armi*, combatir **2** (*incontrare*) cruzarse* con ♦ **-rsi** *v.pron.* cruzarse*, encontrarse*: *in quel punto i sentieri si incrociano*, en aquel punto las sendas se cruzan; *ci incrociamo tutti i giorni sull'autobus,* coincidimos todos los días en el autobús.
incrociato *agg.* cruzado | *con le braccia incrociate*, con los brazos cruzados
■ ***parole incrociate***, crucigrama | ***fuoco incrociato***, fuego cruzado.
incrociatore *s.m.* (*mar.*) crucero | — *ausiliare*, crucero auxiliar | — *da battaglia*, crucero de combate | — *leggero*, crucero ligero.
incrocio *s.m.* **1** cruce, encrucijada (*f.*) **2** (*di razze*) cruce (de razas), cruzamiento.
incrollabile *agg.* **1** firme **2** (*fig.*) inquebrantable.
incrostare *v.tr.* incrustar ♦ **-rsi** *v.pron.* incrustarse.
incrostato *agg.* incrustado.
incrostazione *s.f.* incrustación.
incrudelire *v.intr.* **1** volverse* cruel **2** (*infierire*) ensañarse, encarnizarse*: *il dittatore incrudelisce contro il popolo*, el dictador se encarniza contra el pueblo ♦ **-rsi** *v.pron.* volverse cruel.
incruento *agg.* incruento.
incubare *v.tr.* **1** (*zool.*) incubar **2** (*med.*) mantener* en incubación.
incubatrice *s.f.* incubadora.
incubazione *s.f.* (*med.*) incubación | (*fig.*) *essere in* —, estar fraguándose.
incubo *s.m.* (*anche fig.*) pesadilla (*f.*).
incudine *s.f.* yunque (*m.*) | (*fig.*) *tra l'— e il martello*, entre la espada y la pared.
inculcare *v.tr.* inculcar*, infundir.
incultura *s.f.* incultura.
inculturazione *s.f.* inculturación.
incunabolo *s.m.* incunable.
incuneare *v.tr.* encajar ♦ **-rsi** *v.pron.* **1** clavarse **2** (*fig.*) penetrar.
incupire *v.tr.* **1** obscurecer*: *vorrei — il colore di questa parete*, quisiera obscurecer el color de esta pared **2** (*fig.*) entristecer*, apenar, apesadumbrar: *la notizia lo incupì*, la noticia lo entristeció ♦ **-rsi** *v.pron.* **1** obscurecerse*, ensombrecerse*: *il tempo si è incupito*, el tiempo se ha obscurecido **2** (*fig.*) entristecerse*, ensombrecerse*: *il suo viso si incupì*, su rostro se ensombreció.
incurabile *agg.* incurable.
incurabilità *s.f.* incurabilidad.
incurante *agg.* negligente, descuidado, dejado.
incuranza *s.f.* desinterés (*m.*), despreocupación.
incuria *s.f.* negligencia, descuido (*m.*), incuria, dejadez.
incuriosire *v.tr.* intrigar*, despertar* la curiosidad ♦ **-rsi** *v.pron.* volverse* curioso; (*interessarsi*) interesarse.
incursione *s.f.* incursión | — *aerea*, ataque aéreo | — *di cavalleria*, incursión de caballería.
incursore *s.m.* comando.
incurvamento *s.m.* encorvadura (*f.*), combadura (*f.*).
incurvare *v.tr.* curvar, encorvar ♦ **-rsi** *v.pron.* **1** (*di persona*) encorvarse, agacharse **2** (*di cosa*) pandearse, arquearse, combarse.
incustodito *agg.* abandonado, sin custodia, sin vigilancia | *passaggio a livello* —, paso a nivel sin barreras.
incutere *v.tr.* infundir, inspirar: — *paura*, infundir miedo.
indaco *agg., s.m.* añil, índigo.
indaffarato *agg.* atareado, ocupado.
indagare *v.tr.* indagar*, averiguar* ♦ *v.intr.* indagar*, investigar*: *la polizia indaga sull'attentato con bomba molotov*, la policía indaga el atentado con el cóctel molotov.
indagato *agg.* (*dir.*) acusado.
indagatore *agg.* escrutador ♦ *s.m.* investigador, indagador.
indagine *s.f.* **1** investigación, indagación, pesquisa **2** (*ricerca*) estudio (*m.*), investigación | — *di mercato*, estudio de mercado.
indebitamente *avv.* indebidamente.
indebitamento *s.m.* endeudamiento, deuda (*f.*).
indebitare *v.tr.* endeudar, llenar de deudas: *l'acquisto della casa lo ha indebitato*, la compra de la vivienda lo ha llenado de deudas ♦

-rsi *v.pron.* endeudarse | — *fino ai capelli/al collo*, endeudarse hasta el cogote.
indebito *agg.* **1** indebido **2** (*immeritato*) inmerecido, injusto **3** (*illecito*) ilícito.
indebolimento *s.m.* debilitamiento, debilitación (*f.*) | — *della vista*, debilitación de la vista.
indebolire *v.tr.* debilitar ♦ **-rsi** *v.pron.* **1** debilitarse **2** (*diminuire*) bajar, disminuir*.
indebolito *agg.* debilitado: *dopo la malattia è rimasto molto* —, después de la enfermedad ha quedado muy debilitado.
indecente *agg.* indecente | *barzelletta* —, chiste verde.
indecenza *s.f.* indecencia, desvergüenza, porquería, obscenidad.
indecifrabile *agg.* indescifrable.
indecisione *s.f.* indecisión, irresolución.
indeciso *agg.* **1** (*di persona*) indeciso, titubeante, incierto **2** (*fig.*) inestable, variable: *tempo* —, tiempo inestable **3** (*non risolto*) indeterminado, indefinido.
indeclinabile *agg.* (*gramm.*) indeclinable.
indecoroso *agg.* indecoroso; (*sconveniente*) inconveniente.
indefesso *agg.* infatigable, incansable.
indefinibile *agg.* indefinible.
indefinito *agg.* (*anche gramm.*) indefinido | *aggettivo, pronome* —, adjetivo, pronombre indefinido | *modo* —, modo no personal del verbo.
indeformabile *agg.* indeformable.
indegno *agg.* indigno, vil, ruin.
indelebile *agg.* indeleble.
indelicato *agg.* indelicado, grosero.
indemoniare *v.tr.* endemoniar, poseer* ♦ **-rsi** *v.pron.* encolerizarse*.
indemoniato *agg.* **1** endemoniado, poseído por el demonio **2** (*fig.*) enfurecido, colérico.
indenne *agg.* indemne: *uscire* —, salir ileso.
indennità *s.f.* (*risarcimento*) resarcimiento (*m.*), indemnización; (*ricompensa*) compensación | — *salariale*, plus | — *di disoccupazione*, subsidio de desempleo | — *di malattia*, subsidio por enfermedad | — *di trasferta*, dieta.
indennizzare *v.tr.* indemnizar*, resarcir*.
indennizzo *s.m.* indemnización (*f.*), resarcimiento.
indentro *avv.* hacia dentro, adentro | *all'*—, hacia adentro.
inderogabile *agg.* inderogable.
inderogabilità *s.f.* inderogabilidad.
indescrivibile *agg.* indescriptible, indecible, inenarrable.
indesiderabile *agg.* indeseable | *persona* —, persona no grata.
indesiderato *agg.* indeseado, no grato.
indeterminabile *agg.* indeterminable.
indeterminatezza *s.f.* indeterminación.
indeterminativo *agg.* (*gramm.*) indeterminado.
indeterminato *agg.* indeterminado: *a tempo* —, por tiempo indeterminado.
indeterminazione *s.f.* indeterminación, indecisión, irresolución.
indetto *agg.* anunciado, convocado.
indiano *agg.* indiano, indio ♦ *s.m.* **1** (*dell'India*) hindú, indio **2** (*d'America*) indio ■ ***in fila indiana***, en fila india | ***fare l'indiano***, hacerse el sueco.
indiavolare *v.tr.* desbarajustar, desbaratar ♦ **-rsi** *v.pron.* endemoniarse, enfurecerse*.
indiavolato *agg.* endiablado; (*furente*) enfurecido.
indicare *v.tr.* indicar*, señalar; (*mostrare*) enseñar.
indicativo *agg.* indicativo, significativo ♦ *s.m.* (*gramm.*) indicativo.
indicato *agg.* indicado, adecuado.
indicatore *agg., s.m.* indicador | (*aut.*) — *di direzione*, intermitente | (*tel.*) — *di conteggio*, contador | — *di velocità*, velocímetro | — *radioattivo*, indicador radioactivo | — *sintagmatico*, indicador sintagmático | *indicatori economici*, indicadores económicos.
indicazione *s.f.* indicación, señal.
indice *s.m.* **1** (*anat.*) índice | *mettere l'— su qlco.*, hacer notar algo **2** (*stat., di libro*) índice | — *di ascolto*, índice de audiencia | — *acustico*, índice acústico | — *analitico*, índice analítico | — *climatico*, índice climático | — *dei libri proibiti*, índice expurgatorio, catálogo de libros prohibidos | — *dei prezzi al consumo*, índice de precios al consumo | — *del costo della vita*, índice del coste de la vida | — *delle retribuzioni*, índice de salarios | — *di borsa*, índice bursátil | — *di gradimento*, índice de aceptación | — *di liquidità*, índice de liquidez | — *di produzione*, índice de producción | — *di rifrazione*, índice de refracción| *mettere all'*—, poner en el índice, prohibir **3** (*indizio*) índice, indicio, señal (*f.*) **4** (*ago di strumento*) indicador, saeta (*f.*).
indicibile *agg.* indecible, indescriptible: *ha una fortuna* —, tiene una suerte indescriptible.
indicizzare *v.tr.* indexar, indizar*.
indicizzazione *s.f.* indexación, indización.
indietreggiare *v.intr.* (*anche fig.*) retroceder.
indietro *avv.* **1** (*nello spazio*) atrás | *rimanere* —, quedarse atrás **2** (*nel tempo, di orologi*) atrasado | *essere* —, estar atrasado | *essere/rimanere — con il lavoro, lo studio*, atrasarse en el trabajo, en los estudios | *mettere — l'orologio*, atrasar el reloj | *quest'orologio è* —, este reloj está atrasado **3** (*restituzione*) de vuelta | *dare — qlco.*, devolver algo | *do-*

mandare/volere — qlco., pedir la restitución de algo: *voglio — i miei libri*, quiero que me devuelvas mis libros | *rimandare — un dono*, devolver un regalo

■ ***all'indietro***, hacia atrás: *andare all'—*, retroceder; *cadere all'—*, caerse de espaldas | ***avanti e indietro***, de aquí para allá | ***indietro! fate largo!***, ¡atrás! ¡largo de aquí! | ***fare marcia indietro***, dar marcha atrás | ***fare un passo avanti e due indietro***, ir para atrás como los cangrejos | ***lasciare indietro***, dejar atrás | ***non andare né avanti né indietro***, no ir ni para adelante ni para atrás | ***tirarsi indietro***, echarse atrás, recoger velas | ***tornare un passo indietro***, retomar el hilo del discurso.

indifendibile *agg.* indefendible, insostenible.

indifeso *agg.* indefenso.

indifferente *agg.* indiferente | *non —*, considerable | *è —*, da igual | *lasciare —*, dejar frío | *fare l'—*, hacerse el indiferente/sueco.

indifferenza *s.f.* indiferencia.

indifferenziato *agg.* indiferenciado.

indigeno *agg., s.m.* indígena (*m./f.*).

indigente *agg., s.m./f.* indigente, pobre.

indigenza *s.f.* indigencia, pobreza.

indigestione *s.f.* indigestión | (*fig.*) *fare — di*, darse un atracón de.

indigesto *agg.* **1** (*di cibo*) indigesto **2** (*di persona*) aburrido, pesado.

indignare *v.tr.* indignar ♦ **-rsi** *v.pron.* indignarse.

indignazione *s.f.* indignación.

indimenticabile *agg.* inolvidable.

indimostrabile *agg.* no demostrable, no verificable.

indimostrato *agg.* no demostrado, dudoso.

indio *agg., s.m.* indio.

indipendente *agg., s.m./f.* independiente | *diventare —*, independizarse*.

indipendentismo *s.m.* (*pol.*) independentismo.

indipendentista *agg.* (*pol.*) independentista.

indipendenza *s.f.* (*anche pol.*) independencia: *conquistare l'—*, conquistar la independencia; *guerre d'—*, guerras de independencia.

indire *v.tr.* convocar*: *— un referendum*, convocar un referéndum; *— un'assemblea*, convocar una asamblea.

indiretto *agg.* indirecto: *causa indiretta*, causa indirecta; *imposta indiretta*, impuesto indirecto; *complemento —*, complemento indirecto | *costo —*, coste indirecto | *discorso —*, estilo indirecto | *elezioni indirette*, elecciones indirectas | (*calcio*) *tiro —*, tiro indirecto.

indirizzare *v.tr.* **1** (*uno scritto*) enviar, mandar **2** (*rivolgere*) dirigir*: *— la parola a qlcu.*, dirigir la palabra a alguien **3** (*fig.*) encaminar, guiar*, dirigir*: *— i giovani sulla buona strada*, orientar a los jóvenes hacia el buen camino; *indirizzò i propri passi verso casa*, encaminó sus pasos hacia casa ♦ **-rsi** *v.pron.* **1** dirigirse*, encaminarse: *— verso casa*, encaminarse hacia casa **2** (*rivolgersi*) dirigirse*: *mi indirizzo a te perché tu mi dia un consiglio*, me dirijo a ti para que me aconsejes.

indirizzario *s.m.* directorio, agenda (*f.*).

indirizzo *s.m.* **1** dirección (*f.*), señas (*f.pl.*) **2** (*orientamento*) orientación (*f.*) **3** (*di studi*) especialización (*f.*), rama (*f.*).

indiscernibile *agg.* indiscernible.

indisciplina *s.f.* indisciplina.

indisciplinabile *agg.* indisciplinable: *traffico —*, tráfico indisciplinable.

indisciplinatezza *s.f.* indisciplina, desobediencia.

indisciplinato *agg.* indisciplinado, insubordinado, díscolo.

indiscreto *agg.* indiscreto, entrometido, inoportuno, inconveniente.

indiscrezione *s.f.* indiscreción.

indiscriminato *agg.* indiscriminado.

indiscusso *agg.* indiscutido; (*evidente*) cierto.

indiscutibile *agg.* indiscutible.

indispensabile *agg.* indispensable.

indispettire *v.tr.* picar*, mosquear ♦ **-rsi** *v.pron.* picarse*, mosquearse.

indispettito *agg.* picado, mosqueado.

indisponente *agg.* irritante.

indisponibile *agg.* indisponible | *bene —*, bien indisponible | *credito —*, crédito indisponible | *diritto —*, derecho indisponible | (*dir.*) *quota —*, legítima.

indisponibilità *s.f.* indisponibilidad.

indisporre *v.tr.* indisponer*, irritar; exasperar.

indisposizione *s.f.* indisposición, trastorno (*m.*): *essere assente per —*, estar ausente por indisposición.

indisposto *agg.* (*anche fig.*) indispuesto: *è —*, está indispuesto.

indissociabile *agg.* indisociable, inseparable: *immagini indissociabili*, imágenes inseparables.

indissolubile *agg.* indisoluble: *legame —*, lazo indisoluble.

indistinguibile *agg.* indistinguible, imperceptible: *sfumature indistinguibili*, matices imperceptibles.

indistinto *agg.* indistinto, indistinguible, vago, borroso: *una forma indistinta*, una forma indistinta.

indistruttibile *agg.* indestructible, inquebrantable.

indistruttibilità *s.f.* indestructibilidad.

indisturbato *agg.* tranquilo, en paz.

indivia *s.f.* (*bot.*) endibia.

individuale *agg.* individual | *gara —*, com-

petición individual | *gioco/azione* —, juego personal/individual | *marchio* —, marca de una empresa | *sport* —, deporte individual.
individualismo *s.m.* individualismo.
individualista *agg., s.m./f.* individualista.
individualistico *agg.* individualista.
individualità *s.f.* **1** individualidad **2** (*personalità*) singularidad, personalidad, carácter (*m.*): *è un ragazzo con una forte* —, es un chico con una fuerte personalidad; *è una delle più brillanti — in campo medico*, es una de las más brillantes personalidades en campo médico.
individuare *v.tr.* **1** (*rappresentare*) reproducir*: *il film individua bene il periodo storico*, la película reproduce bien la época histórica **2** (*determinare*) individuar*, determinar **3** (*localizzare*) localizar* **4** (*scoprire*) identificar*, descubrir*; (*riconoscere*) reconocer*, distinguir*.
individuazione *s.f.* individuación.
individuo *s.m.* individuo: *lo Stato deve garantire la libertà dell'*—, el Estado tiene que garantizar la libertad del individuo; *un — sospetto*, un individuo sospechoso.
indivisibile *agg.* **1** indivisible: *particelle indivisibili*, partículas indivisibles **2** (*fig.*) inseparable: *amici indivisibili*, amigos indivisibles.
indivisibilità *s.f.* indivisibilidad: *l'— di un patrimonio*, la indivisibilidad de un patrimonio.
indiviso *agg.* indiviso, entero.
indiziare *v.tr.* (*dir.*) acusar, culpar.
indiziario *agg.* (*dir.*) indiciario: *prova indiziaria*, prueba indiciaria.
indiziato *agg., s.m.* (*dir.*) sospechoso, indiciado.
indizio *s.m.* indicio, señal (*f.*): *il colpevole ha lasciato molti indizi sulla scena del delitto*, el culpable dejó muchos indicios en la escena del crimen.
indizione *s.f.* convocatoria: *l'— di nuove elezioni*, la convocatoria de nuevas elecciones; *l'— di un concorso*, la convocatoria de una oposición.
indocile *agg.* indócil, rebelde: *un ragazzo* —, un chico indócil.
indoeuropeo *agg., s.m.* indoeuropeo.
indolcimento *s.m.* dulcificación (*f.*).
indole *s.f.* índole, inclinación, carácter (*m.*), talante (*m.*): *d'— generosa*, de índole generosa | *discorsi di — generale*, discursos de carácter general.
indolente *agg., s.m./f.* indolente, perezoso (*m.*).
indolenza *s.f.* indolencia.
indolenzimento *s.m.* dolor, entumecimiento: *sentire — alle gambe*, tener dolor en las piernas.
indolenzire *v.tr.* adormecer*, entorpecer* ♦ **-rsi** *v.pron.* adormecerse*, entorpecerse*: *mi si sono indolenziti i piedi dal freddo*, se me entumecieron los pies por el frío.
indolenzito *agg.* entumecido: *sono tutto* —, estoy muy entumecido.
indolore *agg.* indoloro: *ago* —, aguja indolora; *parto* —, parto sin dolor.
indomabile *agg.* indomable: *un cavallo* —, un caballo indomable; *un dolore* —, un dolor indomable.
indomani *s.m.* día siguiente: *disse che lo avrebbe fatto l'*—, dijo que lo haría el día siguiente.
indomato *agg.* indomado, indómito.
indomito *agg.* indómito.
indonesiano *agg., s.m.* indonesio.
indoramento *s.m.* doradura (*f.*).
indorare *v.tr.* (*anche fig.*) dorar
■ ***indorare la pillola***, dorar la píldora.
indossare *v.tr.* **1** ponerse*, vestir*: *mi piace — i blue jeans*, me gusta ponerme los pantalones vaqueros **2** (*avere indosso*) llevar (puesto): *indossava una minigonna*, llevaba puesta una minifalda.
indossatore *s.m.* maniquí*, modelo.
indossatrice *s.f.* maniquí*, modelo.
indosso *avv.* encima | *portare* —, llevar puesto.
indottrinamento *s.m.* adoctrinamiento.
indottrinare *v.tr.* adoctrinar.
indovinare *v.tr.* **1** adivinar, prever* | — *il pensiero di qlcu.*, leerle el pensamiento a alguien | — *il risultato di qlco.*, prever el resultado de algo | *tirare a* —, tratar de adivinar | *chi l'indovina è bravo*, ahí está el busilis **2** (*azzeccare*) acertar*: *hai indovinato la taglia del vestito*, has acertado la talla del vestido | *non ne indovina una*, no hace una a derechas.
indovinato *agg.* acertado, certero.
indovinello *s.m.* adivinanza (*f.*), acertijo; enigma, misterio: *mi ha lasciato un — da risolvere*, me ha dejado un enigma para resolverlo.
indovino *s.m.* adivino, clarividente (*m./f.*).
indù *agg., s.m./f.* hindú*.
indubbiamente *avv.* indudablemente.
indubbio *agg.* indudable, cierto: *in modo* —, sin duda alguna, indudablemente.
indugiare *v.intr.* (*esitare*) tardar: *indugiò a rispondermi*, tardó en contestarme ♦ **-rsi** *v.pron.* entretenerse*, demorarse.
indugio *s.m.* **1** (*ritardo*) tardanza (*f.*), demora (*f.*) **2** (*indecisione*) titubeo | *senza* —, sin titubeos | *rompere gli indugi*, tomar la iniciativa.
induismo *s.m.* hinduismo.
indulgente *agg.* indulgente, benévolo: *è un*

insegnante molto —, es un profesor muy indulgente.
indulgenza *s.f.* indulgencia, clemencia.
indulgere *v.intr.* **1** (*mostrarsi accondiscendente*) acceder, consentir*: — *ai capricci di un bambino*, acceder a los caprichos de un niño **2** (*abbandonarsi*) abandonarse, entregarse*: — *ai vizi*, abandonarse a los vicios.
indulto *s.m.* indulto, gracia (*f.*).
indumento *s.m.* indumento, prenda (*f.*), ropa (*f.*): *indumenti intimi*, ropa interior.
indurimento *s.m.* endurecimiento.
indurire *v.tr.* (*anche fig.*) endurecer*.
indurre *v.tr.* **1** inducir*; (*spingere*) instigar*, incitar: — *in errore*, inducir a error | *tutto induce a credere che...*, todo lleva a creer/pensar que... | — *in tentazione*, tentar **2** (*causare*) provocar, causar.
industria *s.f.* industria; (*fabbrica*) fábrica.
industriale *agg.*, *s.m./f.* industrial: *produzione* —, producción industrial | *ciclo* —, ciclo industrial | *cintura* —, cinturón industrial | *corrente* —, corriente industrial | *costo* —, coste industrial | *credito* —, crédito industrial | *polo di sviluppo* —, polo industrial | *rivoluzione* —, revolución industrial | *su scala* —, a escala industrial
■ ***in quantità industriali***, en cantidades industriales.
industrialismo *s.m.* industrialismo.
industrializzare *v.tr.* industrializar*: — *l'agricoltura*, industrializar la agricultura; — *un terreno agricolo*, industrializar un terreno agrículo.
industrializzazione *s.f.* industrialización.
industriarsi *v.pron.* industriarse, ingeniarse | — *per vivere*, industriarse para vivir.
industrioso *agg.* industrioso, laborioso, trabajador, hábil, mañoso: *le formiche sono animali industriosi*, las hormigas son animales industriosos.
induttivo *agg.* inductivo: *metodo* —, método inductivo.
induttore *agg.* inductor.
induzione *s.f.* (*fis.*) inducción | — *elettromagnetica*, inducción electromagnética | — *elettrostatica*, inducción electrostática | — *magnetica*, inducción magnética | — *residua*, inducción residua.
inebetire *v.tr.* atontar, entontecer* ♦ **-rsi** *v.pron.* atontarse, entontecerse*.
inebetito *agg.* atontado, alelado.
inebriante *agg.* inebriante, embriagador: *una bevanda* —, una bebida embriagadora.
inebriare *v.tr.* (*anche fig.*) embriagar*, inebriar ♦ **-rsi** *v.pron.* embriagarse*.
ineccepibile *agg.* irreprensible, irreprochable.
inedia *s.f.* inedia, inanición | (*fig.*) *morire di* —, morirse de aburrimiento.
inedificabile *agg.* no edificable.
inedito *agg.* inédito, nuevo ♦ *s.m.* inédito.
ineducato *agg.* ineducado.
ineducazione *s.f.* ineducación.
ineffabile *agg.* inefable, indecible, inenarrable.
ineffabilità *s.f.* inefabilidad.
ineffettuabile *agg.* irrealizable, inviable.
inefficace *agg.* ineficaz*, inefectivo.
inefficacia *s.f.* ineficacia.
inefficiente *agg.* ineficiente.
inefficienza *s.f.* ineficiencia.
ineguagliabile *agg.* inigualable, incomparable.
ineguaglianza *s.f.* desigualdad: *ineguaglianze sociali*, desigualdades sociales.
ineguale *agg.* desigual.
ineliminabile *agg.* no eliminable.
ineludibile *agg.* ineludible.
ineluttabile *agg.* ineluctable, ineludible.
inemendabile *agg.* incorregible.
inenarrabile *agg.* inenarrable, indescriptible, indecible: *dolore* —, sufrimiento inenarrabile.
inequivocabile *agg.* inequívoco.
inerente *agg.* inherente.
inerenza *s.f.* inherencia.
inerme *agg.* inerme, indefenso.
inerpicarsi *v.pron.* **1** (*arrampicarsi*) trepar, encaramarse **2** (*di strada*) subir.
inerpicato *agg.* encaramado: *un villaggio* — *in cima alla montagna*, una aldea encaramada en la montaña.
inerte *agg.* (*anche fig.*) inerte: *materia* —, materia inerte | *gas* —, gas inerte | *peso* —, peso muerto/inerte.
inerzia *s.f.* inercia | *forza d'*—, fuerza de inercia | — *uterina*, inercia uterina | *momento d'*—, momento de inercia | *principio di* —, principio de inercia | (*fig.*) *fare qlco. per forza d'*—, hacer algo por pura costumbre.
inesattezza *s.f.* inexactitud.
inesatto *agg.* inexacto.
inesauribile *agg.* inagotable.
inesigibile *agg.* incobrable.
inesistente *agg.* inexistente.
inesistenza *s.f.* inexistencia.
inesorabile *agg.* inexorable.
inesorabilità *s.f.* inexorabilidad.
inesperienza *s.f.* inexperiencia.
inesperto *agg.* inexperto.
inespiabile *agg.* inexpiable.
inespiato *agg.* no expiado, impune.
inesplicabile *agg.* inexplicable.
inesplorato *agg.* inexplorado.
inesploso *agg.* sin explotar, sin estallar: *ordigno* —, artefacto explosivo sin estallar.
inespressivo *agg.* inexpresivo.
inespresso *agg.* no expresado.

inesprimibile *agg.* inexpresable, indecible.
inespugnabile *agg.* inexpugnable.
inespugnato *agg.* no expugnado.
inestimabile *agg.* inestimable, inapreciable.
inestinguibile *agg.* inextinguible.
inestirpabile *agg.* inextirpable.
inestricabile *agg.* inextricable, intrincado.
inettitudine *s.f.* ineptitud, incapacidad.
inetto *agg.*, *s.m.* inepto; (*incapace*) incapaz* (*m./f.*), incompetente (*m./f.*).
inevaso *agg.* sin despachar, no tramitado.
inevitabile *agg.* inevitable, ineluctable.
inezia *s.f.* pequeñez*, nimiedad, tontería.
infagottare *v.tr.* arropar, arrebujar, abrigar*.
infagottato *agg.* **1** arropado **2** (*vestito male*) mal vestido.
infallibile *agg.* infalible.
infallibilità *s.f.* infalibilidad.
infamante *agg.* infamante: *accusa* —, acusación infamante.
infamare *v.tr.* infamar; (*diffamare*) difamar ♦ **-rsi** *v.pron.* infamarse, deshonrarse.
infamatorio *agg.* infamatorio.
infame *agg.* **1** infame, ignominoso **2** (*pessimo*) pésimo, horrible, espantoso: *tempo* —, tiempo infame | *componimento/scritto* —, obra/escrito infame.
infamia *s.f.* infamia, deshonra | *senza — e senza lode*, corriente y moliente.
infangare *v.tr.* **1** enfangar* **2** (*fig.*) ensuciar, infamar ♦ **-rsi** *v.pron.* (*anche fig.*) enfangarse*.
infanticida *s.m./f.* infanticida.
infanticidio *s.m.* infanticidio.
infantile *agg.* infantil, pueril | *asilo* —, guardería | *letteratura* —, literatura infantil.
infantilismo *s.m.* infantilismo.
infanzia *s.f.* infancia, niñez: *i ricordi dell'*—, los recuerdos de la niñez.
infarcire *v.tr.* **1** (*cuc.*) embutir, rellenar: — *un tacchino*, embutir un pavo **2** (*fig.*) atiborrar, llenar.
infarcitura *s.f.* relleno (*m.*).
infarinare *v.tr.* **1** (*cuc.*) enharinar, espolvorear: — *il pane prima di infornarlo*, enharinar el pan antes de meterlo en el horno **2** (*fig.*) blanquear, enblanquecer*: *la neve ha infarinato le cime*, la nieve ha blanqueado las cumbres ♦ **-rsi** *v.pron.* enharinarse, mancharse con harina: — *il viso*, empolvarse la cara.
infarinatura *s.f.* **1** (*cuc.*) enharinado (*m.*) **2** (*fig.*) barniz (*m.*), nociones (*pl.*): *avere un'— di arte*, tener nociones de arte.
infarto *s.m.* (*med.*) infarto; (*fam.*) ataque al corazón: — *cardiaco*, infarto cardiaco/del miocardio
■ ***da infarto***, exorbitante.
infastidire *v.tr.* fastidiar, molestar: *smettila di — tutti!*, ¡deja de fastidiar a los demás! ♦ **-rsi** *v.pron.* fastidiarse, irritarse: *mi infastidisce tutta questa confusione*, me fastidia todo este alboroto.
infaticabile *agg.* incansable, infatigable: *un lavoratore* —, un trabajador incansable.
infaticabilità *s.f.* tenacidad, perseverancia.
infatti *cong.* en efecto, de hecho, en realidad.
infatuare *v.tr.* entusiasmar, enfervorizar*, enardecer*: — *qlcu. di un'idea*, entusiasmar a alguien con una idea ♦ **-rsi** *v.pron.* prendarse, enamorarse: — *di una donna*, encapricharse con una mujer.
infatuato *agg.* chiflado, chalado.
infatuazione *s.f.* exaltación, debilidad, chifladura: *avere una — per qlcu.*, tener una debilidad por alguien.
infausto *agg.* infausto, desgraciado: *giorno* —, día infausto.
infecondo *agg.* **1** infecundo **2** (*fig.*) estéril, improductivo.
infedele *agg.*, *s.m./f.* infiel.
infedeltà *s.f.* infidelidad.
infelice *agg.* **1** infeliz*, desgraciado, desdichado **2** (*mal riuscito*) poco logrado, fracasado: *una traduzione* —, una traducción poco lograda **3** (*inopportuno*) inoportuno: *sei arrivato in un momento* —, has llegado en un momento inoportuno.
infelicità *s.f.* infelicidad, desdicha.
infeltrimento *s.m.* (*tess.*) enfurtido.
infeltrire *v.tr./intr.* (*tess.*) enfurtir ♦ **-rsi** *v.pron.* enfurtirse.
inferenza *s.f.* inferencia, deducción.
inferi *s.m.pl.* infierno (*sing.*): *discendere agli* —, descender al infierno.
inferiore *agg.*, *s.m./f.* inferior: *il piano — di una casa*, el piso inferior de una casa; *prezzo* —, precio inferior; *statura — alla media*, estatura inferior a la media | *scuola media* —, los últimos tres años de EGB | *animali inferiori*, animales inferiores | *corso — di un fiume*, curso bajo de un río | *paleolitico* —, paleolítico inferior | *risultare/essere — alle aspettative/alla propria fama/ai propri compiti*, no estar a la altura de las circunstancias.
inferiorità *s.f.* inferioridad.
inferire *v.tr.* **1** (*dedurre*) inferir*, deducir* **2** (*infliggere*) inferir*, dar*, asestar.
infermeria *s.f.* enfermería.
infermiere *s.m.* enfermero, ayudante (*m./f.*) técnico sanitario (A.T.S.).
infermità *s.f.* enfermedad.
infermo *agg.*, *s.m.* enfermo.
infernale *agg.* (*anche fig.*) infernal: *spirito* —, espíritu infernal; *architettare un piano* —, urdir un plan diabólico | *notte* —, noche infernal | *arte* —, hechicería | *macchina* —,

máquina infernal | *pietra* —, piedra infernal | *un chiasso* —, un ruido infernal.
inferno *s.m.* infierno | *va' all'—!*, ¡vete al infierno/diablo!, ¡vete a la mierda! | *mandare all'*—, mandar al infierno/a la porra | *d'*—, infernal: *caldo d'*—, calor infernal | *diavolo dell'*—, mal bicho | *soffrire le pene dell'*—, pasar las penas del purgatorio | *tempo d'*—, tiempo de perros | *tizzone d'*—, cizañero | *vita d'*—, vida de perros.
inferocire *v.tr.* enfurecer*, irritar ♦ **-rsi** *v.pron.* enfurecerse*, encolerizarse*.
inferriata *s.f.* reja.
infertilità *s.f.* infertilidad, esterilidad.
infervoramento *s.m.* enfervorizamiento.
infervorare *v.tr.* enfervorizar*, entusiasmar, inflamar: *l'oratore infervorò il pubblico*, el orador enfervorizó al público ♦ **-rsi** *v.pron.* acalorarse, enfervorizarse*: — *nella discussione*, acalorarse en la discusión.
infestante *agg.* que infesta | *erba* —, mala hierba, hierbajo.
infestare *v.tr.* infestar.
infestazione *s.f.* infestación.
infettare *v.tr.* **1** (*anche med.*) infectar **2** (*fig.*) corromper, contaminar ♦ **-rsi** *v.pron.* infectarse.
infettivo *agg.* (*anche med.*) infeccioso, infectivo: *malattia infettiva*, enfermedad infecciosa.
infetto *agg.* **1** (*med.*) infectado **2** (*fig.*) corrupto.
infezione *s.f.* (*med.*) infección: *fare* —, infectarse.
infiacchimento *s.m.* enflaquecimiento, debilitamiento, enervación (*f.*).
infiacchire *v.tr.* debilitar, enervar ♦ **-rsi** *v.pron.* debilitarse, enervarse.
infiammabile *agg.* inflamable.
infiammare *v.tr.* **1** inflamar, encender* **2** (*fig.*) excitar, incitar ♦ **-rsi** *v.pron.* inflamarse, encenderse*.
infiammato *agg.* inflamado.
infiammatorio *agg.* inflamatorio.
infiammazione *s.f.* inflamación.
infiascare *v.tr.* envasar, embotellar: — *il vino rosso*, embotellar el vino tinto.
infiascatrice *s.f.* embotelladora.
infiascatura *s.f.* embotellamiento (*m.*).
infibulamento *s.m.* reducción (*f.*) de fractura.
infibulare *v.tr.* infibular.
infibulazione *s.f.* infibulación.
inficiare *v.tr.* invalidar.
infido *agg.* **1** (*di persona*) de poco fiar **2** (*di mare, terreno*) peligroso, traidor.
in fieri *loc.* in fieri.
infierire *v.intr.* encarnizarse*, ensañarse.
infiggere *v.tr.* hincar*, clavar ♦ **-rsi** *v.pron.* clavarse, hincarse*.
infilare *v.tr.* **1** enhebrar; (*perle*) ensartar; (*introdurre*) introducir*: — *l'ago*, enhebrar la aguja; — *le perle in un filo*, ensartar las perlas en un hilo; — *la chiave nella toppa*, introducir la llave en el ojo de la cerradura **2** (*mettere*) meter, poner*: *si è infilato in tasca 100 euro*, se ha metido 100 euros en el bolsillo **3** (*imboccare*) enfilar | — *una strada*, enfilar una calle | — *la porta*, tomar la puerta **4** (*indossare*) poner*, ponerse*; (*calzature, guanti*) calzar*: — *la giacca*, ponerse la chaqueta | — *l'anello al dito*, poner el anillo en el dedo **5** (*imbroccare*) acertar | *non infilarne una*, no dar pie con bola ♦ **-rsi** *v.pron.* **1** introducirse* **2** (*fig.*) meterse | — *tra la folla*, meterse en la multitud | — *nel letto*, meterse en la cama **3** (*indossare*) ponerse*.
infilata *s.f.* hilera, fila | *d'*—, de largo a largo.
infiltramento *s.m.* infiltración (*f.*).
infiltrare *v.tr.* infiltrar, penetrar ♦ **-rsi** *v.pron.* infiltrarse, insinuarse: — *tra i nemici*, infiltrarse entre los enemigos.
infiltrazione *s.f.* infiltración.
infilzare *v.tr.* **1** (*infilare*) enfilar, ensartar: — *perle*, enfilar perlas **2** (*passare da parte a parte*) atravesar*, espetar: — *il pollo nello spiedo*, espetar el pollo en el asador; *lo ha infilzato con la spada*, lo ha atravesado con la espada.
infilzata *s.f.* sarta.
infilzato *agg.* ensartado.
infilzatura *s.f.* ensartado (*m.*).
infimo *agg.* ínfimo.
infine *avv.* (*insomma*) en fin; (*finalmente*) por fin; (*alla fine*) al final: — *cosa vuoi da me?*, ¿en fin, qué quieres de mí?
infingardo *agg.* poltrón, holgazán, remolón.
infinità *s.f.* infinidad; (*grande quantità*) multitud.
infinitamente *avv.* infinitamente.
infinitesimale *agg.* (*mat.*) infinitesimal.
infinitesimo *agg.* (*mat.*) infinitesimal.
infinitezza *s.f.* infinitud.
infinito *agg.* infinito, ilimitado: *infinite volte*, una infinidad de veces, innumerables veces ♦ *s.m.* **1** infinito | *all'*—, hasta el infinito/el cansancio **2** (*gramm.*) infinitivo.
infiocchettare *v.tr.* adornar con lazos, lacear.
infinocchiare *v.tr.* (*fam.*) engañar, embaucar* | *farsi* —, dejarse embaucar*.
infiorare *v.tr.* **1** florear **2** (*fig.*) exornar, embellecer*.
infiorescenza *s.f.* inflorescencia.
infischiarsi *v.pron.* pasar, traer* sin cuidado | *me ne infischio di tutto*, me importa un comino todo, paso de todo.
infisso *s.m.* (*di porta, finestra*) marco, quicio.
infittire *v.tr.* espesar; (*aumentare*) aumentar

♦ **-rsi** *v.pron.* espesarse; (*di nebbia*) adensarse: *la nebbia si è infittita*, la niebla ha aumentado.
inflazionare *v.tr.* (*econ.*) inflacionar.
inflazionato *agg.* (*abusato*) sobado.
inflazione *s.f.* (*econ., anche fig.*) inflación.
inflazionismo *s.m.* (*econ.*) inflacionismo, inflación (*f.*).
inflessibile *agg.* inflexible (*anche fig.*), rígido.
inflessibilità *s.f.* inflexibilidad.
inflessione *s.f.* **1** inflexión, modulación **2** (*cadenza*) acento (*m.*): *parla con — veneta*, habla con acento véneto.
infliggere *v.tr.* infligir*, imponer*.
influente *agg.* influyente.
influenza *s.f.* **1** influencia, ascendiente (*m.*): *avere molta — su qlcu.*, ejercer mucha influencia sobre alguien; *esercitare la propria —*, ejercer su influencia **2** (*med.*) gripe: *— di stagione*, gripe de estación.
influenzabile *agg.* influenciable.
influenzale *agg.* (*med.*) gripal.
influenzare *v.tr.* influenciar, influir* (en): *la televisione influenza molto il modo di pensare dei ragazzi*, la televisión influye mucho en la manera de pensar de los chicos | *lasciarsi/farsi —*, dejarse influenciar.
influenzato *agg.* (*med.*) griposo.
influire *v.intr.* influir* (en), influenciar.
influsso *s.m.* influjo, influencia (*f.*).
infocato *agg.* ardente, abrasador.
infognarsi *v.pron.* (*fam.*) enredarse, enrollarse, empantanarse.
infondatezza *s.f.* lo infundado, falta de fundamento: *l'— di un'accusa*, lo infundado de una acusación.
infondato *agg.* infundado, inmotivado.
infondere *v.tr.* infundir, inspirar | *— coraggio*, infundir valor.
inforcare *v.tr.* **1** coger* con la horca; (*infilzare*) espetar: *— la carne nello spiedo*, espetar la carne en el asador **2** (*montare*) montar: *— la bicicletta*, montar en bicicleta | *— gli occhiali*, ponerse las gafas.
inforcata *s.f.* horconada.
inforcatura *s.f.* horcajadura, bragadura.
informale *agg.* informal ♦ *s.m.* (*pitt.*) informal.
informare *v.tr.* informar, enterar: *— l'opinione pubblica*, informar a la opinión pública ♦ **-rsi** *v.pron.* informarse; enterarse.
informatica *s.f.* informática.
informatico *agg., s.m.* informático.
informativa *s.f.* informe (*m.*), nota informativa.
informativo *agg.* informativo.
informatizzare *v.tr.* informatizar*.
informatizzazione *s.f.* informatización.
informato *agg.* **1** informado, enterado: *essere male —*, estar mal informado **2** (*conformato*) inspirado: *un discorso — a un concetto morale*, un discurso inspirado en un concepto moral.
informatore *s.m.* informador: *un — della polizia*, un informador de la policía | *— medico scientifico*, visitador médico.
informazione *s.f.* información, noticia.
informe *agg.* informe.
informicolimento *s.m.* hormigueo.
informicolirsi *v.pron.* hormiguear, sentir*/tener* hormigueo.
infornare *v.tr.* enhornar, meter en el horno.
infortunarsi *v.pron.* accidentarse; (*ferirsi*) herirse*, lesionarse: *giocando a tennis si è infortunato un ginocchio*, se ha lesionado una rodilla jugando al tenis.
infortunato *agg., s.m.* accidentado, herido, lesionado.
infortunio *s.m.* **1** infortunio, accidente, desgracia (*f.*) | *— sul lavoro*, accidente laboral **2** (*sport*) lesión (*f.*).
infortunistica *s.f.* estudio (*m.*) de los accidentes laborales.
infossamento *s.m.* hundimiento, depresión (*f.*).
infossato *agg.* hundido.
infra- *pref.* infra-.
infradiciare *v.tr.* empapar: *la pioggia mi ha infradiciato i vestiti*, la lluvia me ha empapado la ropa ♦ **-rsi** *v.pron.* **1** empaparse **2** (*marcire*) pudrirse, descomponerse*.
infradiciatura *s.f.* empapamiento (*m.*).
infradito *s.m./f.* chancla (*f.*).
infrangere *v.tr.* **1** romper*, quebrar* **2** (*fig.*) transgredir*, infringir*, violar | *— la legge*, infringir la ley ♦ **-rsi** *v.pron.* romperse, quebrarse.
infrangibile *agg.* infrangible, indestructible: *vetro —*, cristal inastillable.
infranto *agg.* (*anche fig.*) quebrado, destrozado: *cuore —*, corazón destrozado.
infrarosso *agg., s.m.* (*fis.*) infrarrojo.
infrasettimanale *agg.* entre semana: *festività —*, festividad entre semana.
infrastruttura *s.f.* infraestructura.
infrazione *s.f.* infracción.
infreddare *v.tr.* enfriar.
infreddolimento *s.m.* enfriamiento.
infreddolirsi *v.pron.* enfriarse.
infreddolito *agg.* aterido, helado | *essere —*, estar aterido, estar muerto de frío.
infrequente *agg.* infrecuente, raro.
infrequenza *s.f.* infrecuencia.
infruttuosità *s.f.* infructuosidad.
infruttuoso *agg.* **1** infructífero **2** (*fig.*) infructuoso, inútil.
infuocare *v.tr.* **1** calentar* al rojo vivo **2** (*fig.*) enrojecer* ♦ **-rsi** *v.pron.* **1** ponerse*

candente **2** (*fig.*) acalorarse, enardecerse*, abrasarse.
infuori *avv.* hacia afuera
■ ***all'infuori***, hacia afuera | ***all'infuori di***, excepto.
infurbirsi *v.pron.* despabilarse, espabilarse, maliciarse.
infuriare *v.intr.* enfurecer* ♦ **-rsi** *v.pron.* enfurecerse*.
infuriato *agg.* enfurecido.
infusione *s.f.* infusión.
infuso *s.m.* infusión (*f.*).
ingabbiare *v.tr.* enjaular, encajonar, encerrar* (*anche fig.*).
ingabbiatura *s.f.* (*edil.*) armazón (*m.*) de cemento armado.
ingaggiare *v.tr.* **1** contratar, emplear; (*sport*) fichar; (*mil.*) alistar, reclutar: — *una guardia del corpo*, contratar a un guardaespaldas; — *un calciatore*, fichar a un futbolista; — *mercenari*, reclutar mercenarios **2** (*dare inizio a*) empezar*: — *una battaglia*, entablar una batalla.
ingaggio *s.m.* contratación (*f.*); (*sport*) fichaje; (*mil.*) reclutamiento.
ingagliardire *v.tr.* fortalecer*.
ingannabile *agg.* engañable.
ingannare *v.tr.* **1** engañar: *l'apparenza inganna*, las apariencias engañan **2** (*deludere*) defraudar, traicionar ♦ **-rsi** *v.pron.* engañarse, equivocarse*
■ ***ingannare il tempo***, matar el tiempo.
ingannatore *agg.*, *s.m.* engañador.
ingannevole *agg.* engañoso.
inganno *s.m.* engaño; truco | *cadere in* —, engañarse, equivocarse*.
ingarbugliamento *s.m.* enredo, enmarañamiento.
ingarbugliare *v.tr.* **1** enredar: — *i fili di una matassa*, enredar los hilos de una madeja **2** (*fig.*) enredar, enmarañar ♦ **-rsi** *v.pron.* (*anche fig.*) enredarse: *la situazione si è ingarbugliata*, la situación se ha enmarañado; — *nel parlare*, embarullarse hablando.
ingarbugliato *agg.* (*anche fig.*) enredado, enmarañado: *matassa ingarbugliata*, madeja enredada; *discorso* —, discurso enmarañado.
ingegnarsi *v.pron.* **1** ingeniarse **2** (*arrangiarsi*) apañárselas, arreglárselas.
ingegnere *s.m.* ingeniero | — *aeronautico*, ingeniero aeronáutico | — *del suono*, ingeniero del sonido | — *navale*, ingeniero naval/de marina | — *militare*, ingeniero militar.
ingegneria *s.f.* ingeniería | — *aeronautica*, ingeniería aeronáutica | — *genetica*, ingeniería genética | — *industriale*, ingeniería industrial | — *navale*, ingeniería naval.
ingegneristico *agg.* de la ingeniería.
ingegno *s.m.* ingenio; (*talento*) talento, genio; (*intelligenza*) inteligencia (*f.*) | *opere dell'*—, obras del intelecto | *uomo d'*—, hombre de talento | *fornito di grande* —, dotado de una gran inteligencia
■ ***aguzzare l'ingegno***, aguzar/afilar el ingenio | ***il bisogno aguzza l'ingegno***, la necesidad hace maestro.
ingegnosità *s.f.* ingeniosidad.
ingegnoso *agg.* ingenioso.
ingelosire *v.tr.* dar* celos, poner* celoso ♦ **-rsi** *v.pron.* ponerse*/volverse* celoso.
ingenerare *v.tr.* generar, procrear, causar, provocar* ♦ **-rsi** *v.pron.* producirse*, ser* causado.
ingenerosità *s.f.* mezquindad.
ingeneroso *agg.* injusto, mezquino.
ingente *agg.* ingente, relevante.
ingentilimento *s.m.* afinamiento.
ingentilire *v.tr.* afinar, refinar: — *i costumi*, afinar las costumbres ♦ **-rsi** *v.pron.* afinarse, refinarse: *si è ingentilito molto da quando si è sposato*, se afinó mucho desde que se ha casado.
ingenuità *s.f.* ingenuidad.
ingenuo *agg.*, *s.m.* ingenuo, simple (*m./f.*), tonto: *un ragazzo* —, un chico ingenuo
■ ***fare l'ingenuo***, hacer el inocente: *non fare l'*—, no te hagas el inocente.
ingerenza *s.f.* injerencia, intervención, intromisión: *l'— negli affari interni di uno Stato*, la injerencia en los asuntos internos de un Estado.
ingerimento *s.m.* ingestión (*f.*).
ingerire *v.tr.* tragar*, ingerir* ♦ **-rsi** *v.pron.* ingerirse*, entrometerse.
ingessare *v.tr.* **1** enyesar **2** (*med.*) escayolar.
ingessatura *s.f.* **1** enyesado (*m.*) **2** (*med.*) escayola.
ingestione *s.f.* ingestión.
inghiottimento *s.m.* deglución (*f.*).
inghiottire *v.tr.* engullir*, tragar* (*anche fig.*): — *un boccone*, tragar un bocado; *ho dovuto — le lacrime*, tuve que contener las lágrimas.
inghippo *s.m.* engaño, truco: *è lì l'*—, ahí está el truco.
ingiallire *v.tr.* amarillear: *l'autunno ingiallisce le foglie degli alberi*, el otoño tiñe de amarillo las hojas de los árboles ♦ *v.intr.* **1** amarillear: *le messi ingialliscono al sole*, las mieses amarillean al sol **2** (*fig.*) marchitarse, apagarse*.
ingiallito *agg.* **1** amarillento **2** (*fig.*) desvaído, descolorido, borroso.
ingigantire *v.tr.* **1** agrandar, ampliar: — *un'immagine*, ampliar una fotografía **2** (*fig.*) agigantar: — *un problema*, agigantar un problema ♦ **-rsi** *v.intr.* agigantarse: *la crisi*

del settore si ingigantì, la crisis del sector se agigantó.
inginocchiamento *s.m.* arrodillamiento.
inginocchiarsi *v.pron.* arrodillarse.
inginocchiatoio *s.m.* reclinatorio.
ingioiellare *v.tr.* enjoyar, alhajar, adornar con joyas ♦ **-rsi** *v.intr.* enjoyarse, ensortijarse: *le piace molto —*, le gusta enjoyarse.
ingiù *avv.* abajo, para abajo | *all'—*, hacia abajo.
ingiungere *v.tr.* imponer*, ordenar; intimar.
ingiuntivo *agg.* intimidatorio, conminatorio.
ingiunzione *s.f.* **1** orden: *ricevere un'—*, recibir una orden **2** (*dir.*) intimación.
ingiuria *s.f.* injuria, insulto (*m.*), ofensa.
ingiuriare *v.tr.* insultar, injuriar.
ingiurioso *agg.* injurioso, ultrajante.
ingiustificabile *agg.* injustificable: *un comportamento —*, un comportamiento injustificable.
ingiustificato *agg.* injustificado, inmotivado: *critiche ingiustificate*, críticas inmotivadas.
ingiustizia *s.f.* injusticia: *commettere un'—*, cometer una injusticia; *subire un'—*, sufrir una injusticia.
ingiusto *agg.* **1** injusto, inicuo **2** (*immotivato*) infundado, injustificado, inmotivado ♦ *s.m.* lo injusto.
inglese *agg.*, *s.m./f.* inglés (*m.*)
■ ***andarsene/filarsela all'inglese***, despedirse a la francesa | ***carattere inglese***, letra inglesa | ***chiave inglese***, llave inglesa | ***colazione all'inglese***, desayuno inglés | ***gabinetto all'inglese***, váter | ***giardino inglese***, jardín inglés | ***prato all'inglese***, césped | ***sale inglese***, sal de la higuera, sulfato de magnesia | ***zuppa inglese***, bizcocho aderezado con licor, chocolate y crema.
inglobamento *s.m.* anexión (*f.*).
inglobare *v.tr.* englobar, embeber, incorporar: *un'istituto che ha inglobato dipartimenti più piccoli*, una institución que ha englobado departamentos más pequeños.
inglorioso *agg.* **1** sin gloria **2** (*disonorevole*) ignominioso, deshonroso.
ingobbirsi *v.pron.* encorvarse, corcovarse: *con l'età si ingobbisce sempre di più*, con los años se encorva cada vez más.
ingobbito *agg.* encorvado.
ingoffare *v.tr.* caer*/quedar mal: *questo vestito ti ingoffisce*, este vestido te cae mal.
ingoiare *v.tr.*. **1** engullir*, tragar* **2** (*fig.*) tragar*, aguantar, soportar: *ha dovuto — la sconfitta*, ha tenido que aguantar el fracaso
■ ***ingoiare il rospo***, tragar quina.
ingolfamento *s.m.* ahogo, calada (*f.*).
ingolfare *v.tr.* (*di motore*) ahogar* ♦ **-rsi** *v.pron.* **1** (*di motore*) ahogarse* **2** (*fig.*) enredarse, liarse.
ingollare *v.tr.* engullir*.
ingolosire *v.tr.* (*anche fig.*) engolosinar: *un dolce che ingolosisce*, un pastel que engolosina; *— con delle promesse*, engolosinar con promesas ♦ **-rsi** *v.pron.* engolosinarse.
ingombrante *agg.* voluminoso, abultado.
ingombrare *v.tr.* estorbar, obstaculizar*.
ingombro[1] *agg.* obstruido.
ingombro[2] *s.m.* estorbo, impedimento | *essere d'—*, ser un estorbo.
ingordigia *s.f.* **1** glotonería, voracidad **2** (*fig.*) avidez.
ingordo *agg.*, *s.m.* **1** glotón, tragón **2** (*fig.*) ávido.
ingorgarsi *v.pron.* atascarse*, obstruirse*.
ingorgo *s.m.* atasco | *— di traffico*, embotellamiento.
ingovernabile *agg.* ingobernable.
ingovernabilità *s.f.* ingobernabilidad.
ingozzamento *s.m.* (*di persona*) hartazgo; (*di animale*) engorde, cebadura (*f.*), ceba (*f.*).
ingozzare *v.tr.* **1** (*trangugiare*) engullir* **2** (*animali*) embuchar, cebar: *— i polli*, cebar los pollos ♦ **-rsi** *v.pron.* atracarse*, llenarse: *— di dolci*, atracarse de dulces.
ingranaggio *s.m.* **1** engranaje **2** (*fig.*) mecanismo.
ingranare *v.tr.* (*mecc.*) engranar | *— la marcia*, meter/poner la marcha ♦ *v.intr.* **1** (*mecc.*) engranar **2** (*fig.*) arrancar*, marchar, funcionar.
ingrandimento *s.m.* **1** engrandecimiento | *lente d'—*, lupa **2** (*foto.*) ampliación (*f.*).
ingrandire *v.tr.* **1** ensanchar, ampliar **2** (*foto.*) ampliar **3** (*fig.*) agigantar, exagerar ♦ **-rsi** *v.pron.* crecer*, agrandarse, ampliarse.
ingranditore *s.m.* (*foto.*) ampliador.
ingrassare *v.tr.* **1** engordar **2** (*lubrificare*) engrasar ♦ *v.intr.* **1** engordar **2** (*fig.*) enriquecerse*.
ingrasso *s.m.* engorde, ceba (*f.*).
ingratitudine *s.f.* ingratitud: *dimostrare —*, demostrar ingratitud | *ricambiare con l'—*, ser un ingrato.
ingrato *agg.*, *s.m.* ingrato, desagradecido.
ingravidamento *s.m.* embarazo, preñez (*f.*).
ingravidare *v.tr.* preñar, embarazar*.
ingraziarsi *v.pron.* granjearse, propiciarse, conquistar: *— il pubblico*, granjearse al público.
ingrediente *s.m.* ingrediente: *gli ingredienti di una ricetta*, los ingredientes de una receta | *il mistero è uno degli ingredienti del romanzo giallo*, el mistero es uno de los ingredientes de la novela negra.
ingresso *s.m.* ingreso, entrada (*f.*): *biglietto d'—*, entrada | *— libero*, entrada libre | *vietato l'—*, prohibida la entrada.
ingrossamento *s.m.* engrosamiento.

ingrossare *v.tr.* engrosar.
ingrosso, all' *loc.avv.* al por mayor.
inguaiare *v.tr.* (*fam.*) meter en líos, enredar ♦ **-rsi** *v.pron.* enredarse, meterse en líos.
inguainamento *s.m.* (*med.*) invaginación (*f.*).
inguainare *v.tr.* envainar, enfundar, ceñir*, apretar*: — *la spada*, envainar la espada.
inguaribile *agg.* **1** incurable **2** (*fig.*) incorregible.
inguine *s.m.* (*anat.*) ingle (*f.*).
ingurgitare *v.tr.* devorar, tragar*.
inibire *v.tr.* **1** inhibir **2** (*vietare*) prohibir*, impedir* ♦ **-rsi** *v.pron.* cortarse: *si inibisce davanti a lui*, se corta delante de él.
inibito *agg.* inhibido.
inibitore *agg.* inhibidor.
inibitorio *agg.* inhibitorio.
inibizione *s.f.* **1** inhibición **2** (*divieto*) prohibición.
iniettabile *agg.* inyectable.
iniettare *v.tr.* inyectar.
iniettore *s.m.* inyector | — *d'acqua*, inyector de agua | — *del combustibile*, inyector del combustible.
iniezione *s.f.* (*med., tecn., anche fig.*) inyección: — *endovenosa*, inyección endovenosa | — *intradermica*, inyección intradérmica | — *ipodermica*, inyección hipodérmica | — *sclerosante*, inyección esclerosante | — *diretta, indiretta*, inyección directa, indirecta | *motore a* —, motor de inyección | *un'— di ottimismo*, una inyección de optimismo.
inimicare *v.tr.* enemistar ♦ **-rsi** *v.pron.* enemistarse, desamistarse.
inimicizia *s.f.* enemistad.
inimitabile *agg.* inimitable.
inimitato *agg.* inimitable, sin par.
inimmaginabile *agg.* inimaginable.
ininfluente *agg.* irrelevante.
ininfluenza *s.f.* irrelevancia.
inintelligibile *agg.* ininteligible.
inintelligibilità *s.f.* ininteligibilidad.
ininterrottamente *avv.* ininterrumpidamente.
ininterrotto *agg.* ininterrumpido, continuo.
iniquità *s.f.* iniquidad, injusticia, adversidad.
iniquo *agg.* inicuo.
in itinere *loc.* sobre la marcha: *una trilogia di romanzi* —, una trilogía de novelas sobre la marcha.
iniziale *agg.*, *s.f.* inicial: *le iniziali del suo nome*, las iniciales de su nombre.
inizializzare *v.tr.* (*anche inform.*) inicializar*.
inizializzazione *s.f.* (*anche inform.*) inicialización.
iniziare *v.tr.* **1** empezar*, comenzar*: — *un lavoro*, empezar un trabajo **2** (*avviare*) iniciar: — *qlcu. allo studio della musica*, iniciar a alguien en el estudio de la música ♦ *v.intr.* empezar*, comenzar*.
iniziatico *agg.* iniciático.
iniziativa *s.f.* iniciativa | *prendere l'*—, tomar la iniciativa | *assumersi l'*—, tomar la iniziativa | *di propria* —, por su propia iniciativa | *diritto di* —, derecho de iniciativa | — *privata*, iniciativa privada | — *umanitaria*, iniciativa umanitaria | *spirito di* —, capacidad/espíritu de iniciativa.
iniziazione *s.f.* iniciación.
inizio *s.m.* inicio, principio | *avere* —, empezar | *all'*—, al principio.
innaffiare *v.tr.* → **annaffiare.**
innalzamento *s.m.* elevación (*f.*).
innalzare *v.tr.* (*anche fig.*) levantar, alzar*, elevar ♦ **-rsi** *v.pron.* alzarse*, elevarse.
innamoramento *s.m.* enamoramiento.
innamorarsi *v.pron.* enamorarse.
innamorato *agg.* enamorado | *essere* — *cotto/pazzo*, estar locamente/perdidamente enamorado, estar colado ♦ *s.m.* novio.
innanzi *avv.* **1** (*avanti*) adelante **2** (*prima*) antes: *molti mesi* —, muchos meses antes **3** (*in futuro*) en adelante: *d'ora* —, de/desde ahora en adelante ♦ *prep.* (*davanti*) ante, delante ♦ *agg.* anterior, antes: *il giorno* —, el día anterior/antes
■ ***innanzi a***, delante de, ante | ***innanzi tutto***, antes de todo, antes que nada | ***innanzi tempo***, antes de tiempo | ***tirare innanzi***, ir tirando.
innato *agg.* innato.
innaturale *agg.* **1** innatural **2** (*affettato*) afectado.
innegabile *agg.* innegable.
inneggiamento *s.m.* alabanza (*f.*), elogio.
inneggiare *v.intr.* cantar himnos de alabanza, alabar, elogiar.
innervosire *v.tr.* poner* nervioso ♦ **-rsi** *v.pron.* ponerse* nervioso.
innervosito *agg.* nervioso, crispado.
innescare *v.tr.* **1** (*amo*) cebar **2** (*tecn.*) activar **3** (*fig.*) provocar*, producir*.
innesco *s.m.* detonador.
innestare *v.tr.* **1** (*bot.*) injertar **2** (*aut., la frizione*) embragar* | — *la retromarcia*, meter/poner la marcha atrás **3** (*elettr.*) conectar, enchufar **4** (*fig.*) insertar, introducir*.
innesto *s.m.* **1** (*bot.*) injerto **2** (*mecc.*) embrague **3** (*elettr.*) enchufe, conexión (*f.*) **4** (*fig.*) inserción (*f.*).
innevamento *s.m.* nevada (*f.*): — *artificiale delle piste da sci*, acondicionamiento de las pistas de esquí con nieve artificial.
innevarsi *v.pron.* cubrirse de nieve.
innevato *agg.* nevado.
inno *s.m.* himno.
innocente *agg.*, *s.m./f.* inocente.
innocenza *s.f.* inocencia: *beata* —*!*, ¡santa

ingenuidad! | — *battesimale*, inocencia bautismal | *l'età dell'*—, la infancia.
innocuo *agg.* inocuo, inofensivo.
innominabile *agg.* innominable, innombrable.
innominato *agg.* innominado.
innovativo *agg.* innovador, nuevo.
innovare *v.tr.* innovar.
innovatore *agg.*, *s.m.* innovador.
innovazione *s.f.* innovación.
innumerevole *agg.* innumerable.
inoculazione *s.f.* (*med.*) inoculación.
inodore *agg.* inodoro.
inoffensivo *agg.* inofensivo, inocuo.
inoltrare *v.tr.* **1** despachar, enviar* **2** (*amm.*) presentar: — *una domanda*, presentar una solicitud **3** (*inform.*) reenviar ♦ **-rsi** *v.pron.* adentrarse, penetrar.
inoltrato *agg.* **1** avanzado, pleno: *a notte inoltrata*, en plena noche **2** (*amm.*) despachado, enviado.
inoltre *avv.* además.
inoltro *s.m.* **1** expedición (*f.*), envío **2** (*amm.*) tramitación (*f.*).
inombrare *v.tr.* ensombrecer* ♦ **-rsi** *v.pron.* ensombrecerse*, obscurecerse*.
inondare *v.tr.* inundar ♦ **-rsi** *v.pron.* inundarse.
inondazione *s.f.* inundación.
inoperabile *agg.* (*med.*) inoperable.
inoperante *agg.* inoperante, ineficaz*.
inoperosità *s.f.* inoperancia, inoperatividad.
inoperoso *agg.* inactivo; (*ozioso*) ocioso.
inopinabile *agg.* **1** inopinable **2** (*inconcepibile*) inconcebible, inimaginable.
inopinato *agg.* inopinado, imprevisto.
inopportunità *s.f.* inoportunidad.
inopportuno *agg.* inoportuno.
inoppugnabile *agg.* indiscutible, incontrastable.
inorganico *agg.* inorgánico.
inorgoglire *v.tr.* enorgullecer* ♦ **-rsi** *v.pron.* enorgullecerse*.
inorridire *v.tr.* horrorizar* ♦ *v.intr.* horrorizarse*.
inospitale *agg.* (*di luogo*) inhóspito; (*di persona*) inhospitalario.
inospitalità *s.f.* carencia de hospitalidad.
inosservabile *agg.* inobservable, imposible de respetar: *una legge* —, una ley imposible de respetar.
inosservante *agg.* transgresor: — *delle regole*, transgresor de las reglas.
inosservanza *s.f.* inobservancia, incumplimiento (*m.*).
inosservato *agg.* inobservado, inadvertido.
inossidabile *agg.* inoxidable.
inossidabilità *s.f.* calidad de inoxidable.
input *s.m.* (*inform.*) input.
inquadramento *s.m.* encuadre, encuadramiento.
inquadrare *v.tr.* **1** encuadrar **2** (*fig.*) situar*, colocar* **3** (*foto., cinem.*) enfocar* ♦ **-rsi** *v.pron.* encuadrarse, colocarse*.
inquadratura *s.f.* **1** (*foto., cinem.*) toma, enfoque (*m.*) **2** (*campo visivo*) encuadre (*m.*).
inqualificabile *agg.* incalificable.
inquietante *agg.* inquietante.
inquietare *v.tr.* inquietar, preocupar ♦ **-rsi** *v.pron.* **1** inquietarse, preocuparse **2** (*adirarsi*) enfadarse, irritarse.
inquieto *agg.* **1** inquieto, intranquilo **2** (*adirato*) enfadado, fastidiado, contrariado.
inquietudine *s.f.* inquietud, desasosiego (*m.*).
inquilino *s.m.* inquilino.
inquinamento *s.m.* **1** (*ambientale*) contaminación (*f.*), polución (*f.*) **2** (*dir.*) alteración (*f.*): — *di prove*, alteración de pruebas.
inquinante *agg.* contaminante.
inquinare *v.tr.* **1** contaminar **2** (*dir.*) alterar, corromper.
inquirente *agg.*, *s.m./f.* inquisidor (*m.*), investigador (*m.*) | *commissione* —, comisión investigadora.
inquisire *v.tr./intr.* inquirir*, indagar*.
inquisitore *agg.*, *s.m.* inquisidor.
inquisitorio *agg.* inquisitorial.
inquisizione *s.f.* inquisición.
insabbiamento *s.m.* **1** cubrimiento con arena **2** (*fig.*) estancamiento: *l'— di una pratica*, el estancamiento de un expediente **3** (*fig.*) ocultación (*f.*): *l'— delle prove*, la ocultación de pruebas.
insabbiare *v.tr.* **1** enarenar **2** (*fig.*) estancar*, ocultar ♦ **-rsi** *v.pron.* **1** enarenarse, cubrirse de arena **2** (*fig.*) estancarse*.
insaccamento *s.m.* (*di salumi*) embutido.
insaccare *v.tr.* **1** ensacar* | (*calcio*) — *il pallone*, marcar un gol, meter en la red **2** (*salumi*) embutir, embuchar.
insaccato *s.m.* (*cuc.*) embutido.
insaccatura *s.f.* embutido (*m.*).
insalata *s.f.* ensalada | (*cuc.*) — *russa*, ensaladilla rusa | *in* —, en ensalada | — *belga*, ensalada belga | — *capricciosa*, ensalada de verduras crudas y mahonesa | — *di mare*, ensalada de mariscos | — *di pasta*, ensalada de pasta | — *di riso*, ensalada de arroz | — *mista*, ensalada mixta | — *verde*, ensalada de lechuga.
insalatiera *s.f.* ensaladera.
insalivare *v.tr.* ensalivar, insalivar.
insalivazione *s.f.* ensalivación, insalivación.
insalubre *agg.* insalubre, malsano.
insalvabile *agg.* insalvable.
insanabile *agg.* **1** insanable, incurable **2** (*fig.*) implacable; (*irrimediabile*) irremediable.

insanguinamento *s.m.* ensangrentamiento.
insanguinare *v.tr.* (*anche fig.*) ensangrentar* ♦ **-rsi** *v.pron* ensangrentarse.
insano *agg.* insano, demente, loco.
insaponare *v.tr.* enjabonar ♦ **-rsi** *v.pron* jabonarse, enjabonarse.
insaponata *s.f.* enjabonada, jabonada.
insaponatura *s.f.* enjabonadura, jabonadura.
insapore *agg.* insípido, soso.
insaporire *v.tr.* dar* sabor a.
insaputa *s.f. solo nella loc.*: *all'— di*, a espaldas de, a escondidas de.
insaziabile *agg.* insaciable.
insaziabilità *s.f.* insaciabilidad.
insaziato *agg.* insatisfecho.
inscatolare *v.tr.* enlatar.
inscenare *v.tr.* **1** (*teatr.*) poner* en escena **2** (*fig.*) organizar*, preparar.
inscindibile *agg.* inseparable.
inscrivere *v.tr.* (*geom.*) inscribir*.
insediamento *s.m.* **1** (*in carica*) toma (*f.*) de posesión **2** (*di popolo*) asentamiento.
insediare *v.tr.* (*in carica*) investir* : — *qlcu. in una carica*, investir a alguien de un cargo ♦ **-rsi** *v.pron.* **1** (*in carica*) tomar posesión, instalarse **2** (*di popolo*) establecerse*, asentarse*.
insegna *s.f.* **1** (*mil.*) insignia, enseña **2** (*emblema*) emblema (*m.*) **3** (*di negozio*) letrero (*m.*) | — *luminosa*, anuncio luminoso | — *al neon*, letrero de neón.
insegnamento *s.m.* enseñanza (*f.*); lección (*f.*).
insegnante *agg.* enseñante, docente ♦ *s.m./f.* (*elementare*) maestro (*m.*); (*di liceo, università*) profesor: *fa l'—*, es profesor.
insegnare *v.tr.* enseñar; (*dare lezioni*) dar* clases.
inseguimento *s.m.* persecución (*f.*) | (*ciclismo*) — *a squadre*, persecución por equipos.
inseguire *v.tr.* perseguir*, seguir*.
inseguitore *agg.*, *s.m.* perseguidor, persecutor.
inseminare *v.tr.* (*med., biol.*) inseminar, fecundar.
inseminazione *s.f.* (*med., biol.*) inseminación.
insenatura *s.f.* (*geogr.*) ensenada.
insensatezza *s.f.* insensatez, necedad.
insensato *agg.*, *s.m.* insensato, tonto, necio.
insensibile *agg.* insensible.
insensibilità *s.f.* insensibilidad.
inseparabile *agg.* inseparable, indivisible.
inserimento *s.m.* inserción (*f.*), introducción (*f.*).
inserire *v.tr.* **1** inserir*, insertar, introducir* **2** (*una spina*) enchufar ♦ **-rsi** *v.pron.* insertarse; (*di persona*) integrarse.
inserito *agg.* integrado: *è ben — nella sua nuova classe*, se ha integrado bien en su nueva clase.
inserto *s.m.* **1** (*di documenti*) expediente **2** (*di giornale*) suplemento **3** (*pubblicitario*) anuncio **4** (*abbigl.*) aplicación (*f.*).
inservibile *agg.* inservible.
inserviente *s.m./f.* (*domestico*) sirviente (*m.*), criado (*m.*).
inserzione *s.f.* **1** inserción **2** (*di giornale*) anuncio (*m.*).
inserzionista *agg.*, *s.m./f.* anunciante.
insetticida *agg.*, *s.m.* insecticida.
insetto *s.m.* insecto.
insicurezza *s.f.* inseguridad.
insicuro *agg.* inseguro, incierto.
insidia *s.f.* insidia, asechanza; (*tranello*) trampa.
insidiare *v.tr.* acechar ♦ *v.intr.* poner* insidias, atentar (contra).
insidioso *agg.* insidioso.
insieme *avv.* **1** juntos: *viviamo —*, vivimos juntos **2** (*contemporaneamente*) a la vez, al mismo tiempo: *tutti —*, todos juntos, todos a una/a la vez ♦ *s.m.* **1** conjunto, totalidad (*f.*) **2** (*mat., abbigl.*) conjunto
■ ***insieme con/a***, junto con/a | ***d'insieme***, de conjunto | ***nell'insieme***, en conjunto | ***mettere insieme***, juntar: *mettere — i propri sforzi*, juntar las fuerzas; *mettere — un esercito*, juntar/reunir un ejército; *mettere — uno spettacolo*, montar un espectáculo; *mettere — un patrimonio/una fortuna*, amasar una fortuna | ***mettersi insieme***, (*associarsi*) asociarse; (*fidanzarsi*) salir juntos | ***comprare tutto insieme***, comprar por junto | ***considerare tutto insieme***, considerar en su totalidad | ***stare insieme***, estar juntos; (*essere fidanzati*) ser novios; salir juntos | ***stare bene insieme***, (*due oggetti*) combinar/armonizar; (*due persone*) congeniar.
insiemistica *s.f.* (*mat.*) teoría de conjuntos.
insigne *agg.* **1** (*di persona*) insigne, ilustre **2** (*di monumento ecc.*) famoso, importante.
insignificante *agg.* insignificante, baladí*.
insignire *v.tr.* condecorar, honrar, galardonar: *lo hanno insignito della laurea ad honorem*, lo han honrado con el doctorado honoris causa.
insincerità *s.f.* insinceridad.
insincero *agg.* insincero.
insinuare *v.tr.* **1** introducir* **2** (*fig.*) insinuar ♦ **-rsi** *v.pron.* introducirse*, infiltrarse.
insinuazione *s.f.* insinuación, alusión.
insipido *agg.* (*anche fig.*) insípido, soso.
insistenza *s.f.* insistencia, machaconería.
insistere *v.tr.* insistir; (*continuare, perseverare*) persistir.
insito *agg.* ínsito, innato.
insoddisfacente *agg.* insatisfactorio.

insoddisfatto *agg.* insatisfecho, descontento.
insofferente *agg.* impaciente, intolerante.
insofferenza *s.f.* intolerancia, impaciencia.
insolazione *s.f.* (*med.*) insolación.
insolente *agg., s.m./f.* insolente.
insolenza *s.f.* insolencia, descaro (*m.*).
insolito *agg.* **1** insólito, inusual **2** (*strano*) raro, extraño.
insolubile *agg.* insoluble.
insoluto *agg.* **1** (*irrisolto*) irresuelto, no solucionado **2** (*chim.*) no disuelto **3** (*non pagato*) insoluto, impagado.
insolvente *agg., s.m./f.* insolvente.
insolvenza *s.f.* (*dir.*) insolvencia.
insolvibile *agg.* insolvente.
insomma *avv.* **1** (*in conclusione*) en suma, en conclusión **2** (*né bene né male*) así así **3** (*con impazienza*) en fin | —, *smettetela!*, en fin, ¡basta ya!
insommergibile *agg.* insumergible.
insondabile *agg.* **1** insondable **2** (*fig.*) impenetrable.
insonne *agg.* insomne.
insonnia *s.f.* insomnio (*m.*).
insonnolito *agg.* adormecido, medio dormido.
insonorizzare *v.tr.* insonorizar*.
insonorizzato *agg.* insonorizado.
insopportabile *agg.* insoportable.
insopprimibile *agg.* irreprimible, irrefrenable.
insorgere *v.intr.* **1** insurreccionarse, rebelarse **2** (*manifestarsi, sorgere*) surgir*, manifestarse*.
insormontabile *agg.* infranqueable, insuperable.
insorto *agg., s.m.* insurrecto, insurgente (*m./f.*), sublevado, rebelde (*m./f.*).
insospettabile *agg.* insospechable.
insospettato *agg.* insospechado, inesperado.
insospettire *v.tr.* despertar*/levantar sospechas; (*fam.*) escamar ♦ **-rsi** *v.pron.* recelar, sospechar; (*fam.*) escamarse: *s'insospettì per la sua presenza*, se escamó de su presencia.
insostenibile *agg.* insostenible.
insostituibile *agg.* insustituible.
insozzare *v.tr.* (*anche fig.*) ensuciar, manchar.
insperabile *agg.* inesperable.
insperato *agg.* inesperado.
inspiegabile *agg.* inexplicable.
inspirare *v.tr.* inspirar, aspirar.
inspirazione *s.f.* inspiración.
instabile *agg.* inestable, inconstante.
installare *v.tr.* instalar, montar, colocar* ♦ **-rsi** *v.pron.* instalarse.
installatore *s.m.* instalador.
instancabile *agg.* incansable, infatigable.
instaurare *v.tr.* instaurar, instituir* ♦ **-rsi** *v.pron.* establecerse*, constituirse*.
instillare *v.tr.* (*anche fig.*) instilar.
instradare *v.tr.* dirigir*, encaminar, encarrilar ♦ **-rsi** *v.pron.* encarrilarse, enderezarse*.
insù *avv.* arriba | *all'*—, hacia arriba.
insubordinatezza *s.f.* insubordinación.
insubordinato *agg.* insubordinado, indisciplinado.
insubordinazione *s.f.* insubordinación, rebeldía, indisciplina.
insuccesso *s.m.* fracaso; (*fam.*) chasco.
insudiciare *v.tr.* (*anche fig.*) ensuciar, manchar.
insufficiente *agg.* insuficiente, escaso | *compito* (*d'esame*) —, prueba insuficiente | *è — in matematica*, ha sacado insuficiente en matemáticas ♦ *s.m.* (*voto*) suspenso, insuficiente.
insufficienza *s.f.* **1** insuficiencia, escasez* **2** (*voto*) suspenso (*m.*): *oggi ho preso un'— in matematica*, hoy he sacado un suspenso en matemáticas.
insulare *agg.* insular, isleño.
insulina *s.f.* (*biol., med.*) insulina.
insulso *agg.* insulso, soso.
insultare *v.tr.* insultar, ofender, ultrajar ♦ **-rsi** *v.pron.* insultarse, ofenderse.
insulto *s.m.* insulto, ofensa (*f.*).
insuperabile *agg.* **1** insuperable **2** (*fig.*) excepcional.
insuperato *agg.* insuperado.
insuperbire *v.tr.* ensoberbecer*, engreír* ♦ **-rsi** *v.pron.* engreírse*.
insurrezione *s.f.* insurrección, levantamiento (*m.*), rebelión.
insussistente *agg.* insubsistente, infundado.
insussistenza *s.f.* insubsistencia, inexistencia.
intabarrato *agg.* embozado, arropado, abrigado.
intaccare *v.tr.* **1** (*far tacche*) mellar, rajar **2** (*corrodere*) corroer* **3** (*med.*) atacar*, infectar **4** (*fig.*) mellar | — *la reputazione*, mellar la honra **5** (*riserve, capitali*) mermar | — *le provviste*, mermar las provisiones.
intagliare *v.tr.* (*incidere*) entallar, tallar, grabar.
intaglio *s.m.* **1** tallado, talla (*f.*), grabado **2** (*incisione*) incisión (*f.*).
intangibile *agg.* intangible.
intanto *avv.* **1** (*nel frattempo*) mientras tanto, entre tanto **2** (*per il momento*) por el momento, por ahora **3** (*fam., invece*) pero **4** (*conclusivo*) por fin, al final
■ ***intanto che***, mientras que.
intarsio *s.m.* taracea (*f.*).
intasamento *s.m.* **1** obstrucción (*f.*) **2** (*aut.*) embotellamiento, atasco.
intasare *v.tr.* **1** atascar*, obstruir* **2** (*aut.*)

atascar*, embotellar ♦ **-rsi** *v. pron.* atascarse*, obstruirse*.
intascare *v.tr.* **1** embolsar **2** (*guadagnare*) ganar, cobrar.
intatto *agg.* intacto, íntegro.
intavolare *v.tr.* (*fig.*) entablar, emprender: — *una conversazione*, entablar una conversación.
integerrimo *agg.* integérrimo, intachable.
integrale[1] *agg.* integral: *pane* —, pan integral | *edizione* —, edición integral.
integrale[2] *s.m.* (*mat.*) integral (*f.*).
integralismo *s.m.* (*pol., relig.*) integrismo.
integralista *agg., s.m./f.* (*pol., relig.*) integrista.
integrare *v.tr.* integrar, completar ♦ **-rsi** *v.pron.* **1** integrarse **2** (*a vicenda*) completarse.
integrativo *agg.* complementario.
integratore *agg., s.m.* integrador: — *alimentare*, integrador alimenticio.
integrazione *s.f.* integración | *cassa* —, expediente de reducción de empleo (ERE).
integrità *s.f.* (*anche fig.*) integridad.
integro *agg.* **1** íntegro, entero, completo **2** (*intatto*) intacto **3** (*fig.*) íntegro, honesto, probo.
intelaiatura *s.f.* armazón (*m.*), esqueleto (*m.*).
intelletto *s.m.* intelecto, inteligencia (*f.*); (*ragione*) razón (*f.*), discernimiento.
intellettuale *agg., s.m./f.* intelectual.
intelligente *agg.* inteligente, agudo.
intelligenza *s.f.* inteligencia | *quoziente d'*—, cociente de inteligencia.
intemperanza *s.f.* intemperancia, inmoderación.
intemperie *s.f.pl.* intemperie (*sing.*): *esposto alle* —, expuesto a la intemperie.
intempestivo *agg.* intempestivo, inoportuno.
intendente *s.m.* intendente.
intendenza *s.f.* intendencia.
intendere *v.tr.* **1** (*capire*) entender* | — *al volo*, coger al vuelo **2** (*attribuire un significato*) querer* decir: *che cosa intendi con 'cambiamento'?*, ¿qué quieres decir con cambio'? **3** (*avere intenzione di*) tener* la intención de, pretender: *intendo andarmene prima possibile*, tengo la intención de marcharme lo antes posible **4** (*ascoltare*) aceptar, oír*: *non* — *ragioni*, no oír razones, no atender a razones ♦ **-rsi** *v.pron.* **1** (*essere esperto di*) entenderse* de **2** (*essere d'accordo*) entenderse*: (*ci siamo*) *intesi?*, ¿nos hemos entendido?
■ ***dare a intendere***, dar a entender, hacer creer | ***lasciare intendere***, insinuar | ***capacità di intendere e di volere***, pleno uso de sus facultades mentales | ***chi ha orecchie per intendere intenda***, a buen entendedor pocas palabras | ***tanto per intenderci***, para entendernos, para que quede bien claro | ***intendiamoci bene!***, ¡que quede bien claro!
intenditore *s.m.* entendedor, entendido, experto.
intenerimento *s.m.* enternecimiento.
intenerire *v.tr.* (*anche fig.*) enternecer* ♦ **-rsi** *v.pron.* enternecerse*, ablandarse.
intenerito *agg.* tierno, blando.
intensamente *avv.* intensamente.
intensificare *v.tr.* intensificar*.
intensità *s.f.* intensidad.
intensivo *agg.* intensivo.
intenso *agg.* intenso; (*di colore*) vivo; (*di sguardo*) profundo.
intento[1] *agg.* absorto, concentrado, pendiente.
intento[2] *s.m.* intento, propósito | *con l'*— *di*, con el propósito de.
intenzionato *agg.* decidido, intencionado | *essere* — *a*, estar decidido a.
intenzione *s.f.* intención, propósito (*m.*)
■ ***avere intenzione di fare qlco.***, tener intención de hacer algo | ***avere una mezza intenzione di***, llevar idea de | ***senza intenzione***, involuntariamente, sin querer | ***fare il processo alle intenzioni***, juzgar las intenciones y no los hechos.
inter- *pref.* inter-.
interagire *v.intr.* interaccionar, interactuar*.
interattivo *agg.* interactivo.
interazione *s.f.* interacción.
intercalare[1] *s.m.* (*di linguaggio*) muletilla (*f.*).
intercalare[2] *v.tr.* intercalar, inserir*.
intercambiabile *agg.* intercambiable.
intercapedine *s.f.* (*arch.*) intersticio (*m.*), crujía: *lasciare un'*—, dejar un espacio.
intercedere *v.intr.* interceder.
intercessione *s.f.* intercesión.
intercessore *s.m.* intercesor.
intercettare *v.tr.* interceptar; (*una telefonata*) intervenir*.
intercettazione *s.f.* interceptación; (*telefonica*) escucha, pinchazo (*m.*).
interclasse *s.f.* clases del mismo nivel de enseñanza básica.
intercomunale *agg.* intermunicipal.
intercomunicante *agg.* comunicante.
interconfessionale *agg.* (*relig.*) ecuménico.
intercorrere *v.intr.* **1** (*di tempo*) transcurrir, pasar, mediar **2** (*fig.*) existir, haber*, mediar: *tra loro non intercorrono buoni rapporti*, entre ellos no hay buenas relaciones; *tra loro intercorreva una gran rivalità*, entre ellas mediaba una gran rivalidad.
interdetto[1] *agg.* prohibido ♦ *s.m.* (*dir.*) incapacitado; (*Amer.*) interdicto.
interdetto[2] *agg.* (*sbalordito*) turbado, pasmado, estupefacto
interdire *v.tr.* **1** prohibir **2** (*una persona*)

incapacitar, inhabilitar | — *qlcu.*, privar a alguien de sus derechos **3** (*relig.*) poner* en entredicho.
interdisciplinare *agg.* interdisciplinario, interdisciplinar.
interdizione *s.f.* **1** prohibición **2** (*dir.*) interdicción **3** (*relig.*) entredicho (*m.*).
interessamento *s.m.* **1** (*interesse*) interés **2** (*aiuto*) ayuda (*f.*), intervención (*f.*).
interessante *agg.* interesante, atractivo ■ (*fam.*) ***essere in stato interessante***, estar embarazada, estar en estado de gracia.
interessare *v.tr.* **1** interesar **2** (*riguardare*) concernir ♦ *v.intr.* interesar, importar (a alguien): *quello che mi interessa è sapere la verità*, lo que me importa es saber la verdad ♦ **-rsi** *v.pron.* **1** interesarse **2** (*aver cura*) ocuparse: *interessati degli affari tuoi!*, ¡ocúpate de tus cosas!
interessato *agg.*, *s.m.* interesado (en).
interesse *s.m.* (*anche fin., banc.*) interés: *agisce solo per* —, sólo obra por interés | *avere/provare — per*, sentir interés por | *matrimonio di* —, matrimonio de conveniencia | (*banc.*) *tasso di* —, tipo de interés.
interetnico *agg.* interétnico.
interfaccia *s.f.* (*inform.*) interfaz*.
interferenza *s.f.* (*fis., tel., anche fig.*) interferencia.
interferire *v.tr.* interferir*.
interiezione *s.f.* (*gramm.*) interjección.
interim *s.m.* ínterin | *ad* —, interino: *presidente ad* —, presidente interino.
interinale *agg.* interino, provisional.
interiora *s.f.pl.* **1** entrañas, tripas **2** (*cuc.*) asadura (*sing.*).
interiore *agg.* interior.
interiorizzare *v.tr.* interiorizar*.
interlinea *s.f.* interlineado (*m.*), interlínea.
interlocutore *s.m.* interlocutor.
interlocutorio *agg.* interlocutorio.
interludio *s.m.* (*mus.*) interludio.
intermediario *agg.*, *s.m.* intermediario.
intermedio *agg.* intermedio, mediano.
intermezzo *s.m.* **1** (*teatr.*) entreacto, intermedio **2** (*mus.*) interludio **3** (*intervallo*) intervalo, pausa (*f.*).
interminabile *agg.* interminable, inacabable.
intermittente *agg.* intermitente.
internamente *avv.* internamente.
internare *v.tr.* internar; (*in carcere*) recluir* ♦ **-rsi** *v.pron.* internarse, adentrarse.
internato *agg.*, *s.m.* internado.
internazionale *agg.* internacional.
internazionalizzare *v.tr.* internacionalizar*.
internista *s.m./f.* (*med.*) internista.
interno *agg.* interno, interior | *politica interna*, política interior ♦ *s.m.* **1** interno, interior | *all'*—, dentro | *dall'*—, desde el interior | (*pol.*) *Ministero degli Interni*, Ministerio del Interior **2** (*tel.*) extensión (*f.*) **3** (*di abitazione*) apartamento, piso, puerta (*f.*): *scala A*, — *10*, escalera A, apartamento 10 **4** (*scolaro*) interno.
intero *agg.* entero, íntegro, completo ♦ *s.m.* totalidad (*f.*); (*di numero*) entero | *per* —, por entero/completo.
interpellanza *s.f.* (*pol.*) interpelación.
interpellare *v.tr.* **1** interrogar* **2** (*pol.*) interpelar.
interpolare *v.tr.* interpolar.
interporre *v.tr.* **1** poner* de por medio | — *tempo*, poner tiempo de por medio **2** (*dir.*) interponer* ♦ **-rsi** *v.pron.* interponerse*, intervenir*; (*di inconvenienti*) presentarse.
interpretare *v.tr.* **1** interpretar, explicar*, descifrar **2** (*teatr.*) representar **3** (*mus.*) ejecutar.
interpretazione *s.f.* **1** interpretación, actuación **2** (*mus.*) ejecución.
interprete *s.m./f.* (*anche fig.*) intérprete.
interramento *s.m.* enterramiento.
interrare *v.tr.* enterrar* ♦ **-rsi** *v.pron.* cubrirse de tierra.
interraziale *agg.* interracial.
interrogare *v.tr.* interrogar*; (*a scuola*) preguntar, hacer* una prueba oral.
interrogativo *agg.* interrogativo | *punto* —, signo de interrogación ♦ *s.m.* incógnita (*f.*), duda (*f.*).
interrogatorio *agg.* interrogativo ♦ *s.m.* interrogatorio.
interrogazione *s.f.* interrogación; (*scuola*) prueba oral | — *parlamentare*, interpelación parlamentaria.
interrompere *v.tr.* **1** interrumpir; (*sospendere*) suspender: *non interrompermi!*, ¡no me interrumpas! **2** (*una strada*) cortar, bloquear ♦ **-rsi** *v.pron.* interrumpirse.
interrotto *agg.* interrumpido, cortado.
interruttore *s.m.* interruptor | — *a pulsante*, pulsador | — *a sfioramento/tocco*, interruptor de roce | — *automatico*, interruptor automático | — *differenziale*, cortacircuitos.
interruzione *s.f.* interrupción.
interscambio *s.m.* intercambio.
intersecare *v.tr.* atravesar*, cruzar* ♦ **-rsi** *v.pron.* **1** cruzarse* **2** (*mat.*) intersecarse*.
intersezione *s.f.* intersección.
interstizio *s.m.* intersticio.
interurbana *s.f.* llamada interurbana, conferencia; (*Amer.*) llamada de larga distancia.
intervallare *v.tr.* distanciar, espaciar.
intervallo *s.m.* **1** intervalo: *a intervalli*, a intervalos **2** (*scuola*) recreo, pausa (*f.*) **3** (*teatr.*) entreacto **4** (*sport*) descanso.
intervenire *v.tr.* **1** intervenir*: — *in difesa*,

salir en defensa **2** (*assistere*) participar, asistir, tomar parte.

intervento *s.m.* (*anche med.*) intervención (*f.*).

intervenuto *agg.*, *s.m.* participante (*m./f.*).

intervista *s.f.* entrevista.

intervistare *v.tr.* entrevistar.

intervistatore *s.m.* entrevistador.

intesa *s.f.* (*accordo*) acuerdo (*m.*), pacto (*m.*), entendimiento (*m.*): *giungere a un'—*, llegar a un acuerdo | *agire d'— con*, actuar en colaboración con.

intessitura *s.f.* **1** (*tess.*) tejedura **2** (*tessuto*) tejido (*m.*).

intessuto *agg.* (*tess.*) entretejido.

intestardirsi *v.pron.* obstinarse.

intestare *v.tr.* **1** encabezar* **2** (*dir.*) registrar a nombre de ♦ **-rsi** *v.pron.* obstinarse, empeñarse.

intestatario *agg.*, *s.m.* propietario; titular (*m./f.*).

intestato *agg.* **1** con membrete | *carta intestata*, papel con membrete **2** (*dir.*) registrado a nombre de.

intestazione *s.f.* **1** (*di lettera*) membrete (*m.*) **2** (*di documento*) encabezamiento (*m.*) **3** (*di libro*) título (*m.*).

intestinale *agg.* (*anat.*) intestinal.

intestino[1] *agg.* intestino.

intestino[2] *s.m.* (*anat.*) intestino.

intiepidire *v.tr.* entibiar.

intimare *v.tr.* intimar, ordenar.

intimazione *s.f.* **1** (*dir.*) intimación **2** (*dir.*) notificación.

intimidatorio *agg.* intimidatorio.

intimidazione *s.f.* intimidación.

intimidire *v.tr.* cortar, intimidar ♦ **-rsi** *v.pron.* cortarse, asustarse.

intimità *s.f.* intimidad.

intimo *agg.* (*anche fig.*) íntimo: *essere in intimi rapporti*, tener mucha confianza ♦ *s.m.* **1** (*intimità*) lo íntimo, interior **2** (*persona*) íntimo: *è un — della famiglia*, es un íntimo de la familia **3** (*biancheria*) ropa (*f.*) interior.

intimorire *v.tr.* asustar, atemorizar* ♦ **-rsi** *v.pron.* asustarse, atemorizarse*.

intingere *v.tr.* mojar, bañar.

intingolo *s.m.* (*cuc.*) salsa (*f.*), guiso.

intirizzito *agg.* aterido, entumecido: *avere le mani intirizzite dal freddo*, tener las manos entumecidas por el frío.

intitolare *v.tr.* **1** titular, intitular **2** dedicar* ♦ **-rsi** *v.pron.* titularse.

intoccabile *agg.*, *s.m./f.* intocable.

intollerabile *agg.* intolerable, inaceptable, insoportable.

intollerante *agg.*, *s.m./f.* intolerante, intransigente.

intolleranza *s.f.* (*med.*, *anche fig.*) intolerancia.

intonacare *v.tr.* enlucir*, encalar.

intonaco *s.m.* (*edil.*) revoque, enlucido.

intonare *v.tr.* **1** (*canto*) entonar **2** (*strumenti*) afinar **3** (*fig.*) entonar, combinar ♦ **-rsi** *v.pron.* (*fig.*) armonizar*.

intonato *agg.* **1** (*mus.*) entonado, afinado **2** (*fig.*) a tono, que pega.

intonazione *s.f.* entonación.

intontito *agg.* aturdido, atontado.

intoppo *s.m.* estorbo, obstáculo, dificultad (*f.*).

intorbidire *v.tr/intr.* enturbiar.

intorno *avv.* entorno, alrededor: *guardarsi —*, mirar alrededor ♦ *agg.* circunstante: *i paesi —*, los pueblos circunstantes

■ ***intorno a***, (*luogo*) alrededor de, en torno a; (*circa*) aproximadamente, más o menos; (*verso*) hacia, cerca de, por; (*argomento*) sobre: *— alla scuola*, alrededor de la escuela; *— a Natale*, hacia/por Navidad; *discutere — alla situazione politica*, discutir sobre la situación política | ***tutt'intorno***, por doquier.

intorpidimento *s.m.* entumecimiento, entorpecimiento.

intorpidire *v.tr.* entorpecer* (*anche fig.*), entumecer*.

intorpidito *agg.* entumecido, adormecido.

intossicare *v.tr.* (*anche fig.*) intoxicar* ♦ **-rsi** *v.pron.* intoxicarse*.

intossicazione *s.f.* intoxicación.

intra- *pref.* intra-.

intraducibile *agg.* **1** intraducible **2** (*fig.*) inexpresable.

intralciamento *s.m.* obstáculo, estorbo, impedimento.

intralciare *v.tr.* estorbar, obstaculizar*.

intralcio *s.m.* estorbo, obstáculo: *essere d'—*, ser un estorbo.

intrallazzare *v.intr.* hacer* chanchullos, intrigar*.

intrallazzo *s.m.* chanchullo; (*pol.*) politiqueo.

intramontabile *agg.* imperecedero.

intramuscolare *agg.* intramuscular.

intransigente *agg.* intransigente.

intransigenza *s.f.* intransigencia.

intransitabile *agg.* intransitable.

intransitivo *agg.* (*gramm.*) intransitivo.

intrappolare *v.tr.* **1** atrapar, entrampar **2** (*fig.*) enredar.

intraprendente *agg.* emprendedor.

intraprendenza *s.f.* iniciativa, empuje (*m.*).

intraprendere *v.tr.* emprender, acometer; (*una carriera*) cursar, seguir*, hacer*.

intrattabile *agg.* intratable.

intrattenere *v.tr.* entretener* ♦ **-rsi** *v.pron.* **1** entretenerse* **2** (*dilungarsi*) detenerse*.

intrattenimento *s.m.* entretenimiento, distracción (*f.*), pasatiempo.

intravedere *v.tr.* entrever*, vislumbrar.

intrecciare *v.tr.* **1** trenzar* | — *le dita*, entrecruzar los dedos | — *le mani*, entrelazar las manos **2** (*fig.*) estrechar, entablar: — *una relazione*, estrechar una relación.
intreccio *s.m.* **1** entrelazamiento **2** (*di tessuto*) trama (*f.*) **3** (*di romanzo, film*) trama (*f.*), enredo.
intrepido *agg.* intrépido, audaz*.
intrico *s.m.* (*anche fig.*) enredo, maraña (*f.*).
intrigante *agg.*, *s.m.* intrigante.
intrigo *s.m.* **1** intriga (*f.*), maquinación (*f.*) **2** (*impiccio*) lío.
intrinseco *agg.* intrínseco.
intriso *agg.* empapado, mojado, impregnado.
intristirsi *v.pron.* entristecerse*.
introdotto *agg.* introducido, conocido, relacionado.
introdurre *v.tr.* introducir*.
introduzione *s.f.* introducción.
introito *s.m.* entrada (*f.*), ingreso, recaudación (*f.*).
intromettersi *v.pron.* entrometerse, interponerse*.
intromissione *s.f.* intromisión, injerencia, entremetimiento.
introspezione *s.f.* introspección.
introvabile *agg.* que no se puede encontrar, inhallable.
introverso *agg.*, *s.m.* introvertido.
intruglio *s.m.* **1** mejunje, potingue **2** (*fig.*) chanchullo.
intrusione *s.f.* intrusión.
intruso *s.m.* intruso, extraño.
intubare *v.tr.* (*anche med.*) entubar.
intubazione *s.f.* (*anche med.*) entubación.
intuibile *agg.* que se puede intuir, previsible.
intuire *v.tr.* intuir*, presentir*.
intuito *s.m.* intuición (*f.*).
intuizione *s.f.* intuición.
inturgidirsi *v.pron.* hincharse.
inumano *agg.* inhumano; (*crudele*) cruel.
inumidire *v.tr.* humedecer*, rociar, mojar.
inutile *agg.* inútil.
inutilizzabile *agg.* inutilizable, inservible.
invadente *agg.* entrometido, entremetido, metido.
invadenza *s.f.* intromisión.
invadere *v.tr.* (*anche fig.*) invadir.
invaghirsi *v.pron.* enamorarse, encapricharse.
invalicabile *agg.* infranqueable, insormontable.
invalidare *v.tr.* invalidar, anular.
invalidità *s.f.* invalidez, inhabilitación.
invalido *agg.*, *s.m.* inválido, minusválido.
invano *avv.* en vano, inútilmente.
invariabile *agg.* invariable.
invariato *agg.* invariado, fijo.
invasione *s.f.* invasión.
invasore *s.m.* invasor.
invecchiamento *s.m.* **1** envejecimiento **2** (*di vino*) crianza (*f.*).
invecchiare *v.intr.* envejecer* ♦ *v.tr.* envejecer*; (*far sembrare più vecchio*) avejentar.
invece *avv.* en cambio | — *di*, en vez de; (*al posto di*) en lugar de.
inveire *v.intr.* increpar, maldecir*.
invendibile *agg.* invendible.
inventare *v.tr.* inventar.
inventariare *v.tr.* (*comm.*) inventariar.
inventario *s.m.* **1** inventario **2** (*fig.*) lista (*f.*), reseña (*f.*): *mi ha fatto l'— di tutte le sue conquiste*, me hizo la lista de todos sus amores.
inventiva *s.f.* inventiva, imaginación.
inventore *s.m.* inventor.
invenzione *s.f.* **1** invención **2** (*fig.*) bulo (*m.*), mentira.
invernale *agg.* invernal.
inverno *s.m.* invierno.
inverosimile *agg.* inverosímil, increíble.
inversione *s.f.* inversión | — *di marcia*, cambio de sentido | — *di tendenza*, inversión de tendencia.
inverso *agg.* inverso, contrario ♦ *s.m.* contrario ■ ***all'inverso***, al revés.
invertire *v.tr.* invertir*; (*scambiare*) cambiar, trocar* | — *la rotta/marcia*, invertir el rumbo | — *le parti*, invertir/trocar los papeles.
investigare *v.tr./intr.* investigar*, indagar*.
investigativo *agg.* investigador.
investigatore *s.m.* investigador: — *privato*, investigador privado, detective.
investimento *s.m.* **1** (*econ.*) inversión (*f.*) **2** (*aut.*) atropello, accidente.
investire *v.tr.* **1** (*di una carica*) investir*: — *dei pieni poteri*, otorgar plenos poderes **2** (*aut.*) atropellar **3** (*econ.*) invertir* **4** (*assalire, anche fig.*) atacar*: *mi ha investito con una sfilza di domande*, me ha atacado con un montón de preguntas.
investitore *agg.*, *s.m.* **1** (*aut.*) atropellador **2** (*econ.*) inversionista (*m./f.*).
investitura *s.f.* investidura.
inveterato *agg.* inveterado.
invettiva *s.f.* invectiva.
inviare *v.tr.* enviar, mandar.
inviato *s.m.* enviado: — *speciale*, enviado especial.
invidia *s.f.* envidia | *crepare/morire d'*—, morirse de envidia | *fare* —, dar envidia | *sentire — per qlcu.*, envidiar a alguien, tenerle envidia a alguien.
invidiabile *agg.* envidiable.
invidiare *v.tr.* envidiar.
invidioso *agg.* envidioso.
invigorimento *s.m.* fortalecimiento.
invigorire *v.tr.* fortalecer*, robustecer*, fortificar* ♦ **-rsi** *v.pron.* fortalecerse*, robustecerse*.

invincibile *agg.* invencible, imbatible.
invio *s.m.* envío, despacho.
inviolabile *agg.* inviolable.
inviperito *agg.* enfurecido; (*volg.*) cabreado.
invischiare *v.tr.* **1** (*ungere*) enviscar* **2** (*fig.*) implicar*, involucrar, engatusar ♦ **-rsi** *v.pron.* enredarse, involucrarse.
invisibile *agg.* invisible.
inviso *agg.* mal visto, aborrecido.
invitante *agg.* atractivo, atrayente, provocador.
invitare *v.tr.* **1** invitar, convidar | (*fig.*) — *a nozze*, hacer feliz **2** (*fig.*) incitar **3** (*a carte*) encartar; (*a poker*) envidar.
invitato *s.m.* invitado, huésped.
invito *s.m.* **1** invitación (*f.*) **2** (*fig.*) exhortación (*f.*).
invitto *agg.* invicto, indómito.
invivibile *agg.* (*fig.*) insoportable, intolerable.
invocare *v.tr.* invocar*, implorar: — *aiuto*, pedir ayuda.
invocazione *s.f.* invocación, súplica.
invogliare *v.tr.* animar, estimular.
involontario *agg.* involuntario.
involtino *s.m.* (*cuc.*) rollito relleno de carne: — *primavera*, rollito de primavera.
involto *s.m.* paquete; (*fagotto*) fardo.
involucro *s.m.* envoltura (*f.*), envase.
involutivo *agg.* involutivo.
involuzione *s.f.* involución, regresión.
invulnerabile *agg.* invulnerable.
invulnerabilità *s.f.* invulnerabilidad.
inzaccherare *v.tr.* embarrar, ensuciar de barro.
inzuppare *v.tr.* empapar, mojar ♦ **-rsi** *v.pron.* empaparse.
io *pron. pers. di 1ª pers.sing.* yo: — *e te*, tú y yo ♦ *s.m.* yo | *nel proprio* —, en el propio yo ■ ***io sottoscritto***, el que suscribe, el abajo firmante.
iodio *s.m.* (*chim.*) yodo.
ione *s.m.* (*chim., fis.*) ión.
ionico¹ *agg.* (*fis.*) iónico.
ionico² *agg.* (*arch.*) jónico.
ionico³ *agg.* (*geogr.*) jónico.
iosa, a *loc.avv.* en abundancia, a montones.
iper- *pref.* hiper-.
iperbole *s.f.* **1** hipérbole **2** (*geom.*) hipérbola.
iperglicemia *s.f.* (*med.*) hiperglucemia.
ipermercato *s.m.* hipermercado.
ipermetrope *agg., s.m./f.* (*med.*) hipermétrope.
ipersensibile *agg.* hipersensible, hiperestético.
ipersensibilità *s.f.* hipersensibilidad.
ipertensione *s.f.* (*med.*) hipertensión.
ipertensivo *agg.* (*med.*) hipertensivo.
iperteso *agg., s.m.* (*med.*) hipertenso.
ipertiroideo *agg.* (*med.*) hipertiroideo.
ipertiroidismo *s.m.* (*med.*) hipertiroidismo.
ipertrofia *s.f.* (*anche med.*) hipertrofia.
ipertrofico *agg.* (*anche med.*) hipertrófico.
ipno- *pref.* hipno-.
ipnosi *s.f.* hipnosis.
ipnotico *agg.* hipnótico.
ipnotismo *s.f.* hipnotismo.
ipnotizzare *v.tr.* hipnotizar*.
ipnotizzatore *s.m.* hipnotizador.
ipo- *pref.* hipo-.
ipocrisia *s.f.* hipocresía, doblez, falsedad.
ipocrita *agg., s.m./f.* hipócrita: *una persona* —, una persona hipócrita | *essere un* —, ser un hipócrita.
ipofisi *s.f.* (*anat.*) hipófisis.
ipofosfato *s.m.* (*chim.*) hipofosfato.
ipofosfito *s.m.* (*chim.*) hipofosfito.
ipofosforico *agg.* (*chim.*) hipofosfórico.
ipofosforoso *agg.* (*chim.*) hipofosforoso.
ipogastrico *agg.* (*anat.*) hipogástrico.
ipoglicemia *s.f.* (*med.*) hipoglucemia.
ipoglottide *s.f.* (*anat.*) hipoglotis.
iponutrizione *s.f.* (*med.*) hiponutrición.
ipoproteico *agg.* hipoprotéico.
iposolfito *agg.* (*chim.*) hiposulfito.
iposolforoso *agg.* (*chim.*) hiposulforoso.
ipostasi *s.f.* (*relig., filos.*) hipóstasis.
ipostatico *agg.* (*relig., filos.*) hipostático.
ipostenia *s.f.* (*med.*) hipostenia.
ipotalamo *s.m.* (*anat.*) hipotálamo.
ipotassi *s.f.* (*gramm.*) hipotaxis.
ipoteca *s.f.* (*banc.*) hipoteca: *mettere un'— su*, hipotecar.
ipotecabile *agg.* (*banc.*) hipotecable: *terreno* —, terreno hipotecable.
ipotecare *v.tr.* (*banc.*) hipotecar*.
ipotecario *agg.* (*banc.*) hipotecario.
ipotensione *s.f.* (*med.*) hipotensión.
ipotenusa *s.f.* (*geom.*) hipotenusa.
ipotesi *s.f.* hipótesis: *formulare un'*—, formular una hipótesis; *una nuova* —, una nueva hipótesis | — *di lavoro*, hipótesis de trabajo
■ ***nella sfortunata ipotesi che***, a menos que, a no ser que | ***nella migliore***, ***peggiore delle ipotesi***, si todo va bien, mal.
ipotetico *agg.* hipotético: *periodo* —, periodo hipotético.
ipotiroideo *agg.* (*med.*) hipotiroideo.
ipotiroidismo *s.m.* (*med.*) hipotiroidismo.
ipotizzare *v.tr.* suponer*, poner*.
ipotonia *s.f.* (*med.*) hipotonía.
ippica *s.f.* hípica
ippico *agg.* hípico.
ippo- *pref.* hipo-.
ippocampo *s.m.* (*anat., zool.*) hipocampo.
ippocastano *s.m.* (*bot.*) castaño de Indias.
ippodromo *s.m.* hipódromo.

ippogrifo *s.m.* hipogrifo.
ippopotamo *s.m.* (*zool.*) hipopótamo.
ipsilon *s.f.* (*alfabeto*) ye, i griega; ípsilon.
ipso facto *loc.* ipso facto.
ira *s.f.* ira, cólera, furia: *scatto d'*—, arrebato de ira | *essere accecato d'*—, estar ciego de ira | *ribollire d'*—, llenarse de ira
■ ***fare un'ira di Dio***, armar la de Dios es Cristo | ***costare l'ira di Dio***, costar una barbaridad.
iracheno *agg.*, *s.m.* iraquí* (*m./f.*).
iracondia *s.f.* iracundia.
iracondo *agg.* iracundo, colérico.
iraniano *agg.*, *s.m.* iraní* (*f.*).
irascibile *agg.* irascible, cascarrabias.
irascibilità *s.f.* irascibilidad.
iride *s.f.* **1** (*anat.*) iris (*m.*) **2** (*arcobaleno*) arco (*m.*) iris.
iridescente *agg.* iridescente.
iridescenza *s.f.* iridiscencia, irisación.
iris *s.m.* (*bot.*) iris, lirio hediondo.
irish coffee *s.m.* irlandés, café irlandés.
irlandese *agg.*, *s.m./f.* irlandés (*m.*).
ironia *s.f.* ironía | — *della sorte*, ironía de la vida.
ironico *agg.* irónico.
ironizzare *v.intr.* ironizar*.
iroso *agg.* irascible, irritable, iracundo, bravo, fiero: *uomo* —, hombre irascible; *espressione irosa*, expresión fiera.
irraccontabile *agg.* inenarrable, indescriptible: *un'esperienza* —, una experiencia inenarrable.
irradiamento *s.m.* **1** irradiación (*f.*) **2** (*fis.*) radiación (*f.*).
irradiare *v.tr.* **1** irradiar, iluminar **2** (*diffondere, anche fig.*) emanar: *una persona che irradia simpatia*, una persona que emana simpatía **3** (*med.*) radiar ♦ *v.intr.* irradiar, desprenderse; (*emanare*) emanar ♦ **-rsi** *v.pron.* irradiar, arrancar*, salir*.
irradiatore *agg.* irradiador.
irradiazione *s.f.* (*anche fig.*) irradiación, radiación: — *di luce*, irradiación de luz.
irraggiamento *s.m.* radiación.
irraggiare *v.tr.* **1** irradiar, iluminar **2** (*fig.*) transmitir, emanar ♦ **-rsi** *v.pron.* irradiar.
irraggiungibile *agg.* inalcanzable, inasequible: *una meta* —, una meta inalcanzable; *un sogno* —, un sueño inalcanzable.
irragionevole *agg.* **1** irrazonable, irracional **2** (*ingiustificato*) excesivo, exagerado: *stavolta hai avuto proprio un comportamento* —, esta vez has tenido un comportamiento irrazonable; *prezzi irragionevoli*, precios exagerados.
irragionevolezza *s.f.* irracionalidad.
irrancidimento *s.m.* ranciedad (*f.*), rancidez (*f.*).
irrancidire *v.intr* ranciar(se), arranciar(se), enranciar(se): *il burro irrancidisce facilmente*, la mantequilla se rancia fácilmente.
irrappresentabile *agg.* irrepresentable: *una commedia* —, una comedia irrepresentable.
irrazionale *agg.* irracional.
irrazionalismo *s.m.* irracionalismo.
irrazionalista *agg.*, *s.m./f.* irracionalista.
irrazionalità *s.f.* irracionalidad.
irreale *agg.* irreal, imaginario.
irrealizzabile *agg.* irrealizable, impossible: *un'idea* —, una idea irrealizable.
irrealtà *s.f.* irrealidad.
irrecuperabile *agg.* irrecuperable, irrecobrable.
irredentismo *s.m.* (*pol.*) irredentismo.
irredentista *agg.*, *s.m./f.* (*pol.*) irredentista.
irredento *agg.* irredento.
irrefrenabile *agg.* irrefrenable, incontenible: *un impulso* —, un impulso irrefrenable.
irrefutabile *agg.* irrefutable, indiscutible.
irreggimentare *v.tr.* **1** (*mil.*) regimentar **2** (*fig.*) disciplinar.
irregolare *agg.* **1** irregular: *documento* —, documento irregular; *verbi irregolari*, verbos irregulares; *milizie irregolari*, milicias irregulares | *condurre una vita* —, llevar una vida desordenada **2** (*non uniforme*) irregular, inconstante, desigual: *rendimento* —, rendimiento inconstante | *una superficie* —, una superficie irregular | *moto* —, movimiento irregular | *polso* —, pulso arrítmico.
irregolarità *s.f.* (*anche gramm.*) irregularidad.
irremissibile *agg.* irremisible, imperdonable.
irremovibile *agg.* inamovible, firme.
irremovibilità *s.f.* inflexibilidad.
irremunerabile *agg.* impagable.
irreparabile *agg.* irreparable, irremediable: *errore* —, error irreparable.
irreperibile *agg.* imposible de encontrar, ilocalizable | *rendersi* —, volverse ilocalizable.
irreprensibile *agg.* irreprensible, irreprochable.
irreprimibile *agg.* irreprimible, irrefrenable.
irrequietezza *s.f.* inquietud, intranquilidad.
irrequieto *agg.* **1** inquieto, agitado **2** (*turbolento*) inquieto, revoltoso.
irrequietudine *s.f.* inquietud, desasosiego (*m.*), desazón.
irresistibile *agg.* irresistible, irrefrenable.
irresolubile *agg.* **1** indisoluble: *un legame* —, un lazo indisoluble **2** irresoluble: *un problema* —, un problema irresoluble.
irresolutezza *s.f.* irresolución, indecisión.
irresoluto *agg.* irresoluto, indeciso.
irresoluzione *s.f.* irresolución, indecisión.
irrespirabile *agg.* irrespirable: *in casa c'è un'aria* —, en casa hay un aire irrespirable.

irresponsabile *agg., s.m./f.* irresponsable.
irresponsabilità *s.f.* irresponsabilidad.
irrestringibile *agg.* que no encoge.
irreversibile *agg.* irreversible.
irrevocabile *agg.* irrevocable.
irriconoscibile *agg.* irreconocible.
irriducibile *agg.* irreducible, irreductible.
irrigare *v.tr.* regar*, irrigar*.
irrigatore *agg.* regador* ♦ *s.m.* **1** (*med.*) irrigador, lavativa (*f.*) **2** (*agr.*) periquito, aspersor.
irrigatorio *agg.* de riego: *canale* —, acequia de riego.
irrigazione *s.f.* irrigación, riego (*m.*), regadura | *canale d'*—, reguera | *fosso d'*—, reguera, cauce de agua | — *a goccia*, irrigación/riego por goteo | — *a pioggia*, irrigación/riego por aspersión | — *a pivot*, irrigación/riego con pivot.
irrigidimento *s.m.* envaramiento, agarrotamiento, entumecimiento, rigidez (*f.*): *l'— di un muscolo*, el agarrotamiento de un músculo.
irrigidire *v.tr.* **1** (*intorpidire*) entumecer* **2** (*fig.*) endurecer* ♦ **-rsi** *v.pron.* **1** (*di clima*) ponerse* rígido **2** (*intorpidirsi*) entumecerse*, agarrotarse **3** (*fig.*) obstinarse.
irrigidito *agg.* rígido, tieso.
irriguardoso *agg.* insolente, maleducado: *ha un atteggiamento molto — verso gli adulti*, tiene una actitud muy insolente hacia los mayores.
irriguo *agg.* **1** (*che viene irrigato*) regadizo, de regadío **2** (*che irriga*) de riego, de irrigación.
irrilevante *agg.* irrelevante, insignificante.
irrilevanza *s.f.* irrelevancia.
irrimandabile *agg.* impostergable, inaplazable.
irrimediabile *agg.* irremediable, irreparable.
irrinunciabile *agg.* irrenunciable.
irripetibile *agg.* irrepetible; (*unico*) único, extraordinario.
irriproducibile *agg.* que no se puede reproducir.
irrisione *s.f.* irrisión, burla, escarnio (*m.*).
irrisolto *agg.* no resuelto: *un problema* —, un problema no resuelto.
irrisolvibile *agg.* irresoluble: *è un esercizio di algebra* —, es un ejercicio algébrico irresoluble.
irrisorio *agg.* irrisorio, insignificante.
irrispettoso *agg.* irrespetuoso, atrevido: *è molto — verso gli animali*, es muy irrespetuoso con los animales.
irritabile *agg.* irritable, enfadadizo: *un tipo* —, un tipo irritable.
irritabilità *s.f.* irritabilidad.
irritamento *s.m.* irritación (*f.*).
irritante *agg.* irritante: *un tono di voce* —, un tono de voz irritante; *una sostanza* —, una substancia irritante.
irritare *v.tr.* **1** irritar, enfadar **2** (*med.*) irritar, causar irritación a ♦ **-rsi** *v.pron.* irritarse, enfurecerse*.
irritato *agg.* **1** irritado, enfadado, enfurecido **2** (*med.*) irritado.
irritazione *s.f.* (*anche med.*) irritación: — *degli occhi*, irritación a los ojos.
irriverente *agg.* irreverente, irrespetuoso: *essere — con i professori*, ser irrespetuoso con los profesores.
irriverenza *s.f.* irreverencia: *comportarsi con* —, comportarse con irreverencia.
irrobustire *v.tr.* robustecer*, fortalecer*, fortificar*: *esercizio per — le gambe*, ejercicio para robustecer las piernas ♦ **-rsi** *v.pron.* robustecerse*, fortalecerse*.
irrompere *v.intr.* (*anche fig.*) irrumpir, invadir: *la polizia irruppe nell'edificio*, la polícia irrumpió en el edificio.
irroramento *s.m.* rociadura (*f.*), rociamiento, aspersión (*f.*).
irrorare *v.tr.* **1** (*di pioggia*) rociar; (*di lacrime, sudore*) bañar, mojar: *aveva il volto irrorato di lacrime*, tenía el rostro bañado en lágrimas **2** (*di sangue*) irrigar*: *il sangue irrora tutto l'organismo*, la sangre irriga todo el organismo.
irrorato *agg.* rociado.
irroratrice *s.f.* (*agr.*) pulverizador (*m.*).
irrorazione *s.f.* **1** rociadura, rociamiento (*m.*) **2** (*med.*) irrigación: — *sanguigna*, irrigación sanguínea.
irruente *agg.* impetuoso, vehemente.
irruenza *s.f.* impetuosidad, vehemencia.
irruvidimento *s.m.* curtimiento, aspereza (*f.*).
irruvidire *v.tr.* curtir, agrietar: *il freddo irruvidisce la pelle*, el frío curte la piel ♦ **-rsi** *v.pron.* **1** curtirse, agrietarse **2** (*fig.*) enrudecerse*: *il suo carattere si è irruvidito*, su carácter se enrudeció.
irruzione *s.f.* irrupción, invasión: *l'— dei ladri*, la irrupción de los ladrones | *fare* —, irrumpir.
irsutismo *s.m.* hirsutismo.
irsuto *agg.* hirsuto, villoso.
irto *agg.* (*anche fig.*) híspido, erizado.
ischeletrire *v.tr.* dejar en los huesos, descarnar ♦ **-rsi** *v.pron.* chuparse.
ischemia *s.f.* (*med.*) isquemia.
ischemico *agg.* (*med.*) isquémico.
iscritto *agg., s.m.* inscrito; (*scol.*) matriculado; (*a partiti*) afiliado.
iscrivere *v.tr.* inscribir*; (*scol.*) matricular, apuntar; (*a partiti*) afiliar: — *un bambino a scuola*, matricular a un niño en la escuela/el colegio ♦ **-rsi** *v.pron.* inscribirse*; (*scol.*) matricularse; (*a partiti*) afiliarse: — *a un esa-*

me/un concorso, apuntarse en un examen/un concurso.
iscrizione *s.f.* inscripción; (*scol.*) matriculación, matrícula; (*a partiti*) afiliación.
islam *s.m.* (*relig.*) islam.
islamico *agg.* (*relig.*) islámico.
islamismo *s.m.* (*relig.*) islamismo.
islamista *s.m./f.* (*relig.*) islamista.
islamistica *s.f.* (*relig.*) estudio (*m.*) del islám.
islandese *agg., s.m./f.* islandés (*m.*).
iso- *pref.* iso-.
isobara *s.f.* (*meteor.*) isobara, isóbara.
isobarico *agg.* (*meteor.*) isobárico.
isobaro *agg.* (*meteor.*) isobaro.
isobata *s.f.* (*meteor.*) isóbata.
isocromatico *agg.* isocromático.
isocronismo *s.m.* (*fis.*) isocronismo.
isocrono *agg.* (*fis.*) isócrono.
isola *s.f.* isla: — *corallina/madreporica*, isla coralina
■ ***isola pedonale***, zona peatonal, isla de peatones | ***isola spartitraffico***, mediana.
isolamento *s.m.* aislamiento | — *termico/acustico*, aislamiento acústico/térmico | — *integrale*, aislamiento integral | *reparto di* —, pabellón de aislamiento.
isolano *agg.* isleño, insular ♦ *s.m.* isleño.
isolante *agg., s.m.* aislante.
isolare *v.tr.* aislar (*anche tecn.*), apartar | — *una persona*, aislar a una persona | — *uno Stato*, aislar un Estado ♦ **-rsi** *v.pron.* aislarse, apartarse.
isolato[1] *agg.* aislado (*anche tecn.*), apartado, retirado: *un luogo* —, un lugar apartado.
isolato[2] *s.m.* manzana (*f.*), cuadra (*f.*): *abito a due isolati da qui*, vivo a dos manzanas de aquí.
isolatore *s.m.* aislador, aislante | — *a campana*, aislador de campana | — *a cappa*, aislador de caperuza.
isomero *agg.* (*chim.*) isómero.
isometria *s.f.* (*geom.*) isometría.
isomorfismo *s.m.* (*geol., mat.*) isomorfismo.
isomorfo *agg.* (*geol., mat.*) isomorfo.
isoscele *agg.* (*geom.*) isósceles.
isosillabico *agg.* isosilábico.
isosillabismo *s.m.* isosilabismo.
isotermico *agg.* isotérmico.
isotopo *s.m.* (*fis., chim.*) isótopo.
ispanicità *s.f.* hispanidad.
ispanico *agg.* hispánico.
ispanismo *s.m.* hispanismo.
ispanista *s.m./f.* hispanista.
ispanità *s.f.* hispanidad.
ispanizzare *v.tr.* hispanizar*, españolizar*.
ispanizzazione *s.f.* hispanización.
ispano *agg., s.m.* hispano.
ispano- *pref.* hispano-.
ispanoamericanismo *s.m.* hispanoamericanismo.
ispano-americano *agg., s.m.* hispanoamericano.
ispessimento *s.m.* espesamiento.
ispessire *v.tr.* espesar, adensar, densificar* ♦ **-rsi** *v.pron.* espesarse, adensarse.
ispettivo *agg.* de inspección.
ispettorato *s.m.* inspección (*f.*): — *del lavoro*, inspección de trabajo.
ispettore *s.m.* inspector | — *centrale*, inspector central | — *di polizia*, inspector de policía | — *di produzione*, inspector de producción.
ispezionare *v.tr.* inspeccionar.
ispezione *s.f.* inspección.
ispido *agg.* **1** híspido, hirsuto **2** (*fig., di persona*) intratable.
ispirare *v.tr.* inspirar, infundir, suscitar: — *fiducia*, inspirar confianza | — *timore*, inspirar/dar miedo ♦ **-rsi** *v.pron.* inspirararse, tomar inspiración: — *alla costituzione*, inspirarse en la constitución.
ispirato *agg.* inspirado: *un artista* —, un artista inspirado.
ispiratore *agg., s.m.* inspirador.
ispirazione *s.f.* **1** (*impulso creativo*) inspiración: *è un artista privo di* —, es una artista sin inspiración **2** (*tendenza*) influencia: *stile di — romantica*, estilo de inspiración romántica.
issare *v.tr.* **1** (*una bandiera*) izar* **2** (*un carico*) levantar.
istantanea *s.f.* instantánea, fotografía instantánea.
istantaneità *s.f.* instantaneidad.
istantaneo *agg.* instantáneo: *foto istantanea*, instantánea | (*cuc.*) *brodo* —, caldo de cubitos, sopicaldo.
istante *s.m.* instante, momento | *all'/sull'*—, al instante, inmediatamente.
istanza *s.f.* **1** instancia; solicitud **2** (*esigenza*) exigencia
■ ***in ultima istanza***, en última instancia.
isteria *s.f.* histeria, histerismo (*m.*).
isterico *agg.* histérico: *attacco* —, crisis histérica, ataque de nervios.
isterilimento *s.m.* **1** esterilidad (*f.*): *l'— di un terreno*, la esterilidad de un terreno **2** (*intellettuale, spirituale*) agotamiento, endurecimiento.
isterismo *s.m.* histerismo.
istigamento *s.m.* instigación (*f.*).
istigare *v.tr.* instigar*, inducir*.
istigatore *s.m.* instigador, fomentador: *gli istigatori della rivolta*, los instigadores de la revuelta.
istigazione *s.f.* instigación, incitación | — *a delinquere*, inducción al delito.
istintivo *agg.* instintivo.

istinto *s.m.* instinto, impulso | — *animale*, instinto animal, estimativa | — *di conservazione*, instinto de conservación | — *materno*, instinto materno
■ ***d'istinto***, por instinto.
istituire *v.tr.* instituir*; (*una legge*) establecer*, crear, fundar: — *una borsa di studio*, instituir una beca.
istitutivo *agg.* instituyente.
istituto *s.m.* **1** instituto; (*di beneficenza*) institución (*f.*), entidad (*f.*) | — *di bellezza*, salón de belleza | — *di credito*, banco | — *di credito fondiario*, sociedad de crédito hipotecario **2** (*scolastico*) institución (*f.*), colegio; (*di università*) departamento | — *magistrale*, escuela normal **3** (*dir.*) institución (*f.*).
istitutore *s.m.* **1** fundador **2** (*educatore*) preceptor.
istituzionale *agg.* institucional: *riforma* —, reforma institucional.
istituzionalizzare *v.tr.* institucionalizar*.
istituzione *s.f.* institución, entidad, fundación: *l'— di un'accademia*, la institución de una academia; *l'— del matrimonio*, la institución del matrimonio | *essere un'—*, ser una institución | — *di erede*, institución de heredero.
istmo *s.m.* (*geogr.*) istmo.
istologico *agg.* (*anat.*) histológico.
istrice *s.m.* **1** (*zool.*) puerco espín **2** (*fig.*) erizo.
istrione *s.m.* histrión.
istrionesco *agg.* histriónico.
istrionico *agg.* histriónico.
istrionismo *s.m.* histrionismo.
istruire *v.tr.* **1** instruir*, educar*: — *i giovani*, educar a los jóvenes **2** (*ammaestrare*) adiestrar, amaestrar **3** (*dir.*) instruir* ♦ **-rsi** *v.pron.* instruirse*.
istruito *agg.* instruido, culto.
istruttivo *agg.* instructivo, aleccionador.
istruttore *s.m.* instructor, monitor | (*dir.*) *giudice* —, juez de instrucción.
istruttoria *s.f.* (*dir.*) sumario (*m.*), indagatoria, instrucción.
istruttorio *agg.* (*dir.*) sumarial.
istruzione *s.f.* **1** instrucción; (*insegnamento*) enseñanza; (*formazione*) formación, educación | — *privata*, instrucción privada | — *pubblica*, instrucción pública | *Ministero della Pubblica Istruzione*, Ministerio de Educación y Ciencia **2** (*dir.*) instrucción | — *preventiva*, instrucción sumarial | — *sommaria*, juicio sumario **3** (*spec.pl.*, *indicazione*) instrucción: *istruzioni per l'uso*, instrucciones de uso; *leggere attentamente le* —, leer atentamente las instrucciones.
istupidimento *s.m.* entontecimiento.
istupidire *v.tr.* entontecer*, atontar, aturdir: *la botta lo istupidì*, el golpe lo atontó.
istupidito *agg.* atontado, aturdido: *la loro presenza lo lasciò* —, su presencia lo dejó atontado.
italianismo *s.m.* italianismo.
italianista *s.m./f.* italianista.
italianizzare *v.tr.* italianizar*: — *una parola straniera*, italianizar una palabra extranjera.
italianizzazione *s.f.* italianización.
italiano *agg.*, *s.m.* italiano.
italico *agg.* itálico; (*lett.*) italiano | (*tip.*) *carattere* —, letra itálica.
italo *agg.* italo, italiano.
italo- *pref.* italo-.
italoamericano *agg.*, *s.m.* italoamericano.
iter *s.m.* procedimiento, tramitación (*f.*), curso.
iterabile *agg.* que se puede iterar.
iterare *v.tr.* iterar, repetir.
iterativo *agg.* iterativo: *verbo* —, verbo iterativo.
iterato *agg.* reiterado, repetido.
iterazione *s.f.* iteración, repetición.
itinerante *agg.* itinerante.
itinerario *s.m.* itinerario, recorrido; (*fig.*) plano: *seguire un* —, seguir un itinerario; *che — vuoi fare?*, ¿qué itinerario quieres hacer?
itterico *agg.*, *s.m.* (*med.*) ictérico.
itterizia *s.f.* (*med.*) ictericia.
ittero *s.m.* (*med.*) ictericia (*f.*).
ittico *agg.* pesquero: *mercato* —, mercado pesquero.
ittio- *pref.* ictio-.
ittiolo *s.m.* (*farm.*) ictiol.
ittita *agg.*, *s.m./f.* (*st.*) hitita.
iugoslavo *agg.*, *s.m.* yugoslavo.
iugulatorio *agg.* vejatorio, opresivo.
iuta *s.f.* yute (*m.*).
iutiero *agg.* (*tess.*) del yute.
iutificio *s.m.* establecimiento textil donde se trabaja el yute.
IVA *s.f.* IVA (*m.*) (Impuesto sobre el valor añadido).
ivi *avv.* (*lett.*) allí, en aquel lugar | — *compreso*, incluido.

J

j *s.f.* j | (*tel.*) — *come jolly*, j (jota) como José.
jaborandi *s.m.* (*bot.*) jaborandi.
jabot *s.m.* (*abbigl.*) chorrera (*f.*).
jacaranda *s.f.* (*bot.*) jacaranda.
jack *s.m.* **1** (*carte*) jota (*f.*) **2** (*elettr.*) jack, clavija (*f.*).
jacquard *agg.* jacquard: *tessuto* —, tejido jacquard.
jacuzzi® *s.f.* jacuzzi® (*m.*).
jaleo *s.m.* (*danza*) jaleo.
jamming *s.m.* (*tel.*) interferencia (*f.*), cruce.
jam-session *s.f.* (*mus.*) jam-session.
jazz *s.m.* (*mus.*) jazz.
jazz-band *s.m./f.* (*mus.*) orquesta (*f.*) de jazz.
jazzista *s.m./f.* (*mus.*) músico (*m.*) de jazz, jazzista.
jazzistico *agg.* (*mus.*) jazzístico, de jazz.
jeans *s.m.* **1** (*tessuto*) tela (*f.*) vaquera **2** (*pl.*, *abbigl.*) pantalón (*sing.*) vaquero/tejano, vaqueros, tejanos, (*Amer.*) bluyín (*sing.*).
jenseria *s.f.* tienda que vende vaqueros.
jeep *s.f.* (*aut.*) todoterreno (*m.*); (*Amer.*) jeep (*m.*), campero (*m.*).
jersey *s.m.* (*abbigl.*) jersey.
jet *s.m.* (*aer.*) jet, avión a reacción.
jetlag *s.m.* (*aer.*) jetlag.
jet-set *s.m.* jet set (*f.*), alta sociedad (*f.*).
jet-society *s.f.* jet-society.
jockey *s.m.* yóquey, yoqui, jockey.
jogging *s.m.* (*sport*) jogging, footing: *fare* —, hacer joggin/footing, correr.
joint-venture *s.f.* (*econ.*) joint venture, empresa conjunta.
jojoba *s.f.* (*bot.*) jojoba.
jolly *agg.*, *s.m.* (*gioco, anche fig.*) comodín.
joule *s.m.* (*fis.*) julio.
joystick *s.m.* (*inform.*) joystick.
judo *s.m.* (*sport*) yudo, judo.
judoista, judoka *s.m./f.* (*sport*) yudoca, judoca.
jugoslavo *agg.*, *s.m.* → **iugoslavo.**
jujitsu *s.m.* (*sport*) jiu-jitsu.
juke-box *s.m.* gramola (*f.*), máquina (*f.*) tocadiscos.
julienne, alla *loc.avv.* (*cuc.*) a la juliana.
jumbo *s.m.* (*aer.*) jumbo jet.
jumper *s.m.* (*abbigl.*) jumper.
junior *agg.*, *s.m.* júnior.
juniores *agg.* (*sport*) júnior: *categoria juniores*, categoría juniores ♦ *s.m./f.* (*sport*) deportista júnior.
juta *s.f.* → **iuta.**

Kk

k *s.f.* k | (*tel.*) — *come kursaal*, k (ka) como kilo.
kafkiano *agg.* kafkiano; (*fig.*) absurdo, alucinante.
kaiser *s.m.* kaiser.
kajal *s.m.* (*cosmetico*) kajal.
kaki *agg.*, *s.m.* → **cachi²**.
kamikaze *agg.*, *s.m./f.* kamikaze, terrorista suicida.
kantiano *agg.*, *s.m.* (*filos.*) kantiano.
kantismo *s.m.* (*filos.*) kantismo.
kaputt *agg.* kaputt, acabado, arruinado.
karaoke *s.m.* (*mus.*) karaoke.
karate *s.m.* (*sport*) karate, kárate.
karma *s.m.* karma.
kart *s.m.* kart.
kartodromo *s.m.* pista (*f.*) de karts.
kayak *s.m.* (*sport*) kayac, kayak.
keniano *agg.*, *s.m.* keniata (*m./f.*).
keniota *agg.*, *s.m./f.* keniata.
kermesse *s.f.* kermés, kermese, quermesse.
kerosene *s.m.* → **cherosene.**
ketchup *s.m.* (*cuc.*) ketchup, kechup, cátchup.
khmer *agg.*, *s.m./f.* (*pol.*) jémer: — *rossi*, jemeres rojos.
khomeinismo *s.m.* (*pol.*) jomeinismo.
khomeinista *agg.* (*pol.*) jomeinista.
kibbutz *s.m.* kibutz, quibús.
killer *s.m./f.* asesino (*m.*) a sueldo, sicario (*m.*) | *serial* —, homicida en serie.
kilo *s.m.* kilo.
kilocaloria *s.f.* kilocaloría.
kilogrammo *s.m.* → **chilogrammo.**
kilohertz *s.m.* (*elettr.*) kilohercio.
kilolitro *s.m.* kilolitro.
kiloton *s.m.* kilotón.
kilovolt *s.m.* (*elettr.*) kilovoltio.
kilowatt *s.m.* (*elettr.*) kilovatio.
kilowattora *s.m.* (*elettr.*) kilovatio-hora.
kilt *s.m.* (*abbigl.*) kilt.
kimono *s.m.* → **chimono.**
kindergarten *s.m.* kindergarten, guardería (*f.*).
kirsch *s.m.* kirsch.
kit *s.m.* kit, juego | — *degli attrezzi*, caja/juego de herramientas | — *di montaggio*, kit de montaje/construcción.
kitsch *agg.* cursi, hortera.
kiwi *s.m.* (*bot.*) kiwi.
kleenex *s.m.* kleenex, pañuelo de papel.
knock-out *s.m.* (*sport*) knock-out, fuera de combate; (*colpo*) nocáut | *mettere* —, dejar K.O./fuera de combate, noquear.
koala *s.m.* (*zool.*) koala.
koinè *s.f.* koiné, coiné.
kolossal *s.m.* (*cinem.*) superproducción (*f.*): *un* — *televisivo*, una superproducción televisiva.
krapfen *s.m.* (*frittella*) buñuelo de viento.
kuwaitiano *agg.*, *s.m.* kuwaití* (*m./f.*).
k-way® *s.m.* (*abbigl.*) anorak, canguro, chubasquero.
kyrie *s.m.* (*relig.*) kirie.
kyrie eleyson *s.m.* (*relig.*) kirie eleison.

Ll

l *s.f.* l | (*tel.*) — *come Livorno*, l como Lorenzo.
la¹ *art.det.f.sing.* la; (*davanti ai s.f. che iniziano per a, ha tonica*) el: *l'anima*, el alma; *l'aquila*, el águila; — *fata*, el hada; — *mia amica*, mi amiga.
la² *pron.pers.f. di 3ª pers.sing.* **1** la: — *mandai*, la envié; *l'ho vista ieri*, la vi ayer; *dammela*, dámela; *non darmela*, no me la des | *non ce — faccio più*, no puedo más **2** (*forma di cortesia*) le: *La preghiamo*, le rogamos; *posso aiutarla?*, ¿puedo ayudarle?; *La ringrazio molto*, se lo agradezco mucho.
la³ *s.m.* (*mus.*) la.
là *avv.* allí, allá | *al di — del fiume*, más allá del río | *più in* —, (*luogo*) más allá; (*tempo*) más adelante: *ne riparleremo più in* —, hablaremos del asunto más adelante | *essere in — con gli anni*, ser de edad avanzada | *fermo* —, alto ahí | (*fam.*) *ma va' —!*, ¡pero, hombre/mujer! | *fatti in —!*, ¡quítate de ahí! | *l'al di* —, el más allá | *di* —, por allá/allí | *chi va —?*, ¿quién vive?, ¿quién va/anda ahí? | *essere più di — che di qua*, estar con un pie en el hoyo/en la sepultura.
labbro *s.m.* **1** labio: *labbra grosse*, labios carnosos | — *leporino*, labio leporino | *a fior di labbra*, en voz baja, susurrando | *pendere dalle labbra di qlcu.*, estar pendiente de los labios de alguien | *avere le labbra cucite*, no descoser/despegar los labios | *bagnarsi le labbra*, beber algo | (*anat.*) *grandi/piccole labbra*, labios vaginales | *leccarsi le labbra*, relamerse, hacérsele la boca agua | *mordersi le labbra*, morderse los labios | *rifarsi le labbra*, rellenar los labios **2** (*orlo, margine*) labio: *i labbri di una ferita*, los labios de una herida.
labiale *agg.* (*anche ling.*) labial.
labializzare *v.tr./intr.* (*ling.*) labializar*.
labializzato *agg.* (*ling.*) labializado.
labializzazione *s.f.* (*ling.*) labialización.
labile *agg.* **1** lábil **2** (*psic.*) débil, frágil | *di memoria* —, corto/flaco de memoria.
labilità *s.f.* labilidad.
labiodentale *agg.*, *s.m./f.* labiodental.
labionasale *agg.*, *s.m./f.* labionasal.
labiopalatale *agg.* (*ling.*) labiopalatal.
labiovelare *agg.* (*ling.*) labiovelar.
labirintico *agg.* laberíntico.
labirintite *s.m.* (*med.*) laberintitis.
labirinto *s.m.* laberinto (*anche fig.*).
laboratorio *s.m.* **1** laboratorio **2** (*di artigiano*) taller | — *linguistico*, laboratorio de idiomas | — *spaziale*, laboratorio espacial.
laboriosità *s.f.* laboriosidad.
laborioso *agg.* **1** (*di cosa*) complicado, difícil **2** (*di persona*) trabajador.
laburismo *s.m.* (*pol.*) laborismo.
laburista *agg.*, *s.m./f.* (*pol.*) laborista.
lacca *s.f.* **1** laca **2** (*smalto*) barniz* (*m.*) | — *per capelli*, laca para el pelo.
laccare *v.tr.* lacar*, barnizar*.
laccato *agg.* lacado, barnizado.
laccatura *s.f.* lacado (*m.*), barnizado (*m.*).
lacchè *s.m.* mozo de espuela, lacayo, espolique.
laccio *s.m.* **1** lazo | (*med.*) — *emostatico*, torniquete **2** (*da scarpe*) cordón **3** (*fig.*) lazo, vínculo | *mettere il — al collo*, echar el gancho | *cacciare con il* —, lacear.
lacerante *agg.* punzante.
lacerare *v.tr.* desgarrar, lacerar (*anche fig.*) ♦ **-rsi** *v.pron.* desgarrarse.
lacerazione *s.f.* **1** (*strappo*) desgarramiento (*m.*) **2** (*ferita*) laceración.
lacero *agg.* rasgado, desgarrado.
laconicità *s.f.* laconismo (*m.*), brevedad, concisión.
laconico *agg.* lacónico.
laconismo *s.m.* laconismo.
lacrima *s.f.* lágrima, gota | *asciugarsi le lacrime*, dejar de llorar | *avere le lacrime agli occhi*, estar a punto de llorar, saltarsele las lágrimas | *scoppiare in lacrime*, echar/romper a llorar | *costare sudore e lacrime*, costar sangre, sudor y lágrimas | *lacrime di coccodrillo*, lágrimas de cocodrilo | *lacrime di sangue*, lágrimas de sangre | *piangere a calde lacrime*, llorar a lágrima viva | *piangere lacrime amare*, llorar con lágrimas de sangre | *sciogliersi in lacrime*, deshacerse en lágrimas | *spargere/versare lacrime*, correr las lágrimas | *una — di vino*, una gota de vino | *valle di lacrime*, valle de lágrimas.
lacrimale *agg.* lacrimal | *condotto* —, conducto lacrimal | *ghiandola* —, glándula lagri-

mal | *sacco* —, saco lagrimal | *vaso* —, vaso lacrimatorio.
lacrimare *v.intr.* lagrimear: *mi lacrima l'occhio destro*, me lagrimea el ojo derecho.
lacrimazione *s.f.* lagrimeo (*m.*).
lacrimevole *agg.* conmovedor, lacrimoso, lastimoso.
lacrimogeno *agg.* lacrimógeno.
lacrimoso *agg.* **1** lagrimoso, lloroso **2** (*fig.*) lacrimoso, conmovedor.
lacuna *s.f.* laguna, vacío (*m.*): *colmare una* —, llenar una laguna | — *della memoria*, vacío de memoria.
lacunare *s.m.* (*arch.*) lagunar, artesonado.
lacunoso *agg.* lagunoso, incompleto.
lacustre *agg.* lacustre.
laddove *avv., cong.* donde, allí donde; mientras que.
ladino *agg.* ladino.
ladro *s.m.* ladrón, ratero | *al —!*, ¡al ladrón! | — *di polli*, robagallinas, robaperas | *l'occasione fa l'uomo* —, la ocasión hace el ladrón | (*fig.*) — *di cuori*, don Juan, ladrón de corazones | *covo di ladri*, ladronera, cueva de ladrones | *dare del* —, tildar de ladrón | — *di bestiame*, cuatrero | — *di strada*, bandolero, salteador | — *in guanti gialli*, caballero de industria | *tempo da ladri*, tiempo de perros.
ladrocinio *s.m.* latrocinio.
ladrone *s.m.* ladrón | *il buon, mal* —, el buen, mal ladrón.
ladroneggiare *v.tr.* ladronear, robar.
ladroneria *s.f.* ladronería.
ladronesco *agg.* ladronesco.
ladruncolo *s.m.* ratero, (*fam.*) chorizo.
lager *s.m.* campo de concentración.
laggiù *avv.* allí abajo, allá abajo.
lagna *s.f.* **1** lamento (*m.*), queja **2** (*persona*) quejica (*m.*); (*cosa*) rollo (*m.*): *che —!*, ¡qué rollo!
lagnanza *s.f.* queja, protesta.
lagnarsi *v.pron.* quejarse, reclamar.
lagnoso *agg.* quejica, quejumbroso.
lago *s.m.* **1** lago | — *artificiale*, embalse, pantano **2** (*fig.*) charco: *un — di sangue*, un charco de sangre.
laguna *s.f.* laguna.
lagunare *agg.* lagunar.
laicale *agg.* laical, laico.
laicato *s.m.* (*relig.*) laicado.
laicismo *s.m.* (*pol.*) laicismo.
laicista *agg., s.m./f.* (*pol.*) laicista.
laicizzare *v.tr.* laicizar* ♦ **-rsi** *v.pron.* volverse* laico.
laicizzazione *s.f.* laicización.
laico *agg.* laico, lego, seglar: *scuola laica*, colegio seglar | *partito* —, partido laico | *stato* —, estado laico ♦ *s.m.* lego.
laido *agg.* asqueroso, repugnante.
laidume *s.m.* pringue, suciedad (*f.*).
lama[1] *s.f.* (*di coltello*) hoja, cuchilla.
lama[2] *s.m.* (*zool.*) llama (*f.*).
lama[3] *s.m.* (*relig.*) lama: *Dalai Lama*, Dalai Lama.
lamare *v.tr.* acuchillar.
lambiccare *v.tr.* alambicar*, destilar ♦ **-rsi** *v.pron.* fatigarse*, elucubrar, romperse* la cabeza: — *il cervello*, devanarse los sesos.
lambiccato *agg.* alambicado, destilado.
lambire *v.tr.* (*anche fig.*) lamer.
lamella *s.f.* lámina.
lamentare *v.tr.* lamentar, deplorar, sentir* ♦ **-rsi** *v.pron.* **1** (*gemere*) lamentarse, gemir* **2** (*protestare*) lamentarse, quejarse.
lamentela *s.f.* queja, reclamo (*m.*).
lamentevole *agg.* **1** quejoso, lamentoso **2** (*deplorevole*) lamentable, deplorable.
lamento *s.m.* lamento, quejido; (*gemito*) gemido.
lamentoso *agg.* quejoso.
lametta *s.f.* (*da barba*) hoja de afeitar.
lamiera *s.f.* chapa, plancha.
lamina *s.f.* lámina, hoja.
laminare *v.tr.* laminar.
laminato *agg., s.m.* laminado.
laminatoio *s.m.* (*tecn.*) laminador, laminadora (*f.*).
laminatura *s.f.* laminado (*m.*), chapado (*m.*).
lampada *s.f.* lámpara: — *da tavolo*, lámpara de mesa; — *a stelo*, lámpara de pie; — *a muro*, aplique, lámpara de pared | — *ad arco*, lámpara de arco | — *a incandescenza*, lámpara de incandescencia | — *al neon*, lámpara de neón | — *alogena*, lámpara halógena | — *al quarzo*, lámpara de cuarzo | — *a raggi ultravioletti*, lámpara de rayos ultravioletas/UVA | — *da soffitto*, lámpara de techo, araña | — *endoscopica*, endoscopio | — *tascabile a pila*, linterna | *farsi la — (ai raggi UVA)*, darse rayos UVA.
lampadario *s.m.* lámpara (*f.*) de techo, araña (*f.*).
lampadina *s.f.* bombilla (*f.*).
lampante *agg.* evidente, claro.
lampeggiamento *s.m.* relampagueo.
lampeggiante *agg., s.m.* intermitente.
lampeggiare *v.intr.* **1** (*di lampo*) relampaguear **2** (*aut.*) dar* las largas **3** (*di fonte luminosa*) parpadear **4** (*fig.*) centellear, destellar.
lampeggiatore *s.m.* (*aut.*) intermitente.
lampioncino *s.m.* farolillo.
lampione *s.m.* farol, farola (*f.*).
lampo *s.m.* relámpago | *in un* —, en un santiamén | — *di genio*, idea genial ♦ *s.f.* (*cerniera*) cremallera ♦ *agg.* relámpago: *guerra* —, guerra relámpago | *cerniera* —, cremallera | (*giorn.*) *notizia* —, noticia de alcance.

lampone *s.m.* (*bot.*) frambuesa (*f.*).
lampreda *s.f.* (*zool.*) lamprea.
lana *s.f.* lana: *gomitolo di* —, ovillo de lana | — *grezza*, lana burda | *pura — vergine*, pura lana | *fresco di* —, lana fría | — *artificiale*, lana artificial | — *d'angora*, lana de angora | — *di Scozia*, chevió, cheviot | — *d'acciaio*, viruta de acero | — *di vetro*, fibra de vidrio | — *di legno*, viruta de madera | *questioni di — caprina*, disquisiciones filosóficas.
lancetta *s.f.* **1** (*di orologio*) manecilla, aguja: — *dei minuti*, minutero; — *dei secondi*, segundero **2** (*di indicatore di livello*) puntero (*m.*) **3** (*med.*) lanceta.
lancia *s.f.* **1** lanza, pica | (*fig.*) *spezzare una — a favore di qlcu.*, defender a alguien | — *in resta*, lanza en ristre **2** (*mar.*) lancha: — *di salvataggio*, bote salvavidas.
lanciabombe *s.m.* (*mil.*) lanzabombas.
lanciafiamme *agg.*, *s.m.* lanzallamas.
lanciamissili *agg.*, *s.m.* (*mil.*) lanzamisiles.
lanciarazzi *agg.*, *s.m.* (*mil.*) lanzacohetes.
lanciare *v.tr.* **1** lanzar*, arrojar, tirar: — *pietre*, arrojar piedras | — *accuse*, lanzar acusaciones **2** (*diffondere*) difundir, divulgar* | — *una moda, un prodotto*, lanzar una moda, un producto ♦ **-rsi** *v.pron.* lanzarse*, arrojarse (*anche fig.*): — *nella mischia*, meterse en la pelea.
lanciasiluri *s.m.* (*mil.*) lanzatorpedos.
lanciato *agg.* lanzado, a toda velocidad, a toda pastilla.
lanciatore *s.m.* (*sport*) lanzador | — *del disco, del giavellotto, del martello*, lanzador de disco, de jabalina, de martillo.
lanciatorpedini *s.m.* (*mil.*) lanzaminas.
lanciere *s.m.* (*mil.*) lancero.
lancinante *agg.* lancinante.
lancio *s.m.* lanzamiento (*anche sport, fig.*): — *del disco, del giavellotto, del martello, del peso*, lanzamiento de disco, de jabalina, de martillo, del peso | — *di paracadutisti*, lanzamiento de paracaidistas | — *di un prodotto*, lanzamiento de un producto | *rampa di* —, rampa de lanzamiento.
landa *s.f.* (*geogr.*) landa.
languidezza *s.f.* languidez, debilidad.
languido *agg.* **1** lánguido, débil, flojo **2** sensual, voluptuoso.
languire *vin.tr.* languidecer*, debilitarse, desfallecer*.
languore *s.m.* languidez (*f.*) | — *di stomaco*, languidez de estómago, apetito.
laniero *agg.* lanero, lanar.
lanificio *s.m.* fábrica (*f.*) de lana.
lanolina *s.f.* lanolina.
lanoso *agg.* lanudo.
lanterna *s.f.* linterna, farol (*m.*) | — *cieca*, linterna sorda/flamenco | — *di palcoscenico*, reflectores movibles | — *magica*, linterna mágica | (*fig.*) *cercare con la* —, buscar con lupa | *prendere lucciole per lanterne*, tomar el rábano por las hojas.
lanternino *s.m.* candil, farol | *cercare col* —, buscar a moco de candil | *cercarsele col* —, tirar piedras contra su propio tejado.
lanugine *s.f.* pelusa.
lanuginoso *agg.* lanuginoso.
lanzichenecco *s.m.* (*st.*) lansquenete.
lapalissiano *agg.* obvio, evidente, de perogrullo: *verità lapalissiana*, verdad de perogrullo.
laparotomia *s.f.* (*med.*) laparotomía.
lapidare *v.tr.* **1** lapidar **2** (*fig.*) criticar*, insultar.
lapidario *agg.* lapidario, escueto, conciso.
lapidazione *s.f.* lapidación, pedrea.
lapide *s.f.* lápida; (*commemorativa*) placa conmemorativa; (*sul pavimento*) losa.
lapillo *s.m.* lapilli, lasca (*f.*).
lapis *s.m.* lápiz*.
lapislazzuli *s.m.* (*miner.*) lapislázuli.
lappare *v.tr.* sorber, lamer.
lappone *agg.*, *s.m./f.* lapón (*m.*).
lapsus *s.m.* lapsus, desliz* | — *freudiano*, lapsus freudiano | — *linguae*, lapsus linguae.
lardo *s.m.* tocino, lardo | *tanto va la gatta al — che ci lascia lo zampino*, tanto va el cántaro a la fuente que se quiebra.
lardoso *agg.* lardoso, grasiento.
largheggiare *v.intr.* abundar, excederse.
larghezza *s.f.* **1** anchura, ancho (*m.*); (*ampiezza*) amplitud: *misura due metri di* —, mide dos metros de ancho | (*fig.*) — *di vedute*, amplitud de miras **2** (*abbondanza*) abundancia: *avere — di mezzi*, tener abundancia de medios/dinero **3** (*generosità*) largueza, generosidad.
largire *v.tr.* → **elargire.**
largizione *s.f.* → **elargizione.**
largo *agg.* **1** ancho; (*ampio*) amplio, espacioso; (*grande*) grande: *«quanto è larga la tua stanza?» «è larga tre metri»*, «¿cuánto mide de ancho tu habitación?» «mide tres metros de ancho»; *questa giacca mi sta larga*, esta chaqueta me queda ancha **2** (*generoso*) generoso, pródigo ♦ *s.m.* **1** (*larghezza*) ancho **2** (*alto mare*): *al* —, en mar abierto; *prendere il* —, largarse **3** (*piazza*) plaza (*f.*) **4** (*mus.*) largo
■ ***su larga scala***, en/a gran escala | ***avere le spalle larghe***, tener buenas espaldas, cargar con el muerto | ***essere di manica larga***, ser de manga ancha, tener manga ancha | ***idee larghe***, ideas amplias | ***prendere le cose alla larga***, andarse con rodeos | ***stammi alla larga!***, ¡déjame en paz!, ¡largo de aquí! | ***a gambe larghe***, con las piernas abiertas | ***farsi largo***,

abrirse paso | ***in lungo e in largo***, a lo largo y a lo ancho, por todas partes | ***fate largo!***, ¡paso! | ***gira al largo!***, ¡vete, lárgate de aquí!
larice *s.m.* (*bot.*) alerce, lárice.
laringe *s.f.* (*anat.*) laringe.
laringeo *agg.* (*anat.*) laríngeo.
laringite *s.f.* (*med.*) laringitis.
laringo- *pref.* laringo-.
laringoiatra *s.m./f.* (*med.*) laringólogo (*m.*).
larva *s.f.* **1** (*zool.*) larva **2** (*fig.*, *di persona*) sombra, esqueleto (*m.*) | *è una — umana*, es un esqueleto andante.
larvale *agg.* (*biol.*) larvario, larval.
larvato *agg.* larvado, oculto.
lasagna *s.f. spec.pl.* (*cuc.*) lasaña.
lasciapassare *s.m.* pase, salvoconducto.
lasciare *v.tr.* **1** dejar: — *tutto in ordine*, dejar todo ordenado | — *da parte*, dejar a un lado, dejar aparte | — *indietro qlco.*, postergar, dejar atrasado algo, descuidar algo | — *indietro qlcu.*, dejar atrás a alguien | — *detto, scritto*, dejar dicho, escrito | — *cadere*, dejar perder | — *dormire una pratica*, poner a un lado un trámite | — *che le cose vadano come vogliono*, dejar que las cosas sigan su curso | — *di stucco*, dejar de una pieza, dejar bizco | — *il certo per l'incerto*, dejar lo cierto por lo dudoso | — *in dubbio/forse*, no convencer | — *intendere/capire*, dar a entender | — *nella penna*, dejar en el tintero | — *mezzo morto*, dejar medio muerto | — *fare al tempo*, dejar tiempo al tiempo | *non — adito a dubbi*, no dejar lugar a dudas | *non — vivere*, no dejar vivir **2** (*abbandonare*) abandonar, dejar: — *la città, la famiglia*, abandonar/dejar la ciudad, la familia; — *gli studi*, abandonar los estudios, colgar los libros | — *la tonaca*, colgar los hábitos | — *al proprio destino*, dejar en la estacada **3** (*mollare*) soltar*: — *il volante*, soltar/dejar el volante; *lasciami!*, ¡suéltame! | — *andare*, soltar, dejar libre **4** (*consentire*) permitir, dejar: *lascia fare a me*, déjame hacerlo a mí; *lascia che il bambino venga con noi*, deja que el niño venga con nosotros; *lascia che ti dica*, permíteme que te diga | — *passare*, hacerse a un lado **5** (*perderci*) perder*: *ci ho lasciato un sacco di soldi*, he perdido en eso un dineral | *lasciarci la pelle*, jugarse el pellejo | *lasciarci un braccio, una gamba*, perder un brazo, una pierna ♦ **-rsi** *v.pron.* **1** dejarse | — *trascinare*, dejarse llevar **2** (*separarsi*) dejarse, separarse: *si sono lasciati da due mesi*, hace dos meses que se han dejado/separado
■ ***lasciar perdere/correre***, dejar correr, pasar por alto | ***lascia perdere!***, ¡déjalo! | ***prendere o lasciare***, o lo tomas o lo dejas | ***lasciare molto a desiderare***, dejar mucho/bastante que desear | ***lascia stare quei libri!***, ¡no toques esos libros! | (*fam.*) ***lasciami stare!***, ¡déjame en paz! | ***lasciamo stare!***, ¡no hablemos más!, ¡no se hable más! | ***lasciarsi andare***, descuidarse, abandonarse.
lascito *s.m.* (*dir.*) legado.
lascivo *agg.* lascivo, lujurioso, impúdico.
lassativo *agg.*, *s.m.* (*farm.*, *med.*) laxativo, laxante.
lassismo *s.m.* laxismo.
lassista *agg.* laxista.
lasso *agg.* laxo, flojo ♦ *s.m.* lapso, periodo.
lassù *avv.* allí/allá arriba.
lastra *s.f.* **1** (*di pietra ecc.*) lastra, lancha, losa, laja | — *di ghiaccio*, placa de hielo, témpano | — *fotografica*, placa fotográfica **2** (*di metallo*) chapa, plancha, hoja **3** (*di vetro*) lámina **4** (*med.*) radiografía.
lastricare *v.tr.* adoquinar, enlosar.
lastricato *agg.*, *s.m.* adoquinado, enlosado, empedrado.
lastrico *s.m.* **1** enlosado, empedrado **2** (*fig.*) miseria (*f.*) | *ridurre/gettare sul* —, dejar/echar en la miseria/en la calle | *rimanere/ridursi sul* —, quedarse en la calle.
latente *agg.* latente, oculto.
latenza *s.f.* latencia, período (*m.*) de incubación.
laterale *agg.* lateral | (*calcio*) *fallo* —, fuera de banda; *rimessa* —, saque de banda | (*abbigl.*) *con spacchi laterali*, con aberturas laterales.
lateranense *agg.* lateranense | *patti lateranensi*, pactos lateranenses.
laterizi *s.m.pl.* ladrillos.
laterizio *agg.* de ladrillo.
latice *s.m.* látex.
latifondista *s.m./f.* latifundista, terrateniente.
latifondo *s.m.* latifundio.
latineggiante *agg.* latinizante.
latinismo *s.m.* (*ling.*) latinismo.
latinista *s.m./f.* latinista.
latino *agg.* latino | *America Latina*, Latinoamérica, Iberoamérica ♦ *s.m.* **1** (*persona*) latino **2** (*lingua*) latín.
latino-americano *agg.* latinoamericano.
latitante *agg.* ausente, bajo orden de busca y captura; (*dir.*) contumaz*, declarado en rebeldía ♦ *s.m./f.* rebelde (*dir.*), fugitivo (*m.*).
latitanza *s.f.* contumacia, ausencia | *darsi alla* —, vivir en la clandestinidad.
latitudine *s.f.* latitud.
lato[1] *agg.* lato, amplio: *in senso* —, en sentido lato.
lato[2] *s.m.* **1** lado: *a — di*, al lado de; *su entrambi/ambo i lati*, a ambos lados **2** (*fig.*) aspecto, lado: *vediamo la situazione da un altro* —, consideramos la situación desde otro aspecto | *d'altro* —, por otra parte **3** (*di disco, musicassetta*) cara (*f.*)

■ ***il lato debole***, el punto flaco | ***di lato***, de lado, de perfil.
latore *s.m.* portador.
latrare *v.intr.* ladrar.
latrato *s.m.* ladrido.
latrina *s.f.* retrete (*m.*); letrina.
latta *s.f.* **1** (*lamiera*) hojalata **2** (*recipiente*) lata, bote (*m.*).
lattaio *s.m.* lechero.
lattante *agg.*, *s.m./f.* lactante.
latte *s.m.* leche (*f.*): — *cagliato*, cuajada; — *condensato*, leche condensada; — *intero, parzialmente scremato, scremato*, leche entera, semidesnatada, desnatada; — *a lunga conservazione*, leche uperizada; — *in polvere*, leche en polvo; — *liofilizzato*, leche liofilizada; — *omogeneizzato*, leche homogeneizada; — *pastorizzato*, leche pasteurizada; — *sterilizzato*, leche esterilizada; — *crudo*, leche recién ordeñada; — *di mucca, di pecora*, leche de vaca, de oveja | — *detergente*, leche limpiadora | — *di calce*, lechada | — *di mandorle*, leche de almendras | *succhiare il* —, mamar | *bambino di* —, lactante | *bianco* —, blanco como la leche | *denti da* —, dientes de leche | *essere come la mosca nel* —, ser como mosca en leche | *figlio di* —, hijo de leche | *fior di* —, nata | *fratello di* —, hermano de leche
■ ***far venire il latte alle ginocchia***, ser un pesado, fastidiar | ***piangere sul latte versato***, a lo hecho pecho | ***avere ancora il latte sulle labbra***, ***puzzare ancora di latte***, estar con/tener la leche en los labios | ***di latte***, lechal, de leche: *vitello di* —, ternero lechal; *maialino di* —, cochinillo, cerdo lechal.
latteo *agg.* lácteo | *crosta lattea*, costra láctea, lactumen | *farina lattea*, harina lacteada | *montata lattea*, lactación | (*astr.*) *Via Lattea*, Vía Láctea.
latteria *s.f.* lechería.
lattice *s.m.* → **latice.**
latticini *s.m.pl.* productos lácteos.
lattico *agg.* láctico.
lattiera *s.f.* lechera.
lattiero *agg.* lechero.
lattifero *agg.*lechero, lactífero.
lattiginoso *agg.* lechoso.
lattina *s.f.* bote (*m.*), lata: *una — di birra*, una lata de cerveza.
lattogeno *agg.* lactógeno.
lattonzolo *s.m.* cochinillo, lechón.
lattoniere *s.m.* latonero.
lattosio *s.m.* lactosa (*f.*), lactina (*f.*).
lattuga *s.f.* (*bot.*) lechuga | — *romana*, lechuga romana | — *scarola*, escarola | — *selvatica*, lechuga silvestre, lechuguilla.
laurea *s.f.* licenciatura, graduación | — *breve*, grado | — *ad honorem* (*o honoris causa*), licenciatura honoris causa | *prendere una* —, licenciarse.
laureando *agg.*, *s.m.* graduando, doctorando.
laurearsi *v.pron.* licenciarse, graduarse*.
laureato *agg.*, *s.m.* licenciado, graduado: *è — in giurisprudenza*, es licenciado en derecho.
lauro *s.m.* (*bot.*) laurel.
lauto *agg.* lauto, opulento; (*di guadagno*) considerable.
lava *s.f.* (*geol.*) lava.
lava auto *s.m./f.* lavacoches.
lavabiancheria *s.f.* lavadora, lavarropa.
lavabicchieri *s.m.* cepillo para lavar vasos.
lavabile *agg.* lavable.
lavabo *s.m.* lavabo.
lavabottiglie *s.f.* cepillo (*m.*) para lavar botellas.
lavacristallo *s.m.* (*aut.*) limpiaparabrisas.
lavaggio *s.m.* lavado: — *a secco*, lavado en seco | (*fig.*) — *del cervello*, lavado de cerebro.
lavagna *s.f.* **1** (*min.*) pizarra **2** (*a scuola*) pizarra | — *luminosa*, retroproyector.
lavamacchine *s.m./f.* lavacoches.
lavamoquette *s.f.* lavamoquetas.
lavanda[1] *s.f.* (*bot.*) espliego (*m.*), lavanda, lavándula.
lavanda[2] *s.f.* (*med.*) lavado (*m.*) | — *gastrica*, lavado gástrico.
lavandaia *s.f.* lavandera.
lavanderia *s.f.* **1** (*negozio*) lavandería, tintorería | — *a secco*, limpieza en seco | *portare in* —, llevar al tinte **2** (*nelle case*) lavadero (*m.*).
lavandino *s.m.* **1** (*di bagno*) lavabo **2** (*di cucina*) fregadero, pila (*f.*) **3** (*fig., ingordo*) tragón.
lavapiatti *s.m.* lavaplatos ♦ *s.f.* (*macchina*) lavavajillas (*m.*), lavaplatos (*m.*).
lavare *v.tr.* lavar: — *i piatti*, fregar los platos; — *a secco*, lavar en seco; — *in lavatrice*, lavar a máquina | — *in fretta e furia*, lavotear | *lavarsene le mani*, lavarse las manos, hacer la de Pilatos | *una mano lava l'altra e tutte e due lavano il viso*, una mano lava la otra y ambas la cara ♦ **-rsi** *v.pron.* lavarse, (*Amer.*) bañarse.
lavasecco *s.m.* lavandería (*f.*), tintorería (*f.*).
lavastoviglie *s.f.* lavaplatos (*m.*), lavavajillas (*m.*).
lavata *s.f.* lavado (*m.*) | (*fig.*) *dare una — di capo*, echar un rapapolvo/una bronca.
lavativo *s.m.* (*scansafatiche*) gandul, vago.
lavatoio *s.m.* lavadero.
lavatrice *s.f.* lavadora, (*Amer.*) lavarropas.
lavatura *s.f.* lavado (*m.*) | (*fig.*) — *di fiaschi/botte*, vino aguado | (*fig.*) — *di piatti*, café aguado.

lavavetri *s.m.* limpiacristales (*anche spazzola*); (*di auto*) limpiacoches.

lavello *s.m.* fregadero, pila (*f.*) de lavar.

lavorabile *agg.* laborable.

lavorante *s.m./f.* trabajador (*m.*), obrero (*m.*).

lavorare *v.intr.* **1** trabajar, (*fam.*) currar: — *da muratore*, trabajar como albañil; — *in proprio*, trabajar por cuenta propia; | — *in un film*, actuar en una película | — *a cottimo*, trabajar a destajo | — *come un negro*, trabajar como un burro | — *duro*, andar a la brega | — *per la gloria*, trabajar en balde | — *sodo/di buona lena*, batirse el cobre | *mettersi a — duro*, agachar el lomo **2** (*comm.*) trabajar, ganar: *quel negozio lavora poco*, aquella tienda gana poco ♦ *v.tr.* trabajar; (*la terra*) cultivar, labrar | — *il rame*, repujar el cobre | — *la pasta*, amasar | — *il ferro a caldo*, maznar el hierro
■ ***lavorare a maglia***, tricotar | ***lavorare all'uncinetto***, hacer crochet/ganchillo | ***lavorare di fantasia***, soñar despierto | ***lavorare di cervello***, trabajar con la cabeza | (*fig.*) ***lavorare sott'acqua***, trabajar/hilar muy fino | ***lavorare di mano***, robar | ***lavorarsi qlcu.***, comerle el coco a alguien.

lavorativo *agg.* laborable: *giorno* —, día laborable.

lavorato *agg.* hecho, elaborado.

lavoratore *agg., s.m.* trabajador: *classe lavoratrice*, clase trabajadora | *gran* —, burro de carga | — *a cottimo*, destajista | — *ad interim*, trabajador interino | — *a giornata*, jornalero | — *autonomo*, trabajador autónomo | — *domestico*, trabajador al servicio del hogar familiar | — *in mobilità*, trabajador con expediente de regulación de empleo | — *per conto terzi*, trabajador por cuenta ajena | — *stagionale*, temporero, bracero.

lavorazione *s.f.* trabajo (*m.*); producción, manufactura; (*moda*) confección: — *a mano*, trabajo hecho a mano | — *di un film*, rodaje | *essere in*   , estar en producción.

lavoretto *s.m.* (*fam.*) currelo, chapuza (*f.*).

lavoricchiare *v.tr.* agenciarse, apañarse.

lavorio *s.m.* ajetreo, jatrín.

lavoro *s.m.* **1** trabajo, (*fam.*) curro, faena (*f.*) | *mettersi al* —, meterse en faena | *fare i lavori pesanti*, ser un mulo de carga | *incidente/infortunio sul* —, accidente laboral/de trabajo | *lavori dei campi*, labranza | *lavori di preparazione*, trabajos preliminares | *campo di* —, campo de trabajo | *al* —*!*, ¡manos a la obra! | *con gran* —, con mucho trabajo, a duras penas **2** (*occupazione*) empleo, labor (*f.*), oficio: — *interinale*, trabajo interino | *domanda, offerta di* —, solicitud, oferta de trabajo | *colloquio di* —, entrevista de trabajo | *datore di* —, empresario | *cercare* —, buscar empleo | *conflittualità del* —, conflictividad laboral | *contratto di* —, contrato de trabajo/laboral | *doppio* —, pluriempleo | — *a cottimo*, trabajo a destajo | — *a domicilio*, trabajo a domicilio | — *cinese*, trabajo de chinos | — *dipendente*, trabajo dependiente | — *in proprio*, trabajo autónomo | — *intellettuale*, obra intelectual | — *manuale*, obra de manos | — *nero*, trabajo negro | — *part-time*, trabajo a tiempo parcial | — *sommerso*, trabajo sumergido | *orario di* —, horario/jornada laboral | *scaricare il — sugli altri*, descargar la burra | *trovare un* —, encontrar un trabajo/empleo **3** (*artistico*) obra (*f.*) de teatro, de cine, de literatura **4** (*pl., opere tecniche*) obras (*f.*) | *lavori in corso*, en obras: *ci sono dei lavori in corso sulla strada*, la carretera está en obras | *lavori pubblici*, obras públicas
■ ***lavori domestici/di casa***, faenas domésticas, quehaceres domésticos | ***lavori forzati***, trabajos forzados/forzosos | ***diritto del lavoro***, derecho laboral/del trabajo | ***ministero del lavoro***, ministerio del trabajo.

lazzaretto *s.m.* lazareto.

lazzarone *s.m.* gandul, holgazán, vago.

lazzo *s.m.* salida (*f.*), broma (*f.*).

le[1] *art.f.pl.* las: — *donne*, las mujeres.

le[2] *pron.pers.f. compl.ogg. di 3ª pers.pl.* las: — *ho viste stamattina*, las he visto esta mañana; *dammele*, dámelas; *non darmele*, no me las des.

le[3] *pron.pers.f. compl. di termine di 3ª pers. sing.* **1** le: *dille di venire*, dile que venga; — *ho detto di andarsene*, le he dicho que se vaya; — *faceva male la testa*, le dolía la cabeza **2** (*formula di cortesia*) le: *Le chiedo scusa*, le pido perdón/disculpas.

leader *agg., s.m./f.* líder.

leaderismo *s.m.* liderazgo.

leadership *s.f.* liderazgo (*m.*).

leale *agg.* leal, sincero.

lealtà *s.f.* lealtad.

lebbra *s.f.* **1** (*med.*) lepra **2** (*fig.*) lacra.

lebbrosario *s.m.* leprosería (*f.*).

lebbroso *agg., s.m.* leproso.

leccaculo *s.m./f.* (*volg.*) lameculos, pelota, pelotilla | *essere un* —, hacer la pelotilla.

lecca-lecca *s.m.* piruleta (*f.*).

leccamento *s.m.* lamida (*f.*).

leccapiedi *s.m./f* adulador (*m.*), (*iron.*) pelotillero (*m.*), quitamotas, (*Amer.*) chupamedias.

leccare *v.tr.* **1** lamer | (*fig.*) *leccarsi le dita/i baffi*, chuparse los dedos **2** (*fig.*) adular, halagar*, enjabonar | — *i piedi a qlcu.*, dar bombo, hacer la rosca/la pelota a alguien.

leccata *s.f.* lamida, lengüetazo (*m.*), lametón (*m.*).

leccato *agg.* lamido.

leccatura *s.f.* lamedura, lamida, lengüetazo (*m.*).
lecceto *s.m.* (*bot.*) carrascal, encinar.
leccio *s.m.* (*bot.*) encina (*f.*), carrasca (*f.*).
leccornia *s.f.* golosina, manjar (*m.*).
lecitina *s.f.* (*chim.*) lecitina | — *di soia*, lecitina de soja.
lecito *agg.* lícito, legítimo; (*giusto*) correcto: *è — dire/chiedersi se*, cabe decir/preguntarse si | *se è — /se mi è —*, si se me permite | *ti par —?*, ¿te parece bien? ♦ *s.m.* lo lícito: *il — e l'illecito*, lo lícito e ilícito | *oltre i confini del —*, más allá de lo lícito.
ledere *v.tr.* **1** lesionar, lisiar **2** (*fig.*) perjudicar*, dañar.
lega *s.f.* **1** liga; (*associazione*) confederación; (*di sport*) federación | *far —*, aliarse con **2** (*di metalli*) aleación | *argento/oro di bassa —*, plata baja de ley/oro bajo de ley | *gente di bassa —*, gente de mala ralea/calaña | *costituente di —*, ingrediente de aleación | — *binaria*, aleación binaria | — *leggera*, aleación ligera | — *per caratteri da stampa*, metal de imprenta | *moneta di — metallica*, moneda de vellón | *struttura di —*, estructura de aleación | *tenore di una —*, ley de una aleación **3** (*misura*) legua.
legaccio *s.m.* balduque, cinta (*f.*).
legale *agg.* legal, lícito | *consulente —*, asesor jurídico | *medico —*, médico forense | *numero —*, quórum | *carta —*, papel de oficio | *deposito —*, depósito legal | *medicina —*, medicina forense | *ora —*, hora legal | *procuratore —*, fiscal | *studio —*, despacho de abogado | *ufficio —*, departamento legal ♦ *s.m./f.* abogado (*m.*).
legalismo *s.m.* actitud (*f.*) de respeto a la legalidad.
legalista *s.m./f.* persona respetuosa de la legalidad.
legalità *s.f.* legalidad.
legalizzare *v.tr.* legalizar*; (*un documento*) autenticar*.
legalizzazione *s.f.* legalización, autenticación.
legame *s.m.* **1** ligadura (*f.*) **2** (*fig.*) vínculo, unión (*f.*), relación (*f.*).
legamento *s.m.* (*anat.*) ligamento.
legare *v.tr.* **1** atar, anudar | *pazzo da —*, loco de atar/remate | *legarsela al dito*, guardársela (a alguien) | — *la lingua*, atar la lengua | — *le mani*, maniatar | — *mani e piedi*, atar de pies y manos **2** (*dir.*) legar* ♦ *v.intr.* **1** (*andare d'accordo, armonizzarsi*) pegar*: *il colore della gonna non lega con quello della camicia*, el color de la falda no pega con el de la blusa | *non lega!*, ¡no pega! **2** (*metalli*) alear, ligar* ♦ **-rsi** *v.pron.* **1** atarse | — *i capelli*, recogerse/sujetarse el pelo | — *le scarpe*, atarse los zapatos **2** (*fig.*) asociarse, unirse.
legatario *s.m.* (*dir.*) legatario.
legato[1] *agg.* **1** atado, ligado, sujeto **2** (*impacciato*) torpe.
legato[2] *s.m.* **1** (*dir.*) legado, herencia (*f.*), heredad (*f.*) **2** (*delegato apostolico*) legado, representante (*m./f.*), enviado: — *pontificio*, legado apostólico.
legatoria *s.f.* encuadernación.
legatura *s.f.* **1** atadura **2** (*di libri*) encuadernación.
legazione *s.f.* legación.
legenda *s.f.* (*didascalia*) leyenda.
legge *s.f.* **1** ley: *in base alla — n. 626*, conforme a la ley 626; *promulgare/emanare una —*, promulgar una ley; *infrangere/violare una —*, infringir/violar una ley; *a norma di —*, conforme a derecho, conforme a la ley, según la ley; *in nome della —*, en nombre de la ley | *decreto —*, decreto ley | *disegno di —*, anteproyecto de ley | *progetto di —*, proyecto de ley | — *quadro*, ley marco | *dettar —*, dictar su ley, imponer su voluntad | — *costituzionale*, ley orgánica | — *dei grandi numeri*, ley de los grandes números | — *dei rendimenti decrescenti*, ley de los rendimientos decrecientes | — *delega*, ley de delegación | — *della domanda e dell'offerta*, ley de la oferta y la demanda | — *del taglione*, ley del talión | — *divina*, ley de Dios | — *finanziaria*, ley de presupuestos del Estado | — *marziale*, ley marcial | — *proibizionista*, ley seca | — *salica*, ley sálica | *tavole della —*, tablas de la ley **2** (*giurisprudenza*) jurisprudencia, derecho (*m.*): *studiare —*, estudiar derecho
■ ***fatta la legge trovato l'inganno***, hecha la ley hecha la trampa | ***uomo di legge***, jurisconsulto, abogado.
leggenda *s.f.* leyenda, mito (*m.*) | — *della tavola rotonda*, leyenda de la mesa redonda | — *aurea*, leyenda áurea | — *metropolitana*, leyenda metropolitana.
leggendario *agg.* legendario.
leggere *v.tr.* leer*: — *ad alta voce*, leer en voz alta | (*fig.*) — *tra le righe*, leer entre las líneas | — *in faccia*, leer en la cara | — *la mano*, leer la mano.
leggerezza *s.f.* **1** ligereza, levedad **2** (*fig.*) frivolidad, ligereza; desliz* (*m.*), impertinencia: *commettere una —*, cometer una impertinencia.
leggermente *avv.* **1** levemente, ligeramente **2** (*alla leggera*) con ligereza.
leggero *agg.* **1** ligero, liviano | *droga leggera*, droga blanda | — *come una piuma*, liviano como una pluma | *pasto —*, comida frugal | *pesi leggeri*, pesos ligeros **2** (*agile*) ágil, leve **3** (*fig.*) ligero, frívolo, superficial

■ ***a cuor leggero***, con serenidad | ***atletica leggera***, atletismo | ***prendere alla leggera***, tomarse las cosas a la ligera, tomar a broma/chacota.
leggiadria *s.f.* hermosura, gracia, garbo (*m.*).
leggiadro *agg.* hermoso, agraciado, gallardo.
leggibile *agg.* legible.
leggio *s.m.* atril.
leggiucchiare *v.tr.* ojear, echar un vistazo.
leghista *agg.* partidario de una liga.
legiferare *v.intr.* legislar.
legionario *agg.* (*mil.*) legionario.
legione *s.f.* (*mil.*) legión.
legislativo *agg.* legislativo.
legislatore *s.m.* legislador.
legislatura *s.f.* legislatura.
legislazione *s.f.* legislación.
legittimare *v.tr.* **1** legitimar **2** (*giustificare*) justificar*.
legittimario *s.m.* legitimario.
legittimazione *s.f.* legitimación.
legittimità *s.f.* legitimidad.
legittimo *agg.* legítimo.
legna *s.f.* leña: *fare* —, recoger leña | — *secca*, leña muerta | — *verde*, leña viva | *mercante di* —, leñero | (*fig.*) *mettere — al fuoco*, echar leña al fuego.
legnaia *s.f.* leñera.
legnaiolo *s.m.* carpintero de grueso.
legname *s.m.* madera (*f.*), maderamen.
legnata *s.f.* leñazo (*m.*), paliza | *dare una* —, dar unos leñazos | *dare un fracco di legnate*, moler a palos.
legno *s.m.* **1** madera (*f.*): — *compensato*, madera contrachapada/conglomerada | *pezzo di* —, leño, pedazo de madera | (*fig.*) *testa di* —, cabeza dura | *toccare* —, tocar madera **2** (*bastone*) palo.
legnoso *agg.* leñoso; (*fibroso*) fibroso.
leguleio *s.m.* (*spreg.*) leguleyo, picapleitos (*m./f.*).
legume *s.m.* (*bot.*) legumbre (*f.*).
leguminose *s.f.pl.* (*bot.*) leguminosas.
lei *pron.pers.f. di 3ª pers.sing.* **1** (*sogg. e compl.*) ella: *l'ha detto — stessa*, lo ha dicho ella misma; *è andato con* —, se ha ido con ella; *è — l'amica di cui ti ho parlato*, es ella la amiga de quien te he hablado; *è stata* —, ha sido ella **2** (*forma di cortesia*) usted: *se Lei permette*, si usted permite | *dare del Lei*, tratar de usted.
leitmotiv *s.m.* leitmotiv, tema (*f.*).
lembo *s.m.* **1** (*di abito*) borde, extremidad (*f.*): — *del mantello*, punta de la capa **2** (*zona, fascia*): — *di terra*, franja/porción de tierra.
lemma *s.m.* (*ling.*) entrada (*f.*), voz (*f.*).
lemme lemme *loc.avv.* lentamente, con calma.
lemure *s.m.* (*zool.*) lémur.
lena *s.f.* empeño (*m.*), empuje (*m.*), tesón (*m.*), vigor (*m.*) | *di buona* —, de buena gana.
lendine *s.m./f.* (*zool.*) liendre (*f.*).
lenire *v.tr.* mitigar*, aliviar, aplacar*, cal*mar.*
lenitivo *agg.* lenitivo, calmante, paliativo.
lentamente *avv.* lentamente, con lentitud.
lente *s.f.* lente | — *d'ingrandimento*, lupa | — *a contatto*, lente de contacto, lentilla.
lentezza *s.f.* lentitud.
lenticchia *s.f.* (*bot.*) lenteja.
lentiggine *s.f.* peca.
lentigginoso *agg.* pecoso.
lento *agg.* **1** lento | *a fuoco* —, a fuego lento | *a passo* —, a paso lento | *essere — come una tartaruga*, ser más lento que una tortuga | *polso* —, pulso lento **2** (*allentato*) flojo ♦ *s.m.* (*ballo*) agarrado.
lenza *s.f.* sedal (*m.*).
lenzuolo *s.m.* sábana (*f.*): — *con gli angoli*, sábana ajustable; — *di sotto*, *di sopra*, sábana bajera, encimera | — *funebre*, mortaja | *cacciarsi tra le lenzuola*, irse a la cama, acostarse.
leone *s.m.* **1** (*zool.*) león | (*fig.*) *battersi come un/da* —, luchar como un león | *essere un cuor di* —, ser atrevido y valiente | *fare la parte del* —, hacer su agosto | — *d'America*, puma | — *marino*, león marino | *sentirsi un* —, estar hecho un león | *tana del* —, leonera | (*bot.*) *dente di* —, diente de león **2** (*astr.*) Leo.
leonessa *s.f.* (*zool.*) leona.
leopardo *s.m.* (*zool.*) leopardo.
leporino *agg.* leporino | *labbro* —, labio leporino.
lepre *s.f.* (*zool.*) liebre.
leprotto *s.m.* (*zool.*) lebrato, lebrastón.
lercio *agg.* mugriento, asqueroso.
lerciume *s.m.* mugre (*f.*), cutrería (*f.*).
lesbica *s.f.* lesbiana.
lesbico *agg.* lésbico, lesbiano, lesbio.
lesena *s.f.* (*arch.*) pilastra.
lesinare *v.intr./tr.* escatimar, regatear.
lesionare *v.tr.* lesionar, dañar.
lesione *s.f.* **1** lesión, herida **2** (*crepa*) grieta, fisura **3** (*fig.*) ofensa.
lesivo *agg.* lesivo, perjudicial.
leso *agg.* lesionado, lisiado.
lessare *v.tr.* (*cuc.*) hervir*.
lessatura *s.f.* hervor (*m.*).
lessema *s.m.* (*ling.*) lexema.
lessicale *agg.* (*ling.*) léxico, lexical.
lessico *s.m.* (*ling.*) léxico.
lessicografia *s.f.* (*ling.*) lexicografía.
lessicografo *s.m.* (*ling.*) lexicógrafo.
lessicologia *s.f.* (*ling.*) lexicología.
lessicologo *s.m.* (*ling.*) lexicólogo.
lesso *agg.* hervido, cocido ♦ *s.m.* cocido, puchero.

lesto *agg.* rápido, veloz*, ágil | *essere — di mano*, ser un ladrón.
lestofante *s.m./f.* canalla.
letale *agg.* letal, mortal.
letamaio *s.m.* **1** estercolero **2** (*fig.*) pocilga (*f.*).
letamare *v.tr.* estercolar, abonar, fertilizar*.
letame *s.m.* estiércol.
letargia *s.f.* letargo (*m.*).
letargico *agg.* letárgico.
letargo *s.m.* letargo; (*di animali*) hibernación (*f.*) | *andare/cadere in —*, aletargarse.
letizia *s.f.* alegría, regocijo (*m.*).
lettera *s.f.* **1** (*dell'alfabeto*) letra: *— maiuscola, minuscola*, letra mayúscula, minúscula | *prendere qlcu./qlco. alla —*, tomar a alguien/algo al pie de la letra | *a chiare lettere*, claramente | *— corsiva*, letra bastardella | *lettere cubitali/di scatola*, letras capitales/de molde | *scrivere a lettere di fuoco*, escribir con tono vehemente | *scrivere in/a tutte lettere*, escribir con todas las letras **2** (*missiva*) carta: *— raccomandata*, carta certificada | *per —*, por carta | *buca delle lettere*, buzón | *— anonima*, carta anónima | *— aperta*, carta abierta | *— assicurata*, carta de valores declarados | *— di cambio*, letra de cambio | *— di condoglianze*, carta de pésame | *— di credito*, carta de crédito | *— di intenti*, carta de intentos | *— di vettura (diretta/internazionale)*, letra de porte (directa/internacional) | *— morta*, letra muerta | *— raccomandata con ricevuta di ritorno*, carta certificada con acuse de recibo | *lettere credenziali*, cartas credenciales | *lettere pontificie*, bulas; encíclicas | *rimanere — morta*, ser inútil **3** (*pl., disciplina*) letras | *facoltà di lettere*, filosofía y letras, humanidades.
letterale *agg.* literal.
letterarietà *s.f.* literalidad, exactitud.
letterario *agg.* literario.
letterato *agg., s.m.* literato.
letteratura *s.f.* literatura.
lettiera *s.f.* armazón.
lettiga *s.f.* camilla.
lettino *s.m.* **1** camita (*f.*); (*med.*) camilla **2** (*da spiaggia*) tumbona (*f.*); (*solare*) cama (*f.*) solar.
letto *s.m.* **1** cama (*f.*): *— matrimoniale*, cama de matrimonio; *— singolo*, cama de una plaza; *— a castello*, litera; *— a una piazza e mezza*, cama camera; *— estraibile*, cama nido; *disfare il —*, levantar la cama; *fare il —*, hacer la cama | *letti gemelli*, camas gemelas | *— a libro*, catre de tijera | *divano —*, sofá cama | *— di morte*, lecho de muerte | *andare a —*, irse a la cama, acostarse; (*con qlcu.*) acostarse (con alguien) | (*fam.*) *buttare giù dal —*, sacar de la cama | *mettere a — i bambini*, acostar a los niños | *stare a —*, (*per malattia*) guardar cama | *andare a — con le galline*, irse a la cama muy temprano | *morire nel proprio —*, morir de muerte natural | *rivoltarsi nel —*, no pegar ojo | *vagone —*, coche cama **2** (*di fiume*) lecho
■ ***figlio di primo letto***, hijo del primer matrimonio.
lettone *agg., s.m./f.* letón (*m.*).
lettorato *s.m.* (*università*) lectorado.
lettore *s.m.* (*anche università, inform., tecn.*) lector: *è sempre stato un gran — fin da piccolo*, desde pequeño siempre ha sido un gran lector; *il — di inglese terrà una conferenza*, el lector de inglés dará una conferencia; *— di* CD, lector de CD (discos compactos) | *— di codice a barre*, lector de código de barras | *— ottico*, lector óptico.
lettura *s.f.* lectura | *— del gas*, lectura del gas.
leucemia *s.f.* (*med.*) leucemia.
leucemico *agg.* (*med.*) leucémico.
leucocita *s.m.* (*biol.*) leucocito.
leucoma *s.m.* (*med.*) leucoma.
leucorrea *s.f.* (*med.*) leucorrea.
leva[1] *s.f.* (*mecc.*) palanca, barra: *— del cambio*, palanca de cambio | *— di comando*, botón de mando | *fare — su qlcu.*, hacer presión sobre alguien | *avere in mano le leve del potere*, poseer los resortes del poder | *bracci della —*, brazos de la palanca | *— per sollevare pesi*, mangueta.
leva[2] *s.f.* **1** (*mil.*) alistamiento (*m.*), reclutamiento (*m.*), quinta: *servizio di —*, servicio militar, (*fam.*) mili | *soldato di —*, soldado de reemplazo | *essere di —*, hacer la mili, entrar en quintas | *renitente alla —*, insumiso | *la — del '60*, la quinta de 1960 | *liste di —*, listas de quinta | *— in marina*, matrícula de mar **2** (*fig., generazione*) generación: *le nuove leve*, las nuevas generaciones.
levachiodi *s.m.* desclavador, sacaclavos.
levante *s.m.* levante, oriente.
levantino *agg., s.m.* levantino.
levare *v.tr.* **1** (*alzare*) alzar*, levantar **2** (*togliere*) quitar, sacar*: *leva di lì quel piatto*, quita de ahí ese plato; *— una macchia*, quitar una mancha; *levarsi i vestiti*, quitarse la ropa | *— il fiato*, no dejar en paz | *— l'ancora*, levar anclas | *— il disturbo*, marcharse, irse | *— il saluto*, no mirar a la cara, quitar el habla | *— la seduta*, levantar la sesión | *— le parole di bocca*, quitar las palabras de la boca | *— le tende*, largarse | *— di mezzo qlco./qlcu.*, quitar de en medio | (*fam.*) *levati di mezzo/dai piedi!*, ¡quítate de en medio! | *levarsi un peso dallo stomaco*, quitarse un peso de encima | *levarsi un pensiero*, sacarse una espina | *levarsi la fame, la sete*, matar el hambre, aplacar la sed | *levarsi la voglia di*

qlco., quitarse el capricho de algo | *levarsi la pigrizia di dosso*, desperezarse ♦ **-rsi** *v.pron.* (*alzarsi*) levarse, levantarse | — *in volo*, alzarse en vuelo; (*di aereo*) despegar | — *contro qlcu.*, alzarse en armas, sublevarse | — *in piedi*, ponerse de pie.

levataccia *s.f.* madrugón (*m.*): *fare una* —, dar un madrugón.

levatoio *agg.* levadizo: *ponte* —, puente levadizo.

levatrice *s.f.* (*med.*) comadrona, matrona.

levatura *s.f.* envergadura, importancia; talla, calibre (*m.*): *ha amici di una certa* —, tiene amigos de cierta envergadura/importancia; *è un giornalista di* — *internazionale*, es un periodista de talla internacional; *ha superato rivali di gran* — *per vincere il torneo di tennis*, ha superado a rivales de alto calibre para ganar el torneo de tenis.

levigare *v.tr.* alisar, pulir.

levigatore *s.m.* pulidor.

levigatura *s.f.* pulido (*m.*), esmerilado (*m.*).

levigazione *s.f.* pulido (*m.*), (*dal vento, ghiaccio*) corrosión.

levita *s.f.* (*abbigl.*) levita.

levità *s.f.* levedad, ingravidez.

levitazione *s.f.* levitación.

levitico *agg.* (*relig.*) levítico.

levriero *s.m.* lebrel, galgo.

lezione *s.f.* **1** lección: *studiare a memoria la* —, aprender de memoria la lección **2** (*scuola*) clase: *fare* —, dar clase; *lezioni private*, clases particulares; *frequentare le lezioni*, asistir a clase; *dare, prendere lezioni*, dar, tomar clase | *fare/tenere una* —, dar clase **3** (*fig.*) lección, ejemplo (*m.*): *ci ha dato una gran* —, nos dio un gran ejemplo | — *di comportamento*, lección de conducta | *che ti serva di* —*!*, ¡así aprendes!

leziosaggine *s.f.* melindrería, dengue (*m.*), cursilería.

leziosità *s.f.* melindre (*m.*).

lezioso *agg.* afectado, melindroso.

lezzo *s.m.* hedor, hediondez (*f.*), peste (*f.*).

li *pron.pers.m. compl.ogg. di 3ª pers.pl.* los: — *vedo*, los veo.

lì *avv.* **1** ahí, allí: — *dentro, fuori*, allí dentro, fuera; — *sopra, sotto*, allí/ahí arriba, abajo; — *vicino*, allí cerca; *fin* —, hasta allí; *da, di* —, desde allí | *andare di* —, ir por allí | *via di* —*!*, ¡lárgate de ahí/allí! | *giù di* —*!*, ¡baja de ahí! **2** (*rafforzativo*) ahí, allí: *quel libro* —, aquel libro de allí/ese libro de ahí | *eccolo* —, ahí lo tienes; ahí está

■ ***lì per lì***, en un primer momento, en ese/aquel momento | ***essere lì lì per***, estar a punto de, estar para | ***di lì a poco***, poco después | ***di lì a un mese***, un mes después | ***giù di lì***, (*all'incirca*) por ahí, más o menos.

liana *s.f.* (*bot.*) liana.

libagione *s.f.* libación.

libanese *agg., s.m./f.* libanés (*m.*).

libbra *s.f.* libra.

libecciata *s.f.* (*vento*) lebeche (*m.*) fuerte.

libeccio *s.m.* (*vento*) lebeche, ábrego.

libello *s.m.* panfleto, libelo.

libellula *s.f.* (*zool.*) libélula.

liberale *agg., s.m./f.* liberal.

liberalismo *s.m.* liberalismo.

liberalità *s.f.* liberalidad, generosidad.

liberalizzare *v.tr.* liberalizar*.

liberare *v.tr.* **1** liberar, librar | — *da un pericolo*, librar de un peligro | — *dal giogo*, liberar de la esclavitud **2** (*sbloccare*) desbloquear | — *lo stomaco*, desempacharse | — *una tubatura da un'ostruzione*, desatascar una cañería | — *un'azione*, pagar el residuo de una acción ♦ **-rsi** *v.pron.* **1** librarse, soltarse* | — *di qlcu., qlco.*, librarse/deshacerse de alguien, algo **2** (*sbloccarsi, essere disponibile*) estar* libre: *il telefono si è liberato*, el teléfono está libre; *si è liberato un posto*, hay un sitio libre.

liberatore *agg.* libertador.

liberatorio *agg.* liberatorio.

liberazione *s.f.* **1** liberación, independencia: *guerra di* —, guerra de independencia **2** (*fig.*) alivio (*m.*): *che* —*!*, ¡qué alivio!

liberismo *s.m.* (*pol.*) liberalismo económico.

libero *agg.* **1** libre: *oggi sono* —, hoy no tengo compromisos, no trabajo; *è il mio giorno* —, es mi día libre | *a piede* —, en libertad | *avere mano libera, campo* —, gozar de plena libertad | *dare via libera*, dar la autorización | *ingresso* —, entrada libre/gratis | — *professionista*, profesional liberal | *tempo* —, tiempo libre | *arrampicata libera*, escalada libre | *essere* — *come l'aria*, tener patente de corso **2** (*non occupato*) libre, vacío: *posto* —, sitio/plaza/asiento libre; *lasciare* — *il passaggio*, dejar libre el paso **3** (*senza legami sentimentali*) libre, soltero

■ ***libero scambio***, librecambio | ***libero arbitrio***, libre albedrío | ***a ruota libera***, sin frenos, a rienda suelta | ***esercizi a corpo libero***, ejercicios libres | ***libero pensatore***, librepensador | ***lotta libera***, lucha libre | ***mercato libero***, libre mercato.

libertà *s.f.* libertad | — *condizionale, vigilata, provvisoria*, libertad condicional, vigilada, provisional | — *di parola*, libertad de expresión | — *religiosa*, libertad de conciencia | — *di stampa*, libertad de prensa | *in piena/tutta* —, en plena libertad, con toda libertad | — *d'azione*, libertad de acción | — *di associazione*, libertad de asociación | — *di commercio*, libertad de commercio | — *d'insegnamento*, libertad de cátedra | —

di pensiero, libertad de pensamiento | — *su cauzione*, libertad bajo fianza | *tribunale della* —, tribunal de la libertad
■ ***mettersi in libertà***, ponerse cómodo | ***prendersi la libertà di***, tomarse la licencia/libertad de | ***prendersi delle libertà***, tomarse libertades; (*mancare di rispetto*) pasarse.
libertario *agg.*, *s.m.* libertario.
liberticida *agg.*, *s.m./f.* liberticida.
liberticidio *s.m.* liberticidio.
libertinaggio *s.m.* libertinaje.
libertino *agg.*, *s.m.* libertino.
liberty *agg.* (*arte*) modernista ♦ *s.m.* modernismo.
libico *agg.*, *s.m.* libio.
libidine *s.f.* lujuria, libido | (*fig.*, *fam.*) *che* —!, ¡qué gozada!; ¡vaya alucine!
libidinoso *agg.* libidinoso, lujurioso.
libraio *s.m.* librero.
librario *agg.* del libro, libreril | *mercato* —, mercado del libro.
librarsi *v.pron.* (*in aria*) planear.
libratore *s.m.* planeador.
libreria *s.f.* **1** librería **2** (*mobile*) estantería, librería.
libresco *agg.* libresco: *cultura libresca*, cultura libresca.
librettista *s.m./f.* libretista.
libretto *s.m.* **1** (*documento*) libreta (*f.*): — *di risparmio*, *lavoro*, libreta/cartilla de ahorro, de trabajo | — *degli assegni*, talonario, chequera | — *sanitario*, carné sanitario | (*aut.*) — *di circolazione*, permiso de circulación | — *d'istruzioni*, manual de instrucciones | — *di lavoro*, registro de la actividad laboral | — *universitario*, papeleta, expediente; certificación académica personal **2** (*mus.*) libreto.
libro *s.m.* libro: — *di testo*, libro de texto; — *tascabile*, libro de bolsillo; — *usato*, libro de segunda mano | — *paga*, nómina | *libri contabili*, libros contables, de comercio | — *mastro*, libro mayor | *parlare come un — stampato*, hablar como un libro | *mettere a* —, registrar | *essere sul — nero*, estar en la lista negra | *essere un — aperto*, ser un libro abierto | — *di preghiere*, devocionario | — *giornale*, libro diario | — *sequenziale*, libro secuencial | *libri sacri*, libros sagrados | — *all'Indice*, libro del índice expurgatorio | *tenere i libri*, llevar los libros.
licantropia *s.f.* licantropía.
licantropo *agg.* licántropo.
liceale *agg.* de bachillerato ♦ *s.m./f.* estudiante de bachillerato.
liceità *s.f.* licitud, legalidad.
licenza *s.f.* **1** licencia **2** (*autorizzazione*) autorización, permiso (*m.*): — *di caccia*, *pesca*, permiso de caza, pesca | — *di circolazione*, permiso de circulación | — *d'importazione*, permiso de importación | — *di porto d'armi*, licencia de armas | — *poetica*, licencia poética **3** (*congedo*, *spec. mil.*) permiso (*m.*): *ho due giorni di* —, tengo dos días de permiso **4** (*scolastica*) diploma (*m.*): — *media*, título de graduado escolar; — *liceale*, título de bachiller **5** (*fig.*) libertad, licencia | *con* —, con permiso | *accordare/ottenere* —, otorgar/obtener un permiso/una licencia | *dar* —, despedir.
licenziamento *s.m.* despido | *indennità di* —, indemnización de despido | *lettera di* —, carta de despido | — *in tronco*, despido sin preaviso.
licenziare *v.tr.* **1** despedir* **2** (*mil.*) licenciar ♦ **-rsi** *v.pron.* **1** despedirse* **2** (*scuola*) graduarse*, diplomarse.
licenziosità *s.f.* desenfreno (*m.*).
licenzioso *agg.* licencioso, libertino; indecente.
liceo *s.m.* **1** (*studi*) bachillerato **2** (*edificio*) instituto.
lichene *s.m.* (*bot.*) líquen.
lido *s.m.* lido, litoral; playa (*f.*).
lieto *agg.* contento, alegre; feliz: *un — evento*, un evento feliz; — *fine*, final feliz | (*nelle presentazioni*) *molto* — (*di conoscerla*), encantado (de conocerle).
lieve *agg.* ligero; leve; (*facile*) fácil | — *difetto*, pequeño defecto.
lievemente *avv.* levemente, fácilmente, cómodamente.
lievitare *v.intr.* **1** (*cuc.*) fermentar **2** (*fig.*) aumentar.
lievitato *agg.* (*cuc.*) leudado, fermentado.
lievitazione *s.f.* (*cuc.*, *anche fig.*) fermento (*m.*).
lievito *s.m.* **1** levadura (*f.*): — *di birra*, levadura de cerveza; — *in polvere*, levadura en polvo, polvo de hornear; — *del pane*, fermento del pan **2** (*fig.*) fermento.
lifting *s.m.* lifting, estirado.
ligio *agg.* fiel, cumplidor (en): — *al lavoro*, cumplidor en el trabajo.
lignaggio *s.m.* linaje, abolengo, alcurnia (*f.*).
ligneo *agg.* leñoso.
lignite *s.f.* lignito (*m.*).
ligure *agg.*, *s./f.* ligur.
ligustro *s.m.* ligustro.
lilla *agg.* (*colore*) *lila* ♦ *s.m.* **1** (*colore*) lila. **2** (*bot.*) lila (*f.*), lilo.
lillà *s.f.* (*bot.*) lila, lilo (*m.*).
lillipuziano *agg.*, *s.m.* liliputiense (*m./f.*).
lima *s.f.* lima: — *per unghie*, lima de uñas.
limaccioso *agg.* fangoso, cenagoso.
limare *v.tr.* **1** limar: — *gli spigoli*, limar asperezas **2** (*fig.*) perfeccionar, limar.
limatura *s.f.* limado (*m.*).
limbo *s.m.* limbo.

limetta *s.f.* lima.
limitare *v.tr.* limitar (*anche fig.*), restringir*; (*i confini*) delimitar ♦ **-rsi** *v.pron.* limitarse (*anche fig.*), atenerse* | — *nel fumo*, no fumar mucho.
limitatezza *s.f.* limitación, cortedad, exigüidad: — *di idee*, cortedad de ideas.
limitativo *agg.* limitativo, restrictivo.
limitato *agg.* **1** limitado, definido: *poteri limitati*, poderes limitados; *velocità limitata*, velocidad limitada **2** (*esiguo*) escaso, reducido: *disporre di limitate risorse economiche*, disponer de escasos recursos económicos **3** (*di persona*) corto, retrasado.
limitazione *s.f.* limitación.
limite *s.m.* límite (*anche fig.*); confín: *un — insuperabile*, una barrera infranqueable | *al — delle forze*, al límite de las fuerzas | — *di età*, límite de edad | — *di velocità*, límite de velocidad | *entro certi limiti*, dentro de un límite | *senza limiti*, sin límites
■ ***al limite***, (*tutt'al più*) en última instancia, si no hay más remedio | ***nei limiti del possibile***, en lo posible | ***passare il limite***, excederse, pasarse de la raya.
limitrofo *agg.* limítrofe.
limo *s.m.* limo, barro, cieno.
limonaia *s.f.* invernadero (*m.*) para limones.
limonata *s.f.* (*bibita*) limonada; (*spremuta*) zumo (*m.*) de limón.
limoncina *s.f.* (*bot.*) hierba de limón, limoncillo (*m.*).
limone *s.m.* **1** (*frutto*) limón | *succo/spremuta di —*, zumo de limón | *buccia/scorza di —*, cáscara/corteza de limón | *essere pallido/giallo come un —*, estar blanco como el papel de fumar | *spremuto come un —*, antes lo explotan y después lo botan **2** (*pianta*) limonero.
limoneto *s.m.* limonar, huerto de limones.
limpidezza *s.f.* limpidez.
limpido *agg.* **1** claro, transparente: *cielo —*, cielo despejado **2** (*fig.*) puro, sereno: *uno sguardo —*, una mirada limpia.
lince *s.f.* (*zool.*) lince (*m.*) | *occhio di —*, vista de lince.
linciaggio *s.m.* **1** linchamiento **2** (*fig.*) encarnizamiento.
linciare *v.tr.* linchar.
lindo *agg.* limpio, aseado, pulcro.
linea *s.f.* **1** línea: — *retta*, línea recta; — *tratteggiata*, línea punteada | — *di confine*, línea de linde | *mettersi in —*, alinearse | *in —/fuori —*, en línea/fuera de línea | — *collaterale*, línea transversal/colateral | — *di bellezza*, línea de bellezza | — *di condotta*, línea de conducta | — *di flottazione/galleggiamento*, línea de flotación | — *di vetta/spartiacque*, divisoria de aguas | — *elettrica*, línea eléctrica | *linee affacciate*, líneas acopladas | *linee isostatiche*, líneas isostáticas | *linee isoterme*, líneas isotermas | *seguire la — di un partito*, seguir la línea política de un partido | *su tutta la —*, en toda la línea **2** (*mil.*) línea | *essere in prima —*, estar al pie del cañón **3** (*trasporti*) línea: *volo di —*, vuelo de línea; *autobus/aereo di —*, autobús/coche/avión de línea | *linee aeree*, aerolíneas, líneas aéreas **4** (*del corpo*) línea: *mantenere la —, restare in —*, conservar/guardar la línea | *ha una bella —*, tiene buen cuerpo, está bien hecha **5** (*tel.*) línea, comunicación: *resti in —!*, ¡no cuelgue, por favor!; *è caduta la —*, se ha cortado la comunicación; *la — è occupata*, la línea está ocupada **6** (*di un abito*) corte (*m.*), línea: *quella giacca ha una bella —*, aquella chaqueta tiene un buen corte; *un cappotto di — sportiva*, abrigo de corte deportivo **7** (*sport*) línea | — *di partenza, d'arrivo*, línea de salida, de meta | — *d'attacco*, línea de ataque | — *difensiva*, línea de defensa **8** (*di disegno*) línea, raya **9** (*fig.*) trayectoria **10** (*nei termometri*) décima: *avere qualche — di febbre*, tener unas décimas de temperatura
■ ***in linea d'aria***, en línea recta, a vuelo de pájaro | ***a grandi linee***, en líneas generales | ***in prima linea***, en primera línea | (*fig.*) ***passare in seconda linea***, pasar en segundo plano | ***in linea di massima***, por lo general.
lineamenti *s.m.pl.* rasgos, facciones (*f.*).
lineare *agg.* **1** lineal **2** (*fig.*) coherente, claro.
linearità *s.f.* linealidad, coherencia.
lineetta *s.f.* (*trattino*) guión (*m.*), raya | *avere qualche — di febbre*, tener unas décimas.
linfa *s.f.* **1** (*anat.*) linfa **2** (*bot.*) savia (*anche fig.*).
linfatico *agg.* linfático ♦ *s.m.* enfermo de linfatismo.
linfocita, linfocito *s.m.* (*anat.*) linfocito.
linfonodo *s.m.* (*anat.*) glándula (*f.*) linfática.
lingotto *s.m.* lingote, barra (*f.*).
lingua *s.f.* **1** (*anat.*) lengua: *mostrare/tirar fuori la —*, sacar la lengua | *mordersi la —*, morderse la lengua **2** (*idioma*) lengua, idioma (*m.*), habla: *studiare lingue*, estudiar idiomas; — *madre/materna*, lengua madre/materna | *in —*, en español, italiano etc. | — *agglutinante*, lengua aglutinante | — *artificiale*, lengua artificial | — *colloquiale*, lengua coloquial | lengua de oc/oïl | — *franca*, lengua franca | — *morta*, lengua muerta | — *viva*, lengua viva | *lingue ariane*, lenguas arias | *lingue baltiche*, lenguas bálticas | *lingue flessive*, lenguas flexivas | *lingue italiche*, lenguas itálicas
■ ***avere la lingua lunga/sciolta***, tener labia,

tener mucha lengua | ***ce l'ho sulla punta della lingua***, lo tengo en la punta de la lengua | ***non avere peli sulla lingua***, no tener pelos en la lengua | ***male lingue***, malas lenguas | ***frenare la lingua***, atar la lengua | ***la lingua batte dove il dente duole***, allá va la lengua donde la muela duele, ir al dedo malo | ***lingua biforcuta/tagliente/velenosa***, lengua afilada/viperina/de sierpe | ***lingue di fuoco***, lenguas de fuego | (*biscotti*) ***lingue di gatto***, lenguas de gato sierpe | ***lingua di terra***, lengua de tierra.
linguaccia *s.f.* mala lengua.
linguaggio *s.m.* lenguaje (*anche fig.*), lengua (*f.*) | — *base*, lenguaje básico | — *cifrato*, lenguaje en código | — *colloquiale*, lenguaje familiar/coloquial | — *d'assemblaggio*, lenguaje ensamblador | — *dei segni*, lengua de signos | — *del corpo*, lenguaje corporal | — *macchina*, lenguaje de máquina | *parlare lo stesso* —, estar en la misma onda.
linguetta *s.f.* **1** lengüeta **2** (*mecc.*) chaveta.
linguista *s.m./f.* lingüista.
linguistica *s.f.* lingüística | — *applicata*, lingüística aplicada | — *descrittiva*, lingüística descriptiva | — *diacronica*, lingüística diacrónica | — *funzionale*, lingüística funcional | — *generativa*, lingüística generativa | — *sincronica*, lingüística sincrónica | — *strutturale*, lingüística estructural.
linguistico *agg.* lingüístico.
lino *s.m.* lino | *misto* —, semihilo | *olio di* —, aceite de linaza.
linoleum *s.m.* linóleo.
linosa *s.f.* (*bot.*) linaza.
linotipia *s.f.* linotipia.
linotipista *s.m./f.* linotipista.
linotype® *s.f.* linotipo (*m.*), linotipia.
liofilizzare *v.tr.* liofilizar*.
liofilizzato *agg.*, *s.m.* liofilizado.
liofilizzatore *s.m.* liofilizador.
liofilizzazione *s.f.* liofilización.
lipide *s.m.* (*biol.*) lípido.
liposuzione *s.f.* (*med.*) liposución.
liquame *s.m.* líquido pútrido.
liquefare *v.tr.* licuar*, licuefacer* ♦ **-rsi** *v.pron.* licuarse*; (*sciogliersi*) derretirse*.
liquefazione *s.f.* licuefacción.
liquidare *v.tr.* **1** liquidar | — *le rimanenze*, liquidar las existencias **2** (*un conto*) pagar*, saldar **3** (*fig.*) liquidar, eliminar, matar.
liquidatore *agg.*, *s.m.* liquidador | — *di sinistri*, auditor de siniestros | — *fallimentare*, síndico de la quiebra | *perito — nominato dal tribunale*, contador partidor.
liquidazione *s.f.* (*anche* TFR) liquidación | *merci in* —, rebajas | *riscuotere la* —, cobrar la liquidación.
liquidità *s.f.* liquidez (*anche econ.*) | *indice di* —, índice de liquidez | — *bancaria*, liquidez bancaria.
liquido *agg.* líquido | *dieta liquida*, régimen (*m.*) líquido | (*fonetica*) *consonante liquida*, consonante líquida ♦ *s.m.* **1** líquido **2** (*denaro, spec.pl.*) líquido, liquidez (*f.*), efectivo.
liquirizia *s.f.* (*bot*) regaliz* (*m.*).
liquore *s.m.* licor, elixir.
liquoreria *s.f.* licorería.
liquoroso *agg.* licoroso.
lira[1] *s.f.* **1** (*moneta italiana*) lira | *non avere una* —, no tener pasta, no tener un duro | *non vale una* —, no vale un duro **2** (*moneta di vari Stati*) libra | — *sterlina*, libra esterlina.
lira[2] *s.f.* (*mus.*) lira.
lirica *s.f.* **1** (*genere*) lírica **2** (*mus.*) ópera lírica.
lirico *agg.* lírico.
lirismo *s.m.* lirismo.
lisca *s.f.* raspa; (*spina*) espina.
lisciare *v.tr.* **1** alisar: *lisciarsi i baffi*, atusarse el bigote **2** (*fig.*) adular, halagar* ♦ **-rsi** *v.pron.* acicalarse.
lisciata *s.f.* repasada.
liscio *agg.* **1** liso: *capelli lisci*, pelo liso; *pelle liscia*, piel lisa | *è andato tutto* —, todo ha marchado sobre ruedas, todo ha ido sin problemas ni dificultades | *passarla liscia*, salir indemne, salir bien parado | (*fig.*) — *come l'olio*, balsa de aceite | *per la via più liscia*, de la manera más sencilla posible **2** (*semplice*) simple, sin adornos **3** (*di bevanda*) solo; (*di acqua*) sin gas: *un caffè* —, un café solo; *whisky* —, whisky sin hielo ♦ *s.m.* (*ballo*) baile de salón, baile agarrado.
liscivia *s.f.* lejía.
liso *agg.* raído, gastado.
lista *s.f.* **1** lista, elenco (*m.*): — *della spesa*, lista de la compra | — *d'attesa*, lista de espera | — *elettorale*, censo | *mettere in* —, poner en la lista | *mettere nella — nera*, poner en la lista negra | — *di nozze*, lista de bodas | — *delle vivande*, carta, lista de platos **2** (*stoffa*) tira; (*di legno*) listel (*m.*).
listare *v.tr.* rayar.
listato *agg.* listado, alistado.
listello *s.m.* listel, listón.
listino *s.m.* lista (*f.*), listín: — *dei prezzi*, lista/listín de precios; — *di borsa*, boletín de cotizaciones.
litania *s.f.* **1** (*relig.*) letanía: *le litanie dei Santi*, las letanías de los Santos **2** (*fig., sfilza*) sarta, retahíla.
lite *s.f.* **1** pelea, disputa, riña: *cercare la* —, armar bronca **2** (*dir.*) litigio (*m.*); (*processo*) pleito (*m.*) | — *pendente*, causa pendiente.
litigante *s.m./f.* **1** contendiente **2** (*dir.*) demandante, pleiteante.
litigare *v.intr.* **1** pelear, reñir*: — *di conti-*

nuo, pelearse a toda hora **2** (*dir.*) litigar*, pleitear.
litigata *s.f.* pelea, disputa.
litigio *s.m.* pelea (*f.*), discusión (*f.*); litigio.
litigioso *agg.* **1** peleón **2** (*dir.*) litigioso.
litio *s.m.* (*chim.*) litio.
litografare *v.tr.* litografiar*.
litografico *agg.* fotolitográfico.
litografo *agg.* fotolitógrafo.
litorale *s.m.* litoral, costa (*f.*).
litoranea *s.f.* carretera litoral; (*Amer.*) costanera.
litoraneo *agg.* litoral, costero: *strada litoranea*, carretera costera, (*Amer.*) costanera.
litosfera *s.f.* (*geol.*) litosfera.
litro *s.m.* litro.
lituano *agg., s.m.* lituano.
liturgia *s.f.* (*relig.*) liturgia.
liturgico *agg.* (*relig.*) litúrgico.
liutaio *s.m.* violero, luthier (*m./f.*).
liutista *s.m./f.* lautista.
liuto *s.m.* (*mus.*) laúd.
livella *s.f.* (*tecn.*) nivel (*m.*) de albañil.
livellamento *s.m.* nivelación (*f.*).
livellare *v.tr.* nivelar, emparejar, igualar.
livellatore *s.m.* nivelador.
livello *s.m.* nivel (*anche fig.*): *essere allo stesso* —, estar al mismo nivel | *riunione ad alto* —, reunión de alto nivel | *al — del mare*, a nivel del mar | *passaggio a* —, paso a nivel | *alzare il* —, subir el listón | *curva di* —, curva de nivel | — *critico di piena*, nivel de crecida | — *di ritenuta*, nivel de embalse | — *di vita*, nivel de vida, tren de vida | — *freatico*, nivel freático | — *soglia*, nivel umbral | — *tipico*, nivel nominal.
livido *agg.* lívido, amoratado ♦ *s.m.* cardenal, (*fam.*) moretón.
livore *s.m.* livor, rencor, ira (*f.*).
livrea *s.f.* (*abbigl.*) librea.
lizza *s.f.* liza: *scendere in* —, entrar en liza.
lo[1] *art.det.m.sing.* el: *mi ha accompagnato — zio*, me ha acompañado el tío; — *spettacolo è stato molto divertente*, el espectáculo ha sido muy divertido.
lo[2] *pron.pers.m. di 3ª pers.sing.* **1** (*compl. ogg. di persona*) lo, le; (*di cosa*) lo: — *conosco*, lo/le conozco; — *vedo*, lo/le veo; — *leggo*, lo leo; *dammelo*, dámelo; *non darglielo*, no se lo des **2** (*con valore dimostr.*) lo: — *farò domani*, lo haré mañana; *non — so*, no lo sé.
lobbia *s.f.* (*abbigl.*) sombrero (*m.*) masculino.
lobby *s.m.* grupo de presión, lobby.
lobo *s.m.* lóbulo.
lobotomia *s.f.* (*med.*) lobotomía.
lobotomizzare *v.tr.* (*med.*) lobotomizar*.
locale[1] *agg.* local | *treno* —, tren de cercanías | *ente* —, organismo local.
locale[2] *s.m.* **1** (*stanza*) habitación (*f.*), cuarto **2** (*luogo di ritrovo*) local público: — *notturno*, local nocturno, sala de fiestas | — *alla moda*, local de moda | — *per adulti*, local para mayores (de dieciocho años).
località *s.f.* localidad, sitio (*m.*); (*luogo*) lugar (*m.*): — *di villeggiatura*, lugar de vacaciones.
localizzabile *agg.* localizable.
localizzare *v.tr.* localizar*, ubicar*.
localizzatore *s.m.* localizador.
localizzazione *s.f.* localización.
locanda *s.f.* fonda, posada, hospedería.
locandiere *s.m.* posadero, ventero, mesonero.
locandina *s.f.* cartel (*m.*), aviso (*m.*).
locare *v.tr.* alquilar, arrendar*: — *un immobile*, arrendar un inmueble.
locatario *s.m.* arrendatario.
locativo *agg.* locativo.
locatore *s.m.* arrendador.
locazione *s.f.* arriendo (*m.*), arriendamiento (*m.*): *casa in* —, casa en arriendo | *contratto di* —, contrato de arrendamiento | *dare in* —, arrendar, alquilar.
locomotiva *s.f.* (*ferr.*) locomotora.
locomotore *s.m.* (*ferr.*) locomotora (*f.*) eléctrica.
locomozione *s.f.* locomoción | *mezzi di* —, medios de transporte.
loculo *s.m.* nicho.
locusta *s.f.* (*zool.*) langosta.
locuzione *s.f.* locución.
lodare *v.tr.* alabar, elogiar: *Dio sia lodato*, alabado sea el Señor ♦ **-rsi** *v.pron.* enaltecerse*, presumir.
lode *s.f.* **1** alabanza, elogio (*m.*): *tessere le lodi di qlcu.*, poner por las nubes a alguien; *rendere — a*, loar | *senza infamia e senza* —, sin pena ni gloria, corriente y moliente **2** (*voto*) matrícula de honor.
lodevole *agg.* loable, encomiable.
lodo *s.m.* (*dir.*) laudo.
logaritmico *agg.* (*mat.*) logarítmico.
logaritmo *s.m.* (*mat.*) logaritmo.
loggia *s.f.* **1** galería; (*portico*) pórtico (*m.*), soportal (*m.*) **2** (*massonica*) logia.
loggiato *s.m.* galería (*f.*).
loggione *s.m.* (*teatr.*) gallinero, paraíso.
logica *s.f.* lógica | *a rigor di* —, lógicamente | — *dialettica*, lógica dialéctica | — *matematica*, lógica matemática | — *simbolica*, lógica simbólica | *persona priva di* —, persona sin sentido común.
logicità *s.f.* lógica.
logico *agg., s.m.* lógico.
logistica *s.f.* logística.
logistico *agg.* logístico.
logo- *pref.* logo-.
logopedista *s.m./f.* (*med.*) logopeda.

logoramento *s.m.* (*anche fig.*) desgaste, deterioro, consunción (*f.*).
logorante *agg.* **1** (*stancante*) fatigoso, agotador **2** (*snervante*) extenuante.
logorare *v.tr.* **1** desgastar, consumir **2** (*fig.*) agotar ♦ **-rsi** *v.pron.* agotarse, consumirse.
logorato *agg.* gastado, consumido.
logorio *s.m.* desgaste, deterioro.
logoro *agg.* **1** desgastado, consumido; (*di tessuto*) raído, gastado **2** (*fig.*) agotado.
logorrea *s.f.* logorrea, verbosidad.
logorroico *agg.* logorroico.
lombaggine *s.f.* (*med.*) lumbago (*m.*).
lombardo *agg.*, *s.m.* lombardo.
lombare *agg.* (*anat.*) lumbar.
lombata *s.f.* (*cuc.*) lomo (*m.*).
lombo *s.m.* (*anat.*, *cuc.*) lomo.
lombrico *s.m.* (*zool.*) lombriz* (*f.*).
londinese *agg.*, *s.m./f.* londinense.
longevità *s.f.* longevidad.
longevo *agg.* longevo.
longilineo *agg.* esbelto, estilizado.
longitudinale *agg.* longitudinal.
longitudine *s.f.* longitud.
longobardo *agg.*, *s.m.* longobardo.
lontanamente *avv.* lejanamente, de lejos: *non ci penso neppure* —, no lo pienso ni de lejos.
lontananza *s.f.* **1** lejanía | *in* —, a lo lejos **2** (*assenza*) ausencia.
lontano *agg.* **1** lejano, alejado, distante: *paese* —, país lejano/distante; *il paese è — 20 km*, el pueblo está a 20 km | *parenti lontani*, parientes lejanos **2** (*nel tempo*) lejano, remoto: *epoca lontana*, época lejana/remota **3** (*differente*) diferente: *essere lontani di gusti*, tener gustos diferentes **4** (*vago, indefinito*) vago, indefinido, incierto: *ho ricordi lontani di quel tempo*, tengo vagos recuerdos de aquel tiempo ♦ *avv.* lejos: *abitano — dalla scuola*, viven lejos de la escuela; *da* —, de/desde lejos; — *da qui*, lejos de aquí | *alla lontana*, a lo lejos | *il più — possibile*, lo más lejos posible | *vedere* —, ser ambicioso | *tener* —, guardar las distancias.
lontra *s.f.* (*zool.*) nutria.
lonza *s.f.* **1** (*zool.*) onza **2** (*cuc.*) lomo (*m.*) de cerdo.
loquace *agg.* locuaz*, hablador.
loquacità *s.f.* locuacidad, verbosidad.
lordo *agg.* **1** bruto: *peso* —, peso bruto **2** (*sporco*) sucio.
loro¹ *agg.poss. di 3ª pers.pl.* **1** su (*sing.*), sus (*pl.*); de ellos, de ellas, de ustedes: *la — casa*, su casa; *i — libri*, sus libros; *in, a casa* —, en, a su casa; *è affar* —, es asunto suyo/de ellos **2** (*preceduto da art.indet., dimostr., num., indef.*) suyo (*m.*), suya (*f.*), suyos (*m.pl.*), suyas (*f.pl.*): *un — amico*, un amigo suyo; *queste — alunne*, estas alumnas suyas ♦ *pron. poss. di 3ª pers.pl.* suyo (*m.*), suya (*f.*), suyos (*m.pl.*), suyas (*f.pl.*); de ellos, de ellas, de ustedes: *quella macchina non è la* —, aquel coche no es el suyo | *vogliono sempre dire la* —, quieren siempre meter baza ♦ *s.m.* lo suyo: *vivono del* —, viven de lo suyo.
loro² *pron.pers. di 3ª pers.pl.* **1** (*sogg.*) ellos (*m.*), ellas (*f.*): — *sono fortunati*, ellos tienen suerte; — *stessi*, ellos mismos; — *stesse*, ellas mismas; *hanno sempre ragione* —, ellos/ellas siempre tienen razón **2** (*compl.ogg.*) a ellos (*m.*), a ellas (*f.*): *ho chiamato —, non te*, he llamado a ellos y no a ti **3** (*compl. di termine non preceduto da prep.*) les (*m./f.*); (*preceduto da prep.*) a ellos/ellas: *ho dato — un libro*, les he dado un libro; *di' — che non vieni*, diles que no vienes; *devi rivolgerti a* —, tienes que dirigirte a ellos **4** (*compl. preceduto da prep.*) ellos (*m.*), ellas (*f.*): *è venuto con* —, ha venido con ellos/ellas; *l'ho fatto per* —, lo hice por ellos/ellas **5** (*forma di cortesia*) ustedes (*m./f.*): *come Loro sanno*, como ustedes saben.
losanga *s.f.* losange (*m.*), rombo (*m.*).
losco *agg.* equívoco, sospechoso, siniestro | *affare* —, negocio sucio.
loto *s.m.* (*bot.*) loto.
lotta *s.f.* lucha, pelea, combate (*m.*) | *essere in* —, estar en peleados | — *di classe*, lucha de clases | (*sport*) — *libera*, lucha libre | (*sport*) — *greco-romana*, lucha grecorromana.
lottare *v.intr.* luchar (*anche fig.*).
lottatore *s.m.* luchador.
lotteria *s.f.* lotería, rifa | *vincere alla* —, tocarle la lotería, (*Amer.*) ganarse la lotería.
lottizzare *v.tr.* **1** (*terreno*) parcelar, lotear, (*Amer.*) lotizar* **2** (*fig.*, *pol.*) repartir cargos, (*iron.*) repartir el pastel.
lottizzazione *s.f.* **1** (*di terreno*) parcelación, loteo (*m.*) **2** (*fig.*) repartición de cargos, (*iron.*) pasteleo.
lotto *s.m.* **1** (*di terreno*) lote, parcela (*f.*); (*di merce*) partida (*f.*), lote **2** (*gioco*) lotería (*f.*) primitiva | *vincere un terno al* —, caer/tocar/ganar la lotería.
lozione *s.f.* loción: — *per capelli*, loción capilar, loción para el pelo.
lubrificante *s.m.* lubricante, lubrificante.
lubrificare *v.tr.* lubrificar*.
lubrificazione *s.f.* lubrificación; (*mecc.*), engrase (*m.*), engrasado (*m.*).
lucchetto *s.m.* candado.
luccicante *agg.* brillante, resplandeciente.
luccicare *v.intr.* brillar, centellear, resplandecer*, relucir*.
luccichio *s.m.* brillo, centelleo, resplandor.
luccicone *s.m.* lagrimón.
luccio *s.m.* (*zool.*) lucio.

lucciola *s.f.* **1** (*zool.*) luciérnaga | *prendere lucciole per lanterne*, tomar una cosa por otra | *dare a intendere lucciole per lanterne*, dar gato por liebre **2** (*pop.*) prostituta.
luce *s.f.* **1** luz* (*anche fig.*): — *smorzata*, luz atenuada: *fascio di* —, haz de luz | *alla — del sole*, abiertamente | *portare alla* —, sacar a la luz **2** (*elettr.*) luz*; (*corrente*) corriente: *è andata via la* —, se fue/ha ido la luz | *bolletta della* —, recibo de la luz **3** (*aut.*) faro (*m.*), luz*: *luci di posizione*, luces de posición, faro piloto; *luci di emergenza*, luces de avería
■ ***mettere in buona luce***, hablar bien de alguien | ***far luce su***, aclarar algo | ***dare alla luce***, dar a luz, alumbrar, parir | ***venire alla luce***, venir al mundo; (*fig.*) salir a relucir, hacerse público | (*fig.*) ***alla luce di***, a la luz de | ***cinema a luci rosse***, cine porno | ***luci della ribalta***, candilejas.
lucente *agg.* brillante, resplandeciente, flamante.
lucentezza *s.f.* brillo (*m.*), brillantez*, resplandor (*m.*).
lucerna *s.f.* candil (*m.*) de aceite, linterna.
lucernario *s.m.* claraboya (*f.*), tragaluz*.
lucertola *s.f.* (*zool.*) lagartija.
lucidalabbra *s.f.* brillo (*m.*) de labios.
lucidare *v.tr.* lustrar, dar* brillo.
lucidatore *s.m.* lustrador, abrillantador.
lucidatrice *s.f.* enceradora, (*Amer.*) brilladora.
lucidatura *s.f.* lustre (*m.*).
lucidità *s.f.* lucidez (*anche fig.*).
lucido *agg.* **1** brillante | *tirare a* —, lustrar **2** (*fig.*) lúcido, despejado ♦ *s.m.* **1** brillo **2** (*per scarpe*) betún **3** (*disegno*) calco (*m.*) **4** (*di lavagna luminosa*) transparencia (*f.*).
lucignolo *s.m.* pabilo, pábilo, mecha (*f.*).
lucrare *v.tr.* lucrar, ganar.
lucro *s.m.* lucro, ganancia (*f.*) | *a scopo di* —, a fin de lucro, por lucro | *senza scopo di* —, sin ánimos de lucro.
lucroso *agg.* lucrativo, provechoso.
luculliano *agg.* opíparo, suculento: *pranzo* —, banquete opíparo.
ludico *agg.* lúdico.
ludoteca *s.f.* ludoteca.
luglio *s.m.* julio.
lugubre *agg.* lúgubre, fúnebre.
lui *pron.pers.m. di 3ª pers.sing.* él: *beato* —, dichoso él; *povero* —!, ¡pobre de él!; *anche — vuole venire*, él también quiere venir; *è* —, es él; *vado con* —, voy con él.
lumaca *s.f.* (*zool.*) babosa; (*chiocciola*) caracol (*m.*) | (*fig.*) *essere una* —, ser lento | *camminare a passo di* —, ir a paso de tortuga.
lume *s.m.* **1** luz* (*f.*), lumbre (*f.*) | *a — di candela*, a la luz de la vela | *chiedere lumi*, pedir aclaraciones/consejo | *perdere il — della ragione*, perder el juicio | (*st.*) *il secolo dei lumi*, el siglo de las luces **2** (*lampada*) lámpara (*f.*): — *a petrolio*, quinqué, candil.
lumicino *s.m. nelle loc.*: *essere al* —, estar en las últimas; *cercare col* —, buscar con candil.
luminare *s.m.* lumbrera (*f.*), celebridad (*f.*).
luminaria *s.f.* luminaria.
luminescente *agg.* luminescente.
luminescenza *s.f.* luminescencia.
lumino *s.m.* lamparilla (*f.*).
luminosità *s.f.* luminosidad.
luminoso *agg.* luminoso (*anche fig.*).
luna *s.f.* luna: — *calante*, *crescente*, luna menguante, creciente
■ ***luna di miele***, luna de miel | ***essere di buona, cattiva luna***, estar de buen, mal humor | ***andare a lune***, ser inconstante | ***avere la luna di traverso***, estar de mala leche, (*Amer.*) estar bravo | ***vivere nel mondo della luna***, estar en la luna | ***abbaiare alla luna***, ladrar a la luna.
luna park *s.m.* parque de atracciones.
lunare *agg.* lunar.
lunario *s.m.* almanaque | *sbarcare il* —, ir tirando, arreglárselas, sobrevivir.
lunatico *agg.* voluble, lunático.
lunedì *s.m.* lunes.
lungaggine *s.f.* lentitud.
lunghezza *s.f.* **1** longitud, largo (*m.*): *quattro metri di* —, cuatro metros de longitud; *la — del tavolo*, el largo de la mesa **2** (*durata*) extensión, duración | *in tutta la sua* —, de largo a largo | (*fis.*) — *d'onda*, longitud de onda | (*fig.*) *essere sulla stessa — d'onda*, estar en la misma onda.
lungi *avv.* lejos | *essere ben — da*, estar bien lejos de | — *da me*, no tengo la menor intención (de).
lungimirante *agg.* clarividente, previsor.
lungo *agg.* **1** largo: *il ponte è — venti metri*, el puente tiene veinte metros de largo; *strada lunga*, calle larga; *capelli lunghi*, pelo largo; *un viaggio* —, un viaje largo | (*sport*) *che tiro* —!, ¡qué lejos has tirado! | *a* —, por largo tiempo **2** (*lento*) lento, despacioso: *essere — nel mangiare*, ser lento en comer **3** (*di bevanda*) aguado, diluído: *brodo* —, caldo aguado; *caffè* —, café claro/largo **4** (*alto*) alto ♦ *s.m.* longitud (*f.*), largo: *misurare per il* —, medir el largo | *in — e in largo*, a lo largo y a lo ancho | *salto in* —, salto de longitud ♦ *prep.* **1** a lo largo de, por: *camminare — la spiaggia*, caminar por la playa; *la strada corre — il fiume*, la carretera corre a lo largo del río **2** (*tempo*) durante: *lo abbiamo incontrato — il viaggio*, lo hemos encontrado durante el viaje
■ ***a lungo termine***, a largo plazo | ***a lungo andare***, con el tiempo, a la larga | ***avere la lin-***

gua lunga, irse de la lengua | ***avere le gambe lunghe***, tener buen paso | ***avere le mani lunghe***, ser largo/listo de manos | ***saperla lunga***, saber más que Lepe, saber latín | ***di lunga data***, de larga fecha | ***fare il muso lungo***, poner morro, poner mala cara | ***cadere lungo disteso***, caerse de plano | ***andare per le lunghe***, ir para largo | ***farla lunga***, seguir dale que dale, no acabar nunca | ***tirarla in lungo***, dar largas | ***è di gran lunga migliore***, es mucho mejor.
lungodegente *agg.* hospitalizado crónico.
lungolago *s.m.* paseo a orillas del lago.
lungomare *s.m.* paseo marítimo.
lungometraggio *s.m.* (*cinem.*) largometraje.
lunotto *s.m.* (*aut.*) luneta (*f.*), (*Amer.*) vidrio trasero.
luogo *s.m.* lugar; (*posto*) sitio: *tradizioni del —*, tradiciones locales; *nel — stabilito*, en el lugar establecido | *— natio*, pueblo nativo | *del —*, lugareño | *in — aperto*, al aire libre | *in — chiuso*, bajo techo | *in ogni —*, en/por todas partes | *in nessun —*, en ninguna parte | *in qualsiasi —*, en cualquier lugar | *— appartato*, andurrial | *— comune*, lugar común, camino trillado | *— deputato*, lugar adecuado | *— di nascita*, lugar de nacimiento | *— di residenza*, lugar de residencia | *unità di —*, unidad de lugar
■ ***aver luogo***, tener lugar | ***dare luogo a***, dar lugar a | ***a tempo e luogo***, en su momento, a su (debido) tiempo | ***fuori luogo***, fuera de lugar | ***in primo, secondo luogo***, en primer, segundo lugar | ***in luogo di***, en lugar de, en vez de | ***non vi è luogo a procedere***, el proceso no ha lugar.
luogotenente *s.m.* (*mil.*) lugarteniente.
luogotenenza *s.f.* (*mil.*) lugartenencia.
lupa *s.f.* (*zool.*) loba.
lupacchiotto *s.m.* (*zool.*) lobato, lobezno.
lupara *s.f.* **1** cartucho (*m.*) de perdigones **2** escopeta recortada.
lupesco *agg.* lobero, lupino.
lupetto *s.m.* (*zool.*) lobezno, lobato.
lupino *s.m.* (*bot.*) altramuz*, lupino.
lupo *s.m.* (*zool.*) lobo: *cane —*, perro lobo | *in bocca al —*, ¡suerte!, ¡buena suerte| *! crepi il —!*, ¡ojalá!, ¡gracias! | (*fam.*) *fame da lupi*, hambre canina | (*fam.*) *tempo da lupi*, tiempo de perros | *cascare/finire in bocca al —*, meterse en la boca del lobo | *il — perde il pelo ma non il vizio*, muda el lobo los dientes pero no las mientes | *— delle praterie*, coyote, lobo de las praderas | *— di mare*, lobo de mar | *— mannaro*, licántropo, lobisón | *— non mangia —*, los lobos no se muerden entre ellos | *tana di lupi*, lobera.
luppolo *s.m.* (*bot.*) lúpulo.
lupus in fabula *loc.* hablando del rey de Roma por la puerta asoma.
luridezza *s.f.* suciedad, mugre.
lurido *agg.* sucio, asqueroso, mugriento.
lusinga *s.f.* **1** lisonja, adulación **2** (*illusione*) ilusión.
lusingare *v.tr.* **1** halagar*, lisonjear **2** (*illudere*) ilusionar.
lusingatore *s.m.* adulador.
lusinghevole *agg.* halagüeño, complaciente.
lusinghiero *agg.* lisonjero, halagador; (*allettante*) agradable.
lusismo *s.m.* lusitanismo.
lusitano *agg.*, *s.m.* lusitano.
lussare *v.tr.* (*med.*) luxar, descoyuntar, dislocar* ♦ **rsi** *v.pron.* (*med.*) dislocarse*, luxarse: *— una spalla*, dislocarse el hombro.
lussazione *s.f.* (*med.*) luxación, dislocación.
lussemburghese *agg.*, *s.m./f.* luxemburgués (*m.*).
lusso *s.m.* lujo, fasto | *concedersi il — di*, permitirse el lujo de | *— sfrenato*, lujo asiático.
lussuoso *agg.* lujoso, suntuoso.
lussureggiante *agg.* exuberante, fastuoso.
lussureggiare *v.intr.* prosperar, crecer* exuberante.
lussuria *s.f.* lujuria, lascivia.
lussurioso *agg.* lujurioso, lascivo.
lustrare *v.tr.* lustrar, dar brillo (a) | (*fig.*) *lustrarsi gli occhi*, alegrarse la vista | *non essere degno di — le scarpe a qlcu.*, no llegarle a alguien a la suela del zapato.
lustrascarpe *s.m./f.* limpiabotas.
lustrino *s.m.* lentejuela (*f.*), oropel.
lustro[1] *agg.* brillante, reluciente | *occhi lustri*, ojos cuajados de lágrimas | *— come uno specchio*, como los chorros del oro, como una tacita de plata ♦ *s.m.* **1** lustre, brillo **2** (*fig.*) fama (*f.*), prestigio.
lustro[2] *s.m.* (*tempo*) lustro.
luteranesimo *s.m.* (*relig.*) luteranismo.
luterano *agg.*, *s.m.* (*relig.*) luterano.
lutto *s.m.* **1** luto: *essere in —*, estar de luto/de duelo; *portare il —*, llevar luto | *chiuso per —*, cerrado por defunción **2** (*fig.*) dolor, pena (*f.*).
luttuoso *agg.* luctuoso, fúnebre, doloroso.

Mm

m *s.f.* m | *— come Milano*, m como Madrid.
ma[1] *cong.* **1** pero, mas: *sei molto intelligente, — ingenuo*, eres muy inteligente, pero ingenuo **2** (*bensì*) sino: *non è italiano, — francese*, no es italiano, sino francés | *— chi ti credi, si crede di essere?*, pues ¿qué te crees, se cree? ♦ *s.m.* pero: *non c'è — che tenga!*, ¡no hay peros que valgan!
■ ***ma davvero?***, ¿de verdad? | ***ma come?***, ¿pero cómo? | ***ma certo!***, ¡con mucho gusto!, ¡seguramente! | ***ma figurati!***, ¡quita! | ***ma no!***, ¡no me digas! | ***ma se lo sanno tutti!***, pues ¡a ver si te enteras! | ***ma sì!***, ¡pero sí!, ¡que sí! | ***ma va là!***, ¡qué va!
ma[2] *inter.* → **mah.**
macabro *agg.* macabro, lúgubre: *uno spettacolo —*, un espectáculo macabro; *avere il gusto del —*, gustar lo macabro.
macaco *s.m.* (*zool.*) macaco.
macché *inter.* ¡qué va!, ¡anda!, ¡quita de ahí!: *—, sta scherzando!*, ¡qué va!, está bromeando.
maccherone *s.m.* (*cuc.*) macarrón | *essere come il cacio sui maccheroni,* ser miel sobre hojuelas.
maccheronico *agg.* macarrónico: *latino —*, latín macarrónico; *inglese —,* inglés macarrónico.
macchia[1] *s.f.* **1** mancha | *allargarsi a — d'olio*, extenderse como mancha de aceite **2** (*fig.*) mancha, pecado (*m.*), culpa, deshonra: *questa bocciatura è una — per la sua famiglia*, ese suspenso es una mancha para su familia | *cavaliere senza — e senza paura,* caballero íntegro y valiente | (*anat.*) *— cieca*, mácula lútea | (*elettr.*) *— ionica*, mancha iónica | (*astr.*) *— solare*, mácula solar.
macchia[2] *s.f.* (*di vegetazione*) matorral (*m.*) | *— mediterranea*, vegetación mediterránea | *darsi alla —*, echarse al monte.
macchiare *v.tr.* manchar: *— la tovaglia di vino*, manchar el mantel con vino; *— il caffè con il latte*, cortar el café con leche ♦ **-rsi** *v.pron.* mancharse (*anche fig.*), ensuciarse: *— di una colpa*, mancharse con una culpa; *— il vestito*, mancharse el vestido.
macchiato *agg.* manchado: *caffè —*, café cortado; *latte —*, leche con un poco de café.
macchietta *s.f.* caricatura.
macchina *s.f.* **1** máquina | *— per/da scrivere* máquina de escribir *— per/da cucire*, máquina de coser | *— fotografica*, cámara fotográfica | *— da caffè*, cafetera | *— da presa*, filmadora | *scrivere a —*, mecanografiar | *essere una —*, ser (como) una máquina | *parlare come una —*, hablar por los codos | (*giorn.*) *andare in —*, imprimirse | (*mar.*, *fig.*) *fare — indietro*, dar/hacer marcha atrás | *fatto a —*, fabricado/hecho a máquina | *la — umana*, el cuerpo humano | *— a vapore*, máquina de vapor | *— cuore-polmoni*, máquina cardiopulmonar | *— da proiezione*, proyector | *— teatrale*, máquina, tramoya | *— utensile*, máquina-herramienta **2** (*automobile*) coche (*m.*), automóvil (*m.*) | *farsi la —*, hacerse con el coche **3** (*fig.*) aparato (*m.*): *la — statale*, el aparato estatal.
macchinare *v.tr.* maquinar, tramar, urdir.
macchinazione *s.f.* maquinación, intriga: *ordire macchinazioni*, urdir maquinaciones/intrigas.
macchinismo *s.f.* mecanicismo.
macchinista *s.m./f.* maquinista.
macchinoso *agg.* complicado, enredado.
macedonia *s.f.* macedonia, ensalada de frutas.
macellaio *s.m.* **1** carnicero **2** (*fig.*) asesino.
macellare *v.tr.* **1** descuartizar*, cuartear **2** (*fig.*) masacrar.
macelleria *s.f.* carnicería.
macello *s.m.* **1** matadero **2** (*fig.*) lío, jaleo, follón | *che —!*, ¡qué lío! | *fare un —*, armar un follón.
macerare *v.tr.* **1** macerar **2** (*fig.*) atormentar, afligir* ♦ **-rsi** *v.pron.* macerarse, atormentarse.
macerie *s.f.pl.* escombros (*m.*).
macero *agg.* macerado ♦ *s.m.* maceración (*f.*) | *portare al —*, llevar a la tina.
machiavellico *agg.* maquiavélico.
machiavellismo *s.m.* maquiavelismo.
machiavellista *s.m./f.*. estudioso (*m.*) del Maquiaveli; partidario (*m.*) del maquiavelismo.
macigno *s.m.* roca (*f.*), piedra (*f.*); (*masso*) peñasco | *essere duro come un —*, ser duro come la piedra | (*fig.*) *è un —*, es pesado, aburrido.

macilento *agg.* macilento.
macina *s.f.* muela, moledera.
macinabile *agg.* moledero.
macinacaffè *s.m.* molinillo de café.
macinapepe *s.m.* molinillo de pimienta.
macinare *v.tr.* moler* | (*fig.*) — *chilometri*, devorar kilómetros.
macinazione *s.f.* molienda, moltura, moledura.
macinino *s.m.* **1** (*da caffè, pepe*) molinillo **2** (*fig., scherz., veicolo*) cafetera (*f.*).
macrobiotica *s.f.* macrobiótica.
maculato *agg.* maculado.
madia *s.f.* (*mobile*) artesa, masera.
madido *agg.* madoroso, húmedo.
madonna *s.f.* **1** Virgen María, Nuestra Señora | *essere tutto santi e madonne*, ser un beato | *non capire una* —, no entender un huevo | *tirar madonne*, blasfemar **2** (*pitt., rappresentazione*) madona: *viso di* —, rostro de madona.
madornale *agg.* descomunal, garrafal, enorme: *errore* —, error garrafal.
madre *s.f.* **1** madre | *ragazza* —, madre soltera | — *natura*, la naturaleza | *per parte di* — por línea materna | *fare da* —, hacer de madre | — *biologica*, madre biológica | — *coraggio*, madre coraje | — *terra*, tierra | (*anat.*) *pia* —, piamadre, piamáter | (*anat.*) *dura* —, duramadre, duramáter **2** (*fig., causa*) madre, origen (*m.*), causa **3** (*matrice*) matriz*.
madrelingua *s.f.* (*lingua*) lengua nativa ♦ *s.m./f.* nativo (*m.*).
madrepatria *s.f.* madre patria.
madreperla *s.f.* nácar (*m.*).
madreperlaceo *agg.* nacarado.
madreperlato *agg.* nacarado.
madrevita *s.f.* (*tecn.*) tuerca.
madrigale *s.m.* (*lett., mus.*) madrigal.
madrileno *agg., s.m.* madrileño.
madrina *s.f.* madrina.
maestà *s.f.* majestad, magnificencia: *Sua* —, Su Majestad.
maestosità *s.f.* majestuosidad.
maestoso *agg.* majestuoso.
maestrale *s.m.* (*meteor.*) mistral.
maestranze *s.f.pl.* maestranza (*sing.*).
maestria *s.f.* maestría, destreza.
maestro *agg.* **1** (*principale*) maestro | *strada maestra*, camino maestro **2** (*abile*) hábil ♦ *s.m.* **1** maestro: — *elementare*, maestro (de primera enseñanza) **2** instructor, monitor: — *di sci*, instructor de esquí **3** (*fig.*) maestro, guía (*m./f.*) | *un colpo da* —, un golpe maestro | *un lavoro da* —, un trabajo perfecto.
mafia *s.f.* mafia siciliana, mafia.
magagna *s.f.* falla, defecto (*m.*), imperfección.
magari *inter.* ¡ojalá!: *«sei in vacanza?» «—!»*, «¿estás de vacaciones?» «¡ojalá!» ♦ *cong.* **1** (*desiderio*) ojalá: — *potessi venire!*, ¡ojalá pudiera ir! **2** (*concessivo*) aunque: *finirò questo lavoro, dovessi — rimanere qui fino a domani*, acabaré este trabajo, aunque tenga que quedarme aquí hasta mañana ♦ *avv.* **1** (*forse*) a caso, quizá(s), tal vez, a lo mejor: — *viene*, quizás viene **2** (*persino*) hasta, incluso: *sarebbe — capace di non salutarmi*, hasta/incluso sería capaz de no saludarme.
magazzinaggio *s.m.* almacenamiento.
magazziniere *s.m.* almacenero.
magazzino *s.m.* almacén, depósito | *i grandi magazzini*, los grandes almacenes.
maggese *s.m.* barbecho: *a* —, en barbecho.
maggio *s.m.* mayo.
maggiolino *s.m.* **1** (*zool.*) mariquita (*f.*) **2** (*aut.*) Volkswagen® cucaracha.
maggiorana *s.f.* (*bot.*) mejorana.
maggioranza *s.f.* **1** mayoría, mayor parte: *la — degli spagnoli*, la mayoría de los españoles **2** (*pol.*) mayoría.
maggiorare *v.tr.* aumentar: — *i prezzi*, aumentar los precios.
maggiordomo *s.m.* mayordomo.
maggiore *agg.* **1** (*comp. e superl.*: *grandezza, età*) mayor: *mia sorella è — di me*, mi hermana es mayor que yo | *la — parte*, la mayoría **2** (*principale*) mayor, principal: *il maggior scrittore del secolo*, el mayor escritor del siglo **3** (*mus.*) mayor ♦ *s.m./f.* mayor ♦ *s.m.* (*mil.*) mayor
■ ***la maggiore età***, la mayoría de edad | ***andare per la maggiore***, tener mucho éxito.
maggiorenne *agg., s.m./f.* mayor de edad.
maggioritario *agg.* mayoritario: *sistema* —, sistema mayoritario.
magi *s.m.pl.*: *i re* — los reyes magos.
magia *s.f.* **1** magia **2** (*fig.*) magia, encanto (*m.*), seducción.
magiaro *agg., s.m.* magiar (*m./f.*).
magico *agg.* **1** mágico **2** (*fig.*) mágico, fascinante, maravilloso.
magione *s.f.* morada, casa.
magistero *s.m.* magisterio, habilidad (*f.*), maestría (*f.*).
magistrale *agg.* **1** magistral, profesoral | *istituto* —, enseñanza secundaria para maestros | *maturità* —, diploma de maestro | *scuola* —, escuela para educadores de guardería | *laurea* —, posgrado **2** (*eccellente*) magistral, genial | *libro* —, libro genial.
magistrato *s.m.* **1** magistrado **2** (*funzionario*) oficial civil.
magistratura *s.f.* magistratura.
maglia *s.f.* **1** (*di rete*) malla; (*di catena*) eslabón (*m.*); (*di tessuto*) punto (*m.*): *fare la/lavorare a* —, hacer punto, tricotar; *lavoro a* — labor de punto **2** (*golf*) jersey (*m.*),

(*Amer.*) suéter (*m.*) **3** (*intima*) camiseta **4** (*da ciclista*) maillot (*m.*): — *gialla, rosa* maillot amarillo, rosa.
maglieria *s.f.* **1** tricotaje (*m.*) **2** (*negozio*) tienda de géneros de punto.
maglietta *s.f.* camiseta; (*polo*) niqui (*m.*).
maglificio *s.m.* fábrica (*f.*) de géneros de punto.
maglione *s.m.* jersey, (*Amer.*) suéter: — *a collo alto*, jersey de cuello alto/de cuello cisne.
magma *s.m.* (*geol.*) magma.
magnanimo *agg.* magnánimo, generoso.
magnate *s.m.* magnate.
magnesio *s.m.* (*chim.*) magnesio.
magnete *s.m.* **1** (*fis.*) imán **2** (*elettr.*) magneto.
magnetico *s.m.* (*anche fig.*) magnético | *uno sguardo* —, una mirada magnética.
magnetofono *s.m.* magnetófono.
magnificare *v.tr.* magnificar*.
magnificenza *s.f.* magnificencia, fastuosidad, esplendor (*m.*), maravilla.
magnifico *agg.* magnífico, espléndido | *idea magnifica*, idea genial.
magnitudo *s.f.* magnitud.
magnolia *s.f.* (*bot.*) magnolia.
mago *s.m.* mago; (*stregone*) brujo, hechicero.
magone *s.m.* nudo en la garganta: *avere il* —, tener un nudo en la garganta.
magrezza *s.f.* delgadez, flacura.
magro *agg.* **1** (*di persona*) delgado, flaco, enjuto; (*di alimento*) flaco, magro | *essere — come un chiodo/un'acciuga*, estar hecho un palillo | *carne magra*, carne sin grasa | *ravioli di* —, raviolis rellenos de queso **2** (*fig.*, *scarso*) miserable, escaso, pobre: *un — stipendio*, un sueldo miserable **3** (*mediocre*) débil, mediocre: *un — risultato*, un resultado mediocre.
mah *inter.* **1** (*nelle risposte, per esprimere dubbio o perplessità*)¡bah!, ¿quién sabe? | *«sarà in casa?» «—!»*, «¿estará en casa?» «¿quién sabe?» **2** (*per esprimere disapprovazione*) ¡vaya!, ¡pero bueno!: —, *quel ragazzo non è mai contento!*, ¡pero bueno!, ese chico nunca está contento.
mai *avv.* **1** nunca, jamás: *non l'ho — visto, no lo he visto nunca* | — *che dica la verità*, no hay una vez que diga la verdad | *più che* —, más que nunca, con mayor razón **2** (*interr.*) antes, alguna vez: *sei — stato in Spagna?*, ¿has estado alguna vez en España? | *l'hai — visto?*, ¿lo has visto antes?
■ ***mai più***, nunca más | ***mai e poi mai***, jamás de los jamases | ***caso mai***, en el caso | ***meglio tardi che mai***, más vale tarde que nunca | ***come mai?***, ¿cómo es eso? | ***non si sa mai***, nunca se sabe
maiale *s.m.* cerdo, marrano, cochino, puerco (*anche fig.*), (*Perú*) chancho.
mailing *s.m.* (*elettronico*) mailing; (*su carta*) buzoneo.
maiolica *s.f.* mayólica, cerámica.
maionese *s.f.* (*cuc.*) mayonesa, mahonesa: *salsa* —, salsa mahonesa.
mais *s.m.* (*bot.*) maíz.
maiuscoletto *s.m.* (*tip.*) versalita (*f.*).
maiuscolo *agg.* mayúsculo (*anche fig.*): *scrivere a lettere maiuscole*, escribir con letras mayúsculas/en mayúsculas ♦ *s.m.* mayúscula (*f.*), versal (*f.*).
maizena® *s.f.* maicena®.
malachite *s.f.* (*min.*) malaquita.
malafede *s.f.* mala fe: *agire in* —, actuar con mala fe.
malaffare *s.m. nella loc.*: *gente di* —, gente de la mala vida, hampones.
malalingua *s.f.* lengua viperina, mala lengua | *le malelingue*, las malas lenguas.
malandato *agg.* **1** (*di cosa*) arruinado, deteriorado **2** (*di salute*) malparado, maltrecho **3** (*di vestiario*) estropeado, gastado.
malandrino *agg.*, *s.m.* pícaro, bribón.
malanno *s.m.* enfermedad (*f.*), achaque.
malapena, a *loc.avv.* a duras penas, apenas.
malaria *s.f.* (*med.*) malaria.
malaticcio *agg.* enfermizo.
malato *agg.* enfermo: *essere — di cuore, di fegato*, estar enfermo del corazón, del hígado ♦ *s.m.* enfermo, paciente (*m./f.*).
malattia *s.f.* enfermedad, dolencia: *attaccare una* —, contagiar una enfermedad | *essere in* —, estar de baja | *farne una* —, amargarse la vida | *certificato di* —, parte de baja | — *da siero*, enfermedad del suero | — *del sonno*, encefalitis letárgica | — *endemica*, enfermedad endémica | — *ereditaria*, enfermedad hereditaria | — *esiziale*, enfermedad exicial | — *professionale/del lavoro*, enfermedad profesional | — *venerea*, enfermedad venérea.
malaugurio *s.m.* mal agüero | *essere di* —, traer mala suerte, ser gafe.
malavita *s.f.* hampa, delincuencia | *la — organizzata*, el hampa, la criminalidad.
malavoglia *s.f.* malagana, desgana: *di* —, de malagana, con desgana.
malcapitato *agg.*, *s.m.* malaventurado, desventurado.
malconcio *agg.* maltrecho, maltratado.
malcontento *agg.* descontento ♦ *s.m.* (*malessere*) malestar.
malcostume *s.m.* **1** libertinaje **2** (*corruzione*) corrupción (*f.*): *il — politico*, la corrupción política.
maldestro *agg.* torpe, desmañado, patoso.
maldicente *s.m./f.* maldiciente, mala lengua.
maldicenza *s.f.* maledicencia, murmuración,

chisme (*m.*) | *fare un po' di* —, chismear, murmurar.
maldisposto *agg.* mal predispuesto.
male[1] *s.m.* **1** mal **2** (*dolore*) dolor; (*malattia*) enfermedad (*f.*): *mal di denti*, dolor de muelas; *mal di testa*, dolor de cabeza; *mal d'auto*, *d'aria*, *di mare*, mareo; *ti sei fatto —?*, ¿te has hecho daño? | *che —!* ¡qué dolor! | *fare* —, (*dolere*) hacer daño; (*a qlcu.*) dañar, perjudicar | *farsi* —, lastimarse **3** (*danno*) daño | *portare* —, traer mala suerte
■ ***meno male!***, ¡menos mal! | ***andare a male***, estropearse, echarse a perder | ***non tutto il male viene per nuocere***, no hay mal que por bien no venga | ***mal comune mezzo gaudio***, mal de muchos consuelo de tontos.
male[2] *avv.* mal: *dire/parlare — di qlcu.* hablar pestes/mal de alguien; *andare — a scuola*, ir mal en la escuela, llevar mal los estudios; *star* —, estar malo | *restare/rimanere* —, llevarse un disgusto
■ ***per male che vada***, por mal que vaya | ***di male in peggio***, de mal en peor | ***bene o male***, mal que bien .
maledetto *agg.* maldito, detestable, insoportable (*anche fig.*).
maledire *v.tr.* maldecir*, execrar.
maledizione *s.f.* **1** maldición | —*!*, ¡maldita sea! **2** (*fig.*) desgracia, condena.
maleducato *agg.*, *s.m.* maleducado, malcriado.
maleducazione *s.f.* **1** mala educación **2** (*villanata*) grosería, descortesía.
malefico *agg.* maléfico; (*nocivo*) venenoso.
maleodorante *agg.* maloliente.
malese *agg.*, *s.m./f.* malayo (*m.*).
malessere *s.m.* **1** malestar, indisposición (*f.*) **2** (*fig.*) descontento, inquietud (*f.*).
malevolenza *s.f.* malevolencia.
malfamato *agg.* **1** (*di luogo*) con mala fama | *quartiere* —, barrio chino **2** (*di persona*) de mala ralea/calaña.
malfattore *s.m.* malhechor, delincuente.
malfidato *agg.* desconfiado, receloso.
malformazione *s.f.* malformación.
malga *s.f.* cabaña alpina.
malgoverno *s.m.* mal gobierno, mala administración (*f.*).
malgrado *prep.* a pesar de, no obstante ♦ *avv.* (*sempre con agg.poss.*) *mio* —, a pesar mío ♦ *cong.* (*benché*) aunque, a pesar de que.
malignare *v.intr.* pensar*/hablar mal, murmurar.
malignità *s.f.* malignidad, maldad.
maligno *agg.* **1** (*med.*) maligno: *tumore* —, tumor maligno **2** (*di persona*) malpensado; (*cattivo*) malévolo, malvado, malo.
malinconia *s.f.* melancolía, tristeza.
malinconico *agg.* melancólico, triste.
malincuore *avv. nella loc.*: *a* —, de mal grado, muy a su pesar.
malintenzionato *agg.*, *s.m.* malintencionado.
malinteso *agg.* malentendido ♦ *s.m.* malentendido, equívoco.
malizia *s.f.* **1** (*malignità*) malicia, maldad **2** (*furbizia*) malicia, picardía, astucia.
malizioso *agg.* malicioso.
malmaritata *agg.* malmaridada, malcasada.
malleabile *agg.* **1** (*di metallo*) maleable **2** (*fig.*, *di carattere*) dócil.
malleolo *s.m.* (*anat.*) maléolo.
malloppo *s.m.* **1** (*involto*) fardo **2** (*bottino*) botín.
malnutrito *agg.* malnutrido, desnutrido.
malocchio *s.m.* mal de ojo | *fare/gettare il* —, echar el mal de ojo, aojar.
malora *s.f.* ruina, perdición | *andare in* —, ir cuesta abajo | *mandare in* —, llevar a la ruina | *alla —!*, ¡al diablo!
malore *s.m.* desmayo, mal repentino, (*fam.*) patatús: *è stato colto da* —, le dio un patatús; sufrió un desmayo.
malpagato *agg.* pagado mal, pagado poco.
malpensante *agg.*, *s.m.* malpensado.
malridotto *agg.* malparado.
malriuscito *agg.* malogrado, frustrado.
malsano *agg.* **1** (*di persona*) enfermizo **2** (*di cibo*, *clima*, *luogo*) malsano, insano, nocivo | *idee malsane*, ideas malsanas/morbosas.
malta *s.f.* (*edil.*) mortero (*m.*): — *magra*, mortero arenoso.
maltempo *s.m.* mal tiempo.
malto *s.m.* (*bot.*) malta (*f.*).
maltrattamento *s.m.* maltratamiento, maltrato.
maltrattare *v.tr.* **1** (*persona*) maltratar, ofender **2** (*cosa*) maltratar, estropear.
malumore *s.m.* mal humor; (*scontento*) descontento, malestar.
malva *s.f.* (*bot.*) malva.
malvagio *agg.* malvado, perverso, maligno.
malvagità *s.f.* maldad.
malversare *v.tr.* malversar.
malversazione *s.f.* (*dir.*) malversación.
malvivente *s.m.* maleante.
malvolentieri *avv.* de mala gana, a regañadientes.
mamma *s.f.* mamá, madre: *la festa della* — el día de la madre | — *mia!*, ¡madre mía!
mammella *s.f.* (*anat.*) mama, pecho (*m.*), (*fam.*) teta; (*di animali*) ubre.
mammifero *agg.*, *s.m.* mamífero.
mammografia *s.f.* (*med.*) mamografía.
manager *s.m./f.* **1** (*econ.*) gerente, director (*m.*) **2** (*sport*) representante **3** (*spettacolo*) empresario (*m.*).
mancanza *s.f.* **1** (*assenza*) falta, ausen-

cia: — *di mezzi*, falta de medios; carecer/no disponer de medios | *sentire la — (di qlcu., qlco.)*, echar (de) menos (a alguien, algo): *ho sentito la tua —*, te he echado de menos **2** (*errore*) falta, error (*m.*), defecto (*m.*) **3** (*colpa*) falta, culpa.
mancare *v.intr.* **1** faltar; (*essere privo*) carecer* | *manca poco*, falta poco | *ci mancherebbe altro!*, ¡faltaría más! | *sentirsi —*, desmayarse **2** (*sentire la mancanza*) echar de menos: *come mi sei mancato!*, ¡cómo te he echado de menos! **3** (*estinguersi*) acabarse; (*morire*) morir*, fallecer*: *è mancato mio padre*, mi padre ha fallecido **4** (*tralasciare*) dejar de: *non mancherò di ringraziarla*, no dejaré de agradecerle **5** (*sbagliare*) fallar, equivocarse* ♦ *v.tr.* fallar. errar*: — *il bersaglio*, fallar la mira.
mancia *s.f.* propina.
manciata *s.f.* puñado (*m.*) | *a manciate*, a puñados.
mancino *agg.*, *s.m.* zurdo | *tiro —*, jugarreta, mala jugada.
mandante *agg.*, *s.m./f.* (*dir.*) mandante; (*di reato*) instigador.
mandarancio *s.m.* (*bot.*) clementina (*f.*).
mandare *v.tr.* **1** mandar: — *a chiamare*, mandar llamar a alguien **2** (*inviare, indirizzare*) enviar*: — *un messaggio*, enviar un mensaje | — *indietro*, devolver | — *giù*, (*ingoiare*) tragar; (*fig.*) soportar, tragar quina **3** (*destinare*) destinar, trasladar: *l'hanno mandato a lavorare a Roma*, lo han destinado a trabajar en Roma | — *in prigione*, meter en la cárcel **4** (*emettere*) emitir, emanar: — *un profumo*, exhalar/emitir un perfume; — *un grido*, lanzar un grito
■ ***mandare a dire***, hacer decir | ***mandare all'aria/a monte***, echar a perder | ***mandare avanti***, dirigir | ***mandare in rovina***, arruinar | ***mandare via***, despedir | ***piove che Dio la manda***, llueve a cántaros | ***che Dio ce la mandi buona!***, ¡qué Dios nos asista!
mandarino[1] *s.m.* **1** (*albero*) mandarino **2** (*frutto*) mandarina (*f.*).
mandarino[2] *s.m.* (*st.*) mandarín.
mandata *s.f.* **1** envío (*m.*), remesa: *ricevette tutto in una sola —*, recibió todo en una remesa **2** (*di chiave*) vuelta.
mandato *s.m.* **1** (*ordine*) mandato, orden (*f.*): — *di pagamento*, orden de pago **2** (*potere*) poder, facultad (*f.*) **3** (*incarico*) encargo: — *diplomatico*, encargo diplomático | — *di fiducia*, mandato de confianza **4** (*dir.*) mandato, citación (*f.*) | — *d'arresto*, orden de detención | — *di comparizione*, citación, orden de comparecencia.
mandibola *s.f.* (*anat.*) mandíbula.
mandolino *s.m.* (*mus.*) mandolina (*f.*), bandolín.
mandorla *s.f.* (*bot.*) almendra | *occhi a —*, ojos rasgados.
mandorlo *s.m.* (*albero*) almendro.
mandria *s.f.* **1** manada; (*di buoi*) boyada; (*di mucche*) vacada; (*di tori*) torada **2** (*spreg.*) manada, pandilla: *una — di farabutti*, una manada de canallas/granujas.
maneggevole *agg.* manejable.
maneggiare *v.tr.* manejar (*anche fig.*).
maneggio *s.m.* **1** manejo, uso **2** (*galoppatoio*) picadero, corredera (*f.*) **3** (*fig.*) manejo, maquinación (*f.*).
manesco *agg.* violento.
manette *s.f.pl.* esposas.
manforte *s.f.* ayuda | *dare —*, dar/prestar ayuda, echar un cable.
manganello *s.m.* garrote, porra (*f.*).
manganese *s.m.* (*chim.*) manganeso.
mangianastri *s.m.* casete.
mangiare[1] *v.tr.* **1** comer: — *a quattro palmenti*, comer a dos carrillos | — *di magro*, comer de vigilia | *fare da —*, preparar la comida | — *per tre/quattro*, comer como una lima | *roba da —*, comestibles **2** (*fig.*) gastar, consumir, dilapidar **3** (*corrodere*) comerse, corroer* ♦ **-rsi** *v.pron.* comerse: — *las uñas*, morderse las uñas
■ (*fig.*) ***mangiare la foglia***, darse cuenta/enterarse de algo | ***mangiarsi il fegato***, tragar bilis, quemársele la sangre | ***mangiarsi le parole***, comerse las palabras | (*fig.*) ***mangiarsi le mani***, tirarse de los pelos.
mangiare[2] *s.m.* comida (*f.*).
mangiata *s.f.* atracón (*m.*), comilona | *fare una — di*, darse un atracón de.
mangime *s.m.* pienso, cebo.
mangione *s.m.* comilón, tragón.
mango *s.m.* (*bot.*) mango.
mania *s.f.* **1** (*idea fissa*) manía, obsesión, (*fam.*) neura: *ha la — dell'ordine*, tiene la neura del orden **2** (*passione*) manía, pasión: *ha la — dei libri antichi*, tiene la pasión de los libros antiguos.
manica *s.f.* **1** manga: — *lunga*, manga larga; *mezza —*, media manga | *stare in maniche di camicia*, estar en mangas de camisa | *è un altro paio di maniche*, es harina de otro costal | *essere di — larga*, ser de manga ancha | *essere di — stretta*, no transigir, ser muy severo | *essere nella — di qlcu.*, disfrutar/gozar del favor de alguien | *tirarsi su/rimboccarsi le maniche*, arremangarse; (*fig.*) ponerse manos a la obra **2** (*fam., gruppo*) pandilla, cuadrilla: *una — di delinquenti*, una pandilla de delincuentes.
manicaretto *s.m.* manjar.

manichino *s.m.* maniquí | *stare come un* —, quedarse inmóvil.
manico *s.m.* mango; (*di bastone*) puño; (*di ombrello*) empuñadura (*f.*); (*di scopa*) palo; (*di coltello*) cacha (*f.*); (*di tazza, brocca*) asa (*f.*) | (*fig.*) *avere il coltello dalla parte del* —, tener la sartén por el mango.
manicomio *s.m.* manicomio (*anche fig.*), psiquiátrico, (*fam.*) loquero.
manicure *s.f.* manicura.
maniera *s.f.* **1** manera, modo (*m.*): *in — da*, a manera de; *in nessuna* —, de ninguna manera, de ningún modo; *in ogni* —, de todas maneras, de todos modos **2** (*stile*) estilo (*m.*), manera | *avere buone, cattive maniere*, tener buenos, malos modales.
manifattura *s.f.* **1** (*lavorazione*) manufactura **2** (*fabbrica*) manufactura, fábrica.
manifestante *agg.*, *s.m./f.* manifestante.
manifestare *v.tr.* **1** manifestar*, declarar **2** (*esprimere*) expresar, revelar, mostrar*: *il suo sguardo manifestava paura*, su mirada revelaba miedo ♦ *v.intr.* (*partecipare a una manifestazione*) manifestarse* ♦ **-rsi** *v.pron.* manifestarse*, revelarse.
manifestazione *s.f.* **1** manifestación, expresión: — *di gioia*, expresión de alegría **2** (*dimostrazione*) manifestación **3** (*spettacolo*) espectáculo (*m.*): *una — musicale, sportiva*, un espectáculo musical, deportivo.
manifesto[1] *agg.* manifiesto, evidente, claro | *in modo* —, de manera evidente.
manifesto[2] *s.m.* **1** cartel, anuncio: — *pubblicitario*, anuncio publicitario **2** (*programma politico*) manifiesto.
maniglia *s.f.* manija, manilla; (*di cassetti*) tirador (*m.*); (*di valigia*) asa | (*sport*) *cavallo con maniglie*, potro de arcos.
manipolare *v.tr.* manipular, manejar (*anche fig.*)
manipolazione *s.f.* manipulación, alteración (*anche fig.*).
maniscalco *s.m.* herrador.
mano *s.f.* **1** mano: *prendere per — qlcu.*, llevar de la mano a alguien | *sfuggire di* —, írsele algo de las manos; (*fig.*) perder la ocasión | *restare a mani vuote*, salir con las manos vacías | *legare le mani*, maniatar | *mettersi le mani nei capelli*, llevarse las manos a la cabeza | *mettere le mani avanti*, tomar precauciones | *dare una — a qlcu.*, echar/prestar una mano a alguien | *stretta di* —, apretón de manos | *giù le mani!*, ¡quite esas manos! **2** (*fig.*) mano, lado (*m.*), parte | *un posto fuori* —, un lugar apartado/a trasmano | *andare contro* — ir a contramano **3** (*al gioco*) mano, partida **4** (*strato*) mano, capa, pasada: *dare una — di vernice*, dar una mano/capa de barniz
■ ***a mano a mano***, poco a poco | ***man mano che***, a medida que | ***di seconda mano***, de segunda mano, de lance | ***avere una cosa sotto mano***, tener algo al alcance | ***avere le mani bucate***, ser un manirroto | ***avere le mani d'oro***, ser un manitas | (*fig.*) ***avere le mani lunghe***, tener manos largas | ***fare la mano a qlco.***, coger la marcha | ***mani in alto!***, ¡manos arriba! | ***persona alla mano***, persona sencilla/campechana.
manodopera *s.f.* mano de obra.
manomettere *v.tr.* **1** forzar*, violar: — *la corrispondenza*, violar la correspondencia **2** (*fig., calpestare*) atropellar: — *i diritti dei più deboli*, atropellar los derechos de los más débiles.
manomissione *s.f.* **1** violación **2** (*dir.*) manumisión.
manopola *s.f.* **1** (*guanto*) manopla **2** (*di armatura*) guantelete (*m.*) **3** (*di bicicletta, moto*) puño (*m.*), empuñadura **4** (*su mezzi di trasporto*) agarradero (*m.*) **5** (*pomello di tv, radio*) pomo (*m.*).
manoscritto *agg.*, *s.m.* manuscrito.
manovale *s.m.* (*anche edil.*) peón.
manovella *s.f.* manivela.
manovra *s.f.* **1** maniobra **2** (*fig.*) maniobra, maquinación.
manovrare *v.tr.* **1** maniobrar, manejar **2** (*fig.*) maquinar, tramar.
manovratore *agg.* que maniobra ♦ *s.m.* **1** (*ferr., mar.*) maniobrista (*m./f.*) **2** (*di tram*) conductor de tranvía.
mansarda *s.f.* buhardilla, mansarda.
mansardato *agg.* abuhardillado.
mansione *s.f.* **1** atribución, cargo (*m.*): *tra le sue mansioni c'è anche quella di selezionare il personale*, entre sus ocupaciones está también la de seleccionar al personal **2** (*compito*) tarea, papel (*m.*).
mansueto *agg.* **1** (*di animale*) manso, domesticado **2** (*di persona*) manso, dócil | *carattere* —, carácter afable/dócil.
mantella *s.f.* (*abbigl.*) capa, capote (*m.*).
mantello *s.m.* **1** (*abbigl.*) capa (*f.*) **2** (*fig.*) manto, capa (*f.*), cubierta (*f.*): — *di neve*, manto/capa de nieve; — *di asfalto*, cubierta de asfalto **3** (*di animale*) manto, pelaje.
mantenere *v.tr.* **1** mantener*, sustentar: *mantiene la sua famiglia*, sustenta a su familia **2** (*conservare*) conservar, mantener*: — *un'amicizia*, conservar una amistad; — *un posto di lavoro*, mantener un puesto de trabajo; — *i cibi al fresco*, conservar los alimentos en la nevera | — *buoni rapporti con qlcu.*, tener buenas relaciones con alguien **3** (*sostenere*) sostener*, defender*: — *un'opinione*, sostener una opinión **4** (*compiere*) mantener*, cumplir: — *una promessa*, mantener

una promesa ♦ **-rsi** *v.pron.* **1** mantenerse*, sustentarse **2** (*conservarsi*) conservarse.
mantenimento *s.m.* **1** mantenimiento, sustento: *non riesce a provvedere al — della sua famiglia*, no logra proveer al sustento de su familia **2** (*conservazione*) manutención (*f.*), mantenimiento: *il — di una macchina oggigiorno è costoso*, la manutención de un coche hoy en día cuesta mucho.
mantice *s.m.* fuelle | *sbuffare come un —*, resollar, jadear.
mantiglia *s.f.* (*abbigl.*) mantilla.
manto *s.m.* **1** (*abbigl.*) manto, capa (*f.*) **2** (*fig.*) manto, cubierta (*f.*): *— di neve*, manto de nieve | *— stradale*, firme.
manuale *agg.*, *s.m.* manual | *da —*, perfecto | *un caso psichiatrico da —*, un caso psiquiátrico clásico | *arti manuali*, artesanía.
manubrio *s.m.* **1** (*mecc.*) manubrio **2** (*di bicicletta, moto*) manillar **3** (*da ginnastica*) barra (*f.*).
manufatto *agg.* manufacturado ♦ *s.m.* manufactura (*f.*).
manutenzione *s.f.* manutención, conservación: *la — delle strade*, la manutención de las carreteras.
manzo *s.m.* **1** (*zool.*) buey, novillo **2** (*carne*) carne (*f.*) de buey.
maomettano *agg.*, *s.m.* mahometano.
mappa *s.f.* mapa (*m.*): *— stradale*, mapa de carreteras.
mappamondo *s.m.* **1** mapamundi **2** (*globo girevole*) globo.
maratona *s.f.* (*sport, fig.*) maratón (*m.*).
marca *s.f.* **1** marca, señal **2** (*contrassegno*) resguardo (*m.*), talón (*m.*) | *— da bollo*, póliza **3** (*azienda produttrice*) marca, industria: *un prodotto di* un producto de marca; *le migliori marche italiane*, las mejores industrias italianas.
marcare *v.tr.* **1** marcar* | *— il bestiame*, marcar el ganado **2** (*calcio*) marcar*: *— un gol*, marcar un gol | *— un giocatore*, marcar a un jugador.
marchio *s.m.* marca (*f.*): *— registrato*, marca registrada.
marcia *s.f.* **1** marcha **2** (*aut.*) marcha, velocidad: *mettere in —*, poner en marcha (*anche fig.*); *innestare la —*, meter la marcha; *fare — indietro*, dar marcha atrás (*anche fig.*) | *lei ha una — in più*, ella es excepcional.
marciapiede *s.m.* **1** acera (*f.*) **2** (*di stazione, di molo*) andén.
marciare *v.intr.* marchar, caminar, desfilar.
marcio *agg.* **1** podrido, corrompido (*anche fig.*) | *avere torto —*, tener toda la culpa, estar totalmente equivocado **2** (*fig.*) corrupto, depravado ♦ *s.m.* (*anche fig.*) podredumbre (*f.*): *in quell'affare c'è del —*, hay podredumbre en aquel asunto.
marcire *v.intr.* **1** pudrirse* **2** (*fig.*) degradarse, envilecerse*, consumirse: *— nel vizio*, degradarse a causa de los vicios; *— in prigione*, pudrirse en una cárcel.
marciume *s.m.* podredumbre (*f.*): *il — della società*, la podredumbre de la sociedad.
marco *s.m.* (*moneta*) marco.
mare *s.m.* mar (*m./f.*): *alto —*, alta mar; *— mosso*, mar agitado: *— grosso/in burrasca*, marejada; *andare al —*, ir a la playa | *mal di —*, mareo | *frutti di —*, mariscos | *un — di guai*, la mar de disgustos | (*fig.*) *essere in alto —*, tener para rato | (*fig.*) *buttare a —*, echar por la borda | *promettere mari e monti*, prometer el oro y el moro | *un — di gente*, una multitud, un mar de gente.
marea *s.f.* marea: *alta —*, marea alta, pleamar; *bassa —*, marea baja, bajamar | *una — di gente*, un mar de gente.
mareggiata *s.f.* marejada, oleaje (*m.*).
maresciallo *s.m.* mariscal.
margherita *s.f.* (*bot.*) margarita.
marginale *agg.* marginal (*anche fig.*).
margine *s.m.* **1** margen (*anche fig.*) | *— di tempo*, margen de tiempo **2** (*bordo, sponda*) borde, orilla (*f.*), margen (*f.*): *il — del tavolo*, la orilla de la mesa; *il — del fiume*, la orilla/margen del río.
marina *s.f.* marina.
marinaio *s.m.* marinero | *promessa da —*, promesa falsa.
marinare *v.tr.* **1** (*cuc.*) escabechar **2** (*la scuola*) hacer* novillos.
marionetta *s.f.* marioneta (*anche fig.*), títere (*m.*) | *camminare come una —*, caminar desgarbado.
maritare *v.tr.* casar ♦ **-rsi** *v.pron.* casarse.
marito *s.m.* marido, esposo | *prendere —*, casarse.
marittimo *agg.* marítimo.
marketing *s.m.* mercadotecnia (*f.*), marketing.
marmellata *s.f.* mermelada, confitura.
marmitta *s.f.* **1** (*cuc.*) marmita **2** (*aut.*) tubo (*m.*) de escape, silenciador (*m.*).
marmo *s.m.* mármol | *duro come il —*, más duro que el mármol.
marmocchio *s.m.* (*fam.*) crío.
marmotta *s.f.* (*zool.*) marmota | *dormire come una —*, dormir como un lirón.
marocchino *agg.*, *s.m.* marroquí*.
marrone *agg.* marrón ♦ *s.m.* **1** (*bot.*) castaña (*f.*) **2** (*colore*) marrón, castaño.
marsupio *s.m.* **1** (*zool.*) marsupio **2** (*borsetta*) riñonera (*f.*) **3** (*tasca*) bolsillo delantero **4** (*per bambini*) portabebés.

martedì *s.m.* martes | — *grasso*, martes de carnaval.
martellare *v.tr.* **1** (*anche fig.*) martillear **2** (*fig.*) atormentar, agobiar | — *di domande* acribillar con preguntas ♦ *v.intr.* pulsar, latir con violencia: *a causa del mal di testa sentivo — le tempie*, por el dolor de cabeza sentía pulsar las sienes.
martello *s.m.* (*anche sport*) martillo | — *pneumatico*, martillo neumático | *suonare a* — tocar a rebato.
martinetto *s.m.* (*mecc.*) gato, martinete.
martire *s.m./f.* mártir | *fare il* —, hacerse la víctima.
martirio *s.m.* martirio, sufrimiento.
martora *s.f.* (*zool.*) marta.
martoriare *v.tr.* martirizar*, torturar, atormentar.
marxismo *s.m.* (*pol.*) marxismo.
marzapane *s.m.* (*cuc.*) mazapán.
marziale *agg.* marcial | *legge* —, ley marcial | *camminare con passo* —, caminar con paso gallardo.
marziano *agg.*, *s.m.* marciano.
marzo *s.m.* marzo.
mascalzone *s.m.* bellaco, bribón, canalla (*m./f.*), sinvergüenza (*m./f.*).
mascella *s.f.* (*anat.*) mandíbula, maxilar (*m.*); (*di animale*) quijada.
maschera *s.f.* **1** máscara, careta; (*di tessuto*) antifaz* (*m.*) | — *antigas*, máscara antigas | — *subacquea*, careta submarina | — *di bellezza*, mascarilla | *mezza* —, mascarilla **2** (*travestimento*) máscara, disfraz* (*m.*): *ballo in* —, baile de disfraces **3** (*fig.*) máscara, apariencia | *mettersi la* —, disimular **4** (*di cinema, di teatro*) acomodador (*m.*) **5** (*tecn.*) plantilla, matriz*.
mascherare *v.tr.* **1** enmascarar; (*travestire*) disfrazar* **2** (*fig.*) enmascarar, encubrir, disimular: — *le intenzioni*, enmascarar las intenciones ♦ **-rsi** *v.pron.* enmascararse, disfrazarse*, fingirse*.
maschile *agg.* masculino, varonil.
maschilismo *s.m.* machismo.
maschilista *agg.*, *s.m./f.* machista.
maschio[1] *agg.* **1** macho, varón **2** (*fig.*) fuerte, viril ♦ *s.m.* **1** (*persona*) varón **2** (*animale*) macho.
maschio[2] *s.m.* **1** (*edil.*) macho pilar, machón **2** (*fortezza*) torreón, fortaleza (*f.*).
mascotte *s.f.* mascota.
masochismo *s.m.* masoquismo.
massa *s.f.* **1** masa | *cultura di* —, cultura de masa | *mezzi di comunicazione di* —, medios de comunicación de masa | *le masse popolari*, el pueblo **2** (*mucchio*) montón (*m.*) **3** (*fis.*) masa **4** (*elettr.*) tierra: *mettere a* — poner a tierra.
massacrare *v.tr.* **1** masacrar (*anche fig.*), asesinar, destrozar* | — *di botte*, moler a palos **2** (*fig.*) extenuar*, fatigar*.
massacro *s.m.* masacre (*f.*), matanza (*f.*), carnicería (*f.*).
massaggiare *v.tr.* dar* masajes, masajear.
massaggiatore *s.m.* masajista (*m./f.*).
massaggio *s.m.* masaje.
massaia *s.f.* ama de casa.
masseria *s.f.* granja.
masserizie *s.f.pl.* bártulos (*m.*), trastos (*m.*).
massiccio *agg.* macizo, compacto, sólido (*anche fig.*): *un uomo* —, un hombre macizo ♦ *s.m.* (*geogr.*) macizo.
massima *s.f.* **1** máxima, norma, principio (*m.*) | *in linea di* —, en/por lo general **2** (*sentenza*) sentencia, precepto (*m.*) **3** (*temperatura*) máxima: *la — di oggi è stata di 15 gradi*, la máxima de hoy ha sido de 15 grados.
massimo *agg.* máximo, supremo, sumo | (*sport*) *peso* —, peso máximo | *al — grado*, al grado máximo | *tempo* —, tiempo límite ♦ *s.m.* máximo: *ottenne il — dei voti*, obtuvo las notas más altas | *essere al — della sopportazione*, estar hasta la coronilla | *al* —, como máximo/mucho.
masso *s.m.* peña (*f.*), peñasco, roca (*f.*) | *caduta massi*, peligro de derrumbes.
massoneria *s.f.* masonería.
mastello *s.m.* cubo de madera.
masterizzare *v.tr.* (*inform.*) masterizar*, duplicar*.
masterizzazione *s.f.* (*inform.*) masterización, duplicación/copia de cd.
masticare *v.tr.* **1** masticar*, mascar*: — *tabacco*, mascar tabaco | — *amaro*, tragar quina **2** (*fam.*) mascullar, farfullar | — *l'inglese*, chapurrear el inglés.
mastice *s.m.* almáciga (*f.*), masilla (*f.*), mástique.
mastino *agg.*, *s.m.* mastín (*anche fig.*).
mastodontico *agg.* mastodóntico.
masturbarsi *v.pron.* masturbarse.
matassa *s.f.* madeja: *una — di lana*, una madeja de lana | (*fig.*) *cercare il bandolo della* —, buscar la madre del cordero | (*fig.*) *dipanare la* —, aclarar el asunto, desenredar la madeja.
matematica *s.f.* matemáticas (*pl.*).
matematico *agg.*, *s.m.* matemático.
materassino *s.m.* colchoneta (*f.*) | — *gonfiabile*, colchón neumático, colchoneta.
materasso *s.m.* colchón: — *a molle*, colchón de muelles.
materia *s.f.* **1** materia | — *prima*, materia prima **2** (*materiale*) material (*m.*) **3** (*di studio*) asignatura.
materiale *agg.* **1** material | *non avere il tempo — per fare qlco.*, no tener materialmente

tiempo para hacer algo **2** (*di persona*) grosero, tosco ♦ *s.m.* material.
materialismo *s.m.* (*filos.*) materialismo.
maternità *s.f.* maternidad | *entrare in —*, darse de baja por maternidad.
materno *agg.* materno, maternal | *scuola materna*, jardín de infancia, parvulario.
matita *s.f.* lápiz* (*m.*) | *— per gli occhi, per le labbra*, lápiz de ojos, de labios | *temperare la —*, sacarle punta al lápiz.
matrice *s.f.* **1** (*anat.*) matriz*, útero (*m.*) **2** (*stampo*) molde (*m.*) **3** (*comm.*) matriz* **4** (*fig.*) fuente: *la — culturale*, la fuente cultural.
matricola *s.f.* **1** matrícula **2** (*universitario del primo anno*) novato (*m.*).
matrigna *s.f.* madrastra.
matrimoniale *agg.* matrimonial | *letto —*, cama de matrimonio.
matrimonio *s.m.* **1** (*sacramento*) matrimonio **2** (*cerimonia*) boda (*f.*): *assistere al —*, asistir a la boda; *partecipazione di —*, participación de boda.
mattarello, matterello *s.m.* (*cuc.*) rodillo.
mattatoio *s.m.* matadero.
mattina *s.f.* mañana: *domani —*, mañana por la mañana; *ieri —*, ayer por la mañana | *dalla — alla sera*, de la mañana a la noche | *dalla sera alla —*, de la noche a la mañana | *di prima —*, muy de mañana.
mattiniero *agg.* madrugador, mañanero ♦ *s.m.* madrugador.
mattino *s.m.* mañana (*f.*) | *sul far del —*, de madrugada, al amanecer.
matto *agg.*, *s.m.* loco | *far diventare —*, volver loco | *andare — per*, estar chalado por | *essere — da legare*, estar loco de remate, estar como un colador/una regadera | *è una testa matta*, es una bala perdida | *roba da matti*, cosas de locos | *fossi —!*, ¡ni loco! | *oro —*, oro mate.
mattone *s.m.* **1** ladrillo (*anche fig.*) | *color —*, color rojo oscuro | *avere un — sullo stomaco*, tener un peso en el estómago **2** (*fig., cosa noiosa*) ladrillo; (*volg.*) coñazo: *quel film è un —*, aquella película es un coñazo.
mattonella *s.f.* **1** (*edil.*) baldosa **2** (*cuc.*) cubeta, tableta: *— di cioccolato*: tableta de chocolate | *a mattonelle*, a cuadros.
maturare *v.intr.* **1** madurar **2** (*comm.*) devengar*: *interessi maturati*, intereses devengados/corridos ♦ *v.tr.* madurar.
maturazione *s.f.* **1** maduración **2** (*fig.*) realización, cumplimiento (*m.*).
maturità *s.f.* madurez | *esame di —*, examen de selectividad.
maturo *agg.* (*anche fig.*) maduro.
mazza *s.f.* maza | *— da baseball*, bate de béisbol | *— da golf*, palo de golf.
mazzetta *s.f.* **1** (*di banconote*) fajo (*m.*) de billetes **2** (*bustarella*) soborno (*m.*).
mazzo *s.m.* **1** manojo; (*di fiori*) ramo | *un — di chiavi*, un manojo de llaves **2** (*di carte*) baraja (*f.*) | *fare il —*, barajar
■ ***fare il mazzo a qlcu.***, fastidiar a alguien | ***farsi il mazzo***, bregar, trabajar duro.
me *pron.pers. di 1ª pers.sing.* **1** (*compl.ogg. e compl. introdotti da prep.*) mí: *parlano di —*, hablan de mí; *per —*, para mí; *hanno chiamato — non te*, me han llamado a mí, no a ti; *vogliono —*, me quieren a mí | *se fossi in —, che cosa faresti?*, si estuvieras en mi lugar, ¿qué harías? | *con —*, conmigo | *contate su di —*, contad conmigo | *povero —!*, ¡pobre de mí! | *— stesso*, mí mismo **2** (*compl. di termine*) me: *— lo diedero*, me lo dieron; *dimmelo subito!*, dímelo enseguida **3** (*comp.*) yo: *come —*, como yo
■ ***da me***, (*da solo*) por mí mismo, yo solo; (*a casa mia*) a mi casa | ***secondo me***, en mi opinión | ***tra me e me***, para mis adentros.
meandro *s.m.* **1** meandro **2** (*fig.*) recoveco: *i meandri della burocrazia*, los recovecos de la burocracia.
meccanica *s.f.* mecánica.
meccanico *agg.*, *s.m.* mecánico (*anche fig.*).
meccanismo *s.m.* mecanismo, funcionamiento.
mecenate *s.m./f.* mecenas (*m.*), protector (*m.*).
medaglia *s.f.* medalla: *— al valore civile, militare*, medalla al mérito civil, militar | *il rovescio della —*, el reverso de la medalla.
medesimo *agg.*, *pron. dimostr.* → **stesso.**
media *s.f.* media, promedio (*m.*): *— aritmetica*, media aritmética; *— oraria*, velocidad media por hora | *— annuale*, promedio anual | *in —*, en término medio.
mediamente *avv.* por término medio.
mediano *s.m.* (*sport*) delantero medio.
mediante *prep.* mediante, por medio de.
mediare *v.tr.* mediar.
mediatore *agg.*, *s.m.* mediador; (*intermediario*) intermediario.
mediazione *s.f.* **1** mediación **2** (*comm.*) corretaje (*m.*).
medicare *v.tr.* curar, tratar.
medicazione *s.f.* medicación; (*bendaggio*) vendaje (*m.*).
medicina *s.f.* **1** medicina: *— alternativa*, medicina alternativa; *— omeopatica*, homeopatía **2** (*medicinale*) medicina, medicamento (*m.*), fármaco (*m.*): *prendere la —*, tomar la medicina **3** (*fig.*) remedio (*m.*), alivio (*m.*), consuelo (*m.*): *il tempo è la miglior —*, el tiempo es el mejor remedio.
medicinale *agg.* medicinal ♦ *s.m.* medicamento, fármaco.
medico *agg.* médico | *erba medica*, alfalfa

♦ *s.m.* médico (*m./f.*), doctor: — *di famiglia*, médico de cabecera; — *di base/della mutua*, médico del seguro; — *legale*, médico forense.
medievale *agg.* medieval.
medio *agg.* medio, mediano | — *termine*, medio plazo | *dito* —, dedo corazón | *scuola media*, enseñanza secundaria | *Medio Oriente*, Oriente Medio, Medio Oriente.
mediocre *agg.* mediocre, mediano.
medioevo *s.m.* edad (*f.*) media.
meditare *v.tr.* **1** meditar **2** (*progettare*) planear, premeditar ♦ *v.intr.* meditar.
meditazione *s.f.* meditación, reflexión.
mediterraneo *agg.* mediterráneo.
medusa *s.f.* (*zool.*) medusa.
megafono *s.m.* megáfono.
megalomane *agg.*, *s.m./f.* megalómano (*m.*).
meglio *avv.* **1** mejor: *oggi sto* —, hoy estoy/me siento mejor | *andare di bene in* —, ir cada día mejor | *cambiare in* —, mejorar | *per* — *dire/o* —, mejor dicho **2** (*comp.*) más: *sei* — *informato di me*, estás más informado que yo ♦ *agg.* **1** (*migliore*) mejor: *questo film mi sembra* — *dell'altro*, esta película me parece mejor que la otra **2** (*preferibile*) mejor, preferible: *sarà* — *avvertirlo*, es mejor avisarlo ♦ *s.m.* lo mejor: *è il* — *che tu possa fare*, es lo mejor que puedes hacer | *fare del proprio* —, hacer todo lo posible, lo más que se puede
■ ***tanto meglio!***, ¡mejor! | ***avere la meglio***, salir ganando | ***alla (bell'e) meglio***, a la buena de Dios | ***cambiare in meglio***, cambiar para mejor | ***meglio tardi che mai***, más vale tarde que nunca.
mela *s.f.* (*bot.*) manzana | — *cotogna*, membrillo.
melagrana *s.f.* (*frutto*) granada.
melanzana *s.f.* (*bot.*) berenjena.
melassa *s.f.* melaza.
melma *s.f.* limo (*m.*), légamo (*m.*), cieno (*m.*).
melmoso *agg.* cenagoso, fangoso.
melo *s.m.* (*bot.*) manzano.
melodia *s.f.* (*mus.*) melodía.
melodioso *agg.* (*mus.*) melodioso.
melodramma *s.m.* (*mus.*, *teatr*, *fig.*) melodrama.
melodrammatico *agg.* (*mus.*, *teatr*, *fig.*) melodramático.
melograno *s.m.* (*albero*) granado.
melone *s.m.* (*bot.*) melón.
membrana *s.f.* membrana.
membro *s.m.* **1** miembro, elemento, componente: *un* — *del Parlamento*, un miembro del Parlamento **2** (*spec. pl.*, *anat.*) miembro (*sing.*), extremidad (*f.sing.*): *le membra superiori del corpo umano*, los miembros superiores del cuerpo humano | — *virile*, pene, miembro.
memorabile *agg.* memorable.
memoria *s.f.* **1** memoria: *avere una buona* —, tener buena memoria | *riacquistare la* —, recobrar la memoria | *sapere*, *imparare a* —, saber, aprender de memoria | *avere un vuoto di* —, tener la mente en blanco | *dalla* — *corta*, flaco de memoria | *richiamare alla* —, traer a la memoria | *a* — *d'uomo*, desde que el mundo es mundo | — *ausiliaria*, *d'elefante*, *visiva*, memoria auxiliar/secundaria, de elefante, fotográfica **2** (*ricordo*) memoria, recuerdo (*m.*) | *alla* — *di*, a la memoria de | *fatto degno di* —, un hecho digno de ser recordado **3** (*scritto*) memoria; documento (*m.*), ensayo (*m.*): *ha pubblicato le sue memorie*, ha publicado sus memorias.
memorizzare *v.tr.* memorizar*.
menabò *s.m.* (*tip.*) maqueta (*f.*)
menadito, a *loc.avv.* al dedillo, de carretilla.
menare *v.tr.* **1** (*condurre*) llevar, conducir* **2** (*agitare*) menear, mover*: — *la coda*, menear el rabo **3** (*fam.*) pegar*, atizar*, dar*: *smettila o ti meno!*, ¡basta ya o te doy! ♦ **-rsi** *v.pron.* (*fam.*) pegarse*
■ ***menare gramo***, traer mala suerte | ***menarla***, dar la lata/tabarra | ***menarla per le lunghe***, darle largas | ***menare per il naso***, tomar el pelo | ***menare il can per l'aia***, andarse con rodeos.
mendicante *s.m./f.* mendigo (*m.*), pordiosero (*m.*).
mendicare *v.tr.* mendigar*, limosnear (*anche fig.*): — *un lavoro*, limosnear trabajo.
menefreghista *s.m./f.* (*fam.*) pasota.
meninge *s.f.* (*anat.*) meninge.
meningite *s.f.* (*med.*) meningitis.
menisco *s.m.* (*anat.*) menisco.
meno[1] *avv.* **1** menos: *l'argento è* — *prezioso dell'oro*, la plata es menos valiosa que el oro; *dovrebbe lavorare (di)* —, debería trabajar menos; *ho studiato* — *di te*, he estudiado menos que tú | *ancora* —, todavía menos | *sempre* —, cada vez menos | — *che niente*, nada **2** (*con valore di* no) no: *non so se accettare o* —, no sé si aceptar o no **3** (*temperatura*) bajo cero: *la minima è stata di* — *quindici*, la mínima ha sido de quince bajo cero ♦ *agg.* menos, menor: *oggi ho* — *fame*, hoy tengo menos hambre; *prima l'inquinamento era* —, antes la contaminación era menor | *in men che non si dica*, en un santiamén ♦ *prep.* menos: *c'erano tutti* — *lui*, estaban todos menos él
■ ***tanto meno***, ni mucho menos | ***fare a meno (di)***, prescindir | ***a meno che***, a no ser que | ***non essere da meno***, no ser menos | ***venire meno***, (*svenire*) desmayarse | ***venire meno alla parola data***, no cumplir, faltar a la palabra | ***essere meno di niente***, ser un cero a

la izquierda | ***non essere da meno***, non ser para menos.
meno² *s.m.* **1** lo menos, la menor parte: *questo è il — che si possa fare*, es lo menos que se pueda hacer **2** (*mat.*) menos: *il segno del —*, el signo menos; *sei — quattro fa due*, seis menos cuatro son dos **3** (*la minoranza*) la minoría: *quelli che non sono d'accordo sono i —*, los que no están de acuerdo son una minoría
■ ***parlare del più e del meno***, charlar de todo un poco, hablar del tiempo | ***dal più al meno***, aproximadamente.
menomato *agg.*, *s.m.* minusválido, inválido.
menopausa *s.f.* menopausia.
mensa *s.f.* comedor (*m.*): *— aziendale*, comedor de impresa; *— universitaria*, comedor universitario.
mensile *agg.* mensual ♦ *s.m.* **1** (*stipendio*) sueldo, mensualidad (*f.*) **2** (*pubblicazione*) revista (*f.*)/periódico/publicación (*f.*) mensual.
mensilità *s.f.* mensualidad, sueldo (*m.*).
mensola *s.f.* ménsula, repisa, estante (*m.*).
menta *s.f.* (*bot., bevanda*) menta.
mentale *agg.* mental.
mentalità *s.f.* mentalidad.
mente *s.f.* mente | *a — fresca*, con la mente fresca | *avere/tenere a —*, recordar | *avere in — di*, tener la intención de | *passare di —*, olvidarse | *fare — locale*, concentrarse, centrarse | *far venire in —*, traer a la mente/memoria | *levarsi dalla —*, quitarse de la cabeza | *mettersi/ficcarsi in — qlco.*, metérsele en la cabeza algo | (*non*) *venire in —*, (no) ocurrírsele | *scolpito nella —*, grabado en la mente | *che cosa ti salta in —!*, ¡qué te pasa por la cabeza!
mentire *v.intr.* mentir*, enganar: *— sfacciatamente*, mentir descaradamente.
mento *s.m.* mentón, barbilla (*f.*) | *doppio —*, papada.
mentre *cong.* **1** (*temporale*) mientras, cuando: *l'ho vista — scendeva dall'autobus*, la he visto mientras bajaba del autobús **2** (*invece*) mientras que, en cambio: *pensavo fosse la verità — erano solo bugie*, pensaba fuera la verdad mientras que eran sólo mentiras ♦ *s.m. nella loc.*: *in quel —*, en aquel instante.
menu *s.m.* menú.
menzionare *v.tr.* mencionar, citar.
menzogna *s.f.* mentira, falsedad.
meraviglia *s.f.* **1** maravilla **2** (*stupore*) admiración, asombro (*m.*) | *fare meraviglie*, hacer proezas/milagros/maravillas | *a —*, de maravilla, a las mil maravillas.
meravigliare *v.tr.* maravillar, admirar, asombrar ♦ **-rsi** *v.pron.* maravillarse, admirarse: *mi meraviglio di te!*, ¡me sorprendes!
meraviglioso *agg.* maravilloso.
mercante *s.m.* comerciante (*m./f.*), negociante (*m./f.*) | *fare orecchie da —*, hacerse el sueco, hacer oídos sordos.
mercanteggiare *v.intr.* regatear ♦ *v.tr.* vender.
mercantile *agg.* mercante, mercantil: *marina —*, marina mercante ♦ *s.m.* buque, mercante.
mercanzia *s.f.* **1** mercancía **2** (*fam., roba*) trastos (*m.pl.*), cacharros (*m.pl.*).
mercato *s.m.* **1** mercado | *— rionale* mercado de barrio | *— delle pulci*, rastro, mercadillo | *— nero*, mercado negro, estraperlo | *analisi/ricerca di —*, análisis/estudio de mercado | *a buon —*, barato | *cavarsela a buon —*, salir bien librado **2** (*fig., confusione*) alboroto, bulla (*f.*).
merce *s.f.* mercancía, mercadería | *scalo merci*, almacén de mercancías | *treno merci*, tren de mercancías.
mercenario *s.m.* mercenario.
merceria *s.f.* mercería.
mercoledì *s.m.* miércoles.
mercurio *s.m.* (*chim.*) mercurio.
merda *s.f.* (*volg.*) mierda | *restare di —*, quedarse helado.
merenda *s.f.* merienda: *fare —*, merendar.
meridiana *s.f.* reloj (*m.*) solar/de sol.
meridiano *agg.*, *s.m.* meridiano.
meridionale *agg.*, *s.m./f.* meridional: *Italia —*, Italia del sur.
meridione *s.m.* sur.
meringa *s.f.* (*cuc.*) merengue (*m.*).
meritare *v.tr.* merecer* | *se lo merita!, se l'è meritato!*, ¡se lo tiene bien merecido! ♦ **-rsi** *v.pron.* merecerse*, ganarse.
meritevole *agg.* digno, merecedor.
merito *s.m.* mérito, valor, virtud (*f.*) | (*in competizioni*) *a pari —*, ex aequo | *dare — a*, reconocer a | *entrare nel — di una questione*, analizar una cuestión | *in — a*, respecto a | *medaglia al —*, medalla del mérito | *per — nostro, vostro*, gracias a nosotros, a vosotros.
merletto *s.m.* (*cucito*) encaje.
merlo¹ *s.m.* **1** (*zool.*) mirlo **2** (*fig.*) bobo, tonto.
merlo² *s.m.* (*arch.*) almena (*f.*).
merluzzo *s.m.* (*zool.*) merluza (*f.*), bacalao.
mescere *v.tr.* (*bevande*) escanciar, servir*.
meschino *agg.* mezquino | *una figura meschina*, una figura despreciable.
mescolanza *s.f.* mezcla; (*spreg.*) mescolanza, promiscuidad.
mescolare *v.tr.* **1** mezclar (*anche fig.*) **2** (*rimestare*) revolver* **3** (*le carte*) barajar ♦ **-rsi** *v.pron.* mezclarse (*anche fig.*): *— alla folla*, confundirse con la muchedumbre
mese *s.m.* mes: *agli inizi del —*, a principios

de mes; *alla fine del* —, a finales/fin de mes; *da mesi*, desde hace meses.
messa[1] *s.f.* (*relig.*) misa: *andare a* —, ir a misa.
messa[2] *s.f.* puesta: — *in vendita*, puesta en venta | (*mecc.*) — *a punto*, puesta a punto | — *in opera*, puesta en obra | — *in scena*, puesta en escena | (*elettr.*) — *a terra*, toma de tierra | (*aut.*) — *in moto*, arranque (*m.*) | (*foto.*) — *a fuoco*, enfoque (*m.*).
messaggero *s.m.* mensajero, emisario.
messaggio *s.m.* (*anche tel., inform.*) mensaje, comunicación (*f.*), recado: *lasciare un* —, dejar un recado.
messale *s.m.* (*relig.*) misal.
messe *s.f.* **1** (*mietitura*) siega, cosecha: *tempo della* —, temporada de cosecha **2** (*di cereali*) mies **3** (*fig.*) cosecha: *una — di trionfi*, una cosecha de triunfos.
messicano *agg.*, *s.m.* mexicano, mejicano.
messinscena *s.f.* (*teatr.*) puesta en escena, escenificación (*anche fig.*).
mestiere *s.m.* oficio, profesión (*f.*) | *conoscere il proprio* —, ser diestro/ducho en el oficio | *conoscere i segreti del* —, tener experiencia, conocer los trucos del oficio | *fare il proprio* —, hacer su oficio | *i ferri del* —, los instrumentos de trabajo | *non essere del* —, ser novato, no tener experiencia | *gli incerti del* —, los gajes del oficio.
mesto *agg.* triste, melancólico.
mestolo *s.m.* cazo, cucharón, cuchara (*f.*) de palo.
mestruazione *s.f.* menstruación, regla: *avere le mestruazioni*, tener la regla.
meta *s.f.* **1** destinación, meta **2** (*scopo*) objetivo (*m.*), norte (*m.*) **3** (*nel rugby*) meta.
metà *s.f.* **1** mitad: *dividere/fare a* —, repartir entre dos | *lasciare le cose a* —, dejar las cosas a medias | *la mia dolce* —, mi media naranja **2** (*centro*) medio (*m.*) | *a* —, en medio, por la mitad | *alla — di gennaio*, a mediados de enero | *a — strada*, a medio camino.
metabolismo *s.m.* (*biol.*) metabolismo.
metafisica *s.f.* (*filos.*) metafísica.
metafora *s.f.* metáfora.
metal detector *s.m.* detector de metales.
metallico *agg.* metálico | *filo* —, alambre.
metallizzato *agg.* metalizado.
metallo *s.m.* metal.
metallurgia *s.f.* metalurgia.
metalmeccanico *agg.*, *s.m.* obrero metalúrgico.
metamorfosi *s.f.* metamorfosis.
metano *s.m.* (*chim.*) metano.
metastasi *s.f.* (*med.*) metástasis.
meteora *s.f.* meteoro (*m.*) | *passare come una* —, pasar como un rayo.
meteorologia *s.f.* meteorología.
meteorologico *agg.* meteorológico.
meticcio *s.m.* mestizo, (*Amer.*) cholo.
meticoloso *agg.* meticuloso, minucioso.
metodico *agg.* metódico, regular.
metodo *s.m.* método | *non avere* —, no tener método.
metrica *s.f.* métrica.
metro *s.m.* **1** metro **2** (*fig.*) criterio: *giudicare tutti con lo stesso* —, generalizar.
metronotte *s.m.* vigilante, guarda nocturno, sereno.
metropoli *s.f.* metrópoli.
metropolitana *s.f.* metro (*m.*): *prendere la* —, coger el metro.
metropolitano *agg.* metropolitano.
mettere *v.tr.* **1** (*introdurre*) meter; (*collocare, porre*) poner*: *non metterti le mani in tasca!*, ¡no te metas las manos en los bolsillos!; *metti i libri sul tavolo!*, ¡pon los libros en la mesa! | — *al corrente*, poner al corriente | — *alla porta*, poner de patitas en la calle | — *a soqquadro*, poner patas arriba | — *a posto qlco.*, poner orden; poner en su sitio algo **2** (*indossare*) ponerse*, llevar: — *le scarpe*, ponerse los zapatos; *mette sempre lo stesso vestito*, lleva sempre el mismo vestido **3** (*supporre*) poner*, suponer*: *mettiamo che tu dica la verità*, pongamos que tú digas la verdad **4** (*metterci, impiegare tempo*) tardar: *ci metto un'ora*, tardo una hora **5** (*causare, suscitare*) producir*, dar*: — *fame, sete a qlcu.*, dar hambre, sed a alguien; *mi mette molta allegria*, me produce mucha alegría **6** (*far spuntare*) echar: — *i denti*, echar los dientes; — *radici*, echar raíces ♦ **-rsi** *v.pron.* meterse, ponerse* | — *a* (+ *inf.*), ponerse/empezar a (+ *inf.*): — *a piangere*, *ridere*, echarse/ponerse a llorar, reír; — *a scrivere*, empezar a escribir; — *a leggere*, ponerse a leer; — *a piovere*, echarse/empezar a llover | — *a letto*, acostarse | — *a tavola*, sentarse a la mesa | — *con qlcu.*, enrollarse, liarse | — *in piedi*, ponerse de pie
■ ***mettere a confronto***, comparar | ***mettere a tacere***, hacer callar | ***mettere al corrente***, poner al corriente | ***mettere in bella***, pasar a limpio | ***mettere in chiaro***, poner en claro | ***mettere in conto***, poner en la cuenta | ***mettere in giro una voce***, difundir un rumor | ***mettere su casa***, poner casa; (*fig.*) casarse | (*telefono*) ***mettere giù (il ricevitore)***, colgar | ***mettere a dormire un bambino***, acostar a un niño | ***mettere fine***, poner fin, terminar | ***mettere insieme***, juntar, reunir | ***mettere dentro***, introducir; (*fig.*) enchironar, encerrar | ***mettere in dubbio***, poner en duda | ***mettere in pratica***, poner en práctica | ***mettere in vendita***, poner en venta | ***mettere a posto qlcu.***, tener a raya | ***mettercela tutta***, hacer todo lo

posible | ***mettere sotto qlcu.***, (*investire*) atropellar | ***mettersi nei pasticci***, meterse en líos.
mezzadria *s.f.* aparcería; (*Amer.*) medianería, compañía.
mezzadro *s.m.* aparcero, colono; (*Amer.*) mediero, compañero.
mezzaluna *s.f.* **1** media luna **2** (*utensile*) tajadera.
mezzanino *s.m.* (*arch.*) entrepiso, entresuelo.
mezzanotte *s.f.* medianoche.
mezzo *agg.* medio | — *morto*, medio muerto | *a mezza voce*, a media voz | *una mezza idea*, una ligera idea | *persona di mezza età*, persona de mediana edad ♦ *s.m.* **1** (*metà*) medio, mitad (*f.*) | *nel bel — di*, en pleno **2** (*spec.pl., modo, strumento*) medios (*pl.*), recursos (*pl.*), posibilidades (*f.pl.*): *i mezzi di comunicazione*, los medios de información/comunicación; *i mezzi di trasporto*, los medios de transporte | *il fine non giustifica i mezzi*, el fin no justifica los medios
■ ***mezzo e mezzo***, mitad y mitad | ***per mezzo di***, por medio de, mediante | ***via di mezzo***, solución intermedia | ***andarci di mezzo***, pagar el pato | ***levare, levarsi di mezzo***, quitar, quitarse de en medio | ***togliere di mezzo***, quitar de en medio | ***mettere in mezzo qlcu.***, comprometer/enredar a alguien.
mezzofondo *s.m.* (*sport*) medio fondo.
mezzogiorno *s.m.* **1** mediodía **2** (*sud*) sur.
mi[1] *pron.pers. di 1ª pers.sing.* **1** (*compl.ogg.*) me: — *ha visto*, me ha visto; *guardami!*, ¡mírame!; — *sono lavata*, me he lavado; *vuole vedermi*, — *vuole vedere*, quiere verme, me quiere ver **2** (*compl. di termine*) me: *non — piace per niente*, no me gusta (para) nada; *dimmi cosa ti succede*, dime qué te pasa; — *misi i guanti*, me puse los guantes; — *venne addosso*, se me cayó encima; *cosa — dici mai?*, ¿pero qué dices?
mi[2] *s.m.* (*mus.*) mi.
miagolare *v.intr.* **1** maullar **2** (*fig.*) chillar.
miagolio *s.m.* **1** maullido **2** (*fig.*) lloriqueo.
miasma *s.m.* miasma.
mica[1] *avv.* (*fam.*) **1** no: — *lo sapevo che venivi*, no sabía que ibas a venir | — *male!*, ¡no está nada mal! | — *tanto*, poco, no mucho **2** (*assolutamente*) de ningún modo, en absoluto: *non è — caro*, no es caro en absoluto **3** (*per caso*) no, acaso: *non sarai — offeso?*, ¿no estarás ofendido?
mica[2] *s.f.* (*min.*) mica.
miccia *s.f.* mecha.
micidiale *agg.* **1** (*mortale*) mortal; perjudicial **2** (*fig.*) insoportable.
micio *s.m.* (*fam.*) gato.
micro- *pref.* micro-.
microbo *s.m.* microbio.
microfono *s.m.* micrófono.
microgrammo *s.m.* microgramo.
microprocessore *s.m.* (*fis.*) microprocesador.
microrganismo *s.m.* (*biol.*) microorganismo.
microscopico *agg.* microscópico.
microscopio *s.m.* microscopio.
midollo *s.m.* **1** (*anat., bot.*) médula (*f.*), tuétano: — *spinale*, médula espinal; — *allungato*, médula oblonga **2** (*fig.*) meollo, tuétano | *fino al —/alle midolla*, absolutamente, inequivocablemente | *bagnarsi fino al —*, empaparse hasta los huesos/tuétanos | *è senza —*, no tiene carácter.
miele *s.m.* (*anche fig.*) miel (*f.*) | — *rosato*, miel rosada | *dolce come il —*, dulce como la miel.
mietere *v.tr.* **1** segar*, cosechar **2** (*fig., raccogliere*) cosechar | — *allori*, cosechar triunfos | — *vittime*, causar víctimas.
mietitrice *s.f.* (*macchina*) segadora, cosechadora.
mietitura *s.f.* (*agr.*) siega.
migliaccio *s.m.* **1** (*castagnaccio*) gachas (*f.pl.*) de castaña **2** (*sanguinaccio*) morcilla (*f.*).
migliaio *s.m.* **1** (*circa mille*) millar: *era presente un — di persone*, había un millar de personas **2** (*al pl.*) miles, millares: *migliaia di persone morirono nel terremoto*, miles de personas murieron en el terremoto | *a migliaia*, a millares, a miles.
miglio[1] *s.m.* (*misura di lunghezza*) milla (*f.*) | *si vede lontano un —*, se vede a la legua.
miglio[2] *s.m.* (*bot.*) mijo.
miglioramento *s.m.* **1** mejora (*f.*), mejoramiento: *fare dei miglioramenti in casa*, hacer mejoras en casa **2** (*di salute, tempo*) mejoría (*f.*).
migliorare *v.tr./intr.* mejorar.
migliore *agg.* **1** (*comp.*) mejor: *è — di me*, es mejor que yo **2** (*superl.rel.*) el mejor: *è il — di tutti*, es el mejor de todos ♦ *s.m./f.* mejor | *vinca il —*, que gane el mejor.
miglioria *s.f.* mejora, mejoría.
mignolo *s.m.* (*anat.*) meñique.
mignon *agg.* pequeño.
mignotta *s.f.* (*volg.*) puta, ramera.
migrare *v.intr.* emigrar, migrar.
migrazione *s.f.* migración.
miliardario *agg., s.m.* multimillonario.
miliardo *s.m.* millardo, mil millones (*pl.*).
milionario *agg., s.m.* millonario.
milione *s.m.* millón.
militante *agg., s.m.* militante.
militanza *s.f.* militancia.
militare[1] *agg., s.m.* militar: *servizio —*, servicio militar.
militare[2] *v.intr.* (*fig.*) militar.

milite *s.m.* soldado | *il — ignoto*, el soldado desconocido.
militesente *agg.*, *s.m.* (*mil.*) exento del servicio militar.
milizia *s.f.* milicia (*anche fig.*).
miliziano *agg.*, *s.m.* miliciano.
millanteria *s.f.* jactancia, presunción.
mille *agg.num.card.*, *s.m.* mil: *— e due*, mil dos | *l'anno —*, el año mil | *te l'ho detto — volte*, te lo he dicho miles de veces | *a — a —*, de mil en mil | *grazie —!*, ¡mil gracias!, ¡muchísimas gracias!
millefoglie *s.f.* (*cuc.*) milhojas (*m.*).
millenario *s.m.* milenario.
millennio *s.m.* milenio.
millepiedi *s.m.* (*zool.*) milpiés, ciempíes.
millesimo *agg.num.ord.*, *s.m.* milésimo.
milligrammo *s.m.* miligramo.
millimetro *s.m.* milímetro.
milza *s.f.* (*anat.*) bazo (*m.*).
mimare *v.tr.* imitar, representar con gestos ♦ *v.intr.* hacer* el mimo.
mimesi *s.f.* mimesis.
mimetico *agg.* mimético: *tuta mimetica*, uniforme de camuflaje.
mimetismo *s.m.* mimetismo.
mimetizzare *v.tr.* camuflar, mimetizar* ♦ **-rsi** *v.pron.* camuflarse, mimetizarse*.
mimica *s.f.* mímica.
mimo *s.m.* mimo.
mimosa *s.f.* (*bot.*) mimosa.
mina *s.f.* (*mil.*) mina: *— antiuomo*, mina antipersonal/antipersona.
minaccia *s.f.* **1** amenaza, intimidación **2** (*fig.*) peligro (*m.*).
minacciare *v.tr.* **1** amenazar* **2** poner* en peligro: *una controversia che minaccia i rapporti tra i due Paesi*, una controversia que pone en peligro las relaciones entre los dos Países **3** (*preannunciare*) anunciar, presagiar: *il tempo minaccia pioggia*, el tiempo amenaza lluvia.
minaccioso *agg.* amenazador, amenazante.
minare *v.tr.* (*mil.*, *fig.*) minar.
minareto *s.m.* minarete, alminar.
minatore *s.m.* minero.
minatorio *agg.* amenazador.
minchiata *s.f.* (*volg.*) chorrada, gilipollez*, estupidez*.
minchione *s.m.* (*volg.*) gilipollas (*m./f.*).
minerale *agg.* mineral: *acqua —*, agua mineral ♦ *s.m.* mineral.
mineralogia *s.f.* mineralogía.
minerario *agg.* minero: *industria mineraria*, industria minera.
minestra *s.f.* **1** (*cuc.*) sopa, potaje (*m.*): *— di verdure*, sopa de verduras **2** (*portata*) primer plato (*m.*) **3** (*fig.*) asunto (*m.*), cuento (*m.*), historia: *è sempre la stessa —*, es siempre la misma canción/historia.
minestrone *s.m.* **1** (*cuc.*) menestra (*f.*), potaje **2** (*fig.*) mezcla (*f.*), popurrí, amasijo.
mini- *pref.* mini-.
miniappartamento *s.m.* estudio.
miniare *v.tr.* (*pitt.*) miniar.
miniatura *s.f.* **1** miniatura: *in —*, en miniatura **2** (*cinem.*) maqueta.
miniera *s.f.* mina (*anche fig.*).
minigolf *s.m.* minigolf.
minigonna *s.f.* minifalda.
minimamente *avv.* mínimamente; (*affatto*) de ninguna manera, en absoluto: *non le importa —*, no le importa lo más mínimo.
minimizzare *v.tr.* minimizar*.
minimo *agg.superl.* mínimo | *non avere la minima idea*, no tener ni la más remota idea | *non ho il — dubbio*, no tengo ninguna/la mínima duda ♦ *s.m.* **1** mínimo: *è il — che io possa fare*, es lo mínimo/menos que puedo hacer | *motore al —*, motor al mínimo | *come —*, como mínimo, por lo menos **2** poco, mínimo: *un — di buon senso, per favore!*, ¡un poco de sentido común, por favor!
minio *s.m.* minio.
ministeriale *agg.* ministerial.
ministero *s.m.* **1** ministerio: *Ministero degli Esteri, degli Interni*, Ministerio de Asuntos Exteriores, del Interior; *Ministero della Difesa, della Pubblica Istruzione*, Ministerio de Defensa, de Educación y Ciencia **2** (*dir.*) *Pubblico —*, ministerio fiscal, ministerio público, fiscalía (*f.*).
ministro *s.m.* ministro | *— senza portafoglio*, ministro sin cartera.
minoranza *s.f.* minoría.
minorato *agg.*, *s.m.* **1** (*fisico*) minusválido, inválido **2** (*psichico*) minusválido psíquico, (*spreg.*) retrasado.
minorazione *s.f.* **1** (*di prezzi*) disminución, minoración, baja **2** (*infermità*) discapacidad, minusvalía, minusvalidez*.
minore *agg.* **1** (*comp.*) menor; (*meno grande*) menos grande; (*inferiore*) inferior: *lei è — di te*, ella es menor que tú; *ho due fratelli minori*, tengo dos hermanos menores; *scrittori minori*, escritores menores; *ordini minori*, órdenes menores; *a minor prezzo*, a un precio más bajo | *il male —*, el mal menor **2** (*superl.rel.*) menor; (*il più piccolo*) el más pequeño: *è il — di tutti*, es el menor de todos ♦ *s.m.* menor: *vietato ai minori di 18 anni*, prohibido a los menores de 18 años; *la tutela dei minori*, la tutela de los menores.
minorenne *agg.*, *s.m./f.* menor de edad, menor.
minorile *agg.* infantil, juvenil, de menores:

carcere —, correccional, reformatorio; *giudice* —, juez (tutelar) de menores.
minorità *s.f.* minoría.
minoritario *agg.* minoritario.
minuendo *s.m.* (*mat.*) minuendo.
minuetto *s.m.* **1** (*danza*) minué **2** (*mus.*) minueto.
minuscolo *agg.* minúsculo: *scrivere in lettere minuscole*, escribir con (letras) minúsculas ♦ *s.m.* minúscula (*f.*).
minuta *s.f.* borrador (*m.*), minuta.
minuto[1] *agg.* **1** menudo, fino; (*piccolo*) pequeño: *pioggia minuta*, lluvia menuda; *costituzione minuta*, complexión/constitución menuda/pequeña **2** (*dettagliato*) detallado, minucioso ♦ *s.m.* pequeña cantidad (*f.*) | (*comm.*) *comprare, vendere al* —, comprar, vender al por menor/al detalle.
minuto[2] *s.m.* (*unità di tempo*) minuto: *dieci minuti*, diez minutos; *ci vediamo fra pochi minuti*, nos vemos dentro de pocos minutos | *avere i minuti contati*, tener las horas contadas | *in un* —, al instante, en un santiamén | *spaccare il* —, ser muy puntual.
minuzia *s.f.* minucia, nimiedad.
minuzioso *agg.* minucioso; (*meticoloso*) meticuloso, escrupuloso.
mio *agg.poss. di 1ª pers.sing.* **1** mi: *il — libro*, mi libro; *la mia famiglia*, mi familia; *i miei amici*, mis amigos; *le mie sorelle*, mis hermanas **2** (*dopo art.indet., num., dimostr., indef.*) mío: *un — amico*, un amigo mío; *tre miei alunni*, tres alumnos míos ♦ *pron.poss. di 1ª pers.sing.* el mío: *la tua casa è più grande della mia*, tu casa es más grande que la mía | *voglio dire la mia*, quiero decir mi opinión | *ne ho fatta una delle mie*, he hecho una de las mías | *hai ricevuto l'ultima mia (lettera)?*, ¿has recibido mi última carta? | *è/sta dalla mia*, está de mi parte | *ci metto del* —, doy de lo mío | *mi accontento del* —, me conformo con lo mío | *non voglio rimetterci del* —, no quiero perder de lo mío | *i miei*, (*genitori*) mis padres; (*parenti*) mi familia.
mio- *pref.* mio-.
miocardio *s.m.* (*anat.*) miocardio.
miope *agg., s.m.* (*med.*) miope (*anche fig.*).
miopia *s.f.* (*med.*) miopía (*anche fig.*).
miosotide *s.f.* (*bot.*) miosotis, nomeolvides.
mira *s.f.* **1** puntería: *avere buona* —, tener buena puntería; *prendere la* —, apuntar | *prendere di — qlcu.*, tomársela con alguien **2** (*fig.*) mira, objetivo (*m.*): *avere mire ambiziose*, tener miras ambiciosas.
mirabile *agg.* admirable.
mirabolante *agg.* extraordinario, sorprendente.
miracolo *s.m.* milagro (*anche fig.*), prodigio, portento | *fare miracoli*, hacer/obrar milagros | *raccontare vita, morte e miracoli di*, contar la vida y milagros de | *che —!*, ¡milagro!
miracoloso *agg.* milagroso.
miraggio *s.m.* **1** espejismo **2** (*fig.*) ilusión (*f.*).
mirare *v.tr.* contemplar ♦ *v.intr.* **1** (*prendere la mira*) apuntar **2** (*fig.*) aspirar | — *in alto*, tener altas miras.
miriade *s.f.* miríada: *a miriadi*, a millares.
mirino *s.m.* **1** (*di arma*) mira (*f.*) | *essere nel* —, estar en el punto de mira **2** (*foto.*) visor.
mirra *s.f.* mirra.
mirtillo *s.m.* (*bot.*) arándano, mirtilo.
mirto *s.m.* (*bot.*) mirto.
misantropo *s.m.* misántropo.
miscela *s.f.* mezcla, mixtura | — *carburante*, carburante.
miscelare *v.tr.* mezclar.
miscelatore *s.m.* mezclador; (*rubinetto*) monomando.
miscellanea *s.f.* miscelánea.
mischia *s.f.* riña: *buttarsi nella* —, mezclarse en una riña.
mischiare *v.tr.* mezclar ♦ **-rsi** *v.pron.* mezclarse, meterse: — *negli affari altrui*, meterse en asuntos ajenos.
misconoscere *v.tr.* desconocer*.
miscredente *agg., s.m.* descreído, incrédulo.
miscuglio *s.m.* mezcla (*f.*).
miserabile *agg., s.m./f.* miserable.
miserevole *agg.* miserable, mísero.
miseria *s.f.* **1** miseria, pobreza: *essere ridotti in* —, estar en la miseria | *pagare, guadagnare una* —, pagar, ganar una miseria | *piangere* —, ser un llorón **2** (*scarsità*) penuria, escasez **3** (*disgrazia*) desdicha, desventura | *per la —!*, ¡mecachis!
misericordia *s.f.* misericordia; (*pietà*) piedad: *senza* —, despiadadamente.
misero *agg.* **1** (*sventurato*) miserable, infeliz* | — *me!*, ¡pobre de mí! **2** (*povero*) miserable **3** (*scarso*) escaso, exiguo: *un — stipendio*, un sueldo exiguo **4** (*meschino*) mezquino, miserable: *ha fatto una misera figura*, ha hecho un papel miserable.
misfatto *s.m.* fechoría (*f.*), delito.
misogino *agg., s.m.* misógino.
missaggio *s.m.* (*cinem.*) mezcla (*f.*).
missile *s.m.* mísil: — *a lungo raggio*, mísil de largo alcance.
missilistico *agg.* misilístico, balístico.
missionario *agg., s.m.* misionero.
missione *s.f.* **1** misión, cometido (*m.*) **2** expedición; legación, delegación.
missiva *s.f.* misiva, carta.
mister *s.m.* **1** míster **2** (*sport*) míster, entrenador.

misterioso *agg.*, *s.m.* misterioso; oculto; sospechoso.
mistero *s.m.* misterio, enigma | *far — di*, mantener secreto | *è un —!*, ¡aquí hay gato encerrado!
mistica *s.f.* mística.
misticismo *s.m.* misticismo.
mistico *agg.*, *s.m.* místico.
mistificare *v.tr.* mistificar*.
mistificazione *s.f.* mistificación.
misto *agg.* mixto: *fritto —*, frito mixto; *insalata mista*, ensalada mixta | *— a* (*mescolato con*) mezclado con: *vino — ad acqua*, vino mezclado con agua | *— lana*, mixto lana | *— lana e cotone*, mixto lana y algodón ♦ *s.m.* mezcla (*f.*): *un — di bravura e simpatia*, una mezcla de maestría y simpatía.
mistura *s.f.* mezcla, mixtura.
misura *s.f.* **1** medida (*anche fig.*): *misure di sicurezza*, medidas de seguridad | *bere con —*, beber con moderación | *spendere senza —*, gastar sin límite/medida | *avere il senso della —*, tener el sentido del límite | *passare la —*, pasarse de la raya | *nella — in cui*, en la medida en que **2** (*taglia*) talla: *che — porti?*, ¿qué talla usas/tienes?; *abito su —*, traje a medida; *prendere le misure a*, tomar las medidas a
■ (*fig.*) ***a misura d'uomo***, a medida humana | ***mezze misure***, medidas blandas | ***fuori*** (o ***oltre***) ***misura***, en exceso, sobre medida | ***vittoria di stretta musura***, victoria por los pelos | ***fatto su misura***, hecho a medida | ***la misura è colma***, se ha colmado la medida.
misurare *v.tr.* **1** medir* (*anche fig.*): *— la lunghezza, l'altezza*, medir la longitud, la altura; *— la febbre*, medir la temperatura | *— le spese*, calcular los gastos | *— il cibo*, medir/limitar la comida | *— le parole*, medir las palabras **2** (*indumenti*) probar* ♦ *v.intr.* medir* ♦ **-rsi** *v.pron.* **1** medirse* (con), competir (con) **2** (*contenersi*) moderarse, contenerse*.
misurato *agg.* moderado, prudente | *ho i soldi misurati*, tengo el dinero contado.
misurazione *s.f.* medición.
misurino *s.m.* medidor.
mite *agg.* **1** (*di persona*) bondadoso, apacible; (*di animale*) manso; (*di clima*) templado, suave: *è stato un inverno —*, ha sido un invierno suave **2** (*modico*) módico | *condanna —*, pena moderada **3** (*fig.*) moderado, razonable | *richiesta —*, solicitud razonable | *miti pretese*, discretas pretensiones.
mitezza *s.f.* bondad; indulgencia; (*di clima*) templanza, suavidad; (*di animale*) docilidad, mansedumbre.
mitico *agg.* mítico.
mitigare *v.tr.* mitigar*, calmar; disminuir* ♦ **-rsi** *v.pron.* mitigarse*; (*di clima*) suavizarse*.
mitilo *s.m.* (*zool.*) mejillón.
mitizzare *v.tr.* mitificar*.
mito *s.m.* mito.
mitologia *s.f.* mitología.
mitologico *agg.* mitológico.
mitomane *s.m./f.* mitómano (*m.*).
mitra[1] *s.f.* (*relig.*) mitra.
mitra[2] *s.m.* (*arma*) metralleta (*f.*).
mitragliare *v.tr.* acribillar, ametrallar (*anche fig.*) | *— di domande*, acribillar a preguntas.
mitragliatrice *s.f.* ametralladora.
mitteleuropeo *agg.* centroeuropeo.
mittente *s.m./f.* remite, remitente.
mixare *v.tr.* (*cinem., mus.*) mezclar.
mnemonico *agg.* mnemónico.
mobile *agg.* **1** móvil, movible | *scala —*, escalera mecánica/móvil | *sabbie mobili*, arenas movedizas **2** (*bene*) mueble: *beni mobili*, bienes muebles **3** (*fig.*) voluble ♦ *s.m.* mueble.
mobilia *s.f.* mobiliario (*m.*), moblaje (*m.*).
mobiliare *agg.* mobiliario.
mobilità *s.f.* **1** movilidad **2** (*fig.*) volubilidad.
mobilitare *v.tr.* movilizar* ♦ **-rsi** *v.pron.* movilizarse*.
mobilitazione *s.f.* movilización.
moca *s.m.* (*caffè*) moca ♦ *s.f.* (*caffettiera*) cafetera.
mocassino *s.m.* (*abbigl.*) mocasín.
moccio *s.m.* moco.
moccioso *agg.*, *s.m.* mocoso, pipiolo.
moda *s.f.* moda | *sfilata di —*, desfile de moda | *di —*, de moda | *alla —*, a la moda | *andare/essere di —*, estar de moda | *passare di —*, pasar de moda | *— pronta*, prêt-à-porter | *alta —*, alta costura.
modalità *s.f.* modalidad, forma: *— di pagamento*, condiciones de pago.
modanatura *s.f.* (*arch.*) moldura, encofrado (*m.*).
modella *s.f.* (*di moda*) modelo (*m./f.*), maniquí (*m./f.*).
modellare *v.tr.* modelar (*anche fig.*), moldear ♦ **-rsi** *v.pron.* amoldarse, modelarse (*anche fig.*).
modellino *s.m.* (*arch.*) maqueta (*f.*).
modellismo *s.m.* modelismo.
modello *agg.* ejemplar: *studente —*, estudiante ejemplar | *orto biodinamico —*, huerto biodinámico experimental/piloto ♦ *s.m.* **1** modelo, ejemplo: *prendere a/come —*, tomar como modelo; *proporre come —*, poner de ejemplo **2** (*fonderia*) molde, matriz* (*f.*) **3** (*per sarti*) patrón para trajes **4** (*plastico*) modelo, maqueta (*f.*) **5** (*amm.*) formulario: *compilare il —*, rellenar el formulario **6** (*indossatore*) modelo (*m./f.*), maniquí (*m./f.*).
moderare *v.tr.* **1** moderar, contener* **2** (*di-

battito) presidir, dirigir* ♦ **-rsi** *v.pron.* moderarse, contenerse*.
moderatamente *avv.* moderadamente, con moderación.
moderatore *s.m.* moderador.
moderazione *s.f.* moderación, mesura.
modernariato *s.m.* comercio/coleccionismo de arte moderno.
modernità *s.f.* modernidad.
modernizzare *v.tr.* modernizar*, actualizar* ♦ **-rsi** *v.pron.* modernizarse*.
modernizzazione *s.f.* modernización.
moderno *agg.*, *s.m.* moderno.
modestia *s.f.* **1** modestia, recato (*m.*) **2** (*esiguità*) poquedad.
modesto *agg.* **1** modesto, recatado **2** (*esiguo*) pobre, escaso: *pasto —*, comida escasa/modesta/humilde **3** (*limitato*) limitado.
modico *agg.* módico, moderado.
modifica *s.f.* modificación, cambio (*m.*).
modificare *v.tr.* modificar*, cambiar ♦ **-rsi** *v.pron.* modificarse*, alterarse.
modificazione *s.f.* modificación, cambio (*m.*).
modista *s.f.* sombrerera (*f.*).
modo *s.m.* **1** modo, manera (*f.*), forma (*f.*): *a suo —, a — suo*, a su manera, a su modo; *in questo —*, así, de esta manera; *— di pensare, di vedere*, manera de pensar **2** (*mezzo*) medio, manera (*f.*): *troveremo il — per uscire da questo guaio*, encontraremos la manera para salir de este lío; *— di pagamento*, forma de pago **3** (*spec.pl.*) modos (*pl.*), modales (*pl.*), maneras (*f.pl.*): *modi villani*, modos groseros; *che modi sono questi?*, ¿qué modales son estos?; *c'è — e — di fare qlco.*, hay muchas maneras de hacer algo | *persona a —*, persona educada/formal | *rispondere, trattare (qlcu.) in malo —*, responder, tratar de mala manera, ser desagradable con alguien | *avere dei bei modi*, tener buenos modales **4** (*modo di dire*) expresión (*f.*), modismo; (*locuzione*) locución (*f.*) **5** (*gramm.*) modo ■ ***a ogni modo***, de todos modos, de todas formas/maneras | ***per modo di dire***, por decirlo así | ***a mio, a tuo modo di vedere***, según mi, tu parecer | ***in che modo?***, ¿de qué manera? | ***fare in modo che/da***, hacer de modo/manera que | ***in particolar modo***, en forma especial | ***in nessun modo***, de ninguna manera | ***fai a modo tuo***, haz como quieras | ***in tutti i modi***, de todas maneras, por todos los medios | ***in qualche modo***, de cualquier manera, de una manera u otra.
modulare[1] *v.tr.* modular.
modulare[2] *agg.* modular.
modulazione *s.f.* modulación: *— di frequenza*, frecuencia modulada.
modulo *s.m.* **1** impreso, formulario: *compilare un —*, rellenar un formulario **2** (*tecn.*) módulo.
mogano *agg.*, *s.m.* caoba (*f.*).
mogio *agg.* abatido: *essere — —*, estar muy abatido.
moglie *s.f.* mujer, esposa: *prendere —*, casarse; *chiedere in —*, pedir por esposa.
moina *s.f.* arrumaco (*m.*), carantoña, melindres (*m.pl.*), zalamerías (*pl.*).
moiré *agg.* (*di tessuto*) jaspeado.
mola *s.f.* (*tecn.*) muela, rueda de molino.
molare[1] *agg.* molar | (*dente*) —, (diente) molar ♦ *s.m.* muela (*f.*), molar.
molare[2] *v.tr.* afilar, amolar; (*marmo*) esmerilar.
mole *s.f.* **1** (*massa*) mole **2** (*dimensione*) tamaño (*m.*), dimensión **3** (*fig.*) cantidad, montón (*m.*): *avere una gran — di lavoro*, tener una gran cantidad de trabajo; *— di impegni*, cantidad de diligencias | *opera di gran —*, obra de gran magnitud.
molecola *s.f.* **1** molécula **2** (*fig.*) parte minúscula.
molestare *v.tr.* fastidiar, molestar; (*importunare*) importunar; (*sessualmente*) acosar.
molestia *s.f.* molestia, lata: *dare, recare — a qlcu.*, molestar a alguien | *molestie sessuali*, acoso sexual.
molesto *agg.* molesto, fastidioso.
molla *s.f.* **1** muelle (*m.*), resorte (*m.*): *materasso a molle*, colchón de muelles | *— dell'orologio*, muelle real **2** (*fig.*) aliciente (*m.*), estímulo (*m.*): *i soldi sono l'unica — per farlo lavorare*, el dinero es el único aliciente para hacerlo trabajar **3** (*pl.*, *di camino*) tenazas | *prendere con le molle*, tratar con cuidado, coger con guantes de seda.
mollare *v.tr.* **1** dejar, soltar* | *molla!*, ¡deja! **2** (*mar.*) largar* | *— l'ancora*, echar anclas **3** (*fig.*, *dare*) largar*, soltar*: *— un ceffone*, largar un bofetón/una torta, dar una bofetada **4** (*fam.*, *abbandonare*) dejar, abandonar, plantar: *ha mollato gli studi per il lavoro*, ha dejado la escuela por el trabajo; *suo marito l'ha mollata*, su marido la ha abandonado/plantado ♦ *v.intr.* (*cedere*) ceder: *non —!*, ¡no te rindas! | *fare a tira e molla*, estar al tira y afloja.
molle *agg.* **1** (*morbido*) blando, mullido; flexible: *torrone —*, turrón blando; *materasso —*, colchón blando; *letto —*, cama mullida; *materiale —*, material flexible **2** (*bagnato*) empapado, mojado **3** (*fig.*) blando, flojo, débil: *un carattere —*, un carácter blando.
molleggio *s.m.* **1** (*aut.*) suspensión (*f.*) **2** (*di letto, divano ecc.*) muelles (*pl.*), resortes (*pl.*).
molletta *s.f.* **1** (*per bucato*) pinza **2** (*per capelli*) horquilla.
mollettone *s.m.* (*tess.*) muletón.

mollezza *s.f.* blandura (*anche fig.*).
mollica *s.f.* miga.
molliccio *agg.* blando, flojo (*anche fig.*).
mollo *s.m. nella loc.*: *mettere a —*, meter a/en remojo.
mollusco *s.m.* (*zool.*) molusco.
molo *s.m.* muelle.
molosso *s.m.* (*cane*) moloso.
molteplice *agg.* **1** múltiple; (*multiforme*) multiforme, variado **2** (*numeroso*) numeroso.
moltiplicare *v.tr.* multiplicar*: *— un numero per tre*, multiplicar un número por tres ♦ **-rsi** *v.pron.* multiplicarse*.
moltiplicazione *s.f.* multiplicación.
moltitudine *s.f.* **1** multitud **2** (*di persone*) multitud, gentío (*m.*), muchedumbre.
molto[1] *agg.indef.* **1** mucho: *ho molti libri*, tengo muchos libros; *ha molti soldi*, tiene mucho dinero; *fa — freddo, caldo*, hace mucho frío, calor; *avere molta fame*, tener mucha hambre **2** (*in espressioni ellittiche, sottintendendo tempo, denaro ecc.*) mucho: *è — (tempo) che non lo vedo*, hace mucho que no lo veo; *fra non — (tempo)*, dentro de poco; *— dopo, prima*, mucho después, antes; *non c'è — da qui a casa mia*, no hay que andar mucho de aquí a mi casa; *non ci vuole — a capirlo*, no hay que ser muy inteligente para entenderlo ♦ *pron.indef.* **1** mucho: *«hai ancora carta da regalo?» «sì, ma non molta»*, «¿todavía tienes papel de regalo?» «sí, pero no mucho»; *molti non sono d'accordo*, muchos no están de acuerdo; *molti di noi, fra noi*, muchos de nosotros, entre nosotros **2** (*molte cose*) mucho: *hanno sempre fatto — per me*, siempre han hecho mucho para mí; *non c'è — da dire*, no hay mucho que decir; *oggi ho — da fare*, hoy tengo mucho que hacer.
molto[2] *avv.* **1** mucho: *mi è piaciuto —*, me ha gustado mucho; *studia —*, estudia mucho; *il film dura —*, la película dura mucho; *non —*, no mucho; *— volentieri*, con mucho gusto **2** (*con valore superl. solo davanti ad agg. e avv.*) muy: *è — bello*, es muy bonito; *è — stanco*, está muy cansado; *è — tardi*, es muy tarde; *vive — lontano*, vive muy lejos **3** (*con agg. e avv. comp.*) mucho: *— migliore, peggiore*, mucho mejor, peor; *è — meglio, peggio*, es mucho mejor, peor; *è — più, meno bella di te*, es mucho más, menos guapa que tú; *— di più*, mucho más.
momentaneo *agg.* momentáneo; (*passeggero*) pasajero.
momento *s.m.* **1** momento; (*istante*) instante: *è andato via un — fa*, se ha ido hace poco **2** período: *sta attraversando un — difficile*, está pasando un período difícil **3** ocasión (*f.*): *questo è il suo —!*, ¡esta es su ocasión! ■ ***a momenti***, por momentos, dentro de poco; (*per poco*) casi: *a momenti cadevo*, casi me caigo | ***da un momento all'altro***, de un momento a otro | ***al primo momento***, en el primer momento | ***per il momento***, de momento, por de pronto | ***sul momento***, al momento, al instante; (*lì per lì*) en ese momento, en el acto, | ***dal momento che***, dado que | ***arrivare all'ultimo momento***, llegar a última hora.
monaca *s.f.* (*relig.*) monja.
monaco *s.m.* (*relig.*) monje | *l'abito non fa il —*, aunque la mona se vista de seda, mona se queda.
monarca *s.m.* (*pol.*) monarca, soberano.
monarchia *s.f.* (*pol.*) monarquía.
monarchico *agg.* (*pol.*) monárquico.
monastero *s.m.* (*relig.*) monasterio, convento.
monastico *agg.* (*relig.*) monástico.
moncherino *s.m.* muñón, brazo manco; (*Amer.*) mocho.
monco *agg.*, *s.m.* **1** manco **2** (*fig.*) incompleto.
moncone *s.m.* muñón.
mondanità *s.f.* mundanidad, mundanería.
mondano *agg.* mundano.
mondare *v.tr.* **1** mondar, pelar; (*cereali*) cerner*, cribar **2** (*fig.*) purificar*, purgar*.
mondiale *agg.* mundial: *di fama —*, de fama mundial | (*anche s.m., sport*) (*campionato*) —, (campeonato) mundial: *i mondiali di calcio*, la Copa Mundial de Fútbol.
mondo[1] *s.m.* **1** mundo: *tutto il —*, el mundo entero | *il bel —*, la alta sociedad, la gente bien | *il Nuovo Mondo*, el Nuevo Mundo | *il Terzo Mondo*, el Tercer Mundo **2** (*fam., gran quantità*) montón: *divertirsi un —*, divertirse un montón, pasarlo bomba
■ ***non è poi la fine del mondo***, ¡no es para tanto! | ***come è piccolo il mondo!***, ¡el mundo es un pañuelo! | ***è la fine del mondo!***, ¡es el máximo! | ***andare all'altro mondo***, irse al otro mundo | ***mettere al mondo***, echar al mundo | ***tutto il mondo è paese***, en todas partes cuecen habas, todo el mundo es país | ***in capo al mondo***, en el quinto pino, al fin del mundo | ***per nulla al mondo***, por nada del mundo | ***cadere il mondo addosso***, caérsele/venírsele el mundo encima | ***venire al mondo***, venir al mundo.
mondo[2] *agg.* **1** (*di frutta, grano*) pelado, limpio **2** (*fig.*) limpio, puro.
mondovisione *s.f.* (*tv*) mundovisión.
monello *s.m.* pícaro, pilluelo.
moneta *s.f.* moneda; (*spiccioli*) suelto (*m.*): *carta —*, papel moneda; *— fuori corso*, mo-

neda fuera de circulación; *pagare in —*, pagar en contante.
monetario *agg.* monetario.
mongolfiera *s.f.* globo (*m.*) aerostático.
mongolismo *s.m.* (*med.*) mongolismo.
mongoloide *agg.*, *s.m.* (*med.*) mongoloide, mongólico.
monile *s.m.* **1** collar **2** (*gioiello*) joya (*f.*).
monito *s.m.* amonestación (*f.*), admonición (*f.*).
monitor *s.m.* (*tv*) monitor.
monitoraggio *s.m.* monitorización (*f.*).
monitore *s.m.* monitor.
mono- *pref.* mono-.
monoblocco *agg.*, *s.m.* monobloque.
monocolo *agg.* monóculo ♦ *s.m.* (*lente*) monóculo.
monocolore *agg.* monocromo, monocolor.
monocoltura *s.f.* (*agr.*) monocultivo (*m.*).
monocromatico *agg.* monocromático.
monodose *s.f.* monodosis.
monogamia *s.f.* monogamia.
monografia *s.f.* monografía.
monogramma *s.m.* monograma.
monolingue *agg.* monolingüe.
monolitico *agg.* monolítico (*anche fig.*).
monolocale *s.m.* estudio.
monologo *s.m.* monólogo, soliloquio.
monopattino *s.m.* monopatín.
monopolio *s.m.* (*econ., anche fig.*) monopolio.
monopolizzare *v.tr.* (*econ., anche fig.*) monopolizar*.
monoposto *agg.*, *s.m.* monoplaza.
monorotaia *agg.* (*ferr.*) monoraíl.
monoscopio *s.m.* (*tv*) carta (*f.*) de ajuste.
monosillabo *s.m.* monosílabo | *rispondere a monosillabi*, contestar con monosílabos.
monossido *s.m.* (*chim.*) monóxido.
monoteismo *s.m.* (*relig.*) monoteísmo.
monotonia *s.f.* monotonía, rutina.
monotono *agg.* monótono, repetitivo.
monouso *agg.* desechable.
monsignore *s.m.* monseñor (*anche fig.*).
monsone *s.m.* (*meteor.*) monzón.
monta *s.f.* **1** (*accoppiamento*) cubrición; (*luogo*) monta, acaballadero (*m.*): *toro da —*, toro semental **2** (*sport*) monta, equitación.
montacarichi *s.m.* montacargas.
montaggio *s.m.* montaje.
montagna *s.f.* **1** montaña: *andare in —*, ir a la montaña; *in —*, en la montaña **2** (*fig., quantità*) montaña, montón (*m.*), gran cantidad.
montagnoso *agg.* montañoso.
montanaro *agg.*, *s.m.* montañés, montañero, (*spreg.*) serrano.
montano *agg.* montano.
montante *agg.*, *s.m.* montante.
montare *v.intr.* **1** montar (*anche fig.*), subir: *— a cavallo*, montar a caballo; *— in bici, moto*, montar en bici, moto | *— in bestia, su tutte le furie*, montar en cólera | *— in cattedra*, sentar cátedra **2** aumentar ♦ *v.tr.* **1** montar, subir (*anche fig.*) | *— una notizia*, aumentar, inflar una noticia **2** (*cuc.*) montar, batir: *— la panna*, montar la nata; *— le uova*, batir los huevos; *— a neve*, batir/montar a punto de nieve **3** (*di animali, fecondare*) montar, cubrir* **4** (*di gioielli, incastonare*) engastar ♦ **-rsi** *v.pron.* engreírse*, ensoberbecerse*: *— la testa*, subírsele los humos a la cabeza.
montatore *s.m.* (*cinem.*) montador.
montatura *s.f.* **1** (*tecn.*) montaje (*m.*), ensamblaje (*m.*) **2** (*di occhiali*) montura **3** (*di gioiello*) engaste (*m.*) **4** (*fig.*) bluff (*m.*), montaje (*m.*), exageración: *una — giornalistica*, un montaje de la prensa.
monte *s.m.* **1** montaña (*f.*); (+ *no.pr.*) monte: *il — Bianco*, el monte Blanco | *— dei pegni*, *— di pietà*, monte de piedad/pío **2** (*alle carte*) monte, baceta (*f.*) **3** (*fig.*) montón: *avere un — di ragione*, tener un montón de razón **4** (*anat.*) *— di Venere*, monte de Venus
■ ***monte ore***, monto de horas | ***monte premi***, suma de los premios | ***a monte***, río/aguas arriba; cuesta arriba; (*fig.*) desde la raíz: *risolvere un problema a —*, resolver un problema desde la raíz | ***mandare a monte***, echar por tierra, echar a rodar | ***andare a monte***, fracasar | ***muovere mari e monti***, mover cielo y tierra | ***promettere mari e monti***, prometer el oro y el moro.
montepremi *s.m.* suma (*f.*)/cantidad (*f.*) total de los premios.
montgomery *s.m.* (*abbigl.*) trenca (*f.*).
montone *s.m.* **1** (*zool.*) carnero **2** (*abbigl.*) chaquetón de ante.
montuosità *s.f.* montuosidad.
montuoso *agg.* montuoso.
monumentale *agg.* monumental.
monumento *s.m.* monumento (*anche fig.*).
mora[1] *s.f.* (*bot.*) mora.
mora[2] *s.f.* (*dir.*, *ritardo*) mora, demora: *interessi di —*, intereses de demora.
morale *agg.* moral ♦ *s.f.* moral; (*moralità*) moralidad | *la — della favola*, la moraleja ♦ *s.m.* moral (*f.*), ánimo: *essere giù, su di —*, estar bajo, alto de moral; tener la moral baja, alta; *tirar su il —*, levantar la moral.
moralistico *agg.* moralista.
moralità *s.f.* moralidad.
moralizzare *v.tr.* moralizar*.
moratoria *s.f.* (*dir.*) moratoria, suspensión.
morbidezza *s.f.* suavidad, blandura.
morbido *agg.* (*di consistenza*) blando, mullido; (*di superficie*) suave, liso; (*vellutato*) ater-

ciopelado ♦ *s.m.* lo blando: *dormire, sedersi sul —*, dormir, sentarse en lo blando.
morbillo *s.m.* (*med.*) sarampión.
morbo *s.m.* morbo; enfermedad (*f.*), mal, síndrome (*f.*): *— di Parkinson*, mal de Parkinson; *— di Down*, síndrome di Down.
morboso *agg.* morboso.
mordace *agg.* **1** (*animali*) mordedor **2** (*fig.*) mordaz*, agudo, cáustico.
mordente *agg.* (*fig.*) penetrante ♦ *s.m.* **1** (*tecn.*) mordiente **2** (*fig.*) garra (*f.*), combatividad (*f.*): *non avere —*, no tener garra **3** (*mus.*) mordente.
mordere *v.tr.* morder*; (*di insetti*) picar*: *— una mela*, morder una manzana; *mordersi le mani/le labbra/la lingua*, morderse las manos/los labios/la lengua | (*fig.*) *— il freno*, tascar el freno.
mordicchiare *v.tr.* mordiscar*, mordisquear.
morena *s.f.* (*geol.*) morrena.
morfina *s.f.* morfina.
morfo- *pref.* morfo-.
morfologia *s.f.* morfología.
moria *s.f.* mortandad.
moribondo *agg.*, *s.m.* moribundo, agonizante.
morigerato *agg.* morigerado, sobrio.
morire *v.intr.* morir*, morirse* (*anche fig.*) | *— di fame, di sete*, morirse de hambre, de sed | *— dalle risa*, morirse de risa | *si muore dal freddo*, se muere de frío | *fa un caldo da —*, hace un calor mortal | *— dalla voglia di fare qlco.*, morirse de ganas por hacer algo ■ ***pigro da morire***, más vago que la chaqueta de un guardia | ***morire dal sonno***, morirse/caerse del sueño | ***mi piace da morire***, me gusta muchísimo, me chifla, me mata, me encanta | ***noioso da morire***, de lo más aburrido | ***peggio di così si muore***, peor imposible.
mormorare *v.intr.* **1** murmurar, susurrar **2** (*spettegolare*) chismorrear, rumorear: *— alle spalle di qlcu.*, murmurar a espaldas de alguien; *si mormora che*, se rumorea que ♦ *v.tr.* murmurar, bisbisear: *— parole incomprensibili*, murmurar palabras incomprensibles.
mormorio *s.m.* murmullo.
moro *agg.* **1** moro **2** (*di carnagione, capelli*) moreno ♦ *s.m.* **1** moro, musulmán | *color testa di —*, marrón oscuro **2** (*persona bruna*) moreno: *una bella mora*, una morena hermosa.
moroso *agg.*, *s.m.* (*dir.*) moroso.
morsa *s.f.* **1** (*mecc.*) mordaza, tornillo (*m.*) de banco **2** (*fig.*) asedio (*m.*), cerco (*m.*).
morsetto *s.m.* **1** (*mecc.*) abrazadera (*f.*) **2** (*elettr.*) borne.
morsicare *v.tr.* morder*; (*di insetti*) picar*.
morso *s.m.* **1** mordisco; (*di insetti*) picadura (*f.*): *dare un —*, dar un mordisco **2** (*fig.*) aguijonazo, comezón (*f.*) | *i morsi della fame*, los aguijonazos del hambre **3** (*boccone*) mordisco, pedazo **4** (*per cavalli*) bocado | *stringere il —*, tirar del freno.
mortadella *s.f.* mortadela.
mortaio *s.m.* (*cuc.*, *mil.*) mortero | (*fig.*) *pestare l'acqua nel —*, echar agua en el mar.
mortale *agg.*, *s.m.* mortal.
mortalità *s.f.* mortalidad.
mortaretto *s.m.* petardo, triquitraque.
morte *s.f.* muerte, defunción, fallecimiento (*m.*): *certificato di —*, partida de defunción | *essere in punto di —*, estar para morirse, (*fam.*) estar en las últimas | *condannare a —*, condenar a la pena de muerte | *avercela a — con qlcu.*, odiar a muerte, tenérsela jurada a alguien | *annoiarsi a —*, aburrirse como una ostra | *spaventare a —*, dar un susto de muerte | *spaventarsi a —*, pegarse un susto de muerte.
mortificare *v.tr.* mortificar*, atormentar, angustiar: *sono mortificato*, me avergüenzo.
morto *agg.* muerto (*anche fig.*): *— sul colpo*, muerto en el acto | *essere — stecchito*, quedar tieso, estirar la pata | *braccio —*, brazo paralizado | *essere stanco —*, estar muerto de cansancio, estar molido/hecho polvo | *— di freddo, di paura*, muerto de frío, de miedo | *mezzo —*, medio muerto | *neanche —!*, ¡ni soñarlo! ♦ *s.m.* muerto | *un — di fame*, un muerto de hambre | *suonare a —*, doblar/tocar a muerto | *fare il —*, (*fingere*) hacerse el muerto; (*nel nuoto*) hacer la plancha, hacer el muerto.
mortorio *s.m.* entierro, velatorio (*anche fig.*); (*Amer.*) velorio.
mortuario *agg.* mortuorio.
mosaico *s.m.* mosaico: *a —*, de mosaico.
mosca *s.f.* (*zool.*) mosca | *essere come una — bianca*, ser como una mosca blanca/un mirlo blanco | *restare con un pugno di mosche*, ir por lana y volver trasquilado | *far saltare la — al naso*, irritarse | *zitto e —!*, ¡silencio! | *giocare a — cieca*, jugar a la gallina ciega.
moscardino *s.m.* (*zool.*) chipirón.
moscato *agg.*, *s.m.* moscatel: *uva moscata*, uva moscatel | *noce moscata*, nuez moscada.
moscerino *s.m.* **1** mosquito **2** (*persona minuscola*) alfeñique.
moschea *s.f.* (*relig.*) mezquita.
moschettiere *s.m.* mosquetero.
moschicida *agg.* matamoscas, insecticida | *carta —*, mosquero.
moscio *agg.* **1** flojo; (*fiacco*) débil: *che tiro —!*, ¡qué tiro débil! | *avere la erre moscia*, pronunciar la erre a la francesa **2** (*fig.*) deprimido: *oggi sono un po' —*, hoy estoy un poco deprimido.

moscone *s.m.* **1** (*zool.*) moscón **2** (*mar.*) patín.
mossa *s.f.* **1** movimiento (*m.*), gesto (*m.*) | *spiare le mosse di qlcu.*, espiar los movimientos de alguien | *prendere le mosse da*, comenzar de/desde **2** (*fig.*) paso (*m.*), acción | *fare una — falsa*, dar un paso en falso | *darsi una —*, sacudirse la pereza, moverse: *datti una —!*, ¡muévete! **3** (*scacchi, dama ecc.*) jugada | (*fig.*) *fare la prima —*, tomar la iniciativa, dar el primer paso.
mostarda *s.f.* mostaza | *— di frutta*, fruta confitada en almíbar, mostaza y vinagre.
mosto *s.m.* mosto.
mostra *s.f.* **1** exhibición, ostentación | *mettere in —*, hacer gala, ostentar | *mettersi in —*, hacerse notar | *far — di*, (*sfoggiare*) lucir, (*far finta di*) simular, fingir | *far bella —*, (*di sé*) lucirse; (*di qlco.*) hacer ostentación de **2** (*esposizione*) exposición: *— d'arte, di pittura*, exposición de arte, de pintura; *— mercato*, feria.
mostrare *v.tr.* **1** mostrar*, enseñar: *— paura*, mostrar miedo; *non mostra l'età che ha*, no demuestra/aparenta la edad que tiene | (*fig.*) *— le unghie*, enseñar/sacar las uñas **2** (*far mostra di*) lucir*, hacer* gala, alardear **3** (*fingere*) aparentar, hacer* creer, fingir*: *mostra di essere tranquillo*, aparenta estar tranquilo **4** (*indicare, istruire*) indicar*, señalar; enseñar, explicar* ♦ **-rsi** *v.pron.* mostrarse*, demostrarse*.
mostrina *s.f.* (*mil.*) divisa.
mostro *s.m.* monstruo (*anche fig.*).
mostruosità *s.f.* monstruosidad (*anche fig.*).
mostruoso *agg.* monstruoso.
motilità *s.f.* motilidad.
motivare *v.tr.* **1** motivar, justificar* **2** (*causare*) motivar, causar **3** (*stimolare*) estimular, incentivar: *la lettura motiva i ragazzi*, la lectura estimula a los chicos.
motivazione *s.f.* motivación, motivo (*m.*): *privo di motivazioni*, desmotivado.
motivo *s.m.* **1** motivo, razón (*f.*); (*causa*) causa (*f.*): *a — di*, a/por causa de; *dare — di*, dar motivo de; *per nessun —*, por ningún motivo; *per motivi familiari, di salute*, por motivos/razones familiares, de salud; *per il semplice — che*, por la simple razón de que; *— per cui*, razón por la cual, con lo cual **2** (*mus., arte*) motivo **3** (*lett.*) tema.
moto¹ *s.m.* **1** movimiento | *— perpetuo*, movimiento perpetuo | *verbi di —*, verbos de movimiento | (*mecc.*) *essere in —*, estar en movimiento | *mettere in —*, poner en marcha; (*un veicolo*) arrancar **2** (*esercizio fisico*) ejercicio: *fare del —*, hacer ejercicio **3** (*gesto, mossa*) gesto; (*impulso*) arranque: *— d'insofferenza*, gesto de impaciencia; *— di simpatia*, arranque de simpatía **4** (*sommossa*) motín, rebelión (*f.*), revuelta (*f.*).
moto² *s.f.* (*fam.*) moto, motocicleta: *andare in —*, ir en moto.
moto- *pref.* moto-.
motobarca *s.f.* (*mar.*) motora, motonave.
motocarro *s.m.* motocarro.
motocicletta *s.f.* motocicleta.
motociclista *s.m./f.* motociclista.
motofurgone *s.m.* motoneta (*f.*), motocarro.
motonautica *s.f.* (*mar.*) motonáutica.
motonave *s.f.* (*mar.*) motonave.
motore *agg.* motor ♦ *s.m.* motor (*anche fig.*) | *a —*, de motor | *— a benzina*, motor de gasolina | *— diesel*, motor diesel | *— a iniezione*, motor de inyección | *— a scoppio*, motor de explosión | (*inform.*) *— di ricerca*, buscador, motor de búsqueda.
motorino *s.m.* **1** ciclomotor **2** (*aut.*) *— d'avviamento*, motor de arranque.
motorizzare *v.tr.* motorizar*.
motoscafo *s.m.* (*mar.*) lancha (*f.*) de motor.
motosega *s.f.* sierra mecánica/eléctrica.
motoslitta *s.f.* trineo (*m.*) de motor.
motovedetta *s.f.* (*mar.*) patrullera.
motrice *s.f.* (*aut., ferr.*) automotora, automotriz*.
motto *s.m.* **1** ocurrencia (*f.*), salida (*f.*); (*massima*) lema (*f.*) | *— popolare*, refrán popular **2** (*lett.*) palabra (*f.*).
mou *s.f.* caramelo (*m.*) de leche blando.
mountain bike *s.f.* bicicleta de montaña.
mouse *s.m.* (*inform.*) ratón (*m.*).
movente *s.m.* (*dir.*) móvil, motivo, causa (*f.*).
movibile *agg.* movible, móvil.
movimentare *v.tr.* animar, movilizar*.
movimento *s.m.* movimiento (*anche fig.*).
mozione *s.f.* (*proposta*) moción.
mozzafiato *agg.* impresionante, que quita el hipo, que corta la respiración.
mozzare *v.tr.* **1** cortar **2** (*fig.*) truncar*, interrumpir | *che mozza il fiato*, que quita la respiración/el aliento.
mozzarella *s.f.* mozzarella.
mozzicone *s.m.* residuo; (*di sigaretta*) colilla (*f.*); (*di candela*) cabo.
mozzo¹ *agg.* cortado, mocho | *parole mozze*, medias palabras, palabras truncadas.
mozzo² *s.m.* (*mar.*) grumete | *— di stalla*, mozo de caballos/cuadra
mozzo³ *s.m.* (*della ruota*) cubo, buje.
mucca *s.f.* (*zool.*) vaca.
mucchio *s.m.* montón: *a mucchi*, a montones.
mucillagine *s.f.* (*bot.*) mucilago (*m.*), mucílago (*m.*).
muco *s.m.* mucosidad (*f.*), muco.
mucosa *s.f.* mucosa.

muffa *s.f.* moho (*m.*) | (*anche fig.*) *prendere, fare la* —, enmohecer.
muffola *s.f.* **1** (*dei forni*) mufla **2** (*guanto*) manopla.
mugghiare *v.intr.* **1** mugir* **2** (*fig.*) gritar, aullar.
mugghio *s.m.* mugido.
muggire *v.intr.* mugir*.
muggito *s.m.* mugido.
mughetto *s.m.* **1** (*bot.*) muguete **2** (*med.*) muguet.
mugnaio *s.m.* molinero.
mugolare *v.intr.* **1** gañir* **2** (*lamentarsi*) gemir*.
mugolio *s.m.* **1** gañido **2** (*gemito*) gemido.
mugugnare *v.intr.* gruñir*, refunfuñar.
mulattiera *s.f.* camino (*m.*) de herradura.
mulatto *agg.*, *s.m.* mulato.
mulinare *v.tr.* **1** hacer* girar **2** (*fig.*) tramar, maquinar ♦ *v.intr.* **1** remolinar: *l'acqua mulinava vorticosamente*, el agua remolinaba tumultuosamente **2** (*fig.*) bullir*, dar* vueltas: *molte immagini gli mulinavano nel cervello*, muchas imágenes le bullían en el cerebro.
mulinello *s.m.* **1** (*di acqua*) remolino; (*di vento*) torbellino **2** (*da pesca*) carrete.
mulino *s.m.* molino: — *a vento*, molino de viento | (*fig.*) *tirar l'acqua al proprio* —, llevar el agua a su mulino.
mulo *s.m.* (*zool.*) mulo | *a dorso di* —, a lomo de mulo | *essere testardo come un* —, ser testarudo/tozudo como una mula.
multa *s.f.* multa; (*contravvenzione*) contravención | *dare una* —, poner una multa.
multare *v.tr.* multar.
multi- *pref.* multi-.
multicolore *agg.* multicolor.
multiforme *agg.* multiforme, versátil.
multimediale *agg.* multimedia.
multinazionale *s.f.* multinacional.
multiplo *agg.* múltiple, vario ♦ *s.m.* (*mat.*) múltiplo.
multiproprietà *s.f.* multipropiedad.
multiuso *agg.* multiuso.
mummia *s.f.* momia.
mungere *v.tr.* **1** ordeñar: — *le mucche*, ordeñar las vacas **2** (*fig., spillare denaro*) exprimir, explotar.
municipale *agg.* municipal: *palazzo* —, ayuntamiento.
municipio *s.m.* **1** (*sede*) ayuntamiento, casa (*f.*) consistorial **2** (*ente*) ayuntamiento, municipio **3** (*territorio*) municipio, concejo.
munificenza *s.f.* munificencia, liberalidad.
munire *v.tr.* dotar, proveer* ♦ **-rsi** *v.pron.* proveerse*.
munizione *s.f.* munición.
muovere *v.tr.* **1** mover*; (*spostare*) desplazar* **2** (*indurre*) provocar*, suscitar | *è mosso dall'interesse*, obra por interés ♦ *v.intr.* **1** salir*, ir*: — *incontro a qlcu.*, salir al encuentro de alguien **2** (*fig.*) proceder, derivar: *la sua teoria muove da*, su teoría procede de ♦ **-rsi** *v.pron.* **1** moverse*; (*spostarsi*) correrse, desplazarse*: *non mi sono mossa da casa in tutto il giorno*, no me he movido de casa durante todo el día | — *a pietà*, suscitar piedad **2** (*avviarsi*) echar a andar; (*mettersi in moto*) ponerse* en marcha **3** (*sbrigarsi*) moverse*, darse* prisa
▪ ***muovere un'accusa***, acusar, inculpar | ***muovere delle obiezioni***, poner objeciones, objetar.
muraglia *s.f.* **1** muralla **2** (*fig.*) barrera.
murale *agg.* mural.
murales *s.m.pl.* (*arte*) mural (*sing.*).
murare *v.tr.* murar, tapiar ♦ **-rsi** *v.pron.* (*fig.*) encerrarse*.
muratore *s.m.* albañil.
muratura *s.f.* **1** (*edil.*) pared, mampostería **2** (*il murare*) albañilería: *i lavori di* —, las obras de albañilería.
murena *s.f.* (*zool.*) murena.
muro *s.m.* **1** muro (*anche fig.*), pared (*f.*): — *maestro*, pared maestra; — *divisorio*, tabique | *armadio a* —, armario empotrado | *orologio a* —, reloj de pared | *è come sbattere contro un* —, es como rebotar contra la pared **2** (*fig., barriera*) barrera (*f.*), muralla: *il* — *del suono*, la barrera del sonido | *un* — *di silenzio li divide*, una barrera/muralla de silencio los divide **3** (*f.pl., di città*) muralla(s): *entro, fuori le mura*, dentro, fuera de las murallas | *le mura domestiche*, la casa | *chiudersi fra quattro mura*, encerrarse entre cuatro paredes
▪ ***muro del pianto***, muro de las lamentaciones | ***muro di Berlino***, muro de Berlín | ***mettere con le spalle al muro***, poner entre la espada y la pared | ***parlare al muro***, hablar con las paredes | ***mettere al muro***, llevar al paredón | ***i muri hanno orecchie***, las paredes oyen.
musa *s.f.* musa.
muschiato *agg.* almizcleño, almizclado: *odore* —, olor almizcleño; *sapone* —, jabón almizcleño | (*zool.*) *topo* —, ratón almizclero | *bue* —, buey almizclero/almizclado.
muschio[1] *s.m.* (*sostanza odorosa*) almizcle.
muschio[2] *s.m.* (*bot.*) musgo.
muscolare *agg.* muscular: (*med.*) *strappo* —, desgarro muscular.
muscolo *s.m.* (*anat.*) músculo: *un uomo tutto muscoli*, un hombre todo músculos.
muscoloso *agg.* musculoso.
museo *s.m.* museo | *roba da* —, antigualla.

museruola *s.f.* bozal (*m.*) | (*fig.*) *mettere la — a qlcu.*, amordazar a alguien.
musica *s.f.* música | *è sempre la stessa —!*, ¡es siempre la misma canción! | *questa è un'altra —!*, ¡esto es otro cantar! | *senti che —!*, ¡oye qué musiquilla!
musicale *agg.* musical.
musicare *v.tr.* musicar*, poner* música a un texto.
musicista *s.m./f.* músico.
muso *s.m.* **1** (*di animale*) hocico, morro **2** (*fam., viso*) jeta (*f.*), morro | *a — duro*, rudamente | *rompere il —*, partir la cara | *torcere il —*, torcer el hocico | *dire sul —*, decir en la cara **3** (*broncio*) morro; enfado, mosqueo; (*volg.*) cabreo | *avere/fare/tenere il —*, tener/poner caras largas, estar/ponerse de morros **4** (*aut.*) capó.
mussola *s.f.* (*tess.*) muselina.
musulmano *agg., s.m.* musulmán.
muta[1] *s.f.* **1** (*zool.*) muda **2** (*mil.*) relevo (*m.*): *la — al posto di guardia è alle tre*, el relevo en el puesto de guardia es a las tres **3** (*tuta subacquea*) traje (*m.*) de buceador/buzo.
muta[2] *s.f.* (*di cani*) jauría; (*di cavalli*) tiro (*m.*) de caballos.
mutabile *agg.* **1** variable, mutable **2** (*fig.*) voluble, incostante.
mutamento *s.m.* cambio, mutación (*f.*).
mutande *s.f.pl.* (*da donna*) bragas; (*da uomo*) calzoncillos (*m.*) | (*fig.*) *essere in —*, estar arruinado.
mutandine *s.f.pl.* bragas, slip (*m.sing.*).
mutare *v.tr.* **1** cambiar: — *aspetto*, cambiar de aspecto **2** (*il pelo, la pelle*) mudar ♦ *v.intr.* (*tempo*) cambiar ♦ **-rsi** *v.pron.* mudarse, transformarse, cambiarse.
mutazione *s.f.* **1** cambio (*m.*) **2** (*biol.*) mutación.
mutevole *agg.* **1** variable; mudable **2** (*fig.*) voluble, incostante.
mutilare *v.tr.* mutilar (*anche fig.*).
mutilazione *s.f.* mutilación.
mutismo *s.m.* (*med.*) mutismo (*anche fig.*).
muto *agg., s.m.* mudo: — *dalla nascita*, mudo de nacimiento; *cartina muta*, mapa mudo | *fare scena muta*, hacer mutis.
mutua *s.f.* **1** (*dir.*) mutualidad **2** (*assistenza sanitaria*) Servicio (*m.*) de Salud Pública | *medico della —*, médico del Seguro | *essere/mettersi in —*, estar de baja por enfermedad.
mutuabile *agg.* **1** reembolsable por el seguro **2** (*econ.*) mutual.
mutuare *v.tr.* **1** dar* en préstamo, pedir* en préstamo **2** (*fig., lett.*) imitar, copiar.
mutuato *s.m.* asistido por el Seguro.
mutuo[1] *agg.* mutuo, recíproco.
mutuo[2] *s.m.* préstamo: *fare un —*, suscribir un préstamo hipotecario.

Nn

n *s.f.* n | (*tel.*) — *come Napoli*, n como Navarra.
nababbo *s.m.* nabab | *vivere come un* —, vivir como un rey/pachá.
nacchere *s.f.pl.* (*mus.*) castañuelas.
nadir *s.m.* (*astr.*) nadir.
nafta *s.f.* **1** (*chim.*) nafta **2** (*gasolio*) gasóleo (*m.*), gasoil (*m.*); (*da riscaldamento*) fuel (*m.*).
naftalene *s.m.* (*chim.*) naftaleno.
naftalina *s.f.* (*chim.*) naftalina.
naftene *s.m.* (*chim.*) naftene.
naftenico *agg.* (*chim.*) nafténico.
naia *s.f.* (*mil.*) servicio (*m.*) militar; (*fam.*) mili: *essere sotto la* —, estar en la mili.
naiade *s.f.* (*mit., zool.*) náyade.
naïf *agg., s.m./f.* naif, naíf.
nailon® *s.m.* nailon®.
nandù *s.m.* (*zool.*) ñandú.
nanerottolo *s.m.* (*fam.*) enano, pequeñajo.
nanismo *s.m.* (*med.*) enanismo.
nanna *s.f.* (*fam., infantile*) sueño (*m.*): *fare la* —, dormir; *andare a* —, acostarse | *ninna* —, nana, canción de cuna.
nano *agg., s.m.* enano.
nano- *pref.* nano-.
nanoampere *s.m.* (*fis.*) nanoamperio.
nanoelettronica *s.f.* nanotecnología.
nanometro *s.m.* (*fis.*) nanómetro.
nanosecondo *s.m.* nanosegundo.
nanovolt *s.m.* (*fis.*) nanovoltio.
nanowatt *s.m.* (*fis.*) nanovatio.
napoleone *s.m.* (*moneta*) napoleón.
napoleonico *agg.* (*st., pol.*) napoleónico.
napoletana *s.f.* (*caffettiera*) cafetera napolitana.
napoletano *agg., s.m.* napolitano | *pizza napoletana*, pizza a la napolitana.
nappa *s.f.* **1** borla: *le nappe della tenda*, las borlas de la cortina **2** (*pelle*) napa.
nappina *s.f.* borla.
narcisismo *s.m.* narcisismo.
narcisista *agg., s.m./f.* narcisista.
narcisistico *agg.* narcisista.
narciso *s.m.* (*bot., anche fig.*) narciso.
narco- *pref.* narco-.
narcosi *s.f.* (*med.*) narcosis.
narcosintesi *s.f.* (*med.*) narcosíntesis.
narcoterapia *s.f.* (*med.*) narcoterapia.
narcotico *agg., s.m.* (*med.*) narcótico.
narcotizzare *v.tr.* narcotizar*.
narcotrafficante *s.m./f.* narcotraficante.
narcotraffico *s.m.* narcotráfico.
nardo *s.m.* (*bot.*) nardo.
narice *s.f.* (*anat.*) nariz*.
narrabile *agg.* narrable.
narrare *v.tr.* narrar, contar* | *si narra che*, cuentan que | — *per iscritto*, novelar.
narrativa *s.f.* narrativa.
narrativo *agg.* narrativo.
narratore *s.m.* **1** narrador **2** (*scrittore*) escritor.
narrazione *s.f.* **1** narración **2** (*racconto*) relato (*m.*), cuento (*m.*).
nartece *s.m.* (*arch.*) nártex.
narvalo *s.m.* (*zool.*) narval.
nasale *agg.* nasal: *consonante* —, consonante nasal.
nasalità *s.f.* (*anche ling.*) nasalidad.
nasalizzare *v.tr.* (*ling.*) nasalizar*.
nasalizzazione *s.f.* (*ling.*) nasalización.
nascente *agg.* naciente: *il sol* —, el sol naciente.
nascere *v.intr.* **1** nacer*, venir* al mundo, ver* la luz: *è nato a Firenze*, nació en Florencia; *è nata una bambina*, vio la luz una niña | *essere nato sotto una buona, cattiva stella*, nacer con buena, mala estrella **2** (*derivare*) nacer*, derivar, originarse, salir*: *da qui, da questa situazione non nasce niente*, de aquí no va a salir nada **3** (*formarsi*) surgir*, formarse, venir*: *mi nasce un sospetto*, me surge/viene una duda; *è nato un nuovo governo*, se ha formado un nuevo gobierno **4** (*di fiume*) nacer*, surgir* **5** (*spuntare*) brotar: *sono nate delle foglioline*, brotaron algunas hojitas
■ ***da cosa nasce cosa***, una cosa lleva a la otra | ***non sono mica nato ieri!***, ¡no soy un ingenuo!, ¡no me chupo el dedo! | ***nascere con la camicia***, nacer de pie.
nascita *s.f.* **1** nacimiento (*m.*): *controllo delle nascite*, control de la natalidad; *certificato di* —, partida de nacimiento; *data di* —, fecha de nacimiento; *luogo di* —, lugar de nacimiento; *cieco dalla* —, ciego de nacimiento; *ricco di* —, rico de nacimiento **2** (*fig.*) origen (*m.*), principio (*m.*).

nascituro *agg.* que va a nacer, que está por nacer ♦ *s.m.* nasciturus, niño che está por nacer.
nascondere *v.tr.* esconder, ocultar (*anche fig.*): *ha nascosto il quaderno sotto il banco*, escondió el cuaderno debajo de la mesa ♦ **-rsi** *v.pron.* esconderse, ocultarse: *si è nascosto sotto il tavolo*, se escondió debajo de la mesa; *non so cosa si nasconda dietro alle sue parole*, no sé qué se oculta detrás de sus palabras | *giocare a —*, jugar al escondite | *— dietro un dito*, no querer dar la cara | *— sotto falso nome*, ocultarse bajo un nombre falso.
nascondiglio *s.m.* escondite.
nascondino *s.m.* (*gioco*) escondite: *giocare a —*, jugar al escondite.
nascosto *agg.* escondido | *di —*, a escondidas.
nasello *s.m.* (*zool.*) merluza (*f.*), pescadilla (*f.*).
naso *s.m.* (*anat.*) nariz (*f.*): *— all'insù*, nariz respingona; *— aquilino*, nariz aguileña; *— a patata*, nariz chata; *avere il — chiuso*, tener la nariz tapada; *soffiarsi il —*, sonarse la nariz | *arricciare il —*, torcer el gesto/las narices, poner mala cara | *cacciarsi le dita nel —*, hurgarse las narices | *parlare nel —*, hablar por las narices
■ ***avere la puzza sotto il naso***, mirar a los demás por encima del hombro | ***andare a (lume di) naso***, tantear, seguir el instinto | ***ficcare il naso***, meter las narices | ***non vedere più in là del proprio naso***, no ver más allá de sus narices | ***avere naso per***, tener olfato para | ***restare con un palmo di naso***, quedarse con un palmo de narices | ***prendere qlcu. per il naso***, tomar el pelo | ***bagnare il naso a qlcu.***, dar un baño, dar sopas con honda | ***farla sotto il naso***, hacerla en sus propias narices/hacerla delante de sus narices | ***montare la mosca al naso***, mosquearse, hincharse las narices | ***non mettere il naso fuori casa***, no asomar el pelo | ***non ricordare dal naso alla bocca***, ser flaco de memoria.
nasofaringeo *agg.* (*anat.*) nasofaríngeo.
nasone *s.m.* **1** (*naso grande*) narizota (*f.*) **2** (*persona*) narigón, narigudo, narizotas (*m./f.*): *ciao —!*, ¡hola narizotas!
nassa *s.f.* (*pesca*) nasa.
nastro *s.m.* **1** (*ornamentale*) cinta (*f.*), banda (*f.*), faja (*f.*): *legato con un — di seta*, atado con una cinta de seda **2** (*tecn.*) cinta (*f.*): *— adesivo*, celo, cinta adhesiva/pegante; *— isolante*, cinta aislante; *— magnetico*, cinta magnética, casete, cassette; *— trasportatore*, cinta transportadora; *— di partenza*, línea de salida | *— d'arrivo*, línea de llegada | *— del cappello*, cintillo | *— perforato*, cinta perforada | *— portabagagli*, cinta transportadora de equipaje.
nastroteca *s.f.* archivo (*m.*) de cintas de audio o video.
nasturzio *s.m.* (*bot.*) mastuerzo, berro.
nasuto *agg.* narigón, narigudo.
natabile *agg.* navegable.
natale *agg.* natal, nativo: *il paese —*, el pueblo natal ♦ *s.m.* **1** (*festività*) Navidad (*f.*): *Buon Natale!*, ¡Feliz Navidad!; *a Natale*, en Navidad; *messa di Natale*, misa del gallo | *albero di Natale*, árbol de Navidad | *vigilia di Natale*, Nochebuena | *Babbo Natale*, papá Noel | *fare gli auguri di Natale*, dar la Pascuas **2** (*spec.pl., nascita*) nacimiento (*sing.*), origen (*sing.*), cuna (*f.sing.*): *dare i natali a*, ser la cuna de; *di illustri natali*, de familia ilustre.
natalità *s.f.* natalidad.
natalizio *agg.* navideño: *feste natalizie*, fiestas navideñas; *nel periodo —*, por Navidad, por Navidades.
natante *s.m.* embarcación (*f.*).
natatorio *agg.* natatorio.
natica *s.f.* (*anat.*) nalga, glúteo (*m.*).
natio *agg.* nativo.
natività *s.f.* natividad.
nativo *agg.* **1** natural; indígena, nativo: *è — di questi luoghi*, es natural de estos lugares **2** (*innato*) congénito, innato ♦ *s.m.* nativo, natural (*m./f.*), indígena (*m./f.*).
nato *agg.* nato, nacido: *è un venditore —*, es un vendedor nato; *bambino appena —*, niño recién nacido | *Teresa Rossi nata Bianchi*, Teresa Rossi, de soltera Bianchi | *— morto*, mortinato | *— bene*, bien nacido | *— cieco/muto/sordo*, ciego/mudo/sordo de nacimiento | *— stanco*, vago, remolón ♦ *s.m.* nacido: *i nati del 1970*, los nacidos en 1970.
natura *s.f.* **1** naturaleza: *le leggi di —*, las leyes naturales; *madre —*, la naturaleza; *la — del clima*, el tipo de clima; | *essere nella — delle cose*, ser propio de las cosas | *in —*, en la naturaleza **2** (*carattere*) carácter (*m.*), temperamento (*m.*), condición, índole, naturaleza | *per —*, por naturaleza: *generoso, timido per/di —*, generoso, tímido por naturaleza
■ ***vivere secondo natura***, vivir siguiendo las leyes naturales | ***pagare in natura***, pagar en especie | ***natura morta***, bodegón | ***ciò che si ha per natura fino alla fossa dura***, genio y figura hasta la sepultura.
naturale *agg.* **1** natural | *numeri naturali*, números naturales | *scienze naturali*, ciencias naturales | *vita natural durante*, por siempre | *al —*, al natural **2** (*evidente*) obvio, claro: *—!*, ¡claro!
naturalezza *s.f.* naturalidad: *parla di quel che è successo con molta —*, habla de lo que le pasó con mucha naturalidad.

naturalismo *s.m.* naturalismo.
naturalista *s.m./f.* naturalista.
naturalistico *agg.* naturalista; naturista.
naturalizzare *v.tr.* naturalizar* ♦ **-rsi** *v.pron.* naturalizarse*, aclimatarse.
naturalizzato *agg.* naturalizado.
naturismo *s.m.* (*med.*) naturismo.
naturista *s.m./f.* (*med.*) naturista.
naturistico *agg.* (*med.*) naturista.
naufragare *v.intr.* **1** naufragar*: *la nave è naufragata*, el barco naufragó **2** (*fig.*) fracasar, hundirse: *il governo sta naufragando*, el gobierno está hundiéndose; *il progetto è naufragato sul nascere*, el proyecto fracasó desde el principio.
naufragio *s.m.* **1** naufragio **2** (*fig.*) fracaso, desastre.
naufrago *s.m.* náufrago.
nausea *s.f.* náusea, mareo (*m.*): *ho la* —, me mareo | *che —!*, ¡qué asco! | *dare/far venire la* —, dar asco | *mangiare fino alla* —, comer hasta reventar, hasta la saciedad.
nauseabondo, nauseante *agg.* nauseabundo, asqueroso, repugnante.
nauseare *v.tr.* repugnar, marear, asquear.
nauseato *agg.* **1** mareado **2** (*fig.*) disgustado.
nauta *s.m.* nauta, navegante.
nautica *s.f.* náutica.
nautico *agg.* náutico.
nautilo *s.m.* (*zool.*) nautilo.
navale *agg.* naval.
navalmeccanico *agg.* naval: *industria navalmeccanica*, industria naval.
navarrese *agg.*, *s.m./f.* navarro (*m.*).
navata *s.f.* (*arch.*) nave: — *centrale*, nave principal; *chiesa a due*, *a tre navate*, iglesia de dos, de tres naves.
nave *s.f.* barco (*m.*), buque (*m.*), navío (*m.*), nave: — *da carico*, barco de carga, carguero; — *da crociera*, barco de crucero; — *da guerra*, buque/navío de guerra; — *mercantile*, buque mercante; — *ospedale*, buque hospital; — *scuola*, buque escuela | — *traghetto*, transbordador | — *spaziale*, nave espacial | *varare una* —, botar un barco.
navetta *s.f.* **1** (*tecn.*) lanzadera | *fare la* —, ir y venir de aquí para allá | *autobus* —, autobús lanzadera **2** (*aer.*) — *spaziale*, nave espacial.
navicella *s.f.* barquichuelo (*m.*), barca (*f.*) | (*aer.*) — *spaziale*, nave espacial.
navigabile *agg.* navegable.
navigabilità *s.f.* navegabilidad.
navigante *agg.*, *s.m./f.* navegante.
navigare *v.intr.* navegar* | (*inform.*) — *in Internet*, navegar por Internet | — *in cattive acque*, estar en apuros, estar con el agua al cuello.
navigato *agg.* experto, experimentado | *essere* —, ser hombre de mundo.
navigatore *s.m.* **1** navegador, navegante **2** (*rally*) copiloto | (*aut.*) — *satellitare*, navegador.
navigazione *s.f.* navegación: | — *aerea*, navegación aérea | — *costiera*, navegación de cabotaje | — *d'alto mare/oceanica*, navegación de altura | — *interna*, navegación fluvial | — *spaziale*, navegación espacial.
naviglio *s.m.* **1** navío, buque; flota (*f.*) **2** (*canale*) canal.
nazareno *agg.* nazareno: *capelli alla nazarena*, pelo largo, melena.
nazi *agg.*, *s.m./f.* (*pol.*) nazi.
nazifascimo *s.m.* (*pol.*) nazifascismo.
nazionalcomunismo *s.m.* (*pol.*) nacionalcomunismo.
nazionale *agg.* nacional ♦ *s.f.* (*sport*) selección nacional: *la* — *di calcio*, la selección nacional de fútbol.
nazionalismo *s.m.* (*pol.*) nacionalismo.
nazionalista *agg.*, *s.m./f.* (*pol.*) nacionalista.
nazionalistico *agg.* (*pol.*) nacionalista.
nazionalità *s.f.* nacionalidad.
nazionalizzare *v.tr.* nacionalizar*.
nazionalizzazione *s.f.* nacionalización.
nazionalsocialismo *s.m.* (*pol.*) nacionalsocialismo, nazismo.
nazionalsocialista *agg.*, *s.m./f.* (*pol.*) nacionalsocialista.
nazione *s.f.* nación.
naziskin *s.m./f.* cabeza (*f.*) rapada.
nazismo *s.m.* (*pol.*) nazismo.
nazista *agg.*, *s.m./f.* (*pol.*) nazi.
ne *particella pron.m./f. sing./pl.* **1** (*compl. di specificazione*) (*di lui*) de él; (*di lei*) de ella; (*di loro*) de ellos, de ellas: *non la conosco ma — parlano tutti bene*, no la conozco pero todos hablan bien de ella **2** (*con valore di poss.*) su, suyo, suya etc.: *appena lo conobbe — divenne amico*, en cuanto lo conoció, se hizo amigo suyo; — *vedo solo le gambe*, veo sólo sus piernas **3** (*partitivo*) (*non si traduce*): — *ho comprati due*, he comprado dos; — *ho ancora*, todavía tengo; *ho fatto una torta: — vuoi un po'?*, he hecho una tarta: ¿quieres un poco?; *gliene parlerò*, le hablaré (de ello/eso) | — *ha dette di tutti i colori!*, ¡ha dicho de todo! **4** (*di ciò*) (*non si traduce*): *non — vale la pena*, no merece/vale la pena; *non — vedo il motivo*, no veo la razón; *non — so nulla*, no sé nada | *non — posso più!*, ¡ya no puedo más! **5** (*da ciò*, *da questo*, *da quello*) de esto, de eso, de ello: — *deduco che*, de eso deduzco que ♦ *avv.* **1** (*luogo*) de aquí, de allí: «*sei andato dal dentista?*» «*sì, — torno ora*», «¿has ido al dentista?» «sí, vengo ahora de allí»; *me — vado via*, me marcho de

aquí **2** (*pleonastico in costruzioni pronominali*) (*non si traduce*): *se — sta lì sempre solo*, siempre se queda allí solo.
né *cong.* ni: *— tu — io*, ni tú ni yo; *non verrà — l'uno — l'altro*, no vendrá ni uno ni otro | *— di venere — di marte ci si sposa oppur si parte*, en martes ni te cases ni te embarques | *— più — meno*, precisamente | *— punto — poco*, para nada | (*fig.*) *non fare — caldo — freddo*, no hacer ni fu ni fa.
neanche *avv.* tampoco, ni, ni siquiera: *neanch'io*, yo tampoco; *— a me l'ha detto*, ni siquiera a mí me lo ha dicho; *non ho — un euro*, no tengo ni/ni siquiera un euro; *— una volta*, ni siquiera una vez; *senza — chiedere*, sin ni siquiera preguntar | *— morto!*, ¡ni borracho! | *— per sogno!*, ¡ni hablar!, ¡ni en sueños! | *— per idea!*, ¡ni por asomo! | *— lontanamente*, ni lejanamente ♦ *cong.* ni aun, aunque, ni siquiera: *non lo farebbe — se potesse*, no lo haría aun queriendo/aunque quisiera | *— a farlo apposta*, ni que lo hiciese adrede | *non verrebbe — a pagarlo*, no vendría ni siquiera si lo pagaras.
nebbia *s.f.* niebla; (*sull'acqua*) bruma.
nebbione *s.m.* brumazón (*f.*).
nebbioso *agg.* **1** nebuloso, brumoso: *cielo molto —*, cielo muy nebuloso **2** (*fig.*) confuso: *un'immagine nebbiosa*, una imagen confusa.
nebulizzare *v.tr.* nebulizar*, atomizar*, pulverizar*, vaporizar*.
nebulizzatore *s.m.* atomizador, nebulizador, vaporizador.
nebulizzazione *s.f.* nebulización.
nebulosa *s.f.* (*astr., fig.*) nebulosa.
nebulosità *s.f.* **1** nebulosidad, nubosidad **2** (*fig.*) confusión.
nebuloso *agg.* (*fig.*) borroso, confuso, nebuloso: *una spiegazione nebulosa*, una explicación confusa/no clara.
nécessaire *s.m.* neceser, bolsa (*f.*) de aseo.
necessariamente *avv.* obligatoriamente, por necesidad.
necessario *agg.* necesario: *è — che tu vada*, es necesario que vayas; *è necessaria molta pazienza*, hace falta mucha paciencia | *è — che lo veda*, es preciso que lo vea ♦ *s.m.* lo necesario: *il — per*, lo necesario para | *lo stretto —*, lo indispensable | *essere privo del —*, no tener de qué vivir/donde caerse muerto.
necessità *s.f.* necesidad: *aver — di*, tener necesidad de; *in caso di —*, en caso de necesidad | *stato di —*, estado de necesidad
■ ***trovarsi in grave necessità***, estar en apuros/aprietos | ***è di assoluta necessità***, es absolutamente necesario | ***generi di prima necessità***, géneros de primera necesidad | ***fare di necessità virtù***, hacer de la necesidad virtud, hacer de tripas corazón.
necessitare *v.tr.* necesitar ♦ *v.intr.* (*aver bisogno*) necesitar, tener* necesidad de: *la macchina necessita di una pulita*, el coche necesita un limpión.
necessitato *agg.* necesitado.
necrofilia *s.f.* necrofilia.
necrofilo *agg.*, *s.m.* necrófilo.
necrofobia *s.f.* necrofobia.
necrologia *s.f.* necrología.
necrologico *agg.* necrológico.
necrologio *s.m.* esquela (*f.*) mortuaria, necrológica (*f.*).
necromanzia *s.f.* necromancia, necromancía.
necropoli *s.f.* necrópolis.
necrosi *s.f.* (*med.*) necrosis.
necrotico *agg.* (*biol.*) necrótico.
necrotizzante *agg.* (*biol.*) necrotizante.
necrotizzare *v.tr.* (*biol.*) necrotizar*.
nefandezza *s.f.* infamia, ruindad, impiedad, vileza.
nefando *agg.* infame, ruin.
nefasto *agg.* nefasto, funesto, infausto: *un giorno —*, un día nefasto; *un incontro —*, un encuentro nefasto.
nefrite *s.f.* (*med.*) nefritis.
nefritico *agg.* (*anat.*) nefrítico.
nefrocele *s.m.* (*med.*) nefrocele.
nefroide *agg.* (*med.*) nefroide.
nefrologia *s.f.* (*med.*) nefrología.
nefrologo *agg.* (*med.*) nefrólogo.
nefrone *s.m.* (*anat.*) nefrona (*f.*).
nefropatia *s.f.* (*med.*) nefropatía.
nefrosi *s.f.* (*med.*) nefrosis.
nefrotomia *s.f.* (*med.*) nefrotomía.
negabile *agg.* negable.
negare *v.tr.* **1** negar*: *— di aver fatto qlco.*, negar haber hecho algo; *non lo nego*, no lo niego **2** (*rifiutare*) negar*, rechazar*: *mi ha negato il suo aiuto*, me ha rechazado su ayuda | *— l'evidenza*, negar la evidencia | *negarsi al telefono*, no ponerse al teléfono.
negativa *s.f.* **1** negativa, negación **2** (*foto.*) negativo (*m.*).
negativismo *s.m.* negativismo.
negativo *agg.* negativo: *parere —*, opinión negativa ♦ *s.m.* (*foto.*) negativo.
negato *agg.* negado: *sono — in matematica*, soy negado para las matemáticas; *essere — per*, ser incapaz/negado para.
negazione *s.f.* negación.
negletto *agg.* abandonado, dejado, descuidado.
negli *prep.art.m.pl.* en los.
negligé *s.m.* (*abbigl.*) negligé.
negligente *agg.* negligente, desaplicado, vago: *uno studente —*, un estudiante desaplicado.

negligenza *s.f.* negligencia, descuido (*m.*).
negoziabile *agg.* negociable.
negoziale *agg.* negociador, de la negociación.
negoziante *s.m./f.* comerciante: — *all'ingrosso*, mayorista; — *al dettaglio*, minorista.
negoziare *v.tr.* negociar, contratar, tratar.
negoziato *s.m.* negociación (*f.*), tratativa (*f.*).
negoziatore *s.m.* negociador.
negoziazione *s.f.* negociación, tratativa.
negozio *s.m.* **1** tienda (*f.*) | *andare per negozi*, ir de compras **2** (*affare*) negocio.
negriero *agg.*, *s.m.* (*st., anche fig.*) negrero.
negro *agg.*, *s.m.* negro.
negromante *s.m.* nigromante.
negromanzia *s.f.* necromancia, necromancía.
nei *prep.art.m.pl.* en los.
nel *prep.art.m.sing.* en el.
nella *prep.art.f.sing.* en la.
nelle *prep.art.f.pl.* en las.
nello *prep.art.m.sing.* en el.
nembo *s.m.* (*meteor.*) nimbo, nubarrón.
nemesi *s.f.* némesis, expiación, castigo (*m.*).
nemico *agg.* **1** enemigo, hostil **2** (*dannoso*) dañoso, perjudicial: *il tabacco è — della salute*, el tabaco es perjudicial para la salud ♦ *s.m.* enemigo, adversario | *a — che fugge ponti d'oro*, a enemigo que huye, puente de plata | *dagli amici mi guardi Dio, che dai nemici mi guardo io*, entre amigos un notario y dos testigos | *— diviso, mezzo vinto*, divide y gobierna | *— pubblico numero uno*, enemigo público número uno | *passare al —*, desertar.
nemmeno *avv., cong.* → **neanche.**
nenia *s.f.* **1** nenia **2** (*fig.*) cantinela.
nenufaro *s.m.* (*bot.*) nenúfar.
neo *s.m.* **1** lunar: — *sulla guancia*, lunar en la mejilla **2** (*fig.*) defecto, imperfección (*f.*), tacha (*f.*).
neo- *pref.* neo-, nuevo, recién.
neoassunto *agg.*, *s.m.* nuevo contratado.
neoavanguardia *s.m.* (*arte*) neovanguardia.
neocapitalismo *s.m.* (*econ., pol.*) neocapitalismo.
neoclassicismo *s.m.* (*arte*) neoclasicismo.
neoclassico *agg.* (*arte*) neoclásico.
neocolonialismo *s.m.* (*pol.*) neocolonialismo.
neocolonialista *agg.*, *s.m./f.* (*pol.*) neocolonialista.
neodiplomato *agg.*, *s.m.* recién graduado.
neoeletto *agg.*, *s.m.* recién elegido.
neofascismo *s.m.* (*pol.*) neofascismo.
neofascista *agg.*, *s.m./f.* (*pol.*) neofascista.
neofita *s.m./f.* neófito (*m.*).
neoformazione *s.f.* **1** (*med.*) neoplasia **2** (*ling.*) neologismo (*m.*).
neogotico *agg.* neogótico.
neogreco *agg.*, *s.m.* (*ling.*) griego moderno.
neoimpressionismo *s.m.* (*pitt.*) neoimpresionismo.
neolatino *agg.* (*ling.*) neolatino.
neolaureato *agg.*, *s.m.* recién licenciado.
neoliberalismo *s.m.* (*pol.*) neoliberalismo.
neolitico *agg.*, *s.m.* (*st.*) neolítico.
neologia *s.f.* (*ling.*) neología.
neologismo *s.m.* (*ling.*) neologismo.
neon *s.m.* neón: *insegna al —*, letrero de neón; *luce al —*, luz de neón.
neonatale *agg.* neonatal.
neonato *s.m.* recién nacido.
neonatologia *s.f.* (*med.*) neonatología.
neonatologo *s.m.* (*med.*) neonatólogo.
neonazismo *s.m.* (*pol.*) neonazismo.
neonazista *agg.*, *s.m./f.* (*pol.*) neonazi.
neopaganesimo *s.m.* (*relig.*) neopaganismo.
neoplasia *s.f.* (*med.*) neoplasia.
neoplasico *agg.* (*med.*) neoplásico.
neoplasma *s.m.* (*med.*) neoplasma.
neoplatonico *agg.* (*filos.*) neoplatónico.
neoplatonismo *s.m.* (*filos.*) neoplatonismo, neoplatonicismo.
neopositivismo *s.m.* (*filos.*) neopositivismo.
neopositivista *agg.*, *s.m./f.* (*filos.*) neopositivista.
neopositivistico *agg.* (*filos.*) neopositivista.
neorealismo *s.m.* (*arte*) neorrealismo.
neorealista *agg.*, *s.m./f.* (*arte*) neorrealista.
neoscolastica *s.f.* (*filos.*) neoescolástica.
neotestamentario *agg.* (*relig.*) del Nuevo Testamento.
neotomismo *s.m.* (*filos.*) neotomismo.
neozelandese *agg.*, *s.m./f.* neozelandés (*m.*)
neozoico *agg.* (*geol.*) cuaternario.
nepalese *agg.*, *s.m./f.* nepalés (*m.*).
nepotismo *s.m.* nepotismo, favoritismo.
nepotista *s.m.* nepotista.
nepotistico *agg.* nepotista.
neppure *avv., cong.* → **neanche.**
nerastro *agg.* negruzco.
nerbo *s.m.* **1** (*fig.*) fuerza (*f.*) **2** (*scudiscio*) vergajo, látigo.
nerboruto *agg.* robusto, musculoso.
nereggiare *v.intr.* negrear, negrecer*, ennegrecer*.
neretto *s.m.* (*tip.*) negrita (*f.*).
nero *agg.* negro (*anche fig.*): *occhio —*, ojo morado | *pane —*, pan negro/moreno | *caffè —*, café solo | *continente —*, continente negro, África | *vedere tutto —*, verse negro | (*fam.*) *essere incavolato —*, estar negro | *essere di umore —*, estar de humor negro | *bestia nera*, bestia negra | *essere la pecora nera*, ser la oveja negra | *essere —*, estar negro, estar de mala uva | *essere — come l'inchiostro/la pece/il carbone*, estar negro como el betún | *essere sul libro —*, estar en la lista negra | *magia nera*, magia negra | *pozzo —*,

pozo negro ♦ *s.m.* negro: *tingere di —*, teñir de negro; *— di seppia*, tinta | *mettere — su bianco*, poner por escrito | *fotografia in bianco e —*, fotografía en blanco y negro | *essere tutto vestito di —*, estar de negro
■ ***mercato nero***, mercado negro, estraperlo | ***fondi neri***, fondos de reptiles | ***giornata nera***, día fatal | ***la vedo nera***, lo veo muy mal | ***lavoro nero***, trabajo sumergido | ***cronaca nera***, crónica policiaca | ***lavorare in nero***, trabajar en negro.
nerofumo *s.m.* negro de humo.
nerognolo *agg.* negruzco.
nerume *s.m.* suciedad (*f.*).
nervato *agg.* nervado.
nervatura *s.f.* **1** nervadura **2** (*med.*) sistema (*m.*) nervioso.
nervino *agg.* nervino.
nervo *s.m.* **1** nervio: *— ottico*, nervio óptico; *— sciatico*, nervio ciático; *— spinale*, nervio espinal; *— vago*, nervio vago | *attacco/crisi di nervi*, ataque de nervios | *nervi d'acciaio*, nervios de acero **2** (*di strumento a corda*) cuerda (*f.*)
■ ***avere i nervi***, estar nervioso, estar de mal humor | ***avere i nervi a fior di pelle***, tener los nervios crispados | ***far venire i nervi***, poner los nervios de punta | ***dare ai/sui nervi***, alterar/crispar/irritar los nervios | ***essere tutto nervi***, ser puro nervio.
nervosismo *s.m.* nerviosismo.
nervoso *agg.* nervioso: *esaurimento —*, agotamiento nervioso ♦ *s.m.* nervios (*pl.*): *avere il —*, estar nervioso; *far venire il —*, poner nervioso | *che —!*, ¡qué nervios!
nespola *s.f.* (*bot.*) níspero (*m.*).
nespolo *s.m.* (*pianta*) níspero.
nesso *s.m.* nexo, conexión (*f.*); (*rapporto*) relación (*f.*): *non c'è alcun — tra i due fatti*, no hay alguna relación entre los dos hechos.
nessun, **nessuno** *agg.indef.* **1** ningún: *— amico*, ningún amigo; *— invito*, ninguna invitación **2** (*qualche, spec. in frasi interr.*) algún: *nessuna novità?*, ¿alguna novedad?, ¿hay novedades? ♦ *pron.indef.* **1** (*riferito a persone*) nadie, ninguno: *non c'è —*, no hay nadie; *non ho visto —*, no he visto a nadie; *non ho incontrato — dei nostri amici*, no he encontrado a ninguno de nuestros amigos | *figlio di —*, hijo de la tierra | *terra di —*, tierra de nadie **2** (*riferito a cose*) ninguno: *«quanti libri hai letto?» «—»*, *«¿cuántos libros has leído?» «ninguno»* **3** (*qualcuno, spec. in frasi interr.*) alguien: *è venuto — a cercarmi?*, ¿ha venido alguien a buscarme?; *mi ha chiamato —?*, ¿me ha llamado alguien?; *c'è —?*, ¿hay alguien?
■ ***in nessun modo***, de ninguna manera; ***da nessuna parte***, por ninguna parte | ***nessun altro***, (*riferito a cose*) ningún otro; (*riferito a persone*) nadie más
nettamente *avv.* netamente, claramente.
nettare *s.m.* néctar (*anche fig.*).
nettezza *s.f.* **1** (*pulizia*) limpieza | *la — urbana*, servicio de limpieza urbana **2** (*nitidezza*) nitidez: *— dei contorni*, la nitidez de los perfiles **3** (*di stile*) pureza, pulcritud.
netto *agg.* **1** (*pulito*) limpio **2** (*nitido*) neto, nítido: *contorno —*, contorno neto **3** (*comm.*) neto: *guadagno —*, ganancias netas; *peso —*, peso neto | *al —*, al neto **4** (*fig.*) neto, claro, rotundo: *un — rifiuto*, un rechazo rotundo; *un — miglioramento*, una clara mejoría; *un taglio —*, un corte exacto | (*fig.*) *bisogna dare un taglio —*, hay que cortar por lo sano.
nettuniano *agg.* (*geol.*) neptuniano.
nettuno *s.m.* (*astr.*) neptuno.
netturbino *s.m.* barrendero, basurero.
network *s.m.* network; (*radio*, *tv*) cadena (*f.*); (*inform.*) red (*f.*).
neurite *s.f.* (*med.*) neuritis.
neuro- *pref.* neuro-.
neuroanatomia *s.f.* (*anat.*) neuroanatomía.
neurobiologia *s.f.* (*biol.*) neurobiología.
neurochimica *s.f.* (*chim.*) neuroquímica.
neurochirurgia *s.f.* (*med.*) neurocirugía.
neurochirurgo *s.m.* (*med.*) neurocirujano.
neuroendocrino *agg.* (*anat.*) neuroendocrino.
neuroendocrinologia *s.f.* (*med.*) neuroendocrinología.
neurofarmacologia *s.f.* (*farm.*) neurofarmacología.
neurofibromatosi *s.f.* (*med.*) neurofibromatosis.
neurofisiologia *s.f.* (*biol.*) neurofisiología.
neurologia *s.f.* (*med.*) neurología.
neurologico *agg.* (*med.*) neurológico.
neurologo *s.m.* (*med.*) neurólogo.
neuroma *s.m.* (*med.*) neuroma.
neuromuscolare *agg.* (*anat.*) neuromuscular.
neurone *s.m.* (*biol.*) neurona (*f.*).
neuropatia *s.f.* (*med.*) neuropatía.
neuropatico *agg.* (*med.*) neuropático.
neuropatologia *s.f.* (*med.*) neuropatología.
neuropatologo *s.m.* (*med.*) neuropatólogo.
neuropsichiatra *s.m.* (*med.*) neuropsiquiatra.
neuropsichiatria *s.f.* (*med.*) neuropsiquiatría.
neurosecrezione *s.f.* (*biol.*) neurosecreción.
neurosedativo *agg.* (*farm.*) neurosedativo.
neurosi *s.f.* → **nevrosi.**
neutrale *agg.*, *s.m.* neutral.
neutralità *s.f.* neutralidad.
neutralizzabile *agg.* neutralizable.
neutralizzante *s.m.* neutralizador.
neutralizzare *v.tr.* neutralizar*.

neutralizzato *agg.* neutralizado.
neutralizzazione *s.f.* neutralización.
neutro *agg.* **1** neutro: *colore —*, color neutro | *sapone —*, jabón neutro **2** (*neutrale*) neutral, imparcial | *partita in campo —*, partido en campo neutral.
neutrone *s.m.* (*fis.*) neutrón.
nevaio *s.m.* nevero.
neve *s.f.* nieve; *da —*, para la nieve; *falde di —*, grandes copos de nieve; *fiocco di —*, copo de nieve; *palla di —*, bola de nieve; *pupazzo di —*, muñeco de nieve; *sport della —*, deportes invernales | *effetto —*, efecto nieve | (*cuc.*) *montare a —*, batir a punto de nieve.
nevicare *v.intr.impers.* (*meteor.*) nevar*: *è nevicato*, ha nevado.
nevicata *s.f.* (*meteor.*) nevada.
nevischiare *v.intr.impers.* (*meteor.*) neviscar*, cellisquear.
nevischio *s.m.* (*meteor.*) nevisca (*f.*).
nevoso *agg.* nevado, nevoso, de nieve: *manto —*, capa de nieve; *cime nevose*, cumbres nevadas; *la stagione nevosa*, temporada de las nieves.
nevralgia *s.f.* (*med.*) neuralgia.
nevralgico *agg.* (*med.*) neurálgico | *punto —*, punto crítico.
nevrastenia *s.f.* (*med.*) neurastenia.
nevrastenico *agg.*, *s.m.* neurasténico.
nevrite *s.f.* (*med.*) neuritis.
nevro- *pref.* → **neuro-.**
nevrosi *s.f.* (*med.*) neurosis.
nevrotico *agg.* (*med.*) neurótico.
nevrotizzare *v.tr./intr.* volver* neurótico.
nevvero *inter.* ¿no es cierto?, ¿no es verdad?: *è un bravo ragazzo, —?*, ¿no es cierto que es un buen chico?
new economy *s.f.* nueva economía.
new wave *s.f.* nueva ola.
newyorkese *agg.*, *s.m./f.* neoyorquino (*m.*).
nibbio *s.m.* (*zool.*) milano.
nicaraguense *agg.*, *s.m./f.* nicaragüense.
nicchia *s.f.* nicho (*m.*), refugio (*m.*) | *— di mercato*, segmento de mercado | *— ecologica*, nicho ecológico.
nicchiare *v.intr.* titubear, vacilar, recelar.
nichel *s.m.* (*chim.*) níquel.
nichilismo *s.m.* (*filos.*) nihilismo.
nichilista *agg.*, *s.m./f.* (*filos.*) nihilista.
nicotina *s.f.* nicotina.
nidiata *s.f.* nidada.
nidificare *v.intr.* nidificar*.
nido *s.m.* nido (*anche fig.*) | *asilo —*, guardería | (*tessuto*) *— d'ape*, nido de abeja | *— di vipere*, nido de víboras.
niente *pron.indef.* **1** nada: *non ho detto —*, no he dicho nada; *non ha paura di —*, no tiene miedo a nada; *non avere — a che fare con*, no tener nada que ver con **2** (*qualcosa*) algo: *hai saputo —?*, ¿has sabido algo?; *vedi —?*, ¿ves algo?; *ti ha detto —?*, ¿te dijo algo?; *hai bisogno di —?*, ¿necesitas algo?; *— altro?*, ¿algo más? **3** (*poca cosa*) poca cosa, nada: *è una cosa da —*, es una tontería, es algo sin importancia/una cosa de nada ♦ *agg.* nada de: *— scuse!*, ¡nada de excusas! | (*fam.*) *— paura!*, ¡no te preocupes!, ¡sin miedo! | *— scherzi!*, ¡nada de bromas!, ¡en serio! ♦ *s.m.* nada (*f.*): *il —*, la nada; *un bel —!*, ¡nada de nada!, ¡para nada! | *finire in —*, quedar en nada ♦ *avv.* nada: *non m'importa —*, no me importa nada;
■ ***di niente!***, ¡de nada! | ***niente affatto***, de ninguna manera | ***per niente***, nada, en absoluto: *non è per — bello*, no es nada guapo/bonito | ***come se niente fosse***, como si nada | ***per niente al mondo***, por nada del mundo | ***niente po' po' di meno che***, nada menos que | ***nient'altro***, nada más | ***non fa niente***, no es nada, no tiene importancia.
nientedimeno, nientemeno *avv.* nada menos.
nietzschiano *agg.* (*filos.*) nietzchiano.
nigeriano *agg.*, *s.m.* nigeriano.
nightclub *s.m.* club nocturno.
nimbo *s.m.* nimbo.
ninfa *s.f.* (*mit.*, *zool.*) ninfa.
ninfea *s.f.* (*bot.*) ninfea.
ninfomane *agg.*, *s.f.* ninfómana.
ninfomania *s.f.* ninfomanía, furor (*m.*) uterino.
ninnananna *s.f.* nana, canción de cuna.
ninnare *v.tr.* acunar, arrullar.
ninnolo *s.m.* **1** (*giocattolo*) juguete **2** (*gingillo*) dije, bagatela (*f.*).
nipote *s.m./f.* **1** (*di nonni*) nieto (*m.*), nieta (*f.*) **2** (*di zii*) sobrino (*m.*), sobrina (*f.*).
nipponico *agg.* japonés, nipón.
nirvana *s.m.* nirvana.
nitidamente *avv.* nítidamente.
nitidezza *s.f.* nitidez.
nitido *agg.* **1** (*pulito*) limpio, nítido; (*limpido*) claro, terso **2** (*di contorni*) nítido, claro.
nitrare *v.tr.* (*chim.*) nitrar.
nitrato *s.m.* (*chim.*) nitrato.
nitrico *agg.* (*chim.*) nítrico.
nitrire *v.intr.* relinchar.
nitrito[1] *s.m.* (*di cavalli*) relincho.
nitrito[2] *s.m.* (*chim.*) nitrito.
nitro- *pref.* nitro-.
nitrobenzene *s.m.* (*chim.*) nitrobenceno.
nitrocellulosa *s.f.* (*chim.*) nitrocelulosa.
nitroderivato *s.m.* (*chim.*) nitrocompuesto.
nitrogeno *s.m.* (*chim.*) nitrógeno.
nitroglicerina *s.f.* (*chim.*) nitroglicerina.
no *avv.* no: *— grazie*, no, gracias; *assolutamente —!*, ¡de eso nada!, ¡ni hablar!; *certamente —*, realmente no; no, por cierto; —

davvero!, ¡claro que no!; *pare di —*, parece que no; *dire di —*, decir que no; *vieni o —?*, ¿vienes o no?; *spero di —*, espero que no; *tu puoi, noi —*, tú puedes, pero nosotros no; *e perché —?*, ¿por qué no?; *come —!*, ¡cómo no!; *più sì che —*, probablemente | *proprio —*, ¡eso sí que no! | *sì o —?*, ¿sí o no? ♦ *s.m.* no: *decidersi per il —*, decidir que no; *un — chiaro e tondo*, un no rotundo; *il suo — è stato categorico*, su no ha sido categórico
■ ***se no***, (*altrimenti*) en caso contrario | ***anzi che no***, más bien | ***sì e no***, apenas: *avrà sì e — vent'anni*, tendrá unos veinte años | ***forse (che) sì, forse (che) no***, puede que sí puede que no, a lo mejor | ***ma no!***, ¡anda!, ¡qué dices!, ¡no me digas/diga! | ***no di sicuro/certo***, claro que no | ***speriamo di no***, ojalá no fuera así.

nobildonna *s.f.* dama.

nobile *agg.* noble, aristocrático: *di sangue —*, de sangre azul; *è un'anima —*, es un alma generosa | *piano —*, primer piso ♦ *s.m./f.* noble, aristócrata.

nobiliare *agg.* nobiliario: *titolo —*, título nobiliario.

nobilitare *v.tr.* **1** ennoblecer* **2** (*fig.*) elevar ♦ **-rsi** *v.pron.* elevarse.

nobilitazione *s.f.* ennoblecimiento (*m.*).

nobiltà *s.f.* **1** nobleza, aristocracia **2** (*fig.*) nobleza, superioridad, magnanimidad.

nobiluomo *s.m.* hidalgo.

nocca *s.f.* nudillo (*m.*).

nocchiere *s.m.* (*lett.*) piloto; (*mar., mil.*) contramaestre.

nocciola *s.f.* (*bot.*) avellana.

nocciolato *s.m.* chocolate con avellanas.

nocciolina *s.f.* (*americana*) cacahuete (*m.*).

nòcciolo[1] *s.m.* **1** hueso, cuesco **2** (*fig.*) nudo, meollo | *il — della questione*, el quid de la cuestión | *veniamo al —!*, ¡vamos al grano!

nocciòlo[2] *s.m.* (*bot.*) avellano.

noce *s.m.* (*bot.*) nogal ♦ *s.f.* (*frutto*) nuez*: *guscio di —*, cascarón de nuez | *— di cocco*, coco | *— moscata*, nuez moscada | *una — di burro*, una cucharadita de mantequilla.

noceto *s.m.* nocedal, nogueral.

nocifero *agg.* que produce nueces.

nocino *s.m.* licor de nueces.

nocività *s.f.* nocividad.

nocivo *agg.* nocivo, dañoso, malo: *— alla salute*, perjudicial para la salud.

no comment *loc. sost.s.m.* sin comentarios.

nodale *agg.* **1** nodal **2** (*fig.*) crucial, central: *il punto — del problema*, el punto crítico del problema.

nodo *s.m.* **1** nudo (*anche fig.*): *— scorsoio*, nudo corredizo; *farsi il — alla cravatta*, hacerse el nudo de la corbata | *— ferroviario, stradale*, nudo ferroviario, de carreteras | *navigare a venti nodi*, navegar a veinte nudos | (*fig.*) *avere un — alla gola*, tener un nudo en la garganta | *tutti i nodi vengono al pettine*, todo sale en la colada **2** (*fig., legame*) vínculo, nudo.

nodosità *s.f.* nudosidad.

nodoso *agg.* nudoso.

nodulo *s.m.* (*med.*) nódulo.

nodulare *agg.* nodular.

noi *pron. pers. di 1ª pers.pl.* **1** nosotros (*m.*), nosotras (*f.*): *— pensiamo che...*, nosotros/nosotras pensamos que...; *— non possiamo venire con voi*, nosotros/nosotras no podemos ir con vosotros/vosotras; *vuole —*, nos quiere a nosotros/nosotras; *è venuto con —*, ha venido con nosotros/nosotras; *uno/una di —*, uno de los nuestros/una de las nuestras; *tutti —*, todos nosotros; *detto tra —*, entre nosotros/nosotras **2** (*con valore impers.*) uno: *se — pensiamo che*, si uno piensa que **3** (*noi + s.pl.*) los: *— italiani siamo molto chiacchieroni*, (nosotros) los italianos somos muy habladores; *— insegnanti pensiamo che...*, (nosotros) los profesores pensamos que...

noia *s.f.* **1** aburrimiento (*m.*), tedio (*m.*) | *ammazzare la —*, matar el tiempo | *che —!*, ¡qué lata!, ¡qué rollo! | *dare —*, fastidiar, molestar | *fino alla —*, hasta el aburrimiento | *morire di —*, aburrirse como una ostra | *venire a — qlco*, cansarse de algo | *essere una —*, ser una gaita/un rollo | *ripetere fino alla —*, repetir hasta la saciedad **2** (*spec.pl., guaio*) problema (*m.*): *avere delle noie*, tener problemas | *procurare tante noie*, causar muchos problemas.

noioso *agg.* aburrido; (*fastidioso*) fastidioso, molesto | *— da morire*, aburrido como un plomo ♦ *s.m.* chinchoso, plomo: *essere un —*, ser un palizas.

noleggiare *v.tr.* **1** (*dare a nolo*) alquilar, rentar **2** (*prendere a nolo*) alquilar.

noleggiatore *s.m.* alquilador; (*mar., aer.*) fletador.

noleggio *s.m.* **1** alquiler, renta (*f.*): *a —*, de alquiler; *prendere, dare a —*, alquilar | *— auto*, alquiler de coches **2** (*mar.*) flete.

nolente *agg.* que no quiere: *volente o —*, quiera o no quiera.

noli me tangere *loc.* noli me tangere.

nolo *s.m.* → **noleggio.**

nomade *agg., s.m./f.* nómada.

nomadismo *s.m.* nomadismo.

nome *s.m.* **1** nombre: *— e cognome*, nombre y apellido; *che — gli avete dato?*, ¿qué nombre le habéis puesto?; *un tale di — Giovanni*, un cierto Juan; *chiamare qlcu. per —*, llamar a alguien por su nombre; *— di battesimo*, nombre de pila; *— proprio*, nombre propio; *— astratto*, nombre abstracto | *— collet-*

tivo, nombre/sustantivo colectivo | — *comune*, nombre/sustantivo común | — *concreto*, nombre concreto | — *di battaglia*, nombre de guerra | *chiamare le cose col proprio —*, llamar las cosas por su nombre | *difendere il buon —*, defender el honor | *di — e di fatto*, de nombre y de hecho | *essere un senza —*, ser un don nadie | *fare il — di qlcu.*, decir el nombre de alguien | — *da ragazza*, apellido de soltera **2** (*reputazione*) fama (*f.*), renombre: *farsi un buon —*, labrarse una posición | *avere un — nel proprio campo*, tener renombre en su sector
■ ***nome depositato***, marca registrada | ***a nome di, in nome di***, en nombre de; (*da parte di*) de parte de | ***scrivere sotto il nome di***, escribir bajo el pseudónimo de | ***nome d'arte***, pseudónimo | ***per non fare nomi***, sin nombrar/señalar a nadie | ***fuori i nomi!***, ¡que aparezcan los responsables! | ***in nome di Dio!***, ¡en el nombre de Dios!
nomea *s.f.* fama, reputación: *avere la — di*, tener el nombre de.
nomenclatura *s.f.* nomenclatura.
nomignolo *s.m.* apodo, sobrenombre.
nomina *s.f.* nominación, nombramiento (*m.*).
nominale *agg.* nominal.
nominalismo *s.m.* (*filos.*) nominalismo.
nominalista *agg.* (*filos.*) nominalista.
nominalizzare *s.f.* (*ling.*) nominalizar*.
nominalizzazione *s.f.* (*ling.*) nominalización.
nominare *v.tr.* **1** nombrar, citar, mencionar: — *tutti i re di Roma*, nombrar a todos los reyes de Roma **2** (*scegliere per una carica*) nombrar, nominar: *è stato nominato senatore*, lo nombraron senador.
nominativo *agg.* nominativo ♦ *s.m.* **1** nombre **2** (*gramm.*) nominativo.
nomination *s.f.* nominación.
nominato *agg.* nombrado.
non *avv.* **1** no: — *voglio andare*, no quiero ir; — *è vero?*, ¿no es verdad?; — *c'è nessuno*, no hay nadie; *mi ha detto di — andare*, me ha dicho que no vaya; *parlo con lui, — con te*, hablo con él, no contigo | — *sempre*, no siempre | — *proprio*, no exactamente | — *fumatore*, no fumador | *in men che — si dica*, en menos que canta un gallo | — *aprire bocca*, no decir ni pío | — *c'entra*, no tiene que ver | — *che — voglia*, no es que no quiera | — *ultimo*, no exactamente el último **2** (*pleonastico, non si traduce*): *ti aspetterò fino a quando — arriverai*, te esperaré hasta que llegues; *è più difficile di quanto tu — creda*, es más difícil de lo que tú crees | *è meglio di quel che — si creda*, es mejor de lo que parece
■ ***non ancora***, todavía no | ***non appena***, en cuanto | ***per poco non***, casi | ***non c'è di che***, de nada | ***non indifferente***, apreciable | ***non poco***, mucho | ***prima che non***, antes de que.
nonagenario *agg.*, *s.m.* nonagenario.
nonagesimo *agg.* nonagésimo.
non aggressione *s.f.* no agresión.
non allineato *agg.* (*pol.*) no alineado.
non belligeranza *s.f.* no beligerancia.
nonché *cong.* y además.
nonchalance *s.f.* desenvoltura.
non collaborazione *s.f.* no colaboración.
nonconformismo *s.m.* inconformismo.
nonconformista *s.m.* inconformista.
non credente *s.m.* (*relig.*) no creyente.
noncurante *agg.* despreocupado, indiferente; (*negligente*) descuidado.
noncuranza *s.f.* desinterés (*m.*), indiferencia; (*negligenza*) descuido (*m.*), negligencia.
nondimeno *cong.* sin embargo, a pesar de.
non fumatore *s.m.* no fumador.
non garantito *s.m.* no garantizado.
non intervento *s.m.* (*pol.*) no intervención (*f.*).
nonna *s.f.* abuela.
nonnismo *s.m.* actitud (*f.*) del que hace novatadas.
nonno *s.m.* abuelo.
nonnulla *s.m.* nada (*f.*), nonada (*f.*).
nono *agg.num.ord.* noveno, nono.
nonostante *prep.* a pesar de, no obstante | *ciò —*, no obstante ♦ *cong.* aunque: — *sia tardi, ti ascolto*, aunque es tarde, te escucho.
non plus ultra *loc.sost.m.* non plus ultra.
non profit *agg.*, *s.m.* sin ánimo de lucro: *associazione —*, asociación sin ánimo de lucro.
nonsenso *s.m.* sinsentido, absurdo.
non so che *s.m.* no sé qué, algo: *c'è un — di strano nelle sue parole*, hay algo raro en sus palabras.
non stop *agg.* ininterrumpido.
nontiscordardimé *s.m.* (*bot.*) nomeolvides.
non trasferibile *agg.* nominativo (*m.*): *assegno —*, cheque nominativo.
non udente *agg.*, *s.m./f.* sordo.
non vedente *agg.*, *s.m./f.* invidente.
non violenza *s.f.* (*pol.*) no violencia.
norcino *s.m.* matarife de cerdos.
nord *s.m.* norte.
nordafricano *agg.*, *s.m.* norteafricano.
nordamericano *agg.*, *s.m.* norteamericano, estadounidense (*m./f.*).
nordest *s.m.* nordeste, noreste.
nordeuropeo *agg.*, *s.m.* norte-europeo.
nordico *agg.* nórdico.
nordoccidentale *agg.* noroccidental.
nordorientale *agg.* nororiental.
nordovest *s.m.* noroeste.
noria *s.f.* noria, rosario (*m.*).
norma *s.f.* (*anche tecn., dir.*) norma; (*rego-*

la) pauta, regla: *norme di sicurezza*, normas de seguridad; *applicare la —*, atenerse a la norma | *come —*, como norma | *segue la —*, está sujeto a la norma | *secondo la —*, como de costumbre | *di —*, generalmente/habitualmente | *superiore, inferiore alla —*, superior, inferior a lo normal | *per tua — e regola*, para que sepas a qué atenerte | (*dir.*) *a — di*, conforme a: *a — di legge*, conforme a la ley, según la ley.
normale *agg.* normal.
normalità *s.f.* normalidad.
normalizzare *v.tr.* normalizar*.
normalizzazione *s.f.* normalización, estandarización.
normalmente *avv.* normalmente.
normanno *agg.*, *s.m.* normando.
normare *v.tr.* reglamentar.
normativa *s.f.* (*dir.*) normativa.
normativo *agg.* (*dir.*) normativo.
normografo *s.f.* plantilla (*f.*) de dibujo técnico.
norvegese *agg.*, *s.m./f.* noruego (*m.*).
nosocomio *s.m.* (*med.*)nosocomio, hospital.
nosofobia *s.f.* (*med.*) nosofobia.
nosogenesi *s.f.* (*med.*) nosogenia.
nosologia *s.f.* (*med.*) nosología.
nosologico *agg.* (*med.*) nosológico.
nossignore *avv.* ¡no, no señor!
nostalgia *s.f.* nostalgia, añoranza, morriña: *avere — di qlco.*, *di qlcu.*, echar de menos a algo, a alguien; *soffrire di —*, tener morriña.
nostalgico *agg.*, *s.m.* nostálgico.
nostrano *agg.* del país, local, de aquí: *formaggio —*, queso del país.
nostro *agg.poss. di 1ª pers.pl.* nuestro: *il — cane*, nuestro perro; *la nostra famiglia*, nuestra familia; *le nostre amiche*, nuestras amigas; *i nostri zii*, nuestros tíos; *un — amico*, un amigo nuestro ♦ *pron.poss. di 1ª pers. pl.* nuestro: *i vostri interessi sono diversi dai nostri*, vuestras aficiones difieren de las nuestras; *quei giocattoli sono suoi, ma questi sono nostri*, esos juguetes son suyos, pero estos son nuestros | *è dalla nostra*, está a nuestro favor ♦ *s.m.* lo nuestro: *non vogliamo spendere del —*, no queremos gastar de lo nuestro | *i nostri* (*familiari*), nuestros padres, nuestros parientes | *arrivano i nostri!*, ¡nos llegan refuerzos!
nostromo *s.m.* (*mar.*) contramaestre, nostramo.
nota *s.f.* **1** (*mus.*) nota | *dire a chiare note*, hablar a las claras | *trovare la — giusta*, dar en la tecla | *con una — di rimpianto nella voce*, con un deje/toque de nostalgia en la voz | *— discendente*, nota decreciente | *— dominante*, nota dominante | *— stonata*, nota discordante **2** (*appunto*) nota, anotación, apunte (*m.*): *prender — di*, tomar nota de algo, apuntar algo; *— a piè di pagina*, nota a pie de página **3** (*glossa*) nota, glosa, apostilla: *le note della Divina Commedia*, las apostillas de la Divina Comedia; *— a margine*, nota marginal **4** (*lista*) lista; (*conto*) cuenta: *— spese*, cuenta de los gastos; *— della spesa*, lista de las compras | *mettersi in —*, hacer una reserva; apuntarse **5** (*segno*) característica
■ ***note caratteristiche***, notas características | ***le dolenti note***, donde duele | ***nota di biasimo***, reprensión | (*comm.*) ***nota di accredito***, nota de ingreso/abono | ***nota d'addebito***, nota de cargo | ***nota di consegna***, albarán | ***nota di pegno***, vale | ***degno di nota***, digno de elogio, notable.
nota bene *loc.sost.m.* nota bene.
notabile *agg.* notable: *persona —*, persona notable; *danno —*, daño relevante ♦ *s.m.* notable, señor: *arrivarono i notabili del posto*, llegaron los notables del lugar.
notabilità *s.f.* notabilidad.
notaio *s.m.* notario.
notare *v.tr.* **1** notar; fijarse en, considerar, tener* en cuenta: *ti faccio — che*, te hago notar que; *nota gli errori che hai fatto*, fíjate en los errores que has hecho; *farsi —*, hacerse notar, llamar la atención; *è da — che*, hay que relevar/observar que **2** (*prendere nota di*) anotar, apuntar, registrar: *— le spese*, registrar los gastos.
notarile *agg.* notarial: *atto —*, acta notarial.
notazione *s.f.* **1** notación **2** (*osservazione*) observación, reproche (*m.*).
notes *s.m.* libreta (*f.*) de apuntes.
notevole *agg.* notable, considerable, significativo (*m.*).
notevolmente *avv.* notablemente.
notifica *s.f.* notificación; (*avviso*) aviso (*m.*).
notificando *s.m.* notificado.
notificare *v.tr.* notificar*.
notificazione *s.f.* notificación.
notizia *s.f.* **1** noticia: *chiedere notizie di qlcu.*, preguntar por alguien; *ultime notizie*, últimas noticias; *buone*, *cattive notizie*, buenas, malas noticias; *— fresca*, noticia del día | *fare —*, dar que hablar **2** (*informazione*) conocimiento (*m.*), noción.
notiziario *s.m.* telediario, noticiario.
noto *agg.* notorio, conocido, famoso | *è — che*, es notorio que | *render —*, dar a conocer.
notoriamente *avv.* notoriamente.
notorietà *s.f.* notoriedad, fama.
notorio *agg.* notorio, consabido, sabido: *un fatto —*, un hecho sabido | *atto —*, acta de notoriedad.
nottambulismo *s.m.* noctambulismo.
nottambulo *s.m.* noctámbulo, trasnochador.

nottata *s.f.* noche: *passare una brutta —*, tener/pasar una mala noche, desvelarse | *fare —*, pasar la noche en blanco/vela.
notte *s.f.* noche: *— fonda*, noche cerrada; *— in bianco*, noche en claro/blanco/toledana; *di —*, por la noche, de noche; *a — inoltrata*, a altas horas de la madrugada; *sul far della —*, al anochecer; *si fa —*, anochece; *dare la buona —*, dar las buenas noches; *ieri —*, anoche; *alle tre di —*, a las tres de la madrugada; *nel cuore della —*, en plena noche; *passare una — agitata*, pasar una noche toledana; *sabato —*, el sábado por la noche | *camicia da —*, camisón
■ ***notte santa/di Natale***, nochebuena | ***notte dell'ultimo dell'anno*** (o ***di San Silvestro***), nochevieja | ***buona notte al secchio!***, sanseacabó | ***ci corre quanto dal giorno alla notte***, es como de la noche al día | ***peggio che andar di notte***, de mal en peor | ***la notte dei tempi***, la noche de los tiempos | ***la notte porta consiglio***, consultarlo con la almohada.
nottetempo *avv.* de noche, por la noche.
nottola *s.f.* (*zool.*) murciélago (*m.*).
notturna *s.f.* partido (*m.*) jugado por la noche.
notturno *agg.*, *s.m.* nocturno: *servizio —*, servicio nocturno.
notula *s.f.* cuenta: *pagare la — del notaio*, pagar la cuenta del notario.
noumenico *agg.* (*filos.*) nouménico.
noumeno *s.m.* (*filos.*) noúmeno.
nouvelle cuisine *s.f.* (*cuc.*) nueva cocina.
nouvelle vague *s.f.* nueva ola.
nova *s.f.* (*astr.*) nova.
novale *s.m.* noval.
novanta *agg.num.card.*, *s.m.* noventa | *la paura fa —*, el miedo anima | *un pezzo da —*, un pez gordo.
novantenne *agg.*, *s.m./f.* nonagenario, (*fam.*) noventón.
novantesimo *agg.* noventavo, nonagésimo: *il suo — compleanno*, su nonagésimo cumpleaños.
novantina *s.f.* **1** (*età*) los noventa (*m.pl.*): *ha superato la —*, ha superado los noventa **2** (*approssimazione*) unos noventa (*m.pl.*): *avrà una — di dischi*, tendrá unos noventa discos.
nove *agg.num.card.*, *s.m.* nueve | *prova del —*, prueba del nueve.
novecentesco *agg.* del siglo XX.
novecentesimo *agg.num.ord.* noningentésimo.
novecentismo *s.m.* (*arte, lett.*) novecentismo.
novecentista *agg.* del siglo XX.
novecento *agg.num.card.* novecientos (*m.*), novecientas (*f.*) ♦ *s.m.* novecientos | *nel Novecento*, en el siglo veinte.
novella *s.f.* (*racconto*) cuento (*m.*): *la buona —*, el Evangelio.
novellare *v.tr.* contar*/escribir cuentos.
novelliere *s.m.* cuentista, escritor de cuentos.
novellino *agg.*, *s.m.* novato, principiante.
novellistica *s.f.* cuentística.
novellizzazione *s.f.* novelización.
novello *agg.* nuevo | *vino —*, vino novel | *patate novelle*, patatas tempraneras | *sposi novelli*, recién casados | *l'età novella*, la juventud.
novembre *s.m.* noviembre.
novena *s.f.* (*relig.*) novena.
novero *s.m.* número, grupo: *includere nel — degli amici*, incluir en el grupo de los amigos.
novità *s.f.* **1** novedad: *l'ultima — della moda*, las últimas novedades de la moda; *ci sono —?*, ¿hay novedades? **2** (*notizia*) novedad, noticia: *le — del giorno*, las noticias del día.
noviziato *s.m.* (*relig.*) noviciado.
novizio *s.m.* **1** (*relig.*) novicio **2** (*principiante*) novato, principiante.
nozionale *agg.* nocional.
nozione *s.f.* noción, concepto (*m.*), idea | *perdere la — del tempo*, perder la noción del tiempo.
nozionismo *s.m.* nocionismo, memorismo.
nozionistico *agg.* memorista.
nozze *s.f.pl.* bodas; (*matrimonio*) casamiento (*m.sing.*): *viaggio di —*, viaje de novios, luna de miel | *lista di —*, lista de bodas | *— d'argento, d'oro, di diamante*, bodas de plata, de oro, de diamante | *anniversario di —*, aniversario de bodas | (*fig.*) *andare a —*, relamerse de gusto, estar en el séptimo cielo | *far le — con i fichi secchi*, ser un quiero y no puedo.
nube *s.f.* nube | *— cosmica*, nebulosa cósmica | *— elettronica*, nube electrónica | *— radioattiva*, nube radioactiva | *— stellare*, cúmulo estelar | *nubi alte*, cirros, cirrocúmulos, cirroestratos | *nubi basse*, techo de nubes, estratos, cúmulos | *nubi medie*, nemboestratos.
nubifragio *s.m.* temporal.
nubile *agg.*, *s.f.* soltera.
nuca *s.f.* (*anat.*) nuca, cogote (*m.*).
nucleare *agg.* nuclear | *energia —*, energía atómica/nuclear | *biochimica —*, bioquímica nuclear | *centrale —*, central nuclear | *divisione —*, escisión nuclear | *guerra —*, guerra nuclear.
nucleo *s.m.* núcleo | *— familiare*, núcleo familiar.
nudismo *s.m.* nudismo, desnudismo.
nudista *agg.*, *s.m./f.* nudista.
nudità *s.f.* **1** desnudez **2** (*fig.*) sobriedad, concisión.
nudo *agg.*, *s.m.* desnudo | *a piedi nudi*, des-

calzo | — *come un verme*, completamente desnudo, (*volg.*) en bolas/pelotas | *essere* —, estar en cueros | *mezzo* —, medio desnudo
■ ***a occhio nudo***, a ojos/simple vista | ***nudo e crudo***, mondo y lirondo (y pelado) | ***la verità nuda e cruda***, la pura/cruda verdad | ***una nuda esposizione dei fatti***, una narración escueta de los hechos | ***dormire sulla nuda terra***, dormir en campo raso | ***mettere a nudo***, revelar, poner al descubierto | (*dir.*) ***nuda proprietà***, nuda propriedad.

nugolo *s.m.* nube (*f.*).

nulla *pron.indef.*, *avv.* nada: *è una cosa da* —, es poquita cosa | *non contare* —, contar como el dos de bastos | *non costare* —, ser tirado | *per* —, para nada | — *di fatto*, nada de hecho | — *dura in eterno*, nada dura para siempre ♦ *s.m.* nada (*f.*) | *molto rumore per* —, mucho ruido y pocas nueces, ser más el ruido que las nueces | *scomparire nel* —, desaparecer/borrarse del mapa | *sentirsi un* —, sentirse un cero a la izquierda | *un bel* —, ni pum, la nada absoluta.

nullafacente *agg.*, *s.m./f.* desocupado (*m.*), parado (*m.*).

nullaggine *s.f.* nulidad, ineptitud.

nullaosta *s.m.* autorización (*f.*), permiso.

nullatenente *agg.*, *s.m./f.* desposeído (*m.*), indigente, pobre.

nullatenenza *s.f.* pobreza.

nullità *s.f.* (*anche dir.*) nulidad: *quel ragazzo è una* —, ese chico es un inepto | *sentirsi una* —, sentirse un cero a la izquierda | — *del matrimonio*, nulidad del matrimonio.

nullo *agg.* nulo.

nume *s.m.* numen.

numerabile *agg.* numerable.

numerale *agg.*, *s.m.* numeral: — *cardinale*, numeral cardinal; — *ordinale*, numeral ordinal.

numerare *v.tr.* numerar, enumerar.

numerato *agg.* numerado.

numeratore *s.m.* numerador.

numerazione *s.f.* numeración.

numericamente *avv.* numéricamente.

numerico *agg.* numérico.

numero *s.m.* **1** (*mat.*) número: — *dispari*, *pari*, número impar, par; *numeri romani*, números romanos; *numeri arabi*, números árabes | — *frazionario*, número quebrado | — *guida*, número de diafragma | — *immaginario*, número imaginario | — *indice*, número índice | — *intero*, número entero | — *irrazionale*, número abstracto | — *naturale*, número natural | — *primo*, número primo/simple | — *quantico*, número cuántico | — *razionale*, número racional | — *reale*, número real | — *unico*, ejemplar único | *numeri amici*, números amigos | — *atomico*, número atómico | — *di codice fiscale*, número de identificación fiscal | — *di massa*, número másico | — *di ottano*, índice de octano | — *vincente*, número sorteado | — *civico*, número de casa | *estrarre un* —, sortear un número | *legge dei grandi numeri*, ley de los grandes números | *prendere il* —, pedir/sacar número **2** (*quantità*) número: *un gran* — *di*, un gran número de **3** (*di giornale*) número, ejemplar: *un* — *arretrato*, un ejemplar atrasado **4** (*spettacolo*) número, función (*f.*): *un* — *di varietà*, un número de variedades **5** (*misura di scarpe*) número: *che* — *porti?*, ¿qué número calzas?
■ ***numero chiuso***, numerus clausus | ***numero legale***, quórum | ***numero verde***, número gratuito, línea 900 | ***raggiungere il numero legale***, llegar al quórum | ***far numero***, hacer número | ***numero di targa***, número de matrícula | ***dare i numeri***, montar un cacao, desvariar | ***essere del numero***, ser de la pandilla.

numerologia *s.f.* numerología.

numeroso *agg.* numeroso.

numismatica *s.f.* numismática.

numismatico *agg.* numismático.

nunzio *s.m.* nuncio | — *apostolico*, nuncio apostólico.

nuocere *v.intr.* perjudicar*, afectar, dañar | *tentar non nuoce*, nada se pierde con probar.

nuora *s.f.* nuera.

nuotare *v.intr.* nadar (*anche fig.*): — *a stile libero*, *a dorso*, *a rana*, nadar estilo libre, espalda, braza | — *sott'acqua*, bucear | — *nell'oro*, nadar en dinero, nadar en la abundancia.

nuotata *s.f.* nadada: *fare una* —, nadar, darse un chapuzón/un baño.

nuotatore *s.m.* nadador.

nuoto *s.m.* natación (*f.*): — *sincronizzato*, natación sincronizada; *corso di* —, curso de natación; *lunedì e giovedì vado a* —, los lunes y los jueves voy a la piscina; *attraversare a* —, cruzar a nado.

nuova *s.f.* nueva, noticia | *buone nuove*, buenas noticias.

nuovamente *avv.* nuevamente, de nuevo.

nuovo *agg.* **1** nuevo: *la luna nuova*, la luna nueva; *l'anno* —, el año nuevo; *essere* — *di un luogo*, ser nuevo en un lugar | *giungere* —, coger de nuevas algo | *non mi giunge* —, me resulta conocido, es una cara conocida | — *fiammante/di zecca*, flamante, de estreno | *essere come* —, estar como nuevo **2** (*altro, ulteriore*) nuevo, otro ♦ *s.m.* nuevo: *che c'è di* —?, ¿qué hay de nuevo?
■ ***anno nuovo vita nuova***, año nuevo vida nueva | ***nuovo del mestiere***, novato | ***nuovo ricco***, nuevo rico | ***rimettere a nuovo***, poner como nuevo, renovar | ***sentirsi come nuovo***, quedar nuevo | ***di nuovo***, de nuevo, nueva-

mente, otra vez; (*arrivederci*) hasta luego, adiós | ***questa è nuova!***, ¡vaya novedad! | ***un nuovo arrivato***, un recién llegado.
nurse *s.f.* niñera.
nursery *s.f.* guardería infantil, jardín (*m.*) de infancia.
nutella® *s.f.* nocilla®.
nutria *s.f.* (*zool.*) nutria.
nutrice *s.f.* nodriza.
nutriente *agg.* nutriente, nutritivo.
nutrimento *s.m.* **1** nutrimento **2** (*fig.*) sustento.
nutrire *v.tr.* **1** nutrir, alimentar **2** (*fig.*) abrigar*, sentir*: — *speranze*, nutrir, alimentar esperanzas ♦ **-rsi** *v.pron.* nutrirse, alimentarse.
nutritivo *agg.* nutritivo.
nutritizio *agg.* nutricio.
nutrizionale *agg.* nutricional, nutritivo.
nutrizione *s.f.* nutrición.
nutrizionista *s.m.* nutricionista.
nuvola *s.f.* nube | *avere la testa fra le nuvole*, estar en las nubes | *cadere dalle nuvole*, quedarse pasmado, caer en cuenta | *vivere nelle nuvole*, vivir en las nubes, vivir en la luna.
nuvoletta *s.f.* (*fumetto*) globo (*m.*), bocadillo (*m.*).
nuvolo *agg.* nublado, nuboso: *è* —, está nublado.
nuvolone *s.m.* nubarrón.
nuvolosità *s.f.* nubosidad.
nuvoloso *agg.* nublado, nuboso, cubierto.
nuziale *agg.* nupcial: *fede* —, alianza; *marcia* —, marcha nupcial.
nylon® *s.m.* nilón®.

Oo

o[1] *s.f.* o | (*tel.*) — *come Otranto*, o como Oviedo.
o[2] *cong.* o, (*davanti a parola che inizia per* o, ho) u: *carne — pesce*, carne o pescado; *dieci — undici*, diez u once.
oasi *s.f.* **1** oasis (*m.*) **2** (*fig.*) oasis (*m.*), remanso (*m.*): *un'— di pace*, un remanso de paz.
obbediente *agg.* → **ubbidiente.**
obbedienza *s.f.* → **ubbidienza.**
obbedire *v.intr.* → **ubbidire.**
obbiettare *v.tr., intr.* → **obiettare.**
obbiettivo *agg.* → **obiettivo.**
obbiettore *s.m.* → **obiettore.**
obbligare *v.tr.* **1** obligar*: *essere obbligato a*, estar/verse obligado a; *la malattia l'ha obbligato a letto*, la enfermedad le ha hecho guardar cama **2** (*rendere debitore*) hacer* deudor: *i suoi favori mi obbligano*, sus favores me hacen deudor de él ♦ **-rsi** *v.pron.* obligarse*; (*impegnarsi*) comprometerse: *si è obbligato a consegnare il lavoro entro aprile*, se ha comprometido a entregar el trabajo para abril.
obbligato *agg.* obligado | *sentirsi — verso qlcu.*, sentirse obligado con alguien | *passaggio —*, paso forzoso | *scelta obbligata*, elección obligatoria, forzosa.
obbligatorietà *s.f.* obligatoriedad.
obbligatorio *agg.* obligatorio, forzoso.
obbligazione *s.f.* (*anche fin.*) obligación | *in solido*, obligación solidaria.
obbligazionista *s.m./f.* (*fin.*) obligacionista.
obbligo *s.m.* obligación (*f.*): *d'—*, obligatorio; *essere in — di, avere l'— di*, tener la obligación de | *sentirsi in — verso qlcu.*, sentirse obligado con alguien | *avere degli obblighi verso qlcu.*, estar obligado con alguien | *scuola dell'—*, enseñanza obligatoria.
obbrobrio *s.m.* **1** vergüenza (*f.*), oprobio **2** (*fig.*) horror.
obbrobrioso *agg.* **1** (*vergognoso*) ignominioso, vergonzoso **2** (*brutto*) horrible: *un film —*, una película horrible/horrorosa.
obelisco *s.m.* obelisco.
oberare *v.tr.* sobrecargar*, atosigar*, agobiar.
oberato *agg.* cargado, abrumado: *è — di lavoro*, está cargado de trabajo; *è — di debiti*, está abrumado por las deudas.
obesità *s.f.* obesidad.
obeso *agg.* obeso.
obice *s.m.* (*mil.*) obús.
obiettare *v.tr.* objetar | *non avere nulla da —*, no tener nada que objetar.
obiettivamente *avv.* objetivamente.
obiettivare *v.tr.* objetivar.
obiettività *s.f.* objetividad; (*imparzialità*) imparcialidad.
obiettivo *agg.* objetivo; (*imparziale*) imparcial ♦ *s.m.* **1** (*foto., mil.*) objetivo **2** (*fig.*) objetivo, meta (*f.*), mira (*f.*).
obiettore *s.m.* **1** objetor: *— di coscienza*, objetor de conciencia **2** (*med.*) antiabortista.
obiezione *s.f.* objeción | *— di coscienza*, objeción de conciencia | *fare/muovere obiezioni*, objetar, plantear objeciones.
obitorio *s.m.* depósito de cadáveres; (*Amer.*) morgue (*f.*); (*camera ardente*) cámara (*f.*) mortuoria, tanatorio.
oblato *s.m.* (*relig.*) oblato.
oblazione *s.f.* oblación; ofrenda, oferta.
oblio *s.m.* (*lett.*) olvido.
obliquo *agg.* oblicuo | *per vie oblique*, por vías indirectas | *sguardo —*, mirada torcida.
obliterare *v.tr.* **1** (*biglietti*) picar*, validar; (*francobolli*) matar **2** (*lett.*) obliterar, cancelar, anular.
obliteratrice *s.f.* máquina validadora.
obliterazione *s.f.* **1** (*di francobolli*) cancelación **2** (*di biglietti*) validación.
oblò *s.m.* (*mar.*) portilla (*f.*), ojo de buey; (*aer.*) ventanilla (*f.*); (*di lavatrici*) puerta (*f.*).
oblungo *agg.* oblongo.
obnubilare *v.tr.* obnubilar, embelesar ♦ **-rsi** *v.pron.* obnubilarse, embelesarse.
oboe *s.m.* (*mus.*) oboe.
oboista *s.m./f.* (*mus.*) oboísta.
obolo *s.m.* óbolo, limosna (*f.*).
obsoleto *agg.* obsoleto, anticuado, desusado.
oca *s.f.* (*zool.*) oca, ganso (*m.*) | *avere la pelle d'—*, tener piel de gallina | *è un'— giuliva*, es una tonta/una boba/una despistada | *andare in —*, írsele el santo al cielo | *gioco dell'—*, juego de la oca.
ocarina *s.f.* (*mus.*) ocarina.

occasionale *agg.* ocasional, fortuito | *lavori occasionali*, trabajos ocasionales | *rapporti sessuali occasionali*, sexo ocasional, sexo casual.
occasionalmente *avv.* ocasionalmente.
occasione *s.f.* **1** ocasión, oportunidad: *in — di*, con ocasión de; *alla prima —*, a/en la primera ocasión; *una buona —*, una buena oportunidad; *se si presenta l'—*, si se presenta la oportunidad **2** (*circostanza*) ocasión, caso (*m.*): *in quell'— ti sei comportato bene*, en aquella ocasión te portaste bien | *l'— fa l'uomo ladro*, la ocasión hace al ladrón **3** (*motivo*) causa, motivo (*m.*): *non dare —*, no dar motivo; *dar — di*, dar pie a/para **4** (*buon affare*) ocasión, ganga, lance (*m.*): *d'—*, de ocasión, de lance.
occhiaia *s.f.* **1** (*pl.*) ojeras: *avere le occhiaie*, tener ojeras **2** (*anat.*) cuenca/órbita del ojo.
occhiali *s.m.pl.* gafas (*f.*), anteojos: *— da sole*, gafas de sol; *— per leggere*, gafas para leer; *— da miope, presbite*, gafas de miope, présbite; *portare gli —*, llevar gafas; *mettersi gli —*, ponerse las gafas; *un paio di —*, un par de gafas.
occhialuto *agg.* gafudo, gafotas.
occhiata *s.f.* ojeada, vistazo (*m.*), mirada: *dare un'— a qlco.*, echar un vistazo, dar una ojeada a algo | *lanciare un'— a qlcu.*, lanzar una mirada a alguien | *alla prima —*, a primera vista.
occhiataccia *s.f.* mirada torva.
occhieggiare *v.tr.* ojear ♦ *v.intr.* aparecer*, despuntar.
occhiello *s.m.* **1** (*di vestito*) ojal | *fiore all'—*, florón **2** (*tip.*, *di giornale*) ladillo, antetítulo; (*di libro*) anteportada (*f.*).
occhio *s.m.* (*anat.*) ojo: *occhi infossati*, ojos hundidos; *occhi sporgenti*, ojos reventones/saltones; *occhi a mandorla*, ojos rasgados | *— pesto*, ojo morado/a la funerala | *avere gli occhi storti*, ser estrábico | *cieco da un —*, tuerto | *spalancare/sgranare gli occhi*, salirse los ojos de las órbitas
■ (*med.*) ***occhio di pernice***, ojo de gallo/pollo | ***avere l'occhio clinico***, tener ojo clínico | ***dare nell'occhio***, llamar la atención | ***salta agli occhi***, salta a la vista | ***non credere ai propri occhi***, no poder creérselo | ***costare un occhio della testa***, costar/valer un ojo de la cara, costar una barbaridad | (*fig.*) ***chiudere un occhio***, hacer la vista gorda | ***avere sott'occhio***, tener algo/alguien en las propias narices | ***tenere d'occhio***, no perder de vista, no quitar el ojo de encima | ***non ho chiuso occhio tutta notte***, no he pegado ojo por toda la noche | ***mettere gli occhi addosso a qlcu.***, clavar los ojos/la vista encima de alguien | ***mettere gli occhi su***, poner el ojo en | ***vedere di buon, mal occhio***, ver con buenos, malos ojos | ***a occhio e croce***, a ojo de buen cubero, más o menos | ***a occhio nudo***, a simple vista | ***a colpo d'occhio***, a primera vista | ***colpo d'occhio***, vista, panorama | ***a perdita d'occhio***, hasta el alcance de la vista | ***in un batter d'occhio***, en un santiamén | ***a quattr'occhi***, cara a cara, a solas | ***occhio a***, atención a | ***occhio!***, ¡ojo! | ***occhio non vede, cuore non duole***, ojos que no ven, corazón que no siente.
occhiolino *s.m.* ojito | *fare l'—*, guiñar el ojo.
occidentale *agg.* occidental.
occidentalizzare *v.tr.* occidentalizar*.
occidentalizzazione *s.f.* occidentalización.
occidente *s.m.* occidente, oeste.
occipitale *agg.* (*anat.*) occipital.
occipite *s.m.* (*anat.*) occipucio, nuca (*f.*).
occitano *agg.*, *s.m.* occitano.
occludere *v.tr.* obstruir*, ocluir*.
occlusione *s.f.* (*anche med., ling.*) oclusión: *— intestinale,* oclusión intestinal.
occlusivo *agg.* (*anche ling.*) oclusivo.
occorrente *agg.* necesario, preciso ♦ *s.m.* lo necesario: *l'— per disegnare*, lo necesario para dibujar.
occorrenza *s.f.* necesidad: *all'—*, en caso necesario.
occorrere *v.intr.* ser* necesario/preciso, necesitar: *occorre più tempo*, se necesita más tiempo | *non occorre*, no sirve, es inútil | *ti occorre qualcosa?*, ¿necesitas algo?
occultamento *s.m.* ocultación (*f.*).
occultare *v.tr.* ocultar, esconder.
occultismo *s.m.* ocultismo.
occultista *s.m./f.* ocultista.
occulto *agg.* oculto, escondido.
occupante *agg.*, *s.m./f.* ocupante.
occupare *v.tr.* ocupar: *questo mobile occupa troppo spazio*, este mueble ocupa demasiado espacio; *devi — il tuo tempo libero in un altro modo*, tienes que emplear tu tiempo libre de otra manera; *come occupi le giornate?*, ¿cómo pasas tus días? ♦ **-rsi** *v.pron.* **1** ocuparse, interesarse **2** (*come attività*) trabajar, emplearse: *si occupa di bestiame*, trabaja con el ganado.
occupato *agg.* **1** ocupado: *il bagno è —*, el baño está ocupado **2** (*impegnato*) atareado, ocupado: *in questo periodo sono molto —*, en este período estoy muy ocupado | *il telefono è —*, el teléfono está ocupado, está comunicando.
occupazionale *agg.* ocupacional.
occupazione *s.f.* **1** ocupación **2** (*impiego*) empleo (*m.*), trabajo (*m.*): *senz'—*, sin trabajo, parado.
oceanico *agg.* oceánico.
oceano *s.m.* océano: *Oceano Indiano*, Océano Índico.

oceanografia *s.f.* oceanografía.
oceanografico *agg.* oceanográfico.
ocelot *s.m.* (*zool.*) ocelote.
ocra *agg.*, *s.f.* ocre (*m.*).
oculare *agg.* ocular: *bulbo* —, globo ocular; *testimone* —, testigo ocular.
oculatezza *s.f.* cautela, prudencia.
oculato *agg.* cauteloso, prudente.
oculista *s.m./f.* (*med.*) oculista, oftalmólogo (*m.*).
oculistica *s.f.* (*med.*) oftalmología.
oculistico *agg.* (*med.*) ocular, oftalmológico.
odalisca *s.f.* odalisca.
oddio *inter.* ¡Dios mío!
ode *s.f.* (*lett.*) oda.
odiare *v.tr.* odiar, detestar | — *a morte qlcu.*, odiar a muerte a alguien ♦ **-rsi** *v.pron.* odiarse.
odiato *agg.* odiado, detestado.
odierno *agg.* **1** de hoy, del día **2** (*attuale*) actual.
odio *s.m.* odio: *avere in* — *qlcu.*, tener entre ojos a alguien.
odioso *agg.* odioso.
odissea *s.f.* odisea.
odontoiatra *s.m./f.* (*med.*) odontólogo (*m.*).
odontoiatria *s.f.* (*med.*) odontología.
odontoiatrico *agg.* (*med.*) odontológico: *studio* —, gabinete odontológico.
odontotecnica *s.f.* (*med.*) odontotécnica.
odontotecnico *agg.* (*med.*) odontotécnico: *laboratorio* —, laboratorio odontotécnico ♦ *s.m.* protésico (*m./f.*) dental.
odorare *v.tr.* oler* (*anche fig.*), olfatear: *il cane odora le mie scarpe*, el perro huele mis zapatos | — *un buon affare*, oler un buen negocio ♦ *v.intr.* oler*, perfumar: *questi fiori odorano di buono*, estas flores huelen bien.
odorato *s.m.* olfato.
odore *s.m.* **1** olor: *buon, cattivo* —, buen, mal olor; *c'è cattivo, buon* —, huele mal, bien; *c'è* — *di gas*, hay olor a gas, huele a gas | *sentire* — *di bruciato*, oler a chamusquina | *in* — *di eresia*, en olor de erejía **2** (*pl.*, *erbe aromatiche*) hierbas (*f.*) aromáticas.
odoroso *agg.* oloroso, perfumado.
offendere *v.tr.* **1** ofender, agraviar, insultar **2** (*violare*) violar, ofender **3** (*lesionare*) ofender, dañar ♦ **-rsi** *v.pron.* **1** ofenderse, enojarse **2** (*reciproco*) insultarse: *si sono offesi a morte*, se insultaron a muerte.
offensiva *s.f.* ofensiva: *passare all'*—, tomar la ofensiva.
offensivo *agg.* ofensivo, insultante, hiriente.
offerente *s.m./f.* **1** oferente, donador (*m.*), donante **2** (*comm.*) postor (*m.*): *vendere al miglior* —, vender al mejor postor.
offerta *s.f.* **1** (*dono*) ofrecimiento (*m.*), oferta, donación **2** (*comm.*) oferta: *fare un'*— *a qlcu.*, hacer una oferta a alguien; *rifiutare un'*—, rechazar una oferta; — *speciale*, oferta, ocasión; *offerte di impiego*, ofertas de empleo | (*econ.*) *domanda e* —, demanda y oferta **3** (*nelle aste*) postura, remate (*m.*).
offertorio *s.m.* (*relig.*) ofertorio.
offesa *s.f.* ofensa; (*affronto*) afrenta, agravio (*m.*); (*oltraggio*) ultraje (*m.*).
offeso *agg.*, *s.m.* ofendido | *fare l'*—, hacerse el ofendido.
office automation *s.f.* ofimática.
officiante *agg.*, *s.m.* (*relig.*) oficiante, celebrante.
officiare *v.tr./intr.* (*relig.*) oficiar, celebrar.
officina *s.f.* taller (*m.*): — *meccanica*, taller mecánico.
officinale *agg.* oficinal: *piante officinali*, plantas oficinales.
off line *agg.* (*inform.*) fuera de línea, off-line.
offrire *v.tr.* **1** ofrecer*, brindar: — *ospitalità*, brindar hospitalidad **2** convidar, invitar: *offre lui*, paga él; *le offrirò la cena*, la/lo invitaré a cenar. **3** (*presentare*) presentar | *non offre alcun interesse*, no presenta algún interés | — *il fianco*, tener el flanco descubierto ♦ **-rsi** *v.pron.* **1** ofrecerse*: — *volontario*, ofrecerse como voluntario **2** (*presentarsi*) ofrecerse*, presentarse: *ti si offre una buona occasione*, se te presenta una buena oportunidad.
off-shore *agg.* off-shore.
offuscamento *s.m.* (*anche fig.*) ofuscamiento, ofuscación (*f.*).
offuscare *v.tr.* ofuscar* (*anche fig.*): — *la mente*, ofuscar la mente ♦ **-rsi** *v.pron.* ofuscarse*, oscurecerse*.
oftalmico *agg.* (*med.*) oftálmico.
oftalmologia *s.f.* (*med.*) oftalmología.
oftalmologo *s.m.* (*med.*) oftalmólogo.
oggettistica *s.f.* objetos (*pl.*) de regalo y para el hogar.
oggettivamente *avv.* objetivamente.
oggettivare *v.tr.* objetivar.
oggettività *s.f.* objetividad.
oggettivo *agg.* objetivo; (*imparziale*) imparcial: *deduzione oggettiva*, deducción objetiva | (*gramm.*) *proposizione oggettiva*, oración sustantiva.
oggetto *s.m.* **1** objeto: *essere* — *di*, ser objeto de; *oggetti smarriti*, objetos perdidos | (*gramm.*) *complemento* —, complemento directo | — *volante non identificato*, objeto volador no identificado **2** (*argomento*) objeto, tema, argumento ♦ *agg. nelle loc.*: *donna, uomo* —, mujer, hombre objeto.
oggi *avv.* **1** hoy: *è tornato* — *pomeriggio*, ha vuelto hoy por la tarde; — *ne abbiamo 20*, hoy estamos a veinte; — *è un mese, un anno, una settimana*, hoy hace un mes, un año, una semana; *da* — *in poi*, de hoy en adelante

2 (*attualmente*) hoy (en) día, al presente ♦ *s.m.* hoy
■ ***oggi come oggi***, hoy por hoy | ***dall'oggi al domani***, de hoy a mañana, de la noche a la mañana | ***a tutt'oggi***, hasta hoy | ***al giorno d'oggi***, hoy (en) día, en la actualidad.
oggidì, oggigiorno *avv.* hoy día, hoy en día.
ogiva *s.f.* ojiva: *arco a* —, arco ojival.
ogivale *agg.* ojival.
ogm (*organismo geneticamente modificato*) *s.m.* omg, ogm.
ogni *agg.indef.m./f.* **1** (*ciascuno*) cada: — *allievo esprime la propria opinione*, cada alumno expresa su opinión **2** (*tutti, in senso generale e indeterminato*) todo (*m.*): — *persona*, toda persona; — *bambino*, todo niño; — *uomo è vulnerabile*, todo hombre es vulnerable; — *giorno*, todos los días; — *suo desiderio*, todos sus deseos; *c'era gente di — nazionalità*, había gente de todas las nacionalidades; *entra in — libreria*, entra en todas las librerías; *in — caso*, en todo caso; *in/a — modo*, de todos modos | *a — costo*, a toda costa | — *cosa*, todo | — *momento*, siempre **3** (*distributivo*) cada: — *cinque minuti mi chiama*, cada cinco minutos me llama; — *due o tre giorni*, cada dos o tres días; — *volta che*, cada vez que | — *tanto*, de cuando en cuando, de vez en cuando.
ogniqualvolta *cong.* cada vez que.
Ognissanti *s.m.* (*relig.*) Todos los Santos.
ognuno *pron.indef. solo sing.* cada cual, cada uno, todos (*pl.*): — *di noi, di voi*, cada uno de nosotros, de vosotros; — *lo sa*, cada cual lo sabe, todos lo saben.
oh *inter.* ¡oh!
ohi *inter.* ¡ay!, ¡huy!
ohimè *inter.* ¡ay de mí!, ¡pobre de mí!, ¡válgame Dios!
o.k., okay *inter.* de acuerdo, vale ♦ *s.m.*: *dare l'*—, dar el visto bueno | *essere* —, estar bien.
olà *inter.* ¡alto ahí!
olandese *agg.*, *s.m./f.* holandés (*m.*).
oleandro *s.m.* (*bot.*) adelfa (*f.*).
oleario *agg.* aceitero.
oleato *agg.* parafinado: *carta oleata*, papel parafinado.
oleico *agg.* (*chim.*) oleico: *acido* —, ácido oleico.
oleicoltore *s.m.* oleicultor, olivarero
oleificio *s.m.* molino/fábrica (*f.*) de aceite, almazara (*f.*).
oleina *s.f.* (*chim.*) oleína.
oleodotto *s.m.* oleoducto.
oleografia *s.f.* oleografía.
oleografico *agg.* oleográfico.
oleosità *s.f.* oleosidad.
oleoso *agg.* aceitoso, oleoso.
olezzante *agg.* oloroso, aromático, perfumado.
olezzare *v.intr.* (*lett.*) oler* bien, perfumar; (*puzzare*) oler* mal, heder*.
olezzo *s.m.* **1** (*lett.*) fragancia (*f.*) **2** (*iron.*, *puzza*) mal olor.
olfattivo *agg.* olfativo.
olfatto *s.m.* olfato.
oliare *v.tr.* aceitar, untar; (*mecc.*) engrasar, lubricar*.
oliatore *s.m.* (*mecc.*) aceitera (*f.*)
oliera *s.f.* (*solo olio*) aceitera; (*olio e aceto*) vinagreras (*f.pl.*).
oligarca *s.m.* (*pol., fig.*) oligarca.
oligarchia *s.f.* (*pol., fig.*) oligarquía.
oligarchico *agg.* (*pol., fig.*) oligárquico.
oligofrenia *s.f.* (*med.*) oligofrenia.
oligofrenico *agg.*, *s.m.* (*med.*) oligofrénico.
oligominerale *agg.* oligomineral.
oligopolio *s.m.* (*econ.*) oligopolio.
olimpiade *s.f.* (*sport*) olimpiada, olimpíada, olimpiadas (*pl.*), olimpíadas (*pl.*) | *olimpiadi invernali*, olimpiadas de invierno.
olimpico *agg.* (*sport*) olímpico: *campione* —, campeón olímpico; *giochi olimpici*, juegos olímpicos.
olimpionico *agg.*, *s.m.* (*sport*) olímpico | *costume* —, traje de baño olímpico.
olio *s.m.* **1** aceite: — *di oliva*, aceite de oliva; — *vergine d'oliva*, aceite de oliva virgen; — *di semi*, aceite de semillas; *sott'*—, en aceite; — *lubrificante*, aceite lubricante/lubrificante | — *essenziale*, esencia | — *santo*, santo óleo | *dare, ricevere l'— santo*, dar, recibir la extremaunción | *liscio come l'*—, sin problemas ni dificultades **2** (*arte*) óleo: *colori a* —, óleos | *pittura a* —, pintura al óleo.
olismo *s.m.* (*filos.*) holismo.
olistico *agg.* (*filos.*) holístico.
oliva *s.f.* (*bot.*) aceituna, oliva.
olivastro *agg.* aceitunado, cetrino | *carnagione olivastra*, tez aceitunada.
oliveto *s.m.* olivar.
olivicoltore *s.m.* (*agr.*) olivicultor.
olivicoltura *s.f.* (*agr.*) olivicultura.
olivo *s.m.* (*bot.*) olivo: *la Domenica degli Olivi*, el Domingo de Ramos.
olmo *s.m.* (*bot.*) olmo.
olocausto *s.m.* (*st., mil., fig.*) holocausto.
olocene *s.m.* (*geol.*) holoceno.
ologenesi *s.f.* (*biol.*) hologénesis.
olografia *s.f.* (*foto.*) holografía.
olografo *agg.* hológrafo.
ologramma *s.m.* (*foto.*) holograma.
oltraggiare *v.tr.* ultrajar, injuriar.
oltraggio *s.m.* ultraje, afrenta (*f.*): — *al pudore*, ultraje al pudor; — *a pubblico ufficiale*, ofensa de la autoridad.
oltraggioso *agg.* ultrajante, injurioso.

oltralpe *avv.* allende los Alpes: *d'—*, transalpino.
oltranza *s.f.* ultranza: *a —*, a ultranza.
oltranzismo *s.m.* extremismo.
oltranzista *agg.*, *s.m./f.* extremista.
oltre *avv.* **1** (*di spazio*) más allá: *andare/passare —*, ir más allá | *andare troppo —*, sobrepasar los límites, ir demasiado lejos; (*esagerare*) pasarse **2** (*di tempo*) más: *non voglio aspettare —*, no quiero esperar más ♦ *prep.* **1** más allá de; (*dall'altra parte*) al otro lado de: *— il cancello*, más allá de la cancela; *— ogni limite*, más allá de cualquier límite | *d'— oceano*, transoceánico **2** (*più di*) más de: *è — un anno che non lo vedo*, hace más de un año que no lo veo; *— le aspettative*, por encima de las espectativas | (*fig.*) *— le mie possibilità*, por encima de mis posibilidades **3** (*in più, in aggiunta a*) además de: *— a essere bello è anche simpatico*, además de ser guapo también es simpático **4** (*eccetto*) fuera de: *— a lui, non ha parlato nessuno*, fuera de él, no ha hablado nadie | *— a/che*, además de, fuera de, excepto.
oltre- *pref.* ultra-.
oltremare *agg.* (*colore*) azul ultramarino, azul de ultramar ♦ *avv.* ultramar ♦ *s.m.* ultramar.
oltremisura *avv.* excesivamente, desmedidamente.
oltremodo *avv.* sobremanera.
oltreoceano *avv.* al otro lado del océano: *territori d'—*, territorios de ultramar; *d'—*, transoceánico.
oltrepassare *v.tr.* sobrepasar, superar, pasar | *— i limiti*, colmarse la medida, (*fam.*) pasarse.
oltretomba *s.m.* ultratumba | *d'—*, de ultratumba.
omaggiare *v.tr.* homenajear.
omaggio *agg.* gratuito: *copia* (*in*) *—*, copia gratuita | *biglietto —*, billete gratuito ♦ *s.m.* **1** (*rispetto*) homenaje, obsequio: *rendere —*, rendir/tributar homenaje | *i miei omaggi*, mis respetos **2** (*regalo*) regalo, obsequio: *in —*, de regalo.
ombelicale *agg.* umbilical: *cordone —*, cordón umbilical.
ombelico *s.m.* (*anat.*) ombligo.
ombra *s.f.* sombra (*anche fig.*) | *non c'è — di dubbio*, no hay/cabe la menor duda | *non c'è — di vero*, no hay asomo de verdad | *restare, lasciare nell'—*, quedar, dejar en el anonimato | *ombre cinesi*, sombras chinescas ♦ *agg.* *sombra: governo —*, gobierno sombra | *bandiera —*, bandera de conveniencia.
ombreggiare *v.tr.* sombrear (*anche pitt.*), dar* sombra.
ombreggiato *agg.* sombreado.
ombreggiatura *s.f.* sombra.
ombrella *s.f.* (*bot.*) umbela.
ombrellaio *s.m.* paragüero.
ombrello *s.m.* paraguas.
ombrellone *s.m.* sombrilla (*f.*), quitasol.
ombretto *s.m.* sombra (*f.*) de ojos.
ombrosità *s.f.* **1** sombra, oscuridad **2** (*fig.*) recelo (*m.*).
ombroso *agg.* **1** sombroso, umbroso **2** (*cupo*) sombrío, umbrío **3** (*fig.*, *suscettibile*) receloso, quisquilloso **4** (*di cavallo*) espantadizo.
omega *s.f.* omega.
omelette *s.f.* (*cuc.*) tortilla francesa.
omelia *s.f.* (*relig.*) homilía.
omeo- *pref.* homeo-.
omeopata *s.m./f.* (*med.*) homeópata.
omeopatia *s.f.* (*med.*) homeopatía.
omeopatico *agg.* (*med.*) homeopático.
omeostasi *s.f.* (*biol.*) homeostasis, homeóstasis.
omerale *agg.* (*anat.*) humeral.
omerico *agg.* homérico.
omero *s.m.* (*anat.*) húmero.
omertà *s.f.* ley del silencio; complicidad.
omettere *v.tr.* omitir.
omicida *agg.*, *s.m./f.* homicida.
omicidio *s.m.* homicidio; (*assassinio*) asesinato: *— colposo*, homicidio involuntario; *— premeditato*, homicidio con premeditación; *— preterintenzionale*, homicidio preterintencional; *— volontario*, homicidio voluntario; *tentato —*, tentativa de homicidio.
ominide *s.m.* (*zool.*) homínido.
omissione *s.f.* omisión | *peccato di —*, pecado de omisión | *— di soccorso*, omisión de auxilio.
omissis *s.m.* omisión (*f.*).
omo- *pref.* homo-.
omofobia *s.f.* homofobia.
omofobo *agg.*, *s.m.* homófobo.
omofonia *s.f.* (*ling.*, *mus.*) homofonía.
omofono *agg.* (*ling.*) homófono.
omogeneità *s.f.* homogeneidad.
omogeneizzato *agg.* homogeneizado ♦ *s.m.* potito, papilla (*f.*) para bebés.
omogeneo *agg.* homogéneo.
omografia *s.f.* (*ling.*) homografía.
omografo *agg.* (*ling.*) homógrafo.
omologare *v.tr.* homologar*.
omologazione *s.f.* homologación.
omologia *s.f.* homología.
omologo *agg.* homólogo.
omonimia *s.f.* (*ling.*) homonimia.
omonimo *agg.*, *s.m.* (*ling.*) homónimo.
omosessuale *agg.*, *s.m./f.* homosexual.
omosessualità *s.f.* homosexualidad.
omozigote *agg.* homocigótico.

omuncolo *s.m.* (*biol.*) hombrecillo, pobre diablo.
onanismo *s.m.* onanismo.
onanista *agg.*, *s.m./f.* onanista.
oncia *s.f.* **1** (*misura*) onza **2** (*fig.*) pizca, mínimo (*m.*).
oncogeno *agg.* (*med.*) oncógeno.
oncologia *s.f.* (*med.*) oncología.
oncologico *agg.* (*med.*) oncológico.
oncologo *s.m.* (*med.*) oncólogo.
onda *s.f.* **1** ola: | — *anomala*, ola anómala | *a onde*, ondulado | *essere sulla cresta dell'*—, estar en la cresta de la ola, tener éxito **2** (*fis.*) onda: *lunghezza d'*—, longitud de onda | — *d'urto*, onda de choque | *onde lunghe, medie, corte*, ondas largas, medias, cortas **3** (*fig.*) oleada | *l'— dei ricordi*, la oleada de los recuerdos
■ ***essere in onda***, estar en el aire | ***mettere/mandare in onda***, transmitir, emitir, estar en antena.
ondata *s.f.* **1** oleada **2** (*fig.*) ola, oleada: *un'— di caldo, di freddo*, una ola de calor, de frío.
ondeggiante *agg.* ondeante, flotante.
ondeggiare *v.intr.* **1** (*di imbarcazione*) ondear, olear **2** (*di bandiera ecc.*) flotar, fluctuar **3** (*barcollare*) balancearse.
ondina *s.f.* (*mit.*) ondina, ninfa.
ondoso *agg.* ondoso.
ondulare *v.intr.* (*ondeggiare*) ondular, ondear ♦ *v.tr.* (*piegare a onde*) ondular.
ondulato *agg.* ondulado.
ondulatorio *agg.* ondulatorio.
ondulazione *s.f.* ondulación.
onerare *v.tr.* gravar, cargar*.
onere *s.m.* gravamen, peso: *oneri fiscali*, gravámenes/cargas fiscales; *assumersi l'— di*, asumirse la carga de, cargarse de.
oneroso *agg.* oneroso, gravoso.
onestà *s.f.* honestidad.
onestamente *avv.* honestamente, honradamente, con sinceridad.
onesto *agg.* **1** honesto, honrado **2** (*giusto*) correcto, justo: *prezzo* —, precio justo.
onice *s.f.* ónix*.
onicofagia *s.f.* (*psic.*) onicofagia.
onirico *agg.* onírico.
on line *agg.* (*inform.*) en línea.
onnicomprensivo *agg.* omnicomprensivo.
onnipotente *agg.*, *s.m.* omnipotente, todopoderoso.
onnipotenza *s.f.* omnipotencia.
onnipresente *agg.* omnipresente.
onnipresenza *s.f.* omnipresencia.
onnisciente *agg.* omnisciente.
onnivoro *agg.* (*zool.*) omnívoro.
onomastica *s.f.* onomástica.
onomastico *agg.* onomástico, del santo ♦ *s.m.* santo, onomástica (*f.*).
onomatopea *s.f.* onomatopeya.
onomatopeico *agg.* onomatopéyico.
onorabile *agg.* honorable.
onorabilità *s.f.* honorabilidad.
onoranze *s.f.pl.* honras, celebraciones: — *funebri*, honras fúnebres, exequias.
onorare *v.tr.* **1** honrar, agasajar, homenajear **2** (*un obbligo*) hacer* honor ♦ **-rsi** *v.pron.* honrarse.
onorario[1] *agg.* honorario: *membro* —, miembro honorario | *cittadinanza onoraria*, ciudadanía honoraria.
onorario[2] *s.m.* honorario (*spec. pl.*), retribución (*f.*).
onoratamente *avv.* honradamente.
onorato *agg.* honrado.
onore *s.m.* honor, honra (*f.*): *parola d'*—, palabra de honor; *togliere l'*—, deshonorar, deshonrar; *tenere in* —, tener a gala; *in — di*, en honor de; *fare — a qlco.*, hacer honor a algo; *ospite d'*—, huésped/invitado de honor; *garantire/giurare sul proprio* —, jurar por su honor; *perdere l'*—, perder la reputación; *posto d'*—, lugar de honor; *questione di* —, cuestión/lance de honor
■ ***a onor del vero***, en honor a la verdad | ***farsi onore in***, honrarse en | ***fare onore a qlco.***, hacer honor a algo | ***fare gli onori di casa***, hacer los honores | ***punto d'onore***, pundonor.
onorevole *agg.* honorable, respetable ♦ *s.m.* (*pol.*) diputado.
onorificenza *s.f.* condecoración, distinción, título (*m.*).
onorifico *agg.* honorífico | *a titolo* —, a título honorífico.
onta *s.f.* **1** (*vergogna*) deshonra, vergüenza **2** (*affronto*) afrenta, ofensa | *a — di*, no obstante.
ontano *s.m.* (*bot.*) aliso.
ontologia *s.f.* (*filos.*) ontología.
ontologico *agg.* (*filos.*) ontológico.
opacità *s.f.* opacidad.
opacizzare *v.tr.* oscurecer*, (*Amer.*) opacar*.
opaco *agg.* opaco; mate | *capelli opachi*, pelo sin brillo.
opale *s.m./f.* (*min.*) ópalo.
opalescente *agg.* opalescente.
opalescenza *s.f.* opalescencia.
opalina *s.f.* (*tess.*) opal (*m.*).
open day *s.m.* jornada (*f.*) de puertas abiertas.
open space *s.m.* espacio abierto.
opera *s.f.* **1** obra; (*azione*) labor, trabajo (*m.*): *mettersi all'*—, ponerse manos a la obra; *fare un'— buona*, hacer una obra buena; *opere pubbliche*, obras públicas; *rappresenta l'— di tutta una vita*, representa la labor de

toda una vida; *è un'— faticosa*, es un trabajo cansino | *mettere in —*, poner en obra | *messa in —*, puesta en obra | *mano d'—*, mano de obra | *all'—!*, ¡manos a la obra! | *voglio vederlo all'—!*, ¡quiero que meta manos a la obra!; ¡quiero verlo trabajando! **2** (*produzione artistica, letteraria*) obra | *— prima*, ópera prima **3** (*assistenza*) ayuda: *avvalersi dell'— di qlcu.*, valerse de la ayuda de alguien **4** (*mus.*) ópera: *— buffa*, ópera bufa.

operabile *agg.* operable.

operaio *agg., s.m.* obrero, trabajador: *— specializzato*, obrero especializado; *classe operaia*, clase obrera | *ape operaia*, abeja obrera.

operante *agg.* operante; (*in vigore*) vigente.

operare *v.tr.* **1** operar; (*effettuare*) hacer*, realizar* **2** (*med.*) operar ♦ *v.intr.* obrar, actuar*, operar ♦ **-rsi** *v.pron.* **1** (*prodursi*) producirse*, realizarse*: *si operarono importanti mutamenti*, se produjeron cambios notables **2** (*med.*) operarse.

operativo *agg.* **1** operacional, operativo: *piano —*, plan operativo | (*inform.*) *sistema —*, sistema operativo **2** (*in atto*) vigente.

operato *s.m.* **1** proceder, conducta (*f.*) **2** (*opera*) obra (*f.*), labor (*f.*) **3** (*med.*) operado.

operatore *s.m.* operador, técnico | *— di borsa*, corredor de bolsa | *— ecologico*, operario del servicio de limpieza, barrendero | *— economico*, empresario | *— sociale*, asistente social | *— televisivo*, operador de rodaje, camarógrafo, cámara | *— telefonico*, operador | *— turistico*, encargado de turismo.

operatorio *agg.* operatorio: *sala operatoria*, quirófano, sala de operaciones; *letto —*, mesa de operaciones.

operazione *s.f.* operación: *— chirurgica*, operación quirúrgica, cirugía; *— di Borsa*, operación de bolsa.

operetta *s.f.* (*mus.*) opereta.

operistico *agg.* (*mus.*) operístico.

operosità *s.f.* laboriosidad.

operoso *agg.* laborioso, operoso, activo.

opificio *s.m.* taller, fábrica (*f.*).

opinabile *agg.* opinable.

opinare *v.tr./intr.* opinar, pensar*.

opinione *s.f.* opinión: *secondo la mia —*, en mi opinión; *sono dell'— che*, opino que; *avere una buona, cattiva — di qlcu.*, tener buena, mala opinión de alguien; *— pubblica*, opinión pública.

opossum *s.m.* (*zool.*) zarigüeya (*f.*).

oppiaceo *agg.* opiáceo.

oppio *s.m.* opio | *la religione è l'— dei popoli*, la religión es el opio del pueblo.

oppiomane *s.m./f.* opiómano.

opponibile *agg.* oponible: *pollice —*, pulgar oponible; *sentenza —*, sentencia oponible.

opporre *v.tr.* oponer* ♦ **-rsi** *v.pron.* oponerse*.

opportunismo *s.m.* oportunismo.

opportunista *s.m./f.* oportunista, aprovechador (*m.*).

opportunità *s.f.* oportunidad, ocasión: *cogliere l'—*, aprovechar la oportunidad; *pari —*, igualdad de oportunidades.

opportuno *agg.* oportuno, adecuado, conveniente: *sarebbe — tacere*, sería conveniente callar; *ritenere —*, considerar bien/justo; *sei arrivato al momento —*, has llegado en un buen momento; *a tempo —*, a su tiempo.

oppositore *s.m.* opositor, enemigo, adversario.

opposizione *s.f.* oposición.

opposto *agg., s.m.* opuesto, contrario: *all'—*, al contrario; *tutto l'—*, todo lo contrario.

oppressione *s.f.* opresión.

oppressivo *agg.* opresivo.

oppresso *agg., s.m.* oprimido.

oppressore *s.m.* opresor, déspota (*m./f.*).

opprimente *agg.* **1** opresivo **2** (*fig.*) agobiante, insoportable.

opprimere *v.tr.* **1** oprimir, apretar* **2** (*fig.*) agobiar **3** (*tiranneggiare*) oprimir, tiranizar*, dominar.

oppugnabile *agg.* impugnable.

oppugnare *v.tr.* opugnar, impugnar, refutar.

oppure *cong.* **1** o, o bien: *o non hai capito — non hai studiato*, o no has entendido, o bien no has estudiado **2** (*altrimenti*) si no, de otra manera.

optare *v.intr.* optar, elegir*.

optimum *s.m.* lo mejor.

optional *s.m.* extras (*pl.*), accesorios (*pl.*).

optometria *s.f.* (*med.*) optometría.

optometrista *s.m./f.* (*med.*) optometrista.

opulento *agg.* opulento, rico, abundante | *società opulenta*, sociedad opulenta.

opulenza *s.f.* opulencia, riqueza.

opuscolo *s.m.* opúsculo, folleto.

opzionale *agg.* opcional.

opzione *s.f.* opción; (*scelta*) elección | *— d'acquisto*, opción de compra | *diritto di —*, derecho de opción.

ora[1] *s.f.* hora: *che — è?, che ore sono?*, ¿qué hora es?; *— di punta*, hora punta; *all'— di cena, di pranzo*, a la hora de cenar, de comer; *— legale*, hora oficial, de verano; *— solare*, hora solar; *è — di andare*, ya es hora de irse; *a tarda —*, tarde; *di buon'—*, temprano; *80 km all'—*, 80 km por hora | *a ore*, por horas: *lavoro a ore*, trabajo por horas

■ ***è ora di finirla/smetterla!***, ¡basta ya! | ***avere le ore contate***, tener las horas contadas | ***fare le ore piccole***, trasnochar | ***l'ora x***, la hora x | ***ore morte***, horas muertas | ***non vedere***

l'ora che/di, no ver la hora de | ***alla buon'ora!***, ¡a buenas horas!
ora[2] *avv.* **1** ahora: — *vengo*, ahora voy; — *non posso*, ahora no puedo; *per* —, por el momento, por ahora; *or* —, ahora mismo; *d'— in poi/avanti*, de ahora en adelante; *fin d'—*, desde ahora; *prima d'—*, antes de/hasta ahora; *è arrivato proprio* —, acaba de llegar | *sei mesi or sono*, hace seis meses | — *come* —, de momento, por lo pronto **2** (*in correlazione*) — ... —, tan pronto ... como: — *è triste*, — *allegro*, tan pronto está triste como alegre ♦ *cong.* ahora, pues: *or bene/dunque*, ahora bien; — *che*, ahora que.
oracolo *s.m.* oráculo.
orafo *s.m.* orfebre.
orale *agg.*, *s.m.* oral: *esame* —, examen oral; *igiene* —, higiene oral/bucal; *per via* —, por vía oral; *tradizione* —, tradición oral.
oralmente *avv.* oralmente.
oramai *avv.* → **ormai.**
orango *s.m.* (*zool.*) orangután.
orario *agg.* horario: *in senso* —, en el sentido de las agujas del reloj; *fuso* —, huso horario; *segnale* —, señal horaria; *velocità oraria*, velocidad por hora | *disco* —, disco de estacionamiento ♦ *s.m.* horario: — *d'apertura, di chiusura*, horario de apertura, de cierre; — *di lavoro*, horario laboral; — *di arrivo, di partenza*, horario de llegada, de salida; — *di sportello*, horario de atención al público; — *ferroviario*, horario de trenes; *arrivare/essere in* —, llegar a la hora, ser puntual | — *continuato*, jornada intensiva | — *di visita*, horario de visitas | — *flessibile*, jornada flexible | (*scuola*) — *delle lezioni*, horario de clases | *lavorare fuori* —, trabajar fuera del horario laboral.
orata *s.f.* (*zool.*) dorada.
oratore *s.m.* orador.
oratoria *s.f.* oratoria.
oratorio *agg.*, *s.m.* oratorio.
orazione *s.f.* **1** (*preghiera*) oración, rezo (*m.*) **2** (*discorso*) discurso (*m.*), oración.
orbene *cong.* ahora bien, pues bien.
orbita *s.f.* **1** (*astr.*, *anat.*) órbita: *essere, mettere in* —, estar, poner en órbita | *con gli occhi fuori dalle orbite*, con los ojos fuera de sus órbitas **2** (*fig.*) ámbito (*m.*).
orbitale *agg.* (*anche fis.*) orbital.
orbitare *v.intr.* (*astr.*) orbitar.
orbo *agg.* (*privo della vista*) ciego; (*che ci vede poco*) cegato: — *da un occhio*, estar tuerto; *è un po'* —, es un poco cegato ♦ *s.m.* ciego, cegato, tuerto.
orca *s.f.* (*zool.*) orca.
orchessa *s.f.* (*anche fig.*) ogresa.
orchestra *s.f.* (*mus.*) orquesta: — *da camera*, orquesta de cámara.
orchestrale *agg.* orquestal ♦ *s.m./f.* miembro (*m.*) de una orquesta.
orchestrare *v.tr.* **1** (*mus.*) orquestar **2** (*fig.*) orquestar, organizar*.
orchestrazione *s.f.* **1** (*mus.*) orquestación **2** (*fig.*) organización.
orchestrina *s.f.* (*mus.*) orquestina.
orchidea *s.f.* (*bot.*) orquídea.
orchiectomia *s.f.* (*med.*) orquiectomía.
orchite *s.f.* (*med.*) orquitis.
orcio *s.m.* tinaja (*f.*), orza (*f.*).
orco *s.m.* ogro.
orda *s.f.* horda, banda, tropel (*m.*).
ordalia *s.f.* (*st.*) ordalías (*pl.*).
ordigno *s.m.* mecanismo, máquina (*f.*), artefacto: — *esplosivo*, artefacto explosivo | — *infernale*, máquina difícil de manejar.
ordinale *agg.*, *s.m.* ordinal.
ordinamento *s.m.* **1** ordenamiento, ordenación (*f.*) **2** (*dir.*) ordenamiento: — *giuridico*, ordenamiento jurídico **3** (*organizzazione*) organización (*f.*), sistema: — *scolastico*, sistema escolar.
ordinanza *s.f.* **1** ordenanza | *d'*—, de ordenanza: *pistola d'*—, pistola de ordenanza **2** (*dir.*) mandato (*m.*), disposición | — *di custodia*, mandato de detención.
ordinare *v.tr.* **1** (*mettere in ordine*) ordenar, arreglar, poner* en orden **2** (*comandare*) mandar: *gli ha ordinato di restare*, le mandó que se quedara **3** (*al bar, al ristorante ecc.*) pedir*: *abbiamo ordinato due birre*, hemos pedido dos cervezas **4** (*comm.*) pedir*, encargar* **5** (*prescrivere*) prescribir*: *il medico mi ha ordinato delle cure*, el médico me ha prescrito unos tratamientos **6** (*relig.*) ordenar.
ordinario *agg.* **1** ordinario, común: *ordinaria amministrazione*, ordinaria administración; *cose di ordinaria amministrazione*, cosas normales y corrientes **2** (*grossolano*) grosero, vulgar ♦ *s.m.* **1** lo ordinario, la normalidad (*f.*) **2** (*professore di scuola secondaria*) numerario; (*di università*) catedrático.
ordinata *s.f.* **1** (*mat.*) ordenada **2** (*mar.*, *aer.*) coordenada.
ordinativo *s.m.* (*comm.*) pedido, orden (*f.*).
ordinato *agg.* arreglado, ordenado.
ordinazione *s.f.* **1** (*comm.*) pedido (*m.*) | *lavorare su* —, trabajar bajo pedido **2** (*relig.*) ordenación.
ordine *s.m.* **1** orden: *in — alfabetico, cronologico*, por orden alfabético, cronológico; *essere in* —, estar en orden; — *pubblico*, orden público; — *d'arrivo, di partenza*, orden de llegada, de salida; *mettere in* —, poner en orden **2** (*comando*) orden (*f.*): *dare un* —, dar una orden | *agli ordini!*, ¡a la orden!, ¡a sus órdenes! **3** (*comm.*, *ordinazione*) pedido

(*m.*), orden (*f.*) **4** (*relig.*) orden (*f.*): *l'— dei gesuiti*, la orden de los jesuitas; *ordini maggiori e minori*, órdenes mayores y menores **5** (*arch.*) orden
■ ***in ordine sparso***, en orden abierto | ***richiamare all'ordine***, llamar al orden | ***mettersi in ordine***, arreglarse | ***ordine del giorno***, orden del día | ***d'infimo ordine***, de mala calidad | ***di prim'ordine***, de primera clase | ***in ordine a...***, en orden a...| ***parola d'ordine***, contraseña.
ordire *v.tr.* **1** (*tessuti*) urdir **2** (*fig.*) urdir, tramar, maquinar.
ordito *s.m.* (*anche fig.*) urdimbre (*f.*).
orecchia *s.f.* **1** (*anat.*) → **orecchio** **2** (*su pagine*) oreja, pestaña.
orecchiabile *agg.* pegadizo.
orecchiare *v.tr.* escuchar.
orecchietta *s.f.* (*anat.*) aurícula.
orecchino *s.m.* pendiente.
orecchio *s.m.* **1** (*anat.*) oreja (*f.*), oído: *orecchie a sventola*, orejas de soplillo | *— interno, medio*, oído interno, medio | *fischiare le orecchie*, zumbar/silbar los oídos **2** (*udito*) oído | *drizzare gli orecchi*, abrir/aguzar los oídos | *essere tutt'orecchi*, ser todo oídos | *avere —*, tener oído | *duro d'orecchi*, duro de oído | *cantare a —*, cantar de oído | *dire qlco. all'—*, hablar al oído
■ ***entrare da un orecchio e uscire dall'altro***, entrar por un oído y salir por el otro | ***prestare orecchio***, ser todo oídos | ***fare orecchio da mercante***, hacerse el sueco | ***giungere all'orecchio di***, llegar a oídos de | ***non poter credere alle proprie orecchie***, no poder creer lo que se oye | ***anche i muri hanno orecchie***, las paredes oyen.
orecchioni *s.m.pl.* (*med., pop.*) paperas (*f.*), parotiditis (*f. sing*).
orefice *s.m.* orfebre.
oreficeria *s.f.* orfebrería.
orfano *agg., s.m.* huérfano: *— di guerra*, huérfano de la guerra; *rimanere —*, quedarse huérfano.
orfanotrofio *s.m.* orfanato.
orfico *agg.* órfico.
orfismo *s.m.* (*relig.*) orfismo.
organetto *s.m.* organillo.
organicità *s.f.* organicidad.
organico *agg.* orgánico (*anche fig.*): *un tutto —*, un todo orgánico | *chimica organica*, química orgánica | *composto —*, compuesto orgánico | *deperimento —*, deterioro orgánico ♦ *s.m.* **1** (*ufficio*) plantilla (*f.*): *essere in —*, estar de plantilla **2** (*mil.*) efectivos (*pl.*).
organigramma *s.m.* organigrama.
organismo *s.m.* organismo | *— geneticamente modificato*, organismo genéticamente modificado.
organista *s.m./f.* (*mus.*) organista.
organizzare *v.tr.* organizar* ♦ **-rsi** *v.pron.* organizarse*.
organizzativo *agg.* organizativo.
organizzato *agg.* organizado | *viaggio —*, viaje organizado.
organizzatore *agg., s.m.* organizador: *comitato —*, comité organizador.
organizzazione *s.f.* organización | *— aziendale*, organización de empresas | *— sindacale*, organización sindical | *Organizzazione Mondiale della Sanità*, Organización Mundial de la Salud.
organo *s.m.* **1** (*anat., mus.*) órgano **2** (*ente*) organismo, órgano: *è l'— ufficiale del partito*, es el órgano oficial del partido.
organolettico *agg.* organoléptico: *caratteristiche organolettiche*, características organolépticas.
organza *s.f.* (*tess.*) organdí (*m.*).
orgasmo *s.m.* **1** orgasmo: *raggiungere l'—*, alcanzar el orgasmo, llegar al orgasmo **2** (*fig.*) agitación (*f.*).
orgia *s.f.* orgía (*anche fig.*): *un'— di emozioni*, una orgía de emociones.
orgiastico *agg.* orgiástico.
orgoglio *s.m.* orgullo: *peccare d'—*, pecar de orgullo; *ferire qlcu. nell'—*, herir el orgullo de alguien.
orgoglioso *agg.* orgulloso.
orientabile *agg.* orientable.
orientale *agg., s.m./f.* oriental | *lingue orientali*, idiomas orientales.
orientaleggiante *agg.* con caraterísticas orientales.
orientamento *s.m.* orientación (*f.*): *— professionale, scolastico*, orientación profesional/vocacional, escolar; *perdere l'—*, perder la orientación, desorientarse; *senso dell'—*, sentido de la orientación.
orientare *v.tr.* **1** orientar, dirigir* **2** (*indirizzare*) encaminar ♦ **-rsi** *v.pron.* orientarse.
oriente *s.m.* oriente, este: *a —*, hacia el oriente | *il Vicino —*, el Oriente Próximo/Cercano, el Próximo/Cercano Oriente; *il Medio —*, el Oriente Medio, el Medio Oriente; *l'Estremo —*, el Extremo/Lejano Oriente.
orienteering *s.m.* (*sport*) orientación (*f.*).
orifizio *s.m.* orificio.
origano *s.m.* (*bot.*) orégano.
originale *agg., s.m.* **1** original | *in lingua —*, en su lengua original | *edizione —*, edición príncipe | *peccato —*, pecado original **2** (*di persona*) extravagante.
originalità *s.f.* **1** originalidad **2** (*stravaganza*) extravagancia.
originare *v.tr.* originar, causar, producir* ♦ **-rsi** *v.pron.* derivar, proceder.
originariamente *avv.* originariamente, originalmente.

originario *agg.* **1** originario, procedente; (*nativo*) natural: *è — dell'America*, es natural de América **2** (*primitivo*) originario, original: *il testo — era diverso*, el texto original era distinto.

origine *s.f.* **1** origen (*m.*), procedencia; (*di fiume*) origen (*m.*), nacimiento (*m.*): *denominazione di — controllata*, denominación de origen controlado; *in —*, al comienzo, al principio | *ritorno alle origini*, vuelta a los orígenes **2** (*causa*) causa, motivo (*m.*): *avere —*, tener origen; *dare — a*, dar origen a | *risalire alle origini*, remontar a los orígenes **3** (*nascita*) origen (*m.*), ascendencia | *essere di nobili origini*, ser de noble cuna.

origliare *v.intr.* escuchar a escondidas.

orina *s.f.* orina.

orinare *v.intr./tr.* orinar.

orinatoio *s.m.* urinario.

oriundo *agg.*, *s.m.* oriundo, originario.

orizzontale *agg.*, *s.f.* horizontal.

orizzontare *v.tr.* orientar ♦ **-rsi** *v.pron.* orientarse.

orizzonte *s.m.* horizonte (*anche fig.*) | *all'—*, en el horizonte: *sparire all'—*, desaparecer en el horizonte | *esplorare nuovi orizzonti*, explorar nuevas posibilidades | *— internazionale*, horizonte internacional.

orlare *v.tr.* (*tess.*) orlar.

orlatura *s.f.* orla.

orlo *s.m.* **1** (*nel cucito*) dobladillo, ruedo: *— a giorno*, vainica **2** (*bordo*) borde, orilla (*f.*) | (*anche fig.*) *sull'— di*, al borde de.

orma *s.f.* huella (*anche fig.*) | *seguire le orme di qlcu.*, seguir las huellas de alguien | *le orme di una civiltà*, los vestigios de una civilización.

ormai *avv.* ya, ahora: *— è tardi per chiamarlo*, ahora es tarde para llamarlo; *— siamo arrivati*, ya hemos llegado; *— è fatta*, ya está hecho.

ormeggiare *v.tr.* (*mar.*) amarrar, anclar ♦ **-rsi** *v.pron.* amarrarse, fondear.

ormeggio *s.m.* **1** (*l'ormeggiare*) amarre, atraque **2** (*luogo*) amarradero, atracadero **3** (*pl.*, *cavi*) amarras (*f.*): *levare/mollare/sciogliere gli ormeggi*, soltar amarras.

ormonale *agg.* hormonal | *terapia — sostitutiva*, terapia hormonal sustitutiva.

ormone *s.m.* (*biol.*) hormona (*f.*).

ornamentale *agg.* ornamental, decorativo: *pianta —*, planta ornamental.

ornamento *s.m.* adorno, ornamento.

ornare *v.tr.* adornar, ornamentar, decorar ♦ **-rsi** *v.pron.* adornarse.

ornato *s.m.* adorno, ornado, decorado.

ornitologia *s.f.* ornitología.

ornitologo *s.m.* ornitólogo.

ornitorinco *s.m.* (*zool.*) ornitorrinco.

oro *s.m.* **1** oro: *— grezzo*, oro bruto; *— massiccio*, oro macizo; *placcato in —*, chapado en oro | *— fino*, oro de ley | *— nero*, oro negro | *miniera d'—*, mina de oro; (*fig.*) mina **2** (*pl.*, *alle carte*) oros

■ ***affare d'oro***, buen negocio | ***a peso d'oro***, a caro precio | ***nozze d'oro***, bodas de oro | ***nuotare nell'oro***, nadar en dinero, nadar en la abundancia | ***prendere tutto per oro colato***, ser crédulo | ***sogni d'oro!***, ¡qué duermas con los angelitos! | ***età dell'oro***, edad del oro | ***non è tutto oro quel che luccica***, no es oro todo lo que reluce | ***vale tant'oro quanto pesa***, vale tanto oro como pesa.

orogenesi *s.f.* (*geol.*) orogénesis.

orografia *s.f.* (*geogr.*) orografía.

orografico *agg.* (*geogr.*) orográfico.

orologeria *s.f.* relojería: *bomba a —*, bomba de relojería.

orologiaio *s.m.* relojero.

orologio *s.m.* reloj: *— a muro*, reloj de pared; *— da polso*, reloj de pulsera; *— da tasca*, reloj de bolsillo; *— a cucù*, reloj de cuco; *— a pendolo*, reloj de péndula; *— solare*, reloj de sol; *l'— è avanti, indietro*, el reloj adelanta, atrasa | *funzionare come un —*, funcionar perfectamente | (*fig.*) *essere come un —*, ser un reloj | *— biologico*, reloj biológico.

oroscopo *s.m.* horóscopo.

orpello *s.m.* oropel.

orrendo *agg.* horrendo, horroroso.

orribile *agg.* horrible.

orrido *agg.* hórrido, horrible, espantoso ♦ *s.m.* barranco, precipicio, despeñadero.

orripilante *agg.* horripilante.

orrore *s.m.* horror, terror: *film dell'—*, película de terror | *avere in — qlco.*, tenerle terror a algo.

orsa *s.f.* osa | (*astr.*) *Orsa Maggiore, Minore*, Osa Mayor, Menor.

orsacchiotto *s.m.* osito, osezno; (*giocattolo*) osito de peluche.

orsetto *s.m.* osito | *— lavatore*, mapache, oso lavador.

orso *s.m.* (*zool.*) oso: *— bianco/polare*, oso blanco/polar; *— bruno*, oso pardo | (*fig.*) *essere un —*, ser un hurón/cardo.

orsolina *s.f.* (*relig.*) ursulina.

orsù *inter.* ¡ánimo!, ¡vamos!

ortaggio *s.m.* hortaliza (*f.*).

ortensia *s.f.* (*bot.*) hortensia.

ortica *s.f.* (*bot.*) ortiga | (*fig.*) *gettare alle ortiche*, soltar el lastre.

orticante *agg.* urticante.

orticaria *s.f.* (*med.*) urticaria.

orticolo *agg.* hortícola.

orticoltore *s.m.* horticultor.

orticoltura *s.f.* horticultura.

orto *s.m.* huerto | *— botanico*, jardín botánico.

orto- *pref.* orto-.

ortodonzia *s.f.* (*med.*) ortodoncia.

ortodossia *s.f.* ortodoxia.

ortodosso *agg.*, *s.m.* ortodoxo.

ortofonia *s.f.* (*med.*) ortofonía.

ortofonista *s.m./f.* (*med.*) ortofonista.

ortofrutticolo *agg.* hortofrutícola: *reparto —*, sector hortofrutícola.

ortogonale *agg.* ortogonal.

ortografia *s.f.* ortografía: *errore di —*, falta de ortografía.

ortografico *agg.* ortográfico | (*inform.*) *correttore —*, corrector ortográfico.

ortolano *s.m.* **1** (*coltivatore*) hortelano, horticultor **2** (*negoziante*) verdulero.

ortomercato *s.m.* mercado hortofrutícola.

ortopedia *s.f.* (*med.*) ortopedia.

ortopedico *agg.* (*med.*) ortopédico | *busto —*, corsé ortopédico | *scarpe ortopediche*, zapatos ortopédicos | *soletta ortopedica*, plantilla ortopédica ♦ *s.m.* (*med.*) ortopédico, ortopedista.

orzaiolo *s.m.* (*med.*) orzuelo.

orzata *s.f.* (*bibita*) horchata de almendras.

orzo *s.m.* cebada (*f.*): *— perlato*, cebada perlada.

osanna *inter.*, *s.m.* hosanna.

osannare *v.tr.* elogiar, exaltar ♦ *v.intr.* cantar el hosanna.

osare *v.tr.* **1** osar, atreverse: *non — farlo!*, ¡no te atrevas a hacerlo!; *non osava rispondere*, no se atrevía a contestar | *come osi?*, ¿cómo te atreves? | *oserei dire...*, me atrevería a decir... **2** (*tentare*) intentar, probar*; (*rischiare*) arriesgarse*.

oscar *s.m.* (*cinem.*) óscar.

oscenità *s.f.* obscenidad: *dire delle —*, decir obscenidades.

osceno *agg.* **1** obsceno, indecente: *atti osceni in luogo pubblico*, actos obscenos en lugares públicos **2** (*fam.*, *bruttissimo*) horrible, horroroso.

oscillante *agg.* oscilante, fluctuante.

oscillare *v.intr.* oscilar, fluctuar* (*anche fig.*): *i prezzi oscillano*, los precios fluctúan.

oscillatorio *agg.* oscilatorio.

oscillazione *s.f.* oscilación.

oscilloscopio *s.m.* (*elettr.*) osciloscopio.

oscuramento *s.m.* obscurecimiento, oscurecimiento.

oscurantismo *s.m.* obscurantismo, oscurantismo.

oscurantista *agg.* oscurantista.

oscurare *v.tr.* **1** oscurecer*, obscurecer* **2** (*fig.*) ofuscar*: *— la fama di qlcu.*, ofuscar la fama de alguien ♦ **-rsi** *v.pron.* obscurecerse*, nublarse | *— in volto*, fruncir el ceño, poner mala cara.

oscurità *s.f.* oscuridad, obscuridad.

oscuro *agg.* **1** obscuro, oscuro | (*foto.*) *camera oscura*, cámara oscura **2** (*fig.*) oscuro, incomprensible, hermético: *un testo —*, un texto oscuro | *all'—*, a oscuras: *essere, tenere all'—*, estar/quedarse, mantener a oscuras.

osé *agg.* osado.

osmosi *s.f.* (*fis.*) ósmosis.

osmotico *agg.* (*fis.*) osmótico: *pressione osmotica*, presión osmótica.

ospedale *s.m.* hospital: *— da campo*, hospital de campo; *— psichiatrico*, hospital psiquiátrico; *farsi ricoverare in/all'—*, ingresar al hospital | *mandare all'— qlcu.*, romperle los huesos a alguien.

ospedaliero *agg.* hospitalario, del hospital: *assistenza ospedaliera*, asistencia hospitalaria.

ospedalizzare *v.tr.* hospitalizar*.

ospitale *agg.* hospitalario; (*accogliente*) acogedor.

ospitalità *s.f.* hospitalidad.

ospitante *agg.*, *s.m.* hospedero; (*di sport*) casero: *la squadra —*, el equipo de casa.

ospitare *v.tr.* alojar, hospedar; (*ricevere*) acoger*: *la scuola potrà — più di 200 bambini*, la escuela podrá acoger más de 200 niños.

ospite *s.m./f.* **1** (*persona che dà ospitalità*) huésped (*m.*) | *squadra —*, equipo huésped **2** (*invitato*) huésped, invitado (*m.*), comensal: *camera degli ospiti*, cuarto de los huéspedes/de los invitados; *— d'onore*, invitado de honor.

ospizio *s.m.* asilo, hospicio: *— per gli anziani*, asilo/residencia de ancianos.

ossario *s.m.* osario, osero.

ossatura *s.f.* **1** (*anat.*) osamenta, esqueleto (*m.*) **2** (*fig.*, *struttura*) armazón, armadura, esqueleto (*m.*): *l'— di un romanzo*, el esqueleto de una novela.

osseo *agg.* óseo: *frattura ossea*, fractura ósea.

ossequiare *v.tr.* obsequiar.

ossequio *s.m.* **1** respeto: *in — a*, por respeto a; (*in conformità a*) en conformidad con, según **2** (*pl.*, *omaggi*) homenaje (*sing.*), obsequio (*sing.*), respetos, recuerdos: *i miei ossequi*, mis respetos; *— alla signora*, saludos a la señora.

ossequiosità *s.f.* reverencia, respeto (*m.*).

ossequioso *agg.* obsequioso, respetuoso.

osservabile *agg.* observable.

osservante *agg.* **1** observante, respetuoso **2** (*relig.*) practicante: *cattolico —*, católico practicante.

osservanza *s.f.* observancia; (*ubbidienza a*) acatamiento (*m.*), obediencia: *l'— delle leggi*, el acatamiento de las leyes; *— religiosa*, práctica/devoción religiosa | *in — a*, de acuerdo con.

osservare *v.tr.* **1** observar, mirar, exami-

nar **2** (*notare*) observar, advertir*, relevar **3** (*obiettare*) objetar **4** (*rispettare*) observar, respetar: — *il digiuno*, observar el ayuno.
osservatore *agg.*, *s.m.* observador.
osservatorio *s.m.* observatorio: — *astronomico*, observatorio astronómico; — *meteorologico*, observatorio meteorológico.
osservazione *s.f.* **1** observación: *tenere in* —, tener en observación **2** (*obiezione*) objeción: *fare un'*—, objetar **3** (*rimprovero*) reproche (*m.*): *fare un'— a qlcu.*, reprender a alguien.
ossessionante *agg.* obsesionante.
ossessionare *v.tr.* obsesionar ♦ **-rsi** *v.pron.* obsesionarse.
ossessione *s.f.* obsesión, manía; (*incubo*) pesadilla (*f.*) | *sei un'—!*, ¡qué pesado eres!
ossessivamente *avv.* de manera obsesiva.
ossessivo *agg.* **1** obsesivo: *nevrosi ossessiva*, neurosis obsesiva **2** (*ossessionante*) obsesionante.
ossesso *s.m.* **1** (*indemoniato*) obseso **2** (*fig.*) loco, furioso.
ossi- *pref.* oxi-.
ossia *cong.* (*cioè*) o sea, es decir; (*o meglio*) o bien.
ossidabile *agg.* oxidable.
ossidante *agg.*, *s.m.* oxidante.
ossidare *v.tr.* oxidar ♦ **-rsi** *v.pron.* oxidarse.
ossidazione *s.f.* oxidación.
ossidiana *s.f.* (*geol.*) obsidiana.
ossido *s.m.* (*chim.*) óxido.
ossidrico *agg.* (*chim.*) oxhídrico | *fiamma ossidrica*, llama oxhídrica.
ossidrile *s.m.* (*chim.*) oxidrilo, hidroxilo.
ossigenare *v.tr.* oxigenar: *ossigenarsi i capelli*, oxigenarse, aclararse el pelo ♦ **-rsi** *v.pron.* oxigenarse.
ossigenato *agg.* oxigenado: *bionda ossigenata*, rubia oxigenada; *acqua ossigenata*, agua oxigenada.
ossigeno *s.m.* oxígeno | *tenda a* —, tienda de oxígeno.
ossimoro *s.m.* (*ling.*) oxímoron.
ossitono *s.m.* (*ling.*) oxítono.
ossiuro *s.m.* (*zool.*) oxiuro.
osso *s.m.* **1** (*anat.*) hueso | — *sacro*, hueso sacro **2** (*di frutta*) hueso, cuesco
■ (*fig.*) ***essere un osso duro***, ser un hueso duro de roer | ***essere, ridursi pelle e ossa***, estar, quedarse en los huesos | ***in carne e ossa***, en carne y hueso | ***avere le ossa rotte***, tener los huesos molidos | ***avere le ossa dure***, ser recio | ***farsi le ossa***, ir acostumbrándose | ***sputa l'osso!***, ¡suelta el rollo! | ***rompere le ossa a qlcu.***, molerle/romperle a alguien los huesos | ***rompersi l'osso del collo***, romperse la crisma | ***ridurre all'osso***, reducir a lo indispensable | ***osso di seppia***, jibión.
ossuto *agg.* huesudo, osudo.
ostacolare *v.tr.* obstaculizar*, estorbar ♦ **-rsi** *v.pron.* estorbarse.
ostacolista *s.m./f.* (*sport*) vallista.
ostacolo *s.m.* **1** obstáculo; (*intralcio*) estorbo, traba (*f.*): *essere d'*—, ser de estorbo **2** (*sport*) obstáculo, valla (*f.*): *corsa a ostacoli*, carrera de vallas | *i 110 ostacoli*, los 110 metros vallas.
ostaggio *s.m.* rehén: *prendere*, *tenere qlcu. in* —, tomar, retener a alguien como rehén.
ostare *v.intr.* (*amm.*) obstar, impedir* | *nulla osta a...*, nada impide que.
oste *s.m.* mesonero, posadero, tabernero | (*fig.*) *fare i conti senza l'*—, echar la cuenta sin la huéspeda.
osteggiare *v.tr.* contrariar, contrastar.
ostello *s.m.* albergue: — *della gioventù*, albergue de la juventud.
ostensorio *s.m.* (*relig.*) ostensorio.
ostentare *v.tr.* **1** (*far vedere*) ostentar; (*mettere in mostra*) exhibir, mostrar* **2** (*fingere*) alardear: — *sicurezza*, alardear seguridad.
ostentazione *s.f.* ostentación; (*sfoggio*) alarde (*m.*).
osteo- *pref.* osteo-.
osteopata *s.m./f.* (*med.*) osteópata.
osteopatia *s.f.* (*med.*) osteopatía.
osteoporosi *s.f.* (*med.*) osteoporosis.
osteria *s.f.* taberna, tasca, mesón (*m.*), fonda.
ostetrica *s.f.* (*med.*) comadrona, partera; (*infermiera*) obstetra, tocóloga.
ostetricia *s.f.* (*med.*) obstetricia, tocología.
ostetrico *agg.* (*med.*) obstétrico ♦ *s.m.* (*med.*) obstetra, tocólogo.
ostia *s.f.* hostia.
ostico *agg.* **1** difícil, complicado **2** (*sgradito*) desagradable.
ostile *agg.* hostil, adverso, contrario.
ostilità *s.f.* **1** hostilidad **2** (*pl.*, *mil.*) hostilidades | *aprire le* —, romper las hostilidades | *cessare le* —, suspender las hostilidades.
ostinarsi *v.pron.* obstinarse, empecinarse; (*insistere*) insistir: — *nell'errore*, obstinarse en el error; — *a credere che...*, obstinarse en creer que...
ostinato *agg.* **1** (*tenace*) obstinado, tenaz* **2** (*cocciuto*) obstinado, cabezón **3** (*persistente*) pertinaz*: *tosse ostinata*, tos pertinaz ♦ *s.m.* porfiado, cabezón.
ostinazione *s.f.* **1** (*tenacità*) obstinación, terquedad, porfía **2** (*cocciutaggine*) cabezonería, tozudez.
ostracismo *s.m.* ostracismo: *fare* —, poner trabas | *dare l'— a qlcu.*, condenar a alguien al ostracismo.
ostrica *s.f.* (*zool.*) ostra | *attaccato come l'— allo scoglio*, pegado a algo como una lapa.
ostricoltura *s.f.* ostricultura.

ostrogoto *agg.*, *s.m.* ostrogodo | *parlare* —, hablar griego.
ostruire *v.tr.* obstruir*, cerrar*; (*intasare*) atascar* ♦ **-rsi** *v.pron.* obstruirse*; (*di tubo*) atascarse*: *il lavandino si è ostruito*, el lavabo se ha atascado.
ostruzione *s.f.* **1** obstrucción, atasco (*m.*) **2** (*di strada*) cierre (*m.*) **3** (*med.*) obstrucción.
ostruzionismo *s.m.* obstruccionismo.
ostruzionista *agg.*, *s.m./f.* obstruccionista.
otalgia *s.f.* (*med.*) otalgia.
otaria *s.f.* (*zool.*) otaria.
otite *s.f.* (*med.*) otitis.
otorino, otorinolaringoiatra *s.m.* (*med.*) otorrinolaringólogo.
otorinolaringoiatria *s.f.* (*med.*) otorrinolaringología.
otoscopia *s.f.* (*med.*) otoscopia.
otoscopio *s.f.* (*med.*) otoscopio.
otre *s.m.* odre; (*di pelle*) pellejo.
ottaedro *s.m.* (*geom.*) octaedro.
ottagonale *agg.* octagonal.
ottagono *s.m.* (*geom.*) octágono.
ottano *s.m.* (*chim.*) octano | *numero di ottani*, octanaje.
ottanta *agg.num.card.*, *s.m.* ochenta.
ottantenne *agg.*, *s.m./f.* octogenario, (*iron.*) ochentón (*m.*).
ottantennio *s.m.* periodo de ochenta años.
ottantesimo *agg.num.ord.*, *s.m.* octogésimo, ochenta (*m./f.*); (*frazione*) ochentavo.
ottantina *s.f.* **1** (*età*) los ochenta (*m.pl.*): *ha superato l'*—, ha superado los ochenta **2** (*approssimazione*) unos ochenta (*m.pl.*): *avrà un'— di libri*, tendrá unos ochenta libros.
ottativo *agg.* (*ling.*) optativo.
ottava *s.f.* (*mus., metrica*) octava.
ottavino *s.m.* (*mus.*) octavín, flautín.
ottavo *agg.num.ord.*, *s.m.* octavo: *ottavi di finale*, octavos de final | *in* —, en octavo.
ottemperanza *s.f.* obediencia | *in — a*, conforme a.
ottemperare *v.intr.* obtemperar, obedecer*, asentir*.
ottenebramento *s.m.* oscurecimiento.
ottenebrare *v.tr.* oscurecer*, obscurecer*, entenebrar (*anche fig.*) ♦ **-rsi** *v.pron.* obscurecerse*, nublarse.
ottenere *v.tr.* **1** obtener*, conseguir*, lograr **2** (*ricavare*) obtener*: *il whisky si ottiene dalla fermentazione di cereali*, el whisky se obtiene de la fermentación de cereales.
ottenibile *agg.* obtenible, lograble.
ottenimento *s.m.* conseguimiento, logro.
ottetto *s.m.* (*mus.*) octeto.
ottica *s.f.* **1** (*fis.*) óptica **2** (*fig.*) punto (*m.*) de vista, óptica: *mettersi nell'— di*, ponerse en la óptica de.
ottico *agg.*, *s.m.* óptico: *nervo* —, nervio óptico; *illusione ottica*, ilusión óptica; *fibra ottica*, fibra óptica.
ottimale *agg.* óptimo.
ottimamente *avv.* óptimamente, muy bien, de maravilla.
ottimismo *s.m.* optimismo.
ottimista *agg.*, *s.m./f.* optimista.
ottimistico *agg.* optimista.
ottimizzare *v.tr.* optimizar*.
ottimizzazione *s.f.* optimización.
ottimo *agg.* óptimo, excelente: *parlare un — inglese*, hablar un excelente inglés; *ottima idea*, buena idea ♦ *s.m.* **1** lo óptimo, lo ideal **2** (*scuola*) sobresaliente.
otto *agg.num.card.*, *s.m.* ocho | *dare gli — giorni*, despedir | *in quattro e quattr'*—, en un santiamén | (*canottaggio*) — *con*, — *senza*, ocho con, ocho sin timonel.
ottobre *s.m.* octubre.
ottocentesco *agg.* dieciochesco.
ottocento *agg.num.card.*, *s.m.* ochocientos (*m.*), ochocientas (*f.*) | (*sport*) *è campione negli* —, es campeón en los ochocientos metros | *l'Ottocento*, el siglo diecinueve.
ottomana *s.f.* (*poltrona*) otomana.
ottomano *agg.*, *s.m.* otomano.
ottomila *agg.num.card.*, *s.m.* ocho mil.
ottone *s.m.* **1** (*metallo*) latón **2** (*pl.*, *mus.*) metales, cobres.
ottovolante *s.m.* montaña (*f.*) rusa.
ottuagenario *agg.*, *s.m.* octogenario.
otturare *v.tr.* obturar, tapar; (*ostruire*) obstruir*: — *un dente*, empastar una muela ♦ **-rsi** *v.pron.* obstruirse*, taparse.
otturatore *s.m.* obturador.
otturazione *s.f.* **1** obstrucción **2** (*di dente*) empaste (*m.*).
ottusità *s.f.* torpeza, estupidez.
ottuso *agg.* **1** obtuso **2** (*fig.*) torpe, corto, tardo | *mente ottusa*, mente embotada.
out *agg.*, *avv.* **1** (*fam.*) anticuado, pasado de moda: *essere* —, estar pasado de moda **2** (*sport*) out, fuera.
output *s.m.* **1** (*econ.*) output, producto **2** (*inform.*) salida (*f.*).
ouverture *s.f.* (*mus.*) obertura.
ovaia *s.f.* (*anat.*) ovario (*m.*).
ovale *agg.* ovalado, oval: *palla* —, pelota ovalada ♦ *s.m.* óvalo.
ovarico *agg.* (*anat., bot.*) ovárico.
ovario *s.m.* (*bot.*) ovario.
ovatta *s.f.* (*tess.*) guata; (*cotone idrofilo*) algodón (*m.*) hidrófilo | *vivere nell'*—, vivir entre algodones.
ovattare *v.tr.* **1** (*imbottire*) acolchar, guatear **2** (*fig.*) atenuar*.
ovattato *agg.* (*di suono, rumore*) atenuado.
ovazione *s.f.* ovación.

ove *avv.* donde, adonde ♦ *cong.* en caso de que, si.
overbooking *s.m.* overbooking, sobrecontratación (*f.*), saturación.
overdose *s.f.* sobredosis.
ovest *s.m.* oeste, occidente, poniente: *a* —, al oeste; *verso* —, hacia el oeste ♦ *agg.* occidental: *nella zona* —, en la zona oeste.
ovile *s.m.* redil, aprisco (*anche fig.*) | *tornare all'*—, volver al redil.
ovino *agg.*, *s.m.* (*zool.*) ovino | *allevamento* —, ganadería lanar.
oviparo *agg.*, *s.m.* ovíparo.
ovni, OVNI *s.m.* UFO.
ovocita *s.m.* (*biol.*) ovocito.
ovogenesi *s.f.* (*med.*) ovogénesis, ovocitogénesis.
ovoidale *agg.* ovoide, aovado.
ovovia *s.f.* telecabina.
ovulare[1] *agg.* ovular.
ovulare[2] *v.intr.* ovular.
ovulazione *s.f.* ovulación.
ovulo *s.m.* **1** (*biol.*, *bot.*) óvulo. **2** (*farm.*) supositorio vaginal.
ovunque *avv.* en cualquier parte, por todas partes, por doquier: *può essere* —, puede estar en cualquier parte ♦ *cong.* **1** (*stato in luogo*) dondequiera que: — *tu sia*, dondequiera que estés **2** (*moto a luogo*) adondequiera que: — *tu vada*, adondequiera que vayas.
ovvero *cong.* → **ossia.**
ovviamente *avv.* obviamente, evidentemente.
ovviare *v.intr.* obviar, eludir, remediar.
ovvietà *s.f.* evidencia.
ovvio *agg.* obvio, evidente.
oziare *v.intr.* ociar, holgazanear.
ozio *s.m.* **1** ociosidad (*f.*), pereza (*f.*), vagancia (*f.*): *stare in* —, estar sin hacer nada, holgazanear **2** (*riposo*) ocio, tiempo libre.
oziosità *s.f.* ociosidad, gandulería, pereza.
ozioso *agg.* **1** ocioso, perezoso, holgazán **2** (*fig.*) ocioso, vano, inútil, superfluo.
ozonizzare *v.tr.* (*chim.*) ozonizar*.
ozono *s.m.* (*chim.*) ozono: *buco dell'*—, agujero de ozono; *strato di* —, capa de ozono.
ozonosfera *s.f.* ozonosfera.
ozonoterapia *s.f.* (*med.*) ozonoterapia.

Pp

p *s.f.* p | (*tel.*) — *come Palermo*, p como París.
pacatezza *s.f.* calma, placidez, serenidad.
pacato *agg.* tranquilo, pacífico, sosegado: *con voce pacata*, con voz sosegada.
pacca *s.f.* palmada, manotazo (*m.*), golpe (*m.*): *gli diede una — sulla schiena per incoraggiarlo*, le dio una palmadita en la espalda para animarlo.
pacchetto *s.m.* **1** paquete; (*di sigarette*) cajetilla (*f.*) **2** (*fig.*) paquete, conjunto: — *di misure di sicurezza*, conjunto de medidas de seguridad | (*fin.*) — *azionario*, paquete de acciones.
pacchia *s.f.* jauja: *questo è una* —, esto es jauja.
pacchianata *s.f.* horterada, chabacanería.
pacchiano *agg.* chabacano, hortera, (*Amer.*) charro: *l'arredamento è* —, la decoración es hortera.
pacco *s.m.* **1** paquete, bulto: — *postale*, paquete postal, (*Amer.*) encomienda | — *bomba*, paquete bomba **2** (*pop.*, *fregatura*) camelo, petardo: *tirare un — a qlcu.*, dar un plantón alguien.
paccottiglia *s.f.* pacotilla, fruslería
pace *s.f.* **1** paz*: *forze di* —, fuerzas de paz; *trattato di* —, tratado de paz **2** (*concordia, tranquillità*) concordia, tranquilidad: *fare la* —, hacer las paces; *lasciare in* —, dejar en paz | *stare in santa* —, estar tranquilísimo
■ ***non darsi pace***, no resignarse | ***mettere pace***, meter/poner paz, mediar | ***riposi in pace***, descanse en paz.
pacemaker *s.m.* (*med.*) marcapasos.
pachiderma *s.m.* **1** (*zool.*) paquidermo **2** (*fig.*) mastodonte, gigante.
pachistano *agg.*, *s.m.* paquistaní (*m./f.*).
paciere *s.m.* pacificador, conciliador.
pacificamente *avv.* pacíficamente.
pacificatore *s.m.* pacificador, conciliador.
pacificare *v.tr.* pacificar*, apaciguar*: — *gli animi*, apaciguar los ánimos.
pacifico *agg.* **1** pacífico, tranquilo, quieto **2** (*ovvio*) indiscutible, evidente: *è* —, es innegable.
pacifismo *s.m.* pacifismo.
pacifista *agg.*, *s.m./f.* pacifista.
pacioccone *agg.* (*gioviale*) bonachón ♦ *s.m.* (*grassottello*) gordito, mofletudo.
padella *s.f.* **1** sartén | (*fig.*) *cadere dalla — nella brace*, salir de Guatemala y meterse en Guatepeor **2** (*per malati*) chata, bacín (*m.*) chato (*m.*).
padiglione *s.m.* pabellón | (*anat.*) — *auricolare*, pabellón auditivo.
padre *s.m.* padre | — *adottivo*, padre adoptivo | — *putativo*, padre putativo | — *spirituale*, padre espiritual | — *di famiglia*, padre de familia(s) | *l'ozio è il — dei vizi*, la ociosidad es la madre de todos los vicios | — *della patria*, prócer | — *padrone*, déspota | *di — in figlio*, de padres a hijos | *il Santo Padre*, el Santo Padre | *tale — tale figlio*, de tal palo tal astilla.
padreterno *s.m.* Padre Eterno, Dios.
padrino *s.m.* **1** (*di battesimo, cresima*) padrino, compadre: *fare da — a qlcu.*, apadrinar **2** (*nei duelli*) padrino **3** (*capomafia*) jefe mafioso, protector.
padrona *s.f.* dueña, propietaria | — *di casa*, ama/señora de la casa.
padronale *agg.* patronal | *casa* —, casa patronal | *organizzazione* —, organización empresarial.
padronanza *s.f.* **1** dominio (*m.*) **2** (*controllo*) control (*m.*) | — *di sé*, control de sí mismo **3** (*conoscenza*) conocimiento (*m.*): — *di una lingua*, dominio de una lengua.
padronato *s.m.* empresariado.
padroncino *s.m.* **1** pequeño empresario **2** (*di un'impresa di trasporti*) transportista (*m./f.*).
padrone *s.m.* **1** (*proprietario*) dueño, propietario | — *di casa*, anfitrión, dueño de casa | *essere — di se stesso*, ser dueño de sí mismo | *farla da* —, señorear **2** (*datore di lavoro*) patrón, jefe.
padroneggiare *v.tr.* **1** señorear, dominar, mandar, controlar **2** (*fig.*) conocer* a fondo, dominar: — *una lingua*, dominar un idioma.
paesaggio *s.m.* paisaje: — *di montagna*, paisaje de montaña; *ammirare il* —, admirar el panorama | (*dir.*) *tutela del* —, tutela/protección del paisaje.
paesaggista *s.m./f.* (*pitt.*) paisajista, paisista.
paesaggistico *agg.* paisajístico.
paesano *agg.* pueblerino, paisano, lugareño

| (*cuc.*) *alla paesana*, a la manera del país ♦ *s.m.* aldeano, lugareño.
paese *s.m.* **1** (*nazione*) país, nación (*f.*) | — *d'origine*, país de origen | *i Paesi Bassi*, los Países Bajos | — *che vai, usanza che trovi*, cuando a Roma fueres, haz lo que vieres | (*fam.*) *va a quel* —*!*, ¡vete a la porra! **2** (*villaggio*) pueblo, aldea (*f.*) | — *natio*, pueblo natal.
paffuto *agg.* mofletudo, rollizo, gordito.
paga *s.f.* paga, salario (*m.*), sueldo (*m.*): *riscuotere la* —, cobrar el sueldo | *busta* —, nómina | — *base*, sueldo (*m.*) base.
pagabile *agg.* pagable, pagadero | — *a vista*, pagadero a la vista.
pagaia *s.f.* (*remo*) pagaya.
pagaiare *v.intr.* remar con pagaya.
pagamento *s.m.* pago, desembolso: *condizioni di* —, condiciones de pago; *mancato* —, impago | — *in natura*, pago en especie | — *alla consegna*, entrega contra reembolso | — *in contanti*, pago al contado | — *rateale*, pago a plazos | *mettere in* —, poner al cobro | *ordine di* —, libranza | *ingresso a* —, entrada de pago.
paganesimo *s.m.* paganismo.
pagano *agg.*, *s.m.* pagano.
pagante *agg.* que paga.
pagare *v.tr.* pagar*, abonar: — *un conto*, pagar una cuenta; *quanto ti ha fatto* —*?*, ¿cuánto te ha cobrado?; — *anticipato*, pagar por adelantado | — *di persona*, apechugar con las consecuencias | — *da bere*, invitar
■ ***pagare alla romana***, pagar a escote | ***pagare salato***, pagar caro | ***pagare sull'unghia***, pagar a tocateja | ***questa me la paghi!***, ¡me la vas a pagar!
pagella *s.f.* (*a scuola*) cartilla/libreta de notas.
paggio *s.m.* paje, doncel.
pagina *s.f.* página; (*foglio*) hoja: *a* — *due*, en la página dos | (*inform.*) — *web*, página web | (*telecom.*) *pagine gialle*, páginas amarillas | (*nei giornali*) *prima* —, primera plana, primera página, portada | (*fig.*) *voltare* —, (*cambiare discorso*) volver la hoja; hacer borrón y cuenta nueva.
paginatura *s.f.* (*tip.*) paginación.
paglia *s.f.* paja: *cappello di* —, sombrero de paja | *avere la coda di* —, no tener la conciencia tranquila.
pagliaccetto *s.m.* (*da bambino*) muñeco, pelele.
pagliacciata *s.f.* payasada.
pagliaccio *s.m.* (*anche fig.*) payaso.
pagliaio *s.m.* pajar | *cercare un ago in un* —, buscar una aguja en un pajar.
pagliericcio *s.m.* jergón, colchón de paja, yacija (*f.*).
paglierino *agg.* pajizo.
paglietta *s.f.* **1** (*cappello*) canotier, sombrero (*m.*) de paja **2** (*lana d'acciaio*) viruta de acero.
pagliuzza *s.f.* pajita.
pagnotta *s.f.* (*di pane*) hogaza.
pago *agg.* (*fig.*) satisfecho.
pagoda *s.f.* pagoda.
paguro *s.m.* (*zool.*) cangrejo ermitaño.
paillettes *s.f.pl.* lentejuelas.
paio *s.m.* par: *un* — *di scarpe*, un par de zapatos | (*fig.*) *è un altro* — *di maniche*, es harina de otro costal | *due paia di pantaloni*, dos pares de pantalones.
paiolo *s.m.* caldero.
pala *s.f.* **1** (*badile*) pala **2** (*mecc.*, *di turbina*) álabe (*m.*); (*di mulino*) aspa **3** (*pitt.*) retablo (*m.*).
paladino *s.m.* **1** (*st.*) paladín, adalid **2** (*fig.*) paladín, campeón, defensor.
palafitta *s.f.* palafito (*m.*).
palafreniere *s.m.* (*st.*) palafrenero.
palandrana *s.f.* bata, hopalanda.
palasport *s.m.* polideportivo.
palata *s.f.* palada | *a palate*, a espuertas, a raudales.
palatino *agg.* (*st.*) palatino, palaciego.
palatale *agg.* (*anche ling.*) palatal.
palato *s.m.* (*anat.*) paladar | — *duro, molle*, paladar duro, blando | *avere* —, tener (buen) paladar.
palazzetto *s.m.* palacete | — *dello sport*, polideportivo.
palazzina *s.f.* (*arch.*) palacete (*m.*), chalé (*m.*).
palazzo *s.m.* **1** (*reale*) palacio **2** (*edificio*) edificio, bloque (de viviendas) | — *di giustizia*, palacio de justicia | — *dello sport*, palacio de los deportes | — *del ghiaccio*, palacio de hielo | *Palazzo di Vetro*, Palacio de Cristal.
palco *s.m.* **1** (*palcoscenico*) palco escénico, escenario; (*vano*) palco (*anche teatr.*); tribuna (*f.*) | — *d'onore*, tribuna de honor **2** (*zool.*, *dei cervi*) cuerna (*f.*).
palcoscenico *s.m.* palco escénico, escenario, escena (*f.*) | *calcare il* —, pisar las tablas.
paleocristiano *agg.*, *s.m.* paleocristiano.
paleografia *s.f.* paleografía.
paleografo *s.m.* paleógrafo.
paleolitico *agg.*, *s.m.* (*st.*) paleolítico.
paleontologia *s.f.* paleontología.
paleontologo *s.m.* paleontólogo.
paleozoico *agg.*, *s.m.* (*geol.*) paleozoico.
palesare *v.tr.* revelar, manifestar*, patentizar* ♦ **-rsi** *v.pron.* manifestarse*.
palese *agg.* evidente, patente, manifiesto: *una contraddizione* —, una contradicción patente | *rendere* — *qlco.*, hacer patente algo.
palestinese *agg.*, *s.m./f.* palestino (*m.*).
palestra *s.f.* **1** (*impianto sportivo*) gimnasio

(*m.*) | (*alpinismo*) — *di roccia*, rocódromo **2** (*esercizio*) gimnasia (*f.*).
paletta *s.f.* **1** (*per bambini*) pala; (*della spazzatura*) recogedor (*m.*) **2** (*del focolare*) paleta; badila, badil (*m.*) **3** (*mecc.*) álabe (*m.*) **4** (*dei capostazione, di poliziotto*) disco (*m.*).
paletto *s.m.* **1** (*sport*) estaca (*f.*), palo **2** (*chiavistello*) cerrojo, pestillo, pasador **3** (*di tenda*) estaca (*f.*).
palinsesto *s.m.* **1** (*manoscritto*) palimpsesto **2** (*radio, TV*) parrilla, programación (*f.*).
palio *s.m.* **1** (*stendardo*) estandarte **2** (*gara*) carrera (*f.*) a caballo | *mettere in* —, poner en juego.
palissandro *s.m.* (*bot.*) palisandro.
palizzata *s.f.* empalizada.
palla *s.f.* **1** pelota; bola: *giocare a* —, jugar a la pelota; — *da biliardo*, bola de billar; — *da tennis*, pelota de tenis | — *di neve*, bola de nieve **2** (*proiettile*) bala: — *di cannone*, bala de cañón **3** (*fam., bugia*) mentira, cuento (*m.*) **4** (*pl., volg., testicoli*) pelotas, huevos (*m.*), cojones (*m.*) | *averne piene le palle*, estar hasta los huevos | *rompere le palle a qlcu.*, darle el coñazo a alguien, tocarle las pelotas a alguien **5** (*fam., cosa, persona noiosa*) coñazo (*m.*), rollo (*m.*) | *che palle!*, ¡qué coñazo!
■ ***cogliere la palla al balzo***, aprovechar la ocasión | ***essere una palla al piede***, ser un lastre/estorbo
pallacanestro *s.f.* (*sport*) baloncesto (*m.*), basket (*m.*).
pallamano *s.f.* (*sport*) balonmano (*m.*).
pallanuotista *s.m./f.* (*sport*) jugador (*m.*) de waterpolo.
pallanuoto *s.f.* (*sport*) waterpolo (*m.*).
pallavolista *s.m./f.* (*sport*) jugador (*m.*) de balonvolea.
pallavolo *s.f.* (*sport*) balonvolea (*m.*), volley-ball (*m.*).
palleggiare *v.intr.* pelotear.
palleggio *s.m.* peloteo.
pallettone *s.m.* perdigón.
palliativo *s.m.* paliativo.
pallido *agg.* **1** pálido, mortecino **2** (*tenue*) débil, atenuado | *non ne ho la più pallida idea*, no tengo la menor/más remota idea.
pallino *s.m.* **1** (*bocce, biliardo*) boliche **2** (*da caccia*) balín **3** (*mania*) manía (*f.*): *Pietro ha il — del calcio*, Pietro tiene la manía del fútbol.
pallonata *s.f.* pelotazo (*m.*).
palloncino *s.m.* **1** globo | *prova del* —, test alcohólico **2** (*lampioncino*) farolillo.
pallone *s.m.* **1** balón, pelota (*f.*) | *gioco del* —, fútbol **2** (*aerostato*) dirigible, globo | — *sonda*, globo sonda
■ (*fig.*) ***pallone gonfiato***, engreído/petulante | ***essere nel pallone***, estar despistado | ***andare nel pallone***, despistarse
pallonetto *s.m.* (*sport*) globo.
pallore *s.m.* palidez (*f.*).
palloso *agg.* pesado, coñazo.
pallottola *s.f.* **1** (*di arma*) bala **2** (*pallina*) bolita, pelotilla.
palma[1] *s.f.* (*bot.*) palma, palmera: — *da datteri*, palmera, datilera | *a loro è andata la — della vittoria*, ellos ganaron la palma de la victoria | (*relig.*) *domenica delle Palme*, domingo de Ramos.
palma[2] *s.f.* → **palmo.**
palmare *agg.* **1** (*anat.*) palmar **2** (*evidente*) palmario, patente, manifiesto ♦ *s.m.* (*computer*) palmar, palmtop.
palmarès *s.m.* palmarés.
palmato *agg.* (*bot., zool.*) palmeado, palmado: *piede* —, pie palmeado.
palmento *s.m.* (*mulino*) muela (*f.*), rueda (*f.*) | (*fig.*) *mangiare a quattro palmenti*, comer a dos carrillos.
palmipede *agg., s.m.* (*zool.*) palmípedo.
palmizio *s.m.* (*albero*) datilera (*f.*), palmera (*f.*).
palmo *s.m.* **1** (*della mano*) palma (*f.*) | *tenere qlcu. in — di mano*, tener a alguien en la palma de la mano **2** (*misura*) palmo | *conoscere — a —*, conocer palmo a palmo, conocer al dedillo | *lasciare con un — di naso*, dejar con un palmo de narices.
palo *s.m.* **1** palo, estaca (*f.*); (*di telefono, luce*) poste | *fare il* —, estar/quedar de vigía | *restare al* —, congelarse, quedarse parado **2** (*arch.*) pilote **3** (*mar.*) palo, mástil **4** (*sport*) poste; (*traversa*) travesaño.
palombaro *s.m.* buzo, buceador.
palombo *s.m.* (*zool.*) mustela (*f.*).
palpabile *agg.* **1** palpable (*anche fig.*), tangible **2** (*fig.*) evidente, claro, manifesto.
palpare *v.tr.* **1** palpar (*anche med.*), tocar* **2** (*palpeggiare*) manosear.
palpebra *s.f.* párpado (*m.*).
palpeggiare *v.tr.* manosear, toquetear.
palpitante *agg.* (*anche fig.*) palpitante.
palpitare *v.intr.* palpitar, latir.
palpitazione *s.f.* **1** palpitación **2** (*fig.*) emoción.
palpito *s.m.* **1** latido, pulsación (*f.*) **2** (*fig.*) palpitación (*f.*).
paltò *s.m.* (*abbigl.*) abrigo.
palude *s.f.* pantano (*m.*), laguna, cenagal (*m.*): *bonificare una* —, sanear una laguna.
paludoso *agg.* pantanoso, cenagoso.
palustre *agg.* palustre: *vegetazione* —, vegetación palustre.
pampa *s.f.* (*geogr.*) pampa.
pamphlet *s.m.* panfleto, folleto.

pampino *s.m.* (*bot.*) pámpano.
panacea *s.f.* (*med., fig.*) panacea.
panama *s.m.* (*cappello*) panamá, sombrero de jipijapa.
panamense *agg., s.m./f.* panameño (*m.*).
panamericano *agg.* panamericano.
panato *agg.* empanado.
panca *s.f.* banco (*m.*).
pancarré *s.m.* pan de molde.
pancetta *s.f.* (*cuc.*) panceta | — *affumicata*, bacón.
panchetto *s.m.* taburete.
panchina *s.f.* **1** (*di giardini*) banco (*m.*) **2** (*sport*) banquillo (*m.*); (*allenatore*) entrenador (*m.*); (*giocatori*) reservas (*pl.*).
pancia *s.f.* **1** barriga, panza | *a — in giù*, boca abajo | *mettere su —*, echar barriga | *essere a — piena*, estar con la barriga llena **2** (*di un oggetto*) panza.
panciata *s.f.* panzada, barrigazo (*m.*).
panciera *s.f.* ventrera, faja.
panciolle *avv. nella loc.*: *stare in —*, echarse/tumbarse a la bartola.
pancione *s.m.* (*pancia grossa*) panzón | *avere il —*, estar embarazada.
panciotto *s.m.* chaleco.
panciuto *agg.* **1** (*di persone*) barrigudo, barrigón **2** (*di cose*) abombado.
pancotto *s.m.* (*cuc.*) panetela (*f.*), sopa (*f.*) de pan | *essere di —*, ser un miedica/cagueta.
pancreas *s.m.* (*anat.*) páncreas.
pancreatico *agg.* (*anat.*) pancreático.
panda *s.m.* (*zool.*) panda.
pandemonio *s.m.* pandemónium, alboroto, barullo | *fare/scatenare un —*, armar alboroto.
pane *s.m.* **1** pan: — *fresco, raffermo*, pan fresco, duro; — *azzimo*, pan ácimo/ázimo; — *integrale*, pan moreno/integral; — *di segale*, pan de centeno; *fetta di —*, rebanada de pan | — *a cassetta*, pan de molde | *pan di Spagna*, bizcocho | — *grattato/grattugiato*, pan rallado | — *tostato*, pan tostado **2** (*pezzo compatto con tale forma*) pan: — *di sapone, di burro*, pan de jabón, de mantequilla | — *di zucchero*, pan de azúcar, pilón **3** (*fig., mezzo di sostentamento*) pan: *il — quotidiano*, el pan de cada día; *guadagnarsi il —*, ganarse el pan
■ ***dire pane al pane e vino al vino***, llamar al pan, pan y al vino, vino | (*fig.*) ***essere buono come il pane***, ser un pedazo de pan | ***trovare pane per i propri denti***, dar con la horma de su zapato | ***rendere pan per focaccia***, pagar con la misma moneda | ***togliersi/levarsi il pane di bocca per qlcu.***, sacrificarse por alguien.
panegirico *s.m.* panegírico.
panetteria *s.f.* panadería.
panettiere *s.m.* panadero.
panfilo *s.m.* yate.
pangermanesimo *s.m.* (*pol.*) pangermanismo.
pangolino *s.m.* (*zool.*) pangolín.
pangrattato *s.m.* (*cuc.*) pan rallado.
panico *s.m.* pánico, terror | *essere in preda al —*, ser presa del pánico.
paniere *s.m.* **1** cesto, cesta (*f.*) **2** (*econ.*) cesta (*f.*) de la compra.
panificare *v.tr.* panificar*.
panificatore *s.m.* panificador.
panificazione *s.f.* panificación.
panificio *s.m.* (*negozio*) panadería (*f.*); (*forno*) horno de pan.
panino *s.m.* **1** panecillo, mollete **2** (*imbottito*) bocadillo, bocata, (*Amer.*) sándwich, emparedado: — *al prosciutto*, bocadillo de jamón.
paninoteca *s.f.* bocatería, sandwichería.
panna *s.f.* nata, crema: — *montata*, nata montada, crema batida.
panne *s.f.* avería, accidente (*m.*) | *rimanere in —*, averiarse; (*Amer.*) quedarse varado.
panneggio *s.m.* drapeado.
pannello *s.m.* **1** panel, tablero | — *di controllo*, panel de control | — *solare*, panel solar | — *di sughero*, panel de corcho **2** (*arch.*) (*tra due colonne*) entrepaño; (*parete divisoria*) tabique.
panno *s.m.* **1** (*tessuto*) paño **2** (*straccio*) trapo, bayeta (*f.*) **3** (*pl., indumenti*) ropa (*f.sing.*) | *stendere i panni*, tender la ropa | *i panni sporchi si lavano in famiglia*, la ropa sucia se lava en casa | *mettiti nei suoi panni*, ponte en su lugar/pellejo.
pannocchia *s.f.* (*bot.*) panocha, mazorca, panoja.
pannolino *s.m.* **1** (*per neonato*) pañal **2** (*per donna*) compresa (*f.*), paño higiénico.
panorama *s.m.* panorama, vista (*f.*), paisaje.
panoramico *agg.* panorámico.
pantaloncini *s.m.pl.* pantalón (*sing.*) corto, shorts.
pantalone *s.m.* → **pantaloni** ♦ *agg. nella loc.*: *gonna —*, falda pantalón.
pantaloni *s.m.pl.* pantalones, pantalón (*sing.*) | — *a zampa d'elefante*, pantalones acampanados/de campana | (*fig.*) *portare i —*, llevar (bien puestos) los pantalones.
pantano *s.m.* **1** pantano, ciénaga (*f.*) **2** (*fig.*) cenagal, berenjenal.
panteismo *s.m.* (*filos.*) panteismo.
panteista *s.m./f.* (*filos.*) panteísta.
panteistico *agg.* (*filos.*) panteísta.
pantera *s.f.* **1** (*zool.*) pantera **2** (*fam., auto della polizia*) coche de policía.
pantheon *s.m.* panteón, mausoleo.
pantofola *s.f.* (*abbigl.*) zapatilla, pantufla.

pantofolaio *s.m.* **1** (*fabbricante*) zapatillero **2** (*fig.*) remolón, indolente.
pantografo *s.m.* pantógrafo.
pantomima *s.f.* (*anche fig.*) pantomima.
panzana *s.f.* patraña, embuste (*m.*).
paonazzo *agg.* morado, cárdeno | *diventare —*, ponerse colorado.
papa *s.m.* papa | (*fig.*) *a ogni morte di —*, de uvas a peras, de Pascuas a Ramos | *morto un — se ne fa un altro*, a rey muerto, rey puesto.
papà *s.m.* papá, padre | *festa del —*, día del padre.
papabile *agg.* (*anche fig.*) papable.
papaia *s.f.* (*albero*) papayo (*m.*); (*frutto*) papaya (*f.*).
papale *agg.* papal, pontificio | *— —*, sin rodeos.
papalina *s.f.* (*abbigl.*) papalina.
papalino *agg.* (*del papa*) papalino ♦ *s.m.* **1** (*soldato pontificio*) soldado del papa **2** (*st.*) papista.
papato *s.m.* papado.
papavero *s.m.* (*bot.*) amapola (*f.*) | *— da oppio*, adormidera.
papera *s.f.* **1** (*zool.*) pata **2** (*fig.*) pifia, lapsus (*m.*) | *prendere una —*, hacer/tirarse una plancha.
papero *s.m.* (*zool.*) pato.
papilla *s.f.* (*anat.*) papila.
papillon *s.m.* (*abbigl.*) pajarita (*f.*); (*Amer.*) corbatín.
papiro *s.m.* (*bot.*) papiro.
papismo *s.m.* (*relig.*) papismo.
papista *s.m./f.* (*relig.*) papista.
pappa *s.f.* (*per bambini*) papilla | *— reale*, jalea real | *trovare la — pronta*, encontrar todo hecho.
pappagallino *s.m.* (*zool.*) periquito.
pappagallo *s.m.* **1** (*zool.*) papagayo, loro, cotorra (*f.*) (*anche fig.*) | *essere un —*, ser charlatán/chismoso | *ripete a —*, repite como un papagayo **2** (*med.*) orinal **3** (*mecc.*) llave (*f.*) corrediza.
pappagorgia *s.f.* papada.
pappamolle *s.m./f.* cobarde, panoli.
pappardella *s.f.* **1** (*discorso noioso*) cantaleta, perorata; (*fam.*) rollo (*m.*) **2** (*pl., cuc.*) cinta con huevo.
pappare *v.tr.* (*fam.*) devorar, engullir, tragar*, zampar(se) | (*fig.*) *si è pappato i risparmi degli altri*, se embolsó los ahorros de los demás.
pappata *s.f.* comilona.
pappataci *s.m.* (*zool.*) mosquito.
pappone *s.m.* (*spreg.*) chulo, rufián, proxeneta.
paprica *s.f.* páprika, pimentón (*m.*).
pap-test *s.m.* (*med.*) citología (*f.*), prueba (*f.*) de Pap, frotis de Pap.
para *s.f.* (*gomma*) crep (*m.*), crepé (*m.*): *suola di —*, suela de crep.
parà *s.m.* (*mil.*) paracaidista.
parabola[1] *s.f.* (*lett., relig.*) parábola, alegoría.
parabola[2] *s.f.* **1** (*geom.*) parábola **2** (*traiettoria*) trayectoria **3** (*antenna*) antena parabólica.
parabolico *agg.* parabólico.
parabrezza *s.m.* parabrisas.
paracadutare *v.tr.* (*mil., sport*) lanzar* en paracaídas ♦ **-rsi** *v.pron.* (*mil., sport*) lanzarse* en paracaídas.
paracadute *s.m.* paracaídas.
paracadutismo *s.m.* (*mil., sport*) paracaidismo.
paracadutista *s.m./f.* (*mil., sport*) paracaidista.
paracarro *s.m.* guardaruedas, guardacantón, mojón.
paracolpi *s.m.* (*di porte*) tope.
paradenti *s.m.* protector de dientes.
paradigma *s.m.* paradigma.
paradigmatico *agg.* paradigmático.
paradisiaco *agg.* paradisiaco, paradisíaco.
paradiso *s.m.* paraíso, cielo | *il — terrestre*, el paraíso terrenal | *— fiscale*, paraíso fiscal | *paradisi artificiali*, paraísos artificiales (de la droga) | *sentirsi in —*, estar en la gloria/el séptimo cielo.
paradossale *agg.* paradójico, absurdo, extravagante.
paradosso *s.m.* paradoja (*f.*).
parafango *s.m.* (*aut.*) guardabarros.
paraffina *s.f.* (*chim.*) parafina | *prova del guanto di —*, test de parafina.
parafrasare *v.tr.* parafrasear.
parafrasi *s.f.* paráfrasis.
parafulmine *s.m.* pararrayos.
paraggi *s.m.pl.* alrededores: *abita qui nei —*, vive cerca de aquí/por aquí cerca.
paragonabile *agg.* comparable.
paragonare *v.tr.* comparar, parangonar ♦ **-rsi** *v.pron.* compararse, parangonarse.
paragone *s.m.* comparación (*f.*), parangón | *fare un — tra due cose*, establecer un parangón/hacer una comparación entre dos cosas | *non reggere il — con qlcu., qlco.*, no tener ni comparación con alguien, algo | *tra i due attori non c'è —*, entre los dos actores no hay comparación.
paragrafo *s.m.* párrafo, parágrafo.
paraguayano *agg., s.m.* paraguayo.
paralisi *s.f.* **1** (*anche med.*) parálisis **2** (*fig.*) paralización.
paralitico *agg., s.m.* (*anche med.*) paralítico.
paralizzare *v.tr.* **1** (*med.*) paralizar* **2** (*fig.*) paralizar*, detener*, parar: *la neve ha paralizzato il traffico cittadino*, la nieve ha paralizado el tráfico urbano.

paralizzato *agg.* (*anche fig.*) paralizado: *dopo l'incidente rimase* —, después del accidente se quedó paralizado; *era — dalla paura*, estaba paralizado por el miedo.
parallasse *s.f.* (*astr.*) paralaje.
parallela *s.f.* **1** (*geom.*) paralela **2** (*pl., ginnastica*) paralelas | *parallele asimmetriche*, paralelas asimétricas.
parallelamente *avv.* paralelamente.
parallelepipedo *s.m.* (*geom.*) paralelepípedo.
parallelismo *s.m.* paralelismo.
parallelo *agg.* paralelo ♦ *s.m.* **1** (*geogr.*) paralelo **2** (*paragone*) comparación (*f.*), paralelo.
parallelogramma *s.m.* (*geom.*) paralelogramo.
paralogismo *s.m.* paralogismo, sofisma.
paralume *s.m.* pantalla (*f.*).
paramedico *agg.* paramédico.
paramento *s.m.* paramento, adorno.
parametro *s.m.* parámetro.
paramilitare *agg.* paramilitar, contraguerrilla.
paranco *s.m.* (*mar., mecc.*) polispasto, aparejo, polea (*f.*).
paranoia *s.f.* (*med., fig.*) paranoia; (*fam.*) neura | *andare in* —, entrarle a alguien la neura.
paranoico *agg., s.m.* (*med., fig.*) paranoico.
paranormale *agg., s.m.* paranormal.
paranza *s.f.* (*mar.*) bou (*m.*).
paraocchi *s.m.* anteojeras (*f.*) | (*fig.*) *avere i* —, estar ciego, no darse cuenta de lo que es evidente.
paraorecchi *s.m.* **1** (*abbigl.*) orejera (*f.*) **2** (*rugby*) casco.
parapendio *s.m.* (*sport*) parapente.
parapetto *s.m.* parapeto; (*ringhiera*) pretil, barandilla (*f.*).
parapiglia *s.m.* jaleo, guirigay, follón.
parapioggia *s.m.* paraguas.
paraplegia *s.f.* (*med.*) paraplejia, paraplejía.
paraplegico *agg., s.m.* (*med.*) parapléjico.
parapsicologia *s.f.* parapsicología, metapsíquica.
parare *v.tr.* **1** (*addobbare*) engalanar, ornar, adornar, vestir*: *la chiesa era parata a lutto*, la iglesia estaba vestida con los paramentos fúnebres **2** (*evitare*) atajar, parar, evitar: — *un colpo*, atajar/esquivar un golpe | (*fig.*) — *il colpo*, defenderse **3** (*proteggere*) proteger*, resguardar **4** (*sport*) parar | (*calcio*) — *un rigore*, parar un penalti ♦ *v.intr.* parar: *andare a* —, ir/venir a parar ♦ **-rsi** *v.pron.* (*presentarsi*) plantarse, ponerse*: *un poliziotto gli si parò davanti*, un policía se le plantó delante.
parascolastico *agg.* extraescolar.
parasole *s.m.* sombrilla (*f.*).
paraspifferi *s.m.* burlete.
parassita *agg., s.m.* (*biol., anche fig.*) parásito: *un — della società*, un parásito de la sociedad.
parassitario *agg.* (*biol.*) parasitario.
parassitismo *s.m.* (*biol.*) parasitismo.
parastatale *agg.* paraestatal ♦ *s.m./f.* trabajador (*m.*) paraestatal.
parastinchi *s.m.* (*sport*) espinillera (*f.*).
parata[1] *s.f.* (*calcio*) parada; (*scherma*) parada, reparo (*m.*), quite (*m.*).
parata[2] *s.f.* (*sfilata*) desfile (*m.*), revista: — *militare*, parada militar | *abito da* —, traje de gala.
paratia *s.f.* **1** (*mar.*) mamparo (*m.*) **2** (*edil.*) tabique (*m.*).
paratifo *s.m.* (*med.*) paratifoidea (*f.*).
parato *s.m.* cortinaje | *carta da parati*, papel pintado.
paratoia *s.f.* compuerta.
paraurti *s.m.* paragolpes, parachoques.
paravento *s.m.* biombo, mampara (*f.*).
parcella *s.f.* honorarios (*m.pl.*), minuta.
parcellizzare *v.tr.* parcelar.
parcheggiare *v.tr.* aparcar*, estacionar.
parcheggiatore *s.m.* guardacoches.
parcheggio *s.m.* aparcamiento, estacionamiento, parking; (*Amer.*) parqueadero: — *a pagamento, coperto, gratuito*, aparcamiento pagado, cubierto, gratuito | *divieto di* —, prohibido aparcar.
parchimetro *s.m.* parquímetro.
parco[1] *agg.* **1** parco, moderado: *è — di parole*, es una persona de pocas palabras **2** avaro.
parco[2] *s.m.* parque, jardín | — *giochi*, parque infantil | — *dei divertimenti*, parque de atracciones | — *acquatico*, parque acuático | — *macchine*, parque móvil.
parecchio *agg.indef., pron.* bastante, mucho: *parecchie persone*, bastantes personas; *ci vuole parecchia pazienza*, hace falta mucha paciencia; *ce n'era* —, había bastante; *è — che non la vedo*, hace mucho/bastante que no la veo; *parecchi di loro*, muchos de ellos; *erano in parecchi*, eran muchos/bastantes ♦ *avv.* mucho, bastante: *beve* —, bebe mucho; — *lontano*, muy lejos.
pareggiamento *s.m.* **1** (*livellamento*) nivelación (*f.*) **2** (*comm.*) balance.
pareggiare *v.tr.* **1** (*rendere pari*) igualar **2** (*comm.*) ajustar, liquidar, saldar **3** (*livellare*) allanar, nivelar ♦ *v.intr.* (*sport*) empatar.
pareggio *s.m.* **1** (*comm.*) saldo, ajuste **2** (*sport*) empate.
parentado *s.m.* parentela (*f.*).
parentale *agg.* parental.
parente *s.m./f.* pariente, allegado.
parentela *s.f.* **1** (*affinità*) parentesco (*m.*): *grado di* —, grado de parentesco **2** (*i parenti*) parentela.

parentesi *s.f.* **1** paréntesis (*m.*): — *tonda*, paréntesis redondo; — *graffa*, llave; — *quadra*, corchete, paréntesis cuadrado | *aprire, chiudere una* —, abrir, cerrar un paréntesis | *fra* —, entre/por paréntesis **2** (*inciso*) paréntesis (*m.*), digresión, pausa.
parentetico *agg.* (*gramm.*) parentético.
parere[1] *v.intr.* (*anche impers.*) parecer*: *mi pare interessante*, me parece interesante | *non mi pare vero*, no me parece verdad | *ho ragione, (non) ti pare?*, tengo razón, ¿no crees? | *fai come ti pare*, haz lo que quieras/lo que te dé la gana | *a quanto pare*, según parece, por lo que parece, al parecer | *mi pareva strano che fosse in orario!*, se me hacía raro que fuera puntual | *che te ne pare?*, ¿cómo/qué te parece?, ¿qué opinas? | *pare di sì, di no*, parece que sí, que no
parere[2] *s.m.* parecer*, opinión (*f.*): *a mio* —, en mi opinión; *cambiare* —, cambiar de parecer.
paresi *s.f.* (*med.*) paresia, parálisis leve.
parete *s.f.* pared | — *divisoria*, tabique | (*fig.*) *fra le pareti domestiche*, en casa, entre cuatro paredes.
pargolo *s.m.* párvulo, niño.
pari[1] *agg.* **1** igual, equivalente; (*stesso*) mismo: *a — merito*, en igualdad de méritos | *essere — (nel punteggio)*, estar a la par | (*tennis*) *quaranta* —, cuarenta iguales | (*con te*) *siamo* —, estamos empatados | *di — passo*, al mismo paso **2** (*mat.*) par: *numeri* —, números pares ♦ *avv.* igual, a la par | *una ragazza alla* —, una chica a la par | (*comm.*) *azioni alla* —, acciones a la par | (*alla lettera*) — —, letra por letra, palabra por palabra, tal cual.
pari[2] *s.m.* **1** igual | *in* —, a la par; al mismo nivel: *i piatti della bilancia sono in* —, los platillos de la balanza están al mismo nivel | *quest'anno il bilancio è in* —, este año el balance cuadra | *mettersi in — con gli altri*, ponerse al día con los demás | *un artista senza* —, un artista único/sin igual | *al — di*, como, igual que: *comportarsi al — degli altri*, portarse como los demás **2** (*mat.*) número par | *fare a — e dispari*, echar/jugar a pares y nones
pari[3] *s.m./f.* **1** (*persona di ugual grado*) igual: *ci parlò da — a* —, nos habló de igual a igual **2** (*titolo*) par.
paria *s.m.* (*anche fig.*) paria.
parietale *agg.* (*anat.*) parietal.
parificare *v.tr.* equiparar, igualar; (*scuole*) homologar*.
parificato *agg.* equiparado; (*di scuola*) homologado.
parigino *agg.*, *s.m.* parisino, parisiense (*m./f.*).
pariglia *s.f.* par (*m.*), pareja.
parigrado *s.m./f.* (*di classe, condizione*) igual.
parimenti *avv.* igualmente.
parisillabo *agg.* (*gramm.*) parisílabo.
parità *s.f.* paridad, igualdad | *la — dei diritti*, la igualdad de derechos | (*sport*) *in* —, en empate.
paritario *agg.* paritario, igualitario; (*scuola*) homologado.
paritetico *agg.* paritario.
parlamentare[1] *agg.*, *s.m.* parlamentario.
parlamentare[2] *v.intr.* parlamentar.
parlamento *s.m.* (*anche edificio*) parlamento, congreso de los diputados.
parlante *agg.* **1** hablante, parlante **2** (*fig.*) evidente, patente, expresivo, vivo.
parlantina *s.f.* labia, parla.
parlare *v.intr.* **1** hablar: — *chiaro*, hablar claro; — *a voce alta*, hablar en voz alta | *pronto! chi parla?*, ¡dígame! ¿quién habla? | *per ora, non se ne parla*, por ahora, ni hablar | *non parliamone più*, no hablemos más del asunto | *ne hanno parlato i giornali e la tv*, (de ello) han hablado los periódicos y la tele | *far — di sé*, dar que hablar | — *fra sé (e sé)*, hablar consigo mismo **2** (*conversare*) conversar, charlar **3** (*rivolgersi*) dirigirse* ♦ *v.tr.* hablar: *parli spagnolo?*, ¿hablas español/castellano? ♦ **-rsi** *v.pron.* hablarse, tratarse: *non si parlano e non si salutano più*, ya no se tratan ni se saludan
■ ***parlare a vanvera***, hablar a tontas y a locas, hablar por hablar | ***parlare a gesti***, hablar con gestos | ***parlare tra i denti***, hablar entre dientes, mascullar | ***non se ne parla nemmeno!***, ¡ni hablar! | ***senti chi parla!***, ¡mira quién habla! | ***parlare nel naso***, ganguear.
parlata *s.f.* habla: *la — di questa provincia*, el habla de esta provincia.
parlato *s.m.* **1** (*cinem.*) cine sonoro **2** (*lingua parlata*) lengua (*f.*) hablada coloquial **3** (*mus.*) recitado.
parlatore *s.m.* hablador, orador.
parlatorio *s.m.* locutorio.
parlottare *v.intr.* parlotear.
parlottio *s.m.* parloteo.
parmigiano *agg.*, *s.m.* parmesano | (*cuc.*) *alla parmigiana*, cocinado al horno con tomates y queso.
parodia *s.f.* parodia.
parodiare *v.tr.* parodiar, imitar.
parola *s.f.* **1** palabra | *di poche parole*, de pocas palabras | *misurare le parole*, medir las palabras | *non rivolgere la* —, no dirigir la palabra | *parole crociate*, crucigrama | *non è ancora detta l'ultima* —, no se ha dicho aún la última palabra | *gioco di parole*, juego de palabras | *in poche parole*, en pocas palabras, en resumen | *in parole povere*, sencillamente **2** (*facoltà di parlare*) habla: *perdere la* —, perder el habla | *chiedere, prendere la* —, pe-

dir, tomar la palabra | *rimanere senza parole*, quedarse sin habla **3** (*promessa*) palabra, promesa*: ti do la mia* —, te doy mi palabra | — *d'onore*, palabra de honor | *credere a qlcu. sulla* —, confiar en la palabra de alguien | *sei stato di* —, has mantenido la palabra
■ ***parola d'ordine***, santo y seña, contraseña | ***parola chiave***, palabra clave | ***parole grosse***, palabras pesadas | ***metterci una buona parola***, interceder | ***togliere la parola di bocca a qlcu.***, quitarle a alguien la palabra de boca | ***non ho parole***, me faltan las palabras, no sé qué decir | ***venire a parole con qlcu.***, tratar mal de palabras a alguien.
parolaccia *s.f.* palabrota, taco (*m.*).
paroliere *s.m.* (*mus., teatr.*) letrista.
parossismo *s.m.* (*med., fig.*) paroxismo.
parossistico *agg.* (*med., fig.*) paroximal, paroxístico.
parotide *s.f.* (*anat.*) parótida.
parotite *s.f.* (*med.*) parotiditis.
parquet *s.m.* parqué.
parricida *agg.*, *s.m./f.* parricida.
parricidio *s.m.* parricidio.
parrocchetto *s.m.* **1** (*zool.*) periquito, cotorra (*f.*) **2** (*mar.*) perroquete.
parrocchia *s.f.* (*relig.*) parroquia, feligresía.
parrocchiale *agg.* (*relig.*) parroquial.
parrocchiano *s.m.* (*relig.*) parroquiano, feligrés.
parroco *s.m.* (*relig.*) párroco.
parrucca *s.f.* peluca.
parrucchiere *s.m.* peluquero.
parrucchino *s.m.* peluquín.
parruccone *s.m.* (*spreg.*) carcamal.
parsimonia *s.f.* parsimonia, sobriedad, parquedad.
parsimonioso *agg.* parsimonioso.
parte *s.f.* **1** (*elemento di un intero*) parte, porción: *dividere in parti uguali*, repartir por igual, partir en partes/trozos iguales | *far — di qlco.*, formar parte de algo | *in* —, en parte | *la maggior* —, la mayoría **2** (*riferito a spazio*) parte; (*lato*) lado (*m.*): *cosa fai da queste parti?*, ¿qué haces por aquí?; *l'ho messo da qualche* —, lo he puesto en algún sitio | *dalle mie parti*, en mi tierra | *prego!, da questa* —, por aquí, por favor | *da tutte le parti*, (*ovunque*) por doquier, por todas partes | *essere dalla — della ragione*, tener la razón de su parte | *da che — vai?*, ¿por dónde vas? **3** (*partito*) parte, facción, bando (*m.*) | *essere di* —, ser parcial **4** (*ruolo*) papel (*m.*): *avere la — da protagonista*, tener el papel principal | *fare le parti*, representar el papel **5** (*dir.*) parte | — *lesa*, parte perjudicada | — *civile*, demandante
■ ***prendere parte a***, tomar parte en | (*dir.*) ***essere parte in causa***, ser parte | ***parti del discorso***, partes del discurso | ***a parte***, aparte, por separado | ***d'altra parte***, por otra parte | ***farsi da parte***, echarse/hacerse a un lado | ***tenere da parte***, tener guardado | ***lasciare da parte***, dejar de lado | ***da parte di***, de parte de: *salutalo da — nostra*, salúdale de parte nuestra; *molto gentile da — sua*, muy amable por su parte.
partecipante *s.m./f.* participante.
partecipare *v.intr.* **1** participar, tomar parte | — *a un affare*, participar en un negocio | — *a una riunione*, participar en una reunión | — *al dolore*, compartir el dolor **2** (*presenziare*) presenciar ♦ *v.tr.* (*comunicare*) participar, comunicar*.
partecipazione *s.f.* **1** participación, presencia **2** (*econ.*) participación: — *agli utili*, participación en los beneficios; — *statale*, participación estatal **3** (*annuncio*) participación, comunicación, aviso (*m.*), anuncio (*m.*): — *di nozze*, participación de matrimonio.
partecipe *agg.* partícipe | *rendere — di*, hacer partícipe de.
parteggiare *v.intr.* ser* partidario de, tomar partido por, estar* con.
partenogenesi *s.f.* (*biol.*) partenogénesis.
partenopeo *agg.*, *s.m.* partenopeo, napolitano.
partenza *s.f.* salida, partida | *punto di* —, punto de partida | *essere in — per*, estar para irse para, estar a punto de irse para | *il treno è in* —, el tren está a punto de salir | (*sport*) *falsa* —, salida falsa | *linea di* —, línea de salida.
particella *s.f.* (*anche fis., gramm.*) partícula.
participio *s.m.* (*gramm.*) participio: — *passato*, participio pasivo.
particolare *agg.* particular, especial | *in* —, en particular | *segretario* —, secretario particular | *segni particolari*, rasgos particulares ♦ *s.m.* detalle, pormenor | *entrare nei particolari*, entrar en detalles/en los pormenores | *fin nei minimi particolari*, con todos sus pelos y señales.
particolareggiato *agg.* pormenorizado, detallado.
particolarismo *s.m.* (*pol.*) particularismo.
particolarità *s.f.* particularidad.
partigianeria *s.f.* parcialidad.
partigiano *agg.* partidario ♦ *s.m.* **1** (*fautore*) partidario **2** (*st.*) partisano, guerrillero.
partire *v.intr.* **1** irse*, marcharse, salir*, partir: *sono partiti ieri*, se marcharon ayer; — *per Madrid*, partir para Madrid; — *per le vacanze*, salir de vacaciones **2** (*aut., mecc.*) arrancar*, ponerse* en marcha: *il motore partì subito*, el motor arrancó inmediatamente | — *in quarta*, salir disparado; (*fig.*) emprender una actividad con ahinco **3** (*esplodere*)

disparar: *far — un colpo*, disparar un tiro **4** (*fig.*) partir, comenzar*, iniciar | *a — dal 1° giugno*, a partir del 1 de junio | *l'iniziativa parte da un'associazione di volontari*, la iniciativa nace/surge en una asociación de voluntarios.

partita *s.f.* **1** (*sport*) partido (*m.*), encuentro (*m.*): *una — di calcio*, un partido de fútbol; *una — di pallacanestro*, un encuentro de baloncesto; *una — amichevole*, un partido amistoso;— *di andata, di ritorno*, partido de ida, de vuelta; *fare/giocare una —*, jugar un partido; *una — di caccia*, una batida de caza; *una — a scacchi*, una partida de ajedrez **2** (*nel gioco delle carte*) partida **3** (*di merce*) partida, lote (*m.*): *una — di olio*, una partida de aceite | (*comm., amm.*) — *semplice, doppia*, partida simple, doble.

partitico *agg.* (*pol.*) de los partidos.

partitivo *agg.* (*gramm.*) partitivo.

partito *s.m.* **1** (*pol.*) partido **2** (*decisione*) decisión (*f.*), determinación (*f.*) | *per — preso*, a priori, de antemano | *prendere —*, tomar partido **3** (*persona da sposare*) partido: *è un buon —*, es buen partido.

partitocrazia *s.f.* (*pol.*) partitocracia.

partitura *s.f.* (*mus.*) partitura.

partizione *s.f.* **1** (*dir.*) partición, repartición, división **2** parte, sección.

partner *s.m./f.* partner, socio (*m.*), pareja (*f.*).

parto *s.m.* parto (*anche fig.*), alumbramiento: — *naturale*, parto natural; — *indotto*, parto inducido; — *in acqua*, parto en el agua; — *cesareo*, parto por cesárea; — *gemellare*, parto doble.

partoriente *agg.*, *s.f.* parturienta, parturiente.

partorire *v.tr.* **1** parir, dar* a luz, alumbrar **2** (*fig.*) producir*.

part time *loc.sost.m.* tiempo parcial, media jornada (*f.*): *segretaria —*, secretaria a tiempo parcial; *lavorare* (*a*) —, trabajar a tiempo parcial.

parure *s.f.* **1** (*di gioielli*) aderezo (*m.*) **2** (*abbigl.*) juego (*m.*) de lencería femenina, de ropa de cama.

parvenu *s.m.* advenedizo, nuevo rico.

parvenza *s.f.* apariencia.

parziale *agg.* **1** (*non completo*) parcial: *risultati parziali*, resultados parciales **2** (*non obiettivo*) parcial, injusto: *un'opinione —*, una opinión parcial.

parzialità *s.f.* parcialidad.

parzialmente *avv.* parcialmente.

pascià *s.m.* pachá, bajá | (*fig.*) *vivere come un —*, vivir como un pachá/marajá.

pasciuto *agg.* bien alimentado.

pascolare *v.tr.* pastorear, apacentar* ♦ *v.intr.* pacer*, pastar.

pascolo *s.m.* **1** pasto, pastoreo: *divieto di —*, prohibido el pastoreo; *terre lasciate a —*, tierras dedicadas al pastoreo **2** (*luogo*) pasto, pastizal, dehesa (*f.*): *i verdi pascoli dei Pirenei*, los verdes pastos de los Pirineos.

Pasqua *s.f.* Pascua, Semana Santa: *la settimana di —*, la Semana Santa | *Buona —!*, ¡Feliz Semana Santa! | *le uova di —*, los huevos de Pascua | *essere contento come una —*, estar como una(s) pascua(s).

pasquale *agg.* pascual.

pasquetta s.*f.* lunes (*m.*) de Pascua.

passa *solo nella loc.*: *e —*, y pico: *sono le tre e —*, son las tres y pico.

passabile *agg.* pasable, pasadero, aceptable.

passaggio *s.m.* **1** (*transito*) paso, pasaje; (*traffico*) tráfico, tránsito | *vietato il —*, prohibido el paso | *essere di —*, estar de paso | *mi dai un — a casa?*, ¿me llevas a casa? **2** (*luogo*) paso, pasaje, pasadizo: — *a livello*, paso a nivel; — *pedonale*, paso de cebra **3** (*mus., lett.*) pasaje **4** (*sport*) pase | — *del testimone*, pase del testigo **5** (*dir.*) — *di proprietà*, traspaso.

passamaneria *s.f.* pasamanería.

passamontagna *s.m.* (*abbigl.*) pasamontañas.

passante *s.m./f.* (*chi passa*) pasante, transeúnte ♦ *s.m.* **1** (*di cintura*) trabilla (*f.*) **2** (*ferr.*) enlace ferroviario.

passaparola *s.m.* (*pop.*) boca a boca, boca a oreja.

passaporto *s.m.* pasaporte: — *scaduto*, pasaporte caducado.

passare *v.intr.* **1** pasar:— *per il bosco*, pasar/cruzar por el bosque; *passo a prenderti alle sei*, paso a por ti/a recogerte a las seis; — *da qlcu.*, pasar por casa de alguien | *cosa ti passa per la testa?*, ¿qué es lo que se te ocurre? | — *oltre*, pasar a otra cosa | — *inosservato*, pasar inadvertido | — *a miglior vita*, pasar a mejor vida **2** (*trascorrere*) pasar, transcurrir: *come passa il tempo!*, ¡cómo pasa el tiempo! **3** (*avere fine*) pasar: *la pioggia è passata*, la lluvia ha cesado | *speriamo che gli passi presto!*, ¡ojalá que le pase pronto! ♦ *v.tr.* **1** (*attraversare*) pasar, cruzar*, atravesar*: — *il fiume*, cruzar/pasar el río; *col semaforo rosso non si passa*, no se pasa con el semáforo en rojo | *ha passato i sessanta*, pasa de los sesenta **2** (*porgere, dare*) pasar, transmitir, dar*: *passami il libro*, pásame el libro | — *un'ordinazione*, pasar un pedido **3** (*tel.*) pasar, poner*: *le passo il direttore*, le paso con el director; *«potrebbe passarmi il signor Gómez?»*, «¿podría ponerme con el señor Gómez?»; *«glielo passo subito»*, «ahora mismo se lo paso/le pongo con él» | (*radio*) *passo e chiudo*, corto y cierro **4** (*un esame*) pasar, aprobar*: *hai passato l'esame?*,

¿has aprobado el examen? **5** (*cuc., ridurre in poltiglia*) triturar, hacer* papilla | — *nel burro*, saltear | — *nella farina, nell'uovo*, rebozar con harina, con/en huevo
■ ***passare sopra qlco.***, tolerar, pasar por alto | ***passare per scemo***, pasar por tonto | ***come te la passi?***, ¿cómo lo estás pasando? | (*fig.*) ***passare i limiti***, propasarse | (*fig.*) ***passarsela bene, male***, pasarlo bien, mal.
passata *s.f.* **1** (*di vernice, colore*) mano **2** (*occhiata*) ojeada, vistazo | *dare una — al giornale*, echarle una ojeada al periódico **3** (*col ferro da stiro*) planchada **4** (*cuc.*) — *di pomodoro*, salsa de tomate.
passatempo *s.m.* pasatiempo.
passato *agg.* pasado | *sono le dieci passate*, son las diez pasadas | — *di moda*, pasado de moda ♦ *s.m.* **1** pasado **2** (*gramm.*) pretérito: — *prossimo*, pretérito perfecto; — *remoto*, pretérito indefinido **3** (*cuc.*) puré, crema (*f.*).
passatoia *s.f.* (*tappeto*) alfombra de escalera.
passaverdura *s.m.* (*cuc.*) pasapurés.
passeggero *agg.* pasajero, transitorio ♦ *s.m.* pasajero, viajero | — *clandestino*, polizón.
passeggiare *v.intr.* pasear.
passeggiata *s.f.* **1** paseo (*m.*): *fare una* —, dar un paseo/una vuelta **2** (*strada di passaggio*) paseo, rambla, avenida | (*fig.*) *essere una* —, ser pan comido.
passeggiatrice *s.f.* prostituta.
passeggino *s.m.* (*da bambino*) cochecito.
passeggio *s.m.* paseo: *andare a* —, ir de paseo; *portare qlcu. a* —, llevar a alguien de paseo.
passe-partout *s.m.* **1** llave (*f.*) maestra **2** (*di cornici*) orla (*f.*).
passera *s.f.* **1** (*zool., uccello*) gorriona | (*pesce*) — *di mare*, platija **2** (*volg.*) coño (*m.*).
passerella *s.f.* **1** pasarela; (*di nave*) plancha; (*di aereo*) puente (*m.*) **2** (*teatr.*) pasarela.
passero *s.m.* (*zool.*) gorrión.
passerotto *s.m.* (*zool.*) gorrioncillo.
passibile *agg.* **1** (*punibile*) punible **2** (*soggetto*) susceptible: *prezzo — di aumento*, precio susceptible de aumento.
passiflora *s.f.* (*bot.*) pasionaria, pasiflora.
passionale *agg.* pasional; (*appassionato*) apasionado: *delitto* —, crimen pasional.
passionalità *s.f.* pasionalidad.
passione *s.f.* **1** pasión: *ardere di* —, arder de pasión; *essere schiavo delle passioni*, ser esclavo de las pasiones | (*relig.*) *settimana di* —, tiempo de pasión **2** (*grande interesse*) pasión, afición: *ha la — della musica*, es muy aficionado a la música.
passista *s.m./f.* (*ciclismo*) ciclista de carreras contra reloj.
passito *agg.* (*vino*) de pasas.
passività *s.f.* **1** pasividad, inercia, indiferencia **2** (*comm., spec. pl.*) pasivo (*m.*).
passivo *agg.* pasivo: *soggetto* —, sujeto pasivo; *fumatore* —, fumador pasivo ♦ *s.m.* **1** pasivo: *il — della ditta*, el pasivo de la empresa **2** (*gramm.*) voz (*f.*) pasiva.
passo[1] *s.m.* **1** paso: *camminare a — spedito*, andar a buen paso | *fare un — avanti, indietro*, dar un paso adelante, atrás | *fare quattro passi*, dar un paseo | *a — d'uomo*, a paso de hombre | *a — di lumaca*, a paso de buey/de tortuga | *allungare il* —, alargar/apretar/avivar el paso | *di buon* —, a buen paso | *tenere il* —, llevar el paso **2** (*brano*) pasaje, paso
■ ***stare al passo coi tempi***, estar actualizado | ***fare un passo falso***, dar un paso en falso, un mal paso | ***tornare sui propri passi***, volver sobre sus pasos, dar marcha atrás | ***di pari passo***, a la par | ***fare il gran passo***, tomar una decisión importante.
passo[2] *s.m.* **1** (*valico*) paso, desfiladero **2** (*passaggio*) pasaje, paso: — *carraio*, paso de vehículos | *cedere il — a una signora*, cederle el paso a una señora | *uccello di* —, ave de paso.
passo[3] *agg.* (*appassito*) ajado, marchito | *uva passa*, pasa.
pasta *s.f.* **1** pasta | — *sfoglia*, hojaldre | — *frolla*, pastaflora | *avere le mani in* —, estar involucrado, tener que ver con algo | — *dentifricia*, pasta de dientes **2** (*impasto*) masa **3** (*pasticcino*) pastel (*m.*) **4** (*carattere*) pasta, índole, carácter (*m.*) | *essere fatti della stessa* —, ser de la misma calaña.
pastafrolla *s.f.* (*cuc.*) pastaflora | *avere le mani di* —, tener las manos de mantequilla.
pastasciutta *s.f.* (*cuc.*) pasta.
pasteggiare *v.intr.* alimentarse, nutrirse, almorzar*, cenar.
pastello *agg.* pastel: *toni* —, tonos pastel ♦ *s.m.* **1** pastel, lápiz* **2** (*pitt.*) pastel; (*tecnica*) pintura (*f.*) al pastel.
pasticca *s.f.* pastilla.
pasticceria *s.f.* **1** (*arte*) repostería **2** (*negozio*) pastelería, confitería.
pasticciare *v.tr.* **1** chapucear, liar*, (*Amer.*) embarrarla **2** garabatear: — *il muro*, garabatear en la pared.
pasticciere *s.m.* **1** repostero **2** (*negoziante*) pastelero.
pasticcino *s.m.* pasta (*f.*), pastel.
pasticcio *s.m.* **1** (*cuc.*) timbal, pastel **2** (*lavoro mal fatto*) chapuza (*f.*), porquería (*f.*) **3** (*guaio*) lío, enredo, embrollo, problema | *essere nei pasticci*, estar en líos/problemas | *tirare fuori dai pasticci*, sacar de apuros.
pasticcione *s.m.* chapucero.
pastificio *s.m.* fábrica (*f.*) de pastas.

pastiglia *s.f.* **1** pastilla, gragea **2** (*di freni a disco*) pastilla.
pastina *s.f.* pasta fina para sopa.
pasto *s.m.* comida (*f.*): *tra un — e l'altro*, entre comidas; *saltare il —*, saltar una comida | (*med.*) *lontano dai pasti*, lejos de las comidas | (*fig.*) *dare in — al pubblico*, hacer de dominio público.
pastone *s.m.* (*per animali*) pasta (*f.*) de salvado.
pastorale *agg.* pastoral ♦ *s.f.* (*relig. lettera, mus.*) pastoral ♦ *s.m.* (*relig., bastone*) báculo pastoral.
pastore *s.m.* **1** pastor **2** (*sacerdote*) pastor | (*relig.*) *il Buon Pastore*, el Buen Pastor **3** (*cane*) pastor: *— tedesco*, pastor alemán.
pastorella *s.f.* **1** pastorcilla **2** (*mus.*) pastorela.
pastorizia *s.f.* **1** pastoreo (*m.*) **2** ganadería.
pastorizzare *v.tr.* pasteurizar*: *— il latte*, pasteurizar la leche.
pastorizzato *agg.* pasteurizado.
pastorizzazione *s.f.* pasteurización.
pastosità *s.f.* pastosidad.
pastoso *agg.* pastoso, blando, suave.
pastrano *s.m.* (*abbigl.*) gabán, capote.
pastrocchio *s.m.* (*fam.*) embrollo, lío, fregado.
pastura *s.f.* **1** pasto (*m.*), pastura; (*terreno*) pastizal (*m.*), dehesa **2** (*per pesci*) cebo (*m.*).
patacca *s.f.* **1** (*moneta senza valore*) baratija, quincalla **2** (*macchia*) mancha, lamparón (*m.*): *una — sulla camicetta*, un lamparón en la blusa.
patata *s.f.* patata, (*Amer.*) papa: *patate arrosto, fritte*, patatas asadas, fritas | *— americana/dolce*, batata, boniato | (*fig.*) *— bollente*, patata caliente: *passare ad altri la — bollente*, endosar el problema a otro.
patatina *s.f.* patata frita.
patella *s.f.* (*zool.*) lapa.
patema *s.m.* aflicción (*f.*), congoja (*f.*), angustia (*f.*).
patena *s.f.* (*relig.*) patena.
patentato *agg.* cualificado, capacitado; (*aut.*) que posee el permiso de conducir | *un ladro —*, un ladrón redomado/consumado.
patente *s.f.* licencia, permiso (*m.*), carnet (*m.*), autorización: *— di guida*, permiso/carnet de conducir | *— a punti*, carnet de conducir por puntos.
patentino *s.m.* **1** permiso de conducir provisional/para motocicletas **2** (*comm.*) licencia (*f.*), permiso.
patereccio *s.m.* (*med.*) panadizo, uñero.
paternale *s.f.* reprensión, reprimenda: *fare una — a qlcu.*, echar un rapapolvo a alguien.
paternalismo *s.m.* paternalismo.
paternalista *agg.* paternalista.
paternità *s.f.* **1** paternidad (*anche fig.*) **2** (*nome paterno*) apellido (*m.*) paterno.
paterno *agg.* **1** paterno **2** (*da padre*) paternal.
patetico *agg.* patético.
patibolo *s.m.* patíbulo, cadalso.
patimento *s.m.* padecimiento, dolor.
patina *s.f.* **1** pátina, barniz* (*m.*) **2** (*sulla lingua*) sarro (*m.*), saburra.
patinare *v.tr.* patinar.
patinato *agg.* patinado | *carta patinata*, papel cuché.
patire *v.tr.* **1** padecer*, sufrir | (*fig.*) *— le pene dell'inferno*, pasar las penas del purgatorio **2** (*sopportare*) soportar, tolerar.
patito *agg.* demacrado, débil ♦ *s.m.* apasionado, fanático, hincha (*m./f.*).
patogeno *agg.* (*med.*) patógeno.
patologia *s.f.* (*med., anche fig.*) patologia, enfermedad.
patologico *agg.* (*med., anche fig.*) patológico.
patologo *s.m.* (*med.*) patólogo.
patria *s.f.* patria, país (*m.*) | *la — celeste*, el paraíso | (*luogo nativo*) *la madre —*, la patria chica.
patriarca *s.m.* patriarca.
patriarcale *agg.* patriarcal.
patriarcato *s.m.* patriarcado.
patrigno *s.m.* padrastro.
patrimoniale *agg.* patrimonial | *tassa —*, impuesto sobre la propiedad.
patrimonio *s.m.* **1** patrimonio | (*fig.*) *— culturale, artistico*, patrimonio cultural, artístico **2** (*somma cospicua*) dineral, capital: *spendere un —*, gastarse un dineral **3** (*fig.*) herencia (*f.*), fortuna (*f.*).
patrio *agg.* patrio | *patria potestà*, patria potestad.
patriota *s.m./f.* patriota.
patriottico *agg.* patriótico.
patriottismo *s.m.* patriotismo.
patrizio *agg.* patricio, aristócrata, noble.
patrocinare *v.tr.* **1** defender*, sostener* **2** (*sponsorizzare*) patrocinar.
patrocinatore *s.m.* patrocinador.
patrocinio *s.m.* patrocinio, protección (*f.*).
patronato *s.m.* **1** patronato | *— sindacale*, comité sindical **2** (*appoggio*) patrocinio.
patronimico *agg., s.m.* patronímico.
patrono *s.m.* (*santo*) patrón.
patta *s.f.* (*punteggio nel gioco*) empate (*m.*): *fare* (*pari e*) *—*, empatar.
patteggiamento *s.m.* pacto, convenio.
patteggiare *v.tr./intr.* pactar, negociar.
pattinaggio *s.m.* patinaje: *— artistico*, patinaje artístico; *— sul ghiaccio, a rotelle*, patinaje sobre hielo, sobre ruedas.
pattinare *v.intr.* (*anche aut.*) patinar.
pattinatore *s.m.* patinador.

pattino *s.m.* patín: *pattini a rotelle*, patines de ruedas; *pattini da ghiaccio*, patines de hielo.
patto *s.m.* **1** pacto, acuerdo: *stringere un —*, hacer un pacto | *stare ai patti*, respetar lo pactado | *scendere a patti*, tratar, pactar | *patti chiari, amicizia lunga*, las cuentas claras y el chocolate espeso **2** (*condizione*) condición (*f.*) | *a — che*, a condición de que | *a nessun —*, bajo ninguna condición.
pattuglia *s.f.* patrulla | *— di ricognizione*, patrulla de reconocimiento.
pattugliare *v.intr./tr.* patrullar.
pattuire *v.tr.* pactar, concertar*, estipular.
pattume *s.m.* basura (*f.*).
pattumiera *s.f.* cubo (*m.*) de la basura.
paturnie *s.f.pl.* (*pop.*) malaleche (*sing.*) | *avere le —*, estar de malaleche.
pauperismo *s.m.* pauperismo.
paura *s.f.* miedo (*m.*), pavor (*m.*), temor (*m.*), susto (*m.*): *avere —*, tener miedo, temer; *ebbi una — tremenda*, me pegué un susto horrible | *far —*, dar miedo | *far — a qlcu.*, dar/meter miedo a alguien | *ho — di no*, temo que no | *non hai — della solitudine?*, ¿no temes la soledad? | *niente —¡*, ¡sin miedo! | *da far —*, de miedo.
pauroso *agg.* **1** (*fifone*) miedoso, asustadizo, pusilánime: *una persona —*, una persona miedosa **2** (*spaventoso*) espantoso, asombroso, terrible.
pausa *s.f.* **1** pausa, interrupción: *fare una —*, hacer una pausa **2** (*mus.*) pausa.
pavé *s.m.* adoquinado, empredrado.
pavido *agg.* pávido.
pavimentare *v.tr.* pavimentar, solar*; (*strada*) asfaltar.
pavimentazione *s.f.* pavimentación; (*strada*) asfaltado (*m.*).
pavimento *s.m.* pavimento, piso, suelo.
pavone *s.m.* (*zool.*) pavo real | *fare il —*, jactarse, presumir.
pavoneggiarsi *v.pron.* pavonearse.
pazientare *v.intr.* aguantar, tolerar, tener* paciencia.
paziente *agg.* paciente, meticuloso ♦ *s.m./f.* paciente, enfermo (*m.*).
pazienza *s.f.* paciencia: *avere —*, tener paciencia; *perdere la —*, perder la paciencia | *far perdere la — a qlcu.*, acabar/consumir a alguien la paciencia | *—!*, ¡qué se le va a hacer! | *avere la — di Giobbe*, tener más paciencia que Job.
pazzamente *avv.* a lo loco, con locura, locamente.
pazzesco *agg.* loco; (*insensato*) descabellado; (*incredibile*) increíble; (*fam.*) fenomenal.
pazzia *s.f.* **1** locura **2** (*azione*) locura, disparate (*m.*), insensatez*: *ho fatto una —*, he cometido una locura.
pazzo *agg.* loco, demente, insensato; (*fam.*) chiflado: *diventare —*, volverse loco; *— di felicità*, loco de contento | *darsi alla pazza gioia*, darse la gran vida ♦ *s.m.* loco, demente | *cose da pazzi!*, ¡qué barbaridad! | *— da legare*, loco de atar.
pecca *s.f.* defecto (*m.*), falta, falla.
peccaminoso *agg.* pecaminoso, inmoral.
peccare *v.intr.* pecar*.
peccato *s.m.* pecado, falta (*f.*): *— mortale*, pecado mortal; *— originale*, pecado original | *che —!*, ¡qué pena/lástima! | *brutto come il —*, más feo que Picio.
peccatore *s.m.* pecador.
pece *s.f.* pez, brea.
pechinese *agg.*, *s.m./f.* pequinés (*m.*), pekinés (*m.*) | *cane —*, perro pequinés.
pecora *s.f.* (*zool.*) oveja | *— nera*, oveja negra.
pecoraio *s.m.* ovejero, pastor.
pecorino *s.m.* queso de oveja.
pecorone *s.m.* borrego, calzonazos.
pectina *s.f.* (*chim.*) pectina.
peculato *s.m.* (*dir.*) apropiación (*f.*) de fondos públicos.
peculiare *agg.* peculiar.
pecuniario *agg.* pecuniario | *pena pecuniaria*, pena pecuniaria.
pedaggio *s.m.* peaje | *a —*, de peaje.
pedagogia *s.f.* pedagogía.
pedagogico *agg.* pedagógico.
pedagogo *s.m.* pedagogo.
pedalare *v.intr.* pedalear.
pedalata *s.f.* **1** (*ritmo*) pedaleo (*m.*) **2** (*ogni spinta*) pedalada.
pedale *s.m.* pedal: *— del freno, della frizione*, pedal del freno, del embrague.
pedana *s.f.* **1** tarima **2** (*salto*, *ginnastica*) plataforma, trampolín (*m.*); (*scherma*) pista, tarima.
pedante *agg.*, *s.m.* (*pignolo*) minucioso, quisquilloso.
pedanteria *s.f.* chinchorrería.
pedata *s.f.* **1** patada, puntapié (*m.*): *prendere qlcu. a pedate*, dar patadas a alguien **2** (*impronta*) pisada, huella **3** (*scalino*) peldaño (*m*).
pedemontano *agg.* a los pies del monte.
pederasta *s.m.* pederasta.
pedestre *agg.* pedestre.
pediatra *s.m.* (*med.*) pediatra.
pediatria *s.f.* (*med.*) pediatría.
pediatrico *agg.* (*med.*) pediátrico.
pedicure *s.m.* (*trattamento estetico*) pedicura (*f.*) ♦ *s.m./f.* (*callista*) pedicuro (*m.*), callista.
pediluvio *s.m.* pediluvio, baño de pies.

pedina *s.f.* **1** (*dama, scacchi*) ficha, pieza **2** (*fig., persona*) peón (*m.*).
pedinamento *s.m.* seguimiento.
pedinare *v.tr.* seguir*, vigilar.
pedissequo *agg.* **1** servil **2** (*eseguito con precisione*) fiel, al pie de la letra.
pedofilia *s.f.* pedofilia, paidofilia.
pedofilo *agg.*, *s.m.* pedófilo, paidófilo.
pedonale *agg.* peatonal | *passaggio* —, paso/cruce de peatones, paso de cebra | *isola* —, área/zona peatonal.
pedonalizzare *v.tr.* peatonalizar*.
pedone *s.m.* **1** (*che va a piedi*) peatón **2** (*scacchi*) peón.
peduncolo *s.m.* (*bot.*) pedúnculo.
peggio *agg.* peor: *è — di quanto pensavo*, es peor de lo que creía ♦ *avv.* peor; (*meno bene*) más mal, menos: *è la — vestita*, es la que está más mal vestida; *sei quello che ci vede —*, eres el que ve menos | — *ancora* (o *ancora* —), peor todavía, tanto peor | *andare di male in —*, ir de mal en peor | *cambiare in —*, cambiar a peor | — *per te!*, peor para ti | *sempre —*, cada vez peor | — *che andar di notte*, peor que peor ♦ *s.m.* peor | *alla* (*meno*) —, en el peor de los casos, de cualquier modo | *avere la —*, llevar las de perder | *dobbiamo prepararci al —*, tenemos que prepararnos para lo peor | *il — deve ancora venire*, lo peor no ha llegado todavía.
peggioramento *s.m.* empeoramiento.
peggiorare *v.tr.* empeorar, agravar ♦ *v.intr.* empeorarse, agravarse.
peggiorativo *agg.* peyorativo.
peggiore *agg.* peor: *sei il — della classe*, eres el peor de la clase.
pegno *s.m.* prueba (*f.*), prenda (*f.*); (*dir.*) garantía (*f.*), fianza (*f.*) | *monte dei pegni*, monte de piedad | *dare in — qlco.*, empeñar algo.
pelame *s.m.* pelaje.
pelandrone *s.m.* holgazán, gandul, vago.
pelapatate *s.m.* (*cuc.*) pelapatatas.
pelare *v.tr.* **1** (*togliere i peli*) pelar; (*spennare*) desplumar **2** (*togliere la pelle*) pelar, desollar; (*sbucciare*) mondar, deshojar: — *una banana*, mondar un plátano; — *la pannocchia*, deshojar la mazorca **3** (*fig.*) desplumar, pelar: *in quel ristorante ti pelano*, en aquel restaurante te pelan/esquilman.
pelato *agg.* **1** pelado, calvo **2** (*sbucciato*) pelado: *pomodori pelati*, tomates enlatados/enteros/pelados.
pellame *s.m.* pieles (*f.pl.*), cuero, pelambre.
pelle *s.f.* **1** piel, cutis (*m.*); (*carnagione*) tez*: — *grassa, secca*, piel grasa, seca **2** (*pellame*) cuero (*m.*), piel: *scarpe di — scamosciata*, zapatos de ante/gamuza **3** (*fig., fam., vita*) pellejo (*m.*) | *salvare la —*, salvar el pellejo | *rischiare la —*, arriesgar/jugarse el pellejo | *fare la — a qlcu.*, despellejar, arrancarle el pellejo (a alguien) | *lasciarci la —*, dejarse la piel/el pellejo **4** (*buccia*) piel, cáscara ■ ***pelle d'oca***, piel de gallina | ***avere i nervi a fior di pelle***, tener los nervios a flor de piel | ***avere la pelle dura***, ser un hueso duro de roer | ***essere ridotto pelle e ossa***, estar en los huesos | ***non stare più nella pelle***, no caber en el pellejo | ***amici per la pelle***, amigos del alma.
pellegrinaggio *s.m.* peregrinaje, romería (*f.*), peregrinación (*f.*): — *in Terra Santa*, peregrinación a Tierra Santa.
pellegrino *s.m.* (*relig.*) peregrino, romero; (*forestiero*) forastero.
pellerossa *s.m./f.* piel roja.
pelletteria *s.f.* peletería, marroquinería.
pellicano *s.m.* (*zool.*) pelicano.
pelliccia *s.f.* **1** (*abbigl.*) abrigo (*m.*) de piel, *una — di volpe*, un abrigo de (piel de) zorro **2** (*pellame*) piel, pelaje (*m.*).
pellicola *s.f.* **1** (*membrana*) película; capa, velo (*m.*) **2** (*foto., cinem.*) película: — *a colori*, película en color; *sviluppare una —*, revelar un carrete **3** (*per alimenti*) plástico (*m.*) transparente, papel (*m.*) film.
pelo *s.m.* **1** pelo, vello **2** (*di tessuto, lana*) pelo **3** (*di animale*) piel (*f.*), pelo: *un gatto dal — rosso*, un gato de pelo leonado/rojo ■ (*fig.*) ***non avere peli sulla lingua***, no tener pelos en la lengua | ***sul pelo dell'acqua***, a ras del agua | ***per un pelo***, por los pelos | ***avere il pelo sullo stomaco***, tener pelos en el corazón | ***cercare il pelo nell'uovo***, buscarle tres pies al gato.
peloso *agg.* peludo | *carità pelosa*, caridad interesada.
peltro *s.m.* peltre.
peluria *s.f.* pelusa, vello (*m.*): *la — delle gambe*, el vello de las piernas.
pelvi *s.f.* (*anat.*) pelvis.
pelvico *agg.* (*anat.*) pelviano.
pena *s.f.* **1** (*dir.*) pena: *una — di sei anni*, una condena de seis años | — *capitale, di morte*, pena capital **2** (*sofferenza*) pena, angustia | *far —*, dar pena | (*non*) *valere la —*, (no) merecer/valer la pena | *essere in —*, estar angustiado/preocupado | *a mala —*, a duras penas.
penale *agg.* penal: *diritto —*, derecho penal ♦ *s.f.* penalidad, multa.
penalista *agg.*, *s.m./f.* (*dir.*) penalista: *avvocato —*, abogado penalista.
penalità *s.f.* (*anche sport*) penalización.
penalizzare *v.tr.* **1** penalizar* **2** (*danneggiare*) dañar, perjudicar*.
penare *v.intr.* penar, sufrir, padecer*.
pendaglio *s.m.* colgante, colgajo; (*ciondolo*)

dije | (*fig.*) — *da forca*, carne de horca, delincuente.

pendente *agg.* **1** inclinado **2** (*dir.*) pendiente, colgante: *questioni pendenti*, asuntos pendientes ♦ *s.m.* (*orecchino*) pendiente, zarcillo.

pendenza *s.f.* **1** inclinación, declive (*m.*), cuesta, pendiente **2** (*dir.*) pendencia **3** (*conto non saldato*) cuenta pendiente.

pendere *v.intr.* **1** colgar*, pender: *la frutta pende dai rami*, la fruta cuelga de las ramas | — *dalle labbra di qlcu.*, estar pendiente de las palabras de alguien **2** (*inclinarsi*) inclinarse, cernerse* (*anche fig.*): *la bilancia pende da una parte*, la balanza se inclina hacia un lado; *la minaccia pende su di noi*, la amenaza se cierne sobre nosotros.

pendice *s.f.* cuesta, pendiente.

pendio *s.m.* pendiente (*f.*), declive, cuesta (*f.*).

pendola *s.f.* péndola, péndulo (*m.*).

pendolare *agg.* pendular ♦ *s.m./f.* trabajador (*m.*) que debe viajar cotidianamente para ir al centro de trabajo.

pendolarismo *s.m.* situación de los trabajadores que viajan cotidianamente para ir al centro de trabajo.

pendolo *s.m.* (*orologio*) péndulo, péndula (*f.*).

pene *s.m.* (*anat.*) pene.

penetrabile *agg.* penetrable.

penetrante *agg.* penetrante, intenso (*anche fig.*).

penetrare *v.intr.* penetrar, entrar, meterse, traspasar, calar: *il freddo penetrava fin nelle ossa*, el frío calaba hasta los huesos ♦ *v.tr.* (*fig.*) entender*, comprender, descifrar, calar.

penetrazione *s.f.* penetración.

penicillina *s.f.* (*farm.*) penicilina.

penisola *s.f.* península.

penitente *s.m./f.* penitente.

penitenza *s.f.* **1** penitencia, castigo (*m.*), pena, contrición | *un gesto di* —, un gesto de contrición **2** (*nei giochi*) prenda.

penitenziario *agg.* penitenciario ♦ *s.m.* cárcel (*f.*), prisión (*f.*).

penna *s.f.* **1** (*di uccello*) pluma **2** (*per scrivere*) pluma estilográfica | — *a sfera*, bolígrafo (*m.*) | (*fig.*) *lasciare qlco. nella* —, dejar algo en el tintero | *lasciarci le penne*, dejarse el pellejo **3** (*scrittore*) pluma; escritor (*m.*).

pennacchio *s.m.* penacho.

pennarello *s.m.* rotulador, (*Amer.*) marcador.

penne *s.f.pl.* (*cuc.*) macarrones (*m.*).

pennellata *s.f.* pincelada, brochazo (*m.*) | (*fig.*) *dare l'ultima* —, dar la última pincelada.

pennello *s.m.* pincel; (*da imbianchino*) brocha (*f.*) | — *da barba*, brocha de afeitar | *stare a* —, quedar muy bien.

pennichella *s.f.* siesta.

pennino *s.m.* plumilla (*f.*).

pennone *s.m.* **1** (*mar.*) verga (*f.*) **2** (*per bandiere*) pendón, estandarte.

pennuto *agg.* plumado ♦ *s.m.* pájaro, ave, volátil.

penombra *s.f.* penumbra.

penoso *agg.* penoso, triste.

pensabile *agg.* pensable.

pensare *v.intr.* **1** pensar*; (*riflettere*) reflexionar: *pensa agli altri*, piensa en los demás | — *tra sé e sé*, pensar para sí, para sus adentros | *pensaci su*, reflexiona sobre ello | *pensaci bene*, piénsalo bien | *non ci penso neanche!*, ¡ni pensarlo! **2** (*provvedere*) encargarse*: *a quello ci penso io!*, me encargo yo de ello | — *a tutto*, pensar/estar en todo **3** (*giudicare*) creer*, opinar, juzgar*: *hai pensato male di lui*, lo has juzgado mal ♦ *v.tr.* pensar*: *penso che sia grave*, pienso que es grave; *penso di farlo oggi*, pienso hacerlo hoy | *penso di sì, di no*, pienso que sí, que no | *ma tu come la pensi?*, ¿pero tú qué opinas? ■ ***ma ci pensi?***, ¿te das cuenta? | ***ma pensa!***, ¡no puedo creerlo! | ***dare da pensare***, dar que pensar | ***pensare ai fatti propri***, ir a lo suyo.

pensata *s.f.* ocurrencia, salida: *ha certe pensate*..., tiene unas salidas...; *che bella* —!, ¡qué buena idea!

pensatore *s.m.* pensador.

pensiero *s.m.* **1** pensamiento | *essere sopra* —, estar absorto/distraído | *mi hai letto nel* —, me adivinaste el pensamiento | *«verrai?» «ci faccio un —!»*, «¿vas a venir?» «lo voy a pensar» **2** (*opinione*) idea (*f.*), opinión (*f.*) **3** (*preoccupazione*) preocupación (*f.*), inquietud (*f.*), angustia (*f.*): *stare in* —, estar preocupado; *non darti — per me*, no te preocupes por mí **4** (*dono*) regalo, detalle, atención (*f.*): *conta il* —, lo importante es el detalle.

pensieroso *agg.* pensativo, meditabundo, ensimismado: *avere un'aria pensierosa*, estar meditabundo.

pensile *agg.* pénsil, colgante | *giardini pensili*, jardines colgantes ♦ *s.m.* mueble de pared.

pensilina *s.f.* marquesina, cobertizo (*m.*).

pensionamento *s.m.* jubilación (*f.*): — *anticipato*, jubilación anticipada.

pensionante *s.m./f.* pensionista, huésped.

pensionare *v.tr.* jubilar.

pensionato[1] *agg.*, *s.m.* jubilado, retirado.

pensionato[2] *s.m.* (*residenza*) pensionado, residencia (*f.*), colegio mayor.

pensione *s.f.* **1** pensión, jubilación: *ormai è in — da due anni*, ya está jubilado desde hace dos años | *andare in* —, jubilarse | — *d'invalidità*, pensión de invalidez **2** (*alber-

go) pensión, hostal (*m*) | *essere a* —, ser pensionista | *mezza* —, media pensión | — *completa*, pensión completa **3** (*retta*) pensión, pupilaje (*m.*).

pensionistico *agg.* de la jubilación.

pensoso *agg.* pensativo

pentagono *s.m.* pentágono.

pentagramma *s.m.* (*mus.*) pentagrama.

pentathlon *s.m.* (*sport*) pentatlón.

Pentecoste *s.f.* Pentecostés (*m.*).

pentimento *s.m.* **1** arrepentimiento, contrición (*f.*) **2** (*cambio d'idea*) cambio de idea, corrección (*f.*).

pentirsi *v.pron.* **1** arrepentirse* **2** (*rammaricarsi*) dolerse* **3** (*cambiare idea*) arrepentirse*, cambiar idea, echarse atrás: *non vorrei pentirmi di questa scelta*, no quisiera arrepentirme de esta decisión | *non te ne pentirai!*, ¡no te arrepentirás!

pentito *agg.* arrepentido ♦ *s.m.* (*dir.*) colaborador.

pentola *s.f.* (*cuc.*) olla, cacerola: — *a pressione*, olla a presión/exprés | (*fig.*) *qualcosa bolle in* —, hay gato encerrado.

penultimo *agg.*, *s.m.* penúltimo.

penuria *s.f.* penuria, escasez*, estrechez*.

penzolare *v.intr.* pender, colgar*.

peonia *s.f.* (*bot.*) peonía.

pepare *v.tr.* (*cuc.*) poner* pimienta.

pepato *agg.* **1** picante **2** (*fig.*) punzante, agrio.

pepe *s.m.* pimienta (*f.*): — *in grani, macinato*, pimienta en grano, molida | — *di Caienna*, cayena, guindilla | *essere tutto* —, ser como una pimienta.

peperino *s.m.* (*persona vivace*) persona (*f.*) de armas tomar.

peperoncino *s.m.* guindilla (*f.*), cayena, (*Amer.*) ají, chile.

peperone *s.m.* pimiento | *diventare rosso come un* —, ponerse colorado como un tomate.

per *prep.* **1** (*causa, moto per luogo, prezzo, mezzo*) por: *sono nervoso — colpa tua*, estoy nervioso por tu culpa; *passare — Roma*, pasar por Roma; *lo vendo — 100 euro*, lo vendo por 100 euros; *parlarsi — telefono*, hablarse por teléfono; *spedire — posta*, enviar por correo | — *vicino che sia*, por cerca que esté | *è bello averti — amico*, es maravilloso tenerte como amigo **2** (*tempo continuato*) durante, por: *aspettare — anni*, esperar (durante) años; — *tre giorni*, por tres días; **3** (*scadenza*) para: *verrò a trovarti — le vacanze di Natale*, iré a verte para Navidades **4** (*fine, destinatario, vantaggio, opinione*) para: *lo faccio — aiutarti*, lo hago para ayudarte; *serve — tagliare*, sirve para cortar; *l'ho comprato — te*, lo he comprado para ti; *è — lui*, es para él; — *me hai ragione*, para mí que tienes razón | *sono — la pace*, estoy a favor de la paz **5** (*moto a luogo, destinazione*) para, hacia: *parto — Milano*, salgo para/hacia Milán; *ha considerazione — lei*, tiene consideración hacia/por ella **6** (*stato in luogo*) por, en: — *terra*, en el suelo **7** (*tempo determinato*) para, a: *fallo — domani*, hazlo para mañana; — *le due avrò finito*, a las dos ya habré terminado **8** (*modo*) en, por: — *scherzo*, en broma | *parola — parola*, palabra por palabra **9** (*distributivo*) en, para, por, entre: *due — volta*, de dos en dos; *uno — ciascuno*, uno para cada uno; *uno — uno*, uno por uno; *dividere — gruppi*, dividir en/por grupos; *il bottino è da dividere — tre*, hay que dividir el botín entre tres **10** (*mat.*) por: *sei — due fa/uguale a dodici*, seis por dos, doce | *tre — cento*, tres por cien.

pera *s.f.* **1** (*bot.*) pera | (*fig.*) *cascare come una — cotta*, (*essere ingannato*) caer en el lazo; (*innamorarsi*) enamorarse a primera vista **2** (*elettr.*) interruptor (*m.*) **3** (*droga*) chute (*m.*): *farsi una* —, picarse, chutarse.

peraltro *avv.* además, por otra parte.

perbacco *inter.* ¡córcholis!

perbene *agg.* respetable, formal, honesto ♦ *avv.* bien, como se debe, perfectamente: *fatto* —, hecho como es debido.

perbenismo *s.m.* (*spreg.*) formalismo, moralismo.

percento, per cento *avv.* por ciento.

percentuale *agg.* porcentual ♦ *s.f.* porcentaje (*m.*), tanto (*m.*) por ciento.

percepire *v.tr.* **1** (*con i sensi, intuire*) percibir, advertir*, notar, captar **2** (*ricevere*) percibir, recibir, cobrar.

percettibile *agg.* perceptible, apreciable.

percettivo *agg.* perceptivo.

perché *cong.* **1** (*causale*) porque: *non esce — piove*, no sale porque llueve | — *di sì, di no*, porque sí, porque no **2** (*finale*) para que: *lo chiamo — mi aiuti*, le llamo para que me ayude ♦ *avv.* (*nelle interr. dirette e indirette*) por qué; (*finale*) para qué: — *piangi?*, ¿por qué lloras?; *non so* —, no sé por qué; — *ti alzi così presto?*, ¿para qué madrugas tanto? ♦ *s.m.* porqué, motivo, causa (*f.*): *voglio sapere tutti i* —, quiero saber todos los porqués.

perciò *cong.* por esto, por eso, por ello, por lo cual, por lo tanto.

percorrenza *s.f.* recorrido (*m.*), trayecto (*m.*).

percorrere *v.tr.* **1** recorrer **2** (*attraversare*) atravesar*; (*con lo sguardo*) abarcar*.

percorribile *agg.* transitable.

percorso *s.m.* **1** (*tracciato*) recorrido, ruta (*f.*), itinerario **2** (*tragitto*) camino, trayecto.

percossa *s.f.* golpe (*m.*).

percuotere *v.tr.* golpear, percutir; (*picchiare*) pegar*.
percussione *s.f.* percusión | (*mus.*) *strumenti a* —, instrumentos de percusión.
percussionista *s.m./f.* (*mus.*) percusionista.
perdente *agg., s.m./f.* perdedor (*m.*), derrotado (*m.*).
perdere *v.tr./intr.* perder*: *ho perso l'autobus, le chiavi*, perdí el bus, las llaves | *non avere niente da* —, no tener nada que perder | — *tempo*, perder tiempo | — *la voce*, quedarse afónico | *vuoto a* —, envase desechable/no retornable ♦ **-rsi** *v.pron.* perderse*, extraviarse
■ ***perdere colpi***, (*di motore*) gripar; (*fig.*) fallar, extraviar | ***lascia perdere!***, ¡dejalo correr/estar!, ¡ignóralo! | ***perdere la speranza***, perder las esperanzas | ***perdersi d'animo***, desanimarse.
perdiana *inter.* ¡mecachis!
perdifiato, a *loc.avv.*: *correre a* — correr hasta perder el aliento, correr como alma que lleva el diablo, correr desaforadamente; *gridare a* —, gritar a voz en cuello; *cantare a* —, cantar a grito pelado.
perdigiorno *s.m./f.* vago (*m.*), vagabundo (*m.*).
perdita *s.f.* **1** pérdida: *la — di un documento*, la pérdida de un documento | (*med.*) — *dell'udito*, pérdida del oído | *a — d'occhio*, hasta donde alcanza la vista **2** (*morte*) pérdida, muerte: *l'esercito ha subito pesanti perdite*, el ejército ha sufrido muchas pérdidas **3** (*econ.*) pérdida, daño (*m.*), perjuicio (*m.*): *essere in* —, estar en pérdida | (*comm.*) *conto profitti e perdite*, balance de ganancias y pérdidas **4** (*fuoriuscita*) escape (*m.*), fuga, gotera: *la tubazione ha una* —, la cañería tiene una fuga; *c'è una — nel soffitto*, hay una gotera en el cieloraso.
perditempo *s.m./f.* gandul (*m.*), vago (*m.*).
perdizione *s.f.* perdición.
perdonare *v.tr.* **1** perdonar **2** (*scusare*) disculpar ♦ *v.intr.* perdonar.
perdono *s.m.* perdón, clemencia (*f.*): *chiedere* —, pedir perdón.
perdurare *v.intr.* perdurar, continuar*, perseverar, persistir.
perdutamente *avv.* perdidamente, locamente.
perduto *agg.* **1** (*anche fig.*) perdido | *fondo* —, fondo perdido **2** (*smarrito*) extraviado.
peregrinare *v.intr.* peregrinar (*anche fig.*), vagar*.
peregrinazione *s.f.* peregrinación, vagabundeo (*m.*).
peregrino *agg.* (*raro*) peregrino.
perenne *agg.* **1** perenne, perpetuo: *nevi perenni*, nieves perpetuas **2** (*bot.*) perenne, vivaz.
perentorio *agg.* perentorio, decisivo, obligatorio, terminante.
perequazione *s.f.* igualación, reajuste (*m.*).
peretta *s.f.* (*elettr., med.*) pera.
perfettamente *avv.* perfectamente, a la perfección.
perfetto *agg.* perfecto | *matto* —, loco de remate ♦ *s.m.* (*gramm.*) pretérito perfecto.
perfezionamento *s.m.* perfeccionamiento.
perfezionare *v.tr.* perfeccionar ♦ **-rsi** *v.pron.* perfeccionarse, especializarse*.
perfezione *s.f.* perfección | *alla* —, a la perfección.
perfezionismo *s.m.* perfeccionismo.
perfezionista *s.m./f.* perfeccionista.
perfidia *s.f.* perfidia.
perfido *agg.* pérfido, malvado.
perfino *avv.* hasta, aun, incluso: *canta — quando mangia*, canta hasta comiendo.
perforare *v.tr.* perforar, horadar, agujerear, taladrar.
perforatrice *s.f.* perforadora, taladro (*m.*).
perforazione *s.f.* perforación.
performance *s.f.* performance, actuación.
pergamena *s.f.* pergamino (*m.*).
pergola *s.f.* pérgola, emparrado (*m.*).
pergolato *s.m.* parra (*f.*), parral (*f.*).
pericardio *s.m.* (*anat.*) pericardio.
pericolante *agg.* inestable, tambaleante.
pericolo *s.m.* **1** peligro, riesgo | *a suo rischio e* —, por su cuenta y riesgo | *essere in* —, correr peligro | *essere in — di vita*, estar entre la vida y la muerte | *esser fuori* —, estar fuera de peligro | *essere un — pubblico*, ser un peligro público | (*sui cartelli*) — *frane*, peligro de derrumbe **2** (*fig., probabilità*) probabilidad (*f.*), posibilidad (*f.*).
pericolosità *s.f.* peligrosidad.
pericoloso *agg.* peligroso.
perielio *s.m.* (*astr.*) perihelio.
periferia *s.f.* periferia, extrarradio (*m.*), afueras (*pl.*), alrededores (*m.pl.*); (*sobborghi*) suburbios (*m.pl.*).
periferico *agg.* periférico.
perifrasi *s.f.* perífrasis.
perifrastico *agg.* perifrástico.
perimetrale *agg.* perimétrico.
perimetro *s.m.* perímetro.
periodicità *s.f.* periodicidad.
periodico[1] *agg.* **1** periódico, regular **2** (*mat.*) periódico.
periodico[2] *s.m.* periódico, revista (*f.*).
periodo *s.m.* **1** período, periodo, época (*f.*) **2** (*mat., gramm.*) período.
peripezia *s.f.* **1** (*lett., teatr.*) peripecia **2** (*spec. pl.*) peripecias.
periplo *s.m.* periplo.

perire *v.intr.* morir,* sucumbir, perecer*.
periscopio *s.m.* periscopio.
perito *s.m.* perito: — *agrario*, perito agrícola.
peritoneo *s.m.* (*anat.*) peritoneo.
peritonite *s.f.* (*med.*) peritonitis.
perizia *s.f.* **1** (*bravura*) pericia, maestría, habilidad, destreza **2** (*dir.*) peritación, visorio (*m.*), peritaje (*m.*).
perizoma *s.m.* (*st.*) taparrabo(s); (*abbigl.*) tanga (*f.*).
perla *s.f.* perla | *grigio* —, gris perla | (*fig.*) *dare perle ai porci*, echar margaritas a los cerdos.
perlato *agg.* perlado | *orzo* —, cebada perlada.
perlomeno, per lo meno *avv.* por lo menos.
perlopiù, per lo più *avv.* **1** (*di solito*) por lo general, generalmente **2** (*per la maggior parte*) mayormente.
perlustrare *v.tr.* explorar, inspeccionar.
perlustrazione *s.f.* exploración, inspección.
permaloso *agg.* susceptible, quisquilloso, enojadizo.
permanente *agg.*, *s.f.* permanente.
permanenza *s.f.* **1** permanencia **2** (*soggiorno*) estancia.
permanere *v.intr.* mantenerse*, continuar*, permanecer*.
permeabile *agg.* permeable.
permeare *v.tr.* **1** penetrar, empapar, impregnar **2** (*fig.*) influenciar.
permesso[1] *agg.* lícito | *è —?*, ¿se puede?
permesso[2] *s.m.* permiso, autorización (*f.*); (*licenza*) licencia (*f.*) | *col vostro* —, con vuestro permiso | *negare, concedere un* —, negar, dar un permiso | (*dir.*) — *di soggiorno*, permiso de residencia.
permettere *v.tr.* permitir, autorizar* | *permette?*, ¿se puede? | *se mi si permette l'espressione*, si se me permite la expresión | *tempo permettendo*, si el tiempo lo permite ♦ **-rsi** *v.pron.* permitirse, tomarse la libertad: *ma come ti permetti di usare quel tono con me?*, ¿cómo osas hablarme en ese tono?
permissivismo *s.m.* permisividad (*f.*).
permissivo *agg.* permisivo.
permuta *s.f.* permuta.
permutare *v.tr.* permutar.
pernacchia *s.f.* pedorreta: *fare una* —, hacer una pedorreta.
pernice *s.f.* (*zool.*) perdiz* | (*med.*) *occhio di* —, ojo de gallo/pollo.
pernicioso *agg.* pernicioso, nocivo.
perno *s.m.* **1** perno, eje; (*di porta*) pernio, gozne **2** (*fig.*) sostén, eje, apoyo.
pernottamento *s.m.* alojamiento: *la quota comprende — e prima colazione*, la cuota incluye alojamiento y desayuno.
pernottare *v.intr.* pernoctar, alojarse.
pero *s.m.* (*bot.*) peral.
però *cong.* pero, mas; (*tuttavia*) sin embargo | *—!*, (*niente male*) ¡qué bien!
perone *s.m.* (*anat.*) peroné.
perorare *v.tr.* defender*, sostener*, abogar*: — *una causa*, sostener una causa.
perorazione *s.f.* peroración.
perossido *s.m.* (*chim.*) peróxido.
perpendicolare *agg.*, *s.f.* perpendicular.
perpetrare *v.tr.* perpetrar.
perpetua *s.f.* (*fam.*) ama de llaves del cura.
perpetuare *v.tr.* perpetuar*.
perpetuo *agg.* perpetuo | *moto* —, movimiento continuo.
perplessità *s.f.* perplejidad.
perplesso *agg.* perplejo.
perquisire *v.tr.* cachear, registrar, inspeccionar: *perquisirono Luigi e non me*, cachearon a Luis y a mí no.
perquisizione *s.f.* registro (*m.*), inspección, allanamiento (*m.*); (*di persone*) cacheo (*m.*), inspección | *mandato di* —, orden de registro.
persecutore *s.m.* perseguidor.
persecutorio *agg.* persecutorio.
persecuzione *s.f.* persecución; (*fig.*) acoso.
perseguibile *agg.* (*dir.*) perseguible, penable.
perseguire *v.tr.* **1** perseguir*, ir detrás de **2** (*dir.*) perseguir*.
perseguitare *v.tr.* **1** perseguir*, seguir* **2** (*ossessionare*) acosar, importunar, obsesionar: — *qlcu.*, acosar a alguien.
perseverante *agg.* perseverante, tenaz*.
perseveranza *s.f.* perseverancia, constancia.
perseverare *v.intr.* perseverar.
persiana *s.f.* persiana.
persiano *agg.*, *s.m.* persa (*m./f.*).
persico[1] *agg.* pérsico | *Golfo* —, Golfo Pérsico.
persico[2] *agg. nella loc.*: *pesce* —, perca.
persino *avv.* → **perfino.**
persistente *agg.* persistente.
persistenza *s.f.* persistencia.
persistere *v.intr.* persistir, insistir.
perso *agg.* perdido | — *per* —, perdido por perdido | *innamorato* —, enamorado perdido | *tempo* —, tiempo perdido | *studiare a tempo* —, estudiar a ratos perdidos.
persona *s.f.* **1** persona | *incontrare qlcu. di* —, encontrar a alguien personalmente | *presentarsi di* —, ir en persona, personarse | *ho visto Pedro Almodóvar in* —, vi a Pedro Almodóvar en persona | *sembrava l'attore in* —, parecía el actor personificado/en persona | — *fisica, giuridica*, persona física, jurídica | *costa 100 euro a* —, cuesta 100 euros por persona/cabeza **2** (*corpo*) cuerpo (*m.*), tipo

(*m.*), figura: *avere cura della propria* —, cuidar su figura **3** (*gramm.*) persona.
personaggio *s.m.* **1** personaje **2** (*personalità*) personalidad (*f.*).
personal computer *s.m.* (*inform.*) pc, ordenador personal.
personale *agg.* personal: *uso* —, uso personal; *effetti personali*, efectos personales ♦ *s.m.* **1** personal: *il — dell'ufficio*, el personal de la oficina | *ufficio del* —, oficina de personal **2** (*aspetto*) físico, aspecto.
personalità *s.f.* personalidad: *è una* —, es una personalidad; *ha molta* —, tiene mucha personalidad.
personalizzare *v.tr.* personalizar*.
personificare *v.tr.* personificar*; (*rappresentare*) representar.
personificazione *s.f.* personificación.
perspicace *agg.* perspicaz*.
perspicacia *s.f.* perspicacia, agudeza.
persuadere *v.tr.* persuadir; (*convincere*) convencer* ♦ **-rsi** *v.pron.* persuadirse, convencerse*.
persuasione *s.f.* persuasión.
persuasivo *agg.* persuasivo.
pertanto *cong.* por lo tanto.
pertica *s.f.* **1** (*anche sport*) pértiga **2** (*misura agraria*) pértica.
pertinace *agg.* pertinaz*, persistente, perseverante.
pertinente *agg.* pertinente, perteneciente, concerniente.
pertinenza *s.f.* pertinencia (*anche dir.*) | *essere di — di*, ser competencia de.
pertosse *s.f.* (*med.*) tos ferina.
pertugio *s.m.* agujero; (*passaggio angusto*) boquete.
perturbare *v.tr.* perturbar, alterar.
perturbatore *agg.*, *s.m.* perturbador.
perturbazione *s.f.* (*meteor.*) perturbación: *è in arrivo una forte — dall'Atlantico*, se acerca una fuerte perturbación del Atlántico.
peruviano *agg.*, *s.m.* peruano.
pervadere *v.tr.* penetrar, invadir.
pervenire *v.intr.* llegar*: *far — un messaggio a qlcu.*, hacer llegar un mensaje a alguien.
perversione *s.f.* perversión.
perverso *agg.* perverso.
pervertire *v.tr.* pervertir*, corromper.
pervertito *agg.*, *s.m.* pervertido.
pervicace *agg.* obstinado, terco.
pervicacia *s.f.* obstinación, terquedad.
pervinca *s.f.* (*bot.*) pervinca, vincapervinca.
pesa *s.f.* **1** balanza, peso (*m.*) **2** (*pesatura*) pesada, pesaje (*m.*).
pesante *agg.* **1** (*anche fig.*) pesado: *mobile* —, mueble pesado; *abito* —, vestido abrigado | *avere lo stomaco* —, tener el estómago pesado | *perdita* —, pérdida cuantiosa | *scherzi pesanti*, bromas pesadas | *sonno* —, sueño profundo | *aria* —, aire cargado **2** (*noioso*) aburrido, pesado, latoso: *film* —, película pesada/aburrida **3** (*faticoso*) agotador, cansado, duro.
pesantezza *s.f.* pesadez*: — *di stomaco*, pesadez de estómago.
pesare *v.tr./intr.* (*anche fig.*) pesar: *quanto pesi?*, ¿cuánto pesas?; *peso poco*, peso poco; *la bilancia pesa male*, la balanza pesa mal | — *le parole*, medir las palabras | *far — un favore concesso*, echar en cara | *alzarmi presto mi pesa molto*, levantarme temprano me cuesta mucho.
pesatura *s.f.* pesaje (*m.*), pesada.
pesca[1] *s.f.* (*frutto*) melocotón (*m.*), durazno (*m.*).
pesca[2] *s.f.* **1** (*sport*) pesca: *canna da* —, caña de pescar **2** (*lotteria*) rifa.
pescaggio *s.m.* (*mar.*) calado.
pescanoce *s.f.* (*bot.*) nectarina.
pescare *v.tr.* **1** pescar* **2** (*trovare*) encontrar*, hallar: *guarda cos'ho pescato nel suo armadio*, mira lo que he encontrado en su armario **3** (*sorprendere*) pillar, coger*: *l'ho pescato che mi rubava dal portafogli*, lo pillé robándome de la cartera **4** (*una carta*) sacar*, robar: — *una carta dal mazzo*, robar una carta del monte.
pescatore *s.m.* pescador.
pesce *s.m.* **1** (*zool.*) pez*: — *d'acqua dolce*, pez de agua dulce; — *rospo*, rape **2** (*cuc.*) pescado: *oggi mangio* —, hoy como pescado; — *azzurro*, pescado azul | *colla di* —, cola de pescado **3** (*pl.*, *astr.*) Piscis
■ ***essere sano come un pesce***, estar sano como una manzana | ***buttarsi a pesce su qlco.***, abalanzarse sobre algo | ***non sapere che pesci pigliare***, no saber qué hacer/a qué atenerse | ***sentirsi come un pesce fuor d'acqua***, estar como un pulpo en un garaje | ***prendere qlcu. a pesci in faccia***, tratar a patadas.
pescecane *s.m.* (*zool.*) tiburón.
peschereccio *s.m.* barco pesquero.
pescheria *s.f.* pescadería.
peschiera *s.f.* vivero (*m.*) de peces.
peschiero *agg.* pesquero: *industria peschiera*, industria pesquera.
pesciera *s.f.* besuguera.
pescivendolo *s.m.* pescadero.
pesco *s.m.* (*bot.*) melocotonero.
pescoso *agg.* abundante en pesca.
pesista *s.m./f.* (*sport*) levantador (*m.*) de pesos
pesistica *s.f.* (*sport*) halterofilia, levantamiento (*m.*) de pesos.
peso *s.m.* **1** peso (*anche fig.*): — *forma*, peso ideal; — *netto*, *lordo*, peso neto, bruto | — *atomico*, peso atómico | — *specifico*, pe-

so específico **2** (*oggetto*) pesa (*f.*): *metti il — sul piatto della bilancia*, pon la pesa en el platillo de la balanza **3** (*sport*) peso | (*boxe*) *— mosca, piuma, massimo*, peso mosca, pluma, máximo/pesado | *sollevamento pesi*, levantamiento de pesos, halterofilia | *lancio del —*, lanzamiento de peso
■ ***sentirsi un peso sullo stomaco***, tener pesadez de estómago | (*fig.*) ***togliersi un peso dalla coscienza/dallo stomaco***, quitarse un cargo de conciencia/un peso de encima | ***avere due pesi e due misure***, tener dos varas de medir.
pessimismo *s.m.* pesimismo.
pessimista *agg., s.m./f.* pesimista.
pessimistico *agg.* pesimista.
pessimo *agg.* pésimo; (*orribile*) horrible.
pestaggio *s.m.* paliza (*f.*), tunda (*f.*), riña (*f.*).
pestare *v.tr.* **1** (*con i piedi*) pisar | (*fig.*) *— i piedi a qlcu.*, molestar a alguien **2** (*battere*) machacar*; (*tritare*) moler* **3** (*picchiare*) pegar*, apalear.
peste *s.f.* **1** (*med., fig.*) peste | *dire — e corna di qlcu.*, echar pestes de alguien **2** (*fig.*) persona mala | *che — quella bambina!*, ¡qué tremenda/peste esa niña!
pestello *s.m.* maza (*f.*), majadero.
pesticida *agg., s.m.* plaguicida, pesticida.
pestifero *agg.* **1** pestífero, pestilente **2** (*insopportabile*) insoportable, molesto, fastidioso.
pestilenza *s.f.* pestilencia, epidemia.
pestilenziale *agg.* pestilente.
pesto *agg.* magullado, machacado | *buio —*, oscuridad completa/total | *avere un occhio —*, tener un ojo negro/amoratado | *era — e malconcio*, estaba contuso y maltrecho ♦ *s.m.* (*cuc.*) pesto | *— alla genovese*, salsa a base de albahaca.
petalo *s.m.* pétalo.
petardo *s.m.* petardo.
petizione *s.f.* petición, solicitud: *firmare una —*, firmar una petición.
peto *s.m.* pedo.
petrarchesco *agg.* (*lett.*) petrarquesco.
petrarchismo *s.m.* (*lett.*) petrarquismo.
petrolchimica *s.f.* (*chim.*) petroleoquímica, petroquímica.
petrolchimico *agg.* (*chim.*) petroleoquímico, petroquímico.
petroliera *s.f.* (*mar.*) petrolero (*m.*).
petroliere *s.m.* petrolero.
petrolifero *agg.* petrolífero, petrolero: *industria petrolifera*, industria petrolera/petrolífera.
petrolio *s.m.* petróleo: *pozzo di —*, pozo petrolífero/de petróleo; *lampada a —*, quinqué | *— greggio*, petróleo bruto.
pettegolezzo *s.m.* chisme, habladuría (*f.*), cotilleo: *ti racconto un —*, te cuento un chisme.
pettegolo *agg.* chismoso, cotilla ♦ *s.m.* cotilla (*m./f.*).
pettinare *v.tr.* **1** peinar **2** (*tess.*) cardar ♦ **-rsi** *v. pron.* peinarse.
pettinata *s.f.* peinada.
pettinatura *s.f.* peinado (*m.*): *cambiare —*, cambiar de peinado.
pettine *s.m.* **1** peine | *tutti i nodi vengono al —*, todo sale a relucir **2** (*tess.*) carda (*f.*) **3** (*zool.*) vieira (*f.*).
pettirosso *s.m.* (*zool.*) petirrojo.
petto *s.m.* **1** pecho: *stringere al —*, estrechar contra el pecho | *prendere qlco. di —*, tomar(se) a pecho algo | (*fig.*) *prendere qlcu. di —*, afrontar a alguien por derecho | (*mus.*) *do di —*, do de pecho **2** (*di pollo*) pechuga (*f.*) **3** (*di camicia*) pechera (*f.*): *a doppio —*, cruzado.
pettorale *agg.* pectoral ♦ *s.m.* **1** (*bardatura*) petral **2** (*sport*) dorsal.
pettorina *s.f.* pechera, peto (*m.*).
pettoruto *agg.* pechugón.
petulante *agg.* petulante, presumido.
petulanza *s.f.* petulancia.
pezza *s.f.* **1** pieza; (*pezzo di stoffa*) retazo (*m.*), retal (*m.*), pedazo (*m.*) de tela: *una — di velluto rosso*, una pieza de terciopelo rojo **2** (*toppa*) pieza, parche (*m.*): *mettere/cucire una — sui pantaloni*, poner una pieza/un parche en los pantalones **3** (*straccio*) trapo (*m.*) | *una bambola di —*, una muñeca de trapo **4** (*amm.*) *— giustificativa*, justificante (*m.*).
pezzato *agg.* (*zool.*) rodado, pío.
pezzatura[1] *s.f.* (*di animali*) remiendo (*m.*), mancha.
pezzatura[2] *s.f.* (*comm.*) dimensión.
pezzente *s.m./f.* harapiento (*m.*), pordiosero (*m.*), andrajoso (*m.*).
pezzo *s.m.* **1** (*porzione, parte*) trozo, pedazo, porción (*f.*); (*brandello*) pedazo, fragmento: *un — di pane*, un pedazo de pan; *il bicchiere andò in pezzi*, el vaso se hizo añicos; *— di stoffa*, retal | *fare a pezzi*, hacer pedazos/trizas **2** (*di strada*) trecho: *abbiamo già fatto un bel — di strada*, ya hemos recorrido un buen trecho **3** (*elemento di una serie, esemplare*) pieza (*f.*): *è un — unico*, es una pieza única; *— di ricambio*, pieza de recambio/repuesto **4** (*di giornale*) artículo **5** (*di tempo*) rato: *è da un — che sono qui*, hace un buen rato que estoy aquí **6** (*mus.*) pieza (*f.*): *quella canzone è il suo — forte*, esa canción es su pieza fuerte
■ (*fig.*) ***un pezzo grosso***, un pez gordo | ***essere a pezzi***, estar hecho pedazos/polvo, caerse a pedazos | ***un pezzo d'uomo***, un hombre

atractivo/guapo, (*fam.*) un tío bueno | ***un bel pezzo di ragazza***, una muchacha hermosa/guapa, (*fam.*) una tía buena | ***fare a pezzi qlcu.***, hacer papilla a alguien | ***a pezzi e bocconi***, a trancas y barrancas.
piacente *agg.* placentero.
piacere[1] *s.m.* **1** placer* | (*nelle presentazioni*) *—!*, ¡mucho gusto!, ¡encantado/a! | *è stato un — conoscerla*, ha sido un placer (conocerlo/a) | *ho il — di*, tengo el gusto de | *viaggio di —*, viaje de placer **2** (*favore*) favor: *per —*, por favor; *chiedere un —*, pedir un favor
■ ***a piacere***, a placer; a voluntad.
piacere[2] *v.intr.* gustar, encantar, agradar: *mi piace*, me gusta/encanta | *verrai con me, che ti piaccia o no!*, vendrás conmigo, quieras o no.
piacevole *agg.* placentero, agradable.
piacimento *s.m.* placer, gusto | *a —*, a voluntad.
piaga *s.f.* **1** (*med.*) llaga, úlcera | (*fig.*) *mettere il dito sulla —*, meter el dedo en la llaga **2** (*fig.*) calamidad, plaga: *la siccità è una —*, la sequía es una calamidad.
piagnisteo *s.m.* lloriqueo, llorera (*f.*), gimoteo.
piagnucolare *v.intr.* lloriquear, quejarse.
pialla *s.f.* (*falegnameria*) cepillo (*m.*), garlopa.
piallare *v.tr.* (*falegnameria*) cepillar, acepillar.
piallatrice *s.f.* (*falegnameria*) cepillo (*m.*).
piallatura *s.f.* (*falegnameria*) cepilladura.
piana *s.f.* (*geogr.*) llano (*m.*), llanura.
pianeggiante *agg.* llano, plano.
pianella *s.f.* chinela, zapatilla, pantufla.
pianerottolo *s.m.* descansillo, rellano.
pianeta *s.m.* (*astr., relig.*) planeta.
piangente *agg.* lloroso | (*bot.*) *salice —*, sauce llorón.
piangere *v.intr./tr.* **1** llorar: *— di dolore*, llorar de dolor; *— a calde lacrime*, llorar a lágrima viva | *— miseria*, contar sus miserias | *piangersi addosso*, quejarse, autoconmiserarse **2** (*dolersi*) llorar, deplorar: *— la morte di qlcu.*, deplorar la muerte de alguien | *mi piange il cuore*, se me rompe el corazón.
pianificare *v.tr.* planificar*, planear, proyectar.
pianificazione *s.f.* planificación | *— familiare*, planificación familiar.
pianista *s.m./f.* (*mus.*) pianista.
piano[1] *agg.* llano, plano: *un terreno —*, un terreno llano; *una superficie piana*, una superficie plana, lisa | *parola piana*, palabra llana ♦ *avv.* **1** despacio, lentamente, con cuidado: *fai —*, hazlo con cuidado; *parla —, senza fretta*, habla despacio, sin prisa | *pian —*, poco a poco | *vai —, non correre*, ve despacio, no corras mucho **2** (*sommessamente*) quedo, en voz baja: *parla —*, habla en voz baja | *zitti! fate —!*, ¡callaos!, ¡no hagáis ruido!
piano[2] *s.m.* **1** (*di casa*) piso, planta (*f.*): *— terra*, planta (*f.*) baja; *al terzo —*, en el tercer piso **2** (*superficie di legno*) tablero; (*di marmo, metallo*) plancha | *— di cottura*, placa de cocina | *— di lavoro*, encimera | *— stradale*, calzada **3** (*livello*) nivel, plan | *mettere sullo stesso —*, poner al mismo nivel **4** (*geol.*) capa (*f.*), estrato **5** (*geom.*) plano | *mettere in —*, poner horizontalmente **6** (*cinem.*) plano | *primo —*, primer plano.
piano[3] *s.m.* **1** (*progetto, programma*) plan, proyecto | *— di studi*, plan de estudios | *— di volo*, plan de vuelo **2** (*disegno*) plano | *— regolatore*, plan urbanístico.
piano[4] *s.m.* → **pianoforte.**
pianoforte *s.m.* (*mus.*) piano: *suonare il —*, tocar el piano; *— a coda, verticale*, piano de cola, vertical.
pianola *s.f.* (*mus.*) pianola.
pianoro *s.m.* meseta (*f.*), planicie.
pianoterra *s.m.* planta (*f.*) baja.
pianta *s.f.* **1** (*bot.*) planta: *piante da frutta*, plantas frutales **2** (*del piede*) planta **3** (*di edifici, poderi ecc.*) mapa (*m.*), plano (*m.*), planta: *la — della città*, el plano de la ciudad
■ ***vivere in pianta stabile***, vivir establemente | ***lavorare in pianta stabile presso una ditta***, trabajar fijo/de plantilla en una empresa | ***di sana pianta***, por completo: *se l'è inventato di sana —*, se lo inventó completamente.
piantagione *s.f.* plantación: *— di caffé*, plantación de café, cafetal; *— di canna da zucchero*, cañaveral.
piantagrane *s.m./f.* buscapleitos.
piantana *s.f.* lámpara de pie.
piantare *v.tr.* **1** plantar **2** (*conficcare*) hincar*, clavar: *— una puntina*, clavar una chincheta; *— un chiodo nel muro*, poner un clavo en la pared | *— la tenda*, acamparse **3** (*lasciare*) plantar, dejar | *piantala!* ¡idéjalo ya! ♦ **-rsi** *v.pron.* **1** (*conficcarsi*) clavarse **2** (*lasciarsi*) plantarse, dejarse.
pianterreno *s.m.* → **pianoterra.**
pianto *s.m.* llanto, lloro: *sciogliersi in —*, anegarse en llanto/lágrimas; *scoppiare in —*, echarse a llorar.
piantonamento *s.m.* vigilancia.
piantonare *v.tr.* vigilar: *piantonato dalla polizia*, vigilado por la policía.
pianura *s.f.* llanura, llano (*m.*).
piastra *s.f.* **1** (*lamina*) chapa, lámina; (*di pietra*) laja, lastra **2** (*griglia*) plancha: *alla —*, a la plancha **3** (*tecn.*) platina: *doppia — di registrazione*, doble platina de grabación.
piastrella *s.f.* baldosa, azulejo (*m.*), losa.
piastrina *s.f.* (*anat.*) plaqueta.
piattaforma *s.f.* plataforma (*anche fig.*) | —

girevole, plataforma giratoria | — *petrolifera*, plataforma petrolífera | — *continentale*, plataforma continental.
piattello *s.m.* **1** platillo **2** (*sport*) plato, blanco: *tiro al* —, tiro al plato.
piattina *s.f.* (*elettr.*) pletina.
piattino *s.m.* platillo.
piatto *agg.* **1** llano, plano: *terreno* —, terreno llano **2** (*fig.*) gris: *un periodo* —, un periodo gris ♦ *s.m.* **1** plato: — *piano*, plato llano | — *forte*, plato fuerte | (*fam.*) *lavare i piatti*, lavar la loza/los platos **2** (*della bilancia*) platillo **3** (*pl., mus.*) platillos **4** (*a carte*) plato, apuesta (*f.*).
piattola *s.f.* (*zool.*) ladilla | (*volg.*) *essere una* —, pegarse como una ladilla/lapa.
piazza *s.f.* **1** plaza | — *d'armi*, plaza de armas; (*fig.*) lugar muy grande | *scendere in — a manifestare*, salir a la calle a manifestar **2** (*comm.*) plaza, mercado (*m.*)
■ ***fare piazza pulita***, arramblar, eliminar todo | ***mettere in piazza***, poner al descubierto | ***rovinare la piazza***, crear mala prensa, dañar la reputación | ***letto a una piazza***, cama de una plaza, cama sencilla | ***letto a due piazze***, cama matrimonial/doble.
piazzaforte *s.f.* plaza fuerte.
piazzale *s.m.* plaza (*f.*), explanada (*f.*).
piazzamento *s.m.* (*sport*) clasificación (*f.*), posición (*f.*), puesto.
piazzare *v.tr.* colocar*, situar*, emplazar* ♦ **-rsi** *v.pron.* **1** (*fam., sistemarsi*) colocarse*, plantarse, situarse* **2** (*sport*) colocarse*, clasificarse*: — *al secondo posto*, quedar en el segundo puesto.
piazzista *s.m./f.* corredor (*m.*), representante.
piazzola *s.f.* (*di strada*) área de aparcamiento; (*mil.*) emplazamiento (*m.*).
picca *s.f.* **1** (*mil.*) pica **2** (*fig.*) resentimiento (*m.*), despecho (*m.*) | *fare qlco. per* —, hacer una cosa por despecho **3** (*pl., nei giochi di carte*) picas | *contare quanto il due di picche*, no contar nada, ser el último mono | *rispondere picche*, dar calabazas.
piccante *agg.* (*anche fig.*) picante.
picchettare *v.tr.* **1** (*un terreno*) estacar* **2** (*fig.*) formar piquetes: *gli operai picchettano la fabbrica*, los obreros forman piquetes fuera de la fábrica.
picchetto *s.m.* piquete | — *d'onore*, guardia de honor.
picchiare *v.tr.* pegar*, golpear: *non — il bambino*, no le pegues al niño; *picchiò un pugno sul tavolo*, dio un puñetazo sobre la mesa | — *sodo*, pegar duro, dar una paliza ♦ *v.intr.* (*alla porta*) golpear, llamar ♦ **-rsi** *v.pron.* pegarse*, pelearse.
picchiata *s.f.* (*aer.*) picado (*m.*): *discesa in* —, caída en picado (*m.*).
picchiatello *s.m.* loco, chiflado, chalado.
picchiatore *s.m.* matón.
picchio *s.m.* (*zool.*) pájaro carpintero.
piccino *agg.* chico, pequeño ♦ *s.m.* niño, pequeño.
picciolo *s.m.* (*bot.*) pecíolo, peciolo; (*peduncolo*) pedúnculo.
piccionaia *s.f.* **1** palomar (*m.*) **2** (*teatr.*) galería, gallinero (*m.*), paraíso (*m.*).
piccione *s.m.* **1** (*zool.*) palomo: — *viaggiatore*, paloma mensajera | *prendere due piccioni con una fava*, matar dos pájaros de un solo tiro **2** (*fig.*) ingenuo, pardillo.
picco *s.m.* (*cima*) pico | *a — sul mare*, a plomo sobre el mar | *colare, mandare a* —, irse*, echar a pique | (*radio, tv*) — *d'ascolto*, máxima audiencia.
piccolezza *s.f.* **1** pequeñez* **2** (*inezia*) minucia, tontería; (*sciocchezza*) insignificancia | *preoccuparsi per piccolezze*, preocuparse por pequeñeces/tonterías **3** (*meschinità*) bajeza | — *d'animo*, bajeza de ánimo | — *di mente*, cortedad de miras.
piccolo *agg.* pequeño: *queste scarpe mi sono piccole*, estos zapatos me están pequeños; — *imprenditore*, pequeño empresario; *un bambino* —, un niño pequeño; *un — incidente*, un pequeño accidente | *un — discorso*, un discurso breve | *un — stipendio*, un sueldo modesto ♦ *s.m.* pequeño, niño; (*di animale*) cachorro, cría (*f.*) | *da* —, de pequeño
■ ***in piccolo***, en pequeña proporción/escala | ***nel mio piccolo***, dentro de mis posibilidades.
picconata *s.f.* **1** golpe (*m.*) de pico **2** (*fig., attacco*) crítica.
piccone *s.m.* pico.
piccozza *s.f.* piolet (*m.*).
picnic *s.m.* picnic, merienda (*f.*), excursión (*f.*) campestre.
pidocchio *s.m.* **1** (*zool.*) piojo **2** (*fig.*) miserable, tacaño, mezquino.
pidocchioso *agg.* **1** piojoso **2** (*spilorcio*) piojoso, avaro.
piè *s.m.* (*lett.*) pie | *a — di*, al pie de | *a ogni — sospinto*, a cada paso, cada dos por tres | *saltare a — pari*, saltar a pie juntillas.
pied-à-terre *s.m.* estudio; (*garçonnière*) picadero, (*volg.*) polvero.
piede *s.m.* **1** (*anche misura*) pie: — *piatto*, pie plano; *stare in piedi*, estar de pie; *andare a piedi*, ir a pie, ir andando/caminando | *dalla testa ai piedi*, de (los) pies a (la) cabeza | *non reggersi in piedi*, no (poder) tenerse en pie | *in punta di piedi*, de puntillas **2** (*di animale*) pata (*f.*), pie; (*di cavallo*) casco; (*di mucca, capra*) pezuña | (*mecc.*) — *di porco*, pie de cabra **3** (*di mobile*) pata (*f.*)
■ ***cadere in piedi***, caer de pie | ***con i piedi di piombo***, con pies de plomo | ***darsi la zap-***

pa sui piedi, tirar piedras sobre su tejado | ***tenere un piede in due scarpe***, jugar a dos barajas | ***mettere in piedi un'azienda, uno spettacolo***, montar una empresa, un espectáculo | ***fare qlco. coi piedi***, hacer algo con los pies/las patas | ***(levati) fuori dai piedi***, quítate de aquí, lárgate | ***non farsi mettere i piedi in testa***, no dejarse dominar | ***sui due piedi***, de repente.
piedipiatti *s.m.* (*spreg.*) madero.
piedistallo *s.m.* pedestal.
piega *s.f.* **1** pliegue (*m.*): *gonna a pieghe*, falda plisada **2** (*grinza*) arruga | *senza fare una —*, sin inmutarse, como si tal cosa **3** (*fig.*, *andamento*) cariz* (*m.*): *prendere una brutta —*, tomar un mal cariz **4** (*di capelli*) marcado (*m.*).
piegamento *s.m.* (*flessione*) flexión (*f.*).
piegare *v.tr.* **1** plegar*, doblar: — *un foglio di carta*, doblar una hoja de papel; — *una camicia, un lenzuolo*, plegar una camisa, una sábana | — *la testa*, bajar/agachar la cabeza **2** (*fig.*) someter, doblegar*: *gli stenti piegarono la sua superbia*, las privaciones doblegaron su soberbia ♦ *v.intr.* (*girare*) doblar, girar: — *a sinistra*, doblar a la izquierda ♦ **-rsi** *v.pron.* agacharse, plegarse*, doblarse (*anche fig.*): *l'albero si piegó*, el árbol se dobló; *si piegó alle mie esigenze*, se amoldó a mis exigencias; *si piegó alle sue condizioni*, accedió a sus condiciones.
piegatura *s.f.* (*il piegare*) doblado (*m.*); (*piega*) pliegue (*m.*).
pieghettare *v.tr.* plisar, fruncir*.
pieghevole *agg.* plegable; (*flessible*) flexible: *tavolo —*, mesa plegable.
piena *s.f.* crecida, riada, desbordamiento (*m.*): *il fiume è in —*, el río está crecido.
pienezza *s.f.* plenitud, apogeo (*m.*).
pieno *agg.* **1** (*di contenuto*) lleno: *bicchiere —*, vaso lleno; — *zeppo*, repleto | *a piene mani*, a manos llenas | *averne le tasche piene*, estar hasta las narices **2** (*completo*) pleno: *in — inverno*, en pleno invierno; *in — giorno* en pleno día; *lavorare a tempo —*, trabajar a jornada completa | (*fam.*) *sono piena*, estoy llena | *luna piena*, luna llena ♦ *s.m.* lleno | *in —*, de lleno/pleno | *fare il — di benzina*, llenar el depósito de gasolina.
pietà *s.f.* piedad, lástima, compasión | *fare —*, dar pena/lástima.
pietanza *s.f.* plato (*m.*), comida, pitanza.
pietismo *s.m.* **1** (*relig.*) pietismo **2** (*spreg.*) beatería.
pietoso *agg.* **1** (*misericordioso*) piadoso, misericordioso, compasivo **2** (*commovente*) conmovedor **3** (*orribile*) lastimoso, lamentable: *la casa è in uno stato —*, la casa se encuentra en un estado lastimoso.
pietra *s.f.* piedra | — *di paragone*, piedra de toque | — *focaia*, pedernal | — *miliare*, hito | *posare la prima —*, poner la primera piedra | *mettiamoci una — sopra*, lo pasado, pasado.
pietraia *s.f.* **1** (*terreno sassoso*) pedregal (*m.*), pedriscal (*m.*) **2** (*cava*) cantera, pedrera **3** (*pietrame*) pedrisco (*m.*).
pietrificare *v.tr.* (*anche fig.*) petrificar*.
pietrisco *s.m.* pedrisco.
pietroso *agg.* (*di consistenza*) pétreo; (*di luogo*) pedregoso.
pifferaio *s.m.* (*mus.*) pífano, flautista (*m./f.*) | *il — magico*, el flautista mágico.
piffero *s.m.* (*mus.*) pífano, flauta (*f.*).
pigiama *s.m.* pijama, (*Amer.*) piyama.
pigia pigia *s.m.* gentío; (*fig.*) caos.
pigiare *v.tr.* apretar* | *essere pigiati come sardine*, estar apretujados como sardinas | — *l'uva*, pisar las uvas.
pigiatrice *s.f.* (*macchina*) pisadora.
pigiatura *s.f.* (*dell'uva*) pisada, pisadura.
pigione *s.f.* alquiler (*m.*).
pigliare *v.tr.* (*fam.*) coger*, agarrar.
piglio *s.m.* gesto, semblante, expresión (*f.*) | — *minaccioso*, aspecto amenazador.
pigmalione *s.m.* pigmalión.
pigmentazione *s.f.* pigmentación.
pigmento *s.m.* pigmento.
pigmeo *s.m.* pigmeo.
pigna *s.f.* **1** (*del pino*) piña | *avere le pigne in testa*, tener pájaros en la cabeza **2** (*cumulo*) piña, montón (*m.*).
pignatta *s.f.* olla, piñata, marmita.
pignoleria *s.f.* meticulosidad, minuciosidad.
pignolo *agg.* meticuloso, preciso, puntilloso, minucioso.
pignone *s.m.* (*mecc.*) piñón.
pignoramento *s.m.* (*dir.*) embargo.
pignorare *v.tr.* (*dir.*) embargar*.
pigolare *v.intr.* **1** piar **2** (*fig.*) lloriquear.
pigolio *s.m.* pío.
pigrizia *s.f.* pereza, neglicencia.
pigro *agg.* **1** perezoso **2** (*fig.*) lento, torpe.
pila[1] *s.f.* **1** (*mucchio*) pila, cúmulo (*m.*), montón (*m.*) **2** (*elettr.*) pila: — *elettrica*, pila eléctrica; — *atómica*, pila atómica; *funziona a pile*, funciona con pilas **3** (*torcia*) linterna: *far luce con una —*, alumbrar con una linterna; — *tascabile*, linterna de bolsillo.
pila[2] *s.f.* (*recipiente*) pila: — *dell'acqua santa*, pila del agua bendita; — *battesimale*, pila bautismal.
pilare *v.tr.* (*il riso*) pilar.
pilastro *s.m.* pilastra (*f.*), columna (*f.*), pilar (*anche fig.*): *il — della squadra*, el pilar del equipo.
pilatura *s.f.* (*del riso*) descascarillado (*m.*).
pillola *s.f.* píldora, pastilla, comprimido (*m.*)

| — (*anticoncezionale*), píldora (anticonceptiva) | *indorare la* —, dorar la píldora.
pilone *s.m.* pilar, machón.
piloro *s.m.* (*anat.*) píloro.
pilota *s.m./f.* piloto: — *automatico*, piloto automático ♦ *agg. nella loc.*: *progetto* —, proyecto piloto.
pilotaggio *s.m.* pilotaje: *cabina di* —, cabina de pilotaje.
pilotare *v.tr.* pilotar, pilotear; (*aut.*) conducir*.
piluccare *v.tr.* picar*, picotear; (*l'uva*) desgranar.
pimento *s.m.* (*cuc.*) pimienta (*f.*).
pimpante *agg.* (*fam.*) pimpante, garboso, despreocupado.
pinacoteca *s.f.* pinacoteca.
pindarico *agg.* pindárico | (*fig.*) *volo* —, estro pindárico.
pineta *s.f.* pinar (*m.*).
ping-pong *s.m.* (*sport*) ping-pong, tenis de mesa.
pingue *agg.* **1** gordo, obeso **2** (*fig.*) abundante, pingüe, rico: *pingui profitti*, pingües beneficios.
pinguedine *s.f.* gordura, obesidad.
pinguino *s.m.* (*zool.*) pingüino.
pinna *s.f.* (*di pesci e per nuotare*) aleta.
pino *s.m.* (*bot.*) pino | — *da pinoli*, pino piñolero | — *marittimo*, pino marítimo/rodeno.
pinolo *s.m.* (*bot.*) piñón.
pinta *s.f.* pinta.
pinza *s.f.* **1** (*spec. pl.*) pinzas (*pl.*), alicates (*m.pl.*), tenazas (*pl.*) **2** (*chela*) pinza.
pinzare *v.tr.* (*con punti metallici*) grapar.
pinzatrice *s.f.* grapadora, engrapadora.
pinzetta *s.f.* (*spec. pl.*) pinzas (*pl.*).
pio *agg.* pio, devoto.
pioggia *s.f.* lluvia (*anche fig.*). — *leggera*, llovizna, calabobos | *piogge acide*, lluvias ácidas | *una — di domande*, una lluvia de preguntas | *a* —, espontáneo/indiscriminado.
piolo *s.m.* estaca (*f.*), palo | *scala a pioli*, escalera de mano.
piombare[1] *v.tr.* (*sigillare*) precintar, emplomar.
piombare[2] *v.intr.* (*cadere*) caer*, desplomarse | — *addosso*, venírsele a uno encima algo | — *in casa di qlcu.*, dejarse caer/aparecer por casa.
piombino *s.m.* **1** plomo; (*edil.*) plomada (*f.*) **2** (*sigillo*) precinto, emplomadura (*f.*), sello de plomo **3** (*proiettile*) perdigón.
piombo *s.m.* **1** plomo | *benzina senza* —, gasolina sin plomo | *a* —, a plomo, verticalmente | *andare con i piedi di* —, andar con pies de plomo **2** (*proiettile*) plomo, bala (*f.*).
pioniere *s.m.* pionero, precursor.
pioppo *s.m.* (*bot.*) chopo, álamo.
piorrea *s.f.* (*med.*) piorrea.
piovano *agg.* pluvial.
piovasco *s.m.* chubasco, chaparrón.
piovere *v.intr.* **1** llover; (*a dirotto*) diluviar | — *a catinelle*, llover a cántaros | (*fig.*) *piove sul bagnato*, llueve sobre mojado **2** (*fig.*) llover*, caer*: *gli piovvero addosso molte accuse*, le cayeron encima muchas acusaciones | (*fig.*) — *dal cielo*, caer del cielo | (*fig.*) *non ci piove*, es indiscutible.
piovigginare *v.intr.* lloviznar.
piovoso *agg.* lluvioso.
piovra *s.f.* **1** (*zool.*) pulpo (*m.*) gigante **2** (*fig.*) mafia (*f.*).
pipa *s.f.* pipa: *fumare la* —, fumar en pipa.
pipetta *s.f.* pipeta.
pipì *s.f.* (*fam.*) pis (*m.*), pipí (*m.*): *far* —, hacer pis.
pipistrello *s.m.* (*zool.*) murciélago.
pipita *s.f.* (*med.*, *delle dita*) padrastro (*m.*).
piramide *s.f.* pirámide.
pirata *agg.* pirata: *radio* —, radio pirata; *cassetta, video* —, cinta, vídeo pirata ♦ *s.m./f.* pirata, corsario (*m.*) | — *dell'aria*, pirata/secuestrador aéreo | — *della strada*, conductor suicida.
pirateria *s.f.* piratería.
pirite *s.f.* (*min.*) pirita.
pirla *s.m.* (*volg.*) bobo, tonto, imbécil | *fare la figura del* —, pasar por imbécil.
piroetta *s.f.* pirueta, voltereta.
pirofila *s.f.* pirófila, fuente refractaria.
piroga *s.f.* piragua.
piromane *s.m./f.* pirómano (*m.*).
piroscafo *s.m.* (*mar.*) vapor, buque de vapor.
pirotecnia, pirotecnica *s.f.* pirotecnia.
pirotecnico *agg.*, *s.m.* pirotécnico.
pisciare *v.intr.* (*volg.*) mear | *pisciarsi addosso dalle risate*, mearse de risa | *pisciarsi sotto*, mearse de miedo.
pisciata *s.f.* (*volg.*) meada.
piscina *s.f.* piscina.
pisello *s.m.* **1** (*bot.*) guisante, (*Amer.*) arveja (*f.*) **2** (*fam.*, *pene*) pajarito, colita (*f.*).
pisolino *s.m.* (*fam.*) siesta (*f.*): *fare il* —, echar/dormir la siesta.
pista *s.f.* **1** pista: — *di atterraggio*, *di decollo*, pista de aterrizaje, de despegue; — *da sci*, pista de esquí; — *di collaudo*, pista de pruebas; — *ciclabile*, carril bici, acera bici; (*Amer.*) ciclovía | (*cinem.*) — *sonora*, pista sonora **2** (*sentiero*) sendero (*m.*) **3** (*traccia*) huella **4** (*aut.*) circuito (*m.*).
pistacchio *s.m.* (*bot.*) pistacho.
pistillo *s.m.* (*bot.*) pistilo.
pistola *s.f.* **1** pistola: *puntare la — contro qlcu.*, apuntar la pistola hacia alguien | — *a spruzzo*, aerógrafo **2** (*fam.*, *imbecille*) papanatas (*m./f.*).

pistolettata *s.f.* pistoletazo (*m.*).
pistone *s.m.* (*mecc.*) pistón, émbolo.
pitagorico *agg.* pitagórico | *tavola pitagorica*, tabla pitagórica.
pitale *s.m.* bacín, orinal.
pitocco *agg.* tacaño, mezquino.
pitone *s.m.* (*serpente*) pitón.
pittore *s.m.* pintor.
pittoresco *agg.* pintoresco, expresivo.
pittorico *agg.* pictórico.
pittura *s.f.* pintura: — *a olio*, pintura al óleo; — *a tempera*, pintura al temple.
pitturare *v.tr.* pintar ♦ **-rsi** *v.pron.* (*imbellettarsi*) pintarse, maquillarse; (*fam.*) maquearse.
più *avv.* **1** (*anche in comp. e superl.*) más: — *bella di me*, más guapa que yo; *è il — bello di tutti*, es el más guapo de todos; *uno — allegro dell'altro*, a cual más alegre | — *su*, más arriba; — *giù*, más abajo | — *di cento*, más de cien | *secondo me guadagna di* —, para mí gana más | *non ne so molto di — sul suo conto*, no sé mucho más acerca de él | *cosa vuoi di —?*, ¿qué más quieres? | *quel che dici è — che giusto*, lo que dices es muy justo | *non abita — qui*, ya no vive aquí **2** (*correlativo*) cuanto/entre más: — *lo osservo — mi affascina*, entre más lo miro más me encanta | (*quanti*) — *siamo, meglio è*, cuantos más seamos, mejor **3** (*mat.*) más: *cinque — tre fa otto*, cinco más tres, (son) ocho ♦ *agg.* más: *leggi — che puoi*, lee lo que más puedas; *ci vorrebbe — tempo*, se necesitaría más tiempo | *ci vorrà — di un'ora*, llevará más de una hora | *non poterne — di qlcu./qlco.*, no poder más con alguien/algo | *a — non posso*, a/hasta más no poder ♦ *prep.* más: *150 euro — le spese*, 150 euros más los gastos | *dirò di* —, es más ♦ *s.m.* **1** lo más, lo principal: *il — è ancora da fare*, lo más importante está por hacer **2** (*mat.*) más **3** (*la maggioranza*) la mayoría (*f.*): *il parere dei* —, la opinión de la mayoría; *il — delle volte*, la mayoría de las veces
■ ***al più presto***, cuanto antes, lo antes posible | ***al più tardi***, a más tardar | ***tutt'al più***, al máximo | ***mai più!***, ¡nunca más! | ***più o meno***, más o menos | ***più di tutto***, por encima de todo | ***chi più chi meno***, quien más y quien menos | ***tanto più che***, y sobre todo porque | ***per di più***, además | ***non ne posso più***, ya no puedo más | ***parlare del più e del meno***, hablar de todo un poco.
piuccheperfetto *s.m.* (*gramm.*) pluscuamperfecto.
piuma *s.f.* pluma ♦ *agg.* (*sport*) *nella loc.*: *peso* —, peso pluma.
piumaggio *s.m.* plumaje.
piumino *s.m.* **1** (*di uccelli*) plumón **2** (*coperta*) edredón, plumón **3** (*per la cipria*) borla (*f.*) **4** (*per spolverare*) plumero **5** (*giacca*) anorak de plumas, plumífero.
piumone *s.m.* (*coperta*) edredón.
piuttosto *avv.* **1** (*invece*) antes de, más bien | — *che/di*, antes que/de **2** (*alquanto*) bastante: — *magro*, bastante delgado.
piva *s.f.* (*mus.*) cornamusa, gaita | (*fig.*) *tornare con le pive nel sacco*, ir por lana y salir trasquilado.
pivello *s.m.* (*fam.*) principiante.
piviale *s.m.* (*relig.*) capa (*f.*) pluvial.
piviere *s.m.* (*zool.*) chorlito.
pizza *s.f.* **1** (*cuc.*) pizza **2** (*cosa noiosa*) lata, rollo (*m.*) **3** (*cinem.*) tambor (*m.*), rollo (*m.*).
pizzaiolo *s.m.* pizzero.
pizzeria *s.f.* pizzería.
pizzicare *v.tr.* **1** pellizcar* **2** (*pungere*) picar* **3** (*cogliere di sorpresa*) sorprender, coger* por sorpresa **4** (*mus.*) puntear **5** (*di cibi piccanti*) resquemar, picar ♦ *v.intr.* picar*, sentir* comezón.
pizzico *s.m.* **1** (*quantità*) pizca (*f.*) **2** (*morso*) picadura (*f.*) **3** (*pizzicotto*) pellizco.
pizzicore *s.m.* picor, escozor.
pizzo *s.m.* **1** encaje, puntilla (*f.*) **2** (*barba*) pera (*f.*), perilla (*f.*) **3** (*di montagna*) pico **4** (*gerg., tangente*) chantaje, extorsión (*f.*).
placare *v.tr.* aplacar*, calmar ♦ **-rsi** *v.pron.* aplacarse*, calmarse.
placca *s.f.* **1** placa, chapa **2** (*med.*) placa: — *batterica*, placa bacteriana.
placcare *v.tr.* **1** (*rivestire*) chapar: — *in oro*, bañar en oro **2** (*sport*) placar*.
placcatura *s.f.* chapado (*m.*).
placebo *s.m.* (*med.*) placebo | *effetto* —, efecto placebo.
placenta *s.f.* (*anat.*) placenta.
placet *s.m.* plácet, aprobación (*f.*).
placido *agg.* plácido, quieto, sosegado.
plafond, plafone *s.m.* **1** plafón **2** (*aer.*) techo **3** (*limite massimo*) tope | *il — del credito*, el tope del crédito.
plafoniera *s.f.* (*lampada*) plafón (*m.*).
plagiare *v.tr.* plagiar, copiar.
plagio *s.m.* plagio.
planare *v.intr.* planear.
planata *s.f.* (*aer.*) planeo (*m.*).
plancia *s.f.* (*mar.*) **1** puente (*m.*) de mando **2** (*passerella*) plancha, pasarela.
plancton *s.m.* (*biol.*) plancton.
planetario *agg.*, *s.m.* planetario.
planimetria *s.f.* planimetría, planta, plano (*m.*).
planning *s.m.* planning, planificación (*f.*).
plantare *agg.* (*anat.*) plantar ♦ *s.m.* plantilla (*f.*) ortopédica.
plasma *s.m.* plasma.
plasmare *v.tr.* plasmar (*anche fig.*).
plastica *s.f.* **1** (*materiale*) plástico (*m.*)

2 (*med.*) cirugía plástica, plastia: — *al naso*, plastia de la nariz, rinoplastia.
plastico *agg.* **1** plástico **2** plástico, flexible, dúctil (*m./f.*) | *chirurgia plastica*, cirugía estética/plástica ♦ *s.m.* (*modello*) maqueta (*f.*).
plastificare *v.tr.* plastificar*.
plastilina *s.f.* plastilina.
platano *s.m.* (*bot.*) plátano.
platea *s.f.* **1** (*teatr.*) platea | *il pubblico della* —, la platea **2** (*geol.*) plataforma.
plateale *agg.* teatral, evidente.
plateau *s.m.* **1** (*vassoio*) bandeja (*f.*) **2** (*geogr.*) meseta (*f.*), altiplano.
platino *s.m.* platino | (*di capelli*) *biondo* —, rubio platino.
platonico *agg.* platónico.
plausibile *agg.* plausible, factible.
plauso *s.m.* aplauso, aprobación (*f.*).
plebaglia *s.f.* (*spreg.*) populacho (*m.*), chusma.
plebe *s.f.* (*st.*) plebe.
plebeo *agg.*, *s.m.* (*anche fig.*) plebeyo.
plebiscitario *agg.* plebiscitario.
plebiscito *s.m.* plebiscito.
plenario *agg.* plenario: *riunione plenaria*, reunión plenaria.
plenilunio *s.m.* plenilunio.
pleonasmo *s.m.* (*ling.*) pleonasmo.
pleonastico *agg.* (*ling.*) pleonástico.
plesso *s.m.* (*anat.*) plexo.
pletora *s.f.* (*anche med.*) plétora.
pletorico *agg.* (*med.*, *fig.*) pletórico.
plettro *s.m.* (*mus.*) plectro.
pleura *s.f.* (*anat.*) pleura.
pleurico *agg.* (*anat.*) pleural.
pleurite *s.f.* (*med.*) pleuresía, pleuritis.
plico *s.m.* paquete, pliego, plica (*f.*).
plissé, plissettato *agg.* plisado.
plotone *s.m.* (*anche sport*) pelotón.
plumbeo *agg.* **1** (*di colore*) plomizo **2** (*fig.*) plúmbeo.
plurale *agg.*, *s.m.* plural | — *maiestatis*, plural mayestático.
pluralismo *s.m.* pluralismo.
pluralista *agg.*, *s.m./f.* pluralista.
pluralità *s.f.* pluralidad.
pluricellulare *agg.* (*biol.*) pluricelular.
pluriennale *agg.* plurianual.
plurilinguismo *s.m.* (*ling.*) plurilingüismo.
plurimiliardario *agg.*, *s.m.* multimillonario.
plurimo *agg.* múltiple | *omicidio* —, homicidio múltiple | *voto* —, voto plural.
plurinominale *agg.* plurinominal.
plusvalore *s.m.* (*econ.*) plusvalía (*f.*).
plutonio *s.m.* (*chim.*) plutonio.
pluviale *agg.* pluvial | *foresta* —, selva pluvial ♦ *s.m.* (*edil.*) canalón.
pluviometro *s.m.* pluviómetro.
pneumatico *agg.* neumático, hinchable: *materassino* —, colchoneta hinchable ♦ *s.m.* (*aut.*) neumático, (*Amer.*) llanta (*f.*).
pneumotorace *s.m.* (*med.*) neumotórax.
po' *agg.indef.* → **poco.**
poco, po' *agg.indef.* poco: *fra pochi mesi*, dentro de pocos meses; *ha — denaro*, tiene poco dinero ♦ *pron.indef.* poco: *eravamo* (*in*) *pochi*, éramos pocos; *ha telefonato — fa*, ha llamado hace poco; *c'è mancato — che lo rivedessi!*, ¡por poco no lo vuelvo a ver!; *vorrei un po' di pane*, quisiera un poco de pan | *fra* —, dentro de poco | *manca — a*, falta poco para | — *dopo*, poco después | *«quanti erano?» «un bel po'»*, «¿cuántos eran?» «bastantes»; *ci vorrà un bel po' di tempo*, se necesitará bastante/harto tiempo | *senti un po'*, oye/escucha un momento ♦ *avv.* poco: *sono un po' stanca*, estoy un poco cansada | *stare — bene*, no encontrarse bien ♦ *s.m.* poco
■ ***a poco a poco***, poco a poco.
podalico *agg.* (*med.*) podálico.
podere *s.m.* granja (*f.*), finca (*f.*), hacienda (*f.*).
poderoso *agg.* poderoso: *voce poderosa*, voz potente.
podio *s.m.* podio, estrado.
podismo *s.m.* (*sport*) pedestrismo.
podista *s.m./f.* atleta pedestre, corredor (*m.*).
podistico *agg.* pedestre.
podologo *s.m.* (*med.*) podólogo.
poema *s.m.* poema.
poesia *s.f.* poesía, poema (*m.*).
poeta *s.m.* poeta.
poetare *v.intr.* escribir en verso, escribir poesías.
poetessa *s.f.* poetisa.
poetica *s.f.* poética.
poetico *agg.* **1** poético: *licenza poetica*, licencia poética **2** (*fig.*) delicado, sentimental.
poggiapiedi *s.m.* (*della moto*) reposapiés.
poggiare *v.tr.* apoyar, posar: — *i piedi sul tavolo*, poner los pies sobre la mesa ♦ *v.intr.* (*fig.*, *di argomentazione*, *decisione*, *giudizio*) apoyarse, basarse, fundarse.
poggiatesta *s.m.* (*aut.*) reposacabezas, apoyacabeza.
poggio *s.m.* colina (*f.*), altozano.
poggiolo *s.m.* balcón.
poi *avv.* **1** después, luego; (*immediatamente dopo*) a continuación, más tarde | *prima o* —, antes o después, tarde o temprano | *da allora in* —, desde entonces | *d'ora in* —, de ahora en adelante **2** (*inoltre*) además **3** (*con valore conclusivo, alla fine*) al final, entonces: *pensi — di partire o no?*, entonces, ¿piensas marcharte o no? | *no e — no!*, ¡no y no!, ¡que no! ♦ *s.m.* (*l'avvenire*) futuro, porvenir: *pensare al* —, pensar en el porvenir.
poiana *s.f.* (*zool.*) águila ratonera, ratonero (*m.*).

poiché *cong.* ya que, porque; (*dato che*) como, dado que, puesto que.
pois *s.m.* lunar: *stoffa a —*, tela de lunares.
poker *s.m.* (*gioco*) póquer: *— d'assi*, póquer de ases.
polacca *s.f.* (*mus.*) polonesa.
polacco *agg.*, *s.m.* polaco.
polare *agg.* polar | *stella —*, estrella polar.
polarità *s.f.* polaridad.
polarizzare *v.tr.* (*fis.*, *anche fig.*) polarizar*.
polarizzazione *s.f.* (*fis.*, *anche fig.*) polarización.
polca *s.f.* (*mus.*) polca.
polemica *s.f.* polémica, controversia: *fare —*, discutir.
polemico *agg.* polémico: *commento —*, comentario provocador.
polemizzare *v.intr.* polemizar*.
polena *s.f.* (*mar.*) parasemo (*m.*), mascarón (*m.*) de proa.
polenta *s.f.* (*cuc.*) polenta, papilla de maíz.
poliambulatorio *s.m.* ambulatorio, dispensario.
poliammide *s.f.* (*chim.*) poliamida.
policlinico *s.m.* (*med.*) policlínica (*f.*).
policromatico *agg.* policromático.
policromia *s.f.* policromía.
policromo *agg.* polícromo.
poliedrico *agg.*, *s.m.* polifacético.
poliedro *s.m.* (*geom.*) poliedro.
poliestere *s.m.* (*chim.*) poliéster.
polifonia *s.f.* (*mus.*) polifonía.
polifonico *agg.* (*mus.*) polifónico.
polifunzionale *agg.* polifuncional.
poligamia *s.f.* poligamia.
poligamo *agg.*, *s.m.* polígamo.
poliglotta *agg.*, *s.m.* políglota.
poligono *s.m.* (*geom.*) polígono | *— di tiro*, polígono de tiro.
poligrafico *agg.* poligráfico, tipográfico.
poligrafo *s.m.* polígrafo.
polimerizzazione *s.f.* (*chim.*) polimerización.
polimero *s.m.* (*chim.*) polímero.
polimorfismo *s.m.* (*biol.*, *chim.*) polimorfismo.
polimorfo *agg.* (*biol.*, *chim.*) polimorfo.
polinesiano *agg.*, *s.m.* polinesio.
poliomielite *s.f.* (*med.*) poliomielitis, polio.
polipo *s.m.* **1** (*zool.*) pólipo, pulpo **2** (*med.*) pólipo.
polisillabo *agg.*, *s.m.* (*ling.*) polisílabo.
polistirolo *s.m.* (*chim.*) poliestireno, poliesterol.
politecnico *agg.* politécnico ♦ *s.m.* instituto politécnico, universidad (*f.*) politécnica.
politeismo *s.m.* (*relig.*) politeísmo.
politeista *agg.*, *s.m./f.* (*relig.*) politeísta.
politeistico *agg.* (*relig.*) politeísta (*m./f.*).
politica *s.f.* política | *— estera*, *interna*, política exterior, interna | *— dei prezzi*, política de precios | *— dello struzzo*, política del avestruz.
politicante *s.m./f.* (*spreg.*) politiquero (*m.*), politicastro (*m.*).
politicizzare *v.tr.* politizar*; concienciar.
politico *agg.*, *s.m.* político: *asilo —*, asilo político.
polittico *s.m.* (*arte*) políptico.
poliuretano *s.m.* (*chim.*) poliuretano.
polivalente *agg.* polivalente.
polivalenza *s.f.* polivalencia.
polizia *s.f.* **1** policía; (*fam.*) poli | *— giudiziaria*, policía judicial | *— stradale*, policía de tráfico **2** (*commissariato*) comisaría de policía.
poliziesco *agg.* policíaco, policiaco, policial: *romanzo —*, novela policíaca.
poliziotto *s.m.* policía; (*fam.*) poli, agente; (*spreg.*) esbirro, madero, polizonte, (*Amer.*) milico | *cane —*, perro policía.
polizza *s.f.* **1** (*di assicurazione*) póliza, seguro (*m.*) **2** (*ricevuta*) recibo (*m.*), resguardo (*m.*) | (*di navi*) *— di carico*, conocimiento de embarque.
polla *s.f.* fuente, manantial (*m.*).
pollaio *s.m.* **1** gallinero **2** (*luogo sudicio*) pocilga (*f.*).
pollame *s.m.* aves (*f.pl.*) de corral.
pollastro *s.m.* (*credulone*) pardillo, pipiolo, tonto.
polleria *s.f.* pollería.
pollice *s.m.* **1** pulgar, dedo gordo | *— verso*, pulgar abajo | (*fig.*) *avere il — verde*, tener mano para las plantas | (*fig.*) *girare i pollici*, tocarse las narices **2** (*misura*) pulgada (*f.*) | (*tv*) *schermo di 20 pollici*, pantalla de 20 pulgadas.
polline *s.m.* (*bot.*) polen.
pollivendolo *s.m.* pollero.
pollo *s.m.* **1** pollo: *polli d'allevamento*, pollos de criadero/granja; *polli ruspanti*, pollos de corral | (*fig.*) *conoscere i propri polli*, conocer el paño, saber a qué atenerse | (*fig.*) *far ridere i polli*, ser el hazmerreír **2** (*fig.*) tonto.
pollone *s.m.* (*bot.*) vástago, retoño.
polmonare *agg.* (*anat.*) pulmonar.
polmone *s.m.* (*anat.*) pulmón | (*med.*) *— d'acciaio*, pulmón de acero | *respirare a pieni polmoni*, respirar a pleno pulmón.
polmonite *s.f.* (*med.*) pulmonía, neumonía.
polo[1] *s.m.* polo | *— Nord, Sud*, polo Norte, Sur | *— positivo*, *negativo*, polo positivo, negativo | (*fig.*) *essere ai poli opposti*, estar en las antípodas | (*econ.*) *— di sviluppo*, polo de desarrollo.
polo[2] *s.m.* (*sport*) polo.
polo[2] *s.f.* (*maglietta*) polo (*m.*), niqui (*m.*).

polpa *s.f.* pulpa.
polpaccio *s.m.* (*anat.*) pantorrilla (*f.*).
polpastrello *s.m.* yema (*f.*).
polpetta *s.f.* (*cuc.*) albóndiga | (*fig.*) *far polpette di qlcu.*, hacer picadillo a alguien.
polpettone *s.m.* **1** (*cuc.*) pastel de carne **2** (*fig., tv*) culebrón.
polpo *s.m.* (*zool.*) pulpo.
polposo *agg.* carnoso, pulposo.
polsino *s.m.* puño.
polso *s.m.* **1** (*anat.*) muñeca (*f.*) | *orologio da —*, reloj de pulsera **2** (*pulsazione*) pulso | *tastare il —*, tomar el pulso **3** (*fig.*) carácter, fuerza (*f.*), firmeza (*f.*): *un uomo di —*, un hombre de fuste/carácter.
poltiglia *s.f.* papilla | (*fig.*) *ridurre qlcu. in —*, hacer papilla a alguien.
poltrire *v.intr.* holgazanear.
poltrona *s.f.* **1** sillón (*m.*), butaca | *— girevole*, sillón giratorio | *— letto*, sillón cama **2** (*teatr.*) butaca, asiento (*m.*).
poltrone *agg., s.m.* holgazán, haragán.
polvere *s.f.* **1** polvo (*m.*): *in —*, en polvo | (*fig.*) *far mangiare la —*, hacer morder el polvo | (*fig.*) *ridurre in —*, hacer polvo **2** (*da sparo*) pólvora.
polveriera *s.f.* (*anche fig.*) polvorín (*m.*).
polverizzare *v.tr.* pulverizar* (*anche fig.*), espolvorear, vaporizar*.
polverizzatore *s.m.* pulverizador, vaporizador, atomizador.
polverone *s.m.* polvareda (*f.*) | (*fig.*) *sollevare un —*, armar/levantar una polvareda.
polveroso *agg.* polvoriento.
pomata *s.f.* pomada, crema.
pomellato *agg.* (*di cavalli*) rodado.
pomello *s.m.* **1** (*anat.*) pómulo **2** (*di porte*) pomo.
pomeridiano *agg.* postmeridiano, vespertino, de la tarde.
pomeriggio *s.m.* tarde (*f.*): *ieri —*, ayer por la tarde | *oggi —*, hoy por la tarde.
pomice *s.f.* pómez: *pietra —*, piedra pómez.
pomiciare *v.intr.* (*fam.*) darse* el lote, sobarse, liarse*.
pomo *s.m.* **1** (*mela*) manzana (*f.*) | *il — della discordia*, la manzana de la discordia | (*anat.*) *— d'Adamo*, nuez de Adán **2** (*impugnatura*) pomo, empuñadura (*f.*).
pomodoro *s.m.* (*frutto*) tomate; (*pianta*) tomatera (*f.*).
pompa[1] *s.f.* **1** (*mecc.*) bomba | *— da bicicletta*, bomba (de inflar) **2** (*fam., distributore di benzina*) surtidor (*m.*) de gasolina.
pompa[2] *s.f.* (*fasto*) pompa, fausto (*m.*), aparato (*m.*) | *pompe funebri*, pompas fúnebres.
pompare *v.tr.* **1** (*liquidi*) bombear **2** (*gonfiare*) inflar **3** (*fig.*) exagerar, hinchar.
pompelmo *s.m.* (*bot.*) pomelo.
pompiere *s.m.* bombero.
pompino *s.m.* (*volg.*) francés, mamada (*f.*)
pomposo *agg.* pomposo, fastuoso, aparatoso.
ponderare *v.tr.* ponderar, sopesar, considerar.
ponderazione *s.f.* ponderación.
ponente *s.m.* poniente, oeste.
ponte *s.m.* **1** puente: *— sospeso, levatoio*, puente colgante, levadizo | *— aereo*, puente aéreo | *tagliare i ponti con qlcu.*, cortar las relaciones con alguien | *testa di —*, cabeza/cabecera de puente **2** (*mar.*) puente, cubierta (*f.*): *— di comando*, puente de mando **3** (*fra due festività*) puente: *fare il —*, hacer puente **4** (*protesi dentale*) puente.
pontefice *s.m.* pontífice, papa.
ponteggio *s.m.* (*edil.*) andamio.
pontificare *v.intr.* (*anche fig.*) pontificar*.
pontificato *s.m.* (*relig.*) pontificado.
pontile *s.m.* puente, embarcadero.
popcorn *s.m.* palomita (*f.*) (de maíz).
pope *s.m.* (*relig.*) pope.
popolamento *s.m.* poblamiento.
popolare[1] *agg.* popular | *la canzone — spagnola*, la canción tradicional española.
popolare[2] *v.tr.* poblar* ♦ **-rsi** *v.pron.* poblarse*.
popolarità *s.f.* popularidad.
popolazione *s.f.* población, pueblo (*m.*): *popolazioni nordiche*, pueblos nórdicos.
popolino *s.m.* vulgo.
popolo *s.m.* pueblo, nación (*f.*) | (*spreg.*) *— bue*, populacho/plebe | *a furor di —*, por aclamación, por voluntad del pueblo.
popoloso *agg.* populoso.
poppa *s.f.* **1** (*mar.*) popa: *da — a prua*, de popa a proa | *navigare con il vento in —*, ir/caminar viento en popa **2** (*fam.*) teta.
poppante *s.m.* lactante, niño de pecho.
poppare *v.tr./intr.* mamar.
poppata *s.f.* mamada.
poppatoio *s.m.* biberón; (*Amer.*) mamadera (*f.*), tetero.
populismo *s.m.* (*pol.*) populismo.
porcellana *s.f.* porcelana, loza.
porcellino *s.m.* cochinillo, cerdito | *— d'India*, conejillo de Indias, cobaya.
porcheria *s.f.* **1** (*sporcizia*) porquería, guarrada, marranada **2** (*cibo cattivo*) porquería, bodrio (*m.*) **3** (*azione sleale*) porquería, cochinada **4** (*atto indecente*) guarrada, marranada **5** (*cosa fatta male*) chapuza.
porcile *s.m.* pocilga (*f.*) (*anche fig.*), porqueriza (*f.*).
porcino *agg.* porcino, porcuno ♦ *s.m.* (*bot.*) boleto comestible, calabaza (*f.*).
porco *s.m.* **1** (*zool.*) cerdo, cochino, marrano, (*Amer.*) chancho **2** (*cuc.*) cerdo **3** (*fig., di persone*) cerdo, cochino, puerco, guarro | *porca l'oca!*, ¡maldita sea!

porcospino *s.m.* **1** (*istrice*) puerco espín; (*riccio*) erizo **2** (*fig.*) erizo, persona (*f.*) huraña.
porfido *s.m.* (*geol.*) pórfido.
porgere *v.tr.* dar*, tender*; (*offrire*) ofrecer*: — *la mano*, tender la mano | — *l'altra guancia*, poner la otra mejilla | — *orecchio*, prestar oídos.
porno *agg.*, *s.m.* porno.
pornografia *s.f.* pornografía.
pornografico *agg.* pornográfico.
poro *s.m.* poro | (*fig.*) *sprizzare salute da tutti i pori*, rebosar de salud.
porosità *s.f.* porosidad.
poroso *agg.* poroso.
porpora *s.f.* (*anche titolo di cardinale*) púrpura.
porporato *s.m.* (*relig.*) purpurado.
porre *v.tr.* **1** poner*, meter; (*collocare*) colocar* | *posto che*, puesto que, dado que **2** (*rivolgere*) hacer*, plantear: — *una domanda*, hacer una pregunta; — *un problema*, plantear un problema **3** (*supporre*) suponer* ♦ **-rsi** *v. pron.* ponerse*.
porro *s.m.* **1** (*bot.*) puerro **2** (*verruca*) verruga (*f.*).
porta *s.f.* **1** puerta: — *a due battenti*, puerta de dos hojas; — *secondaria*, puerta trasera; — *girevole*, puerta giratoria; — *a vetri*, puerta acristalada; — *scorrevole*, puerta corredera; *bussare alla* —, llamar a la puerta **2** (*sport*) puerta, portería: *tiro in* —, tiro a puerta **3** (*aut.*) puerta, portezuela ■ ***a porte chiuse***, a puerta cerrada | ***chiudere la porta in faccia***, dar con la puerta en las narices | ***mettere alla porta***, poner de patitas en la calle | ***fuori porta***, fuera de portas, extramuros | ***essere alle porte***, estar a las puertas.
portabagagli *s.m.* **1** (*aut.*) maletero, portaequipajes, portamaletas **2** (*facchino*) mozo de estación, maletero.
portabandiera *s.m./f.* abanderado (*m.*), portaestandarte.
portabiancheria *s.m.* cesto (*m.*) de la ropa sucia.
portabottiglie *s.m.* botellero.
portacarte *s.m.* (*borsa*) cartera (*f.*); (*cartella*) carpeta (*f.*).
portacenere *s.m.* cenicero.
portachiavi *s.m.* llavero.
portacontainers *s.m./f.* (*nave*) barco (*m.*) portacontenedores.
portadocumenti *s.m.* portafolios.
portaerei *agg.*, *s.f.* (*mar.*) portaaviones (*m.*).
portafinestra *s.f.* puerta ventana.
portafiori *s.m.* (*vaso*) florero, jarrón.
portafoglio *s.m.* **1** cartera (*f.*), billetero **2** (*fig.*, *carica ministeriale*) cartera (*f.*) | *ministro senza* —, ministro sin cartera.
portafortuna *s.m.* (*ciondolo*) amuleto; (*mascotte*) mascota (*f.*).
portafotografie *s.m.* portarretrato, portarretratos.
portafrutta *s.m.* frutero.
portagioie, portagioielli *s.m.* joyero.
portale *s.m.* (*arch.*, *inform.*) portal.
portalettere *s.m./f.* cartero (*m.*).
portamatite *s.m.* lapicero.
portamento *s.m.* porte, presencia (*f.*).
portamine *s.m.* portaminas.
portamonete *s.m.* monedero, portamonedas.
portante *agg.* **1** (*edil.*) maestro | *muro* —, pared maestra **2** (*fig.*) de soporte, de sostén.
portantina *s.f.* **1** silla de mano, palanquín (*m.*), andas (*pl.*) **2** (*barella*) camilla, angarilla, parihuela.
portaocchiali *s.m.* funda (*f.*), estuche.
portaombrelli *s.m.* paragüero.
portapacchi *s.m.* portapaquetes.
portapenne *s.m.* portaplumas.
portare *v.tr.* **1** (*lontano*; *con sé*) llevar: *portagli questo pacco*, llévale este paquete **2** (*a chi parla*) traer*: *portami un libro*, tráeme un libro **3** (*accompagnare*) llevar: *la portai a casa sua*, la llevé a su casa; *porto i bambini a scuola*, llevo los niños al colegio; — *a passeggio*, llevar a pasear, llevar de paseo **4** (*indossare*) llevar (puesto), ponerse*, vestir*; (*scarpe*) calzar*: *porto spesso i pantaloni*, a menudo me pongo pantalones; *porto il 38*, calzo el 38 **5** (*condurre*) ir*, llevar, conducir*: *la strada porta a Saragozza*, la carretera lleva a Zaragoza **6** (*i capelli*, *gli occhiali*) llevar, tener*: — *i capelli lunghi*, llevar/tener el pelo largo; — *gli occhiali*, llevar gafas **7** (*causare*) traer* | — *fortuna, sfortuna*, traer buena suerte, mala suerte **8** (*fig.*, *nell'animo*) sentir*, tener*, guardar: — *rancore*, guardar rencor **9** (*guidare*) llevar, conducir*: *non sa* — *la macchina*, no sabe llevar/conducir el coche **10** (*mat.*) llevar: *scrivo 12 e porto 1*, escribo 12 y llevo 1 ■ ***portare avanti***, llevar/sacar adelante | ***portare a termine***, llevar a cabo | ***portare pazienza***, cargarse de paciencia | ***portare rispetto***, guardar respeto | ***portare via***, llevarse; (*rubare*) robar, quitar.
portasapone *s.m.* jabonera (*f.*).
portasci *s.m.* portaesquís.
portasciugamano, portasciugamani *s.m.* toallero.
portasigarette *s.m.* pitillera (*f.*), cigarrera (*f.*).
portassegni *s.m.* chequera (*f.*).
portata *s.f.* **1** (*di pranzo*) plato (*m.*) **2** (*raggio d'azione*) alcance (*m.*): *a* — *di mano*, al alcance de la mano; *alla* — *di tutti*, al alcance de todos **3** (*capacità*) capacidad, porte (*m.*);

(*di nave*) tonelaje (*m.*) **4** (*di fiume*) caudal (*m.*) **5** (*importanza*) alcance (*m.*), importancia, envergadura.
portatile *agg.* portátil ♦ *s.m.* (*inform.*) (ordenador) portátil.
portato *agg.* (*fig.*) inclinado, dotado: *essere* —, estar dotado/tener disposición.
portatore *s.m.* **1** portador, mensajero | *al* —, al portador **2** (*med.*) portador: — *sano*, portador sano | — *di handicap*, minusválido.
portauovo *s.m.* huevera (*f.*).
portavoce *s.m./f.* (*persona*) portavoz*, vocero.
portello *s.m.* **1** puerta (*f.*) **2** (*mar.*) portilla (*f.*).
portellone *s.m.* **1** (*mar.*) portalón **2** (*aut.*) puerta (*f.*) trasera.
portento *s.m.* portento, prodigio.
portico *s.m.* pórtico, porche, soportales (*pl.*).
portiera *s.f.* (*aut.*) puerta, portezuela.
portiere *s.m.* **1** portero, conserje: — *di notte*, portero/vigilante nocturno **2** (*sport*) portero.
portinaio *s.m.* portero, conserje.
portineria *s.f.* portería, conserjería.
porto[1] *s.m.* (*mar.*) puerto | — *franco*, puerto franco | *capitaneria di* —, capitanía de puerto | (*fig.*) *andare in* —, salir bien, tener éxito | (*fig.*) *questa casa è un — di mare*, esta casa es un ir y venir.
porto[2] *s.m.* **1** (*licenza*) licencia (*f.*), permiso: — *d'armi*, salvoconducto, licencia de armas **2** (*comm.*) porte, transporte | — *assegnato*, porte debido | *franco di* —, portes pagados.
porto[3] *s.m.* (*vino*) oporto.
portoghese *agg.*, *s.m./f.* portugués (*m.*) | (*fig.*) *fare il* —, colarse de gorra.
portone *s.m.* portón.
portoricano *agg.*, *s.m.* puertorriqueño.
portuale *agg.* portuario.
porzione *s.f.* porción, ración.
posa *s.f.* **1** colocación; (*tecn.*) instalación; (*di cavo elettrico*) tendido (*m.*) **2** (*atteggiamento*) pose, actitud, gesto (*m.*): *mettersi in* —, ponerse en pose, posar **3** (*foto.*) exposición: *tempo di* —, tiempo de exposición **4** (*pausa*) reposo (*m.*), quietud: *senza* —, sin descanso, sin parar.
posare *v.tr.* **1** poner*, colocar* **2** (*appoggiare*) apoyar ♦ *v.intr.* **1** (*poggiare su qlco.*) apoyarse **2** (*di modella*) posar ♦ **-rsi** *v.pron.* posarse, apoyarse.
posata *s.f.* cubierto (*m.*): *io porto le posate*, yo llevo los cubiertos; *posate d'argento*, cubertería de plata.
posato *agg.* tranquilo, sosegado; posado, ponderado.
poscritto *s.m.* posdata (*f.*).
positivo *agg.* **1** positivo **2** (*affermativo*) afirmativo **3** (*effettivo*) efectivo.
posizione *s.f.* posición | — *chiave*, puesto clave | (*aut.*) *luci di* —, luces de posición | (*fig.*) *prendere* —, tomar posición/partido.
posporre *v.tr.* posponer*, aplazar*, postergar*.
possedere *v.tr.* **1** poseer*, tener* **2** (*fig.*) dominar, poseer*.
possedimento *s.m.* posesión (*f.*), propiedad (*f.*).
possente *agg.* potente, poderoso, fuerte.
possessivo *agg.* (*anche gramm.*) posesivo.
possesso *s.m.* posesión (*f.*), dominio, propiedad (*f.*) | *prendere — di qlco.*, tomar posesión de algo | *essere nel pieno — delle proprie facoltà mentali*, estar en plena posesión de sus facultades mentales.
possessore *s.m.* poseedor, propietario.
possibile *agg.*, *s.m.* posible: *nei limiti del* —, dentro de lo posible; *fare il* —, hacer lo posible.
possibilità *s.f.* **1** posibilidad; (*probabilità*) probabilidad **2** (*pl.*, *mezzi economici*) medios (*m.*), posibilidades, recursos (*m.*).
possidente *s.m.* propietario, hacendado, terrateniente.
posta *s.f.* **1** correo (*m.*); (*corrispondenza*) correspondencia | *spedire per* —, enviar por correo | — *aerea*, correo aéreo | — *elettronica*, correo electrónico **2** (*ufficio postale*) Correos (*m.pl.*): *devo andare in/alla* —, tengo que ir a Correos **3** (*al gioco*) apuesta
■ ***posta del cuore***, consultorio sentimental | ***fermo posta***, apartado de correos | ***a giro di posta***, a vuelta de correo | ***a bella posta***, a sabiendas.
postagiro *s.m.* giro postal.
postale *agg.* postal, de correos: *ufficio* —, (oficina de) correos.
postazione *s.f.* (*mil.*) posición.
postbellico *agg.* posbélico.
postdatare *v.tr.* poner* una posfecha.
posteggiare *v.tr.* aparcar*, estacionar, (*Amer.*) parquear.
posteggiatore *s.m.* guardacoches, aparcacoches.
posteggio *s.m.* aparcamiento, estacionamiento.
posteri *s.m.pl.* descendientes, venideros, posteridad (*f.sing.*).
posteriore *agg.* **1** (*nello spazio*) trasero, posterior, de atrás: *parte* —, parte posterior; *sedile* —, asiento posterior **2** (*nel tempo*) posterior.
posticcio *agg.* postizo, artificial.
posticipare *v.tr.* posponer*, aplazar*.
postilla *s.f.* apostilla, nota.
postino *s.m.* cartero.

postmoderno *agg.* posmoderno.
posto *agg.* puesto, colocado ♦ *s.m.* **1** (*luogo; posizione*) lugar, sitio: *la salute occupa il primo —*, la salud está en primer lugar; *è nel — più bello di Madrid*, está en el mejor sitio de Madrid; *dov'è questo —?*, ¿dónde queda este lugar? | *la gente del —*, los vecinos, la gente del lugar, los lugareños | *al suo —*, en su lugar **2** (*spazio*) sitio, espacio: *non c'è —*, no hay sitio; *occupa troppo —*, ocupa demasiado espacio | *fare — a qlcu.*, hacer sitio a alguien **3** (*impiego*) puesto, empleo: *avere un buon — di lavoro*, tener un buen puesto de trabajo, estar bien colocado | *— vacante*, vacante (*f.*) **4** (*cinem., teatr.*) asiento, localidad (*f.*), plaza (*f.*): *— riservato*, asiento reservado; *hanno venduto tutti i posti*, han vendido todas las localidades; *non c'è più un — libero*, ya no hay ni una plaza | *prendere —*, tomar asiento | *solo posti in piedi*, sólo puestos/localidades de pie
■ ***posto macchina***, plaza de aparcamiento | ***posto letto***, cama | ***posto di blocco***, control de carretera, puesto de control | ***posto di comando***, puesto de mando | ***mettere la testa a posto***, asentar la cabeza | ***mettere a posto***, ordenar/arreglar | ***è una persona a posto***, es una persona de bien/confianza | (*invece*) ***al posto di***, en vez/lugar de | ***sul posto***, en el lugar: *la nostra inviata è già sul —*, nuestra corresponsal ya está allí.
postoperatorio *agg.* posperatorio.
postribolo *s.m.* postríbulo.
postulante *s.m.* postulante.
postulare *v.tr.* postular.
postumi *s.m.pl.* consecuencias (*f.*): *i — della sbornia*, la resaca.
postumo *agg.* póstumo.
postura *s.f.* postura.
potabile *agg.* potable.
potare *v.tr.* **1** podar **2** (*fig.*) cortar, mutilar.
potassio *s.m.* (*chim.*) potasio.
potatura *s.f.* poda.
potente *agg.* potente, poderoso.
potenza *s.f.* potencia (*anche mat.*), poder (*m.*).
potenziale *agg., s.m.* potencial.
potenzialità *s.f.* potencialidad.
potenziamento *s.m.* potenciación (*f.*).
potenziare *v.tr.* potenciar.
potere[1] *s.m.* **1** poder, facultad (*f.*), capacidad (*f.*): *— d'acquisto*, poder adquisitivo | *non è in mio —*, no está en mi poder | *essere al —*, estar en el poder | *il quarto —*, la prensa **2** (*influenza*) influencia (*f.*).
potere[2] *v.intr.* **1** poder* | *a più non posso*, a/hasta más no poder | *non ne posso più*, no puedo más | *si può?*, ¿se puede? | *può darsi di sì*, puede que sí | *può darsi che*, puede ser que, es posible que **2** (*essere in grado*) poder*, estar* en condiciones.
potestà *s.f.* potestad | *patria —*, patria potestad.
povero *agg.* **1** pobre, humilde, modesto **2** (*scarso*) escaso **3** (*infelice*) desdichado desgraciado: *pover'uomo*, pobre hombre | *— te!*, pobre de ti ♦ *s.m.* pobre, necesitado | *— in canna*, más pobre que una rata | *ricovero per poveri*, hospicio.
povertà *s.f.* **1** pobreza **2** (*scarsità*) escasez*.
pozione *s.f.* **1** poción, pócima **2** (*lett.*) bebedizo (*m.*), filtro (*m.*) mágico.
pozza *s.f.* charco (*m.*).
pozzanghera *s.f.* charco (*m.*).
pozzetto *s.m.* registro (de inspección).
pozzo *s.m.* pozo, aljibe: *— trivellato*, pozo de perforación | *— artesiano*, pozo artesiano | *— petrolifero*, pozo de petróleo | (*fig.*) *essere un — di scienza*, ser un pozo de ciencia.
pragmatico *agg.* pragmático.
pragmatismo *s.m.* pragmatismo.
pralina *s.f.* peladilla garrapiñada.
prammatica *s.f.* pragmática | *essere di —*, ser de rigor.
pranoterapia *s.f.* (*med.*) pranoterapia.
pranzare *v.intr.* comer, almorzar*.
pranzo *s.m.* comida (*f.*), almuerzo: *— ufficiale*, banquete | *sala da —*, comedor | *all'ora di —*, a la hora de comer.
prassi *s.f.* norma, regla, rutina.
prateria *s.f.* pradera, llanura, llano (*m.*).
pratica *s.f.* **1** práctica; (*esperienza*) experiencia: *ha molta —*, tiene mucha práctica | *in —*, en la práctica | *mettere in —*, llevar a la práctica, poner en práctica **2** (*incartamento*) expediente (*m.*) | *sbrigare una —*, despachar un asunto.
praticabile *agg.* practicable.
praticante *agg.* (*relig.*) practicante ♦ *s.m./f.* (*apprendista*) pasante.
praticare *v.tr.* **1** practicar*, realizar* **2** (*esercitare*) practicar*, ejercitar: *— uno sport*, practicar un deporte **3** (*effettuare*) hacer*, efectuar* | (*comm.*) *— uno sconto*, hacer un descuento **4** (*frequentare*) frecuentar; (*persone*) tratar.
pratico *agg.* **1** práctico, funcional, realista | *all'atto —*, en la práctica **2** (*esperto*) experto, conocedor.
prato *s.m.* prado; (*aiuola*) césped.
pratolina *s.f.* (*bot.*) maya.
preallarme *s.m.* prealarma, prealerta | *stato di —*, estado de prealerta.
preambolo *s.m.* preámbulo: *senza preamboli*, sin preámbulos/rodeos.
preannunciare *v.tr.* anunciar, predecir*.
preavvisare *v.tr.* avisar con antelación.

preavviso *s.m.* previo aviso, preaviso, notificación (*f.*).
prebellico *agg.* prebélico.
precarietà *s.f.* precariedad, inestabilidad.
precario *agg.* precario, provisorio, inseguro, temporáneo | *lavoratore —*, interino.
precauzionale *agg.* preventivo.
precauzione *s.f.* precaución, cautela: *per —*, por precaución, por seguridad.
precedente *agg.* precedente, previo, anterior ♦ *s.m.* precedente, antecedente | *precedenti penali*, antecedentes penales | *stabilire un —*, sentar un precedente.
precedenza *s.f.* **1** (*priorità*) precedencia, prioridad | *in —*, anteriormente **2** (*fig., aut.*) preferencia | *dare la —*, ceder el paso.
precedere *v.tr./intr.* preceder, anteceder.
precettare *v.tr.* **1** preceptuar* **2** (*mil.*) movilizar*.
precettazione *s.f.* (*mil.*) llamamiento (*m.*) a filas.
precetto *s.m.* precepto; (*norma*) regla (*f.*), norma (*f.*) | *festa di —*, fiesta de precepto | (*mil.*) *cartolina di —*, notificación de llamamiento.
precipitare *v.intr.* **1** precipitarse; (*cadere*) caer*: *l'aereo è precipitato in mare*, el avión se cayó/hundió en el mar **2** (*fig.*) degenerar, ponerse* crítico: *in breve la situazione precipitò*, en poco tiempo la situación degeneró/se hizo crítica ♦ *v.tr.* (*chim.*) precipitar ♦ **-rsi** *v.pron.* **1** (*gettarsi*) precipitarse **2** (*affrettarsi*) apresurarse, precipitarse.
precipitazione *s.f.* **1** (*fretta*) precipitación, prisa **2** (*fig., meteor.*) precipitación.
precipitosamente *avv.* precipitadamente.
precipitoso *agg.* precipitado, apresurado; (*di persona*) atropellado.
precipizio *s.m.* precipicio, abismo, barranco, despeñadero | (*fig.*) *a —*, a pico; (*fig.*) precipitadamente | (*fig.*) *essere sul bordo del —*, estar al borde del precipicio.
precisare *v.tr.* precisar, determinar, fijar.
precisazione *s.f.* aclaración.
precisione *s.f.* precisión, exactitud: *di —*, de precisión.
preciso *agg.* **1** preciso, exacto | *alle due precise*, a las dos en punto **2** (*definito*) preciso, claro **3** (*meticoloso*) esmerado, cuidadoso **4** (*identico*) idéntico.
precludere *v.tr.* impedir*, obstaculizar*.
preclusione *s.f.* obstáculo (*m.*), obstrucción; (*dir.*) exclusión.
precoce *agg.* precoz*.
precocità *s.f.* precocidad.
preconcetto *s.m.* prejuicio, idea (*f.*) preconcebida; *non avere preconcetti*, no tener prejuicios.
preconizzare *v.tr.* preconizar*.
precorrere *v.tr.* anticiparse, adelantarse: *— i tempi*, adelantarse a los acontecimientos.
precotto *agg.* precocinado.
precursore *s.m.* precursor.
preda *s.f.* presa | *essere in — al panico*, ser presa del pánico.
predare *v.tr.* **1** (*di animali*) depredar, cazar* **2** (*saccheggiare*) robar, depredar, saquear.
predatore *agg.*, *s.m.* depredador: *il leone è un —*, el león es un predador/depredador.
predecessore *s.m.* predecesor.
predellino *s.m.* estribo.
predestinare *v.tr.* predestinar.
predestinato *agg.*, *s.m.* predestinado: *essere — a*, estar predestinado a.
predestinazione *s.f.* predestinación.
predica *s.f.* **1** (*relig.*) sermón (*m.*) **2** (*ramanzina*) reprimenda, charla: *fare una —*, echar una perorata.
predicare *v.tr.* predicar* | *— al deserto*, clamar en el desierto.
predicato *s.m.* (*gramm.*) predicado: *— nominale, verbale*, predicado nominal, verbal.
predicatore *s.m.* (*relig.*) predicador.
prediletto *agg.* predilecto, preferido, favorito.
predilezione *s.f.* predilección, preferencia.
prediligere *v.tr.* preferir*.
predire *v.tr.* predecir*, adivinar, pronosticar*.
predisporre *v.tr.* predisponer*.
predisposizione *s.f.* predisposición, inclinación, tendencia.
predizione *s.f.* predicción, vaticinio (*m.*).
predominante *agg.* predominante.
predominare *v.intr.* predominar, prevalecer*.
predominio *s.m.* predominio.
predone *s.m.* saqueador, predador.
preesistente *agg.* preexistente.
prefabbricato *agg.*, *s.m.* prefabricado.
prefazione *s.f.* prólogo (*m.*), prefacio (*m.*), introducción.
preferenza *s.f.* preferencia, predilección | *di —*, de preferencia, preferentemente.
preferenziale *agg.* preferente, preferencial.
preferibile *agg.* preferible.
preferire *v.tr.* preferir*.
preferito *agg.* preferido.
prefetto *s.m.* prefecto, gobernador.
prefettura *s.f.* prefettura.
prefiggere *v.tr.* prefijar ♦ **-rsi** *v.pron.* proponerse*.
prefigurazione *s.f.* prefiguración.
prefisso *s.m.* (*gramm., tel.*) prefijo.
pregare *v.tr.* **1** (*relig.*) rezar* **2** (*domandare*) rogar*, pedir*; (*implorare*) implorar, suplicar*.
pregevole *agg.* apreciable, notable.

preghiera *s.f.* **1** oración, rezo (*m.*) **2** (*domanda*) ruego (*m.*).
pregiato *agg.* **1** (*stimato*) apreciado **2** (*di valore*) noble, fino: *metalli pregiati*, metales nobles.
pregio *s.m.* valor, virtud (*f.*), mérito.
pregiudicare *v.tr.* perjudicar*, comprometer.
pregiudicato *s.m.* persona (*f.*) con antecedentes penales.
pregiudiziale *agg.* (*dir.*) prejudicial.
pregiudizievole *agg.* perjudicial.
pregiudizio *s.m.* **1** prejuicio **2** (*danno*) perjuicio, daño.
pregno *agg.* preñado (*anche fig.*), lleno.
prego *inter.* **1** (*in risposta a* grazie) ¡no hay de qué!, ¡de nada! **2** (*per favore*) por favor; perdone: *—, può ripetere?*, ¿perdone, puede repetir?
pregustare *v.tr.* saborear de antemano.
preistoria *s.f.* prehistoria.
prelato *s.m.* (*relig.*) prelado.
prelavaggio *s.m.* prelavado.
prelazione *s.f.* (*dir.*) prelación.
prelevare *v.tr.* **1** (*denaro, merce*) retirar, sacar* **2** (*sangue*) sacar* **3** (*una persona*) llevarse.
prelibato *agg.* exquisito, excelente.
prelievo *s.m.* **1** (*di denaro*) cobranza (*f.*) **2** (*di sangue*) extracción (*f.*) de sangre.
preliminare *agg.*, *s.m.* preliminar.
preludere *v.intr.* preludiar.
preludio *s.m.* (*mus., fig.*) preludio.
prémaman *agg.* premamá.
prematrimoniale *agg.* prematrimonial.
prematuro *agg.*, *s.m.* prematuro.
premeditare *v.tr.* premeditar.
premeditato *agg.* premeditado.
premeditazione *s.f.* premeditación.
premere *v.tr.* apretar*, comprimir; (*con le mani*) estrujar: *— l'acceleratore*, pisar el acelerador ♦ *v.intr.* **1** (*insistere*) presionar, urgir* **2** (*importare*) importar: *una faccenda che mi preme*, un asunto que me oprime/preocupa.
premessa *s.f.* **1** premisa: *anzitutto stabiliamo le premesse*, antes de nada establezcamos las premisas **2** (*introduzione*) introducción; preliminares (*m.pl.*): *dopo una breve —, iniziammo a lavorare*, después de una breve introducción, comenzamos a trabajar **3** (*lett.*) prefacio (*m.*), prólogo (*m.*).
premettere *v.tr.* anteponer*: *premesso che*, considerando que, se hace constar que.
premiare *v.tr.* premiar, galardonar; recompensar.
premiazione *s.f.* entrega de premios.
premier *s.m./f.* (*pol.*) primer ministro (*m.*), presidente (*m.*) del gobierno.
premio *s.m.* **1** premio, recompensa (*f.*) **2** (*di assicurazione*) prima (*f.*).
premolare *agg.*, *s.m.* (*anat.*) premolar.
premonizione *s.f.* premonición, presagio (*m.*).
premunirsi *v.pron.* precaverse (contra); proveerse (de).
premura *s.f.* **1** (*fretta*) prisa, urgencia **2** (*cura, attenzione*) cuidado (*m.*), esmero (*m.*), atención.
premurarsi *v.pron.* apresurarse.
premuroso *agg.* atento, primoroso, amable.
prendere *v.tr.* **1** (*afferrare, pigliare*) tomar, coger*, asir*: *— tra le mani*, tomar entre las manos; *la prese per mano*, la tomó/cogió de la mano; *prendi i libri*, coge los libros; *— l'autobus*, coger el autobús | *non — freddo!*, ¡no te enfríes! | *— il sole*, tomar el sol | *— appunti*, tomar apuntes | *— posto*, tomar asiento | *— o lasciare*, toma o deja **2** (*catturare*) coger*, capturar **3** (*ritirare, prelevare*) recoger*, buscar*: *vengo a prenderti*, paso a buscarte; *andare a — i bambini a scuola*, ir a recoger los niños al colegio **4** (*mangiare, bere*) tomar: *che cosa prendi?*, ¿qué tomas? **5** (*assumere*) emplear, contratar ♦ *v.intr.* **1** prender, encender*: *la stufa non prende*, la estufa no prende **2** (*dirigersi*) girar, tomar, dirigirse*: *— verso nord*, dirigirse hacia el norte **3** (*attecchire*) prender, arraigar*: *la talea ha preso*, el esqueje ha prendido ♦ **-rsi** *v.pron.* (*afferrarsi*) agarrarse | *— per i capelli*, tirarse de los pelos
■ ***prendere una decisione***, tomar una decisión | ***prendere l'abitudine***, coger la costumbre | ***prendere in affitto***, alquilar | ***prendere in giro***, tomar el pelo | ***prendere sul serio***, tomar en serio | ***come l'ha presa?***, ¿cómo ha reaccionado? | ***cosa ti prende?***, ¿qué es lo que te pasa? | ***prendersela***, enfadarse | ***prendersela comoda***, tomárselo con calma.
prenotare *v.tr.* reservar.
prenotazione *s.f.* reserva, (*Amer.*) reservación.
prensile *agg.* prensil.
preoccupante *agg.* preocupante.
preoccupare *v.tr.* preocupar ♦ **-rsi** *v.pron.* preocuparse: *non preoccuparti per me*, no te preocupes por mí.
preoccupazione *s.f.* preocupación.
preparare *v.tr.* **1** preparar | *— la tavola*, poner la mesa **2** (*allenare*) entrenar ♦ **-rsi** *v.pron.* **1** prepararse **2** (*allenarsi*) entrenarse.
preparativo *s.m.* preparativo.
preparato *s.m.* (*med., farm.*) preparado, producto, remedio.
preparazione *s.f.* **1** preparación **2** (*allenamento*) entrenamiento (*m.*), adiestramiento (*m.*).

prepensionamento *s.m.* jubilación (*f.*) anticipada.
preponderante *agg.* preponderante, predominante.
preporre *v.tr.* **1** (*anteporre*) anteponer*; (*preferire*) preferir* **2** (*mettere a capo*) poner* a la cabeza.
preposizione *s.f.* (*gramm.*) preposición.
preposto *agg.*, *s.m.* (*addetto*) encargado.
prepotente *agg.* prepotente, irrefrenable ♦ *s.m.* prepotente, déspota, tirano.
prepotenza *s.f.* prepotencia, abuso (*m.*), atropello (*m.*).
prepuzio *s.m.* (*anat.*) prepucio.
prerogativa *s.f.* prerrogativa, privilegio (*m.*).
presa *s.f.* **1** (*mil.*) toma, conquista **2** (*d'aria, d'acqua*) toma; (*di corrente*) enchufe (*m.*), toma de corriente **3** (*pizzico*) pizca, pellizco (*m.*) **4** (*cinem.*) rodaje (*m.*): *macchina da —*, filmadora **5** (*a carte*) arrastre (*m.*) **6** (*solidificazione*) fraguado (*m.*): *cemento a — rapida*, cemento de fraguado rápido
■ ***presa in giro***, tomadura de pelo | ***presa di possesso***, toma de posesión | ***far presa (sul pubblico)***, tener éxito | ***essere alle prese con qlco.***, estar empeñado en algo.
presagio *s.m.* presagio, augurio.
presagire *v.tr.* presagiar.
presbiopia *s.f.* (*med.*) presbicia.
presbite *agg.* (*med.*) présbite.
presbiteriano *agg.*, *s.m.* (*relig.*) presbiteriano.
presbiterio *s.m.* presbiterio.
prescindere *v.intr.* prescindir | *a — da ...*, haciendo caso omiso de..., sin considerar...
prescolare *agg.* preescolar.
prescrivere *v.tr.* **1** prescribir **2** (*med.*) recetar.
prescrizione *s.f.* **1** prescripción | *cadere in —*, prescribir, caducar **2** (*med.*) receta.
presentabile *agg.* presentable.
presentare *v.tr.* **1** presentar; (*mostrare*) mostrar*, enseñar **2** (*far conoscere*) presentar ♦ **-rsi** *v.pron.* presentarse.
presentat'arm *s.m.* (*mil.*) ¡presenten armas!
presentatore *s.m.* presentador.
presentazione *s.f.* presentación | *fare le presentazioni*, presentar.
presente[1] *agg.* presente ♦ *s.m./f.* presente, asistente, participante | (*amm.*) *con la —*, con la presente ♦ *s.m.* (*tempo, anche gramm.*) presente
■ ***fare presente***, recordar | ***tenere presente***, tener presente/en cuenta.
presente[2] *s.m.* (*dono*) presente, regalo.
presentimento *s.m.* presentimiento, corazonada (*f.*).
presentire *v.tr.* presentir*, presagiar.
presenza *s.f.* **1** presencia | *in — di*, en presencia de; (*al cospetto di*) ante | *buona —*, buen aspecto **2** (*in un luogo*) asistencia.
presepe, presepio *s.m.* pesebre, belén.
preservare *v.tr.* preservar, proteger*, salvaguardar.
preservativo *s.m.* preservativo, condón, profiláctico.
preside *s.m.* (*di scuola, liceo*) director; (*di facoltà*) decano.
presidente *s.m.* presidente.
presidenza *s.f.* presidencia, dirección; (*di facoltà*) decanato (*m.*).
presidiare *v.tr.* **1** (*mil.*) presidiar, guarnecer* **2** (*fig.*) defender*, proteger*.
presidio *s.m.* **1** (*mil.*) presidio, guarnición (*f.*) **2** (*fig.*) protección (*f.*), defensa (*f.*).
presiedere *v.tr./intr.* presidir, dirigir*.
pressa *s.f.* (*tecn.*) prensa.
pressante *agg.* urgente.
pressappoco *avv.* más o menos, aproximadamente.
pressare *v.tr.* **1** (*tecn.*) prensar; (*comprimere*) apretar*, comprimir **2** (*fig.*) acosar, dar* la lata.
pressatura *s.f.* (*tecn.*) prensado (*m.*).
pressi *s.m.pl.* cercanías (*f.*), alrededores: *nei — della stazione*, en la zona/en los alrededores de la estación.
pressione *s.f.* **1** presión (*anche fig.*): *far —*, hacer presión/presionar | *essere sotto — per qlco.*, estar agobiado por algo | (*cuc.*) *pentola a —*, olla a presión | (*geogr.*) *un'area di alta —*, un área de alta presión **2** (*med.*) tensión: *— alta, bassa*, tensión alta, baja.
presso *prep.* **1** (*vicino a*) cerca de; (*di fianco a*) al lado de, junto a; (*in casa di*) en casa de: *— di lei*, en su casa **2** (*stato in luogo figurato*), en, entre, ante: *lavorare — un'azienda*, trabajar en una empresa; *— la classe media*, entre la clase media; *rappresentante — l'ONU*, representante ante la ONU.
pressurizzare *v.tr.* presurizar*.
pressurizzazione *s.f.* presurización.
prestabilire *v.tr.* prefijar.
prestabilito *agg.* prefijado.
prestanome *s.m.* testaferro.
prestare *v.tr.* prestar: *mi presti 100 euro?*, ¿me prestas 100 euros? | *— attenzione*, prestar atención ♦ **-rsi** *v.pron.* prestarse.
prestazione *s.f.* prestación, servicio (*m.*).
prestigiatore *s.m.* prestidigitador, ilusionista (*m./f.*).
prestigio *s.m.* prestigio, renombre | *gioco di —*, ilusionismo, juego de habilidad.
prestigioso *agg.* prestigioso.
prestito *s.m.* préstamo: *chiedere un —*, pedir un préstamo | *chiedere in — qlco.*, pedir prestado algo | *dare in —*, prestar.
presto *avv.* **1** (*fra breve*) pronto, dentro de

poco | *al più* —, cuanto antes | *il più — possibile*, lo antes posible | — *o tardi*, antes o después | *a* —, hasta pronto **2** (*subito*) enseguida | *fate —!*, ¡rápido!, ¡de prisa! **3** (*di buon'ora*) temprano, pronto: *al mattino* —, de madrugada, por la mañana temprano.
presumere *v.tr.* presumir, suponer*.
presunto *agg.* presunto, supuesto | — *colpevole*, presunto culpable.
presuntuoso *agg., s.m.* presuntuoso.
presunzione *s.f.* presunción, jactancia.
presupporre *v.tr.* presuponer*.
presupposto *s.m.* presupuesto, presuposición (*f.*).
prete *s.m.* (*relig.*) cura, sacerdote.
pretendente *s.m./f.* pretendiente, cortejador (*m.*) | *un — al trono*, un pretendiente al trono.
pretendere *v.tr.* **1** (*volere*) pretender*, exigir* **2** (*sostenere*) sostener* ♦ *v.intr.* aspirar, pretender.
pretenzioso *agg.* pretencioso, exigente.
preterintenzionale *agg.* (*dir.*) involuntario.
pretesa *s.f.* **1** pretensión, exigencia: *avere una — legittima*, tener una pretensión legítima | *senza pretese*, sin pretensiones **2** (*presunzione*) presunción.
pretesto *s.m.* pretexto, excusa (*f.*), (respuesta) evasiva (*f.*): *addurre un* —, alegar un pretexto.
pretore *s.m.* juez* de primera instancia.
pretura *s.f.* **1** juzgado (*m.*) **2** (*st.*) pretura.
prevalente *agg.* prevaleciente, predominante.
prevalenza *s.f.* **1** preponderancia | *in* —, prevalentemente **2** (*tecn.*) altura de elevación.
prevalere *v.intr.* prevalecer*, predominar, preponderar.
prevaricare *v.intr.* (*dir., fig.*) prevaricar*, abusar.
prevaricatore *s.m.* (*dir., fig.*) prevaricador.
prevaricazione *s.f.* (*dir., fig.*) prevaricación, concusión.
prevedere *v.tr.* **1** prever*, prevenir*, pronosticar*: *si prevede che*, se espera que | *era da —!*, ¡era de esperar! **2** (*amm.*) prever*, contemplar.
prevedibile *agg.* previsible.
prevendita *s.f.* venta anticipada.
prevenire *v.tr.* **1** prevenir*; (*precedere*) preceder, anticipar **2** (*avvertire*) prevenir*, advertir*, avisar.
preventivare *v.tr.* presupuestar, calcular, prever*.
preventivo *agg.* preventivo ♦ *s.m.* (*comm.*) presupuesto | *mettere in* —, presupuestar.
prevenuto *agg.* prevenido, receloso: *è — nei miei confronti*, está receloso respecto a mí.
prevenzione *s.f.* **1** prevención **2** (*pregiudizio*) prejuicio (*m.*), recelo (*m.*).
previdente *agg.* previdente, previsor, prudente.
previdenza *s.f.* previsión, previdencia | — *sociale*, seguridad social.
previo *agg.* previo.
previsione *s.f.* previsión: *in — di*, en previsión de | *previsioni del tempo*, previsión del tiempo.
previsto *agg.* previsto ♦ *s.m.* lo previsto.
prezioso *agg.* **1** (*di pietra*) precioso **2** (*fig.*) preciado, valioso, útil ♦ *s.m.pl.* alhajas (*f.*), joyas (*f.*).
prezzare *v.tr.* colocar* el precio, marcar*.
prezzemolo *s.m.* (*bot.*) perejil | *essere come il* —, ser el perejil de todas las salsas.
prezzo *s.m.* precio | — *di costo, di listino*, precio de coste, de catálogo | *a — di*, a costa de | *a metà* —, a mitad de precio | *a qualunque* —, a cualquier precio | *stabilire il* —, fijar el precio | *tirare sul* —, regatear.
prezzolare *v.tr.* sobornar.
prigione *s.f.* prisión, cárcel.
prigionia *s.f.* cautividad, cautiverio (*m.*).
prigioniero *agg., s.m.* prisionero, recluso.
prima[1] *avv.* antes, anteriormente, primero: *chi arriva — vince*, el que llegue primero gana | *quanto* —, cuanto antes | — *o poi*, antes o después | *non puoi arrivare —?*, ¿no puedes llegar antes/más temprano? ♦ *prep.* antes de, antes que: — *di lui*, antes que él; — *di farlo*, antes de hacerlo | — *di tutto*, antes que nada, en primer lugar | — *d'ora non era mai successo*, antes (de ahora) nunca había sucedido.
prima[2] *s.f.* **1** (*aut.*) primera (marcha) **2** (*cinem., teatr.*) estreno (*m.*) **3** (*scuola, prima classe*) primera; (*primo corso*) primero, primer grado **4** (*in treno*) primera clase.
primario *agg.* primario, principal ♦ *s.m.* (*med.*) jefe de servicio.
primate *s.m.* **1** (*relig.*) primado **2** (*zool.*) primate.
primatista *s.m./f.* (*sport*) plusmarquista.
primato *s.m.* **1** primacía (*f.*), superioridad (*f.*) **2** (*sport*) record, marca (*f.*): *battere un* —, batir una marca/un récord.
primavera *s.f.* primavera.
primaverile *agg.* primaveral.
primeggiare *v.intr.* sobresalir*, descollar, distinguirse*.
primipara *agg., s.f.* (*med.*) primeriza.
primitivo *agg., s.m.* primitivo.
primizia *s.f.* (*agr., fig.*) primicia.
primo *agg.num.ord.* primero; (*davanti a s.m.sing.*) primer: *abita al — piano*, vive en el primer piso | (*foto.*) — *piano*, primer plano | — *attore*, actor principal | *di prim'ordine*, de primera | *in — luogo*, en primer lugar | *in un — momento*, en un primer momento |

materie prime, materias primas | *sulle prime*, de buenas a primeras ♦ *avv.* primero, primeramente ♦ *s.m.* **1** primero: *è arrivato — nella gara di sci*, llegó el primero en la competición de esquí; *il — della classe*, el primero de la clase **2** (*cuc.*) primero, primer plato: *di — c'è riso*, como primer plato hay arroz **3** (*primo giorno*) uno, primero: *il — di aprile*, el uno/primero de abril | *il — dell'anno*, Año Nuevo **4** (*pl.*, *i giorni iniziali*) primeros, principios; *ai primi di maggio*, a primeros/principios de mayo.

primogenito *agg.*, *s.m.* primogénito.

primogenitura *s.f.* primogenitura.

primordiale *agg.* primordial.

prímula *s.f.* (*bot.*) prímula, primavera.

principale *agg.* principal, fundamental, esencial ♦ *s.m.* jefe, dueño, patrón.

principato *s.m.* (*pol.*) principado.

principe *s.m.* **1** príncipe; infante: *— ereditario*, príncipe heredero | *vivere come un —*, vivir a cuerpo de rey **2** (*tip.*) princeps.

principessa *s.f.* princesa; infanta.

principiante *s.m./f.* principiante, novato (*m.*), aprendiz* (*m.*).

principio *s.m.* **1** principio, comienzo | *dal —*, desde el principio **2** (*regola, fondamento*) principio: *è una questione di —*, es una cuestión de principios | (*chim.*) *— attivo*, principio activo.

priore *s.m.* (*relig.*) prior.

priorità *s.f.* prioridad.

prisma *s.m.* prisma.

privacy *s.f.* privacidad, intimidad, vida privada | *diritto alla —*, derecho a la privacidad.

privare *v.tr.* privar, despojar, quitar ♦ **-rsi** *v.pron.* privarse.

privatamente *avv.* en privado, privadamente.

privatizzare *v.tr.* privatizar*.

privato *agg.* privado, particular: *proprietà privata*, propiedad privada; *lezioni private*, clases particulares | (*tv*) *televisione privata*, televisión privada ♦ *s.m.* **1** (*persona*) particular **2** lo privado, vida (*f.*) íntima/privada, intimidad (*f.*): *in — è molto cordiale*, en privado es muy cordial.

privazione *s.f.* privación.

privilegiare *v.tr.* privilegiar, favorecer*.

privilegio *s.m.* privilegio, prerrogativa (*f.*).

privo *agg.* falto, carente | *essere — di*, carecer de.

pro[1] *prep.* pro, a/en favor de.

pro[2] *s.m.* provecho | *i — e i contro*, los pros y los contras | *a che — ?*, ¿para qué?

probabile *agg.* probable, posible.

probabilità *s.f.* probabilidad: *avere buone —*, tener muchas probabilidades | *calcolo delle —*, cálculo de probabilidades.

problema *s.m.* problema (*anche mat.*), dificultad (*f.*); (*guaio*) lío; (*caso difficile*) asunto, cuestión (*f.*).

problematica *s.f.* problemática.

problematicità *s.f.* problematicidad.

probo *agg.* (*lett.*) probo, honesto.

proboscide *s.f.* (*di elefanti*) trompa; (*di insetti*) probóscide.

procacciare *v.tr.* procurar, proveer*, conseguir* ♦ **-rsi** *v.pron.* procurarse.

procace *agg.* procaz*.

pro capite *loc.* per cápita: *reddito —*, renta per cápita.

procedere *v.intr.* **1** (*avanzare*) proceder; avanzar*, marchar: *i lavori procedono lentamente*, las obras van/marchan lentamente **2** (*iniziare*) empezar* **3** (*derivare*) proceder, provenir* **4** (*agire*) proceder, actuar*; portarse, comportarse: *non mi piace il suo modo di —*, no me gusta su manera de actuar/comportarse **5** (*dir.*) proceder, actuar* | *autorizzazione a —*, autorización para proceder.

procedimento *s.m.* **1** (*metodo*) procedimiento, proceso **2** (*dir.*) procedimiento.

procedura *s.f.* **1** (*dir.*) procedimiento (*m.*) **2** (*amm.*) tramitación | *— burocratica*, trámite burocrático.

procellaria *s.f.* (*zool.*) petrel (*m.*).

processare *v.tr.* **1** (*dir.*) procesar, encausar, enjuiciar **2** (*inform.*, *tecn.*) procesar.

processionaria *s.f.* (*zool.*) procesionaria.

processione *s.f.* procesión.

processo *s.m.* **1** proceso, desarrollo, evolución (*f.*) **2** (*tecn.*) proceso, procedimiento, sistema, método: *— chimico*, proceso químico **3** (*dir.*) proceso, causa (*f.*), pleito, juicio, procedimiento | *mettere sotto —*, someter a juicio, procesar.

processore *s.m.* (*inform.*) procesador.

processuale *agg.* (*dir.*) procesal | *spese processuali*, costas procesales.

procinto *solo nella loc.*: *essere in — di*, estar a punto de.

procione *s.m.* (*zool.*) mapache.

proclama *s.m.* proclama.

proclamare *v.tr.* proclamar, declarar; (*una legge*) promulgar* ♦ **-rsi** *v.pron.* proclamarse, declararse.

proclamazione *s.f.* proclamación.

procrastinare *v.tr.* retrasar, diferir*.

procreare *v.tr.* procrear, engendrar, generar.

procreazione *s.f.* procreación.

procura *s.f.* **1** (*dir.*) poder (*m.*), mandato (*m.*): *sposarsi per —*, casarse por poder | *— generale, speciale*, poder general, especial **2** (*sede*) fiscalía, (*Amer.*) procuradoría.

procurare *v.tr.* **1** (*causare*) procurar, ocasionar, causar **2** (*far avere, trovare*) conseguir*, facilitar, proporcionar: *— un lavoro*, conse-

guir/proporcionar un trabajo | *procurarsi da vivere*, buscarse la vida.
procuratore *s.m.* **1** (*comm.*, *dir.*) apoderado, representante (*m./f.*) | — *legale*, procurador **2** (*dir.*) fiscal.
prode *agg.* (*lett.*) valiente, valeroso.
prodezza *s.f.* proeza, hazaña.
prodigalità *s.f.* prodigalidad, generosidad.
prodigare *v.tr.* prodigar*, dispensar ♦ **-rsi** *v.pron.* prodigarse*.
prodigio *s.m.* prodigio, portento, milagro, maravilla (*f.*).
prodigioso *agg.* prodigioso, extraordinario.
prodigo *agg.* pródigo, generoso | *figliol* —, hijo pródigo.
proditorio *agg.* proditorio, traicionero.
prodotto *agg.* producido, hecho, fabricado | — *in Cile*, hecho en Chile ♦ *s.m.* **1** (*anche mat.*) producto: *prodotti alimentari*, productos alimenticios | (*econ.*) — *interno lordo*, producto interior bruto **2** (*fig.*) producto, fruto, resultado.
prodromo *s.m.* **1** (*med.*) síntoma, pródromo **2** (*fig.*) señal (*f.*), síntoma.
produrre *v.tr.* **1** producir*; (*fabbricare*) fabricar*, manufacturar: — *elettrodomestici*, producir electrodomésticos **2** (*causare*) producir*, ocasionar, causar, provocar*; (*creare*) crear **3** (*presentare*) presentar: — *un certificato*, presentar un certificado.
produttività *s.f.* productividad.
produttivo *agg.* productivo | *processo* —, proceso de producción.
produttore *agg.*, *s.m.* productor.
produzione *s.f.* **1** producción | — *in serie*, producción en serie | — *a catena*, producción en cadena | *costi di* —, coste de producción **2** (*dir.*, *presentazione*) alegación: — *di prove*, alegación de pruebas.
proemio *s.m.* proemio, introducción (*f.*).
profanare *v.tr.* profanar.
profano *agg.* **1** profano, laico **2** (*ignorante*) profano, incompetente, ignorante ♦ *s.m.* profano: *il sacro e il* —, lo sacro y lo profano.
proferire *v.tr.* proferir*.
professare *v.tr.* **1** profesar, declarar, manifestar* | *professarsi colpevole*, declararse culpable | — *una fede*, profesar una religión **2** (*esercitare*) profesar, ejercer*, practicar*: *professa la medicina*, profesa/ejerce la medicina.
professionale *agg.* profesional: *malattia* —, enfermedad profesional.
professionalità *s.f.* profesionalidad.
professione *s.f.* profesión, oficio (*m.*) | *libera* —, profesión liberal.
professionismo *s.m.* profesionalismo.
professionista *s.m./f.* profesional | *libero* —, profesional liberal.
professore *s.m.* profesor: — *di ruolo*, profesor numerario; — *ordinario*, catedrático.
profeta *s.m.* profeta | *nessuno è — in patria*, nadie es profeta en su tierra.
profetico *agg.* profético.
profetizzare *v.tr.* profetizar*.
profezia *s.f.* profecía, predicción.
proficuo *agg.* provechoso, útil.
profilare *v.tr.* **1** perfilar, delinear **2** (*ornare*) adornar, guarnecer ♦ **-rsi** *v.pron.* perfilarse, delinearse, resaltar.
profilassi *s.f.* (*med.*) profilaxis.
profilattico *agg.* profiláctico ♦ *s.m.* profiláctico, preservativo, condón.
profilo *s.m.* **1** perfil, contorno, silueta (*f.*): *di* —, de perfil **2** (*orlo*, *bordo*) ribete, guarnición (*f.*) **3** (*lett.*) perfil, semblanza (*f.*), biografía (*f.*).
profittatore *s.m.* aprovechado.
profitto *s.m.* **1** provecho, ventaja (*f.*): *trarre* —, sacar provecho **2** (*utile*) ganancia (*f.*), beneficio.
profondità *s.f.* profundidad, hondura.
profondo *agg.* (*anche fig.*) profundo, hondo: *radici profonde*, raíces profundas; *sonno* —, sueño profundo; *il fiume è molto* —, el río es muy hondo ♦ *s.m.* profundidad (*f.*): *nel — dell'anima*, en lo profundo del alma.
profugo *agg.*, *s.m.* prófugo.
profumare *v.tr.* perfumar ♦ *v.intr.* oler* (bien), tener* buen olor: *la biancheria profumava di violetta*, la ropa olía a violetas.
profumatamente *avv.* generosamente | *pagare qlco.* —, pagar muy caro.
profumeria *s.f.* perfumería.
profumo *s.m.* **1** perfume, buen olor, fragancia (*f.*), aroma: *si sentiva un — di rose*, se percibía un olor a rosas **2** (*fig.*) olor.
profusione *s.f.* profusión, abundancia.
progenie *s.f.* progenie.
progenitore *s.m.* progenitor.
progettare *v.tr.* **1** proyectar **2** (*fare progetti*) planear.
progettazione *s.f.* proyecto (*m.*), diseño (*m.*).
progettista *s.m./f.* proyectista.
progetto *s.m.* proyecto, plan.
prognosi *s.f.* (*med.*) pronóstico (*m.*): — *riservata*, pronóstico reservado.
programma *s.m.* **1** (*anche inform.*) programa | *fuori* —, fuera de programa **2** proyecto, plan.
programmare *v.tr.* programar (*anche inform.*); (*organizzare*, *fare progetti*) planear, proyectar, planificar*: — *le vacanze*, planear las vacaciones; — *le spese*, planificar los gastos.
programmatore *s.m.* (*inform.*) programador.
programmazione *s.f.* programación, planificación.

progredire *v.intr.* progresar, superarse.
progressione *s.f.* progresión, avance (*m.*), desarrollo (*m.*).
progressista *agg.*, *s.m./f.* (*pol.*) progresista, (*fam.*) progre.
progressivo *agg.* progresivo.
progresso *s.m.* progreso, mejora (*f.*), perfeccionamiento: *fare progressi*, hacer progresos; *il — dell'umanità*, el progreso de la humanidad.
proibire *v.tr.* prohibir, vedar, impedir* | *è proibito fumare*, está prohibido fumar.
proibitivo *agg.* prohibitivo: *prezzo —*, precio prohibitivo.
proibizione *s.f.* prohibición.
proibizionismo *s.m.* prohibicionismo.
proibizionista *agg.*, *s.m./f.* prohibicionista.
proiettare *v.tr.* **1** proyectar **2** (*scagliare*) proyectar, lanzar* **3** (*cinem.*) proyectar.
proiettile *s.m.* proyectil, bala (*f.*).
proiettore *s.m.* proyector: *— di diapositive*, proyector de diapositivas.
proiezione *s.f.* proyección.
prole *s.f.* prole, descendencia.
proletario *agg.*, *s.m.* proletario.
proliferare *v.intr.* proliferar.
proliferazione *s.f.* proliferación.
prolificare *v.intr.* proliferar, procrear.
prolifico *agg.* prolífico, prolífero, fecundo.
prolisso *agg.* prolijo, largo.
prologo *s.m.* prólogo.
prolunga *s.f.* alargador (*m.*), alargadera.
prolungamento *s.m.* prolongación (*f.*).
prolungare *v.tr.* prolongar*, alargar* ♦ **-rsi** *v.pron.* prolongarse*.
promemoria *s.m.* memorándum, apunte, nota (*f.*).
promessa[1] *s.f.* promesa: *fare una —*, hacer una promesa.
promessa[2] *s.f.* (*fidanzata*) prometida.
promesso *agg.* prometido | *Terra promessa*, Tierra prometida, Tierra de promisión.
promettente *agg.* prometedor.
promettere *v.tr.* prometer | *— mari e monti*, prometer el oro y el moro.
prominente *agg.* prominente.
prominenza *s.f.* prominencia.
promiscuità *s.f.* promiscuidad, mezcla, confusión.
promiscuo *agg.* promiscuo.
promontorio *s.m.* (*geogr.*) promontorio, cabo.
promosso *agg.* (*scuola*) aprobado.
promotore *agg.*, *s.m.* promotor.
promozionale *agg.* promocional.
promozione *s.f.* **1** (*a scuola*) aprobado (*m.*) **2** (*comm.*) promoción: *— delle vendite*, promoción de ventas **3** (*avanzamento*) promoción, ascenso (*m.*): *ottenere la — a dirigente*, obtener el ascenso a directivo.
promulgare *v.tr.* promulgar* (*anche dir.*), publicar*.
promuovere *v.tr.* **1** promover*, fomentar: *— il piacere della lettura*, fomentar el gusto por la lectura **2** (*lavoro*) ascender* **3** (*a scuola*) aprobar* | *essere promosso*, aprobar, pasar el curso.
pronipote *s.m./f.* (*del bisnonno*) bisnieto (*m.*); (*del prozio*) sobrino (*m.*) nieto | *i pronipoti*, los descendientes.
pronome *s.m.* (*gramm.*) pronombre.
pronominale *agg.* (*gramm.*) pronominal.
pronosticare *v.tr.* pronosticar*, vaticinar.
pronostico *s.m.* pronóstico, predicción (*f.*).
prontezza *s.f.* prontitud, celeridad, rapidez* | *— di riflessi*, rapidez de reflejos.
pronto *agg.* **1** (*preparato*) listo, preparado; (*disposto*) dispuesto: *sono —*, estoy listo; *essere pronti a tutto*, estar dispuestos a todo | (*tel.*) *—!*, ¡diga! | *pronti, via!*, ¡listos!, ¡ya! **2** (*rapido*) veloz*, rápido: *avere i riflessi pronti*, tener buenos reflejos | *— soccorso*, urgencias.
pronuncia *s.f.* pronunciación; (*accento*) acento (*m.*).
pronunciamento *s.m.* (*pol.*, *mil.*) pronunciamiento.
pronunciare *v.tr.* **1** pronunciar **2** (*dire*) decir*: *— un discorso*, pronunciar/echar un discurso ♦ **-rsi** *v.pron.* pronunciarse.
pronunciato *agg.* **1** (*spiccato*) marcado **2** (*prominente*) prominente.
propaganda *s.f.* propaganda, publicidad: *fare —*, hacer propaganda.
propagandare *v.tr.* hacer* propaganda.
propagare *v.tr.* propagar*, difundir, extender* ♦ **-rsi** *v.pron.* propagarse*, difundirse.
propaggine *s.f.* **1** (*bot.*) acodo (*m.*), mugrón (*m.*) **2** (*fig.*) ramificación.
propedeutico *agg.* propedéutico, preparatorio.
propellente *agg.*, *s.m.* propulsor, combustible.
propendere *v.intr.* propender a/hacia, inclinarse por.
propensione *s.f.* propensión, inclinación, tendencia.
propizio *agg.* propicio, favorable.
propoli *s.f.* propóleos.
proponimento *s.m.* propósito, intención (*f.*).
proporre *v.tr.* proponer* ♦ **-rsi** *v.pron.* proponerse*.
proporzionale *agg.* proporcional.
proporzionato *agg.* proporcionado, adecuado.
proporzione *s.f.* **1** proporción **2** (*pl.*, *dimensioni*) dimensiones.

proposito *s.m.* propósito, intención (*f.*) | *venire a —*, venir de perillas | *di —*, intencionalmente, adrede, aposta | *a questo —*, a este respecto | *a — di*, en cuanto a, a propósito de.
proposizione *s.f.* **1** (*filos.*) proposición **2** (*gramm.*) proposición, oración.
proposta *s.f.* propuesta; (*di legge*) proposición: *fare, valutare una —*, hacer, considerar una propuesta.
proprietà *s.f.* propiedad | *con —*, con propiedad | *è di mia —*, es mío.
proprietario *s.m.* propietario, dueño.
proprio *agg.poss.* **1** (*suo, loro*) su, sus: *lo ospitò in casa propria*, le hospedó en su casa; *rispettare i propri simili*, respetar a sus semejantes **2** (*rafforzativo di agg.poss.*) propio, mismo: *l'ho visto con i miei propri occhi*, lo vi con mis propios ojos **3** (*con valore di pron. poss.*) suyo: *confrontiamo le nostre opinioni, ciascuno dica la propria*, comparamos nuestras opiniones, que cada uno diga la suya ♦ *agg.* **1** (*tipico*) propio, característico, típico: *questi errori sono propri di un principiante*, estas faltas son propias de un principiante **2** (*appropriato*) propio, apropiado: *maniere proprie*, modos apropiados | (*gramm.*) *nome —*, nombre propio ♦ *avv.* **1** (*precisamente*) exactamente, precisamente, justo | *— così*, como lo oyes, eso mismo | *— in quel momento*, justo en aquel momento **2** (*davvero*) verdaderamente, realmente; (*in frasi negative*) en absoluto, absolutamente: *è stato — interessante*, ha sido realmente interesante; *non mi è — piaciuto*, no me ha gustado en absoluto ♦ *s.m.* lo proprio | *lavorare in —*, trabajar por su cuenta/personalmente, ser un trabajador autónomo.
propugnare *v.tr.* defender*, sostener*, propugnar.
propulsione *s.f.* propulsión | *— a getto*, propulsión a chorro/reacción.
propulsivo *agg.* propulsor.
propulsore *agg.*, *s.m.* propulsor.
prora *s.f.* (*mar.*) proa.
proroga *s.f.* prórroga, prorrogación, aplazamiento (*m.*): *concedere una —*, conceder una prórroga.
prorogare *v.tr.* prorrogar*, aplazar*.
prorompente *agg.* impetuoso.
prosa *s.f.* prosa.
prosaico *agg.* prosaico.
proscenio *s.m.* (*teatr.*) proscenio.
prosciogliere *v.tr.* exonerar, dispensar, liberar; (*dir.*) absolver*.
prosciugamento *s.m.* desecación (*f.*).
prosciugare *v.tr.* desecar*.
prosciutto *s.m.* jamón: *— cotto*, jamón de york, jamón cocido; *— crudo*, jamón serrano; *panino al —*, bocadillo de jamón.
proscritto *s.m.* proscrito, desterrado.
proscrivere *v.tr.* proscribir.
proscrizione *s.f.* proscripción.
prosecuzione *s.f.* prosecución, continuación.
proseguimento *s.m.* prosecución (*f.*), continuación (*f.*) | *buon —!*, ¡qué siga bien!, ¡buen viaje!
proseguire *v.tr.* proseguir*, seguir*, continuar*.
proselitismo *s.m.* proselitismo.
proselito *s.m.* prosélito.
prosieguo *s.m.* continuación (*f.*).
prosodia *s.f.* prosodia.
prosopopea *s.f.* prosopopeya.
prosperare *v.intr.* prosperar.
prosperità *s.f.* prosperidad.
prospero *agg.* **1** (*florido*) próspero, rico, floreciente **2** (*favorevole*) favorable, propicio.
prosperoso *agg.* **1** (*fiorente*) próspero, floreciente **2** (*di persona*) lozano, robusto.
prospettare *v.tr.* exponer*, plantear, presentar ♦ **-rsi** *v.pron.* presentarse.
prospettiva *s.f.* (*anche fig.*) perspectiva | *— cavaliera*, perspectiva caballera | *in —*, en perspectiva.
prospetto *s.m.* **1** fachada (*f.*), frente **2** (*opuscolo*) prospecto, folleto.
prossimamente *avv.* próximamente, pronto.
prossimità *s.f.* proximidad, cercanía | *in — di*, cerca de.
prossimo *agg.* **1** (*successivo*) próximo: *il — mese*, el mes que viene, el próximo mes **2** (*vicino*) cercano, próximo: *un parente —*, un pariente cercano | (*gramm.*) *passato —*, pretérito perfecto | (*gramm.*) *trapassato —*, pretérito pluscuamperfecto ♦ *s.m.* prójimo.
prostata *s.f.* (*anat.*) próstata.
prostituire *v.tr.* prostituir* ♦ **-rsi** *v.pron.* prostituirse*.
prostituta *s.f.* prostituta; (*volg.*) puta, zorra.
prostituzione *s.f.* prostitución.
prostrare *v.tr.* postrar (*anche fig.*): *essere prostrato dal dolore*, estar abatido por el dolor ♦ **-rsi** *v.pron.* postrarse, arrodillarse, humillarse.
prostrazione *s.f.* prostración, abatimiento (*m.*).
protagonista *s.m./f.* protagonista.
proteggere *v.tr.* proteger*, amparar, defender*, respaldar.
proteina *s.f.* (*biol.*) proteina.
protendere *v.tr.* alargar*, extender*.
protervia *s.f.* protervia, perversidad.
protesi *s.f.* prótesis.
protesta *s.f.* queja, reclamación.
protestante *agg.*, *s.m./f.* (*relig.*) protestante.
protestantesimo *s.m.* (*relig.*) protestantismo.
protestare *v.intr.* protestar, quejarse, opo-

nerse*: — *contro la guerra*, oponerse a/protestar contra la guerra ♦ *v.tr.* **1** protestar, manifestar*, declarar **2** (*dir.*) protestar: — *una cambiale*, protestar una letra.
protesto *s.m.* (*comm.*) protesto.
protettivo *agg.* protectivo.
protettorato *s.m.* (*pol.*) protectorado.
protettore *agg.* protector ♦ *s.m.* **1** protector **2** (*di prostitute*) proxeneta, rufián, (*fam.*) chulo.
protezione *s.f.* protección, amparo (*m.*) | — *civile*, protección civil.
protezionismo *s.m.* (*econ.*) proteccionismo.
protocollo *s.m.* **1** protocolo | *carta* —, papel (de) oficio **2** (*registro*) registro: *numero di* —, número de registro.
protone *s.m.* (*fis.*) protón.
prototipo *s.m.* prototipo, modelo.
protozoo *s.m.* (*biol.*) protozoo.
protrarre *v.tr.* **1** (*far durare*) alargar*, prolongar* **2** (*rimandare*) aplazar* ♦ **-rsi** *v.pron.* durar, alargarse*, continuar*: *visto il — delle proteste, il ministro si dimette*, puesto que continúan las protestas, el ministro dimite.
protuberanza *s.f.* protuberancia, prominencia.
prova *s.f.* **1** prueba; (*verifica*) comprobación: *cercare le prove di un delitto*, buscar las pruebas de un delito; *periodo di* —, período de prueba | *mettere alla* —, poner a prueba **2** (*esame*) prueba, examen (*m.*), test (*m.*): *superare la — scritta*, aprobar el examen escrito **3** (*teatr.*) ensayo (*m.*): — *generale*, ensayo general
■ ***prova del fuoco***, prueba de fuego | ***prova di stampa***, prueba de imprenta | ***a prova di***, a prueba de | ***fino a prova contraria***, hasta que no se demuestre lo contrario | ***banco di prova***, banco de pruebas.
provare *v.tr.* **1** probar*, intentar: — *a fare*, intentar hacer* **2** (*dimostrare*) comprobar*, demostrar*, documentar: *cosa provano queste lettere?*, ¿qué demuestran estas cartas? **3** (*sentire*) sentir*, experimentar, tener*: — *piacere in qlco.*, sentir placer por algo; *proverai cosa significa la solitudine!*, ¡verás lo que es la soledad! **4** (*indossare*) probar,* medir* **5** (*teatr.*) ensayar.
provato *agg.* **1** (*affaticato*) cansado **2** (*sicuro*) fiel, leal.
provenienza *s.f.* procedencia, origen (*m.*).
provenire *v.intr.* provenir*, proceder.
provento *s.m.* ingreso, ganancia (*f.*).
provenzale *agg.*, *s.m./f.* provenzal.
proverbiale *agg.* proverbial.
proverbio *s.m.* proverbio, refrán, dicho.
provetta *s.f.* probeta | (*med.*) *bambino in* —, niño probeta.
provetto *agg.* experimentado, experto.
provincia *s.f.* provincia.
provinciale *agg.* **1** provincial **2** (*spreg.*) provinciano, paleto.
provincialismo *s.m.* provincialismo; (*spreg.*) provincianismo.
provino *s.m.* **1** (*di attori*) prueba; (*anticipazione cinem.*) tráiler **2** (*comm.*) muestra.
provocante *agg.* provocativo, provocador.
provocatore *s.m.* provocador.
provocare *v.tr.* provocar*.
provocazione *s.f.* provocación.
provvedere *v.intr.* disponer*, hacerse* cargo, encargarse*, ocuparse, tomar medidas: — *affinché abbia successo*, tomar medidas para que tenga éxito; *provvedo io*, me hago cargo yo; *provvederemo noi ai bambini*, nos encargaremos de los niños ♦ *v.tr.* (*rifornire*) abastecer*, proveer*, suministrar.
provvedimento *s.m.* **1** medida (*f.*), disposición (*f.*) **2** (*dir.*) providencia (*f.*), sanción (*f.*).
provvidenza *s.f.* (*anche relig.*) providencia.
provvidenziale *agg.* (*anche relig.*) providencial.
provvigione *s.f.* (*comm.*) comisión.
provvisorio *agg.* provisional; (*di governo*) interino.
provvista *s.f.* **1** provisión, abasto (*m.*) | *fare — del necessario*, hacer provisión de lo necesario **2** (*spec.pl.*) provisiones (*pl.*), víveres (*m.pl.*): *provviste di cibo*, víveres.
prozio *s.m.* tío abuelo.
prua *s.f.* (*mar.*) proa.
prudente *agg.* prudente.
prudenza *s.f.* prudencia.
prudere *v.intr.* picar*.
prugna *s.f.* (*bot.*) ciruela: *secca*, ciruela pasa.
prugno *s.m.* (*bot.*) ciruelo.
pruno *s.m.* (*bot.*) endrino.
pruriginoso *agg.* (*fig.*) excitante.
prurito *s.m.* picazón (*f.*), picor, prurito.
prussiano *agg.*, *s.m.* prusiano.
pseudonimo *s.m.* seudónimo, pseudónimo.
psicanalisi *s.f.* → **psicoanalisi.**
psiche *s.f.* psique, psiquis.
psichedelico *agg.* psicodélico.
psichiatra *s.m./f.* psiquiatra.
psichico *agg.* psíquico.
psicoanalisi *s.f.* psicoanálisis (*m.*).
psicoanalista *s.m./f.* psicoanalista.
psicoanalizzare *v.tr.* psicoanalizar*.
psicofarmaco *s.m.* psicofármaco.
psicolinguistica *s.f.* psicolingüística.
psicologia *s.f.* psicología, sicología.
psicologico *agg.* psicológico.
psicologo *s.m.* psicólogo, sicólogo.
psicomotorio *agg.* psicomotorio.
psicomotricità *s.f.* psicomotricidad.
psicosi *s.f.* psicosis.

psicosomatico *agg.* psicosomático.
psicoterapeuta, psicoterapista *s.m./f.* psicoterapeuta.
psicoterapia *s.f.* psicomoterapia.
psicotico *agg.* psicótico.
psoriasi *s.f.* (*med.*) psoriasis.
pubblicare *v.tr.* **1** publicar*, divulgar* **2** (*tip.*) publicar*, editar.
pubblicazione *s.f.* publicación | *pubblicazioni* (*matrimoniali*), amonestaciones.
pubblicista *s.m./f.* publicista, publicitario (*m.*).
pubblicità *s.f.* publicidad, propaganda; (*tv*) anuncios (*m.pl.*).
pubblicitario *agg.* publicitario, propagandístico ♦ *s.m.* publicitario, publicista.
pubblicizzare *v.tr.* publicitar.
pubblico *agg.* público: *scuola pubblica*, escuela estatal | *pubblica sicurezza*, seguridad ciudadana/pública | *pubbliche relazioni*, relaciones públicas | (*dir.*) — *ministero*, fiscal, ministerio público ♦ *s.m.* público | *in* —, en público.
pube *s.m.* (*anat.*) pubis.
pubertà *s.f.* pubertad.
pudico *agg.* púdico, recatado.
pudore *s.m.* pudor, recato, modestia (*f.*).
puericultore *s.m.* puericultor.
puericultura *s.f.* puericultura.
puerile *agg.* pueril, infantil.
pugilato *s.m.* boxeo, pugilato.
pugile *s.m.* boxeador.
pugnalare *v.tr.* apuñalar, acuchillar.
pugnalata *s.f.* puñalada, cuchillada.
pugnale *s.m.* puñal.
pugno *s.m.* **1** puño **2** (*colpo*) puño, puñetazo | *fare / prendersi a pugni*, liarse a puñetazos **3** (*manciata*) puñado | *restare con un — di mosche*, quedarse con un palmo de narices
■ ***pugno di ferro***, mano de hierro | ***di proprio pugno***, de puño y letra | ***tenere in pugno***, tener en puño.
pula *s.f.* cascabillo (*m.*).
pulce *s.f.* (*zool.*) pulga | *mercato delle pulci*, mercadillo, rastro | (*fig.*) *mettere una — nell'orecchio*, poner la mosca detrás de la oreja.
pulcinella *s.m.* (*teatr.*) pulchinela.
pulcino *s.m.* **1** pollito, polluelo **2** (*sport*) alevín, benjamín.
puledro *s.m.* (*zool.*) potro.
puleggia *s.f.* (*tecn.*) polea.
pulire *v.tr.* limpiar, asear; (*lavare*) lavar; (*spolverare*) desempolvar | *pulisciti il naso*, suénate la nariz.
pulita *s.f.* lavado (*m.*), pasada.
pulito *agg.* limpio (*anche fig.*), aseado | *affare* —, negocio limpio/honrado | *essere* —, no llevar drogas/armas | *avere la coscienza pulita*, tener la conciencia limpia/tranquila.
pulitura *s.f.* **1** limpieza **2** (*tecn.*, *lucidatura*) pulido (*m.*); (*passata*) alisado (*m.*): *ultima* —, retoques, últimos toques.
pulizia *s.f.* limpieza, aseo (*m.*) | *fare le pulizie*, hacer la limpieza, hacer aseo | (*fam.*) *donna delle pulizie*, mujer de la limpieza, sirvienta | — *etnica*, limpieza étnica.
pullman *s.m.* **1** autocar, autobús; (*Amer.*) guagua **2** (*minibus*) microbús, furgoneta (*f.*).
pullover *s.m.* jersey, suéter.
pullulare *v.intr.* pulular.
pulpito *s.m.* púlpito.
pulsante *s.m.* botón, interruptor: *premere il* —, apretar el botón.
pulsare *v.intr.* pulsar, latir, palpitar.
pulsazione *s.f.* pulsación, latido (*m.*).
pulsione *s.f.* pulsión.
pulviscolo *s.m.* polvillo.
puma *s.m.* (*zool.*) puma.
pungente *agg.* **1** punzante **2** (*fig.*) hiriente, mordaz*: *un freddo* —, un frío intenso; *una satira* —, una sátira hiriente/mordaz.
pungere *v.tr.* **1** pinchar, punzar*: *mi sono punta con l'ago*, me pinché con la aguja | (*fig.*) — *sul vivo*, herir donde más duele **2** (*di insetto*) picar* **3** (*stimolare*) aguijonear; (*offendere*) herir*, zaherir*.
pungiglione *s.m.* (*zool.*) aguijón.
pungitopo *s.m.* (*bot.*) brusco, rusco.
punire *v.tr.* castigar*.
punizione *s.f.* castigo (*m.*) | (*sport*) *calcio di* —, tiro libre.
punta *s.f.* **1** punta | — *del piede*, punta del pie | *fare la — alla matita*, sacar punta al lápiz **2** (*geogr.*) cima, pico (*m.*) **3** (*un po'*) pizca **4** (*calcio*) delantero (*m.*)
■ ***avere qlco. sulla punta della lingua***, tener algo en la punta de la lengua | ***ore di punta***, horas punta | ***uomo di punta***, puntero | ***cane da punta***, perro de punta | (*anche fig.*) ***in punta di piedi***, de puntillas | ***prendere di punta***, (*qlco.*) tomarse algo a pecho; (*qlcu.*) enfrentarse a alguien.
puntale *s.m.* (*anche mar.*) puntal.
puntare *v.tr.* **1** (*anche mil.*) apuntar: *puntò il dito verso di me*, apuntó el dedo hacia mí | — *gli occhi, lo sguardo su qlco.*, echar el ojo a algo | — *la sveglia*, poner el despertador **2** (*appoggiare*) apoyar | (*fig.*) — *i piedi*, emperrarse **3** (*scommettere*) apostar*: *ha puntato tutto su quel nuovo lavoro*, ha puesto todo su esfuerzo en el nuevo trabajo ♦ *v.intr.* **1** dirigirse*, avanzar* **2** (*fig.*) aspirar **3** confiar* (en alguien / algo).
puntaspilli *s.m.* almohadilla (*f.*), acerico.
puntata[1] *s.f.* **1** (*nel gioco*) apuesta **2** (*breve visita*) escapada, excursión.

puntata² *s.f.* (*di romanzo*, *telenovela*) entrega; (*tv*, *radio*) capítulo (*m.*), episodio (*m.*): *uno sceneggiato a puntate*, una serie por capítulos.
punteggiare *v.tr.* puntear.
punteggiatura *s.f.* puntuación.
punteggio *s.m.* puntuación (*f.*).
puntellare *v.tr.* apuntalar.
punteruolo *s.m.* punzón.
puntiglio *s.m.* porfía (*f.*), obstinación (*f.*).
puntiglioso *agg.* puntilloso, tozudo.
puntina *s.f.* **1** (*da disegno*) chincheta, tachuela **2** (*pl.*, *aut.*) platinos (*m.*) **3** (*di giradischi*) aguja.
puntino *s.m.* punto | *puntini di sospensione*, puntos suspensivos | (*cuc.*) *cotto a —*, cocido en su punto | *fatto a —*, hecho a la perfección.
punto *s.m.* **1** punto: *— e virgola*, punto y coma; *— esclamativo*, *interrogativo*, signo de admiración, de interrogación; *due punti*, dos puntos | *— e a capo*, punto y aparte | *— vendita*, punto de venta | *— di vista*, punto de vista | *— di ritrovo*, punto de encuentro | *le tre in —*, las tres en punto | *di — in bianco*, de buenas a primeras | *essere sul — di*, estar a punto de **2** (*passo di un testo*) paso **3** (*momento*) momento, ocasión (*f.*): *a questo — posso dirtelo*, a estas alturas puedo decírtelo | *— morto*, punto muerto: *le trattative sono a un — morto*, la negociación está estancada/llegó a un punto muerto | *a un certo —*, en un momento dado **4** (*di cucito*, *maglia*) puntada (*f.*), punto: *dare un —*, dar una puntada | *— a catenella*, cadeneta | *— a croce*, punto de cruz
■ (*fam.*, *comedone*) ***punto nero***, espinilla, punto negro | ***punto d'onore***, pundonor | (*fig.*) ***punto di partenza***, punto de partida | ***venire al punto***, ir al grano | ***mettere a punto (un motore)***, poner a punto.
puntuale *agg.* puntual.
puntualità *s.f.* puntualidad.
puntualizzare *v.tr.* puntualizar*.
puntualmente *avv.* con puntualidad, puntualmente.
puntura *s.f.* **1** pinchazo (*m.*); (*di insetto*) picadura **2** (*iniezione*) inyección.
punzecchiare *v.tr.* **1** pinchar, picar* **2** (*fig.*) molestar, fastidiar.
pupa¹ *s.f.* (*zool.*) pupa.
pupa² *s.f.* (*fam. ragazza*) muñeca.
pupazzo *s.m.* muñeco, títere: *— di neve*, muñeco de nieve.
pupilla *s.f.* (*anat.*) pupila, niña | (*fig.*) *la — dei propri occhi*, la niña de sus ojos.
purché *cong.* con tal que, a condición de que.
pure *cong.* **1** (*sebbene*) aunque: *pur volendo, non sarei in grad di farlo*, aunque quisiera, no sería capaz de hacerlo **2** (*tuttavia*) sin embargo: *è un libro noioso, — devo leggerlo*, es un libro aburrido, sin embargo tengo que leerlo ♦ *avv.* (*anche*) también: *c'ero — io*, también estaba yo | *fai — con comodo*, tómate tu tiempo
■ ***pur di***, con tal de: *farei di tutto — di vederla felice*, lo haría todo con tal de verla feliz.
purè *s.m.* (*cuc.*) puré.
purezza *s.f.* pureza.
purga *s.f.* **1** purga, purgante (*m.*) **2** (*pol.*) purga.
purgare *v.tr.* **1** purgar*, purificar* **2** (*fig.*) expurgar*, eliminar.
purgato *agg.* **1** purgado **2** (*di testo*) expurgado.
purgatorio *s.m.* (*relig.*) purgatorio.
purificare *v.tr.* purificar*.
purismo *s.m.* purismo, casticismo.
puritanesimo *s.m.* puritanismo.
puritano *agg.*, *s.m.* puritano (*anche fig.*).
puro *agg.* puro, limpio.
purosangue *agg.*, *s.m.* purasangre.
purtroppo *avv.* desafortunadamente, desgraciadamente.
purulento *agg.* (*med.*) purulento.
pus *s.m.* pus.
pusillanime *agg.*, *s.m.* pusilánime.
pustola *s.f.* (*med.*) pústula.
putativo *agg.* putativo.
putiferio *s.m.* alboroto, tumulto: *scatenare/sollevare un —*, armar jaleo.
putrefare *v.intr.*, **-rsi** *v.pron.* pudrirse, corromperse.
putrefatto *agg.* putrefacto, podrido.
putrefazione *s.f.* putrefacción.
putrella *s.f.* (*arch.*) viga, viga de doble T.
putrido *agg.* pútrido, podrido.
puttana *s.f.* (*volg.*) puta, prostituta, ramera.
puttanata *s.f.* (*volg.*) gilipollez*, chorrada.
puttaniere *s.m.* (*volg.*) putero, putañero.
puzza *s.f.* hedor (*m.*), mal olor (*m.*), peste: *si sente una — terribile!*, ¡se siente un hedor espantoso! | *c'è — di bruciato*, huele a quemado | (*fig.*) *avere la — sotto il naso*, mirar por encima del hombro.
puzzare *v.intr.* oler* mal | *è una faccenda che* (*mi*) *puzza*, este asunto (me) huele a chamusquina.
puzzle *s.m.* rompecabezas.
puzzo *s.m.* tufo, mal olor, peste (*f.*), hedor.
puzzola *s.f.* (*zool.*) turón (*m.*), mofeta.
puzzolente *agg.* maloliente, hediondo.

Qq

q *s.f.* q | (*tel.*) — *come Quarto*, q como querido.
qua *avv.* aquí, acá: *per di* —, por aquí/acá | *al di — di*, a este lado de | *eccomi* —, heme aquí, aquí estoy | *eccoci* —, aquí estamos | — *e là*, aquí y allá | *andare di — e di là*, andar de aquí para allí | *guarda* —!, ¡mira! | *guarda — che disordine!*, ¡mira qué desorden! | *in* —, hacia aquí, para acá | *da quando in —?*, ¿desde cuándo? | *da un mese in* —, de un mes a esta parte | *essere più di là che di* —, estar en las últimas | — *ti volevo!*, ¡aquí te quería ver!
quaccherismo *s.m.* (*relig.*) cuaquerismo.
quacchero *s.m.* (*relig.*) cuáquero.
quaderna *s.f.* → **quaterna.**
quadernario *agg.* cuaternario ♦ *s.m.* (*poesia*) cuarteto, cuarteta (*f.*).
quadernetto *s.m.* bloc.
quaderno *s.m.* cuaderno, libreta (*f.*).
quadra *s.f.* cuadrante (*m.*).
quadrabile *agg.* que se puede cuadrar.
quadragenario *agg.* cuadragenario.
quadragesima *s.f.* cuadragésima, cuaresma.
quadragesimale *agg.* cuadragesimal.
quadragesimo *agg.* cuadragésimo.
quadrangolare *agg.* (*geom.*) cuadrangular, cuadrángulo.
quadrangolato *agg.* → **quadrangolare.**
quadrangolo *agg.* (*geom.*) cuadrángulo.
quadrante *s.m.* cuadrante; (*di orologio*) esfera (*f.*).
quadrare *v.intr.* cuadrar: *far — il bilancio*, cuadrar el balance; (*Amer.*) arquear la caja.
quadrato *agg.* **1** cuadrado **2** (*fig.*) recio, robusto **3** (*giudizioso*) juicioso, lógico, reflexivo: *è un ragazzo molto* —, es un chico muy juicioso ♦ *s.m.* cuadrado | *fare* —, estar al quite | — *magico*, cuadrado mágico | *salire sul* —, boxear.
quadratura *s.f.* **1** cuadratura: *la — del cerchio*, la cuadratura del círculo | — *mentale*, sensatez **2** (*ragioneria*) arqueo (*m.*): *la — dei conti*, el arqueo de las cuentas.
quadreria *s.f.* galería de cuadros.
quadrettare *v.tr.* cuadricular, cuadrar.
quadrettato *agg.* cuadriculado.
quadrettatura *s.f.* cuadriculación.
quadretto *s.m.* **1** cuadro, cuadrito, cuadradito: *quaderno a quadretti*, cuaderno cuadriculado/de cuadros **2** (*fig.*) escena (*f.*), cuadro: — *familiare*, escena familiar.
quadri- *pref.* cuadri-.
quadricipite *s.f.* (*anat.*) cuadríceps.
quadricromia *s.f.* (*tip.*) cuatricromía.
quadridimensionale *agg.* de cuatro dimensiones.
quadriennale *agg.* cuatrienal, cuadrienal.
quadriennio *s.m.* cuatrienio, cuadrienio.
quadrifoglio *s.m.* (*bot.*) trébol de cuatro hojas.
quadriforme *agg.* cuadriforme.
quadrilatero *agg.*, *s.m.* cuadrilátero.
quadrimestrale *agg.* cuatrimestral.
quadrimestre *s.m.* cuatrimestre, cuadrimestre.
quadrimotore *agg.*, *s.m.* (*aer.*) cuatrimotor.
quadrinomio *s.m.* (*mat.*) cuadrinomio.
quadripartito *s.m.* (*anche pol.*) cuatripartito.
quadrireattore *s.m.* (*aer.*) cuatrirreactor.
quadrisillabo *s.m.* cuatrisílabo.
quadrivio *s.m.* (*st.*) cuadrivio.
quadro[1] *agg.* **1** cuadrado: *metro* —, metro cuadrado **2** (*amm.*) cuadro | *legge* —, ley marco.
quadro[2] *s.m.* **1** (*dipinto*) cuadro, pintura (*f.*) **2** (*tabella*) tabla (*f.*), esquema: — *riassuntivo*, esquema **3** (*pannello*) panel, tablero | (*sport*) — *svedese*, cuadro sueco **4** (*pl.*, *a carte*) diamantes **5** (*in azienda*) dirigente **6** (*fig.*) cuadro, visión (*f.*); marco: *non ho il — completo della situazione*, no tengo la visión completa de la situación.
quadrupede *agg.*, *s.m./f.* cuadrúpedo (*m.*).
quadruplicare *v.tr.* cuadruplicar*, cuadriplicar* ♦ **-rsi** *v.pron.* cuadruplicarse*.
quadruplicato *agg.* cuadruplicado.
quadruplicazione *s.f.* cuadruplicación.
quadruplice *agg.* cuádruple.
quadruplo *agg.*, *s.m.* cuádruple, cuádruplo (*m.*).
quaggiù *avv.* aquí abajo.
quaglia *s.f.* (*zool.*) codorniz*, perdiz* pardilla.
quagliare *v.intr.* **1** cuajar **2** (*fam.*, *fig.*) cuadrar: *ciò che dice non quaglia con i fatti*, lo que dice no cuadra/coincide con los hechos.
qualche *agg.indef.* (*alcuni*) algún (*m.*), al-

guna (*f.*), algunos (*m.pl.*), algunas (*f.pl.*); un (*m.*), una (*f.*), unos (*m.pl.*), unas (*f.pl.*): — *matita*, algunos lápices; *avrà — motivo per non parlarti*, tendrá algún motivo por no hablarte; *ho — dubbio*, tengo alguna duda; *ci sarà — bar aperto*, habrá algún bar abierto; *fra — giorno*, dentro de unos días; *mi ha dato — idea*, me ha dado unas ideas; *c'era — studente che non era preparato*, había algunos estudiantes que no estaban preparados; *ho ricevuto — notizia riservata*, he recibido unas noticias reservadas | — *cosa*, algo | — *volta*, a veces, alguna vez, de vez en cuando | *in — modo*, de alguna manera | *dopo — tempo*, al cabo de un tiempo, después de un tiempo.

qualcheduno *pron.indef* → **qualcuno.**

qualcosa *pron.indef.* algo: — *di importante, di buono, di cattivo*, algo importante, bueno, malo | — *come*, algo así como | *è già* —, ya es algo, algo es algo, mejor que nada | *avere — da parte*, tener algunos ahorrillos | *ho speso tre milioni e* —, gasté tres millones y pico | — *di meno, più di*, algo menos, más de | *qualcos'altro?*, ¿algo más? | — *mi dice che*, algo me dice que.

qualcuno *pron.indef.* **1** (*persona*) alguien, alguno: — *ti aiuterà*, alguien te ayudará; — *di voi ne sa qualcosa?*, ¿alguno de vosotros sabe algo de ello? | *c'è qualcun altro?*, ¿hay alguien más? **2** (*cosa*) alguno: *ho letto — dei tuoi articoli*, he leído algunos de tus artículos; *puoi darmene qualcun altro?*, ¿puedes darme alguno más?; *ne hai qualcun altro?*, ¿tienes algún otro?, ¿tienes otros más?

quale *agg.* **1** (*interr., fra un numero indeterminato*) qué; (*fra un numero determinato*) cuál: — (*tipo di*) *camicia vuoi?*, ¿qué camisa quieres?; — *camicia vuoi* (*fra queste*)?, ¿cuál quieres? **2** (*escl.*) qué: — *onore!*, ¡qué honor! **3** (*rel. con valore di* come) como: *la città — la vedi ora*, la ciudad como la ves ahora; *alcuni Paesi quali la Bolivia e il Perú*, algunos países como Bolivia y Perú | *la qual cosa*, lo cual | *tale* — , tal como; tal cual: *tale e — lo ricordavo*, tal como lo recordaba | *tale e — sua sorella*, tal cual su hermana ♦ *pron.* **1** (*interr.*) cuál: — *vuoi?*, ¿cuál quieres? **2** (*rel.*) que, quien/quienes, cual: *il —, la* —, el cual, la cual; *i quali, le quali*, los cuales, las cuales: *il fiume nel — fai il bagno*, el río en que te bañas; *coloro i quali*, quienes/los que; *ho visto Anna, la — me lo ha detto*, he visto a Ana, quien/la cual me lo ha dicho ♦ *avv.* como, en calidad de: — *parte in causa*, como interesado.

qualifica *s.f.* **1** calificación, título (*m.*) **2** (*mansione*) cargo (*m.*), categoría: *lavoro con la — di dirigente*, trabajo con el cargo de directivo.

qualificabile *agg.* cualificable.

qualificante *agg.* sobresaliente, significativo, relevante.

qualificare *v.tr.* **1** cualificar* **2** (*preparare*) especializar*, preparar ♦ **-rsi** *v.pron.* **1** presentarse **2** (*sport*) calificarse*, cualificarse*, clasificarse*: *si è qualificato per la finale dei cento metri*, se clasificó para la final de los cien metros.

qualificativo *agg.* calificativo: *aggettivo* —, adjetivo calificativo.

qualificato *agg.* **1** (*autorevole*) calificado, cualificado **2** (*abile*) capacitado, experto, preparado | *ambiente* —, medio social alto | *essere — per*, estar cualificado para.

qualificazione *s.f.* cualificación; (*lavoro*) especialización; (*sport*) clasificación.

qualità *s.f.* **1** (*attributo, virtù*) cualidad: *la sua migliore — è la generosità*, su mejor cualidad es la generosidad; *ha grandi* —, tiene muchas cualidades; *la bianchezza è una — del latte*, la blancura es una cualidad de la leche | *hai tutte le — per avere successo*, tienes todas las capacidades para tener éxito | — *negative*, defectos **2** (*valore*) calidad, categoría: *di buona* —, de (buena) calidad | *controllo di* —, control de calidad | *di prima* —, de gran categoría | *di — scadente*, de baja calidad **3** (*specie, varietà*) calidad, clase, tipo (*m.*), género (*m.*), variedad: *mele di molte* —, manzanas de muchas calidades/variedades ■ ***in qualità di***, como, en calidad de | ***qualità della vita***, calidad de vida | ***salto di qualità***, salto cualitativo.

qualitativo *agg.* cualitativo.

qualora *cong.* cuando, si acaso, en caso de que: — *non tornasse*, en caso de que no volviera.

qualsiasi *agg.indef.* → **qualunque.**

qualunque *agg.indef.* **1** (*davanti a s.*) cualquier: — *libro*, cualquier libro; *farei — cosa per vederti felice*, haría cualquier cosa para verte feliz; *chiamami a — ora*, llámame a cualquier hora | — *persona*, quienquiera | *a — costo*, a toda costa **2** (*dopo s.*) cualquiera (*anche spreg.*): *un oggetto* —, un objeto cualquiera; *uno* —, uno cualquiera **3** (*ordinario*) insignificante, del montón: *un persona* —, una persona insignificante | *l'uomo* —, el hombre de la calle ♦ *agg.rel. indef.* cualquier, cualquiera: — *cosa dica può essere utilizzata contro di lei*, cualquier cosa que diga puede ser utilizada en su contra; — *sia la sua opinione*, cualquiera que sea su opinión.

qualunquismo *s.m.* desinterés, indiferencia (*f.*); (*fam.*) pasotismo.

qualunquista *agg.* pasota.
quandanche *cong.* aun cuando | — *fosse così*, aun cuando fuera así.
quando *cong.* **1** cuando: — *verrai, chiamami*, cuando vengas, llámame; — *andremo*, cuando vayamos **2** (*ogni volta che*) cada vez que: — *passa di qui viene sempre a trovarmi*, cada vez que pasa por aquí siempre viene a verme | *fino a* —, hasta que | *quand'anche*, aun cuando, aunque ♦ *avv.* **1** (*tempo*) cuando: *fu in maggio — lo vidi*, fue en mayo cuando lo vi | *di — in* —, de vez en cuando **2** (*interr.*) cuándo: *dimmi* —, dime cuándo; — *partiamo*?, ¿cuándo nos marchamos?; *da* —?, ¿desde cuándo?; *fino a — rimanete?*, ¿hasta cuándo os quedáis? | *quand'ecco che*, y he aquí que | — *c'è la salute c'è tutto*, si tienes salud lo tienes todo | — *mai!*, ¡desde cuándo!, ¡jamás! | — *si dice la fortuna!*, ¡lo qué se dice la suerte!
quantico *agg.* cuántico.
quantificabile *agg.* cuantificable.
quantificare *v.tr.* cuantificar*: *bisogna — i danni*, hay que cuantificar los daños.
quantificatore *s.m.* cuantificador.
quantificazione *s.f.* cuantificación.
quantità *s.f.* cantidad; (*entità*) cuantía: *calcolare la — dei danni*, calcular la cuantía de los daños; *una* (*gran*) — *di*, un montón de; *in* —, en abundancia, cuantioso.
quantitativo *agg.* cuantitativo: *aumento* —, aumento cuantitativo ♦ *s.m.* cantidad (*f.*), partida (*f.*): *il — di merce*, la partida de mercancía.
quanto[1] *agg.* **1** (*interr., escl.*) cuánto: *quanti anni hai?*, ¿cuántos años tienes?; — *tempo stanno qui?*, ¿cuánto tiempo se quedan aquí?; *non so per quanti giorni resterà con noi*, no sé cuántos días se quedará con nosotros; *quanta gente!*, ¡cuánta gente!; *quante storie racconta!*, ¡cuántas mentiras dice!; — *tempo senza vederci!* ¡cuánto tiempo sin vernos! **2** (*rel.*) cuanto, todo lo que: *tienilo per — tempo vuoi*, quédatelo cuanto quieras; *compra quanti libri vuoi*, compra todos los libros que quieras.
quanto[2] *pron.* **1** (*interr., escl.*) cuánto: *quanti ne cerchi?*, ¿cuántos buscas?; *in quanti eravate?*, ¿cuántas personas erais?; *guarda quanti sono venuti!*, ¡mira cuántos han venido! | *quanti ne abbiamo oggi?*, ¿a qué día estamos hoy? **2** (*rel.*) cuanto, todo lo que: *puoi bere — vuoi*, puedes beber cuanto/todo lo que quieras; *devi dargli — ti chiede*, le tienes que dar cuanto/todo lo que te pida; *prendi — hai bisogno*, toma lo que necesites | *per — io ne sappia*, que yo sepa | *per — mi riguarda*, por lo que a mí se refiere | *a — dicono*, según dicen | *questo è* —, eso es todo | *per — faccia*, por mucho que haga **3** (*pl., tutti coloro che*) cuantos, los que: *quanti desiderino partecipare alzino la mano*, los que/cuantos quieran participar que levanten la mano.
quanto[3] *avv.* **1** (*interr.*) cuánto: — *fuma?*, ¿cuánto fuma?; — *guadagni?*, ¿cuánto ganas?; — *è lontano?*, ¿cuánto dista? **2** (*escl.*) qué, cuánto, lo que: — *sono contenti!*, ¡qué contentos están!; — *l'ho aspettato!*, ¡cuánto lo he esperado!; *non sai — ho studiato!*, ¡no sabes cuánto/lo que he estudiado! | *è incredibile — sono generosi!*, ¡es increíble lo generosos que son! | *mi stupisce — imparano bene*, me sorprende lo bien que aprenden | *non hai idea di — sia intelligente*, no tienes idea de lo inteligente que es | *non gli si può credere in niente da — è bugiardo*, no se le puede creer nada por lo mentiroso que es **3** (*nel comp., spec. in correlazione con* tanto) como, cuanto, lo que: — *più insisterai, tanto meno lo convincerai*, cuanto/mientras más insistas, menos lo convencerás; *è tanto difficile — interessante*, es tan difícil como/cuanto interesante; *ha resistito — ha potuto*, resistió cuanto pudo/todo lo que pudo; *fa — può*, hace lo que puede | — *basta*, lo (que sea) necesario/suficiente | — *prima*, cuanto antes, lo antes posible
■ ***in quanto***, (*nella veste di*) en calidad de, como | ***(in) quanto a***, (*in riferimento a*) (con) respecto a; en cuanto a | ***per quanto***, por más/mucho que (+ *v.*); por muy (+ *s./agg.*) que: *per — dica la verità, nessuno le crederà*, por más que diga la verdad, nadie le creerá; *per — bella possa essere mi sembra sciocca*, por muy hermosa que sea, me parece tonta.
quantomeno *avv.* por lo menos, al menos | — *potevi dirmelo!*, ¡al menos podías decírmelo!
quantunque *cong.* aunque, si bien, aun cuando.
quaranta *agg.num.card.* cuarenta.
quarantena *s.f.* cuarentena: *mettere in* —, poner en cuarentena.
quarantennale *agg.* de cuarenta años ♦ *s.m.* cuadragésimo aniversario.
quarantenne *s.m./f.* de cuarenta años; (*fam., iron.*) cuarentón (*m.*).
quarantennio *s.m.* periodo de cuarenta años.
quarantesimo *agg.num.ord.* cuadragésimo.
quarantina *s.f.* (*età*) los cuarenta (*m.pl.*): *è sulla* —, frisa los cuarenta; (*approssimazione*) unos cuarenta (*m.pl.*): *una — di spettatori*, unos cuarenta espectadores.
quarantottesimo *agg.num.ord.* cuadragésimo octavo.

quarantotto *agg.num.card.* cuarenta y ocho ♦ *s.m.* (*fam.*) lío, jaleo | *succedere un* —, armarse la gorda | *mandare tutto a carte* —, mandar al demonio.
quarantottore *s.f.* (*valigia*) maletín (*m.*), portafolios (*m.*).
quaresima *s.f.* (*relig.*) cuaresma.
quaresimale *agg.* (*relig.*) cuaresmal.
quarta *s.f.* **1** cuarta **2** (*aut.*) directa, cuarta **3** (*classe*) cuarto curso (*m.*).
quartetto *s.m.* (*mus.*) cuarteto.
quartiere *s.m.* **1** barrio; (*periferico*) arrabal, suburbio | *i quartieri alti*, los barrios de ricos | — *a luci rosse*, barrio chino | — *giardino*, barrio modelo | — *residenziale*, barrio residencial | *quartieri bassi*, barrios bajos | *quartieri dormitorio*, ciudades dormitorio **2** (*mil.*) cuartel: — *generale*, cuartel general | *lotta senza* —, lucha sin cuartel | *chiedere* —, rendirse | *concedere/non concedere* —, dar/no dar tregua.
quartina *s.f.* (*poesia*) cuarteta.
quartino *s.m.* **1** cuarto de litro, cuartillo **2** (*tip.*) cuartilla (*f.*).
quarto *agg.num.ord.*, *s.m.* cuarto: *le due e un* — las dos y cuarto; *un* — *d'ora*, un cuarto de hora | *passare un brutto* — *d'ora*, pasar un mal rato.
quartultimo *agg.* cuarto por detrás: *llegó* —, ha llegado el cuarto por detrás.
quarzifero *agg.* (*min.*) cuarzoso.
quarzite *s.f.* (*min.*) cuarcita.
quarzo *s.m.* (*min.*) cuarzo: *orologio al* —, reloj de cuarzo; — *rosa*, cuarzo rosado.
quasi *avv.* **1** casi, aproximadamente, más o menos: — *mai*, casi nunca **2** (*per poco non*) por poco no: — *cadevo*, por poco no me caí ♦ *cong.* como si: — *fosse Dio*, como si fuera Dios.
quasiconduttore *s.m.* (*fis.*) cuasiconductor.
quasicristallino *s.m.* cuasicristalino.
quasimetallico *s.m.* (*fis.*) cuametálico.
quasimodo *s.m.* (*relig.*) cuasimodo.
quassù *avv.* aquí arriba.
quaterna *s.f.* cuaterna.
quaternario *agg.*, *s.m.* (*geol.*) cuaternario.
quatto *agg.* agazapado, acurrucado | — —, a la chiticallando.
quattordicenne *agg.*, *s.m./f.* de catorce años, catorceañero (*m.*).
quattordicesima *s.f.* (*paga*) extra.
quattordicesimo *agg.num.ord.* décimocuarto, catorce.
quattordici *agg.num.card.*, *s.m.* catorce.
quattrino *s.m.* **1** moneda (*f.*); (*fam.*) duro | *non avere un* —, estar sin blanca/un duro | *non valere un* —, no valer una perra chica | *pagare fino all'ultimo* —, pagar hasta el último céntimo **2** (*pl.*, *denaro*) dinero (*sing.*), (*fam.*) pasta (*f. sing.*), (*Amer.*) plata (*f. sing.*): *non ho quattrini*, no tengo dinero | *buttare i quattrini*, tirar el dinero | *essere pieno di quattrini*, estar forrado | *fare quattrini a palate*, hacerse de oro | *fior di quattrini*, mucho dinero | *stare bene, male a quattrini*, estar bien, mal de dinero.
quattro *agg.num.card.*, *s.m.* cuatro | *fare* — *passi*, dar una vuelta/un paseo | *abitano a* — *passi*, viven a dos pasos | *farsi in* — *per qlcu.*, desvivirse por alguien | *in* — *e quattr'otto*, en un santiamén, en un abrir y cerrar de ojos, en un periquete | *dirne* — *a qlcu.*, cantarle las cuarenta a alguien | *avere quattr'occhi*, ser un gafotas/cuatro ojos | *chiuso tra* — *mura*, encerrado entre cuatro paredes | *essere* — *gatti*, ser dos/cuatro gatos | *fare il diavolo a* —, andar/estar el diablo suelto; tocar todos los resortes | *fare* — *chiacchiere*, charlar un rato | *fare* — *salti*, bailar | *gridare ai* — *venti*, pregonar a los cuatro vientos | *il gioco dei* — *cantoni*, el juego de las cuatro esquinas | *parlare a quattr'occhi*, hablar con confianza | *tiro a* —, tiro de cuatro caballos.
quattr'occhi *s.m./f.* gafotas, cuatro ojos | *a* —, cara a cara, en privado.
quattrocentesco *agg.* del siglo XV, cuatrocentista.
quattrocentesimo *agg.* cuadringentésimo.
quattrocentista *agg.* cuatrocentista ♦ *s.m/f.* (*sport*) corredor de cuatrocientos metros.
quattrocento *agg.num.card.*, *s.m.* cuatrocientos | (*st.*) *il* —, el siglo quince.
quegli, quei, quel, quella, quelle *agg.*, *pron. dimostr.* → **quello.**
quello *agg.dimostr.* (*vicino a chi ascolta*) ese; (*lontano da chi parla e da chi ascolta*) aquel: *quel libro che hai in mano*, ese libro que tienes en la mano; *quel cane*, aquel perro; *mi presti quella penna che hai in tasca?*, ¿me prestas ese boli que tienes en el bolsillo?; *in quei tempi*, en aquellos tiempos; *quella mia amica*, aquella amiga mía; *quel ragazzo seduto con te non mi piace*, ese chico que está sentado contigo no me gusta | *quel poco che hanno lo sprecano*, lo poco que tienen lo derrochan ♦ *pron.dimostr.* **1** ese, aquel; (*ciò*) eso, aquello: *il giornale che cercavo era* —, el periódico que buscaba era ese; *non volevo questo disco ma* —, no quería este disco sino aquel | *il finale è sempre* —, el final es siempre el mismo **2** (*colui che, coloro che*) el que, los/las que; (*colei che*) la que; (*ciò che*) lo que: *voglio* — *che ho comprato ieri*, quiero el que compré ayer; *quelli che entrano ora sono simpatici*, los que entran ahora son simpáticos; — *che dici non ha senso*, lo que dices no tiene sentido; — *che hai appena detto non mi piace*, eso/lo que acabas de decir no me

gusta; *tutto — che ho visitato mi soddisfa*, todo lo que he visitado me satisface; *mi piacciono quelli che sanno divertirsi*, me gustan los que saben divertirse
■ ***in quel dì***, en el territorio de, en la zona de.
querceto *s.m.* encinar, robledal, robledo, chaparral.
quercia *s.f.* (*bot.*) encina, roble (*m.*) | — *da sughero*, alcornoque.
querela *s.f.* **1** (*dir.*) querella, acusación, demanda | *sporgere — contro qlcu.*, querellarse/presentar una querella contra alguien **2** (*fig.*) queja.
querelante *s.m./f.* (*dir.*) querellante, demandante, parte (*f.*).
querelare *v.tr.* **1** (*dir.*) querellar, demandar, presentar querella **2** (*fig.*) quejarse.
querelato *s.m.* (*dir.*) querellado, demandado.
querelle *s.f.* disputa, debate (*m.*) cultural/político/religioso.
quesito *s.m.* cuestión (*f.*), pregunta (*f.*), interrogativo; problema: *porre un —*, plantear una cuestión.
questionabile *agg.* cuestionable, dudoso.
questionare *v.intr.* **1** discutir, cuestionar, litigar* **2** (*analizzare*) razonar.
questionario *s.m.* cuestionario, formulario: *compilare un —*, rellenar un impreso.
questione *s.f.* cuestión, asunto (*m.*), problema (*m.*); pendencia | *esaurire la —*, cerrar el asunto, dar por concluida la discusión | *essere ancora in —*, estar aún por ver, estar pendiente | *essere tutta un'altra —*, ser capítulo a parte/otro cantar | *il caso in —*, el caso en objeto | *il nocciolo della —*, el quid de la cuestión | *mettere in —*, poner en tela de juicio | — *bizantina*, cavilo, sofisma | *questioni di lana caprina*, disquisiciones fútiles | — *incidentale*, incidente, incidencia | — *pendente*, cuestión pendiente | — *preliminare*, cuestión previa.
questo *agg.dimostr.* este: — *cane*, este perro; — *pomeriggio*, esta tarde; *ho fissato l'appuntamento per — giovedì*, he pedido hora para este jueves; *ritornerà quest'autunno*, volverá este otoño ♦ *pron.dimostr.* éste; (*ciò*) esto: *non voglio quel libro*, *voglio —*, no quiero aquel libro, quiero éste; — *non puoi dirlo*, esto no puedes decirlo; *per — non sono venuto*, por esto no he venido; *perché dici tutto —?*, ¿por qué dices todo esto? | *e con —?* ¿y (eso) qué? | — *è quanto*, eso es todo | *un giorno di questi*, un día de estos | — *non me l'aspettavo da te*, esto no me lo esperaba de ti | — *è impossibile*, esto no puede ser
■ ***questa sì che è bella!***, ¡ésta sí que es buena! | ***questa me la paghi!***, ¡ésta me la vas a pagar!
questore *s.m.* jefe de policía.
questua *s.f.* cuestación, colecta.
questura *s.f.* jefatura de policía, comisaría.
questurino *s.m.* agente de policía, policía (*f.*); (*fam.*) polizonte.
qui *avv.* aquí | *da —*, desde aquí | *di —*, (*da questa parte*) por aquí; (*questa zona*) de aquí | *di — a un mese*, dentro de un mes | *non finisce —*, esto no acaba así.
quiescenza *s.f.* quiescencia, reposo (*m.*), inacción.
quietanza *s.f.* recibo (*m.*), resguardo (*m.*); (*comm.*) finiquito (*m.*), quitanza, liquidación | *per —*, recibí.
quietare *v.tr.* **1** calmar, tranquilizar*, aquietar, sosegar* **2** (*fig.*) satisfacer*: — *un dubbio*, satisfacer una duda ♦ **-rsi** *v.pron.* tranquilizarse*, calmarse*.
quiete *s.f.* calma, sosiego (*m.*), quietud, tranquilidad; serenidad, paz*.
quietezza *s.f.* quietud.
quietismo *s.m.* (*relig.*) quietismo.
quietista *agg.* (*relig.*, *fig.*) quietista.
quietistico *agg.* (*relig.*, *fig.*) quietista.
quieto *agg.* calmo, tranquilo, quieto, sosegado; pacífico.
quindi *cong.* pues, por eso, por consiguiente, por lo tanto, así que: *ho perso il treno, — arriverò più tardi*, he perdido el tren, así que llegaré más tarde ♦ *avv.* después, luego: *arriva alla farmacia, — gira a sinistra*, llega hasta la farmacia, luego gira a la izquierda.
quindicennale *agg.* quincenal ♦ *s.m.* decimoquinto aniversario; quindenio.
quindicenne *agg.*, *s.m./f.* quinceañero (*m.*).
quindicennio *s.m.* quindenio.
quindicesimo *agg.num.ord.* decimoquinto; (*frazione*) quinceavo; (*di re e papi*) quince.
quindici *agg.num.card.*, *s.m.* quince.
quindicina *s.f.* quincena, unos quince.
quindicinale *s.m.* quincenal.
quinquennale *agg.* quinquenal.
quinquennio *s.m.* quinquenio, lustro.
quinta *s.f.* **1** (*aut.*) quinta **2** (*classe*) quinto año/curso (*m.*).
quintale *s.m.* quintal métrico, cien quilos.
quinte *s.f.pl.* (*teatr.*) bastidores (*m.*) | (*fig.*) *lavorare dietro le —*, trabajar sin mostrarse, trabajar veladamente.
quinterno *s.m.* quinterno, cuadernillo.
quintessenza *s.f.* quintaesencia, quinta esencia.
quintetto *s.m.* (*mus.*) quinteto.
quintuplicare *v. tr.* quintuplicar*.
quintuplice *agg.* quíntuple.
quintuplo *s.m.* quíntuplo, quíntuple.
quiproquò *s.m.* malentendido, equivocación (*f.*), equívoco.
quisquilia *s.f.* quisquilla, banalidad.

quiz *s.m.* concurso, juego, adivinanza (*f.*).
quorum *s.m.* quórum, número legal.
quota *s.f.* **1** (*parte*) cuota, parte, porción **2** (*econ.*) cuota, cotización **3** (*altezza*) altura; (*aer.*) altitud, cota (*anche fig.*): *l'aereo prendeva* —, el avión tomaba cota.
quotare *v.tr.* **1** (*econ.*) cotizar* **2** (*fig.*) apreciar, estimar, valorar.
quotato *agg.* **1** (*econ.*) cotizado **2** (*apprezzato*) apreciado, estimado: *sul lavoro è molto* —, en su trabajo es muy estimado.
quotazione *s.f.* **1** cotización (*anche fig.*): — *di borsa*, cotización bursátil **2** (*fig.*) valía, apreciación, valoración, estima.
quotidianità *s.f.* cotidianidad.
quotidiano *agg.* cotidiano, diario ♦ *s.m.* periódico, diario.
quotizzare *v.tr.* cotizar*, parcelar.
quoziente *s.m.* cociente, coeficiente | — *d'intelligenza*, coeficiente intelectual | — *di natalità*, índice de natalidad | — *di purezza*, cociente de pureza | — *elettorale*, cociente electoral | — *respiratorio*, cociente respiratorio | — *reti*, coeficiente de goles, coeficiente goleador.

Rr

r *s.f.* r | (*tel.*) — *come Roma*, r como Roma.
rabarbaro *s.m.* (*bot.*) rabárbaro, ruibarbo.
rabbia *s.f.* **1** (*med.*) rabia, hidrofobia **2** (*collera*) cólera, enfado (*m.*), enojo (*m.*), ira; irritación | *far* —, dar rabia.
rabbino *s.m.* (*relig.*) rabino.
rabbioso *agg.* **1** (*med.*) rabioso, hidrófobo **2** (*furioso*) rabioso, furioso, enojado: *scatto* —, arrebato de rabia.
rabboccare *v.tr.* rellenar, colmar*.
rabbonire *v.tr.* calmar, tranquilizar*, apaciguar*, aplacar*: *lo dicono per — i clienti insoddisfatti*, lo dicen para aplacar a los clientes insatisfechos ♦ **-rsi** *v.pron.* calmarse, sosegarse*, tranquilizarse*: *dopo la telefonata si rabbonì*, después de la llamada telefónica se calmó.
rabbrividire *v.intr.* **1** estremecerse*, tiritar: *in casa rabbrividivano dal freddo*, en la casa tiritaban por el frío **2** (*fig.*) horrorizarse*, ponérsele* a alguien los pelos de punta, aterrarse: *rabbrividì quando ascoltò il racconto*, se horrorizó al escuchar el cuento.
rabbuffo *s.m.* regañina (*f.*), reproche, reprimenda (*f.*).
rabbuiarsi *v.intr.* **1** oscurecerse* (*anche fig.*); (*del cielo*) anochecer* **2** (*fig.*) ponerse* sombrío, entristecerse*: *quando vide la fidanzata con un altro si rabbuiò*, cuando vio a su novia con otro se entristeció.
rabdomante *s.m./f.* rabdomante, zahorí (*m.*).
rabdomanzia *s.f.* rabdomancia.
raccapezzarsi *v.pron.* comprender, captar, entender*; (*fam.*) caer*.
raccapricciante *agg.* horrible, horripilante, espeluznante, horroroso: *spettacolo* —, escena horrorosa.
raccapricciare *v.intr.* espeluznar, horripilar, horrorizar* ♦ **-rsi** *v.pron.* aterrarse, horrorizarse*.
raccapriccio *s.m.* **1** horror, asco, repulsión (*f.*) **2** (*spavento*) espanto, pavor.
raccattapalle *s.m./f.* (*sport*) recogepelotas.
raccattare *v.tr.* **1** recoger*, levantar **2** (*ottenere con fatica*) reunir: *è riuscito a — un po' di soldi*, ha conseguido reunir algo de dinero.
racchetta *s.f.* raqueta | — *da tennis*, raqueta de tenis | — *da ping-pong*, pala | — *da sci*, bastón | — *da neve*, raqueta de nieve.
racchio *agg.* feo, horroroso ♦ *s.m.* (*fig.*) monstruo, espantajo.
racchiudere *v.tr.* **1** contener*, encerrar*, guardar: *questa scatola racchiude molti gioielli*, esta caja contiene muchas joyas **2** (*fig.*) implicar*: *questo argomento racchiude molti aspetti contraddittori*, ese argomento implica muchos aspectos contradictorios.
raccogliere *v.tr.* **1** recoger*, levantar: — *fondi*, recoger fondos; — *da terra*, levantar del suelo; — *i capelli*, recogerse el pelo | — *la sfida*, aceptar el reto **2** (*collezionare*) coleccionar **3** (*messi, frutti*) recolectar, cosechar, recoger* **4** (*fig.*) juntar, reunir*; obtener*; granjearse | — *voti*, reunir votos | — *successi*, cosechar éxitos ♦ **-rsi** *v.pron.* **1** recogerse*, abstraerse*, ensimismarse: *si raccolse nei suoi pensieri*, se ensimismó en sus pensamientos **2** (*di persone*) reunirse, agruparse.
raccoglimento *s.m.* recogimiento, concentración (*f.*).
raccoglitore *s.m.* **1** (*cartelletta*) carpeta (*f.*), clasificador; (*schedario*) fichero, archivador **2** (*persona*) coleccionista (*m./f.*), compilador: — *di testi antichi*, compilador de textos antiguos.
raccolta *s.f.* **1** (*di messi, frutti*; *di cose*) cosecha; recolección; recogida: — *del grano*, siega; — *dell'uva*, vendimia; — *dati*, recolección de datos; — *differenziata*, recogida selectiva **2** (*collezione*) colección; (*di testi*) antología: — *di francobolli*, colección de sellos | (*fig.*) *chiamare a* —, reunir, convocar.
raccolto *agg.* **1** recogido, reunido: *capelli raccolti*, pelo recogido **2** (*agr.*) cosechado **3** (*concentrato*) concentrado, abstraído, ensimismado, absorto **4** (*di luogo*) tranquilo, recoleto ♦ *s.m.* cosecha (*f.*).
raccomandare *v.tr.* **1** recomendar*; (*fam.*) enchufar: — *uno studente*, recomendar a un estudiante **2** (*appoggiare*) sostener*, apoyar **3** (*affidare*) encomendar*, confiar **4** (*consigliare*) aconsejar; sugerir*: *ti raccomando di vedere questo film*, te sugiero que veas esta película **5** (*chiedere*) pedir*: *mi raccomandò di essere puntuale*, me pidió que fuera puntual ♦ **-rsi** *v.pron.* encomendarse* | *mi raccomando!*, ¡ten/tenga cuidado!
raccomandata *s.f.* carta certificada | — *con*

ricevuta di ritorno, certificada con acuse de recibo.
raccomandato *agg.* recomendado; aconsejado; (*fam.*) enchufado: *quel ragazzo è ben —*, ese chico está bien enchufado.
raccomandazione *s.f.* **1** (*consiglio*) consejo (*m.*), sugerencia **2** recomendación, enchufe (*m.*).
raccomodare *v.tr.* **1** arreglar, reparar **2** (*fig.*) solucionar, apaciguar*: *hanno raccomodato le loro divergenze*, han solucionado sus divergencias.
raccontare *v.tr.* **1** contar*, narrar, relatar | *— frottole*, contar trolas **2** (*informare*) decir*: *chi te lo ha raccontato?*, ¿quién te lo ha dicho? | *— per filo e per segno*, contar con pelos y señales.
racconto *s.m.* **1** cuento, narración (*f.*), relato: *ho ascoltato il — dei fatti*, he escuchado el relato de los hechos; *un — dettagliato della trama*, una narración detallada de la trama **2** (*lett.*) novela (*f.*) corta, cuento: *è uscito il suo nuovo —*, ha salido su nueva novela corta.
raccordare *v.tr.* enlazar*, empalmar, conectar, unir: *— le due rive del fiume*, unir las dos orillas del río.
raccordo *s.m.* enlace, empalme, juntura (*f.*), conexión (*f.*) | *— anulare*, cinturón de circunvalación.
rachitico *agg.* **1** raquítico **2** (*fig.*) esmirriado, flaco, enfermizo.
rachitismo *s.m.* raquitismo.
racimolare *v.tr.* recoger*, juntar: *sto cercando di — un po' di voti*, estoy intentando recoger algunos votos.
rada *s.f.* bahía, ensenada, rada.
radar *s.m.* radar | *uomo —*, hombre radar.
raddobbo *s.m.* (*mar.*) carenadura (*f.*), carenado.
raddolcire *v.tr.* **1** endulzar*, dulcificar* **2** (*fig.*) suavizar*, mitigar*: *cerca di — un po' il tono*, intenta suavizar un poco el tono ♦ **-rsi** *v.pron.* suavizarse*, mitigarse*, templarse.
raddoppiamento *s.m.* duplicación (*f.*), reduplicación (*f.*), redoblamiento.
raddoppiare *v.tr.* **1** redoblar, reduplicar*, doblar **2** (*fig.*) intensificar*: *— lo sforzo*, reduplicar el esfuerzo ♦ **-rsi** *v.pron.* duplicarse*: *in questo modo si raddoppierà il guadagno*, de esta manera se duplicará el provecho.
raddrizzamento *s.m.* **1** enderezamiento; (*fis.*) rectificación (*f.*) **2** (*fig.*) corrección (*f.*), correctivo: *quel ragazzo ha bisogno di un —*, ese chico necesita un correctivo.
raddrizzare *v.tr.* **1** enderezar*, desencorvar*, poner* recto **2** (*fig., correggere*) enderezar*, rectificar*, enmendar*, corregir* ♦ **-rsi** *v.pron.* enderezarse*, corregirse*, enmendarse*: *ha capito che deve raddrizzarsi*, ha comprendido que tiene que corregirse.
radente *agg.* rasante | *tiro —*, tiro rasante | *volo —*, vuelo rasante.
radere *v.tr.* **1** afeitar, rasurar, raer* | *— a zero*, rapar, cortar al rape **2** (*abbattere*) arrasar, abatir, derribar: *— al suolo una città*, arrasar una ciudad **3** (*sfiorare*) rozar*, rasar ♦ **-rsi** *v.pron.* afeitarse.
radiante *agg.* (*fis., anche fig.*) radiante.
radiare *v.tr.* expulsar, echar, dar* de baja; (*da una lista*) borrar, tachar: *se arrivi tardi ti radiano dall'elenco*, si llegas tarde te borran de la lista.
radiatore *s.m.* (*tecn.*) radiador.
radiazione[1] *s.f.* radiación: *— nucleare*, radiación nuclear.
radiazione[2] *s.f.* (*espulsione*) expulsión, baja, cancelación.
radica *s.f.* **1** raíz* de nogal **2** (*per pipe*) brezo (*m.*).
radicale *agg.* radical; (*totale*) profundo: *cambiamento —*, cambio profundo ♦ *s.m.* (*chim., mat., med., ling.*) radical ♦ *s.m./f.* (*pol.*) radical: *arrivano i radicali*, llegan los radicales.
radicalismo *s.m.* radicalismo.
radicalizzare *v.tr.* radicalizar*, extremizar*: *ha radicalizzato le sue opinioni*, ha extremizado sus opiniones.
radicare *v.intr.* arraigar*, enraizar*, echar raíces (*anche fig.*), prender ♦ **-rsi** *v.pron.* **1** arraigarse* **2** (*fig., stabilirsi*) establecerse*: *mio fratello si è radicato in casa mia*, mi hermano se ha establecido en mi casa.
radicchio *s.m.* (*bot.*) achicoria (*f.*).
radice *s.f.* **1** raíz* | *— quadrata*, raíz cuadrada | (*fig.*) *mettere radici in un posto*, establecerse*, radicarse **2** (*fig.*) raíz*, origen (*m.*), principio (*m.*); causa: *la — del problema*, la raíz del problema; *alla — del conflitto sta il suo comportamento*, el conflicto radica en su comportamiento.
radio[1] *s.f.* (*apparecchio*) radio; (*emittente*) emisora de radio.
radio[2] *s.m.* (*chim., anat.*) radio.
radioamatore *s.m.* radioaficionado.
radioattivo *agg.* radioactivo.
radiocomando *s.m.* mando a distancia, radiocomando.
radiocronaca *s.f.* crónica radiofónica, reportaje (*m.*) radiofónico.
radiocronista *s.m./f.* locutor (*m.*), radioreportero (*m.*), cronista radiofónico (*m.*).
radiodiffusione *s.f.* radiodifusión.
radiofonia *s.f.* radiofonía.
radiofonico *agg.* radiofónico.
radiografare *v.tr.* (*med.*) radiografiar*.

radiografia *s.f.* (*med.*) radiografía (*anche fig.*).
radiologia *s.f.* (*fis., med.*) radiología.
radiologo *s.m.* (*med.*) radiólogo.
radioregistratore *s.m.* radiocasete.
radioricevitore *s.m.* radiorreceptor.
radioscopia *s.f.* (*med.*) radioscopia.
radioso *agg.* **1** resplandeciente, luminoso, espléndido **2** (*fig., di persona*) feliz*, radiante, alegre: *oggi è radiosa*, hoy está radiante.
radiosveglia *s.f.* radiodespertador (*m.*).
radiotecnico *s.m.* radiotécnico.
radioterapia *s.f.* (*med.*) radioterapia.
radiotrasmettere *v.tr.* transmitir por radio; (*tecn.*) radiar*.
radiotrasmittente *agg., s.f.* radioemisor (*m.*).
rado *agg.* **1** (*raro*) raro, inusual | *di* —, raramente, rara vez | *non di* —, a menudo **2** (*anche di tessuti*) ralo: *capelli radi*, pelo ralo.
radunare *v.tr.* reunir*, juntar, congregar*; (*oggetti*) amontonar: *ha radunato molti amici*, ha juntado a muchos amigos; *il concerto ha radunato molto pubblico*, el concierto congregó a mucho público; *raduna le tue cose nell'angolo*, amontona tus cosas en el rincón ♦ **-rsi** *v.pron.* reunirse*, juntarse.
radunata *s.f.* **1** reunión, encuentro (*m.*) **2** (*mil.*) agrupación.
raduno *s.m.* reunión (*f.*), encuentro.
radura *s.f.* claro (*m.*), calvero (*m.*), rasa; (*Amer.*) abra.
rafano *s.m.* (*bot.*) rábano.
raffazzonare *v.tr.* hacer* con prisas, chapucear, parchear, arreglar de mala manera: — *un discorso*, embastar/hilvanar un discurso.
raffermo *agg.* duro, correoso | *pane* —, pan duro, seco.
raffica *s.f.* **1** ráfaga (*anche fig.*), racha **2** (*di proiettili*) ráfaga: — *di mitragliatrice*, ráfaga de ametralladora **3** (*fig.*) oleada, avalancha: — *di aumenti*, oleada de aumentos.
raffigurare *v.tr.* **1** representar, figurar **2** (*simboleggiare*) representar, simbolizar* ♦ **-rsi** *v.pron.* imaginarse: *mi raffiguravo una soluzione diversa*, me imaginaba una solución distinta.
raffigurazione *s.f.* representación.
raffinamento *s.m.* (*anche fig.*) refinamiento.
raffinare *v.tr.* **1** refinar **2** (*fig.*) refinar, perfeccionar, afinar, pulir: *devi — il tuo stile*, tienes que perfeccionar tu estilo ♦ **-rsi** *v.pron.* afinarse, refinarse.
raffinatezza *s.f.* **1** refinamiento (*m.*), distinción, clase: *una donna di grande* —, una mujer de gran clase **2** (*cuc.*) exquisitez*: *è una — della cucina italiana*, es una esquisitez de la cocina italiana.
raffinato *agg.* **1** refinado: *petrolio* —, petróleo refinado; *zucchero* —, azúcar refinado **2** (*fig., fine, elegante*) fino, refinado.
raffinazione *s.f.* refinado (*m.*), refino (*m.*): — *del petrolio*, refinado del petróleo.
raffineria *s.m.* refinería: — *di petrolio*, refinería de petróleo.
rafforzamento *s.m.* **1** (*fig.*) consolidación (*f.*), fortalecimiento **2** (*mil.*) fortificación (*f.*) **3** (*ling.*) refuerzo.
rafforzare *v.tr.* (*anche fig.*) reforzar*, fortalecer*, consolidar, afianzar* ♦ **-rsi** *v.pron.* fortalecerse*, vigorizarse*: *con lo sport i muscoli si rafforzano*, con el deporte los músculos se fortalecen.
rafforzativo *s.m.* (*gramm.*) refuerzo.
raffreddamento *s.m.* **1** (*anche med., fig.*) enfriamiento **2** (*tecn.*) refrigeración (*f.*).
raffreddare *v.tr.* (*anche fig.*) enfriar*, refrescar* ♦ **-rsi** *v.pron.* **1** enfriarse*; (*prendere freddo*) resfriarse* **2** (*prendere il raffreddore*) constiparse, acatarrarse: *mi sono raffreddato*, me constipé **3** (*fig.*) entibiarse: *il nostro amore si è raffreddato*, nuestro amor se ha entibiado.
raffreddato *agg.* constipado, acatarrado.
raffreddore *s.m.* resfriado, catarro, constipado; (*Amer.*) resfrío: *ho preso il* —, he cogido un resfriado.
raffrontare *v.tr.* comparar; (*amm.*) cotejar, confrontar.
raffronto *s.m.* comparación (*f.*), confrontación (*f.*), cotejo, parangón.
rafia *s.f.* (*bot., tess.*) rafia.
ragade *s.f.* (*med.*) grieta.
raganella *s.f.* **1** (*zool.*) rana, rubeta, ranita de zarzal **2** (*mus.*) carraca, matraca.
ragazza *s.f.* **1** chica, muchacha, moza; (*fam.*) chavala | — *madre*, madre soltera **2** (*fidanzata*) novia.
ragazzata *s.f.* chiquillada, travesura, trastada | *mi hanno fatto una* —, me han hecho una travesura/chiquillada.
ragazzino *s.m.* muchachito, mozalbete.
ragazzo *s.m.* **1** muchacho, chico, joven; (*fam.*) chaval | *è un — d'oro*, es un amor/encanto **2** (*fidanzato*) novio, pareja (*f.*): *il mio* —, mi novio.
raggelare *v.tr.* helar* (*anche fig.*) ♦ **-rsi** *v.pron.* **1** helarse*, congelarse **2** (*fig.*) quedarse helado: *quando arrivò lui gli invitati si raggelarono*, cuando llegó él, los invitados se quedaron helados.
raggiante *agg.* **1** radiante, resplandeciente, reluciente, esplendoroso **2** (*fig.*) feliz*: *essere* —, estar muy feliz.
raggiera *s.f.* haz (*m.*) | *a* —, en estrella.
raggio *s.m.* **1** rayo | *raggi ultravioletti*, rayos ultravioletas | *raggi X*, rayos X **2** (*geom.*) radio **3** (*fig.*) vislumbre (*f.*), destello: — *di*

speranza, vislumbre de esperanza; — *d'azione*, radio de acción **4** (*di ruote*) rayo, radio.
raggirare *v.tr.* engañar, engatusar, embaucar*: *è riuscito a raggirarmi*, ha conseguido engatusarme.
raggiro *s.m.* engaño, trampa (*f.*), embeleco, embrollo: *questo affare è un* —, este negocio es una trampa; *gli anziani sono spesso vittime di raggiri*, frecuentemente los ancianos son víctimas de embrollos.
raggiungere *v.tr.* **1** (*riunirsi con*) alcanzar*, pillar **2** (*conseguire*) lograr, conseguir*, obtener*: — *lo scopo*, lograr el fin **3** (*arrivare a, toccare*) llegar*, alcanzar*: — *la meta*, alcanzar la meta.
raggiungibile *agg.* alcanzable, asequible.
raggiungimento *s.m.* **1** llegada (*f.*) | — *della maggiore età*, llegada a la mayoría de edad **2** (*fig.*) logro, consecución (*f.*).
raggomitolarsi *v.pron.* acurrucarse*, encogerse*, agazaparse, hacerse* un ovillo, ovillarse: *il gatto si raggomitolò vicino al camino*, el gato se ovilló cerca de la chimenea.
raggranellare *v.tr.* juntar, acumular, recoger*: *poco a poco ha raggranellato una fortuna*, poco a poco ha acumulado una fortuna; *ho raggranellato qualche informazione su di lui*, he recogido alguna información sobre él.
raggrinzire *v.tr.* fruncir*, arrugar*, chafar: — *la fronte*, fruncir el ceño ♦ **-rsi** *v.pron.* arrugarse*, llenarse de arrugas: *il suo viso si è raggrinzito*, su cara se ha llenado de arrugas.
raggrumare *v.tr.* agrumar, cuajar, formar grumos.
raggruppamento *s.m.* **1** (*gruppo*) agrupación (*f.*), grupo **2** (*il raggruppare*) amontonamiento, agolpamiento: *l'incidente causò un — di gente*, el accidente causó un agolpamiento de gente.
raggruppare *v.tr.* agrupar, reagrupar, reunir ♦ **-rsi** *v.pron.* agruparse, concentrarse, reunirse*: *si sono raggruppati al centro della piazza*, se han reunido en el centro de la plaza.
ragguagliare *v.tr.* (*informare*) informar, poner* al día.
ragguaglio *s.m.* noticia (*f.*), información (*f.*), detalle: *dare tutti i ragguagli*, indicar todos los pormenores.
ragguardevole *agg.* **1** (*di persona*) estimado, ilustre, destacado: *persona* —, persona respetable **2** considerable, notable, relevante, elevado, ingente: *capitale* —, capital considerable.
ragia *s.f.* resina | *acqua* —, aguarrás (*m.*).
ragionamento *s.m.* razonamiento; reflexión (*f.*), consideración (*f.*); discurso: *questi tuoi ragionamenti non mi convincono*, estos discursos tuyos no acaban de convencerme.
ragionare *v.intr.* **1** razonar, pensar*, reflexionar **2** (*analizzare*) considerar, discutir: *voglio — con te su questo problema*, quiero discutir contigo sobre este asunto.
ragione *s.f.* **1** razón, entendimiento (*m.*) | *perdere la* —, perder la razón **2** (*motivo*) razón, motivo (*m.*) | — *di Stato*, razón de Estado **3** (*argomentazione*) razonamiento (*m.*), argumento (*m.*): *le ragioni che mi hai presentato sono valide*, los argumentos que me presentaste son válidos | *avere* —, tener razón | *dare — a qlcu.*, dar la razón a alguien | *non sentire ragioni*, no atender a razones **4** (*proporzione*) razón: *in — del 5%*, en razón de un 5% **5** (*comm.*) — *sociale*, razón social
■ ***a maggior ragione***, a mayor razón | ***a ragione veduta***, con conocimiento de causa | ***farsi una ragione di qlco.***, resignarse | ***ridurre qlcu. alla ragione***, meter a alguien en razón | ***chiedere ragione di qlco.***, pedir cuentas de algo.
ragioneria *s.f.* **1** contabilidad (*anche corso di studi*) **2** (*professione, ufficio*) contaduría, teneduría.
ragionevole *agg.* **1** racional; razonable; (*di persona*) sensato: *prezzo* —, precio razonable **2** lógico, fundado: *critica* —, crítica fundada.
ragionevolezza *s.f.* sensatez*, racionalidad, criterio (*m.*): *agisce sempre con* —, actúa siempre con criterio.
ragioniere *s.m.* contable, contador, tenedor de libros; perito mercantil: *il — cura la contabilità*, el contable lleva la contabilidad.
raglan *s.m.* raglán, ranglan: *maniche (a)* —, mangas raglán/ranglan.
ragliare *v.intr.* **1** rebuznar **2** (*fig., spreg.*) chillar.
raglio *s.m.* rebuzno.
ragnatela *s.f.* telaraña, tela de araña.
ragno *s.m.* araña (*f.*).
ragù *s.m.* salsa (*f.*) boloñesa, salsa (*f.*) de tomates y carne, picadillo de carne.
raid *s.m.* (*mil., sport*) raid.
rallegramenti *s.m.pl.* enhorabuena (*f.sing.*), felicitaciones (*f.*), felicidades (*f.*): *i miei — per il risultato ottenuto*, te doy la enhorabuena por el resultado obtenido.
rallegrare *v.tr.* alegrar, animar, regocijar ♦ **-rsi** *v.pron.* **1** alegrarse, ponerse* contento, animarse: *con il suo arrivo la festa si rallegrò*, con su llegada la fiesta se animó **2** (*congratularsi*) congratularse, felicitar: *mi rallegro*, felicitaciones, enhorabuena.
rallentamento *s.m.* **1** disminución (*f.*), reducción (*f.*): — *della produzione*, disminución de la producción **2** (*di velocità*) moderación (*f.*), desaceleración (*f.*).
rallentare *v.tr.* **1** ralentizar*, moderar: — *il*

passo, moderar el paso; — *le visite*, espaciar las visitas **2** moderar/disminuir* la velocidad, desacelerar.
rallentatore *s.m.* (*cinem.*) ralentí, cámara (*f.*) lenta.
rally *s.m.* (*sport*) rally, carrera (*f.*) de automóviles.
ramaiolo *s.m.* (*cuc.*) cucharón, cacillo.
ramanzina *s.f.* rapapolvo (*m.*), reprimenda, sermón (*m.*).
ramare *v.tr.* **1** (*ricoprire di rame*) cobrear **2** (*agr.*) sulfatar.
ramarro *s.m.* (*zool.*) lagarto.
ramato *agg.* cobrizo: *capelli ramati*, pelo cobrizo.
ramatura *s.f.* **1** chapado (*m.*) de cobre **2** (*agr.*) sulfatado (*m.*).
ramazza *s.f.* escobón (*m.*), fregona; escoba: *passare la* —, fregar el suelo.
ramazzare *v.tr.* barrer.
rame *s.m.* (*chim.*) cobre: *incisione su* —, grabado en cobre.
ramificazione *s.f.* **1** ramificación **2** (*fig.*) propagación.
ramino *s.m.* (*gioco*) remi, rummy.
rammaricarsi *v.pron.* dolerse*, sentir*, amargarse*; afligirse*: *mi rammarico*, lo siento; *non ti rammaricare per ciò che non puoi cambiare*, no te aflijas por lo que no puedes cambiar.
rammarico *s.m.* pena (*f.*), pesar, pesadumbre (*f.*), aflicción (*f.*); (*pentimento*) arrepentimiento, remordimiento: *vive con il — per quello che ha fatto*, vive con el arrepentimiento por lo que ha hecho.
rammendare *v.tr.* remendar*, zurcir*.
rammendo *s.m.* remiendo, zurcido, apaño.
rammentare *v.tr.* recordar*, rememorar ♦ **-rsi** *v.pron.* recordar*, acordarse*.
rammollire *v.tr.* reblandecer*, ablandar; (*una persona*) debilitar: *l'influenza lo ha rammollito*, la gripe lo debilitó ♦ **-rsi** *v.pron.* (*fig., fam.*) enternecerse*: *quando vede i suoi nipoti si rammollisce*, cuando ve a sus nietos se le cae la baba.
rammollito *agg.* blando; (*di persona*) débil, debilitado; (*spreg.*) chocho, panoli.
ramo *s.m.* **1** (*principale*) rama (*f.*), (*secondario*) ramo **2** (*ambito*) sector, ramo, rama (*f.*).
ramoscello *s.m.* (*di fiori*) ramito; (*d'albero*) ramita (*f.*).
rampa *s.f.* **1** rampa, cuesta, repecho (*m.*), subida **2** (*di scale*) tramo (*m.*) | — *di lancio*, rampa de lanzamiento.
rampante *agg.* **1** rampante | *arco* —, arco rampante **2** (*fig., di persona*) ambicioso, arrivista; (*fam.*) trepa: *manager* —, ejecutivo trepa.
rampicante *agg.* (*bot.*) trepador ♦ *s.m.* (*bot.*) enredadera (*f.*), planta (*f.*) trepadora.
rampichino *s.m.* (*fam., bicicletta*) bicicleta (*f.*) de montaña, bicicleta (*f.*) todo terreno.
rampino *s.m.* gancho, garfio.
rampollo *s.m.* descendiente, vástago; (*fam.*) hijo: *il primo — del casato*, el primer descendiente de la dinastía .
rampone *s.m.* **1** (*mar.*) arpón **2** (*per alpinisti*) crampón.
rana *s.f.* **1** (*zool.*) rana | — *pescatrice*, rape, rana marina/pescadora, pejesapo | *uomo* —, hombre rana **2** (*stile di nuoto*) (estilo) braza, (estilo) rana: *nuotare a* —, nadar a braza.
rancido *agg.* rancio, pasado, podrido.
rancio *s.m.* (*mil.*) rancho.
rancore *s.m.* rencor, livor, encono, ojeriza (*f.*): *serbare, covare* —, guardar rencor.
randa *s.f.* (*mar.*) vela mayor.
randagio *agg.* vagabundo, descarriado; (*cane*) callejero, vagabundo.
randellata *s.f.* garrotazo (*m.*), cachiporrazo (*m.*).
randello *s.m.* garrote, palo, cachiporra (*f.*); (*Amer.*) tolete, bolillo.
rango *s.m.* **1** rango, clase (*f.*), categoría (*f.*): *d'alto* —, de alto copete; — *sociale*, status social **2** (*mil.*) fila (*f.*) | *rientrare nei ranghi*, volver a las filas.
ranista *s.m./f.* (*nuoto*) bracista.
rannicchiarsi *v.pron.* acurrucarse*, agazaparse, ovillarse, encogerse*: *dorme sempre rannicchiato*, duerme sempre acurrucado.
rannuvolarsi *v.pron.* **1** nublarse, encapotarse, oscurecerse* **2** (*fig.*) ensombrecerse*, enfurruñarse, alterarse: *quando sentì la notizia si rannuvolò*, al oír la noticia se ensombreció.
rantolare *v.intr.* agonizar*.
rantolo *s.m.* estertor.
ranuncolo *s.m.* (*bot.*) ranúnculo.
rapa *s.f.* nabo (*m.*) | *cime di* —, nabizas, grelos | (*fig.*) *testa di* —, cabeza de chorlito/alcornoque.
rapace *agg.* **1** rapaz*, de rapiña: *uccello* —, ave rapaz **2** (*fig.*) ávido, codicioso ♦ *s.m.* rapaz*.
rapacità *s.f.* rapacidad, codicia, avidez*: *la — di alcune persone mi rattrista*, la avidez de algunas personas me entristece.
rapare *v.tr.* rapar, cortar el pelo al rape; pelar.
rapata *s.f.* rape (*m.*), rapadura.
rapida *s.f.* (*di fiume*) rápido (*m.*), raudal (*m.*), rabión (*m.*).
rapidità *s.f.* rapidez*, velocidad.
rapido *agg.* **1** rápido, veloz* **2** (*breve*) rápido, breve ♦ *s.m.* (*ferr.*) tren rápido.
rapimento *s.m.* **1** rapto, secuestro **2** (*fig.*)

éxtasis, arrobamiento, arrebatamiento, embeleso.
rapina *s.f.* robo (*m.*), atraco (*m.*), asalto (*m.*): — *a mano armata*, asalto a mano armada.
rapinare *v.tr.* **1** atracar*, asaltar, robar **2** (*fig.*, *imbrogliare*) estafar: *si è lasciato — da una cartomante*, se ha dejado estafar por una cartomántica.
rapinatore *s.m.* ladrón, atracador, asaltante (*m./f.*).
rapire *v.tr.* **1** raptar, secuestrar **2** (*fig.*) embelesar, arrebatar, conturbar: *è così bella che rapisce*, es tan guapa que embelesa.
rapitore *s.m.* raptor, secuestrador.
rappacificare *v.tr.* apaciguar*, reconciliar, calmar ♦ **-rsi** *v.pron.* reconciliarse, hacer* las paces: *finalmente si sono rappacificati*, por fin hicieron las paces.
rappezzare *v.tr.* **1** remendar*, reparar, parchear **2** (*fig.*) arreglar, recomponer*, apañar.
rappezzo *s.m.* **1** remiendo; (*toppa*) parche **2** (*fig.*) chapuza (*f.*).
rapportare *v.tr.* **1** referir*, comunicar* **2** (*confrontare*) comparar, confrontar.
rapporto *s.m.* **1** (*resoconto*) informe, relación (*f.*): *fare un —*, redactar/hacer un informe **2** (*collegamento*) comparación (*f.*), correspondencia (*f.*), nexo, vínculo: *non c'è — tra l'uno e l'altro*, no hay comparación entre uno y otro | *in — a*, con respecto a, en cuanto a **3** (*mat.*) proporción (*f.*) **4** (*tra persone*) relación (*f.*), trato: — *sessuale*, relación sexual **5** (*mil.*, *med.*) parte: — *medico*, parte médico | (*mil.*) *chiamare a —*, llamar a dar parte **6** (*mecc.*) — *di trasmissione*, relación (*f.*) de transmisión; (*bicicletta*) desarrollo.
rapprendere *v.tr.* cuajar*, condensar ♦ **-rsi** *v.pron.* coagularse, cuajarse.
rappresaglia *s.f.* represalia, venganza.
rappresentante *s.m./f.* representante; (*comm.*) agente de comercio; (*membro*) exponente: *è un — di Amnesty International*, es un exponente de Amnistía Internacional; — *sindacale*, enlace sindical.
rappresentanza *s.f.* representación, delegación: *una — del governo*, una delegación del gobierno | *spese di —*, gastos de representación.
rappresentare *v.tr.* **1** representar, simbolizar*, figurar **2** (*teatr.*) representar, poner* en escena.
rappresentazione *s.f.* representación; (*spettacolo*) función, espectáculo (*m.*): *prima —*, estreno.
rapsodia *s.f.* (*anche mus.*) rapsodia.
raptus *s.m.* (*psic.*) rapto.
rarefare *v.tr.* rarificar*, enrarecer* ♦ **-rsi** *v.pron.* disminuir*, ralear, enrarecerse*: *in cima alla montagna l'ossigeno si rarefa*, en la cima de la montaña el oxígeno se enrarece.
rarefazione *s.f.* rarefacción, enrarecimiento (*m.*).
rarità *s.f.* **1** (*oggetto*) rareza; cosa rara **2** (*originalità*) singularidad, curiosidad.
raro *agg.* **1** raro, infrecuente **2** (*di valore*) precioso: *un amico —*, un amigo precioso; (*fuori dal comune*) extraño, curioso, singular: *fatto —*, hecho extraño.
rasare *v.tr.* (*i capelli*) rapar, cortar al rape; (*la barba*) afeitar, rapar, rasurar; (*la siepe, l'erba*) cortar, nivelar, igualar ♦ **-rsi** *v.pron.* afeitarse.
rasatello *s.m.* satén.
rasatrice *s.f.* (*tess.*) esquiladora.
rasatura *s.f.* **1** (*di capelli*) rapadura; (*di barba*) afeitado (*m.*) **2** (*di siepi, prati*) corte (*m.*).
raschiamento *s.m.* **1** raspadura (*f.*), rascamiento **2** (*med.*) raspado, legrado: *le fecero un —*, le hicieron un raspado.
raschiare *v.tr.* **1** raspar, rascar* | *raschiarsi la gola*, carraspear **2** (*med.*) legrar.
raschiatura *s.f.* rascado (*m.*), raspado (*m.*).
raschietto *s.m.* rascador, raspador, raedera (*f.*).
rasentare *v.tr.* **1** rasar, rozar*, pasar rozando: *l'aereo rasentò il suolo*, el avión pasó rozando el suelo **2** (*fig.*) frisar, rozar; rayar: — *il ridicolo*, rayar lo ridículo; — *la sessantina*, frisar (en) los sesenta.
rasente *prep.* a ras de, rasante; rasando, rozando: — *al suolo*, a ras del suelo; *cammina — alla parete*, anda rozando la pared.
raso[1] *agg.* **1** liso, llano **2** (*pieno*) lleno, raso, colmado: — *terra*, a ras de tierra.
raso[2] *s.m.* (*tess.*) raso.
rasoio *s.m.* navaja (*f.*) de afeitar; (*elettrico*) máquina/maquinilla (*f.*) de afeitar.
raspa *s.f.* (*tecn.*) escofina, raspador (*m.*).
raspare *v.tr.* **1** (*con la raspa*) escofinar **2** (*irritare*) raspar, irritar **3** (*di animali*) escarbar.
rassegna *s.f.* **1** (*mil.*) inspección, revista: *passare in —*, pasar revista **2** (*mostra*) exposición, feria; festival (*m.*): — *di cinema*, festival de cine **3** (*resoconto*) informe (*m.*), crónica: — *stampa*, reseña de prensa.
rassegnare *v.tr.* presentar: — *le dimissioni*, dimitir ♦ **-rsi** *v.pron.* resignarse; (*accontentarsi*) conformarse.
rassegnazione *s.f.* resignación.
rasserenare *v.tr.* **1** serenar (*anche fig.*) **2** (*fig.*) tranquilizar*, calmar, sosegar* ♦ **-rsi** *v.pron.* **1** (*del cielo*) despejarse **2** (*fig.*, *tranquillizzarsi*) calmarse, serenarse, sosegarse*: *lo sguardo della madre rasserena il bimbo*, la mirada de la madre sosiega al niño.
rassettare *v.tr.* ordenar, arreglar ♦ **-rsi** *v. pron.* arreglarse.

rassicurante *agg.* tranquilizador, alentador.
rassicurare *v.tr.* asegurar, tranquilizar*, calmar; animar, dar* confianza: *la sua presenza mi rassicura*, su presencia me tranquiliza ♦ **-rsi** *v.pron.* tranquilizarse*.
rassicurazione *s.f.* garantía, certeza.
rassodamento *s.m.* endurecimiento, consolidación (*f.*).
rassodare *v.tr.* **1** endurecer*, compactar **2** (*fig.*) consolidar ♦ **-rsi** *v.pron.* tonificarse*; consolidarse.
rassomiglianza *s.f.* parecido (*m.*), semejanza.
rassomigliare *v.intr.* parecerse*, semejarse*: *rassomigli a tua madre*, te pareces a tu madre ♦ **-rsi** *v.pron.* parecerse*, semejarse.
rastrellamento *s.m.* **1** (*agr.*) rastrillaje, rastrillado **2** (*fig.*) rastreo, batida (*f.*); (*Amer.*) rastrillo: *i soldati fecero un —*, los soldados hicieron un rastreo.
rastrellare *v.tr.* **1** (*agr.*) rastrillar **2** (*econ.*) ingresar, recaudar **3** (*fig.*) batir, rastrear: *la polizia ha rastrellato il quartiere*, la policía ha rastreado el barrio.
rastrelliera *s.f.* (*agr.*) henil (*m.*); (*per le stoviglie*) escurreplatos (*m.*); soporte (*m.*); (*per biciclette*) soporte para bicicletas.
rastrello *s.m.* rastrillo.
rata *s.f.* cuota, plazo (*m.*): *pagare a rate*, pagar a plazos.
rateale *agg.* (*comm.*) a plazos.
rateizzare *v.tr.* (*comm.*) dividir en plazos (un pago).
rateo *s.m.* **1** (*rateizzazione*) plazo **2** (*di interessi*) acumulación (*f.*).
ratifica *s.f.* ratificación.
ratificare *v.tr.* ratificar*, confirmar, sancionar.
ratto[1] *s.m.* (*zool.*) rata (*f.*).
ratto[2] *s.m.* (*lett.*, *dir.*) rapto | *il — delle Sabine*, el rapto de las Sabinas.
rattoppare *v.tr.* **1** remendar*, zurcir* **2** (*fig.*) corregir*, enmendar*.
rattoppatura *s.f.* remiendo (*m.*), parcheo (*m.*).
rattoppo *s.m.* remiendo, parche (*anche fig.*).
rattrappire *v.tr.* entumecer*, agarrotar, endormecer*, encoger*: *il freddo rattrappisce le gambe*, el frío agarrota las piernas; *rilassati, non — i muscoli!*, ¡relájate, no encojas los músculos! ♦ **-rsi** *v.pron.* **1** contraerse*, entumecerse* **2** (*fig.*) encogerse*: *con l'età si è rattrappito*, con la edad se ha encogido.
rattrappito *agg.* entumecido, encogido.
rattristare *v.tr.* entristecer*, afligir*, apenar ♦ **-rsi** *v.pron.* entristecerse*, ponerse* triste.
raucedine *s.f.* ronquera, carraspera.
rauco *agg.* ronco, bronco, carrasposo; (*senza voce*) afónico.
ravanello *s.m.* (*bot.*) rábano.
ravioli *s.m.pl.* (*cuc.*) raviolis.
ravizzone *s.m.* (*bot.*) colza (*f.*).
ravvedersi *v.pron.* corregirse*, enmendarse*; (*pentirsi*) arrepentirse*.
ravvicinamento *s.m.* **1** acercamiento, aproximación (*f.*) **2** (*fig.*) reconciliación (*f.*): *c'è stato un —*, ha habido una reconciliación/un acercamiento.
ravvicinare *v.tr.* **1** acercar*, aproximar, arrimar **2** (*fig.*, *riconciliare*) reconciliar, unir ♦ **-rsi** *v.pron.* (*fig.*) reconciliarse, hacer* las paces.
ravvicinato *agg.* cercano | *a distanza ravvicinata*, a corta distancia.
ravvisare *v.tr.* reconocer*, identificar*, notar, encontrar*: *nel computer hanno ravvisato un virus*, en el ordenador han identificado un virus.
ravvivare *v.tr.* avivar; (*il fuoco*) atizar*; (*i colori*) reavivar; (*una persona*) reanimar (*anche fig.*): *bisogna — la festa*, hay que reanimar la fiesta.
rayon *s.m.* (*tess.*) rayón.
raziocinio *s.m.* raciocinio, razón (*f.*), pensamiento; criterio: *agire con —*, actuar con criterio.
razionale *agg.* **1** racional, lógico: *è una persona molto —*, es una persona muy racional **2** (*pratico*) funcional: *hai fatto un acquisto —*, has hecho una compra funcional.
razionalismo *s.m.* (*filos.*, *arch.*) racionalismo.
razionalista *agg.*, *s.m./f.* (*filos.*, *arch.*) racionalista.
razionalità *s.f.* racionalidad.
razionalizzare *v.tr.* racionalizar*: *bisogna — le spese*, hay que racionalizar los gastos.
razionamento *s.m.* racionamiento.
razionare *v.tr.* racionar.
razione *s.f.* ración, porción; cantidad.
razza[1] *s.f.* **1** raza, etnia: *— bianca*, *nera*, raza blanca, negra | *cane di —*, perro de raza **2** (*genere*) tipo (*m.*), especie, clase: *con che — di gente esci?*, ¿con qué clase de gente sales? | *che — di idea!*, ¡vaya (una) idea!
razza[2] *s.m.* (*zool.*) raya.
razzia *s.f.* razia, saqueo (*m.*), incursión, correría.
razziale *agg.* racial.
razziare *v.tr.* saquear, hacer* razia.
razzismo *s.m.* racismo.
razzista *agg.*, *s.m./f.* racista.
razzo *s.m.* **1** cohete **2** (*mil.*, *aer.*) misil | (*fig.*) *partire a —*, salir como un rayo, salir pitando.
razzolare *v.intr.* escarbar.
re[1] *s.m.* rey | *Re Magi*, Reyes Magos | *vita da —*, vida de reyes.
re[2] *s.m.* (*mus.*) re.
reagente *agg.*, *s.m.* reactivo.

reagire *v.intr.* reaccionar; (*controbattere*) responder.
reale¹ *agg.* (*vero*) real, verdadero, efectivo, concreto: *non c'è un — motivo per preoccuparsi*, no hay una razón concreta por la que preocuparse.
reale² *agg.* real, regio: *palazzo —*, palacio real.
realismo *s.m.* realismo.
realista *agg.*, *s.m./f.* **1** realista **2** (*sostenitore del re*) monárquico | *essere più — del re*, ser más papista que el papa.
realistico *agg.* realista; pragmático: *atteggiamento —*, actitud pragmática.
realizzabile *agg.* realizable, factible.
realizzare *v.tr.* **1** realizar*, efectuar*, llevar a cabo: *gli studenti hanno realizzato un bel lavoro*, los estudiantes han llevado a cabo un buen trabajo **2** (*rendere reale, convertire in moneta*) realizar* **3** (*capire*) comprender, percatarse, darse* cuenta: *— l'importanza del progetto*, comprender la importancia del proyecto **4** (*sport*) marcar*: *— un gol*, marcar un gol ♦ **-rsi** *v.pron.* realizarse*: *— nel lavoro*, realizarse en el trabajo.
realizzatore *s.m.* ejecutor.
realizzazione *s.f.* realización.
realtà *s.f.* realidad | *in —*, en realidad | *— virtuale*, realidad virtual.
reame *s.m.* reino.
reato *s.m.* (*dir.*) delito, crimen | *corpo del —*, cuerpo del delito.
reattività *s.f.* reactividad.
reattivo *agg.* reactivo, reactante ♦ *s.m.* **1** (*chim.*) reactivo, reactante **2** (*psic.*) test.
reattore *s.m.* reactor | *— nucleare*, reactor nuclear.
reazionario *agg.*, *s.m.* reaccionario; retrógrado.
reazione *s.f.* reacción | *— a catena*, reacción en cadena | *a —*, de reacción.
rebbio *s.m.* diente, punta (*f.*): *i rebbi della forchetta*, las puntas del tenedor.
rebus *s.m.* jeroglífico (*anche fig.*), acertijo; enigma, misterio.
recapitare *v.tr.* entregar*; (*portare*) llevar: *— una lettera*, entregar una carta.
recapito *s.m.* **1** (*consegna*) entrega (*f.*): *— a domicilio*, entrega a domicilio **2** (*indirizzo*) dirección (*f.*), domicilio, paradero, señas (*f.pl.*).
recare *v.tr.* **1** (*portare lontano*) llevar; (*verso chi parla*) traer*: *che notizie rechi?*, ¿qué noticias traes? **2** (*arrecare*) producir*, causar, provocar*, ocasionar: *non voglio — disturbo*, no quiero causar molestias ♦ **-rsi** *v.pron.* ir*.
recedere *v.intr.* **1** (*fig.*) retroceder, desistir: *non voglio — dal mio impegno*, no quiero desistir de mi compromiso **2** (*dir.*) rescindir.
recensione *s.f.* reseña, recensión, crítica.
recensire *v.tr.* reseñar.
recensore *s.m.* recensor, reseñador, crítico.
recente *agg.* reciente, fresco: *cosa —*, cosa reciente | *di —*, hace poco, recientemente.
recepire *v.tr.* acoger*, recibir*; comprender: *— un messaggio*, comprender un mensaje.
recessione *s.f.* recesión; depresión: *il periodo della grande —*, el periodo de la gran depresión.
recessività *s.f.* (*biol.*) recesividad.
recessivo *agg.* (*biol.*, *econ.*) recesivo.
recesso *s.m.* **1** regresión (*f.*), retroceso, disminución (*f.*) **2** (*dir.*) renuncia (*f.*) **3** (*med.*) remisión (*f.*) **4** (*luogo nascosto*) escondite, rincón.
recettore *agg.*, *s.m.* receptor.
recidere *v.tr.* cortar, cercenar; interrumpir: *il treno gli recise una gamba*, el tren le cercenó una pierna.
recidiva *s.f.* **1** (*dir.*) reincidencia **2** (*med.*) recidiva, recaída.
recidivo *agg.* **1** (*dir.*) reincidente **2** (*med.*) recurrente.
recingere *v.tr.* cercar*; (*circondare*) rodear.
recintare *v.tr.* cercar*, vallar.
recinto *s.m.* recinto, cercado, cerco; (*in muratura*) valla (*f.*) | (*Borsa*) *— delle grida*, parqué.
recinzione *s.f.* cerca.
recipiente *s.m.* recipiente, envase.
reciprocità *s.f.* reciprocidad.
reciproco *agg.* recíproco, mutuo.
recisione *s.f.* **1** cercenamiento (*m.*), corte (*m.*) **2** (*ling.*) apócope (*m.*).
reciso *agg.* **1** cortado: *fiori recisi*, flores cortadas **2** (*deciso*) tajante, cortante, categórico, seco, neto.
recita *s.f.* (*teatr.*) representación, función, espectáculo (*m.*).
recital *s.m.* recital.
recitare *v.tr.* (*un testo*) recitar, declamar; (*teatr.*) representar, interpretar ♦ *v.intr.* **1** actuar*; (*far finta*) fingir*: *siate sinceri e non recitate*, sean sinceros y no finjan **2** (*di leggi*) rezar*, decir*.
recitativo *agg.* recitativo.
recitazione *s.f.* recitación, interpretación; actuación: *sto facendo un corso di —*, estoy haciendo un curso de interpretación.
reclamare *v.intr.* reclamar, protestar ♦ *v.tr.* exigir*, pedir*, solicitar.
réclame *s.f.* publicidad, propaganda; (*in tv*) anuncio (*m.*): *le — mi infastidiscono quando guardo la televisione*, los anuncios me molestan cuando veo televisión.

reclamizzare *v.tr.* anunciar, propagandar, promover*, hacer* publicidad.
reclamo *s.m.* reclamación (*f.*), queja (*f.*), protesta (*f.*): *fare un* —, presentar una reclamación.
reclinabile *agg.* reclinable.
reclinare *v.tr.* reclinar, inclinar, recostar* ♦ *v.intr.* inclinarse, ladearse.
reclusione *s.f.* reclusión, detención, encierro (*m.*).
recluso *agg.*, *s.m.* recluso, preso, detenido.
recluta *s.f.* **1** recluta (*m.*), quinto (*m.*); (*Amer.*) conscripto (*m.*): *scherzi per le nuove reclute*, bromas para los novatos **2** (*novellino*) novato (*m.*), bisoño (*m.*).
reclutamento *s.m.* **1** (*mil.*) alistamiento **2** (*per un lavoro*) reclutamiento, contratación (*f.*): *oggi inizia il — di nuovi impiegati*, hoy empieza la contratación de nuevos empleados.
reclutare *v.tr.* **1** (*mil.*) reclutar (*anche fig.*), enrolar, alistar **2** (*assumere*) contratar; (*in un gruppo ristretto*) afiliar: *cercano nuovi ingegneri da* —, buscan nuevos ingenieros por contratar.
recondito *agg.* recóndito, oculto; secreto.
record *s.m.* récord, marca (*f.*): *battere un* —, batir un récord/una marca.
recriminare *v.intr.* recriminar.
recriminazione *s.f.* recriminación; queja; reproche (*m.*).
recrudescenza *s.f.* recrudescencia, recrudecimiento (*m.*).
recto *s.m.* recto.
recuperare *v.tr.* **1** recuperar; (*riacquistare*) recobrar; (*oggetti vecchi*) reciclar **2** (*trarre in salvo*) rescatar, salvar **3** (*riabilitare*) rehabilitar: — *gli ex detenuti*, rehabilitar a los exdetenidos **4** (*riciclare*) reciclar, recuperar.
recupero *s.m.* **1** recuperación (*f.*), recobro: *quando uscirà dall'ospedale inzierà un trattamento di* —, cuando salga del hospital empezará un tratamiento de recuperación | *classe di* —, clase de recuperación **2** rescate, salvamento, salvación (*f.*) **3** (*fig.*, *reintegrazione*) rehabilitación (*f.*), reintegración (*f.*): *il — dei delinquenti*, la reintegración de los delincuentes.
redarguire *v.tr.* amonestar, reprender, regañar, reprochar.
redattore *s.m.* redactor.
redazionale *agg.* de redacción; editorial.
redazione *s.f.* **1** (*anche ufficio*) redacción **2** (*scrittura*) composición, versión: *la nuova — del testo è la migliore*, la nueva versión del texto es la mejor.
redditività *s.f.* rentabilidad; provecho (*m.*).
redditizio *agg.* rentable, provechoso; conveniente.
reddito *s.m.* rédito, renta (*f.*): *imposta sui redditi*, impuesto sobre la renta; *dichiarazione dei redditi*, declaración de la renta; — *pro capite*, renta per cápita.
redentore *agg.*, *s.m.* redentor.
redenzione *s.f.* redención.
redigere *v.tr.* **1** (*articoli*) redactar **2** (*verbali*, *atti*) levantar, extender*.
redimere *v.tr.* redimir, liberar, rescatar ♦ **-rsi** *v.pron.* redimirse; arrepentirse*: *dopo tante cattiverie si è redento*, después de tantas maldades se ha arrepentido.
redini *s.f.pl.* (*anche fig.*) riendas | *tenere, mollare le* —, tener, aflojar las riendas | *prendere le* —, coger las riendas, llevar el mando.
redivivo *agg.* (*anche fig.*) redivivo, resucitado.
reduce *agg.* (*di ritorno*) de vuelta, de regreso; (*sopravvissuto*) superviviente; (*da una malattia*) convaleciente | — *da*, de vuelta de ♦ *s.m./f.* superviviente, veterano (*m.*), repatriado (*m.*), retornado (*m.*).
refe *s.m.* hilo.
referendum *s.m.* referéndum.
referente *agg.*, *s.m./f.* referente.
referenza *s.f.* referencia, informe (*m.*): *presentare le proprie referenze*, dar sus referencias.
referenziare *v.tr.* dar* las referencias.
referenziato *agg.* con buenas referencias: *è un impiegato ben* —, es un empleado con buenas referencias.
referto *s.m.* (*med.*) parte médico.
refettorio *s.m.* refectorio, comedor.
refezione *s.f.* refección; almuerzo (*m.*).
refill *s.m.* recarga (*f.*), repuesto.
reflusso *s.m.* (*med.*) reflujo: — *gastroesofageo*, reflujo gastroesofágico.
refrattario *agg.* **1** refractario | *argilla refrattaria*, arcilla refractaria **2** (*med.*) resistente: *è — alle medicine*, es resistente a las medicinas **3** (*fig.*) refractario, rebelde, reacio, contrario: *è — a qualsiasi tipo di discorso*, es contario a cualquier tipo de discurso.
refrigerante *agg.* **1** (*che raffredda*) refrigerador **2** (*chim.*) refrigerante.
refrigerare *v.tr.* refrigerar; (*rinfrescare*) refrescar*, dar* refrigerio.
refrigerazione *s.f.* refrigeración.
refrigerio *s.m.* refrigerio; alivio.
refurtiva *s.f.* botín (*m.*), objetos (*m.pl.*) robados; (*fam.*) alijo (*m.*), matute (*m.*).
regalare *v.tr.* **1** regalar, dar* **2** (*fam.*, *svendere*) vender tirado: *qui il pesce lo regalano*, aquí el pescado lo venden tirado.
regale *agg.* real, regio; (*pomposo*) majestuoso; (*splendido*) magnífico.
regalità *s.f.* majestad, realeza; majestuosidad.

regalo *s.m.* **1** regalo, presente **2** (*fig., piacere*) placer, gusto: *la tua visita è stata un* —, tu visita ha sido un placer.
regata *s.f.* (*sport*) regata.
reggente *agg.*, *s.m./f.* regente.
reggenza *s.f.* regencia.
reggere *v.tr.* **1** aguantar, sostener*, sujetar; soportar: — *un peso*, soportar un peso **2** (*sopportare*) resistir, agunatar: *non lo reggo più*, no lo aguanto más | — *l'alcol*, aguantar el alcohol/la bebida **3** (*mar.*) regentar: — *il timone*, llevar el timón **4** (*ling.*) regir*: *regge l'ablativo*, rige ablativo **5** (*governare*) gobernar*, mandar, conducir* ♦ *v.intr.* **1** (*resistere*) resistir, aguantar: — *alla prova*, resistir la prueba; — *al caldo*, aguantar el calor **2** (*durare*) durar, perdurar **3** (*essere plausibile*) tenerse* en pie: *è una teoria che non regge*, es una teoría que no se tiene en pie; *questo discorso non regge*, este discurso no se tiene en pie ♦ **-rsi** *v.pron.* **1** sostenerse*, tenerse* en pie (*anche fig.*) | — *a galla*, mantenerse a flote **2** (*aggrapparsi*) agarrarse, asirse*: — *a una corda*, asirse de una cuerda.
reggia *s.f.* **1** palacio (*m.*) real, alcázar (*m.*) **2** (*fig.*) mansión.
reggicalze *s.m.* liguero; (*Amer.*) portaligas.
reggimento *s.m.* **1** (*mil.*) regimiento **2** (*fig.*) multitud (*f.*): *alla riunione venne un — di persone*, a la reunión acudió una multitud de personas.
reggipetto, reggiseno *s.m.* (*abbigl.*) sostén, sujetador.
regia *s.f.* **1** (*di uno spettacolo*) dirección, realización **2** (*organizzazione*) organización, coordinación, mando (*m.*).
regicidio *s.m.* regicidio.
regime *s.m.* **1** régimen: *regimi dittatoriali*, regímenes dictatoriales **2** (*pol.*) estatuto **3** (*ritmo, velocità*) velocidad (*f.*) **4** (*alimentare*) régimen, dieta (*f.*).
regina *s.f.* reina: — *madre*, reina madre.
regio *agg.* regio, real.
regionale *agg.* regional.
regionalismo *s.m.* regionalismo.
regionalista *agg.*, *s.m./f.* regionalista.
regione *s.f.* región, comarca; (*pol.*) comunidad autónoma.
regista *s.m./f.* **1** (*cinem.*) director (*m.*) de cine; (*teatr.*) director (*m.*) de escena **2** (*fig.*) organizador: *chi è il — di tutto ciò?*, ¿quién es el organizador de todo eso?
registrabile *agg.* **1** (*comm.*) asentable, inscribible **2** (*musica, video*) que se puede grabar.
registrare *v.tr.* **1** registrar; (*comm.*) asentar*, anotar; (*in un corso*) inscribir*, matricular: *alcuni studenti non risultano registrati*, algunos estudiantes no resultan matriculados **2** (*tecn.*) grabar: — *una cassetta*, grabar una cinta **3** (*collaudare*) ajustar, calibrar; (*controllare*) controlar: — *le ruote di una macchina*, controlar las ruedas de un coche **4** (*ottenere*) obtener*, tener*, lograr: *la conferenza ha registrato un buon successo*, la conferencia ha obtenido un buen éxito.
registratore *agg.* registrador, grabador ♦ *s.m.* grabadora (*f.*); (*mangianastri*) casete | — *di cassa*, caja registradora.
registrazione *s.f.* **1** registro (*m.*), inscripción, matrícula **2** (*di disco, cassetta*) grabación **3** (*mecc., messa a punto*) reglaje (*m.*).
registro *s.m.* **1** registro; libro | — *di stato civile*, registro civil | — *di classe*, libro de escolaridad | *imposta di* —, derechos de registro | *ufficio del* —, oficina del registro **2** (*mus., ling.*) registro.
regnare *v.intr.* **1** (*governare*) reinar **2** (*dominare*) dominar **3** (*fig.*) reinar, imperar: *in casa regnava il silenzio*, en la casa imperaba el silencio.
regno *s.m.* **1** reino: *il — d'Aragona*, el reino de Aragón; *il — animale, vegetale*, el reino animal, vegetal | *il — dei cieli*, el reino de los cielos **2** (*periodo*) reinado: *sotto il — di Filippo II*, bajo el reinado de Felipe II.
regola *s.f.* **1** regla: *in piena* —, en plena regla; *uscire dalla* —, salirse de la regla | *di* —, normalmente **2** norma, precepto (*m.*) | *mettere in* —, regularizar **3** (*moderazione*) moderación, medida: *mangiare senza* —, comer sin medida.
regolabile *agg.* regulable, ajustable.
regolamentare[1] *agg.* reglamentario: *procedura* —, procedimiento reglamentario; *pallone* —, balón reglamentario.
regolamentare[2] *v.tr.* reglamentar.
regolamentazione *s.f.* reglamentación.
regolamento *s.m.* **1** (*insieme di regole*) reglamento; (*amm.*) reglamentación (*f.*) **2** (*atto di regolare*) regulación (*f.*) **3** (*econ.*) pago: — *del debito*, pago de la deuda | — *dei conti*, ajuste de cuentas.
regolare[1] *agg.* regular, en regla; (*normale*) corriente; uniforme: *ha un rendimento* —, tiene un rendimiento uniforme.
regolare[2] *v.tr.* **1** regular, reglamentar **2** (*sistemare*) arreglar, ajustar, regularizar*: — *i conti*, arreglar/ajustar las cuentas ♦ **-rsi** *v.pron.* **1** regularse; (*comportarsi*) portarse: *te lo dico perché tu ti sappia regolare*, te lo digo para que te sepas portar de manera adecuada; *sapere come* —, saber a qué atenerse **2** moderarse, controlarse: — *nel mangiare*, moderarse en la comida.
regolarità *s.f.* regularidad; normalidad.
regolarizzare *v.tr.* regularizar*, normalizar*:

devi — la tua vita, tienes que normalizar tu vida.
regolarizzazione *s.f.* regularización.
regolata *s.f.* reglaje (*m.*), ajuste (*m.*): *dare una — al motore*, someter a un reglaje el motor | (*fig.*) *darsi una —*, adaptarse a las circunstancias.
regolato *agg.* **1** regulado: *economia regolata*, economía regulada **2** (*moderato*) moderado, mesurado, reglado.
regolazione *s.f.* **1** regulación **2** (*tecn.*) reglaje (*m.*), ajuste (*m.*).
regolo *s.m.* **1** (*edil.*) listón; reglón **2** (*righello*) regla (*f.*) | *— calcolatore*, regla de cálculo.
regredire *v.intr.* **1** retroceder **2** (*psic.*) regresar.
regressione *s.f.* regresión (*anche psic.*), retroceso (*m.*): *fase di —*, fase de regresión.
regressivo *agg.* regresivo.
regresso *s.m.* regreso, retroceso, regresión (*f.*); (*peggioramento*) decadencia (*f.*).
reietto *agg.* rechazado, repudiado ♦ *s.m.* desvalido, desamparado, paria (*m./f.*).
reiezione *s.f.* rechazo (*m.*).
reimpiego *s.m.* recolocación (*f.*); (*di fondi*) reinversión (*f.*).
reincarnare *v.tr.* reencarnar ♦ **-rsi** *v.pron.* reencarnarse.
reincarnazione *s.f* reencarnación.
reingaggio *s.m.* (*sport*) nuevo fichaje.
reinserimento *s.m.* reinserción (*f.*); (*al lavoro*) reintegración (*f.*).
reinserire *v.tr.* **1** volver* a introducir **2** (*reintegrare*) reincorporar, reinsertar ♦ **-rsi** *v.pron.* reincorporarse, reinsertarse, reintegrarse.
reintegrare *v.tr.* reintegrar, reincorporar ♦ **-rsi** *v.pron.* reintegrarse.
reintegrazione *s.f.* reintegración, reintegro (*m.*).
reintrodurre *v.tr.* reintroducir*.
reiterare *v.tr.* reiterar, volver* a hacer: *gli reitero l'invito*, le vuelvo a hacer la invitación.
relativismo *s.m.* relativismo.
relatività *s.f.* relatividad: *teoria della —*, teoría de la relatividad.
relativo *agg.* **1** (*anche mat., gramm.*) relativo **2** (*attinente*) relativo; correspondiente, referente, concerniente: *— alla Spagna*, relativo a España.
relatore *agg.*, *s.m.* relator, ponente.
relax *s.m.* relax, relajamiento.
relazionare *v.tr.* relacionar, informar ♦ **-rsi** *v.pron.* relacionarse.
relazione *s.f.* **1** relación, nexo (*m.*): *— di causa ed effetto*, relación entre causa y efecto; *in — a quanto detto*, con referencia a lo dicho **2** (*rapporto scritto*) informe (*m.*), ponencia, relación **3** (*rapporto tra persone*) relación: *— sentimentale*, relación afectiva, sentimental | *pubbliche relazioni*, relaciones públicas.
relegare *v.tr.* **1** desterrar*, exiliar **2** (*fig.*) relegar*, marginar, arriconar.
religione *s.f.* religión.
religioso *agg.* religioso; devoto, pío | (*fig.*) *in — silenzio*, en silencio reverente ♦ *s.m.* religioso.
reliquia *s.f.* (*anche fig.*) reliquia.
reliquiario *s.m.* relicario.
relitto **1** (*mar.*) derrelicto, pecio **2** (*fig.*) desecho: *i relitti della società*, los dehechos de la sociedad.
remare *v.intr.* remar, bogar*.
remata *s.f.* **1** (*il remare*) remadura, boga **2** (*colpo di remo*) golpe (*m.*) de remo.
rematore *s.m.* remador, remero.
reminiscenza *s.f.* reminiscencia, recuerdo (*m.*).
remissione *s.f.* **1** remisión: *— dei peccati*, remisión de pecados | *senza —*, sin remedio **2** (*arrendevolezza*) sumisión, debilidad.
remissività *s.f.* sumisión, debilidad.
remissivo *agg.* sumiso, dócil, remiso, condescendiente.
remo *s.m.* remo: *barca a remi*, bote/barca de remos | (*fig.*) *tirare i remi in barca*, recoger velas.
remora[1] *s.f.* (*indugio*) titubeo (*m.*), vacilación.
remora[2] *s.f.* (*zool.*) rémora.
remoto *agg.* **1** (*nel tempo*) remoto, lejano | (*gramm.*) *passato —*, pretérito indefinido; *trapassato —*, pretérito anterior **2** (*nello spazio*) remoto, distante; solitario.
remunerare *v.tr.* → **rimunerare.**
remunerazione *s.f.* → **rimunerazione.**
rena *s.f.* arena.
renale *agg.* renal: *calcoli renali*, cálculos renales.
rendere *v.tr.* **1** (*restituire*) devolver*, restituir*, corresponder: *— il denaro*, devolver el dinero | *vuoto a —*, envase retornable | *a buon —*, a la recíproca **2** (*dare, offrire*) rendir* | *— omaggio*, rendir homenaje | *— giustizia*, hacer justicia | *— conto*, rendir cuentas **3** (*fruttare, produrre*) rendir*, producir*, rentar*: *questa terra rende molto frumento*, esta tierra rinde mucho trigo **4** (*esprimere*) expresar, representar: *— l'idea*, expresar la idea **5** (*far diventare*) poner*, volver*, hacer*: *— triste, nervoso*, poner triste, nervioso ♦ **-rsi** *v.pron.* hacerse*, ponerse*: *renditi utile!*, ¡sé útil! | *— ridicolo*, hacer el ridículo | *— conto*, darse cuenta, percatarse.
rendiconto *s.m.* **1** (*comm.*) rendición (*f.*)

de cuentas; balance **2** (*resoconto*) informe, relación (*f.*); narración (*f.*).
rendimento *s.m.* **1** rendimiento, productividad (*f.*) **2** (*econ.*) interés, rentabilidad (*f.*).
rendita *s.f.* renta: *vivere di —*, vivir de las rentas.
rene *s.m.* (*anat.*) riñón.
renetta *s.f.* (*mela*) reineta.
reni *s.f.pl.* (*regione lombare*) riñones (*m.*).
renitente *agg.* reacio, reluctante, remiso ♦ *s.m.* (*mil.*) prófugo, rebelde, insumiso.
renitenza *s.f.* renuencia, reluctancia | *— alla leva*, insumisión.
renna *s.f.* **1** (*zool.*) reno (*m.*) **2** (*pelle*) ante (*m.*), gamuza.
reo *agg.*, *s.m.* reo, culpable (*m./f.*).
reparto *s.m.* **1** (*di negozio*) sección (*f.*), departamento: *— calzature*, sección de zapatería **2** (*di ospedale*) pabellón, unidad (*f.*), división (*f.*): *— infettivi*, pabellón de infecciosos | *— di terapia intensiva*, unidad de cuidados intensivos **3** (*mil.*) destacamento, unidad (*f.*).
repellente *agg.* repelente, repugnante, repulsivo ♦ *s.m.* repelente.
repentaglio *s.m.* riesgo, peligro: *mettere a —*, poner en peligro, arriesgar.
repentino *agg.* repentino, imprevisto, inesperado, improviso.
reperibile *agg.* localizable.
reperibilità *s.f.* localización (*f.*).
reperimento *s.m.* localización (*f.*); (*ritrovamento*) hallazgo.
reperire *v.tr.* hallar, encontrar*.
reperto *s.m.* **1** (*archeol.*) resto **2** (*dir.*) cuerpo del delito; prueba (*f.*) **3** (*med.*) pericia (*f.*), informe médico, parte médico.
repertorio *s.m.* **1** repertorio **2** (*fig.*) colección (*f.*).
replica *s.f.* **1** (*ripetizione*) repetición **2** (*risposta*) contestación, respuesta; objeción **3** (*di spettacolo*) reposición, representación.
replicante *s.m./f.* clónico.
replicare *v.tr.* **1** responder, contestar, replicar* **2** (*contestare*) objetar: *non ho niente da — sulla tua decisione*, no tengo nada que objetar a tu decisión **3** (*ripetere*) repetir*; (*uno spettacolo*) reponer*: *stanno replicando una commedia di Lope*, están reponiendo una comedia de Lope.
reportage *s.m.* reportaje.
reporter *s.m./f.* reportero (*m.*).
repressione *s.f.* **1** represión; (*mil.*) represalia **2** (*psic.*) represión.
reprimere *v.tr.* reprimir, refrenar ♦ **-rsi** *v.pron.* reprimirse, contenerse*.
repubblica *s.f.* (*pol.*) república.
repubblicano *agg.*, *s.m.* (*pol.*) republicano.
repulsione *s.f.* repugnancia, repulsión, asco (*m.*).
reputare *v.tr.* considerar, reputar ♦ **-rsi** *v.pron.* considerarse, creerse*.
reputazione *s.f.* reputación, fama: *rovinare la — a qlcu.*, desprestigiar a alguien.
requie *s.f.* paz, sosiego, tranquilidad: *non dare —*, no dejar en paz | *senza —*, sin cesar/parar.
requiem *s.m.* (*mus.*) réquiem | *messa da —*, misa de réquiem.
requisire *v.tr.* requisar, embargar*, confiscar*: *se guidi senza patente ti requisiscono la macchina*, si conduces sin carnet te requisan el coche.
requisito *s.m.* requisito, condición (*f.*) necesaria; capacidad (*f.*): *ha tutti i requisiti per fare carriera*, tiene todas las capacidades para ascender.
requisitoria *s.f.* **1** (*dir.*) requisitoria, exposición, arenga **2** (*fig.*) rapapolvo (*m.*), filípica.
requisizione *s.f.* requisición, confiscación, incautación.
resa *s.f.* **1** (*mil.*) rendición, capitulación: *— incondizionata*, rendición sin condiciones; *intimare la —*, intimar a la rendición **2** (*rendimento*) rendimiento (*m.*) **3** (*restituzione*) devolución, restitución | *— dei conti*, rendición de cuentas.
rescindere *v.tr.* (*un contratto*) rescindir, disolver*, anular.
rescissione *s.f.* (*dir.*) rescisión.
resettare *v.tr.* (*inform.*) reiniciar.
resezione *s.f.* (*med.*) resección.
residence *s.m.* residencia (*f.*), apartahotel.
residente *agg.*, *s.m./f.* residente.
residenza *s.f.* **1** residencia, domicilio (*m.*) | *certificato di —*, certificado de empadronamiento **2** (*abitazione*) residencia, mansión **3** (*il soggiornare*) estancia.
residenziale *agg.* residencial.
residuato *s.m.* resto, residuo: *— bellico*, residuo bélico.
residuo *agg.* residual, restante ♦ *s.m.* residuo (*anche fig.*), resto; (*avanzi*) desechos (*pl.*).
resilienza *s.f.* (*mecc.*, *psic.*) resiliencia.
resina *s.f.* resina.
resinato *agg.* resinado: *vino —*, vino resinado.
resistente *agg.* resistente, recio; (*di persona*) robusto, tenaz*.
resistenza *s.f.* **1** resistencia, oposición: *la tua — al mio progetto mi stupisce*, tu oposición a mi proyecto me extraña | *— passiva*, resistencia pasiva | *— a pubblico ufficiale*, resistencia a la autoridad | *fare —*, resistirse **2** (*sopportazione*) resistencia, aguante (*m.*) **3** (*elettr.*) resistencia.
resistere *v.intr.* **1** resistir, oponerse* **2** (*sop-*

portare) resistir, aguantar, soportar **3** (*sopravvivere*) resistir, perdurar.
resoconto *s.m.* **1** rendición (*f.*) de cuentas, estado de cuentas, balance: *bisogna fare il — di fine anno*, hay que hacer el balance de fin de año **2** (*relazione*) informe, relación (*f.*), relato, narración (*f.*), exposición (*f.*): *dammi il — delle ultime ricerche*, dame el informe de las últimas investigaciones **3** (*riepilogo*) resumen.
respingere *v.tr.* **1** rechazar*, oponerse*; (*rifiutare*) rehusar, negar*: — *un'offerta*, rechazar una oferta **2** (*mandare indietro*) devolver*, reexpedir*: — *una lettera*, devolver* una carta **3** (*bocciare*) suspender; (*Amer.*) rajar.
respinto *agg.*, *s.m.* (*scuola*) suspenso.
respirabile *agg.* respirable.
respirare *v.tr.* respirar ♦ *v.intr.* **1** respirar **2** (*fig.*, *riposarsi*) relajarse: *finalmente ho un minuto per* —, por fin tengo un momento para relajarme.
respiratore *s.m.* (*med.*) respirador; (*per subacquei*) tubo de respiración.
respirazione *s.f.* respiración: — *artificiale*, respiración artificial.
respiro *s.m.* **1** respiro, respiración (*f.*), aliento: *trattenere il* —, contener el aliento; *avere il — affannoso*, tener la respiración anhelante; *un — di sollievo*, un suspiro de alivio | *fino all'ultimo* —, hasta el último suspiro **2** (*fig.*) alivio, respiro, pausa (*f.*), tregua (*f.*): *concedersi un po' di* —, concederse un descanso, tomarse un respiro **3** (*portata culturale*) alcance, trascendencia (*f.*), envergadura (*f.*): *discorso di ampio* —, discurso de gran alcance.
responsabile *agg.*, *s.m./f.* **1** responsable; (*sul lavoro*) encargado (*m.*) **2** (*colpevole*) culpable.
responsabilità *s.f.* **1** responsabilidad; (*colpevolezza*) culpabilidad **2** (*fig.*) atención: *lavora sempre con molta* —, trabaja siempre con mucha atención.
responsabilizzare *v.tr.* responsabilizar*.
responso *s.m.* respuesta (*f.*); (*pronunciamento*) veredicto.
ressa *s.f.* gentío (*m.*), muchedumbre, multitud.
resta *s.f.* ristre (*m.*) | *in* —, en ristre.
restante *s.m.* resto, restante, remanente.
restare *v.intr.* **1** quedar, quedarse, permanecer*, detenerse*: — *a casa*, quedarse en casa; — *in piedi*, quedarse de pie **2** (*mancare*) quedar, faltar: *mi resta solo un esame*, me queda sólo un examen **3** (*fig.*) sobrevivir: *gli resta solo la madre*, sobrevive sólo su madre.
restaurare *v.tr.* **1** restaurar, recomponer*; (*edil.*) reformar: — *un edificio*, reformar un edificio **2** (*fig.*) restablecer*, reinstaurar: — *la monarchia*, reinstaurar la monarquía.
restauratore *s.m.* restaurador.
restaurazione *s.f.* **1** (*st.*) restauración **2** (*fig.*) restablecimiento (*m.*).
restauro *s.m.* restauración (*f.*), reparación (*f.*).
restio *agg.* reacio, reluctante, remiso, renuente.
restituire *v.tr.* **1** restituir*, devolver*: — *un prestito*, devolver un préstamo **2** (*fig.*) devolver*, corresponder: *ti restituirò il favore*, te devolveré el favor.
restituzione *s.f.* devolución, restitución; reintegración: — *dell'IVA*, devolución del IVA.
resto *s.m.* **1** resto, residuo | *del* —, por lo demás, por otra parte **2** (*denaro*) vuelta (*f.*), cambio: *il — di cinquanta euro*, la vuelta de cincuenta euros; *tenga il* —, quédese con la vuelta **3** (*mat.*) resto **4** (*pl.*, *rovine*) despojos, restos, ruinas (*f.*) | *resti mortali*, restos mortales.
restringere *v.tr.* **1** restringir*, estrechar, encoger*: *far — il gilé*, hacer estrechar el chaleco **2** (*cuc.*) reducir*, espesar **3** (*fig.*) limitar, disminuir*, reducir*: — *le spese*, limitar gastos ♦ **-rsi** *v.pron.* **1** estrecharse **2** (*di tessuti*) encogerse*.
restrittivo *agg.* restrictivo.
restrizione *s.f.* restricción; limitación.
resurrezione *s.f.* resurrección; renacimiento (*m.*); restablecimiento (*m.*).
resuscitare *v.intr./tr.* → **risuscitare.**
retaggio *s.m.* (*fig.*) herencia (*f.*), acervo, legado.
retata *s.f.* **1** (*di pesci*) redada **2** (*di polizia*) redada; (*fig.*) batida, razia.
rete *s.f.* **1** (*anche fig.*) red: *gettare le reti*, echar/tender la red/las redes | — *metallica*, rejilla | — *ferroviaria*, *stradale*, red ferroviaria, de carreteras | (*fig.*) *cadere nella* —, caer en la celada/en la red **2** (*del letto*) somier (*m.*) **3** (*inform.*) red: *navigare in* —, navegar por la red; *collegamento in* —, trabajo en red **4** (*sport*) gol (*m.*) **5** (*radio*, *tv*) cadena, canal (*m.*), emisora: — *privata*, cadena privada.
reticella *s.f.* **1** (*per capelli*) redecilla **2** (*sui treni*) rejilla.
reticente *agg.* reticente.
reticenza *s.f.* reticencia.
reticolato *s.m.* **1** red (*f.*); (*recinto metallico*) alambrada (*f.*), enrejado de púas **2** (*schema*) cuadrícula (*f.*).
reticolo *s.m.* retículo.
retina[1] *s.f.* (*anat.*) retina.
retina[2] *s.f.* (*piccola rete*) redecilla.
retino *s.m.* **1** (*tip.*) trama (*f.*), retícula (*f.*) **2** (*per farfalle*) red (*f.*) para cazar mariposas; (*per pesci*) manga (*f.*).
retore *s.m.* rétor.

retorica *s.f.* retórica; (*spreg.*) pedantería.
retorico *agg.* retórico; (*spreg.*) pedante.
retrattile *agg.* retráctil.
retribuire *v.tr.* retribuir*, pagar*, remunerar.
retributivo *agg.* retributivo.
retribuzione *s.f.* sueldo (*m.*), retribución, remuneración, paga.
retrivo *agg.* retrógrado, reaccionario.
retro *s.m.* **1** parte (*f.*) trasera, parte (*f.*) posterior **2** (*di moneta*) reverso **3** (*di foglio*) vuelta (*f.*), reverso; (*tip.*) verso **4** (*di negozio*) trastienda (*f.*), cuarto trasero.
retroattivo *agg.* retroactivo.
retrobottega *s.m.* trastienda (*f.*); (*di farmacia*) rebotica (*f.*).
retrocedere *v.intr.* **1** retroceder; (*sport*) descender*: *questa squadra retrocederà*, este equipo va a descender **2** (*fig.*) echarse atrás, retractarse: *non retrocede dalle sue opinioni*, no se retracta de sus opiniones ♦ *v.tr.* degradar.
retrocessione *s.f.* **1** retrocesión, degradación; (*sport*) descenso (*m.*) **2** (*fig.*) retroceso (*m.*).
retrodatare *v.tr.* **1** (*un documento*) antedatar **2** (*archeol.*) atribuir una fecha anterior.
retroflesso *agg.* retroflexo.
retrogrado *agg.*, *s.m.* retrógrado, reaccionario.
retroguardia *s.f.* retaguardia; (*nel calcio*) defensa.
retrogusto *s.m.* dejo, regusto, (*fam.*) gustillo.
retromarcia *s.f.* marcha atrás; (*Amer.*) reversa | (*fig.*) *fare* —, dar marcha atrás.
retroscena *s.m.* **1** (*teatr.*) bastidores (*pl.*) **2** (*fig.*) intrigas (*f.pl.*), intríngulis, manejos (*pl.*), tejemaneje: *la politica nasconde molti* —, la política esconde muchos tejemanejes.
retrospettiva *s.f.* muestra/exposición retrospectiva.
retrospettivo *agg.* retrospectivo: *sguardo* —, mirada retrospectiva.
retrostante *agg.* trasero, que está detrás.
retroterra *s.m.* **1** territorio interior, hinterland **2** (*fig.*) trasfondo: — *culturale*, trasfondo cultural.
retroversione *s.f.* **1** (*med.*) retroversión **2** (*di un testo tradotto*) retraducción.
retrovia *s.f.* (*spec. pl.*) retaguardia.
retrovisore *agg.*, *s.m.* retrovisor.
retta[1] *s.f.* atención: *dare* —, prestar atención; *dammi* —, hazme caso.
retta[2] *s.f.* (*somma*) mensualidad, pensión, canon (*m.*).
retta[3] *s.f.* (*geom.*) recta, línea.
rettale *agg.* (*anat.*) rectal.
rettangolare *agg.* rectangular.
rettangolo *s.m.* rectángulo.
rettifica *s.f.* rectificación, corrección; (*nelle dichiarazioni*) retractación.
rettificare *v.tr.* rectificar*, cambiar; corregir*; enmendar*.
rettifilo *s.m.* vía (*f.*) rectilínea.
rettile *agg.* (*zool.*) reptil ♦ *s.m.* **1** (*zool.*) reptil **2** (*fig.*, *spreg.*) serpiente (*f.*).
rettilineo *agg.* (*anche fig.*) rectilíneo ♦ *s.m.* camino rectilíneo, recta (*f.*): — *finale*, recta final.
rettitudine *s.f.* rectitud, integridad.
retto *agg.* **1** (*anche geom.*) recto: *linea retta*, línea recta **2** (*fig.*) recto, honesto, honrado; justo: *un uomo* —, un hombre honrado; *un atteggiamento* —, una actitud justa | *seguire la retta via*, ir por el buen camino **3** (*esatto*) correcto; exacto ♦ *s.m.* (*anat.*) recto.
rettorato *s.m.* rectorado.
rettore *s.m.* rector.
reuma *s.m.* (*med.*) reuma, reumatismo.
reumatico *agg.* (*med.*) reumático.
reumatismo *s.m.* (*med.*) reumatismo.
reumatologo *s.m.* (*med.*) reumatólogo.
revanscismo *s.m.* revanchismo.
reverendo *agg.* reverendo ♦ *s.m.* (*sacerdote*) cura.
reverenziale *agg.* reverencial.
reversibile *agg.* reversible.
revisionare *v.tr.* revisar, controlar.
revisione *s.f.* revisión, control (*m.*); (*Amer.*) revisada; inspección | — *contabile*, auditoría contable.
revisionismo *s.m.* (*pol.*) revisionismo.
revisionista *s.m.* (*pol.*) revisionista.
revisore *s.m.* revisor | — *dei conti*, auditor.
revoca *s.f.* revocación, anulación.
revocabile *agg.* revocable.
revocare *v.tr.* **1** revocar*, anular; (*una protesta*) cancelar, desconvocar*: — *uno sciopero*, desconvocar una huelga **2** (*da un incarico*) remover*, apartar.
revolver *s.m.* revólver.
revolverata *s.f.* disparo (*m.*), tiro (*m.*).
riabbracciare *v.tr.* volver* a abrazar.
riabilitare *v.tr.* **1** rehabilitar **2** (*med.*) rehabilitar, reeducar*.
riabilitazione *s.f.* (*dir.*, *med.*) rehabilitación.
riabituare *v.tr.* acostumbrar de nuevo.
riaccompagnare *v.tr.* volver* a acompañar, acompañar de nuevo.
riacquistare *v.tr.* **1** readquirir* **2** (*fig.*, *recuperare*) recobrar, recuperar, reconquistar: *ha riacquistato la stima del suo capo*, ha reconquistado la estima de su jefe.
riadattamento *s.m.* readaptación (*f.*).
riaddormentarsi *v.pron.* volverse* a dormir.
riaffermare *v.tr.* reafirmar.
riaffiorare *v.tr.* **1** volvere a aflorar **2** (*fig.*) evocar*, recordar*.
riagganciare *v.tr.* reenganchar; (*il telefono*)

colgar* ♦ **-rsi** *v.pron.* (*fig.*) relacionarse, enlazarse*.
riallacciare *v.tr.* **1** reatar **2** (*fig.*) reanudar, recuperar: — *una vecchia amicizia*, recuperar una vieja amistad.
rialzare *v.tr.* **1** levantar **2** (*innalzare*) elevar, realzar*, aumentar, subir **3** (*i prezzi*) alzar*, subir ♦ *v.intr.* aumentar ♦ **-rsi** *v.pron.* levantarse, ponerse* de pie.
rialzo *s.m.* **1** (*di prezzi*) aumento, subida (*f.*); (*in Borsa*) alza (*f.*) | *cambio in* —, cambio en alza **2** (*del terreno*) prominencia (*f.*), elevación (*f.*), altura (*f.*).
riammettere *v.tr.* readmitir.
riammissione *s.f.* readmisión.
riandare *v.intr.* volver* a ir ♦ *v.tr.* revivir, rememorar, recordar*.
rianimare *v.tr.* reanimar (*anche med.*), animar, dar* ánimo ♦ **-rsi** *v.pron.* reanimarse, recobrarse; reavivarse.
rianimazione *s.f.* reanimación; (*reparto di ospedale*) cuidados (*m.pl.*) intensivos, UVI (unidad de vigilancia intensiva): *è ricoverato in* —, está ingresado en cuidados intensivos, está ingresado en la UVI.
riannodare *v.tr.* (*anche fig.*) reanudar.
riapertura *s.f.* apertura, reapertura; (*ripresa*) reanudación, inauguración.
riapparire *v.intr.* reaparecer*.
riaprire *v.tr.* reabrir, volver* a abrir.
riarmo *s.m.* rearme.
riarso *agg.* reseco, árido, requemado, abrasado.
riascoltare *v.tr.* volver* a escuchar.
riassestare *v.tr.* reajustar.
riassetto *s.m.* reajuste, reorganización (*f.*).
riassorbimento *s.m.* reabsorción (*f.*).
riassorbire *v.tr.* **1** reabsorber, resorber **2** (*fig.*, *reintegrare*) reincorporar, absorber ♦ **-rsi** *v.pron.* reabsorberse.
riassumere *v.tr.* **1** (*una carica*) reasumir **2** (*un lavoratore*) readmitir, volver* a contratar **3** (*riepilogare*) resumir, sintetizar*.
riassuntivo *agg.* sintético, sinóptico.
riassunto *s.m.* resumen; síntesis (*f.*): *fare il* —, hacer el resumen.
riassunzione *s.f.* **1** (*di una carica*) reasunción **2** (*di un lavoratore*) recontratación.
riattaccare *v.tr.* **1** (*con la colla*) volver* a pegar, pegar* de nuevo: *hanno riattaccato i manifesti*, han vuelto a pegar los carteles **2** (*ricucire*) volver a pegar/coser **3** (*il telefono*) colgar* **4** (*fam.*, *ricominciare*) recomenzar*.
riattare *v.tr.* reacondicionar, reparar, arreglar.
riattivare *v.tr.* reactivar, volver* a activar.
riattivazione *s.f.* reactivación.
riavere *v.tr.* recobrar, recuperar: *cerca di* — *il tuo denaro*, intenta recuperar tu dinero ♦ **-rsi** *v.pron.* (*da una malattia*) restablecerse*, reponerse*; (*da uno spavento*) reanimarse, recobrarse, volver* en sí.
riavvicinare *v.tr.* acercar*, aproximar ♦ **-rsi** *v.pron.* (*fig.*) reconciliarse, hacer* las paces.
riavvolgere *v.tr.* (*un nastro*) rebobinar; (*un pacco*) envolver* de nuevo.
ribadire *v.tr.* **1** remachar, reforzar* **2** (*fig.*, *confermare*) confirmar; (*ripetere*) repetir*, subrayar.
ribalta *s.f.* **1** (*di mobile*) tapa abatible **2** (*teatr.*) proscenio (*m.*) **3** (*fig.*) escena, tablas (*pl.*), proscenio (*m.*) | *venire alla* —, hacerse famoso.
ribaltabile *agg.* abatible: *schienale*, *sedile* —, respaldo/asiento abatible.
ribaltamento *s.m.* vuelco.
ribaltare *v.tr.* **1** volcar*, voltear **2** (*fig.*, *cambiare completamente*) dar* un vuelco: *la sua confessione ha ribaltato la situazione*, su confesión dio un vuelco a la situación **3** (*fam.*, *mettere sottosopra*) poner patas arriba: *i ladri hanno ribaltato tutto*, los ladrones lo han puesto todo patas arriba | — *il governo*, derribar el gobierno ♦ **-rsi** *v.pron.* volcar*, rodar*: *il camion si ribaltò*, el camión volcó.
ribassare *v.tr.* bajar, rebajar, disminuir* ♦ *v.intr.* bajar.
ribasso *s.m.* **1** baja (*f.*), disminución (*f.*), bajada (*f.*): *la borsa segna un* —, la bolsa señala una baja **2** (*sconto*) rebaja (*f.*), descuento.
ribattere *v.tr.* **1** volver* a batir **2** (*a macchina*) volver* a escribir **3** (*la palla*) rebotar, rematar, restar **4** (*fig.*) rebatir, replicar*, refutar, contradecir*: *ha la cattiva abitudine di* —, tiene la mala costumbre de replicar* ♦ *v.intr.* (*fig.*) insistir, remachar, contradecir*.
ribellarsi *v.pron.* rebelarse, sublevarse, levantarse; oponerse*: — *ai maltrattamenti*, oponerse a los malos tratos.
ribelle *agg.* rebelde, indomable ♦ *s.m./f.* rebelde.
ribellione *s.f.* rebelión, sublevación, levantamiento (*m.*), insurrección.
ribes *s.m.* (*frutto*) grosella (*f.*); (*pianta*) grosellero.
ribollire *v.intr.* **1** hervir* de nuevo, rebullir **2** (*di vino*) fermentar **3** (*fig.*) hervir*, bullir, agitarse | — *d'ira*, estar que trina.
ribrezzo *s.m.* asco, repugnancia (*f.*), repulsión (*f.*): *fare* —, dar asco.
ributtante *agg.* repugnante, asqueroso, repulsivo.
ricadere *v.intr.* **1** volver* a caer **2** (*fig.*) recaer*: *la colpa ricade su di te*, la culpa recae sobre ti | — *in errore*, reincidir en un error.
ricaduta *s.f.* recaída (*anche fig.*).

ricalcare *v.tr.* **1** calcar*: — *un disegno*, calcar un dibujo **2** (*fig.*) imitar, seguir* las huellas: *quella canzone ricalca una vecchia melodia*, esa canción imita una vieja melodía.
ricalcitrante *agg.* recalcitrante, reluctante, reacio.
ricalcitrare *v.intr.* **1** (*dei cavalli*) cocear, recalcitrar **2** (*fig.*) resistirse.
ricamare *v.tr.* **1** (*tess.*) bordar **2** (*perfezionare*) retocar* **3** (*spettegolare*) chismorrear: *hanno ricamato molto sul fatto*, han chismorreado mucho sobre lo sucedido.
ricamatrice *s.f.* bordadora.
ricambiare *v.tr.* **1** cambiar de nuevo **2** (*contraccambiare*) devolver*, corresponder: — *il saluto*, devolver* el saludo; — *con affetto*, corresponder con cariño ♦ **-rsi** *v.pron.* corresponderse, devolverse*: — *il favore*, devolverse el favor.
ricambio *s.m.* **1** (*sostituzione*) recambio **2** recambio, repuesto: — *della penna a sfera*, recambio del bolígrafo; *pezzi di* —, repuestos **3** (*scambio*) intercambio, trueque.
ricamo *s.m.* bordado, labor (*f.*).
ricapitolare *v.tr.* recapitular, compendiar, resumir.
ricapitolazione *s.f.* recapitulación.
ricaricare *v.tr.* recargar* ♦ **-rsi** *v.pron.* reanimarse, reponerse*.
ricattare *v.tr.* chantajear.
ricattatore *agg.*, *s.m.* chantajista (*m./f.*).
ricatto *s.m.* chantaje; extorsión (*f.*).
ricavare *v.tr.* **1** extraer*, obtener* **2** (*guadagnare*) ganar, sacar* provecho **3** (*fig.*) sacar*, deducir*, conseguir*: *ricava tu le conclusioni*, saca tú las conclusiones.
ricavo *s.m.* **1** provecho, cobro, ganancia (*f.*) **2** (*fig.*) utilidad (*f.*), fruto.
ricchezza *s.f.* riqueza; (*gran quantità*) abundancia; (*averi*) bienes (*m.pl.*).
riccio[1] *agg.* rizado, crespo, encrespado ♦ *s.m.* rizo; (*boccolo*) bucle, tirabuzón.
riccio[2] *s.m.* **1** (*zool.*) erizo (*anche fig.*) | — *di mare*, erizo de mar **2** (*bot.*) erizo.
ricciolo *s.m.* rizo, bucle.
ricciolutoz, ricciuto *agg.* rizado, ensortijado.
ricco *agg.* **1** rico, adinerado, acaudalado; (*fam.*) forrado **2** (*pieno*) abundante: *paese* — *di risorse*, país abundante de recursos ♦ *s.m.* rico.
ricerca *s.f.* **1** búsqueda, busca: *andare alla* — *di*, estar en busca de | (*inform.*) *motore di* —, motor de búsqueda **2** (*indagine*) investigación; estudio (*m.*): — *scientifica*, investigación científica; *è un fatto dimostrato da una* — *recente*, es un hecho demostrado por un estudio reciente.
ricercare *v.tr.* **1** buscar* **2** (*indagare*) investigar*, indagar*, averiguar*.
ricercatezza *s.f.* **1** afectación, rebuscamiento (*m.*), amaneramiento (*m.*): *parla sempre con* —, habla siempre con amaneramiento **2** (*raffinatezza*) refinamiento (*m.*): *un appartamento arredato con* —, un piso amueblado con refinamiento.
ricercato *agg.* **1** apreciado; (*richiesto*) solicitado; (*di valore*) cotizado: *è un medico molto* —, es un médico muy apreciado **2** (*raffinato*) elegante; (*affettato*) afectado, rebuscado: *atteggiamento* —, actitud afectada ♦ *s.m.* perseguido, fugitivo.
ricercatore *s.m.* investigador.
ricetrasmittente *s.f.* (*tel.*) radiotransmisor (*m.*).
ricetta *s.m.* **1** (*cuc., anche fig.*) receta **2** (*med.*) prescripción (*f.*).
ricettacolo *s.m.* receptáculo.
ricettario *s.m.* (*cuc., med.*) recetario.
ricettatore *s.m.* receptador, encubridor; (*gerg.*) perista (*m./f.*): *il* — *nasconde la refurtiva*, el perista oculta/guarda el alijo.
ricettazione *s.f.* (*dir.*) receptación, encubrimiento (*m.*), ocultación.
ricettività *s.f.* **1** receptividad **2** (*radio, tv*) potencia de recepción.
ricettivo *agg.* receptivo.
ricevente *agg.* **1** que recibe **2** (*tel.*) (aparato) receptor ♦ *s.m./f* **1** (*amm.*) destinatario **2** (*ling.*) receptor.
ricevere *v.tr.* **1** recibir; (*un danno*) sufrir; (*un vantaggio*) sacar* (ventaja) **2** (*accogliere*) acoger*, admitir: — *gli ospiti*, recibir a los huéspedes **3** (*tel.*) captar, recibir.
ricevimento *s.m.* **1** recibimiento **2** (*accoglienza*) acogida (*f.*) **3** (*festa*) recibimiento, recepción (*f.*), fiesta (*f.*): *dare un* —, dar una recepción.
ricevitore *agg.* receptor ♦ *s.m.* **1** (*amm.*) recaudador **2** (*del telefono*) auricular, aparato.
ricevitoria *s.f.* despacho (*m.*); (*delle imposte*) oficina de recaudación, tesorería.
ricevuta *s.f.* recibo (*m.*), resguardo (*m.*), tique (*m.*) | *raccomandata con* — *di ritorno*, certificada con acuse de recibo.
ricezione *s.f.* **1** recibo (*m.*), recibimiento (*m.*) **2** (*tel.*) recepción.
richiamare *v.tr.* **1** volver* a llamar; (*far tornare indietro*) hacer* volver **2** (*attrarre*) llamar, atraer*: — *l'attenzione*, llamar la atención **3** (*rimproverare*) reprender: — *all'ordine*, amonestar **4** (*ricordare*) evocar*, recordar*: *il suo viso richiama quello della madre*, su rostro recuerda el de la madre **5** (*mil.*) retirar: — *i soldati*, retirar a los soldados.
richiamo *s.m.* **1** (*chiamata*) llamamiento, llamada (*f.*); (*Amer.*) llamado: — *all'ordine*, llamada al orden | — *alle armi*, llamamiento

a filas | (*med.*) — (*di vaccinazione*), dosis de recuerdo **2** (*suono, voce*) reclamo, señuelo: — *per attirare le prede*, reclamo para atraer a las presas.
richiedente *s.m./f.* solicitante, peticionario (*m.*).
richiedere *v.tr.* **1** volver* a pedir **2** (*amm.*) solicitar, requerir*: — *il passaporto*, requerir el pasaporte **3** (*esigere*) exigir*, reclamar; (*riscuotere*) cobrar **4** (*necessitare*) precisar, necesitar: *questo lavoro richiede attenzione*, este trabajo precisa atención **5** (*fare un'ordinazione*) pedir*: *ci hanno richiesto 100 pezzi*, nos han pedido 100 piezas **6** (*domandare*) preguntar.
richiesta *s.f.* **1** solicitud, petición, instancia | *fermata a* —, parada discrecional **2** (*ordine*) pedido (*m.*) **3** (*bisogno*) demanda: *c'è molta — di informatici*, hay mucha demanda de informáticos.
riciclaggio *s.m.* **1** reciclaje; (*di denaro*) blanqueo **2** (*fig.*) reconversión (*f.*).
riciclare *v.tr.* **1** reciclar: — *rifiuti*, reciclar residuos; — *denaro sporco*, blanquear denaro sucio **2** (*reimpiegare*) volver* a utilizar: *bisogna — quello che già abbiamo*, hay que volver a utilizar lo que ya tenemos.
ricino *s.m.* (*bot.*) ricino: *olio di* —, aceite de ricino.
ricognizione *s.f.* (*anche dir.*) reconocimiento (*m.*): *aereo da* —, avión de reconocimiento.
ricolmo *agg.* lleno a rebosar, desbordante, colmado, (*fam.*) a tope.
ricominciare *v.tr.* **1** recomenzar*, volver* a empezar **2** (*un corso*) reanudar, reemprender: *lunedì ricominciano le lezioni*, el lunes se reanudan las clases.
ricomparire *v.intr.* reaparecer*.
ricomparsa *s.f.* reaparición.
ricompensa *s.f.* recompensa, premio (*m.*), gratificación.
ricompensare *v.tr.* recompensar.
ricomporre *v.tr.* **1** recomponer*, juntar; (*aggiustare*) arreglar: *ha ricomposto il giocattolo*, ha arreglado el juguete **2** (*fig.*) reconstruir* ♦ **-rsi** *v.pron.* (*riprendersi*) reponerse*; volver* en sí, volver* a tomar el control de sí: *cerca di ricomporti prima che arrivino gli altri*, intenta reponerte antes de que lleguen los demás.
ricomposizione *s.f.* recomposición; reconstitución: *la — di un gruppo musicale*, la reconstitución de un grupo musical.
riconciliare *v.tr.* reconciliar, apaciguar* ♦ **-rsi** *v.pron.* reconciliarse, hacer* las paces.
riconciliazione *s.f.* **1** reconciliación **2** (*relig.*) penitencia.
riconducibile *agg.* **1** reconducible **2** (*fig.*) atribuible, achacable.
ricondurre *v.tr.* **1** reconducir*, llevar: *lo ricondussero a casa*, le llevaron a casa **2** (*fig.*) atribuir*: *riconduce il suo errore alla stanchezza*, atribuye su error al cansancio.
riconferma *s.f.* reconfirmación, ratificación.
riconfermare *v.tr.* confirmar, ratificar*.
riconfortare *v.tr.* reconfortar, reanimar, consolar*.
ricongiungere *v.tr.* volver* a juntar, reunir* ♦ **-rsi** *v.pron.* juntarse, reunirse*.
ricongiungimento *s.m.* reunión (*f.*), reunificación (*f.*).
riconnettere *v.tr.* reconectar ♦ **-rsi** *v.pron.* reconectarse.
riconoscente *agg.* agradecido, reconocido: *essere — a qlcu.*, estar agradecido a alguien.
riconoscenza *s.f.* agradecimiento (*m.*), reconocimiento (*m.*), gratitud.
riconoscere *v.tr.* **1** (*ammettere*) reconocer*, admitir, confesar*: *riconosco il mio errore*, admito mi error **2** (*distinguere*) reconocer*, discernir*, distinguir*, identificar*.
riconoscibile *agg.* reconocible.
riconoscimento *s.m.* **1** reconocimiento, aceptación (*f.*): — *di un diritto*, reconocimiento de un derecho **2** (*identificazione*) identificación (*f.*) **3** (*compenso*) recompensa (*f.*).
riconquista *s.f.* reconquista.
riconquistare *v.tr.* (*anche fig.*) reconquistar.
riconsegna *s.f.* restitución, devolución.
riconsiderare *v.tr.* reconsiderar.
riconversione *s.f.* reconversión.
riconvertire *v.tr.* reconvertir*.
ricopiare *v.tr.* pasar a limpio, transcribir*, copiar.
ricoprire *v.tr.* **1** recubrir, revestir*; (*un recipiente*) tapar **2** (*fig., colmare*) colmar, llenar, cubrir: — *di baci*, cubrir de besos **3** (*fig., occupare*) ocupar, asumir; desempeñar: *ricopre la cattedra di fisica*, ocupa la cátedra de física; — *un incarico importante*, desempeñar un cargo importante.
ricordare *v.tr.* **1** recordar*; (*evocare*) rememorar: *ricordami l'appuntamento con il dottore*, recuérdame la cita con el médico **2** (*menzionare*) mencionar, nombrar: *non gli — quel difficile momento*, no le recuerdes aquel difícil momento **3** (*celebrare*) conmemorar ♦ **-rsi** *v.pron.* acordarse*.
ricordo *s.m.* recuerdo, memoria (*f.*) | *serbare un buon — di qlco./qlcu.*, guardar un buen recuerdo de algo/alguien.
ricorrente *agg.* recurrente, frecuente.
ricorrenza *s.f.* **1** (*il ripetersi*) repetición **2** (*anniversario*) aniversario (*m.*), fiesta anual.
ricorrere *v.intr.* **1** acudir, recurrir (a alguien/algo): *ogni volta che ha bisogno ricorre a lui*,

siempre que lo necesita acude a él **2** (*dir.*, *far ricorso*) recurrir, apelar **3** (*ripetersi*) recurrir, repetirse*: *questa espressione ricorre in tutto il racconto*, esta expresión recurre en todo el relato **4** (*di festività*) ser*, caer*, celebrarse **5** (*utilizzare*) valerse*, hacer* uso: *per fare il buco ricorre a un trapano*, para hacer el agujero se vale de un taladro **6** (*fig.*, *ricordare*) remontarse, volver*.

ricorso *s.m.* **1** petición (*f.*), solicitud (*f.*): *fare — a qlcu.*, recurrir a alguien **2** (*dir.*) recurso, instancia (*f.*): *presentare un —*, entablar recurso; — *in appello*, recurso de apelación.

ricostituente *agg.*, *s.m./f.* reconstituyente.

ricostituire *v.tr.* **1** reconstituir*, rehacer*, restaurar **2** (*med.*) restablecer*, reponer*, fortificar*: *questa terapia ricostituisce il fisico*, esta terapia fortifica el físico ♦ **-rsi** *v.pron.* reconstituirse*.

ricostruire *v.tr.* reconstruir* (*anche fig.*), rehacer*, recomponer*.

ricostruzione *s.f.* reconstrucción, reedificación.

ricotta *s.f.* (*cuc.*) requesón (*m.*).

ricoverare *v.tr.* **1** (*dar riparo*, *ospitalità*) asilar, acoger*, amparar, refugiar **2** (*in ospedale*) hospitalizar*, ingresar: *è stato ricoverato alle sei*, lo ingresaron a las seis ♦ **-rsi** *v.pron.* **1** refugiarse, cobijarse **2** ingresar, hospitalizarse*.

ricoverato *agg.* hospitalizado, ingresado; (*in ospizio*) internado ♦ *s.m.* paciente (*m./f.*); (*in ospizio*) interno.

ricovero *s.m.* **1** hospitalización (*f.*), ingreso **2** refugio, amparo **3** (*ospizio*) hospicio, asilo, residencia (*f.*) de ancianos.

ricreare *v.tr.* **1** recoser, volver* a coser **2** (*med.*) coser, suturar **3** (*fig.*, *ricomporre*) restablecer*.

ricreativo *agg.* recreativo.

ricreazione *s.f.* **1** (*intervallo*) recreo (*m.*), pausa **2** (*distrazione*) recreación, diversión, entretenimiento (*m.*).

ricredersi *v.pron.* cambiar de idea/de opinión.

ricuperare *v.tr.* → **recuperare.**

ricupero *s.m.* → **recupero.**

ricurvo *agg.* **1** corvo, doblado, curvado **2** (*di persona*) encorvado.

ricusare *v.tr.* **1** rehusar, rechazar*, negarse*: — *una critica*, rechazar una crítica | *ricusò di parlare*, se negó a hablar **2** (*dir.*) recusar.

ridacchiare *v.intr.* reír* burlonamente, reír* malignamente, reír* con socarronería.

ridare *v.tr.* devolver*, volver* a dar, restituir*.

ridarella *s.f.* risa floja, risa tonta.

ridere[1] *v.intr.* reír*, reírse* | *per —*, en broma | — *a crepapelle*, reír a carcajadas | *scoppiare a —*, echarse a reír | *ride bene chi ride ultimo*, quien ríe el último ríe mejor | *c'è poco da —*, no es para tanta risa.

ridere[2] *s.m.* risa (*f.*) | *morire dal —*, morirse/partirse/reventar de risa | *prendere qlco. sul —*, tomar algo a risa.

ridestare *v.tr.* **1** despertar* **2** (*fig.*) excitar, renovar*, avivar.

ridicolizzare *v.tr.* ridiculizar*, poner* en ridículo; (*prendere in giro*) tomarle el pelo a alguien.

ridicolo *agg.* **1** ridículo **2** (*di poco valore*) irrisorio: *l'ho comprato a un prezzo —*, lo he comprado por un precio irrisorio.

ridimensionare *v.tr.* **1** acondicionar, reorganizar* **2** (*fig.*) reajustar; (*ridurre*) reducir*; reevaluar ♦ **-rsi** *v.pron.* reajustarse, ceñirse*: *le sue aspettative si sono ridimensionate*, sus aspectativas se ciñeron.

ridistribuire *v.tr.* redistribuir*.

ridondante *agg.* redundante.

ridondanza *s.f.* redundancia.

ridosso *s.m.* reparo, abrigo | *a — di*, al abrigo de, al amparo de, detrás de; muy cerca.

ridotto *agg.* reducido | *essere mal —*, estar hecho polvo ♦ *s.m.* (*teatr.*) saloncillo.

ridurre *v.tr.* **1** (*diminuire*) reducir*, limitar; (*uno scritto*) resumir **2** (*trasformare*) convertir*, transformar: — *in pezzi qlco.*, hacer añicos, hacer pedazos de algo **3** (*med.*, *mat.*) reducir*, simplificar* **4** (*fig.*, *costringere*) reducir*, obligar*: — *all'ubbidienza*, reducir a la obediencia ♦ **-rsi** *v.pron.* reducirse*, convertirse*.

riduttore *agg.*, *s.m.* (*elettr.*) reductor, transformador.

riduzione *s.f.* **1** reducción, disminución; (*di prezzo*) rebaja **2** (*adattamento*) adaptación: — *cinematografica*, adaptación cinematográfica.

riecco *avv.* he aquí nuevamente: *rieccomi qui*, heme aquí otra vez.

riecheggiare *v.intr.* resonar*, retumbar ♦ *v.tr.* (*fig.*) recordar*.

riedificare *v.tr.* (*edil.*) reedificar*.

riedizione *s.f.* reedición.

rieducare *v.tr.* **1** reeducar* **2** (*med.*) rehabilitar.

rieducazione *s.f.* **1** reeducación **2** (*med.*) rehabilitación.

rielaborare *v.tr.* reelaborar.

rieleggere *v.tr.* reelegir*.

riemergere *v.intr.* emerger (*anche fig.*), salir* a la superficie.

riempire *v.tr.* **1** llenar, colmar (*anche fig.*): — *il bicchiere*, llenar el vaso **2** (*compilare*) rellenar: — *un modulo*, rellenar un módulo ♦ **-rsi** *v.pron.* llenarse; (*di cibo*) hartarse, atiborrarse.

rientranza *s.f.* entrante (*m.*), hueco (*m.*), cavidad: *una — nella parete*, una cavidad en la pared.
rientrare *v.intr.* **1** volver* a entrar; (*ritornare*) volver*, regresar **2** (*fig.*) pertenecer*, corresponder, estar* incluido: *questo non rientrava negli accordi*, esto no formaba parte de los acuerdos **3** (*presentare una rientranza*) formar un recodo/meandro; tener* un entrante.
rientro *s.m.* **1** regreso, vuelta (*f.*); (*ritorno*) retorno **2** (*di denaro*) reingreso.
riepilogare *v.tr.* recapitular, resumir.
riepilogo *s.m.* recapitulación (*f.*), resumen.
riesame *s.m.* nuevo examen, reexaminación (*f.*).
riesaminare *v.tr.* volver* a examinar, reconsiderar.
riesumare *v.tr.* **1** exhumar (*anche fig.*), desenterrar* **2** (*fig.*) resucitar: — *vecchi rancori*, resucitar antiguos rencores.
riesumazione *s.f.* exhumación.
rievocare *v.tr.* evocar*, rememorar, recordar*, revivir.
rievocazione *s.f.* recuerdo (*m.*), evocación, conmemoración.
rifacimento *s.m.* **1** (*azione*) rehacimiento **2** (*restauro, ricostruzione*) reconstrucción (*f.*).
rifare *v.tr.* **1** rehacer*, volver* a hacer: *è tutto da* —, hay que volver a hacerlo todo **2** (*rinnovare*) renovar*: — *il bagno*, renovar el baño **3** (*ripetere*) repetir* **4** (*riparare*) arreglar: *questa strada è da* —, hay que arreglar esta carretera ♦ **-rsi** *v.pron.* **1** rehacerse* **2** (*riferirsi*) citar, referirse*: *il suo testo si rifà a Kant*, su texto cita a Kant **3** (*fig.*) restablecerse*, recobrarse | — *gli occhi*, recrearse la vista **4** (*vendicarsi*) vengarse*, tomarse la venganza.
riferimento *s.m.* **1** referencia (*f.*): *punto di* —, punto de referencia **2** alusión (*f.*), relación (*f.*): *stai facendo — a qualcosa in particolare?*, ¿haces alusión a algo en particular? | *in, con — a*, en relación con, con respecto a.
riferire *v.tr.* referir*, contar*, relatar ♦ *v.intr.* informar ♦ **-rsi** *v.pron.* referirse*, aludir, hacer* referencia.
riffa[1] *s.f.* rifa, lotería.
riffa[2] *s.f. nella loc.*: *di — o di raffa*, sea como sea, a toda costa, a cualquier precio.
rifilare *v.tr.* **1** rehilar, igualar, recortar **2** (*fig., fam.*) soltar*, encajar*, dar*, endosar: — *una banconota falsa*, encajar un billete falso; — *un lavoro*, endosar un trabajo.
rifinire *v.tr.* **1** perfeccionar, pulir **2** (*tecn.*) perfilar.
rifinito *agg.* pulido, perfeccionado, acabado.
rifinitura *s.f.* acabado (*m.*), retoque (*m.*): *dare le rifiniture*, dar los últimos toques.
rifiorire *v.intr.* **1** (*anche fig.*) reflorecer* **2** (*di macchie*) reaparecer*, florecer*.
rifioritura *s.f.* **1** (*anche fig.*) reflorecimiento (*m.*) **2** (*di muffa*) enmohecimiento (*m.*).
rifiutare *v.tr.* rehusar, rechazar*, denegar*: — *un'offerta*, rechazar una oferta ♦ **-rsi** *v.pron.* negarse*: *si è rifiutato di farlo*, se negó a hacerlo.
rifiuto *s.m.* **1** rechazo, negativa (*f.*) **2** desechos (*pl.*), residuos (*pl.*); (*spazzatura*) basura (*f.*): *raccolta dei rifiuti*, recogida de basura.
riflessione *s.f.* **1** reflexión, consideración, meditación, pensamiento (*m.*): *voglio fare una — su quanto detto*, quiero hacer una reflexión sobre lo dicho **2** (*fis.*) reflexión.
riflessivo *agg.* reflexivo (*anche gramm.*), pensativo, ponderado | *pronome* —, pronombre reflexivo.
riflesso *s.m.* **1** reflejo; (*di luce*) reverberación (*f.*) **2** (*fig.*) consecuencia (*f.*), repercusión (*f.*): *questo atteggiamento è il — delle tue parole*, esta actitud es el reflejo de tus palabras.
riflettere *v.tr.* **1** reflejar* (*anche fig.*), reflectar: *gli occhiali riflettono la luce*, las gafas reflejan la luz **2** (*fig.*) manifestar* ♦ *v.intr.* reflexionar, meditar, pensar*: *è una persona che riflette molto prima di agire*, es una persona que reflexiona mucho antes de actuar ♦ **-rsi** *v.pron.* **1** reflejarse **2** (*ripercuotersi*) repercutir.
riflettore *s.m.* reflector.
rifluire *v.intr.* refluir*; (*scorrere*) correr, fluir*.
riflusso *s.m.* **1** reflujo **2** (*del mare*) resaca (*f.*), bajamar (*f.*).
rifocillare *v.tr.* dar* de comer, alimentar ♦ **-rsi** *v.pron.* reconfortarse.
rifondere *v.tr.* **1** (*metalli*) refundir **2** (*fig.*) reembolsar, resarcir*, pagar*.
riforma *s.f.* (*anche relig.*) reforma.
riformare *v.tr.* reformar.
riformato *agg., s.m.* (*relig., mil.*) reformado.
riformatore *agg., s.m.* reformador.
riformatorio *s.m.* reformatorio, centro correccional.
riformista *agg., s.m./f.* (*anche pol.*) reformista.
rifornimento *s.m.* abastecimiento, suministro, provisión (*f.*), aprovisionamiento: *le truppe aspettavano il — di cibo*, las tropas esperaban los víveres; *fare — di benzina*, poner gasolina, repostar.
rifornire *v.tr.* abastecer*, proveer*, suministrar; (*di cibo*) aprovisionar ♦ **-rsi** *v.pron.* abastecerse*.
rifrangere *v.tr.* refractar, refringir* ♦ **-rsi** *v.pron.* refractarse, romperse*: *le onde si rifrangevano a riva*, las olas se rompían en la orilla.

rifrazione *s.f.* (*fis.*) refracción.
rifugiarsi *v.pron.* refugiarse, cobijarse, ampararse, guarecerse*.
rifugiato *agg.*, *s.m.* refugiado | — *politico*, refugiado político.
rifugio *s.m.* **1** (*anche fig.*) refugio, cobijo, amparo, protección (*f.*) | — *antiatomico*, refugio atómico **2** (*fig.*) consuelo **3** (*di montagna*) refugio.
riga *s.f.* **1** línea, raya: *a righe*, a/de rayas **2** (*di scrittura*) línea, renglón (*m.*): *scrivere due righe*, escribir dos líneas | *leggere tra le righe*, leer entre líneas | *sopra le righe*, fuera de tono **3** (*scriminatura*) raya **4** (*mil.*) fila: *rompete le righe!*, ¡rompan filas! | *mettere in —*, hacer entrar en vereda **5** (*righello*) regla.
rigagnolo *s.m.* arroyo, riachuelo.
rigare *v.tr.* **1** rayar **2** (*fig.*) surcar* | — *dritto*, portarse bien.
rigattiere *s.m.* chamarilero, trapero, ropavejero.
rigenerare *v.tr.* **1** reengendrar **2** (*fig.*) reengendrar, regenerar **3** (*tecn.*) regenerar ♦ **-rsi** *v.pron.* regenerarse.
rigettare *v.tr.* **1** (*respingere*) rechazar*, rehusar* **2** (*gettare di nuovo*) volver* a lanzar **3** (*vomitare*) vomitar, arrojar*.
rigetto *s.m.* rechazo.
righello *s.m.* regla (*f.*).
rigidità *s.f.* **1** rigidez* (*anche fig.*) **2** (*fig.*) inflexibilidad, severidad, inclemencia.
rigido *agg.* **1** rígido (*anche fig.*) **2** riguroso, frío, duro: *inverno —*, invierno riguroso **3** (*fig.*) severo, inflexible, estricto: *i suoi genitori sono molto rigidi*, sus padres son muy estrictos.
rigirare *v.tr.* **1** dar* vueltas, girar | — *il discorso*, cambiar de tema **2** (*ripercorrere*) recorrer, dar* vueltas ♦ **-rsi** *v.pron.* revolverse*, agitarse: — *nel letto*, revolverse en la cama, darse la vuelta en la cama.
rigo *s.m.* **1** línea (*f.*), raya (*f.*); (*di un testo*) renglón **2** (*mus.*) pentagrama.
rigoglioso *agg.* **1** lozano (*anche fig.*), exuberante, lujuriante, frondoso: *una natura rigogliosa*, una naturaleza lujuriante **2** (*fig.*) vivo.
rigonfiamento *s.m.* **1** hinchazón (*f.*) **2** (*in una parete*) abombamiento: *l'umidità ha causato un —*, la humedad ha causado un abombamiento.
rigore *s.m.* **1** rigor, aspereza (*f.*), inclemencia (*f.*), dureza (*f.*): *il — dell'inverno*, el rigor del invierno **2** (*severità*) severidad (*f.*), rigor; (*di una persona*) austeridad: *il — della sentenza*, el rigor de la sentencia **3** (*sport*) penalti | *andare ai rigori*, ir a los penaltis **4** (*precisione*) exactitud (*f.*), precisión (*f.*) | *essere di —*, ser de rigor.
rigoroso *agg.* riguroso, severo, estricto; preciso: *uno studio —*, un estudio preciso.
rigovernare *v.tr.* (*lavare i piatti*) fregar*, lavar los platos; poner* en orden, arreglar: *devo — la cucina*, tengo que arreglar la cocina.
riguadagnare *v.tr.* **1** volver* a ganar **2** (*recuperare*) recuperar: — *il tempo perduto*, recuperar el tiempo perdido **3** (*fig.*) reconquistar.
riguardare *v.tr.* **1** remirar, volver* a mirar; (*rivedere*) repasar, revisar, controlar **2** (*concernere*) referirse*, atañer*, concernir*, tener* que ver; importar, afectar: *per quel che mi riguarda*, por lo que me concierne, en lo que me atañe; *questo problema non mi riguarda*, este problema no me afecta ♦ **-rsi** *v.pron.* cuidarse, protegerse*: *riguardati*, cuídate.
riguardo *s.m.* **1** cuidado, precaución (*f.*), atención (*f.*) **2** respeto, cortesía (*f.*), consideración (*f.*), miramiento: *mancare di —*, faltar al respeto **3** (*relazione*) relación (*f.*), pertinencia (*f.*) | — *a*, respecto a | *a questo —*, a tal propósito | *nei riguardi di*, por lo que respecta a.
rigurgitare *v.intr.* rebosar, rezumar ♦ *v.tr.* vomitar, regurgitar.
rigurgito *s.m.* **1** regurgitación (*f.*), rebosamiento **2** (*fig.*, *ritorno*) arranque, arrebato, vuelta (*f.*), coletazo: *è l'ultimo — della protesta*, es el último coletazo de la protesta.
rilanciare *v.tr.* **1** arrojar*, relanzar*, volver* a lanzar **2** (*in un'asta*) pujar* **3** (*fig.*) relanzar*, promover*.
rilancio *s.m.* relanzamiento; (*a carte*) relance; (*in un'asta*) puja (*f.*).
rilasciare *v.tr.* **1** soltar*, libertar, poner* en libertad, dejar libre: — *gli ostaggi*, libertar a los rehenes **2** (*un documento*) expedir*, entregar*, extender* **3** (*rilassare*) distender*, relajar: — *i muscoli*, relajar los músculos.
rilascio *s.m.* **1** liberación (*f.*), puesta (*f.*) en libertad **2** (*concessione*) entrega (*f.*); (*di certificati, documenti*) expedición (*f.*).
rilassamento *s.m.* **1** relajación (*f.*), relajamiento, aflojamiento **2** (*fig.*) distensión (*f.*).
rilassante *agg.* relajante, relajador.
rilassare *v.tr.* relajar* (*anche fig.*), aflojar, distender* ♦ **-rsi** *v.pron.* relajarse, distenderse*.
rilassatezza *s.f.* relajación (*anche fig.*).
rilassato *agg.* relajado.
rilegare *v.tr.* (*un libro*) encuadernar.
rilegatura *s.f.* (*di libro*) encuadernación.
rileggere *v.tr.* releer*, volver* a leer.
rilento, a *loc.avv.* despacio, lentamente: *il lavoro procede —*, el trabajo procede lentamente.
rilettura *s.f.* relectura.

rilevamento *s.m.* **1** detección (*f.*), relevación (*f.*) **2** (*raccolta dati*) encuesta (*f.*), sondeo.
rilevante *agg.* relevante, notable, considerable; sobresaliente: *questa è una scoperta* —, este es un descubrimiento considerable.
rilevanza *s.f.* relevancia, importancia, relieve (*m.*).
rilevare *v.tr.* **1** notar, advertir*, detectar; (*sottolineare*) destacar*, resaltar, poner* de manifiesto: *ho rilevato alcuni errori nel tuo esercizio*, he notado algunos errores en tu ejercicio **2** (*acquisire*) adquirir*, comprar: — *un'azienda*, comprar una empresa **3** (*sostituire*) reemplazar*, relevar **4** sondear, encuestar, sacar* datos: *grazie a questo sondaggio hanno rilevato importanti informazioni*, gracias a este sondeo han sacado datos importantes **5** (*in topografia*) levantar; (*nel disegno*) sacar*.
rilevato *agg.* en relieve, realzado.
rilevazione *s.f.* encuesta, sondeo (*m.*).
rilievo *s.m.* **1** (*geogr.*) relieve **2** (*fig.*) importancia (*f.*), relieve, realce: *opera di* —, obra de importancia/de relieve | *mettere in* —, dar importancia, poner en evidencia **3** (*commento*) observación (*f.*).
riloga *s.f.* riel (*m.*), barra de cortina.
rilucere *v.intr.* relucir*, brillar, resplandecer*.
riluttante *agg.* reluctante, reacio.
riluttanza *s.f.* reluctancia, resistencia, renuencia; indecisión.
riluttare *v.intr.* resistirse, ser* reacio.
rima *s.f.* **1** rima | — *baciata*, rima pareada | (*fig.*) *rispondere per le rime*, devolver la pelota **2** (*pl.*, *versi*) rimas, versos (*m.*).
rimandare *v.tr.* **1** reenviar* **2** (*restituire*) devolver,* restituir*: — *indietro il regalo*, devolver el regalo **3** (*differire*) aplazar*, diferir*, postergar*, posponer*: — *a domani la gita*, aplazar a mañana la excursión **4** hacer* referencia, remitir: *questa nota rimanda al capitolo precedente*, esta nota remite al capítulo anterior **5** (*a scuola*) suspender: *sono stato rimandato in latino*, me han suspendido en latín.
rimando *s.m.* **1** reenvío; (*restituzione*) devolución (*f.*) | *di* —, de rebote **2** (*dilazione*) aplazamiento **3** (*in un testo*) remisión (*f.*).
rimaneggiare *v.tr.* reorganizar*, modificar*, reestructurar; (*ritoccare un testo*) refundir, retocar*.
rimanente *agg.* restante, sobrante ♦ *s.m.* remanente, resto.
rimanenza *s.f.* **1** remanente (*m.*), resto (*m.*), residuo (*m.*) **2** (*pl.*, *comm.*) existencias.
rimanere *v.intr.* **1** quedar, quedarse, permanecer*; (*trattenersi*) detenerse*: — *a casa*, quedarse en casa; — *indietro*, quedarse atrás, rezagarse **2** (*avanzare*) sobrar, quedar: *è rimasto un po' di pane*, ha sobrado un poco de pan **3** (*mancare*) faltar: *mi rimane poco per finire*, me falta poco para terminar **4** (*di luoghi*) estar*, quedar
■ ***dove eravamo rimasti?***, ¿dónde estábamos? | ***rimanere di sasso***, quedarse de piedra | ***rimanere d'accordo***, convenir, estar de acuerdo | ***rimanere al verde***, quedarse sin blanca | ***rimanere in sospeso***, quedar en suspenso | ***rimanerci***, (*morire*) palmarla.
rimangiarsi *v.pron.* (*fig.*) incumplir | — *la parola*, no mantener la palabra, desdecirse, retractarse.
rimarcare *v.tr.* remarcar*, subrayar; notar, observar.
rimarchevole *agg.* notable, remarcable.
rimare *v.tr./intr.* rimar.
rimarginare *v.tr.* **1** cicatrizar* **2** (*fig.*) cerrar*, curar, sanar ♦ **-rsi** *v.pron.* (*ferita*) cicatrizarse*, cerrarse*.
rimaritarsi *v.intr.pron.* volverse* a casar.
rimatore *agg.*, *s.m.* rimador.
rimbalzare *v.intr.* **1** rebotar **2** (*fig.*) correr, difundirse: *il pettegolezzo rimbalzò di bocca in bocca*, el chisme/cotilleo corrió de boca en boca.
rimbalzo *s.m.* rebote | *di* —, de rebote, indirectamente.
rimbambire *v.intr.* chochear.
rimbambito *agg.*, *s.m.* chocho, atontado, atolondrado.
rimbeccare *v.tr.* (*fig.*) replicar*, contestar, contradecir*.
rimbecillire *v.tr.* abobar; (*stordire*) aturdir: *il rumore mi rimbecillisce*, el ruido me aturde ♦ **-rsi** *v.pron.* volverse* tonto, abobarse.
rimboccare *v.tr.* (*le maniche*) arremangar*; (*le coperte*) arropar | — *le maniche*, poner manos a la obra.
rimbombare *v.intr.* retumbar, resonar*.
rimbombo *s.m.* retumbo, rimbombo; (*fracasso*) estruendo, fragor.
rimborsabile *agg.* reembolsable.
rimborsare *v.tr.* reembolsar, devolver*.
rimborso *s.m.* reembolso, devolución (*f.*).
rimboschimento *s.m.* reforestación (*f.*), repoblación (*f.*) forestal.
rimboschire *v.tr.* repoblar*, reforestar.
rimbrotto *s.m.* reprensión (*f.*), reproche, reprimenda (*f.*).
rimediabile *agg.* remediable.
rimediare *v.tr.* **1** remediar, reparar, arreglar, poner* remedio: *cerca di — al tuo errore*, intenta poner rimedio a tu error **2** (*fam.*, *procurarsi*) conseguir*, procurar, encontrar*: *sono riuscito a — un vestito*, he conseguido encontrar un vestido ♦ *v.intr.* remediar,

reparar: *ho rimediato alla gaffe*, he reparado la metedura de pata.
rimedio *s.m.* remedio, solución (*f.*), arreglo: *non c'è —*, no hay más remedio | *porre —*, poner remedio | *il — è peggiore del male*, el remedio es peor que la enfermedad.
rimescolare *v.tr.* mezclar, revolver*, remover*; (*le carte*) barajar.
rimessa *s.f.* **1** (*garage*) garaje (*m.*); cochera **2** (*sport*) saque (*m.*) **3** (*comm.*, *invio*) envío (*m.*), remesa.
rimestare *v.tr.* revolver*, remover*.
rimettere *v.tr.* **1** reponer*, volver* a poner **2** (*affidare*) remitir, enviar, confiar; (*sottomettere*) someter: *— la decisione al giudizio altrui*, remitir la decisión al juicio de los demás **3** (*comm.*) remitir **4** (*sport*) sacar*, devolver* **5** (*vomitare*) vomitar, devolver* **6** perdonar, condonar: *— i peccati*, perdonar los pecados **7** (*fam.*, *rimetterci*) perder*: *cosa ci rimetto?*, ¿qué pierdo?; *ci ha rimesso molti soldi*, ha perdido mucho dinero; *con questo affare potresti rimetterci*, con este negocio podrías salir perdiendo | *— la pelle, le penne*, dejar el pellejo ♦ **-rsi** *v.pron.* **1** (*riprendere a fare*) volver a ponerse a, empezar de nuevo a (+ *inf.*): *mi rimisi a correre*, empecé de nuevo a correr; *si rimette a piovere*, empieza de nuevo a llover **2** (*ristabilirsi*) restablecerse*, reponerse*: *si è rimessa*, se ha restablecido **3** (*affidarsi*) remitirse.
rimirare *v.tr.* observar; (*con attenzione*) escudriñar, remirar ♦ **-rsi** *v.pron.* contemplarse.
rimmel *s.m.* rímel.
rimodernare *v.tr.* modernizar*, renovar*, remozar*: *— un appartamento*, remozar un piso.
rimonta *s.f.* (*sport*) remontada.
rimorchiare *v.tr.* **1** remolcar* **2** (*fig.*, *trascinare*) arrastrar **3** (*fam.*) ligar(se); (*Amer.*) conquistar: *— una ragazza*, conquistar a una chica; *ha rimorchiato un bel ragazzo*, ha ligado con un chaval bien guapo.
rimorchiatore *agg.*, *s.m.* (*mar.*) remolcador.
rimorchio *s.m.* remolque | *andare a —*, ir a remolque.
rimordere *v.tr.* remorder*, atormentar, pesar: *gli rimorde la coscienza*, le remuerde la conciencia.
rimorso *s.m.* remordimiento.
rimostranza *s.f.* protesta, queja; reclamación.
rimozione *s.f.* **1** remoción, eliminación **2** (*di auto*) retiro (*m.*) **3** (*psic.*) represión: *la — del giorno dell'incidente*, la represión del día del accidente **4** (*destituzione*) destitución: *— da un incarico*, destitución de un cargo.
rimpallo *s.m.* (*calcio*) rebote.
rimpasto *s.m.* **1** nueva amasadura (*f.*) **2** (*fig.*) reorganización (*f.*), reajuste, cambio: *— ministeriale*, reajuste ministerial.
rimpatriare *v.tr.* repatriar ♦ *v.intr.* repatriarse.
rimpatriata *s.f.* (*fam.*) reencuentro (*m.*).
rimpatrio *s.m.* repatriación (*f.*).
rimpiangere *v.tr.* **1** lamentar, deplorar, sentir* **2** (*sentire nostalgia*) añorar, echar de menos; (*Amer.*) extrañar: *— i tempi felici*, añorar los buenos tiempos; *rimpiange i suoi genitori*, echa de menos a sus padres.
rimpianto *s.m.* añoranza (*f.*), nostalgia (*f.*); (*pentimento*) arrepentimiento: *non restare con il — di non essere andato*, no te vayas a arrepentir de no haber ido.
rimpiattino *s.m.* escondite; (*Amer.*) escondidas (*f.pl.*): *giocare a —*, jugar al escondite.
rimpiazzare *v.tr.* reemplazar*, sustituir*.
rimpiazzo *s.m.* **1** re(e)mplazo, sustitución (*f.*) **2** (*sostituto*) sustituto, reemplazante (*m./f.*).
rimpicciolire *v.tr.* empequeñecer*, achicar* ♦ **-rsi** *v.pron.* empequeñecerse*, achicarse*.
rimpinzare *v.tr.* atiborrar, atracar*, hartar, embutir ♦ **-rsi** *v.pron.* atiborrarse, atracarse*, hartarse: *a Natale la gente si rimpinza di cibo*, en Navidades la gente se harta de comida.
rimproverare *v.tr.* reprochar, reprender; (*sgridare*) reñir*, regañar ♦ **-rsi** *v.pron.* reprocharse.
rimprovero *s.m.* reproche, reprimenda (*f.*); (*fam.*, *sgridata*) rapapolvo.
rimuginare *v.tr./intr.* (*fig.*) rumiar, reflexionar, darle* vueltas a algo: *continua a — sul problema*, sigue dándole vueltas al problema.
rimunerare *v.tr.* **1** remunerar, recompensar, retribuir*, pagar* **2** (*dare profitto*) rendir*: *questo lavoro rimunera poco*, este trabajo rinde poco.
rimunerazione *s.f.* remuneración, retribución, honorario (*m.*); (*stipendio*) sueldo (*m.*), paga.
rimuovere *v.tr.* **1** remover* (*anche fig.*); (*spostare*) desplazar*; (*togliere*) sacar*, apartar, quitar, eliminar **2** destituir*: *— i funzionari dalle loro cariche*, destituir* a los funcionarios de sus cargos **3** (*psic.*) remover*, olvidar.
rinascere *v.intr.* **1** renacer*, volver* a nacer; (*bot.*) rebrotar, volver* a brotar **2** (*fig.*) resurgir*: *quando ha lasciato quel lavoro è rinato*, cuando dejó aquel trabajo resurgió.
rinascimentale *agg.* renacentista.
rinascimento *s.m.* renacimiento: *il Rinascimento nacque in Italia*, el Renacimiento nació en Italia.
rinascita *s.f.* renacimiento (*m.*), resurgi-

miento (*m.*): *la — dell'artigianato*, el renacimiento de la artesanía.
rincalzare *v.tr.* reforzar*, afianzar*.
rincalzo *s.m.* **1** (*arch.*, *tecn.*) recalzo **2** (*mil.*) tropas (*f.pl.*) de reserva **3** (*fig.*) apoyo, refuerzo, afianzamiento, ayuda (*f.*).
rincantucciarsi *v.pron.* arrinconarse, esconderse.
rincarare *v.tr.* encarecer*, aumentar, subir | *— la dose*, írsele la mano.
rincaro *s.m.* encarecimiento, aumento, subida (*f.*).
rincasare *v.intr.* volver* a casa, regresar.
rinchiudere *v.tr.* **1** encerrar*, recluir* **2** (*conservare*) guardar: *ha rinchiuso i gioielli in cassaforte*, ha guardado las joyas en la caja fuerte ♦ **-rsi** *v.pron.* encerrarse*; retirarse.
rincitrullire *v.tr.*, **-rsi** *v.pron.* embobar, idiotizar*.
rincitrullito *agg.*, *s.m.* bobo, chocho, atontado.
rincorrere *v.tr.* perseguir*, seguir* ♦ **-rsi** *v.pron.* perseguirse*, pillarse: *giocare a —*, jugar a pillarse.
rincorsa *s.f.* carrerilla, impulso (*m.*): *prenderela —*, tomar carrerilla.
rincrescere *v.intr.* sentir*, lamentar: *mi rincresce che tu stia male*, lamento que estés mal | *se non ti rincresce*, si no te importa.
rincrescimento *s.m.* pesar; disgusto.
rinculare *v.intr.* **1** recular **2** (*di arma*) retroceder.
rinculo *s.m.* (*di arma*) retroceso.
rincuorare *v.tr.* animar, alentar*, dar* ánimos.
rinfacciare *v.tr.* echar en cara, reprochar; (*Amer.*) enrostrar.
rinforzare *v.tr.* **1** reforzar*, fortalecer*, consolidar (*anche fig.*): *le disgrazie rinforzano le amicizie autentiche*, las desgracias consolidan las amistades auténticas **2** (*puntellare*) apuntalar ♦ **-rsi** *v.pron.* fortalecerse*, reforzarse*; restablecerse*.
rinforzo *s.m.* refuerzo, apoyo, ayuda (*f.*).
rinfrancare *v.tr.* tranquilizar*; reanimar, alentar*, dar* seguridad: *la sua presenza la rinfranca*, su presencia le da seguridad ♦ **-rsi** *v.pron.* tranquilizarse*, reanimarse; serenarse.
rinfrescante *agg.* refrescante | *bevanda —*, refresco.
rinfrescare *v.tr.* refrescar* (*anche fig.*), enfriar* ♦ **-rsi** *v.pron.* (*lavarsi*) lavarse, asearse; refrescarse*.
rinfresco *s.m.* **1** (*riunione*) reunión (*f.*), refresco: *dare un —*, ofrecer un refresco **2** (*pl.*, *bibita*) refresco (*sing.*).
rinfusa, alla *loc.avv.* en montón, desordenadamente; (*di merci*) a granel: *carico —*, carga a granel.
ringhiare *v.intr.* gruñir*.
ringhiera *s.f.* barandilla, baranda, pasamano (*m.*).
ringiovanire *v.intr.* rejuvenecer* ♦ **-rsi** *v.pron.* rejuvenecerse*.
ringraziamento *s.m.* agradecimiento | (*USA*) *giorno del Ringraziamento*, Día de Accion de Gracias.
ringraziare *v.tr.* dar* las gracias, agradecer*: *la ringraziò per essere venuta*, le dio las gracias por haber venido.
rinite *s.f.* (*med.*) rinitis.
rinnegare *v.tr.* renegar*, abjurar; (*una persona*) repudiar.
rinnegato *agg.*, *s.m.* renegado.
rinnovabile *agg.* renovable.
rinnovamento *s.m.* renovación (*f.*).
rinnovare *v.tr.* **1** renovar* (*anche fig.*), cambiar; modernizar*: *devi — il tuo aspetto*, tienes que modernizar tu aspecto; (*un edificio*) restaurar **2** (*sostituire*) reemplazar*, sustituir*: *voglio — la moquette*, quiero sustituir la moqueta **3** (*fare di nuovo*) reiterar, repetir*: *gli ho rinnovato l'invito*, le he repetido la invitación.
rinnovatore *agg.*, *s.m.* renovador, reformador; innovador.
rinnovazione *s.f.* renovación.
rinnovo *s.m.* **1** renovación (*f.*), renuevo: *il — della carta d'identità*, la renovación del carné de identidad **2** (*econ.*) renovación (*f.*): *— del prestito*, renovación del préstamo.
rinoceronte *s.m.* (*zool.*) rinoceronte.
rinomanza *s.f.* fama, renombre (*m.*).
rinomato *agg.* renombrado, famoso, célebre.
rinoplastica *s.f.* (*med.*) rinoplastia.
rinsaldare *v.tr.* consolidar, reforzar*, afianzar*.
rinsavire *v.intr.* recobrar el juicio, la razón; (*mettere la testa a posto*) asentar* cabeza: *a trent'anni è rinsavito*, a los trenta años ha asentado la cabeza.
rinsecchire *v.intr.*, **-rsi** *v.pron.* **1** secar* **2** (*di persone*) adelgazar*.
rintanarsi *v.pron.* **1** (*rifugiarsi*) refugiarse, guarecerse*, ampararse **2** (*isolarsi*) enclaustrarse, encerrarse*: *si è rintanato in casa*, se ha encerrado en casa **3** (*nascondersi*) esconderse, ocultarse.
rintoccare *v.intr.* (*di campane*) repicar*, sonar*; (*di orologi*) sonar*.
rintocco *s.m.* repique (de campanas), campanada (*f.*), toque: *i rintocchi delle tre*, las campanadas de las tres.
rintontire *v.tr.* aturdir; (*instupidire*) atontar, entontecer*: *il fumo mi rintontiva*, el humo me aturdía ♦ **-rsi** *v.pron.* aturdirse, atontarse.
rintracciabile *agg.* localizable.
rintracciare *v.tr.* encontrar*, localizar*, ha-

llar; descubrir*: *non sono riuscito a rintracciarla*, no conseguí localizarla.
rintronare *v.tr.* atronar*, aturdir, ensordecer*: *non lo — con le tue grida*, no lo aturdas con tus gritos ♦ *v.intr.* retumbar* retronar*, resonar*.
rintuzzare *v.tr.* **1** (*fig., controbattere*) rebatir, refutar **2** (*fig., reprimere*) reprimir, sofocar*.
rinuncia *s.f.* **1** renuncia, abandono (*m.*): — *agli studi*, abandono de los estudios **2** sacrificio (*m.*): *ha fatto molte rinunce nella sua vita*, ha hecho muchos sacrificios en su vida.
rinunciare *v.intr.* renunciar; abandonar: *ho rinunciato all'idea del viaggio*, he abandonado la idea del viaje.
rinunciatario *agg., s.m.* renunciatario, renunciante (*m./f.*), abandonista (*m./f.*).
rinvasare *v.tr.* (*piante*) trasplantar.
rinvenimento[1] *s.m.* (*scoperta*) hallazgo, descubrimiento.
rinvenimento[2] *s.m.* (*ripresa dei sensi*) recuperación (*f.*) del conocimiento.
rinvenire[1] *v.tr.* descubrir*, encontrar*, hallar.
rinvenire[2] *v.intr.* **1** recobrarse, volver* en sí, reponerse* **2** (*riprendere splendore*) revenir*, revivir, reverdecer*: *le rose rinvengono con un'aspirina*, las rosas reverdecen con una aspirina.
rinviare *v.tr.* **1** reenviar*, reexpedir* **2** (*sport*) chutar **3** (*differire*) aplazar* postergar*, posponer*, diferir*: *hanno rinviato la riunione*, han aplazado la reunión | (*dir.*) — *a giudizio*, citar a juicio **4** (*in un'opera*) referirse*, remitir, mandar: — *a un altro testo*, remitir a otro texto.
rinvigorire *v.tr.* (*fig.*) fortalecer*, revitalizar*.
rinvio *s.m.* **1** reenvío **2** (*sport*) disparo, chut **3** (*proroga*) aplazamiento, postergación (*f.*): *il — di una riunione*, el aplazamiento de una reunión | (*dir.*) — *a giudizio*, remisión a juicio **4** (*in uno scritto*) remisión (*f.*), envío.
rio[1] *agg.* (*lett.*) malvado.
rio[2] *s.m.* (*lett.*) riachuelo.
rionale *agg.* de barrio.
rione *s.m.* barrio, barriada (*f.*): — *periferico*, arrabal.
riordinamento *s.m.* reordenación (*f.*), reorganización (*f.*).
riordinare *v.tr.* **1** (*sistemare*) ordenar, arreglar; reorganizar* (*anche fig.*): — *le idee*, reorganizar las ideas **2** (*comm.*) volver* a hacer un pedido: *se non riceve il libro deve riordinarlo*: si no recibe el libro tiene que volver a hacer el pedido ♦ **-rsi** *v.pron.* arreglarse: *devi riordinarti prima di uscire*, tienes que arreglarte antes de salir.
riorganizzare *v.tr.* reorganizar* ♦ **-rsi** *v.pron.* reorganizarse*.
riorganizzazione *s.f.* reorganización.
riottoso *agg.* renuente, reacio.
ripagare *v.tr.* **1** volver* a pagar, indemnizar*, resarcir* | (*fig.*) — *con la stessa moneta*, pagar con la misma moneda **2** (*fig.*) recompensar.
riparare[1] *v.tr.* **1** proteger*, reparar, defender* **2** (*aggiustare*) reparar, arreglar, componer*: *ho dovuto — il piatto rotto*, he tenido que arreglar/pegar el plato roto **3** (*fig.*) remediar, corregir*, desagraviar, enmendar*: — *un'offesa*, remediar una ofensa.
riparare[2] *v.intr.* refugiarse, protegerse*, guarecerse*, abrigarse* (*anche fig.*): *riparammo sotto un ponte*, nos refugiamos debajo de un puente ♦ **-rsi** *v.pron.* guarecerse*, refugiarse.
riparazione *s.f.* **1** reparación, arreglo (*m.*) | (*scuola*) *esame di* —, repesca **2** (*fig.*) compensación.
riparo *s.m.* **1** abrigo, refugio, amparo, protección (*f.*) | *mettersi al* —, ponerse a cubierto | *al — da*, al abrigo de **2** (*fig.*) reparación (*f.*), remedio: *voglio porre — al mio errore*, quiero poner remedio a mi error | *correre ai ripari*, tratar de remediar.
ripartire[1] *v.intr.* volver* a marcharse; (*di mezzo di trasporto*) volver* a salir, volver* a ponerse en marcha: *finalmente la macchina ripartì*, por fin el coche volvió a ponerse en marcha.
ripartire[2] *v.tr.* **1** (*dividere*) partir, dividir, repartir **2** (*assegnare*) distribuir*, asignar.
ripartizione *s.f.* repartición, reparto (*m.*), distribución.
ripassare *v.tr.* repasar, revisar; (*rileggere*) releer* ♦ *v.intr.* volver* (a pasar): *se non c'è, ripassa più tardi*, si no está, vuelve más tarde.
ripasso *s.m.* repaso, revisión (*f.*).
ripensamento *s.m.* cambio de opinión, viraje; reconsideración (*f.*).
ripensare *v.intr.* **1** reflexionar, meditar **2** (*cambiare opinione*) pensárselo* mejor, reconsiderar, cambiar de opinión: *alla fine ci ripensò*, al final cambió de opinión **3** (*ricordare*) evocar*, rememorar.
ripercorrere *v.tr.* volver* a recorrer.
ripercuotersi *v.pron.* (*fig.*) repercutirse, afectar: *gli effetti della siccità si ripercuoteranno sull'agricoltura*, los efectos de la sequía afectarán a la agricultura; *tutto ciò si ripercuoterà su di lui*, todo esto se repercutirá en él.
ripercussione *s.f.* repercusión.
ripescare *v.tr.* **1** (*pescare di nuovo*) volver* a pescar **2** (*recuperare*) repescar*, recuperar.
ripetente *agg.* suspenso, repetidor ♦ *s.m./f.* repetidor (*m.*).

ripetere *v.tr.* repetir* ♦ **-rsi** *v.pron.* repetirse*.
ripetitivo *agg.* repetitivo, reiterativo.
ripetizione *s.f.* **1** repetición **2** (*lezione privata*) clase particular; (*ripasso*) revisión, repaso (*m.*).
ripetutamente *avv.* repetidamente.
ripiano *s.m.* **1** (*agr.*) terraza (*f.*) **2** (*di mobile*) estante, anaquel; (*mensola*) repisa (*f.*).
ripicca *s.f.* despecho (*m.*), venganza, desquite (*m.*) | *per —*, por despecho.
ripido *agg.* empinado, escarpado.
ripiegamento *s.m.* (*mil.*) repliegue.
ripiegare *v.tr.* replegar*, volver* a doblar ♦ *v.intr.* **1** (*ritirarsi*) replegar* **2** (*fig.*, *accontentarsi*) conformarse (con): *dato che all'hotel non c'era posto ripiegammo su un campeggio*, como no había sitio en el hotel, nos conformamos con un camping ♦ **-rsi** *v.pron.* replegarse*, encerrarse*: *vive ripiegato su se stesso*, vive encerrado en sí mismo.
ripiego *s.m.* excusa (*f.*), expediente; compromiso: *ha fatto una scelta di —*, ha hecho una elección de compromiso.
ripieno *agg.* **1** (*cuc.*) relleno **2** (*stracolmo*) lleno, repleto ♦ *s.m.* (*cuc.*) relleno.
riporre *v.tr.* **1** poner*, colocar*, reponer* **2** (*conservare*) guardar, conservar **3** (*fig.*) reponer*, depositar: *— speranza in qlcu.*, depositar la esperanza en alguien.
riportare *v.tr.* **1** volver* a llevar, llevar de nuevo; (*verso chi parla*) traer* de nuevo, reconducir* **2** (*rendere*) devolver*, restituir* **3** (*riferire*) referir*, contar*; (*citare*) citar **4** (*ottenere*) reportar, lograr, conseguir*, obtener* **5** (*mat.*) llevar **6** (*subire*) sufrir: *— ferite*, sufrir heridas.
riporto *s.m.* **1** (*mat.*) agregado **2** (*di capelli*) emparrado **3** (*nel cucito*) aplicación (*f.*), parche.
riposare *v.intr.* descansar, reposar; dormir* ♦ **-rsi** *v.pron.* descansar.
riposo *s.m.* **1** reposo, descanso; pausa (*f.*): *non ci concede un attimo di —*, no nos permite un momento de pausa | *buon — !*, ¡que duermas bien!, ¡que descanses! | *giorno di —*, día de asueto **2** (*di terreni*) barbecho | *a —*, en barbecho.
ripostiglio *s.m.* trastero, desván.
riposto *agg.* apartado, secreto; (*poco evidente*) recóndito, secreto.
riprendere *v.tr.* **1** retomar, coger* de nuevo, volver* a tomar **2** (*riconquistare*) reconquistar, retomar **3** (*recuperare*) recobrar: *— fiato*, recobrar aliento | *— i sensi*, volver en sí, recobrar el conocimiento | *— quota*, retomar altura **4** (*ricominciare*) reanudar, recomenzar*, reemprender: *— le lezioni*, reanudar las clases **5** (*rimproverare*) reprender, reñir*, amonestar: *non — sempre i tuoi alunni!*, ¡no reprendas siempre a tus alumnos! **6** (*foto.*, *cinem.*) fotografiar, filmar, rodar* ♦ **-rsi** *v.pron.* (*med.*) reponerse*, recuperarse, restablecerse*.
ripresa *s.f.* **1** reanudación, continuación: *la — delle ostilità*, la reanudación de las hostilidades | *a più riprese*, repetidamente, a intervalos **2** (*aut.*) aceleración, arranque (*m.*) **3** (*sport*) segundo tiempo (*m.*); (*pugilato*) round (*m.*), asalto (*m.*) **4** (*cinem.*) toma, rodaje (*m.*): *le riprese di un film*, el rodaje de una película **5** (*econ.*) alza, repunte (*m.*) **6** (*med.*) curación, recuperación.
ripresentare *v.tr.* volver* a presentar ♦ **-rsi** *v.pron.* volver* a presentarse: *si è ripresentata all'esame*, se ha vuelto a presentar al examen.
ripristinare *v.tr.* **1** (*restaurare*) restaurar, reparar, reformar **2** (*ristabilire*) restablecer*, reinstaurar, reponer*: *hanno ripristinato le vecchie usanze*, han vuelto a establecer las viejas costumbres.
ripristino *s.m.* restablecimiento, reposición (*f.*).
riprodurre *v.tr.* **1** (*copiare*) reproducir*, copiar **2** (*pubblicare*) publicar*, imprimir **3** (*ritrarre*) representar, retratar ♦ **-rsi** *v.pron.* **1** reproducirse*, multiplicarse* **2** (*riformarsi*) volver* a formarse.
riproduttivo *agg.* reproductivo.
riproduttore *agg.*, *s.m.* reproductor.
riproduzione *s.f.* reproducción.
ripromettersi *v.pron.* tener* intención de, prometerse, proponerse*.
riproporre *v.tr.* volver* a proponer.
riprova *s.f.* confirmación, comprobación; (*nuovo tentativo*) nuevo intento (*m.*) | *a — di*, a/como prueba de, para confirmar.
riprovare[1] *v.tr.* **1** volver* a probar, reintentar **2** (*fig.*) volver* a experimentar: *quando lo vidi riprovai le stesse sensazioni del passato*, cuando lo vi volví a experimentar las mismas sensaciones del pasado.
riprovare[2] *v.tr.* (*disapprovare*) reprobar*, rechazar*, censurar, condenar.
riprovazione *s.f.* reprobación, desaprobación, condena, censura.
riprovevole *agg.* reprobable, censurable, condenable.
ripudiare *v.tr.* **1** (*una persona*) renegar* (de), repudiar (a): *ha ripudiato sua figlia*: ha renegado de su hija **2** (*fig.*) repudiar, condenar, rechazar*.
ripudio *s.m.* repudio; (*avversione*) rechazo.
ripugnante *agg.* repugnante, asqueroso, repelente.
ripugnanza *s.f.* repugnancia.
ripugnare *v.intr.* repugnar.
ripulire *v.tr.* **1** relimpiar, repulir, limpiar

2 (*fam.*, *rubare*) desvalijar, desplumar, esquilmar, limpiar: *i ladri ripulirono l'appartamento*, los ladrones desvalijaron el piso **3** (*uno scritto*) limar, pulir ♦ **-rsi** *v.pron.* arreglarse, adecentarse, asearse.
ripulsa *s.f.* repulsa, rechazo (*m.*).
riquadro *s.m.* recuadro, panel, cuadrado.
riqualificazione *s.f.* **1** (*professionale*) actualización **2** (*edil.*) recalificación.
risacca *s.f.* resaca.
risaia *s.f.* arrozal (*m.*).
risalire *v.tr.* **1** subir, volver* a subir **2** (*un fiume*) navegar* contra corriente, remontar | — *la china*, superar la crisis ♦ *v.intr.* (*fig.*) remontarse, datar (de): — *alle origini*, remontarse a los orígenes; *la chiesa risale al XVI secolo*, la iglesia se remonta al siglo XVI | *sono risaliti ai colpevoli*, han descubierto a los culpables.
risalita *s.f.* subida: *impianti di* —, remonte.
risaltare *v.intr.* **1** (*sporgere*) resaltar, sobresalir* **2** (*fig.*) sobresalir*, resaltar, destacar*, distinguirse*.
risalto *s.m.* **1** resalto, contraste **2** (*fig.*) relieve, realce, resalte, evidencia (*f.*), importancia (*f.*): *mettere in* —, poner en evidencia, destacar.
risanamento *s.m.* **1** saneamiento (*anche fig.*): — *dell'economia* saneamiento de la economía **2** (*med.*) curación (*f.*), sanación (*f.*).
risanare *v.tr.* **1** (*econ.*, *arch.*) sanear: — *un edificio*, sanear un edificio **2** (*un malato*) sanar, curar **3** (*un terreno*) bonificar*.
risaputo *agg.* requetesabido, notorio, archisabido, trillado.
risarcibile *agg.* resarcible.
risarcimento *s.m.* resarcimiento, indemnización (*f.*) | — *dei danni*, indemnización por daños y perjuicios.
risarcire *v.tr.* **1** resarcir*, indemnizar*, reembolsar **2** (*fig.*) reparar.
risata *s.f.* carcajada, risotada.
riscaldamento *s.m.* **1** calefacción (*f.*): — *centralizzato*, *autonomo*, calefacción central, individual **2** (*sport*) calentamiento.
riscaldare *v.tr.* **1** (*anche fig.*) calentar* **2** (*cuc.*) recalentar* ♦ **-rsi** *v.pron.* **1** calentarse* **2** (*fig.*) calentarse*, enfadarse, alterarse; excitarse.
riscattare *v.tr.* (*persone*) rescatar; (*cose*) desempeñar ♦ **-rsi** *v.intr.* redimirse, rehabilitarse.
riscatto *s.m.* **1** rescate **2** (*fig.*) redención (*f.*).
rischiarare *v.tr.* **1** (*illuminare*) alumbrar, iluminar **2** (*chiarire*) esclarecer*, aclarar ♦ **-rsi** *v.pron.* aclararse, serenarse (*anche fig.*); (*del cielo*) despejarse.
rischiare *v.tr.* arriesgar*, arriesgarse* ♦ *v.intr.* correr peligro: *non* —, no corras peligro ♦ *v.intr.impers.* amenazar*: *rischia di piovere*, amenaza con llover.
rischio *s.m.* riesgo; peligro | *soggetto a* —, sujeto a riesgo | *correre il — di fare qlco.*, correr el riesgo de hacer algo | *a — di*, a riesgo de | *a proprio — e pericolo*, por su cuenta y riesgo | (*med.*) *popolazione a* —, población de riesgo.
rischioso *agg.* arriesgado, peligroso; (*Amer.*) riesgoso.
risciacquare *v.tr.* enjuagar*, aclarar; lavar ♦ **-rsi** *v.pron.* enjuagarse*.
risciacquo *s.m.* enjuague, aclarado.
riscontrare *v.tr.* **1** (*confrontare*) cotejar*, comparar, confrontar **2** (*verificare*) verificar*, comprobar*, controlar **3** (*trovare*) encontrar*, descubrir, hallar.
riscontro *s.m.* **1** cotejo, comparación (*f.*) **2** verificación (*f.*), control, comprobación (*f.*), confirmación (*f.*) **3** (*comm.*) correspondencia (*f.*), coincidencia (*f.*) **4** contestación (*f.*), respuesta (*f.*): *prima di agire ho bisogno di un riscontro*, antes de actuar necesito una respuesta.
riscoperta *s.f.* redescubrimiento (*m.*).
riscossa *s.f.* **1** revancha, desquite (*m.*) **2** rebelión, sublevación; (*riconquista*) reconquista.
riscossione *s.f.* cobro (*m.*), cobranza, recaudación: — *delle imposte*, recaudación de impuestos.
riscuotere *v.tr.* **1** (*incassare*) cobrar, percibir **2** (*fig.*) recibir, conseguir*, obtener*, cosechar: — *successo*, tener éxito **3** (*qlcu.*) despabilar, espabilar, despertar* ♦ **-rsi** *v. pron.* espabilar; (*trasalire*) sobresaltarse.
risentimento *s.m.* resentimiento, rencor.
risentire *v.tr.* **1** (*provare di nuovo*) volver* a sentir **2** (*udire di nuovo*) volver* a oír/escuchar | *a risentirci*, hasta la próxima (llamada) ♦ *v.intr.* (*soffrire*) experimentar, sufrir ♦ **-rsi** *v.pron.* resentirse*, ofenderse.
risentito *agg.* **1** requeteoído, trillado: *una lamentela sentita e risentita*, una queja oída y requeteoída **2** (*offeso*) resentido, irritado, ofendido.
riserbo *s.m.* reserva (*f.*), discreción (*f.*), silencio.
riserva *s.f.* **1** (*spazio riservato*) reserva, coto (*m.*): — *di caccia*, coto de caza **2** (*provvista*) provisión, acopio (*m.*) | (*aut.*) *essere in* —, estar en reserva **3** (*sostituzione*) repuesto (*m.*).
riservare *v.tr.* reservar, guardar, conservar; (*prenotare*) hacer* una reserva.
riservatezza *s.f.* discreción, reserva; privacidad: *tengo molto alla* —, doy mucha importancia a la privacidad.
riservato *agg.* **1** reservado: *prognosi riservata*, pronóstico reservado **2** (*di persona*)

callado, discreto **3** secreto, confidencial: *ciò che ti sto dicendo è —*, lo que te estoy diciendo es confidencial.
riservista *s.m./f.* reservista; (*sport*) reserva (*f.*).
risguardo *s.m.* solapa (*f.*).
risicato *agg.* (*minimo*) limitado, reducido.
risicoltura *s.f.* (*agr.*) cultivo (*m.*)/cultivación del arroz.
risiedere *v.intr.* **1** residir, vivir **2** (*fig.*) consistir.
risma *s.f.* **1** (*di carta*) resma **2** (*spreg., genere*) calaña, ralea.
riso[1] *s.m.* (*bot.*) arroz*: *— e latte*, arroz con leche.
riso[2] *s.m.* risa (*f.*) | *mettere qlco. in —*, tomar a risa algo, burlarse de algo | *sganasciarsi dalle risa*, morirse de risa.
risollevare *v.tr.* **1** levantar de nuevo **2** (*il morale*) reanimar, animar, aliviar **3** (*fig.*) sacar*: *— da un problema qlcu.*, sacar de un problema a alguien **4** (*riproporre*) replantear: *risolleva sempre lo stesso problema*, replantea siempre el mismo problema ♦ **-rsi** *v.pron.* restablecerse*, recuperarse.
risolutezza *s.f.* resolución, determinación, decisión, firmeza: *ha agito con —*, ha actuado con firmeza.
risolutivo *agg.* resolutivo, resolutorio.
risoluto *agg.* resuelto, firme, decidido, determinado.
risoluzione *s.f.* **1** resolución (*anche fig.*), decisión: *— di una questione*, solución de un asunto **2** (*fig.*) determinación **3** (*foto.*) definición **4** (*scioglimento di un contratto*) rescisión.
risolvere *v.tr.* **1** resolver*, solucionar: *— un problema*, solucionar un problema; *— una controversia*, resolver una controversia **2** decidir, resolver* **3** (*dir.*) rescindir, anular ♦ **-rsi** *v.pron.* **1** decidirse, resolverse* **2** (*terminare*) acabar: *la faccenda si è risolta male*, el asunto acabó mal.
risolvibile *agg.* soluble.
risonanza *s.f.* **1** (*fis.*) resonancia, eco (*m.*) | *cassa di —*, resonador **2** (*fig.*) resonancia, repercusión.
risonare *v.intr.* resonar* ♦ *v.tr.* volver* a sonar/tocar: *se non apre, risuona*, si no abre, vuelve a tocar.
risorgere *v.intr.* resurgir*, resucitar; renacer* (*anche fig.*).
risorgimentale *agg.* (*st.*) del Resurgimiento.
risorgimento *s.m.* resurgimiento, renacimiento | (*st., in Italia*) *il Risorgimento*, el Resurgimiento.
risorsa *s.f.* recurso (*m.*): *risorse energetiche, materiali, umane*, recursos energéticos, materiales, humanos.
risotto *s.m.* (*cuc.*) risotto.
risparmiare *v.tr.* **1** ahorrar (*anche fig.*), economizar*: *— tempo*, ahorrar tiempo **2** (*evitare*) evitar, ahorrar: *— le forze*, ahorrar fuerzas ♦ **-rsi** *v.pron.* **1** cuidarse, no fatigarse*: *non sa —*, no sabe cuidarse **2** evitarse, ahorrarse: *risparmiati la fatica*, ahórrate la molestia.
risparmiatore *agg., s.m.* ahorrador.
risparmio *s.m.* ahorro, ahorros (*pl.*): *— familiare*, ahorro familiar | *cassa di —*, caja de ahorros | *libretto di —*, libreta de ahorros.
rispecchiare *v.tr.* **1** reflejar* **2** (*fig.*) representar, mostrar*, revelar: *queste parole rispecchiano il suo carattere*, estas palabras revelan su carácter ♦ **-rsi** *v.pron.* reflejarse.
rispedire *v.tr.* volver* a enviar/mandar, reexpedir*.
rispettabile *agg.* respetable, honrado; (*notabile*) considerable, notable.
rispettabilità *s.f.* respetabilidad.
rispettare *v.tr.* respetar; (*attenersi*) observar; cumplir: *— le promesse*, cumplir las promesas.
rispettivo *agg.* respectivo, correspondiente.
rispetto *s.m.* **1** (*deferenza*) respeto, consideración (*f.*): *mancare di — a qlcu.*, faltarle al respeto a alguien | *con — parlando*, con el debido respeto **2** (*osservanza*) cumplimiento: *il — delle regole*, el cumplimiento de las reglas
■ ***rispetto a***, respecto a, en relación con.
rispettoso *agg.* respetuoso, cortés, atento, educado.
risplendere *v.intr.* **1** resplandecer*, lucir*, brillar **2** (*fig.*) sobresalir*, destacar*.
rispondenza *s.f.* correspondencia, proporción, relación; acuerdo (*m.*).
rispondere *v.intr.* **1** responder, contestar: *— al telefono*, contestar al teléfono **2** objetar, contestar **3** (*rendere conto*) responder, rendir* cuentas: *— di qlcu.*, responder por alguien **4** (*reagire*) reaccionar; (*di cosa*) funcionar: *non risponde agli stimoli*, no reacciona a los estímulos; *il motore non risponde*, el motor no se enciende **5** (*fig., corrispondere*) corresponder: *questo non risponde a ciò che volevo*, ello no corresponde a lo que quería ♦ *v.tr.* responder.
risposarsi *v.pron.* volverse* a casar.
risposta *s.f.* respuesta, contestación; reacción.
rissa *s.f.* pelea, riña, reyerta.
ristabilimento *s.m.* restablecimiento, reinstauración (*f.*).
ristabilire *v.tr.* restablecer*, reinstaurar: *— la pace*, restablecer la paz ♦ **-rsi** *v.pron.* restablecerse*, reponerse*.
ristagnare *v.intr.* **1** estancarse*, restañar **2** (*fig.*) estancarse*, atascarse*.
ristagno *s.m.* **1** restaño, estancamiento (*anche fig.*), remanso, embalse **2** (*fig.*) pa-

ralización (*f.*): — *economico*, estancamiento económico, recesión.
ristampa *s.f.* reimpresión.
ristampare *v.tr.* reimprimir, reeditar.
ristorante *s.m.* restaurante.
ristorare *v.tr.* descansar, reposar; restablecer*, fortalecer* ♦ **-rsi** *v.pron.* confortarse; reponerse*.
ristoratore *agg.* reparador, reconfortante ♦ *s.m.* dueño de restaurante.
ristorazione *s.f.* restauración: *servizio di* —, servicio de restauración.
ristoro *s.m.* **1** refrigerio: *punto di* —, puesto/quiosco de refrigerio **2** reposo, descanso **3** (*fig.*) alivio, consuelo.
ristrettezza *s.f.* **1** estrechez*, escasez*, penuria | *vivere in ristrettezze*, pasar estrecheces **2** (*mancanza*) falta, apretura; (*limitazione*) limitación: — *economica*, apretura económica **3** (*fig.*) cortedad: — *mentale*, cortedad de mente.
ristretto *agg.* **1** estrecho, angosto; limitado, reducido, restringido **2** (*concentrato*) cargado, concentrado, corto: *caffè* —, café cargado/corto; *brodo* —, caldo corto **3** (*fig.*) mezquino, mermado.
ristrutturare *v.tr.* **1** reestructurar, renovar* **2** (*un edificio*) reformar, remodelar, reacondicionar.
ristrutturazione *s.f.* reestructuración, reforma: *lavori di* —, obras de reforma.
risucchio *s.m.* remolino, torbellino, resaca (*f.*).
risultare *v.intr.* **1** resultar, derivar: — *vincitore*, resultar ganador **2** (*apparire*) constar, aparecer*: *non risulta che siano venuti*, no consta que hayan venido; *il suo nome non risulta*, su nombre no aparece/figura.
risultato *s.m.* resultado, consecuencia (*f.*).
risuolare *v.tr.* (*calzature*) volver* a solar, remontar.
risuonare *v.intr./tr.* → **risonare.**
risurrezione *s.f.* **1** resurrección; renacimiento (*m.*) **2** (*fig.*) restablecimiento (*m.*).
risuscitare *v.tr./intr.* resucitar.
risvegliare *v.tr.* **1** (*anche fig.*) despertar* **2** (*fig.*) provocar*, suscitar, incitar, sacudir, renovar*: *lo scandalo ha risvegliato l'interesse per quell'attore*, el escándalo ha renovado el interés por ese actor ♦ **-rsi** *v.pron.* **1** despertarse* **2** (*fig.*) despabilarse, espabilarse.
risveglio *s.m.* **1** despertar **2** (*fig.*) resurgimiento, reactivación (*f.*), florecimiento: *il — della natura*, el florecimiento de la naturaleza.
risvolto *s.m.* **1** (*di giacche, libri*) solapa (*f.*); (*di maniche, pantaloni*) vuelta (*f.*) **2** (*fig.*) aspecto, otra cara (*f.*); implicación (*f.*), consecuencia (*f.*): *il suo atteggiamento avrà dei risvolti negativi*, su actitud tendrá consecuencias negativas.
ritagliare *v.tr.* recortar ♦ **-rsi** *v.pron.* reservarse: — *un tempo per divertirsi*, reservarse un tiempo para divertirse.
ritaglio *s.m.* **1** recorte **2** (*scampolo*) retazo, retal | *ritagli di tempo*, retazos de tiempo.
ritardare *v.intr.* tardar, retrasarse: *ho ritardato un po'*, me he retrasado un poco ♦ *v.tr.* retardar, atrasar, retrasar; (*posticipare*) aplazar*, diferir*.
ritardatario *agg.*, *s.m.* tardón.
ritardato *agg.*, *s.m.* retrasado.
ritardo *s.m.* retraso, atraso, tardanza (*f.*), demora (*f.*): *in* —, con retraso; *sei in* —, llegas tarde, estás atrasado; *senza* —, sin demora.
ritegno *s.m.* **1** freno, mesura (*f.*), contención (*f.*) **2** (*pudore*) miramiento, discreción (*f.*), moderación (*f.*), recato: *non avere* —, ser un descarado.
ritemprare *v.tr.* (*fig.*) reforzar*, reponer* ♦ **-rsi** *v.pron.* fortalecerse*, fortificarse.
ritenere *v.tr.* **1** (*trattenere*) detener*, parar, contener*: — *le lacrime*, contener las lágrimas **2** retener*, descontar*: — *il 5%*, retener el 5% **3** pensar*, creer*, opinar, considerar, reputar: *ritengo necessario*, considero necesario ♦ **-rsi** *v.pron.* tenerse* por: *si ritiene molto bella*, se tiene por muy guapa.
ritentare *v.tr.* (*riprovare*) volver* a intentar.
ritenuta *s.f.* retención, deducción | — *fiscale*, retención fiscal | — *d'acconto*, retención a cuenta.
ritenzione *s.f.* retención: — *d'orina*, retención de orina.
ritirare *v.tr.* **1** volver* a tirar **2** (*togliere*) retirar, quitar, revocar*; — *la parola data*, retractarse **3** (*prendere*) recoger*: — *la posta*, recoger el correo ♦ **-rsi** **1** *v.pron.* retirarse, apartarse, retroceder* **2** (*andare in pensione*) jubilarse; (*mil.*) salir* retirado **3** (*di tessuti*) encoger(se)* **4** (*defluire*) bajar, desplayarse.
ritirata *s.f.* **1** (*mil.*) retirada, repliegue (*m.*): *ordinò la* —, ordenó la retirada | *battere in* —, retroceder **2** (*fig.*, *rinuncia*) retirada.
ritiro *s.m.* **1** retiro, recogida (*f.*): — *dei bagagli*, recogida de maletas **2** (*rinuncia*) renuncia (*f.*) **3** (*privazione*) retirada (*f.*), privación (*f.*): — *della licenza*, retirada de la autorización.
ritmare *v.tr.* ritmar.
ritmica *s.f.* rítmica.
ritmo *s.m.* ritmo (*anche fig.*): *il — della vita in città è stressante*, el ritmo de vida en la ciudad es agobiante.
rito *s.m.* **1** rito (*anche fig.*); ritual **2** ceremonia (*f.*) **3** costumbre (*f.*): *è un — delle antiche tribù africane*, es un rito de las anti-

guas tribus africanas **4** (*dir.*) procedimiento | — *abbreviato*, procedimiento sumario.
ritoccare *v.tr.* **1** retocar*, volver* a tocar **2** (*fig.*) corregir*, mejorar, perfeccionar, ajustar.
ritocco *s.m.* retoque, corrección (*f.*); (*rifinitura*) acabado.
ritorcere *v.tr.* (*anche fig.*) retorcer* ♦ **-rsi** *v.pron.* (*anche fig.*) retorcerse*, volverse*: — *contro qlcu.*, volverse contra alguien.
ritornare *v.intr.* **1** volver* (*anche fig.*), regresar, retornar: *ritorna in te!*, ¡vuelve en ti! **2** (*fig.*) repetirse*: *è un problema che ritorna spesso*, es un problema que se repite a menudo ♦ *v.tr.* (*fam.*, *restituire*) devolver*, restituir*.
ritornello *s.m.* **1** estribillo **2** (*fig.*, *cosa già nota*) canción (*f.*): *non mi ripetere sempre lo stesso —!*, ¡no me repitas siempre la misma canción!
ritorno *s.m.* **1** regreso, retorno, vuelta (*f.*): *andata e —*, ida y vuelta; *essere di —*, estar de vuelta **2** (*restituzione*) devolución (*f.*), restitución (*f.*).
ritorsione *s.f.* retorsión; (*vendetta*) represalia, venganza.
ritorto *agg.* (*contorto*) retorcido, torcido, enredado.
ritrarre *v.tr.* **1** retirar, apartar, retraer* **2** (*riprodurre*) representar, reproducir*; retratar; (*descrivere*) describir*, presentar ♦ **-rsi** *v.pron.* retroceder, apartarse.
ritrattabile *agg.* retractable.
ritrattare *v.tr.* retractar, desdecir*, desmentir*, retirar.
ritrattazione *s.f.* retractación.
ritrattista *s.f./m.* retratista.
ritratto *s.m.* **1** retrato; cuadro **2** (*fig.*) descripción (*f.*).
ritrazione *s.f.* retracción (*anche med.*); (*rimpicciolimento*) encogimiento (*m.*).
ritrito *agg.* trillado, requetesabido, resobado.
ritrosia *s.f.* **1** renuencia, reticencia **2** insociabilidad, esquivez*.
ritroso *agg.* esquivo, huraño, recatado | *a —*, hacia atrás.
ritrovamento *s.m.* hallazgo.
ritrovare *v.tr.* **1** encontrar*, reencontrar*, hallar **2** (*fig.*, *recuperare*) descubrir; recuperar: *finalmente hanno ritrovato i documenti*, por fin han recuperado los documentos ♦ **-rsi** *v.pron.* **1** (*trovarsi*) encontrarse*, hallarse **2** (*incontrarsi*) encontrarse*, reunirse.
ritrovato *agg.* reencontrado ♦ *s.m.* **1** (*invenzione*) invento, invención (*f.*), descubrimiento, hallazgo: *l'ultimo — della scienza*, el último hallazgo de la ciencia **2** (*espediente*) recurso, treta (*f.*).
ritrovo *s.m.* **1** reunión (*f.*), tertulia (*f.*); encuentro: *punto di —*, punto de encuentro **2** (*locale*) local.
ritto *agg.* derecho, recto, erguido.
rituale *agg.* ritual, acostumbrado ♦ *s.m.* ritual.
riunione *s.f.* reunión.
riunire *v.tr.* **1** reunir*, juntar **2** (*fig.*) reconciliar ♦ **-rsi** *v.pron.* reunirse*, encontrarse*.
riuscire *v.intr.* **1** lograr, conseguir,* acertar*, ser* capaz: — *ad avere qlco.*, conseguir, lograr obtener algo; — *a dire*, acertar a decir **2** resultar, caer*: — *antipatico*, resultar antipático **3** salir* bien, tener* éxito, ser* un éxito: *è riuscito all'esame*, le ha salido bien el examen; *questo film è riuscito*, esta película es un éxito **4** (*uscire nuovamente*) volver* a salir **5** (*avere attitudine*) dársele bien a alguien: *non riesco bene in inglese*, el inglés no se me da bien.
riuscita *s.f.* logro (*m.*), éxito (*m.*), acierto (*m.*), resultado (*m.*): *avere una buona —*, tener un buen resultado.
riva *s.f.* orilla, ribera; (*del mare*) costa.
rivale *agg.*, *s.m./f.* rival, competidor (*m.*), antagonista; enemigo (*m.*).
rivaleggiare *v.intr.* rivalizar*, competir*.
rivalersi *v.pron.* **1** (*prendersela con*) tomarse la revancha de, desquitarse, resarcirse* **2** (*utilizzare di nuovo*) volver* a utilizar/valerse.
rivalità *s.f.* rivalidad, competición, antagonismo (*m.*).
rivalsa *s.f.* **1** (*dir.*, *econ.*) reembolso (*m.*) **2** (*rivincita*) desquite (*m.*), revancha.
rivalutare *v.tr.* **1** (*econ.*) revaluar **2** (*fig.*) revalorizar* ♦ **-rsi** *v.pron.* revalorizarse*.
rivalutazione *s.f.* (*econ.*) revaluación, revalorización.
rivangare *v.tr.* (*agr.*) recavar, remover* | (*fig.*) — *il passato*, remover el pasado.
rivedere *v.tr.* **1** volver* a ver/encontrar: *l'ho rivisto ieri*, lo volví a ver ayer, volví a quedar con él ayer **2** (*verificare*) revisar, controlar, verificar*, reexaminar **3** (*rileggere*) releer*; (*ripassare*) repasar: *voglio — la lezione*, quiero repasar/ revisar la lección.
rivelare *v.tr.* revelar ♦ **-rsi** *v.pron.* revelarse, demostrarse*, mostrarse*: *si rivelò una persona molto dolce*, demostró ser una persona muy dulce.
rivelatore *agg.* revelador ♦ *s.m.* revelador, detector; sensor.
rivelazione *s.f.* revelación; (*scoperta*) descubrimiento (*m.*), hallazgo (*m.*).
rivendere *v.tr.* revender.
rivendicare *v.tr.* **1** reivindicar* (*anche dir.*); (*pretendere*) exigir* **2** (*attribuirsi*) atribuirse*: *rivendicò un merito che non era suo*, se atribuyó un mérito que no era suyo.
rivendicazione *s.f.* reivindicación.

rivendita *s.f.* **1** reventa **2** (*negozio*) tienda (al por menor).
rivenditore *s.m.* **1** revendedor **2** vendedor (al por menor).
riverbero *s.m.* reverberación (*f.*), reverbero; (*riflesso*) viso.
riverenza *s.f.* **1** reverencia **2** (*rispetto*) respeto (*m.*), reverencia.
riverire *v.tr.* (*rispettare*) reverenciar, respetar, honrar; venerar.
riversare *v.tr.* **1** volcar* (*anche fig.*), verter*, derramar **2** (*fig.*) echar, achacar* | — *la colpa* echar la culpa **3** (*sfogare*) desahogar* ♦ **-rsi** *v.pron.* **1** (*spargersi*) derramarse, inundar **2** (*fig.*) afluir*, irrumpir, invadir: *i giovani si riversarono in strada*, los jóvenes invadieron la calle.
rivestimento *s.m.* revestimiento, recubrimiento; (*copertura*) forro.
rivestire *v.tr.* **1** revestir*; recubrir; (*ricoprire*) forrar, tapizar* **2** (*fig.*) desempeñar, ocupar: — *una carica*, desempeñar un cargo.
riviera *s.f.* costa, litoral (*m.*), ribera.
rivincita *s.f.* revancha, desquite (*m.*) | *prendersi la* —, tomarse la revancha.
rivista *s.f.* **1** revista, inspección, control (*m.*): *passare in* —, pasar revista **2** (*mil.*) revista, parada **3** (*pubblicazione*) revista: *sfogliare una* — hojear una revista **4** (*spettacolo*) revista, variedad.
rivivere *v.intr.* revivir; renacer*: *con la primavera rivivo*, con la primavera renazco.
rivolgere *v.tr.* **1** dirigir*, enderezar*: — *la parola*, dirigir la palabra **2** (*volgere*) volver*, girar: — *lo sguardo verso qlcu.*, volver la mirada hacia alguien **3** (*distogliere*) apartar: — *lo sguardo altrove*, apartar la mirada ♦ **-rsi** *v.pron.* dirigirse*, darse* la vuelta; (*ricorrere*) recurrir, acudir: *mi sono rivolta a un giudice*, he recurrido a un juez; — *a qlcu. in cerca di aiuto*, acudir a alguien en busca de ayuda.
rivolgimento *s.m.* revolución (*f.*), cambio; (*emotivo*) trastorno; (*di stomaco*) náusea (*f.*).
rivolta *s.f.* rebelión, revuelta, insurrección, motín (*m.*).
rivoltante *agg.* repugnante, repulsivo.
rivoltare *v.tr.* **1** revolver*, dar* la vuelta, poner* al revés **2** (*ripugnare*) repugnar, asquear ♦ **-rsi** *v.pron.* **1** darse* la vuelta; revolverse*; agitarse: *il malato si rivoltava nel letto*, el enfermo se agitaba en la cama **2** (*ribellarsi*) rebelarse, sublevarse: *i detenuti nel carcere si rivoltarono contro i secondini*, los detenidos en la cárcel se sublevaron contra los carceleros.
rivoltella *s.f.* revólver (*m.*), pistola.
rivoltoso *agg.* rebelde, insurrecto, revoltoso.
rivoluzionare *v.tr.* (*anche fig.*) revolucionar.
rivoluzionario *agg.*, *s.m.* (*anche fig.*) revolucionario; innovador: *è una scoperta rivoluzionaria*, es un hallazgo revolucionario.
rivoluzione *s.f.* (*anche fig.*) revolución.
rizzare *v.tr.* levantar, erguir*, alzar* ♦ **-rsi** *v.pron.* levantarse; (*di capelli*) erizarse*, ponerse* los pelos de punta.
roba *s.f.* **1** cosas (*pl.*), objetos (*m.pl.*), pertenencias (*pl.*): *non toccare la mia* —, no toques mis cosas **2** (*masserizie*) enseres (*m.pl.*), trastos (*m.pl.*) **3** (*merce*) mercancía, género (*m.*): — *avariata*, mercancia defectuosa **4** (*da mangiare*) comida, víveres (*m.pl.*), vituallas (*pl.*), comestibles (*m.pl.*) **5** (*indumenti*) ropa **6** (*fig.*) asunto (*m.*), tema (*m.*): *questa* — *non mi interessa*, este asunto no me interesa **7** (*gerg.*) droga
■ ***roba da matti***, locuras | ***che roba!***, ¡qué cosa alucinante!
robaccia *s.f.* basura, porquería.
robinia *s.f.* (*bot.*) robinia, acacia blanca.
robivecchi *s.m.* chamarilero, ropavejero (*m./f.*).
robot *s.m.* robot; autómata: *sembrare un* —, parecer un autómata.
robotica *s.f.* robótica.
robustezza *s.f.* **1** robustez*, solidez*, fuerza **2** (*fig.*) validez*.
robusto *agg.* **1** robusto, fuerte; (*di oggetto*) sólido, recio, resistente **2** (*grasso*) macizo, gordo.
rocambolesco *agg.* rocambolesco.
rocca *s.f.* **1** (*fortezza*) fortaleza **2** (*monte*) roca, peñón (*m.*).
roccaforte *s.f.* **1** ciudadela, fuerte (*m.*), fortaleza **2** (*fig.*) baluarte (*m.*): *l'ultima* — *del comunismo*: el último baluarte del comunismo.
rocchetto *s.m.* (*di filo*) carrete.
roccia *s.f.* roca (*anche fig.*), peña, peñasco (*m.*), risco (*m.*): *fare* —, escalar.
roccioso *agg.* rocoso.
roco *agg.* ronco, bronco; (*senza voce*) afónico.
rococò *agg.*, *s.m.* (*arte*) rococó.
rodaggio *s.m.* (*aut.*) rodaje (*anche fig.*).
rodare *v.tr.* **1** (*aut.*) rodar **2** (*fig.*) acostumbrar.
rodere *v.tr.* **1** roer* (*anche fig.*) **2** (*tarlare*) carcomer **3** (*fig.*) corroer*, atormentar, consumir: *la rabbia lo rode*, la rabia lo consume ♦ **-rsi** *v.pron.* atormentarse, concomerse, consumirse.
roditore *agg.*, *s.m.* (*zool.*) roedor.
rododendro *s.m.* (*bot.*) rododendro.
rogatoria *s.f.* (*dir.*) exhorto (*m.*).
rogatorio *agg.* (*dir.*) rogatorio, exhortatorio.
rogito *s.m.* (*dir.*) escritura (*f.*), contrato.
rogna *s.f.* **1** (*med.*) sarna; (*zool.*) roña **2** (*fig.*) engorro (*m.*), molestia, fastidio (*m.*), lata; problema (*m.*).

rognone *s.m.* (*anat.*) riñón.
rognoso *agg.* **1** (*med.*) sarnoso **2** (*fig.*) engorroso, fastidioso, molesto, latoso: *è un affare* —, es un asunto engorroso.
rogo *s.m.* hoguera (*f.*), pira (*f.*).
rollio *s.m.* (*mar.*) balanceo, balance.
romancio *agg.* (*ling.*) ladino, romanche, rético.
romanesco *agg.* romano, de Roma.
romanico *agg.*, *s.m.* románico.
romano *agg.*, *s.m.* romano | *pagare alla romana*, pagar a escote.
romanticheria *s.f.* sensiblería; (*spreg.*) cursilería.
romanticismo *s.m.* romanticismo; (*sdolcinatezza*) sentimentalismo.
romantico *agg.*, *s.m.* romántico; soñador.
romanza *s.f.* (*mus.*) romanza; (*componimento*) romance (*m.*).
romanzesco *agg.* **1** novelesco (*anche fig.*) **2** (*fig.*) fantástico.
romanziere *s.m.* novelista (*m./f.*); escritor.
romanzo *agg.* romance, neolatino, románico: *lingue romanze*, lenguas romances; *filologia romanza*, filología románica ♦ *s.m.* **1** novela (*f.*), libro **2** (*storia d'amore*) romance, aventura (*f.*).
rombare *v.intr.* zumbar, retumbar, tronar*, resonar*.
rombo[1] *s.m.* (*rumore*) estruendo, estrépito, retumbo, fragor.
rombo[2] *s.m.* (*geom.*) rombo.
rombo[3] (*zool.*) rodaballo, rombo.
romito *agg.* apartado, solitario: *vive in una casetta romita*, vive en una casita apartada.
rompere *v.tr.* **1** romper*, quebrar*, destrozar*; (*un osso*) fracturar **2** (*fig.*) molestar; (*fam.*) dar* la lata | (*fam.*) — *le scatole*, fastidiar ♦ *v.intr.* (*lasciarsi*) cortar: *ha rotto con il marito*, ha cortado con su marido ♦ **-rsi** *v.pron.* **1** romperse* | — *la testa su un problema*, devanarse los sesos por un problema **2** (*fig.*, *annoiarsi*) aburrirse, cansarse
■ ***rompere i ponti (con qlcu.)***, romper las relaciones con alguien | (*volg.*) ***rompere le palle***, tocar las pelotas, joder.
rompicapo *s.m.* **1** rompecabezas, acertijo **2** (*fig.*) quebradero de cabeza.
rompicollo, a *avv.* a tontas y a locas, a tumba abierta.
rompiscatole *s.m./f.* (*fam.*) pelmazo (*m.*), pelma, rollo (*m.*), aguafiestas; (*Amer.*) hinchapelotas.
ronda *s.f.* (*mil.*) ronda: *fare la* —, hacer/ir de ronda.
rondine *s.f.* (*zool.*) golondrina.
rondò *s.m.* **1** (*mus.*) rondó **2** (*stradale*) rotonda (*f.*).
ronzare *v.intr.* **1** zumbar **2** (*girare attorno*) rondar, merodear **3** (*fig.*) cortejar, mariposear: *gli piace — intorno alle ragazze*, le gusta cortejar a las chicas **4** (*fig.*) rondar, bullir, pasar: *non so cosa gli ronza in testa*, no sé lo que le ronda por la cabeza.
ronzio *s.m.* zumbido.
rosa *agg.* rosa, rosado ♦ *s.f.* **1** (*colore*) rosa, rosado: *il — ti sta bene*, el rosa/rosado te sienta bien | *vedere tutto* —, verlo todo de color de rosa **2** (*fiore*) rosa | *non c'è — senza spine*, no hay rosas sin espinas **3** (*gruppo*, *complesso*) grupo (*m.*), ramillete (*m.*): *la — dei candidati*, el grupo de los candidatos.
rosaio *s.m.* rosal, rosaleda.
rosario *s.m.* **1** rosario **2** (*fig.*, *sequela*) sarta (*f.*): *un — di insulti*, una sarta de insultos.
rosato *agg.*, *s.m.* rosado: *una bottiglia di* —, una botella de (vino) rosado.
roseo *agg.* **1** rosado, róseo, sonrosado, rosáceo **2** (*fig.*) fácil, de color de rosa, prometedor: *avvenire* —, futuro prometedor.
rosetta *s.f.* roseta.
rosicchiare *v.tr.* roer*; (*del tarlo*) carcomer; (*mangiucchiare*) mordisquear.
rosmarino *s.m.* (*bot.*) romero.
rosolare *v.tr.* (*cuc.*) rehogar*, soasar, dorar, sofreír*.
rosolia *s.f.* (*med.*) rubéola, rubeola.
rosone *s.m.* **1** (*arch.*) rosetón **2** (*addobbo*) florón.
rospo *s.m.* **1** (*zool.*) sapo | *sputare il* —, decir, soltar (lo que preocupa), desahogarse | *inghiottire il* —, tragar quina **2** (*fig.*, *persona molto brutta*) esperpento.
rossetto *s.m.* **1** carmín, barra (*f.*) de labios, pintalabios **2** (*per guance*) colorete.
rosso *agg.*, *s.m.* rojo, colorado (*solo agg.*): *vino* —, (vino) tinto; *diventare — dalla vergogna*, ruborizarse, ponerse colorado | — *dell'uovo*, yema.
rossore *s.m.* **1** sonrojo, rubor, enrojecimiento **2** (*fig.*) vergüenza (*f.*).
rosticceria *s.f.* asador (*m.*).
rotabile *agg.* transitable, carretero.
rotaia *s.f.* **1** (*ferr.*) riel (*m.*), raíl (*m.*), carril (*m.*) **2** (*solco*) rodada, carril (*m.*), surco (*m.*).
rotazione *s.f.* rotación (*anche fig.*).
roteare *v.tr.* voltear, mover*, girar ♦ *v.intr.* (*di uccello*) dar* vueltas, circunvolar*.
rotella *s.f.* **1** rueda, ruedecilla | *sedia a rotelle*, silla de ruedas | *le manca una* —, le falta un tornillo **2** (*mecc.*) rodaja, rodillo (*m.*).
rotocalco *s.m.* **1** semanario, revista (*f.*) semanal **2** (*tv*) magacín.
rotolare *v.tr.* hacer* rodar ♦ *v.intr.* rodar* ♦ **-rsi** *v.pron.* revolcarse*.
rotolo *s.m.* rollo | *andare a rotoli*, malograrse/irse a pique.

rotonda *s.f.* **1** (*piattaforma, piazzola*) glorieta **2** (*edificio circolare*) rotonda.
rotondo *agg.* redondo.
rotta[1] *s.f.* **1** (*mil.*) derrota **2** fractura (*anche fig.*) | *essere in — con qlcu.*, estar enojado, reñido con alguien.
rotta[2] *s.f.* (*direzione*) rumbo (*m.*), ruta, dirección.
rottame *s.m.* **1** escombro; (*di ferro*) chatarra (*f.*) **2** (*fig.*) cachivache, cacharro; (*di persona*) cascajo, ruina (*f.*): *sono diventato un —*, estoy hecho una ruina.
rotto *agg.* **1** roto, quebrado, estropeado, destrozado: *è —*, está estropeado **2** (*fig.*) maltrecho, molido, agotado: *sono tutto —*, estoy molido **3** (*fig.*) acostumbrado: *essere — a qualsiasi esperienza*, estar acostumbrado a cualquier cosa.
rottura *s.f.* **1** ruptura, rotura **2** (*fig.*) interrupción; violación **3** (*med.*) fractura **4** (*fig., fam.*) aburrimiento (*m.*), molestia, fastidio (*m.*), lata: *questo esercizio è una —*, este ejercicio es una lata.
rotula *s.f.* (*anat.*) rótula.
roulotte *s.f.* caravana.
rovente *agg.* ardiente, candente, incandescente, al rojo vivo.
rovere *s.m.* (*bot.*) roble.
rovesciare *v.tr.* **1** volcar*; (*pol.*) derribar (*anche fig.*), echar abajo: *— il governo*, derribar el gobierno **2** (*liquidi*) verter*, derramar, echar, tirar; (*Amer.*) voltear **3** (*le tasche*) volver* al revés, dar* la vuelta **4** (*fig.*) achacar*, echar encima: *— la colpa su qlcu.*, echar encima la culpa a alguien ♦ **-rsi** *v.pron.* **1** verterse*, derramarse; (*aut.*) volcar*; (*barca*) zozobrar **2** (*fig., affluire*) afluir, concurrir: *— sulla piazza*, afluir a la plaza.
rovescio *s.m.* **1** revés, vuelta (*f.*) | *al —*, al revés | *capire tutto al —*, entenderlo todo al revés **2** (*di moneta*) reverso | *il — della medaglia*, el reverso de la medalla **3** (*acquazzone*) chaparrón, aguacero, chubasco **4** (*danno*) revés, pérdida (*f.*): *— di fortuna*, revés de fortuna.
rovina *s.f.* **1** ruina; (*crollo*) derrumbe (*m.*), desmoronamiento (*m.*) **2** (*fig.*) ruina, perdición, decadencia: *portare alla —*, llevar a la ruina; *andare in —*, arruinarse **3** ruinas (*pl.*), escombros (*m.pl.*).
rovinare *v.tr.* **1** arruinar, estropear **2** (*fig.*) arruinar, perjudicar*: *— la reputazione di qlcu.*, arruinar la reputación a alguien; *— qlcu.*, perjudicar a alguien ♦ *v.intr.* caer*, derrumbarse, desplomarse ♦ **-rsi** *v.pron.* arruinarse, perderlo* todo.
rovinoso *agg.* ruinoso, desastroso; violento: *— incidente*, violento accidente.
rovistare *v.tr.* hurgar*, rebuscar*, revolver*; (*cercare minutamente*) registrar: *la polizia ha rovistato in tutto l'appartamento*, la policía ha registrado todo el piso.
rovo *s.m.* (*bot.*) zarza (*f.*), espino.
rozzezza *s.f.* bastedad, grosería, tosquedad, vulgaridad.
rozzo *agg.* basto, burdo, tosco; (*di persona*) grosero, zafio, maleducado; (*fam.*) paleto.
ruba, a *loc.avv.*: *andare —*, venderse como pan caliente/churros.
rubacchiare *v.tr.* sisar, pellizcar*, arañar.
rubacuori *agg., s.m./f.* rompecorazones, seductor (*m.*); donjuán (*m.*) | *essere un —*, ser un donjuán, ser un rompecorazones.
rubare *v.tr.* **1** hurtar, robar; (*rapinare*) asaltar, atracar* **2** (*fig., togliere*) quitar, arrebatar, (*fam.*) soplar: *Maria le ha rubato il fidanzato*, María le ha soplado al novio.
ruberia *s.f.* robo (*m.*), hurto (*m.*).
rubicondo *agg.* rubicundo.
rubinetto *s.m.* grifo; (*Amer.*) llave (*f.*).
rubino *agg., s.m.* (*miner.*) rubí.
rubizzo *agg.* lozano, fresco, saludable.
rubrica *s.f.* **1** (*di periodico*) sección, columna: *— letteraria*, sección literaria **2** guía, listín (*m.*): *— telefonica*, guía telefónica, listín de teléfonos **3** (*quadernetto*) agenda.
rude *agg.* rudo, grosero; (*burbero*) arisco.
rudere *s.m.* **1** escombro, ruina (*f.*) **2** (*fig., spreg.*) carroza: *essere un —*, ser un carroza **3** (*pl., anche fig.*) restos, despojos.
rudezza *s.f.* rudeza, tosquedad.
rudimentale *agg.* **1** rudimentario, rudimental, elemental **2** impreciso: *ho una conoscenza — della musica*, tengo un conocimiento vago de la música.
rudimento *s.m.* **1** rudimento, noción (*f.*), esbozo **2** (*pl.*) bases (*f.*), nociones (*f.*): *i primi rudimenti di informatica*, las bases de la informática.
ruffiano *s.m.* **1** rufián, alcahuete **2** adulador; (*leccapiedi*) pelotillero; (*volg.*) lameculos.
ruga *s.f.* arruga.
ruggine *s.f.* **1** herrumbre, orín (*m.*) **2** (*fig.*) rencor (*m.*), resentimiento (*m.*): *c'è ancora — tra le due*, todavía hay rencor entre las dos.
rugginoso *agg.* herrumbroso, oxidado.
ruggire *v.intr.* rugir*.
ruggito *s.m.* **1** rugido **2** (*fig.*) bramido.
rugiada *s.f.* rocío (*m.*), relente (*m.*).
rugoso *agg.* (*ruvido*) rugoso; (*con rughe*) arrugado.
rullare *v.intr.* **1** (*di tamburo*) redoblar **2** (*di aereo*) rodar*, balancearse.
rullino *s.m.* (*foto.*) carrete, rollo: *sviluppare il —*, revelar el carrete.
rullio *s.m.* **1** (*di tamburo*) redoble **2** (*mar.*) balanceo.

rullo *s.m.* **1** rulo, rodillo, cilindro: — *compressore*, apisonadora **2** (*di tamburo*) redoble **3** (*foto.*) carrete, rollo.
rum *s.m.* ron.
ruminante *agg.*, *s.m.* (*zool.*) rumiante.
ruminare *v.tr.* **1** (*zool., anche fig.*) rumiar **2** (*fig.*) cavilar, meditar, reflexionar.
rumore *s.m.* **1** ruido; (*di colpo secco*) estruendo; confusión (*f.*), alboroto: *non fate* —, no hagáis ruido **2** (*delle onde, del vento*) rumor; (*ronzio di fondo*) murmullo, rumor **3** (*fig.*) revuelo, escándalo.
rumoreggiare *v.intr.* **1** hacer* ruido **2** (*fig.*) murmurar; protestar.
rumoroso *agg.* ruidoso, bullicioso.
ruolo *s.m.* **1** (*elenco*) lista (*f.*), catálogo; (*organico*) plantilla (*f.*); (*mil.*) escalafón, cargo | *di* —, numerario, de plantilla | *professore di* —, professor titular **2** (*personaggio*) papel: *nel — di Amleto*, en el papel de Hamlet; *svolgere un* —, desempeñar un papel **3** (*funzione*) rol, carácter, función (*f.*).
ruota *s.f.* **1** rueda: — *anteriore*, *posteriore*, rueda delantera, trasera; — *di ricambio*, rueda de recambio **2** (*del tornio*) torno (*m.*) **3** (*del lotto*) urna
■ ***a ruota libera***, a rienda suelta | ***essere l'ultima ruota del carro***, ser un cero a la izquierda | ***fare la ruota***, (*pavone*) hacer la rueda; (*fig., pavoneggiarsi*) pavonearse.
ruotare *v.intr.* rodar*, girar, dar* vueltas ♦ *v.tr.* volver*, hacer* girar.
rupe *s.f.* peñasco (*m.*), risco (*m.*), despeñadero.
rupestre *agg.* rupestre.
rurale *agg.* rural, campesino.
ruscello *s.m.* arroyo, riachuelo.
ruspa *s.f.* excavadora, pala mecánica.
russare *v.intr.* roncar*.
rustico *agg.* **1** rústico (*anche fig.*), campestre, rural **2** (*fig.*) rudo, arisco ♦ *s.m.* casa (*f.*) rural.
ruttare *v.intr.* eructar, regoldar*.
rutto *s.m.* eructo, regüeldo: *fare un* —, soltar un eructo.
ruvido *agg.* **1** rugoso, áspero (*anche fig.*); (*grezzo*) rudo **2** (*fig., di persona*) duro, descortés, brusco; tosco.
ruzzolare *v.intr.* caer* dando volteretas, caer* rodando, rodar*.
ruzzolone *s.m.* caída (*f.*), revolcón, voltereta (*f.*) | *cadere a ruzzoloni*, caerse rodando.

Ss

s *s.f.* s | (*tel.*) — *come Savona*, s como sábado | a forma di S, con forma de S.
sabato *s.m.* sábado | — *grasso*, sábado de carnaval | *Sabato Santo,* Sábado Santo.
sabba *s.m.* (*mit. nordica*) aquelarre.
sabbatico *agg.* sabbatical: *anno* —, año sabático.
sabbia *s.f.* arena: *granello di* —, granito de arena | *sabbie mobili*, arenas movedizas.
sabbiare *v.tr.* (*tecn.*) arenar.
sabbiatura *s.f.* **1** (*spec.pl.*) arenación: *fare le sabbiature*, hacer arenaciones **2** (*tecn.*) arenado (*m.*).
sabbioso *agg.* arenoso.
sabotaggio *s.m.* **1** sabotaje **2** (*fig.*) obstrucción (*f.*).
sabotare *v.tr.* **1** sabotear **2** (*fig.*) obstaculizar*, sabotear: — *il governo*, sabotear al gobierno.
sabotatore *agg.*, *s.m.* saboteador.
sacca *s.f.* **1** talega, bolsa, bolso (*m.*); (*mil.*) macuto (*m.*) **2** (*di fiume, mare*) recodo (*m.*), ensenada | (*aer.*) — *d'aria*, bolsa de aire | (*mil., pol.*) *sacche di resistenza*, bolsas de resistencia.
saccaride *s.m.* (*chim*) sacárido.
saccarina *s.f.* sacarina
saccarosio *s.m.* (*chim.*) sacarosa (*f.*).
saccente *agg.*, *s.m.* (*saputello*) pedante, sabiondo, repipi | *fare il* —, ser un sabiondo.
saccheggiare *v.tr.* **1** saquear (*anche fig.*) **2** (*una banca*) asaltar, robar: *saccheggiarono la banca*, robaron el banco **3** (*copiare*) copiar, plagiar: — *un libro*, plagiar un libro.
saccheggiatore *s.m.* **1** asaltante, saqueador **2** (*plagiario*) plagiario.
saccheggio *s.m.* saqueo, saco.
sacchetto *s.m.* bolsa (*f.*), bolsita (*f.*): — *di plastica*, bolsa de plástico.
sacco *s.m.* **1** saco, bolsa (*f.*) | *colazione al* —, pic-nic | — *a pelo*, saco de dormir | *mettere qlcu. nel* —, engañar a alguien | *prendere* (o *cogliere*) *qlcu. con le mani nel* —, coger a alguien con las manos en la masa **2** (*fam., gran quantità*) montón, mogollón: *un* — *di soldi*, un montón de dinero; *un* — *di guai*, la mar de problemas | *un* — *di botte*, una paliza | (*fam.*) *piacere un* —, gustar un montón **3** (*saccheggio*) saqueo, saco | *mettere a* —, entrar/meter a saco, saquear.
sacerdotale *agg.* sacerdotal.
sacerdote *s.m.* sacerdote, cura.
sacerdotessa *s.f.* sacerdotisa.
sacerdozio *s.m.* (*relig.*) sacerdozio.
sacrale[1] *agg.* sacro.
sacrale[2] *agg.* (*anat.*) sacro.
sacralità *s.f.* sacralidad.
sacramentale *agg.* sacramental.
sacramentare *v.intr.* (*fam.*) jurar, blasfemar, maldecir*.
sacramento *s.m.* (*relig.*) **1** sacramento **2** eucaristía (*f.*): *il Santissimo Sacramento*, el Santísimo Sacramento, la eucaristía.
sacrario *s.m.* **1** sagrario, tabernáculo **2** monumento: — *dei caduti*, el monumento a los caídos.
sacrificare *v.tr.* **1** (*relig.*) sacrificar*, ofrendar **2** renunciar: *sacrifica il suo tempo per gli altri*, renuncia a su tiempo por los otros **3** (*sprecare, non valorizzare*) desperdiciar, desaprovechar: *l'armadio è sacrificato in quella parete,* el armario en esa pared está desaprovechado ♦ **-rsi** *v.pron.* sacrificarse*, inmolarse, dedicarse* totalmente: *si sacrificò allo studio*, se dedicó totalmente al estudio.
sacrificio *s.m.* **1** (*relig.*) sacrificio (*anche fig.*): — *umano*, sacrificio humano **2** renuncia (*f.*), privación (*f.*): *fare una vita di sacrifici,* llevar una vida sacrificada.
sacrilegio *s.m.* **1** sacrilegio; (*di luogo sacro*) profanación (*f.*), violación (*f.*) **2** (*fig.*) irreverencia (*f.*), falta (*f.*) de respeto.
sacro *agg.* **1** sacro, sagrado, consagrado | *la Sacra Famiglia*, la Sagrada Familia **2** (*fig.*) inviolable, intocable: *la nostra amicizia è sacra*, nuestra amistad es intocable ♦ *s.m.* **1** sacro, sagrado: *il* — *e il profano*, lo sacro y lo profano **2** (*anat., osso*) (hueso) sacro, coxis.
sadico *agg.*, *s.m.* sádico.
sadismo *s.m.* sadismo.
sadomasochismo *s.m.* sadomasoquismo.
sadomasochista *agg.*, *s.m./f.* sadomasoquista.
saetta *s.f.* **1** (*freccia*) saeta, flecha **2** (*fulmine*) rayo (*m.*), relámpago (*m.*) | *correre come una* —, correr como un rayo.
saettare *v.tr.* asaetear; (*anche fig.*) arrojar, estrellar.

safari *s.m.* safari | *zoo* —, safari.
safena *s.f.* (*anat.*) vena safena.
saffico *agg.* **1** (*poesia*) sáfico **2** (*lesbico*) sáfico, lésbico.
saga *s.f.* saga.
sagace *agg.* sagaz*, astuto, perspicaz*; inteligente.
sagacia *s.f.* sagacia, perspicacia.
saggezza *s.f.* **1** sabiduría **2** (*assennatezza*) cordura, sensatez: *ragazzo di grande* —, chico de gran sensatez.
saggiare *v.tr.* **1** (*metalli*) probar, ensayar **2** (*fig.*, *mettere alla prova*) tantear | — *il terreno*, tantear el terreno.
saggina *s.f.* (*bot.*) zahína, sahína | *scopa di* —, escoba de esparto.
saggio[1] *agg.* (*colto*) sabio; (*assennato*) cuerdo, sensato; (*accorto*) prudente ♦ *s.m.* sabio.
saggio[2] *s.m.* **1** ensayo, estudio: — *critico*, ensayo crítico **2** (*campione*) prueba (*f.*), muestra (*f.*): *copia — per insegnanti*, muestra gratuita para profesores **3** (*spettacolo*) exhibición (*f.*), espectáculo: — *di danza*, espectáculo de danza **4** (*prova*) prueba (*f.*), muestra (*f.*) **5** (*dimostrazione*) demostración (*f.*), ejemplo: *dare un — delle proprie capacità,* ofrecer un ejemplo de sus capacidades **6** (*fin.*) tipo: — *d'interesse*, tipo de interés.
saggista *s.m./f.* ensayista.
saggistica *s.f.* **1** ensayísmo (*m.*) **2** (*genere lett.*) ensayo (*m.*): *la — spagnola*, el ensayo español.
Sagittario *s.m.* (*astr.*) Sagitario.
sagoma *s.f.* **1** silueta, perfil (*m.*), línea **2** (*modello*) patrón (*m.*) plantilla, modelo (*m.*) **3** (*bersaglio*) blanco (*m.*) **4** (*fam.*) cachondo (*m.*), simpático, saleroso: *è una —!*, ¡qué cachondo!
sagomare *v.tr.* perfilar, delinear, moldear.
sagra *s.f.* fiesta, verbena, feria: — *delle ciliegie*, fiesta de las cerezas.
sagrato *s.m.* anteiglesia.
sagrestano *s.m.* (*relig.*) sacristán.
sagrestia *s.f.* sacristía.
sahariano *agg.*, *s.m.* saharaui, sahariano | *giacca sahariana*, sahariana.
saia *s.f.* (*tessuto*) sarga.
saio *s.m.* sayo, cogulla (*f.*).
sala *s.f.* sala, salón (*m.*): — *d'attesa*, sala de espera; *sala da pranzo*, comedor | — *operatoria*, quirófano | — *cinematografica*, cine | — *da ballo*, salón de baile | — *giochi*, sala de juegos.
salace *agg.* mordaz*, agudo, salaz*.
salamandra *s.f.* salamandra.
salame *s.m.* **1** salchichón, chorizo, embutido; (*Amer.*) salame **2** (*fig.*) torpe, zopenco, bobo: *quel ragazzo è un* —, ese chico es un torpe.
salamelecco *s.m.* zalamería (*f.*), lisonja (*f.*): *fare salamelecchi*, hacer zalamerías.
salamoia *s.f.* (*cuc.*) salmuera.
salare *v.tr.* salar.
salariale *agg.* salarial: *politica* —, política salarial.
salariato *agg.*, *s.m.* asalariado: *lavoratore* —, trabajador asalariado.
salario *s.m.* salario, sueldo.
salassare *v.tr.* (*anche fig.*) sangrar: *al ristorante mi hanno salassato*, me han sangrado en el restaurante.
salasso *s.m.* **1** (*med.*) sangría (*f.*) **2** (*fig.*) sablazo: *che —!*, ¡qué sablazo!
salatamente *avv.* a caro precio: *lo hanno pagato* —, lo han pagado a caro precio.
salatino *s.m.* galleta (*f.*) salada, saladito, canapé.
salato *agg.* **1** salado: *un lago di acqua salata*, un lago de agua salada **2** (*costoso*) caro, costoso; (*Amer.*) salado: *conto* —, cuenta cara **3** (*fig.*) mordaz*, picante.
salatura *s.f.* saladura, salazón.
saldare *v.tr.* **1** unir, juntar; (*metalli*) soldar*: — *l'oro*, soldar el oro **2** (*comm.*) saldar, pagar*: — *i conti*, saldar las cuentas ♦ **-rsi** *v.pron.* (*metalli*) soldarse*.
saldatore *s.m.* soldador.
saldatrice *s.f.* soldadora.
saldatura *s.f.* **1** soldadura, juntura **2** (*fig.*) conexión.
saldezza *s.f.* (*anche fig.*) firmeza: — *di propositi,* firmeza de propósitos.
saldo[1] *s.m.* **1** (*comm.*) saldo: — *a debito*, saldo deudor **2** (*svendita*) saldo, rebaja (*f.*); (*Amer.*) liquidación (*f.*): *prezzo di* —, precio de saldo.
saldo[2] *agg.* (*anche fig.*) resistente; (*stabile*) firme, estable, sólido: *una salda amicizia*, una sólida amistad; *opinioni salde*, firmes opiniones; *fede salda*, sólida fe | *avere i nervi saldi*, tener nervios de acero.
sale *s.m.* **1** sal (*f.*): — *fino*, sal fina; — *grosso*, sal gorda | *i sali,* las sales | *sali da bagno*, sales de baño | *sotto* —, en salazón **2** (*fig.*) juicio: *avere — in zucca*, tener juicio.
salgemma *s.m.* (*min.*) sal (*f.*) gema.
salice *s.m.* (*bot.*) sauce: — *piangente*, sauce llorón.
saliente *agg.* sobresaliente, notable, relevante, importante.
saliera *s.f.* salero (*m.*).
salina *s.f.* **1** salina, mina de sal **2** (*vasca*) saladar (*m.*).
salinità *s.f.* salinidad.
salino *agg.* salino: *soluzione salina*, solución salina.

salire *v.intr.* **1** subir: se *arriva fallo —*, si llega dile que suba | *— sul treno, sull'autobus*, subir al tren, al autobús | *— in bicicletta, a cavallo*, montar en bicicleta, a caballo **2** (*di strada*) empinarse: *la strada saliva rapidamente*, la carretera se hacía empinada rápidamente **3** (*aumentare*) subir, aumentar, crecer*: *il tasso di interesse sale*, el tipo de interés crece **4** (*fig., far carriera*) ascender* ♦ *v.tr.* subir: *— la scala*, subir la escalera.
saliscendi *s.m.* **1** pasador, picaporte **2** (*dislivello*) subidas y bajadas (*f.pl.*), desniveles (*pl.*): *la strada è piena di —*, la calle está llena de desniveles.
salita *s.f.* **1** (*ascesa, anche fig.*) subida, ascensión: *la — dei prezzi*, la subida de los precios **2** pendiente, cuesta: *in —*, cuesta arriba.
saliva *s.f.* saliva; (*bava*) baba.
salivare *agg.* salival.
salivazione *s.f.* salivación.
salma *s.f.* restos (*m.pl.*) mortales, despojos (*m.pl.*), cadáver (*m.*), cuerpo (*m.*): *lì giace la — del santo*, allí yace el cuerpo del santo.
salmastro *agg.* salobre ♦ *s.m.* salobridad (*f.*).
salmeria *s.f.* (*spec.pl., mil.*) bagaje (*m.*), convoy (*m.*), pertrechos (*m.pl.*).
salmì *s.m.* (*cuc.*) adobo guiso (para la caza) | *lepre in —*, liebre adobada.
salmo *s.m.* (*relig.*) salmo.
salmodia *s.f.* (*relig.*) salmodia.
salmodiare *v.intr.* (*relig.*) salmodiar.
salmone *agg.* (*colore*) salmón ♦ *s.m.* (*zool.*) salmón.
salmonella *s.f.* (*biol.*) salmonella.
salnitro *s.m.* (*chim.*) salitre.
salomonico *agg.* **1** salomónico **2** (*fig.*) salomónico, imparcial.
salone *s.m.* **1** salón, sala (*f.*) **2** (*mostra*) salón, feria (*f.*), exposición (*f.*): *il — del libro*, la feria del libro.
salopette *s.f.* (*abbigl.*) (pantalón) peto.
salottiero *agg.* mundano, frívolo, superficial.
salotto *s.m.* **1** salón, sala (*f.*), sala (*f.*) de estar; (*Amer.*) living **2** (*riunione mondana*) tertulia (*f.*) | *fare —*, hacer tertulia | *— letterario*, tertulia literaria.
salpare *v.intr.* (*mar.*) zarpar ♦ *v.tr.* **1** levar anclas **2** (*portare in superficie*) reflotar.
salsa[1] *s.f.* salsa: *— di pomodoro*, salsa de tomates | (*fig.*) *in tutte le salse*, hasta en la sopa.
salsa[2] *s.f.* (*mus., danza*) salsa.
salsedine *s.f.* **1** salobridad, salinidad **2** (*residuo*) adarce (*m.*); (*sulla pelle*) sal: *togliersi la — dal corpo*, quitarse la sal del cuerpo.
salsiccia *s.f.* salchicha, longaniza.
salsiera *s.f.* salsera.
saltabeccare *v.intr.* brincar*.
saltare *v.intr.* **1** saltar, brincar*: *— dalla gioia*, saltar de alegría | *— in testa/mente*, ocurrirse, antojarse, pasar por la cabeza | *— agli occhi*, saltar a la vista, ser* evidente **2** (*buttarsi*) saltar, tirarse: *— in acqua*, tirarse al agua **3** (*scoppiare*) estallar, reventar*, explotar | *far —*, volar, hacer explotar **4** (*salire*) montar, subir: *salta in macchina*, sube al coche ♦ *v.tr.* **1** saltar; superar | *— un ostacolo*, saltar un obstáculo **2** (*omettere*) saltarse, pasar por alto; (*fam.*) comerse: *hai saltato una lettera*, te has comido/saltado una letra **3** (*cuc.*) saltear: *— le verdure in padella*, saltear las verduras.
saltatore *agg., s.m.* saltador.
saltellare *v.intr.* brincar*, retozar*.
saltello *s.m.* brinco.
salterio *s.m.* (*relig.*) salterio.
saltimbanco *sm.* saltimbanqui (*s.m./f*).
salto *s.m.* **1** salto, brinco: *fare un —*, pegar*/dar* un salto | *— in alto, in lungo*, salto de altura, de longitud | | *— con l'asta,* salto de pértiga | *fare i salti di gioia*, dar saltos de alegría **2** (*fig.*) escapada (*f.*): *faccio un — da te*, hago una escapada hasta tu casa **3** (*dislivello*) salto, desnivel.
saltuariamente *avv.* ocasionalmente.
saltuario *agg.* discontinuo, esporádico, ocasional: *lavoro —*, trabajo ocasional.
salubre *agg.* salubre, saludable, sano.
salubrità *s.f.* salubridad.
salume *s.m.* embutido.
salumeria *s.f.* charcutería, salchichería; (*Amer.*) fiambrería.
salumiere *s.m.* charcutero, salchichero, tocinero.
salumificio *s.m.* fábrica (*f.*) de embutidos.
salutare[1] *v.tr.* **1** (*incontrandosi*) saludar; (*congedandosi*) despedirse*, decir* adiós: *vado a — Pepe*, voy a saludar a Pepe (*se è arrivato*); me voy a despedir de Pepe (*se se ne sta andando*) | *salutami tutti*, dales recuerdos a todos **2** (*mil.*) saludar **3** (*fig., accogliere*) dar* la bienvenida ♦ **-rsi** *v.pron.rec.* (*incontrandosi*) saludarse; (*congedandosi*) despedirse* | *— con una stretta di mano*, saludarse con un apretón de manos | (*fig.*) *non — più*, no dirigirse la palabra.
salutare[2] *agg.* **1** saludable, benéfico, sano **2** (*fig.*) provechoso, útil: *questa critica sarà —*, esta crítica será provechosa.
salute[1] *inter.* **1** (*brindisi*) ¡salud! **2** (*saluto*) ¡hola! **3** (*dopo uno starnuto*) ¡Jesús!; (*Amer.*) ¡salud!
salute[2] *s.f.* **1** salud: *godere di buona —*, gozar de buena salud; *essere assente per motivi di —*, estar ausente por motivos de salud | *avere una — di ferro*, tener una salud de hierro | *brindo alla tua —*, brindo a tu salud **2** (*fig.*) bien (*m.*), bienestar (*m.*): *la — dello Stato*, el bienestar del Estado.

salutista *s.m./f.* persona que se ocupa de su salud.
saluto *s.m.* **1** saludo; (*di commiato*) despedida (*f.*) | *distinti saluti*, atentamente **2** (*mil.*) saludo **3** (*discorso*) bienvenida (*f.*).
salva *s.f.* salva (*anche fig.*) descarga: — *di applausi*, salva de aplausos | *cartuccia a salve*, cartucho de fogueo.
salvacondotto *s.m.* salvoconducto, salvaguardia (*f.*).
salvadanaio *s.m.* hucha (*f.*); (*Amer.*) alcancía (*f.*), huaca (*f.*).
salvagente *s.m.* **1** (*a ciambella*) salvavidas, flotador; (*giubbotto*) chaleco salvavidas **2** (*in strada*) refugio, isla (*f.*) peatonal.
salvaguardare *v.tr.* salvaguardar, proteger*; amparar ♦ **-rsi** *v.pron.* defenderse*, protegerse*.
salvaguardia *s.f.* salvaguardia, protection: *a — di,* para la salvaguardia de.
salvare *v.tr.* **1** salvar; (*trarre in salvo*) rescatar **2** (*proteggere*) proteger*, defender* | — *le apparenze*, cubrir/guardar las apariencias **3** (*inform.*) guardar: — *su un CD*, guardar en un cederrón ♦ **-rsi** *v.pron.* salvarse, refugiarse, ponerse* a salvo | *si salvi chi può*, sálvese quien pueda.
salvaschermo *s.m.* (*inform.*) salvapantallas.
salvaslip *s.m.* salvaslip.
salvataggio *s.m.* **1** salvamento, rescate | *lancia/scialuppa di* —, lancha/chalupa de salvamento | *giubbotto di* —, chaleco salvavidas **2** (*inform.*) grabación (*f.*).
salvatore *s.m.* salvador.
salvavita *s.m.* (*elettr.*) cortacircuitos (*pl.*), (*fam.*) plomos (*pl.*).
salve *inter.* ¡salud!, ¡salve!, ¡hola!
salvezza *s.f.* salvación (*anche fig., relig.*) | *ancora di* —, tabla de salvación.
salvia *s.f.* (*bot.*) salvia.
salvietta *s.f.* **1** (*tovagliolo*) servilleta **2** (*asciugamano*) toalla.
salvo[1] *agg.* salvo, ileso, fuera de peligro: *se pagherai il riscatto avrà salva la vita*, si pagas el rescate le salvarás la vida | *sano e* —, sano y salvo ♦ *s.m. nella loc.*: *in* —, a salvo: essere, mettersi *in* —, estar, ponerse a salvo.
salvo[2] *prep.* salvo, excepto, fuera de: — *che*, excepto que, a menos que; *siamo aperti tutti i giorni — la domenica*, abrimos todos los días excepto del domingo | (*comm.*) — *errori e omissioni*, salvo error u omisión.
samaritano *agg.*, *s.m.* samaritano (*anche fig.*): *il buon* —, el Buen Samaritano.
samba *s.f./m.* (*mus., danza*) samba (*f.*): *ballare la* —, bailar la samba.
sambuco *s.m.* (*bot.*) saúco.
sampietro *s.m.* (*pesce*) pez* de san Pedro.
samurai *s.m.* Samurai.
san *agg.* → **santo.**
sanare *v.tr.* **1** (*med.*) sanar, curar | — *una ferita*, curar una herida **2** (*bonificare*) sanear (*anche econ.*) | — *un bilancio*, equilibrar un balance | — *un'azienda,* sanear una empresa.
sanatoria *s.f.* condonación, legitimación: — *fiscal*, amnistía fiscal.
sanatorio *s.m.* sanatorio.
sanbernardo *s.m.* (*cane*) san Bernardo.
sancire *v.tr.* **1** sancionar, ratificar*, confirmar **2** (*leggi*, *decreti*) decretar, aprobar*: *hanno sancito una nuova legge*, han aprobado una nueva ley.
sancta sanctorum *s.m.* (*anche fig.*) sancta sactorum.
sandalo[1] *s.m.* (*calzatura*) sandalia (*f.*), chancla (*f.*).
sandalo[2] *s.m.* (*bot.*) sándalo.
sandolino *s.m.* (*mar.*) piragua (*f.*).
sangallo *s.m.* (*tessuto*) bordado suizo.
sangue *s.m.* **1** sangre (*f.*) | *a — freddo*, a sangre fría | *carne al* —, carne poco hecha | *un fatto di* —, un crimen sangriento | *succhiare il* —, chupar la sangre **2** (*fig.*) familia (*f.*), parentesco | *buon — non mente*, de tal palo tal astilla
■ ***farsi cattivo sangue***, hacerse mala sangre | ***non esserci buon sangue***, llevarse mal; tener malas relaciones | ***mantenere il sangue freddo***, tener sangre fría | ***avere (qlco.) nel sangue***, llevar algo en la sangre: *ha la poesia nel* —, lleva la poesía en la sangre | ***gelare il sangue nelle vene***, helarse la sangre.
sanguigno *agg.* **1** sanguíneo: *vasi sanguigni*, vasos sanguíneos **2** (*collerico*) colérico.
sanguinaccio *s.m.* morcilla (*f.*).
sanguinante *agg.* sangrante, sangriento.
sanguinare *v.intr.* sangrar, salir* la sangre sangre: me sanguina il naso, me sale sangre de la nariz.
sanguinario *agg.* sanguinario, cruel.
sanguinolento *agg.* **1** sangriento **2** (*di carni non cotte*) poco hecho.
sanguinoso *agg.* sangriento, ensangrentado.
sanguisuga *s.f.* **1** (*zool.*) sanguijuela **2** (*fig.*) avaro (*m.*), usurero (*m.*).
sanità *s.f.* **1** sanidad, salubridad, salud: *Ministero della Sanità*, Ministerio de Sanidad; (*Amer.*) Ministerio de Salud; — *di mente*, salud mental **2** (*fig.*) rectitud: — *di principi*, rectitud de principios.
sanitario *agg.* sanitario: *cordone* —, cordón sanitario; *servizio* —, servicio de sanidad; *riforma sanitaria*, reforma de la sanidad | *referto* —, parte médico ♦ *s.m.* **1** (*med.*) médico **2** (*pl., impianti igienici*) sanitarios.
sano *agg.* **1** sano; (*salutare*) salubre, saludable | — *come un pesce*, sano como una manzana | *di sana pianta*, completamente, de

pies a cabeza | *certificato di sana e robusta costituzione*, certificado médico **2** (*fig., morale*) sano: *avere sani principi*, tener sanos principios.
sansa *s.f.* orujo: *olio di —*, aceite de orujo.
sanscrito *agg., s.m.* (*ling.*) sánscrito.
santabarbara *s.f.* santabárbara.
santarellina *s.f.* gatita muerta, mojigata; (*fam.*) beata.
santiddio *inter.* ¡por Dios!
santificare *v.tr.* santificar*, honrar | *— le feste*, santificar las fiestas.
santificazione *s.f.* (*relig.*) santificación.
santino *s.m.* santo, estampa (*f.*) religiosa.
santità *s.f.* santidad | *Sua Santità*, Su Santidad.
santo *agg.* **1** santo: *anno —*, año santo | il *Santo Padre*, el Santo Padre | *Settimana Santa*, Semana Santa | *proclamare — qlcu.*, canonizar a alguien | *Città Santa*, Casa Santa **2** (*unito a no.pr.*) san; (*davanti a no.pr.f. e a no.pr.m. che iniziano per Do-, To-*) santo: *— Stefano*, san Esteban; *san Domenico*, santo Domingo; *san Tommaso*, santo Tomás; *sant'Anna*, santa Ana **3** (*fig.*) pío, santo: *è un sant'uomo*, es un santo varón | *sante parole*, santa palabra | *tutto il — giorno*, todo el santo día | *— cielo!*, ¡Dios mío! | *santa pazienza!*, ¡por Dios! ♦ *s.m.* santo.
santone *s.m.* santón, gurú; (*spreg.*) santurrón.
santoreggia *s.f.* (*bot.*) ajedrea.
santuario *s.m.* **1** santuario **2** (*fig.*) santuario, refugio.
sanzionare *v.tr.* **1** (*decretare*) sancionar, ratificar*, aprobar* **2** (*punire*) sancionar, penalizar*, multar.
sanzione *s.f.* **1** (*approvazione*) sanción, ratificación, aprobación **2** multa, sanción.
sapere[1] *v.tr.* **1** (essere a conoscenza) saber*: *— qlco. su qlcu.*, saber algo sobre alguien; *sai che...?*, sabes que...?; *sai meglio di me*, sabes mejor que yo; *so di avere ragione*, sé que tengo razón; *ad averlo saputo*, si lo hubiera sabido; *che ne so io?*, ¿y yo qué sé?; *chi lo sa?*, ¿quién sabe?; *lo so*, ya lo sé; *non ne so niente*, no sé nada de eso; *se (tu) sapessi...*, si lo supieras... | *— vita, morte e miracoli di qlcu.*, saber vida y milagros de alguien | *caso mai non lo sapessi*, por si no lo sabes | *che io sappia* (o *per quanto ne so*), que yo sepa **2** (*essere capace, intendersi di*) saber*, ser* capaz de: *sa suonare il flauto*, sabe tocar flauta | *non so dire di no*, no soy capaz de negarme **3** (*venire a conoscenza*) saber*, enterarse (de): *sai già la notizia?*, ¿ya sabes la noticia?; *ho saputo quello che è successo*, me he enterado de lo que ha pasado **4** (*apprendere con studio o pratica*) saber*, conocer*: *— il francese*, conocer/saber francés; *— la strada*, conocer el camino | *— a memoria*, saber de memoria, saber de carrerilla | *— per filo e per segno*, saber perfectamente, sabérselo al dedillo | *saperla lunga*, sabérselas todas **5** (*pensare*) pensar*: *mi sa che hai ragione tu*, pienso que tienes tú razón | *mi sa che...*, me parece que..., sospecho que... ♦ *v.intr.* **1** (*essere esperto, intendersi di*) entender* (de): *— di musica*, entender de música **2** (*avere sapore*) tener* sabor (de), saber* (a); (*avere odore*) oler* (a): *sa di menta*, sabe a menta; *non — di niente*, no saber a nada; *la stanza sa di chiuso*, la habitación huele a cerrado **3** (*sembrare*) parecer*: *la sua proposta sa di fregatura,* su propuesta tiene pinta de ser un engaño
■ ***sa il fatto suo***, es muy bueno en lo suyo | ***ecco, lo sapevo***, ya lo sabía yo | ***non si sa mai***, nunca se sabe.
sapere[2] *s.m.* saber, conocimiento, sabiduría (*f.*).
sapidità *s.f.* sapidez.
sapido *agg.* **1** sápido, sabroso **2** (*fig.*) salado, ocurrente.
sapiente *agg., s.m.* sabio, docto; (*competente*) experto | *i sette Sapienti*, los siete Sabios.
sapientone *s.m.* (*iron.*) sabelotodo.
sapienza *s.f.* sabiduría, erudición, sapiencia.
saponaria *s.f.* jabonera, saponaria.
saponata *s.f.* jabonadura.
sapone *s.m.* jabón | *bolle di —*, pompas de jabón.
saponetta *s.f.* pastilla de jabón, jabón (*m.*) de tocador.
saponificare *v.tr.* saponificar*.
saponificazione *s.f.* (*chim.*) saponificación.
saponificio *s.m.* jabonería (*f.*), fábrica (*f.*) de jabón.
saponoso *agg.* jabonoso.
sapore *s.m.* **1** sabor, gusto: *— amaro*, sabor amargo | *senza —*, insípido, desabrido | *avere un buon —*, dejar un buen sabor de boca | *che — ha?*, ¿a qué sabe? **2** (*fig.*) tono, gusto: *— di mistero*, sabor de misterio **3** (*pl., cuc.*) especias.
saporitamente *avv.* (*con gusto*) con ganas, con gusto: *mangiare —*, comer con ganas; *dormire —*, dormir con gusto.
saporito *agg.* **1** sabroso, gustoso **2** (*salato*) salado: *minestra troppo saporita*, sopa demasiado salada **3** (*fig., arguto*) salado, ocurrente.
saputello *agg., s.m.* sabihondo, sabidillo, sabelotodo, pedante | *non fare il —*, ¡no seas pedante!
sarabanda *s.f.* (*mus., anche fig.*) zarabanda.
saracco *s.m.* serrucho.
saraceno *agg., s.m.* sarraceno, musulmán, morisco | (*bot.*) *grano —*, trigo sarraceno.

saracinesca *s.f.* **1** (*serramento*) puerta/persiana metálica, cierre (*m.*) metálico **2** (*chiusa*) compuerta.
sarago *s.m.* (*zool.*) sargo.
sarcasmo *s.m.* sarcasmo, mordacidad (*f.*).
sarcastico *agg.* sarcástico, mordaz*.
sarchiare *v.tr.* (*agr.*) escardar, sachar.
sarchiatrice *s.f.* (*agr.*) máquina escardadora.
sarchiatura *s.f.* (*agr.*) escardado (*m.*).
sarcofago *s.m.* sarcófago.
sarcoma *s.m.* (*med.*) sarcoma.
sardina *s.f.* (*zool.*) sardina | *stare pigiati come sardine*, estar como sardinas en lata.
sardo *agg.*, *s.m.* sardo.
sardonico *agg.* sardónico, sarcástico, irónico: *ghigno* —, mueca sarcástica.
sargasso *s.m.* sargazo | *Mar dei Sargassi*, Mar de los Sargazos.
sarmento *s.m.* (*bot.*) sarmiento.
sarta *s.f.* costurera, modista.
sartia *s.f.* (*mar.*) jarcia.
sartiame *s.m.* (*mar.*) jarcias (*f.pl.*).
sarto *s.m.* sastre; (*da donna*) modisto, estilista (*m./f.*).
sartoria *s.f.* (*laboratorio*, *attività*) sastrería; (*casa di moda*) casa de modas | *questo vestito è di alta* —, este vestido es de alta costura.
sassaiola *s.f.* pedrea, petrera.
sassata *s.f.* pedrada: *tirare una — a qlcu.*, tirarle una piedra a alguien; *prendere a sassate qlcu.*, apedrear a alguien.
sasso *s.m.* piedra (*f.*), guijarro; (*roccia*) roca (*f.*) | (*fig.*) *restare di* —, quedarse de piedra, quedarse pasmado | (*fig.*) *tirare il — e nascondere la mano,* tirar la piedra y esconder la mano | (*fig.*) *tirare sassi in piccionaia,* tirar piedras contra el propio tejado.
sassofonista *s.m./f.* (*mus.*) saxofonista.
sassofono *s.m.* saxofón, saxófono, saxo.
sassofrasso *s.m.* (*bot.*) sasafrás.
sassone *agg.*, *s.m.* sajón: *cultura* —, cultura sajona.
sassoso *agg.* pedregoso.
satanico *agg.* **1** satánico, demoníaco: *rito* —, rito satánico **2** (*fig.*) diabólico.
satellitare *agg.* del satélite.
satellite *s.m.* **1** satélite | *via* —, vía satélite **2** (*pol.*) satelite (país) ♦ *agg.* satellite: *città* —, ciudad satélite.
satin *s.m.* (*tessuto*) satén.
satinare *v.tr.* satinar.
satinato *agg.* satinado: *carta satinata,* papel satinado; *argento* —, plata satinada.
satira *s.f.* sátira (*anche lett.*), crítica.
satireggiare *v.tr.* satirizar*.
satirico *agg.* satírico (*anche lett.*), mordaz*.
satiro *s.m.* **1** (*mit.*) sátiro **2** (*fig.*) lujurioso.
satollo *agg.* lleno, sacio, harto.
saturare *v.tr.* **1** (*fis.*, *chim.*) saturar **2** (*fig.*) saturar, llenar, colmar, hartar ♦ **-rsi** *v.pron.* saturarse, llenarse, hartarse: *mangiare fino a* —, comer hasta hartarse.
saturazione *s.f.* saturación (*anche fig.*): *arrivare al punto di* —, llegar al punto de saturación.
saturnino *agg.* saturnino.
saturnismo *s.m.* (*med.*) saturnismo.
saturo *agg.* **1** (*fis.*, *chim.*) saturado: *soluzione satura*, solución saturada **2** (*fig.*) saciado, harto, cargado: *parole sature di odio*, palabras cargadas de odio.
saudita *agg.*, *s.m./f.*saudí, saudita.
sauna *s.f.* sauna.
sauro *agg.*, *s.m.* alazán.
savana *s.f.* sabana.
savio *agg.*, *s.m.* cuerdo, prudente, sabio; (*assennato*) sensato.
savoiardo *agg.* saboyano ♦ *s.m.* **1** (*di Savoia*) saboyano **2** (*biscotto*) bizcocho de soletilla.
sax *s.m.* (*mus.*, *fam.*) sax, sassofono.
saziare *v.tr.* **1** saciar, satisfacer* **2** (*fig.*) hartar, cansar: *è riuscito a — il suo desiderio di potere*, ha logrado satisfacer su deseo de poder ♦ **-rsi** *v.pron.* saciarse, hartarse.
sazietà *s.f.* **1** saciedad, hartura, hartazgo (*m.*): *a* —, hasta la saciedad **2** (*fig.*) aburrimiento (*m.*), cansancio (*m.*).
sazio *agg.* **1** saciado, harto, lleno, satisfecho: *non essere mai* —, no saciarse nunca **2** (*fig.*) hastiado, harto.
sbaciucchiamento *s.m.* besuqueo, (*pop.*) morreo.
sbaciucchiare *v.tr.* besuquear, morrear ♦ **-rsi** *v.pron.* besuquearse.
sbadataggine *s.f.* **1** (*disattenzione*) distracción, descuido (*m.*), inadvertencia, despiste (*m.*) **2** (*negligenza*) negligencia, desidia.
sbadato *agg.* descuidado, distraído, despistado.
sbadigliare *v.intr.* bostezar*: *i bambini sbadigliavano per il sonno*, los niños bostezaban de sueño.
sbadiglio *s.m.* bostezo: *fare uno* —, bostezar.
sbafare *v.tr.* **1** (*mangiare ingordamente*) zampar, devorar, tragar*, jalar **2** (*scroccare*) gorronear, comer de gorra.
sbafata *s.f.* (*fam.*) comilona.
sbafatore *s.m.* (*fam.*) **1** (*persona ingorda*) glotón **2** (*scroccone*) gorrón.
sbafo, a *loc.avv.* de gorra.
sbagliare *v.tr.* errar*, fallar; (*confondere*) equivocar(se), confundir(se) (de): *ho sbagliato strada*, me he confundido de carretera; — *persona*, equivocarse de persona; — *i calcoli*, equivocarse en los cálculos ♦ *v.intr.* equivocarse*: *lei sbaglia*, usted se equivoca | *il suo intuito non sbaglia mai*, su intuición

nunca se equivoca | — *di brutto, di grosso*, equivocarse completamente/de lado a lado | *non — un colpo*, no fallar un tiro ♦ **-rsi** *v.pron.* (*ingannarsi nel giudicare*) equivocarse*, engañarse, estar* equivocado; (*fam.*) meter la pata: *ti sbagli*, estás equivocado: *si è sbagliata su di lui*, se ha equivocado con él.
sbagliato *agg.* erróneo, equivocado, confundido; (*scorretto*) incorrecto; (*inadatto*) inoportuno: *risposta sbagliata*, respuesta inoportuna; *atteggiamento* —, actitud incorrecta; *affermazione sbagliata,* afirmación falsa; *teoria sbagliata*, teoría errónea.
sbaglio *s.m.* **1** error, falta (*f.*), equivocación (*f.*) **2** (*disattenzione*) descuido, negligencia (*f.*) | *per* —, por descuido.
sbalestrare *v.tr.* (*disorientare*) desorientar, descentrar; (*scombussolare*) trastornar.
sbalestrato *agg.* **1** perdido, descentrado; (*a disagio*) a disgusto **2** (*disordinato, sregolato*) irregular: *fa una vita un po' sbalestrata*, lleva una vida un poco irregular.
sballare *v.tr.* desembalar, desempacar* ♦ *v.intr.* **1** (*a carte*) pasarse **2** (*sbagliare*) equivocarse* **3** (*pop., spec. per droga*) flipar.
sballato *agg.* **1** (*senza imballo*) desembalado, desempacado **2** (*fig., insensato*) equivocado, sin sentido **3** (*di persona*) desbaratado, (*pop.*) flipado; (*scriteriato*) desquiciado: *quel ragazzo è uno* —, ese chico está flipado.
sballo *s.m.* **1** (*pop., di droga.*) flipe, colocón **2** (*fig.*) alucine, desmadre | *da* —, guay | *che —!*, ¡qué alucine!
sballottamento *s.m.* zarandeo.
sballottare *v.tr.* zarandear, zangolotear; (*agitare liquidi*) traquetear: — *qlcu.*, zangolotear a alguien.
sbalordimento *s.m.* asombro, estupor, incredulidad (*f.*).
sbalordire *v.tr.* asombrar, sorprender, dejar pasmado/estupefacto, desconcertar* ♦ **-rsi** *v.pron.* quedarse pasmado/boqueabierto.
sbalorditivo *agg.* **1** asombroso **2** (*eccezionale*) prodigioso, magnífico, extraordinario: *ha ottenuto un risultato* —, ha logrado un resultado extraordinario **3** (*eccessivo*) exagerado: *una richiesta sbalorditiva*, una petición exagerada.
sbalordito *agg.* pasmado, boqueabierto, atónito: *rimase* —, se quedó pasmado.
sbalzare *v.tr.* **1** arrojar, tirar, echar, lanzar*: *la tempesta lo sbalzó in mare*, la tormenta lo lanzó al mar **2** (*da cavallo*) desarzonar, desmontar **3** (*tecn.*) repujar.
sbalzo *s.m.* **1** (*variazione*) oscilación (*f.*), variación (*f.*): *uno — di temperatura*, una variación/oscilación de temperatura | *a sbalzi*, a tropezones **2** (*tecn.*) repujado: *lavori a* —, piezas repujadas.
sbancamento *s.m.* (*edil.*) excavación (*f.*).
sbancare[1] *v.tr.* **1** (*al gioco*) desbancar*, copar **2** (*fig., mandare in rovina*) arruinar ♦ **-rsi** *v.pron.* arruinarse, perderlo* todo: *si è sbancato per il gioco*, lo perdió todo por el juego.
sbancare[2] *v.tr.* (*scavare*) hacer* una excavación.
sbandamento *s.m.* **1** (*mil.*) dispersión (*f.*), disgregación (*f.*) **2** (*aut.*) bandazo, patinazo **3** (*fig.*) desviación (*f.*), desmadre.
sbandare *v.intr.* **1** (*aut.*) patinar, derrapar, dar* bandazos: — *in curva,* derrapar en la curva **2** (*fig.*) degenerar, decaer* ♦ **-rsi** *v.pron.* **1** desbandarse, desparramarse, dispersarse: *i manifestanti si sbandarono*, los manifestantes se desbandaron **2** (*fig.*) degenerar, disgregarse*: *senza di lui la compagnia si è sbandata*, sin él la compañía se ha disgregado.
sbandato *agg., s.m.* **1** disperso, desperdigado **2** (*fig.*) desorientado, perdido; (*sradicato*) desarraigado; (*disadattato*) inadaptado.
sbandieramento *s.m.* **1** despliegue **2** (*ostentazione*) alarde, ostentación (*f.*).
sbandierare *v.tr.* **1** desplegar*, hacer* ondear **2** (*fig.*) ostentar, exhibir, alardear; (*proclamare*) proclamar: — *la ricchezza*, ostentar la riqueza; — *le proprie opinioni*, proclamar sus opiniones.
sbandieratore *s.m.* persona (*f.*) que ondea las banderas.
sbando *s.m.* **1** desbandamiento **2** caos, desorden | *allo* —, a la deriva; *lasciare qlcu., qlco. allo* —, dejar a alguien, algo en el caos.
sbaraccare *v.tr.* deshacerse* (de), desembarazarse* (de) ♦ *v.intr.* irse*, marcharse, largarse*.
sbaragliare *v.tr.* derrotar, dispersar, desbaratar.
sbaraglio *s.m.* (*mil.*) dispersión (*f.*), desbaratamiento; (*sconfitta*) derrota (*f.*) | *andare/gettarsi allo* —, ir a la perdición/ruina | *mandare allo* —, exponer a un peligro; llevar a la ruina.
sbarazzare *v.tr.* desembarazar*, liberar, despejar: — *un tavolo,* despejar la mesa ♦ **-rsi** *v.pron.* desembarazarse* (de), deshacerse*, quitarse de encima: *devi sbarazzarti di lui*, tienes que quitártelo de encima.
sbarazzino *agg.* travieso, desenvuelto: *ragazza sbarazzina,* muchacha desenvuelta; *aria sbarazzina,* aire travieso ♦ *s.m.* travieso.
sbarbare *v.tr.* (*il viso*) afeitar* ♦ **-rsi** *v.pron.* afeitarse.
sbarbato *agg.* desbarbado, afeitado, rasurado ♦ *s.m.* (*fam.*) pipiolo, imberbe, mocoso.
sbarcare *v.tr.* (*persone*) desembarcar*; (*merci*) descargar*: *stanno sbarcando la*

merce, están descargando la mercancía ♦ *v.intr.* (*scendere da un mezzo di trasporto*) desembarcar*, bajar.

sbarco *s.m.* desembarco (*anche mil.*), desembarque.

sbarra *s.f.* **1** barra, barrote (*m.*): *il ladro colpì con una* —, el ladrón golpeó con una barra | — *del timone*, caña | — *fissa*, barra fija **2** (*di passaggio a livello*) barrera **3** (*di finestra*) reja | (*fig.*) *dietro le sbarre*, entre rejas **4** (*asta di rinforzo*) viga, tranca **5** (*dir.*) barra, barandilla: *il testimone si avvicinò alla* —, el testigo se acercó a la barra.

sbarramento *s.m.* **1** obstrucción (*f.*), barrera (*f.*), obstáculo, bloqueo **2** (*di persone*) acordonamiento, cordón: *fare* —, hacer cordón.

sbarrare *v.tr.* **1** obstruir*, cerrar*, bloquear | — *un assegno*, cruzar un cheque **2** (*sprangare*) atrancar* **3** (*circoscrivere*) acordonar, cercar*, rodear: — *la zona*, cercar la zona | — *gli occhi*, abrir los ojos como platos **4** (*segnare con barre*) cruzar*: — *un assegno*, cruzar un cheque.

sbarrato *agg.* **1** (*di serramenti*) cerrado, atrancado **2** (*di strade*) bloqueado **3** (*di assegni ecc.*) cruzado **4** (*di occhi*) como platos.

sbarretta *s.f.* (*tip.*) barra.

sbatacchiare *v.tr.* zarandear, sacudir ♦ *intr.* golpetear.

sbattere *v.tr.* **1** sacudir, golpear: — *il tappeto*, sacudir la alfombra | *uscire sbattendo la porta*, salir dando un portazo | — *le ali*, aletear | — *le palpebre*, parpadear | — *la porta in faccia*, dar con la puerta en las narices | *non sapere dove* — *la testa*, no saber dónde ir a parar **2** (*agitare*) batir: — *le uova*, batir huevos | — *la panna*, montar la nata **3** (*tirare*) arrojar, echar, tirar: *ha sbattuto a terra il bicchiere*, ha arrojado al suelo el vaso ♦ *v.intr.* **1** (*di finestre, porte*) golpear, batir **2** (*urtare*) chocar*: — *contro una macchina*, chocar contra un coche ♦ **-rsi** *v.pron.* (*fam., darsi da fare*) bregar*: — *per fare qlco.*, bregar para hacer algo

■ ***sbattere fuori***, echar | ***sbattere qlcu. in galera***, mandar a alguien a la cárcel | ***sbattersene***, pasar de todo.

sbattitore *s.m.* batidora (*f.*), batidor: — *per le uova*, batidor de huevos.

sbattuta *s.f.* sacudida.

sbattuto *agg.* **1** (*di uova*) batido **2** (*fig., stanco*) extenuado, hecho polvo.

sbavare *v.intr.* **1** babear; (*fam.*) caérsele* la baba **2** (*di colore*) correrse, difuminarse: *il colore ha sbavato*, el color se ha corrido ♦ *v.tr.* babosear, embadurnar: *il bimbo ha sbavato il bavaglino*, el niño ha embadurnado el babero.

sbavatura *s.f.* **1** (*bava*) baba **2** (*di lumache*) slime **3** (*di colori, rossetti*) mancha **4** (*metall.*) rebaba **5** (*fig., imperfezione*) imperfección.

sbeccare *v.tr.* desportillar, mellar ♦ **-rsi** *v.pron.* desportillarse, mellarse.

sbeffeggiare *v.tr.* escarnecer*, mofarse (de), burlarse; tomarle el pelo a alguien.

sbellicarsi *v.pron. solo nella loc.*: — *dalle risate*, destornillarse de risa, morirse* de risa.

sbendare *v.tr.* desvendar.

sberla *s.f.* bofetada, torta, tortazo (*m.*), bofetón (*m.*); (*Amer.*) cachetada; (*manrovescio*) revés (*m.*): *gli dette una* —, le pegó un bofetón; *prendere a sberle qlcu.*, abofetear a alguien.

sberleffo *s.m.* mueca (*f.*).

sbevazzare *v.intr.* empinar el codo, emborracharse.

sbiadire *v.tr.* descolorar, desteñir* | *il tempo sbiadisce tutti i ricordi*, el tiempo borra todos los recuerdos ♦ *v.intr.* **1** desteñirse*, descolorarse **2** (*fig.*) borrarse, desvanecerse*.

sbiadito *s.m.* **1** desteñido, descolorido: *una foto sbiadita*, una foto descolorida **2** (*fig.*) marchito, sin gracia, pálido, desabrido.

sbiancante *agg., s.m.* (*chim.*) blanqueador.

sbiancare *v.tr.* blanquear, emblanquecer* ♦ *v.intr.*, **-rsi** *v.pron.* **1** blanquearse **2** (*fig.*) empalidecer*, palidecer*: *si sbiancò in volto*, su rostro palideció.

sbieco *agg.* torcido, sesgado, oblicuo | *di* —, al sesgo, al bies | *guardare di* —, mirar de reojo; (*fig.*) mirar mal ♦ *s.m.* biés, sesgo.

sbigottimento *s.m.* estupor, desconcierto, asombro.

sbigottire *v.tr.* **1** impresionar, pasmar, sobrecoger*, desconcertar*, asombrar **2** (*spaventare*) asustar, aterrorizar* ♦ *v.intr.* aterrorizarse*, espantarse.

sbilanciare *v.tr.* **1** desequilibrar, desajustar **2** (*fig.*) desbaratar ♦ **-rsi** *v.pron.* **1** desequilibrarse **2** (*compromettersi*) comprometerse: *si è sbilanciato con molte promesse*, se comprometió con muchas promesas; *non sbilanciarti troppo*, no te comprometas demasiado.

sbilenco *agg.* torcido, inclinado, cojo (*anche fig.*): *una sedia sbilenca*, una silla que cojea.

sbirciare *v.tr.* **1** (*di nascosto*) mirar de soslayo, mirar por el rabillo del ojo **2** (*guardare rapidamente*) dar* una ojeada, echar un vistazo.

sbirciata *s.f.* ojeada | *dare una* — *a qlco.*, dar una ojeada a algo.

sbirro *s.m.* **1** esbirro **2** (*spreg.*) poli, madero (*Amer.*) cana.

sbizzarrirsi *v.pron.* satisfacer* antojos, desahogarse*, quitarse/matar las ganas.

sbloccare *v.tr.* **1** desbloquear, soltar*, liberar: *ho sbloccato la serratura*, he desbloqueado la cerradura **2** (*fig.*, *econ.*) liberalizar*, descongelar: — *il mercato*, *gli affitti*, liberalizar el mercado, los alquileres ♦ **-rsi** *v.pron.* **1** desbloquearse (*anche fig.*): *la cassaforte non si è ancora sbloccata*, la cajafuerte todavía no se ha desbloqueado; *la sua situazione processuale si è appena sbloccata*, su situación procesal acaba de desbloquearse **2** descongestionarse: *il traffico si è sbloccato*, el tráfico se ha descongestionado **3** (*fig.*) soltarse*, desenvolverse*: *ultimamente si è sbloccato molto*, últimamente se ha soltado mucho.

sblocco *s.m.* **1** desbloqueo **2** (*di affitti, prezzi*) liberalización (*f.*), descongelamiento.

sbobba *s.f.* (*fam.*) bodrio (*m.*).

sbobinare *v.tr.* transcribir.

sboccare *v.intr.* **1** desembocar*, desbocar*; (*dare accesso*) dar* (a): *la porta sbocca sul cortile*, la puerta da al patio **2** (*fig.*) terminar (por), acabar (por).

sboccato *agg.* malhablado, deslenguado, grosero.

sbocciare *v.intr.* **1** brotar, abrirse: *i fiori stanno sbocciando*, las flores se están abriendo **2** (*fig.*) nacer*, surgir*: *sbocciò una nuova civiltà*, surgió una nueva civilización.

sboccio *s.m.* brote, floración (*f.*).

sbocco *s.m.* **1** boca (*f.*); (*di fiume*) desembocadura (*f.*); (*di strada*) salida (*f.*) **2** (accesso) accesso: — *sul mare*, acceso al mar **3** (*fig.*, *econ.*) salida (*f.*) | *trovare uno* —, encontrar una colocación | *professione senza* —, profesión sin perspectiva.

sbocconcellare *v.tr.* **1** (*mangiare*) picar*, mordisquear **2** (*spezzettare*) trocear.

sbollentare *v.tr.* (*cuc.*) escaldar: — *della verdura*, escaldar la verdura.

sbollire *v.intr.* **1** (*smettere di bollire*) dejar de hervir **2** (*fig.*) atenuarse*, calmarse.

sbolognare *v.tr.* (*fam.*) **1** (*cose*) endosar, colocar*: — *qlco. a qlcu.*, endosar algo a alguien **2** (*persone*) librarse (de).

sbornia *s.f.* borrachera, (*fam.*) trompa, (*pop.*) pedal (*m.*); (*volg.*) pedo (*m.*): *si è preso una* —, se cogió un pedal | *i postumi della* —, la resaca | *smaltire la* —, dormir la mona.

sborsare *v.tr.* desembolsar, pagar*, abonar.

sbottare *v.intr.* echarse (a), romper (a), estallar (en), prorrumpir* (en): — *a ridere*, echarse a reír; — *in lacrime*, prorrumpir en llanto.

sbotto *s.m.* estallido, explosión (*f.*).

sbottonare *v.tr.* desabrochar, desabotonar ♦ **-rsi** *v.pron.* **1** desabrocharse **2** (*fig.*) abrirse, confiarse: *si è sbottonato molto con il suo amico*, se ha abierto mucho con su amigo.

sbozzare *v.tr.* **1** desbastar **2** (*pitt.*, *fig.*) esbozar*, delinear.

sbracato *agg.* dejado, descuidado.

sbracciarsi *v.pron.* **1** remangarse*, arremangarse* **2** (*gesticolare*) agitarse, gesticular, bracear **3** (*fig.*) afanarse, desvivirse.

sbracciato *agg.* **1** (*di persona*) arremangado, con los brazos desnudos **2** (*di vestito*) desmangado, sin mangas: *un abito* —, un vestido sin mangas.

sbraitare *v.intr.* gritar, vocear, chillar, desgañitarse.

sbranare *v.tr.* **1** descuartizar*, destrozar* **2** (*fig.*) destruir*, devorar, despedazar* ♦ **-rsi** *v.pron.* **1** devorarse **2** (*fig.*) aniquilarse, comerse vivos: *si odiano a tal punto che si sbranerebbero*, se odian tanto que se comerían vivos.

sbrego *s.m.* (*region.*, *taglio, strappo*) desgarrón, roto.

sbriciolare *v.tr.* **1** desmigajar, desmenuzar*: *sbriciola sempre dappertutto,* esparce migas por todas partes **2** (*fig.*) hacer* papilla, aniquilar.

sbrigare *v.tr.* **1** apresurar, agilizar*, concluir* **2** (*amm.*) tramitar, despachar: — *le faccende*, despachar los asuntos | — *una questione*, solventar una cuestión ♦ **-rsi** *v.pron.* darse* prisa, apurarse, apresurarse | *sbrigarsela*, arreglárselas.

sbrigativo *agg.* **1** brusco, abrupto **2** (*frettoloso*) expeditivo, apresurado: *quel ragazzo ha un modo di fare* —, ese chico tiene una actitud expeditiva; *giudizio* —, jucio apresurado **3** superficial: *hai studiato in maniera sbrigativa*, has estudiado de manera superficial.

sbrigliare *v.tr.* **1** (*un cavallo*) desembridar **2** (*fig.*) dar* rienda suelta, desatar, dar* libre curso | — *la fantasia*, soltar la fantasía ♦ **-rsi** *v.pron.* desenfrenarse.

sbrinamento *s.m.* descongelación (*f.*).

sbrinare *v.tr.* (*frigo*) descongelar, quitar la escarcha; (*aut.*) desempañar: *in inverno devo* — *il parabrezza*, en invierno tengo que desempañar el parabrisas.

sbrindellare *v.tr.* rasgar*, hacer* jirones ♦ *intr.* caerse* a cachos, quedar hecho jirones.

sbrindellato *agg.* (*di tessuto*) rasgado, a jirones; (*di persona*) dejado, desordenado, (*straccione*) andrajoso.

sbrodolare *v.tr.* **1** (*di liquido*, *brodo*) ensuciar, manchar, chorrear; (*di unto*) pringar*, **2** (*discorso*, *scritto*) recargar* ♦ **-rsi** *v.pron.* mancharse, pringarse*; (*Amer.*) chorrearse.

sbrodolone *s.m.* **1** guarro, cochino **2** (*persona prolissa*) pesado.

sbrogliare *v.tr.* **1** desenredar, zafar | — *una matassa,* desenredar una madeja **2** (*fig.*)

desembrollar, aclarar, solucionar: *abbiamo sbrogliato il problema*, hemos solucionado el problema ♦ **-rsi** *v.pron.* salir* de apuros, zafarse | *sbrogliarsela*, arreglárselas: *sbrogliatela tu*, arréglatelas tú.
sbronza *s.f.* borrachera, curda, pedal (*m.*), tranca, cogorza: *ti sei preso una bella —*, te has cogido una buena borrachera.
sbronzarsi *v.pron.* emborracharse.
sbronzo *agg.* borracho.
sbruffonata *s.f.* fanfarronada, chulería
sbruffone *s.m.* fanfarrón, jactancioso, chulo.
sbucare *v.intr.* **1** salir*, asomarse **2** (*apparire*) aparecer* de repente: *mentre parlava, sua madre sbucò dalla cucina*, mientras hablaba, su madre apareció de repente de la cocina
sbucciapatate *s.m.* pelapatatas.
sbucciare *v.tr.* **1** (*mela, patata*) pelar, mondar; (*frutta secca*) descascarar **2** (*escoriare*) pelar, desollar, escoriar.
sbucciatura *s.f.* **1** peladura **2** (*escoriazione*) escoriación.
sbudellare *v.tr.* **1** (*animali*) destripar **2** (*ferire*) rajar ♦ **-rsi** *v.pron.* acuchillarse | *— dalle risate*, desternillarse/mearse de risa.
sbuffare *v.intr.* **1** (*di persona*) resoplar, resollar; (*ansimare*) jadear **2** (*di animale*) bufar, resoplar **3** (*di treno*) echar bocanadas de humo **4** (*fig.*) refunfuñar, bufar; (*Amer.*) rezongar*.
sbuffo *s.m.* **1** (*di persona*) resoplido, resuello **2** (*di animale*) bufido, resuello **3** (*aria, fumo*) bocanada (*f.*), exhalación (*f.*): *gli sbuffi dei gas nocivi*, las exhalaciones de los gases nocivos.
sbugiardare *v.tr.* desmentir*, desenmascarar.
sbullonare *v.tr.* desempernar.
sburocratizzare *v.tr.* desburocratizar*.
scabbia *s.f.* sarna, roña.
scabbioso *agg.* (*med.*) sarnoso.
scabro *agg.* escabroso, abrupto.
scabroso *agg.* **1** (*di terreno*) escabroso, abrupto; (*di superficie*) rugoso, áspero **2** (*fig. di argomenti*) difícil, delicado, espinoso **3** (*fig.*) inmoral, escabroso, verde.
scacchiera *s.f.* tablero (*m.*) de ajedrez; (*dama*) damero (*m.*).
scacchiere *s.m.* (*mil.*, *pol.*) teatro de operaciones | *a —*, en cuadro.
scacchista *s.m./f.* ajedrecista.
scacciacani *s.m./f.* pistola (*f.*) de fogueo.
scacciamosche *s.m.* mosquero.
scacciapensieri *s.m.* (*mus.*) birimbao.
scacciare *v.tr.* **1** expulsar, echar, desalojar: *furono scacciati dall'appartamento*, fueron desalojados del piso **2** (*animali*) espantar, auyentar: *— gli animali selvatici*, espantar los animales salvajes **3** (*fig.*) desterrar*, desechar: *— un pensiero triste*, desechar un pensamiento triste.
scacco *s.m.* **1** (*pezzo*) pieza (*f.*) **2** (*pl.*, *gioco*) ajedrez (*sing.*): *giocare a scacchi*, jugar al ajedrez **3** (*mossa*) jaque: *— matto*, jaque mate | *tenere in —*, tener en jaque **4** (*fig.*) fracaso, derrota (*f.*): *un grave —*, un grave fracaso **5** (*riquadro della scacchiera*) casilla (*f.*) **6** (*quadretto*) cuadro: *a scacchi*, a cuadros.
scadente *agg.* malo, de mala calidad, ordinario; (*insoddisfacente*) mediocre: *qualità —*, escasa calidad; *merce —*, mercancia deteriorada.
scadenza *s.f.* **1** vencimiento (*m.*), término (*m.*), plazo (*m.*): *a lunga —* a largo plazo | *data di —*, fecha de caducidad | (*banc.*) *alla —*, en la fecha de vencimiento **2** (*obbligo*) compromiso (*m.*): *avere delle scadenze*, tener compromisos.
scadenzario *s.m.* (*amm.*) registro de vencimientos.
scadere *v.intr.* **1** expirar, cumplirse; (*comm.*) vencer*: *la cambiale scade domani*, la letra vence mañana | *il tempo è scaduto*, el tiempo se ha acabado **2** (*superare il limite di validità*) caducar*: *il passaporto è scaduto*, el pasaporte ha caducado **3** (*perdere pregio, stima*) decaer*, declinar | *— nell'opinione pubblica*, perder prestigio ante la opinión pública.
scadimento *s.m.* deterioro; (*di qualità*) decadencia (*f.*).
scaduto *agg.* **1** (*di documento, cibo, medicinale*) caducado: *ho la carta d'identità scaduta*, me ha caducado el cartet de identidad **2** (*di pagamento*) vencido.
scafandro *s.m.* (*mar.*) escafandra (*f.*), escafandro.
scaffale *s.m.* **1** estantería (*f.*) **2** (ripiano) estante, anaquel.
scafo *s.m.* casco.
scagionare *v.tr.* disculpar, exculpar, descargar*: *questo lo scagiona dalle sue colpe*, esto lo descarga de sus culpas ♦ **-rsi** *v.pron.* exculparse.
scaglia *s.f.* **1** (*di pesce*) escama | *sapone a scaglie*, jabón en escamas **2** (*di legno ecc.*) viruta, astilla **3** (*di roccia*) esquirla, fragmento (*m.*).
scagliare *v.tr.* arrojar, tirar, lanzar*: *— un sasso contro qlcu.*, tirarle una piedra a alguien | (*fig.*) *— ingiurie contro qlcu.*, injuriar a alguien ♦ **-rsi** *v.pron.* arrojarse, abalanzarse*, tirarse, lanzarse*, precipitarse: *— addosso a qlcu.*, abalanzarse sobre alguien.
scaglionamento *s.m.* escalonamiento.
scaglionare *v.tr.* **1** escalonar, fraccionar: —

le ferie, fraccionar las vacaciones **2** (*mil.*) escalonar.

scaglione *s.m.* **1** (*gruppo*) grupo **2** (*econ., fascia*) categoría (*f.*), grupo, tramo: — *di reddito*, tramo de renta **3** (*mil.*) unidad (*f.*).

scagnozzo *s.m.* lacayo, esbirro.

scala *s.f.* **1** escalera: — *mobile*, escalera mecánica | — *a chiocciola*, escalera de caracol; — *a pioli*, escalera de mano; *tromba delle scale*, ojo de la escalera; — *antincendio,* escalera contraincendios; *cadere dalle scale,* caerse de la scalera **2** (*mat., tecn.*) escala (*anche fig.*): — *di valori*, escala de valores **3** (*di colori, valori*) escala: *su — mondiale, nazionale*, a escala mundial, nacional; *su vasta* (o *larga*) —, a gran escala **4** (*a poker*) escalera | — *reale*, escalera real.

scalare *agg.* **1** (*banc., econ.*) proporcional, gradual: *interesse* —, interés gradual **2** (*fis.*) escalar ♦ *v.tr.* **1** escalar **2** (*detrarre*) disminuir*, deducir*, graduar*, restar; (*comm.*) descontar*, fraccionar.

scalata *s.f.* escalada, ascenso (*m.*), subida | *fare la — sociale*, subir socialmente, trepar.

scalatore *s.m.* escalador.

scalcagnato *agg.* **1** (*abbigl.*) ajado, gastado **2** (*persona*) andrajoso, harapiento.

scalciare *v.intr.* (*di cavallo*) cocear; (*di persona*) dar* patadas.

scalcinato *agg.* (*ridotto male*) destartalado; (*di persone*) inepto, incapaz*.

scaldabagno *s.m.* calentador de agua.

scaldabiberon *s.m.* calientabiberones.

scaldaletto *s.m.* calientacamas.

scaldapiatti *s.m.* calientaplatos.

scaldare *v.tr.* **1** calentar* **2** (*fig., eccitare, infiammare*) excitar, calentar*: — *l'ambiente*, calentar el ambiente ♦ **-rsi** *v.pron.* **1** calentarse* (*anche sport*) **2** (*fig.*) irritarse, acalorarse, sulfurarse; entusiasmarse.

scaldata *s.f.* calentón.

scaldavivande *s.m.* calientaplatos.

scaldino *s.m.* calentador, estufilla (*f.*); (*per i piedi*) rejuela (*f.*).

scaleno *agg.* (*geom., anat.*) escaleno.

scaletta *s.f.* **1** agenda; (*di argomenti*) orden (*m.*) del día, lista de temas **2** (*cinem., tv*) escaleta.

scalfire *v.tr.* **1** arañar, rasguñar, rayar **2** (*fig.*) afectar, perjudicar*, desmerecer*, dañar: — *la reputazione di qlcu.*, dañar la reputación de alguien.

scalfittura *s.f.* arañazo (*m.*), rasguño (*m.*).

scalfo *s.m.* (*sartoria*) sisa (*f.*).

scalinata *s.f.* escalinata, escalera, gradas (*pl.*).

scalino *s.m.* **1** escalón, peldaño **2** (*fig.*) escalón, grado.

scalmana *s.f.* sofoco (*m.*), bochorno (*m.*): *avere le scalmane,* tener sofocos.

scalmanarsi *v.pron.* **1** (*agitarsi*) desmadrarse **2** (*affaticarsi*) bregar*, trabajar duro.

scalmanato *agg.* **1** empapado de sudor **2** (*fig.*) exaltado, fanático ♦ *s.m.* exaltado, fanático.

scalmo *s.m.* chumacera (*f.*), escálamo.

scalo *s.m.* (*mar., aer.*) escala (*f.*), varadero; (*ferr.*) estación (*f.*) | *fare* —, hacer escala | *viaggio senza* —, viaje sin escalas | — *merci*, muelle de carga y descarga.

scalogna *s.f.* mala suerte, desdicha, mala pata: *portare* —, traer mala suerte; (*di persona*) ser gafe, traer mala suerte | *aver una — nera*, tener la negra.

scalognato *agg.* gafe, gafado, desgraciado.

scalogno *s.m.* (*bot.*) chalota (*f.*), escaloña (*f.*).

scalone *s.m.* (*arch.*) escalinata (*m.*).

scaloppina *s.f.* (*cuc.*) escalope (*m.*), escalopín (*m.*).

scalpellare *v.tr.* cincelar.

scalpellino *s.m.* cantero, picapedrero.

scalpello *s.m.* (*da pietra*) cincel, puntero; (*da legno*) escoplo, escalpelo, gubia (*f.*).

scalpicciare *v.intr.* patalear.

scalpiccio *s.m.* pataleo.

scalpitare *v.intr.* **1** piafar, patear **2** (*fig.*) patalear, agitarse: *la folla scalpitava*, la muchedumbre se agitaba.

scalpitio *s.m.* pataleo.

scalpo *s.m.* cuero cabelludo.

scalpore *s.m.* **1** ruido, alboroto **2** (*fig.*) escándalo, asombro, sensación (*f.*), impresión (*f.*): *quella notizia suscitò grande* —, esa noticia causó mucha impresión.

scaltrezza *s.f.* astucia.

scaltrire *v.tr.* despabilar ♦ **-rsi** *v.pron.* despabilarse

scaltrito *agg.* **1** listo, sagaz* **2** (*esperto*) hábil **3** (*smaliziato*) astuto, avispado.

scaltro *agg.* astuto, taimado, listo, vivo: *negli affari è molto* —, es muy vivo para los negocios.

scalzacane, scalzacani *s.m./f.* (*fam., in un lavoro*) chapucero (*m.*).

scalzare *v.tr.* **1** (*piante, sradicare*) desenraizar*, desarraigar* **2** (*smuovere alla base*) socavar **3** (*fig., cacciare via*) desbancar*.

scalzo *agg.* descalzo.

scambiare *v.tr.* **1** cambiar, trocar*, canjear | *ho scambiato due parole con lui*, he cruzado dos palabras con él **2** (*confondere*) tomar (por), equivocar*, confundir: *ti ho scambiato per un'altra*, te he confundido con otra ♦ **-rsi** *v.pron.* intercambiarse | — *il saluto*, saludarse mutuamente | — *le opinioni*, intercambiarse las opiniones | — *una stretta di mano,* darse la mano.

scambievole *agg.* recíproco, mutuo.

scambio *s.m.* **1** cambio, intercambio | *libero*

—, libre cambio | — *con l'estero,* comercio internacional; — *di merci,* import-export **2** sustitución (*f.*) **3** (*ferr.*) agujas (*f.pl.*).

scambista *s.m.* **1** (*ferr.*) guardagujas **2** (*Borsa*) cambista.

scamiciato *agg.* descamisado, en mangas de camisa ♦ *s.m.* (*abbigl.*) pichi; (*Amer.*) jumper.

scamosciato *agg.* de ante, agamuzado.

scampagnata *s.f.* excursión campestre, picnic (*m.*), escapada/salida al campo.

scampanato *agg.* (*di gonne, pantaloni*) de campana.

scampanellare *v.intr.* campanillear.

scampanellata *s.f.* campanilleo (*m.*), timbrazo (*m.*).

scampanio *s.m.* campaneo, repiqueteo, repique.

scampare *v.intr.* salvarse, escaparse, salir* indemne | *scamparla* (*bella*), librarse/salir bien ♦ *v.tr.* salvar, evitar, esquivar | *Dio ce ne scampi!,* ¡Dios nos libre!

scampato *agg.* **1** salvado; (*tratto in salvo*) rescatado **2** (*evitato*) evitado: — *pericolo,* peligro evitado ♦ *s.m.pl.* supervivientes, sobrevivientes.

scampo[1] *s.m.* salvamento, refugio, recurso, salvación (*f.*): *cercare — nella fuga,* buscar salvamento en la huida | *non c'è via di* —, no hay escapatoria.

scampo[2] *s.m.* (*zool.*) cigala (*f.*), langostino.

scampolo *s.m.* (*tess.*) retal, retazo.

scanalare *v.tr.* acanalar, estriar*.

scanalatura *s.f.* acanaladura, ranura, estría; (*di colonna*) canal (*m./f.*).

scandagliare *v.tr.* **1** (*mar.*) sondear, escandallar **2** (*fig.*) sondear, tantear, rastrear.

scandaglio *s.m.* **1** (*mar.*) sonda (*f.*), escandallo, plomada (*f.*) **2** (*fig.*) sondeo.

scandalismo *s.m.* sensacionalismo.

scandalistico *agg.* sensacionalista, escandalizador | *stampa scandalistica,* prensa amarilla.

scandalizzare *v.tr.* escandalizar*; horrorizar* ♦ **-rsi** *v.pron.* escandalizarse*, indignarse.

scandalo *s.m.* escándalo, indecencia (*f.*): *dare* —, armar escándalo | *gridare allo* —, poner el grito en el cielo.

scandaloso *agg.* escandaloso.

scandinavo *agg.*, *s.m.* escandinavo.

scandire *v.tr.* escandir; (*le parole*) silabear | (*mus.*) — *il tempo,* marcar/llevar el compás | *una vita scandita da eventi tristi,* una vida salpicada por tristes acontecimientos.

scannare *v.tr.* **1** degollar **2** matar, masacrar ♦ **-rsi** *v.pron.rec.* (*essere ai ferri corti*) pelearse.

scanner *s.m.* escáner.

scannerizzare *v.tr.* escanear.

scanno *s.m.* escaño, asiento.

scansafatiche *s.m./f.* haragán (*m.*), holgazán (*m.*), vago (*m.*), gandul (*m.*).

scansare *v.tr.* **1** alejar, apartar **2** evitar, esquivar: — *un colpo,* esquivar un golpe **3** (*sottrarsi, eludere*) sortear, eludir, soslayar: — *una domanda,* soslayar una pregunta ♦ **-rsi** *v.pron.* apartarse, quitarse, echarse de un lado: *scansati che devo passare,* apártate que tengo que pasar.

scansia *s.f.* estantería.

scansione *s.f.* **1** escansión, división **2** (*tecn.*) barrido (*m.*) **3** (*inform.*) escaneado.

scanso *s.m. nella loc.*: *a — di equivoci,* para evitar malentendidos.

scantinato *s.m.* sótano, subterráneo.

scantonare *v.intr.* **1** doblar la esquina **2** (*fig.*) escaparse, escabullirse, largarse*; (*eludere*) soslayar, eludir.

scanzonato *agg.* despreocupado, desenvuelto.

scapaccione *s.m.* pescozón, cogotazo: *dare uno — a qlcu.,* atizarle un pescozón a alguien.

scapestrato *agg.* disoluto, libertino ♦ *s.m.* libertino; (*fam.*) calavera, crápula.

scapicollarsi *v.pron.* precipitarse.

scapigliato *agg.* **1** despeinado, desgreñado **2** (*fig.*) libertino, disoluto.

scapitare *v.intr.* (*rimetterci*) salir* perdiendo.

scapito *s.m.* menoscabo, pérdida (*f.*); detrimento, daño: *a — di,* a costa de, con perjuicio de.

scapola *s.f.* (*anat.*) omóplato (*m.*), escápula; (*di animale*) paletilla.

scapolare[1] *agg.* (*anat.*) escapular.

scapolare[2] *s.m.* (*relig.*) escapulario.

scapolo *s.m.* (*uomo*) soltero | — *impenitente,* solterón empedernido.

scapolone *s.m.* (*fam.*) solterón.

scappamento *s.m.* (*mecc.*) escape: *tubo di* —, tubo de escape.

scappare *v.intr.* **1** escapar, fugarse*, huir*: — *di prigione,* escaparse de la cárcel **2** (*correre via*) correr, volar*, ir* corriendo: *devo* —, me tengo que ir corriendo

■ ***mi è scappato di mente***, se me fue de la cabeza/mente, se me olvidó | ***scappare da ridere***, no aguantar la risa | ***non si scappa***, no hay escapatoria | ***non farsene scappare una***, no dejar escapar una, no perderse una.

scappata *s.f.* escapada.

scappatella *s.f.* travesura, devaneo (*m.*), desliz* (*m.*); (*amorosa*) amorío (*m.*), aventura | *fare una* —, echar una cana al aire.

scappatoia *s.f.* escapatoria, salida | *è solo una — per non dirtelo,* es sólo un pretexto para no decírtelo.

scappellarsi *v.pron.* quitarse el sombrero.

scappellotto *s.m.* palmada (*f.*), pescozón, coscorrón.
scarabeo *s.m.* **1** (*zool.*) escarabajo **2** (*gioco*) Scrabble®, cruzaletras.
scarabocchiare *v.tr.* garabatear, emborronar.
scarabocchio *s.m.* garabato, borrón, tachón; (*spreg.*) monigote.
scarafaggio *s.m.* (*zool.*) cucaracha (*f.*), corredera (*f.*).
scaramantico *agg.* supersticioso.
scaramanzia *s.f.* conjuro (*m.*) | *lo dico per —*, lo digo para alejar la mala suerte.
scaramuccia *s.f.* **1** escaramuza **2** (*fig.*) polémica, discusión, controversia.
scaraventare *v.tr.* tirar, arrojar, lanzar*, estrellar ♦ **-rsi** *v.pron.* tirarse, arrojarse, lanzarse*, abalanzarse*.
scarcassato *agg.* destartalado.
scarcerare *v.tr.* excarcelar, desencarcelar, poner* en libertad.
scarcerazione *s.f.* excarcelación, puesta en libertad.
scardinare *v.tr.* **1** desquiciar **2** (*fig.*) desmontar, destruir*, echar por tierra: *— una teoria*, echar por tierra una teoría **3** (*l'assetto di qlco.*) deshacer*, disgregar*: *hanno scardinato il gruppo*, han deshecho el grupo ♦ **-rsi** *v.pron.* **1** desquiciarse **2** (*fig.*) desunirse.
scarica *s.f.* **1** descarga, (*raffica*) ráfaga **2** (*fig.*) lluvia, sarta: *— di insulti*, lluvia de insultos; *— di botte*, paliza **3** (*elettr.*) descarga.
scaricabarile *s.m.* *nella loc.*: *fare a —*, echar la culpa al otro, inculparse mutuamente, pasarse el muerto.
scaricabile *agg.* (*inform.*) descargable.
scaricamento *s.m.* (*anche inform.*) descarga (*f.*).
scaricare *v.tr.* **1** descargar*, vaciar* **2** (*fig.*) liberar, aligerar: *lo hai scaricato da un peso*, lo has liberado de un peso **3** (*fig.*, *qlco.*) abandonar, (*fam.*) dejar tirado, plantar, dejar plantado **4** (*passeggeri*) dejar: *lo scaricarono in mezzo al bosco*, lo dejaron en mitad del bosque **5** (*amm.*, *detrarre*) deducir* **6** (*inform.*) bajar, descargar* ♦ **-rsi** *v.pron.* **1** descargarse* **2** (*fig.*) desahogarse*, quitarse un peso de encima | *scaricarsi la coscienza*, liberarse la conciencia.
scaricatore *s.m.* descargador | *— di porto*, arrumbador.
scarico *agg.* descargado; vacío: *batteria scarica*, batería descargada ♦ *s.m.* **1** descarga (*f.*), vaciado: *— delle merci*, descarga de mercancías **2** (*di acqua*) desagüe **3** (*discarica*) basurero, vertedero; (*Amer.*) basural: *è vietato lo —*, prohibido echar basuras **4** (*comm.*) salida (*f.*) **5** (*tecn.*) escape: *valvola, tubo di —*, válvula, tubo de escape **6** (*amm.*) cancelación (*f.*); (*deduzione*) deducción (*f.*) **7** (*discarico*) defensa (œf.) | *a mio —*, en mi defensa.
scarlattina *s.f.* (*med.*) escarlatina, escarlata.
scarlatto *agg.* escarlata, carmesí.
scarmigliare *v.tr.* despeinar, desgreñar.
scarmigliato *agg.* despeinado, desgreñado.
scarnificare *v.tr.* descarnar.
scarno *agg.* **1** descarnado, flaco, enjuto; (*emaciato*) demacrado **2** (*fig.*) sobrio: *linguaggio —*, lenguaje sobrio.
scarola *s.f.* (*bot.*) escarola.
scarpa *s.f.* zapato (*m.*): *scarpe da ginnastica*, zapatillas de deporte; (*Amer.*) (zapatos) tenis; *— con il tacco*, zapatos de tacón/tacones; *negozio di scarpe*, zapatería, tienda de calzado; *che numero di scarpe porti?*, ¿qué número de zapato tienes?
■ (*fig.*) ***fare le scarpe a qlcu.***, darle una puñalada trapera a alguien | ***non esser degno di lustrare le scarpe a qlcu.***, no llegarle a alguien a la suela de los zapatos | (*fig.*) ***tenere il piede in due scarpe***, tener un pie en cada orilla.
scarpata *s.f.* **1** (*pendio*) escarpa, cuesta, talud (*m.*) **2** (*colpo dato con la scarpa*) patada, zapatazo (*m.*).
scarpetta *s.f.* zapatilla | (*fam.*) *fare la —*, rebañar el plato.
scarpiera *s.f.* zapatero (*m.*).
scarpinare *v.intr.* (*fam.*) patear.
scarpinata *s.f.* (*fam.*) caminata.
scarponcino *s.m.* botín.
scarpone *s.m.* bota (*f.*): *scarponi da montagna*, botas de montaña; *scarponi da sci*, botas de esquí.
scarroccio *s.m.* (*mar.*) abatimiento.
scarrozzare *v.tr.* llevar (en coche) sin rumbo.
scarrozzata *s.f.* vuelta (en coche).
scarrucolare *v.intr.* deslizar* ♦ *tr.* quitar la cadena.
scarseggiare *v.intr.* (*essere scarso*) escasear; (*venire a mancare*) faltar: *scarseggia il pane*, falta pan; *le provviste scarseggiavano*, escaseaban las provisiones.
scarsezza, scarsità *s.f.* escasez*, penuria, carencia; (*mancanza*) falta.
scarso *agg.* **1** escaso, insuficiente, carente; pobre **2** (*debole*) débil, flojo: *essere — in matematica*, estar flojo en matemáticas.
scartabellare *v.tr.* hojear.
scartafaccio *s.m.* cartapacio.
scartamento *s.m.* entrevía (*f.*); (*Amer.*) trocha (*f.*) | *— ridotto*, vía estrecha.
scartare[1] *v.tr.* **1** (*un pacco*) desenvolver*, desempaquetar, abrir **2** (*eliminare*) descartar, rechazar*, eliminar, desechar: *— una proposta*, desechar una propuesta **3** (*mil.*,

riformare) dar* por inútil **4** (*carte*) descartarse (de): — *un fante*, descartarse de una sota.
scartare[2] *v.intr.* **1** (*spostarsi bruscamente*) desviarse, sortear **2** (*calcio*) regatear, driblar.
scartavetrare *v.tr.* lijar.
scartina *s.f.* **1** (*a carte*) dos (*m.*) de bastos (*fig.*) **2** (*fig.*) nadería.
scarto[1] *s.m.* **1** desecho, residuo: *articoli di* —, artículos de desecho **2** (*nel gioco*) descarte.
scarto[2] *s.m.* **1** desvío, desviación (*f.*), viraje, ladeo **2** (*differenza*) diferencia (*f.*), distancia (*f.*): *c'è un grosso — fra te e lui*, hay una gran diferencia entre tú y él **3** (*sport*) ventaja (*f.*): *vincere con uno — di pochi punti*, ganar con una ventaja de pocos puntos.
scartocciare *v.tr.* desenvolver*.
scartoffia *s.f. spec.pl.* papelotes (*m.pl.*), papelorio (*m.*), papeles (*m.pl.*).
scassare *v.tr.* destrozar*, romper*; (*fam.*) cargarse* ♦ **-rsi** *v.pron.* romperse.
scassinamento *s.m.* forzamiento.
scassinare *v.tr.* descerrajar, forzar*: *hanno scassinato la cassaforte*, han forzado la caja fuerte.
scassinatore *s.m.* desvalijador; (*fam.*) topo de apartamento.
scasso *s.m.* descerrajadura (*f.*), forzamiento: *furto con* —, robo con efracción.
scatarrare *v.intr.* gargajear, expectorar.
scatenamento *s.m.* desencadenamiento.
scatenante *agg. nella loc.*: *fattore* —, factor desencadenante.
scatenare *v.tr.* (*fig.*) desencadenar, incitar, azuzar*: — *i giovani alla protesta*, incitar a los jóvenes a la protesta; — *una rivolta*, provocar una revuelta ♦ **-rsi** *v.pron.* **1** desenfrenarse; acalorarse; (*di temporale, rivolta*) desatarse, desencadenarse **2** (*darsi alla pazza gioia*) desmadrarse.
scatenato *agg.* desencadenado, desatado: *ritmo* —, ritmo desatado; *passione scatenata*, pasión desencadenada | (*scherz.*) *pazzo* —, loco perdido.
scatola *s.f.* caja, cajita; (*di metallo*) lata: *tonno in* —, atún en lata; *cibi in* —, alimentos enlatados | (*fig.*) *a — chiusa*, con los ojos cerrados | (*fig.*) *rompere le scatole*, molestar, dar la lata | (*fig.*) *averne piene le scatole*, estar hasta la coronilla/el tope | (*fig.*) *stare sulle scatole*, caer mal | (*fam.*) *togliersi dalle scatole*, largarse.
scatolame *s.m.* conservas (*f.pl.*).
scatolificio *s.m.* fábrica (*f.*) de cajas.
scatologico *agg.* escatológico.
scatolone *s.m.* caja (*f.*) grande.
scattante *agg.* ágil, veloz*, rápido, listo.
scattare *v.intr.* **1** (*di meccanismo*) accionarse, dispararse, saltar, poner* en marcha; accelerar **2** (*balzare*) saltar; (*sport*) esprintar **3** (*avere scatti d'ira*) dispararse: *è uno che subito scatta*, es uno que en seguida se dispara **4** (*avere inizio*) comenzar*: *è scattata la ricerca del colpevole*, ha comenzado la búsqueda del culpable ♦ *v.tr.* sacar*, tomar: — *una foto*, sacar una foto.
scattista *s.m./f.* (*sport*) esprinter, velocista.
scatto *s.m.* **1** (*mecc.*) resorte, disparador **2** (*di arma*) disparo **3** (*salto*) bote: *a scatti*, a saltos | *di* —, de repente, de golpe **4** (*aut.*) acelerón **5** (*tel.*) paso **6** (*fig.*) arrebato, impulso, explosión (*f.*) | *uno — d'ira*, un arrebato de ira; — *di generosità*, un impulso de generosidad **7** (*aumento*) incremento, aumento | — *di carriera*, ascenso, promoción.
scaturire *v.intr.* **1** manar, brotar **2** (*fig.*) derivar, originarse: *da tutto ciò scaturisce la mia affermazione*, de todo eso deriva mi afirmación.
scavalcare *v.tr.* **1** (*un ostacolo*) superar, pasar por encima, sobrepasar **2** (*fig.*) suplantar, desbancar*.
scavare *v.tr.* **1** excavar, cavar **2** (*svuotare*) ahuecar*, vaciar: — *un'anguria*, vaciar una sandía **3** (*fig.*) profundizar*, ahondar; — *nel passato di qlcu.*, ahondar en el pasado de alguien.
scavato *agg.* (*fig.*, *di volti*) hundido.
scavatore *agg.*, *s.m.* excavador.
scavatrice *s.f.* (*mecc.*) excavadora.
scavezzacollo *s.m.* pendejo, tarambana (*m./f.*), calavera (*m./f.*).
scavo *s.m.* excavación (*f.*): — *archeologico*, excavación arqueológica.
scazzarsi *v.pron.* (*volg.*) **1** (*arrabbiarsi*) cabrearse **2** (*annoiarsi*) hartarse.
scazzato *agg.* (*volg.*) **1** (*arrabbiato*) cabreado **2** (*annoiato*) harto.
scazzo *s.m.* (*volg.*) **1** (*litigio*) cabreo **2** (*scocciatura*) coñazo.
scazzottare *v.tr.* (*fam.*) dar* puñetazos ♦ **-rsi** *v.pron.rec.* (*fam.*) darse* puñetazos.
scazzottata *s.f.* (*fam.*) pelea a puñetazos.
scegliere *v.tr.* elegir*, escoger*, optar (por).
sceicco *s.m.* jeque.
scelleratezza *s.f.* maldad; (*atrocità*) atrocidad, perversidad.
scellerato *agg.* malvado, perverso, desalmado.
scellino *s.m.* chelín.
scelta *s.f.* **1** elección, opción; (*alternativa*) alternativa: *non hai molte scelte*, no tienes muchas alternativas | *a* —, a elegir | *di prima* —, de primera (calidad) **2** (*selezione*) selección: — *di poesie*, antología poética.
scelto *agg.* elegido, escogido; (*selezionato*)

selecto, de primera calidad: *abiti scelti*, prendas de primera calidad.
scemare *v.intr.* disminuir*, bajar: *l'attenzione scema*, la atención baja.
scemata *s.f.* tontería, estupidez*, burrada, bobada.
scemenza *s.f.* estupidez*, idiotez*.
scemo *agg.* bobo, memo, tonto, estúpido, necio: *ma sei —?*, ¿serás tonto? | *fare lo —*, hacer el tonto ♦ *s.m.* (*fam.*) tonto, bobo | *lo — del villaggio*, el tonto del pueblo | (*fingere*) *fare lo —*, hacerse el tonto | *fare lo — con qlcu.*, tontear con alguien.
scempio *s.m.* masacre (*f.*), ruina (*f.*), estrago | *fare — di*, destruir.
scena *s.f.* **1** (*teatr.*) escena | *l'opera andrà in — lunedì prossimo*, la obra se estrenará/representará el lunes que viene | *calcare le scene*, pisar las tablas, actuar | *colpo di —*, golpe de efecto | *— madre*, escena principal | *messa in —*, montaje **2** (*scenario*) escenario (*m.*); (*scenografia*) decorado (*m.*) **3** (*panorama*) escena, espectáculo (*m.*) **4** (*fig.*) escena, número (*m.*).
scenario *s.m.* **1** escenario **2** (*fig.*) panorama, paisaje.
scenata *s.f.* escena, escándalo (*m.*), número (*m.*): *fare una —*, armar un escándalo.
scendere *v.intr.* **1** bajar, descender*: *Lucia non c'è, è scesa in garage*, Lucía no está, ha bajado al garaje; *le temperature sono scese*, las temperaturas han descendido | (*fig.*) *— in basso*, caer bajo **2** (*fig.*) caer*: *scese il silenzio*, cayó el silencio **3** (*diminuire*) bajar, descender*, disminuir*: *la febbre le sta scendendo*, la fiebre le está bajando | *— di prezzo*, bajar de precio ♦ *v.tr.* bajar, descender*: *— le scale*, bajar la escalera
■ ***scendere al secondo posto***, descender al segundo puesto | ***scendere a patti con qlcu.***, llegar a un compromiso con alguien | (*mar.*) ***scendere a terra***, desembarcar | ***scendere in campo***, (*sport*) saltar al campo | ***scendere in piazza***, manifestarse, hacer huelga | ***scendere nei particolari***, entrar en detalles.
scendiletto *s.m.* alfombrilla (*f.*).
sceneggiare *v.tr.* escenificar*; adaptar (*un romanzo*).
sceneggiata *s.f.* **1** melodrama (*m.*) : (*fam.*) *piantala di fare sceneggiate!*, ¡deja de hacer teatro! **2** (*fig.*) farsa.
sceneggiato *s.m.* serial, serie (*f.*), telenovela (*f.*), culebrón.
sceneggiatore *s.m.* guionista (*m./f.*).
sceneggiatura *s.f.* (*copione*) guión (*m.*).
scenico *agg.* (*teatr.*) escénico.
scenografia *s.f.* escenografía; (*elementi scenici*) decorado (*m.*).
scenografico *agg.* **1** escenográfico **2** (*fig.*) espectacular.
scenografo *s.m.* escenógrafo, decorador.
sceriffo *s.m.* sheriff, vigilante.
scervellarsi *v.intr.* quebrarse* la cabeza, devanarse los sesos, estrujarse el cerebro.
scervellato *agg.*, *s.m.* despistado, alocado.
scetticismo *s.m.* escepticismo.
scettico *agg.*, *s.m.* escéptico.
scettro *s.m.* **1** cetro; (*trono*) trono **2** (*fig.*) supremacía (*f.*) | (*sport*) *detenere lo —*, tener la primacía, ser el campeón.
scevro *agg.* exento, falto, libre.
scheda *s.f.* **1** ficha, tarjeta, papeleta: *— del telefono*, tarjeta telefónica **2** (*elettorale*) papeleta de voto, cédula: *— bianca*, papeleta en blanco **3** (*inform.*) tarjeta: *— audio*, tarjeta audio; *— di espansione*, tarjeta de expansión; *— grafica*, tarjeta gráfica.
schedare *v.tr.* fichar, catalogar*: *— i delinquenti*, fichar a los delincuentes; *— dati*, archivar datos.
schedario *s.m.* fichero, clasificador.
schedato *agg.* **1** fichado, catalogado **2** (*dalla polizia*) fichado.
schedatura *s.f.* fichaje (*m.*), fichado (*m.*), catalogación.
schedina *s.f.* quiniela, lotería: *vincere la —*, ganar alguien la quiniela.
scheggia *s.f.* (*di legno*) astilla; (*di metallo*) esquirla | (*fig.*) *corre come una —*, corre come un relámpago.
scheggiare *v.tr.* astillar, desportillar, mellar: *— un piatto*, desportillar un plato ♦ **-rsi** *v.pron.* hacerse* trizas: *nell'urto i vetri si sono scheggiati*, en el choque los cristales se han hecho trizas.
scheletrico *agg.* **1** esquelético (*anche fig.*) **2** (*fig.*) esencial: *un rapporto —*, un informe esencial.
scheletrito *agg.* **1** (*molto magro*) esquelético **2** (*di scritto*) descarnado.
scheletro *s.m.* **1** (*anat.*) esqueleto | *essere ridotto/magro come uno —*, estar en los huesos | (*fig.*) *avere uno — nell'armadio*, tener un cadáver en el armario **2** (*struttura*) armazón; (*trama*) bosquejo.
schema *s.m.* **1** esquema, dibujo: *è solo lo — iniziale*, es sólo el dibujo inicial **2** (*abbozzo*) plano, proyecto, esbozo **3** canon, norma (*f.*): *ribellarsi agli schemi*, rebelarse a los cánones.
schematicità *s.f.* esquematicidad.
schematico *agg.* esquemático | *in modo —*, esquemáticamente.
schematismo *s.m.* esquematismo.
schematizzare *v.tr.* esquematizar*.
scherma *s.f.*. esgrima: *tirare di —*, practicar esgrima.

schermaglia *s.f.* **1** escaramuza **2** (*fig.*) contienda, discusión, polémica.
schermare *v.tr.* resguardar, proteger*, blindar, hacer* pantalla.
schermata *s.f.* pantalla.
schermatura *s.f.* **1** veladura, copertura **2** (*schermo*) pantalla.
schermire *v.tr.* esgrimir ♦ **-rsi** *v.pron.* eludir, soslayar, evadir: *all'inizio si schermì, poi accettò*, al principio se evadió, después aceptó.
schermitore *s.m.* esgrimidor.
schermo *s.m.* **1** pantalla (*f.*): *un divo dello —*, una estrella de la pantalla; *— panoramico*, pantalla panorámica; *— piatto*, pantalla plana; *adattare un romanzo per lo —*, adaptar una novela para el cine, la televisión | *il grande —*, el cine | *il piccolo —*, la pequeña pantalla | *apparire sugli schermi*, aparecer en el cine, en la televisión **2** (*fig.*) defensa (*f.*), protección (*f.*).
schermografia *s.f.* fotorradiografía, radioscopia.
schermografico *agg.* (*med.*) radioscópico.
schernire *v.tr.* escarnecer*, mofarse (de): *lo schernisce sempre*, siempre se mofa de él.
scherno *s.m.* escarnio, mofa (*f.*), burla (*f.*).
scherzare *v.intr.* bromear, burlar | *c'è poco da —*, no estar para bromas ♦ *v.tr.* burlarse (de), mofarse (de), tomarle el pelo (a).
scherzo *s.m.* **1** broma (*f.*): *per —*, en broma; *fare uno —*, gastar una broma | *— da prete*, broma pesada | *senza scherzi*, en serio **2** (*fig.*) juego de niños: *questo problema è uno —*, este problema es un juego de niños.
scherzoso *agg.* bromista, chistoso; (*giocherellone*) juguetón.
schettinaggio *s.m.* patinaje sobre ruedas.
schettinare *v.intr.* patinar (sobre ruedas).
schettino *s.m.* patín de ruedas.
schiaccianoci *s.m.* cascanueces; (*Amer.*) rompenueces.
schiacciante *agg.* aplastante (*anche fig.*): *vittoria —*, victoria aplastante; *prova —*, prueba incontrovertible.
schiacciapatate *s.m.* pasapuré.
schiacciare *v.tr.* **1** aplastar, chafar; (*nel mortaio*) machacar*; (*col piede*) pisar | *— le noci*, cascar las nueces **2** (*premere*) apretar*; pulsar: *— qui per avviare il computer*, pulsar aquí para encender el ordenador **3** (*appiattire*) deformar **4** (*sport*) rematar **5** (*fig.*) machacar* | *— un pisolino*, echar una siesta.
schiacciasassi *s.m.* apisonadora (*f.*).
schiacciata *s.f.* **1** (*lo schiacciare*) aplastamiento (*m.*) **2** (*tennis, pallavolo*) remate (*m.*); (*basket*) machaque (*m.*) **3** (*cuc.*) pan (*m.*) de forma aplastada muy aceitoso.
schiaffare *v.tr.* (*fam.*) echar, tirar: *— qlcu. in prigione*, meter a alguien en la cárcel ♦ **-rsi** *v.pron.* (*fam*) echarse, tirarse: *— in poltrona*, tumbarse en el sillón.
schiaffeggiare *v.tr.* abofetear; (*Amer.*) cachetear.
schiaffo *s.m.* bofetada (*f.*), bofetón, (*Amer.*) cachetada (*f.*) | *avere una faccia da schiaffi*, ser descarado.
schiamazzare *v.intr.* **1** (*di animali*) cacarear, granzar* **2** (*di persone*) gritar, chillar, alborotar.
schiamazzo *s.m.* **1** (*di animali*) cacareo, graznido **2** (*di persone*)grito, chillido, alboroto | (*dir.*) *schiamazzi notturni*, alboroto nocturno.
schiantare *v.tr.* romper, quebrar*, quebrantar ♦ **-rsi** *v.pron.* romperse, quebrarse*, estrellarse, chocar*: *— contro un muro*, chocarse contra un muro; *— al suolo*, estrellarse contra el suelo.
schianto *s.m.* **1** rotura (*f.*), reventón; choque brutal **2** (*rumore*) estruendo, estallido **3** (*fig.*) belleza (*f.*): *sei uno —*, estás como un tren; (*Amer.*) estás que matas **4** (*grande dolore*) dolor lacerante, clavo: *uno — al cuore*, un clavo en el corazón.
schiappa *s.f.* nulidad: *essere una —*, ser un cero a la izquierda.
schiarimento *s.m.* **1** aclarado, esclarecimiento **2** (*fig.*) explicación (*f.*), aclaración (*f.*).
schiarire *v.tr.* aclarar, esclarecer* ♦ **-rsi** *v.pron.* **1** aclararse, despejarse: *— le idee*, aclararse las ideas **2** (*illuminarsi*) iluminarse: *il suo viso si schiarì*, su cara se iluminó.
schiarita *s.f.* **1** (*meteor.*) escampada, claro (*m.*) **2** (*fig., rasserenamento*) mejora: *c'è stata una — nel loro rapporto*, ha habido una mejora en su relación.
schiatta *s.f.* (*lett., famiglia*) estirpe, linaje (*m.*).
schiattare *v.intr.* (*fam.*) **1** reventar*: *— d'invidia*, reventar de envidia **2** morirse*: *— dal ridere*, morirse de risa.
schiavismo *s.m.* (*anche fig.*) esclavitud (*f.*).
schiavista *agg., s.m./f.* (*anche fig.*) esclavista.
schiavistico *agg.* **1** de la esclavitud **2** (*fig.*) tiránico.
schiavitù *s.f.* **1** esclavitud, cautividad **2** (*fig.*) dependencia, alienación: *la — della droga*, la esclavitud de las drogas.
schiavizzare *v.tr.* esclavizar*, someter, tiranizar*.
schiavo *s.m.* esclavo; prisionero: *rendere — qlcu.*, esclavizar a alguien | *essere — di una passione*, esclavizarse con una pasión.
schiena *s.f.* espalda: *mal di —*, dolor de espalda | *rompersi la —*, deslomarse, doblar el espinazo.
schienale *s.m.* respaldo, espaldar.
schiera *s.f.* **1** (*mil.*) formación, tropa **2** (*gruppo*) grupo (*m.*), comitiva; (*moltitudine*) mu-

chedumbre: *una — di pellegrini*, un grupo de peregrinos **3** (*fila*) fila: *disposto a —*, en fila; *villette a —*, chalets adosados.
schieramento *s.m.* **1** (*mil.*) formación (*f.*); disposición (*f.*), despliegue **2** (*pol.*) coalición (*f.*): *lo — di sinistra*, la coalición de izquierdas **3** (*sport*) formación (*f.*), alineación (*f.*).
schierare *v.tr.* **1** (*mil.*) formar; alinear, poner* en fila, desplegar* **2** (*sport*) alinear ♦ **-rsi** *v.pron.* **1** alinearse **2** (*fig.*) ser* partidario (de), tomar partido (por).
schiettezza *s.f.* franqueza, sinceridad.
schietto *agg.* **1** puro, genuino **2** (*fig.*) franco, sincero, leal | *a dirla schietta*, para ser sincero.
schifare *v.tr.* **1** (*disdegnare*) despreciar **2** (*ripugnare*) asquear ♦ **-rsi** *v.pron.* asquearse.
schifezza *s.f.* porquería, asquerosidad.
schifiltoso *agg.*, *s.m.* remilgado, asqueroso: *fare lo —*, ser un asqueroso.
schifo *s.m.* asco, repugnancia (*f.*): *far —*, dar asco; *che —!*, ¡qué asco!
schifoso *agg.* **1** asqueroso, sucio, repugnante **2** horrible, horroroso.
schioccare *v.intr./tr.* chasquear, chascar*, (*di frusta*) restallar: *— la lingua*, chascar la lengua.
schiocco *s.m.* chasquido.
schiodare *v.tr.* desclavar ♦ **-rsi** *v.pron.* (*fam.*) **1** desclavarse **2** (*fig.*) largarse*, marcharse.
schioppettata *s.f.* escopetazo (*m.*): *tirare una — a qlcu.*, disparar a alguien con la escopeta.
schioppo *s.m.* escopeta (*f.*), fusil | *a un tiro di —*, a un tiro de piedra, a un paso.
schiudere *v.tr.* abrir, entreabrir ♦ **-rsi** *v.pron.* **1** brotar, florecer*: *in aprile si schiudono i primi fiori*, en abril florecen las primeras flores **2** presentarse: *ti si schiuderanno nuove possibilità*, se te presentarán nuevas posibilidades.
schiuma *s.f.* espuma: *— da barba*, espuma de afeitar | *avere la — alla bocca*, echar espumarajos por la boca.
schiumare *v.tr.* espumar ♦ *intr.* hacer* espuma | (*fig.*) *— di rabbia*, echar espumarajos por la boca.
schiumarola *s.f.* espumadera.
schiumogeno *agg.* espumante, espumógeno ♦ *s.m.* extintor de espuma.
schiumoso *agg.* espumoso.
schivare *v.tr.* esquivar, evitar, eludir: *tutti lo schivano*, todos lo evitan.
schivo *agg.* esquivo, tímido, arisco, huidizo.
schizofrenia *s.f.* (*med.*) esquizofrenia.
schizofrenico *agg.*, *s.m.* (*med.*) esquizofrénico.
schizoide *agg.*, *s.m./f.* (*med.*) esquizoide.
schizzare *v.tr.* **1** salpicar*, chorrear, echar | *— fuoco*, echar chispas | *— veleno*, destilar/escupir veneno **2** (*sporcare*) ensuciar, manchar; (*ungere*) pringar* **3** (*abbozzare*) bosquejar ♦ *v.intr.* **1** chorrear; (*di liquidi*) manar: *l'acqua schizza dalla fontana*, el agua mana de la fuente **2** (*saltare di scatto*) saltar: *— dal letto*, saltar de la cama | (*fam.*) *— via*, pirarse, salir pitando ♦ **-rsi** *v.pron.* salpicarse*.
schizzato *agg.* (*gerg.*) loco, chiflado.
schizzetto *s.m.* **1** (*med.*) jeringuilla (*f.*) **2** (*giocattolo*) pistola de agua.
schizzinoso *agg.* melindroso, desdeñoso, difícil: *non fare lo —!*, ¡no seas melindroso!
schizzo *s.m.* **1** salpicadura (*f.*), mancha (*f.*), borrón **2** (*abbozzo*) bosquejo, esbozo, croquis.
sci *s.m.* esquí.
scia *s.f.* (*di nave*, *aereo*) estela; huella, rastro (*m.*) | (*fig.*) *mettersi sulla — di*, seguir las huellas/los pasos de.
scià *s.m.* sha.
sciabola *s.f.* sable (*m.*).
sciabolare *v.tr.* golpear con un sable.
sciabolata *s.f.* golpe (*m.*) con un sable | *tirare una —*, golpear con un sable.
sciabordare *v.intr.* chapotear.
sciabordio *s.m.* chapoteo, chapaleo.
sciacallaggio *s.m.* (*furto*) depredación (*f.*); (*sfruttamento*) explotación (*f.*).
sciacallo *s.m.* **1** (*zool.*) chacal **2** (*fig.*, *ladro*) depredador; (*sfruttatore*) explotador.
sciacquadita *s.m.* lavamanos.
sciacquare *v.tr.* enjuagar*, aclarar ♦ **-rsi** *v.pron.* enjuagarse*, aclararse.
sciacquata *s.f.* enjuague (*m.*), enjuagadura; (*risciacquo*) aclarado (*m.*).
sciacquio *s.m.* **1** chapoteo **2** (*di onde*) embate.
sciacquo *s.m.* **1** (*gargarismo*) enjuague | *fare gli sciacqui*, enjuagarse la boca **2** (*liquido*) enjuague, colutorio.
sciacquone *s.m.* descarga (*f.*) de agua, cadena (*f.*).
sciagura *s.f.* **1** desgracia, accidente (*m.*); (*di vaste proporzioni*) calamidad, desastre (*m.*), catástrofe: *quell'uragano fu una —*, ese huracán fue una catástrofe **2** (*sfortuna*) mala suerte: *essere perseguitato dalla —*, ser perseguido por la mala suerte.
sciagurato *agg.* **1** desgraciado, desdichado, desventurado **2** (*disastroso*) desastroso, calamitoso **3** (*malvagio*) malvado, bellaco, despiadado.
scialacquare *v.tr.* derrochar, despilfarrar, malgastar, dilapidar.
scialacquatore *s.m.* derrochador, despilfarrador.
scialare *v.tr.* derrochar ♦ *v.intr.* vivir a lo grande, darse* buena vida.

scialbo *agg.* **1** pálido, descolorido, desvaído: *colore* —, color desvaído **2** (*fig.*) insignificante, soso, insulso.
scialle *s.m.* chal, echarpe; (*con frange*) mantón.
scialo *s.m.* **1** derroche, despilfarro **2** (*fig.*) ostentación (*f.*), pompa (*f.*).
scialuppa *s.f.* chalupa, lancha | — *di salvataggio*, bote (*m.*) salvavidas.
sciamannato *agg.*, *s.m.* dejado, descuidado.
sciamano *s.m.* chamán, santón; curandero.
sciamare *v.intr.* **1** emjambrar, jabardear **2** (*fig.*) dispersarse, desperdigarse*: *gli studenti sciamarono via*, los estudiantes se dispersaron.
sciame *s.m.* **1** enjambre **2** (*fig.*) muchedumbre (*f.*).
sciancato *agg.*, *s.m.* cojo, lisiado, tullido.
sciancrato *agg.* entallado.
sciarada *s.f.* charada, enigma (*m.*).
sciare *v.intr.* esquiar*.
sciarpa *s.f.* bufanda.
sciata *s.f.* (*fam.*) el esquiar: *fare una* —, esquiar.
sciatica *s.f.* (*med.*) ciática.
sciatico *agg.* (*anat.*) ciático: *nervo* —, nervio ciático.
sciatore *s.m.* esquiador.
sciatteria *s.f.* descuido (*m.*), desaliño (*m.*), dejadez*; negligencia, abandono (*m.*): — *nel vestire*, abandono en la manera de vestir.
sciatto *agg.* desaliñado, descuidado, dejado, negligente.
sciattone *s.m.* (*fam.*) desastrado.
scibile *s.m.* saber, ciencia (*f.*), conocimiento.
sciccheria *s.f.* (*fam.*) elegancia, gracia.
sciccoso *agg.* (*fam.*) chic, elegante.
scientifica *s.f.* (*polizia*) policía científica.
scientificità *s.f.* cientificidad, carácter (*m.*) científico.
scientifico *agg.* científico.
scientismo *s.m.* (*filos.*) cientificismo.
scienza *s.f.* ciencia; saber (*m.*).
scienziato *s.m.* científico, investigador.
sciistico *agg.* de esquí: *stazione sciistica*, estación de esquí.
sciita *agg.*, *s.m./f.* chií, chiita.
scilinguagnolo *s.m.* labia (*f.*): *avere lo* — *sciolto*, tener mucha labia.
scimitarra *s.f.* cimitarra.
scimmia *s.f.* (*zool.*) mono (*m.*), mona, simio (*m.*).
scimmiesco *agg.* simiesco.
scimmione *s.m.* **1** gorila **2** (*fig.*) armatoste.
scimmiottare *v.tr.* imitar, remedar*; parodiar.
scimpanzé *s.m.* (*zool.*) chimpancé.
scimunito *agg.*, *s.m.* bobo, necio, tonto.
scindere *v.tr.* **1** escindir, separar, dividir, partir **2** (*chim.*) disociar ♦ **-rsi** *v.pron.* escindirse, separarse.
scintigrafia *s.f.* (*med.*) centellografía.
scintilla *s.f.* **1** chispa, centella **2** (*fig.*) iluminación, destello (*m.*), chispazo (*m.*) **3** (*motivo*) causa, detonante (*m.*): *quella fu la* — *della loro lite*, ello fue la causa de su pelea.
scintillante *agg.* chispeante, centelleante: *luce* —, centelleante; *occhi scintillanti*, ojos chispeantes.
scintillare *v.intr.* **1** centellear, chispear **2** (*luccicare*) destellar, resplandecer*; (*occhi*) centellear; (*stelle*) titilar.
scintillio *s.m.* centelleo, destellos (*pl.*): *lo* — *del diamante*, los destellos del diamante.
scintoismo *s.m.* (*relig.*) sintoísmo.
scintoista *s.m./f.* (*relig.*) sintoísta.
sciò *inter.* zape.
scioccante *agg.* chocante, impresionate.
scioccare *v.tr.* impresionar; (*lasciare confuso*) aturdir.
sciocchezza *s.f.* **1** tontería, estupidez*, bobada, necedad, pamplinada **2** (*cosa da poco*) nadería | *costa una* —, no cuesta nada.
sciocco *agg.*, *s.m.* tonto, bobo, necio, estúpido.
sciogliere *v.tr.* **1** (*un nodo*) deshacer*; (*slegare*) soltar*, desatar; dejar libre: — *i capelli*, soltar el pelo: — *un nastro*, desatar una cinta **2** (*liquefare*) disolver*, derretir*, diluir* **3** (*problema*) solucionar, resolver*; (*dubbio*, *sospetto*) despejar **4** (*contratto*) anular, rescindir; (*società*) disolver*: — *una riunione*, disolver una reunión ♦ **-rsi** *v.pron.* **1** (*liberarsi*) liberarse; (*slegarsi*) desatarse; (*allentarsi*) soltarse **2** (*fondersi*) derretirse: *la neve si era sciolta*, la nieve se había derretido | (*fig.*) — *in lacrime*, deshacerse en lágrimas | (*fig.*) *si scioglie ogni volta che lo vede*, se deshace cada vez que lo ve **3** (*di istituzioni ecc.*) disolverse*.
scioglilingua *s.m.* trabalenguas.
scioglimento *s.m.* **1** derretimiento, desleimiento **2** (*fig.*) disolución (*f.*): *lo* — *delle Camere*, la disolución de las Cámaras **3** (*lett.*, *epilogo*) desenlace.
sciolina *s.f.* cera para los esquís.
sciolinare *v.tr.* (*sci*) encerar.
sciolinatura *s.f.* (*sci*) encerado (*m.*).
scioltezza *s.f.* **1** (*di movimento*) soltura, libertad, movilidad **2** (*abilità*) agilidad, destreza, desenvoltura: *guida con* —, conduce con destreza; *parla inglese con* —, habla inglés con desenvoltura **3** (*fig.*) desenvoltura, desparpajo.
sciolto *agg.* **1** (*fuso*) disuelto **2** (*slegato*) suelto, libre: *capelli sciolti*, pelo suelto | *a briglia sciolta*, a rienda suelta **3** (*agile, disinvolto*) ágil, suelto **4** (*di istituzioni, patti*)

disuelto | *la seduta è sciolta*, se levanta la sesión **5** (*fam., sfuso*) a granel.
scioperante *s.m./f.* huelguista.
scioperare *v.intr.* hacer* huelga, ponerse* en huelga.
scioperato *agg.*, *s.m.* vago, holgazán.
sciopero *s.m.* huelga (*f.*), plante, paro.
sciorinare *v.tr.* **1** tender*, extender* **2** (*fig.*) ostentar, exhibir: — *la propria cultura*, exhibir la cultura.
sciovia *s.f.* remonte (*m.*), telesquí (*m.*), telesilla.
sciovinismo *s.m.* chovinismo, patriotismo.
sciovinista *agg.*, *s.m.* chovinista, chauvinista, patriotero.
sciovinistico *agg.* chovinista.
scipito *agg.* **1** insípido, desaborido **2** (*fig.*) soso.
scippare *v.tr.* robar, birlar, hurtar, tironear.
scippatore *s.m.* tironero, tironista, ladrón.
scippo *s.m.* hurto; (*fam.*) tirón, robo.
sciroccata *s.f.* ráfaga de siroco.
scirocco *s.m.* (*meteor.*) siroco.
sciroppare *v.tr.* almibarar | (*fig., fam.*) *sciropparsi qlcu., qlco.*, tragarse, chuparse alguien algo.
sciroppato *agg.* almibarado, en almíbar: *pere sciroppate*, peras en almíbar.
sciroppo *s.m.* jarabe; (*per dolci*) almíbar.
sciropposo *agg.* (*anche fig.*) almibarado.
scisma *s.m.* cisma.
scismatico *agg.*, *s.m.* cismático.
scissione *s.f.* **1** (*anche fig.*) escisión, división; desavenencia **2** (*fis. nucleare*) fisión.
scissionismo *s.m.* (*pol.*) secesionismo.
scissionista *s.m./f.* (*pol.*) secesionista.
scissura *s.f.* (*anat.*) cisura.
scisto *s.m.* (*geol.*) esquisto.
scistosità *s.f.* (*geol.*) esquistosidad.
scistoso *agg.* (*geol.*) esquistoso.
sciupare *v.tr.* **1** estropear, ajar, echar a perder, gastar **2** (*denaro*) derrochar, desperdiciar, malgastar, despilfarrar; (*tempo*) perder* ♦ **-rsi** *v.pron.* estropearse, ajarse, deteriorarse, arruinarse, consumirse; malograrse: *la lattuga si è sciupata*, la lechuga se ha malogrado.
sciupato *agg.* **1** gastado, deteriorado, chafado, estropeado **2** (*fig.*) maltrecho, desmejorado, consumido: *volto* —, rostro consumido.
sciupio *s.m.* derroche.
sciupone *s.m.* derrochador, despilfarrador.
scivolare *v.intr.* **1** resbalar **2** (*cadere*) deslizar* **3** (*sfuggire*) escabullirse **4** (*fig.*) pasar: *il discorso scivolò sul cinema*, el discurso pasó al cine **5** (*aer.*) virar.
scivolata *s.f.* **1** deslizamiento (*m.*); (*involontaria*) resbalón (*m.*) **2** (*aer.*) viraje (*m.*).
scivolo *s.m.* **1** (*tecn.*) rampa (*f.*) **2** (*per bambini*) tobogán.
scivolone *s.m.* **1** resbalón, patinazo **2** (*fig.*) resbalón, desliz*, tropezón.
scivoloso *agg.* **1** resbaloso, resbaladizo **2** (*fig.*) escurridizo: *argomento* —, asunto escurridizo.
sclera, sclerotica *s.f.* (*anat.*) esclerótica.
sclerare *v.intr.* (*gerg.*) volverse* loco, írsele* la olla (a alguien).
sclerosi *s.f.* esclerosis (*anche fig.*).
sclerotico *agg.* (*med.*) esclerótico.
sclerotizzare *v.tr.* (*med.*) esclerotizar* ♦ **-rsi** *v.pron.* esclerotizarse*.
scocca *s.f.* (*aut.*) carrocería, bastidor (*m.*).
scoccare *v.tr.* **1** tirar, disparar, lanzar*, arrojar **2** (*di orologio*) tocar*, dar ♦ *v.intr.* (*delle ore*) sonar*, dar*.
scocciante *agg.* (*fam.*) fastidioso, latoso: *la cosa — è che...*, lo que fastida es que...
scocciare *v.tr.* fastidiar, molestar, dar* la lata ♦ **-rsi** *v.pron.* aburrirse | *ti scoccia se ti accompagno?*, ¿te importa si te acompaño?
scocciato *agg.* **1** (*infastidito*) molesto **2** (*stufo*) harto.
scocciatore *s.m.* molesto, pegote, pesado, pelmazo.
scocciatura *s.f.* fastidio (*m.*), lata, rollo (*m.*).
scodella *s.f.* escudilla, tazón (*m.*), taza; (*piatto*) plato (*m.*) sopero.
scodellare *v.tr.* **1** servir*, escudillar: — *il latte*: servir la leche **2** (*fig., fam.*) to inventar, chismorrear | — *tutto in giro*, ir chismorreando.
scodinzolare *v.intr.* menear la cola, rabear, colear.
scodinzolio *s.m.* rabeo.
scogliera *s.f.* escollera, arrecife (*m.*); acantilado (*m.*).
scoglio *s.m.* **1** escollo (*anche fig.*), peñasco, risco **2** (*fig.*) obstacúlo, dificultad (*f.*): *l'esame scritto è un vero* —, el examen escrito es un verdadero obstáculo.
scoglioso *agg.* lleno de escollos.
scoiattolo *s.m.* (*zool.*) ardilla (*f.*) | (*fig.*) *essere uno* —, ser muy ágil.
scolapasta *s.m.* escurridor.
scolapiatti *s.m.* escurreplatos.
scolaposate *s.m.* escurrecubiertos.
scolare[1] *agg.* escolar: *età* —, edad escolar.
scolare[2] *v.tr.* **1** escurrir **2** (*alimenti*), colar*: — *la pasta*, colar la pasta ♦ **-rsi** *v.pron.* (*fam.*) atizarse*, soplarse, zamparse: *si è scolato tutto lo champagne*, se ha atizado todo el champán.
scolaresca *s.f.* alumnado (*m.*), alumnos (*m.pl.*).
scolarità *s.f.* escolaridad.
scolarizzare *v.tr.* escolarizar*.
scolarizzazione *s.f.* escolarización.

scolaro *s.m.* alumno, colegial; estudiante.
scolastica *s.f.* (*filos.*) escolástica.
scolastico *agg.* **1** escolar **2** (*filos.*) escolástico ♦ *s.m.* (*filos.*) escolástico.
scolatoio *s.m.* coladero.
scoliosi *s.f.* (*med.*) escoliosis.
scollare[1] *v.tr.* despegar*, desencolar ♦ **-rsi** *v.pron.* despegarse*, desencolarse.
scollare[2] *v.tr.* (*vestiti*) escotar, descotar.
scollato *agg.* **1** despegado, desencolado **2** (*di vestito*) escotado, descotado.
scollatura *s.f.* **1** (*abbigl.*) escote (*m.*), escotadura **2** desencoladura, despegadura, despegue (*m.*).
scollegare *v.tr.* desconectar; desunir, separar.
scollo *s.m.* → **scollatura.**
scolo *s.m.* **1** (*di liquidi*) desagüe, vertimiento; (*scarico*) sangradura (*f.*); (*residuo*) aguas (*f.pl.*) residuales **2** (*med.*) blenorragia (*f.*), derrame.
scolorimento *s.m.* descoloración (*f.*).
scolorina *s.f.* corrector (*m.*), tipex (*m.*), borratinta.
scolorire *v.intr./tr.* **1** descolorar, desteñir* **2** (*fig.*) desvanecer*, borrar ♦ **-rsi** *v.pron.* **1** descolorarse, desteñirse* **2** (*fig.*) palidecer*.
scolorito *agg.* **1** descolorido, desteñido; (*pallido*) pálido **2** (*di ricordi*) desvanecido.
scolpire *v.tr.* **1** esculpir, tallar, labrar **2** (*fig.*) grabar, imprimir: — *nella memoria*, grabar en la memoria.
scombinare *v.tr.* **1** descomponer*, desordenar, revolver*: *il vento ha scombinato i fogli*, el viento ha revuelto los papeles **2** (*fig.*) malograr, frustrar, estropear.
scombinato *agg.* **1** desarreglado, desbaratado **2** (*di persona*) desconcertado, incoherente, confuso; (*originale*) extravagante.
scombro *s.m.* (*zool.*) caballa (*f.*).
scombussolamento *s.m.* desconcierto, desbarajuste: — *di stomaco*, trastorno de estómago.
scombussolare *v.tr.* **1** (*piano*, *progetto*) desconcertar*, desbaratar, frustrar, desbarajustar, estropear **2** (*fig.*) turbar, trastornar, alterar.
scommessa *s.f.* **1** apuesta: *per* —, por apuesta; *scommesse clandestine*, apuestas clandestinas **2** (*fig.*, *sfida*) desafío (*m.*), reto (*m.*).
scommettere *v.tr.* apostar*, hacer* una apuesta: *scommetto che non andrai*, me juego lo que quieras a que no vas; *ci avrei scommesso*, lo habría jurado | (*fam.*) *puoi scommetterci!*, ¡puedes jurarlo! | *scommettiamo!*, ¿cuánto apostamos? | — *l'osso del collo*, jugarse el cuello.
scommettitore *s.m.* apostante.
scomodare *v.tr.* incomodar, molestar, fastidiar ♦ **-rsi** *v.pron.* molestarse, tomarse la molestia: *non si è scomodata a chiamarmi*, no se ha tomado la molestia de llamarme; *non scomodarti*, no te molestes; (*alzarsi*) *non si scomodi!*, ¡no se levante!
scomodità *s.f.* **1** incomodidad **2** (*situazione scomoda*) molestia; (*fam.*) lata.
scomodo *agg.* **1** incómodo, molesto **2** (*fig.*) fastidioso, difícil.
scompaginare *v.tr.* trastornar, alterar, desarreglar ♦ **-rsi** *v.pron.* desmembrarse*, disgregarse*.
scompagnare *v.tr.* desemparejar.
scompagnato *agg.* desparejado, suelto.
scomparire *v.intr.* **1** desaparecer* **2** (*sfigurare*) deslucir*, hacer* mal papel, quedar mal.
scomparsa *s.f.* **1** desaparición **2** (*morte*) muerte, fallecimiento (*m.*): *la* — *del nonno*, la muerte del abuelo.
scomparso *agg.* **1** desaparecido; (*di animali, civiltà*) extinto: *persona scomparsa*, persona desaparecida **2** (*defunto*) desaparecido, difunto ♦ *s.m.* **1** persona (*f.*) desaparecida, desaparecido **2** (*defunto*) difunto.
scompartimento *s.m.* (*ferr.*) compartimiento.
scomparto *s.m.* compartimento; (*di armadio*) estante, anaquel.
scompensare *v.tr.* **1** descompensar, desequilibrar **2** (*med.*) descompensar.
scompenso *s.m.* descompensación (*f.*), desequilibrio | — *cardiaco*, insuficiencia cardiaca.
scompigliare *v.tr.* **1** trastornar, desbarajustar, desarreglar, desordenar; (*i capelli*) desgreñar **2** (*fig.*) confundir, turbar ♦ **-rsi** *v.pron.* (*di capelli*) desgreñarse.
scompiglio *s.m.* **1** barullo, desorden, desbarajuste **2** (*fig.*) confusión (*f.*), desconcierto, agitación (*f.*): *gettare lo* — *nell'animo di qlcu.*, confundir el ánimo de alguien; *creare* —, crear confusión.
scompisciarsi *v.pron.* (*fam.*) *nella loc.*: — *dalle risate*, mearse de risa.
scomponibile *agg.* desmontable, desarmable, descomponible.
scomporre *v.tr.* **1** (*anche mat., chim.*) descomponer*, desmontar, deshacer* **2** (*turbare*) descomponer*, turbar ♦ **-rsi** *v.pron.* descomponerse*; (*alterarsi*) alterarse, turbarse: *è una persona che non si scompone mai*, es una persona que nunca se altera; *senza* —, sin alterarse.
scomposizione *s.f.* (*anche mat.*) descomposición; (*divisione*) división.
scompostezza *s.f.* descompostura; desorden (*m.*).
scomposto *agg.* **1** (*diviso*) desarmado, desmontado **2** (*in disordine*) descompuesto;

desarreglado, desordenado; (*a soqquadro*) revuelto.
scomunica *s.f.* **1** (*relig.*) excomunión **2** (*fig.*) expulsión.
scomunicare *v.tr.* **1** (*relig.*) excomulgar* **2** (*fig.*) expulsar.
scomunicato *agg.* (*eccl.*) excomulgado.
sconcertante *agg.* desconcertante.
sconcertare *v.tr.* **1** desconcertar* **2** (*fig.*) turbar, trastornar ♦ **-rsi** *v.pron.* turbarse.
sconcerto *s.m.* desconcierto.
sconcezza *s.f.* indecencia, obscenidad, grosería | *dire sconcezze*, decir groserías.
sconcio *agg.* obsceno, escabroso; sucio.
sconclusionato *agg.* **1** (*di discorsi ecc.*) incoherente, dehilvanado, confuso, incongruente; (*assurdo*) disparatado **2** (*di persone*) irracional, inconsecuente.
scondito *agg.* sin condimentar.
sconfessare *v.tr.* (*idee*) renegar*, abjurar, rechazar*; (*dichiarazioni*) desmentir*.
sconfessione *s.f.* rechazo, repudio.
sconfiggere *v.tr.* **1** vencer*, derrotar **2** (*fig.*) extirpar, eliminar: — *una malattia*, extirpar una enfermedad; — *l'inflazione*, eliminar la inflación.
sconfinamento *s.m.* violación (*f.*) de frontera.
sconfinare *v.intr.* **1** violar/pasar una frontera; (*in proprietà altrui*) rebasar el límite **2** (*fig.*) pasarse, excederse.
sconfinato *agg.* ilimitado, infinito, desmesurado, inconmensurable, inmenso: *ammirazione sconfinata*, ilimitada admiración; *felicità sconfinata*, felicidad desmesurada.
sconfitta *s.f.* derrota, fracaso (*m.*): *infliggere, subire una* —, infligir, sufrir una derrota.
sconfitto *agg.* (*anche fig.*) derrotado, fracasado: *dichiararsi* —, declararse derrotado.
sconfortante *agg.* desmoralizante, desalentador.
sconfortare *v.tr.* desalentar*, desmoralizar*, desanimar ♦ **-rsi** *v.pron.* desanimarse, desconfortarse.
sconforto *s.m.* desasosiego, desconsuelo, desaliento, desánimo, abatimiento: *cadere nello* —, deprimirse; *essere preso dallo* —, dejarse llevar por el desconsuelo.
scongelamento *s.m.* descongelación (*f.*).
scongelare *v.tr.* **1** descongelar **2** (*econ., pol.*) desbloquear: — *i beni*, desbloquear los bienes.
scongiurare *v.tr.* **1** conjurar, exorcizar* **2** suplicar*, rogar*, implorar **3** (*fig.*) evitar: — *un pericolo*, evitar un peligro.
scongiuro *s.m.* conjuro, exorcismo | (*scherz.*) *fare gli scongiuri*, tocar madera.
sconnessione *s.f.* (*anche fig.*) desconexión.
sconnesso *agg.* **1** inconexo, desunido, desconectado **2** (*fig.*) incoherente, inconexo, disparatado.
sconnettere *v.tr.* **1** desconectar; desjuntar, separar **2** (*fig.*) desvariar*.
sconosciuto *agg.* desconocido, ignoto, ignorado ♦ *s.m.* desconocido, extraño, forastero.
sconquassare *v.tr.* **1** destrozar*, hacer* trizas, desbarajustar, desencajar **2** (*fig.*) descomponer*.
sconquassato *agg.* **1** destrozado, hecho trizas **2** (*scombussolato*) descompuesto, desencajado.
sconquasso *s.m.* **1** destrozo, devastanción (*f.*) **2** (*scompiglio*) desbarajuste.
sconsacrare *v.tr.* desconsagrar, desacralizar*, secularizar*.
sconsacrazione *s.f.* desacralización.
sconsideratezza *s.f.* desconsideración, imprudencia: *agire con* —, actuar con imprudencia.
sconsiderato *agg.* desconsiderado, inconsciente, insensato, imprudente.
sconsigliabile *agg.* desaconsejable.
sconsigliare *v.tr.* desaconsejar; disuadir (de).
sconsolato *agg.* desconsolado; desolado, afligido.
scontabile *agg.* (*banc.*) descontable.
scontare *v.tr.* **1** (*banc., comm.*) descontar*, detraer* **2** (*dedurre*) deducir*: — *le spese*, to deducir los gastos **3** (*concedere una riduzione*) rebajar **4** (*espiare*) expiar*, pagar*; (*una pena*) cumplir: — *cinque anni di carcere*, cumplir cinco años de cárcel.
scontato *agg.* **1** descontado; (*di prezzo*) rebajado **2** previsto: *dare per* —, dar por descontado **3** expiado: *ha — la sua pena*, ha expiado su pena.
scontentare *v.tr.* descontentar, disgustar, dejar descontento.
scontentezza *s.f.* descontento (*m.*).
scontento *agg.* descontento, insatisfecho, disgustado ♦ *s.m.* infelicidad (*f.*), descontento, insatisfacción (*f.*); (*delusione*) disgusto.
sconto *s.m.* **1** descuento, rebaja (*f.*): *il 20% di* —, el 20% de descuento; *fare a qlcu. uno — di 10 euro*, hacer a alguien un descuento de 10 euros **2** (*deduzione*) deducción
scontrarsi *v.pron.* **1** chocar*, estrellarse, colisionar | — *con un pregiudizio*, enfrentarse a un prejuicio **2** (*mil.*) enfrentarse.
scontrino *s.m.* ticket, resguardo, factura (*f.*), recibo, talón.
scontro *s.m.* **1** choque, colisión (*f.*) **2** (*fig.*) discusión (*f.*), pelea (*f.*), enfrentamiento, conflicto; combate: *partecipare allo* —, participar en el combate | — *a fuoco*, tiroteo | — *verbale*, altercado.
scontrosità *s.f.* hosquedad.

scontroso *agg.* huraño, arisco, intratable, insociable.
sconveniente *agg.* inconveniente, inoportuno: *il tuo commento è —*, tu comentario es inoportuno.
sconvenienza *s.f.* **1** (*di atteggiamenti*) inconveniencia **2** (*atto sconveniente*) inoportunidad.
sconvolgente *agg.* estremecedor.
sconvolgere *v.tr.* **1** desbaratar, devastar, arruinar **2** (*fig.*) turbar, trastornar, trastocar*, estremecer*.
sconvolgimento *s.m.* **1** desorden, desarreglo, desconcierto, perturbación (*f.*) **2** (*fig.*) trastorno, turbación (*f.*), estremecimiento.
sconvolto *agg.* **1** devastado, desbaratado **2** (*di persone*) trastornado, devastado: *— dal dolore*, devastado por el dolor.
scopa *s.f.* escoba | *— a frange*, mopa | *magro come una —*, flaco como un palo.
scopare *v.tr.* **1** barrer (*m.*) **2** (*volg.*) follar, tirar, echar un polvo; (*Riopl.*) coger* ♦ *v.intr.* joder, follar.
scopata *s.f.* **1** barrido (*m.*) **2** (*volg.*) polvo (*m.*): *farsi una —*, echar un polvo.
scoperchiare *v.tr.* destapar, descubrir, quitar la tapadera | *— una casa*, destejar ♦ **-rsi** *v.pron.* (*di case*) destejarse.
scoperta *s.f.* descubrimiento (*m.*), hallazgo (*m.*) | (*iron.*) *che —!*, ¡has descubierto la pólvora!
scoperto *agg.* **1** descubierto, destapado | *dormire allo —*, dormir al raso, a la intemperie, al aire libre **2** (*econ.*) sin fondos.
scopiazzare *v.tr.* (*scol.*) copiar.
scopiazzatura *s.f.* (*scol.*) copia.
scopo *s.m.* fin, finalidad (*f.*), intención (*f.*), objetivo; (*senso*) razón (*f.*) | *allo — di*, con objeto de.
scoppiare *v.intr.* **1** (*bomba*) explotar, estallar (*anche fig.*) **2** (*rompersi*) reventar* (*anche fig.*) | *— a piangere*, romper/echar a llorar, prorrumpir en llanto | *— dal caldo*, asarse | *— di salute*, rebosar de salud.
scoppiato *agg.* **1** (*fam., sfinito*) exhausto **2** (*fam., fatto*) reventado.
scoppiettare *v.intr.* chisporrotear, crepitar.
scoppiettio *s.m.* chisporroteo.
scoppio *s.m.* explosión (*f.*), estallido, reventón, detonación (*f.*): *motore a —*, motor de explosión | *uno — d'ira*, un ataque/arranque de ira.
scoprire *v.tr.* **1** descubrir*, hallar, encontrar* **2** (*scoperchiare*) destapar **3** (*rendere evidente*) manifestar*, mostrar*, revelar ♦ **-rsi** *v.pron.* **1** (*svestirsi*) desabrigarse*, descubrirse **2** darse* a conocer.
scopritore *s.m.* descubridor | *— di talenti*, cazatalentos.
scoraggiamento *s.m.* desánimo, desilusión (*f.*).
scoraggiante *agg.* desmoralizante.
scoraggiare *v.tr.* desalentar*, desanimar, desilusionar, desmoralizar* ♦ **-rsi** *v.pron.* desanimarse, abatirse.
scorbutico *agg.* **1** (*med.*) escorbútico **2** (*fig.*) huraño, arisco, escorbútico.
scorbuto *s.m.* (*med.*) escorbuto.
scorciatoia *s.f.* atajo (*m.*).
scorcio *s.m.* **1** (*pitt.*) escorzo **2** (*di tempo*) retazo, lapso **3** (*fine di un periodo*) final: *— d'estate*, final de verano; *sullo — del XX secolo*, al finales del siglo XX.
scordare *v.tr.* **1** olvidar | *te lo puoi —!*, puedes olvidarte de esto **2** (*guastare l'accordatura*) destemplar ♦ **-rsi** *v.pron.* **1** olvidarse **2** (*di strumento*) desafinarse.
scordato *agg.* (*mus*) desafinado.
scoreggia *s.f.* (*volg.*) pedo (*m.*).
scoreggiare *v.intr.* (*volg.*) pedorrearse.
scorfano *s.m.* **1** (*zool.*) cabracho **2** (*di uomo brutto*) cardo, callo.
scorgere *v.tr.* **1** vislumbrar, divisar, distinguir, atisbar; entrever* **2** (*fig.*) percibir, sentir*: *— un pericolo*, percibir un peligro.
scoria *s.f.* escoria, deshecho (*m.*) | *— di ferro*, chatarra.
scornato *agg.* (*umiliato*) menospreciado, ridiculizado, humillado.
scorno *s.m.* menosprecio, humillación (*f.*).
scorpacciata *s.f.* atracón (*m.*), panzada, hartazgo (*m.*), comilona: *si fecero una — di more*, se dieron un atracón de moras.
scorpione *s.m.* **1** (*zool.*) escorpión, alacrán **2** (*astr.*) Escorpio.
scorporare *v.tr.* **1** (*fin.*) separar **2** (*estens.*) desmembrar*.
scorporo *s.m.* (*fin.*) separación (*f.*), desmembramieno.
scorrazzare *v.intr.* corretear ♦ *v.tr.* recorrer.
scorrere *v.intr.* **1** correr, fluir* **2** (*di tempo*) transcurrir, pasar **3** (*sfilare*) desfilar ♦ *v.tr.* **1** recorrer **2** (*leggere velocemente*) hojear, echar un vistazo.
scorreria *s.f.* (*mil.*) correría, incursión.
scorrettezza *s.f.* **1** incorrección, descortesía **2** (*errore*) falta.
scorretto *agg.* **1** (*con errori*) incorrecto: *pronuncia scorretta*, pronunciación incorrecta **2** (*maleducato*) descortés, grosero **3** (*sleale*) desleal, incorrecto.
scorrevole *agg.* **1** (*fig.*) fluido, fácil, suelto, ágil **2** corredizo, corredero: *porta —*, puerta corrediza.
scorrevolezza *s.f.* agilidad, fluidez*, soltura.
scorribanda *s.f.* correría, incursión, escurribanda.
scorrimento *s.m.* flujo, escurrimiento; (*del*

traffico) circulación (*f.*); (*scivolamento*) deslizamiento.
scorsa *s.f.* vistazo (*m.*), ojeada | *dare una* —, echar una ojeada.
scorso *agg.* pasado, anterior: *l'anno* —, el año pasado.
scorsoio *agg. nella loc.*: *nodo* —, nudo corredizo.
scorta *s.f.* **1** escolta; protección **2** (*provvista*) provisión | *di* —, de reserva/recambio | *ruota di* —, rueda de repuesto **3** (*comm.*) stock (*m.*), existencias (*pl.*).
scortare *v.tr.* escoltar | *essere scortato*, estar* bajo protección.
scortecciare *v.tr.* descortezar*.
scortese *agg.* maleducado, descortés.
scortesia *s.f.* descortesía, desaire (*m.*), grosería, mala educación.
scorticare *v.tr.* **1** desollar, despellejar; (*Amer.*) descuerar, pelar (*anche fig.*) **2** (*med.*) excoriar.
scorticatura *s.f.* (*med.*) abrasión, excoriación.
scorza *s.f.* **1** (*di piante e frutti*) corteza, cáscara **2** (*fig.*) exterioridad: *oltre la* —, más allá del aspecto exterior | *avere la* — *dura*, tener mucho aguante.
scorzonera *s.f.* (*bot.*) escorzonera.
scosceso *agg.* escarpado, abrupto, empinado.
scossa *s.f.* **1** sacudida, traqueteo (*m.*) | — *elettrica*, descarga eléctrica | — *di terremoto*, temblor de tierra **2** (*fig.*) dolor (*m.*), impresión, choque (*m.*), golpe (*m.*).
scosso *agg.* **1** sacudido, agitado **2** (*sconvolto*) impresionado, turbado, trastornado.
scossone *s.m.* **1** sacudida (*f.*) **2** (*fig.*) golpe: *l'incidente è stato uno* — *molto forte*, el accidente ha sido un golpe muy fuerte.
scostamento *s.m.* **1** alejamiento **2** (*mat.*) desviación (*f.*).
scostante *agg.* huraño, insociable, antipático, intratable.
scostare *v.tr.* alejar, apartar, separar ♦ **-rsi** *v.pron.* apartarse, desviarse.
scostumatezza *s.f.* libertinaje (*m.*), disolución, indecencia, disipación.
scostumato *agg.*, *s.m.* licencioso, desvergonzado, libertino, indecente.
scotch *s.m.* **1** (*whisky*) güisqui escocés **2** (*nastro adesivo*) celo.
scotennare *v.tr.* desollar*, despellejar.
scotta *s.f.* (*mar.*) escota.
scottadito *agg.* (*cuc.*) *nella loc.*: *a* —, muy caliente.
scottante *agg.* (*grave, serio*) ardiente: *una questione* —, una cuestión ardiente.
scottare *v.tr./intr.* **1** quemar, abrasar **2** (*fig.*) irritar, ofender, doler*, herir* ♦ **-rsi** *v.pron.* **1** quemarse, abrasarse **2** (*fig.*) sufrir un desengaño.
scottata *s.f.* (*cuc.*) vuelta; (*in acqua bollente*) escaldada.
scottatura *s.f.* **1** quemadura, ustión **2** (*fig.*) decepción, desilusión.
scotto *agg.* demasiado cocido, pasado ♦ *s.m.* precio | *pagare lo* —, pagar las consecuencias.
scout *agg.* de escultista ♦ *s.m./f.* escultista.
scoutismo *s.m.* escultismo.
scoutistico *agg.* escultista.
scovare *v.tr.* **1** desanidar, sacar* de la madriguera **2** (*fig.*) descubrir; hallar, encontrar*: — *un ristorante carino*, descubrir un buen restaurante.
scovolino *s.m.* escobilla (*f.*).
scovolo *s.m.* escobillón.
scozzese *agg.*, *s.m.* escocés.
screanzato *agg.* maleducado, grosero, insolente, malcriado.
screditare *v.tr.* desacreditar, desprestigiar; difamar ♦ **-rsi** *v.pron.* desacreditarse, desprestigiarse.
scremare *v.tr.* **1** desnatar, descremar **2** (*fig.*) seleccionar: *bisogna* — *i candidati*, hay que seleccionar a los candidatos.
scremato *agg.* (*di latte*) desnatado.
scrematura *s.f.* **1** descremado (*m.*) **2** (*fig.*) selección.
screpolare *v.tr.* agrietar, resquebrajar ♦ **-rsi** *v.pron.* agrietarse, resquebrajarse, cuartearse: *con il freddo le labbra si screpolano*, con el frío los labios se agrietan.
screpolatura *s.f.* grieta.
screziare *v.tr.* jaspear.
screziato *agg.* jaspeado.
screzio *s.m.* desacuerdo, discrepancia (*f.*), desavenencia (*f.*), roce: *abbiamo avuto molti screzi*, hemos tenido muchos roces.
scriba *s.m.* (*st.*) escriba.
scribacchiare *v.tr./intr.* emborronar, borrajear.
scribacchino *s.m.* **1** (*scrittore mediocre*) escritorzuelo **2** (*impiegato*) chupatintas.
scricchiolare *v.intr.* **1** crujir; (*di ingranaggi*) rechinar, chirriar **2** (*fig.*) peligrar, hacer* aguas: *il suo alibi scricchiola*, su coartada peligra.
scricchiolio *s.m.* crujido, chirrío.
scricciolo *s.m.* **1** (*zool.*) chochín **2** (*persona minuta*) pajarito.
scrigno *s.m.* cofre, escriño.
scriminatura *s.f.* (*dei capelli*) crencha, raya.
scriteriato *agg.* irresponsable ♦ *s.m.* irresponsable (*m./f.*).
scritta *s.f.* (*pubblicitaria*) letrero (*m.*), cartel (*m.*); (*su un monumento*) inscripción.

scritto *agg.*, *s.m.* escrito; (*documento*) impreso.
scrittoio *s.m.* escritorio, buró.
scrittore *s.m.* escritor, autor.
scrittrice *s.f.* escritora, autora.
scrittura *s.f.* escritura; (*calligrafia*) letra, caligrafía: *bella* —, buena letra | *le sacre scritture*, las sagradas escrituras.
scritturale[1] *agg.* (*amm.*) contable.
scritturale[2] *agg.* (*relig.*) de las Sagradas Escrituras.
scritturare *v.tr.* **1** (*artisti*) contratar **2** (*amm.*) contabilizar*.
scrivania *s.f.* escritorio (*m.*), escribanía, secreter (*m.*).
scrivano *s.m.* escriba, escribano.
scrivente *agg.* que escribe ♦ *s.m./f.* (*amm.*) abajo firmante.
scrivere *v.tr.* **1** escribir, anotar **2** (*creare un testo*) redactar, componer* ♦ **-rsi** *v.pron.rec.* escribirse.
scroccare *v.tr.* gorronear, sablear, gorrear.
scrocchiare *v.intr.* crujir.
scrocchio *s.m.* crujido.
scrocco *s.m.* (*fam.*) gorroneo: *mangiare a* —, comer de gorra; *vivere a* —, vivir de gorra.
scroccone *s.m.* gorrón, sablista; (*Amer.*) pechador.
scrofa *s.f.* **1** (*zool.*) cerda, cochina **2** (*fig.*) guarra, marrana; (*Amer.*) chancha.
scrollare *v.tr.* sacudir, agitar, zarandear | — *la testa*, menear la cabeza | — *le spalle*, encogerse de hombros ♦ **-rsi** *v.pron.* **1** sacudirse | — *di dosso*, quitarse de encima **2** (*fig.*, *reagire*) reaccionar.
scrollata *s.f.* sacudida.
scrosciante *agg.* **1** (*di pioggia*) torrencial **2** (*di applausi, risa*) estrepitoso.
scrosciare *v.intr.* **1** (*di pioggia*) llover* a cántaros, caer* chuzos de punta, chaparrear **2** (*fig.*, *di applausi*) resonar*, estallar: *gli applausi scrosciarono*, los aplausos estallaron.
scroscio *s.m.* **1** (*rumore*) estruendo, fragor **2** (*di pioggia*) estrépito **3** (*di applausi*) salva/lluvia (*f.*) de aplausos.
scrostare *v.tr.* quitar la costra, descortezar*; (*un muro*) desconchar.
scroto *s.m.* (*anat.*) escroto.
scrupolo *s.m.* **1** escrúpulo, reparo; (*riguardo*) miramento **2** (*attenzione*) esmero, escrupulosidad (*f.*).
scrupolosità *s.f.* escrupulosidad; (*meticolosità*) meticulosidad, esmero (*f.*).
scrupoloso *agg.* **1** (*persona*) escrupuloso, responsable, diligente; (*preciso*) meticuloso **2** (*attività*) esmerado: *studio* —, estudio esmerado.
scrutare *v.tr.* escrutar, escudriñar, otear: — *l'orizzonte*, otear el horizonte.
scrutatore *agg.*, *s.m.* escrutador.
scrutinare *v.tr.* (*pol.*) escrutar, examinar; (*scuola*) evaluar*.
scrutinio *s.m.* escrutinio, evaluación (*f.*); (*pol.*) recuento: — *dei voti*, recuento de los votos.
scucire *v.tr.* **1** descoser **2** (*fam.*, *tirar fuori*) sacar*, aflojar: *ho dovuto — un sacco di soldi*, he tenido que aflojar un montón de dinero ♦ **-rsi** *v.pron.* descoserse.
scucitura *s.f.* descosido (*m.*).
scuderia *s.f.* caballeriza, cuadra; (*aut.*) escudería.
scudetto *s.m.* distintivo; (*sport*) título de liga; *vincere lo* —, ganar el campeonato/la liga.
scudiero *s.m.* (*st.*) escudero.
scudisciare *v.tr.* azotar.
scudisciata *s.f.* azotaina.
scudiscio *s.m.* látigo.
scudo[1] *s.m.* **1** escudo **2** (*fig.*) defensa (*f.*) | *farsi* —, escudarse, parapetarse.
scudo[2] *s.m.* (*antica moneta*) escudo.
scuffia *s.f.* **1** (*fam.*) enamoramiento (*m.*): *prendersi una — per qlcu.*, prendarse de alguien **2** borrachera.
scugnizzo *s.m.* granuja, pícaro.
sculacciare *v.tr.* pegar* en el culo.
sculacciata *s.f.* azotaina, paliza (en el trasero), zurra.
sculaccione *s.m.* azote (en el trasero).
sculettare *v.intr.* contonearse.
scultore *s.m.* escultor.
scultoreo *agg.* (*anche di corpo*) escultórico.
scultrice *s.f.* escultora.
scultura *s.f.* escultura.
scuocersi *v.pron.* (*cuc.*) recocerse*.
scuoiare *v.tr.* desollar*, despellejar.
scuola *s.f.* **1** escuela, colegio (*m.*); (*di lingue, di ballo*) academia **2** (*istituzione*) enseñanza **3** (*attività*) clase: *adesso ho* —, ahora tengo clase **4** (*arte, lett.*) escuela: *pittore della — fiamminga*, pintor de la escuela flamenca.
scuolabus *s.m.* autobús escolar.
scuolaguida *s.f.* autoescuela.
scuotere *v.tr.* **1** sacudir, zarandear, agitar: — *la polvere*, sacudir el polvo | — *qlcu.*, zarandear a alguien **2** (*fig.*) estremecer*, impactar: *un film che scuote*, una película que estremece ♦ **-rsi** *v.pron.* (*sobbalzare*) sobresaltarse; liberarse: — *dalla paura*, liberarse del miedo.
scure *s.f.* hacha, segur.
scurire *v.tr./intr.* oscurecer*, ennegrecer* ♦ *v.intr.impers.* anochecer*: *in estate scurisce tardi*, en verano anochece tarde ♦ **-rsi** *v.pron.* oscurecerse*.
scuro *agg* **1** oscuro, obscuro; (*di pelle*) mo-

reno; (*Amer.*) morocho **2** (*fig.*) sombrío: *volto — per la tristezza*, rostro sombrío por la tristeza ♦ *s.m.* **1** obscuridad (*f.*) **2** (*colore*) color oscuro, negro: *vestire di —*, vestir de oscuro **3** (*di finestre*) contraventana (*f.*), postigo.
scurrile *agg.* vulgar, grosero.
scurrilità *s.f.* vulgaridad, grosería.
scusa *s.f.* **1** excusa; disculpa | *chiedere —*, pedir perdón, disculparse **2** pretexto (*m.*): *sta cercando solo una —*, está buscando sólo un pretexto | *è tutta una —*, es sólo un pretexto.
scusabile *agg.* **1** excusable **2** (*giustificabile*) justificable.
scusante *s.f.* excusa, justificación: *non avere scusanti,* no tener excusa.
scusare *v.tr.* **1** excusar, perdonar, disculpar: *scusi il disturbo*, perdone usted la molestia **2** justificar* ♦ **-rsi** *v.pron.* **1** excusarse, disculparse: *mi scusi*, perdone, disculpe **2** justificarse*.
sdebitarsi *v.pron.* **1** desendeudarse, pagar* las deudas, desempeñarse **2** (*fig.*) desobligarse*, corresponder, devolver* el favor: *non so come sdebitarmi*, no sé cómo devolver el favor.
sdegnare *v.tr.* desdeñar, despreciar ♦ **-rsi** *v.pron.* indignarse, irritarse: *si sdegnò per la sua proposta*, se irritó por su propuesta.
sdegno *s.m.* **1** desdén, desprecio **2** (*rabbia*) indignación (*f.*), enojo, irritación (*f.*).
sdegnoso *agg.* desdeñoso, altanero, altivo.
sdentato *agg.* desdentado.
sdilinquimento *s.m.* **1** zalamería **2** (*svenimento*) debilitamiento.
sdilinquirsi *v.pron.* **1** enternecerse* **2** (*svenire*) languidecer*, debilitarse.
sdoganamento *s.m.* (*comm.*) despacho aduanero.
sdoganare *v.tr.* pagar* los aranceles; sacar* las mercancías importadas.
sdolcinato *agg.* (*di persona*) melindroso, almibarado.
sdolcinatura *s.f.* melindre (*m.*).
sdoppiamento *s.m.* desdoblamiento.
sdoppiare *v.tr.* desdoblar, duplicar* ♦ **-rsi** *v.pron.* desdoblarse.
sdraiare *v.tr.* tender*, tumbar ♦ **-rsi** *v.pron.* recostarse*, tumbarse, echarse, tenderse*; (*sul letto*) acostarse*.
sdraio *s.m. nella loc.*: *sedia a —*, tumbona (*f.*), hamaca (*f.*).
sdrammatizzare *v.tr.* desdramatizar*, minimizar*.
sdrucciolare *v.intr.* resbalar, patinar, deslizarse*.
sdrucciolevole *agg.* **1** resbaladizo, resbaloso **2** (*fig.*) resbaladizo, comprometedor.
sdrucciolo *agg.* (*gramm.*) esdrújulo.
sdrucito *agg.* (*strappato*) rasgado.
se[1] *cong.* **1** si: *— verrà mi avvertirà*, si viene me avisa **2** (*poiché, dato che*) dado que, ya que, si: *— lo sapevi, perché non glielo hai detto?*, ¿si lo sabías por qué no se lo dijiste? ♦ *s.m.* **1** duda (*f.*): *ho ancora alcuni —*, todavía tengo algunas dudas **2** condición (*f.*): *accetto, ma con un —*, acepto, pero con una condición
■ ***se no***, si no: *dammi retta, — no te ne pentirai*, hazme caso, de lo contrario, te arrepentirás | ***se non altro***, al menos, por lo menos | ***se mai***, si acaso | ***anche se***, aunque, aun cuando.
se[2] *pron.pers. di 3ª pers.sing./pl.* se: *andarsene*, irse; *— ne rammenta*, se acuerda; *— lo portarono via*, se lo llevaron; *— ne andò*, se fue.
sé *pron.pers. di 3ª pers.sing./pl.* sí: *essere fuori di —*, estar fuera de sí; *pensava solo a —*, pensaba sólo en sí mismo | *tornare in —*, volver en sí | *è un uomo che si è fatto da —*, es un hombre que se ha hecho a sí mismo
■ ***con sé***, consigo: *il padre lo voleva con —*, el padre lo quería consigo; *lo porta con —*, lo lleva consigo.
sebaceo *agg.* sebáceo.
sebbene *cong.* si bien, a pesar de que, aunque: *— lui lo sappia non verrà*, aunque él lo sabe no vendrá.
sebo *s.m.* sebo.
seborrea *s.f.* (*med.*) seborrea.
secante *agg.*, *s.f.* (*geom.*) secante.
secca *s.f.* **1** (*mar.*) banco (*m.*) de arena, bajo fondo (*m.*), bajío (*m.*); encalladero (*m.*): *la barca restò incastrata in una —*, el barco se quedó atascado en un encalladero **2** (*siccità*) sequía | *in —*, en seco; (*fig.*) en dificultades.
seccamente *avv.* secamente, bruscamente.
seccante *agg.* molesto.
seccare *v.tr./intr.* **1** secar*; (*prosciugare*) desecar*, vaciar **2** (*fig.*) molestar, fastidiar ♦ **-rsi** *v.pron.* **1** secarse*: *la pianta si è seccata*: la planta se ha secado **2** (*fig.*) irritarse; (*stufarsi*) aburrirse, cansarse.
seccato *agg.* molesto, harto: *avere un'aria seccata*, tener pinta de enfadado.
seccatore *s.m.* pelmazo.
seccatura *s.f.* **1** secado (*m.*): *la — delle pelli*, el secado de las pieles **2** (*fig.*) fastidio (*m.*), molestia, engorro (*m.*) | *che —!*, ¡qué lata!
secchezza *s.f.* **1** (*anche fig.*) sequedad **2** (*magrezza*) delgadez*.
secchia *s.f.* **1** cubo (*m.*), balde (*m.*) **2** (*fam.*, *secchione*) empollón (*m.*).
secchiello *s.m.* **1** cubo: *— per il ghiaccio*, cubitera **2** (*borsa*) saco.
secchio *s.m.* cubo.
secchione *s.m.* (*fam.*) empollón.

secco *agg.* **1** árido, seco: *frutta secca*, frutos secos **2** (*magro*) enjuto **3** (*fig.*) tajante, categórico: *una risposta secca*, una respuesta tajante ♦ *s.m.* **1** seco | (*di barche*) *rimanere in* —, quedar en seco **2** (*siccità*) sequía (*f.*) | *lavare a* —, lavar en seco | *muro a* —, mampostería en seco
■ ***rimanere a secco (di denaro)***, estar sin blanca | ***fare secco qlcu.***, dejar tieso a alguien | ***rimanerci secco***, quedar seco.
secentesco *agg.* del siglo XVII
secentista *s.m./f.* escritor, autor, artista del siglo XVII.
secernere *v.tr.* **1** secretar, destilar **2** (*med.*) exudar.
secessione *s.f.* secesión, separación.
secessionismo *s.m.* secesionismo.
secessionista *s.m./f.* secesionista.
secolare *agg.* **1** secular, centenario: *quercia* —, encina centenaria **2** (*laico*) seglar | *clero* —, clero secular.
secolarizzare *v.tr.* secularizar*.
secolo *s.m.* siglo; época (*f.*); tiempo | *al* — (+ *no.pr.*), mejor conocido como (+ *no.pr.*) | *nei secoli*, durante siglos | *fino alla fine dei secoli*, hasta el final de los siglos | *da secoli*, desde hace siglos.
seconda *s.f.* **1** (*aut., mus.*) segunda **2** (*classe*) segundo (*m.*): *sono in* —, estoy en segundo | *aiutante in* —, segundo ayudante | *pilota in* —, piloto de segunda **3** (*ferr., aer.*) segunda clase: *viaggiare in* —, viajar en segunda clase
■ ***a seconda di***, según.
secondariamente *avv.* en segundo lugar.
secondario *agg.* secundario, subordinado.
secondino *s.m.* guardia carcelario, carcelero.
secondo[1] *agg.num.ord.* segundo: *di seconda mano*, de segunda mano ♦ *s.m.* **1** (*tempo*) segundo **2** (*secondo piatto*) segundo plato, plato fuerte.
secondo[2] *prep.* **1** según: — *me*, para mí, en mi opinión, según yo **2** (*in modo conforme a*) según, conforme, de acuerdo con: *comportarsi* — *le regole*, portarse según las reglas; *vivere* — *i propri mezzi*, vivir de acuerdo con los propios medios; *«andrai?» «secondo»*, «¿irás?» «según».
secondogenito *agg., s.m.* segundogénito.
secrétaire *s.m.* secreter, escritorio.
secrezione *s.f.* secreción.
sedano *s.m.* (*bot.*) apio.
sedare *v.tr.* sedar, tranquilizar*, calmar; (*una rivolta*) reprimir: — *una rivolta*, reprimir una revuelta.
sedativo *agg.* sedativo, sedante ♦ *s.m.* sedante, tranquilizante, calmante: *sotto* —, sedado.
sede *s.f.* **1** (*anche fig.*) sede, lugar (*m.*); domicilio (*m.*): — *centrale*, oficina central: *la* — *del governo*, la sede del gobierno; *il cuore è la* — *dei sentimenti*, el corazón es la sede de los sentimientos **2** (*relig.*) sede: *la Santa Sede*, la Santa Sede **3** (*fig.*) lugar; (*momento*) momento: *questa non è la* — *adatta per parlarne*, este no es el lugar adecuado para hablar de esto | *in separata* —, en privado.
sedentarietà *s.f.* sedentarismo (*m.*).
sedentario *agg.* sedentario ♦ *s.m.* persona (*f.*) sedentaria.
sedere[1] *v.intr.* **1** sentarse*, estar* sentado | *mettersi a* —, tomar asiento | *un posto a* —, un asiento **2** (*fig.*) ser* miembro, ocupar un escaño: — *in Parlamento*, ser miembro del Parlamento ♦ **-rsi** *v.pron.* sentarse*.
sedere[2] *s.m.* trasero; (*fam.*) culo, pompis | *prendere a calci nel* —, tratar a patadas.
sedia *s.f.* silla: — *a sdraio*, tumbona; — *a dondolo*, mecedora; — *a rotelle*, silla de ruedas.
sedicenne *agg.* de dieciséis años ♦ *s.m./f.* (*ragazzo*) persona de dieciséis años.
sedicente *agg.* supuesto, sedicente.
sedicesimo *agg.num.ord.* decimosexto ♦ *s.m.* **1** decimosexto **2** (*tip., frazione*) dieciseisavo.
sedici *agg.num.card., s.m.* dieciséis | *sono le (ore)* —, son las cuatro de la tarde.
sedile *s.m.* asiento: — *posteriore, anteriore*, asiento trasero, delantero.
sedimentare *v.intr.* sedimentar.
sedimentario *agg.* (*geol.*) sedimentario.
sedimentazione *s.f.* (*geol., chim.*) sedimentación.
sedimento *s.m.* (*geol., chim.*) sedimento; (*deposito*) depósito, poso.
sedizione *s.f.* sedición, alzamiento (*m.*), levantamiento (*m.*).
sedizioso *agg., s.m.* sedicioso, subversivo, faccioso.
seducente *agg.* seductor, atractivo, atrayente; (*allettante*) invitante, cautivador.
sedurre *v.tr.* **1** seducir* **2** (*affascinare*) fascinar, cautivar **3** (*allettare*) invitar **4** (*persuadere*) persuadir.
seduta *s.f.* sesión, reunión: *sciogliere la* —, levantar la sesión | — *stante*, en el acto.
seduttore *agg., s.m.* seductor.
seduttrice *agg., s.m.* seductora.
seduzione *s.f.* seducción; (*incantesimo*) hechizo (*m.*), encanto (*m.*); tentación: *la* — *del male*, la tentación del mal.
sega *s.f.* **1** sierra | (*zool.*) *pesce* —, pez sierra **2** (*volg., masturbazione masch.*) paja **3** (*volg., niente*) jota, hostia: *non capire una* —, no entender ni jota **4** (*gerg., scol.*) novillos (*m.pl.*): *fare* —, hacer novillos.
segala, segale *s.f.* (*bot.*) centeno (*m.*).
segaligno *agg.* (*magro*) enjuto.

segare *v.tr.* **1** serrar*, aserrar* **2** (*fig.*, *tagliare*) cortar.
segatrice *s.f.* segadora.
segatura *s.f.* **1** serrín (*m.*) **2** (*azione*) aserrado (*m.*).
seggio *s.m.* silla (*f.*); (*pol.*) escaño | — *accademico*, sillón académico | — *elettorale*, mesa electoral | *andare ai seggi*, ir a votar.
seggiola *s.f.* silla.
seggiolino *s.m.* (*per bambini*) sillita (*f.*) (para niños).
seggiolone *s.m.* (*per bambini*) trona (*f.*).
seggiovia *s.f.* telesilla, remonte (*m.*).
segheria *s.f.* aserradero (*m.*), serrería; (*falegnameria*) carpintería.
seghettare *v.tr.* dentar*.
seghetto *s.m.* segueta (*f.*).
segmentare *v.tr.* segmentar, subdividir.
segmentazione *s.f.* segmentación.
segmento *s.m.* (*mat.*) segmento; (*pezzo*) trozo, pedazo.
segnalare *v.tr.* **1** señalar; (*con segnali*) señalizar*; indicar*: *la guida segnala questo ristorante*, la guía indica este restaurante **2** (*raccomandare*) proponer*: — *qlcu. per un lavoro,* proponer a alguien para un trabajo ♦ **-rsi** *v.pron.* distinguirse*, sobresalir*, destacarse*.
segnalatore *agg.*, *s.m.* señalador.
segnalazione *s.f.* **1** señal, señalización, baliza, aviso (*m.*) **2** (*fig.*) indicación, recomendación.
segnale *s.m.* señal (*f.*), cartel de señalización, seña (*f.*); indicio: *questo è un — della sua insoddisfazione*, éste es un indicio de su insatisfacción.
segnaletica *s.f.* señalización, señales (*pl.*).
segnaletico *agg.* indicador, señalizador, de reconocimiento.
segnalibro *s.m.* marca, señal.
segnalinee *s.m.* (*sport*) juez* de línea.
segnaposto *s.m.* tarjeta (*f.*) para asignar el sitio en la mesa.
segnaprezzo *s.m.* etiqueta (*f.*).
segnare *v.tr./intr.* **1** señalar, indicar*, marcar* | — *il passo*, marcar el paso **2** apuntar, anotar | (*banc.*) — *una somma a credito di qlcu.*, anotar una suma a crédito de alguien **3** (*sport*) marcar*: — *un goal*, marcar un gol **4** (*fig.*, *influire*) marcar*: *quella lunga malattia mi ha segnato*, esa enfermedad tan larga me marcó ♦ **-rsi** *v.pron.* santiguarse, persignarse; (*in una lista*) apuntarse.
segnatamente *avv.* especialmente.
segnato *agg.* **1** marcado, rayado **2** (*di volto*) marcado **3** (*deciso*) decidido, marcado: *il suo destino è* —, su destino está decidido.
segnatura *s.f.* **1** (*di libri*) signatura **2** (*sport*) tanto (*m.*), punto (*m.*).
segno *s.m.* **1** signo, seña (*f.*), señal (*f.*): *mi fece dei segni con la mano*, me hizo señas con la mano | *far — di sì*, asentir **2** (*grafico*) signo **3** (*impronta*) huella (*f.*), rastro, marca (*f.*) **4** (*fig.*) símbolo | *in — d'amicizia*, como muestra/demostración de amistad **5** (*bersaglio*) blanco (*anche fig.*): *tiro a* —, tiro al blanco | *cogliere/colpire nel* —, dar en el blanco, acertar* **6** (*astr.*) signo
■ ***non dar segni di vita***, no dar señales de vida | ***passare il segno***, pasarse de la raya | ***segno della croce***, señal de la cruz | ***segni particolari***, señas personales.
sego *s.m.* sebo.
segregare *v.tr.* segregar*, encerrar*.
segregazione *s.f.* **1** segregación, encierro (*m.*) **2** discriminación: *la — razziale*, la discriminación racial.
segregazionismo *s.m.* segregacionismo.
segreta *s.f.* mazmorra.
segretamente *avv.* en secreto.
segretariale *agg.* secretarial.
segretariato *s.m.* secretaría (*f.*).
segretario *s.m.* secretario.
segreteria *s.f.* secretaría | — *telefonica*, contestador automático.
segretezza *s.f.* secreto (*m.*), reserva, confidencialidad | *in tutta* —, en secreto.
segreto *agg.* secreto, oculto; reservado: *la notizia è segreta*, la información es reservada; *tenere — qlco. a qlcu.*, ocultar algo a alguien | *arma segreta,* arma secreta | *società segreta,* sociedad secreta ♦ *s.m.* secreto | *in* —, en secreto | — *bancario*, secreto bancario | *il — del successo,* el secreto del éxito | (*pol.*.) — *di Stato*, secreto de Estado |— *professionale*, secreto profesional.
seguace *s.m.* secuaz*, partidario, seguidor.
seguente *agg.* siguiente, sucesivo, posterior ♦ *s.m./f.* siguiente.
segugio *s.m.* (*zool.*, *fig.*) sabueso.
seguire *v.tr.* **1** (*qlcu.*, *qlco.*) seguir*, ir* detrás **2** (*istruzioni*) atenerse* ♦ *v.intr.* **1** (*continuare*) seguir*, continuar*, proseguir* **2** (*derivare*) derivar, producirse*: *questo segue da quanto ho detto*, eso deriva de lo que he dicho; *segue a pag. 3*, sigue en la página 3.
seguitare *v.tr./intr.* seguir*, continuar*, proseguir*: *seguita a chiamarmi*, sigue llamándome.
seguito *s.m.* **1** (*scorta*) séquito, acompañamiento, cortejo **2** continuación (*f.*) | *di* —, en seguida, sin interrupción, todo seguido | *in* —, después | *in — a*, como consecuencia de | (*comm.*) *a — della vostra lettera,* con referencia a su carta | *dare — a qlco.*, continuar algo | *fare — a qlco.*, seguir algo **3** (*successo*) consenso, aprobación (*f.*); (*adepti*) seguidores (*pl.*): *questa teoria ha molto* —, esta

teoría tiene muchos seguidores **4** (*serie*) serie: *un — di problemi,* una serie de problemas.
sei *agg.num.card.*, *s.m.* seis.
seicentesco *agg.* del siglo XVII.
seicento *agg.num.card.*, *s.m.* seiscientos: *il Seicento*, el siglo XVII.
selce *s.f.* **1** (*min.*) sílex **2** (*stradale*) adoquín (*m.*).
selciare *v.tr.* adoquinar, empedrar.
selciato *agg.*, *s.m.* adoquinado, empedrado.
selenio *s.m.* (*chim.*) selenio.
selenite *s.f.* (*min.*) selenita.
selettività *s.f.* selectividad.
selettivo *agg.* selectivo.
selettore *s.m.* (*tecn.*) selector.
selezionare *v.tr.* seleccionar; (*scegliere*) elegir*, escoger*.
selezionatore *agg.*, *s.m.* (*anche sport*) seleccionador.
selezionatrice *s.f.* (*mecc.*) seleccionadora.
selezione *s.f.* selección.
sella *s.f.* **1** silla de montar, montura; (*di bicicletta*) sillín (*m.*) **2** (*geogr.*) paso (*m.*), puerto (*m.*).
sellaio *s.m.* guarnicionero.
sellare *v.tr.* ensillar.
selleria *s.f.* guarnicionería.
sellino *s.m.* sillín.
seltz *s.m.* → **selz.**
selva *s.f.* **1** (*foresta*) selva **2** (*fig.*) montón (*m.*), multitud: *una — di capelli*, un montón de pelo.
selvaggiamente *avv.* salvajemente.
selvaggina *s.f.* caza, animales (*m.pl.*) de caza.
selvaggio *agg.* **1** salvaje, selvático **2** (*fig.*) bárbaro, violento; (*di persona*) insociable **3** (*incontrollato*) descontrolado, abusivo: *edilizia selvaggia*, construcción descontrolada; *sciopero —*, huelga a ultranza ♦ *s.m.* salvaje.
selvatico *agg.* (*di pianta*) silvestre, espontáneo; (*di animale*) salvaje; (*di persona*) montaraz*, rústico.
selz *s.m.* soda (*f.*).
semaforo *s.m.* semáforo.
semantica *s.f.* (*ling.*) semántica.
semantico *agg.* (*ling.*) semántico.
sembiante *s.m.* (*lett.*) **1** (*volto*) cara (*f.*); (*lineamenti*) facciones (*f.pl.*) **2** (*apparenza*) apariencia (*f.*).
sembianza *s.f.* (*lett.*) **1** (*aspetto*) apariencia **2** (*pl., lineamenti*) facciones.
sembrare *v.intr.* parecer* ♦ *v.impers.* parecer*: *così sembra*, así parece.
seme *s.m.* **1** (*bot.*) semilla (*f.*), (*fam.*) pepita (*f.*); (*biol.*) semen | *semi di girasole*, pipas **2** (*di carte*) palo **3** (*fig.*) germen: *— della discordia*, germen de la discordia.
semente *s.f.* simiente.
semenzaio *s.m.* semillero.
semestrale *agg.* semestral.
semestre *s.m.* semestre.
semiaperto *agg* semiabierto, entrecerrado.
semiasse *s.m.* (*aut., geom.*) semieje.
semiautomatico *agg.* semiautomático.
semibreve *s.f.* (*mus.*) semibreve.
semicerchio *s.m.* semicírculo.
semichiuso *agg.* entrecerrado, semiabierto.
semicircolare *agg.* semicircular.
semiconduttore *s.m.* semiconductor.
semicosciente *agg.* semiconsciente.
semicroma *s.f.* (*mus.*) semicorchea.
semicupio *s.m.* semicupio.
semidio *s.m.* semidiós.
semifinale *s.f.* (*sport*) semifinal.
semifinalista *s.m./f.* (*sport*) semifinalista.
semilavorato *agg.*, *s.m.* semielaborado, semimanufacturado.
semilibertà *s.f.* (*dir.*) régimen (*m.*) abierto.
semina *s.f.* siembra, sementera.
seminale *agg.* seminal.
seminare *v.tr.* **1** sembrar* (*anche fig.*), sementar | *— zizzania*, sembrar/meter cizaña **2** (*spargere*) diseminar, desparramar: *ci sono vestiti seminati per tutta la casa*, hay vestidos desparramados por toda la casa **3** (*sport*) dejar atrás.
seminario *s.m.* (*relig., scuola*) seminario.
seminarista *s.m.* (*relig.*) seminarista.
seminato *agg.* sembrado | *uscire dal —*, irse por los cerros de Úbeda.
seminatore *s.m.* sembrador.
seminatrice *s.f.* sembradora.
seminfermità *s.f.* (*med.*) enfermedad parcial.
seminfermo *agg.*, *s.m.* enfermo parcial.
seminterrato *s.m.* entresuelo, semisótano; (*Amer.*) mezanín.
seminudo *agg.* seminudo, medio desnudo.
semiologia *s.f.* (*ling.*) semiología, semiótica.
semiologo *s.m.* (*ling.*) semiólogo.
semioscurità *s.f.* penumbra, semioscuridad.
semiotica *s.f.* (*ling.*) semiótica
semiprezioso *agg.* semiprecioso.
semiretta *s.f.* (*geom.*) semirrecta.
semirigido *agg.* semirrígido.
semirimorchio *s.m.* semirremolque.
semisconosciuto *agg.* casi desconocido.
semisecco *agg.* (*di vino*) semiseco.
semiselvaggio *agg.* medio salvaje.
semiserio *agg.* tragicómico.
semisfera *s.f.* (*geom.*) semiesfera.
semisferico *agg.* (*geom.*) semiesférico.
semispento *agg.* medio apagado.
semita *s.m./f.* semita.
semitico *agg.* semítico.
semitono *sm.* (*mus.*) semitono.

semitrasparente *agg.* semitransparente.
semiufficiale *agg.* semioficial.
semivuoto *agg.* medio vacío.
semmai, se mai *cong.* (*nel caso che*) en caso de que, por si: — *dovessi vederlo...*, en el caso de que tuvieras que verlo...; — *dovessi essere in ritardo*, por si llegara con retraso ♦ *avv.* (*tutt'al più*) a lo sumo, si acaso: — *gli scrivo domani*, si acaso le escribo mañana.
semola *s.f.* **1** sémola **2** (*crusca*) salvado (*m.*).
semolato *agg.* granulado: *zucchero* —, azucar refinado.
semolino *s.m.* sémola (*f.*).
semplice *agg.* **1** simple, sencillo **2** (*facile*) fácil, sencillo: *una spiegazione* —, una explicación simple **3** (*ingenuo*) ingenuo, inocente **4** (*mil.*) raso: *soldato* —, soldado raso **5** (*chim., mat., gramm.*) simple ♦ *s.m.* simple, ingenuo, (*tonto*) simplón.
semplicemente *avv.* **1** simplemente, sencillamente **2** solamente.
semplicione, sempliciotto *s.m.* simple, tonto.
semplicistico *agg.* simplista.
semplicità *s.f.* **1** simplicidad, sencillez **2** (*fig.*) ingenuidad, candidez.
semplificare *v.tr.* (*anche mat.*) simplificar*, facilitar ♦ **-rsi** *v.pron.* simplificarse*.
semplificazione *s.f.* simplificación.
sempre *avv.* **1** siempre: *da* —, desde siempre; *per* —, para siempre | *una volta per* —, de una vez por todas | — *che*, siempre que **2** continuamente, siempre: — *presente*, continuamente presente **3** (*ancora*) todavía: *sei — arrabbiato?*, ¿sigues enfadado? **4** (*rafforzativo*) cada vez: — *peggio*, cada vez peor; — *di piú*, cada vez más.
sempreverde *agg., m.* perennifolio, de hoja perenne.
senape *s.f.* mostaza.
senapiera *s.f.* (*cuc.*) mostacera.
senato *s.m.* (*st.*) senado; (*pol.*) cámara (*f.*) alta | — *accademico*, claustro.
senatore *s.m.* senador | — *a vita*, senador vitaliacio.
senatoriale, senatorio *agg.* senatorial.
senegalese *agg.* senegalés ♦ *s.m./f.* senegalés (*m.*).
senile *agg.* senil | (*med.*) *demenza* —, demencia senil.
senilità *s.f.* senectud, vejez*; (*med.*) senilidad.
senno *s.m.* juicio; (*saggezza*) cordura (*f.*), sensatez*: *perdere il* —, perder el juicio; *agire con* —, actuar con prudencia.
sennò *avv.* (*fam.*) si no, en caso contrario.
sennonché *cong.* **1** (*avversativa*) pero: *sarei andato alla festa,* — *ho perso il treno*, habría ido a la fiesta, pero perdí el tren **2** (*eccettuativa*) excepto.
seno *s.m.* **1** (*anat.*) seno, pecho **2** (*geogr., geom.*) seno | *in — a*, en el seno de.
sensale *s.m.* corredor.
sensatamente *avv.* sensatamente.
sensatezza *s.f.* sensatez.
sensato *agg.* sensato, cuerdo, prudente.
sensazionale *agg.* sensacional, extraordinario.
sensazionalismo *s.m.* sensacionalismo.
sensazionalistico *agg.* sensacionalista.
sensazione *s.f.* **1** sensación **2** (*fig.*) impresión: *l'omicidio ha causato molta* —, el omicidio ha causado mucha impresión.
sensibile *agg.* **1** (*persona*) sensible **2** (*ingente*) considerable; apreciable, notable: *si registra un — aumento dei prezzi*, se registra un considerable aumento de los precios **3** (*foto.*) sensible.
sensibilità *s.f.* **1** sensibilidad, emotividad; delicadeza: *glielo ha detto con molta* —, se lo ha dicho con mucha delicadeza **2** (*foto., mecc. ecc.*) sensibilidad.
sensibilizzare *v.tr.* sensibilizar*, concienciar.
sensibilizzazione *s.f.* (*anche fig*) sensibilización: *campagna di* —, campaña de sensibilización.
sensibilmente *avv.* sensiblemente, considerablemente.
sensitivo *agg.* sensitivo ♦ *s.m.* **1** persona (*f.*) sensitiva **2** médium.
senso *s.m.* **1** sentido: *i cinque sensi*, los cinco sentidos | *perdere i sensi*, perder el conocimiento; *buon* —, sentido común **2** (*percezione*) sensación (*f.*): *un — di fastidio*, una sensación de fastidio **3** sentimiento: *un — di pena*, un sentimiento de pena | — *di colpa*, sentimiento/complejo de culpa **4** repugnancia (*f.*), asco | *fare* —, dar asco **5** significado, sentido: *in che —?*, ¿en qué sentido? | (*amm.*) *ai sensi di*, de conformidad con **6** (*direzione*) dirección (*f.*), sentido: *in — opposto*, en dirección contraria.
sensore *s.m.* (*tecn.*) sensor.
sensoriale *agg.* sensorial.
sensuale *agg.* sensual; voluptuoso.
sensualità *s.f.* sensualidad, voluptuosidad.
sentenza *s.f.* **1** sentencia, juicio (*m.*), fallo (*m.*) | — *passata in giudicato*, sentencia firme **2** (*massima*) sentencia, dicho (*m.*), máxima.
sentenziare *v.tr./intr.* **1** (*dir.*) sentenciar **2** (*fig.*) sentenciar, moralizar*.
sentenzioso *agg.* sententioso.
sentiero *s.m.* sendero, senda (*f.*), camino | *essere sul — di guerra*, estar en pie de guerra.
sentimentale *agg.* sentimental, romántico.
sentimentalismo *s.m.* sentimentalismo.
sentimentalità *s.f.* sentimentalidad.
sentimento *s.m.* **1** sentimiento, pasión (*f.*)

2 (*affetto*) cariño, afecto: *lettera piena di* —, carta muy afectuosa.
sentina *s.f.* (*mar.*) sentina.
sentinella *s.f.* centinela (*m./f.*).
sentire[1] *v.tr.* **1** sentir* | — *freddo*, tener frío; — *un odore*, percibir un olor; — *pena, dolore*, sentir pena, dolor; — *la mancanza*, echar de menos; *senti che morbido!*, ¡mira qué suave! **2** (*udire*) oír*; (*ascoltare*) escuchar: — *un rumore*, oír un ruido | *mi sentirà!*, ¡me va a oír! | *non — ragioni*, no atender a razones **3** (*venire a conoscenza*) saber*, conoscer*, enterarse: *hai già sentito la novità?*, ¿ya sabes la novedad? **4** (*assaggiare*) catar, probar*: *senti se la pasta è pronta*, prueba la pasta a ver si ya está lista **5** (*presagire*) imaginar, sospechar, presentir*: *me lo sentivo*, lo sospechaba ♦ **-rsi** *v.pron.* sentirse*: — *a proprio agio, a disagio*, sentirse a gusto, a disgusto | — *in grado di*, sentirse capaz de | *non me la sento di farlo*, no tengo ganas de hacerlo | — *a pezzi*, estar hecho polvo.
sentire[2] *s.m.* (*lett.*) sentir.
sentitamente *avv.* sinceramente.
sentito *agg.* **1** (*udito*) sentido, oído, escuchado | *per — dire*, de oídas **2** (*profondo*) vivo, sincero: — *dolore*, sincero dolor.
sentore *s.m.* presentimiento | *avere — di qlco.*, presentir algo.
senza *prep.* sin | *senz'altro*, por supuesto, desde luego.
senzapatria *s.m./f.* apátrida.
senzatetto *s.m.* persona (*f.*) sin hogar/sin techo, vagabundo.
sepalo *s.m.* (*bot.*) sépalo.
separabile *agg.* separable.
separare *v.tr.* **1** separar, apartar, dividir **2** (*distinguere*) distinguir*: *devi — i due aspetti della questione*, tienes que distinguir los dos aspectos de la cuestión ♦ **-rsi** *v.pron.* separarse: — *amichevolmente*, separarse amistosamente.
separatamente *agg.* por separado, separadamente.
separatismo *s.m.* (*pol.*) separatismo.
separatista *agg.*, *s.m./f.* (*pol.*) separatista.
separato *agg.* **1** separado: *camere separate*, habitaciones separadas; *vivere separati*, vivir separados **2** (*distinto*) distinto: *in separata sede*, en otro lugar; (*in privato*) en privado ♦ *s.m.* separado.
separatore *agg.*, *s.m.* (*tecn.*) separador.
separazione *s.f.* separación.
séparé *s.m.* (*in locali pubblici*) reservado.
sepolcrale *agg.* (*anche fig.*) sepulcral.
sepolcro *s.m.* sepulcro, tumba (*f.*): *Santo Sepolcro*, Santo Sepulcro.
sepoltura *s.f.* **1** (*seppellimento*) entierro (*m.*), sepultura: *dare — a qlcu.*, dar sepultura a alguien **2** (*luogo*) sepultura, tumba.
seppelire *v.tr.* enterrar*, sepultar, cubrir; (*fig.*) esconder: — *un tesoro*, esconder un tesoro.
seppellimento *s.m.* entierro, sepultura (*f.*).
seppia *s.f.* (*zool.*) sepia, jibia | *osso di* —, jibión.
seppure *cong.* aunque, aun cuando.
sequela *s.f.* secuela, serie, sarta: *una — di insulti*, una sarta de insultos.
sequenza *s.f.* **1** secuencia, sucesión, serie **2** (*cinem.*) secuencia.
sequenziale *agg.* (*anche inform.*) secuencial.
sequestrabile *agg.* (*dir.*) embargable.
sequestrare *v.tr.* **1** (*di persona*) secuestrar, raptar; retener*: *è sequestrato in casa*, está retenido en casa **2** (*dir.*) embargar*, confiscar*: *gli hanno sequestrato la macchina*, le han confiscado el coche.
sequestrato *agg.* **1** (*dir.*) embargado, confiscado **2** (*rapito*) secuestrado ♦ *s.m.* secuestrado.
sequestratore *s.m.* secuestrador.
sequestro *s.m.* **1** (*di persona*) secuestro, rapto **2** (*dir.*) embargo, incautación (*f.*).
sequoia *s.f.* (*bot.*) secuoya.
sera *s.f.* (*tardo pomeriggio*) tarde; (*dopo il tramonto*) noche; atardecer (*m.*) | *buona* —, buenas tardes/noches | *sul calar della* —, al atardecer | *abito da* —, traje de noche | *ieri* —, anoche | *domani* —, mañana por la noche.
serafico *agg.* (*anche fig.*) seráfico.
serafino *s.m.* (*relig.*) serafín.
serale *agg.* vespertino, nocturno: *scuola* —, escuela nocturna.
serata *s.f.* **1** (*tardo pomeriggio*) tarde; (*dopo il tramonto*) noche: *passare la — con qlcu.*, pasar la tarde/noche con alguien; (*tv*) *in prima* —, prime-time **2** (*ricevimento*) velada, fiesta: — *d'addio*, velada de despedida; — *di beneficenza*, fiesta de beneficencia; — *musicale*, velada musical.
serbare *v.tr.* guardar: — *un buon ricordo*, guardar un buen recuerdo.
serbatoio *s.m.* (*di benzina*) depósito; (*d'acqua*) cisterna (*f.*), aljibe, alberca (*f.*), tanque.
serbo[1] *agg.*, *s.m.* serbio.
serbo[2] *s.m. nelle loc.*: *avere in — qlco.*, tener guardado; *mettere in — qlco.*, guardar algo.
serbobosniaco *agg.*, *s.m.* serbobosnio.
serbocroato *agg.*, *s.m.* serbocroato.
serenamente *avv.* serenamente, tranquilamente.
serenata *s.f.* serenata.
serenità *s.f.* serenidad, calma; tranquilidad.
sereno *agg.* **1** (*cielo*) sereno, despejado **2** (*fig.*) sereno, tranquilo; imparcial: *giudi-*

zio —, juicio imparcial ♦ *s.m.* buen tiempo, sereno.
sergente *s.m.* sargento (*anche fig.*).
seriale *agg.* (*anche inform.*) serial.
seriamente *avv.* seriamente.
sericoltore *s.m.* sericultor.
sericoltura *s.f.* sericultura.
serie *s.f.* **1** serie, sucesión **2** (*raccolta*) colección **3** (*sport*) división: — *A*, primera división.
serietà *s.f.* seriedad; gravedad: *la* — *di una questione*, la gravedad de una cuestión.
serigrafia *s.f.* serigrafía.
serio *agg.* **1** serio | *problema* —, problema grave **2** formal; (*di persona*) responsable ♦ *s.m.* lo serio: *sul* —, en serio | *tra il* — *e il faceto*, medio en serio medio en broma.
serioso *agg.* serio.
sermone *s.m.* **1** (*relig.*) sermón, homilía (*f.*) **2** (*ammonimento*) discurso; (*fam.*) monserga (*f.*).
serpe *s.f.* **1** (*zool.*) culebra (*f.*), serpiente | *covare una* — *in seno*, cría cuervos y te sacarán los ojos **2** (*fig.*) víbora: *quella ragazza è una* —, esa chica es una víbora.
serpeggiante *agg.* que serpentea.
serpeggiare *v.intr.* **1** serpentear, zigzaguear, serpear **2** (*fig.*) insinuarse; (*una notizia*) propagarse*; (*il panico*) cundir, crecer*: *il malcontento serpeggiava*, el malestar crecía.
serpente *s.m.* **1** (*zool.*) serpiente (*f.*), culebra (*f.*) | — *a sonagli*, serpiente de cascabel **2** (*fig.*) víbora (*f.*), persona (*f.*) malvada, mal bicho.
serpentina *s.f.* **1** zigzag: *strada a* —, carretera en zigzag **2** (*tecn.*) serpentín (*m.*).
serpentino *agg.* serpentino ♦ *s.m.* **1** (*min.*) serpentína **2** (*tecn.*) serpentín.
serra *s.f.* invernadero (*m.*), invernáculo (*m.*) | *effetto* —, efecto invernadero.
serrafilo *s.m.* (*elettr.*) borne.
serraglio[1] *s.m.* (*di belve*) casa de fieras (*f.*).
serraglio[2] *s.m.* (*di sultano*) serrallo, harén.
serramanico, a *loc.avv.*: *coltello* —, navaja.
serramento *s.m.* carpintería (*f.*).
serranda *s.f.* cierre (*m.*) metálico; persiana.
serrare *v.tr.* **1** (*chiudere*) cerrar*, atrancar* **2** (*stringere*) apretar*; estrechar: — *le fila*, cerrar filas **3** (*intensificare*) acelerar | — *il ritmo*, acelerar el ritmo ♦ **-rsi** *v.pron.* cerrarse*.
serrata *s.f.* cierre (*m.*), paro (*m.*).
serratura *s.f.* cerradura, cierre (*m.*).
servalo *s.m.* (*zool.*) serval.
servigio *s.m.* (*lett.*) servicio.
servile *agg.* servil; rastrero.
servilismo *s.m.* servilismo.
servire *v.tr.* servir*; (*negozio*) atender* | — *in tavola*, servir a la mesa | — *messa*, ayudar en la misa ♦ *v.intr.* **1** servir*, ser* útil, estar* al servicio de **2** (*aver bisogno*) necesitar, hacer* falta ♦ **-rsi** *v.pron.* servirse*, valerse*, usar, utilizar*.
servitore *s.m.* (*anche fig.*) siervo; (*domestico*) criado.
servitú *s.f.* **1** (*insieme dei domestici*) servidumbre, servicio (*m.*) doméstico **2** esclavitud **3** (*dir.*) servidumbre.
servizievole *agg.* servicial, disponible.
servizio *s.m.* servicio; (*giornalistico*) reportaje | — *da caffè*, juego de café | — *militare*, (*fam.*) mili (*f.*), servicio militar | *donna di* —, muchacha, sirvienta, asistenta.
servo *s.m.* siervo, criado, sirviente, doméstico, servidor | (*st.*) — *della gleba*, siervo de la gleba | *figlio della serva*, don nadie.
servocomando *s.m.* (*mecc.*) servomando.
servofreno *s.m.* (*aut.*) servofreno.
servosistema *s.m.* (*mecc.*) servosistema.
servosterzo *s.m.* dirección (*f.*) asistida, servodirección (*f.*).
sesamo *s.m.* sésamo, ajonjolí.
sessanta *agg.num.card.*, *s.m.* sesenta | *gli anni Sessanta*, los años sesenta | *essere sui* —, frisar los sesenta.
sessantenne *agg.* de sesenta años ♦ *s.m.* sesentón, sexagenario.
sessantennio *s.m.* período de sesenta años.
sessantesimo *agg.num.ord.*, *s.m.* sexagésimo; (*frazione*) sesentavo.
sessantina *s.f.* (*età*) los sesenta (*m.pl.*); (*approssimazione*) unos (*m.*) sesenta.
sessione *s.f.* **1** (*pol.*) sesión, reunión **2** (*scuola*) convocatoria: *è iniziata la* — *d'esami*, ha empezado la convocatoria de exámenes.
sessismo *s.m.* sexismo.
sessista *agg.*, *s.m./f.* sexista.
sesso *s.m.* sexo.
sessuale *agg.* sexual.
sessualità *s.f.* sexualidad.
sessuato *agg.* (*biol.*) sexuado.
sessuofobia *s.f.* sexofobia.
sessuologia *s.f.* sexología.
sessuologo *s.m.* sexólogo.
sesta *s.f.* (*mus.*, *relig.*) sexta.
sestante *s.m.* (*mar.*) sextante.
sesterzio *s.m.* (*st.*) sextercio.
sestetto *s.m.* sexteto.
sesto[1] *agg.num.ord.*, *s.m.* sexto.
sesto[2] *s.m.* **1** orden: *mettere in* —, poner en orden | *rimettersi in* —, volver a la normalidad **2** (*arch.*) cimbra (*f.*), curvatura (*f.*) | *arco a tutto* —, arco de medio punto | *arco a* — *acuto*, arco ojival.
set *s.m.* **1** (*cinem.*) plató, escenario **2** (*oggetti*) juego, conjunto: — *di posate*, un juego de cubiertos.
seta *s.f.* seda.
setacciare *v.tr.* **1** tamizar*, cribar, cerner*

2 (*fig.*) examinar | — *una zona*, rastrear una zona.
setaccio *s.m.* tamiz*, cedazo.
sete *s.f.* sed (*anche fig.*): *avere* —, tener sed.
seteria *s.f.* sedería.
setificato *agg.* sedoso.
setificio *s.m.* sedería (*f.*).
setola *s.f.* cerda, crin (*m.*).
setoloso *agg.* sedoso.
setta *s.f.* secta.
settanta *agg.num.card.*, *s.m.* setenta: *gli anni Settanta*, los años setenta | *essere sui* —, frisar los setenta seventies.
settantenne *agg.* de setenta años ♦ *s.m.* setentón.
settantennio *s.m.* período de setenta años.
settantesimo *agg.num.ord.*, *s.m.* septuagésimo, (*frazione*) setentavo.
settantina *s.f.* setenta: *essere sulla* —, frisar los setenta.
settare *v.tr.* (*inform.*) preparar.
settario *agg.* sectario.
settarismo *s.m.* sectarismo.
sette *agg.num.card.*, *s.m.* siete: *sono le (ore) — di sera*, son las siete de la tarde.
settebello *s.m.* (*a carte*) siete de diamantes.
settecentesco *agg.* del siglo XVIII.
settecento *agg.num.card.* setecientos ♦ *s.m.* setecientos, (*secolo*) siglo XVIII.
settembre *s.m.* septiembre.
settembrino *agg.* septembrino.
settennato *s.m.* período de siete años.
settentrionale *agg.* septentrional, del norte.
settentrione *s.m.* septentrión, norte.
setter *s.m.* setter.
setticemia *s.f.* (*med.*) septicemia.
settico *agg.* (*med.*) séptico.
settima *s.f.* (*mus.*) séptima.
settimana *s.f.* **1** semana | *fine* —, fin de semana | — *santa*, semana santa **2** (*salario*) semanada.
settimanale *agg.* semanal ♦ *s.m.* (*rivista*) semanario; (*abbonamento*) abono semanal.
settimanalmente *avv.* semanalmente.
settimino *s.m.* sietemesino.
settimo *agg.num.ord.*, *s.m.* séptimo.
setto *s.m.* (*anat.*) tabique: — *nasale*, tabique nasal.
settore[1] *s.m.* **1** sector, sección (*f.*) **2** (*ambito*) parte (*f.*), campo: *è un esperto nel — informatico*, es un experto en el campo de la informática.
settore[2] *s.m.* (*med.*) forense.
settoriale *agg.* (*anche mat., ling.*) sectorial.
settuagenario *agg.*, *s.m.* (*lett.*) septuagenario.
severità *s.f.* severidad, rigor (*m.*).
severo *agg.* severo, estricto; austero: *arredamento* —, decoración austera.
sevizia *s.f.* (*spec.pl.*) torturas, malos tratos (*m.pl.*): *sottoporre qlcu. a sevizie*, torturar a alguien.
seviziare *v.tr.* torturar, martirizar*.
seviziatore *s.m.* **1** torturador **2** (*violentatore*) violador.
sezionare *v.tr.* **1** seccionar, fraccionar, dividir **2** (*med.*) diseccionar, disecar*.
sezione *s.f.* **1** sección **2** (*med.*) disección **3** (*dir.*) sala, sección **4** (*scuola*) curso (*m.*): *sono nella — C*, estoy en el curso C.
sfaccendato *agg.*, *s.m.* gandul, holgazán, vago; (*senza lavoro*) sin oficio.
sfaccettare *v.tr.* (*tecn.*) tallar en facetas.
sfaccettato *agg.* **1** tallado: *vetro* —, cristal tallado **2** (*fig.*) de muchos matices: *problema* —, problema de muchos matices.
sfaccettatura *s.f.* **1** (*lavorazione*) tallado (*m.*), talla **2** (*faccetta*) faceta **3** (*fig.*) faceta.
sfacchinare *v.intr.* (*fam.*) deslomarse, descornarse*.
sfacchinata *s.f.* (*fam.*) paliza, tute: *è una —!*, ¡es una paliza!
sfacciataggine *s.f.* descaro (*m.*), desfachatez, cara dura: *avere* —, tener cara dura.
sfacciato *agg.* descarado; atrevido: *atteggiamento* —, actitud atrevida ♦ *s.m.* fresco, atrevido.
sfacelo *s.m.* **1** ruina (*f.*), desintegración (*f.*) **2** (*crollo*) derrumbe, decadencia (*f.*).
sfaldamento *s.m.* **1** exfoliación **2** (*fig.*) disgregación.
sfaldarsi *v.pron.* **1** exfoliarse **2** (*fig.*) disgregarse*, dividirse.
sfalsare *v.tr.* escalonar.
sfamare *v.tr.* nutrir, alimentar, dar* de comer: — *i poveri*, dar de comer a los pobres ♦ **-rsi** *v.pron.* nutrirse, quitarse el hambre.
sfarfallamento *s.m.* **1** (*cinem., tv*) parpadeo **2** (*di motori*) vibración (*f.*).
sfarfallare *v.intr.* **1** revolotear **2** (*fig.*) mariposear.
sfarinare *v.tr.* moler*, pulverizar* ♦ **-rsi** *v.pron.* molerse*, pulverizarse*.
sfarzo *s.m.* lujo, suntuosidad (*f.*), pompa (*f.*); ostentación (*f.*).
sfarzosità *s.f.* lujo (*m.*), suntuosidad.
sfarzoso *agg.* pomposo, suntuoso; (*lussuoso*) lujoso; (*vistoso*) ostentoso.
sfasamento *s.m.* **1** desfase, desfasamiento **2** (*fig.*) desorientación (*f.*), confusión (*f.*).
sfasare *v.tr.* **1** (*elettr.*) desfasar **2** (*fig.*) confundir, desorientar.
sfasato *agg.* **1** (*elettr.*) desfasado **2** (*fig.*) confundido, desorientado.
sfasciacarrozze *s.m.* desguazador.
sfasciare[1] *v.tr.* (*togliere le fasce a un bambino*) desfajar; (*togliere le bende*) desvendar.
sfasciare[2] *v.tr.* romper*, destrozar*, demo-

ler*, derruir, desmantelar ♦ **-rsi** *v.pron.* romperse*, hacerse* añicos.
sfascio *s.m.* ruina (*f.*), destrucción (*f.*).
sfatare *v.tr.* refutar, desmentir*: — *una leggenda,* desmentir una leyenda.
sfaticato *agg.*, *s.m.* (*fam.*) vago, holgazán, gandul.
sfavillante *agg.* (*anche fig.*) brillante, resplandeciente.
sfavillare *v.intr.* chispear, centellear, brillar, relucir*, resplandecer*.
sfavillio *s.m.* brillo, centelleo.
sfavore *s.m. nella loc.*: *a* (o *in*) — *di qlcu.*, en perjuicio de alguien.
sfavorevole *agg.* **1** desfavorable, adverso: *vento* —, viento adverso **2** (*opinione*) contrario, en contra.
sfavorire *v.tr.* desfavorecer; (*danneggiare*) perjudicar*.
sfebbrato *agg. nella loc.*: *essere* —, no tener fiebre.
sfegatato *agg.* (*fam.*) furioso, furibundo.
sfenoide *agg.*, *s.m.* (*anat.*) esfenoide.
sfera *s.f.* esfera (*anche fig.*), bola: — *di cristallo*, bola de cristal | *penna a* —, bolígrafo.
sfericità *s.f.* esfericidad.
sferico *agg.* esférico.
sferragliare *v.intr.* traquetear.
sferrare *v.tr.* (*fig.*) lanzar*; (*un colpo*) asestar, largar*: — *un attacco*, lanzar un ataque.
sferruzzare *v.intr.* hacer* punto, tricotar.
sferza *s.f.* látigo (*m.*).
sferzante *agg.* hiriente, penetrante, cortante.
sferzare *v.tr.* **1** azotar, fustigar*; batir **2** (*fig.*) estimular.
sferzata *s.f.* **1** latigazo (*m.*), azote (*m.*) **2** (*fig.*) puyazo (*m.*), estímulo.
sfiancare *v.tr.* deslomar, reventar* ♦ **-rsi** *v.pron.* deslomarse, reventarse*.
sfiancato *agg.* agotado, exhausto.
sfiatarsi *v.pron.* (*sgolarsi*) desgañitarse.
sfiatato *agg.* ronco, cascado.
sfiatatoio, sfiato *s.m.* respiradero, aliviadero, válvula (*f.*) de escape.
sfibrante *agg.* enervante, extenuante, agotador: *caldo* —, calor extenuante.
sfibrare *v.tr.* enervar, extenuar*, agotar ♦ **-rsi** *v.pron.* extenuarse*, agotarse.
sfibrato *agg.* extenuado, agotado.
sfida *s.f.* **1** reto (*m.*), desafío (*m.*) **2** (*fig.*) provocación **3** (*sport*) encuentro (*m.*), desquite (*m.*).
sfidante *agg.*, *s.m./f.* **1** desafiador, desafiante, retador **2** (*sport*) competidor.
sfidare *v.tr.* desafiar*, retar: — *a duello*, retar a duelo ♦ **-rsi** *v.pron.rec.* desafiarse*, retarse.
sfiducia *s.f.* desconfianza, recelo (*m.*) | (*pol.*) *voto di* —, voto de censura, retiro de confianza.
sfiduciato *agg.* desanimado, demoralizado, desalentado.
sfiga *s.f.* (*volg.*) mala suerte: *che* —!, ¡qué mala suerte!
sfigato *agg.*, *s.m.* (*volg.*) desafortunado.
sfigurare *v.intr.* deslucirse*, hacer* el ridículo, quedar mal ♦ *v.tr.* afear, desfigurar.
sfilacciare *v.tr.* deshilachar ♦ **-rsi** *v.pron.* deshilarse, dehilacharse.
sfilare¹ *v.tr.* (*tessuto*) deshilar, deshebrar; (*l'ago*) desenhebrar; (*collana*) desensartar ♦ **-rsi** *v.pron.* (*togliersi*) quitarse: — *i guanti*, quitarse los guantes.
sfilare² *v.intr.* desfilar: *le modelle sfilavano*, las modelos desfilaban.
sfilata *s.f.* desfile (*m.*), pase (*m.*) de modelos: — *di moda*, desfile de modas.
sfilatino *s.m.* barra (*f.*) de pan.
sfilza *s.f.* retahíla, sarta.
sfinge *s.f.* esfinge.
sfinimento *s.m.* agotamiento, prostración (*f.*), extenuación (*f.*).
sfinire *v.tr.* extenuar*, agotar, rendir* ♦ **-rsi** *v.pron.* agotarse, extenuarse*.
sfinito *agg.* agotado, extenuado, exhausto: *è tornato* — *dalla gita*, ha vuelto de la excursión extenuado | *essere* —, estar hecho polvo.
sfintere *s.m.* (*anat.*) esfínter.
sfiorare *v.tr.* **1** rozar* **2** (*fig.*) mencionar, aludir a: *ha sfiorato un tema delicato*, ha mencionado un asunto delicado.
sfiorire *v.intr.* ajarse, marchitarse (*anche fig.*).
sfiorito *agg.* (*anche fig.*) marchito, ajado.
sfitto *agg.* desalquilado.
sfizio *s.m.* capricho: *levarsi uno* —, darse un capricho; *fare qlco. per* —, hacer algo por capricho.
sfizioso *agg.* **1** divertido **2** (*di cibo*) gustoso, sabroso.
sfocato *agg.* **1** desenfocado, movido **2** (*fig.*) borroso, vago, impreciso: *un ricordo* —, un recuerdo vago.
sfociare *v.intr.* **1** desembocar*, desaguar **2** (*fig.*) acabar, terminar: *la violenza di strada sfociò in guerra civile*, la violencia callejera acabó en guerra civil.
sfoderabile *agg.* que se puede desenfundar.
sfoderare *v.tr.* **1** (*la spada*) desenvainar, desenfundar **2** (*togliere la fodera*) quitar el forro **3** (*fig.*) ostentar, lucir*, exhibir: *sfodera le tue doti*, exhibe tus cualidades.
sfoderato *agg.* desenfundado.
sfogare *v.tr.* desahogar*; desatar: — *la passione*, desatar la pasión ♦ *v.intr.* (*gas, vapore*) escaparse, salir* ♦ **-rsi** *v.pron.* desahogarse*, abrirse; descargarse*: *si è sfogato su di me*, se descargó conmigo.
sfoggiare *v.tr.* **1** lucir*, exhibir, ostentar

2 (*fig.*) presumir (de); (*vantarsi*) fardar (de), preciarse (de): — *la propria ricchezza*, presumir de su riqueza ♦ *v.intr.* lucirse*, hacer* ostentación.
sfoggio *s.m.* alarde, ostentación (*f.*): *fare — di*, hacer alarde de; *in casa sua c'è un grande — di gioielli*, en su casa hay un gran despliegue de joyas.
sfoglia *s.f.* lámina, hoja | *pasta —*, hojaldre.
sfogliare *v.tr.* **1** (*un libro*) hojear **2** (*un fiore*) deshojar ♦ **-rsi** *v.pron.* exfoliarse.
sfogliata *s.f.* vistazo (*m.*), ojeada: *dare una — a un libro*, echar un vistazo a un libro.
sfogo *s.m.* **1** desahogo, alivio: *il nuoto è uno — per lui*, la natación es un desahogo para él | *dare libero — a*, dar rienda suelta a **2** (*med.*) erupción (*f.*) **3** respiradero, válvula (*f.*), escape.
sfolgorante *agg.* fulgurante, resplandeciente, deslumbrante (*anche fig.*): *un successo —*, un éxito deslumbrante.
sfolgorare *v.intr.* fulgurar, relumbrar, brillar, resplandecer* (*anche fig.*).
sfolgorio *s.m.* resplandor.
sfollagente *s.m.* porra (*f.*), cachiporra (*f.*).
sfollamento *s.m.* evacuación (*f.*); (*da un edificio*) desalojo.
sfollare *v.intr.* **1** dispersarse **2** irse* (*da una città*), marcharse ♦ *v.tr.* evacuar, desalojar.
sfollato *agg.*, *s.m.* evacuado.
sfoltimento *s.m.* **1** entresaca (*f.*) **2** (*riduzione*) reducción (*f.*).
sfoltire *v.tr.* (*vegetazione*) podar, aclarar; (*capelli*) entresacar* ♦ **-rsi** *v.pron.* enralecerse*.
sfondamento *s.m.* **1** desfonde, desfondamiento **2** (*mil.*) ruptura (*f.*).
sfondare *v.tr.* **1** hundir, desfondar: *il peso ha sfondato il pavimento*, el peso ha hundido el suelo **2** (*parete*) derribar, abatir **3** (*mil.*) romper*, atravesar* ♦ *v.intr.* (*avere successo*) tener* éxito, triunfar, imponerse*: *ha sfondato nel cinema*, ha hecho carrera en el cine ♦ **-rsi** *v.pron.* desfondarse, hundirse.
sfondato *agg.* **1** (*di sedie ecc.*) hundido, desfondado: *essere ricco —*, estar podrido de dinero **2** (*di parete*) derribado.
sfondo *s.m.* **1** (*pitt.*) fondo, campo; (*teatr.*) telón de fondo, decorado, escenario **2** (*fig.*) tema, ambiente.
sforacchiare *v.tr.* agujerear.
sforare *v.tr.* exceder, sobrepasar ♦ *v.intr.* pasarse, excederse.
sforbiciare *v.tr.* cortar con las tijeras, tijeretear.
sforbiciata *s.f.* **1** tijeretazo (*m.*) **2** (*sport*) tijera.
sformare *v.tr.* deformar ♦ **-rsi** *v.pron.* desformarse.
sformato *s.m.* flan, pastel: — *di patate*, flan de patatas.
sfornare *v.tr.* **1** deshornar, sacar* del horno **2** (*fig.*) producir*.
sfornito *agg.* **1** (*privo*) desprovisto: *sono — di soldi*, estoy desprovisto de dinero **2** (*non fornito*) desguarnecido, desabastecido: *magazzino —*, almacén desabastecido.
sfortuna *s.f.* **1** (*cattiva sorte*) mala suerte/racha | *portare —*, traer mala suerte **2** (*evento sfortunato*) adversidad, desdicha, desgracia | *che —!*, ¡qué mala pata!, ¡qué de malas!
sfortunato *agg.* **1** desafortunado, desgraciado, desdichado; (*infelice*) desventurado; infausto: *giorno —*, día infausto | (*prov.*) — *al gioco, fortunato in amore*, desafortunado en el juego, afortunado en amores **2** (*non riuscito*) desgraciado, desafortunado: *matrimonio —*, un matrimonio desafortunado.
sforzare *v.tr.* **1** forzar* **2** (*fig.*) obligar*, forzar* ♦ **-rsi** *v.pron.* esforzarse*.
sforzo *s.m.* esfuerzo.
sfottere *v.tr.* burlarse (de), chotear, tomarle el pelo a alguien.
sfottò *s.m.* (*pop.*) choteo.
sfracellare *v.tr.* destrozar* ♦ **-rsi** *v.pron.* estrellarse.
sfrangiare *v.tr.* quitar el flequillo ♦ **-rsi** *v.pron.* quitarse el flequillo.
sfrattare *v.tr.* desahuciar, desalojar.
sfrattato *s.m.* desahuciado.
sfratto *s.m.* desahucio, desalojo.
sfrecciare *v.intr.* ir* flechado.
sfregamento *s.m.* refregamiento, estregamiento.
sfregare *v.tr.* **1** frotar, restregar*, friccionar; (*strisciare una superficie*) rayar, rozar*: *ha sfregato la porta della macchina*, ha rayado la puerta del coche **2** (*strofinare*) refregar*.
sfregiare *v.tr.* (*visi*) desfigurar, marcar* ♦ **-rsi** *v.pron.* desfigurarse.
sfregio *s.m.* **1** (*taglio*) corte, chirlo **2** (*cicatrice*) cicatriz* **3** (*fig.*) afrenta (*f.*), ofensa (*f.*).
sfrenare *v.tr.* (*fig.*) liberar, dar* rienda suelta: — *la fantasia*, dar rienda suelta a la imaginación ♦ **-rsi** *v.pron.* desenfrenarse.
sfrenato *agg.* desenfrenado, incontenible.
sfrigolare *v.intr.* crepitar, chisporrotear.
sfrigolio *s.m.* chisporroteo.
sfrondare *v.tr.* **1** desbrozar*, podar, deshojar **2** (*fig.*, *uno scritto*) quitar la paja, pulir.
sfrondato *agg.* **1** desbrozado, escamondato **2** (*fig.*) pulido.
sfrontatamente *avv.* descaradamente.
sfrontatezza *s.f.* descaro (*m.*), desvergüenza, desfachatez*, insolencia.
sfrontato *agg.* descarado, insolente, caradura; (*impudente*) desvergonzado.
sfruttabile *agg.* explotable.

sfruttamento *s.m.* explotación (*f.*).
sfruttare *v.tr.* **1** explotar **2** (*approfittare*) abusar (de), aprovechar: — *l'occasione*, aprovechar la ocasión.
sfruttatore *s.m.* explotador, aprovechador; (*di donne*) chulo.
sfuggente *agg.* **1** huidizo, escurridizo **2** (*vago*) evasivo.
sfuggire *v.intr.* **1** huir*, escapar, salvarse, sustraerse*, eludir: — *alla sorveglianza*, eludir la vigilancia **2** pasar por alto, olvidarse: *mi è sfuggito che dovevo avvisarti*, se me olvidó avisarte ♦ *v.tr.* evitar, esquivar, rehuir*: *devi — le tentazioni*, tienes que rehuir las tentaciones.
sfuggita *s.f.* escapada, huida | *di* —, de pasada.
sfumare *v.intr.* (*fig.*) desvanecerse*, esfumarse; desdibujarse: *il ricordo sfuma*, el recuerdo se desdibuja ♦ *v.tr.* **1** (*pitt.*) difuminar, esfumar; matizar* **2** (*mus.*) fundir.
sfumatura *s.f.* **1** matiz* (*m.*), gradación (*anche fig.*) | *una — di ironia*, un dejo de ironia **2** (*pitt.*) difuminado (*m.*).
sfuriata *s.f.* rabieta, arrebato (*m.*) de ira, rapapolvo (*m.*), bronca: *fare una* —, echar la bronca.
sfuso *agg.* **1** a granel, suelto: *dolci sfusi*, golosinas a granel **2** (*sciolto*) derretido, fundido.
sgabello *s.m.* taburete, banqueta (*f.*).
sgabuzzino *s.m.* trastero, cuchitril, desván.
sgamare *v.tr.* (*gerg.*) pillar.
sgambato *agg.* de pierna alta.
sgambettare *v.intr.* patalear; (*camminare*) corretear.
sgambetto *s.m.* zancadilla (*f.*): *fare lo* —, poner la zancadilla.
sganasciarsi *v.pron.* (*dalle risa*) desternillarse.
sganciamento *s.m.* **1** desenganchamiento **2** (*di bombe*) lanzamiento.
sganciare *v.tr.* **1** desenganchar, desacoplar **2** (*bombe*) lanzar* **3** (*il telefono*) descolgar* **4** (*fig.*) soltar*, aflojar: — *i soldi*, soltar el dinero ♦ **-rsi** *v.pron.* librarse, desembarazarse* de.
sgangherato *agg.* desquiciado, desvencijado.
sgarbatezza *s.f.* grosería, descortesía, falta de cortesía; mala educación.
sgarbato *s.m.* **1** descortés, grosero, maleducado, ordinario **2** (*sgraziato*) desgarbado, sin gracia.
sgarbo *s.m.* descortesía (*f.*), desplante, desaire: *fare uno — a qlcu.*, hacer un desaire a alguien.
sgarbugliare *v.tr.* (*anche fig.*) desenredar, desenmarañar.
sgargiante *agg.* llamativo; (*di colori*) chillón.
sgarrare *v.intr.* **1** (*sbagliare*) esquivocarse* | (*sull'orario*) *non — neanche un minuto*, no se retrasa ni un minuto; (*di orologi*) funciona a la perfección **2** (*mancare a doveri*) fallar.
sgarro *s.m.* **1** (*sbaglio*) equivocación (*f.*), error **2** (*nella malavita*) afrenta (*f.*), ofensa (*f.*).
sgasare *v.tr.* desgasar ♦ **-rsi** *v.pron.* (*fig.*) desinflarse, desanimarse.
sgattaiolare *v.intr.* escurrirse, escabullirse, escurrir el bulto.
sgelare *v.tr.* deshelar*, descongelar ♦ **-rsi** *v.pron.* deshelarse*, fundirse.
sghembo *agg.* oblicuo; (*storto*) torcido.
sgherro *s.m.* **1** (*ant., bandito*) esbirro **2** (*spreg., poliziotto*) madero.
sghignazzare *v.intr.* reír* burlonamente, reír* socarronamente, carcajearse.
sghignazzata *s.f.* risa, carjada.
sghimbescio *agg. nella loc.*: *di* —, al sesgo.
sgobbare *v.intr.* **1** deslomarse, matarse trabajando **2** (*sui libri*) empollar.
sgobbata *s.f.* (*fam.*) **1** paliza, currazo (*m.*) **2** (*scol.*) empollada.
sgobbone *s.m.* (*fam.*) **1** currante **2** (*scol.*) empollón.
sgocciolare *v.intr.* gotear, chorrear ♦ *v.tr.* escurrir; agotar.
sgocciolio *s.m.* goteo.
sgocciolo *s.m. nella loc.*: *essere agli sgoccioli*, estarse acabando.
sgolarsi *v.pron.* desgañitarse.
sgomberare *v.tr.* → **sgombrare.**
sgombero *s.m.* **1** (*di un appartamento*) desalojo **2** (*di una zona*) evacuación (*f.*) **3** (*di materiali*) desescombro.
sgombrare *v.tr.* **1** despejar, limpiar, vaciar: — *il piazzale*, despejar la plaza **2** (*una casa*) desalojar, desocupar; (*una zona*) evacuar.
sgombro[1] *agg.* vacío, despejado, desalojado | (*fig.*) *avere la mente sgombra dai pensieri*, tener la mente libre de preocupaciones.
sgombro[2] *s.m.* (*zool.*) caballa (*f.*).
sgomentare *v.tr.* **1** (*spaventare*) asustar, espantar, turbar **2** (*rattristare*) abatir, consternar, afligir* ♦ **-rsi** *v.pron.* asustarse, espantarse, desalentarse*.
sgomento *agg.* costernado ♦ *s.m.* **1** espanto, susto **2** (*scoraggiamento*) abatimiento: *lasciarsi prendere dallo* —, dejarse llevar por el abatimiento **3** (*rammarico*) consternación (*f.*), pesadumbre (*f.*) ♦ *agg.* afligido, abatido.
sgominare *v.tr.* desbaratar, derrotar, ahuyentar.
sgomitare *v.intr.* dar* codazos.
sgommare *v.intr.* (*fam.*) derrapar: *partì sgommando*, salió derrapando.

sgommata *s.f.* derrape (*m.*) | *fare una —*, derrapar.
sgonfiare *v.tr.* desinflar ♦ **-rsi** *v.pron.* **1** desinflarse, deshincharse (*anche fig.*) **2** (*med.*) desinflamarse.
sgorbia *s.f.* (*tecn.*) gubia.
sgorbio *s.m.* **1** (*scarabocchio*) borrón, garabato **2** (*fig.*) mamarracho, esperpento; (*persona*) adefesio.
sgorgare *v.intr.* brotar, manar; salir* (*anche fig.*).
sgozzare *v.tr.* degollar*.
sgradevole *agg.* desagradable; (*fastidioso*) enojoso: *un fatto —*, un acontecimiento enojoso.
sgradevolezza *s.f.* desagrado.
sgradito *agg.* desagradable; disgustoso; (*non gradito*) no grato: *la sua presenza alla cerimonia è sgradita*, su presencia en la ceremonia no es grata.
sgraffignare *v.tr.* (*fam.*) soplar, birlar, mangar*.
sgrammaticato *agg.* lleno de errores gramaticales.
sgranare *v.tr.* (*baccelli*) desgranar | *— gli occhi*, poner los ojos como platos | *— il rosario*, pasar las cuentas del rosario.
sgranato *agg.* **1** (*di baccelli*) desgranado **2** (*di occhi*) abierto | *con gli occhi sgranati*, con los ojos abiertos como platos.
sgranchire *v.tr.* desentumecer*, desentorpecer*: *— le gambe*, estirar las piernas ♦ **-rsi** *v.pron.* desperezarse*.
sgranocchiare *v.tr.* picar*, picotéar.
sgrassare *v.tr.* desengrasar, desgrasar.
sgravare *v.tr.* **1** (*da imposte*) desgravar **2** (*fig.*) descargar*, aliviar, aligerar ♦ **-rsi** *v.pron.* (*partorire*) dar* a luz, parir.
sgravio *s.m.* desgravación (*f.*): *— fiscale*, desgravación fiscal.
sgraziato *agg.* desgarbado, desangelado, sin gracia.
sgretolamento *s.m.* desmoronamiento.
sgretolare *v.tr.* desmoronar, disgregar* (*anche fig.*) ♦ **-rsi** *v.pron.* resquebrajarse; (*crollare*) desmoronarse, disgregarse*.
sgretolato *agg.* desmoronado.
sgridare *v.tr.* reñir, regañar, reprender, (*fam.*) echar la bronca.
sgridata *s.f.* reprimenda; (*Amer.*) rapapolvo (*m.*), regañina: *dare una —*, reñir; *prendersi una — da qlcu.*, recibir una reprimenda de alguien.
sgroppare *v.intr.* (*di cavalli*) deslomar.
sgroppata *s.f.* corcovo (*m.*).
sgrossare *v.tr.* **1** (*sbozzare*) desbastar **2** (*fig.*) afinar, refinar.
sguaiataggine *s.f.* grosería, vulgaridad.
sguaiato *agg.* grosero, vulgar.
sguainare *v.tr.* desenfundar.
sgualcire *v.tr.* arrugar*, ajar, chafar.
sgualcitura *s.f.* arruga.
sgualdrina *s.f.* (*spreg.*) mujerzuela, furcia, ramera; puta.
sguardo *s.m.* mirada (*f.*), ojeada (*f.*), vistazo: *dare uno —*, echar un vistazo; *al primo —*, a primera vista; *non mi ha degnato di uno —*, ni siquiera se dignó mirarme.
sguarnire *v.tr.* **1** despojar, desguarnecer* **2** (*mil.*) desmantelar.
sguarnito *agg.* **1** desguarnecido **2** (*mil.*) desmantelado **3** (*sport, della difesa*) descubierto.
sguattero *s.m.* pinche (*m./f.*), ayudante (*m./f.*) de cocina.
sguazzare *v.intr.* **1** chapotear; (*di animali*) revolcarse* **2** (*fig.*) estar* a gusto, regodearse **3** (*fig., avere in abbondanza*) nadar: *— nell'oro*, nadar en la riqueza.
sguinzagliare *v.intr.* **1** (*il cane*) soltar* al perro, desatraillar **2** (*mandare all'inseguimento*) lanzar*, echar tras; (*aizzare contro*) azuzar*.
sgusciare[1] *v.tr.* pelar; (*uovo*) descascarar, mondar; (*sgranare*) desvainar, desgranar ♦ *v.intr.* (*uscire dal guscio*) salir* del cascarón.
sgusciare[2] *v.intr.* (*fuggire*) escurrirse; escaparse, escabullirse.
shakerare *v.tr.* agitar (en la coctelera).
shakespeariano *agg.* de Shakespeare.
shampoo *s.m.* champú | *farsi uno —*, lavarse la cabeza.
shock *s.m.* shock, choque, trauma; conmoción (*f.*).
shockterapia *s.f.* terapia de choque.
shopping *s.m.* compras (*f.pl.*): *fare —*, ir de compras.
si[1] *pron.pers.rifl.m./f.* se: *lei — pettina*, ella se peina; *non — vedevano da due mesi*, llevaban dos meses sin verse; *lei — ricorda ancora di me?*, ¿todavía se acuerda usted de mí?; *— dice che*, se dice que; *queste parole non — dicono*, estas palabras no se dicen | *non — sa mai*, nunca se sabe | *siete pronti? — parte!*, ¿estáis listos? ¡vámonos!
si[2] *s.m.* (*mus.*) si.
sì *avv.* sí: *dire di —*, decir que sí; *un giorno — e uno no*, un día sí y otro no | *saranno — e no una ventina*, serán más o menos veinte, serán unos veinte | *e — che te l'avevo detto*, y pensar que te lo había dicho | *questa — che è bella*, ¡pues mira qué bien! | *fare — con la testa*, afirmar con la cabeza | *è più — che no*, es bastante posible | *è più no che —*, es poco posible ♦ *s.m.* sí | (*di sposi*) *pronunciare il —*, decir que sí ♦ *cong.* así, tan | *far — che*, hacer de modo que.
sia *cong.* bien, ya | *— ... —*, bien... bien | *— che*,

... — *che*, o... o/tanto... como: — *che venga*, — *che non venga*, tanto si viene como si no.
siamese *agg.* siamés | *gatto* —, gato siamés ♦ *s.m./f.* siamés (*m.*).
siberiano *agg.*, *s.m.*. siberiano.
sibilante *agg.*, *s.f.* (*ling.*) sibilante.
sibilare *v.intr.* silbar; ulular: *il vento sibila*, el viento ulula.
sibilla *s.f.* (*mit.*) sibilar.
sibillino *agg.* **1** sibilino **2** (*enigmatico*) misterioso, críptico.
sibilo *s.m.* silbido, silbo.
sicario *s.m.* sicario.
sicché *cong.* de modo que, así que, por tanto, por consiguiente, por lo cual.
siccità *s.f.* sequía; sequedad, aridez*.
siccome *cong.* como, dado que, puesto que, ya que.
siciliano *agg.*, *s.m.* siciliano.
sicomoro *s.m.* (*bot.*) sicomoro.
sicumera *s.f.* arrogancia, presunción.
sicura *s.f.* seguro (*m.*), fiador (*m.*): *metti la* —, echa el seguro.
sicuramente *avv.* seguro, con seguridad; (*decisamente*) decididamente.
sicurezza *s.f.* **1** seguridad: *cintura di* —, cinturón de seguridad | *uscita di* —, salida de emergencia **2** (*fig.*) precaución: *chiamala per* —, llámala por precaución **3** (*fermezza*) firmeza, aplomo (*m.*), confianza: *mostra molta* — *quando parla*, muestra mucho aplomo al hablar.
sicuro *agg.* seguro: — *di sé*, seguro de sí mismo | *di* —, con seguridad, seguramente | *essere* — *di qlco.*, estar seguro de algo ♦ *s.m.* seguro | *essere al* —, estar a salvo | *andare sul* —, no arriesgarse, ir sobre seguro ♦ *avv.* por supuesto, seguro.
siderale *agg.* sideral.
siderurgia *s.f.* siderurgia.
siderurgico *agg.* siderúrgico.
sidro *s.m.* sidra (*f.*).
siepe *s.f.* arbusto (*m.*), seto (*m.*), cercado (*m.*).
siero *s.m.* suero: — *antivipera*, suero antitóxico.
sieronegativo *agg.*, *s.m.* (*med.*) seronegativo.
sieropositivo *agg.*, *s.m.* (*med.*) seropositivo.
sieroso *agg.* seroso.
siesta *s.f.* siesta: *far la* —, echarse/dormir la siesta.
siffatto *agg.* (*lett.*) tal, semejante.
sifilide *s.f.* (*med.*) sífilis; (*Amer.*) mal (*m.*) francés.
sifilitico *agg.*, *s.m.* (*med.*) sifilítico.
sifone *s.m.* sifón.
sigaretta *s.f.* cigarro (*m.*), pitillo (*m.*), cigarrillo (*m.*).
sigaro *s.m.* puro, habano.
sigillante *agg.* sellador.
sigillare *v.tr.* **1** sellar, lacrar **2** (*dir.*, *mettere i sigilli*) precintar; cerrar*.
sigillo *s.m.* sello, lacre, sigilo, timbre | (*dir.*) *apporre il* —, poner el sello judicial.
sigla *s.f.* **1** sigla **2** (*mus.*, *tv*) cabecera, (*radio*) sintonía.
siglare *v.tr.* firmar, marcar*; (*un patto*) refrendar.
significante *s.m.* (*ling.*) significante.
significare *v.tr.* **1** significar* **2** (*indicare*) representar, simbolizar* **3** (*implicare*) implicar*: *questo significa che...*, esto implica que...
significativo *agg.* significativo, sentido, importante; (*chiarificatore*) elocuente.
significato *s.m.* **1** significado, significación (*f.*) **2** (*senso*) sentido (*anche fig.*): *qual è il — della tua azione?*, ¿qué sentido tiene tu acción?
signora *s.f.* **1** señora, dama; doña (*appellativo premesso al nome*): *la* — *Sánchez*, la señora Sánchez; *la* — *Luisa è una mia vicina*, doña/la señora Luisa es vecina mía; *una grande* —, una gran dama | *signore e signori*, damas y caballeros | (*corrispondenza*) *gentile* —, estimada/distinguida señora, muy señora mía **2** (*moglie*) esposa | *la mia* —, mi mujer, mi esposa **3** (*padrona*) señora, dueña ♦ *agg.* (*eccellente*) excelente: *una* — *casa*, una casa excelente.
signore ♦ *s.m.* **1** señor: *conosci quel* —?, ¿conoces a ese señor? **2** (*davanti a no.pr.*) don; (*davanti a cognomi, cariche*) señor: *il signor Carlo*, don Carlos; *il signor Neri*, el señor Neri; *Signor Presidente*, Señor Presidente **3** (*padrone*) señor, patrón ♦ *agg.* (*eccellente*) excelente: *un signor vino*, un excelente vino.
signoria *s.f.* **1** (*dominio*) señorío (*m.*) **2** (*titolo, uomo*) señoría.
signorile *agg.* señorial, señoril; (*fine*) refinado, distinguido.
signorilità *s.f.* señorío (*m.*), clase.
signorina *s.f.* **1** señorita: *la* — *Maria*, la señorita María **2** (*nubile*) soltera: *rimanere* —, quedarse soltera.
signorino *s.m.* **1** señorito **2** (*spreg.*) señorito, petimetre.
signornò *avv.* (*mil.*) no señor.
signorotto *s.m.* señorón.
signorsì *avv.* (*mil.*) sí señor.
silente *agg.* (*lett.*) silente.
silenziatore *s.m.* silenciador.
silenzio *s.m.* silencio: — *di tomba*, silencio sepulcral; *restare in* —, quedarse en silencio; *osservare un minuto di* —, guardar un minuto de silencio; *far* —, callarse | *chiedere il* — *stampa*, pedir el silencio de la prensa.

silenzioso *agg.* silencioso, taciturno, callado: *se ne sta lì tutto —*, está allí muy calladito.
silfide *s.f.* (*anche fig.*) sílfide.
silhouette *s.f.* silueta.
silicato *s.m.* (*chim.*) silicato.
silice *s.f.* (*min.*) sílice.
silicio *s.m.* (*chim.*) silicio.
silicone *s.m.* silicona (*f.*).
silicosi *s.f.* (*med.*) silicosis.
sillaba *s.f.* sílaba: *non proferire —*, no decir palabra.
sillabare *v.tr.* silabear.
sillabario *s.m.* (*scol.*) cartilla (*f.*).
sillabico *agg.* (*ling.*) silábico.
silloge *s.f.* (*lett.*) antología.
sillogismo *s.m.* (*filos.*) silogismo.
sillogistico *agg.* (*filos.*) silogístico.
silo *s.m.* silo.
silografia *s.f.* xilografía.
siluramento *s.m.* **1** (*mil.*) torpedeo **2** (*di progetti*) sabotaje **3** (*licenziamento*) despido, destitución (*f.*).
silurante *agg.* torpedero.
silurare *v.tr.* **1** torpedear **2** (*fig.*) destituir*, deponer*; boicotear.
siluro *s.m.* (*mar.*) torpedo, siluro.
silvestre *agg.* (*lett.*) sylvansilvestre.
silvicoltura *s.f.* silvicultura.
simbiosi *s.f.* simbiosis.
simbiotico *agg.* simbiótico.
simboleggiare *v.tr.* simbolizar*, representar.
simbolico *agg.* simbólico.
simbolismo *s.m.* simbolismo.
simbolista *s.m./f.* (*arte*) simbolista.
simbolo *s.m.* símbolo.
simbologia *s.f.* simbología.
similare *agg.* similar; parecido.
simile *agg.* similar, parecido, semejante | *qualcosa di —*, algo por el estilo | *non dovresti frequentare gente —*, no deberías salir con semejante gente ♦ *s.m.pl.* semejantes.
similitudine *s.f.* **1** similitud, semejanza **2** (*retorica*) símil (*m.*).
similmente *avv.* (*in maniera simile*) de forma parecida.
similoro *s.m.* similor.
similpelle *s.m.* piel (*f.*) sintética.
simmetria *s.f.* simetría; (*corrispondenza*) correspondencia.
simmetrico *agg.* simétrico.
simonia *s.f.* (*relig.*) simonía.
simoniaco *agg.*, *s.m.* (*relig.*) simoniaco.
simpatia *s.f.* simpatía | *mi ispira —*, me cae bien | *ha una — per me*, siente simpatía por mí.
simpatico *agg.* simpático, agradable; alegre: *non mi è molto —*, no me cae muy bien.
simpaticone *s.m.* (*fam.*) simpaticón, cachondo.
simpatizzante *s.m./f.* simpatizante.
simpatizzare *v.intr.* simpatizar*.
simposio *s.m.* simposio.
simulacro *s.m.* simulacro.
simulare *v.tr.* simular, aparentar, fingir*; (*imitare*) imitar.
simulatore *s.m.* simulador.
simulazione *s.f.* simulación, imitación, ficción.
simultaneamente *avv.* simultáneamente, contemporáneamente.
simultaneità *s.f.* simultaneidad.
simultaneo *agg.* simultáneo, contemporáneo.
sinagoga *s.f.* sinagoga; templo (*m.*).
sinapsi *s.f.* (*fisiologia*) sinapsis.
sinceramente *avv.* sinceramente, realmente.
sincerarsi *v.pron.* convencerse*, persuadirse, cerciorarse, asegurarse: *sincerati che sia aperto*, asegúrate de que esté abierto.
sincerità *s.f.* sinceridad, franqueza, honestidad.
sincero *agg.* **1** sincero, franco **2** (*autentico*) puro, genuino: *un'amica sincera,* una amiga de verdad | *vino —*, genuino.
sincopato *agg.* (*ling., mus.*) sincopado.
sincope *s.f.* **1** (*mus.*) síncopa **2** (*med.*) síncope.
sincretismo *s.m.* (*filos.*) sincretismo.
sincronia *s.f.* sincronía, sincronismo (*m.*).
sincronico *agg.* sincrónico.
sincronismo *s.m.* (*fis., cinem., tv*) sincronismo.
sincronizzare *v.tr.* sincronizar* ♦ **-rsi** *v.pron.* sincronizarse*.
sincronizzato *agg.* sincronizado: *nuoto —*, natación sincronizada.
sincronizzatore *s.m.* (*tecn.*) sincronizador.
sincronizzazione *s.f.* sincronización.
sincrono *agg.* sincrónico.
sincrotrone *s.m.* (*fis.*) sincrotrón.
sindacabile *agg.* **1** (*amm.*) auditable **2** (*fig.*) cuestionable, discutible.
sindacale *agg.* sindical, gremial: *un accordo —*, un acuerdo/convenio sindical.
sindacalismo *s.m.* sindicalismo.
sindacalista *s.m./f.* sindicalista.
sindacalizzare *v.tr.* sindicar* ♦ **-rsi** *v.pron.* sindicarse*.
sindacare *v.tr.* **1** (*amm.*) intervenir*, revisar, controlar **2** (*fig., criticare*) criticar*, censurar, fiscalizar*.
sindacato *s.m.* **1** (*dei lavoratori*) sindicato, gremio **2** (*econ., cartello, coalizione*) cartel, cártel, consorcio | *— dei datori di lavoro*, (asociación) patronal.
sindaco *s.m.* **1** (*di un comune*) alcalde; (*Amer.*) intendente municipal **2** (*di un'azienda*) censor de cuentas, auditor.
sindone *s.f.* (*relig.*) sudario (*m.*) | *Sacra Sindone*, Santo Sudario, Sancta Faz.

sindrome *s.f.* (*med.*) síndrome (*m.*).
sinecura *s.f.* sinecura.
sineddoche *s.f.* (*ret.*) sinécdoque.
sinergia *s.f.* sinergia (*anche fig.*).
sinergico *agg.* sinérgico.
sinfonia *s.f.* sinfonía | (*fig.*) *mi ripete sempre la stessa —*, siempre me repite la misma canción.
sinfonico *agg.* sinfónico.
singalese *agg.*, *s.m./f.* cingalés (*m.*), singalés (*m.*).
singhiozzare *v.intr.* **1** sollozar*; llorar **2** (*avere il singhiozzo*) hipar, tener* hipo.
singhiozzo *s.m.* **1** hipo: *avere il —*, hipar, tener hipo **2** (*di pianto*) sollozo: *scoppiare in singhiozzi*, romper en sollozos | (*fig.*) *a —*, intermitente/con intervalos.
singolare *agg.* **1** singular (*anche gramm.*), particular, característico, peculiar **2** (*originale*) extravagante, curioso, raro: *è un tizio —*, es un tipo extravagante.
singolarità *s.f.* singularidad, particularidad, peculiaridad.
singolarmente *avv.* individualmente, uno a uno.
singolo *agg.* **1** cada: *in ogni — caso*, en cada caso **2** individual: *cabina singola*, cabina individual ♦ *s.m.* **1** individuo: *l'interesse del —*, el interés del individuo **2** (*sport*) single.
siniscalco *s.m.* (*st.*) senescal.
sinistra *s.f.* izquierda | *a —*, a la izquierda; (*mar.*) a babor | (*pol.*) *essere di —*, ser de izquierdas; (*Amer.*) ser de izquierda.
sinistramente *avv.* siniestramente.
sinistrato *agg.* damnificado, infortunado.
sinistro *agg.* **1** izquierdo **2** (*fig.*) siniestro, adverso, funesto; (*minaccioso*) amenazador ♦ *s.m.* **1** (*incidente*) siniestro, accidente; (*disgrazia*) desgracia (*f.*) **2** (*boxe*) zurdazo.
sinistroide *agg.*, *s.m.* (*pol.*, *spreg.*) izquierdoso.
sinistrorso *agg.* (*fis.*, *zool.*) sinistrorso
sino *prep.* → **fino.**
sinodale *agg.* (*relig.*) sinodal.
sinodo *s.m.* (*relig.*) sínodo.
sinologia *s.f.* sinología.
sinologo *s.m.* sinólogo.
sinonimia *s.f.* sinonimia.
sinonimico *agg.* sinonímico.
sinonimo *s.m.* sinónimo.
sinopia *s.f.* (*pitt.*) sinopia.
sinora *avv.* → **finora.**
sinottico *agg.* (*lett.*) sinóptico: (*relig.*) *vangeli sinottici*, Evangelios sinópticos.
sinovia *s.f.* (*anat.*) sinovía.
sinoviale *agg.* (*anat.*) sinovial.
sinovite *s.f.* (*med.*) sinovitis.
sintagma *s.m.* (*ling.*) sintagma.
sintassi *s.f.* sintaxis.
sintattico *agg.* sintáctico.
sintesi *s.f.* **1** síntesis **2** (*compendio*) resumen (*m.*).
sintetico *agg.* sintético, breve.
sintetizzare *v.tr.* sintetizar*, resumir.
sintetizzatore *s.m.* sintetizador.
sintomatico *agg.* **1** sintomático **2** (*fig.*) revelador, significativo: *tutto ciò è — del problema*, todo ello es revelador del problema.
sintomatologia *s.f.* (*med.*) sintomatología.
sintomo *s.m.* **1** síntoma, señal (*f.*) **2** (*fig.*) indicio: *la violenza è — del malcontento*, la violencia es indicio del malestar.
sintonia *s.f.* **1** sintonía **2** (*fig.*) acuerdo (*m.*), armonía: *essere in — con qlcu.*, estar en armonía con alguien.
sintonizzare *v.tr.* sintonizar* ♦ **-rsi** *v.pron.* **1** sintonizarse* **2** (*fig.*) coincidir: *si sintonizza sempre con le opinioni degli altri*, coincide siempre con las opiniones de los otros.
sintonizzatore *s.m.* (*radio*) sintonizador.
sintonizzazione *s.f.* (*radio*) sintonización.
sinuosità *s.f.* sinuosidad.
sinuoso *agg.* sinuoso.
sinusite *s.f.* (*med.*) sinusitis.
sinusoidale *agg.* (*geom.*) sinusoidal.
sinusoide *s.f.* (*geom.*) sinusoide.
sionismo *s.m.* sionismo.
sionista *agg.*, *s.m./f.* sionista.
siparietto *s.m.* (*teatr.*) **1** (*sipario*) telón **2** (*di varietà*) entreacto.
sipario *s.m.* telón: *alzare, calare il —*, subir, bajar el telón.
sire *s.m.* (*lett.*) majestad (*f.*).
sirena *s.f.* (*anche mit.*) sirena: *— d'allarme*, sirena de alarma.
siringa *s.f.* jeringa, jeringuilla.
sisma *s.m.* seísmo, terremoto.
sismico *agg.* sísmico: *zona sismica*, zona sísmica.
sismografia *s.f.* sismografía.
sismografo *s.m.* sismógrafo.
sismologia *s.f.* sismología.
sismologo *s.m.* sismólogo.
sissignore *avv.* sí señor.
sistema *s.m.* **1** sistema | (*mat.*) *— metrico decimale*, sistema métrico decimal | (*pol.*) *criticare le regole del —*, criticar las reglas del sistema **2** (*fig.*) manera (*f.*): *ha uno strano — di spiegare le cose*, tiene una manera rara de explicar las cosas **3** (*inform.*) sistema: *— operativo*, sistema operativo.
sistemare *v.tr.* **1** ordenar, arreglar, poner* en orden; disponer*: *sistema le foto sul tavolo*, dispone las fotos en la mesa **2** (*risolvere*) componer*, resolver* **3** (*procurare lavoro*) colocar*; (*dare alloggio*) acomodar, instalar; (*accasare*) casar **4** (*fig.*, *punire*) castigar*; (*Amer.*) arreglar: *ora ti sistemo io!*, ¡ajusta-

mos cuentas tú y yo! ♦ **-rsi** *v.pron.* **1** (*stabilirsi*) instalarse, establecerse* **2** (*sposarsi*) casarse: *tutti i suoi figli si sono sistemati*, todos sus hijos se han casado **3** (*trovare lavoro*) encontrar* trabajo, colocarse*; (*trovare casa*) encontrar* casa, alojarse.
sistemata *s.f. nelle loc.*: *dare una — a qlco.*, arreglar algo; *darsi una —*, arreglarse.
sistematicità *s.f.* **1** sistematicidad **2** (*regolarità*) regularidad.
sistematico *agg.* **1** sistemático **2** regular.
sistemazione *s.f.* **1** (*soluzione*) arreglo (*m.*), solución; (*collocazione*) colocación, disposición, ordenación **2** (*alloggio*) alojamiento (*m.*), hospedaje (*m.*) **3** (*lavoro*) empleo (*m.*), colocación.
sistemico *agg.* sistémico.
sistemista *s.m./f.* (*inform.*) analista de sistemas.
sistole *s.f.* (*med.*) sístole.
sito *agg.* situado, puesto ♦ *s.m.* lugar, sitio | (*inform.*) — *web*, página web.
situare *v.tr.* situar* (*anche fig.*), emplazar*; (*Amer.*) ubicar* ♦ **-rsi** *v.pron.* situarse*, colocarse*, ponerse*.
situazione *s.f.* situación, estado (*m.*); circunstancia: *vista la —*, dada la circunstancia | *trovarsi in una brutta —*, estar en apuros.
skai® *s.m.* escay.
skate-board *s.m.* monopatín.
ski-lift *s.m.* teleski, remonte, telesilla (*f.*).
slabbrare *v.tr.* **1** (*scheggiare*) desbocar* **2** (*ferite*) dilacerar ♦ **-rsi** *v.pron.* **1** (*scheggiarsi*) desbocarse* **2** (*di ferite*) dilacerarse.
slabbrato *agg.* **1** (*scheggiato*) desbocado **2** (*di ferita*) dilacerado.
slacciare *v.tr.* desatar, desanudar, soltar*, desenlazar*; (*sbottonare*) desabrochar ♦ **-rsi** *v.pron.* desatarse, soltarse*; (*sbottonarsi*) desabrocharse.
slalom *s.m.* (*sci*) eslalon: — *gigante,* eslalon gigante; — *speciale*, eslalon especial.
slalomista *s.m./f.* (*sci*) corredor (*m.*) de eslalon.
slanciare *v.tr.* (*snellire*) estilizar* ♦ **-rsi** *v.pron.* (*scagliarsi*) arrojarse: *si slanciò contro di lui*, se arrojó contra él.
slanciato *agg.* **1** (*di persona*) esbelto, espigado **2** (*di cosa*) alto, prominente; aerodinámico.
slancio *s.m.* **1** salto, impulso (*anche fig.*) **2** (*fig.*) arranque, arrebato: *uno — di generosità*, un arranque de generosidad | *di —*, de un salto; (*fig.*) impulsivamente | *prendere lo —*, tomar impulso; (*fig.*) decidirse, partir con ímpetu **3** (*di un edificio*) altura.
slargare *v.tr.* ensanchar ♦ **-rsi** *v.pron.* ensancharse.
slargo *s.m.* ensanche.
slavato *agg.* **1** (*scolorito*) desteñido, descolorido, lavado **2** (*pallido*) pálido **3** (*inespressivo*) desanimado, inexpresivo: *viso —*, cara inexpresiva.
slavina *s.f.* alud (*m.*), avalancha.
slavistica *s.f.* studios (*m.pl.*) eslavos.
slavo *agg.*, *s.m.* eslavo.
sleale *agg.* desleal, infiel, falso.
slealtà *s.f.* deslealtad.
slegare *v.tr.* desligar*, desatar, soltar* ♦ **-rsi** *v.pron.* desatarse, soltarse*.
slip *s.m.* slip, eslip; (*da donna*) bragas (*f.pl.*); (*da uomo*) calzoncillos (*pl.*): *un paio di —*, un par de bragas/calzoncillos.
slitta *s.f.* **1** trineo (*m.*) **2** (*tecn.*) corredera, cursor (*m.*).
slittamento *s.m.* **1** (*scivolamento*) deslizamiento **2** (*aut.*) derrape, patinazo **3** (*fig.*) desplazamiento, desviación (*f.*).
slittare *v.intr.* **1** (*scivolare*) deslizarse*; (*sui pattini*) patinar **2** (*aut.*) derrapar, patinar: *l'auto slittò sul ghiaccio*, el coche derrapó en el hielo **3** (*fig.*) aplazar*, postergar*, retrasar: *la riunione è slittata a sabato prossimo*, han aplazado la reunión hasta el sábado que viene **4** (*econ.*, *svalutarsi*) bajar, depreciarse.
slittino *s.m.* trineo.
slogan *s.m.* eslogan.
slogare *v.tr.* dislocar*, torcer* ♦ **-rsi** *v.pron.* dislocarse*: *mi sono slogato il polso*, me he dislocado la muñeca.
slogatura *s.f.* dislocación.
sloggiare *v.intr.* **1** desalojar, desocupar **2** (*fam.*, *andarsene*) marcharse, irse*, largarse*: *sloggia!*, ¡vete de aquí! ♦ *v.tr.* expulsar, desalojar, echar.
slovacco *agg.*, *s.m.* eslovaco.
sloveno *agg.*, *s.m.* esloveno.
smaccato *agg.* exagerado, excesivo.
smacchiare *v.tr.* quitar manchas, desmanchar.
smacchiatore *s.m.* quitamanchas; (*Amer.*) sacamanchas.
smacchiatura *s.f.* limpieza, lavado (*m.*) | — *a secco*, lavado en seco.
smacco *s.m.* vergüenza (*f.*), humillación (*f.*): *subire uno —*, sufrir una humillación, pasar vergüenza.
smagliante *agg.* **1** vivo, brillante, deslumbrante, resplandeciente, luminoso: *colore —*, color brillante **2** (*fig.*) radioso: *un sorriso —*, una sonrisa radiante.
smagliare *v.tr.* (*calze*) hacer* una carrera ♦ **-rsi** *v.pron.* **1** (*di calze*) hacerse* una carrera; (*Amer.*) irse* un punto, correrse **2** (*della pelle*) estriarse.
smagliatura *s.f.* **1** (*di calza*) carrera **2** (*di pelle*) estría **3** (*fig.*) laguna.
smagnetizzare *v.tr.* desimantar, desmagne-

tizar* ♦ **-rsi** *v.pron.* desimantarse, desmagnetizarse*.

smagnetizzazione *s.f.* desimantación, desmagnetización.

smagrire *v.intr./tr.* adelgazar* ♦ **-rsi** *v.pron.* adelgazar*.

smaliziare *v.tr.* despabilar ♦ **-rsi** *v.pron.* despabilarse.

smaliziato *agg.* despabilado, astuto, avispado, vivo.

smaltare *v.tr.* **1** esmaltar, cubrir con esmalte **2** pintar: *smaltarsi le unghie*, pintarse las uñas.

smaltato *agg.* (*di ceramiche*) esmaltado; (*di unghie*) pintado.

smaltatore *s.m.* esmaltador.

smaltatura *s.f.* esmaltado (*m.*).

smaltimento *s.m.* **1** (*di scorie ecc.*) eliminación (*f.*) **2** (*di liquidi*) desagüe, drenaje **3** (*di merci*) liquidación (*f.*) **4** (*di cibi ingeriti*) digestión (*f.*) **5** (*disbrigo*) descongestión (*f.*).

smaltire *v.tr.* **1** digerir*, pasarse (*anche fig.*): — *la sbornia*, dormir la mona/el vino; *ha smaltito lo spavento*, se le ha pasado el susto **2** (*comm.*) vender, despachar, liquidar; (*esaurire*) agotar **3** (*rifiuti*) eliminar; (*acque*) desaguar | — *il traffico*, agilizar el tráfico | *devo — qualche chilo*, tengo que perder unos kilos.

smalto *s.m.* **1** esmalte, laca (*f.*): — *per unghie*, laca para uñas **2** (*fig.*) lustre, esplendor, brillo: *sta perdendo il suo —*, está perdiendo su brillo.

smammare *v.intr.* (*pop.*) marcharse, largarse*: *smamma!*, ¡lárgate!

smanceria *s.f.* zalamería.

smanceroso *agg.* melindroso, afectado.

smania *s.f.* desasosiego (*m.*), inquietud, frenesí (*m.*), exaltación; (*ansia*) anhelo (*m.*): — *di successo*, afán de éxito | *dare in smanie*, inquietarse.

smaniare *v.intr.* **1** desvariar, agitarse **2** (*fig., desiderare intensamente*) anhelar; estar* ansioso, desvivirse (por); (*fam.*) pirrarse (por).

smanioso *agg.* (*impaziente*) impaciente, ansioso.

smantellamento *s.m.* **1** demolición (*f.*) **2** (*confutazione*) impugnación (*f.*), refutación (*f.*).

smantellare *v.tr.* **1** (*costruzioni*) desmantelar, demoler, derruir*; (*smobilitare*) desarmar. **2** (*fig., un'accusa, una tesi*) impugnar, rebatir, refutar.

smarcare *v.tr.* (*sport*) desmarcar* ♦ **-rsi** *v.pron.* (*sport*) desmarcarse*.

smarcato *agg.* (*sport, di giocatore*) desmarcado.

smargiassata *s.f.* fanfarronada.

smargiasso *s.m.* fanfarrón.

smarrimento *s.m.* **1** extravío, pérdida (*f.*) **2** (*fig.*) turbación (*f.*), confusión (*f.*), desconcierto: *un momento di —*, un momento de confusión.

smarrire *v.tr.* perder*, extraviar ♦ **-rsi** *v.pron.* **1** perderse*, extraviarse **2** (*fig.*) turbarse, confundirse, anonadarse.

smascheramento *s.m.* desenmascaramiento.

smascherare *v.tr.* desenmascarar, revelar; (*scoprire*) descubrir: — *le intenzioni di qlcu.*, descubrir las intenciones de alguien; *la spia è stata smascherata*, el/la espía fue descubierto/a ♦ **-rsi** *v.pron.* quitar la máscara.

smaterializzare *v.tr.* desmaterializar* ♦ **-rsi** *v.pron.* desmaterializarse*.

smembramento *s.m.* desmembramiento, disgregación (*f.*).

smembrare *v.tr.* **1** desmembrar*, disgregar*, desunir: *il gruppo si è smembrato*, el grupo se ha disgregado **2** (*squartare*) descuartizar*.

smemoratezza *s.f.* desmemoria, olvido (*m.*).

smemorato *agg.* desmemoriado, olvidadizo.

smentire *v.tr.* **1** desmentir*; (*ritrattare*) retractar: *ha smentito le sue dichiarazioni*, ha retractado sus declaraciones; *i fatti smentiscono le sue intenzioni*, los hechos desmienten sus intenciones **2** (*dir.*) desmentir*, contradecir*, desdecir*, negar*: — *un teste*, desmentir a un testigo ♦ **-rsi** *v.pron.* desmentirse*, desdecirse*.

smentita *s.f.* desmentido (*m.*), mentís (*m.*) | *fare una —*, dar un mentís, contradecir*.

smeraldino *agg.* esmeraldino.

smeraldo *s.m.* esmeralda (*f.*).

smerciabile *agg.* vendible.

smerciare *v.tr.* despachar, vender.

smercio *s.m.* venta (*f.*), salida (*f.*).

smerdare *v.tr.* (*volg.*) **1** poner* a parir **2** (*sporcarsi*) cubrir de mierda ♦ **-rsi** *v.pron.* **1** cagarla* **2** (*sporcarsi*) cubrirse de mierda.

smerigliare *v.tr.* (*tecn.*) esmerilar, lijar.

smerigliato *agg.* (*tecn.*) esmerilado, lijado: *vetro smerigliato*, cristal esmerilado.

smerigliatrice *s.f.* (*tecn.*) lijadora.

smerigliatura *s.f.* (*tecn.*) esmerilado (*m.*), lijadora.

smeriglio[1] *s.m.* (*min.*) esmeril | *carta —*, papel de lija.

smeriglio[2] *s.m.* **1** (*falco*) esmerejón **2** (*squalo*) marrajo.

smerlare *v.tr.* festonear.

smerlo *s.m.* festón.

smettere *v.tr.* abandonar, cesar, parar, interrumpir: — *gli studi*, dejar los estudios ♦ *v.intr.* dejar, terminar, acabar: — *di piangere*, dejar de llorar | *smettila!*, ¡basta ya!

smidollato *agg.*, *s.m.* blandengue.

smilitarizzare *v.tr.* desmilitarizar*.

smilitarizzazione *s.f.* desmilitarización.
smilzo *agg.* **1** delgado, flaco, enjuto **2** (*fig.*) inconsistente, endeble.
sminamento *s.m.* (*mil.*) desminado.
sminare *v.tr.* (*mil.*) desminar.
sminuire *v.tr.* deslucir*, rebajar ♦ **-rsi** *v.pron.* disminuirse*, rebajarse, deslucirse*.
sminuzzare *v.tr.* **1** desmenuzar*, triturar, desmigajar **2** (*fig.*) pormenorizar*.
smistamento *s.m.* (*suddivisione*) repartición (*f.*); (*di merci*) clasificación (*f.*): *un errore nello — della posta*, un fallo en el reparto postal | *stazione di —*, estación de maniobra.
smistare *v.tr.* **1** separar, clasificar*; (*suddividere*) repartir **2** (*ferr.*) maniobrar.
smisurato *agg.* desmesurado, enorme, descomunal, inconmensurable.
smitizzare *v.tr.* desmitificar*.
smitizzazione *s.f.* desmitificación.
smobilitare *v.tr.* (*mil.*) licenciar, desmovilizar* | *— il campo*, levantar el campo.
smobilitazione *s.f.* (*mil.*) desmovilización.
smoccolare *v.tr.* despabilar ♦ *v.intr.* (*pop.*) blasfemar, jurar.
smodatezza *s.f.* inmoderación, desmesura.
smodato *agg.* excesivo, exagerado, desmesurado: *desiderio —*, deseo desorbitado.
smog *s.m.* contaminación (*f.*), polución (*f.*), esmog.
smoking *s.m.* esmoquin.
smontabile *agg.* desmontable.
smontaggio *s.m.* desmontaje.
smontare *v.tr.* **1** desmontar; (*in pezzi*) desarmar **2** (*fig.*, *demoralizzare*) desanimar, desmoralizar*, enfriar los ánimos ♦ *v.intr.* **1** (*scendere*) bajar, descender*, apearse, desmontar: *— da cavallo*, desmontar/apearse del caballo; *— dall'auto*, bajar del coche **2** (*finire il turno*) acabar el turno, salir: *smonto alle otto*, termino a las ocho ♦ **-rsi** *v.pron.* desanimarse, desinflarse.
smorfia *s.f.* **1** (*di disgusto*) mueca; gesto (*m.*), mohín (*m.*) | *fare smorfie*, hacer gestos/muecas **2** (*moina*) carantoña, remilgo (*m.*), melindre (*m.*), zalamería.
smorfioso *agg.* melindroso, remilgado, zalamero.
smorto *agg.* (*di colore*) apagado, descolorido; (*di viso*) pálido, cadavérico.
smorzare *v.tr.* **1** apagar*, amortiguar*, atenuar; (*spegnere*) extinguir* | *— l'appetito*, satisfacer el hambre | *colori smorzati*, colores tenues **2** (*fig.*) moderar: *— il tono*, moderar el tono ♦ **-rsi** *v.pron.* **1** atenuar*, amortiguarse **2** (*fig.*) enfriarse, entibiarse, aplacarse*: *il mio entusiasmo si è smorzato*, mi entusiasmo se ha entibiado.
smorzato *agg.* **1** (*di luce*) atenuado; (*di suoni*) amortiguado; (*di colore*) apagado **2** (*fig.*) frío.
smorzatore *s.m.* (*mecc.*, *mus.*) amortiguador.
smottamento *s.m.* derrumbe, desprendimiento.
smottare *v.intr.* desprenderse.
smozzicare *v.tr.* **1** trocear, desmenuzar* **2** (*fig.*, *parole*) mascullar, farfullar.
smozzicato *agg.* **1** troceado, desmenuzado **2** (*fig.*, *di parola*) mascullado, farfullado.
SMS *s.m.* mensaje, SMS: *mandare un — a qlcu.*, mandar un mensaje a alguien.
smunto *agg.* pálido, escuálido; (*di viso*) demacrado, chupado, consumido.
smuovere *v.tr.* **1** mover*, remover*, desplazar* **2** (*stimolare*) estimular, incitar **3** (*dissuadere*) disuadir ♦ **-rsi** *v.pron.* **1** moverse*, desplazarse* **2** (*alterare*) cambiar de idea.
smussare *v.tr.* **1** achaflanar; (*arrotondare*) redondear; (*un angolo*) biselar **2** (*fig.*) suavizar*, atenuar*, limar: *la malattia gli ha smussato il carattere*, la enfermedad le ha suavizado el carácter ♦ **-rsi** *v.pron.* desafilarse.
snaturare *v.tr.* **1** desnaturalizar*, degradar **2** (*fig.*) desvirtuar*: *— il senso di un discorso*, desvirtuar el sentido de un discurso.
snazionalizzare *v.tr.* desnacionalizar*.
snazionalizzazione *s.f.* desnacionalización.
snebbiare *v.tr.* (*anche fig.*) aclarar, despejar.
snellezza *s.f.* delgadez*, esbeltez; (*di movimento*) agilidad.
snellimento *s.m.* **1** adelgazamiento **2** (*semplificazione*) simplificación, agilización: *— del traffico*, agilización del tráfico.
snellire *v.intr.* adelgazar*, afinarse ♦ *v.tr.* **1** adelgazar*, afinar, hacer* más esbelto: *un esercizio per — i fianchi*, un ejercicio para adelgazar las caderas **2** (*fig.*) aligerar, agilizar*, simplificar*, hacer* más rápido: *— le procedure*, simplificar las tramitaciones. ♦ **-rsi** *v.pron.* adelgazar*.
snello *agg.* **1** esbelto, delgado, ágil **2** (*fig.*) suelto, ligero.
snervante *agg.* exasperante, enervante, extenuante.
snervare *v.tr.* exasperar, enervar, extenuar* ♦ **-rsi** *v.pron.* exasperarse, extenuarse*.
snervato *agg.* exasperado, nervioso.
snidare *v.tr.* desanidar (*anche fig.*), levantar, desalojar.
sniffare *v.tr.* (*fam.*) esnifar.
sniffata *s.f.* (*gerg.*) esnifada.
snob *agg.*, *s.m.* esnob, afectado; (*presuntuoso*) presumido: *atteggiamento —*, actitud afectada.
snobbare *v.tr.* desdeñar, desairar; humillar.
snobismo *s.m.* esnobismo, cursilería (*f.*).
snobistico *agg.* esnob.

snocciolare *v.tr.* **1** deshuesar **2** (*fig.*) soltar*, largar*; (*denaro*) aflojar.
snodabile *agg.* desanudable, articulable; articulado.
snodare *v.tr.* **1** desanudar **2** (*rendere articolato*) articular ♦ **-rsi** *v.pron.* **1** desanudarse **2** articularse **3** (*di serpenti*) serpentear.
snodato *agg.* **1** (*sciolto*) desanudado **2** (*articolato*) articulado **3** (*agile*) ágil.
snodo *s.m.* **1** (*mecc.*) articulación (*f.*) **2** (*svincolo*) nudo, enlace.
snowboard *s.m.* snowboard.
soave *agg.* **1** suave, delicado **2** (*fig.*) plácido.
soavità *s.f.* suavidad, delicadeza.
sobbalzare *v.intr.* **1** dar* tumbos, dar* saltos **2** (*fig.*, *per paura*) sobresaltarse, alarmarse, asustarse.
sobbalzo *s.m.* **1** salto, brinco, barquinazo, bote **2** (*fig.*) sobresalto, vuelco.
sobbarcare *v.tr.* cargar* ♦ **-rsi** *v.pron.* cargar* con, hacerse* cargo (de), asumirse: — *troppe responsabilità*, asumirse demasiadas responsabilidades.
sobbollire *v.intr.* hervir*.
sobborgo *s.m.* suburbio, arrabal, barrio.
sobillare *v.tr.* instigar*, hostigar*, soliviantar.
sobillatore *s.m.* instigador.
sobrietà *s.f.* sobriedad, moderación.
sobrio *agg.* **1** sobrio, frugal **2** (*fig.*) austero, moderado; (*di carattere*) controlado, calmo.
socchiudere *v.tr.* entornar, entreabrir, entrecerrar*: — *gli occhi*, entornar los ojos.
socchiuso *agg.* **1** entrecerrado **2** (*semiaperto*) entornado, entreabierto.
soccombere *v.tr.* sucumbir.
soccorrere *v.tr.* socorrer, ayudar, auxiliar.
soccorritore *s.m.* socorrista (*m./f.*).
soccorso *s.m.* **1** socorro, auxilio: *prestare* —, prestar auxilio | *pronto* —, urgencias | — *stradale*, auxilio en carretera **2** (*pl., soccorritori*) ayuda (*f.*).
socialdemocratico *agg.*, *s.m.* (*pol.*) socialdemócrata (*s.m./f.*).
socialdemocrazia *s.f.* socialdemocracia.
sociale *agg.* social.
socialismo *s.m.* (*pol.*) socialismo.
socialista *agg.*, *s.m./f.* (*pol.*) socialista.
socialità *s.f.* socialidad.
socializzare *v.intr.* relacionarse ♦ *v.tr.* socializar*.
socializzazione *s.f.* socialización.
società *s.f.* **1** sociedad; (*associazione*) asociación **2** (*comm.*) sociedad, compañia | — *per azioni*, sociedad anonima | — *a responsabilità limitata*, sociedad limitada | — *in accomandita*, sociedad comanditaria/en comandita | *mettersi in — con qlcu.*, formar una sociedad con alguien.
societario *agg.* societario, de sociedades.
socievole *agg.* sociable, afable, extrovertido, amigable.
socievolezza *s.f.* sociabilidad.
socio *s.m.* socio; miembro, afiliado: *essere — di un club*, ser socio de un club.
socioculturale *agg.* sociocultural.
socioeconomico *agg.* socioeconómico.
sociolinguistica *s.f.* sociolingüística.
sociologia *s.f.* sociología.
sociologico *agg.* sociológico.
sociologo *s.m.* sociólogo.
sociopolitico *agg.* sociopolítico.
sociosanitario *agg.* de la sanidad pública.
socratico *agg.* (*filos.*) socrático.
soda *s.f.* **1** (*chim.*) sosa: — *caustica*, sosa cáustica **2** (*bevanda*) soda.
sodalizio *s.m.* **1** asociación (*f.*), sociedad (*f.*) **2** (*legame di amicizia*) fraternidad (*f.*), compañerismo, hermandad (*f.*).
soddisfacente *agg.* satisfactorio.
soddisfacimento *s.m.* **1** satisfacción (*f.*) **2** (*adempimento*) cumplimiento **3** (*di debiti ecc.*) pago.
soddisfare *v.tr.* **1** satisfacer*, realizar*: *è un lavoro che mi soddisfa*, es un trabajo que me satisface **2** (*adempiere*) cumplir (con); complacer*.
soddisfatto *agg.* satisfecho, pagado, contento: *considerarsi* —, darse por satisfecho.
soddisfazione *s.f.* **1** satisfacción, apagamiento (*m.*) **2** (*contentezza*) alegría, placer (*m.*) **3** gusto (*m.*), gustazo (*m.*): *prendersi la* —, darse el gusto.
sodio *s.m.* (*chim.*) sodio.
sodo *agg.* sólido, duro, compacto, firme, macizo | *uovo* —, huevo duro | *darle sode*, pegar duro ♦ *avv.* fuertemente, con fuerza, duro: *lavorare* —, trabajar duro | *dormire* —, dormir profundamente | *venire al* —, ir al grano.
sodomia *s.f.* sodomía.
sodomita *s.m.* sodomita.
sodomizzare *v.tr.* sodomizar*.
sofà *s.m.* sofá.
sofferente *agg.* que sufre (de); desencajado, doliente: *è — di cuore*, sufre del corazón; *viso* —, rostro doliente.
sofferenza *s.f.* sufrimiento (*m.*), dolor (*m.*), padecimiento (*m.*) | (*comm.*) *cambiale in* —, letra vencida.
soffermare *v.tr.* detener*, parar ♦ **-rsi** *v.pron.* **1** detenerse*, pararse: — *davanti a una vetrina*, detenerse delante de un escaparate **2** (*fig.*) extenderse*, explayarse: — *su un argomento*, explayarse en un tema.
sofferto *agg.* sufrido, angustioso, atormentado; difícil: *una decisione sofferta*, una decisión difícil.
soffiare *v.tr.* **1** soplar | *soffiarsi il naso*, so-

narse/limpiarse las narices **2** (*fig.*) decir* en secreto; delatar, cantar **3** (*rubare*) soplar, birlar | *le ha soffiato il fidanzato*, le ha soplado el novio ♦ *v.intr.* soplar | (*anche fig.*) — *sul fuoco*, aventar el fuego.
soffiata *s.f.* **1** soplo (*m.*), soplido (*m.*) **2** (*delazione*) soplo (*m.*); chivatazo (*m.*).
soffiatore *s.m.* (*del vetro*) soplador.
soffiatura *s.f.* (*del vetro*) soplado.
soffice *agg.* suave, blando, fofo, mullido.
soffietto *s.m.* **1** fuelle | *una porta a* —, puerta de fuelle **2** (*camino*) fuelle, soplillo, aventador.
soffio *s.m.* soplo, soplido, álito | *d'un* —, en un soplo | *ha vinto per un* —, ganó por un pelo | (*med.*) — *al cuore*, soplo al corazón.
soffione *s.m.* **1** (*bot.*) diente de león **2** (*geol.*) fumarola (*f.*).
soffitta *s.f.* buhardilla, desván (*m.*), altillo (*m.*).
soffitto *s.m.* techo, cielorraso: *dal — pendeva un lampadario di cristallo*, del techo colgaba una araña de cristal.
soffocamento *s.m.* (*anche med.*) asfixia (*f.*): *morire per* —, morir por asfixia.
soffocante *agg.* (*anche fig.*) asfixiante: *un caldo* —, un calor asfixiante.
soffocare *v.tr.* **1** sofocar*, ahogar*, estrangular: — *dal caldo*, sofocarse de calor **2** (*fig.*) oprimir, reprimir: — *l'istinto*, reprimir el instincto; — *le risate*, contener la risa | — *la rivolta*, sofocar una revuelta ♦ *v.intr.* ahogarse*, sofocarse* ♦ **-rsi** *v.pron.* sofocarse*, ahogarse* | *qui dentro si soffoca*, aquí dentro uno se ahoga.
soffriggere *v.tr.* sofreír.
soffrire *v.tr.* sufrir, padecer*; (*sopportare*) pasar, aguantar: — *la fame*, pasar hambre ♦ *v.intr.* sufrir, padecer*; resentirse*: — *di mal di testa*, padecer de dolor de cabeza; *la salute ne soffre*, la salud se resiente.
soffritto *s.m.* (*cuc.*) sofrito, refrito.
soffuso *agg.* (*di luce*) difuso.
sofisma *s.m.* (*filos., anche fig.*) sofisma.
sofista *s.m./f.* (*filos.*) sofista.
sofisticare *v.tr.* adulterar ♦ *v.intr.* (*cavillare*) sutilizar*.
sofisticato *agg.* **1** sofisticado, afectado **2** (*complesso*) complejo: *meccanismo* —, mecanismo complejo **3** (*di cibi ecc.*) adulterado.
sofisticazione *s.f.* (*di cibi ecc.*) adulteración.
sofistico *agg.* **1** (*filos.*) sofístico **2** (*cavilloso*) enredado, caviloso.
software *s.m.* software, programa.
soggettista *s.m./f.* guionista.
soggettivismo *s.m.* **1** (*filos.*) subjetivismo **2** (*estens.*) subjetividad (*f.*).
soggettività *s.f.* subjetividad.
soggettivo *agg.* subjetivo, personal.
soggetto[1] *agg.* **1** sujeto; (*sottomesso*) sometido **2** (*passibile*) expuesto, susceptible | *sono — a raffreddori*, padezco de resfriados.
soggetto[2] *s.m.* **1** (*gramm.*) sujeto **2** (*teatr.*, *cinem.*) guión **3** (*tema*) tema, asunto, argumento, materia (*f.*).
soggezione *s.f.* **1** sujeción, sometimiento (*m.*), acatamiento (*m.*), sumisión **2** (*timore*) temor (*m.*), respeto (*m.*): *incutere* —, intimidar.
sogghignare *v.intr.* sonreír* maliciosamente.
sogghigno *s.m.* sonrisa (*f.*) maliciosa.
soggiacere *v.intr.* **1** someterse, estar* sujeto, subordinarse, subyacer* **2** (*cedere*) sucumbir.
soggiogamento *s.m.* subyugación (*f.*).
soggiogare *v.tr.* **1** subyugar* (*anche fig.*), someter, esclavizar* **2** (*fig.*) dominar.
soggiornare *v.intr.* residir temporalmente, permanecer*/pasar unos días.
soggiorno *s.m.* **1** estancia (*f.*), estadía (*f.*), temporada (*f.*), permanencia (*f.*): *permesso di* —, permiso de residencia | *azienda* (*turistica*) *di* —, oficina de turismo **2** (*stanza*) sala (*f.*), cuarto de estar; (*Amer.*) living.
soggiungere *v.tr.* añadir.
soggolo *s.m.* **1** (*monacale*) toca (*f.*) **2** (*di berretti*) barboquejo.
soglia *s.f.* umbral (*m.*) (*anche fig.*), entrada: *restare sulla* —, quedarse en el umbral/en la puerta | *livello* —, nivel umbral.
soglio *s.m.* solio: — *pontificio,* solio pontificio.
sogliola *s.f.* (*zool.*) lenguado (*m.*).
sognante *agg.* soñador.
sognare *v.tr./intr.* **1** soñar*: *ti ho sognato*, he soñado contigo **2** (*fig.*) anhelar, desear | — *a occhi aperti*, fantasear | *non me lo sarei mai sognato*, nunca me lo habría imaginado.
sognatore *s.m.* soñador.
sogno *s.m.* sueño; ilusión (*f.*); aspiración (*f.*): *fare un brutto* —, tener una pesadilla, un mal sueño | *nemmeno per —!*, ¡ni en sueños! | *questa casa è un —!*, esta casa es un sueño/una maravilla | *buonanotte e sogni d'oro!*, ¡buenas noches y que sueñes con los angelitos!
soia *s.f.* (*bot.*) soja, soya: *germogli di* —, brotes de soja.
sol *s.m.* (*mus.*) sol.
solaio *s.m.* buhardilla (*f.*), desván, trastero, guardillón.
solamente *avv.* sólo, solamente.
solare *agg.* **1** solar: *crema* —, crema bronceadora; *pannelli solari*, paneles solares; *energia* —, energía solar **2** (*fig.*) radiante, luminoso; (*di persona*) optimista, alegre.
solarium *s.m.* solárium*.
solatio *agg.* (*lett.*) soleado ♦ *s.m.* solana (*f.*).
solcare *v.tr.* surcar*, hacer* surcos, arar (*an-*

che fig.): *una fronte solcata dalle rughe*, una frente surcada de arrugas.
solco *s.m.* **1** surco, ranura (*f.*) **2** (*impronta*) huella (*f.*); (*scia*) estela (*f.*).
soldataglia *s.f.* tropa indisciplinada.
soldatesco *agg.* soldadesco.
soldatino *s.m.* (*giocattolo*) soldadito: — *di piombo,* soldadito de plomo.
soldato *s.m.* soldado, militar: *fare il* —, hacer la mili.
soldo *s.m.* **1** (*moneta*) cuarto, duro, perra (*f.*) **2** (*pl.*) dinero (*sing.*); (*Amer.*) plata (*f. sing.*); (*fam.*) pasta (*f.sing.*): *avere pochi, tanti soldi*, tener poco, mucho dinero; *come è riuscito a fare tutti quei soldi?*, ¿cómo ha logrado amasar semejante fortuna? | *essere pieno di soldi*, estar forrado | *non vale un* —, no vale nada | *non avere un* —, estar sin blanca.
sole *s.m.* sol: *al calar del* —, al ponerse el sol | *prendere il* —, tomar el sol | *chiaro come il* —, claro como la luz del día | *alla luce del* —, a la luz del día.
soleggiato *agg.* soleado, solanero.
solenne *agg.* **1** solemne; (*Amer.*) soberano | *messa* —, misa solemne **2** (*serio*) solemne, grave; (*maestoso*) imponente **3** (*scherz.*) soberano, solemne | — *sgridata*, soberano rapapolvo.
solenne *agg.* solemne.
solennità *s.f.* **1** solemnidad, pompa **2** (*relig.*) festividad.
solennizzare *v.tr.* solemnizar*.
solenoide *s.m.* (*mat., fis.*) solenoide.
solere *v.intr.* (*lett., al presente*) soler*: *solevo cenare tardi*, solía cenar tarde.
solerte *agg.* solícito, diligente, cuidadoso, hacendoso.
solerzia *s.f.* diligencia, cuidado (*m.*), celo (*m.*).
soletta *s.f.* **1** (*calzature*) plantilla **2** (*edil.*) forjado (*m.*).
soletto *agg. nella loc.*: *solo* —, solito.
solfa *s.f.* (*fig.*) canción, caninela, (*fam.*) rollo: *è la solita* —, es la misma canción.
solfatara *s.f.* (*geol.*) solfatara.
solfato *s.m.* (*chim.*) sulfato.
solfeggiare *v.tr.* (*mus.*) solfear.
solfeggio *s.m.* (*mus.*) solfeo.
solfidrico *agg.* (*chim.*) sulfhídrico.
solfito *s.m.* (*chim.*) sulfito.
solforato *agg.* (*chim.*) sulfúreo.
solforico *agg.* (*chim.*) sulfúreo.
solforoso *agg.* (*chim.*) sulfuroso.
solfuro *s.m.* (*chim.*) sulfuro.
solidale *agg.* (*anche dir.*) solidario.
solidarietà *s.f.* solidariedad, solidaridad.
solidarizzare *v.intr.* solidarizar*.
solidificare *v.tr.* solidificar* ♦ **-rsi** *v.pron.* solidificarse*.
solidificazione *s.f.* solidificación.
solidità *s.f.* **1** solidez*, firmeza, estabilidad, consistencia **2** (*fig.*) validez*.
solido *agg.* (*anche fig.*) estable, consistente, sólido, macizo ♦ *s.m.* sólido.
soliloquio *s.m.* soliloquio.
solingo *agg.* (*lett.*) solitario.
solipsismo *s.m.* (*filos.*) solipsismo.
solista *agg., s.m./f.* solista.
solitario *agg.* solitario, desierto | (*zool.*) *verme* —, tenia/solitaria ♦ *s.m.* **1** (*a carte*) solitario **2** (*gioiello*) solitario, brillante.
solito *agg.* acostumbrado, habitual, ordinario; (*stesso*) mismo, de siempre | *essere* — ..., estar acostumbrado a... | *è sempre il* —, es el/lo de siempre | *siamo alle solite*, estamos en las mismas ♦ *s.m.* lo habitual, lo acostumbrado | *come al* — *sei in ritardo*, como siempre/de costumbre llegas tarde | *di/al* —, de ordinario/normalmente/generalmente.
solitudine *s.f.* soledad.
sollazzare *v.tr.* (*lett.*) solazar*, divertir* ♦ **-rsi** *v.pron.* (*lett.*) solazarse, divertirse*.
sollazzo *s.m.* (*lett.*) solaz*, diversión (*f.*), entretenimiento.
sollecitare *v.tr.* **1** solicitar; (*far premura*) apresurar, apremiar, acelerar **2** (*chiedere insistentemente*) encarecer*, pedir* con insistencia, exigir*, pretender, instar **3** estimular, instigar*, incitar.
sollecitazione *s.f.* **1** solicitación; (*anche comm.*) apremio (*m.*) **2** (*stimolo*) estímulo (*m.*).
sollecito[1] *agg.* **1** solícito; (*zelante*) cuidadoso, escupuloso **2** (*di tempo*) pronto, rápido, veloz*.
sollecito[2] *s.m.* apremio.
sollecitudine *s.f.* diligencia, prontitud, solicitud; (*attenzione*) cuidado.
solleone *s.m.* solazo, canícula (*f.*).
solleticare *v.tr.* **1** cosquillear, hacer* cosquillas **2** (*fig.*) excitar, estimular, despertar*, picar*, aguijonear: — *l'appetito*, despertar el apetito; — *la curiosità*, picar la curiosidad.
solletico *s.m.* **1** cosquillas (*f.pl.*): *fare il — a qlcu.*, hacer cosquillas a alguien; *soffrire il* —, ser cosquilloso, sentir cosquillas **2** (*fig.*) aguijón, acicate.
sollevamento *s.m.* levantamiento | (*sport*) — *pesi*, halterofilia.
sollevare *v.tr.* **1** levantar, alzar* **2** (*fig.*) confortar, aliviar, animar, consolar*; calmar: *le tue parole lo hanno sollevato*, tus palabras lo han consolado **3** (*fig.*) eximir, dispensar, liberar: — *qlcu. da un incarico*, eximir a alguien de un encargo ♦ **-rsi** *v.pron.* **1** levantarse, elevarse, alzarse*: *si sollevò da terra*, se levantó del suelo **2** (*fig.*) aliviarse; (*riprendersi*) reponerse* **3** (*ribellarsi*) rebelarse, levantarse, sublevarse.

sollevatore *s.m.* **1** (*mecc.*) elevador **2** (*sport, di pesi*) levantador de pesos.
sollevazione *s.f.* insurrección, sublevación.
sollievo *s.m.* alivio, conforto; (*consolazione*) consuelo | *tirare un respiro di* —, dar un respiro de alivio.
sollucchero *s.m. spec. nella loc.*: *andare in* —, caérsele la baba a alguien.
solo *agg.* solo: *bambini soli, senza famiglia*, niños solos, sin familia | *il — pensiero della vacanza mi rende felice*, la simple idea de las vacaciones me hace feliz | *da* —, solo/por sí solo ♦ *s.m.* único ♦ *avv.* sólo, solamente; exclusivamente, únicamente: *non — è lungo, ma è anche noioso*, no sólo es largo, sino también aburrido | *se — fosse qui con noi!*, ¡si sólo estuviera aquí con nosotros! ♦ *cong.* sólo que, pero: *ho capito, — vorrei pensarci*, lo he entendido, pero quisiera pensarlo.
solstizio *s.m.* solsticio.
soltanto *avv.* → **solo**.
solubile *agg.* **1** (*anche chim.*) soluble **2** (*fig.*) *è un problema facilmente* —, es un problema de fácil solución.
solubilità *s.f.* solubilidad.
soluto *agg.*, *s.m.* (*chim.*) soluto.
soluzione *s.f.* **1** (*anche chim.*) solución **2** remedio (*m.*), arreglo (*m.*) **3** (*comm.*) plazo (*m.*): *pagamento in un'unica* —, pago en un plazo único.
solvente *agg.* solvente ♦ *s.m.* **1** (*chim.*) disolvente, diluyente **2** (*comm.*) solvente.
solvenza, solvibilità *s.f.* (*comm.*) solvencia.
soma *s.f.* carga: *bestia da* —, bestia de carga.
somalo *agg.*, *s.m.* somalí*.
somaro *s.m.* **1** asno, borrico, burro (*anche fig.*) **2** (*fig.*) necio, ignorante.
somatico *agg.* somático.
somatizzare *v.tr.* somatizar*.
somigliante *agg.* parecido, semejante: *essere — a qlco.*, *qlcu.*, parecerse a algo, a alguien.
somiglianza *s.f.* parecido (*m.*), semejanza, similitud.
somigliare *v.intr.*, **-rsi** *v.pron.* parecer*, parecerse* (a), semejar: — *al proprio padre*, parecerse a su padre | *si somigliano come due gocce d'acqua*, se parecen como dos gotas de agua.
somma *s.f.* suma: *fare una* —, hacer una suma; *una — di denaro*, una suma de dinero | *tirare le somme*, sacar cuentas; (*fig.*) atar cabos.
sommamente *avv.* sumamente, extremadamente, muy: *è — importante*, es muy importante.
sommare *v.tr.* **1** (*mat.*) sumar **2** (*aggiungere*) añadir, agregar*(*anche fig.*) | *tutto sommato*, en fin de cuentas, después de todo.
sommariamente *avv.* **1** (*in breve*) brevemente, someramente **2** (*in fretta*) rápidamente.
sommario *agg.* **1** sumario, breve, somero, sintético: *descrizione sommaria*, descripción somera | *giudizio* —, juicio sumario **2** superficial ♦ *s.m.* **1** sumario, resumen **2** (*di un libro*) índice.
sommelier *s.m./f.* sumiller.
sommergere *v.tr.* **1** sumergir*, inundar, hundir: *terre sommerse dalle acque*, tierras sumergidas por las aguas **2** (*fig.*) cubrir, llenar: — *di domande*, cubrir de preguntas.
sommergibile *s.m.* (*mar.*) submarino.
sommergibilista *s.m./f.* (*mar.*) submarinista.
sommerso *agg.* sumergido; (*affondato*) hundido | *lavoro* —, trabajo sumergido | *economia sommersa*, economía sumergida.
sommesso *agg.* bajo, quedo, imperceptible: *con voce sommessa*, en voz baja.
somministrare *v.tr.* suministrar, distribuir*, proveer; (*Amer.*) propinar.
somministrazione *s.f.* suministración.
sommità *s.f.* cima, cumbre, ápice (*m.*), vértice (*m.*), cúspide.
sommo *agg.* sumo, máximo, supremo, altísimo; insigne: (*relig.*) *il Sommo Pontefice*, el Sumo Pontífice; *una questione di somma importanza*, un asunto de suma importancia | *per sommi capi*, a grandes rasgos ♦ *s.m.* cumbre (*f.*), sumidad (*f.*).
sommossa *s.f.* sublevación, revuelta, motín (*m.*).
sommozzatore *s.m.* submarinista; (*uomo rana*) hombre rana.
sommuovere *v.tr.* (*anche fig.*) agitar.
sonagliera *s.f.* cencerro (*m.*).
sonaglio *s.m.* cascabel, sonajero | (*zool.*) *serpente a sonagli*, serpiente de cascabel.
sonante *agg.* sonante: *denaro* —, dinero contante y sonante ♦ *s.f.* (*ling.*) sonante.
sonar *s.m.* (*mar.*) sonar*.
sonata *s.f.* **1** (*mus.*) sonata **2** (*fam.*, *imbroglio*) paliza.
sonda *s.f.* **1** sonda: *la — spaziale Mariner*, la sonda espacial Mariner | *pallone* —, globo sonda **2** (*med.*) sonda, estilete (*m.*).
sondaggio *s.m.* **1** (*stat.*, *anche fig.*) sondeo, encuesta (*f.*): *dati emersi da un* —, datos obtenidos en un sondeo **2** (*mar.*, *min.*) sondeo.
sondare *v.tr.* **1** sondar, sondear **2** (*fig.*) sondar, tantear: — *le opinioni*, tantear las opiniones.
sonetto *s.m.* soneto.
sonico *agg.* sónico.
sonnacchioso *agg.* somnoliento.
sonnambulismo *s.m.* sonambulismo.
sonnambulo *agg.* sonámbulo.
sonnecchiare *v.intr.* dormitar.

sonnellino *s.m.* siesta (*f.*), sueñecito | *schiacciare un* —, echarse la siesta.
sonnifero *s.m.* somnífero: *prendere un* —, tomar un somnífero.
sonno *s.m.* sueño: *avere* —, tener sueño; *prender* —, conciliar el sueño; *mi è venuto* —, me ha entrado sueño | *avere il — leggero, pesante*, tener el sueño ligero, pesado | *far venire* —, dar sueño | (*med.*) *malattia del* —, enfermedad del sueño | *cadere dal* —, caerse de sueño | *dormire sonni tranquilli*, dormir el sueño de los justos.
sonnolento *agg.* soñoliento, somnoliento.
sonnolenza *s.f.* somnolencia, modorra.
sonoramente *avv.* **1** sonoramente **2** (*fig.*) estrepitosamente.
sonorità *s.f.* sonoridad.
sonoro *agg.* sonoro; fuerte | (*cinem.*) *colonna sonora*, banda sonora ♦ *s.m.* **1** (colonna sonora) banda sonora **2** cine sonoro.
sontuosità *s.f.* suntuosidad.
sontuoso *agg.* suntuoso, magnífico.
sopire *v.tr.* (*lenire*) calmar, sosegar*, apaciguar*.
sopore *s.m.* sopor, adormecimiento, modorra (*f.*).
soporifero *agg.* soporífero (*anche fig.*), soporífico.
soppalco *s.m.* falso techo; (*di stanza*) altillo.
sopperire *v.intr.* **1** (*supplire*) suplir, subvenir* **2** (*provvedere*) proveer*, atender*; (*far fronte*) hacer* frente.
soppesare *v.tr.* sopesar, ponderar, calcular, considerar, tantear.
soppiantare *v.tr.* suplantar, reemplazar* desplazar*, sostituir*.
soppiatto, di *loc.avv.* a escondidas, a hurtadillas.
sopportabile *agg.* soportable, tolerable, llevadero.
sopportare *v.tr.* **1** soportar, aguantar: — *un peso enorme*, soportar un peso enorme **2** (*tollerare*) tolerar, sufrir | *non ti sopporto più!*, ¡ya no te aguanto más! ♦ **-rsi** *v.pron.rec.* soportarse*
sopportazione *s.f.* soportación, aguante (*m.*), paciencia, tolerancia.
soppressione *s.f.* **1** supresión: *la — dei diritti civili*, la supresión de los derechos civiles **2** (*omicidio*) asesinato (*m.*), matanza.
soppresso *agg.* suprimido, cancelado.
sopprimere *v.tr.* **1** suprimir, eliminar, abolir | — *temporaneamente una fermata dell'autobus*, suprimir temporalmente una parada de autobús **2** (*uccidere*) matar **3** (*rivolte ecc.*) sofocar*.
sopra *prep.* sobre, encima (de), en: — *il tavolo*, sobre/en/encima de la mesa | *al di — di*, por encima (de)/sobre/más allá de: *temperature al di — della media stagionale*, temperaturas por encima de la media estacional | — *ogni cosa*, por encima de todo | *mi interessa — ogni altra cosa*, me interesa más que cualquier otra cosa ♦ *avv.* **1** encima: *lascialo qui* —, déjalo aquí encima | (*fig.*) *passare* —, pasar por alto **2** (*precedentemente*) antes: *riguardo a quanto detto* —, en cuanto a lo dicho antes **3** (*al piano superiore*) arriba: *vive di* —, vive arriba ♦ *s.m.* la parte (*f.*) de arriba, lo de encima ♦ *agg.* de arriba: *prendi i fogli* —, coge los folios de arriba; *i rumori provenivano dall'appartamento* —, los ruidos llegaban del piso de arriba.
soprabito *s.m.* gabán, guardapolvo, sobretodo.
sopracciglio *s.m.* ceja (*f.*).
sopracciliare *agg.* superciliar.
sopraccitato *agg.* susodicho, antedicho.
sopraccoperta *s.f.* **1** cubrecama, colcha **2** (*di libri*) sobrecubierta .
sopraddetto *agg.* susodicho, sobredicho, dicho antes.
sopraelevata *s.f.* (*aut.*) paso (*m.*) elevado, escaléxtric (*m.*).
sopraffare *v.tr.* dominar, atropellar, arrollar, derrotar, prevalecer*: *essere sopraffatto dai sensi di colpa*, ser prisionero del sentido de culpa.
sopraffazione *s.f.* atropello (*m.*), vejación, abuso (*m.*).
sopraffino *agg.* superfino; (*raffinato*) refinado, exquisito: *gusto* —, gusto exquisito; *arte sopraffina*, arte refinada.
sopraggitto *s.m.* sobrehilado.
sopraggiungere *v.intr.* **1** (*all'improvviso*) llegar* de pronto, dejarse caer **2** (*in seguito*) suceder, sobrevenir*, surgir*, presentarse: *sono sopraggiunti dei problemi*, han sobrevenido algunos problemas.
sopralluogo *s.m.* (*dir.*) inspección (*f.*): *fare un — in un posto*, inspeccionar un lugar.
sopralzo *s.m.* (*edil.*) sotabanco.
soprammercato *s.m. nella loc.*: *per* —, por añadidura.
soprammobile *s.m.* (objeto de) adorno, bibelot.
soprannaturale *agg.* sobrenatural, paranormal; extraordinario.
soprannome *s.m.* sobrenombre, apodo, mote.
soprannominare *v.tr.* apodar.
soprannominato *agg.* llamado; (*con nomignolo*) apodado.
soprannumero *agg.*, *s.m.* extra, sobrante: *in* —, in exceso, de sobra.
soprano *s.m./f.* (*mus.*) soprano.
soprappensiero *avv.* distraídamente: *essere* —, estar distraído.
soprascarpa *s.f.* chanclo.

soprascritto *agg.* susodicho, antedicho.
soprassalto *s.m.* sobresalto, susto, estremecimiento | *di* —, de golpe.
soprassedere *v.intr.* diferir*, aplazar*, postregar*, pasar por alto.
soprattassa *s.f.* recargo (*m.*).
soprattutto *avv.* sobre todo, ante todo: —, *ricordati di chiudere a chiave la porta*, sobre todo, acuérdate de cerrar la puerta con llave; *fa freddo qui, — in inverno*, aquí hace frío, especialmente en invierno.
sopravento *avv.*, *agg.* a barlovento ♦ *s.m.* barlovento.
sopravvalutare *v.tr.* sobrevalorar, supervalorar, sobrestimar.
sopravvalutazione *s.f.* sobrevaloración.
sopravvento *s.m.* **1** (*mar.*) barlovento **2** (*fig.*) ventaja (*f.*), superioridad (*f.*); *prendere il* —, ganar la delantera.
sopravveste *s.f.* (*st.*) sobreveste.
sopravvissuto *agg.* sobreviviente, superviviente ♦ *s.m.* sobreviviente (*m./f.*), superviviente (*m./f.*).
sopravvivenza *s.f.* supervivencia.
sopravvivere *v.intr.* **1** sobrevivir: — *a un incendio*, sobrevivir a un incendio **2** (*fig.*) subsistir, perdurar.
soprelevare *v.tr.* elevar.
soprelevata *s.f.* (*strada*) carretera elevada.
soprelevazione *s.f.* (*edil.*) elevación.
soprintendente *s.m.* superintendente, supervisor; (*di museo*) conservador.
soprintendenza *s.f.* superintendencia | — *alle Belle Arti*, Dirección General de Bellas Artes.
soprintendere *v.intr.* supervisar.
sopruso *s.m.* abuso, atropello, vejación (*f.*), arbitrariedad (*f.*).
soqquadro *s.m.* desconcierto, desbarajuste, desorden | *mettere a* —, poner patas arriba, desbaratar.
sorba *s.f.* (*bot.*) serba.
sorbettiera *s.f.* sorbetera.
sorbetto *s.m.* sorbete.
sorbire *v.tr.* **1** sorber; (*sorseggiare*) beber a sorbos **2** (*fig., sopportare*) soportar, tragar*; (*Amer.*) aguantar: *doversi — qlcu., qlco.*, tener que soportar a alguien.
sorbo *s.m.* (*bot.*) serbal.
sorcio *s.m.* ratón.
sordido *agg.* sórdido, inmundo.
sordina *s.f.* sordina | *in* —, calladamente.
sordità *s.f.* sordera.
sordo *agg.*, *s.m.* sordo | *essere — come una campana*, estar más sordo que una tapia | *fare il* —, hacerse el sordo.
sordomuto *agg.*, *s.m.* sordomudo.
sorella *s.f.* (*anche relig.*) hermana.
sorellanza *s.f.* hermandad.
sorellastra *s.f.* hermanastra.
sorellina *s.f.* hermanita.
sorgente *s.f.* **1** manantial (*m.*), fuente **2** (*fig.*) fuente, origen (*m.*) **3** (*inform.*) fuente.
sorgere *v.intr.* **1** (*di luogo*) alzarse*, emerger*, salir* **2** (*nascere, spuntare*) surgir*, brotar; (*scaturire*) manar | *al — del sole*, al amanecer **3** (*fig.*) presentarse, aparecer*, entrar: *mi sorge un dubbio*, me ha entrado una duda ♦ *s.m.* (*astr.*) salida: *il — del sole*, la salida del sol.
sorgivo *agg.* de manantial: *acqua sorgiva*, agua manantial.
sorgo *s.m.* (*bot.*) sorgo.
soriano *agg.* atigrado ♦ *s.m.* gato atigrado.
sormontare *v.tr.* (*anche fig.*) superar, sobrepasar, rebasar.
sornione *agg.* socarrón, taimado.
sorpassare *v.tr.* **1** sobrepasar, superar (*anche fig.*) | — *i limiti*, pasarse; — *il maestro*, superar al maestro **2** (*aut.*) adelantar.
sorpassato *agg.* superado; (*di persone*) anticuado.
sorpasso *s.m.* **1** (*aut.*) adelantamiento | *divieto di* —, prohibido adelantar **2** (*fig.*) avance, adelanto.
sorprendente *agg.* sorprendente.
sorprendere *v.tr.* **1** sorprender, coger* desprevenido: — *qlcu. a rubare*, coger desprevenido robando; *essere sorpresi da un temporale*, ser sorprendidos por un temporal **2** (*stupire*) extrañar ♦ **-rsi** *v.pron.* sorprenderse, asombrarse, maravillarse.
sorpresa *s.f.* sorpresa, asombro (*m.*), estupor (*m.*) | *di* —, de/por sorpresa | *fare una — a qlcu.*, darle una sorpresa a alguien.
sorreggere *v.tr.* **1** sostener*, sustentar **2** (*aiutare*) ayudar ♦ **-rsi** *v.pron.* tenerse* de pie, ayudarse.
sorridente *agg.* sonriente.
sorridere *v.intr.* **1** sonreír*; (*ridere*) reír* **2** (*fig.*) agradar, ser* favorable: *l'idea mi sorride*, me agrada la idea.
sorriso *s.m.* sonrisa (*f.*): *abbozzare un* —, esbozar una sonrisa; *fare un — a qlcu.*, sonreír a alguien.
sorsata *s.f.* sorbo (*m.*), trago (*m.*).
sorseggiare *v.tr.* beber a sorbos, paladear.
sorso *s.m.* sorbo, trago: *in un* —, de un trago | *a sorsi*, a sorbos.
sorta *s.f.* tipo (*m.*), clase, especie | *gente di ogni* —, gente de todo tipo | *ogni — di gente*, todo tipo de gente | *non avere preferenze di* —, no tener preferencia alguna.
sorte *s.f.* suerte, destino (*m.*): *tirare a* —, echar a suertes; *sfidare la* —, tentar la suerte; *meritare una — migliore*, merecer un destino mejor.
sorteggiare *v.tr.* sortear, echar a suertes.

sorteggiato *s.m.* ganador.
sorteggio *s.m.* sorteo.
sortilegio *s.m.* hechizo, sortilegio, conjuro; (*stregoneria*) brujería (*f.*).
sortire *v.intr./tr.* (*lett.*) producir*, surtir: *ha sortito effetto*, ha surtido efecto.
sortita *s.f.* **1** (*mil.*) acción, asalto (*m.*): *tentare una —*, intentar un asalto **2** (*teatr.*) entrada en escena **3** (*fig.*, *battuta*) salida, ocurrencia.
sorvegliante *s.m./f.* guardián (*m.*), vigilante.
sorveglianza *s.f.* vigilancia: *tenere qlcu. sotto —*, tener a alguien vigilado; *mettere qlcu. sotto stretta —*, vigilar estrechamente a alguien.
sorvegliare *v.tr.* vigilar, controlar.
sorvegliato *s.m.* persona (*f.*) vigilada | (*dir.*) *— speciale,* detenido vigilado especialmente.
sorvolare *v.tr.* **1** sobrevolar* **2** (*fig.*) pasar por alto.
sorvolo *s.m.* sobrevuelo.
sosia *s.m./f.* doble, sosia.
sospendere *v.tr.* **1** (*appendere*) colgar*: *sospese la lampada al soffitto,* colgó la lámpara del techo **2** (*fig.*) suspender, interrumpir **3** (*trasporti*) suprimir.
sospensione *s.f.* **1** suspensión, cesación, cese (*m.*) | *puntini di —*, puntos suspensivos **2** (*pl.*, *aut.*) suspensiones.
sospensorio *agg.* suspensorio ♦ *s.m.* (*med.*) suspensorio.
sospeso *agg.* colgado, suspendido: *un ponte —*, un puente colgante | *la sua vita è sospesa a un filo*, su vida cuelga/pende de un hilo | *le trattative sono sospese*, las negociaciones están suspendidas | *restare col fiato —*, quedar con el alma en vilo | *conto in —*, cuenta pendiente | *una decisione lasciata in —*, una decisión pendiente.
sospettabile *agg.* sospechoso.
sospettare *v.tr.* sospechar, suponer*, imaginar: *lo sospettavo!*, ¡me lo suponía! ♦ *v.intr.* recelar, desconfiar, sospechar: *— di qlcu.*, sospechar de alguien.
sospetto[1] *agg.* sospechoso, dudoso; peligroso | (*med.*) *un — trauma cranico*, un probable trauma craneal.
sospetto[2] *s.m.* **1** sospecha (*f.*): *avere un —*, tener una sospecha; *senza destare sospetti*, sin dar lugar a sospechas **2** (*indiziato*) sospechoso.
sospettoso *agg.* desconfiado, receloso.
sospingere *v.tr.* **1** empujar: *la folla ci sospinse verso l'uscita*, la muchedumbre nos empujó hacia la salida **2** (*fig.*) incitar.
sospirare *v.tr.* **1** suspirar **2** (*aspettare*) esperar | *farsi —*, hacerse esperar ♦ *v.intr.* **1** suspirar **2** (*fig.*) anhelar, añorar, echar de menos.
sospirato *agg.* anhelado, ansiado.
sospiro *s.m.* suspiro, soplo: *tirare un — di sollievo*, dar un respiro de alivio.
sosta *s.f.* **1** parada, alto (*m.*) | (*aut.*) *divieto di —*, prohibido aparcar | *area di —*, área de descanso **2** (*pausa*) descanso (*m.*), tregua: *senza —*, sin interrupción.
sostantivato *agg.* sustantivado.
sostantivo *s.m.* (*gramm.*) sustantivo.
sostanza *s.f.* **1** sustancia, materia | *in —*, en concreto **2** (*pl.*) patrimonio (*m.sing.*).
sostanziale *agg.* substancial, fundamental, esencial.
sostanzioso *agg.* **1** (*nutriente*) sustancioso, nutritivo **2** (*abbondante*) abundante, importante, considerable: *pasto —*, comida abundante; *guadagno —*, ganancia abundante.
sostare *v.intr.* pararse, detenerse*, hacer* un alto.
sostegno *s.m.* **1** apoyo, sostén, soporte: *hai tutto il nostro —*, tienes todo nuestro apoyo; *— morale,* soporte moral; *il — della famiglia,* el sostén de la familia; (*scol.*) *corso di —*, curso de recuperación **2** (*fig.*) amparo.
sostenere *v.tr.* **1** sostener*; (*sopportare*) soportar, resistir, aguantar | *— gli esami*, examinarse | *— le spese*, sostener los gastos **2** (*dare appoggio*) ayudar, apoyar, defender* **3** (*affermare*) afirmar, decir* ♦ **-rsi** *v.pron.* sostenerse*, mantenerse*.
sostenibile *agg.* **1** sostenible **2** (*sopportabile*) soportable.
sostenitore *s.m.* sostenedor, protector, defensor, partidario; (*tifoso*) hincha.
sostentamento *s.m.* sustento, sustentación (*f.*) | *mezzi di —*, medios de subsistencia.
sostenuto *agg.* grave, reservado, serio; (*altezzoso*) altanero ♦ *s.m.* estirado, altanero | *fare il —*, ser un estirado.
sostituibile *agg.* sustituible; (*intercambiabile*) intercambiable.
sostituire *v.tr.* sustituir*, reemplazar*, cambiar ♦ **-rsi** *v.pron.* **1** (*prendere il posto di*) sustituir* **2** (*alternarsi*) reemplazar*.
sostitutivo *agg.* sustitutivo.
sostituto *s.m.* sustituto, suplente (*m./f.*).
sostituzione *s.f.* sustitución, reemplazo (*m.*).
sostrato *s.m.* sustrato (*anche fig.*).
sottaceto *agg.* (*cuc.*) en vinagre, en escabeche ♦ *s.m.pl.* encurtidos.
sottacqua *avv.* bajo el agua.
sottana *s.f.* **1** (*da donna*) falda; (*Amer.*) pollera **2** (*da prete*) sotana.
sottecchi *avv. nella loc.*: *guardare qlcu. di —*, mirar a alguien de reojo.
sotterfugio *s.m.* subterfugio, escapatoria (*f.*), tapujo, triquiñuela (*f.*).
sotterranea *s.f.* (*metropolitana*) suburbano (*m.*), metro (*m.*).

sotterraneo *agg.*, *s.m.* subterráneo.
sotterrare *v.tr.* enterrar*, sepultar.
sottigliezza *s.f.* **1** delgadez* **2** (*fig.*) sutileza, agudeza, ingenio (*m.*), perspicacia; (*sofisma*) cavilosidad.
sottile *agg.* **1** sutil, delgado, fino, tenue; (*di corporatura*) esbelto **2** (*fig.*) perspicaz*, agudo | *andare/guardare per il* —, andarse con sutilezas.
sottiletta® *s.f.* queso (*m.*) en lonchas.
sottilizzare *v.intr.* sutilizar*, perderse* en detalles.
sottinsù *avv. nella loc.*: *di* —, de abajo a arriba: *guardare qlcu. di* —, mirar a alguien de abajo a arriba.
sottintendere *v.tr.* **1** sobre(e)ntender* **2** (*fig.*) suponer* | *si sottintende*, es obvio.
sottinteso *agg.* implícito, tácito | *resta* —, queda entendido/claro ♦ *s.m.* sobre(e)ntendido.
sotto *prep.* **1** (*anche fig.*) bajo, debajo (de): — *il letto*, debajo de la cama; *gonne — il ginocchio*, faldas por debajo de las rodillas; *passare — un ponte*, pasar por debajo de un puente; — *zero*, bajo cero | — *minaccia*, bajo amenaza **2** (*fig., indica subordinazione, dipendenza; anche modale*) bajo: — *il segno dei Pesci*, bajo el signo de Piscis; — *l'effetto dell'alcol*, bajo los efectos del alcohol; *vivere — l'incubo della guerra*, vivir bajo/con la pesadilla de la guerra; — *tutela*, bajo tutela; — *la dittatura*, bajo la dictadura; — *Filippo II*, bajo Felipe II **3** (*con valore temporale, in prossimità*) por, hacia, durante: — *gli esami*, durante los exámenes; — *Natale*, hacia /por Navidad(es) ♦ *avv.* **1** debajo, abajo: *più* —, más abajo; *è scritto qui* —, está escrito aquí abajo | *chissà cosa c'è —!*, ¡aquí hay gato encerrado! | (*fam.*, *volg.*) *se l'è fatta* —, se la ha hecho encima **2** (*al piano inferiore*) abajo ♦ *agg.* de abajo: *prendi i fogli* —, coge los papeles de abajo | *l'appartamento* (*di*) —, el apartamento de abajo
■ ***al di sotto di***, por debajo de: *vendite al di — delle aspettative*, ventas por debajo de lo previsto | ***sott'olio***, en aceite | ***sotto sale***, bajo sal | ***sotto pena di morte***, bajo pena de muerte | ***sotto il livello del mare***, bajo el nivel del mar | ***sotto a chi tocca!***, ¡le toca al próximo! | (*fig.*) ***mettere sotto qlcu.***, someter | (*fam.*) ***finire sotto una macchina***, ser atropellado por un coche; ***un'auto l'ha messo sotto***, lo atropelló un coche | (*fig.*) ***farsi sotto***, acercarse | ***sotto sotto***, en el fondo: — —, *è anche lui favorevole*, en el fondo, él también está a favor.
sottoalimentare *v.tr.* subalimentar.
sottoalimentazione *s.f.* subalimentación.
sottobanco *loc.avv.* a escondidas, por la trastienda.
sottobicchiere *s.m.* posavasos.
sottobordo *avv.* (*mar.*) de costado.
sottobosco *s.m.* **1** sotobosque **2** (*fig.*) submundo.
sottobottiglia *s.m.* salvamanteles.
sottobraccio *avv.* de bracete, del brazo: *lo prese* —, lo cogió del brazo.
sottocchio *avv.* delante de los ojos | *tieni — il bambino*, vigila al niño.
sottoccupato *agg.* subempleado.
sottoccupazione *s.f.* subempleo (*m.*).
sottochiave *avv.* bajo llave.
sottocommissione *s.f.* subcomisión.
sottocoperta, sotto coperta *avv.* (*mar.*) entrecubierta.
sottocosto, sotto costo *avv.*, *agg.* a bajo coste.
sottocultura *s.m.* subcultura.
sottocutaneo *agg.* subcutáneo.
sottoelencato *agg.* detallado más abajo.
sottoesporre *v.tr.* (*foto.*) subexponer.
sottofamiglia *s.f.* (*biol.*) subfamilia.
sottofondo *s.m.* **1** (*arch.*) cimiento, fondo **2** (*cinem.*, *tv*) banda (*f.*) sonora, música (*f.*) de fondo.
sottogamba, sotto gamba *avv. nella loc.*: *prendere qlco.* —, tomar algo a la ligera.
sottogenere *s.m.* (*bot.,zool.*) subgénero.
sottogola *s.m./f.* **1** (*di cappelli*) barboquejo **2** (*di cavalli*) muserola (*f.*).
sottogonna *s.f.* (*abbigl.*) enagua, cancán (*m.*).
sottogruppo *s.m.* subgrupo.
sottoinsieme *s.m.* (*mat.*) subconjunto.
sottolineare *v.tr.* **1** subrayar, recalcar*, evidenciar **2** (*fig.*) destacar*.
sottolio, sott'olio *avv.*, *agg.invar.* (*cuc.*) en aceite.
sottomano *avv.* al alcance de la mano, a (la) mano | (*fig.*) *passare un'informazione* —, pasar una información a hurtadillas/escondidas.
sottomarca *s.f.* submarca.
sottomarino *agg.*, *s.m.* submarino.
sottomesso *agg.* **1** sometido **2** (*remissivo*) sumiso, obediente.
sottomettere *v.tr.* **1** (*assoggettare*) someter, subyugar*, dominar **2** (*presentare, sottoporre*) presentar, someter ♦ **-rsi** *v.pron.* someterse.
sottomissione *s.f.* sometimiento (*m.*), sumisión, docilidad.
sottomultiplo *agg.*, *s.m.* (*mat.*) submúltiplo.
sottopagare *v.tr.* to pagar* poco.
sottopagato *agg.* mal pagado.
sottopancia *s.m.* cincha (*f.*).
sottopassaggio *s.m.* pasaje subterráneo.
sottopentola *s.f.* salvamanteles.
sottopeso *agg.* de poco peso.

sottopopolato *agg.* subpoblado.
sottoporre *v.tr.* **1** someter **2** (*una proposta*) presentar, plantear ♦ **-rsi** *v.pron.* someterse | *sottoporsi a un intervento chirurgico*, someterse a una intervención quirúrgica.
sottoposto *agg.* sometido, expuesto, sujeto ♦ *s.m.* subalterno, subordinado.
sottoprezzo *avv.* (*comm.*) descontado, con descuento.
sottoprodotto *s.m.* subproducto.
sottoproduzione *s.f.* subproducción.
sottoprogramma *s.m.* (*inform.*) subrutina (*f.*).
sottoproletariato *s.m.* subproletariado, lumpen.
sottordine *s.m.* (*bot.*, *zool.*) suborden (*fig.*) | *in* —, subordinado, de importancia secundaria | (*fig.*) *passare in* —, pasar a un segundo plano.
sottoscala *s.m.* **1** hueco bajo la escalera **2** (*ripostiglio*) trastero, desahogo.
sottoscritto *s.m.* el que suscribe, el abajo firmante, el infrascrito.
sottoscrittore *s.m.* **1** (*firmatario*) firmante **2** (*fin.*) suscriptor **3** (*chi contribuisce*) contribuyente.
sottoscrivere *v.tr.* suscribir, firmar | — *una petizione*, firmar una petición.
sottoscrizione *s.f.* suscripción.
sottosegretariato *s.m.* subsecretaría (*f.*).
sottosegretario *s.m.* subsecretario.
sottosopra *avv.* al revés, patas arriba, en desorden, revuelto: *mettere — una stanza*, poner patas arriba una habitación ♦ *agg.* (*turbato*, *agitato*) trastornado, aturdido; turbado.
sottospecie *s.f.* subspecie.
sottostante *agg.* inferior, de abajo, subyacente.
sottostare *v.intr.* someterse, estar* sometido, ceder.
sottostimare *v.tr.* subestimar.
sottosuolo *s.m.* subsuelo; (*edil.*) entresuelo.
sottosviluppato *agg.* subdesarrollado.
sottosviluppo *s.m.* subdesarrollo.
sottotenente *s.m.* (*mil.*) subteniente | (*mar.*) — *di vascello*, alférez de navío.
sottoterra *avv.* bajo tierra.
sottotetto *s.m.* buhardilla (*f.*), desván.
sottotitolato *agg.* subtitulado: *un film* —, una película subtitulada.
sottotitolo *s.m.* subtítulo.
sottotraccia, sotto traccia *agg.* (*edil.*) empotrado.
sottovalutare *v.tr.* subvalorar, infravalorar, subestimar.
sottovaso *s.m.* plato para macetas.
sottovela *avv.* a toda vela.
sottovento *agg.*, *s.m.* (*mar.*, *montagna*) sotavento: *versante — della montagna*, la ladera sotavento de la montaña.
sottoveste *s.f.* enaguas (*pl.*), combinación.
sottovoce *avv.* en voz* baja, a media voz, quedo.
sottovuoto *agg.*, *avv.* al vacío.
sottrarre *v.tr.* **1** sustraer*, descontar*, quitar; (*mat.*) restar **2** (*rubare*) hurtar, robar **3** (*portar via*) salvar, librar: — *qlcu. alla morte*, salvar a alguien de la muerte ♦ **-rsi** *v.pron.* sustraerse*, eludir, librarse: — *a un impegno*, eludir un compromiso | — *alla morte*, librarse de la muerte.
sottrazione *s.f.* **1** (*mat.*) su(b)stracción, resta **2** (*furto*) robo (*m.*), hurto (*m.*).
sottufficiale *s.m.* suboficial; (*mar.*) timonel.
soubrette *s.f.* corista.
soufflé *s.m.* (*cuc.*) soufflé.
souvenir *s.m.* souvenir.
sovente *avv.* a menudo, frecuentemente.
soverchiante *agg.* rebosante.
soverchiare *v.tr.* **1** rebasar, sobrepasar **2** (*fig.*) oprimir, avasallar.
soverchio *agg.* excesivo ♦ *s.m.* exceso.
sovietico *agg.*, *s.m.* soviético.
sovrabbondante *agg.* superabundante.
sovrabbondanza *s.f.* superabundancia: — *di manodopera*, superabundancia de mano de obra.
sovrabbondare *v.intr.* sobrar, sobreabundar, rebosar.
sovraccaricare, sopraccaricare *v.tr.* sobrecargar* (*anche fig.*), recargar* | — *qlcu. di lavoro*, sobrecargar a alguien de trabajo.
sovraccarico *agg.* **1** sobrecargado, abrumado **2** (*fig.*) recargado ♦ *s.m.* sobrecarga (*f.*).
sovraesporre *v.tr.* (*foto.*) sobreexponer*.
sovraffollamento *s.m.* superpoblación (*f.*), agolpamiento.
sovraffollato *agg.* atestado, repleto: — *di studenti*, atestado de estudiantes.
sovralimentato *agg.* sobrealimentado.
sovralimentatore *s.m.* (*mecc.*) sobrealimentador.
sovranità *s.f.* **1** soberanía; (*autorità*) autoridad **2** (*fig.*) supremacía.
sovrano *agg.* supremo, alto ♦ *s.m.* soberano, rey.
sovraoccupazione *s.f.* sobreocupación.
sovrappeso *agg.*, *s.m.* sobrepeso.
sovrappiù *s.m.* **1** (*in più*) exceso **2** (*in aggiunta*) además.
sovrappopolare *v.tr.* superpoblar*.
sovrappopolato *agg.* hiperpoblado, superpoblado.
sovrapporre *v.tr.* sobreponer*, superponer* ♦ **-rsi** *v.pron.* sobreponerse*.
sovrapposizione *s.f.* superposición.
sovrapprezzo *s.m.* sobreprecio.

sovrapproduzione *s.f.* superproducción, sobreproducción.
sovrascrivere *v.tr.* (*inform.*) sobrescribir*.
sovrastampa *s.f.* sobreimpresión.
sovrastampare *v.tr.* sobreimprimir.
sovrastante *agg.* **1** dominante **2** (*fig., imminente*) inminente.
sovrastare *v.tr.* **1** dominar, sobresalir* (*anche fig.*) **2** (*essere superiore*) aventajar, destacarse* ♦ *v.intr.* (*incombere*) cernerse*, amenazar*.
sovrastimare *v.tr.* sobrestimar.
sovrastruttura *s.f.* superestructura.
sovreccitare *v.tr.* sobreexcitar ♦ **-rsi** *v.pron.*, sobreexcitarse, excitarse en exceso, electrizarse*.
sovreccitazione *s.f.* sobreexcitación.
sovresporre *v.tr.* (*foto.*) sobreexponer*.
sovrimposta *s.f.* sobretasa, impuesto (*m.*) adicional.
sovrimpressione *s.f.* sobreimpresión.
sovrintendere *v.tr.* dirigir*, controlar.
sovrumano *agg.* sobrehumano; (*grandissimo*) muy grande.
sovvenire *v.intr.* (*lett., venire in mente*) recordar*.
sovvenzionamento *s.m.* (*econ.*) subvención (*f.*).
sovvenzionare *v.tr.* subvencionar.
sovvenzionato *agg.* subvencionado.
sovvenzione *s.f.* subvención, subsidio (*m.*).
sovversione *s.f.* subversión.
sovversivo *agg., s.m.* subversivo, perturbador.
sovvertimento *s.m.* subversión (*f.*).
sovvertire *v.tr.* subvertir*, perturbar, trastornar.
sovvertitore *s.m.* perturbador.
sozzo *agg.* **1** sucio, asqueroso, inmundo **2** (*fig.*) degenerado, inmoral, sórdido.
sozzume *s.m.* suciedad (*f.*).
sozzura *s.f.* **1** suciedad **2** (*fig.*) obscenidad, porquería.
spaccalegna *s.m.* leñador.
spaccamontagne, spaccamonti *s.m./f.* fanfarrón (*m.*).
spaccapietre *s.m.* picapedrero.
spaccare *v.tr.* romper*, partir, quebrar*: — *legna*, cortar/partir leña; — *una pietra*, romper/quebrar una piedra ♦ **-rsi** *v.pron.* romperse*, partirse
■ ***spaccare il minuto***, ser muy puntual | ***o la va o la spacca***, todo o nada | ***spaccare la faccia***, partir/romper la cara | ***c'è un sole che spacca le pietre***, hace un sol que achicharra.
spaccato *agg.* roto, partido, quebrado: *legna spaccata*, leña cortada | (*fig., preciso*) *alle due spaccate,* a las dos en punto | (*fig., fam., uguale*) *è spaccata sua madre,* es igual que su madre ♦ *s.m.* **1** (*arch.*) sección (*f.*) **2** (*fig.*) cuadro, descripción (*f.*).
spaccatura *s.f.* **1** raja, hendedura, hendidura, grieta, rotura: *una — nella roccia*, una grieta en la roca **2** (*fig.*) roce (*m.*); (*scissione*) escisión: *una — all'interno del partito*, una escisión en el partido.
spacchettare *v.tr.* desempaquetar.
spacciare *v.tr.* **1** vender, despachar, hacer* circular: — *banconote false*, hacer circular dinero falso **2** (*droga*) traficar*, camellar ♦ **-rsi** *v.pron.* hacerse* pasar por | *si spaccia per cantautore*, se hace pasar por cantautor.
spacciato *agg.* (*rovinato, perduto*) desahuciado: (*iron.*) *essere* —, estar desahuciado.
spacciatore *s.m.* traficante; (*di droga*) camello, trapiche.
spaccio *s.m.* **1** venta (*f.*) **2** (*locale*) tienda (*f.*), comercio **3** (*di droga*) tráfico, trapicheo.
spacco *s.m.* **1** hendidura (*f.*), grieta (*f.*); (*taglio*) corte **2** (*abbigl.*) rasgón, rasgadura (*f.*).
spacconata *s.f.* bravata, fanfarronada.
spaccone *s.m.* fanfarrón, matón, bravucón.
spada *s.f.* **1** espada | *a — tratta*, a capa y espada **2** (*pl., a carte*) espadas ♦ *s.m.* (*zool.*) (*pesce*) —, pez espada.
spadaccino *s.m.* espadachín.
spadino *s.m.* espadín.
spadista *s.m./f.* tirador (*m.*).
spadroneggiare *v.intr.* señorear, mandonear, mangonear.
spaesamento *s.m.* desarraigo.
spaesato *agg.* desorientado, desarraigado.
spaghettata *s.f.* (*fam.*) comilona a base de espaguetis.
spaghetti *s.m.pl.* espaguetis.
spagnolesco *agg.* (*spreg.*) altanero, arrogante.
spagnoletta *s.f.* (*per filati*) carrete (*m.*).
spagnolo *agg., s.m.* español: *lingua spagnola*, idioma español/castellano.
spago[1] *s.m.* cordel, cuerda (*f.*) | *dar — (a qlcu.)*, darle cuerda (a alguien).
spago[2] *s.m.* (*fam., fifa*) miedo: *si è presa un bello* —, se ha asustado mucho.
spaiare *v.tr.* desparejar.
spaiato *agg.* desparejado, suelto.
spalancare *v.tr.* abrir de par en par: *un colpo di vento spalancò la porta*, un golpe de viento abrió de par en par la puerta; *mi fissava con gli occhi spalancati*, me miraba fijo con los ojos como platos ♦ **-rsi** *v.pron.* abrirse de par en par.
spalare *v.tr.* espalar.
spalla *s.f.* **1** hombro (*m.*): *si caricò il bambino sulle spalle*, montó al niño en los hombros | *stringersi nelle spalle*, encogerse de hombros **2** (*schiena*) espalda: *sulle spalle/a — portava uno zaino*, llevaba una mochila

en las espaldas | (*fig.*) *vivere alle spalle di qlcu.*, vivir a costa/espaldas de alguien | *colpire qlcu. alle spalle*, atacar por la espalda a alguien | *ridere/parlare alle spalle di qlcu.*, reírse/hablar a espaldas de alguien | *avere molti anni sulle spalle*, tener muchos años encima | *avere sulle spalle la famiglia*, tener que mantener la familia | *tutti gli hanno voltato le spalle*, todos le volvieron la espalda | *essere con le spalle al muro*, estar entre la espada y la pared | *far da* —, hacer de soporte.
spallata *s.f.* empujón (*m.*): *abbattere una porta con una* —, derribar la puerta con un empujón.
spalleggiare *v.tr.* respaldar, ayudar, sostener*.
spalletta *s.f.* parapeto (*m.*).
spalliera *s.f.* **1** (*di sedie ecc.*) respaldo (*m.*) **2** (*di letti*) cabecera; (*ai piedi*) pies (*m.pl.*) **3** (*agr.*) espaldera **4** (*sport*) espalderas (*pl.*).
spallina *s.f.* **1** (*mil.*) charreteras **2** (*imbottita*) hombrera: *un cappotto con grosse spalline*, un abrigo con grandes hombreras **3** (*di vestito*) tirante (*m.*): *un vestito da sera con una sola* —, un traje de noche con un solo tirante.
spalluccia *s.f. nella loc.*: *fare spallucce*, encogerse* de hombros.
spalmare *v.tr.* untar, embadurnar: — *di grasso l'ingranaggio*, embadurnar con grasa el engranaje ♦ **-rsi** *v.pron.* untarse: — *la crema abbronzante sul corpo*, untarse el cuerpo con crema solar.
spalti *s.m.pl.* (*stadio*) gradería (*f.sing.*), graderío (*sing.*), gradas (*f.*).
spanare *v.tr.* trasroscar* ♦ **-rsi** *v.pron.* pasarse de rosca.
spanciare *v.intr.* **1** darse* una panzada **2** (*aer.*) encabritarse ♦ **-rsi** *v.pron. nella loc.*: — *dal ridere*, desternillarse de risa.
spanciata *s.f.* panzada.
spandere *v.tr.* **1** (*stendere*) expandir, regar* **2** (*versare*) esparcir*, verter*, derramar **3** (*fig., diffondere*) difundir ♦ **-rsi** *v.pron.* **1** esparcirse* **2** (*fig.*) difundirse.
spanna *s.f.* palmo (*m.*), cuarta | *a spanne*, a ojo.
spappolare *v.tr.* machacar*, aplastar; deshacer* ♦ **-rsi** *v.pron.* hacerse* papilla.
sparare *v.tr.* **1** disparar, tirar | *si è sparato un colpo in testa*, se pegó un tiro en la cabeza **2** (*fig.*) decir*, soltar*, contar*: *spararne una grossa*, soltarla gorda | — *a zero su qlcu.*, disparar a bocajarro ♦ *v.intr.* disparar, tirar.
sparata *s.f.* **1** (*spacconata*) farol (*m.*) **2** (*scenata*) escena, bronca.
sparato[1] *s.m.* (*abbigl.*) pechera (*f.*), plastrón.
sparato[2] *agg.* disparado, a toda pastilla: *è andato dritto — dal preside*, se fue disparado donde el director.
sparatoria *s.f.* tiroteo (*m.*); (*Amer.*) baleo (*m.*).
sparecchiare *v.tr.* quitar/levantar la mesa.
spareggio *s.m.* disparidad (*f.*); (*sport*) desempate.
spargere *v.tr.* **1** (*versare*) desparramar, esparcir*; (*lacrime*) derramar **2** (*fig.*) divulgar*, propagar*, difundir: — *una notizia*, difundir una noticia.
spargimento *s.m.* derramamiento: — *di sangue*, derramamiento de sangre.
spargipepe *s.m.* pimentero.
spargisale *s.m.* salero.
sparire *v.intr.* desaparecer*, ocultarse, desvanecerse*; (*fig., andarsene*) largarse* | *sparisci!*, ¡lárgate!
sparizione *s.f.* desaparición.
sparlare *v.intr.* hablar mal, despellejar, poner* verde, murmurar.
sparo *s.m.* disparo, tiro, balazo.
sparpagliare *v.tr.* desparramar ♦ **-rsi** *v.pron.* esparcirse*, dispersarse.
sparso *agg.* **1** (*di liquido*) derramado, vertido **2** (*disseminato*) diseminado, esparcido: *casolari sparsi nella vallata*, caseríos esparcidos en el valle | *fogli sparsi*, hojas sueltas | *foglie sparse dal vento*, hojas desparramadas por el viento | *in ordine* —, en orden abierto.
spartano *agg.*, *s.m.* espartano (*come agg. anche fig.*).
spartiacque *s.m.* **1** vertiente, divisoria (*f.*), parteaguas (*f.*) **2** (*fig.*) divergencia (*f.*).
spartineve *s.m.* quitanieves.
spartire *v.tr.* repartir, partir, dividir | *non avere niente da — con qlcu.*, no tener nada que ver con alguien.
spartito *s.m.* (*mus.*) partitura (*f.*).
spartitraffico *s.m.* guardacamino, mediana (*f.*).
spartizione *s.f.* repartición, partición.
sparuto *agg.* **1** (*magro*) flaco, chupado, esmirriado **2** (*esiguo*) reducido, limitado.
sparviero *s.m.* (*zool.*) gavilán, esparaván.
spasimante *s.m./f.* pretendiente, admirador (*m.*), galán (*m.*).
spasimare *v.intr.* **1** sufrir **2** (*fig., struggersi*) derretirse*, desvivirse | — *per qlcu.*, estar colado por alguien.
spasimo *s.m.* **1** espasmo **2** (*fig.*) anhelo; cuita (*f.*).
spasmo *s.m.* (*med.*) espasmo, contracción (*f.*); (*Amer.*) retortijón.
spasmodico *agg.* **1** espasmódico **2** (*fig.*) angustioso.
spassarsi *v.pron.* | *spassarsela*, divertirse*, pasarlo bien.
spassionato *agg.* desapasionado, imparcial, ecuánime, objetivo.

spasso *s.m.* recreo, diversión (*f.*) | *a —*, de paseo | (*fig.*) *essere a —*, estar desocupado | *mandare qlcu. a —*, mandar a paseo | *quella ragazza è uno —!*, ¡esa chica es muy divertida!
spassoso *agg.* (*di persona*) divertido, alegre, gracioso; (*di cosa*) entretenido.
spastico *s.m.* (*med.*) espástico.
spatola *s.f.* espátula.
spauracchio *s.m.* **1** espantajo, estantigua (*f.*) **2** (*fig.*) coco, terror: *quel professore è lo — degli studenti*, ese profesor es el terror de los estudiantes.
spaurire *v.tr.* asustar, atemorizar*, espantar ♦ **-rsi** *v.pron.* asutarse, espantarse.
spavalderia *s.f.* chulería, arrogancia; (*atto*) chulada.
spavaldo *agg.* jactancioso, fanfarrón, chulo.
spaventapasseri *s.m.* espantapájaros, espantajo.
spaventare *v.tr.* **1** asustar, atemorizar*, espantar **2** (*fig.*) preocupar: *il tuo progetto mi spaventa*, tu proyecto me preocupa ♦ **-rsi** *v.pron.* asustarse, sobresaltarse.
spaventevole *agg.* (*anche fig.*) espantoso.
spavento *s.m.* susto, espanto; (*paura*) miedo: *prendersi un bello —*, llevarse un buen susto.
spaventoso *agg.* **1** espantoso, aterrador, horrible, espeluznante **2** (*smisurato*) desmesurado.
spaziale *agg.* espacial: *navicella, tuta —*, cabina, escafandra espacial.
spaziare *v.tr.* espaciar ♦ *v.intr.* **1** cernerse* **2** (*fig.*) abarcar*: *lo sguardo spaziava fino al mare*, la mirada abarcaba hasta el mar; *il libro spazia dalla storia alla geografia*, el libro abarca desde la historia hasta la geografía.
spaziatore *agg.* (*anche inform.*) espaciador | *barra spaziatrice,* espaciador.
spaziatura *s.f.* (*tip.*) espaciado (*m.*).
spazientire *v.tr.* impacientar ♦ **-rsi** *v.pron.* impacientarse, ponerse* impaciente.
spazio *s.m.* **1** espacio (*anche fig.*); lugar: *fai un po' di — a tua sorella*, deja un poco de espacio para tu hermana; *occupare troppo —*, ocupar demasiado lugar **2** (*astr.*) espacio: *la conquista dello —*, la conquista del espacio **3** (*fig.*) oportunidad (*f.*), cabida (*f.*): *nel circolo trovano — persone molto diverse*, en la asociación tienen cabida personas muy diferentes; *dare — ai giovani autori*, dar oportunidad a los jóvenes autores **4** (*tempo*) lapso ■ ***spazio aereo***, espacio aéreo | ***spazio pubblicitario***, espacio publicitario; (*tv*) cuña.
spazioso *agg.* espacioso, amplio, vasto.
spazio-temporale, spaziotemporale *agg.* (*fis.*) espaciotemporal.
spazzacamino *s.m.* deshollinador, limpiachimeneas.
spazzaneve *s.m.* **1** (*aut.*) quitanieves (*f.*) **2** (*sci*) cuña (*f.*): *sciare a —*, esquiar en cuña.
spazzare *v.tr.* barrer, limpiar: *il vento ha spazzato via le nubi*, el viento ha barrido las nubes | *la rivoluzione spazzò via il vecchio regime*, la revolución acabó con el antiguo régimen.
spazzata *s.f.* barrido (*m.*).
spazzatura *s.f.* basura, inmundicia: *bidone della —*, cubo de la basura | *televisione —*, televisión basura.
spazzino *s.m.* barrendero, basurero.
spazzola *s.f.* **1** cepillo (*m.*) | *tagliare i capelli a —*, cortar el pelo al rape **2** (*aut.*) escobilla.
spazzolare *v.tr.* cepillar ♦ **-rsi** *v.pron.* cepillarse.
spazzolata *s.f.* cepillado (*m.*).
spazzolino *s.m.* cepillo: *— da denti, per unghie*, cepillo de dientes, para las uñas.
spazzolone *s.m.* fregona (*f.*).
speaker *s.m./f.* (*radio*) locutor (*m.*); (*sport*) comentarista; (*pol.*) portavoz*.
specchiarsi *v.pron.* **1** mirarse al espejo **2** (*fig.*) reflejarse; espejarse.
specchiato *agg.* ejemplar: *persona di specchiata onestà*, persona de ejemplar honradez.
specchiera *s.f.* **1** espejo (*m.*) **2** (*toletta*) tocador (*m.*).
specchietto *s.m.* **1** espejo de bolsillo | *— retrovisore*, espejo retrovisor | *— per le allodole*, espejuelo, señuelo, trampa **2** (*schema*) cuadro, esquema.
specchio *s.m.* **1** espejo | *il lago è uno —*, el lago es una balsa de aceite **2** (*schema*) cuadro, esquema.
speciale *agg.* especial; (*ricercato*) selecto ♦ *s.m.* (*tv*) reportaje, especial.
specialista *s.m./f.* especialista, experto (*m.*).
specialistico *agg.* especializado.
specialità *s.f.* **1** especialidad **2** (*prodotto locale*) producto (*m.*) típico.
specializzarsi *v.pron.* especializarse*.
specializzato *agg.* especializado: *operaio —*, oficial; *negozio —*, tienda especializada; *medico — in cardiologia,* especialista en cardiología.
specializzazione *s.f.* especialización: *corso di — post-laurea,* curso de especialización para licenciados.
specialmente *avv.* especialmente.
specie *s.f.* especie, tipo (*m.*).
specifica *s.f.* (*comm.*) lista.
specificare *v.tr.* especificar*, precisar.
specificazione *s.f.* especificación | (*gramm.*) *complemento di —*, complemento de nombre.
specificità *s.f.* especificidad.

specifico *agg.* específico, particular, especial.
specillo *s.m.* (*med.*) tienta (*f.*).
specimen *s.m.* especimen.
specioso *agg.* (*form.*) engañoso.
speculare[1] *agg.* especular.
speculare[2] *v.intr.* **1** especular, meditar **2** (*econ.*) especular, jugar*, traficar* **3** (*sfruttare*) especular, explotar.
speculativo *agg.* especulativo.
speculatore *s.m.* **1** (*econ.*) especulator **2** (*chi approfitta*) especulador, explotador.
speculazione *s.f.* **1** especulación: — *edilizia*, especulación urbanística **2** (*pol.*) jugada.
spedire *v.tr.* enviar, expedir*, remitir; despachar.
speditezza *s.f.* rapidez, celeridad.
spedito *agg.* (*veloce*) rápido; (*pronto*) expedito; (*nel parlare*) suelto ♦ *avv.* rápidamente; (*in modo spigliato*) fluidamente.
spedizione *s.f.* **1** expedición, envío (*m.*), giro (*m.*); (*trasporto*) transporte (*m.*): *la — aerea di un pacco*, el envío por avión de un paquete | *spese di* —, gastos de envío **2** (*viaggio*) expedición | — *di soccorso*, expedición de auxilio.
spedizioniere *s.m.* expedidor, expedicionero, fletador, agente de transportes, transportista.
spegnere *v.tr.* **1** apagar*, extinguir*: — *le fiamme*, extinguir las llamas **2** (*fig.*) aplacar*, amortiguar* : — *la sete*, aplacar la sed **3** apagar*: — *la luce, la televisione*, apagar la luz, la televisión ♦ **-rsi** *v.pron.* **1** apagarse*, acabarse | *si è spento il fuoco*, se ha apagado el fuego **2** (*fig.*) morir*.
spelacchiarsi *v.pron.* pelarse.
spelacchiato *agg.* pelado.
spelare *v.tr.* pelar **-rsi** *v.pron.* pelarse.
speleologia *s.f.* espeleología.
speleologo *s.m.* espeleólogo.
spellare *v.tr.* **1** (*animali*) pelar; (*fam., scorticare*) despellejar: *spellarsi le mani*, despellejarse las manos **2** (*fig., fam., chiedere prezzi esagerati*) pelar ♦ **-rsi** *v.pron.* pelarse.
spellatura *s.f.* **1** (*scuoiatura*) desolladura **2** (*escoriazione*) escoriación.
spelonca *s.f.* **1** espelunca, cueva **2** (*fig.*) tugurio (*m.*).
spendaccione *s.m.* manirroto, despilfarrador, derrochador.
spendere *v.tr.* **1** gastar, consumir: *quanto hai speso per quel quadro?*, ¿cuánto te has gastado en ese cuadro? | — *e spandere*, derrochar **2** (*fig.*) emplear: *ha speso tutte le sue energie in quel progetto*, ha empleado todas sus energías en aquel proyecto.
spendereccio *agg.* manirroto, despilfarrador, derrochador.
spennacchiato *agg.* desplumado; (*di persone*) pelón.
spennare *v.tr.* desplumar, pelar (*anche fig.*).
spennellare *v.tr.* pincelar.
spennellatura *s.f.* pincelada.
spensieratezza *s.f.* despreocupación.
spensierato *agg.* despreocupado.
spento *agg.* **1** apagado, extinto: *la radio è spenta?*, ¿la radio está apagada?; *sostavo col motore spento*, estaba parado con el motor apagado **2** (*fig.*) triste, inexpresivo, desanimado, apagado: *uno sguardo* —, una mirada inexpresiva.
spenzolare *v.tr./intr.* colgar* ♦ **-rsi** *v.pron.* asomarse peligrosamente.
sperabile *agg.* esperable.
speranza *s.f.* **1** esperanza | *senza* —, sin esperanza | — *di vita*, esperanza de vida **2** (*persona in cui si spera*) promesa.
speranzoso *agg.* esperanzado, lleno de esperanzas.
sperare *v.tr./intr.* esperar, confiar: *spero di sì, di no*, ojalá que sí, que no; — *in un miracolo*, confiar en un milagro | — *in Dio*, confiar en Dios.
sperdersi *v.pron.* perderse*.
sperequazione *s.f.* desigualdad, desproporción, desequilibrio (*m.*).
spergiurare *v.tr./intr.* perjurar, jurar en falso.
spergiuro *agg., s.m.* perjuro, perjurador/a.
spericolato *agg.* temerario, imprudente, osado.
sperimentale *agg.* experimental.
sperimentare *v.tr.* experimentar, probar* ♦ **-rsi** *v.pron.* ponerse* a prueba.
sperimentato *agg.* **1** (*esperto*) experto, experimentado **2** (*provato*) experimentado, probado.
sperimentazione *s.f.* experimentación.
sperma *s.m.* esperma.
spermatozoo *s.m.* espermatozoo.
spermicida *agg., s.m.* espermecida.
speronare *v.tr.* espolonear.
sperone *s.m.* **1** espuela (*f.*) **2** (*mar.*) espolón.
sperperare *v.tr.* derrochar, despilfarrar, malgastar, disipar: *ha sperperato una fortuna*, ha disipado una fortuna.
sperpero *s.m.* despilfarro, derroche.
spersonalizzazione *s.f.* despersonalización.
sperticarsi *v.pron.* prodigarse*: — *in lodi*, prodigarse en elogios.
sperticato *agg.* excesivo, exagerado.
spesa *s.f.* **1** gasto (*m.*); (*costo*) coste (*m.*): *spese ordinarie e straordinarie*, gastos ordinarios y extraordinarios | *coprire le spese*, cubrir gastos | *non badare a spese*, sin reparar en gastos **2** (*acquisto, compere*) compra: *far*

la —, hacer la compra | *andare a far spese*, hacer compras, ir de compras
■ ***spesa pubblica***, gasto público | ***spesa sociale***, gasto social | ***a spese altrui***, a gastos pagos, a costa ajena | ***fare le spese (di qlco.)***, sufrir las consecuencias (de algo) | ***imparare qlco. a proprie spese***, sufrir algo en sus propias carnes.
spesare *v.tr.* costear, pagar* los gastos.
spesso[1] *agg.* **1** grueso; espeso, denso: *uno — strato di vernice*, una espesa capa de pintura **2** (*folto*) tupido.
spesso[2] *avv.* a menudo, frecuentemente, muchas veces.
spessore *s.m.* **1** espesor, grosor **2** (*fig.*) contenido, profundidad (*f.*).
spettabile *agg.* distinguido, respetable | — *ditta*, muy señores míos.
spettacolare *agg.* grandioso, extraordinario, espectacular.
spettacolarizzare *v.tr.* convertir en un espectáculo.
spettacolo *s.m.* **1** espectáculo **2** (*cinem., teatr.*) función (*f.*), sesión (*f.*), pase: *andrò al primo* —, iré a la primera sesión/función; *uno — teatrale*, un espectáculo de teatro **3** (*visione*) escena (*f.*): *dovette assistere a uno — terribile*, tuvo que asistir a una escena terrible.
spettacoloso *agg.* espectacular.
spettante *agg.* debido.
spettanza *s.f.* **1** competencia, pertinencia, incumbencia **2** (*pagamento*) honorario (*m.*).
spettare *v.intr.* corresponder, incumbir, tocar*: *l'eredità mi spetta di diritto*, la herencia me toca por derecho.
spettatore *s.m.* **1** espectador **2** (*testimone*) testigo.
spettegolare *v.intr.* cotillear, chismear, chismorrear.
spettinare *v.tr.* despeinar.
spettrale *agg.* espectral: *un pallore* —, una palidez espectral.
spettro *s.m.* espectro, fantasma: *lo — della miseria*, el espectro del hambre.
spettrografia *s.f.* (*fis.*) espectrografía.
spettrometria *s.f.* (*fis.*) espectrómetro.
spettroscopia *s.f.* (*fis.*) espectroscopia.
spettroscopio *s.m.* (*fis.*) espectroscopio.
speziato *agg.* especiado.
spezie *s.f.pl.* especias.
spezzare *v.tr.* partir, romper, despedazar*, cortar ♦ **-rsi** *v.pron.* **1** romperse: *la corda si è spezzata in due*, la cuerda se ha partido en dos **2** (*fig.*) *mi si spezza il cuore a rivedere le sue foto*, se me parte el corazón al volver a ver sus fotos.
spezzatino *s.m.* (*cuc.*) guisado de carne en trocitos.
spezzettare *v.tr.* despedazar*, desmenuzar*, trocear* ♦ **-rsi** *v.pron.* dividirse, fraccionarse.
spezzone *s.m.* **1** (*cinem., tv*) clip **2** (*pezzo*) trozo, pedazo **3** (*mil.*) bomba (*f.*) rudimental.
spia *s.f.* **1** espía (*m.*); (*della polizia*) informador (*m.*), soplón (*m.*), delator (*m.*): *non fare la* —, no nos vayas a delatar | *lui faceva la* —, él era espía | (*mil.*) *aereo* —, avión espía **2** (*fig.*) indicio (*m.*), síntoma (*m.*) **3** (*segnale luminoso*) indicador (*m.*), piloto (*m.*): *la — della benzina*, el indicador del nivel de gasolina.
spiaccicare *v.tr.* aplastar, despachurrar ♦ **-rsi** *v.pron.* despachurrarse.
spiacente *agg.* dolido, mortificado | *sono* —, lo siento/lo lamento | (*comm.*) *siamo spiacenti di comunicarvi che...*, lamentamos informaros de que...
spiacere *v.intr.* desagradar; sentir*, lamentar: *mi spiace*, lo siento | *ti spiace se mi siedo qui?*, ¿te importa si me siento aquí? ♦ **-rsi** *v.pron.* dolerse*, molestarse, resentirse*.
spiacevole *agg.* desagradable, lamentable, deplorable.
spiaggia *s.f.* playa | (*fig.*) *ormai è all'ultima* —, es su última esperanza.
spianare *v.tr.* **1** (*terreni*) allanar, aplanar; (*impasto, anche fig.*) extender* | (*fig.*) — *la strada a qlcu.*, allanarle el camino a alguien **2** (*fucile*) apuntar | — *il fucile contro qlcu.*, apuntar el fusil contra alguien.
spianata *s.f.* explanada, allanamiento (*m.*).
spianatoia *s.f.* artesa.
spiano *s.m.* *nella loc.*: *a tutto* —, a lo bestia, como un animal: *lavorare a tutto* —, trabajar como un animal; *spendere a tutto* —, gastar a lo bestia.
spiantato *agg., s.m..* pobretón.
spiare *v.tr.* espiar, acechar, fisgar*: — *dal buco della serratura*, espiar por el ojo de la cerradura.
spiata *s.f.* chivatazo (*m.*): *fare una — a qlcu.*, darle el chivatazo a alguien.
spiattellare *v.tr.* airear | (*mettere*) — *qlco. sotto il naso a qlcu.*, restregar algo en la nariz de alguien.
spiazzare *v.tr.* sorprender.
spiazzo *s.m.* descampado, claro.
spiccare *v.tr.* **1** (*il volo*) emprender, levantar; (*un salto*) dar*, pegar* **2** (*dir.*) emitir, emanar ♦ *v.intr.* (*risaltare*) destacarse*, sobresalir* | *la sua bellezza spicca*, su belleza resalta.
spiccatamente *avv.* claramente.
spiccato *agg.* claro, evidente: *tendenza spiccata,* evidente tendencia.
spicchio *s.m.* **1** gajo; (*di frutta*) raja (*f.*); (*d'aglio*) diente: *a spicchi*, en gajos **2** (*porzione*) tajada (*f.*).

spicciarsi *v.pron.* darse* prisa, apresurarse: *spicciamoci!*, ¡démonos prisa!
spiccicare *v.tr.* despegar* | *non — una parola*, no decir esta boca es mía | *non spiccico una parola di francese*, no sé ni una palabra de francés.
spiccicato *agg.* idéntico, clavado: *è — (a) suo padre*, es clavado a su padre.
spiccio *agg.* listo, solícito, expeditivo | *andare per le spicce*, ir sin rodeos.
spicciolata *agg.* *nella loc.*: *alla —*, poco a poco.
spicciolo *agg.* (*denaro*) suelto, menudo ♦ *s.m.* (*spec.pl.*) suelto, calderilla (*f.*); (*Amer.*) sencillo: *ha spiccioli?*, ¿tiene suelto?; *avere in tasca solo qualche —*, tener sólo calederilla en el bolsillo.
spicco *s.m.* resalto, relieve: *una figura di — nella letteratura spagnola*, una figura de relieve en la literatura española | *fare —*, resaltar.
spider *s.m./f.* (*aut.*) spider.
spidocchiare *v.tr.* despiojar ♦ **-rsi** *v.pron.* despiojarse.
spiedino *s.m.* brocheta (*f.*).
spiedo *s.m.* (*cuc.*) asador, espetón | *pollo allo —*, pollo al asta.
spiegabile *agg.* explicable.
spiegamento *s.m.* despliegue: *— di forze*, despliegue de fuerzas.
spiegare *v.tr.* **1** explicar*, aclarar **2** (*svolgere*) desplegar*, desdoblar, desenvolver*, extender*: *una bandiera spiegata al vento*, una bandera desplegada en el viento | *a vele spiegate*, con las velas desplegadas (*anche fig.*) ♦ **-rsi** *v.pron.* explicarse*, hacerse* comprender | *mi spiego?*, ¿está claro? | *non so se mi spiego*, no sé si me entiendes.
spiegazione *s.f.* explicación; (*motivo*) razón: *la — di un atteggiamento*, la razón de una actitud.
spiegazzare *v.tr.* chafar, ajar, arrugar*.
spietato *agg.* **1** despiadado, inhumano, cruel **2** (*ostinato*) insistente | *fare una corte spietata*, cortejar insistentemente | *concorrenza spietata*, competencia encarnizada **3** (*severo*) implacable, inexorable.
spifferare *v.tr.* (*fam.*) desembuchar, pregonar, gritar a los cuatro vientos: *— tutto*, contarlo/ventilarlo todo ♦ *v.intr.* (*di aria, vento*) soplar, colarse* la corriente de aire.
spiffero *s.m.* (*da una fessura*) corriente (*f.*) de aire; (*Amer.*) chiflón.
spiga *s.f.* espiga.
spigato *agg.* (*di tessuti*) a espigas.
spighetta *s.f.* (*nastro*) trencilla.
spigliatezza *s.f.* desenvoltura.
spigliato *agg.* desenvuelto, avispado, espabilado.
spignorare *v.tr.* desembargar*, desempeñar.
spigola *s.f.* (*zool.*) lubina, róbalo (*m.*).
spigolare *v.tr.* (*anche fig.*) espigar*.
spigolo *s.m.* **1** (*mat.*) arista (*f.*) **2** (*di tavolo*) esquina (*f.*), canto **3** (*fig.*) aspereza (*f.*) | *smussare gli spigoli*, limar asperezas.
spigoloso *agg.* **1** anguloso **2** (*fig.*, *intrattabile*) intratable, áspero.
spilla *s.f.* alfiler (*m.*); (*gioiello*) broche (*m.*) | *— da balia*, imperdible (*m.*).
spillare[1] *v.tr.* enganchar; (*graffettare*) sujetar con grapas.
spillare[2] *v.tr.* (*da una botte*) sangrar, (*il vino*) espitar | (*fig.*) *— denaro*, sonsacar dinero.
spillatrice *s.f.* grapadora.
spillo *s.m.* alfiler | *— di sicurezza*, imperdible | *tacchi a —*, tacones de aguja | (*fig.*) *colpo di —*, puyazo.
spillone *s.m.* (*per cappelli*) aguja (*f.*); (*per sciarpe*) pasador.
spilluzzicare *v.tr.* picotear, picar*.
spilorceria *s.f.* tacañería.
spilorcio *agg.* tacaño, avaro, agarrado.
spilungone *s.m.* larguirucho.
spina *s.f.* **1** (*zool.*, *bot.*) espina, púa | *a — di pesce*, de espiguilla **2** (*elettr.*) enchufe (*m.*) **3** (*di botte*) espita, canilla: *birra alla —*, cerveza de barril **4** (*anat.*) *— dorsale*, espina dorsal | *— bifida*, espina bífida
■ (*fig.*) ***spina nel cuore***, punzada en el corazón | (*fig.*) ***stare sulle spine***, estar en ascuas.
spinacio *s.m.* (*bot.*) espinaca (*f.*).
spinale *agg.* espinal: *midollo —*, médula espinal.
spinare *v.tr.* (*pesci*) quitar las espinas.
spinarello *s.m.* (*zool.*) picón.
spinarolo *s.m.* (*zool.*) galludo, mielga (*f.*).
spinato *agg.* espinado, espinoso | *filo —*, alambre de púas.
spinello *s.m.* (*fam.*) porro, canuto: *farsi uno —*, fumarse un porro.
spinetta *s.f.* (*mus.*) espineta.
spingere *v.tr.* **1** empujar, impeler, impulsar: *per favore, non spingete!*, ¡por favor, no empujéis! **2** (*stimolare*) incitar, animar | (*fig.*) *— qlcu. alla disperazione*, llevar a alguien a la desesperación ♦ **-rsi** *v.pron.* empujarse; avanzar*: *si spinsero fino al confine*, avanzaron hasta la frontera.
spino *s.m.* (*bot.*) espino.
spinone *s.m.* (*cane*) grifón.
spinoso *agg.* **1** espinoso **2** (*fig.*) difícil, escabroso, peliagudo.
spinotto *s.m.* **1** (*mecc.*) cruceta (*f.*) **2** (*elettr.*) clavija (*f.*).
spinta *s.f.* **1** empujón (*m.*); impulso (*m.*) **2** (*fig.*) estímulo (*m.*), incentivo (*m.*).
spintarella *s.f.* **1** empujón (*m.*) **2** (*fig.*, *raccomandazione*) enchufe (*m.*).

spinterogeno *s.m.* (*elettr.*) magneto, delco.
spinto *agg.* **1** lanzado; proclive **2** (*scabroso*) atrevido, verderón: *barzelletta spinta*, chiste verde **3** (*estremistico*) extremista, exagerado.
spintonare *v.tr.* empujar, dar* empujones.
spintone *s.m.* (*anche fig.*) empujón.
spionaggio *s.m.* espionaje: — *industriale*, espionaje industrial.
spioncino *s.m.* mirilla (*f.*), atisbadero.
spione *s.m.* (*anche scherz.*) soplón; (*bambino*) chivato.
spionistico *agg.* de espionaje.
spiovente *agg.* colgante, pendiente, en declive; suelto ♦ *s.m.* (*di tetto*) vertiente.
spiovere *v.intr.impers.* (*smettere di piovere*) escampar, dejar de llover ♦ *v.intr.* (*sgocciolare*) caer*, deslizar*.
spira *s.f.* **1** espiral, anillo (*m.*) **2** (*elettr., fis.*) espira.
spiraglio *s.m.* **1** (*fessura*) rendija (*f.*), resquicio **2** (*di luce*) rayo, destello **3** (*fig.*) atisbo, vislumbre (*f.*) | — *di speranza*, hilo de esperanza.
spirale *s.f.* **1** espiral **2** (*fig., aumento*) escalada.
spirare[1] *v.intr.* (*morire*) expirar, morir*, fallecer*.
spirare[2] *v.tr.* (*emanare*) exhalar; emanar ♦ *v.intr.* (*di venti*) soplar.
spiritato *agg.* **1** endemoniado, poseído **2** (*fig., irrequieto*) travieso.
spiritico *agg.* espirtista | *seduta spiritica*, sesión de espiritismo.
spiritismo *s.m.* espiritismo.
spiritista *s.m./f.* espiritista.
spirito[1] *s.m.* **1** espíritu, (*anima*) alma (*f.*) | (*relig.*) *lo Spirito Santo*, el Espiritu Santo **2** (*attitudine*) aptitud (*f.*), ánimo: *avere — pratico*, tener espíritu práctico, ser práctico **3** (*umorismo*) humor, sentido del humor: *dimostrare una buona presenza di —*, demostrar presencia de ánimo | *motto di —*, chiste **4** (*fantasma*) espíritu, fantasma
■ ***spirito di squadra***, espíritu de equipo | ***fare dello spirito***, ser gracioso, contar chistes.
spirito[2] *s.m.* alcohol | *ciliegie sotto —*, cerezas en alcohol.
spiritosaggine *s.f.* gracia, agudeza, bufonería.
spiritoso *agg.* gracioso, chistoso, bromista; ingenioso.
spirituale *agg.* espiritual.
spiritualismo *s.m.* (*filos.*) espiritualismo.
spiritualista *agg., s.m./f.* (*filos.*) espiritualista.
spiritualità *s.f.* espiritualidad.
spiritualizzare *v.tr.* espiritualizar*.
spiritualmente *avv.* espiritualmente.
spiumare *v.tr.* **1** desplumar **2** (*fig.*) desplumar, pelar.
spizzicare *v.tr.* picotear.
spizzico *s.m.* *nella loc.*: *a spizzichi*, poco a poco.
splendente *agg.* brillante, resplandeciente.
splendere *v.intr.* resplandecer*, brillar, lucir*.
splendido *agg.* espléndido, magnífico; (*che splende*) resplandeciente.
splendore *s.m.* (*anche fig.*) brillo, esplendor
spocchia *s.f.* (*fam.*) jactancia.
spocchioso *agg.* engreído.
spodestare *v.tr.* destronar, desposeer, deponer*.
spoglia *s.f.* despojo (*m.*) | *sotto mentite spoglie*, bajo falsa apariencia.
spogliare *v.tr.* despojar (*anche fig.*), desnudar, desvestir* ♦ **-rsi** *v.intr.* **1** desvestirse*, desnudarse **2** (*privarsi*) desprenderse, privarse.
spogliarellista *s.m./f.* estriptista.
spogliarello *s.m.* streptease, estriptis.
spogliatoio *s.m.* probador; (*guardaroba*) guardarropa; (*camerino*) vestuario: *la squadra è ancora negli spogliatoi*, el equipo está todavía en los vestuarios.
spoglio *agg.* desnudo, pelado; (*di albero*) deshojado ♦ *s.m.* recopilación (*f.*), clasificación (*f.*); (*dei voti*) escrutinio; (*della posta*) despacho.
spola *s.f.* (*tecn.*) canilla, lanzadera | *fare la — tra Santiago e Valparaiso*, ir y venir entre Santiago y Valparaíso.
spoletta *s.f.* **1** (*di filo*) canilla **2** (*di proiettili*) espoleta.
spoliazione *s.f.* expoliación.
spoliticizzare *v.tr.* despolitizar* ♦ **-rsi** *v.pron.* despolitizarse*.
spoliticizzazione *s.f.* despoliticización.
spolmonarsi *v.pron.* desgañitarse.
spolpare *v.tr.* **1** descarnar | — *un osso*, descarnar un hueso **2** (*fig., fam.*) desplumar, pelar.
spolverare *v.tr.* **1** quitar el polvo, desempolvar **2** (*cospargere*) espolvorear.
spolverata *s.f.* **1** espolvoreo (*m.*) **2** (*spruzzata*) rociada.
spolverino[1] *s.m.* (*soprabito*) sobretodo.
spolverino[2] *s.m.* (*per zucchero ecc.*) espolvoreador.
spolverizzare *v.tr.* espolvorear.
spolvero *s.m.* (*pitt.*) espolvoreo.
spompare *v.tr.* (*fam.*) extenuar*, agotar; (*mentalmente*) desanimar ♦ **-rsi** *v.pron.* (*fam.*) extenuarse*, agotarse.
spompato *agg.* extenuado, agotado; (*scoraggiato*) desanimado.
sponda *s.f.* **1** ribera, orilla: *le sponde del Guadalquivir*, las riberas del Guadalquivir **2** (*bordo*) borde (*m.*).
sponsali *s.m.pl.* (*lett.*) esponsales.
sponsor *s.m.* espónsor.

sponsorizzare *v.tr.* patrocinar, esponsorizar*.
sponsorizzazione *s.f.* esponsorización.
spontaneamente *avv.* **1** espontáneamente **2** (*con naturalezza*) naturalmente.
spontaneità *s.f.* espontaneidad, naturalidad.
spontaneo *agg.* espontáneo, natural; (*istintivo*) instintivo.
spopolamento *s.m.* despoblación (*f.*).
spopolare *v.tr.* despoblar* ♦ *v.intr.* (*fam.*) (*avere successo*) tener* éxito ♦ **-rsi** *v.pron.* despoblarse*.
spora *s.f.* (*bot., biol.*) espora.
sporadicità *s.f.* discontinuidad.
sporadico *agg.* esporádico.
sporcaccione *agg., s.m.* guarro.
sporcare *v.tr.* ensuciar (*anche fig.*), manchar | (*fig.*) — *la reputazione*, desprestigiar ♦ **-rsi** *v.pron.* ensuciarse, embadurnarse.
sporcizia *s.f.* porquería, suciedad, mugre.
sporco *agg.* **1** sucio (*anche fig.*) | *denaro* —, dinero sucio **2** (*sconcio*) obsceno, verde: *una barzelletta sporca*, un chiste verde ♦ *s.m.* mugre (*f.*): *togliere macchie di — dai pantaloni*, quitar las manchas de mugre de los pantalones.
sporgente *agg.* sobresaliente, protuberante; (*di occhi*) saltón.
sporgenza *s.f.* protuberancia, saliente (*m.*), resalto (*m.*).
sporgere *v.tr.* **1** (*il capo*) asomar | *sporse un braccio per salutare*, sacó el brazo para saludar **2** (*dir.*) presentar: — *querela*, presentar querella, demandar ♦ *v.intr.* sobresalir*, resaltar ♦ **-rsi** *v.pron.* asomarse: *non sporgerti dal davanzale*, no te asomes al balcón.
sport *s.m.* deporte | *fare* —, practicar deporte.
sporta *s.f.* espuerta, capacho (*m.*), cesta.
sportello *s.m.* **1** (*aut.*) puerta (*f.*), portezuela (*f.*) **2** (*di uffici*) ventanilla (*f.*); (*per biglietti*) taquilla (*f.*) | (*banc.*) — *automatico*, cajero automático.
sportivamente *avv.* **1** deportivamente: *l'ha presa* —, se lo ha tomado deportivamente **2** (*vestire*) informalmente.
sportivo *agg.* deportivo ♦ *s.m.* deportista (*m./f.*).
sposa *s.f.* esposa; (*nella cerimonia di nozze*) novia | *promessa* —, prometida | *vestito da* —, traje de novia.
sposalizio *s.m.* casamiento, boda (*f.*), nupcias (*f.pl.*).
sposare *v.tr.* **1** desposar, casarse (con) **2** (*fig.*) abrazar*: — *una causa*, abrazar una causa ♦ **-rsi** *v.pron.* casarse: — *in chiesa, civilmente*, casarse por la iglesia, por lo civil.
sposato *agg.* casado.
sposina *s.f.* (*giovane sposa*) esposa joven; (*donna appena sposata*) recién casada.
sposini *s.m.pl.* recién casados.
sposo *s.m.* esposo, marido; (*nella cerimonia di nozze*) novio | *evviva gli sposi!*, ¡vivan los novios!
spossante *agg.* agotador, extenuante.
spossare *v.tr.* cansar, fatigar*, agotar, extenuar*.
spossatezza *s.f.* cansancio (*m.*), agotamiento (*m.*).
spossato *agg.* cansado, agotado.
spossessare *v.tr.* desposeer.
spostamento *s.m.* **1** traslado, cambio, desplazamiento **2** (*rinvio*) postregación (*f.*).
spostare *v.tr.* **1** trasladar, cambiar, desplazar*, mudar de sitio **2** (*nel tempo*) diferir*, posponer*, postergar ♦ **-rsi** *v.pron.* moverse*, correrse: *spostati verso destra!*, ¡córrete hacia la derecha!
spot *s.m.* spot, espot, anuncio publicitario; (*tv*) cuña (*f.*).
spranga *s.f.* barra, tranca.
sprangare *v.tr.* atrancar*.
spray *s.m.* espray, atomizador | *una crema* —, una crema espray.
sprazzo *s.m.* **1** (*di luce*) haz*, destello (*anche fig.*) | — *di speranza*, atisbo de esperanza **2** (*di liquido*) salpicadura (*f.*).
sprecare *v.tr.* desperdiciar, derrochar, despilfarrar, malgastar; (*non utilizzare*) perder* | — *il fiato*, gastar saliva | *con lui sprechi il tuo tempo*, con él pierdes tu tiempo ♦ **-rsi** *v.pron.* desperdiciarse | (*iron.*) *si è sprecato a chiamarmi*, se ha dignado llamarme.
sprecato *agg.* malgastado, derrochado, desperdiciado: *soldi sprecati*, dinero despilfarrado.
spreco *s.m.* derroche, despilfarro, desperdicio, dispendio: *ridurre gli sprechi energetici*, reducir el derroche energético.
sprecone *agg., s.m.* derrochador, manirroto, despilfarrador.
spregevole *agg.* despreciable, vil, ruín, rastrero.
spregiativo *agg.* despectivo, despreciativo ♦ *s.m.* (*ling.*) peyorativo.
spregio *s.m.* desprecio, menosprecio: *fare uno* —, hacer un desaire.
spregiudicatezza *s.f.* desaprensión, falta de escrúpulos, falta de prejuicios.
spregiudicato *agg.* desvergonzado, fresco, desaprensivo.
spremere *v.tr.* (*far uscire*) sacar*; (*frutta*) exprimir | — *soldi ai genitori*, estrujar a los padres | (*fig.*) *spremersi le meningi*, devanarse los sesos.
spremiagrumi *s.m.* exprimidor, exprimidera (*f.*).
spremilimoni *s.m.* exprimelimones.
spremitura *s.f.* **1** prensa; (*di olive*) moledura **2** (*succo*) jugo (*m.*), zumo (*m.*).

spremuta *s.f.* zumo (*m.*), jugo (*m.*): *una — di pompelmo*, un zumo de toronja.
spretarsi *v.pron.* colgar* los hábitos.
spretato *agg.* que ha colgado los hábitos.
sprezzante *agg.* desdeñoso, despreciativo, despectivo.
sprezzare *v.tr.* desdeñar, despreciar.
sprezzo *s.m.* desprecio, desdén; menosprecio.
sprigionamento *s.m.* emisión (*f.*): *— di gas*, emisión de gas.
sprigionare *v.tr.* **1** desencarcelar, soltar*, emanar: *— calore*, emanar calor **2** (*fig.*) despedir*, emanar, exhalar ♦ **-rsi** *v.pron.* irradiar, emitir, desprender | *le fiamme si sprigionavano dal tetto*, las llamas salían por el techo.
sprimacciare *v.tr.* mullir.
sprint *s.m.* sprint, esprin.
sprizzare *v.tr./intr.* brotar, manar: *l'acqua sprizzava dalla sorgente*, el agua brotaba del manantial | *— scintille*, lanzar chispas | (*fig.*) *— allegria*, rebosar de alegría | *— salute da tutti i pori*, estar rebosante de salud.
sprizzo *s.m.* **1** chorro: *sprizzi di fango*, salpicaduras de fango **2** (*fig.*) destello, chispa (*f.*): *un breve — di gioia*, una breve chispa de alegría.
sprofondamento *s.m.* hundimiento.
sprofondare *v.intr.* **1** hundir, precipitar; arrojar: *i cavalli sprofondavano nella neve*, los caballos se atascaban en la nieve | *— nel sonno*, caer en el sueño; *— nella disperazione*, precipitar en la desesperación | *— dalla vergogna*, morirse de vergüenza **2** (*mar.*) irse* a pique ♦ **-rsi** *v.pron.* (*fig.*) (*immergersi*) abstraerse*, ensimismarse, enfrascarse*: *si sprofondò nella lettura*, se ensimismó en la lectura.
sproloquio *s.m.* vaniloquio, párrafo, parrafeo.
spronare *v.tr.* **1** espolear **2** (*fig.*) incitar, estimular.
sprone *s.m.* **1** espuela (*f.*), espolón | *a spron battuto*, a toda rienda **2** (*fig.*) estímulo, acicate, empuje.
sproporzionato *agg.* desproporcionado; (*esagerato*) exagerado.
sproporzione *s.f.* desproporción, diferencia.
spropositato *agg.* **1** disparatado; (*sproporzionato*) desproporcionado; (*eccessivo*) excesivo, desmesurado, enorme **2** (*sbagliato*) desatinado.
sproposito *s.m.* **1** disparate, despropósito, desatino | *dire, commettere uno —*, decir, hacer un disparate | *a —*, a destiempo **2** (*gran quantità*) barbaridad (*f.*).
sprovveduto *agg.* desprevenido, inocente, ingenuo, incauto.
sprovvisto *agg.* desprovisto, falto, carente; (*di negozio*) desabastecido, desguarnecido | *alla sprovvista*, de/por sorpresa.
spruzzare *v.tr.* salpicar*, rociar; (*un profumo*) vaporizar*.
spruzzata *s.f.* salpicadura, rociada: *una — di vodka*, una rociada de vodka.
spruzzatore *s.m.* pulverizador, vaporizador, atomizador, rociador.
spruzzo *s.m.* rociada (*f.*), pulverización (*f.*), salpicadura (*f.*), chorro.
spudoratezza *s.f.* desvergüenza, descaro (*m.*).
spudorato *agg.* desvergonzado, impúdico, descarado.
spugna *s.f.* esponja (*anche fig.*) | *dare un colpo di —*, pasar la esponja | *gettare la —*, tirar la toalla | *bere come una —*, beber como una esponja.
spugnatura *s.f.* lavado, secado con la esponja.
spugnosità *s.f.* esponjosidad.
spugnoso *agg.* esponjoso.
spulciare *v.tr.* **1** espulgar* **2** (*fig., controllare*) escudriñar ♦ **-rsi** *v.pron.* espulgarse*.
spuma *s.f.* **1** espuma **2** (*cuc.*) mousse, espuma
spumante *s.m.* cava (*f.*), vino espumoso.
spumeggiante *agg.* **1** espumoso, espumeante **2** (*fig.*) chispeante: *atmosfera —*, atmósfera chispeante.
spumeggiare *v.intr.* espumar.
spumoso *agg.* espumoso.
spunta *s.f.* (*comm., segno di verifica*) punteo (*m.*).
spuntare[1] *v.tr.* **1** (*una matita*) despuntar **2** (*i capelli*) recortar **3** (*superare*) lograr | *è riuscito a spuntarla*, ha conseguido salirse con la suya ♦ *v.intr.* **1** (*sorgere*) levantar, salir*: *appena spunterà il sole*, en cuanto salga el sol | *allo — del giorno*, al amanecer | *gli è spuntato un dentino*, le ha salido un diente **2** (*mostrarsi all'improvviso*) aparecer* de pronto: *spuntò da dietro l'angolo*, apareció por detrás de la esquina **3** (*dei fiori*) brotar.
spuntare[2] *v.tr.* (*una lista*) controlar, verificar*, puntear.
spuntata *s.f.* (*regolata*) recorte (*m.*).
spuntato *agg.* (*senza punta*) despuntado.
spuntino *s.m.* tentempié, piscolabis, (*Amer.*) puntal.
spunto *s.m.* **1** idea (*f.*), punto de partida: *quell'esperienza fu lo — per il suo racconto*, esa experiencia fue la idea para su cuento | *prendere — da*, inspirarse en **2** (*occasione*) ocasión (*f.*), motivo; *dare lo —*, dar pie, sugerir* **3** (*mus.*) entrada.
spuntone *s.m.* **1** (*di metallo*) punta (*f.*) **2** (*di roccia*) espolón.
spupazzare *v.tr.* **1** (*fam., bambini*) mimar **2** (*intrattenere controvoglia*) entretener* ♦

-rsi *v.pron.* (*fam., amoreggiare*) hacerse* carantoñas.
spurgare *v.tr.* purgar*.
spurgo *s.m.* purga (*f.*).
spurio *agg.* espurio.
sputacchiare *v.intr.* escupir.
sputacchiera *s.f.* escupidera.
sputare *v.tr./intr.* escupir | — *il rospo*, desembuchar, confesar | (*fig.*) — *sangue*, sudar sangre | (*fig.*) — *su qlco.*, despreciar algo.
sputato *agg.* (*fam.*) *nella loc.*: *essere qlcu.* —, ser clavado a alguien: *è suo nonno* —, es clavado a su abuelo.
sputo *s.m.* escupitajo, esputo, salivazo, (*Amer.*) escupida (*f.*) | *tenuto con lo* —, prendido con alfileres.
sputtanamento *sm.* (*volg.*) descrédito.
sputtanare *v.tr.* (*volg.*) joder, jorobar: — *qlcu.*, hacer quedar mal a alguien | *si è sputtanato*, quedó por los suelos.
squadra[1] *s.f.* (*tecn., geom.*) escuadra.
squadra[2] *s.f.* (*sport*) equipo (*m.*).
squadrare *v.tr.* **1** escuadrar **2** (*fig.*) medir*, observar: — *qlcu. da capo a piedi*, observar a uno de pies a cabeza.
squadrato *agg.* escuadrado.
squadriglia *s.f.* (*mar., aer.*) escuadrilla.
squadrista *s.m./f.* miembro (*m.*) de un grupo fascista paramilitar.
squadrone *s.m.* (*mil.*) escuadrón.
squagliare *v.tr.* derretir*, deshacer* ♦ **-rsi** *v.pron.* derretirse*, licuefarse | *squagliarsela*, escabullirse.
squalifica *s.f.* descalificación.
squalificare *v.tr.* descalificar*, desautorizar* ♦ **-rsi** *v.pron.* desacreditarse, descalificarse*.
squalificato *agg.* **1** (*screditato*) desacreditado **2** (*sport*) descalificado.
squallido *agg.* escuálido, triste, desolado, gris, mísero.
squallore *s.m.* escualidez* (*f.*), sordidez* (*f.*), miseria (*f.*), desolación (*f.*); (*abbandono*) dejadez* (*f.*).
squalo *s.m.* (*zool.*) tiburón.
squama *s.f.* escama.
squamare *v.tr.* escamar.
squamoso *agg.* escamoso.
squarciagola, a *loc.avv.* a grito pelado | *gridare* —, desgañitarse.
squarciare *v.tr.* desgarrar, rasgar*, lacerar ♦ **-rsi** *v.pron.* desgarrarse, rasgarse*.
squarcio *s.m.* desgarro, rasgón, laceración (*f.*); (*ferita*) herida (*f.*).
squartare *v.tr.* descuartizar*.
squassare *v.tr.* sacudir.
squattrinato *agg.* pelado, sin dinero, pobretón.
squilibrare *v.tr.* desequilibrar.
squilibrio *s.m.* desequilibrio.
squillante *agg.* **1** (*rumore*) estridente, agudo, chillón **2** (*di colore*) chillón, vivo.
squillare *v.intr.* (*del telefono*) sonar*; (*di un grido*) resonar*.
squillo *agg.*, *s.f.* (*ragazza*) prostituta ♦ *s.m.* timbre, timbrazo, toque, sonido | *fare uno* —, dar un toque/timbrazo/cuelga.
squinternato *agg.* **1** (*di libri*) desencuadernado **2** (*di persone*) desequilibrado, excéntrico ♦ *s.m.* (*fam.*) loco, chiflado.
squisitamente *avv.* **1** (*in modo squisito*) exquisitamente **2** (*tipicamente*) típicamente, esencialmente.
squisitezza *s.f.* exquisitez*.
squisito *agg.* exquisito (*anche fig.*), delicioso, delicad
squittio *s.m.* chillido (*di uccelli*) trino.
squittire *v.intr.* chillar; (*di uccelli*) trinar.
sradicamento *s.m.* **1** desarraigo; (*di erbacce*) arrancamiento **2** (*fig., di persone*) desarraigo.
sradicare *v.tr.* desarraigar*, extirpar (*anche fig.*).
sragionare *v.intr.* disparatar, desvariar*.
sregolatezza *s.f.* **1** desorden (*m.*), exceso (*m.*) **2** (*comportamento*) desvario (*m.*), intemperancia.
sregolato *agg.* **1** desordenado, excesivo: *essere — nel bere,* exceder con la bebida **2** (*dissoluto*) desenfrenado: *condurre una vita sregolata,* llevar una vida desenfrenada.
srotolare *v.tr.* desenrollar ♦ **-rsi** *v.pron.* desenrollarse.
stabile *agg.* estable, fijo ♦ *s.m.* inmueble, bloque de pisos, edificio.
stabilimento *s.m.* establecimiento, fábrica (*f.*) | — *balneare*, balneario.
stabilire *v.tr.* (*rendere stabile*) fijar, establecer*; (*decidere*) decidir: — *la residenza, il prezzo*, fijar la residencia, el precio | (*sport*) — *un record*, establecer una marca/un récord ♦ **-rsi** *v.pron.* establecerse*, instalarse, radicarse*.
stabilità *s.f.* estabilidad.
stabilizzare *v.tr.* estabilizar* ♦ **-rsi** *v.pron.* estabilizarse*.
stabilizzatore *s.m.* estabilizador.
stabilizzazione *s.f.* estabilización.
stabilmente *avv.* establemente, permanentemente.
stacanovismo *s.m.* estajanovismo.
stacanovista *s.m./f.* estajanovista.
staccare *v.tr.* **1** separar, desprender, despegar* | — *un assegno*, extender un cheque **2** (*scollare*) despegar*: *stacca quell'adesivo dalla porta!*, ¡despega esa pegatina de la puerta! **3** (*slegare, anche fig.*) desatar, soltar*: — *i buoi dal carro*, desenganchar los

bueyes del carro **4** (*un quadro, il telefono*) descolgar* **5** (*elettr.*) desconectar: *— la corrente*, cortar/desconectar la corriente **6** (*scostare*) alejar, retirar: *— il tavolo dalla parete*, alejar la mesa de la pared **7** (*sport*) distanciar ♦ *v.intr.* **1** resaltar, destacarse* **2** (*fam., terminare di lavorare*) parar, desconectar, salir* del trabajo ♦ **-rsi** *v.pron.* **1** desprenderse, despegarse*: *il bottone della giacca si è staccato*, el botón de la chaqueta se ha desprendido; *l'aereo si staccò da terra*, el avión despegó **2** (*allontanarsi*) alejarse, apartarse; (*separarsi*); separarse: *ha dovuto — dalla famiglia*, tuvo que separarse de la famiglia.

staccionata *s.f.* **1** empalizada **2** (*nell'equitazione*) valla.

stacco *s.m.* **1** separación (*f.*) **2** (*interruzione*) pausa (*f.*): *— musicale*, sintonía/pausa musical; *— pubblicitario*, pausa publicitaria **3** (*colore*) contraste.

stadera *s.f.* balanza romana.

stadio *s.m.* **1** estadio **2** (*di un processo*) fase (*f.*).

staff *s.m.* (*insieme dei collaboratori*) plantilla (*f.*), personal; (*gruppo di lavoro*) equipo.

staffa *s.f.* **1** estribo (*m.*) | *perdere le staffe*, perder los estribos **2** (*mecc.*) abrazadera.

staffetta *s.f.* **1** estafeta **2** (*sport*) carrera de relevos.

staffettista *s.m./f.* (*sport*) relevista.

staffilare *v.tr.* (*anche fig.*) azotar.

staffilata *s.f.* **1** azote (*m.*) **2** (*fig., critica*) pulla.

staffile *s.m.* látigo.

staffilococco *s.m.* estafilococo.

stage *s.m.* periodo de prácticas, formación (*f.*).

stagionale *agg.* de la estación, de temporada, estacional | *lavoratori stagionali*, trabajadores temporales/de temporada ♦ *s.m./f.* temporero (*m.*).

stagionare *v.tr.* (*insaccati, formaggi*) curar; (*vini*) añejar, envejecer*; (*legno*) curar, secar* ♦ *v.intr.* madurar, curarse.

stagionato *agg.* **1** curado, sazonado: *vino — nelle botti*, vino añejado en barriles **2** (*fig.*) maduro.

stagionatura *s.f.* (*di legno*) maduración; (*di formaggi*) curado (*m.*); (*di vini*) añejado (*m.*).

stagione *s.f.* **1** estación, temporada | *mezza —*, entretiempo | *di —*, del tiempo: *frutta di —*, fruta del tiempo/de temporada; *malattie di —*, enfermedades estacionales **2** (*periodo*) temporada | *fuori —*, fuera de temporada | *bassa, alta —*, temporada baja, alta | *— degli amori*, época de celo.

stagista *s.m./f.* estudiante en prácticas, becario (*m.*).

stagliarsi *v.pron.* destacarse*, resaltar, recortarse.

stagnante *agg.* (*anche fig.*) estancado: *acqua —*, agua estancada.

stagnare[1] *v.tr.* (*rivestire con stagno*) estañar.

stagnare[2] *v.intr.* (*di liquido*) estancarse*, embalsarse, remansarse.

stagnatura *s.f.* estañado (*m.*).

stagnazione *s.f.* (*anche econ.*) estancamiento (*m.*).

stagnino *s.m.* (*region.*) estañador.

stagno[1] *agg.* estanco | *compartimento —*, compartimiento estanco.

stagno[2] *s.m.* (*laghetto*) charca (*f.*), estanque, pantano.

stagno[3] *s.m.* (*chim.*) estaño.

stagnola *s.f.* papel (*m.*) de aluminio, de estaño.

staio *s.m.* fanega (*f.*).

stalagmite *s.f.* estalagmita.

stalattite *s.f.* estalactita.

stalinismo *s.m.* (*pol.*) estalinismo.

stalinista *agg., s.m./f.* (*pol.*) estalinista.

stalla *s.f.* establo (*m.*); (*per cavalli*) cuadra, caballeriza.

stallatico *s.m.* (*concime*) majada (*f.*).

stalliere *s.m.* mozo de cuadra, caballerizo.

stallo *s.m.* **1** (*sedile*) asiento **2** (*fig.*) punto muerto | *le trattative sono in —*, las tratativas están en un punto muerto.

stallone *s.m.* semental; (*Amer.*) padrillo.

stamani, stamane *avv.* esta mañana.

stamattina *avv.* esta mañana, hoy por la mañana.

stambecco *s.m.* (*zool.*) cabra (*f.*) montesa, íbice.

stamberga *s.f.* (*tugurio*) cuchitril (*m.*), tugurio (*m.*); (*stanza squallida*) cuartucho (*m.*).

stame *s.m.* (*bot.*) estambre.

stamigna, stamina *s.f.* (*tessuto*) estameña.

staminale *agg.* (*biol.*) estaminal.

stampa *s.f.* **1** (*tip., foto.*) imprenta, impresión | *errore di —*, errata, error (*m.*) de imprenta | *notizie fresche di —*, últimas noticias **2** (*giornali*) prensa: *— scandalistica*, prensa amarilla/sensacionalista | *conferenza —*, rueda de prensa | *ufficio —*, gabinete de prensa | *tribuna —*, tribuna de prensa | *un comunicato —*, comunicado de prensa | *libertà di —*, libertad de prensa **3** (*riproduzione*) grabado (*m.*), estampa **4** (*pl., materiale stampato*) impresos (*m.*).

stampaggio *s.m.* **1** (*di metalli*) modelo **2** (*coniatura*) estampación (*f.*), cuño.

stampante *s.f.* (*inform.*) impresora | *— laser*, impresora láser.

stampare *v.tr.* **1** imprimir; (*su tessuto*) estampar **2** (*fig.*) grabar: *parole stampate nella memoria*, palabras grabadas en la memoria.

stampata *s.f.* (*inform.*) listado (*m.*).
stampatello *s.m.* letra (*f.*) de molde: *scrivere in —*, escribir en letras de molde.
stampato *agg.* impreso; (*di tessuto*) estampado: *maglietta con un disegno —*, camiseta con un dibujo estampado ♦ *s.m.* (*modulo*) impreso, formulario.
stampatore *s.m.* impresor.
stampatrice *s.f.* (*tip., foto.*) impresora.
stampella *s.f.* **1** muleta **2** (*appendiabiti*) percha.
stamperia *s.f.* imprenta, tipografía.
stampigliare *v.tr.* estampillar.
stampigliatura *s.f.* estampillado (*m.*).
stampino *s.m.* **1** plantilla (*f.*) **2** (*punzone*) lezna (*f.*) **3** (*cuc.*) molde.
stampo *s.m.* **1** (*cuc.*) molde **2** (*tecn.*) matriz* (*f.*); (*tip.*) cliché | (*fig.*) *fatto con lo —*, cortado con el mismo patrón/con la misma tijera | *di vecchio —*, de la vieja escuela.
stanare *v.tr.* **1** hacer* salir, sacar* de la madriguera, desemboscar* **2** (*fig.*) desvelar, desanidar: *hanno stanato i colpevoli*, han desanidado a los culpables.
stanca *s.f.* **1** (*di maree*) repunte (*m.*) **2** (*fig.*) estancamiento (*m.*).
stancamente *avv.* cansinamente.
stancare *v.tr.* cansar, fatigar*; (*stremare*) agotar; (*annoiare*) aburrir; (*infastidire*) fastidiar ♦ **-rsi** *v.pron.* cansarse, fatigarse*, hartar, aburrirse: *leggere mi stanca*, leer me aburre.
stanchezza *s.f.* cansancio (*m.*), fatiga.
stanco *agg.* **1** cansado, fatigado, exhausto | *essere — di qlco.*, estar harto de algo | *— morto*, reventado, hecho polvo **2** (*fig., esaurito*) agotado.
stand *s.m.* pabellón, stand.
standardizzare *v.tr.* estandardizar*, unificar*; (*uniformare*) uniformar: *— le opinioni*, uniformar las opiniones.
standardizzato *agg.* estandarizado.
standardizzazione *s.f.* estandarización.
standista *s.m./f.* (*titolare*) expositor (*m.*); (*addetto*) encargado (*m.*) del stand.
stanga *s.f.* tranca, barra, listón (*m.*).
stangare *v.tr.* (*fam.*) **1** (*far pagare eccessivamente*) clavar **2** (*bocciare*) catear.
stangata *s.f.* **1** trancazo (*m.*), golpe (*m.*) **2** (*fig.*) palo (*m.*), hachazo (*m.*), aumento (*m.*): *la — fiscale*, el hachazo fiscal **3** (*calcio, tiro rapido*) chut (*m.*), (*gerg.*) chupinazo.
stanghetta *s.f.* **1** (*di occhiali*) patilla **2** (*di serrature*) pestillo (*m.*) **3** (*mus.*) compás (*m.*).
stanotte *avv.* esta noche.
stante *agg. nelle loc.*: *a sé —*, independiente | *seduta —*, de immediato, acto seguido.
stantio *agg.* **1** pasado, rancio; (*di pane*) duro **2** (*ammuffito*) mohoso.
stantuffo *s.m.* (*mecc.*) émbolo, pistón.
stanza *s.f.* **1** habitación, cuarto (*m.*) | *— da letto*, dormitorio | *— da pranzo*, comedor **2** (*lett.*) estancia, estrofa.
stanziale *agg.* **1** (*di uccelli*) sedentario **2** (*mil.*) permanente.
stanziamento *s.m.* **1** (*sistemazione*) asentamiento, establecimiento **2** (*econ.*) partida (*f.*), asignación (*f.*): *— di denaro*, asignación de dinero.
stanziare *v.tr.* (*erogare*) asignar, destinar: *— denaro per i poveri*, destinar dinero para los pobres | *— una legge*, decretar una ley ♦ **-rsi** *v.pron.* establecerse*.
stanzino *s.m.* cuartito; (*ripostiglio*) trastero; (*spogliatoio*) vestidor.
stappare *v.tr.* destapar, destaponar, descorchar.
stare *v.intr.* **1** (*essere*) estar*, hallarse: *stava seduto in disparte*, estaba sentado apartado | *— da solo, in compagnia*, estar solo, en compañía **2** (*restare*) quedarse, permanecer*: *stai fermo qui*, quédate aquí quieto; *stette un mese da me*, se quedó un mes en mi casa; *— a destra*, estar a la derecha; *siamo state a chiacchierare per due ore*, estuvimos charlando durante dos horas | *staremo a vedere*, ya veremos | *sta' zitto!*, ¡cállate! **3** (*andare*) ir*, estar*: *sei mai stato in Andalusia?*, ¿has estado alguna vez en Andalucía? **4** (*azione imminente*) *— per* (+ *inf.*), estar* a punto de (+ *inf.*), estar para (+ *inf.*): *sta per piovere*, está a punto de llover **5** (*forma progressiva*) *—* (+ *ger.*), estar* (+*ger.*): *sto ascoltando il giornale radio*, estoy escuchando el boletín informativo **6** (*abitare, vivere*) vivir, habitar: *sta a Torino*, vive en Turín | *non posso — senza di te*, no puedo vivir sin ti **7** (*di salute, aspetto, comodità ecc.*) estar*: *come stai?*, ¿qué tal estás?; *— bene, male*, estar bien, mal **8** (*constare*) consistir: *in questo sta il problema*, en eso consiste el problema | *se le cose stanno così, ce ne andiamo*, tal como están las cosas, nos marchamos **9** (*spettare*) tocar*: *non sta a me dirglielo*, no me toca a mí decírselo **10** (*starci, entrarci, essere contenuto*) caber*: *è troppo grande: non ci sta*, es demasiado grande: no cabe; *siediti qui: ci stai anche tu!*, siéntate aquí: cabes tú también **11** (*starci, essere d'accordo*) estar* de acuerdo **12** (*abbigl.*) sentar*: *come mi sta?*, ¿cómo me sienta? **13** (*mat.*) estar*: *il 3 nel 9 (ci) sta tre volte*, 3 está en 9 tres veces; *2 sta a 4 come 5 sta a 10*, 2 está a 4 como 5 está a 10 ■ ***lasciami stare!***, ¡déjame en paz! | ***stare a***, atenerse: *— ai fatti*, atenerse a los hechos | ***stare allo scherzo***, aguantar las bromas | ***gli sta bene/ben gli sta!***, ¡se lo merece! | ***non stare né in cielo né in terra***, no tener ni pies ni cabeza | ***non stare in sé dalla gioia***, no ca-

ber en sí de gozo | ***stando alle sue parole***, según dice | ***stando così le cose***, tal como están las cosas | ***sta di fatto che***, el hecho es que.
starna *s.f.* (*zool.*) perdiz*.
starnazzare *v.intr.* **1** aletear **2** (*fig., scherz.*) vocear.
starnutire *v.intr.* estornudar.
starnuto *s.m.* estornudo.
starter *s.m.* **1** (*sport*) juez* de salida **2** (*aut.*) estárter.
stasera *avv.* esta noche, esta tarde.
stasi *s.f.* **1** (*med.*) éstasis **2** (*fig.*) estancamiento (*m.*).
statale *agg.* estatal, gubernamental, público ♦ *s.m.* (*impiegato*) funcionario ♦ *s.f.* (*strada*) carretera nacional.
statalismo *s.m.* (*pol.*) estatalismo.
statalista *s.m./f.* (*pol.*) estatalista, centralista.
statalizzare *v.tr.* nacionalizar*.
statalizzazione *s.f.* nacionalización.
statica *s.f.* estática.
staticità *s.f.* inmobilidad.
statico *agg.* estático (*anche fig.*).
statino *s.m.* (*amm.*) registro.
station-wagon *s.f.* ranchera.
statista *s.m./f.* estadista.
statistica *s.f.* estadística, censo (*m.*).
statistico *agg.* estadístico.
stato *s.m.* **1** estado; (*situazione*) situación (*f.*), condición (*f.*): *vive in uno — pietoso*, vive en condiciones deplorables; *l'edificio era in buono, pessimo —*, el edificio estaba en buen, pésimo estado **2** (*pol.*) nación (*f.*), país, estado: *capo dello Stato*, jefe de Estado | *Stati generali*, Estados generales
■ ***stato d'animo***, estado de ánimo | ***guidare in stato di ebrezza***, conducir borracho/ebrio | ***stato d'emergenza***, estado de emergencia | ***stato d'assedio***, estado de sitio | (*econ.*) ***stato patrimoniale***, estado de cuentas | (*fam.*) ***essere in stato interessante***, estar embarazada.
statua *s.f.* estatua.
statuario *agg.* estatuario.
statuetta *s.f.* estatuilla.
statunitense *agg.*, *s.m./f.* estadounidense, norteamericano (*m.*); (*Amer., fam.*) yanqui.
statura *s.f.* **1** estatura, talla **2** (*fig.*) altura.
status *s.m.* estatus.
status quo *s.m.* status quo.
status symbol *s.m.* status symbol.
statutario *agg.* estatutario.
statuto *s.m.* estatuto: *— speciale*, estatuto de autonomía.
stavolta *avv.* esta vez.
stazionamento *s.m.* **1** estacionamiento **2** (*aut.*) estacionamiento, aparcamiento.
stazionare *v.tr./intr.* aparcar*, estacionar.
stazionario *agg.* estacionario.
stazione *s.m.* estación | *— di servizio*, gasolinera | *— di polizia*, cuartel/puesto de policía | *— radio*, emisora.
stazza *s.f.* (*mar.*) arqueo (*m.*), tonelaje (*m.*), cabida | (*iron.*) *uomo di gran —*, hombre de gran mole.
stazzare *v.intr.* (*mar.*) tener* capacidad ♦ *v.tr.* arquear.
stearico *agg.* (*chim.*) esteárico.
steatite *s.f.* (*min.*) esteatita.
stecca *s.f.* **1** astilla; (*di ombrello*) varilla **2** (*di biliardo*) taco (*m.*) **3** (*di busto*) varilla (de ballena) **4** (*stonatura*) gallo (*m.*): *prendere una —*, soltar gallos, desentonar **5** (*di sigarette*) cartón (*m.*).
steccare *v.tr./intr.* **1** empalizar*, vallar **2** (*med.*) entablillar: *— un dito*, entabillar un dedo **3** (*mus.*) soltar* gallos, desentonar.
steccato *s.m.* empalizada (*f.*), valla (*f.*), cerca (*f.*).
stecchetto *s.m.* *nelle loc.*: *a —*, (*a dieta*) a dieta; (*di soldi*) a dos velas.
stecchino *s.m.* palillo, mondadientes | *essere (magro come) uno —*, estar hecho un palillo.
stecchire *v.tr.* matar, fulminar; (*Amer., fam.*) dejar seco.
stecchito *agg.* **1** (*irrigidito*) rígido, tieso **2** (*magro*) flaco, enjuto, chupado **3** (*di piante*) seco **4** (*di persona*) muerto.
stecco *s.m.* ramito seco, palito, palo | *essere uno —*, ser muy flaco.
stele *s.f.* estela.
stella *s.f.* **1** estrella (*anche fig.*): *— cadente*, estrella fugaz; *— polare*, estrella polar; *la — cometa*, el cometa | *— filante*, serpentina **2** (*diva, divo*) estrella: *è una — del cinema*, es una estrella del cine **3** (*destino*) estrella: *nascere sotto una buona —*, nacer con buena estrella
■ (*bot.*) ***stella alpina***, edelweis | (*bot.*) ***stella di Natale***, flor de la Pascua | (*zool.*) ***stella marina***, estrella de mar | (*fig.*) ***vedere le stelle***, ver las estrellas | ***gli affitti sono alle stelle***, los alquileres están por las nubes | ***hotel a tre, quattro stelle***, hotel de tres, cuatro estrellas | ***bandiera a stelle e strisce***, bandera de las barras y estrellas.
stellare *agg.* estelar.
stellato *agg.* estrellado.
stelletta *s.f.* **1** asterisco (*m.*) **2** (*mil., riconoscimento*) estrellas (*pl.*), galones (*m.pl.*).
stellina *s.f.* (*giovane attrice*) joven estrella.
stelo *s.m.* (*bot.*) tallo | *lampada a —*, lámpara de pie.
stemma *s.m.* blasón, escudo, insigna (*f.*).
stemperare *v.tr.* **1** (*metalli*) destemplar **2** (*con acqua*) diluir*, desleír*, disolver*.
stempiarsi *v.pron.* tener* entradas.
stempiato *agg.* que tiene entradas.

stendardo *s.m.* estandarte, confalón, enseña (*f.*), pendón; bandera (*f.*).
stendere *v.tr.* **1** extender*, tender*: *con le gambe stese*, con las piernas extendidas | *stese la bambina sul letto*, acostó a la niña en la cama | *rimase steso a terra*, permaneció tendido en el suelo **2** (*all'aria*) tender*; (*spiegare*) desplegar*; (*allargare*) dilatar, alargar*: — *le lenzuola al sole*, tender las sábanas al sol | (*cuc.*) — *la pasta*, extender la masa **3** (*con un colpo*) derribar **4** (*redigere*) redactar, levantar ♦ **-rsi** *v.pron.* **1** (*sdraiarsi*) tumbarse, echarse: *vado a stendermi sul divano*, voy a tumbarme en el sofá | — *al sole*, tenderse al sol **2** (*estendersi*) extenderse.
stendibiancheria *s.m.* tendedor de ropa, tendedero.
stenodattilografia *s.f.* taquimecanografía.
stenodattilografo *s.m.* taquígrafo; mecanógrafo.
stenografare *v.tr.* taquimecanografiar, estenografiar*.
stenografia *s.f.* estenografía, taquinografía.
stenografo *s.m.* estenógrafo.
stenosi *s.f.* (*med.*) estenosis.
stentare *v.intr.* **1** (*vivere in povertà*) carecer*, tener* escasez, vivir en estrecheces **2** (*far fatica*) tener* dificultad, penar: *stento a leggere*, leo con dificultad; *stento a credere*, me resulta difícil creer.
stentato *agg.* **1** sacrificado, duro, penoso **2** (*non convinto*) forzado: *sorriso* —, sonrisa forzada.
stento *s.m.* **1** (*povertà*) privación (*f.*), penuria (*f.*): *anni di stenti e di miseria*, años de privaciones y miseria **2** (*difficoltà*) esfuerzo, dificultad (*f.*) | *a* —, a duras penas.
stentoreo *agg.* estentóreo.
steppa *s.f.* estepa.
stepposo *agg.* similar a la estepa.
sterco *s.m.* estiércol, bosta (*f.*), boñiga (*f.*).
stereo *agg.* estéreo ♦ *s.m.* cadena (*f.*)/aparato de alta fidelidad, equipo de música.
stereofonia *s.f.* estereofonía.
stereofonico *agg.* estereofónico.
stereoscopico *agg.* estereoscópico.
stereotipato *agg.* estereotipado.
stereotipia *s.f.* (*tip.*) estereotipia.
stereotipo *s.m.* **1** estereotipo, cliché **2** (*frase fatta*) frase (*f.*) hecha.
sterile *agg.* **1** estéril; (*improduttivo*) improductivo **2** (*sterilizzato*) esterilizado **3** (*fig.*) vano, infructuoso, inútil: *fatica* —, fatiga inútil.
sterilità *s.f.* **1** esterilidad **2** (*fig.*) inutilidad.
sterilizzare *v.tr.* esterilizar*.
sterilizzazione *s.f.* esterilización.
sterlina *s.f.* libra esterlina.
sterminare *v.tr.* exterminar, aniquilar, matar.
sterminato *agg.* inmenso, desmesurado, vasto, inconmensurable.
sterminatore *agg.*, *s.m.* exterminador.
sterminio *s.m.* exterminio, exterminación (*f.*), matanza (*f.*).
sterno *s.m.* (*anat.*) esternón.
steroide *s.m.* (*chim.*) esteroide.
sterpaglia *s.f.* maleza.
sterpo *s.m.* broza (*f.*), rama (*f.*) seca; (*rovo*) zarza (*f.*).
sterrato *agg.* sin asfaltar ♦ *s.m.* pista (*f.*).
sterro *s.m.* desmonte.
sterzare *v.tr./intr.* torcer*, virar, girar, doblar: — *a destra*, girar a la derecha.
sterzata *s.f.* **1** (*aut.*) viraje (*m.*): *fare una* —, virar **2** (*fig.*) cambio (*m.*) de ruta.
sterzo *s.m.* (*aut.*) volante, dirección (*f.*); (*di bicicletta*) manillar.
stesso *agg.* mismo | *verrò oggi* —, vendré hoy mismo ♦ *pron.* (*persona*) el mismo; (*cosa*) lo mismo | *è lo* —, da igual: *per me fa lo* —, a mí me da igual.
stesura *s.f.* redacción, escritura; versión: *la prima — della tesi*, la primera redacción de la tesis.
stetoscopio *s.m.* estetoscopio.
stia *s.f.* gallinero (*m.*), jaula.
stigma *s.m.* (*anche fig.*) estigma.
stigmate *s.f.pl.* estigmas (*m.*) (*anche fig.*) | (*fig.*) *le — della povertà*, la marca de la pobreza.
stigmatizzare *v.tr.* estigmatizar*; (*demonizzare*) censurar.
stilare *v.tr.* (*scrivere*) redactar, extender*.
stile *s.m.* estilo; (*classe*) elegancia (*f.*): *in — barocco*, en estilo barroco; *persona di* —, persona de estilo/clase | *in grande* —, a lo grande | (*nuoto*) — *libero*, crol/crawl.
stilettata *s.f.* puñalada (*anche fig.*).
stiletto *s.m.* estilete.
stilista *s.m./f.* estilista, diseñador (*m.*) de moda.
stilistica *s.f.* estilística.
stilistico *agg.* estilista.
stilizzare *v.tr.* estilizar*.
stillare *v.tr./intr.* destilar.
stillicidio *s.m.* **1** estilicidio **2** (*fig.*) goteo, chorreo.
stilo *s.m.* **1** estilo **2** (*di bilance*) astil.
stilografica *s.f.* estilográfica, pluma.
stima *s.f.* **1** (*apprezzamento*) estima, estimación, aprecio (*m.*): *godere della — di qlcu.*, gozar del aprecio de alguien **2** (*valutazione*) valuación, valoración, pericia: *fare la — dei danni*, hacer la valoración de los daños.
stimabile *agg.* estimable.
stimare *v.tr.* **1** estimar, apreciar **2** (*econ.*)

tasar, valorar: — *i danni della guerra*, valorar los destrozos de la guerra.
stimolante *agg.* estimulante.
stimolare *v.tr.* estimular, incitar; (*incoraggiare*) animar | — *la curiosità*, picar la curiosidad.
stimolatore *agg.*, *s.m.* estimulador.
stimolazione *s.f.* estimulación.
stimolo *s.m.* **1** estímulo **2** (*fig.*) aliciente, incentivo.
stinco *s.m.* **1** (*anat.*) tibia (*f.*), canilla (*f.*) **2** (*cuc.*) brazuelo | (*fig.*) *non è uno — di santo*, no es trigo limpio.
stingere *v.intr.* desteñir, descolorir ♦ **-rsi** *v.pron.* desteñirse, perder* color: *la maglietta si è stinta*, la camiseta ha perdido el color.
stinto *agg.* desteñido.
stipare *v.tr.* estibar, apiñar, amontonar ♦ **-rsi** *v.pron.* apelotonarse, apretujarse, apiñarse: *la gente si stipava nel caffè*, la gente se apretujaba en el café.
stipendiare *v.tr.* **1** pagar*, retribuir* **2** (*assumere*) contratar.
stipendiato *agg.*, *s.m.* asalariado.
stipendio *s.m.* salario, sueldo, paga (*f.*): *riscuotere lo —*, cobrar el sueldo.
stipite *s.m.* **1** (*arch.*) jamba (*f.*), pilar, mangueta (*f.*) **2** (*bot.*) estípite.
stipo *s.m.* bargueño.
stipsi *s.f.* (*med.*) estreñimiento (*m.*).
stipulare *v.tr.* estipular.
stipulazione *s.f.* estipulación.
stiracchiare *v.tr.* estirar ♦ **-rsi** *v.pron.* estirarse.
stiracchiato *agg.* (*fig.*) forzado, penado, sufrido: *vittoria stiracchiata*, victoria sufrida.
stiramento *s.m.* (*med.*) elongación (*f.*), distensión (*f.*): — *dei legamenti*, la distensión de los ligamentos.
stirare *v.tr.* **1** planchar **2** (*allungare*) estirar, alargar* ♦ **-rsi** *v.pron.* **1** estirarse, desperezarse*: *dovette alzarsi a — un po'*, se tuvo que levantar para estirarse un poco **2** (*procurarsi uno stiramento*) distenderse*: *si è stirato il polpaccio*, se ha distendido la pantorrilla.
stirata *s.f.* planchado (*m.*).
stiratrice *s.f.* planchadora.
stiratura *s.f.* **1** planchado (*m.*) **2** (*di capelli*) alisado (*m.*).
stiro *s.m.* planchado | *asse da —*, tabla de estirar | *ferro da —*, plancha.
stirpe *s.f.* estirpe, familia, linaje (*m.*).
stitichezza *s.f.* estreñimiento (*m.*); (*Riopl.*) estitiquez*.
stitico *agg.* estreñido, estíptico.
stiva *s.f.* (*mar.*) bodega, estiba.
stivaggio *s.m.* (*mar.*) estiba (*f.*).
stivale *s.m.* bota (*f.*) | — *di gomma*, katiuska/catiusca | *stivali da pesca*, botas de pescar.
stivaletto *s.m.* botín.
stivare *v.tr.* estibar.
stizza *s.f.* berrinche (*m.*), enfado (*m.*), rabia, rabieta: *un momento di —*, un momento de enfado.
stizzire *v.tr.* irritar, enfurecer*, atufar ♦ **-rsi** *v.pron.* enojarse, irritarse, enfurecerse*, enfadarse.
stoccafisso *s.m.* **1** bacalao **2** (*Amer.*, *persona magra*) palillo.
stoccaggio *s.m.* (*comm.*) almacenamiento.
stoccare *v.tr.* almacenar.
stoccata *s.f.* estocada | (*fig.*) *questa era una — per te*, ésta era una indirecta para ti.
stock *s.m.* stock, surtido, existencias (*f.pl.*).
stockista *s.m./f.* (*comm.*) almacenista.
stoffa *s.f.* **1** tejido (*m.*), tela; (*di lana*) paño (*m.*) **2** (*fig.*) madera | *ha la — dello scrittore*, tiene madera de escritor.
stoicismo *s.m.* estoicismo.
stoico *agg.* estoico.
stoino *s.m.* felpudo.
stola *s.f.* estola.
stolido *agg.* estólido, necio, tonto.
stoltezza *s.f.* estolidez*, estulticia, insensatez*, necedad, estupidez*.
stolto *agg.*, *s.m.* estúpido, idiota, necio, tonto, bobo, borrego.
stomacare *v.tr.* **1** estomagar*, asquear, dar* náuseas, repugnar **2** (*fig.*) disgustar, desagradar: *il suo atteggiamento mi stomaca*, su actitud me disgusta.
stomachevole *agg.* nauseabundo, repugnante, asqueroso.
stomaco *s.m.* estómago | *a — vuoto*, en ayunas | *restare sullo —*, sentar mal | (*fig.*) *stare sullo —*, caer mal.
stomatite *s.f.* estomatitis.
stomatologia *s.f.* (*med.*) estomatología.
stomatologico *agg.* (*med.*) estomatológico.
stonare *v.tr.* (*suonando*) desafinar; (*cantando*) desentonar, soltar* gallos ♦ *v.intr.* (*essere fuori luogo*) desentonar; (*non armonizzarsi*) chocar*, contrastar, hacer* un contraste.
stonato *agg.* **1** (*di canto*) desentonado; (*di strumento*) desafinado **2** (*fig.*, *fuori luogo*) inoportuno.
stonatura *s.f.* **1** (*mus.*, *suonando*) desafinación; (*cantando*) desentonación **2** (*fig.*) despropósito (*m.*), disparate (*m.*).
stop *s.m.* **1** stop, alto, parada (*f.*) | *—!*, ¡alto! | *fermarsi allo —*, detenerse en la señal de stop **2** (*aut.*) luz* (*f.*) de freno.
stoppa *s.f.* estopa, borra.
stoppare *v.tr.* (*sport*) parar, detener*.
stoppia *s.f.* rastrojo (*m.*).
stoppino *s.m.* mecha (*f.*), pabilo, pábilo.

stopposo *agg.* **1** (*di carni*) estropajoso **2** (*di capelli*) pajizo.
storcere *v.tr.* torcer*, retorcer* | — *il naso*, torcer la nariz ♦ **-rsi** *v.pron.* retorcerse*, torcerse*.
stordimento *s.m.* aturdimiento.
stordire *v.tr.* **1** aturdir, atolondrar, atontar, marear: *una musica che stordisce*, una música que aturde | *la bastonata lo stordì*, el golpe le dejó sin sentido **2** (*impressionare*) turbar, desconcertar* ♦ **-rsi** *v.pron.* atudirse.
storia *s.f.* **1** historia **2** (*racconto*) cuento (*m.*), narración: *mi racconti una —?*, ¿me cuentas un cuento?; *il libro narra la — di un re*, el libro cuenta la historia de un rey | *è sempre la stessa —!*, ¡es la historia de siempre! **3** (*bugia*) mentira | *tutte storie!*, ¡puras mentiras! | *non fare tante storie!*, ¡no hagas tantos remilgos! **4** (*d'amore*) relación, ligue (*m.*).
storicismo *s.m.* historicismo.
storicista *s.m./f.* historicista.
storicistico *agg.* del historicismo.
storicità *s.f.* historicidad.
storico *agg.* histórico; (*indimenticabile*) memorable | *il centro — della città*, el casco antiguo de la ciudad ♦ *s.m.* historiador, historiógrafo.
storiella *s.f.* **1** historieta **2** (*barzelletta*) chiste (*m.*).
storiografia *s.f.* historiografía.
storiografico *agg.* historiográfico.
storiografo *s.m.* historiógrafo.
storione *s.m.* (*zool.*) esturión.
stormire *v.intr.* susurrar, runrunear.
stormo *s.m.* **1** (*di uccelli*) bandada (*f.*) | *a —*, a rebato **2** (*mil.*) escuadrilla (*f.*), formación (*f.*).
stornare *v.tr.* **1** (*allontanare*) disuadir **2** (*fin.*) transferir*, extornar **3** (*amm.*) cancelar.
stornello *s.m.* estribillo.
storno[1] *agg.* (*di cavalli*) tordo.
storno[2] *sm.* (*zool.*) estornino.
storno[3] *s.m.* **1** (*fin.*) extorno, transferencia (*f.*) **2** (*amm., annullo*) cancelación (*f.*).
storpiare *v.tr.* estropear, deformar, lisiar, tullir; (*una lingua*) chapurrear; (*le parole*) comerse, trabucar*.
storpiatura *s.f.* **1** tullimiento (*m.*) **2** (*di parole*) chapurreo (*m.*).
storpio *agg.* deforme, lisiado, tullido.
storta *s.f.* (*med.*) distorsión, esguince (*m.*), torcedura.
storto *agg.* torcido, inclinado: *il quadro è —*, el cuadro está inclinado; *gambe storte*, piernas torcidas | *giornata storta*, mal día ♦ *avv.* de través | *guardare —*, mirar de través | *qualcosa andò —*, algo salió mal.
stoviglie *s.f.pl.* vajilla (*sing.*): *lavare le —*, fregar los platos.
strabico *agg.* bizco, estrábico.
strabiliante *agg.* sorprendente.
strabiliare *v.intr.* pasmarse, dejar atónito ♦ *v.tr.* sorprender, asombrar, anonadar, maravillar.
strabismo *s.m.* estrabismo.
strabuzzare *v.tr.* *nella loc.*: — *gli occhi*, poner los ojos en blanco.
stracarico *agg.* sobrecargado.
stracciare *v.tr.* **1** rasgar*, desgarrar; romper* **2** (*fig., vincere*) aplastar.
stracciato *agg.* **1** rasgado, desgarrado, roto **2** (*di prezzo*) tirado, baratísimo.
straccio[1] *agg.* inservible, para tirar, de desecho | *carta straccia*, papel para desechar.
straccio[2] *s.m.* **1** (*per pulire*) trapo, bayeta (*f.*), paño: *passare lo —*, fregar | (*fig.*) *ridursi uno —*, dejar hecho un guiñapo **2** (*vestito logoro*) harapo, andrajo.
straccione *agg.* harapiento, andrajoso ♦ *s.m.* mendigo, miserable.
straccivendolo *s.m.* trapero.
stracco *agg.* (*fam.*) reventado, molido, rendido, hecho polvo.
stracotto *agg.* demasiado cocido, pasado: *pasta stracotta*, pasta pasada ♦ *s.m.* (*cuc.*) estofado, cocido.
strada *s.f.* **1** (*asfaltata*) carretera; (*di città*) calle; (*di campagna*) camino (*m.*): — *senza uscita*, calle sin salida; — *a senso unico*, calle de una dirección; — *maestra*, carretera principal; *l'auto è uscita di —*, el coche se salió de la carretera | — *ferrata*, ferrocarril | *che — fai?*, ¿por dónde vas? | *sbagliare —*, equivocarse de camino **2** (*cammino*) camino (*m.*), trayecto (*m.*), vía | *tagliare la —*, cerrar el paso | *vieni, ti faccio —*, ven, te encamino ■ ***strada facendo***, sobre la marcha | ***l'uomo della strada***, el hombre de la calle | (*fig.*) ***essere fuori strada***, ir descaminado | ***farsi strada***, abrirse camino, progresar | ***farsi strada da soli***, abrirse camino por propia cuenta | ***mettere qlcu. in mezzo alla strada***, poner de patitas en la calle | ***essere su una cattiva strada***, ir por mal camino.
stradale *agg.* de carreteras, vial: *mappa —*, mapa de carreteras | (*polizia*) —, policía de tráfico.
stradario *s.m.* callejero.
stradino *s.m.* peón caminero.
stradivario *s.m.* (*mus.*) (violín) stradivario.
stradone *s.m.* avenida (*f.*).
strafalcione *s.m.* error garrafal, barbaridad (*f.*), salvajada (*f.*), chapuza (*f.*).
strafare *v.intr.* exagerar, excederse, hacer* más de lo necesario.
strafogarsi *v.pron.* (*fam.*) atiborrarse.

straforo, di *loc.avv.* solapadamente, a escondidas, a hurtadillas.
strafottente *agg.* insolente, arrogante, caradura.
strafottenza *s.f.* (*fam.*) insolencia, arrogancia.
strage *s.f.* estrago (*m.*), matanza, masacre.
stralciare *v.tr.* **1** extraer*, desglosar: — *un brano da un libro*, extraer un párrafo de un libro **2** (*comm., liquidare*) tachar, liquidar.
stralcio *s.m.* **1** (*estratto*) estracto, desglose **2** (*comm., liquidazione*) liquidación (*f.*).
strale *s.m.* (*lett.*) dardo | *lanciare i propri strali contro qlcu.*, usar las propias armas contra alguien.
strallo *s.m.* (*mar.*) estay.
stralunare *v.tr. nella loc.*: — *gli occhi*, poner los ojos en blanco.
stramaledire *v.tr.* (*fam.*) maldecir*.
stramazzare *v.intr.* desplomarse, derrumbarse, caerse* redondo | *stramazzò a terra*, se desplomó al suelo.
stramberia *s.f.* excentricidad, disparate (*m.*).
strambo *agg.* raro, estrambótico, disparatado, excéntrico.
strampalato *agg.* **1** (*stravagante*) estrafalario, excéntrico **2** (*illogico, sconclusionato*) descabellado, desatinado.
stranezza *s.m.* rareza, extrañeza.
strangolamento *s.m.* estrangulamiento, ahogo.
strangolare *v.tr.* **1** estrangular **2** (*fig.*) ahogar; asfixiar | *questi prezzi ci strangolano*, estos precios nos asfixian ♦ **-rsi** *v.pron.* ahorcarse*.
strangolatore *s.m.* estrangulador.
straniamento *s.m.* extrañamiento, alienación (*f.*).
straniero *agg., s.m.* **1** extranjero, forastero: *turisti stranieri*, turistas extranjeros **2** (*nemico*) invasor, enemigo.
stranito *agg.* **1** (*intontito*) atontado **2** (*smarrito*) perdido.
strano *agg.* extraño, raro; insólito, singular: *si comporta in modo* —, actua de manera singular.
straordinario *agg.* extraordinario ♦ *s.m.pl.* horas extra: *fare gli straordinari*, hacer horas extra.
strapagare *v.tr.* pagar* en exceso.
straparlare *v.intr.* (*parlare a sproposito*) hablar demasiado; (*farneticare*) desvariar*.
strapazzare *v.tr.* **1** maltratar, estropear, deteriorar **2** (*rimproverare*) reñir* **3** (*uova*) batir ♦ **-rsi** *v.pron.* fatigarse*, cansarse.
strapazzata *s.f.* **1** (*sgridata*) riña, reprimenda **2** (*fatica enorme*) paliza, tute (*m.*).
strapazzato *agg.* maltratado, maltrecho, estropeado; (*stanco*) agotado | (*cuc.*) *uova strapazzate*, huevos revueltos.
strapazzo *s.m.* cansancio, agotamiento: *gli strapazzi del viaggio*, el cansancio del viaje | (*fig., spreg.*) *uno scrittore da* —, un escritor de tres al cuarto.
strapieno *agg.* **1** superlleno, lleno a rebosar, rebosante **2** (*di luogo*) atiborrado, repleto.
strapiombo *s.m.* (*burrone*) precipicio, acantilado, barranco | *a* —, a pico.
strapotere *s.m.* poder excesivo.
strappacuore *agg.* desgarrador.
strappalacrime *agg.* lacrimógeno.
strappare *v.tr.* **1** arrancar*, quitar; (*piante*) desarraigar*: — *una pagina da un libro*, arrancar una página de un libro | *gli strappò di mano la lettera*, le quitó la carta de las manos | *gli ho strappato una promessa*, le he sonsacado una promesa **2** (*lacerare*) rasgar*, romper*: *ho strappato tutte le sue foto*, he rasgado todas sus fotos ♦ **-rsi** *v.pron.* romperse*, desgarrarse*.
strappo *s.m.* **1** (*lacerazione*) desgarro, desgarramiento, rasgón: *cucire uno — sulla giacca*, coser un rasgón en la chaqueta | *ricucire uno* —, (*anche fig.*) conciliar una ruptura **2** (*strattone*) golpe, tirón: *con uno — le tolsero la borsa*, de un tirón le quitaron el bolso **3** (*fig.*) excepción (*f.*), infracción (*f.*): — *alla regola*, excepción a la regla **4** (*sport*) arrancada (*f.*) | *mi dai uno — fino alla stazione?*, ¿me acercas a la estación? **5** (*med.*) desgarro.
strapuntino *s.m.* traspontín.
straricco *agg.* riquísimo, acaudalado.
straripamento *s.m.* desbordamiento.
straripare *v.intr.* **1** desbordarse, derramarse **2** (*essere pieno*) rebosar, estar* repleto.
strascicare *v.tr.* arrastrar| (*fig.*) — *le parole*, arrastrar las palabras.
strascichio *s.m.* arrastramiento.
strascico *s.m.* **1** (*scia*) estela (*f.*), arrastre **2** (*di vestito*) cola (*f.*): *reggere lo — alla sposa*, llevar la cola a la novia **3** (*fig., postumi*) residuo, secuela (*f.*): *lo — delle polemiche*, la secuela de las polémicas.
stratagemma *s.m.* estratagema (*f.*), ardid, astucia (*f.*): *ricorrere a uno* —, recurrir a una astucia.
stratega *s.m./f.* estratega.
strategia *s.f.* estrategia, táctica.
strategicamente *avv.* estratégicamente.
strategico *agg.* estratégico.
stratificare *v.tr.* estratificar*.
stratificazione *s.f.* estratificación.
stratigrafia *s.f.* **1** (*geol.*) estratigrafía **2** (*med.*) tomografía.
strato *s.m.* capa (*f.*), estrato: *uno — di crema*, una capa de crema | — *sociale*, estrato social.
stratosfera *s.f.* estratosfera.

stratosferico *agg.* estratosférico (*anche fig.*).
strattonare *v.tr.* tirar, tironear: — *qlcu. per il braccio*, tirarle a alguien del brazo.
strattone *s.m.* tirón.
stravaccarsi *v.pron.* (*fam.*) repantingarse*: — *sul divano*, repantingarse en el sofá.
stravagante *agg.* extravagante, estrafalario, original.
stravaganza *s.f.* extravagancia, extrañeza, rareza.
stravecchio *agg.* **1** viejísimo **2** (*di vini*) añejo, reserva; (*di formaggi*) muy curado.
stravedere *v.intr. nella loc.*: — *per qlcu.*, desvivirse por alguien.
stravincere *v.tr.* arrasar, arrollar.
stravizio *s.m.* exceso, desenfreno.
stravolgere *v.tr.* **1** trastocar*, revolver* **2** (*viso*) desencajar; (*sconvolgere*) trastornar, turbar **3** (*travisare*) falsear, torcer*: — *un discorso*, falsear un discurso.
stravolgimento *s.m.* **1** trastorno **2** (*travisamento*) tergiversación (*f.*).
straziante *agg.* lastimoso, desgarrador, lacerante; penoso: *racconto* —, cuento penoso.
straziare *v.tr.* **1** atormentar, torturar, maltratar **2** (*affliggere*) afligir*.
strazio *s.m.* **1** tormento, tortura (*f.*), aflicción (*f.*); (*angoscia*) congoja (*f.*) **2** (*fig.*, *fastidio*) rollo, paliza (*f.*), molestia (*f.*): *quella musica è uno* —, esa música es un rollo.
strega *s.f.* bruja, hechicera | (*fam.*, *med.*) *colpo della* —, lumbago, latigazo.
stregare *v.tr.* embrujar, hechizar*; (*sedurre*) seducir*.
stregato *agg.* (*anche fig.*) embrujado, encantado.
stregone *s.m.* **1** brujo **2** (*guaritore*) curandero.
stregoneria *s.f.* **1** brujería **2** (*maleficio*) hechizo (*m.*).
stregua *s.f.* criterio (*m.*) | *alla stessa* —, del mismo modo.
stremare *v.tr.* extenuar*, agotar, prostrar | *essere stremato dalla fatica*, estar agotado por el cansancio.
stremo *s.m.* extremo: *ridurre qlcu. allo* —, agotar a alguien | *essere ridotto allo — delle forze*, estar al límite de las fuerzas.
strenna *s.f.* aguinaldo (*m.*) | — *natalizia*, regalo navideño.
strenuo *agg.* estrenuo, infatigable; (*coraggioso*) valiente.
strepitare *v.intr.* alborotar; (*urlare*) gritar.
strepito *s.m.* estrépito, griterío, jaleo; (*rumore*) fragor, estruendo.
strepitoso *agg.* estrepitoso, fragoroso; (*meraviglioso*) espectacular: *successo* —, éxito espectacular.
streptococco *s.m.* estreptococo.
streptomicina *s.f.* (*farm.*) estreptomicina.
stress *s.m.* estrés, agotamiento nervioso.
stressante *agg.* enervante, estresante.
stressare *v.tr.* estresar ♦ **-rsi** *v.pron.* estresarse.
stretch *s.m.* estiramiento.
stretching *s.m.* estiramientos (*pl.*): *corso di* —, curso de estiramientos.
stretta *s.f.* **1** apretón (*m.*): — *di mano*, apretón de manos **2** (*dolore*) dolor (*m.*), angustia, vuelco (*m.*): — *al cuore*, vuelco al corazón **3** (*situazione critica*) aprieto (*m.*), apuro (*m.*) | *essere alle strette*, estar en apuros | *messo alle strette, confessò*, puesto entre la espada y la pared, confesó.
strettamente *avv.* **1** estrechamente **2** (*rigorosamente*) estrictamente.
strettezza *s.f.* estrechez*, angostura.
stretto *agg.* **1** estrecho, angosto; (*di vestiti*) estrecho, ajustado: *scarpe strette*, zapatos estrechos; gonna stretta, falda estrecha/ajustada **2** (*serrato*) apretado, estrecho: *qui si sta stretti*, aquí estamos apretados; *teneva il bambino — a sé*, tenía al niño estrecho contra sí; *tenere stretta la borsa*, no aflojar la bolsa **3** (*rigoroso*) rígido, estricto: *sotto — controllo medico*, bajo estricto control del médico **4** (*intimo*) íntimo: *amico* —, amigo íntimo **5** (*ling.*) cerrado: vocale stretta, vocal cerrada ♦ *s.m.* (*geogr.*) estrecho: *lo — di Gibilterra*, el estrecho de Gibraltar
■ ***lo stretto necessario***, lo estrictamente necesario.
strettoia *s.f.* **1** (*di strada*) cuello (*m.*) de botella, estrechamiento (*m.*) **2** (*fig.*, *difficoltà*) apuro (*m.*), aprieto (*m.*).
stria *s.f.* estría, ranura, raya.
striato *agg.* estriado: — *di bianco*, a rayas blancas.
striatura *s.f.* estriación.
stricnina *s.f.* (*farm.*) estricnina.
stridente *agg.* (*di suono*) estridente.
stridere *v.intr.* **1** (*di cardine*) chirriar, rechinar; (*scricchiolare*) crujir **2** (*essere in contrasto*) chillar, chocar*, desentonar, no pegar*/cuadrar.
stridio *s.m.* chillido.
strido *s.m.* chillido, grito.
stridore *s.m.* chirrido.
stridulo *agg.* estridente, chillón, chirriante.
striglia *s.f.* almohaza.
strigliare *v.tr.* **1** (*i cavalli*) almohazar*, bruzar*; (*Amer.*) rasquetear **2** (*rimproverare*) reprender, regañar, machacar*.
strigliata *s.f.* (*sgridata*) regaño (*m.*), rapapolvo (*m.*).
strillare *v.tr.* gritar ♦ *v.intr.* chillar, gritar, desgañitarse.
strillo *s.m.* chillido, grito.

strillone *s.m.* vendedor de periódicos.
striminzito *agg.* **1** (*di vestito*) apretado, ajustado, ceñido **2** (*scarso*) mísero, miserable **3** (*di persona*) chupado, flaco.
strimpellare *v.intr.* (*pianoforte*) aporrear; (*chitarra*) rascar*.
strinare *v.tr.* **1** (*cuc.*) socarrar **2** (*bruciacchiare stirando*) chamuscar*.
strinato *agg.* (*bruciacchiato*) chamuscado.
stringa *s.f.* cordón (*m.*) de los zapatos.
stringare *v.tr.* (*condensare*) reducir*, condensar, resumir.
stringatezza *s.f.* concisión.
stringato *agg.* (*conciso*) conciso, resumido.
stringente *agg.* **1** (*urgente*) urgente, apremiante **2** (*persuasivo*) convincente.
stringere *v.tr.* **1** (*serrare*) estrechar (*anche fig.*), apretar*, enlazar*, estrujar | — *la mano*, estrechar/apretar la mano; (*si*) *strinse al collo il piccino*, se estrechó al pequeño al cuello **2** (*restringere*) estrechar **3** (*stipulare*) estipular, concertar*, firmar | — *un accordo*, estipular un acuerdo **4** (*farla breve, riassumere*) resumir, abreviar: *cerca di* —, intenta ir al grano **5** (*rendere stitico*) estreñir* ♦ *v.intr.* (*incalzare*) apremiar, urgir*: *il tempo stringe*, el tiempo apremia ♦ **-rsi** *v.pron.* apretarse*, apretujarse: *stringetevi un po' per fargli posto*, apretaos/correos un poco para dejarle sitio
■ ***stringere amicizia***, trabar amistad | (*fig.*) ***stringere i denti***, apretar los dientes/puños | ***mi si stringe il cuore***, se me encoge el corazón | ***stringersi nelle spalle***, encogerse de hombros.
striscia *s.f.* **1** (*di terreno, di mare ecc.*) tira, cinta: — *di costa*, franja costera **2** (*riga*) raya, lista: *a strisce*, de rayas | *strisce pedonali*, paso peatonal, cebra **3** (*scia*) estela | — *di sangue*, reguero de sangre **4** (*fumetto*) tebeo (*m.*); (*Amer.*) cómics (*m.pl.*).
strisciante *agg.* **1** (*di animali*) reptante **2** (*di piante*) reptante **3** (*servile*) rastrero **4** (*fig.*) latente, sumergido | (*econ.*) *inflazione* —, inflación sumergida.
strisciare *v.intr.* **1** arrastrarse; (*di rettili*) reptar: *strisciò a nascondersi sotto il cespuglio*, se arrastró para esconderse detrás del matorral | (*fig.*) — *ai piedi di qlcu.*, arrastrarse/humillarse a los pies de alguien **2** (*passare rasente*) rozar*: — *contro qlco.*, pasar rozando ♦ *v.tr.* arrastrar, rozar*: *ha strisciato il cappotto contro la vernice fresca*, he rozado el abrigo contra la pintura fresca ♦ **-rsi** *v.pron.* (*strofinarsi*) refregarse*, restregarse*.
strisciata *s.f.* **1** (*segno*) reguero (*m.*); (*graffio*) roce (*m.*) **2** (*tip.*) galerada.
striscio *s.m.* **1** arrastre, roce, rasguño, raya (*f.*): — *sulla macchina*, raya en el coche | *di* —, de refilón **2** (*med.*) frotis.
striscione *s.m.* banderola (*f.*), tira (*f.*) de papel, pancarta (*f.*).
stritolamento *s.m.* (*anche fig.*) machaque.
stritolare *v.tr.* **1** triturar, desmenuzar* **2** (*fig.*) machacar*, derrotar, agobiar | *essere stritolato dai debiti*, estar agobiado por las deudas.
strizza *s.f.* (*fam.*) canguelo (*m.*): *avere* —, tener canguelo.
strizzacervelli *s.m.* (*scherz.*) loquero.
strizzare *v.tr.* estrujar, exprimir | — *i panni*, estrujar la ropa | — *l'occhio*, guiñar el ojo.
strizzata *s.f.* **1** estrujamiento (*m.*) **2** (*di occhi*) guiño (*m.*).
strofa *s.f.* estrofa.
strofinaccio *s.m.* trapo, bayeta (*f.*), estropajo.
strofinamento *s.m.* frotamiento.
strofinare *v.tr.* frotar, fregar*, restregar* | *strofinare gli occhi*, frotar los ojos ♦ **-rsi** *v.pron.* refregarse*, frotarse, restregarse*: *il gatto si strofinava contro le sue gambe*, el gato se refregaba contra sus piernas.
strofinata *s.f.* pasada.
strolaga *s.f.* (*zool.*) colimbo (*m.*).
strombare *v.tr.* (*arch.*) abocinar.
strombazzare *v.tr.* (*notizie*) airear, pregonar ♦ *v.intr.* (*suonare il clacson*) pitar.
strombazzata *s.f.* **1** (*di clacson*) bocinazo (*m.*) **2** (*fig.*) pregón (*m.*).
strombettare *v.intr.* **1** trompetear **2** (*di clacson*) pitar.
strombettata *s.f.* **1** trompeteo (*m.*) **2** (*aut.*) bocinazo (*m.*).
stroncare *v.tr.* **1** (*troncare*) truncar*, arrancar*: — *le illusioni*, truncar las ilusiones **2** (*far cessare*) quitar, sofocar*, reprimir: — *una rivolta*, reprimir una revuelta; — *le polemiche*, sofocar las polémicas | *stroncato da un infarto*, aniquilado por un infarto **3** (*fig.*) criticar*, demoler*, echar por el suelo: *la critica ha stroncato il suo film*, la crítica ha demolido su película.
stroncatura *s.f.* (*fig.*) vapuleo (*m.*).
stronzaggine *s.f.* (*volg.*) cabronada.
stronzata *s.f.* (*volg.*) **1** (*scemata*) gilipollez*: *questo libro è una* —, este libro es una gilipollez **2** (*azione spregevole*) cabronada.
stronzio *s.m.* (*chim.*) estroncio.
stronzo *agg.* (*volg.*) cabrón, gilipollas ♦ *s.m.* (*volg.*) **1** zulla (*f.*), zurullo **2** (*fig.*) gilipollas, capullo, cabrón; (*Amer.*) pendejo.
stropicciare *v.tr.* **1** frotar, refregar*, restregar* | *stropicciarsi gli occhi*, frotarse los ojos **2** (*sgualcire*) arrugar*, chafar.
strozza *s.f.* (*fam.*) gollete (*m.*), garganta.
strozzamento *s.m.* (*med.*) estrangulación (*f.*).
strozzare *v.tr.* **1** estrangular, ahogar*, so-

focar* **2** (*tecn.*) obstruir*, taponar ♦ **-rsi** *v.pron.* atragantarse: *si stava strozzando con un pezzo di pane*, se estaba atragantando con un trozo de pan.
strozzatura *s.f.* **1** estrechamiento (*m.*) **2** (*med.*) estrangulación **3** (*fig.*) atolladero (*m.*).
strozzinaggio *s.m.* usura (*f.*).
strozzino *s.m.* usurero.
struccante *agg.*, *s.m.* desmaquillador.
struccare *v.tr.* desmaquillar ♦ **-rsi** *v.pron.* desmaquillarse.
struggente *agg.* conmovedor; profundo, intenso, vehemente.
struggere *v.tr.* (*logorare*) consumir, concomer, abrasar ♦ **-rsi** *v.pron.* derretirse*, consumirse: — *per la pena*, consumirse de pena.
struggimento *s.m.* tormento, pena (*f.*).
strumentale *agg.* instrumental.
strumentalizzare *v.tr.* instrumentalizar*.
strumentalizzazione *s.f.* instrumentalización.
strumentatore *s.m.* (*mus.*) orquestador.
strumentazione *s.f.* **1** (*mus.*) orquestación **2** (*tecn.*) instrumentación.
strumentista *s.m./f.* (*mus., tecn.*) instrumentista.
strumento *s.m.* **1** (*mus.*) instrumento: — *a fiato*, instrumento de viento **2** (*utensile*) herramienta (*f.*), utensilio **3** (*mezzo*) medio.
strusciare *v.tr.* arrastrar, restregar*: — *i piedi*, arrastrar los pies ♦ *v.intr.* rozar* ♦ **-rsi** *v.pron.* **1** rozarse* **2** (*adulare*) arrastrarse, adular.
strusciata *s.f.* **1** arrastramiento (*m.*) **2** (*segno*) marca; (*graffio*) roce (*m.*).
strutto *s.m.* manteca (*f.*), grasa (*f.*) (de cerdo).
struttura *s.f.* estructura.
strutturale *agg.* estructural.
strutturalismo *s.m.* estructuralismo.
strutturalista *s.m./f.* estructuralista.
strutturalistico *agg.* estructuralista.
strutturare *v.tr.* estructurar ♦ **-rsi** *v.pron.* estructurarse.
strutturazione *s.f.* estructuración.
strutturista *s.m./f.* ingeniero (*m.*) de estructuras.
struzzo *s.m.* avestruz*.
stuccare[1] *v.tr.* **1** (*riempire con stucco*) estucar* **2** (*decorare*) enlucir*.
stuccare[2] *v.tr.* **1** (*nauseare*) empalagar* **2** (*annoiare*) aburrir.
stuccatore *s.m.* estucador.
stuccatura *s.f.* estucado (*m.*).
stucchevole *agg.* engorroso, fastidioso, pesado; (*di cibo*) empalagoso.
stucco *s.m.* estuco, emplaste; (*gesso*) escayola (*f.*) | *rimanere di* —, quedarse de piedra.
studente *s.m.* estudiante (*m./f.*).
studentesco *agg.* estudiantil.
studiacchiare *v.tr./intr.* estudiar poco.
studiare *v.tr.* **1** estudiar | — *da medico*, estudiar para médico **2** (*analizzare*) examinar: — *una proposta*, examinar una propuesta ♦ **-rsi** *v.pron.* estudiarse.
studio *s.m.* **1** estudio; (*ricerca*) investigación (*f.*); (*progetto*) proyecto, plano | *borsa di* —, beca **2** (*stanza*) despacho | — *d'avvocato*, bufete | — *medico*, consulta | *gli studi televisivi*, los estudios de televisión.
studioso *agg.* estudioso, diligente ♦ *s.m.* estudioso, investigador.
stufa *s.f.* estufa, radiador (*m.*): — *a legna, a gas*, estufa de leña, de gas.
stufare *v.tr.* **1** aburrir, fastidiar, hartar **2** (*cuc.*) rehogar*, guisar ♦ **-rsi** *v.pron.* cansarse, hartarse: *mi sono stufato*, me he cansado, estoy harto.
stufato *s.m.* (*cuc.*) estofado, guisado.
stufo *agg.* aburrido, harto, cansado | *essere — di qlco., qlcu.*, estar harto de algo, alguien.
stuoia *s.f.* estera, esterilla.
stuoino *s.m.* esterilla (*f.*).
stuolo *s.m.* **1** (*di persone*) nube (*f.*), tropel, multitud (*f.*) **2** (*di uccelli*) bandada (*f.*).
stupefacente *agg.* alucinante, asombroso, increíble, sorprendente ♦ *s.m.* (*droga*) estupefaciente.
stupefare *v.tr.* pasmar, impresionar, anonadar.
stupefatto *agg.* estupefacto, pasmado.
stupefazione *s.f.* sorpresa, impresión, estupefacción.
stupendo *agg.* estupendo, magnífico.
stupidaggine *s.f.* **1** estupidez*, tontería, sandez* **2** (*piccolezza*) nimiedad.
stupidata *s.f.* **1** (*azione*) estupidez* **2** (*nonnulla*) nadería.
stupidità *s.f.* estupidez*.
stupido *agg.* estúpido, tonto, bobo, lelo.
stupire *v.tr.* asombrar, sorprender, maravillar ♦ **-rsi** *v.pron.* asombrarse, sorprenderse, pasmarse.
stupore *s.m.* estupor, maravilla (*f.*), asombro.
stuprare *v.tr.* violar.
stupratore *s.m.* violador.
stupro *s.m.* estupro, violación (*f.*).
sturabottiglie *s.m.* abrebotellas.
sturalavandini *s.m.* desatascador.
sturare *v.tr.* **1** (*una bottiglia*) descorchar, destapar, abrir **2** (*un condotto*) desatascar*, desembozar*.
stuzzicadenti *s.m.* palillo, mondadientes.
stuzzicante *agg.* **1** (*di cibi*) apetecible **2** (*fig.*) estimulante.
stuzzicare *v.tr.* **1** (*toccare*) hurgar*, picar*: — *una ferita*, hurgar/manosear una herida **2** (*fig., stimolare*) excitar, incitar, avivar | — *l'appetito, la curiosità*, despertar el apetito,

la curiosidad **3** (*fig.*, *molestare*) fastidiar, provocar*, dar* la lata, irritar: *— un cane*, provocar a un perro.
stuzzichino *s.m.* aperitivo, pincho.
su *prep.* **1** (*stato in luogo*) en, sobre, encima de: *è sul tavolo*, está en/sobre la mesa; *era seduto sul divano*, estaba sentado en el sofá **2** (*moto a luogo*) a: *salire sul treno*, subir al tren **3** (*affacciato su*) a: *il terrazzo dava sulla strada*, la terraza daba a la calle | *la porta sul retro*, la puerta de atrás **4** (*al di sopra di*) sobre: *1000 metri sul livello del mare*, 1000 metros sobre el nivel del mar **5** (*argomento*) sobre, acerca de: *se ne dicono tante sul suo conto*, se chismorrea mucho acerca de él; *una conferenza sulle nuove terapie mediche*, una conferencia sobre las nuevas terapias médicas **6** (*fig.*, *per indicare autorità, superiorità*) sobre, a: *avere un vantaggio — qlcu.*, llevar ventaja a alguien **7** (*tempo*) a: *sul far della sera*, al amanecer **8** (*circa, pressappoco*) en torno a, alrededor de, unos, unas: *peserà sui 30 chili*, pesará unos 30 quilos **9** (*modo*) a, por | *solo — richiesta*, sólo a petición | *— ordinazione*, por encargo | *sul modello di*, siguiendo el modelo de | (*abbigl.*) *— misura*, sobre medidas **10** (per indicare supporto) en, sobre: *olio — tela*, óleo en/sobre lienzo ♦ *avv.* **1** (*in alto, al piano superiore*) arriba: *guardare in —*, mirar hacia arriba; *proprio qui — abita un dottore*, justo aquí arriba vive un médico **2** (*addosso*) encima: *metti — il cappotto!*, ¡ponte el abrigo! | *prezzi che vanno —*, precios que suben
■ ***su e giù***, arriba y abajo: *andavano e venivano — e giù per le scale*, subían y bajaban por las escaleras | ***su per giù***, más o menos, aproximadamente: *avrà — per giù trent'anni*, tendrá unos treinta años | ***su con la vita/col morale!***, ¡vamos!, ¡ánimo! | ***mettere su casa***, montar un hogar | ***contare su qlcu.***, contar con alguien.
suadente *agg.* persuasivo.
sub *s.m.* submarinista.
subacqueo *agg.* submarino, subacuático ♦ *s.m.* submarinista (*m./f.*).
subaffittare *v.tr.* realquilar.
subaffitto *s.m.* subarriendo.
subaffittuario *s.m.* subarrendatario.
subalpino *agg.* (*geogr.*) subalpino.
subalterno *agg.*, *s.m.* subalterno.
subappaltare *v.tr.* subarrendar*, subcontratar.
subappaltatore *s.m.* subcontratista (*m./f.*).
subappalto *s.m.* subcontrata (*f.*).
subappenninico *agg.* (*geogr.*) del bajo Apenino.
subatomico *agg.* (*fis.*) subatómico.
subbio *s.m.* (*ind. tess.*) enjulio.
subbuglio *s.m.* alboroto, confusión (*f.*), jaleo, agitación (*f.*); (*protesta*) tumulto.
subconscio *agg.*, *s.m.* subconsciente.
subcontinente *s.m.* (*geogr.*) subcontinente.
subdolo *agg.* desleal, taimado, falso.
subentrare *v.intr.* **1** sustituir*, remplazar*, suceder: *gli è subentrato il figlio*, le ha sucedido su hijo **2** (*presentarsi*) aparecer*, surgir*: *è subentrato un problema*, ha surgido un problema.
subequatoriale *agg.* (*geogr.*) subecuatorial.
subire *v.tr.* sufrir, padecer*; (*sopportare*) soportar | *— un intervento*, someterse a una operación.
subissare *v.tr.* **1** (*inabissare*) sumergir*, hundir **2** (*fig.*) colmar, agobiar, llenar, cubrir: *— di compiti*, llenar de deberes.
subitaneo *agg.* improviso, subitáneo, repentino.
subito *avv.* en seguida, enseguida, inmediatamente, ya: *devi farlo —*, tienes que hacerlo ya; *vengo —*, ya voy.
sublimare *v.tr.* sublimar (*anche fig.*).
sublimato *s.m.* (*chim.*) sublimado.
sublimazione *s.f.* **1** sublimación **2** (*fig.*) exaltación.
sublime *agg.* sublime, excelso.
subliminale *agg.* subliminal.
sublimità *s.f.* sublimidad.
sublocazione *s.f.* subalquiler, realquiler.
sublunare *agg.* sublunar.
subnormale *agg.*, *s.m./f.* subnormal.
subodorare *v.tr.* olerse*, sospechar.
subordinare *v.tr.* (*anche ling.*) subordinar.
subordinata *s.f.* (*ling.*) subordinada.
subordinato *agg.* subordinado, sujeto: *la decisione è subordinata al suo volere*, la decisión está sujeta a su voluntad.
subordinazione *s.f.* (*anche ling.*) subordinación.
subordine *s.m. nella loc.*: *in —*, de forma subordinada; *essere in —*, en segundo lugar.
subornare *v.tr.* (*dir.*) sobornar.
subornatore *s.m.* (*dir.*) sobornador.
subornazione *s.f.* soborno (*m.*).
subpolare *agg.* (*geogr.*) subpolar.
substrato *s.m.* (*anche fig.*) substrato.
subtotale *s.m.* (*amm.*) subtotal.
subtropicale *agg.* (*geogr.*) subtropical.
subumano *agg.* subhumano.
suburbano *agg.* suburbano.
succedaneo *agg.* sucedáneo.
succedere *v.intr.* **1** (*ad altri*) suceder, reemplazar*, substituir*: *gli successe Filippo II*, le sucedió Felipe II **2** (*capitare*) suceder, pasar, acontecer*, acaecer* **3** (*seguire*) suceder, seguir* ♦ **-rsi** *v.pron.* subseguirse*.
successione *s.f.* sucesión | *— al trono*, sucesión al trono.

successivamente *avv.* sucesivamente.
successivo *agg.* sucesivo, siguiente: *passare al* —, pasar al siguiente.
successo *s.m.* éxito; victoria (*f.*): *avere — negli affari*, tener éxito en los negocios; *il primo — da allenatore*, la primera victoria como entrenador | *una trasmissione di* —, una emisión de éxito.
successone *s.m.* (*fam.*) *nella loc.*: *avere un* —, tener un exitazo.
successore *s.m.* sucesor, heredero.
succhiare *v.tr.* chupar, succionar; (*dal seno*) mamar.
succhiello *s.m.* (*tecn.*) barrena (*f.*).
succhiotto *s.m.* chupete.
succinto *agg.* **1** (*di vestito*) demasiado corto; (*scollato*) demasiado escotado: *si presentò in abiti succinti*, se presentó ligera de ropas **2** (*fig.*) sucinto, breve, conciso.
succo *s.m.* **1** jugo (*anche fig.*), zumo **2** (*fig.*, *essenza*) sustancia (*f.*).
succosità *s.f.* jugosidad.
succoso *agg.* **1** jugoso **2** (*fig.*) jugoso, sabroso.
succube *s.m./f.* esclavo (*m.*).
succulento *agg.* **1** (*succoso*) suculento **2** (*gustoso*) gustoso, sabroso.
succursale *s.f.* sucursal, filial.
sud *s.m.* sur.
sudafricano *agg.*, *s.m.* sudafricano.
sudamericano *agg.*, *s.m.* suramericano, sudamericano.
sudare *v.intr.* **1** sudar, transpirar | — *freddo*, (*anche fig.*) sudar frío **2** (*fig.*) fatigar*, cansarse | — *sangue/sette camicie*, sudar sangre/la gota gorda.
sudario *s.m.* sudario.
sudata *s.f.* **1** sudadera: *farsi una* —, sudar **2** (*fig.*) paliza, tute (*m.*).
sudaticcio *agg.* sudado.
sudato *agg.* sudado, sudoroso: — *fradicio*, (*fam.*) empapado de sudor | *una sudata vittoria*, una merecida victoria, una difícil victoria.
sudcoreano *agg.*, *s.m.* surcoreano.
suddetto *agg.* susodicho, antedicho, sobredicho.
sudditanza *s.f.* sujeción.
suddito *s.m.* súbdito.
suddividere *v.tr.* subdividir.
suddivisione *s.f.* **1** subdivisión **2** (*spartizione*) reparto (*m.*).
sud-est *s.m.* sureste.
sudiceria *s.f.* **1** mugre **2** (*cosa sudicia*) porquería **3** (*azione*) obscenidad, porquería.
sudicio *agg.* **1** sucio (*anche fig.*), mugriento **2** (*osceno*) obsceno.
sudicione *s.m.* puerco, mugriento.
sudiciume *s.m.* suciedad (*f.*), mugre (*f.*), porquería (*f.*).
sudista *agg.*, *s.m./f.* sudista.
sudorazione *s.f.* sudoración.
sudore *s.m.* sudor | (*fig.*) *guadagnarsi il pane col — della fronte*, ganarse el pan con el sudor de la frente.
sudorifero *agg.* sudorífero, sudorífico.
sud-ovest *s.m.* suroeste.
sufficiente *agg.* **1** suficiente, bastante **2** (*snob*) pedante: *parla con tono* —, habla con tono pedante.
sufficientemente *avv.* suficientemente.
sufficienza *s.f.* **1** suficiencia | *a* —, bastante, suficiente **2** (*a scuola*) aprobado (*m.*) **3** (*altezzosità*) pedantería, presunción.
suffisso *s.m.* sufijo, afijo.
suffragare *v.tr.* sufragar*; apoyar, favorecer*.
suffragetta *s.f.* sufragista.
suffragio *s.m.* sufragio, voto: — *universale*, sufragio universal.
suffumicare *v.tr.* fumigar*.
suffumigio *s.m.* **1** fumigación (*f.*) **2** (*inalazione*) inhalación (*f.*).
suggellare *v.tr.* sellar, sigilar.
suggello *s.m.* (*anche fig.*) sello.
suggerimento *s.m.* sugerencia (*f.*), consejo: *seguire un* —, aceptar una sugerencia | *dietro/su — di qlcu.*, bajo consejo de alguien.
suggerire *v.tr.* **1** sugerir; (*a scuola*) soplar; (*a teatro*) apuntar **2** (*raccomandare*) aconsejar, recomendar*.
suggeritore *s.m.* apuntador.
suggestionabile *agg.* sugestionable, impresionable.
suggestionare *v.tr.* sugestionar ♦ **-rsi** *v.pron.* sugestionarse.
suggestione *s.f.* sugestión; (*fascino*) fascinación.
suggestivo *agg.* sugestivo, atractivo, encantador.
sugherificio *s.m.* fábrica (*f.*) corchera.
sughero *s.m.* **1** (*bot.*) alcornoque, súber **2** (*materiale*) corcho.
sugna *s.f.* tocino (*m.*), manteca de cerdo.
sugo *s.m.* **1** (*per la pasta*) salsa (*f.*); (*della carne*) jugo **2** (*fig.*) sustancia (*f.*), enjundia (*f.*): *il — del problema*, la sustancia del problema.
sugoso *agg.* jugoso; (*fig.*) sustancioso.
suicida *agg.*, *s.m./f.* suicida.
suicidarsi *v.pron.* suicidarse, matarse.
suicidio *s.m.* suicidio.
suindicato *agg.* mencionado, susodicho.
suino *agg.* porcino, porcuno, de cerdo ♦ *s.m.* cerdo, puerco.
suite *s.f.* suite.
sulfamidico *s.m.* (*chim.*) sulfamida (*f.*).

sulfureo *agg.* sulfúreo.
sultanato *s.m.* sultanato.
sultanina *agg. nella loc.*: *uva* —, uva pasa.
sultano *s.m.* sultán.
summenzionato *agg.* mencionado, susodicho.
summit *s.m.* cumbre (*f.*).
sunto *s.m.* resumen, síntesis (*f.*): *fare un* —, hacer un resumen.
suo *agg.poss.* **1** su: *sua madre*, su madre; *il suo amico*, su amigo **2** (*se il s. è preceduto da art.indet. agg.dimostr., indef. o num.*) suyo: *ho qui una sua lettera*, aquí tengo una carta suya; *un suo conoscente*, un conocido suyo; *questi suoi libri*, estos libros suyos; *altri suoi amici*, otros amigos suyos; *tre suoi amici*, tres amigos suyos ♦ *pron.poss.* suyo: *quella sciarpa è sua, non tua!*, ¡esa bufanda es suya no tuya! | *scusi, è — questo guanto?*, ¿perdone, ese guante es suyo? | *i suoi*, (*genitori*) sus padres; (*parenti*) su familia | *ne ha fatta una delle sue*, ha hecho una de las suyas | *sono dalla sua*, estoy de su parte | *ha detto la sua*, ha dicho su opinión.
suocero *s.m.* suegro.
suola *s.f.* suela.
suolare *v.tr.* solar*.
suolatura *s.f.* solado (*m.*).
suolo *s.m.* suelo; terreno | *cadere al* —, derrumbarse.
suonare *v.tr.* **1** tocar*; (*strumenti*) tocar*, tañer: — *il campanello*, tocar el timbre: *suona in un gruppo rock*, toca en un grupo rock **2** (*fam.*, *picchiare*) dar* una paliza, zurrar: *adesso te le suono!*, ¡ahora te doy una paliza! ♦ *v.intr.* **1** sonar* (*anche fig.*); (*di campane*) repicar*: *in lontananza suonava una sirena d'allarme*, a lo lejos sonaba una sirena de alarma | — *a vuoto*, sonar a hueco | *il nome non mi suona nuovo*, el nombre no me suena nuevo | *hanno suonato le tre*, han dado las tres **2** (*alla porta*) llamar: *hanno suonato*, han llamado.
suonato *agg.* **1** chiflado, loco, tocado **2** (*compiuto*) cumplido: *ha cinquant'anni suonati*, tiene cincuenta cumplidos.
suonatore *s.m.* músico.
suoneria *s.f.* timbre (*m.*).
suono *s.m.* sonido: *barriera del* —, barrera del sonido | *tecnico del* —, técnico de sonido.
suora *s.f.* (*relig.*) monja, hermana; (*davanti a no.pr.*) sor: *suor Isabella*, sor Isabel.
super *agg.* súper.
superabile *agg.* superable.
superaffollato *agg.* repleto, atestado.
superalcolico *agg.* con alta graduación ♦ *s.m.* licor.
superalimentazione *s.f.* sobrealimentación.
superallenamento *s.m.* (*sport*) sobreentrenamiento.
superamento *s.m.* **1** (*il superare*) superación (*f.*) **2** (*di esami*) aprobado **3** (*aut.*) adelantamiento.
superare *v.tr.* **1** superar, sobrepasar; (*un ostacolo*) vencer*, salvar; (*un esame*) aprobar*: *spese che superano i 1000 euro*, gastos que sobrepasan los 1000 euros | *hai superato ogni limite*, te has pasado | — *un incrocio*, superar un cruce **2** (*sorpassare*) adelantar: *non — in curva*, no adelantar en curva.
superato *agg.* superado; (*non attuale*) anticuado, viejo, obsoleto.
superbia *s.f.* soberbia, altivez*, arrogancia.
superbo *agg.* **1** soberbio, altivo **2** (*splendido*) magnífico.
superbollo *s.m.* (*amm.*) impuesto de circulación especial.
superburocrate *s.m.* funcionario con funciones directivas.
supercarburante *s.m.* supercarburante.
supercarcere *s.m.* prisión (*f.*) de máxima seguridad.
superdonna *s.f.* (*iron.*) supermujer.
superdotato *agg.* superdotado.
superficiale *agg.* superficial, frívolo.
superficialità *s.f.* (*anche fig.*) superficialidad.
superficie *s.f.* **1** superficie **2** (*fig.*) apariencia.
superfluo *agg.* superfluo.
supergigante *s.m.* (*sport*) supergigante.
Super-Io *s.m.* superyo, superego.
superiora *s.f.* (*relig.*) superiora.
superiore *agg.* superior, mayor: *un successo — alle aspettative*, un éxito superior a lo previsto | *al piano* —, en el piso de arriba | *ordini superiori*, órdenes superiores ♦ *s.m.* superior, jefe.
superiorità *s.f.* superioridad.
superlativo *agg.* excepcional, excelente, superlativo ♦ *s.m.* (*gramm.*) superlativo.
superlavoro *s.m.* exceso de trabajo.
supermercato *s.m.* supermercado, súper.
supernutrizione *s.f.* sobrealimentación.
superotto *agg.*, *sm.* (*cinem.*) superocho.
superpotenza *s.f.* superpotencia.
supersonico *agg.* supersónico.
superstite *s.m./f.* superviviente, supérstite.
superstizione *s.f.* superstición, agüero (*m.*).
superstizioso *agg.* supersticioso.
superstrada *s.f.* autovía.
supertassa *s.f.* impuesto (*m.*) adicional.
superteste, supertestimone *s.m./f.* testigo especial.
superuomo *s.m.* superhombre.
supervalutazione *s.f.* supervaloración.
supervisione *s.f.* supervisión.
supervisore *s.m.* supervisor.

supino *agg.* supino, boca arriba: *stenditi* —, tumbate boca arriba.
suppellettile *s.f.* utensilio (*m.*), adorno (*m.*).
suppergiù *avv.* aproximadamente.
supplementare *agg.* suplementario, adicional.
supplemento *s.m.* suplemento.
supplente *agg., s.m./f.* suplente, sustituto (*m.*).
supplenza *s.f.* suplencia.
suppletivo *agg.* suplementario.
supplì *s.m.* (*cuc.*) croqueta (*f.*) de arroz.
supplica *s.f.* **1** súplica, ruego (*m.*) **2** (*dir.*) instancia.
supplicare *v.tr.* suplicar*, implorar, rogar*.
supplice *agg., s.m./f.* suplicante.
supplichevole *agg.* suplicante.
supplire *v.intr.* suplir: — *alla mancanza di qlco.*, suplir la falta de algo ♦ *v.tr.* sustituir*, reemplazar*.
supplizio *s.m.* suplicio.
supponente *agg.* (*fam.*) arrogante.
supponenza *s.f.* arrogancia.
supporre *v.tr.* suponer*, presumir; (*credere*) creer*; (*immaginare*) imaginar.
supportare *v.tr.* **1** dar* un soporte **2** (*fig.*) ayudar.
supporto *s.m.* soporte (*anche fig.*), sostén, apoyo.
supposizione *s.f.* suposición.
supposta *s.f.* (*farm.*) supositorio (*m.*).
suppurare *v.intr.* supurar.
suppurazione *s.f.* supuración.
supremazia *s.f.* supremacía, superioridad, predominio (*m.*).
supremo *agg.* supremo.
sura *s.f.* (*Corano*) sura.
surclassare *v.tr.* superar.
surf *s.m.* **1** (*sport*) surf **2** (*tavola*) tabla (*f.*) de surf.
surfista *s.m./f.* (*sport*) surfista.
surgelare *v.tr.* congelar.
surgelato *agg., s.m.* congelado.
surgelatore *s.m.* congelador.
surplus *s.m.* surplus, superávit.
surreale *agg.* surreal, fantástico.
surrealismo *s.m.* surrealismo.
surrealista *agg., s.m./f.* (*lett., arte*) surrealista.
surrenale *agg.* (*anat.*) suprarrenal.
surrettizio *agg.* (*dir.*) subrepticio.
surriscaldamento *s.m.* recalentamiento.
surriscaldare *v.tr.* recalentar*, sobrecalentar*.
surrogare *v.tr.* (*dir.*) subrogar*.
surrogato *agg., s.m.* sucedáneo.
suscettibile *agg.* **1** (*passibile*) susceptible, apto: *offese suscettibili di denuncia*, ofensas susceptibles de denuncia **2** (*di persona*) susceptible, picajoso, quisquilloso.
suscettibilità *s.f.* susceptibilidad.
suscitare *v.tr.* suscitar, provocar*, despertar* | — *uno scandalo*, escandalizar.
susina *s.f.* (*bot., prugna*) ciruela.
susino *s.m.* (*bot.*) ciruelo.
suspicione *s.f.* (*dir.*) *nella loc.*: *legittima* —, legítima sospecha.
susseguente *agg.* sucesivo.
susseguire *v.intr.* venir* después, suceder ♦ **-rsi** *v.pron.* sucederse, subseguirse*.
sussidiare *v.tr.* subvencionar.
sussidiario *agg.* subsidiario, auxiliar, suplementario ♦ *s.m.* manual.
sussidio *s.m.* **1** subsidio, indemnización (*f.*), subvención (*f.*) **2** (*aiuto*) ayuda (*f.*), apoyo, soporte.
sussiego *s.m.* gravedad (*f.*), afectación (*f.*), amaneramiento.
sussiegoso *agg.* afectado, amanerado.
sussistenza *s.f.* **1** subsistencia **2** existencia.
sussistere *v.intr.* subsistir, existir, haber*: *sussiste un grave problema*, hay un grave problema.
sussultare *v.intr.* sobresaltarse, estremecerse*; (*trasalire*) asustarse.
sussulto *s.m.* sobresalto, estremecimiento; (*salto*) brinco, impulso.
sussurrare *v.tr.* **1** susurrar, musitar **2** (*vociferare*) murmurar, rumorear.
sussurro *s.m.* susurro.
sutura *s.f.* (*anat., med.*) sutura.
suturare *v.tr.* (*med.*) suturar.
suvvia *inter.* ¡vamos!, ¡ánimo!
suzione *s.f.* succión.
svaccarsi *v.pron.* (*gerg.*) desganarse, desinteresarse.
svaccato *agg.* (*gerg.*) desganado.
svagare *v.tr.* divertir*, distraer*, entretener* ♦ **-rsi** *v.pron.* divertirse*, distraerse*, recrearse.
svagatezza *s.f.* diversión, distracción.
svagato *agg.* distraído, entretenido.
svago *s.m.* recreo, diversión (*f.*), entretenimiento, distracción (*f.*).
svaligiare *v.tr.* desvalijar, robar, saquear, atracar*.
svaligiatore *s.m.* ladrón, desvalijador.
svalutare *v.tr.* (*econ.*) devaluar; desvalorar.
svalutazione *s.f.* (*econ.*) devaluación, depreciación.
svampito *agg., s.m.* distraído, despistado.
svanire *v.intr.* **1** desvanecerse*, evaporarse, pasar | *riuscì a far — le sue tracce*, logró que se perdieran sus huellas **2** (*fig.*) desaparecer*, perderse*, borrarse: *la paura svanì*, el miedo desapareció; *i ricordi svaniscono col tempo*, los recuerdos se borran con el tiempo | — *nel nulla*, borrarse del mapa.
svantaggiato *agg.* desfavorecido.
svantaggio *s.m.* desventaja (*f.*).

svantaggioso *agg.* desventajoso, desfavorable.
svaporare *v.intr.* evaporarse, disiparse (*anche fig.*); (*svanire*) desvanecerse*.
svariato *agg.* **1** vario, variado, diferente **2** (*pl.*) muchos.
svarione *s.m.* patinazo, error grave.
svasare *v.tr.* **1** (*piante*) transplantar **2** (*abiti*) acampanar.
svasato *agg.* (*di abiti*) de campana.
svastica *s.f.* cruz* gamada, esvástica.
svecchiamento *s.m.* modernización (*f.*).
svecchiare *v.tr.* **1** modernizar* **2** (*aggiornare*) actualizar*.
svedese *agg.*, *s.m.* sueco.
sveglia *s.m.* despertador (*m.*): *puntare la — alle cinque*, poner el despertador a las cinco | *— telefonica*, despertador telefónico ♦ *inter.* ¡a levantarse!, ¡arriba!
svegliare *v.tr.* **1** despertar* **2** (*fig.*) despabilar, avivar ♦ **-rsi** *v.pron.* despertarse*.
sveglio *agg.* **1** despierto **2** (*fig.*) espavilado, avispado, vivo; (*furbo*) listo.
svelare *v.tr.* **1** revelar, desvelar **2** (*fig.*) descubrir, mostrar*: *ha svelato il suo carattere*, ha descubierto su carácter ♦ **-rsi** *v.pron.* manifestarse*.
svellere *v.tr.* (*anche fig.*) erradicar*, extirpar.
sveltezza *s.f.* rapidez, agilidad.
sveltina *s.f.* (*volg.*) polvete (*m.*).
sveltire *v.tr.* **1** agilizar*, apresurar: *sveltisci il passo!*, ¡apresúrate!; *— il traffico*, agilizar el tráfico **2** (*semplificare*) simplificar*: *— una procedura*, simplificar un procedimiento **3** (*abbreviare*) abreviar **4** (*fig., rendere più disinvolto*) espabilar **5** (*snellire*) adelgazar* ♦ **-rsi** *v.pron.* **1** agilizarse* **2** (*diventare più disinvolto*) espabilarse.
svelto *agg.* **1** (*rapido*) veloz*, rápido, ágil | *a passo —*, a buen paso | *alla svelta*, rápido | *essere — di mano*, ser largo de mano **2** (*di mente*) listo, despejado, despabilado **3** (*slanciato*) esbelto ♦ *inter.* ¡de prisa!, ¡corriendo!
svenare *v.tr.* cortar las venas; desangrar (*anche fig.*) ♦ **-rsi** *v.pron.* cortarse las venas; desangrarse (*anche fig.*).
svendere *v.tr.* liquidar, rematar.
svendita *s.f.* liquidación, remate (*m.*), rebaja.
svenevole *agg.* sensiblero, melindroso.
svenevolezza *s.f.* sensiblería.
svenimento *s.m.* desmayo, desvanecimiento.
svenire *v.intr.* desmayarse: *— dalla fame*, estar muerto de hambre.
sventagliare *v.tr.* **1** (*fare aria*) abanicar* **2** (*agitare*) blandir, agitar ♦ **-rsi** *v.pron.* abanicarse*.
sventare *v.tr.* evitar, impedir*; (*far fallire*) hacer* fracasar, frustrar.
sventatezza *s.f.* imprudencia.
sventato *agg.*, *s.m.* imprudente, atolondrado, alocado.
sventola *s.f.* (*fam.*) **1** (*ceffone*) torta, bofetada **2** (*bella donna*) bombón (*m.*)
■ ***orecchie a sventola***, orejas de soplillo.
sventolare *v.tr.* agitar (en el aire) ♦ *v.intr.* flamear, ondear: *bandiere bianche sventolavano alle finestre*, banderas blancas ondeaban en las ventanas ♦ **-rsi** *v.pron.* abanicarse*.
sventramento *s.m.* **1** destripamiento **2** (*demolizione*) demolición (*f.*).
sventrare *v.tr.* **1** (*sbudellare*) destripar, despanzurrar **2** (*palazzo*) demoler*: *la bomba ha sventrato l'edificio*, la bomba ha demolido el edificio.
sventura *s.f.* desventura, mala suerte, desdicha; (*avversità*) adversidad, desgracia | *compagni di —*, compañeros de desdichas.
sventurato *agg.* desdichado, desgraciado, desventurado; (*negativo*) infausto: *giorno —*, día infausto.
sverginare *v.tr.* desvirgar*, desflorar.
svergognare *v.tr.* **1** avergonzar* **2** (*smascherare*) desenmascarar.
svergognato *agg.*, *s.m.* desvengonzado, descarado, sinvergüenza.
svergolare *v.tr.* (*mecc.*) alabear, curvar.
svernare *v.intr.* invernar.
sverniciare *v.tr.* decapar.
sverniciatore *s.m.* decapante.
svestire *v.tr.* desvestir*, desnudar ♦ **-rsi** *v.pron.* desvestirse*.
svezzamento *s.m.* destete.
svezzare *v.tr.* destetar; (*animali*) desmadrar.
sviare *v.tr.* **1** desviar (*anche fig.*): *sviò i sospetti sulla collega*, desvió las sospechas en su compañera | *— le indagini*, despistar las investigaciones | *— un discorso*, cambiar de tema | *non lasciarti —*, no te dejes distraer **2** (*dalla retta via*) descarriar*.
svicolare *v.intr.* escabullirse.
svignarsela *v.pron.* escabullirse, escaquearse, escapar, pirárselas.
svigorire *v.tr.* debilitar ♦ **-rsi** *v.pron.* debilitarse.
svilimento *s.m.* **1** envilencimiento **2** (*svalutazione*) menosprecio.
svilire *v.tr.* **1** envilecer*, desvalorizar* **2** (*disprezzare*) menospreciar, despreciar.
sviluppare *v.tr.* **1** desarrollar; (*aumentare*) incrementar: *— le attività*, incrementar las actividades; *un esercizio per — gli addominali*, un ejercicio para fortalecer los abdominales | *la combustione sviluppa calore*, la combustión produce calor **2** (*foto.*) revelar: *far — le foto*, revelar el carrete ♦ **-rsi** *v.pron.* **1** crecer*, desarrollarse **2** (*migliorare*) progresar, evolucionarse **3** (*aver

luogo) producirse*, desencadenarse: *si sviluppò un incendio*, se produjo un incendio.
sviluppo *s.m.* **1** desarrollo, progreso, crecimiento, evolución (*f.*): *paese in via di* —, país en vías de desarrollo | *l'età dello* —, la pubertad; (*fam.*) la edad del pavo **2** (*foto.*) revelado.
svinare *s.f.* (*enologia*) desliar*.
svinatura *s.f.* (*enologia*) deslío (*m.*).
svincolare *v.tr.* **1** desvincular, desligar*, liberar **2** (*riscattare*) rescatar ♦ **-rsi** *v.pron.* desvincularse.
svincolo *s.m.* **1** (*stradale*) enlace, ronda (*f.*) **2** (*riscatto*) rescate.
sviolinare *v.tr.* (*fam.*) dar* coba (a), hacer* la pelota (a).
sviolinata *s.f.* (*fam*) coba, peloteo (*m.*).
sviscerare *v.tr.* (*anche fig.*) desentrañar.
sviscerato *agg.* entrañable, profundo, desentrañado: *passione sviscerata*, pasión profunda.
svista *s.f.* despiste (*m.*), descuido (*m.*), distracción, desliz* (*m.*).
svitare *v.tr.* desatornillar, desenroscar* ♦ **-rsi** *v.pron.* destornillarse.
svitato *agg.* **1** desatornillado **2** (*fam., fuori di testa*) alocado ♦ *s.m.* (*fam.*) loco.
svizzera *s.f.* (*cuc.*) hamburguesa.
svizzero *agg., s.m.* suizo.
svogliatamente *avv.* desganadamente.
svogliatezza *s.f.* desgana, desidia, apatía.
svogliato *agg.* desganado, perezoso, apático.
svolazzare *v.intr.* revolotear, aletear.
svolazzo *s.m.* (*anche fig.*) revoloteo.
svolgere *v.tr.* **1** desenvolver*, desenrollar: — *un rotolo di filo*, desenvolver un ovillo de hilo bramante **2** (*fig.*) desempeñar, desarrollar, realizar*: *hai svolto un buon lavoro*, has realizado un buen trabajo ♦ **-rsi** *v.pron.* tener* lugar, desarrollarse: *la storia si svolge a Verona*, la historia tiene lugar en Verona; *svolgersi secondo i piani*, desarrollarse según los planes.
svolgimento *s.m.* desarrollo, curso: *non ostacolare lo — delle operazioni di soccorso*, no entorpecer el curso de las operaciones de auxilio; *analizzare lo — dei fatti*, analizar el desarrollo de los hechos.
svolta *s.f.* **1** vuelta, recodo (*m.*), giro (*m.*): — *a destra*, vuelta a la derecha **2** (*fig.*) viraje (*m.*), cambio (*m.*) importante, momento (*m.*) clave, hito (*m.*): *sei a una* —, estás en un momento crucial; *il fatto ha segnato una* —, el hecho constituye un hito.
svoltare *v.intr.* virar, girar, doblar la esquina: — *a destra*, girar a la derecha.
svuotamento *s.m.* vaciado.
svuotare *v.tr.* vaciar*: — *una cassaforte*, vaciar una caja fuerte; (*fig.*) — *qlco. del suo significato*, privar a algo de su significado ♦ **-rsi** *v.pron.* vaciarse.
svuotato *agg.* (*anche fig.*) vacío.

Tt

t *s.f.* t | (*tel.*) — *come Taranto*, t como Tarragona.
tabaccheria *s.f.* estanco (*m.*).
tabacchiera *s.f.* petaca, tabaquera.
tabacco *s.m.* tabaco: — *da fiuto*, tabaco rapé | *color* —, color tabaco.
tabagismo *s.m.* (*med.*) tabaquismo.
tabella *s.f.* **1** (*prospetto*) cuadro (*m.*), tabla, prospecto (*m.*) | — *di marcia*, hoja de ruta **2** (*dei prezzi*) lista.
tabellone *s.m.* **1** cartelera (*f.*), tablero **2** (*pubblicitario*) tablón, cartel de anuncios.
tabernacolo *s.m.* tabernáculo.
tabù *agg.*, *s.m.* tabú.
tabula rasa *s.f.* tabla rasa | *fare* —, arrasar.
tabulare[1] *agg.* tabular.
tabulare[2] *v.tr.* tabular.
tabulato *s.m.* (*inform.*) tabulado.
tabulatore *s.m.* tabulador.
TAC *s.f.* (*med.*) TAC, tomografía axial computarizada, escáner (*m.*).
tacca *s.f.* muesca, corte (*m.*) | *di mezza* —, de mediana estatura.
taccagneria *s.f.* tacañería, cicatería.
taccagno *agg.*, *s.m.* tacaño, avariento, cicatero, mezquino.
taccheggiatore *s.m.* chorizo, ratero.
taccheggio *s.m.* ratería (*f.*), hurto, robo.
tacchino *s.m.* (*zool.*) pavo.
tacciare *v.tr.* tachar, atribuir*, etiquetar: — *di ignorante*, tachar de ignorante.
tacco *s.m.* tacón: *tacchi a spillo*, tacones de aguja | (*fig.*) *alzare i tacchi*, irse, largarse | (*nel calcio*) *colpo di* —, taconazo.
taccola *s.f.* (*zool.*) chova, corneja.
taccuino *s.m.* libreta (*f.*), agenda (*f.*).
tacere *v.intr.* callar, callarse | *mettere a — uno scandalo*, acallar un escándalo | *chi tace acconsente*, el que calla otorga | *taci!*, ¡cállate! ♦ *v.tr.* ocultar, callar: — *la verità*, callar la verdad.
tachicardia *s.f.* (*med.*) taquicardia.
tachicardico *agg.* (*med.*) taquicárdico.
tachimetro *s.m.* taquímetro, tacómetro.
tacito *agg.* tácito.
taciturno *agg.* taciturno, silencioso.
tafano *s.m.* (*zool.*) tábano | (*fig.*) *essere un* —, ser un moscón.
tafferuglio *s.m.* riña (*f.*), pelea (*f.*), zipizape.
taffetà *s.m.* (*tessuto*) tafetán.
taglia *s.f.* **1** (*corporatura*) talla, complexión **2** (*di vestiti*) medida, talla: *che — porti?*, ¿qué talla usas? **3** (*ricompensa*) recompensa, talla: *mettere una — su qlcu.*, ofrecer una recompensa por alguien.
tagliacarte *s.m.* cortapapeles.
tagliaerba *s.m.* cortacésped.
taglialegna *s.m.* leñador.
tagliando *s.m.* cupón | (*aut.*) *fare il* —, hacer la revisión.
tagliare *v.tr.* **1** cortar; (*alberi*) talar **2** (*pietre*) tallar **3** (*attraversare*) cruzar* | — *la strada a qlcu.*, cruzarse en el camino de alguien **4** (*interrompere*) cortar: — *il gas*, *l'acqua*, cortar el gas, el agua | (*fig.*) — *i viveri a qlcu.*, suspender el abastecimiento, cortar el mantenimiento **5** (*mazzi di carte*) cortar ♦ *v.intr.* atajar: *tagliammo per il centro*, atajamos por el centro ♦ **-rsi** *v.pron.* cortarse ■ (*fig.*) ***tagliare la corda***, despedirse a la francesa | ***tagliare i ponti***, romper las relaciones | ***tagliare fuori***, excluir | ***tagliare corto***, abreviar, acortar | ***tagliare i costi***, ***il personale***, reducir los gastos, la plantilla | ***tagliare il traguardo***, cruzar la meta | ***tagliare la testa al toro***, cortar por lo sano.
tagliasigari *s.m.* cortapuros.
tagliatelle *s.f.pl.* (*cuc.*) tallarines (*m.*).
tagliato *agg.* **1** cortado | — *fuori*, excluido, marginado **2** (*adatto*) idóneo, adecuado.
tagliaunghie *s.m.* cortaúñas.
taglieggiare *v.tr.* extorsionar.
tagliente *agg.* **1** afilado, cortante **2** (*fig.*) mordaz*, hiriente.
tagliere *s.m.* tajo, tajador, tabla (*f.*) de cortar.
taglierina *s.f.* (*mecc.*) cizalla, cortaplanchas; (*per carta*) guillotina.
taglio *s.m.* **1** corte; (*di alberi*) tala (*f.*) | *dare un — al passato*, cortar con el pasado | *dare un — netto*, cortar por lo sano **2** (*di pietre*) talla (*f.*) **3** (*ferita*) corte; (*in testa*) brecha (*f.*) | — *cesareo*, cesárea **4** (*fig.*, *di abiti, foggia*) estilo, corte **5** (*fig.*, *impostazione*) estilo, tono **6** (*parte affilata*) filo: *arma a doppio* —, arma de doble filo **7** (*formato*) dimensión (*f.*), tamaño | *banconote di piccolo* —, billetes menudos ■ ***pizza al taglio***, pizza al corte | ***scuola di***

taglio e cucito, escuela de corte y confección | (*libri*) ***mettere di taglio***, colocar de canto.
tagliola *s.f.* cepo (*m.*).
taglione *s.m.* talión | *legge del —*, ley del talión.
tagliuzzare *v.tr.* picar*, desmenuzar*.
tahitiano *agg.*, *s.m.* tahitiano.
tailleur *s.m.* (*abbigl.*) traje de chaqueta; (*Amer.*) conjunto.
talamo *s.m.* tálamo.
talare *agg.* talar | *abito —*, sotana.
talassemia *s.f.* (*med.*) talasemia.
talco *s.m.* talco.
tale *agg.* tal: *in — caso*, en tal (ese) caso | *un caldo — che spaccava le pietre*, un calor tal que se derretían las calles | *— e quale*, tal cual | *è tal quale suo padre*, es igualito al padre, es tal cual su padre | *aveva una — paura...*, tenía tanto miedo... ♦ *pron.* (*un tizio*) un tal | *ti ha chiamato un —*, te ha llamado un fulano | *il — dei tali*, fulano de tal | *quel —, quella —*, ese, esa que.
talea *s.f.* (*bot.*) esqueje (*m.*), estaca.
talento *s.m.* talento.
talent scout *s.m./f.* cazatalentos (*m./f.*).
talismano *s.m.* talismán.
tallonare *v.tr.* **1** (*in una corsa*) seguir* de cerca **2** (*calcio*) talonear.
talloncino *s.m.* recibo.
tallone *s.m.* (*anat.*) talón | (*fig.*) *il — d'Achille*, el talón de Aquiles.
talmente *avv.* tan: *— bello da emozionare*, tan bonito que emociona.
talora *avv.* → **talvolta.**
talpa *s.f.* **1** (*anche fig.*) topo (*m.*) | *cieco come una —*, ciego como un topo **2** (*fig.*) infiltrado (*m.*).
taluno *agg.indef.* (*solo pl.*) algunos: *taluni critici dicono che...*, algunos críticos dicen que... ♦ *pron.indef.* **1** alguno; algunos (*pl.*), unos (*pl.*) **2** (*in correlazione con talaltro*) uno: *— crede... talaltro crede...*, uno cree... otro crcc...
talvolta *avv.* a veces.
tamarindo *s.m.* (*bot.*) tamarindo.
tamburellare *v.intr.* tamborilear.
tamburello *s.m.* (*mus.*) pandereta (*f.*).
tamburo *s.m.* **1** (*mus.*) tambor | (*fig.*) *a — battente*, a tambor batiente **2** (*di pistola*) tambor: *pistola a —*, revólver de tambor.
tamerice *s.f.* (*bot.*) tamariz.
tampinare *v.tr.* **1** (*pedinare*) seguir* **2** (*importunare*) dar* la lata.
tamponamento *s.m.* **1** (*di falle*) tapadura (*f.*) **2** (*aut.*) golpe por detrás **3** (*med.*) taponamiento.
tamponare *v.tr.* **1** (*med.*) taponar **2** (*urtare*) chocar*: *ho tamponato un camion*, he chocado contra un camión.
tampone *s.m.* **1** (*med.*) tampón **2** (*per i timbri*) tampón, almohadilla (*f.*) **3** (*assorbente intimo*) tampón.
tamtam, tam tam *s.m.* (*mus.*, *tamburo*) tamtam | (*fig.*) *il — dell'ufficio*, el tam-tam de la oficina.
tana *s.f.* **1** (*di conigli, topi*) madriguera; (*di lupi*) guarida, cubil (*m.*); (*covo, grotta*) cueva: (*fig.*) *quando è triste si rifugia nella sua —*, cuando está triste se refugia en su cubil **2** (*tugurio*) cuchitril (*m.*).
tandem *s.m.* tándem.
tanfo *s.m.* tufo, hedor.
tangente *agg.* tangente ♦ *s.f.* **1** (*mat.*) tangente | (*fig.*) *partire per la —*, escaparse/salirse por la tangente, irse por las ramas **2** (*somma illecita*) comisión, soborno (*m.*) | *pagare una — in cambio di favori*, sobornar, untar el carro.
tangenziale *s.f.* (*strada*) cinturón (*m.*), circunvalación.
tanghero *s.m.* patán.
tangibile *agg.* **1** tangible **2** (*fig.*) evidente.
tango *s.m.* (*mus.*) tango.
tanica *s.f.* bidón (*m.*); (*di latte, benzina*) tanque (*m.*).
tannino *s.m.* (*chim.*) tanino.
tantino *pron.indef.* algo, un poquitín, una pizca: *sta un — meglio*, está algo mejor.
tanto[1] *avv.* **1** (*talmente, con agg. e avv.*) tan; (*con v.*) tanto: *non è — sciocco*, no es tan tonto; *mangiò — da star male*, comió tanto que luego estuvo mal; *non pensavo costasse —!*, ¡no pensaba que costara tanto!; *non preoccuparti —!*, ¡no te preocupes tanto! **2** (*molto*) mucho, bastante: *mi piace — la musica*, me gusta mucho la música; *«ti piace?» «—!»*, «¿te gusta?» «¡mucho!» | *non andava — piano*, no iba tan despacio | *vorrei — venire con voi!*, ¡me gustaría mucho ir con vosotros! **3** (*correlativo di quanto*) tanto, igual: *guadagna — quanto il marito*, gana tanto como su marido, gana igual que su marido **4** (*correlativo di che o da*) tanto: *è — volgare che non lo sopporto più*, es tan vulgar que no lo aguanto más **5** (*comunque*) de todos modos, de cualquier forma: *vieni! — non torniamo tardi*, ¡ven! de todos modos, no volveremos tarde **6** (*solo*) sólo: *andammo al cinema — per passare il tempo*, fuimos al cine sólo para pasar el tiempo | *l'ho detto — per dire!*, ¡lo he dicho por hablar! | *— più*, tanto más | *— meno*, tanto menos | *una volta — ha pagato lui*, por una vez pagó él | *costa due volte —!*, ¡cuesta el doble! | *di — in —*, *ogni —*, de vez en cuando.
tanto[2] *agg.indef.* **1** mucho, tanto: *c'era tanta gente*, había mucha gente; *te l'ho già detto tante volte!*, ¡ya te lo he dicho mil veces!; *ti*

voglio — bene!, ¡te quiero mucho! **2** (*correlativo*) cuanto, lo que: *ti darò tanti biscotti quanti ne vorrai!*, ¡te daré todas las galletas que quieras! ♦ *pron.indef.* mucho, bastante: *sono tanti a pensarla come me*, son muchos los que piensan como yo ♦ *s.m.* tanto: *le dà un — al mese per le spese*, le da un tanto al mes para el alquiler | *era alto — così*, era así de alto.

taoismo *s.m.* (*filos., relig.*) taoísmo.

tapino *agg.* infeliz*.

tapioca *s.f.* (*bot.*) tapioca.

tapiro *s.m.* (*zool.*) tapir.

tapis roulant *s.m.* cinta (*f.*) transportadora.

tappa *s.f.* **1** alto (*m.*), parada **2** (*distanza percorsa, anche sport*) etapa: *vincere una —*, ganar una etapa | *bruciare le tappe*, quemar etapas **3** (*momento importante*) etapa, fase.

tappabuchi *s.m./f.* suplefaltas.

tappare *v.tr.* tapar; (*con tappi, ostruire*) taponar: *— un buco*, tapar un agujero | *tapparsi il naso*, taparse las narices | *tapparsi le orecchie*, cerrar los oídos | *tapparsi gli occhi*, cerrar los ojos | *tapparsi la bocca*, coserse la boca ♦ **-rsi** *v.pron.* taparse | *— in casa*, encerrarse en casa.

tapparella *s.f.* persiana.

tappeto *s.m.* **1** alfombra (*f.*); tapete **2** (*sport, boxe*) lona (*f.*) | *— elastico*, colchoneta | *andare al —*, caer a la lona, besar la lona | *mettere/mandare al —*, dejar fuera de combate ■ ***tappeto erboso***, césped | ***tappeto volante***, alfombra mágica/voladora | ***tappeto verde***, tapete verde | ***mettere qlco. sul tappeto***, poner algo sobre el tapete.

tappezzare *v.tr.* tapizar*; (*foderare*) forrar.

tappezzeria *s.f.* tapicería.

tappezziere *s.m.* tapicero.

tappo *s.m.* **1** tapón; (*di sughero*) corcho: *mettere il —*, poner el corcho | *— a corona*, chapa | *— a vite*, tapón de rosca **2** (*cosa che ostruisce*) tapón | *— di cerume*, tapón de cerumen **3** (*persona*) retaco.

tara *s.f.* tara | *— ereditaria*, tara hereditaria.

tarantella *s.f.* (*mus.*) tarantela.

tarantola *s.f.* (*zool.*) tarántula.

tarare *v.tr.* **1** (*comm.*) tarar **2** (*mecc.*) calibrar, ajustar.

taratura *s.f.* (*mecc.*) calibrado (*m.*), ajuste (*m.*).

tarchiato *agg.* achaparrado, membrudo.

tardare *v.intr.* tardar: *— a fare qlco.*, tardar en hacer algo ♦ *v.tr.* demorar: *— la consegna del lavoro*, demorar la entrega del trabajo.

tardi *avv.* tarde | *al più —*, a más tardar | *a più —!*, ¡hasta luego! | *fare —*, llegar tarde, retrasarse; (*a tarda notte*) trasnochar | *presto o —*, tarde o temprano | *meglio — che mai*, más vale tarde que nunca.

tardivo *agg.* **1** tardío **2** (*fig.*) atrasado: *scuse tardive*, excusas a destiempo.

tardo *agg.* **1** tardío | *nel — pomeriggio*, al final de la tarde **2** (*lento*) lento, perezoso **3** (*ottuso*) torpe.

targa *s.f.* **1** (*cartello*) letrero (*m.*) **2** (*con il nome*) placa **3** (*aut.*) matrícula; (*Amer.*) placa.

targato *agg.* matriculado.

target *s.m.* (*comm.*) segmento de mercado, target.

tariffa *s.f.* tarifa.

tarlare *v.tr.* **1** (*tessuto*) apolillar **2** (*legno*) carcomer ♦ **-rsi** *v.pron.* **1** (*tessuto*) apolillarse **2** (*legno*) carcomerse.

tarlo *s.m.* **1** (*zool.*) carcoma (*f.*) **2** (*fig.*) gusanillo, tormento.

tarma *s.f.* (*zool.*) polilla.

tarmare *v.tr.* apolillar ♦ **-rsi** *v.pron.* apolillarse.

tarmicida *agg.*, *s.m.* (veneno) anti polilla.

tarocco *s.m.* (*carta*) tarot: *fare i tarocchi*, echar las cartas.

tarpare *v.tr.* alicortar | (*fig.*) *— le ali*, cortar las alas.

tarso *s.m.* (*anat.*) tarso.

tartagliare *v.intr.* tartamudear, balbucir*.

tartaro[1] *agg.*, *s.m.* tártaro.

tartaro[2] *s.m.* **1** (*chim.*) tártaro **2** (*dei denti*) tártaro, sarro.

tartaruga *s.f.* **1** (*zool.*) tortuga, galápago (*m.*); (*marina*) carey (*m.*) **2** (*materiale*) carey (*m.*).

tartassare *v.tr.* maltratar, atormentar; (*a un esame*) machacar*, apretar en un examen.

tartina *s.f.* (*cuc.*) canapé (*m.*).

tartufato *agg.* (*cuc.*) trufado.

tartufo *s.m.* (*bot.*) trufa (*f.*) | (*zool.*) *— di mare*, verigüeto.

tasca *s.f.* **1** bolsillo (*m.*): *da —*, de bolsillo **2** (*scomparto di borse*) compartimiento (*m.*) **3** (*di pasticcieri*) manga **4** (*anat.*) saco (*m.*) ■ (*fig.*) ***averne le tasche piene***, estar hasta la coronilla | ***pagare di tasca propria***, pagar de su bolsillo | ***conoscere come le proprie tasche***, conocer como la palma de la mano.

tascabile *agg.* de bolsillo: *un libro —*, un libro de bolsillo.

tascapane *s.m.* morral.

taschino *s.m.* bolsillo.

tassa *s.f.* (*amm.*) impuesto (*m.*), tasa, gravamen (*m.*) | *— di circolazione*, impuesto de circulación.

tassabile *agg.* (*amm.*) gravable.

tassametro *s.m.* taxímetro.

tassare *v.tr.* (*amm.*) tasar, gravar ♦ **-rsi** *v.pron.* contribuir* con.

tassativo *agg.* taxativo, perentorio | *un no —*, un no rotundo.

tassazione *s.f.* (*econ.*) tasación.
tassello *s.m.* taco, cuña (*f.*).
tassì *s.m.* → **taxi.**
tassista *s.m./f.* taxista.
tasso[1] *s.m.* (*bot.*) tejo.
tasso[2] *s.m.* (*zool.*) tejón.
tasso[3] *s.m.* **1** (*fin.*) tipo, tasa (*f.*): — *d'interesse*, tipo de interés; — *d'inflazione*, tasa de inflación; *a — agevolato*, a bajo tipo de interés **2** (*med.*) tasa (*f.*): — *di colesterolo*, tasa de colesterol.
tassonomia *s.f.* taxonomía.
tastare *v.tr.* palpar, tentar, tantear | — *il polso a qlcu.*, tomar el pulso a alguien; (*fig.*) tantear las intenciones | (*fig.*) — *il terreno*, sondear el terreno.
tastiera *s.f.* teclado (*m.*).
tastierista *s.m./f.* (*mus.*) teclista.
tasto *s.m.* **1** (*di pianoforte, computer*) tecla (*f.*) **2** (*di telecomando*) botón | (*fig.*) *non toccare questo —!*, ¡no hables de este tema!
tastoni, a *loc.avv.* a tientas.
tata *s.f.* tata, chacha.
tattica *s.f.* táctica (*anche fig.*).
tattico *agg.* táctico; (*fig.*) atinado: *una mossa tattica*, un paso atinado.
tattile *agg.* táctil.
tatto *s.m.* **1** tacto **2** (*fig.*) tacto, delicadeza (*f.*); (*fam.*) maña (*f.*).
tatuaggio *s.m.* tatuaje.
tatuare *v.tr.* tatuar* ♦ **-rsi** *v.pron.* tatuarse*.
taumaturgico *agg.* taumatúrgico.
taumaturgo *s.m.* taumaturgo.
taurino *agg.* taurino.
tauromachia *s.f.* tauromaquia.
tautologia *s.f.* tautología.
taverna *s.f.* taberna, posada.
tavola *s.f.* **1** (*tavolo*) mesa: *ci sedemmo a — per pranzare*, nos sentamos a la mesa para comer | *sparecchiare la —*, quitar la mesa **2** (*illustrazione*) lámina **3** (*tabella*) tabla: — *pitagorica*, tabla pitagórica/de Pitágoras | *tavole sinottiche*, cuadros sinópticos **4** (*asse*) tabla, tablero (*m.*): *dipinto su —*, pintado sobre tabla
■ ***tavola calda***, cafetería | ***tavola fredda***, snack bar | ***mettere le carte in tavola***, poner las cartas boca arriba | ***partecipare a una tavola rotonda***, participar en una mesa redonda | (*lett.*) ***i cavalieri della Tavola Rotonda***, los caballeros de la Mesa Redonda | ***tavola da surf***, tabla de surf | ***tavola reale***, backgammon | ***i piaceri della tavola***, los placeres de la mesa.
tavolata *s.f.* grupo (*m.*) de comensales.
tavolato *s.m.* **1** (*di pavimento*) entablado, entarimado **2** (*di pareti*) tabique **3** (*geogr.*) meseta (*f.*).
tavoletta *s.f.* tablilla, tableta: — *di cioccolata*, tableta de chocolate | (*aut.*) *andare a —*, ir a toda pastilla.
tavolino *s.m.* mesita (*f.*): — *da notte*, mesilla de noche | *a —*, en teoría.
tavolo *s.m.* mesa (*f.*): — *da lavoro*, banco; — *da biliardo*, mesa de billar; — *operatorio*, mesa de operaciones; — *da disegno*, tablero de dibujo.
tavolozza *s.f.* paleta.
taxi *s.m.* taxi.
tazebao *s.m.* pancarta (*f.*).
tazza *s.f.* taza; (*Amer.*) pocillo (*m.*).
te *pron.pers. di 2ª pers.sing.* **1** (*compl. di termine*) te: — *lo ripeto*, te lo repito; *ricordatelo*, recuérdatelo **2** (*con prep.*) ti, tú: *per —*, para ti; *tra — e me*, entre tú y yo; *eccetto —*, excepto tú; *secondo —*, para ti | *con —*, contigo | *conto su di —*, cuento contigo | (*fallo*) *da —*, (hazlo) tú solo, (hazlo) por ti mismo/por tu cuenta | *se fossi in —*, yo que tú.
tè *s.m.* té.
teatrale *agg.* teatral | (*fig.*) *gesto —*, ademán afectado.
teatrante *s.m./f.* comediante.
teatro *s.m.* (*anche fig.*) teatro: *il paese fu — di una famosa battaglia*, el pueblo fue el teatro de una famosa batalla | — *anatomico*, anfiteatro anatómico | — *di posa*, estudio(s) | (*mil.*) — *delle operazioni*, teatro de operaciones.
teca *s.f.* vitrina: *una — di pietre preziose*, una vitrina de piedras preciosas.
tecnica *s.f.* técnica.
tecnicismo *s.m.* tecnicismo.
tecnico *agg., s.m.* **1** técnico | — *del suono*, técnico de sonido | — *delle luci*, técnico de luces **2** (*sport*) entrenador.
tecnigrafo *s.m.* (*tecn.*) tecnígrafo.
tecnocrate *s.m./f.* (*pol.*) tecnócrata.
tecnocrazia *s.f.* (*pol.*) tecnocracia.
tecnologia *s.f.* tecnología: — *d'avanguardia*, tecnología de punta.
tecnologico *agg.* tecnológico.
tedesco *agg., s.m.* alemán.
tediare *v.tr.* aburrir.
tedio *s.m.* tedio, aburrimiento.
tedioso *agg.* tedioso, aburrido.
tegame *s.m.* cazuela (*f.*), sartén (*f.*).
tegamino *s.m.* pequeña sartén (*f.*) | *uova al tegamino*, huevos fritos.
teglia *s.f.* tartera, fuente: — *da forno*, molde de hornear.
tegola *s.f.* teja | (*fig.*) — *in testa*, palo, mala sorpresa.
teiera *s.f.* tetera.
teina *s.f.* teína.
tela *s.f.* **1** tela, tejido (*m.*) | — *incerata*, hule **2** (*quadro*) lienzo (*m.*) **3** (*sipario*) telón (*m.*) **4** (*di ragno*) telaraña.

telaio *s.m.* **1** (*tess.*) telar; (*da ricamo*) bastidor **2** (*tecn.*) bastidor, chasís **3** (*arch.*) armazón, estructura (*f.*); (*della porta*) marco.
teleabbonato *s.m.* abonado a la televisión.
telecamera *s.f.* (*tv*) cámara de televisión.
telecomando *s.m.* mando a distancia.
telecomunicazione *s.f.* (*tel.*) telecomunicación.
teleconferenza *s.f.* (*tel.*) teleconferencia.
telecronaca *s.f.* (*tv*) crónica televisiva.
telecronista *s.m./f.* (*tv*) cronista televisivo (*m.*).
teledipendente *agg.*, *s.m./f.* (*tv*) teleadicto (*m.*).
teledrin *s.m.* buscapersonas.
teleferica *s.f.* funicular (*m.*), teleférico (*m.*).
telefilm *s.m.* (*tv*) telefilme, película (*f.*).
telefonare *v.tr.* llamar por teléfono, telefonear.
telefonata *s.f.* llamada telefónica; (*fam.*) telefonazo (*m.*): *ricevere, fare una* —, recibir, hacer una llamada | — *a carico del destinatario*, llamada a cobro revertido.
telefonino *s.m.* móvil; (*Amer.*) celular.
telefonista *s.m./f.* telefonista.
telefono *s.m.* teléfono: — *cellulare*, móvil; (*Amer.*) celular; *ci siamo sentiti per* —, nos hemos hablado por teléfono | — *senza fili*, teléfono inalámbrico | (*fam.*) *dare un colpo di* —, dar un telefonazo.
telegiornale *s.m.* telediario; (*Amer.*) noticiero.
telegrafia *s.f.* (*tel.*) telegrafía.
telegraficamente *avv.* (*tel.*) telegráficamente.
telegrafico *agg.* **1** (*tel.*) telegráfico **2** (*fig.*) conciso, breve: *un discorso* —, una conversación concisa.
telegrafo *s.m.* (*tel.*) telégrafo.
telegramma *s.m.* (*tel.*) telegrama.
teleguidato *agg.* teledirigido, teleguiado.
telelavoro *s.m.* teletrabajo, trabajo a distancia.
telematica *s.f.* telemática.
telenovela *s.f.* (*tv*) telenovela; (*fam.*) culebrón (*m.*).
teleobiettivo *s.m.* teleobjetivo.
telepatia *s.f.* telepatía.
telequiz *s.m.* (*tv*) concurso televisivo.
teleria *s.f.* (*negozio*) tienda de telas.
teleschermo *s.m.* (*tv*) pantalla (*f.*) de televisión.
telescopio *s.m.* telescopio.
telescrivente *s.f.* teleimpresor (*m.*), teletipo (*m.*).
teleselezione *s.f.* (*tel.*) servicio (*m.*) automático.
telespettatore *s.m.* (*tv*) telespectador, televidente (*m./f.*).
teletrasmettere *v.tr.* (*tv*) televisar.
televendita *s.f.* (*tv*) televenta.
televideo *s.m.* (*tv*) teletexto.
televisione *s.f.* televisión | — *pubblica, privata*, televisión/cadena pública, privada | — *via cavo*, televisión por cable | — *via satellite*, televisión por/vía satélite.
televisivo *agg.* televisivo | *catena televisiva*, cadena de televisión.
televisore *s.m.* televisor; (*fam.*) tele (*f.*), caja (*f.*) boba.
telex *s.m.* (*tel.*) télex.
tellina *s.f.* (*zool.*) telina.
telo *s.m.* paño, lona (*f.*) | — *da mare/spiaggia*, toalla.
telone *s.m.* telón.
tema *s.m.* **1** (*argomento*) tema **2** (*a scuola*) redacción (*f.*) **3** (*ling.*) radical.
tematico *agg.* temático.
temerarietà *s.f.* temeridad.
temerario *agg.* temerario, atrevido.
temere *v.tr.* **1** (*avere paura*) temer, tener* miedo | *non c'è nulla da* —, no hay nada que temer **2** (*sospettare*) temer; (*fam.*) temerse: *temo che arriveremo in ritardo*, me temo que vamos a llegar tarde **3** (*soffrire*) sufrir, padecer* | (*di prodotti*) *teme l'umidità*, padece la humedad ♦ *v.intr.* temer: *teme per la propria vita*, teme por su vida.
temibile *agg.* temible.
tempera *s.f.* témpera, temple (*m.*): *dipingere a* —, pintar al temple.
temperamatite *s.m.* afilalápices, sacapuntas.
temperamento *s.m.* temperamento (*anche mus.*).
temperanza *s.f.* templanza, moderación.
temperare *v.tr.* **1** templar, temperar **2** (*affilare*) afilar, sacar* punta **3** (*mus.*) templar.
temperato *agg.* **1** templado: *clima* —, clima templado **2** (*mus.*) temperado.
temperatura *s.f.* temperatura: *misurare la* —, medir la temperatura.
temperino *s.m.* cortaplumas; afilalápices.
tempesta *s.f.* tormenta, tempestad, borrasca | — *di grandine*, granizada | — *di sabbia*, tempestad de arena.
tempestare *v.tr.* **1** (*colpire ripetutamente*) golpear repetidamente; (*assalire*) acosar, cubrir: — *di domande*, acosar con preguntas **2** (*adornare*) cuajar: — *un anello di pietre preziose*, cuajar un anillo de piedras preciosas ♦ *v.intr.impers.* hacer* tormenta; (*grandinare*) granizar*.
tempestato *agg.* cubierto, adornado: *un gioiello* — *di smeraldi*, una joya cubierta de esmeraldas.
tempestività *s.f.* tempestividad, inmediatez.
tempestivo *agg.* tempestivo, oportuno.
tempestoso *agg.* tormentoso, borrascoso (*anche fig.*).
tempia *s.f.* sien.

tempio *s.m.* (*anche fig.*) templo.
tempismo *s.m.* tempestividad (*f.*), oportunismo.
tempo *s.m.* **1** tiempo: *ci vorrà un bel po' di — per arrivare*, hará falta bastante tiempo para llegar; *lo farò se ne avrò il tempo*, lo haré si me da tiempo; *c'è —*, hay tiempo | *a — perso*, a ratos perdidos | *dar — al —*, dar tiempo al tiempo | *per —*, temprano | *allo stesso —*, a la vez, al mismo tiempo | *da —*, hace tiempo, desde hace tiempo | *è molto — che*, hace mucho que | *in —*, a tiempo | *nel più breve — possibile*, lo más pronto posible | *non fare in —*, no tener tiempo suficiente, no llegar a tiempo; no alcanzar a: *non fece in — a finire l'opera*, no alcanzó a terminar la obra | *per —*, con tiempo | *prendere —*, tomarse tiempo | *che — fa?*, ¿qué tiempo hace? **2** (*epoca*) tiempos (*pl.*): *ai miei tempi*, en mis tiempos | *coi tempi che corrono*, con los tiempos que corren **3** (*sport*) tiempo: *primo —*, primer tiempo | *tempi supplementari*, tiempos suplementarios **4** (*di film*) parte (*f.*) **5** (*mus.*) tiempo; medida (*f.*), compás: *battere il —*, marcar el compás; *andare a —*, llevar el compás; *andare fuori —*, ir desacompasado
■ ***tempo libero***, tiempo libre | ***tempo pieno***, horario completo | ***un tempo***, antiguamente | ***con il passare del tempo***, andando el tiempo | ***prendere tempo***, tomarse tiempo | ***ogni cosa a suo tempo***, cada cosa en su momento/a su debido tiempo | ***chi ha tempo non aspetti tempo***, no dejes para mañana lo que puedas hacer hoy | ***il tempo guarisce tutti i mali***, el tiempo todo lo cura | ***al tempo che Berta filava***, en tiempo de Maricastaña/del rey Perico.
temporale[1] *s.m.* tormenta (*f.*), tempestad (*f.*).
temporale[2] *agg.* temporal | *beni temporali*, bienes temporales.
temporalesco *agg.* borrascoso.
temporaneo *agg.* temporal, provisional, temporáneo: *un lavoro* , un trabajo temporal.
tempra *s.f.* **1** (*tecn.*) temple (*m.*) **2** (*fig.*) genio (*m.*), carácter (*m.*): *un uomo di — eccezionale*, un hombre de temple excepcional.
temprare *v.tr.* (*anche fig.*) templar.
tenace *agg.* tenaz (*anche fig.*), resistente, constante.
tenacia *s.f.* tenacidad, constancia.
tenaglia *s.f.* tenaza(s) (*spec. pl.*).
tenda *s.f.* **1** cortina; (*da sole*) toldo (*m.*) | *— alla veneziana*, persiana veneciana **2** (*da campeggio*) tienda de campaña; (*Amer.*) carpa: *piantare la —*, acampar; *levare la —*, levantar la tienda | *— a ossigeno*, tienda de oxígeno.
tendaggio *s.f.* cortinaje; (*Amer.*) cortinado.
tendenza *s.f.* tendencia.
tendenzioso *agg.* tendencioso.
tendere *v.tr.* tender*, extender*; alargar*: *— l'arco*, extender el arco; *tese le braccia verso di me*, extendió los brazos hacia mí | *— una trappola*, urdir una trampa | *— l'orecchio*, ser todo oídos ♦ *v.intr.* tender* (a), tener* tendencia (a).
tendine *s.m.* (*anat.*) tendón: *— di Achille*, tendón de Aquiles.
tendinite *s.f.* (*med.*) tendinitis.
tendone *s.m.* (*da sole*) toldo; (*da circo*) carpa (*f*).
tendopoli *s.f.* camping (*m.*); campamento (*m.*) de tiendas.
tenebre *s.f.pl.* tinieblas.
tenebroso *agg.* tenebroso (*anche fig.*).
tenente *s.m.* (*mil.*) teniente: *— colonnello*, teniente coronel.
tenere *v.tr.* **1** tener*; asir*, llevar: *teneva un giornale in mano*, tenía/llevaba un periódico en la mano; *tieni, è tuo*, toma, es tuyo **2** (*conservare, mantenere*) conservar, mantener*: *— in vita*, mantener en vida; *— al fresco*, mantener en un lugar fresco | *tenersi buono qlcu.*, adular a alguien | *tienimi il posto*, guárdame el sitio | *— gli occhi aperti*, tener los ojos abiertos **3** (*trattenere*) retener*: *teneva il cane al guinzaglio*, llevaba el perro de la correa **4** (*contenere*) contener* **5** (*occupare*) ocupar: *l'arazzo tiene tutto il muro*, el tapiz ocupa toda la pared **6** (*fare una conferenza*) dictar; (*una lezione*) dictar; (*un discorso*) echar, pronunciar: *domani terrà un discorso*, mañana pronunciará un discurso **7** (*badare a*) cuidar **8** (*di veicoli*) agarrarse: *una macchina che tiene bene la strada, le curve*, un coche que se agarra/se adapta bien al firme, en las curvas | *— la destra, la sinistra*, guardar la derecha, la izquierda ♦ *v.intr.* **1** (*reggere, resistere*) aguantar | *tieni duro!*, ¡resiste!, ¡aguanta! | *è una scusa che non tiene!*, ¡es una excusa que no se tiene en pie! **2** (*parteggiare*) estar* a favor de: *tengo per il Milan*, soy aficionado/hincha del Milan **3** (*dare importanza*) dar* importancia, importar: *tengo molto a questo progetto*, doy mucha importancia a este proyecto | *non ci tengo a venire*, no me interesa ir ♦ **-rsi** *v.pron.* **1** mantenerse*, estar* | *tenetevi pronti: si parte domani*, estad listos: salimos mañana **2** (*reggersi*) sostenerse*, sujetarse; (*aggrapparsi*) agarrarse: *si tenevano stretti al salvagente*, se agarraban firmemente al salvavidas | *non — in piedi*, no tenerse de pie **3** (*attenersi*) atenerse*, respetar: *dovrai tenerti ai patti*, tendrás que respetar los pactos **4** (*reciprocamente*) cogerse*, tenerse*: *— per mano*, cogerse de la mano **5** (*di even-*

to) celebrarse: *domani si terrà un'assemblea*, mañana se celebrará una asamblea
■ ***tenere le distanze***, guardar las distancias | ***tenere a battesimo***, apadrinar | ***tenere a mente/memoria***, tener en la mente | ***tenersi buono qlcu.***, hacer la pelota a alguien | ***non c'è scusa che tenga***, no hay excusa que valga.
tenerezza *s.f.* ternura.
tenero *agg.* **1** tierno | *in tenera età*, en tierna edad **2** (*fig.*) afectuoso ♦ *s.m.* **1** parte (*f.*) tierna **2** (*affetto*) cariño, amor.
tenia *s.f.* tenia.
tennis *s.m.* tenis | — *da tavolo*, tenis de mesa, ping-pong.
tennista *s.m./f.* tenista.
tenore *s.m.* **1** tenor | — *di vita*, tren de vida **2** (*mus.*) tenor **3** (*percentuale*) contenido: *bevanda ad alto, basso — alcolico*, bebida con un alto, bajo contenido de alcohólico.
tensione *s.f.* **1** tensión **2** (*fig.*) tensión, estrés (*m.*), ansiedad: *essere in* —, estar en tensión.
tentacolare *agg.* tentacular (*anche fig.*).
tentacolo *s.m.* tentáculo.
tentare *v.tr.* **1** intentar, probar*, tratar de: *sto tentando di spiegartelo*, estoy tratando de explicártelo **2** (*indurre in tentazione*) tentar*, seducir*: *questa torta mi tenta*, me tienta esta tarta.
tentativo *s.m.* intento, tentativa (*f.*).
tentazione *s.f.* tentación: *resistere alla* —, resistir la tentación; *cadere in* —, caer en la tentación.
tentennare *v.intr.* **1** vacilar, tambalearse **2** (*fig., esitare*) titubear.
tentoni, a *loc.avv.* a tientas.
tenue *agg.* **1** (*sottile*) tenue, sutil | (*anat.*) *intestino* —, intestino delgado **2** (*debole*) tenue, débil.
tenuta *s.f.* **1** (*capacità*) capacidad, cabida **2** (*possedimento*) hacienda, finca **3** (*divisa*) uniforme (*m.*), traje (*m.*): — *da sci*, traje de esquí **4** (*tecn.*) cierre (*m.*), estanco (*m.*): *a — stagna*, estanco, hermético | (*aut.*) *un'auto con una buona — di strada*, un coche con buena estabilidad.
teologia *s.f.* teología.
teologo *s.m.* teólogo.
teorema *s.m.* teorema.
teoretica *s.f.* teorética.
teoria *s.f.* teoría.
teorico *agg., s.m.* teórico.
teorizzare *v.tr.* teorizar*.
tepore *s.m.* tibieza (*f.*), calor.
teppismo *s.m.* gamberrismo, vandalismo.
teppista *s.m.* maleante, delincuente; gamberro.
terapeuta *s.m./f.* (*med.*) terapeuta.
terapeutico *agg.* (*med.*) terapéutico.
terapia *s.f.* (*med.*) terapia: — *d'urto*, terapia de choque | — *intensiva*, cuidados intensivos.
tergicristallo *s.m.* limpiaparabrisas.
tergiversare *v.intr.* soslayar, eludir.
tergo *s.m.* (*di foglio*) reverso | *vedi a* —, véase al dorso, véase en el reverso.
termale *agg.* termal | *stabilimento* —, balneario.
terme *s.f.pl.* termas.
termico *agg.* térmico.
terminal *s.m.* terminal (*f.*): — *degli autobus*, terminal de autobuses.
terminale *agg., s.m.* terminal: *malato* —, enfermo terminal.
terminare *v.tr./intr.* terminar, acabar.
terminazione *s.f.* **1** terminación, cabo (*m.*) **2** (*gramm.*) desinencia.
termine *s.m.* **1** (*parola*) término, palabra (*f.*): *in altri termini*, en otras palabras **2** (*condizione*) condición (*f.*): *fissare i termini di un contratto*, fijar las condiciones de un contrato | *a — di legge*, con arreglo a la ley **3** (*scadenza*) plazo, límite | — *di consegna*, plazo de entrega | *a lungo* —, a largo plazo | *un contratto a* —, contrato de duración determinada **4** (*fine*) conclusión (*f.*): *la serata volge ormai al* —, la velada ya llega al final; *avere* —, acabar
■ ***termine di paragone***, término de comparación | ***senza mezzi termini***, abiertamente | ***portare a termine qlco.***, llevar a cabo algo | ***portare a termine una gravidanza***, llevar a término un embarazo.
terminologia *s.f.* (*ling.*) terminología.
termitaio *s.m.* termitero.
termite *s.f.* (*zool.*) termita.
termocoperta *s.f.* manta eléctrica.
termodinamica *s.f.* termodinámica.
termoforo *s.m.* (*med.*) almohadilla (*f.*) térmica.
termoisolante *s.m.* aislante térmico.
termometro *s.m.* termómetro.
termonucleare *agg.* termonuclear.
termoreattore *s.m.* termorreactor.
termoregolazione *s.f.* termorregulación.
termosifone *s.m.* termosifón, radiador.
termostato *s.m.* termóstato.
termoterapia *s.f.* (*med.*) termoterapia.
terna *s.f.* **1** terna **2** (*di persone*) tríada.
ternario *agg.* ternario, trino.
terno *s.m.* terno.
terra *s.f.* **1** (*globo terrestre*) Tierra **2** (*terreno*) tierra; (*suolo*) suelo (*m.*): *lavorare la* —, labrar la tierra; *cadere per/a* —, caer(se) al suelo | *zolla di* —, terrón | *raso* —, a ras de tierra **3** (*regione*) territorio (*m.*), región | (*geogr.*) *Terra Santa*, Tierra Santa
■ (*fig.*) ***essere a terra***, estar por los suelos, estar abatido | ***questa notizia l'ha buttato***

a terra, esta noticia le entristeció mucho | (*aut.*) ***gomma a terra***, pneumático pinchado | ***fare terra bruciata***, hacer tierra quemada | ***terra terra***, (*di discorso, ragionamento*) fácil, elemental, banal; (*di persona*) mediocre.
terra-aria *agg.* (*mil.*) superficie-aire.
terracotta *s.f.* barro (*m.*) cocido, terracota.
terracqueo *agg.* terráqueo.
terraferma *s.f.* tierra firme.
terraglia *s.f.* loza.
terrapieno *s.m.* terraplén.
terra-terra *agg.* (*mil.*) superficie-superficie.
terrazza *s.f.* **1** terraza, azotea **2** (*agr.*) terraza | *coltivazione a terrazze*, cultivo en terrazas.
terrazzo *s.m.* **1** (*balcone*) terraza (*f.*), azotea (*f.*) **2** (*agr.*) terraza (*f.*).
terremotato *agg.* **1** (*di territorio*) devastado por un terremoto **2** (*di persona*) damnificado por un terremoto.
terremoto *s.m.* terremoto, temblor de tierra, seismo.
terreno[1] *agg.* terreno, terrenal | *piano* —, planta baja.
terreno[2] *s.m.* terreno: — *fabbricabile*, terreno edificable | (*fig.*) — *fertile*, terreno abonado | *perdere* —, perder terreno.
terreo *agg.* térreo.
terrestre *agg.* terrestre | *paradiso* —, paraíso terrenal.
terribile *agg.* terrible (*anche fig.*), espantoso, aterrador: *fa un caldo* —, hace un calor terrible.
terriccio *s.m.* humus, tierra (*f.*) negra.
terriero *agg.* de tierra | *proprietario* —, terrateniente, latifundista.
terrificante *agg.* terrorífico, aterrador.
terrina *s.f.* ensaladera, sopera.
territoriale *agg.* territorial | *acque territoriali*, aguas jurisdiccionales.
territorio *s.m.* territorio.
terrore *s.m.* terror, miedo: *incutere* —, infundir terror.
terrorismo *s.m.* terrorismo.
terrorista *agg.*, *s.m./f.* terrorista.
terrorizzare *v.tr.* aterrorizar*.
terroso *agg.* terroso.
terso *agg.* terso, pulido, límpido.
terzana *s.f.* (*med.*) terciana.
terzetto *s.m.* **1** (*mus.*, *lett.*) terceto **2** trío.
terziario *s.m.* (*econ.*) terciario: *il — avanzato*, el terciario avanzado.
terzina *s.f.* **1** (*mus.*) tresillo (*m.*) **2** (*metrica*) terceto (*m.*), tercerilla.
terzino *s.m.* (*calcio*) defensa (*m./f.*).
terzo *agg.num.ord.* tercero; (*davanti a s.m.*) tercer | (*geogr.*) *il — mondo*, el tercer mundo | *la terza età*, la tercera edad | (*scadente*) *di terz'ordine*, de pésima calidad ♦ *s.m.* **1** tercero | (*econ.*) *per conto terzi*, por cuenta de terceros **2** (*frazione*) tercio.
terzogenito *s.m.* tercer hijo.
terzultimo *s.m.* antepenúltimo.
tesa *s.f.* (*di cappello*) ala.
tesaurizzare *v.intr.* acaudalar, atesorar.
teschio *s.m.* calavera (*f.*).
tesi *s.f.* tesis | — *di dottorato*, tesis doctoral.
teso *agg.* **1** tenso: *braccia tese in avanti, in alto*, brazos tendidos hacia adelante, hacia arriba **2** (*fig.*) nervioso, preocupado: *è — per l'esame*, está nervioso por el examen; *rapporti tesi*, relaciones tensas | *avere i nervi tesi*, tener los nervios crispados | *la situazione politica è piuttosto tesa*, la situación política es bastante tensa | (*fig.*) *stare con le orecchie tese*, ser todo oídos.
tesoreria *s.f.* tesorería.
tesoriere *s.m.* tesorero.
tesoro *s.m.* **1** tesoro | *buono del* —, bono del tesoro | *Ministero del Tesoro*, Ministerio de Hacienda | *caccia al* —, búsqueda del tesoro **2** (*fig.*, *di persona*) amor, cariño.
tessera *s.f.* **1** tarjeta, carné (*m.*), carnet (*m.*): — *di partito*, carné del partido **2** (*nel domino*) ficha **3** (*di mosaico*) tesela.
tesseramento *s.m.* **1** (*iscrizione*) afiliación (*f.*), inscripción (*f.*) **2** (*razionamento*) racionamiento.
tesserare *v.tr.* **1** afiliar, inscribir* **2** racionar: — *gli alimenti*, racionar los alimentos.
tesserato *agg.* (*sport*) fichado; (*iscritto*) afiliado.
tessere *v.tr.* **1** tejer **2** (*fig.*) urdir, tramar: — *una congiura*, urdir una conjura.
tesserino *s.m.* carné, carnet, tarjeta (*f.*).
tessile *agg.* textil.
tessitore *s.m.* tejedor.
tessitura *s.f.* tejedura; (*trama*) textura.
tessuto *s.m.* **1** tejido, tela (*f.*) | — *urbano*, tejido urbano **2** (*biol.*) tejido.
test *s.m.* **1** test, prueba (*f.*): — *attitudinale*, test psicotécnico; — *di gravidanza*, test de embarazo **2** experimento.
testa *s.f.* **1** cabeza (*anche fig.*): *cadere, tuffarsi a — in giù*, caerse, lanzarse de cabeza **2** (*estremità*) cabeza, extremo (*m.*)
■ ***a testa***, por cabeza | ***a testa bassa***, cabizbajo | ***a testa in giù***, (*al contrario*) cabeza abajo | ***in testa***, a la cabeza: *essere in — alla gara*, estar a la cabeza de la competición; *l'ha sorpassato ed è passato in* —, lo ha adelantado y ha pasado a la primera posición | (*sport*) ***essere testa a testa***, ir empatados | ***fare di testa propria***, hacer lo que se le mete (a uno) en la cabeza | ***passare per la testa***, antojársele, ocurrírsele | ***essere alla testa di un'azienda, di un esercito***, estar al mando de una empresa, de un ejército | ***andare a testa alta***,

caminar con la frente muy alta | ***essere fuori di testa***, estar loco, estar mal de la cabeza | ***giocarsi la testa***, apostarse/jugarse la cabeza | ***mettere la testa a posto***, sentar cabeza | ***mettersi in testa qlco.***, meterse algo en la cabeza | ***perdere la testa per qlcu.***, perder la cabeza por alguien | ***testa d'aglio***, cabeza de ajo | ***testa o croce***, cara o cruz | (*volg.*) ***testa di cazzo***, gilipollas.
testa-coda *s.m.* trompo.
testamentario *agg.* testamentario | *esecutore —*, albacea.
testamento *s.m.* testamento: — *olografo*, testamento ológrafo; *fare —*, hacer/otorgar testamento | *l'Antico, il Nuovo Testamento*, el Antiguo, el Nuevo Testamento.
testardaggine *s.f.* testarudez, terquedad.
testardo *agg.* testarudo, cabezón.
testare *v.tr.* someter a un test.
testata *s.f.* **1** (*inizio*) cabeza **2** (*colpo*) cabezazo (*m.*): *ho dato una — contro lo spigolo*, he dado un cabezazo contra la esquina **3** (*del letto*) cabecera **4** (*di giornale*) titular (*m.*), título (*m.*) **5** (*mil.*) cabeza: — *nucleare*, cabeza nuclear.
teste *s.m./f.* testigo.
testicolo *s.m.* (*anat.*) testículo.
testiera *s.f.* (*del letto*) cabecera.
testimone *s.m./f.* testigo: — *oculare*, testigo ocular; — *a carico/d'accusa*, testigo de cargo; — *a discarico/difesa*, testigo de descargo | — *di Geova*, testigo de Jehová ♦ *s.m.* (*staffetta*) testigo.
testimonianza *s.f.* testimonio (*m.*), testificación: *falsa —*, falso testimonio.
testimoniare *v. tr.* **1** (*dir.*) testimoniar, atestiguar **2** demostrar*, probar*.
testo *s.m.* **1** texto | *questo caso non fa —*, este caso es una excepción | *tavole fuori —*, grabados fuera de texto **2** (*di una canzone*) letra (*f.*).
testone *s.m.* cabezota (*m./f.*), cabezón.
testosterone *s.m.* (*biol.*) testosterona (*f.*).
testuale *agg.* textual | *testuali parole*, tal cual, así como lo oyes.
testuggine *s.f.* (*zool.*) tortuga, galápago (*m.*).
tetano *s.m.* (*med.*) tétano.
tête-à-tête *loc.sost.m.* tête-à-tête.
tetraedro *s.m.* (*geom.*) tetraedro.
tetraggine *s.f.* tenebrosidad.
tetragono *agg.* (*geom.*) tetrágono.
tetraplegico *agg.*, *s.m.* (*med.*) tetrapléjico.
tetro *agg.* **1** tétrico, lóbrego, sombrío **2** (*fig.*) triste.
tetta *s.f.* (*fam.*) teta.
tettarella *s.f.* tetilla, chupete (*m.*); (*Amer.*) chupador (*m.*), chupo (*m.*).
tetto *s.m.* **1** tejado, techo **2** (*fig.*) casa (*f.*).
tettoia *s.f.* cobertizo (*m.*), tinglado (*m.*).
tettonico *agg.* (*geol.*) tectónico.
tettuccio *s.m.* techo.
teutonico *agg.* teutónico.
thailandese *agg.*, *s.m./f.* tailandés (*m.*).
thermos *s.m.* termo.
ti *pron.pers. di 2ª pers.sing.* te: — *picchio*, te pego; — *racconterò tutto*, te lo contaré todo; *non — si può dire nulla*, no se te puede decir nada.
tiara *s.f.* (*st.*, *relig.*) tiara.
tibia *s.f.* (*anat.*) tibia.
tic *s.m.* tic.
ticchettare *v.intr.* **1** hacer* tic-tac **2** (*della pioggia*) crepitar, repiquetear.
ticchettio *s.m.* repiqueteo.
ticket *s.m.* **1** bono, vale, scontrino **2** parte (*f.*) abonada por el asegurado por el acceso a determinados servicios sanitarios públicos.
tiepidezza *s.f.* tibiedad.
tiepido *agg.* **1** templado, tibio **2** (*fig.*) indiferente.
tifare *v.intr.* ser* forofo de, ser* hincha de: *tifo per questa squadra*, soy hincha de este equipo.
tifo *s.m.* **1** (*med.*) tifus **2** (*sport*) afición (*f.*) | *fare il — per*, ser hincha de.
tifoide *agg.* (*med.*) tifoideo.
tifone *s.m.* tifón.
tifoso *s.m.* (*sport*) hincha (*m./f.*), aficionado.
tiglio *s.m.* (*bot.*) tilo.
tigna *s.f.* (*med.*) tiña.
tigrato *agg.* atigrado.
tigre *s.f.* (*zool.*) tigre (*m.*).
tilde *s.f.* tilde.
tilt *s.m.* avería (*f.*) | *è andato in —*, se le han cruzado los cables.
timballo *s.m.* (*cuc.*) pastel relleno.
timbrare *v.tr.* **1** sellar, timbrar | — *il cartellino*, fichar **2** (*annullare i biglietti*) validar.
timbro *s.m.* sello, timbre.
timer *s.m.* temporizador.
timidezza *s.f.* timidez*.
timido *agg.* tímido, cortado.
timo[1] *s.m.* (*bot.*) tomillo.
timo[2] *s.m.* (*anat.*) timo.
timone *s.m.* (*mar.*) timón (*anche fig.*), gobernalle | (*fig.*) *prendere il —*, empuñar/coger el timón.
timoniere *s.m.* (*mar.*) timonel.
timore *s.m.* temor, miedo.
timoroso *agg.* temeroso, miedoso.
timpano *s.m.* **1** (*anat.*) tímpano | *questa musica mi rompe i timpani*, esta música me rompe los tímpanos **2** (*mus.*) timbal, atabal.
tinca *s.f.* (*zool.*) tenca.
tinello *s.m.* comedor.
tingere *v.tr.* teñir*: — *un maglione di rosso*, teñir de rojo un jersey ♦ **-rsi** *v.pron.* teñirse*, colorearse: — *i capelli*, teñirse el pelo.

tino *s.m.* lagar, cuba (*f.*).
tinozza *s.f.* tina.
tinta *s.f.* **1** tinte (*m.*), color (*m.*) | *maglione in — unita*, jersey de un solo color/tono **2** (*vernice*) pintura.
tintarella *s.f.* bronceado (*m.*).
tinteggiare *v.tr.* pintar, encalar.
tintinnare *v.intr.* tintinear, tintinar.
tintoria *s.f.* tintorería, tinte (*m.*).
tintura *s.f.* **1** (*colorazione*) tinte (*m.*), teñido (*m.*) **2** (*sostanza*) tinte (*m.*) **3** (*farmacia*) tintura: — *di iodio*, tintura de yodo.
tipicità *s.f.* tipicidad.
tipico *agg.* típico, característico.
tipo *s.m.* **1** individuo, tipo: *è un — strano*, es un tipo raro **2** (*genere*) tipo, clase (*f.*), género **3** (*modello*) tipo, modelo.
tipografia *s.f.* tipografía, imprenta.
tipografico *agg.* tipográfico.
tipografo *s.m.* tipógrafo.
tipologia *s.f.* tipología.
tip tap *s.m.* (*ballo*) claqué.
TIR *s.m.* (*autoarticolato*) TIR.
tiraggio *s.m.* tiro; (*Amer.*) tiraje.
tiralatte *s.m.* sacaleches.
tiralinee *s.m.* tiralíneas.
tiranneggiare *v.intr.* tiranizar*; (*Amer.*) despotizar*.
tirannia *s.f.* tiranía, despotismo (*m.*), dictadura.
tirannicidio *s.m.* tiranicidio.
tirannide *s.f.* tiranía.
tiranno *s.m.* tirano, déspota, dictador.
tirante *s.m.* (*mecc., arch.*) tirante.
tirapiedi *s.m.* (*fam., spreg.*) tiralevitas, servidor.
tirare *v.tr.* **1** (*trascinare*) tirar: — *il carro*, tirar del carro | — *su*, (*raccogliere*) recoger; (*allevare*) sacar adelante: *ha tirato su i figli da sola*, ha sacado adelante a sus hijos sola | — *fuori*, sacar | — *via*, quitar | *tira giù le tapparelle*, baja las persianas | *adesso possiamo — il fiato*, ahora podemos respirar **2** (*tracciare*) tirar, trazar*: — *una riga*, trazar* una línea **3** (*lanciare*) tirar, lanzar*, arrojar; (*con un'arma*) tirar, disparar: — *sassi*, tirar piedras; *mi ha tirato una pallonata in testa*, me ha dado un pelotazo en la cabeza | — *un calcio*, dar una patada **4** (*stampare*) imprimir **5** (*tendere*) tirar, estirar; (*una tenda*) correr **6** (*sport*) tirar ♦ *v.intr.* **1** tirar, seguir* | *si tira avanti*, vamos tirando | — *dritto*, seguir derecho **2** (*del vento*) soplar: *oggi tira un forte vento da nord*, hoy sopla un fuerte viento del Norte **3** (*di camino*) tirar: *il camino non tira bene*, la chimenea no tira bien **4** (*fig., fiorire*) estar en expansión **5** (*di indumenti, stringere*) apretar* ♦ **-rsi** *v. pron.* hacerse*, echarse: — *da parte*, hacerse a un lado | — *indietro*, echarse atrás | — *su da terra*, levantarse | — *su di morale*, animarse
■ ***tirare a indovinare***, tratar de adivinar | ***tirare a sorte***, echar a suertes | ***tirare tardi*** (o ***mattina***), trasnochar | ***tirare sul prezzo***, regatear | ***tirare fuori scuse***, venir con excusas | ***tirare in ballo***, sacar a relucir | ***tirare la cinghia***, apretar el cinturón | ***tirare giù dal letto***, sacar de la cama | ***tirare su*** (***col naso***), sorber | ***tirarla per le lunghe***, darle vueltas a un asunto | ***che aria tira?***, ¿qué ambiente hay/se respira?
tirassegno *s.m.* tiro al blanco.
tirata *s.f.* **1** tirada; (*di sigarette*) calada; (*di capelli*) tirón | (*di viaggi*) *in un'unica —*, de una tirada, de un tirón | (*fig.*) *dare una — d'orecchi a qlcu.*, echar un rapapolvo **2** (*discorso polemico*) invectiva, parrafada, sermón (*m.*).
tiratardi *s.m./f.* trasnochador (*m.*).
tiratore *s.m.* tirador: — *scelto*, tirador de élite | *franco —*, francotirador.
tiratura *s.f.* (*tip.*) tirada.
tirchieria *s.f.* tacañería.
tirchio *agg.* tacaño, avaro, roñoso.
tiremmolla *s.m.* tira y afloja.
tiritera *s.f.* (*fam.*) perorata, retahíla.
tiro *s.m.* **1** (*lancio*) tiro, lanzamiento | (*basket*) — *libero*, tiro libre **2** (*con armi*) tiro, disparo | — *con l'arco*, tiro con arco | — *a segno*, tiro al blanco | *essere fuori —*, estar fuera del alcance | *essere sotto —*, estar al alcance **3** (*di sigaretta*) calada (*f.*): *fammi fare un —*, déjame dar una calada **4** (*atto del trainare*) tiro | *animali da —*, animales de tiro **5** (*scherzo*) mala pasada (*f.*), jugarreta (*f.*) | *giocare un brutto —*, hacer una mala pasada.
tirocinante *s.m./f.* aprendiz*, becario.
tirocinio *s.m.* tirocinio, práctica (*f.*), aprendizaje.
tiroide *s.f.* (*anat.*) tiroides.
tisana *s.f.* tisana, infusión; (*Amer.*) agüita.
tisi *s.f.* (*med.*) tísis.
tisico *agg.*, *s.m.* tísico.
titanico *agg.* (*anche fig.*) titánico.
titano *s.m.* (*anche fig.*) titán.
titillare *v.tr.* cosquillear.
titolare[1] *agg.* titular: *professore —*, profesor titular ♦ *s.m.* jefe; propietario: *il mio —*, mi jefe; *il — della ditta*, el dueño de la empresa.
titolare[2] *v.tr.* titular.
titolato *agg.* titulado, con título, noble.
titolo *s.m.* **1** título; (*di giornale*) titular | *titoli di coda, di testa*, ficha técnica | *te lo chiedo a — personale*, te lo pido a título personal **2** (*econ.*) título, obligación (*f.*): *titoli di Stato*, títulos públicos, bonos del Estado **3** (*qualifica*) título, profesión (*f.*) | *concorso per titoli*,

concurso-oposición **4** (*dir.*) título | *a — di*, a título de.
titubante *agg.* titubeante, vacilante.
titubanza *s.f.* vacilación, titubeo (*m.*).
titubare *v.intr.* titubear, vacilar.
tizio *s.m.* tipo, tío, individuo, fulano | *Tizio, Caio e Sempronio*, Fulano, Mengano y Zutano.
tizzone *s.m.* tizón.
to' *inter.* **1** (*prendi!*) ¡toma! **2** (*con meraviglia*) ¡mira!: *—, c'è Juan*, ¡mira!, está Juan.
toast *s.m.* sandwich a la plancha, bikini.
toboga *s.m.* tobogán.
toccare *v.tr.* **1** tocar* | (*fig.*) *— con mano*, tocar con su propia mano | *— ferro*, tocar madera **2** (*riguardare*) tocar*, afectar | (*fig.*) *— da vicino*, afectar de cerca | *— il cuore*, conmover **3** (*raggiungere*) tocar*, alcanzar*: *— i 200 km all'ora*, alcanzar los 200 km por hora | *— terra*, tomar tierra | *— il fondale*, hacer* pie: *qui non tocco: l'acqua è alta*, aquí no hago pie: el agua es profunda ♦ *v.intr.* **1** tocar*, corresponder: *adesso tocca a te rispondere*, ahora te toca a ti contestar | *a chi tocca?*, ¿a quién le toca? **2** (*essere costretto*) tener* que, tocar*: *cosa mi tocca sopportare!*, ¡lo que me toca aguantar!
■ ***non toccare cibo***, no probar bocado | ***toccare la sessantina***, frisar los sesenta.
toccasana *s.m.* sanalotodo, curalotodo, panacea (*f.*).
toccata *s.f.* (*mus.*) tocata.
toccato *agg.* **1** tocado **2** (*fig.*) conmovido: *è rimasto — dalle sue parole*, quedó conmovido por sus palabras **3** (*matto*) alocado, chiflado.
tocco[1] *agg.* (*fig.*) chiflado, tocado del ala.
tocco[2] *s.m.* **1** toque, retoque: *dare gli ultimi tocchi* (*a un lavoro*), dar los últimos (re)toques; *con un — di bacchetta magica*, con un toque de varita mágica **2** (*impronta personale*) toque, mano (*f.*) **3** (*mus.*) estilo, ejecución (*f.*) **4** (*pitt.*) pincelada (*f.*) **5** (*di campana*) toque, retoque.
tocco[3] *s.m.* (*pezzo*) pedazo, trozo | *è un — d'uomo*, es un pedazo de hombre | *Anna è un bel — di ragazza*, Ana está como un tren.
tocco[4] *s.m.* (*cappello*) birrete.
toga *s.f.* toga.
togliere *v.tr.* **1** quitar: *ti tolgo il cappotto*, te quito el abrigo | *— da un incarico*, quitar un cargo, despedir | *mi sono tolto il pensiero*, me he quitado de encima la preocupación **2** (*estrarre*) sacar*: *farsi — un dente*, sacarse una muela ♦ **-rsi** *v.pron.* quitarse | *— la vita*, quitarse la vida, suicidarse | *togliti di mezzo!*, ¡quítate de en medio!
■ ***togliere di mezzo (qlcu.)***, quitar de en medio/de encima (a alguien); (*sopprimere*) cargarse (a alguien) | ***togliere un divieto***, levantar una prohibición | ***togliersi una soddisfazione***, darse gusto.
toilette, toletta *s.f.* **1** (*bagno*) lavabo (*m.*), cuarto (*m.*) de baño; (*pubblico*) servicios (*pl.*) **2** (*cura di sé*) toilette; arreglo (*m.*) personal, aseo (*m.*) | *farsi la —*, arreglarse, hacerse la toilette.
tollerante *agg.* tolerante.
tolleranza *s.f.* **1** tolerancia | *casa di —*, prostíbulo **2** (*tecn.*) tolerancia, margen (*m.*).
tollerare *v.tr.* tolerar, admitir.
tolto *agg.*, *prep.* (*eccetto*, *tranne*) excepto, salvo, fuera de | *— l'ultimo disco, il resto non vale niente*, quitando el ultimo disco, lo demás no vale nada.
tomaia *s.f.* empella, pala.
tomba *s.f.* tumba | *silenzio di —*, silencio sepulcral.
tombale *agg.* tumbal.
tombino *s.m.* alcantarilla (*f.*), sumidero.
tombola[1] *s.f.* tómbola, lotería, bingo (*m.*).
tombola[2] *s.f.* (*caduta*) caída: *fare una —*, darse un porrazo.
tombolo *s.m.* (*ricamo*) bolillo: *merletto a —*, encaje de bolillos.
tomo *s.m.* tomo, volumen.
tomografia *s.f.* (*med.*) tomografía: *— assiale computerizzata*, tomografía axial computerizada
tonaca *s.f.* **1** túnica, hábito (*m.*) | *vestire/indossare la —*, tomar el hábito **2** (*tecn.*) molde (*m.*).
tonalità *s.f.* tonalidad, matiz (*m.*).
tonante *agg.* tonante, que resuena.
tondo *agg.* redondo, circular | *cifra tonda*, cifra redonda | *chiaro e —*, simple y claro ♦ *s.m.* **1** círculo, redondel **2** (*tip.*) redondilla (*f.*), letra (*f.*) redonda.
toner *s.m.* tóner, pigmento.
tonfo *s.m.* ruido sordo, batacazo.
tonico *s.m.* tónico.
tonificare *v.tr.* tonificar*, vigorizar*.
tonnara *s.f.* almadraba, atunara.
tonnato *agg.* con salsa de atún: *vitello —*, ternera con salsa de atún.
tonnellaggio *s.m.* (*mar.*) tonelaje.
tonnellata *s.f.* tonelada | *— di stazza*, arqueo.
tonno *s.m.* (*zool.*) atún: *— sott'olio*, atún en aceite.
tono *s.m.* tono; entonación (*f.*): *non parlarmi con questo —!*, ¡no me hables en ese tono de voz! | *essere giù di —*, estar deprimido | *— muscolare*, tono muscular.
tonsilla *s.f.* (*anat.*) amígdala.
tonsillite *s.f.* (*med.*) amigdalitis, tonsilitis.
tonto *agg.* tonto, bobo, lelo | *fare il finto —*, hacerse el tonto.

topaia *s.f.* **1** ratonera **2** (*fig.*) pocilga, cuchitril (*m.*).
topazio *s.m.* (*min.*) topacio.
topicida *s.m.* raticida.
topo *s.m.* (*zool.*) ratón, rata (*f.*) | (*fig.*) — *d'appartamento*, ratero, ladrón | (*fig.*) — *di biblioteca*, ratón de biblioteca.
topografia *s.f.* topografía.
toponimo *s.m.* topónimo.
toponomastica *s.f.* toponimia.
toporagno *s.m.* (*zool.*) musgaño.
toppa *s.f.* **1** remiendo (*m.*); parche (*m.*) | *tasca a* —, bolsillo de parche **2** (*della serratura*) ojo (*m.*) de cerradura.
toppare *v.intr.* equivocarse*, tirarse/pegarse* una plancha.
top secret *agg.* alto secreto: *missione* —, misión de alto secreto.
torace *s.m.* (*anat.*) tórax.
torba *s.f.* turba.
torbido *agg.* **1** turbio, túrbido **2** (*fig.*) deshonesto, oscuro ♦ *s.m.* algo sospechoso | *c'è del* —, hay algo sucio | (*fig.*) *pescare nel* —, pescar en río revuelto.
torcere *v.tr.* torcer*, retorcer* | — *la bocca*, torcer el hocico/morro | *non — un capello*, no tocar un pelo de la ropa | (*fig.*) *dare del filo da — a qlcu.*, dar quebraderos de cabeza, poner obstáculos ♦ **-rsi** *v.pron.* (*contorcersi*) retorcerse*, contorcerse*: — *dal dolore*, retorcerse por el dolor.
torchio *s.m.* (*tip.*) prensa (*f.*) | *mettere sotto* —, presionar, someter a presiones.
torcia *s.f.* antorcha | — *elettrica*, linterna.
torcicollo *s.m.* (*med.*) tortícolis.
torcitura *s.f.* (*tess.*) retorcedura.
tordo *s.m.* (*zool.*) tordo.
toreare *v.intr.* torear.
torello *s.m.* (*zool.*) becerro, novillo.
torero *s.m.* torero, toreador.
torma *s.f.* multitud, tropel (*m.*); (*di animali*) manada.
tormalina *s.f.* (*min.*) turmalina.
tormenta *s.f.* ventisca, nevasca.
tormentare *v.tr.* atormentar, torturar, afligir* ♦ **-rsi** *v.pron.* atormentarse*, afligirse*.
tormento *s.m.* **1** tormento, tortura (*f.*) **2** (*fig.*) angustia (*f.*), aflicción (*f.*).
tornaconto *s.m.* provecho, interés, ventaja (*f.*): *pensa solo al proprio* —, se preocupa sólo por sus intereses.
tornado *s.m.* tornado, huracán.
tornante *s.m.* curva (*f.*) cerrada.
tornare *v.intr.* **1** volver*, regresar: — *a casa*, volver a casa | (*fam.*) — *a bomba*, volver al asunto | — *in sé*, volver en sí | — *sui propri passi*, desandar lo andado (*anche fig.*) | *i conti (non) tornano*, las cuentas (no) salen/cuadran **2** (*ripresentarsi*) volver*: *è tornata la primavera*, la primavera ha vuelto.
tornasole *s.m.* tornasol: *cartina di* —, papel tornasol.
tornata *s.f.* sesión, convocatoria | — *elettorale*, convocatoria electoral.
torneo *s.m.* torneo, competición (*f.*).
tornio *s.m.* (*mecc.*) torno.
tornire *v.tr.* **1** tornear **2** (*fig.*) perfeccionar, afinar, limar.
tornito *agg.* torneado (*anche fig.*).
tornitore *s.m.* tornero.
tornitura *s.f.* torneado (*m.*).
torno *avv.* *nelle loc.*: *togliersi qlcu. di* —, quitar de en medio a alguien; *togliersi di* —, quitarse de en medio; (*fam.*) ahuecar el ala.
toro *s.m.* **1** (*zool.*) toro | (*fig.*) *prendere il — per le corna*, coger el toro por las astas/los cuernos | (*fig.*) *tagliare la testa al* —, cortar por lo sano **2** (*astr.*) tauro.
torpedine *s.f.* (*zool.*, *mar.*) torpedo (*m.*).
torpedone *s.m.* autobús, autocar.
torpore *s.m.* **1** entumecimiento, torpor **2** (*fig.*) pereza (*f.*).
torre *s.f.* torre | (*fig.*) — *d'avorio*, torre de marfil | (*aer.*) — *di controllo*, torre de control | — *di trivellazione*, torre de perforación.
torrefare *v.tr.* tostar, torrar.
torrefazione *s.f.* **1** torrefacción, tostadura, tueste (*m.*) **2** (*negozio*) tostadero (*m.*) de café.
torreggiare *v.intr.* sobresalir*.
torrente *s.m.* torrente, riada (*f.*).
torrentizio *agg.* torrencial: *fiume a regime* —, río de régimen torrencial.
torrenziale *agg.* torrencial.
torretta *s.f.* **1** (*mil.*) torreta **2** (*arch.*) torrecilla.
torrido *agg.* tórrido, abrasador.
torrione *s.m.* torreón.
torrone *s.m.* turrón.
torsione *s.f.* torsión, contorsión.
torso *s.m.* torso | *a — nudo*, con el torso desnudo.
torsolo *s.m.* (*di mela*, *pera*) corazón; (*di lattuga*) troncho, cogollo.
torta *s.f.* (*cuc.*) tarta, pastel (*m.*); (*Amer.*) torta; (*salata*) pastel (*m.*).
tortiera *s.f.* (*cuc.*) tartera.
tortiglione *s.m.* (*arch.*) objeto en forma de espiral | *a* —, en espiral.
torto[1] *agg.* torcido.
torto[2] *s.m.* culpa (*f.*), injusticia (*f.*), agravio | *avere* —, no tener razón, estar equivocado | *a* —, injustamente | *dare — a qlcu.*, llevarle la contraria, no darle la razón (a alguien) | *fare un* —, perjudicar, cometer una injusticia | *passare dalla parte del* —, portarse de manera injusta.

tortora *s.f.* (*zool.*) tórtola.
tortuoso *agg.* **1** tortuoso, sinuoso **2** (*fig.*) ambiguo, equívoco: *spiegazione un po' tortuosa*, explicación un poco ambigua.
tortura *s.f.* **1** tortura, tormento (*m.*) **2** (*fig.*) suplicio (*m.*): *il suo discorso fu una* —, su discurso fue un suplicio.
torturare *v.tr.* torturar, atormentar.
torvo *agg.* torvo, airado, siniestro, amenazador.
tosaerba *s.m.* cortacéspedes (*f.*).
tosare *v.tr.* **1** (*animali*) esquilar **2** (*piante*) cortar, podar **3** (*capelli*) (*fam.*) rapar.
tosatrice *s.f.* **1** (*per animali*) esquiladora **2** (*tagliaerba*) cortacéspedes.
tosatura *s.f.* esquila, esquileo (*m.*).
tosse *s.f.* tos: *avere la* —, tener tos; *un accesso di* —, un ataque de tos | — *convulsa*, tos convulsiva/convulsa.
tossicchiare *v.intr.* toser, tosiquear, carraspear.
tossicità *s.f.* toxicidad.
tossico *agg.* tóxico: *rifiuti tossici*, residuos tóxicos.
tossicodipendente *s.m./f.* drogadicto (*m.*), toxicómano (*m.*); (*fam.*) yonqui.
tossicologia *s.f.* toxicología.
tossicomane *s.m./f.* toxicómano (*m.*).
tossicomania *s.f.* toxicomanía, drogadicción.
tossina *s.f.* (*biol.*) toxina.
tossire *v.intr.* toser.
tostapane *s.m.* tostador, tostadora (*f.*).
tostare *v.tr.* tostar, torrar.
tosto *agg.* duro, fuerte | *faccia tosta*, caradura, sinvergüenza.
tot *agg.indef.* tanto, tal: *costa — euro al mese*, cuesta tantos euros al mes; *il giorno* —, el día tal ♦ *pron.indef.* un tanto: *pago un — all'anno*, pago un tanto al año.
totale *agg.*, *s.m.* total: *spesa* —, gasto global.
totalità *s.f.* totalidad.
totalitario *agg.* (*pol.*) totalitario.
totalitarismo *s.m.* (*pol.*) totalitarismo.
totalizzare *v.tr.* totalizar*, alcanzar*, sumar.
totalizzatore *s.m.* totalizador.
totano *s.m.* (*zool.*) pota (*f.*), lula (*f.*).
totem *s.m.* tótem.
totocalcio *s.m.* quiniela (*f.*): *ho vinto al* —, me ha tocado la quiniela.
toupet *s.m.* tupé.
tovaglia *s.f.* mantel (*m.*).
tovagliolo *s.m.* servilleta (*f.*): — *di carta*, servilleta de papel.
toxoplasmosi *s.f.* (*med.*) toxoplasmosis.
tozzo[1] *agg.* corto, achaparrado, macizo, rechoncho.
tozzo[2] *s.m.* trozo, pedazo | — *di pane*, mendrugo.
tra *prep.* → **fra.**
traballante *agg.* tambaleante.
traballare *v.intr.* **1** tambalearse, balancearse **2** (*fig.*) vacilar: *le sue certezze traballano*, sus convencimientos vacilan.
trabeazione *s.f.* (*arch.*) cornisamento (*m.*), entablamiento (*m.*).
trabiccolo *s.m.* (*spreg.*, *aut.*) cacharro, cafetera (*f.*).
traboccante *agg.* rebosante, desbordante.
traboccare *v.intr.* rebosar, desbordar: — *di gioia*, rebosar de alegría.
trabocchetto *s.m.* trampa (*f.*) | *domanda* —, pregunta capciosa.
tracagnotto *agg.* rechoncho, achaparrado.
tracannare *v.tr.* soplarse.
traccia *s.f.* **1** (*segno*) huella, seña, señal, rastro (*m.*); (*impronta*) huella | (*fig.*) *seguire le tracce di qlcu.*, seguir las huellas de alguien **2** (*indizio*) indicio (*m.*): *il ladro ha lasciato molte tracce*, el ladrón dejó muchos indicios **3** (*fig.*) vestigio (*m.*), huella, resto (*m.*).
tracciare *v.tr.* **1** trazar*, marcar* **2** (*fig.*) esbozar*: — *le linee generali di un progetto*, esbozar las líneas generales de un proyecto.
tracciato *s.m.* **1** (*edil.*) traza (*f.*), trazado, diseño **2** (*sport*) trazado, recorrido **3** (*grafico*) gráfico.
trachea *s.f.* (*anat.*) tráquea.
tracheite *s.f.* (*med.*) traqueitis.
tracheotomia *s.f.* (*med.*) traqueotomía.
tracimare *v.intr.* desbordarse.
tracolla *s.f.* bandolera | *a* —, en bandolera.
tracollo *s.m.* (*fig.*) empeoramiento, crisis (*f.*), ruina (*f.*), crac.
tracoma *s.m.* (*med.*) tracoma.
tracotante *agg.* insolente, jactancioso, arrogante, prepotente.
tracotanza *s.f.* arrogancia, insolencia, jactancia.
tradimento *s.m.* traición (*f.*) | *alto* —, alta traición | *colpire qlcu. a* —, golpear a alguien a traición | (*fig.*) *mangiare pane a* —, vivir de gorra.
tradire *v.tr.* **1** traicionar **2** (*un ideale*) decepcionar, desilusionar **3** (*venir meno*) traicionar, fallar: — *la memoria*, fallar la memoria **4** (*rivelare*) revelar: — *le intenzioni*, revelar las intenciones ♦ **-rsi** *v.pron.* traicionarse, delatarse: *si è tradito da solo*, se delató solo.
traditore *agg.* traicionero, traidor: *occhi traditori*, ojos traidores ♦ *s.m.* traidor.
tradizionale *agg.* tradicional, castizo.
tradizionalismo *s.m.* tradicionalismo.
tradizionalista *agg.* tradicionalista.
tradizione *s.f.* tradición.
tradotta *s.f.* tren (*m.*) militar.
tradurre *v.tr.* **1** traducir*: — *in spagnolo*, traducir al español | — *in parole povere*, ha-

blar en cristiano **2** (*condurre*) llevar, conducir*, transportar: — *qlcu. in tribunale*, escoltar a alguien al juzgado.
traduttore *s.m.* traductor | — *giurato*, traductor jurado.
traduzione *s.f.* traducción | — *simultanea*, traducción simultánea.
traente *s.m./f.* (*banc.*) girador (*m.*), librador (*m.*).
trafelato *agg.* jadeante.
trafficante *s.m./f.* traficante; (*fam.*) trapichero (*m.*): *un — di armi*, traficante de armas | — *di droga*, narcotraficante.
trafficare *v.intr.* **1** comerciar, negociar, traficar*; (*fam.*) trapichear **2** (*affaccendarsi*) atarearse, trajinar ♦ *v.tr.* traficar*.
traffico *s.m.* **1** tráfico, comercio | — *di armi, di droga*, tráfico de armas, de estupefacientes **2** (*stradale*) tránsito, tráfico, circulación (*f.*) **3** (*movimento*) trajín **4** (*telefonico*) tráfico.
trafiggere *v.tr.* traspasar, atravesar*.
trafila *s.f.* tramitación, trámites (*m.pl.*), papeleo (*m.*).
trafilare *v.tr.* trefilar.
trafilato *s.m.* trefilado.
trafiletto *s.m.* (*giorn.*) suelto, entrefilete, noticia (*f.*) suelta.
traforare *v.tr.* **1** perforar, horadar, agujerear, taladrar **2** (*per decori*) calar.
traforo *s.m.* **1** perforación (*f.*) **2** (*galleria*) túnel **3** (*ricamo, decoro*) calado.
trafugare *v.tr.* hurtar, robar, substraer*.
tragedia *s.f.* **1** (*teatr.*) tragedia **2** (*fig.*) tragedia, desgracia.
traghetto *s.m.* transbordador, trasbordador, ferry, barcaza (*f.*) trasbordadora.
tragico *agg.* trágico, dramático.
tragitto *s.m.* trayecto, camino, recorrido.
traguardo *s.m.* **1** meta (*f.*) | (*sport, fig.*) *tagliare il* —, llegar el primero a la meta **2** (*fig.*) objetivo.
traiettoria *s.f.* trayectoria.
trainante *agg.* **1** que arrastra **2** (*fig.*) pujante | *società* —, sociedad pujante | *tecnologia* —, tecnología de punta.
trainare *v.tr.* **1** arrastrar; (*rimorchiare*) remolcar*, tirar **2** (*fig.*) estimular, impulsar.
traino *s.m.* remolque, arrastre | *al* —, a remolque.
trait d'union *s.m.* **1** (*trattino*) guión **2** (*fig.*) intermediario: *fare da* —, hacer de intermediario **3** (*fig.*) enlace, vínculo.
tralasciare *v.tr.* **1** (*abbandonare*) abandonar, dejar, interrumpir **2** (*omettere*) omitir, olvidar, saltarse: *hai tralasciato due paragrafi*, te has saltado dos párrafos.
tralcio *s.m.* sarmiento.
traliccio *s.m.* **1** torre (*f.*) de alta tensión **2** (*tessuto*) terliz.
tram *s.m.* tranvía | (*fig.*) *perdere il* —, perder el último tren.
trama *s.f.* **1** trama, argumento (*m.*) **2** (*fig., macchinazione*) maquinación, intriga, complot (*m.*) **3** (*di tessuti*) trama, textura.
tramandare *v.tr.* transmitir: — *di padre in figlio*, transmitir de padre a hijo.
tramare *v.tr.* tramar, urdir: — *una congiura*, urdir una conjura | *nessuno sa cosa stia tramando*, nadie sabe qué está tramando.
trambusto *s.m.* trastorno, desorden, confusión (*f.*), agitación (*f.*).
tramestio *s.m.* confusión (*f.*), desbarajuste, traqueteo.
tramezzino *s.m.* sandwich, emparedado, medianoche (*f.*).
tramezzo *s.m.* tabique.
tramite *s.m.* trámite, mediación (*f.*): *per il — di*, por medio de | *l'avvocato farà da* —, el abogado hará de intermediario ♦ *prep.* por medio de: *consegna a domicilio — corriere*, entrega a su domicilio por medio de un mensajero.
tramoggia *s.f.* (*tecn.*) tolva.
tramontana *s.f.* tramontana.
tramontare *v.intr.* **1** (*del sole*) ponerse* **2** (*fig.*) acabarse, consumirse, declinar.
tramonto *s.m.* **1** puesta (*f.*) de sol, ocaso | *al* —, al atardecer **2** (*fig.*) ocaso: *il — di una civiltà*, el ocaso de una civilización.
tramortire *v.tr.* dejar inconsciente, aturdir, golpear violentamente ♦ *v.intr.* desmayarse, flaquear | *cadde a terra tramortito*, se cayó al suelo desmayado.
trampoliere *s.m.* ave (*f.*) zancuda.
trampolino *s.m.* trampolín.
trampolo *s.m.* zanco: *camminare sui trampoli*, caminar con zancos.
tramutare *v.tr.* cambiar, mudar, trasladar ♦ **-rsi** *v.pron.* transformarse.
trance *s.f.* trance (*m.*): *cadere in* —, caer/entrar en trance.
trancia *s.f.* (*mecc.*) cizalla, troquel (*m.*).
tranciare *v.tr.* **1** cortar **2** (*tecn.*) cizallar, troquelar.
trancio *s.m.* **1** trozo; (*fetta*) tajada (*f.*) | *pizza al* —, pizza por porciones **2** (*di pesce*) rodaja (*f.*).
tranello *s.m.* engaño, trampa (*f.*): *tendere un* —, tender una trampa.
trangugiare *v.tr.* tragar*, engullir.
tranne *prep.* excepto, menos, salvo | — *che*, a menos que, a no ser que.
tranquillamente *avv.* tranquilamente.
tranquillante *s.m.* tranquilizante, calmante.
tranquillità *s.f.* tranquilidad, quietud, calma.
tranquillizzare *v.tr.* tranquilizar*, calmar,

sosegar* ♦ **-rsi** *v.pron.* tranquilizarse*, sosegarse*.
tranquillo *agg.* tranquilo, sosegado, pacífico.
transalpino *agg.* transalpino.
transatlantico *s.m.* trasatlántico.
transazione *s.f.* transacción.
transcodifica *s.f.* (*inform.*) transcodificación.
transcodificare *v.tr.* (*inform.*) transcodificar*.
transenna *s.f.* barrera, valla.
transennare *v.tr.* vallar.
transessuale, trans *agg.*, *s.m.* transexual.
transetto *s.m.* (*arch.*) transepto.
transfert *s.m.* (*psic.*) transferencia (*f.*).
transfuga *s.m./f.* tránsfuga, desertor (*m.*).
transgenico *agg.* (*biol.*) transgénico.
transiberiano *agg.* transiberiano.
transigere *v.intr.* transigir*; ceder, tolerar, aceptar.
transistor *s.m.* transistor.
transitabile *agg.* transitable: — *con catene*, transitable con cadenas.
transitabilità *s.f.* viabilidad; vialidad.
transitare *v.intr.* transitar, circular, pasar.
transitivo *agg.* (*gramm.*) transitivo.
transito *s.m.* tránsito, tráfico, circulación (*f.*): *divieto di* —, prohibida la circulación; — *interrotto*, circulación interrumpida.
transitorio *agg.* transitorio, temporal, provisorio, pasajero: *successo* —, fama pasajera.
transizione *s.f.* transición, cambio (*m.*) | (*pol.*) *governo di* —, gobierno provisional.
transoceanico *agg.* transoceánico.
transumanza *s.f.* trashumancia, pastoreo (*m.*).
trantran *s.m.* rutina (*f.*), trajín diario.
tranviario *agg.* tranviario.
tranviere *s.m.* tranviario, conductor de tranvías.
trapanare *v.tr.* **1** taladrar, perforar, barrenar **2** (*med.*) trepanar.
trapanatrice *s.f.* taladradora.
trapanazione *s.f.* **1** taladrado (*m.*) **2** (*med.*) trepanación.
trapano *s.m.* **1** taladro **2** (*da dentista*) torno, trépano.
trapassare *v.tr.* traspasar, atravesar*, perforar | — *il cuore* partir el corazón ♦ *v.intr.* (*morire*) fallecer*.
trapassato *s.m.* **1** (*gramm.*) pretérito: — *prossimo*, *remoto*, pretérito pluscuamperfecto, anterior **2** (*morto*) muerto, difunto.
trapasso *s.m.* **1** (*dir.*, *comm.*) traspaso, cesión (*f.*): — *di proprietà*, traspaso de propiedad **2** (*morte*) muerte.
trapelare *v.intr.* **1** (*di luce*) filtrar **2** (*fig.*, *di informazioni*) divulgarse*, filtrarse, trascender: *la notizia è trapelata*, se ha filtrado la noticia **3** (*fig.*) traslucir*, rezumar: *il suo sorriso lasciava* — *ironia*, su sonrisa translucía ironía.
trapezio *s.m.* (*geom.*, *anat.*, *sport*) trapecio.
trapezista *s.m./f.* trapecista.
trapiantare *v.tr.* trasplantar ♦ **-rsi** *v.pron.* establecerse*: *si è trapiantato in Spagna*, se ha establecido en España.
trapianto *s.m.* (*bot.*, *med.*) trasplante.
trappista *s.m.* (*relig.*) trapense.
trappola *s.f.* trampa (*anche fig.*): — *per topi*, ratonera; *cadere in* —, caer en la trampa; *tendere una* —, tender una trampa.
trapunta *s.f.* edredón (*m.*); manta acolchada; (*Amer.*) colcha.
trapuntare *v.tr.* acolchar.
trarre *v.tr.* **1** tirar, arrastrar, llevar: — *i naufraghi a riva*, llevar a los náufragos a la orilla | — *in salvo*, poner a salvo, rescatar **2** (*ricavare*) sacar*, obtener*, deducir*: — *le conclusioni*, sacar conclusiones; — *beneficio*, obtener beneficio | — *vantaggio*, sacar provecho **3** (*indurre*) inducir* | — *in inganno*, engañar ♦ **-rsi** *v.pron.* **1** (*spostarsi*) apartarse | — *in disparte*, hacerse a un lado **2** (*fig.*) salir*, liberarse | — *d'impaccio*, quitarse un problema de en medio.
trasalire *v.intr.* sobresaltarse, estremecerse*.
trasandato *agg.* descuidado, desaliñado, dejado, desarreglado.
trasbordare *v.intr.* transbordar.
trasbordo *s.m.* transbordo.
trascendentale *agg.* trascendental | *non è niente di* —, no es nada especial.
trascendere *v.tr.* trascender*, sobrepasar ♦ *v.intr.* pasarse, excederse.
trascinare *v.tr.* arrastrar (*anche fig.*): *trascinò la cassa sino alla porta*, arrastró la caja hasta la puerta; *un oratore che trascina il pubblico*, un orador que arrastra al público ♦ **-rsi** *v.pron.* **1** arrastrarse: *il malato si trascinò verso il letto*, el enfermo se arrastró hacia la cama **2** (*protrarsi*) prolongarse*: *una guerra che si trascina da anni*, una guerra que se prolonga desde hace años.
trascorrere *v.intr.* transcurrir, pasar: *il tempo trascorre lentamente*, el tiempo pasa lentamente ♦ *v.tr.* transcurrir, pasar: *abbiamo trascorso le vacanze a Valencia*, hemos transcurrido las vacaciones en Valencia.
trascrivere *v.tr.* transcribir*, copiar: *ho trascritto la lettera sul mio quaderno*, he copiado la carta en mi cuaderno.
trascrizione *s.f.* transcripción.
trascurabile *agg.* irrelevante, insignificante.
trascurare *v.tr.* **1** abandonar, descuidar, desatender* **2** (*non tener conto di*) olvidar, pasar por alto: *hai trascurato un particolare*, has pasado por alto un detalle ♦ **-rsi** *v.pron.* descuidarse.

trascuratezza *s.f.* negligencia, descuido (*m.*), abandono (*m.*).
trasecolare *v.intr.* pasmarse, asombrarse, sorprenderse.
trasferibile *agg.* transferible, traspasable | *assegno* —, cheque al portador | *assegno non* —, cheque cruzado.
trasferimento *s.m.* **1** traslado, *il capo ha ottenuto il* —, el jefe ha conseguido el traslado | (*inform.*) — *dati*, traslado de datos | (*tel.*) — *di chiamata*, traslado de llamada **2** (*econ.*) transferencia (*f.*).
trasferire *v.tr.* **1** transferir*, trasladar **2** (*dir.*, *econ.*) traspasar, ceder ♦ **-rsi** *v. pron.* trasladarse, mudarse: *l'azienda si è trasferita in via Picasso*, la empresa se ha trasladado a la calle Picasso.
trasferta *s.f.* **1** traslado (*m.*), viaje (*m.*) de trabajo | *giocare in* —, jugar fuera de casa **2** (*indennità*) dieta.
trasfigurare *v.tr.* transfigurar, transformar | — *le cose*, alterar las cosas.
trasfigurazione *s.f.* transfiguración.
trasformabile *agg.* transformable.
trasformare *v.tr.* transformar, cambiar ♦ **-rsi** *v.pron.* convertirse*: *l'acqua si trasforma in vapore*, el agua se convierte en vapor.
trasformatore *s.m.* (*elettr.*) transformador.
trasformazione *s.f.* transformación, mutación, cambio (*m.*).
trasformismo *s.m.* transformismo.
trasformista *s.m./f.* transformista.
trasfusionale *agg.* transfusor: *centro* —, centro de transfusión.
trasfusione *s.f.* transfusión: — *di sangue*, transfusión de sangre.
trasgredire *v.tr.* transgredir, infringir*, violar: — *gli ordini*, violar las órdenes.
trasgressione *s.f.* transgresión, violación, infracción.
trasgressivo *agg.* transgresivo.
trasgressore *s.m.* transgresor.
traslare *v.tr.* trasladar: — *una salma*, trasladar un cadáver.
traslato *agg.* (*metaforico*) metafórico ♦ *s.m.* (*ling.*) translación (*f.*), metáfora (*f.*).
traslitterazione *s.f.* transliteración.
traslocare *v.intr.* mudarse, trasladarse ♦ *v.tr.* mudar, trasladar, trasferir*.
trasloco *s.m.* mudanza (*f.*), traslado.
traslucido *agg.* translúcido.
trasmettere *v.tr.* **1** transmitir: *un programma trasmesso dalla televisione*, un programa transmitido por la televisión; — *una malattia*, contagiar una enfermedad **2** (*mandare*) transmitir, enviar: *mi ha trasmesso un fax*, me ha enviado un fax ♦ **-rsi** *v.pron.* difundirse: *il virus si trasmise tra la popolazione*, el virus se difundió entre la población.
trasmigrare *v.intr.* transmigrar.
trasmigrazione *s.f.* transmigración.
trasmissibile *agg.* transmisible.
trasmissione *s.f.* **1** transmisión; propagación, difusión **2** (*programma*) programa (*m.*), emisión.
trasmittente *s.f.* emisora.
trasognato *agg.* absorto, distraído, ensimismado.
trasparente *agg.* **1** transparente **2** (*fig.*) claro, sincero: *una persona* —, una persona sincera.
trasparenza *s.f.* transparencia.
trasparire *v.intr.* **1** transparentarse, traslucir* **2** (*rivelare*) delatar: *le sue intenzioni traspaiono dal suo viso*, su cara delata sus intenciones.
traspirare *v.intr.* transpirar, sudar.
traspirazione *s.f.* transpiración; sudor (*m.*)
trasporre *v.tr.* transponer*, trasladar.
trasportare *v.tr.* **1** transportar **2** (*trascinare*) arrastrar: — *la valigia*, arrastrar la maleta **3** (*fig.*) embelesar, cautivar, extasiar | *lasciarsi* — *dall'ira*, dejarse llevar por la ira.
trasportatore *s.m.* transportador, porteador, transportista (*m./f.*).
trasporto *s.m.* **1** transporte | *mezzi di* —, medios de transporte **2** (*fig.*) arrebato, entusiasmo: *lo salutò con molto* —, le saludó con mucho entusiasmo.
trasposizione *s.f.* transposición.
trassato *s.m.* (*banc.*) librado.
trastullare *v.tr.* recrear, solazar*, entretener* ♦ **-rsi** *v.pron.* divertirse*, jugar*, entretenerse*, regodearse.
trasudare *v.intr.* **1** trasudar, rezumar, transpirar **2** (*fig.*) rezumar: *trasuda ignoranza*, rezuma ignorancia.
trasversale *agg.* transversal.
trasvolare *v.tr.* trasvolar*.
trasvolata *s.f.* largo vuelo (*m.*) sin escalas.
tratta *s.f.* **1** (*comm.*) letra de cambio: *spiccare una* —, emitir una letra | — *bancaria*, giro bancario **2** (*di schiavi*) trata **3** (*percorso*) trecho (*m.*), tramo (*m.*).
trattabile *agg.* tratable, negociable, maleable, dúctil.
trattamento *s.m.* **1** tratamiento, trato | — *di fine rapporto*, liquidación **2** (*inform.*) tratamiento, procesamiento.
trattare *v.tr.* **1** tratar: *mi hanno trattato bene*, me han tratado bien | — *da pari a pari*, tratar de igual a igual **2** (*argomenti*) tratar, exponer*, discutir: *vuole vedermi, ma non mi ha detto di che cosa si tratta*, quiere verme, pero no me ha dicho de qué se trata **3** (*econ.*) negociar: *stiamo trattando con i lavoratori*, estamos negociando con los trabajadores | (*mil.*) — *la resa*, negociar la rendición **4** (*la-*

vorare) tratar, trabajar: *la nostra azienda tratta articoli in pelle*, nuestra empresa trata artículos de piel ♦ *v.intr.* tratar: *questo libro tratta della seconda guerra mondiale*, este libro trata de la segunda guerra mundial | *si tratta di*, se trata de ♦ **-rsi** *v.pron.* tratarse.
trattario *s.m.* (*banc.*) librado.
trattativa *s.f.* negociación; (*Amer.*) tratativa: *essere in trattative con*, estar negociando con, estar en negociaciones con | *trattative di pace*, negociaciones de paz | *tavolo delle trattative*, mesa de negociaciones.
trattato *s.m.* **1** (*opera scritta*) tratado **2** (*accordo*) tratado, acuerdo, pacto, convenio.
trattazione *s.f.* disertación, exposición.
tratteggiare *v.tr.* rasguear, trazar*, bosquejar, esbozar*.
tratteggiato *agg.* (*segnato con tratti*) rasgueado: *linea tratteggiata*, línea rasgueada.
tratteggio *s.m.* **1** (*linea*) línea (*f.*) rasgueada **2** (*ombreggiatura*) sombreado.
trattenere *v.tr.* **1** retener*, detener*, entretener*: *mi hanno trattenuto in ufficio*, me han retenido en el despacho | — *il respiro/fiato*, retener el aliento **2** (*tenere a freno*) frenar, contener* | — *la rabbia*, contener la ira **3** (*denaro*) retener*, descontar*, deducir*: — *il 10% sullo stipendio*, retener el 10% del salario ♦ **-rsi** *v.pron.* **1** (*restare*) quedarse: — *qualche giorno*, quedarse unos días **2** (*frenarsi*) retenerse*, detenerse*, contenerse*.
trattenimento *s.m.* entretenimiento, juego, espectáculo; fiesta (*f.*).
trattenuta *s.f.* retención | — *alla fonte*, retención en la fuente | — *fiscale*, retención tributaria.
trattino *s.m.* guión.
tratto *s.m.* **1** trazo, rasgo, línea (*f.*), raya (*f.*) | *a grandi tratti*, a grandes rasgos **2** (*di strada*) trecho, tramo, distancia (*f.*); (*striscia*) trozo: *quel — di terra è suo*, ese trozo de tierra es suyo **3** (*di tempo*) lapso, rato | *a un* —, de repente | *per un certo* —, por un periodo | *a tratti*, a intervalos **4** (*caratteristica*) trato, modales (*pl.*): — *signorile*, modales señoriales **5** (*spec.pl., lineamenti*) rasgos (*pl.*), facciones (*f.pl.*) | *tratti somatici*, rasgos somáticos.
trattore *s.m.* (*mecc.*) tractor (*m.*).
trattoria *s.f.* mesón (*m.*), fonda, pequeño restaurante (*m.*).
trauma *s.m.* (*med., fig.*) trauma.
traumatico *agg.* (*med., fig.*) traumático.
traumatizzante *agg.* (*med., fig.*) traumatizante, traumático.
traumatizzare *v.tr.* (*med., fig.*) traumatizar*.
traumatologia *s.f.* (*med.*) traumatología.
travagliare *v.tr.* atormentar, afligir*.
travagliato *agg.* atormentado.
travaglio *s.m.* **1** tormento, pesar, fatiga (*f.*), sufrimiento **2** (*di parto*) dolores (*pl.*) de parto.
travasare *v.tr.* transvasar, trasegar*.
travaso *s.m.* **1** transvase, trasiego **2** (*med., di sangue*) extravasación (*f.*) | — *di bile*, derrame biliar/de bilis.
travatura *s.f.* (*edil.*) envigado (*m.*), viguería.
trave *s.f.* (*edil.*) viga, travesaño (*m.*): — *maestra*, viga maestra.
traveggole *s.f.pl. nella loc.*: *avere le* —, engañarse, tener alucinaciones.
traversa *s.f.* **1** (*di binari*) traviesa; (*Amer.*) durmiente (*m.*) **2** (*trave*) durmiente (*m.*); (*di serramento, mobile*) larguero (*m.*), travesaño (*m.*) **3** (*calcio*) travesaño (*m.*), larguero (*m.*): *la palla colpì la* —, la pelota dio en el travesaño **4** (*sbarra*) barrera, tranca **5** (*via*) bocacalle (*m.*), travesía.
traversata *s.f.* (*di mari, fiumi*) travesía.
traversie *s.f.pl.* adversidades, desgracias.
traversina *s.f.* (*di binari*) traviesa; (*Amer.*) durmiente.
traverso *agg.* de través, oblicuo | *di* —, al sesgo | *guardare di* —, mirar con malos ojos | (*di cibo*) *andare di* —, atragantarse | *via traversa*, atajo | *flauto* —, flauta travesera.
travertino *s.m.* (*min.*) travertino.
travestimento *s.m.* disfraz.
travestire *v.tr.* disfrazar* ♦ **-rsi** *v.pron.* disfrazarse* (de).
travestito *agg.* disfrazado ♦ *s.m.* travestí, travestido.
traviare *v.tr.* pervertir*, desviar, descarriar*.
travicello *s.m.* (*edil.*) vigueta (*f.*).
travisare *v.tr.* alterar, falsear, tergiversar.
travolgente *agg.* fuerte, impetuoso, violento: *bellezza* —, belleza cautivadora.
travolgere *v.tr.* **1** arrollar, atropellar (*anche fig.*): *un'onda travolse la barca*, una ola arrolló el bote; *essere travolto da un'auto*, ser atropellado por un coche **2** (*fig.*) arrebatar, arrastrar: *essere travolti da una passione*, ser arrastrados por una pasión.
trazione *s.f.* (*mecc., med.*) tracción: *una gamba in* —, una pierna en tracción | (*aut.*) *a — anteriore, posteriore*, de tracción delantera, trasera.
tre *agg.num.card., s.m.* tres.
trebbia *s.f.* **1** (*trebbiatura*) trilla, trilladura **2** (*trebbiatrice*) trilladora.
trebbiare *v.tr.* (*agr.*) trillar.
trebbiatrice *s.f.* (*agr.*) trilladora.
trebbiatura *s.f.* (*agr.*) trilla, trilladura.
treccia *s.f.* **1** trenza **2** (*filza.*) ristra: *una — d'aglio*, una ristra de ajo.
trecentesco *agg.* del siglo XIV.
trecento *agg.num.card., s.m.* trescientos | *il Trecento*, el siglo XIV.

tredicenne *agg.* de trece años ♦ *s.m./f.* persona (*f.*) de trece años.
tredicesima *s.f.* paga extraordinaria de Navidad.
tredicesimo *agg.num.ord.* decimotercero, trece.
tredici *agg.num.card.*, *s.m.* trece.
tregenda *s.f.* aquelarre (*m.*).
tregua *s.f.* **1** tregua **2** (*fig.*) pausa, descanso (*m.*): *senza —*, sin descanso | *dare —*, dar tregua.
tremante *agg.* tembloroso.
tremare *v.intr.* temblar*, tiritar: *— di freddo, di paura*, temblar de frío, de miedo.
tremarella *s.f.* temblor (*m.*), temblequera, tembleque (*m.*); (*fig.*) canguelo (*m.*), miedo (*m.*).
tremendo *agg.* tremendo, terrible.
trementina *s.f.* (*chim.*) trementina.
tremila *agg.*, *s.m.* tres mil.
tremito *s.m.* temblor, estremecimiento, tiritón: *— di paura*, escalofrío de miedo.
tremolare *v.intr.* temblequear, temblar, estremecerse*.
tremore *s.m.* **1** temblor, estremecimiento **2** (*fig.*) trepidación (*f.*).
tremulo *agg.* trémulo, tremulante.
treno *s.m.* tren: *— locale/regionale*, tren de cercanías; *— merci*, tren de mercancías | *— anteriore, posteriore*, tren delantero, trasero.
trenta *agg.num.card.*, *s.m.* **1** treinta **2** (*votazione*) diez, sobresaliente | *— e lode*, matrícula de honor.
trentesimo *agg.num.ord.*, *s.m.* trigésimo.
trentina *s.f.* treintena, unos treinta: *ho una — di libri*, tengo unos treinta libros; *avrà una — d'anni*, frisará los treinta.
trepidante *agg.* ansioso, temeroso.
trepidazione *s.f.* trepidación.
treppiede *s.m.* trípode.
tresca *s.f.* **1** intriga, enredo (*m.*), embrollo (*m.*) **2** (*relazione amorosa*) lío (*m.*), aventura.
trespolo *s.m.* trípode.
triade *s.f.* tríade, tríada.
triangolare *agg.* triangular.
triangolo *s.m.* triángulo: *— isoscele, scaleno*, triángulo isósceles, escaleno.
tribale *agg.* tribal, tribual.
tribolare *v.intr.* sufrir, padecer*.
tribolazione *s.f.* tribulación, pena.
tribordo *s.m.* (*mar.*) estribor.
tribù *s.f.* (*anche fig.*) tribu.
tribuna *s.f.* tribuna.
tribunale *s.m.* (*dir.*) tribunal, juzgado; palacio de justicia; (*Amer.*) corte (*f.*): *— per minorenni*, tribunal tutelar de menores | *chiamare in —*, citar.
tribuno *s.m.* (*st.*) tribuno.
tributare *v.tr.* tributar, ofrecer* | *— onori*, rendir homenaje.
tributario *agg.* **1** (*fin.*) tributario, fiscal **2** (*geogr.*) afluente.
tributo *s.m.* (*fin.*) contribución (*f.*), tributo (*anche fig.*).
tricheco *s.m.* (*zool.*) morsa (*f.*).
triciclo *s.m.* triciclo.
tricipite *agg.*, *s.m.* (*anat.*) tríceps.
tricologia *s.f.* (*med.*) tricología.
tricolore *agg.* tricolor ♦ *s.m.* bandera tricolor, bandera italiana.
tricorno *s.m.* (*cappello*) tricornio.
tridente *s.m.* tridente.
tridimensionale *agg.* tridimensional.
trielina *s.f.* (*chim.*) tricloroetileno (*m.*).
triennale *agg.* trienal.
triennio *s.m.* trienio.
trifase *agg.* trifásico.
trifoglio *s.m.* (*bot.*) trébol, trifolio.
trifolato *agg.* (*cuc.*) aliñado con aceite, ajo y perejil.
trigemino *s.m.* (*anat.*) trigémino | *parto —*, parto triple.
triglia *s.f.* (*zool.*) salmonete (*m.*).
trigliceride *s.m.* (*chim.*) triglicérido.
trigonometria *s.f.* (*mat.*) trigonometría.
trilingue *agg.* trilingüe.
trillare *v.intr.* trinar, gorjear.
trillo *s.m.* **1** (*di voce*) trino, gorjeo **2** (*di oggetto*) tilín.
trilogia *s.f.* trilogía.
trimestrale *agg.* trimestral.
trimestre *s.m.* trimestre.
trina *s.f.* encaje (*m.*), puntilla, blonda.
trincare *v.tr.* (*fam.*) chupar, trincarse*, empinar el codo.
trincea *s.f.* trinchera: *guerra di —*, guerra de trincheras.
trincerarsi *v.pron.* **1** (*mil.*) atrincherarse, cubrirse **2** (*fig.*) esconderse | *— dietro il segreto professionale*, esconderse detrás del secreto profesional.
trinchetto *s.m.* (*mar.*) trinquete.
trinciapolli *s.m.* trinchapollos, tijeras (*f.pl.*) para trinchar.
trinciare *v.tr.* trinchar, cortar, picar*.
trinciato *s.m.* (*tabacco*) picadura (*f.*).
trinciatrice *s.f.* picadora, desmenuzadora.
trinità *s.f.* trinidad: *la Santissima Trinità*, la Santísima Trinidad.
trinomio *s.m.* (*mat.*) trinomio.
trio *s.m.* trío; (*mus.*) terceto.
trionfale *agg.* triunfal, espléndido (*fig.*).
trionfalismo *s.m.* triunfalismo.
trionfare *v.intr.* triunfar, ganar, vencer*; (*avere successo*) tener* mucho éxito.
trionfatore *agg.*, *s.m.* triunfador.
trionfo *s.m.* triunfo, victoria (*f.*): *arco di —*,

arco de triunfo; *portare in* —, llevar en triunfo, sacar a hombros; *il suo concerto fu un* —, su concierto fue un éxito.
tripartito *agg., s.m.* tripartito.
tripartizione *s.f.* tripartición.
tripletta *s.f.* (*fucile*) escopeta de tres cañones.
triplicare *v.tr.* triplicar* ♦ **-rsi** *v.pron.* triplicarse*.
triplice *agg.* triple, tríplice | *la Triplice Alleanza*, la Triple Alianza.
triplo *agg.* triple, triplo | (*sport*) *salto* —, triple salto.
tripode *s.m.* trípode.
trippa *s.f.* **1** (*cuc.*) tripa, callos (*m.pl.*); (*Amer.*) mondongo (*m.*) **2** (*fam., pancia*) tripa, panza, barriga.
tripudiare *v.intr.* exultar, alborozar*.
tripudio *s.m.* jolgorio, regocijo, alborozo, triunfo.
tris *s.m.* (*nel gioco delle carte*) trío: — *d'assi*, trío de ases.
triste *agg.* triste, melancólico: *un fatto* —, un hecho doloroso.
tristezza *s.f.* tristeza, melancolía.
tritacarne *s.m.* trituracarne, máquina (*f.*) de picar.
tritaghiaccio *s.m.* picadora (*f.*) de hielo.
tritare *v.tr.* triturar, picar*, moler*, desmenuzar*.
trito *agg.* **1** triturado, picado | *carne trita*, carne molida/picada **2** (*conosciuto*) sabido | *argomento — e ritrito*, tema trillado.
tritolo *s.m.* (*chim.*) tritol, trilita (*f.*).
tritone *s.m.* (*mit., zool.*) tritón.
trittico *s.m.* tríptico.
triturare *v.tr.* triturar.
triumvirato *s.m.* (*st.*) triunvirato.
triumviro *s.m.* (*st.*) triunviro.
trivalente *agg.* trivalente: *vaccinazione* —, vacuna trivalente.
trivella *s.f.* barrena.
trivellare *v.tr.* barrenar, taladrar, perforar.
trivellazione *s.f.* barrenado (*m.*), horadación, perforación.
triviale *agg.* grosero, vulgar, basto.
trivialità *s.f.* trivialidad.
trofeo *s.m.* trofeo.
troglodita *s.m.* (*anche fig.*) troglodita.
trogolo *s.m.* **1** artesa (*f.*), dornajo **2** (*mangiatoia*) comedero para cerdos.
troia *s.f.* **1** cerda **2** (*volg.*) ramera, pelleja.
trolley *s.m.* (*valigia*) trole.
tromba *s.f.* **1** (*mus.*) trompa, trompeta; (*mil.*) clarín **2** (*anat.*) trompa | — *di Eustachio, di Falloppio*, trompa de Eustaquio, de Falopio | — *delle scale*, hueco de la escalera | — *d'aria*, tromba de aire | — *marina*, manga.
trombare *v.tr.* **1** (*fam., bocciare*) catear, cargar* **2** (*volg.*) follar, echar un polvo.
trombettiere *s.m.* (*mil.*) trompeta.
trombone *s.m.* **1** (*mus.*) trombón **2** (*fig., fanfarone*) fanfarrón.
trombosi *s.f.* (*med.*) trombosis.
trompe l'oeil *s.m.* (*pitt.*) trampantojo, trompe l'oeil.
troncamento *s.m.* **1** truncamiento **2** (*gramm.*) apócope (*f.*).
troncare *v.tr.* **1** truncar*, tronchar: — *di netto un cavo*, cortar completamente un cable **2** (*fig.*) cortar, romper*: *ha troncado con il fidanzato*, ha cortado con el novio.
tronchese *s.m./f. spec.pl.* alicate (*spec.pl.*) de corte.
tronchesino *s.m.* (*per unghie*) cortauñas.
tronco[1] *agg.* **1** truncado, quebrado: *piramide tronca*, pirámide truncada | *licenziamento in* —, despido fulminante **2** (*gramm.*) apocopado; (*parola accentata*) agudo.
tronco[2] *s.m.* (*bot., geom., anat.*) tronco.
troneggiare *v.intr.* sobresalir*, dominar, señorear.
tronfio *agg.* engreído, altanero, arrogante.
trono *s.m.* trono: *salire al* —, subir al trono.
tropicale *agg.* tropical.
tropico *s.m.* trópico.
troppo *agg.indef., pron.indef., avv.* demasiado: *siamo in troppi*, somos demasiados; *basta: questo è —!*, basta, ¡esto es demasiado!; *è — tardi*, es demasiado tarde; *ho bevuto* —, he bebido demasiado | *mi sentivo di* —, me sentía de más | *non* —, no muy: *non era — soddisfatto*, no estaba muy satisfecho ♦ *s.m. nella loc.*: *il — stroppia*, lo mucho cansa.
trota *s.f.* trucha.
trottare *v.intr.* trotar.
trotterellare *v.intr.* trotar, corretear: *il bambino trotterellava in giardino*, el niño correteaba en el jardín.
trotto *s.m.* trote | *andare al* —, ir al trote.
trottola *s.f.* peonza, trompo (*m.*).
troupe *s.f.* (*teatr., cinem.*) equipo (*m.*).
trovare *v.tr.* **1** encontrar*, hallar: *hai trovato le chiavi?*, ¿has encontrado las llaves? | — *una scusa*, inventarse una disculpa **2** (*scoprire*) descubrir*: *hanno trovato il colpevole*, han descubierto al culpable **3** (*visitare*) ver*: *andare a — qlcu.*, ir a ver a alguien **4** (*riscontrare*) parecer*: *trovi?*, ¿te parece?, ¿crees?; *l'ho trovato invecchiato*, me pareció envejecido | *ti trovo bene*, te encuentro/veo bien ♦ **-rsi** *v.pron.* **1** (*incontrarsi*) encontrarse*, reunirse **2** (*essere, stare*) estar*, encontrarse*: — *bene, male*, estar a gusto, a disgusto; *non so dove mi trovo*, no sé dónde me encuentro **3** (*essere situato*) estar*: *la chiesa si trova a pochi chilometri da qui*, la iglesia está a unos pocos kilómetros de aquí.
trovarobe *s.f.* (*teatr.*) utilero (*m.*).

trovata *s.f.* hallazgo (*m.*), idea, salida.
trovatello *s.m.* expósito.
trovatore *s.m.* (*st.*) trovador.
truccare *v.tr.* **1** maquillar **2** (*fig.*) alterar, falsificar*, modificar*: — *il bilancio*, alterar un balance ♦ **-rsi** *v.pron.* maquillarse, pintarse.
truccatore *s.m.* maquillador.
trucco *s.m.* **1** (*con cosmetici*) maquillaje **2** (*stratagemma*) engaño, truco.
truce *agg.* **1** (*minaccioso*) torvo, amenazador **2** (*crudele*) cruel, feroz*, atroz*.
trucidare *v.tr.* descuartizar*, matar, masacrar.
truciolato *s.m.* conglomerado.
truciolo *s.m.* viruta (*f.*).
truculento *agg.* truculento, cruel, atroz*; exagerado.
truculenza *s.f.* truculencia.
truffa *s.f.* **1** (*dir.*) estafa, fraude (*m.*): *commettere una* —, cometer una estafa **2** (*imbroglio*) timo (*m.*).
truffare *v.tr.* estafar, timar, engañar, embrollar.
truffatore *s.m.* estafador, timador.
truppa *s.f.* **1** (*mil.*) tropa **2** (*gruppo*) tropel (*m.*): *arrivò una — di gente*, llegó un tropel de gente.
T-shirt *s.f.* (*abbigl.*) camiseta.
tu *pron.pers. di 2ª pers.sing.* tú | *dare del* —, tratar de tú, tutear | *parlarsi a — per* —, hablarse cara a cara.
tuba *s.f.* **1** (*mus.*) tuba **2** (*cappello*) sombrero (*m.*) de copa **3** (*anat.*) trompa.
tubare *v.intr.* **1** (*delle colombe*) arrullar, zurear **2** (*fig.*, *degli innamorati*) arrullarse.
tubatura, tubazione *s.f.* tubería, cañería, conducto (*m.*).
tubercolare *agg.* tuberculoso.
tubercolo *s.m.* tubérculo.
tubercolosi *s.f.* (*med.*) tuberculosis.
tubercoloso, tubercolotico *agg.* tuberculoso.
tubero *s.m.* (*bot.*) tubérculo.
tuberosa *s.f.* (*bot.*) tuberosa, nardo (*m.*).
tubetto *s.m.* (*di dentifricio*, *pastiglie*) tubo.
tubo *s.m.* **1** tubo; (*dell'acqua*) cañería (*f.*), tubería (*f.*) **2** (*anat.*) tubo: — *digerente*, tubo digestivo **3** (*fam.*) nada: *non serve a un* —, no sirve para nada; *non valere un* —, no valer un comino.
tubolare *agg.* tubular.
tucano *s.m.* (*zool.*) tucán.
tuffare *v.tr.* sumergir*, hundir ♦ **-rsi** *v.pron.* zambullirse, tirarse, lanzarse* | — *nel lavoro*, sumirse en el trabajo.
tuffatore *s.m.* **1** (*sport*) saltador de trampolín **2** (*aer.*) stuka.
tuffo *s.m.* **1** zambullida (*f.*); (*sport*) salto del trampolín: *fare un* —, darse una zambullida, tirarse al agua **2** (*fig.*) vuelco: *un — al cuore*, un vuelco al corazón.
tufo *s.m.* (*geol.*) tufo, toba (*f.*).
tugurio *s.m.* tugurio.
tulipano *s.m.* (*bot.*) tulipán.
tulle *s.m.* tul.
tumefare *v.tr.* hinchar ♦ **-rsi** *v.pron.* hincharse.
tumefatto *agg.* tumefacto.
tumefazione *s.f.* tumefacción.
tumido *agg.* túmido, hinchado.
tumore *s.m.* (*med.*) tumor: — *benigno*, *maligno*, tumor benigno, maligno.
tumulare *v.tr.* sepultar, enterrar*.
tumulazione *s.f.* sepelio (*m.*), entierro (*m.*).
tumulo *s.m.* túmulo, tumba (*f.*).
tumulto *s.m.* **1** tumulto, alboroto, agitación (*f.*) **2** (*protesta*) motín, revuelta (*f.*) **3** (*fig.*) agitación (*f.*), turbación (*f.*).
tumultuoso *agg.* tumultuoso, alborotado, turbulento.
tundra *s.f.* tundra.
tungsteno *s.m.* (*chim.*) tungsteno.
tunica *s.f.* túnica.
tunisino *agg.*, *s.m.* tunecino.
tunnel *s.m.* túnel (*anche fig.*), galería (*f.*).
tuo *agg.poss. di 2ª pers.sing.* **1** tu: *il — amico*, tu amigo; *l'ultima tua lettera*, tu última carta **2** (*preceduto da art.indet.*, *agg. dimostr.*, *agg. num.*, *agg.indef. si pospone al s.*) tuyo: *un — amico*, un amigo tuyo, uno de tus amigos; *questi tuoi quadri non mi piacciono*, estos cuadros tuyos no me gustan; *i tuoi due amici che si laurearono*, los dos amigos tuyos que se licenciaron; *ieri ho visto Javier con alcuni tuoi colleghi*, ajer vi a Javier con varios colegas tuyos; *aspetta una tua risposta*, espera una respuesta de tu parte ♦ *pron.poss. di 2ª pers.sing.* tuyo: *mio fratello e il — si conoscono*, mi hermano y el tuyo se conocen; *non c'è nulla di* —, no hay nada tuyo/que te pertenezca | *una delle tue*, una de las tuyas | *il* —, lo tuyo, tus bienes | *i tuoi*, los tuyos, tu familia | *di' la tua*, da tu opinión | *sto dalla tua*, estoy a tu favor.
tuonare *v.intr.* tronar* (*anche fig.*).
tuono *s.m.* trueno.
tuorlo *s.m.* yema (*f.*).
turacciolo *s.m.* corcho, tapón.
turare *v.tr.* obturar, taponar, tapar ♦ **-rsi** *v.pron.* **1** taparse: — *le orecchie*, taparse los oídos **2** (*intasarsi*) atascarse*.
turba[1] *s.f.* (*folla*) gentío (*m.*), multitud, muchedumbre.
turba[2] *s.f.* (*med.*) disturbio (*m.*), alteración, trastorno (*m.*).
turbamento *s.m.* turbación (*f.*), perturbación (*f.*), desconcierto.
turbante *s.m.* turbante.

turbare *v.tr.* turbar, alterar, trastornar | (*dir.*) — *la quiete pubblica*, turbar la tranquilidad pública ♦ **-rsi** *v.pron.* turbarse, desconcertarse*, agitarse.
turbina *s.f.* (*mecc.*) turbina.
turbinare *v.intr.* remolinar, arremolinarse.
turbine *s.m.* **1** torbellino, remolino: *un — di neve*, un remolino de nieve **2** (*fig.*) vendaval, remolino.
turbinoso *agg.* turbulento, vertiginoso.
turbo *agg.* (*mecc.*) turbo ♦ *s.m.* turbo (*anche fig.*), turbocompresor.
turboelica *s.f.* (*aer.*) turbohélice (*m.*).
turbogetto *s.m.* (*aer.*) turborreactor.
turbolento *agg.* turbulento, agitado, alborotado.
turchese *agg.*, *s.m.* turquesa (*f.*).
turchino *s.m.* azul turquesa.
turca *s.f.* **1** (*ottomana*) otomana (*f.*) **2** (*gabinetto*) inodoro (*m.*) turco/a la turca, placa turca.
turco *agg.*, *s.m.* turco: *caffè —*, café a la turca | *bagno —*, baño turco | *gabinetto alla turca*, inodoro turco/a la turca | (*fig.*) *fumare come un —*, fumar como un carretero | (*fig.*) *parlare —*, hablar chino.
turgido *agg.* turgente, túrgido.
turgore *s.m.* turgencia (*f.*).
turismo *s.m.* turismo: *— di massa*, turismo de masas | *ufficio del —*, oficina de turismo.
turista *s.m./f.* turista.
turistico *agg.* turístico | *menu —*, menú turístico | *agenzia turistica*, agencia de viajes.
turlupinare *v.tr.* embaucar*, engañar.
turnista *s.m./f.* trabajador (*m.*) por turnos.
turno *s.m.* turno | *lavorare a —*, alternarse | *entrare a —*, entrar por turno | *medico di —*, médico de guardia | *è il tuo —*, te toca a ti.
turpe *agg.* soez*, infame, obsceno, vulgar.
turpiloquio *s.m.* lenguaje obsceno, (el) habla (*f.*) soez.
tuta *s.f.* (*sport*) chándal (*m*); (*da lavoro*) mono (*m.*); (*spaziale, subacquea*) escafandra | *sciopero delle tute blu*, huelga de los obreros.
tutela *s.f.* tutela, amparo (*m.*), defensa: *— dei diritti umani*, defensa de los derechos humanos | (*dir.*) *essere sotto la — di qlcu.*, estar bajo la tutela de alguien | (*dir.*) *— della privacy*, tutela de la privacidad.
tutelare[1] *agg.* tutelar: *angelo —*, ángel tutelar.
tutelare[2] *v.tr.* tutelar, amparar, defender* ♦ **-rsi** *v.pron.* (*da qlco.*) cautelarse, precaverse de/contra algo.
tutore *s.m.* **1** (*dir.*) tutor: *nominare un —*, nombrar un tutor **2** (*med.*) soporte ortopédico.
tuttalpiù, **tutt'al più** *avv.* como mucho, a lo sumo.
tuttavia *cong.* sin embargo, no obstante, pero: *la prova era difficile, — l'ho superata*, la prueba era difícil, pero la he superado.
tutto *agg.indef.* **1** todo, entero | *— il paese*, il país entero, todo el país **2** (*ogni*) todo, en cada, cualquier: *in tutti i momenti*, en cada momento, a cualquier hora | *a tutti i costi*, a toda costa **3** (*con valore di avv., completamente*) todo, completamente: *era — marcio*, estaba podrido (del) todo | *tutt'altro*, todo lo contrario | *vive — solo in quella villa*, vive completamente solo en ese chalet; *è del — estraneo alla faccenda*, es completamente ajeno al asunto ♦ *pron.indef.* **1** (*ogni cosa*) todo: *ecco —*, eso es todo; *faccio — quello che posso*, hago todo lo que puedo; *è un uomo capace di —*, es un hombre capaz de todo | *questo è — e non aggiungo altro*, eso es todo y no digo nada más | *in — eravamo in otto*, en total éramos ocho | *una volta per tutte*, de una vez para siempre **2** (*pl., riferito a persone*) todos, todo el mundo: *aspettò tutti*, los esperó a todos | *tutti a terra!*, ¡al suelo todo el mundo! | *lo sanno tutti che sei stato tu*, todo el mundo sabe que has sido tú | *tutti e due*, los dos, ambos; *tutti e tre*, los tres, todos tres ♦ *s.m.* todo: *il — costa 100 euro*, todo junto cuesta 100 euros, el total es 100 euros | *rischiare il — per —*, arriesgar el todo por todo
▪ ***tutto sommato***, en resumidas cuentas | ***del tutto***, completamente | ***tutt'al più***, a lo sumo, como mucho | ***sono di tutt'altro parere***, soy de muy contrario parecer | ***fare di tutto per***, hacer todo lo posible para | ***una volta per tutte***, una vez por todas.
tuttofare *agg.* para todo, todoterreno servicio | *cameriera —*, criada para todo ♦ *s.m./f.* ganapán (*m.*), todoterreno.
tuttora *avv.* todavía, aún: *sono — amici*, siguen siendo amigos.
tutù *s.m.* (*abbigl.*) tutú.

Uu

u *s.f.* u | (*tel.*) — *come Udine*, u como Ulises | (*aut.*) *inversione a* —, inversión de marcha.

ubbidiente *agg.* obediente, sumiso, dócil.

ubbidienza *s.f.* obediencia, observancia, sumisión.

ubbidire *v.tr./intr.* **1** obedecer*, hacer* caso: — *alla mamma*, obedecer a la propia madre | — *al cuore*, seguir el corazón **2** (*rispondere a un comando*) responder.

ubertoso *agg.* (*lett.*) fértil.

ubicare *agg.* (*amm.*) ubicar*, colocar*.

ubicazione *s.f.* ubicación, colocación.

ubiquità *s.f.* ubicuidad: *non ho il dono dell'—!*, no tengo el don de la ubicuidad.

ubriacare *v.tr.* **1** emborrachar, embriagar* **2** (*fig.*) aturdir, trastornar, atontar: *tutta quella gente mi ubriacava*, toda esa gente me trastornaba ♦ **-rsi** *v.pron.* emborracharse, cogerse* una trompa; (*Riopl.*) mamarse.

ubriacatura *s.f.* (*anche fig.*) borrachera.

ubriachezza *s.f.* borrachera; (*fam.*) trompa, pedal (*m.*) | *guidava in stato di* —, conducía en estado de ebriedad.

ubriaco *agg.* borracho, bebido, ebrio: — *fradicio*, borracho como una cuba | (*fig.*) *essere — di stanchezza,* estar hecho polvo de cansancio ♦ *s.m.* borracho.

ubriacone *s.m.* borracho, borrachín.

uccellagione *s.f.* caza de aves.

uccelliera *s.f.* pajarera, jaula.

uccellino *s.m.* pajarito | *mangiare come un* —, comer como un pajarito | *me l'ha detto un* , me lo ha dicho un pajarito.

uccello *s.m.* pájaro, ave (*f.*) | — *del mal augurio*, pájaro de mal agüero | *essere uccel di bosco,* estar perdido en el mapa.

uccidere *v.tr.* matar, eliminar; (*fam.*) cargarse*: *fu ucciso in uno scontro a fuoco*, le mataron en un tiroteo ♦ **-rsi** *v.pron.* matarse, suicidarse.

uccisione *s.f.* matanza; (*omicidio*) asesinato (*m.*).

ucciso *agg.* asesinado ♦ *s.m.* muerto.

uccisore *s.m.* asesino, homicida.

ucraino *agg.*, *s.m.* ucraniano.

udente *agg.*, *s.m./f.* oyente | *i non udenti*, los sordos.

udibile *agg.* audible, oíble, audible.

udienza *s.f.* (*anche dir.*) audiencia, recepción | *dar* —, otorgar audiencia | *fissare la data dell'*—, fijar la fecha de la audiencia, citar | — *a porte chiuse*, audiencia a puerta cerrada.

udire *v.tr.* oír*; entender*, percibir | *udite udite!*, ¡pasen y vean!

uditivo *agg.* (*anat.*) auditivo | *protesi uditiva*, prótesis auditiva.

udito *s.m.* **1** (*senso*) oído | — *fine*, oído fino **2** (*med.*) audición (*f.*): *perdere l'*—, perder la audición.

uditore *s.m.* oyente; oidor: *va a lezione come* —, va a clase como oyente.

uditorio *s.m.* auditorio, público: *parlare a un — attento*, dirigirse a un auditorio atento.

UE *s.f.* UE.

uffa *inter.* ¡uff!; (*Amer.*) ¡ufa!

ufficiale[1] *agg.* (*formale*) oficial; público: *una notizia* —, noticia oficial; *visita* —, visita oficial; *in forma* —, en forma oficial.

ufficiale[2] *s.m.* **1** (*mil.*) oficial, alférez* **2** (*amm.*) funcionario: — *sanitario*, director del servicio sanitario; *pubblico* —, funcionario público.

ufficialità *s.f.* oficialidad.

ufficializzare *v.tr.* oficializar*.

ufficiare *v.tr.* oficiar, celebrar.

ufficio *s.m.* **1** (*posto di lavoro*) oficina (*f.*), despacho: *lavora come segretaria in un* —, trabaja de secretaria en un despacho; *il direttore è nel suo* —, el director está en su despacho | — *di un avvocato*, bufete | — *vendite*, departamento de ventas | — *postale*, oficina de correos | — *di collocamento*, oficina de empleo | *lavoro d'*—, trabajo de oficina | *una decisione presa d'*—, una decisión tomada de oficio | (*dir.*) *difensore d'*—, defensa de oficio **2** (*incarico*) función (*f.*), cargo **3** (*relig.*) oficio **4** (*pl., form., aiuto*) ayuda (*f.sing.*), colaboración (*f.sing.*): *grazie ai loro buoni uffici*, gracias a su colaboración.

ufficioso *agg.* oficioso, extraoficial.

uffizio *s.m. nella loc.*: *il Santo Uffizio,* la Inquisición, el Santo Oficio.

ufo, a *loc.avv.* de gorra | *mangiare* —, comer a mesa puesta | *vivere* —, vivir de gorra.

ufo, UFO *s.m.* OVNI (objeto volador no identificado).

ufologia *s.f.* ufología.

ugandese *agg.*, *s.m./f.* ugandés (*m.*).

ugello *s.m.* (*tecn.*) tobera (*f.*).
uggia *s.f.* aburrimiento (*m.*), tedio (*m.*); fastidio (*m.*) | *venire in —*, no aguantar más | *avere in — qlcu.*, caerle mal a alguien.
uggiolare *v.intr.* gañir*, aullar.
uggiolio *s.m.* gañido.
uggioso *agg.* **1** aburrido, molesto, tedioso **2** (*di tempo*) gris; triste: *una giornata uggiosa*, un día gris.
ugola *s.f.* **1** (*anat.*) úvula; (*fam.*) campanilla **2** (*voce*) voz*: *quella ragazza ha l'— d'oro*, esa chica tiene una voz maravillosa.
ugonotto *agg.*, *s.m.* hugonote.
uguaglianza *s.f.* **1** igualdad, identidad: *— di vedute*, uniformidad de miras **2** paridad: *l'— dei diritti*, la paridad de los derechos **3** (*principio*) igualdad | (*gramm.*) *comparativo di —*, comparativo de igualdad.
uguagliare *v.tr.* **1** igualar (*anche fig.*): *— un primato*, igualar un récord **2** (*rendere uniforme*) uniformar; (*livellare*) nivelar ♦ **-rsi** *v.pron.rec.* (*equivalersi*) equivalerse*, ser* iguales.
uguale *agg.* igual, idéntico: *due abiti uguali*, dos vestidos idénticos | *per me è —*, me da igual/lo mismo | (*mat.*) *3 più 3 è — a sei*, 3 más 3 da seis ♦ *s.m.* (*anche mat.*) igual | *un capolavoro senza uguali*, una maravilla sin iguales; *per me è —*, me da lo mismo, me da igual.
ugualmente *avv.* **1** igualmente **2** (*lo stesso, ciononostante*) de todas formas: *non ho fame ma lo assaggerò —*, no tengo hambre, pero lo probaré de todas formas.
uh *inter.* ¡oh!
uhm *inter.* ¡hum!
ulcera *s.f.* (*med.*) úlcera: *soffre di —*, padece de úlcera.
ulcerare *v.tr.* (*med.*) ulcerar, llagar* ♦ **-rsi** *pron.* ulcerarse.
ulcerazione *s.f.* (*med.*) ulceración.
ulivo *s.m.* olivo, aceituno.
ulna *s.f.* (*anat.*) cúbito (*m.*).
ulteriore *agg.* ulterior, sucesivo, siguiente | *per ulteriori informazioni*, para más información.
ulteriormente *avv.* ulteriormente, posteriormente; (*ancora*) todavía más: *la situazione è — peggiorata,* la situación ha empeorado todavía más.
ultimamente *avv.* últimamente: *— non leggo molto*, últimamente no leo mucho.
ultimare *v.tr.* ultimar, concluir*, acabar, terminar, llevar a cabo.
ultimatum *s.m.* ultimátum.
ultimo *agg.* último; (*estremo*) postrero, (*davanti a s.m.*) postrer: *l'ultima pagina di un libro*, la última página de un libro; *ho perso l'— treno*, he perdido el último tren; *l'— saluto*, el postrer saludo | *l'— arrivato*, el último mono | *arrivare per —*, llegar último | *la novità dell'— momento*, la novedad de último momento | *termine —*, término final | *ultima offerta*, la última propuesta/oferta ♦ *s.m.* **1** último | *l'— dell'anno*, Nochevieja | *— in classifica*, último en la clasificación | *all'—*, a lo último | *in —*, por último **2** (*punto estremo*) final: *resistere fino all'—*, resistir hasta el final.
ultimogenito *agg.* que ha nacido el último ♦ *s.m.* benjamín.
ultrà *agg.* hincha, ultra ♦ *s.m.* **1** extremista **2** (*calcio*) ultra.
ultracentenario *agg.* que tiene más de cien años ♦ *s.m.* persona que tiene más de cien años.
ultraleggero *agg.* ultraligero ♦ *s.m.* (*aer.*) ultraligero.
ultramoderno *agg.* supermoderno.
ultrapiatto *agg.* extraplano.
ultrarapido *agg.* ultrarrápido.
ultrasensibile *agg.* hipersensible.
ultrasonico *agg.* **1** (*degli ultrasuoni*) ultrasónico **2** (*più veloce del suono*) supersónico.
ultrasuono *s.m.* (*fis.*) ultrasonido.
ultraterreno *agg.* ultraterrenal, ultramundano.
ultravioletto *agg.* ultravioleta, ultraviolado | *raggi ultravioletti*, rayos ultravioleta.
ululare *v.intr.* aullar, ulular.
ululato, ululo *s.m.* aullido, ululato, alarido (*anche fig.*).
umanesimo *s.m.* humanismo.
umanista *s.m./f.* humanista.
umanistico *agg.* humanístico, humanista.
umanità *s.f.* **1** (*genere umano*) humanidad, género (*m.*) humano **2** (*bontà*) sensibilidad, benevolencia, compasión: *trattare con —*, tratar con humanidad.
umanitario *agg.* humanitario, caritativo: *gli aiuti umanitari*, las ayudas humanitarias.
umanitarismo *s.m.* humanitarismo, humanidad (*f.*).
umanizzare *v.tr.* humanizar* ♦ **-rsi** *pron.* **1** (*incivilirsi*) civilizarse* **2** (*farsi umano*) humanizarse*.
umano *agg.* **1** (*dell'uomo*) humano | *scienze umane*, humanidades **2** (*buono*) bondadoso, bueno ♦ *s.m.* humano: *gli alieni hanno attaccato gli umani*, los extraterrestres atacaron a los humanos.
umanoide *agg.*, *s.m./f.* humanoide.
umbro *agg.*, *s.m.* umbro.
umettare *v.tr.* humedecer*, humedecerse*: *— le labbra*, humedecerse los labios.
umidiccio *agg.* ligéramente húmedo.

umidificare *v.tr.* humidificar*, humectar, humedecer*.
umidificatore *s.m.* humidificador.
umidità *s.f.* humedad.
umido *agg.* húmedo, mojado: *hai i capelli umidi*, tienes el pelo mojado ♦ *s.m.* humedad (*f.*) | (*cuc.*) *in* —, guisado, estofado.
umile *agg.* humilde, modesto; (*semplice*) sencillo; (*buono*) manso; (*educato*) respetuoso: *di umili origini*, de procedencia humilde; *gli toccano sempre i lavori più umili*, siempre le tocan los trabajos más serviles; *una persona* —, es una persona mansa ♦ *s.m.* humilde | *gli umili*, los humildes.
umiliante *agg.* humillante.
umiliare *v.tr.* humillar, avergonzar*, menospreciar ♦ **-rsi** *v.pron.* humillarse, degradarse: *si è umiliata di fronte a tutti*, se humilló ante todos.
umiliazione *s.f.* humillación, afrenta.
umiltà *s.f.* humildad, modestia, sencillez.
umorale *agg.* humoral, temperamental.
umore *s.m.* **1** (*biol.*) humor **2** (*fig.*) humor, carácter: *di cattivo* —, de mal humor, malhumorado; *mettere qlcu. di buon* —, poner a alguien de buen humor.
umorismo *s.m.* humorismo, humor: *senso dell'*—, sentido del humor; *fare dell'*—, bromear.
umorista *s.m./f.* humorista.
umoristico *agg.* humorístico.
un *art.indet.m.* → **uno.**
un', una *art.indet.f.* → **uno.**
una tantum *s.f.* **1** (*premio*) gratificación, aguinaldo (*m.*) **2** (*econ.*) impuesto (*m.*) extraordinario.
uncinare *v.tr.* enganchar.
unanime *agg.* unánime.
unanimità *s.f.* unanimidad | *all'*—, por unanimidad.
uncinato *agg. nella loc.*: *croce uncinata*, cruz gamada, esvástica.
uncinetto *s.m.* ganchillo: *lavorare all'*—, hacer ganchillo.
uncino *s.m.* gancho, garfio.
under *agg. nella loc.*: — *21*, sub 21
undicenne *agg.* de once años ♦ *s.m./f.* persona (*f.*) de once años.
undicesimo *agg.num.ord.* undécimo, onceavo; once | *il secolo* —, el siglo once.
undici *agg.num.card.*, *s.m.* once.
ungere *v.tr.* **1** untar, embadurnar; (*lubrificare*) engrasar: — *il pane*, untar el pan; — *un ingranaggio*, engrasar un engranaje **2** (*relig.*) ungir* **3** (*fig.*, *adulare*) dar* jabón, hacer* la pelotilla; (*corrompere*) sobornar, untar | — *le ruote*, untar la mano ♦ **-rsi** *v.pron.* untarse, pringarse*: *ungiti bene prima di stare al sole*, úntate bien antes de ponerte al sol.
ungherese *agg.*, *s.m./f.* húngaro (*m.*), magiar.
unghia *s.f.* **1** uña | — *incarnita*, uñero | *mangiarsi le unghie*, comerse las uñas **2** (*di animale*, *rapace*) garra; (*di equino*) casco (*m.*) ■ ***un'unghia***, una pizca | ***difendersi con le unghie e con i denti***, defenderse con uñas y dientes | (*fig.*) ***tirare fuori le unghie***, sacar las uñas | ***farsi le unghie***, hacerse la manicura.
unghiata *s.f.* uñada.
unguento *s.m.* ungüento, linimento.
unicamente avv. únicamente, sólo: *devi farlo* — *per te*, tienes que hacerlo sólo por ti.
unicamerale *agg.* (*pol.*) unicameral.
unicità *s.f.* **1** unicidad **2** (*eccezionalità*) excepcionalidad.
unico *agg.* único: *figlio* —, hijo único | *esemplare* —, único ejemplar | *è più* — *che raro*, es único ♦ *s.m.* único: *siamo stati gli unici a opporci*, fuimos los únicos que se opusieron | *l'unica è parlargli apertamente*, lo único es hablarle abiertamente/claro.
unicorno *agg.* que tiene sólo un cuerno ♦ *s.m.* (*mit.*) unicornio.
unidimensionale *agg.* (*mat.*) unidimensional.
unidirezionale *agg.* unidireccional.
unifamiliare *agg.* unifamiliar | *villetta* —, chalet.
unificare *v.tr.* unificar*, unir, agrupar ♦ **-rsi** *pron.* unificarse*, agruparse.
unificato *agg.* **1** unificado **2** (*standardizzato*) estandarizado, uniformado.
unificatore *agg.* unificador ♦ *s.m.* persona (*f.*), cosa (*f.*) que unifica.
unificazione *s.f.* unificación; (*uniformazione*) uniformación.
uniformare *v.tr.* **1** uniformar, nivelar **2** (*conformare*) adecuar*, ajustar ♦ **-rsi** *v.pron.* adaptarse: — *alla situazione*, adaptarse a la situación.
uniformazione *s.f.* **1** estandarización, unificación **2** (*adattamento*) adaptación, adecuación.
uniforme[1] *agg.* uniforme.
uniforme[2] *s.f.* (*abbigl.*) uniforme (*m.*): — *d'ordinanza*, uniforme reglamentario; *in alta* —, en uniforme de gala.
uniformità *s.f.* **1** uniformidad, igualdad **2** (*concordanza*) acuerdo (*m.*) | *in* — *alla legge*, en conformidad a la ley.
unigenito *agg.* unigénito.
unilaterale *agg.* unilateral, parcial: *parere* —, opinión parcial.
unilateralità *s.f.* **1** unilateralidad **2** (*fig.*) parcialidad.
uninominale *agg.* (*pol.*) uninominal.
unione *s.f.* unión: — *matrimoniale*, unión

matrimonial; — *delle forze*, unión de fuerzas | (*pol.*) *Unione Europea*, Unión Europea.
unionista *agg.*, *s.m./f.* (*pol.*, *relig.*) unionista.
unipolare *agg.* (*elettr.*) unipolar.
unire *v.tr.* **1** unir, juntar; (*aggiungere*) incorporar; (*collegare*) conectar: — *le forze contro il nemico*, juntar las fuerzas contra el enemigo; — *i vari ingredienti e mescolare*, incorporar los distintos ingredientes y mezclar; *una strada che unisce i due paesi*, una carretera que conecta los dos pueblos | — *l'utile al dilettevole*, unir lo útil y lo placentero **2** (*con un vincolo*) atar, vincular: *sono uniti da una profonda amicizia*, los ata una profunda amistad ♦ **-rsi** *v.pron.* **1** (*rec.*, *di persone, paesi ecc.*) unirse; (*econ.*, *di società*) aliarse; (*in associazioni*) asociarse: *si unirono al gruppo*, se unieron al grupo | — *in matrimonio*, unirse en matrimonio, casarse **2** (*rec.*, *congiungersi, confluire*) juntarse.
unisex *agg.* unisex.
unisono *s.m.* (*mus.*) unísono: *all'*—, al unísono.
unità *s.f.* **1** unidad (*anche fig.*) | — *di misura*, unidad de medida **2** (*fig.*) armonía, unión **3** (*fig.*) (*uguaglianza*) identidad: — *di visioni*, identidad de visiones **4** (*reparto*, *nucleo operativo*) patrulla: *l'*— *mobile*, la patrulla móvil | — *navale*, tercio naval **5** (*inform.*) unidad.
unitario *agg.* unitario.
unito *agg.* **1** unido | *tinta unita*, de un solo color **2** (*solidale*) solidario: *sono un gruppo molto* —, son un grupo muy solidario.
universale *agg.* **1** universal, mundial **2** (*multiuso*) universal, multiusos ♦ *s.m.* (*filos.*) universal.
universalismo *s.m.* universalismo.
universalità *s.f.* universalidad, totalidad.
universalizzare *v.tr.* universalizar*, difundir, generalizar*.
universiade *s.f.* (*spec.pl.*, *sport*) universiada.
università *s.f.* universidad, facultad: *è andato in* —, ha ido a la facultad.
universitario *agg.*, *s.m.* universitario.
universo *s.m.* (*anche fig.*) universo, cosmos | *l'*— *della scuola è molto complesso*, el mundo de la escuela es muy complicado.
univoco *agg.* unívoco.
unno *agg.*, *s.m.* (*st.*) huno.
uno *agg.num.card.*, *s.m.* uno, (*davanti a s.m.*) un: *ho comprato* — *specchio*, — *zaino*, he comprado un espejo, una mochila; *hai un'ora di tempo*, tienes una hora de tiempo; *una volta sola*, una sola vez; *il numero* — *della lista*, el primero de la lista; *l'*— *per cento*, el uno por ciento; *ne compro solo* —, compro sólo uno | *a* — *a* —, de uno en uno, uno a uno | *si allena un giorno sì e* — *no*, se entrena un día sí y otro no | *essere tutt'*—, ser todo uno | (*fig.*) *è il numero* —, es el número uno, es el mejor | *è l'una*, es la una ♦ *art.indet.* **1** un: *sei* — *sciocco*, eres un tonto; *è caduto da un albero*, se cayó de un árbol; *è un'amica*, es una amiga | *ho una fame!*, ¡tengo un hambre! **2** (*seguito da agg.poss.*) un: *un suo libro*, un libro suyo; *è una sua amica*, es una amiga suya **3** (*per indicare approssimazione*) unos, cerca de: *disterà un trenta chilometri*, distará unos treinta kilómetros; *una ventina di studenti*, unos veinte estudiantes; *un quattro o cinque ore*, cerca de cuatro o cinco horas ♦ *pron.indef.* **1** uno: *è* — *dei tanti*, es uno de tantos; un tale, un tío; *è venuto* — *che ti voleva parlare*, ha venido uno que quería hablar contigo; *conosco* — *degli attori*, conozco a uno de los actores; — *di noi deve rinunciare*, uno de nosotros tiene que renunciar; *se* — *ha i soldi può permettersi tutto*, si uno tiene dinero se lo puede permitir todo; *ne vorrei una gialla*, quisiera una amarilla **2** (*ciascuno*) cada uno: *costano 150 euro l'*—, cuestan 150 euros cada uno
■ ***paghiamo metà per uno***, pagamos a medias | ***l'un l'altro***, recíprocamente, uno a otro | ***uno dopo l'altro***, uno tras otro.
unto *agg.* grasiento, pegajoso, untado ♦ *s.m.* **1** grasa (*f.*), pringue: *una macchia d'*—, una mancha de grasa **2** (*relig.*) ungido, elegido.
untuoso *agg.* untuoso, grasiento.
unzione *s.f.* unción | *estrema* —, extrema unción.
uomo *s.m.* **1** hombre; varón | *parliamoci da* — *a* —, hablémonos de hombre a hombre | (*fam.*) *l'*— *nero*, hombre del saco, papón **2** (*compagno*) pareja, hombre; (*marito*) marido
■ ***uomo nero***, hombre del saco, papón, coco | ***uomo di fatica***, mozo de carga | ***come un sol uomo***, como un solo hombre | ***uomo avvisato mezzo salvato***, hombre prevenido vale por dos | ***a memoria d'uomo***, desde hace muchísimotiempo.
uopo *s.m.* (*lett.*) *nelle loc.*: *all'*—, (*al bisogno*) con este fin; *essere d'*—, ser necesario.
uovo *s.m.* huevo: — *sodo*, huevo duro; — *alla coque*, huevo pasado por agua; *uova strapazzate*, huevos revueltos; *uova affogate/in camicia*, huevos escalfados; — *al tegame/all'occhio di bue*, huevos al plato; — *sbattuto*, huevo batido; *tuorlo d'*—, yema; *deporre le uova*, poner los huevos; (*di pesci*) desovar, mugar | — *di Pasqua*, huevo de Pascua | (*fig.*) *rompere le uova nel paniere a qlcu.*, aguar la fiesta | (*fig.*) *essere pieno come un* —, estar morado | *meglio un* — *oggi che una gallina domani*, más vale un pájaro en mano que ciento volando.

upupa *s.f.* (*zool.*) abubilla.
uragano *s.m.* huracán, tornado | (*fig.*) *essere un* —, ser un huracán.
uranio *s.m.* (*chim.*) uranio.
urbanesimo *s.m.* urbanismo.
urbanista *s.m./f.* urbanista.
urbanistica *s.f.* urbanística.
urbanistico *agg.* urbanístico.
urbanizzare *v.tr.* (*città*) urbanizar* ♦ **-rsi** *pron.* (*di persone*) urbanizarse*.
urbanizzazione *s.f.* urbanización.
urbano *agg.* urbano, municipal | *vigile* —, guardia municipal.
urea *s.f.* (*biol., chim.*) urea.
uretere *s.m.* (*anat.*) ureter.
uretra *s.f.* (*anat.*) uretra.
urgente *agg.* urgente, apremiante | *è —?*, ¿le corre mucha prisa?
urgenza *s.f.* urgencia, prisa, apremio (*m.*) | *ricovero d'*—, ingreso de urgencia.
urgere *v.intr.* urgir*, ser* urgente: *urge il loro consiglio,* es urgente su consejo.
uricemia *s.f.* (*med.*) uricemia.
urico *agg.* (*biol.*) úrico.
urina *s.f.* orina.
urinare *v.intr.* orinar; (*fam.*) mearhacer* pis.
urinario *agg.* urinario.
urlare *v.intr.* gritar, chillar, dar* alaridos | — *a squarciagola*, desgañitarse.
urlo *s.m.* grito, chillido, alarido: *lanciare, cacciare un* —, pegar un grito.
urna *s.f.* urna, cofre (*m.*); (*elettorale*) urna | (*pol.*) *è un dovere del cittadino andare alle urne*, es un deber del ciudadano ir a votar.
urogenitale *agg.* (*anat., med.*) urogenital.
urologia *s.f.* (*med.*) urología.
urologico *agg.* (*med.*) urológico.
urologo *s.m.* (*med.*) urólogo.
urrà *inter.* ¡hurrá!
urtante *agg.* chocante, irritante.
urtare *v.tr.* **1** chocar*, golpear, colisionar: *urtò il vassoio del cameriere*, golpeó la bandeja del camarero **2** (*fig.*) irritar, molestar: *il suo modo di fare mi urta*, su actitud me molesta ♦ *v.intr.* chocar*, pegarse: *l'auto urtò contro il guardrail*, el coche chocó contra el guardarraíl ♦ **-rsi** *pron.* **1** chocarse*, golpearse **2** (*fig.*) molestarse, irritarse.
urto *s.m.* **1** choque, colisión (*f.*), golpe, impacto; (*spinta*) empujón: *l'— frontale fra due vetture*, el choque frontal entre dos coches | (*med.*) *terapia d'*—, terapia de choque **2** (*fig., contrasto*) conflicto.
uruguaiano *agg., s.m.* uruguayo.
usa e getta *loc.agg.* de usar y tirar, desechable | *macchina fotografica* —, cámara desechable.
usanza *s.f.* uso (*m.*), costumbre; (*moda*) moda.
usare *v.tr.* **1** usar, emplear, utilizar*: *ho imparato a — il computer*, he aprendido a utilizar el ordenador; *cosa usi per togliere quelle macchie?*, ¿qué utilizas para quitar esas manchas? | *cerca di — la testa*, trata de reflexionar | — *violenza*, violar **2** (*essere solito*) soler*, estar* acostumbrado, tener* por costumbre: *lui usa alzarsi all'alba*, él acostumbra a levantarse al amanecer ♦ *v.intr.* ser* usual, usarse: *quest'anno usano ancora le minigonne*, este año siguen de moda las minifaldas | *in quel paese usa così*, en ese pueblo se estila así.
usato *agg.* usado; (*non nuovo*) de segunda mano; (*logoro*) gastado, viejo: *edifici ormai non più usati*, edificios inutilizados; *comprare un'auto usata*, comprar un coche de segunda mano ♦ *s.m.* usado | *mercato dell'*—, mercado de las pulgas, rastro | (*fig.*) *secondo l'*—, según la costumbre.
usbeco *agg., s.m.* uzbeko.
uscente *agg.* **1** (*di periodi*) que termina **2** (*da cariche*) saliente **3** (*gramm.*) que termina por.
usciere *s.m.* ujier, portero, conserje.
uscio *s.m.* puerta (*f.*), entrada (*f.*), umbral: *stava sull'*—, estaba en el umbral.
uscire *v.intr.* **1** salir*: *devo — a fare compere*, tengo que ir de compras | (*aut.*) — *di strada*, salirse de la carretera **2** (*per svago*) salir, ir* de marcha: *se fosse per me, uscirei ogni sera*, si fuera por mí, iría de marcha todas las noches; *qualche sera uscivamo insieme*, algunas noches salíamos juntos | *invitare qlcu. a* —, invitar a alguien a salir **3** (*giornali, libri*) publicarse | *libro appena uscito*, libro recién publicado
■ ***uscire di scena***, hacer mutis | ***uscire di senno***, enloquecer | ***uscire dai gangheri***, perder los estribos | ***uscire di bocca***, irse de la lengua.
uscita *s.f.* **1** salida (*anche fig.*): *quand'è l'ora di — dalla scuola?*, ¿a qué hora es la salida del colegio?; *la prossima — dell'autostrada*, la próxima salida de la autopista | — *di sicurezza*, salida de emergencia | *via d'*—, escapatoria | (*anche fig.*) *strada senza* —, callejón sin salida | *attendere l'— di un libro, di un film*, esperar la la publicación de un libro, el estreno de una película | *essere in libera* —, estar en licencia **2** (*battuta, frase improvvisa*) salida, ocurrencia **3** (*spesa*) gastos (*m.pl.*) **4** (*desinenza*) desinencia.
usignolo *s.m.* (*zool.*) ruiseñor | *canta come un* —, canta muy bien.
uso *s.m.* **1** uso, utilización (*f.*), empleo | *fuori* —, en desuso | *istruzioni per l'*—, modo de empleo, instrucciones de uso | (*med.*) *per — esterno*, para uso externo | *fare — abituale di qlco.*, hacer uso habitual de | *perdere, riacquistare l'— della parola*, perder, recobrar

el uso de la palabra | *camera con — cucina*, habitación con derecho a cocina **2** (*usanza*) costumbre (*f.*): *gli usi e costumi,* usos y costumbre.
ustionare *v.tr.* quemar ♦ **-rsi** *v.pron.* quemarse.
ustione *s.f.* quemadura, ustión: — *di primo grado,* quemadura de primer grado.
usuale *agg.* usual, corriente, habitual.
usucapione *s.f.* (*dir.*) usucapión.
usufruire *v.intr.* **1** gozar*, aprovechar, disfrutar, beneficiarse **2** (*dir.*) usufructuar*.
usufrutto *s.m.* (*dir.*) usufructo.
usufruttuario *agg.*, *s.m.* (*dir.*) usufructuario.
usura[1] *s.f.* usura | *a —*, a usura, con creces.
usura[2] *s.f.* (*logorio*) desgaste (*m.*), deterioro (*m.*).
usuraio *s.m.* usurero, usurario | *non fare l'—*, no seas tacaño.
usurpare *v.tr.* usurpar, despojar, arrebatar.
usurpatore *agg.*, *s.m.* usurpador.
usurpazione *s.f.* usurpación, apropiación.
utensile *s.m.* utensilio, herramienta (*f.*), instrumento.
utente *s.m.* usuario.
utenza *s.f.* **1** (*gli utenti*) usuarios (*m.pl.*) **2** (*radio*, *tv*) audiencia, público (*m.*).
uterino *agg.* (*anat.*) uterino.
utero *s.m.* (*anat.*) útero, matriz* (*f.*).
utile *agg.* útil; ventajoso | *il suo consiglio ci è stato —*, su consejo nos ha sido útil | *posso rendermi —?*, ¿puedo ayudar en algo? | *quel vecchio cappotto mi è tornato —*, ese viejo abrigo me ha vuelto a ser útil | *giorno —*, día hábil | *arrivare in tempo —*, llegar a tiempo hábil ♦ *s.m.* **1** útil; (*utilità*) utilidad (*f.*), provecho | *unire l'— al dilettevole*, juntar lo útil y lo placentero **2** (*econ.*) beneficio, ganancia (*f.*): *divisione degli utili*, división de las ganancias; *partecipazione agli utili*, participación en los beneficios.
utilità *s.f.* **1** utilidad, conveniencia | *di pubblica —*, de interés público **2** (*vantaggio*) ventaja, provecho (*m.*).
utilitaria *s.f.* (*aut.*) utilitario (*m.*).
utilitario *agg.* utilitario.
utilitarismo *s.m.* utilitarismo.
utilitarista *s.m./f.* utilitarista.
utilitaristico *agg.* utilitarista.
utilizzabile *agg.* utilizable.
utilizzare *v.tr.* utilizar*, usar, emplear, valerse* de: *una centrale che utilizza l'energia solare*, una central que emplea la energía solar.
utilizzazione *s.f.* utilización, empleo (*m.*), aprovechamiento (*m.*).
utilizzo *s.m.* utilización (*f.*)
utilmente *avv.* con utilidad, útilmente: *impiega le tue capacità —*, usa tus capacidades con utilidad.
utopia *s.f.* utopía.
utopico *agg.* utópico.
utopista *agg.*, *s.m./f.* utopista.
utopistico *agg.* utópico.
uva *s.f.* (*bot.*) uva: — *bianca*, *nera*, uva blanca, negra; — *da vino*, *da tavola*, uva de vino, de mesa | — *passa*, pasa | — *spina*, uva espina/crespa | *chicco/acino d'—*, grano de uva, uva: *ho mangiato tre chicchi d'—*, he comido tres uvas.
uvetta *s.f.* pasa de Corinto, pasa.
uxoricida *s.m.* uxoricida.
uxoricidio *s.m.* (*dir.*) uxoricidio.

Vv

v *s.f.* v | (*tel.*) — *come Venezia*, v como Valencia | (*abbigl.*) *una maglia con la scollatura a* —, una camiseta con escote de pico.
va' *inter.* ¡venga! | *ma* — (*là*)*!*, ¡venga ya!
vacante *agg.* vacante, libre, por cubrir.
vacanza *s.f.* **1** vacaciones (*pl.*); (*di un giorno*) asueto (*m.*); (*festa*) fiesta: *vancaze estive*, vacaciones de verano | *prendersi un giorno di* —, tomarse un día de vacaciones | *andare, essere in* —, ir*, estar* de vacaciones | *domani è* —, mañana es fiesta **2** (*l'essere vacante*) vacancia, vacación.
vacanziero *agg.* vacacional; (*fig.*) festivo: *che atmosfera vacanziera!*, ¡qué clima tan festivo!
vacazione *s.f.* (*dir.*) prestación de un perito.
vacca *s.f.* (*zool.*) **1** vaca | (*fig.*) *tempi di vacche grasse, magre*, tiempo de vacas gordas, flacas **2** (*volg. grassa*) foca
■ (*fig.*) ***andare in vacca***, irse a la porra/al garete.
vaccata *s.f.* (*volg.*) cagada; (*stupidaggine*) gilipollez*: *smettila di dire vaccate,* deja de decir gilipolleces.
vaccinare *v.tr.* vacunar | (*fig.*) *essere vaccinato*, estar escarmentado | *essere grande e vaccinato*, ser mayorcito.
vaccinazione *s.f.* vacunación, vacuna.
vaccino *agg.* (*zool.*) vacuno | *latte* —, leche de vaca ♦ *s.m.* (*med.*) vacuna (*f.*).
vacillante *agg.* **1** vacilante **2** (*di memoria*) frágil.
vacillare *v.intr.* **1** vacilar, oscilar, tambalearse: *il governo vacilla*, el gobierno se tambalea **2** (*essere incerto*) vacilar, titubear, dudar **3** (*essere in pericolo*) peligrar, estar* en peligro: *l'autorità del re vacilla*, la autoridad del rey peligra.
vacuità *s.f.* vacuidad, vaciedad, superficialidad.
vacuo *agg.* vacuo: *un discorso* —, un discurso vacuo.
vademecum *s.m.* vademécum, manual.
va e vieni *loc.sost.m.* vaivén, trajín.
vaffanculo *inter.* (*volg.*) ¡vete a tomar por culo!
vagabondaggio *s.m.* vagabundeo, vagancia (*f.*).
vagabondare *v.intr.* vagabundear, holgazanear, gandulear; vagar*.
vagabondo *agg.* vagabundo, errante ♦ *s.m.* **1** vagabundo **2** (*fannullone*) gandul, vago, holgazán.
vagare *v.intr.* vagar*, vagabundear; errar*, andar* por ahí.
vagheggiare *v.tr.* **1** (*ammirare*) contemplar, admirar **2** (*desiderare*) anhelar, desear; (*sognare*) soñar.
vaghezza *s.f.* indeterminación, imprecisión, vaguedad.
vagina *s.f.* (*anat.*) vagina.
vaginale *agg.* (*anat.*) vaginal.
vagire *v.intr.* dar* vagidos, gemir*.
vagito *s.m.* vagido, gemido, vahído.
vaglia *s.m.* giro: — *postale*, giro postal.
vagliare *v.tr.* **1** cerner*, cribar, tamizar* **2** (*fig.*) examinar, analizar*, considerar: *bisogna — tutte le possibilità*, hay que considerar a fondo todas las posibilidades; — *la situazione*, analizar la situación.
vaglio *s.m.* **1** criba (*f.*, *anche fig.*), tamiz* **2** (*fig.*) estudio, selección (*f.*), examen, análisis (*f.*): *sottoporre al* —, someter a selección.
vago *agg.* vago, indeterminado, impreciso: *fare un — accenno*, hacer una vaga alusión; *avere il — sospetto*, tener una cierta sospecha ♦ *s.m.* **1** vaguedad (*f.*) | *restare nel* —, no concretar **2** (*anat.*) (*nervo*) —, vago.
vagone *s.m.* vagón: — *ristorante*, vagón restaurante; — *letto*, coche-cama.
vaiolo *s.m.* (*med.*) viruela (*f.*).
valanga *s.f.* **1** alud (*m.*), avalancha | *a* —, impetuosamente **2** (*fig.*) montón (*m.*); multitud: *una — di gente*, una multitud de gente.
valchiria *s.f.* (*mit. germanica*) valquiria.
valdese *agg.*, *s.m.* valdense.
valente *agg.* valiente, valido, hábil, capaz*.
valenza *s.f.* **1** (*chim.*) valencia **2** (*fig.*) valor (*m.*), alcance (*m.*).
valere *v.intr.* **1** valer*; (*servire*) servir*: *le sue scuse non sono valse a niente*, sus disculpas no han valido para nada **2** (*contare, aver peso*) contar*: *la tua opinione vale molto*, tu opinión cuenta mucho | *uno vale l'altro: sono identici*, entre uno y otro no hay diferencia **3** (*essere valido*) tener* validez, estar* en vigencia; valer*: *regole che valgono per tutti*, reglas que valen para todos; *il biglietto vale per l'andata e il ritorno*, el billete vale para

la ida y la vuelta **4** (*di prezzo*) costar*: *quel quadro vale 5000 euro*, ese cuadro cuesta 5000 euros ♦ *v.tr.* valer*: *la vittoria gli è valsa il titolo di campione del mondo*, la victoria le valió el título de campeón del mundo ♦ **-rsi** *v.pron.* valerse*, servirse*, aprovechar: *l'assassino si è valso di un pugnale*, el asesisno se sirvió de un puñal
■ ***vale la pena***, vale/merece la pena | ***vale a dire***, es decir | ***far valere un diritto***, defender un derecho | ***farsi valere***, imponerse | ***tanto vale partire adesso***, más vale marcharse ahora | (*fig.*) ***vale tanto oro quanto pesa***, vale lo que pesa.
valeriana *s.f.* (*bot.*) valeriana.
valevole *agg.* valedero; válido, eficaz*: (*sport*) *gara — per le qualificazioni alla finale*, competencia valedera para la clasificación final; *biglietto — sino al 30 maggio*, billete válido hasta el 30 de mayo.
valgo *agg.* (*med.*) valgo: *ginocchio —*, rodilla valga | *alluce —*, juanete, bunio, adrián.
valicabile *agg.* franqueable.
valicare *v.tr.* atravesar*, pasar, franquear.
valico *s.m.* paso, puerto de montaña, horcajo.
validità *s.f.* validez*; vigencia.
valido *agg.* **1** válido: *è una pittrice molto valida*, es una pintura muy válida **2** (*forte*) valioso, fuerte **3** (*efficace*) útil, eficaz*: *un — aiuto*, una ayuda eficaz; *valide ragioni*, motivos justificados.
valigeria *s.f.* tienda de maletas, maletería, marroquinería; (*Amer.*) valijería.
valigetta *s.f.* maletín (*m.*): *una — ventiquattr'ore*, un maletín.
valigia *s.f.* maleta; (*Amer.*) valija: *fare, disfare la —*, hacer, deshacer la maleta.
vallata *s.f.* valle (*m.*).
valle *s.f.* valle (*m.*) | *a —*, cuesta abajo; aguas abajo.
valletta *s.f.* (*tv*) azafata.
valligiano *agg.* del valle ♦ *s.m.* nativo del valle.
vallivo *agg.* del valle.
vallo *s.m.* **1** (*st. romana*) muralla (*f.*) **2** (*mil.*) vallado.
vallone[1] *s.m.* cañón, garganta (*f.*).
vallone[2] *agg.*, *s.m.* valón.
valore *s.m.* **1** valor: *un oggetto di grande —*, un objeto muy valioso; *documento privo di — legale*, documento sin validez legal; *la pace è un — universale*, la paz es un valor/principio universal | *— aggiunto*, valor añadido/agregado | *— nominale*, valor nominal **2** (*fig.*) valor; (*coraggio*) coraje, audacia (*f.*), valentía (*f.*); valía (*f.*): *persona di grande —*, persona de gran valía **3** (*validità*) validez **4** (*pl.*, *oggetti preziosi*) objetos de valor | *valori bollati*, sellos, pólizas.
valorizzare *v.tr.* valorizar*, revalorizar*: *quest'abito valorizza la tua figura*, este vestido exalta tu figura ♦ **-rsi** *v.pron.* valorizarse*, revalorizarse*.
valorizzazione *s.f.* valorización.
valoroso *agg.* valeroso, valiente, audaz*: *un'azione valorosa*, una acción audaz.
valuta *s.f.* **1** (*comm.*) moneda, dinero (*m.*); (*estera*) divisa | *cambio —*, agencia de cambio **2** (*banc.*, *data di accredito*) valor (*m.*): *—10 luglio*, valor al 10 de julio.
valutare *v.tr.* **1** valorar, valuar*, cotizar* **2** (*fig.*) considerar, estimar, calcular **3** (*calcolare*) calcular **4** (*scuola*) evaluar.
valutario *agg.* monetario.
valutazione *s.f.* **1** valoración, valuación, cálculo (*m.*), estimación; (*stima*) estima **2** (*a scuola*) evaluación.
valva *s.f.* (*zool.*) valva.
valvassore *s.m.* (*st.*) vasallo del vasallo.
valvola *s.f.* válvula | *— di sicurezza*, válvula de escape/de seguridad | (*anat.*) *— mitrale*, válvula mitral.
valzer *s.m.* (*mus.*) vals; (*Amer.*) valse.
vamp *s.f.* (*iron.*) vampiresa, coqueta, seductora.
vampa *s.f.* **1** llama, llamarada **2** (*al viso*) ardor (*m.*), rubor (*m.*), bochorno (*m.*).
vampata *s.f.* **1** (*fiammata*) llamarada (*anche fig.*), fogonazo (*m.*), vaharada **2** (*al viso*) rubor (*m.*); (*med.*) sofoco (*m.*) **3** (*fig.*) ataque (*m.*), ola, ráfaga: *una — di violenza*, una ola de violencia.
vampiro *s.m.* **1** vampiro **2** (*fig.*) sanguijuela (*f.*), vampiro.
vanagloria *s.f.* vanagloria, jactancia.
vanaglorioso *agg.* vanaglorioso, ufano.
vanamente *avv.* vanamente, inutilmente.
vandalico *agg.* vandálico.
vandalismo *s.m.* vandalismo, gamberrismo.
vandalo *s.m.* vándalo, salvaje (*m./f.*), gamberro.
vaneggiamento *s.m.* desvarío, delirio.
vaneggiare *v.intr.* desvariar, delirar, fantasear.
vanesio *agg.*, *s.m./f.* fatuo, vanidoso, presumido; superficial.
vanga *s.f.* (*agr.*) azada, azadón (*m.*), pala, laya.
vangare *v.tr.* (*agr.*) layar, azadonar, cavar.
vangelo *s.m.* **1** (*anche fig.*) evangelio **2** (*dottrina*) credo, ideología (*f.*).
vanificare *v.tr.* vanificar*, frustrar; anular.
vaniglia *s.f.* vainilla: *gelato alla —*, helado de vainilla.
vanigliato *agg.* (*cuc.*) avainillado: *zucchero —*, azúcar avainillado/de vainilla.
vaniloquio *s.m.* vaniloquio.

vanità *s.f.* **1** vanidad **2** (*fig.*) inutilidad, vacuidad, caducidad.

vanitoso *agg.* vanidoso, presumido, creído: *è un ragazzo molto —*, es un chico muy creído.

vano *agg.* vano, inútil, fútil ♦ *s.m.* **1** (*stanza*) habitación (*f.*), estancia (*f.*), cuarto **2** (*di porte, finestre*) hueco, vano.

vantaggio *s.m.* **1** ventaja (*f.*): *essere in —*, llevar ventaja; *il Milan è in — di un gol,* el Milan va ganando por un gol | (*tennis*) *— pari*, iguales **2** (*beneficio, profitto*) pro, beneficio, provecho: *ottenere/trarre —*, sacar provecho | *questa decisione va a suo —*, esta decisión redunda en su favor.

vantaggioso *agg.* ventajoso, provechoso, fructuoso; conveniente: *le condizioni d'acquisto sono particolarmente vantaggiose,* las condiciones de compra son especialmente ventajosas.

vantare *v.tr.* ensalzar*, alabar; (*pregiarsi*) presumir: *una città che vanta un passato glorioso*, una ciudad que se gloria de un pasado glorioso; *vanta nobili origini,* presume de nobles orígenes; *non fa che — l'intelligenza dei figli*, no hace más que ensalzar la inteligencia de sus hijos ♦ **-rsi** *v.pron.* jactarse, presumir, gloriarse; (*Amer.*) dragonear: *va in giro vantandosi del suo successo con le donne*, anda fanfarroneando de su éxito con las mujeres | *non è per vantarmi, ma...*, no es por presumir, pero...

vanteria *s.f.* engreimiento (*m.*).

vanto *s.m.* orgullo, alarde, jactancia (*f.*), gloria (*f.*), honor: *quel quadro è il — della galleria,* ese cuadro es el orgullo de la galería; *menar — di*, hacer alarde de.

vanvera, a *loc.avv.* sin ton ni son, a lo loco: *parlare —*, hablar sin ton ni son.

vapore *s.m.* **1** vapor, vaho: *cuocere a* , cocer al vapor | *a —*, de vapor **2** (*barca*) vapor.

vaporetto *s.m.* barco de vapor, vaporcito, lancha (*f.*).

vaporiera *s.f.* (*ferr.*) locomotora de vapor.

vaporizzare *v.tr.* vaporizar* ♦ *v.intr.* evaporarse.

vaporizzatore *s.m.* vaporizador, pulverizador.

vaporizzazione *s.f.* vaporización, evaporación.

vaporosità *s.f.* (*di capelli*) volumen (*m.*); (*di tessuti*) vaporosidad.

vaporoso *agg.* **1** vaporoso, ligero, suave **2** (*fig., spreg.*) vago.

varare *v.tr.* **1** (*mar.*) botar **2** (*fig.*) lanzar*, presentar | *— una legge*, aprobar/sancionar una ley.

varcare *v.tr.* franquear, pasar: *— la soglia*, pasar el umbral | *— i limiti*, excederse, pasarse.

varco *s.m.* paso estrecho, pasaje | *aprirsi un —*, abrirse paso | *aspettare al — qlcu.*, buscarle las vueltas, estar al acecho de alguien.

varechina *s.f.* lejía.

variabile *agg.* variable, cambiante; (*instabile*) inestable: *tempo —*, tiempo inestable ♦ *s.f.* variante, variación.

variabilità *s.f.* variabilidad; (*instabilità*) inestabilidad.

variamente *avv.* de diferentes maneras: *il testo può essere — interpretato,* el texto se puede interpretar de diferentes formas.

variante *s.f.* cambio (*m.*), variación: *apportare varianti a qlco.*, realizar cambios en algo. | (*ling.*) *— grafica*, variante ortográfica.

variare *v.tr.* variar, diversificar*, cambiar ♦ *v.intr.* cambiar, transformarse: *le cose sono variate nel tempo*, las cosas se han transformado con el tiempo.

variato *agg.* variado: *dieta variata,* dieta variada.

variatore *s.m.* (*tecn.*) variador, convertidor.

variazione *s.f.* variación, cambio: *il programma subirà variazioni,* el programa sufrirá algunos cambios.

varice *s.f.* (*med.*) várice, varice, variz*.

varicella *s.f.* (*med.*) varicela.

varicoso *agg.* (*med.*) varicoso.

variegato *agg.* **1** variopinto, variado **2** (*fig.*) abigarrado, heterogéneo: *il pubblico era molto —*, el público era muy heterogéneo.

varietà[1] *s.f.* variedad.

varietà[2] *s.m.* (*teatr.*) variedades (*pl.*); (*tv*) revista (*f.*).

vario *agg.* **1** vario, variado **2** (*differente*) diferente, distinto | *le possibilità erano varie*, las posibilidades eran muchas.

variopinto *agg.* variopinto, multicolor, abigarrado.

varo[1] *s.m.* **1** (*mar.*) botadura (*f.*) **2** (*inaugurazione*) aprobación (*f.*): *il — di una legge*, la aprobación de una ley.

varo[2] *agg.* (*med.*) varo, en varo | *ginocchia vare*, rodillas en varo.

vasaio *s.m.* alfarero, ceramista, cantarero.

vasca *s.f.* bañera, tina; (*di fontana*) pila, piscina | *— da bagno*, bañera; (*Amer.*) bañadera/tina | (*nuoto*) *fare dieci vasche*, hacer diez largos | (*fig., fam.*) *fare le vasche*, pasearse por el centro.

vascello *s.m.* (*mar.*) bajel, navío: *capitano di —*, capitán de navío.

vaschetta *s.f.* tarrina: *una — di gelato*, una tarrina de helado.

vascolare *agg.* (*anat.*) vascular, vasculoso.

vasectomia *s.f.* (*med.*) vasectomía.

vasectomizzare *v.tr.* (*med.*) efectuar* la vasectomía.

vaselina *s.f.* vaselina.

vasellame *s.m.* vajilla (*f.*).
vaso *s.m.* **1** jarrón, vasija (*f.*): *un — cinese*, un jarrón chino | *— da fiori*, florero; (*in terracotta*) maceta, tiesto | *— da notte*, orinal **2** (*barattolo*) frasco, tarro **3** (*anat.*, *fis.*) vaso.
vasocostrittore *agg.*, *s.m.* (*med.*) vasoconstrictor.
vasodilatatore *agg.*, *s.m.* (*med.*) vasodilatador.
vassallaggio *s.m.* (*st.*, *anche fig.*) vasallaje.
vassallo *agg.*, *s.m.* vasallo.
vassoio *s.m.* bandeja (*f.*).
vastità *s.f.* (*anche fig.*) vastedad, inmensidad; extensión: *la — della tua cultura,* la vastidad de tu cultura.
vasto *agg.* vasto, extenso, amplio, grande.
vate *s.m.* (*lett.*) **1** (*profeta*) profeta **2** (*poeta*) vate, poeta.
vaticano *agg.*, *s.m.* vaticano.
vaticinare *v.tr.* (*lett.*) vaticinar.
vaticinio *s.m.* (*lett.*) predicción (*f.*), vaticinio.
vattela(p)pesca *avv.* (*fam.*) quién sabe: *«dove sta andando?» «—»*,«¿dónde va?» «¿quién sabe?» | *il signor, la signora —*, el señor, la señora x.
ve *pron.pers. di 2ª pers.pl.* os: *— l'ho detto*, os lo he dicho | *volete andarvene adesso?*, ¿os queréis marchar ahora?
vecchiaia *s.f.* vejez, tercera edad.
vecchietto *s.m.* viejecito.
vecchio *agg.* **1** viejo; antiguo; (*logoro*) gastado | *è una vecchia storia*, es un viejo cuento **2** (*anziano*) viejo, mayor: *sei più — di me*, eres mayor que yo | *diventare —*, hacerse viejo, envejecer ♦ *s.m.* viejo, anciano.
vecchiotto *agg.* (*di cosa*) anticuado, pasado de moda; (*di persona*) entrado en años.
vecchiume *s.m.* **1** (*ciarpame*) trastos (*pl.*) viejos **2** (*fig.*) vejestorio; ideas (*f.pl.*) anticuadas.
veccia *s.f.* (*bot.*) algarroba.
vece *s.f.* vez*, función | *in — di*/*invece*, en lugar de | *fare le veci di*, hacer las veces de | *il padre o chi ne fa le veci*, el padre o el tutor.
vedente *agg.* vidente | *non —*, invidente, ciego.
vedere *v.tr.* **1** ver*: *non* (*ci*) *vede più dall'occhio destro*, ya no ve por el ojo derecho; *accendi la luce: non si vede niente!*, ¡enciende la luz que no se ve ni jota!; *l'ho visto con i miei occhi!*, ¡lo vi con mis propios ojos!; *— un film alla tv*, ver una película en la tele **2** (*consultare*) consultar, mirar: *— il dizionario*, consultar el diccionario; *farsi — dal dottore*, ir al médico **3** (*cercare di*) intentar, tratar de: *vedrò di aiutarti*, intentaré ayudarte **4** (*assistere*) asistir, presenciar: *siamo andati a — la sfilata di moda*, fuimos a ver un desfile de moda; *le autorità politiche non si fecero — al suo funerale*, las autoridades políticas no aparecieron en su entierro **5** (*comprendere*) ver*, entender*, comprender, darse* cuenta: *— le difficoltà*, darse cuenta de las dificultades | *vediamo un po'*, vamos a ver | *ma non vedi che ha la febbre!?*, ¡¿pero no te das cuenta de que tiene fiebre?! ♦ **-rsi** *v.pron.* **1** (*sentirsi*) verse*, sentirse*, reconocerse*: *— perduto*, sentirse perdido **2** (*incontrarsi*) verse*, encontrarse*: *ci siamo visti ieri pomeriggio*, nos vimos ayer por la tarde | *ci vediamo alle sette*, nos vemos a las siete
■ ***vederne di tutti i colori***, ver de todo lo imaginable | ***vedersela brutta***, pasarlas canutas | (*fig.*) ***non poter vedere qlcu.***, no tragar a alguien | (*fig.*) ***non vederci più dalla fame***, estar muerto de hambre | ***chi vivrà, vedrà***, vivir para ver | ***far vedere***, (*mostrare*) enseñar/mostrar: *fammi — quella lettera*, enséñame esa carta | ***dare a vedere***, aparentar, demostrar: *era stanco ma non lo dava a —*, estaba cansado pero no lo demostraba | ***chi s'è visto, s'è visto***, si te he visto no me acuerdo | ***non avere niente a che vedere con qlcu.***, ***qlco.***, no tener nada que ver con alguien, algo | ***staremo a vedere come andrà a finire!***, ¡ya veremos cómo acabará! | ***guarda chi si vede!***, ¡dichosos los ojos que te ven! | ***ritornerà presto, vedrai!***, ya verás que volverá pronto | ***non vedo l'ora di conoscerlo!***, ¡no veo la hora de conocerle! | ***veditela tu***, arréglatelas tú.
vedetta *s.f.* **1** (*luogo*) atalaya **2** (*soldato*) centinela (*m.*), vigía (*m.*) | *essere/stare di —*, estar de centinela.
vedovanza *s.f.* viudez, viudedad.
vedovile *agg.* de viudo | *abiti vedovili*, ropa de luto.
vedovo *agg.*, *s.m.* viudo: *restare —*, quedarse viudo | (*zool.*) *vedova nera*, viuda negra.
veduta *s.f.* **1** vista, panorama (*m.*) **2** (*fig.*) punto (*m.*) de vista, idea, opinión; mentalidad: *uomo di larghe vedute*, hombre de mentalidad abierta.
veemente *agg.* vehemente, impetuoso.
veemenza *s.f.* vehemencia.
veganismo *s.m.* veganismo.
vegano *agg.*, *s.m.* vegano.
vegetale *agg.*, *s.m.* vegetal.
vegetaliano *agg.*, *s.m.* → **vegano.**
vegetalismo *s.m.* → **veganismo.**
vegetare *v.intr.* (*anche fig.*) vegetar.
vegetariano *agg.* vegetariano.
vegetativo *agg.* vegetativo.
vegetazione *s.f.* vegetación.
vegeto *agg.* lozano, florido; sano | *vivo e —*, vivito y coleando.
veggente *agg.*, *s.m.* vidente, profeta, adivino, clarividente.
veggenza *s.f.* (*chiaroveggenza*) clarividencia.

veglia *s.f.* vela, vigilia | *notte di —*, noche en vela | *— funebre*, velatorio; (*Amer.*) velorio| *fare la — a qlcu.*, velar a alguien.
vegliardo *s.m.* (*lett., venerabile*) anciano venerable.
vegliare *v.intr.* (*stare sveglio*) velar; trasnochar, estar* despierto: *— studiando*, tranochar estudiando ♦ *v.tr.* (*accudire*) velar, vigilar; cuidar.
veglione *s.m.* gran velada (*f.*) con baile, banquete | *— di carnevale*, fiesta de carnaval | *— di fine d'anno*, cena de nochevieja; (*Amer.*) fiesta de fin de año, fiesta de San Silvestre.
veicolare[1] *agg.* vehicular: *lingua —*, lengua vehicular.
veicolare[2] *v.tr.* (*trasmettere, anche fig.*) vehicular, transmitir.
veicolo *s.m.* (*anche fig.*) vehículo.
vela *s.f.* (*mar.*) vela: *barca a —*, barco de vela | *a gonfie vele*, viento en popa | (*fig.*) *ammainare le vele*, tirar la toalla.
velare[1] *v.tr.* velar; cubrir, ocultar: *— il viso*, cubrir el rostro; *— una lampada*, velar una lámpara; ♦ **-rsi** *v.pron.* velarse, ofuscarse*, empañarse | *le si velarono gli occhi di lacrime*, se le empañaron los ojos de lágrimas.
velare[2] *agg., s.f.* (*ling.*) velar.
velatamente *avv.* veladamente, disimuladamente: *insinuare —*, insinuar disimuladamente.
velato *agg.* **1** (*offuscato*) cubierto, oculto: *cielo —*, hazy sky **2** (*fig.*) disimulado: *allusioni velate*, alusiones indirectas.
velatura *s.f.* **1** (*mar.*) velamen (*m.*) **2** (*pitt.*). veladura.
velcro® *s.m.* velcro®.
veleggiare *v.intr.* **1** (*mar.*) navegar* **2** (*aer.*) planear.
veleno *s.m.* **1** veneno | *sprizzare —*, destilar veneno **2** (*fig.*) hiel, rencor | *avere del — contro qlcu.*, estar envenenado contra alguien.
velenosità *s.f.* venenosidad, toxicidad.
velenoso *agg.* venenoso, tóxico, ponzoñoso.
veletta *s.f.* (*di cappelli*) velo (*m.*).
velico *agg.* (*sport*) vélico, de vela: *regata velica*, regata de vela.
veliero *s.m.* (*mar.*) velero.
velina *s.f.* **1** papel (*m.*) de seda, papel (*m.*) cebolla **2** (*comunicato stampa di governo*) comunicado (*m.*) de prensa **3** (*tv*) gogó, bailarina.
velista *s.m./f.* (*mar., uomo*) deportista de vela.
velivolo *s.m.* (*aer.*) aeroplano, avión, aeronave (*f.*).
velleità *s.f.* veleidad, antojo (*m.*), deseo (*m.*).
velleitario *agg.* veleidoso, superficial.
vello *s.m.* vellón | (*lett.*) *— d'oro*, vellocino de oro.
vellutato *agg.* (*anche fig.*) aterciopelado, sedoso.
vellutino *s.m.* **1** (*tess.*) terciopelo ligero **2** (*nastro*) lazo de terciopelo.
velluto *s.m.* (*tess.*) terciopelo, (*a coste*) pana: *morbido come il—*, más suave que un guante.
velo *s.m.* **1** velo; (*relig.*) toca (*f.*): *il — della sposa*, el velo de la novia; *donne arabe che portano il —*, mujeres árabes que llevan el velo/pañuelo | (*relig.*) *deporre il —*, colgar el velo, salirse de monja **2** (*strato sottile*) película (*f.*), capa (*f.*) ligerísima: *un — di cipria*, una capa de polvos | *un — d'olio*, una película de aceite.
veloce *agg.* veloz*, rápido, ágil.
velocipede *s.m.* velocípedo.
velocista *s.m./f.* (*sport*) velocista, esprínter.
velocità *s.f.* velocidad; rapidez*, celeridad: *la — della luce, del suono*, la velocidad de la luz, del sonido; *a tutta —*, a toda velocidad; *acquistare —*, ganar velocidad; *alla — di 150 km all'ora*, a una velocidad de 150 km horarios | (*mar.*) *— di crociera*, velocidad de crucero.
velocizzare *v.tr.* acelerar.
velodromo *s.m.* velódromo.
vena *s.f.* **1** vena | *essere in — di*, estar en vena de | *non essere in — di scherzi*, no estar para bromas **2** (*geol.*) vena, filón (*m.*); (*Amer.*) metalada.
venale *agg.* **1** venal, vendible **2** (*fig.*) corruptible, sobornable.
venalità *s.f.* venalidad.
venare *v.tr.* vetear ♦ **-rsi** *pron.* **1** cubrirse de vetas **2** (*tingere*) teñirse*.
venato *agg.* **1** veteado, jaspeado **2** (*fig.*) cargado: *parole venate di tristezza*, palabras cargadas de tristeza.
venatorio *agg.* venatorio.
venatura *s.f.* (*anche fig.*) vena; (*di legno*) veta.
vendemmia *s.f.* vendimia.
vendemmiare *v.tr./intr.* vendimiar.
vendemmiatore *s.m.* vendimiador.
vendere *v.tr.* vender (*anche fig.*), comerciar: *— al dettaglio*, vender al por menor; *— all'ingrosso*, vender al por mayor ♦ **-rsi** *v.pron.* venderse, dejarse corromper
■ ***"vendesi"***, "se vende" | ***ne ha da vendere***, tiene para dar y convidar | ***vendere cara la pelle***, venderse caro | ***vendere fumo***, vender la burra.
vendetta *s.f.* venganza | *avere sete di —*, tener sed de venganza.
vendibile *agg.* vendible.
vendicare *v.tr.* vengar* ♦ **-rsi** *v.pron.* vengarse*.

vendicativo *agg.* vengativo, rencoroso.
vendicatore *s.m.* vengador.
vendita *s.f.* venta, comercio (*m.*): — *all'ingrosso*, venta al por mayor; — *al minuto*, venta al pormenor/detalle; — *di fine stagione*, liquidación de fin de temporada | *in* —, a la venta, en venta: *l'appartamento non è in* —, el piso no está en venta.
venditore *s.m.* vendedor | — *all'ingrosso*, mayorista | — *al minuto*, detallista/minorista | — *ambulante*, vendedor ambulante, puestero.
venduto *agg.* vendido (*anche fig.*) | —*!*, ¡traidor!
venefico *agg.* (*anche fig.*) venenoso, tóxico.
venerabile *agg.* venerable, venerando.
venerando *agg.* venerable.
venerare *v.tr.* (*relig., fig.*) venerar, adorar.
venerazione *s.f.* veneración, adoración, estima.
venerdì *s.m.* viernes | *Venerdì Santo*, Viernes Santo.
venere *s.f.* **1** (*donna bellissima*) venus **2** (*mit.*) Venus | *la Venere di Milo,* la Venus de Milo.
venereo *agg.* venéreo: *malattia venerea,* enfermedad venérea.
veneto *agg.*, *s.m./f.* véneto.
veneziana *s.f.* (*tenda*) persiana, mallorquina.
veneziano *agg.*, *s.m./f.* veneciano.
venezuelano *agg.*, *s.m.* venezolano.
venia *s.f.* (*lett.*) perdón (*m.*), venia: *chiedo* —, con la venia..
veniale *agg.* venial, perdonable.
venialità *s.f.* venialidad.
venire *v.intr.* **1** venir*: *«da dove vieni?» «vengo da Madrid»*, «¿de dónde vienes?» «vengo de Madrid»; *vieni di corsa!*, ¡ven corriendo! | *venite via di lì: è pericoloso!*, ¡marchaos de ahí que es peligroso! | *nei suoi interessi prima viene la famiglia*, en sus intereses primero está la familia **2** (*giungere*) llegar*: *è venuto il momento di dire la verità*, ha llegado el momento de decir la verdad **3** (*verso chi ascolta*) ir*: *vengo da te*, voy a tu casa | *adesso vengo*, ahora voy | *vieni!*, ¡pasa!, ¡entra! **4** (*riuscire*) salir*, resultar: — *bene, male*, salir bien, mal; *com'è venuta la foto?* ¿cómo ha salido la foto? **5** (*essere*) ser*: *verrà invitato*, será invitado? **6** (*pop., raggiungere l'orgasmo*) correrse
■ ***venire su***, subir | ***venire giù***, (*scendere*) bajar; (*crollare*) venirse abajo | ***venire dentro***, entrar | ***venire via***, (*di cose, staccarsi*) despegarse: *è venuto via il bottone*, se ha despegado el botón; (*di persone, allontanarsi*) marcharse: *vieni via con me!*, ¡márchate conmigo! | ***venire a sapere***, enterarse | ***venire da piangere***, ***ridere***, dar ganas de llorar, reír | ***venire meno***, (*svenire*) desmayarse | ***venire a patti***, llegar a un acuerdo | ***venire a galla***, salir a flote | ***venire in mente***, ocurrírsele: *mi viene in mente che non l'ho chiamata*, se me ocurre que no la he llamado | ***negli anni a venire***, en los años futuros | ***come viene, viene***, a la buena de Dios | ***mi è venuta fame***, me ha entrado hambre | ***mi viene un dubbio***, me surge una duda | ***cosa ti viene in mente?***, ¿qué te pasa por la cabeza?
venoso *agg.* venoso: *sangue* —, sangre venosa.
ventaglio *s.m.* **1** abanico (*anche fig.*) **2** (*fig.*) gama (*f.*), serie (*f.*).
ventata *s.f.* racha, ráfaga.
ventennale *agg.* **1** (*durata*) vicenal, veinteñal **2** (*ricorrenza*) vicenal ♦ *s.m.* vigésimo aniversario.
ventenne *agg.* que tiene veinte años ♦ *s.m./f.* persona (*f.*) de veinte años.
ventennio *s.m.* período de veinte años | *il Ventennio* (*fascista*), el período fascista.
ventesimo *agg.num.ord.*, *s.m.* veintésimo, vigésimo.
venti *agg.num.card.*, *s.m.* veinte | *è sui vent'anni*, tendrá unos veinte años.
venticello *s.m.* vientecillo.
venticinque *agg.num.card.*, *s.m.* veinticinco.
ventidue *agg.num.card.*, *s.m.* veintidos.
ventilare *v.tr.* **1** ventilar, airear **2** (*fig.*) sugerir*, proponer*: — *un'idea*, acariciar/lanzar una idea.
ventilato *agg.* ventilado: *una spiaggia ventilata*, una playa abierta.
ventilatore *s.m.* ventilador.
ventilazione *s.f.* ventilación.
ventina *s.f.* veintena; los veinte | *una* — *di persone*, unas veinte personas | *avrà una* — *d'anni*, tendrá unos veinte años.
ventinove *agg.num.card.*, *s.m.* veintinueve.
ventisei *agg.num.card.*, *s.m.* veintiseis.
ventisette *agg.num.card.*, *s.m.* veintisiete.
ventiquattro *agg.num.card.*, *s.m.* veinticuatro | *aperto* — *ore su* —, abierto las veinticuatro horas.
ventiquattrore, ventiquattr'ore *s.f.* **1** (*sport*) veinticuatro horas **2** (*valigetta*) maletín (*m.*); (*di uomo d'affari*) portafolios (*m.*).
ventitré *agg.num.card.*, *s.m.* veintitrés.
vento *s.m.* viento, aire: *c'è* —, hace aire; *tirava un forte* —, hacía un viento fuerte | *gettare al* — *un'occasione*, echar a perder una ocasión | *parlare al* —, hablar al aire | *gridare una notizia ai quattro venti*, gritar una noticia a los cuatro vientos | *correre veloce come il* —, correr como el viento.
ventola *s.f.* **1** (*per il fuoco*) soplillo (*m.*) **2** (*mecc.*) molinete (*m.*).
ventosa *s.f.* ventosa.

ventoso *agg.* ventoso.
ventotto *agg.num.card.*, *s.m.* veintiocho.
ventrale *agg.* ventral.
ventre *s.m.* vientre, barriga (*f.*) | *la danza del* —, la danza del vientre.
ventresca *s.f.* (*cuc.*) ventresca de atún conservada en aceite.
ventricolare *agg.* (*anat.*) ventricular.
ventricolo *s.m.* (*anat.*) ventrículo.
ventriloquo *s.m.* ventrílocuo.
ventuno *agg.num.card.*, *s.m.* veintiuno.
ventura *s.f.* **1** (*fortuna*) ventura, dicha, suerte | *andare alla* —, ir a la ventura **2** (*caso*) azar (*m.*), casualidad, destino (*m.*).
venturo *agg.* venidero; próximo, que viene: *lunedì* —, el lunes que viene.
venusiano *agg.*, *s.m.*venusiano.
venuta *s.f.* venida, llegada: *la — del Messia,* la llegada del Mesías.
venuto *s.m.* llegado: *un nuovo* —, un recién llegado; *andare col primo* —, irse con el primero que llega | *non essere il primo* —, ser alguien.
vera *s.f.* **1** (*fede nuziale*) alianza **2** (*di pozzi*) parapeto (*m.*).
verace *agg.* **1** (*lett.*) veraz* **2** (*genuino*) genuino, auténtico.
veracità *s.f.* veracidad.
veramente *avv.* **1** realmente: *sei — in gamba,* realmente eres muy bueno; *un libro — originale*, un libro realmente original **2** (*a dire il vero*) en realidad.
veranda *s.f.* galería; (*Amer.*) veranda; terraza; (*terrazzo*) montera.
verbale *agg.* verbal ♦ *s.m.* informe, acta: *compilare il* —, rellenar el informe/acta; *mettere a* —, poner en acta; *fare/redigere il* —, levantar acta.
verbalizzare *v.tr.* redactar el acta.
verbena *s.f.* (*bot.*) verbena.
verbo *s.m.* **1** verbo **2** (*parola*) palabra (*f.*).
verbosità *s.f.* verbosidad.
verboso *agg.* verboso.
verdastro *agg.*, *s.m.* verdoso.
verde *agg.*, *s.m.* verde | — *età*, tierna edad | (*fig.*) *essere al* —, estar sin blanca, sin un duro; (*Amer.*) andar pato | (*pol.*) —, ecologista.
verdeggiante *agg.* verdoso, lozano, lujuriante.
verdeggiare *v.intr.* verdear, verdecer*.
verdemare, verde mare *agg.*, *s.m.* verdemar.
verderame *s.m.* cardenillo, verdín.
verdetto *s.m.* **1** veredicto, sentencia (*f.*) **2** (*sport*) decisión (*f.*).
verdiccio, verdino *agg.*, *s.m.* verdoso.
verdognolo *agg.* verdusco.
verdone *agg.* verde oscuro.
verdura *s.f.* verdura, hortaliza | *verdure alla griglia*, verduras a la plancha.
verecondia *s.f.* verecundia.
verecondo *agg.* verecundo.
verga *s.f.* **1** vara; (*metallica*) barra, lingote (*m.*) **2** (*anat.*) verga, vergajo (*m.*).
vergare *v.tr.* **1** (*scrivere*) escribir* a mano **2** (*tracciare righe*) rayar, trazar* líneas.
vergato *agg.* verjurado: *carta vergata*, papel verjurado/vergueteado/vergé.
vergatura *s.f.* línea, raya.
verginale *agg.* virginal, casto, virgíneo.
vergine *s.f.* **1** virgen | *foresta* —, selva virgen | *olio extra* —, aceite virgen extra **2** (*astr.*) Virgo.
verginità *s.f.* virginidad, castidad.
vergogna *s.f.* vergüenza, timidez*, rubor (*m.*); (*disonore*) deshonor (*m.*): *avere* —, avergonzarse | *è una* —*!*, ¡es una vergüenza! | *sei la — della famiglia*, eres el deshonor de la familia.
vergognarsi *v.pron.* avergonzarse*, dar* vergüenza: *mi vergogno di averti trattato così*, me da vergüenza haberte tratado así; *mi vergogno di recitare*, me da vergüenza recitar | *vergognati!*, ¡vergüenza te tenía que dar!
vergognoso *agg.* **1** vergonzoso, indecente: *un fatto* —, un hecho deplorable **2** (*timido*) tímido, cohibido, cortado.
veridicità *s.f.* veracidad.
veridico *agg.* verídico, cierto.
verifica *s.f.* **1** verificación, comprobación | — *in classe*, tarea de clase **2** (*controllo*) control (*m.*), inspección.
verificabile *agg.* verificable.
verificabilità *s.f.* verificabilidad.
verificare *v.tr.* verificar*, comprobar*; averiguar*: — *la fonte di informazione,* comprobar la fuente de información; *è tutto da* —, por el momento no es seguro ♦ **-rsi** *v.pron.* tener* lugar, ocurrir: *si è verificato un incidente*, ha ocurrido un accidente.
verificatore *s.m.* revisor.
verismo *s.m.* **1** (*lett., pitt.*) verismo **2** (*adesione alla realtà*) realismo.
verità *s.f.* verdad: *in — non lo so*, la verdad es que no lo sé | *il momento/l'ora della* —, la hora de la verdad | *la —, tutta la —, nient'altro che la*—, la verdad, toda la verdad y nada más que la verdad.
veritiero *agg.* verdadero, verídico, creíble.
verme *s.m.* **1** (*zool.*) gusano, gusanillo, lombriz* (*f.*) | — *solitario*, tenia/solitaria **2** (*fig.*) gusano, miserable, desgraciado.
vermiforme *agg.* vermiforme.
vermifugo *s.m.* (*farm.*) vermífugo, vermicida.
vermiglio *agg.*, *s.m.* bermejo.
vermut *s.m.* vermut, vermú.

vernacolare *agg.* vernáculo.
vernacolo *s.m.* (*farm.*) idioma vernáculo, dialecto.
vernice *s.f.* **1** barniz*(*m.*), pintura | — *fresca*, pintura fresca **2** (*pelle verniciata*) charol (*m.*): *scarpe di* —, zapatos de charol.
verniciare *v.tr.* (*con vernice trasparente*) barnizar*; (*con vernice opaca*) pintar: — *una panchina*, barnizar un banco.
verniciata *s.f.* (*con vernice opaca*) mano de pintura; (*con vernice trasparente*) mano de barniz.
verniciatore *s.m.* **1** (*persona*) pintor, barnizador **2** (*apparecchio*) barnizadora (*f.*): — *a spruzzo*, compresor.
verniciatura *s.f.* barnizado (*m.*), pintura.
vernissage *s.m.* inauguración (*f.*) de una muestra.
vero *agg.* **1** verdadero, real; legítimo, auténtico | *non è* —*!*, ¡no es cierto! | *sei stato tu,* —*?*, has sido tú, ¿verdad? | — *cuoio*, cuero auténtico | *vera pelle*, piel **2** (*usato come rafforzativo*) perfecto: *è un* — *imbecille,* es un perfecto imbécil ♦ *s.m.* verdad (*f.*): *il* — *è che*, la verdad es que | *a dire il* —, para decir la verdad.
verosimiglianza *s.f.* verosimilitud, credibilidad.
verosimile *agg.* verosímil, posible, creíble.
verosimilmente *avv.* verosímilmente, posiblemente.
verricello *s.m.* (*mecc.*) cabrestante.
verro *s.m.* (*zool.*) verraco, verrón.
verruca *s.f.* verruga.
versaccio *s.m.* (*rumore*) rugido; (*smorfia*) mueca (*f.*).
versamento *s.m.* **1** (*banc.*) pago, desembolso: *il* — *di una rata*, el pago de un plazo; *fare un* — *sul conto corrente*, hacer un ingreso en la cuenta corriente **2** (*med.*) derrame.
versante *s.m.* (*geogr.*) vertiente (*f.*).
versare *v.tr.* **1** verter*, echar: *versami un bicchiere di whisky*, échame un vaso de whisky **2** (*rovesciare*) verter*, derramar: *attento a non* — *il vino sulla tovaglia*, ten cuidado de no derramar el vino en el mantel **3** (*di fiumi*) verter*, desembocar* **4** (*econ.*) depositar, ingresar ♦ *v.intr.* (*stare*) estar*, hallarse | *versa in gravi condizioni*, se halla en graves condiciones ♦ **-rsi** *v. pron.* **1** (*riversarsi*) verterse*, rebosar: *la folla si versò nelle strade a festeggiare*, la muchedumbre se virtió hacia la plaza para festejar **2** (*di fiumi*) desaguar*, desembocar*.
versatile *agg.* versátil, polifacético.
versatilità *s.f.* versatilidad.
versato *agg.* **1** derramado **2** (*che ha attitudine*) versado.
verseggiare *v.tr./intr.* versificar*.
versetto *s.m.* versículo.
versificare *v.tr./intr.* versificar*.
versificazione *s.f.* versificación.
versione *s.f.* **1** versión: *ha dato una diversa* — *dei fatti*, dio una versión distinta de los sucesos | *in* — *integrale*, (*di film*) en versión íntegra; (*di testo*) en versión integral **2** (*traduzione*) traducción **3** (*modello*) modelo (*m.*): *ho comprato l'ultima* — *di quella macchina sportiva*, he comprado el último modelo de ese coche deportivo.
verso[1] *s.m.* **1** (*lett.*) verso **2** (*di animali*) canto, voz* (*f.*): *fare il* — *dell'usignolo*, *della mucca*, imitar el canto del ruiseñor, el mugido de la vaca **3** (*smorfia*) gesto, mueca (*f.*) **4** (*direzione*) dirección (*f.*), ruta (*f.*); sentido **5** (*modo*) modo, posibilidad (*f.*), forma (*f.*), manera (*f.*): *non c'è* — *di*, no hay manera de | *bisogna prenderlo per il* — *giusto*, hay que cogerle por las buenas.
verso[2] *s.m.* **1** (*di foglio*) verso, revés **2** (*di moneta*) anverso ♦ *agg. nella loc.*: *pollice* —, pulgar hacia abajo.
verso[3] *prep.* **1** hacia: *vieni* — *di me*, ven hacia mí **2** (*dalle parti di*) cerca de **3** (*di tempo*) hacia, a eso de: — *le due*, a eso de las dos **4** (*nei confronti di*) por.
vertebra *s.f.* (*anat.*) vértebra.
vertebrale *agg.* vertebral: *colonna* —, columna vertebral.
vertebrato *agg.*, *s.m.* vertebrado.
vertenza *s.f.* controversia, conflicto (*m.*); (*dir.*) pleito (*m.*) pendiente: — *sindacale,* conflicto sindical; — *giudiziaria*, pleito.
vertere *v.intr.* tratar, versar: *il convegno verte su...* , el congreso trata de...
verticale *agg.* vertical | *caduta* —, caída vertical.
vertice *s.m.* **1** (*mat.*) vértice **2** (*fig.*) cumbre (*f.*), mitín: *il* — *della* FAO, la cumbre de la FAO **3** (*fig.*, *culmine*) culmen: *al* — *della carriera*, en el culmen de la carrera.
verticismo *s.m.* jerarquización (*f.*).
vertigine *s.f.* vértigo (*m.*), mareo (*m.*): *avere le vertigini*, tener vértigos.
vertiginoso *agg.* vertiginoso (*anche fig.*), accelerato: *aumento* — *dei prezzi*, aumento vertiginoso de los precios.
verve *s.f.* brío (*m.*).
verza *s.f.* (*bot.*) berza, col.
vescia *s.f.* (*fungo*) bejín (*m.*), pedo (*m.*) de lobo.
vescica *s.f.* **1** (*anat.*) vejiga, vesícula **2** (*med.*) ampolla.
vescicolare *agg.* (*anat.*) vesicular.
vescovado, vescovato *s.m.* **1** (*territorio*) diócesis (*f.*) **2** (*edificio*) obispado **3** (*carica*) episcopado, obispado.
vescovile *agg.* (*relig.*) episcopal.

vescovo *s.m.* (*relig.*) obispo.
vespa[1] *s.f.* (*zool.*) avispa; (*Amer.*) jicote (*m.*).
vespa®[2] *s.f.* (*moto*) vespa®.
vespaio *s.m.* **1** (*anche fig.*) avispero **2** (*fig.*) revuelo: *suscitare un —*, provocar un revuelo.
vespasiano *s.m.* urinario público.
vespertino *agg.* (*lett.*) vespertino.
vespro *s.m.* **1** (*lett., sera*) véspero, anochecer **2** (*relig.*) vísperas (*f.pl.*).
vessare *v.tr.* vejar, ofender.
vessatorio *agg.* vejatorio, ofensivo | (*dir.*) *clausola vessatoria*, cláusula vejatoria.
vessazione *s.f.* vejación.
vessillifero *s.m.* (*st.*) abanderado.
vessillo *s.m.* **1** (*mil.*) estandarte; (*bandiera*) bandera (*f.*) **2** (*fig.*) bandera (*f.*): *tenere alto il — della libertà*, tener alta la bandera de la libertad.
vestaglia *s.f.* bata, batín (*m.*).
vestale *s.f.* (*anche fig.*) vestal.
veste *s.f.* **1** vestido (*m.*), traje (*m.*); vestidura: *vesti femminili*, ropa de mujer **2** (*forma*) expresión, presentación: *— editoriale*, presentación editorial **3** (*fig.*) función, calidad | *in — di*, en calidad de | *in — ufficiale*, con carácter oficial.
vestiario *s.m.* vestuario, ropa (*f.*): *capo di —*, prenda de vestir.
vestibolo *s.m.* vestíbulo, zaguán.
vestigia *s.f.pl.* (*fig., resti*) huellas, vestigios (*m.*).
vestire *v.tr.* **1** vestir*: *Valentino veste le grandi dive di Hollywood*, Valentino viste a las grandes estrellas de Hollywood **2** (*indossare*) llevar **3** (*adattarsi*) caer*, sentar*: *quella giacca ti veste bene*, esa chaqueta te cae/sienta bien ♦ *v.intr.* (*indossare*) llevar, vestir*, vestirse*: *— a lutto*, vestirse de luto; *— di bianco*, vestir de blanco; *— alla moda*, vestir a la moda ♦ **-rsi** *v. pron.* vestirse*, ponerse*; (*coprirsi*) abrigarse*: *come ti vesti per questa sera?*, ¿qué te pones para esta noche?; *vestiti, perché fa freddo*, abrígate porque hace frío | *si presentò vestito da Arlecchino*, se presentó disfrazado de Arlequín ♦ *s.m.* ropa (*f.*), indumentaria (*f.*).
vestito *agg.* vestido; cubierto ♦ *s.m.* traje; (*da donna*) vestido: *— da sera*, traje de noche.
vestizione *s.f.* (*relig.*) vestición; (*di suore*) velorio (*m.*).
veterano *agg.*, *s.m.* veterano.
veterinaria *s.f.* veterinaria.
veterinario *agg.*, *s.m.* veterinario.
veto *s.m.* veto, prohibición (*f.*) | *porre il —*, prohibir, vetar | *diritto di —*, derecho de veto.
vetraio *s.m.* vidriero, cristalero.
vetrario *agg.* del vidrio.
vetrata *s.f.* vidriera, cristalera.
vetrato *agg.* vidriado | *carta vetrata*, papel de lija.
vetreria *s.f.* vidriería, cristalería.
vetrificare *v.tr.* vitrificar*, vidriar*, cristalizar* ♦ **-rsi** *pron.* vitrificarse*, cristalizarse*.
vetrificazione *s.f.* cristalización.
vetrina *s.f.* **1** (*di negozi*) escaparate (*m.*); (*Amer.*) vitrina **2** (*mobile*) vitrina.
vetrinetta *s.f.* vitrina.
vetrinista *s.m./f.* escaparatista.
vetrinistica *s.f.* escaparatismo (*m.*).
vetrino *s.m.* (*per microscopi*) platina (*f.*).
vetriolo *s.m.* (*chim.*) vitriolo.
vetro *s.m.* vidrio, cristal: *un bicchiere di —*, un vaso de cristal | *pulire i vetri delle finestre*, limpiar los cristales de las ventanas | *tagliarsi con un —*, cortarse con un vidrio | (*fig.*) *essere di —*, ser de cristal.
vetrofania *s.f.* pegatina.
vetroresina *s.f.* fibra de vidrio.
vetroso *agg.* vidrioso, vítreo.
vetta *s.f.* **1** cumbre, cima, vértice (*m.*) **2** (*fig.*) apogeo (*m.*), ápice (*m.*) | *essere in — alla classifica*, estar el primero en la clasificación.
vettore *s.m.* (*fis., comm., chim.*) vector.
vettoriale *agg.* (*mat., fis.*) vectorial: *calcolo —*, cálculo vectorial.
vettovagliamento *s.m.* aprovisionamiento.
vettovaglie *s.f.pl.* vituallas, víveres (*m.*), provisiones.
vettura *s.f.* **1** (*aut.*) coche (*m.*), automóvil (*m.*) **2** (*di treno*) vagón (*m.*), coche (*m.*).
vetturino *s.m.* cochero.
vetusto *agg.* (*lett.*) vetusto, anticuado.
vezzeggiare *v.tr.* mimar.
vezzeggiativo *s.m.* (*gramm.*) diminutivo cariñoso, apreciativo.
vezzo *s.m.* **1** donaire, coquetería (*f.*), gracia (*f.*) **2** (*abitudine*) costumbre (*f.*), hábito.
vezzoso *agg.* **1** (*leggiadro*) agraciado, encantador **2** (*lezioso*) afectado.
vi *pron.pers. di 2ª pers.pl.* os: *— prego*, os ruego; *mettetevi i guanti*, meteos los guantes; *alzatevi!*, ¡levantaos!; *vuole parlarvi*, os quiere hablar ♦ *avv.* **1** (*qui*) aquí; (*là*) allí: *— scoprì una bella spiaggia*, allí descubrió una playa muy bonita **2** (+ *v.* essere) haber*: *— è, sono*, hay.
via[1] *s.f.* **1** (*strada*) carretera, vía; camino (*m.*) | *vie di comunicazione*, vías de comunicación | *lungo la —*, sobre la marcha | *— senza uscita*, callejón sin salida | *— crucis*, vía crucis; (*fig.*) calvario (*m.*) **2** (*di centro abitato*) calle **3** (*cammino, tragitto*) camino (*m.*), recorrido (*m.*): *qual è la — più breve per arrivare a casa tua?*, ¿cuál es el camino más corto para llegar a tu casa?; *è in — di guarigione*, está curándose | *a mezza —*, a mitad de camino

| *un volo aereo Roma-Buenos Aires — Londra*, un vuelo aéreo Roma-Buenos Aires vía Londres **4** (*mezzo*) modo (*m.*), manera | *non conosce vie di mezzo*, no tiene medida | *per — aerea*, por avión | *in — amichevole*, de modo amistoso **5** (*dir.*) trámite (*m.*) | *adire alle vie legali*, actuar por trámites judiciales **6** (*anat.*) vía: *vie respiratorie*, vías respiratorias | *per — orale*, via oral
■ ***via d'uscita***, salida/escapatoria | ***via satellite***, vía satélite | ***via radio***, vía radio | ***dare via libera***, dejar vía libre, dar luz verde | (*dir.*) ***foglio di via***, hoja de ruta | ***non c'è via di scampo***, no hay remedio | ***in via del tutto eccezionale***, excepcionalmente | ***per vie traverse***, con malas artes | ***per via di***, (*a causa di*) a causa de.
via² *avv.* fuera | *essere —*, estar fuera | *mandare —*, echar | *portar —*, llevar(se) | *andare —*, irse, marcharse; (*scomparire*) desaparecer | *buttare —*, tirar | (*va'*) *—!*, ¡lárgate! | *— di lì!*, ¡fuera de allí! | *— di qui!*, ¡fuera de aquí!, ¡largo! | *pronti? —!*, ¿preparados/listos? ¡ya! ♦ *s.m.* (*sport*) salida (*f.*), señal de salida: *dare il —*, dar la salida
■ ***via via***, poco a poco | ***via via che***, a medida que | ***e così via***, y así sucesivamente.
viabilità *s.f.* vialidad, viabilidad.
via crucis *s.f.* **1** (*relig.*) Via Crucis **2** (*fig.*) calvario (*m.*).
viado *s.m.* travesti o transexual que se prostituye.
viadotto *s.m.* viaducto.
viaggiante *agg.*, *s.m./f.* viajante.
viaggiare *v.intr.* viajar, desplazarse* | *— con la fantasia*, fantasear | *ha viaggiato per tutta l'Europa*, ha recorrido toda Europa.
viaggiatore *agg.* viajante: *commesso —*, viajante, representante; *piccione —*, paloma mensajera ♦ *s.m.* viajero, pasajero.
viaggio *s.m.* **1** viaje, gira (*f.*): *mettersi in —*, salir de viaje; *avete fatto buon —?*, ¿habéis tenido un buen viaje? | *buon —!*, ¡buen viaje! | *un — organizzato*, un viaje organizado | *— di andata e ritorno*, viaje de ida y vuelta | *— di lavoro*, viaje de negocios | *— di nozze*, viaje de novios **2** (*gerg., effetto allucinogeno*) viaje.
viale *s.m.* avenida (*f.*); (*alberato*) alameda (*f.*), paseo.
viandante *s.m./f.* viandante.
viario *agg.* vial: *rete viaria*, red vial.
viatico *s.m.* (*relig.*) viático.
viavai *s.m.* vaivén, trajín, ir y venir.
vibrante *agg.* vibrante: *voce —*, voz vibrante.
vibrare *v.intr.* vibrar ♦ *v.tr.* tirar, arrojar, lanzar*; (*un colpo*) asestar, dar*.
vibratore *s.m.* **1** (*elettr., edil.*) vibrador **2** (*pene artificiale*) consolador.
vibratorio *agg.* vibratorio.
vibrazione *s.f.* vibración.
vicariato *s.m.* (*relig.*) vicariato, vicaría (*f.*).
vicario *s.m.* (*relig.*) vicario.
vice *s.m.* adjunto, vice, vicetodo.
vicedirettore *s.m.* subdirector, vicedirector.
vicegovernatore *s.m.* vicegobernador.
vicenda *s.f.* asunto (*m.*), acontecimiento (*m.*), hecho (*m.*), vicisitud | *a —*, recíprocamente.
vicendevole *agg.* mutuo, recíproco.
viceprefetto *s.m.* vicegobernador civil.
vicepreside *s.m./f.* vicedecano (*m.*).
vicepresidente *s.m./f.* vicepresidente (*m.*).
vicepresidenza *s.f.* vicepresidencia.
viceré *s.m.* virrey.
vicesegretario *s.m.* vicesecretario.
vicesindaco *s.m.* primer teniente alcalde.
viceversa *avv.* viceversa ♦ *cong.* pero.
vichingo *agg.*, *s.m.* vikingo.
vicinanza *s.f.* cercanía, proximidad, vecindad; (*affinità*) afinidad.
vicinato *s.m.* **1** vecindad (*f.*): *avere rapporti di buon —*, tener buenas relaciones de vecindad **2** (*i vicini*) los vecinos (*pl.*).
vicino *agg.* **1** (*nello spazio*) vecino, cercano | *mi è stato — nei momenti peggiori*, me ha apoyado en los peores momentos **2** (*nel tempo*) próximo ♦ *avv.* cerca | *da —*, de cerca | *lavoro qui —*, trabajo aquí cerca | *— a*, cerca de: *vieni qui — a me*, ven aquí cerca de mí; *la banca è — alla stazione*, el banco está cerca de la estación ♦ *s.m.* vecino.
vicissitudine *s.f.* (*spec.pl.*) vicisitud.
vicolo *s.m.* callejón, calleja (*f.*) | *— cieco*, callejón sin salida (*anche fig.*).
video *s.m.* vídeo.
videoamatore *s.m.* vídeoaficionado.
videocamera *s.f.* cámara de vídeo.
videocassetta *s.f.* videocasete (*m.*), vídeo (*m.*), cinta de vídeo: *ho noleggiato una —*, he alquilado un vídeo.
videocitofono *s.m.* videófono, videoportero.
videoclip *s.m.* vídeo, vídeo clip.
videoconferenza *s.f.* (*tel.*) videoconferencia.
videodipendente *agg.*, *s.m./f.* teleadicto (*m.*).
videogioco *s.m.* videojuego.
videonoleggio *sm.* (*negozio*) videoclub.
videoregistrare *v.tr.* grabar en vídeo.
videoregistratore *s.m.* vídeo, magnetoscopio.
videoregistrazione *s.f.* grabación de vídeo.
videoscrittura *s.f.* videoescritura.
videoteca *s.f.* videoteca.
videotel *s.m.* videotext.
videotelefono *s.m.* videoteléfono.
videoterminale *s.m.* terminal de vídeo.
vidimare *v.tr.* visar, refrendar; (*in tribunale*) autentificar*, legalizar*: *— i documenti*, refrendar los documentos.

vidimazione *s.f.* (*certificazione*) legalización, visado (*m.*).
viennese *agg.*, *s.m./f.* vienés (*m.*).
vietare *v.tr.* prohibir, impedir*, vedar: *ci vietarono di vederlo*, nos prohibieron verlo | *nulla vieta che...*, nada impide/prohíbe que...
vietato *agg.* prohibido: — *ai minori di 18 anni*, prohibido a los menores de 18 años | — *fumare*, prohibido fumar | — *l'ingresso*, prohibida la entrada | — *l'accesso*, prohibido el paso | *sosta vietata*, prohibido aparcar.
vietnamita *agg.*, *s.m./f.* vietnamita.
vigente *agg.* vigente, en vigor, en vigencia.
vigere *v.intr.* regir*, estar* en vigor/vigente.
vigilante *s.m.* vigilante.
vigilanza *s.f.* vigilancia, control (*m.*), custodia.
vigilare *v.tr.* vigilar, controlar: — *sui detenuti*, vigilar a los detenidos ♦ *v.intr.* cuidar.
vigile *agg.* atento, vigilante ♦ *s.m./f.* guardia; (*Amer.*) vigilante | — *urbano*, policía municipal | — *del fuoco*, bombero.
vigilia *s.f.* vigilia, víspera; (*veglia*) vela | — *di Natale*, Nochebuena.
vigliaccata *s.f.* canallada.
vigliaccheria *s.f.* **1** cobardía **2** (*azione*) canallada.
vigliacco *agg.*, *s.m.* cobarde, bellaco; (*Amer.*) maula; (*fam.*) gallina.
vigna *s.f.* viña.
vignaiolo *s.m.* viñador.
vigneto *s.m.* viñedo, viña (*f.*).
vignetta *s.f.* viñeta, tiras (*pl.*) cómicas; (*fumetto*) tebeo (*m.*); (*Amer.*) historieta.
vignettista *s.m./f.* (*umoristico*) dibujante (de comics), ilustrador (*m.*).
vigogna *s.f.* (*zool.*, *tessuto*) vicuña.
vigore *s.m.* **1** vigor, fuerza (*f.*), potencia (*f.*) **2** (*dir.*) vigencia (*f.*): *essere in* —, estar vigente.
vigoroso *agg.* vigoroso, potente, enérgico: *un uomo* —, un hombre enérgico.
vile *agg.* **1** (*persona*) vil, cobarde, ruín | (*scherz.*) *il* — *denaro*, el vil metal **2** (*atto*) bajo: *atto* —, acción baja ♦ *s.m./f.* cobarde.
vilipendere *v.tr.* vilipendiar, difamar.
vilipendio *s.m.* vilipendio, ofensa (*f.*), menosprecio.
villa *s.f.* villa, quinta; (*fuori città*) casa de campo, chalet (*m.*): *ha una piccola* — *in montagna*, tiene un pequeño chalet en la montaña.
villaggio *s.m.* aldea (*f.*), pueblo, poblado | — *turistico*, urbanización turística | (*giorn.*) — *globale*, aldea global | (*fig.*) *essere lo scemo del* —, ser el tonto del pueblo.
villanata *s.f.* (*azione*) villanía; (*parola*) grosería.
villania *s.f.* villanía, grosería, insolencia; (*azione*) guarrada; (*Amer.*) guasada: *gli hai fatto una* —, le has hecho una guarrada.
villano *agg.* villano, grosero; ofensivo: *atteggiamento* —, actitud ofensiva ♦ *s.m.* **1** maleducado, paleto **2** (*abitante di villaggio*) aldeano, rústico.
villanzone *s.m.* grosero.
villeggiante *s.m.* veraneante, turista.
villeggiare *v.intr.* veranear.
villeggiatura *s.f.* veraneo (*m.*).
villetta *s.f.* chalet (*m.*), chalé (*m.*) | *villette a schiera*, chalés adosados.
villo *s.m.* (*anat.*) vellosidad (*f.*): *villi coriali*, vellosidades coriónicas; *villi intestinali*, vellosidades intestinales.
villosità *s.f.* (*bot.*, *anat.*) vellosidad.
villoso *agg.* velloso, peludo.
viltà *s.f.* vileza, cobardía; (*azione*) bajeza: *commettere una* —, cometer una bajeza.
viluppo *s.m.* (*anche fig.*) maraña (*f.*).
vimine *s.m.* (*spec.pl.*) mimbre.
vinaccia *s.f.* casca, orujo (*m.*).
vinacciolo *s.m.* semilla (*f.*) de la uva.
vinaio *s.m.* vinatero, vendedor de vino.
vincente *agg.*, *s.m./f.* ganador (*m.*).
vincere *v.intr.* vencer*, ganar ♦ *v.tr.* ganar, derrotar, tocar*: — *la lotteria*, tocarle a alguien la lotería; (*Amer.*) ganar la lotería | *essere vinto dal sonno, dalla stanchezza*, estar rendido de sueño, de cansancio ♦ **-rsi** *v.pron.* dominarse, controlarse.
vincita *s.f.* victoria, ganancia; (*Amer.*) ganada; premio: *la* — *di oggi*, el premio de hoy.
vincitore *agg.*, *s.m.* vencedor, ganador: *la squadra vincitrice*, el equipo ganador.
vincolante *agg.* vinculante: *clausola* —, cláusula vinculante.
vincolare *v.tr.* vincular, atar; (*moralmente*) obligar*: *mi hanno vincolato al segreto*, me han obligado al secreto.
vincolato *agg.* vinculado, obligado.
vincolo *s.m.* vínculo, obligación (*f.*); relación (*f.*) | — *amoroso*, relación amorosa.
vinificazione *s.f.* vinificación.
vinile *s.m.* (*chim.*) vinilo.
vinilico *agg.* (*chim.*) vinílico.
vino *s.m.* vino: — *bianco*, *rosato*, *rosso*, vino blanco, rosado, tinto; — *invecchiato*, vino añejo; *un bicchiere di* —, una copa de vino.
vinto *agg.* vencido, ganado | *non darti per* —, no des el brazo a torcer, no te des por vencido | *vuole sempre averla vinta*, siempre quiere salirse con la suya | *questa volta non gliela darò vinta*, esta vez no le contentaré ♦ *s.m.* vencido: *una guerra senza vincitori né vinti*, una guerra sin vencedores ni vencidos.
viola[1] *s.f.* (*mus.*) viola.
viola[2] *s.f.* (*bot.*) violeta | — *del pensiero*, pen-

samiento ♦ *agg.*, *s.m.* (*colore*) violeta, morado: *vestirsi di* —, vestirse de morado.
violacciocca *s.f.* (*bot.*) alhelí (*m.*).
violaceo *agg.* violáceo, morado claro, violado.
violare *v.tr.* **1** violar; (*un domicilio*) allanar; (*un luogo sacro*) profanar; (*un territorio*) invadir **2** (*infrangere*) transgredir: — *la legge*, transgredir la ley.
violazione *s.f.* violación; (*di luogo sacro*) profanación | — *di domicilio*, allanamiento de morada.
violentare *v.tr.* **1** (*stuprare*) violentar, violar **2** (*costringere*) obligar*, forzar*.
violentemente *avv.* violentamente.
violento *agg.* violento, agresivo.
violenza *s.f.* violencia, brutalidad | — *carnale*, violación.
violetta *s.f.* (*bot.*) violeta.
violetto *agg.*, *s.m.* morado, violeta.
violinista *s.m.* (*mus.*) violinista; (*membro di un'orchestra*) violín.
violino *s.m.* (*mus.*) violín | *primo* —, primer violín.
violoncellista *s.m./f.* (*mus.*) violonchelista, violoncelista.
violoncello *s.m.* (*mus.*) violonchelo.
viottolo *s.m.* sendero, senda (*f.*), vereda (*f.*).
vip *s.m./f.* vip.
vipera *s.f.* (*zool.*, *anche fig.*) víbora: *quella donna è una* —, esa mujer es una víbora.
viperino *agg.* (*zool.*, *fig.*) viperino.
virago *s.f.* virago.
virale *agg.* (*med.*) viral, (*Amer.*) virósico.
virare *v.tr.* (*mar.*) virar ♦ *v.intr.* virar, cambiar dirección, doblar: — *a destra*, *a sinistra*, doblar a la derecha, a la izquierda.
virata *s.f.* **1** (*mar.*) virada **2** (*aer.*, *nuoto*) viraje (*m.*).
virginale, virgineo *agg.* virginal.
virgola *s.f.* coma: *punto e* —, punto y coma.
virgolette *s.f.pl.* comillas | *tra* —, entre comillas | *aprire*, *chiudere le* —, abrir, cerrar las comillas.
virile *agg.* **1** viril, varonil, masculino **2** (*fig.*, *forte*) fuerte, enérgico.
virilità *s.f.* **1** virilidad, hombría, masculinidad **2** (*fig.*) fuerza.
virologia *s.f.* (*biol.*, *med.*) virología.
virtù *s.f.* **1** virtud | — *cardinali*, virtudes cardinales | — *teologali*, virtudes teologales **2** (*pregio*) cualidad: *una persona con molte* —, una persona con muchas cualidades **3** (*capacità*) habilidad: *ha la grande — di reagire alle disgrazie*, tiene gran habilidad para reaccionar a las desgracias
■ ***in virtù di***, en virtud de | ***fare di necessità virtù***, hacer de tripas corazón.
virtuale *agg.* virtual: *immagine* —, imagen virtual | (*inform.*) *memoria* —, memoria virtual | *realtà* —, realidad virtual.
virtuosismo *s.m.* virtuosismo.
virtuosistico *agg.* virtuoso.
virtuoso *agg.*, *s.m.* (*con molte qualità*) virtuoso; (*capace*) hábil: *è un — del violino*, es muy hábil con el violín.
virulento *agg.* (*anche fig.*) virulento.
virulenza *s.f.* (*anche fig.*) virulencia.
virus *s.m.* virus.
visagismo *s.m.* cosmética (*f.*), cosmetología (*f.*).
visagista *s.m./f.* cosmetólogo (*m.*), maquillador (*m.*).
viscerale *agg.* (*anche fig.*) visceral: *provare un odio* —, sentir un hodio visceral.
viscere *s.f.pl.* vísceras, entrañas (*anche fig.*), tripa (*sing.*) | *le — della Terra*, las entrañas de la Tierra.
vischio *s.m.* (*bot.*) muérdago; (*sostanza*) visco.
vischiosità *s.f.* viscosidad.
vischioso *agg.* viscoso, pegajoso.
viscido *agg.* **1** viscoso; (*scivoloso*) resbaladizo **2** (*fig.*) doble, falso.
visciolo *s.f.* (*bot.*) guindo.
visconte *s.m.* vizconde.
viscontessa *s.f.* vizcondesa.
viscosa *s.f.* (*tess.*) viscosa.
viscosità *s.f.* viscosidad.
viscoso *agg.* viscoso, pegajoso, glutinoso.
visibile *agg.* visible, perceptible; evidente: *la truffa mi sembra abbastanza* —, el timo me parece bastante evidente.
visibilio *s.m.* *nelle loc.*: *andare, mandare in* —, caérse a alguien la baba.
visibilità *s.f.* visibilidad.
visibilmente *avv.* visiblemente; (*in modo evidente*) evidentemente.
visiera *s.f.* visera | *cappello con la* —, gorra.
visigoto *agg.*, *s.m.* visigodo.
visionare *v.tr.* **1** (*in anteprima*) visionar **2** (*esaminare*) examinar, inspeccionar.
visionario *agg.*, *s.m.* visionario.
visione *s.f.* **1** visión | *cinema di prima* —, cine de estreno **2** (*concezione*) concepto (*m.*), interpretación, idea: *la sua — della vita è molto originale*, su idea de la vida es muy original | *prendere — di un testo*, examinar un texto.
visìr *s.m.* visir: *gran* —, gran visir.
visita *s.f.* **1** visita: — *guidata*, visita con guía; *sono in* —, estoy de visita | *andare in* —, ir a ver | *far — a qlcu.*, visitar a alguien **2** (*med.*) reconocimiento (*m.*) médico: — *di controllo*, chequeo **3** inspección, control (*m.*).
visitare *v.tr.* **1** (*med.*) visitar **2** (*andare a trovare*) ir* a ver, hacer* visita.
visitatore *agg.*, *s.m.* visitante.
visivamente *avv.* visivamente, visualmente.

visivo *agg.* visivo, visual: *campo —*, campo visual.
viso *s.m.* rostro, cara (*f.*); (*fam.*) pinta (*f.*) | *far buon — a cattiva sorte*, a mal tiempo buena cara.
visone *s.m.* (*zool.*) visón | *una pelliccia di —*, abrigo de visón.
visore *s.m.* visor.
vispo *agg.* vivaz, avispado, vivo; (*sveglio*) despierto: *è già bello —*, ya está bien despierto.
vissuto *agg.* experimentado, ducho, veterano; (*di abiti*) usado: *racconti di vita vissuta*, narraciones de vida real | *un uomo —*, un hombre con experiencia ♦ *s.m.* experiencia (*f.*), vivencia (*f.*).
vista *s.f.* **1** vista, visión: *avere problemi alla —*, tener problemas de vista; *perdere la —*, perder la vista | *sorvegliato a —*, vigilado de cerca | *navigare, volare a —*, navegar, volar a la vista **2** panorama (*m.*): *dall'alto la — è stupenda*, desde arriba el panorama es estupendo
■ ***a vista d'occhio***, a vista de ojo | ***a prima vista***, a primera vista: *a prima — non me n'ero accorto*, a primera vista no me había dado cuenta | ***amore a prima vista***, flechazo | ***di vista***, de vista: *lo conosco di —*, lo conozco de vista | ***perdere di vista qlcu.***, perder de vista a alguien | ***in vista***, a la vista: *ci sono cambiamenti in —*, hay cambios a la vista; *la lettera era bene in — sul tavolo*, la carta estaba bien a la vista sobre la mesa | ***in vista di***, en vista de: *in — delle vacanze ha comprato le valigie*, en vista de las vacaciones ha comprado las maletas | ***essere molto in vista***, ser muy conocido/popular | ***avere la vista corta***, (*anche fig.*) ser corto de vista.
vistare *v.tr.* (*amm.*) visar.
visto *s.m.* **1** (*sul passaporto*) visado, visa (*f.*) **2** (*amm.*) visto bueno.
vistoso *agg.* **1** vistoso, llamativo **2** (*fig., notevole*) ingente: *la pioggia ha causato vistosi danni*, la lluvia ha causado ingentes daños.
visuale *agg.* visual ♦ *s.f.* visual, vista: *quell'albero mi toglie la —*, ese árbol me estorba la vista.
visualizzare *v.tr.* visualizar*.
visuale *agg.* visual ♦ *s.f.* panorama (*m.*), vista, visual | *avere una — ristretta delle cose*, tener una visual limitada de las cosas.
visualizzare *v.tr.* visualizar*.
visualizzazione *s.f.* visión, visualización.
vita[1] *s.f.* **1** (*biol., durata*) vida | *a —*, para siempre, de por vida; (*di incarico*) vitalicio | *ci conosciamo da una —*, nos conocemos desde siempre | *essere in fin di —*, estar moribundo **2** (*salute, vitalità*) fuerza, energía, vigor (*m.*) **3** (*fig., animazione*) animación, marcha: *la sera c'è molta —*, por la noche hay mucha marcha
■ ***la bella vita***, la vida buena | ***vita da cani***, vida perra | ***in vita mia***, en mi vida | ***dare vita a un'iniziativa, a un progetto***, dar vida a una iniciativa, a un proyecto | ***vita natural durante***, de por vida | (*di prostituta*) ***fare la vita***, ser de la vida | ***cambiare vita***, enmudar de vida
vita[2] *s.f.* (*parte del corpo*) cintura | (*abbigl.*) *pantaloni a — alta, bassa*, pantalones de pretina alta, baja.
vitalba *s.f.* (*bot.*) clemátide.
vitale *agg.* **1** vital **2** fundamental, básico, esencial: *lo studio è — per il tuo futuro*, el estudio es fundamental para tu futuro **3** vivo, activo: *un ragazzo molto —*, un chico muy activo.
vitalità *s.f.* vitalidad (*anche fig.*), energía; (*fig.*) dinamismo (*m.*): *la — del settore informatico*, el dinamismo del sector informático.
vitalizio *agg.* vitalicio ♦ *s.m.* pensión (*f.*) vitalicia, vitalicio.
vitamina *s.m.* vitamina.
vitaminico *agg.* vitamínico.
vitaminizzato *agg.* (*biol.*) vitamínico.
vite[1] *s.f.* (*bot.*) vid.
vite[2] *s.f.* (*mecc.*) tornillo (*m.*): *stringere le viti*, apretar los tornillos | *a —*, a rosca.
vitello *s.m.* **1** (*zool.*) becerro, ternero | *— d'oro*, becerro de oro **2** (*cuc.*) ternera (*f.*): *— arrosto*, ternera asada **3** (*pelle*) becerro.
vitellone *s.m.* **1** eral **2** (*fig.*) golfo, vago.
viticolo *agg.* vitícola.
viticoltore *s.m.* viñador, viticultor.
viticoltura *s.f.* viticultura.
vitigno *s.m.* viduño.
vitiligine *s.f.* (*med.*) vitiligo.
vitreo *agg.* **1** vítreo, cristalino **2** (*fig.*) apagado: *sguardo —*, mirada apagada.
vittima *s.f.* víctima | *fare la —*, hacerse la víctima.
vittimismo *s.m.* victimismo.
vittimistico *agg.* de víctima.
vitto *s.m.* alimento, sustento, comida (*f.*) | *— e alloggio*, pensión completa.
vittoria *s.f.* victoria, triunfo (*m.*); (*successo*) éxito (*m.*): *la — elettorale*, el éxito electoral | *cantar —*, cantar victoria.
vittoriano *agg.* (*st.*) victoriano.
vittorioso *agg.* victorioso, triunfante, vencedor.
vituperare *v.tr.* vituperar, insultar.
vituperio *s.m.* vituperio, insulto.
viuzza *s.f.* callejuela, calleja.
viva *inter.* viva: *— gli sposi!*, ¡vivan los novios!
vivacchiare *v.intr.* ir* tirando, vivir al día.
vivace *agg.* **1** vivaz*, alegre, vivaracho **2** (*di*

luogo) animado: *è un locale molto* —, es un local muy animado **3** (*di colore*) llamativo.
vivacemente *avv.* con vivacidad.
vivacità *s.f.* **1** (*di cose*) vivacidad, viveza: *la — della sua intelligenza*, la viveza de su inteligencia **2** (*di persone*) brío (*m.*), vitalidad, energía: *la — dei bambini*, la energía de los niños **3** (*animazione*) animación: *la — della strada*, la animación de la calle.
vivacizzare *v.tr.* animar.
vivaio *s.m.* vivero, semillero.
vivanda *s.f.* vianda, alimento (*m.*); (*squisitezza*) manjar (*m.*); comida: *tira fuori le vivande*, saca la comida.
vivandiere *s.m.* (*mil.*) vivandero.
vivente *agg.*, *s.m./f.* viviente.
vivere[1] *v.intr.* vivir: *è vissuto fino a tarda età*, vivió hasta muy viejo; *vivo con mio padre*, vivo con mi padre; *viviamo a Milano da due anni*, vivimos en Milán desde hace dos años ♦ *v.tr.* vivir: — *una situazione difficile*, vivir una difícil situación
■ ***vivere alla giornata***, vivir al día | ***vivere alle spalle di qlcu.***, vivir de gorra | ***chi vivrà vedrà*** vivir para ver | ***non lasciar vivere qlcu.***, no dejar vivir a alguien | ***vivere di rendita***, vivir de renta.
vivere[2] *s.m.* vivir, vida (*f.*) | *per il quieto* —, para la tranquilidad.
viveri *s.m.pl.* víveres, vituallas (*f.*).
viveur *s.m.* vividor.
vivezza *s.f.* viveza, vivacidad.
vivibile *agg.* soportable, tolerable: *la situazione non è più* —, la situación ya no es tolerable.
vivibilità *s.f.* confortabilidad.
vivido *agg.* **1** vivo, vívido **2** (*fig.*) intenso: *ricordo* —, recuerdo intenso.
vivificare *v.tr.* **1** vivificar*; (*rinvigorire*) vigorizar* **2** (*fig.*) animar.
vivificatore *agg.* vivificante.
viviparo *agg.* vivíparo.
vivisezionare *v.tr.* viviseccionar.
vivisezione *s.f.* vivisección.
vivo *agg.* **1** vivo; (*vivente*) viviente | — *e vegeto*, vivito y coleando | *farsi* —, dar señales de vida | *tenere — il ricordo di qlcu.*, mantener vivo el recuerdo de alguien **2** (*fig.*, *intelligente*) agudo, vivaz* **3** (*forte*) intenso: *colore* —, color intenso | *un — senso della giustizia*, un fuerte sentido de la justicia ♦ *s.m.* **1** vivo: *i vivi e i morti*, los vivos y los muertos **2** (*fig.*) lo vivo | *pungere sul* —, herir en lo vivo | *dal* —, en directo
■ ***a viva voce***, de viva voz | ***spese vive***, gstos vivos | ***farsi vivo***, dejarse ver | ***cuocere a fuoco vivo***, cocinar a fuego vivo.
viziare *v.tr.* **1** viciar; (*un bambino*) mimar, malcriar* **2** (*infettare*) contaminar: *i gas hanno viziato l'aria*, los gases han contaminado el aire.
viziato *agg.* **1** (*di bambini*) mimado, malcriado **2** (*difettoso*) defectuoso.
vizio *s.m.* **1** vicio; (*cattiva abitudine*) mala costumbre (*f.*): *ha il — di fumare*, tiene el vicio de fumar; *ha il — di bestemmiare*, *di mangiarsi le unghie*, tiene la mala costumbre de blasfemar, de comerse las uñas | — *di forma*, vicio de forma **2** (*difetto*) defecto: — *di fabbrica*, defecto de fabricación.
vizioso *agg.* **1** vicioso | *circolo* —, círculo vicioso **2** (*di facili costumi*) libertino.
vizzo *agg.* marchito; (*rugoso*) arrugado.
vocabolario *s.m.* vocabulario, diccionario; léxico: *devi ampliare il tuo* —, tienes que ampliar tu léxico.
vocabolo *s.m.* vocablo, término, palabra (*f.*).
vocale[1] *agg.* vocal: *corde vocali*, cuerdas vocales.
vocale[2] *s.f.* (*gramm.*) vocal.
vocalico *agg.* (*gramm.*) vocálico.
vocalismo *s.m.* vocalismo.
vocalizzo *s.m.* vocalización (*f.*).
vocativo *agg.* (*gramm.*) vocativo.
vocazione *s.f.* **1** vocación, llamada **2** (*fig.*) vocación, inclinación: *ha una forte — per la musica*, tiene una fuerte inclinación hacia la música.
voce *s.f.* **1** voz*: *schiarirsi la* —, aclararse la voz; *mi è andata giù la* —, me he puesto afónico, se me ha bajado la voz | *alza la —, non ti sento*, habla más alto que no te oigo | *sotto* —, en voz baja | *ad alta* —, en voz alta | *a gran* —, a voz en grito/cuello | *a mezza* —, a media voz | *a* —, de viva voz | (*mus.*) *a due voci*, a dos voces **2** (*gramm.*) palabra, término (*m.*) **3** (*diceria*) rumor (*m.*), cotilleo (*m.*), noticia | *corre — che si dimetterà*, se rumorea que dimitirá **4** (*opinione*) voz*, opinión: *voglio sentire la — di un esperto*, quiero saber la opinión de un experto.
vociare *v.intr.* gritar, vocear, chillar ♦ *s.m.* griterío, parloteo.
vociferare *v.intr.* vociferar, ir* diciendo, rumorear.
vocio *s.m.* griterío, barullo.
voga *s.f.* **1** (*mar.*) boga **2** (*fig.*) moda: *in* —, en boga, de moda.
vogare *v.intr.* (*mar.*) bogar*, remar.
vogata *s.f.* **1** bogada **2** (*spinta data coi remi*) palada.
vogatore *s.m.* **1** remero **2** (*ginnastica*) máquina (*f.*) de remos.
voglia *s.f.* **1** gana, deseo (*m.*), capricho (*m.*): *non ne ho* —, no me da la gana | *di mala*, *buona* —, de mala, buena gana | *far passare la* —, quitar las ganas | (*fig.*) *morire dalla* —,

morirse de las ganas **2** (*fam., macchia cutanea*) antojo (*m.*), mancha, lunar (*m.*).

voglioso *agg.* deseoso.

voi *pron.pers. di 2ª pers.pl.* **1** vosotros: — *spagnoli siete gente allegra*, los españoles sois gente alegre | *da —*, (*nel vostro paese*) en vuestro país; *nella vostra famiglia*, en vuestra familia | *beati —!*, ¡dichosos vosotros! **2** (*di cortesia*) ustedes: *entrate prima —*, entren ustedes primero.

voialtri, voi altri *pron.pers.m.pl.* vosotros.

voilà *inter.* ¡voilà!

voile *s.m.* (*tessuto*) gasa.

volano *s.m.* **1** (*mecc.*) volante **2** (*sport*) bádminton.

volant *s.m.* (*tess.*) volante.

volante[1] *agg.* volador | *disco —*, platillo volador, OVNI (objeto volante no identificado) ♦ *s.f.* (*di polizia*) patrulla móvil.

volante[2] *s.m.* (*aut.*) volante.

volantinaggio *s.m.* reparto de folletos/octavillas.

volantino *s.m.* hoja (*f.*) volante, octavilla (*f.*), folletín: *mi hanno dato un — del partito*, me han dado un folletín del partido.

volare *v.intr.* **1** volar*; (*sorvolare*) sobrevolar*: *abbiamo volato sopra Barcellona*, hemos sobrevolado Barcelona | *il vento gli ha fatto — via il cappello*, por el viento se le voló el sombrero | *il tempo vola*, el tiempo vuela **2** (*cadere*) caer*: *— dalle scale*, caerse por la escalera.

volata *s.f.* **1** (*corsa*) carrera **2** (*sport*) sprint (*m.*), esfuerzo (*m.*) final **3** (*fig.*) escapada: *faccio una — da te*, hago una escapada a tu casa | *di —*, rápidamente.

volatile *agg.* **1** (*chim.*) volátil **2** (*fig.*) voluble, inconstante ♦ *s.m.* (*zool.*) ave.

volatilizzare *v.tr./intr.* volatilizar* ♦ **-rsi** *v.pron.* desaparecer*.

volée *s.f.* (*tennis*) volea.

volente *agg. nella loc.*: *— o nolente*, a la fuerza.

volenteroso *agg.* voluntarioso.

volentieri *avv.* de buen grado, de buena gana, con mucho gusto, a gusto: *qui sto molto —*, estoy muy a gusto aquí.

volere[1] *v.tr.* **1** querer*, desear: *non voglio venire con te!*, ¡no quiero ir contigo!; *vuoi ancora del caffè?*, ¿quieres más café?; *vorrei essere lì con voi*, quisiera estar allí con vosotros; *ti vogliono al telefono*, te buscan al teléfono | *senza —*, sin querer | *che tu lo voglia o no*, quieras o no | *ma volete lasciarlo in pace?*, ¿queréis dejarlo en paz? | *come, quando vuoi*, como, cuando quieras | *se Dio vuole siamo arrivati*, si Dios quiere hemos llegado | *— male a qlcu.*, tenerle manía a alguien | *come vuole la tradizione, la legge*, según (dicta) la ley, la tradición **2** (*esigere*) querer*: *il direttore vuole che tutto sia pronto per le tre*, el director quiere que todo esté listo para las tres; *ha voluto pagare tutto lui*, quiso pagarlo todo él; *quanto vogliono per questo appartamento?*, ¿cuánto quieren por ese piso? **3** (*volerci, volercene*) hacer* falta, ser* necesario; tardar: *cosa ci vuole per fare la torta?*, ¿qué hace falta para hacer la tarta?; *ci vuole molto per arrivare?*, ¿se tarda mucho en llegar?

■ ***volere bene a qlcu.***, querer a alguien | ***voler dire***, querer decir, significar: *che cosa vuol dire questa parola?*, ¿qué quiere decir esta palabra?; *spiegati meglio: cosa vuoi dire con queste parole?*, explícate mejor: ¿qué quieres decir con estas palabras?

volere[2] *s.m.* voluntad (*f.*), deseo.

volgare *agg.* vulgar, grosero, hortera; (*Amer.*) ordinario ♦ *s.m.* lengua (*f.*) vulgar, romance.

volgarità *s.f.* vulgaridad; grosería.

volgarizzare *v.tr.* popularizar*, divulgar*, vulgarizar*

volgarmente *avv.* vulgarmente.

volgere *v.tr.* volver*, girar | *— lo sguardo*, dirigir la mirada ♦ *v.intr.* **1** (*in una direzione*) doblar, girar, dar* la vuelta: *la strada volge a destra*, la calle dobla a la derecha **2** (*tendere*) cambiar, tender* | *— al peggio*, tender a empeorar | *il tempo volge al brutto*, el tiempo está empeorando | *— al termine*, tocar a su fin, cumplirse ♦ **-rsi** *v.pron.* volverse*, girarse, darse* la vuelta.

volgo *s.m.* (*spreg.*) vulgo; masa (*f.*).

voliera *s.f.* pajarera.

volitivo *agg.* volitivo, determinado.

volo *s.m.* **1** vuelo: *il — durerà circa 5 ore*, el vuelo durará alrededor de 5 horas | *a — d'uccello*, a vista de pájaro | *alzarsi in —*, alzar el vuelo **2** (*fig.*) caída (*f.*), desplome: *ha fatto un — dalle scale*, voló escaleras abajo

■ (*fig.*) ***prendere il volo***, alzar el vuelo, tomar las de villadiego | ***prendere/cogliere al volo***, coger al vuelo.

volontà *s.f.* voluntad, deseo (*m.*) | *avere una grande forza di —*, tener una gran fuerza de voluntad | *compiere le ultime —*, cumplir con las últimas voluntades | *a —*, a discreción, voluntad.

volontariato *s.m.* voluntariado.

volontario *agg., s.m.* voluntario.

volonteroso *agg.* voluntarioso, diligente; (*solerte*) solícito.

volpe *s.f.* (*zool.*) zorro (*m.*) (*anche fig.*): *caccia alla —*, caza del zorro.

volt *s.m.* (*elettr.*) voltio.

volta[1] *s.f.* **1** vez*: *ti ricordi di quella — che?*, ¿te acuerdas de la vez aquella que?; *la prossima — vengo anch'io*, la próxima vez voy

yo también | *ancora una* —, una vez más | *mi vuoi ascoltare, una buona* —!, ¡me quieres escuchar de una vez! | *uno alla* —, uno a la vez **2** (*direzione*) vuelta | *alla* — *di*, rumbo a: *alla* — *di Roma*, en dirección a Roma **3** (*turno*) vez | *a mia* —, a mi vez
■ ***il più delle volte***, la mayoría de las veces | ***una volta o l'altra***, una que otra vez | ***una volta per tutte***, de una vez por todas | ***una volta***, hace tiempo, antiguamente | ***c'era una volta***, érase una vez | *a volte*, a veces | ***un po' per volta***, poco a poco: *un po' per* — *ti renderò il denaro*, poco a poco te devolveré el dinero | ***tutto in una volta***, todo junto, todo de una vez | ***di volta in volta***, a su vez | ***dare di volta il cervello***, volverse loco: *ma ti ha dato di* — *il cervello?*, pero ¿te has vuelto loco?
volta² *s.f.* (*arch.*) bóveda | *chiave di* —, clave del arco; (*fig.*) fundamento | — *celeste*, bóveda celeste.
voltafaccia *s.m.* falta (*f.*) de palabra; (*iron.*) cambio de chaqueta, traición (*f.*).
voltagabbana *s.m./f.* chaquetero (*m.*).
voltaggio *s.m.* (*elettr.*) voltaje.
voltaico *agg.* (*elettr.*) voltaico: *pila voltaica*, pila de Volta.
voltametro *s.m.* (*elettr.*) voltímetro.
voltare *v.tr.* volver*, darle* la vuelta a algo, doblar, girar: — *l'angolo*, doblar la esquina | — *le spalle*, darle la espalda a alguien | (*fig.*) — *pagina*, hacer borrón y cuenta nueva ♦ **-rsi** *v.pron.* volverse*, darse* la vuelta: *voltati!*, ¡date la vuelta! | *se ne andò senza mai voltarsi indietro*, se marchó sin volver la vista atrás.
voltastomaco *s.m.* nausea: *avere il* —, tener náuseas; *mi fa venire il* —, me da ganas de vomitar.
volteggiare *v.intr.* voltear; (*di uccelli*) revolotear; (*sport*) dar* volteretas: *le coppie volteggiavano sulla pista da ballo*, la parejas volteaban en la pista de baile; *l'acrobata volteggiava in aria*, el acróbata daba volteretas en el aire.
volteggio *s.m.* **1** revoloteo **2** (*sport*) voltereta (*f.*).
voltimetro, voltmetro *s.m.* (*fis.*) voltímetro.
volto *s.m.* **1** rostro, cara (*f.*): *i ladri si presentarono a* — *scoperto*, los ladrones aparecieron a cara descubierta **2** (*aspetto*) aspecto.
voltura *s.f.* **1** (*dir.*) registro (*m.*) de transacción **2** (*comm., di servizi pubblici*) cambio (*m.*) de titularidad.
volubile *agg.* voluble, caprichoso, inconstante: *una donna* —, una mujer inconstante.
volubilità *s.f.* volubilidad, inconstancia.
volume *s.m.* **1** volumen: *alzare/abbassare il* —, subir/bajar el volumen | *a tutto* —, a todo volumen **2** (*quantità*) cantidad (*f.*), mole (*f.*) | *un grosso* — *d'affari*, un gran giro de negocios **3** (*libro*) tomo: *è un vecchio* —, es un viejo tomo.
volumetria *s.f.* (*arch.*) volumetría.
volumetrico *agg.* volumétrico.
voluminosità *s.f.* magnitud.
voluminoso *agg.* voluminoso, abultado.
voluta *s.f.* **1** espiral | *volute di fumo*, volutas de humo **2** (*arch.*) voluta; (*di mobile*) meandro (*m.*).
volutamente *avv.* intencionalmente, de propósito, a sabiendas.
voluttà *s.f.* voluptuosidad, deleite (*m.*).
voluttuario *agg.* lujoso, superfluo, suntuario.
voluttuoso *agg.* voluptuoso, sensual.
vomere *s.m.* (*agr.*) reja (*f.*).
vomitare *v.tr.* vomitar, devolver*; (*Amer.*) debocar* | *mi viene da* —, me dan ganas de vomitar | *far* —, dar asco.
vomitevole *agg.* (*anche fig.*) vomitivo.
vomito *s.m.* vómito.
vongola *s.f.* (*zool.*) almeja.
vorace *agg.* voraz*, hambriento.
voracità *s.f.* (*anche fig.*) voracidad; (*ingordigia*) glotoneria.
voragine *s.f.* **1** vorágine, abismo (*m.*) (*anche fig.*) **2** (*precipizio*) barranco (*m.*); (*cavità*) sima.
vorticare *v.intr.* arremolinarse.
vortice *s.m.* **1** torbellino, remolino, vórtice: *il* — *del mare*, el remolino del mar **2** (*fig.*) fuerza (*f.*), ímpetu: *il* — *della passione*, el ímpetu de la pasión.
vorticoso *agg.* vortiginoso, tumultuoso; (*di acque*) arremolinado; (*fig.*) vertiginoso: *una giornata vorticosa*, un día vertiginoso; *un* — *giro d'affari*, un vertiginoso volumen de negocios.
vossignoria *s.f.* su señoría.
vostro *agg.poss. di 2ª pers.pl.* vuestro: *il* — *cane*, vuestro perro; *alcuni vostri amici*, unos amigos vuestros; *un* — *parente*, un pariente vuestro; *è* — *questo cappotto?*, ¿es vuestro este abrigo? | *Vostra Altezza/Maestà*, Su Majestad ♦ *pron.poss. di 2ª pers.pl.* el vuestro.
votante *agg.*, *s.m./f.* votante.
votare *v.tr.* votar; (*approvare*) aprobar*: — *il bilancio preventivo*, votar el presupuesto; *hanno votato la legge*, han aprobado la ley ♦ *v.intr.* votar; — *per un partito*, votar por un partido | — *per alzata di mano*, votar a mano alzada ♦ **-rsi** *v.pron.* dedicarse*, consagrarse, entregarse*: *si votò all'insegnamento*, se entregó a la enseñanza.
votazione *s.f.* **1** votación, elección **2** (*scolastica*) nota.
votivo *agg.* (*relig.*) votivo.
voto *s.m.* **1** voto: *un* — *favorevole e due contrari*, un voto favorable y dos contrarios;

— *a scrutinio segreto*, voto secreto | *mettere ai voti*, someter a votación **2** (*scolastico*) nota (*f.*), calificación (*f.*) | *a pieni voti*, con las máximas calificaciones **3** (*relig.*) voto: — *di castità*, voto de castidad | *prendere i voti*, consagrarse.

voyeur *s.m.* voyeur.

voyeurismo *s.m.* voyeurismo.

vulcanico *agg.* **1** volcánico **2** (*fig.*) frenético, desbordante.

vulcanizzare *v.tr.* vulcanizar*, recauchutar.

vulcanizzazione *s.f.* (*chim.*) vulcanización.

vulcano *s.m.* volcán: — *spento*, *attivo*, volcán extinto, activo | (*fig.*) *quel ragazzo è un — di idee*, ese chico es un hervidero de ideas.

vulcanologia *s.f.* vulcanología.

vulcanologo *s.m.* vulcanólogo.

vulgata *s.f.* (*filologia*) vulgata | (*Bibbia*) *la Vulgata*, la Vulgata.

vulnerabile *agg.* vulnerable, débil.

vulnerabilità *s.f.* vulnerabilidad.

vulva *s.f.* (*anat.*) vulva.

vuotare *v.tr.* vaciar; (*rovesciare*) verter* | (*fig.*) — *il sacco*, cantar de plano, desembuchar.

vuoto *agg.* vacío: *una bottiglia vuota*, una botella vacía | *a mani vuote*, con las manos vacías ♦ *s.m.* **1** vacío: *con lo sguardo perso nel —*, con la mirada perdida en el vacío | *cadere nel —*, caer al vacío | *la tua partenza ha lasciato un grande —*, tu ida ha dejado un gran vacío | (*aer.*) — *d'aria*, bache | — *di memoria*, mente en blanco **2** (*recipiente*) envase: — *a perdere*, *a rendere*, envase desechable, retornable **3** (*cavità*) hueco

■ ***a vuoto***, (*invano*) en vano | ***andare a vuoto***, fracasar: *il primo tentativo è andato a —*, el primer intento fracasó | ***assegno a vuoto***, talón sin fondos/en descubierto | ***confezione sotto vuoto***, envasado al vacío.

Ww

w *s.f.* w | (*tel.*) — *come Washington*, w como Washington.
wafer *s.m.* galleta (*f.*) de barquillo.
wagon-lit *s.m.* coche cama.
walkman *s.m.* walkman, cascos (*pl.*), auriculares (*pl.*).
water *s.m.* retrete, váter, inodoro.
watt *s.m.* (*elettr.*) vatio, watt.
web *s.m.* (*inform.*) web (*f.*) | *pagina* —, página web.
webcam *s.f.* (*inform.*) cámara (*f.*) web.
week-end *s.m.* fin de semana: *buon* —, buen/feliz fin de semana.
western *agg.* (*cinem.*) de vaqueros, del oeste: *un film* —, una película de vaqueros | (*come s.m.*) — *all'italiana*, espagueti western.
whisky *s.m.* güisqui, whisky.
windsurf *s.m.* windsurf, tabla (*f.*) de vela.
windsurfista *s.m./f.* surfista.
word processing *s.m.* procesamiento de textos.
würstel *s.m.* salchicha (*f.*) de Frankfurt.

Xx

x *s.f.* x | (*tel.*) — *come Xeres*, x como xilófono | *avere le gambe a* —, ser patizambo.
xenofobia *s.f.* xenofobía.
xenofobo *agg.*, *s.m.* xenófobo.
xeres *s.m.* (*vino*) jerez.
xerografia *s.f.* xerografía.
xilofonista *s.m./f.* (*mus.*) xilofonista.
xilofono *s.m.* (*mus.*) xilófono, xilofón; (*Amer.*) marimba (*f.*).
xilografia *s.f.* xilografía.

Yy

y *s.f.* y | (*tel.*) – *come yacht*, y como yegua.
yacht *s.m.* yate.
yachting *s.m.* vela (*f.*).
yankee *agg.*, *s.m./f.* yanqui, gringo (*m.*), estadounidense.
yard *s.f.* yarda.
yemenita *agg.*, *s.m./f.* yemení.
yen *s.m.* yen.
yeti *s.m.* yeti.
yoga *s.m.* yoga.
yogurt *s.m.* yogurt, yogur.
yogurtiera *s.f.* yogurtera.
yucca *s.f.* yuca.

Zz

z *s.f.* z | (*tel.*) — *come Zara*, z como Zaragoza | *dalla a alla* —, de pe a pa.
zabaione *s.m.* (*cuc.*) sabayón.
zacchera *s.f.* (*schizzo di fango*) salpicadura, lodo (*m.*).
zaffata *s.f.* **1** (*esalazione*) tufarada, vaharada **2** (*spruzzo*) rociado (*m.*).
zafferano *s.m.* azafrán.
zaffiro *s.m.* zafiro, zafir.
zagara *s.f.* (*bot.*) azahar (*m.*).
zaino *s.m.* mochila (*f.*); (*Amer.*) morral; (*mil.*) macuto.
zampa *s.f.* pata; (*di felini*) zarpa: *la — del leone*, la zarpa del león; (*di uccelli*) garra, zanca | *il bambino cammina a quattro zampe*, el niño anda a gatas/gatea
■ (*abbigl.*) ***pantaloni a zampa d'elefante***, pantalones de elefante | (*fig.*, *rughe*) ***zampe di gallina***, patas de gallo.
zampettare *v.intr.* (*fam.*) corretear, retozar*.
zampillare *v.intr.* brotar, manar, surgir*.
zampillo *s.m.* chorro, chorrito.
zampino *s.m.* patita (*f.*) | *ficcare lo* —, meter las narices.
zampogna *s.f.* (*mus.*) zampoña; cornamusa, gaita.
zampognaro *s.m.* gaitero.
zampone *s.m.* (*cuc.*) pata (*f.*) de cerdo rellena.
zanca *s.f.* grapa, zanca.
zangola *s.f.* mantequera.
zanna *s.f.* colmillo (*m.*).
zanzara *s.f.* (*zool.*) mosquito (*m.*); (*Amer.*) zancudo (*m.*).
zanzariera *s.f.* mosquitera, mosquitero (*m.*).
zappa *s.f.* azada, zapa, pala, azadón (*m.*) | (*fig.*) *tirarsi la — sui piedi*, tirar piedras al propio tejado.
zappare *v.tr.* zapar, cavar: — *la terra*, labrar la tierra.
zappetta *s.f.* azadilla, escarda.
zapping *s.m.* (*tv*) zapping, zapeo.
zar *s.m.* zar.
zarina *s.f.* zarina.
zarista *agg.*, *s.m./f.* (*pol.*) zarista.
zattera *s.f.* balsa, almadía.
zavorra *s.f.* **1** lastre (*m.*) **2** (*fig.*) obstáculo (*m.*), estorbo (*m.*); (*di persona*) pelma (*m./f.*).
zavorrare *v.tr.* lastrar.
zazzera *s.f.* melena, cabellera, flequillo (*m.*); (*spreg.*) maraña.
zebra *s.f.* **1** (*zool.*) cebra **2** (*pl.*) (*passaggio pedonale*) paso (*m.sing.*) peatonal.
zebrato *agg.* acebrado, cebrado, rayado.
zecca[1] *s.f.* casa de la moneda, ceca | *nuovo di* —, nuevo flamante.
zecca[2] *s.f.* (*zool.*) garrapata; (*Amer.*) pito (*m.*).
zecchino *s.m.* (*moneta*) cequí, moneda (*f.*) de oro.
zelante *agg.* celante, diligente, solícito.
zelo *s.m.* celo, esmero, dedicación (*f.*); (*fervore*) fervor.
zen *agg.*, *s.m.* zen.
zenit *s.m.* **1** cénit, zenit **2** (*fig.*) cénit, ápice.
zenzero *s.m.* (*bot.*) jengibre.
zeppa *s.f.* **1** (*cuneo*) cuña, tartugo (*m.*) **2** (*di calzatura*) plataforma: *sandali con la* —, sandalias de plataforma.
zeppo *agg.* lleno, repleto, abarrotado: *il bar era (pieno) — di gente*, el bar estaba a tope.
zerbino *s.m.* felpudo, esterilla (*f.*), limpiabarros.
zero *agg.num.card.* cero | *crescita* —, crecimiento cero ♦ *s.m.* cero: *la temperatura è sotto* —, la temperatura está bajo cero | *l'hanno rapato a* —, le cortaron el pelo al rape/cero | *ripartire da* —, hacer borrón y cuenta nueva | (*fig.*) *essere uno* —, ser un cero a la izquierda.
zeta *s.f.* ceta.
zia *s.f.* tía.
zibaldone *s.m.* cuaderno de apuntes; (*fig.*) mezcla (*f.*), barullo.
zibellino *s.m.* (*zool.*) marta (*f.*) cibelina.
zigano *s.m.* gitano, cíngaro, zíngaro.
zigomo *s.m.* (*anat.*) pómulo.
zigzag, zig zag *s.m.* zigzag | *andare a* —, zigzaguear, hacer eses.
zimbello *s.m.* **1** señuelo, cimbel **2** (*fig.*) hazmerreír, pelele.
zincato *agg.* cincado, galvanizado.
zinco *s.m.* (*chim.*) cinc, zinc.
zingaresco *agg.* gitanesco, gitano.
zingaro *s.m.* gitano; (*spreg.*) vago.
zio *s.m.* tío.

zircone *s.m.* (*pietra semipreziosa*) jacinto, circonita (*f.*).
zirconio *s.m.* (*min.*) circón, zircón.
zitella *s.f.* soltera, (*spreg.*) solterona.
zitellone *s.m.* solterón: — *incallito*, solterón empedernido.
zittire *v.intr.* callarse ♦ *v.tr.* hacer* callar, sisear, abuchear, acallar ♦ **-rsi** *v.pron.* callarse.
zitto *agg.* callado, silencioso | *rimanere* —, callarse | *stai* —!, ¡cállate!
zizzania *s.f.* (*bot.*) cizaña (*anche fig.*) | *seminare* —, sembrar cizaña.
zoccolo *s.m.* **1** (*calzatura*) zueco, almadreña (*f.*), chanclo, chancleta (*f.*) **2** (*di cavallo*) casco; (*di mucca, pecora*) pezuña (*f.*) **3** (*arch.*) zócalo; (*di colonna*) pedestal.
zodiaco *s.m.* zodiaco.
zolfanello *s.m.* (*fiammifero*) fósforo, cerilla (*f.*).
zolfo *s.m.* azufre.
zolla *s.f.* terrón (*m.*), gleba.
zolletta *s.f.* (*di zucchero*) terrón (*m.*) de azúcar.
zona *s.f.* zona, área; territorio (*m.*) | — *residenziale*, zona residencial | — *verde*, zona verde | (*aut.*) — *disco*, zona azul | (*dir.*) — *franca*, zona franca.
zonzo, a *loc.avv.*: *andare* —, callejear, vagar*.
zoo *s.m.* zoológico, zoo.
zoologia *s.f.* zoología.
zoom *s.m.* (*foto.*) zum.
zootecnico *agg.* zootécnico.
zoppicare *v.intr.* **1** cojear, claudicar* **2** (*fig.*) vacilar, no saber* mucho de: *questo studente zoppica in storia*, este estudiante está flojo en historia.
zotico *agg.* zafio, grosero, rústico, basto.
zuavo *s.m.* zuavo | (*abbigl.*) *pantaloni alla zuava*, pantalón bombacho.
zucca *s.f* **1** (*bot.*) calabaza; (*Amer.*) zapallo (*m.*) **2** (*fig.*) cabeza, coco (*m.*).
zuccherare *v.tr.* azucarar, endulzar*.
zuccheriera *s.f.* azucarera, azucarero (*m.*).
zuccherificio *s.m.* azucarera (*f.*); (*Amer.*) ingenio azucarero.
zucchero *s.m.* azúcar | — *di canna/grezzo*, azúcar moreno; (*Amer.*) panela | — *a velo*, azúcar glas | — *filato*, algodón dulce.
zucchina *s.f.* (*bot.*) calabacín (*m.*); (*Amer.*) zapallito (*m.*).
zuccone *s.m.* terco, testarudo; (*fam.*) cabezota (*m./f.*), cabezón.
zuffa *s.f.* riña, pelea, contienda, zipizape (*m.*).
zufolare *v.intr.* tocar* el caramillo ♦ *v.tr.* pitar, silbar.
zufolo *s.m.* (*mus.*) flautilla (*f.*), caramillo, chirimía (*f.*).
zulù *agg.*, *s.m.* zulú.
zumare *v.tr./intr.* (*cinem.*) utilizar* el zum.
zuppa *s.f.* (*cuc.*) sopa.
zuppiera *s.f.* (*cuc.*) sopera.
zuppo *agg.* empapado, calado, mojado.

APPENDICI

Alfabeto, pronuncia e ortografia
Grammatica
Conversazione

Alfabeto, pronuncia e ortografia

INDICE

1. ALFABETO

L'alfabeto (*alfabeto*) spagnolo ha **29 lettere**, di cui **5 vocali** (*vocales*), ***a***, ***e***, ***i***, ***o***, ***u***, e **24 consonanti** (*consonantes*), anche se la lettera ***y*** corrisponde a due suoni, uno vocalico e uno consonantico, come vedremo. Diamo qui di seguito tutte le lettere, indicando tra parentesi quadre come si leggono secondo i simboli dell'*Alfabeto fonetico internazionale*:

A a	[ɑ]	*N n*	[ene]
B b	[be]	*Ñ ñ*	[eɲe]
C c	[θe]	*O o*	[o]
Ch ch	[tʃe]	*P p*	[pe]
D d	[de]	*Q q*	[ku]
E e	[e]	*R r*	[erre]
F f	[efe]	*S s*	[ese]
G g	[χe]	*T t*	[te]
H h	[ɑtʃe]	*U u*	[u]
I i	[i]	*V v*	[uβe]
J j	[χotɑ]	*W w*	[uβe doβle]
K k	[kɑ]	*X x*	[ekis]
L l	[ele]	*Y y*	[i ɣrieɣɑ]
Ll ll	[eʎe]	*Z z*	[θetɑ]
M m	[eme]		

2. SUONI

Lo **spagnolo** è **una delle lingue più parlate al mondo**; oltre che in Spagna, infatti, è diffuso nella maggior parte dei paesi dell'America centrale e meridionale con **nette differenze di pronuncia e di lessico**. Per semplificare il lavoro di trascrizione dei diversi suoni, qui ci limitiamo a considerare il modello di **pronuncia standard del castigliano parlato in Spagna**, che può essere compreso ovunque.

Lo spagnolo, come l'italiano, è una **lingua fonetica** (cioè **tutte le lettere scritte**, vocali e consonanti, **devono essere pronunciate**, salvo alcune eccezioni), anche se bisogna imparare la **pronuncia di alcune lettere** o **combinazioni di lettere** che determinano un suono particolare, a volte **inesistente** in italiano. Nelle pagine che seguono daremo quindi una breve e semplificata descrizione dei suoni dello spagnolo servendoci di alcuni esempi e delle eventuali corrispondenze con i suoni italiani.

Vocali

- Le vocali ***a***, ***e***, ***i***, ***o***, ***u*** si pronunciano **più o meno come in italiano**:

- La ***a*** si pronuncia come in italiano:

  a [ɑ] = *la*, ***casa*** (come in: **la**, **casa**)

- la ***e*** corrisponde alla **e chiusa** italiana:

  e [e] = *tres*, *verde*, ***elefante*** (come in: r**e**te)

- la ***i*** si pronuncia come in italiano:

  i [i] = *equilibrio*, *amigo*, *mil* (come in: equ**i**l**i**br**i**o, am**i**co, m**i**lle)

  Attenzione! La lettera ***y*** corrisponde al **suono vocalico** [i] in **fine di parola** e quando è usata da sola come **congiunzione copulativa**; negli altri casi è considerata **consonante** (→ Consonanti):

  le**y**, re**y**, so**y**, las dos **y** cuarto

- la ***o*** corrisponde alla **o aperta** italiana:

  o [o] = *coloso*, *dormir*, *solo* (come in: f**o**rte)

- la ***u*** corrisponde alla **u** italiana:

  u [u] = *multa, gurú* (come in: m**u**lta)

- Se **due o tre vocali** si uniscono in un'**unica sillaba** (dittongo o trittongo) ciascuna di esse **si pronuncia separatamente** e mantiene il suo **suono abituale**:

  c**au**sa, estud**iái**s

Consonanti

Ci soffermiamo qui soprattutto sulle consonanti e sui gruppi consonantici che presentano **alcune difficoltà o particolarità** rispetto alla pronuncia italiana (nelle parentesi tonde non diamo la traduzione ma esempi di suoni italiani corrispondenti o, quando questi non esistano, una breve spiegazione). Conviene tener presente che **in spagnolo non esistono le consonanti doppie**.

- Le consonanti ***f***, ***l***, ***m***, ***n***, ***p***, ***r***, ***t*** si pronunciano come in italiano:

  fue**r**za, **l**ago, **m**a**n**o, **p**uer**t**a

- ***b*** [b] = ***b****ar*, ***b****ar****b****a*, (**b**ar, **b**ere, **b**arba); **in principio** di parola o **a contatto con una consonante** si pronuncia **come in italiano**

  Attenzione! Quando ***b*** è **tra due vocali** (per esempio in *be****b****er* e *aca****b****ar*) ha un **suono più debole** [β]: le labbra si sfiorano appena, producendo un suono **intermedio tra** la **b** e la **v** italiane

- ***c*** [k] + ***a*** / ***o*** / ***u*** = ***c****antar*, ***c****omo*, ***c****urva* (**c**antare, **c**ome, **c**urva)

- ***c*** [θ] + ***e*** / ***i*** = ***c****ena*, *de****c****isión*, ***C****e****c****ilia*; corrisponde più o meno al suono del ***th*** **inglese** in *think*, con la lingua tra i denti al momento della pronuncia (in molte zone della Spagna meridionale e in quasi tutta l'America latina, *ce*, *ci* si pronunciano *se*, *si*)

- ***cc*** [kθ] + ***e*** / ***i*** = *a****cc****eder* , *a****cc****ión* (le due *c* si pronunciano staccate: la prima come in **c**asa e la seconda come il ***th*** **inglese** di *think*)

- ***ch*** [tʃ] = ***Ch****ile*, *ma****ch****o*, *e****ch****ar*, *violon****ch****elo*, *le****ch****uga* (corrisponde al suono della **c** italiana di **C**ile e **ce**ce)

- ***d*** [d] = ***d****ar*, *a****d****mitir* (**d**are, **d**ito); **in principio** di parola o **a contatto con una consonante** si pronuncia **come in italiano**

Attenzione! Quando ***d*** [ð] è **tra due vocali** (per esempio in *de**d**o* e *ca**d**a*) ha un **suono più debole**: le labbra sfiorano appena i denti superiori

- ***g*** [g] + ***a*** / ***o*** / ***u*** = ***g**ato*, ***g**rande* (**g**atto, la**g**o); **in principio** di parola o **a contatto con una consonante** si pronuncia **come in italiano**

  Attenzione! Quando ***g*** [ɣ] è **tra due vocali** (per esempio in *la**g**o* e *pa**g**ar*) ha un **suono più debole**: la parte posteriore della lingua tocca appena il velo del palato)

- ***g*** + ***e*** / ***i*** [χ] = ***g**irar*, *a**g**enda*; ha un **suono aspirato** come il ***ch*** **tedesco** in *Bach*, con la parte posteriore della lingua nel velo del palato al momento della pronuncia

- ***gu*** [g, ɣ] + ***e*** / ***i*** = ***gu**erra*, *lle**gu**en*, ***gu**iñar*, *se**gu**ir* (**gh**etto, la**ghi**); la ***u*** **non si pronuncia** e la ***g*** adotta il suono di ***g*** + ***a*** / ***o*** / ***u***, coincidente con quello di **ghe**, **ghi** in italiano

- ***gü*** [gu, ɣu] + ***e*** / ***i*** = *ambi**gü**edad*, *lin**gü**ística* (san**gu**e, lin**gu**istica); la ***u*** **si pronuncia** e la ***g*** adotta il suono di ***g*** + ***a*** / ***o*** / ***u***, per cui coincide con i suoni italiani **gue**, **gui**

- ***gn*** [χn] = *ma**gn**ífico*; le due **consonanti si pronunciano staccate**: la ***g*** ha un suono aspirato come il ***ch*** **tedesco** in *Bach*, mentre la ***n*** è uguale a quella italiana

- ***h*** [∅] = ***h**umano*, *a**h**ora*; **non si pronuncia** e non va **mai aspirata**

- ***j*** [χ] = *ro**j**o*, ***j**amón*, ***j**oven*; ha un **suono aspirato** come il ***ch*** **tedesco** in *Bach*, con la parte posteriore della lingua nel velo del palato al momento della pronuncia

- ***k*** [k] = ***k**ilo*, ***k**ilómetro* (**ch**ilo); conserva il suono che le è proprio e appare soltanto in **parole di origine straniera**

- ***ll*** [ʎ] = ***ll**amar*, *be**ll**o* (bi**gli**a, pa**gli**a, **gli**elo); si pronuncia come il gruppo **gli** dell'italiano ma**gli**a

- ***ñ*** [gn] = *Espa**ñ**a*, *empe**ñ**o* (Spa**gn**a, impe**gn**o); si pronuncia come il gruppo italiano **gn**

- ***qu*** [k] + ***e*** / ***i*** = ***qu****erer*, ***qu****ímica* (**ch**erosene, **ch**imica); si pronuncia come **che**, **chi** in italiano; la ***u*** **non si pronuncia mai**

- ***r*** [r] = ***r****osa*, *al****r****ededor*, *hon****r****a*; **in principio** di parola o **dopo** le consonanti ***l*** ed ***n*** ha un **suono più pronunciato** rispetto all'italiano

- ***s*** [s] = *ca****s****a*, ***s****alir*, *tre****s*** (**se**ra, **si**gnore); si pronuncia **sempre sorda** come in **s**apere, **anche quando è tra due vocali**

- ***sc*** [sθ] + ***e*** / ***i*** = *a****sc****ensor*, *pi****sc****ina*; le due consonanti **si pronunciano staccate**: la ***s*** è **sorda**, come sempre, mentre la ***c*** corrisponde al ***th*** **inglese** di *think*

- ***v*** [b, β] = ***v****ida*, ***v****anidad*, *ca****v****ar* (**b**ene, ru**b**are); **coincide con il suono della *b***: in **posizione iniziale** di enunciato o **a contatto con una consonante** si pronuncia come in italiano

  Attenzione! Quando ***v*** [β] è **tra due vocali** (per esempio in *ca****v****ar*) ha un **suono più debole**: le labbra si sfiorano appena, producendo un suono intermedio **tra** la **b** e la **v** italiane

- ***w*** [b] = ***w****ater*, ***W****agner*, si trova in alcune parole di origine straniera e si pronuncia come la coppia ***b*** / ***v***

- ***x*** [ks] = *e****x****amen*, *e****x****tremidades*; coincide con la **x** italiana: si pronuncia come due suoni staccati di cui il primo coincide con la **c** di **ca**, **co**, **cu** e il secondo è una **s**

- ***y*** [ja, je, ji, jo, ju] = *va****y****a*, ***y****ema*, ***y****in*, ***y****o*, ***Y****ucatán* (**già**, **ge**nere, **gi**ta, **gio**stra, **giù**) **in principio di parola** e **tra due vocali** è considerata **consonante** (del valore vocalico di ***y*** si è detto prima)

- ***z*** [θ] = *ta****z****a*, ***z****orro*; si pronuncia sempre come il ***th*** **inglese** di *think* (in molte zone della Spagna e in quasi tutta l'America latina, la pronuncia di questa grafia coincide con quella della ***s***)

3. ORTOGRAFIA

Divisione sillabica

In spagnolo la **divisione** delle parole in **sillabe** è simile a quella dell'italiano, tranne in alcuni casi:

- la ***s*** davanti a **consonante** e nelle **parole composte** fa parte della sillaba che la precede:

  *ca**s**-ta-ña, te**s**-ti-mo-nio, no**s**-o-tros*
  ca-sta-gna, te-sti-mo-ne, noi / noi-al-tri

- i gruppi ***ll*** ed ***rr*** **non si dividono mai** e formano una sillaba con la vocale che segue:

  *mar-ti-**llo**, ca-**rro**-za*
  mar-tel-lo, car-roz-za

Accenti

- In spagnolo, come in italiano, tutte le parole hanno un **accento tonico** (*acento tónico*), la cui posizione è **variabile**. L'**accento grafico** spagnolo (*la tilde*) è **sempre acuto** (´) e la sua presenza o assenza **serve a indicare su quale sillaba** della parola **cade l'accento tonico**.

- L'**accento grafico** si usa:

- sulle **parole tronche** (accento tonico sull'ultima sillaba) che hanno **più d'una sillaba** e finiscono **per vocale** o per ***-n*** o ***-s***:

  *pap**á**, llegu**é**, colibr**í**, parti**ó**, men**ú**, acci**ó**n, ingl**é**s* [ma *libera**l*** e *dolo**r*** perché finiscono in consonante diversa da *-n* o *-s*]

- sulle **parole piane** (accento tonico sulla penultima sillaba) che finiscono **per consonante**, **tranne** ***-n*** o ***-s***:

  ***ú**til, car**á**cter, **á**lbum* [ma *horte**n**sia* perché finisce in vocale, ***due**rmen* *e **vie**rnes* che terminano in *-n* ed *-s*]

- su **tutte** le parole **sdrucciole** o **bisdrucciole** (accento tonico sulla terzultima o quartultima sillaba):

  ***fí**sico, an**á**lisis, tel**é**fono, ens**é**ñamelo*

- Di regola le **parole** che hanno **una sola sillaba** (tronche per definizione) **non portano l'accento grafico** (*fue, tres, vas* ecc.); ciononostante, in alcuni casi questo **accento** distingue **due parole omonime** (*tilde diacrítica*):

dé (3ª pers. sing. *subjuntivo presente* del verbo *dar*) = dia ***de*** (preposizione) = di
él (pronome personale) = egli, lui ***el*** (articolo) = il, l', lo
más (avverbio di quantità) = più ***mas*** (congiunzione avversativa) = ma
mí (pronome personale) = me ***mi*** (aggettivo possessivo) = mio / mia
sé (1ª pers. sing. *indicativo presente* del verbo *saber*) = so; (2ª pers. sing. *imperativo* del verbo *ser*) = sii ***se*** (pronome personale e riflessivo) = si
sí (pronome riflessivo) = se; (avverbio) = sì ***si*** (congiunzione condizionale) = se
tè (nome) = tè ***te*** (pronome personale) = ti
tú (pronome personale) = tu ***tu*** (aggettivo possessivo) = tuo / tua

- L'accento grafico serve a **distinguere** anche alcuni **pronomi e avverbi esclamativi e interrogativi** (***quién***, ***qué***, ***cuál***, ***cómo***, ***cuándo***, ***cuánto***, ***dónde*** → 7.2; 11.2) dai corrispondenti **relativi** (***quien***, ***que***, ***cual***, ***como***, ***cuando***, ***cuanto***, ***donde*** → 5.2; 12.2); l'accento grafico distingue inoltre ***sólo*** avverbio (solamente) da ***solo*** aggettivo (solo).

- Un caso speciale è quello di ***aún*** (ancora), avverbio bisillabo tronco, e ***aun*** (pur / anche se) particella concessiva monosillaba:

  Aún */ Todavía no me han llamado*; ***Aun*** *sabiéndolo no nos dijeron nada*
  Non mi hanno ancora chiamato; Pur sapendolo non ci hanno detto niente

- L'**unione di due o tre** vocali nella stessa sillaba (dittongo o trittongo) segue le **regole normali** dell'accento grafico (parole tronche, piane, sdrucciole e bisdrucciole), e l'**accento grafico** cade sempre **sulla vocale aperta** (*a*, *e*, *o*) o **sulla seconda** se si tratta di **due vocali chiuse** (*ui*, *iu*):

  *reci**é**n*, *viento*, *mi**é**nteme*, *cu**í**date* (dittonghi)
  *espi**á**is*, *limpi**é**is* (trittonghi)

Attenzione! Le **parole tronche** che finiscono in ***ay***, ***ey***, ***oy***, ***uy***, ***au***, ***eu***, ***ou*** **non si accentano**:

*conv**oy**, virr**ey**, l**ey**, bu**ey***
convoglio, viceré, legge, bue

- **L'unione di due vocali appartenenti a sillabe distinte** (iato) obbedisce alle seguenti regole per quanto riguarda l'accento grafico:

- **due vocali aperte** seguono le regole generali:

*ca-o-ba, a-**é**-re-o, cr**é**-e-te-lo*

- **vocale chiusa tonica** + **vocale aperta**: questo iato porta **sempre l'accento grafico** per evitare di confonderlo con un dittongo:

*m**í**-o, punt**ú**-o, ten**í**-a*

- **vocale aperta** + **vocale chiusa**: la vocale tonica è sempre quella chiusa e si mette **sempre l'accento grafico** per evitare di confondere lo iato con un dittongo:

*re-**í**d, ta-h**ú**r, a-h**í***

Attenzione! Le combinazioni ***iu*** / ***ui*** sono considerate **sempre dei dittonghi** e seguono le regole generali:

*r**ui**do, v**iu**do, jes**ui**ta, intervi**ú***

- Per quanto riguarda le **parole composte**, bisogna tener presente quanto segue:

- quando si scrivono **senza trattino**, soltanto il **secondo componente** della parola composta **conserva l'accento** se, preso isolatamente, era già accentato (in accordo con le **regole generali**):

*videojuego, asimismo, decimos**é**ptimo*
videogioco, così, diciassettesimo

- quando si scrivono **con il trattino**, ogni componente è tonico e **può portare l'accento grafico**, in accordo con le **regole generali**:

*te**ó**rico-pr**á**ctico, italo-argentino*
teorico-pratico, italoargentino / italo-argentino

- gli avverbi in ***-mente*** ammettono l'**accento grafico** sul **primo componente** ma soltanto quando l'**aggettivo originario** portava già l'**accento** (→ 11.2):

  (estúpida →) estúpidamente, (difícil →) difícilmente, (sola →) solamente, (lenta →) lentamente
  stupidamente, difficilmente, solamente, lentamente

- le parole composte da una **forma verbale** e dai **pronomi personali** atoni seguono le **regole generali**:

  dime, hazlo, dímelo, házmelo, cuéntanoslo
  dimmi, fallo, dimmelo, fammelo, raccontacelo

Dieresi

La dieresi (*diéresis*) si mette sulla ***u*** per indicare che questa vocale **si pronuncia separata** dalla vocale che la segue nelle combinazioni ***güi***, ***güe***:

lingüística, ambigüedad
linguistica, ambiguità

Trattino

Il trattino (*guión*) serve a indicare il **segno di a capo a fine riga**, a unire i componenti in alcune **parole composte** e a indicare una **successione di numeri** (date, pagine ecc.):

físico-químico; *imprimir las páginas 30-35*; *exposición entre el 4-25 de febrero*
fisico chimico; stampare le pagine 30-35; esposizione tra il 14 e il 25 di febbraio

4. PUNTEGGIATURA

Segni d'interpunzione

I segni di punteggiatura nello scritto servono a dare indicazioni d'intonazione o di ritmo, chiarendo il senso del discorso. In spagnolo l'uso di ***punto*** (punto), ***coma*** (virgola), ***punto y coma*** (punto e virgola), ***dos puntos*** (due punti), ***puntos suspensivos*** (puntini di sospensione), ***paréntesis*** (parentesi) e ***comillas*** (virgolette) non crea difficoltà perché è praticamente uguale a quello italiano.

Attenzione! In spagnolo il **punto di domanda** e il **punto esclamativo** sono obbligatori sia **all'inizio** della frase interrogativa o esclamativa (punti di apertura: ***¿ ¡***) sia **alla fine** (punti di chiusura: ***? !***):

¿Diga? ¿Con quién hablo?; *¡Es increíble!*
Pronto? Con chi parlo?; È incredibile!

Grammatica

INDICE

1. COSTRUZIONE DELLA FRASE

A. Frase affermativa

• In spagnolo, come in italiano, la posizione delle parole nella frase non è stabilita rigidamente. Di solito si comincia con il **soggetto**.

El pan está en la mesa.	Il pane è sul tavolo.

• Ma il soggetto non deve essere espresso obbligatoriamente. Anzi, se si tratta di un pronome personale, normalmente lo si tralascia, a meno che gli si voglia dare un particolare rilievo (ad esempio, per contrapporre l'opinione o l'atteggiamento di due persone).

Vuelvo a las siete más o menos.	Torno verso le sette.
¡Yo trabajo y tú no haces nada!	Io lavoro e tu non fai nulla!

B. Frase interrogativa

Nello spagnolo parlato per fare una domanda è sufficiente l'**intonazione della voce**; nello scritto, invece, bisogna mettere **due punti di domanda**: uno, capovolto, all'inizio della frase e l'altro alla fine. L'ordine delle parole è abbastanza flessibile.

¿Eres español?	Sei spagnolo?
¿Ha vuelto tu hermano?/ ¿Tu hermano ha vuelto?	È tornato tuo fratello?/ Tuo fratello è tornato?

C. Frase negativa

Per costruire una frase negativa si mette ***no*** davanti al verbo.

María no quiere venir.	Maria non vuole venire.
¡No grites!	Non gridare!

2. I GENERI E LA FORMAZIONE DEL FEMMINILE

In spagnolo ci sono due generi: il **maschile** e il **femminile**. Nei nomi di persone e animali i due generi corrispondono, generalmente, ai sessi **maschio/femmina**.

el hijo/la hija	il figlio/la figlia
el empleado/la empleada	l'impiegato/l'impiegata
el gato/la gata	il gatto/la gatta

- I sostantivi che finiscono per ***-o*** fanno il femminile in ***-a***.

el camarero → la camarera
il cameriere → la cameriera

- I sostantivi che finiscono per ***-e*** fanno il femminile in ***-a*** e, più raramente, in ***-esa***.

el monje → la monja
il monaco → la monaca

el conde → la condesa
il conte → la contessa

- I sostantivi che finiscono per consonante fanno il femminile aggiungendo una ***-a***.

el autor → la autora
l'autore → l'autrice

el bailarín → la bailarina
il ballerino → la ballerina

- Alcuni sostantivi che finiscono in ***-dor***, ***-tor*** fanno il femminile in ***-triz***.

el emperador → la emperatriz
l'imperatore → l'imperatrice

el actor → la actriz
l'attore → l'attrice

3. GLI ARTICOLI

In spagnolo l'articolo **si accorda** con il nome che accompagna e può quindi essere maschile o femminile, singolare o plurale.

la ciudad	la città
un hombre	un uomo
los amigos	gli amici

A. Articolo determinativo

L'articolo determinativo serve a designare persone o cose **precise** o già nominate.

Es el libro de español.	È il libro di spagnolo.

Forme

- ***el*** maschile singolare

el perro	il cane
el amigo	l'amico
el tío	lo zio

- ***la*** femminile singolare (non si apostrofa mai davanti a vocale)

la mujer	la donna
la amiga	l'amiga

- ma attenzione, davanti a un sostantivo femminile singolare che inizia per ***a*** o ***ha*** toniche, si usa ***el*** al posto di ***la***

el agua	l'acqua
el águila	l'aquila
el hada	la fata

- ***los*** maschile plurale

los niños	i bambini

- ***las*** femminile plurale

las chicas	le ragazze
las aguas	le acque
las hadas	le fate

- La forma ***lo*** non è un articolo, ma un pronome neutro la cui traduzione corrisponde più o meno a ***ciò***.

Lo que dices.	Ciò che dici.
Lo dificil es ganar.	La cosa difficile è vincere.

B. Articolo indeterminativo

L'articolo indeterminativo indica una persona o una cosa generica, **non definita**. Contrariamente all'italiano, in spagnolo esistono una forma **singolare** e una **plurale**.

Forme

- ***un*** maschile

un trabajo	un lavoro

- ***una*** femminile (non si apostrofa mai davanti a vocale)

una casa	una casa
una amiga	un'amica

- ***unos*** maschile plurale

unos amigos	alcuni/degli amici

- ***unas*** femminile plurale

unas señoras	alcune/delle signore

- Attenzione: in spagnolo non esiste l'articolo partitivo. Per indicare **una certa quantità**, non meglio precisata, al singolare non si mette alcun articolo, mentre al plurale di solito si usa ***algunos/algunas***.

Quiero pan.	Voglio del pane.
Había algunas personas.	C'erano alcune/delle persone.

4. I NOMI E LA FORMAZIONE DEL PLURALE

- I nomi che finiscono per ***-o*** sono generalmente **maschili** e fanno il plurale in ***-os***.

el edificio → los edificios

l'edificio → gli edifici

- Alcune parole in ***-o***, molto usate, sono però **femminili**.

la moto/la radio → las motos/las radios
la moto/la radio → le moto/le radio

- I nomi in -***a*** sono generalmente **femminili** e fanno il plurale in -***as***; se sono **maschili**, fanno comunque il plurale in ***-as*** mentre l'articolo varia a seconda del genere.

la puerta → las puertas
la porta → le porte

el/la artista → los/las artistas
l'artista → gli artisti/le artiste

• I nomi in che finiscono per vocale accentata, per **-e** o consonante, fanno il plurale in ***-es***.

el café → los cafés
il caffè → i caffè

el estudiante → los estudiantes
lo studente → gli studenti

el animal → los animales
l'animale → gli animali

el camión → los camiones
il camion → i camion

• I nomi in che finiscono per ***-x*** e ***-z*** al plurale perdono queste consonanti e aggiungono ***-ces***.

la raíz → las raíces
la radice → le radici

5. GLI AGGETTIVI

Gli aggettivi si accordano con il nome che accompagnano e possono trovarsi prima o dopo quest'ultimo (per la formazione del plurale seguono le stesse regole dei nomi → **4. I nomi e la formazione del plurale**). Per la formazione del **femminile** si distinguono:

• aggettivi che al maschile finiscono per -***o*** e fanno il femminile in -***a***

un hombre rubio/una mujer rubia — un uomo biondo/una donna bionda

• aggettivi che hanno un'unica terminazione in -**e** per il maschile e il femminile

un niño/una niña inteligente — un bambino/una bambina intelligente

• aggettivi che finiscono per ***-án***, ***-ón***, ***-or*** + quelli indicanti nazionalità che terminano in consonante e fanno il femminile aggiungendo una ***-a***

un hombre trabajador/ una mujer trabajadora — un uomo lavoratore/ una donna lavoratrice

un señor danés/una señora danesa	un signore/una signora danese

• aggettivi che finiscono per consonante e sono invariabili

un niño/una niña normal	un bambino/una bambina normale

A. Il comparativo

• Il comparativo si forma mettendo ***más*** o ***menos*** davanti all'aggettivo. Il secondo termine di paragone di solito è introdotto dalla congiunzione ***que***, ma in alcuni casi, quando si tratta di una quantità o di una frase relativa, si usa la preposizione ***de***.

Pedro es **más** amable **que** tú.	Pedro è più gentile di te.
Esta casa es **menos** cara **que** la tuya.	Questa casa è meno cara della tua.
Había **más de** dos mil personas.	C'erano più di duemila persone.
Hay **más** gente **de** lo que pensaba.	C'è più gente di quanto pensassi.

• Ma:

Este coche cuesta **como** aquél.	Questa macchina costa come quella.

B. Il superlativo

Il superlativo si forma mettendo ***muy*** davanti all'aggettivo o sostituendo ***-ísimo*** alla sua lettera finale, ma quest'ultima forma è meno usata che in italiano.

Es extraño → Es **muy** extraño/extrañ**ísimo**.

È strano → È molto strano/stranissimo.

6. I PRONOMI PERSONALI

A. Soggetti

Yo	Io
Tú	Tu
Él	Egli/Lui
Ella	Essa/Lei
Nosotros/as	Noi
Vosotros/as	Voi
Ellos	Essi
Ellas	Esse

B. Complementi

	Prima del verbo	Dopo una preposizione
Yo	me	mí
Tú	te	ti
Él	lo/le	él
Ella	la/le	ella
Nosotros/as	nos	nosotros/as
Vosotros/as	os	vosotros/as
Ellos	los/les	ellos
Ellas	los/les	ellas

Me ha invitado.	Mi ha invitato.
Lo/La veo mañana.	Lo/la vedo domani.
¿**Le** has enviado la carta? (a lui o a lei)	Gli/le hai spedito la lettera?
¿**Nos** avisarás?	Ci avviserai?
Los/Las he avisado.	Li/Le ho avvisati/e.
¿Es para **él/nosotros/ti**?	È per lui/noi/te?
Lo he hecho por **vosotros/ellos/mí**.	L'ho fatto per voi/loro/me.

• I pronomi ***mí*** e ***ti*** prendono forme diverse se sono preceduti dalle preposizioni ***con*** ed ***entre***.

Vienen **conmigo/contigo**.	Vengono con me/con te.
Entre **tú** y **yo** no hay problemas.	Tra me e te non ci sono problemi.

• ***Le***, ***les*** accompagnati da ***lo***, ***la***, ***los***, ***las*** si trasformano in ***se***.

Se lo he dicho mil veces.	Gliel'ho detto mille volte.

• Con i verbi all'**infinito** e al **gerundio** il pronome si fonde con il verbo.

Hay que **hacerlo**.	Bisogna farlo.
Estoy **llamándola**.	La sto chiamando.

7. I POSSESSIVI

In spagnolo i possessivi hanno due forme diverse: la prima, valida solo per gli aggettivi, precede il sostantivo e rifiuta l'articolo; la seconda segue il sostantivo quando è aggettivo e vuole l'articolo quando è pronome.

Aggettivi

Singolare		Plurale	
mi	mio/a	mis	miei/mie
tu	tuo/a	tus	tuoi/tue
su	suo/a	sus	suoi/sue
nuestro/a	nostro/a	nuestros/as	nostri/e
vuestro/a	vostro/a	vuestros/as	vostri/e
su	loro	sus	loro

Aggettivi e Pronomi

	Singolare		Plurale	
Maschile	(el) mío	il mio	(los) míos	i miei
	(el) tuyo	il tuo	(los) tuyos	i tuoi
	(el) suyo	il suo	(los) suyos	i suoi
	(el) nuestro	il nostro	(los) nuestros	i nostri
	(el) vuestro	il vostro	(los) vuestros	i vostri
	(el) suyo	il loro	(los) suyos	i loro
Femminile	(la) mía	la mia	(las) mías	le mie
	(la) tuya	la tua	(las) tuyas	le tue
	(la) suya	la sua	(las) suyas	le sue
	(la) nuestra	la nostra	(las) nuestras	le nostre
	(la) vuestra	la vostra	(las) vuestras	le vostre
	(la) suya	la loro	(las) suyas	le loro

Mis padres están de vacaciones. ¿Y **los tuyos**?	I miei genitori sono in vacanza. E i tuoi?
¿Dónde está **su** libro de español?	Dov'è il suo libro di spagnolo?
Si **vuestro** coche no arranca, coged **el nuestro**.	Se la vostra macchina non parte, prendete la nostra.
No encuentra **sus** cosas.	Non trova le sue cose.
Mi casa no está lejos.	La mia casa non è lontana.
Su trabajo es interesante, **el mío** aburrido.	Il suo lavoro è interessante, il mio noioso.

8. I DIMOSTRATIVI

In spagnolo ci sono tre forme di dimostrativi: ***este*** (che indica cose e persone vicine a chi parla, oppure un riferimento vicino nel tempo), ***ese*** (che indica cose e persone vicine a chi ascolta o un riferimento non molto lontano nel tempo), ***aquel*** (che indica cose o persone lontane da chi parla e ascolta o un riferimento lontano nel tempo).
I pronomi sono uguali agli aggettivi, ma hanno anche una forma neutra. Nella lingua scritta è possibile, ma non obbligatorio, accentare i pronomi sulla vocale tonica per distinguerli dagli aggettivi. La forma neutra non va mai accentata.

	Singolare		Plurale	
Maschile	este	questo	estos	questi
	ese	codesto, quello	esos	codesti, quelli
	aquel	quello	aquellos	quelli
Femminile	esta	questa	estas	queste
	esa	codesta, quella	esas	codeste, quelle
	aquella	quella	aquellas	quelle
Neutro	esto	questo		
	eso	quello		
	aquello	quello		

Esta cama/**Este** armario es demasiado pequeña/o.	Questo letto/Quest'armadio è troppo piccolo.
Dame **ese** periódico, por favor. No, **ése** no, **aquél** otro.	Dammi quel giornale, per favore. No, quello no, quell'altro.
No quiero **ésta**, quiero **aquélla**.	Non voglio questa, voglio quella.
Aquel año conocimos a Juan y Maribel.	Quell'anno abbiamo conosciuto. Juan e Maribel.
Esta primavera/**Este** verano volveré a casa.	Questa primavera/Quest'estate tornerò a casa.
Me gusta **esa** corbata que tiene usted en la mano.	Mi piace quella cravatta che lei ha in mano.
Esta mañana he tenido tres entrevistas.	Questa mattina ho avuto tre colloqui.
¿Quieres un poco de **esto**?	Vuoi un po' di questo?

9. GLI INDEFINITI

Gli indefiniti più usati in spagnolo sono:

ninguno/a	nessuno/a
nadie (riferito solo a persone)	nessuno
nada	niente
alguno/a/os/as	qualche, qualcuno/a, alcuno/a
alguien (riferito solo a persone)	qualcuno
cada	ogni
los demás	gli altri
otro/a/os/as	altro/a/i/e
todo/a/os/as	tutto/a/i/e

Ninguna de las casas que he visto me ha gustado.	Nessuna delle case che ho visto mi è piaciuta.
No he visto a **nadie**/No he visto **nada**.	Non ho visto nessuno/niente.
Hablé con él por teléfono hace **algunos** días.	Ho parlato al telefono con lui alcuni giorni fa/qualche giorno fa.
¿Ha llamado **alguien**?	Ha telefonato qualcuno?
Llama **cada** día.	Telefona ogni giorno.
¿Dónde están **los demás**?	Dove sono gli altri?
Éste es **otro** de mis hermanos.	Questo è un altro dei miei fratelli.
Lo saben **todos**.	Tutti lo sanno.

- ***Alguno*** e ***ninguno*** davanti a sostantivi maschili singolari perdono la ***-o*** finale.

Tráeme **algún** libro.	Portami qualche libro.
No hay **ningún** asiento libre.	Non c'è nessun posto libero.

10. I RELATIVI

In spagnolo ci sono diverse forme di pronomi relativi; la forma più facile e di uso più generale è ***que*** (si usa al maschile e al femminile, al singolare e al plurale), che può essere preceduto da preposizione semplice o articolata.

La chica **que** habla con Luis.	La ragazza che parla con Luis.

Los colegas **que** estaban con él.	I colleghi che erano con lui.
La casa **en que** vivo es antigua.	La casa in cui vivo è antica.
La película **de la que** habláis me gustó mucho.	Il film di cui parlate mi è piaciuto molto.

11. GLI INTERROGATIVI

A. I pronomi interrogativi

I pronomi interrogativi spagnoli riferiti a persone sono ***quién*** (singolare)/***quiénes*** (plurale), quelli riferiti a cose sono ***qué*** e ***cuál***.

¿**Quién** quiere venir?	Chi vuole venire.
¿**Quiénes** son ésos?	Chi sono quelli?
¿Con **quién** trabajas?	Con chi lavori?
¿**Qué** has dicho?	Che cosa hai detto?
¿**Cuál** quieres?	Quale vuoi?

B. Gli aggettivi interrogativi

L'aggettivo interrogativo è ***qué*** (***cuál*** è solo pronome) e si usa anche nelle esclamazioni.

¿**Qué** hora es?	Che ore sono?
¿**Qué** película habéis elegido?	Che/quale film avete scelto?
¡**Qué** niña tan guapa!	Che bella bambina!

C. Altri interrogativi

Altre parole utili per introdurre una domanda sono: ***por qué***, ***cuánto***, ***cuándo***, ***cómo***, ***dónde***.

¿**Por qué** no contestas?	Perché non rispondi?
¿**Cuánto** cuesta?	Quanto costa?
¿**Cuándo** puedes llamarme?	Quando puoi chiamarmi?
¿**Cómo** te llamas?	Come ti chiami?
¿**Dónde** vives?	Dove abiti?

12. LE PREPOSIZIONI

Le preposizioni spagnole più usate sono:

a	a
ante	davanti a
antes	prima
bajo	sotto
con	con
contra	contro
de	di, da
desde	da
después	dopo
en	in, su
entre	fra/tra
hacia	verso
hasta	fino
para	per
por	per, da, attraverso
según	secondo, a seconda di
sin	senza
sobre	sopra
tras	dietro

He ido **a** México muchas veces.	Sono andato in Messico molte volte.
Los seres humanos son iguales **ante** la ley.	Gli esseri umani sono uguali davanti alla legge.
Bajo mi ventana hay un bar.	Sotto alla mia finestra c'è un bar.
Ayer lo vi **con** su hermana.	Ieri l'ho visto con sua sorella.
Puedes apoyar los esquís **contra** la pared.	Puoi appoggiare gli sci contro il muro.
Ese coche es **de** mi vecino.	Quella macchina è del mio vicino.
Desde aquí hay una vista bonita.	Da qui c'è una bella veduta.
Nos vemos **antes/después** de cenar.	Ci vediamo prima di/dopo cena.
En mi casa se oyen muchos ruidos.	A casa mia si sentono molti rumori.
Entre mi casa y el pueblo hay un río.	Tra la mia casa e il paese c'è un fiume.

Vamos **hacia** Madrid.	Andiamo verso Madrid.
Tengo que estudiar **hasta** esta noche.	Devo studiare fino a stanotte.
Este regalo es **para** ti.	Questo regalo è per te.
Este sacrificio lo hago **por** ti.	Questo sacrificio lo faccio per te.
Según mi opinión non es cierto.	Secondo me, non è vero.
Ven **sin** tus amigos, por favor.	Vieni senza i tuoi amici, per favore.
Tu carta está **sobre** la mesa.	La tua lettera è sul tavolo.
Las tormentas se suceden una **tras** otra.	Le tempeste si susseguono una dietro l'altra.

• Le preposizioni ***a*** e ***de*** si fondono **con l'articolo maschile** della parola che segue.

Me voy **al** cine.	Vado al cinema.
Ése es el perro **del** vecino.	Quello è il cane del vicino.

• Le preposizioni ***por*** e ***para*** sono difficili da usare e non hanno una traduzione univoca in italiano. In linea generale, possiamo dire che ***por*** indica soprattutto causa, motivo o ragione, mentre ***para*** si riferisce piuttosto alla finalità o all'intenzione.

Eso ha sucedido **por** tu culpa.	È successo per colpa tua.
Este plato lo he cocinado **para** ti.	Questo piatto l'ho cucinato per te.
Le ha pasado eso **por** ingenuo.	Gli è successo questo perché è un ingenuo.
He comprado este traje **para** una boda.	Ho comprato questo vestito per un matrimonio.

13. I VERBI

In spagnolo i verbi possono essere:

• **transitivi**, cioè seguiti da un complemento diretto (ossia senza preposizione)

He comido una manzana.	Ho mangiato una mela.

• ma attenzione: quando il complemento diretto è costituito da una persona deve essere preceduto dalla preposizione ***a***

He visto **a** tu hermana.	Ho visto tua sorella.

• oppure **intransitivi**, cioè seguiti da complementi con preposizione

El tren llegó con retraso.	Il treno è arrivato in ritardo.
Voy a casa de Juan con unos amigos.	Vado a casa di Juan con degli amici.

I **tempi composti** si formano sempre con l'ausiliare ***haber*** più il **participio passato**, che rimane invariabile.

Ha/Hemos llegado esta mañana.	È arrivato/Siamo arrivati stamattina.
Las **he visto** hace una hora.	Le ho viste un'ora fa.

• La **forma passiva** si costruisce con i tempi del verbo ***ser*** e il participio passato concordato con il soggetto. Il complemento d'agente è introdotto dalla preposizione ***por***.

He sido contratado por una gran empresa.	Sono stato assunto da una grossa azienda.
La ley **ha sido aprobada** sin dificultades.	La legge è stata approvata senza difficoltà.

• In spagnolo, però, la forma passiva è poco usata. Al suo posto è preferibile usare la corrispondente forma attiva o quella impersonale.

Una gran empresa **me ha contratado**.	Una grossa azienda mi ha assunto.
Se aprobó/Aprobaron la ley sin dificultades.	Hanno approvato la legge senza difficoltà.

• I **verbi riflessivi** si costruiscono con i pronomi personali ***me***, ***te***, ***se***, ***nos***, ***os*** e l'ausiliare ***haber***.

Yo me he lavado	Io mi sono lavato
Tú te has lavado	Tu ti sei lavato
Él /Ella se ha lavado	Egli si è lavato/Lei si è lavata
Nosotros/as nos hemos lavado	Noi ci siamo lavati/e
Vosotros/as os habéis lavado	Voi vi siete lavati/e
Ellos/Ellas se han lavado	Essi si sono lavati/Esse si sono lavate

• La scelta dei tempi e dei modi corretti dei verbi è piuttosto complessa in spagnolo, perciò raccomandiamo di usare sempre le forme più semplici.

A. Gli ausiliari

I verbi ausiliari spagnoli sono ***ser***, ***estar*** e ***haber***, che hanno una coniugazione completamente irregolare.

Ser si usa per:

- precisare l'identità

Esos dos son Antonio y Pedro.	Quei due sono Antonio e Pedro.

- indicare una qualità permanente del soggetto

Todos mis hermanos son rubios.	Tutti i miei fratelli sono biondi.

- indicare le ore o una professione

Son las siete y media.	Sono le sette e mezza.
Me llamo Juan y soy camarero.	Mi chiamo Juan e faccio il cameriere.

Estar si usa per:

- esprimere lo stato in luogo

La chaqueta está en el armario.	La giacca è nell'armadio.

- indicare una caratteristica transitoria del soggetto o il risultato di un cambiamento

El niño está asustado.	Il bambino è spaventato.

Haber si usa:

- per formare tutti i tempi composti dei verbi, ma non per esprimere possesso, età (in tal senso è stato sostituito da ***tener***)

Hoy hemos ido a comer fuera.	Oggi siamo andati a mangiare fuori.
Pedro tiene un coche nuevo.	Pedro ha una macchina nuova.
Tengo treinta y cinco años.	Ho trentacinque anni.

- alla 3ª persona singolare (al presente nella forma speciale ***hay***) ha valore impersonale con il significato di **esserci**

Hay varias posibilidades.	Ci sono diverse possibilità.
Había una persona esperando.	C'era una persona che aspettava.

Diamo qui le forme principali.

SER	**ESTAR**	**HABER**
ESSERE	ESSERE, STARE	AVERE

Indicativo presente

soy	estoy	he
eres	estás	has
es	está	ha
somos	estamos	hemos
sois	estáis	habéis
son	están	han

Indicativo imperfetto

era	estaba	había
eras	estabas	habías
era	estaba	había
éramos	estábamos	habíamos
erais	estabais	habíais
eran	estaban	habían

Indicativo passato prossimo

he sido	he estado	
has sido	has estado	
ha sido	ha estado	ha habido
hemos sido	hemos estado	
habéis sido	habéis estado	
han sido	han estado	

Indicativo passato remoto

fui	estuve	hube
fuiste	estuviste	hubiste
fue	estuvo	hubo
fuimos	estuvimos	hubimos
fuisteis	estuvisteis	hubisteis
fueron	estuvieron	hubieron

Indicativo futuro

seré	estaré	habré
serás	estarás	habrás
será	estará	habrá
seremos	estaremos	habremos
seréis	estaréis	habréis
serán	estarán	habrán

Imperativo

sé	está
seamos	estemos
sed	estad

Congiuntivo presente

sea	esté	haya
seas	estés	hayas
sea	esté	haya
seamos	estemos	hayamos
seáis	estéis	hayáis
sean	estén	hayan

Condizionale presente

sería	estaría	habría
serías	estarías	habrías
sería	estaría	habría
seríamos	estaríamos	habríamos
seríais	estaríais	habríais
serían	estarían	habrían

Participio passato

sido	estado	habido

Gerundio

siendo	estando	habiendo

B. I verbi regolari

In spagnolo ci sono **tre coniugazioni** (cioè tre gruppi diversi di verbi) che all'infinito finiscono per ***-ar*** (*cantar*), ***-er*** (*comer*) e ***-ir*** (*vivir*). Diamo qui le forme principali delle tre coniugazioni regolari.

Presente	Imperfetto	Passato remoto	Futuro	Imperativo

Cantar Cantare

canto	cantaba	canté	cantaré	
cantas	cantabas	cantaste	cantarás	canta
canta	cantaba	cantó	cantará	
cantamos	cantábamos	cantamos	cantaremos	cantemos
cantáis	cantábais	cantasteis	cantaréis	cantad
cantan	cantaban	cantaron	cantarán	

Participio passato cantado

Comer Mangiare

como	comía	comí	comeré	
comes	comías	comiste	comerás	come
come	comía	comió	comerá	
comemos	comíamos	comimos	comeremos	comamos
coméis	comíais	comisteis	comeréis	comed
comen	comían	comieron	comerán	

Participio passato comido

Vivir Vivere

vivo	vivía	viví	viviré	
vives	vivías	viviste	vivirás	vive
vive	vivía	vivió	vivirá	
vivimos	vivíamos	vivimos	viviremos	vivamos
vivís	vivíais	vivisteis	viviréis	vivid
viven	vivían	vivieron	vivirán	

Participio passato vivido

C. I verbi irregolari

In spagnolo i verbi irregolari (che non seguono cioè le tre coniugazioni regolari) sono numerosissimi. Diamo qui le forme principali di alcuni tra i più usati.

Presente	Imperfetto	Passato remoto	Futuro	Imperativo

Dar Dare

doy	daba	di	daré	
das	dabas	diste	darás	da
da	daba	dio	dará	
damos	dábamos	dimos	daremos	demos
dais	dabais	disteis	daréis	dad
dan	daban	dieron	darán	

Participio passato dado

Decir Dire

digo	decía	dije	diré	
dices	decías	dijiste	dirás	di
dice	decía	dijo	dirá	
decimos	decíamos	dijimos	diremos	digamos
decís	decíais	dijisteis	diréis	decid
dicen	decían	dijeron	dirán	

Participio passato dicho

Hacer Fare

hago	hacía	hice	haré	
haces	hacías	hiciste	harás	haz
hace	hacía	hizo	hará	
hacemos	hacíamos	hicimos	haremos	hagamos
hacéis	hacíais	hicisteis	haréis	haced
hacen	hacían	hicieron	harán	

Participio passato hecho

Ir Andare

voy	iba	fui	iré	
vas	ibas	fuiste	irás	ve
va	iba	fue	irá	
vamos	íbamos	fuimos	iremos	vayamos
vais	ibais	fuisteis	iréis	id
van	iban	fueron	irán	

Participio passato ido

Presente	Imperfetto	Passato remoto	Futuro	Imperativo

Poder Potere

puedo	podía	pude	podré	
puedes	podías	pudiste	podrás	puede
puede	podía	pudo	podrá	
podemos	podíamos	pudimos	podremos	podamos
podéis	podíais	pudisteis	podréis	poded
pueden	podían	pudieron	podrán	

Participio passato podido

Poner Porre, mettere

pongo	ponía	puse	pondré	
pones	ponías	pusiste	pondrás	pon
pone	ponía	puso	pondrá	
ponemos	poníamos	pusimos	pondremos	pongamos
ponéis	poníais	pusisteis	pondréis	poned
ponen	ponían	pusieron	pondrán	

Participio passato puesto

Querer Volere, amare

quiero	quería	quise	querré	
quieres	querías	quisiste	querrás	quiere
quiere	quería	quiso	querrá	
queremos	queríamos	quisimos	querremos	queramos
queréis	queríais	quisisteis	querréis	quered
quieren	querían	quisieron	querrán	

Participio passato querido

Saber Sapere

sé	sabía	supe	sabré	
sabes	sabías	supiste	sabrás	sabe
sabe	sabía	supo	sabrá	
sabemos	sabíamos	supimos	sabremos	sepamos
sabéis	sabíais	supisteis	sabréis	sabed
saben	sabían	supieron	sabrán	

Presente	Imperfetto	Passato remoto	Futuro	Imperativo

Tener Avere

tengo	tenía	tuve	tendré	
tienes	tenías	tuviste	tendrás	ten
tiene	tenía	tuvo	tendrá	
tenemos	teníamos	tuvimos	tendremos	tengamos
tenéis	teníais	tuvisteis	tendréis	tened
tienen	tenían	tuvieron	tendrán	

Participio passato tenido

Traer Portare

traigo	traía	traje	traeré	
traes	traías	trajiste	traerás	trae
trae	traía	trajo	traerá	
traemos	traíamos	trajimos	traeremos	traigamos
traéis	traíais	trajisteis	traeréis	traed
traen	traían	trajeron	traerán	

Participio passato traído

Venir Venire

vengo	venía	vine	vendré	
vienes	venías	viniste	vendrás	ven
vicnc	vcnía	vino	vendrá	
venimos	veníamos	vinimos	vendremos	vengamos
venís	veníais	vinisteis	vendréis	venid
vienen	venían	vinieron	vendrán	

Participio passato venido

Conversazione

INDICE

1. NUMERI, PESI E MISURE

A. NUMERI CARDINALI

0	zero	cero
1	uno	uno
2	due	dos
3	tre	tres
4	quattro	cuatro
5	cinque	cinco
6	sei	seis
7	sette	siete
8	otto	ocho
9	nove	nueve
10	dieci	diez
11	undici	once
12	dodici	doce
13	tredici	trece
14	quattordici	catorce
15	quindici	quince
16	sedici	dieciséis
17	diciassette	diecisiete
18	diciotto	dieciocho
19	diciannove	diecinueve
20	venti	veinte
21	ventuno	veintiuno
22	ventidue	veintidós
23	ventitré	veintitrés
24	ventiquattro	veinticuatro
25	venticinque	veinticinco
26	ventisei	veintiséis
27	ventisette	veintisiete
28	ventotto	veintiocho

29	ventinove	veintinueve
30	trenta	treinta
31	trentuno	treinta y uno
40	quaranta	cuarenta
50	cinquanta	cincuenta
60	sessanta	sesenta
70	settanta	setenta
80	ottanta	ochenta
90	novanta	noventa
100	cento	cien
101	centouno	ciento uno
200	duecento	doscientos
300	trecento	trescientos
400	quattrocento	cuatrocientos
500	cinquecento	quinientos
600	seicento	seiscientos
700	settecento	setecientos
800	ottocento	ochocientos
900	novecento	novecientos
1000	mille	mil
10.000	diecimila	diez mil
100.000	centomila	cien mil
1.000.000	un milione	un millón
1.000.000.000	un miliardo	mil millones

• Il numerale ***uno*** e i suoi composti concordano con il sostantivo cui si riferiscono e davanti a un nome maschile perdono la ***o***:

un libro	un libro
una bicicletta	una bicicleta
quarantuno persone	cuarenta y una personas
trentuno uomini	treinta y un hombres

• Da 31 a 99, tra le decine e le unità, si mette una ***y***:

quarantotto	cuarenta y ocho
duecentotrentatré	doscientos treinta y tres

• Le centinaia che vanno da 200 a 900 concordano, in genere e numero, con il sostantivo cui si riferiscono:

trecento pesetas	**trescientas pesetas**
seicento anni	**seiscientos años**

B. NUMERI ORDINALI

primo	**primero**
secondo	**segundo**
terzo	**tercero**
quarto	**cuarto**
quinto	**quinto**
sesto	**sexto**
settimo	**séptimo**
ottavo	**octavo**
nono	**noveno**
decimo	**décimo**
undicesimo	**undécimo**
dodicesimo	**duodécimo**
tredicesimo	**decimotercero**
quattordicesimo	**decimocuarto**
quindicesimo	**decimoquinto**
sedicesimo	**decimosexto**
diciassettesimo	**decimoséptimo**
diciottesimo	**decimoctavo**
diciannovesimo	**decimonono**
ventesimo	**vigésimo**
trentesimo	**trigésimo**
centesimo	**centésimo**
millesimo	**milésimo**

C. PESI

grammo	**gramo**
etto(grammo)	**cien gramos/hectogramo**

chilo(grammo)	**kilo(gramo)**
quintale	**quintal**
tonnellata	**tonelada**

• Generalmente gli etti si esprimono in grammi.

un etto	**cien gramos**
tre etti e mezzo	**trescientos cincuenta gramos**

ma:

sette etti e mezzo	**tres cuartos de kilo**

D. MISURE

Lunghezza

millimetro	**milímetro**
centimetro	**centímetro**
decimetro	**decímetro**
metro	**metro**
chilometro	**kilómetro**

Superficie

metro quadrato	**metro cuadrado**
ettaro	**hectárea**
chilometro quadrato	**kilómetro cuadrado**

Capacità e volume

litro	**litro**
ettolitro	**hectolitro**
centimetro cubo	**centímetro cúbico**
decimetro cubo	**decímetro cúbico**
metro cubo	**metro cúbico**

2. VOCABOLI ED ESPRESSIONI UTILI

A. PARTI DELLA GIORNATA

Attenzione ai generi: non sempre coincidono in italiano e spagnolo!

la mattina	la mañana
il pomeriggio	la tarde
il giorno	el día
la sera	la tarde/la noche
la notte	la noche
la giornata	la jornada/el día
la serata	la velada/la noche
stamattina	esta mañana
oggi pomeriggio	esta tarde/hoy por la tarde
stasera/stanotte	esta noche
ieri sera/ieri notte	anoche
di giorno	de día
di sera/di notte	por la noche
a mezzogiorno	a mediodía
a mezzanotte	a medianoche
al tramonto	al atardecer

La suddivisione della giornata in ***mañana***, ***tarde*** e ***noche*** è strettamente legata all'orario dei pasti, che in Spagna è posticipato rispetto all'Italia e può variare leggermente da una regione all'altra: generalmente si pranza tra le 13.30 e le 15 e si cena tra le 20 e le 22.
La ***tarde*** inizia solo dopo che si è pranzato e termina all'imbrunire; la ***noche***, invece, copre tutto l'arco di tempo in cui non c'è luce solare. In spagnolo, perciò, l'italiano "sera" si tradurrà, a seconda del momento, con *tarde* o *noche*. Questa distinzione è molto impor-

tante anche per quanto riguarda i saluti → **3. Rapporti interpersonali**: D. Salutare.

B. LE ORE

un'ora	**una hora**
mezz'ora	**media hora**
un quarto d'ora	**un cuarto de hora**
un minuto	**un minuto**
un secondo	**un segundo**
l'ora legale	**la hora legal**

Per indicare le 24 ore della giornata si usano, nella lingua parlata, solo i numeri da 1 a 12: nella frase "*Nos vemos a las cinco*" si intendono chiaramente le cinque di pomeriggio (a meno che un particolare contesto non renda evidente il contrario). Nella lingua ufficiale (per esempio al telegiornale o negli orari dei mezzi di trasporto) vengono invece usati tutti i numeri da 1 a 24: "*El tren con destino Madrid sale a las 20.04*".

Che ore sono?	**¿Qué hora es?**
È l'una.	**Es la una.**
Sono le due/le tre e dieci/le quattro e un quarto/le sei e mezza/le sette e trentacinque/le otto meno venti/le nove meno un quarto/le dieci meno dieci.	**Son las dos/las tres y diez/las cuatro y cuarto/las seis y media/las siete y treinta y cinco/las ocho menos veinte/las nueve menos cuarto/las diez menos diez.**
È mezzogiorno/mezzanotte.	**Es mediodía/medianoche.**
Sono le otto in punto.	**Son las ocho en punto.**
A che ora devo venire?	**¿A qué hora tengo que ir/venir?**
Venga alle due.	**Venga a las dos.**
Il negozio apre alle nove/chiude alle sette.	**La tienda abre a las nueve/cierra a las siete.**
Il treno delle 20.43 per Lima è in partenza dal binario 4.	**El tren de las 20.43 con destino Lima, situado en la vía 4, va a efectuar su salida.**

C. GIORNI DELLA SETTIMANA

Lunedì	**Lunes**	Venerdì	**Viernes**
Martedì	**Martes**	Sabato	**Sábado**
Mercoledì	**Miércoles**	Domenica	**Domingo**
Giovedì	**Jueves**		

In spagnolo i giorni della settimana sono tutti maschili, compresa la domenica (*el domingo*).

Tornerò domenica prossima.	**Volveré el próximo domingo.**

D. MESI

Gennaio	**Enero**	Luglio	**Julio**
Febbraio	**Febrero**	Agosto	**Agosto**
Marzo	**Marzo**	Settembre	**Septiembre**
Aprile	**Abril**	Ottobre	**Octubre**
Maggio	**Mayo**	Novembre	**Noviembre**
Giugno	**Junio**	Dicembre	**Diciembre**

E. STAGIONI

Primavera	**Primavera**	Autunno	**Otoño**
Estate	**Verano**	Inverno	**Invierno**

A differenza dell'italiano, *verano* è una parola di genere maschile.

L'estate scorsa sono andato al mare.	**El verano pasado fui a la playa.**

F. FESTE E FESTIVITÀ

Capodanno	**Año nuevo**
Epifania	**Epifanía/Día de Reyes**
Carnevale	**Carnaval**
Martedì/giovedì grasso	**Martes/Jueves de Carnaval**

Mercoledì delle Ceneri	Miércoles de Ceniza
Quaresima	Cuaresma
Domenica delle Palme	Domingo de Ramos
Settimana Santa	Semana Santa
Pasqua	Pascua
Lunedì dell'Angelo	Lunes de Pascua
Festa del lavoro (1° maggio)	Día del Trabajo (1° de mayo)
Ascensione	Ascensión
Pentecoste	Pentecostés
Corpus Domini	Corpus Christi
Ferragosto (Assunzione)	Asunción
Ognissanti	Todos los Santos
Giorno dei morti	Día de los Muertos
Immacolata Concezione	Inmaculada Concepción
Avvento	Adviento
Vigilia di Natale	Nochebuena
Natale	Navidad
Santo Stefano	San Esteban
festa nazionale/festa religiosa	fiesta nacional/fiesta religiosa
giorno festivo/giorno feriale	día festivo/día laborable

Com'è ovvio, oltre alle festività di origine cattolica (per lo più le stesse in tutti gli stati), ogni paese di lingua spagnola ha altri giorni di festa legati a particolari ricorrenze storico-politiche (*Día de la Constitución*, *Día de la Independencia* ecc.). In Spagna le principali feste di carattere civile sono il ***Día de la Hispanidad*** (12 ottobre: commemorazione della scoperta dell'America) e il ***Día de la Constitución*** (6 dicembre: anniversario della Costituzione).

G. LE ESPRESSIONI PIÙ COMUNI

Sì.	Sí.
No.	No.
Per favore.	Por favor.
Grazie!	¡Gracias!
Prego!	¡De nada!

Bene! D'accordo!	¡Bien! ¡De acuerdo!/¡Vale!
Scusi!	¡Perdone!
Non importa!	¡No importa!
Salute! (a chi starnutisce)	¡Jesús!/¡Salud!
Aiuto!	¡Socorro!/¡Ayúdenme!
Può aiutarmi?	¿Puede ayudarme?
Attenzione!	¡Cuidado!
Permette?	¿Permite?/Con permiso.
Permesso! (per passare)	¿Por favor, me deja pasar?
È permesso? (per entrare)	¿Se puede?
Prego (si accomodi)!	¡Pase, pase! (siéntese, por favor).

H. IMPARO LO SPAGNOLO

Sono straniero.	Soy extranjero.
Sono italiano.	Soy italiano.
Parla italiano?	¿Habla usted italiano?
Non parlo spagnolo.	No hablo español.
Non parlo bene lo spagnolo.	No hablo bien español.
Parlo solo un po' di spagnolo.	Hablo sólo un poquito de español.
Sto studiando lo spagnolo.	Estoy estudiando español.
Frequento un corso di spagnolo per stranieri.	Asisto a un curso de español para extranjeros.
Non capisco.	No entiendo.
Non ho capito.	No he entendido bien.
Scusi, come ha detto?	Perdone, ¿qué ha dicho usted?
Può ripetere, per favore?	¿Podría repetir, por favor?
Può parlare più lentamente, per favore?	¿Podría hablar más despacio, por favor?
Potrebbe spiegarmi questa parola?	¿Podría explicarme esta palabra?

Che cosa vuol dire…?	**¿Qué quiere decir…?**
Come si legge?	**¿Cómo se lee?**
Come si pronuncia?	**¿Cómo se pronuncia?**
Come si dice in spagnolo?	**¿Cómo se dice en español?**
Può fare lo spelling?/Come si scrive, lettera per lettera?	**¿Puede deletrearlo?/¿Cómo se escribe, letra por letra?**
Non so scrivere in spagnolo.	**No sé escribir en español.**
Per favore, potrebbe scrivermi l'indirizzo?	**Por favor, ¿podría escribirme la dirección?**

3. RAPPORTI INTERPERSONALI

A. RIVOLGERSI AGLI ALTRI

In spagnolo si usa il ***tú*** con i parenti, gli amici, i bambini e i ragazzi, i colleghi e le persone che si conoscono molto bene; i giovani, di solito, si danno del *tú* anche se non si conoscono.
Quando invece si parla con qualcuno che non si conosce o nei rapporti formali di lavoro, si usa la forma di cortesia ***usted***, pronome di terza persona singolare (il verbo va quindi concordato con questa persona, mentre gli eventuali aggettivi andranno al maschile o al femminile a seconda del sesso dell'interlocutore).
Per rivolgersi a più persone, generalmente si usa ***vosotros*** e, per la forma di cortesia, ***ustedes***, con il verbo coniugato alla terza persona plurale. In genere, le varianti latinoamericane dello spagnolo usano solo quest'ultima forma per riferirsi a più di una persona, indipendentemente dai rapporti che intercorrono tra gli interlocutori.

Il *tú* usato con persone conosciute

Che cosa fai domani?	¿Qué vas a hacer mañana?
Ti ho portato un regalo.	Te he traído un regalo.
Passami la calcolatrice, per favore.	¿Me pasas la calculadora, por favor?

Le forme *usted* / *ustedes* di cortesia

Scusi, sa dov'è la stazione?	Perdone, ¿sabe usted dónde está la estación?
Lei è iscritto/iscritta a questo corso?	¿Usted está matriculado/ matriculada en este curso?
Stia attento!	¡Tenga usted cuidado!

Voi non potete entrare.	**Vosotros no podéis entrar.** (registro informale) **Ustedes no pueden entrar.** (registro formale)

B. APPELLATIVI E TITOLI

• In spagnolo, diversamente dall'italiano, non si usano titoli professionali e titoli di studio per presentarsi o rivolgersi agli altri. Invece di *ingeniero* (ingegnere), *contable* (ragioniere), *abogado* (avvocato), *arquitecto* (architetto) si dirà semplicemente ***señor/señora*** + cognome. Nei rapporti burocratici o più formali (soprattutto quando si tratta di subordinati che si rivolgono a un superiore) si usa anche la forma ***Don/Doña*** seguita dal nome di battesimo. Unica eccezione è l'appellativo ***doctor/doctora***, usato esclusivamente per rivolgersi a un medico.

Buongiorno, dottor Sánchez.	**Buenos días, señor Sánchez.**
Buonasera, ingegnere.	**Buenas tardes/noches, Don Antonio.**
Come sta, signor Galli?	**¿Cómo está, señor Galli?**
Grazie, signore.	**Gracias, señor.**
Arrivederla.	**Adiós.**

• È sempre meno frequente la distinzione tra ***señora***, per le donne sposate, e ***señorita*** per le donne nubili, anche se non più giovanissime. Onde evitare malintesi, sarebbe consigliabile usare *señorita* solo se la donna è molto giovane e *señora* con le donne sopra i trent'anni.

Buongiorno, signora Herrera.	**Buenos días, señora Herrera.**
La ringrazio, signora.	**Gracias, señora.**
Dottoressa, può visitarmi?	**Doctora, ¿puede hacerme un reconocimiento?**

C. PRESENTARSI

Buongiorno! Luca Casale.	**¡Buenos días! Luca Casale.**
Stefania Rossi, piacere.	**Stefania Rossi, encantada.**

Sono Gabriele Ruffo.	Soy Gabriele Ruffo.
Mi chiamo Anna Paoli.	Me llamo Anna Paoli.
Posso presentarmi? Roberto Berni, della ditta Almex.	¿Puedo presentarme? Roberto Berni, de la firma Almex.
Molto lieto/Piacere di conoscerla.	Mucho gusto/Es un placer conocerlo/la.
Lieto di fare la sua conoscenza.	Encantado de conocerle/la.
Il piacere è mio.	El gusto es mío.
Questo è José.	Este es José.
Ti presento la signora Susana Antelo.	Te presento a la señora Susana Antelo.
Vorrei presentarle il dottor Monti.	Quisiera presentarle al señor Monti.
Come ti chiami?	¿Cómo te llamas?
Qual è il tuo nome/cognome?	¿Cuál es tu nombre/apellido?
Come si chiama?	¿Cómo se llama usted?
Lei è il signor...?	¿Usted es el señor...?

D. SALUTARE

Nel momento dell'incontro i saluti variano secondo il grado di confidenza stabilito con l'interlocutore. ***Hola*** (ciao) è il saluto più usato tra persone che si danno del "tu", mentre a quelle con cui si ha un rapporto formale ci si rivolge dicendo ***buenos días*** (buongiorno) prima di pranzo, ***buenas tardes*** (buongiorno) dopo pranzo, ***buenas noches*** (buonasera/buonanotte) dall'ora di cena in poi (→ 2. **Vocaboli ed espressioni utili**: A. Parti della giornata). Al momento del congedo si dice ***adiós*** (ciao) o ***hasta luego*** (arrivederci), per il registro colloquiale, e ***adiós buenos días/buenas tardes/noches***, per quello formale.
I gesti di saluto sono molto simili a quelli italiani: una stretta di mano per gli incontri più formali e due baci sulle guance nei rapporti confidenziali, specialmente tra due donne.

Ciao, Giorgio.	Hola, Giorgio.
Be', adesso devo andare. Ciao.	Bueno, me tengo que ir. Hasta luego.

Salve, come va?	**Hola, ¿qué tal?**
Buongiorno (signora).	**Buenos días (señora).**
Buongiorno dottor González.	**Buenos días, señor González.**
Buonasera (signorina).	**Buenas tardes/noches (señorita).**
Buonanotte.	**Buenas noches.**
Arrivederci.	**Adiós.**
Arrivederla signor Neri.	**Adiós, señor Neri.**
A domani.	**Hasta mañana.**
A stasera.	**Hasta esta noche.**
A presto.	**Hasta pronto.**
A tra poco.	**Hasta ahora.**
Addio.	**Adiós.**
Saluti a tutti.	**Adiós a todos.**
Benvenuto/a in Spagna!	**¡Bienvenido/a a España!**
Ci vediamo.	**Nos vemos.**
Ci sentiamo.	**Nos llamamos.**
Come stai?/Come sta?	**¿Cómo estás?/¿Cómo está?**
Come va?	**¿Qué tal?**
Bene/benissimo, grazie. E tu?	**Bien/muy bien, gracias. ¿Y tú?**
Abbastanza bene/Non c'è male, grazie. E lei?	**Bastante bien/No me puedo quejar, gracias. ¿Y usted?**
Non molto bene.	**No muy bien.**

E. CHIEDERE UN'INFORMAZIONE, UN AIUTO

Può darmi un'informazione, per favore?	**¿Podría darme una información, por favor?**
Vorrei/Mi servono delle informazioni.	**Quisiera/Necesito algunas informaciones.**
Scusi, può aiutarmi?	**Perdone, ¿me podría ayudar?**
Le dispiacerebbe aiutarmi, per favore?	**¿Le importaría ayudarme, por favor?**
Ho bisogno di un aiuto.	**Necesito ayuda.**

F. RINGRAZIARE

Grazie/Molte grazie/Mille grazie.	**Gracias/Muchas gracias/ Muchísimas gracias.**
Prego/Di niente/Non c'è di che.	**De nada/No hay de qué.**
Non so come ringraziarla.	**No sé cómo darle las gracias.**
È veramente gentile da parte sua.	**Es muy amable de su parte.**
Grazie del pensiero.	**Gracias por el detalle.**
Grazie dell'informazione.	**Gracias por la información.**
Grazie di tutto.	**Gracias por todo.**
La ringrazio dell'aiuto.	**Gracias por su ayuda.**
È stato gentile ad aiutarmi.	**Ha sido usted muy amable ayudándome.**
S'immagini.	**No faltaría más.**

G. SCUSARSI

Scusa.	**Perdona/Disculpa.**
Scusi/Mi scusi.	**Perdone/Disculpe.**
Scusi il disturbo/il ritardo.	**Perdone las molestias/por el retraso.**
Mi dispiace.	**Lo siento.**
Sono molto spiacente di questo malinteso.	**Siento mucho lo ocurrido.**
Sono desolata. È colpa mia.	**Lo siento en el alma. Ha sido culpa mía.**
Le faccio le mie scuse.	**Le pido disculpas.**

H. FARE AUGURI, CONGRATULAZIONI, CONDOGLIANZE

• In Spagna l'abitudine di scambiarsi auguri di persona o tramite bigliettini è ancora abbastanza diffusa, e ricordarsi di un compleanno o di un anniversario è considerato un gesto gentile. Le formule di augurio più comuni sono ***Feliz/Felices*** seguite dal nome della ricorrenza (per le feste ufficiali), ***Felicidades*** (per compleanni, onomastici, raggiungimento di scopi o traguardi ed eventi positivi in genere), ***Enhorabuena*** (per matrimoni e nascite) e ***Suerte*** (per augurare buona fortuna).

¡Felicidades!/¡Muchas felicidades!	Auguri!/Tanti auguri!
¡Salud!/¡Chinchín!	Alla salute!/Cin cin!
¡Feliz Navidad!	Buon Natale!
¡Feliz Año Nuevo!	Buon Anno!
¡Felices fiestas!	Buone feste!
¡Que pases/pase una feliz Semana Santa!	Buona Pasqua!
¡Feliz cumpleaños!	Buon compleanno!

• Esistono poi formule più specifiche (di incoraggiamento, rallegramenti ecc.) per altre circostanze:

¡(Que tenga/tengas) suerte!	Auguri!/Buona fortuna!
¡Que aproveche!	Buon appetito!
¡Igualmente, gracias!	Grazie, altrettanto!
¡Buen viaje!	Buon viaggio!
¡Que tenga/tengas unas buenas vacaciones/un buen fin de semana!	Buone vacanze!/Buon fine settimana!
¡Que te diviertas/se divierta!	Buon divertimento!
¡Que pase/pases un buen día/ una buena velada!	Buona giornata!/Buona serata!
¡Enhorabuena!	Complimenti!
¡Congratulaciones!	Congratulazioni!/Felicitazioni!

• La buona educazione suggerisce anche di presentare discretamente le proprie condoglianze per la perdita di una persona cara:

Mi más sentido pésame.	Condoglianze/Le faccio le mie condoglianze.
Acepte usted mi más sentido pésame.	La prego di accettare le mie condoglianze.

Siento mucho la muerte de su padre.	Mi dispiace molto per la morte di suo padre.

I. SUL LAVORO

Ecco alcune semplici frasi di prima necessità che possono essere utili nello svolgimento di alcuni lavori:

Desidera?/Che cosa desidera?	**¿Desea usted algo?/¿Qué desea el señor/la señora?**
Posso esserle d'aiuto?	**¿Puedo ayudarle/la en algo?**
Serve altro?	**¿Necesita algo más?**
Che cosa prende?	**¿Qué va a tomar?**
Che cosa posso servirle?	**¿Qué puedo traerle?**
Ecco a lei, signore.	**Aquí tiene, señor.**
Che cosa devo fare?	**¿Qué tengo que hacer?**
Da dove devo cominciare?	**¿Por dónde tengo que empezar?**
Dove posso trovare una carta geografica/una lavagna luminosa?	**¿Dónde puedo encontrar un mapa/ un retroproyector?**
Mi servirebbe una penna/ un blocco/un righello…	**Necesito un bolígrafo/un block una regla…**
Così va bene?	**¿Así está bien?**

4. MANGIARE E BERE

In Spagna, oltre che nei ***restaurantes***, è possibile mangiare a prezzi più economici nei numerosissimi ***bares*** e ***cafeterías***, che offrono ***pinchos*** o ***tapas*** (stuzzichini), ***raciones*** (porzioni), ***bocadillos*** (panini), ***platos combinados*** (piatti assortiti) o un ***menú del día*** (menu del giorno). È molto diffusa l'abitudine di prendere l'aperitivo fuori casa prima del pranzo o della cena, generalmente in piedi al bancone e cambiando due o tre bar.
Sono sempre più diffuse le catene di fast food locali, dove è possibile consumare o portare via cibo spagnolo (panini, porzioni) o di altro tipo (specialmente pizza). Nelle maggiori città ci sono anche numerosi ristoranti stranieri ed etnici dove si può gustare la cucina tipica del paese o della zona di origine (italiana, brasiliana, asiatica, africana, araba ecc.). In Spagna si mangia più tardi che in Italia: generalmente si pranza tra le 13.30 e le 15 e si cena tra le 20 e le 22.

il bicchiere	**el vaso**
il coltello	**el cuchillo**
il cucchiaio	**la cuchara**
la forchetta	**el tenedor**
il piatto	**el plato**
il portacenere	**el cenicero**
le posate	**los cubiertos**
il tavolo/la tavola	**la mesa**
la tazza	**la taza**
la tovaglia	**el mantel**
il tovagliolo	**la servilleta**

Pasti e piatti

la prima colazione	**el desayuno**
il pranzo	**el almuerzo**

la cena	la cena
l'antipasto	los entremeses
il primo/il secondo piatto	el primer/el segundo plato
la carne	la carne
il pesce	el pescado
il contorno	la guarnición
il dolce	el postre
la frutta	la fruta

Cibi

il brodo/la minestra	el caldo/la sopa
la carne di vitello/manzo/agnello/maiale/pollo/tacchino	la carne de ternera/vaca/cordero/cerdo/pollo/pavo
il formaggio	el queso
il latte	la leche
il pane	el pan
la pasta/gli spaghetti	la pasta/los espaguetis
il riso	el arroz

Sapori e qualità

acido/aspro	ácido/agrio
amaro	amargo
dolce	dulce
magro	magro
grasso	grasiento
leggero	ligero
pesante	pesado
insipido	soso
saporito	sabroso
salato	salado
piccante	picante

Cotture

crudo/cotto	crudo/cocido
freddo/caldo	frío/caliente

ai ferri	a la plancha
alla griglia	a la parrilla
al sangue/ben cotto	poco hecho/bien hecho
allo spiedo	al asador/a l'ast
al vapore	al vapor
bollito/lesso	hervido/cocido
con la salsa	con salsa
fritto	frito

Condimenti e spezie

l'aceto	el vinagre
l'aglio	el ajo
il burro	la mantequilla
la cannella	la canela
i chiodi di garofano	los clavos
la cipolla	la cebolla
la maionese	la mayonesa
la margarina	la margarina
la noce moscata	la nuez moscada
l'olio d'oliva/di semi	el aceite de oliva/de semillas
la panna	la nata
la paprika	el pimentón
il pepe	la pimienta
il peperoncino	la guindilla/el chile/el ají
il sale	la sal
la senape	la mostaza
lo zafferano	el azafrán
lo zucchero	el azúcar

A. AL BAR

Un caffè espresso, per favore.	Un café solo, por favor.
Vorrei un cappuccino e una brioche.	Quisiera un café con leche y un cruasán/bollo.

Una birra alla spina e un succo di frutta. Grazie.	**Una cerveza de barril y un zumo de fruta. Gracias.**
Per favore, mi porti un panino al prosciutto e una coca-cola.	**Por favor, tráigame un bocadillo de jamón y una coca-cola.**
Vorremmo un gelato al cioccolato e uno fragola e limone.	**Quisiéramos un helado de chocolate y otro de fresa y limón.**
Abbiamo preso un bicchiere di vino bianco e due tè. Quant'è/pago?	**Hemos tomado un vaso de vino blanco y dos tes. ¿Cuánto es?**
Offro io questo giro.	**Invito yo a esta ronda.**
Alla salute!	**¡Salud!**

B. A TAVOLA

Qual è il mio posto?	**¿Cuál es mi asiento?**
Dove posso sedermi?	**¿Dónde puedo sentarme?**
Siediti tra noi due.	**Siéntate entre nosotros dos.**
Si sieda vicino a me.	**Siéntese a mi lado.**
Mi passi il sale?	**¿Me pasas la sal?**
C'è il pepe, per favore?	**¿La pimienta, por favor?**
Posso avere del pane?	**¿Me trae un poco de pan, por favor?**
Posso servirla?	**¿Puedo servirle?**

C. AL RISTORANTE

Vorrei prenotare un tavolo per due persone per domani sera alle 9.	**Quisiera reservar una mesa para dos personas para mañana a las 9.**
C'è un tavolo libero/in giardino/sulla terrazza?	**¿Hay una mesa libre/en el jardín/en la terraza?**
Ci porta il menù, per favore?	**¿Nos trae la carta, por favor?**
Avete un menù turistico?	**¿Hay un menú turístico?**

Avete specialità della regione/ della casa?	¿Tienen especialidades de la región/de la casa?
Può darmi un consiglio?	¿Puede aconsejarme?
Può spiegarmi questo piatto?	¿Puede explicarme en qué consiste este plato?
Qual è il piatto del giorno?	¿Cuál es el plato del día?
Vorrei una bistecca alla griglia con patate fritte/zucchini/ piselli/insalata/pomodori.	Quisiera un bistec a la plancha con patatas fritas/calabacines/ guisantes/ensalada/tomates.
Vorrei una caraffa di vino bianco/ rosso e una bottiglia di acqua minerale naturale/frizzante.	Quisiera una jarra de vino blanco/tinto y una botella de agua mineral sin gas/con gas.
Il servizio è compreso?	¿El servicio está incluido?
(Mi porta) il conto, per favore?	¿Me trae la cuenta, por favor?
Mi scusi, ma c'è un errore nel conto. Non ho preso vino.	Perdone, pero hay un error en la cuenta. No he tomado vino.

D. GUSTI E PREFERENZE

Ti piace?/Non ti piace?	¿Te gusta?/¿No te gusta?
Mi piace.	Me gusta.
È molto buono!/Che buono!	¡Está muy rico!/¡Qué rico!
Le piacciono le verdure cucinate così?	¿Le gustan las verduras cocinadas así?
Mi scusi, ma è troppo salato/ piccante per me.	Perdone, pero es demasiado salado/picante para mí.
Ne vuoi ancora un po'?	¿Quieres un poco más?
Posso servirle ancora un po' di carne?	¿Puedo servirle un poco más de carne?
Grazie, ne prendo ancora un po'.	Gracias, un poco más.
No grazie, ho mangiato abbastanza/già troppo.	No gracias, he comido bastante/ ya he comido demasiado.
Preferisco la pasta, grazie.	Prefiero la pasta, gracias.
Il mio piatto preferito è la pizza.	Mi plato preferido es la pizza.

Sono un buongustaio/Mi piace mangiare bene.	**Soy un gourmet/Me gusta comer bien.**
Sono una buona forchetta/ Mangio molto.	**Soy un comilón/Como mucho.**
Sono vegetariano.	**Soy vegetariano.**
Non sono abituato ai sapori così forti.	**No estoy acostumbrado a sabores tan fuertes.**
Non posso mangiare salumi.	**No puedo comer embutidos.**
Mi dispiace, non mangio carne.	**Lo siento, no como carne.**
Purtroppo non mi piace il pesce.	**Lo siento pero el pescado no me gusta.**
Gradisce del vino?	**¿Le apetece/Quiere un poco de vino?**
Sì, grazie/No, grazie, non bevo vino.	**Sí, gracias/No, gracias, no bebo vino.**
Che cosa prende come dessert?	**¿Qué quiere de postre?**

I miei appunti

I miei appunti

I miei appunti

I miei appunti

I miei appunti

I miei appunti

I miei appunti

I miei appunti

I miei appunti

I miei appunti

I miei appunti

I miei appunti

I miei appunti

I miei appunti

I miei appunti

I miei appunti

I miei appunti

I miei appunti

I miei appunti

I miei appunti

I miei appunti

I miei appunti

I miei appunti

I miei appunti

I miei appunti

I miei appunti

I miei appunti

I miei appunti

I miei appunti

I miei appunti

I miei appunti

I miei appunti

I miei appunti

I miei appunti

I miei appunti

I miei appunti

I miei appunti

I miei appunti

I miei appunti

I miei appunti

I miei appunti

I miei appunti

I miei appunti

I miei appunti

I miei appunti

I miei appunti

I miei appunti

I miei appunti

I miei appunti

I miei appunti

I miei appunti

I miei appunti

I miei appunti

I miei appunti

I miei appunti

I miei appunti

I miei appunti

I miei appunti

I miei appunti

I miei appunti

I miei appunti

I miei appunti

I miei appunti

I miei appunti

I miei appunti

I miei appunti

I miei appunti

I miei appunti

I miei appunti

I miei appunti

I miei appunti

I miei appunti

I miei appunti

I miei appunti

I miei appunti

I miei appunti

I miei appunti

I miei appunti

I miei appunti

I miei appunti

I miei appunti

I miei appunti

I miei appunti

I miei appunti

I miei appunti

I miei appunti

I miei appunti

I miei appunti

I miei appunti

I miei appunti

I miei appunti

I miei appunti

I miei appunti

I miei appunti

I miei appunti

I miei appunti

I miei appunti

I miei appunti

I miei appunti

I miei appunti

I miei appunti

I miei appunti

I miei appunti

I miei appunti

I miei appunti

I miei appunti

I miei appunti

I miei appunti

I miei appunti

I miei appunti

I miei appunti

I miei appunti

I miei appunti

I miei appunti

I miei appunti

I miei appunti

I miei appunti

I miei appunti

I miei appunti

I miei appunti

I miei appunti

I miei appunti

I miei appunti

I miei appunti

I miei appunti

I miei appunti

I miei appunti

I miei appunti

I miei appunti

I miei appunti

I miei appunti

I miei appunti

I miei appunti

I miei appunti

I miei appunti

I miei appunti

I miei appunti

I miei appunti

I miei appunti

I miei appunti

I miei appunti

I miei appunti

I miei appunti

I miei appunti

I miei appunti

I miei appunti

I miei appunti

I miei appunti

I miei appunti

I miei appunti

I miei appunti

I miei appunti

I miei appunti

I miei appunti

I miei appunti

I miei appunti

I miei appunti

I miei appunti

I miei appunti

I miei appunti

I miei appunti

I miei appunti

I miei appunti

I miei appunti

I miei appunti

I miei appunti

I miei appunti

I miei appunti

I miei appunti

I miei appunti

I miei appunti

I miei appunti

I miei appunti

I miei appunti

I miei appunti

I miei appunti

I miei appunti

I miei appunti

I miei appunti

I miei appunti

I miei appunti

I miei appunti

I miei appunti

I miei appunti

I miei appunti

I miei appunti

I miei appunti

I miei appunti

I miei appunti

I miei appunti

I miei appunti

I miei appunti

I miei appunti

I miei appunti

I miei appunti

I miei appunti

I miei appunti

I miei appunti

I miei appunti

I miei appunti

I miei appunti

I miei appunti

I miei appunti

I miei appunti

I miei appunti

I miei appunti

I miei appunti

I miei appunti

I miei appunti

I miei appunti

I miei appunti

I miei appunti

I miei appunti

I miei appunti

I miei appunti

I miei appunti

I miei appunti

I miei appunti

I miei appunti

I miei appunti

I miei appunti

I miei appunti

I miei appunti

I miei appunti

I miei appunti

I miei appunti

I miei appunti

I miei appunti

I miei appunti

I miei appunti

I miei appunti

I miei appunti

I miei appunti

I miei appunti

I miei appunti

I miei appunti

I miei appunti

I miei appunti

I miei appunti

I miei appunti

I miei appunti

I miei appunti

I miei appunti

I miei appunti

I miei appunti

I miei appunti

I miei appunti

I miei appunti

I miei appunti

I miei appunti

I miei appunti

I miei appunti

I miei appunti

I miei appunti

I miei appunti

I miei appunti

I miei appunti

I miei appunti

I miei appunti

I miei appunti

I miei appunti

I miei appunti

I miei appunti

I miei appunti

I miei appunti

I miei appunti

I miei appunti

I miei appunti

I miei appunti

I miei appunti

I miei appunti

I miei appunti

I miei appunti

I miei appunti

I miei appunti

I miei appunti

I miei appunti

I miei appunti

I miei appunti

I miei appunti

I miei appunti

I miei appunti

I miei appunti

I miei appunti

I miei appunti

I miei appunti

I miei appunti

I miei appunti

I miei appunti

I miei appunti

I miei appunti

I miei appunti

I miei appunti

I miei appunti

I miei appunti

I miei appunti

I miei appunti

I miei appunti

I miei appunti

I miei appunti

I miei appunti

I miei appunti

I miei appunti

I miei appunti

I miei appunti

I miei appunti

I miei appunti

I miei appunti

I miei appunti

I miei appunti

I miei appunti

I miei appunti

I miei appunti

I miei appunti

I miei appunti

I miei appunti

I miei appunti

I miei appunti

I miei appunti

I miei appunti

I miei appunti

I miei appunti

I miei appunti

I miei appunti

I miei appunti

I miei appunti

I miei appunti

I miei appunti

I miei appunti

I miei appunti

I miei appunti

I miei appunti

I miei appunti

I miei appunti

I miei appunti

I miei appunti

I miei appunti

I miei appunti

I miei appunti

I miei appunti

I miei appunti

I miei appunti

I miei appunti

I miei appunti

I miei appunti

I miei appunti

I miei appunti

I miei appunti

I miei appunti

I miei appunti

I miei appunti

I miei appunti

I miei appunti

I miei appunti

I miei appunti

I miei appunti

I miei appunti

I miei appunti

I miei appunti

I miei appunti

I miei appunti

I miei appunti

I miei appunti

I miei appunti

I miei appunti

I miei appunti

I miei appunti

I miei appunti

I miei appunti

I miei appunti

I miei appunti

I miei appunti

I miei appunti

I miei appunti

I miei appunti

I miei appunti

I miei appunti

I miei appunti

I miei appunti

I miei appunti

I miei appunti

I miei appunti

I miei appunti

I miei appunti

I miei appunti

I miei appunti

I miei appunti

I miei appunti

I miei appunti

I miei appunti

I miei appunti

I miei appunti

I miei appunti

I miei appunti

I miei appunti

I miei appunti

I miei appunti

I miei appunti

I miei appunti

I miei appunti

I miei appunti

I miei appunti

I miei appunti

I miei appunti

I miei appunti

I miei appunti

I miei appunti

I miei appunti

I miei appunti

I miei appunti

I miei appunti

I miei appunti

I miei appunti

I miei appunti

I miei appunti

I miei appunti

I miei appunti

I miei appunti

I miei appunti

I miei appunti

I miei appunti

I miei appunti

I miei appunti

I miei appunti

I miei appunti

I miei appunti

I miei appunti

I miei appunti

I miei appunti

I miei appunti

I miei appunti

I miei appunti

I miei appunti

I miei appunti

I miei appunti

I miei appunti

I miei appunti

I miei appunti

I miei appunti

I miei appunti

I miei appunti

I miei appunti

I miei appunti

I miei appunti

I miei appunti

I miei appunti

I miei appunti

I miei appunti

I miei appunti

I miei appunti

I miei appunti

I miei appunti

I miei appunti

I miei appunti

I miei appunti

I miei appunti

I miei appunti

I miei appunti

I miei appunti

I miei appunti

I miei appunti

I miei appunti

I miei appunti

I miei appunti

I miei appunti

I miei appunti

I miei appunti

I miei appunti

I miei appunti

I miei appunti

I miei appunti

I miei appunti

I miei appunti

I miei appunti

I miei appunti

I miei appunti

I miei appunti

I miei appunti

I miei appunti

I miei appunti

I miei appunti

I miei appunti

I miei appunti

I miei appunti

I miei appunti

I miei appunti

I miei appunti

I miei appunti

I miei appunti

I miei appunti

I miei appunti

I miei appunti

I miei appunti

I miei appunti

I miei appunti

I miei appunti

I miei appunti

I miei appunti

I miei appunti

I miei appunti

I miei appunti

I miei appunti

I miei appunti

I miei appunti

I miei appunti

I miei appunti

I miei appunti

I miei appunti

I miei appunti

I miei appunti

I miei appunti

I miei appunti

I miei appunti

I miei appunti

I miei appunti

I miei appunti

I miei appunti

I miei appunti

I miei appunti

I miei appunti

I miei appunti

I miei appunti

I miei appunti

I miei appunti

I miei appunti

I miei appunti

I miei appunti

I miei appunti

I miei appunti

I miei appunti

I miei appunti

I miei appunti

I miei appunti

I miei appunti

I miei appunti

I miei appunti

I miei appunti

I miei appunti

I miei appunti

I miei appunti

I miei appunti

I miei appunti

I miei appunti

I miei appunti

I miei appunti

I miei appunti

I miei appunti

I miei appunti

I miei appunti

I miei appunti

I miei appunti

I miei appunti

I miei appunti

I miei appunti

I miei appunti

I miei appunti

I miei appunti

I miei appunti

I miei appunti

I miei appunti

I miei appunti

I miei appunti

I miei appunti

I miei appunti

I miei appunti

I miei appunti

I miei appunti

I miei appunti

I miei appunti

I miei appunti

I miei appunti

I miei appunti

I miei appunti

I miei appunti

I miei appunti

I miei appunti

I miei appunti

I miei appunti

I miei appunti

I miei appunti

I miei appunti

I miei appunti

I miei appunti

I miei appunti

I miei appunti

I miei appunti

I miei appunti

I miei appunti

I miei appunti

I miei appunti

I miei appunti

I miei appunti

I miei appunti

I miei appunti

I miei appunti

I miei appunti

I miei appunti

I miei appunti

I miei appunti

I miei appunti

I miei appunti

I miei appunti

I miei appunti

I miei appunti

I miei appunti

I miei appunti

I miei appunti

I miei appunti

I miei appunti

I miei appunti

I miei appunti

I miei appunti

I miei appunti

I miei appunti

I miei appunti

I miei appunti

I miei appunti

I miei appunti

I miei appunti

I miei appunti

I miei appunti

I miei appunti

I miei appunti

I miei appunti

I miei appunti

I miei appunti

I miei appunti

I miei appunti

I miei appunti

I miei appunti

I miei appunti

I miei appunti

I miei appunti

I miei appunti

I miei appunti

I miei appunti

I miei appunti

I miei appunti

I miei appunti

I miei appunti

I miei appunti

I miei appunti

I miei appunti

I miei appunti

I miei appunti

I miei appunti

I miei appunti

I miei appunti

I miei appunti

I miei appunti

I miei appunti

I miei appunti

I miei appunti

I miei appunti

I miei appunti

I miei appunti

I miei appunti

I miei appunti

I miei appunti

I miei appunti

I miei appunti

I miei appunti

I miei appunti

I miei appunti

I miei appunti

I miei appunti

I miei appunti

I miei appunti

I miei appunti

I miei appunti

I miei appunti

I miei appunti

I miei appunti

I miei appunti

I miei appunti

I miei appunti

I miei appunti

I miei appunti

I miei appunti

I miei appunti

I miei appunti

I miei appunti

I miei appunti

I miei appunti

I miei appunti

I miei appunti

I miei appunti

I miei appunti

I miei appunti

I miei appunti

I miei appunti

I miei appunti

I miei appunti

I miei appunti

I miei appunti

I miei appunti

I miei appunti

I miei appunti

I miei appunti

I miei appunti

I miei appunti

I miei appunti

I miei appunti

I miei appunti

I miei appunti

I miei appunti

I miei appunti

I miei appunti

I miei appunti

I miei appunti

I miei appunti

I miei appunti

I miei appunti

I miei appunti

I miei appunti

I miei appunti

I miei appunti

I miei appunti

I miei appunti

I miei appunti

I miei appunti

I miei appunti

I miei appunti

I miei appunti

I miei appunti

I miei appunti

I miei appunti

I miei appunti

I miei appunti

I miei appunti

I miei appunti

I miei appunti

I miei appunti

I miei appunti

I miei appunti

I miei appunti

I miei appunti

I miei appunti

I miei appunti

I miei appunti

I miei appunti

I miei appunti

I miei appunti

I miei appunti

I miei appunti

I miei appunti

I miei appunti

I miei appunti

I miei appunti

I miei appunti

I miei appunti

I miei appunti

I miei appunti

I miei appunti

I miei appunti

I miei appunti

I miei appunti

I miei appunti

I miei appunti

I miei appunti

I miei appunti

I miei appunti

I miei appunti

I miei appunti

I miei appunti

I miei appunti

I miei appunti

I miei appunti

I miei appunti

I miei appunti

I miei appunti

I miei appunti

I miei appunti

I miei appunti

I miei appunti

I miei appunti

I miei appunti

I miei appunti

I miei appunti

I miei appunti

I miei appunti

I miei appunti

I miei appunti

I miei appunti

I miei appunti

I miei appunti

I miei appunti

I miei appunti

I miei appunti

I miei appunti

I miei appunti

I miei appunti

I miei appunti

I miei appunti

I miei appunti

I miei appunti

I miei appunti

I miei appunti

I miei appunti

I miei appunti

I miei appunti

I miei appunti

I miei appunti

I miei appunti

I miei appunti

I miei appunti

I miei appunti

I miei appunti

I miei appunti

I miei appunti

I miei appunti

I miei appunti

I miei appunti

I miei appunti

I miei appunti

I miei appunti

I miei appunti

I miei appunti

I miei appunti

I miei appunti

I miei appunti

I miei appunti

I miei appunti

I miei appunti

I miei appunti

I miei appunti

I miei appunti

I miei appunti

I miei appunti

I miei appunti

I miei appunti

I miei appunti

I miei appunti

I miei appunti

I miei appunti

I miei appunti

I miei appunti

I miei appunti

I miei appunti

I miei appunti

I miei appunti

I miei appunti

I miei appunti

I miei appunti

I miei appunti

I miei appunti

I miei appunti

I miei appunti

I miei appunti

I miei appunti

I miei appunti

I miei appunti

I miei appunti

I miei appunti

I miei appunti

I miei appunti

I miei appunti

I miei appunti

I miei appunti

I miei appunti

I miei appunti

I miei appunti

I miei appunti

I miei appunti

I miei appunti

I miei appunti

I miei appunti

I miei appunti

I miei appunti

I miei appunti

I miei appunti

I miei appunti

I miei appunti

I miei appunti

I miei appunti

I miei appunti

I miei appunti

I miei appunti

I miei appunti

I miei appunti

I miei appunti

I miei appunti

I miei appunti

I miei appunti

I miei appunti

I miei appunti

I miei appunti

I miei appunti

I miei appunti

I miei appunti

I miei appunti

I miei appunti

I miei appunti

I miei appunti

I miei appunti

I miei appunti

I miei appunti

I miei appunti

I miei appunti

I miei appunti

I miei appunti

I miei appunti

I miei appunti

I miei appunti

I miei appunti

I miei appunti

I miei appunti

I miei appunti

I miei appunti

I miei appunti

I miei appunti